JN262358

対外関係史辞典

田中健夫・石井正敏［編］

吉川弘文館

1　遣唐使船　『吉備大臣入唐絵巻』(部分)　米国　ボストン美術館所蔵
12世紀の制作で，遣唐使船画の中では最も古い．船体や艤装の描写には宋代の航洋船と符合する点が多い．→遣唐使船

2　遣明船　『真如堂縁起』(部分)　京都市　真正極楽寺所蔵
大永4年(1524)の制作．承和14年(847)円仁が唐より帰国する場面であるが，この船は後期の遣明船をモデルにして描かれている．→遣明船

3　伎楽面(崑崙)　　木造　彩色　奈良市　東大寺所蔵
→伎楽

4 　戎塩壺（正倉院薬物）
須恵器の壺．高さ20.5cm．戎塩は中国本土外の西北乾燥地帯に産する土塩の類．この壺中のものはこれとは異なり，鹹湖付近の土壌のようなものといわれる．→正倉院薬物

5 　桂心（同上）
今の桂皮の類．南方産のクスノキ科ニッケイ属の常緑樹の枝皮から製する．→正倉院薬物

6 　大黄（同上）
タデ科の多年生草本の根茎部から製する．これは中国甘粛省に産する錦紋大黄と呼ばれる最上級品．→正倉院薬物

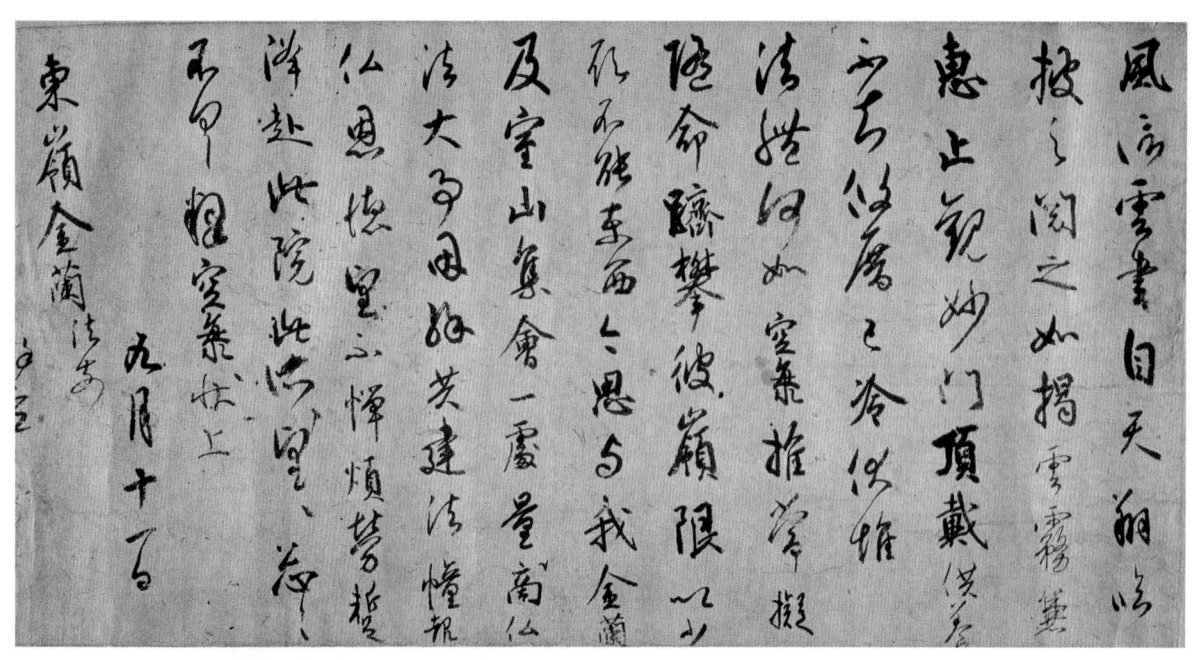

7　風信帖　空海筆　1巻　京都市　東寺所蔵
空海から最澄に宛てた書状3通を1巻にしたもの．いずれも弘仁3 (812)，4年の筆と推定される．冒頭の字句「風信雲書自天翔臨」から風信帖と呼ばれる．延暦23年(804)空海・最澄はともに遣唐使に随行し入唐した．→空海

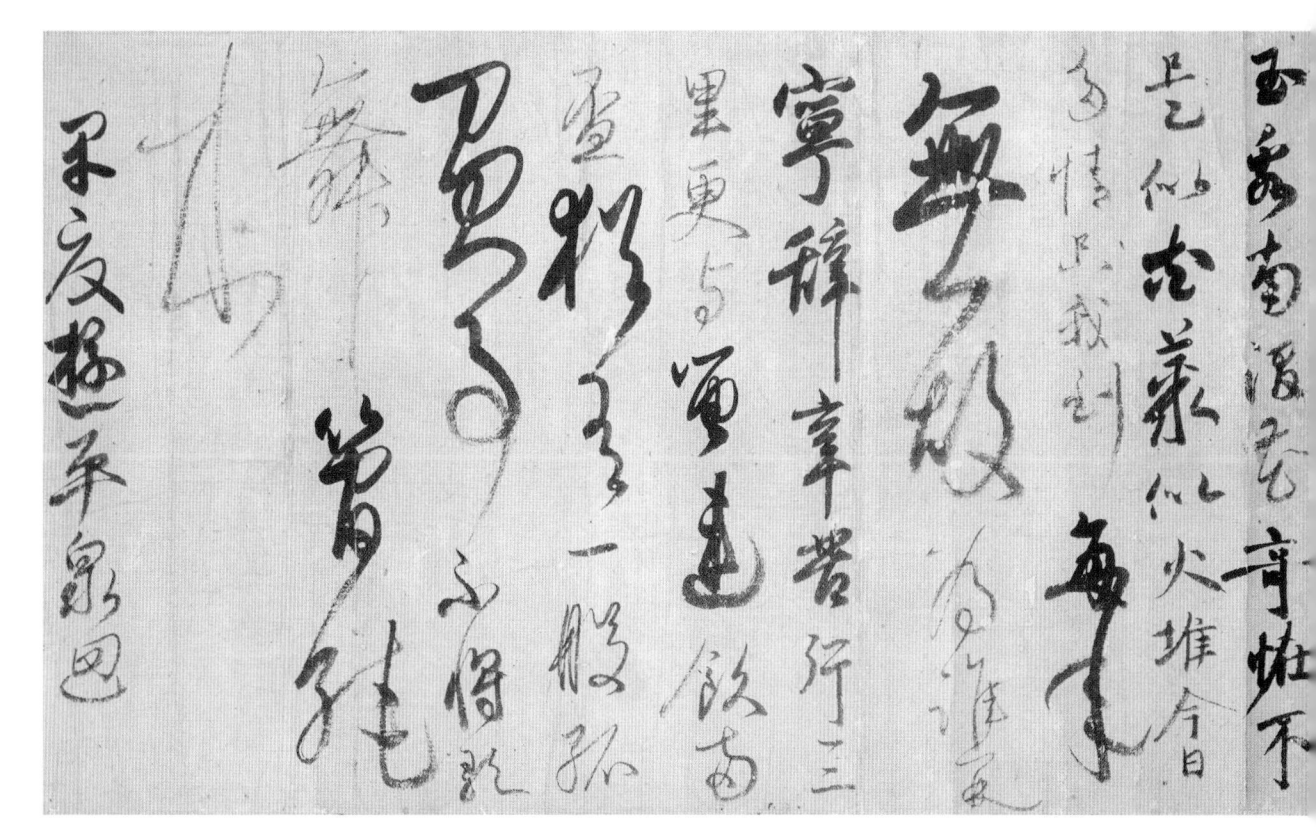

8　玉泉帖　小野道風筆　1巻　宮内庁三の丸尚蔵館所蔵
唐の白居易(楽天)の詩文集『白氏文集』巻第64のうちの4篇を楷・行・草三体を交えて書写したもの．冒頭の「玉泉南澗花奇怪…」から玉泉帖と呼ばれる．白居易の作品はすでにその生前にわが国に伝わり，平安・鎌倉時代に愛好された．→白氏文集

9　白氏詩巻　藤原行成筆　1巻　東京国立博物館所蔵
寛仁2年(1018)書写．『白氏文集』巻第65のうちの8篇を書写したもの．→白氏文集

10 蒙古襲来絵詞　2巻　宮内庁三の丸尚蔵館所蔵
(上)前巻絵7．文永の役での竹崎季長の奮戦．鳥飼潟の塩屋の松の下での戦闘とみられている．モンゴル軍は「てつはう(鉄砲)」を使用した．
(下)後巻絵12．竹崎季長，菊池武房が警護する石築地の前を出陣．文永の役後，鎌倉幕府はモンゴルの再襲に備え，建治2年(1276)博多湾沿岸に石築地の築造を開始した．
→竹崎季長，文永・弘安の役，蒙古襲来絵巻

肥後国御家人
菊池次郎武房

大宋國日本無
根地無極一句定千差
有誰分曲直驚起南
山白額虫洗一清風
生永寧

日本久能齋長老
寫予幻質請贊
嘉熙戊戌中夏仁
大宋徑山無準老僧書

11　無準師範像　南宋嘉熙2年(1238)自
賛　京都市　東福寺所蔵
　無準師範は臨済宗楊岐派，破菴祖先門下
の逸材でその法を嗣ぐ．無準門派は南宋
の禅界に一大勢力をなした．無準師範の
法を伝えた来日僧・入宋僧は多く，来日
僧には無学祖元・兀庵普寧らがあり，入
宋僧には円爾らがある．この頂相は円爾
に自賛して付与したもの．→円爾，頂相

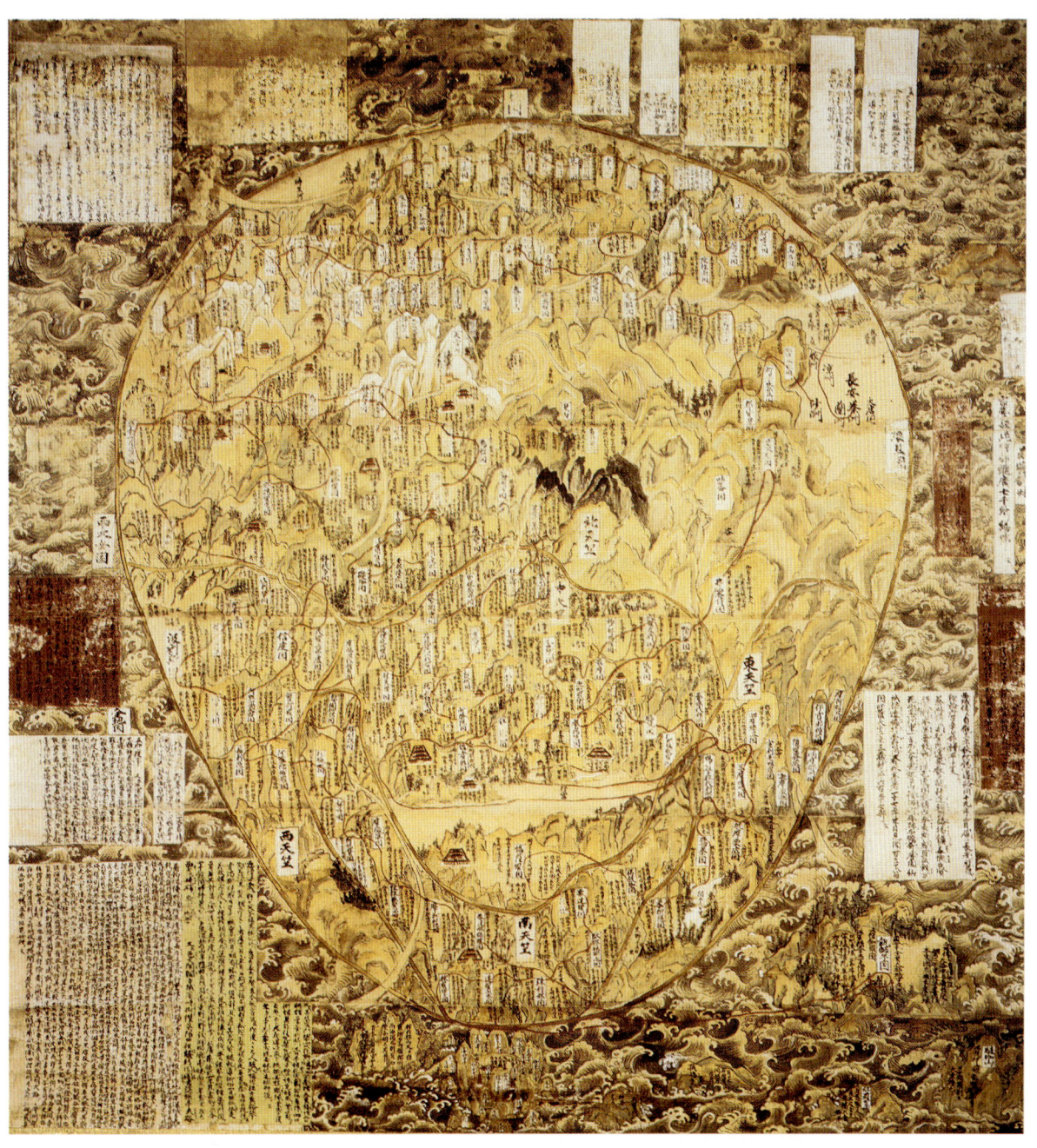

12 五天竺図 貞治3年(1364) 177×166.5cm 奈良県 法隆寺所蔵
わが国で世界図の名に値する最古の図．仏教の須弥山説における瞻部洲(せんぶしゅう)を描く．図に書きこまれた多数の地名・注記は玄奘の『大唐西域記』による．日本(四国・九州)は東北海中にある．→世界図

13　倭寇図巻　32×522cm　東京大学史料編纂所所蔵
16世紀の倭寇を描いた絵画として最も信頼度が高い．題簽に「明仇十洲台湾奏凱図」とあるが，作者を仇十洲(仇英)とするのは誤りであり，内容を示す台湾奏凱も信用できない．

(上) 倭寇による放火・掠奪
(下) 倭寇と明の官兵との水上戦闘
→倭寇, 倭寇図巻

尊中國西馳一介之使欣慕来同北叩萬里之關懇求内附情既堅於恭順恩可靳於柔懷兹特封爾為日本國王錫之誥命

於戲寵貢芝函襲冠裳於海表風行卉服固藩衛於天朝爾其念臣職之當修恪循要束感皇恩之已渥無替欵誠

祗服綸言永邁聲教
欽哉
萬曆二十三年正月二十一日

14　明万暦帝賜豊臣秀吉封日本国王誥命
1巻　大阪市立博物館所蔵
文禄の役後，明使がもたらした豊臣秀吉を日本国王に封ずる万暦帝の誥命．全長511.4cm，幅31.3cm，うち501.2cmが錦で，約40cmごとに青・赤・黄・白・黒の五行の色に織り分け，飛雲飛鶴の地紋がある．誥軸は既製品が用いられている．勅諭（宮内庁書陵部現蔵）・官服（妙法院現蔵）とともにもたらされた．→誥命，文禄・慶長の役

奉
天承運
皇帝制曰聖仁
　廣運凡天
　覆地載莫
　不尊親帝
命溥將暨
海隅日出
罔不率俾
昔我
皇祖誕育多方
龜紐龍章

遠錫扶桑
之域貞珉
大篆榮施
鎮國之山
嗣以海波
之揚偶致
風占之隅
當茲盛際
宜續彝章
咨爾豐臣
平秀吉崛
起海邦知

15 末次船絵馬　長崎市　清水寺所蔵
長崎の末次平蔵の朱印船を描いた船絵馬．寛永11年(1634)奉納．写実的に描写されており，日本で建造されたミスツィス造りまたは日本前と呼ばれた中洋折衷式の航洋型帆船の実体をうかがうことができる随一の資料．→朱印船，末次家

16 オランダ船絵馬　河野盛信筆　広島県　厳島神社所蔵
承応2年(1653)奉納．河野盛信は長崎の絵師．17世紀前期のオランダのガレオン船を高度な写実性をもって描いている．→南蛮船

17　朝鮮通信使人物図　30.3×984.0cm　東京国立博物館所蔵
文化8年(1811)の朝鮮通信使一行の肖像画を収めた図巻のうち正使金履喬の肖像．この年の通信使に対しては対馬で応接が行われ，これが最後の通信使となった．本図巻は対馬で近藤子文が描いた図を，江戸で模写したもの．→易地聘礼，通信使

序

　今年(2008年)夏に開催された北京オリンピックには，200余りの国と地域の選手が集い，日本も多数の選手団で参加したことは記憶に新しいところである．日本が多様な民族・国家から構成される国際社会の一員であることを印象づける場面であるとともに，日本の歴史を世界の中に位置づけながら考える必要をあらためて思わせる機会でもあった．

　日本の歴史は，異なる民族・地域そして国家との交流の歴史でもある．原始・考古の時代から不断に営まれ，その地域は日本列島の周縁部から朝鮮半島・アジア大陸そして世界へと広がりをもって現在に至っている．歴史学におけるこのような分野の研究は，かつては外交史・海外貿易史・文化交流史などの名称で扱われていたが，今では外交・貿易・文化交流という枠組みを取りはずし，地理的にも空間的にも視野を広げることにより，一層豊かな歴史像を築く方法がとられている．今日ではこれらを広く包括した概念として対外関係史の名称が用いられている．

　編者はいずれも対外関係史を研究のテーマとし，大学教育の現場で対外関係史の講義や演習を担当してきた．そうした日常の研究や教育において，しばしば『国史大辞典』を利用し，また利用を勧めているが，全14巻におよぶ大部な本文を検索することは容易ではないと感じられることもあり，『国史大辞典』の中の対外関係史に関わる項目を次々にひける利便性のある辞典を願望していた．特に田中は『国史大辞典』の対外関係史部門の編集に携わったという経緯もあり，対外関係史に特化した辞典の刊行は年来の希望であった．

　本辞典を編集するにあたり，もっとも苦慮したのが項目の選定である．対外関係を広義にとると，『国史大辞典』のほとんどの項目がそれに包括される．したがって第1次の選定で候補とした項目は膨大な量に達した．そこで外交・貿易から戦争まで含めた交流，人・物の移動，そして双方向の受容・影響等をキーワードに，時代は近代化へ大きく踏み出す外的な契機となったペリー来航で区切りをつけることとして見直しを進めた．2次・3次の検討を経て，最終的に採用した項目はおよそ2000項目にのぼり，これに近年の研究で特に注目されている約100の新規項目を加えて，最終案とした．

　対外関係史の分野は歴史学の中でも近年特に研究の進展が著しい分野といっても過言ではないであろう．『国史大辞典』は最終巻刊行からでも15年が経過している．したがって今日の研究の現状や問題関心からすれば記述が不十分であったり，評価や考察には増補すべきことも当然多いであろう．しかしながら

事実に関する基礎的な部分については，今日でもなお有益であり，十分に参考とすべき価値をもっている．

これまで『国史大辞典』を基礎として，人名や仏教史など各種の辞典が編纂され，好評を得ている．日本がアジアさらには世界の中で，どのような歴史を歩んできたのか，現代の国際社会の中の日本を理解する「工具書」として本辞典を利用していただければ幸いである．

おわりに，『国史大辞典』の記述の利用を許可し，さらに内容や参考文献に増訂の労を執っていただいた執筆者諸氏にあつく御礼申し上げる．

2008年10月

田中健夫・石井正敏

凡　例

編集方針

1　本辞典は対外関係史に関心のある一般読者ならびに研究者を対象として編集した．
2　本辞典は既刊の『国史大辞典』より，序に述べられた趣旨によって，対外関係史に関する項目約2000項目を再録したが，項目により本文・参考文献に増訂を加えた．さらに近年の研究で特に注目されている約100項目を新たに加えた．
3　『国史大辞典』よりおおむね以下のような基準により項目を再録した．
　①時代　下限は嘉永 2 年(1852)とした．
　②人名　海外に往来した人，日本に渡来した人，交流に関わった人，外国に関する研究者の中で主要な人．
　③文献　日本人が著した外国に関する文献，外国人が著した日本に関する文献．
　④地名　前近代に日本と関係を持った国・地域・王朝名，外国との往来に使用された港津など．
　⑤一般　政治・経済・社会・文化等で対外関係に直接関わる事象・事物．
　⑥原始・古代で主として考古学的分野に関わる項目は除いた．
4　巻末に付表・索引を付した．索引には見出しの全部および本文記述中より採取した語句を収め，検索の便をはかった．

項目・配列

1　1つの項目で，別の呼称や読みがある場合は，適宜その1つを選んで見出しを立て，他は必要に応じてカラ見出しとし，その項目を指示した．
2　関連項目は，適宜その1つを選んで見出しを立て，まとめて記述した場合もある．また主題項目の中に中見出しを立てて記述する方法も用いた．
3　項目ごとに項目番号を付して，索引による検索の際の便をはかった．項目番号は「あ」「い」…ごとに001より始めた．
4　項目の配列は，読みがなの五十音順とした．清音・濁音・半濁音の順とし，促音・拗音も音順に加えた．長音符号(ー)は，その前の「カタカナ」の母音を繰り返すものと見なして配列した．

見出し

1　見出しには読みがなを付した．見出しがすべて「かな」の場合は読みがなを省略した．
2　外国語・外来語は，「ヴ」は使用せず，長音は長音記号(ー)を用いた．欧米人名はファミリー＝ネームで表記した．
3　漢字表記が慣用されている外国語・外来語は見出しを漢字表記とした．
4　読みは現代かなづかいによる「ひらがな」書きを原則とし，外来語・外国語は「カタカナ」書きとした．
5　中国・朝鮮の地名・人名の読みは日本漢字音によったが，原語音の読みが慣用される

ものはそれによった．
6 　外国語は読みがなの後に原語の綴りを注記した．
　　　①ロシア語はローマ字に置きかえたものを用いた．
　　　②欧米の国名は英語の綴りを注記した．
　　　③欧米の人名はパーソナル＝ネーム，ファミリー＝ネームの順のフルネームとした．
7 　中国・朝鮮の地名は読みがなの後にローマ字で原語音を注記した．中国はトーマス＝ウェード式，朝鮮はマッキューン＝ライシャワー式によった．

記　述

1 　漢字まじりの「ひらがな」書き口語文とし，かなづかいは，引用文を除き，現代かなづかいを用いた．
2 　年号・年次
　　　①年次表記は原則として年号を用いた．
　　　②同一年号は初出のみ（　）内に西暦を注記した．
　　　③改元の年は原則として新年号を用いた．
　　　④年号のない時代は，『日本書紀』『続日本紀』により，天皇の治世をもって年次を表した．また崇峻天皇以前は，西暦の注記を省略した．
　　　⑤朝鮮の紀年は『三国史記』『高麗史』『朝鮮王朝実録』の称元法によった．
　　　⑥陰暦の時代は「1月」とせず「正月」とした．
3 　日本人・中国人・朝鮮人の年齢はかぞえ年齢である．
4 　記述内でその項目の執筆者が自身を指す語として「筆者」を使用した．
5 　記述の最後に基本的な参考文献となる著書・論文・史料をあげ，研究の便をはかった．
6 　項目の最後に執筆者名を（　）内に注記した．
7 　記　号
　　　『　』　書名・雑誌名・叢書名などをかこむ．
　　　「　」　引用文・引用語句，強調する語句，論文名などをかこむ．
　　　（　）　注または読みがなをかこむ．角書・割書も（　）でかこむ．
　　　＝　　　系図で養子を示す．
　　　／　　　金石文などの引用史料の改行を示す．
　　　その他の記号は一般の用法による．

外函　写真
　　表　寛文長崎図屏風（長崎歴史文化博物館所蔵）
　　裏　唐三彩貼花文鳳首瓶（東京国立博物館所蔵）
　　　　Image：TNM Image Archives　　Source：http://TnmArchives.jp/

あ

001 阿育王寺 あいくおうじ　中国浙江省寧波(ニンポー)地区鄞(ぎん)県の東，阿育王山にある寺．育王山(いくおうさん)ともいう．西晋の太康2年(281)劉薩訶(りゅうさつか)なる者が仮死した時，金色の聖人から会稽(紹興)の阿育王塔を頂礼して諸罪を懺悔と告げられたので，蘇生のあと出家して慧達と名を改め，会稽に至って尋ねたところ一夜地下に鐘声があり3日を経て舎利塔が湧出したのが起源と伝える．阿育王の八万四千塔にちなんだ伝説である．その後，東晋安帝の義熙元年(405)勅によって塔・禅室が造られ，劉宋文帝の元嘉2年(425)，道祐に勅して3級の塔を建てしめ，梁武帝の普通3年(522)阿育王寺の額を賜わった．その後も寺塔の修復が行われたが，宋真宗の大中祥符元年(1008)広利禅寺の額を賜わって禅刹とし，英宗治平3年(1066)臨済宗の懐璉(えれん)が住してから宗杲(そうごう)など多くの高僧が入住して一時興隆した．明洪武元年(1368)崇祐が復興し，同15年名を育王禅寺と改め禅宗五山の第5とした．『平家物語』に平重盛が育王山(いおうさん)に黄金を寄進したことがみえ，源実朝も参詣を企て，重源が木材を送って舎利殿を建立するなど，わが国との関係も深い．

参考文献　常盤大定・関野貞『支那仏教史蹟評解』，木宮泰彦『日華文化交流史』　　　(大野達之助)

002 相対貿易 あいたいぼうえき　相対売買とは，本来当事者相互間の合意に基づく取引のことで，相対貿易とは南蛮貿易および江戸時代前期のオランダ船・イギリス船・中国船などを対象に行われた貿易上の一取引方法をさしており，彼我の貿易商人相互間の合意によって成立したもの．この場合，輸入の元値段は言い値あるいは入札か直組の方法によったと思われるが具体的なことは詳らかでない．糸割符制度のもとでは，白糸は糸割符仲間の独占購入とされていたので，白糸を除く他の貨物の購入が相対売買とされていた．明暦元年(1655)に糸割符制度が廃止されて，白糸を含むすべての輸入品が相対売買となったが，相対売買法は輸入元値段の騰貴に対する抑制力が弱く，相対売買になってから国内の商人が長崎貿易に殺到し，競買の現象を起し，さらに中国船が舶載量を調整して輸入元値段のつり上げを計ってきたことと相まって，貿易総額が増大し，わが国よりおびただしい量の銀が流出した．そのため，寛文12年(1672)からは，これを改めて市法貨物商法(市法売買)の制度に改められたが，貞享元年(1684)に至ってこれを廃止し，のち同2年再び糸割符制度を復活した．そして生糸を除く他の貨物の輸入は，再び相対売買となった．なお輸入貨物の元値段は入札の方法によって決めるよう幕府から指導された．→オランダ貿易　→看板貿易(かんばんぼうえき)

参考文献　大岡清相編『崎陽群談』2(『日本史料選書』10)，箭内健次『長崎』(『日本歴史新書』)，太田勝也『鎖国時代長崎貿易史の研究』

(中田　易直)

003 間金 あいだきん　「あいの金」ともいった．江戸幕府は，寛文4年(1664)に，オランダ人の要請もあって，長崎の唐・蘭船に対する金の輸出禁止を一部解除した．そして，同7年までの4年間は，輸入貨物の対価として，日本の小判を1両につき銀68匁という高値で引き渡したから，当時長崎の相場57，8匁との間に10匁ほどの開きがあり，この開きから生ずる差益を間金といい，長崎諸役人および長崎町中への助成金として分配した．ただし間金は，唐船については，ほとんど問題とならず，日本からの小判輸出に熱心であり，利益をあげていた蘭船についてのみ問題となった．そして寛文8年になると，これまでのごとき銀の輸出を禁じて，すべて小判で渡すことに改めたが，11年までは時相場で渡したから，間金は生じなかった．ついで12年に市法貨物商法が制定されて，オランダ人に対し，再び両替68匁で渡すことになってから13ヵ年間の間金は，10万727両余に達した．しかし，このときは市法増銀が激増し，市中配分が増加したときであったから，間金は分配されず，大坂御金蔵へ上納された．そして貞享2年(1685)になると定高貿易仕法に改められたが，このときの間金は，所定の地役人役料その他を差し引いたあと，あらためて長崎町中へ分配した．

参考文献　『長崎集成』，大岡清相編『崎陽群談』(『日本史料選書』10)，楢林氏『長崎実記年代録』，『通航一覧』156，箭内健次『長崎』(『日本歴史新書』)，山脇悌二郎『長崎の唐人貿易』(吉川弘文館『日本歴史叢書』6)，Engelbert Kaempfer : The History of Japan.　　　(田谷　博吉)

004 アウグスチノ会 アウグスチノかい　Ordo Eremitarum S. Augustini　聖アウグスチノの共住生活規則を基礎とする諸修道会の総称で，大別してアウグスチノ修道参事会とアウグスチノ隠修士会とに分けられる．前者は共住生活規則を採用し，修道3請願を立て，正規の修道会に組成された共住参事会を指し，後者は1256年に聖アウグスチノの規則に基づき教皇アレキサンデル4世の大勅書によって種々の隠修士会から形成されたもので，1567年教皇ピオ5世によって托鉢修道会の1つに加えられた．16世紀に日本に渡来して布教し，アウグスチノ門派といわれたのはその中の隠修士会である．慶長7年(1602)にゲバラ Diego de Guevara がオルティス Estatio Ortiz とともに平戸に来たのがこの会の日本布教の第一歩であった．彼は肥後加藤氏の庇護を得ら

れなかったが，豊後臼杵の稲葉氏に近づき，同地に天主堂と修道院を建てた．翌年彼は宣教師を求めにマニラへ帰ったが，オルティスは臼杵市内に第2の天主堂を建てた．同会は豊後を本拠として，同10年渡来したエルナンド＝デ＝サン＝ホセ Hernando de S. José は臼杵から佐伯(さいき)へ，さらに日向の県(あがた，宮崎県延岡)にも布教し，17年には長崎にも天主堂と修道院を建て，そこの修道院内にコルドンの組という信心会をつくった．同17年江戸幕府最初の禁教令について同19年の大追放後，布教はすこぶる困難になったが，元和3年(1617)エルナンドは背教者を立ち返らせるために棄教者大村純頼の城下に敢然布教してついに捕えられ，鷹島で殉教した．この殉教が刺激になり，翌年ズニガ Pedro de Zuñiga，グチエレス Bartholomé Gutierrez をはじめとして，同9年にはフランシスコ＝デ＝ヘスース Francisco de Jesus，カルバリュ Vicente Carvalho が潜入し，フランシスコは一時奥州までも行ったが，他はほとんど長崎付近に隠忍し，寛永9年(1632)に潜入した日本人ミゲル＝デ＝サン＝ホセ Miguel de S. José ほか3人のころになると，山中に隠れて機を窺うのみで，ほとんど布教もできなかった．ただ，寛永6年に潜入した，日本人トマス Thomas de S. Augustino(金鍔次兵衛)だけは巧みに潜伏して，同9年に管区長グチエレス殉教後は信徒の世話を一手に引き受けて布教に活躍したが，同14年捕われ，彼の殉教をもって日本における同会の布教は終った．

参考文献　レオン＝パジェス『日本切支丹宗門史』(吉田小五郎訳，『岩波文庫』)，姉崎正治『切支丹伝道の興廃』　　　　　　　　　　(柳谷　武夫)

005 **青木昆陽** あおきこんよう　1698～1769　江戸時代中期の実学者．諱は敦書(あつのり)，字(あざな)は厚甫，通称は文蔵，昆陽と号した．元禄11年(1698)5月12日江戸日本橋の魚問屋の子に生まれ，早くより京都に赴き，古義学の伊藤東涯に師事，経学・経済・法制を学んだ．27歳で江戸八丁堀に塾を開き，古学を講じた．父母の喪に服すること各3年に及んだが，享保の凶荒で民衆が飢餓に苦しむのをみて，救助のため甘藷を播植すべきことを主唱し，『蕃薯考』1巻を著わした．近隣に住む町奉行所与力加藤枝直(千蔭の父)が町奉行大岡忠相(越前守)にかれを推挙したところから忠相の知遇を得，やがて将軍徳川吉宗が『蕃薯考』をもって世用に役立つとして嘉納したため，享保20年(1735)に刊行頒布され，さらに各種の蕃薯の種子芋を諸国に配賦したので，たちまち「薩摩芋」の普及をみるに至った．世人は，昆陽の徳を讃えて「甘藷先生」と呼んだ．元文4年(1739)かれは幕府に召し出されて御留守居に属し御書物御用達となり，5年に寺社奉行の支配となり，命により甲信・武相・東海各地の古書旧籍を採訪した．そのため経学・経済の典籍にひろく通じ，延享4年(1747)には評定所の儒者となり，明和4年(1767)には書物奉行に累進した．研修の成果は『経済纂要』(20冊)，『官職略記』(13冊)，『刑法国字解』，『昆陽漫録』(6巻)，『草廬雑談』(3巻)など多数の著述となった．また元文5年から御目見医師野呂元丈とともに，将軍吉宗の内旨をうけてオランダ文辞の学習を始め，毎年江戸参府のオランダ人から，和蘭通詞を介して文字・文章の読訳を学んだ．『和蘭貨幣考』『和蘭話訳』『和蘭文訳』など多くの著書は，蘭語学習の貴重な成果である．かれは文法を充分こなすまでには至らなかったが，その蘭語学知識は次代の前野良沢に継承され，蘭学興隆の因を作った．明和6年10月12日死没．72歳．法名は一誠．「甘藷先生」の寿碑のある江戸目黒(東京都目黒区下目黒)滝泉寺裏に葬られた．　→甘藷(かんしょ)　→和蘭文字略考(オランダもじりゃっこう)

参考文献　大槻文彦「青木昆陽先生に就て」(帝国教育会編『六大先哲』所収)，岩崎克己「前野蘭化の先駆としての青木昆陽」(『前野蘭化』所収)，中村直勝「青木昆陽」(『歴史と地理』3ノ1・3)

(杉本　勲)

006 **青地林宗** あおちりんそう　1775～1833　江戸時代後期の蘭学者．名は盈(えい)，字(あざな)は林宗，芳滸と号す．松山藩侍医の家に生まれ，はじめ家業の漢方医学を修めたが，のち蘭学に志し，通詞馬場貞由にオランダ語を学び，杉田立卿・宇田川玄真の諸家の指導を受ける．文政5年(1822)幕府天文台訳局訳官となり，蘭書の翻訳に従事したが，地誌・理学など専門の医学以外の分野に関心を寄せ多くの洋書を訳述した．杉田立卿らとともにゴロウニン著『日本幽囚記』の訳書『遭厄日本紀事』を完成し，続いて『万国地志』『輿地誌』65巻，『輿地誌略』7巻を訳述した．医業に専念できなかったため，経済的に恵まれなかったというが，清貧に甘んじて物理学の研究に没頭し，広く西洋物理学書を渉猟してボイスの『一般物理教本』に拠って『格物綜凡』を著わした．ついで文政10年この書の要綱を抄出してわが国最初の物理学書である．『気海観瀾』を公にし，本邦物理学の祖と称せられるに至った．天保3年(1832)

水戸侯の招きにより，西学都講を兼ねて訳業に従事したが，翌年2月21日病死した．59歳．江戸浅草曹源寺に葬る．訳著書に前掲書のほか，『訶倫（ホールン）産科書』『医学集成』『公氏内科書』『依氏薬性論』『奉使日本紀行』などがある．

参考文献　三枝博音『気海観瀾』解説（『日本科学古典全書』6）　　　　　　　　　　（大鳥蘭三郎）

007 赤蝦夷風説考 あかえぞふうせつこう　天明初年，工藤平助が著わしたわが国最初のロシアに関する研究書．本書は上下2巻に分けられ，下巻末に「天明元年(1781)四月二十有一日」の識語があり，上巻首に「天明三年癸卯正月日」の序文があるから，ほぼその間の成立と認められる．著者名の記載はない．上巻には「赤狄風説の事，附録蝦夷地に東西の差別ある事，西蝦夷之事」を収め，下巻は「カムサスカヲロシヤ私考之事，ヲロシヤの記事一名ムスコヒヤ，年代之事，ヲロシヤ開業の次第，松前より写来る赤狄の図説の事，ヲロシヤ文字の事，土産物」の諸篇に分かれている．上巻は主として松前方面からの伝聞や洋学者の教示によって記述し，下巻は1744年版の『ロシア誌』，69年版のヒュブネル『地理全誌』などの蘭書に基づいている．本書は文献的研究ではあるが，わが国におけるロシア研究の最初の業績であって，ロシア人の南下に対して北辺開発の緊急性を説いたものである．本書に啓発されて国論も高まり，幕府は巡見使を派遣して北方対策にとり組むようになったのであるから本書のもつ歴史的意義は大きいものがある．書名の「赤蝦夷」とはロシア人またはカムチャッカをさす．故に本書は『加摸西葛杜加国風説考』の別名を題する写本として多く流布しており，『赤蝦夷風説考』の書名をもつ本はむしろ稀である．また下巻の「年代之事」の一部分のみを抄出して『赤蝦夷風説考』と題し「最上徳内著，本田利明訂」と署名した写本や，『三国通覧補遺』『魯西亜略説』などの別名をもつ異本もある．別に，天明6年に最上徳内が択捉（えとろふ）島に渡り，はじめてロシア人に接した時の見聞を記述した一書に『別本赤蝦夷風説考』と外題した本もあるが，これは工藤平助の本とは全く同名異書である．『北門叢書』1，『蝦夷・千島古文書集成』3所収．→工藤平助（くどうへいすけ）

参考文献　鮎沢信太郎・大久保利謙『（鎖国時代）日本人の海外知識』，河野常吉「赤蝦夷風説考の著者工藤平助」（『史学雑誌』26ノ5），海老名一雄「工藤平助並に赤蝦夷風説考」（『歴史地理』31ノ1），大友喜作「工藤平助の『赤蝦夷風説考』」（『社会及国家』200）　　　　　　　　　　（福井　保）

008 上野焼 あがのやき　福岡県田川郡福智町上野産の陶器．細川忠興が慶長5年(1600)九州小倉城に入って間もなく，文禄の役の際連れ帰った朝鮮の陶工尊楷（のちに日本名を上野喜蔵という）を招いて焼かせたに始まる．現在まで続くが，寛永9年(1632)細川忠利が肥後移封になるまでの製品を古上野と呼ぶ．窯は3つあり，釜の口窯では古唐津によく似た日常器や茶器を焼き，皿山本窯はこれよりやや遅れて築かれ，やはり日常器・茶器を作ったが，青釉，刷毛目にかけた透明釉，黄味をおびた飴釉，鉄釉などに特色を示した．他の岩谷窯は量産品の窯であった．また忠利の肥後移封に際し喜蔵も従い，一族と奈良木窯を開き，喜蔵没後長男忠兵衛・次男徳兵衛は窯を平山に移し，明治中期まで続く．これらを八代焼といい，奈良木窯の遺品は少ないが，平山窯初期の「象嵌」は技巧優れ特に有名である．

参考文献　永竹威『陶器講座』3
　　　　　　　　　　（中川　千咲）

009 アカプルコ Acapulco　メキシコ合衆国西南部，太平洋に面した港．1531年コルテスによってはじめてヨーロッパ人に知られた．65年以降新大陸とフィリピンのマニラとを結ぶイスパニアの定期交通路の基点となり，同時にフィリピンを中継地とする中国産の「絹」と新大陸の「銀」との交換を基調とするガレオン貿易の中心であった．江戸幕府のメキシコ貿易計画によってわが国にも知られ，慶長15年(1610)には京都の商人田中勝介らが，また同18年には伊達政宗の遣欧使節支倉常長がこの地に上陸した．現在は著名な観光地である．

参考文献　『大日本史料』12ノ12，村上直次郎訳註『ドン・ロドリゴ日本見聞録』（『異国叢書』7）
　　　　　　　　　　（箭内　健次）

010 阿只抜都 あき ばつ　生没年不詳　高麗の辛禑王6年(1380)慶尚道より全羅道に侵入した倭寇の大将の1人．年のころ15，6，容姿端正，驍勇無比で，高麗軍におそれられた．高麗軍は彼を「阿只抜都」と呼んだ．この若武者の名が有名なのは，これを討った高麗軍の指揮官が，のちの李朝の太祖李成桂であったからである．「阿只」a-kiは朝鮮語で「幼児」を意味し，「抜都」baturはモンゴル語で「勇敢無敵の士」を意味する．

参考文献　『高麗史』，『竜飛御天歌』（『奎章閣叢書』4・5），『朝鮮太祖実録』　　　　　（末松　保和）

011 阿賢移那斯 あけんいなし　6世紀の官人．欽明天皇朝の初期，任那において権勢を持っていた．新羅に親近して，百済からは，任那を滅ぼすものとして排斥された．彼と同類の人として「佐魯麻都」がある．両人はまた「移那斯・麻都」と並記され，特に麻都は韓腹（韓人を母とする）と明記されている．　　　　（末松　保和）

012 阿佐太子 あさたいし　6世紀末の百済の王子．『日本書紀』に推古天皇5年(597)4月，朝貢のため来朝したことがみえる．これは百済の威徳王44年にあたるが，『三国史記』などには朝貢のことも該当する王子の名も伝わらない．『聖徳太子伝暦』には，この時阿佐は聖徳太子を観音菩薩の化身として敬礼礼讃し，太子も奇瑞

を現わし，阿佐が前生の弟子であったことを告げたという．阿佐を太子と称することは，『日本書紀』などにはみえず，顕真の『聖徳太子伝私記』にはじめてみえる．また後世，御物の聖徳太子画像の筆者に擬する所伝が生じた．
（飯田 瑞穂）

013 浅野幸長 あさのよしなが 1576〜1613 安土桃山・江戸時代前期の武将．和歌山藩主．幼名長満，初名長継・長慶，慶長3年(1598)から幸長と称した．天正4年(1576)近江坂本に生まれ，父は浅野長政，母は浅野長勝の女．同17年従五位下左京大夫に叙任，豊臣秀吉に愛されたという．翌年の小田原攻めには3000の兵を指揮して長政の軍に属し，岩槻城攻撃に参加，功績があって秀吉に賞せられた．文禄2年(1593)11月父とともに甲斐国を与えられ，16万石を分領した．しかるに同4年の関白豊臣秀次の失脚事件に連座し，能登津向に流された．原因は流布の軍記類では右筆芥川藤介の密告によるとするが，室池田氏の姉が秀次の妾であったために，嫌疑を受けたとする説の方が事実に近いらしい．また罪が軽微であったのは，かつて前田利家の五女と婚約した関係上，利家と北政所(秀吉室)との尽力があったからである．翌慶長元年(1596)閏7月恩赦された幸長は，同2年6月朝鮮再出兵のため渡海，翌月西生浦に着陣，ついて蔚山（ウルサン）城に拠った．彼は文禄2年にも1度渡海したが，今度は保証占領を目的とする作戦であり，かつ有力な明軍の包囲を受け，特に慶長2年12月から翌年正月にかけての蔚山籠城では苦戦をかさねた．しかしようやく明軍を撃退，3年4月帰国した．秀吉没後の不安な政情下では石田三成の党に強く反発，加藤清正・細川忠興らとともに「七人衆」と呼ばれた．そして関ヶ原の戦には東軍に属して先手衆となり，岐阜城攻撃に参加，戦後一時京都を警固，また大坂城西ノ丸を収容した．この戦功により紀伊国37万6560石余を与えられ，和歌山に鎮し，翌6年従四位下紀伊守に叙任，同15年には名古屋築城に参加，翌年豊臣秀頼の徳川家康謁見に扈従して豊臣氏のために尽くし，18年8月25日和歌山で没した．38歳．法号清光院春翁宗雲．和歌山の大仙寺に葬る．嗣子なく弟長晟が遺領を継承した．死因は女色に耽溺したためといわれるが，彼は稲富一夢につき砲術を学んで「天下一」と称されるほど武技に秀で，また孝心厚く，父長政のために盛大な葬儀を営んだことは当時有名であった．その女春姫は徳川義直に嫁す．室は池田恒興の女．→蔚山の戦（ウルサンのたたかい）

参考文献 『大日本史料』12ノ11，慶長18年8月25日条，浅野史蹟顕彰会編『浅野荘と浅野氏』
（岩沢 愿彦）

014 足利義満 あしかがよしみつ 1358〜1408 室町幕府第3代将軍．1368〜94在職．2代義詮の子．母は石清水八幡宮社務善法寺通清の女紀良子．良子の母通玄寺開山智泉聖通は順徳皇子四辻宮善統親王の孫にあたる．良子は義詮に侍し義満とその弟満詮を生む．義満は延文3年(1358)8月22日政所執事伊勢貞継の邸で生まれ，幼名を春王という．康安元年(1361)12月南軍入京し，義詮は後光厳天皇を奉じて近江に奔ったが，時に義満は4歳．建仁寺大竜庵に逃れ，ついて播磨白旗城に入り赤松則祐に養われた．やがて帰洛し，貞治5年(1366)12月7日天皇より名字を義満と賜い，従五位下に叙せられた．同6年12月父義詮の死とともに足利氏を継ぎ正五位下左馬頭に叙任せられ，細川頼之管領となってこれを補佐した．応安元年(1368)4月15日元服し．12月30日征夷大将軍に任ぜられ，同5年11月判形始を行い政務にあたる．時に15歳．同6年11月25日参議兼左中将に任ぜられ，永和元年(1375)従三位に昇る．同4年より室町に新第を営み，やがて三条坊門第より移住した(室町幕府の名はここに起る)．このころ頼之の執政に対する諸将の反感ようやく募り，康暦元年(1379)閏4月義満はついに頼之を下国せしめて，斯波義将を管領とした(康暦の変)．また春屋妙葩（しゅんおくみょうは）を僧録として新興の禅徒を統制した．かくしてようやく世は平穏に復し義満は同2年正月従一位に昇り，翌永徳元年(1381)3月後円融天皇を室町第に迎え，6月26日内大臣に任ぜられた．このころより在来の武家様の花押のほかに公家様の花押を用い，ついて公家様の花押のみを使用し，諸儀摂家に倣うに至る．同2年正月左大臣に任ぜられ，4月後円融天皇譲位とともに院別当に補せられ，翌3年正月には源氏の長者となり，淳和・奨学両院の別当を兼ね，6月26日には准三宮宣下をうけた．これより朝廷内の実権を握り「諸家の崇敬君臣の如し」と称された．その後，嘉慶2年(1388)左大臣を辞し，駿河に富士を遊覧して鎌倉公方氏満の来会を期待し，翌康応元年(1389)には厳島詣の途中讃岐に細川頼之を訪うて旧交を復し，明徳2年(1391)4月には頼之の弟頼元を管領とした．かくして12月山陰の大守護山名氏清を内野の戦に滅ぼし(明徳の乱)，翌3年閏10月には南朝との講和を成立させ，後亀山天皇を京都に迎えて神器を後小松天皇に奉り，50余年の両朝対立を拾収したのである(南北朝の合体)．ついて12月には左大臣に還任し，翌年6月には斯波義将を管領に還補した．義満は細川・斯波の両氏を用いてよく南北朝争乱後の社会を治め，応永元年(1394)12月17日将軍の職を子義持に譲り，同月25日太政大臣に任ぜられたが，翌2年6月3日これを辞し，同月20日出家した．法名は道有，ついて道義と改め，道号は天山という．時に38歳．この時公家・武家多数のものが義満に従って出家した．義満ついて東大寺・延暦寺の戒壇に登り，また相国寺大塔を建立し，その諸儀いずれも法皇の進退に擬し，相国寺内に鹿苑院を建てて檀那塔となし，同4年には北山第(金閣寺はその一部)を造営し，

やがてここに移住してこれを仙洞に擬した．これよりさき義満は九州探題として大功のあった今川了俊を召還したが，同6年12月には山陽の大守護大内義弘を堺に討って(応永の乱)西国支配を強め，同8年5月肥富(こいつみ)某らを明に遣わして，元寇以来絶えていた国交を開いた．これより明との通商が行われ，明帝は義満を「日本国王源道義」と呼び冠服・金印・勘合を送り，その正朔を奉じて海寇の鎮圧することを求めた．義満の明に対する追従外交は当時から批判があったが貿易の利益と義満の国内的虚栄のためその一代を通じて行われ，明船の兵庫来港ごとに義満は妻妾を伴って見物に出かけ，明使を北山第に饗応した．義満の時代は室町幕府の最盛期で関東の氏満・満兼もその威に伏し，三管領・四職をはじめ幕府の職制も整い，五山十刹の制も成り，後世武家政治の規範となった．ことにその晩年の10年ほどは義満の権威は絶対的なものとなり，朝廷はその庇護のもとに安泰を保ち，公卿らは北山殿の鼻息をうかがい，武将らは北山殿の権威を背景に守護国の領国化を進めた．義満はまた公家文化を愛好したため朝廷の諸儀式をはじめ，和歌・連歌・舞楽・蹴鞠の会が盛んに催され，義満の禅宗信仰，外来文化の尊重から宋元名画の蒐集や五山文学の盛行，さらに内裏をはじめ宝幢寺・相国寺や室町第・北山第の造営，勧進猿楽の張行など，義満を中心とする北山文化の華咲いた時期でもあった．応永13年12月27日通陽門院が没すると，義満の意向によってその室日野康子が国母に准ぜられ，入内して院号宣下があり北山院と称した．同15年3月には後小松天皇の北山第行幸があり，義満の愛子義嗣はこれを機会に累進し，4月には内裏において親王の儀に准じて元服し，義満の後継者と目されたが，5月6日義満は北山第に没した．病に臥することわずか旬日，51歳であった．10日京都の等持院に茶毘し，中陰仏事の後，相国寺鹿苑院に塔す．法号を鹿苑院天山道義という．すでに官位を極めた義満に対し，朝廷は太上法皇の尊号を贈らんとしたが，斯波義将の計で義持からこれを辞退し，また後継者も義将らの推戴で現将軍義持と決した．義満ははじめ日野時光の女業子を正室としたが，応永12年病没した後，日野資康女業子の姪にあたる康子を正室とした．次代将軍義持・義教の生母は藤原慶子で，他に側室も多く，男子には義持・義嗣・義教のほかに，禅僧友山清師・同虎山永隆・仁和寺法尊・大覚寺義昭・梶井義承，女子には大慈院聖久・同聖紹・入江殿聖仙・法華寺尊順・光照院尊久および宝鏡寺主・摂政院主などがある．→勘合貿易(かんごうぼうえき)　→遣明使(けんみんし)　→寿安鎮国山(じゅあんちんこくのやま)　→日本国王(にほんこくおう)

参考文献　『大日本史料』7ノ10，応永15年5月6日条，渡辺世祐『室町時代史』，臼井信義『足利義満』(『人物叢書』38)，佐藤進一『足利義満』(『平凡社ライブラリー』62)，今谷明『室町の王権』(『中公新書』978)，田中健夫「足利義満の外交」(『対外関係と文化交流』所収)
(臼井 信義)

015 粛慎 あしはせ　前6・5世紀以来中国の東北境外を領域とする民族の名称で，中国の古典にみえる．楛矢と石弩を用いることが特徴とされている．後3世紀ごろの挹婁人，隋唐代に活躍する勿吉・靺鞨人はその後裔とされており，ツングース系民族とみられるが，実体は明らかでない．一方『日本書紀』をはじめ日本の史料にも日本の東北地方以北の住人として，粛慎の名が散見している．初見は『日本書紀』欽明天皇5年12月条の佐渡に到来した記事であるが，斉明天皇6年(660)3月条には，蝦夷地に入った阿倍比羅夫の軍に，粛慎の攻撃を受けた渡島の蝦夷が救援を求め，比羅夫が粛慎を討ったという記事がみえる．これによれば粛慎は渡島の蝦夷とは異なる民族の名称として用いられている．これらの記事にみえる粛慎について，中国大陸から樺太・北海道方面に渡来したツングース系民族とみる説，朝廷に服属しない蝦夷に対して用いられた中国風の雅名とする説，その他諸説ある．つまり中国史料の粛慎と同じものとみるか，中国の古典にみえる民族名をその知識によって日本の東北地方の民族にあてたものとみるか，見解が分かれているが，後者のように考えるべきであろう．なお，粛慎の訓を「みしはせ」とする説もあるが，粛慎と同じ対象の別称とみられる靺鞨が「阿志婆世(あしはせ)」とも表記されているので，粛慎も「あしはせ」と訓むのが正しい．アとア(ミ．見に由来する片仮名)の字形の相似から誤読が生じたものである．　→靺鞨(まっかつ)

参考文献　高橋富雄『蝦夷』(吉川弘文館『日本歴史叢書』2)，池内宏「粛慎考」(『満鮮史研究』上世所収)，津田左右吉「粛慎考」(『日本古典の研究』下所収)，児島恭子「古代のエミシ，エゾ観」(『アイヌ民族史の研究』所収)，熊田亮介「蝦夷と蝦狄」(『古代国家と東北』所収)，蓑島栄紀『古代国家と北方社会』
(石井 正敏)

016 飛鳥文化 あすかぶんか　文化史上，7世紀前半の推古朝を中心とする時期の文化をいう．7世紀後半の白鳳文化に先行する．朝鮮を経由して南北朝文化の積極的受容の行われたところに，先行および後続する時期の文化と異なる最大の特色が見出されるので，大陸文化との関連からまず見て行くこととする．

〔東アジア史の中での飛鳥文化〕すでに5世紀末から，百済は高句麗の南進におされて後退を続け，6世紀前半までに都を慰礼から熊津に，さらに泗沘にと移すことを余儀なくされた．この危機を脱するために，百済は，一方で南朝に入貢して中国の歓心を求め，仏教・儒学・陰陽道・医学・造形美術などの中国文化を

学びとっていたが，他方，日本の政治的援助を求めるための反対給付として，しきりにこれらを日本に再輸出した．6世紀後半の日本に，百済から五経博士・暦博士・仏僧・造仏工・造寺工・仏像などが貢上されたのは，そのような事情によるものである．また，高句麗も，真興王以来勢力を強化した新羅からその領土を侵されるに及び，広開土王の時代以来朝鮮半島において覇権を争っていた日本との関係を改める必要を感ずるに至り，570年には日本に使を送り，対馬海峡を経由しての百済との交通路のほかに，新しく日本海を通じて日本と高句麗とを結ぶ国際交通路が開かれることとなった．飛鳥文化は，このような6世紀における東アジアの文化伝送コースの形成を歴史的前提として成立したのである．ただし6世紀までの大陸文化の移植は，もっぱら外国側から伝えられるものを受け入れる受動的姿勢で進められたのに対し，7世紀にはいると，さらに日本から進んで大陸文化を積極的に輸入しようとする自覚が明らかにみられるようになる．『隋書』によれば，推古天皇15年にあたる607年に，日本の使人が隋に送られ，隋の皇帝が仏法を興したと聞き，特に遣わされてきた旨を述べたと記されており，当時の日本政府が隋の仏教文化を学びとる目的で遣隋使を派遣したことが知られる．『日本書紀』は，この年ならびにその翌年，小野妹子が遣隋使として隋に渡ったことを記し，608年のときには，高向漢人玄理（たかむこのあやひとげんり）ら4人の学生（がくしょう）と新漢人日文（いまきのあやひとにちもん）ら4人の学問僧が留学生として送られたことを記している．従来の朝鮮半島経由の文化移植に加えて，新しく大陸との直接の文化移植路が開かれたのであった．新羅の勢力発展になやまされた百済は，ひき続き日本との関係を密にするために，7世紀以後もしばしば文化を日本に伝え，高句麗も，隋の中国統一によって脅威を感じたためであろう，日本への文化輸出を積極化してきた．このような，大陸・朝鮮半島のひんぱんな文化的交通が，飛鳥文化の内容を，前代に比べて著しく新たにさせるにあずかって力があったのである．隋・唐の中国統一王朝の文化の影響が濃厚に現われてくるのは，次の白鳳文化以後であり，この時期まではもっぱら南北朝文化の延長線上にあったと見られるが，とにかく大陸文化を継受して前代までに見られなかった新しい文化が展開し，飛鳥文化と呼ばれる一時期を文化史上に画したのである．

〔飛鳥文化の主内容〕この時期においても，日本の伝統的文化が広く維持されており，むしろそれが外延的には最も支配的であったことは言うまでもないが，その点では特に飛鳥文化に限定して特色づけるだけの時代的独自性を求めることはむずかしく，飛鳥文化の独特の内容としては，おのずから先に述べたような国際的情勢に基づいて継承された大陸的新文化の開花に注目しなければならない．その内でもとりわけ重要なのは，仏教文化である．当時の仏教は単なる宗教としてでなく，いわば大陸文化を凝集したものとして受容された．仏教はすでに6世紀以来，蘇我氏らをおもなにない手として受容され，百済から貢上された技術者の力をかりて，7世紀初めにかけ飛鳥寺の造営が進められ，その後さらに寺院が各地に続々建立されたが，この時代の寺院は，前述の仏教のあり方に従い，信仰のための殿堂というよりは，むしろ大陸の新しい建築・彫刻・絵画・音楽などの文化を形象的に表現するところに最も大きな歴史的役割があったように思われる．それらは，飛鳥寺と蘇我氏との関係に代表されるように，当時の支配層である豪族により建立されたものであって，これまで古墳の造営に投入されていたかれらの富と権力との多くが，この新しい文化の建設に割かれることとなったようである．飛鳥寺塔婆の心礎から発見された舎利容器のうちに，古墳の副葬品と同種の品物が豊富におさめられていたことは，古墳文化と飛鳥文化との結びつきと，また古墳文化から飛鳥文化への展開とを物語っているのではなかろうか．飛鳥文化における仏教は，このように造形美術の面で，日本文化史の上に一新時期を画するものであったが，思想史の面でも新しい動向のめばえていたことをみのがすべきではない．この時期の仏教は，豪族らにより，もっぱら現世信仰のための呪術として受容されていたもようであり，それが後世まで日本仏教の基層を形づくることとなるのであるが，そのような一般的水準を破る思想の理解も皆無ではなかった．聖徳太子の仏教思想については，学問的に確実な史実としてどこまで確認できるか，現在の学界ではまだ多くの疑問につつまれているけれど，少なくとも，その遺語として疑いのない「世間虚仮，唯仏是真（よのなかはむなし，ただほとけのみこれまことなり）」という言葉によってみても，現実の否定とその上に立脚する高次の世界の自覚という，仏教哲学の核心を理解していたことがうかがわれ，後世の高い仏教思想展開の起点がすでにここに見出されるのである．

なお，仏教文化だけでなく，中国風政治道徳思想ならびに法律制度の移植も，この時期に始まっている．6世紀以来百済から五経博士が貢上され，儒教の古典の学習が始まっていたと思われるが，そこではおそらく文章の読解の程度にとどまっていたのであろう．これに対し，聖徳太子のしごととして疑いのないものに冠位十二階の制定があるが，それは儒教の徳目を名称に選び官人の序列を定めたものであるから，ここでは明らかに儒教が思想，特に政治思想として理解され利用されたことが認められるのである．中国風の法律制度を模した政治秩序をつくり出そうとする動きは，次の白鳳期にはいってからのことであるが，その先駆と

なるものをこの時期に見ることができる．最後に，神祇祭祀・史書編集についてこの時期にかけられている史伝，この時期のものとされている歌謡などについては，史料として問題があるので，伝統文化については言及しない．

[参考文献] 『(図説)日本文化史大系』2，家永三郎「飛鳥・白鳳文化」(『(岩波講座)日本歴史』2所収)

(家永 三郎)

017 阿曇比羅夫 あずみのひらぶ　7世紀中ごろの人．阿曇山背連比羅(良)夫とも記す．皇極天皇元年(642)正月，百済に遣わされていた比羅夫は舒明天皇の崩御を聞き，百済の弔使とともに帰国，みずからは葬礼に奉仕するため筑紫より単独で上京し，百済の大いに乱れていることを報告した．ついで命を奉じて草壁吉士磐金らとともに百済の弔使にその国情を尋ねている．なお当時来朝中の百済の王族翹岐を自分の家に置いていることは，比羅夫と百済との関係の密接なことを示すものであろう．のち，百済救援の役に将軍の1人として活躍し，百済の王子豊璋の護送にもあたった．戦後に大錦中の冠位を授けられている．なお『日本書紀』推古天皇31年(623)11月条の阿曇連(闕名)も比羅夫のことであろう．

[参考文献] 池内宏「百済滅亡後の動乱及び唐・羅・日三国の関係」(『満鮮史研究』上世2所収)，坂本太郎「天智紀の史料批判」(『日本古代史の基礎的研究』上所収)，後藤四郎「大化前後における阿曇氏の活動」(『日本歴史』226)

(後藤 四郎)

018 足立長雋 あだちちょうじゅん　1776～1836　江戸時代後期の産科医．江戸に生まれる．本姓は井上，名は世茂，無涯と号す．鹿児島藩医足立山庵について漢方医学を修め，その才能を愛されて養子となり，足立姓を名乗る．のち吉田長淑に師事してオランダ医学を修める．篠山候に聘せられて侍医となる傍，西洋医学書の翻訳に従事した．天保2年(1831)『医方研幾方剤篇』を著わす．西洋産科書について独自の研究を行い，ついに西洋産科の祖と称せられるに至った．その著訳書『産科集成』『産科礎』は西洋産科の指標として注目され，安芸守定以後の産科医方を一新した．同7年11月26日没．61歳．江戸芝白金重秀寺に葬る．

(大鳥蘭三郎)

019 阿塔海 アタハイ　1234～89　蒙古の武将．弘安の役における元軍の総司令官．スルドス氏．父祖のあとを継いで千戸となり，各地に転戦．特に南宋の討滅に大功を立てた．至元18年(1281)6月26日，征収日本行省の右丞相に任ぜらる．前任者のアラハン(阿刺罕)が重病となったための交代である．なおアラハンは間もなく死去した．かくて慶元(寧波)より江南軍10万，戦艦3500艘が，日本に向かって進発したが，大風に遇って覆没，遠征は失敗した．20年正月，再び日本行省右丞相に任ぜられたが，この第3次遠征は中止．のち東北の親征(ナヤン討伐)に従い，26年12月死去．順昌郡王に追封．

[参考文献] 『元史』阿塔海伝，池内宏『元寇の新研究』，山口修「元寇の研究」(『東洋学報』43ノ4)

(山口 修)

020 アダムス William Adams 1564～1620　日本に来た最初のイギリス人．1564年9月24日イギリスのケント州ジリンガムに生まれ，少年時代を造船所の徒弟として過ごし，のちに水先案内となる．88年スペインの無敵艦隊との交戦の際には，イギリス艦隊の1船に船長として参加した．その後オランダに渡り，北西航路の探険航海にも加わった．98年司令官ヤコブ=マフの率いる5艘からなる東洋遠征船隊に水先案内として加わり，ロッテルダムを出航した．同船隊はマジェラン海峡を通過後四散したが，アダムスの乗り組んでいたリーフデ号は日本への進路をとり，慶長5年3月16日(1600年4月19日)豊後の海岸に漂着した．その地点は臼杵に近い佐志生(さしう)と推定される．アダムスは船長の代理として大坂に行き徳川家康に会見，その後堺の港から浦賀にリーフデ号を回航させた．家康はアダムスを厚遇し，江戸日本橋の近傍に邸を与え，また相模三浦郡逸見(へみ)に250石の知行地を支給した．彼は水先案内を意味する按針(または安針・行師(あんじ))の通称で呼ばれていたので，その邸の付近は安針町と呼ばれ，また彼自身三浦の領主として三浦按針の名を用いていた．彼はイギリスに妻マリーと2人の子を残して来たが，江戸で日本人女性と結婚し，ジョセフ・スザンナの2児をもうけた．その女性は日本橋大伝馬町名主馬込勘解由の娘ともいわれているが確証はない．アダムスは家康の側近に仕えて幾何学や数学を教えたこともあり，またその命によってイギリス型帆船2艘を伊豆伊東で建造した．同18年イギリス東インド会社の派遣したクローブ号が来日し，司令官ジョン=セーリスはアダムスの斡旋により家康から通商の許可を得て平戸に商館を設けた．アダムスは会社と3年間の雇傭契約を結んだ．そして商館のためにシャム貿易を行い，またのちにみずから朱印船主となって安南・東京(トンキン)に渡航した．元和6年4月24日(ユリウス暦

按針塚(『ザ=ファーイースト』)

1620年5月16日)平戸で病死した．55歳．平戸の墓地は所在明らかでないが，神奈川県横須賀市西逸見町には，彼とその妻とを祀った按針塚が残っている．　→リーフデ号

参考文献　『大日本史料』12ノ33，元和6年4月24日条，岡田章雄『三浦按針』(『創元選書』130)

(岡田　章雄)

021 阿直岐 あちき　応神天皇の代に百済から派遣されてきたという人物．阿知吉師とも書く．良馬2匹を朝廷に貢上し，厩坂で飼養したと伝える．経典をよく読み，菟道稚郎子(うじのわきいらつこ)の師となる．百済博士王仁は阿直岐の推挙で招かれたと『日本書紀』にみえている．『古事記』は阿直史らの祖とし，『日本書紀』は阿直岐史の始祖とする．天武天皇12年(683)10月阿直史は連に改姓，承和元年(834)9月には阿直史福吉ら3人が清根宿禰と改氏姓．『新撰姓氏録』右京諸蕃に記す安勅連(百済国魯王より出づ)は，阿直氏に関係のあるものと考えられる．

(上田　正昭)

022 阿知使主 あちのおみ　4世紀末から5世紀初めごろに朝鮮から渡来し，東漢(やまとのあや)氏の祖となったと伝える人物．使主は敬称，阿智王とも書く．『古事記』『日本書紀』によると，応神朝に子の都加使主(つかのおみ)とともに17県の党類を率いて来帰したといい，その後応神朝の末年に都加使主とともに呉(くれ)の国(中国江南の地，年代的には南朝の東晋か宋のころにあたる)に使して，縫織の工女(兄媛・弟媛・呉織・穴織)を連れ帰り，次の仁徳天皇の死に際して弟の住吉仲皇子に殺されようとした履中天皇の危急を救い，履中朝に蔵官に任じて粮地を与えられたという．『古語拾遺』にも，履中朝に新たに内蔵(うちくら)を建て，阿知使主と王仁(わに)にその出納を記録させ，はじめて蔵部(くらべ)を置いたとある．阿知使主渡来伝説はさらに7・8世紀の間に東漢系諸氏の手で発展させられたらしく，『続日本紀』宝亀3年(772)4月条，同延暦4年(785)6月条，『坂上系図』所引の『新撰姓氏録』逸文などでは，かれは後漢の霊帝の曾孫で，漢魏交替の際に帯方郡に移り，さらに7姓の漢人と多数の人民を連れて日本に来帰し，大和国高市郡の檜前(ひのくま)村(奈良県高市郡明日香村)に居地を与えられたということになっている．これらはそのままは信じがたいが，東漢氏の祖が応神朝ごろに渡来した中国系の帰化人で，すぐに朝廷に重用され，一族発展の基を開いたという程度は，ほぼ事実かと思われる．なお『古事記』では阿直岐(あちき)を阿知吉師と書いているが，阿直岐と阿知使主は別人であろう．　→東漢氏(やまとのあやうじ)

参考文献　関晃『帰化人』(『日本歴史新書』)，加藤謙吉『大和政権と古代氏族』

(関　晃)

023 アドネ Mathieu Adnet 1813~48　フランスのカトリック司祭，パリ外国宣教会宣教師．1813年12月8日フランスのウェルダン教区生まれ．日本布教を志して弘化3年(1846)琉球の那覇に渡り，ル＝テュルデュとともに，天久(あみく)の聖現寺で日本語を勉強しながら，日本入国の機会を待った．厳しい監視下におかれ，聖現寺での囚人のような不自由な生活の中で肺を病み，嘉永元年(1848)7月1日病死した．34歳．同地に墓がある．

参考文献　浦川和三郎『切支丹の復活』前篇

(片岡　弥吉)

024 アビラ＝ヒロン Bernardino de Avila Giron　生没年不詳　イスパニアの貿易商人といわれている．1590年新フィリピン総督ゴメス＝ペレス＝ダスマリニャスらとともにメキシコからマニラに着き文禄3年(1594)フランシスコ会のアグスティン＝ロドリゲスらとともに7月12日平戸に着いた．その後，長崎から薩摩，有馬，口ノ津を旅行し，慶長3年(1598)には長崎に居住していたが，間もなく東南アジア諸地方へ赴いた．同12年5月再度来日し，以後元和5年(1619)までは日本を離れなかったが，その後の消息は不明である．彼は滞在中の見聞などを中心に『日本王国記』(佐久間正・会田由・岩生成一訳注，『大航海時代叢書』11)を執筆した，これは宣教師以外の人の著書として珍しいものであり，内容も当時の政情を鮮やかに描写し，きわめて価値の高い書である．　→ヒロン日本王国記

参考文献　岡本良知「ベルナルディーノ・デ・アビラの日本記に就いて」(『キリシタンの時代』所収)

(箭内　健次)

025 阿部真造 あべしんぞう 1831~88　江戸時代後期の唐通事筆者，キリスト教徒．本名貞方次平太，通称良助．天保2年(1831)長崎八百屋町に生まれ(『大隈文書』)，家職の唐通事筆者となったが，故あって失職．受洗して大浦天主堂に隠れ，阿部新造，のちに真造と名乗り，プチジャン版教書出版および神学生教育を手伝った．浦上教徒事件に際して明治2年(1869)12月，香港に逃れ，4年帰国，翌年横浜天主堂を脱走して西郷隆盛に建白書を提出．切支丹説破のため教導職についた．晩年のことは明らかでない．明治21年3月21日没．58歳．著書に『夢醒真論』がある．

参考文献　片岡弥吉「阿部真造について」(『キリシタン研究』6)

(片岡　弥吉)

026 阿倍仲麻呂 あべのなかまろ 698~770　奈良時代の遣唐留学生．唐朝の官吏．唐にあって仲満・朝衡(ちょうこう)とも称する．阿倍船守の子．霊亀2年(716)7月，吉備真備らとともに遣唐留学生となり，翌養老元年(717)出発．天平6年(734)10月の帰国に失敗した入唐使判官平群広成は，仲麻呂の進言による渤海路をとって11年に帰朝している．天平勝宝5年(753)遣唐大使藤原清河とともに僧鑑真の渡日を要請し，ともに帰国を志したが失敗した．その後玄宗に仕え秘書監，左補闕と

なり，上元年間(760〜62)左散騎常侍，鎮安南都護に抜擢された．他に大唐光禄大夫・右散騎常侍兼御史中丞・北海郡開国公ともいう．大暦5年(宝亀元，770)唐土に没．73歳．のち，唐朝から潞州大都督が贈られ，本朝でも宝亀10年5月遺族に物を賜わり，承和3年(836)5月正二品が贈られた．帰国に関する詩2首・歌1首を残し，李白の哀悼の詩，王維・趙驊(ちょうか)・儲光羲(ちょこうぎ)・包佶(ほうきつ)の惜別の詩がある．

参考文献 長野勲『阿倍仲麻呂と其時代』，杉本直次郎『阿倍仲麻呂伝研究』　　　　　　(中西 進)

027 阿倍比羅夫 あべのひらふ　生没年不詳　7世紀の武将．大納言正三位阿倍朝臣宿奈麻呂の父．『日本書紀』はその事蹟を次のように記している．斉明天皇4年(658)4月阿倍臣は船師180艘を率いて蝦夷を伐ち，齶田(あきた)・淳代(ぬしろ)2郡の蝦夷を降した．そこで軍を整え，船を齶田浦に連ね，朝廷に忠誠を誓った齶田の蝦夷恩荷(おか)に小乙上の位を授け，淳代・津軽2郡の郡領を定め，有間浜(ありまのはま)に渡島(わたりのしま)の蝦夷らを召し集めて大いに饗して帰った．同年，越(こし)の国守阿倍引田臣比羅夫は粛慎(あしはせ)を討ち，生羆(しぐま)2頭・羆の皮70枚を献じた．同5年3月船師180艘を率いて蝦夷国を討ち，飽田(あきた)・淳代2郡の蝦夷112人とその虜31人，津軽郡の蝦夷112人とその虜4人，胆振鉏(いぶりさえ)の蝦夷20人を一ヵ所に集めて大いに饗して禄を賜い，その時，船1隻と五色の綵帛(しめのきぬ)とをもってその地の神を祭った．さらに肉入籠(ししりこ)に至った時に問莵(といふ)の蝦夷胆鹿島(いかしま)・莵穂名(うほな)が，後方羊蹄(しりべし)を政所となすべしと進言したのを容れて，ここに郡領を置いて帰った．これはある本には，阿倍引田臣比羅夫が粛慎と戦って帰り，虜49人を献じたとある．同6年3月，船師200艘を率いて粛慎国を伐ち，陸奥の蝦夷を比羅夫の船に乗せて大河の側に至ったが，この時渡島の蝦夷1000余が海畔に河に向かって屯営し，営中の2人が突如粛慎の船師が来襲してわれらを殺そうとすると叫び，河を渡って合体することを求めた．2人の蝦夷が賊の隠れ場所と船20余艘がいることを告げたので，比羅夫は使いを遣わして賊を呼びよせようとしたが，応じなかった．そこで，綵帛などを海畔に積んでおびきよせようとすると，粛慎は船師を連ね，羽を木にかけて旗とし，浅瀬に近づき，2人の老翁が現われ，単衫(ひとえぎぬ)を換えて着用し，布1端ずつを持ち去って船に帰ったが，再び現われ，それらを置いて船に乗って退いた．比羅夫は呼び戻そうとしたが，そのまま弊賂弁島(へろべのしま)に帰り，和を求めるも肯ぜず，柵に拠って戦った．時に能登臣馬身竜(まむたつ)は敵に殺され，賊は敗れて己れの妻子を殺した．同年5月，比羅夫は蝦夷50余人を献じた．天智天皇元年(662)8月，前将軍大華下阿曇(あずみ)比邏夫とともに，後将軍として，大華下阿倍引田比邏夫臣は，百済救援の軍を率いて出陣し，同2年3月前将軍上毛野君稚子(わかこ)，中将軍巨勢神前臣訳語(こせのかんさきのおみおさ)とともに，後将軍として，2万7000人を率いて新羅を伐った．8月28日わが水軍は唐の水軍と白村江(はくすきのえ)に戦って敗れ，9月24日派遺軍は百済の遺民とともに帰国を決定しその翌日，日本に向かって船出したと．なお，『続日本紀』によれば，斉明朝に比羅夫は筑紫大宰帥で大錦上の位を授けられたことを知る．以上のうち，斉明紀の記事については，一読して，年紀や記事内容に付会・混乱・錯雑が感じられ，記事をそのままには認め難い．それは，『日本書紀』が，主として阿倍氏家記と政府記録の断片によって記事をなし，史料の不備を整理することができなかったためであろう．これらの記事については，早く本居宣長が『古事記伝』27において，斉明天皇4年・5年の記事は1回の遠征の重複であると論じて以来，6年の記事をも含めて，これをすべて1回の遠征記事の重複であるという論も行われている．しかし，おそらく斉明天皇4年のころ，越国守比羅夫が，齶田・淳代・津軽方面の蝦夷を征してその地の支配を確保したことは認められよう．さらに同6年のころ，この方面の蝦夷がしばしば粛慎の侵寇に悩んでいたため，その要請を受けて，再び遠征を行い，粛慎を討ったのであろう．この粛慎については，蝦夷と異なるもので，おそらくはアイヌではないかと思われる．以上のような事情が背景にあって，越国から海路一躍遠征が行われたのであろう．なお渡島は船で渡った津軽地域をさし，のちには蝦夷地(北海道)をさすようになったものと思われる．

参考文献 津田左右吉「粛慎考」(『日本古典の研究』下所収)，村尾次郎「渡島と日高見国」(『芸林』5ノ3)，坂本太郎「日本書紀と蝦夷」(『日本古代史の基礎的研究』上所収)，田名網宏「阿倍比羅夫の渡島遠征について」(『日本歴史』66)，同「斉明紀「渡島」再論」(『史学雑誌』67ノ11)，丸山二郎「斉明紀における阿倍臣の北進について」(『日本の古典籍と古代史』所収)，高橋富雄『古代蝦夷を考える』，蓑島栄紀『古代国家と北方社会』　　　　(田名網 宏)

028 アヘン戦争 アヘンそう　中国へのアヘン密輸入問題から発展したイギリスの中国に対する最初の侵略戦争(1840年(道光20)〜42年)．鴉片戦争・阿片戦争とも書く．1685年清朝がイギリス・オランダなどのヨーロッパ諸国の通商を許可して以来，茶・生糸・磁器などの輸出によって中国へは多額の銀が流入し続け，この銀の流入によって中国経済は未曾有の繁栄を持続していた．ヨーロッパ諸国の中でもイギリスは最大の茶消費国として大量の茶を輸入し，18世紀末には中国の外国貿易をほとんど独占するに至ったが，中国への商品輸出は

振るわず，茶の購入代金はもっぱら銀で支払われていた．ところが18世紀末からインド産の棉花・アヘンなどの輸出がのび，特に1800年ごろから中国のアヘン消費が急増したため中国への銀の流入は漸減し，1827年以後は逆に毎年多額の銀が流出するようになった．そのため中国国内の流通銀はたちまち欠乏し，国内経済は深刻な不況に傾き，国家財政も危機に瀕した．清朝は1796年にアヘンの輸入および吸飲を禁止して以来，頻繁に禁令を重ねたがほとんど効果があがらず，アヘン商人と結託した地方官や軍隊の保護のもとに密輸入が半ば公然と行われていた．そこで清朝はアヘン厳禁を唱えて着々実績をあげていた湖広総督林則徐を起用して欽差大臣に任じ，広東に派遣してアヘン密輸の取締りを命じた．林則徐は1839年3月，イギリスおよび英米とアヘン商人を商館に監禁して所有アヘンの引渡しを強要し，2万余箱を提出せしめてこれをことごとく廃棄，厳刑を以てアヘン輸入禁止の方針を明示した．イギリス政府はこの処置を不当とし，武力を以てアヘン貿易を確保するとともに，中国との国交確立，開港場の増加など，従来の懸案をも一挙に解決すべく，1840年中国に遠征軍を派遣した．イギリス全権ジョージ＝エリオット，次席全権チャールズ＝エリオットはまず舟山を占領し，大沽に赴いて清朝に要求をつきつけた後，林則徐に代わった欽差大臣琦善と広東で交渉を行い，ついに武力を行使して広東省城まで制圧したが，結局条約の締結に失敗したため，イギリス政府はあらためてヘンリー＝ポティンジャーを全権に任命した．ポティンジャーは1841年7月から厦門・舟山・寧波を占領し，翌42年に乍浦・上海・鎮江を攻略して南京に迫ったので，清朝はついに屈服して8月29日南京条約を締結し，香港の割譲，広州・福州・厦門・寧波・上海の開港，林則徐が没収したアヘン代価600万ドルの補償，軍事費1200万ドルの賠償，両国官吏の対等な交渉権などを承認して和を講じた．この後さらに五港通商章程，虎門寨追加条約が追加され，領事裁判権，最恵国待遇条款，関税・国内通過税に関する協定など中国に不利な条項が一層明確に規定され，中国と列国との不平等関係の発端になった．なおイギリスにならってアメリカ・フランス両国も1844年に大体南京条約に近い内容の新条約を締結した．→江戸湾の防備（えどわんのぼうび）

参考文献　H. B. Morse: The International Relations of Chinese Empire, The Period of Conflict, 1834—1860 (1910); W. C. Costin: Great Britain and China, 1833—1860 (1937). 矢野仁一『アヘン戦争と香港』
（佐々木正哉）

029 阿瑪港 あまかわ　⇒澳門（マカオ）

030 天草一揆 あまくさいっき　⇒島原の乱（しまばらのらん）

031 天草種元 あまくさたねもと　？～1589　安土桃山時代の武将．肥後国天草本渡城主，伊豆守．天草氏は筑前原田氏（大蔵氏）より出るといい，栖本・上津浦・大矢野の3氏も同族．義兄の鎮種（ミゲル）が永禄12年（1569）アルメイダを招いてより，領内にキリシタンが広がり，間もなく彼も受洗，霊名をドン＝アンドレアという．種元も他の天草五人衆とともに，天正15年（1587）豊臣秀吉征西の折，一旦は本領を安堵されたが，同17年小西行長が天草を知行するに及び，志岐麟泉に呼応してこれに叛き，行長および加藤清正の討伐を受けた．種元は本渡城の守将として奮戦ののち自刃したという．一説には種元の霊名をドン＝ジョアンとし，17年の敗戦後も生きて行長に属し，文禄の役にも参加，さらに関ヶ原の戦後は備前の小早川秀秋に預けられたともいう．

参考文献　八木田政名『新撰事蹟通考』（『肥後文献叢書』3），ミカエル＝シュタイシェン『切支丹大名記』（吉田小五郎訳），ルイス＝フロイス『完訳フロイス日本史』（松田毅一・川崎桃太訳，『中公文庫』）
（工藤　敬一）

032 天草版 あまくさばん　⇒キリシタン版

033 天草本イソポ物語 あまくさぼんイソポものがたり　アイソポス寓話集を翻訳したキリシタン版．原表題は『イソポのファブラス』とあって，宗教に無関係な西洋文学では最初の邦訳書である．文禄2年（1593），イエズス会天草学林刊．文禄元年の『天草版平家物語』，同2年の『天草版金句集』と3部合綴一冊，現在唯一の伝本が大英図書館にある．本文冒頭にマシモ＝プラヌーデのラテン語訳に拠るとあるが，その原拠本は不詳．邦訳者を明示しないが，日本人イルマン高井コスメが関与した可能性がある．本文は，「イソポが生涯の物語略」（イソポ略伝）と「イソポが作り物語の抜書」（寓話）との2部だてで，後者に70話を上下2篇に分けて収め，各寓話の末尾には「下心」として寓意を示している．邦訳の日本語は，当時の標準的な口語で，その発音を忠実に写す方針のもとにローマ字で綴っている．綴り方はポルトガル語のそれを基準としたので，現行のものとは違う点が多い．用語・表現ともに変化に富み多彩であるが，これは日本語教科書として，また説教の例話として役立てようとの編集目的（序言）にそうように配慮された結果である．ローマ字本のほかに，『伊曾保物語』と題する国字文体本が慶長・元和以降，10種余りわが国人の手で出版されている，ローマ字本との出入りが少なくないけれども，他書に引用のものをあわせて比較検討すると，源は一つであって，はじめに文語訳の広本ができて，その略本が現存の国字本，抄出口語訳がローマ字本となったらしい．後者は100頁の小篇ながら，当時の標準的な口語で書かれたもので，わが国最初の西洋文学移入書として，また国語の研究資料として貴重である．影印に京都大学文学部国語学国文学研究室編『（文禄2年耶蘇会板）伊曾保物語』（漢字・仮名

への翻字を含む），井上章『天草版伊曾保物語』（同）『勉誠社文庫』3，翻字に『岩波文庫』，『日本古典全書』，『角川文庫』，国字文語本の翻刻に『日本古典文学大系』90がある．

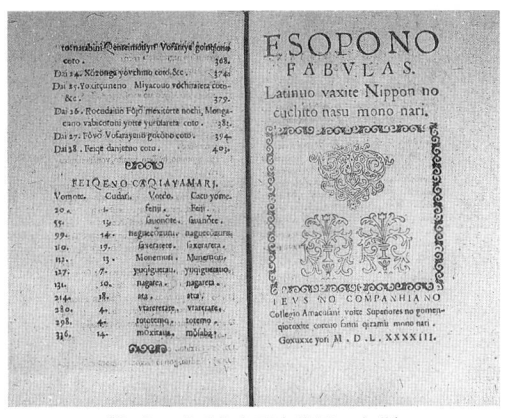

（左半は『天草本平家物語』末葉）

[参考文献] 新村出・橋源一『吉利支丹文学集』下解題（『日本古典全書』），橋源一『（文禄2年耶蘇会板）伊曾保物語』解題，土井忠生『吉利支丹文献考』，森田武『仮名草子集』解説（『日本古典文学大系』90）
（森田　武）

034 天草本平家物語 あまくさぼんへいけものがたり　外国人宣教師の日本語教科書．ローマ字日本文．文禄元年（1592）イエズス会天草学林刊．大英図書館蔵．原典『平家物語』本文を抄出，口語訳し対話体に改めたもの．4巻．所拠本は巻二初まで覚一本系統，以下百二十句本系統という．当時の貴重な口語資料．影印（吉川弘文館・勉誠社），亀井高孝・阪田雪子翻字『（ハビヤン抄キリシタン版）平家物語』（吉川弘文館），近藤政美他編『天草版平家物語総索引』（勉誠社）がある．

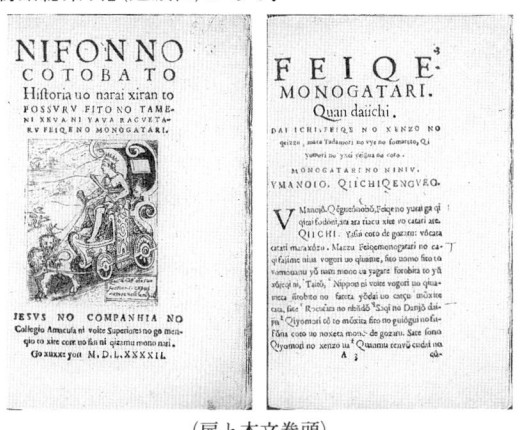

（扉と本文巻頭）

[参考文献] 清瀬良一『天草版平家物語の基礎的研究』，鈴木博「天草本平家物語小考」（『国語国文』43ノ9）
（森田　武）

035 アマティ　Scipione Amati 生没年不詳　イタリアの歴史家．『日本奥州国伊達政宗記幷使節紀行』の著者．1615年8月中旬より約半年の間，伊達遣欧使節のスペイン語・イタリア語通訳兼渉外掛として，マドリードよりローマまで使節に同行した．前掲やこの使節に関することを記した当時の文書から察するに，アマティは，古代ローマ史家タキトゥスなどの研究者として知られ，使節の随員になったのは公爵夫人や教皇使節などの推薦によるものである．また使節の請願により年金が与えられたほどその期待にそう充分な活躍をしたところよりみて，社会的にも，優れた才能を持ち信頼に価する人物であったと思われる．日本関係では，『使節紀行』のほかに，日本の自然・宗教・政治を述べた未刊の写本があり，バチカン文書館に保存されている．
（野間　一正）

036 アマティ日本奥州国伊達政宗記幷使節紀行 アマティにほんおうしゅうこくだてまさむねきならびにしせつきこう　慶長18年（1613）に伊達政宗がローマに派遣した使節の紀行をイタリア人シピオネ＝アマティ Scipione Amati がまとめて刊行したもの．明治34年（1901）坪井九馬三が翻訳し，昭和26年（1951）『日本奥州国伊達政宗記幷使節紀行』と題し宮城県史編纂委員会により県史編纂史料として謄写版で複写刊行されている．アマティはローマ生まれの歴史家で，マドリードに滞在中使節の一行に会い，通訳として同行し，ローマ教皇パウロ5世への謁見を斡旋し，またその謁見にも立ち会った．原本は1615年にローマで刊行，パウロ5世に献呈されイタリア文である．31章から成り，前半14章までは陸奥国の状態やその国主伊達政宗の事蹟，使節派遣の事情などを記し，15章以下に一行の旅行や謁見の記事が詳しく扱われている．昭和29年，東洋文庫より同文庫所蔵の原本の影印本が刊行されている．→慶長遣欧使節（けいちょうけんおうしせつ）

[参考文献] 『大日本史料』12ノ12，慶長18年9月15日条，岡本良知『キリシタンの時代』
（岡田　章雄）

037 天野屋太郎左衛門 あまのやたろうざえもん　生没年不詳　安土桃山・江戸時代前期の長崎の貿易商人．生没年月日は正確を得ないが，『柏原家旧記』によると天正5年（1577）生まれ，承応元年（1652）没と推定される．摂津国の生まれ．父は小堀遠州の家臣柏原兵部左衛門という．文禄の役に参加して牢人となり，肥後加藤清正の家臣柏原（のち加藤に改姓）平左衛門を頼り，熊本に在住して町人となる．加藤清正に仕え，下益城郡小川町に居所を定めるとともに，長崎にも店を置き，長崎買物奉行や畿内からの御用商品の購入にあたる．寛永5年（1628）浜田弥兵衛事件に活躍し，のちにオランダ長官ヌイツ Pieter Nuijts を捕縛したと主張した．しかしその主張は吟味される余地が十二分にある．加藤氏改易後は小川町に退居．同9年細川氏入国以後は，子藤左衛門・孫左太郎が熊本藩の長崎貿易品購入にあたるとともに，肥後蔵屋敷の出先役人的機能を果たす．しかし正保4

年(1647)子藤左衛門が死亡したらしく，再び太郎左衛門が長崎に転住し，長崎地下中惣代として，幕府に長崎貿易商業の振興策を訴えて活躍した．　→浜田弥兵衛事件(はまだやひょうえじけん)

参考文献　『熊本県史料』近世編，『松井家譜』(八代市松井家蔵)，『平戸オランダ商館の日記』1(永積洋子訳)，辻善之助「浜田弥兵衛」(『増補』海外交通史話』所収)，水田芳徳・八木田直次「小川町一領一疋柏原平八郎先祖遺書の内書抜仕上ル由来之事」(『史学雑誌』7ノ7)　　　　(森山　恒雄)

038 奄美大島 あまみおしま　鹿児島県に属し，鹿児島市の南西約400kmに位置する．『日本書紀』斉明天皇3年(657)条に「海見嶋」，天武天皇11年(682)条に「阿麻弥人」，『続日本紀』文武天皇3年(699)条に「奄美」，和銅7年(714)条に「奄美」とみえるが，海見・阿麻弥・奄美・奄美皆同一である．奄美は広義には大島・喜界島・徳之島・沖永良部島・与論島・加計呂麻島・与路島・請島などのいわゆる道之島(奄美群島)をさし，狭義には大島をさす．黒潮が西より東に群島の北を横断していわゆる「渡瀬線」をなし，生物界に一線を画して風物は沖縄(大琉球または本琉球)と共通点が多く，小琉球といわれる．ガジュマル・蘇鉄・椎樹などが多く，毒蛇ハブ・鳴禽アカヒゲ・特別天然記念物アマミノクロウサギ・県鳥ルリカケスなどが珍しく，風俗・言語・歌謡に古代日本の面影を伝え，明眉な風光と相まって観光に新生面を開いている．大島は群島中最大の島で面積709km^2，古生層より成る丘陵性山地で，リアス式海岸には良港が多く，耕地も海辺にある．基幹産業は糖業・紬業・林業・養豚・鰹漁業などである．糖業は慶長15年(1610)に甘蔗および製糖法を中国よりもたらしたのに始まると伝えるが，実は元禄年間(1688〜1704)をさかのぼることいくらもない時期に導入されたもので，たちまち全島に広がり，鹿児島藩財政の宝庫となり，ことに天保元年(1830)以降の財政改革を成功せしめた最大の収入源となる．奄美は阿麻弥岳に琉球国始祖阿摩美久(『おもろさうし』のアマミキュ)が降臨したに始まると伝えられ，古くより国史に現われているにもかかわらず，ついに郡制をしかれていないし，また『令集解』所引の古記に，夷人雑類の中に阿麻弥人を毛人や肥人と同じく載せている．方音でウーシマといい，『李朝実録』は吾時麻に作り，『中山伝信録』は烏父世麻に作る．慶長14年3月の琉球侵攻以後は鹿児島藩の直轄に属し，7間切13方の行政区をおき与人を間切の長として代官政治を行い，明治維新後は鹿児島県に属した．

参考文献　『鹿児島県史』，『名瀬市誌』，東恩納寛惇『南島風土記』(『東恩納寛惇全集』7)，都成植儀『奄美史談』　　　　　　　　　　(原口　虎雄)

039 阿摩和利 あまわり　?〜1458　沖縄の按司(あじ)．幼名は加奈(かな)．北谷間切屋良(ちゃたんまぎりやら)村に生まれ，長じて勝連按司(かつれんあじ)に仕えたが，長禄2年(1458)乱を起して敗死した．阿摩和利が仕えていた勝連按司茂知附(もちづき)は苛斂誅求を行い，領民に塗炭の苦しみを与えていた．阿摩和利は一策をめぐらしてこれを討ち，みずから按司となった．勝連は道之島や日本本土と交易をし，「やまとの鎌倉」にたとえられた土地であったが，その貿易による殷盛は，阿摩和利によって招かれたといわれている．第一尚氏王統の尚泰久王は，阿摩和利に王女の百度踏揚(ももとふみあがり，神女名)を嫁がして姻戚関係を結んだが，勢力を強大にしていった阿摩和利は，王婿の地位を利用して，王位の簒奪を企図するようになった．泰久の父巴志(はし)の妃の父親であった中城(なかぐすく)城主護佐丸(唐名毛国鼎)は阿摩和利の野心を喝破してこれを討とうとしたが，逆に阿摩和利の讒訴にあって彼の率いる王軍の追討を受け，夫人および2子とともに自刃した．これによって阿摩和利の勢威はますます増大し，いよいよ王室に対する謀叛の心を固めた．百度踏揚の従者として勝運に遣わされていた大城賢勇(うふぐすくけんゆう，武勇にすぐれていたので鬼大城と呼ばれていた)は，夫人とともに勝連城を脱走して，阿摩和利の陰謀を尚泰久に告げた．阿摩和利も急に軍兵を整えて首里城に押し寄せ，火を放って攻めたが，衆寡敵せず大敗して勝連城に逃げ帰った．勝連城は比類のない天険であった．しかしついに王軍の勝つところとなり，阿摩和利は刎首され乱は平定した．阿摩和利の人物評価については，救世主・陰謀家の二様がある．沖縄本島は永享元年(1429)，尚巴志によって統一されたが，独立領主然たる按司がなお各地に存在し，王統樹立の野心を抱くものがいた．阿摩和利はその1人であった．　→尚泰久(しょうたいきゅう)　→琉球(りゅうきゅう)

参考文献　向象賢編『中山世鑑』(『琉球史料叢書』5)，蔡温他編『中山世譜』(同4・5)，鄭秉哲他編『球陽』(『沖縄文化史料集成』5)，伊波普猷『古琉球』(『伊波普猷全集』1)，『勝連村誌』

(宮城　栄昌)

040 天日槍 あめのひぼこ　記紀などにみえる帰化人伝説の中の人名で，新羅の王子とされている．『日本書紀』には天日槍，『古事記』には天之日矛とある．『古事記』では応神天皇段に，また『日本書紀』では垂仁天皇3年条に記されているが，本来は帰化人の始祖伝説として語られていたもので，年次的には不明とすべきである．記による伝説の大要は，昔，新羅の沼のほとりで女が昼寝していると，日光が女の陰上を照らし，それによって女ははらみ赤玉を生んだ．新羅王子天之日矛はその赤玉を得たが，その玉から女が化生したので妻とした．その女は阿加流比売(あかるひめ)と呼ばれ，夫の

もとを去って日本に渡ったので，それを追って天之日矛も日本に渡来し，筑紫・播磨・摂津・近江・敦賀などを遍歴して，最後に但馬の出石（いずし）にとどまった．出石神社は天日槍が将来した8種の神宝を祭ったところである．その子孫は出石を根拠地として繁栄して，その後裔には常世の国に使した田道間守（たじまもり）や，神功皇后など有名な伝説上の人物がある．さて天日槍は出石一族の始祖神であり，アメノヒボコと呼ばれたものの原態は日神招禱の呪矛で，それを人態化したものである．この伝説は満蒙系の日光感生型の流れを汲むもので，大陸系のシャーマニズム的宗儀を語っており，出石系の人々はそうした北方アジア系宗儀の将来者であり，またその宗儀と神楽を発展させたのであった．神功皇后もその系統を継ぐ巫儀の実修者であり，ヤマトの宮廷におけるミタマフリの神楽にもこの系統の要素が多く採り入れられている．→出石神社（いずしじんじゃ）

参考文献　三品彰英『増補日鮮神話伝説の研究』（『三品彰英論文集』4）　　　　　　　　（三品　彰英）

041　雨森芳洲　あめのもりほうしゅう　1668～1755　江戸時代中期の儒学者．名は俊良，また誠清，また東，字（あざな）は伯陽，通称は東五郎．芳洲また尚絅堂と号した．寛文8年（1668）5月17日生まれる．近江国伊香郡雨森の出身．17，8歳のとき江戸に来て木下順庵の門に入り，のちその推挙によって元禄2年（1689）4月対馬藩に仕えて文教を掌った．対馬に在っては常に韓人と応接し，通訳なしに会話することができ，韓国語の研究にも成果をあげている．新井白石とは同門の間柄であったが，交遊は円滑でなく，特に正徳元年（1711）の韓使来聘の際の処置について，両者は全く対立した．年81に達し，はじめて和歌の道に志し，『古今和歌集』を読むこと1000遍，みずから詠歌すること1万首を目標とし，数年ならずして両目標とも達成した．その篤実・精励の様子を知ることができる．宝暦5年（1755）正月6日，88歳で没す．墓は対馬厳原長寿院にある．贈従四位．著書に『芳洲詩集』1巻『芳洲口授』1巻，『橘窓文集』2巻，『橘窓茶話』3巻，『多波礼草』3巻などがある．

参考文献　伊東尾四郎「雨森芳洲遺事」（『歴史地理』16ノ5），泉澄一・中村幸彦・水田紀久編『雨森芳洲全書』（『関西大学東西学術研究所資料集刊』11），泉澄一『雨森芳洲の基礎的研究』，外垣内憲一『雨森芳洲』（『中公新書』945）　　（頼　惟勤）

042　廈門　アモイ　Hsiamên　中国福建省東南部廈門島の西南の港市．対岸の鼓浪嶼とともに廈門市を形成する．付近には金門島をはじめ，多数の小島が散在するため古来海賊および密貿易業者の根拠地であった．明初1394年，海賊取締りのためこの地に城を設け，千戸所をおいてから中左所の名で呼ばれた．当時外国貿易が盛んであった漳州の門戸にあたっていたので，この地より台湾・フィリピンその他の地方との華僑の往来が盛んであった．明末には「抗清復明」を旗印に鄭成功が1650年この地を奪い，思明州と改めてから鄭氏の根拠地となり，オランダ人を台湾から逐ったが，1680年鄭経が清朝に降伏するに及び，清はここに水師提督を駐在させ，のち泉州海防同知をおいた．鎖国下長崎にも鄭氏降伏後，この地より来航の商船が多く，正徳5年（1715）の海舶互市新例により2隻の割当てが認められた．またイギリス東インド会社の商船の訪れもあったが，1842年の南京条約により開港されて以後は上海・香港・台湾・南洋との中継貿易港にすぎなくなった．しかし福建華僑の出入口として台湾島民の大部分を占めた．第2次世界大戦後国民政府が台湾に移り，対岸の金門島を占有するに及び，中華人民共和政府との間の緊張の第一線となっている．　　　　　　（箭内　健次）

043　漢氏　あやうじ　4・5世紀以来の古い中国系帰化人の氏．東漢（やまとのあや）氏と西漢（かわちのあや）氏があり，ともに姓（かばね）は直で，東漢氏が多数の氏に分かれて大いに発展したのに対して，西漢氏はあまり振るわなかった．両者の関係は不明で，同族とみうる材料はなく，むしろ西漢氏がややあとから渡来したと思われるふしがある．「あや」の語義や，これに「漢」の字を当てた理由も諸説があるが，必ずしも明らかでない．→西漢氏（かわちのあやうじ）　→東漢氏（やまとのあやうじ）

参考文献　関晃『帰化人』（『日本歴史新書』），平野邦雄『大化前代社会組織の研究』，加藤謙吉『大和政権と古代氏族』　　　　　　　　　　　　（関　晃）

044　紋船　あやぶね　慶長の薩摩琉球侵入前に，隣交・修好的交儀を修める目的で琉球王府より薩摩に派遣せられた一種の入貢的形式をとった正式交通船．諸旧記や文書によると，紋船・綾船・文船などと表記せられているが，紋船が正字で，その訓は「もんせん」ではなく，「あやぶね」とよむ．その船体は中国風を習って，舳（とも）に青雀黄竜（せいじゃくおうりゅう）を画き，調飾をこらしたものであったから，薩摩では「竜舟」とも俗称していた．文明13年（1481）秋の発遣を端緒とし，慶長16年（1611）に至る約百三十年間に，計13回の往来があった．わが永正期以降，両国交通の形式も漸次具備せられ，島津氏の世主嗣立時の1代1度の発遣を正規とし，その他祝儀をのぶるに等しき折などに，琉球王府は僧官と行政官（大屋子（うふやく－））の2人を紋船使として派遣していた．来航時に琉球国王の名をもって進上せられる物は，貢物（方物）的性格のものではなく，単に進上品としての性格でしかなく，真ங்蛮香・紅糸・白糸・五色糸・白布・蜜砂糖・薬種・蘇木・唐焼酒・老酒・焼酒等の南洋・中国・琉球の特産物などが進上せられていた．いわゆる慶長前の琉球国では，

対明交通における進貢関係に準ずる通交方式が，すでに対薩摩にもとられつつあったのである．　→楷船（かいせん）

参考文献　小葉田淳『中世南島通交貿易史の研究』，喜舎場一隆「「あや船」考」（『日本歴史』241），同「楷船雑考」（『海事史研究』15）　　（喜舎場一隆）

045　アヤラ　Fernando de Ayala　生没年不詳　フィリピン在住スペイン司令官，遣日特派使節．フィリピン来島の時期は不明であるが，島内外の軍事行動に参加，アクニャ総督のテルナテ遠征に功あり，1609年11月オランダ艦隊の攻撃を受けた時は副司令官としてアレバロよりイロイロに救援に赴き，これを駆逐した．20年にもオランダ艦隊をエスピリト＝サント岬で防衛した．23年日本との友好回復のための使節派遣にあたり，その代表となり，船長アントニオ＝デ＝アルセオら約300人（うち日本人30人）とともに，7250ペソにのぼる物資を携え，元和9年（1623）8月10日薩摩の山川に入港，幕府に書を贈り，寛永元年（1624）2月長崎を経て江戸に向かった．しかし幕府はスペインが修好の名目でキリスト教伝道を行うことを理由に国交を断絶することに決し，一行の上京をとどめ帰国せしめた．一行は空しく11月26日マニラに帰着した．彼の名は1634年7月のマニラ市民名簿にエンコメンデロとして記載されている．

参考文献　村上直次郎校註『増訂異国日記抄』（『異国叢書』11），山本正誼編『島津国史』24，P. Pastells: Histria General de Filipinas. Vol. 6・7（1931・32）．　　（箭内　健次）

046　アヤラ　Hernando de Ayala y San José　1575～1617　イスパニアのアウグスチノ会宣教師．1575年イスパニアに生まれ，94年アウグスチノ会入会．フィリピンを経て慶長10年（1605）来日．豊後と日向で布教を行なった．1607年マニラに戻り間もなく再渡来，長崎を日本アウグスチノ会の中心にしようと考え，同地の教会活動に尽力し，信心会の組織，布教書の作成などの面で業績を残す．切支丹弾圧下の大村領で布教中，元和3年（1617）捕えられ，同年4月28日（陽暦6月1日）殉教．

参考文献　Joseph Sicardo: Christiandad del Japón (1698); Arnulf Hartmann: The Augustinians in Seventeenth Century Japan (1965); Manuel Merino: Misioneros Agustinos en el Extremo Oriente (1954); Manuel Jimenez: Mártires Agustinos del Japón (1867). アルヌルフ＝ハートマン『17世紀日本におけるアウグスチノ会士たち』，レオン＝パジェス『日本切支丹宗門史』（吉田小五郎訳，『岩波文庫』）
　　（高瀬弘一郎）

047　アユチヤ　Ayuthia　タイの首府バンコックBangkokの北方70余km，メナム河Menam R. 中流の中洲にある旧都．タイ語で都の意．アユタヤAyuthayaともいう．1350年アユチヤ王朝の建国から1767年ビルマ軍の同地攻略まで王都であって，王宮・仏寺の遺跡も少なくない．建国のはじめから貿易を奨め，14世紀末にはその商船がわが国に寄港したこともあり，室町時代には琉球との間に商船が往来した．16世紀に入りポルトガル船をはじめ漸次諸国船も同地に入港した．江戸時代に入り朱印船も盛んに渡航し，その使節も来朝して彼我の親しい国交も続き，都の郊外メナム河の東岸にはシナ町・日本町やオランダ・イギリス商館も設けられた．日本町の対岸にはポルトガル町もあって，いずれも自治権を与えられ，自国民選出の頭領のもとに統制された．山田長政も日本町の頭領として活躍した．江戸幕府の鎖国後彼我の国交は復活しなかったが，王族や有力者の商船は18世紀の初めまでしばしば来航した．　→南洋日本町（なんようにほんまち）

アユチヤ日本人町の跡碑

参考文献　W. R. A. Wood: History of Siam (1933); Atsushi Kobata and Mitsugu Masuda: Ryukyuan Relations with Korea and South Sea Countries (1969). 郡司喜一『十七世紀に於ける日暹関係』，岩生成一「泰人の対日国交貿易復活運動」（『東亜論叢』4）　　（岩生　成一）

048　安羅　あら　任那の主要な1国．朝鮮半島南部慶尚南道咸安の地．『魏志』の韓伝には「弁辰安邪国」といい，『三国史記』には「阿尸良国」「阿那加耶」とある．『日本書紀』神功皇后摂政49年に平定された7国の1つとしてみえるのが最も古く，任那の本源地（金海）が新羅に併された（532年）のちは，日本勢力の集中地となっていたが，562年に他の任那諸国とともに新羅に滅ぼされた．　→日本府（にほんふ）　→任那（みまな）

参考文献　末松保和『任那興亡史』，三品彰英『日本書紀朝鮮関係記事考証』，田中俊明『大加耶連盟の興亡と「任那」』，東潮・田中俊明編『韓国の古代遺跡』2　　（末松　保和）

049　荒井庄十郎　あらいしょうじゅうろう　生没年不詳　江戸時代中期のオランダ通詞出身の蘭学者．オランダ通詞吉雄耕牛の姉の子として長崎に生まれ，雅九郎といった．長じて

通詞西善三郎の養子となり，明和8年(1771)ごろには稽古通詞の職にあった．やがて本姓荒井に復し，安永7(1778)，8年ごろ江戸に出て平賀源内のもとに寄食．かたわら杉田玄白の塾でオランダ語を塾生に教授した．源内没後は桂川家に移り，その業を助け，朽木(くつき)昌綱の地理学研究にも助力した．ついで会津藩に仕え，松平定信に仕えた石井庄助がドドネウスの『草木譜』を訳出した際，その助訳・校正にあたった．のち他家に入って森平右衛門と改名．また杉田玄白の門人で米沢藩主上杉鷹山の侍医を勤めた堀内林哲とも親交を結んだ．

参考文献　片桐一男『杉田玄白』(『人物叢書』158)，同「阿蘭陀通詞西雅九郎と江戸の蘭学界」(『白山史学』15・16合併号)，同「阿蘭陀通詞西雅九郎(荒井庄十郎＝森平右衛門)補遺」(『蘭学資料研究会研究報告』247)　　　　　　　　　　　(片桐　一男)

050 **新井白石**　あらいはくせき　1657～1725　江戸時代中期の儒学者，政治家．名は君美(きんみ)，はじめの名を璵という．通称は与五郎・伝蔵・勘解由．字(あざな)は在中または済美．白石はその号．ほかに紫陽・錦屏山人・天爵堂・勿斎などとも号した．明暦3年(1657)2月10日江戸に生まる．白石の祖父は勘解由と称し，常陸国下妻城主多賀宣家に仕えたが，関ヶ原の戦の後，主家とともに所領を失い，以後旧領の地に牢人生活をすごして，慶長14年(1609)に死去した．白石の父正済(まさなり)はその四男で，9歳の時父に死別し，かつて新井家の召使であった豪農に養われたが，13歳の時はじめて養子の事実を知りこれを恥じて江戸に出奔した．その後，当時流行のかぶき者のような生活を送り，東奔西走，居所定まらなかったが，31歳の時，上総国久留里の城主土屋利直に仕えてその信任を得，目付の職を務めた．白石も幼時から利直にかわいがられ，常に側近く召し使われた．しかし利直の晩年，継嗣をめぐって藩に内紛が生じ，延宝3年(1675)利直が死去して頼直の代になると，白石父子もその争いにまきこまれ，同5年白石21歳の時，ついに父子ともに土屋家を追われ，他家への奉公も禁ぜられた．その後，豪商角倉了仁や河村瑞賢から縁組の話があったが，白石はこれに応ぜず，父がかつて養子とした相馬藩士郡司正信から仕送りを受けて，浪人生活をした．やがて同7年土屋家が廃絶されたので他家へ仕官も可能となり，天和2年(1682)時の大老堀田正俊に仕えた．しかし貞享元年(1684)正俊が殺されて後，堀田家は将軍綱吉に冷遇されるようになり，経済的にも苦しい状態に陥ったので，元禄4年(1691)白石は堀田家を去り，再び浪人生活に入った．かれは幼時から学問にすぐれた才能を示したが，青年時代までほとんど独学ですごした．貞享3年(1686)30歳のころから木下順庵の門に入り，やがてその高弟として木門の五先生または十哲の1人に数えられるに至った．堀田家を去った後，順庵はかれを金沢藩に推薦しようとしたが，白石は同国出身の岡島石梁にその職を譲った．これはかれの友情を示す話として名高い．元禄6年(1693)の冬，順庵の推挙により，甲府藩主徳川綱豊(のちの6代将軍家宣)の侍講となり，宝永元年(1704)家宣が5代将軍綱吉の世子として江戸城西ノ丸に入ると，かれも寄合に列せられた．同6年家宣が将軍となってからは，その篤い信任のもとに幕府政治上に積極的な発言をし，前代以来の弊政の改善につとめた．正徳元年(1711)には従五位下筑後守に叙任し，武蔵国埼玉郡，相模国鎌倉・高座2郡において1000石を領した．同2年家宣が死去し，その子家継が将軍になって後も，側用人間部詮房とともに政治に力を尽くしたが，享保元年(1716)吉宗が将軍となると政治上の地位を失った．その後は不遇のうちに著述にはげんだが，同10年5月19日69歳をもって死去した．法名慈清院殿釈浄覚大居士．墓はもと東京都浅草報恩寺にあったが，今は中野区高田の高徳寺に移されている．白石は上に立つ為政者がまずみずから高い徳を身につけ，道に則った政治を率先して行うことこそ幕府長久の安定を得る根本だとの信念のもとに，将軍家宣が堯舜のような理想的君主となることを念願して講義をした．その回数は19年間に1299日に及んだという．そうして礼楽の振興に力を尽くし，仁愛の精神をもって人民に臨むことを主張した．しかしその政治論はあまりに高遠な理想主義であり，しかもかれ自身圭角の多い人物で，反対意見に対しては妥協することなく徹底的に論破したので，老中などからも「鬼」の異名をうけて忌みきらわれ，やがて間部詮房とともに孤立の状態に陥ってしまい，失意のうちに晩年をおくらざるをえなかった．かれは朱子学派の系統に属するが，当時の多くの儒者がもっぱら漢籍上の知識をもつにとどまったのに対し，かれは日本の文献についても強い関心と豊かな知識をもち，これに合理的，実証的態度で臨み，広い領域にわたって独自の見解を表明している．その中でも特に力を注いだのは日本史についての論述であった．家宣への進講案をまとめたものとして，各大名の家の事績を系譜的に述べた『藩翰譜』，摂関政治の創始からの政権の移行をたどり，政治の得失に論評を加えつつ，家康制覇の由来を説いた『読史余論』がある．古代史については，神話に合理的解釈を試み，その中に含まれる歴史的事情を究明しようとした『古史通』があり，さらに『史疑』を著わし，六国史の文献批判を行なったが，これは現在ほとんど伝わっていない．かれの歴史研究は幕政の当面する課題の解決にも活用された．たとえば『本朝宝貨通用事略』はわが国の金銀産出の起源から説きおこして，貿易による宝貨の海外流失の損害を論じ，これが正徳5年(1715)の長崎貿易制限の新令の一つの論拠となっている．また礼

楽振興のためには，『武家官位装束考』その他，制度史・有職故実に関する考証的著述も少なくない．地誌編著においてもかれは先駆者である．ことにローマ人宣教師シドッチを訊問して得た知識に基づいて著わした『西洋紀聞』『采覧異言』は，鎖国時代において世界の事情を紹介した著述として最も早期のものの一つである．しかもその中において，ヨーロッパの宗教・道徳の価値を否定する一方，その知識・技術の優秀性を認めた態度は，その後長く日本人がヨーロッパ文化に対していだいた観念の起源をなすものであった．また蝦夷地・琉球についての最初のまとまった地誌として，『蝦夷志』『南島志』『琉球国事略』を著わしている．言語・文字の研究においては，『東雅』で広範囲に国語の名詞を集めて，その語源とその後の変遷を考証し，『東音譜』では五十音を表わす漢字について，わが国と当時の中国諸地域とを比較し，『同文通考』では漢字の起源ならびにわが国における神代文字・仮名・国字・俗字などについて述べている．かれはまた漢詩文にもすぐれ，木下順庵に認められたのも，山形へ旅行した時の紀行文によるという．若いころには俳諧を好んだが，堀田家に仕えるころ，学者は漢詩文を工夫すべきだとしてやめた．しかしかれの著書は，その内容とともに，すぐれた和文によって叙述されたものが多いところにその特色がある．かれが幕政上の地位を退いてから著わした『折たく紫の記』は，当時を考える史料としても貴重であり，自叙伝文学としても高く評価されているが，またかれの和文の代表作の一つでもある．『新井白石全集』全6巻がある．　→シドッティ　→正徳長崎新例（しょうとくながさきしんれい）

参考文献　羽仁五郎『白石・諭吉』，栗田元次『新井白石の文治政治』，宮崎道生『新井白石の研究』，同『新井白石』（『人物叢書』198）　（辻　達也）

051　**荒木宗太郎** あらきそうたろう　？〜1636　江戸時代前期の朱印船貿易家．名は一清，通称惣右衛門．宗太郎は肥後国の出生で，天正16年（1588）長崎に移り，浦上淵村稲佐郷飽ノ浦に住む．文禄元年（1592）豊臣秀吉より朱印状の交付を受けて貿易に従事したいわゆる九艘船の1人といわれるが詳らかでない．記録の上で宗太郎の南方渡航の初見は，慶長11年（1606）8月の暹羅国（タイ）宛に朱印状が交付されており，ついて同15年に安南国（ベトナム）交趾宛に，そして元和5年（1619）から寛永9年（1632）の鎖国に至るまで，数回交趾宛の朱印状が交付されていて，宗太郎は主として元和・寛永期を中心に活躍した長崎の有力な朱印船貿易家であった．他の朱印船主は，みずから渡航する例はすくないが，宗太郎の場合は船主みずから自己の商船に乗り組んで安南国交趾方面で貿易活動に従事し，元和5年交趾に滞在中，その人柄がその地の高官阮氏の大いに信頼するところとなり，阮氏は宗太郎を「義子」として特に彼に貴族の待遇を与え，阮姓を授けて阮太郎と名乗らせ，自分の息女を宗太郎の妻として与えた．この妻は王加久戸売（わかくとめ）といい，寛永の鎖国にあたって長崎に移住しているが，彼らの間に娘が1人おり，屋須といったが，京都の奥野山庄左衛門の次男本光を婿養子とし，2代目荒木惣右衛門を称させた．この阮氏は安南国王の外戚で，安南国大都統瑞国公と称し，しばしば日本にも通商を求め，徳川家康とも文通を交わした人である．宗太郎は寛永13年11月7日没す．法名は不断院一誉覚園居士．長崎の大音寺後山に葬られ，墓石も現存している．以後荒木家は代々その家系がつづいているが，元禄3年（1690）に長崎西築町の乙名役を命ぜられていて，本居を西築町に移し，代々乙名役を継承していた．なお荒木家では当時の船旗，安南国国書，安南製の鏡を伝えていたが，今日その所蔵先は詳らかでない．この荒木船の船旗はオランダ連合東インド会社のマークをさかさにしたものであって，おそらく海上航行の安全を期してこの船旗を掲げて航行したものであろうか．

荒木船旗（模写）

参考文献　川島元次郎『朱印船貿易史』，岩生成一『新版朱印船貿易史の研究』，中田易直『近世対外関係史の研究』　（中田　易直）

052　**荒木船** あらきぶね　⇒朱印船（しゅいんせん）　⇒朱印船貿易（しゅいんせんぼうえき）

053　嵐山甫安　あらしやまほあん　1633〜93　江戸時代前期の医者．肥前国平戸の生まれ．名は春育，李庵と号した．旧姓判田．藩主松浦鎮信の抱（かかえ）医師となる．寛文元年（1661）長崎へ出て，長崎奉行の許可のもとに出島の蘭館に出入り，同6年の秋までダニエル゠ブッシュ Daniel Busch 他2名の蘭館医師にオランダ外科を学び，同4年末にはカピタン゠フォルヘル，商務員補デ゠ロイ，外科ダニエル゠ブッシュの連署のある修学証明書（1665年1月21日付）を与えられた．天和3年（1683）『蕃国治方類聚的伝』を著わし，腫瘍・金創などを主とする各疾患の治療法としての軟膏・油薬の類の処方を記し，それぞれの用法を説明した．そのほかに『鬢鬆大全』と題する医書を著わした．その後有馬へ湯治に行き，また京都に一時逗留して医療を施した．その際寛文12年に法橋に叙せられ，嵐山と姓を改めた．元禄6年（1693）11月30日平戸で没す．61歳．

[参考文献]　今泉源吉『（蘭学の家）桂川の人々』，関場不二彦『西医学東漸史話』上　　　（大鳥蘭三郎）

054　荒田別　あらたわけ　神功皇后・応神天皇に仕えた武将．『日本書紀』には神功皇后摂政49年鹿我別（かがわけ）とともに将軍となり，新羅攻撃に派遣され翌年帰国．同書応神天皇15年条には荒田別・巫別は上毛野君の祖で，百済に使いして王仁を連れて帰ったとある．同様な記事は『続日本紀』延暦9年（790）7月条の百済王氏の上表にもみえる．『新撰姓氏録』には荒田別命・大荒田別命とみえ，豊城入彦命4世の孫で止美連・尋来津公・田辺史・佐自努公・大野朝臣・伊気などの祖とされる．荒田別は葛城襲津彦・千熊長彦とともに，初期日朝交渉史における伝説上の人物であるが，その後裔氏族に河内を本貫とするものが多いので，河内の史の祖先伝承の中で語り伝えられたともいわれる．

[参考文献]　三品彰英『日本書紀朝鮮関係記事考証』上，同「荒田別・田道の伝承」（『朝鮮学報』31）
　　　　　　　　　（志田　諄一）

055　安羅日本府　あらのにほんふ　⇨日本府（にほんふ）

056　有馬晴信　ありまはるのぶ　1567〜1612　安土桃山時代の武将．肥前国有馬領主．義貞の次男として有馬で誕生．母は安富越中守入道得円の女．童名十郎，従五位下修理大夫に叙任される．大友義鎮の1字を授かり，天正7年（1579）ごろには鎮純，同8年から12年ごろには鎮貴と称している．また島津義久の諱字を所望し，同13年には久賢と称した．『藤原有馬世譜』によれば，永禄10年（1567）誕生とあるが，天正7，8年ごろたびたび逢ったイエズス会員の報ずるところと矛盾し，生年にはやや疑いがある．元亀2年（1571）6月14日，兄義純から家督を相続，日野江城に住み，幼少の間，父義貞が後見を務めた．天正8年春，前年有馬領口之津に到着したイエズス会巡察師バリニァーノ Alexandro Valignano から洗礼を受け，プロタジオと称した．時に竜造寺氏の脅威にさらされていたが，イエズス会から多くの食糧・武器・弾薬の援助を受け，これによって危機を免れた．このため宣教師からの要請によって領内の多数の神社仏閣を破壊し，仏僧に改宗か国外退去を迫った．南蛮船は，引きつづき口之津に入港し，教会が各所に設けられ，セミナリヨと称する初等学校が日野江城付近に開かれた．同10年バリニァーノの企画によるローマ教皇への使節に，従兄弟にあたる千々石ミゲルを名代とした．同12年領内の加津佐には日本イエズス会の上長が駐留し，有馬領はキリシタンの中心地の観を呈したが，この年竜造寺隆信の猛攻撃を受けた．島津氏の援軍により，隆信を戦死させることができたが，爾後，島津氏の圧迫を蒙るに至った．一方イエズス会に対しては，浦上の所領を寄進した．同15年豊臣秀吉の九州攻め，宣教師追放令があり，長崎を追われたイエズス会員は，多く有馬領に移動，コレジヨと称した高等教育機関の設立を見，同18年には遣欧使節が将来した活字印刷機により，加津佐において「日本イエズス会版」の刊行が開始された．文禄・慶長の役には，小西行長とともに朝鮮に出陣，軍功をたて，慶長5年（1600）の関ヶ原の戦に際しては，小西領を攻略した．同13年徳川家康の命により，伽羅香木を購入のためチャンパに派遣されていた晴信の船は，マカオに寄港，越年したが，乗組員とポルトガル人の間に騒乱が起り，日本人が処断された．そこで同14年ポルトガル船ノッサ゠セニョーラ゠ダ゠グラーサ（旧名マードレ゠デ゠デウス）が長崎に入港すると，これを攻撃し沈没させた．同年幕府の内命により，家臣に高山国（台湾）を視察させた．同17年旧領を恢復しようとして本多正純の家臣岡本大八の奸策に陥り，幕府の糾弾に申し訳たたず，3月22日甲斐に預けられ，ついで5月6日死を賜わった．46歳．嗣子直純が有馬家を継承．→岡本大八事件（おかもとだいはちじけん）　→天正遣欧使節（てんしょうけんおうしせつ）　→ノッサ゠セニョーラ゠ダ゠グラーサ号事件

[参考文献]　『大日本史料』12ノ9，慶長17年3月21日条，『有馬晴信記』，『有馬系図』，『駿府記』（『戦国史料叢書』家康史料集），『当代記』（『史籍雑纂』2）
　　　　　　　　　（松田　毅一）

057　アリューシャン列島　アリューシャンれっとう　Aleutian Is.　アラスカ半島の先端からカムチャッカ半島までを弧状に配列してつなぐ列島．1733〜43年ベーリングの指揮するロシア探検船により発見，開発された．海流の関係で日本の漂流船がしばしば漂着し，ロシア人に救助され，両国国交の端緒を開いた．1867年アラスカとともにアメリカ合衆国に譲渡され，第2次世界大戦中，アッツ・キスカ両島は一時日本軍に占領されたが，間もなく反攻によりキスカは撤退しアッツ島の守備隊は全滅した．
　　　　　　　　　（高倉新一郎）

058　下哆唎（あるした）　任那の1国たる哆唎国の南半部．継体天皇6年に百済国の請いによって，同国に割き与えられた4県の1つ．哆唎国の位置については2説あり，1説は今の朝鮮半島全羅北道の東北部から忠清南道の東南部（鎮安・錦山・珍山・連山の地方）とし，他の1説は全羅南道の西南部（栄山江東岸一帯の地方）とする．4県を総合的に考えれば，後説が有力．「下」字を「アルシ」と訓むのは韓語よみで，今の朝鮮語でもarp,apは「前」「南」「下」を意味する．「シ」は助辞で，国語の「の」にあたる．　→上哆唎（おこしたり）

[参考文献]　末松保和『任那興亡史』，鮎貝房之進『雑攷』7上，三品彰英『日本書紀朝鮮関係記事考証』下，田中俊明『大加耶連盟の興亡と「任那」』，東潮・田中俊明編『韓国の古代遺跡』2

（末松　保和）

059　アルバレス　Jorge Alvarez　生没年不詳　16世紀のポルトガル船長．ポルトガル東北部のフレイショ＝デ＝エスパーダ＝ア＝シンタ出身といわれる．東洋貿易に従いインドを経てマラッカに至り，1546年同地を出帆して日本に向かい薩摩山川につく．たまたま日本人アンジローに会い同人を乗せて同年末ごろ出帆，漳州・ラマウを経てマラッカに帰る．47年末アンジローを知人のイエズス会士フランシスコ＝シャビエルに紹介，シャビエルの日本についての知見の端緒となる．シャビエルの依頼により同年末日本に関する報告書を提出した．内容は南九州中心ではあるが，地理・風習・産物などかなり正確であり，ポルトガル人による最初にして詳細な記述として貴重である．彼の船に乗船した黒人の記事など興味深い．なおアルバレス日本渡航の際メンデス＝ピントーが同船したとその著『廻国記』に述べているが確かでない．　→アンジロー

[参考文献]　J. Camara Manoel: Missões dos Jesuitas no Oriente nos SeculosXVIeXⅦ; C. R. Boxer: The Christian century in Japan 1549—1640. 岡本良知『〔十六世紀〕日欧交通史の研究』，岸野久『西欧人の日本発見』

（箭内　健次）

060　アルメイダ　Luis de Almeida　？～1583　戦国・安土桃山時代に日本で活躍したポルトガルのイエズス会宣教医．1525年ごろリスボンに生まれる．48年学業を終え，外科施術の免状をも得たといわれる．のち貿易商としてインドへ渡り，天文21年（1552）に平戸へ到着し，ついで弘治元年（1555）山口へ赴き，日本イエズス会にはいった．その翌年豊後府内へ至り，領主大友宗麟の後援を得，みずから1000サルクドを献金して同地に育児院を建設し，間引き・堕胎から幼児の命を救おうとした．同年末には府内の耶蘇会住院を改造して2棟から成る病院を建てた．そのうちの1棟には負傷者と容易になおり得る患者を，他の1棟にはハンセン病患者を収容し，アルメイダが主任となって診療を行い，またある種の外科手術をも敢行した．府内の病院の評判は日増しに高くなり，間もなく増築をしなければならぬほどの繁昌ぶりであった．しかし永禄4年（1561）に耶蘇会士医療従事禁止令が出てからは宣教医としてのアルメイダの活動も次第に消極的になった．天正11年（1583）10月天草河内浦で病没した．

[参考文献]　海老沢有道『切支丹の社会活動及南蛮医学』，パチェコ＝ディエゴ『ルイス・デ・アルメイダ』，『キリシタン研究』24

（大鳥蘭三郎）

061　粟田真人（あわたのまひと）　？～719　奈良時代前期の公卿．天武天皇10年（681）小錦下（従五位下相当），同13年に朝臣と賜姓．筑紫大宰を経て文武天皇4年（700）『大宝律令』の編纂に参加．大宝元年（701）直大弐（従四位上相当）民部尚書（民部卿）で遣唐使の長官を拝命，翌年参議を兼ね，入唐．唐では司膳卿に任ぜられ，慶雲元年（704）帰国．功により田20町穀1000石を賜わり，翌2年従三位中納言に進み，和銅元年（708）大宰帥を兼ね，霊亀元年（715）正三位，養老3年（719）2月5日（『公卿補任』には2日）没．粟田臣は小野臣などと同じく和珥（わに）氏系で，7世紀には海外交渉担当者が多い．真人も唐で「好く経史を読み，属文を解し，容止温雅」と評された．なお，『日本書紀』白雉4年（653）5月壬戌条にみえる入唐学問僧道観は少年時代の粟田真人であり，天武天皇10年（681）以前に還俗したのではないかともいう．

[参考文献]　佐伯有清「山上氏の出自と性格」（『日本古代氏族の研究』所収）

（青木　和夫）

062　安国寺恵瓊（あんこくじえけい）　？～1600　安土桃山時代の禅僧，政治家．法の諱は恵瓊，瑶甫と号しまた一任斎・正慶ともいった．幼名を竹若丸といい，安芸国の守護家の銀山城（広島市安佐南区祇園町）主武田信重の遺孤という．天文10年（1541）銀山城が毛利氏に落とされ武田氏が滅亡した時，逃れて当時東福寺末寺の安芸国安国寺（不動院）に入る．同22年東福寺の塔頭退耕庵主でのち東福寺住持となる竺雲恵心の法弟となる．恵心は毛利一族の帰依を受け，毛利氏と中央との連絡や，尼子・大友両氏との和平交渉に奔走した．恵瓊も師の代理からやがてひとりだちの使僧（外交僧）となって活躍する．禅僧としては永禄12年（1569）安芸国安国寺住持，ついて備後国鞆の安国寺住持を兼ね，天正7年（1579）東福寺退耕庵主，慶長2年（1598）東福寺住持（第224世）となり，また同5年南禅寺住持の公帖を受ける．使僧として天正元年将軍足利義昭と織田信長の不和調停のため上洛し，織田方の木下（豊）藤吉郎秀吉と接触する．この交渉経過の報告書の末尾に「信長之代五年三年者可レ被レ持候，明年辺者公家なとに可レ被レ成候かと見及申候，左候て後，高ころひにあをのけにころはれ候すると見え申候，藤吉郎さりとてハの者ニて候」（『吉川家文書』）と記し，信長の没落と秀吉の将来性を見越

して10年先の両人の運命を予言している。同4年毛利氏が義昭を擁して織田氏と交戦すると，鞆の安国寺を拠点に小早川隆景と協力し毛利氏の東上策を進める。しかし毛利氏の勢力が傾き秀吉の水攻めで備中高松城が危くなった同10年6月，奔走して毛利氏と秀吉の講和を成立させる。それは本能寺で信長が殺された直後であったが，毛利氏に講和の条件を守らせたことが秀吉の天下制覇を容易にし，豊臣政権下の毛利氏の立場を有利に導いた。同11年ごろから毛利氏の使僧としてより豊臣氏の直臣として働くようになり，四国攻め後伊予国和気郡で2万3000石(のち6万石)，九州攻め後北九州で3000石，また同19年には住持をしている安芸国安国寺に1万1500石の知行が与えられ，豊臣政権下の一大名でもあった。文禄・慶長の両役ともに毛利氏の目付と豊臣氏の奉行とを兼ねて渡海し，その間，豊臣氏の武将党と親しい吉川広家と衝突する。秀吉の死後，文吏党の石田三成らと結び徳川家康を討つため毛利輝元を味方にするが，毛利家内部の広家らに裏切られ関ヶ原の戦に敗北し捕えられる。慶長5年10月1日，石田三成・小西行長とともに京都六条河原で斬られ三条橋に梟首される。年63あるいは64という。墓は京都市東山区の建仁寺方丈の裏手にあり，その塔婆が広島市東区牛田新町の不動院と彼を開基とする広島市の国泰寺にも存する。時代を代表する豪壮華麗な建築の新造や修復工事にも多く関与し，不動院の金堂(国宝)・鐘楼(重要文化財)・山門(同)，厳島の大経堂(同，千畳閣，現在は厳島神社末豊国神社本殿)，建仁寺方丈(同)や東福寺内の諸建築が現存する。また書籍の蒐集にもつとめ茶の湯の関心も深かった。

参考文献　河合正治『安国寺恵瓊』(『人物叢書』32)，渡辺世祐「安国寺恵瓊と建仁寺」(『禅宗』162)

（河合　正治）

063　安骨浦　あんこつほ　An-gol-p'o　大韓民国慶尚南道鎮海市安骨洞。鎮海湾の門戸にあたり，南に加徳島，西に巨済島を望む。古来日本との海上交通の一要地。朝鮮世祖8年(1462)以来，熊川県薺浦鎮の管下として水軍万戸がおかれた。15世紀初め以来，付近の薺浦は釜山・塩浦(蔚山)とともに三浦といわれ，対馬島民が多数居住し，日朝貿易の要地であった。中宗5年(永正7，1510)4月，朝鮮の貿易制限強化，辺将の失策などにより，いわゆる三浦の乱がおこり，居住島民は一旦対馬に引き揚げた。6月もと薺浦にいた村山大膳らを首領とする一団は講和復活を企て，同22日300隻の船団を率いて加徳島に渡り，24日彦四郎を薺浦に派遣して交渉したが成らず，翌日安骨浦城を囲み，逆に撃退され，対馬の対朝鮮和平は中宗7年まで杜絶した。降って宣祖25年(文禄元，1592)文禄の役に，もとの三浦は日本水軍の根拠地となったが，7月，脇坂安治は閑山島前洋に全羅左水使李舜臣の水軍に敗れたが，10日救援に赴いた九鬼嘉隆・加藤嘉明は安骨浦海域でこれを撃退した。翌年和議がおこり，南海地域に撤収した日本軍は沿海各地に拠って久留の計をなし，この地には脇坂・九鬼・加藤らが築城して，アンコウライの城と称した。また宣祖30年(慶長2，1597)の慶長の役に，朝鮮政府は日本戦船の遮截殲滅を策し，統制使元均は釜山襲撃の計を以て，6月19日まずこの地を衝いたが，立花宗茂の守兵に阻まれ，さらに島津義弘・高橋統増の軍と加徳島に戦い敗退した。

参考文献　『朝鮮宣祖実録』89，『朝鮮宣祖修正実録』31，『乱中雑録』3(『朝鮮群書大系』7)，『乱中日記草』丁酉(『朝鮮史料叢刊』6)，参謀本部編『日本戦史』朝鮮役，中村栄孝『日鮮関係史の研究』中

（田川　孝三）

064　アンジェリス　Girolamo de Angelis　1568〜1623　イタリア人で，イエズス会の宣教師。1658年に，シチリア島のエンナに生まれ，86年イエズス会に入会，98(9?)年司祭叙階，慶長7年(1602)来日。翌8年には大坂，その後，伏見でキリシタン伝道に従事し，同16年に駿府で教会を開設し，翌17年に江戸にも伝道所を開こうとした寸前，徳川幕府の禁令が発布されたため成功しなかった。駿府教会もその時に閉鎖されたので京都へ戻り，同19年まで下京のイエズス会の住院にいた。同年のキリシタン禁令と宣教師追放の際，彼は日本に潜伏し，ポルトガル商人に変装，明石掃部について大坂へ行った。元和元年(1615)，大坂冬の陣後，伊達政宗の重臣後藤寿庵の依頼に応じて仙台へ赴き，東北地方の伝道に従事した。元和3年にははじめて蝦夷へ渡り，10日間松前に滞在し，そこのキリシタンを世話するかたわら，蝦夷の地理，住民の風俗などについて調査を行なった。同7年再び蝦夷へ行きその調査を徹底した結果，詳細にわたる報告を書き，蝦夷の地図をも作成した。この報告書で，蝦夷は大陸の半島ではなく島であることを立証し，アイヌの風俗・思想・生活などについて述べ，最後にはアイヌ語の実例を挙げている。この報告書はヨーロッパで各国語に翻訳され，19世紀まで蝦夷について最も信憑性のある史料として高く評価されていた。同年末，彼は江戸へ移り，そこで同9年10月密告によって捕縛され，同年10月13日芝札ノ辻で火刑に処された。

参考文献　H・チースリク編『北方探検記』，児玉作左衛門「デ・アンジェリスの蝦夷国報告書に就て」(『北方文化研究報告』4)，児玉左衛門・高倉新一郎・工藤長平「蝦夷に関する耶蘇会士の報告」(同9)

（H・チースリク）

065　アンジロー　Angero　生没年不詳　戦国時代の日本最初のキリスト教徒。アンジローはまたヤジローに作る。G・シュールハンマーはアンジローを正しいとし，ロドリゲスの『日本教会史』ならびに『日本小文典』

はヤジローを良しとする．正確な日本名は不明であるが，仮に安次郎・弥次郎，ときには勘四郎などと日本字を宛てている．薩摩国鹿児島に生まれ，1558年11月29日付ロヨラ宛の彼の書翰によると，1547年12月(当時，36，7歳)マラッカで親しくシャビエルに会って非常に感銘を受け，ゴアの聖パウロ学院へ送られて修学，洗礼を受けて「聖信仰のパウロ」の霊名を受けたという．日本人中最初の信者である．天文18年(1549)8月シャビエルを東道して鹿児島に着き，一族の改宗を促すとともにシャビエルの伝道を助けて大いに活躍し，幾らかの著述もあったらしい．しかもその晩年はふるわず，十数年後，海賊船によって中国へ去り，浙江省寧波(ニンポー)の付近で海賊のために殺されたと伝えられる．

参考文献　『アンジロウの書翰』(村上直次郎訳)，『耶蘇会士日本通信』豊後篇上(同訳，『続異国叢書』1)，ルイス＝フロイス『完訳フロイス日本史』(松田毅一・川崎桃太訳，『中公文庫』)，海老沢有道「ヤジロウ考」(『切支丹史の研究』所収)，岸野久『ザビエルの同伴者アンジロー』(『歴史文化ライブラリー』126)

(吉田小五郎)

066 **按針**　あんじん　近世初期来航した，羅針盤を航海計器とした中国船の船役名．『唐船蘭船長崎入船便覧』の唐船役名に，「按針役ハ針ヲ考ヘ方角ヲ教ヘ水主ヲ下知シテ船ヲ乗リ取ル役也」とある．従来，按針を比呂図 pilot の訳，水先案内としているが，わが国廻船では表師(航海長)にあたる．行師(あんじ)とも書く．行師の道は航海術，按針学は航海学のことである．按針役の命令を受け，舵輪について操舵に従事する者を按針手という．

参考文献　池田好運編『元和航海記』(『海事史料叢書』5)，川島元次郎『朱印船貿易史』

(金指　正三)

067 **安針町**　あんじんちょう　江戸時代より現在の東京都中央区日本橋付近にあった町．慶長5年(1600)にオランダ船リーフデ号で豊後に漂着したイギリス人ウィリアム＝アダムスを重く用いた徳川家康が彼に与えた邸地のあったところ．寛永版『武州豊嶋郡江戸庄図』には「あんし町」と記されている．昭和7年(1932)までその名称が残っていたが室町1丁目・本町1丁目に編入され，安針町の名は失われた．　　　　(岡田　章雄)

068 **安東将軍**　あんとうしょうぐん　南宋の元嘉15年(438)倭王珍に，同20年倭王済に，大明6年(462)倭国世子興に叙授された官名．安東将軍は後漢末(190年ごろ)に陶謙がこれに任ぜられたのを最初とするというが，南宋のころはすでに四安(安東・安西・安南・安北)将軍の一つとなり，四征・四鎮・四平などの将軍名と並んで形式化した官名となっていた．倭王珍は安東大将軍を自称し，そのように叙授されることを請求したが認められず，昇明2年(478)倭王武に至って，自称のとおり安東大将軍が認められた．→倭の五王(わのごおう)

参考文献　『宋書』百官志・夷蛮伝，坂元義種『倭の五王』

(末松　保和)

069 **安南**　あんなん　⇨ベトナム

070 **安南銭**　あんなんせん　安南(ベトナム)の銭貨．安南独自の銭貨は丁部領の太平年間(970～80)鋳造の大平興宝に始まり，最後の阮朝(1802～1945)の保大通宝に終っている．その間およそ1000年，歴代鋳造のもののほか，鋳期や鋳地不明のものを合わせて数百種にのぼる多岐多様の銭貨が知られている．すべて中国銭の形式にならい，円形方孔で表面に4個の漢字で銭文が鋳出されている．阮朝末期の啓定通宝・保大通宝の両銭には打刻製のものもあるが，他はすべて鋳物製である．阮朝に入ってから6文・7文・10文などの大銭が発行されているが，他はすべて径23～25mmの一文銭である．したがって19世紀中葉まで本邦や中国で流通した銭貨と外形の上で全く同系である．安南銭はわが平安時代末から中国銭や朝鮮銭などとともに本邦に多量移入され，そのまま本邦内で本邦通貨として取り扱われた．特に室町時代末期から江戸時代初期に至る間，九州方面で鋳造された本邦私鋳銭のなかには安南銭の製作手法と共通のものが認められ，彼我の技術交流も推定できるのである．

大平興宝(原寸大)

参考文献　三浦清吾『安南銭譜』　　(郡司　勇夫)

071 **アンヘレス**　Juan de Rueda y de los Angeles　?～1624　イスパニアのドミニコ会宣教師．ブルゴス出身．生年は1578年ごろと思われる．1603年7月スペインを発ち翌年6月フィリピン着，慶長9年(1604)26歳でまだドミニコ会の布教実績の乏しい日本に渡来し，元和6年(1620)まで留まって布教を行なった．主として肥前で布教を行い，各地で慈悲深い行いをした逸話が残っている．有馬地方で1200人以上の背教者を教会に立ち返らせたという．特に聖ロザリヨに対する崇敬の気持に篤く，日本人は彼のことをロザリヨのパードレと呼んだといわれる．有馬において信心会を組織した．同地では特にダミアンという日本人が彼を助けて説教を行なった．1620年12月一旦マニラに戻り23年まで滞在して在日宣教師の増員をはかるが，このマニラ滞在中の22年に『ロザリヨ記録』，翌23年に『ロザリヨの経』の2冊のローマ字本を編纂，出版した．ともにドミニコ会の創始者聖ドミニコが始めたロザリヨの

信心の由来・意義・霊的効果などを述べ，多くの奇蹟談を載せたものであるが，後者は前者を大幅に増補してある．なお幕末から明治にかけてわが国でカトリック布教にたずさわったフランス人のプチジャン司教は，右の『ロザリヨの経』の大部分を国字に翻して明治2年(1869)『玫瑰花冠記録』を刊行した．アンヘレスは1623年マニラから日本に再渡来する途中，上長の指示で琉球に寄ってそこでも熱心に布教を行なったが，そのために捕えられ，翌24年同地で海中に投ぜられて殉教した．

参考文献　Diego Aduarte: Historia de la Provincia del Sancto Rosario de la Orden de Predicadores en Philippinas, Iapon, y China (1640); C. R. Boxer & J. S. Cummins: The Dominican Mission in Japan (1602—1622) and Lope de Vega (1963); Johannes Laures: Kirishitan Bunko (1957). ディエゴ＝アドゥアルテ著，ホセ＝デルガード＝ガルシーア編注『日本の聖ドミニコ―ロザリオの聖母管区の歴史―』(佐久間正・安藤弥生訳)，レオン＝パジェス『日本切支丹宗門史』(吉田小五郎訳，『岩波文庫』）

(高瀬弘一郎)

い

001 **イートン**　William Eaton　生没年不詳　イギリスの貿易商人．平戸の商館館員．慶長18年(1613)6月12日，セーリスとともに平戸に来航．同年12月5日セーリスの離日の際，平戸商館に残った8人のイギリス人の1人で，商館長コックを助けて大坂に滞在し，京・堺などの貿易を担当した．のちにシー＝アドベンチュア号で，貿易のため2度シャム(タイ)に渡航．元和9年(1623)貿易不振のため，イギリス商館を閉鎖するにあたり，コックスとともにバタビア(ジャカルタ)に引き揚げた．

参考文献　岩生成一訳註『慶元イギリス書翰』(『異国叢書』10)

(永積　洋子)

002 **飯沼慾斎**　いいぬまよくさい　1782〜1865　江戸時代後期の医師，植物学者．天明2年(1782)6月10日，伊勢国亀山の富農西村信左衛門の次男として生まれた．名は長順，幼名は本平(ほんぺい)，通称竜夫．12歳の時学を志して家を出て，美濃大垣の同族の叔父飯沼長顕に寄宿，京都に赴いて医学を修めた．大垣に帰って長顕の養子となり，2代目竜夫．28歳のとき，江戸の宇田川榛斎の門に入り，オランダ医学を修めること1年，大垣に帰って蘭方医を開業，大いに名声が上がった．50歳で家を義弟健介に譲り，大垣の西郊長松村に平林荘を営んで引退し，号を慾斎といい，もっぱら植物の研究に従った．慶応元年(1865)閏5月5日没．84歳．大垣本町の縁覚寺(のち大垣市安井町に移転)に葬る．慾斎は50歳の時から30年刻苦研究の末，リンネの分類式に準拠した，わが国で最初の近代科学的植物図説，『草木図説』を完成した．慾斎はその材料を各地で採集するだけでなく，種子を入手して自園に植え，また花実の形態を確かめるため，蘭書に従って考案した顕微鏡を工匠に造らせて使用した．分類式と学名の考定には，ホッタインの蘭文リンネ博物誌の植物編，その他若干の蘭文植物学書を参照した．『草木図説』草部20巻は，安政3年(1856)〜文久2年(1862)に刊行され，草本1215種を図説する．木部10巻は未刊．植物の分類や名称が改変されるとも，この書の真価が不変であることは，慾斎が科学的な態度でつくった，その植物図によるものである．なお他に稿本として『南勢菌譜』『南勢海藻図譜』『南海魚譜』などがある．　→宇田川玄真(うだがわげんしん)

参考文献　白井光太郎「贈位せられた五大博物家―飯沼慾斎―」(『本草学論攷』1所収)，吉川芳秋「大垣の医家飯沼慾斎」(『尾張郷土文化医科学史攷』所収)，松島博『近世伊勢における本草学者の研究』，

飯沼慾斎生誕二百年記念誌編集委員会編『飯沼慾斎』
(上野　益三)

003 イエズス会 えずす Societes jesu（ぜずすの）こんぱにや，あるいは御門派・耶蘇会（漢語）ともいわれた．イグナティウス＝デ＝ロヨラを中心として，フランシスコ＝シャビエルら同志7人によって創立された司祭修道会．会を挙げてキリストへの奉仕に献げる精神から，創立者の名を会の名称に用いず，キリストを頭として忠誠をつくして仕える団体という意味でConpanhia de Jesusと称した．会員自身の霊的精進とともに他人の救霊に全力を傾注するために，新しい時代に適応して，従来の修道会で一般に行われていた日常の共誦祈禱，会則で規定された苦行・修道服などを廃し，その代りに厳しい精神上および学習上の修道方法を採用して，「より大なる神の光栄のために」Ad majorem Dei gloriamの標語の精神に従って，いっそう自由に，積極的に活動できるように規定し，会員の一致団結と効果的な統率の実をあげるために，各地で活躍する会員から通信を送ることに決めた．1540年教皇パウロ3世によって会の創立を認可されるとともに，布教・学問・教育の面で著しい活動を展開した．この会は元来プロテスタンティズムに対抗するために創立されたものではないが，創立当初から，ルターの宗教改革に対してカトリック復興運動貫徹の第一線にたち，17世紀にはガリカニズムを主張するルイ14世の絶対主義体制，また18世紀には理性万能の啓蒙主義によって，教皇擁護の立場にたつ会の積極的な活動は諸国家の憎悪の的となり，また教会内部でもその適応の方針による布教方法や哲学・神学論上の問題から，その驚異的な活動成果の故に好しからざる競争相手視され，教皇クレメンス14世はヨーロッパ諸国の君主と為政者の強請によって，「教会の平和を維持するために」，1773年やむを得ずイエズス会解散という行政上の処置をとったが，1814年教皇ピウス7世によって復活させられ，以後諸教皇の全力的支持を受けて世界最大の修道会となり，特に教育・学問・文化の面で大活躍をしている．日本におけるキリシタン布教は天文18年(1549)鹿児島に上陸したフランシスコ＝シャビエルを以て嚆矢とする．彼は日本が高度の政治的，社会的制度と，足利学校や比叡山のごときすぐれた学府をもち，日本人が知識旺盛なことを認め，その文化・風習・優れた特質を尊重し，これに順応する布教方針をとるべきことを規とした．この方針は戦国乱世のさなかにあった彼の日本滞在中には必ずしも実現できなかったが，彼の宿願であった日本の中心京都の布教はのちにビレヤやオルガンティーノによって果たされ，彼の布教方針はワリニァーノによって組織的に実現されて，日本人宣教師のみならず，日本の指導的人物の養成をめざした教育と学問，教理書・語学および文学書の刊行，絵画・音楽・活字印刷や銅版彫刻の技術など西欧学術文化の移植と日本の文化・風習の研究との大きな業績をあげたが，独裁者の封建体制が強化されるとともに弾圧される運命におかれた．シャビエル以来日本の布教はイエズス会の単独布教であったが，慶長7年(1602)以来フランシスコ会・ドミニコ会・アウグスティノ会などスペイン系の修道会が参加するようになってからも，迫害下を通じ日本教会の壊滅に至るまで，その会員数においても，布教・文化・社会活動においても，常に主導的地位にたっていた．天文20年以来インド管区に属していたが，天正9年(1581)準管区，慶長13年には日本管区に昇格した．寛永11年(1634)セバスチャン＝ビエイラの殉教を以て日本における管区長は絶え，その後はマカオのセミナリョの院長が兼任するようになったが，宝暦3年(1753)以後は日本とほとんど関係がなくなった．明治41年(1908)ダールマン Joseph Dahlmannほか2人が渡来し，同44年財団法人上智学院を設立し，大正2年(1913)専門学校令による上智大学を開校，同12年から(昭和34年まで)広島教区の布教を担当するに至って再び準管区となり，昭和33年(1958)日本管区となった．現在は神学院のほか，六甲学院(神戸市)・栄光学園(神奈川県鎌倉市)・エリザベト音楽大学(広島市)・広島学院(同)・上智社会事業団(東京都荒川区)などを経営している　→吉利支丹(キリシタン)

参考文献　ロゲンドルフ編『イエズス会』，柿崎正治『切支丹伝道の興廃』
(柳谷　武夫)

004 イエズス会士日本通信 いえずすかいし にほんつうしん　シャビエルの鹿児島渡来以後，日本に渡来した数多くのイエズス会会員が書いた報告書．イエズス会は設立の当初から異教地布教をその布教活動の主要目標の1つとして世界の各地に会員を派遣した．これらの会員は会の創立者ロヨラの方針に従って，その布教地の実状や布教活動の成果について上長に報告書を送ることを義務づけられていた．この制度は1つには会の組織を固め統一を守り，指導を徹底させるために設けられたものであったといわれている．これらの報告書の中のあるものは会の検閲・認可を経た上で印刷に付され，会の布教成果を示すものとしてひろく頒布された．日本の場合天文18年(1549)にはじめて鹿児島に来たシャビエル，同行のトルレス・フェルナンデスその他，のちに来日した宣教師たちは，随意にイエズス会総長・インド管区長またはローマ・ポルトガル・インドなどにある会友・同僚たちに宛てて通信を送った．のちに天正7年(1579)東インド巡察師の任務を帯びて来日したバリニァーノによってこれらの報告書の体裁が年報の形式に統一されることとなった．1584年(天正12)ポルトガルのエボラで日本の少年使節の一行を迎えた大司教ドン＝テオトニオ＝ブラガンサは日本からの報告の集大成を図り，1598年(慶長3)同市のマヌエル＝デ＝リラに命じて

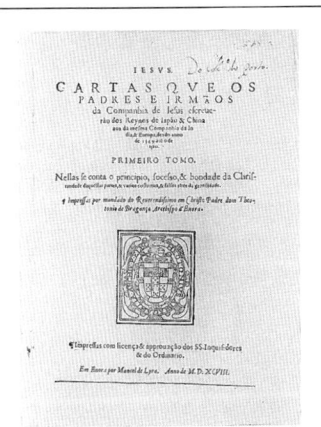

「日本・シナ両国を旅行せるイエズス会のパードレ及びイルマンなどがインド及びヨーロッパの同会会員に贈りたる1549年より1580年に至る書翰」と題して刊行させた（なおこの書翰集の第2篇には，1581年から89年に至る『イエズス会日本年報』が収録されている）．この書翰集の翻訳出版にあたった村上直次郎は，これを教区別に分類して都教区に関するものを『耶蘇会士日本通信（京畿篇）』2巻（『異国叢書』1・3），豊後教区および鹿児島・山口両地に関するものを『耶蘇会士日本通信（豊後篇）』2巻（『続異国叢書』1・2），また下（しも）教区に関するものの一部を『耶蘇会年報1』（『長崎叢書』2）と題して刊行した．これらの訳書は昭和43年(1968)『イエズス会日本通信』と題して『新異国叢書』1・2に柳谷武夫の編集によって採録された．また上記書翰集に関連文書を加えたものが『日本関係海外史料』イエズス会日本書翰集原文編（平成2年(1990)～）・訳文編（同4年～）として刊行されている．　　　　　　　　　　　　　　　　　（岡田　章雄）

005 イエズス会日本年報　イエズスかいにほんねんぽう　布教のために日本に在留していたイエズス会士が，天正7年(1579)以降毎年各地方区の通信をまとめて総長に宛てて送った報告書．同年東インド地方のイエズス会の布教活動を視察する任務を帯びて来日した巡察師バリニャーノが，従来宣教師たちが随時に，随意に書き送っていた布教報告を改めてこの年報の制度を定めた．その理由は「従来各地方より送りし書翰の数多かりしため，時に起りたるが如き混乱を生ずることを避け，日本の事を一層明瞭に記述する」ことにあった．バリニャーノが1579年12月10日付口ノ津発の報告を，パードレ，フランシスコ＝カリヤンに命じて作成させたものが最初の年報であるが，印刷に付されたもので年報の名が初めて見えるのは，82年2月15日付長崎発パードレ，ガスパルの日本年報 Carta annua do Japão である．これらの年報の一般の形式は，はじめにその年の日本の政治状勢，教会全体の状況，イエズス会の一般的状況を記し，次に各地区の報告をくわしく述べている．年報の作成にはおおむね管区長の秘書があたった．これらの年報は，他の重要文書と同様，不測の事態に備えて3通を作成して別の経路で送付された．従来の報告書と同様に年報も会の検閲・認可を経た上で印刷に付されたが，1589年刊，エボラ版の『イエズス会士日本通信』2には，天正9年から同17年にかけての日本年報が収録されている．そのうち，天正16年までの分は村上直次郎によって翻訳され，『耶蘇会日本年報』2巻として刊行され，昭和44年(1969)に柳谷武夫の編集により『イエズス会日本年報』と題して『新異国叢書』3・4の中に収められた．なおその後の年報は寛永4年(1627)度の分まで刊行されている．そのうち元和5年(1619)・6年度のものについて浦川和三郎訳『元和5・6年度の耶蘇会年報』があるほか2，3翻訳があるが，『大日本史料』12編の中にも所々に翻訳されている．　　　　　　　　　　　　　　　　　　　（岡田　章雄）

006 硫黄　いおう　日本列島には火山地帯が広く分布し，火山・火井に関係ある硫黄鉱床が多く，採取も容易であるから，硫黄は古来諸所から産した．『続日本紀』に8世紀初め相模・信濃・陸奥の諸国から硫黄を献じたことがみえる．中世から近世にかけて著名な産地は豊後の九重山，薩摩の硫黄島である．豊後速見郡の諸所に火井が多く，特に玖倍理湯井・鶴見山などでは近世期に多量の硫黄を採取した．硫黄は鎌倉時代の初め南宋に輸出されており，対明貿易でも重要な輸出物になっている．遣明船の進貢物中に硫黄1万斤を加えるのは常例となっており，附搭物としてもこれを輸出して公貿易が行われた．永享4年(1432)の船に2万2000斤，宝徳3年(1451)の船に36万4400斤を積んでいる．硫黄は民間貿易を許されず，明政府は買上値段を著しく低くしたため輸出高はその後減じた．朝鮮へは応永5年(1398)足利義満が使船を送ってから，九州探題をはじめ九州・中国の大小名が使船を送り，進物を進めて綿布などを給与されたが，進物中には多量の硫黄があった．この硫黄は石硫黄と記されるが，石硫黄は華硫黄といい，自然生の硫黄鉱石である．

参考文献　小葉田淳「中世に於ける硫黄の外国貿易と其産出」（『経済史研究』43）　　（小葉田　淳）

007 碇銀（いかりぎん） 江戸時代，長崎に入港した唐船（中国船）に賦課した入港税．貞享2年(1685)から賦課．税額は，正徳の新例では1船につき銀52匁であったがのち低減し，寛政3年(1791)以降は26匁．現銀で取り立てず，長崎会所が唐船との取引決済をする際，「唐船定式遣捨（つかいすて）銀」として支払銀のうちから差し引き，長崎代官へ納め，ついで，長崎代官から幕府の大坂御金蔵へ上納された．
　〔参考文献〕林春勝・信篤編『華夷変態』10・12，『通航一覧』153，『長崎会所五冊物』2（『長崎県史』史料編4），『長崎代官高木氏事務手控』
（山脇悌二郎）

008 伊吉博徳（いきのはかとこ） 生没年不詳　7世紀の外交官．渡唐の記録が『伊吉連博徳書』として『日本書紀』に引用されているので名高い．斉明天皇5年(659)遣唐使坂合部石布（いわしき）に従って渡唐，苦難を経て洛陽に達し天子に謁した．在唐中，同行の韓智興らの讒言によるわが使人の流罪を，とりなして免れしめた．やがて唐は百済を討つ戦いを起したので長安に幽閉されて同7年5月に九州に帰った．途上耽羅の王子らを伴い，耽羅入朝の端を開く．天智天皇3年(664)9月唐使応接，同6年11月百済使を送る使となり，翌7年正月帰朝．時に小山下．朱鳥元年(686)10月大津皇子の謀反に坐するが赦され，持統天皇9年(695)7月，小野毛野とともに遣新羅使に任命されて同年8月出発．時に務大弐．のち律令の撰定にたずさわり，文武天皇4年(700)・大宝元年(701)・同3年に功を賞せられる．この年に従五位下，のちに従五位上にのぼる．没後天平宝字元年(757)律令撰定の功田10町を下功として子に伝えることが許された．
　〔参考文献〕坂本太郎「日本書紀と伊吉連博徳」（『日本古代史の基礎的研究』上所収），北村文治「伊吉連博徳書考」（『大化改新の基礎的研究』所収）
（中西　進）

009 伊吉博徳書（いきのはかとこのしょ） 伊吉連博徳の書いた在唐中の記録．『日本書紀』の(1)白雉5年(654)条，(2)斉明天皇5年(659)・6年・7年各条計4ヵ所に引用され，(1)は「伊吉博得言」以下，留学した学問僧・学生など多数の客死・生還の記録，(2)はいずれも「伊吉連博徳書曰（云）」以下，博徳をも含む第4次の遣唐使節団の往還に関する旅行記風記録で，(1)と(2)を一連の記録とみる説もあり，また，その成立年代を天武朝，持統朝，それ以後とみる説があるなど問題は多いが，『日本書紀』編纂時の貴重な外交資料の1つである．　→遣唐使（けんとうし）
　〔参考文献〕和田英松「奈良朝以前に撰ばれたる史書」（『国史説苑』所収），坂本太郎「日本書紀と伊吉連博徳」（『日本古代史の基礎的研究』上所収），北村文治「伊吉連博徳書考」（『大化改新の基礎的研究』所収），山田英雄「伊吉連博徳書と地名」（『新潟史学』2）
（北村　文治）

010 伊行末（いぎょうまつ） ？～1260　鎌倉時代，東大寺再建に際して宋から招かれた石工．奈良市の般若寺に，行末の子行吉が父の一周忌にあたり追善供養のために建立した2本の笠塔婆がある．それに刻まれた弘長元年(1261)7月11日付け願文によれば，行末は明州の石工で，重源による東大寺再建に際して来日し，大仏殿の石壇や諸堂の石垣などを造り，文応元年(1260)7月11日に没したという．また銘文が摩滅して判読不能の部分もあるが，般若寺に現存する十三重石塔にも言及しており，おそらくその建造も行末によるものとみられる．このほか，行末の制作であることが明らかな作品に東大寺法華堂（三月堂）前の石燈籠があり，建長6年(1254)10月12日施入の銘文が刻まれており，「伊権守行末」と署名している．なお『東大寺造立供養記』に，「宋人字六郎等四人」が東大寺中門石獅子（南大門に現存）・堂内石脇士・同四天像などを，宋から取り寄せた石材で造ったとある．この宋人石工とは行末らのこととみられている．この後，南北朝時代にかけて，行末・行吉父子のほか，伊（井・猪）を姓とする石工による摩崖仏などの作品が大和周辺に多く残されており，日本の石彫芸術に大きな影響を与えた．
　〔参考文献〕西村貞「鎌倉期の宋人石工とその石彫遺品について」（『重源上人の研究』〔『南都仏教』特輯号〕）
（石井　正敏）

011 イギリス England　ヨーロッパ西北部の大ブリテン島および北アイルランドと付近の島々から成る立憲君主国．首都はロンドン．正式の国名は「グレート＝ブリテンおよび北アイルランド連合王国」United Kingdom of Great Britain and Northern Ireland．古代ローマ時代にはブリタニアと呼ばれ，ブリトン人の住地，1世紀中ごろ以降ローマ帝国の属州となった．410年ローマ軍が撤退したのち，ゲルマンの支族であるアングル族およびサクソン族が来住し，5世紀中ごろ以降本来のイギリスが形成されるようになった．アングロ＝サクソンの諸部族は最初多くの小さな部族国家を建てたが，6世紀末までに7つの王国に統合された．829年これらの小国家を制圧してともかくも全イングランドに一応の統一をもたらしたのは，ウェセックス王エグバートであった．しかしこのころからデーン人の侵入が激しくなり，ついに11世紀前半イングランドはデーン人の王クヌート1世によって併呑された．このデーン人のイングランド支配は1016年から42年まで3代27年間つづき，そのあと再びアングロ＝サクソン王統が復活した．けれども，即位したエドワード懺悔王の支配力は微弱であり，66年この王が死ぬと，その従兄弟にあたるフランスのノルマンディー公が武力進駐し，イングランド王ウィリアム1世と称した．これがノル

マン王朝のはじめであるが，この王朝は1154年までほぼ1世紀間つづく．イングランドではすでにそれ以前から封建制への傾向が存在していたが，ノルマン征服によってその傾向が一段と助長され，フランスと同様の知行制度が確立された．しかしイギリスの封建制度は中央集権的で，いわば王政と調和した形で封建社会が形成された．やがて12世紀中ごろノルマン王朝が断絶すると，同じくフランスのアンジュー伯の子がその母の継承権をうけついでイングランド王位につき，ヘンリー2世と称した．これがプランタジネット王朝のはじめであって，この王朝は1399年までおよそ2世紀半の間つづく．ヘンリー2世は封建領主としてフランス国内に国王以上に広大な領地を所有し，その経済力を背景にイングランド王として王権のいっそうの伸張をはかった．しかし12世紀の末から13世紀の初めにかけて，イングランド王の十字軍への参加やフランスへの遠征に関連して，国内で封建的諸勢力の王権に対する反撃がおこり，1215年にはジョン王にマグナ＝カルタ（大憲章）の承認を強制した．そしてこの特許状を中心に13世紀後半から14世紀を通じて身分制議会の制度が確立され，1399年プランタジネット王朝最後の王リチャード2世が議会によって廃位されると，代わってランカスター公が議会に迎えられて王位についた．これがランカスター王朝のはじめである．この王朝は1461年までつづく．すでに1338年以来，フランス王位継承権をめぐってプランタジネット王家とフランスのバロァ王家との間に戦争がつづけられていたが（百年戦争），この戦争はランカスター王朝の時代に入っても継続され，結局1453年イギリス軍はカレーを除くフランス全土から駆逐された．つづいて1455年から85年まで王位継承権をめぐって内乱がつづく（ばら戦争）．これら2つの長期の戦争を通じて封建的旧勢力が次第に淘汰され，絶対王政が形成された．イギリスの絶対王政はチューダー王朝とともに始まるとされるが，この王朝は，1485年チューダー家のヘンリー7世が，ヨーク家のリチャード3世を敗死させて（ばら戦争の終結）王位についたのに始まり，1603年までつづく．この王朝のもとで，戦乱によって断絶した封建貴族の家領の没収，封建家臣団の解散，重商主義政策の採用，商工業の奨励，国王による議会の操縦などが行われたばかりでなく，カトリック教会からの絶縁，イギリス国教会の創設が実現された．またチューダー王朝の時代は全ヨーロッパ的な国際秩序の形成期にあたっていたが，その間に処してこの王朝の歴代の王は大体として賢明な外交を行い，勢力均衡の策を用いてハプスブルグ家のカトリック的世界支配に対抗しつつ，のちの国際的覇権掌握の基礎を築いた．特に1588年イギリス艦隊がスペインの無敵艦隊を撃破したことは，その後のイギリスの海上発展と国際的地位の確立にとって重大な事件であった．またイギリスと日本の最初の接触もこの時代に行われ，1580年（天正8）イギリス商船がわが九州平戸に来航した事実がある．ついでイギリス人ウィリアム＝アダムスの乗ったオランダ船が1600年（慶長5）豊後に漂着すると，徳川家康は大坂でかれを引見し，のちには外交顧問として重用した．アダムスは江戸日本橋の邸宅と相模三浦郡逸見村（神奈川県横須賀市逸見町）250石の領地を与えられ，日本名を三浦按針と称した．イギリス本国では1603年エリザベス1世が死ぬとチューダー王朝は断絶し，血統によってスコットランド王ジェームズがイングランド王を兼ねた．これがスチュアート王朝のはじめであって，この王朝は革命によって中断されながらも1714年までつづく．その初代の王ジェームズ1世のとき，イギリス東インド会社派遣のクローブ号が1613年（慶長18）わが平戸に来航したが，その司令官ジョン＝セーリスは，さきに来往していたウィリアム＝アダムスの斡旋によって，駿府で徳川家康に謁してジェームズ1世の国書を捧呈し，また江戸で2代将軍秀忠にも謁した．同年9月セーリスは家康から通商許可の特許状を得て平戸にイギリス商館を開設し，アダムスもその商館員となって勤務した．しかし1620年（元和6）アダムスが平戸で病死した後，23年には平戸の商館も閉鎖され，これ以後イギリスと日本の通交は途絶した．一方，ジェームズ1世と次代のチャールズ1世は絶対王政を強化しようとして議会と衝突をくり返し，42年以後内乱となったが，これは49年チャールズ1世の処刑，自由共和国の樹立，クロムウェルの独裁政治にまで発展した．これを清教徒革命という．だが革命政権は永続せず，1660年王政復古となった．復位したチャールズ2世，ついでジェームズ2世は，再び議会と衝突をくり返したため，トーリー・ホイッグの両政党が協定し，88年ジェームズ2世の長女の夫であるオランダ総統を迎えて王とした．これがウィリアム3世で，この無血革命を名誉革命という．これによって立憲君主制が確立され，イギリスは法治国家・立憲国家の先例として発展することになった．また1707年にはイングランド議会とスコットランド議会が合同し，従来は同君連合にすぎなかったこの両国が合併した．ついで14年アン女王が死に，ドイツからハノーバー家が王位に迎えられると，この王朝のもとで責任内閣制度が発達し，「国王は君臨するが統治しない」というイギリス政治の伝統が確立された．それらの17世紀前半から18世紀前半にかけての革命や諸制度の変革にもかかわらず，対外的には常に一貫して海上制覇・植民地獲得の政策がとられてきたことは注目すべき現象であって，イギリスはすでに17世紀中ごろにはオランダの海上覇権を打倒し，18世紀中ごろにはフランスとの植民地戦争に勝ち残り，いわゆる第1次帝国を建設した．もっとも1775～83年の北米13州植民地

の離反と独立によってその第1次帝国はいったん挫折するが，しかしフランス革命およびナポレオン時代を通じて再びフランスと争い，この戦乱に乗じてマルタ・セイロン・ケープ植民地などを手に入れるとともに，ナポレオンの支配下におかれたオランダの東南アジア植民地を一時制圧した．1808年（文化5）イギリス軍艦フェートン号が長崎港に侵入してオランダ商館の引渡しを要求した事件や，さらに13年（文化10）イギリスのジャワ総督ラッフルズがオランダ商館接収のためにワルデナールを長崎に派遣した事件なども，ナポレオン戦争の余波であった．それ以後，1817年（文化14）および1822年（文政5）には浦賀へ，また1824年（文政7）には常陸大津浜および薩摩宝島へ，さらに1832年（天保3）には琉球へ，イギリス船の来航あるいは漂着があり，薪水の要求や略奪を行う事件が断続した．一方，すでに1760年代に始まるイギリスの産業革命は社会生活万般に大きな変動を呼びおこしたが，これを背景として1832年の第1次選挙法改正その他諸制度の自由主義的改革が推進され，やがてビクトリア時代と呼ばれるイギリス史上の黄金時代が招来された．しかしこの繁栄を支えていたのは，イギリスの世界支配であった．資本主義の最先進国，世界第1の貿易国，世界最大の海上勢力としてのイギリスは，アメリカ・アジア・アフリカの3大陸と7つの海を圧する世界最強国であった．すでに，1840～42年のアヘン戦争によって香港を獲得していたイギリスは，次には日本の開国を目ざし，1843年（天保14）軍艦を派遣して宮古・八重山諸島の近海を測量させた．ついで1845年（弘化2）・46年（同3）・49年（嘉永2）の3回イギリスの艦船が琉球に来航し，通商を要求したが，また49年にはイギリス軍艦マリナー号が相模沖に来航し，江戸湾を測量，下田へ入港する事件があった．たまたま53年クリミア戦争がおこり，翌年イギリスとフランスがこれに参戦して戦火が遠く東アジアに波及すると，イギリスの東インド艦隊司令長官スターリングは長崎に入港，開港和親を要求し，54年（安政元）和親条約の調印と長崎・箱館の開港に成功した．ついで58年日英修好通商条約が結ばれると，翌年初代駐日総領事としてオールコックが来任，翌60年（万延元）には初代駐日公使に昇任した．その後，日英間には62年（文久2）のロンドン覚書調印，同年突発した生麦事件，63年（文久3）の薩英戦争などがあったが，とにかく世界強国としてのイギリスを代表するオールコックとその後任者パークスが幕末・維新期の日本の政局転換に際して演じた役割は，最も決定的なものであった．当時全世界的に絶対的な優位を保持していたイギリスは，対外政策上「光輝ある孤立」を守っていたが，やがて日清戦争ごろから一方ではロシア・フランスとの，他方ではドイツとの対立を深め，特に東アジアではロシアおよびドイツのために自国の優越的地位をおびやかされたので，伝統的な孤立政策を捨て，日本と同盟関係に入った．1902年（明治35）の日英同盟の成立がそれであって，この同盟は1905年および11年の2回改訂され，結局21年（大正10）まで継続される．日本と同盟したイギリスは，日露戦争勃発直後の1904年4月フランスと協商関係に入り，さらに日露戦争後の1907年にはロシアとも協商関係に入ったが，このようなイギリスを中心とする日・英・露・仏の同盟・協商網の形成は，とりもなおさずドイツ包囲陣の構築であった．1914年（大正3）8月はじめ独・仏が開戦し，ドイツ軍がベルギーの中立をおかすと，イギリスはそれを理由にドイツに宣戦し，日本もまた日英同盟を表面の理由に参戦した．すなわち，1914～18年の第1次世界大戦であるが，この戦争で主役を演じたイギリスは，かろうじて勝利を得たとはいうものの，戦争のために国力を蕩尽し，債権国から債務国に転落した．戦後のイギリスは世界経済上でも国際政治上でももはや戦前ほどの実力をもたず，その上イギリス自治領諸国の自立的傾向がますます強くなり，「帝国」は「イギリス連邦」に改編された．また1929年に始まる世界恐慌に対処するために，イギリスは31年金本位制を放棄し，「イギリス連邦」を経済ブロックとして強化した．36年（昭和11）日・独・伊枢軸が形成され，ベルサイユ＝ワシントン体制の打破が叫ばれると，イギリスは現状維持勢力の中枢にありながらナチス＝ドイツに対して宥和的態度をとり，結局は戦争の回避に失敗した．1939～45年の第2次世界大戦中イギリスは苦戦に耐えて，ようやく勝ち残ったが，しかしその勝利はほとんどアメリカ合衆国の援助と参戦に依存するものであっただけに，戦後のイギリスは経済上でも国際政治上でも軍事面でもアメリカ合衆国に追随的とならざるをえなかった．一方，「イギリス連邦」も戦後の数年間に著しい変貌をとげ，インド・ビルマ・セイロン・マラヤその他の独立を承認するとともに，「イギリス連邦」の名称をも廃して単に「連邦」と称するようになった．1952年以来，原爆保有国として国際政治上なおかなりの発言力をもつと同時に，ヨーロッパでは1960年以来北欧3国・スイス・オーストリア・ポルトガルとともに「ヨーロッパ自由貿易連合（EFTA）」を形成したが，1972年1月「ヨーロッパ共同体（EC）」に加盟・調印した．その後，1993年11月に発足したヨーロッパ連合（EU）に加盟．面積24万2900km^2，人口5943万人（2004年，国連推定）．

参考文献　今井登志喜『英国社会史』，G・M・トレベリアン『英国社会史』（林健太郎訳），G. M. Trevelyan: History of England (1926); W. Dibelius: England. 2 Bde. (1931); E. Halévy: A History of the English People in the Nineteenth Century. 6 vols. (1961).　　　　　　　　　　　（中山　治一）

012 イギリス商館 イギリスしょうかん　イギリス東インド会社が肥前平戸に設けた商館. 慶長18年(1613)より元和9年(1623)まで存続した. これより先, 慶長5年3月(英暦4月), 豊後佐志生にオランダ船リーフデ号で漂着したウィリアム=アダムスは徳川家康の寵遇を得ていたが, 同16年彼が「未知の同国人」に宛てて書いた手紙その他によってこのことを知った東インド会社は, 国王ジェームズ1世の認可を得て対日貿易を開く方針を立て, 同年第8回東洋航海の艦隊司令官ジョン=セーリス John Saris に命じてアダムスの助力によってこの事を遂行させることとした. セーリスはクローブ号で同18年5月4日(英暦6月11日)平戸に入港, のちアダムスとともに駿府で家康に謁してジェームズ1世の国書を捧呈し, 江戸城で徳川秀忠に謁して帰洛, 9月1日(英暦10月4日)に返書と通商許可の覚書を受け, これにもとづいて平戸に商館を開設し, リチャード=コックス Richard Cocks を商館長とし, ピーコック Tempest Peacock・ウィッカム Richard Wickham・イートン William Eaton・カーワーデン Walter Carwarden・セーリス Edward Saris・ニールソン William Nealson の6人をこれに付し, 併せてアダムスを雇い入れて, 合計8人が, 東南アジアとの往復, 大坂・江戸との連絡その他の事務を分掌した. こうして商館の組織はできたが, 当時イギリス・オランダ両国は対立関係にあり, イギリス船はしばしばオランダ船に捕獲され, 平戸にあったオランダ商館とも抗争を起した. 日本向け商品としての生糸の入手のため明国との貿易をも企てたが失敗し, 商況は次第に悪化した一方, 元和2年以降, 幕府によって貿易地を平戸・長崎に制限され, ついにコックスはその責任を問われて, バタビアの支社に召喚されることとなった. 同9年11月12日(英暦12月23日), コックスは商館を閉鎖し, 領主松浦氏に管理を依頼して翌日ブル号で平戸を去った. 商館の所在地はオランダのそれとちがって確定できないが, ほぼその付近と思われる地に記念碑が建てられている. この時期の根本史料としては村川堅固訳・岩生成一校訂『セーリス日本渡航記』(『新異国叢書』6), 『イギリス商館長日記』(『日本関係海外史料』), 岩生成一訳『慶元イギリス書翰』(『異国叢書』)がある.

参考文献　岡田章雄『三浦按針』(『創元選書』130)

（金井　圓）

013 イギリス所在日本関係史料 イギリスしょざいにほんかんけいしりょう　イギリスにある日本関係史料は, 主として東インド会社が平戸に商館を開いていた1613年(慶長18)6月から24年1月(元和9年12月)初めまでの10年間と幕末日英関係再開後の史料である. 前者については, 東インド会社の文書をそのまま引き継いで保存整理している旧インド省 India Office の記録部に最も多く保存され, 現在は連邦省 Commonwealth Office と改称されているが, 文書部の機構はもとのままである. 他に, 大英図書館の文書部や官公記録局 The Public Record Office にも若干保存されている. 平戸の商館には, 館長リチャード=コックスや館員リチャード=ウィッカム・ウィリアム=アダムスなど数人が滞在し, 貿易を円滑に行うために, 館長は時々随員を連れて駿府や江戸に上って徳川家康・秀忠や要路の重臣に会って折衝を重ね, 長崎・堺・大坂・京・駿府・江戸にも随時館員を派遣して取引を計り, 時には交趾(コーチ)・東京(トンキン)や暹羅(シャム)に館員を派遣して日本向け商品の仕入れを企てた. そして各地の商館の館員相互の間には常に書翰を往復して日本の国情や貿易の情報を交換し, さらに本国の東インド会社にも連絡し, その指令を仰いだが, これらの関係文書は, 保管が悪かったためかなり失われた. しかし, 今日なお三百数十通残存し, その大半ならびにラッフルズの日本貿易開始計画関係文書と, 日本に来往したイギリス船の航海記は, 前記の連邦省の商館文書 Factory Records と海事文書 Marine Records のなかにある. このほか, 館長コックスの日記や出島蘭館医エンゲルベルト=ケンペルや館長イザーク=ティッシング関係文書は大英図書館に収められている. なお幕末以降の日英外交文書は, 官公記録局の外務省文書の中におびただしく所蔵されている.

参考文献　William Foster: A Guide to the India Office Records, 1600—1858 (1919); Seiichi Iwao: List of the Foreign Office Records, preserved in the Public Record Office in London, relating to China and Japan (1959). 岩生成一「イギリス東印度会社の東亜貿易資料について」(『史学雑誌』60ノ9), 同「平戸イギリス商館文書とその性格」(『法政大学文学部紀要』9), 村上直次郎「ロンドンの日本古文書」(『史学雑誌』14ノ9・11)

（岩生　成一）

014 イギリス東インド会社 イギリスひがしインドがいしゃ　The English East India Company　1600年, エリザベス1世によって喜望峰からマゼラン海峡に至る「東インド」の貿易独占の勅許状を賦与されて設立された会社で, 重商主義時代, 西欧諸国のアジア独占貿易会社の1つ. ポルトガルに続いてアジアに進出し, はじめオランダとの間でインドネシア香料貿易を争い, さらに日本にも渡航して平戸に商館を開いたが, 会社の機構・資本・経営形態, および現地での統制がいまだ貧弱であったため, インドネシアでオランダに敗れ1623年の「アンボイナの虐殺」以後, インドに貿易の拠点を移すことを余儀なくされた. 57年に会社の株式会社としての機構が改組されたのち数十年間は, 正貨を輸出して綿織物を主とするインドの産物を輸入する貿易が活発化し, イギリスにインド産綿織物(キャラコ)の流行をもたらした. このときキャラコの輸入禁止をめぐって, また

1708年に合同した競争的な新会社の創立と貿易活動をめぐって，会社は政争にまきこまれた．他方，インドでは，在地の諸勢力間の抗争と新たな競争相手として登場したフランスに対する対抗から，マドラス・カルカッタ・ボンベイの3大拠点を中心として，商館を城塞化して，次第にインドの領土の獲得と支配に移行していった．西欧での諸国の消長は直接にインドの勢力争いに反映し，1757年のプラッシーの戦で，ベンガルの太守を破って，フランスに対して決定的に優位に立ち，翌58年にベンガルの事実上の支配権を獲得した．それ以後，カルナティック王国・マイソール王国・マラータ王国などインドの諸王国に対してたび重なる戦争を行なって領土を拡大し，1815年ごろまでにサトレジ河以西を除くインドのほぼ全域に支配権を確立した．このように特殊貿易に従事する株式会社から植民地統治機関に転化したのに対応して，イギリス議会はしばしばインド問題を論議し，政府内にインド問題担当部門を設けて，会社に対する監督を次第に強化していった．会社のロンドン本社の機構もこれに伴って改組され，インドでは国王によって任命され多大な権限を賦与されカルカッタに常駐したインド総督が，インド統治の最高責任者となった．マドラス知事とボンベイ知事はその管轄下におかれ，3つの地で立法・司法・徴税・商業の機構が整えられ，各地域に新しい徴税制度が施行され，インドに未曾有の衝撃を与えた．また会社の独占貿易に対しては，新興階級のブルジョアジーから激しい非難が浴びせられて，1813年にはその廃止が議会によって定められ，このとき残された中国との茶の独占貿易も20年後の33年に廃止された．かくしてインド統治機関となった会社は，53年には通例の20年間の特殊状が与えられず無期限とされた．イギリスの人心に多大な動揺を与えた57年のセポイの反乱によって，58年インドはイギリス国王の直接支配下に入りほどなく会社は解散した．

参考文献　H. H. Dodwell, ed., The Cambridge History of India, Vol. 5 ; C. H. Philips : The East India Company, 1784—1834.

（山崎　利男）

015　育王山 いくおうさん　⇨阿育王寺（あいくおうじ）

016　イグナティウス゠デ゠ロヨラ　Ignatius de Loyola
⇨ロヨラ

017　池田好運 いけだこううん　生没年不詳　江戸時代前期の航海家．通称与右衛門．その事歴は不明だが，元和4年(1618)日本における最初の西洋式航海術書『元和航海書』を著わし．その自序によると，肥後の菊池氏の出で，当時長崎に在住し，元和2年ポルトガルの航海家マノエル゠ゴンサロについて航海術を学び，ともにルソン（フィリピン）に渡海したというから，当時数少ない日本人按針の1人であったと思われる．『元和航海書』は単なる翻訳ではなく，実際に航海した経験も盛り込んであって，西欧の航海技術をよく消化したあとがみられる．この著述以外には，寛永13年(1636)京都の水学（宗甫か）という者と協力し，長崎港外神島沖に沈没していたポルトガル船からカラクリをもって銀600貫余りを引き揚げたということがあり，幅広い技術を身につけていた人物であったと思われる．　→元和航海書（げんなこうかいしょ）

参考文献　『崎陽雑記』，川島元次郎『朱印船貿易史』，『日本科学古典全書』12，三枝博音「江戸時代に於ける航海技術」（『技術史研究』所収）

（石井　謙治）

018　異国往復書翰集 いこくおうふくしょかんしゅう　近世初期寛永の鎖国以前，日本とヨーロッパ諸国との間に交換された外交書のうち，本書または写しの現存するものおよび相互の記録に記載されたものを集録する．『異国叢書』の1冊（『増訂異国日記抄』を併せ収める）．村上直次郎編纂．なお『異国日記』などに収められたものは省略している．1555年（弘治元）平戸の王（松浦隆信）からイエズス会のインド地方管区長パードレ，ベルショール゠ヌネスに宛てた書翰以降，1642年（寛永19）蘭領インド総督から長崎奉行に宛てた書翰まで47通を年代順に収めている．収録された文書の多くはセビリヤ（スペイン）のインド文書館，リスボン（ポルトガル）のトルレ゠ド゠トンボ古文書館，バチカン図書館（イタリア），ヘーグ（オランダ）の国立中央文書館蒐蔵のもので，本書によってはじめてわが国に紹介されたものが多く，近世日欧交渉史研究の重要史料集の1つである．

（箭内　健次）

019　異国警固番役 いこくけいごばんやく　蒙古の襲来に備えて，筑前国・長門国などの要害に交替で勤番した警備役．広義には石築地役などの随伴諸役をも含む．山陽・南海道などが分担した長門国の警固，出雲国が分担した筑前国黒崎地方の警固などがあるが，九州の御家人などが分担した筑前国博多湾沿岸一帯の警固役は，その代表的なものである．同役は地頭御家人のみならず，一般荘園公領の荘官以下住人などにも賦課された．鎌倉幕府は，文永8年(1271)9月，九州に所領をもつ御家人はその地に下って防禦の任につくよう命を下し，翌9年2月には，九州諸国定住の御家人に対し，東国御家人が到着するまでの間は守護の指揮のもとに筑前・肥前の要害を警備するように命じた．これが異国警固番役のはじまりである．蒙古襲来以後鎌倉時代を通じて恒常的に実施された平時的軍役で，御家人役の1つである．同役を勤める御家人は京都・鎌倉の大番役などを免除された．〔制度の変遷〕(1)建治元年(1275)2月の制規　1年の春夏秋冬の各3ヵ月ずつを，九州各国がそれぞれ分担して順次番役を勤める定めで，3ヵ月のなかをさらに各御家人が分担して3番で巡回するように決めていた国もあった．(2)各国地域別勤務の制　建治2年

博多湾沿岸一帯を，九州各国が地域別に分担して石築地の築造を始め，その修理を受け持つようになり，警固番役も各国地域別勤務にかわった．それは今津は日向・大隅，青木横浜（今宿）は豊前，生の松原は肥後，姪浜は肥前，博多は筑前・筑後，宮崎は薩摩，香椎は豊後という分担であった．ただ，勤務の仕方は国によってそれぞれ異なっている．(3)嘉元2年(1304)の制規　これまでの各国地域別勤務の制は，この年から，九州を5番に分け各番それぞれ1年間を通じて勤務することになった．5番の順序は，1番は筑前，2番は大隅・薩摩，3番は肥前まで明らかであるが，4・5番の国々は不明．(4)終末　警固番役は嘉元以来止められたという史料があるが，勤務の事実は残っているから，所領乏少のものの番役を免ずるというのがその実体であったろう．警固番役は鎌倉幕府が倒壊するまでつづいた．建武政権期および室町幕府初期まで石築地役が九州の武士に課せられており，博多警固に関する史料もあるので，14世紀の半ばまで警固番役がつづけられたとみうる可能性がある．警固番役を勤めると，守護や守護代などがそのことを認知した覆勘状（請取状ともいう）を出した．文永9年から延慶3年(1310)のものまで残っており，南北朝時代初期のものとしては暦応2年(1339)のものが残っている．〔歴史的意義〕(1)異国警固番役が実施されるまで九州各国守護のうち九州にいたのは武藤氏ぐらいであったが，同役の実施とともに，大友・島津両氏をはじめ北条氏一門の守護が下向し，警固役の指揮にあたり，守護としての機能を直接に果たした．御家人のみならず非御家人をも統率する権限を得たことと相まって，九州における守護の権限強化に作用した．かつ，九州の守護職は蒙古襲来による異国警固を機として北条氏一門に占取されていき，特に武藤氏の守護職減少は著しかった．(2)御家人を異国警固番役に専心させるため，幕府は九州で訴訟を審理する訴訟機関を整備強化していった．それは弘安9年(1286)の鎮西談議所を経，鎮西探題の成立をもって完成した．(3)九州に所領をもつ東国御家人は異国警固に従うため九州に下向させられ，漸次土着化していった．異国警固を機とする東国御家人の西遷は，それまでの西遷の歴史にくらべて集中的なものであり，政治・経済の体制の面だけでなく，意識・風俗・習慣などの面でも異質のものを交流させ，日本文化全体の展開の上で重要な画期をなした．(4)長期にわたる異国警固番役を担ったのは主として御家人層であったから，同役の勤仕は御家人体制に大きな影響を与えた．同役は他の課役と同様，庶子は惣領の統制のもとに課役を分担（寄合勤仕）すべきものであった．多くの庶子はその所領の分限に従って惣領に寄合勤仕しており，肥後の相良氏のように，そのことを厳しく定めている御家人もあった．また，軍役としての異国警固番役を実質遂行するために，幕府は九州における御家人の所領を女子に譲与することも禁じている．ところが，異国警固番役は直接合戦にも連なるものであり，寄合勤仕では庶子の軍功があらわれないため，庶子が惣領の統制から離れて単独に勤仕する傾向が強くなり，そのことをめぐる相論も多くなった．つまり異国警固番役勤仕をめぐって，惣領と庶子との対立が鋭くなり，惣領制は解体化への傾斜を深くしていったのである．(5)最勝光院領の肥前国松浦荘のように，異国警固のため地頭請所となって地頭が荘務を管掌し，結局，荘園領有者の収取がとだえるという例が多くなった．以上のように，異国警固番役は，鎌倉幕府の九州統治，守護制度，御家人体制，荘園制度の各方面に深い影響を与えたのである．　→石築地役（いしついじやく）

参考文献　相田二郎『蒙古襲来の研究 増補版』，川添昭二『注解元寇防塁編年史料─異国警固番役史料の研究─』，同『中世九州地域史料の研究』

(川添　昭二)

020 異国征伐計画 いこくせいばつ　文永の役後の建治元年(1275)末から同2年の間の弘安の役後の弘安4年(1281)8月と，正応5年(1292)11月との3回，高麗を討って蒙古・高麗の侵寇を絶とうとした計画．第1回目は，武藤・大友を指揮者とし，博多を根拠地にして，九州諸国から兵員・船員を徴し，それで足りない場合は，九州に近い山陰・山陽・四国方面から人員を徴して高麗に発向するという計画であった．異国征伐に向かわない者は石築地の築造にあたることになった．この計画のときに提出された肥後国の住人たちの請文が石清水八幡宮の『八幡筥崎宮御神宝記』の料紙として残り，大分県日田市の広瀬文書には出征に備えての軍勢の注進状が残っている．この計画は実際には実行されなかった．進攻よりも防備の充実に力点がおかれたためであろう．第2回目は，少弐（武藤）か大友を大将軍として3ヵ国の御家人ならびに大和・山城の悪徒を動員して高麗を討とうという計画であった．このことは奈良市の東大寺図書館所蔵の僧聖守の書状によって知られるが，『兼仲卿記』の裏文書にも大和の寺衆・国民を異国征伐に徴発するといった記事があり，鎌倉幕府は悪党対策と兵員不足の補充をあわせ考えていたようである．第2回目も実行されなかったらしい．この計画と倭寇とを結び付ける解釈もあり，文永・弘安両役の性格差を知る指標にもなるが，計画だけしか知られない．第3回目は，幕府の寄合で異国打手の大将軍が決まるだろう，という『親玄僧正日記』の記事で知られる計画で，鎮西探題の始まりといわれる北条兼時・時家の九州赴任につながるものであろう．

参考文献　三浦周行『日本史の研究』，辻善之助『(増訂)海外交通史話』，八代国治『国史叢説』，相田二郎『蒙古襲来の研究 増補版』，海津一朗『蒙古襲来』

(『歴史文化ライブラリー』32)，川添昭二『北条時宗』(『人物叢書』230)　　　　　　　　(川添　昭二)

021　異国船打払令　いこくせんうちはらいれい　文政8年(1825)に発布された外国船取扱令で，日本沿海に近づく外国船に対し，一切無差別に砲撃を加えて，排除することを定めたもの．文政打払令とも，無二念打払令ともいう．18世紀後期になると，日本近海に出没する外国船の数がにわかに増した．そのため寛政3年(1791)9月2日，幕府は新たに外国船取扱令を発布し，外国船が海岸に近づいたばあい，船体・船員ともに抑留し，厳しい臨検を行い，幕府の指令をまつことを定めた．これが外国船の取扱いを成文化したはじめである．その後文化元年(1804)9月7日にロシア特使レザーノフが長崎に渡来した際，幕府はさきの取扱令を改める必要を認め，同3年正月26日法令を発布して，渡来の外国船についてはなるべく穏便に帰帆させるよう諸大名に諭し，特に漂流船には薪水を給与することとした．この法令は，同年9月から翌年4月にかけての蝦夷地におけるロシア船の暴行事件の際にも，同5年8月15日のフェートン号事件の際にも，変更されることなく原則として維持された．ところが19世紀の初め北太平洋に移動する鯨群を追って，英米の捕鯨船が多数日本近海に出没するようになり，特に文政元年ごろから連年のように，淡水・食糧の欠乏に苦しむ捕鯨船が，その補給のためわが海岸に接近した．沿岸諸藩は文化3年令の趣旨に従い，必要品を供給した上で，国法を説明して再航を禁じたものの，少しも効果がなかった．しかも文化3年令では，穏便に帰帆させるよう指示する反面，警備を特に厳重にするよう定めているので，沿海諸藩は警備をおろそかにできず，これがただでさえ財政難に苦しむこれら諸藩にとって大きな負担となった．たとえば文政5年4月28日，イギリス捕鯨船サラセン号が浦賀に入港した際，浦賀奉行の指揮下に動員された諸藩の兵員は約1800人，警備船が60隻にのぼり，また同7年5月28日イギリス捕鯨船2隻が常陸の大津沖に姿を現わし，食糧を求めて武装船員が上陸した際，水戸藩兵および近隣諸藩の兵が2000名近く出動している．このようにして文化3年令の維持が事実上困難になったため，幕府がその対策を協議中，たまたま文政7年8月鹿児島藩所属の宝島においてイギリス捕鯨船の暴行事件がおこった．この報を重視した幕府は，同8年2月18日至り，異国船打払令を発布して，船籍・船種のいかんを問わず，海岸に近づく外国船をすべて打ち払うべきことを命じた．なおこの法令には「無二念打払せ，見掛図を不レ失様取計候処，専要之事ニ候」とあるところから，無二念打払令とも呼ばれる．がんらい打払令は，捕鯨船対策に手を焼いた幕府が窮余の一策として発布したもので，別に成算があったわけではない．それだけに国際的紛争をかもす危険が生ずれば，これが廃止されるのは必然の成り行きであった．その端緒となったのはモリソン号事件である．天保8年(1837)6月28日，国籍不明の外国船が江戸湾侵入を企て，浦賀奉行の手で撃攘されたが，その翌年6月オランダ人の通報で同船がわが漂流民の送還のために渡来した英船(実は米船)モリソン号であることが判明した．これが機縁となって幕府内部において打払令の再検討が行われることになった．しかしその結論が出ないうちに，アヘン戦争の勃発と清国敗北の報が伝えられ，これが朝野の人心に大きな衝撃を与えた．特に天保13年6月23日，オランダ船によりイギリス艦隊がアヘン戦争終結後日本に渡来し，開国をせまるという秘密情報が伝えられたため，幕府は同年7月24日に至り，文化3年令に復帰し，渡来の外国船には薪水を給与することを定めた．これを天保の薪水給与令という．こうして異国打払令は，発布後20年足らずのうちに廃止された．

<u>参考文献</u>　『徳川禁令考』前集6，『通航一覧』付録14，勝海舟編『陸軍歴史』(『海舟全集』6・7)，井野辺茂雄『維新前史の研究』，田保橋潔『近代日本外国関係史』，佐藤昌介『洋学史研究序説』

(佐藤　昌介)

022　異国叢書　いこくそうしょ　16世紀から19世紀にわたり来朝した外国人の日本に関する見聞および研究などの諸記録を訳註した叢書．外国人から見た日本の政治・経済・文化などの状態，日本と諸外国との交渉関係を知り得る好史料である．初版は一般研究者の便宜のため翻訳刊行するとの企図のもとに，村上直次郎を中心として昭和2年(1927)から6年にかけ聚芳閣(『耶蘇会士日本通信(京畿篇)』上巻のみ)・駿南社から全13冊を刊行．さらにこの叢書に続くものとして同11年に帝国教育会出版部から『続異国叢書』と名付け全6冊刊行される予定であったが，村上直次郎訳註『耶蘇会士日本通信(豊後篇)』上・下巻が出版されたのみに終っている(『続異国叢書』未刊のうちジョン=セーリス著・村川堅固訳解説『日本渡航記』は昭和19年に11組出版部，フランソア=カロン原著・幸田成友訳著『日本大王国志』は同23年に東洋堂からそれぞれ刊行されている)．その後この叢書は2回復刊され，第1回は同16年ごろに奥川書房が簡素版を出版したが未完に終り，第2回は同41年に雄松堂から全13冊の改訂復刻がなされている．また近年日本を世界的見地から観察している外国人の諸記録の重要性が高まるにつれて『異国叢書』のあとを継ぐものとして，同43年から平成16年(2004)にわたり雄松堂から刊行された『新異国叢書』全35冊・総索引1冊がある．なお『異国叢書』とは別に，昭和6年駿南社から小沢敏夫訳註『シーボルトの最終日本紀行』が刊行されている．

1　耶蘇会士日本通信〔京畿篇(上)〕(ドン=テオトニヨ=

デ＝ブラガンサ編，村上直次郎訳，渡辺世祐註）
2 シーボルト江戸参府紀行（フィリップ＝フランツ＝フォン＝シーボルト，呉秀三訳註）
3 耶蘇会士日本通信〔京畿篇(下)〕（ドン＝テオトニヨ＝デ＝ブラガンサ編，村上直次郎訳，渡辺世祐註）
4 ツンベルグ日本紀行（カルル＝ペーター＝ツンベルグ，山田珠樹訳註）
5 ヅーフ日本回想録（ヘンドリック＝ヅーフ，斎藤阿具訳註）・フィッセル参府紀行（ファン＝オーフェルメール＝フィッセル，同）
6 ケンプェル江戸参府紀行(上)（エンゲルベルト＝ケンプェル，呉秀三訳註）
7 ドン＝ロドリゴ日本見聞録（ドン＝ロドリゴ＝デ＝ビベロ＝イ＝ベラスコ，村上直次郎訳註）・ビスカイノ金銀島探検報告（セバスチャン＝ビスカイノ，同）
8 シーボルト日本交通貿易史（フィリップ＝フランツ＝フォン＝シーボルト，呉秀三訳註）
9 ケンプェル江戸参府紀行(下)（エンゲルベルト＝ケンプェル，呉秀三訳註）
10 慶元イギリス書翰（岩生成一訳註）
11 異国往復書翰集（村上直次郎訳註）・増訂異国日記抄（崇伝ら，同校註）
12 クルウゼンシュテルン日本紀行(上)（イワン＝フェドロウィッチ＝クルウゼンシュテルン，羽仁五郎訳註）
13 クルウゼンシュテルン日本紀行(下)（イワン＝フェドロウィッチ＝クルウゼンシュテルン，羽仁五郎訳註）
〔続異国叢書〕
1 耶蘇会士日本通信〔豊後篇(上)〕（ドン＝テオトニヨ＝デ＝ブラガンサ編，村上直次郎訳註）
2 耶蘇会士日本通信〔豊後篇(下)〕（ドン＝テオトニヨ＝デ＝ブラガンサ編，村上直次郎訳註）
3 ファレンタイン日本志（フランソア＝ファレンタイン，新村出・板沢武雄訳註〔未刊〕）
4 日本関係西籍解題（石田幹之助編〔未刊〕）
5 日本渡航記（ジョン＝セーリス，村川堅固訳註）
6 日本大王国志（フランソア＝カロン，幸田成友訳註）
〔新異国叢書〕
1 イエズス会士日本通信(上)（村上直次郎訳，柳谷武夫編）
2 イエズス会士日本通信(下)（村上直次郎訳，柳谷武夫編）
3 イエズス会日本年報(上)（村上直次郎訳，柳谷武夫編）
4 イエズス会日本年報(下)（村上直次郎訳，柳谷武夫編）
5 デ＝サンデ天正遣欧使節記（ドゥアルテ＝デ＝サンデ編訳，泉井久之助・長沢信寿・三谷昇二・角南一郎共訳）
6 セーリス日本渡航記（ジョン＝セーリス，村川堅固訳，岩生成一校訂）・ヴィルマン日本滞在記（ウーロフ＝エーリックソン＝ヴィルマン，尾崎義訳，岩生成一校訂）
7 ティチング日本風俗図誌（イザーク＝ティチング，沼田次郎訳）
8 ペリー日本遠征随行記（サミュエル＝ウェルズ＝ウィリアムズ，洞富雄訳）
9 エルギン卿遣日使節録（ローレンス＝オリファント，岡田章雄訳）
10 ポンペ日本滞在見聞記（ポンペ＝ファン＝メールデルフォールト，沼田次郎・荒瀬進共訳）
11 ゴンチャローフ日本渡航記（イワン＝アレクサンドロビチ＝ゴンチャローフ，高野明・島田陽共訳）
12 オイレンブルク日本遠征記(上)（著者不詳，中井晶夫訳）
13 オイレンブルク日本遠征記(下)（著者不詳，中井晶夫訳）
14 アンベール幕末日本図絵(上)（エーメ＝アンベール，高橋邦太郎訳）
15 アンベール幕末日本図絵(下)（エーメ＝アンベール，高橋邦太郎訳）
〔新異国叢書〕（第2輯）
1 ペリー日本遠征日記（マシュー＝カルブレイス＝ペリー，金井圓訳）
2 ハイネ世界周航日本への旅（ウィルヘルム＝ペーター＝ベルンハルト＝ハイネ，中井晶夫訳）
3 グレタ号日本通商記（Ｆ・Ａ・リュードルフ，中村赳訳・小西四郎校訂）
4 ホジソン長崎函館滞在記（クリストファー＝ペンバートン＝ホジソン，多田実訳）
5 ヘールツ日本年報（アントニウス＝ヨハンネス＝コルネリウス＝ヘールツ，庄司三男訳）
6 シュリーマン日本中国旅行記（ハインリッヒ＝シュリーマン，藤川徹訳）・パンペリー日本踏査紀行（ラファエル＝パンペリー，伊藤尚武訳）
7 ディアス＝コバルビアス日本旅行記（フランシスコ＝ディアス＝コバルビアス，大垣貴志郎・坂東省次訳）
8 ギメ東京日光散策（エミール＝エティエンヌ＝ギメ，青木啓輔訳）・レガメ日本素描紀行（フェリー＝エリー＝レガメ，同訳）
9 グラント将軍日本訪問記（ジョン＝ラッセル＝ヤング，宮永孝訳）
10 クロウ日本内陸紀行（アーサー・Ｈ・クロウ，岡田章雄・武田万里子訳）

〔新異国叢書〕(第3輯)
1 メイラン日本(G・F・メイラン, 庄司三男訳)
2 マローン日本と中国(マローン, 真田収一郎訳)
3 バード日本紀行(イサベラ=ルーシー=バード, 楠家重敏・橋本かほる・宮崎路子訳)
4 スポルディング日本遠征記(J・ウィレット=スポルディング, 島田孝右訳)・オズボーン日本への航海(シェラード=オズボーン, 島田ゆり子訳)
5 モースのスケッチブック(エドワード=シルベスター=モース画, 中西道子著)
6 レフィスゾーン江戸参府日記(ヨゼフ=ヘンレイ=レフィスゾーン, 片桐一男訳)
7 スミス日本における十週間(ジョージ=スミス, 宮永孝訳)
8 アーノルド ヤポニカ(エドウィン=アーノルド, 岡部昌幸訳)
9 シェイス オランダ日本開国論(ヤコブス=アンネ=ファン=デル=シェイス, 小暮実徳訳)
10 ドゥーフ日本回想録(ヘンドリック=ドゥーフ, 永積洋子訳)
新異国叢書総索引(雄松堂出版編集部)

(庄司 三男)

023 異国渡海御朱印帳 いこくとかいごじゅいんちょう 17世紀初頭, 江戸幕府が海外に渡航する日本の商船に対して発給した異国渡海朱印状の控帳. 原本は金地院崇伝の手写になり, 前半は『異国御朱印帳』,『異国渡海御朱印帳』の題簽を有する. ともに崇伝が編んだ『異国近年御草書案』と合綴され1冊, 京都市南禅寺金地院所蔵, 重要文化財. 別に内閣文庫・京都大学・東大史料編纂所・一橋大学に写本がある. 江戸幕府が海外に渡航する日本船に下付した渡航許可証たる朱印状の作成・交付は, 幕府の秘書官たる僧侶の掌るところで, はじめ豊光寺(ぶこうじ)承兌が担当し, 慶長13年(1608)承兌遷化のあとは円光寺元佶が, さらに同17年元佶遷化により金地院崇伝がそのあとを襲った. 崇伝が事務引継ぎに際して前任者の控えを書写したのが『異国御朱印帳』で, 表紙の題簽の下方に「以學校(承兌)所持本於駿府写之, 時慶長十三戊申八月吉辰」とあるところから元佶が承兌の控えを写し, さらに崇伝に書写された経緯が知られる.『異国渡海御朱印帳』は前者を受け, ほぼ崇伝の染筆になる朱印状を控えたものであるが, そのはじめの部分に,「慶長十七年壬子五月廿一日円光寺閑室和尚遷化, 其時伝長老(崇伝)は在洛, 六月十九日下府仕, 廿日ニ大御所様へ出仕申候, 濃毘数般(今日のメキシコ)へ之御書之儀, 直に被仰出候, 則相認申候」とあり, このころに崇伝が朱印状の交付事務を引き継いだのであろう. 両御朱印帳に記載された朱印状は慶長9年から元和2年(1616)までの13年間分で下付数178通, 申請者はおよそ80名で, 大名・幕吏・商人・在留外人などを含む. 両御朱印帳とも, 指定渡航地, 下付年月日, 仲介者の有無, 申請者名, 手数料や下付の次第などを記している. なお, 朱印船の派遣数は, 寛永12年(1635)までに全体で350隻以上の派船が確認されているから, 両朱印帳の記載分は今日判明している朱印船派船数の約半分である. しかしこれが朱印船制度を研究する上で最重要の史料であることは論をまたない. 原本の影印が異国日記刊行会編『影印本異国日記』に収められ, 本文は村上直次郎校註『増訂異国日記抄』(『異国叢書』11)に付録として収められている.

参考文献 村上直次郎訳註『異国往復書翰集・増訂異国日記抄』(『異国叢書』11), 岩生成一『朱印船貿易史の研究』, 中村孝也『徳川家康文書の研究』下2

(加藤 榮一)

024 異国日記 いこくにっき 近代初期わが国と諸外国との往復書翰ならびにその発給所務に関する記事を収めたもの. 美濃大判紙の写本. 2冊. 京都市南禅寺金地院の所蔵. 重要文化財に指定. 第1冊ははじめに「諸夷書翰」とあり, それに続いて慶長13年(1608)7月14日, フィリピン臨時総督ビベロ=イ=ベラスコから将軍徳川秀忠に宛てた書翰を以心崇伝が将軍の前で読み上げる記述より始まり, 以後おおむね年代を追って記し, 寛永6年(1629)10月, 暹羅(シャム)国使節の帰国する記事まで, 外国船の渡来, 使節の拝謁, 来翰, それに対する答書, その他書翰の体裁・形状などを記述する. 崇伝が徳川幕府の外交事務を管掌した時期であり, したがって崇伝の自筆が主となっている. 第2冊は寛永20年7月7日韓使贈答録に始まり, 西笑承兌・文之玄昌・金地院元良などの起草した諸外国への書翰と, 朝鮮・呂宋(ルソン)・安南(アンナン)・暹羅などからの来翰を収め, 慶長6年10月から寛永13年12月に及び, 必ずしも年代順の配列とはなっていない. さらに林羅山らと使節との間に交された詩文や朝鮮人接待の記事など収録されているが, これらは崇伝の死後, 元良らによって編述されたものと考えられる. なお本書は永く世に知られなかったが, 正徳2年(1712)新井白石によって発見され, 同3年6月, 金地院団西堂よりその写しが白石に提出された.『異国日記御記録雑記』によると白石に提出された『異国日記』は「異国日記, 目録共七冊」とあり, その内訳は「韓使贈答録 一冊」「日朝柬 二冊」「暹羅国 一冊」「柬埔寨国附安南国 一冊」「呂宋 一冊」「諸夷 一冊」とあり, 原本とはかなり相違し, 現在は所在不明であるが, 近藤守重が『外蕃通書』を編纂するにあたって利用したのは本書であろうといわれる. 原本の影印に異国日記刊行会編『影印本異国日記』がある. また全文が辻善之助の校訂により『史苑』第1巻第1号～第8巻第3・4合併号に分載され, 抄録が村上直次郎校註『異国往復書翰

集・増訂異国日記抄』(『異国叢書』11) に収められている.

参考文献　木崎弘美『近世外交史料と国際関係』
（箭内　健次）

025　異国漂流奇譚集　いこくひょうりゅうきたんしゅう　石井研堂の編集により, 江戸時代の漂流記18篇と, 天保9年(1838)の漂民送還についての松本斗機蔵の上書とを収めたもの. 昭和2年(1927)福永書店の出版. さきに同人が編集した『漂流奇談全集』(『続帝国文庫』22)の続篇にあたり, 『元和漂流記』から始めて『彦蔵漂流記』までの17篇を年代順に配列し, 最後に『広東船漂着奇談』を入れている. これらの中には有名な『督乗丸船長日記』『漂流万次郎帰朝談』などが含まれており, 当時では『通航一覧』の漂流関係史料とともに漂流記研究の好史料集であった. しかし底本が『彦蔵漂流記』以外はすべて写本で, それも特に善本を選んだわけではなく, 挿絵もほとんど省略するなど, 今日では史料集として不満な点が多い. なお巻末に「漂流譚雑筆」なる1章を付し, 漂流に関する諸問題について簡単ながら一応の解説を行なっている.
（石井　謙治）

026　異国船路積り　いこくふなじづもり　寛永初期日本人の作成に係る世界図などの詞書として記された, 当時の日本と通商のあった諸地域との貿易状況などを記載した文書. その題名も「日本長崎より異国江渡海の湊口迄船路積」「日本長崎異国渡海之湊口船路積」「日本従長崎異国江渡海之湊口迄船路積」など文言に多少の相違はあるが, 皆同一系統のものである. 内容は, 南京から始まりオランダに終る19の地名を列記して, おのおのの日本からの里程およびその地と日本との交易品を列挙している. その記事から推察してこの原本は寛永3年(1626)ごろから5年に至る間に長崎において資料が蒐集され, これを基にして4, 5年ごろ作られたものと考えられ作者は不明である. 近世初頭日本をめぐる海外交易の華やかであった当時の状況の一端を記したものとして貴重な史料といえる.

参考文献　牧野信之助「世界図並に南蛮人渡来図屛風に就て」(朝日新聞編『開国文化』所収), 岩生成一「石橋博士所蔵世界図年代考」(『歴史地理』61ノ6), 中村拓「南蛮屛風世界図の研究」(『キリシタン研究』9)
（箭内　健次）

027　石井庄助　いしいしょうすけ　1743～?　江戸時代のオランダ通詞, 蘭学者. 通称は恒右衛門, 旧姓名は馬田清吉. 宝暦12年(1762)稽古通詞となり, 明和8年(1771)小通詞末席に昇進した. 通詞在職中は馬田清吉を称し, 通詞西善三郎が企てた蘭日辞書編纂の志を継ぎたい望みをもっていたといわれる. 天明6年(1786)大槻玄沢の長崎遊学の帰途に同行して江戸に出た. その後, 石井庄助と改名し, 陸奥国白河藩主松平定信に仕えた. また玄沢の懇請により, 玄沢の門人稲村三伯・宇田川玄随・岡田甫説らにオランダ語を教授す. 稲村三伯が寛政8年(1796)に出版した本邦初の蘭日辞典『江戸ハルマ』の訳稿は石井が白河において成したものである. 訳書に『遠西本草攬要』『遠西軍器考』がある.　→ハルマ和解

参考文献　大槻如電『新撰洋学年表』, 板沢武雄『日蘭文化交渉史の研究』, 片桐一男『阿蘭陀通詞の研究』
（片桐　一男）

028　石垣島　いしがきじま　沖縄県八重山群島の主島. 『続日本紀』和銅7年(714)12月条に, 「太朝臣遠建治等, 南嶋奄美信覚及び球美等の嶋人五十二人を率ゐて南嶋より至る」(原漢文)とある「信覚(しがき)」に擬せられている. 14世紀末, 中山に入貢したが, 明応9年(1500)島の頭赤蜂(あかはち)が中山に反抗して討たれて以後, 琉球王の任命する頭職による支配が行われた. 明治41年(1908)特別町村制の施行により, 4間切を統合して八重山郡八重山村となった. 昭和22年(1947)7月10日市制施行, 同39年6月に大浜町を合併し, 1島1市の石垣市となった. 面積226.79km².

参考文献　八重山歴史編集委員会編『八重山歴史』, 比嘉重徳『八重山の研究』, 東恩納寛惇『南島風土記』(『東恩納寛惇全集』7)
（宮城　栄昌）

029　石川大浪　いしかわたいろう　1765～1817　江戸時代中期の幕臣. 洋風画家. 明和2年(1765)11月8日, 父石川乗益, 母奥山氏の長男として江戸に生まれた. 名は乗加(のります), 通称ははじめ甲吉のち七左衛門, 字(あざな)は啓行. 大浪・薫窓軒・薫松軒と号した. 蘭名ターヘルベルグ Tafel Berg を用い, 訳して机山とも号した. 同8年跡目相続, 小普請組に入る. 天明4年(1784)将軍徳川家治に御目見, 同8年12月大番組の白須甲斐守組に入り400俵取りとなる. 居所は江戸本所二ツ目三ツ目の間. 京都二条御番や大坂御番をしばしば勤務. 伝統的な狩野派の絵を学び, 蘭学者たちとの交際を通じ, 洋風画の分野にその画才を発揮. 寛政初年ごろから蘭書中にみえる銅版挿絵を模写することに励み, 大槻玄沢の訳著『蕙録(えんろく)』などに挿図を寄せた. 将軍徳川吉宗が本所羅漢寺に奉納した蘭画「花鳥図」を寛政8年(1796)に弟の孟高とともに模写. 同11年「ヒポクラテス像」を描いたが, これは本邦伝存最古のヒポクラテス像で, のちの洋風画家や蘭学者に多大の影響を及ぼした. 「西洋婦人像」や「エデンの園図」など西洋人物画の模写を得意とした. 正確な模写の技術は蘭学者から高く評価された. 杉田立卿訳の『眼科新書』には実地に解剖をみて「眼球解剖図」を描き与え, 晩年の杉田玄白の座像を正確に写生するなど, 江戸の蘭学者の主流や京坂の文化人と親交を結んだ. 文化14年(1817)12月23日没. 53歳. 江戸谷中の本光寺に葬る. 弟の乗備(のります, 孟高, Leeuw Berg)も洋風画をよくした.

参考文献　片桐一男「洋風画家石川大浪と江戸の蘭学界」(『MUSEUM227・228』)　　(片桐　一男)

030 石川忠房 ただふさ　1755～1836　江戸時代後期の幕臣．伊丹勝興の次男．岩次郎・太郎右衛門・六右衛門．宝暦13年(1763)石川忠国の養子となり，明和元年(1764)家を継ぐ(300俵)．大番・同組頭を経，寛政3年(1791)目付になり，翌年根室に来航したラクスマンに応接のため，宣諭使として松前に出張(同5年3月松前着)，長崎入港の信牌を与え，漂流民大黒屋光太夫・磯吉を受け取った．帰途，松前・津軽・南部を巡見し，10月帰着した．同7年4月作事奉行，12月従五位下左近将監に叙任．同9年8月勘定奉行，200石を加増(上野山田郡のうちに500石となる)．道中奉行を兼ねて駅制を改革し，生神様と喜ばれた．享和元年(1801)幕府の直轄とした東蝦夷地を巡視．文化3年(1806)西ノ丸留守居，同5年小普請支配にうつるが，文政2年(1819)勘定奉行に再任，道中奉行を兼ね，寛政の旧格を守って事務にあたった．同11年留守居に進み，天保2年(1831)徳川家定に嫁ぐ鷹司任子を迎えに西上した．同7年正月18日没．82歳．江戸牛込(東京都新宿区原町)の幸国寺に葬る．

参考文献　『寛政重修諸家譜』125，林衡「朝散大夫左近将監石川君墓碑銘」(『事実文編』52所収)，『通航一覧』274　　(進士　慶幹)

031 石田三成 いしだみつなり　1560～1600　安土桃山時代の武将．幼名は佐吉，はじめ三也と名乗る．永禄3年(1560)近江国坂田郡石田村(滋賀県長浜市石田町)に生まれる．父は隠岐守正継．長浜城主であった羽柴秀吉にその俊敏さを認められ，年少のころから近侍として仕えた．秀吉の中国攻め・山崎の戦にも従い，天正11年(1583)の柴田攻めには賤ヶ岳の戦で軍功を立てた．同13年秀吉が関白に任ぜられると，諸大夫12人の1人に選ばれて，従五位下治部少輔に叙任され，さらに秀吉の奉行としての枢機に参画し，また同14年から16年の末にかけて堺の奉行をも兼ねた．九州攻めには兵站のことを掌るとともに，西下して島津氏との折衝にあたり，さらに博多の町の再興を指揮した．小田原攻めでは館林城・忍城などを攻略して戦功をあらわし，小田原落城のあと陸奥に遠征した．奥羽の諸大名の所領替などを処理し，一揆や反乱の鎮圧にもあたった．文禄元年(1592)の朝鮮出兵に際しては，船奉行を勤めて渡航部隊の輸送にあたり，さらにその年6月には増田長盛・大谷吉継とともに在朝鮮部隊督励のため奉行として渡海し，碧蹄館の戦には小早川隆景らとともに力戦して大勝を得た．その後小西行長らとはかって明軍との間に和平交渉を進めたが，交渉は不調に終り，慶長2年(1597)再び遠征軍が派遣された．翌年8月秀吉が死去したため，三成は浅野長政とともに博多に赴いて，在朝鮮部隊の撤収にあたった．再度にわたる朝鮮出兵で，前線の将士は疲労困憊し，将士間の意志の疎通を欠いて反目を深め，石田三成・小西行長らの文人派と加藤清正・黒田長政・蜂須賀家政・鍋島直茂らの武人派との対立を生み，大きなしこりを残した．石田三成は武将ではあるが，その本領は軍事よりもむしろ吏務に長じ，五奉行中随一の実力者として政務の処理にあたり，内政面での功績が大きかった．戦陣に臨んでも兵站関係や占領地の処理にその手腕を発揮した．ことに太閤検地についてはかなり早くから参画し，天正12年の近江の検地をはじめ，美濃・陸奥・越後・薩摩・大隅・日向・常陸・磐城・下野・尾張など諸国の検地を実施し，現在島津家には石田三成の署判のある検地尺が残っている．三成は同11年ごろ近江の水口城主に封ぜられたが，13年以後の所領は明らかではなく，関白秀次事件が一段落した文禄4年8月，近江の佐和山城主に封ぜられ，江北で19万4000石を領し，さらに近江にある秀吉の直轄領7万石を預けられた．三成が領内に出した慶長元年3月1日の蔵入地に対する13ヵ条の掟，および給人地に対する9ヵ条の掟は，封建領主としての三成の面目をよく示している．三成は慶長4年閏3月加藤清正・黒田長政ら7人の武将の襲撃を受け，辛うじて難を免れたが，居城佐和山に引退することを余儀なくされた．しかし三成は秀吉の死後，徳川家康の権勢が豊臣氏を凌ぐ勢いにあることに危惧を感じ，ひそかに家康打倒の機会をねらっていた．たまたま家康が会津の上杉景勝を討つため，5年6月東下したので，三成は早速景勝と連絡をとる一方，大谷吉継・安国寺恵瓊とはかって，毛利輝元を盟主に仰ぎ，家康打倒を諸大名に呼びかけた．三成の誘いに応じて挙兵した諸大名は，毛利輝元・小早川秀秋・吉川広家・宇喜多秀家・島津義弘・鍋島勝茂・伊東祐兵・立花宗茂・長宗我部盛親・小西行長・増田長盛・長束正家・安国寺恵瓊・脇坂安治・大谷吉継などで，その多くは関西の諸大名であった．三成は東軍を迎え討つため佐和山城をたって，8月10日美濃大垣城に入り，西軍の諸将も続々と美濃に結集した．東西両軍は9月15日関ヶ原で決戦を展開した．当初西軍がやや優勢であったが，小早川秀秋の裏切りによって西軍は総崩れとなり，奮戦力闘した三成の部隊も午後2時過ぎには潰乱した．三成は戦場を脱出し，近江伊香郡古橋村(木之本町古橋)に潜んでいるところを捕えられて，10月1日六条河原で処刑された．時に年41．遺骸は京都大徳寺三玄院に葬る．法号は江東院正岫因公大禅定門．大徳寺の円鑑国師の撰である．

参考文献　小瀬甫庵『太閤記』(『新日本古典文学大系』60)，林羅山他編『関原始末記』(『(改定)史籍集覧』26)，渡辺世祐『(稿本)石田三成』，今井林太郎『石田三成』(『人物叢書』74)　　(今井林太郎)

032 石築地 いしついじ　文永11年(1274)初度の蒙古襲来をうけ

史蹟元寇防塁指定地略図

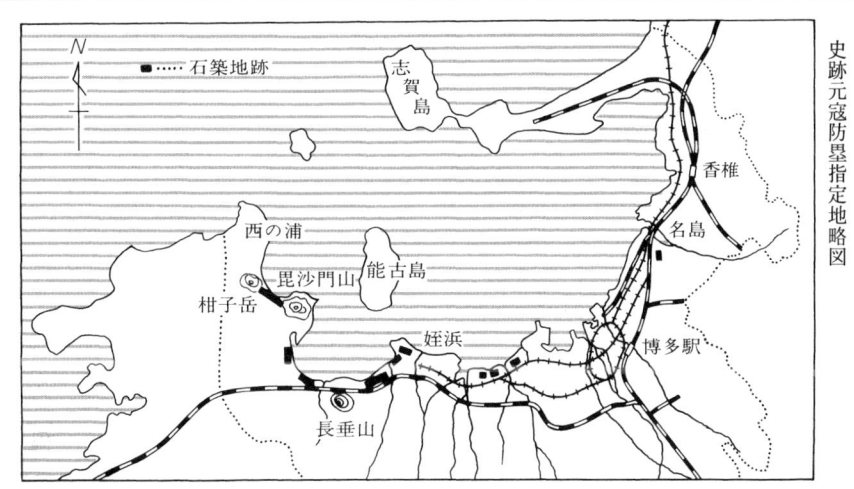

（福岡市西区今津地区）

たあと，その再襲にそなえ，上陸を阻むため，博多湾沿岸一帯に築造された防塁．異国征伐の企てとほぼ時期を同じくして，建治2年(1276)3月ごろ築造を開始し，同年8月中に完成させることを目標にしていたが，実際の完成の時期は，九州各国の分担の場所により相違していた．築造当時は，東端の香椎から箱崎・博多・百道・生の松原・今宿(当時の青木横浜)を経て今津大原に至っている．生の松原の石築地は『蒙古襲来絵巻』(『竹崎季長絵詞』)に画かれていて有名．築造・修理は九州の各国がそれぞれ分担の場所(役所)について行なった．修理は鎌倉幕府倒壊まではいうまでもなく，建武政権期および室町幕府初期までつづいて行われたが，14世紀半ばごろから顧みられなくなり，埋没・荒廃していった．明治以降，調査・発掘が行われたが，特に大正2年(1913)，福岡日日新聞社主催の史蹟現地講演会の際，今津において2ヵ所が発掘され，石築地は中山平次郎によって元寇防塁と仮称され，今日に至っている．昭和6年(1931)，今津・今宿・生の松原・西新町・地行西町・箱崎などの石築地遺跡が元寇防塁址として国の史跡に指定された．同43年，福岡市教育委員会の事業として生の松原と今津の石築地遺跡が調査・発掘され，化学処理工法を加えて整備・公開された．同45年，百道原の石築地遺跡も発掘・再整備された．

[参考文献] 史蹟現地講演会編『元寇史蹟の新研究』，川上市太郎『元寇史蹟』地之巻(『福岡県史蹟名勝天然紀念物調査報告書』14)，相田二郎『蒙古襲来の研究 増補版』，福岡市教育委員会編『生の松原元寇防塁発掘調査概報』，同編『今津元寇防塁発掘調査概報』，川添昭二『注解元寇防塁編年史料―異国警固番役史料の研究―』，西園禮三・柳田純孝『元寇と博多―写真で読む蒙古襲来―』，川添昭二「元寇防塁が語るもの」(『市史研究ふくおか』1)
（川添　昭二）

033 石築地役 いしつきじやく　石築地いわゆる元寇防塁の築造・修理およびそれに付属して備え付ける武具類などに関する課役．石築地築造の当初は，異国征伐に向かう者は除外されていたが，同計画は中止され，地頭御家人領・本所領家一円地など，各国一国平均に賦課された．警固番役が人本位であったのに対し，所領単位に課せられ，勤務が終ると守護およびそれに準ずる者からその証明として覆勘状が出された．賦課の割合は，石築地そのものは田数1段について1寸の例が多く，石築地に備えられた武具類については石築地1丈の長さについて楯1枚・旗1流・征矢20筋であった．石築地役は当初，労役・現物をもって負担されていたが，時がたつにつれて代銭納が多くなった．代銭納の場合，田地1町について114文の例が知られる．石築地役は鎌倉幕府倒壊を経て建武政権期および室町幕府初期までつづいて行われた．→異国警固番役(いこくけいごばんやく)

[参考文献] 相田二郎『蒙古襲来の研究 増補版』，川添昭二『注解元寇防塁編年史料―異国警固番役史料の研究―』，同「元寇防塁が語るもの」(『市史研究ふくおか』1)
（川添　昭二）

034 石橋助左衛門 いしばしすけざえもん　1757～1837　江戸時代後期の長崎のオランダ通詞．石橋氏は元来平戸以来の通詞で，元祖以来助左衛門を称する者が数名あるが，ここに挙げるのは石橋家の7代目にあたる人物である．宝暦7

年(1757)生まる．幼名助十郎，明和6年(1769)稽古通詞に任ぜられ，安永9年(1780)家督を継ぎ寛政3年(1791)大通詞に任ぜらる．文化元年(1804)ロシアのレザーノフの来航および同5年英艦フェートン号来寇の際，同10年英国のラッフルズが使節を派遣して出島商館を接収しようとした時，いずれも蘭館長ドゥーフと密接に協力して事件の処理に活躍した．同5年にはドゥーフに就いてフランス語の研修をも命ぜられた．文政4年(1821)諸立会大通詞を命ぜられ，同9年致仕，その間，シーボルトとの接触も多かった．天保8年(1837)12月17日没．81歳．長崎大音寺に葬る．
　　　　　　　　　　　　　　　　　　(沼田 次郎)

035 異斯夫 いし　生没年不詳　新羅の6世紀前半の将軍．「苔宗」また「伊宗」とも書かれる．智証王から真興王代にかけてのころに活躍した．継体天皇の23年，新羅が任那の本源地(現在の金海付近)を併合したときの主将で，『日本書紀』には「伊叱夫礼智干岐」と記されている．高句麗・百済との戦争にも大功を立て，于山国(現在の鬱陵島)の征服は彼の功績であった．
　　参考文献　『三国史記』，『三国遺事』
　　　　　　　　　　　　　　　　　　(末松 保和)

036 石本庄五郎 いしもとしょうごろう　1780〜1834　江戸時代後期の長崎平戸町乙名，豊後竹田藩御用達商人．はじめ子之助・巳之助，私文書では荘五郎，字(あざな)は子謙，興道と号した．同町乙名から長崎惣町乙名頭取となった8世幸四郎の長男，母は長崎会所吟味役江上熊之丞の娘．安永9年(1780)長崎に生まれ，寛政元年(1789)10歳で乙名見習となり，同6年5月，父の乙名頭取就任と同時に代乙名となり町政を代行，文化13年(1816)2月父退役により9世乙名となる．竹田藩御用達を兼ね，居屋敷をのちに幕府勘定所御用達となる天草石本家の出店松坂屋に充て，弟名義で貿易・銀貸業を営ませた．その家柄と財力により，文政8年(1825)には大坂座方油取締掛・精荷役立合・唐人粮米方立合・市中備銀掛を兼ね，同12年8月惣町乙名頭取助・市中備米取計掛に進み，市政貿易全般の枢機に参画した．天保5年(1834)6月1日没．55歳．法名一解院子謙日誠居士．長崎の本蓮寺に葬る．
　　参考文献　大村要子「近世長崎に於ける貿易業」(『九州文化史研究所紀要』3・4合併号)，吉田道也「石本家略史」(同)　　　　　　　　　　(中村　質)

037 石本新兵衛 いしもとしんべえ　？〜1645　江戸時代前期の貿易商，長崎平戸町乙名．父石本了雲・母・本人ともに壱岐に生まれる．新兵衛14歳の時(天正4年ごろ)平戸から長崎大村町へ一家で転住．由緒書では父子ともに毎年貿易のため異国へ渡海すとあるが，末次船の絵馬などから朱印船の客商らしい．父母は程なく平戸に帰り同地で没したという．長崎で浄土宗からキリシタンになった新兵衛は，寛永2年(1625)平戸町乙名に任ぜられると，翌年妻子に先んじて「転び」，町人の改宗を推進した．同15年乙名役を長男庄左衛門に譲ったが，正保2年(1645)10月22日没．法名了円．長崎の本蓮寺に葬る．禁教と鎖国形成期の町政を担当した新兵衛は，同町人別帳など貴重な史料を今日に残している(九州大学文学部松木文庫所蔵)．
　　参考文献　中村質編『長崎平戸町人別帳』(『九州史料叢書』37)，中村質「人別帳よりみた近世初期の長崎平戸町」(『九州史学』26)，吉田道也「石本家略史」(『九州文化史研究所紀要』3・4合併号)
　　　　　　　　　　　　　　　　　　(中村　質)

038 異称日本伝 いしょうにほんでん　中国・朝鮮の文籍から日本関係の記述を集録し，「異邦の人これを称する語」の意味で名づけ，記事の異同を照合し，疑問を指摘し，批判を加えた書．松下秀明(号は見林・西峯)の著．本書は，30余年を費やして作られ，元禄元年(1688)9月の自序に著述の抱負を述べてある．上巻は3冊，中国の漢・魏から宋・元にわたる経史子集の書61，中巻は8冊，明代の書50，下巻は4冊，斯蘆(朝鮮)の書15から抄録してある．随所に按文をつけ，内外の典籍を引用して詳細に所見を述べ，問題を指摘してあり，なかには，すぐれた創見があり，重要課題の研究が展開される契機になったものもある．天皇系図と倭五王の対比などの見解や，倭寇とか，豊臣秀吉の外征などの関係文献を数多く採録し，また朝鮮の『海東諸国紀』を全文収めたことなど，日本史の考究に大きな寄与をした．元禄6年刊．活字本には，『(改定)史籍集覧』20，物集高見編『(新註)皇学叢書』11所収がある．本書刊行以後，その構想にならい『続異称日本伝』という名の書が，諸家によって作られている．なかでも，尾崎雅嘉の作が名高い．写本，315巻，菅晋帥(かんときのり，号は茶山)の序があり，佐賀藩鍋島家に完本があるというが，国立国会図書館本(第1冊欠，35巻序目1巻105冊)，静嘉堂文庫本(欠あり，315巻90冊)，東大史料編纂所本(巻215欠，目録とも315冊)などもある．ほかには，小原良直(本居大平門下の国学者，和歌山藩士)編(16巻16冊，写本，神習文庫蔵)，岡本保孝編(19巻5冊，文久3年自筆本が尊経閣文庫蔵)などがある．また小原良直編の『再続異称日本伝』(4冊，写本，神習文庫蔵)や，小宮山昌秀(楓軒)編の『異称日本伝補遺』(1冊，写本，旧彰考館の写本が東大史料編纂所蔵)がある．→松下見林(まつしたけんりん)
　　参考文献　東条耕『先哲叢談続篇』3(『日本偉人言行資料』9)，萩野由之「異称日本考」(国学院編『国史論纂』所収)，古田良一「史学者としての松下見林」(『芸文』12ノ1)，石原道博「異称日本伝の海外流伝」(『歴史学研究』79)，同「同名異書の『続異称日本伝』五種」(森克己博士古稀記念会編『(史学論集)対外関係と政治文化』1所収)，今井啓一「松下

見林と異称日本伝」(『立命館大学論叢』6)
(中村　栄孝)

039 因斯羅我〈いんしらが〉　5世紀ごろの絵師．『日本書紀』によると雄略天皇7年に百済から招かれた工人らの1人で，画部（えかきべ）で名が知られる最初の人．朝鮮系の帰化画師と思われるが，『新撰姓氏録』左京諸蕃上によると大岡忌寸（もと倭（やまと）画師）の祖は大泊瀬幼武（雄略）天皇の時代に四部の衆を率いて来た漢人系といい，この大岡忌寸氏の祖が因斯羅我を指すとすると漢系の画工ともみられる．ともに来朝した工人らと河内の上桃原（つき）・下桃原と飛鳥元興寺近くの真神原に分住した．
参考文献　佐伯有清『新撰姓氏録の研究』考証篇4
(亀田　孜)

040 以心崇伝〈いしんすうでん〉　1569～1633　江戸時代前期の臨済宗の僧侶．金地院崇伝・伝長老ともいわれる．足利義輝の臣一色秀勝の子で，足利氏が滅亡したのち，南禅寺に赴いて玄圃霊三に師事した．醍醐の三宝院に学んだこともあるが，のちに南禅寺金地院の靖叔徳林についてその法をついだ．そののち，慶長10年(1605)建長寺，ついで同年3月南禅寺に住し，同寺の復興を成しとげ，金地院に住んだ．鹿苑僧録となった西笑承兌と親しかった関係で，徳川家康に接近する機会を得，同13年，その招きをうけて駿府に赴き，外交文書を掌るに至り，こののち幕府の外交事務はほとんど崇伝の手によって行われるようになった．その間のことを記したのが『異国日記』である．ついて同15年4月，駿河に金地院を開いて住んだが，さらに同17年8月，家康の命をうけて，板倉勝重とともに寺社行政の事務にあたった．かの大坂冬の陣においては，翌18年から家康の側近にあって参謀をつとめ，方広寺の鐘銘および大仏殿棟札の問題にあたっても，終始家康の真意を体して，これを実行に移し，さらに戦後の処分にあたっても強硬な態度をもってつらぬいた．このために憎まれ役を買ったが，幕府に対する功績はきわめて大きかった．元和2年(1616)家康の死後，その神祀のことについて，吉田神道を支持して山王一実神道によることを主張した天海とあらそって敗れたが，なお幕府の枢機にあずかり，外交および寺社行政など天下の政治に参画した．元和4年江戸芝に金地院をひらき，さらに翌5年9月には僧録に任ぜられ，鹿苑僧録や蔭涼職にかわって，五山・十刹・諸山の住持任免権など禅院行政の実権をその掌中におさめるに至った．ついて寛永3年(1626)10月，後水尾天皇から円照本光国師の諡号を賜わったが，翌4年，大徳寺・妙心寺の紫衣勅許事件に関して，幕府に抗議した沢庵宗彭・玉室宗珀の処分にあたり，厳科を主張して両人を流罪に処し，世の誹謗をうけた．やがて，沢庵らが家光の帰依をうけるに及んで，その声望はようやく衰えた．このように，崇伝は幕政の枢機に参与して黒衣の宰相といわれ，諸外国との外交文書の作成はもとより，外交の事務にあたったほか，寺院諸法度・公家諸法度・武家諸法度などの起草制定に参画し，またキリスト教の禁圧などにあたるなど，家康・秀忠の政治上の最高顧問として江戸幕府300年の基礎をなす立法に大いに敏腕を振るった．一方また，家康の意をうけて，古書の蒐集・謄写などの文芸方面にも活躍し，さらに朝廷にもしばしば出入し，朝幕関係の交渉にも重要な役割を果たした．寛永10年正月20日江戸芝の金地院に寂す．年65．墓は京都市左京区の南禅寺金地院にある．著作に『本光国師日記』46冊，『本光国師法語』4冊などがある．　→異国渡海御朱印帳（いこくとかいごしゅいんちょう）　→異国日記（いこくにっき）

参考文献　桜井景雄『続南禅寺史』，辻善之助「黒衣の宰相金地院崇伝」(『日本仏教史之研究』続編所収)
(今枝　愛真)

041 出石神社〈いずしじんじゃ〉　兵庫県豊岡市出石町宮内に鎮座．旧国幣中社．祭神は新羅王子天日槍（あめのひほこ）命と，同人が来帰した折将来した八種神宝（やくさのかんたから）である伊豆志前（いずしのやまえ）大神．『延喜式』神名帳には「伊豆志坐神社」とある．祭神について，『古事記』には「伊豆志之八前大神」と記すが，『日本書紀』によると，垂仁天皇の代天日槍命がはじめて渡来した時，詔して播磨国宍粟（しさわ）邑と淡路島出浅（いでさ）邑とを賜わったが，さらに永住の地を賜わりたいと願って諸国を巡歴し，近江国から若狭国を経て但馬国に入り定住地とし，将来した神宝を奉斎したとある．神宝の内容については，『日本書紀』本文には羽太（はぶと）玉・足高（あしたか）玉・鵜鹿鹿赤石（うかかあかいし）玉・出石小刀（いずしのかたな）・出石桙・日鏡（ひのかがみ）・熊神籬（くまひもろぎ）の7種とし，同書の一云にはその他に胆狭浅大刀（いささのたち）を加えて8種とするが，『古事記』では応神天皇の代に将来したとし，その名称も玉津（たまつ）宝2貫・振浪比礼（ふるなみのひれ）・切浪（きりなみ）比礼・振風（ふるかぜ）比礼・切風比礼・奥津（おきつ）鏡・辺津（へつ）鏡の

8種となって，その由来を異にしている．さらに『日本書紀』垂仁天皇88年条に天日槍将来の宝物を見ようとして日槍の曾孫清彦に奉献せしめた時には，出石桙を記さず6種とし，そのうち出石小刀は神庫を脱して淡路島に出現したとある．故に栗田寛は『特選神名牒』において記と紀の神宝は別物で，『古事記』にいう8種は最も重要な神宝で長く奉斎されていたと考え，本居宣長は『古事記伝』に8種神宝を航海の安全を祈った呪物であろうとする．いずれにしても天日槍を中心とする一族がかの地から将来した宝物をのちに神として奉斎したものであろう．天平9年(737)の『但馬国正税帳』に「出石神戸租代四百卅五束六把」「出石神戸調絁廿匹四丈五尺直稲一千二百卅五束」とあり，『新抄格勅符抄』の大同元年(806)牒には神封13戸とある．承和12年(845)従五位下を初授，貞観10年(868)に正五位下，同16年に正五位上に叙せられ，延喜の制では名神大社に列せられた．弘安8年(1285)には神田およそ141町を有していた．のち天正年間(1573～92)豊臣秀吉のために社領を没収されたが，江戸時代には藩主仙石家の崇敬が厚かった．例祭は10月20日．特殊神事に立春祭・新嘗祭がある．　→天日槍(あめのひほこ)

(大場　磐雄)

042 伊豆志八前大神 いずしのやまえのおおかみ ⇒出石神社(いずしじんじゃ)

043 イスパニア España ⇒スペイン

044 厳原藩 いずはらはん ⇒府中藩(ふちゅうはん)

045 惟政 いせい　1543～1610　朝鮮中期の禅僧．字は離幻，号は泗溟，松雲とも称した．俗姓は豊川の任氏，はじめ黄岳山直指寺の僧信黙に就き，ついで妙香山に入って清虚休静(西山大師)に師事した．文禄の戦役に際し，休静が僧軍を募るや，直ちにこれに応じて各地に転戦，講和の議が進むと，明将劉綎の命によって西生浦の加藤清正に接触し，慶長9年(1604)には録事孫文彧とわが国に使し，伏見城で徳川家康・秀忠父子にあい，国交の修復につくし，捕虜3000余口を刷還した．光海君2年(1610)没．68歳．著書に『奮忠紓難録』2巻がある．

参考文献　『松雲大師奮忠紓難録』(『続史籍集覧』8)

(黒田　省三)

046 伊勢法楽舎船 いせほうらくしゃせん　宝徳3年(1451)に発遣された遣明勘合貿易船団の中の2艘の船．法楽舎は建治元年(1275)権僧正通海によって異国(蒙古)降伏祈願のために，伊勢両大神宮至近の地に設けられた仏法(内法)による祈願所．宝徳3年度の船団は9艘編制で，法楽舎船は2号船と9号船とを占め，硫黄・銅などを積んで同3年11月兵庫出航．一行は寧波(ニンポー)より北京に至り，享徳3年(1454)赤間関に帰着している．発遣の目的は皇大神宮式年造替遷宮経費を貿易の利潤によって調達しようとしたものと推断されるが，明国の疲弊によって貿易は惨憺たる結果となり，所期の目的は全く達せられなかった．遷宮は11年おくれて，寛正3年(1462)にようやく行われたが，経費は室町幕府が支弁した．これ以後遷宮は百二十数年間中絶のやむなきに至り，また鎌倉時代末期以降行われた社寺造営料船も，この法楽舎船をもって終止符が打たれた．

参考文献　小島鉦作「遣明勘合貿易船伊勢法楽舎船の考察」(『小島鉦作著作集』2所収)

(小島　鉦作)

047 石上麻呂 いそのかみのまろ　640～717　7世紀末・奈良時代前期の貴族．旧氏姓は物部連．衛部大華上麻乃の子で乙麻呂の父．宅嗣の祖父．舒明天皇12年(640)に生まれ，壬申の乱に際し大友皇子側にあって敗戦，生き残る．天武天皇5年(676)遣新羅大使となり翌年帰国．時に大乙上．同10年小錦下．同13年朝臣の新姓を賜い，このころ氏の名を石上と改めた．朱鳥元年(686)天武天皇の殯宮に法官の事を誄した．この時はじめて石上朝臣としてみえ，冠位は直広参．持統天皇3年(689)大宰帥河内王に位記を送る使となり筑紫の新城をも監した．同4年即位式に大盾を樹てた．『日本書紀』に物部麻呂朝臣としてみえるのはかかる伝統的儀式に奉仕するのに負名氏として物部を名乗ったことを示すものか．朱鳥6年(持統天皇6年か)伊勢行幸に従い「石上大臣駕に従ひて作れる歌」を『万葉集』に残した．その後筑紫惣領・中納言・大納言・大宰帥を歴任，冠位は直広壱・直大壱を経て，慶雲元年(704)大納言従二位のとき右大臣に任じ封2170戸を賜わった．やがて和銅元年(708)正月正二位，同3月左大臣となり，養老元年(717)3月3日78歳で没した．元正天皇はその死を惜しみ廃朝し従一位を贈った．百姓も追慕して痛惜しないものはなかったという．

参考文献　直木孝次郎「石上と榎井」(『続日本紀研究』1／12)，野田嶺志「物部氏に関する基礎的考察」(『史林』51／2)

(佐伯　有清)

048 石上宅嗣 いそのかみのやかつぐ　729～81　奈良時代後期の貴族．文人．姓は朝臣．物部，石上大朝臣とも称する．法号梵行．詩人をもって聞えた中納言乙麻呂の子．天平18年(746)ころ藤原良継らと恵美押勝排斥を企てる．天平勝宝3年(751)従五位下治部少輔，天平宝字元年(757)5月従五位上，同年6月相模守，同3年5月三河守，同5年正月上総守，同年10月遣唐副使(6年3月辞任)，その後侍従，同7年正月文部大輔，同8年正月大宰少弐，同年10月正五位上常陸守，天平神護元年(765)正月従四位下，翌2月兼中衛中将，同2年正月参議，同年10月正四位下，神護景雲2年(768)正月従三位，同年10月新羅との交易にあたり時に式部卿，宝亀元年(770)藤原永手らと光仁即位の策を定める．同年9月兼大宰帥，同2年3月式部卿に戻り，同年11月大嘗会に神楯桙を立て，同月中納言，同6年12月物部朝臣賜

姓，同8年10月兼中務卿，同10年11月石上大朝臣賜姓，このころは兼皇太子傅，同11年2月大納言，天応元年(781)4月正三位，同年6月24日没．53歳．正二位を追贈された．右大臣を贈られたか，ともいう．歴史に通じ，文をよくし，書に巧みで，淡海三船とともに文人の首といわれた．住宅を阿閦(あしゅく)寺とし，仏像を作り，禅門を構え，外典(げてん)の院を芸亭(うんてい)と称して士人の縦覧に供した．『経国集』『唐大和上東征伝』に詩2首賦1首，『万葉集』に短歌1首が現存するが，詩賦数十首といわれ，唐に送った『三蔵讃頌』，また『浄名経賛』の著述があったという．

参考文献 『日本高僧伝要文抄』3(『(新訂増補)国史大系』31)，小島憲之『上代日本文学と中国文学』同『国風暗黒時代の文学』上，中西進『万葉集の比較文学的研究』，同『万葉史の研究』，新村出「石上宅嗣の芸亭につきて」(『典籍叢談』所収)
(中西　進)

049 伊曾保物語 いそほものがたり ⇒天草本イソポ物語(あまくさぼんイソポものがたり)

050 伊丹宗味 いたみそうみ　生没年不詳　江戸時代前期の武士．摂津国の人．伊達家の家臣．霊名ペドロ．慶長18年(1613)支倉常長の随員としてローマに行き，教皇パウロ5世に謁し，支倉その他随員とともにローマ元老院からローマの市民権を与えられた．

参考文献 『大日本史料』12ノ12，慶長18年9月15日条
(岡田　章雄)

051 イタリア Italy　ヨーロッパ南部の中央，地中海に突出した半島に位置する共和国．首都はローマ．日本とイタリアとの関係がはじめて生じたのはイエズス会の日本布教からである．周知のようにイエズス会はポルトガル国王の保護のもとに東方布教に赴いたので，日本に来朝した宣教師もポルトガル人が一番多い．フランシスコ＝シャビエルはスペイン人であるけれども，有名なカブラル・クエリョ・セルケイラ・フロイス・ロドリゲスらはいずれもポルトガル人である．しかしイエズス会の本部がローマにあり，同会立の最高学府コルレジオ＝ロマーノ(ローマ学院)がローマに置かれていた関係上，イエズス会にはもともと多数のイタリア人会士がいたので，イタリア人修道士もポルトガルの布教保護権のもとにポルトガル船に乗ってインド・中国・日本に赴いた．日本に来たイタリア人イエズス会士として有名なのはオルガンティーノで，1570年(元亀元)に来朝し，織田信長から厚遇を受け，安土に神学校と住院を建てた．ついで，バリニャーノがインド管区の巡察員として，ゴア・マカオを経て1579年(天正7)日本に到着した．かれはインド・中国の布教について周到な計画をたて，監督指導を行なったが，日本には一番長く滞在し，布教の基礎を固めるのに貢献した．1602年(慶長7)に長崎に上陸したスピノラもイタリア人で，九州布教に従事したのち京都にのぼり，ここで活躍したが，間もなく長崎に戻り，潜伏布教を行なった．18年(元和4)逮捕され，22年(同8)火刑に会った．かれは中国布教で成果をあげたリッチ(利瑪竇)と同じくコルレジオ＝ロマーノでクラビウスの指導を受けたことがあったため天文学・数学に堪能で，この知識を日本人に教授することによって有識者の信用を博したという．1643年(寛永20)迫害下の日本に潜入してたちまち逮捕され，江戸で取調べを受けた結果拷問に耐えかねて棄教し，日本人妻をめとって岡本三右衛門と名乗ったキアラも，1708年(宝永5)に屋久島に上陸したのち捕縛され，江戸に送られ，新井白石から取調べを受け，世界事情を白石に伝えたシドッティもともにイタリア人イエズス会士である．バリニャーノは日本滞在中，日本布教の成功を目のあたりヨーロッパ人に示すことによって教皇をはじめヨーロッパの諸君主からの布教援助を得ようと考え，九州の大友・有馬・大村3大名から伊東マンショ・千々石ミゲルの2正使，原マルチノ・中浦ジュリアンの2副使からなる使節団(天正遣欧使節)をヨーロッパに派遣させることに成功した．一行は1582年(天正10)長崎を出港し，マアオ・ゴアを経て84年(同12)リスボンに到着し，スペインを旅したのち，85年(同13)イタリアのリボルノに到着した．こうしてかれら4人は，イタリアの土を踏んだ最初の日本人となった．ピサ・フィレンツェ・シエナを経て85年3月ローマに入り，教皇に拝謁した．かれらはその後もイタリアの各地を歴訪し，いたるところで大歓迎を受けた．この一行に続いてイタリアに入国した日本人は伊達政宗の使節支倉常長らの一行である．かれらがメキシコ・スペインを経てイタリアのジェノバに到着したのは1615年(元和元)10月で，この月のうちにかれらはローマに入り大歓迎を受け，支倉以下はローマの公民権を贈られた．日本人とイタリアとのこの2つの出会いについてはヨーロッパ語のさまざまな記録が残っており，ヨーロッパに一種の日本ブーム，ないし東洋ブームをもたらしたといわれている．なおこれは日本へ来朝したイエズス会士ではないが，中国布教の開祖リッチは中国語で数々の著述を行い西洋学芸の東漸に大いに貢献するところがあった．そしてこれらのうちのあるものはただちに日本に送られ，日本人に西洋学を伝えた．なかでもかれの作製した世界地図である『坤輿(こんよ)万国全図』は早く日本に伝わって，日本人の世界観を形成するのに役立った．現在この『坤輿万国全図』の原本は世界に3つしか存在を確認されていないが，そのうち2つまでは日本にある．この地図ではイタリアは「意大里亜」として記されているから，少なくともこの地図あるいはリッチ坤輿図をもとにして日本でつくられた世界地図を見た日本人は，イタリアという国名とその正確な位置を知

ったはずである．新井白石は『西洋紀聞』のなかで，「イタリヤ」を「ヱウロパ諸国」のはじめにあげているが，かれは本書を編するに際してリッチ坤輿図をかた時も離すことができなかったといわれている．さてイタリアが1861年サルディニア王家によって統一されると間もなく江戸幕府とイタリア政府との間に外交関係が生じた．すなわち1863年（文久3）12月池田長発・河津祐邦らの一行は横浜鎖港使節として英・仏に派遣されたが，かれらがパリに滞在中フランス駐在イタリア公使が，通商条約締結のために日本へ使節を派遣したい旨申し出たのがそれである．イタリア側は自国の養蚕業の振興を図るため，性能の良さで評判の高かった蚕卵紙を輸入したがっていたといわれている．一行は間もなく帰国したが，1866年（慶応2），すなわち幕府が英・仏・米・蘭の諸公使との間に改税約書を定めた直後にイタリア使節アルミニョンが来朝し，日伊修好通商仮条約を結び，翌年イタリア公使来任をまって本条約が締結された．明治政府は他国の場合と同様，この不平等条約の改訂に努めた結果，1894年（明治27）12月，1912年（大正元）11月の両度にわたる改訂が行われて目的が達成された．この間両国の関係は特に密であったわけでもなく，また貿易も低調であったが，皇室間のつき合いは割合に盛んで，1873（明治6）・1879（同12）・1906年（同39）にイタリアの皇族が来朝し，これに対して1921年（大正10）7月，日本の皇太子はローマを訪れて親交の気持を表明している．なお1900年（明治33）の義和団事件に際しては日本もイタリアもともに連合軍の一員として北京の解囲に力を尽くしたし，1907年（同40）にはローマの日本公使館は大使館に昇格している．1881年にフランスがチュニスを占領するや，イタリアは従来の親仏主義を捨ててドイツ・オーストリアに接近し，その結果は三国同盟の成立となった．しかし第1次世界大戦に際しては，参戦をためらい，傍観者的態度をとったが，結局オーストリアとの間に存在した領土問題の未解決と，ドイツ資本に対するはげしい反感などから同盟条約を破棄して連合国側に立って参戦した．戦争は勝利に終ったが収穫は少なかった．また戦後の国民生活はみじめで失業者の数はふえる一方であった．こういう地盤の上に社会主義勢力は急激に力を蓄え，ストライキの頻発で革命前夜のような状況となった．極左過激派の行動は次第に大衆の反感を招き，その反感を利用してムッソリーニの指導するファシスタ党が力を集結し，全体義をスローガンにして社会主義勢力に弾圧を加え，ローマ進軍を決行してローマ市を占領した．国王はムッソリーニに組閣の命令を降し，以後約20年にわたるファッショ政権の基がつくられた．1935年には国際連盟の決議を無視してエチオピアの征服が行われ，39年にはヒットラーのドイツとともにスペインの国内戦争に介入し，フランコ政権を樹立させた．エチオピア戦争を契機としてムッソリーニとヒットラーの協力関係は強化され，1936年（昭和11）ベルリン＝ローマ枢軸が形成された．この年の11月，日独協定が結ばれたが，翌年11月にイタリアは日独防共協定に参加した．ドイツが仏・英と開戦するや，はじめ形勢を観望して中立政策をとっていたイタリアは，フランスの降伏が明らかになった時，英・仏に宣戦した．1940年（昭和15）9月には日独伊三国同盟を締結し，翌年日本がアメリカに宣戦するや，イタリアもドイツと並んでアメリカに宣戦した．しかし国内では反ファシスタ勢力が力を蓄え，北アフリカ遠征軍は敗戦を重ねた．英米両軍がイタリアに上陸する気配が高まるや，ドイツ軍がイタリアに進駐した．民衆の間にはいよいよ反ファシスタ，反ドイツの感情が高まった．英米軍のイタリア上陸によって指導者間にもムッソリーニ政権の打倒を図る空気が濃厚となり，結局ムッソリーニは逮捕され，幽閉された．ついでバドリオが組閣し，英・米に対して降服交渉を開始し，1943年9月8日イタリアの無条件降服を宣言し，ドイツに宣戦布告した．ドイツ軍は懸命に戦ったがパルチザン組織と英米軍の進撃のため敗北し，イタリア戦争は終結をみた．1946年人民投票の結果共和制となり，サルディニアのサボイア王家は国外に亡命した．ルネサンス期のイタリア文学者ダンテの『神曲』やボッカチオの『デカメロン』は日本語に訳されて近代日本文学の確立に寄与しているし，19世紀から20世紀にかけての児童文学者アミチスの『クオレ』は，さまざまな形で邦訳され，日本の国定教科書にも一部が採用されて相当な数の日本人の精神形成に影響を与えたと考えられる．そのほかイタリアの絵画・彫刻・音楽・歌劇などが，日本人に与えた影響については著しいものがあるけれども，ここでは説かない．面積30万1318km²，人口5735万人（2004年，国連推定）．

参考文献　井上幸治編『南欧史』（『世界各国史』5），鮎沢信太郎『マテオ・リッチの世界図に関する史的研究』
（矢沢　利彦）

052　イタリア所在日本関係史料　イタリアしょざいにほんかんけいしりょう　わが国とイタリアとの間に外交関係が結ばれたのは幕末のことであるが，両国の関係は16世紀中期以降のキリシタン布教の歴史を通じてきわめて密接であった．したがってバチカンの教皇庁をはじめ各地の古文書館・図書館・教会などに伝存している日本関係史料はきわめて多い．特に創立者イグナティウス＝デ＝ロヨラによってローマに設けられたイエズス会本部には，4世紀にわたる世界各地の布教関係史料があり，その中には日本のキリシタン布教史を裏付ける貴重な古文書・記録・報告書の類も少なくない．ローマでは，ほかに，もとドミニコ会に所属していたカサナテンセ図書館・国立中央図書館・アンジェリカ図書館・バリアナ図書館・アレ

ッサンドリア図書館などにも日本布教関係の史料類が架蔵されている．1585年（天正13）および1615年（元和元）にローマ教皇に謁するためにイタリアを訪れ，諸都市で歓迎を受けた天正遣欧使節および慶長遣欧使節に関する古文書・記録類は，教皇庁をはじめローマ・フィレンツェ・ボローニャ・マントバ・イモラ・ベネツィア・ミラノ・ジェノバなど各地の古文書館の架蔵文書の中に伝存され，古く明治初年にわが岩倉具視全権大使をベネツィア市に迎えた市長グリエルモ＝ベルシェーによって紹介され，またその後村上直次郎により採訪・蒐集され，『大日本史料』11ノ別巻・12ノ12，慶長18年（1613）9月15日条に収録されている．その他絵画史料として注目すべきものに，ローマのイル＝ジェスー聖堂に元和8年（1622）の「長崎大殉教図」，同5年の「長崎殉教図」，慶長2年より寛永4年（1627）に至る間に日本で殉教した「日本イエズス会士殉教図」があり，ボルゲーゼ家には支倉常長と推定される日本人の肖像画があり，またビチェンツァのオリンピア劇場には天正遣欧使節の来訪を記念して描かれた壁画が残っている．なお，幕末開国以降の外交関係史料については未だ充分な調査が行われていない．→バチカン所在日本関係史料

参考文献　松田毅一『在南欧日本関係文書採訪録』，東京大学史料編纂所編『日本関係海外史料目録』7

（岡田　章雄）

053　一庵一如 いちあんいちにょ　1352～1425　応永9年（1402）に臨済僧天倫道彝とともに明使として来日した天台僧．浙江省紹興府上虞県の人．別号は退翁．俗姓孫氏．洪武18年（1385）松江府崇慶寺住持として出世．以後諸寺を歴住し，洪武31年に杭州上天竺寺住持（永楽3年（1405）に再住か）．来日に当たっては僧録司右覚義の肩書きも帯びた．前年に明に入貢した日本使祖阿らの帰国に同行したもので，8月に入京して9月5日に足利義満を北山別業に訪い，天倫とともに国書・大統暦・錦綺などを賜与した．東福寺で首座を勤めていた岐陽方秀は，同年に手紙を通じて「岐山説」「不二室銘」の詩文を請い，与えられた．岐陽はまた同年11月12日に手紙を送り，平安時代に源信が天台山に送った「天台宗疑問二十七条」の例に依って教論の疑義10条を問い，さらに帰国後に日本に送って欲しい書物のリストも書き連ねている．他に絶海中津・雲章一慶・天章澄彧らも交流を持った．翌年2月，一庵は天倫とともに京都を発ち，9月以前に帰国した．永楽17年ごろから大蔵経の校閲に携わり，僧録司右闡教（一説に左闡教）に到った．洪熙元年（1425）3月2日示寂．74歳．『法華経』に通じたという．『法華経科註』『大明三蔵法数』の著があり，日本でも読まれた．

参考文献　『一菴如法師塔銘』（『東里集』25），『杭州上天竺講寺志』，『大日本史料』7ノ5，応永9年9月5日条，7ノ6，応永10年2月19日条，小野玄妙編『仏書解説大辞典』，木宮泰彦『日華文化交流史』

（榎本　渉）

054　一翁院豪 いちおういんごう　1210～81　鎌倉時代中期の禅僧．臨済宗仏光派．法名は院豪，道号は一翁．承元4年（1210）に生まれる．はじめ天台僧．上野長楽寺の栄朝に師事し，寛元初年入宋し，径山（きんざん）の臨済宗の無準師範（ぶしゅんしはん）に参禅し，相当の悟所を得たが，言語不通のために帰朝し，再び長楽寺の栄朝に師事し，台密蓮華院流の伝法灌頂を受け，長楽寺に住した．文応初年，無準の弟子兀庵普寧（ごったんふねい）が来朝するや，建長寺に至って，これに参じ，弘安2年（1279）仏光禅師無学祖元が来朝するや，再び建長寺でこれに参じ，所悟の偈を呈し，印可を受けて，その法を嗣いだ．弘安4年8月21日寂．72歳．長楽寺の正伝庵に葬られる．のち円明仏演禅師と勅諡された．法嗣（はっす）に霊巌良真・断岸元空・月庵自昭・克中致柔・古伝崇升などがおり，霊巌の弟子に夢嵩良英が出て，上洛して霊鷲寺を開いてから，この法流は京都にも行われ，夢嵩門徒という．

参考文献　『禅刹住持籍』，『本邦禅林宗派』，『金沢文庫所蔵印信』，『相国寺所蔵無学祖元印可法語』，卍元師蛮『延宝伝燈録』19（『大日本仏教全書』），『東海璚華集』（『五山文学新集』2），『半陶文集』（同4），大屋徳城『日本仏教史の研究』，辻善之助『日本仏教史』2～6，白石虎月『禅宗編年史』

（玉村　竹二）

055　一大率 いちだいそつ　『魏志』倭人伝に，女王国より以北の諸国を検察するため，特に「伊都国」に一大率を置き，諸国はこれを畏憚したとある．伊都国は筑紫の伊覩県・怡土郡にあたり，外交上の要衝であり，一大率の設置は，「対馬」「一支」「奴」「不弥」の沿海4国に，辺境防備官としての卑奴母離（夷守）を置いたことと共通性がある．一大率は，世々女王に属したという伊都国王の治下に，卑奴母離は各国の大官のもとに副として派遣されたものである．伊都国は，帯方郡から倭に至る使者の駐在するところで，一大率はこれらの使者や女王より魏都あるいは帯方郡に遣わされる使者の「文書

賜遺之物」を検閲し，それらが女王国に至った際に差錯の生じないようにしたという．これから魏使は伊都国より先に進まなかったとの説もある．また後世の大宰府・大宰帥の職掌と類似しているところから，邪馬台国大和説では一大率を大宰府の先蹤的官制と考えるが，年代からみても，直接の結びつきはない．

参考文献 榎一雄『邪馬台国』(『日本歴史新書』)，三品彰英『邪馬台国研究総覧』，佐伯有清『魏志倭人伝を読む』(『歴史文化ライブラリー』104・105)，平野邦雄『邪馬台国の原像』，坂本太郎「魏志倭人伝考」(『日本古代史の基礎的研究』上所収)，上田正昭「邪馬台国問題の再検討」(『日本古代国家成立史の研究』所収)，植村清二「『魏志』倭人伝の一節について」(『東方学』22) (平野　邦雄)

056 一寧 いちねい ⇨一山一寧(いっさんいちねい)

057 一切経 いっさいきょう　仏教の典籍を集成したものの総称．大蔵経(だいぞうきょう)ともいう．三蔵すなわち仏陀や仏弟子の教説を伝える経蔵，教団の戒律・規定を収める律蔵，仏陀の教説を論議・研究した論蔵の3種の聖典を中心として，これに後代の仏教者の著述を加えて集成したものをさす．仏教の聖典の編纂は，仏陀の入滅直後に始まり，その後幾回かの編纂会議を経て，経・律・論の三蔵が成立した．しかし，大乗仏教になると，従来の三蔵を小乗の聖典とみなし，新たに大乗独自の経典や論書が多数作られた．こうしたインドの仏典が，中国には無秩序に翻訳して伝えられたため，三蔵の分類とは異なる中国仏教特有の分類によって，仏典全体が集大成されるに至った．これが一切経あるいは大蔵経と呼ばれたのであるが，現今では，この呼称は，中国の仏典ばかりでなく，総じて仏教の典籍の集成をさすものとして用いられている．現存の一切経は，大別すると次の3種類に分けることができる．

㈠パーリ三蔵　仏陀が使用した言語に近いパーリ語で書かれた経・律・論の三蔵．最も古くまとめられた一切経で，三蔵の原初の姿を完全に保存している集成であるが，パーリ聖典としては，このほか，三蔵に編入されていない典籍(これを蔵外という)も多数ある．スリランカに伝わった南方上座部(テーラバーダ)の所伝で，その後ミャンマー・タイ・カンボジア・ラオスなど東南アジア諸国に伝えられている．現在，それぞれの国の文字を用いて刊行されているが，ロンドンのパーリ聖典協会(Pali Text Society)からはローマ字による三蔵が出版され，蔵外のものも多数刊行されている．わが国では，『南伝大蔵経』(65巻70冊)の中に，パーリ三蔵のすべてと蔵外の主要なものが邦訳されている．

㈡漢訳大蔵経　インドの原典(サンスクリット語や俗語で書かれたもの)から漢文に翻訳された一切経で，なかには中国で作成された偽経(疑経)もある．中国・日本などで用いられているもので，広義には中国・日本の高僧たちの著述をも含む．仏典の漢訳は，後漢時代に始まり，元代に至るまで1000余年間行われた．南北朝時代以降，種々の訳経目録が編集されたが，宋代に入って大蔵経が木版によって印刷されるようになった．最初の開版は宋の太祖・太宗のときの勅版大蔵経(971～83)で，以後たびたび開版された．また，朝鮮でも開版が行われた．わが国では，一切経の蒐集と講経は古くから行われ，天武天皇2年(673)には川原寺で一切経が書写された．その後，写経は次第に盛んとなり，奈良時代には天平7年(735)に僧玄昉が唐本の経論5000余巻を伝来し，一切経の書写は全盛期を迎えた．平安時代後期に入ると，紺紙に金字・銀字で書写した豪華な一切経が流行したが，後期から鎌倉時代にかけては，宋版一切経がたびたび請来され，諸寺では経蔵を建立し，一切経会を行なった．一切経の開版の企ては，鎌倉時代にすでに現われているが，最初の成功をおさめたのは，江戸時代初期になって，天海が刊行した寛永寺版一切経(1637～48)である．ついで，鉄眼も開版に着手し，黄檗版一切経(1668～81)を完成した．明治時代以降は，金属活字による一切経の出版が行われ，『(大日本校訂)縮刻大蔵経』(縮刷蔵経)，『(大日本校訂)訓点大蔵経』(卍字蔵経)，『大日本続蔵経』などが出版されたが，現在最も完備したものは，大正11年(1922)に始まり昭和9年(1934)に完成した『(大正新脩)大蔵経』(100巻)である．これは，日本の著名な仏教者の著述をも含み，はじめの85巻までに，3053部(重複を除くと2920部)1万1970巻の仏典を収めている．『国訳一切経』(印度撰述部155巻，和漢撰述部100巻)は，その主要な典籍を書き下して集成したもの．なお，日本撰述の仏書の集成としては，『大日本仏教全書』(150冊，新編纂は100巻)のほかに，『天台宗全集』『真言宗全集』『浄土宗全書』『真宗聖教全書』など諸宗派による全書類が多数ある．

㈢チベット大蔵経　サンスクリット原典からチベット語に翻訳された一切経であるが，少数のパーリ聖典からの翻訳や漢訳経論からの重訳も含んでいる．仏典のチベット語訳は，7世紀に始まり，その後約1000年間続いた．木版による印刷がはじめて行われたのは，13世紀ごろで，以後何回も開版された．わが国では，大谷大学所蔵の北京版『西蔵大蔵経』の影印本(168巻)が出版された．これは，カンギュル(仏説部)1055部，テンギュル(論疏部)3522部のほかに，チベットの学僧による著述全書を含んだものである．チベット大蔵経はチベット仏教の流通地域で用いられてきたが，これにもとづいてモンゴル語訳や満州語訳の大蔵経も翻刻されている．

以上の3種の一切経のほかに，単独の仏典としては，現在，サンスクリット原典もかなり存在している．ま

た，コータン語・ソグド語・トカラ語・ウィグル語・西夏語などで書かれた仏典も断片的に発見されているから，広い意味での一切経の種類と分量は厖大である．
→高麗板大蔵経(こうらいばんだいぞうきょう)　→宋版大蔵経(そうはんだいぞうきょう)

参考文献　大蔵会編『大蔵経』，小野玄妙編『仏書解説大辞典』，水野弘元他編『仏典解題事典』，鎌田茂雄他編『大蔵経全解説大事典』　　　(藤田　宏達)

058　一山一寧　いっさんいちねい　1247〜1317　鎌倉時代後期の臨済宗の禅僧．元国よりの来朝僧．法諱は一寧．一山はその道号．台州臨海県の胡氏．無等慧融に従って出家し，法明文節について天台を学び，天童山で箇翁居敬に従い，育王山(いおうさん)で蔵叟善珍に参じ，東叟元愷・寂窓有照に歴参し，ついに頑極行弥に逢着して，その法を嗣いだ．頑極は曹源道生の嗣癡絶道冲の門人である．その後天童で環渓惟一に，育王に横川如珙(わんせんじょきょう)・清渓了沆・巧庵□祥に参じ，四明の祖印寺に住した．時に元の世祖は，日本に来貢を強制するために遣使しようとし，まず舟山列島の補陀落山観音寺の住持愚渓如智と提挙王君治を遣わしたが，暴風雨に遭って果さず，ついで愚渓と参政王積翁を遣わし，対馬まで来たが，日本に赴くを欲せざる船員のために王積翁は殺され，愚渓は再び空しく帰国し，観音寺に再住した．官は三度愚渓を日本に派遣せんとしたが，老齢を以て辞し，同郷人にして，のち観音寺に遷住し愚渓の継席をした一山を推挙した．一山は妙慈弘済大師の号を授けられ，官慰使阿答刺(刺は剌の誤りか)相公以下，僧録可知書・昌国府知州ら50余人の官人が，親しく観音寺に来て懇請したので，俗姪にして門人である石梁仁恭および西澗子曇を随えて来朝，正安元年(1299)博多に着岸，一旦は猜疑を受けて伊豆修禅寺に幽閉されたが許され，外交上の使命は果たしたかどうかわからないが，北条貞時から厚く信仰され，同年12月建長寺住持に任ぜられ，同4年円覚寺にも兼住せしめられ，のち円覚寺専任住持となり，一住4年，同寺に退居寮をはじめんとしたところ，貞時は建長寺に再住せしめ，同寺近傍の杉谷に地を与えて退居寮玉雲庵を営ました．のち浄智寺を経，正和2年(1313)規庵祖円(南院国師)示寂ののちを承け，後宇多法皇の招請によって南禅寺住持となり上京した．晩年は法皇や延臣六条有房の帰依をうけ，文保元年(1317)10月24日南禅寺に寂した．71歳．建長寺玉雲庵および南禅寺大雲庵に葬った．師事した老宿が臨済宗大慧派(だいえは)の人が多く，同派からは蔵叟善珍をはじめ多くの文筆僧を輩出しているという伝統があり，また天台をも学んでいる経歴により，一山はきわめて広い教養を有し，中国の貴族社会の教養を日本に紹介し，日本の禅宗史上てはもちろん重要な人物であるが，その他，朱子学史上(朱子学の将来者の1人という)，書道史上，文学史上(五山文学の祖ともいわれる)でもそれぞれ巨大な足跡をのこし，公武貴族の厚い信仰を受けた．弟子に石梁のほか，雪村友梅・無著良縁・無相良真・無惑良欽・聞渓良聡らを出し，この1派を一山派と称する．一山派は相国寺雲頂院・玉竜庵，南禅寺大雲庵・徳雲院を中心に発展し，主として赤松氏の外護により播磨地方に末派を有した．蔭涼職として活躍した季瓊真蘂・益之宗筬・亀泉集証をはじめ五山文学僧雪村友梅・太白真玄・南江宗沅・万里集九らこの派下から輩出した．また嗣法の門人のほか受業の弟子に夢窓疎石があり，学芸を学んだものに虎関師錬がある．『一山国師語録』1巻(『大日本仏教全書』所収)の著がある．

参考文献　『元享釈書』8(『(新訂増補)国史大系』31)，卍元師蛮『延宝伝燈録』4(『大日本仏教全書』)，『一山国師行記』，上村観光『五山詩僧伝』(『五山文学全集』5)，同『禅林文芸史譚』(同)，足利衍述『鎌倉室町時代之儒教』，西村天囚『日本宋学史』，田山方南編『禅林墨蹟』，森克己『(新訂)日宋貿易の研究』(『森克己著作選集』1)，木宮泰彦『日華文化交流史』，辻善之助『(増訂)海外交通史話』，玉村竹二・井上禅定『円覚寺史』　　　(玉村　竹二)

059　佚存叢書　いっそんそうしょ　中国の書物であるのに，中国では失われ，かえって日本にのみ伝わって残っている書物を集めた叢書．林述斎が編集した．全6帙60冊．第1帙は寛政11年(1799)刊，第2帙は享和元年(1801)刊，第3帙は享和3年刊，第4帙は文化3年(1806)・4年刊，第5帙は同5年刊，第6帙は同7年刊と，11年の間に6回にわたって出版された．述斎が『佚存叢書』と名づけたのは，宋の欧陽脩の日本刀歌の「佚書百篇今尚存す」の句によったと序文に記す．各書の後に叢書に加えた理由を記すが述斎の識見を窺うことができる．漢籍の佚書でわが国に伝わったものが江戸時代に出版され，中国へ輸出された書には太宰純点本『古文孝経』，根本遜志校本『論語義疏』，岡田挺之編輯『孝経鄭註』，山井鼎撰・荻生観補遺『七経孟子考文補遺』などがあるが，本書が最も大部でいずれも清朝考証学に影響を及ぼし，『知不足斎叢書』や『粤雅堂叢書』の中に加えられて，中国で再び出版，流布したものもある．そして1882年(光緒8)には尤炳奎の校訂を経て36冊本として全書が刊行された．のち，駐日公使としてわが国へ来た黎庶昌が1884年にわが国で見出した佚書を集めて『古逸叢書』を刊行したのも本書にならったものである．

第1帙
　1　古文孝経(漢，孔安国伝)
　2〜6　五行大義(隋，蕭吉)
　7・8　臣軌(唐，則天武后)
　9　楽書要録〔巻5・6・7のみ〕(同)
　10　両京新記〔巻3のみ〕(唐，韋述)・故中書令鄭国

公李嶠雑詠百二十首（唐，李嶠）
第2帙
  11・12文館詞林〔巻662・664・668・695〕（唐，許敬宗ら）
  13文公朱先生感興詩・武夷櫂歌十首（宋，蔡模注）
  14～19周易上経伝（宋，李中正）
  20左氏蒙求（元，呉化竜）
第3帙
  21～25唐才子伝（元，辛文房）
  26～30王翰林集註黄帝八一難経（明，王九思集註）
第4帙
  31～33蒙求（唐，李瀚）
  34～40崔舎人玉堂類藁（宋，崔敦詩）・崔舎人西垣類藁（同）
第5帙
  41～50周易新講義（宋，龔原）
第6帙
  51～60景文宋公集〔欠本，32巻〕（宋，宋祁）

[参考文献] 稲葉岩吉「古逸叢書と佚存叢書」（『近代支那十講』所収），福井保「佚存書の輸出」（『文献』2）
　　　　　　　　　　　　　　　　　　（大庭　脩）

060　乙卯達梁の倭変（いつぼうたつりょうのわへん）　乙卯は弘治元年（1555）で，朝鮮明宗10年にあたる．この年5月から7月にかけて，朝鮮でおこった日本海賊団の寇掠．全羅道の南海岸の霊巌郡管下の達梁浦（全羅南道海南郡北平面南倉里）から始めて，周辺諸郡県をおそい，兵馬節度使の本営までも攻めおとし，一方に済州島をもかすめた．海賊団の本拠は五島で，当時明人汪直らも来て，これと連合し，東シナ海上に活動していた．対馬島主宗氏の朝鮮貿易独占に対抗したものである．変後，宗氏は同3年4月に，海賊禁圧の強化を条件に，歳遣船の増額を交渉し，丁巳約条をむすび，5隻を加えて，年30隻を送ることになり，貿易権の独占をかためた．朝鮮では，事変を契機として兵制を改革し，制勝方略を定めて戦時の機動性をつよめ，築城や兵器の補強につとめ，中央には，備辺司を常置し，辺境事情に精通した大臣による集団指導の体制をつくった．

[参考文献] 『朝鮮明宗実録』，李肯翊『燃藜室記述』（『朝鮮群書大系』続11～16），中村栄孝「十六世紀朝鮮の対日約条更定」（『日鮮関係史の研究』下所収）
　　　　　　　　　　　　　　　　　　（中村　栄孝）

061　乙卯の変（いつぼうのへん）　⇨乙卯達梁の倭変（いつぼうたつりょうのわへん）

062　以酊庵（いていあん）　天正8年（1580）博多聖福寺の景轍玄蘇が宗家17代義調に招かれて対馬に開いた禅寺．山号を瞎驢山という．こののち景轍は豊臣秀吉・徳川家康の命をうけて，朝鮮国王との外交文書を掌った．ついでその弟子の規伯玄方が以酊庵第2代となり，江戸幕府の命をうけて朝鮮との往復文書を掌り，再度朝鮮へ赴いたが，寛永12年（1635），柳川調興らの奸策が暴露し，これに連座して陸奥の南部に流された．そこで，幕府は朝鮮との外交を一新するために，以酊庵を輪番制に改め，南禅寺以外の五山から文筆に長じた学僧を朝鮮書契御用として選び，1年ないし3年交代でこれに輪番で住持させ，外交問題の処理にあたらせた．この間に書き留められたのが『日韓書契』といわれるもので，その一部が残っている．なお，この機関は幕末まで存続している．その任期を終了したものには，終身碩学料として米100俵が支給された．→景轍玄蘇（けいてつげんそ）

[参考文献] 中村栄孝『日鮮関係史の研究』
　　　　　　　　　　　　　　　　　　（今枝　愛真）

063　以酊庵輪番制（いていあんりんばんせい）　江戸幕府が，外交体制確立の一環として朝鮮外交を統制するため，寛永12年（1635）に対馬国府中（長崎県対馬市厳原町）に設けた制度．柳川一件の結末を機会に，対馬の宗氏に対する旧来の放任政策を刷新するため，数年にわたって朝鮮と外交上の儀礼や貿易に関する交渉をつづけたが，その当初に国内措置としてこの制度を定めた．京都五山の塔頭の僧を輪番で対馬に派遣し，府中の以酊庵に駐在させ，外交事務を監察し，往復書翰を管掌し，文書の起草を担当し，また朝鮮使者の応接に参与し，特に通信使渡来の際は，藩主と同行して江戸往復の接待をつとめさせた．この制度は明治政府が，朝鮮外交を対馬から接収するまで継続した．京都五山の僧は，室町幕府のとき外交文書の起草にあたり，伝統的慣例に習熟していたことを利用したもので，交替期は，はじめ1年，明暦元年（1655）から2年となった．もともと国書の偽作・改作などのような失態に対する予防措置と，交換文書に関する儀礼上・名分上の監察を主要任務とするから，輪番僧は，常例および臨時の往復書翰すべてを筆録して『本邦朝鮮往復書』などをつくり，また関係記録を数多く残している．なお，以酊庵は，はじめ現在の国分寺の北方扇原，今の対馬市大字日吉字元以酊庵の地にあり，寛文5年（1665）に大字天道茂字客館の現国分寺の地に移ったが，天和3年（1683）に両寺の所在を交換し，享保17年（1732）の大火に類焼してからは，今の大字国分字奥里の西山寺に仮居して明治に至った．→柳川一件（やながわいっけん）

[参考文献] 『通航一覧』30，松浦允任『朝鮮通交大紀』，『対馬島誌』，中村栄孝「江戸時代の日鮮関係」（『日鮮関係史の研究』下所収），同「外交史上の徳川政権」（同所収），田中健夫「対馬以酊庵の研究」（『前近代の国際交流と外交文書』所収）
　　　　　　　　　　　　　　　　　　（中村　栄孝）

064　糸印（いといん）　糸に関係した印章ということからこの名称が生じた．15世紀に中国の明から生糸をわが国が輸入して織物にしていた時に生糸1斤につき1個の印を

添えて来て，着荷の際に，斤量を検査し，その受領証にこの印を捺して先方へ返送し，取引の証とした．この際の印章は先方へは返さず荷受人の手許にとどめたのでその数も多く集まり，不用品となったが，こうした明の印は鋳銅印であり，印形として必ず鈕（ちゅう）があって，鈕には獅子・虎・竜・猿・犬などの多分に想像上の要素の加わった動物や人物その他があった．印面は円形・方形などさまざまであり総じて雅趣豊かなものが多く，好事家が愛玩し，15世紀以後は捺印に利用された．豊臣秀吉の印判状に生涯使われていた正円印はこの種の糸印であると考えられているが，印文の判読もできず通説をあらためるだけの根拠もないが，この秀吉印の鈕の形がどんな様式であったか，それが遺された課題であろうが，印影のみで印章そのものの失われた現在ではそれも不明である．

参考文献　横井時冬「糸印考」（『芸窓雑載』所収）
（荻野三七彦）

065　伊藤圭介　いとうけいすけ　1803〜1901　幕末から明治時代にかけての博物学者，蘭方医．本名舜民，のち清民，字（あざな）は戴堯（たいぎょう），のち圭介（「けいかい」とも呼ぶ），号は錦窠・太古山樵・花繞書屋（かにょうしょまく）．美濃国可児郡久々利（岐阜県可児市）から名古屋に出て町医となった西山玄道の次男として，享和3年（1803）正月27日呉服町で生まれ，のち父の生家伊藤家をつぐ．父や兄の大河内存真とともに本草学を水谷豊文に学ぶ．兄はのちに名古屋藩の奥医者となる．父や兄から医学・本草学を学び，18歳で医師の資格を得，翌年の文政4年（1821）京都に出て蘭日辞典『訳鍵』の著者で，蘭方医の藤林泰助より洋学を学ぶ．また蘭方医でのちに名古屋藩の奥医師となった吉雄常三にも洋学を学んだ．文政9年，シーボルトが江戸参府の途中，尾張熱田（宮）駅に滞在した時に豊文や兄とともにシーボルトを訪れ学んだ．帰路のシーボルトに長崎遊学をすすめられ，翌年9月圭介は長崎にシーボルトを訪れ博物学を主として学んだ．翌年3月，長崎を去るにあたりシーボルトは彼にツンベルグの『日本植物誌』を贈った．これによって圭介は学名・和名対照の『泰西本草名疏』（文政12年）を刊行，付録に日本で初めてリンネの植物分類体系を紹介して名声をあげた．またシーボルトの課題「勾玉考」を蘭文で起草しシーボルトに呈出した．天保の飢饉の時には『救荒食物便覧』（天保8年）を刊行し，天保12年（1841）には『嘆咭唎国種痘奇書』を刊行して牛痘法を紹介するとともに種痘所を設け幕末から明治にかけて活躍した．諸国に植物を採集し，薬品会・博物会をたびたび主催し『日本産物志』（明治6年・9年・10年），『小石川植物園草木目録』（同10年・14年），賀来飛霞との共著『小石川植物園草木図説』（同14年・17年・19年）など著作が多い．安政6年（1859）洋学館総裁心得，文久2年（1862）に蕃書調所内物産局の主任格，明治3年（1870）新政府により大学出仕となり，同13年小石川植物園担当，翌年東京大学教授，同21年日本で最初の理学博士となった．同34年1月20日，99歳で没．墓は台東区の谷中墓地にある．男爵を授けられた．なお蔵書約2000冊が国立国会図書館の伊藤文庫に収められている（『（上野図書館所蔵）伊藤文庫図書目録』）．

参考文献　杉本勲『伊藤圭介』（『人物叢書』46）
（木村陽二郎）

066　伊東玄朴　いとうげんぼく　1800〜71　江戸時代後期の蘭方医．寛政12年（1800）12月28日，肥前国神崎郡仁比山（にいやま）村（佐賀県神埼市神埼町的（ゆくわ））に生まれる．名は淵，字（あざな）は伯寿，沖（ちゅう）斎・長翁と号した．本姓は執行．のち母方の親類伊東祐章の養嗣子となる．23歳で佐賀に出て，蘭方医島本竜嘯の門に入り蘭学を修める．25歳の時，長崎の通詞猪股伝治右門とシーボルトに就いてオランダ語・蘭医方を学んだ．文政9年（1826）江戸本所番場町・下谷長者町に開業し，かたわら医学書の翻訳に従事し，また蘭書を教授した．天保4年（1833）御徒町に移る（象先堂）．同6年ビショップの内科書を訳述した『医療正始』を公にしたが，この書は従来の翻訳書に比べて詳細であったため，大いに名声高まり多くの門弟・患者が集まったという．これよりさき天保2年鍋島家の招きにより侍医となる一方，西洋医学の研鑚と医業の開拓に努力を重ね，幕府侍医桂川国興に師事して西洋外科を学んだ．嘉永2年（1849）幕府は漢方医の要請に応じて，外科・眼科を除く蘭方禁止令，蘭書翻訳取締令を発したが，玄朴は同志を糾合して安政5年（1858）5月江戸神田お玉ヶ池に私設種

痘所を設け，蘭方医学の擁護とその発展を図り，漢方医の圧迫に対抗する拠点とした．牛痘法の成功は漢方を凋落させるのに力があり，6月将軍家定重病の際には奥医師に任ぜられた．万延元年(1860)10月種痘所は幕府直轄となり，翌文久元年(1861)10月西洋医学所と改称，玄朴は取締に任命された．功績により法印に叙せられ，長春院の号を賜わった(文久3年正月罷免)．明治4年(1871)正月2日没．72歳．東京谷中の天竜院に葬る．

[参考文献] 伊東栄『伊東玄朴伝』 （大鳥蘭三郎）

067 伊東マンショ いとうマンショ 1570～1612 天正遣欧使節の中の正使．豊後の大友義鎮の姪孫にあたる．義鎮の妹と日向の伊東義祐との間に生まれた娘町上が都於郡の城主伊東修理亮祐青に嫁して儲けた男子であろうと推定されている．マンショは洗礼名，その名は不明．天正10年(1582)巡察使バリニァーノに伴われ，副使千々石ミゲル・中浦ジュリアン・原マルチノとともに長崎を出発，マカオ，ゴアを経てポルトガルに渡り，スペインのマドリッドでフェリペ2世に謁した後，ローマに行き教皇グレゴリオ13世に公式謁見を行いその使命を果たした．同18年長崎に帰着，インド副王の使節としてゴアから同行したバリニァーノに随行して翌年閏正月8日京都聚楽第で豊臣秀吉に謁した．その後他の3人とともにイエズス会に入り，慶長17年(1612)10月21日病死した．43歳． →天正天正遣欧使節（てんしょうけんおうしせつ）

[参考文献] 『大日本史料』11ノ別巻，浜田耕作『天正天正遣欧使節記』 （岡田 章雄）

068 怡土城 いとじょう 福岡県前原市にある標高415mの高祖山の西斜面にあった古代の城砦．天平勝宝8歳(756)に築城が始まり，神護景雲2年(768)に完成した．この築城を計画より完成までに至らしめた主要人物は，吉備真備であった．彼は当時大宰大弐に任ぜられていたが，再度の入唐で習得した新知識と，国際情勢の検討からこの築城を献議したものと思われる．極東の国際情勢変化の1つとして，唐の安禄山の叛乱を契機としてわが国の新羅征討の計画が準備されるようになったことがあげられる．天平宝字3年(759)以降，新羅征討の軍船建造を諸国に令し，新羅語を習得させ，香椎廟に外征の幣が捧げられた．一方唐の争乱後，外敵来襲に備えて，西海の軍備も一段と緊張し，東国防人の復活，海防軍船の整備がとりあげられている．怡土城は大宰府より唐津方面に至る要路にあたっており，城址よりの展望は糸島方面の要地を視界に入れることができる．高祖山頂は中世原田氏の居城となったため怡土城時代の遺跡は残っていないが，おそらく最高峰が怡土城内にとり入れられたであろう．山頂から北に峰づたいに鐘突址(かねつきあと)と称する望楼遺構が残っている．また城の北辺と南辺にも同様の遺構がある．現在知られている望楼遺構は9ヵ所で，1例をあげると，一ノ坂礎石群は正面三間・側面二間で，柱の間隔は唐尺の10尺である．また土塁の切れ目には城門の施設があり，門礎の残っているものもある．また谷口は石塁を以て塞ぐ方法もとられている．低地になると土塁がめぐらされ，望楼と土塁を結ぶ線は延長約8kmに及ぶ．城域は東より西に傾斜する地形がとり入れられ，西辺土塁は山すそに連なって，水田平地に近づいている．このような地形は外敵の襲来を予想する場合，敵の侵入路方面に正面することとなり，大野城や基肄城のような朝鮮式山城が，攻撃方面から城内が見えないような設計であるのに対して，新様式の築城といえよう．城跡は昭和13年(1938)国史跡に指定．

[参考文献] 鏡山猛『怡土城阯の調査』（『日本古文化研究所報告』6） （鏡山 猛）

069 伊都国 いとの 古代国郡制施行以前，現在の福岡県糸島郡地方にあった国．『魏志』東夷伝倭人条に「東南陸行五百里にして，伊都国に到る，官を爾支(にき)と曰ひ，副を泄謨觚(せもこ)，柄渠觚(ひここ)と曰ふ，千余戸有り，世々王有るも皆女王国に統属す，郡使の往来常に駐まる所なり」(原漢文)とあり，『魏略』逸文にも類似の文がみえる．北九州にあった3世紀のころの国で，この地は外交・政治上の要地であり，一大率が常置して，諸国の検察にあたったという．また帯方郡使も往来に際して常に駐留したと伝える．いわゆる邪馬壱(台)国所在論において，伊都国の存在は特に重視されており，帯方郡使は伊都国以遠には赴かなかったとする想定から，伊都国以下の行程記事は，伊都国を起点として理解すべきであるとの北九州説の有力な論拠になっている．伊都国はのちに伊覩県に変貌した．

[参考文献] 三品彰英『邪馬台国研究総覧』 （上田 正昭）

070 糸目利 いとめきき 貨物市法(市法売買)期に生糸の品質の鑑定や価格の評価にあたった糸役人で，町人身分で京都・堺・長崎・江戸・大坂の五ヵ所から選任され，糸宿老のもとで貿易事務にあたり役料の支給をうけた．他に諸貨物目利としては端物・薬種・荒物・鹿皮・書物・鮫・漆・伽羅その他の目利がおかれた．貞享2年(1685)糸割符仕法が復活してからも，諸役人の中に糸目利が貨物市法期と同様に，生糸の鑑定人として設けられ，長崎会所になってからも，糸割符宿老の支配下に請払役とともに糸目付が設けられていた．ただし明暦以前の初期の糸割符仕法下に糸目利がおかれていたかは詳らかでない． →糸割符(いとわっぷ) →市法貨物商法(しほうかもつしょうほう)

[参考文献] 太田勝也『鎖国時代長崎貿易史の研究』，中田易直「糸割符制度の変遷」(『近世対外関係史の研究』所収) （中田 易直）

071 糸屋随右衛門 いとやずいえもん 1586～1650 江戸時代前期の

朱印船貿易家，船長．父は宗丹，母は好孝と推定される．随右衛門は長崎本鍛冶屋町（長崎市万屋町）に住み，呂宋（フィリピン）に24回も渡航したといわれている．随右衛門の朱印船貿易については，長崎の地誌類には代表的人物の1人としてあげられているが，しかし岩生成一の研究による朱印船一覧表（『朱印船貿易史の研究』）の中には，彼の渡航記録は一切みえていないことから考えて，随右衛門は当初は朱印船主ではなく，船長か船員，あるいは客商として渡航していたものと推定される．また糸屋船は長崎の地誌類の中に，文禄初年の朱印船，すなわち九艘船の1つにされているが，この事実は疑わしい．ただ随右衛門について彼の使用した東亜航海図の模写が伝わっていることや，寛永7年（1630）に松倉重政によって，呂宋島偵察船が派遣されたとき，随右衛門はその船大将として同行していることなどから，おもに元和末より寛永期にかけて活躍した人物であると推定される．慶安3年（1650）没．65歳．法名は随雲院宗覚．長崎市寺町長照寺裏山に墓石が存在した．糸屋随右衛門はこれまで袋町乙名役の糸屋五郎右衛門の家譜と混同されているが，この両者は同時代に生きた人であるが，前者は長崎の本鍛冶屋町に住居し，後者は袋町に住居しており，また墓地は前者は長照寺，後者は大音寺にあることからも，別系譜である．それゆえ随右衛門の生国はよくいわれているごとく，山城国ではなく，京都の朱座年寄の糸屋九郎右衛門とも何の関係もない．なお随右衛門家は息子八郎右衛門以後2，3代でその家系は絶えている．→朱印船貿易（しゅいんせんぼうえき）

参考文献 長崎開港記念会編『長崎先賢略伝』，中田易直『近世対外関係史の研究』，岩生成一「松倉重政の呂宋島遠征計画」（『史学雑誌』45ノ9）

（中田 易直）

072 糸割符 いとわっぷ 輸入白糸（中国産生糸）を統制・管理した貿易仕法．白糸割符ともいい，ポルトガル人はこの商法をパンカダ Pancada といった．糸割符制度とは慶長9年（1604）に「糸割符御奉書」が幕府から発せられたことにその成立が求められ，当初はポルトガル船による日本貿易の独占と，巨額な利益すなわち日本銀の多額な流出の結果，幕府は白糸貿易を管理・統制するため，その主要輸入品の白糸について，国内の主要都市である堺・京都・長崎の3都市の頭人たち，すなわち町年寄クラスの豪商の中から糸割符年寄を選任して代表とし，その縁故関係や有力町人たちを糸割符商人として仲間をつくらせた．この年寄がマカオ市の商人代表と白糸の価格を協議し（値組），輸入白糸に標準値段をつけて，独占的に一括購入し，それを国内の諸国商人に時価で売却し，その間に購入価格と販売価格とに生じた差益（糸割符増銀（ましがね））について，一定の高率利潤を確保し，仲間の諸費用を支弁して，残る利益金を仲間全員がそれぞれの持株に応じて分配するシステムであった．なお白糸以外の諸貨物の取引は，自由売買に委ねられていたが，当時白糸が主要輸入品であったから，万事他の貨物値段の標準とされ，また糸割符年寄が白糸の値段を定める前には，諸国商人は長崎に立ち入ることを禁じられていた．このように幕府は糸割符仕法を利用して，ポルトガル船との貿易を統制し，これを長崎奉行の管理下におき，場合に応じて将軍や幕府の要人の必要とする貿易品を，優先的に先買する特権を認めていた．糸割符制度は，当初ポルトガル船に対する幕府の貿易統制策として発足したのであるが，ここで問題になるのは，白糸の販路が短期間に保証されることは，外国商人も異存はないが，長崎奉行が関与することによって，糸価の決定をめぐって価格を抑制する機能をもつことから，この両者間に紛争が生じがちであった．慶長15年のマードレ＝デ＝デウス号事件もその1つである．しかし幕府は強硬な態度で対処し，糸割符仕法のもとで貿易を再開するとともに，反面ポルトガル船の競争相手に，オランダ・イギリス両国船の日本来航を実現して，平戸に商館を設置させ，また中国船（明船）を特に優遇して来航を促進した．さらにわが国よりの朱印船を南方諸地域に積極的に渡航させ，着実に貿易上の実績をあげていたので，慶長末期にはすでにポルトガル船の日本貿易は衰退の一途をたどった．そのため寛永8年（1631）～10年にかけて，糸割符制度の大改定が行われ，組織の強化が計られ，江戸・大坂の2都市の有力町人が仲間に追加され，五ヵ所糸割符仲間となり，さらに博多などの都市に若干の分国配分が行われ，それに従来先買特権を付与されていた呉服師仲間に対しても，一定の白糸配分を定める改正が行われた．この当時のポルトガル船の生糸の輸入量は極端に僅少化していたので，糸割符仕法そのものが再検討された結果のことであって，幕府は寛永8年長崎に来航する中国船の白糸を，ポルトガル船同様に糸割符制度下に従属させることとしたが，中国船はこれをきらって長崎を避けたので，同12年中国船は長崎以外の地域での着港と貿易を禁止し，中国船白糸はすべて糸割符に従属させることに改めた．また16年ポルトガル船の来航が禁止されると，糸割符仲間は当時輸入量を増大しつつあった平戸のオランダ船の白糸に着目し，この白糸の糸割符従属を策謀して，ついに幕府は18年オランダ商館を長崎の出島に移転させ，その将来する白糸を糸割符に従属させた．この際平戸を分国の1つに加えて，糸割符制との関係を持たせた．ここに幕府は糸割符制度下に主要輸入品である全生糸貿易を統制することに成功した．この取引方法はマニラのスペイン人やマカオのポルトガル人が，パンカダ＝システムとして中国船や広東の中国市場から白糸を仕入れる際使用していた商法であって，わが国

てはこれを「糸割符」といった．その語の起りは慶長9年糸割符の制定によって，三ヵ所糸割符の仲間について，各都市の持ち分を，堺は題糸120丸，京都は同100丸，長崎は同100丸として，三都市間の白糸の配分率を120・100・100と定めた．この「題糸」というのは白糸の丸数とあるが，この場合数量そのものをさしているのではなく，糸割符仲間が購入した全白糸総量を，以上の数字の比率によって3都市間に分配することを意味した．これに対して別に「現糸」配分という用語が使用されるが，これは，白糸1丸は50斤，1斤は160目として，常にその白糸の丸数・斤数の定量実数を分配する方法のことである．寛永10年の改正では江戸題糸100丸，大坂同50丸が追加され，それに呉服師に現糸60丸，分国に現糸26丸半と定め，この分国については寛永18年に平戸10丸を追加して，分国現糸36丸半と定められた．以上の三ヵ所あるいは五ヵ所糸割符仲間の題糸配分ということから考えて，『糸乱記』にいわれているように，「糸割符」とは，輸入白糸を糸の「しるし」をもってこれを割ること，しるしとは「題糸高」「現糸高」をさすものと文字通りに考えておきたい．これは五ヵ所の都市間についてであるが，各都市内部においても，糸割符人がたとえば年寄は200斤，平割符人は30斤といった具合で，堺には200人余の割符人がいるとすれば，この糸の斤数がそれぞれの持株のようなものであって，各個に当初は白糸，のちには利益金を毎年分配する仕組になっていた．糸割符仕法は明暦元年(1655)糸価の高騰などを理由に廃止され，長崎貿易は相対貿易に改められたが，なお糸価をはじめとする輸入貨物が値上がりし，価格の主導権がオランダや中国商人に握られる結果になり，わが国よりの金銀の流出がおびただしかったので，幕府は寛文12年(1672)取引方法を貨物市法(市法売買)に改め，長崎貿易を市法会所によって全面的に統制したが，これも役人の関与など弊害が多く，ついに貞享2年(1685)旧制の糸割符仕法の復活となって，明暦元年の廃止前の旧制に復することとなった．ただ糸割符の対象とした従来の白糸に加えて弁柄(ベンガル)糸・下糸の類などの生糸類すべてが含まれることになったし，金銀の流出を抑制するため，貿易歳額の総額を銀9000貫目に制限し，そのうち中国船(清船)銀6000貫目，オランダ船銀3000貫目とし，生糸はそれぞれの3分の1に限定された．さらに元禄10年(1697)に糸割符仕法の大改正が行われ，翌11年に実施されているが，すでにわが国では金・銀の産出も減少していたので，生糸の輸入量を抑制するため，五ヵ所糸割符の配分方法や内容に大きな改変が加えられ，これまでの470丸の題糸配分が，五ヵ所糸割符に対して現糸500丸に改められ，長崎が現糸150丸，京・堺・江戸は現糸100丸，大坂は現糸50丸と定めた．当時すでに生糸ではなく，糸割符増銀で糸割符の配分が実施されていたが，これによって糸割符仲間は大幅に取得分が減少した．逆に呉服師に対してはこれまで現糸60丸であったものが，現糸1000丸に増額され(宝永7年に廃止される)，糸割符の本流は五ヵ所糸割符であったものが，一時呉服師であるかのような錯覚をおこさせる事態が現われ，五ヵ所糸割符仲間は昔日の面影を失った．一方国内の生糸(和糸という)の増産が進められ，次第に生糸貿易の重要性が失われ，糸割符仕法も衰退の一途をたどるが，貿易統制は都市長崎を中心に長崎会所によって運営され，その支配下に糸割符仲間は幕末まで形体を残したが，仲間にとってほとんど実益のないものとなった．このように幕府は糸割符仕法を利用して，当初は長崎のポルトガル船と，またのちには中国船・オランダ船との生糸貿易を通じ，長崎貿易全般に対して管理・統制権を強化し，次第に需要を高めつつあった生糸の購入競争や価格騰貴から，わが国の商人を保護し，指導し，外国貿易の主導権を幕府の任命する糸割符年寄に掌握させる政策をとった．また幕府はこの制度を利用して，呉服師や都市の有力町人を救済助成することの措置をとった．しかし生糸は当時日本の最も主要な輸入商品であったから，全国各地，ことに京都の西陣機織などの原料として，その需要度が高く，そのため輸入白糸を多量にかつ下値に買い溜めることが必要で，糸割符仲間に独占的な一括購入の特権を与え，必要量を確保し，機織業の発展を期したものである．それ故国産生糸の増産によって，糸割符は歴史上の役割を終るわけであるが，その時期は享保末期以降のこととなる．

[参考文献] 中田易直『近世対外関係史の研究』，中村質『長崎貿易史の研究』，太田勝也『鎖国時代長崎貿易史の研究』，加藤榮一『幕藩制国家の形成と外国貿易』，山脇悌二郎『近世日中貿易史の研究』，同『長崎の唐人貿易』(吉川弘文館『日本歴史叢書』6)，高瀬弘一郎『キリシタン時代の貿易と外交』，林基「糸割符の展開―鎖国と商業資本―」(『歴史学研究』126)，同「パンカダについて」(『社会経済史学』13ノ11・12合併号)，永積洋子「糸割符商人の性格」(『史学雑誌』66ノ1)，同「平戸オランダ商館日記を通して見たパンカド」(『日本歴史』260)

(中田 易直)

073 糸割符会所 いとわっぷかいしょ ⇒長崎会所(ながさきかいしょ)

074 糸割符宿老 いとわっぷじゅうろう 糸割符仲間の惣代として，慶長9年(1604)糸割符年寄が京・堺・長崎の三ヵ所から4，5名任命され，仲間を支配し，輸入白糸を下値に評価して一括購入を実施したが，この糸割符年寄は当初各都市とも町年寄の兼帯であって，交代で長崎に下り，長崎に下った諸国商人を支配し，右の実務を分担した．やがて寛文12年(1672)貨物市法(市法売買)が実施されてから，貨物宿老・札宿老がおかれ，糸割符仕法時代

の糸割符年寄の役割を，町年寄と共同して分担した．その後貞享2年(1685)糸割符仕法が復活すると，糸割符仲間の惣代として長崎では糸割符宿老といい，他の江戸・上方ではこれまでどおり糸割符年寄といっていたが，総称して両者を含めて糸割符宿老ともいわれた．元禄11年(1698)長崎会所の設立後は会所機構のもとに，生糸貿易や諸国商人の支配，および幕府に対する年頭御礼の挨拶を宿老は交代で分担した．当初は町年寄の兼帯であったものが，貞享以降は生糸貿易の専従者として糸割符仲間を支配し，町年寄と分離する傾向にあった．

〔参考文献〕 『長崎御役所留』(太田勝也編『近世長崎・対外関係史料』)，山脇悌二郎『近世日中貿易史の研究』附録史料，太田勝也『鎖国時代長崎貿易史の研究』，中田易直「糸割符制度の変遷」(『近世対外関係史の研究』所収)　　　　　　　　(中田　易直)

075 糸割符仲間 いとわっぷなかま　慶長9年(1604)の糸割符の成立期に，堺・京都・長崎の三ヵ所，また寛永8年(1631)～10年に江戸・大坂が追加されて，五ヵ所の都市の富裕かつ有力な町人とその一族によって，糸割符仲間が組織され，輸入生糸の独占的購入の特権を得て，毎年純利益銀を仲間間で分配した．糸割符仲間の人数や構成については，時期や都市によって異なるが，元禄期を例にとると，京糸割符仲間の人数は70～77人，糸割符年寄4人，中老5人，糸役人9人，以下平割符人となっており，さらに土地柄，呉服師六軒仲間(後藤・茶屋四郎次郎・亀屋・三島・上柳・茶屋新四郎)と銀座に対し特別に利益銀を配分した．それ故糸割符仕法が衰退してくると，幕府は糸割符仲間に対する救済策として，元禄13年(1700)鋳銭事業を請け負わせている．堺は仲間の人数が明暦前には多数であったが，元禄期には120～130人で，惣年寄11人，糸役人6人余，以下平割符人で，糸割符年寄は惣年寄が交代で兼帯した．仲間の中には朱座助四郎が含まれている．江戸は仲間数が47～50人余．仲間の構成は樽屋・喜多村・奈良屋の三町年寄と，糸年寄3人，それに糸役人・平割符人となっている．大坂は仲間の人数が40～60人余で，構成は惣年寄が糸割符年寄を兼帯し，糸役人・平割符人となっている．大坂の三町人として門閥を誇る尼崎屋又右衛門・寺島藤右衛門が別格として仲間に含まれていた．長崎は糸割符当初は仲間の人数が200人ほどといわれるが，貞享の糸割符の復活の際に，長崎町人全員が糸割符の特権を付与され，3828ヵ所に糸割符の利益銀が分配された．その構成も町年寄・糸割符宿老・糸役人，以下町人全員をもって構成された．

〔参考文献〕 中田易直『近世対外関係史の研究』　　　　　　　　(中田　易直)

076 糸割符由緒書 いとわっぷゆいしょがき　江戸時代に輸入生糸を独占的に一括購入する特権を与えられていた糸割符仲間が，随時必要に応じて幕府からその由来や諸特権の内容を報告させられているが，その報告書を糸割符由緒書といい，そのつど写しを保存したもので，糸割符研究の貴重な史料．糸割符由緒書は五ヵ所の都市別に，また各年代にわたって作成されていて，その内容はそれぞれ多少異なっている．しかし主な内容は糸割符の成立の由来，徳川家康より付与された輝かしい特権の内容，島原の乱や日光東照宮に献上した御燈籠2基など，幕府に貢献した数々の事績，糸割符仕法の変遷，幕府による糸割符仲間の救済などが述べられ，全体に家康以来の特権が強調され，生糸貿易が不振になっても，旧来の諸特権を維持しようとする主張が露骨である．糸割符の変遷を通じて呉服師仲間と利害が対立するので，呉服師についての記述はほとんどふれることがない．京都のものに『糸割符由緒書』(『近世社会経済叢書』8)，堺のものに『糸乱記』付録『糸割符御由緒』(『徳川時代商業叢書』1)，長崎のものに藤文庫『糸割符由緒抜書』など善本である．→糸割符(いとわっぷ)

〔参考文献〕 中田易直『近世対外関係史の研究』　　　　　　　　(中田　易直)

077 稲富一夢 いなどむ　1552～1611　江戸時代前期の砲術家．稲富流砲術の祖．丹後国の人．本名伊賀守直家，のち祐直と改めた．父は直秀．祖父相模守祐秀(直時)は丹後国余佐郡繁木(京都府与謝郡与謝野町三河内字弓木)の城主一色義定につかえ，鉄砲の名人佐々木少輔次郎義国に就いて銃術を学び，創意を加えた．祐直はこの祖父に学び，さらに丹後国天橋山智恩寺(切戸文殊)に参籠し夢想により火薬の配合，発射姿勢などを発明し，一流(稲富流)を創始した．天正10年(1582)細川忠興が弓木城を攻め一色家を滅ぼすと祐直は家臣らとともに忠興に降り仕えた．忠興は祐直を重用し，朝鮮出兵にも伴い，蔚山(ウルサン)籠城のときは加藤清正とともに活躍した．このころは稲留を称していた．慶長5年(1600)，祐直は老臣小笠原松斎・河喜多石見とともに，会津攻めに東国に下った忠興の留守宅の護衛を命ぜられた．しかし，忠興の夫人の自害に小笠原・河喜多の両人は殉じたが祐直は遁走したため，忠興は祐直を悪み，殺そうと索めた．祐直は砲術の弟子井伊直政に庇護を求めてその居城に匿れ，また浅野幸長を頼って助命を乞うたが，忠興は許さなかったので，さらに徳川家康を頼って，ようやく許された．祐直は剃髪入道して一夢と号し，松平忠吉や尾張義直に招かれて名古屋に砲術の門戸を開いた．また幕府の鉄炮方として，国友鍛冶団を幕府の工廠化とするなど尽力した．慶長16年2月6日駿府に没す．60歳．墓は京都府宮津市文珠の智恩寺にある．

〔参考文献〕 『大日本史料』12ノ7，慶長16年2月6日条，『稲富流砲術全書』，所荘吉『火縄銃』

(有馬　成甫)

078 **稲村三伯** いなむらさんぱく　1758～1811　江戸時代後期の蘭学者，医者．因幡の人．名は箭，字(あざな)は白羽，三伯と号す．旧姓松井．稲村三杏の養子となる．はじめ亀井南冥に師事して漢方を学んだが，のち大槻玄沢の『蘭学階梯』を読んで発奮，蘭学研究の志をおこし，35歳の時江戸に赴き玄沢の門に入り，蘭学を学ぶ．蘭和辞書の必要性を痛感し，石井恒右衛門・安岡(宇田川)玄真らと協力して，フランソワ＝ハルマ François Halma の蘭仏辞書翻訳を企てた．刻苦数年を費やして単語6万4000余を訳了，寛政8年(1796)『東西韻会』と題して30部を刊行した．一般には『ハルマ和解』『江戸ハルマ』と呼ばれたが，実にこれはわが国最初の蘭和辞書であり，蘭学史上に不滅の名を残した．その後弟の不祥事のために藩に累が及ぶことを恐れ，享和2年(1802)脱藩し，下総国海上郡に退隠して，名を海上随鷗(うながみずいおう)と改めた．文化2年(1805)京都に入り，大いに蘭学を唱道し，小森桃塢・藤林普山らを教え，京坂地区の蘭学興隆に寄与した．同8年正月16日歿．54歳．京都東山大恩寺に葬る．著書に『ハルマ和解』のほか，医書64巻がある．　→ハルマ和解

〔参考文献〕大槻文彦『復軒雑纂』，関場不二彦『西医学東漸史話』下　　　　　(大鳥蘭三郎)

079 **犬上御田鍬** いぬかみのみたすき　7世紀の人．初代の遣唐使．『日本書紀』推古紀に御田鍬，舒明紀に三田耜とある．推古天皇22年(614)6月には，遣隋使として矢田部某(『旧事本紀』に名を御嬬とするが未詳)らとともに出発，翌年9月，百済使を伴って帰国した．また舒明天皇2年(630)8月，初代の遣唐使として薬師恵日(くすしのえにち)とともに出発，同4年8月，唐使の高表仁，日本の学問僧旻(みん)ら，および新羅使を伴って帰国した．　　　　　　　　　　　　　　　(青木　和夫)

080 **伊孚九** いふきゅう　生没年不詳　清代の画家．江戸時代中期長崎に来航した．本名は海，孚九は字(あざな)，匯川・也堂・莘野耕夫・雲水伊人・桴鳩と号した．呉興(浙江湖州)の人．厦門の船主．本国の画人伝には収録されていない．享保5年(1720)・11年・宝暦9年(1759)の3度来朝したといわれるが，わが国伝存作品の年記よりみて，その回数はさらに多いものと思われる．その画風は清初の正統南宗画の系列に属するが，素人絵の域を脱せず，むしろ簡素な描写の作にみるべきものがある．清人のうち来朝の時期がもっとも早く，池大雅をはじめ，日本の南画家に与えた影響は少なくない．張秋谷・費晴湖・江稼圃とあわせて来舶清人の四大家と称せられる．

〔参考文献〕藤岡作太郎『近世絵画史』，梅沢精一『日本南画史』，米沢嘉圃・吉沢忠『文人画』(平凡社『日本の美術』23)，鶴田武良「伊孚九と李用雲」(『美術研究』315　　　　　　　　　　(川上　涇)

081 **今川貞世** いまがわさだよ　1326～?　南北朝時代の武将，歌人．九州探題としてその経営につとめ，室町時幕府の九州統治を成功に導いた．父は今川範国．官位は左京亮を経て伊予守，正五位下．幼時から和歌を学び，冷泉為秀の門に入り，冷泉歌学の担い手となる．また，周阿・二条良基らに連歌を学んだ．貞治6年(1367)，室町幕府の引付頭人となる．侍所頭人・山城守護を兼ねた．同年末，将軍足利義詮の死去を機縁に出家剃髪し，了俊と号した．当時，南朝方の勢力は全面的に衰退し局地化していたが，九州では懐良親王・菊池武光を中心として，いわゆる征西府の黄金時代であった．義詮のあとを継いだ義満の統一政権は九州宮方の制圧なしには確立し得ない．貞世が九州探題にえらばれ，応安4年(1371)2月，任についた．西下の途中，中国地方経営のため安芸守護に任じ，中国筋の諸雄族を招撫して軍事力を増強し，九州の諸士は可能な限りこれを招致した．これらの力を結束して，翌5年8月，大宰府を陥落させた．同7年9月，菊池氏が懐良親王を奉じてその本拠肥後国菊池に撤退するや，貞世はこれを追い，水島で一気に勝利を得ようとしたが，少弐冬資を謀殺したため，島津氏久の背反にあい，南九州経営を今後の課題として残した．その後，肥前・肥後その他の経営につとめ，永徳元年(1381)6月，菊池氏の本拠隈部城および良成親王の拠所染土城を陥落させた．南九州経営の最大の障害となっていた島津氏久もつづいて死去し，貞世の全九州経営はおおむね実を結んだ．歴代の探題が失敗した九州経営に貞世が成功したのは，九州に入る前に中国辺の地盤を固め，九州経営の中心地大宰府を最初に掌握したこと，島津氏久の背反をかったが，歴代の探題が九州経営上の最大の障害としていた少弐氏を完封して，北九州における競合勢力をなくして探題権を確立したこと，また大宰府を掌握し少弐氏を制圧した結果，対外交渉の実質的権限を確立したこと，高麗との交易をすすめ，倭寇対策を有利に展開し，その力を宮方制圧に向け得たこと，などによる．軍事的には父範国以来遠江・駿河で組成した武士を中核に，大内義弘・大友親世らの有力守護大名，および中国辺の武士，さらには九州各地方の武士を外縁軍事力として組織することに努力した．また南九州の島津氏対策としては，国人層の伝統的な反守護の動きを巧みに利用した．遠・駿の重立った者を北九州各方面の部将として軍事指揮にあたらせ，所領関係の裁決・執行などを掌らせ，貞世みずからこれを統轄した．直接管掌しないところには，一門子弟を守護・大将つまり代官として派遣し，もって全九州を経営するという方式を有機的かつ強力に推進した．これらのことを，将軍権力を中心にして安定世界を実現するという使命感のもとに，すぐれた政治的能力で遂行していったのである．しかし政治的条件の変化がかさなり，応永2年(1395)閏7月，京都に召還され，25年間にわたる探題

の職をとかれた．応永の乱の折，大内義弘と鎌倉御所との連携をはかって失敗したのを機に，残余の人生を和歌・連歌の指導と述作活動にささげ，同19年から同25年の間に死んだ．なお生年についても異説がある．探題在任中，連歌書として『下草』を書いているが，歌論書には『二言抄』『言塵集』『師説自見集』『了俊一子伝』『了俊歌学書』『歌林』『了俊日記』『落書露顕』などがあり，貞世著作の紀行文として『道ゆきぶり』（偽作とする意見もある），『鹿苑院殿厳島詣記』がある．『難太平記』は今川家に関する所伝や，応永の乱における貞世自身の立場についての弁明を子孫に書き残すことを目的としたものである．故実書に『今川了俊書札礼』がある．『了俊大草紙』は貞世に仮託した書である．

（花押）

参考文献　川添昭二編『今川了俊関係編年史料』，川添昭二『今川了俊』（『人物叢書』117），藤田明『征西将軍宮』，児山敬一『今川了俊』，荒木尚『今川了俊の研究』，山口隼正『南北朝期九州守護の研究』
（川添　昭二）

082 今川了俊 いまがわりょうしゅん　⇨今川貞世（いまがわさだよ）

083 新漢人 いまき　古代帰化人の一種の称．新は今来とも書く．「いまき」は新参の意．4・5世紀に中国系と称して朝鮮から渡来した人々は一般に漢人（あやひと）と呼ばれたが，かれらの多くは大陸の学会・技術をもって朝廷に仕える専門職の小氏となり，5世紀後半の雄略朝ころに東漢（やまとのあや）氏を伴造（とものみやっこ）とする指揮系統の下に編入された．これに対して，そのころ以後の中国系帰化人は新漢人と呼ばれ，その多くはやり東漢氏の指揮下におかれて，同様な小氏となった．『日本書紀』雄略天皇7年条にみえる新漢の陶部（すえつくり）高貴らは，その最も早い例である．この新旧の区別は，1つには新漢人が旧来の漢・魏を源流とする楽浪文化に対して，新しい南北朝文化をもたらしたためかと思われるが，かれらはその新知識・技術をもって，6・7世紀の朝廷で大いに活躍した．司馬達等や鳥仏師で有名な鞍作氏や，遣隋留学生でのちに大化改新に参画した高向玄理・僧旻などは，みな新漢人である．なお大和の高市郡の地域は，特に新漢人が多く住んでいたためか，古く今来郡と呼ばれた形跡がある．　→漢人（あやひと）　→帰化人（きかじん）

参考文献　関晃『帰化人』（『日本歴史新書』），平野邦雄『大化前代社会組織の研究』
（関　晃）

084 新漢人日文 いまきのあやひとにちもん　⇨旻（みん）

085 今村英生 いまむらえいせい　1671～1736　江戸時代中期のオランダ通詞．通称源右衛門のち市兵衛．寛文11年（1671）11月5日内通詞小頭今村市左衛門公能の次男として長崎に生まれる．元禄3年（1690）来日のオランダ商館付医師ケンペルの小使兼助手となり，オランダ語の特訓を受ける．ケンペルの江戸参府随行旅行にも2度同行．通詞採用試験に抜群の成績を納め，同8年稽古通詞，翌年小通詞，宝永4年（1707）大通詞に昇進．享保10年（1725）御用方を兼ね，同13年御用方兼通詞目付を命ぜられる．元文元年（1736）8月18日病没．66歳．その間年番通詞・江戸番通詞にあたることしばしばであった．宝永5年イタリア人宣教師シドッティ来日の際，護送中と翌年新井白石が訊問の際の通訳にあたる．享保10年将軍徳川吉宗の要望で来日した調馬師ケーズルに対する下問，同15年乗馬御覧の際の通弁ならびに蘭書の翻訳に従事した．幕命により『西説伯楽必携』『紅毛尺』『和蘭問答』などの訳書がある．　→ケンペル　→シドッティ

参考文献　今村明恒『蘭学の祖今村英生』，片桐一男『阿蘭陀通詞今村源右衛門英生』（『丸善ライブラリー』145）
（片桐　一男）

086 壱与 いよ　⇨台与（とよ）

087 西表島 いりおもてじま　沖縄県八重山群島石垣島の西に位置する同群島最大の島．『中山伝信録』や『中山世譜』には姑弥島とあり，また文明9年（1477）の朝鮮漂流民の口伝には所乃也麼（そないしま）とみえており，祖納・古見間切のおのおのが全島名となった時代があった．疫癘やマラリアにより宝暦11年（1761）以後人口は減少の一途をたどったが，明和8年（1771）の大津波には多数の溺死者を出した．明治41年（1908）竹富村（昭和23年（1948）町制施行）の一部となった．

参考文献　八重山歴史編集委員会編『八重山歴史』，東恩納寛惇『南島風土記』（『東恩納寛惇全集』7）
（宮城　栄昌）

088 煎海鼠 いりこ　海鼠（なまこ）の腸を抜いてうすい塩水で煮た後，乾燥させたもので熬海鼠ともかく．キンコもその一種．「海鼠」とかいて「コ」とよみ，『本朝食鑑』によると，鼠に似たその形よりこの名が出たという．奈良・平安時代には鰒（あわび）・堅魚（かつお）などとともに，税として諸国から貢進された重要な海産物であった（賦役令・『延喜式』）．古くから，虫を殺して気を下し，肝をおぎない痰を去るなどといわれ，いわゆる栄養品として珍重され，汁物や削り物・煮物などに用いられた．海鼠はまた，その形が米俵に似ていることから，豊作を意味するものとして喜ばれ，後世，正月雑煮の上置として広く用いられた．江戸時代には俵物として中国に輸出される主要海産物になっていた．中国料理の主要材料である．　→俵物（たわらもの）

089 **慰労詔書** いろうしょ　古代の外交に用いられた文書様式の一つ.『延喜式』中務省,慰労詔書式条に規定があり,大蕃国王宛には「天皇敬問某王云々」,小蕃国王宛には「天皇問某王云々」と書き出し,いずれも年月御画日に続いて中務卿・大輔・少輔の署名がある.実例では,新羅国王・渤海国王に対して「天皇敬問」に始まる書式が用いられており,初見は,慶雲3年(706)の新羅国王宛である.隋唐の皇帝文書にならったもので,皇帝が臣下や諸蕃国王に発給する書式で,皇帝を天皇に改めただけである.まさに天皇が蕃国王である新羅・渤海王に与えるという意義を込めた文書で,君臣関係を明示するものである.大宝・養老律令制下における文書様式を規定した公式令にみえない令外文書であるが,律令完成による華夷意識を背景として採用されたものであることは間違いない.

　参考文献　中村裕一『唐代制勅研究』,石井正敏「古代東アジアの外交と文書」(『日本渤海関係史の研究』所収),中野高行「慰労詔書に関する基礎的考察」(『古文書研究』23),同「慰労詔書と「対蕃使詔」の関係について」(同27),同「慰労詔書の「結語」の変遷について」(『史学』55ノ1),丸山裕美子「慰労詔書・論事勅書の受容について」(『延喜式研究』10)　　　　　　　　　　（石井　正敏）

090 **磐井の乱** いわいのらん　6世紀初めに起った筑紫国造の反乱.『日本書紀』によると,継体天皇21年6月,近江毛野臣が6万の軍を率い,任那に赴き,新羅にやぶられた南加羅と喙己呑(とくことん)を復興しようとした時,かねて反乱を計画して隙をうかがっていた筑紫国造磐井は,毛野臣の軍を防ぐため,新羅の貨賂(かろ)をうけ,火・豊2国に勢力をはり,外は高句麗・百済・新羅・任那の年ごとの貢物船を誘致し,内は任那に赴く毛野臣の軍をさえぎり戦った.よって天皇は大伴大連金村と物部大連麁鹿火・許勢(こせ)大臣男人に詔して,征討の将を選ばしめ,8月,金村の推した麁鹿火に斧鉞(ふえつ)を授け,「長門より東は朕が制し,筑紫より西は汝が制せよ」と命じた.同22年11月,麁鹿火は大将軍としてみずから賊帥磐井と筑紫の御井郡に戦い,ついにこれを斬り,境界を定めた.12月,磐井の子筑紫君葛子は父の罪により誅せられるのを恐れ,糟屋屯倉を献じ,贖罪を乞うたとある.この間1年有半に及んだごとく記され,翌年,毛野臣は安羅に至ったものの,任那復興に成功しなかったとある.この21年より23年にかけての毛野臣に関する外国関係記事は,『百済本記』などの記録によったものと思われるが,磐井反乱の伝承は国内記録によるものらしく,事件の核心は伝えているが,潤色が多い.『古事記』には,竺紫君石井が天皇の命に従わず,礼なきこと多く,物部荒甲と大伴金村の2人を遣わし,これを殺させたとあるのみで,『筑後国風土記』も基本はこれと変わらない.おそらくこの程度が事件の核心であったと推定される.ただ風土記には,生平の時に墓を造ったとあり,当時上妻県(筑後国八女郡)にあったその墓の状況を細かく記し,また磐井が豊前国上膳県(上三毛郡)に逃げ,その山中で終ったこと,官軍が怒って墓の石人石馬を打ち損じたことの2つの伝承を付加している.この墓については,福岡県八女市の岩戸山古墳がすべての状況によく適合し,8世紀のこの伝承は確かだと思われる.一般的にみて,雄略朝より継体朝にかけて国造の反乱が集中していることは,この間に,外に対しては,中国通交の杜絶後の百済・新羅に対する外交・軍事政策の転換,内にはそれに伴う部民制支配の質的な変化が急速に行われつつあったことから,この2つが国造層に重大な負担と脅威を与えたためと思われる.ことに筑紫に対してはそれが集中的に現われ,のちの例によってみれば,国造の率いる外征軍の構成にも,中央の部民制の浸透が著しく,国造の共同体を解体し,戸別の支配が進行していた形跡がある.また国造が新羅と通じていたことも,平安時代に大宰府貢綿が奪われたとき,「元来居=止管内=之輩」が新羅海賊に呼応したといわれ,また大宰少弐藤原元利万侶が新羅王に通謀し,国家を害せんと計ったとして糾明された事件もあることから,一概に否定はできないのではないか.ことに九州北部は新羅系文化の影響がつよいといわれている.　→筑紫磐井(つくしのいわい)

　参考文献　林屋辰三郎『古代国家の解体』,坂本太郎「継体紀の史料批判」(『日本古代史の基礎的研究』上所収),三品彰英「継体紀の諸問題」(『日本書紀研究』2)　　　　　　　　　　（平野　邦雄）

091 **隠元隆琦** いんげんりゅうき　1592～1673　明僧,黄檗宗の開祖.京都府宇治市黄檗山万福寺の開山.万暦20年(1592)11月4日に,明国福建省福州府福清県万安郷霊得里に生まれた.父は林徳竜,母は龔(きょう)氏.29歳のとき古黄檗(福州府福清県永福郷清遠里)で出家し,42,3歳のころ費隠通容に嗣法した.崇禎4年(1631)獅子巌(福清県城の西方に存在)に住し,同10年10月古黄檗に進み,順治元年(1644)3月退院.同年10月浙江省嘉興府崇徳県の福厳寺,翌2年3月福州府長楽県の竜泉寺に進み,同3年正月古黄檗に再住し,東渡するまで同寺に住していた.長崎興福寺住持逸然性融らの懇請に応じ,承応3年(1654)7月渡来して長崎の興福寺(俗称南京寺)に住し,翌明暦元年(1655)5月崇福寺(俗称福州寺)に進み,ついて妙心寺派の僧竜渓宗潜(のち隠元に嗣法して性潜と改める)・竺印祖門・禿翁妙周らに請ぜられて,同年9月摂津富田の普門寺に移った.竜渓の奔走により万治元年(1658)11月参府登城して将軍徳川家綱に謁し,大老酒井忠勝の勧めもあって日本

永住を決意し，幕府から山城宇治に寺地を授かって黄檗山万福寺を開創，寛文元年(1661)閏8月進山，同3年正月祝国開堂を行なって，万福寺の開山，黄檗宗の開祖となった．同4年9月万福寺内の松隠堂に退隠し，延宝元年(1673)4月3日に82歳で示寂し，山内の開山塔に葬られた．嗣法の弟子23人(うち日本僧は3人，他は中国僧)．後水尾法皇・霊元上皇・後桃園天皇・仁孝天皇・大正天皇から，それぞれ大光普照国師・仏慈広鑑国師・径山(きんざん)首出国師・覚性円明国師・真空大師の号を贈られている．その書は弟子木庵・即非の書とともに「隠木即」といわれ，煎茶席の掛軸として珍重された．語録・詩偈集などの開版されたもの40余種あり，大部分は在世中日本で開版されている．

参考文献　南源性派『普照国師年譜』(『続々群書類従』3)，平久保章『隠元』(『人物叢書』96)

(平久保　章)

092 尹仁甫 いんじんほ　生没年不詳　李氏朝鮮前期の数少ない知日派の1人．応永の外寇後，足利義持の使僧亮倪が朝鮮に赴いた際，朝鮮側通事として活躍した．その後応永27年(1420)回礼使宋希璟に従い来日，日本の国情を朝鮮に詳報した．その功が認められてか，その後嘉吉3年(1443)ごろまで，回礼使・通信使などの通事や副使としてしばしば来日し，日本の風習を朝鮮に紹介するなど，室町時代の日朝交流上に大きな功績を残した．

参考文献　『朝鮮世宗実録』，『老松堂日本行録』(『岩波文庫』)，中村栄孝『日本と朝鮮』(『日本歴史新書』)，田中健夫『倭寇と勘合貿易』(同)，田村洋幸『中世日朝貿易の研究』

(田村　洋幸)

093 印子金 いんすきん　16世紀中ごろから17世紀前期にかけて中国から輸入された一種の純良な金塊．16世紀中ごろから以前とは反対に銀が大量に輸出され，金は中国はじめ東南アジア諸国より輸入された．アルバレス＝デ＝セメデーの『シナ帝国史』によると広東の貿易を叙した中に，日本などへ毎年輸出する貨物をあげ1個12オンス(約340g)の重量ある金塊2200個を輸出すると記している．天正19年(1591)のフロイスによる『イエズス会日本年報』に，ポルトガル船長崎到着に際し，堺の商人，諸侯の商者が金を求めんとし3万デュカット以上を持参したとあり，『鍋島文書』の加美丹(カピタン)の文書にこれを印子と記している．3万デュカットは約12オンスすなわち100匁の金塊にして300個の値段にあたり，17世紀初期以前と思われるポルトガル人の広東においての日本輸出品値段の覚書に金約3000～4000両をあげていてこれは30～40貫目(112.5～150kg)にあたる．これらによると当時1ヵ年30貫程度の中国金が輸入されたらしいが，それはおもに1個約100匁の金塊で，印子または印子金と呼んだ．『当代記』に慶長12年(1607)徳川家康が印子1万個を誂えたとし，印子1つは100匁あるいは105匁であると記すが，多額の印子金輸入の年ももちろんあったであろう．印子金は中国の古代金幣より起っているが，16世紀以来輸入されたものは舟印子と呼ばれたものが多い．側面から見た形状よりの呼称で，このほかに花印子もある．中国輸入の印子金を本印子・真印子と称し，これに対し和製が現われ，佐渡印子などはそれで，また金の小分銅をも印子と呼んだ．印子金や和製の分銅は江戸幕府の金蔵に貯蔵用として保管され，元和2年(1616)の『久能山御蔵金銀請取帳』には，「金一箱但百入，いんす」「四十一箱一箱百入，ふんどう」などとある．さらに印子の呼称は純良の金で製造した諸種の製品にまで及び，また宝暦以来の赤足金・安南金・西蔵金などの唐船持渡しの舶来金なども印子金と通称した．

参考文献　草間直方『三貨図彙』(『日本経済大典』39・40)，遠藤佐々喜「近古輸入金地金の一種「舟印子」の新研究」(『史学』14ノ2)

(小葉田　淳)

094 インドネシア所在日本関係史料 インドネシアしょざいにほんかんけいしりょう　インドネシアがオランダの植民地であった時代に，バタビア Batavia(今のジャカルタ Djakarta)にあった総督府の一部が文書館に充てられていたが，1925年にジャカルタのガジャマダ通 Gadjamada にあった総督レイニール＝デ＝クラーク Reinier de Klerk(1777～80在職)の旧邸を独立の文書館として開館し，総督府の文書を同館に移管し，本国ヘーグ市の国立中央文書館 Het Algemeen Rijksarchief に対して，地方文書館 'sLands Archief と呼んだ．たまたま開館の翌年に東大の黒板勝美は同館を訪れて，この文書館とその所蔵日本関係文書のことをはじめて日本の学界に紹介した．その後インドネシアが独立してからも，この文書館をそのまま引き継いで国立文書館 Arsip National と称して今日に及んでいる．オランダのインドネシア領有は17世紀初期に始まり，インドネシア国の独立まで300数年に及んでいる．そこの文書館には，バタビアのオランダ総督府を中心として，そのインドネシア領有に関する政治・経済・軍事・司法をはじめ，民情などに関する文書がおびただしく移管保存されているばかりでなく，

オランダ人，特にオランダ東インド会社が貿易関係を持っていた西は喜望峰から東は日本に至る広範なアジア各地の海岸諸地方や港湾都市に関する文書もまた多く保存されている．日本関係についていえば，初期には平戸に，鎖国中は長崎にオランダ商館が設けられて，その商船は毎年バタビアから入港し，商館員も派遣されたので，両地間の往復文書も多く保存されている．商館員の日本の国情や貿易に関する報告書，日本官憲のオランダ人に対する各種の通達や注文品の綴状，日本渡航オランダ船の航海記や商館員の旅行記など多種多様であって，中には前述の国立中央文書館にも保存されていない文書も往々見かけるが，同館所蔵の日本関係文書の全数量は，中央文書館に比較すればかなり少ない．しかしおびただしい公証役場文書の中には，17世紀インドネシアに渡航移住した日本人男女の金銭貸借・奴隷売買・土木建築・森林農地開拓や裁判訴訟などの諸活動に関する文書も多数見出すことができる．また同館所蔵の市役所文書の中にも，彼らの結婚や子女の洗礼の登録も散見する．このほか総督府の『バタビア城日記』Daghregister gehouden int Casteel Batavia や『バタビア城決議録』Generale Resolutien van Kasteel Batavia の中にも，日本関係記事が多く見えている．

[参考文献] 中村孝志「バタビア地方文書館とその資料」(『新亜細亜』4ノ10)，岩生成一「バタビア地方文書館と所蔵日本関係文書」(『国民の歴史』2ノ3)，同「ジャカルタ文書館の公証人役場文書について」(『古文書研究』2)，別枝篤彦「ジャカルタのインドネシア国立文書館所蔵の日蘭関係史料について」(『史苑』17ノ3)，A. van der Chijs: Inventaris van's Lands Archief te Batavia, 1602—1816 (1882)；F. R. J. Verhoeven: Landsarchief van Nederlandsch-Indië, 1892—1942 (1942)． (岩生 成一)

095 隠峯全書 いんぽうぜんしょ 李氏朝鮮中期の儒者安邦俊(号は隠峯，1573～1650)の遺文集．38巻15冊(刊本)．その著『抗義新編』『李大源伝』『湖南義兵録』『三冤記事』『師友鑑戒録』『混定編録』『買還問答』などを収めているが，特に巻6に載せている『壬辰記事』は『隠峯野史別録』の名で知られ，文禄の役の経過をよくまとめた著述として好評．嘉永2年(1849)にわが国でも覆刻された．『韓国文集叢刊』80・81所収．

(黒田 省三)

096 允澎入唐記 いんぽうにっとうき 享徳2年(1453)渡航の正使東洋允澎の遣明船の記録．著者は従僧の咲(笑)雲瑞訢．1巻．宝徳3年(1451)10月允澎の京出立に筆を起し，翌享徳元年8月1号船天竜船に乗り，志賀島に9隻が集結．同2年3月渡航，翌3年7月赤間関帰着までの経過を記す．東大本『釈笑雲入明記』は瑞渓周鳳の序があり，もと『入唐記』と呼んだとある．『続史籍集覧』1に『允澎入唐記』，『甲子夜話』続篇59に『入唐記』として収める．

[参考文献] 小葉田淳『中世日支通交貿易史の研究』，伊藤幸司「笑雲瑞訢『入唐記』を読む」(『市史研究ふくおか』1) (小葉田 淳)

う

001 ウィリアム゠アダムス William Adams ⇨アダムス

002 ウィルマン Olof Eriksson Willman 生没年不詳 スウェーデンの海軍士官．1623年ごろベーストマンランド州ビョルクスタに牧師の次男として生まれ，44年大学を中退して陸軍に入り，47年除隊してオランダに渡り，この年オランダ東インド会社に雇われて，オランダ船エレファント号でバタビアに渡った．1651年（慶安4）7月，出島商館長として赴任するファン゠デル゠ブルフ Adriaen van der Burgh に随って来日，江戸参府を行った．翌52年12月バタビアに帰り，53年1月辞職し，54年7月ストックホルムに帰った．55年3月海軍に入り，艦長に昇進した．その間いくつかの旅行記を書き，死後 Een kort Beskriffning Uppå Trenne Resor och Peregrinationer sampt Konungarijket Japan (1667)．（三つの旅行と遍歴ならびに日本王国についての略記）が出版された．その内日本関係の部分の邦訳に尾崎義訳『ヴィルマン日本滞在記』（『新異国叢書』6）がある． （金井　圓）

003 外郎氏 ういろうし 陳宗敬の後裔で，室町時代以来，医者として活躍し，また「透頂香（とうちんこう）」の製造販売を行う．宗敬は元朝に仕え，礼部員外郎であったが，元朝の滅亡とともに日本に来て帰化し，博多で医を業とした．その子大年は，応永の初め京都に上り，のち明に使して透頂香を伝えた．子孫は代々外郎を称し，透頂香は外郎の薬ともいわれた．大年の曾孫に定治がいたが，永正元年（1504），北条早雲の招きに応じて，小田原に下向した．このころ定治は宇野氏を称したが，北条氏から厚遇され，透頂香についての独占権を与えられた．江戸時代を経て，その子孫は今も小田原に住している． →陳外郎（ちんういろう）
参考文献　『陳外郎家譜』（影写本，東京大学史料編纂所所蔵） （佐脇　栄智）

004 上野俊之丞 うえのとしのじょう 1790〜1851 江戸時代後期の科学技術者．諱は常足，号を若竜または知新斎・潜翁という．寛政2年（1790）3月長崎銀屋町に生まれた．父は上野若瑞で，代々北宗画をよくし，一族の幸野氏は代々時計師で彼も一時幸野を名のり御用時計師であった．蘭学に関心が深く特に化学を好み，鹿児島藩より扶持をうけ天保7（1836），8年のころ中島川の畔に製煉所を設け塩硝製造を計ったが，同14年には官営となった．また蘭人より写真機を入手しダゲレオタイプ（銀盤写真）法を修得し，同12年これを島津斉興に献上，世子斉彬を6月1日に撮影，これを記念して6月1日を「写真の日」とし，彼をもって写真術の開祖とする．嘉永4年（1851）8月17日没す．62歳．長崎皓台（こうたい）寺に葬る．
参考文献　古賀十二郎『長崎洋学史』下，永見徳太郎「写真界に於ける上野彦馬の位置」（『長崎談叢』14），上野一郎「上野俊之丞と上野彦馬」（『蘭学資料研究会研究報告』55） （井上　忠）

005 宇喜多秀家 うきたひでいえ 1572〜1655 安土桃山時代の大名．八郎，家氏と称し，のち秀家に改める．元亀3年（1572）生まれる．室町時代に守護大名として播磨・備前・美作に勢威を振った赤松氏は，応仁の乱後被官勢力の台頭によって衰退した．播磨国揖保（いぼ）郡浦上荘（兵庫県たつの市揖保町辺）の地頭から興って守護代となった浦上氏は備前国和気郡三石城（岡山県備前市）を根拠として主家を凌ぎ，大永元年（1521）浦上村宗は赤松義村を播磨国室津（兵庫県たつの市）に殺害し，備前・美作2国と，西播磨を支配した．永禄ごろになると備前では浦上宗景の部将の宇喜多直家が台頭した．宇喜多氏ははじめ姓を三宅といい，邑久（おく）郡を出自とする土豪で，応仁の乱後，能家の代に浦上氏の被官となり，能家は天文初年に敗死したが，孫の直家が再び勢力を伸張し，永禄2年（1559）には上道郡沼城（岡山市沼）に本拠を構えて備前国の南部を収め，同9年備中国成羽（岡山県高梁市）の三村元親の軍を上道郡沢田の明禅寺山に破り，同11年西備前の有力な武将の松田元輝を滅ぼし，元亀元年金光宗高の岡山城を奪い，天正元年（1573）に沼城から岡山城に移り，備前の南部・西部，備中の東南部，美作の久米郡を支配する戦国大名として成長した．このころ織田信長の攻撃がこの地にも波及し，浦上宗景が信長と誼を通じたので，直家は毛利氏と結んで主家浦上氏と絶縁し，同5年，宗景の本城である和気郡天神山城（岡山県和気郡和気町）を陥して宗景を讃岐に放逐し，ここに浦上氏は滅びるに至った．この年信長の命をうけた羽柴秀吉が直家の属城である播磨の福原・上月（兵庫県佐用郡佐用町）の両城を攻略し，直家は播磨から撤退したが，機を窺っていた直家は同7年毛利氏から離反して秀吉方に帰順し，秀吉の中国経営の一翼として，備前・美作の各地で毛利氏と戦ううち，同9年2月病のため53歳で岡山城に没した．直家の嗣子が秀家で，秀吉の1字を与えられて秀家と名のった．当時10歳の幼少であったが，秀吉の斡旋で父の遺領相続を信長から許され，その将兵1万余を秀吉の備中高松城攻撃に差し出し，高松城講和によって，備中東半と備前・美作両国併せて50余万石の領有を認められた．以来秀家は秀吉の寵遇を受け，秀吉の養女となった前田利家の娘を妻に迎えて，豊臣・前田両家と縁戚関係となり，秀吉の四国攻め・九州攻め，あるいは小田原攻めに従軍した．同15年には参議に進み，文禄3年（1594）には権中納言に昇進し，秀吉

の重臣として活動した．文禄の役には渡海して，首都漢城の陥落後は京畿道を守り，小早川隆景・黒田長政らと明将李如松の軍を碧蹄館に大破した．慶長の再役にも渡海し，毛利秀元とともに遠征軍の監軍の任にあたった．この間，領国の内政に意を用い，天正18年に岡山城の大改築を行い，慶長2年(1597)に天守閣を竣工し，さらに城下を経営して，のちの岡山城下町の原型をつくり，山陽道の道筋をかえて城下を通過させるなど商工業の育成をもはかった．また領内の新田開発を行い，児島湾に臨む備中早島から倉敷にかけて潮止めの堤防を築いて児島湾干拓の先蹤をなした．これはいま宇喜多堤の名をとどめている．同3年5月，秀吉から五大老の一員に列せられ，秀吉の死後，徳川家康らと政務の枢機に参与した．同5年，関ヶ原の戦が起ると，豊臣氏に近かった秀家は石田三成に与力して，1万6000余を率いて関ヶ原に臨んだが，西軍の敗北とともに，伊吹の山中にかくれ，やがて島津義弘を頼って薩摩に落ちのび，3年の間，島津氏の庇護のもとに蟄伏(ちっぷく)した．同8年，島津忠恒・前田利長の助命懇願によって死罪を免れ，駿河国久能(静岡市)に幽囚され，同11年4月八丈島に流罪となった．このとき秀家は薙髪して休福と号し，嫡子孫九郎ら13名と渡島した．前田氏の仕送りを受けたものの，流島生活は苦しかったが，島にあること50年，84歳の長寿で明暦元年(1655)11月24日病死した．いま同島大賀郷(東京都八丈町)にその墳墓がある．→碧蹄館の戦(へきていかんのたたかい)

参考文献　『大日本史料』12ノ4，慶長11年4月是月条，『宇喜多戦記』(『吉備群書集成』3)，富田覚真『浮田中納言秀家記』，岡山県編『岡山県の歴史』

(原田　伴彦)

006　**太秦** うず まさ　京都市右京区の地名．京都盆地の西北部，桂川(大堰川)の左岸にあたる．『和名類聚抄』では山城国葛野郡葛野郷の地域に入る．その祖が応神天皇の時代に渡来したという波多(秦)氏の後裔秦酒公が雄略天皇の時に養蚕に励み，その献じた絹繻が朝庭に充積したので，それにちなんで「禹豆麻佐」の姓を賜わったという(『日本書紀』『新撰姓氏録』)．おそらく太秦はその新たな灌漑技術で桂川に大堰を設けて開発された地域であろうが，近辺の太秦(嵯峨野)古墳群の構造から考えると，その開発の時期は6世紀をさかのぼらない．伏見・桂川右岸につぐ秦氏の第2次的開発の地域である．推古天皇11年(603)に秦河勝(かわかつ)が広隆寺を建立し，一帯が秦氏の本処地として栄えた．8世紀後半には山城国府がこの地に設けられ，延暦12年(793)からの平安京造営にあたっては，この地一帯の秦氏の経済的援助が大きな影響を及ぼした．しかし，この地が平安京の京外となったこと，当時の秦氏は基盤をより東に進めていたことなどにより，衰微したようである．しかし，嘉吉元年(1441)の土一揆に際しては西岡衆が陣取り，また天文元年(1532)の徳政一揆にあっては，その勢力の中心とみなされ，細川晴元の勢力により焼きはらわれた．近代に入って，明治22年(1889)4月には嵯峨野ほか3ヵ村が太秦村に合併編入され，昭和6年(1931)4月には住宅・工業・遊覧地域として，および交通政策上から，新たに設けられた右京区として京都市に編入された．

参考文献　京都市編『京都の歴史』，京都大学考古学研究会『嵯峨野の古墳時代』，林屋辰三郎「平安新京の経済的支柱」(『古代国家の解体』所収)，木下良「山城国府の所在とその移転について」(『社会科学』3ノ2・3合併号)

(佐藤　宗諄)

007　**太秦氏** うず まさ うじ　秦氏の別称．のち在京の秦氏の姓となった．『日本書紀』雄略天皇15年条に，秦造酒が諸国に分散する秦の民を賜い，よって酒は百八十種の勝を率い，庸調を貢納し，朝庭に積んだので，「禹豆麻佐」の姓を賜わったとあり，一に「ウヅモリマサ」というのは堆(うずたか)く積んだ形容であるとみえ，皇極天皇3年(644)7月条に，常世神を祭り民を惑わす大生部多を，葛野の秦造河勝が打ったので，時人は「太秦」が常世神を打ち懲らしめたといったという．このように太秦は秦氏の別称で，その氏寺広隆寺の所在地も「太秦」と称された．ただ8世紀以後，太秦公・太秦公忌寸・太秦公宿禰などが見え，『新撰姓氏録』左京諸蕃にも，太秦公宿禰をまず掲げ，秦忌寸をこれと同祖とするように，在京秦氏がこの姓を称するに至ったらしい．しかし，当初は秦下嶋麻呂が太秦公に改姓された後も秦忌寸(伊美吉)を称した例がある．太秦の語源については，その出身地を朝鮮の江原道于珍(也)とし，その古音ウトル＝ウト＝ウヅに求め，己智・物集とともに，三陟より渡来した秦氏と本来は関係ないが，のち秦氏の配下に編入されたとする説もある．→秦氏(はたうじ)

参考文献　藤間生大『東アジア世界の形成』，鮎貝房之進「秦・太秦」(『雑攷』2所収)，佐伯有清『新撰姓氏録の研究』考証篇

(平野　邦雄)

008　**太秦寺** うずまさでら　⇒広隆寺(こうりゅうじ)

009　**宇田川玄真** うだがわげんしん　1769～1834　江戸時代後期の蘭学者，医者．本姓安岡，名は璘，玄真は字(あざな)，榛斎と号す．伊勢国山田(三重県伊勢市)の人．明和6年(1769)12月28日に生まれた．父は安岡四郎右衛門，母は杉井氏．江戸に遊学して大槻玄沢・宇田川玄随・桂川甫周など諸家に就いて蘭学を研鑽し，最も翻訳に長じる．杉田玄白にその才を愛され養子となったが，一時身をもち崩したため離縁された．のち苦学の末再び学究として立ち直り，稲村三伯の助手として蘭学翻訳に従事した．寛政9年(1797)宇田川玄随が没して嗣子がなかったので，大槻玄沢らの周旋によって宇田川

家をつぐこととなった．繁忙な医業の傍ら，玄沢とともに『厚生新編』の訳述事業に参加し，多くの弟子を指導した．西洋解剖学書数種をまとめて訳定した『医範提綱』は特に有名で，『解体新書』『重訂解体新書』とならんで日本の解剖学の基礎を築いたものとして知られ，平易なその文章は広く大いに行われた．またその付録の図譜は，亜欧堂田善の作にかかる銅版図であるだけに，すこぶる精密であり，日本における最初の銅版解剖図である．玄真はまた薬物学にも造詣深く，『和蘭薬鏡』『遠西医方名物考』45巻を著わし，西洋薬物学をわが国に紹介した．文化10年(1813)幕府の命により司天台(天文台)に出仕し，また『西説内科撰要』の増訂を行なった．天保5年(1834)12月4日没．66歳．浅草誓願寺長安院に葬られたが，のち多磨墓地に改葬された．

参考文献　富士川游『日本医学史』

（大鳥蘭三郎）

010　宇田川玄随 うだがわ げんずい　1755〜97　江戸時代中期の蘭学者，医者．名は晋，字(あざな)は明卿，槐園と号す．美作国津山藩(松平氏)の侍医玄倫の子として，宝暦5年(1755)12月27日に江戸鍛冶橋の津山藩邸内に生まれた．幼少より漢学に親しみ，家業の漢方医学を修める．25歳の時桂川甫周・大槻玄沢の説を聞くに及んで，翻然志を改めて蘭学を学ぶ．大槻玄沢の門に入り，さらに杉田玄白・前野良沢・中川淳庵らに就いて蘭学を修めた．天明元年(1781)侍医として勤務の傍ら，蘭方医学の研鑽に没頭した．桂川甫周のすすめに従い，オランダの医者ヨハンネス＝デ＝ホルテルの内科書の訳述を試みた．石井庄助に就いていっそうオランダ語の研究にはげみつつ，ついに10年の歳月を費やしてその翻訳を完成し，寛政5年(1793)『西説内科撰要』18巻として刊行した．これはオランダ内科説が日本に紹介された最初であり，西洋医学が外科のみならず内科にもすぐれていることがこの書によってひろく知られるに至った．江戸茅場町に開業し，『内科撰要』の重訂を企てたが，その半ばで同9年12月18日，43歳で没した．浅草誓願寺長安院に葬られたが，のち多磨墓地に改葬された．訳著書に前掲書の他，『東西病考』『遠西名物考』『西洋医言』『蘭畝俶載』『槐園文集』『槐塾文府』『西文矩』『蘭訳辨髦』『遠西草木略』などがある．

参考文献　富士川游『日本医学史』，杉本つとむ編『宇田川玄随集』（『早稲田大学蔵資料影印叢書』洋学篇9・10）

（大鳥蘭三郎）

011　宇田川榛斎 うだがわ しんさい　⇒宇田川玄真(うだがわげんしん)

012　宇田川榕庵 うだがわ ようあん　1798〜1846　江戸時代後期の蘭学者．名は榕，榕庵と号す．大垣藩(戸田氏)侍医江沢養樹の長男として，寛政10年(1798)3月9日江戸日本橋の大垣藩邸内に生まれる．のち宇田川玄真の養子に迎えられ，津山侯侍医となった．幼少より本草・物産学を好み，長じて馬場貞由に就いて蘭学を修めた．博学多才の人で，多くの分野に先鞭をつけ，西洋自然科学の日本への移植・普及に努めた功績は大きく，特に植物学・化学の紹介者としての功は不朽である．文政5年(1822)『菩多尼訶経(ぼたにかきょう)』を著わして一般大衆に西洋植物学を紹介した．同9年幕府の命により天文方蛮書和解御用訳員に任ぜられ，同11年ごろより化学の研究に従い，単に西洋化学書を渉猟するのみならず，親しく実験分析をも行なって，わが国温泉の定量分析にも手を染めた．天保4年(1833)わが国最初の本格的西洋植物学書『植学啓原』3巻を著わした．同8年『舎密(せいみ)開宗』を著わして，西洋化学の体系を紹介し，わが国近代化学の祖と称せられるに至った．その他，高等数学・測量学・兵学・兵器製造に精通し，また昆虫学をわが国に紹介してその分野でも先駆的仕事をなした．弘化3年(1846)6月22日没．49歳．浅草誓願寺長安院に葬られたが，のち多磨墓地に改葬された．著訳書に前掲書のほか，『哥非乙(こおひい)説』『瀉利塩考』『理学発微』などがあり，また主として化学に関する膨大な未刊の稿本を残している．

参考文献　富士川游『日本医学史』

（大鳥蘭三郎）

013　内官家 うちつみやけ　官家(みやけ)とともに朝鮮諸国とくに百済・任那の呼称として『日本書紀』にみられる用語．その初見は(1)『日本書紀』神功皇后摂政前紀(仲哀天皇9年)10月条で，ついで(2)同摂政前紀12月条，(3)同継体天皇23年4月戊子条，(4)同敏達天皇12年7月朔条，(5)同推古天皇31年(623)是歳条，(6)同大化元年(645)7月丙子条等にみえる．(1)の内官家は高麗・百済・新羅の3国をさし，(2)は新羅，(3)(4)(5)は任那，(6)は百済を内官家といっている．(1)(2)は史料的に信憑性を欠くので，内官家はもと百済・任那諸国に限っての用語であったらしいが，(3)(4)(5)についても後世の潤色が加わっているとみなし，かつ(6)の百済に関しての記事だけが信頼できるものとして，百済と特別に親密な関係を結ぶようになった6世紀初めごろから官家に「内」という美称を冠して百済の官家を特に内官家と呼ぶように

なったとする説がある．そして任那の滅亡後，失われた属領に対する懐想の念が強まるにつれて任那をも内官家と呼ぶようになり，『日本書紀』編纂の段階になり高麗・新羅まで内官家と考えるようになったという．官家は国内に置かれた朝廷直轄領である屯倉（みやけ）と同様なもの，あるいは軍事的前進根拠地を管轄する出先官庁とみる説があるが，『日本書紀』の用例は百済・任那諸国それ自体をさしており，朝廷に対する貢納国の意味にとれる．内官家の「内」は天皇の「ミウチ」といったほどの意味であろうとする説もあるが，「内」自体が天皇を意味する語でもあるから，内官家は天皇に直属する意味をこめて用いられた語であろう．
→官家（みやけ）

参考文献　称永貞三「「称移居」と「官家」」（『日本古代社会経済史研究』所収），門脇禎二「ミヤケの史的位置」（『史林』35ノ3）　　　（佐伯　有清）

014 **鬱陵島** ウルルンド Ullŭng-do　日本海上にある韓国慶尚北道の属島．面積72.5km²．古く于山国，6世紀に新羅から征服され，つづいて高麗にも従属し，11世紀初め東女真（ひがしじょしん）の侵略で滅んだ．12世紀中期，高麗は移民を計画したが失敗し，14世紀の争乱に逃亡者の流入や漁民の往来があり，倭寇も渡った．李氏朝鮮は，15世紀初め居住を禁じて流民を本土にかえし，完全に空島とした．そして島の事情が不明になり，名称も混乱し，芋陵・武陵・茂陵・流山などと記され，于山武陵の複称も生まれ，于山・鬱陵が2島とも考えられた．日本では，古伝承に宇佐島，11世紀の文献に宇留麻（うるま）の島となまり，16世紀には竹島・磯（礒）竹島（五十猛島）と呼び，伐木・漁業のため渡航し，17世紀初め，徳川政権は伯耆国米子の大谷（おおや）・村川両家に竹島渡航を免許し，その特産として海鹿魚（みち）の油と串鮑を所務とした．そのころ，今の竹島は寄港地となり，松島と呼ばれた．やがて，本土から来た出漁者と紛争を生じ，所属決定の交渉がひらかれ，17世紀末，元禄年中（1688～1704）に朝鮮領として確認し，渡航を禁じた．しかし，その後も日本人の竹木盗伐や密漁もあった．19世紀中ごろには，長州藩などで開拓計画が企てられ，この島を松島と呼び，代わって旧松島が竹島と呼ばれた．この計画は，明治維新後もつづいたが，明治14年（1881），朝鮮は厳重に抗議し，官吏を置いて逐次統治の実績を示した．同29年にはロシアの伐木権を認め，日本人を強制退去させた．鬱陵島は，15世紀の朝鮮地図に記載され，16世紀末に中国人の日本図に竹島，また『日本図屏風』に磯竹とあり，実測を経て海図に記入されたのは18世紀で，フランスのラ＝ペルーズ Jean François Galaup de la Pérouse によるものがはじめてである．

参考文献　『三国史記』，『三国遺事』，『高麗史』，『朝鮮王朝実録』，『新増東国輿地勝覧』，李睟光『芝峯類説』（『朝鮮群書大系』続々21・22），『東国文献備考』，『増正交隣志』（『奎章閣叢書』6），『通航一覧』25～137，中村栄孝「竹島と鬱陵島―竹島の帰属問題によせて―」（『日鮮関係史の研究』下所収），田保橋潔「鬱陵島その発見と領有」（『青丘学叢3』），村井章介「鬱陵島関係史料集」（『中世港湾都市遺跡の立地・環境に関する日韓比較研究』〔平成15年度～19年度科学研究費補助金研究成果報告書〕所収）
（中村　栄孝）

015 **海上随鷗** かいじょうずいおう　⇒稲村三伯（いなむらさんぱく）

016 **右武衛殿朝鮮渡海之雑藁** うぶえいどののちょうせんとかいのざっこう　妙心寺僧天荊（てんけい）の朝鮮紀行．1冊．右武衛殿は15世紀に朝鮮と通交した九州探題渋川満頼（源道鎮）・義俊父子の称号で，京都にかえった後も遣使がつづき，『海東諸国紀』に巨酋使とされているが，その後通使は絶えた．16世紀後半，対馬では，通交制限打開のため，天正元年（1573），その名義の通使復活を工作して成功した．同6年，その謝恩使天荊の紀行が本書で，前田家尊経閣文庫に自筆本を伝え，『朝鮮渡海記』とも名づけられた．年代の関係などから，織田信長と誤認されたこともある．前田家本は，包紙に「釈天荊朝鮮国雑藁」，表紙に「朝鮮渡海記上」（同じ前田家本の天荊自筆『朝鮮国往還日記』下に対応したもの），内題に「右武衛殿之使朝鮮渡海之雑藁」とある．『珍書同好会叢書』に『右武衛殿朝鮮渡海之雑稿』の名で収め，田中義成の解題がつけてある．　→天荊（てんけい）

参考文献　田中義成『豊臣時代史』，中村栄孝「「右武衛殿」の朝鮮遣使」（『日鮮関係史の研究』上所収）
（中村　栄孝）

017 **右方** うほう　雅楽における舞楽の分類名．左方に対する．日本へ伝来したアジア諸国の舞楽のうち，朝鮮系のもの，すなわち高麗（こま）楽を指し，右方の舞（略して右舞），右方の舞人（略して右舞人），右方の楽（右楽ともいう），右方の楽人などの意味に用いる．唐楽より低い位置におかれて右とされたと思われる．伝来当初各々独自の舞や楽器を有した諸国の舞楽を，仁明天皇のころから始まったいわゆる平安朝の楽制改革の時整理統合して，唐楽と林邑楽を伴奏とする舞楽を左方，新羅楽・百済楽・高麗楽を伴奏とする舞楽を右方と定めたのがはじまり．またこのような左右両部制は，同じころ成立した左右近衛府と大いに関係がある．すなわち宮廷行事の相撲・賭射・競馬などの競技は左右対抗試合の形で行われ，左が勝てば左方，右が勝てば右方が舞楽を演じた．この勝負楽を天長10年（833）ごろからは近衛の官人が担当したと考えられる．さて，舞や音楽など舞楽演出に関しても右方と左方は対比をなしている．たとえば打楽器では左方の鞨鼓に対して右方では三ノ鼓を用い，また左方で使われる管楽器の笙，絃楽器の箏と琵琶は右方では用いられず，音楽はより

簡素となる．舞人は，左方では赤を基調とした装束を着け，舞台に向かって右手から登場するのに対し，右方では緑を基調とする装束を着け，舞台の左手から登場する．なお正式の舞楽では，左方の甲の舞に対して右方の乙の舞というように番舞（つがいまい）の形式をとる．　→左方（さほう）

参考文献　芸能史研究会編『雅楽』（『日本の古典芸能』2），林屋辰三郎『中世芸能史の研究』

（蒲生美津子）

018 厩戸皇子 うまやとのおうじ　⇨聖徳太子（しょうとくたいし）

019 海北道中 うみのきたのみちのなか　北九州から南朝鮮に渡る道筋．『日本書紀』神代上瑞珠盟約章の宗像神鎮座伝承第3の一書に，宗像神ははじめ葦原中国の字佐島に天降ったが，「今在=海北道中-，号曰-道主貴-，此筑紫水沼君等祭神是也」とみえている．この「海北道中」の「海北」という語は，『宋書』倭国伝の倭王武上表文，『新唐書』渤海伝および『日本書紀』欽明天皇15年12月条の百済王上表にもみえ，玄界灘を越えて北にあるところから来た名称で，朝鮮（半島）を指すことは定説といってよい．しかし，「海北道中」については若干の説がある．通説では，宗像神の鎮座する沖ノ島（沖津宮）・大島（中津宮）・田島（辺津宮）の三宮を結ぶ北九州から南朝鮮に至る海路をいう．したがってここを支配する宗像神を道主貴（みちぬしのむち）とたたえたのである．書紀前掲章第1の一書に「汝三神宜降=居道中-」とある「道中」は，「海北道中」の略語であり，朝鮮に至る道筋にほかならない．これに対して田中卓は前掲一書に，海北道中にいます宗像神を水沼君が奉斎するとあること，神功皇后の三韓出兵や魏使の渡来など朝鮮との来往が文献ではみな壱岐・対馬を経由していることから，海北道中は壱岐・対馬の線であると主張している．しかし宗像神は書紀神代巻本文や『古事記』にみえるように，もと胸肩（宗像）君の奉斎するところである．前掲第3の一書は宗像神が現実に三宮の地に鎮まり，宗像氏が奉斎するが，筑後地方では水沼君も奉斎している事実を記したものと解すれば，抵触するところはないであろう．古代の航海は視覚によったから，つぎつぎに視界内に現われる大島・沖ノ島・対馬の北端は絶好の目標で，天候に恵まれ，かつ沖ノ島北方の対馬海流の激流を越えることができれば，これは南朝鮮への最短航路である．昭和29年（1954）以降同46年にかけて行われた沖ノ島調査で，わが国最大の祭祀遺跡と5万点以上の遺物が発見され，それが大和朝廷による神宝幣帛であると考えられることは，海北道中が沖ノ島・大島・田島の線であることをさらに裏付けるものである．海北道中は，北九州から南朝鮮に至る道筋であるから，広汎な海域にわたっており，沖ノ島も壱岐・対馬も，いずれもこれに該当するが，書紀神代巻の一書の文に即してこれを解釈するならば，宗像三宮の線であって，壱岐・対馬の線ではない．

参考文献　宗像神社復興期成会編『宗像神社史』上・下，田中卓『住吉大社史』上　　　（小島　鉦作）

020 浦見番 うらみばん　江戸時代，長崎の湊番所（元禄3年創設）に属して港内の密貿易を取り締った船番・町使（長崎地下の小役人）．また，天領肥後国天草郡久玉村牛深浦（熊本県天草市牛深町）の番所，遠見所（寛政10年創設）に詰めて，唐・蘭船の漂着や密貿易を監視した幕府普請役・船番・町使．湊番所浦見番は，唐・蘭船の荷揚げの時は，その船尾に船をつなぎ，荷漕船の通路に船がかりし，また昼夜港内を巡回し，出入の諸国廻船，近浦の小船の積荷・往来切手をも改めた．牛深浦番所では，輸出用の煎海鼠（いりこ）・干鮑などの出方取締りも行なった．

参考文献　『通航一覧』142，松浦陶編『長崎古今集覧』3・4（『長崎文献叢書』2集2）

（山脇悌二郎）

021 蔚山の戦 ウルサンのたたかい　豊臣秀吉の第2次朝鮮出兵（慶長の役）に加藤清正らが，慶長2年（1597）12月22日（朝鮮暦12月23日）から翌年正月4日（日・朝同暦）まで12日間，朝鮮国慶尚道蔚山城で，明・朝鮮の連合軍に包囲された守城戦．日本軍は，この年秋，第1次出兵（文禄の役）の講和条件に示した割譲予定地域を攻撃し，京畿道南部まで北上し，兵を南部朝鮮沿海の基地にかえすと，10月中旬から築城して持久体制をかためた．蔚山城が，その最右翼の拠点で清正が設計し，その部将加藤安政および浅野幸長，毛利秀元の部将宍戸元続らの兵1万6000が工事が担当．城は蔚山邑の東2kmほど，平野中に孤立する最高50m余の丘陵，鶴城山にあり，南は太和江に臨み，日本式城郭の遺構として本丸・二ノ丸・三ノ丸跡の石築が現存．完成を目前にひかえ，12月22日未明，明の経理楊鎬・提督麻貴指揮下の明軍4万5000，元帥権慄に属する朝鮮兵1万2000余が攻撃してきた．西生浦城にいた清正は，海上を急行し，その夜太和江から城に入り，23日に外郭がやぶれ，内城に集結して防戦につとめ，翌日は第1回の総攻撃をうけた．城中は糧食・飲料水に乏しく，厳寒のため凍死者も続出したが，清正は士気をはげまして死守を期し，将卒一致して連日の強襲をしりぞけた．28日には秀元が西生浦に着き，正月2日に援軍の部署を定め，海陸から急進した．敵は，3日夜半から翌朝にかけて最後の総攻撃にうつり，激戦を展開したが，援軍が城兵と相応じ，かつ背後を断たれるのをおそれて囲みを解き，1万余の死体と数多くの武器をすてて慶州に去った．その夜，援軍諸将は城中にはいり，楊鎬らは，追撃をおそれて漢城まで退却した．日本軍は，引きつづき城を占拠し，再修して清正が西生浦から移り，本拠として戦役の終末に及んだ．

参考文献　『浅野家文書』，（『大日本古文書』家わけ

2)，下川兵太夫『清正高麗陣覚書』(『続々群書類従』4)，『清正朝鮮記』(『我自刊我書』)，古橋又玄『清正記』(『続群書類従』23輯上)，大河内秀元『朝鮮物語』(『続群書類従』20輯下)，『朝鮮宣祖実録』，『再造藩邦志』(『大東野乗』)，『明史』，諸葛元声『両朝平攘録』(『明代史籍彙刊』)，参謀本部編『日本戦史』朝鮮役　　　　　　　　　　　　　　　（中村　栄孝）

022　得撫島事件　うるっぷとうじけん　明和8年(1771)に千島列島得撫島で日露両国人が衝突した事件．明和5年，得撫島と択捉(えとろふ)島に上陸したロシア人チョールヌイ Ivan Chernyi の一行は，アイヌ人から毛皮税(ヤサアク)を徴収して服属せしめ，ラッコ・カワウソなどの狩猟に従事するアイヌ人を虐待した．さらに7年には得撫島のワニナウで冬営中の水夫長サポージニコフ Sapozhnikov が，部下とともにアイヌ人の狩猟を妨害して日本製の器物や貯蔵食糧を掠奪した上，アイヌ人数名を射殺した．怒った羅処和(らしょわ)島と択捉島のアイヌたちは，翌8年，得撫島からラッコ毛皮215枚を持ってチルポイ島に渡ろうとしたロシア人39名を急襲し，案内人グラチョフ Grachev ら21名を殺害した．これが，いわゆる「得撫島事件」であるが，こうしたロシア人の行動を背景として，同年ハンガリーの男爵ベニョーフスキーは，ロシア人の千島南下について警告を発した．日露両国の直接交渉の端緒となった事件であることを忘れてはならない．

参考文献　A・B・ポロンスキー『ロシア人日本遠訪記』(駐露日本公使館訳・林欽吾補註)
　　　　　　　　　　　　　　　（高野　明）

023　雲谷軒　うんこくけん　⇨雪舟等楊(せっしゅうとうよう)

024　温州　うんしゅう　Wênchou　中国浙江省東南部の都市，開港場．唐の高宗の上元2年(675)温州の名がはじめて現わる．元のとき温州路永嘉県とし，明は路を府に改め清もこれによる．民国は府を廃して永嘉県を残した．清の光緒2年(1876)芝罘(チーフー)条約により翌年から開港した．温州は宋・元・明のとき日本船が多く渡航した寧波(ニンポー)に近く，天文16年(1547)渡航の最後の勘合船4隻のうち1隻が到着し，海賊船に襲われ死者9人を出したことがある．『華夷通商考』に「毎年長崎へ船仕出ス処」とあるが，温州仕出し船は元禄ごろ比較的多かった．元禄3年(1690)から11年にかけ，毎年仕出し船があり，多い年は4，5隻もあった．日本へ輸出する糸・反物等の豊かな産地ではないが，それらの荷が諸方から集まるのを待ち客商が乗りこみ，あるいは寧波などに寄り荷を集めた．温州は船材が豊富で造船が行われ，寧波などの船もここで造られたのも少なくなく，他港の船で修理し客と荷を集めて仕出した場合も多い．

参考文献　林鵞峯・林鳳岡編『華夷変態』
　　　　　　　　　　　　　　　（小葉田　淳）

025　雲峰等悦　うんぽうとうえつ　生没年不詳　室町時代後期の画僧．三河の実相山(寺)で書記になり，その間周防において雪舟等楊に学び，さらに入明して画僧として著名になった．文明6年(1474)に雪舟から高彦敬筆「山水図」模本を，ついで大巧如拙筆「牧牛図」を与えられているから，雪舟の衣鉢を継いだ第一人者であったが，遺品は少ない．

参考文献　朝岡興禎編『古画備考』20
　　　　　　　　　　　　　　　（谷　信一）

え

001 永 えい （一）近世に用いられた金貨幣の計算単位．永1文は1両の1000分の1．近世初期江戸幕府が貨幣制度を整えたとき，永楽銭を基準として，金1両を永楽銭1貫文に当てたことから，実際には永楽銭の使用が禁止されてからも，永は計算単位の名称として残ったのである．

参考文献　大蔵省編『大日本貨幣史』1，三井高維編著『(新稿)両替年代記関鍵』2，小宮山昌秀『農政座右』2(『日本経済大典』32)，大石久敬『地方凡例録』1下(『日本史料選書』1)

（滝沢　武雄）

（二）⇨永楽通宝（えいらくつうほう）

002 栄叡 えいえい　生没年不詳　奈良時代の僧．「ようえい」とも読む．氏族不詳．美濃国の人．興福寺の僧．特に瑜伽(ゆが)・唯識(ゆいしき)を学んだ．栄叡は当時，戒律がまだ十分に備わらず，放免に流れる僧が多かったため，これを嘆いた元興寺の僧隆尊の要請に答え，舎人親王の命もあって，普照とともに入唐して，授戒・伝律の師を招請することを決意した．両名は天平5年(733)遣唐使に随って入唐し，翌開元22年(734)洛陽の大福先寺で律僧道璿(どうせん)に遇い，遣唐使の帰国に際し，かれを戒師として日本に送ることに成功した．その後，空しく10余年を費やし，ついに止むを得ず，帰国を決意して揚州に下った．ここで律僧鑑真を訪ね，鑑真以下弟子たちが日本に渡ることとなった．しかし渡海は困難を極め，12年の歳月と5度の失敗の後，達成を見たもので，栄叡は不幸にして天宝7載(748)冬の第5次渡海失敗の後，1年余を経て，広州に行く途中，端州竜興寺で客死した．

参考文献　安藤更生『鑑真大和上伝之研究』

（石田　瑞麿）

003 英学 えいがく　蘭学・仏蘭西学・独逸学などとならんで洋学の一部をなす英語による英米系の学問．英学の定義を厳密に考えると(1)英米人または英語を通して摂取した西洋学術の総称．(2)英語・英文学および英米に関する諸学問の総称．(3)英語学および英米文学研究を一括した名称，となる．安政年間(1854～60)洋学の主流が蘭学から英学に急速に移ったころから，西欧近代科学・技術移植の役割を英学が引き受け，明治初年の全盛期を迎えた．この時期の英学は(1)にあたる．明治10年(1877)東京大学に文学部が置かれたころから，英学の意義は(2)に近づき，同20年帝国大学文科大学に英文学科が設けられ，それまで英語によった諸学科の講義が日本語で行われるに至って，英学の内容は(2)となり，やがて(3)に変わった．このような英学の意義の変遷は，歴史的にみれば，学制の整備と学問体系の細分化に対応する．

英学の曙光は，慶長5年(1600)豊後に漂着したウィリアム＝アダムス(三浦按針)の算術・造船術への若干の寄与，同18年来朝のジョン＝セーリスが徳川家康に呈したジェームズ1世の国書，などの史料に散見されるが，これらは後の英学の発達にはほとんど影響を与えなかった．鎖国後の英学研究は文化元年(1808)の英艦フェートン号事件がきっかけで国防上の必要から開始された．翌6年幕府は本木庄左衛門・吉雄忠次郎・馬場佐十郎・岩瀬弥十郎・吉雄権之助など10数名の長崎通詞に蘭英兼修を命じた．和蘭商館荷倉役ヤン＝コック＝ブロムホフの指導による英語研究は同8年『諳厄利亜興学小筌(あんげりあこうがくしょうせん)』に結実した．これは発音教本をかねた単語・会話集である．同11年『諳厄利亜語林大成』という単語数約600の小英和字書が成った．次に江戸方面での業績として，天保12年(1841)天文方見習渋川敬直訳述の『英文鑑』がある．これはリンドレー＝マレーの English Grammar (1795年)のF・M・コーアン蘭訳本を重訳した英文法書である．さらに長崎では，嘉永元年(1848)捕鮎船プリマス号で来航した米人ラナルド＝マクドナルドが，日本幽囚中の約7ヵ月，森山栄之助ら蘭通詞10余名に英語を教えた．安政開国後の幕府は，同2年洋学所(翌年蕃書調所，文久2年(1862)洋書調所と改称)を，同5年長崎英語伝習所を設け，英語教育に力をそそいだ．明治期まで影響をもった出版物として，洋書調所翻刻『英吉利文典』(俗称「木の葉文典」，文久2年？)，堀達之助ら編『英和対訳袖珍辞書』(洋書調所，同年)，平文(ヘボン)編『和英語林集成』(上海美華書院，慶応3年)がある．蘭書を通じての英米事情紹介書として，吉雄忠次郎訳『諳厄利亜人性情志』(文政8年)，安部竜平訳『新宇小識』(嘉永2年)，小関高彦訳『合衆国小誌』(安政元年)がある．ほかに，『英国志』(文久元年)のような中国出版物翻刻の西洋紹介書が多数あったが，広く読まれた点では慶応2年(1866)に初編が出た福沢諭吉の『西洋事情』に及ぶものはない．明治維新後の英学は，国際的には英・米2国が政治・外交面で最も優位に立った事情を反映し，国内的には文明開化・欧化主義の旗のもとに，人文・社会・自然科学の全分野ではなばなしいスタートを切った．まず福沢諭吉は慶応義塾を経営し，独立自尊・実学功利をモットーに，英米系の政治・経済・倫理・社会学・歴史の洋書(たとえばウェーランド・ベンサム・バックル)の講読とその精神の普及に精力をそそいだ．同人社の中村正直は，スマイルズの『西国立志編』(原名『自助論』)とミルの『自由之理』を出版して，自立・克己・勤勉・節約などの近代主本主義のモラルを鼓吹し，期せずして

儒教的な修養主義とプロテスタンティズムの接合をはかるという役割を演じた。新島襄の同志社は、徳富蘇峰・海老名弾正らの熊本バンドの青年を吸収して、キリスト教的な高尚な生活を力説した。一方、東京大学を中心とする官学派はダーウィン・スペンサーによって進化論・不可知論を主唱した。札幌農学校はクラークの指導で開設され、キリスト教的感化を受けた内村鑑三・新渡戸稲造らの人材を出した。歴史書では、はじめ通俗的なパーレーの『万国史』、クワッケンボスの『米国史』グッドリッジの『英国史』などが読まれ、のちにバックル・ギゾー（英訳で）が研究されて明治治期の文明史観の土台となった。地理では、内田正雄・西村茂樹編訳『輿地誌略』（明治3—10年）が愛読された。明治10年前後から国内の政情不安を反映してか、一時リットン・スコット・ディズレーリなどの政治小説がしきりに翻訳されたが、井上哲次郎・外山正一・矢田部良吉編訳『新体詩抄』（明治15年）、坪内逍遙著『小説神髄』（同18年）が出て、新しい文学の理念をひろめた。『文学界』（同26年創刊）を中心とする北村透谷・島崎藤村・平田禿木・戸川秋骨ら英学者のローマン主義運動はこの産物といってよい。シェークスピアの翻訳も井上勤訳『（西洋珍説）人肉質入裁判』（同16年、ラム『沙翁物語』から）、河島敬蔵訳『（欧洲戯曲）ジュリアス・シーザルの劇』（同年）、坪内逍遙訳『（該撒奇談）自由太刀余波鋭鋒』（同17年）で始まった。『新約聖書』の共同訳はブラウン・ヘボン・奥野昌綱・高橋五郎らの協力で明治8年から逐次刊行された。同23年東京専門学校（早稲田大学の前身）に文学科が置かれ、坪内逍遙が主となって英文学を講じた。文科大学英文科は、同24年から、立花政樹・夏目漱石・上田敏・土井晩翠・小日向定次郎・石川林四郎・厨川白村・金子健二などの卒業生を出した。英語の研究もいっそう精密になり、英語教育機関としての東京・広島両高等師範学校、東京外国語学校、国民英学会、正則英語学校、津田女子英学塾がこの方面で貢献した。これらの学校で教科書として愛読された文学書は、シェークスピア以外では、ミルトン・ワーズワース・バイロン・シェリー・キーツ・マコーレー・カーライル・エマソン・ロングフェロー・テニソンであった。語学書では、ピネオ・クワッケンボス・ブラウン・スウィントン・ベイン・ネスフィールドの英文典が逐次流行した。語学者として井上十吉・増補藤之助・武信由太郎・佐久間信恭、英語教育界のリーダーとして神田乃武・岡倉由三郎、辞書編集家として柴田昌吉・島田豊・入江祝衛などが有名である。特に斎藤秀三郎はイディオム研究で斎藤文法時代を樹立し、大正期の市河（三喜）文法時代成立まで英学界を風靡した。忘れてはならぬのは、明治から大正・昭へ英学を発展させたかげの功労者の御雇い外国人で、宣教師・英語教育者のフルベッキ・バラー・ジェーンズ、英文学のサマーズ・ホートン・ハーン、語学のディクソン・チェンバレン・マッケロー・ロレンス、美術のフェノロサ、生物のモース、歴史のマードックらが挙げられる。英学は、大正・昭和期になると英語学・英文学と2分し、昭和期中期以後はアメリカ文学が独立し、それぞれ精細に研究されているが、あまりにも専門化して、明治初中期の総合性を欠くに至った、ともみられる。

参考文献　荒木伊兵衛『日本英語学書志』、竹村覚『日本英学発達史』、勝俣銓吉郎『日本英学小史』（『英語教育叢書』）、桜井役『日本英語教育史稿』、豊田実『日本英学史の研究』、重久篤太郎『日本近世英学史』、古賀十二郎『徳川時代に於ける長崎の英語研究』、大阪女子大学附属図書館編『（大阪女子大学蔵）日本英学資料解題』、研究社編集部編『日本の英学一〇〇年』　　　　　　　　　（井田　好治）

004　永享条約　えいきょうじょうやく　⇒宣徳要約（せんとくようやく）

005　永徽律令　えいきりつりょう　唐高宗は、父太宗の遺訓に従い永徽元年（650）新律令編纂に着手し、同2年、律12巻を頒行した。編者としては、長孫無忌以下、当代一流の政治家・儒者がその名を連ねている。ついで3年、律の官撰注釈書律疏の編纂が開始され、4年に律疏30巻が完成した。普通、後人はこの律疏をもふくめて、永徽律令と称している。永徽律令は、はやく亡佚して、敦煌発見職員令断簡などを除いては、諸書にその逸文をとどめるのみである。その令の逸文を採集した書としては、仁井田陞『唐令拾遺』などがある。また律の内容は、敦煌発見の武后時代の律断簡と『唐律疏議』に載録されている唐開元25年（737）律疏とによってその大体をうかがうことができる。永徽律令は、日本の律令制に大なる影響を及ぼした。大宝・養老両律令の主たる母法は、この永徽律令であったと推定せられる（天武令もまた、永徽律令の子法であったとする説もあるが、確証がない）。大宝律令が、永徽律令に依拠していたことは『令集解』選叙令穴記に「此条先在=永徽令-、今於=開元令-省除」とある養老の癲酗（てんく）条に相当する条文が、大宝令にも存在したことによって、これを推定しうる。また、養老律令がこの律令に基づいていたことは、上述癲酗条の存在のほかに、その諸条が唐高祖の諱を避けているにもかかわらず、則天皇武后以降の唐皇帝の諱を使用していることによって、これを推断しうる。ちなみにいうが、永徽・開元両律の差異は、2、3の研究者により、その幾つかが指摘されているが、この問題は、今後さらに考研せられるべきであると考える。

参考文献　滝川政次郎『律令の研究』、内藤乾吉「敦煌発見唐職制戸婚厩庫律断簡」（『中国法制史考証』所収）、利光三津夫「律本文の研究」（『続律令制とその周辺』所収）、仁井田陞・牧野巽「故唐律疏議製

作年代考」(『東方学報』東京1・2), 池田温・岡野誠「敦煌・吐魯番発見唐代法制文献」(『法制史研究』27)　　　　　　　　　　　　　　　(利光三津夫)

006 栄弘 えいこう　1420〜87　文明14年(1482), 足利義政が朝鮮に派遣した使僧. 大和円成寺の僧で, 専信房営弘とも. 筒井氏被官狭川新七郎助貞の次男. 文正元年(1466), 兵火のために円成寺の諸堂が灰燼に帰すと, 栄弘は造営沙汰人として復興に尽力し, さらに義政の使者として朝鮮に渡って大蔵経を請来した. 出発は文明13年5月以降で, 堺・兵庫を経て9月以前に下関に入り, 翌年正月17日に出航, 2月12日に対馬に到り, 3月に釜山に入港して4月9日に夷千島王使とともに入京した. この使行に関わる散用状断簡が, 『大蔵請来二合船残録』として円成寺に伝来し, 畿内と朝鮮の交通の実態を伝える貴重な史料となっている. 栄弘の届けた方物は屛風・扇・長刀・太刀などで, これに対して朝鮮成宗は栄弘に慶尚道所在の大蔵経を賜い, さらに綿紬・薬種などを与えた. 栄弘は5月12日にソウルを発ち, 29日に釜山を出て7月14日に堺に着いた. 帰国後は甥の栄助に円成寺を託して念仏院に隠遁し, 長享元年(1487)4月に没した. 68歳. 大蔵経は慶長14年(1609), 徳川家康に献上され増上寺に移納された. なお栄弘の朝鮮渡航は, 朝鮮が牙符(日朝間で用いられた符験)による日本使の身元確認を行なった最初の例で, それまで盛行した偽王城大臣使は以後しばらく現れなくなる.
[参考文献] 『大日本史料』8ノ13, 文明13年5月是月条, 『増上寺三大蔵経目録』(『増上寺史料集』別巻), 堀池春峰『南都仏教史の研究』下, 橋本雄『中世日本の国際関係』　　　　　　　　　(榎本　渉)

007 英語箋 えいごせん　イギリスの宣教師メドハースト W. H. Medhurst が編んだ1830年バダビア刊『英日・日英単語書』An English and Japanese and Japanese and English Vocabulary の翻刻版. 『英語箋, 一名米語箋』と題し, 前後篇7冊. 前篇3冊は井上修理校, 安政4年(1857)出版, 後篇4冊は室岡東洋・上原塢一郎校, 文久3年(1863)出版, 前後篇とも村上英俊閲で, 江戸で刊行. 内容はメドハーストの単語書とほとんど一致し, 前篇は英和, 後篇は和英の対訳である. 不完全ながらも, 日英両語を対訳した便利な単語書として人々に利用された.
[参考文献] 大阪女子大学附属図書館編『(大阪女子大学蔵)日本英学資料解題』, 西京商業高等学校図書館編『(京都市立西京商業高等学校所蔵)洋学関係資料解題』1, 亀田次郎「Medhust の英和・和英語彙」(『書物の趣味』2)　　　　(重久篤太郎)

008 栄西 えいさい　⇒明庵栄西(みょうあんえいさい)
009 叡山大師 えいざんだいし　⇒最澄(さいちょう)
010 永乗 えいじょう　⇒月渚永乗(げっしょえいじょう)

011 営城監 えいじょうげん　令制以外に設置されたいわば令外官. 藤原仲麻呂の新羅遠征計画により, 大宰府に置かれた築城官と思われる. 『続日本紀』によると天平宝字8年(764)正月, 大宰大弐佐伯今毛人(いまえみし)を営城監に任じ, 天平神護元年(765)3月, 今毛人は怡土(いと)城を築く専知官となっている. 一方, 宝亀3年(772)11月, 筑紫営大津城監を罷める記事があるので, 営城監をそれにあてる説もあり, この大津城監を大野城監のこととし, 怡土城・大野城を統べる府官であるとする説もある. ちなみに, 弘仁14年(823)に置いた大主城もこれと関係あるであろう.
[参考文献] 角田文衛『佐伯今毛人』(『人物叢書』108), 村尾元融『続日本紀考証』8, 長沼賢海『邪馬台と大宰府』　　　　　　　　　　(平野　邦雄)

012 永正条約 えいしょうじょうやく　⇒壬申約条(じんしんやくじょう)

013 永忠 えいちゅう　743〜816　平安時代前期の僧侶. 天平15年(743)生まれる. 京都の人. 姓は秋篠氏. 宝亀の初めに入唐し延暦の末に帰朝した. 桓武天皇は勅して近江国梵釈寺に住せしめた(『元亨釈書』). 大同元年(806)正月庚午(5日), 度者2人を賜わり, 同年4月丙辰(23日), 律師に任ぜられ, 同6月癸卯(11日)に公私の斎会の飲食を豊濃にすべきことを奏言した. 弘仁元年(810)9月甲寅(17日), 少僧都に任ぜられ, 同4年正月丁巳(3日), 老年を以て致仕せんことを請うたが許されなかった. 同6年4月癸亥(22日), 嵯峨天皇が近江国滋賀韓埼(からさき)へ行幸する途中, 崇福寺に立ち寄ったとき, 永忠は手ずから茶を煎じて奉ったという(『日本後紀』). 『七大寺年表』では律師に任ぜられたのは延暦3年(784)6月, 少僧都になったのは同16年正月という. 弘仁7年4月庚子(5日), 74歳で寂す. 時に大僧正(『日本紀略』). 著作に『五仏頂法訣』1巻があったという.
[参考文献] 卍元師蛮『本朝高僧伝』67(『大日本仏教全書』), 石井正敏「日唐交通と渤海」(『日本渤海関係史の研究』所収), 牧伸行「永忠と梵釈寺」(仏教大学文学部史学科創設三十周年記念論集刊行会編『史学論集』所収)　　　　　　(大野達之助)

014 永楽銭 えいらくせん　⇒永楽通宝(えいらくつうほう)

015 永楽銭通用禁止令 えいらくせんつうようきんしれい　慶長13年(1608)12月8日江戸幕府の出した禁令. 幕府は永楽銭1貫文に対し鐚銭(びたせん)4貫文という価値の割合を定めるとともに, 永楽銭の使用を禁止した. この禁止の意味は『貨幣秘録』に「夫より永楽京銭の差別なく, 等しく交へ用ひ」とあるように, 永楽銭の従来持っていた特別な価値を使用上認めない処置であった. そこで『当代記』に「永楽貯置町人已下迷惑」とあるように多少の混乱が生じたが, 結局大したことなくおさまったのは, 当時の永楽銭流通量がそれほど多くなかったためであろう. なお幕府自体は翌14年にも永楽銭をも

との価値で使用し財政上の損害を防いだらしい．また なまり銭など5種の鐚を除いても他の銭をすべて一律に扱うことは困難で，幕府はしばしば撰銭令を出さねばならなかったが，寛永13年(1636)以後寛永通宝が大量に鋳造されようやくこの問題も解決した．

参考文献　『徳川禁令考』前集6，大蔵省編『日本財政経済史料』2，『御当家令条』(『近世法制史料叢書』2），小葉田淳『日本貨幣流通史』，滝沢武雄『日本の貨幣の歴史』(吉川弘文館『日本歴史叢書』53)
（滝沢　武雄）

016　永楽銭通用令　えいらくせんつうようれい　室町幕府の撰銭令にこの規定がある．永楽銭が日本へ渡来したころ，日本では撰銭が盛んに行われ，私鋳銭が多かったためか，永楽銭も他の渡唐銭（洪武・宣徳銭）同様嫌われた．幕府は対明貿易の利益を確保するためにもこれを不利として撰銭令を出し，永楽銭などの精銭並の通用を強制し，ついでこれが困難と見るや，一定の割合（取引額の3分の1)を定めて，精銭との混用を強制した．天文11年(1542)興福寺で定めた撰銭令に「於百文別永楽・古銭執合五十銭，相残五十銭者可為金銭事」とあるように，渡唐銭のうち永楽銭は次第に精銭の扱いをうけるようになった．また東国では早くから永楽銭は精銭とされていたようだが，特に北条氏はこれを重んじ，天正9年(1581)相州斑目村宛北条氏判物状では「黄金・永楽・綿・漆」を米穀に代え貢納することを許し，永楽銭のみを精銭として指定している．

参考文献　佐藤進一・池内義資篇『中世法制史料集』2，『学侶引付之写』（内閣文庫所蔵），貫達人編『(改訂新編)相州古文書』1，小葉田淳『日本貨幣流通史』，滝沢武雄『日本貨幣史の研究』，同『日本の貨幣の歴史』(吉川弘文館『日本歴史叢書』53)
（滝沢　武雄）

017　永楽通宝　えいらくつうほう　ふつう永楽銭と呼ぶ．明の成祖の永楽6年(1408)永楽通宝を北京の宝源局で，同9年から浙江・江西・広東・福建の布政局に命じ4省の炉座（鋳銭所）で鋳造させた．明では諸国の朝貢船の進貢物に対し頒賜物があり，その積載してきた貨物を買い上げたが，頒賜物の1つに銅銭があり，買上げの給価とし銅銭を与えた．明は太祖のとき大明宝鈔を発行，その流通を計り銅銭の発行通用を制限しついに禁止したが，朝貢国への銅銭の給与は当代の鋳造にかかる制銭を以てした．足利義満の通好時代は永楽帝の世で遣明船も頻繁で，永楽銭の給与も多かった．しかし15世紀中ごろからは明は銅銭の朝貢諸国への給与を，制限または禁止するようになる．しかも遣明船貿易の容相が変化し，民間貿易が多くなり，買上げの給価の銅銭も絹・生糸などの利益の多い中国商品の購入にあてた．大中・洪武・永楽・宣徳の4通宝の中では永楽銭が最も多く輸入され，弘治通宝に至ってはきわめて少ない．

15世紀後期から撰銭が盛んとなるが，永楽銭は善銭の1つである．しかし永楽銭の私鋳銭も西国に多く出てこれは撰銭の対象となる．永楽銭は東国で特に重んじた．北条氏は永禄7年(1564)貢租の銭納に精(善)銭を，天正9年(1581)精銭に代えて永楽銭だけを充当した．精銭・永楽銭のみの銭納は困難ゆえ，米麦・絹布・黄金などを適宜代納もさせた．貢租の銭納は1枚が1文として通用した精銭で計上されたが，永楽銭が抽出され他銭が割引通用するようになれば永楽銭で計上される．分銭高が貫高であり，永楽銭による分銭高が永高と呼ばれた．貫高はそのまま永高となり，これは通貨の政策と状況の変遷による表現の差にすぎぬ．江戸幕府ははじめ銭勘定に永楽銭を用い，慶長9年(1604)永楽銭1文を鐚4文にあてたのは，北条氏などの東国の遺制と通貨事情によった．13年永楽銭1貫文を鐚4貫文の積り，金子1両に鐚4貫文をあて，永楽銭通用を禁止した．以来永は金貨計算上の単位として用いられた．

(原寸大)

参考文献　小葉田淳『日本の貨幣』(『日本歴史新書』)
（小葉田　淳）

018　永楽帝　えいらくてい　1360～1424　1402～24在位．中国の明第3代の皇帝．姓名は朱棣（しゅてい）．廟号は太宗，嘉靖帝のとき改めて成祖．洪武帝の第4子．元の至正20年(1360)生まる．洪武3年(1370)燕王に封ぜられ，のち北平(北京)に移駐して対蒙古防衛にその威力を示した．同31年洪武帝の死後，孫の建文帝(恵帝)がたち削藩政策を採ると，これに反発して靖難の変をおこし，内戦4年，燕王はついに都の金陵(南京)を陥れて帝位を奪い，建文1代を史上から抹殺して洪武帝の旧制に復し，その後継者をもって任じた．さらに人心を外部にそらすように仕向けて，積極的な対外活動を始めた．日本に対しては，永楽元年(応永10，1403)足利義満（源道義）との間に朝貢貿易と倭寇禁止とを条件に，日明間の国交を回復した．ついで同3年に始まる宦官鄭和らに命じた南海遠征は，帝1代で7回に及んだ．翌4年には安南(ベトナム)に対し，陳朝の王位回復を口実として遠征軍を送り，これを平定して交趾布政司をおき，11年には貴州の土司(苗族)の争いに介入し，これを滅ぼして貴州布政司を設けた．17年には劉江に命じ倭寇を遼東の望海堝に撃滅させ，その活動を封じた．蒙古に対しては，永楽5年以来タタール部などを親征すること5度に及び，最後の征戦の帰途，同22年7月

18日楡木川で病死した．65歳．また遠く黒竜江口に奴児干(ヌルガン)都司を設け，永寧寺を建てて東北一帯を鎮守した．国内では大運河の修築および北京遷都を実施するとともに，学者の歓心を買うための，『永楽大典』をはじめ『四書大全』『五経大全』など大規模な編纂事業をおこなった．

参考文献　『明史』成祖本紀，『明太宗実録』，佐久間重男『日明関係史の研究』，檀上寛『永楽帝』(『講談社選書メチエ』119)，寺田隆信『永楽帝』(『中公文庫』)　　　　　　　　　　　　　　(佐久間重男)

019 永楽要約 えいらくようやく　応永11年(明の永楽2，1404)明の成祖が趙居任を来渡させ，印文「日本国王」の亀鈕金印・永楽勘合を幕府へ届け，遣明船につき(1)10年1貢，(2)毎貢人数200人，(3)船2隻，(4)貢期に違い人船超過し，軍器携帯のものは寇と見なす，との約を求めたとし，これを永楽要約(あるいは永楽条約・応永条約等ともいう)といい，のちに改訂したものが宣徳要約とする説がある．この両要約のことは『明史』その他の中国史書に記されるが，もと鄭若曾編『籌海図編』，鄭暁編『吾学編』などより出ている．両書の両要約の前後の遣明船関係の記事はほとんど誤っているし，信頼できる記録には両要約に該当すべき事実が見当たらぬ．永楽要約は応永11年から永享4年(1432)まで，宣徳要約は永享6年・宝徳3年(1451)の遣明船に適用されることになるが，事実は全く相違している．宣徳要約の(1)10年1貢，(2)人数300，(3)船3隻は応仁以後の遣明船において実施されている．成祖の海外政策は明歴代中で最も積極的で，足利義満時代にあたり最も頻繁に遣明船が往来した．宣宗の代に明は財政緊縮政策をとり，朝貢船制度にも諸種の制限を加えた．宝徳の遣明船(享徳2年，明の景泰4年，1453年渡航)は9隻・人数1200，貨物は前回に数倍した．明では政府買上値段を極端に低くし，遣明船がわでは強硬に増値を要求し，一部の貨物を持ち帰る始末であった．明が10年1貢・人数300・船3隻の制限を加えたのは，この際である．永楽要約と呼ばれるものは16世紀に遣明船の監視がきびしくなったときに生まれた誤想であり，架空の存在である．→勘合貿易(かんごうぼうえき)

参考文献　小葉田淳『中世日支通交貿易史の研究』　　　　　　　　　　　　　　　　　(小葉田　淳)

020 永禄寺 えいろくじ　⇨切支丹寺(キリシタンじ)

021 エインスリー　David Ainslie　生没年不詳　イギリスの植民政治家ラッフルズ Sir Thomas Stamford Raffles の属官．外科医．19世紀初め，イギリスがジャワとその属領をオランダより奪うと，ラッフルズが副総督となり，日本貿易開拓に着目し，出島商館の接収を計画した．彼はエインスリーが学識ある俊秀の士であることに注目してこれを起用し，商館付医員に任じて，前オランダ商館長ワルデナール Willem Wardenaar とともに1813年(文化10)6月商船マリア号およびシャーロット号で日本に派遣した．当時の商館長ドゥーフ Hendrik Doeff, Jr. は，しかし商館とその業務をエインスリーに引き継ぐことを拒絶した．エインスリーは空しくバタビアに帰り，この経験に即して，オランダの独占機構を打破して別に商館を置くことをラッフルズに進言した．なお，オランダ側史料には Daniel Ainslie とみえる．

参考文献　日蘭学会編『長崎オランダ商館日記』5・6，斎藤阿具「英人の出島蘭館乗取計画」(『史学雑誌』24ノ1-5)　　　　　　　　　　　(金井　圓)

022 恵運 えう　798〜869　平安時代前期の真言宗の僧．入唐八家の1人．安祥寺僧都．山城の人．安曇氏．延暦17年(798)誕生．10歳ごろから出家を志し東大寺泰基，薬師寺仲継に師事，法相を学ぶ．弘仁6年(815)得度，具足戒を受ける．のち実恵の勧めにより付法を受ける．天長初年勅命により坂東に赴き一切経書写を検校すること4年．天長10年(833)観世音講師，筑前国講師となり大蔵経書写を勾当．承和9年(842)唐商李処人の船で入唐．青竜寺義真に灌頂を受け五台山・天台山を巡礼，同14年帰朝．同6月請来目録(『恵運禅師将来教法目録』)を呈出した．嘉祥元年(848)8月女御藤原順子の発願で安祥寺を建立，開基となる．仁寿3年(853)10月権律師．貞観3年(861)3月東大寺大仏修理供養の導師を勤める．この年仁明皇太后順子の落飾入道，文徳女御出家の戒師を勤め，ついで順子・吉子に比丘尼大戒を授けた．同6年少僧都，東大寺別当．安祥寺は斉衡2年(855)定額寺に列し，貞観元年(859)年分度者3人設置勅許，同7年阿闍梨2口が勅許され，年分度者受戒の制を厳重にし，寺としての体制を整えた．同11年9月23日寂．72歳．同13年9月，74歳で寂したともいう．

参考文献　『安祥寺伽藍縁起資財帳』(『平安遺文』1)，『入唐五家伝』(『続群書類従』8輯上)，『元亨釈書』16(『(新訂増補)国史大系』31)，『諸門跡譜』(『群書類従』5輯)，丸尾彰三郎他編『日本彫刻史基礎資料集成』平安時代重要作品篇4，上原真人編『皇太后の山寺—山科安祥寺の創建と古代山林寺院—』　　　　　　　　　　(和多　秀乗)

023 恵隠 えおん　生没年不詳　7世紀の僧侶．『日本書紀』に志賀漢人恵隠とあるから，近江国滋賀郡の漢人であろうという．推古天皇16年(608)9月，僧旻・南淵請安らとともに学問僧として遣隋使小野妹子の第2回派遣に随行し，留学すること31年，舒明天皇11年(639)9月，恵雲とともに新羅送使に従って帰朝した．翌年5月勅を受けて『無量寿経』を講説したが，これが浄土経典講説のはじめである．白雉3年(652)4月壬寅，内裏に召されて再び『無量寿経』の講説を行なったが，恵資を論議者(問者)とし，沙門1000人を聴衆としたと

いうほど，大規模な講経であった．多武峯定慧(藤原鎌足の子)はその門人であったという．

　[参考文献] 『元亨釈書』16(『(新訂増補)国史大系』31)
　　　　　　　　　　　　　　　　　　　　（大野達之助）

024　恵蕚 えが　生没年不詳　平安時代前期の僧．郷貫不詳．仁明天皇の承和の初め，皇太后橘嘉智子(かちこ)の命をうけて唐に渡り，登州・莱州の付近に到着し，雁門を経て五台山に上り，名刹霊蹟を巡拝して皇太后製作の宝幡および刺繡文様の袈裟などを施入した．ついで杭州塩官県の霊池寺に至り，臨済宗の斉安国師に謁して皇太后の施物を贈り，わが国に禅宗を興したいという皇太后の要望を申し出た．斉安は高弟義空を推挙したので，承和14年(847)7月18日仁好らとともに義空を伴って帰朝した．斉衡の初め再び入唐して五台山に登り，山頂で観世音像を得た．そこで天安2年(大中12，858)浙江省四明山を経てわが国に帰ろうとし，海路補陀山の付近を航行したら船が石上に着いて動こうとしなかった．これは観世音像がこの地にとどまりたいとの心を示すものであろうと推しはかって，尊像を張氏の宅に安置し，のちに1寺を創建して補陀洛山(ふだらくさん)寺と称した．これが普済寺の起源である．浙江省舟山列島中にあって観音示現の霊場として信仰するものが多く，南海の禅刹として名高い．後世，恵蕚を開山とするようになった．　→白氏文集(はくしもんじゅう)

　[参考文献] 『元亨釈書』16(『(新訂増補)国史大系』31)，『入唐求法巡礼行記』3(『大日本仏教全書』)，辻善之助『日本仏教史』3，橋本進吉『伝記・典籍研究』，高木訷元「唐僧義空の来朝をめぐる諸問題」(『空海思想の書誌的研究』所収)　（大野達之助）

025　穎川入徳 えいせんにゅうとく　1596〜1674　江戸時代前期の医家．もと陳明徳という．明の神宗万暦24年(1596，慶長元)生まれる．明国浙江省杭州の人．医を業とし寛永4年(1627)長崎に渡来した．在留中医名しだいに高く，また本国も明末の動乱期にあったため市民の引き留めるに任せて長崎に住み着き，姓名を改め穎川入徳といい，もっぱら医を業とした．『心医録』という著書がある．延宝2年(1674)6月20日，79歳を以って没した．その医学を伝えた者として柳如琢があった．

　[参考文献] 盧千里『先民伝』下，長崎市役所編『長崎と海外文化』　（沼田次郎）

026　恵灌 えかん　生没年不詳　7世紀の高句麗の僧侶．隋に渡り嘉祥(かじょう)大師吉蔵(きちぞう)に就いて三論を学び，推古天皇33年(625)正月，高句麗王に貢上されて来朝し(『日本書紀』)，勅によって元興寺に住した．その年の夏，旱魃により詔して雨を祈らせたとき，恵灌は青衣を著けて三論を講じたら直ちに大雨があったので，天皇は大いに悦んで僧正に任じたという．一説に恵灌が三論を講じたのは孝徳天皇の代で，講説の竟(お)わった日に僧正に任ぜられたが，これが日本の僧正第二であるともいう．のち河内国に井上(いかみ)寺を建てて三論宗を弘め，90歳近くで寂したとも伝えられるが，わが国の三論宗は恵灌を以て第一伝としている．

　[参考文献] 『元亨釈書』1(『(新訂増補)国史大系』31)，『三国仏法伝通縁起』中(『大日本仏教全書』)，卍元師蛮『本朝高僧伝』1(同)　（大野達之助）

027　易地聘礼 えきちへいれい　江戸時代後期，江戸幕府が，従来の江戸から対馬に場所を変えて，朝鮮通信使を招聘して，双方が国書や礼物をとりかわす礼法．天明7年(1787)，徳川家斉の将軍襲職の際に，前例にならい対馬藩に対し，2年後の信使来聘が達せられ，朝鮮王朝との交渉が始まった．しかし老中松平定信は，天明の大飢饉と，村落・都市における百姓一揆や打ちこわしという騒擾から，天明8年，来聘行事の延期を対馬に通達した．対馬藩から通信使延期を要請する通信使請退大差使が派遣され，朝鮮国王正祖が受諾した．寛政3年(1791)，江戸幕府は，簡素第一を目的に，日朝両国の中間地点である対馬での儀式挙行に方針を転換した．朝鮮側は容易に受諾せず，交渉は長期化した．だが，朝鮮内における大規模な飢民の発生，官僚の綱紀のゆるみ，物産供給の減少のため，通信使の派遣は国家財政にとって大きな負担となっており，文化7年(1810)朝鮮国王純祖は，対馬への通信使の派遣を決定した．正使は吏曹参議の金履喬，副使は弘文館典翰の李勉求，総勢328名であった．一行は，文化8年3月29日，対馬の府中に着いた．幕府は，日本上使小笠原忠固らを対馬に派遣した．国書や礼単(進物)などのやりとりや饗宴が，対馬藩主邸で行われた．この後も通信使派遣に関する日朝間の交渉は行われたが，派遣は実現せず，文化8年の使節が最後の通信使となった．　→通信使(つうしんし)

　[参考文献] 田保橋潔『近代日鮮関係の研究』下，三宅英利『近世日朝関係史の研究』，李元植『朝鮮通信使の研究』，李薫「一八一一年の対馬易地聘礼と積弊の改善」(『対馬宗家文書』第1期朝鮮通信使記録　別冊下)　（関周一）

028　慧暁 えぎょう　⇒白雲慧暁(はくうんえぎょう)

029　慧広 えこう　⇒天岸慧広(てんがんえこう)

030　恵慈 えじ　生没年不詳　7世紀初めの高句麗の僧．推古天皇3年(595)5月丁酉，わが国に帰化し，同年来朝した百済の僧恵聡とともに仏教を弘めて三宝の棟梁と称せられた(『日本書紀』)．聖徳太子はこれを師として経論を学んだが，『三国仏法伝通縁起』によると恵慈は三論宗の学者で成実宗にも通じていたという．翌4年11月法興寺が竣功すると蘇我善徳が寺司となり，恵慈・恵聡の2僧もここに住した．『上宮聖徳法王帝説』には太子が三経義疏を作るにあたって恵慈に尋ね

てわからないことがあると，夢に金人が現われて，その難解の義を告げ，太子が理解してそれを恵慈に伝えたら恵慈もまた領解することがたびたびあったという．同23年11月本国に還ったが，同30年2月22日に太子が没すると，これを聞いて大いに悲しみ，冥福を祈って親ら経を講じ，来年2月22日に自分も死に，浄土において太子に逢おうと誓ってその言のごとくに命終したと伝えている．また恵慈は本国に還る際，太子製作の三経義疏を持ち帰ってこれを流伝したという．『釈日本紀』14所引『伊予国風土記』には法興6年(596)10月，葛城臣とともに聖徳太子に随って夷与(いよ)村に逍遥し，温湯の妙験を嘆じたと記されている．同書本文は恵総・恵恣に作るが，『万葉集註釈』3所引逸文に従って恵慈の誤りとすべきであろう．

[参考文献] 『上宮聖徳太子伝補闕記』(『飯田瑞穂著作集』1)，『聖徳太子伝暦』(『続群書類従』8輯上)，『元亨釈書』16(『(新訂増補)国史大系』31)
（大野達之助）

031 エスピリト＝サント号事件 エスピリト＝サントごうじけん 慶長7年(1602)，土佐国清水港に漂着したイスパニア船エスピリト＝サント号 Espiritu Santo をめぐる日西外交上の事件．エスピリト＝サント号は1602年7月26日(グレゴリオ暦，以下同じ)，司令官ドン＝ロペ＝デ＝ウリョア Don Lope de Ulloa が坐乗し，僚船とともにルソンのカビテ港を発し，メキシコに向かったが，途中暴風雨のため，9月24日(日本暦8月9日)余儀なく土佐国清水港に入った．アウグスチノ会準管区長ディエゴ＝デ＝ゲバラ Diego de Guevara は，これが第二のサン＝フェリペ号事件となることを恐れ，司令官を説いて，彼の弟ドン＝アロンソ Don Alonso de Ulloa と船長マルドナド Don Francisco Maldonado ほか5名に進物を携え，伏見の徳川家康のもとへ遣わすこととした．しかるに領主山内氏は港口の防備を固め，船の出帆を阻止せんとしたので，ウリョアは10月14日(8月29日)，包囲を強行突破し，11月18日マニラに戻った．山内氏は，これよりさき上陸していた一部の乗組員ら40余名を捕えて家康のもとに送り，事件の顛末を報告したが，かねてメキシコ貿易を希望していた家康は彼らを釈放し，さきに上洛した使節らとともに，イスパニア船の保護を約したルソン長官宛の国書を与え，日本商船に便乗してマニラへ送還した．

[参考文献] 村上直次郎校註『増訂異国日記抄』(『異国叢書』11)，以心崇伝編『異国近年御書草案』(『影印本異国日記』)
（加藤榮一）

032 恵聡 えそう 生没年不詳 6世紀末の百済の僧侶．慧聡・恵恣にも作る．『日本書紀』崇峻天皇元年条に令斤(りょうこん)・恵寔(えしょく)らとともに来朝して仏舎利を献上したとあり，また推古天皇3年(595)条にも，百済の僧慧聡が来たとみえ，同4年11月条には，法興寺が竣功すると恵慈とともに住したとある．『元興寺伽藍縁起幷流記資財帳』には令照律師の弟子恵恣とあり，同書収載の丈六光銘には高麗恵慈法師，蘇我馬子の長子善徳とともに領(かみ)となって元興寺を建てたとある．『釈日本紀』所引の『伊予国風土記に，法興6年(596)10月，聖徳太子に随って夷与(いよ)村に逍遥したと記されている恵総は，おそらく恵慈の誤りであろう．『三国仏法伝通縁起』中，成実宗には三論宗の学匠で成実宗にも通じ，恵慈・観勒とともに太子の仏法の師となったとある．
（大野達之助）

033 蝦夷志 えぞし 蝦夷地の地誌．新井白石の著．1巻．享保5年(1720)の自序を持つ．蝦夷地図説・蝦夷・北蝦夷・東北諸夷の4項に分かち，蝦夷島の地理・風俗・産物などを漢文で記して，巻頭に蝦夷地図，巻末に蝦夷人物・器具・衣服の写生図を付している．蝦夷というのは今日の北海道本島，北蝦夷とは樺太，東北諸夷とは千島方面のことである．蝦夷の地理・風俗を詳しく記したものとしては前に宝永7年(1710)松宮観山の『蝦夷談筆記』があり，後に元文3年(1738)坂倉源次郎の『北海随筆』があるが，記事の正確さと整備されている点では本書に及ばない．この点わが国最初の蝦夷に関する地理書といってよく，蝦夷地研究の基礎となった．刊本としては文久2年(1862)序，松浦武四郎板のもののほか，『新井白石全集』3に収録されたものがあり，画は粗末であるが林子平『三国通覧図説』中に収録されてある．
（高倉新一郎）

034 蝦夷拾遺 えぞしゅうい 天明5年(1785)・6年幕府勘定奉行松本秀持の命により蝦夷地を探検した幕府普請役山口鉄五郎高品ら5名がその結果をまとめたわが北辺の地誌．元・亨・利・貞の4巻に地理大概・人物・雑説・蝦夷語に分けて蝦夷地の実情を記し，赤人並山丹人説を別巻として辺境の様子を明らかにした．書名は新井白石の『蝦夷志』に洩れたことを集めたという意味で，同様に地図・人物・器財・産物などの図を挿んでいる．北辺の実情はこの著によってはじめて明らかになった．なお本多利明に同名の著があるが，これは利明が蝦夷地開拓意見を述べたもので，内容は全く異なる．刊本としては『北門叢書』1に収められている．

[参考文献] 末松保和『(近世に於ける)北方問題の進展』
（高倉新一郎）

035 蝦夷草紙 えぞそうし 天明5年(1785)・6年幕府の蝦夷地調査団に従い，松前藩の内情を探り，先頭を切って得撫(うるっぷ)島まで踏査した最上徳内が見聞した所を書き綴ったもの．松前・蝦夷地ならびにそれに続く奥地の風土を克明に描いて，当時の北辺を語った最良の書である．調査が終ると直ちに執筆したらしいが，寛政2年(1790)10月師本多利明が加筆して『蝦夷国風俗人情之沙汰』と題し老中筆頭松平定信に献じたため有名となり，徳内は普請役下役に抜擢され，蝦夷地の調

査にあたることになった．『蝦夷草紙』にはその後さらに加筆訂正されたものがあり，3者とも広く写し伝えられている．5巻5冊が基礎で，中には徳内が作成した蝦夷地図5枚ならびに蝦夷地の経済を詳らかにした別録を付したものがあり，また「松前風土記」と題せられた写本もある．徳内はその後蝦夷地行役中に見聞したロシア人，山丹と称する満洲人，ならびに蝦夷地に往来する日本人のことを各1巻にし，寛政12年正月『蝦夷草紙後篇』としてまとめている．刊本としては『北門叢書』1・3，『時事新書』『日本庶民生活史料集成』4に収録されている．

参考文献 皆川新作『最上徳内』（『郷土偉人伝選書』3） （高倉新一郎）

036 蝦夷地一件 えぞちいっけん 蝦夷地における産業開発や行政上の実態調査のため天明5年(1785)・6年に幕府が派遣した調査団の一件記録の書名．5冊．幕府はこのために普請役山口鉄五郎・庵原弥六・佐藤玄六郎・皆川沖右衛門・青島俊蔵の5名と下役5名を派遣し，最上徳内もその一員として参加した．一行は得撫（うるっぷ）・択捉（えとろふ）・国後（くなしり）島方面と樺太方面の二手に分かれて探検したが，同6年10月，老中田沼意次失脚の政変に伴ってこの事業も中止された．しかしこの調査によってロシア人南下の状況などが明らかにされ，その後の北方対策の基礎ともなった．本書第1冊にはこの事業の発端となった工藤平助の『赤蝦夷風説考』（『加摸西葛杜加国風説考』）2巻と，4年江戸出帆以前の計画書類などを収め，第2冊には5年・6年の現地と幕府の勘定奉行との往復書類，第3冊には6年中の現地からの報告書類，第4冊には7年，事業中止後の御用船・交易品などに関する精算記録を多数収録し，第5冊には寛政元年(1789)国後島に起った場所請負商人飛驒屋久兵衛の酷遇に対するアイヌの一揆の詳細な一件記録を収めている．本書の伝本は内閣文庫所蔵の写本のみで，ほぼ寛政ごろの書写と認められ，内題・巻次・編者名の記載はない．各冊表紙の識語により天明ごろに寺社奉行を勤めた山城淀藩主稲葉正諶が幕府の記録を集成，筆録せしめたものと推定される．幕府最初の北辺調査の公文書を正確に転写しているから，当時の状況をうかがうべき最も信憑性の高い史料集である．従来，流布本がなかったが昭和44年(1969)刊『新北海道史』7にはじめて翻刻された．なお，『蝦夷地一件』の書名をもつ同名異書が4種，北海道庁や市立函館図書館に所蔵されているが，いずれも文化・安政ごろに成立した記録である．

（福井 保）

037 夷千島王 えぞちしまおう 朝鮮成宗12年(1481)ころ，朝鮮に使者を送ったとされる人物．「南閻浮州東海路夷千島王遐叉」と名乗る．使者は宮内卿と名乗る日本人で，成宗12年8月に浦所（釜山？）に到った．翌年4月9日，日本国王使栄弘とともに入京し，夷千島王の書契と馬角1丁・錦1匹・練貫1匹・紅桃色綾1匹・紺布1匹・海草昆布200斤を進上して，大蔵経の下賜を要求した．だがこの使者には不審な点が多く，結局回賜としては綿布3匹・正布4匹のみ与えられ，大蔵経は与えられなかった．夷千島王については，アイヌの首長とする説，津軽安東氏の創作とする説，対馬島人による偽使説などがある．現在は最後の説が有力だが，仮に架空の人物としても，夷千島王書契に夷千島が野老浦（沿海州説と女真のオランカイ説がある）で朝鮮と接しているとあること，進上品に北方産の昆布が含まれること，王名の「遐叉」がアイヌ名「コシャ」を彷彿させることなどは，偽使派遣勢力が北方の使者らしく見せようとしたものと考えられ，15世紀日本の北方認識を考える上での貴重な素材である．

参考文献 『朝鮮成宗実録』成宗13年4月丁未条・癸亥条，5月庚辰条，村井章介『アジアのなかの中世日本』，長節子『中世 国境海域の倭と朝鮮』，高橋公明「夷千島王遐叉の朝鮮遣使について」（『年報中世史研究』6） （榎本 渉）

038 蝦夷地図 えぞちず 蝦夷地図としては元和4年(1618)・6年の両年にわたって来島したイエズス会士アンジェリスの報告に添えられたもの，寛永20年(1643)オランダ探検船によって作成されたもの，正保元年(1644)幕命によって松前藩が呈出した地図およびその写などがあるが，未知の部分が多く，想像や聞書で補われていた．確実な地図は正徳3年(1713)千島経営に着手したロシア人の資料によって作られ始め，天明8年(1788)フランス人ラ＝ペルーズ，寛政7年(1795)・8年イギリス人ブロフトン，文化元年(1804)ロシア人クルーゼンシュテルン，同8年同ゴロウニンの探検などによって補われ，その全貌が明らかにされた．それまでは，蝦夷地が島であるか，大陸の一部であるか，その広さはどの位か，全くわからなかったのである．こうした動きに刺戟されて，幕府は天明5年・6年の両年にわたり普請役5名を派遣して蝦夷地を調査させた．一行には天文・測量を学んだものがあり，東は得撫（うるっぷ）島，北は樺太南部に至り奥地の事情は山丹人・ロシア人などに聞いて，新しい地図を作成した．その結果赤水（玄珠）の署名のある『松前蝦夷図』，本多利明製『古蝦夷全図』（内閣文庫蔵）などが生まれ，蝦夷地図は飛躍した．寛政12年幕府直轄後は幕府天文方を中心に伊能忠敬・間宮林蔵・中村小市郎などの測量に基づき，のちにヨーロッパ製地図を訂正させるほどの精図ができ上がった．この地図は海岸線だけであり，内陸はほとんど空白であったが，安政5年(1858)・6年箱館奉行は松浦武四郎に命じてそれに山脈・水脈・地名を記入させた．武四郎は経緯度各1度を1枚として26枚，『東西蝦夷山川地理取調図』と題して呈出し，ほかに

蝦夷地絵図（近藤重蔵）

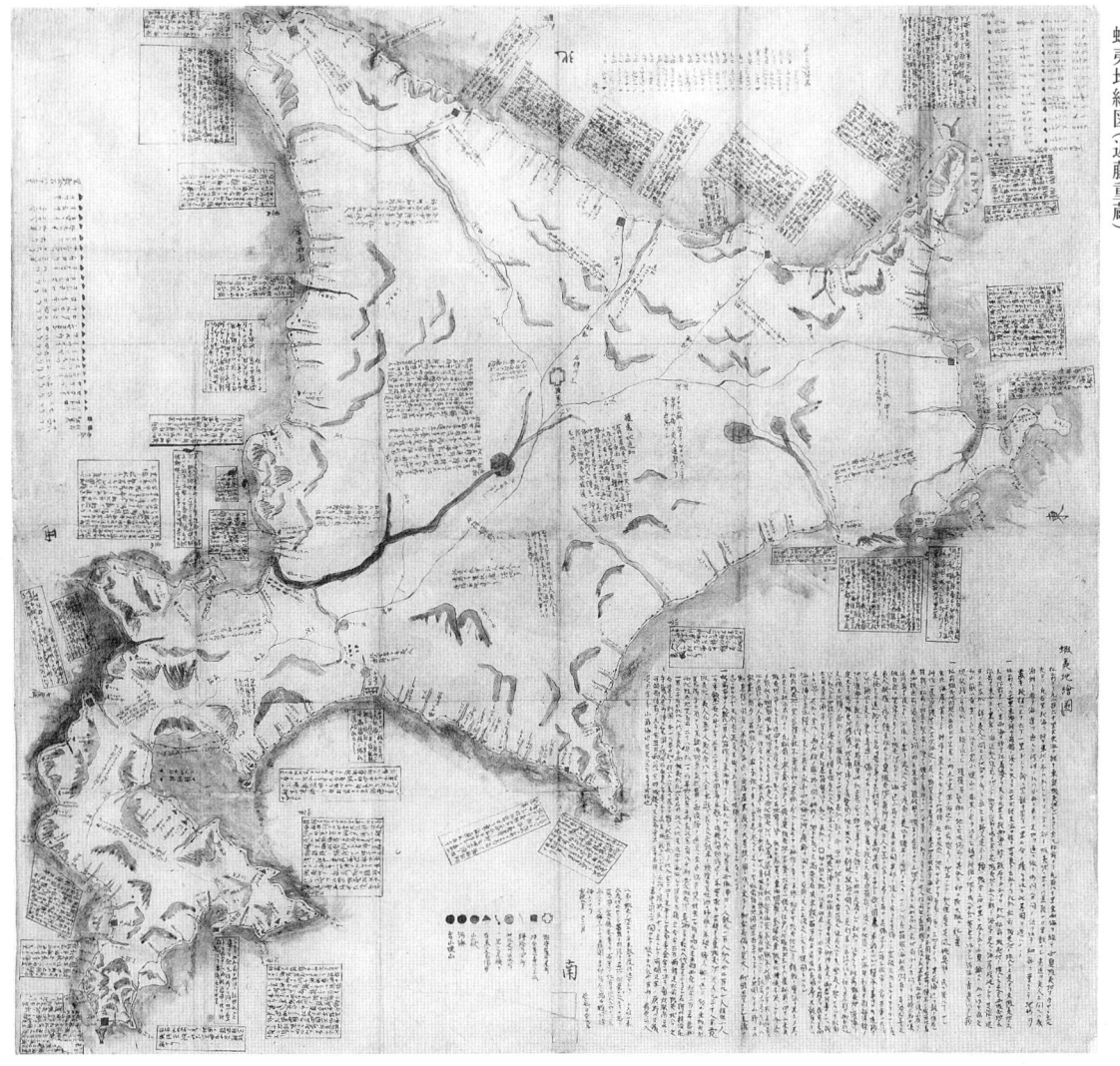

北蝦夷17枚を作り，蝦夷地図はひとまず完成された．それがのちに『（官板）実測日本地図』の中に蝦夷諸島および北蝦夷として採用されたのである．なお土地の実情を示すため，連続した海岸見取図が寛政ごろから作られていたが，安政6年，目賀田守蔭らが蝦夷実地検考のため全地域を廻り，『延叙（えぞ）歴検真図』3巻を作成した．

参考文献　秋岡武次郎『日本地図史』，北方領土問題調査会編『北方領土―古地図と歴史―』，蘆田伊人「古地図より見たる北海道及び樺太」（『文明協会ニュース』116），高倉新一郎・柴田定吉「我国における樺太地図作製史」（『北方文化研究報告』2），同「我国における千島地図作製史」（同3），同「我国における北海道本島地図の変遷」（同6・7），高倉新一郎「我国における北海道本島地図の変遷　補遺」（同11），同「明治以後の北海道測量史」（同18），工藤長平「ジロラモ・デ・アンジェリスの蝦夷地図について」（『歴史地理』83ノ3），秋月俊幸『日本北辺の探検と地図の歴史』

（高倉新一郎）

039　蝦夷日誌　えぞにっし　弘化2年（1845）・3年，嘉永2年（1849），安政3年（1856）・4年・5年の6回にわたって蝦夷を踏査した松浦武四郎が，踏査中日々の見聞を記し，地誌にかえたもので，まず嘉永2年までの紀行をまとめ，『蝦夷日誌』11巻，附録1巻，『再航蝦夷日誌』14巻，別録1巻，『三航蝦夷日誌』7巻，附録1巻として，『蝦夷日誌』には松前より東海岸通り知床岬まで『再航蝦夷日誌』には江差より西海岸通り知床岬までおよび樺太島東西海岸，『三航蝦夷日誌』には箱館より国後（くなしり）・択捉（えとろふ）両島の事情を記した．日記の形をとった地誌という意味で日誌の名はふさわしい．安政3年の紀行は『武四郎廻浦日記』と名づけたが，同4年・5年の踏査は蝦夷地山川地理取調の目的であったため，各地の記録は各日誌と称した．万延元年（1860）以後これらの日誌をまとめて，

『東西蝦夷山川地理取調紀行』22巻として刊行した．その各巻にはやはり日誌の称呼を用いている．北海道の事情を最初に詳しく紹介したものとして北海道の風土記といってもいい．『蝦夷日誌』として『事時新書』に，『多気志楼蝦夷日誌集』として『日本古典全集』に所収．また吉田武三校註『三航蝦夷日誌』(初航・再航・三航を含む)がある．→松浦武四郎(まつうらたけしろう)

(高倉新一郎)

040 蝦夷奉行 えぞぶぎょう ⇨箱館奉行(はこだてぶぎょう)

041 朴市田来津 えちのたくつ ?～663 7世紀の朝鮮遠征の武将．秦造・朴市秦(えちはた)造にもつくる．朴市秦は依智秦の古名であろう．近江愛智郡人と思われる．『日本書紀』によると，大化元年(645)，古人皇子の反に加わったが，討伐されず，天智朝には小山下の位にあり，百済再興のため兵5000を率い，百済王子豊璋の帰国に従って渡海した．しかし，鬼室福信と作戦において対立し，王都を州柔より避城に移すのに反対したが容れられず，そのため新羅の攻撃をうけ，再び州柔に復都せざるを得なかった．その後，天智天皇2年(663) 8月28日，白村江における唐水軍との合戦に大敗し，切歯して数十人を殺したが，ついに戦死したとある．秦氏の一族であるが，細部は不明である．

(平野 邦雄)

042 越州窯 えっしゅうよう 中国，越州(現在の浙江省紹興)周辺にあった窯，あるいはそこで焼かれた青磁．窯跡所在地としては，越州余姚県の上林湖畔が古くから知られていたが，現在では越州・明州(現在の浙江省寧波)の各地で古窯跡が確認されている．より南の婺窯系諸窯・甌窯系諸窯でも類似した青磁が生産されており，これらを含めて越州窯系青磁と総称する．福建・広東などで作成された倣製品もある．越州周辺では三国時代から青磁の生産が見られ，古越磁と呼ばれるが，技術革新による大量生産の実現により，8世紀後半から11世紀半ばには，中国の輸出陶磁器の中心的な存在となった．その範囲は日本・新羅に留まらず，東南アジアからアフリカまで及ぶ．日本では碗を中心に，皿・坏・盤・鉢・壺・水注・合子・唾壺・托・香炉などが出土する．西日本，特に九州北部を中心に，東北地方から奄美諸島まで広く分布するが，出土地は官衙・城柵・寺院跡や，貴族・富豪層の邸宅などにほぼ限られる．特に大宰府鴻臚館跡で大量に出土する．平城京・九州では8世紀後半から出土例があるが，貿易の本格化を反映して，9世紀中葉から出土例が急増する．平安時代の日本陶器の器形に影響を与え，高麗青磁の成立にも影響を与えたことが指摘されている．→青磁(せいじ)

参考文献 亀井明徳『日本貿易陶磁史の研究』，斉藤孝正『越州窯青磁と緑釉・灰釉陶器』(『日本の美術』409)，大阪市立東洋陶磁美術館編『高麗青磁の誕生』，亀井明徳「唐代陶磁貿易の展開と商人」(『アジアの中の日本史』3所収)

(榎本 渉)

043 江戸ハルマ えどはるま ⇨ハルマ和解

044 択捉島 えとろふとう 千島列島中，最大の島で国後島の北東，得撫(うるっぷ)島の南西に位置する．面積は3139km²．寛永20年(1643)オランダ船によって発見され，スターテン＝ラントと名付けられた．わが国には本島東部の蝦夷を通じて古くから知られていたが，直接交渉を持ったのは享保16年(1731)，最初に踏査されたのは天明6年(1786)のことで，それ以前はロシア人の往来があっただけであった．寛政12年(1800)幕府は摂津の船頭高田屋嘉兵衛にこの島に漁場を開かせ，吏員を派遣し，盛岡・弘前両藩の兵を駐屯させ，住民の同化撫育を図った．文化4年(1807)ロシアの乱妨にあったがよく耐え，安政元年(1854)日露和親条約でわが領土と認められた．万延元年(1860)仙台藩領となったが，明治2年(1869) 8月，択捉・紗那・振別・蘂取(しべとろ) 4郡をおき，国後とともに千島国を形成した．現在ロシアの占領下にある．

参考文献 『(新撰)北海道史』2・5，高倉新一郎『千島概史』，菊池勇夫『エトロフ島』(『歴史文化ライブラリー』78)

(高倉新一郎)

045 江戸湾の防備 えどわんのぼうび 江戸時代前期の幕府は，江戸湾の対外防備にまったく関心を示さず，そのため防備施設は皆無であった．江戸湾の防備が問題になるのは，対外的危機が発生した18世紀後期以降である．特に寛政4年(1792)ロシア遣日使節ラクスマンが蝦夷地に渡来した際，老中松平定信はラクスマンが江戸入港を希望していることを知って，江戸湾防備の必要を痛感した．そのため定信は幕吏を派遣して，江戸湾周辺の海岸を調査させ，みずからも伊豆・相模の海岸を巡見して警備計画をたてたが，同5年7月，かれの辞職とともに中止された．その後文化3年(1806)から4年にかけて，蝦夷地においてロシア船の暴行事件が発生するに及び，幕府は再び江戸湾防備に着手し，伊豆国下田および浦賀水道をはさむ相模・安房・上総の海岸に砲台を設置するとともに，同7年会津藩に相模，白河藩に房総海岸の警備を命じた．これが江戸湾防備の最初である．ところが同10年にロシアとの間に和議が成立した結果，文政3年(1820)に会津藩，同5年に白河藩の任務が解かれ，代わって相模海岸を浦賀奉行，房総海岸を在地の代官が警備にあたることになり，警備体制が著しく縮小された．しかし天保期に入るとともに，中国市場に進出をめざすイギリスの圧力がわが国にも及び，特に天保11年(1840)にアヘン戦争がおこったため，幕府は再び江戸湾防備の強化をはかることになり，同13年8月川越藩に相模海岸，忍藩に房総海岸の警備を命じた．それとともに，新たに下田および羽田に奉行所を設け，特に羽田奉行所を中心に幕府みずから江

江戸湾防備関係年表

年号	事項	年号	事項
寛政4 (1792)	9.- ロシア使節ラクスマン，根室に来航し，通商を要求．	嘉永2 (1849)	2.- 西洋型船蒼隼丸の新造を決定．
寛政5 (1793)	3.18 老中松平定信，海防策立案のため，伊豆国・相模国の見分に出立．		閏4.8 イギリス軍艦マリナー号浦賀に来航し，周辺を測量．
寛政6 (1794)	8.3 松平定信立案の海防策の実施を延期．		6.5 西洋式砲術教授のため，下曾根金三郎を浦賀に派遣．
文化5 (1805)	4.- 浦賀奉行，砲台築造のため，伊豆国下田・相模国浦賀辺を見分．	嘉永3 (1850)	2.29 勘定奉行らに，江戸内海の防備充実のため本牧・浦賀辺の見分を命ず．
	8.- フェートン号事件おこる．		12.29 川越藩に，幕府の費用による観音崎砲台の改築を許す．
文化7 (1810)	2.26 会津藩に浦賀周辺(走水―浦賀―城ヶ島)，白河藩に安房国・上総国沿岸(富津―竹ヶ岡―洲ヶ崎)の警備を命ず．	嘉永4 (1851)	正.28 大砲演習場を武蔵国大森に築造することを決定．
			正.- 川越藩，観音崎台場を鳶巣に移す．
文化8 (1811)	このころ 相模国安房崎・平根山・観音崎，上総国百首，安房国洲ノ崎に砲台を築造．	嘉永5 (1852)	4.19 相模国鳶巣・鳥ヶ崎・亀ヶ崎砲台竣工，川越藩に引渡す．
文政3 (1820)	12.28 会津藩に代り，浦賀奉行に浦賀周辺の警備を命ず．		5.2 浦賀奉行所管の千代ヶ崎砲台を彦根藩に移管，同藩に西浦賀一帯の警備を命ず．
文政4 (1821)	4.- 小田原藩・川越藩に外国船渡来の際，浦賀周辺に出兵し，防備にあたることを命ず．		5.2 浦賀奉行，浦賀港内警備と外国船応対を専務とする．
			10.- 警備4藩，警備地においておのおの砲術演習を行う．
文政6 (1823)	3.24 桑名藩(旧白河藩，桑名移封)に代り，上総竹ヶ岡代官森覚蔵に房総の警備を命ず．	嘉永6 (1853)	6.5〜9 ペリー来日につき，熊本藩に本牧，萩藩に大森，福井藩に品川御殿山，高松藩に浜御殿，姫路藩に高輪・芝，徳島藩に鉄砲洲・佃島，柳川藩に本所・深川の警備を命ず．
文政8 (1825)	2.- 無二念打払令を発令．		
天保8 (1837)	6.- モリソン号事件おこる．		6.18 若年寄本多忠徳，武・相・房・総海岸を見分．
			6.30 代官に命じて，江戸沿岸を測量．
天保9 (1838)	12.4 目付鳥居耀蔵・伊豆韮山代官江川英竜に，江戸湾防備策立案のため江戸湾備場の見分を命ず．		8.28 品川台場築造を命ず．
			9.26 江戸内海沿岸に邸地を所持する諸藩に，砲台築造を命ず．
天保11 (1840)	12.- アヘン戦争における中国の敗北が伝えられる．		11.14 彦根藩・川越藩に代り，熊本藩・萩藩に相模国の警衛を命ず(安政元年4月1日引渡)．
天保13 (1842)	7.- 無二念打払令を止め，薪水食料の給与を許す．		11.14 鳥取藩に本牧(安政元年8月21日引渡)，彦根藩に羽田・大森の警衛を命ず．
	8.3 川越藩に相模国海岸，忍藩に房総海岸の防備を命ず．		11.14 川越藩に品川第一台場(安政元年11月7日引渡)，会津藩に品川第二台場，忍藩に品川第三台場の守備を命ず．
	9.- 非常時に備え，江戸藩邸に大砲などを用意すべきことを命ず．		
	12.24 羽田奉行新設(弘化元年5月24日廃止)．		11.14 会津藩・忍藩に代り，岡山藩・柳川藩に安房国・上総国の警備を命ず(安政元年4月6日引渡)．
天保14 (1843)	7.23 利根川分水路印旛沼堀割工事に着工．	安政元 (1854)	正.16 ペリー再来日につき，明石藩に生麦・鶴見，徳島藩に羽田，松山藩に大森，金沢藩に品川御殿山(19日，福井藩と警備地を交換)，津山藩に高輪，福井藩に芝，桑名藩に深川・洲崎，姫路藩に鉄砲洲・佃島の警備を，高松藩に遊軍を命ず．
弘化2 (1845)	正.- 浦賀鶴崎に砲台築造．		
弘化3 (1846)	閏5.27 アメリカ東インド艦隊司令長官ビッドル，浦賀に来航し通商を要求．		
	8.20 目付松平近韶ら，浦賀の防備状況を見分．		3.3 日米和親条約を締結，調印．
弘化4 (1847)	2.15 川越藩に相模国走水・観音崎，彦根藩に相模国久里浜・野比・松輪・三崎，忍藩に安房国大房崎―洲ノ崎，会津藩に上総国富津―竹ヶ岡の警備を命ず．		4.9 彦根藩に京都警衛を命じ，代りに徳島藩に羽田・大森の警備を命ず．
			4.20 萩藩，相模国警備地の内，八王子山・稲村ヶ崎・大浦山をそれぞれ支藩府中藩・清末藩・徳山藩に，荒崎を支族吉川経幹に分担させる．
	3.19 相模国猿島・千駄崎，安房国大房崎に新たに砲台築造を決定．		
	4.16 浦賀奉行，外国船応対を専務とし，海岸警備を4藩に委任．		5.4 浦賀において建造中の西洋型船鳳凰丸竣工．
			7.22 品川台場3基竣工．
	5.22 佐貫藩，新たに砲台を上総国大坪山治之台に築き，大砲の試放を行う．		閏7.17 熊本藩，相模国警備地の内，十石台場を支藩宇土藩に，旗山砲台を支藩高瀬藩に分担させる．
嘉永元 (1848)	この年 浦賀奉行持の平根山・鶴崎の台場を廃止し，新たに千代ヶ崎・亀甲岸に砲台築造．		11.16 鳥取藩に代り，松江藩に本牧の警備を命ず(12月23日引渡)．
	この年 彦根藩，松輪に砲台築造．		11.16 庄内藩に品川第五台場，松代藩に品川第六台場(12月23日引渡)，鳥取藩に御殿山下台場の警備を命ず．
	12.27 彦根藩，松輪・長井の備砲を撤し，剣崎・大浦山・荒崎・長沢村海岸に配備．		

年	事項	年	事項
安政2 (1855)	2.9 老中阿部正弘ら，御殿山にて各台場の大砲演習を見分．		(7月6日引渡)． 6.29 姫路藩の神奈川の警備を免ず．
安政3 (1856)	2.29 品川台場に佐賀藩鋳造の大砲を配備することを決定，この日，佐賀藩主鍋島斉正，台場を見分． 3.4 老中・若年寄ら，品川台場で君沢型船6艘を見分． 12.8 鳥取藩・川越藩・会津藩，鉄製カノン砲を試射．		8.15 江戸湾周辺警備の諸藩に，その防備状況の報告を命ず． 8.15 小倉藩に代り，松江藩に品川第五台場の警備を命ず．
安政4 (1857)	2.24 品川御殿山下台場を品川第四台場と改称． 4.28 松山藩に神奈川の警備を命ず． 4.28 松江藩の本牧の警備を免ず． 7.13 熊本藩に相模国警備地の備砲2門を洋式大砲にかえることを許す．		8.18 将軍後見職徳川慶喜ら，品川・大森辺の海岸防備状況を見分． 8.28 忍藩に代り，高崎藩に品川第三台場の警備を命ず． 10.21 川越藩に代り，広島藩に品川第一台場の警備を命ず．
安政5 (1858)	3.5 老中ら，越中島で歩・騎・砲三兵の調練を見分． 6.21 福井藩に神奈川・横浜辺の警備を命ず． 6.21 鳥取藩の品川御殿山下台場の警備を免じ，大坂海岸の警備を命ず． 6.21 萩藩の相模国，岡山藩の安房国・上総国の警備を免ず． 6.21 柳川藩に代り，二本松藩に富津の警備を命ず．		10.22 徳島藩に代り，水戸藩に御殿山下台場の警備を命ず． 12.4 水戸藩に代り，中津藩に御殿山下台場の警備を命ず． 12.7 中津藩に代り，笠間藩に品川の非常警備を命ず．
安政6 (1859)	正.22 横浜・本牧など6ヵ村を上知し，外国奉行に預ける． 6.4 神奈川奉行設置． 6.19 日米修好通商条約に調印． 7.- 川越藩，品川台場を修復． 9.27 会津藩に代り，姫路藩に品川第二台場，庄内藩に代り，小倉藩に品川第五台場の警備を命ず．	元治元 (1864)	2.15 広島藩に代り，忍藩に品川第一台場の警備を命ず． 5.1 浅尾藩に代り，寄合本多忠寛に羽田の警備を命ず． 5.16 福井藩に代り，松代藩に品川第六台場の警備を命ず． 6.11 高崎藩に代り，宇和島藩に品川第三台場の警備を命ず． 8.17 福井藩・松江藩に代り，川越藩に品川第二・第五台場の警備を命ず． この年 佃島砲台築造，慶応元年7月10日高瀬藩に預け，警備を命ず．
万延元 (1860)	4.3 徳島藩の羽田・大森の警備を免じ，品川御殿山下台場の警備を命ず． 6.19 松山藩築造の神奈川台場竣工．	慶応元 (1865)	7.10 寄合平野長裕・本堂親久に鉄炮洲砲台の警備を命ず．
文久元 (1861)	10.10 福井藩に代り，姫路藩・松代藩に神奈川・横浜，姫路藩・松代藩に代り，福井藩に品川第二・第六台場の警備を命ず．	慶応2 (1866)	2.16 松代藩に代り，高崎藩に品川第六台場の警備を命ず． 8.5 高崎藩に代り，白河藩に品川第六台場の警備を命ず． 8.28 中津藩に代り，山形藩に御殿山下台場の警備を命ず．
文久2 (1862)	閏8.14 江戸湾出入の軍艦を浦賀で臨検することを廃止．		
文久3 (1863)	3.6 生麦事件を契機に対英情勢切迫につき，彦根・上ノ山・亀田・鯖江・奥殿・黒石・松代・大洲・磐城平・関宿などの諸藩に，江戸・横浜の海陸要地の守備を命ず． 4.3 非常防備のため，芝一品川間の海岸の住宅移転を布告． 4.20 5月10日より攘夷決行を朝廷に上奏． 5.6 磐城平藩に羽田辺，広島藩支藩広島新田藩および高知藩支藩高知新田藩に大森，鯖江藩に御殿山下，上ノ山藩・関宿藩に浜御殿，秋田藩・黒石藩に越中島の警備を命ず． 5.9 松代藩・岸和田藩・佐倉藩に神奈川の警備を命ず． 5.25 熊本藩に代り，佐倉藩に相模国沿岸の警備を命ず	慶応3 (1867)	3.13 前橋藩に代り，二本松藩に品川第二台場，二本松藩に代り，前橋藩に富津の警備を命ず． 3.13 佐倉藩の観音崎警備を免じ，前橋藩に代り，品川第五台場の警備を命ず． 3.13 松本藩の亀ヶ崎・浦賀の警備を免ず． 5.24 二本松藩に代り，姫路藩に品川第二台場の警備を命ず． 12.9 朝廷，王政復古を宣言．
		明治元 (1868)	正.15 松代藩に代り，津山藩に品川第六台場の警備を命ず． 正.15 明治新政府，外国との和親を国内に布告．

(藤田　覚)

戸沿海の防備にあたるという体制を整えた．もっともアヘン戦争が終結するとともに，下田・羽田両奉行所は廃止された．他方，アヘン戦争に敗北した清国が開国を余儀なくされた結果，これにつれて日本に渡来する外国船が激増したため，幕府は弘化4年(1847)彦根藩および会津藩に命じて，川越・忍両藩とともに相模および房総海岸の警備にあたらせることにし，また砲台を増設して，防備の強化をはかった．さらに嘉永6年(1853)米艦隊が浦賀に渡来し，開国をせまるに及び，前記4藩のほか，新たに長州・肥後・越前などの雄藩10藩を動員して，内海および下田の警備にあたらせた．米艦隊は明年の再渡を約して退去するにあたり，示威のため羽田沖まで侵入した．そのため幕府は，内海防備の緊急を要することを知って，品川沖に台場を築造することになり，同年8月から翌年にかけて，築造予定の台場12基中，6基を完成したが，財政的な理由から他は中止された．これらの台場は備砲20門から30門を備えたもので，これ以来江戸湾防備の重点は，従来の浦賀水道から台場を中心とする内海に移り，維新に及んだ．　→海防問題（かいぼうもんだい）　→フェートン号事件

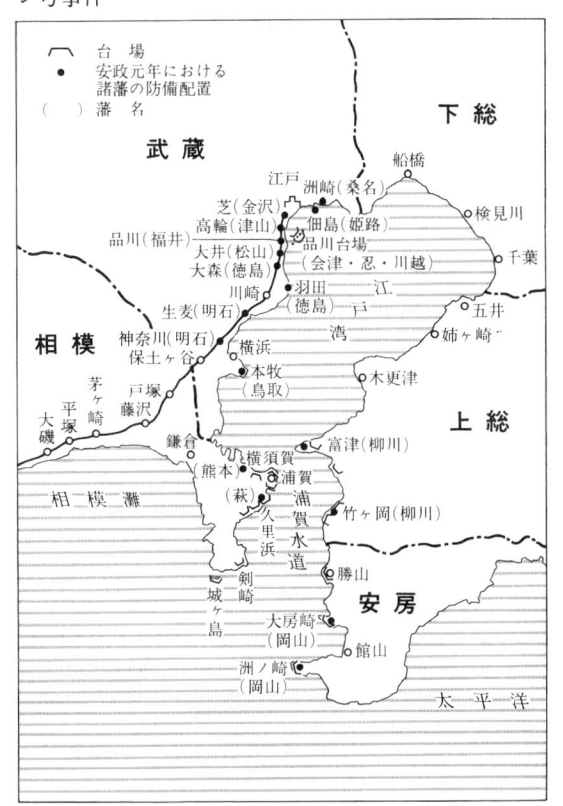

[地図：安政元年における諸藩の防備配置]

参考文献　『通航一覧』，勝海舟編『陸軍歴史』（『海舟全集』6・7），田保橋潔『（増訂）近代日本外国関係史』，維新史料編纂会編『維新史』，佐藤昌介『洋学史研究序説』　　　　　　　　　　（佐藤　昌介）

046 恵日 えにち　⇒薬師恵日（くすしのえにち）
047 慧日 えにち　⇒東明慧日（とうみょうえにち）
048 慧鳳 えほう　⇒翺之慧鳳（こうしえほう）

049 エルキシア　Domingo de Erquicia　1589～1633
日本布教を行なったドミニコ会士．1589年2月上旬スペインに生まれる．1611年フィリピンに渡る．神学に造詣が深く，当時マニラ随一の雄弁家の誉れ高かった．元和9年(1623)薩摩に上陸，村に潜伏して日本語を学ぶ．その後長崎を中心に熱心に布教を行い，卓越した学識と徳操により信徒たちから使徒として尊敬された．執拗な探索の末，寛永10年(1633)捕えられ，巨額の年金をもって背教を誘惑されたがこれを軽蔑し，同年7月10日長崎において44歳で殉教した．

参考文献　Diego Aduarte: Historia de la Provincia del Sancto Rosario de la Orden de Predicadores en Philippinas, Iapon, y China (1640); Profillet: Le Martyrologe de l'Église du Japon 1549—1649, t. II, (1897)，ディアゴ＝アドゥアルテ著・ホセ＝デルガード＝ガルシーア編注『日本の聖ドミニコ―ロザリオの聖母管区の歴史―』（佐久間正・安藤弥生訳），レオン＝パジェス『日本切支丹宗門史』（吉田小五郎訳，『岩波文庫』），J・G・バリエス編『星に輝く使徒』（佐久間正他訳），クラウディオ＝ニエト『ドミニコ会の愛と受難』（久富紀子訳）
　　　　　　　　　　　　　　　　（高瀬弘一郎）

050 延安の戦 えんあんのたたかい　豊臣秀吉の第1次朝鮮出兵（文禄の役）に，黒田長政が小西行長に協力して平壌を占領した後，引きかえして分担の黄海道西部をめぐり，首邑海州に入拠した．そのとき，東部白川方面に避難していた前吏曹参議李廷馣が，宣祖25年（文禄元，1592）8月22日（日朝同暦）に延安邑城にはいり，周辺の吏民2000余を集めて守備をかため，連絡路を断とうとした．長政は，27日，大挙して来たり，翌日，城を包囲したが，城兵はよく団結して防戦につとめた．長政は，明軍来援の報をうけ，戦線整備のため，9月2日（日本暦9月1日）に囲みを解いて白川に向かって去った．戦後10数年で，この守城戦をたたえて，「延城大捷碑」がたてられた．

参考文献　『朝鮮宣祖実録』，『行年日記』（『四留斎集』），『百世葆重』，『東国新増三綱行実図』忠臣，朝鮮総督府編『朝鮮金石総覧』下　　　　（中村　栄孝）

051 円覚 えんがく　生没年不詳　平安時代前期の入唐僧．俗姓田口朝臣．父は虫麻呂，兄は図書権助年勝とみられている．承和7年(840)入唐．久しく五台山に住し，のち長安に赴く．竜興寺で修行中の唐大中9年(855)，来唐した円珍と出会い，円珍の聖教類蒐集を支援し，特に竜興寺の両部大曼荼羅の図絵に尽力している．同年11月，円珍とともに長安を出発し，竜門を経て12月洛陽に至った．ついで翌年正月洛陽を発ち，越州・蘇

州を経て，6月天台山国清寺に到着した．夏安居を過ごした後，広州に向けて出発した．広州では日本から帰国した唐商人李英覚らと会い，彼らに託して円珍に贈り物をしている．その後，日本からやってきた真如親王一行を迎え，ともに天竺に赴くため，貞観8年(866)広州に向けて出発した．その後，真如は羅越国で死去したとの報が日本に伝えられたが，円覚の消息は明らかでない．

[参考文献] 佐伯有清『円珍』(『人物叢書』200)，同『最澄とその門流』，小野勝年『入唐求法行歴の研究』
　　　　　　　　　　　　　　　　　　　　　(石井　正敏)

052 円鑑禅師 えんかんぜんじ ⇒蔵山順空(ぞうざんじゅんくう)

053 円行 えんぎょう 799〜852 平安時代前期の真言宗の僧．入唐八家の1人．霊厳寺和尚．延暦18年(799)誕生．左右一条の人．俗姓不明．大同4年(809)元興寺歳栄律師に師事．弘仁5年(814)華厳宗年分度者として得度．翌6年具足戒を受ける．同14年空海に両部大法を受け，さらに杲隣に灌頂を受ける．天長元年(824)9月神護寺定額僧となる．承和4年(837)実恵の推挙によって入唐請益僧となり，翌5年常暁とともに入唐，青竜寺義真に灌頂を受けた．この時実恵は円行の入唐に託して書と法服を贈り恵果の墓に献じた．同6年義真らの信物と経疏69部123巻，曼荼羅，霊仙三蔵・難陀三蔵に授けられた舎利などをたずさえて帰朝，請来目録(『霊厳寺和尚請来法門道具等目録』)を奉った．帰朝後，勅により山城霊厳寺開山となり，また播磨の太山寺を開いたとも伝え，天王寺初代別当に補任された．仁寿2年(852)3月6日寂．54歳．

[参考文献] 『入唐五家伝』(『続群書類従』8輯上)，『元亨釈書』16(『(新訂増補)国史大系』31)，『弘法大師諸弟子全集』下　　　　(和多　秀乗)

054 円銀 えんぎん ⇒貿易銀(ぼうえきぎん)

055 円月 えんげつ ⇒中厳円月(ちゅうがんえんげつ)

056 円載 えんさい ?〜877 平安時代前期の天台宗の僧侶．大和国の人．幼少のとき最澄に師事して梵語の経典を学ぶ．承和5年(838)遣唐使に随って唐に渡り，翌6年天台山を訪れてわが皇太后の袈裟を贈って南岳慧思禅師の真影に供養し，聖徳太子の『法華経義疏』を天台山の蔵に納め，また天台宗に関する疑義五十科を以て広修・維蠲(いけん)の2師に呈した．同7年2師の答釈ができたので，弟子の仁好にそれを本国に持ち帰らせた．これが『唐決』1巻である．唐の宣宗は円載の学識を聞き，勅して西明寺に住せしめ，宮殿に召して講経を聞き紫袍衣を賜わった．同11年仁好が唐に還るにあたって仁明天皇は円仁と円載に黄金200両ずつを給した．同14年7月仁好が再び帰朝して円載の表状を上り留学の延期を申請したので，朝廷は求法の志の敦きを賞して翌嘉祥元年(848)6月数年の留唐を許し，黄金100両を賜わった．斉衡2年(大中9，855)青竜寺

法全(はっせん)にしたがい，円珍とともに密教の灌頂を受け，諸儀軌を授けられた．元慶元年(乾符4，877)10月，典籍数千巻をもって李延孝の船に乗って帰国の途に就いたが，暴風に逢って李延孝とともに溺死した．円載は在唐40年間，犯戒悪行があったという．

[参考文献] 『扶桑略記』(『(新訂増補)国史大系』12)，『入唐求法巡礼行記』(『大日本仏教全書』)，『行歴抄』(同)，卍元師蛮『本朝高僧伝』7(同)，辻善之助『日本仏教史』1，佐伯有清『悲運の遣唐僧─円載の数奇な生涯─』(『歴史文化ライブラリー』63)
　　　　　　　　　　　　　　　　　　(大野達之助)

057 円旨 えんし ⇒別源円旨(べつげんえんし)

058 袁晋卿 えんしん 生没年不詳 奈良時代の唐よりの帰化人．天平7年(735)帰朝の遣唐使一行に従って来朝，時に年18〜19．天平神護2年(766)10月の舎利会に唐楽を奏して正六位上より従五位下に昇叙，神護景雲元年(767)2月，大学の釈奠の日に従五位上，当時音博士(『文選』『爾雅』の音に堪能)，のち大学頭，同3年8月日向守，宝亀9年(778)2月玄蕃頭，同年12月清(浄)村宿禰賜姓，延暦4年(785)正月安房守．子に弘・秀ほか9人の男子があり，9男の浄豊は伊予親王の文学となり，外孫の源は晋卿の養子となって，同24年11月に春科宿禰直道と姓名を改めた．『性霊集』4に晋卿について「誦=両京之音韻=，改=三呉之訛響=，口吐=唐言=，発=揮嬰学之耳目=」と述べている．

[参考文献] 森公章『袁晋卿の生涯』(『古代日本の対外認識と通交』所収)　　　　(中西　進)

059 円珍 えんちん 814〜91 平安時代前期の僧．延暦寺第5世座主．天台宗寺門派の祖．弘仁5年(814)3月15日(一説，2月15日)讃岐国那珂郡に生まれる．俗姓和気氏．童名広雄，字遠塵．父は宅成．母は佐伯氏の女で，空海の姪(めい)．10歳で『毛詩』『論語』『漢書』『文選』を習い，天長5年(828)15歳叔父僧仁徳に随って叡山に登り，座主義真に師事して，『法華経』『金光明経』『大毘盧遮那経』などの大乗経と自宗章疏などを授けられた．同10年，年分の官試に及第．受戒して僧となり，山規により籠山すること12年，嘉祥3年(850)内供奉十禅師に勅任．仁寿元年(851)4月入唐のために大宰府に下向．同3年7月出帆．8月福州に着岸．在唐中，天台国清寺の物外に止観を聴き，越州開元寺の良諝に台教を，長安青竜寺の法全に三部大法と大灌頂を，同大興善寺智慧輪に両部の諸儀を受け，さらに福州開元寺の存式に法華・華厳・倶舎を学び，同寺に在留の中天竺那爛陀寺僧般若怛羅に悉曇(しったん)・両部ならびに梵夾経を学び，波斯三蔵に逢って諸瑜伽や経論を練学した．大小乗経律論疏など441部1000巻をもたらして，天安2年(858)6月22日肥前国松浦に帰着，8月大宰府に到着．叡山山王院に住し，大法・自宗章疏を諸僧に伝授した．貞観5年(863)園城寺にお

いて宗叡に両部大法を授けた．翌6年仁寿殿において清和天皇以下30余人に灌頂を授け，また勅命により『大毘盧遮那経』1部を講じた．同10年6月55歳で延暦寺座主に勅任．元慶元年(877)陽成天皇践祚のはじめに百座仁王般若経を講じ，特に勅命によって御前講師となり名声を博した．同7年法眼和尚位に勅叙．仁和元年(885)光孝天皇践祚のはじめに，また『仁王経』を講じた．同4年興福寺維摩会講師となり，寛平2年(890)少僧都の職を授けられた．翌3年10月29日示寂．78歳．叡山の南峰に葬られた．座主の職に在ること24年，第9世座主長意を除くと第13世尊意に至るまでの7代の座主はすべて円珍の門流である．またその大法を受け阿闍梨位にのぼったものおよび一尊の儀軌を受けたもの100余人，手度剃髪して大比丘となったもの500余人，登壇受戒して僧となったもの3000余人という．醍醐天皇延長5年(927)12月27日法印大和尚位を追贈，智証大師と追諡された．その著作は90篇を超え，なかんずく『法華論記』『授決集』『観普賢菩薩行法経記』『大毘盧遮那経指帰』『諸家教相同異略集』『菩提場所説一字頂輪王経略儀釈』『入真言門住如実見講演法華略儀』などは円珍の教理を知る上において重要である．また『伝教大師略伝』や，円珍自身の入唐旅行記の『行歴抄』『山王院在唐記』も有名である．円珍書写の経論章疏も多いが，さらに元慶5年唐の婺州の人李達に依頼し，張家の商船によって本朝一切経闕本120余巻を取り寄せ，翌6年僧三慧を入唐させて闕経340余巻を手写して将来させるなど経典の伝写にも貢献した．著作などを収めた園城寺編『智証大師全集』全3巻がある．

参考文献 『大日本史料』1ノ1，寛平3年10月19日条，『智証大師伝』，『元亨釈書』3(『(新訂増補)国史大系』31)，天台宗寺門派御遠忌事務局編『園城寺之研究』，春山武松「智証大師請来の五部心観について」(『東洋美術』13)，佐伯有清『智証大師伝の研究』，同『円珍』(『人物叢書』200)，小野勝年『入唐求法行歴の研究』　　　　　　　　　　(森 克己)

060 円通大師 えんつう ⇨寂照(じゃくしょう)

061 円爾 えんに　1202〜80　鎌倉時代中・後期の臨済宗の僧．初め諱は辯円，房号は円爾，のち房号円爾をもって諱とした．道号はない．俗姓は平氏，母は税(せい)氏，駿河安倍郡藁科の人．建仁2年(1202)10月15日に生まれ，5歳(建礼元年)にして久能山の堯辯の室に入って童子となり，18歳(承久元年)に至って近江の園城寺で剃髪し，東大寺に登って受戒した．のち京洛に入って儒学を学び，再び園城寺に帰って教学を学んだが，別伝の教えあることを知り，上野長楽寺に赴いて栄朝(栄西徒)についた．のち久能山の見西阿闍梨に密教を受け，鎌倉の寿福寺で大蔵経を閲(けみ)しついて行勇(荘厳房)に参じた．また鶴岡八幡宮の法華講に参会したが，教学の未熟さに呆れて鎌倉を去り，栄朝の許しを得て入宋しようとし，博多円覚寺に赴き，ついで謝国明の私宅にあって船便を待った．嘉禎元年(1235)に渡海して天童の痴絶道冲，天竺の栢庭□月，浄慈(じんず)の笑翁妙堪，霊隠(りんにん)の石田法薫，退耕徳寧，敬叟居簡などの間を遍参し，ついで径山(きんざん)の無準(ぶしゅん)師範に参じて円爾の法諱を与えられ，のちその法を嗣いだ．仁治2年(1241)7月に帰国し，大宰府の堪慧によって横嶽山崇福寺を，栄尊によって肥前に水上山万寿寺を開き，翌年には謝国明に請ぜられて博多承天寺の開山となった．寛元元年(1243)には堪慧の仲介によって九条道家・良実父子の知るところとなり，円爾は上洛して月輪の別荘において禅要を説いた．道家はかつて東大・興福両寺のような盛業洪大な寺院を建てようとしていたので，その1字ずつを取って東福寺と称し，早速円爾を招いて開山第1世とした．この間に後深草・亀山両上皇をはじめ，宮廷公卿の信仰を得，または執権北条時頼に禅戒を授け，または『大明録』を講ずるなど，顕密禅三宗の宗風をもてした．正嘉元年(1257)には時頼に請われて寿福寺に居し，翌年は宗尊親王の命により火災に会った建仁寺を復興し，または円照の後を受けて東大寺大勧進職についたが，弘安3年(1280)10月17日79歳をもって示寂した．東福寺常楽庵に塔す．門弟には十地覚空をはじめ，東福寺に住した東山湛照(三聖門派)・無関普門(竜吟門派)・白雲慧暁(栗棘門派)・山叟慧雲(正覚門派)・蔵山順空(永明門派)・無為昭元(東光門派)・月船琛海(正統門派)・痴兀大慧(大慈門派)・直翁智侃(盛光門派)・南山士雲(荘厳門派)・双峯宗源(桂昌門派)・潜渓処謙(本成門派)・天桂宗昊(大雄門派)などがあり，そのほか神子栄尊・堪慧・無住道暁・東州至道・玉渓慧璪・無外爾然・耕叟妙仙原・鉄牛円心・妙翁弘玄・曇瑞道慧・太平妙法尼があり，円爾の族姪の徒に奇山円然がある．これら直弟はさらに多くの門弟を生み，五山派中の主流を占めた．円爾は寛元元年に九条道家より聖一和尚の号を賜わり，応長元年(1311)12月には花園天皇より聖一国師と勅諡されたので円爾の

門流を聖一派という．円爾は末期に及んで近侍する鉄牛円心に平生の行業を記し置くことを遺嘱したので，鉄牛は『聖一国師年譜』一篇を編し，後年に白雲慧暁の門より出た岐陽方秀によって体裁が調えられた．また円爾は東福寺のほかに，崇福・承天の両寺，および万寿(肥前)・広福(同)・実相(三河)などの諸寺を開堂したが，これら諸寺の入寺・上堂・小参・陞座・拈香・入牌・下火(あこ)・偈頌・像賛などの法語類を整理保存せず，門弟の間でも語録編纂の機運が熟していなかったが，元徳年間(1329～32)に至って忠首座なる者が，開山国師語録の未編なるを憂いて虎関師錬に語り，虎関とともに諸方の残編蠹簡を集め来たって一編となし，元徳3年2月5日に一応の形を整えた．これが『聖一国師語録』である．その後，元和6年(1620)と文政12年(1829)の両度にわたって拾遺を加えて重刻再刊された．年譜・語録とも『大日本仏教全書』所収．

[参考文献] 『仏祖宗派図』，『慧日山宗派図』，『扶桑五山記』(『鎌倉市文化財資料』2)，『東福紀年録』(『群書類従』24輯)，『東福寺文書』1(『大日本古文書』家わけ20)，『元亨釈書』7(『(新訂増補)国史大系』31)，卍元師蛮『延宝伝燈録』2(『大日本仏教全書』)，玉村竹二「禅僧称号考」(『日本禅宗史論集』上所収)
　　　　　　　　　　　　　　　　　　　(葉貫　磨哉)

062 円仁 えんにん 794～864 平安時代前期の僧．延暦寺第3世座主．天台宗山門派の祖．俗姓壬生氏．延暦13年(794)下野国都賀郡に生まる．幼少のときに父を失い，兄より経史を学ぶ．9歳大慈寺広智和尚に師事し，15歳広智に伴われて叡山に登り，最澄の門下となり，『摩訶止観』を学ぶ．弘仁4年(813)試業に及第し，翌5年得度．最澄より伝法灌頂を受け，同7年東大寺で具足戒を受けた．29歳最澄の遷化にあう．叡山の教師となり，法隆寺・四天王寺などの諸寺で開講し，『法華経』を書写し，如法堂を建ててその経蔵とした．承和2年(835)入唐還学の詔を受け，同5年6月請益僧円載らとともに遣唐大使藤原常嗣に従って出発，翌7月揚州海陵県に着いた．その目的は天台山に登り，長安の都に上って天台宗を研鑽することにあった．しかるにその資格は還学僧で短期留学のため，天台登山は唐朝より許可されず，やむなく揚州の開元寺にとどまって宗叡に悉曇(しったん)を学び，全雅に灌頂を受け，両部曼荼羅・諸尊儀軌・仏舎利を伝受した．翌年帰国する遣唐使に同船したが逆風にあって山東半島東端文登県に漂着し，上陸したところ，遣唐使船に乗り遅れ，同地にとどまったが，新羅僧の勧めにより，天台山登山の素志を翻して翌年五台山に登り，志遠和上にあい，『摩訶止観』を受け，天台教迹など37巻を書写し，五台山文殊菩薩の聖跡を巡礼して長安に入る．大興善寺翻経院元政阿闍梨に金剛界の大法を学び，五瓶灌頂を受けた．翌年青竜寺義真阿闍梨に『毘盧遮那経』中の真言印契・秘密儀軌・蘇悉地の大法を受けた．また玄法寺法全阿闍梨に胎蔵儀軌を習い，南天竺宝月に悉曇を学び，醴泉寺宗穎に『摩訶止観』を習い，大安国寺良侃阿闍梨・浄影寺惟謹阿闍梨に器許密付された．長安に止住6年間，念誦教法経論章疏559巻，胎金両部曼荼羅・高僧真影・舎利・道具などを得た．唐の会昌2年(842)10月武宗の仏教弾圧が始まり，帰国の望みも断たれようとしたが，同5年5月，祠部の牒のない外国僧に本国への追放令が下り，円仁も還俗姿で長安を出発し，途中幾多の新羅人たちに助けられ，新羅商船に乗り，大中元年(847)9月2日登州赤山浦を発して帰国の途につき，承和14年9月18日大宰府に着いた．翌年帰京，大法師位に任じられ，翌嘉祥2年(849)5月延暦寺に灌頂を始修し，翌年春文天皇即位に際し，奏請して延暦寺に総持院を建て，常時修法の道場とした．斉衡元年(854)4月天台座主に勅任された．翌々年文徳天皇に両部灌頂を授けたのをはじめ，清和天皇に菩薩戒，淳和太后に菩薩戒，太皇太后に菩薩戒・三昧耶戒・灌頂を受けた．貞観6年(864)正月14日示寂．年71．臘49．貞観8年慈覚大師と追諡．著作は『顕揚大戒論』以下100篇を越え，なかんずく『金剛頂経疏』『蘇悉地羯羅経略疏』は円仁の台密教相の教学を述べた代表的なもの．最澄・空海の密教が両部大法なのに対し，円仁のものは胎金蘇三部の大法であり，三部都法の始祖である．また『顕揚大戒論』は大戒独立のために著わしたもの．

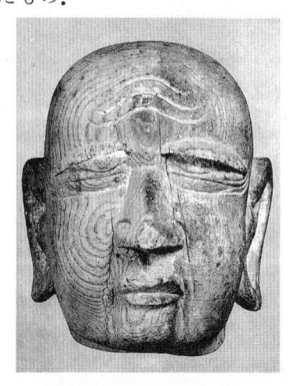

[参考文献] 『入唐求法巡礼行記』(『大日本仏教全書』)，

『慈覚大師伝』(『続群書類従』8八輯下),『平安末期鈔本入唐記』(『阪本竜門文庫覆製叢刊』3),天台学会編『慈覚大師研究』,E・O・ライシャワー『世界史上の円仁』(田村完誓訳),佐伯有清『慈覚大師伝の研究』,同『円仁』(『人物叢書』196)

(森　克己)

063 湛慧禅師 たんね ⇒明極楚俊(みんきそしゅん)
064 塩浦 ほんぽ ⇒三浦(さんぽ)

お

001 応永条約 おうえいじょうやく ⇒永楽要約(えいらくようやく)

002 応永の外寇 おうえいのがいこう　応永26年(1419,朝鮮世宗元)6月,対馬島が,李氏朝鮮国軍の侵略をうけた事件.朝鮮では己亥の東征という.14世紀中期以来,日本の海賊船団が大陸沿岸地方を荒らして倭寇と呼ばれ,高麗の衰亡する一因にもなったが,朝鮮は建国以来,その対策に力を注ぎ,海防をかため,足利政権や西国の有力大名に禁圧を求め,貿易のための渡航者に便益を与えるなど,さまざまの方法をとった.ことに地理的要衝にあり,また海賊の根拠地と見なされる対馬島の地位に注目し,その島主宗貞茂(そうさだしげ)を利用して渡航者に統制を加え,ある程度成果をあげようとしているとき,同25年春に貞茂が死没し,子貞盛(都々熊丸(つつくままる))が年少で,実権は早田(そうだ)左衛門大郎らに帰した.早田は宗氏の縁者で,朝鮮にも通交していたが,もともと船越(ふなごし)の海賊の首領であり,朝鮮の失望は大きかった.対馬島内の統制はみだれ,飢饉もあって動揺がおこっていた.そこで島内の海賊は大挙して中国(明)に向かい,途中朝鮮の沿岸で糧食を求めて許さず,各地を掠めて去った.これが応永の外寇の直接の原因になった.朝鮮政府には,突然忠清道庇仁(ひじん)県の都豆音串(ととんかん),忠清南道舒川郡西面都屯里)および黄海道海州の延平串(えんぺいかん,延平島)が,倭寇に侵された報告が来た.この前年太宗は王位を子世宗に譲ったが,上王として軍国の大事と武官の任免を親裁していたので,ただちに大臣たちに,海賊の出動した虚をついて対馬島の根拠地を征伐し,賊の帰路を待ちかまえて撃滅する計画を討議させた.左議政朴訔(ぼくぎん)・兵曹判書趙末生(ちょうまつせい)は賛成したが,世宗は各浦の兵船が不足であると称して陸上防衛を主張し,終始消極的態度を示し,右議政李原(りげん)・礼曹判書許稠(きょちゅう)も,これを支持した.しかし,太宗は断乎として東征を令し,李従茂(りじゅうも)を三軍都体察使,柳廷顕(りゅうていけん)を三道都統使として戦備を整えさせた.5月25日に,太宗は都統使柳廷顕に宣旨・鉄鉞(ふえつ)を授け,世宗とともに漢城出発を送り,29日には都体察使李従茂に命じて書を宗貞盛に送って征討の理由を告げ,先父の志をついで誠意をつくすよう諭させた.やがて,6月9日(この月,日朝同暦)に太宗は中外に征戦の目的を宣言し,同12日に諸軍は乃而浦(薺浦,慶尚南道昌原郡熊川面)を発し,19日に巨済島を離れて対馬に向かった.兵船227艘,1万7285人の大軍が,その65日の糧を積んで征途にのぼった.翌

日，朝鮮軍は浅茅湾に入って尾崎の豆地浦（土寄）に泊し，書を貞盛に送ったが答書がないので，島内を捜索し，船をうばい家をやき，捕斬者も多く，船舶往来の要衝である訓乃串（船越）に柵をきずき，久留の意を示した．26日に李従茂は進んで尼老郡（仁位郡）に上陸したが，伏兵にあって敗退した．対馬に伝わる「糠岳（ぬかだけ）の戦」である．貞盛からは，暴風期のくることを警告し，停戦修好を求めたので，朝鮮軍は撤帰し，7月3日（日朝同暦）に巨済島に着いた．その再征の議もおこったが，中国方面に行った海賊団が，明の沿海で大破された情報が伝わり，実行されなかった．京都方面では，6月末ごろから「大唐蜂起」とか，「異国襲来」とか，「蒙古来寇」といった風説が伝わり，戦後1ヵ月余で8月7日に少弐満貞の注進が政府に到達し，戦況が明らかになった．この注進は少弐の代官宗右衛門らが，朝鮮軍を防戦して撃退した報告書にもとづいたもの．なお，当時九州探題と少弐氏は反目し，探題は応援しなかったが，捕虜のなかに中国（明）で日本遠征の意図があることを伝聞していた者があり，唐船（明船）2万余も期を約して来寇するといい，また外寇といえば蒙古襲来を伝統的に思いうかべるなど，さまざまの風説が伝わり，ことに前年将軍足利義持が兵庫から追いかえした明使呂淵が，7月末に再び訪れてきたので，風聞途説の内容が豊かになり，これを基礎にして探題持範注進状（『看聞御記』収録）が作為されている．朝鮮では，再征の議を中止すると，貞盛に書を送り，対馬はもとその領土であったと主張し，来降を勧告した．島主は，対馬を慶尚道の属州とし，朝鮮の官職を受けることを承認した．ところが，これは島内で通好の復旧をはかる者の謀略で，貞盛が関知していなかった．その真相は，応永26年11月に，九州探題の要請により，足利政権が事情を探るため，請経に託して派遣した僧亮倪の渡航で明らかになった．翌年，朝鮮は報聘使宋希璟（そうきけい，老松堂）を送って答礼したが，宋希璟は対馬で早田左衛門大郎に会し，博多で探題渋川満頼・義俊父子と接し，京都で足利政権と交渉した．その間，博多の商人宗金や元人の後である陳宗奇・平方吉久父子などからも情報をとり，はじめて足利政権・九州探題・少弐氏・宗貞盛・早田らの相互関係，海賊の実態などについて，認識を深めることができた．しかし，日本と朝鮮の円滑な関係は，ただちに回復せず，数年後，同30年（世宗5）冬，終始強硬論を持した太宗が没し，世宗のもとに親日的国論が統一され，対馬も貞盛による統制が確立したので，両者のあいだに修好が復旧し，対馬は日本・朝鮮関係統制者としての地位が与えられていった．応永の外寇が，その後，久しくつづいた朝鮮の対日交隣政策確立に重大な転機となっている．

参考文献　『朝鮮世宗実録』，宋希璟『老松堂日本行録』（『岩波文庫』），『満済准后日記』（『続群書類従』補遺1），田中義成『足利時代史』，三浦周行「応永の外寇」（『日本史の研究』所収），同「応永外寇の真相」（同2所収），秋山謙蔵「室町初期に於ける倭寇の跳梁と応永外寇事情」（『史学雑誌』42ノ9），同「朝鮮史料に遺る応永の外寇」（『日支交渉史話』所収），中村栄孝「朝鮮世宗己亥の対馬征伐」（『日鮮関係史の研究』上所収），佐伯弘次『対馬と海峡の中世史』（『日本史リブレット』77）　　　（中村栄孝）

003 往生要集　おうじょうようじゅう　極楽往生に関する経論の要文を集め念仏が最も大切であることを説いた書．寛和元年（985）天台宗源信の著．3巻．全体の組織は1に厭離穢土（えんりえど），2に欣求（ごんぐ）浄土，3に極楽証拠，4に正修（しょうしゅ）念仏，5に助念方法，6に別時念仏，7に念仏利益（ねんぶつりやく），8に念仏証拠，9に明往生諸行，10に問答料簡（もんどうりょうけん）の10門に分かれている．はじめの3門では娑婆は厭うべく浄土は欣ぶべき国土である理由を述べ，さらに極楽浄土を十方浄土や兜率天と比較して論じている．第4門から第9門までの6門は往生の行法について説き，第10門は10項目についての補足論述である．中でも第4正修念仏門が本書の中心で，天親の『浄土論』の五念門に倣って礼拝（らいはい）・讃歎（さんだん）・作願（さがん）・観察（かんざつ）・廻向（えこう）の5門に細分し，第4観察門の下で「初心の観行は深奥に堪へず，（中略）今当に色相観（しきそうかん）を修すべし」（原漢文）と論断し，初心者は天台宗の高度な哲学的修行が困難であるから，仏の相好（そうごう，仏身の色々な特徴）を観察する色相観を行うように勧めている．そしてその色相観を3種に分け，上根（じょうこん）のものには仏の相好を1つ1つ観ずる別相観を，中根のものには総合して仏身を観ずる総相観を，下根のものには略して眉間の白毫（びゃくごう）だけを観ずる雑略観（ぞうりゃくかん）を勧め，さらに相好を観ずる能力のない極悪最下のものに対しては一心に称念することを説いている．仏の相好を観察するのを観相念仏といい，『往生要集』はこの観相念仏を説くのが主旨であって弥陀の名号を唱える口称（くしょう）念仏は第二義的であったようである．このような観相念仏は摂関時代，院政期の貴族層の耽美的趣味にかない，藤原道長が本書を愛読してから文学・造形美術に大きな影響を及ぼした．なお本書の末文に本稿ができた翌年（寛和2年）正月に宋の周文徳に師良源の『観音讃』などと一緒に本書を寄贈したところ，周文徳は本国の天台山国清寺にこれを納め，500余人の随喜者が集まって慶讃したという消息文2通が付載されているが，これは源信の死後200年ほどしてから付加されたものといわれる．花山信勝『（原本校註和漢対照）往生要集』，『（大正新修）大蔵経』84，『大日本仏教全書』，『恵心僧都全集』

1,『岩波文庫』,『日本思想大系』6などに収められている. →源信(げんしん)

[参考文献] 『大日本史料』1ノ23, 寛和元年4月是月条, 井上光貞『新訂日本浄土教成立史の研究』, 大野達之助『上代の浄土教』(吉川弘文館『日本歴史叢書』28), 速水侑『源信』(『人物叢書』195)

(大野達之助)

004 応神天皇 おうじんてんのう 『日本書紀』『古事記』に第15代と伝える天皇. 和風諡号は誉田別(ほむたわけ)尊.『古事記』仲哀天皇段に大鞆和気(おおともわけ)命ともあり, 胎中天皇ともいう.『日本書紀』応神紀には, もと去来紗別(いざさわけ)尊といったが, 太子になってから角鹿(つぬが)の笥飯(けひ)大神と名まえを交換して誉田別尊と称するようになったとの別伝がみえる.『日本書紀』によれば, 仲哀天皇の第4子で, 母は神功皇后. 仲哀天皇の死後, 皇后が新羅征討に赴いたときにはその胎内にあり, 帰路に筑紫で生まれ, 中央に戻って異腹の兄の麛坂(かごさか)王と忍熊(おしくま)王を皇后が攻め亡ぼした後, 皇后摂政3年に立太子, 同69年に皇后が死ぬとその翌年に即位, 軽島豊明宮(かるしまのとよあきらのみや)におり, 品陀真若(ほむたのまわか)王の女の仲姫を皇后とし, 在位41年, 110歳(記では130歳)で没したという. 応神朝は前朝から引き続き武内宿禰が勢力を有したと伝えるが, この朝になると, 王仁・阿知使主・弓月君その他の帰化人の渡来, それに伴う大陸の文物・技術の導入, 中央における大規模な耕地の開発などの所伝が急に多く現われてくる. またこのころから鉄製農工具・武具が普及して中期古墳時代に入ったとみられ, 記紀の記述にもある程度史実性が加わってくるなど, 前朝までとかなり様相を異にする面があるので, 天皇が河内の勢力と関係が深かったらしいことや, 天皇の和風諡号がこれ以後一転して簡素な名称になっていることなども考え合せて, 応神朝を河内から出た新王朝とみる説も出されている.『宋書』にみえる倭の五王の最初の倭王讃を応神天皇とする説もあるが, もし讃が次代の仁徳天皇とすれば, 応神朝の絶対年代は4世紀末から5世紀初頭のころということになる. 天皇は後世になって八幡宮の祭神の一とされるようになった. 陵は恵我藻伏岡陵(えがのもふしのおかのみささぎ)といい, 仁徳陵と並ぶ最大の前方後円墳. →倭の王(わのごおう) (関 晃)

005 王辰爾 おうじんに 6世紀中ごろ朝廷に仕えた百済系の帰化人で船氏の祖. 船首王後の墓誌銘には「船氏中祖王智仁首」とある.『日本書紀』によれば, 欽明天皇14年7月に大臣蘇我稲目が勅を奉じて王辰爾を遣わし, 船賦(ふねのみつき)を数え録させ, 辰爾を船長(ふねのつかさ)とし, 船史の姓(かばね)を与えたといい, 敏達天皇元年5月に東西の諸史がみな読みえなかった高句麗の表疏を辰爾が読み解いて天皇から賞讃され, 近侍を命じられたという. 同じころ辰爾の弟の牛も津史となり, 甥の胆津(いつ)も白猪(しらい)屯倉の丁籍作成の功で白猪史の姓を与えられているから, かれらは渡来後まもない帰化人で, 新知識を認められて登用されたものであろう.『続日本紀』延暦9年(790) 7月条の百済王仁貞らの上表文では, 百済の貴須王の孫の辰孫王が応神朝に渡来し, その子が太阿郎王, 孫が亥陽君, 曾孫が午定君で, 午定君の3子が味沙・辰爾・麻呂であると述べており,『新撰姓氏録』もこれに従っているが, そういう古い帰化人かどうかは疑わしい. →船氏(ふねうじ)

[参考文献] 関晃『帰化人』(『日本歴史新書』)

(関 晃)

006 王直 おうちょく ?〜1559 16世紀の倭寇の首魁と目された明人. 五峰と号した.『明史』『明史藁』などには汪直と書かれている. 中国安徽省の出身で, はじめ塩商であったが任俠をもってきこえた. 青年時代おちぶれて遊民となったが, やがて密貿易家に転じた. 1540年ころ, 明政府の海外貿易禁制のゆるみに乗じて広東にゆき, 硝石・硫黄・生糸・綿などの禁制品を積んで遥羅(シャム)や南洋方面で密貿易を行なって, 数年で巨富をたくわえた. 王直の日本来航は,『新豊寺年代記』では天文11年(1542),『鉄炮記』では同12年,『日本一鑑』では同14年と伝えられている.『鉄炮記』の王直は, 大明儒生五峰先生として種子島の鉄砲伝来に一役買っている. 王直は日本の五島を根拠とし, また平戸に豪奢な巨宅を営み, 36島の逸民を指揮して東シナ海に君臨し, 徽王とも呼ばれた. かれは, 日本・中国の密貿易者の売買・交易を代行し, 宿所・倉庫の斡旋や保護にあたった. 日本における王直は, 20年に大内義隆に中峰明本の墨蹟を献じたりしているところなどからみると, かなり自由に行動し, しかも諸大名からも尊敬をうけていたらしい. 王直は中国では浙江省の瀝港に根拠をもち, ここでなかば黙認のかたちで密貿易を行なっていたが, 21年中国沿岸で海賊の横行がはげしくなると, その張本とみなされて瀝港を追放された. このときから王直は大海賊の頭目に転じ, 23年以後, 数百隻の船団を率いてしきりに中国の沿岸を襲撃した. 嘉靖の大倭寇と呼ばれる後期倭寇の頂点を示す行動がこれである. 明の浙江総督胡宗憲は, 王直に対し, 本国に帰還すれば貿易を許すという条件で投降をすすめた. 王直はこれに応じ弘治3年(1557)1000余の部下を連れ, 舟山島の定海に至って降伏した. 明朝の廷議は王直を許そうとするものと, それを否定するものに分かれたが, 王直は結局獄に下され2年後の12月に殺された.

[参考文献] 後藤秀穂「倭寇王王直」(『歴史地理』50ノ1・2・4), 李献璋「嘉靖年間における浙海の私商及び舶主王直行蹟考」下(『史学』34ノ2), 佐久

間重男『日明関係史の研究』，田中健夫『倭寇』(『歴史新書』66)　　　　　　　　　　　(田中　健夫)

007　黄檗画派　おうばくがは　江戸時代黄檗宗の伝播に伴い長崎を中心として起った画派．まず，正保元年(1644)長崎に渡来し興福寺第3代住持となった黄檗僧逸然は画技をよくし，黄檗宗の頂相(ちんそう)や仏画を描いた．この逸然の画風は門下の河村若芝や渡辺秀石らに受けつがれ，いわゆる漢画派として長崎絵画の主流となった．逸然について承応3年(1654)には隠元が招請され，さらに木庵・即非らの中国黄檗僧が陸続と渡来するに及んで，陳賢や楊道貞などの黄檗宗独特の中国絵画が伝えられた．しかし，黄檗画派の中核として最も特色ある作風を展開したのは喜多宗雲・喜多元規ら喜多一族とその画系に属する元喬・元香・元真・元高・元珍・元貞らの画家たちであった．これらの画家たちの伝歴はほとんど知られていないが，喜多宗雲は隠元・木庵・即非など比較的初期の渡来僧の肖像画を描き，その作風は喜多元規に似ている．元規は喜多一派の中で最もすぐれた画蹟をのこしており，承応から元禄年間(1688～1704)に至るまで，黄檗僧はもちろん在家や他宗の僧まで多くの肖像画を描いた．その画風は特に顔貌に陰影隈取りを緻密にほどこし，着衣は泥絵具を用いて光沢と明暗のある油彩画的彩色法を示している．盧千里の『先民伝』には元規について「工＝華蕃画法＝」とあるが，まさにかれの肖像画は中国と西洋の折衷的画法によって特異な迫真性を備えた．この実感描写法はのちの長崎派絵画に影響を与えた．→長崎派(ながさきは)

参考文献　西村貞『黄檗画像志』　　　　(菅瀬　正)

008　黄檗美術　おうばくびじゅつ　17世紀中ごろ，中国黄檗山教団(臨済宗で，明末の念仏禅系)の渡来に伴って江戸時代に盛んになった美術．江戸幕府は，キリシタン禁圧の反面，この黄檗宗教団を保護し育てるとともに，江戸幕府の宗旨とした．したがって短時日の間に全国の藩領に教団の勢力が拡張され，また新しい中国文化が各地に浸透した．明僧隠元隆琦を中心としたこの新宗派の渡来は，教団ぐるみの渡来という点ではわが国はじめての事件で，教団の中心となる高僧十数人のほかに，彫仏師・仏画師など浙江の芸術家をはじめ，仏具工・縫工・建築技師なども随伴した．教団としての法儀はもちろん，詩文・書・絵画・彫刻・工芸・建築など，新文化の渡来，すなわち生な明朝文化の渡来は，わが国の近世の文化に新鮮な衝撃を与え，新風を捲き起すことになったのである．癒着した封建社会のなかでは困難な新宗の開創を，経済面で支持したのが，わが国と明・清との貿易であった．黄檗派教団寺院が開港場や貿易中継地すなわち長崎・伏見・江戸品川などを拠点に発展したことが注目される．江戸藩府は，独占貿易港長崎の関税収入の一部をこの派寺院に付与している．建築面は，黄檗様式と呼ばれる仏殿(大雄宝殿)を中心とした明快な伽藍配置をもつ新様式で，黄檗山万福寺(宇治)・崇福寺(長崎)・興福寺(同)が代表的なものである．肖像彫刻では范道生(はんどうせい)作のなまなましい異様な形体と彩色の祖師像などが代表で，「賓頭盧(びんずる)さま」ともいわれた．絵画では，16・17世紀以降の初期キリシタン系洋風画に清朝経由の西欧風技法をあわせた濃彩色の写実画が，まず長崎を中心に流行し，逸然はじめ木庵性瑫・即非如一・大鵬正鯤ら黄檗僧や，これを学んだ日本人画家喜多元規ら一派が活躍した．ことに書では，詩文とともに唐様(黄檗様)一式に塗りつぶされ，隠元・木庵・即非などの墨蹟は珍重されて，町家や武家の煎茶席に掛けられた．黄檗宗の文化は，美術以外の分野にも大きな影響を与えた．音楽では明時代の琴(きん)や吹笛(すいてき)が輸入され，唐様の詩文や煎茶道が盛んに行われて，中国崇拝が高まった．文人画に代表されるのちの文人趣味勃興の素地がここにつくられたのであった．春琴・秋琴の2子を伴い，赤頭巾をかぶり琴を背に深山幽谷を跋渉して茶を煎じ画をかいた文人画家浦上玉堂の風雅な生涯は，もっともよい一例であろう．

(竹内　尚次)

009　黄檗様　おうばくよう　黄檗宗の建築に用いられた様式．黄檗宗の伝来に伴い，中国明・清時代の建築様式を伝えたもの，長崎の崇福寺，宇治の万福寺などに見られる．細部が中国風な点では崇福寺が勝るが，伽藍配置は左右対称形であるが，正面の総門は中心線からはずして見通しをさけ，三門・天王殿・仏殿・法堂を中心線上に立て，回廊は三門から仏殿に達して斎堂・禅堂，伽藍堂・祖師堂，鐘楼・鼓楼を，法堂の左右に東方丈・西方丈をおく．黄檗宗は禅宗の一派であるが，方丈が東西に分かれ，僧堂が禅堂と斎堂になり，経楼が鼓楼にかわり，天王殿が新たに設けられる点などが禅宗寺院の配置と異なる．各建物はいずれも基壇上に立ち，床は土間で，前一間通りを吹放しとし，ここに回廊が連なる．これらは奈良時代の南都六宗，鎌倉時代の禅宗寺院などに見られたもので，中国建築の特色の1つ

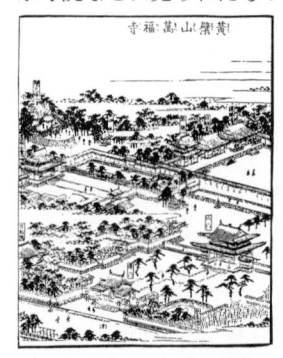

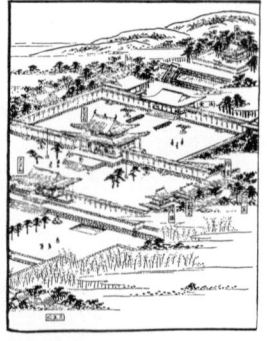

万福寺(都名所図会5)

である．柱の下に大きな礎盤をおき，一部に挿肘木を用い，虹梁上に変わった形の束を多く使い，舟形の天井を吹放ち部に設け，大棟上に宝珠・火炎をおき扉に装飾的な組子を入れるなど，中国近世建築の装飾が多分に採り入れられている．特に崇福寺第一峰門に用いられた網目状に軒下一杯に拡がる組物などは，日本では他に例をみない．このように黄檗様は中国建築様式の第3回目の伝来であるが，他に影響するところは少なかった．「山門を出れば日本ぞ茶摘歌」の句は黄檗様の特色とその地位をよく物語っている．

（太田博太郎）

010 近江毛野 おうみのけの　6世紀前半の朝鮮遠征の武将．近江の人で姓（かばね）は臣．継体天皇21年6月，6万の兵を率い，任那に赴き，新羅に奪われた南加羅・喙己呑（とくことん）を回復しようとしたが，筑紫国造磐井に遮られ，結局，翌年，磐井は誅せられたので，23年3月，安羅に赴き，先の2国再建のため，新羅と百済の国王を召したが失敗し，かえって新羅に任那の4村を抄掠された．24年9月，任那よりその失政を訴えられ，天皇の召還にも応ぜず，任那王は新羅・百済と結び，毛野を攻撃した．10月，使者が帰り，毛野の人となり傲佷（ごうこん）で，政治に閑（なら）わず，加羅を擾乱し，意のままに事を行うと報告したので，再び召され，対馬で病没した．故郷の近江に葬られたとある．これらの『日本書紀』の記事は，『百済本記』などよりとったものと思われる．

参考文献　坂本太郎「継体紀の史料批判」（『日本古代史の基礎的研究』上所収）　　　（平野　邦雄）

011 大内教弘 おおうちのりひろ　1420〜65　室町時代前期の武将．持世の養嗣子．系図類は実は持盛次男とするが，盛見の子とする説もある．応永27年（1420）に生まれる．幼名六郎，嗣子として新介．嘉吉の乱後持世死没のあとをうけて周防・長門・豊前・筑前4ヵ国守護となり左京大夫，のち大膳大夫に任じ，位階は従四位下，文明18年（1486）6月5日従三位追贈．大内屋形の北に接して築山殿を営み，主として外客接待に用いた．武将として西は宿敵少弐氏と戦い教頼を肥前に追うて大宰府を確保し，東は安芸武田信賢の本拠銀山城下に攻め込み，南は伊予の河野通春を援けて細川方の軍を圧した．その領国は守護4ヵ国のほか，安芸・石見・肥前にまたがり父祖の地盤を幾分拡大した観がある．寛正2年（1461）6月山口より各地に至る使節の片道・往復日限を定めた壁書はほぼその領域を示している．朝鮮との貿易は『李朝実録』みえ，また文化に関心深く，上杉憲実を深川大寧寺楼留軒に厚遇し，画僧雪舟を山口に迎え禅は竹居正猷に，和歌は師成親王に学び『新撰菟玖波集』には14句を収める．伊予の陣中，寛正6年9月3日興居（ごご）島（松山市）で没．46歳．闘雲寺殿大基教弘．

参考文献　『山口県文化史』通史篇

（福尾猛市郎）

012 大内弘世 おおうちひろよ　?〜1380　南北朝時代の武将．父は弘幸，幼名孫太郎．周防権介に任じ大内介と称す．鎌倉時代末・南北朝時代初期のころ大内氏一族を統轄したのは，大内氏本宗の出自で鷲頭家を継いだ長弘（弘幸の叔父）で，足利尊氏に属して周防守護に任じられ，その地位はその子弘直に継承された．大内氏本宗の弘世は文和元年（観応3，1352）の擾乱にあたり，足利直冬の陣営に属して，尊氏・義詮派の弘直と対抗し，同3年のころこれを屈服させ，大内氏一族の統率権を得た．ついで弘世はその翌年ごろから北朝方の長門守護厚東氏に鉾先を向け，延文3年（1358）にはこれを豊前に敗走させ，幾度か奪回を繰り返したのち長門を掌中におさめた．九州の北朝勢力が探題斯波氏経を迎えて活況を呈し始めた貞治2年（1363）のころ，弘世は細川頼之の調停に応じて幕府方に転じ，周防・長門両国の守護に任ぜられた．弘世は直ちに九州に渡り氏経を助けて菊池軍と戦い，敗北して偽り降伏して帰国するという危機もあった．同年はじめて上洛して将軍に謁見し，巨額の銭貨や新渡の唐物をもって将軍やその左右に贈与し，幕府上下の人気を博したといわれる．同五年石見守護に補任されると益田兼見の協力を得て石見の南軍を平定し，さらに中国山地を越えて安芸に入り勢力を扶植した．また応安4年（1371）には新任の探題今川貞世（了俊）を助けて九州の南軍を討ち，翌年8月大宰府攻略後貞世と意見合わず帰国し，同7年再び安芸に出兵して，貞世に従い出陣中の毛利元春の領内に侵入した．これは毛利一族中の反元春勢力を助けるものであったが，永和元年（1375）幕府の貞世援助要請を拒んだこともあって幕府の猜疑を受け，同2年石見守護職を取り上げられた．弘世はまた本拠を大内村から山口に移し京都文化の移植をはかった．後世大内氏発展の基礎は弘世のときに確立せられたのである．康暦2年（1380）11月15日死去．没年齢不詳．周防国吉敷郡御堀村（山口市大内御堀）正寿院に葬る．法名は正寿院玄峰道階．

参考文献　近藤清石編著『大内氏実録』，同編『増補防長人物志』，『山口県文化史』通史篇，御薗生翁甫『大内氏史研究』，松岡久人『大内義弘』

（松岡　久人）

013 大内持世 おおうちもちよ　1394〜1441　室町時代前期の武将．没年から逆算すると応永元年（1394）生まれで，父は義弘．幼名九郎のち大内介と称す．官は刑部少輔，永享4年（1432）修理大夫に転ず．同3年盛見が筑前国深江（福岡県糸島郡二丈町）で敗死したのち，大内氏の家中には家督に持盛と持世とをそれぞれ擁立する動きがあり容易にまとまらなかった．幕府は大内氏の重臣内藤肥後入道から伝えられた盛見の遺志に基づき同年10月

持世に惣領職，持盛に長門国以下を安堵したが，その後持盛は九州に出陣中，叔父満弘の子満世と共謀して持世を襲撃し，大友方に通じて開陣帰国した．持世は長門国椿（山口県萩市）から石見国三隅（島根県浜田市）に逃れたのち，国人の支持を得て程なく周防に入国して持盛らを没落させ，幕府からあらためて長門国および安芸東西条をも安堵され，周防・長門・豊前・筑前4州の守護となった．ついで4月10日大友・少弐氏追討を許されて翌年4月持盛を豊前篠崎城に滅ぼし，同8月筑前において少弐満貞・資嗣父子を斬って首級を京都に送り，ついで大友持直を攻めて敗走させ同親綱に豊後を与えたので，九州は一時平静に帰した．翌6年以後九州の戦局が再燃すると，持世は7年夏河野通久とともに大友持直を攻め，以後引きつづき芸・石・予の援軍と協力して大友・少弐氏らと戦い，8月6日豊後姫嶽城を陥れ，肥前に転じて少弐氏の余党を平らげて九州を平定し，9年正月周防に凱旋した．12月には少弐氏の遺子嘉頼・教頼の宥免を幕府に請い，その許可を得，ここに大友・少弐両氏とも持世の恩により家を興すこととなり，持世の威勢は高まった．これよりさき持世は出仕に応ぜず足利義教の怒りを買って12年2月安芸国内の所領1所を削られているが，以後は在京が多かったらしい．一方，持世は朝鮮との国交にも意をもちい，また和歌をよくし『新続古今和歌集』の作者に列する．嘉吉元年（1441）6月赤松満祐の義教暗殺の際，持世も同席して重傷を負い7月28日死去した．48歳．周防国吉敷郡宮野（山口市）の澄清寺に葬る．法名は澄清寺殿道厳正弘．

参考文献　『満済准后日記』（『続群書類従』補遺1），『看聞御記』（同2），近藤清石編著『大内氏実録』，同編『増補防長人物志』，『山口県文化史』通史篇，御薗生翁甫『大内氏史研究』　　　　（松岡　久人）

014 **大内盛見** おおうちもりみ　1377～1431　室町時代中期の武将．永和3年（1377）山口今小路の邸で誕生．弘世の第6子で母は三条氏．幼名は六郎．兄義弘が応永の乱で敗死し豊前・石見・和泉・紀伊を削られ，幕府に降った弘茂が周防・長門を安堵されたとき，留守を命ぜられていた盛見は弘茂と絶ち，幕府が九州探題渋川満頼や安芸・石見の諸将に弘茂援助を命じ，さらに先に筑前で戦死した満弘の子満世に長門の2郡を与え弘茂に加担させると，一時鋭鋒を避けて豊後の大友氏のもとに身を寄せた後，応永8年（1401）12月長門府中に上陸し盛山城の戦で弘茂を戦没させ，同9年正月山口に遷った．その後諸所の弘茂の与党を征し，また幕府が弘茂の代りに立てた介入道道通（満弘の弟）と戦って倒し，ついで安芸・石見に進軍して介入道を支援した国衆と戦い，降伏させた．この間九州では探題の威令及ばず，幕府もついに盛見の家督を認めざるをえず，同11年のころ周防・長門の守護職を安堵し，ついで筑前・豊前の守護職を与えて九州経営の重責を負わしめることとした．以後盛見は在洛中は将軍や管領など上流武家社会で厚遇され，五山の禅僧との交わりも深かった．32年九州に動乱が起ると在京中の盛見は急ぎ下向してこれを平定したが，このころ以後は九州の経営にあたることが多く，その間同25年から永享3年（1431）に及ぶ宇佐宮造営の衝にもあたった．同元年11月将軍足利義教はその料国筑前の管轄を盛見に委ねたが，この管轄権に関して，盛見は筑前に所領をもつ大友氏と紛争を生じ，同2年以来大友・少弐・菊池の連合勢力と戦闘状態に入り，同3年6月28日少弐氏と筑前深江（福岡県糸島郡二丈町）に戦い敗死．55歳．周防吉敷郡宇野令の国清寺（現在の洞春寺の地）に葬る．法名は初め道雄，のち国清寺殿大先徳雄．盛見は武勇を以て知られたが，また禅を修め儒学詩文を嗜み，朝鮮とたびたび通交して大蔵経を求めてこれを印行させ，興隆寺に唐本一切経供養会を修する等文化的業績も著しかった．

参考文献　近藤清石編著『大内氏実録』，同編『増補防長人物志』，田中義成『足利時代史』，渡辺世祐『室町時代史』，御薗生翁甫『大内氏史研究』

（松岡　久人）

015 **大内義隆** おおうちよしたか　1507～51　戦国時代の武将．中国地方の大名．永正4年（1597）11月15日義興の長男として生まれる．母は長門守護代内藤弘矩の娘．義興は父政弘が病にたおれたとき，内藤弘矩に叛心ありとしてこれを討ち，その娘を娶った．政弘・義興の幼名と同じく義隆の小名を亀童丸といい，少年期に周防介に任じた．すでに数国の太守たる大内氏にとって介殿は嗣子の称となった．大永4年（1524）以来父に随って安芸に出陣，当時ようやく強大となって出雲から南下してきた尼子軍と戦ったが必ずしも利なく，享禄元年（1528）12月父の死に遇った．家を継いで周防・長門・豊前・筑前・石見・安芸の守護となり，やがて左京大夫に任じた．従来代々の初政期の例である近親者・有力家臣の叛乱または誅伐が行われず，老臣陶興房（晴賢の父）の輔翼を得，政情は安定していた．ここで大内氏領国の体制をみると，分国のうち防長両国は早くから支配が安定しており，豊前これに次ぎ，石見・筑前は支配の浸透が不完全であった．これらの国には重臣が1人ずつ守護代に任じられ，周防は陶氏，長門は内藤氏，豊前は杉氏，石見は問田氏というように世襲したが，国主大名的性格を帯びやすいため，大内氏当主としてはかれらの統御に苦心しなければならなかった．そこでこれらの守護代らは山口に住居を構えて大内氏中枢部を構成せしめられ，国々の吏務の大事はこの中枢部で処理し，小事を守護代の家人たる小守護代が執行した．領国内の荘園は消滅するかまたは有名無実に近く，家臣の給領地はできるだけ諸国に分散させ，時には所領替も行うなど謀叛防止の手段であったが，周辺の国

衆などで新たに来付するものは所領替をするわけにも行かなかった．いずれも大内氏の袖判のある充行状を発して恩を施す方法を採った．大内氏は戦国時代新興の大名と違って格式高く，代々中央貴族と親しみ故実を尊重する性格があるため，その領国支配もまた古い性格のものと考えられやすいが，実態は必ずしもそうでない．周防国衙領の保全に関して国主東大寺にあてられた大内氏歴代の請文のごときは，現実において空手形に近く，大内氏も家臣も年々侵犯を累加し，義隆時代に入ってますます著しい事実を見逃しえない．次に義隆の事績をみると，初政期には北九州経略を主とする．盛見以来の宿敵たる少弐氏は肥前に追われ，大内氏は大宰府を確保しているものの，少弐氏の動きがやまないため肥前にまで出兵してこれを抑え，松浦党を配下に入れ北九州海域を収めて，大陸貿易を安全にした．義隆はひたすら大宰大弐の官を朝廷に求めて許されないので，後奈良天皇即位式の資を献ずるなどして天文5年(1536)5月念願をかなえ，同年9月少弐氏を滅ぼした．翌6年暮には将軍足利義晴から幕政に参画するよう促されて上京を計画したが，領国経営を重視して取止めた．同9年冬安芸の征略をめざして出陣，毛利氏のために援軍を送って郡山城(広島県安芸高田市)攻囲の尼子軍を潰走させ，10年4月には厳島神主家友田氏を滅ぼして桜尾城を収め，5月銀山(かなやま)城を陥れて安芸守護家の名門武田氏を実質的に滅ぼし，安芸の領国化をほぼ成就し，同年12月従三位に昇叙，公卿に列なったのを光栄とした．義隆は諸将の軍議を尊重してこの機会に尼子氏の本拠を討つこととし，11年正月大軍を率いて征途につき，客ращろを経て出雲に入ったが備後・石見の諸将いずれも風を望んで従軍し，大内氏の勢威大なるものがあった．しかし出雲における戦況は進捗せず，深い雪の中で越冬を余儀なくされ，12年5月養嗣子晴持を敗走中の事故で水死させ，敗残の兵とともに空しく帰国した．従来から暗闘のあった文治派と武断派の対抗はこれより露骨になり，武断派の頭目陶隆房(のち晴賢)は義隆およびその寵臣相良武任との対立を深めた．しかし領国体制としての軍事はその後も進められ，東は毛利氏の協力で山名理興の拠る備後神辺城を陥れ，西は肥前前竜造寺氏が服属を申し出て，大内氏領国は未曾有の拡大を示した．義隆の学問・芸能はあらゆる分野にわたった．その背景には領国のもつ地理的特性，ことに大陸貿易と文化輸入のもたらす異国情緒，大内代々の好学とくに京都文化崇尚などがあり，義隆は学問・芸能を尚古的方向に求め，それを道と考えたといえよう．すなわち儒学は禅僧でなく京都から招いた清原氏を師として公卿たちと輪読し，仏学は大徳寺玉堂宗条から禅を学ぶほか，天台・真言の高徳たちを招いて密教仏事を行い，秘法秘印の伝授をうけ，神道は吉田兼右から伝授された．また義隆自身はキリスト教を信奉しなかったが，シャビエルを引見し領内布教を許可した．和歌は三条西実隆・飛鳥井雅俊らに師事し，歌曲の家元というべき持明院基規からは郢曲(えいきょく)その他の教えをうけ，雅楽の管絃まで四天王寺の楽人を召して学んだ．特に重視した有職学は，父義興の場合接待の目的のものであったが，義隆はこれを政治に結びつけた．すなわち天文元年朝廷の官務家小槻伊治を山口に招いて政務にあたらせ，故実に反しないように心がけた．署名に代える花押は「義隆」2文字をつらねた草名体を用いるなど，当時としては類例まれであり，大宰大弐に任ずると大府宣と呼ぶ復古形式の文書を発したり，公卿らの下向を歓迎して知行を与えたり，かれらを厚遇して経費を惜しまないなど，戦国の感覚からはずれた点が少なくなかった．その位階も天文14年正三位，17年従二位に上り，将軍以外の武将には例のないことであった．義隆は陶隆房の謀叛によって最期をとげるが，隆房謀叛の理由として，大内歴代の初政に必ず討伐されていた違和勢力が義隆のときは温存されたままであったこと，義隆の優柔不断の性格が陶隆房誅伐の機を逸したこと，主君義隆が領国経営の実務から遊離浮上した存在となったことなどが数えられ，最も単純に大内領国体制が戦国大名でなく守護大名の域を出ないための必然の変革とみることも可能であろう．しかし最も現実的な見方は義隆がいたずらに学問・芸能にふけり，公卿や芸能者を不当に厚遇したため，多額の経費が天役(てんやく)として賦課されることに対する領内の不満が下は庶民から上は重臣団に至るまでみなぎったことにある．おりしも山口に居住し，または来あわせていた公卿が1人も残さず叛乱軍の手で殺害されたことを思うべきであろう．隆房の謀叛計画は天文14年ころから進められ，はじめは義隆を隠居させて幼児義尊を立てる計画で，殿中奉仕の若者から農民商人まで味方に引き入れたといわれ，半ば公然であった．しかし義隆は謀叛の際における重臣たちの態度に信頼を寄せるのみで陶誅伐計画とてなく，ことに内藤興盛と毛利元就に倚頼するところ大であった．その間に謀叛計画はますます深刻化し，20年に入ると義隆父子殺害，大友八郎晴英擁

立に変更された．叛乱の軍事行動は8月20日から起してほぼ予定どおり進められ，内藤・杉ら大内氏重臣たちの兵も叛軍に加わった．9月1日義隆は主従わずか10余人で長門国大津郡深川(山口県長門市)大寧寺に入り異雪慶珠と法談を交して切腹．45歳．同寺に葬られた．竜福寺殿瑞雲珠天．

参考文献　『大内義隆記』(『群書類従』21輯)，近藤清石編著『大内氏実録』，同編『大内氏実録土代』(山口県文書館蔵)，高橋右文編『大内家古実類書』(同蔵)，福尾猛市郎『大内義隆』(『人物叢書』16)，米原正義『大内義隆』，『山口県文化史』通史篇，渡辺世祐『室町時代史』　　　　　(福尾猛市郎)

016 **大内義弘** おおうちよしひろ　1356〜99　室町時代前期の武将．延文元年(1356)生まれる．弘世の嫡子．幼名孫太郎．官は初め周防介のち左京権大夫．応安4年(1371)16歳の時弘世とともに九州探題今川貞世(了俊)に従い九州に渡り転戦，同5年大宰府攻略後弘世とともに帰国．同7年貞世の救援を命ぜられた弘世がこれを拒んだとき，義弘は永和元年(1375)進んで出陣して各地に転戦し，同3年懐良親王を奉ずる菊池武朝を大敗させるなど南軍攻略に大功をたてた．康暦2年(1380)父弘世死没の前年から永徳元年(1381)に及んで，舎弟満弘との間に長門・安芸・石見を舞台として争われた内戦に，義弘は幕府の支持をも得勝利をおさめ，同年6月石見にあった満弘と和解をとげ，義弘は周防・長門・豊前の守護職を保ち満弘は石見1国に任ずることとなり，義弘の地位は確立した．康応元年(1389)足利義満の「厳島詣」の西下を防府に迎え，義弘はこれに随行して上洛し，以後在京が多くなる．明徳2年(1391)の明徳の乱には洛西内野において勇戦，幕府軍勝利の立役者となり，功により山名氏の旧領国の和泉・紀伊の守護職を与えられ，大内氏は防・長・豊・石・泉・紀6州の守護職を保持することになった．また南朝との和睦斡旋に尽力し同3年閏10月南北朝合体を成立させた．義満は義弘のたびたびの忠節を賞して同4年12月一族に准ずる御内書を与えた．また義弘の対外通交は康暦元年高麗の使者韓国柱の来聘を受け，その帰国を朴居士に兵を付して護送させたのが初めであるが，その後対外通交は今川了俊の独占の観があり，了俊の失脚とともに義弘が朝鮮との交渉の衝にあたることが多くなり，倭寇の禁止と引きかえに貿易上有利な立場を築いた．応永4年(1397)僧永範を派遣した際，義満の命により諸島の倭寇を禁止したことを告げたが，朝鮮は朴惇之を派遣して義満に謁し重ねて倭寇の禁止を請わせており，義弘が幕府と朝鮮とを仲介しつつ通交上有利な立場を固めていたことがわかる．同6年義弘がその世系の百済の後裔であることを理由に，縁故の土地の割譲を朝鮮に求めたことは注目に値する．こうして義弘は家富み兵強く，ために幕府の集権体制にそわぬ外様の大名として，また幕府が注目し始めていた対明貿易の競合者として，幕府の抑圧対象と目されるに至った．応永4年筑前で弟満弘が戦死すると，義弘は翌年下向して少弐氏を討ったが，平定後も義満の上洛催促に応ぜず，ようやく同6年大兵を率いて和泉堺に着き幕府の慰撫を退けて乱を起した．その叛乱計画は鎌倉公方足利満兼を誘い，その呼びかけで諸大名家の不平分子や南朝勢力を糾合するものであったが，地方での挙兵は間もなく鎮定され，堺の籠城戦も12月21日陥落し義弘は敗死した．44歳．堺の義弘山妙光寺に葬り，のちに周防国吉敷県宇野令(山口市上宇野令)の香積寺(現在瑠璃光寺)に移葬．道号は梅窓・秀山，法名は義弘・道実・弘実・有繋・道春・仏寛・仏実など，最終は秀山仏実．義弘はまた和歌・連歌をよくし『新後拾遺和歌集』の作者に列している．

参考文献　『大日本史料』7ノ4，応永6年12月21日条，『応永記』(『群書類従』20輯)，『朝鮮太祖実録』7〜14，『朝鮮定宗実録』1，永田政純編『萩藩閥閲録』，近藤清石編著『大内氏実録』，『山口県文化史』通史篇，御薗生翁甫『大内氏史研究』，松岡久人『大内義弘』　　　　　(松岡　久人)

017 **大江定基** おおえのさだもと　⇒寂照(じゃくしょう)

018 **大岡清相** おおおかきよすけ　1679〜1717　江戸時代中期の長崎奉行．延宝7年(1679)生まれる．はじめ五郎三郎・五郎右衛門という．小普請・御書院番・御使番・御目付を歴任し，宝永6年(1709)10月15日西ノ丸の御留守居となり，12月18日従五位下備前守に叙任，正徳元年(1711)4月別所播磨守常治の後任として長崎奉行に転ず．在任中正徳長崎新例が発布される．かねて幕閣の中では長崎貿易制度検討の必要性がさけばれていたが，徳川家継の将軍相続を契機として，長崎貿易組織の吟味・調査は具体化した．老中は現場の最高責任者の地位にあった長崎奉行に，改革の具申を求めた．なかでも，長崎貿易が懸案とした輸出銅や来航船数の限定，値組み制の採用などに関する大岡備前守の上書は，長崎貿易の実情に基づいた適切な答申であったといわれている．新井白石を起草者とする正徳長崎新例の骨子は，右の上書にもられていたとするのが妥当であろう．『崎陽群談』はかれの編纂になる．長崎奉行在任中の享保2年(1717)4月11日没．39歳．法名清耀．江戸牛込の伝久寺に葬る．

参考文献　金井俊行編『増補長崎略史』(『長崎叢書』

3・4)，『通航一覧』164・167，『寛政重修諸家譜』75　　　　　　　　　　　　　　　（武野　要子）

019　大賀九郎左衛門　おおがくろうざえもん　？～1641　江戸時代前期の海外貿易家．法名道句．諱は信房．大賀甚四郎信好の子．豊後国土豪大神氏を祖先とする．慶長5年(1600)当時豊後中津にいた甚四郎は，黒田長政の命令で博多に移りその築城を助けた．この時大賀氏と改姓．九郎左衛門家は中大賀といい，兄弟の善兵衛(上大賀)・惣右衛門(下大賀)とともに繁栄したが，その後密貿易家伊藤小左衛門と姻戚関係にあったため絶え，上下大賀が長く博多商人の格式を保った．九郎左衛門は長崎における博多商人の拠点の1つである五島町に居住し，多角貿易を行なった．同12年5月暹羅(シャム)行き渡航朱印状を下付されたが，その後は末次船など有力朱印船の客商として渡航している．内外貿易商人の金融である「投銀」へも参加し，寛永15年(1638)末次宗得ら博多商人数名と組んで総額銀150貫を投資した．博多糸割符株の取得にも成功し，両大賀や伊藤左衛門らとともに，12丸の糸や利益銀の配分を受けた．同18年9月21日死去．
〔参考文献〕津田元貫編『石城志』人物編，岩生成一『朱印船貿易史の研究』　　　　（武野　要子）

020　大加羅　おおから　⇨加羅(から)

021　大蔵善行　おおくらのよしゆき　832～？　平安時代前期の学儒．帰化族阿知使主の後，姓は伊美吉，のち朝臣を賜わる．大外記五位の故に唐名を蔵外史大夫と称する．天長9年(832)生まれる．貞観17年(875)蔵人所に伺候，御書を校定し，近侍の人々に『顔氏家訓』を講義した．藤原基経・時平・忠平をはじめ，平惟範・三統理平(みむねのまさひら)・紀長谷雄らも業を受ける．大内記都良香に内記補任の推薦をうける．元慶7年(883)正六位上少外記存問渤海客使．仁和より延喜にかけ大外記として活動，治部少輔・勘解由次官・三河権介などを兼任．菅原道真追放直後，その修史を筆削して『三代実録』を完成，時平と連名で延喜元年(901)に奏上，序文も書く．同年時平は門生の礼をとって彼の70の算賀を城南水石亭にひらく．会する者三善清行・藤原菅根・大江千古らをはじめ門人惟範・忠平・藤原興範・理平・長谷雄ら，おのおの詩を賦し，長谷雄が序を書く．『延喜格』『延喜式』の撰にも参与．民部大輔但馬守，同8年に致仕，同17年86で皇太子に『漢書』を授ける．90の長寿を保ち，地仙と称せられた．
〔参考文献〕『大日本史料』1ノ4，延喜17年是歳条，坂本太郎「三代実録とその撰者」(『古典と歴史』所収)　　　　　　　　　　　　　　（川口　久雄）

022　大河内物語　おおこうちものがたり　⇨朝鮮物語(ちょうせんものがたり)

023　大郡宮　おおごおりのみや　古代難波の迎賓施設につくられた宮室．『日本書紀』白雉3年(652)正月朔日条に，元日の礼が終わったのち孝徳天皇が大郡宮に幸したとある．前年12月晦日条に大郡から難波長柄豊碕宮と呼ばれた新宮に遷ったとあり，舒明天皇2年(630)是歳条に「改修=理難波大郡及三韓館=」とあることから，大郡は地名ではなく建物であったと考えられる．そして欽明天皇22年・推古天皇16年(608)9月条などから難波大郡は外国の使節を迎える殿舎であったことが知られる．難波には小郡もあり，筑紫にも大郡・小郡があり，これらは福山敏男によれば2郡に分かれた客館であった．『続日本紀』によると，天平勝宝元年(749)10月丙子孝謙天皇は河内を巡行した後大郡宮に還り，同年11月・翌年正月にもみえるが，この大郡宮は難波か平城か断定し得ない．難波大郡宮の位置は『摂津志』に大坂安国寺坂の北とする．同書には東生郡を難波大郡，西成郡を難波小郡としていることなど，難波の諸宮についての混乱がみられる．しかし大阪市東区上町台地一帯から難波宮およびそれ以前の建物遺構が発掘されているので，大郡宮がこれらと結びつく可能性は大きい．
→小郡宮(おごおりのみや)
〔参考文献〕喜田貞吉『帝都』，大井重二郎『上代の帝都』，天坊幸彦『上代浪華の歴史地理的研究』，難波宮址を守る会編『難波宮と日本古代国家』，山根徳太郎「孝徳天皇長柄豊碕宮の研究」(難波宮址研究会・難波宮址顕彰会編『難波宮址の研究』3所収)，福山敏男「地方の官衙」(『日本の考古学』7所収)，中尾芳治「難波宮址発掘調査の成果と問題点」(『ヒストリア』56)　　　　　　　　　　（岡田　隆夫）

024　大坂銅座　おおさかどうざ　江戸時代に荒銅の集荷・精錬・売買に関する業務を管轄した役所．幕府は，貿易による金銀の国外流出を防ぐため，元禄10年(1697)に貿易の決済手段として，定額貿易とは別枠で，銅の輸出高を定めた．そしてそれだけの輸出銅(御用銅)を確保するため，同14年以来，銅座を3度設けている．すなわち(1)元禄14年～正徳2年(1712)，(2)元文3年(1738)～延享3年(1746)，(3)明和3年(1766)～明治元年(1868)である．しかし，(1)・(2)の間には，銅の精錬業者である銅吹屋仲間が，大坂と長崎に銅会所を設けているし，また(2)・(3)の間には，長崎会所の吟味役，請払役が大坂の銅会所に出張して業務を執っていたので，元禄以来一貫した銅統制策が行われたといえる．銅座の主要な業務は，各地の銅山で採掘する荒銅を，大坂の問屋を通じて買い上げ，銅吹屋仲間に精錬させ，輸出用の棹銅として長崎に送り，残りを国内向け(地売銅)として，払い下げることにあった．これらの銅を買い集めるため，初期には，銅問屋から大坂に廻送された銅の数量を銅座に申告し，また銅吹屋からも毎月の買高，売高を届け出る方法が行われた．しかし，生産費は年とともに高くなったのに，御用銅の買上値段が100斤に付き105匁に据え置かれたため，大坂銅座に集ま

銅は次第に少なくなり，1回目の銅座廃止を招いた．次に，正徳5年から享保7年(1722)にかけて，全国の主要銅山に，産額に応じて御用銅を割り当てたが，これも買入資金の繰廻しがうまくいかず，中絶した．元文3年以降は，銅山ごとに利益の多い地売銅と御用銅の割合を決めて割り当て，また輸出高の減少につれ，延享3年には，御用銅だけを主要銅山に割り当てる方式が復活した．価格統制や強制買上げの結果，各地の銅山の経営は悪化し，銅の産額は激減した．また国内での密売も横行した．明治政府の鉱山局設置(明治元年7月)により，銅の統制は撤廃された．　→長崎御用銅(ながさきごようどう)

[参考文献] 永積洋子「大坂銅座」(『日本産業史大系』6所収)　　　　　　　　　　　　　　(永積　洋子)

025　大島筆記 おおしまひっき　宝暦12年(1762)沖縄から薩摩へ向かった貢物船(楷船)が暴風雨にあい，土佐国に漂着したとき，高知藩の儒学者戸部良熙が漂着者から沖縄のことを聞いて記録したもの．同船は7月13日琉球運天を出港，21日土佐国西南海湾にある柏島(高知県幡多郡長月町)沖に漂着，引船に曳航されて，22日大島(同宿毛市)に入った．本書は上下2巻と附録からなる．上巻には琉球国潮平親雲上以下五十二人大島浦漂着之次第，琉球国体，朝服のこと，人物風俗，地名，年中大略，諸産物大要，官位の事，琉球大略の9事項，下巻には雑話上と下の2事項，附録には琉球歌，琉球人和歌，雨夜物語(久志親雲上作)の3事項と図絵が記されている．本書は会話による意思疎通が十分でない人々の間でのことであったから，筆談に基づいて筆記したようである．資料提供の中心となったのは，琉球蔵役潮平親雲上であったであろう．潮平は首里の支配層であっただけに，本書に記録されている事実は主として支配層の生活や，中国入貢の際の見聞などに限られている．したがって本書で当時の沖縄社会全体の歴史を知るのには無理がある．また筆談であったために誤記があり，見当違いの記述や推論もある．しかし博覧強記の著者が，沖縄についての体系的な知識を仕入れる目的で質疑応答をくり返しているだけに，当時の沖縄に関する多方面のことにふれており，中には本書以外で知られない史実もある．しかも著者は聞き得た内容を，『中山伝信録』や『南島志』で確かめている．沖縄の平和時代の様相を知るのに欠かせない史料の1つ．『海表叢書』3，『日本庶民生活史料集成』1所収．

[参考文献] 比嘉春潮・新里恵二『大島筆記』解題(『日本庶民生活史料集成』1)　　　　　　(宮城　栄昌)

026　大谷吉継 おおたによしつぐ　1559〜1600　安土桃山時代の武将．永禄2年(1559)に生まれる．父は豊後の国主大友宗麟の家臣大谷盛治であるといわれている．はじめ紀之介と称し，のち吉継と改めた．豊臣秀吉に近侍して信任を受け，天正13年(1585)7月，従五位下刑部少輔に叙任された．賤ヶ岳の戦に軍功をあらわし，九州攻めには石田三成らと兵站奉行を勤め，同17年越前敦賀の城主に封ぜられて，5万石を領した．翌年の小田原攻め，それに続く奥羽地方の経略に参加して戦功をたて，平定後出羽地方の検地を担当した．文禄元年(1592)の朝鮮出兵に際しては，石田三成らとともに船奉行を命ぜられて船舶の調達にあたり，さらにその年6月には石田三成・増田長盛ともに在朝鮮部隊督励の奉行として渡海し，翌年明軍との和平交渉に努めた．秀吉の死後，吉継は徳川家康に接近し，慶長5年(1600)7月，家康の会津攻めの軍に従うため敦賀をたち，途中美濃の垂井から使者を佐和山城の石田三成のもとへ送り，三成の子重家の同道を求めた．ところが三成は吉継を佐和山城に迎えて，家康討伐の計画を打ち明け吉継の協力を要請した．吉継は家康を敵として戦うことの得策でないことを説いて，三成に思いとどまるように切言したが，三成の決心の固いのを知り，ついに意を決して三成と行動をともにすることにした．吉継は敦賀に引き返して兵を挙げ，前田利家の軍と戦ってこれを破り，家康が会津攻めの途中から軍を返して西上したとの報に接すると，敦賀をたって美濃関ヶ原に向かった．吉継はかねて松尾山に陣する小早川秀秋の態度に疑心を抱き，秀秋に備えて松尾山の北，藤川台に陣した．9月15日の戦闘では，一旦は藤堂高虎・京極高知らの東軍の攻撃を却けたが，秀秋の軍が東軍に内応して吉継の陣に襲いかかったので，吉継は側背を衝かれて苦戦に陥り，奮闘の末に自尽した．時に42歳．

[参考文献] 小瀬甫庵『太閤記』(『新日本古典文学大系』60)，『関原始末記』(『(改定)史籍集覧』26)，板坂卜斎『慶長年中卜斎記』(同)　　　　　　　(今井林太郎)

027　大槻玄沢 おおつきげんたく　1757〜1827　江戸時代中期の蘭学者，医者．宝暦7年(1757)9月28日陸奥国磐井郡中里(岩手県一関市)に生まれる．名は茂質(しげかた)，字(あざな)は子煥，磐水と号す．玄沢は通称．代々医者の家柄で，父は一関藩医．13歳の時藩医建部清庵に就いて医学を学ぶ．安永7年(1778)江戸に出て，杉田玄白の門に入り，オランダ医学の研究を始めた．玄白は玄沢の人柄とその才能を愛し，直接前野良沢に就いてオランダ語を学ばせた．天明5年(1785)長崎に遊学して本木良永・吉雄耕牛に師事し，さらにオランダ語の学識を深めた．同6年仙台藩医員に召し抱えられ，江戸詰となって京橋に移り住み，ここにオランダ語を教える学塾を開いて芝蘭堂(しらんどう)と名付けた．これは蘭学塾として最初のものであり，橋本宗吉・稲村三伯・宇田川玄真・山村才助らの多くの俊才を育てた．同8年初学者のためのオランダ語手引書である『蘭学階梯』2巻を刊行し，玄沢の蘭学界における名声は不動のものとなった．以後，医業に多忙を極める師玄白のあとを引き継いで蘭書の翻訳に邁進したが，寛政2

年(1790)最初の主な仕事であるハイステルの外科書(蘭訳本)の一部を訳述した『瘍医新書』を完成した．玄白の命によって『解体新書』の重訂を図り，同10年にはそれがほぼ完成して，のち『重訂解体新書』13巻付図1巻として出版した．この『重訂解体新書』は単なる原著の翻訳ではなく，多くの蘭書を渉猟してそれらをまとめたもので，玄沢の深い学識が窺えると同時に，江戸時代の解剖学書として重要なるものの1つといえる．文化8年(1811)幕府の天文方蛮書和解御用に出仕し，通詞の馬場貞由と協力して主としてショメルの百科辞書を翻訳し『厚生新編』を刊行した．蘭学の先駆者，杉田玄白・前野良沢らの後を受けてこれを開花せしめた玄沢の功績はまことに大で，その名は蘭学史上に不朽である．文政10年(1827)3月30日没．71歳．江戸高輪東禅寺に葬る．著訳書には前掲書のほか『蘭畹摘芳』『六物新志』『蔫録』『環海異聞』『金城秘韞』など300巻以上の多きに及んでいる．

[参考文献] 大槻如電『大槻磐水』，大槻茂雄編『磐水存響』，洋学史研究会編『大槻玄沢の研究』

(大鳥蘭三郎)

028 大槻磐水 おおつきばんすい ⇒大槻玄沢(おおつきげんたく)

029 大津首 おおつのおびと 生没年不詳 奈良時代初期の僧，陰陽師．名は意毗登(おびと)にも作る．『続日本紀』に，慶雲4年(707)5月，遣新羅大使美努連浄麻呂とともに学問僧の義法・義基らが新羅から帰国したとみえている．この義法がその後，和銅7年(714)3月，彼の占術を用いんがために還俗せしめられ，大津連の姓と意毗登の名を賜い，従五位下を授けられた．ついで養老5年(721)正月，学業優秀の士が賞賜せられた際に，陰陽の筆頭に従五位上大津連首とみえ，絁10疋などを賜わった．また天平2年(730)3月には，特に弟子を取ってその術を伝習せしめることを許された．彼は『懐風藻』に2首の詩を残しているが，そこでは「従五位下陰陽頭兼皇后宮亮大津連首」とあり，年66と注してある．彼はおそらく大津大浦の祖先であろう．

→遣新羅使(けんしらぎし)　　　　　(土田 直鎮)

030 男大迹王 おおど・おおり ⇒継体天皇(けいたいてんのう)

031 大友宗麟 おおともそうりん 1530～87 戦国時代の武将．豊後・筑後・肥後・筑前・豊前・肥前6ヵ国守護．享禄3年(1530)生まれる．大友氏20代義鑑の長子．幼名塩法師丸，のち五郎または新太郎．左衛門督，従四位下．諱は義鎮(よししげ)．入道宗麟・円斎・三非斎．キリスト教名ドン＝フランシスコ．天文19年(1550)廃嫡事件で父義鑑が横死した(大友二階崩の変)あとをうけ家督をつぐ．義鑑の晩年は，豊後・筑後・肥後3ヵ国守護職に補任され，弟重治を肥後菊池氏に入れて嗣とし，筑前・豊前守護職を兼ねた大内義隆とは和を結び，比較的安定していた．義鎮襲封の翌20年大内義隆が家臣陶晴賢に殺され，これが爾後の大友氏の発展に大きな影響を与えた．晴賢はあらかじめ，義鎮との間に結んだ密約に従って，義鎮の弟晴英を大内の嗣に迎えて大内義長と称せしめた．大内勢力の退潮により，義鎮は同23年肥前守護職に補任．またこのころ宗家に叛いた菊池重治を，豊後直入郡木原に誘殺して後顧の憂いを絶った．この間中国では毛利元就が勢力を得，陶晴賢を討ち，弘治3年(1557)には大内義長を滅ぼした．しかしなお九州まで手を出すまでに至らず，義鎮は豊前・筑前・肥前方面を鎮定し，さらに伊予に攻め入った．かくて永禄2年(1559)将軍足利義輝から豊前・筑前守護職を加えられ，北九州6ヵ国と日向・伊予各半国に及ぶ空前の大版図を形成した．これから天正6年(1578)までの約20年間が，なお波瀾はあるが黄金時代となる．しかし永禄2年9月には門司城で毛利軍との戦いが始まり，これに呼応して筑前秋月種実・宗像氏貞・筑紫惟門・原田隆種，豊前の長野吉辰・野仲鎮種らが離反した．義鎮は豊前方面で毛利と苦戦中，同5年5月1日臼杵丹生島城を築いて移り，入道して宗麟と号し，府内は長子義統に任せた．同7年将軍義輝の命で豊芸の和が成立したので，宗麟は領内平定に専念し，毛利氏は出雲の尼子氏討伐に全力を注ぎ，同9年富田城を陥れた．これ以後尼子氏残党の動向が毛利氏の動静を決定し，これが宗麟の勢力の消長を左右する．同10年から12年にかけての秋月・筑紫・竜造寺の離反，一族高橋鑑種・立花鑑載らの反逆は，尼子氏を討ち再び九州に軍勢をさし向けた毛利軍との内通の結果であり，宗麟の危機であった．ところが同12年尼子勝久が但馬から出雲に攻め入ったので，元就は宗麟と和し兵を返した．勝久は敗れて京都に走り織田信長に頼ったので，毛利氏は信長を敵とすることになり，元亀2年(1571)元就の病死後九州から完全に手を引いた．この結果宗麟の北九州制覇が完成したのである．天正元年家督を長子義統に譲ったが，なお諸事皆宗麟の命に出でた．北の敵はなくなったが，新たに南の島津義久との対決が迫り，同6年日向の土持親成を討ち，同年冬，高城で義久軍と戦って大敗，耳川でさらに追い撃ちをかけ

られた（耳川の戦）．これから大友氏の大版図の瓦解が始まり，肥前竜造寺隆信や豊後でも一族の田北紹鉄と田原親宏・親貫父子の反乱がおこり，大友氏は再び危機に陥った．この間島津氏は北上し，大友氏の拠点筑前の岩屋・宝満・立花諸城を攻め，豊後南郡の内通者の導きで，同14年島津義弘は肥後，同家久は日向から豊後に侵入した．宗麟は上坂して豊臣秀吉の救援を求め，同15年秀吉の九州攻めとなり，島津軍は退却して秀吉に降参した．この結果秀吉から義統は豊後1国を，宗麟は日向1国を与えられたが，宗麟は辞退して受けなかった．宗麟は同10年ごろから後妻ジュリヤと津久見に隠棲してキリスト教信迎の生活を送ったが，同15年5月23日同地において疫病により死没した．時に58歳．法謚瑞峰院殿瑞峰宗麟大居士．墓は大分県津久見市大字津久見字ミウチ（中田区引地ミウチ）にある．大友氏の領国支配で注意されるものに，年老・宿老とも呼ばれる加判衆の制度がある．重臣中から選ばれ，一種の評定衆ともいうべきもので，大友氏発給の文書に遵行状を出し，連署する．人数は4，5人ではじめは国衆が多かったが，大友一族である紋の衆との争いがあり，義鑑の遺言で3人ずつ計6人とした．加判衆は国ないし郡別に事務分担があり，「方分」と称した．加判衆の合議にあたり，分担の国について主担当となるものである．うち1，2名は筑後の守護代ないし郡詰代官として，任地に在国する定めであった．方分の下に検使が任ぜられ，郡単位に2名ずつ代官として闕所地調査・段銭徴収・公領管理などにあたった．荘・郷単位に政所が置かれ，別に目付・耳聞を放って情報を集めた．家臣団編成は豊後では個別の与力被官契約による構成が多く，筑後などでは寄子同心的体制による国人の集団的動員体制が整備され，これを守護代が支配する植民地型の知行であった．総じて家臣団の統制は甘く，加判衆でさえ在地しており，宗麟の晩年には加判衆は出仕せず，浦上宗鉄という右筆が代行した．大友氏領国瓦解の一因である．宗麟は天文20年山口からシャビエルを府内に招き，キリスト教の教義と西洋事情をきいてから，布教を公許し保護を加えた．当時のわが宗教界の腐敗と迷信の流行に対し，宣教師の厳粛な信仰と生活態度に感じ，さらに鉄砲・大砲・硝石などの火器に代表される西洋文化と貿易の利を得ようとしたものである．宗麟時代ポルトガル船は，5度も府内の外港沖ノ浜に来航し，盛んに南蛮貿易が行われた．シャビエルは一旦インドに帰り，同21年神父バルテザル＝ガゴ以下を派遣した．ガゴは，シャビエルから後事を託されて山口に居たコスメ＝デ＝トルレスに会って指揮をうけ，宗麟の援助により府内に住院を建てて，礼拝堂を設けて布教を始めた．トルレスはシャビエルの精神を体し，日本の風俗・習慣を研究しこれにとけこむ方策をとり，日本語の福音書を書き育児院・病院を建てて貧民や病人を救ったので信者は急速に増加した．永禄5年宗麟が臼杵に移ってからここが中心地となるが，元亀元年トルレスにフランシスコ＝カブラルが代わると，宗麟次子親家・田原親虎らの入教問題が起り，宗麟の家庭や周囲に深刻なトラブルが発生，殉教問題にまで発展しようとした．カブラルの偏狭で妥協しない布教方針の結果で，宗麟も周囲の大反対をおし切り，天正6年妻を離婚し，カブラルにつき洗礼をうけドン＝フランシスコと号した．同7年アレッサンドロ＝バリニャーノが巡察師として来日してカブラルに代わると，再びシャビエルの精神に復したため，日向敗戦後の衰退期にもかかわらず，信者は増加して1万をこえ各地に教会ができた．豊後は都・下（しも）とならぶ三大教区の1つとなり，府内にコレジョ，臼杵にノビシャドが設立され，日本人も入学した．同10年のいわゆる天正遣欧使節については出発まで宗麟は関知しなかったらしく，これもバリニァーノの布教政策の1つであった．なお宗麟が社寺を焼いたという伝承は，誇張された面がある．また遣欧使節が帰朝したのは，宗麟の死の3年後であった．

[参考文献]　松田毅一『きりしたん大名大友宗麟の生涯』，外山幹夫『大友宗麟』（『人物叢書』172），『大分市史』下，西村圭子「大友氏末期における筑前支配形態の変遷」（日本女子大学史学研究会編『大類伸博士喜寿記念史学論文集』所収），久多羅木儀一郎「大友宗麟伝雑考」（『大分県地方史』13〜16合併号），岡本良知「戦国時代の豊後府内港」（同10），桑波田興「大友氏家臣団についての一考察」（『九州文史研究紀要』8・9合併号），橋本操六「大友氏奉行人の変遷と時代考証」（『豊日史学』27・28合併号），芥川竜男「大友家臣団についての一考察—加判衆考察の問題点—」（『法政史学』15），松田毅一「天正遣欧使節の真相—特に伊東満所に就いて—」（『史学雑誌』74ノ10），アルカディオ＝シュワーデ「キリシタン大名大友宗麟の最期について」（『上智史学』13）

（渡辺　澄夫）

032　大伴磐　おおともの いわ　6世紀前半ごろの豪族．大連大伴金村の子．『日本書紀』によると，宣化天皇2年10月新羅が任那を攻めたので，天皇は金村に詔して，その子の磐と狭手彦を遣わして，任那を助けさせた．狭手彦は任那に行き，磐は筑紫にとどまってその国政をとり，三韓に備えたという．『大伴系図』によれば，咋子（くいこ，囓・咋）も磐の兄弟である．吹負（ふけい）を磐の子とする系図もあるが，『続日本紀』によれば，吹負は咋子の子である．

（直木孝次郎）

033　大伴金村　おおともの かなむら　5世紀末から6世紀前半へかけての大和朝廷の有力者．武烈・継体・安閑・宣化朝の大連．大伴談（かたり）の子．磐・咋・狭手彦の父．仁賢天皇の死後，権勢強大な平群氏を滅ぼし，武烈天皇を

即位させた．武烈の死後，あとをつぐ皇族がないため，金村は群臣とはかって，仲哀天皇の5世の孫倭彦王を丹波より迎えようとしたが失敗し，応神天皇の5世の孫男大迹（おおど）王を越前より迎え，河内の樟葉で即位させた．継体天皇である．しかし，継体がこれより20年目（一説には7年目）にようやく大和にはいり，磐余玉穂に都をしたという伝えなどからすると，金村が最初から継体の擁立につとめたかどうかは疑わしいとする説もある．継体天皇21年，筑紫国造磐井の反乱がおこり，国内の動揺はつづいたが，『古事記』によれば金村は大連物部麁火（あらかひ）とともに戦って乱を平定した．国外では，5世紀末以来高句麗におされて南へ勢力をうつしつつあった百済が，継体天皇6年に任那の上哆唎（おこしたり）・下哆唎（あるしたり）・沙陀・牟婁の4県の割譲を望み，金村はそれを認めた．朝鮮での日本の威信はこれ以来低下したといわれる．安閑朝には，皇后や妃のために屯倉を設け，摂津の三島県主や大河内直に天皇のための屯倉を献上させた．屯倉の増設に功があったと思われる．しかし，欽明天皇元年，物部尾輿らにさきの4県割譲の失敗を糾弾されて失脚し，住吉の宅に引退した．安閑・宣化対欽明の対立に際し，前者を支持したことが勢力を失う原因とする説がある．大伴氏はこれより衰えた．

参考文献　林屋辰三郎「継体・欽明朝内乱の史的分析」（『古代国家の解体』所収），直木孝次郎「継体朝の動乱と神武伝説」（『日本古代国家の構造』所収），同「大伴金村」（『古代史の人びと』所収），八木充「大伴金村の失脚」（『日本書紀研究』1）
（直木孝次郎）

034 **大伴咋** おおとものくひ　6世紀から7世紀初めの豪族，武将．名は咋子・囓とも書く．『大伴系図』に大連大伴金村の子で，磐・狭手彦の兄弟と伝えるが，6世紀前半に活動した金村の子にしては年代の差が大きすぎる感がある．用明天皇2年物部守屋討伐の軍に加わり，崇峻天皇4年任那再興のため，大将軍として筑紫に出陣したが，天皇の死により推古天皇3年（595）帰還．新羅に侵された任那を救うため，同9年高句麗に使いした．16年，来朝した隋使を小墾田宮に迎えた．『続日本紀』によれば，冠位は大徳．吹負の父，牛養の祖父．『尊卑分脈』によれば藤原鎌足の母は咋の娘の智仙娘という．
（直木孝次郎）

035 **大伴古麻呂** おおとものこまろ　？～757　奈良時代の官人．父は不詳．旅人の弟宿奈麻呂の子とする説がある．治部少丞・兵部大丞を歴任，その間天平4年（732）8月任命の遣唐使に加わり，帰国のとき唐人陳延昌に託されて大乗経典を日本にもたらしたことが石山寺所蔵の『遺教経』跋語によって知られる．ときに大学寮に勤務．同17年従五位下に叙せられ，天平勝宝元年（749）8月左少弁，同2年9月遣唐副使となり，4年節刀を給い従四位上を授けられて再度唐．翌年正月長安での朝賀の席上，第一席に新羅使がついたのを抗議し変更させた．帰国の際に鑑真らをひそかに乗船させ日本に招いたのは著名．6年左大弁，正四位下となり天平宝字元年（757）6月陸奥鎮守将軍を兼ね，さらに陸奥按察使となった．これは橘奈良麻呂の謀議に加わっているとされての追放であった．赴任の途中，美濃国で病と詐ってとどまり，奈良麻呂に呼応して不破関を塞ごうとしたが，捕えられ拷問をうけて杖下に死んだ．

参考文献　青木和夫『奈良の都』（中央公論社『日本の歴史』3），石井正敏「唐の「将軍呉懐実」について」（『日本歴史』402），同「大伴古麻呂奏言について―虚構説の紹介とその問題点―」（『法政史学』35）
（佐伯　有清）

036 **大伴狭手彦** おおとものさでひこ　6世紀中葉の豪族，武将．大連大伴金村の子．『日本書紀』によれば，宣化天皇2年新羅が任那を侵したので，天皇は金村に詔して，その子の磐と狭手彦とに任那を助けさせた．磐は筑紫にとどまって国政をとり，狭手彦は朝鮮に渡って任那を鎮め百済を救った．また欽明天皇23年には，数万の兵を率いて高句麗を打ち破り，高句麗の王宮に入り種々の財宝や美女を得て，天皇と蘇我稲目に献じたという．『三代実録』貞観3年（861）8月条にのせる伴善男の奏言によれば，このとき狭手彦の献じた高句麗の囚が山城国の狛人であるという．『肥前国風土記』松浦郡条や『万葉集』5には，狭手彦が渡海のまえにめとった弟日姫子（松浦佐用姫）をめぐる伝説がみえる．
（直木孝次郎）

037 **大伴継人** おおとものつぐひと　？～785　奈良時代の官人．正四位下左大弁古麻呂の子．宝亀8年（777）遣唐使の判官として入唐，同9年帰国の途次難破するが肥後国に漂着．同10年従五位下．能登守・伯耆守・固関使・近江介などを歴任し，延暦2年（783）左少弁．同4年9月長岡京にて藤原種継を暗殺した主謀者として捕えられ，同月獄中にて斬罪に処せられた．死後大同元年（806）に本位（正五位上）に復された．継人の子国道（伴善男の父）も縁坐して佐渡に配流された．
（吉田　孝）

038 **大友義鎮** おおともよししげ　⇒大友宗麟（おおともそうりん）

039 **大友義統** おおともよしむね　1558～1605　安土桃山時代の武将．永禄元年（1558），義鎮（宗麟）の長子として誕生．母は豊後国国東郡安岐郷奈多八幡宮の神官奈多鑑基の女．童名長寿丸また五郎．足利義昭の諱字をうけ義統，天正16年（1588）ごろ豊臣秀吉の諱字をうけ吉統．左兵衛督．大友羽柴豊後侍従．文禄2年（1593）入道宗厳，のち中庵と改める．キリスト教名コンスタンチノ．天正元年12月28日家督をついだが，はじめは諸事皆臼杵の宗麟から出た．同6年の日向国耳川敗戦後，急勅に衰退し，8年田北紹鉄・田原親貫・竜造寺隆信らが反逆，

重臣の要請で宗麟の出馬を請い国内だけは鎮定した．14年島津軍が豊後国に侵入，宗麟は上坂して秀吉に救援を求め，翌年九州攻めとなって島津軍は退却した．しかし秀吉軍の到着前，義統は先鋒仙石秀久・長宗我部元親・信親父子の軍と軽率にも戸次川に出撃して大敗，宇佐郡竜王城まで遁走して豊後1国のみを安堵された．イエズス会士ゴメスにつき受洗しコンスタンチノと号したが，秀吉の禁教令で棄教，信者を迫害した．文禄2年朝鮮平壌の戦に小西行長を救援せず漢城に退き，秀吉の激怒をかって除封，毛利輝元に預けられて山口に幽閉，翌年水戸佐竹義宣に預けられた．慶長5年(1600)豊後国速見郡石垣原で黒田孝高に敗れて降参，出羽国秋田の秋田実季に預けられて幽閉．同7年実季の常陸国宍戸転封に従い，同10年7月19日同国配所（一説江戸牛込）にて没．48歳．法名は法鐘院中庵宗厳．

参考文献　『大日本史料』12ノ3，慶長10年7月19日条，田北学編『大友史料』，同編『(増補訂正)編年大友史料』23～29，『寛政重修諸家譜』114，『志賀文書』(『大分県史料』13)　　　　(渡辺　澄夫)

040　大野城　おおのじょう　福岡県粕屋郡宇美町を中心として太宰府市の一部を占め，最高峰415mの四王寺山頂をいれて，土塁でかこまれている朝鮮式山城．天智天皇4年(665)百済の亡命貴族憶礼福留・四比夫の指導によって築かれた．爾来大宰府の北面防衛の役割を果したが，現実には外襲を受けず，平安時代には防備も弛緩した．奈良時代の末宝亀5年(774)山頂に四天王を祀り，新羅の呪詛に対抗する信仰道場が出現した．これより四王寺の名がおこり，現在城内の低地にある集落は四王寺と呼ばれる．顕著な遺構としては，延長15kmに及ぶ土塁が，馬蹄形の山系脊梁に築かれている．山の南側と北側にはさらに外堤があって，二重に土塁がめぐらされている．土塁の切れ目は城門と水門である．一般に水門と呼ばれている遺構は，谷の出口に設けられた石塁である．北方の宇美町に通ずる水門石塁は「百間石垣」の名で呼ばれる石積みの長い防塁である．一端に小川が流れているが，ここに城門があったらしい．南側には大宰府に通ずる谷に宰府口と通称される石塁がある．この石積みは特に水の通ずる孔を設けず，水は積み石の間を流れ出ている．このほかに小石垣・大石垣と呼ばれる石塁がある．城門は北に3ヵ所，南に5ヵ所ある．北の門跡のうち百間石垣の東端のものは，すでに遺構は破壊されているが，礎石2個が発見され現在宇美八幡宮にうつされている．南側には水城口・宰府口に，それぞれ礎石が残っている．水城口の門礎は創建当時のものと思われるが，宰府口のものは平安時代の改修を経ている．さらに水ノ手口と称する門跡には，現在礎石1個が残っている．城内には50ヵ所以上の礎石群があって，それぞれ倉庫の跡と思われる．5間に3間，柱間唐尺7尺という規模のものが多い．所々に炭化米が発見され，穀倉の跡と推定される．建物のあとは城内の高燥地であるが，城外より望むことはできない．四王寺の谷を広く抱いて土塁をめぐらすこの種のいわゆる朝鮮式山城では，日本で最も広大な規模のものといえよう．特別史跡に指定されている．

参考文献　鏡山猛『大宰府都城の研究』
　　　　　　　　　　　　　　　　　　(鏡山　猛)

041　大葉子　おおばこ　調伊企儺(つきのいきな)の妻．『日本書紀』によると伊企儺は欽明天皇23年，河辺臣瓊岳(かわべのおみにへ)に従い新羅を攻めたが，河辺臣の失策で敗れ捕えられ，降伏の勧告を聞かず殺された．大葉子も捕えられ次のような日本を恋う歌を詠じたという．「韓国(からくに)の城(き)の辺(へ)に立ちて大葉子は領巾(ひれ)振らすも日本(やまと)へ向きて」(原万葉仮名)．また，ある人の反歌として「韓国の城の辺に立たし大葉子は領巾振らすみゆ難波へ向きて」(同)の歌がみえる．
　　　　　　　　　　　　　　　　　　(亀田　隆之)

042　大庭雪斎　おおばせっさい　1805～73　江戸時代後期の肥前国佐賀藩士．蘭学者．諱は景徳，通称は恣といい，雪斎と号す．文化2年(1805)佐賀藩士の家に生まれ，はじめ同藩蘭学の始祖島本竜嘯に蘭学を学び，ついでシーボルトに師事し，壮年になって緒方洪庵の塾に入門した．その関係から洪庵の『扶氏経験遺訓』に参校している．嘉永4年(1851)初代の蘭学寮教導に任じたが，安政5年(1858)医学寮が好生館に改組された際，教導方頭取となった．慶応元年(1865)隠退し，明治6年(1873) 3月28日，病没．69歳．佐賀天徳寺に葬る．刊本の『訳和蘭文語』と『民間格致問答』は有名であるが，『液体究理分離則』『算字算法基原或問』などの著述も発見され，蘭語に堪能な雪斎の翻訳が多方面に及んでいることが明らかとなった．

参考文献　古田東朔「大庭雪斎」(『蘭学資料研究会研究報告』142)，杉本勲「大庭雪斎訳述考」(同211)
　　　　　　　　　　　　　　　　　　(杉本　勲)

043　大戸清上　おおべのきよかみ　？～839　平安時代前期の雅楽家，笛の名手．河内国の人で姓(かばね)は首(おびと)．雅楽寮に出仕し，承和元年(834)正月20日，仁寿殿において内宴のあった時，その卓越した名演奏によって，外正六位上から外従五位下に昇進．同年12月19日，清上のほか，雅楽笙師同姓朝らに13人が良枝宿禰(すくね)の姓を賜わった．また作曲もよくし，仁明天皇即位の大嘗会の時には「拾翠楽」「河南浦」「応天楽」を作曲のほか，彼の名をとった「清上楽」や「壱弄楽」「承和楽」「壱団嬌」「左撲楽」「海青楽」「感秋楽」など多くの曲を作曲したといわれる．当時の舞師尾張浜主と並んで，外来の雅楽の舞や音楽を日本風に改める運動，いわゆる「平安朝の楽制改革」をおしすすめた中心人物であった．承和の初め遣唐使とともに唐に渡り，帰

朝の時に船が逆風に遇い，南海の賊地に流され，同6年そこで賊に殺されたと伝えられる．笛の門人としては，和邇部大田麻呂がいる．

参考文献 『教訓抄』（『日本思想大系』23），芸能史研究会編『雅楽』（『日本の古典芸能』2）

(蒲生美津子)

044 大神巳井 おおみわのみい 生没年不詳 平安時代前期の官人．9世紀後半，日唐間を往来した．貞観16年(874)6月，豊後介正六位下多治安江とともに香薬を購入するために，唐に派遣された．時に伊予権掾・正六位上であった(『三代実録』)．これより先，円仁の『入唐求法巡礼行記』唐大中元年(847)閏3月10日・6月9日条などに神一郎の名で現われ，唐商張支信の船に便乗して帰国の途についたことが記されている．これ以前から朝廷の命を受けて唐人商船を利用して日唐間を往来して交易にあたっていたのであろう．『朝野群載』巻1所収「総持寺鐘銘」ならびに『長谷寺霊験記』によれば，中納言藤原山陰が父の宿願を果たすため黄金を「入唐使大神御井」に託して白檀(栴檀)の香木を入手して千手観音像を造ったという説話が伝えられている．なお貞観16年にともに入唐した多治安江は元慶元年(877)7月に帰国している．巳井は別行動をとったもののようで，帰国の年次は明らかでない．

参考文献 佐伯有清『最後の遣唐使』(『講談社現代新書』520)，同「承和の遣唐使の人名の研究」(『日本古代氏族の研究』所収)，田中史生「承和期前後の国際交易」(『『入唐求法巡礼行記』に関する文献校定および基礎的研究』〔文部科学省科学研究費補助金研究成果報告書〕所収)

(石井 正敏)

045 大村純忠 おおむらすみただ 1533～87 戦国時代の武将．大村家第18代．天文2年(1533)生まれる．有馬修理大夫晴純の次男，母は大村純伊の女．幼名は勝童丸，のち丹後守，民部大輔に任ぜられ，理専と号す．天文7年大村純前の養子となり，同19年家督を継承．純前は庶子貴明をして武雄の後藤氏を継がせたので，終始貴明との間に争乱が続くことになった．妻は諫早西郷氏の出であり，その他後妻，側室との間に4男7女あり，長男喜前は天正15年(1587)大村家を継ぎ，1女は長崎甚左衛門純景，他は松浦久信らに嫁した．純忠の代に，大村家の勢力は西彼杵半島全域に及んだが，永禄4年(1561)，それまで平戸に来航していた南蛮人は，領主松浦氏の処遇を不満とし，大村領内に良港を求め，半島北端の横瀬浦に着目した．かくて同地は南蛮人に好条件をもって開港場となり，翌年，南蛮の定航船が入港，町建が行われ，純忠は同6年，この地でトルレスからバルトロメウの教名で受洗した．戦国大名としてキリシタンになったのは純忠が最初であり，宣教師たちは大いに期待するところがあったが，大村周辺の松浦・後藤・西郷・針尾の諸氏および家臣の攻撃，謀叛により横瀬浦はたちまち焼滅，純忠は一時，居城を追放されるに至った．同8年から南蛮船は大村領福田に来航し，宣教師や南蛮商人と親交が続いた．長崎は女婿にして家臣の長崎甚左衛門が管轄するところで，村民はキリシタンとなったが，元亀元年(1570)春から夏の間，南蛮人は測量の結果この入江を最良の港湾と認め，純忠との間に開港の協約が成立した．この年，福田に入港していた南蛮船は，いちど長崎に寄港して解纜し，翌2年からは，ほとんど欠かすことなく同港に来航し，湾内の岬の先端部に急速に新市街が建設された．西郷・後藤氏らの連合軍は，絶えず大村領を侵略し，純忠は苦戦を続けた．天正2年，宣教師の懇請に基づき，領内の神社仏閣を大規模に破壊するとともに，領民を半ば強制的にキリシタンに改宗せしめ，数年後，豊臣秀吉による「伴天連追放令」の誘因を惹起した．同8年全日本のキリシタン15万人中，大村領だけで7万人を数えたほど同宗門の隆昌を見たが，これより先，佐賀の竜造寺隆信は，しきりに大村領を侵し，8年には純忠は佐賀に赴いて臣従を誓うの余儀なきに至った．同年，イエズス会に対し長崎港市とその周辺および茂木の地を寄進，10年にはバリニャーノの企画により甥千々石ミゲル少年をローマに派遣した．12年，竜造寺隆信の戦死により，圧迫から解放されたが，秀吉が薩摩で島津氏を降伏せしめた直後，15年4月18日(アフォンソ=ルセーナの記録による．『大村家覚書』などには5月18日没と記されている)，大村坂口館で55歳の生涯を終えた．遺骸は宝性寺(長崎市為石)に葬られたが，のち草場(大村市草場町)を経て本経寺(同市古町1丁目)に改葬された．過去帳に「純忠公円通院殿前戸部侍郎理仙日融大居士」とある．

参考文献 『大村家記』，『大村家覚書』，『大曲記』，『長崎根元記』(『海表叢書』4)，『寛政重修諸家譜』746，ヴァリニャーノ『日本巡察記』(松田毅一他訳，『東洋文庫』229)，松田毅一『大村純忠伝』，ヨゼフ=フランツ=シュッテ編『大村キリシタン史料―アフォンソ・デ・ルセナの回想録―』(佐久間正・出崎澄男訳)

(松田 毅一)

046 大和田重清日記 おおわだしげきよにっき 佐竹氏家臣大和田重清の文禄2年(1593)卯月18日から極月29日までの日記．重清は秋田国替御供家士の1人で，慶長8年(1603)200石を扶持され，元和5年(1619)正月没した．日記原本は佐竹氏旧蔵，表紙とも美濃判墨付101枚，表紙の右に「文䘵弐年九州名護屋にて書之」，左上に「第二」，中央に2行に「従卯月拾七日至極月晦日日々記」と記し，拾七日の七を八に訂正している．のちに紺の表裏紙を添え装幀，原本の損所は美濃紙で裏打しており，これは秋田藩の史館でなされたと思われる．もと少なくとも2冊であったことは書出が卯月18日という中途であり，原本表紙に第二とある点からも知れる．文

禄の朝鮮出兵にあたり，佐竹義宣は文禄元年2月兵3000を率い水戸発，4月名護屋着，重清もこれに従った．日記には，佐竹氏の朝鮮渡海準備，講和明使の渡来，豊臣秀吉以下の陣中生活，長崎の南蛮貿易などがみえる．義宣に従い8月18日名護屋発足，東山道を経て閏9月6日水戸着までの道中の日記は，交通事情を知る好史料で，また路費や買物などを綿密に書き留め，商品や通貨の実態を示す好文献である．陣中の娯楽として碁・将棋・双六，武士が上・下を通じて好んだ能・囃・連歌・茶の湯，また狸・猪・南蛮料理などの趣味や衣食関係の記事も多い．公卿・僧侶の日記とやや趣を異にし，中級武士が素朴な筆致，丹念な態度で，時勢の動き，生活状況を描出している．『日本史研究』44〜46・48・49・52に『大和田近江重清日記』と題し収めている．

参考文献 小葉田淳「文禄年間の一中流武士の日録」（神田博士還暦記念会編『（神田博士還暦記念）書誌学論集』所収）　　　　　　　　（小葉田 淳）

047 岡研介 おかけんかい　1799〜1839　江戸時代後期の蘭方医．名は精，字(あざな)は子究．周東・恥叟・万松精舎と号す．寛政11年(1799)周防国熊毛郡平生(ひらお，山口県熊毛郡平生町)に生まれる．各地を転々として漢学・医学を修め，18歳の時中井厚沢の門に入って蘭学を学ぶ．文政2年(1819)ごろ萩に医業を開いたが，さらに広瀬淡窓・亀井昭陽に就いても漢学を学ぶ．同7年長崎に遊学，吉雄塾にはいり，またシーボルトに直接師事した．シーボルトより厚く信任せられ，鳴滝塾初代塾長に任じられる．のち大坂家根屋町に開業したが，精神病を発して故郷平生に帰る．天保10年(1839)11月3日没．41歳．周防国平生の真覚寺に葬る．

参考文献 横山健堂「蘭学者岡研介」（『人物研究と史論』所収），同「シーボルトの日本研究と岡研介及び最上徳内」（『伝記』2ノ4），呉秀三「岡研介」（『医学及医政』88）　　　　　　　　　　　（大鳥蘭三郎）

048 小笠原諸島 おがさわらしょとう　東京都に属し，都の中心部から南方約1000kmの太平洋上に散在する小列島．聟島・父島・母島の三列島に属する30余島から成り，総面積106.14km²，父島・母島を主島とする．文禄2年(1593)小笠原貞頼によって発見され，その姓をとって島名としたというが確証はない．日本人による信ずべき最古の文献は，寛文10年(1670)『紀伊蜜柑船漂流記』(『寛文十年無人島漂流記』)である．江戸幕府は延宝3年(1675)人を派して同島を調査させたが，その後開拓は中絶した．享保12年(1727)貞頼の子孫と称する小笠原貞任が幕府より同島渡航の許可を受け，数年後，一族の者を代理として渡航させたが，ついに還らなかったという．こうして同島は久しく無人島として放置され，欧米人が同島をボニン＝アイランド Bonin Islands と呼んだのも，無人の転訛したためである．ついで林子平・高野長英・渡辺崋山らが同島の開拓の急務を説いたが実現しないまま，19世紀に入って欧米人が来航し，同島の帰属が国際的問題となった．文政10年(1827)英艦ブロッサム号艦長ビーチーが同島を探検して英国領を宣言し，これにより天保元年(1830)米国人ナザニエル＝サボリーらが移住して開拓に着手した．ついで嘉永6年(1853)米国使節ペリーが日本渡航の途次，父島の二見港に寄航し，サボリーより貯炭所の敷地を買収したことから，英米両国間に紛議を生じた．このような情勢に刺戟されて，文久元年(1861)の末，幕府は外国奉行水野忠徳らを父島・母島に派遣し，同島の日本領を宣言，小花作助ら6人の吏員を父島に在留させ，同2年八丈島の住人30余人を移住して開拓させた．しかし翌3年吏員が引き揚げたので，開拓事業はまた中絶し，その後内外多事のため，明治初年まで放置された．明治6年(1873)同島経営の廟議が決し，政府は同8年外務省出仕田辺太一・内務省出仕小花作助らに出張を命じ，在住の米国人ホーレス＝サボリーら71人に同島の日本領を宣言し，翌9年小笠原諸島を内務省所管と定めた．先住者である外国人は，その後漸次日本に帰化した．ついで13年同島は東京府に移管され，19年小笠原島庁が父島大村に設置された．昭和時代に入り，同島は日本の南進基地として急速に開発され，昭和18年(1943)都制実施により東京都所管となり，翌19年には人口6200人を超えた．しかし太平洋戦争の激化に伴い，全員内地引揚げを命ぜられ，硫黄島は米軍の上陸により大戦最大の激戦地となった．戦後国連の信託統治領として米国の軍政下にあり，帰化人の子孫だけが再び帰島することを許され，父島で漁業と米軍の労働に従事していたが，同43年6月本土に復帰して再び東京都の所管となった．小笠原村の人口は2336人（平成18年3月31日現在）．

参考文献 小笠原島庁編『小笠原島誌纂』，磯村貞吉『小笠原島要覧』，山方石之助『小笠原島志』　　　　　　　　　　　　　　　（吉田 常吉）

049 小笠原諸島帰属問題 おがさわらしょとうきぞくもんだい　幕末から明治初年，主に英米両国と交渉を生じた領土問題．江戸幕府の小笠原諸島に対する施策は延宝3年(1675)島谷市左衛門らを500石船で巡検させた以後中絶していた．文政6年(1823)米国捕鯨船員が母島に上陸し船長名にちなみコッフィン諸島と命名，同10年には英国測量艦ブロッサム号が父島に入港しビーチー艦長は領有の事実を示す銅版と国旗を残した．天保元年(1830)以来米人セボリー(Savory)ら5名がハワイ系住民20余名と無人の同島に移住開拓していたが，嘉永6年(1853)ペリー提督が日本来航の途，沖縄から父島二見港に寄港，貯炭所用地を買収しセボリーを植民政府長官に任命した．翌年ペリーに事情を質した香港総督ボナムはビーチー艦長の発見を根拠に英領を主張したが，ペリーは土地購

人を私的行為と弁明し、同島の主権は不明確でむしろ日本に先占権があると反駁した。結局、ペリーの占領意図は米本国政府の承認を得られず実現しなかった。開国後、江戸幕閣は文久元年12月（1862年1月）外国奉行水野忠徳、目付服部伴一、田辺太一・小花作助・中浜万次郎らを咸臨丸で派遣し在島外国人に服従を誓わせ、各国公使にも同島再開拓を通告したが、八丈島から移した38人を含め同3年には全員引き揚げ、日本の主権不変を説諭して残留外国人の経営に任せた。明治2年（1869）、政府部内で宮本小一が沢外務卿に、民間では谷暘卿（ようけい）が無人島開拓を建白していた。明治5年ドイツ公使ブラントの、翌6年英国公使パークスの質疑があり、7年外務・内務・大蔵・海軍4省合議案が成り、8年11月明治丸で田辺・小花らが渡島し島民に再回収を宣した（当時14戸、71人在住）。明治9年10月に内務省所管、寺島宗則外務卿から各国に管治を正式通告したが、日本の領有に異議はなく、13年東京府に移管、15年までに在住外国人は全員帰化し、裁判権の問題は消滅した。昭和19年（1944）島民のうち6886人が本土に引き揚げ、戦後米海軍管下にまず欧米系島民の帰島が許され、対日平和条約締結後、返還帰島運動の末、同43年6月26日返還が実現し東京都に属した。

参考文献 外務省編『大日本外交文書』2・6～9、鹿島守之助『近隣諸国及び領土問題』（『日本外交史』3）、田中弘之『幕末の小笠原島』（『中公新書』1388）、石原俊『近代日本と小笠原諸島』、田保橋潔「ナサニエル・サブリーと小笠原諸島」（『歴史地理』39ノ1・2・5・6）、同「小笠原島の回収」（同40ノ2・4）、奥平武彦「イギリス外交文書より見たる小笠原島問題」（『国際法外交雑誌』39ノ7・8）、

（安岡　昭男）

050　緒方洪庵 おがたこうあん　1810～63　江戸時代後期の蘭学者、医学者、教育者。諱（いみな）は章、字（あざな）は公裁、洪庵・適々斎・華陰などと号した。はじめ三平と称したが、のち洪庵と改めた。文化7年（1810）7月14日、備中国賀陽郡足守（岡山市足守）で父佐伯惟因、母キャウの三男として生まれた。はじめ田上騂（せい）之助といい、文政8年（1825）2月16歳で元服したとき惟彰（これあき）を名のった。この年大坂に足守藩の蔵屋敷ができ、留守居役になった父と大坂に修行に出た。あくる9年7月、蘭学医中環（なかたまき、天游）の門に入り、このとき緒方三平とあらためた。天保元年（1830）4月21歳のとき、師のすすめで江戸で修業するため大坂をはなれた。しばらく木更津にいて、あくる2年2月22歳で江戸の蘭学医坪井信道の塾に入った。それから4年間に多くの翻訳を完成した。ことに『人身窮理学小解』（写本）は有名である。かたわら師のすすめにより、宇田川玄真の門に出入りし、深くその学才を認められた。同6年2月信道塾を去り、あくる年2月大坂をたって長崎へ修業にいった。このときから緒方洪庵とあらためた。27歳、長崎で青木周弼・伊東南洋（岡海蔵）と3人で『袖珍内外方叢』を訳して、たいそう歓迎された。9年正月長崎をたち、3月足守から大坂に出て、瓦町に蘭学塾「適々斎塾」（略して「適塾」）を開き、医業のかたわら蘭学を教えた。7月億川百記の女八重と結婚した。塾はたいそう盛んになり、同14年12月に船場過書（かいしょ）町にうつってからは大いに発展し、全国から青年があつまり、その数は3000をこえたといわれる。なかに、のち明治になってから重要な役割を果たした人がたくさんいる。入門順にあげると、大戸郁蔵（緒方郁蔵）・村上代三郎・村田蔵六（大村益次郎）・武田斐三郎・佐野栄寿（常民）・菊池秋坪（箕作秋坪）・橋本左内・大鳥圭介・長与専斎・福沢諭吉・花房義質・高松凌雲・足立寛・池田謙斎などである。洪庵は塾の経営のかたわら、嘉永2年（1849）からは牛痘種痘の普及につくし、安政5年（1858）のコレラの大流行には『虎狼痢治準』を刊行して治療に精魂をつくした。またこのころ『扶氏経験遺訓』（30巻、ドイツの学医フーフェランドの内科書の翻訳）の刊行を完成し、日本の内科医に大いに益した。また『病学通論』（3巻、嘉永2年）の刊行は、病気の本態の考え方に役に立った。文久2年（1862）8月江戸に召されて、奥医師と西洋医学所頭取とを兼ね、同12月法眼に叙せられたが、あくる年6月10日突然の大喀血で急死した。54歳。駒込高林寺に葬る。遺髪は大坂天満竜海寺。家業は子平三（のち惟準）がついだ。明治42年（1909）6月8日従四位贈位。適々斎塾の建物は現存し、国の史跡に指定されている。

参考文献 緒方富雄『緒方洪庵伝』、同『緒方洪庵適々斎塾姓名録』、同『蘭学のころ』

（緒方　富雄）

051　岡本大八 おかもとだいはち　？～1612　本多正純の家臣。キリシタンで洗礼名はパウロ。父は江戸在府の与力岡本八

郎左衛門(『鍋島勝茂譜考補』),一説に平左衛門(『慶長見聞録案紙』下).はじめ長崎奉行長谷川左兵衛に属し,のち正純の与力となり,その取次人として羽振りを利かせた.長崎在勤中に関係を生じた有馬晴信に,ノッサ=セニョーラ=ダ=グラッサ号事件の恩賞を幕府に斡旋すると詐り多額の収賄を行なったことが発覚,慶長17年(1612)3月21日,安倍川の川原で火刑に処された.

参考文献 『大日本史料』12ノ9,慶長17年2月23日・3月21日条　　　　　　　　　　　(加藤　榮一)

052　岡本大八事件 おかもとだいはちじけん　江戸時代初期,キリシタン大名有馬晴信と幕閣本多正純の家臣でキリシタンの岡本大八との間に生じた贈収賄事件.有馬晴信は慶長14年(1609)長崎港外でポルトガル船ノッサ=セニョーラ=ダ=グラッサ号(マードレ=デ=デウス号)を焼討したが,大八はこの事件の恩賞として,当時鍋島領であった有馬氏の旧領,肥前藤津・彼杵・杵島三郡を晴信に賜わるよう斡旋すると詐り,晴信から多額の賄賂をとった.その後沙汰のないことに不審を懐いた晴信が本多正純に事の経過を糺したため事件が顕われ,同17年2月23日駿府で両人対決のもと吟味が行われ,大八の非分が明らかにされた.しかるに大八は獄中より上書し,かつて晴信が長崎奉行長谷川左兵衛を謀殺せんとしたと訴え,3月18日再度両者の対決となった.この事件に晴信も充分の弁明ができず,結局,大八は火刑に,晴信も所領没収の上,甲州前林に配流,5月6日死を賜わった.この事件は単なる収賄事件のみならず,所領紛争と,当時の長崎貿易をめぐる紛争,さらに長崎貿易の仲介者たるイエズス会宣教師の政治的介入など重大な問題をはらみ,幕府はこの事件を契機に禁教政策に踏み切った.　→有馬晴信(ありまはるのぶ)　→ノッサ=セニョーラ=ダ=グラッサ号事件

参考文献 『大日本史料』12ノ9,慶長17年2月23日・3月21日条　　　　　　　　　　　(加藤　榮一)

053　置銀 おきぎん　長崎貿易で外国商人より徴収した一種の関税.常例銀と船別置銀からなり,長崎町人・社寺に配付された.その起源は必ずしも明らかではないが,古くからわが国の商人には長崎来航の外国商人より私的にいろいろな名目で略(まいない)を受ける習慣があり,置銀はそれが制度化したものと考えられる.制度化のきっかけは,貞享2年(1685)に始まる定高仕法の施行であろう.所定額を超過した貨物の取引を日本側から拒絶された中国船は,細物1割5分,荒物2割の出銀を条件に,日本官憲に取引の許可を願い出たという.同4年には常例売の法が定められた.長崎会所の役人へ世話料あるいは礼銀として中国商人が提供した貨物を日本商人の入札に付し,利益を長崎地役人や社寺へ配付するのが同法の仕組みであった.同年の配付額は銀153貫余りに達した.置銀が長崎住民の生活に不可欠なものであったことは,それが船番給料の定期的な財源であったこと,追御定高願い出の理由に長崎町年寄高木彦右衛門が置銀の増収を挙げたことで明らかであろう.正徳3年(1713)に幕府に提出された大岡清相の上書によれば,八朔礼銀や唐船日用賃などを含む船別置銀は,商売銀高6000貫目に対して1477貫(3ヵ月平均)にのぼったという.なお,正徳長崎新例では定例置銀は商売銀高100貫目につき7貫683匁3分を徴収し,これまでと同じく社寺や長崎諸役人へ配分することと規定している.

参考文献 金井俊行編『増補長崎略史』(『長崎叢書』3・4),『通航一覧』165　　　(武野　要子)

054　置付用意銀 おきつけようちぎん　長崎会所が,唐船(中国船)・オランダ船の欠航にそなえて,地下配分金・地下役人給料などの恒常支出費を確保するため,毎年,積み立てた予備費.長崎置付用意銀ともいう.落札品代価の3%を落札商人から取り立て(三分掛銀という),また唐船の定例掛込量(薬種・荒物100斤につき3斤)に相当する銀額を,落札商人に納めさせ(荷物三歩掛け入銀という),積み立てた.宝暦4年(1754)に始め,幕末期まで継続したが,うち安政5年(1858)の額は6028貫372匁6分9厘9毛であった.

参考文献 『大意書』(『近世社会経済叢書』7),『長崎会所五冊物』2(『長崎県史』史料編4),『安政五午年長崎会所勘定帳』　　　　(山脇悌二郎)

055　沖縄 おきなわ　旧琉球王の支配地で,沖縄・宮古・八重山の3郡島からなり,60余島が散在している.主島は沖縄本島.沖縄は島民の固有語で,琉球は中国名である.「おきなわ」の語の文献上の初見は,宝亀10年(779)鑑真の弟子思託の手記に基づいて,淡海三船が撰述した『唐大和上東征伝』に,天平勝宝5年(753)遣唐使藤原清河ら一行が鑑真を伴って帰国する際,暴風にあってその乗船が漂着した処と記す「阿児奈波」である.これは土音「ウチニハ」を写したものとされている.「オキナワ」の宛字のうち,『おもろさうし』の「おにきや」は古い呼称とみられるが,ほかに悪鬼納・倭急拿・屋其惹などがある.「おきなは」と最初に表記したのは長門本『平家物語』で,初めて「沖縄」の文字を使用したのは新井白石の『南島志』である.「おきなわ」の意義については,伊波普猷の沖魚場(おきなわ)説や,東恩納寛惇の沖の島説がある.紀元1世紀前後に始まる沖縄の農耕文化は,北九州から南下し,奄美諸島を経て流入したものである.定着社会たる部落はマキョまたはクダ・フダと称せられた.和銅7年(714)群島内の球美・信覚人が来朝し,日本との関係を開いた.9世紀ころ数マキョを併呑した按司(あじ)という土豪が現われ,さらに文治3年(1187)源為朝の子と称する舜天(尊敦)が按司たちをおさえて,最初の王統を樹立した.ついで英祖・察度王統とつづくが,察度王

統の応安5年(1372)初めて明に朝貢し、以後朝貢・冊封関係は明治7年(1874)までつづいた。首里に王城が築かれたのも、察度時代とされている。その前後に奄美大島や宮古・八重山諸島の入貢をみた。次の第一尚氏王統の尚巴志(しょうはし)は、治世の元年にあたる応永29年(1422)に100年も対立していた三山を統一し、奄美を含む全沖縄を中山王の支配下においた。そして第一尚氏時代から次の第二尚氏時代初期にかけて、沖縄と明はいうまでもなく日本・朝鮮・南方諸国との貿易は殷盛をきわめ、沖縄の黄金時代を現出した。しかし慶長14年(1609)島津氏の侵略をうけ、その植民地的支配が以後260年余もつづいた。明治5年王国が廃されて琉球藩となり、ついて同12年「琉球処分」されて沖縄県が設置され、那覇が県庁所在地となった。昭和20年(1945)連合国軍に占領され、同26年のサンフランシスコ講和条約によって、アメリカの信託統治下に置かれた。46年日米両国間に沖縄返還協定が結ばれ、47年5月15日、沖縄は日本に復帰した。沖縄は会社組織・宗教・民俗・言語などで、日本の古代社会につながる固有的なものを残している。マキョは血縁集団で構成され、草分けの家である根屋あるいは元屋の戸主が根人(にっちゅ)となり、その姉妹の1人がなる根神(にがみ)との祭政一致の体制で村落を支配した。沖縄では姉妹たる「おなり」は、兄弟たる「えけり」を保護する現人神すなわち「おなり神」とされている。根神はおなり神の中心的存在であった。マキョがより政治的社会化する過程で、数マキョを支配する土豪が現われた。大部分は根人から成長したもので、これが按司である。その場合按司の「おなり」はノロ(祝女)となり、按司とノロによる祭政一致で領内が支配された。王統樹立後の国王の支配もまた、最高の神職である聞得大君(きこえおおきみ、国王の母か妃が就任した)との同じ体制で行われて明治に至った。祭政一致の体制で支配された沖縄社会の構成根基は、のちに一門または門中と称した血縁集団あるいは主観的血縁団体で、その形態は現在もよく残っている。「おなり」は主婦としては家の竈に祀る火の神を通じて、家族の幸福、一家の繁栄を祈った。火の神は願意を海のかなたの理想郷にいるニライカナイ大王に通す神と観念されている。各村落にあるお嶽にいます神はその村落の守護神であるが、やはりニライカナイからきて、お嶽に天降りしたと信ぜられている。お嶽のイビ神を祀る主宰者はノロや根神であった。ノロはノロ殿内にも火の神を祀っている。このほか沖縄の人々は各地に拝所(おがんじゅ)を有して拝んでいる。固有信仰は自然崇拝であるが、自然と祖先との結びつきの観念はきわめて強い。そして自然や祖先崇拝が盛んであったため、後世に伝来した宗教のうち、道教を除いた仏教・神道・キリスト教などは、沖縄の民衆の間にほとんど浸透し得なかった。

沖縄の方言すなわち奄美大島以南に行われている琉球語は、日本語と同系のものであるが、日琉両語の近親の度合に関しては、姉妹語として対立させる説と、琉球語を日本語の1方言とみる説とがある。琉球方言では日本語で死語になっているP音やF音が現在も使用されており、いわゆる方言周圏論を裏付ける資料を提供するとともに、日本古代史を解く1つの鍵を示している。以上はまた沖縄の民俗が特異的とみられても、実は日本本土の固有的なものと関わり深いことを示している。沖縄が「日本民俗学の宝庫」といわれるゆえんのものである。　→琉球(りゅうきゅう)

参考文献　伊波普猷『沖縄考』(『伊波普猷全集』4)、同『古琉球』(同1)、真境名安興『沖縄一千年史』、比嘉春潮『沖縄の歴史』(『比嘉春潮全集』1)、鳥越憲三郎『琉球宗教史の研究』、宮城栄昌『沖縄の歴史』(『NHKブックス』80)、同『琉球の歴史』(吉川弘文館『日本歴史叢書』35)、『沖縄県史』

(宮城　栄昌)

056　小郡宮　おごおりのみや　古代難波の迎賓施設につくられた宮室。『日本書紀』大化3年(647)是歳条に小郡を壊して宮を営み、孝徳天皇はこの小郡宮で官吏の登下の礼法を定めたことを記している。それによると同宮には大殿・庁・庭・南門や中庭の鐘台があり、のちの朝堂院の祖型をなしていたことがうかがわれる。白雉元年(650)から造営される難波長柄豊碕宮(場所は別)への前駆的な宮と考えられる。壬申の乱の時大伴吹負は難波小郡で以西の国司らに官鑰・駅鈴・伝印を差し出させた。難波小郡は古く敏達天皇12年条に日羅が殺された時小郡西畔丘に葬ったことがみえる。難波には大郡もあり、筑紫にも大郡・小郡があり、これらは2群にわかれた建物で、外国の使節を迎えるために、あるいは内政のために設けられたものであった。『東南院文書』天平宝字4年(760)11月の東大寺三綱牒2通と神護景雲3年(769)9月の香山薬師寺鎮三綱牒によれば、小郡は堀江の南岸、摂津国東生郡内で西成郡との境界のすぐ東にあり「御髻殿」とも呼ばれていたようである。大阪市東区上町台地一帯から難波宮およびそれ以前の建物遺構が発掘されているので、小郡宮がこれらと結びつく可能性は大きい。　→大郡宮(おおごおりのみや)

参考文献　関祖衡編『摂津志』4(『大日本地誌大系』)、喜田貞吉『帝都』、大井重二郎『上代の帝都』、天坊幸彦『上代浪華の歴史地理的研究』、難波宮址を守る会編『難波宮と日本古代国家』、山根徳太郎「孝徳天皇長柄豊碕宮の研究」(難波宮址研究会・難波宮址顕彰会編『難波宮址の研究』3所収)、福山敏男「地方の官衙」(『日本の考古学』7所収)、中尾芳治「難波宮址発掘調査の成果と問題点」(『ヒストリア』56)

(岡田　隆夫)

057 上哆唎 おこしたり　任那の1国たる哆唎国の北半部．継体天皇6年に百済国の請いによって，同国に割き与えられた4県の1つ．「上」の字を「おこし」とよむのは韓語よみ．今の朝鮮語で「肩」「胛」をok-kaiというから，「おこ」は古くは背後・背面の意味に用いられたのであろうという．「し」は助辞，国語の「の」にあたる．　→下哆唎（あるしたり）

参考文献　末松保和『任那興亡史』，鮎貝房之進『雑攷』7上，三品彰英『日本書紀朝鮮関係記事考証』，田中俊明『大加耶連盟の興亡と「任那」』，東潮・田中俊明編『韓国の古代遺跡』2

（末松　保和）

058 曰佐 おさ　古代のカバネ（姓）の一種．曰佐は仮字．奈良（楢）曰佐を『日本書紀』推古紀には奈羅訳語，下曰佐を持統紀に下訳語と書いているように，曰佐は外国語の訳語を掌る職名がカバネとなったものである．このカバネを称するものは帰化人に多く，奈良訳語（楢曰佐）・山村曰佐・秦曰佐は秦氏系であり，上曰佐・木曰佐は百済人系，下曰佐・穴太曰佐は漢人系である．このことによって古代帰化人が，わが国と朝鮮・中国との交渉にあたって通訳として活躍したことを知り得る．なお『新撰姓氏録』山城国皇別条に，曰佐氏を称するものがあり，紀氏同祖としている．紀氏は大化前代日朝交渉に大きな役割を果たしており，曰佐氏がその配下の氏となっていたことを知り得る．

参考文献　栗田寛『新撰姓氏録考証』，太田亮『（全訂）日本上代社会組織の研究』

（阿部　武彦）

059 訳語 おさ　古代の通訳．通事とも書く．ヲサは古代朝鮮語か．古墳時代後期以降，朝鮮諸国との国家的交渉が増加するとともに，大和朝廷には通訳を職務として世襲する帰化人系の氏が発生し，『日本書紀』雄略天皇7年是歳条には今来才伎（いまきのてひと）として訳語卯安那（みょうあんな）の名がみえ，のちにヲサは姓（かばね）の一種となった．しかし時代とともに言語は変わるので，世襲の通訳はやがて役に立たなくなり，遣隋使・遣唐使の時代になると，前回に学生などとして留学した経験者が副使ら使人に選ばれたほか，会話に通じた者が通事・訳語として随行した．小野妹子に随行した鞍作福利は後者の例，犬上御田鍬とともに使した恵日は前者の例である．また新たに国交を求めてきた渤海には学生高内弓を留学させて音声を学ばせたりした．『延喜式』では遣唐使に，四等官に次ぐ待遇の（唐）訳語のほか新羅訳語・奄美訳語などを添え，遣渤海使や遣新羅使にもそれぞれ訳語や大通事・少通事を随行させている．　→通事（つうじ）

（青木　和夫）

060 小田幾五郎 おだきごろう　生没年不詳　江戸時代の対馬藩通詞．宝暦4年（1754）または同5年の生まれと推定される．父は小田藤八郎．幼名五郎八．幼少の時より朝鮮語を学び，12，3歳にして釜山草梁和（倭）館に渡り，現地において学習を積んだ．帰国後も藩の朝鮮語教育機関である韓学司に入って修業し，安永3年（1774）詞稽古免札を許され，同5年，五人通詞に任ぜられた．これより実地に修業を重ね，8年には稽古通詞に，さらに翌年には長崎勤番御雇通詞となり，天明5年（1785）ごろまで在任，ついで寛政元年（1789）本通詞，同7年12月，通詞職の最上位である大通詞に任ぜられた．文政4年（1821）ごろ，老年の故を以て御役御免となり，続いて詞稽古指南役頭取としてもっぱら後進の指導教育に尽力した．在職中，朝鮮側の訳官李聖欽・朴士正・玄敬天らとは特に親交を結び，朝鮮研究につとめ，76，7の老年に至るまで数種の著述を遺した．『象胥紀聞』3巻，『草梁話集』『通訳酬酢』12巻，『絵図』『北京路程記』『朝鮮詞書』などがある．

参考文献　田川孝三「対馬通詞小田幾五郎と其の著書」（『書物同好会冊子』11）

（田川　孝三）

061 小田野直武 おだのなおたけ　1749～80　江戸時代中期の洋画家．秋田藩士．寛延2年（1749）出羽国仙北郡角館（かくのだて）に生まれる．幼名長治，通称武助，字（あざな）は子有，羽陽・玉泉・鳥海・蘭慶堂などと号す．安永2年（1773），秋田藩主佐竹曙山（義敦）の招きで阿仁銅山の調査に赴く途中の平賀源内に洋画を教えられ，曙山の命で江戸へ出向し，源内について洋画を研究，翌3年出版の『解体新書』の挿絵を担当している．曙山や角館城佐竹義躬も直武の研究に協力，ここに秋田系洋風画の誕生を見た．同6年帰国したが，8年曙山より角館で謹慎を命ぜられ，翌9年5月17日32歳で病没．代表作「不忍池図」（重要文化財，秋田県立博物館所蔵）のように，オランダ銅版風景画と東洋画の写生的花鳥図とを独得の方法で組み合わせたものが多い．

参考文献　成瀬不二雄『曙山・直武』（『東洋美術選書』）

（辻　惟雄）

062 織田信長 おだのぶなが　1534～82　戦国・安土桃山時代の武将．幼名を吉法師といい，天文3年（1534）尾張那古野城に生まれる．父は尾張下四郡を支配する清洲城の織田家の家老織田弾正忠信秀．同15年元服して織田三郎信長と名乗り，同20年信秀が死ぬと，18歳で家をつぎ，みずから上総介と称した．若いころ好んで異様な風体をし，粗暴な振舞が多かったので「大うつけ者」の評判が高く，傅の平手政秀は死をもって諫めた．信長も深く悔悟し，政秀の死をいたんで，政秀寺を建て，菩提を弔った．信長は国内の反対勢力を一掃するため，まず松葉・深田両城の織田氏を降し，ついで弘治元年（1555）4月清洲城の織田信友を滅ぼして，清洲城に本拠を移した．さらに信長に反逆を企てた弟信行を誘殺し，永禄2年（1559）の春には岩倉城の織田信賢を降して，ほぼ尾張1国をその支配下に収めた．その翌年駿・遠・参3ヵ国の大軍を擁して西上する今川義元を，桶狭間に奇襲してこれを倒し，一躍武名を揚げた．つい

で5年今川氏の支配から脱した三河の松平元康(のちの徳川家康)と盟約を結び，元康に東方の防衛を委ねて，信長は西方進出を図り，美濃攻略を開始した．このため翌年小牧山に居城を移し，同10年8月斎藤竜興を井ノ口城に攻めて降した．信長は本拠を小牧山からここに移して，岐阜と改め，有名な「天下布武」の朱印もこのころから使い始めた．その印文は僧沢彦に選ばせたもので，信長の武力統一に対する抱負を現わしたのである．岐阜はその後安土に城を築くまで約10年間，全国統一を推進する策源地になり，その城下町加納は楽市に指定せられた．岐阜に進出した信長のもとに，正親町天皇から尾張・美濃にある御料地の回復を委嘱し，信長のことを「古今無双の名将」とほめたたえた綸旨が届けられ，これと相前後して前将軍足利義輝の弟義昭から室町幕府の再興について依頼をうけた．上洛の決意を固めた信長は，11年9月7日岐阜をたち，近江の六角義賢を観音寺城に攻めて9月26日義昭を擁して上京，さっそく幕府を再興して義昭を将軍職につけた．しかしほどなく信長が政治上の実権を握り，義昭の権限を制約する態度に出たので，両者の関係は急速に悪化し，義昭は浅井・朝倉・武田の諸氏や本願寺などを誘って，反信長戦線の結成を策した．この策謀は元亀元年(1570)信長が越前の朝倉攻めを開始したのをきっかけに具体化し，信長は苦境に陥った．しかし信長は徳川家康の応援を得て姉川に浅井・朝倉の連合軍を打ち破り，ついで摂津に転戦して三好党ならびに一向宗徒と戦った．その間に浅井・朝倉は勢力をもり返して近江に進出し，延暦寺の僧徒もこれに加担した．このため信長は翌年延暦寺を包囲して一山を焼き払い，天正元年(1573)には将軍義昭を河内の若江城に追放して，室町幕府を倒した．ついで越前一乗谷に攻め込んで朝倉義景を自刃させ，さらに小谷城を陥れて浅井長政を滅ぼした．信長を最も苦しめたのは一向一揆であって，顕如の指令で近江・伊勢・越前・加賀の各地で一向宗徒が蜂起した．近江の一揆は浅井・朝倉と一体となって戦闘に参加したが，浅井・朝倉が滅亡すると急速に衰えた．伊勢の長島一揆は信長の弟信興を小木江城に攻め殺し，勢いすこぶる盛んであったが，信長は前後3回にわたって討伐し，天正2年完全に制圧した．越前の一向宗徒は朝倉氏の滅亡後も信長に反抗し，信長の守兵を越前から追放して1国をその支配下においた．このため信長は3年8月越前に進撃して，一向宗徒を徹底的に討滅し，さらに加賀に入って能美・江沼両郡の一揆を討ち，越前を腹心の柴田勝家にあたえて北庄に据え，北国の押えとした．これよりさき浅井・朝倉の動きに呼応して，甲斐の武田信玄は元亀3年3万の大軍を率いて遠江に攻め入り・家康・信長の連合軍を三方原に敗走させ，三河に進出した．しかし信玄は翌年4月病没し，その子勝頼が天正3年再び三河に進出し，長篠城を包囲したが，信長は家康を援けて設楽原に陣を布き，鉄砲隊を活用して武田勢に致命的な打撃を与えた．翌4年信長は将来の飛躍に備えて，近江の安土に居城を築いて移った．7層造りの天守閣をもつ本格的な近世城郭であって，その豪華さは人々の眼を驚かせた．城下町の整備も積極的に進め，同5年に城下町の掟13ヵ条を公布して，楽市とするとともに種々の特権を与えて商人の誘致をはかった．安土城に移った信長は，官位もしきりに進み，権大納言兼右近衛大将から内大臣に進み，さらに同年には右大臣，その翌年には正二位に叙せられた．信長にとって当面の敵は，石山本願寺と，これと連繫して信長の挾撃を策する越後の上杉謙信，中国の毛利輝元であった．信長は石山本願寺の攻囲を続ける一方，羽柴秀吉を中国経略の総指揮官に抜擢して毛利氏にあたらせた．この間に大和の松永久秀の反乱があり，それが5年10月に片付くと，6年2月に三木城の別所長治，ついで同10月に有岡城の荒木村重が反旗を翻し，信長は苦戦を強いられた．幸い大挙西上の構えを見せた謙信が，6年3月出陣を控えて急死し，北からの脅威が去り，7年9月には有岡城が陥り，さらに翌年正月に三木城も落城した．石山城も毛利水軍による食糧の補給を，織田の水軍に阻まれて次第に窮地に陥り，顕如はついに8年閏3月石山城を信長に明け渡して紀伊鷺森に立ち退いた．かくて畿内もようやく平静に帰したので，10年2月甲斐に出兵して武田勝頼を滅ぼし，信濃・甲斐・駿河・上野の諸国を支配下に収めた．中国筋の経略にあたった秀吉は，山陰道方面では但馬から因幡に進出して鳥取城を陥れ，山陽道方面では播磨・備前・美作を攻略して備中に入り，同年5月高松城を包囲して毛利勢と対峙し，信長に救援を求めた．信長は毛利氏と決戦を試みるため，5月29日安土城をたって上洛し，本能寺に泊ったが，6月2日の未明，明智光秀の襲撃を受けて自刃した．時に49歳，大徳寺に葬る．法諡は総見院泰巌安公．死後太政大臣従一位を追贈された．信長は仏教に対しては，比叡山の焼打ちに見られるようにかなりはげしい弾圧を加えたが，キリスト教に対しては好意的な態度を示した．永禄12年宣教師ルイス＝フロイスの要請を容れて布教許可の朱印状を与え，また天正3年から始まった京都の教会堂の建立には，土地と資財を寄付して援助した．いわゆる南蛮寺で，京都の名所の1つとなった．さらに同8年には安土の城下町に土地を与えて教会堂を建設させ，また翌年には神学校の設立を認めて，その建設費を寄付した．信長がキリスト教に好意を示したのは仏教排撃のため，政策的にその信仰を援助したという以外に，宣教師たちを通じて知られた未知の世界と西洋文化に対して大きな興味と関心を抱いたためといえよう．したがってキリスト教の教義については宣教師の報告によると，

信長はデウスも霊魂不滅も信じなかったという．また信長は武力征服と並行して，集権的な封建体制を築くため，新しい政策をつぎつぎと実施した．まずその基盤となる土地と農民を把握するために，上洛以後近江をはじめ各地に検地を行い，古い荘園制に基づく土地関係を解体して，新しく信長の朱印状をもって家臣や公家・社寺に対して所領を給与した．これによって荘園に依拠して権力を振るっていた公家・社寺はその権威を失った．他方支配圏を拡大維持するためには，狭い割拠的な地域経済を打破して商品流通圏の拡大をはかる必要があった．このため道路の整備，関所の撤廃，楽市の設置，座の廃止，通貨基準の設定などを行い，商品経済の発達を促進するとともに堺など都市の豪商との結び付きを深めた．こうした信長政権の性格，歴史的位置付けについては見解が分かれ，次のようないくつかの説が出されている．その1つは封建制再編成論といわれるもので，変質・解体途上にある中世的封建制を再編成して，近世的封建制への転換を推進した政権であるとする説である．これに対し中世は荘園制に依拠する体制で封建制とは質を異にするものであり，封建制は荘園制の内部から成長をとげた在地領主制を基盤として徐々に発達し，信長によって確立の基礎がおかれたのであって，その意味で信長政権は純粋封建制を成立させた権力であるとする．また商業資本との結び付きを重視してフランスの封建王政確立期に相当する政権だとする説や，そのほか初期絶対主義の政権だとする説がある．しかもこれらの説は多くの場合，信長政権を秀吉政権と一括して捉え，ひとしく近世封建制を指向する政権として考えているが，信長政権と秀吉政権とは異質のものであり，信長政権は本質的には一般の戦国大名と同じ基盤に立つものであって，中世の最終的政権であるとする見解が出されている．

参考文献　太田牛一『信長公記』(『角川文庫』)，同『原本信長記』，『当代記』(『史籍雑纂』2)，奥野高広『織田信長文書の研究』，同『信長と秀吉』(『日本歴史新書』)，田中義成『織田時代史』，桑田忠親『織田信長』(『角川新書』129)，今井林太郎『織田信長』，鈴木良一『織田信長』(『岩波新書』青649)，松田毅一『南蛮史料の発見』(『中公新書』51)

(今井林太郎)

063　小野妹子　おののいもこ　生没年不詳　推古朝の廷臣．姓(かばね)は臣．推古天皇15年(607)遣隋使として海を渡る．時に大礼冠(12階冠位の第5階)．「日出づる処の天子(下略)」(原漢文)という国書を携行した(『隋書』)．隋では蘇因高と呼ばれた．翌年隋使裴世清(はいせいせい)を伴って帰朝．途中百済で返書を奪われたと報告したが，その罪を赦され，同年再度の渡海を命じられた．そこで裴世清の帰国を送り，同時に僧旻(そうみん)・高向玄理(たかむこのげんり)・南淵請安(みなみぶちのし

ょうあん)ら学問僧・留学生8人を伴って出発．小使(そいつかい)は吉士雄成(きしのおなり)，通事(おさ)は鞍作福利(くらつくりのふくり)，同17年帰国．その後，大徳冠(第1階)に昇進したらしい(『続日本紀』等)ことのほかは一切消息不明．子は毛人(えみし，墓誌現存)，孫は中納言毛野(けの)．　→遣隋使(けんずいし)

(黛　弘道)

064　小野篁　おののたかむら　802～52　平安時代前期の公卿，文人．最高官位が参議であったため，野相公(やしょうこう)あるいは野宰相と呼ばれた．延暦21年(802)生まれる．父の小野岑守は勅撰漢詩集『凌雲集』の撰者．篁もすぐれた詩人として有名である．ただし『本朝書籍目録』は『野相公集』5巻の存在を伝えるが，今はなく『経国集』『扶桑集』『本朝文粋』『和漢朗詠集』にわずかな作品を伝えるだけである．『文徳実録』によれば，少年時代は乗馬にのみ専心して学問を顧みなかったので，父に似ぬ子だと嵯峨天皇を嘆かせたが，それを聞いた篁は大いに慚愧し，以後学問に専心したという．その結果か，弘仁13年(822)文章生，天長10年(933)東宮学士となり『令義解』の撰修に加わり，承和元年(834)には遣唐副使を命ぜられた．しかし2度の出発はともに難船して失敗．同5年には大使藤原常嗣と仲違いをし病と称して乗船せず，嵯峨上皇の怒りを受けて隠岐へ流された．7年帰京を許され，嵯峨上皇の特別のお声がかりで本爵に復した．14年参議になったが，仁寿2年(852)12月22日に没した．51歳．和歌にもすぐれ，『古今和歌集』には6首とられている．『小野篁集』はその歌集であるが，叙述法は物語的で，『篁物語』とも呼ばれている．平安時代中期ごろの成立か．『新古今和歌集』以後の勅撰集にみられる篁の歌はこれからとったもので篁の真作ではあるまい．また『今昔物語集』『宇治拾遺物語』『十訓抄』『江談抄』などには，篁のすぐれた学才を示す説話が種々伝わっている．

(片桐　洋一)

065　小野田守　おののたもり　生没年不詳　奈良時代の官人．姓(かばね)は朝臣．天平19年(747)正月正六位上より従五位下，天平勝宝元年(749)閏5月大宰少弐，同5年2月遣新羅大使．新羅の無礼をもって事を行わず帰った．翌6年4月大宰少弐再任，同8歳5月聖武天皇大葬の山作司，6月ころ左少弁か．天平宝字元年(757)刑部少輔，翌2年2月以後遣渤海大使，大伴家持らの餞宴をうける．9月帰朝，10月従五位上，12月には唐の安禄山の乱を朝廷に奏上し，大宰府の備えを固めしめた．『万葉集』に名をみる．

(中西　進)

066　小野恒柯　おののつねえだ　808～60　平安時代前期の学儒，名筆．大同3年(808)生まれる．祖父永見は『凌雲集』の詩人，征夷副将軍．父は出羽守滝雄．篁はその従兄にあたる．恒柯は好学で文才があり，草書・隷書に秀でた．承和2年(835)少内記，ついで大内記・式部大

丞．同 8 年来朝の渤海客賀福延らの存問領客使となる．同11年大宰少弐となり，筑前守と争論して滋野貞主に批判された．次に右少弁・播磨守．そっけない性格で人から誤解されやすかったが，一代の名筆とうたわれ，その筆跡は人々から愛重せられた．貞観 2 年（860）5月18日散位従五位上で没した．52歳．

（川口　久雄）

067 おもろさうし 𤭖𤭖　沖縄最古の歌謡集．沖縄・奄美の島々に伝わる「おもろ」を 3 回にわたって採録し冊と為したもの．尚清王 5 年（享禄 4 ，1531）に首里（しゅり）王府による第 1 回の結集が行われ，41首の「おもろさうし」が成立した．第 1 巻である．それから82年後，尚寧王25年（慶長18，1613）に第 2 回の結集があって46首の第 2 巻が成り，さらに10年後，尚豊王 3 年（元和 9 ，1623）に第 3 巻から第22巻までができ上がり，全22巻が完成している．22巻の総歌数は1554首であるが，その中の重複を整理すると実数1248首となる．尚清王 5 年（享禄 4 ，1531）に第 1 回の結集が行われたとはいえ，実際には，これに先だち，尚真王が中央集権を断行した同王 2 年（文明10，1478）に，各地方の按司（あじ）を首里に集め，その際，各地方の神祭りに密着していた神歌（おもろ）を集めて冊と為し，神歌主取（おもろぬしどり）を置いて神歌に関する一切の事務を司らしめたということである．「おもろ」の発生起源は，沖縄が歴史的出発をしたその始原にさかのぼるであろうが，謡われた時代はおおよそ部落時代（5，6～12世紀），按司時代（12～15世紀），王国時代前期（15～17世紀）にわけることができる．部落時代の主題は，主に神であり，太陽であり，祭祀儀礼が中心である．按司時代には，築城・造船・貢租・貿易や，按司の讃美，そして集団舞踊を伴う新しい「ゑさおもろ」が発生する．王国時代になると，貿易・築城・建寺・植樹・航海・貢租・属島征伐などを主題にしながら，一種の労働歌である「ゑとおもろ」が生まれた．さらに王府を中心にした神歌もたくさんつくられている．「おもろ」は，沖縄の原始と古代社会にまたがる歴史・民俗・宗教・言語などを包みこんだ古代歌謡で，一般に「琉球の万葉歌」と呼ばれたが，祝詞のもつ呪詞的要素を内包し，記紀歌謡，万葉歌の一部，それに神楽，催馬楽歌などと比べることのできる幅の広い内容をもっている，ということができよう．「おもろ」はもともと「うむい」といったらしく，「うむい」または「おもい」と称していたのが後になって「おもろ」という呼称が生まれたものである．「うむい」は「思い」の転訛である．ただし「思い」の意味は，人間の心が内側に向けられる内的思考の「思い」ではなく，外に対する「宣（の）る」であり「唱える」であると考えられる．「おもろ」の同義語として「せるむ（宣るむ）」があり，「せるむ」の原形が「みせせる（神託）」で，さらに「みせせる」は「お崇（たか）べ」「宣立言（のだてごと）」と並んで，人と神との心を繁ぐ呪詞的機能をもつものであることなどからそのことを推測することができる．すなわち「おもろ」は，村落共同体の平和や繁栄を願う心を，神に申し上げる，宣り奉る呪術的詞章であったわけである．内的思考の「思い」が人間個々に芽生えるようになる社会段階から，「おもろ」の内容は発想や詩形の緊張がみられるようになり，叙事的内容から抒情的傾斜をみせ始め，後期おもろの中にその移り行きの過程をうかがうことができる．時代的には15世紀ごろで，叙事的歌謡おもろから叙情詩琉歌への変遷交替がそれである．現在は尚家（しょうけ）本（重要文化財，沖縄県立博物館蔵），仲吉（なかよし）本（琉球大学附属図書館蔵）などが伝わる．刊本に『校本おもろさうし』，『日本思想大系』18，『岩波文庫』がある．

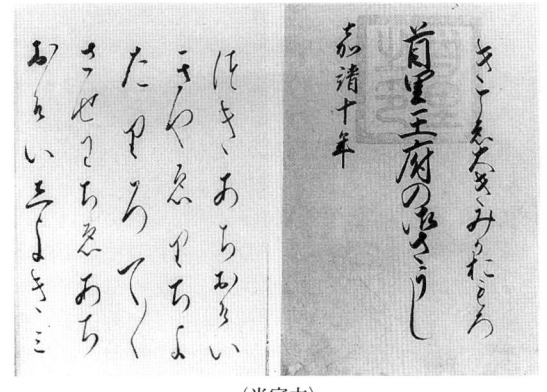

（尚家本）

参考文献　外間守善『おもろさうし』解説（『日本思想大系』18）

（外間　守善）

068 オランダ　Netherlands　ヨーロッパ北西部，北海に面した王国．首都アムステルダム．ネーデルランド Nederlanden・ホーランド Holland・ネーザーランドともいう．わが国では阿蘭陀または和蘭と書いた．オランダとはもちろんホーランドから訛ったものである．ホーランドは元来ドルトレヒトを中心とするマース川両岸地方の名称でそれが国全体の名となった．面積はわが九州の約 9 割ほどで，主としてライン川・マース川のデルタ地帯から成り海岸地帯には砂丘地帯が連なる．東はドイツ，南はベルギーと接し，北および西は北海に臨み，北緯50度45分から53度35分，東経 3 度20分から 7 度15分に及ぶ．国土はきわめて低く平坦で国土の25％は海面下にあり，45％は砂丘や堤防がないと水没するという．ネーデルランドの名の示すとおりである．したがって国土のうち多くは古い時代から堤防 dam を築いて河水を海に注ぎ，溢れる水を土手 dijk で囲んで風車の力で排水し，また運河を通して水を導くなどの水利事業を行いつつ干拓した土地 polder が大部分と言ってもよい．このような意味の干拓の歴史は大

体15世紀ごろから始まるが，オランダ人の治水の歴史はすでに紀元前に始まるとさえいわれている．現在のオランダはオランエOranje家のベアトリクスBeatrix女王（在位1980年～）を元首に戴く立憲君主国家であり，欧州共同体の一員である．北から数えてフローニンヘン以下11州に分かれ，今日では伝統的に有名な牧畜酪農業とともに金属・紡織・化学工業・電機工業あるいはKLM，SHELLなどの特殊大会社を擁する商工業国である．

オランダの歴史は多少便宜的ながら大体(1)ゲルマン・ローマ時代（前100～後400年ごろ），(2)フランク時代（400～900年ごろ），(3)封建制時代（900～1580年），(4)共和制時代（1581～1795年），(5)フランス治下の時代（1795～1813年），(6)王制時代（1814年～現在）に分けて考えることができる．日本との関係が始まるのは(4)の時代である．ここでは(1)～(3)は省略して共和制時代いわゆるオランダ独立の時期から簡単に記しておく．1556年，当時ネーデルランド地方を支配していたオーストリアのハプスブルク家のカール5世が隠退してハプスブルク家の支配は二分され，ネーデルランドはスペイン王位を継いだフェリペ2世の支配する所となった．当時スペインでは新大陸から輸入する銀の対価としてスペイン産の毛織物では不足したので英国および南ネーデルランドの毛織物を必要とした．そこでフェリペ2世は自国の領土の統一を強行しようとしてネーデルランド地方に対してカトリック主義と結合した専制政治を強制し，特に宗教裁判を強行した．それは16世紀初頭以来南ネーデルランドでは毛織物工業の勃興，北部地方では北海のニシン漁業の発展により市民階級の勃興が見られ，その間にルッター・カルビンの新教が拡まっていたからである．フェリペ2世の弾圧に反抗してオランエ公ウィルレムらの大貴族をリーダーとする反対運動が起り，中小貴族・市民階級の間にも拡がり，独立戦争の段階にまで発展しそうになったが，やがて分裂して南部諸州は本国に忠誠を尽すに至った．しかし北部七州は1579年ユトレヒト同盟を結び，81年独立を宣言してネーデルランド連邦共和国が生まれ，ウィルレムが初代の統領に就任した．連邦の指導的地位にあったのがホーランドであり，そこで国全体が一般にホーランドと呼ばれるに至った．その後スペインとの間に種々の交渉があったが，結局1609年スペインとの間に，オランダを現状のまま独立国として取り扱うことを条件として12ヵ年の休戦条約が成立してオランダの独立が事実上承認され，さらに48年ウェストファリア条約により国際的にも承認された．しかしその間オランダ地方の住民は独立運動のためリスボン港に出入りすることができなくなり，そこでスペインの目を掠めて密貿易を行い，直接東洋貿易に進出，国内各地に東洋貿易に従事する会社ができた．1602年それらの会社が統合されて連合オランダ東インド会社が設立され，ジャワのバタビアを東洋経略の根拠とし，やがて日本にも進出する．一方またアメリカ方面にも進出し，21年オランダ西インド会社を創立した．特に東インド地方においてはポルトガル・イギリスを圧倒して，アムステルダムは世界貿易の中心と成り，この世紀のオランダの繁栄はまさに黄金時代を現出したといわれる．しかし，この黄金時代は永続しなかった．やがてイギリス・フランスと数回にわたって戦を交え，またスペイン継承戦争，オーストリア継承戦争などに捲き込まれる等々，国際紛争のため17世紀から18世紀にかけて，国力はとみに低下し，植民地は荒らされ貿易は杜絶し，国際間の地位も低下した．特に1789年フランス革命が起り，94年には革命軍がオランダに侵入してウィルレム5世はイギリスに亡命しバタビア共和国と成った．ついで1806年ナポレオンが弟ルイを王として王国を樹てたがそれも束の間10年にはこれをフランスに合併し，かくてオランダ国家は一時史上から消え去った．しかし，13年ナポレオンの敗北で復活し，ウィーン会議の結果15年ネーデルランド王国と成り旧海外植民地も大部分返還された．ただしこの間に東インド会社は経営が行き詰まって1798年会社の負債・領土は国家が継承することとなり，99年会社は解散するという有様で，加えて東インド地方も英軍の占領するところとなるなど惨憺たる有様であった．その後王制再発足後1830年ベルギーが独立したが，48年には憲法の改正，87年また憲法改正等を経てオランエ王室のもとに責任内閣制・二院制議会を有する立憲君主制が確立した．第1次世界大戦および第2次世界大戦によりオランダの被った損害は大きく，特に第2次大戦中ドイツ軍の占領するところとなり，また東インドを失うなどのことがあったが，戦後これを克服して経済復興に成功し今日に及んでいる．

日本との関係は1598年ロッテルダムを出帆した船隊中の1隻リーフデ号が1600年（慶長五）豊後の海岸に漂着した時に始まる．その後オランダでは前記のように02年連合オランダ東インド会社が成立して東洋の植民貿易を担当することとなり，やがて09年その2隻の船が長崎を経て平戸に入り，徳川家康の通商許可を得て平戸に商館を設けた．41年（寛永18）幕命により長崎出島に商館を移し幕末までここに居住した．オランダ人は商館開設以来巧みに幕府の政策に順応し，一方イギリス人・ポルトガル人との競争に打ち克って，結局鎖国の実施によって中国人と並んで日本貿易を独占した．貿易品としては中国南洋産の白糸（生糸）・砂糖・蘇木や欧州産の毛織物などを輸出し，わが国からは銀・銅などを輸入した．オランダ人の貿易は鎖国政策の実施にもかかわらず何らの打撃を受けず，かえって順調な伸びを見せ80年（延宝8）前後に及んでいる．しかしこ

のころから幕府が貿易の制限に乗り出し，特に1715年（正徳5）には船数を2隻，貿易額を銀3000貫目，輸出銅額を150万斤に制限し，その後も制限を逐次強化したため次第に衰え，幕末の開国時に及んだ．出島には常時商館長以下数人ないし10数人のオランダ人が居て（その中には1名ないし2名の医師が含まれた），貿易業務に従事した．商館長はのちには1年交代となったが連続数年勤めた人もある．また一方ではこれら商館員によってオランダの学術文化がオランダ語を解するオランダ通詞に伝えられた．特に医師からオランダの医学が伝えられその医学は紅毛流といわれた．また商館長は年々江戸に参府して将軍に謁見したが，その江戸滞在中江戸の学者とくに幕府の医師・天文方などのうちからオランダ人や付添いの通詞についてオランダ語・オランダ科学の知識を学ぶ者が現われ，やがて「蘭学」のおこる機縁をなした．蘭学は最初のうち医学が主であったが次第に発展して多くの自然科学の分野に及び，次第にオランダ語の学習，オランダ書の翻訳も盛んになり，幕末に近付くと自然科学だけでなく人文・社会科学の分野も開けた．要するに17・18・19世紀のヨーロッパ文化は長崎を通じ，オランダ人・オランダ語・オランダ書を通じてわが国に伝わったということができる．1856年1月（安政2年12月）日蘭和親条約が，ついて58年日蘭通商条約が締結されて，それ以来日蘭の関係も列国と同じく条約に基づく近代的外交関係となったが，それまでおよそ250年余にわたってわが国と特別の関係を持っていた点でまさにヨーロッパで唯一の国家である．

参考文献　今来陸郎編『中欧史』（『世界各国史』7），板沢武雄『日本とオランダ』（『日本歴史新書』），加藤栄一『幕藩制国家の形成と外国貿易』，同『幕藩制国家の成立と対外関係』，八百啓介『近世オランダ貿易と鎖国』，鈴木康子『近世日蘭貿易史の研究』

（沼田　次郎）

069　オランダ医学　オランダいがく　長崎出島のオランダ商館の医師によって主として伝えられた医学．このオランダ商館医師は江戸時代末期に至るまでの間に63人の者が来ているが，それらのものは程度の差こそあれ，いずれもオランダ医学を日本へ伝えるために寄与したということができる．それらの多くは『オランダ商館日記』によって，かなり具体的に知ることができるが，それによれば，これらの蘭館医師はすでに初期のころから厳しい監視を受けながらも特別の許可を得て，あるいは日本人患者を診療したり，または医薬に関する日本人の質疑に応じたりしたことが知られる．さらに時としてはある一定期間特定の日本人医師に対して医術の指導を行なったことが推量できる．これらのことが実施された場所としては出島の蘭館内であったり，江戸での蘭人宿舎であったりしたことが多かった．こうしてオランダ医学に関する知識がようやく日本へ伝えられ，オランダ医学が日本の医学の中に登場して来たのであるが，やがて西洋の解剖学書や外科学書（多くはそれらのオランダ語訳書）などが日本へもたらされ，まだ十分にそれらの内容を理解することができないながらも，それらの影響を多分にみとめられるものが日本で著わされるようになる．安永3年（1774）に出板された杉田玄白・前野良沢らによる『解体新書』は日本最初の西洋医学書翻訳書としても貴重なものであることはいうをまたないが，とりわけオランダ医学にとってはこの上ない大きな刺激となったことは確かである．この書が出板されたことにより西洋医学書の訳述書が急に増加し，オランダ医学を志すものが多くなったのも事実であったが，当時の日本の医学の大勢はなお昔ながらの漢方医学によって支配されていたのが真相であった．文政6年（1823）オランダ商館医師として渡来したシーボルトは西洋の自然科学を日本に移植したことで大きな足跡を遺しているが，医学に関しては診療の実際について考える，西洋の臨床医学教育を日本に伝えた点で大きな功績があった．周囲の情勢が次第に開国に傾くにつれ，江戸幕府当局は医学の面でも従来の漢方医学一辺倒から西洋医学へ目を移さざるを得なくなった．その表われの一つが安政4年（1857）に長崎の第2次海軍伝習所の医学教師としてオランダからポンペ＝ファン＝メールデルフォールトを招き，公に西洋医学教育を行わせた．ポンペは各藩から選抜された学生をはじめから意欲的，計画的に指導し，文久元年（1861）には日本ではじめての洋式病院，長崎養生所を建てて大々的に患者を診療するとともに本格的な臨床医学教育を行なった．このようにしてオランダ医学は日本の医学の近代化へ通ずる道を開拓した最大の功労者であったというべきである．

参考文献　富士川游『日本医学史』

（大鳥蘭三郎）

070　オランダ絵　オランダえ　江戸時代オランダ文物の渡来あるいはオランダ学芸の研究に伴って起った洋風画．蘭画ともいい，また安土桃山時代の南蛮画に対し紅毛画とも呼ばれる．享保5年（1720）将軍徳川吉宗が洋書の禁をゆるめてから，オランダの医学・天文学・動植物学など自然科学書の翻訳研究が次第に活発となったが，それらのオランダ書の精巧な挿図や舶載の銅版画などに魅せられ，西洋画法の認識に努めたのが平賀源内であった．源内は本草物産学者として活躍するかたわら，洋画制作についての知識も深め，安永2年（1773）には秋田へ赴いて小田野直武や佐竹曙山（義敦）らに洋画法を伝え，いわゆる秋田派をおこした．江戸の司馬江漢も源内や直武に啓発され，天明3年（1783）には日本最初の腐蝕銅版画を制作し，油彩画においても多くの作品を描いた．江戸では他に北山寒厳・石川大浪・石川

孟高・安田雷洲らが挙げられる．また，奥州須賀川の亜欧堂田善は松平定信の御用絵師として洋風画を描き，銅版画をもよくした．田善の系統には安田田騏・遠藤田一・新井令恭らがいて，この一派は須賀川派と呼ばれる．秋田派や司馬江漢は西洋画の写実性と実用性を主張し，西洋画論を著わすほど理論的活動もした．なお，開港地長崎では，もちろん舶載画に接して洋風画が盛んに行われた．本格的油彩画をものした若杉五十八や荒木如元，東洋画法と西洋画法とを折衷して写実的表現を得意とした石崎融思・川原慶賀らが特に注目される．

参考文献　西村貞『日本初期洋画の研究』，小野忠重『江戸の洋画家』，坂本満・菅瀬正・成瀬不二雄『南蛮美術と洋風画』(『原色日本の美術』25)
（菅瀬　正）

071 阿蘭陀海鏡書和解 オランダかいきょうしょわげ　長崎のオランダ通詞本木良永が天明元年(1781)翻訳した航海術のための天文学書．原書は不明．享保5年(1720)禁書の令がゆるめられてから翻訳されたオランダの学術書の1つで，良永のごとく，多数の天文・地理書を翻訳した経験にもとづく専門的知識なくしては翻訳できない高度の内容をもつ．天体の位置，地球の緯度・経度，地磁気の偏差などとその測定法を詳述し，天体の位置測定によって海洋中の船の位置を決定できることを明らかにし，また地球の緯度・経度，地磁気の偏差などの測定法や器具についての記述にはこれ以前の天文航海術書にはないものもあって，公刊されなかったことが惜しまれる．原本2冊は長崎市立博物館にあり，『海事史料叢書』5に収める．

参考文献　三枝博音『技術史研究』(『三枝博音著作集』11)
（石井　謙治）

072 オランダ国立文書館所蔵文書 オランダこくりつぶんしょかんしょぞうもんじょ　⇨オランダ所在日本関係史料

073 和蘭字彙 オランジイ　幕末に刊行された洋学時代最大の蘭日辞典．編者は幕府の侍医法眼桂川甫周(国興)．ただし公務多忙のため実際には弟の甫策(国幹)が中心となり，弟橘堂(のちの藤沢志摩守次謙)・妹香月ほか社中の金田八郎兵衛・柳河春三・柳下震達・石井久次・湊三郎・塩谷順之丞・足立鍼蔵・秋庭清嘯・中村静淵がこれを助けた．甫周が書いた『和蘭字彙見取図』によると，「横六寸・縦八寸五分，初編三冊・二編三冊・三編二冊・四編三冊・五編二冊」とあって計13冊になっているが，現存するものは9冊本から20冊本まであって定め難い．安政2年(1855)に着手され，同5年山城屋佐兵衛を発行書林として刊行された．売価は1部8両，ただし数部を一括購入するものには7両とした．この辞典はかつて来日した蘭館長ヘンドリック=ドゥーフが蘭日辞典編纂を思い立ったことに由来する．彼は有能な通詞を助手とし，ハルマの『蘭仏辞典』第2版により文化9年(1812)ごろに着手したが，完成したのは彼の帰国後の天保4年(1833)で，これを『ドゥーフ=ハルマ』と呼んだ．元来が幕府への献上本で一般に流布するものは少なかった．嘉永2年(1849)佐久間象山がその刊行を企てたが許されず，甫周はペリー来日の機会をとらえ，辞典の必要性を若年寄遠藤但馬守に交渉し，安政元年ついにその許可を得た．編纂者は種々の新辞典を参考にして改訂にあたった．しかしもともとハルマの『蘭仏辞典』に拠ったもので，その編纂方法に従い，見出し語をオランダ語で説明しさらに和訳するいわゆる双解式となっているほか，多数の合成語・熟語・例文を含んでいる．記述の一例を示すと「appel. z. m. zekere boomvrugt 林檎」のように訳語が縦に書いてある．筆者架蔵本によれば，序・跋4枚を除き本文1876枚・各頁30行1段組．大見出しと空白の行を除き約11万行を数えるが，見出し語の実数は約5万語である．初版の影印本(昭和49年)がある．

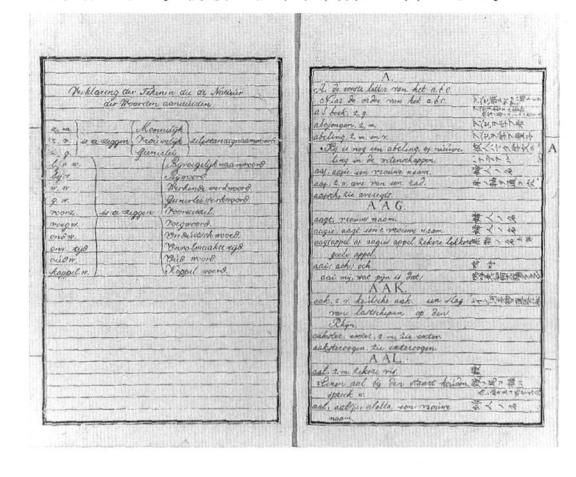

参考文献　今泉みね『名ごりの夢』(『東洋文庫』9)，今泉源吉『(蘭学の家)桂川の人々』最終篇，板沢武雄『日蘭文化交渉史の研究』，杉本つとむ『和蘭字彙』解説(影印本付載)
（斎藤　信）

074 和蘭詞品考 オランダしひんこう　長崎のオランダ通詞で蘭学者としても著名な志筑(しづき)忠雄(中野柳圃)の著書．オランダ語の文法的知識をわが国ではじめて説明したものといわれる．ただしこの書物自体は今日ではすでに存在しないものと見られ，ただその門人馬場貞由がそれを訂正増補したというものが『訂正蘭語九品集』(写本)として存在しているので，それによってわずかにその内容を想像しうるものとされてきた．本書は志筑がオランダのセウエル Willem Sewel(1654～1720)の Nederduitshe Spraakkonst という文典から得た知識により著わしたものと考えられるが，その成立の年は明らかでない．実は現在京都大学言語研究室に『柳圃中野先生文法』と題する写本があり，大槻家ではこれが『和蘭詞品考』であると伝えている．この所伝に従え

唐蘭館絵巻（伝渡辺秀石筆）

ば，直ちに『詞品考』の形態内容を知りうることになるが，一方これは『詞品考』ではなかろうという人もあり，現在のところにわかに決し難い点が残っている．

参考文献　杉本つとむ『〔江戸時代〕蘭語学の成立とその展開』，沼田次郎「文化文政期の蘭学について―志筑忠雄と馬場貞由―」（『史艸』7），斎藤信「『柳圃中野先生文法』について」（『名古屋市立大学教養部紀要』人文社会研究14）　　　　　　　（沼田　次郎）

075 オランダ商館 オランダしょうかん　江戸時代平戸および長崎にあったオランダ東インド会社の日本支店．オランダ商館は最初平戸に置かれたが，寛永16年(1639)ポルトガル人の来航禁止以後，長崎の出島は空家となったので，同18年オランダ商館は平戸から長崎移転を命ぜられた．以来幕末まで，オランダ船の発着地および商館員の居留地は出島のみに限定され，許可がない限り，他の地域に立入ることができなかった．この間，商館の建物は，何回か改築されているが，寛政の大火以後は，大体次のようである．乙名並町人家蔵（オランダ人居宅もこれに含まれる）44軒，このうち蔵30軒．このほか，公班衙（コンパニヤ）蔵・脇荷蔵・御用蔵・水門・御検使場・乙名部屋・通詞部屋・町人番所・阿蘭陀台所・花畠・涼所・本門番所・辻番所・火消道具置所・不寝番所・伊万里見世・小道具入・風呂場・鳩小屋・札場・札場御検使場があり，合計65軒が，面積3969坪（約1万3121.51km²）余りの出島の上に，中央を貫通する道路と，これを横断する道路で4区画に分かれて建っていた．ここに住むオランダ人は，商館長（別名カピタン）・次席（ヘトル）・台所役・荷倉役・筆者・外科医・大工・鍛冶など，9人から12～13人で，不自由な生活を送っていた．出島のオランダ商館は長崎奉行の管轄下に置かれ，長崎町年寄が奉行の命令をうけて，出島に関する貿易・政務一切を扱ったが，直接オランダ人と交渉にあたったのは出島乙名で，これは世襲制ではない．出島乙名の職が置かれたのは，出島築造以来のことで，元禄9年(1696)までは1人，それ以後2人となった．乙名は出島内に居住し，オランダ人の監視，輸出入品の荷揚げ，積出し，代金決済，出島町内の出入り，オランダ人の日用の買物などの監督にあたり，年俸13貫660匁を支給されていた．乙名の下には，組頭・筆者・小使など，約40人の日本人がいた．また，出島への出入りを監視し，警備にあたるため，番士が置かれた．最初町使2人と，町年寄の家来1人がこれにあてられたが，のちには船番・唐人番の兼職となり，1日ごとに交代した．オランダ人の外出，あるいは参府の際の護衛も担当した．次に，オランダ人関係の最も重要な役人として，オランダ通詞があった．彼らはオランダ人とともに平戸から出島に移転したもので，世襲制であった．大通詞・小通詞・稽古通詞などその人数は次第に増加し，天保年間(1830～44)には，26家，約50名であった．出島への出入りは，一般には禁止されていたが，長崎奉行所役人・長崎町年寄・オランダ通詞・出島乙名・組頭・日行使・五箇所宿老・出島町人は，公用の場合に限り出入りを許された．商人や職人は，その居住町の乙名に願い出，この乙名から出島乙名に人数・用件を届け出て，はじめて出入りが許可された．幕末に至り，安政2年(1855)オランダ人が長崎市内を自由に散歩することが許され，ついで同6年に，出島開放の新令が出され，出島乙名・番人などは同所を引き払い，出入りは全く自由となった．→付表〈オランダ商館長一覧〉

参考文献　『長崎市史』地誌編　　　　　（永積　洋子）

076 オランダ商館長江戸参府 オランダしょうかんちょうえどさんぷ　オランダ商館長が江戸に上って将軍に拝謁し，献上品をおくるとで，御礼参り・拝礼などとも呼ばれた．これが恒例となったのは，一旦中絶していた日蘭貿易が再開された寛永10年(1633)以来である．初期には，前年の冬に旅行を始め，旧暦正月ごろに江戸で拝謁していたが，寛文元年(1661)以後は旧暦正月に長崎を出発し，3月朔日前後に拝謁するよう改められ，また寛政2年(1790)からは5年目，すなわち4年に1回となった．一行は商館長・書記・外科医・助役などオランダ人数人のほか，通詞，平戸藩の役人（のちには長崎奉行所役人）が同行した．旅行全体に90日前後を要し，江戸滞在は普通，2，3週間であった．江戸での宿所は，寛永18年

以後，元のポルトガル人の定宿，長崎屋源右衛門方と定められた．ここには普請役2人，町奉行組同心2人が詰め，これらの人々の許可なしには，誰も出入りできなかった．拝謁の当日，商館長は大広間で，定められた座で平伏する．やがて「進め」といわれると，日本式に膝行し，平伏すると「阿蘭陀甲必丹」と呼ばれる．間もなく，上衣の裾をひいて合図されたら，退去せねばならぬ．のちには，拝礼の後，改めて白書院で蘭人見物があり，歌や踊を注文され，オランダ人を見世物扱いにして，大奥の婦人まで見物したこともあった．この後，老中・若年寄・町奉行・長崎奉行など大官の邸にそれぞれ贈り物をして挨拶し，やがて暇乞をして，時服を賜わり，江戸を退出する．商館長の江戸滞在中，オランダ人宿所を訪問できたのは，初期には諸大名・大官だけだったが，後期には，蘭学者が参府旅行を待ち兼ねて，日ごろの疑問をただした．平戸商館時代には，オランダ人は江戸参府を，老中に要求書を提出し，取引上の不満を訴える好機と考えていたが，実際にはこの時代でさえ参府中に要求がかなえられたことはなく，まして鎖国以後は，拝礼と献上のみの，形式的なものとなった．日ごろ出島の外に旅行を許されないオランダ商館長にとって，参府旅行は日本を知る唯一の機会だったから，商館員の中には，ケンペル・シーボルトなど，すぐれた参府日記を残している人もある．

参考文献　板沢武雄『日蘭文化交渉史の研究』，エンゲルベルト＝ケンペル『ケンペル江戸参府紀行』（呉秀三訳註，『異国叢書』6・9），フィーリップ＝フランツ＝フォン＝シーボルト『シーボルト江戸参府紀行』（同訳註，同2），ヨゼフ＝ヘンレイ＝レフィスゾーン『レフィスゾーン江戸参府日記』（片桐一男訳，『新異国叢書』3輯9）　　（永積　洋子）

077 オランダ商館日記 オランダしょうかんにっき　オランダ東インド会社が当初平戸に，ついで長崎に設けた商館の歴代商館長Opperhoofdによって記録されたオランダ文の公務日記．Japans Dagregister, Dagliiksche Aanteekeningenなどの原名をもち，『蘭館日誌』ともいう．1609年（慶長14）の平戸での日蘭貿易の開始より1860年（万延元）長崎出島閉鎖による252年間の内，平戸時代の1632年（寛永9）以前，長崎時代の1715年（正徳5），1834年（天保5）～42年，48年（嘉永元），51年，52年を除き，完全にヘーグの国立中央文書館Het Algemeen Rijksarchiefに保存されている．長崎出島のオランダ商館伝来のもののほか，バタビア経由アムステルダムに送致された複本が数部伝わる場合もある．通常の日誌のほか，19世紀には秘密日誌の作成された場合もあった．日誌は通常，着任した商館長が公式に前任者と交代した日より記録し始め，連日記帳し，商館長が江戸参府に出向いた場合には参府日記が商館長自身により，留守日記が留守居の館員によって記帳され，のちに併せて書記が浄書した．当日の天候や主な出来事について記すが，取引の内容の詳細はこれを業務帳簿に記して証拠として残し，時に往復文書を文中に写しこむ筆者もあったが，受発送文書は，一連番号を付し，日記の付録として引照に便ならしめた場合が多い．この日記の存在ならびにその利用価値をはじめて日本の学界に紹介したのはリースLudwig Riessであって，その謄写事業もそのころから始まったが，公式に帝国学士院が謄写事業を始めたのは，大正12年（1923）であった．爾来一部は写真で，多くは手書きで謄写本を作成し，いわゆる商館文書中の日記のすべてを終ってさらに受発送文書に進んだが，第2次世界大戦のため中止した．この事業の継続として，昭和29年（1954）以来，東大史料編纂所が，日本学士院の依嘱によって，ヘーグ文書のマイクロフィルム複製に着手するや，ひとり商館文書中の日記のみならず，アムステルダム本社接受文書中のそれをもほとんど完全に収録することを得た（東大史料編纂所編『日本関係海外史料目録』参照）．こうして，その価値が早くから認められたから，その邦訳のための努力も重ねられて今日に至った．村上直次郎は『出島蘭館日誌』全3巻（昭和13～14年）において，1641年6月の商館の長崎移転より48年（慶安元）12月までのルメール以下8館長の日記の全訳を載せ，戦後，中村孝志の協力を得て改訂増補した『長崎オランダ商館の日記』全3巻（昭和31～33年）は，1641年6月以降54年（承応3）10月まで，ルメール以下11館長の日記の達意訳を収めた．さらに永積洋子は『平戸オランダ商館の日記』全4巻（同44～45年）に，1627年以降のタイオワン事件関係日記を含めて41年6月に至る3商館長その他の日記の完訳を収めた．1801年（享和元）より60年に至るこの日記の原文Japans Dagh Registerを復刻する努力が，昭和27年以来岩生成一とその日蘭交渉史研究会によって続けられてきたことも見逃し難い．昭和49年創刊の東大史料編纂所の『日本関係海外史料』は，平戸・長崎の商館長日記の原文・訳文から始められ，訳文については，これまでに『オランダ商館長日記』訳文編之1（上）～10（昭和51年～平成17年（2005））が刊行され，1633年9月～1647年10月の分を収める．また日蘭学会編『長崎オランダ商館長日記』1～10（平成元～11年）には1800年11月～1823年11月の訳文を収める．　　（金井　圓）

078 和蘭属文錦嚢抄 オランダしょくぶんきんのうしょう　吉雄権之助（永保）著のオランダ文法書．この書名の写本は天理図書館に所蔵されている（馬場貞由の『和蘭辞類訳名鈔』と合綴）が，ほかに『属文錦嚢』（東京大学付属図書館本・静嘉堂文庫本），『（訳文必用）属文錦嚢』（東北大学付属図書館狩野文庫本・京都大学文学部本）・『（作文必用訳家須知）属文錦嚢』（京大付属図書館本），『重訂属文錦嚢』（香川

県坂出市鎌田共済会郷土博物館本)などの書名の写本があり，諸本により内容にも多少の差違が見られる．東大付属図書館本・静嘉堂文庫本・鎌田博物館本には文政4年(1821)8月とする宇田川榕庵の序文があり，天理図書館本には本文の後に「属文錦嚢抄原語和解」がある．書名の「属文」は文を属(つづ)るの意で，文法上の文論に相当する．内容は，直説法・問叩法(疑問法)・分註法(附説法)・使令法・不定法の五種につき，例文をあげて簡単な解説を加えたもの．「作文必用」などの角書をもつ写本があるのもそのためである．

参考文献　杉本つとむ『(江戸時代)蘭語学の成立とその展開―長崎通詞による蘭語の学習とその研究―』

(松村　明)

079　オランダ所在日本関係史料　オランダしょざいにほんかんけいしりょう　日本とオランダとの関係は，17世紀の初頭以来，鎖国期間にも継続されたから，これに関する史料は，オランダにもきわめて豊富に残っている．首都アムステルダムの博物館・美術館，ライデンの大学図書館をはじめ個々の史料を収蔵するところは少なくないが，最も体系的かつ網羅的に関係文書を収蔵するのは，ヘーグのオランダ国立中央文書館 Het Algemeen Rijksarchief であろう．市内ブライエンブルフ通りに1902年に建造されたこの文書館は政府の各部局，半官的商事会社・銀行から移管された文書・図類を収蔵するが，日本関係文書は，ほとんどすべて政治関係文書部門に属する植民地文書 Koloniaal Archief (略称K.A.)および外交文書 Archieven van Buitenlandsche Zaken のなかに含まれている．植民地文書の内には，オランダ連合東インド会社文書(1602〜1795年)，日本におけるオランダ商館の文書(1609〜1860年)，随時民間より購入・寄贈された植民地文書追加 Aanwinsten の3つが日本関係史料として重要であり，外交文書としてはオランダ外務省旧蔵文書および駐日オランダ公館旧蔵文書の区別がある．連合東インド会社は1602年3月20日従来の諸会社を合同して設立された特許会社で，1799年に解散して植民地貿易が国営となるまで2世紀にわたって存続したから，関係各地の情報を綜合してバタビア政庁から本社あてに送られた一般政務報告 Origineele Generale Missiven とこれに付属しもしくは独立した諸種の報告書・日記・決議録・航海記・図類と，本社およびバタビア政庁より各地に宛てた指令とから成り，一般政務報告中には毎年日本の記事を含み，付属文書の内には日本よりバタビアに送られた一件文書が多く含まれている．この種の記録の内，注目すべきものは，極東各地からの初期の書翰中日本からのもの(1610〜12年，K.A.966)，平戸・長崎発信の書翰，一件記録を付した年々の一般政務報告(1614〜1792年，K.A.968-3853)で，ともに日蘭貿易がオランダの東インド貿易に占めた位置を知るのに重要である．図類の内には平戸港図・大坂城図・長崎鳥瞰図など著名なものがある．日本におけるオランダ商館文書は，慶長14年(1609)7月25日付の徳川家康の日蘭通商を許可する朱印状の原本をはじめ，連年累積した受信文書原本，発送文書の控え，商館の事務に関する記録・文書で，長年長崎出島に保管されてきたが，1852年(嘉永5)・60年(万延元)および1909年(明治42)の3回にわたって本国政府に送還され，1862年と1910年の2度に分けて文書館に収蔵された．前者は植民地文書(K.A.11683-11885)中にあるが，後者は追加(Aanw.1910.I.1-397)の内に置かれている．そこには毎年の決議録・日記(いわゆるオランダ商館日記)・商務帳簿・受発送文書その他館務の全貌を知る記録が含まれ，東インド会社解散後，横浜オランダ領事館(長遠寺)への事務引継に及ぶ．植民地文書追加の部分に含まれる日本関係文書としては，右の商館文書の一部のほかに，サルモン=スウェヤース，シャム商館長エレミアス=ファン=フリート，および平戸商館長ヤックス=スペックスの3社員の活動に関する書翰集 Collectie Sweers, Van Vliet en Specx (1606〜74年，Aanw.1885.1-9)，長崎商館長ヤン=コック=ブロムホフの私文書 Collectie J. Cock Blomhoff (1817〜53年，Aanw.1907)が日本関係文書としてよく知られている．外交文書は，一部は鎖国時代の商館文書を補う性質のものであるが，大部分は開国以後の日蘭関係を知る根本史料であって，わが外務省記録と併せ参照すべき性質のものである．オランダ外務省伝来文書の内では書翰集 Correspondentie van het Ministerie van Buitenlandsche Zaken が1847年以降の対日外交の基本文書集であって，1870年以降の駐日公使館文書 Legatie Japan, Edo-Tokio，1860年以降の横浜総領事館文書・長崎領事館文書，1868年以降の兵庫・大阪(神戸)領事館文書などとともに史料価値が高い．これらの文書については，すでに直接調査にあたった斎藤阿具・村上直次郎・幸田成友・板沢武雄・岩生成一・沼田次郎・中村孝志・永積昭が採訪事情を公表しているが，とりわけ，1954年以降日本学士院の主宰のもとに，東大史料編纂所がこれらのうち重要なもの，および他に中国関係のものを選んでマイクロフィルムに撮影して受入れ，かつその詳細な目録を編纂し，『日本関係海外史料目録』Historical Documents Relating to Japan in Foreign Countries 第1〜5巻(昭和38〜41年)として公刊したため，現地調査を俟たずにこれらの史料が利用できるようになったことは意義深い．なぜなら，この史料は，その本来の性質である経済史料であるにとどまらず，日本の自然・政治・社会・風俗・学問・思想などさまざまの分野の研究史料としても重要であるにもかかわらず，まだ充分に紹介・利用されずにきたからである．なお，現在はオランダから独立しているインドネシア共和国のもとのバタビア

に当たるジャカルタの国立文書館 Arsip Nasional Republik Indonesia は，かつてのオランダの一地方文書館として，やはり日本関係のオランダ文史料を多数所蔵しており，岩生成一・永積昭の紹介があるがバタビヤ城日記・同決議録，その他の文書が保存されている．その内重要なものもマイクロフィルムに撮影して東大史料編纂所に収蔵され，前記目録の第14巻（昭和44年）に詳細な目録を載せる．

参考文献　岩生成一「オランダ東印度会社の日本貿易史料について」（『社会経済史学』15／1），金井圓「ドンクル・キュルシウスのもうひとつの貢献」（『日蘭交渉史の研究』所収），同「長崎オランダ商館旧蔵日本語及び中国語文書（慶長十四―弘化二年）」（同所収）　　　　　　　　　　　　　　　（金井　圓）

080　**和蘭志略**（オランダしりゃく）　オランダに関する全書的翻訳集成．幕府天文方訳官宇田川榕庵が天保末年（1844）から弘化3年（1846）に病没するまで編訳したもので未完成の稿本として残る．和蘭史略・官職志略・制度志略・地志・河志・舟車志略・産物志略・器用志・雑志などに分かれ，別にケンプェル小伝とその『日本志』抄訳から成る日蘭関係記事もあり，全16冊．訳述の原資料は各種辞書をはじめ天文方備付けの蘭書多数である．絵図もところどころに挿入され，江戸時代のオランダに関する知識の集大成というべく，完成したならば，オランダに関する最も完備した百科便覧となったろう．『和蘭史略』は3冊を占め，このうち同一原典による2冊は1061年から1840年までのオランダをめぐるヨーロッパ政争史で，ナポレオンの記事なども詳しい．原典不詳．他の1冊はワーゲルナールの『和蘭全史』の訳といい，1666年から1752年までの歴史．稿本は大阪の武田薬品工業株式会社乾々斎文庫蔵．なお早稲田大学図書館にはワーゲルナール『和蘭全史』の訳残欠がある．

参考文献　大久保利謙『日本近代史学史』，同「和蘭史略」（鮎沢信太郎・大久保利謙『（鎖国時代）日本人の海外知識』所収），同「宇田川榕菴稿本「和蘭志略」に見ゆる文学記事」（『大久保利謙歴史著作集』5所収），藤浪剛一「宇田川榕庵」（『中外医事新報』1230・1283）　　　　　　　　　　　（石山　洋）

081　**オランダ通詞**（オランダつうじ）　江戸時代，オランダとの貿易・外交・文化交渉の事務にあたった通訳官兼商務官．はじめ平戸でオランダとの貿易が行われていたとき平戸におかれたが，江戸幕府の鎖国政策の一環としてオランダ商館が長崎に移されることに伴って，寛永17年（1640）長崎の地におかれることとなった．平戸時代の通詞はそれまでの対ポルトガル貿易の影響を強くうけてポルトガル語を用いることが多く，ポルトガル語にオランダ語をまじえて日蘭貿易の事務にあたった．長崎移転以後ポルトガル語がすたれ，オランダ語を用いて日蘭貿易事務に携わる本格的なオランダ通詞が成長した．通詞の職階は，平戸時代にはみられないようである．長崎移転と同時に老練な2通詞が大通詞に任じられた．小通詞と稽古通詞の存在は明暦2年（1656）から確認できる．享保・延享のころに小通詞並・同末席を加え，宝暦年間（1751～64）に大通詞助役・小通詞助役・稽古通詞見習がおかれた．元禄8年（1695）に新たに阿蘭陀通詞目付をおいて全通詞の監督をさせた．また，オランダ語を多少理解して日蘭貿易事務の下働きをした者が平戸時代から数十人存在した．これを内通詞と称した．寛文10年（1670）に内通詞のうちから12人を選んで内通詞小頭に任命して一群の代表者として責任をとらせた．江戸時代中期以降，通詞の職階は，阿蘭陀通詞目付・同通詞目付助・同大通詞・同大通詞助役・同小通詞・同小通詞助役・同小通詞並・同小通詞末席・同小通詞末席見習・同稽古通詞・同稽古通詞見習・同内通詞小頭・同内通詞と複雑・細分化した．ただし，基本構成としては通詞目付・大通詞・小通詞・稽古通詞からなるもので，その下に内通詞の一団があったわけである．通常，通詞目付は2名（1名・3名のこともあった），大・小通詞は各4名，稽古通詞は若干名であった．通詞全体の数は幕末期には約140名ほども存在した．また，通詞には記帳事務など下働きを務める通詞付筆者が若干付属していた．通詞の会所は出島橋を渡って出たところの江戸町に設けられ，出島内には詰所として通詞部屋が設けられ，当番1，2名が昼夜事務をとった．また大・小通詞各1名ずつが加役として1ヵ年当番にあたり，長崎奉行とオランダ商館との連絡をはじめ，通詞全体の世話役として勤務した．このような当番通詞を年番通詞と称した．年番通詞は，1ヵ年の当番を終えたあとの翌年の春にはオランダ商館長の江戸参府に随行して旅行中一切の通弁事務を担当する江戸番通詞の任にあたった．『阿蘭陀通詞起請文』によれば，キリシタン禁制の旨をオランダ人に徹底させ，疑わしいものは早速申し上げること，国内の軍事・政治および秘密事項を洩らさぬこと，不正貿易の取締り，収賄の禁止，通訳の正確，奢侈禁止，一身上の秘密を隠さぬことなどを誓わされていた．通詞の役料については時代によって貿易額の増減に影響されて一定しなかったようである．『文政三年辰六月改正長崎役人分限帳』によって，およその見当を示せば次のとおりである．通詞目付は7貫目・5人扶持，大通詞は11貫目・5人扶持，小通詞は5貫300目・3人扶持，稽古通詞は3貫目ずつ，内通詞小頭は2貫170目と2貫目など差があった．大・小通詞に準ずる並・末席・見習などにはそれぞれ段階がつけられていた．また年番や江戸番など加役にあたった1ヵ年には加役料がそれぞれついた．オランダ通詞家は世襲（株）であって，前後を通じて30数家を数えるが，有名なものとしては，西・名村・志筑・横山・石橋・吉雄・猪股・

本木・今村・楢林・堀・茂・加福・中山・馬場らの20数家であった．幕末になって若干増加した．通詞は，はじめ主として通訳と貿易交渉などの事務に追われていたが，語学力の蓄積とともに次第に洋書を読訳し，諸技術を修得するようになった．これらの通詞たちは主としてオランダ商館付の医師について西洋の諸科学の知識・技術を修得した．医学・語学のほか，天文学・地理学・本草学・理化学・兵学・洋画などについて研究し，翻訳や著述をするものも現われ，洋学輸入の先駆となったものが多い．かつ，江戸参府に随行して江戸にのぼって定宿長崎屋に滞在中は江戸の蘭学者たちの訪問をうけて，オランダ人と対談の通弁にあたったり，あるいは蘭学者の翻訳を助成し，質問に答えたりして交流を深めたために蘭学・洋学伝播の母胎となった．長崎で塾を開いたものもあった．また幕末近く，異国船が各地に接近し，対外関係に難問題が頻発するに伴って，天文台に蛮書和解御用の局が設置された．そこで，海外事情の調査や外交文書の翻訳と異国船応接時の通弁のために，文化5年(1808)以降長崎のオランダ通詞のうち若手の有能な通詞1名が天文台詰を命ぜられた．長崎においては英語など諸外国語の兼修も命ぜられるようになった．蘭癖大名をはじめ，諸藩でもオランダ通詞を採用するところが増えた．

参考文献　板沢武雄『日蘭文化交渉史の研究』，片桐一男『阿蘭陀通詞の研究』，同「「阿蘭陀通詞会所」と「通詞部屋」」(『洋学史研究』9)
　　　　　　　　　　　　　　　　　　　(片桐　一男)

082 阿蘭陀通詞起請文 オランダつうじきしょうもん　阿蘭陀通詞が拝命の際に，職務に対する忠実と法度に違犯しないことを誓約し，署名・花押血判した文書．起請文前書は通詞の職掌を知るうえに参考となる．長崎歴史文化博物館には明和8年(1771)より安政2年(1855)に至る小通詞助34名が署名・花押血判した1通が伝存している．同書の起請文前書は全9ヵ条よりなっている．第1条は不正行為をせず，諸事入念に務め法度に違犯しないこと．第2条は蘭人に対する切支丹宗門禁制の徹底と嫌疑事項の注進．第3条は国防・政治関係や秘密事項を蘭人に洩らさざること．第4条は抜荷・隠物行為に対する看視心得．第5条は貿易事務については不正を行わず，内外の商人と結託・収賄行為をせざること．第6条は通弁は遺漏なきよう，蘭人に員員荷担せざること．第7条は私用による出島出入の厳禁，従者にも誓詞をさせ法度を厳守せしむること．第8条は身分をわきまえ，冗費や奢りがましき行為を慎み，通詞の技能に励むこと．第9条は御尋の儀があった節はたとえ親子兄弟知音たりとも遠慮なく有体に申し上ぐべきこと．署名者34名を家別にすると，楢林5，今村3，西3，中山3，吉雄2，本木2，加福2，横山2，茂・馬場・三嶋・岩瀬・石橋・名村・末永・志筑・堀・小川・森山・荒木各1で，20家となっている．他の大・小・稽古通詞らもほぼ同様な起請文を作成したものと考えられる．

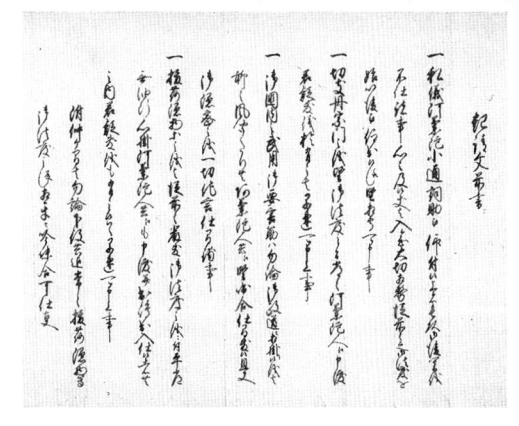

参考文献　板沢武雄『日蘭文化交渉史の研究』，片桐一男『阿蘭陀通詞の研究』　(片桐　一男)

083 阿蘭陀通詞勤方書留 オランダつうじつとめかたかきとめ　阿蘭陀通詞全体の勤務事項について，項目ごとに勤務の方法・心得などを記したもの．阿蘭陀通詞の各家で1ヵ年間の職務を遺漏なく果たすために作成しておいたものと考えられる．伝存の諸写本の中では中山家の一本が「文化二年(1805)丑八月差上候節之正控」とあって良好である．内容は本文79項目よりなる．年頭のカピタン年始御礼の事から始まり，江戸参府関係の準備・手続，諸通詞がオランダ語稽古出勤の事，来航蘭船に対する検閲・入港手続などの事，荷揚関係の事，貿易品の取り扱いから値組・入札・引渡など貿易手続の事，献上并御進物やカピタンの八朔御礼関係の事，長崎奉行・諸大名の蘭船・出島の巡見に関する事，帰帆の準備・手続，決算，大小通詞等加役交代の事，出島詰番の事など，通詞が長崎奉行とオランダ商館の間に立って行うべき年間の職務の実行方法が順を追って具体的に書き留められている．中山家本が『長崎県史』史料編4(昭和40年3月刊)に収載されている．　(片桐　一男)

084 阿蘭陀通詞由緒書 オランダつうじゆいしょがき　長崎の阿蘭陀通詞各家の由緒書．『阿蘭陀通詞由緒書』と題する由緒書が2種2冊，『長崎通詞由緒書』と題する1種1冊，計3種3冊がある．『阿蘭陀通詞由緒書』は明和8年(1771)8月の書上げ(一部に同9年11月の書上げを含む)と，享和2年(1802)12月の書上げで，おそらく長崎奉行所へ提出したものを集めたものとおもわれる．『長崎通詞由緒書』は後年の記事まで含んでおり，その下限は明治8年(1875)に及んでいる．明和8年の『阿蘭陀通詞由緒書』は今村(2家)・石橋・名村(2家)・吉雄(2家)・楢林(2家)・堀・西(2家)・加福・茂・本木・志筑・馬田の17家の由緒書を含み，それぞれ本国・生国，先祖以来代々の履歴，およびその間に各人の関係した重要事件，親類書などについて記載し，提出者の

職階と年齢を記している．享和2年の『阿蘭陀通詞由緒書』は，三嶋・加福・石橋・中山・名村・今村・本木・横山の8家の由緒書を含み，いずれも先祖以来代々の履歴を主として記載し，提出者の職階と年齢を記している．『長崎通詞由緒書』は西（2家）・楢林・名村・志筑・本木の6家の由緒書を含み，代々の履歴ならびに関係した事件などについて記載している．3種の由緒書はかなり重複する部分もあるが，結局総数15姓23家を数えることができる．同姓が8家あるが，いずれも途中から別家独立したものである．各由緒書間の記事には多少矛盾する記事も見受けられるが，この3種の由緒書に収載されている各家は，阿蘭陀貿易に関係する長崎の地役人の中核的存在としての阿蘭陀通詞の中でまずまず主要なる諸家ということができる．3種の由緒書はいずれも写本として伝わったものである．『長崎県史』史料編4（昭和40年3月刊）には長崎歴史文化博物館に所蔵される『阿蘭陀通詞由緒書』（明和8年・享和2年）2種と，日本学士院に所蔵される『長崎通詞由緒書』とを翻字収録している．阿蘭陀通詞の諸家には右の15姓のほかにも存在する．『阿蘭陀通詞起請文』には，馬場・岩瀬・末永・小川・森山・荒木の6姓をみることができる．『長崎蘭館長蘭通詞一覧』によって，富永・中島・立石・品川の4姓を加えることができる．シーボルトの筆写原稿 Japansche Handel（日本貿易）には，塩谷・植村・猪股・稲部・松村の5姓がみえる．その他，幕末期の諸記録から，田中・北村の2姓も寓目することができる．これらの中には単独の由緒書の残存するものも若干あるが，不明の諸家の方が多い．平戸時代からの阿蘭陀通詞で，オランダ商館が長崎の出島に移転してから，退職あるいは絶家となった，高砂・貞方・秀嶋の諸家も不明である．以上はいずれも内通詞を含まない，大・小・稽古通詞の各家のことである．

参考文献　板沢武雄『日蘭文化交渉史の研究』，片桐一男『阿蘭陀通詞の研究』　　　（片桐　一男）

085 紅毛談 オランダばなし　オランダそして西洋の諸事情を談話筆録ふうにまとめた書．著者の後藤梨春は江戸の本草家．上下2巻2冊．序によれば延享3年（1746）成立とみえるが，刊行は明和2年（1765）初版．アルファベット25字（J含まず）を掲げて発禁処分を受け（発禁の証拠はなく，自主規制かもしれない），ゆえに流布本が少ない．著者と桂川甫周の序を欠き，小唐先生なる者が梨春に聞いて著わしたとする「紅毛噺唐繰毛」と改題した後刷（丙寅初春序）がある．上巻は長崎商館長の参府の際の聞書きといわれる地理風俗記事だが，西川如見『（増補）華夷通商考』に負うところ多く，新井白石が商館長から聞いた探険航海情報，漢籍本草書による博物記事を含む．下巻は，引き続いて本草から医術・器物に至る．「ゑれきてりせいりてい」として本邦ではじめて電気に触れ，摩擦起電機の図を説明し，「病人の痛所より火をとる器」とする．平賀源内が本書に学んで実験した．また，「虫目がね」の珍しいものとして顕微鏡の驚異を述べている．『文明源流叢書』1，『江戸科学古典叢書』17に収められている．

参考文献　長浜重麿『ゑれきてる物語』，鮎沢信太郎・大久保利謙『（鎖国時代）日本人の海外知識』

（石山　洋）

086 オランダ東インド会社 オランダひがしインドがいしゃ　De Vereenigde Nederlandsche Oostindische Compagnie　オランダは，スペインの支配を脱するとともに東洋に進出を企て，国内各地に東インド貿易の会社が14も乱立した．オランダの連邦議会は，スペイン・ポルトガル船との対抗上，これら諸企業の統合を勧め，1602年，連合オランダ東インド会社を成立させた．設立当時の資本金は645万グルデンであった．その前身である6つの合資会社は支社の形で存続し，カーメルと呼ばれた．取締役会は最初73人で，各カーメルの幹部が横すべりし，のち60人に減じた．しかし最高執行機関は，「十七人会」と呼ばれた理事会で，その出資額に応じて各カーメルからえらばれた．中でも会社の全資本金の半額以上を出資したアムステルダムは，17人のうち8人を占めたから，連合東インド会社は，連邦を事実上支配するアムステルダム商業資本の手中にあるも同様であった．国から与えられた特許状によれば，会社は設立の02年以後21年間，喜望峰以東，マジェラン海峡以西の東洋貿易の独占権を与えられ，その地域内のいかなる主権者とも条約を結ぶ権限を持ち，また軍隊をおき，城塞を築き，貨幣を鋳造し，地方長官・司法官を任命することを認められた．会社は東インドにおける命令系統統一のため，09年から総督を任命し，その駐在地としてバタビア（ジャカルタ）を建設し（1619年），バタビアは，往年のマラッカに代わって，インドネシア東部の主要商品である香料を集積し，西方へ送る中継地となると同時に，アジア内各地間の貿易の中心地となった．このほか，日本・台湾・インドシナ半島・マライ半島・インドネシア・インド洋沿岸・ペルシア湾沿岸などにも貿易のための商館を設け，またポルトガル人・スペイン人・イギリス人に対抗するため要塞を築き，これらをつなぐ強力な艦隊を組織した．これらの商館の中でも，日本商館は，貿易に不可欠な，金・銀・銅の補給地として，最も利益をあげた商館の1つだった．また，ヨーロッパの主要な輸入品である香料を，安く，独占的に入手するため，香料の栽培地域を限定し，その他の地域ではこれを伐採させたり，予定の生産額を上廻る香料は焼却して，価格を釣り上げたりした．そしてこれに反抗する原住民は殺したり，強制移住させたりした．これらの収奪政策を行うため，会社は次第に貿易だけでなく，領土獲得に関心を持ち，18世紀半

ば以後，事実上全ジャワを支配下においた．このため軍事費は年々増大し，その上会社職員の腐敗，汚職，密貿易の横行などにより，18世紀には，会社の利益は激減した．その経営は終始恣意的かつ秘密主義的で，大株主の利益のみはかり，中小株主からしばしば出された会社の経理公開の要求もほとんどかえりみられなかった．自国の工業製品の販路としての意義をもたぬオランダの東インド貿易は，香料の商品価値の減少とともに衰え，会社の経営は極度に困難となり，1799年に解散するに至った．

参考文献　大塚久雄『株式会社発生史論』（『大塚久雄著作集』1），永積昭『オランダ東インド会社』（『講談社学術文庫』）　　　　　　　　　　　（永積　洋子）

087 **オランダ風説書** オランダふうせつがき　毎年長崎に入港するオランダ船が，奉行所を通じ江戸幕府に提出した海外情報の和訳文．オランダ語では情報を意味するNovos, Nieuws, Tijdingenなどと綴ったが，日本側の記録では一番船之阿蘭陀口書・新カピタン口書・甲比丹口上・新かぴたん口上書・言上書などと記され，普通には「阿蘭陀風説書」「和蘭風説書」と呼ばれ，「唐船風説書」とならんで，鎖国時代における海外智識の重要な一源泉であった．はじめオランダ人はその対日貿易を確立発展させるために敵対関係にあって，幕府も警戒忌避したポルトガル・スペインに関する情報を随時自発的に幕府に提出して，その注意を喚起することに努めたが，鎖国後，商館が出島に移転してから，寛永18年（1641）に幕命によって広く一般の海外情報を数ヵ条ないし10数ヵ条にまとめて提出するようになり，その後毎年提出するのが慣例となった．時が経つにつれて，風説書の内容は形式化し簡略となったが，アヘン戦争によって，幕府はさらに詳細な海外情報をつかんで置く必要を痛感して，特にこれを提出させるようになって，アヘン戦争の翌々天保13年（1842）から従来の風説書に加えて，別に詳しい情報を年々提出した．これを「別段風説書」Apart Nieuwsと呼んでいる．オランダ商館長が毎年交替するため長崎に来航すると，直ちに風説書の原文を当局に提出し，通詞がその訳文和解にかかり，清書2通を作成して，これに新旧商館長両人が署名し，通詞目付，大・小通詞数人が連署捺印して，1通を至急便で老中に進達した．鎖国時代における重要な海外情報源として幕府当局に重宝がられ，オランダ側では幕府に対する「御奉公筋」「御忠節」として重大な責務であると同時にオランダ人の日本における立場を有利にした．はじめは老中など幕府の重臣や長崎奉行所の関係者と通詞などきわめて少数の限られた人々の目に触れるにすぎなかったが，幕末になって対外関係が多事多難になると，風説書は一層重んぜられ，通詞などからも他に伝わったり，筑前の黒田長溥や薩摩の島津斉彬などの有力大名の中にも特につてを求めてこれを写し対外施策の参考資料に供する者も出て，広く伝写されるようになった．オランダ人もこれに応じて，諸新聞などから広く情報を蒐集して，風説書の内容を一層詳にし，かつその正確を期したが，幕府においても長崎奉行所からの進達のほか，その原文を江戸に取り寄せて蕃書調所などの吏員をしてその翻訳を作成させた．しかしその後日本の開国によって，オランダ側で，独り海外情報を幕府に提出することに，諸外国との関係上気がねしたのと，幕府当局においてみずから海外新聞などを翻訳して情報を集める機構も整備して来て，ついに安政6年（1859）7月を以て長年の慣行も終った．今日国内各地に風説書の写しは多数あり，その部分的に集成された古写本に学習院大学の『荷蘭上告文』，東京大学の『洋説彙集』，静嘉堂文庫の『紅毛告密』，佐賀県立図書館の『和蘭風説書』，県立長崎図書館の『和蘭風説書』などがあるが，別段風説書を除いてこれを網羅的に集成加注したものに日蘭学会・法政蘭学研究会編『和蘭風説書集成』がある．

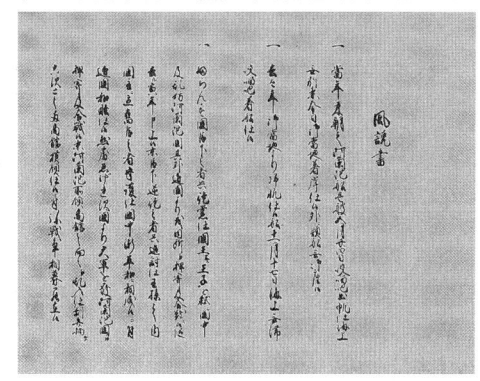

（寛政9年）

参考文献　板沢武雄『阿蘭陀風説書の研究』（『日本古文化研究所報告』3），岩生成一「和蘭風説書の研究と現存状態について」（『日本歴史』181），片桐一男「蘭船の長崎入港手続と阿蘭陀風説書」（『長崎市立博物館々報』7），中村質「初期の未刊唐蘭風説書と関連史料」（田中健夫編『日本前近代の国家と対外関係』所収）　　　　　　　（岩生　成一）

088 **オランダ船** オランダぶね　近世初期来航の外国貿易船のうち，鎖国以後も引き続き貿易を許された唯一のヨーロッパ船で，オランダが新教のため禁止を免れたもの．ポルトガル・スペインの船を南蛮船と呼ぶのに対して紅毛船と呼ばれた．慶長5年（1600）はじめて渡来し，同14年に正式の通商が許され，以後平戸に入港，貿易を行い，寛永18年（1641）より長崎入港に改められて幕末に至った．江戸時代前期は年平均5艘程度来航したが，享保元年（1716）より2艘，寛政2年（1790）より1艘に制限された．またカピタンの江戸参府や風説書の提出などが義務づけられ，鎖国時代での西欧文化および情報を入れる唯一のパイプ役を果たした．その舶載する

（厳島神社船絵馬より）

蘭書によりわが国の自然科学を進歩せしめた意義は大きい。船は18世紀までは3檣のダッチ＝ガレオンを使用したが、その後はより性能のすぐれた大船に変わってゆき、積量は500 t から1000 t 以上に及んだ。 → 南蛮船（なんばんせん）　　　　　　　　（石井　謙治）

089　和蘭文典 オランダ ぶんてん　箕作阮甫翻刻のオランダ文法書（オランダ語による）。前後編2冊。前編は『和蘭文典前編』と題し天保13年（1842）刊で，Grammatica, of Nederduitsche Spraakkunst, uitgegeven door de Maatschappij : tot nut van't algemeen. Tweede druk. Leyden, (1822). （共益会版オランダ文典，2版）の翻刻、後編は『和蘭文典後編成句論』と題し嘉永元年（1848）刊，Syntaxis, of woordvoeging der Nederduitsche Taal, uitgegeven door de Maatschappij : tot nut van't algemeen. Leyden, (1810). （共益会版オランダ語構文論）の翻刻である。前後編とも安政4年（1857）の再版がある。原書は文政末年から天保初年へかけて坪井信道や伊東玄朴の塾で使用され，オランダ語学習上文法重視の風潮がつくられたが、本書が翻刻されてからは、オランダ語学習上必須のテキストとして使用されることとなった。ことに蕃書調所の開設に伴い、安政3年ごろからは、本書の翻訳も盛んに行われ、大庭雪斎『訳和蘭文語』前編2冊（安政3年）・後編3冊（同4年），遠田著明『和蘭文典訳語筌』2冊（同3年），竹内宗賢『和蘭文典読法』2冊（同年），小原亨之輔『(挿訳)俄蘭磨智科』1冊（同年），小川玄竜『窩蘭麻知加訓訳』1冊（同4年），総摂館『訓点和蘭文典』（同年）など、多くの訳書が刊行された。また、飯泉士譲・高橋重威『和蘭文典字類』前編（同3年）・後編（同5年）は、本書についての蘭日対訳単語集である。
〔参考文献〕板沢武雄「辞書および文法書の編纂と蘭学の発達」（『日蘭文化交渉史の研究』所収），古田東朔「洋文典における品詞訳語の変遷と固定」（『香椎潟』3）　　　　　　　　　　　　　（松村　明）

090　オランダ貿易 オランダ ぼうえき　(1)長崎以前　日本史上最初のオランダ船リーフデ号漂着（慶長5年）の9年後、オランダの国王の親書を携えた特使アブラハム＝ファン＝デン＝ブルックらが、駿府で徳川家康に謁見し、慶長14年（1609）両国の国交が開かれた。この時家康がオランダに与えた通航許可状は、日本のどこの港で貿易を行なってもよいという、きわめて寛大なものであった。同年8月、平戸に商館が開かれ、ヤックス＝スペックスが初代商館長となった。しかし当時は朱印船貿易の最盛期であり、また中国・イギリス・ポルトガル・スペインなどの諸国商人との競争も烈しく、オランダ商館はあまり利益をあげなかった。そこで、当時の貿易品のうち、最も利益のある中国の生糸・絹織物を確保する必要から、オランダ人は澎湖（ほうこ）島などに根拠地を求めて転々とし、寛永元年（1624）に至って、台湾西岸の安平に商館を設けた。台湾は朱印船の主な渡航地であったため、中国貿易の権利をめぐって両国人の間は悪化し、同5年6月に流血事件がおこった。幕府はこれにより平戸商館を封鎖し、来港のオランダ船を抑留したので、貿易は5年間中絶し、オランダ側が事件の責任者である台湾長官ピーテル＝ヌイツを人質として日本に渡したので、9年9月、ようやく解決した。再開以後のオランダ貿易は、それまでの自由貿易とは様相を一変した。すでに元和2年（1616）外国人の日本における活動を制限するため、貿易地は平戸・長崎の2港に限る命令が出され、オランダ人もこれに従うことになった。さらに寛永10年2月に出された最初の鎖国令17ヵ条により、オランダ船が持ち込む中国の白糸も、ポルトガル船が長崎に持ち込む白糸と同様、長崎奉行が派遣する糸の鑑定人が査定したパンカド価格で取引すること、またこの価格が決まるまでは他の商品の取引を禁止することが定められた。またオランダ船の出帆は、ポルトガル船出帆の20日後と定められたが、これは途中前者が後者を拿捕（だほ）するのを防ぐためであった。オランダ側はこれらの制限により、取引開始のみならず出帆もおくれ、種々の不都合を生じた。そこで、これらの制限撤廃を参府のたびごとに老中に願い出ようとしたが、果たさなかった。その後朱印船の海外渡航は禁止され（寛永12年）、ポルトガルとの通交貿易も断絶し（同16年）、他方幕府は、従来ポルトガル人がもたらした白糸・薬種などを、オランダ人がこれに代わって輸入するよう督励したため、オランダ貿易の輸入額は、寛永4年の72万2000グルデンから同17年の629万5367グルデンへと飛躍的に増加した。これは、オランダ貿易の全期間中、最高のものである。

(2)長崎時代　寛永18年鎖国体制の完成と、オランダ商館の長崎移転に伴い、オランダ貿易は新たな制限を加えられることになった。まず、最も重要な輸入品である白糸を、五箇所糸割符商人に配分してほしいと、

糸割符年寄はかねてから毎年請願していたが，長崎移転の年からこれが認められた．また船は原則として9月20日以前に出帆すること，商館長は毎年交代することを命ぜられた．出島に隔離された商館では，日常生活に至るまで，細かな規則が定められた．売れ残った商品は持ち帰らねばならず，武器をはじめ，金塊・金貨・銅塊などの輸出は禁止された．このためオランダ船の輸入額は，同19年68万0436グルデン，慶安3年(1650)90万6846グルデンと減少していた．これに反して，多い年は年間70隻もの小舟で来航した中国人は，パンカドにより白糸の価格が定められる夏・秋のころには少量の生糸を輸入して値段を高く決めさせ，翌年春多量に輸入して利益をあげていた．この結果，明暦元年(1655)には，糸割符が廃止され，相対貿易が行なわれることになった．この取引方法によれば，来航予定の船が全部到着すると，商品目録を掲示し，長崎奉行は売出開始の日を通常9月下旬または10月上旬に定め，取引は3，4週間続いた．まず倉庫の地階に商品を並べて見せる下見日がある．次に競売日には，買手が巻紙に希望の品物と値段を書いて係の役人に渡す．これにより，最高入札者に品物が渡されることになる．これが済むと，直ちに商品の計量と引渡しが行われ，普段は閉じられている出島の水門が開かれ，100隻以上の小舟がここに集まり，品物を受け取った．入札取引の性質上，当然輸入品の価格をつりあげ，商人の中には破産する者も出たが，他方オランダ人の輸入額は同2年には，134万9247グルデンと再び増加し，この傾向は1660年代を通じて変わらなかった．寛文12年(1672)には，相対貿易が廃され，新たに市法売買が行われた．これは五ヵ所から派遣する鑑定人がオランダ人の輸入した品物を査定し，それにもとづいて，五ヵ所の年寄が見込みの値段を書き，奉行所に差し出す．奉行所はこの値段書を参考にして，その年の輸入量の多い品物は入札価格を低い方に，少ないものについては高い方に決める．この値段をオランダ人に通告し，オランダ人が同意すれば買い取り，同意しない時には持ち帰らせた．かつて白糸に対してのみ行われたパンカドは，今や全輸入商品に適用されることとなったのである．オランダ東インド総督ヨハン=マーツァイケルは，長崎奉行に宛てた書簡の中で，「会社は世界の各地で取引を行なっているが，未だかつてこの様に一方的に値段を定められたことはない」と嘆いている．この取引法は日本商人には有利，オランダ側にははなはだ不利であり，従来多い年には145％にものぼり，相対貿易の最初の数年間には平均90％であった彼らの利益は，同12年には，輸入額173万9351グルデンで55％へと減少し，その後も延宝4年(1676)から天和2年(1682)の輸入額は，70万ないし100万グルデンで，平均して46.25％の利益しかあげなかった．しかし，市法売買も，この時代からようやく真剣に問題になった金銀の海外流出を防ぐのには役立たなかった．貞享2年(1685)からは定高貿易が行なわれることになった．これは取引の最高限度額を定めたもので，オランダ船は船の隻数にかかわらず，銀3000貫目と決められ，これ以上のものは送り返すよう命令された．白糸については糸割符を復活し，その他の品物は相対貿易としたが，生糸の輸入額の減少を防ぐため，商品の3分の1は生糸と定められた．また，この機会に日本側は会社職員の私貿易を，定額貿易とは別枠として正式に認めた．これは，会社の勘定とする取引すなわち本方(もとかた)商売に対し，脇荷商売(または看板貿易)と呼ばれ，総額銀400貫目のうち，商館長に100貫目，取引期間中すでに日本に着任している次期商館長に70貫目，次席に60貫目，のこりは他の館員・船長などに割り当てたものである．もともと私貿易はオランダ東インド会社最大の病弊であったが，日本がこの傾向を助長したのは皮肉である．元禄14年(1701)以後，オランダ船の入港船数は年間4，5隻に限られた．この間，元禄の貨幣改鋳の結果，オランダ人は価値の下がった貨幣より，むしろ銅による支払を希望し，一方幕府も，ますます盛んになる密貿易をこれによって防ぐために，元禄10年以後，代物替(しろものがえ)の名で，貿易の定額のほかに取引を認めることになり，同年にはオランダ船に銅250万斤の枠が認められた．この後幕末に至るまで，定額貿易および代物替の銅の高は，何度か変更されたが，貿易の制度そのものに大きな変更はなかった．主な変更を列挙すれば，正徳5年(1715)船数2隻で取引高3400貫目(うち銅150万斤)，享保5年(1720)取引高新金1万5000両(うち銅100万斤)，延享2年(1745)取引高1000貫目(うち銅90万斤)，寛政2年(1790)船数1隻で取引高700貫目(うち銅60万斤)である．

このように次第にきびしくなる貿易制度にもかかわらず，オランダ人が決して日本貿易を断念しなかったのは，ひとえに日本で入手する銀・金・銅などの莫大な価値による．輸入品の決済はこれらの鋳貨あるいは地金で行われ，それ以外の輸出品である樟脳・米・小麦・漆器・陶器などは，きわめて少量にすぎない．新井白石の『本朝宝貨通用事略』などによれば，銀の輸出は，慶長6年から正保4年(1647)まで46年間に112万2687貫目余，慶安元年から宝永5年(1708)までの60年間に37万4209貫目余で，銀の全鋳造高の4分の3を失い，当時日本の銀保有高の2倍にあたるという．金は寛永18年以後輸出を禁止されていたが，オランダ人のみは寛文4年以後輸出を許され，同8年には中国人にも金の輸出を許されたが，その代り銀の輸出は全面的に禁止された．そして小判1枚の交換率を銀68匁としたが，当時の法定相場では60匁で，長崎の相場はこれより1，2匁低かったから，小判1枚について8～

10匁，日本側に利益があった．同じく白石によれば，金は慶長6年から正保4年までに，619万2800両余，慶安元年から宝永5年までに239万7600両余が流出し，これは金の全鋳造高の4分の1，当時日本の金保有高の3分の1にあたるという．銅の輸出も寛文8年以後増加し，白石によれば，慶長6年から寛文2年までに2億2899万7500斤余，寛文3年から宝永5年までに1億1万1449万8700斤余にのぼった．また輸入品は主にアジアの産物で，生糸・各種絹織物・綿織物・砂糖・鹿皮・鮫皮・蘇木・鉛・錫・胡椒・沈香・漆・象牙・犀角・水牛角・いろいろな薬種・このほか少量のヨーロッパ産の織物・雑貨等であった．

[参考文献] オスカー＝ナホッド『(十七世紀)日蘭交渉史』(富永牧太訳『天理図書館参考資料』5)，板沢武雄『日本とオランダ』(『日本歴史新書』)，『平戸オランダ商館の日記』(永積洋子訳)，『長崎オランダ商館の日記』(村上直次郎訳) （永積 洋子）

091 **和蘭宝函** オランダほうかん　もと蕃書調所にあり，現在は東京国立博物館に所蔵されるオランダの雑誌Nederlandsch magazijn, ter verspreiding van algemeene en nuttige kundigheden. Amsterdam, 1834—59.(一般・有用知識普及用オランダ雑誌)から日本に関する記事を翻訳したもの．『日本の記』ともいう．一説に箕作阮甫訳というが，箕作単独の訳でなく他の蕃書調所職員(杉田成卿その他)も参加しているらしいから，「月刊志林用マカセイン分配記」という右東京国立博物館所蔵の原典中に挟入されていた翻訳分担備忘の紙片により調査する必要がある．内容は「マルコパラロ」の「シバンコ」に始まり，西・葡の耶蘇教禁制，蘭軍艦が島原の乱の落城に力を藉したこと，和蘭本国が「ホナパルテ」に掠奪された間も地球上ただ1ヵ所出島に和蘭旗が立っていたこと，「ケムフル・シーボルト・フィッスル・ホイキス・ゴロウニン・モルリッソン・キュツラッフ」らによると日本との国交を略述，特に「モルリッソン船」のことは詳記している．後半には「ケムフル・チュンヘルグ」の『日本志』を紹介して，江戸・ミヤコ(京都)・大坂・長崎の地志に及んでいる．京都大学附属図書館蔵富士川文庫写本では「此和蘭宝函者於浦港鎮台梯元政博祚備写之，雕販嘉永七甲寅暮春，松村邦信蔵」とあり，他に内閣文庫・東大図書館蔵本があり，『有所不為斎雑録』(添川栗編，昭和17年)には一部本書よりの引用がある．本書の写本で「和蘭宝函鈔」の書名をもつものは，それが筆写された際に抄写されたものであることを示すが，実際は流布の写本の大部分は「…鈔」の書名である．なお，『一般・有用知識普及用オランダ雑誌』は東京国立博物館のほか，熊本大学附属図書館に1835—38年・40—42年・45年各版計9冊が見存する．

[参考文献] 古賀謹一郎『度日閑言』(国立国会図書館蔵)，箕作阮甫訳『玉石志林』(『明治文化全集』7)，石山洋「玉石志林」の成立とその原典」(『蘭学資料研究会研究報告』78)，朝倉治彦「「玉石志林」について」(『国史学』65) （池田 哲郎）

092 **阿蘭陀本草和解** オランダほんぞうわげ　野呂元丈が将軍徳川吉宗の命を受けて，寛保元年(1741)から寛延3年(1750)までの期間に9回，毎年江戸参府のオランダ貢使随行医師に，幕府紅葉山文庫所蔵の蘭文本草書の記事について質疑してつくった抄訳．寛保元年の第1回は，ヨンストンの『動物図説』Naeukeurige Beschryving van de Natuur der Viervoetige Dieren(1660)を，同2年以後はドドネウスの『草木誌』Herbarius oft Crvydtboeck (1618)を用いた．ヨンストンのときには，『阿蘭陀禽獣蟲魚図和解』1冊ができた．ドドネウスについては，『壬戌阿蘭陀本草和解(じんじゅつオランダほんぞうわげ)』から，『庚午阿蘭陀本草和解(こんごオランダほんぞうわげ)』まで，各年1冊，計8冊，106枚ができた．ドドネウスから抄出した植物は，総計106種にすぎないが，各植物のオランダ名・ラテン名に，和漢名を添え，主治効能・製薬法などの抄訳よりなる．これらの「和解」は，ヨンストンやドドネウスのような，大部の本の片鱗を理解したのにすぎなかったとはいえ，オランダ書解読の道を開いたことで，その歴史的意義が大きい．

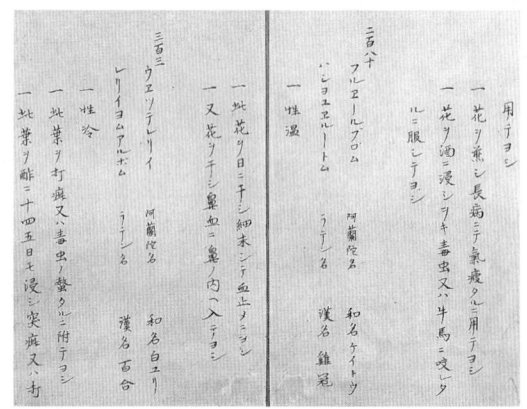

[参考文献] 岡村千曳「ドドネウス Crvydt‒Boeck の邦訳について」1(『医学のあゆみ』28ノ6)，岩崎克己「蘭学史上のヨンストン「禽獣譜」」(『書物展望』11ノ7～9)，松島博『近世伊勢における本草学者の研究』 （上野 益三）

093 **和蘭文字略考** オランダもじりゃっこう　青木昆陽著のオランダ語入門書．3巻．延享3年(1746)以前の成立(初稿はこの年焼失，昆陽自身により再録されたものが今日伝わる)．巻1はオランダ語のアベセ25字の音節(寄合と称する)の記述，巻2・巻3は総計732語から成る日蘭対訳の語彙集．語彙集の部分の分類・配列法は，のちの『蛮語箋』(寛政10年刊)それとほぼ一致し，この種の日蘭対訳語彙集の基礎をなした．もっとも，本書は昆陽自身の編纂というよりは，長崎の和蘭通詞間に用いられ

ていた書物からの転与ではないかともいわれる．静嘉堂文庫の大槻文庫（大槻家旧蔵の蘭学書中心のコレクション）に昆陽自筆本が所蔵されており，それにもとづいて珍書同好会から複製本（油印）が出ている．また『日本思想大系』64にも収める．

参考文献　大槻文彦『和蘭文字略考』解説（『珍書同好会叢書』），松村明『和蘭文字略考』解説（『日本思想大系』64）　　　　　　　　　　　　　　（松村　明）

094　オランダ屋敷　オランダやしき　⇨オランダ商館

095　オルガンティーノ　Gnecchi-Soldo Organtino　？～1609　イタリア人イエズス会宣教師．1532年（1531年ともいわれる）アルプス地方のカスト＝ディ＝バルサビア Casto di Valsabia の名家に生まれ，56年イエズス会に入会し，66年東洋の布教を命ぜられ，翌年インドに渡り，一時ゴアの聖パウロ学院の院長をした．元亀元年（1570），フランシスコ＝カブラル Francisco Cabral と一緒に志岐に渡来し，同年フロイス Luis Frois を助けて布教に働くために京都へ派遣され，天正4年（1576）フロイスが豊後へ去ることになった時，ワリニャーノ Alexandro Valignano の命令でミヤコ布教地区長としてとどまり，以来とみに教勢を増した京都を中心とする五畿内でもっぱら活躍して，日本教会の発展に大きな働きをした．彼はフロイスの指導で早くに日本の言葉と習俗を知り，文化に親しみ，1年間老僧から『法華経』の説明を聴いた．また日本人の気質や日本の政情を理解し，五畿内の特殊な地位を考慮し，日本の風俗習慣に適応することに努めた．積極的な実行力と賢慮とを具える一方，率直で人を惹きつける魅力をもつ彼の性格は，信徒や庶民のみならず諸侯の間にも親しまれ，キリシタン物語類の中にも宇留岸（ウルガン）伴天連としてその名が伝えられている．彼は織田信長の親交を得，天正4年その許可と京都所司代村井貞勝の援助とを得て京都に南蛮寺を建て，6年荒木村重の謀叛の際には生命を賭して高山右近の説得にあたり，8年信長から琵琶湖畔に敷地を与えられて修院と教会とを建て，ワリニャーノの教育機関設置計画にのっとって安土にセミナリヨを開校してその校長となった．10年信長が本能寺に斃（たお）れるとセミナリヨを一時京都に移した．11年豊臣秀吉が大坂城に入ると用地の下付を請うて教会を建て，13年高山右近が明石に移封されたので，その好意によって京都から高槻に移されていたセミナリヨを大坂に移し，大坂における教勢は大いに上がり，翌14年秀吉はコエリョ以下30余人を大坂城で謁見した．翌15年秀吉の禁教令発布の結果小西行長の領地室津から小豆島に隠れたが，翌年行長が肥後に移されたので長崎へ行った．19年，秀吉がワリニャーノを聚楽第で謁見した結果，再び京都にとどまって自由に行動することを許され，文禄・慶長初期には京坂の布教は興隆をみせたが，高齢と衰弱とのため慶長11年（1606）長崎に退き，晩年を祈りと黙想とにささげて，同14年3月17日（1609年4月22日）77歳（？）で没した．

参考文献　ルイス＝フロイス『完訳フロイス日本史』（松田毅一・川崎桃太訳，『中公文庫』），Josef Schütte S.J.: Introductio ad Historiam Societatis Jesu in Japonia, 1549—1650 (1968); Josef Schütte S.J.: Monumenta Historica Japoniae I. 1553—1654 (1975); Josef Schütte S.J.: Valignanos Missionsgrundsätze für Japan, 1 Bd. (1573—1582) 2 Bde. (1951 u. 1958).
（柳谷　武夫）

096　オルファネル　Jacinto Orfanel　1578～1622　日本布教を行なったドミニコ会士．1578年11月スペイン，バレンシア地方に生まれる．1600年バルセロナ市でドミニコ会に入り，05年母国をたち，フィリピンを経て慶長12年（1607）来日．禁教後も潜伏して主として肥前の各地を巡錫して布教を行う．元和七年（1621）長崎の付近で捕えられ，翌8年8月5日（1622年9月10日）いわゆる元和大殉教の中で死亡．43歳．Historia Eclesiastica de los Sucessos de la Christiandad de Japon と題するドミニコ会日本布教史を編纂した．本文は184葉でこれが70章に分かれている．内容は，慶長7年に同会の宣教師によって日本布教が始められたことから筆を起し，九州各地からさらに京都にまで布教が伸展したこと，その後幕府によって迫害が始められ，その弾圧の中で勇敢な教会活動が行われたこと，数多くの殉教の話などが記述されているが，途中でオルファネルが捕えられたので，元和7年・8年の記事，すなわち本文の118葉61章以後を同じドミニコ会のコリャードが書き加え，1633年にマドリードで出版された．本書は昭和52年（1977）井手勝美により『日本キリシタン教会史―1602―1620年―』として邦訳された．

参考文献　Diego Aduarte: Historia de la Provincia del Sancto Rosario de la Orden de Predicadores en Philippinas, Iapon, y China (1640); C. R. Boxer and J. S. Cummins: The Dominican Mission in Japan (1602—1622) and Lope de Vega (1963). 『大日本史料』12ノ46，元和8年8月5日条，ディエゴ＝アドゥアルテ著・ホセ＝デルガード＝ガルシーア編註『日本の聖ドミニコ―ロザリオの聖母管区の歴史―』（佐久間正・安藤弥生訳），コリャード著・ホセ＝デルガード＝ガルシア註『日本キリシタン教会史補遺―1621―1622年―』（井手勝美訳），レオン＝パジェス『日本切支丹宗門史』（吉田小五郎訳，『岩波文庫』）　　　　　　　　　　　　（高瀬弘一郎）

097　尾張浜主　おわりのはまぬし　733～？　平安時代前期の雅楽家．唐の舞楽を日本へ紹介し，舞の改作や創作を行なって輸入雅楽を日本風に改める運動，いわゆる「平安朝の楽制改革」をおしすすめた中心人物．承和6年（839）

正月7日外従五位下を授けられている．彼に関する最も有名な話は，同12年正月8日大極殿で最勝会が行われた時，その前庭の竜尾道上で「和風長寿楽」を舞ったことである．この時彼は113歳の高齢で，背が曲がり起居することもできないほどであったが，曲が始まるやいなやあたかも少年の如く舞い，1000を以て数える観衆は近代稀なる舞人とほめたたえた．長寿楽の舞は彼みずからが作り，上表して舞うことを請うたものである．その表に彼は「七代(ななつぎ)の御代に遇(まわ)へる百余十(ももちまりとお)の翁の舞ひ奉る」の和歌を載せた．同月10日，仁明天皇は清涼殿前に彼を招き長寿楽の舞を舞わせた．彼は「翁とて佗びやは居らむ草も木も栄ゆる時に出てて舞ひてむ」の和歌を献じた．天皇は賞嘆し，御衣1襲を賜わったという．そして同13年正月26日，再び清涼殿前で舞を披露し，従五位下に昇進した．時に彼は114歳，この年から逆算すると彼は天平5年(733)生まれということになる．なお承和3年4月に遣唐使とともに唐に渡り，舞と笛を学んで同6年8月帰朝したという記録もあるが，これは彼104歳から107歳までにあたり，容易には信じられていない．『五重記』は彼の著書と伝えられるが，疑わしい．

[参考文献] 『続日本後紀』(『(新訂増補)国史大系』3)，『続教訓抄』(『日本古典全集』)，芸能史研究会編『雅楽』(『日本の古典芸能』2)　　(蒲生美津子)

098 恩謝使・慶賀使 おんしゃし・けいがし　恩謝使とは鹿児島藩の命令・監督のもとに琉球国王の即位を感謝するために江戸に派遣される使節で，それは徳川将軍の襲職に対する慶賀使と一緒に行われることもある．幕藩体制下の幕府・鹿児島藩・琉球の関係を示すものに，江戸上りをあげることができる．琉球国中山王の掌握する権力が同藩を媒介に幕府に淵源していたことは，将軍が同藩主にあたえた領知判物によっても明らかである．琉球国王は清国からも冊封(さくほう)をうけ，日清に両属していたが清国へは形式的儀礼的なもので清国の主権が及ぶことはまったくなかった．恩謝使・慶賀使は琉球王国の一代一世の儀礼で両者を江戸上りと称している．寛永11年(1634)の最初の江戸上りから，最後の嘉永3年(1850)に至るまでの200余年に18回も派遣されている．鹿児島藩は他藩に付庸国の領有を誇示するために，江戸上りの使節にことさらに大和風を禁じ，服装や言葉，立居振舞に至るまで異国風を強制した．

[参考文献] 比嘉春潮『新稿沖縄の歴史』，下村冨士男「「琉球王国」論」(『日本歴史』176)
(我部　政男)

099 音博士 おんはかせ　律令制における大学寮の教官の1つ．訓は「こえのはかせ」，唐名は音儒．職員令・官位令によれば，2人置かれ，従七位上の官であった．大学生はまず音博士について経文を白読(中国音で読む)し，通熟してのち，博士に対して講義を聞いた．音を学ぶ過程に在る者を読者といい，それだけを専攻する学生はいなかったが，平安時代初期には，漢音奨励の事蹟に伴って，音生の存在も知られる．延暦10年(791)，音博士に職田が給された(『類聚三代格』)．地方では，天平ごろに大宰音博士の存在が『正倉院文書』で知られ，『延喜式』には明記されている．初見(『日本書紀』持統天皇5年(691)9月条)の続守言・薩弘恪をはじめ袁晋卿など，その性格上はじめは帰化人が多かったが，のちには明経道の付属の形となり，中原・清原両氏の人がなり，本来の任務は消滅した．

[参考文献] 桃裕行『上代学制の研究』
(桃　裕行)

か

001 ガーゴ Balthasar Gago ?～1583 ポルトガル人イエズス会司祭．1515～20年ごろ，リスボンに生まれ，そこで1546年イエズス会に入り，48年インドへ向かう．52年初めシャビエルとともにゴアを出発してマラッカへ向かい，日本へ派遣されることになって，天文21年(1552)豊後着，インド副王の書翰と進物とを大友義鎮(宗麟)に渡し，その冬は山口のトルレスのもとで過ごしたが，翌22年正月豊後に帰り，義鎮の許可を得て布教を始め，義鎮から寄進を受けた土地に住院を設け，翌年には朽網にも布教した．弘治元年(1555)平戸に転じ，ここで「二十五ヵ条」と題する問答形式の教理書を著わし，教会用語の改革を行い，この一書に深い感銘を得た籠手田安昌に洗礼を授けた．同3年秋博多に移り，義鎮から寄進を受けた土地に教会と住院とを建て，ようやく布教が緒につこうとした時，秋月文種が義鎮に叛いたために教会は破壊され一同は災難に陥ったので，永禄2年(1559)豊後に逃れた．翌3年，日本の事情を報告するために布教長トルレスからインド管区長のもとへ派遣され，以後はインドで働き，1583年ゴアで死んだことが『ゴア年報』に記されている．

参考文献 ドン=テオトニヨ=デ=ブラガンサ編『耶蘇会士日本通信』京畿篇上(村上直次郎訳，『異国叢書』3)，『イエズス会士日本通信』(村上直次郎訳・柳谷武夫編，『新異国叢書』1・2)，ルイス=フロイス『完訳フロイス日本史』(松田毅一・川崎桃太訳，『中公文庫』)，Josef Schütte: Introductio ad Historiam Societatis Jesu in Japonia 1549—1650 (1968); Josef Schütte: Monumenta Historica Japoniae I. Textus Catalogorum Japoniae 1553—1654 (1975). 　　　(柳谷　武夫)

002 ガーマ Duarte da Gama 生没年不詳 16世紀中葉のポルトガル人航海貿易家．伝存する諸史料によれば，天文19年(1550)から弘治元年(1555)まで連年日本に渡航したが，その6回の日本航海のうち少なくとも4回は，カピタン=モール(ポルトガルの日本・シナ貿易の指揮権と裁量権を賦与された司令官)として来航したものと推定される．天文19年，彼は平戸に来航したが，その平戸滞在中，当時鹿児島にいたフランシスコ=シャビエル Francisco de Xavier を同地に呼びよせ，キリスト教が北九州に伝播する契機をなした．ついで同20年，彼は豊後の日出に渡来し，この時は山口からシャビエルを豊後に招き，大友義鎮がシャビエルを謁見する機会を実現させた．同年10月24日(1551年11月21日)，日出を解纜した彼の船には，ゴアへ向かうシャビエルと，義鎮がインド副王のもとに派遣する使者，およびシャビエルの指示によりポルトガル留学の途についた日本人青年など，若干の日本人が同乗していた．その後彼は天文21年に豊後へ，22年には再度平戸へ渡航したが，23年，3度目に平戸へ寄港した際，領主松浦隆信(道可公)は彼からイエズス会インド管区長ベルシオール=ヌーネス=バレト Belchior Nunes Barreto が布教状況視察のため来日の意向であることを聞き，翌弘治元年，平戸に入港したガーマの船が帰帆するにあたって，隆信はパードレ，バレトを平戸に招くため，彼に書翰を託した．この書翰のスペイン語訳文の写本が今日マドリードの国立歴史文書館に伝えられている．なお，1555年以後のガーマの消息は不明である．

参考文献 Jesuitas na Asia, Cod. 49—Ⅳ—56, Cod. 49—Ⅳ—66. (リスボン，アジュダ図書館所蔵)，『長崎市史』通交貿易編西洋諸国部，幸田成友『日欧通交史』(『幸田成友著作集』3)，C. R. Boxer: Fidalgos in the Far East, 1550—1770; fact and fancy in the history of Macao (1948). 　　　(加藤　榮一)

003 海外国記 かいがいこっき 古代の外交関係記録の集成．『海外記』ともいう．中世に散逸．『日本国見在書目録』に「海外記　卅巻」，『本朝書籍目録』に「海外国記　四十巻　天平五年(733)春文撰」とあるが，撰者春文は未詳．逸文は『善隣国宝記』の引く平安時代後期の外記の勘文や，『釈日本紀』の中にみえるが，いずれも斉明朝の遣唐使の日記や，天智朝に来日した唐使との交渉の記録である．『日本書紀』の関係記事と比較すると，わずかながら相違があり，本書は『日本書紀』編纂の際に採択されなかった諸記録を集成したものと考えられる．また本書が撰述された天平初年は，斉明・天智朝以来，日本と新羅との関係が強く緊張し始めた時代である．

参考文献 和田英松『本朝書籍目録考証』，同編『国書逸文』 　　　(青木　和夫)

004 海外新話 かいがいしんわ アヘン戦争の概要を庶民向けに記述した啓蒙書．嶺田楓江著．5巻．嘉永2年(1849)刊．アヘン戦争の事情を詳述して，日本に迫る外圧に対する認識を高めることを目的として刊行したもので，広く庶民にまで及ぶことを意図し，輸入書の『夷匪犯疆録』を基にして，平易な文章に挿絵を加えた読本に仕立てた．この企画は海外事情の流布を是としなかった江戸幕府の目にとまり，出版手続の不備を理由に絶版処分を受け，著者は同5年江戸10里四方追放となり，書店菊屋幸三郎も5貫文の過料となった．この処分の吟味中に西村嘉吉が砂糖屋の某を金主に，『海外新話拾遺』の刊行を企画し，これも楓江が執筆して同3年に完成した．さすが江戸での販売を差し控えて上方で売り，後日貸本屋を通じて江戸にも流布した．ほかに

も類書の『海外余話』『清嗼近世談』などが刊行されたことをみても，一般の関心の強まっていたことが知られる．『通俗二十一史』11にも『鴉片戦志』の書名で収められている．　→嶺田楓江（みねたふうこう）

参考文献　『旧幕府引継書』書籍錦絵之部，明石吉五郎『嶺田楓江』，宮武外骨『（改訂増補）筆禍史』，吉野作造『閑談の閑談』，森睦彦「海外新話の刊行事情」（長澤先生古稀記念図書学論集刊行会編『（長澤先生古稀記念）図書学論集』所収），喜田幾久夫「嶺田楓江と小野湖山両士の阿片戦争に関する訳著親交について」（『明治文化』16ノ7－9）

（森　睦彦）

005　戒覚 かいかく　生没年不詳　平安時代後期の延暦寺の僧．俗姓中原氏．出家後40年を経た永保2年（1082）入宋．その日記『渡宋記』によれば，同年9月，博多津で宋海商劉琨の船に乗り込み，同月明州に到着し，五台山・天台山巡礼を希望する申文を提出した．12月，上京の途につき，翌年2月，都汴京（開封）に入り，3月，神宗に謁見して紫衣を賜った．ついで5月，五台山に向かい，巡礼を果たした後，弟子とともに五台山内真容院留住を認められた．ここで従僧の1人を帰国させることとし，これまで付けていた日記を抄出して，五台山金剛窟の土などとともに弟子に託し，播磨国引摂寺に奉納した．これが『渡宋記』であるが，現在宮内庁書陵部に伝わる『渡宋記』（『図書寮叢刊』所収）は，寛喜元年（1229）慶政が戒覚自筆本を託写したものである．五台山以後の戒覚の消息は不明であるが，日本に帰国することはなかったものと思われる．なお汴京入京に際して詠んだ和歌が『万代和歌集』に入集している．

参考文献　小田切文洋『渡宋した天台僧達』，森克己「戒覚の『渡宋記』について」（『続日宋貿易の研究』所収），小野勝年「戒覚の『渡宋記』」（『竜谷大学論集』400・401合併号）

（石井　正敏）

006　海禁 かいきん　中国の明・清時代に，一般中国人の海外渡航ならびに海上貿易を禁止する措置を講じたこと．海禁とは下海通蕃の禁の略．14世紀の元末明初には，朝鮮半島から中国沿海地の海上に倭寇・海寇などの海賊船団が横行し，ときに中国沿海地に上陸して騒擾事件をひき起した．これら海賊船団は，沿海地の中国人との間に密貿易を営み，要求がいれられないと武器をとって掠奪行為に出るもので，一般の外国商船との区別もつきにくかった．このような倭寇・海寇の行動は，新政権の統一と国内の秩序維持に大きな妨げとなったので，明の太祖洪武帝は，諸外国には朝貢貿易のみを認め，朝貢船以外の一般外国商船の来航を拒絶するとともに，国内の人民に対してはいわゆる下海の禁令を発して，彼らの海上進出を一切禁止する政策をとった．この国内人に対する海禁政策は，すでに元末にも一時的には行われたが，明朝はこれを恒久化し，約2世紀間の長きにわたり存続された．ところで，洪武帝が海禁令を出すに至った直接の動機は，明朝創業の当初，江蘇・浙江の沿海地に勢力を振るった元末の群雄張士誠・方国珍らが撃滅された後も，その残党は逃れて沿海の海島に拠り，一方では沿海住民に呼びかけて同志を募り，他方では海上の倭寇・海寇を誘ってこれと結び，再挙をはかる恐れがあったからである．これを警戒した洪武帝は，沿海地に衛所を設けて海防を厳重にするとともに，洪武4年（1371），靖海侯呉禎に命じ，沿海諸民の下海の禁を厳しく申し渡した．これは明朝の海禁実施の第一歩である．これに先立ち洪武帝は，日本に対し再度使節を派遣して新王朝の成立を告げ，朝貢を促すと同時に倭寇禁止を要請してきたが，当時の日本は南北朝の分裂時代が続いており，倭寇を取り締まるだけの余裕は全くなかった．ついで中国内では，左丞相胡惟庸の獄が生じ（洪武13年），彼と通謀した寧波（ニンポー）の明州衛指揮林賢が日本に武器援助を求めたという事件の発覚した洪武19年以後，洪武帝の日本に対する不信は一段と強まり，日本の入貢を拒否するとともに，海禁も強化された．さらに同23年には，かさねて外蕃交通の禁が発令され，浙江・福建・広東諸民の金銀・銅銭・絹織物・兵器などの密輸を厳しく取り締まり，同27年にも，これを徹底させるために，舶来の蕃香・蕃貨の民間使用ならびに売買を一切禁止する措置がとられた．この海禁政策は，海外貿易に積極的な態度を示した成祖永楽帝もこれを受けつぎ，倭寇・海寇の防止策の上からだけでなく，朝貢貿易による官貿易独占の上からも推進された．その後，明代中期を通じこの政策はいわゆる祖宗の法として堅持され，海禁令がしばしば繰り返された．それにもかかわらず，中期以後の紀綱の弛緩とともに，禁令を犯し海外に密航する者は跡を絶たなかった．16世紀の嘉靖期には，日本の遣明船による寧波争貢事件（寧波の乱，1523）を契機として，再び倭寇・海寇の活動が盛んとなり，新来のポルトガル人を誘い，中国東南海上で国際的な密貿易が展開された．嘉靖26年（1547）浙江巡撫朱紈（しゅがん）は，「寸板不許下海」という海禁強行策をとるとともに，海上の徹底的粛正を断行した．しかしその施策に反対する勢力の反撃にあって失脚し，かえってその後10余年にわたる倭寇・海寇の狙獗時代を招いた．明朝はその鎮圧に手を焼き，浙直総督胡宗憲らがその首領徐海・王直らを誘殺してから，彼らの活動も次第に衰えた．倭寇と称しても，その大部分は密航した中国人であり，また中国人の海上密貿易も依然として盛況を呈した．そのことは，海禁に対する批判を一層強め，ついに隆慶元年（1567），福建巡撫塗沢民の建言で海禁令は廃止され，ここに中国人の海外渡航および貿易が公認された．ただし彼らの日本への往来のみは禁止されたまま，明末に及んだ．やがて清朝が勃興して

中国を征服すると、明末の遺臣は明朝の王族を擁立して南明政権をたて、南方各地で満洲族に対する民族的抵抗運動を展開した。なかでも福建の鄭成功は、清軍との戦いを続けて最後まで清朝に屈服せず、台湾からオランダ人を駆逐してその地に拠り、大陸反攻の機会をうかがっていた。そのため清朝は、台湾の経済封鎖による孤立化をはかり、順治12年（永暦9、1655)、中国沿海地からの出航貿易、違禁物資の持ち出しを厳禁する海禁政策をとった。同18年にも重ねて下海の禁が発令されたが、康熙3年（1664）にはさらにこれを徹底させるため、福建・広東などを中心に、沿海地住民を海岸から30華里（約20km）の奥地に強制移住させ、その境界線に幅6m余の界溝を掘り、高さ2m余の界牆を築いて警備する、いわゆる遷界令が実施された。この厳重な海禁措置は、沿海民の逃亡と民田の荒廃をもたらしたが、同20年台湾の鄭経の死後はじめて解除された。ついで鄭氏が清朝に降伏し台湾が併合されると、同23年海上封鎖を解く展開令が出され、四海関設置のもとに諸外国船の通商来航が認められた。

[参考文献] 佐久間重男『日明関係史の研究』、田中克己「清初の支那沿海」(『歴史学研究』6ノ1・3)、浦廉一「清初の遷界令の研究」(『広島大学文学部紀要』5) （佐久間重男）

海禁と日本史 田中健夫は、日本の鎖国は明や朝鮮における海禁と同一の政策であると提唱した。他方、朝尾直弘が日本古代以来の国家意識を念頭に、豊臣政権の武威を中核とする国際秩序観を日本型華夷意識と捉え、その前提のもとでの徳川外交は、朝鮮と琉球とを「通信の国」、中国とオランダを「通商の国」とすることで定着したと論じた。荒野泰典は、田中説を踏襲したうえで、海禁について華夷秩序（荒野説の日本型華夷秩序は1630年代成立）を補足した政策とみることで鎖国論を批判し、日本史でも「海禁」という名辞の使用を説いた。しかし従来の「鎖国」を支持する意見も根強く、現在、議論が続けられている。

[参考文献] 田中健夫『中世対外関係史』、同『対外関係と文化交流』、荒野泰典『近世日本と東アジア』、山本博文『鎖国と海禁の時代』、同『寛永時代』(『日本歴史叢書』39)、朝尾直弘「鎖国制の成立」(『将軍権力の創出』所収)、松方冬子「「四つの口」の彼方」(『UP』36ノ11) （木﨑 弘美）

007 開元律令 かいげんりつりょう 唐玄宗開元年間（713～42）に編纂された律令。開元令には、開元3年姚崇らにより編纂されたもの、同7年宋璟らにより制定されたもの、同25年李林甫らにより撰定されたものの3つがある。開元律には、令とともに同7年に編纂されたもの、同25年に撰定されたものの2つがある。なお、『唐六典』は開元七年律令の刊定を4年としているが、その刪定官の同4年・5年における動静から推して、4年を律令撰上の時期とすることはできない。開元七年令・開元二十五年令はいずれも30巻であるが、『唐六典』所引の七年令の27の編目によれば、この令は、永徽令とも、二十五年令（その編目数は30余と推定されている）とも、その編名を大いに異にするものであったごとくである。開元七年律・開元二十五年律の巻数・編名には差がなかったと推定されるが、25年度の編纂においては、律とともに律疏30巻も改訂されている。今日伝えられている『唐律疏議』は、この二十五年律疏である。『通典』『旧唐書』『冊府元亀』などの諸書によれば、同25年度における改正作業は、それ以前の刪定作業に比してはるかに大規模であり、旧律令格式および勅の半数が、削除・変更されたといわれている。後世、中国書籍において、開元律令と称されるものが、大体、二十五年律令であるのは、その改訂が最も大であったからである。開元年度制定の律令の中で、日本の律令に最も大きな影響を与えたものは、開元三年令であり、この法典は、養老2年（718）暮に帰国した遣唐使によって、わが国に伝えられ、養老律令の編纂に際して、参照されたと推定せられる。旧紅葉山文庫本『令義解』公式令詔書式条書入れには、そこにみえる「紫微令」なる官名からみて、確実に三年令とみなしうる唐令が引かれている。『令集解』所引の古記が引用している「開元令」は、新令の母法たる三年令と考えられる。七年律令・二十五年律令が、日本に伝えられたか否かは、明証を欠いている。しかし、当代日唐の親密な関係より推して、比較的早期に伝来し、明法家により参考に資せられたものと思われる。『令集解』『三代実録』『和名類聚抄』などの書に引かれている「唐令」、あるいは「開元令」が何時のものかは、さだかでないが、その中には、7年・25年度のものも存在すると考えられる。

[参考文献] 浅井虎夫『支那ニ於ケル法典編纂ノ沿革』、仁井田陞『唐令拾遺』、滝川政次郎「令集解に見える唐の法律史料」(『支那法制史研究』所収)、石尾芳久「律令の編纂」(『日本古代法の研究』所収)、利光三津夫「続・律令考三題」(『律令制の研究』所収)、仁井田陞・牧野巽「故唐律疏議製作年代考」(東方文化学院東京研究所『東方学報』1・2) （利光三津夫）

008 蚕 がい ⇒養蚕業（ようさんぎょう）

009 外交 がいこう 狭義では国家と国家との政治的交渉をさすが、一般には使節の往来や贈酬・戦争・版図・漂流・帰化移住・貿易・学術宗教の交流などの国際間の諸関係を外交という言葉で一括してあらわす場合が多い。日本は東アジアの一角に位置しているため、16世紀にヨーロッパ船が渡来する以前は外交の相手国は東アジアの諸国に限られていた。すなわち中国大陸では漢・魏・宋（南朝）・隋・唐・呉越・宋・元・明・清、朝鮮

半島と満洲では高句麗・百済・新羅・渤海・高麗・朝鮮が外交の主な相手国であって，また琉球は日本とは同民族であるが異国家として外交の相手国となった時期があった。ヨーロッパ諸国の政治勢力が及んでこなかった近代以前の東アジアでは，中国を中心とした国際間の秩序機構が存在し，日本の外交もそれとの関連によって展開した。国際秩序の根底の理念は中華思想である。中国人の考えによれば，数多くの種族の結合によって統一された世界が天下であり，これを支配するものが天子（皇帝）であった。天子は天命にもとづいてその徳化をひろめ，礼・法をたてることを理想とし，礼・法の行われる文化地域が華夏，その中心が中華（中国）で，それ以外の地域は四夷と考えられた。四夷の諸国の支配者が，みずからかあるいは使者を派して天子に土産の物を献じて朝見する政治儀礼が朝貢であった。朝貢したものは，天子と君臣・父子・兄弟・舅甥などの統属の関係を結んだが，なかにはこのような関係は結ばずに朝貢だけを許される場合もあった。朝貢は，その代償として天子から多量の物貨が頒賜されるのが常であったから，貿易の要素をも同時に含むものであった。日本の主権者が中国皇帝から日本国王として冊封を受けて君臣の関係を結んだのは，南朝の宋に対する倭の五王の場合と明に対する足利政権の場合であるが，隋・唐に対する場合もこれに類する使節派遣を行なっていた。宋代は普通朝貢関係のない私的通交の時代と考えられているが，日本からの僧侶の渡航は，宋からは一種の朝貢のように考えられていたと思われるふしがある。元および19世紀以前の清との間には国家間の正式な交渉は持たれることなしに私的な商船の往来にとどまったが，その間にも人物・物貨を通じて盛んな文化の交流が行われていた。以上のような国際的秩序は，中国と四夷の諸国との関係ばかりでなく，四夷の国相互の間の関係にも適用された。すなわち朝鮮に例をとると，朝鮮は「事大交隣」を国策として中国に対しては大国として服属するが日本は隣国として対等の交渉を持つという方針をとった。日本はこれに対して，朝鮮を常に日本に対する朝貢国として遇そうとした。古代，朝鮮半島には任那が存在し，高句麗・百済・新羅との関係は政治的・文化的にきわめて密接であったが，延暦18年(799)遣新羅使の廃止後両国の関係は疎遠となり，高麗朝に至っては通交関係はほとんど廃絶した。しかし，元寇・倭寇などを契機として両国の関係が再び密接となり，足利政権下で対馬宗氏の管掌下に朝鮮との関係が再開され，いくつかの武力抗争や変遷を経て江戸時代の末に至った。琉球との関係は，古代はその島々のいくつかが朝貢したということが文献上にみえるのみで，実態は明らかでない。14世紀以降，琉球は国内を統一して，中国の冊封を受け，海外活動を活発に行い，日本の足利政権と関係を保つ一方九州各地にも来航するが，17世紀には島津氏の侵寇を受けて，その支配下に入れられた。しかし中国に対してはなお日本から独立した国として藩属の関係を維持するという変則的な状態を強いられて明治に至った。

参考文献 『古事類苑』外交部，『通航一覧』，外務省編『外交志稿』，森克己・沼田次郎編『対外関係史』（『体系日本史叢書』5） （田中 健夫）

近代における外交の概念には国家の対外方針の樹立という政策面とその実現のための他国との交渉という両面の意味が含まれている。いずれも該国家の政治体制によってその決定ないし処理方式に相違があるが，一般的な傾向としては，外交は国王・貴族による専制的運営から議会による民主的な管理の方向に発展してきた。安政4年(1857)米総領事ハリスは，徳川幕府の老中堀田正睦に対し，欧米諸国と外交関係を樹立しない国家は，国際社会から除外されると開国を勧告したが，その際ハリスが外交官の首都駐劄と自由貿易の承認が国交樹立の前提であると説いたのは，近代的な外交理念を表徴するものであった。安政五箇国条約による日本の開国は，明治政府に引きつがれたが，日清戦争後の領事裁判権の撤廃，日露戦争後の関税自主権の回復によってはじめて日本は厳密な意味での国際社会における市民権を獲得した。明治22年(1889)発布された大日本帝国憲法第13条は「天皇ハ戦ヲ宣シ和ヲ講シ及諸般ノ条約ヲ締結ス」と規定し，宣戦，講和，条約の締結は天皇大権であって，議会の干与を許さないことを明らかにした。ただ枢密院が条約の締結に際し天皇の諮問を受けることになっていた。寺内内閣が大正6年(1917)外交を政争の外に置くことを意図して設立した臨時外交調査委員会も総理大臣を総裁として宮中に設置され，天皇に直隷した輔弼機関であった（同11年廃止）。帝国憲法下において内閣の外交政策の実施は，やはり天皇大権である憲法第11条の統帥権によっても重大な制約を受けた。軍部は統帥権の独立を拡大解釈し陸海軍の国外出兵や，国際的な軍備制限問題に政府の干渉を排除し，逆に統帥権の名による外交干与を次第に強化するに至った。第1次世界大戦後成立した国際連盟に日本は常任理事国となり，国内における政党内閣の確立とともに外交民主化の兆候をみせたが，外務・軍部二重外交の弊は脱却し得ず，満洲事変後は軍部主導型の外交となって定着し，日本は国際連盟を脱退，日中戦争から太平洋戦争へと破局に突入したのである。昭和20年(1945)ポツダム宣言を受諾して無条件降伏をした日本は連合軍の占領支配下に入り外交権は完全に剝奪された。翌21年占領下に制定された日本国憲法は戦争の放棄，戦力の不保持，交戦権の否認を規定し，外交関係の処理，条約の締結は内閣の事務となった。そして条約の締結には事前あるいは事後に必

ず国会の承認を受けることになり，外交の議会による民主的管理が明文化された．サンフランシスコ講和条約締結により日本は外交権を回復，同31年には国際連合への加入を承認され，国際社会へ復帰するに至った．

[参考文献] H・ニコルソン『外交』(斎藤真・深谷満雄訳，『UP選書』16)，坂野正高『現代外交の分析』
（臼井　勝美）

010 海行摠載（かいこうそうさい） 朝鮮の対日交隣使節一行の紀行類を集めた叢書．原本は，所在未詳．今では朝鮮古書刊行会編『朝鮮群書大系』所収の活版本4冊（大正3年（1914）刊）が流布している．寛延元年（1748）に通信使として日本にきた洪啓禧（こうけいき）が，先行使節団の往復日記・見聞録・詩文などを集め，巻首に「前後使行備考」をつけ，高麗王朝末期の鄭夢周（ていむしゅう）の紀行詩，朝鮮王朝初期の申叔舟（しんしゅくしゅう）の『海東諸国紀』，丁酉乱（慶長の役）で俘虜になった姜沆（きょうこう）の日本見聞録や情報通告文を集めた『看羊録（かんようろく）』を収めて，『海行摠載』と名づけたのが，本書のできた最初である．英祖39年（1763）に通信使の任命をうけた徐命膺（じょめいよう）が，途中携帯して参考にするため，これを写して61巻とし，『息波録（そくはろく）』と改題した．ところが，政争のため趙曔（ちょうげん）が代わって通信使となり，命膺からその書をもらって出発し，徳川家治の征夷大将軍嗣立を慶賀した．かれも，往還の間，『海槎日記』四巻をつくった．その没後，正祖24年（1800），子の鎮寛（ちんかん）が，父の書記として使節団の一員であった成大中が序をもとめている．その際，おそらく大中が，『息波録』の末尾に，この日記を加えて『海行摠載』の名を復元し，本書を完成したものと考えられる．ただ，曔の『海槎日記』に列挙された所収書名は，現行刊本に対照すると，数部欠けている．活版にするまでに散佚していたのであろう．さて，本書の完成したころ，鎮寛は判書，大中は承旨として正祖王の側近にあった．当時，交隣諸地域に関して訳語の書などが数多く編刊されているが，対日通信の関係は，寛政の改革を機として志向転換の交渉が始まり，本書が作られた本来の必要性は終結した時期である．しかし，その内容は，14世紀から18世紀にわたり，日本・朝鮮間の外交体制に関する基礎的文献であって，外交折衝および文化的交流・社会的接触の重要な具体的史料を見ることができる．
（中村　栄孝）

011 開皇律令（かいこうりつりょう） 隋文帝時代に編纂された律令．令は高熲らを編者とし，開皇2年（582）に頒行された．律は同じく高熲らにより開皇元年に撰定されたが，同3年，なお厳格に過ぎるという理由により，蘇威・牛弘らを編者として重ねて編修せられた．後世開皇律と称せられた法典が，右のいずれを指すかは明らかでないが，唐初の立法に参照された刑典は後者を指すごとくである．開皇令，および蘇威らの撰した開皇律の巻数・篇名は，『唐六典』，『隋書』刑法志などによれば令は30編30巻，律は12編12巻であるが，それは唐律令とほぼ同じであり，今日伝えられている律令の様式は，すでにこの時に成っていたことを示している．開皇律令は煬帝大業3年（607）に廃止されたが，唐高祖武徳元年（618），大業律令が廃止せられるや再び生命をとりもどし，同年6月施行された新格53条，同7年4月に頒行された武徳律令は，いずれもこれを範として制定せられた．またそれは唐太宗の貞観律令の編纂に際しても大いに参酌せられた．開皇律令が，奈良・平安時代に伝来していたか否かは明証がない．しかし，『日本国見在書目録』には，隋大業令が挙げられているから，わが明法家たちによって参考書籍の1つとされていたと推定してよいと思う．

[参考文献] 内田智雄編『訳註続中国歴代刑法志』，浅井虎夫『支那ニ於ケル法典編纂ノ沿革』，程樹徳『九朝律考』，仁井田陞『唐令拾遺』
（利光三津夫）

012 海行録（かいこうろく） 朝鮮王朝政府の礼曹で編纂した対日関係謄録の1つ．原本は有罫の用箋に浄書した写本で，全3冊のうち上・中2冊のみが現存する（ソウル大学校附属図書館内奎章閣架蔵）．本書は他の謄録類と同様，日次を追う体裁で編輯されており，現存する期間は，宣祖38年（1605）12月から同40年正月までである．この期間は対馬からのたびたびの要請によって，朝鮮政府が文禄・慶長の役以後断絶していた日本との国交回復を決意し，やがて1607年（慶長12）第1回の対日使節（呂祐吉一行）を発遣するに至る時期にあたっており，本書収録の両国往復文書や対日和平をめぐる廟堂の論議についての記事は，この期の両国間の関係を知るためのもっとも貴重な史料である．

[参考文献] 辛基秀・仲尾宏編『大系朝鮮通信使』1
（長　正統）

013 外国金銀（がいこくきんぎん） 外国から輸入された金銀をいう．日本の金銀鉱山は，16世紀の中ごろから急激に開発され，以後約1世紀間が最も産額の多かった時代である．金銀ともに大増産をみたが，特に銀において顕著であった．ゆえに16世紀の中期，銀は最大の中国輸出品となったが，金は反対に，金銀比価の関係から17世紀の40年ころまでは，日本が輸入国となった．『当代記』の慶長12年（1607）記事にみえているごとき印子（いんす）金は，当時の輸入金であって，豊臣秀吉や徳川家康によって蓄蔵された．近世初期になると，金銀は，いずれも大いに海外に輸出されたが，寛文の末年から始まったわが貿易政策によって，元禄・宝永のころには，ほとんど停止された．そして近世の中期以後になると，金銀は長崎入港の唐・蘭船から，かえって年々わが国へ輸入されたのである．その状況をみるに，まず宝暦13年（1763），9番船主王履階が，以後20年間年々元糸

銀300貫目ずつを持渡り，その代物として銅を30万斤，すなわち元糸銀100目につき銅100斤替えの割合で日本から銅を渡すことを請うた．しかし実際は，わが国からは，その7割だけを正銅で渡し，3割は俵物をもってこれに代えることを約定したのであった．唐商が，このような挙に出たのは，当時の中国においては，鋳銭の必要上，大いに銅を必要としていたためであった．ただし，唐船による以上のごとき銀の輸入契約は，定例の商売外たるべき定めであるとともに，その銀も，常に元糸銀ばかりではなくて，元宝足紋銀・中形足紋銀のほか，足赤金・九呈金・八呈金などをも交えて持渡っていたのである．ついて王履階との契約が終了した翌天明3年（1783）になると，こんどは唐船主沈雲胆が，さらに向こう20ヵ年間，年々元糸銀を300貫目，そのほかになお冥加として30貫目ずつを増し，都合1ヵ年につき330貫目ずつ持渡るべき旨の契約をなした．ただし，このたびは，その後契約の相手方に変更があったが，継続履行されて寛政2年（1790）に至ったところ，わが国の産銅減少により，期限内であるが，当分これを見合わせたという．もっとも，このたびも唐船からの輸入は，必ずしも元糸銀に限らず，他の金銀をも持渡り，あるいは，すべて金にて輸入した年もあったのである．なお，当時唐船の持渡った金銀は，以上のごとき元糸銀をもって約定した定額輸入の分に限らず，ほかに，花辺銀銭・安南金・安南板銀・西蔵金をも持渡っている．ただし，ここにいう花辺銀銭とは，「いちはつ」の花が数個，その表裏とも縁のあたりに刻まれている西洋銀銭，すなわち，スペイン＝ダラーのことであって，明和元年（1764）七番船主崔景山が年々花辺銀銭を50貫目ずつ，商売高の内にて持渡りたいと申し出たので，まず試みに，その翌2年の夏，およそ30貫目余を持渡ったのが最初であった．佐久間甚八（東川）の『天寿随筆』にも，「明和酉のとし，西洋の花辺銀銭を渡し来る」と記しているが，同4年よりは1ヵ年100貫目ずつ定額輸入の約定ができて，以後寛政2年まで継続輸入されている．ただし安永6年（1777）からは花辺銀銭の代わりに，次第に人頭銭，すなわち，その表面にスペイン国王の肖像を刻んでいる銀銭（カロルス＝ダラー Carolus Dollar）を混じ，ついに天明元年には人頭銭のみにて100貫目を輸入している．そして同3年以後にあっては，まったく金のみをもって輸入したと伝えている．つぎに安南金銀は，明和3年より天明元年まで唐商が臨時に持渡ったものであるが，これも，わが国より渡すべき俵物が欠乏し，代物に困難をきたして，その後は中止となった．また西蔵金は明和4年より天明元年まで，唐商が定額の商売外に持渡っているが，その後は安南金銀と同様の理由にて中止された．蘭人もまた明和2年ころから，銀銭デュカトン（わが記録にはテカトンにつくる）をはじめとして，ルピー（わが記録にはロヘインにつくる）のごときを輸入しているが，その額は，唐商による金銀輸入のごとき大なるものではなかった．つぎに，この時期に実際に輸入された金銀の数量を『光被録』によってみるに，宝暦13年より天明2年までの分は，唐商の輸入にかかる金88貫474匁余・銀6374貫772匁余，これに蘭人の輸入にかかる銀1417貫68匁余を加えて，銀7791貫840匁余であった．次に天明3年より寛政2年までの分は，唐商の輸入にかかる金263貫63匁余・銀295貫77匁余，これに蘭人の輸入にかかる銀766貫目余であった．終りに，以上のごとき外国金銀が，どのように処置されたかをみるに，宝暦13年に持渡った元糸銀は長崎から江戸御金蔵に納められたこと，および明和元年以後の分については，大坂御金蔵に上納されたことが従来とも知られている．しかし大黒常是編『御用留便覧』吹方之部のうち，糺吹（ただしふき）の宝暦13年8月3日の記事によると，常是では，この日，元宝足紋銀一ツ掛目499匁4分と，中形足紋銀一ツ掛目49匁8分を御勘定所から渡された．しかも通用銀に吹立てる積りをもって，糺吹（分析）することを命ぜられたが，同月8日になって，元宝足紋銀は7分7入レ（97.91％），中形足紋銀は5分73入レ（96.12％）にあたると報告している．そして明和元年4月28日記事によると，翌2年からは京都にて，両足紋銀は8分入レ（98.19％），元糸銀は3分入レ（93.64％）の積りをもって通用銀に吹立てたとあるが，『三貨備覧』によれば，輸入銀総計7016貫660匁8分3厘余をもって，元文の丁銀・小玉銀3428貫61匁7分7厘余と，南鐐二朱銀126万650片（金にして15万7581両1分）に改鋳したとある．ただし金については，総計63貫917匁2分と記しているに過ぎない．しかし京都の大判座に属していた八郎兵衞家の後藤光弘が，寛政5年江戸に下って金銀分銅の製作に参加した際の『御用中日記』によると，この年の7月21日，蓮池御金蔵に納まっていた御金箱28個，御銀箱5個を受け取った．金は「至而美敷品」の足赤金・九呈金・西蔵金・安南金・八呈金の5品で総目方は223貫89匁余，銀は，その位，はなはだ宜しからざる上に，銀銭が大部分であったが，この総目方41貫692匁余であった．そして，以上によってできた金分銅五ツ，銀分銅一ツに彫り込まれるべき銘の下書きを，8月12日，勘定吟味役佐久間甚八が行い，そして翌日から後藤四郎兵衞（光守・桂乗）が銘彫りに取りかかって，24日滞りなく調進した．

参考文献 『通航一覧』199，草間直方『三貨図彙』附録5（『日本経済大典』40），辻善之助『田沼時代』（『岩波文庫』），榎本宗次『近世領国貨幣研究序説』，内田銀蔵「徳川時代特に其の中世以後に於ける外国金銀の輸入」（『日本経済史の研究』上所収）

（田谷 博吉）

014 外国人居留地 がいこくじん きょりゅうち ⇒居留地(きょりゅうち)

015 海国図志 かいこくずし　清国で刊行された世界地理書．原著者は米人ブリッジマン．清人魏源が編集し，道光22年(1842)60巻24冊本を刊行．咸豊2年(1852)に100巻本に増補．日本への舶載は嘉永4年(1851)の60巻本3部が最初で，内容の検閲などに1年を費やし，翌年紅葉山文庫などに入った．安政元年(1854)までに19部が舶載され，うち11部が幕府・老中などの手にあった．当時最大・最新のものとして珍重されたのは，内容のみならず，米人の原著を林則徐が翻訳した『四洲志』をもととして増補したものであり，則徐が清朝軍事史書『聖武記』の著者としてすでに著名であったことと，図志の編集目的がアヘン戦争での清国の敗戦が世界事情に無知であったことを反省してのものであることとが，日本の識者の心を捕えたのだろう．嘉永から安政にかけて米英露など西欧諸国の開港要求が続き，海外事情の摂取が急務とされるに至って，外国地理書の刊行の大流行をみた．当然本書にも需要が多く，当面の相手国米英露国分の刊行に着手した．安政元年6月・7月久世大和守家臣中山伝右衛門校訂『海国図志墨利加洲部』，同年7月・9月稲葉長門守家臣広瀬達太郎『亜米利伽総記』，同年8月正木篤『美理哥国総記和解』，同年9月水野忠邦側近の塩谷宕陰が箕作阮甫と『籌海篇』を等々，安政4年3月頼三樹三郎の『海国図志印度国部』まで，町奉行所例に納本が続いている．市販も同時期ころであろう．地理書刊行の流行は，海外事情の普及を権力で押えようとしていた幕府の政策が一転したことを示している．

[参考文献]　大庭脩『(江戸時代における)唐船持渡書の研究』，鮎沢信太郎・大久保利謙『(鎖国時代)日本人の海外知識』，小沢栄一『近代日本史学史の研究』幕末編，森睦彦『「海国図志」の舶載から翻刻まで』(『蘭学資料研究会研究報告』206)

(森　睦彦)

016 海国兵談 かいこくへいだん　国防に目標をおいた兵書．林子平著．16巻．起筆した時期は明らかではないが，安永6年(1777)長崎に赴いてロシア南下の情報を入手し，オランダ船の装備などを調査しているから，国防が執筆の動機であったこととあわせ考えると，このころ想を練り始めたものと思われる．天明6年(1786)江戸で全巻を脱稿．翌年仙台に帰り，第1巻をみずから板刻，数部を印刷し，江戸の知友を介して予約をとり，全巻1000部の出版を計画したが，予約がとれたのは34部にすぎなかった．寛政3年(1791)全巻38部を出版．本書の表題とされた「海国」とは，国防的観点からみた日本の地理的特質を指す．地続きの隣国をもたぬ「海国」日本には，それにふさわしい国防体制がなければならぬ．これが本書の根本命題である．そのため第1巻では，オランダ船の装備や構造を紹介するとともに，洋式軍艦を建造して海軍を振興すべきことを説き，またオランダに学んで大砲の改善と充実をはかり，これを全国の海岸に備えるべきことを提案している．なかでも子平がもっとも重視したのは，日本の中枢部というべき江戸沿海の防備である．かれは「細かに思へば，江戸の日本橋より唐・阿蘭陀迄，境なしの水路なり」という有名な警句をもって，江戸湾に異国船の侵入する可能性があることを指摘し，同湾の防備が急務であると主張している．江戸湾防備は，のちに対外関係が急迫を告げるとともに，焦眉の問題となるが，これを予見したのは，本書が最初である．もっとも創見に富んでいるのは自序と第1巻にかぎられ，第2巻以下は旧式兵書の焼直しにすぎない．要するに本書の意義は，わが海防のもつもろもろの問題点を指摘したところにある．寛政3年12月子平は出版取締令違反の疑いで幕府に召喚され，同4年5月在所蟄居の処分を受けるとともに，本書の板木も没収された．翌5年6月子平は没したが，その後天保12年(1841)に罪を許され，これに伴い本書の発禁も解除されたので，嘉永4年(1851)に『精校海国兵談』と題して再刻された．『林子平全集』1，『(増補)六無斎全書』2，『岩波文庫』などに収録されている．

[参考文献]　維新史料編纂会編『維新史』1，井野辺茂雄『新訂維新前史の研究』

(佐藤　昌介)

017 外国貿易 がいこくぼうえき　本項では古代から近世までの外国貿易について述べる．奈良時代以降の外国貿易には，国交に伴う政府相互の公貿易と国交の有無にかかわらない個人の私貿易とがある．公貿易は朝貢の形式で行われ，受入国が朝貢使の上京・滞在費を負担し，指定値で朝貢品を買い上げ，それに対して回賜品を下付するのを原則とした．新羅の天武朝へのほとんど毎年の朝貢，渤海国の奈良・平安朝への朝貢，遣唐使すなわち唐朝のいう日本朝貢使の朝貢などは，いずれも朝貢という名の貿易であった．また対馬島人の，日本と国交のない高麗との交易は，私貿易の例である．奈良・平安時代の外国貿易は，政府の独占を原則としたから，平安京鴻臚館や大宰府鴻臚館では，まず官人が貿易し，その後，民間人に取引が許されることになっていた．唐滅んで後，宋・元との間には国交が開かれなかったので，公貿易は中断した．しかしかえって，平安貴族の政権傾斜を契機として西国の豪族，平家らと宋船との私貿易が進展した．元との間にも私貿易は継続したが，1314年，倭寇を恐れた元は私貿易を厳禁して官許貿易に限ったから，鎌倉時代末期からは建長寺造営料唐船や天竜寺造営料唐船などの幕府公認船が渡航した．元の海禁策を継いだ明は，国民の海外貿易を許さず，諸外国からは朝貢船のみを受け入れ，朝貢国には勘合を与えて，これを朝貢に用いさせる制を設けた．応永8年(1401)から天文16年(1547)の大内氏の派船まで行

われた日明勘合貿易は，形式上は室町幕府と明との公貿易である．この船には，足利将軍，細川・大内氏らの貿易品のほか，のちには渡航商人らの貨物も多く積まれた．明の海禁策は，倭寇と中国人との私貿易を誘発したが，16世紀半ばになると，明の私貿易商らは大陸の沿岸に倭寇を誘い，ポルトガル人も加わって，盛んな国際的私貿易を展開する．明は1567年海禁を解いたけれども，商船の日本渡航と朝貢船以外の外国船の来航は，依然厳禁した．しかし慶長の末ごろから寛永年代へかけて，その商船の来航は多く，90艘に達した年もある．折から朱印船の活動期にあたり，日明両国船は台湾・交趾・ルソン島などで出会貿易を行なった．朱印船の貿易は，武器をかまえた倭寇貿易の終息を意味し，その投下資本の大，参加者の多数，航跡の広範なことにおいて，未曾有の出向貿易であった．江戸幕府は，鎖国後も中国船の来航を受け容れた．長崎には100艘以上が来て取引した年もある．明末清初の中国動乱期には，反清を呼号した鄭氏一族や藩王らの派船が多い．清は政権安定後，民商を起用して特別の援助を与え，熱心に，国交を持たぬ日本との貿易を行わせた．長崎では幕府統制の下，幕末まで日中両国民の貿易が継続したことは周知のことである．朝鮮半島との貿易は，李氏朝鮮の貿易統制の整備によって一段落を画する．室町時代の応永～嘉吉年間（1394～1444），指定開港場・授図書・書契・文引・通信符・歳遣船などの諸制度が逐次創設され，幕府・九州探題・大内氏や対馬の宗氏一族らが派船し，開港場と漢城に設けられた倭館で朝貢貿易を行い，また民商と開港場や漢城および上京の沿道で取引した．進貢品には，琉球船が主として博多に舶載した南洋産の貨物も多く，この点，日朝貿易は日琉貿易を背景としている．江戸時代，朝鮮は宗氏に富山（釜山）浦のみを開港場と認め，宗氏は幕府の援助を得て幕末期まで貿易を継続した．

ヨーロッパ人との貿易はポルトガル船の来航に始まる．その始期は天文13年いわゆるポルトガル人種子島漂着の翌年であって，九州各地で交易した．イスパニア商船の来航は16世紀中にはなく，慶長7年（1602），徳川家康とフィリピン総督との間に通交の諒解が成立してからである．ついで家康は，同14年・18年，オランダ人とイギリス人に，平戸商館の設立および内地商業の自由を認めた．しかし，幕府の外国貿易の統制強化とキリスト教禁圧の進展に伴い，元和2年（1616）には，平戸・長崎のみが開港場となり，内地商業は禁止された．寛永元年（1624），貿易には熱心でなかったイスパニア人は，幕府の宗教・貿易分離策をまともに受けて，来航を拒絶された．布教に関心のないイギリス人は，前年の元和9年経営不振で日本を退去する．寛永18年の鎖国完成まではポルトガル人が最も大きく取引した．寛永13年長崎に入港したその4艘は，銀額2万3172貫余の取引．同14年その6艘が舶載した商品の売り高は，2万1423貫余．オランダ人が江戸時代を通して日本から輸出した商品の最高評価銀額は，同16年の1万8500貫である．

貿易品として日本からの輸出品の主なものは次のとおりである．(1)金　唐・宋・元・明・朝鮮との貿易，また江戸時代のオランダとの貿易の主要品．蘭船の最高輸出額は寛文11年（1671）の小判10万7241枚．ただし，16世紀にはポルトガル船の輸入品．明和4年（1767）から中国船の輸入品となる．(2)銀　室町時代，明・朝鮮貿易で輸出が始まり，以降，ポルトガル船・中国船・蘭船の主要輸出品となる．ただし，宝暦13年（1763）から中国船，明和3年から蘭船の輸入品となる．慶安元年（1648）—元禄10年（1697）の50年間の中国船輸出額（寛文8年，蘭船の輸出を禁止）26万8300余貫．(3)銅　宋貿易で輸出が始まり，明・朝鮮貿易の主要品となる．ポルトガル船も輸出．江戸時代後期の外国貿易を支えたのは銅．元禄10年の輸出総量，896万余斤（1斤＝600g）．(4)米　鎌倉時代の宋貿易で輸出が始まる．倭寇も搬出したのであろう．江戸時代の朝鮮・オランダ貿易でも輸出．承応元年（1652）の蘭船輸出肥後米，366万斤．なお小麦も江戸時代には輸出された．宝暦元年の蘭船輸出量，29万8377斤．(5)木材　鎌倉時代の宋貿易，江戸時代のオランダ貿易で．延享4年（1747）の蘭船輸出，杉板2080枚，角材4000本．(6)硫黄　宋・明・朝鮮・オランダ貿易で．宝暦元年の蘭船輸出，2万6100余斤．(7)刀剣　明・朝鮮貿易で．文明16年（1484）の対明貿易では3万7000余本．(8)樟脳　オランダ貿易で．江戸時代を通しての最高輸出量は，正保2年（1645）の9万8400余斤．(9)銅銭　後出．(10)工芸品　宋・明貿易で，扇と屏風．蘭船も屏風・蒔絵道具を輸出する．(11)海産物　江戸時代の中期から中国船が多く輸出．正徳2年（1712），65万4900余斤．蘭船も恒常的に少額を輸出．慶安4年，するめ4万1800余斤．

次に日本への輸入品の主なものは以下のとおりである．(1)生糸　室町時代から輸入が始まり，慶長—寛永期に最も多く，江戸時代中期から減少する．すなわち明・琉球・朝鮮・ポルトガル・清・オランダ貿易の主要品．寛永11年の輸入総量，40万4000斤．うち，中国船17万斤，朱印船15万斤，蘭船6万4000斤，ポルトガル船2万斤．寛文5年の蘭船出島売り高，27万700余斤．(2)織物類　絹織物は，唐・宋・元・明・清・朝鮮からの主要輸入品．ポルトガル・オランダ貿易でも多い．寛永14年のポルトガル船売り高，52万8496反．同18年，中国船，13万4900余反．元禄9年の蘭船出島売り高，2万8800余反．木綿織物も朝鮮・ポルトガル・清・オランダ貿易で．寛文12年の蘭船出島売り高，6万6000余反．(3)香・薬類　奈良時代以降，江戸時代末まで．寛文10年の蘭船出島売り高，17万1000余斤．文

化元年(1804)の中国船輸入量，92万3000余斤．(4)蘇木・胡椒　宋・琉球・ポルトガル・清・オランダ貿易で．寛文8年の蘭船胡椒売り高19万3100余斤．宝暦9年の同蘇木売り高77万6800余斤．ただし，明・朝鮮貿易では，琉球船，また蘭船の輸入品を輸出した．(5)磁器　奈良時代から江戸時代初期までは輸入されたが，国産が増大して，承応元年から蘭船の輸出品となる．正徳元年には，中国船の輸出を含めて，15万4900余個と1300余俵．別に，ひな道具5500余組．(6)銅銭　宋・元・明貿易での主要輸入品であったが，江戸時代には蘭船が日本から輸出．寛文5年，2698万個．明和2年，576万3300余個．(7)砂糖　江戸時代の輸入品．慶安3年の中国船輸入量，79万7100余斤．宝暦9年の蘭船出島売り高，202万2577斤．(8)皮革　江戸時代の輸入品．寛文5年の蘭船出島売り高，鹿皮9万4500余枚．鮫皮3万2900余枚．(9)鉱産物　江戸時代の輸入品．寛文8年の蘭船出島売り高，錫9747斤．水銀9741斤．鉛5622斤．文化元年の中国船鉱産物輸入量，27万余斤．(10)書籍　奈良時代から江戸時代末まで輸入品．天保11年(1840)～安政2年(1855)，中国船の輸入，3724種，4万5615部．天保15年の蘭船，砲術・攻城・用兵に関する書籍13冊．

参考文献　『唐蛮貨物帳』，Negotie Journaal 1620—1805．秋山謙蔵『日支交渉史研究』，森克己『日宋貿易の研究』(『森克己著作選集』1)，田中健夫『中世海外交渉史の研究』，同『倭寇と勘合貿易』(『日本歴史新書』)，岡本良知『(十六世紀)日欧交通史の研究』，岩生成一『朱印船貿易史の研究』，辻善之助『(増訂)海外交通史話』，高村象平『日葡交通史』，幸田成友『日欧通交史』(『幸田成友著作集』3)，矢野仁一『長崎市史』通交貿易編東洋諸国部，山脇悌二郎『長崎の唐人貿易』(吉川弘文館『日本歴史叢書』6)，栢原昌三「日元貿易の研究」(『史学雑誌』25ノ3)，佐久間重男『日明関係史の研究』

(山脇悌二郎)

018 **開国論** かいこくろん　江戸幕府の基本的な対外方針である鎖国に対する批判として提起された政策論．その源流をなすのは，新井白石に始まる世界事情の研究である．白石は，宝永6年(1709)，潜入の宣教師シドッティの尋問にあたった際，世界の事情を聴取し，日本が国際社会に孤立していることを知り，国防に不安を覚えて，世界地理学の研究に志した．その成果がわが国最初の体系的な世界地理書といわれる『采覧異言』(正徳3年(1713))である．これにより鎖国が国際的視野から相対化されることになった．その後，18世紀の後期に蘭学がおこるとともに，蘭書に基づく世界地理学研究も盛んに行われた．特にこれを誘発したのは，このころようやく顕在化した対外関係の危機化である．それはまず北方からのロシアの脅威に始まった．天明3年(1783)，仙台藩医工藤平助が蘭学者の助けをかりてロシア事情を研究し，『赤蝦夷風説考』を著わし，ロシア貿易による蝦夷地の開発を説いた．これが開国論のはじまりといわれる．もっともかれのロシア貿易論は，長崎ないし他の適当な港を開いてロシア交易を許すべしというもので，日本人および日本船の海外渡航は認めていない．その意味では，開国論として不徹底なものである．これに対して本格的な開国論を唱えたのは本多利明である．算学者として出発した利明が経世的関心をもつに至ったのは，北方問題と天明の飢饉の深刻な体験に基づく．かれは西洋諸国に富強をもたらしたのが天文・地理・航海術であるという認識のもとに，これら諸学を研究し，寛政10年(1798)に『西域物語』および『経世秘策』を著わして，「海国」日本に欠くことのできない知識として航海術をあげ，これに基づき，貿易と海外植民地の経営にあたることが，内外の危機を打開する方法であると主張している．利明ほどの具体性と積極性をもたないまでも，開国論は，おそらく当時の蘭学者や蘭学系知識人の多くに共通な思想であったと思われる．文化年間(1804～18)，北方海域においてロシアとの間に武力衝突がおこった際，杉田玄白は開国和親を主張し，司馬江漢も両国の衝突の原因となったロシア使節レザーノフに対する幕府の非礼を非難して積極的な貿易論を主張している．しかし蘭学に対する幕府の統制・抑圧の結果，鎖国批判ないし開国論は次第に影をひそめた．文政8年(1825)，イギリス捕鯨船の暴行事件を契機として異国船打払令が発布された際，これに対する批判が在野の知識人の間からほとんどおこっていない．のみならず会沢安(正志斎)の『新論』(文政8年)によって代表される攘夷論や佐藤信淵の『混同秘策』(同6年)にみえる海外侵略論が，開国論に代わって，対外論の主流を占めるのは，この時期以来のことである．しかし，イギリス資本主義が極東に進出した天保年間(1830～44)になると，体制内矛盾に基づく封建的支配の危機と結びついて，対外的危機感が異常に高まった．そのため支配者層内部の開明的分子による海外事情の研究が活発となり，開国論への傾斜を示す政治改革論が唱えられた．渡辺崋山の『慎機論』(天保9年)その他の著述をはじめ，同志の古賀侗庵の『海防臆測』(同9年)，同じく松本斗機蔵の『献芹微衷』(同8年)などがそれである．なかでも崋山は最新の蘭書によって国際情勢を的確にとらえ，「西人と通信せざるものは，唯我邦存するのみ，万々恐多き事なれども，実に杞憂に堪ず，論ずべきは，西人より一視せば，我邦は途上の遺肉の如し，餓虎渇狼の顧ざる事を得んや」(『慎機論』)と論じて，鎖国の維持が不可能なことを指摘している．天保11年にアヘン戦争がおこると，その報道は幕府に深刻な衝撃を与え，弘化元年(1844)オランダ国王が将軍に親書を送っ

て開国の勧告をした際，老中水野忠邦は開国を主張して譲らず，そのため罷免されたと伝えられる．もっとも幕府はオランダ国王の勧告を秘密にしたので，民間では特に是非の論がおこらなかった．のみならず弘化・嘉永年間（1844～54）を通じて，対外論の主流を占めたのは，あいかわらず攘夷論であった．そうした中で開国論の主張は，わずかに鶴峯戊申の『内密答問録』（嘉永2年（1849））にみられるにすぎない．嘉永6年米艦隊が来航した際，幕府が大名・幕臣に開国の是非を諮問したところ，大部分が鎖国の維持を前提とした避戦論であり，積極的に開国論を唱えたのは，大名では福岡藩主黒田斉溥（長溥），幕臣では向山源太夫・勝麟太郎（海舟）・高島秋帆などごく少数にかぎられた．しかし対米交渉の過程で，開国の不可避なことが明らかになるにつれ，交渉の任にあった海防掛岩瀬忠震らの幕臣が積極的に開国論を唱え，かれらの推進により安政5年（1858）には5ヵ国との間に通商条約が締結された．これに対して攘夷論者の側からはげしい反撃がなされたものの，馬関戦争以後は，攘夷論を完全に圧倒して，支配的な政策論となった．

参考文献 井野辺茂雄『新訂維新前史の研究』，維新史料編纂会編『維新史』1・2，佐藤昌介『洋学史研究序説』，石井孝『日本開国史』

（佐藤 昌介）

019 回賜 かい 中国の朝貢貿易において，諸外国の進貢物に対し，中国王朝から支給される賞賜物をいう．中国は，古来，みずからを宗主国として諸外国を藩属国とみなし，天朝の恩恵を示して四夷の遠人を懐柔するという方針をとった．その外交関係は，政治的には冊封関係，経済的には朝貢・賞賜の関係として表示された．とりわけ，明代初期以来の約2世紀間は，朝貢・賞賜の関係による朝貢貿易のみが正常な貿易として許可され，一般の外国商船の来航は密貿易として禁止された．また一般中国人の海外渡航・海上貿易も厳禁する海禁政策がとられた．したがって，中国貿易に関心のある外国商船は，朝貢船に組み入れられ随行するほかなかった．そのため，朝貢船団が中国にもたらす方物としては，(1)本国王の進貢物，(2)副貢使の自進物，(3)随伴者の付載貨物などの3種があげられる．随伴者は通事・頭目・従人もしくは蕃伴人で，蕃伴人の多くは商人であったと見られる．これらの付帯貨物は，明朝政府は一部を除き大部分を買い上げる原則であった．進貢物に対しては，代価を支払わないたてまえで，その代償は別にあった．すなわち，国王・妃に対する賞賜，貢使一行に対する給賜がそれで，「有ν貢則有ν賜」とするゆえんである．これら賞賜・給賜物は，名目的には天朝の恩恵として賜与されるものであるが，実質的には貢物に対する代償を意味し，一種の貿易とみなしうるものである．明朝側の賞賜物には，各国の進貢物に応じ大体定制があり，その範囲内で増減されるが，純粋な経済的交換というよりも，政治的含みも多分にあった．賞賜・給賜の品目には，金銀・銅銭・鈔錠・絹織物・陶磁器の類から冠帯衣靴の類に及び，なかでも絹織物はその大宗を占めた．わが国の遣明船貿易では，永楽期の賞賜は多種類にわたり，銅銭額も多かったが，宣徳10年（1435）以後，回賜品目は銀・錦・紵絲・羅・彩絹などとなり量もほぼ一定し，銅銭の賜与は中止された．

参考文献 『万暦会典』111，佐久間重男『日明関係史の研究』

（佐久間重男）

020 海事史料叢書 かいじしりょうそうしょ 主として近世の海事史料，つまり海法・海運・船舶・航海・海難・水軍関係などの史料を集めて校訂刊行した叢書．住田正一の編集で，昭和4年（1929）から6年にかけて巌松堂書店から20巻が刊行された．収載史料は編者が近藤記念海事財団の援助によって収集したものを中心に，一応体系的な編集方針をとっているが厳密なものではない．過半数を占める海法と海運関係部門は，『廻船式目』の諸本をはじめ，城米輸送関係，菱垣・樽両廻船などの廻船仲間の諸規定ならびに諸記録が主で，近世海運史研究には不可欠の基本史料といってよい．しかし現存する厖大な海運史料からすればごく一部にすぎないし，特に海難や経営史料ではその感が深い．水軍と船舶関係部門は，旧海軍文庫と桃木武平収集の史料を主とし，水軍は三島流系のものが多く，船舶では『和漢船用集』のほかに木割書と建造記録を収めているが，これらも現存史料の一部でしかない点は海運部門と同様である．しかし航海関係は，室町時代の『船行要術』から江戸時代の主要航海術書や航路案内書の類に至るまで大半が網羅され，最も充実した部門となっている．校訂はやや難があるが，昭和初期にこれだけの海事史料集を刊行したのは驚くべきことで，詳細な解題と相まって編者の熱意のほどがうかがわれる．第2次世界大戦後，海事史研究の進展によって高い評価をうけ，昭和45年には復刻版が刊行された．なお，本叢書の継続の形で同44年より同61年にかけて『続海事史料叢書』全10巻が日本海事史学会の編集のもとに刊行された．

1 廻船式目・渡唐船法度条々・海路諸法度・船法御定并諸方聞書・倉田家文書（児玉宇右衛門編）・半沢家文書・廻船必用・御城米積請船難船一件
2 難船一件・桑名屋亀蔵船一件（児玉宇右衛門）・（問屋船宿仲買）掛合一件・菱垣廻船問屋規録・菱垣廻船一方積取締申合規定連印帳・樽船海難私法記・三栄講約定帖・船方規定書・九店差配廻船明覧・諸問屋名鑑（浅井金助編）
3 船極印方・諸願要録草稿・諸願増減御願之留メ・諸船増減願書控（三番帳）・諸船増減願書控（四番帳）・小渡海舟一件・渡海出入願書控

4 諸国御客帳・伏木浦入津之諸品御口銭取立定帳・御口銭定法・諸船御改帳・廻船小船御運上帳・廻船帳・早船記録・船方取締記録・浦方定証文写・御船之年数書抜
5 船長日記(小栗重吉,池田寛親編)・元和航海記(池田好運)・阿蘭陀海鏡書和解(本木良永訳)
6 颶風新話(ヘンレイ=ピッヂングトン,ス=ハン=デルデン訳,伊藤慎蔵重訳)・航海金針(瑪高温漢訳)・渡海新法(本多利明)・船行要術(村上雅房)・船乗重宝記(満忠)・廻船安乗録(服部義高)・(算法)海路安心録(坂部広胖)・(方向針筋)廻船用心記(吉村正房)・船往来手形・出帆免状控
7 浦手形・御銀船記録
8 増補日本汐路之記(高田政度編)・(改正)日本船路細見記(忌部美啓)・(増補)大日本船路細見記(加藤祐一)・大坂より西国え船中・肥前長崎行日記(古河教泰)・大湊由緒書・兵庫津文書・神戸浦文書・二茶屋浦文書・天保廻船改革記録・諸国問屋并船宿(志田垣与助)・運賃控
9 御船御注文控・帆船造作寸法書・船燧場取建願書・造船記録・関舟寸法掛一巻・船由来記・万祥廻船往来(十返舎一九)・西洋軍艦蒸気船製造方伝習書・装鉄船略記(榎本武揚訳)・ニホール艦記録(中井尚弥太)・船手御定
10 全流舟軍之巻(安田重次)・合武三島流舟戦要法(森重都由)
11 和漢船用集(金沢兼光)
12 三島流水軍理断抄・能島家伝・能島家伝書・野島流船軍書・一葦渡決・尊船(藤田信久)・水軍渡海秘伝書・海賊流車輪船図巻・車翼船の図并弁(菊池庄五郎)・水法(荻生徂徠)
13 (唐船蘭船)長崎入船便覧(石田某編)・南蛮入津記・大唐清朝商船入津記・各国船入津番立帳・日本異国来往記(遠山信武)・万国渡海年代記(華律外史)・海外漂流年代記(石塚豊芥子)・熊野浦漂着の福州船送還記録・奉使日本紀行(クルーゼンシュテルン,青地林宗訳,高橋景保校)・阿蘭陀船破損書付・通商物品目録
14 (算法)渡海標的(石黒信由)・以数蹢刺鼻図説・象限儀・颶風擎要(L・G・ワザロ,近藤真琴訳),颶風論(トーマス・H・ジェームス,近藤真琴訳)・航海教授書(海軍兵学寮編)
15 八丈浦手形・唐津船宿手形控(杵築屋三七)・難破船記録・出羽国御廻米破船一件・出羽国御廻米難船一件書物写・越前国御廻米積難船一件・御城米送り請取ひかへ・北国御城米積替蔵建積り書・御証文之書附写・大坂歌[顕]屋庄右衛門船一件
16 星学航海地誌(クルーゼンシュテルン,青地林宗ら訳),万国港繁昌記(黒田行元)・四国中国廻浦御用日記(横瀬武直)
17 廻船式目・異国舟入津規録・廻船規録・浦御高札写・利渉附録別記(好水編)・尾道商業沿革史料・(大海神屋根替御修覆)勘定帳・樽廻船記録・由良湊より嵯峨川通航願之儀に付伺書案並御勘定奉行え差遣候切紙写・御客帆印・税銀取立船積免状之控
18 海事規則・日本海令草案並同附録(田口悳)・船乗の心得(小笠原賢蔵訳)・船舶噸数之弁(三田村鐘三郎訳)・海上保険会社創立要旨・(巴孫私氏)海上保険法(パーソンス,秋吉省吾訳),米国海上法要略(フランシス・B・ジクソン,秋山源蔵・北畠秀雄訳)
19 合武三島流舟戦要法(追補)(森重都由)・干満抄伝書・早舟之木割・大船関船木割・御船数並浦船数留帳・御船数御家中船数留帳・御関船並荷船式・御船之寸法書(山城正行)・御船船諸道具寸法控帳(山城正行ら)・箱館丸御船出来形仕様書・和蘭奇器・廻船必用記・廻船式目追加
20 蒸気雑説・蒸気船之記・日本国郵便蒸気船会社定款・日本国郵便蒸気船会社条約書・日本国郵便蒸気船会社之資本取扱条令・日本国郵便蒸気船会社職務章程・日本国郵便蒸気船会社会計之法・日本国郵便蒸気船会社申合常則・(日本国)郵便蒸気船会社運賃之定並荷物取扱内規則・日本国郵便蒸気船乗船並荷物積入規則・郵便蒸気船会社文書・御貢米運漕内規則・諸国貢米請取渡規則・順静丸日和附記・川野家文書(川野宗太郎編)・条約書・西洋形帆走船持主盟約書・(無類保護)三菱会社内幕秘聞録(師岡国編)・海事史料叢書総目録・海事史料叢書総索引

〔続海事史料叢書〕
1 海軍文庫旧蔵大日本海志編纂資料
  (1) 海法・海運等諸記録
    御奉行様御代々掟之控・諸事御法留・諸事秘録・旧田辺藩船舶ニ関スル書類・木村宗右衛門・角倉与一云々書附・阿蘭陀人日本渡海発端
  (2) 造船関係史料
    船伝書・関船許之状(境井重森)・諸関船秘書(同)・三島流船艦造営記・関船之書物(串木頼辰)・早船木割之事上(串木氏春)・安宅丸之積(境井善右衛門)・瀬戸流秘書(岡基徳)・諸関船秘書(同)・川船荷方伊勢船秘書(同)・古今集論造船記・船作方目録(藤井致義)・和泉流船作事書(佐伯慰源)・当流関船寸法書・早船木割帳・御関船並荷船式・逸古流船造記・逸古流舳普選忠臣要用記・新造関船木寄寸尺取調根帳(島田仙五郎)・鯨船飛脚船艀共寸法

帳・通称御座船・川御座船仕法書(長谷川延
　　盛)・中国川御座船
　樽廻船関係史料(1)
　　四井幸吉文書(筒本清五郎文書・西宮酒造事務
　　所文書・小寺二三吉文書)
　　四井屋久兵衛廻船記録・四井屋久兵衛覚之事抄
　　勝部新次文書
　　　(兵庫津尼崎西宮浦)三ヶ浦勘定目録・宝暦十
　　　二年年船増減帳控・宝暦十三未年船増減帳控・
　　　宝暦十三年船増減帳
2 樽廻船関係史料(2)
　　(1)樽廻船仲間規定
　　　仲間規約・申合せ
　　(2)船舶
　　　造船関係・廻船加入関係・廻船売買・船質・
　　　借用金証文類
　　(3)樽廻船経営史料
　　　辰栄丸関係・成通丸関係・小堀屋半三郎船関
　　　係・住徳丸関係・守屋新兵衛手船関係・その
　　　他
　　(4)御城米積御備船
　　(5)樽廻船名前帳
　　(6)難船
　菱垣廻船関係史料
　　(1)十組問屋史料
　　　万記録・十組仲間控・十組定法記・油問屋旧
　　　記
　　(2)菱垣廻船史料
　九店仲間関係史料
　　(1)九店仲間規定
　　(2)九店仲間差配廻船史料
3 菱垣廻船関係史料(2)
　　町内記録書写
　　組合定目録印形帳
　　諸用控
　　大行司順番組合
　　公用帳
　　船手新古退進談
　　公用帳
　　覆内目録
　　　船手御条目之写・難船勘定仕法名目次第・
　　　(町内手舟)十組貸遣論誌・志州浦難船内済日
　　　記・難船浦改下田往来日記・白子組(文化改
　　　正)株譲引規定帳之写
　　三橋幷十組会所願之通被仰渡候書付
　　十組懸合
　　　(太物店大行司)役儀断談・(菱垣廻船)素合力
　　　両組争論・(四極印頼挨拶)太物店口達返書
　　茂十郎一件太物店口達

　　続編感腹新話(五)
　　店々申合心得連印帳
　　白子船手河合預ニ付坂重添口達
　　河合氏歎願坂重三作聞書
　　(十組と太物店ト)古来ゟ駈合の話一条
　　(升屋五兵衛中屋儀兵衛)取締人覚書
　　十組三橋会所取扱ヶ条書
　　当戌暮上納金仕訳控
4 菱垣廻船関係史料(3)
　　白木屋文書
　　　感腹新話・(十組再興)改正発旦録抄
　　川喜田家文書
　　　藤東伝書・(木綿陸附)笠置廻発起事・水油等
　　　外積幷加賀揚差止め願書写・三橋会所取放一
　　　件・(三橋会所取放ニ付)十組両行事ゟ申入之
　　　事・米会所一件・仲間取締ニ付御伺書写・公
　　　用国産録・宮嶋屋一件申合規定連印帳・若山
　　　御国産木綿売方仕法帳・別振勘定帳・木綿類
　　　運賃取極覚・江戸組木綿仕入積問屋仲間運
　　　賃覚・(菱垣廻船)大津屋市太郎船一件書付・
　　　菱垣(富市造船日音五郎船)作難事一件・十組
　　　取扱人取調口上書覚写・永久録・(改正)木綿
　　　荷物取締日記・(菱垣廻船享保年中ゟ当時迄)
　　　手続示談書・内藤隼人正様難破船一件御調日
　　　記・江戸組木綿仕入積問屋仲間要用控帳・菱
　　　垣船三ヶ年積高調・七組丸請帳・菱垣廻船七
　　　組丸久助船発端記・難破船損失方ニ付御触書
　　　写・大伝馬町木綿問屋仲間書上・大伝馬町木
　　　綿問屋商法書上・(尾州大野松兵衛船同国亀
　　　崎栄吉船)下田一件日記帳・破船流寄不正荷
　　　物調書・七組毛綿仲間規定印形帳・七組毛綿
　　　仲間口上書願書写・江戸組毛綿仕入問屋仲間
　　　名前帳
5 九店仲間関係史料(2)
　　木田家文書(1)
　　　(江阪)連札下書帳(弐番)・連札下書帳(参番)・
　　　連札下書帳(五番)・(江戸)連状下書控帳(六
　　　番)連状下書帳・江戸来翰刺
6 九店仲間関係史料(3)
　　木田家文書(2)
　　　公用関係(金相庭下落諸人難渋につき訴訟他)・
　　　仲間会社等規定関係(荒荷積方改正規定書他)・
　　　名前帳連名帳関係(弐拾四組江戸積問屋仲間
　　　名前帳他)・運営関係(両廻船屋ゟ頼書之写他)・
　　　船舶(船名前書帳他)・難船関係(九神丸正太
　　　夫船難事控他)
7 九店仲間関係史料(4)
　　木田家文書(3)
　　　手板控　積手板・送り状写

8 紀州日高廻船関係史料
　　和泉屋文書(薗喜太夫家蔵)・村上家文書(村上正親家蔵)・瀬戸家文書(瀬戸康治家蔵)
9 加賀藩水運関係史料
　　木町文書
10 造船関係史料(2)
　　樗木家文書(樗木文能家蔵)
　　　許状・木割書
　　　　関船許之事・関船極儀巻物・小関船極儀巻物・荷方極儀秘伝書・川船法規矩
　　　寸法書
　　　　関船寸法覚(元禄八年),関船寸尺覚(宝暦一一年),関・荷方寸尺いかた覚帳,関・小早并荷方船寸尺
　　　建造記録
　　　　御座住吉丸関七十四丁立寸尺留・御座住吉丸切符留・御座住吉丸万入綱帳・勝行丸拾八端帆寸法および切符・荷方清行丸十一反帆寸尺留・荷方拾六反帆千寿丸作立寸尺覚・荷方拾六反帆ほか諸船切符写・荷方五代丸拾反帆寸尺覚
　　　木割書
　　　　安宅船
　　　　　安宅木砕巻
　　　　関船・小早
　　　　　早船之木割・隼船作様之次第・宥二造木割帳・御船々櫓立木割舷継立肩扣・早船木割之法・早船之木割・造船秘書・かわらするの事・一札之覚・早船之規矩
　　　　荷船
　　　　　水浮規矩・造船秘書・荷船割方・荷方船造り法・造船法
　　　　川船
　　　　　川船法寸
　　　寸法書
　　　　関船・小早
　　　　　万寸法之覚・諸関船極秘伝
　　　　荷船
　　　　　荷船法秘書,荷方石積り・帆反定尺覚書,荷船寸法書,船方重宝記
　　　対馬藩々船寸法書
　　　　御船寸法書,諸船長サ・方・深サ書附
　　　阿波藩々船寸法書
　　　　船造作寸法
　　　建造関係記録
　　　　安宅丸関係
　　　　　安宅御船仕様帳・安宅御船諸色注文帳
　　　　建造工程
　　　　　大住吉丸御造替日記

廻船
　　書入帳・常盤丸諸入用之覚・常盤丸作事入用帳・常盤永新造諸入用帳・常盤丸四艘目永新艘帳・常盤丸四艘目大作事改帳・万徳丸新艘帳・日賀恵　　　　　　　　(石井　謙治)

021 華夷思想　かいしそう　中国人が形成した民族主義的思想,中華思想ともいう. 発生的・機能的にみると, 異民族に対する自己主張の精神的原理であり, また自然法的な世界秩序の構成原理でもあった. 原始社会に文化的識別感として生まれ, 政治社会の発展につれて, 地域的にも種族的にも政治的にも, 複雑な構成をもっていった. 中国の国家的統一が, 黄河流域から華北一帯へ, さらに揚子江流域へと拡大し, 多くの種族をふくめ, 言語や習俗を同化して, 1つの世界観が形づくられた. 統一された世界を天下とし, 諸夏(しょか)の国々で構成され, その支配者が天子で, 天命にもとづき王者として, その徳化をひろめ, 礼・法の秩序を立てるのを理想とした. 礼・法を知る文化地域が華夏(かか)で, その中核が中華・中国であった. 天下の周辺には四夷(東夷(とうい)・西戎(せいじゅう)・南蛮(なんばん)・北狄(ほくてき))がいて, これを華夏と差別する観念ができた. 天下という世界国家的体制の拡大と推移につれ, 民族意識が強まり, 尊大な種族的差別観, 対外的優越感となった. 四夷の支配者は, 中国との接触により政治的成長をとげて統一国家を形づくり, 中国への従属のもとに, その権威を高めた. 中国では, 遠近・親疎の別によってこれを扱い, その政治体制の一環として華夷の関係を規制し, 国際的秩序の根幹とした. その典型的なものは宗属(宗主国と藩属国)関係で, 天子が四夷の首長に官爵の封冊(ほうさく)を授けて君・臣の関係をむすんだ. 藩属国には, 中国元号(年号)の行用, 朝見納貢などの義務をおわせたが, 国内の政治的自由を認めるのが常例で, 朝貢に対しては答礼の賜与を豊かにして大国の誇りを示し, その機会に貿易をも許した. これは, 基本において, 中国が統一国家を形成する過程に, 秦・漢両帝国によって統属の秩序が立てられ, その政治支配体制の延長として, 歴代王朝に受けつがれたが, 時代の性格と権力の規模と相対的勢力均衡に応じて, 体制が異なっている. 宗属君臣関係を極限として, 父子・兄弟・舅甥の関係といった序列がある. あるいは朝貢だけ, 私的貿易だけを認めるもの, あるいは統一国家を形成していないものとの特殊関係があり, 冊封により栄誉だけを与えて朝貢を認めない異例のばあいもあった. このような中国による華夷関係規制を軸とする国際秩序は, 中国の権威を媒介にして安定が保たれていたので, 四夷のなかには, 中国思想の影響が深まって民族的自覚が高まり, 自主独立の国家意識が生まれ, 自己を中華の地位において華夷内外の別を立て, その領内体制の伸張をめざし, 中国の

対外処遇にならって，隣接地域の結集をはかるものも出た．日本のばあいも例外ではない．古代に中国と宗属関係をむすんでいるが，7世紀のころに自主的意識にめざめ，独自の元号を建て，中国を対等の国，朝鮮の国々を朝貢国とする国際意識が，国家起源伝承や律令体制の外交基調となり，後世ながく継承され，中国の華夷思想とは不整合を来している．しかし，足利氏の武家政権が，対外的代表権をにぎると，征夷大将軍は，大明帝国の冊封をうけて「日本国王」となり，宗属関係の復活をみたが，同時に伝統的意識との相克により，つよい批判をうけている．16世紀末に，豊臣秀吉の征明戦争から宗属関係は絶え，つづいて徳川政権は，対外的代表権をにぎったが，中国との復交工作は成功せず，外交国として朝鮮・琉球両国をもつだけとなり，鎖国的体制がつづいた．そのあいだに，古代からの伝統的意識に，再び華夷思想の影響が累加し，自国中心の華夷思想が形成されていった．徳川政権のもと，幕藩体制により平和が回復すると，伝統的な教学に対する関心が高まったが，その機運の基盤には，儒学の普及がある．ことに朱子学の影響が顕著であった．17世紀初めから，朱子学の受容がにわかに深まっている．もともと，この学風は，中国宋代に，北方からの女真(じょしん)やモンゴルの外圧のなかで，朱熹(しゅき，朱子)によって道徳的政治的哲学の体系として大成されたものであり，歴史論(春秋学)と名分論(道徳的)を特徴としており，後世，中国文化を伝えた東アジア諸地域に自国の歴史に対する正統論を形成させ，華夷内外の別を重んじて攘夷思想を展開させている．日本のばあい，伝統的思想と習合して歴史を回顧し，正統論から南北両朝の対立を批判し，王朝政権と武家政権に対して尊王斥覇(そんのうせきは)論を発展させ，中国の革命思想(禅譲放伐の具体的定型論から)に対比させて武家政権の是非論を生んだ．また，儒学者のなかには，中国文化を高く評価して，華夷思想を素直に理解するものがあり，これを斥けて日本を中国・中朝(ちゅうちょう)とよび，内外の別を明らかにすることを主張する反論も出た．栗田元次(くりたもとつぐ)は，これを「華夷中外論(かいちゅうがいろん)」と名づけ，後世の国体論に連なるものとしている．明治維新後，明治2年(1869)，史局を置いて修史事業をおこしたとき，明治天皇が，総裁三条実美に与えた宸翰に「君臣名分ノ誼ヲ正シ，華夷内外ノ弁ヲ明ニシ，以テ天下ノ綱常ヲ扶植セヨ」とあるのは，近代への転換期に，華夷思想受容の志向した到着点を示している．

参考文献　宮内省編『明治天皇紀』2，安部健夫『中国人の天下観念』(『東方文化講座』6)，栗田元次『江戸時代』上(『綜合日本史大系』9)，中村栄孝『日鮮関係史の研究』下，那波利貞「中華思想」(『(岩波講座)東洋思潮』所収)，山田統「天下といふ観念と国家の形成」(『(共同研究)古代国家』所収)，西嶋定生「六─八世紀の東アジア」(『(岩波講座)日本歴史』2所収)，護雅夫「隋唐とチュルク国家」(『古代史講座』10所収)，安部健夫「清朝と華夷思想」(『人文科学』1／3)，酒寄雅志「華夷思想の諸相」(『アジアのなかの日本史』5所収)，西嶋定生『古代東アジア世界と日本』(『岩波現代文庫』)，山内弘一『朝鮮からみた華夷思想』(『世界史リブレット』67)

（中村　栄孝）

022　海寿　かいじゅ　⇨椿庭海寿(ちんていかいじゅ)

023　海上銀　かいじょうぎん　⇨投銀(なげがね)

024　海図　かいず　船舶の航海や碇泊などに用いる図．海洋および港湾の深浅，海底の性質，岩礁その他障害物の位置，潮流の方向，船から見える陸岸や島の形態，目標物などを縮写したもので，メルカトル図法(経緯度線が直交し，図上の各点の方位が正しく表わされる)を採用しているため，等方位航法の航路は常に直線で表わされるという便利さがある．また記載区域の大小により，大区域を収めた総図，長途の航海用の航洋図，陸岸を入れた航海図，沿岸航路用の海岸図，港湾・錨地・水路などの細部を示した出入港用の港泊図の別がある．明治以来，海軍省の水路部が測量し，製図・刊行にあたったが，第2次世界大戦終了以後は海上保安庁の水路部がその仕事を継続している．以上の西欧の方式に基づいた近代的な海図に対して，古代や中世でどういうものが使われていたかは不明である．当時は陸岸ぞいの地乗り航海で行動範囲も狭く，船乗りの経験で事足りていただろうから，海図の名に価するものはなかったと思われる．それは遣唐使船や遣明船のような外航船でも例外ではなかったであろう．しかし近世初期の朱印貿易船になると，西欧の先進的な航海技術の導入でカルタと呼ばれた欧州製のポルトラノ式海図が使われ，またそれを模倣したいわゆる御朱印船航海図やポルトラノ式日本航海図も作られた．だがそれらも鎖国政策によってほとんど姿を消し，以後日本の船乗りが使用したものは，海路図・舟行図・針筋之図などと称した素朴な図で，緯度も経度も記さず，沿岸の目標地点間のコースとその磁針の方針を記す程度のものであった．しかしこれらでは大まかなため，船頭らは経験に基づいた自作図を用いたが，江戸時代後期には『大日本海路図』(天保13年(1842)刊)や『大日本廻船針筋之図』(幕末)などの刊本が出され，他方『(改正新版)増補日本汐路之記』(明和7年(1770)刊)をはじめとする航路案内書の出版もあって，経験を補うに足る役割を果たしていた．そうした海路図と航路案内書を総合したものが，明治元年(1868)出版の銅版による『大日本籌海全図』で，日本式海路図の最終的形式といってよく，保守的な和船の船頭には重用されていた．

参考文献　中村拓『御朱印船航海図』，秋岡武次郎

『日本地図作成史』(『日本古地図集成』別巻)
(石井　謙治)

025　楷船　かいせん　慶長14年(1609)島津氏の侵入をうけ、その統治下に入った琉球国が毎年薩摩へ派遣した貢船。文明13年(1481)から慶長期に至るまで、琉球王府が13回にわたって島津氏へ派遣した使節船紋船(あやぶね)の後身にあたり、楷船となってからは春・夏2回の派遣が通例とされ、それぞれ春先楷船・夏立楷船と称した。積荷は琉球特産の砂糖29万斤が主で、ほかに小楷船1艘の派遣もあり、毎年3艘が往来した。船は一般に琉球船と呼ばれ、進貢船・接貢船として中国渡航に3回使用したのち武装を外した改装の15反帆船で、長さ119尺(約36m)・幅27尺3寸(約8.3m)という典型的な中国式の2檣大型ジャンクであった。帆装は本檣に15反、前檣にその半分ほどの蒲帆を展張するが、中国系帆装なので反数のみで和船と大きさの比較はできない。積載量は31万5000斤(1260石)と船体寸法の割に少ないのは、乗組みが約60人という大人数であり、かつ航海の安全を期して和船のようなかさ高な積荷をしなかったためである。　→紋船(あやぶね)

参考文献　金沢兼光『和漢船用集』4(『海事史料叢書』11)、喜舎場一隆「楷船雑考」(『海事史研究』15)
(石井　謙治)

026　海賊衆　かいぞくしゅう　中世における海上武力の行使者。ふつう海軍または水軍の意味で理解されている。その出自は一般に明らかでない。海人の系譜の人々が漁撈を主たる生業とし、海岸に群居して結束の堅い行動をとっていたのが、食糧補給が困難なとき海上に武力を行使する機会が多くなり、一定の政治情勢のもとでその海上権が社会的に承認されるに至ったものと推測される。かれらは広い地域で相互に連合組織を有した。肥前の松浦党はその典型で、至徳元年(1384)一揆契約に連署した者は40余人に及ぶ。一揆参加者は家系を異にするが、盟主のない平等な族的結合を行い、下部組織として地区単位の組を有していた。海賊衆が国史上最も活躍するのは南北朝時代である。吉野山中に籠った南朝は東国に向けては伊勢の海賊衆、西方に向けては熊野海賊衆を擁していたが、熊野海賊は内海地域の海賊衆や九州の海賊衆と提携して、征西将軍を擁する九州の南朝方との連繋にあたり、また北朝方攻撃にも活躍した。足利尊氏が九州から東上の際も中国・九州の海賊衆に依拠した。しかし海賊衆の自在の活躍も、九州探題今川了俊による鎮西統一が完成に近づくころにはようやく終りに近づいた。一方、南北朝時代連年船団を組んで朝鮮半島から中国大陸の沿岸を襲い、米豆・奴婢などの掠奪を目的とした倭寇は、対馬・肥前を中心とする海賊衆の対外活動と推定されるが、李氏朝鮮の巧妙な対策と室町幕府の統制によって終熄した。この後かれらは一方ではみずから朝鮮と歳遣船定約者として朝鮮貿易に従事し、村上氏のごとくみずから海賊大将軍と称する場合もあったが、他方では幕府が勘合貿易に遣明船を派遣するに際し海賊の害から守るためにしばしば警固の役を課され、その面から警固衆とも呼ばれた。海賊衆は一定の海上支配権を成立させ、航行船から酒肴料の名目で銭貨を徴収する権利を有したが、のち商船の場合は積荷の量に応ずる形の駄別安堵料の名目で警固料を徴収した。この課役は揚陸港・中継港などで徴収されたが、警固関を設けたこともあった。海賊衆の根拠地はおおむね沿岸島嶼の要衝ではあるが、経済的には恵まれない地点が多かった。かれらは得意とする航海・漕船の術を生かして海上支配権をうちたて、またみずから物資の交易・流通に従事することに活路を見出したが、室町幕府支配下の権力の分散した政治情勢は、海賊衆の政治上自立的地位の保持を容易にした。また鎌倉時代後期以来急速な展開を遂げた貨幣流通・商品輸送の増大は海賊衆に警固料収入の増加を約束した。こうして海賊衆の形成する海上秩序が持続し中世後期の水運を保証した。海賊衆の特異な存在は石山本願寺の攻防をめぐる織田方と毛利方水軍の大坂湾上における海戦を最後として姿を消した。豊臣秀吉の統一権力のもとでは天正16年(1588)海賊鎮圧令が出され、海賊衆は統一政権下の大名として強力な統制に服するか、または特定の大名家臣団に編成されるか、あるいは武力なき百姓に成り下がるかのいずれかをとり、その存続は許されなくなった。　→倭寇(わこう)

参考文献　京都大学文学部国史研究室編『平戸松浦家資料』、瀬野精一郎校訂『青方文書』(『史料纂集』)、『旧記雑録』(『鹿児島県史料』)、魚澄惣五郎編『瀬戸内海地域の社会史的研究』、宮本常一『瀬戸内海の研究』1、長沼賢海『日本の海賊』(『日本歴史新書』)、河合正治『瀬戸内海の歴史』(同)、田中健夫「中世海賊史研究の動向」(『中世海外交渉史の研究』所収)
(松岡　久人)

027　解体新書　かいたいしんしょ　日本における西洋解剖書の本格的翻訳書。杉田玄白・中川淳庵・石川玄常・桂川甫周らの協力で成った。ただし名は特に挙げられていないが、前野良沢が翻訳の指導的立場にあったことは確かで、他になお数名の協力者がいた。全5巻。安永3年(1774)刊。原書はドイツ、ダンチヒの医学教師クルムスJ. A. Kulmusの『解剖図表』Anatomische Tabellenをオランダの医家ディクテンG. Dictenが蘭訳したOntleedkundige Tafelenの1734年版である。明和8年(1771)3月4日、江戸千住の小塚原の刑場で行われた人体の腑分(ふわ)けを参観した杉田玄白・前野良沢・中川淳庵らはたまたま玄白・良沢が持参したクルムスの解剖書の蘭訳本に載っている解剖図と腑分けの実景とがあまりにもよく似ているのに驚き、医家である自分たち

が人体の内部の構造について無知であったことを恥じ，ついにその翻訳を試みようとちかい合った．その翌日から築地の中津藩邸内の前野良沢宅に同志の者が集まり，オランダ解剖書の訳事業が始まった．その時の次第については杉田玄白の回想録『蘭学事始』のなかにくわしく述べられているが，原稿を改めること11回に及び，安永3年仲秋（8月）に刊行した．本文はすべて漢文で記され，4巻より成り，別に序文と付図をのせた序図巻がある．原書蘭訳本にいうところと『解体新書』本文中にみられるところと比較検討すると，『解体新書』の文は原書蘭訳本中の正文だけを訳述したもので，同書中に多く記されている註解については全く触れられていない．またその正文と『解体新書』中の訳文とをくらべると訳文の方が概して簡略化され，またあいまいな訳述が少なくないことがわかる．しかし，本書によって西洋解剖学説のあらましがはじめて日本に紹介されたのである．在来の中国伝来の五臓六腑流の考え方よりあまり多く出ていなかったと思われる当時の医者はもとより一般の人々は『解体新書』の出現に対して非常に驚いたであろうと想像される．またその序図巻は吉雄耕牛の序文，原著者の序文（玄白訳），凡例を載せたのちに解剖図を21葉にわたって掲げている．それらの多くは原書にある解剖図を模刻したものであるが，『解体新書』の図譜にはクルムスの原書にのっていないものもいくつかあり，クルムスの解剖書の他にいくつかの西洋解剖書から図譜を引用していることが知られる．『解体新書』の図譜を写したのは秋田藩士の小田野直武で，刊行された『解体新書』に掲げられた解剖図は直武の写したところを木版に起したものである．これらをクルムスの原著にみえる解剖図とくらべるとそれらが銅版図であるだけに，精巧さの点では『解体新書』中の木版図の方が数段劣るのはやむを得ないと思われるが，それにしても小田野直武原画の『解体新書』中の解剖図は西洋解剖書中の解剖図の真をよく伝えていると考える．なお，『解体新書』は杉田玄白らの苦心によって成ったとはいうものの，その出来ばえについては玄白自身も満足ではなかったので高弟の大槻玄沢にその改訂を命じた．そこで玄沢は早速このことに着手し，寛政10年（1798）には，序・付言・旧序・凡例を載せた第1冊の他に本文4冊，名義解6冊，付録2冊より成る『重訂解体新書』の大体を書き上げた．その出版はいろいろの事情から大幅におくれ，文政9年（1826）となっている．『解体新書』は『日本科学古典全書』8，『日本思想大系』65に収められている．

参考文献 富士川游『日本医学史』，小川鼎三『解体新書』（『中公新書』165），同『洋学』下解説（『日本思想大系』65） （大鳥蘭三郎）

028 解体約図 かいたいやくず 『解体新書』の板行を予告したもの．杉田玄白誌，中川淳庵校，熊谷元章図．5張．安永2年（1773）正月刊．5張のうち，図のない2張のうちの1張は『解体約図』を板行する由来を記した序と凡例を載せ，他の1張は人体の生理の大要を記した文と刊記を載せてある．その他の3張は胸腹腔の内臓の前面図と背面図，全身骨節図および全身脈絡図とより成り，各図にはそれぞれ簡単な説明が付してある．杉田玄白がこれを刊行したいきさつについては『蘭学事始』の下巻にくわしく記されている．玄白らの努力によって『解体新書』の翻訳作業も一応でき上がる目あてがついたが，これを公表することについては玄白も自信がなかったので，現今でいえば，その内容見本ともいうべき『解体約図』を出して世間のこれに対する反応をためしてみたのである．玄白が『解体新書』の板行にいかに気を配っていたかがよくわかる． →杉田玄白（すぎたげんぱく）

参考文献 緒方富雄『蘭学のころ』
 （大鳥蘭三郎）

029 華夷中外論 かいちゅうがいろん ⇨華夷思想（かいしそう）

030 華夷通商考 かいつうしょうこう 西川如見の著わした外国地誌および商業貿易書．2巻2冊．元禄8年（1695）の刊行である．上巻は中華15省，下巻は外国（朝鮮・琉球等5ヵ国）・外夷（占城等11ヵ国）に分け，さらに阿蘭陀（オランダ）人の商売往来の35ヵ国についていずれも日本からの道程，気候，物産，日本との貿易関係などを記載しているが，これらはすべて如見の創作というよりそれ以前の『諸国土産書』『異国土産』や長崎唐通事林道栄の秘書『異国風土記』などを参考にして著わしたものとされる．なお本書は草稿で他人が勝手に上梓したたとの理由で如見みずから大幅に訂正増補の上『増補華夷通商考』と題し，5巻5冊本として宝永5年（1708）刊行された．その増補の主な部分は巻5外夷増附録で前書に洩れた諸国の記述であるが，これは『職方外紀』などにより増補されたと推定されている．しかしいずれにもせよわが国のいわば本格的外国地理書の先駆を

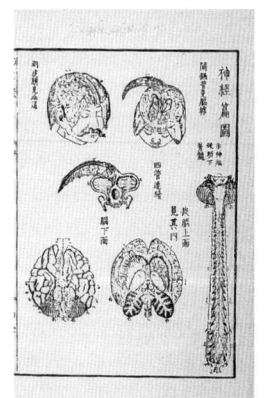

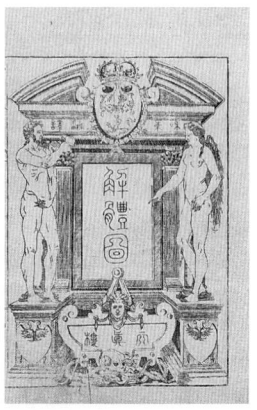

（絵扉と神経篇図）

なすものとして記念さるべき著作である．なお宝永6年刊行本もある．『西川如見遺書』4，『日本経済叢書』5，『日本経済大典』4，『岩波文庫』に収められている．

[参考文献] 鮎沢信太郎・大久保利謙『(鎖国時代)日本人の海外知識』　　　　　　　　　　(箭内　健次)

031 海汀倉の戦(かいていそうのたたかい)　文禄の役に咸鏡道に進撃した加藤清正が，文禄元年(1592)7月17日未明から翌日にかけて，南道から摩天嶺(まてんれい)を越えて北道にはいり，咸鏡北道兵馬節度使韓克諴(かんこくかん)と退走した南道節度使李瑛(りえい)の連合軍を今の城津(じょうしん)およびその周辺で撃破した戦い．城津邑の海辺にあった穀倉が海汀倉または城津倉と呼ばれていた．日本軍はこれを拠点として巧妙な戦術で勝利を占めた．日本の文書には，「クラトコ」(蔵所・倉所・蔵床と書き，「ソウトウ」となまり，宋東・倉刀とあてた)とみえる．　→文禄・慶長の役(ぶんろく・けいちょうのえき)

[参考文献] 鄭文孚『農圃集』1(『韓国文集叢刊』71)，柳成竜『懲毖録』1(『朝鮮群書大系』続々1)，池内宏『文禄慶長の役』別編1　　　　(中村　栄孝)

032 回答使(かいとうし)　江戸時代初期に朝鮮王朝から日本に派遣された外交使節．慶長12年(1607)，元和3年(1617)寛永元年(1624)の3度来日した．日本(徳川将軍)からの国書に回答する役割と，豊臣秀吉の朝鮮出兵によって日本へ連行された朝鮮被虜人を帰還させる「刷還使」も兼ねていたことから，「回答兼刷還使」と併称された．秀吉の朝鮮出兵の後，日朝間の国交は断絶していたが，日本側の要請により，朝鮮では使節を派遣することとし，その名称を「通信使」とすることが検討された．しかし，政情不明な日本に対して「信を通わす使者」の意味である「通信使」の名称は使用し難く，「回答使」とした．ただしその構成は，正使・副使・従事官の三使をはじめ，後の朝鮮通信使と変わるところはなかった．また日本側ではその目的を「和好修好」のためとしていたが，朝鮮側では「国情探索・被虜刷還・相好」を任務としており，日朝両国の認識には大きな違いがあった．名実ともに江戸幕府が要求する「通信使」が来日したのは，柳川一件が落着した翌年にあたる，寛永13年からであった．　→通信使(つうしんし)

[参考文献] 中村栄孝『日鮮関係史の研究』下，田中健夫『中世対外関係史』，田代和生『書き替えられた国書』(『中公新書』694)，三宅英利『近世日朝関係史の研究』，仲尾宏『朝鮮通信使の軌跡』
　　　　　　　　　　　　　　　　　(近藤　剛)

033 海東諸国紀(かいとうしょこくき)　朝鮮成宗2年(文明3，1471)に王命により申叔舟が，海東諸国の国情および通交の沿革を記し，使人の接待に関する規定を収録した書．1巻．ここでの海東諸国とは，日本本国・九州・壱岐・対馬・琉球国の総称．申叔舟は，中国・日本に使臣として往来し，対明事大および対日交隣の外交に深い関心をもち，その安定を期しており，成宗初年には，政府首班の領議政として外交を主管する礼曹判書をも兼ね，旧規を厳しくし新制を立てて，海東諸国の使人応接について体制を確立したので，後世，交隣政策の軌範とするため，本書をつくったのである．巻首には，地図6葉(日本本国図・西海道九州図・壱岐島図・対馬島図・琉球国図・総図，本国図の日本全図は備前の平井祥助から得たものにもとづき，博多僧道安所持の日本琉球国図の写しも参考され，壱岐・対馬両島図は朝鮮で独自に描かれたもの)をおさめてある．本文は，「日本国紀」「琉球国紀」「朝聘応接紀」の3部に分けてある．まもなく，巻末には，成宗4年の「畠山殿」の使いから礼曹に出した書契，巻首には，翌年に礼曹佐郎南悌がつくった三浦(さんぽ，薺浦・富山浦・塩浦)の図が追録され，のち燕山君7年(文亀元，1501)の琉球国事情聞き書が巻末に付載された．前2者は，叔舟自身が追加したものと考えられる．本書の眼目は，「朝聘応接紀」にあることはいうまでもない．ことに，「使船定数」と「諸使定例」の2項は，対日通交の秩序を規制する大原則を明示したものであった．日本国王(征夷大将軍)・巨酋(足利政権の中央重臣および西辺の伝統的巨豪)・対馬島主(通交統制の文引(ぶんいん)発行権者)・諸酋(中国以西九州の地方土豪・貿易商)・受職人(朝鮮官職授給者)の類別をたて，対馬島主・諸酋とは歳遣船(毎歳の渡航船数)定約をむすび，受職人は毎歳1度来朝と定め，その応接館待は，国王使・巨酋使・九州節度使(九州探題渋川氏の名義継承者)と対馬島主特送(島主の緊急特使)・諸酋使と対馬島人と受職人の4例に区別して，宴接・滞在日数・渡航費給与・賜給品物の定額が示されている．なお，「応接紀」には，対馬島人の三浦居留や孤草島漁業に関する禁約も含まれていた．「日本国紀」は，天皇・国王の代序や国俗，王城までの里程をあげ，さらに八道六十六州(対馬・壱岐両島付)別に，地勢・属郡・水田面積と，定例・臨時の通信者およびその称号・処遇を列記してあり，「琉球国紀」も，これに準じている．本書の成立が，朝鮮王朝の「大典体制」が確立した時期に相当し，その一環としての交隣外交の基本的構想を見るべき貴重な史料である．現在16世紀初年および17世紀中期の朝鮮活字版の2種が知られている．前者は内閣文庫旧佐伯藩紅粟斎(こうぞくさい)蔵本，東大史料編纂所旧養安院蔵本(『岩波文庫』に景印・訓読)，韓国国史編纂委員会旧対馬宗家蔵本(『朝鮮史料叢刊』2として景印)，後者は昭和初年文求堂所蔵に帰した旧傅増湘(ふぞうしょう)蔵本である．また，『異称日本伝』や『海行摠載』(図なし)に収録されて流布している．

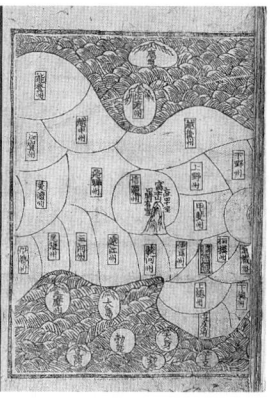

参考文献 中村栄孝『日鮮関係史の研究』上，同『海東諸国紀』解説（国書刊行会本），東恩納寛惇「申叔舟の海東諸国紀に見れたる琉球国図について」（『史学』16ノ3），田中健夫「『海東諸国紀』の日本・琉球図」（『東アジア通交圏と国際認識』所収），佐伯弘次『対馬と海峡の中世史』（『日本史リブレット』77）
（中村　栄孝）

034 海南島 かいなんとう　Hainan-tao　中国南部の島．面積約3万2200km²．広東省に属し海南行政区と海南黎族苗族自治州から成る．前漢のとき珠崖・儋耳(たんじ)の2郡をおく．唐代には州県制の改替があったが，結局瓊(けい)州などの五州がおかれた．天平5年(733)南都興福寺の栄叡らが唐へ渡り，揚州大明寺にあった鑑真を請来した．鑑真は5回にわたる渡海の計画に失敗し，天平勝宝5年(753)6度目に東渡できたが，その5回目は唐の天宝7載(748)7月越州(浙江省紹興)界から出帆し西南に漂流し，海南島の臨振郡振州江口(のちの崖州寧遠水口)に着いた．宋代には福建・広東などから漢人の移住者ようやく多く，開発も進み，黎人の熟黎化も行われた．このころ蘇東坡が流されたことは有名である．明・清代は瓊州府の下に州県をおき統轄したが，開発も大いに進み文化も開けて，丘濬(きゅうしゅん)らの人材も出た．康熙23年(1684)中国人の出海貿易が解禁され，広東に粤海関が設けられ，その管轄下に海南島では海口総口と9ヵ所の口岸に税関を設け，内国商取引のほか洋船すなわち南方諸地域などの外国貿易に従事する中国船から関税を徴収した．日本に往来した中国船もその内に含まれるが，この年遷界令を解く以前から中国各地より長崎へ来た中国船はもちろん多い．寛文から正徳まで約50年間に海南仕出しという中国船10余隻が長崎へ来ている．海南仕出しといっても，海南島に定住した商人が船を出した例もあるが，多くは上海・寧波(ニンポー)・福州・厦門(アモイ)などの商人が海南島へ赴き土産を仕入れ，それを大陸で取引するとともに生糸・反物などを仕入れて長崎へ来た．『華夷通商考』に瓊州産として沈香・烏木・玳瑁・檳榔子などをあげるが，それらはまた長崎へ輸入されたであろう．1842年南京条約で5港が開港し，ついで1858年天津条約により瓊州も開港し欧米諸国に開放された．19世紀末10年間の海関報告によると，石油やインド綿糸の急激な輸入増加は，海南島産の落花生油，特に綿織物に大打撃を与えたが，20世紀初めの10年間には日本の綿糸・綿製品の進出は，土産品のみならず欧州製品をも圧倒することになった．

参考文献 小葉田淳『海南島史』，林春勝・林信篤編『華夷変態』
（小葉田　淳）

035 外蕃通書 がいばんつうしょ　近藤重蔵(守重)の編纂による江戸幕府外交文書集．文化5年(1808)から文政2年(1819)まで江戸幕府の書物奉行の任にあった守重は，かねて長崎および蝦夷地に在職中より諸外国との間に交換された往復書翰および文書を採録したが，これを国別および時代順に配列して編纂の上，外蕃書翰2帖とともに文政元年幕府に献納したものが本書であり，27冊および目録1冊より成る．内容は第1冊より第5冊まで朝鮮，第6冊・第7冊は阿蘭陀(オランダ)，第8冊より第10冊まで明，第11冊より第14冊まで安南，第15冊より第17冊まで暹羅(シャム)，第18冊・第19冊は柬埔寨(カンボジア)，第20冊は占城(チャンパ)・太泥(パタニ)・田弾(ダタン)，第21冊より第23冊まで呂宋(ルソン)，第24冊・第25冊は阿媽港(マカオ)，第26冊は新伊西把儞亜(メキシコ)，第27冊は漢乂利亜(イギリス)となっている．各国ごと当初に日本との交渉の沿革を略述し，各文書ごとに彼の意見と解説が加えられている．所収文書はおおむね寛永の鎖国以前のものが大部分であることはもちろんであるが，以降のものも若干含まれている．献上本は内閣文庫に架蔵されている．『異国日記』とともに近世日本の対外交渉史料としてきわめて重要なものである．国書刊行会本『近藤正斎全集』1の中に収められているものは献上本と異同がある．
（箭内　健次）

036 海表叢書 かいひょうそうしょ　わが国近世文化に関係の深い吉利支丹宗や阿蘭陀貿易・中国貿易に伴う文物文化の伝来，鎖国の窓長崎などに関する典籍32種を収めた叢書．新村出監修．京都更生閣書店発行．全6巻．昭和2年(1927)11月巻1発行，以来逐次刊行されて翌3年11月完結．当初巻6に収められる予定であった『異国情趣集』は紙数と製本の都合でこれを割愛，別冊として刊行されるに至った．解題は監修者みずから執筆しており，題簽は内藤湖南の揮毫である．書名の「海表」は海外諸国の意で，表紙の模様には爪哇更紗(ジャワサラサ)の意匠をとり，ケースのカットも海表にちなんだ由緒ある原画によっている．昭和3年12月京都平楽寺書店より別巻を加え全7冊として刊行された．別巻の題簽は羽田亨の筆．昭和5年発行の『南蛮紅毛史料』はこの叢書を合綴，改題したものである．収載典籍は史料価値の高いものである．

1 知恥篇（向井元升）・鬼利至端破却論伝（浅井了意編）・伴天連記・とが除き規則・コンチリサン之略・聖教日課（プティジャン編）
2 火浣布略説（平賀源内）・〈勧農備荒〉二物考（高野長英）・和蘭問答（ヨハノス＝テイデンス・ウィロム＝ケイデラアル・カルナルトス＝ヘルナルト＝スヘッセル）・紅毛訳問答・楢林雑話（立原翠軒）・喝蘭演戯記・西域物語（本多利明）・諸厄利亜人性情志（吉雄宜訳）・西客堅協鹿日本紀事第四篇抄訳（ケンペル，高橋景保訳）・吉利支丹退治物語
3 元和航海記（池田好運）・大島筆記（戸部良熙）・南国奇話（勝之助）・漂流記談（堀熙明編）
4 めさまし草（清中亭叔親）・貞徳文集（松永貞徳）・長崎根元記
5 暹羅国風土軍記（智原五郎八）・暹邏国山田氏興亡記（同）・渡島集（蓑田卯七編）・海上物語（釈恵中）・聖教初学要理（プティジャン編）
6 長崎土産（磯野信春）・瓊浦偶筆（平沢旭山）・呂宋覚書（川淵久左衛門）・西洋画賛訳文稿（前野良沢訳）

別巻異国情趣集（新村出編） （庄司　三男）

037 華夷変態 かいへんたい　長崎奉行から幕閣へ進達された正保元年（1644）から享保2年（1717）までの唐船風説書約2200通を，幕儒の林家で逐次編綴した鎖国下の海外情報集．ままオランダ風説書や対馬・鹿児島藩の注進を含むが，各唐船の航路・乗組員・積荷なども知られる根本史料．内閣文庫の林家稿本は35巻35冊．はじめの5巻ほどは林春勝（鵞峯）の編で，明・清朝交替の様態から『華夷変態』とする旨の延宝2年（1674）の序があるが，以下は子の信篤（鳳岡）の編．続編として享保7年分までの『崎港商説』3巻があるが，島原松平家本は合わせて『華夷変態』37巻37冊とし，享保9年までを収める．ほか5巻までの流布本が2種あり，都合4種ともかなりの出入りがある．『東洋文庫叢刊』所収本は林家稿本と『崎港商説』を底本とし，欠を諸本で補い，詳細な解説を付す．のち『長崎御用留』による正徳元年（1711）分の「補遺」も同文庫から刊行された．漢訳本1冊は，辛亥革命前の日本留学中国人学生に向けたものらしく，1－4巻の反清復明関係の18件を選録したもの．黄帝紀元4604年（明治39，1906），小林曳発編輯，源光鑑発行（ともに仮名であろう），印刷は東京神田秀光社．なお唐船風説書は享保9年以降も各地に散見され，一部は関西大学東西学術研究所から『唐船進港回棹録・島原本唐人風説書・割符留帳』として公刊されている．　→崎港商説（きこうしょうせつ）　→唐船風説書（とうせんふうせつがき）

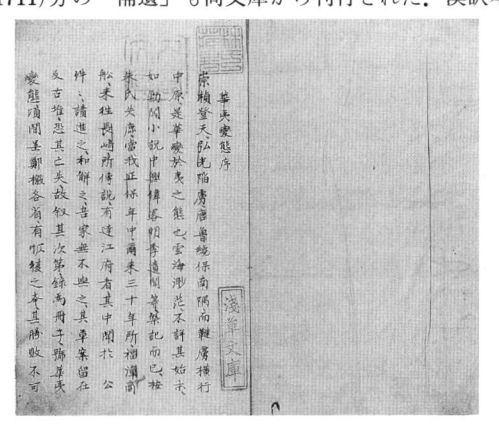

参考文献　浦廉一『華夷変態』解説（『東洋文庫叢刊』15），同「唐船風説書の研究」（『帝国学士院紀事』5ノ1） （中村　質）

038 海防臆測 かいぼうおくそく　幕末の海防論議．古賀侗庵著．2巻2冊．天保9年（1838）成稿．嘉永3年（1850）刊行．侗庵は幕府の聖堂付儒官で渡辺崋山・高野長英らの蘭学者と交わり，海外事情を研究した．本書はモリソン号事件がおこった時期に執筆されたもので，幕府の撃攘政策の危険を警告し，軍船の建造と大砲の鋳造による国防の強化を説く反面，一時の権謀として開国も止むを得ないとしている．『日本海防史料叢書』5に収められている．

参考文献　井野辺茂雄『新訂維新前史の研究』
（佐藤　昌介）

039 海防掛 かいぼうがかり　徳川幕府が対外問題処理のために設けた職務．寛政4年（1792）老中松平定信がロシア船の来航に対処するため，海辺御備御用懸となったのがはじめで，その後天保11年（1840）アヘン戦争がおこり，その情報が伝えられると，幕府は老中土井利位と真田幸貫を海防掛に任じている．しかしそれらはいずれも臨時の処置であったようである．弘化2年（1845）7月首座老中阿部正弘が同僚牧野忠雅とともに海防掛を兼ね，若年寄大岡忠固・同本多忠徳をこれに任じて以来，定置の職務となった．これにはさらに大小目付・勘定奉行・勘定吟味役のうちから，学識才能ある者を選抜して任じたが，これらの諸有司が狭義の海防掛を意味し，かれらが実務を担当した．特にペリー来航後には幕府機構内部における海防掛諸有司の役割が比重をまし，かれらが一時幕府の対外政策のみならず，国内改革の推進力ともなった．日米修好通商条約の調印に伴い，安政5年（1858）7月，外国奉行が新設された結果，海防掛は廃止された．

参考文献　勝海舟編『開国起原』，佐久間象山「海防に関する藩主宛上書」（『日本思想大系』55所収），井野辺茂雄『幕末史の研究』，石井孝『日本開国史』
（佐藤　昌介）

040 海防問題 かいぼうもんだい　江戸時代後期に発生した対外的危機と幕府の対策をいう．18世紀後期になると鎖国日本をとりまく国際関係が大きく変化した．かつてアジアに海上王国を築き，日本貿易を独占したオランダの国

勢がおとろえ，これに代わっていちはやく産業革命を経過したイギリスを先頭に，フランス・アメリカが東アジアに進出した．しかし日本の国防を最初におびやかしたのは，後進国のロシアであった．ロシア人の東方経略は16世紀の後期に始まり，17世紀末にはその勢力がカムチャツカに及んだ．皇帝ピョートル1世はシベリアの経営にあたり，日本を物資の補給地にしようとしたが，その遺志をついで元文4年(1739)の夏，スパンベルグの日本探険隊が陸奥・安房・伊豆に来航した．他方，ロシア人は正徳元年(1711)に千島列島の第1島を占領してより，島伝いに南下をつづけ，これに伴って18世紀後期にはロシア船が蝦夷本島沿岸に出没するようになった．ロシア人の南下を公然と伝えたのは，明和8年(1771)の「はんべんごろう（ベニョーフスキー）」の書簡である．もっとも幕府はこれを不問に付したが，しかしこの情報が外部にもれるとともに，北方への関心がにわかにたかまり，工藤平助は『赤蝦夷風説考』を著わして幕府に献策し，また林子平は『三国通覧図説』『海国兵談』を公刊して国防の必要を説いた．時の老中田沼意次は工藤の献策に従い，天明5年(1785)蝦夷地調査隊を派遣し，その結果に基づいて蝦夷地開発計画を立案した．田沼について幕政を担当した松平定信はこの計画を廃案としたものの，寛政元年(1789)には国後島のアイヌが反乱をおこしたため，その背後にロシア勢力があることを疑って，再び蝦夷地に調査隊を派遣した．さらにこのころカナダ東海岸と広東間に毛皮貿易航路が開かれ，わが沿海に接近する外国船がにわかに数をましたため，同3年に外国船取扱令を公布するとともに，国防計画に着手した．しかしそれが進まぬうちに，翌4年9月ロシア使節ラクスマンが根室に渡来した．定信はわが国防の不備な現状にかんがみ，通商を認めることも止むを得ぬと判断して，ラクスマンに長崎入港の許可状を与えて帰国させた．それとともに大規模な江戸湾防備計画をたてたが，それからまもなく老中を辞職したため，この計画は実施をみなかった．しかしこれ以来幕府は北方問題を放置するわけにはいかなくなった．特に同6年にはロシア人がウルップ島に植民地を建設したとの情報が入ったため，同10年には180人からなる調査隊を派遣した．そしてその報告に基づき，翌11年松前藩に東蝦夷地の上知を命じ，ついで文化4年(1807)には西蝦夷地をも収公して，蝦夷地全域を幕領とし，松前奉行がその経営にあたった．その間，ロシアの勢力はアラスカに及び，この地方の毛皮獣の捕獲が活況を呈するにつれて，巨大な商業資本の進出を招き，1799年にイギリス東インド会社のロシア版というべき露米会社が設立された．同社の重役レザーノフは会社の経営にあたり，物資の不足を解決するために政府に働きかけた結果，かれが遣日使節となり，ラクスマンが受領した長崎入港許可状をたずさえ，文化元年10月長崎に渡来し通商を要求した．しかるに幕府はこれを拒絶したため，カムチャツカに戻ったレザーノフは武力をもっておどし，日本を開国させようとした．その結果，同3年から4年にかけて，ロシア船による暴行事件がおこったため，幕府は東北諸藩を動員して蝦夷地防禦にあたらせ，それとともに白河・会津両藩に江戸湾の防備を命じた．しかし同10年にロシアとの和議が成立し，日露間の緊張が緩和された結果，幕府は蝦夷地経営を中止し，また白河・会津両藩の江戸湾防備の任をも解いた．しかし，もちろん対外的危機そのものが解消したわけではない．

　ロシアに代わって新たに登場したのはイギリスである．なかでも日本との紛争をまきおこしたのは，19世紀の初め，北太平洋に移動する鯨群を追って，日本海域に姿を現わしたイギリス捕鯨船であった．幕府は捕鯨船員の不法上陸やわが漁民との衝突に苦慮して，文政8年(1825)異国船打払令を発布し，わが海域に接近する外国船に対して無差別砲撃を指令した．もっともこの法令の真意は捕鯨船対策にあり，しかも外国側の報復はありえないという見通しに立っていた．そしてこの段階では，その見通しは必ずしも誤ってはいなかった．当時イギリスの東アジア貿易を独占していた東インド会社は，かつての平戸時代における対日貿易の失敗にかんがみ，日本市場をひくく評価しており，また本国政府も日本貿易に積極的な関心を示さなかった．なるほど文化5年には英艦フェートン号が長崎に不法侵入を企て，あるいは同10年から11年にかけて英領ジャワ副総督ラッフルズが長崎出島のオランダ商館の占領を計画したことがあったが，それらはいずれもナポレオン戦争に付随した偶発的な事件であって，イギリス政府の対日政策なり，東インド会社の意図なりを反映したものではない．さらにイギリス捕鯨船がひきおこした日本側との紛争についても，イギリス政府はこれを捕鯨船員の不法行為によるものとみなして，特別の考慮を払おうとはしなかった．これが少なくとも19世紀の30年ごろまでの実情であったのである．ところが他方，市場の拡大を求めるイギリス産業資本は，1834年(天保5)に議会を通じて東インド会社による中国貿易の独占を廃止することに成功した．その結果，イギリスの対日政策は急転回し，日本の開国が産業資本の目標とされるに至った．天保8年，中国駐在のイギリス官憲がわが無人島(小笠原諸島)の占領を計画して，同島調査のために軍艦ロウレイ号を派遣し，あるいは同じ年，日本との通商を開こうとして江戸にむかった米船モリソン号に英国官吏を同乗させたのは，そのあらわれである．しかもこのような国際情勢の変化はいちはやく日本に伝えられ，再び国防への関心が高まった．特にアヘン戦争の勃発は幕府に非常な衝撃を与え，

閣老水野忠邦は長崎の砲術家高島秋帆を江戸に招き西洋近代砲術の採用による軍事改革に着手した．こうした時，天保13年にイギリス艦隊の日本渡来に関する秘密情報が伝えられた．この報に接した忠邦は，とりあえず異国船打払令を撤回するとともに，これとならんで江戸湾防備体制の強化をはかり，特に羽田奉行所を設けて，江戸近海を幕府が直轄することとした．しかしアヘン戦争の終結と忠邦の失脚により，幕府の対外策は後退した．忠邦の企図した軍事改革は中止となり，羽田奉行所も廃止された．弘化元年(1844)オランダ国王が親書を寄せて開国を勧告したが，これをも拒絶した．しかも日本をとりまく新情勢は，鎖国を根底からゆり動かしつつあった．これ以後イギリス・フランス・アメリカの軍艦や商船が浦賀・長崎，あるいは琉球に渡来し，特に琉球には英・仏両国が宣教師を派遣し，あるいは開国を強要するという事件がおこっている．しかし幕府は積極的な外交転換や根本的な防備体制の変革を試みようともせず，嘉永6年(1853)にペリー艦隊をむかえることになった．

参考文献　『通航一覧』，『通航一覧続輯』，維新史料編纂会編『維新史』1・2，田保橋潔『近代日本外国関係史』，井野辺茂雄『新訂維新前史の研究』，佐藤昌介『洋学史研究序説』　　　　(佐藤　昌介)

041 海游録 かいゆうろく　征夷大将軍襲職の慶賀のため，朝鮮からきた通信使の紀行．申維翰の著．2巻．享保4年(1719)，徳川吉宗に対して派遣された使節団に製述官として参加し，4月11日に首都を発し，翌年正月24日に帰京して復命するまでの日記に，「聞見雑録」をつけたもの．著者，字(あざな)は周伯，号は青泉，慶尚道の人．文名が高く，詩に絶唱が多く，別に『青泉集』6巻がある．本書は，内容の豊富さで類書にまさり，詳しく沿途の景観を叙し，旅宿に来訪する日本人学者との接触，文物・風俗に関する観察を記している．その間，よく使臣としての厳しい姿勢が示されており，「聞見雑録」と通観し，その識見のほどが察しられる．また，対馬で，藩儒の真文役(しんぶんやく)雨森(あめのもり)芳洲・松浦霞沼に迎えられたが，雨森は朝鮮語・華語に通じ，終始同行して，問答の間に，歴史・社会・学問・文化の諸般にわたって討議をかわし，互いに肝胆相照らし，旅程を終って惜別の情を叙べてある．『海行摠載』1に収められ，また『通文館志』(韓国珍書刊行会刊)に合冊されている．姜在彦訳注(『東洋文庫』252，詩を除く)がある．

参考文献　中村栄孝『日鮮関係史の研究』下，辛基秀・仲尾宏編『大系朝鮮通信使』5
　　　　　　　　　　　　　　　　　(中村　栄孝)

042 外来文化 がいらいぶんか　外来文化は固有文化の対立概念である．日本文化において何が固有で何が外来かは，日本人自身が日本列島に発生したのでなく，原始社会以来継続的に列島外から文化を輸入しつつ文化を形成してきているので，区別がむずかしい．特に顕著に外来性を認めうるものにつき，その日本文化史上での意義を説くにとどめる．(1)原始社会から6世紀ごろまで．この期間の文化は，後世から固有文化の時代と考えられがちであるが，考古学・民族学などによって認識される有形・無形の文化の内には，北方・南方の外部諸地域から入ってきたと認められる要素が多く，日本文化史は，その始源からして列島内で自生的に形成されたものとは言いがたい．ただこれより以後の組織的・体系的な外来文化の意識的輸入と対比すれば，自然流入的であること，日本人の日常生活に密着した民間伝承的要素がこの時期の文化の基体をなしていることなどの点，固有文化の時代のような外観を呈しているにすぎない．(2)7世紀から9世紀にかけて．この時期は朝鮮半島を経由して，ならびに直接中国から，自覚的・積極的に大規模な大陸文化の輸入が行われた．特に律令制度を核とする政治的文化と，それと密着しながら純文化的要素の濃い仏教文化の体系的・組織的移植の行われた点で，新しい時期を画している．(3)10世紀から11世紀にかけて．大陸文化の輸入は継続したが，比較的に散発的で，むしろ国風文化が主流を成した．12世紀ごろから15世紀ごろにかけて，再び大陸文化の積極的輸入が始まる．この時期には貨幣経済や衣・食・住の日常生活面にまで外来文化の浸透した点で，(2)の時期よりも影響が深部に及んだ．(4)16世紀から17世紀にかけて．これまで朝鮮・中国文化(朝鮮化・中国化されたインド文化をふくむ)の輸入にとどまっていたのが，この時期にはじめて直接に西洋との交通が始まり，西洋文化の輸入を見たのは，画期的である．しかし，その西洋文化は，中世的な南蛮(ポルトガルを主とした)のものであって，日本の近代化に役立つものでなかった点では，次のオランダ文化以後のものと異なる．(5)17世紀から19世紀前半にかけて．南蛮文化の時代や鎖国による南蛮文化禁止以後も，中国文化の輸入は続く．しかし，鎖国の時代にはむしろ新来のオランダ文化の移植が，次の大規模な西洋近代文化摂取の歴史的前提としていっそう重視されるべきであろう．(六)幕末開国後，現代まで．西洋近代(資本主義)文化の自覚的・組織的な移植が継続する．中国文化・南蛮文化の移植と違って，社会組織から日常生活まで全面的・根本的に改造され，グローバルな「近代」への同化をとげた点で，前近代の外来文化受容とは全然歴史的意義を異にするが，それにもかかわらず，依然として西洋近代文化と矛盾する伝統的要素が広範に残っているのも事実であり，それをどう評価するかの問題も残る．

参考文献　家永三郎『外来文化摂取史論』，津田左右吉『シナ思想と日本』(『岩波新書』赤3)，辻善之助『海外交通史話』　　　　　　　　　(家永　三郎)

043　回礼使〔かいれいし〕　室町時代に朝鮮から日本に派遣された外交使節。『朝鮮王朝実録』によれば，朝鮮太祖3年(1394)に，「日本回礼使」金巨原・僧梵明が倭寇の捕虜となった朝鮮人を率いて日本から帰国した記事を初見として，15世紀前半まで確認できる．当初は九州探題今川了俊が使節との折衝を担っていたが，了俊の探題解任後は大内義弘の仲介を経て，室町幕府が派遣した日本国王使に対する返礼の使節となった．その役割は国書・礼物の伝達や被虜人の帰還，日本情報の収集・報告(復命書の作成)など多岐にわたり，路次大内氏や少弐氏・宗氏などの諸勢力と交渉することもあった．使節団は，正使・副使・書状官(従事官)・通事などで構成されていたが，その形式は恒例化していなかった．また，当時日本に派遣された朝鮮使節は「回礼使」のほか「回礼官」「通信官」「通信使」「報聘使」「敬差官」などがあったが，同一使節に対して「回礼使」と「通信官」の2つの呼称が用いられたこともあり(太祖6年派遣の朴惇之)，その性格については，室町時代あるいは江戸時代の朝鮮通信使との比較検討を通じて議論すべき点が少なくない．→通信使(つうしんし)

〔参考文献〕中村栄孝『日鮮関係史の研究』下，田中健夫『中世対外関係史』，三宅英利『近世日朝関係史の研究』，仲尾宏『朝鮮通信使の軌跡』，関周一「朝鮮王朝官人の日本観察」(『歴史評論』592)，吉田光男他「朝鮮通信使(中世編)」(『日韓歴史共同研究報告書第二分科(中近世編)』)，橋本雄「朝鮮国王使と室町幕府」(同)　　　　　　(近藤　剛)

044　臥雲山人〔がうんさんじん〕　⇒瑞渓周鳳(ずいけいしゅうほう)

045　可翁宗然〔かおうそうねん〕　？～1345　鎌倉時代末から南北朝時代初期の臨済宗大応派の禅僧．筑前(一説に筑後)出身．法諱は宗然，道号が可翁．若年より南浦紹明(なんぽじょうみん)に師事してついに印可を受け，さらに元応2年(1320)寂室元光らとともに入元，中峰明本・古林清茂らの名匠に参じ，10年近く在元して帰朝した．のち筑前の十刹崇福寺に住し，京都の五山万寿寺・建仁寺(28世)を経て，晩年に南禅寺(18世)に昇った．この間，嘉暦年中(1326～29)には西園寺諒空・石塔頼房および梶原氏が堺の地に禅通寺を建て，宗然を請じて開山としたといい，また京都円福寺にも住持したらしく，前住として円福寺再建に尽力している．貞和元年(1345)4月25日円福寺にて入滅．70余歳．また建仁寺内には天潤庵を構えて退去し，やがて同庵は宗然の塔頭として大用宗任ら門下の拠点となり，禅通寺もその末寺であった．水墨画で名高い可翁仁賀と同人であるとする説は，確証はないがなお一考の余地を残す．

〔参考文献〕『大日本史料』6ノ8，貞和元年4月25日条，『堺市史』7，桜井景雄『南禅寺史』上，玉村竹二「僧伝小考三題」(『日本禅宗史論』上所収)
　　　　　　(菅原　昭英)

046　加々爪忠澄〔かがづめただすみ〕　1586～1641　江戸時代初期の幕臣．甚十郎．天正14年(1586)に生まれる．祖父政豊のときから徳川氏に仕え，父政尚は家康に近侍したが，慶長元年(1596)閏7月の大地震により伏見において圧死した．同4年，徳川秀忠の面前で元服，諱字を与えられて忠澄と名乗る．関ヶ原の戦には秀忠軍に従ったが，のち家康に近侍して大坂の陣には使番を勤めた．寛永5年(1628)正月目付，同8年9月町奉行，同17年正月大目付など幕府の重職を歴任，その他寛永13年の江戸城総構の修築工事の奉行，同16年播磨国姫路城引渡し役なども勤めた．この間寛永14年12月には江戸府内大火の責任で閉門を命ぜられるなどのこともあったが，1ヵ月足らずで赦免され，幕閣の信任は厚かった．ポルトガル船の来航が禁止された翌年の寛永17年，マカオ政庁はルイス＝パエス＝パチェコら4人の使節を乗せた船を長崎に送り，貿易の再開を幕府に願ったが，忠澄は野々山新兵衛とともに長崎に出役，使節以下の乗組員を死罪，船は焼沈めという強硬措置を執行，下級船員13名のみを助命して返書を持たせて放還した．その返書「諭阿媽港」は林羅山の作文になるものである．官歴としては元和元年(1615)12月従五位下，民部少輔叙任，知行は寛永2年7月，武蔵・相模・下総で4500石，のち同10年4000石を加増して都合9500石を領した．寛永18年正月30日，京橋桶町から出火した大火災の消火に出動中，火にまかれて没した．56歳．法名高雲院一玄宗黒．墓は埼玉県東松山市の高済寺にある．

〔参考文献〕『寛政重修諸家譜』751，『徳川実紀』1～3(『(新訂増補)国史大系』38～40)，『通航一覧』183，幸田成友『日欧通交史』(『幸田成友著作集』3)
　　　　　　(村井　益男)

047　垣見一直〔かきみかずなお〕　？～1600　安土桃山時代の武将．豊臣氏の使番衆．一名家純(または家紀)，ただし確証はない．弥五郎，和泉守．履歴は明らかでないが，天正12年(1584)小牧・長久手の戦に，祖父江久内とともに大柿(大垣)城の普請を検知し，同18年の奥州攻めには道奉行，また年次は明らかでないが大坂城の普請奉行にも任ぜられている．文禄元年(1592)朝鮮の役が開始されると，その11月熊谷直盛とともに渡海して豊臣秀吉の軍令を諸将に伝え，翌年閏9月，豊臣氏に没収された大友氏遺領のうち豊後海部郡の蔵入地2万8000石の代官に任じ，翌3年国東郡富来城主となった．そして慶長2年(1597)，早川長政・太田一吉・竹中隆重・熊谷直盛・毛利友重(高政)・福原長堯(直高)らとともに，軍目付として再び朝鮮に渡り，諸将の行動を検知して中央に上申したが，このため，いわゆる武断派諸将と怨恨を結び，同4年閏3月ついに失脚した．そして翌5年関ヶ原の戦には西軍に党して伏見城の攻撃に参加，さらに近江瀬田城を守備し，ついで石田三成・小西行長の軍に属して美濃大垣に進出，9月14日，福

原長堯・相良頼房(長毎)・高橋元種・秋月種長・熊谷直盛・木村総右衛門と大垣城を守り，一直は直盛・総右衛門とともに二ノ丸に拠った．しかし変心して東軍に応じた三ノ丸の頼房・元種・種長のために18日の早朝（一説に17日）誘殺された．　　　　（岩沢　愿彦）

048 覚阿 かく あ　1143～?　平安・鎌倉時代初期の天台宗の僧．康治2年(1143)生まれる．藤原氏．14歳で得度，延暦寺に学んだが，当時宋国で禅宗の盛んな状況を聞き及んで，承安元年(1171)29歳の時，法弟金慶を伴って入宋した．このころ，霊隠の仏海禅師の名が高かったので，就いて禅宗を修め，ついに印可を得た．かくて，宋の各地に修行ののち，禅宗を弘布するために帰朝し，安元の初め，師に物を贈って謝意を表わしたが，仏海は喜んでこれをうけたという．帰朝後はまた叡山に入った．寿永元年(1182)ごろ，師に嗣書を通じたが，この時は仏海はすでに寂していた．高倉天皇が覚阿の名をきいて召し出して禅の法要を問うたが，覚阿はただ笛一吹を以てこれに答え，禅旨はついに解せられずに終ったと伝える．なお，覚阿の名において行われる『談義日記』1巻が伝存している．『摩訶止観』『法華玄義』『法華文句』の中より要義32条を抽き，問答体によって，その解釈を加えたもので，この著者がはたして右の覚阿その人であるか否かは確認しがたい．

参考文献　『五燈会元』，『元亨釈書』6(『(新訂増補)国史大系』31)，高泉性潡『扶桑禅林僧宝伝』(『大日本仏教全書』)，卍元師蛮『延宝伝燈録』1（同），『本朝高僧伝』19（同），辻善之助『日本仏教史』2
　　　　　　　　　　　　　　　（多賀　宗隼）

049 鄂隠慧奯 がくいんえかつ　1357～1425　南北朝・室町時代前期の臨済宗夢窓派の禅僧．法諱ははじめ梵奯，のち慧奯と改めた．道号ははじめ鄂隠，中ごろ大歳と改め，晩年再び鄂隠に戻った．延文2年(1357)に生まれる．筑後の人．幼より絶海中津に従って出家し，禅旨と詩文を学び，また石室善玖にも親近し，鄂隠の道号を授かった．至徳3年(1386)入明し，在明10年，承天寺の仲銘克新，崇報寺の行中至仁らに参じ，帰朝して，絶海より夢窓疎石説法の法衣を付法印可の証として授けられ，その法を嗣いだ．応永中期，足利義持の帰嚮を得て，等持寺（十刹）に住し，ついで応永17年(1410)3月，相国寺（五山，第19世）に昇住したが，間もなく退院（ついえん）し，同寺内に大幢院（のち長得院と改称）を創めて退居した．周防の大内義弘は同国玖珂郡に瑞雲寺を創めて開山に請じ，阿波の細川氏は，同国の宝冠寺に住せしめた．同21年6月，大岳周崇の後を承けて，相国寺鹿苑院の塔主（たっす）に就任，僧録の事を司った．同24年2月，鹿苑院在住のまま天竜寺（五山，第61世）に住したが，同年9月5日，にわかに鹿苑・天竜の任を辞し，間もなく土佐に逐電した．おそらく将軍足利義持の意に忤ったためであろう．土佐では吸江（ぎゅうこう）庵に住し，また阿波宝冠寺にも往来した．吸江庵では堂宇を修復し，境内の十境を定め，寮舎を営んで蘆花深処といい，書斎を景蕉と称して，これに退隠閑日月を送った．応永32年2月18日，吸江庵に寂した．69歳．全身を庵後に葬り，相国寺大幢院に分塔した．かつて称光天皇が衣盂を受けたので，仏慧正続国師の号を生前に特賜された．そのほかに後崇光院太上法皇道欽(伏見宮貞成親王)，足利氏一族の慈受院竹庭・三時知恩寺覚窓の両尼ら貴戚出身の門人あり，蔡秉忠・張徳廉(倨巌)ら明人亡命者の弟子もあった．その他嗣法の弟子には古邦慧淳・惟明瑞智・以鈍等鋭・棠陰等奭・実翁従貞・益仲□琛・徳祐・徳琳・瑞生・興釈・林茂□桂らがある．交友には惟肖得巌・曇仲道芳・元璞慧瑛・西胤俊承らがあり，著述に，土佐在住中の作品を主とした『南游稿』があり，他に師絶海の『絶海和尚語録』および詩文集『蕉堅藁』の編纂にも関与した．その他蔡秉忠帰明を送る詩軸を編したという．蔡秉忠は，帰国後，明国で『南游稿』を出版したとも伝える．その作品は横川景三の『横川和尚百人一首』および文学契選(かいせん)の『花上集』にも収められている．北山時代有数の五山文学作者である．

参考文献　『仏慧正続国師鄂隠和尚行録』(『五山文学全集』3)，『天竜宗派』，『相国前住籍』，『扶桑五山記』(『鎌倉市文化財資料』2)，『天竜寺住持位次』，卍元師蛮『延宝伝燈録』26(『大日本仏教全書』)，榎本渉「『鄂隠和尚行録』を読む」(『東アジア海域と日中交流』所収)　　　　（玉村　竹二）

050 覚円 かく えん　⇒鏡堂覚円（きょうどうかくえん）

051 覚哿 かく か　聖徳太子が儒教の典籍を学んだ博士．『日本書紀』推古天皇元年(593)4月己卯条に「内教を高麗（こま）の僧恵慈に習ひ，外典を博士覚哿に学ぶ」(原漢文)とみえるのみで，伝記は未詳である．おそらく百済の五経博士であろう．五経博士は継体天皇7年から交代制で百済から貢進されていたからである．鎌倉時代初期の『古今目録抄』には「五徳博士学呵」とあるが，「五経博士覚哿」を誤り伝えたものであろう．
　　　　　　　　　　　　　　　（大野達之助）

052 郭再祐 かく さいゆう　1552～1617　文禄・慶長の役（韓国では壬辰・丁酉の倭乱という）において，朝鮮で義兵を組織して日本軍と戦った将．朝鮮明宗7年(1552)8月28日，両班で黄海道観察使であった郭越の三男として慶尚南道宜寧県に生まれた．文禄元年(1592)，日本軍が朝鮮への進撃を始めると，再祐は家僮（私奴婢）や郷民および在地両班らを組織して挙兵したが，これは最も早い義兵活動であった．当初は政府から反乱者とみなされたが，安国寺恵瓊軍を撃退したことにより政府からの信頼を得，のちに義兵軍として公認された．再祐の義兵軍は，規律は親疎貴賤の差がなく平等で，賞罰は公平を期したという．また日本軍への正面からの

攻撃を避け，地の利をいかした奇襲戦によって勝利を収めていった．しかし，次第に戦術をめぐって官軍の将と対立し，第2次晋州城の戦では敗北を喫した．文禄の役が収まると官を辞して故郷へ戻ったが，慶長の役が始まると朝鮮政府から再び挙兵を要請された．慶長2年(1597)7月の開戦時には慶尚南道昌寧の火旺山城に布陣し，加藤清正軍と戦いこれを退けたが，慶尚道・全羅道の主要な防棲地点が相ついで陥落すると再祐も撤退し，以後は隠棲生活を余儀なくされた．戦後は登用と辞任を繰り返したが，光海君9年(1617)4月10日，66歳で没した．

[参考文献] 貫井正之「郭再祐―抵抗とその生涯―」(『豊臣政権の海外侵略と朝鮮義兵研究』所収)，金鎮鳳「解説 忘憂堂集／郭再祐」(『韓国의 思想大全集』16所収)　　　　　　　　　　　(近藤　剛)

053 郭務悰 かくむそう　生没年不詳　7世紀後半の唐の官人．占領下の百済から3度来日．官品は文散官として朝散大夫(従五品下)，勲官として上柱国(『海外国記』逸文)または柱国(『日本書紀』天智天皇4年条)．まず天智天皇3年(664)夏に百済鎮将の使人として筑紫(大宰府)に来たが，朝廷では正式の唐使でないとして上京させず，冬に離日．白村江の戦後処理のための使人という．翌年秋には唐使を案内して来日し，冬に離日．唐の高宗の封禅の儀に日本の参加を要求した唐使だという．『日本書紀』には天智天皇8年にも来日したとあるが，これは次の10年の記事の重複記載とされる．同10年冬には百済の難民ら2000余人を率いて来日．翌春3月筑紫で天智天皇の死を知らされ，夏に帰国．以上は中国や朝鮮の文献にはみえない．

[参考文献] 『日本書紀』下頭注・補注(『日本古典文学大系』68)　　　　　　　　　　　　(青木　和夫)

054 学問僧 がくもんそう　仏教研究の目的で中国や朝鮮半島の諸国に赴いた僧．尼は学問尼と呼ばれた．『日本書紀』崇峻天皇3年3月条に，学問尼の善信らが百済から帰国した記事があるのが，文献上の初見である．推古天皇16年(608)9月に，学問僧の旻(日文)・南淵請安・恵隠・広斉の4名が隋に派遣され，同31年7月に，「大唐学問者」の僧恵斉・恵光が帰国している．当時の学問僧の留学期間は長く，請安は32年，恵隠は31年，また旻は24年に及んだ．隋においては，日本や新羅などの留学僧のための教育施設を設け，また指導にあたる教授僧を任命して便宜を計った．白雉4年(653)5月に道厳・道昭ら13名の学問僧が海を渡った．第1回の唐留学僧であり，唐の仏教と接触する道が開かれた．しかし天智天皇7年(668)に新羅が朝鮮半島の政治統一をなしとげた後は，新羅学問僧の数が増す．天武・持統・文武の3朝で15名を数え，元興寺に法相宗を伝えた神叡も新羅学問僧であった．奈良時代には再び唐留学が盛んとなるが，道慈は17年間在唐し，また玄昉は，玄奘訳の経典などを将来した．学問僧は長期にわたって留学研究する僧であるが，平安時代には，短期留学の請益僧・還学僧があらわれる．請益僧は，すでに身につけている専門の学問を，さらに深めるために入唐する僧を指している．承和5年(838)7月に入唐した戒明・円行は，真言請益僧であった．還学僧は，出張巡回して帰る僧であり，最澄は還学僧として延暦23年(804)7月に日本を出発し，翌24年8月に帰国した．『延喜式』大蔵省によれば，学問僧には絁40疋，綿100屯，布80端が支給され，また還学僧には絁20疋，綿60屯，布40端が支給される規定になっていた．渡航の危険をおかし，言語や生活様式による困難をしのぎ，先進国に学んで仏教経典や文化を日本に移した学問僧の功績は大きい．

[参考文献] 森克己『遣唐使』(『日本歴史新書』)，山崎宏『隋唐仏教史の研究』，山下克明「遣唐請益と難義」(『平安時代の宗教文化と陰陽道』所収)
　　　　　　　　　　　　(田村　圓澄)

055 牙行貿易 がこうぼうえき　中国で行われた牙行による貿易．牙行とは商取引の仲介業者をいう．牙行の名は唐以後ひろく用いられた．仲介により牙銭(手数料)を収めるだけでなく，明・清代には客商(外来の商人)の貨物の委託販売・運送・保管から旅宿をも営むものがあった．牙行の官許制は宋代に起り，明・清代は官許のとき牙帖(証明書)が下付され，牙税(営業税)を徴収された．明代の澳門(マカオ)貿易，清の粤海関(1685年設立)監督下の外国貿易，さらにそれ以前の広東における東南アジア諸国，福州における琉球の朝貢船貿易も官許の牙行によるものが多かった．室町時代の遣明船の寧波(ニンポー)においての私貿易も，寧波・杭州・蘇州の官許の牙行を通じて主として行われた．

[参考文献] 小葉田淳『中世日支通行貿易史の研究』
　　　　　　　　　　　(小葉田　淳)

056 加治木銭 かじきせん　大隅国加治木(鹿児島県姶良郡加治木町)において中世末から近世初頭にかけて鋳造された銭貨．その鋳造期については天正年間(1573～92)島津義弘の治政に始まるという説が一般に支持されているが，それより1世紀半も前の島津忠国の時代に溯及させる考察もある．中国・朝鮮・安南など近隣諸国との外国貿易に供するための鋳造で，銭文は中国明朝初期の「洪武通宝」を踏襲し，裏面に加・治・木のいずれかの1文字を付けている．銅色は灰白または黄褐色を呈しているものが多く，鋳肌がやや荒れ気味で，平地に気泡を有するものがある．表裏の文字に変化が多く，現存のものでは背文「治」字のものが圧倒的に多い．また別に明朝の「大中通宝」の銭文を付け，裏に「治」字のものも稀に存在する．海外貿易用のものとされていながら本邦九州地区でも相当量通用されたと見られる．また洪武・大中銭以外，中国宋代の銭文を

付けたもので，加治木銭と銭容をともにするものがあり，加治木鋳造をあらわすものが外観から見られないが，これらも加治木洪武銭の前駆をなすものとして，加治木銭の範疇にいれられている．鉄分を若干含んでいるものが多く，なかには弱い磁性を感じるものがある． 　　　　　　　　　　　　　　　　　　（郡司　勇夫）

057　可什 かじゅう　⇨物外可什（もつがいかじゅう）

058　箇所銀 かしょぎん　長崎会所貿易の利益の中から長崎住民に与えられた助成銀の一種．長崎貿易利益銀の長崎住民への平等配分を目的としたもの．助成銀は家屋の現住者に配付するものと地主に配付するものの2種類があり，前者が竈（かまど）銀，後者が箇所銀である．正保4年（1647）外町1768箇所に銀4貫300匁余が配付されたのを嚆矢とするが，その後助成銀の多寡や配分方法などをめぐって長崎住民の間で争いが繰り返された．元禄12年（1699）定められた長崎会所貿易規定の中で長崎地下配分方式が指示され，ついて正徳長崎新例で地下配分金の前借りが許可されたことで箇所銀の配付もようやく定式化し，幕末までその配付は続いた．箇所銀額は年により異なるが，たとえば正徳5年（1715）は699貫120匁余，天保13年（1842）は524貫510匁であった．

〔参考文献〕『通航一覧』169，金井俊行編『増補長崎略史』下（『長崎叢書』4） 　　　（武野　要子）

059　膳巴提便 かしわでのはすび　6世紀の人．『日本書紀』によれば，欽明天皇6年3月百済に派遣され，その時妻子も従て行ったが，百済の海浜に宿った時，子が虎に喰われて行方不明になったので，巴提便は大雪の中に虎の跡を追い，左手で虎の舌をとらえ，右手で刺殺して報復したという．同年11月帰国．巴提便派遣の事情については，『天書』に「六年春三月百済請‑援兵於日本‑，自‑是前新羅高麗共攻‑百済任那‑連年，故帝遣‑兵救二国‑数度，於‑是詔‑膳臣巴提便‑遣‑百済‑」とある．
　　　　　　　　　　　　　　　　　　（後藤　四郎）

060　カストロ Jerónimo de Jesús o de Castro　?〜1601　ポルトガルのフランシスコ会宣教師．生年不詳．リスボンに生まれコルドバのフランシスコ会修道院に入る．1593年，スペインを発って翌94年5月，フィリピンに到着，同年8月27日（文禄3年7月12日），2人のフランシスコ会士とともに平戸に上陸した．表向きは同年4月マニラに届けられた豊臣秀吉の書翰に対するフィリピン総督の回答書を奉持した使節として来日し，直ちに伏見に赴いて秀吉に謁見，総督の回答書と献物を呈した．彼はそのまま日本に滞在し，前年来朝した同会のペドロ=バウチスタを助けて長崎と上方で布教に従っていた．折から二十六聖人殉教の一大事が勃発したが，幸いに彼は逮捕をのがれ，のちに長文の二十六聖人の殉教録を作成した．97年10月，一旦日本を去ってフィリピンに向かい，翌年1月マニラに着いた．しかし同年5月，再びマニラを発ち，7月日本人に変装して口ノ津に上陸した．同年12月7日（慶長三年11月9日），伊勢に潜伏しているところを徳川家康配下の者に見出され，家康のもとに同行を求められた．家康は彼を優遇し，スペイン船の関東入港と銀鉱採掘につきスペイン人の技術の導入に犬馬の労を致さんことを要請した．カストロはこれに応じてフィリピン総督に書翰を送り，かつ江戸に赴いてその地に教会を建設した．99年暮，彼は家康の命を奉じてマニラに向かい，翌年1月彼地に着いた．マニラで家康の希望事項をそれぞれ関係筋に働きかけた後，1601年5月，三たび日本に向かい，6月平戸に上陸し，直ちに伏見に赴いて家康に謁見，報告した．同年10月6日（慶長6年9月11日）京都で病死した．

〔参考文献〕Lorenzo Pérez: Fr. Jerónimo de Jesús restaurador de las misiones del Japon, sus cartas y relaciones（1929）; Eusebio Gomez Platero: Catalogo biográfico de los religiosos franciscanos de la Provincia de San Gregorio Magno de Filipinas（1880）．村上直次郎『日本と比律賓』（『朝日新選書』14），佐久間正「西班牙古文書日本二十六聖人殉教録―ジェロニモ・デ・ジェスス書翰並びに報告―」（『横浜市立大学紀要』A―7）
　　　　　　　　　　　　　　　　　　（吉田小五郎）

061　葛城襲津彦 かずらきのそつひこ　4世紀末前後の将軍．父は武内宿禰と伝える．母は『紀氏家牒』逸文によると葛城国造荒田彦の女葛比売．『古事記』孝元天皇段では葛城長江曾都毗古に作り，『紀氏家牒』逸文には大倭国葛城県長柄里に居住していたので葛城長柄襲津彦宿禰と名づけたとある．葛城も長江（長柄）も地名．襲津彦については『日本書紀』神功皇后摂政5年3月条・同62年条・応神天皇14年是歳条・同16年8月条・仁徳天皇41年3月条に伝説を載せ，いずれも対朝鮮外交上の将軍として物語られている．襲津彦を遣わして新羅を伐たしめたとある神功皇后摂政62年条には『百済記』を引用し，そこには壬午年（382）に沙至比跪（さちひこ）を新羅に遣わして伐たしめたが，新羅人が津に美女2人を迎えさせて沙至比跪をだまし，美女にまどわされた沙至比跪はかえって加羅国を伐ってしまい，これを聞いた天皇が大いに怒ったという話，また「一云」として，沙至比跪が天皇の怒りを知って，ひそかに日本に帰り身を隠し，皇宮に仕えていた妹に使いを出して，天皇の怒りが解けたかどうかを尋ねさせたが，天皇が沙至比跪の罪をゆるしていないことを知って石穴に入って死んだという話がみえる．これは襲津彦の実在を示すものとして注目されている．襲津彦の女磐之媛は仁徳天皇の皇后となり，履中・反正・允恭の3天皇の母として知られ，襲津彦の男葦田宿禰の女黒媛も履中天皇の妃となったことが伝えられており，襲津彦の子孫は5世紀代に天皇家の外戚として栄えたと考えられ

る．『古事記』孝元天皇段は玉手臣・的臣・生江臣・阿芸那臣らの祖とする．

参考文献　井上光貞「帝紀からみた葛城氏」（『日本古代国家の研究』所収），加藤謙吉『大和の豪族と渡来人』（『歴史文化ライブラリー』144）

(佐伯　有清)

062 嘉靖海寇 かせいかいこう　16世紀，中国大陸の浙江・福建・広東の地方で猖獗したいわゆる後期倭寇のうち，特に中国明の嘉靖年間（1522～66）に激烈であった倭寇を指す．「嘉靖大倭寇」とも称される．嘉靖27年，当時東シナ海における国際的密貿易の一大拠点であった双嶼港に拠る交易商人が，官軍によって掃討されると，商人たちは難を逃れた王直のもとに結集し，明朝との敵対姿勢をあらわにした．そして舟山群島と大陸との間に位置する烈港に新たな拠点をつくり，日本との交易を続けたが，明の嘉靖32年，官軍により烈港が攻撃されると，中国に残留した海上勢力が沿海地域を大規模に侵攻・掠奪するようになり，王直は明朝によってその頭目と見なされた．倭寇の構成員については，大部分が日本風の頭髪をした中国人で，日本人は1～2割に過ぎず，また当時東アジアに進出してきたポルトガル人もこれに加わったと考えられている．嘉靖36年，王直が浙江・福建巡撫胡宗憲の招撫工作によって誘殺されると，その後は徐海らによる数万単位の倭寇集団が江南地方を荒らし，さらには福建・広東沿海に南下して活動を続けたが，官軍によって次第に撃破され，終息に向かった．→王直（おうちょく）　→徐海（じょかい）

参考文献　田中健夫『倭寇と勘合貿易』（『日本歴史新書』），佐久間重男『日明関係史の研究』，上田信『海と帝国』（『中国の歴史』9），伊藤公夫「嘉靖海寇反乱の再検討―王直と嘉靖三十年代前半の海寇反乱をめぐって―」（『明代史研究』8），秀城哲「16世紀「嘉靖大倭寇」を構成する諸勢力について」（『千葉大学社会文化科学研究』8）

(近藤　剛)

063 片倉鶴陵 かたくらかくりょう　1751～1822　江戸時代後期の産科医．名は元周，字（あざな）は深甫．宝暦元年（1751）に生まれる．相模国（神奈川県）津久井の人．12歳のとき江戸へ遊学し，多紀藍渓について医学を修め，また井上金峨（きんが）に詩文を習った．安永3年（1774）江戸芝白銀で医業を開き，大いに行われた．のち京都へ遊学して，賀川流産科を学んで江戸へ帰り，日本橋本石町で産科を開業した．たまたま隣家の蘭学者嶺（みね）春泰と知り合い，西洋産科説にも接することができた．寛政7年（1795），『産科発蒙』6巻を著わし，賀川流産科説を補うとともにオランダの産科医牒分的児（デンテル）Deventerの産科書にある臨産図27葉とイギリスの産科医スメリー W. Smellieの産科書に掲げてある鉗子図2葉を転載，紹介した．そのほか小児病についても造詣深く，『保嬰須知』を著わし，また梅毒・らいの治療書『黴癘（ばいれい）新書』を板行した．文政5年（1822）9月11日没す．72歳．法名は顕考院仁慈鶴陵居士．三田大聖院に葬る．のち雑司谷墓地へ改葬．養子脩，家業を継ぎ，のち一橋侯の侍医となる．

参考文献　富士川游『日本医学史』，森末新『将軍と町医―相州片倉鶴陵伝―』（『有隣新書』11），梶完次「明治前日本産婦人科史」（日本学士院編『明治前日本医学史』4所収）

(大鳥蘭三郎)

064 楽毅論 がっきろん　中国の三国の魏の夏侯玄（字（あざな）は泰初）の作．戦国の武将楽毅が，燕のために斉の70余城を下しながら，莒（きょ）と即墨の2城を攻略しなかったため世の疑惑を受けたのを弁護したもの．王羲之がこの文を細楷で書いたものが，古くから羲之の正書の代表作として貴ばれ，その模本が後世まで伝わって法帖に刻されている．正倉院に蔵する光明皇后筆の「楽毅論」は，当時わが国にも伝わった羲之書の模本を臨書したもので，「天平十六年（七四四）十月三日，藤三娘」という自筆の奥書があり，皇后44歳の筆である．天平勝宝8歳（756）6月21日の『東大寺献物帳』（『国家珍宝帳』）に皇太后御書と記されているものの中の「楽毅論一巻，白麻紙，瑪瑙軸，紫紙標，綺帯」がすなわちこれである．臨書であるため，その書風は，同じく皇后の筆である『杜家立成』ほど暢達ではないが，原本の筆法をつぶさに学んだ跡がみえ，法帖に刻されている「楽毅論」と比較して羲之の書法を窺うべき貴重な資料である．

参考文献　『書道全集』4・9，正倉院編『正倉院の書蹟』

(内藤　乾吉)

065 加津佐 かづさ　長崎県南島原市の地名．島原半島の南端に位置する．南北朝時代の文書には上津佐村・賀津佐村ともみえ，室町時代以来有馬氏領．永禄期からイエズス会の伝道がなされ，プロタジオ有馬晴信は日本管区長コエリュをはじめ，豊臣秀吉の伴天連追放による潜伏の宣教師を，この加津佐（Causa, Canzuça）に保護したので，各地を転々とした安土・有馬の合併セミナリヨは天正17年（1589）に八良尾（南島原市北有馬町）から，コレジヨも翌年に有家からこの村に移り，同19年それぞれ八良尾・天草へ移転するまでキリシタン教学の中心となった．この間遣欧使節を連れ帰ったバリニァーノは，同村で日本布教の新方針を定め，舶載した印刷機でわが国初のキリシタン版『サントスの御作業の内抜書』を刊行した．島原の乱では村高7125・981石の全村民3949人，581戸はことごとく原城に籠って討死した．乱後村高は1951・5石に軽減され，移住農民の手で復興された．安永3年（1774）の村高は新田とともに3127・095石である．明治22年（1889）市制町村制による加津佐村となり，昭和3年（1928）町制を施行，平成18年（2006）3月31日，近隣7町と合併し南島原市と

なる．

参考文献　村井一甫編『切支丹御退治記』3，林銑吉『島原半島史』，片岡弥吉「イエズス会教育機関の移動と遺跡」(『キリシタン研究』11），中村質「島原の乱に関する一考察」(『九州産業大学教養部紀要』6ノ1・2）　　　　　　　　　　　　　　（中村　質）

066 合浦 がっぽ　Happ'o　朝鮮半島南東部の地名．文永・弘安の役の際のモンゴル・高麗連合の軍船の進発地．現在の大韓民国慶尚南道馬山Masan市．古くは浦上八国中の1つだったが，のちに新羅の屈自郡に属した．新羅文武王16年(676)に骨浦県，景徳王16年(757)に合浦県と改名された．東は金海，南は熊川，西は咸安，北は漆原といった穀倉地に囲まれ，北は洛東江，南は南海に面している．このような地理的条件により，早い時期から貢税輸納地として発達し，高麗成宗の時には租税米を運送するための漕倉である石頭倉が設置された．このような要衝地であったため，時として禍をこの地域にもたらすことにもなった．13世紀，高麗全土がモンゴル軍に占領された時，最後まで抗戦を続け済州島に追われた三別抄は，慶尚道の貢賦の輸送線を制するため，この地域を中心に南海沿岸を頻繁に襲撃した．文永・弘安の役の際には，日本攻撃の拠点として征東行省が設置され，モンゴル・高麗連合の軍船は合浦より進発した．高麗忠烈王6年(1280)には征東行中書省を合浦に設置して戦艦の建造と軍糧を督励した．これによって同8年合浦は会原と改称された．また，内陸の足がかりを求めていた倭寇も，しばしばこの地域を襲った．朝鮮朝，文禄・慶長の役の際，全羅道への進出を図った日本軍と李舜臣を中心とした朝鮮軍との間で激戦が展開された．高宗36年(1899)，開港とともに日本とロシアは海軍基地建設と利権獲得をめぐって争い，それぞれ領事館を設置した．1960年，自由党政府の不正選挙に対して行われた馬山における市民デモは4・19革命の発端となり，自由党政権の崩壊を招いた．70年には韓国最初の輸出自由地域に指定され，臨海工業用地が造成されている．

参考文献　韓国学文献研究所編『韓国地理叢書』邑誌2，村井章介『アジアのなかの中世日本』，旗田巍『元寇』(『中公新書』80），田中健夫『倭寇』(『歴史新書』66）　　　　　　　　　　　　　　（車　淳泰）

067 桂川甫周 かつらがわほしゅう　1754〜1809　江戸時代中期の医学者，蘭学者．宝暦4年(1754)江戸の生まれ．諱は国瑞(くにあきら)，月池・公鑑・無碍庵(むげあん)・雷普・震庵・世民などと号し，通称は甫周．代々幕府医官であった桂川家の3代国訓の嗣子として明和5年(1768)に御目見得を許され，杉田玄白らの『解体新書』の翻訳事業には最年少者として初めから終りまで参加，協力した．前野良沢・杉田玄白に蘭学を学び，安永元年(1772)に江戸参府のオランダ商館長フェイトA. W. Feithとはじめて対談してからその後江戸へ来たオランダ人一行と毎回会談し，その海外知識を大いにひろめた．同5年に江戸へ来たオランダ商館医師ツンベルグともたびたび会い，その名がツンベルグの著書『日本紀行』中に出て来る．同6年12月幕府奥医師となり，天明3年(1783)12月に法眼に叙せられた．同6年閏10月，寄合医師に貶せられたが，寛政5年(1793)に再び奥医師に任ぜられた．その前年ロシアの船が日本の漂流民幸(光)太夫・磯吉らを松前に送致して来た事件が起きた機会に北方問題がにわかに喧しく論じられたので，これに答えるためにオランダ書を訳述して『魯西亜志』1巻を著わす．寛政5年9月，幸太夫らを吹上苑に召して，将軍みずからロシアの事情を問いただした折，尋問のために甫周も同席したところ，「ロシア人も桂川甫周の名を知っている」との答えがあったので大いに面目を施し，『北槎聞略』『漂民御覧之記』を著わした．翌6年，幕府医学館教諭に挙げられる．文化6年(1809)6月21日に病没す．56歳．江戸二本榎上行寺に葬られたが，昭和37年(1962)寺の移転に伴い神奈川県伊勢原市上糟屋に改葬された．法名は雷普日震．著訳書に『海上備要方外傷門』2冊(文化12年刊），『和蘭薬選』『和蘭袖珍方附紅毛口和訓』などのほか『新製地球万国図説』(天明6年刊），『地球全図』(寛政3年刊）がある．なお『和蘭字彙』の編者である桂川家7代目国興も甫周を称した．

参考文献　富士川游『日本医学史』，今泉源吉『(蘭学の家)桂川の人々』1　　　　　　（大鳥蘭三郎）

068 桂川甫筑 かつらがわほちく　1661〜1747　江戸時代前期の蘭方医．寛文元年(1661)大和国山辺郡嘉(蟹)幡(奈良県天理市)の生まれ．幼名は小吉，のち邦教(くにみち)，字は友之，興藪と号し，通称は甫筑．本姓は森島．父は理右衛門正俊，母は外島庄九郎の女．寛文11年，京都に逗留中であった平戸藩医官嵐山甫安についてオランダ外科を学んだ．延宝元年(1673)，甫安に従って平戸へ行き，長崎へも遊学し，直接オランダ人についてさらにオランダ外科を研修す．貞享4年(1687)平戸を去り京都に移る際に，わが学統を継ぐものは汝である，嵐山の下を流れる桂川を姓とせよ，との師命により桂川と改姓す．元禄9年(1696)徳川綱豊(家宣)に禄仕し，甲府へ行く．同15年，江戸へ出て，宝永元年(1704)綱豊が将軍の養嗣子となるに及び，寄合医師を経て同5年奥医師に任ぜらる．享保元年(1716)，吉宗が将軍に立つに及び寄合に移されたが，同5年，御番医に任ぜられた．同9年には江戸参府のオランダ人との対談を命ぜられ，江戸城中，オランダ人旅宿でこれを行なった．その後も毎年対談をなし，同11年にはオランダ薬品の製煉を命ぜられ，再び奥医師となった．同19年法眼に叙せられ，延享4年(1747)隠居，同年10月9日病死．87歳．法名は泰哲日賢．江戸芝二本榎の上行寺に

葬られたが，昭和37年(1962)寺の移転に伴い神奈川県伊勢原市上糟屋に改葬された．なお桂川家2代目国華（くにてる）・5代目国宝（くにとみ）も甫筑を称している．
[参考文献] 今泉源吉『（蘭学の家）桂川の人々』

（大鳥蘭三郎）

069 加藤清正 かとうきよまさ　1562～1611　安土桃山・江戸時代前期の武将．加藤清忠の次男．尾張国愛智郡中村（愛知県名古屋市中村区）で，永禄5年(1562)6月24日に生まれたと伝える．豊臣秀吉と同郷．幼名は夜叉丸，元服後は虎之助清正と称す．幼少より秀吉に仕え，天正8年(1580)にはじめて播磨国神東郡で120石を充行われる．その後因幡国鳥取城攻め，備中国冠山城攻めに功績があったが，特に賤ヶ岳の戦での功績は，七本槍の1人として有名である．それらの功績により同11年近江・河内・山城国に3000石が充行われ，与力20人を抱える武将となる．その後小牧・長久手の戦に活躍し，同13年従五位下主計頭に叙任．ついて同15年の九州征伐には後備で肥後宇土城番にあたった．このころの役務は兵粮方に関係するとともに，和泉堺周辺の豊臣蔵入地の代官役であった．また彼が日蓮宗に帰依し信仰するのもこの時期からである．同16年肥後領主佐々成政が国人衆の検地反対一揆で処分されると，清正は秀吉の「唐入り」用の先兵的役割をにない，小西行長とともに同年6月13日肥後半国19万5000石の領主兼肥後の豊臣蔵入地（約3万石か）代官として入国し隈（熊）本城を居城とした．肥後入国後の政策は，一揆処理策として国人・土豪勢力の一掃を目的に，検地と新知充行方式をとり，農民の還住政策をとった．行政的には郷村制をしき，夫役は10石に1人の熊本詰夫などを課した．また麦年貢の徴収を厳重にしたが，それは貿易品として売却し，軍需品を呂宋（ルソン）から仕入れるためのものであった．役職は一族重臣による家老・城番・大坂屋敷詰・代官・郡奉行のほかに固定した奉行職を設けなかった．また家臣の構成は各地出身の寄せ集め的性格のつよいものであった．財政的には苦しく領地拡張を必須とした．朝鮮の役には2番手として鍋島・相良氏とともに1万人を出兵．文禄元年(1592)4月18日に釜山に到着．その後破竹の勢いで漢城に達し，さらに北上し咸鏡道から会寧に達し，7月には2王子（臨海君・順和君）を捕え，ついて兀良哈（オランカイ）国に進入した．日本軍の敗退をきき漢城に帰ったが，すでに石田三成・小西行長らによる講和政策が進められていたため，領土分譲を主張する清正の立場は苦窮となり，ついに2王子を返還せざるをえなくなった．しかしなおも攻撃の手をゆるめず晋州城の攻撃をしたが，この時使用したのが亀甲車（きっこうしゃ，簡単な木製の四つ車の上に生牛の皮を覆って作り，その覆のなかに軍士が入る構造）である．また虎狩りのエピソードもこのころのものである．しかし彼の立場は悪化し，講和を妨害している者であると石田三成らから讒訴され，ついに慶長元年(1596)正月伏見蟄居の身となった．その後同年間7月13日に京畿に大地震があって伏見城が壊れた際，彼が最も先に普請にかけつけたので蟄居が解除されたというエピソードがある．その真相は不明であるが，徳川家康・前田利家の政治的運動によるとみた方がよい．このころ彼は朝鮮の役（文禄の役）の出費をカバーする目的で，直接に呂宋貿易を計画したり，また政商原田喜右衛門に依頼し，前述の小麦貿易を行なっている点は注目される．この呂宋貿易を計画中の同2年，再び朝鮮への出兵命令が出され（慶長の役），彼は再度1万人を率いて渡海した．3月には韓僧松雲（惟政）と講和協議し一時停戦状態であったが，12月突如明軍に襲われ蔚山（ウルサン）城で苦戦し，九死に一生を得た．帰国後同4年間3月浅野幸長・鍋島直茂・黒田長政らと石田三成殺害を計画したが，徳川家康の諫言にあって止むなく中止．しかし同5年の関ヶ原の戦には九州における東軍の中心として活躍し，宇土小西・柳川立花氏を攻略した．戦後は肥後1国（球磨・天草郡を除く）54万石の領主となった．実高は約74万石である．同8年3月25日従四位下肥後守に叙任．領内では同6年（2年・4年説もある）から坪井川の堀を利用し，茶臼山台地に扇形の勾配をもつ石垣，3重6階の天守閣を中心に二ノ丸と旧宇土小西氏の宇土櫓を移建した雄大な城（熊本城）を建築した．またそれを契機に城下町が形成された．一方農村に対しては農民の還住を命じ，荒地・刈田には麦種子の貸付け，私用夫役の禁止の勧農策をとるとともに，新田開発・河川工事に力をつくした．現在の熊本平野はこの基礎の上にある．伝えるところによると，新田畝数約8000町，礑数29ヵ所，水懸田数3480町という数字である．河川工事は「荒籠」「乱杭」「小石出し」の方法を使用した．宗教政策では熱烈な日蓮宗信者であったために城下や領内に日蓮宗寺院の建立をすすめるとともに，同8年・13年キリシタン弾圧政策をとったため「道徳観念に欠けた人」（レオン＝パジェス『日本切支丹宗門史』）といわれた．また財政強化策に大船を造り，朱印船を仕立て暹羅（シャム）・交趾（コーチ）国と交易した．しかし晩年になると次第に武人的性格も影をひそめ，文芸や茶道にいそしんだ．茶は古田織部の弟子服部道巴とよく交わり，深山の葉茶壺や歌姫の茶入を愛用し，次第に自己の立場をよく見極めるようになった．印章に「履道応乾」の刻印を使用したのもそのあらわれである．彼は加藤家存続のため徳川幕府のもとに全く従属する形をとり，慶長11年・15年の江戸城普請・大坂城普請にも率先して普請工事にあたった．また豊臣秀頼を説得し，16年に二条城で徳川家康と会見させることに成功した．この折に毒饅頭を喰わされたのが彼の死因であるといわれているがそれはエピソードで，実

は病死である．二条城から帰国後間もなく，同年6月24日50歳で死亡．遺骸は熊本の本妙寺に葬られ，現今も日蓮宗信者の参詣のまととなっている．法名は浄池院殿永運日乗大居士．

参考文献　『大日本史料』12ノ8，慶長16年6月24日条，『熊本県史料』中世編3・5，中野嘉太郎『加藤清正伝』，岡田章雄編『信長と秀吉』（『人物・日本の歴史』7），森山恒雄『豊臣氏九州蔵入地の研究』，同「近世初期の肥後国」（『熊本県史』総説編所収）

（森山　恒雄）

070　**加藤四郎左衛門景正**　かとうしろうざえもんかげまさ　生没年不詳　鎌倉時代の瀬戸窯の祖というが，生没年代その他不明な点が多い．通説では貞応2年(1223)に道元に従って中国に渡り，彼地で製陶を学び，安貞2年(1228)帰国後，尾張国瀬戸にて製陶を始めたと伝え，これが瀬戸窯の起りともいう．加藤四郎左衛門は略して「藤四郎」とも呼び，また代々これを継承している．なお茶入について「藤四郎」というときは，2代基通の作といわれる「真中古」を指す．

参考文献　『大日本史料』5ノ4，安貞元年是歳条，赤塚幹也編『古瀬戸』（『陶器全集』19）

（中川　千咲）

071　**加藤嘉明**　かとうよしあき　1563〜1631　安土桃山・江戸時代前期の武将．近江水口藩加藤家の祖．初名茂勝，孫六・左馬助・侍従，従四位下．永禄6年(1563)三河国幡豆郡永良郷（愛知県西尾市）に生まれた．父は岸三丞教明，母は川村氏．少年の時父に従って近江に行き，羽柴（豊臣）秀吉に仕え，養子秀勝に付属されたが，天正4年(1576)播磨攻めを機会として秀吉に直属，その股肱としての活動を開始した．そして同11年4月の賤ヶ岳の戦に七本槍の一員として奮戦したのをはじめ，13年以降は水軍を指揮，四国攻め・九州攻め・小田原攻め・朝鮮出兵に参加，文禄の役では一柳・藤堂氏らとともに舟奉行として壱岐に渡り，警固にあたったが，海戦では，全羅道左水使李舜臣の率いる朝鮮水軍のために苦戦した．しかし慶長2年(1597)7月の唐島の戦では藤堂高虎・脇坂安治らとともに三道水軍統制使元均の率いる朝鮮の艦隊を撃破，翌年蔚山（ウルサン）城を救援して明兵を討ち，また順天の死守を主張するなど著しい戦果を挙げ秀吉の感状を得た．嘉明は秀吉に直属後300石を与えられたというが，天正11年賤ヶ岳の戦の功によって3000石を給せられ，ついで加増の後14年11月淡路1万5000石を与えられ志智城主となり舟手の将となった．そして文禄3年(1594)1700石加増の上豊臣氏蔵入地代官を兼ね，翌年7月伊予松前（真崎）に転封，6万石を領し，4万石余の豊臣氏蔵入地を支配，さらに慶長元年在京料を与えられて伏見向島留守居に任ぜられるなど子飼いの部将として信任されたが，秀吉の没後は急速に徳川家康に接近，また加藤（清正）・福島・細川・浅野・池田氏らとともに石田三成を排斥，家康の会津攻めの軍に加わった．そして関ヶ原の戦では東軍に属して岐阜城を攻撃，大垣城を占拠，また伊予国内の留守居は毛利軍の攻撃を撃退，戦後ついに伊予松前20万石の大名となった．そして慶長8年松山（勝山）城を取り立てたほか江戸城修築（同11年）・駿府城修築（同12年）・篠山城修築（同13年）・名古屋城修築（同14〜15年）を助けるなど徳川氏に協力，同19年の大坂冬の陣には江戸留守居となり，嫡子明成を伊予から参陣させたが，翌夏の陣にはみずから参陣した．ついで元和5年(1619)6月僚友福島正則除封の際は安芸広島城接収のことにあずかり，同8年9月には徳川家の世子家光の鎧着初めの式を勤めるなど老功の武将として優遇され，翌年従四位下に昇叙，寛永3年(1626)秀忠・家光上洛の際これに従い，侍従に任ぜられた．そして翌年2月（一説3月）陸奥会津40万石を与えられ若松に転封，同8年9月12日江戸邸で病没した．69歳．法名三明院宣興（初諡号は松苑（寂）院殿拾遺道誉大禅定門という）．麻布善福寺に葬った．現在墓は京都市東山区の東大谷墓地にある．嘉明は後世に軍法を伝えるほどの武将であるが，また民政にも優れ，伊予領有時代老臣足立重信に命じて伊予川（重信川）・石手川の水利を整え，40万石に及ぶ良田を拓き，会津若松転封後は道路・交通の整備，蠟・漆・漆器などの産業育成，鉱山の開発など藩政の基礎を培っている．なお大正6年(1917)，特旨により従三位を贈位された．室は堀部氏（光照院）．継室は岡田氏（寿光院）．

参考文献　（近江水口）加藤子爵家文書，『寛政重修諸家譜』773，『加藤嘉明家譜』，新井白石『藩翰譜』7下（『新井白石全集』1），『加藤嘉明事蹟調査書』，伊予史談会編『加藤嘉明公』

（岩沢　愿彦）

072　**加徳島**　かとくと　Kadŏk-to　朝鮮半島の南東部，洛東江の河口と巨済島北端のあいだ，鎮海湾入口にある小島．沿岸の東西交通の要衝．また，対馬島方面との往来に便利である．西北本土に，朝鮮王朝初期の対日交通指定港になった乃而浦（ないじほ，＝薺浦（せいほ），熊川

地方の港であるから熊浦(こもかい，薦浦)とも呼ばれる)があり，島に海賊船の侵入に備えて水軍基地がおかれたこともあった．豊臣秀吉の侵略戦争には，第1次出兵(文禄の役)初期に，船隊の寄港地とした．停戦して日本軍が首都漢城から慶尚道に撤退し，駐留拠点に築城したとき，対岸本土の安骨浦(あんこつほ，訛って「あんこうらい」と通称)・薺浦も，重要基地になったので，講和交渉中に，島の北部にも築城して水軍の拠点をおいた．第2次出兵(慶長の役)には，安骨浦・薺浦などが，築城進撃の重要拠点となり，加徳島周辺水域では，数回にわたって，規模の大きい海戦が展開された．のち孝宗7年(明暦2，1656)に朝鮮水軍の基地が復置された．　　　　　　　　　　　　(中村 栄孝)

073 葛野 かどの
山城国の古地名．現在の京都市右京区太秦・西京極の一帯を指したものと思われる．古くは「カヅヌ(ノ)」と呼び，のちの葛野郡の範囲を越えて葛野川(桂川)の流域一帯を指した．『古事記』には応神天皇が近江国に赴く時に，宇遅野において「知婆能，加豆怒袁美礼婆，毛々知陀流，夜邇波母美由，久邇能富母美由」という歌を詠んだと伝えているが，葛野の繁栄を示すものといえる．4，5世紀ごろには葛野県が設定され，その県主である葛野主殿県主は頭八咫烏の後裔という伝承をもっていた．また，この地方は帰化人である秦氏が勢力を誇ったところであり，その秦氏が葛野川に大堰を築いたことは有名である．推古天皇11年(603)には秦河勝が葛野寺(蜂岡寺・広隆寺)を創建したと伝えている．7世紀中ごろには葛野郡の成立をみたらしく，その史料的初見は『日本書紀』天智天皇6年(667)6月条である．このころの葛野郡は，のちの乙訓・綴喜両郡の一部をも含むものであったが，『大宝令』による国郡制の施行によって割郡がなされた．『和名類聚抄』によれば葛野郡は12郷よりなっているが，その中心は葛野郷である．葛野郡の郡衙が西京極の郡(こおり)の地におかれたところから，のち太秦・西京極一帯の地が葛野と呼ばれるに至ったものであろう．また，葛野は山城国の歌枕ともなっている．
[参考文献]　『京都の歴史』1　　　(黒川 直則)

074 金田城 かねだじょう
天智天皇の代に対馬に築かれた城．山城．『日本書紀』天智天皇6年(667)11月条に，大和の高安城，讃岐の屋島城とともに対馬の金田城を築くとある．その遺跡については，長崎県対馬市厳原町の佐須の小茂田山とする説もあるが，対象となる遺構はない．これに対し，浅茅(あそう)湾の南岸にある城山(じょうやま)には明瞭な遺跡が残っている．場所は対馬市美津島町黒瀬の対岸である．城山は最高峰275mで，山頂より東北に走る尾根にそって外まわりの石塁がある．この稜線の両端から，石塁線は西南方に折れて，海岸ぞいの塁壁に連なる．石塁の延長は2km以上に及び，山の斜面を広く城域にとり入れている．谷の口には「城戸」とよばれる城門址が3ヵ所あって，門礎も残っている．様式上朝鮮式山城とよばれるこれらの山城は，7世紀なかば以降の百済救援の失敗によって，西海辺防のため設けられた一連の防塁である．特別史跡に指定されている．
[参考文献]　水野清一他『対馬』(『東方考古学叢刊』乙種6)，『長崎県史』古代・中世編　(鏡山 猛)

075 金渡の墨蹟 かねわたりのぼくせき
南宋の禅僧拙庵徳光(仏照禅師)筆の一墨蹟の呼称．この墨蹟には摂津崇禅寺の住持周乗が文安2年(1445)に書いたという由緒書が付属していて，それによると，これは平重盛がみずからの菩提をとむらってもらうために，安元年間(1175～77)に鎮西の船頭妙典に託して五山の1つの阿育王山広利禅寺に黄金3000両を寄進したのに対し，時の住持の拙庵が返礼として送ってきたものだとなっている．ただし「正瑛，求頌要_修行_」以下の七言四句の偈頌の内容，また返礼の書札としての形式からみて，この解説は疑わしい．おそらく後世になって拙庵筆のこの墨蹟が発見され，それに『平家物語』3にみえる「金渡」の伝承が付会されて，この墨蹟を「金渡の墨蹟」と呼称するようになったものであろう．しかしこの墨蹟はこの由緒書の伝承のために珍重され，細川家から徳川家へと伝来し，今は東京都渋谷区宇田川町の藤原有三の所蔵に帰し，現存最古の墨蹟の1つとして重要文化財に指定されている．

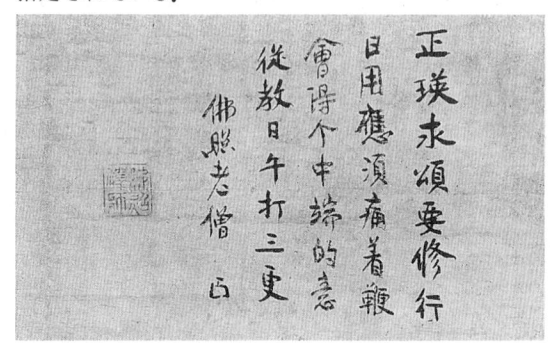

[参考文献]　芳賀幸四郎編著『墨蹟大観』1　(芳賀幸四郎)

076 華蛮交市洽聞記 かばんこうしこうぶんき
江戸時代，明和～安永年間(1764～81)ごろまでに成立した長崎貿易に関する諸編纂物の記事を，薬種商である著者が，この業に意を用いる後人の一助ともならば，との意図で抄出・編集した一種の長崎貿易案内書．ただし，著者自身の体験・見聞による記事も多少含む．著者はおそらく，大坂の唐薬種・荒物の請荷問屋，小西太右衛門であろう．7巻7冊(無窮会所蔵)．寛政7年(1795)の成立．『華蛮交易明細記』と表題した．『華蛮交市洽聞記』は，著者の請いにより，当時，物産学者・文人として名のあった木村蒹葭堂(けんかどう)が与えたものである．成立後，多少書き加えて，享和元年(1801)の記事が年代

下限となっている．内容は，輸入薬種を扱う者に有用であるばかりでなく，むしろ長崎貿易に参加する一般商人にとって，予備知識として有用な諸記事．第4巻までは導入的に，主として長崎貿易の沿革や著名事件などを抄出し，第5巻以降は，取引実務に従う者に要用な記事が多い．『長崎県史』史料編4に収められている．なお，『華蛮交易沿聞記』（東京大学附属図書館所蔵，4巻4冊付録1冊）は，第4巻までは本書の抄本であるが，付録は全く別個・独自の記述である．これは，唐船の入港から筆を起し，新地で落札商人へ荷物を交付するまでの取引の手続き，実際の次第を順序を追って，生き生きと描写する．おそらく実務経験者の筆に成るものであろう．唐・蘭船が入港してからの取引手続きを役人の側から説明するものは珍しくはないが，これは商人の立場から述べた唯一のものである．
（山脇悌二郎）

077 甲比丹 カビタン Capitão ポルトガル語のcapitãoに由来し，もとは，船長または船隊司令官の意である．カピタン＝モールは，ポルトガル人の海上での最高司令官であるとともに，アジア在任地での首席・長官をさした．1550年代に，ポルトガルは日本貿易にもこの制度を設けた．日本人はこれを略して甲比丹と呼んだが，のちに平戸のイギリス・オランダの商館長をもそう呼び，特に鎖国以後は，もっぱら長崎のオランダ商館長をさすことになった．→オランダ商館

参考文献 C. R. Boxer: Fidalgos in the Far East, 1550—1770． （永積　洋子）

078 カブラル Francisco Cabral　？～1609　ポルトガル人イエズス会司祭．1533年ごろサン＝ミゲル島に生まれ，50年インドへ向かい，54年ゴアでイエズス会に入る．元亀元年(1570)天草の志岐に渡来．第3代日本布教長（元亀元年～天正8年(1580)）となり，7月末志岐に布教会議を開き，宣教師が清貧に甘んじて修道士としての務めに励むべきことを強調した．会議終了後全布教地の視察を決心し，まず樺島・福田・長崎を経て大村に至り，大村純忠を訪れて，夫人および長男喜前，娘2人その他多数に洗礼を授け，口之津から有馬へ行って有馬義直を，さらに島原から豊後へ行って大友宗麟を訪れ，ついで秋月・博多・平戸・五島を巡視した．同2年秋豊後をたって畿内へ向かい，京都で足利将軍義昭に謁し，岐阜に織田信長を訪れ，河内・摂津を巡歴し，翌年の復活祭を三箇で祝い，堺で乗船して，豊後・口之津・天草・大村を経て，9月に長崎に帰った．また，天正元年9月に再び口之津を発し，府内・博多から下関・山口を経て，岩国で乗船して翌年の四旬節の終り近く堺に渡り，三箇で聖週をすごし，翌年の復活祭後京都で信長を訪問し，8月高槻に滞在し，その秋九州に帰った．以後はもっぱら豊後を中心として布教し，大友親家（天正3年），田原親虎（同5

年），大友宗麟（同6年）その他に洗礼を授けた．彼は学識ならびに神学的教養豊かな有徳の司祭，豊富な経験と有能な指導力をもった忠実なイエズス会士であって，日本に居る宣教師たちの内的生活と外的態度とを会の宗教的理想にかなうものとしようと常に努力した．たびたびの視察旅行で多くの重要人物と接し，その好意を得て布教上に大きな効果をあげたが，日本人に対する理解と指導，日本布教の方針について，同7年に渡来した巡察師アレッサンドロ＝ワリニャーノと意見が合わず，同10年日本を去り，その後はインド管区で要職を勤め，1609年ゴアで死んだ．

参考文献 ドン＝テオトニヨ＝デ＝ブラガンサ編『耶蘇会士日本通信』京畿篇下（村上直次郎訳，『異国叢書』3），『イエズス会士日本通信』下（村上直次郎訳・柳谷武夫編，『新異国叢書』2），ルイス＝フロイス『完訳フロイス日本史』（松田毅一・川崎桃太訳，『中公文庫』），Josef Schütte: Introductio ad Historiam Societatis Jesu in Japonia 1549—1650(1968); Josef Schütte: Monumenta Historica Japoniae I. Textus Catalogorum Japoniae 1553—1654(1975); Josef Schütte: Valignanos Missionsgrundsätze für Japan 1573—1582(1958)．　　　　（柳谷　武夫）

079 花辺銀銭 かへんぎんせん ⇒外国金銀（がいこくきんぎん）

080 上毛野竹葉瀬 かみつけののたかはせ 新羅に遣わされたという武将．『日本書紀』には仁徳天皇53年に新羅が朝貢しなかったので，上毛野君の祖竹葉瀬を遣わして理由を問わせようとした．ところが途中で白鹿を獲たので天皇に献上し，さらに日を改めて出発したとあり，田道の兄とある．『新撰姓氏録』には豊城入彦命5世の孫，多奇波世君とみえ，上毛野朝臣（田辺史系）・住吉朝臣・池原朝臣・桑原公・川合公・商長首など百済系帰化人と関係の深い氏族の祖ともされている．『弘仁私記』の序によると，田辺史・上毛野公・池原朝臣・住吉朝臣などは，仁徳天皇のときに百済から帰化した思須美・和徳の両人の子孫なのだが，彼らが日本の将軍として百済に渡った上野公竹合の子孫だと言上したので，天皇はあわれんで上毛野氏の一族に混入したのだ，と記されている．竹葉瀬は百済に使いして王仁を連れてきた荒田別の子になっているので，百済系帰化人の伝承にも語られたのであろう．

参考文献 志田諄一『古代氏族の性格と伝承』
（志田　諄一）

081 上毛野田道 かみつけののたみち 新羅・蝦夷征討に活躍したという武将．『日本書紀』には仁徳天皇53年，兄の竹葉瀬（たかはせ）について新羅征討に遣わされた田道が精騎を連ね，巧みな戦術で新羅軍を破り，四邑の人民をとらえて帰ったとある．また田道は荒田別の男で，百済国に遣わされ，止美邑の呉女をめとって止美連の祖持君をもうけたという伝えもある（『新撰姓氏録』）．仁

徳天皇55年に蝦夷がそむいたので，征伐にむかったが敗れ，伊寺水門(いじのみなと)で死んだ．田道の妻は遺品の手まきの玉を抱き，首をくくって死んだので時の人は悲しんだ．のちに蝦夷がまた襲ってきて，田道の墓を掘ったところ，大蛇が現われて蝦夷を食い殺したという(『日本書紀』)．

[参考文献] 志田諄一『古代氏族の性格と伝承』，三品彰英「荒田別・田道の伝承」(『朝鮮学報』31)

(志田 諄一)

082 神谷主計 かみや かずえ 生没年不詳 戦国時代の筑前博多の貿易商．永富の子，宗湛4世の祖．天文8年(1539)遣明船1号船の船頭．1号船は正副使が乗り本船とも呼ばれ，その船頭は総船頭ともなる．この遣明船は3隻みな大内氏の経営，正使は博多新筥院の湖心碩鼎．1・2号船に博多商人が多く乗ったが，船頭はみな有力な貿易商である．天文7年7月から翌年3月まで順風を待ち博多滞留中，主計の子や婿が，しばしば副使策彦周良を訪れたこと，また養子太郎左衛門が主計と同行渡航したことが『策彦和尚初渡集』にみえる．明嘉靖19年(1540)10月寧波(ニンポー)の正使碩鼎の宿房で，永富の33年忌供養を営んでいるので，永富は永正5年(1508)没したことになり，この点からみると主計は当時50歳ほどであろうか．

[参考文献] 牧田諦亮編『策彦入明記の研究』，小葉田淳『中世日支通交貿易史の研究』 (小葉田 淳)

083 神谷寿禎 かみや じゅてい 生没年不詳 戦国時代の筑前博多の貿易商，鉱業家．神谷氏の系譜に，主計の子寿禎，寿禎の子宗浙，宗浙の孫を宗湛とする．主計は天文8年(1539)遣明船の総船頭で，副使策彦周良の『策彦和尚初渡集』によれば，天文7年7月から翌年3月まで順風を待ち周良が博多の竜華院に逗留中，神屋(谷)加斗・彦八郎さらに主計の子次郎太郎・婿孫八郎とともに寿禎が，しばしば周良を訪れ贈物などしている．寿禎は神谷の一族で貿易商であることは確かだが，『策彦和尚初渡集』の筆致からは主計の子となすのは疑わしい．寿禎は石見国銀峯山(石見銀山)に登って銀鉱を発見し，大永6年(1526)以来採鉱に従事したという．天文2年博多から吹工2人を伴いきて銀を製錬し，これが銀山での銀吹のはじめと伝える．これは新製錬法の実施を示すもので，銀鉱に鉛または鉛鉱を合わせ吹き熔かし含銀鉛を取り出し(荒吹という)，含銀鉛から灰吹法によって灰吹銀を析出するのである．近世の日本の貴金属鉱山では例外なく金銀の製錬に鉛を媒剤とする，この製錬法が用いられて明治に及んだ．この法は中国で行われていたが，おそらく直接には朝鮮から伝えられたもので，博多商人の朝鮮貿易によるものであろう．日本鉱業史上に画期的意義を持つものであり，石見銀山が近世の鉱山開発の先駆的地位を占めるゆえんの1つは，この銀製錬法が最初にここで実施された点にある．

[参考文献] 小葉田淳『中世日支通交貿易史の研究』，同『日本鉱山史の研究』 (小葉田 淳)

084 神屋宗湛 かみや そうたん 1553～1635 安土桃山・江戸時代前期の筑前博多の豪商，茶人．通称善四郎，字は貞清，剃髪して置安斎惟精，宗湛と号した．宗旦・宗丹と書かれることもある．天文22年(1553)正月元日生まれといい，紹策の子，神屋氏の祖永富から数えて6代目にあたる．父の代から博多の戦禍を避けて唐津に住んでいたが，天正14年(1586)上洛し，同年12月3日に大徳寺の古渓宗陳について得度した．翌15年の正月には豊臣秀吉の大坂城の大茶湯に招かれ「筑紫ノ坊主」とよばれて殊遇を受けた．その後豊臣秀長・石田三成・千利休らをはじめ堺の商人と交わり肥前唐津に帰った．同年4月，島津攻めで九州に下った秀吉を薩摩の出水に見舞い，同7月には帰途の秀吉を博多に迎え，島井宗室とともに町衆の代表として博多の復興にあたり，表口13間半の屋敷を許され，以後特権として町役を免ぜられた．同年10月の北野大茶湯に上洛し，遅参したけれども，秀吉からは「カワイヤ，ヲソク上リタルヨナ」といわれて特別の優遇を受け，ついて聚楽第や大坂城の茶会にも招かれた．帰国後，筑前の領主となった小早川隆景の名島築城を援けて，寵愛を受け，しばしばその茶席に列した．文禄元年(1592)文禄の役が始まると，博多は兵站の基地となり，宗湛・宗室らは兵糧確保の任を与えられた．宗湛は肥前名護屋城の秀吉本営の黄金の茶室の茶会に列し，秀吉は同年10月したしく博多の宗湛の屋敷を訪ねて茶会を催し，また名護屋における商売を許した．同3年9月には小早川秀秋の結婚祝のため備後三原に赴き，翌4年9月には秀秋の筑前入部を迎えて奔走した．秀吉の死後関ヶ原の戦の功によって小早川秀秋が備前岡山に移ると，筑前は黒田長政の領するところとなった．宗湛は黒田孝高(如水)や長政を迎えて福岡築城に協力した．しかし，博多商人の勢威は江戸幕藩制支配の進行とともに衰え，

天下の大商人として活躍した宗湛の地位は福岡藩における一御用商人に転落した．そして寛永元年(1624)には家蔵の名器博多文琳（ぶんりん）の茶入を藩主黒田忠之により知行500石・金2000両を代償として強圧的に召し上げられてしまった．なお，明証はないけれども宗湛は父祖の業を受けて鉱山業を行なったと思われ，ほかにも種々の事業に手を出したらしく，博多産業の始祖を宗湛に擬する伝説はきわめて多い．特に蠟燭の原料の櫨を海外から移植して九州一円にひろめたという話は有名である．茶会記に『神屋宗湛日記』があり，全盛時代の行動が活写されている．寛永12年10月28日自宅にて死去．83歳．墓は福岡市妙楽寺にある．

[参考文献] 江島茂逸・大熊浅次郎編『(商人亀鑑)博多三傑伝』，物上敬『日本商人伝』上，田中健夫『島井宗室』(『人物叢書』63)，肥後和男「神谷宗湛」(創元社『茶道全集』5 所収) （田中　健夫）

085 亀井茲矩 かめいこれのり　1557〜1612　安土桃山・江戸時代初期の大名．諱ははじめ之子，のち真矩，ついて茲矩と改め，新十郎と称した．弘治3年(1557)出雲国湯之庄(島根県松江市玉湯町)に生まれる．父は尼子氏の家臣湯左衛門尉永綱，母は多胡辰敬の女．尼子氏の滅亡後諸国を流浪し，天正元年(1573)因幡国に来住，尼子氏再興を図る旧臣山中鹿之助幸盛に従い各地に勇戦した．翌2年同国八上郡の矢部某を討ったときの武勇に感じた鹿之助により，その女をめあわされ，尼子氏の旧臣亀井能登守秀綱(鹿之助の外舅)の家号をついだ．のち鹿之助とともに織田信長に属し，丹波・播磨などに転戦したが，鹿之助の死後はその部下を率い，羽柴秀吉の手に属した．同8年因幡国に進入，鹿野城(鳥取県鳥取市鹿野町鹿野)にこもって毛利方と戦い，同9年秀吉による鳥取(久松山)城攻略に貢献した．その功により同年10月鹿野城主となり，同国気多郡1万3500石を充行われた．同13年従五位下武蔵守に叙任，その後九州攻め・朝鮮の役にも出陣，秀吉から琉球攻めの朱印を与えられ，琉球守とも称した．慶長5年(1600)関ヶ原の戦で徳川方に属した功により，同国高草郡を充行われ，計3万8000石を領した．気多郡日光池・高草郡湖山池の干拓を行い，また千代川の左岸に延長22kmに及ぶ大井手用水を設けたほか，数十町歩にわたる茶園を気多郡山ノ宮村に作らせ，桑・楮をはじめ主要樹木の伐採を禁じ，植樹に努めるなど，産業の振興を図ったので，亀井堤・亀井笠・亀井踊りなど，後代までその治績とともに伝えられるものが多い．他方，文禄年間(1592〜96)から伯耆国日野郡石見村の銀山を経営し，また，慶長12年・14年・15年の3度にわたり幕府の朱印状を得て，サイヨウ（マカオ付近）・シャム（タイ）などに貿易船を派遣し，家康とシャム国王との交歓の仲介を行なったこともある．同17年正月26日鹿野で没．56歳．法号は中山道月大居士．鹿野の譲伝寺に葬られた．

[参考文献] 『大日本史料』12ノ9，慶長17年正月26日条，『寛政重修諸家譜』426，『亀井家御系譜』(津和野町立郷土館蔵)，山根幸恵『亀井朱印船私考』(『山陰文化選書』4) （山中　寿夫）

086 貨物市法 かもつしほう　⇨市法貨物商法（しほうかもつしょうほう）

087 加羅 から　朝鮮の国名また地域名．加良・駕洛・伽落・伽洛・伽耶・伽倻などとも書く．半島東南部第1の河川洛東江の沿岸にあったいくつかの小国を総称して五加羅とか六加羅といい，個別的には阿羅加羅・古寧加羅・星山加羅などといい，それらの諸国は同盟連合の関係にあったことを思わしめるが，中でもおもだった国が2つあった．南の金海の加羅と，北の高霊の加羅（大加羅）である．朝鮮文献ではこの2国は建国の年を同じくし(後漢の光武帝建武18年，42)，前者は10王代490年，新羅の法興王19年(532)に，後者は16代520年，同じく新羅の真興王23年(526)に滅んだとされている．日本文献では多くの場合，金海の加羅を南加羅とし，高霊の加羅を単に加羅と記し，総称の地域名としては柯羅倶爾（韓国）というが，歴史的には「任那」と記している．

[参考文献] 末松保和『任那興亡史』，今西竜「加羅疆域考」(『朝鮮古史の研究』所収)，三品彰英『日本書紀朝鮮関係記事考証』，田中俊明『大加耶連盟の興亡と「任那」』，東潮・田中俊明編『韓国の古代遺跡』2 （末松　保和）

088 唐絵 からえ　中国人の描いた絵画と中国画を模倣して中国の事物を日本人が描いた2種類の絵画に対して用いる古代・中世の用語．天平18年(746)の『法隆寺伽藍縁起并流記資財帳』を初見として，韓櫃・倭櫃のごとく同種の造形物に対して製作国名を付けて呼び分ける習慣が生まれたことは「唐物」の項で説明したが，この唐絵なる言葉も広義の唐物の一種に属し，最も普遍的に使用されたことと，意味が転化して日本製唐絵をも含むことで特色をもっている．飛鳥時代から平安時代中期までの日本の全絵画は，大部分が南北朝・隋・唐・五代・北宋の中国歴朝の絵画と少しの三国・統一新羅の朝鮮画の輸入絵画や，それらを手本にして日本で描かれた日本在住画家の絵画かのいずれかであった．すなわちその期間に日本で使用された絵画の題材・形式・構図・画法はすべて中国画的であって，王朝名でいえば唐朝画(唐画)的であった．『東大寺献物帳』に録されている大唐を冠する題材名をはじめとする画屛風や諸寺資財帳に記す仏画などは，たとえ当時の画工司の画師の作品であっても唐画すなわち唐本の楷模作にほかならなかった．この傾向は『文徳実録』や『三代実録』をはじめとする平安時代前期の記録・文書においても認められるところであるが，藤原行成の日記

『権記』の長保元年(999)10月30日条に「書倭絵四尺屏風色紙形(故常則絵，歌者当時左丞相以下読之)」とある記事を初見として，次第に倭(大和)絵の語が日記・物語に現われ，それを「やまとえ」と訓むこともわかり，併せて唐絵を「からえ」と訓んで公家生活では両者が併用されていることが知られる．藤原道長以後の貴族社会では大和絵の製作使用が優勢となってくるのに反して，一部宮廷と貴族の儀式においてのみ唐絵を用いる習慣が継続しているが，その内容は次第に形式化してゆき，単に題材が唐朝的事物であるにすぎない程度にまでなってしまった．近年まで教王護国寺に伝来した白河天皇期ごろの作と推定される「山水屛風」(京都国立博物館蔵)が白居易(白楽天)の隠棲図を描きながら，その画法が大いに大和絵的であることでもわかろう．ところが鎌倉時代の禅宗の興隆とともに南宋朝の貴族絵画と禅宗絵画が輸入されて，鎌倉時代後期にはその唐絵を模倣する画僧が発生し，室町時代には大和絵を凌駕する量質の日本画に成長したが，南北朝時代ごろから，その日本画僧の描く宋元風絵画をも唐絵と呼び始めた．その日本の中世唐絵を統一したのが狩野元信であり，次の時代に再編成したのが狩野州信(永徳)・守信(探幽)・常信であったが，この狩野派においては主に漢画と呼び換えている．かつまた，江戸時代には各種様式の明・清画が流伝するが，それらを唐絵または漢画と称する率は少なくなっている．なお，唐絵の用語を『北山抄』3の「用所唐図軟障」にまでさかのぼらせる説が有力であるが，染・織・繍などの帷幕の図様が唐の図であるという意味であって，唐図を唐絵と解釈するのは無理である．　→唐物(からもの)

参考文献　大村西崖『広日本絵画史』，家永三郎『上代倭絵全史改訂版』，秋山光和『平安時代世俗画の研究』　　　　　　　　　　　　　　(谷　信一)

089　唐絵目利　からえめきき　江戸時代，長崎会所が輸入した清朝絵画を鑑識するための役職名．長崎貿易は長崎奉行の支配下にあったが，元禄11年(1698)に自治的な長崎会所が設けられて貿易業務を扱うことになったので，輸入品種に精通した各種の専門家すなわち「目利」を長崎奉行が任命するようになった．清朝の来航船がもたらす中国画を目利したり，造形物を略写したりするために，その翌年に雇用された画家が渡辺秀石と広渡一湖の両人であり，同じく宝永年間(1704〜11)に小原慶山が目利手伝(鑑画助員)となり，ついて石崎元徳が享保9年(1724)に目利手伝となって元文元年(1736)に目利に昇進し，さらに荒木元慶が享保年間に手伝となっていて，各子孫がその職を世襲した．中国的名称ではこれを鑑画職と鑑画職佐と呼んでいるが，オランダ絵画の目利も行なっている．　→唐物目利(からもののめきき)

参考文献　渡辺秀実『長崎画人伝』(『日本画論大観』中)，荒木千洲『続長崎画人伝』(同)，『崎陽画家略伝』(同)　　　　　　　　　　　　　　(谷　信一)

090　馭戎慨言　ぎょじゅうがいげん　⇒ぎょじゅうがいげん

091　唐織物　からおりもの　唐土舶来の唐物(からもの)とよぶ輸入品のうちの絹織物を総称する．普通には，室町時代に明国から舶来した金襴・銀襴・金緞(きんどん)・緞子(どんす)・繻珍(しちん)・綸子(りんず)の類をいい，伝統の浮文(うきもん)の二陪織物(ふたえおりもの)を再現して華麗な文様を色緯(いろぬき)で織り上げる国産の唐織と区別する．ばさら好みの武将たちに，古様は鎧直垂，新様は胴服に仕立てて愛用され，常用は直垂下の小袖，ときに公家の狩衣，女房の袿，法体(ほったい)の袈裟などに用い，田楽・猿楽の装束にも下賜されて用いたが，時代の下降につれて舶来品としての貴重性から着用に制限が加えられた．『長禄二年以来申次記』に正月朔日は白の直垂に唐織物の小袖といい，『御供古実』に「唐織物之事，一段御賞翫之儀ニ候，尋常の人のめし候はんずる事にてハ候はず候，からをり物をおとこ衆の着用の事ハ三管領へ御成の時御拝領之外ハ無之候，然共又一段の後に被下候事も可在之」とみえる．　　　　　　　　　　　(鈴木　敬三)

092　韓鍛冶部　からかぬちべ　倭鍛(やまとかぬち)に対して渡来人の鍛部をさす．『古事記』応神天皇段によると，百済の照(肖)古王が手人韓鍛の卓素なる人物を貢上したといわれる．鍛冶・銅工・金作などに従事した．鍛冶造に率いられ，近江・丹波・播磨・紀伊・讃岐に韓鍛冶(韓鉄師部)を名のる者がいた．一部は首の姓をもち郡司になったが，多くは大蔵省典鋳司の雑工戸に属した．5世紀以来金属加工に活動してきた工人の後裔であろう．

参考文献　小林行雄『古代の技術』(『塙選者』24)　　　　　　　　　　　　　　　　　(原島　礼二)

093　唐草文　からくさもん　花や葉をつけた茎や蔓が連続する文様．からみ草の略語とする説があるが，中国伝来の草花文様の意味で名付けられたものであろう．その分布は中国に限らず，洋の東西にわたって広く，歴史も永い．古代エジプトでは開花のロータス(睡蓮)と蕾の側面形とを交互に配して波状の曲線でつなぐ唐草文が行われ，アッシリアではロータスの側面形で，棕櫚の葉状になったいわゆるパルメットと蕾とを連続した文様が生まれた．ギリシャではパルメットを連続させて流れるようなリズムに構成した唐草文を完成させ，ローマでは自然形をよくのこす繁茂した葉の唐草文ができた．パルメット唐草文はヘレニズムの波にのって東洋に拡がり，特に中央アジアでは，それの変形で単純化された半パルメット唐草文が行われて，それが中国へ南北朝ごろにはいり，たとえば北魏の雲崗石窟の装飾文様となった．また朝鮮における遺例としては高句麗古墳の壁面装飾，さらに日本では法隆寺金堂釈迦三尊像光背

葡萄唐草文
(薬師寺金堂薬師如来須弥座)

や法隆寺献納宝物の金銅灌頂幡(東京国立博物館蔵，国宝)の装飾文様などがあげられる．この半パルメット唐草文は日本における最も早い唐草文の1つとなるわけだが，これにはまた忍冬唐草文の名がつけられている．忍冬文は英語のハニサックルHoneysuckleを訳したものだが，この植物の形と分布から考えると，古代の忍冬文はそれを象ったものではないという説がある．葡萄のふさや葉をつけた蔓唐草文の葡萄唐草文は，それの原形が前九世紀のアッシリアの遺例に見出され，これがギリシヤに伝わって律動的な唐草形式となり，さらにローマ以降ヨーロッパで行われた．一方，東洋に伝わって，中国隋・唐時代には葡萄唐草文に海獣文をあしらった海獣葡萄鏡が盛んにつくられ，日本では薬師寺本尊台座の装飾などになったが，奈良時代を経ると葡萄唐草文は急速に衰退した．牡丹・蓮花・葡萄などで合成された唐草文と考えられる宝相華唐草文は中国唐代に流行し，わが国に移入されて奈良時代に盛行したことは正倉院宝物中の調度や染織品の意匠に数多くみられることで察せられる．ことに錦などの織物には，いわゆる繧繝(うんげん)の手法によって花やかな色彩効果が発揮された．宝相華唐草文は平安時代後期に日本的に簡略化され，経箱などの蒔絵意匠につけられた．牡丹は唐代から盛んに栽培され，多くの人士に愛好されたことから宝相華唐草文構成の一分子となるとともに牡丹唐草文として単独でも行われた．日本でも用いられ，牡丹がかなり写生的に描かれた唐草文意匠の鎌倉時代の蝶螺鈿蒔絵手箱(畠山記念館蔵，国宝)がのこっている．その他，平安から鎌倉・室町時代にかけて蓮唐草文・桐唐草文・菊唐草文などそれぞれの原形が一目でわかる形でつくられた唐草文が工芸意匠となった．近世初頭には朝鮮李朝や中国明代に流行した唐草文がわが国の螺鈿や蒔絵意匠にとり入れられ，ことに後者は輸出漆器の宗教用具や生活用具の縁文様として好んで用いられ，現在南蛮唐草の名がつけられている．江戸時代には型紙染の文様として蔓で牡丹や菊の花，蔦の葉などをつなぐ唐草文が盛行，また大風呂敷や単の文様として巻き込んだ蔓先を組合わせ，連続させた蔓のみによる唐草文が行われた．

(岡田　譲)

094 駕洛国記 からこつき　朝鮮の古史『三国遺事』巻2の末尾の1篇であるが，その説明に「文廟(高麗文宗)朝大康年間(1075〜84)金官知州事文人所撰也，今略而載之」とあるので，単行書名に準じて取り扱われてきた．内容は金海の加羅(金官加羅)の(1)開国伝説と，(2)始祖王廟および王妃廟の祭祀・祭祀田の由来と，(3)銘と，(4)始祖より第10代仇衡王に至る王代記とから成り立っている．「駕洛国太祖陵崇善殿碑」(1884年建立)によれば，この国記は，始祖王廟前に建てられた碑文の節略である．金海の地に伝承された説話が多分にとり入れられている点に史料としての特色がある．

参考文献　三品彰英『三国遺事考証』，末松保和『任那興亡史』，今西竜「加羅疆域考」(『朝鮮古史の研究』所収)
(末松　保和)

095 唐島 からしま　⇒巨済島(きょさいとう)

096 唐島の戦 からしまのたたかい　慶長2年(1597)7月15日，朝鮮巨済島(当時日本で「唐島」と通称)北部での海戦．朝鮮水軍統制使元均は，同月5日，大挙して閑山島の本営を出発し，釜山方面の日本軍を攻撃して軍をかえし，巨済島北岸七川梁(しちせんりょう，七川島との間の海峡)に碇泊した．15日夜，日本水軍将藤堂高虎・脇坂安治・加藤嘉明は，陸将小西行長・島津忠豊らと，水陸からこれを攻撃した．元均は上陸して敗死し，全羅右水使李億祺・忠清水使崔湖は戦死し，慶尚右水使裵楔は逃れて閑山島にかえり，本営を焼いて全羅道に走り，朝鮮水軍は艦船160隻余りを失った．これで慶尚道水域の海上権は，完全に日本軍に帰した．日本軍は，この戦いにはじめて鉄板船を出動させている．→文禄・慶長の役(ぶんろく・けいちょうのえき)

参考文献　有馬成甫『朝鮮役水軍史』
(中村　栄孝)

097 硝子 ガラス　Glas　ガラスが最初に作られたのは，古代オリエントのどの地域か明らかでないが，遺物に徴すると最古のガラス器はエジプト第18王朝時代，アメンホテプ2世治世時代(前15世紀前半)から作られていたことがほぼ確実となっている．ローマ時代にはいると吹きガラス技法の開発によってガラス製造は飛躍的な発展をとげた．東洋では中国における最も古いガラスの遺物としては，河南省洛陽金村など戦国時代(前403〜前221)後半期の墳墓から出土したガラス璧(へき)やトンボ玉などの玉類があげられる．璧は鍔状の装身具で，これは当初，シリアなどの西方の国で中国向きに製作，輸出したものかもしれないという説がある．漢代(前202〜後220)にはローマガラスの容器が輸入され，5世紀の北魏になると，中国でガラス容器の製作が始まったことが『後魏書』西域伝の記事でうかがわれる．5世紀のころ，朝鮮の古新羅時代の首都慶州における瑞鳳塚から玉類とともにガラス容器も発見されており，それが西方から中国を経て朝鮮に伝来したか，それとも中国で製作されたものがもたらされたか明らかでないが，中国製とする説が強い．隋・唐時代(589

～907)には中国ガラスの技術もかなり進んだと想像されるが，この時代の実物が乏しいためその様相を捉えることがむずかしく，かえってわが国における正倉院のガラス容器が貴重資料となっている．正倉院蔵の6個のガラス容器のうち，白瑠璃碗はイランの製品であることに疑いなく，中国を経て日本に渡来したものだが，白瑠璃坏や緑瑠璃十二曲長坏はおそらく唐代の中国製であろう．また紺瑠璃坏はそれと同形式の坏が韓国慶尚北道漆谷郡東明面の松林寺磚塔から発見されており，製作地は西方のように思われる．下って明代にはいると，ヨーロッパの技術者の指導もあって，ガラスは工業的に発展，清代になると康熙帝の1680年に北京にガラスの官営工廠が設けられ，同治帝(在位1861～74)のとき焼失するまで，そこで宮廷用のガラス器が作られた．清代を通じて乾隆時代(1736～95)のものがいちばん優れているので，乾隆ガラスの呼称がある．

日本でははじめてガラスを知ったのは弥生時代のことで，その最も代表的な資料は福岡県春日市の須玖岡本遺跡から出土したガラス製璧の残片と小玉の類である．それらはすべて中国から渡ってきたものと考えられる．古墳時代にはいると多数のガラス玉類が出土しており，種類は小玉・丸玉が最も多く，ほかに管玉・トンボ玉・勾玉が出ている．勾玉では岡山県瀬戸内市長船町西須恵出土のものは長さ5.5cmもあって淡緑色を呈し，ガラス玉以外のものでは京都府京丹後市三重古墳出土のガラス腕輪残片がある．古墳時代におけるガラス玉の成分は，ほとんどがアルカリ石灰ガラスだが，同時代末期から奈良時代にかけてのものは鉛ガラスが多くなっており，『正倉院文書』にみえる造玉の原料の記載も成分が鉛ガラスである点などから考えて，少なくとも古墳時代末以降のガラス玉は日本で作られたことが明らかである．奈良時代の遺物では，正倉院に舶載のガラス容器以外に，おびただしい数のガラスの玉類とそれらによって装飾された器物，鉛ガラスの魚形・小尺の類があり，それらは日本製である．平安時代には宋のガラス器が日本に輸入され，鎌倉・室町時代にも中国から渡ってきたが，遺物はほとんどみられない．天文20年(1551)，山口の大内義隆は布教のために来日したポルトガルの宣教師フランシスコ＝シャビエルからガラス器やガラス鏡などを贈られ，日本人としてはじめてヨーロッパのガラスを手にしたことになるが，舶載のガラス器，いわゆるビードロに刺激され，まず長崎の工人が吹きガラスの技法を会得して簡単な瓶類をつくるようになった．それはおよそ寛永の後期から寛文の初めごろにかけてのころと考えられる．ガラスの製法は長崎から大坂，そして江戸へと伝わり，明和のころからそれぞれに盛んになった．幕末には大坂や江戸でギヤマンの名で呼ばれる切子ガラスが作られたが，ギヤマンは，切子のそれに相似するところから蘭語のdiamant(ディアマント，英語のdiamondにあたる)から転化した名称と考えられ，のちにはガラス器一般を指した．幕末にはまた鹿児島藩・長州藩・佐賀藩などの各藩でガラスの製造が始まったが，なかで鹿児島藩のそれが優れていた．ことに島津斉彬の代の安政2年(1855)にガラス製造所を集成館に移して規模を拡大してから紅ガラスのほか，藍・黄・緑の各色のガラスから見事な切子ガラスまでつくられた．明治時代にはガラスは工業的生産の面に力が注がれて美的な工芸ガラスにみるべきものがなく，美しい個性的なガラス器が工芸家の手でつくられるようになったのは昭和にはいってからである．

参考文献　原田淑人『正倉院ガラス容器の研究』，正倉院事務所編『正倉院のガラス』，岡田譲編『ガラス』(至文堂『日本の美術』37)　　(岡田　譲)

098 漢神 からのかみ ⇒蕃神(ばんしん)

099 韓神 からのかみ ⇒蕃神(ばんしん)

100 咬𠺕吧 カラパ ⇒ジャカルタ

101 咬𠺕吧暦 カラパれき　バタビア版の暦書．ジャガタラ暦ともよばれる．現在国立国会図書館に残存するものは1807～44年のうち15冊であるが，長崎県平戸にはなお古いものを保存しているらしい．書物の題名はBataviasche Almanak, Almanak van Nederlands Indie等としばしば改題されたらしい．『咬𠺕吧暦和解』はその一部の訳で，現在1776年から1833年までのうち30余年分が残っている．訳者は中山作三郎・石橋助左衛門・馬場為八郎らであった．内容は多くは1年分10枚内外の簡単なもので，その年の世界中の日食・月食を記し，次に毎月の朔・弦・望・中気についてカラパ暦の日時分を示し，それを日本流の干支と1日100刻による時刻法に直したものであり，日本との経度差を入れていない．1833年のものは東北大学にあり，他のものより内容が多く1年分44枚で，世界開闢後五千七百八十二年など各種暦年，毎日の日の出入，薄明，時差表，地震，天気儀(気圧計)・気候儀(温度計)実測のことなどを記す．渋川景佑が訳したものと認められる．

参考文献　神田茂「咬𠺕吧暦和解について」(『蘭学資料研究会研究報告』86)　　(神田　茂)

102 韓人 からひと　古代に朝鮮から渡来した人々を呼んだ一般的呼称．『日本書紀』応神天皇7年9月条に「高麗人・百済人・任那人・新羅人，並来朝，時命=武内宿禰_，領=諸韓人等_作ν池」とあるのをはじめ，その用例がみられるが，『続日本紀』神亀元年(724)2月条の聖武天皇即位の詔にいう韓人部(韓人らの意)の場合には，その中に中国系の人も含まれている．なお韓人を姓とする人名が大宝2年(702)の『御野国味蜂間郡春部里戸籍』，天平5年(733)の『右京計帳』その他に散見する．　　(関　晃)

103 韓人池 からひとのいけ　『日本書紀』応神紀によると，高麗人・

百済人・任那人・新羅人の諸韓人が来日し，武内宿禰に率いられて池を造ったのでこの池を韓人池と名づけたとみえる．一方『古事記』では応神天皇の世に武内宿禰が新羅人を率いて池を造り，これを百済池と名づけたとあり，両者の伝承に若干の相違がみえるが，おそらく同一内容のことを物語っているものであろう．ただしこの伝承をそのまま史実とみて，係けられた年代を論ずることはできないが，おおよそ5，6世紀のころとの推測は可能であろう．この池について現在奈良県磯城郡田原本町にある唐古池をそれとする説があるが，これは韓人と唐古の呼称の類似に基づく推測であり，上述の韓人池も単独のものかあるいは諸所に造られたものか断定できないので，確証にはならない．しかしこの記事によって，古代における灌漑用の池を造るのに渡来民の進んだ土木技術によることが多かった点は窺えるであろう．「池を造る」とあることは，堤を築いて天水あるいは溝渠からの引水を貯えたと考えられ，それ以前の自然の流水を利用したり，山麓部において谷あいの水を塞きとめて池を造るよりも進んだ方法であった．河川が短小で急流の多い大和平野では溜池による灌漑は重要なものがあり，造池工事に渡来民の土木技術の果たした役割が大きかったことを，この記事から知ることができる．なお，こうした造池技術および労働力は古墳造営の労働力および技術に相通ずるものがあるとの説があり，頷かれる点が多い．

(亀田　隆之)

104 樺太 からふと

宗谷海峡を隔てて北海道の北にある，南北948kmの長大な島．カラフトは唐人(からふと)の意味で，外人がこの地に来て中国製品を伝えたことから生まれた称呼といわれる．古くから唐太と宛字されていたが，明治2年(1869)，政府はこれを樺太に改めた．欧米ではサハリンSakhalinと呼ぶが，これはツングース語のサハリヤン＝ウラ＝アンガ＝ハタ(黒竜江口峰)の略称である(サハリヤン＝ウラは黒竜江)．日本人は17世紀の初頭すでにカラフトの存在を知っていたが，その北端約160kmが幅約8kmの海峡によってシベリア大陸と隔てられていることが確認されたのは，文化6年(1809)に行われた間宮林蔵の第2回カラフト探検によってである．ロシア側は，1849年，ネベリスコイ G. I. Nevel'skoiによって，この海峡が発見されたと誇称している．これで世界地図上，両極をのぞきただひとつ残されていた不明確地点が明らかにされた．カラフトは日露両国抗争の歴史に彩られているが，アイヌ・ギリヤーク・オロッコなど諸族の原住地であったこの島に，最初に実質的支配の手を及ぼしたのは中国であった．『山海経』や『淮南子』に毛民の名がみえ，降って貞観14年(640)には流鬼が唐に入貢している(『新唐書』『通典』)．これらはカラフトのアイヌであろうが，中国の実勢力がカラフトに及んだのは，元の時代からであって，黒竜江下流に置かれた東征元帥府を基地にいくたびか兵を渡海させて，アイヌ(骨嵬)を討伐した．明は直接に武力を加えなかったが，元の東征元帥府のあとに置かれた奴児干(ヌルカン)都司には，カラフト北部のギリヤーク(吉列迷)ばかりか，南部のアイヌ(苦夷)までが朝貢していた．清は世祖・聖祖の時代，ロシアの黒竜江進攻を撃退して，同流域を河口までその版図に入れた後，遠征隊をカラフトのギリヤーク居住地に送り，その地を貢納国とした．やがて南部のアイヌ(庫葉)の一部も清に服属して朝貢するに至った．中国は今にカラフトをその三大島の1つとして数えている．17世紀の中ごろ，奇しくも，日本人・オランダ人・ロシア人が，ほとんど同時に，いずれもはじめてカラフトに足跡を印した．すでに平安時代から，北海道アイヌによるカラフトを通じての中国製品の交易が行われていた(『中外抄』玄上不入袋事に「えぞ錦」のことがみえる)が，松前藩が家臣をカラフトへ遣ったのは，寛永12年(1635)が最初で，引きつづきしばしば探検隊を派遣して，その南半部を踏査させている．松前藩の初度探検について，同20年，オランダ東インド会社のフリース M. G. de Vriesは，会社船カストリクーム号でタライカ湾の北知床岬(忍耐岬)まで北上している．ロシア人は17世紀中ごろの初次黒竜江侵攻のとき，はやくもカラフトの存在を知った．1655～56年，海峡沿岸で越冬したクズネーツ O. S. Kuznetsら600人がカラフトへ渡ってドウエ集落を訪れている．しかし，やがて黒竜江から敗退したので，このときはロシア人のカラフト経営は進展を見ずに終った．18世紀の初頭，カムチャツカから千島に南下を始めたロシアの勢力は，一方，カラフトにもその触手を伸ばすに至った．かかる情勢をみて，カラフトに軍事的・経済的施設をなす必要に迫られた幕府は，その準備として，天明5年(1785)を最初に文化5年の間宮林蔵の第1回探検まで，4回にわたって，この地の調査を行なった．その間，松前藩もはじめてカラフトの経営に着手し，寛政2年(1790)南端のシラヌシ(白主Peretut'e)に交易所を，また東岸のアニワ湾のクシュンコタン(大泊Korsakovの一部)と西岸のトンナイ(真岡Kholmsk)に番所を設けた．ここではアイヌと日本人，アイヌと山丹人(白主)の交易を行わせ，また各地のアイヌを集めて鰊漁に従事させた．文化3年9月および翌年5月の両度，アニワ湾のクシュンコタンほか2ヵ所がロシアの軍艦に攻撃されたが，これは日本を威嚇して通商の途をひらこうとしたものであった．同4年3月，カラフトは幕府の直轄に移されたが，ロシア来攻の脅威が薄らいだことから，文政5年(1822)再び松前領の旧に戻り，安政2年(1855)に至る．後期松前氏時代には経営が積極化されて西岸は北緯50度辺，東岸は北緯48度辺までのアイヌに支配権を及ぼした．かくて清国自身もカラ

フトの南半が日本領たることを暗黙のうちに認めざるをえなくなった（1850年袁神父書翰）．第 2 次黒竜江進攻に成功したロシアは，いよいよ本格的なカラフト経略を開始した．嘉永 6 年（1853）8 月，ネベリスコイ海軍中佐は，傍若無人にも，日本のカラフト経営の中枢部であったクシュンコタンに上陸してムラビヨフ哨所を建設した．クリミア戦争の余波が極東にまで及んだので，ロシアは翌安政元年 5 月，この哨所を廃止したが，その半年後，遣日使節プチャーチン E. Putiatin は，下田で調印した日露和親条約で，カラフトを両国雑居地と定めることに成功している．安政 2 年，幕府は再びカラフトをその直轄領にした．1858年，ロシアは清国と璦琿条約を結んだ結果，清国からカラフトの宗主権を引きついだ格好となって有力な立場を獲得した．明治政府は明治 3 年樺太開拓使を置いて経営の改善をはかったが，南樺太に対するロシア勢力の浸透は着々と進み，要地はほとんど日露人の雑居地となってしまった．かくて，挽回の方途を失った日本は，ついに樺太を放棄するに決し，同 8 年 5 月，ロシアと樺太・千島交換条約を結んだ．全島完全にロシア領となった19世紀末のカラフトの情況は，作家チェホフ A. P. Chekhov の紀行文『サハリン島』に詳しい．同38年日露戦争の末期，日本は樺太を占領し，ポーツマス条約で，その北緯50度以南を領土に加えることができた．同40年，大泊に樺太庁を置きこれを外地として統治した．日本領南樺太では林業が盛んに行われ，国有林伐採による収入が樺太庁歳入の 5 割を越え，パルプ工業の生産額は北海道を凌いだ．一方，北部ロシア領では石油採掘業が発達した．昭和20年（1945）8 月，ソ連は対日参戦の密約ヤルタ協定の「カラフトの返還・千島の引渡」の条項にもとづいて，南樺太を占領し，やがてこれを国土に編入した．日本も同26年のサンフランシスコ講和条約で樺太と千島を放棄した．ソ連政府は，1946年 2 月 2 日，南サハリン州を創設して，これをハバロフスク地方の一部に指定したが，翌年 1 月 2 日，サハリン全島およびクリール列島（南北千島）を統合してサハリン州を創設し，ハバロフスク地方から独立させた．
→山丹交易（さんたんこうえき）

[参考文献] 樺太庁編『樺太施政沿革』，同編『樺太沿革史』，谷口英三郎『樺太殖民政策』，岡本柳之助『（日魯交渉）北海道史稿』，丸山国雄『日本北方発展史』，北海道総務部行政資料室編『樺太基本年表』，同編『樺太関係文献総目録』，J・J・ステファン『サハリン―日・中・ソ抗争の歴史―』（安川一夫訳），洞富雄『北方領土の歴史と将来』　　（洞　富雄）

105 唐船 ⇨とうせん

106 唐物　古代・中世において中国などから輸入された諸物貨に冠せられた和訓の総称．両漢書によれば，中国は日本を倭人・倭国とよんでいるが，逆に当時の日本が東アジア諸国や自国をどうよんでいたかは不明である．しかし下って飛鳥時代以後の日本人は自国を中国からの軽侮語である倭を用い，また「やまと」と訓じていたことと，同時に東アジア諸国に対してはその朝代名をもってよんでいたことが記紀，『万葉集』などでもって知ることができる．無文献期である飛鳥時代以前の日本が，朝鮮三国文化の影響で進歩したことは考古学が実証しているが，その三国文化の本源である中国文化を積極的に日本が受容しだしたのは推古天皇期から始まるところの隋・唐文化の摂取であって，次の奈良時代を最盛として，中国文化への傾倒は江戸時代まで強く継続していた．中国からの舶来物は，生活用具器はもとより高級な諸文化財に至るまで，朝鮮製品よりも，ましてそれらを模造した日本製品より優秀な作品であったし，特に輸入の量からみて，稀少価値を先天的に具えていた．しかしそれらの諸作品は，外見上では類似した形式と種類であったがために，それらをよび分けて区別する必要を生じたためであろうか，それらに製造国名を冠するようになった．文献上では，天平18年（746）の『法隆寺伽藍縁起并流記資財帳』に韓（唐の意か）櫃・倭櫃の別があるのをはじめとして，天平勝宝 8 歳（756）のいわゆる『東大寺献物帳』には倭琴・新羅琴・百済画屛風・唐大刀・唐様大刀などの国別的名称語が現われている．換言すれば，奈良時代の高級文化財の価値は唐朝品が最高で標本的であり，ついで朝鮮品，最後にそれらを模造または変容した日本品であった．それらの類似品を区別する必要上，唐・新羅・百済および倭を冠することになったのである．日本語の長短詩である歌に対して倭歌と『万葉集』がよんでいるのも，唐詩に対立する用語法であって，その国別を意味することでは同様であった．平安時代になると唐朝製品がさらに貴重視されてきて，逆に唐朝製品であることを認定するために諸輸入品に「唐」が付けられることが多くなった．延長 5 年（927）撰進の『延喜式』左右馬寮に「蕃客乗騎唐鞍」とあるように，各個物に「唐」を冠する諸例は，当代の日記・物語などに常見することができるばかりか，それら唐朝品全体を一まとめにして唐物と総称していたことが延喜 3 年（903）の太政官符（『類聚三代格』）で知ることができ，また輸入唐物を検査する使者を唐物使とよぶようになっている．唐王朝が滅んで宋王朝になってからの輸入品をも唐物とよび，下っては江戸時代までそうであったから，元・明・清朝の諸物貨をも唐物で一括していたといえる．この唐物の種類と量が最も豊富に流行したのは，日中貿易が盛んであった室町時代であろう．しかし『延喜式』などに「漢画師」なる語があるように，唐に代わって漢と書き，「かん」または「から」と音訓する場合があったが，儒学を政治哲学とした江戸時代では漢を用いる場合が多い．これらの中国

製品の唐物を「からもの」と訓ずるのは明らかであるが，音読の場合は『節用集』では「とうもつ」となっている．江戸時代末期から明治時代にかけては，これら中国物産の商人を唐物屋(とうぶつや)と称し，やがてかれらが中国以外の南アジアやヨーロッパの諸産物を扱うようになっても同じ呼称が用いられていた．

[参考文献] 皆川雅樹「九世紀日本における「唐物」の史的意義」(『専修史学』34)，小野正敏代表『前近代の東アジア海域における唐物と南蛮物の交易とその意義』〔平成14年度～17年度科学研究補助金研究成果報告書〕　　　　　　　　　　　　　(谷　信一)

107 唐物仕法 からものしほう　近世における唐物取引の方法．唐物は，元来，中国からの舶来品をさすが，広く輸入品一般にも使われるようになる．研究上，「唐物仕法」の語は，薩摩藩の唐物取引に使用されている．長崎では，相対商売(明暦元年(1655)～寛文11年(1671))，仕法貨物商法(貨物仕法，寛文12年～貞享元年(1684))の後，貞享2年から，取引を年額総高でおさえる定高制に移行し，幕末の開港まで続いた．元禄11年(1698)からは，複数の機関でなされていた貿易会計を一括する長崎会所の制度が施行され，長崎会所が長崎貿易を独占した．一方，薩摩藩は，清との貿易を行なっていた琉球から入手した唐物を，京都や大坂に販売していたが，文化7年(1810)「琉球産物」(実際は唐物)長崎売立を，幕府に認可された．文政8年(1825)，薩摩藩は，亀甲・竜脳・沈香など16種の唐物について銀高1720貫目を限度とし，長崎会所役人が目利き，荷見せ，入札などに立ち会うことなどを条件に，長崎における唐物販売権を獲得した．天保年間(1830～44)には，薩摩藩は，領海での唐船との抜荷を半ば公然と行い，抜荷品の対貨として昆布などを北国・越後あたりの海域で交換した．

[参考文献] 中村質『近世長崎貿易史の研究』，同「東アジアと鎖国日本」(加藤栄一・北島万次・深谷克己編『幕藩制国家と異域・異国』所収)，上原兼善「薩摩藩における唐物仕法体制の確立過程」(『史淵』112)，同「薩摩藩における唐物仕法の展開」(同113)，同「近世中期以降の薩摩藩における唐物仕法の動向」(『日本歴史』345)，同「藩貿易の展開と構造」(『日本史研究』215)　　　　　　　　　　　(関　周一)

108 唐物使 からものつかい　平安時代に北九州へ来た唐船から商品を買うために派遣された朝廷の使．交易唐物使ともいう．古代の日本では，中国や朝鮮の進んだ文化をいちはやく入手することが，支配体制の維持に役立った．すでに『魏志』倭人伝にも，倭の女王が一大率に外国と往来する船を「津に臨んで捜露」させたとあるが，律令制では外国との交易を国家管理とし，関市令には官司の交易を私人に優先させる条文を置き，衛禁律ではこの条文を犯せば窃盗とみなして3年以下の刑を科することとした．これらの規定も，日本・新羅・唐の国家権力が健在で，外交や交易が遣唐使・遣新羅使などの官使を通じて相互に行われた8世紀までは，あまり必要とされなかったようであるが，9世紀に入ってそれぞれの国家権力が弱まり官使の往来も間遠になると，造船・航海の技術の発達とあいまって，唐や新羅からは民間の商船がしきりに北九州に来るようになり，品質の優れた舶来品，特に「唐物」を求めて貴族や土豪の使が先を争い，価格を吊り上げるという事態が生じて，改めて朝廷の先買権が主張されるに至った．そこで朝廷は大宰府から唐船来着の報告を受けると，その商人を大宰府で保護して衣食を支給させる一方，はじめは右弁官，後には蔵人所の官人から交易唐物使を任命して大宰府に派遣，朝廷の先買権を確保することとした．しかし同使の派遣は途中の国々の負担ともなったので，大宰府の官人に事務を代行させることもあり，12世紀には廃絶した．

[参考文献] 木宮泰彦『日華文化交流史』，森克己『遣唐使』(『日本歴史新書』)，稲川やよい「「渡海制」と「唐物使」の検討」(東京女子大学『史論』44)，河内春人「宋商曾令文と唐物使」(『古代史研究』17)，渡邊誠「平安中期，公貿易下の取引形態と唐物使」(『史学研究』237)　　　　　　　　　　　(青木　和夫)

109 唐物目利 からものめきき　江戸時代，唐・蘭船が長崎へ輸入する小間物(こまもの)・雑貨を鑑定・評価した者．その設置は，いわゆる市法貨物商法の開始に関連し，寛文11年(1671)である．小間物・雑貨取引の実績を持つ有能な商人中より起用任命された．当時の人数は4名，幕末期には2名で，長崎会所設立後，その身分は会所役人となる．同8年には，すでに輸入品目制限令が出ていたから，同令が解除される元禄10年(1697)までは，輸入品中から該当品を検出して，その上場を抑えることも行なった．ここに小間物とは，唐船貨物改帳に小間物として特記され，また蘭船送状にラリタイテンrariteijtenとして特記される諸品のうち，他の諸目利の役儀の対象とならぬ物をいう．たとえば，時計・めがね・鏡などの調度類，香箱・香炉・花生けなどの什器類，硯屏・墨汁入などの文具類，あるいは菓子・漬物などの食料品をはじめ，石鹸・掛蒲団(かけふとん)・簾(すだれ)のごとき家庭日用品などである．またここに雑貨とは，たとえば唐紙・珊瑚樹・鼈甲(べっこう)などである．　　　　　　　　　　　(山脇悌二郎)

110 ガルシア　Gonzalo Garcia　？～1597　フランシスコ会修道士，聖人．殉教した時，40歳であったから，1557年ごろポルトガル領インド西海岸のバサイン市生まれ．父はポルトガル人，母はキリスト教徒インド人．おそらく孤児となってイエズス会の学校で学び，元亀3年(1572)，旧師のイエズス会士らの随伴者として来日した．彼はイルマンとしてイエズス会入会をしばし

ば請願したが布教長カブラルから許可されず、ついに天正10年(1582)、会士のもとを去って平戸へ赴きポルトガル商人のもとで働く。1584～86年マカオで商人となり、87年マニラでフランシスコ会に入会、豊臣秀吉の対フィリピン使節原田喜右衛門の帰国に際し答使ペドロ＝バウティスタ＝ブラスケラとは別船にて同使節とともに文禄2年(1593)6月19日、薩摩の某港に再来日し、同答使の通訳として名護屋で秀吉に謁見後、堺・京都で癩病院や日本人同宿の教育に従う。慶長元年(1596)サン＝フェリペ号事件後、伏見に潜伏中捕縛され、同年12月19日(1597年2月5日)、25人とともに長崎西坂の丘で殉教した。40歳。1861年、列聖。

参考文献 H・チースリク「聖ゴンサロ・ガルシヤの故郷バッサイン」(『キリシタン研究』8)、Fray Marcello de Ribadeneyra, O. F. M. : Historia de las Islas del Archpelago, y Reynos de la Gran China, Tartaria, Cvchinchina, Malaca, Sian, Camboxa y Japon(1601); J. H. Gense, S. J. and A. Conti, S. J. : In the Days of Gonzalo Garcia(1957).

（井手　勝美）

111 カルディム Antonio Francisco Cardim 1596～1659 ポルトガルのイエズス会宣教師。1596年ポルトガルのビアナに生まれる。1611年、エボラでイエズス会に入会、18年、母国を去ってインドに向かった。ゴアで修学、業なって21年司祭となり、その後22年かその翌年マカオに赴き、同所から日本渡航を試みたが果たせず、やむなく中国に入り広東で布教活動に従っていた。その後、26年から29年までシャムに滞在し、その後再びマカオに戻った。翌30年コーチシナに行き、またもマカオに帰り、同年8月四盛式誓願を立てた。31年トンキンに赴いたが直ちにマカオに帰り、32年から36年までコレジオの院長をつとめた。38年9月マカオで開かれたイエズス会日本管区会議で、プロクラドール(管区代表)に選ばれ、同年ローマに赴き、45年から46年にわたり開催されたイエズス会総会議に出席した。49年リスボンを発ち、東インドを経て再び極東に向かったが、52年6月、マラッカ付近でオランダ人に捕えられ、3年間幽囚の身となった末、ようやく解放されてマカオのコレジオに戻ることができた。59年4月30日同地で没した。Elogios e Ramalhete de flores, borrifado com o sanque dos Religiosos da Companhia de Jesus, a quem os Tyrannos do imperio do Japão tiraram as vidas por odio da Fé Catholica, com o Catalogo de todos os Religiosos e Seculares, que por odio da mesma Fé foram mortos n'aquelle Imperio até o anno do 1640.(『日本帝国の暴君達がカトリック信仰を憎んで生命を奪ったイエズス会修道士達の血を注いだ花束と彼等への讃辞、および帝国内で同信仰を憎んで一六四〇年までに殺された修道士と世俗の人々会員の名簿』(リスボン、1650年刊))、その他多くの著作がある(その一部は『(日本聖人)鮮血遺書』の中に訳載されている)。

参考文献 Josephus Franciscus Schütte : Introductio ad Historiam Societatis Jesu in Japonia(1968); António Franco : Ano Santo da Companhia de Jesus em Portugal(1931); Elesban de Guilhermy : Menologe de la Compagnie de Jesus première partie (1867); Luciano Cordeiro : Batalhas da Companhia de Jesus na sua gloriosa Provincia do Japão pelo Padre Antonio Francisco Cardim(1894).

（吉田小五郎）

112 ガルベス Francisco Galvez ?～1623 フランシスコ会パードレ、福者。1574年か75年スペインのバレンシア県ウティエル生まれ。1599年か1600年フランシスコ会入会、1601年メキシコへ渡り、程なくフィリピンへ赴きディラオ修道院所属バレーテ地方在住の日本人の間で布教した。慶長8年(1603)か11年に来日、同15年、堺の聖アントニオ修道院上長として徳川家康の朱印状・書状をスペイン語に翻訳した。同19年フィリピンへ追放され、1616年マラッカへ渡り1年半待機した後、元和3年(1617)、再来日し、翌4年遣欧使節ルイス＝ソテロの伊達政宗宛返書・進物を携え仙台にて政宗の歓迎を受けた。同6年、最上地方で布教し、同9年、江戸浅草のらい病院で活動後、鎌倉の海岸で捕縛、江戸小伝馬町の獄に投ぜられ、同年10月13日(1623年12月4日)、徳川家光の命により原主水らとともに芝上高輪田町で殉教した。スペイン語の聖人伝・信心書・教義書を邦訳した。1867年、列福。

参考文献 『ドン・ロドリゴ日本見聞録』(村上直次郎訳註、『異国叢書』7)、『ディエゴ・デ・サン・フランシスコ報告・書簡集』(佐久間正訳、『キリシタン文化研究シリーズ』4)、レオン＝パジェス『日本切支丹宗門史』中(吉田小五郎訳、『岩波文庫』)、H・チースリク「江戸の大殉教」(『キリシタン研究』4)、Lorenzo Perez : Mártires del Japón el año de 1623, Archivo Ibero-Americano. tomo XX(1923); T. Uyttenbroeck, O. F. M. : Early Franciscans in Japan, Missionary Bulletin. Vol. 6 (1959).

（井手　勝美）

113 カルワーリュ Diogo Carvalho 1578～1624 ポルトガル人イエズス会司祭。1578年コインブラに生まれ、インド布教を志願して1600年秋ゴアに上陸、翌年マカオへ向かい、同地の神学校で学業を終え、日本語を学び、慶長14年(1609)来朝、1年間日本語の勉強を続けた後2年間天草で布教した。同19年全国的キリシタン禁令によってマカオへ追放されたが、2年後の元和2年(1616)殉教の覚悟をもって再び日本に潜入し、初め大村で働いたが、管区長マテウス＝デ＝コウロスの命

によりジェロニモ=デ=アンジェリスとともに東北地方の布教にあたり，同5年長崎五郎左衛門と変名し，鉱夫・商人に変装して奥州・仙北・秋田・津軽地方を巡回布教した．翌6年夏，3ヵ月にわたって見分（みわけ）・下嵐江（おろせ）・久保田・蝦夷・津軽・高岡・碇ヶ関・秋田・院内を旅した．この時の蝦夷旅行報告書翰は布教の様子だけでなく，大千軒岳の金山，知内川上流の砂金場，当時の採金法，また蝦夷の国土と住民についての知識について伝える点で興味深い．同8年庄内地方へ旅して酒田へ行き，再び蝦夷へ渡った．江戸幕府3代将軍徳川家光のキリシタン禁教政策の貫徹は同9年の江戸の大殉教をもって口火を切ったが，彼はその年の降誕祭と翌年の主の公現の祝日（1624年1月6日（元和9年11月16日））を見分で祝い，1624年1月末まで後藤寿庵のもとで過ごした．元和9年仙台でも禁令の励行が始まった時，下嵐江に潜伏し，さらに山奥へ逃れたが，2月ついに捕縛され，水沢で取調べを受けたうえ仙台へ送られ，広瀬川で氷責めにあって寛永元年正月4日（1624年2月22日）殉教した．

参考文献　レオン=パジェス『日本切支丹宗門史』中・下（吉田小五郎訳，『岩波文庫』），H・チースリク編『北方探検記』　　　　　　（柳谷　武夫）

114 カルワーリュ　Valentin Carvalho　?～1631 ポルトガルのイエズス会司祭．1560年ごろ生まれる．慶長3年（1598）来朝，長崎奉行寺沢広高の悪意のため翌年セルケイラ司教に従って長崎から天草島に逃れ，同6年院長（レクトール）になるためにマカオへ出発，8年間これを勤め，同16年第4代日本管区長に就任．19年日本司教セルケイラの死去に伴い代理司教兼教区臨時管理者となり，フランシスコ会およびドミニコ会からの反論に対して弁明書を書いた．同年徳川家康のキリシタン大追放の際，長崎沖で船から跳び下りて日本に残留するつもりであったが成らず，マカオへ行った．元和2年（1616）司祭4人を日本へ送り，自分も日本へ戻りたいと思ったが，翌年日本に潜伏しているマテウス=デ=コウロスを準管区長に任じ，同3年ディエゴ=バレンテが日本司教に叙階されるに伴い，代理司教をも解任され，1631年ゴアで死んだ．

参考文献　レオン=パジェス『日本切支丹宗門史』（吉田小五郎訳，『岩波文庫』），Josef Schütte：Introductio ad Historiam Societatis Jesu in Japonia 1549—1650（1968）．　　　（柳谷　武夫）

115 ガレウタ　Galeota　⇨南蛮船（なんばんせん）

116 ガレオン　Galleon　⇨南蛮船（なんばんせん）

117 カロン　François Caron　1600～73 平戸のオランダ商館長，寛永16年（1639）より18年まで在職．フランスのユグノー教徒を両親とし，1600年ブリュッセルに生まれた．元和5年（1619）にオランダ東インド会社の料理方見習として平戸に到着，寛永3年にはオランダ商館助手となった．日本語が上手で，台湾長官ピーテル=ヌイツが，オランダ東インド総督の特使として来日した時，通訳を勤めた．同5年，台湾で日蘭間に紛争が生じ，9年まで貿易が中絶したが，カロンは通訳として，終始事件の解決に努力した．10年以後，再開された平戸商館で，館長次席を勤め，日本人から信頼され，16年には日本側からの要望もあって，商館長に昇進した．翌年，改築中の平戸商館の取壊しという難題に直面したが，これに服従したためにオランダ人は追放を免れた．新しい法令により商館長は毎年交代することになったので，彼は18年日本を去った．20年余りの日本滞在中，江口十左衛門の姉と結婚し，6人の子供があった．こののち彼は，台湾長官（1644～46），バタビア商務総監（1647～50）を歴任したが，反対派の中傷にあい辞職し，フランス東インド会社が設立されると，オランダをすててその首席理事となった（1665年）．1671年に再びアジアに渡航したが，帰路，1673年4月5日に乗船がリスボン港外で沈没した際，溺死した．著書に『日本大王国志』がある．

参考文献　フランソア=カロン『日本大王国志』（幸田成友訳，『東洋文庫』90）　　（永積　洋子）

118 カロン日本大王国志　カロンにほんだいおうこくし　原書名はBeschrijvinghe van het machtigh Coninckrijck Iapan, gestelt door Francoys Caron, Directeur des Compagnies negotie aldaer, ende met eenige aenteeckeningen vermeerdert door Hendrick Hagenaer．日本に関しオランダ人が書いた最初の文献．著者カロンは，平戸のオランダ商館に20年余在勤し，日本人を妻とし，当時有数の日本通であった．本書は1636年，バタビアの商務総監フィリップス=ルカスゾーンが行なった30の質問に対する回答として書かれたもので，元来出版を意図したものではなかった．内容は，日本の歴史・地理・政治体制・刑罰・宗教・風俗習慣・商業・貿易・物産・貨幣度量衡・鳥獣類・鉱泉など多岐に及び，カロン自身の見聞により，逸話を交えて，興味深く，しかも簡潔に書かれている．本書は最初，1645年に出版されたイサーク=コンメリンの『オランダ東インド会社の創建並に発展誌』Isaac Commelin；Begin ende voortgangh van de Vereenighde Nederlantsche Geoctroyeerde Oost-Indische Compagnieに収録されたが，48年には単行本となり，10版版を重ね，またイギリス・ドイツ・フランス・ラテン・イタリア・スウェーデンなど各国語に翻訳され，ヨーロッパ中で広く読まれた．幸田成友訳『日本大王国志』（昭和23年（1948））は，これに訳註をつけ，付録文書を加え，また，主としてボクサーC. R. Boxerのイギリス版により，カロンの伝記を補ってある．のち『東洋文庫』90に収められた．

（永積　洋子）

119 川上久国雑話　かわかみひさくにざつわ　鹿児島藩家老川上因幡久国

の談話を藩の記録奉行河野六兵衛通統が筆録したもの．話主久国は天正9年(1581)から寛文3年(1663)まで生存した人で，慶長の役に参陣，慶長・元和ごろの古事をよく記憶しており，自身も覚書を遺している（『川上久国雑記』）．通統は万治2年(1659)6月から翌年5月までのほぼ1年間に数回にわたって久国の談話を聞き，整理筆録して1巻となした．内容は多方面にわたるが，慶長の役関係・関ヶ原の戦前後のことを主とし，長篠の戦にもふれており，3分の1ほどは島津氏関係以外の記事を収録している．しかし聞書の主眼が文禄・慶長の役関係の資料収集にあったことは，通統が久国から『朝鮮征伐記』なる本を借用した旨が記されていることから推察し得る．藩記録方関係者が久国から資料を求めたことは寛文初年にも例があり，これらは島津久通編『征韓録』の材料となったと考えられる．『旧典類聚』3収載. 　　　　　　　　（桑波田　興）

120 西漢氏　かわちのあやうじ　河内(川内)漢氏とも書く．古代に中国系と称した帰化人氏族．姓(かばね)は直．大和にいた東漢(やまとのあや)氏に対する称呼で，河内地方の漢人らを統率する氏だったかもしれないが，詳細不明．東漢氏と同族関係を有した様子はない．天武天皇12年(683)9月に連，同14年6月に忌寸に改姓した．『日本書紀』雄略天皇7年是歳条に西漢歓因知利，同推古天皇18年(610)10月条に河内漢直贄，同斉明天皇5年(659)7月条に引く『伊吉連博徳書』に西漢大麻呂の名がみえるが，氏勢はあまり振るわなかった．天平11年(739)の『備中国大税負死亡人帳』の人名にみえる西漢人・西漢人部，『豊後国戸籍』の人名にみえる川内漢部などは，もと西漢氏配下の漢人・漢部だったものか．
→漢氏(あやうじ)
参考文献　加藤謙吉『吉士と西漢氏』
　　　　　　　　（関　晃）

121 西文氏　かわちのふみうじ　河内(川内)書氏とも書く．古代の帰化系氏族．姓(かばね)は首．『古事記』『日本書紀』の伝えによれば，応神朝に百済から招かれてきた博士王仁(わに)の子孫というが，いずれにしても4世紀末ころに渡来した初期の帰化人氏族であろう．渡来後，河内国古市郡古市郷(大阪府羽曳野市古市)に居住し，文筆専門の氏として朝廷に仕え，やがて河内在住の史姓諸氏の中心的存在として，東漢(やまとのあや)氏の一支族である東文(やまとのふみ)氏と並び称されるようになったが，東文氏との間に同族関係はもちろんない．支族に馬史(のちに武生連)・桜野首・栗栖首・高志史などがあり，古市の西琳寺はこれら一族の氏寺だった．しかし6世紀後半以後はその専門職においても，新しく渡来した王辰爾(おうしんに)の一族である船史・白猪(葛井)史・津史などの諸氏に圧倒されて振るわなくなった．天武天皇12年(683)9月に連，同14年6月に忌寸に改姓し，さらに延暦10年(791)4月に文・武生両氏が宿禰に改姓した．その際提出した本系帳に漢の高帝の子孫と述べているのは信じがたい．→西琳寺(さいりんじ)　→史(ふひと)　→王仁(わに)
参考文献　関晃『帰化人』（『日本歴史新書』），井上光貞「王仁の後裔氏族と其の仏教」（『日本古代思想史の研究』所収），加藤謙吉『大和政権とフミヒト制』
　　　　　　　　（関　晃）

122 川原慶賀　かわはらけいが　1786～?　江戸時代後期の長崎系洋風画の画家．字(あざな)は種美，通称登与助，慶賀のほか聴月楼老人と号す．天明6年(1786)肥前長崎に生まれる．父は絵師であった香山．画技については石崎融思の影響が推定される．文政6年(1823)渡来した出島オランダ商館の医師シーボルトに見出され，その日本研究のための写生画を制作する助手として活躍した．同11年シーボルト事件が起り，関係の深かった慶賀も獄に繋がれた．翌々年許されたが，天保13年(1842)また江戸ならびに長崎払いとなった．万延元年(1860)75歳で生存していたことが指摘されている．作品に「ブロンホフ家族図」（神戸市立南蛮美術館蔵）などがよく知られる．
参考文献　兼重護『シーボルトと町絵師慶賀』，成瀬不二雄『江戸時代洋風画史』，陰里鉄郎『川原慶賀と長崎派』，Ｔ．Ａ．チェルナーヤ『シーボルト日本植物図譜コレクション』
　　　　　　　　（河野　元昭）

123 川辺氏　かわべうじ　大化前代から蘇我氏と同族関係をもち，その配下にあって活動した臣姓の氏．本貫は大和国十市郡川辺郷と推定されるが，ほかに河内・摂津・紀伊・山城説もある（『新撰姓氏録』右京皇別）．『日本書紀』によれば欽明朝に瓊缶(にへ)が新羅征討軍の副将となり，推古朝に河辺臣を安芸国に遣わして造船の良材を山に求めさせた時，霹靂木(かんときのき)から雷神が現われたがこれをおさえ，雷神は小魚となって捕えられたという話を載せ，海外交渉や船に関係の深い，この氏の伝承にふさわしい．推古天皇31年(623)の新羅征討には禰受(ねず)が副将軍となった．孝徳朝には，百依・磯泊(しはつ)・磐管(いわつつ)・湯麻呂らが東国国司としてみえ，麻呂が遣唐大使として高向玄理らと渡唐した．天智朝には，百枝が百済救援軍の前将軍となり，天武天皇6年(677)に民部卿となった．同13年河辺氏は朝臣姓を賜与され，奈良時代には河内国石川郡に住し，律令官人としての事績がみられる．
参考文献　日野昭『日本古代氏族伝承の研究』
　　　　　　　　（日野　昭）

124 河辺瓊缶　かわべのにへ　生没年不詳　6世紀欽明朝の顕官．河(川)辺氏は臣姓．『日本書紀』欽明天皇23年条によると，大将軍紀男麻呂とともに瓊缶は副将として新羅征討に派遣された．彼は百済から任那へ進入しようとして居曾山(こそむれ)で一時新羅軍中に攻め入ったが，兵法を知らなかったため敵の術中に陥り，ために部下

の不信をかい，捕虜とされたが，その妻坂本臣の女甘美媛(うましひめ)を敵将に与え，危うく一命を保ったという．
（日野　昭）

125　川本幸民 かわもとこうみん　1810〜71　江戸時代後期の蘭学者．文化7年(1810)摂津国(兵庫県)三田(さんだ)藩医川本周安と政子(森川氏)の3男として生まれる．諱は裕，幼名は敬蔵のち周民，裕軒と号した．幸民は字(あざな)．藩校造士館に学び，また村上(宇野)良八から漢方医学を修得．文政12年(1829)，藩命で江戸に遊学．足立長雋に蘭方医学を学び，ついで坪井信道に蘭学を学ぶ．天保5年(1834)藩医となる．翌年江戸芝露月町に医を開業．青地林宗の3女秀子と結婚．同7年2月，事に坐して霞ヶ関の藩邸に幽閉．5月赦免されたが，6月相模国浦賀に蟄居．同12年江戸に帰り，桶町に卜居，のち小舟町に住居した．そのころから鹿児島藩島津斉彬の知遇を得る．幸民は理学に精通し，林宗の訳著『気海観瀾』の内容が簡略に過ぎると増訳を行い，『気海観瀾広義』15巻を著わして天文・力学・熱学・光学・電気・化学など広範なる内容を紹介した．嘉永4年(1851)から安政5年(1858)にかけての刊行である．また『化学新書』『遠西奇器述』などを訳述し，マッチ・ビールを試作し，銀板光画による写真術に成功するなど，西洋理化学の紹介と実用化に尽した功績は大きい．安政3年蕃書調所に入り，同6年教授に進む．文久2年(1862)洋書調所教授職にかわり，理化学分野を担当した．幕臣に列し，30人扶持のち150俵取りとなる．慶応元年(1865)『螺旋機汽説』『暴風説』などを幕府に献上．明治元年(1868)辞職し帰郷．蘭英学の塾を開き，藩の子弟の教導にあたった．同3年嗣子清一の太政官出仕とともに再上京し，翌4年6月1日神田の自宅で没．62歳．浅草曹源寺に葬られ，のち雑司ヶ谷墓地に改葬された．法名は賢寿院裕軒養徳義勇居士．

参考文献　小沢清躬『蘭学者川本幸民』，川本裕司・中谷一正『川本幸民伝』，三枝博音『気海観瀾広義』解説(『日本科学古典全書』6)，片桐一男「薩藩移籍と川本幸民の写真撮影成功」(『洋学史研究』11)
（片桐　一男）

126　漢 かん　⇒後漢(ごかん)　⇒前漢(ぜんかん)

127　漢医方 かんいほう　⇒漢方医学(かんぽういがく)

128　翰苑 かんえん　類書に属し，唐土の佚書．もと30巻．唐の張楚金編，雍公叡注．『唐書』芸文志の類書類と総集類とに，各7巻本・20巻本を著録しているが，大正11年(1922)に京都帝国大学文学部で影印した，筑前西高辻家に伝わった平安時代初期書写の零本の末に叙があるので，内藤湖南は，これを巻30と断じ，『旧唐書』張道源伝付伝に30巻とあるのが正しく，『宋史』芸文志の11巻も誤伝であると考証した．『新唐書』張道源伝はこの書に言及していないが，楚金は高宗・武后に仕えて，酷吏周興のために嶺表に流されて死んだ忠臣である．注者の伝記は未詳であるが，天長8年(831)に成った『秘府略』の引用文に注があるので，太和以前にできた注といわれ，その注には今日伝を失った，いわゆる佚書が多く引かれている．現存するものは蕃夷部で，匈奴・烏桓・鮮卑・夫余・三韓・高麗・新羅・百済・粛慎・倭国・南蛮・西南夷・両越・西羌・西域の各子目があり，後叙を付する．原本に多少の誤写もあるが，世上唯一の伝本として貴重視される．現在は太宰府天満宮所蔵(国宝)．昭和52年(1977)，菅公御神忌1075年の祭典に際して，竹内理三の釈文・訓読文を付した縮印本『翰苑』が出版され，世に普及するに至った．

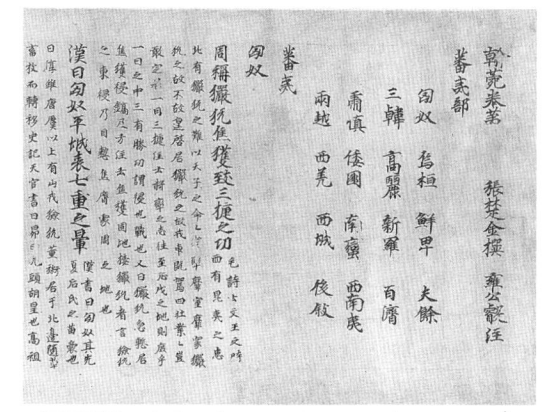

参考文献　内藤湖南「旧鈔本翰苑に就きて」(『研幾小録』所収)，和田英松「翰苑に見えたる冠位十二階の称呼」(『国史国文之研究』所収)
（長澤規矩也）

129　環海異聞 かんかいいぶん　江戸時代におこった漂流物語の代表作で，特にロシア領へ漂着した漂流記としては，『北槎聞略』とともに双璧を称せられている．寛政5年(1793)11月末，奥州宮城郡寒風沢浜の水主津太夫・儀平・左平・太十郎ら16名が，米沢屋平之丞の持船800石積若宮丸に乗り組み，廻米1000俵余りと御用木400本を積んで石巻港から江戸へ向かった．11月29日塩屋崎付近で難風にあって漂流し始め，8ヵ月も海上を漂ったのち，アリューシャン列島のオンテレイッケ島に漂着した．それからオホーツク・ヤクーツク・イルクーツクを経て露都ペテルブルグに達し，生き抜いた漂民ら10名はアレクサンドル1世に謁し，津太夫ら4名は帰国を願い出，ほかの6名はロシアに残留したいと申し出た．漂民津太夫らを護送してきたナジェージダ号(艦長クルーゼンシュテルン)は文化元年(1804)9月長崎港に達し，ロシア使節レザーノフが通商を求めた．結局津太夫らは世界を周航したわけで，その意をこめて『環海異聞』が著述された．内容ははじめの3巻に漂流の発端からイルクーツクに着くまでのことが書いてある．ロシアに8ヵ年滞留中に見聞したロシアの社会風俗の記述に5巻余りをあて，シベリアの旅行記，

国王との会見記，首府滞在記にそれぞれ1巻ずつをあて，ロシア出航から長崎到着までの叙述に3巻，最終巻は雑事にあてている．津太夫らは仙台藩もしくはその支藩の領民だったので，藩医大槻茂質(玄沢)の著となっているが，茂質が漂民聞書に，自身の該博な知見を補充して成立したものである点，『北槎聞略』と軌を一にしている．流布の筆写本も多く，巻首序例目録一巻，本文15巻都合16冊となっている．茂質が本書を完成して藩主に呈上した日は文化4年夏としている．『続帝国文庫』，『北門叢書』4所収．これらには原本にある彩色をほどこした絵や地図は略されて出版されていたが，昭和51年(1976)絵図を含めた『環海異聞』が出版された．

参考文献 『クルウゼンシュテルン日本紀行』(羽仁五郎訳，『異国叢書』12・13)，高野明『日本とロシア』(『紀伊国屋新書』B47)　　　　(荒川　秀俊)

130 **漢学** かんがく　2つの語義が有る．中国以来の意味と，日本で出来たものと．〇前者は，(漢は朝代名で)宋明性理の儒学に対する漢唐訓詁の経学(けいがく)や，これに淵源して清朝に盛んだった考證学が，漢学である．それが伝わって日本でも，狩谷棭斎が「崇=奉漢学=」した(棭斎墓碣銘)というのは其の意である．〇後者，日本専用の意味の漢学は，(漢は中国の汎称で)漢籍また其れを通して漢詩文，中国の大むね古典的な思想文物等を学習研究するのがそれである．日本では，或る意味では学問そのものが中国からはいったもので，初めは学問即漢学であるに近く，特に漢学という観念はうすかったが，近世，和学国学の興起に随って漢学がそれに対置されることとなった．国学者は之を和訓語で「からまなび」と呼び，それが「からごころ(漢意)」に毒されていると難じた(『玉がつま』等)．近代には，学問研究の欧米化につれて，漢学は旧弊とされ，支那学 sinology が清新な科学として取って代った．

(太田晶二郎)

131 **看々踊** かんかんおどり　唐人踊ともいう．清楽の「九連環」の歌い出しの文句「カンカンノウ」による名称．はじめ唐人によって長崎で行われ，文政3年(1820)には，大坂で，翌4年には，江戸で興行して，大流行した．しかし同5年の春には禁止令が出た．清国人の扮装をし，蛇の作り物をもって踊ることもあった．鉄鼓(摺鉦)・胡弓・蛇皮線・太鼓などの楽器で合奏し，「カンカンノウ，キウノレンス」などと唐語で唄い，踊る．長崎の丸山の遊里などで，替え歌もでき，各地へ流行した．唐人飴などの飴売りが，これを媒介したものらしい．明治期に流行した「法界節」は，この看々踊の「九連環」の末尾の文句の「ホーカイ」から出た再生であった．月琴・胡弓・尺八を伴奏として流してきた．明治27年(1894)・28年の日清戦争を境に絶え，「さのさ節」に変じた．地方では，三重県津市分部町などに，唐人踊が残った．

(雲錦随筆．楽屋から出るときのようす)

参考文献 高野辰之『日本歌謡史』，松浦静山『甲子夜話』9・31，加藤玄悦『我衣』(『燕石十種』1)，田辺尚雄『音楽粋史』，宮崎幸麿「唐人踊」(『風俗画報』40)

(郡司　正勝)

132 **寒巌義尹** かんがんぎいん　1217～1300　鎌倉時代の曹洞宗の僧侶．建保5年(1217)京都で生まれた．後鳥羽天皇の皇子，一説には順徳天皇の第3皇子という．母は藤原範季の女である．はじめ比叡山に登って天台学を修めた．ついで，越前波著寺の覚禅懐鑑について臨済宗大恵派の禅を学んでいたが，仁治2年(1241)春，覚禅らとともに深草興聖寺の道元のもとに入門した．そののち建長5年(1253)入宋して天童の如浄にまみえたが，道元の死を聞いたので，いったん帰国して，永平寺第2世の孤雲懐奘から菩薩戒を受けて，その弟子となった．やがて文永元年(1264)再び入宋し，如浄下で道元と同参であった無外義遠や，退耕徳寧・虚堂智愚らにまみえ，道元の語録を示してその序跋を求めた．その間，阿育王山や天台山に登った．文永4年帰国し，しばらく博多の聖福寺にいたが，のちに肥後に隠棲してしまった．おそらく徹通義介や義演らの永平寺相続権をめぐる三代相論の渦中に捲き込まれたくなかったからであろう．やがて肥後小保里の素妙尼の帰依をうけて宇土の如来寺を開き，ついで弘安6年(1283)源泰明の庇護をうけて緑川の川尻に大慈寺(熊本市野田町)を建てた．これよりさき建治2年(1276)5月，寒巌は緑川に橋を架けるため大渡橋幹縁疏を記して，ひろく喜捨を求め，難工事を成功させて民衆の福祉に貢献した．正安2年(1300)8月21日寂．年84．伝記に『寒岩禅師略伝』がある．弟子には大慈寺を継いだ斯道紹由や鉄山士安がいる．

(今枝　愛真)

133 **歓喜天霊験記** かんぎてんれいげんき　慈覚大師が唐より伝え，法性房尊意が信奉した歓喜天(聖天)像の霊験を描いた絵巻．紙本着色2巻．神戸市の武藤治太所蔵．重要文化財．現状は錯簡があるが，復原すると，慈覚大師が入唐し，彼地で聖天密法を受け，帰国の途中鬼難に遭うが，歓喜天を念じて難を免れ，帰国後，前唐院で歓喜天像を

造像するというこの像の造立縁起と，叡山13代座主法性房尊意が，この像に祈願して，菅公の怨霊を鎮撫し，また平将門の叛乱を鎮圧したという霊験説話よりなっている．現状では前巻が菅公鎮撫の内容で，(1)天拝山で無罪を訴える菅原道真と尊意の住房を訪れる菅公，(2)清涼殿落雷，(3)洪水の鴨河を牛車で渡る尊意が三段に描かれ，第四段目は歓喜天を讃える詞で終る．後巻は，(1)将門調伏の修法と将門合戦，(2)前唐院での歓喜天像の造像，(3)慈覚大師の出航風景，(4)帰国途中の鬼難が四段に描かれる．菅公説話は『北野天神縁起』と同主題でこのため古くは『天神縁起』と称された．絵の描法は大和絵の伝統を示すが，鬼難の場面には宋元画の影響が特に強い．13世紀後半の製作と考えられる．

[参考文献] 秋山光夫「歓喜天霊験絵巻について―武藤家本天神縁起改題考―」(『日本美術論攷』所収)，宮次男「歓喜天霊験記私考」(『美術研究』305)

(宮　次男)

134 勘計記 かんけいき

京都の教王護国寺(東寺)には空海が唐から請来した多数の仏舎利が秘蔵され，これが多方面に奉請されて塔婆や仏像に安置された．寺ではそのつど仏舎利の数を計算して記録したが，これを勘計記または仏舎利勘計状・勘計奉行日記と称し，奉請を主として仏舎利奉請状ともいう．仏舎利の数は空海が請来したとき80粒であったが，天下豊饒のときは増加し国土衰危のときは減少すると信ぜられ，10世紀中ごろには4800粒にもなった．天暦4年(950)正月東寺長者寛空は真言院でこれを数え，4259粒を甲壺に，535粒を乙壺に分納した．ところが天喜2年(1054)正月覚源が数えると甲壺が680粒，乙壺が3645粒で甲乙2壺の比が逆転していたという．仏舎利には広大な功徳があると信ぜられて，歴代天皇は1代1度の仏舎利使を全国の諸社に発遣し，仏舎利を奉納して泰平を祈った．建久3年(1192)には50社に仏舎利が献ぜられている．それでも嘉暦元年(1326)8月に甲壺177粒，乙壺1389粒の仏舎利が勘計されたが，同4年6月に盗賊が壺を盗み，以後，甲乙2壺の仏舎利が混合した．東寺には天暦4年から応安3年(1370)に至る勘計記を集めて1冊としたものがあり，『仏舎利勘計記』といい，現在京都府立総合資料館に，また鷹司家に伝来した写本が宮内庁書陵部に架蔵されている．

[参考文献] 『東宝記』2，相田二郎『日本の古文書』上，景山春樹『舎利信仰』

(石田　善人)

135 勘合 かんごう

明の皇帝が日本・暹羅(シャム)・占城(チャンパ)などの国王(日本の場合は足利将軍)に与えた入貢船に対する渡航証明書．史料には「勘合」とのみみえ，「勘合符」とはない．「勘合符」の称は江戸時代以後用いられた．日本に対する勘合は，明皇帝の代替りのたびに明政府の礼部から発行された．「日本」の2字を分けた日字号勘合100道・本字号勘合100道・日字号底簿2扇・本字号底簿2扇が作製され，足利将軍には本字号勘合と日字号底簿とが送付された．日本船は本字号勘合を1号から順次所持して渡航し，浙江の布政司と北京の礼部とで底簿と照合検査され，勘合はその後没収された．日本にもたらされた勘合は，永楽・宣徳・景泰・成化・弘治・正徳各年代のものである．料紙は『渡唐方進貢物諸色注文』『戊子入明記』などによって考えると，横2尺7寸(約82cm)，縦1尺2寸ほどの紙片で，朱墨で「本字壱号」のような文字が半印してあり，裏面には進貢方物の件数，正使以下役員の付搭物件，客商の貨物などが記された．

[参考文献] 小葉田淳『中世日支通交貿易史の研究』，田中健夫『倭寇と勘合貿易』(『日本歴史新書』)，同「勘合符・勘合印・勘合貿易」(『対外関係と文化交流』所収)，同「「勘合」の称呼と形態」(『東アジア通交圏と国際認識』所収)

(田中　健夫)

136 勘合制度 かんごうせいど

中国で一定の使命を帯びた使者の真偽を証明するため，政府によって発行された割符の制度．勘合は古くは符とよばれ，唐宋以後には勘合の名で，国内の軍事などの使者の往来に使用された．明代には国内ばかりでなく，外蕃の諸外国にまで広く適用された．

国内の勘合は，(1)官吏の赴任および公務出張，(2)特使の派遣，(3)調軍(軍の動員・移動)・勾軍(軍の召集・補充)・出関などの軍事的往来，(4)税糧その他財物の収支，(5)工匠その他の徴用，など被給者の職域上における真偽を証明するため，それぞれの所管事項によって中央の六部(吏・戸・礼・兵・刑・工)の諸官庁で発行された．とりわけ，兵部所管の軍用公務には勘合が重視された．国内の勘合には特別の名称はなく，一般に十干，十二支，二十八宿，礼楽射御書数の6字，などそれぞれの文字の1字をとって号簿に用いた．たとえば，北辺の紫荊・居庸・古北・喜峯・董家・山海の6関口に支給された勘合は，それぞれ礼・楽・射・御・書・数の1字をもって号簿としていたごとくである．兵部で発行されたこれらの勘合には，兵部と都督府の印が押され，各関口には勘合100枚と底簿1扇が交付され，兵部の勘合および底簿は内府に保管された．中央から北辺に軍用出張する場合には，内府の勘合1枚を受け，関口の底簿と照合して真偽が確認された上で，出関が許された．これらの勘合の裏面には，出張者の姓名と公務出張の理由が明記されていた．

諸外国に支給された勘合は，国内の勘合制度を応用したもので，洪武16年(1383)に暹羅(シャム)・占城(チャンパ)・真臘(カンボジア)に交付されたのが最初である．『大明会典』によれば，その後追加されて上記諸国のほか，日本・爪哇(ジャワ)・満刺加(マラッカ)・蘇門答刺(スマトラ)・蘇魯(ソル)国東王・蘇魯国西王・蘇魯国峒王・柯支(コチン)・浡泥(ボルネオ)・

錫蘭山(セイロン)・古里(カリカット)・古麻剌(コマーラ)があげられ，すべて15国に及んだ．はじめ洪武帝がこれを出した理由としては，『皇明祖訓』の占城の注記に，「占城より以下の諸国来りて朝貢すれども，時に行商を内帯して譎詐を行うこと多し，故に之を沮む，洪武8年より沮みて，洪武12年に至りまさに止む」とあるように，占城諸国の朝貢貿易に不正事件があり，そのため一時入貢を拒否したが，今後はこれを未然に防止するという意図から，勘合交付に至ったものと考えられる．元来，諸外国の入貢には，本国国王の表文すなわち外交文書を持参すればよいのであるが，不祥事を起しやすい諸国には中国の治安維持の上から，入貢査証としての勘合を付加させたものとみられる．中国への君臣関係をわきまえ，事大主義をとった朝鮮・琉球などには，勘合が支給されず，本国国王の表文だけで入貢できた．日本に対しては，永楽2年(応永11，1404)はじめて勘合が支給されたといわれるが，それは倭寇などの民間船団と区別する必要があったからである．

ところで，諸外国に支給される勘合は，外交関係を管理する礼部で発行された．その組織は，暹羅に例をとれば，勘合200枚と底簿4扇が準備され，それは暹字と羅字とに二分され，その中の暹字号勘合100枚と暹字底簿・羅字底簿各1扇が内府に保管せられ，羅字号勘合百枚と暹字底簿1扇が暹羅国に交付され，羅字底簿1扇が市舶司のある広東布政司に保管される仕組になっていた．暹羅の朝貢船が広東に入港する場合，同市舶司は表文の有無のほかに，その所管の羅字底簿と貢使持参の羅字号勘合とを照合し，その真偽を確認してこれを受け入れ，また中央の会同館でも同様の手続がとられて朝貢が許され，交易が終るとその勘合は中国に返還された．日本の場合もほぼ同様で，日本の2字を分けて日字号勘合100枚と日字底簿・本字底簿各1扇が内府に，本字底簿1扇が寧波(ニンポー)市舶司のある浙江布政司に保管され，本字号勘合100枚と日字底簿1扇が日本に支給されたと見られる．これらの勘合は，明朝皇帝の改元ごとに，旧勘合と引換えに新勘合が発行支給される例で，日本への勘合は，永楽・宣徳・景泰・成化・弘治・正徳の6回にわたり発行された．勘合は1船ごとに1枚ずつ持参し，その裏面にはその船舶の進貢貨物・付帯貨物の数量および正使以下乗船者の人数が逐一明記された．そのほか，チベット系の西蕃諸族と明政府の茶馬貿易にも，勘合として銅製の金牌信符が用いられた．この信符は上号と下号とに分かれ，篆文で上面に「皇帝聖旨」，左右にそれぞれ「合当差発」「不信者斬」の文字が刻まれ，上号が陽文(凸字)で内府に保管され，下号が陰文(凹字)で西蕃の諸酋に支給され，上号下号を合わせて真偽を確認する仕組となっていた．また雲南辺外の土官，

すなわち緬甸(ビルマ)・老撾(ラオス)などの諸酋の朝貢貿易には，銅製の金牌信符と紙製の勘合とがあわせ使用された．信符には「文行忠信」の文字が陰陽両文で刻まれ，勘合は緬甸であれば緬字号勘合と底簿が作られ，真偽確認の手続きは，前述のものとほぼ同様であった．このように明代には，対外関係にまで勘合が広範囲にわたり，奸欺防止の上から利用された．

参考文献 『万暦会典』108・156，小葉田淳『中世日支通交貿易史の研究』，田中健夫『倭寇と勘合貿易』(『日本歴史新書』)，佐久間重男『日明関係史の研究』，田中健夫「勘合符・勘合印・勘合貿易」(『対外関係と文化交流』所収)，同「「勘合」の呼称と形態」(『東アジア通交圏と国際認識』所収)

(佐久間重男)

137 **勘合船** かんごうせん ⇒遣明船(けんみんせん)
138 **勘合符** かんごうふ ⇒勘合(かんごう)
139 **勘合貿易** かんごうぼうえき　室町時代，勘合を所持した遣明船によって行われた日明間の貿易をさす史的名辞．厳密には勘合船貿易というべきであろう．明では自国の商船が自由に外国に渡航することを禁じ，また日本船の入明に対しては勘合の所持を義務づけたから，勘合船による貿易は唯一の日明間の合法的貿易であった．この貿易は進貢貿易・公貿易・私貿易の3種に分けて考えることができる．(1)進貢貿易　遣明船は朝貢船であるから，日本国王(足利将軍)の進貢物を明の皇帝に捧呈するのがたてまえである．しかし，これに対し皇帝から頒賜があるのが普通であるから，一種の貿易行為とすることができる．馬・太刀・硫黄・瑪瑙(めのう)・金屏風・扇・鎗(やり)などを進貢し，白金・絹織物・銅銭などが頒賜された．(2)公貿易　遣明船の付搭物について明政府との間で取引される貿易である．付搭物とは，幕府の貨物，遣明船経営者の貨物，遣明船に搭乗することを許された客商や従商人の貨物であるが，主なものは客商・従商人の貨物であった．これらは北京に送られるのをたてまえとし，ここで価格がきめられて取引された．蘇木(そぼく)・銅・硫黄・刀剣類が中心で，対価としては銅銭と絹・布が用いられた．(3)私貿易　私貿易には，寧波(ニンポー)における牙行(がこう)貿易，北京における会同館市易，北京からの帰途寧波に至る沿道で行われる貿易の3種があった．牙行とは明政府から官許を得た特権商人で，遣明船の貨物の委託販売や遣明船が日本に持ち帰る貨物の委託購入などにあたった．私貿易によって日本に輸入された貨物は，生糸・絹織物をはじめ糸綿・布・薬種・砂糖・陶磁器・書籍・書画・紅線および各種の銅器・漆器などの調度品であった．遣明船の貿易による利益を具体的な数字によって知ることは困難であるが，宝徳度の遣明船搭乗者楠葉西忍の報告によれば，明で唐糸1斤を250文で購入して帰国すると日本では20倍の5貫文

になり，日本で1駄10貫文の銅は明で40〜50貫文に売ることができたという．応仁以後堺商人の遣明船請負が行われるようになったが，その費用は3000〜4000貫文であった．これは持ち帰る貨物の総額がその約10倍になることを予想した数字と考えられる．このようなことから遣明船1隻の純益は諸種の必要経費をのぞいて計算しても1万貫をくだることはなかったと想像される．

参考文献　小葉田淳『中世日支通交貿易史の研究』，木宮泰彦『日華文化交流史』，田中健夫『倭寇と勘合貿易』(『日本歴史新書』)，同「勘合符・勘合印・勘合貿易」(『対外関係と文化交流』所収)

(田中　健夫)

140 閑山島の戦 かんざんとうのたたかい　文禄元年(1592)7月7日，朝鮮閑山島(巨済島の西にある小島，のち水軍統制使李舜臣が本営設置)近海での海戦．全羅左道水軍節度使李舜臣が，同右水使李億祺とともに，慶尚右水使元均に応援して，見乃梁(けんないりょう，慶尚南道統営郡・巨済島北部間の海峡)にきた日本水軍将脇坂安治を南方閑山島の前洋に誘いだし，軍船70隻余を撃破した．ついて10日に海峡をこえて安骨浦(あんこつほ)近海で，援軍九鬼嘉隆・加藤嘉明の船団40隻余と戦って退いた．→文禄・慶長の役(ぶんろく・けいちょうのえき)

参考文献　有馬成甫『朝鮮役水軍史』

(中村　栄孝)

141 漢詩 かんし　⇨漢文学(かんぶんがく)

142 顔思斉 がんしせい　1588〜1625　明末の海寇として『台湾外記』にみえる人．同書の史料的価値については異論があるが，これによると，万暦16年(1588)福建省海澄の生まれ，字(あざな)は振泉．鄭芝竜ら28人と同志の盟約をむすび，日本―台湾間を舞台として密貿易と寇掠を行なった．天啓5年(1625)9月，風疾のため没．38歳．はじめ平戸寓居の華僑として西洋側史料にみえる支那甲必丹 Andrea Dittis に比定されていたが，岩生成一はこれを否定し，泉州出身の華僑李旦を A. Dittis とした．思斉も芝竜も李旦の配下で，李旦の死後，はじめて両者が台頭する．なお，思斉を必ずしも架空の人物とは思わないが，李旦と芝竜の関係が，のち思斉に付会されたふしはある．→李旦(りたん)

参考文献　江日昇『台湾外記』1，連横『台湾通史』32，村上直次郎「往時の平戸港」(『歴史地理』6ノ2)，岩生成一「明末日本僑寓支那人甲必丹李旦考」(『東洋学報』23ノ3)，石原道博「鄭芝竜集団の軍事的基盤」(『軍事史学』1ノ3)

(石原　道博)

143 甘蔗 かんしゃ　さとうきびのこと．「かんしょ」ともいう．原産地はビルマとインドの中間にあるガンジス川沿岸の地域と伝えられる．日本へ甘蔗の栽培をはじめて伝えたのは慶長15年(1610)奄美大島の直川智である．彼は前年琉球へわたる途中で中国の福建に漂着し，同地で甘蔗の苗を入手して帰った．元和9年(1623)には同じ福建から琉球にも伝えられた．元禄年間(1688〜1704)には，これらの産地から年々70〜80万斤の黒砂糖が内地へもたらされたが，大部分は輸入に仰いだ．輸入量は350万斤と定められていたが，正徳年間(1711〜16)制限量は430万斤に拡大された．当時砂糖の価格は法外に高く，多量の正貨が流出した．宮崎安貞の『農業全書』は近年薩摩で蔗作が始まったと述べ，その普及によって正貨の流出防止を図るべきだと述べ，為政者の勧奨策を提案している．蔗作が奨励されるのは8代将軍徳川吉宗の殖産興業策以後である．吉宗は享保12年(1727)蔗苗を琉球より取りよせ，これをもとに養成した蔗苗を諸藩に分かった．寛政年間(1789〜1801)には讃岐・阿波をはじめとして，土佐・伊予・和泉・紀伊・肥後・日向・駿河・遠江などで蔗作が行われるようになった．讃岐・阿波では白糖が生産されるようになった．琉球・奄美大島の黒糖に対し，これらの白糖は「和製砂糖(和糖)」と呼ばれた．文化年間(1804〜18)になると，和製砂糖は一段と品質を向上し，輸入砂糖を圧迫した．文化5年，幕府は和製砂糖の大坂登せ高を同2年・3年の平均量に制限した．幕末には白糖が黒糖を凌駕するようになった．当時讃岐では蔗作は一般農家によって担われ，これを監督した年行司や組親が製造場まで視察して粗製濫造をさけた．加工は豪農巨商のマニュファクチュアによって行われることが多かった．維新後，在来糖業は停滞し蔗作も振るわなくなり，明治10年(1877)代から蔗作を米作その他に転換するものが多かった．製糖業が再び盛んになったのは日清戦争後で，内地の製糖業は原料を外国や植民地(台湾の蔗作奨励)に求めた．

参考文献　小野蘭山『重訂本草綱目啓蒙』(『日本古典全集』)，平賀源内『物類品隲』(同)，信夫清三郎『近代日本産業史序説』，樋口弘『日本糖業史』

(木戸田四郎)

144 甘藷 かんしょ　赤芋・薩摩芋・琉球芋・唐芋・番藷・朱藷ともいう．甘藷は中央アメリカの原産で，中米・北米のインデアンによって栽培されていたものが，コロンブスのアメリカ大陸発見(1492年)によって，はじめてヨーロッパにもたらされた．その後スペイン人によってルソンへ，ポルトガル人によってマレー群島に伝えられた．中国へは16世紀末伝えられたといわれる．『本草綱目』(明，李時珍著)は，南方の海人が長寿なのは，五穀を食べないで甘藷を食べるからだと述べている．わが国へは慶長2年(1597)中国から琉球の宮古島へ入った．同10年には野国総管によって福建から琉球に伝えられ，いくばくもなくして全島に普及した．同17年ルソンから薩摩へも伝えられた．琉球で普及した甘藷はイギリス商館員によって平戸へ伝えられた．元禄期の農書には，甘藷は当時すでに薩摩・長崎で多く

作られているが，まだ諸国に広く普及していないことを伝えている．その耕作が関東地方に拡がるのは享保年間(1716～36)以後である．正徳年間(1711～16)には山城・四国に栽培法が伝えられ，享保8年には対馬へも入る．同17年には芋奉行と呼ばれた井戸平左衛門によって薩摩地方から取りよせられた甘藷が石見地方で栽培された．同年西国をおそった蝗害によって飢饉となったとき，甘藷が救荒作物として大きな成果をあげたことが『徳川実紀』9, 有徳院殿御実紀附録17に述べられている．それによれば，享保17年蝗害のとき，徳川吉宗が深見新兵衛(有隣)に長崎地方の被害状況を問うた．このとき彼は，父の時代には長崎地方の農民に米不足を補う作物として甘藷を奨励したが，農民はなかなかこれを栽培しなかった．しかし享保6年長崎地方へ行ってみると，広く農民の間に普及していた．したがって，このたびの蝗害には大いに効果をあげているであろうと述べている．新兵衛はまた，薩摩地方でもその栽培は普及し，農民が日常食用としているので，彼の地に行く舟人らは，これを買い求めて江戸に運び販売している事実も伝えている．当時江戸では青木昆陽が救荒作物として甘藷を重視し，その栽培法を研究して享保20年『蕃薯考』を著わした．江戸町奉行大岡忠相は小石川薬園・養生所で甘藷の試作を行わせ，その成果を江戸近隣の代官に伝えた．これが契機となって，上総・下総を中心に甘藷栽培は普及し，その生産物は江戸へ送られ，庶民の日用食料品として利用されるようになった．同じころ八丈島にも薩摩芋がおくられ，栽培が普及するようになった．このように，享保年間には関東各地に栽培が普及し，救荒作物として為政者や村落支配者に注目されるようになったが，その普及に尽力した青木昆陽の功績も高く評価されている．宝暦年間(1751～64)になると上総・下総・銚子・岩槻・伊豆大島そのほか諸所で生産された甘藷が江戸にもたらされるようになったが，このうち銚子産を上とし，大島産の島芋が絶品であるとされた．寛政年間(1789～1801)になると武蔵・相模・上総・安房などの砂地で作るものの味がよいとされ，皮に赤みのあるものが上品で，山土で作られたものは形が大きくても味が劣るといわれた．幕末周防の海岸地帯では甘藷は主要食糧の1つとなり，甘藷10貫目は雑穀7升5合にあたるものとして，雑穀同様の評価をうけた．明治10年(1877)の産量は37億3000余万斤，価格1276万9000余円に達したが，主産地としては伊予・肥前・薩摩・大隅・讃岐などの諸国の名がみられ，九州・四国に集中しているが，武蔵・下総など江戸周辺の各地もこれについだ重要産地を形成していた．江戸時代後半期の栽培法は次のとおりである．2月半ばに苗床を作る．日当りのよい南面の畑を選んで深く耕し，古藁類をきりこみ馬糞をかけて発熱材とする．藷をそのうえにならべ密に入れる．覆土は藷全体を掩う法と半ばを掩う法とがある．苗床1坪に藷4, 5斗を植える．発芽した蔓が1尺ほどに伸びたとき，切り取って本畑に植える．2尺畝，8寸間隔．除草は2, 3度行い，無肥料が普通．

参考文献　宮崎安貞『農業全書』(『岩波文庫』)，菊岡沾凉『本朝世事談綺』(新版『日本随筆大成』2期12)，島津重豪『成形図説』，小野蘭山『重訂本草綱目啓蒙』(『日本古典全集』)　　　　　(木戸田四郎)

145 漢書 かんじょ　漢籍の名．『前漢書』と『後漢書』とがあり，『前漢書』は普通ただ「漢書」とよばれる．

(1)『前漢書』は前漢一代の歴史を記した紀伝体の正史．後漢の班固の原著．はじめ，12本紀・8表・10志・70列伝の100巻から成ったが，のち，本紀13巻・表10巻・志18巻・伝79巻，合計120巻に改めた本ができた．司馬遷の『史記』の体裁にならった最初の作であるが，『史記』と違って，はじめて漢王朝一代のことを内容とした．漢代は春秋戦国時代と違って，天下に諸侯というものが世襲されなかったため，『史記』にあった世家を立てる必要がなく，ある事がらについてまとめた「書」というものは，漢書では「志」と改称された．その中で芸文志(げいもんし)は漢代の学派の源流から説き起し，各派に属する編著の書名・巻数・編著者氏名を列挙したもので，略称は漢志，後世の正史の中に収められる芸文志(経籍志とよばれるものも全く同じ)の元祖であり，また，現存漢籍目録の最古のものである．『史記』が太古から漢の武帝まで扱っているため，漢初の部分は本書と内容が重複していて，記事が出入するところもある．本書は，もと後漢の班固が父彪(ひょう)の志を継いで書いたが，未完成のうちに死んだので，和帝がその妹昭に命じて完成させた．注釈書もかなり多かったが，今行われるものは，唐の顔師古の注で，そのうち，芸文・地理の2志には固の自注もあるという．後人の作では，清末王先謙の補注が有益．わが国には古く伝わり，博士家などでもかなり広く読まれたが，出版されたのは寛永5年(1628)京都本能寺前町の坊刻活字印本が最初で，これは朝鮮古活字印本によったものらしく，一般には，明暦3年(1657)京都の書店松栢堂林和泉掾刊の評林本(明の凌稚隆)50冊が通行しているが，この訓点は菅家伝来の古点に手を加えたものだという．ほかに，石山寺・真福寺・興福寺に古写の零本が伝わり，また，明治10年(1877)代に和装活版本が出ている．

(2)『後漢書』は後漢一代の歴史を記した書．今本は，10本紀・30志・80列伝の120巻から成るが，原著者の宋の范曄(はんよう)は志を作らぬ前に死んだので，梁の劉昭が，晋の司馬彪の『続漢書』の8志に注して，これを補った．よって，90巻補志30巻に作っている本もある．『史記』『漢書』『後漢書』『三国志』の4部は四史(前四史)と称せられ，支那歴史の正史中最も広く

読まれた．その記述内容はこの順であるが，成立年代は『三国志』の方が『後漢書』よりも古い．そこで，わが国の古称であるという倭国のことが『後漢書』にもみえているが，学者は古い史料として，魏志（『三国志』中の魏国の部分）を取り上げるのである．本書の古い注は唐の章懐太子李賢の手に成ったが，清人の注解では王先謙の集解が出色．なお，芸文志などには清人の補志が別にある．わが国では史漢について流行し，江戸初期に近く，古活字印本（元の大徳版系統）によった付訓本が流布した．史漢とともに，博士家の古点を移写したり，奥書を転録したりした刊本も伝わっている．宋刊本としては，慶元刊本『史記』に続いて出版された『漢書』『後漢書』が米沢藩上杉家に伝わり（ともに国宝，現在は文化庁所蔵），いずれも完本は他に伝存しないといわれる．活版和装中本は『後漢書』は1種． （長澤規矩也）

146 漢神 かんじん ⇒蕃神（ばんしん）
147 韓神 かんじん ⇒蕃神（ばんしん）
148 韓人 かんじん ⇒からひと
149 鑑真 がんじん 688〜763 唐代の高僧，日本律宗の開祖．唐の嗣聖5年（688）に中国の揚州江陽県（江蘇省）で生まれた．俗姓は淳于（じゅんう）という中国では珍しい2字姓で，その家系は春秋時代の斉の名士淳于髡（こん）の後裔と伝える．神竜元年（705）に道岸禅師より菩薩戒を受け，21歳の景竜2年（708）に長安実際寺の戒壇で荊州南泉寺の名僧弘景を戒和上として具足戒を受けた．その後長安・洛陽を巡遊して律・天台宗はもちろん諸宗を研鑽し，江淮の地（江蘇・安徽省）で講律授戒を行い，40歳ごろには戒律の講座を開くこと130回，授戒の弟子は4万余人，一切経を書写すること3部，古寺修復は80余ヵ寺にも達し，諸州屈指の伝戒師と称せられた．当時唐の仏教界にあっては，僧尼になるためには具足戒を受けねばならず，登壇受戒は出家の正門とされていた．一方わが国においては，平城遷都後，仏教の隆盛とともに私度僧が群出，僧尼令に違犯する僧尼が多く，大陸仏教界の授戒制度，戒律研究の必要性が官僧育成の基本的条件として考えられ，天平5年（733）に遣唐大使多治比広成に従って入唐求法した僧栄叡（えいえい・ようえい）・普照・玄朗・玄法・理鏡らが，舎人親王の要請で伝戒師の招請にあたった．同8年に副使中臣名代とともに来航した印度僧ボジセンナ（菩提僊那）や洛陽大福先寺の道璿（どうせん）は，この要請に応じた学僧であった．栄叡・普照は三師七証の十僧を必要条件とする授戒制度により，同14年に揚州大明寺の鑑真に日本への渡航を懇願した．その後鑑真一行の渡航は5回企てられたが，妨害（第1・4回）や難破（第2・3・5回）で失敗に帰し，天平勝宝2年（750）には栄叡が病没，鑑真も視力を失い，輔佐役の祥彦も病没する悲運に遭遇したが，なお伝法の志を貫こうとし，同4年に入唐した遣唐副使大伴古麻呂の第2船に乗って翌5年12月，折からの暴風波浪をしのいで薩摩国秋妻屋浦（鹿児島県南さつま市坊津秋目）に入港し，翌6年2月に弟子法進（ほっしん）・曇静・義静・思託らに随伴されて平城京に入り，東大寺客坊に止住した．この間当時の高官・名僧は再三にわたり12年の苦難に満ちたその労をねぎらい，勅使吉備真備も「自今以後，授戒伝律はもはら大和尚に任す」という孝謙女帝の意向を伝えた．4月に大仏殿前に臨設の戒壇を築き，聖武上皇・光明皇太后はじめ沙弥証修440余人に授戒し，後日大僧賢璟（けんきょう）・忍基らの学僧80余人も鑑真のもたらした具足戒を受け，その翌7歳10月大仏殿西方に常設の戒壇院を造り，唐禅院に止住して戒律の普及に尽力した．翌8歳の聖武上皇の病にあたっては看病禅師の1人として医療に従い大僧都に任ぜられ，天平宝字元年（757）11月備前国水田百町を賜わり，故新田部親王の旧宅地，平城右京五条二坊の故地を下賜され伽藍を建立しようとした．この伽藍は同3年8月に唐招提寺と名付けられた．前年8月，朝廷は鑑真の身をいとって大僧都の任を解き，大和上の尊号を贈ったが，同7年5月6日，76歳をもって唐招提寺で入寂した．鑑真の将来したものには仏像・画像・聖教や薬物・仏具などがあり，特に天台三大部や『梵網経』は四分律関係の律書とともに盛んに書写され，後代に及ぼした影響も大きい．さらに鑑真の晩年にあたる天平宝字5年に設けられた下野国薬師寺・筑前国観世音寺の戒壇は，東大寺のそれとともに天下の三戒壇として著名であるが，いやしくも僧尼となる者はこの三戒壇で登壇受戒を果たさなければならなかった．鑑真が5000余巻に及ぶ一切経の誤りを指摘し，漢薬にも深い造詣をもっていたことを『続日本紀』は伝えているが，律に生き伝法に殉じた非凡な人物であっただけに聖武・光明の深い信頼，藤原仲麻呂・石上宅嗣・淡海三船らの帰依信任を得た．一方弟子たちも伝律講経に活躍し，法進は大和国吉野郡に国源寺を，恵雲は讃岐国に屋島寺を，道忠は上野国に浄土院などを建立

し、戒律の普及に尽くし、思託は鑑真のために『大和尚広伝』や『延暦僧録』を編著し、鑑真とともに古代国家の要望に応えたといってよい。

参考文献　『唐大和上東征伝』、安藤更生『鑑真大和上伝之研究』、同『鑑真』（『人物叢書』146）、汪向栄『鑑真』、佐久間竜「渡来後の鑑真」（『日本古代僧伝の研究』所収）、細川公正「鑑真の一考察」（『歴史地理』76ノ4）、王勇「おん目の雫ぬぐはばや―鑑真和上新伝―」　　　　　　　　　　　（堀池　春峰）

150　鑑真過海大師東征伝（がんじんかかいだいしとうせいでん）　⇒唐大和上東征伝

151　冠船（かんせん）　「汝を封じて琉球国中山王となす」との詔と勅諭とを齎して、明・清から琉球へ来た冊封（さっぽう）使船のこと。御冠船（方言「ウクワンシン」）ともいう。正副使以下総勢400～500人。先王の諭祭と新王への冊封が主たる役目であるが、これが多量の持渡品を持参する。高価に買い取るのが琉球側の歓待の1つで、これを評価（ハンガー）という。冠船を迎えることは国王一世一代の盛儀で、武寧王9年（応永11, 1404）から尚泰王19年（慶応2, 1866）まで継続した（冊封を受けない琉球王は王世子・王世孫にとどまる）。これによって内政干渉はないが、明も清も表面上、琉球を属国とし、琉球国王も臣称・奉正朔・朝貢の義務を負っている。その「冠」は、明初にあっては皮弁冠服、のちには玉の御冠を王位の象徴として賜わるということであろうが、何時ごろから「冠船」の称が始まったか明らかでない。筆者の知る限りでは『歴代宝案』の付録に「康熙五十八年亥、冠船之時唐人持来候貨物録」の一書をはじめとする。この年は尚敬王7年（享保4, 1719）で、名宰相蔡温の時、玉城朝薫（たまぐすくちょうくん）が組踊を創作し、冊封使歓待のために御冠船踊の始められた時である。したがって、これ以前、年代的に多くさかのぼらないころからではあるまいか。『中山世鑑』『中山世譜』『球陽』などには管見の及ぶ限りでは、みえないので、あるいは鹿児島藩主の代替りごとに琉球から差遣する「あやぶね（文船・紋船）」に対して、清からの冊封使船につけた琉球での称呼ではあるまいか。　→冊封使録（さくほうしろく）

参考文献　『琉球史料叢書』、小葉田淳『中世南島通交貿易史の研究』、安里延『日本南方発展史―沖縄海洋発展史―』、喜舎場一隆『近世薩琉関係史の研究』　　　　　　　　　　　　　　　　（宮田　俊彦）

152　関東大仏造営料唐船（かんとうだいぶつぞうえいりょうとうせん）　社寺の造営料を得るために海外に派遣された貿易船の1つ。鎌倉時代末期になると、社寺の中にはその巨額な造営費を海外貿易に求め、朝廷・幕府の公認のもとに、みずから営んだ貿易船（唐船）を元へ派遣するものが現われてきた。今日知られている最もはやいものは正中2年（1325）に派遣された建長寺造営料唐船であるが、それに次ぐものがこの関東大仏造営料唐船である。それは木像より金銅像に改造した鎌倉大仏の造営料を求めるため、嘉暦3年（1328）鎌倉名越善光寺長老が大勧進となり、翌元徳元年（1329）春、元へ派遣されたものである。

参考文献　森克己「鎌倉大仏と日元貿易」（『（増補）日宋文化交流の諸問題』所収）、村井章介「寺社造営料唐船を見直す」（歴史学研究会編『シリーズ港町の世界史』1所収）　　　　　　　　（森　克己）

153　漢委奴国王印（かんのいとくおうのいん）　⇒かんのわのなのこくおうのいん

154　漢委奴国王印（かんのわのなのこくおうのいん）　江戸時代の天明4年（1784）、筑前国那珂郡志賀島（しかのしま）南岸の叶の崎（かなのさき、福岡市東区）から出土した「漢委奴国王」の印文をもった純金の印。その形は方形で、方平均2.347cm、高0.887cmの小さい印台の上に、蛇形ともみえる鈕（ちゅう）がついている。総高は2.236cm、重さは108.729gの小印である。印文は「漢委奴国王」の5字を小篆の書体で3行にわけて薬研彫り形に陰刻してある。この金印の発見者と関係のある本百姓の甚兵衛の福岡藩に提出した口上書によると、天明4年2月23日、叶の崎の彼の田の溝を修理中、地下に埋もれていた石塊の間から、金印が発見されたという。この事実は同時代の人である亀井南冥・皆川淇園・聖福寺僧仙厓義梵、おくれて青柳種信らが書きとどめている。また仙厓自筆の文書によると発見者は喜平と秀治の二人であるという。福岡藩によって金印の取調べを命じられた亀井南冥は、『後漢書』光武帝本紀の中元2年（57）春正月条や同書の東夷伝に、この年に東夷の倭奴国王が使を遣わして奉献したのに対し、光武帝が印綬を与えた、という記事に注目し、金印は奴国の使者がたずさえ帰ったそれであると論じた（『金印弁』）。南冥の説は、これ以後金印に対する基本的な解釈となったけれども、その後、金印の出土地と出土状況、発見者、金印の真偽、金印の性質、印文の読み方などについて、さまざまの疑問が提出され、論争は最近まで続いている。真偽説については早くも天保7年（1836）、松浦道輔が、金印の印文や彫り方が、漢代の公印のそれと異なる点をあげて偽物説をとなえ（『漢委奴国王金印偽作弁』）、村瀬之熙（栲亭）もこの金印につけられた蛇鈕は漢の印制にはないとして疑問を提出した（『秋苑日渉』）。明治31年（1898）になり、三宅米吉がこれを論駁したので、偽物説は一応影をひそめたが、印制についてはまだ疑義が残った。第2次世界大戦後の昭和26年（1951）、田沢金吾は印文の彫刻技術と出土状況に疑問があるとして偽物説を提出したが、これは各方面から否定された。また印制のうち蛇鈕に関する疑問は、1955～57年に行われた調査で、中国の雲南省晋寧県石寨山に存在する1世紀ごろの古墳から蛇鈕をつけた金印（印文は「滇王之印」）が発見されたから、これも一応解決した。次

に印文については，三宅米吉が，委は倭の通字，奴は「那（な）の津」「儺（な）の津」などの那・儺と同音で，奴国は現在の博多付近にあった国であると主張した．このほか委奴国をイト国（伊都国・怡土国）にあてる説なども提出され，両者の是非をめぐって内藤虎次郎・白鳥庫吉・稲葉岩吉・喜田貞吉・大森志郎らの間に論争があった．第2次世界大戦後，栗原朋信は印文を制度史および政治史の面より研究した結果，この金印は偽物ではないが，漢の公印ではなく，奴国が漢印を模して作らせた私印であろうと推測したが，のちに公印でもありうると自説を発展させた．また出土の状況も樋本杜人・森貞次郎らの調査・研究によって，次第に明らかになった．昭和29年国宝に指定．福岡市美術館所蔵．

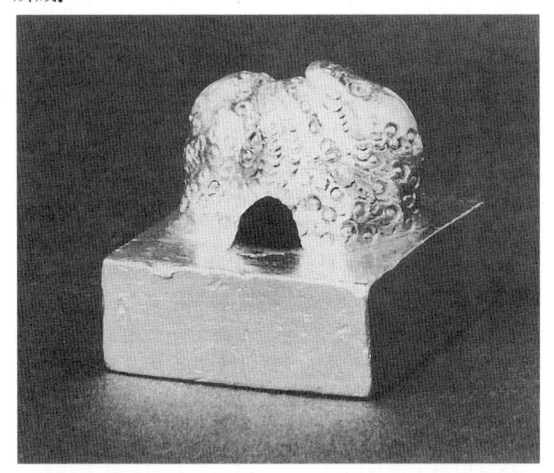

参考文献　大谷光男『研究史金印―漢委奴国王印―』，同編『金印研究論文集成』，三宅米吉「委奴国王金印偽作説の批評」（『考古学会雑誌』2ノ5），栗原朋信「志賀島の金印」（『日本と世界の歴史』1所収），同「漢の印制よりみたる『漢委奴国王』印について」（『史観』42），樋本杜人「委奴国と金印の遺跡」（『考古学雑誌』45ノ3・4），森貞次郎・乙益重隆・渡辺正気「福岡県志賀島の弥生遺跡」（同46ノ2）

（三上　次男）

155　看板貿易 かんばんぼうえき　オランダの日本における貿易取引方法の1つ．オランダ船の輸入品の目録を看板に掲げ，この目録と商品見本にもとづいて，商人に入札させたことから，看板といえば入札売買をさすことになった．寛文12年（1672）以後，市法売買が行われるようになるが，このころからすでに「かんばん」という言葉が用いられ，入札日をかんばん日，入札に行くのをかんばんに参ると称していた．この入札は，まず五箇所商人の目利（めきき）役すなわち鑑定人が品物を鑑査し，五箇所商人はこの鑑査をもとにして，都市ごとに評価・入札する．市法会所はその平均価格で品物を買い入れたのち，長崎に来た一般商人に入札させ，この差額を会所の利益とし，地役人・市民および入札商人に分配した．貞享2年（1685）糸割符が復活し，一般の商品は相対（あいたい）自由売買となった．入札商人は，最初は無制限だったが，元禄元年（1688）以後は五箇所商人に限られた．同11年長崎会所が設けられ，生糸は従来どおり糸割符とし，その他の商品はすべて会所直属の目利の評価により買い上げ，その後入札により五箇所商人に売り渡すこととなり，この方法は幕末まで変わらなかった．ただし会所貿易にされる品物は，会社（オランダ東インド会社）の会計となる本方商売すなわち会社貿易に限られ，このほかに少額の脇荷商売すなわち私人貿易が許された．脇荷商売は，商館員の給料を補う意味を持ち，一般の競争入札により直接オランダ人と取引した．そこで，オランダ人は18世紀以降，私人貿易をカンバン貿易と呼び，もっぱら会社貿易と区別する意味で用いるようになる．すなわち，会社貿易は会所で一括して値組みし，買い取るため，その後これらの商品が会所で入札により日本商人に売り渡されても，その入札価格の高下はオランダ人にとって全く関係なかったことから，オランダ人は本来入札売買を意味するカンバン貿易を，私人貿易の意味に転用するようになったのである．→脇荷物（わきにもつ）

参考文献　関山直太郎「「看板」（kambang）貿易考」（『経済史研究』13ノ6）

（永積　洋子）

156　カンファイス　Johannes Camphuijs　1634～95　オランダ人，出島商館長でのちオランダ東インド会社総督．1634年7月18日ハーレムHaarlemに生まれる（1635年7月14日生まれとの説もある）．東インド会社に勤務して54年バタビア着，寛文11年（1671）～12年，延宝元年（1673）～2年，同3年～4年の3回出島商館長として勤務し，寛文12年・延宝2年・同4年には江戸に参府した．その後会社内の要職を歴任して1684年総督となり91年まで在任．総督辞任後もバタビアに居住し多くの日本に関する蒐集品を擁し日本に関する手記を書いていたといい，また『バタビア創立史』を書いている．一時ケンペルの『日本誌』はこの人の手記を盗用したものである，という説も一部に行われたことがある．1695年7月18日バタビアで没．61歳．

（沼田　次郎）

157　漢文学　かんぶんがく　〔上代（上古・奈良時代）〕応神天皇15

年8月，百済の阿直岐が来朝し，翌年2月に王仁が召され『論語』と『千字文』を携えて来た．公式の漢字伝来と漢文の学習は，この時に始まる．しかし，三韓との交通は，『播磨国風土記』には，新羅の王族，天日槍（あめのひぼこ）の帰化のことが，応神天皇以前にみえ，漢の王充の『論衡』には「周ノ成王ノ時，倭人，鬯草ヲ貢グ」（原漢文）とある．この倭人は，九州地方の一部の住人であろうが，周の成王の時代は，一般の年表では，神武天皇より約400年前，『日本書紀』では神代である．その後，遣唐使とともに，留学生や留学僧も絶えず，大学の創立もあって，記録や外交文書などのほかに，日本人の漢文学勉強も盛況となった．それらの作品中，金石文および書冊として次のごとく残存している．金石文の古いものは，伊予国道後温泉（松山市）への聖徳太子行啓の碑である．推古天皇4年(596)10月，太子23歳の時のもので，四六駢麗文である．それは，『伊予国風土記』所載文が『釈日本紀』に引かれて伝存する．そのほか，『元興寺伽藍縁起幷流記資財帳』には，同年百済の百加と陽古との2人の博士の手になった元興寺露盤の銘がある．また，法隆寺金堂の釈迦像の光背の裏にある釈迦三尊造像記も，同31年になり，長谷寺には千仏多宝仏塔銅板銘，薬師寺には東塔の檫の銘や仏足石記があり，正倉院蔵の聖武天皇勅書銅板には表裏に文がある．宇治橋の断碑も，原碑は，その上半が失われたが，銘文は『帝王編年記』に載っている．書冊としては『常陸国風土記』の文がある．四六文で紀伝道の博士などの手になったものであろう．また『日本書紀』『続日本紀』の詔勅の類は，四言詩などの影響を受け，洗練されており，淡海三船の手になった『唐大和上東征伝』もあるが，『懐風藻』は特に注意すべきである．詩風は，漢魏六朝風を多く学んでいる．

〔中古（平安時代）〕約400年のうち，初期は，嵯峨天皇を中心として，詩全盛であり，唐も，盛唐から中唐にあたり，李白・杜甫から白楽天らに至る多くの詩人の集も渡来して，影響を及ぼした．この期の前半には，詩人として平城・嵯峨・淳和3天皇のほか，小野岑守，その子篁，菅原清公，その子是善，藤原冬嗣・滋野貞主・良岑安世・有智子内親王や弘法大師，およびこの人々よりもやや遅れて，大江音人・島田忠臣・都良香，是善の子道真らが出た．それらの間に，『凌雲集』『文華秀麗集』『経国集』のごとき勅撰の3集がわずか10余年間に続いて出た．弘法大師の作品には，『遍照発揮性霊集』のほか，『文鏡秘府論』『文筆眼心抄』などがある．ほかに，忠臣の『田氏家集』，良香の『都氏文集』，道真の『菅家文草』『菅家後集』などが出た．詩風も，盛唐・中唐もしくは晩唐の風が学ばれ，表現面の用字などの技巧よりも，表現層の充実に苦心が払われ，文は四六文の隆盛を見た．しかるに，遣唐使が廃止となり，和歌が隆盛になり，この前期の終りごろから，漢詩文は，惰力的に存在するように衰微していった．詩人には音人の孫朝綱・維時，道真の孫文時，醍醐天皇の皇子兼明親王（中書王），源順・源英明らが知られていた．この人々の逸話は，『江談抄』や『今昔物語集』にみられ，その作品は，『本朝文粋』『扶桑集』などにみえる．詩文の佳句を集めて，維時は『千載佳句』を撰し，『和漢朗詠集』の源流をなした．後半期には，維時の孫匡衡や，紀斉名・高階積善・慶滋保胤らが知られ，斉名の『扶桑集』と積善の『本朝麗藻』とは，一条天皇ころの詩人の作品を集めているが，現在は欠本になっている．また，藤原明衡の『本朝文粋』14巻は，嵯峨天皇から後一条天皇までの詩文を類聚したが，文が主である．藤原公任の『和漢朗詠集』も，このころの撰である．また藤原忠通には『法性寺関白御集』があり，『本朝無題詩』も忠通の命によって撰せられたらしい．藤原季綱撰と伝称される『本朝続文粋』13巻は，『本朝文粋』以後の作品の類集である．藤原基俊の『新撰朗詠集』も，このころの撰であり，大江匡房には，『江都督納言願文集』や，文談詩話を集録した『江談抄』もある．

〔中世（鎌倉・室町時代）〕この前期は五山僧の文学が主流であり，貴族は教養として，また社交の具として，漢詩文を研究し勉強したにすぎなかった．後期は五山僧の抄物（しょうもの）研究が主流で，やがて江戸時代の朱子学にも連絡していった．五山文学としては虎関師錬・雪村友梅らがその祖と称せられ，中巌円月・絶海中津・義堂周信らは，中国にも知られていた．虎関の『元亨釈書』は，日本の僧史のはじめであり，詩文集としては『済北集』20巻がある．雪村は博学で，特に『荘子』に通じ，元に在った時の作品を集めた『岷峨集』2巻がある．その他，中巌円月の詩文集たる『東海一漚集』の巻4は『中正子』で，朱子学を祖述したものである．『三体詩』も中巌らから流行し，五山版の刊行もこれらの僧たちによって起った．その他，一休宗純・景徐周麟・桃源瑞仙・桂庵玄樹・横川景三らの詩文集は，『五山文学全集』『五山文学新集』『続群書類従』に収められている．抄物には，桃源の『史記抄』や『周易』の抄である『百衲襖』や，東坡の詩抄である『蕉雨余滴』がある．その他，『山谷詩抄』『柳文抄』『東坡詩抄』『江湖風月集抄』『古文真宝抄』『中華若木詩抄』『蒙求抄』『錦繍段抄』『四河入海』などがあり，狂詩や連句の類もある．

〔近世（江戸時代）〕徳川家康が兵馬の権を得た慶長4年(1599)から同吉宗の享保20年(1735)ころまでを，便宜上，前期と見，同じく吉宗の元文元年(1736)ころから，慶応3年(1867)までを後期と見る．前期は朱子学と古文辞学派の儒者の中に詩人が多かった．すなわち朱子学派には，藤原惺窩を主とし，その門下に林羅

山・那波活所・堀杏庵・松永尺五の四天王がいた．尺五の門に，木下順庵・宇都宮遯庵がいた．順庵門下には，新井白石・雨森芳洲・室鳩巣・祇園南海らが著名であり，それぞれ詩文集を持っている．石川丈山と南海の詩，杏庵の文は著名であった．また古文辞学派には，文人儒者が多く，荻生徂徠を祖として，服部南郭・太宰春台・大内熊耳・高野蘭亭・山県周南・本多猗蘭・平野金華・僧月枝元皓らがいた．『唐詩選』は，徂徠や南郭によって流行した．また，古義学派には伊藤仁斎とその子東涯が知られているが，仁斎の詩は余技である．後期は，前期の諸派にも消長があり，寛政異学の禁の後は，朱子学派のほかは影を薄くし折衷学派・考証学派・古註学派などの詩人が活躍した．朱子学派には，市河寛斎があり，その門から大窪詩仏や菊池五山が出た．また，那波活所の学を伝えた江村北海は賜杖社を作って同好の詩人を集め，ほかに菅茶山・古賀精里や，精里の門から出た野田笛浦・古賀穀堂・野村篁園・斎藤拙堂らがあり，笛浦・拙堂・篠崎小竹・坂井虎山は，文章の四大家として知られていた．大坂には中井竹山があり，篁園の門から友野霞舟が出た．頼山陽は尾藤二州にも学んだ人である．古文辞学派には，周南の門に滝鶴台・亀井南冥，元皓の門に宇野明霞があり，明霞の門の片山北海は混沌社を作って社友を集めた．南冥に師事した広瀬淡窓は，郷里に咸宜園を開き，弟子が4000人に及んだという．旭荘は淡窓の弟である．また水戸学派は，大内熊耳門下に立原翠軒・藤田幽谷，その子東湖らがあった．折衷学派は，山本北山を中心として亀田鵬斎・小野湖山らがあり，その派は古文辞学派の作品を痛撃した．梁川星巌も，はじめは北山の門にあった．太田錦城は，北山の門から出て，北山に対抗した博学の学者であった．また，古註学派の人々には，村瀬栲亭・僧大典・竜草廬・中西淡淵らがある．中島棕隠・田能村竹田は，栲亭門下であり，大槻磐渓もこの派の人であった．折衷学から，皆川淇園のように考証学派に入った人もある．大体江戸時代後期の諸家は，朱子学から出ても，折衷学派になったり，古文辞学派から出ても，古註学派になったように，諸派に出入したような人も少なくなかった．なお，江戸時代後期には蜀山人のごとく，狂詩の作者も存在する．いずれにせよ，江戸時代の各派のこれらの人々は，それぞれ勝れた詩文集を出しているのであった．

参考文献　山岸徳平『日本漢文学研究』（『山岸徳平著作集』1），同編『日本漢文学史論考』

（山岸　徳平）

158 漢方医学 かんぽういがく

中国医学の影響下に日本で発達した医学．漢医方ともいわれた．中国医学は5，6世紀ごろより日本に知られるようになり，7世紀以降，遣隋使・遣唐使による大陸からの文化摂取とともに急速な発展を遂げた．天平勝宝6年(754)には唐より鑑真が来朝し，医学教育に貢献するところが大きく，同8年聖武上皇崩御七七忌に東大寺に奉納された多数の薬物は正倉院薬物として現在にまで伝えられ，当時の医療を知る重要な資料となっている．永観2年(984)には丹波康頼により，『医心方』30巻が著わされた．これは現存する本邦最古の医書で漢から唐に至る中国医書多数の引用からなっており，引用原典の多数がすでに散逸した今日，その文献的意義は大きい．鎌倉時代には栄西の『喫茶養生記』，梶原性全の『頓医抄』『万安方』があり，室町時代には有隣の『福田方』があるが，いずれも中国医学の忠実な祖述の域をでない．わが国の医学が独自の歩みを始めたのは16世紀以降のことで，その始祖は田代三喜である．三喜は明に12年間留学し，そこで日本人僧医月湖を知った．月湖の著書『全九集』『済陰方』など多くの医書を持って帰国したのは明応7年(1498)で，帰国後，金元医学を日本にひろめた．その弟子には曲直瀬(まなせ)道三(正盛)がいる．三喜・道三らの学派は後世派とよばれるが，これはのちにおこった古方派に対する名称である．古方派は後述するように思弁的傾向の強い金元医学を廃して「張仲景の昔に帰る」ことを唱導した学派であり，その主張に即して古方派の名を得，これに対して金元医学を宗とする三喜・道三の学流が後世派とよばれるようになったのである．後世派最大の人物は曲直瀬道三であるが，彼は決して単なる金元医学の末流ではない．主著『啓迪集』(天正2年(1574))には，「仲景の処方は薬品甚少にして暴卒の外感を治し，東垣(金元四大家の1人李杲)の用薬は多くは二十余味にして緩舒の内傷を治す」(原漢文)と記されており，古方をも運用したことが知られ，かつ創見も多い．その子2代目道三玄朔も名医で，『医学天正記』ほか多くの著作がある．ほかに後世派に属する著名な医師としては岡本玄冶・長沢道寿・饗庭東庵・香月牛山・岡本一抱らがいる．しかし後世派の末流になると空論に走ったり，ことなかれ主義に終始するなど弊害がめだちはじめ，ついに17世紀中ごろ古方派が興ってこれと対決するに至る．古方派の祖は名古屋玄医である．「張仲景への回帰」をいうその主唱は，儒学における伊藤仁斎らの古学派の動きと軌を一にしている．しかし玄医にはなお金元医学の色彩が強く残っており，真の意味での古方派を確立したのは後藤艮山である．ただし艮山は唐以前の諸書を一様に評価し，仲景を唯一無二としたわけではなく，病理論としては「一気留滞論」を唱え，気の留滞を除くために灸・温泉・蕃椒・熊胆，その他日常卑近な薬剤を使用し，仲景の方を多用したわけではなかった．その弟子の香川修庵の説は最も峻烈をきわめ，陰陽五行説を完全に排し，『黄帝内経』以下あらゆる古典を批判し，仲景さえもその例外ではなかった．その結果，「我より古をつくる」と唱え，『一本堂行余医

言』『一本堂薬選』の大著をなした．山脇東洋も艮山の弟子だが修庵とは対立し，「古えの道を行ないて今の術を採る」を主唱した．宝暦4年(1754)日本で最初の人体解剖を行い，『蔵志』を著わした．その門からは永富独嘯庵・栗山孝庵らがでた．独嘯庵は蘭方にも関心を示し，著書『漫遊雑記』中には蘭方による乳癌手術の可能性を指摘し，後の華岡青洲に影響を与えた意味で漢蘭折衷派の遠祖といってもよかろう．艮山の系列とは別に古方派で一家をなした者に松原一閑斎・吉益東洞らがいる．特に吉益東洞は主張の斬新さ，影響力の大きさからいって江戸時代随一と考えられ，「万病一毒説」「天命論」などを唱え，『薬徴』『医断』『類聚方』など多数の著書をのこした．その子南涯も有名で，その門から華岡青洲がでた．青洲は外科に秀で，全身麻酔下で乳癌ほか多くの手術を行い，漢蘭折衷を唱えた．安永3年(1774)杉田玄白らにより『解体新書』が刊行されたのは漢蘭両方の勢力関係に大きな影響を与えたが，18世紀中はなお漢方が優位に立っていたといえる．宇田川玄随の『西説内科撰要』(寛政5年(1793))に，江戸医学館の多紀元簡(桂山)が序をよせているのが，これを象徴的に示している．19世紀になると次第に蘭方が漢方を圧倒し，特に牛痘法の導入は決定的な影響を与えた．明治新政府は明治7年(1874)以降段階的な措置で漢方医を抹殺し，西洋医学を修めることを医師免許の条件とした．これに反撥した漢方医は医師法改正の請願を行なったが，明治28年の帝国議会で27票の差で破れ，この問題に終止符がうたれた．しかし医師となったうえでの漢方の研究診療は自由とされたので，同43年には和田啓十郎が『医界之鉄椎』を著わし，漢方復興の口火をきり，その弟子湯本求真も『皇漢医学』(昭和2年(1927))を著わして昭和漢方の原動力となった．また朝比奈泰彦は大正15年(1926)第7回日本医学会総会で「和漢生薬の研究」と題する特別講演を行なった．第2次世界大戦後，国際的な伝統医学再評価の動きとともに我が国の漢方医学も新しい局面を迎えつつある．

[参考文献] 富士川游『日本医学史』，大塚敬節『漢方医学』，大塚恭男「艮山と東洋と修庵と」(『漢方の臨牀』19ノ12) （大塚　恭男）

159 看羊録 かんようろく　慶長の役で捕われた朝鮮人儒者姜沆(1567～1618)の記した日本見聞記．初め『巾車録』と題したが，後に門人が改めた．捕虜となった宣祖30年(1597)から帰国を果たした宣祖31年の情報を記す．帰国後に記した文の他，捕虜の時期に人に託して日本情報を朝鮮国王に上疏せしめたものもある．特に藤原惺窩(当時は相国寺僧宗舜)との交流を記す点は，日本朱子学に与えた朝鮮儒学の影響を知る上で重要である．日本の政情・地理・風俗などを詳細に記す点でも価値は高い．姜沆の死後，孝宗5年(1654)に門人尹舜挙の編になり，孝宗7年に刊行された(『韓国名著大全集』6に活字・韓国語訳注)．孝宗9年刊の姜沆の詩文集『睡隠集』(『韓国文集叢刊』73に韓国奎章閣蔵本の影印)，および18世紀日本紀行文などをまとめた『海行摠載』(『朝鮮群書大系』続々3に翻刻)にも収録される．読み下しに朝鮮研究会のもの(大正3年(1914))と『日本庶民生活史料集成』27(昭和56年(1981))があり，『東洋文庫』440には朴鐘鳴の訳注(同59年)を収める．なお慶長の役時の日本見聞記として知られる鄭希得『月峯海上録』は，刊行に当たり『看羊録』を元に増補されている．　→姜沆(きょうこう)

[参考文献] 中村栄孝『日鮮関係史の研究』中，阿部吉雄『日本朱子学と朝鮮』，内藤雋輔『文禄・慶長役における被擄人の研究』 （榎本　渉）

160 観勒 かんろく　生没年不詳　百済の僧．推古天皇10年(602)10月来朝し，暦本・天文地理書・遁甲方術書を貢上した．このとき陽胡(やこ)史の祖玉陳(たまふる)は暦法を，大友村主高聡(おおとものすぐりこうそう)は天文遁甲を，山背臣日立(やましろのおみひたて)は方術を学んだ．同32年4月にある僧が祖父を殴り殺したとき，天皇は蘇我馬子を召し，諸寺の僧尼を集めて，その悪逆の僧とともに罪せんとした．観勒は上表しその悪逆の僧以外の僧尼を赦されんことを奏して許された．そこで天皇は僧尼を統制するために僧官を創設し，観勒を僧正に，鞍部徳積(くらつくりのとくしゃく)を僧都に，阿曇(あずみ)連を法頭(ほうず)に任命した．これがわが国における僧官制度のはじめである．また『三国仏法伝通縁起』中，三論宗条に観勒は三論宗の学匠とあり，成実宗条には三論宗の学匠であって成実宗にも通じ，聖徳太子は恵慈・恵聡・観勒を師として仏法を習学したとあるが，いずれも確証はない．

[参考文献] 『元亨釈書』16(『(新訂増補)国史大系』31)，田村圓澄『飛鳥仏教史研究』 （大野達之助）

き

001 魏 ぎ 中国の王朝名(220～65年).曹魏ともいう.首都洛陽.後漢末黄巾の乱後群雄割拠の中で袁紹の麾下から頭角を現わした曹操は,献帝を許(河南省)に奉じて中原に覇を称えさらに南進したが,漢(蜀漢)・呉の連合軍と赤壁に戦って敗れ三国鼎立の形勢となる(208年).操は丞相として実権を揮い魏国公から王に進封され,その死後子の丕(のち文帝)はついに献帝に禅譲を強要し魏朝を開く.華北の先進地帯を擁する魏は呉・(蜀)漢に対し終始優勢を保ち,遼東の公孫氏を平定し,また毋丘倹を派して高句麗を討伐し,北方の烏丸と抗争した.政治は法術を尚び秘書・中書を中核に権力支配を強行したが,同時に貴族勢力の吸収に意を用い陳群の議を採って九品官人の制を設け,州郡に中正をおき郷論による人材の推薦を制度化した.新律を整え,世襲の兵戸を定め,軍兵による屯田をおくとともに流民を集めて民屯を開き軍糧の蓄積に努め,また田租・戸調の税制を樹立するなど,漢帝国の国制を大幅に改訂し六朝的支配体制への過渡をなした.曹丕・植兄弟を代表とする清新な文学や何晏・王弼のごとき儒学の玄学的解釈,あるいは清談の流行など文化面にも新展開がみられる.しかし弱体化した帝室と皇帝の低年齢化の影響を受けて,貴族勢力の中心たる大将軍司馬懿の一族に実権が移り,蜀の平定直後司馬炎は禅譲を強行して晋朝を建て魏は亡ぶ.帯方郡を経由する魏と倭の交渉は,魚豢『魏略』や陳寿『三国志』魏書倭人伝にわが国に関する最古のまとまった記事(著名な邪馬臺国の女王卑弥呼の所伝をはじめ倭人の風習などを含む)を残し,各地の古墳から景初・正始など魏の紀年鏡が発見されてこれを裏付けている.
[参考文献] 盧弼『三国志集解』,郭沫若主編『中国史稿』3,吉川幸次郎『三国志実録』(『吉川幸次郎全集』7) (池田 温)

002 キアラ Giuseppe Chiara 1602～85 イタリアのシシリー島出身のイエズス会士.イエズス会のヨーロッパ人司祭3人と日本人修道士1人および日本人と中国人の同宿5人とともに,マニラ経由で鎖国下の日本に潜入することを企てたが,寛永20年(1643)5月12日筑前国で捕えられた.キアラらはまず長崎に送られ,それから同年7月13日江戸に送られて来た.江戸では宗門奉行井上筑後守政重の屋敷に預けられた.大老酒井讃岐守忠勝や老中堀田加賀守正盛の屋敷で彼らの取調べが行われた折には将軍徳川家光もみずからその有様を検分した.幕府側の詮議は主として井上筑後守によって行われ,「目明し忠庵」こと沢野忠庵すなわち転び伴天連クリストバン゠フェレイラもこれに荷担している.この間キアラは,キリシタン布教が国土征服の下工作であることなどについて白状をした書付を提出しており,これは幕府関係者の間でキリシタン邪教観が形成されてゆく上で重要な意味を持っているといえる.信仰を棄てたキアラは正保3年(1646)キリシタン制禁を犯した者を禁錮した江戸小石川小日向の山屋敷(キリシタン屋敷)に置かれた.キアラと一緒に潜入を企てた卜意・寿庵・南甫・二官も同じく山屋敷に収容された.キアラのこの屋敷での暮しは40年近くに及んだが,この間岡本三右衛門と名のり,妻をめとって,奴婢を付せられ,10人扶持を下された.万治元年(1658)には,三右衛門は,天地創造の話の不審なること,キリシタン宣教師の詮議の過程で一向に奇蹟の起らないこと,布教は国土侵略の手段であること,世界には野蛮な国も多くそのような国を造った神は大悪人の源であること,キリスト教では神に敵をなすものは主でも親でも殺害しても科にはならず,むしろ功徳になることなど,キリシタン教義の欺瞞性について書付にして宗門奉行に提出している.延宝2年(1674)にも彼はキリシタン宗門についての書物を認め,翌3年金3両を下された.折にふれてキリシタン宗門やその器物などについて幕府関係者の聴取を受けていたようである.貞享2年(1685)7月25日病死した.所持金は28両3分あったという.遺体は火葬の上小石川無量院に葬るが,改葬を重ね現在墓は調布市富士見町3丁目サレジオ学園所在.昭和52年(1977)五月小石川伝通院に供養碑建立.
[参考文献] 『通航一覧』188,『契利斯督記』(『続々群書類従』12),『査祆余録』(同),姉崎正治『切支丹宗門の迫害と潜伏』, J. F. Schütte: Introductio ad historiam Societatis Jesu in Japonia, Romae (1968). (高瀬弘一郎)

003 喜安日記 きあんにっき 慶長14年(1609)島津氏の琉球出兵によって鹿児島に連行された尚寧王に随って,駿府・江戸まで行って同16年王とともに帰国した喜安の日記体の記録.1巻.喜安入道は泉州堺の人,慶長5年琉球に入り,島津氏の琉球出兵後,16年まで尚寧に扈従,その後,元和4年(1618)・寛永元年(1624)の2度上国し,知行都合100石,数寄屋惣奉行となり承応2年(1653)没,88歳.内容は,はじめに島津の要求を容れるべきか否かについて名護良豊と謝名親方鄭迵との意見の相違を記し,樺山久高・平田増宗を大将・副将とする薩軍の侵入に及ぶ.喜安は尚寧に扈従して鹿児島に向かい,以後,行をともにする.尚寧は翌15年4月鹿児島を出船,伏見から7月に陸路を辿って8月に駿府に至り徳川家康に対面,9月江戸で秀忠に対面,9月5日江戸を発って高崎・碓氷峠・諏訪・木曾路を経て10月2日伏見に着く.10月20日大坂から再び船で瀬戸内海,

九州の西岸を経て12月鹿児島に帰る．翌慶長16年9月知行高目録を受け，起請文を記し，鄭迵を誅して，10月20日那覇へ帰った．本書はその内容きわめて正確であって，島津氏の琉球出兵に関する琉球側史料としては第1等というべきであるが，どこからどこまで何里という記述が多く，特別に詳しい記述は尚寧乗船，駿府での弟尚宏の病没，富士山，筑前芦屋延命寺，鹿児島での雪に限られる．このような場合に漢詩・和歌が記され，『平家物語』や『方丈記』を借りた美文で飾ってある．尚寧をさして主上といい，尚寧の一人称を朕，宿所を行宮と記し，王ではなく皇帝・天皇に対する文字使いをしている．江戸・大坂・駿府の町や民衆の有様は記されていないし，峠を「到下」と書いている．本書の成立年代は慶長16年以後元和4年ごろの間であろうか．尚豊を「今の主上」といっている．喜安53歳ごろの回顧録とすべきである．伝本は以下のとおり．(1)沖縄県立図書館旧蔵本(筆者家蔵)，(2)伊波本(昭和41年(1966)琉球大学附属図書館複製)，(3)東恩納文庫本(沖縄県立図書館蔵)，(4)筑波大学蔵本，(5)琉球史料研究会本(昭和39年比嘉寿助刊，底本は同15年琉球文献頒布会刊本・琉球大学伊波文庫本)．『日本庶民生活史料集成』27所収． (宮田　俊彦)

004 基肄城 きい　佐賀県三養基郡基山町(一部は福岡県筑紫野市にわたる)にあった城．大宰府の南方背振山脈の一峰基山(最高峰415m)にその遺構がある．山頂の尾根を西の限界として，東側の谷をとりかこんで，延長約5kmの土塁をめぐらしている．天智天皇4年(665)大野城とともに築かれ，『日本書紀』には「椽城」とかかれ，『続日本紀』には「基肄城」とかかれている．土塁は山の尾根か，尾根のすぐ外側に設けられ，版築の所も多く，一部は自然地形を利用して急斜面を削り，崖面をつくっている所もある．門址として知られる遺構は4ヵ所ある．南門址は最も大きな規模で，入念に石を積みあげた延長約30mの石塁がある．高さ約8.5mの石塁の下底部には，谷の水を流す通水孔が見られる．この水門の東側がもと城内に入る通路にあたるが，門礎石などは失われている．北門と東南門址には，側壁の石積みの一部が残っているにすぎないが，東北門址には一対の唐居敷(からいしき)が残っている．門扉の軸孔間隔は1.94mである．城内には礎石群が散在し，30棟以上の建物が想定される．最も多いプランは3間×5間で柱間7尺である．この様式の建物は大野城でも見られ，礎石群の間から発見される炭化米は，これらの建物群が穀倉であったことを示している．これらの礎石群のうちで，10間×3間，柱間10尺という特殊な一例がある．長倉または大礎石群とよばれている．城内から発見される古瓦には，創建当初のものもあり，軒先文様は単弁八葉の丸瓦と重弧文の平瓦がある．以下奈良・平安時代の瓦もあるので，王朝時代を通じて建物が存続したことを物語っている．なお山頂付近は中世の山城に利用されたことがあり，土工の跡が見られる．特別史跡指定．

参考文献　鏡山猛『大宰府都城の研究』
(鏡山　猛)

005 生糸 きいと　繭からつくる糸は家蚕糸と野蚕糸に分けられる．前者は屋内で飼育した蚕がつくる繭からとる糸，後者は野生の蚕のつくる繭からとる糸である．また，繭から糸をとる方法には2つある．1つは煮解きした数個の繭層を合わせて1本の糸とする方法，もう1つは繭を真綿にして，それを紡いで糸にする方法である．生糸とは普通，家蚕の繭を右の第1の方法によって糸とするものの称である．これに対して，第2の方法でつくられる糸のことを紬糸，のちには紡績絹糸(絹紡)という．養蚕・製糸の歴史は古く，記紀神話にも養蚕・製糸関係の説話がみえる．しかし，はじめは紬糸が多く，また生糸といっても黄濁した節糸・玉糸の類が大部分であったであろう．その後，大陸からの技術にふれて極く緩慢なテンポではあったが，養蚕・製糸のわざは向上していった．大陸からの技術渡来は良質の生糸や絹を手に入れたいとの支配層の強い欲求と結びついていた．『大宝令』(大宝元年(701))の中には，上戸は桑300根，漆100根以上，中戸は桑200根，漆70根以上，下戸は桑100根，漆40根以上を植えるべきこと，そして正丁1人につき絹・絁ならば8尺5寸，生糸ならば8両，綿(真綿)ならば1斤を輸すべきことが規定されている．それから約200年後に撰修された『延喜式』(延長5年(927))によると，当時の上糸国は美濃・三河・伊勢・近江・但馬・紀伊・美作・備前・備中・備後・安芸・阿波の12ヵ国，中糸国は尾張・遠江・越前・加賀・能登・越後・若狭・伊賀・丹波・丹後・播磨・因幡・伯耆・出雲・長門・讃岐・土佐・伊予・筑前・筑後・肥前・肥後・豊前・豊後・日向の25ヵ国，そして麁糸国は相模・武蔵・上総・下総・常陸・上野・下野・伊豆・駿河・甲斐・信濃の11ヵ国，合計48ヵ国である．本来は上糸国に加えられるべき摂津・河内・和泉・山代(山城)・大和が調の種類の関係から洩れているので，この5ヵ国を加えると，その数は53ヵ国，陸奥をのぞいて，ほとんど全国にわたっていた．大陸技術の普及を伴う貢納の強制が養蚕・製糸を全国に広めたことが知られる．これに関連して注意されるもう1つは，商品としての生糸の生産・流通が本格化に向かう段階，すなわち江戸時代中期以降と比べると，その地域分布が著しく相違しているということである．成田重兵衛の『蚕飼絹篩大成』(文化10年(1813)序)にあげられている主要蚕糸国は陸奥・出羽・下野・上野・武蔵・信濃・甲斐・美濃・飛驒・越前・加賀・若狭・近江・丹後・丹波・但馬の16ヵ国であるが，『延喜式』当時においては，その大部分が麁糸国，あるいは中糸

国とされていた．かかる地域分布の変化は明治時代になると決定的となり，上野・武蔵・信濃・甲斐の地位が圧倒的なものとなる．明治7年(1874)の「物産表」によると，熊谷・豊岡・筑摩・長野・福島・山梨の6県で全生産額の45％，全生産価額の54％を占めるに至っている．右のごとき生糸生産の立地におこった大きな変動は商品生産・流通の展開に伴う地方特化の結果である．『延喜式』当時，上糸国とされた地方では商品生産の展開に伴って，より有利な対象へとその活動を切り変えていったわけである．菜種作・藍作・蔗作，なかんずく決定的な役割を果たしたのは棉作である．15世紀末から16世紀初頭にかけて登場した棉は大衆的繊維の旗手となり，自然的，社会的条件に恵まれた畿内を中心として急速に広まった．そして，これらの先進的地方で捨てられていった養蚕・製糸をひろい上げたのがかつての䗝糸国であったのである．いわゆる東山道生糸地帯形成の端緒はこれである．代表的な生糸生産地点となるのは，その中でも特に自然条件の劣った山村，ないしは準山村的な村々であった．したがって，江戸時代中期以降における生糸生産の増大は，棉作ブームにとり残された後進的地方が逆にその後進性を有利に生かしていく過程であったともいえよう．ところで，生糸が商品として生産され，流通し始める時期を確定することはできない．商品としての絹織物の生産・流通は室町時代末ごろから次第に本格化に向かうが，それは必ずしも商品としての生糸の生産・流通の開始を意味するものではない．西陣・堺・博多などでつくられる高級絹織物の原料ははじめ主として中国より舶載される白糸であったし，地方市場を対象とするいわゆる田舎端物にあっては，ほとんどの場合，養蚕・製糸・製織は未分化であった．もちろん例外はあるが，生糸は市場に出ることなく，一経営内部において絹織の原料にふり向けられたのである．商品としての生糸の生産・流通が本格化するのは江戸時代の中期であった．その原因は基本的には絹織物業の発展，つまり養蚕・製糸と製織の分化に求められるが，もう1つ幕府の貿易政策の変化を挙げておくことが必要であろう．西陣などの高級絹織物に対する需要増大は当然に白糸輸入量を増大させ，それは莫大な金・銀の海外流出を結果した．これを防遏すべく，幕府は貞享2年(1685)の令を皮切りとして白糸輸入制限を行い，不足分は和糸をもって補うべきことを命じた．こうして，地方から京都への登せ糸の量は著増する．元禄2年(1689)，京都の和糸問屋はわずか9軒であったが，享保19年(1734)には34軒を数えるまでになった．しかし，同じころ，桐生を先頭とする田舎絹の質・量の発展も目ざましかったので，西陣などの都市高級絹織物業と新興の地方絹織物業は原料生糸をめぐって競合することとなり，苦境に立った西陣は田舎絹の制限，登せ糸

の確保を幕府に嘆願する始末であった．いずれにせよ，こうした需要増大は養蚕・製糸の発展を促す大きな刺戟となった．しかし，技術上の発展は主として養蚕において見られ，生糸生産においてはそれは微弱であった．生糸生産の発展は，質・量ともに著しい改善を見た繭生産を基礎として，副業農家の増大という外延的方法で進行したのである．生糸生産のこうしたあり方に一大転機をもたらしたのは，安政開港につづく巨大な海外需要の発生である．生糸は国内絹織物業に大きな打撃を与えながら，奔流のように海外市場へと向かい，開港後間もなく総輸出価額の70％から80％を占めるに至った．明治維新以降，生糸生産は政府の殖産興業政策に一部助けられながらも，基本的には民間ベースで，したがって地方地方に適合した方法をとって，急テンポで発展し，明治末年には，それまで世界生糸市場において供給国として首位の座にあった中国を抜いて，世界第1の輸出国となった．生糸の輸出先の首位ははじめイギリスであったが，のちにフランスとなり，明治17年からはアメリカとなった．アメリカの比重は年とともに上がり，やがては80％以上を占めるまでになった．生糸は長く総輸出額の首位の座にあったから，それは日本の輸出が大きくアメリカに依存する形になったことを意味した．アメリカの景気の上下によって日本の生糸業界は大きくゆれ動いた．それにつれて，養蚕の景気，ひいては農業全体が大きくゆれ動かされたのである．　→養蚕業(ようさんぎょう)

参考文献　佐野瑛編『大日本蚕史』，大日本蚕糸会編『日本蚕糸業史』，高橋経済研究所編『日本蚕糸業発達史』，江波戸昭『蚕糸業地域の経済地理学的研究』，石井寛治『日本蚕糸業史分析』　　　　　(正田健一郎)

006　義尹　ぎいん　⇒寒厳義尹(かんがんぎいん)

007　鬼界島　きかいがしま　『日本紀略』長徳4年(998)9月14日条に「大宰府言┌上下┐知貴駕嶋┌，捕┐進南蛮┌由┐」とあるのが初見．鹿児島県の硫黄島説・喜界島説・川辺十島説・南島総称説など区々である．長門本『平家物語』に「鬼界は十二の島なれば，口五島は日本に従へり，奥七島は我朝に従はず，白石・アコシキ(悪石島か)・クロ島・硫黄島・阿世納(阿末納の誤りか，奄美大島)・ヤクノ島・トホエラブ・オキナハ・鬼界島といへり」とあるので南島の総称かとも思われるが，島名の列挙のしかたに疑問がある．しかるに『源平盛衰記』には「薩摩方とは総名也，鬼界は十二の島なれや，五島七島と名附たり，端五島は日本に従へり，(中略)丹波少将をば奥七島が内，三の泊の北，硫黄島にぞ捨たりける」と記していることからすると，薩摩国川辺十島のうち口三島の硫黄島をさしているかとも思われる．いわゆる川辺十島は，口・中・諏訪瀬・臥蛇・平・悪石・宝島の吐噶喇(とから)列島(宝七島・川辺七島ともいう)と硫黄・竹・黒の口三島の総称で，口三島に宇治・草

垣を加えると口五島といい，「鬼界は十二の島なれや」にあたり，かつ薩摩方に属する．硫黄島は奥七島の口ノ島の泊(三の泊)の北にあたり『源平盛衰記』の記述に一致する．治承元年(1177)6月丹波少将成経が硫黄島に，平判官康頼がちとの島に，僧俊寛が白石の島に流された．ちと・白石両島は鬼界島のうちではあるが，現在の何島かは不明である．硫黄島に右3人の遺蹟がある．平家全盛のころ，鎮西平氏で源為朝に随身して南薩摩に威を振るった阿多権守忠景が逐電し，また同族川辺平太通綱が逐電したのもこの島で，『吾妻鏡』文治3年(1187)九月条に，天野遠景が川辺氏ら平家余党討伐のため貴海島(同書同4年2月条は貴賀井島)に渡ったことがみえる．川辺十島は早くから鎮西平氏の勢力下にあったからである．現在硫黄島はじめ10島には壇ノ浦から安徳帝を奉じて来た平氏の子孫を名乗る者が多いが，前記川辺平氏との混同があろう．また『太平記』2によれば，元徳2年(1330，翌元徳3年の誤りか)7月13日，後醍醐帝の討幕計画に参画した東寺長者文観僧正が硫黄島配流になった．慶長14年(1609)3月の琉球出兵には島津軍の先導をつとめ，江戸時代には郡司が各島に置かれ優遇されている．

参考文献 樺山資雄編『薩隅日地理纂考』，五代秀堯・橋口兼柄他編『三国名勝図会』，『鹿児島県史』，原口虎雄『鹿児島県の歴史』(『県史シリーズ』46)，村井章介『境界をまたぐ人びと』(『日本史リブレット』28)，同「鬼界が島考」(『東アジアの古代文化』130)，永山修一「キカイガシマ・イオウガシマ考」(笹山晴生先生還暦記念会編『日本律令制論集』下所収)

(原口 虎雄)

008 癸亥約条 きがいじょう 嘉吉3年(朝鮮世宗25，1443)癸亥に，対馬島主(守護)宗貞盛が，李氏朝鮮と締結した通交統制に関する条約．明治以後，嘉吉条約ともよばれた．成立の経過や内容についての記録はないが，前後の大勢から推して，宗氏の歳遣船(毎年朝鮮に渡航させる使船)数を50隻に限定し，緊急の情報伝達には，数外に特送船を派遣することが約されたと考えられる．交渉は，対馬島体察使李芸らが行なった．約条の目的が，貿易の制限をはかるためであるから，所定船数について，その大小や乗組員数など細目にわたる規約があり，引きつづき，その応待についても，上京者数，留浦日限，過海糧(渡航経費)，給料(滞在費)の支給などの制限が約定された．その後，宗氏は，機会あるごとに船額の増加や制限の緩和を求めたが認められなかった．のち，朝鮮中宗のとき，三浦(さんぽ)の乱で中絶し，壬申約条には船数25隻に半減し，11ヵ年後に5隻を追加したが，甲辰蛇梁の変が起ると断絶した．明宗時代になると，丁未約条が成立して歳遣25隻となり，乙卯達梁の倭変に海賊情報を通告したので，丁巳約条で5隻が増加された．宣祖のとき，壬辰・丁酉の乱(文禄・慶長の役)で通交が絶えたが，戦後己酉約条が成立した際，25隻に減額し，関連条項も逐次制限が強化されたが，明治維新までつづいた．癸亥約条の称は『海東諸国紀』(1471年成る)が初見で，約条以前に成立していた対馬島主歳賜米・豆の条項が連記されており，後世文献の記載に継承されている．→己酉約条(きゅうやくじょう) →歳遣船(さいけんせん) →壬申約条(じんしんやくじょう) →丁未約条(ていびやくじょう)

参考文献 『朝鮮世宗実録』，『通文館志』(『朝鮮史料叢刊』21)，中村栄孝『日鮮関係史の研究』下，三浦周行「朝鮮の「倭寇」」(『日本史の研究』2所収)，瀬野馬熊「正統癸亥約条に就て」(中村栄孝編『瀬野馬熊遺稿』所収)

(中村 栄孝)

009 伎楽 ぎがく 「くれのうたまい」「くれがく」とも読み，呉楽(くれのうたまい・くれがく)ともいう(呉楽を「ごがく」とは読まない)．推古朝から鎌倉時代初期まで行われて消失した仮面音楽劇の一種で，舞楽の先駆である．一説に欽明帝に呉国王照淵の孫智聴(智聡)が伎楽用具一揃いを伝えたとあるが，『日本書紀』では，推古天皇20年(612)に，百済人味摩之(みまし)が来朝帰化し，呉国に学んだことがあるので大和の桜井に居を与えられ，その学んだ楽を少年たちに教え，真野首弟子(まののおびとでし)・新漢斉文(いまきのあやのさいもん)が承け継いだとある．「供‐養三宝‐用‐諸蕃楽‐」(『聖徳太子伝暦』)と仏寺の楽舞を奨励した聖徳太子のさす蕃楽の1つはこの伎楽であったと思われる．中国の仏典の「伎楽」は音楽を意味するサンスクリットのバーディア vādya またはトゥーリア tūrya の訳であることが多い．やがて四天王寺・川原寺・橘寺・太秦(うずまさ)寺に専属の伎楽のために楽戸がおかれた．天武朝には川原寺の伎楽が筑紫にも移された．令制では治部省雅楽寮に，和楽・唐楽・三韓楽と並んで伎楽が収容され，伎楽師・伎楽生・腰鼓師(くれつづみし)・腰鼓生が定員に含まれた．ただし伎楽生・腰鼓生は雑戸の1つの楽戸としている．奈良時代から平安時代初期にわたって雅楽寮には伎楽がおかれた．天平時代が最盛期と見られ，東大寺大仏開眼供養(天平勝宝4年(752))には，前一・前二・後一・後二の4部の伎楽の行道があり，その他西大寺など諸大寺に2部程度の伎楽がおかれていたと思われる．しかし優雅な管絃・舞楽が新しく整備され，宮廷・社寺の儀式の整うに従って，古く荒々しい伎楽はすたれ，鎌倉時代初期の楽書『教訓抄』(天福元年(1233)，狛(こま)近真著)には，曲目・演技がある程度詳しく記されていたが，実際の演技は少なくなった．江戸時代，元禄年間(1688〜1704)に奈良興福寺で，楽家狛氏により楽曲だけが演奏された記録がある．今日，伎楽の笛譜のみは伝わっている．打楽器との合奏は復元が困難である．演技のありさまは，ほとんど唯一の文献『教訓抄』によると，横笛・三鼓

(さんのつづみ)・銅拍子の三種による簡単な音楽の伴奏によって演ずる無言の仮面劇で、滑稽な内容やしぐさ、性的な卑猥な演技を含む一種の笑いの祭祀である。三鼓は今日も高麗(こま)楽に用いる楽器で、もと伎楽に用いた腰鼓(呉鼓、ともに「くれつづみ」と読む)の代用として使ったのであろう。腰鼓は正倉院に23個あり、仮面は正倉院・東大寺・春日大社・法隆寺・観世音寺(福岡県)など多くの社寺に遺存する。装束は正倉院に遺る。演技の次第は、まず盤渉(ばんしき)調の「音取(ねとり)」を奏してから、「調子」の伴奏で道行が始まる。行列の順は、「師子舞」「呉公(ごこう)」「金剛」「迦楼羅」「波羅門」(ムツキアライとも)「崑崙(くろん)」(「呉女」を懸想する)、「力士」(マラフリ舞を伴う)、「太孤」(「孤児」を伴う)、「酔胡」(酔胡王と酔胡従)で、演技の場所で、それぞれの演技を行い、最後に、舞楽曲「武徳楽」の演奏だけを行う。この仮面劇は古代ギリシャ・東南アジア・チベットのいずれかの仮面劇と結びつけて考える論議が盛んであるが、唐代の散楽中の「歌舞戯」に近く、その中には、西域を経て中国に伝わったインド・西アジアの楽舞劇が含まれていることは確かである。

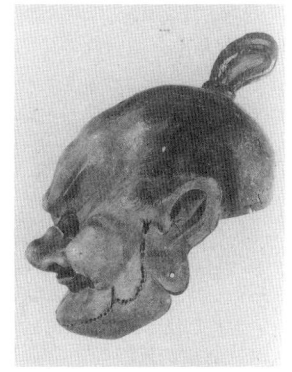

伎楽面 力士(将李魚成作)

参考文献 正倉院事務所編『正倉院の伎楽面』、林屋辰三郎『中世日本芸能の研究』　　(岸辺　成雄)

010 **帰化人** きかじん　主として古代に海外から渡来してわが国に住みついた者を、その子孫を含めていう語。

〔語義〕海外からの来住は中世以降も絶えずあり、また今日でも外国人が日本の国籍を取得することをやはり法律上で帰化と呼んでいるが、しかしその数が多く、また歴史的に特に大きな意味をもったのは、9世紀ころ(平安時代前期)までだったので、帰化人といえば普通はそのころまでの人々を指すことになっている。古代には帰化系の諸氏族を総称していうときには、「諸蕃」と呼ぶことが多かったが、「蕃別」という語は存在しなかった。なお最近では「帰化人」の語が中国で本来もっていた中華思想的な発想を嫌って、「渡来人」という新語を用いることも行われているが、日本に住みついて日本人の一部となった者という意味が含まれなくなるので、あまり適切な語とはいえない。

〔歴史〕縄文・弥生時代以来日本列島への渡来者は絶えず存在したが、大和朝廷による統一国家形成の段階に入ると、渡来して大小の氏族を形成したものが、在来の氏族と区別して、特に帰化人の氏族として意識されるようになった。そのような帰化人の渡来が目立ってくる最初の画期は、4世紀末か5世紀初めと推定される応神朝のころで、代表的な古い帰化系氏族である西文(かわちのふみ)氏の王仁(わに)渡来伝説、秦氏の弓月君(ゆづきのきみ)渡来伝説、東漢(やまとのあや)氏の阿知使主(あちのおみ)渡来伝説などは、みなこの時期にかけられている。また帰化人には一般庶民や戦争の捕虜などもかなり含まれていたが、それらもみな多く畿内に居住地を与えられ、中にはその学芸・技術を認められて、朝廷で一定の世襲職の地位を与えられるに至ったものも少なくなかった。その代表的なものの1つは文筆の仕事を世襲職とする諸氏で、かれらはみな史(ふひと)の姓(かばね)を持ち、いわゆる史部(ふひとべ)流の文章を駆使して記録・徴税・出納・外交その他の諸業務に従事した。わが国における文字の使用は、6世紀ころまではほとんど帰化人の専業だったといっても過言ではない。また大陸伝来の進んだ諸生産技術も初めはほとんどがかれらの専業で、今日史料からその存在がわかる当時のいわゆる職業部の名称を通覧すると、主要な新しい技術部門は大ていかれらによって担われており、大和朝廷の専門職組織の基礎構造である品部の制度は、帰化人の渡来によってはじめて成立・発展しえたものであったことが知られる。これら初期の帰化人はみな朝鮮の百済・新羅・任那などから来た人々であるが、その中に中国系と称するものが少なくないのは、前漢以来楽浪郡や帯方郡に来ていた中国人の子孫が朝鮮各地に分散していたものとみられ、したがってかれらがもたらしたのは、主として漢・魏に源流をもつ大陸文化だったとみることができる。ところがこれに対して5世紀後半から中国の南朝文化を身につけた百済・任那人などが渡来するようになり、また倭の五王の南朝通好に伴って直接に南朝からごく少数の中国人の渡来がみられ、さらに高句麗との関係が好転した6世紀中葉以降になると、北朝文化を身につけた高句麗人の渡来もみられるようになった。これら後期の帰化人たちは、東漢氏や秦氏のような有力な氏族となったものはなかったが、新しい南北朝系統の文化をもって旧式化した初期の帰化人の学芸・技術を圧倒し、蘇我氏全盛時代から7世紀半ばの大化改新の前後にかけて、中央集権的な国家制度の進展と最初の貴族的文化である飛鳥文化の展開のために大きな役割を果たした。その代表的なものとして、初期仏教史上に名高い鞍作氏の司馬達等(しばたっと)とその孫の止利(とり)仏師、遺隋留学生として中国に赴き、帰国して大化

改新に活躍した高向玄理(たかむこのげんり)・僧旻(みん)などがある．しかし以上の3世紀にわたる活発な帰化人の渡来も，7世紀後半に入るとまもなくほぼ終止符が打たれることになった．すなわち斉明天皇6年(660)に唐・新羅連合軍が百済の王城を陥れ，天智天皇2年(663)に日本の水軍が唐の水軍と白村江に戦って大敗すると，百済復興の望みは全く失われたため，同年に百済の貴族・官人以下が大挙して日本に亡命してきた．その数はおそらく4000〜5000人以上で，その中には上流貴族もかなり含まれていた．またつづいて同7年に高句麗も唐軍に討滅されたが，その時にも高句麗王族を含むかなりの数の亡命者があった．したがってこの時の亡命者群はおそらく古代に帰化人が集団的に渡来した最大のものとみられるが，これ以後は，まもなく唐の勢力を排除して朝鮮半島を統一した新羅からは，渡来者はほとんどない状態となり，中国からも，唐僧鑑真(がんじん)・波羅門僧菩提僊那(ぼだいせんな)・林邑僧仏哲などのように，遣唐使の往来に伴って渡来するものがごく散発的にみられる程度であった．以上のように初期・後期の帰化人および百済・高句麗の亡命者は，それぞれの時期のわが古代国家の充実と発展に大いに寄与し，その子孫たちは奈良時代に入ったころには，みな並んで貴族社会の重要な構成要素となり，天平文化の大きな担い手として活躍することになった．しかしそのころには，一般の貴族・官人たちもすでに十分に大陸的な学芸・技術を身につけて文化的活動を行うようになり，帰化人系統の人々の特色は次第に失われてゆき，やがて9世紀に入ったころには，帰化人独自の歴史的意義はほとんど認められない状態になっていた．平安時代初期の弘仁年間(810〜24)に撰修された『新撰姓氏録』は当時京畿に存在した大小の氏族，すなわち中央氏族全体の網羅的なリストで，すべての氏族を皇別・神別・諸蕃の三部に大別しているが，その諸蕃の部は帰化人の歴史の終末期の実際の姿を具体的に示している．それによると系譜の確認された中央氏族1065氏のうち，諸蕃は326氏で全体のほぼ30％を占め，その内訳は漢(中国系)163氏，百済104氏，高句麗41氏，新羅9氏，任那9氏となっている．
→渡来人(とらいじん)

[参考文献] 関晃『古代の帰化人』(『関晃著作集』3)，上田正昭『帰化人』(『中公新書』70)，平野邦雄『帰化人と古代国家』　　　　　　　　　　　(関　晃)

011 聞役 ききやく　江戸時代，西国の14諸藩(鹿児島・福岡・熊本・萩・佐賀・対馬府中・久留米・小倉・柳川・島原・唐津・平戸・大村・五島)が長崎の蔵屋敷に置いた職．正保4年(1647)ポルトガル船の長崎沖来航に際し，諸藩が出兵して以来，元禄元年(1688)までの間に設置され，長崎奉行および本藩との連絡，海外情報の収集にあたった．福岡・熊本・佐賀・対馬府中・小倉・平戸の6藩の聞役は年中常勤，他の8藩は外国船が渡来する5月から9月の時期のみ勤務した．なお諸藩の留守居役を「聞番役」とか「聞役」といった例もあり，また目付のことを「聞役」と称したともいわれる．

[参考文献] 『通航一覧』附録4，山本博文『長崎聞役日記』(『ちくま新書』187)，山本美子「近世の長崎の警衛について」(岩生成一編『近世の洋学と海外交渉』所収)，梶輝行「長崎聞役と情報」(岩下哲典・真栄平房昭編『近世日本の海外情報』所収)
　　　　　　　　　　　(松尾美恵子)

012 義空 ぎくう　生没年不詳　唐代の僧．南宗禅の塩官斉安に師事してその上首となる．わが国の平安時代初期，嵯峨天皇の皇后橘嘉智子は，唐国に禅宗行われると聞き，承和の初め慧萼(えがく)を遣わして禅僧を招かせた．この時来朝したのが義空である．義空ははじめ東寺の西院に居り，のちに皇后が檀林寺を建立するとここに移った．皇后をはじめ道を問うものが多かったという．とどまること数年で本国に帰ってしまった．斉衡の初め慧萼が再び入唐すると，蘇州開元寺の契元(かいげん)に謁して義空の事蹟を記すことを求め，これを『日本国首伝禅宗記』と題して碑に刻し，わが国に送って京の羅城門の傍に立てた．碑はのちに破損したが，鎌倉時代末期の虎関師錬の時には残片4個が東寺の講堂の東南隅にあったという．南宗禅ははじめて義空によって伝えられたが，機未だ熟せず一般に広まるに至らなかった．

[参考文献] 『元亨釈書』6(『(新訂増補)国史大系』31)，辻善之助『日本仏教史』3，高木訷元「唐僧義空の来朝をめぐる諸問題」(『空海思想の書誌的研究』所収)　　　　(大野達之助)

013 鞠智城 きくち　熊本県山鹿市菊鹿町米原(よなばる)にあった城．『続日本紀』文武天皇2年(698)5月甲申条に，「令下大宰府繕치治大野，基肄，鞠智三城上」とあるのが，この城に関する最初の文献である．はじめて築かれた年代は明らかではないが，遺跡は熊本平野より北に入った山間の丘陵地にある．菊鹿町の米原付近の台地をとりかこんで土塁線がめぐっている．北側の土塁線は明瞭でないが，南辺はその跡をたどることができる．土塁の切れ目に数ヵ所の門址が推定され，現に門礎の残存するもの3ヵ所がある．城内にはこのころの山城址に見られるような倉庫群の跡も見られる．調査によると，少なくとも3ヵ所に5間3面の建物が想定された．『文徳実録』によれば，天安2年(858)に菊池城院の兵庫の鼓がなり，また同年城内の不動倉11宇が火災にあったことを記している．平成16年(2004)，城跡は史跡に指定された．

[参考文献] 熊本県教育委員会編『埋蔵文化財緊急調査概報』昭和42年度・昭和43年度　　(鏡山　猛)

014 崎港商説 きこうしょうせつ　享保2年(1717)7月13日から同7

年12月28日までの唐船風説書の集録．内閣文庫に3冊本と5冊本がある．いずれも写本．年月に従って編纂し，若干の阿蘭陀風説書・朝鮮人聞書を含む．総計199件．編者は，おそらく大学頭林信篤．序文・跋文を欠き，成立年は不明．編者を林信篤とすれば，享保8年から，その死没の年，享保17年までの間の成立．編纂の体裁は『華夷変態』と全く同じく，また『華夷変態』が収める最終の風説書は，享保2年6月14日付けであるから，本書はその続編とみられる．享保2年(康熙56)の清朝再海禁や正徳新令で発行した信牌が，清国てまき起した江浙商人と福州商人との抗争の経過の報告，また享保5年2月11日付けのそれには，文人画流行の端緒をひらいた人として周知の伊孚九が，同年の2番南京船本船頭として，はじめて来航していることが知られるなど，興味深いものを多く含む．『東洋文庫叢刊』所収『華夷変態』下に収められている． →華夷変態(かいへんたい) →唐船風説書(とうせんふうせつがき) (山脇悌二郎)

015 紀効新書 きこうしんしょ 明の戚継光が浙江都司参将のとき，いわゆる北虜南倭の実戦むきにかいた兵書．14巻(あるいは18巻)・首1巻．嘉靖39年(1560)ごろ成立．万暦23年(1595)序，明版6冊本がある．『孫子』『呉子』など兵法七書とならび称せられるが，その内容は束伍・操令・陣令・諭兵・法禁・比較・行営・操練・出征・長兵・牌筅・短兵・射法・拳経・諸器・旌旗・守哨・水兵の18篇．朝鮮の『宣祖実録』には本書の講解・撰訳・貿得のことがみえるが，後世，中国よりむしろ日本で愛読され，川口長孺『台湾鄭氏紀事』，頼山陽『書後并題跋』，小畑行簡『詩山遺稿』などには引用・所論がみえ，和刻本には平山子竜校『明戚将軍晩年定本紀効新書』(寛政10年(1798)・文久3年(1863))，朝川善庵序・肥前大村五教館蔵版『删定紀効新書』(弘化2年(1845))，安原方斎著，海保漁村・朝川同斎序『删定紀効新書撮解』(嘉永6年(1853))，相馬元基『紀効新書私纂定本』(安政3年(1856))，また平山子竜『紀効新書解』，安原方斎『紀効新書見解』などもある．→戚継光(せきけいこう)

参考文献 石原道博「壬辰丁酉倭乱と戚継光の新法」(『朝鮮学報』37・38合併号) (石原 道博)

016 吉士 きし 古代氏族の姓(かばね)の1つ．朝鮮諸国や隋・唐などに使節として派遣されたり，またこれらの諸国からの使節応対にあたったりするなど特別な外交的職能をもった氏族に与えられたもの．吉師・吉志・企師などの字を宛てることもある．朝鮮や中国の言語に長じ，航海・造船などの技術にも秀でていたものと思われる．大坂湾沿岸の摂津国難波を本貫とする難波吉士を主な集団とするが，畿内およびその周辺や北九州にも「吉士」集団は分置されていたと思われ，草香部(日下部)・日鷹・三宅・調・小黒・坂本・宅蘇などの諸氏がみられる．姓の吉士は天武天皇12年(683)に廃されて，連になったらしい．吉士の姓は，六世紀中期に成立をみた新羅十七等官のなかに「吉士」があり，その影響をうけて成立したものではないかと思われる．

参考文献 三浦圭一「吉士について―古代における海外交渉―」(『中世民衆生活史の研究』所収)，藤間生大「大和国家の機構―帰化人難波吉士氏の境涯を例として―」(『歴史学研究』214)，曾野寿彦「新羅の十七等の官位成立の年代についての一考察」(『東京大学教養学部人文科学科紀要』5)，加藤謙吉『吉士と西漢氏』 (三浦 圭一)

017 偽使 ぎし 偽の名義で通交した外交使節を呼ぶ研究上の概念．名義を貸与・譲渡されて通交を行う場合，通交を行うことが困難な状況下(死去を含む)にある名義人・有力者の名を騙って通交する場合，実在の人物をモデルにして架空の名義を創出する場合などがある．特に著しかったのが16世紀の日朝関係で，対馬には深処倭(島外の倭人)名義も含めて多くの通交名義が集積されていた．朝鮮ではすでに14世紀末から博多商人と思しき偽使が見え，特に15世紀後半の対馬からは，かなりの割合で偽使が朝鮮に渡っていたことが，近年明らかにされている．対馬では通交名義の配分が宗氏の家臣団編成，ひいては領国支配の安定に直結したため，朝鮮が歳遣船定約(1443年)・壬申約条(1512年)などで通交制限を実施するたびに，宗氏は新たな通交名義の確保を図らざるを得ず，対馬島内諸氏・深処倭・王城大臣や，琉球国王・日本国王など様々な名義が組織的に集積ないし創出されていった．対馬のこうした体制は，寛永12年(1635)の柳川一件を契機とする近世的日朝関係の確立により，最終的に終焉を迎えた．なお中世対馬の偽使派遣体制は必ずしも対馬島内で完結したわけではなく，特に文明2年(1470)以後は，博多商人が対馬の偽使派遣と深く関わったらしい．偽使研究の進展は，朝鮮史料中の倭人通交記事を無前提に鵜呑みにできないことを明らかにしたが，今後の偽使研究は，単に通交者名義の真偽を確定する個別実証作業に留まらず，偽使通交の背景となる国際交流システムの性格を解明する手がかりともなることが期待される．なお洪武9年(1376)〜19年，5次に渡って良懐(征西府懐良親王)名義の遣明使が日本から派遣されたが，これには北朝―幕府―九州探題側の偽使が含まれていたらしい．さかのぼれば，宋代にも海商が好待遇を得るために朝貢使を装うことが問題視され，実際に11世紀前半には，日本の偽朝貢使が宋に入貢している．偽使は日朝関係に特有の事態ではなく，通交名義が利益の確保と密接に関係する条件の下ならば，必然的に発生する普遍的な存在と言えよう．

参考文献 田中健夫『中世海外交渉史の研究』，森克己『史苑逍遥』(『森克己著作選集』5)，長節子『中

世　国境海域の倭と朝鮮』, 橋本雄『中世日本の国際関係』, 荒木和憲『中世対馬宗氏領国と朝鮮』, 田代和生・米谷均「宗家旧蔵「図書」と木印」(『朝鮮学報』156), 米谷均「一六世紀日朝関係における偽使派遣の構造と実態」(『歴史学研究』697), 橋本雄「室町幕府外交の成立と中世王権」(『歴史評論』583), 長節子「朝鮮前期朝日関係の虚像と実像」(『年報朝鮮学』8), 伊藤幸司「中世後期における対馬宗氏の外交僧」(同8), 同「日朝関係における偽使の時代」(『日韓歴史共同研究委員会報告書』第一期)

(榎本　渉)

018 吉士氏 きしうじ　古代地方豪族の1つ. 吉志の字もあてる. 大化前代から海外交渉に従事していた豪族には「吉士」の姓(かばね)が与えられていたが, その主流であったのが摂津国難波付近を本貫とする難波吉士であり, 難波吉士の場合, 氏を省略し姓である吉士をあたかも氏のように記述することも多かった. 6世紀末, 新羅使節となった難波吉士磐金(いわかね)は吉士磐金と記し, 推古天皇16年(608), 小野妹子に随伴した遣隋小使難波吉士雄成は吉士雄成とだけ記されたこともある. 8世紀中葉には摂津国西生郡大領として吉志船人がみえ(『正倉院文書』), すでに氏とするものがいたとみてよい. 難波吉士と同祖伝承をもつものに草香部(日下部)吉士があり, 天武年間(672～86)に難波連になったと伝えるが, これは難波吉士が難波連になったことの誤伝かとも思われる. もともと外来系氏族だが, 『新撰姓氏録』では摂津国皇別で大彦命の後裔と伝えている.

参考文献　三浦圭一「吉士について―古代における海外交渉―」(『中世民衆生活史の研究』所収), 藤間生大「大和国家の機構―帰化人難波吉士氏の境涯を例として―」(『歴史学研究』214), 加藤謙吉『吉士と西漢氏』

(三浦　圭一)

019 義慈王 ぎじ　?～660　641～60在位. 百済国王. 死後唐から金紫光禄大夫衛尉卿を贈られる. 武王の元子. 『日本書紀』によれば, 舒明天皇3年(631)3月王子豊璋をわが国に人質として送った. その初世には, 高句麗と結び新羅を積極的に攻撃した. また『東大寺献物帳』に, 赤漆槻木厨子一口を藤原鎌足に贈ったとある. しかし, そののち宮殿を修して耽楽・飲酒, 国政に意を用いなくなった. この間, 新羅は着々と半島統一の準備を進め, 斉明天皇6年(660)7月唐・新羅連合軍は, 百済の都泗沘城(現在の扶余)などを陥れた. 妻子らとともに唐軍に捕えられた王は, 唐の都へ送られたが病死し, 孫皓・陳叔宝の墓の側に葬られた.

参考文献　胡口靖夫「大化改新前後の日本と百済」(『近江朝と渡来人』所収)

(胡口　靖夫)

020 鬼室集斯 きしつしゅうし　生没年不詳　近江朝廷で学職頭(ふみのつかさのかみ)になった百済の高官. 百済の武王(義慈王の父)の甥にあたる鬼室福信の子であろうか. 来朝の年月・理由など未詳. 天智天皇4年(665), 福信の功によって小錦下の位(のちの五位相当)を授けられた. 福信は, 義慈王以下が唐の俘虜となり百済が危機に瀕したので, 唐俘100余人を献上し, 日本軍の救援と人質として滞日中の王子豊璋の帰国(国王とするため)とを求めてきた重要な人物だが, 帰国後内紛で豊璋に殺され, 百済の滅亡を早めた. その福信の縁故で, 残留した集斯はその学識・経験が重んぜられ, 天智天皇8年には百済の男女700余人とともに近江国蒲生郡に遷され, 同10年, 令制大学寮の長官にあたる学職頭に任命された. その墓は, 滋賀県蒲生郡日野町大字小野の鬼室神社(西宮神社)境内にあり, 八面角柱状の墓石正面に「鬼室集斯墓」, 右面に「庶孫美成造」, 左面に「朱鳥三年(戊子)十一月殯」の銘文がある. この銘文は, 文化2年(1805)の発見以来真偽について異論があるが, 近年の墓誌銘などの研究成果から考えて, 墓石も銘文も集斯の時代より遙か後世のものであろう.

鬼室集斯墓

参考文献　木崎愛吉編『大日本金石史』1, 胡口靖夫「鬼室集斯墓碑をめぐって」(『近江朝と渡来人』所収)

(北村　文治)

021 鬼室集信 きしつしゅうしん　生没年不詳　百済滅亡後, 唐に対して抵抗運動をくりひろげた鬼室福信の一族. 鬼室集斯とともに, 日本に帰化し, 近江国蒲生郡をその本貫としたと考えられる. 『日本書紀』天智天皇10年(671)正月条には, 「以=大山下_授=達率谷那晋首(閑_兵法_)(中略)鬼室集信(解_薬)_」とある. 故に, その百済にあっての官位は達率であり, その特技は薬学であったことが知られる.

参考文献　胡口靖夫『近江朝と渡来人』

(利光三津夫)

022 鬼室福信 きしつふくしん　?～663　百済復興運動の武将. 武王(義慈王の父)の従子. 官位は恩率. 斉明天皇6年(660)7月唐・新羅連合軍は, 百済を挟撃して都の泗沘城(現在の扶余)などを陥れ, 義慈王などを捕えて唐へ送り, 百済を滅亡させた. しかし, その後鬼室福信

らは発憤して残兵を集めて唐・新羅軍と戦い，故都奪回をうかがったので，国人は尊んで佐平福信と称した．同年10月福信らは，倭に唐虜を献じ，わが国に人質となっていた義慈王の王子豊璋を迎えて王とし，倭の救援軍を得て百済の復興を図りたいと要請．倭の首脳部は，これに応じて同年12月救援軍の派遣を決し，翌7年正月斉明天皇らは筑紫に赴いた．このころ百済兵が再度故都を囲んだので，唐・新羅は救援軍を増派，このため戦線はしばらく膠着した．同年7月斉明天皇が崩じた後も，中大兄皇子は戦備を進め，翌天智天皇元年(662)正月福信に矢・糸などを送った．同年5月豊璋が倭の救援軍とともに本国に還り，王位につくと，福信は国政を豊璋王に返した．同2年新羅軍が反攻に転じ，唐の増援軍がさらに到着すると，豊璋王・福信らはやむなく周留城を中心に戦線を縮小．この間，百済遺臣の間に内訌があり，同年6月敵に計られて讒者の言を信じた豊璋王のため福信は斬られた．福信が死ぬと，唐・新羅軍は直ちに兵を進め，王城を攻撃し，同年8月白村江で倭・百済軍を大破した．ここに百済復興の望みは完全についえ去った．

参考文献 胡口靖夫『近江朝と渡来人』，池内宏「百済滅亡後の動乱及び唐・羅・日三国の関係」(『満鮮史研究』上世2所収)　　　　　　(胡口　靖夫)

023 **魏志倭人伝** ぎしわじんでん　晋の陳寿(233～97)が撰んだ中国正史の1つ『三国志』のなかの『魏志』30，東夷伝，倭人条を，「魏志倭人伝」と通称する．これは魚豢(ぎょかん)の『魏略』によったもの．のちにできた范曄(はんよう，398～445)の『後漢書』115，東夷伝，倭条(「後漢書倭伝」)は，「魏志倭人伝」をおそうもの．王朝の年代とその史書の成立が逆である．内容は必ずしも整然としていないが，おおむね3段に分かれ，帯方郡から倭に至る道程とその周辺の国，倭人の風俗習慣，魏と倭国との交渉についてである．『古事記』『日本書紀』などの日本側史料をおぎなう貴重な文献であり，その記事の解釈をめぐって，江戸時代から論争がたえない．ことに邪馬台国九州説・大和説は，戦後の新しい日本古代史研究に伴い，再び異常な脚光をあび，甲論乙駁つくるところをしらない．なお中国正史のうち，倭人・倭国伝をのせる九史について，その史料系統をただすと，1『三国志』・2『後漢書』，3『宋書』・4『南斉書』，5『晋書』・6『梁書』・7『隋書』，8『南史』・9『北史』の四グループになるが，さらに要約するとA1(2)，B3(4)，C7(5・6)の3グループになる．7は3・4をうけて新史料を加えたもの．3・6・7をおそうた8・9は新史実なく，史料価値はもっともひくい．倭のいみについては諸説があるが，白鳥庫吉は『魏志』『後漢書』にみえる伊都国の訛伝とする．すなわち伊都(怡土)I-tu—委(倭)土Wi-tu—委(倭)Wiの略称と解する．　→三国志(さんごくし)

参考文献 『魏志倭人伝・後漢書倭伝・宋書倭国伝・隋書倭国伝』(和田清・石原道博編訳，『岩波文庫』)，橋本増吉『(東洋史上より観たる)日本上古史研究—邪馬台国論考—』，三品彰英編『邪馬台国研究総覧』，佐伯有清『研究史邪馬台国』，同『研究史戦後の邪馬台国』，同『魏志倭人伝を読む』(『歴史文化ライブラリー』104・105)，石原道博「邪馬台国の世紀」(『国文学解釈と鑑賞』33ノ7)　　(石原　道博)

024 **義真** ぎしん　781～833　平安時代前期の天台宗の僧侶．相模国の人，俗姓は丸子(あるいは丸部)連．天応元年(781)生まれる．資性聡敏，はじめ興福寺に入って法相宗を学んだが，やがて大安寺にとどまっていた最澄に師事するようになった．延暦21年(802)10月最澄が上表して入唐受法を請うたとき，義真は唐語が巧みであったので訳語として随行することが許された．同23年7月に出発し，12月台州竜興寺において師とともに道邃(どうすい)から円頓戒を受け，翌年4月越州に赴き順暁から密教の付法を受けて7月に帰朝した．それより後は師を助けて日本天台宗の興隆をはかり，弘仁13年(822)6月最澄が寂すると一山の統率にあたった．6月11日に最澄の念願であった大乗戒壇設立の勅許が下ると，翌14年4月，義真が伝戒師となり，延暦寺一乗止観院においてはじめて円頓大戒が授けられた．天長元年(824)6月22日勅によって天台一宗の僧首となった．これは最澄の遺言に基づいたもので，のちの天台座主の起源である．また同7年淳和天皇が諸宗に勅してそれぞれの宗義の肝要を撰述せしめたとき，『天台法華宗義集』1巻を上進した．同9年には維摩会講師になったが，これは天台宗維摩会講師のはじめである．同10年7月4日修禅院で寂した．年53．修禅大師と称せられた．

参考文献 『叡山大師伝』(『伝教大師全集』別巻)，『元亨釈書』2(『(新訂増補)国史大系』31)，卍元師蛮『本朝高僧伝』5(『大日本仏教全書』)，上杉文秀『日本天台史』，大野達之助『新稿日本仏教思想史』　　　　　　　　　　　　　　　　(大野達之助)

025 **吉田宜** よしだのよろし　生没年不詳　奈良時代の百済系渡来人の医術家．はじめ僧籍にあり恵俊と称し，文武天皇4年(700)8月その芸のため勅命で還俗，吉宜を賜わる．養老5年(721)正月医術の師範に堪えるをもって賞賜を加えらる．神亀元年(724)5月吉田連の姓を賜わり，天平2年(730)3月老衰のため医術の廃絶を恐れ，弟子を取り伝習させられた．同10年閏7月典薬頭に任じられた．時に正五位下．漢詩・短歌・儒学にも長じた．『懐風藻』『万葉集』にその作品がみえる．

(胡口　靖夫)

026 **魏天** ぎてん　生没年不詳　中国人．幼少のとき，倭寇に捕われて日本に来たが，のち高麗に送られ，李崇仁(陶隠)の家奴となった．使節団に加わって日本に来て，

明使に遭い，連行されたが，明の太祖は，かれを日本に送って通事とした．妻を娶って2女を生み，足利義満に親愛され，蓄財もできた．応永の外寇後，朝鮮に使いした僧亮倪（りょうげい）と平方吉久（博多居住）が，回礼使宋希璟らを伴いかえったとき，魏天は，京都に住し，年すでに70歳をすぎていたが，入京した宋希璟らをその家に迎え，同じ中国帰化人陳宗奇らとともに，外寇後の日本国内事情を語り，深修庵に滞在した朝鮮使節団の応接にあたり，斡旋調停に努めて，足利義持との円満な接触に成功させた．

[参考文献] 宋希璟『老松堂日本行録』（『岩波文庫』），中村栄孝『日鮮関係史の研究』上

（中村　栄孝）

027　紀大磐 きのおおいわ　5世紀後半の顕官．紀氏は臣姓．小弓の子，生磐とも記す．『日本書紀』雄略天皇9年条によると，紀小弓・蘇我韓子・大伴談・小鹿火が新羅に遠征したが，小弓が病死したので大磐が新羅に赴いた．しかし大磐は小鹿火や韓子と不和となり，百済王が国境を見せようと日本の諸将を誘った時，韓子が大磐を射殺しようとして逆に大磐に殺されるという事件がおきた．かような諸将間の対立によって遠征軍は引き返さざるをえなかった．その後，顕宗天皇3年条によると，大磐は任那に拠って高句麗と通じ，三韓の王であろうとして官府を整え，神聖と称し，帯山城（しとろむらさし）に拠った．百済王は怒ってこれを攻め，大磐は逆襲したが兵力尽き，事のならないことを知って日本に帰ったという．　→紀小弓（きのゆみ）

[参考文献] 末松保和『任那興亡史』，岸俊男『日本古代政治史研究』

（日野　昭）

028　紀男麻呂 きのおまろ　6世紀後半の顕官．紀氏は臣姓．『日本書紀』欽明天皇23年条によると，大将軍として副将河辺瓊缶らとともに新羅遠征に派遣された．任那において百済との軍計をはかる印書を新羅に拾われて新羅軍の来襲をうけたが，これを破り士気を昂揚した．のち用明天皇2年蘇我馬子に従って物部守屋を討ち，崇峻天皇4年任那再興のため再び大将軍として筑紫まで出陣したが，天皇弑逆事件により中止され，推古天皇3年（595）筑紫から帰った．

（日野　昭）

029　紀小弓 きのゆみ　5世紀後半の顕官．紀氏は臣姓．大磐の父．『日本書紀』雄略天皇9年条によると，天皇は紀小弓・蘇我韓子・大伴談・小鹿火の4人を大将とし新羅を討たせた．時に紀小弓はその妻が死亡したので大伴室屋を通じて天皇に申し出て，吉備上道采女（きびのかみつみちのうねめ）大海（おおしあま）を賜わって遠征した．小弓らの軍は善戦し喙（とく，慶尚北道慶山か）地方を平定したが，新羅軍の反撃をうけ大伴談は戦死，小弓も病死して遠征軍は退いた．のち大海は帰国し大伴室屋を通じて墓所を請い，天皇から田身輪邑（たむわのむら，大阪府泉南郡岬町淡輪）に墓を賜わったので，

大海は室屋に奴6人をおくったが，それが吉備上道の蚊島田邑の家人部であるという．　→紀大磐（きのおおいわ）

（日野　昭）

030　紀角 きのつの　紀氏同族の始祖と伝えるが，実在した人物か未詳．『古事記』孝元天皇段に，建内宿禰の子で，木臣（紀朝臣）・都奴臣（角朝臣）・坂本臣（坂本朝臣）の祖とあり，『新撰姓氏録』には，他に紀辛梶臣・大家臣・掃守田首・丈（大）部首・紀祝・紀部の祖ともみえる．『日本書紀』には，応神天皇3年是歳（壬辰）条に，羽田矢代宿禰・石川宿禰・木菟宿禰とともに百済に遣わされ，辰斯王の無礼を責めて殺し，阿花王（『三国史記』は阿莘王の即位を392年壬辰とする）を立てて帰国したとあり，さらに仁徳天皇41年3月条にも，百済に遣わされて，国郡の境界を分かち，郷土の産物を録し，また百済王同族の酒君の無礼を責めると，百済王は懼まり，鉄鎖で酒君を縛し，葛城襲津彦に付して日本に送ったとある．

[参考文献] 池内宏『日本上代史の一研究』

（岸　俊男）

031　紀広純 きのひろずみ　?～780　奈良時代の公卿．左衛士督従四位下紀宇美の子．天平宝字2年（758）正月，正六位上で北陸道問民苦使．同7年従五位下，大宰員外少弐．天平神護元年（765）2月，薩摩守に左遷，神護景雲2年（768）6月筑後守，のち，左少弁・美濃介を経，宝亀4年（773）正月従五位上，同5年3月新羅国使金三玄来朝の由を問うため大宰府へ派遣された．7月河内守で陸奥鎮守副将軍をかね，同6年9月副将軍のまま陸奥介，11月征夷の功で正五位下勲五等を授けられた．同8年5月陸奥守で按察使をかね12月鎮守将軍として出羽国蝦夷を鎮定，同9年6月功により従四位下勲四等．同11年2月，参議．3月22日，覚鱉柵造営のため伊治城に入ったとき信任していた蝦夷出身の上治郡（伊治郡か）大領伊治呰麻呂に殺された．『続日本紀』同日条の広純伝に「職にあつて事を視ること幹済と称せらる」（原漢文）とある．

[参考文献] 高橋崇『坂上田村麻呂（新稿版）』（『人物叢書』）

（高橋　崇）

032　紀三津 きのみつ　生没年不詳　平安時代前期の官人．承和3年（836）の遣新羅使．遣唐使の派遣に先立ち，遣唐使が新羅領内に漂着した場合に備え，その保護を依頼するために派遣された．時に六位・武蔵権大掾であった．8月に大宰府を発ち，10月に帰国した．派遣に際して太政官符を携えたが，新羅における対問の中で，三津の説明と官符の主旨の違いを指摘され，使命を十分に果たせずに帰国した．この時持ち帰った新羅執事省牒には，紀三津は王命を奉じて新羅との通好のために来たと言うが，太政官牒をみると，遣唐使が新羅に漂着した場合，保護して唐にまで届けて欲しいというもので，齟齬がある．紀三津は恐らく正式の使者では

ないであろう．したがって本来であれば処罰するところであるが，大国（新羅）は寛容に受け止め，小人（三津・日本）の罪を許して帰国させる，というものであった．日本側ではこの執事省牒に憤慨し，後世の参考にするためとして，その全文を『続日本後紀』に掲載している．このできごとは，新羅側の意図的な曲解によるものであるが，これまで日本が描いていた日本＝中華，新羅＝蕃国とする世界観，独善的な華夷意識の破綻を自覚させるものとなり，日本の外交方針を大きく転換させる要因となった．

参考文献 石井正敏『東アジア世界と古代の日本』（『日本史リブレット』14），山崎雅稔「新羅国執事省牒からみた紀三津「失使旨」事件」（木村茂光編『日本中世の権力と地域社会』所収）

(石井　正敏)

033 規伯玄方 きほうげん　1588〜1661　江戸時代前期の外交僧．自雲，晦渓，劫外，無法などと号す．天正16年（1588）生まれる．筑前国宗像郡の出身．同郷の景轍玄蘇に仕え，玄蘇の死後，慶長16年（1611），その後継者として朝鮮王朝との外交を担当する．寛永6年（1629），日本国王使の正使として朝鮮に渡り，朝鮮の首都漢城（現，ソウル）までの上京を果たした．対馬藩では，藩主の宗義成と重臣の柳川調興とが対立し，柳川調興が，対馬で行なっていた国書の偽造を江戸幕府に暴露した柳川一件が起きた．外交文書の起草役であった玄方も幕府の取り調べを受け，国書偽造を否認した．寛永12年，将軍徳川家光の親裁によって柳川調興が敗訴したが，玄方も南部藩（盛岡）に流罪になった．24年間に及ぶ配所生活を送ったが，南部藩からは賓客として厚遇された．この間，多くの著作を刊行し，南部へ初めて清酒醸造法を伝えた．寛文元年（1661）10月23日，大坂城のかたわらにある九昌院の庵で没したと伝えられる．74歳．著書に『無門関私鈔』（別名『自雲鈔』），『三教質疑鈔』があり，景轍玄蘇の遺作を集めた『仙巣稿』がある．→柳川一件（やながわいっけん）

参考文献 『方長老上京日史』（『対馬宗家文書』第1期朝鮮通信使記録　別冊下），田代和生翻刻・校「寛永六年御上京之時毎日記」（『朝鮮学報』95），田代和生「寛永六年（仁祖七，一六二九），対馬使節の朝鮮国「御上京之時毎日記」とその背景」（『朝鮮学報』96・98・101），同『書き替えられた国書』（『中公新書』694）

(関　周一)

034 騎馬民族説 きばみんぞくせつ　皇室を頂点とする大和朝廷の中心勢力の源流を北方アジアの騎馬民族の一部とする説．一種の日朝同源論は早く喜田貞吉などによって唱えられていたが，昭和23年（1948）に江上波夫は日本民族学協会主催の座談会「日本民族＝文化の源流と日本国家の形成」の中で，この問題を包括的に論じた．すなわち江上によると，4・5世紀の東アジアに顕著な現象は，大陸北方系の騎馬民族がつぎつぎに南下して農耕地帯に定着し，各地に王朝を建設したという事実であるが，一般的にみて農耕民族が他地域に進出して積極的な征服活動を行い，あるいは他民族の異質的な文化を受け入れて，自己の伝統的な文化の性格を変化させた例はほとんどない．ところが大和朝廷は海を越えてまで朝鮮半島に進出し，大陸文化を摂取しており，きわめて北方民族的なあり方を示している．このことと，(1)記・紀の神話・伝承の中心部に北方系の要素が強くみられること，(2)4世紀以後の古墳文化に騎馬民族的色彩が濃厚であること，(3)大陸文献の記述を通じて，大和朝廷はいわゆる朝鮮進出以前の古い時期からすでに南朝鮮に一種の本拠地あるいは旧い支配の実績を有していた形跡がうかがわれることなどの点を考え合わせると，皇室，蘇我・大伴・物部などの諸氏をはじめとする大和朝廷権力の中枢部は，4世紀前半ころに扶余または濊のごとき北方系騎馬民族の一派が朝鮮を南下してさらに海を渡り，その卓越した武力によって倭人を征服し，日本列島にはじめて王朝を建設したものとみるのが妥当と考えられるというのである．これはその後，前期古墳文化には大陸的色彩がまだ稀薄であるという考古学者の反論に逢って，渡来後1世紀近くは九州地方におり，畿内に移ったのは5世紀に入るころの応神・仁徳朝あたりというように一部修正された．この説は簡単に王朝建設時期が修正されえたことからもわかるように，もともと直接的な具体的根拠を欠いた推測説で，間接的な状況証拠である上記の3点にも種々の難点が指摘されており，また修正を加えたために，九州における北方系文化の指摘の困難など，新しい難点も加わってきていて，今日この説の上に立った日本古代国家成立過程再構成の試みはまだ行われるに至っていない．

参考文献 石田英一郎・岡正雄・江上波夫・八幡一郎『日本民族の起源』，石田英一郎他編『シンポジウム日本国家の起源』（『角川選書』83）

(関　晃)

035 吉備大臣入唐絵巻 きびだいじんにっとうえまき　吉備真備の入唐説話を題材とする絵巻物．米国ボストン美術館蔵．旧若狭小浜藩主酒井家旧蔵．1巻．詞章は『江談抄』吉備入唐間事を原典とする．類似説話に古写『吉備大臣物語』（大東急記念文庫蔵）がある．絵巻はその物語の後部を欠くため，もと2巻との説がある．『看聞御記』嘉吉元年（1441）4月26日条にみえる，禁裏見参のために若州松永荘新八幡宮より，「彦火々出見尊絵二巻」「伴大納言絵一巻」とともに借召された「吉備大臣絵一巻」はこれにあたる．この1巻は全長24m余の長巻であったが，4巻に改装された．巻尾に詞書を吉田兼好筆と鑑した烏丸光広の識語がある．ほかに詞書飛鳥井雅経，絵常盤光長筆との伝称がある．12世紀後半の制作．失

吉備大臣入唐絵巻第四段　博士ら、楼上に文選の散らされてあるのを見て驚く

われた巻首の詞書1段をも数えて，詞絵各6段より成る．入唐してきた吉備の才芸におそれをなした唐人たちは，唐帝の勅により，吉備を到来楼に閉じ籠め，博士や名人をつかわして『文選』の読解や囲碁の勝負をいどむが，そのつど阿倍仲麻呂の幽鬼の活躍に助けられ吉備の奇計によって難題を切りぬける．絵巻はこれまでを長い連続構図によって画くが，つづく物語の野馬台詩読解，唐土の日月を双六の筒に封じ込めて唐人を降参させる話を欠く．『尋尊大僧正記』の文明11年(1479)7月17日条，延徳3年(1491)9月晦日条に大乗院蔵の「吉備大臣絵上下二巻」の記載をみる．これは若狭所伝本とは別の1本であろうが，京都神光院蔵残欠(冷泉為恭旧蔵)などはこれにあたるものであろうか．美術研究所編『吉備大臣入唐絵詞』(覆製)があるほか，『(新修)日本絵巻物全集』6，『日本絵巻物大成』3に収める．詞書は『大日本仏教全書』遊方伝叢書4，『美術研究』21に収める．

　参考文献　鈴木敬三『初期絵巻物の風俗史的研究』，矢代幸雄「吉備大臣入唐絵詞」(『東洋美術論考』所収)，梅津次郎「吉備大臣絵をめぐる覚え書き」(『絵巻物叢考』所収)，松下隆章「吉備大臣入唐絵詞解説」(『美術研究』183)，黒田日出男『吉備大臣入唐絵巻の謎』　　　　　　　　　　　　　(梅津　次郎)

036　吉備田狭　きびのたさ　5世紀ごろか，反乱伝承上の人物．『日本書紀』によれば吉備上道臣田狭は朝廷に上って雄略天皇に近侍していたが，天皇は田狭を任那国司に任じて遠ざけ美しい妻の稚媛を奪って女御とした．田狭は任所で事を知り恨んで新羅と通じた．天皇は田狭と稚媛の子弟君と吉備海部直赤尾に新羅を討てと命じ，併せて百済から才伎(技術者)を朝貢させる使とした．弟君は百済まで進んだが新羅へは入らず，才伎を朝廷に送ることも怠った．田狭は密かに使を弟君に送ってともに叛くことをすすめたが，弟君の妻樟媛は忠義の心から夫を殺し，みずから赤尾とともに才伎を率いて帰国した(雄略天皇7年条)．天皇に召された稚媛は磐城皇子・星川皇子を生んだが，天皇の崩後，星川皇子を皇位につけようと大蔵を占領して立てこもった．大連大伴室屋は遺詔に従うと称して葛城韓媛の生んだ白髪皇子(清寧天皇)を支持し，大蔵に火をかけて星川皇子・稚媛，上道田狭の遺子兄君らを燔き殺した．この変を聞いた上道臣一族は，吉備から40艘の水軍で救援に来たが間に合わず空しく帰国し，のち上道臣は天皇に責められ所管する吉備山部を奪われた(清寧天皇即位前紀)．この反乱伝承には或本・別本など異伝はあるが『古事記』にはみえず，同じく吉備の下道臣前津屋の天皇呪詛と併記されているなど，史実としては年紀も正確と思えない．鉄や塩などを産し豊かであった吉備への朝廷介入を象徴したものか．吉備国造の朝廷・朝鮮半島での勢威，所管の水軍や山部，そして技術移民渡来との関わりなど往時の半独立的な勢威を投影させた伝承であろう．　　　　　　　(石井　英雄)

037　吉備真備　きびのまきび　695〜775　奈良時代の学者で政治家．名は真吉備とも書く．本来は吉備豪族連合を形成していた族長的地方豪族の1つで，下道臣(しもつみちのおみ)氏であった．持統天皇9年(695)誕生．父は下道朝臣圀勝(くにかつ)で，地方豪族の子弟からトネリとして出身し，中央下級武官である右衛士少尉に至った．母は楊貴(やぎ)氏で，真備の出生は畿内であった可能性がある．彼は下級官人の子として正規のコースで大学に入り，その終了後に式部省試に及第し，従八位下を授けられたと推測される．そして霊亀2年(716)に入唐留学生に選ばれ，翌年遣唐使に付けて僧玄昉らとともに入唐した．在唐留学17年に及び，儒学・律令・礼儀・軍事などを学んで，天平6年(734)末に帰国，翌7年4月に持ち帰った多くの書籍・器物を献じ，正六位下を授けられ大学助に任ぜられた．ついで翌8年正月に外従五位下に昇り，さらに同9年2月には従五位下に進んだが，中宮亮であった同年末，入唐・帰朝をともにした玄昉が中宮藤原宮子の療病にあたった功で，従五位上に昇叙された．この時期から彼は，政権を担当した橘諸兄の政治顧問の役割を果たし，12年の藤原広嗣の乱では，真備と僧正玄昉との排除が掲げられた．乱鎮定の後，彼の順調な昇進の一因になったのは，東宮阿倍内親王(のちの孝謙・称徳女帝)の学士と

して教授にあたったことで，15年5月にはその故をもって特に従四位下を授けられ，同年6月に春宮大夫を兼ねた．ついて18年10月には下道朝臣から吉備朝臣と改賜姓されたが，ようやく政界に勢力を伸ばした藤原仲麻呂にうとまれて，天平勝宝2年(750)正月に筑前守，ついて肥前守に左遷された．つづいて翌3年11月には遣唐副使に任命され，4年閏3月に再び入唐したが，5年末帰国して正四位下に昇叙され，大宰大弐に任命された．その地方官としての生活は10年に及び，ようやく天平宝字8年(764)正月の人事で，造東大寺司長官として中央に帰った．ここで同年9月に勃発した恵美押勝の乱では，従三位に昇叙され，中衛大将を兼ねて押勝の追討に大きな役割を果たしたが，乱の論功行賞により翌天平神護元年(765)正月に勲二等を授けられた．ここでいわゆる道鏡政権下に異例の昇進をつづけ，翌2年10月に右大臣，神護景雲3年(769)には正二位に昇った．しかし，翌宝亀元年(770)8月，称徳女帝の崩御と道鏡の失脚とは，真備の政治的生命に終止符をうち，同年10月1日の光仁天皇即位・宝亀改元の後に中衛大将を辞し，翌2年3月に右大臣の座を去った．そして同6年10月2日，81歳の高齢で波瀾の生涯を閉じたのである．なお入唐留学の後，大学寮での釈奠(せきてん)の儀などを整備し，また右大臣在任中には大和長岡とともに『刪定(さんてい)律令』を編纂した．著作に『私教類聚』がある．

参考文献　宮田俊彦『吉備真備』(『人物叢書』80)，重野安繹『右大臣吉備公伝纂釈』，野村忠夫『律令官人制の研究』，岸俊夫「楊貴氏の墓誌」(『日本古代政治史研究』所収)，石井英雄「上代地方豪族吉備氏に関する一考察」1(『白山史学』6・7合併号)，近江昌司「楊貴氏墓誌の研究」(『日本歴史』211)
（野村　忠夫）

038 黄書氏 きぶみうじ　古代の帰化系氏族．黄文とも記す．黄書の名義は黄蘗(きはだ)をもって染めた料紙のことで，すなわち経巻をさすから，黄書氏は元来仏経経巻を製作する伴造氏であったと考えられる．もと造姓であったが，天武天皇12年(683)連姓を賜わる．『新撰姓氏録』には山城国諸蕃に黄文連を載せ，「高麗国の人久斯祁王より出づるなり」(原漢文)とする．氏人には壬申の乱に天武方で活躍した黄文造(連)大伴，仏足跡図を将来した本実，『大宝律令』撰定者のひとり備らがいる．なお，黄書氏配下の民としては推古天皇12年(604)に設定された黄文画師が想定される．経巻の料紙製作と，表紙見返しの仏画製作は近い関係にあると考えられるからである．
（黛　弘道）

039 黄文本実 きぶみのほんじつ　生没年不詳　7世紀後期から8世紀初期にかけての官人．黄書とも書く．高句麗からの渡来人の子孫．天智天皇10年(671)3月水臬(みずはかり)という水準器を献上．天武天皇12年(683)9月黄文造から連に改姓．持統天皇8年(694)3月鋳銭司に任じられた．時に勤大弐．大宝2年(702)12月持統天皇の崩御にあたり，作殯宮司となる．時に従五位下．慶雲4年(707)6月文武天皇薨去に際して，殯宮の事に奉仕し，同年10月御装司となった．時に従五位下．薬師寺所蔵の仏足石記に，日本使人黄書本実が大唐国に赴き，普光寺において仏足跡図を写したとある．
（胡口　靖夫）

040 騎兵大将軍 きへいだいしょうぐん　律令時代に臨時に置かれた武官．外国使臣入京の際や天皇行幸の際，威儀を張るため，また警衛のため諸国より徴発された騎兵の指揮官．騎兵司．『続日本紀』慶雲2年(705)11月己丑条に新羅使を迎えた時，紀古麻呂を任じたとあるのが初見．天平12年(740)藤原広嗣が九州で叛乱を起した時，聖武天皇は伊賀・伊勢に行幸したが，警衛のため騎兵，東西史部，秦忌寸ら惣じて400人を徴発，藤原仲麻呂を前騎兵大将軍，紀麻路を後騎兵大将軍に任じ，指揮させた．天平神護元年(765)称徳天皇の河内弓削行幸の際，藤原縄麻呂・百済王敬福を各，前・後騎兵将軍に任じた．宝亀元年(770)8月，藤原宿奈麻呂を騎兵司に任じ，200騎を指揮させた．同10年唐使入京の際も将軍が騎兵を率いて迎接した．

参考文献　横田健一「天平十二年藤原広嗣の乱の一考察」(『白鳳天平の世界』所収)
（横田　健一）

041 儀間真常 ぎましんじょう　1557～1644　17世紀の殖産興業家，琉球王国地頭，最後の職は勢頭役．童名真市，唐名麻平衡(まへいこう)．尚元王2年(弘治3, 1557)麻氏6世として父祖の采邑真和志間切(まわしまぎり)儀間村(那覇市垣花町)に生まれた．尚寧王17年(慶長10, 1605)野国総管が中国から甘藷をもってきたとき，儀間は彼を訪ねて苗を乞い，数年間その栽培と繁殖の法を研究し，これが普及につとめた．その結果10余年後には沖縄全地域に広まり，台風による飢饉の多い沖縄の食糧問題解決に一大光明をもたらした．儀間はまた尚寧王が捕虜となって薩摩に送られたときに扈従し，慶長16年帰国を許された際，木棉の種子を入手してきて自分の屋敷内に試植するとともにそれを織らしめ，後世の琉球絣の基いを開いた．彼はさらに尚豊王3年(元和9, 1623)家人を中国福州に遣わして製糖の法を学ばしめ，それを沖縄中に奨励して砂糖を国内の重要物産たらしめた．尚賢王4年(正保元, 1644)10月14日没．88歳．墓は那覇市首里崎山町所在．

参考文献　仲里朝英他編『琉球国由来記』3(『琉球史料叢書』1)，『麻氏先塋誌』，『儀間真常之墓表拓本』
（宮城　栄昌）

042 木村謙次 きむらけんじ　1752～1811　江戸時代後期の北辺探検家．名は謙，通称は謙次また謙次郎，字(あざな)は子虚，酔古・酔古堂などと号した．常陸国久慈郡天下野(けがの)村(茨城県常陸太田市天下野町)の医者．宝

暦2年(1752)生まれる．水戸に出て谷田部東壑に医学を学び，明和6年(1769)に上洛，翌年まで吉益東洞の教えを受けた．また水戸藩の碩儒立原翠軒に経史を学び，翠軒の紹介で安永4年(1775)水戸の医者原南陽に入門した．学成って郷里へ帰ったが，天明5年(1785)北方事情の資料を求めて仙台・塩釜へ旅し，寛政5年(1793)には水戸藩の内命を受け，武石民蔵(常陸国那珂郡勝倉村庄屋)とともに蝦夷地の海岸を踏査した．同10年下野源助の変名で近藤重蔵の従者として国後島に渡り，さらに択捉島に上陸し，翌年江戸経由で郷里に帰着．日記『酔古日札』『北行日録』は，国後・択捉探検の模様を伝える貴重な記録であり，重蔵が択捉島に建てた「大日本恵登呂府」の標柱は謙次の揮毫である．2度の北方探検はいずれも師翠軒の推挙によるものであり，藩から探検の功績を賞され5人扶持を受け御目見格となった．享和2年(1802)「酒狂」の故をもって屹度慎みに処せられたがまもなく禁を解かれ，以後は『海防下策』などの著述に日を送り，文化8年(1811)7月6日に没した．60歳．久慈郡天下野村万城内(ばんじょうじ)の木村家の墓地に葬る．著書には上記のほか『帰北窺管』『北辺紀聞』などがある．

参考文献　杉田雨人『木村謙次』，『水府村史』，野上平「探検家・農政家木村謙次」(『水戸藩農政の研究』所収)　　　　　　　　　　　(鈴木　暎一)

043　ギヤマン　Diamant　⇨硝子(ガラス)

044　木屋弥三右衛門　きややそうえもん　生没年不詳　江戸時代前期の堺の朱印船貿易家．慶長11年(1606)本多正純の紹介で暹羅(シャム，タイ国)宛渡海朱印状を受けて以来，元和末年ごろまで連年同地宛朱印状を受け，そのほか慶長13年柬埔寨(カンボジア)宛，元和元年(1615)呂宋(ルソン)宛朱印状も受けて，角倉了以・同与一・末吉孫左衛門・茶屋四郎次郎ら豪商と並んで最も多く朱印船を派遣して盛んに貿易を営み，時にみずから渡航した．その後入道したが，同国の言語国情にも通じていたので，元和7年と翌々9年暹羅国使が来朝した際には，召されて江戸城や伏見城に出仕して使節の案内通訳などいろいろ斡旋した．またイギリス・オランダ商館のためにも，彼らの日暹仲介貿易の斡旋に努めた．

参考文献　以心崇伝『異国日記』，『異国御朱印帳・異国渡海御朱印帳』，岩生成一『南洋日本町の研究』，同『新版朱印船貿易史の研究』　　(岩生　成一)

045　伽羅　きゃら　⇨香木(こうぼく)

046　旧港　きゅうこう　⇨パレンバン

047　九州三侯遣欧使節行記　きゅうしゅうさんこうけんおうしせつこうき　⇨フロイス九州三侯遣欧使節行記

048　休明光記　きゅうめいこうき　松前奉行羽太正養の蝦夷地経営記録．本文9巻・附録11巻・附録一件物3巻・附録別巻4巻，全27巻．寛政11年(1799)正月幕府東蝦夷地直轄の際，目付をもって蝦夷地取締御用掛を命ぜられて以来蝦夷奉行，箱館奉行，松前奉行を歴任し，蝦夷地経営の最高幹部としてその衝にあたった羽太正養が「蝦夷地御所置の始末，其大綱を後世に伝へむため」(凡例)編集したもので，寛政11年から文化4年(1807)退職に至るまでの蝦夷地所置の大綱を流暢な和文をもって9巻に記し，さらにその間に取り扱った公文書をまとめた11巻の附録，そのうち特に重要な蝦夷地新寺院建設，箱館村々制札，松前藩移封，西蝦夷地受取，ロシア船樺太来襲などの一件書類3巻のほかに文化3年・4年のロシア船来襲一件資料を附録別巻4巻として添えた．幕府蝦夷地直轄の顚末を語る大編著である．書名は自分がこうした大任に就き得たのは「ひとへに休明の御代の光りによる」(自序)という意味である．文化4年監軍として来島した若年寄堀田正敦がこれに序を添えた．本文および附録は羽太家旧蔵のものと思われる市立函館図書館本ほか多くの伝写本があるが，刊本としては黒川真頼蔵本を底本とし早稲田大学および帝国図書館本を参考とした本文が『続々群書類従』史伝部に収められている．『(新撰)北海道史』5には本文および附録は函館図書館本を底本とし，附録一件物および別巻は北海道庁所蔵写本を底本とし，さらに函館の学者がその遺藁を集めた『休明光記遺稿』とともに収録されていて，その全貌を伺うことができる．

参考文献　高倉新一郎『北海道史の歴史』
　　　　　　　　　　　　　　(高倉新一郎)

049　己酉約条　きゆうやくじょう　慶長14年(朝鮮光海君元，1609)己酉に，対馬島領主宗義智(よしとし)が，李氏朝鮮と締結した通交貿易に関する条約．明治時代以後，慶長条約ともよばれた．朝鮮世宗のとき，宗氏の歳遣船を50隻に限定した癸亥約条の伝統をつぐものである．約条が中断したこともあるが，朝鮮は，足利政権下の日本との交隣政策を持続するため，対馬島主地位を利用して交通・貿易を統制し，中宗は，壬申約条で，日本との通交体制を改定し，明宗は，さらに修正を加え，丁未約条で，制限を強化したが，文禄・慶長の役により国交は断絶した．対馬では，役後これを復旧し，貿易の再開を企図した．日本軍は，撤兵の際，明将との間に停戦を協定し，朝鮮は直接これに関与していない．宗義智は，さっそく復交を念願し，小西行長・寺沢正成らとはかって折衝したが要領を得なかった．しかし明将が朝鮮を去ると，局面は急転して朝鮮との直接交渉が開かれた．義智の老臣柳川景直，僧景轍玄蘇が，徳川家康の内意をうけて和平条件をととのえ，慶長12年に朝鮮使者が渡来し，徳川新政権と修好が成立した．つづいて折衝が行われ，本条約ができた．その内容は，12ヵ条で，戦前よりも制約が大きくなった．主要な条項は，日本からの使を国王(将軍)使，対馬島主の特送，対馬島内受職人の三者に限定し，島主歳遣船を20隻に減じ，壬申・丁未両約条と同じく特送船をこの数内に

含め，受職人も，戦中・戦後の授職者に限り，従前問題になっていた船の大小その他の懸案を解決し，渡航船に島主の文引（ぶんいん）をうけさせ，釜山浦一港への出入を認めることなどであった．条約が成立すると，釜山浦に倭館を設けて客館とし，通交貿易場とし，日本人の首都漢陽に上ることを廃した．その後，制限的諸種条件が詳細に約定されたが，徳川政権下を通じて，基本的条約となっていた．対馬では，渡航船数の増加策を講じて，条約外に種々の名目で定例使船の往復を認めさせているが，明治4年（1871），朝鮮外交が新政府に接収されるまで実効を有していた．約条の条文は『朝鮮通交大紀』5，『通文館志』5（『朝鮮史料叢刊』21）などに収められている． →癸亥約条（きがいやくじょう） →歳遣船（さいけんせん） →受職倭人（じゅしょくわじん） →壬申約条（じんしんやくじょう） →丁未約条（ていびやくじょう） →倭館（わかん）

参考文献 『朝鮮王朝実録』光海君日記，『東萊府接倭事目抄』，『増正交隣志』4（『奎章閣叢書』6），『辺例集要』上（『韓国史料叢書』16），『蓬萊故事』（『朝鮮学報』57），中村栄孝『日鮮関係史の研究』下，同「己酉約条再考」（『朝鮮学報』101）

(中村　栄孝)

050 **球陽** きゅうよう 『中山世鑑』『中山世譜』について琉球王府の命によって編集された漢文体の王国編年史．編集者は鄭秉哲（ていへいてつ）ら．正巻22巻，付巻3巻のほか外巻として『遺老説伝』（付巻1巻）がある．編集を命じてから十数年後の寛保3年（1743）に至り一応の編述をみて『球陽会記』と題し，越えて延享2年（1745）完成した．鄭秉哲は中国帰化人の子孫で，享保8年（1723）北京の国子監に入学して史学を修め，5年後帰国して直ちに修史事業にあたった．鄭らは『球陽』の編集にあたって内外の文献を渉猟し，豊富な資料をよく整理し，客観的事実の維持に苦心した．王家・国事に関することから，政治・経済・社会・文化の社会事象や天災地変の自然現象に至るまで細大漏らさず記述している．ただ中山統一以前は簡略化され，また日本との古代の交渉史は欠如しており，さらに『中山世譜』と同じく，中国を憚って薩摩との関係はすべて付巻に収めている．『球陽』は以後も書きつがれ，正付巻とも明治9年（1876）までの記事がある．『沖縄文化史料集成』5所収．

参考文献 『琉球史料叢書』5　　(宮城　栄昌)

051 **ギュツラフ** Karl Friedrich August Gützlaff 1803〜51 宣教師，シナ学者．漢名，郭実猟．1803年7月8日，プロシア，シュテッティンStettinに生まれる．最初は真鍮細工業に弟子入りし，のちにプロシア国王の奨学金を受けてベルリンのイエニケ伝道神学校で学んだ．27年にロッテルダムのオランダ伝道協会Nederlandsche Zendeling Genootschapから東洋へ派遣され，バタビヤに赴き，そこでマライ語および中国語を勉強した．27年，最初の女子伝道者として東洋へ来たニュエル女史 Miss Newellと結婚した．28年にシンガポール，それからシャムへ出張し，また『聖書』の一部をシャム語に翻訳した．31年妻が死去したが，その遺産によりギュツラフは経済的に自由になったのでオランダ伝道協会との関係を断ち，独自の伝道に乗り出した．31年・32年・33年，3度も漁船や密貿易船に乗って中国の沿岸や琉球などを探索し，マカオに居を定めた．32年よりマカオのイギリス政府代表官にも通訳として勤め，35年，R・モリソンの死後，その後継者としてイギリス貿易監督官の主席通訳になった．それにより南京条約などの外交にも参加した．35年1月，4年前カナダ西岸に漂流しその後ロンドン経由でマカオへ送られた尾張小野浦の漁民3名を自分の家に引き取り，彼らを送還する機会を待った．また37年（天保8），フィリピンへ漂着した天草の漁民4名もマカオへ送られてきたので，この日本人7名を送還するにあたってギュツラフはみずから同行して日本との通交とともに宣教の門戸を開こうとした．しかし彼らの乗っていたモリソン号が7月31日（陰暦6月29日）の朝神奈川沖で，つづいて8月12日（同7月12日）に鹿児島で砲撃を受けた結果，この計画は水泡に帰し，一行はマカオへ引き返すを余儀なくされた．その後，ギュツラフは中国布教に専心し大規模な計画を立てた．かつてのイエズス会士をまねて彼は天文学者や数学者を宮廷に派遣することさえも考えていたが，特に原住民自身による伝道に重点をおいた．そのため，44年にマカオで中国人宣教師の養成所を開始し，『聖書』や他の宗教書を持たせて多くの伝道者を奥地の各方面に派遣した．彼らから受けた感動的な報告書をドイツで出版した結果，本国において中国布教への熱が高まり，スイスのバーゼル伝道協会Basler Mission，ドイツのバルメン伝道協会Barmen Missionが宣教師派遣に協力し，種々の布教後援会が創立された．49年に彼自身がヨーロッパに渡り，中国布教のために活躍した．そのうちに多くの中国人協力者が彼をだましていたことが露見した．しかしその大計画がほとんど崩れてしまうに先立って彼は51年8月9日にホンコンで死去した．48歳．ギュツラフは江戸時代末期に日本入国を試みた最初の宣教師であったばかりでなく，『聖書』の一部の和訳によって近世の日本キリスト教史に多大な業績を残した．1830年にバタビヤで石版出版されたメッドハーストの『英和和英字彙』と1835年に彼の家に預けられた漂流漁民との助けによって，彼はまず『新約聖書』のヨハネ伝とヨハネ書簡の翻訳に着手した．それは1837年にシンガポールで印刷された『約翰福音之伝』（60丁）と『約翰上中下書』（10丁）である．題を除いていずれも片仮名で印刷された．用語や翻訳の点で不出来であるとは

いえ，プロテスタント側の最初の『聖書』和訳として注目されている．なお外国語の天才であったギュツラフは，ドイツ語・オランダ語・英語・マライ語・シャム語・中国語・日本語などで61点にのぼる書籍をものし，また『聖書』の中国語訳委員として功績を遺した．主な著作は上記の日本語『聖書』のほか，『貿易通志』（1830年），『大英国統志』（1834年），『東西洋考毎月統記伝』四巻（1833～37年），『救世主言行全伝』（1837年），A Sketch of Chinese History, 2 vols.（1834）; The Journal of three Voyages along the Coast of China—1831, 1832, and 1833（1834）; Die Mission in China（1850）; The Life of Taou-Kwang, the late Emperor of China（1852）などである．

参考文献　高谷道男『カール・ギュツラフの略伝と日本語聖書』，海老沢有道『日本の聖書』，小沢三郎「ギュツラフと最古の和訳聖書」（基督教史研究会編『基督教史研究』1・5所収），K. S. Latourette: A History of Christian Missions in China; J. Richter: Das Werden der christlichen Kirche in China.

（H・チースリク）

052 キュルシウス　Jan Hendrik Donker Curtius　⇨ドンクル＝キュルシウス

053 教王護国寺五大虚空蔵菩薩像　きょうおうごこくじごだいこくうぞうぼさつぞう　5軀．木造，彩色．像高70.1～75.4 cm．唐時代．それぞれ馬（法界），獅子（金剛），象（宝光），孔雀（蓮花），金翅鳥（業用）に乗ったほぼ同形同大の一組の像で，法界虚空蔵像の框座裏に墨書があって，これらがもと上の安祥寺にあった恵運将来のもので，中世大風によって同寺金堂が倒れて損傷していたのを，永和2年（1376）に東寺観智院で修理されたこと，また本来大唐青竜寺金堂の本尊で，恵果和尚の持仏であったこと，嘉慶年中（1387～89）以後観智院にあってたびたびの修覆を経て来たことなどがわかる．像は材質，技法，作風などからみて中国唐代の作品であることに間違いなく，貞観9年（867）の『安祥寺資財帳』にみえる五大虚空蔵像にあたるもので，承和14年（847）の将来と考えてよい

であろう．青竜寺恵果の持仏であったかどうかは別として，遺品の稀な唐代木彫像の一典型として貴重である．現在は教王護国寺に移管されている．重要文化財．

法界虚空蔵菩薩像

参考文献　東京文化財研究所美術部編『東寺観智院蔵五大虚空蔵菩薩像』，明珍恒男「東寺の彫刻に就いて」（『東寺の研究』所収），斉藤孝「東寺観智院五大虚空蔵菩薩坐像考—中国彫刻への一展望—」（『美術史』18ノ4）

（田辺　三郎助）

054 行賀　ぎょうが　729～803　奈良時代の僧．大和国広瀬郡の人．天平元年（729）誕生．俗姓上毛野公氏．15歳で興福寺永厳に随って出家得度し，20歳で受戒，以後元興寺平備などに唯識・法性を修学した．天平勝宝4年（752）に24歳で入唐留学，在唐31年に及び，法性・天台宗など特に『法華経』につき研鑽を深めた．唐にある時，百高座の第2席に選ばれ，『法華経疏弘賛略』『唯識僉議』など40余巻を筆削し，『聖教要文』など500余巻を書写して帰国した．朝廷ではその功を賞し，子弟30人を付属させてその業を伝修させたという．帰国後にその修学について歴試された時，東大寺法性宗の碩学明一が宗義を難問したが，返答できず，そのため学殖の浅劣を痛罵されたことがあったが，在唐31年にも及んだために，日本語を忘却して即答できなかったことによる．帰国後選ばれて延暦3年（784）6月に少僧都となり，翌4年4月の最澄の戒牒に僧綱の1人として署判を加え，同10年に興福寺別当，同15年12月には大僧都となり，賢璟・善珠などとともに僧綱の重鎮の1人となった．同7年11月の『多度神宮寺伽藍縁起并資財帳』の巻末に僧綱の一員として勘判を加え，22年2月，75歳で没した．『宋史』日本伝に白壁天皇（光仁）の24年に霊仙・行賀が入唐し五台山にて仏法を修学したと記しているのは誤伝であろう．その著に『百法論註』『成唯識論僉記』『法華論釈』『仁王般若略賛』『浄名経略賛』などがある．法相宗六祖として崇敬せられ，現に興福寺南円堂に鎌倉時代初期の木造彩色の坐像（国宝）が安置されているほか，「興福寺曼荼羅」（重要文化財）にも相好が描かれている．

参考文献 『興福寺別当次第』(『大日本仏教全書』),『東域伝燈目録』(同),辻善之助『海外交通史話』
(堀池　春峰)

055 崎陽群談 きようぐんだん　長崎奉行大岡備前守清相の編纂に係る長崎に関する重要記録．第一より第十二に至る．編纂の時期は不明であるが彼の在職の末期享保元年(1716)ごろ完成したものと考えられる．内容は必ずしも整備されてはいないが長崎の沿革，都市的形成に始まり，主として鎖国体制下の貿易を中心として沿革，発展，仕法の変遷を詳述し，貿易の利潤および配分，中国人・オランダ人の生活，彼らの往来する諸地域の風土・産物，長崎から九州・上方への道程など万般にわたっている．ことに本書のすぐれた特徴としては中国およびオランダ貿易史の項であり，その概観と貿易用語についての詳細な解説は相まって寛永より正徳期に至る長崎貿易史料として最も優れたものである．大岡備前守は当時幕府の重要経済政策の1つである長崎貿易改善の現地での最も熱心な推進者であり，かの新井白石の正徳新令の事実上の立案者であったことからみて，その調査の基礎資料として本書を編纂したものであろう．『九州史料叢書』2・6・12(孔版)，『日本史料選書』10に収められている．　(箭内　健次)

056 姜沆 きょうこう　1567～1618　李氏朝鮮時代の儒学者．明宗22年(1567)5月17日，全羅道霊光郡流峰里(全羅南道霊光郡仏甲面金鶏里)に姜克倹の4男として生まれた．字(あざな)は太初，睡隠と号す．宣祖21年(1588)に進士に合格し，のち刑曹佐郎(正六品の文官)に昇進した．宣祖30年(慶長2)の豊臣秀吉の朝鮮再征(慶長の役)の際には南原で兵糧供給の任にあたっていたが，9月23日に藤堂高虎の水軍に捕えられ，一族とともに伊予国大津(大洲)に連行された．さらに大坂から伏見に移送されたが，伏見では藤原惺窩ら日本の文人と交渉をもつに至った．惺窩の依頼をうけて四書五経の書写を行い，倭訓を施している．また性理学の書物を紹介するほか，朝鮮の科挙の状態や孔子祭の儀式なども伝えたといわれる．これらのことは，江戸時代における儒学興隆の基礎を築いたもので，高く評価されている．姜沆はまた，捕虜の身でありながら3度にわたって日本の国情を報告する手紙を本国へ送り，抑留中の事情を記した『看羊録』を著わしている．これには，日本の官制，八道(五畿七道)66ヵ国の地誌，徳川家康など主要な武将の人物像，秀吉の性癖やその死がもたらした影響などが描かれており，関ヶ原の戦直前の政治状況を知るうえで貴重な記録といえる．宣祖33年に帰国した．その後は再仕の機会が与えられたが，すぐに辞し，郷里で後進の指導にあたった．光海君10年(1618)5月6日，52歳で没した．墓は郷里仏甲面において弟子たちを教えた内山書院近くの山麓にある．また，竜渓祠に祠られ，孝宗9年(1658)通政大夫承政院都承旨を追贈された．著書には『看羊録』のほか，『睡隠集』『雲堤録』『綱鑑会要』『左氏精華』『文選纂註』などがある．→看羊録(かんようろく)

参考文献 姜沆『看羊録』(朴鐘鳴訳注，『東洋文庫』440)，阿部吉雄『日本朱子学と朝鮮』，今中寛司『日本近世政治思想の成立』
(三鬼清一郎)

057 京銭 きょうせん　⇨きんせん

058 鏡堂覚円 きょうどうかくえん　1244～1306　鎌倉時代臨済宗環渓派下の禅僧．宋の西蜀の人．法諱は覚円，鏡堂はその道号．淳祐4年(1244)誕生．環渓惟一の法を嗣ぎ，弘安2年(1279)に北条時宗の招きによって無学祖元に付随して来朝した．時宗ははじめ径山の環渓を招いたが環渓は老体をもって辞退し，後輩の無学を推薦し，自己の門弟鏡堂を付して補佐させたという．鏡堂その時36．鎌倉の長勝・禅興・浄智・円覚・建長の5寺に住山し，正安2年(1300)に京都の建仁寺に遷り，住持すること7年，徳治元年(1306)9月26日寂した．寿63．建仁寺瑞光庵・建長寺霊光庵の両所に分塔した．語録2巻があり，『五山文学新集』6に収められている．のち大円禅師と諡された．その法を嗣いだ門弟に無雲義天・寿峯義登がある．

参考文献 『臥雲日件録抜尤』(『大日本古記録』),『扶桑五山記』(『鎌倉市文化財資料』2),『大円禅師伝』(『続群書類従』9上)，玉村竹二・井上禅定『円覚寺史』
(葉貫　磨哉)

059 恭愍王 きょうびんおう　1330～74　1352～74在位　朝鮮の高麗の国王．姓は王．諱は祺・顓，モンゴル名は伯顔帖木児．号は怡斎・益堂．忠粛王17年(1330)5月に生まれる．忠粛王の第2子．母は明徳太后洪氏．王は少時を元ですごし，元の支持によって即位したが，元から明への動向をみてとり，即位年にモンゴル風の習俗を禁じ，恭愍王5年(1356)には親元官僚の誅殺，元の年号停止，元の官制の廃止を行い，元領となっていた双城の地を収復し，同19年にも東寧府の地を回復，反元運動を進め，明に接近し始めた．だが即位以来，連年倭寇に苦しみ，同8～11年に紅巾賊の侵入に悩み，最後に王妃をめぐる不祥事がもとで同23年9月甲申(22日)殺害された．45歳．10月玄陵に葬られた．書画をよくし，現存「天山猟図」が有名．同15年(貞治5)金竜，ついで金逸を日本に遣わして倭寇の禁圧を請うたが，翌年将軍足利義詮は天竜寺僧梵瀉らを高麗に送り，武家外交の新機軸をうち出した．これを機に元寇以来の断交を終え，対馬宗氏をも含む日麗関係が形成されていった．

参考文献 『高麗史』38～44，池内宏『満鮮史研究』中世3，青山公亮『日麗交渉史の研究』(『明治大学文学部研究報告』東洋史3)　(武田　幸男)

060 行歴抄 ぎょうれきしょう　円珍の入唐旅行記『行歴記』の抄本．1巻．原本は宿紙11葉継巻子本．石山寺所蔵．重要文

化財．円珍は仁寿3年(853)入唐し，天安2年(858)帰朝した．そしてしばらく大宰府に留まり，勅命により，同年12月27日勅使とともに入京，翌貞観元年(859)正月18日まで出雲寺に滞在．その間に『在唐巡礼記』を作成したというからこれが同年正月23日に成った『行歴記』であろう．円珍自記の『行歴記』はもと3巻であったのを1巻に抄写したもの，現存の奥書によれば，永承4年(1049)6月19日・20日に，頼覚が実相院本を書写し，天養元年(1144)6月9日・10日増観がこれを書写し，さらに建久8年(1197)中智観の書写したものである．仁寿元年4月15日円珍が入唐のため，京を辞して大宰府に向かうところから始まり，貞観元年正月23日叡山に帰着するところまでで，その後の3月1日の記はのちの補入であろう．古典保存会による複製本があるほか，『石山寺資料叢書』史料篇2，『大日本仏教全書』智証大師全集4・遊方伝叢書1，『智証大師全集』下所収．

〔参考文献〕荻野仲三郎「国宝入唐求法巡礼行記と行歴抄」(『歴史地理』11ノ1)，小野勝年『入唐求法行歴の研究』，佐伯有清『円珍』(『人物叢書』200)，白化文・李鼎霞『行歴抄校注』(『日本入華求法僧人行記校注叢刊』2) （森　克己）

061　巨済島 きょさい Kŏje-do　大韓民国慶尚南道巨済郡に属する島．鎮海湾の入口に位し，面積389km²，山がちで南端に近い加羅山(標高582m)が最高峰．海岸線が複雑で港湾が多い．新羅文武王がはじめて裳郡を置き，景徳王が漢字をあてて巨済郡とした．高麗では県としたが，三別抄の乱により陸地に僑居させ，朝鮮太宗は居昌県に合併した．ついで世宗4年(1422)に，人物を島にかえして巨済県を復置した．その前後に，日本人は「加羅山島」とよび，対馬民が移住を求めたことがある．やがて，16世紀初めまで，漁業条約にもとづいて漁場に往来する対馬船を東岸の知世浦で検察課税した．また，文禄・慶長の役関係文書に「唐島(からしま)」「カライサン」などとみえる．日本軍は，連絡路確保のため，島内に築城して守備隊を置き，朝鮮水軍総司令官の基地が，西岸に近接する閑山島や統営(忠武市)にあったので，本島の周辺で，数回，重要な戦闘があった．豊臣秀吉は，第2次出兵後，本島を対馬の宗義智(よしとし)に与えた．かれの海外賜地の意図を表明したのである．のち1900年(明治33)3月，ロシアが大韓帝国と馬山浦租借交渉を進め，本島および付近の島々の他国への不割譲を要求した際，日本から抗議の対案が出されたことがある．→唐島の戦(からしまのたたかい)

〔参考文献〕朝鮮総督府中枢院編『(校訂)慶尚道地理志』，池内宏「カライサンといふ地名に就いて」(『東洋学報』2ノ1) （中村　栄孝）

062　巨済島の海戦 きょさいとうのかいせん　⇒唐島の戦(からしまのたたかい)

063　馭戎慨言 ぎょじゅうがいげん　本居宣長が，その皇国史観に立脚して著わした外交史論．2巻4冊．日本の優秀性を外交事例の上に立証しようとする目的で執筆されたもので，古代から豊臣秀吉の朝鮮出兵に至るまでの，わが国と中国・朝鮮との外交関係を批評するとともに，尊内卑外の立場を明らかにし，名分を正して，外国に対し称呼を厳にすべきことを力説している．本書は，はじめ『待異論』と称し，安永6年(1777)にその初稿が成り，翌年再稿に際して改名され，寛政8年(1796)に至り刊行された．書名は，西戎，すなわち中国・朝鮮を日本が統御すべきを慨(なげ)き論じたという意である．渡辺重名が付した序文では「からをさめのうれたみごと」と仮名書きし，「馭戎慨言」の漢字がそえてあるが，宣長が春庭に宛てた書状の中では「ギョジウガイゲン」と音読している．宣長の日本優越観は，歴史的現実的な外交関係を客観的に把握する冷静さを欠き，ややもすれば悲憤慷慨に陥る国学者の通弊を免れていないが，しかし内外史籍の文献学的考証には，さすがに慎重綿密な検討が加えられており，宣長の学風のよい方面が発揮されているものも少なしとしない．『本居宣長全集』8などに所収．

〔参考文献〕大久保正「『馭戎慨言』解題」(『本居宣長全集』8)，村岡典嗣『宣長と篤胤』(『日本思想史研究』3) （大久保　正）

064　巨酋使 きょしゅうし　朝鮮王朝時代前期(文禄・慶長の役以前)に朝鮮では，日本から通交する使人をその発遣者の格式に応じて段階を区別して接待していた．『海東諸国紀』(1471年成立)によれば，その段階は国王使(足利将軍の使)・巨酋使・対馬島主特送使と九州節度使(九州探題の使)・その他の諸酋使の4段階で，巨酋使は国王使につぐ待遇をうけていた．同書によれば巨酋に該当するのは畠山・細川・左武衛(斯波)・京極・山名・大内・少弐・伊勢・甲斐の諸氏である．また『経国大典』礼典待使客条にも日本からの諸使人の接待定例をあげているが，そこでは国王使，日本国諸大臣使，日本国諸大臣使以外の巨酋使，対馬島主特送使，その他の5段階にしている．すなわち巨酋使のうちから諸大臣使というものを特に区別して1段上の待遇を与えている．諸大臣使は朝鮮では王城大臣使とも称された．王城大臣使は偽使がほとんどで，特に1470年には多数の王城大臣使が渡航したが，その内の伊勢政親・細川勝氏は偽使であることを日明両政府が確認したため，1474年，朝鮮は日本国王に査証用の牙符(円形の象牙を折半した右符)10枚を贈った．以後，王城大臣使は牙符の携行を義務付けられたため，渡航に制約を受けることとなった．その桎梏から逃れるために「銅印」(諸酋に与えられる「図書」と同様の私印であるが，諸酋用と区別して「銅印」と称された)の造給を請願

して入手することも行った(たとえば，宗家伝来図書群中にあった畠山義賢銅印(印文「義賢」)は印甲に「嘉靖癸亥(1563年)造」とあり，この年，偽の日本国王使景轍玄蘇が朝鮮に執拗に交渉して得たものである).

参考文献　中村栄孝「歳遣船定約の成立—十五世紀朝鮮交隣体制の基本約条—」(『日鮮関係史の研究』下所収)，橋本雄「王城大臣使の偽使問題と日朝牙符制」(『中世日本の国際関係』所収)，長正統「中世日鮮関係における巨酋使の成立」(『朝鮮学報』41)
　　　　　　　　　　　　　　　　　　(長　正統)

065　許率母 きょそつも　生没年不詳　近江朝廷に用いられた百済人の五経の学者．来朝の事由なども未詳．天智天皇10年(671)，鬼室集斯らとともに近江朝廷の官人に登用され，小山上の位を授けられた．五経に明るい人で，『懐風藻』大友皇子伝によると，皇子が23歳で皇太子になると，彼と同時に登用された沙宅紹明・塔本春初・吉太尚・木素貴子らの百済学者とともに皇子の賓客となった．天武天皇6年(677)には，大博士，大山下，封30戸．
　　　　　　　　　　　　　　　　　　(北村　文治)

066　許棟 きょう　⇒許棟(きょれん)

067　清原守武 きよはらのもりたけ　生没年不詳　11世紀の人．遣唐使廃止後，海外との国交を絶ち，海外へ渡航することを禁じ，犯すものは厳罰に処した．『百練抄』によると，寛徳2年(1045)，肥前国の住人清原守武らの渡宋の罪科が発覚した．朝廷はその処罰について審議した結果，永承2年(1047)守武の身柄は大宰府より京都に護送されて，佐渡に配流された．またその貿易して帰った貨物は没収されて官の厨家に納められ，同類5人は徒刑に処せられた．
　　　　　　　　　　　　　　　　　　(森　克己)

068　居留地 きょりゅうち　慣習上または条約上外国人の居住営業を特に認めた一定区域をいう．江戸時代の鎖国令後，寛永18年(1641)幕府は平戸の和蘭商館を長崎出島の埋立地へ移転させたが，これは阿蘭陀屋敷とか出島蘭館とか呼ばれている．借地の面積は3924坪1合であり，和蘭人はみだりに市内への外出も許されず，港内へボートで出ることも認められず，日本人が出島蘭館を訪問することも自由でなかった．また元禄2年(1689)長崎市外の十善寺谷合に唐人屋敷または唐館と呼ばれる中国人用の商館を設け，中国人をすべてここに居住させるに至った．唐人屋敷は借地で面積は9373坪8合であった．密貿易取締りのため中国人もみだりに長崎市内へ外出できなかった．安政元年(1854)日米和親条約が調印され，米国商船へ欠乏品供給のため下田・箱館の2港が開かれ，また日英和親条約で長崎港が開かれたが，幕府はいまだ外国人の居住を認めなかった．安政4年の日米条約で幕府は下田・箱館の米国人の居住権を認めたが，その実施の前安政五箇国条約が締結されるに至った．安政5年の安政五箇国条約で開港場と開市場を定めた．開港場は外国人の居住貿易のため箱館・神奈川・長崎・兵庫・新潟または西海岸の1港の港市を開き，1区の土地を借地し，建物を購入し，住宅倉庫の建物を建てることが認められた．開港場の居留地と港規則は外国領事と地方官憲で決め，この協議が整わないときは外交代表と日本政府とで決めることになっていた．開市場は外国人の商売のため江戸・大坂の市街の一部を開き，外国人は借家を借りることが認められた．両市の居住区域と遊歩規程は外交代表と日本官憲で決めることになっていた．条約に基づき安政六年箱館・神奈川・長崎が開港され，外国人の居住営業が認められた．万延元年(1860)長崎奉行と外国領事とが締結した長崎地所規則が調印され，居留地は居留地委員の自治行政が行われたが，明治9年(1876)各国の対立のため自治行政が放棄された．また文久元年(1861)箱館地所規則には同様の条項があり，居留地委員も選出されたが，居留地が決まらず，慶応3年(1867)この取極も廃棄された．元治元年(1864)横浜居留地覚書で居留民の自治行政が行われたが，財政困難のため慶応3年廃止された．明治元年の大坂兵庫外国人居留地約定書で政府は居留民の自治行政を認め，明治32年まで実施された．慶応3年の新潟佐州夷港外国人居留取極では居留地を設けず，市街に雑居した．また開市場東京は明治3年東京に居住する規則附録で自治行政の規定があったが実施されなかった．中国や朝鮮などの居留地と異なり，外国居留民の自治行政が発達しなかった特色がある．

参考文献　『横浜市史』，大山梓『(旧条約下に於ける)開市開港の研究』，同「安政条約と開市開港」(英修道博士還暦記念論文集編集委員会編『外交史及び国際政治の諸問題』所収)
　　　　　　　　　　　　　　　　　　(大山　梓)

069　許棟 きょれん　生没年不詳　明代の海寇．許棟とも書かれているが許棟が正しい．許二ともいわれた．安徽省歙(しょう)県の出身．日本の五島に拠って徽王と号した倭寇の大頭目王(汪)直も同県の出身であるが，はじめは許棟の部下であった．嘉靖19年(1540)，海寇李光頭(李七)らと福建の獄を脱して海上にのがれた．はじめはいわゆる西番人(ポルトガル)と密貿易をしていたが，同23年から日本と関係がうまれる．『日本一鑑』窮河話海には許一(松)・許二(楠)・許三(棟)・許四(梓)とあるが，許一・許三ははやく死に，許四は南海にのがれており，『籌海図編』などとも考えあわせると，許二(棟)・許三(楠)が正しい．4人とも木の名で命名されているから，棟(とう)は棟(れん)にちがいあるまい．

参考文献　石原道博『倭寇』(吉川弘文館『日本歴史叢書』7)
　　　　　　　　　　　　　　　　　　(石原　道博)

070　喜利志多佗孟太 キリシタだもた　⇒モタ

071　吉利支丹 キリシタン　16世紀の中ごろヨーロッパから伝えられたキリスト教の呼称で，ポルトガル語のChristão

によるものである．幾利紫丹・記利支丹・幾利支丹・切支丹・吉利支丹などの漢字を宛てたが，「吉利支丹」は延宝8年(1680)将軍徳川綱吉の諱を避けて，用いることを禁止されたという．のちには鬼・死など不快な漢字を宛てるようになった．その宗旨ばかりでなく，その信者のことにもまた教会に関することにも用いられた．歴史学上は，ふつう明治以降に伝わったキリスト教をキリスト教(基督教)と呼んで，はっきりと区別している．伝来の当初わが国ではその宗旨のことを天竺宗・南蛮宗，あるいはデウス(ダイウス)の教の意味からダイウス宗とも呼び，中でもダイウス宗の呼称は江戸時代の初めまで用いられた．

キリシタン布教の歴史は大別して4期に分けることができる．第1期は，天文18年(1549)のフランシスコ=ザビエルの渡来から天正15年(1587)豊臣秀吉の伴天連追放令発布に至るまでの時期である．この間，イエズス会士による布教がポルトガルの貿易船の来航と結びついていたこともあり，またその伝道方針が戦国大名の共感をよんだこともあって，その信仰は北九州地方から京畿方面にまでひろまり，大村純忠・有馬鎮貴(晴信)・大友義鎮・高山右近・内藤如安・小西行長らの大名が入信した．宣教師たちは神仏信仰を偶像崇拝として排撃して唯一の神デウスの教に帰依することを勧め，封建道徳に基づく生命軽視の風潮を誡め，純潔貞操の観念を教え，婚姻に際しては離婚を禁じ，一夫一婦を固く守らせ，また育児の義務を教えた．布教に伴う西欧の文化・科学の移入，社会事業，医療事業なども信仰の普及に大いに役立ったが，信徒の間には武運長久や病気平癒，航海安全などの現世利益を期待する傾向が強かった．天下統一に乗り出した織田信長は，仏寺の勢力を抑制する意図もあって，宣教師たちを厚遇し教会を保護した．そのため伝道事業は最盛期を迎えた．布教制度も整い，都・豊後・下(しも)の三布教区が設けられ，また日本人司祭を養成するためにセミナリヨ・コレジョ・ノビシャドなどの学校制度ができて，安土と有馬にセミナリヨが置かれた．当時信者の数は15万人に達した．天正遣欧使節が派遣されたのもこのころである．本能寺の変ののち，信長の遺志をついだ豊臣秀吉は教会に対してしばらくは信長の政策を継承したが，天正15年九州攻めを終え，ほぼ天下統一を成しとげた段階で，伴天連追放令を発布して，布教事業に対する抑圧の態度を明らかにしたのである．

第2期は，この年から慶長19年(1614)徳川家康が禁教令を強化して多数の信徒を国外に追放するまでの時期である．伴天連追放令は，ポルトガル船の貿易に対しては制約を加えなかったため不徹底に終ったが，イエズス会の自粛に乗じて，日本への進出を図ったスペイン系のフランシスコ会の布教活動が活潑となった．やがて両会の反目は，慶長元年スペイン船サン=フェリペ号の土佐漂着をめぐって表面化し，ついに二十六聖人の殉教をひきおこす結果となった．秀吉の死後，関ヶ原の戦によって天下を掌握した徳川家康は，幕府の基礎を固める必要から，しばらくはその信仰を黙認し，対外政策のために宣教師を利用したこともあった．そのためフランシスコ会の勢力は関東から東北地方に伸びた．仙台の伊達政宗は同会のルイス=ソテロと結んでローマ教皇のもとに使節を派遣した．なおこのころ松前地方に渡った信者たちを慰問するため，イエズス会の宣教師がはじめて蝦夷地を訪れた．江戸時代にはいって日本貿易に加わるようになったオランダとイギリスはともに新教を奉ずる国で，日本市場から競争相手であるポルトガル・スペイン両国を締め出す目的で，家康をはじめ幕府の当局者に対して，カトリック教会を中傷し，両国が国土侵略の意図をもっていると警告した．かねてその信仰が思想統一の障碍となることを惧れていた家康は慶長17年まず幕府の直轄領に禁教を令し，同18年12月にこれを全国に及ぼした．そして高山右近・内藤如安をはじめ数多くの信徒が宣教師らとともに長崎からマニラ・マカオに追放された．また京坂地方の信徒の武士ら70余人が奥州外ヶ浜(津軽領)に配流されたが，このことはかえって信仰が東北地方からさらに蝦夷地にまでひろまる機縁となった．

第3期は元和から寛永にかけての激しい弾圧の時代で，島原の乱ののち，寛永16年(1639)ポルトガル船の来航が禁止され，鎖国の体制が完成するまでの約25年間である．信徒迫害は全国に及び，苛酷な処刑が相つぎ，探索のために，五人組の連坐制，宣教師や信徒を密告した者に賞金を与える制度，踏絵によって信仰を試す制度などが行われるようになった．海外から潜入する宣教師も多かったがほとんど捕えられ処刑された．元和8年(1622)長崎で行われた大規模の処刑は「大殉教」として名高い．寛永14年に勃発した島原の乱は，領主の誅求に対する農民の一揆で，信仰に根ざしたものではなく，教会側でもむしろ信仰に背くものとして戦死者を殉教者として認めなかった．しかし幕府はこれを信徒の叛乱と見なし，禁教政策を一層強化する一方，同16年ポルトガル船の来航を一切禁止し，かねてすすめていた鎖国政策を徹底させた．すでにイギリスは元和9年に商館を閉鎖し，スペインは翌寛永元年幕府から渡来を禁止されていたので，ヨーロッパの国々の中で残るのはオランダだけになったのである．

第4期は幕末に至るまでの時期である．幕府は信仰の根絶を図り，全国の仏寺を統制下に置き，檀那寺の制度を設け，すべての人民をそれぞれの宗派の寺院に帰属させ，寺請証文，さらに宗旨人別帳によってキリシタンの信徒でないことを明らかにさせた．しかし明暦3年(1657)から肥前大村領郡(こおり)村を中心に「郡崩れ」と呼ばれる大量の信徒検挙があり，また寛文年

間(1661～73)には豊後・美濃・尾張などで多くの信徒が捕えられるなど，信仰は容易に跡を断たなかった．幕府は貞享4年(1687)さらに類族調の制度を設け，かつての信徒でのちに転宗したものの親族・子孫をすべて類族として登録させ，3代，4代にわたって厳重に監視する方法をとった．このような徹底した禁教政策によって信仰は全く根絶されたかに見えたが，九州の一角にはなおその弾圧に堪えてその信仰を守りぬいた人々があった．幕末開国ののち，慶応元年(1865)長崎にはじめて天主堂が建てられたが，その見物人の間から，浦上村の信徒たちが宣教師プチジャンにその信仰を告白した．教会ではこれを「キリシタンの復活」と呼んでいる．信徒が潜伏していた地方は浦上村のほか，外海地方・高島・伊王島・平戸・五島，天草の﨑津・大江などであった．これらの信徒は，長い年月教会の指導を離れ，また弾圧に堪えて父祖の信仰を守りぬいて来たため，その信仰はかなり土俗化して特異な形態を備えたものになっていた．その多くはのちに教会に帰属したが，なお父祖以来の信仰形態を正当なものとして，教会に帰属することを拒みつづけている信徒たちが，生月・黒崎・五島地方に現在のこっている．これを「隠れキリシタン」と呼んでいる．

　キリシタンの布教は，このように日本の統一封建国家形成の時期に際会したために，結局は実を結ばなかったが，その布教事業に伴って伝えられたヨーロッパの学問や芸術・文化・風俗などが与えた影響は少なくない．また日本をひろく世界に紹介する機縁となったことからいっても，その文化史的意義は大きい．

　参考文献　『イエズス会士日本通信』(村上直次郎訳，柳谷武夫編，『新異国叢書』1・2)，『イエズス会日本年報』(村上直次郎訳，柳谷武夫編，同3・4)，『イエズス会日本書翰集』訳文編(『日本関係海外史料』)，『完訳フロイス日本史』(松田毅一・川崎桃太訳，『中公文庫』)，『イエズス会と日本』(高瀬弘一郎訳・注，『大航海時代叢書』2期6・7)，姉崎正治『切支丹伝道の興廃』，同『切支丹禁制の終末』，海老沢有道『日本キリシタン史』(『塙選書』52)，高瀬弘一郎『キリシタン時代の研究』，五野井隆史『日本キリスト教史』，レオン=パジェス『日本切支丹宗門史』(吉田小五郎訳，『岩波文庫』)，J. Fr. Schütte: Monumenta Historica Japoniae I 1553-1654; C. R. Boxer: The Christian Century in Japan 1549-1650; J. Fr. Schütte: Introductio ad Historiam Societatis Jesu in Japonia 1549-1650.

　　　　　　　　　　　　　　　　(岡田　章雄)

072 吉利支丹遺物 キリシタンいぶつ　(1)文書類　日本各地から発せられたパードレ書簡類のほとんどすべては，伊・葡・西・英を主とする諸国に蔵せられるが，それらのうち公開性をもつものは当時諸国で刊行されており，日本国内では東洋文庫・京都大学・九州大学・上智大学・天理図書館・筑波大学などに比較的多く架蔵されている．中でも天正7年(1579)以来制度化された『イエズス会日本年報』は，寛永年間(1624―44)にも及び，教会側史料としてだけでなく，変転期の日本を語る重要文献でもある．在日イエズス会士フロイスL. Froisの『日本史』，同『日欧習俗比較』，ロドリゲスJ. Rodriguezの『日本教会史』，特に3度来日し，日本文化・習俗との順応策を進めた巡察師バリニァーノA. Valignanoの非公開書簡および諸著作，中でも『日本事情摘要』(1582年・93年)・『日本の習俗と気質』などは，桃山時代を語る貴重な文献である．日本教会からの邦文原書簡類は初期のものにバチカン図書館蔵『貴理師端往来』所収の肥前五島宇久氏関係書状があり，天正遣欧使節関係は『大日本史料』第11編別巻に，慶長遣欧使節のは同第12編之12に集録されている．迫害下の状況を語る元和3年(1617)の東北から南九州に及ぶ75ヵ町村信徒代表らの書簡(トレド文書館蔵)，同7年の教皇親書への各地信徒の奉答文(バルベリニ文書)，同7―8年のコンフラリヤ(信心講)関係文書(カサナテンゼ文書)などは，迫害・潜伏下において村落共同体と結合した組講の団結を語るものとして注目される．

　(2)教書類　キリシタン版として知られるもののほか，主なものに天正19年のバレトM. Barretoローマ字写本(バチカン図書館蔵)，寛永年間水戸藩没収教書類，摂津高槻在東家発見文書，寛政年間(1789―1801)長崎没収教書写本集『耶蘇教叢書』などがあり，水戸・東本の両種は『吉利支丹叢書』に影印されている．またラテン語の祈禱文を平仮名で墨写した『サンタ=マリアの小聖務日課』いわゆる『耶蘇教写経』(東京国立博物館蔵)も伝えられている．また明清天主教書も輸入されて流布していたが，寛永7年の禁書令に逢った．しかし江戸時代中期から天文暦学・世界地理学・数学・測量術家の間に流布また写本されており，キリシタン文献に準ずることができよう．

　(3)美術　聖堂・修院建築は弾圧のため遺構を語る一物も発見されていない．記録や伝狩野元秀筆「なんばんだう図」(神戸市立南蛮美術館蔵)により，京都南蛮寺を偲ぶにとどまり，『グレゴリオ十三世伝』所載の日本のセミナリョ図は全くの想像図にすぎない．それらを飾った壁画なども全く現存しない．が，信徒の信心用として聖画類の需要が高まり，輸入では間に合わなくなり，セミナリョ特に天草志岐の画学舎などで製作された．教師としてイタリア人ニコラオG. Nicolaoが知られ，その門下のヤコボ=ニワ(丹羽?)，マンショ=タイチコも教師になった．また狩野良庵・土佐道味らキリシタン画人の名が伝えられている．しかし作品と明確には結びつかない．代表的遺物に大浦天主堂蔵および東家発見の「聖母マリア十五玄義図」，「聖サ

ビエル画像」(神戸市立南蛮美術館蔵),天草四郎の旗と称される伝山田右衛門作筆「聖体讃仰天使図」(本渡市立天草切支丹館蔵),「聖ペドロ画像」(南蛮文化館蔵)などがあり,いずれも模写の域を出ないが,日本顔料をもって洋画油彩手法を充分採り入れたものといえる.舶載品では,「親指の聖母像」「三聖徒像」(東京国立博物館蔵),福井発見の「悲しみの聖母画像」(南蛮文化館蔵),支倉常長将来品「支倉常長肖像」「教皇パウロ五世肖像」「聖母子像」(仙台市博物館蔵)などがある.南蛮屏風・地図屏風は宗教性が稀薄のため数十双も伝存する.これらは狩野・土佐派のキリシタン画人の手になったものもあると認められるが,教外者の作品も少なくない.在来の花鳥風月的日本画に対して,世界的気宇をもった作品として注目される.銅版画も聖画頒布の必要からキリシタン学校で製作された.最古のものは天正19年加津佐刊『サントスの御作業の内抜書』扉絵で,その後も,キリシタン版扉絵のみならず,慶長12年(1607)長崎刊『スピリツアル修行』などに「十五玄義図」が収められているが,天正19年のバレト写本に1590年の刻がある「聖ペドロ立像」その他4葉が貼布されており,「キリシト像」ほか3葉は日本紙に印刷されていることからも,バレト写本成立前に日本で彫られたことは疑いない.その「キリシト像」は東京大学図書館蔵本と酷似している.特に大浦天主堂蔵の「聖母子像」は,1597年日本セミナリヨの印刻があり,明末画壇に影響を与えたことは,万暦年間(1573～1620)刊の『程氏墨苑』にそのまま模写されていることによっても明らかである.輸入銅版画には福井発見の18葉(東京国立博物館蔵)や「キリシト伝十二ヵ月暦図」(神戸市立南蛮美術館蔵)などがある.蒔絵では特にミサ祭具の「オスチヤ(聖体)盒子」は鎌倉東慶寺蔵ほか数点があり,このうち東慶寺のものは螺鈿でイエズス会章を光彩で包んだ美しい勝れた作品で,そのほか調度品・文箱・茶器・鞍・火薬入などにクルス紋などを施したものがある.これと同様南蛮人や船あるいはカルタなどを配したものも少なくない.金工品には洋式の鈴鐘に京都南蛮寺(妙心寺春光院蔵)・長崎サン＝チアゴ病院(豊後竹田中川神社蔵)・細川家の九曜紋入り(南蛮文化館・細川家蔵)の4点が知られている

蒔絵オスチヤ盒子

ほか,メダル・クルス・キリシト磔刑像・クルス鍔などの小品が北九州地方を中心として,東北地方に及んで出土しているが,長崎二十六聖人記念館蔵の肥前小干浦出土の殉教者遺骨壺の銅版標,豊後丹生出土のキリシト像およびメダル類,マニラから回収した殉教者聖遺骨壺などが最も注目される.

(4)風習 桃山時代にはキリシタン・南蛮風が全国的に流行した.衣服・食品類にポルトガル語が多く伝えられているのもそれを示す.中でも茶器類にクルス茶碗や呂宋壺などが見られるのは,伝統文化との交渉上,無視できない.それは高山右近・織田有楽斎などキリシタン大名のすぐれた茶人が多かったことと,茶器にいわゆる「唐物」が迎えられ古田織部などの南蛮趣味があったことにもよるが,バリニァーノやロドリゲスが直接茶道の心得や解説を著作したことに見られるように,イエズス会士らが日本人との交際において茶の心得を必須のものとしたことが与かっている.ただしクルス釜のようにのちの模作も少なくない.また一般の間にもクルスやロザリヨ(念珠)を下げることも流行したことは『歌舞妓草紙絵巻』にみられるごとくで,その他ローマ字印章,クルス家紋,クルスの旗指物は,伝統の中に新信仰を象徴的に表現したものとして注目される.墓碑も初期には洋式の板碑型と蒲鉾型が行われ,碑銘にはクルスや霊名,命日の聖人名を刻んで,中にはローマ字の碑銘も見られるが,迫害・潜伏期になると,屋根型からついには自然石のままとなり,わずかにクルスのみ,あるいは全く無銘となっている.関西・北九州,中でも豊後・肥前地方に多く散在している.

(5)潜伏キリシタン遺物 広くいわゆるマリア観音が珍重されているが,潜伏キリシタンらが仏教徒をよそおい,清代中国で作られた白磁慈母観音に聖母子像を仮託したもので,幕末の天草や浦上の露顕にあたり官没されたもの(東京国立博物館蔵)とか,類族または潜伏キリシタンの家から見出されるとかして,彼らの信仰対象であったことが明らかでない限り,マリア観音と称すべきではない.同じくいわゆるキリシタン燈籠と称される織部燈籠もキリシタン信仰と結びつくものはほとんど認められない.潜伏キリシタンらは露顕を恐れ,教義などは,口伝によることが多いが,肥前地方では慶長8年の教書『こんちりさん(痛悔)のりやく』や寛永11年の教会暦を『日繰り』として伝承し,中には『天地始まりの事』という転訛した教書を伝写している地区もある.また「納戸神」として聖画を伝写しているほか,メダル・ロザリヨも伝えている.なおそれらのメダルを用いて作られた板踏絵が坊間に珍重されているが,偽物というべきで,踏絵は長崎奉行管下に肥前・豊後などで使用のもの(東京国立博物館蔵)のほか,それに倣った熊本藩使用以外のものは疑わしい.

幕末になるといわゆる復活キリシタンの刊行した教書類，主としてプティジャン版や未刊写本・記録類などがあり，また明治初年の各地教会の洗礼原簿は本人祖父母までを記載しており，潜伏時代以来の信徒の系譜や家族構成・通婚関係などを知り得る貴重な文献である．各藩に配流された信徒の所持したフランス製信心具類，また紙こよりで製作したロザリヨ（東京国立博物館蔵）も遺物として見逃せない．

(6)藩政文書　キリシタン取締りのための宗門改帳は直接関係ないが，貞享4年（1687）以来確立した類族改め制による「切支丹類族改帳」はキリシタン本人・本人同前らの移動を明記し男系5代・女系3代に及び，キリシタンの系譜や動静を知ることができる．また北九州地方で幕末まで行われた絵踏制による「絵踏名寄帳」は，いわゆる南蛮誓詞を記載している．

[参考文献]　海老沢有道『南蛮文化』（『日本歴史新書』），松田毅一『在南欧日本関係文書採訪録』，同『キリシタン―史実と美術―』，岡本良知『南蛮美術』（平凡社『日本の美術』19），西村貞『南蛮美術』，『東京国立博物館図版目録』キリシタン関係遺品篇，J. Laures: Kirishitan Bunko.　　　（海老沢有道）

073 キリシタン学校制度 キリシタンがっこうせいど

キリシタンの組織的学校制度は，来日修道会のうち16世紀キリシタン時代の主導権を掌握していたイエズス会のみによって設立された．同会創立者ロヨラの同志シャビエルは，スコラ哲学の伝統とルネッサンス人文主義の進歩との調和というロヨラ以来の教育理念を戦国時代の日本に伝え，それが天正7年（1579）に来日した東インド巡察師バリニャーノにより，16世紀のローマ＝カトリック海外布教史上，他布教地に例を見ない規模で実現されたことは特筆すべきである．早くもシャビエルは都に大学，山口にコレジョ設立を希望して果たさなかったが，永禄4年（1561）以後，九州各地の教会に付属した小規模の初等学校が開設され，天正11年にはその数200にのぼり，同宿（伝道士）100名が養成されるに至った．バリニャーノは天正8年有馬と安土にセミナリヨ（一般教育機関・小神学校），豊後の府内にコレジョ（神学院），豊後の臼杵にノビシヤド（修練院），大村に語学コレジョを開設した．日本の「学事規制」ともいうべき彼の「セミナリヨ内規」（天正8年）は，総会長アッカビーバが有名な「イエズス会学事規制」Ratio Studiorum制定のため新委員会を召集する3年以前のことであった．セミナリヨではラテン語・文学，日本語・文学，音楽，美術工芸の学科が教授されるとともに，学年制ではなく個人指導であり，寄宿舎制度・「さんたまりやの組」（聖母会）・音楽・演劇・体育・遠足など各種の行事や日常生活を通じて信仰を養う配慮がなされた．コレジョはセミナリヨ，ノビシヤド修了者を対象とした神学予備課程で，スコラ哲学・ラテン文学・日本文学・倫理神学・自然科学・仏法の学科が教授され司祭職への道が開かれた．キリシタン版が教科書として使用されたが，これは日本固有の文化に対する尊敬と評価，東西文化を修得した司牧者の養成というバリニャーノの方針に基づくものであった．しかるに天正15年の豊臣秀吉の伴天連追放令によりバリニャーノの最初の遠大な計画案は実現不可能となり，セミナリヨ・コレジョの性格も変更せざるを得ず，慶長6年（1601）司教セルケイラは外国人宣教師の国外追放に備え，実践的司牧者と教区司祭を養成するため長崎にセミナリヨ（教区神学校）を新設した．以上の諸学校は戦乱と迫害のため各地に移動を重ね，慶長18年の禁教令公布時にはすべて長崎にあり，翌年破壊されるまで続いた．このようにキリシタン学校の歴史は34年にすぎなかったが，日本人司祭15名をはじめ多数のイルマンや同宿，および外国人司牧者が養成された．キリシタン学校は当時の西欧最高の学問，思想，文学の日本移植の中心機関として日本人の世界的視野の拡大，日本近世科学への地盤形成など，日本史上最初の西欧との出会いにおいて東西文化の交流に貢献するところ大きかった．→コレジョ　→セミナリヨ　→ノビシヤド

[参考文献]　ヴァリニャーノ『日本巡察記』（松田毅一他訳，『東洋文庫』229），シリング『（日本に於ける）耶蘇会の学校制度』（岡本良知訳），岡本良知『吉利支丹洋画史序説』，同『南蛮美術』（平凡社『日本の美術』19），海老沢有道『洋楽演劇事始―キリシタンの音楽と演劇―』，片岡千鶴子『八良尾のセミナリヨ』，A・シュワーデ「府内のコレジョについて」（『キリシタン研究』10），H・チースリク「日本における最初の神学校（1601年―1614年）」（同），同「セミナリヨの教師たち」（同11），片岡弥吉「イエズス会教育機関の移動と遺跡」（同），柳谷武夫「セミナリヨの生徒たち」（同），井手勝美「キリシタン時代に於ける日本人のキリスト教受容―キリスト教書籍を中心として―」（同），H・チースリク「セミナリヨの教育精神について」（『キリシタン文化研究会会報』8年1）　　　　　　　　　（井手　勝美）

074 キリシタン禁制 キリシタンきんせい

江戸幕府は慶長17年（1612）8月6日その直轄領に対して「伴天連門徒御制禁也，若有‐違背之族‐者，忽可レ遁ニ其罪科一事」というキリシタンの信仰を禁止する法令を発布した．さらに18年12月22日金地院崇伝の筆になる長文の禁教令が発布されたが，これはその政策を全国に及ぼしさらに広く外国に対して宣言した文章であった．この禁教政策は幕末に至るまで踏襲され，宣教師・信徒に対する激しい迫害の歴史がつづいた．キリシタンを魔法・邪教とみなす素朴な反対は伝来当初からあったが，近世的封建国家の成立に伴い，その信仰が多くの点で思想統制の上に大きな障害となって来たため，豊臣秀吉の天下

統一の段階から，次第にこれを弾圧し，排除する方針がとられるようになり，ついにそれが幕府の基本政策となり，やがて鎖国へと発展していったのである．キリシタンの信仰が禁圧された理由として次の諸点を指摘することができる．まずその信仰では，天地創造の神デウスを唯一の神とし，神仏信仰を異教・異端として排したことである．そのためキリシタン大名の領内では神社仏閣が破却されたが，近世的封建国家が成立し，神仏信仰が思想統制の支柱として重んぜられるようになったため，その信仰を否定するキリシタンの信仰は邪教とみなされることとなったのである．次に封建国家の支配者に対する忠誠の問題がある．キリシタンの信仰では神への絶対的崇敬を基本とし，その崇敬のために生命を捧げることを殉教として讃美する．一方封建社会では主君への絶対的忠誠が要求され，主君のために生命を捧げることが美徳とされている．キリシタンの武士の場合，神への信仰が常に主君への忠誠に優先することとなり，主君のためにまた主君の命によって切腹をしたり，殉死をしたりする封建的慣習を自殺行為として拒否し，また切指・血書・血判あるいは神仏の名による起請なども受け容れなかった．支配者の側からすればそれは叛逆思想であり，封建社会の秩序をみだすものと解され，その信仰がひろまり，大名以下武士・農民が信仰を通じて結びつくことは支配者の地位を危うくするものとしてもっとも惧れられたのである．秀吉が天正15年(1587)の禁教令の中で，キリシタンを一向宗とならんで天下のさわりになるものとしたのもその意味である．徳川家康は幕府の基礎を固め海外諸国との和平外交を進めるため，当初はその信仰を黙認し，時には，フランシスコ会の宣教師ヘロニモ＝デ＝ヘススにフィリピンとの交渉を斡旋させたように，宣教師を利用したこともあった．そのためフランシスコ会をはじめ各会の布教活動は活潑となり，教線は関東から東北地方へと伸びるに至った．一方慶長5年オランダ船リーフデ号の漂着によってプロテスタントの国であるオランダ・イギリスとの交渉が始まった．家康の寵遇を受けたイギリス人ウィリアム＝アダムス(三浦按針)をはじめ，両国人は自国の貿易の利益を図り，ポルトガル・スペイン両国を日本市場から締め出すために，これらのカトリックの国々の布教活動に対して不利な情報を提供し，また中傷を行なった．特に宣教師がカトリックの国々の国土侵略政策の一役をにない，信徒を煽動して反乱を起させることを謀んでいるという示唆は，幕府当局に大きな危惧を与え，キリシタンを天下のさわりとする観念を一層強化するのに役立ったのである．禁教令の発布に伴い，宣教師や信徒に対する圧迫・迫害は江戸・京都をはじめ全国に及び，各地の教会堂は破壊され，宣教師たちは長崎に集められ，マカオおよびマニラに追放された．高山右近・内藤如安がマニラに追放されたのもこの時のことで，教会側ではこれを「大追放」と呼んでいる．慶長19年大坂冬の陣のころである．このころまた京都の有力な信徒の武士70余名が奥州外ヶ浜(津軽領)に放逐されたが，かえって東北地方から蝦夷地にまで信仰をひろめる機縁となった．「大追放」にもかかわらず国内に潜伏した宣教師はおよそ50人に及び，その後も秘かに潜入する宣教師は跡を断たなかった．幕府はその検挙逮捕のために信徒の取締りを強化し，一般人民の間に五人組の制度を励行して連帯責任のもとに互いに監視を行わせ，また懸賞金の制度を設けて，宣教師・信徒らを密告させ，検挙されたものに対しては厳しい拷問苛責を加えた．元和8年(1622)には長崎立山でイエズス会のカルロ＝スピノラ以下55人の宣教師・信徒らが処刑されたが，寛永ころからは将軍家光のさらに厳しい禁教方針に従って全国にわたって宣教師・信徒らの処刑が相つぎ，また信徒検断のため南蛮誓詞の制度，踏絵の制度などが行われるようになった．寛永14年(1637)の島原の乱によって大きな衝撃を受けた幕府は，外に対して鎖国政策を徹底させる一方，国内のキリシタンの根絶を期し，キリシタン奉行(のちの宗門改役)を置き宗門に対する警察・司法の権限を兼ねさせ，また宗旨人別改の制度を設けた．さらに貞享のころからは，改宗者の親族子孫を類族として登録させ厳重な監視のもとに置く類族改の制度が設けられた．これらの制度はのちに形式化してしまったとはいえ，幕末まで存続した．明治維新後も政府はなお禁教政策を続けていたが，諸外国から非難を受けたため，明治6年(1873)になってようやくキリシタン禁制の高札を撤去した．→岡本大八事件（おかもとだいはちじけん）→キリシタン訴人制札　→キリシタン類族調　→伴天連追放令（バテレンついほうれい）

参考文献　姉崎正治『切支丹伝道の興廃』，同『切支丹禁制の終末』，清水紘一編「キリシタン関係法制史料集」(『キリシタン研究』17)，同『キリシタン禁制史』(『教育社歴史新書』日本史109)

(岡田　章雄)

075　キリシタン暦　キリシタごよみ　カトリック教会暦．キリストの生涯に行われた人類救済の事業を記念するための祭式を1年間に配分した典礼暦．普通の暦年が1月1日に始まるのに対し，教会暦は待降節の第1日曜に始まる．降誕祭(クリスマス)と復活祭とを記念する2大聖節に分かれ，それぞれ，準備・祝日・祝日後の3期を伴って大斎(断食)・小斎(肉食の禁)・償いの日などもある．待降節は降誕祭の準備期間であるがその第1日曜は，聖アンドレアの祝日たる11月30日前後のもっとも近い日曜日である．聖母マリアの生涯の重要な出来事もともに祝い，聖節とは関係なく聖人たちの死去日も記念される．教会暦は，信徒の信仰生活をリズミカ

ルに高揚する効果をもたらすもので毎年印刷される．現代日本教会ではそれを祝日表という．キリシタン時代，ポルトガル語のままカレンダリョといった．天文19年(1550)フランシスコ＝シャビエルが同年の教会暦を鹿児島の信者に与え，天正18年(1590)活版印刷機械が伝来し，慶長の初年和漢字の活字が鋳造されるようになってから1621年(元和7)までは毎年和漢字のカレンダリョが印刷頒布されたと信じられるが伝本はない．1582年ユリウス暦を改めたグレゴリウス暦は，ヨーロッパからの航海に必要な年月から考えて，1585年(天正13)ごろには日本でも行われたと思われるが，グレゴリウス暦によるキリシタン暦で現存する写本は林若吉旧蔵の1596年(慶長元)から1614年(同19)ごろまでの間のものと推定されている．同種の不完全本が水戸徳川家の寛永没収教書中にある．また陰暦本もつくられた．文禄3年(1594)の高槻発見本のほか，長崎地方に潜伏していたキリシタンたちの間には寛永11年(1634)の陰暦の写本があって現代隠れキリシタンの間に用いられている．いわゆる「バスチャンの日繰り」といわれるものである．バスチャンすなわちセバスチャンは日本人伝道士で，暦の繰り方をその師ジュアンから教えられたといい伝える．「バスチャンの日繰り」は陰暦2月26日「サンタ＝マリヤのお告げの日」から始まるのが普通である．五島の隠れキリシタンの間には，それを改編した新形式のものも行われている．この日繰りを取り扱う者をお帳方といい，組織の最高指導者である．それは外海・五島・長崎系隠れキリシタン集団にだけあって，生月・平戸系集団にはない．慶応元年(1865)のキリシタンの復活以後また，暦がつくられる．その最初は慶応4年の「天主降生千八百六拾八年歳次戊辰瞻礼記」という1枚刷り石版印刷本で，わが国最初の石版印刷でもある．ド＝ロ神父が印刷した．それとは別に同年の冊子本こよみがつくられたらしく，昭和45年(1970)無表題写本が外海町で発見された．両者ともに陰暦ごよみである．翌年の「お祝日附」も石版刷り陰暦ごよみであるが，明治7年(1874)には陽暦の石版刷り「きりしたんこよみ」がつくられた．

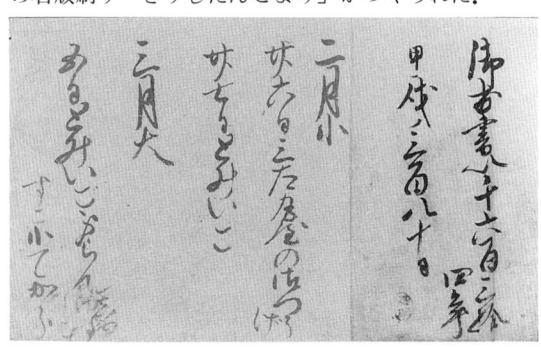

バスチャンの日繰り

参考文献 『バスチャンの日繰り』(『日本庶民生活史料集成』18)，海老沢有道『吉利支丹暦』解説(複製本別冊)，片岡弥吉『かくれキリシタン』(『NHKブックス』56)，同「慶応四年の筆写本「きりしたんごよみ」について」(『キリシタン文化研究会会報』13年3)
(片岡 弥吉)

076 キリシタン寺 キリシタンでは宗教用語として仏教語をできる限り援用する方針を採り，教会堂も寺と称した．これは，最初の正規の教会堂である天文20年(1551)山口の大道寺の例に見られるように廃寺を領主から贈与されることの多かったことにもよる．一般からも切支丹寺・伴天連寺・提宇子寺・南蛮寺などと称されているが，天正ごろから信徒間にはエケレジヤ Ecclesia というラテン語が用いられ，教会名には守護の聖人そのほか洋名も付されていたはずである．永禄7年(1564)復興した平戸教会は「御やどりのサンタマリヤ」聖堂といい，一般には天門寺と称した．京都における最初の南蛮寺は四条坊門通室町姥柳(うばやなぎ)町に建立され，キリシタン稗史類には永禄寺と称し，年号を寺号とすることは不届きだと叡山山徒が強訴したなどと伝えているが，永禄12年織田信長の朱印状(還訳)によると「真の教えの道」すなわち真道寺とでも称したようで，天正4年(1576)新会堂建立の時の記録によれば「被昇天のサンタマリヤ」に奉献されている．慶長年間(1596〜1615)の長崎の11ヵ寺もそれぞれ洋風の名をもっていたことが長崎地誌類の記載で知られる．その他，修道院(レシデンシヤ Residencia)，住院(カサ Casa)，祈禱所(オラトリヨ Oratorio)なども，一般には寺と呼ばれていた．京都南蛮寺はのちの稗史類に固有名詞のように単に南蛮寺と称されている．それは都の教会として当時としては珍しい和風3階建てで，伝狩野元秀筆「洛中洛外名所扇面図」に「なんばんだうの図」と描かれているほど，新名所として畿内外に評判が高かったことによる．この建立は安土城建築と同時期であったが，信長は村井貞勝に命じ種々の便宜と保護を与えたことも評判を高からしめたことであろう．が，天正15年豊臣秀吉の伴天連追放令に伴い，

(南蛮屏風)

関西・肥前各地の53ヵ寺とともに破却された．その後，慶長期に入り，近隣の地に再興し，慶長5，6年ごろには上京の一条油小路と堀川間の地にも聖堂が建立された．また九州各地のみならず，江戸開府後，布教が進んだ駿府・江戸から小規模ながら奥羽に及び新寺が建立された．東国にはフランシスコ会が活躍した関係で，『契利斯督記』に「逢阪ヨリ西ノキリシタン寺ハ，コンハニヤ（イエズス会），逢阪ヨリ東ノ寺ハ，フラテ派（フランシスコ会）也」と記されている．慶長19年幕府の全国的禁制の徹底により各地の教会は再び破却され，その跡には仏寺が続々建立された．→大道寺（だいどうじ）

参考文献 海老沢有道『増訂切支丹史の研究』，岡村洋子「上京のキリシタン教会」（『キリシタン研究』15） （海老沢有道）

077 キリシタン社会事業 戦国乱裡に民衆が物心両面に苦しんでいた時期に，デウス（神）の愛を実践する信仰と倫理をもち，人格の尊厳を説くキリシタン宗が伝えられたことは，仏教の社会事業的活動が萎靡していた時だけに，一層注目されるものがある．基本的にはその主力となったイエズス会創立のモットーでもあった「世界をあまねく掌（たなごころ）に握るといふとも，アニマ（霊魂）を失ふにをひては何の益ぞ」（マタイ福音書第16章第26節）という一切の自然的価値・世界的権力にも勝り人間の霊性を重んずる人間観にもとづき，慶長年間(1596〜1615)の江戸の信心会「勢数多（セスタ）講」規則に「此組衆何にてもかりたあて（慈悲）の所作をあらはすへき事，別而さいこの人有之は，きりしたんの事すゝむへき事，赤すて子有之は，ちから及ふほと，せいを入，此あにますたらさるやうに可仕事」とあるように，救霊を最終的目的とする．が，それは信仰的立場における最高の価値ある「慈悲の所作」であるからである．この「慈悲の所作」は信徒一般の遵守すべき教理書『ドチリナ＝キリシタン』にも規定し，「十四の慈悲の所作について誤りありや否やを糺すべし，是第一肝要の事なれば，ゆるかせなきやうに覚悟すべし」と義務化している．それは「色身に当る（肉体的）」こと，「スピリッに当る（精神的）」こととそれぞれ7ヵ条の原則による．それらはシャビエル F. Xavier やトルレス C. de Torres が訓告しているように求報的なものであってはならず，デウスの愛のために行うべきものであった．したがって財政困難のうちに，あるいは迫害のうちにも，キリシタンらは社会的活動を続けたのであるが，当時も後代も，それらは庶民を手馴ずけ，はては日本を征服する方便だと考えられるに至った．

（1）慈善事業 組織的には伝来日なお浅い天文22年(1553)山口地方の飢饉における活動に始まり，各地に「慈悲の組」（コンフラリヤ Confraria de Misericordia）が作られ，組頭らの指導のもと，救貧・救らい，孤児・寡婦の救済，防犯・免囚保護，互助共済などの慈善事業のほか，守貞・一夫一婦制，棄児堕胎・奴隷売買・不当利得の防止などの矯風活動を展開した．山口救貧院は陶晴賢の叛に焼亡したが，引き続いて豊後府内にアルメイダ L. de Almeida の基金と大友氏の好意により弘治元年(1555)孤児院，2年後には施療院が設けられ，その評判は坂東にも及んだという．のちの長崎の例を見るとそれらは慈悲屋，保護施設は養生屋と呼ばれていた．有力者の信徒が増加した天正ごろにはそうした施設は各地に設けられるようになったが，中でもらい病に対しても，府内施療院をはじめ，医療救済事業が行われ，排耶稗史類もそれを伝えているほどである．迫害時代に入ると，各種のコンフラリヤは互助共済的性格が強まる．このころになるとパアドレらは非人・らい病小舎に潜伏するようになり，また16世紀末フランシスコ会士の渡来以来，開祖フランシスコがらい者の友であった伝統を承けて，救らい事業が盛んに行われるとともにらい者の救霊に努めた．また天正8年(1580)巡察師バリニャーノ A. Valignano は全国協議会を主催し，戦禍に悩む人々を救うために，都・下（しも，肥筑）・豊後の3教区にそれぞれオスピタル Hospital（病院兼簡易宿泊所）とモンテ＝デ＝ピエダデ Monte de Piedade（慈悲の質屋）を設けることに決した．当時の高価な薬費と高利のため善良な庶民が貧窮化するのを防ごうとしたものであったが，イエズス会の財政がその開設を許さぬうち迫害時代に入り，成功しなかった．

（2）矯風事業 戦国時代の性道徳の紊乱に対して，キリシタンはきわめて厳格であった．シャビエル以来，僧侶・武士間にはなはだしい男色を畜類に劣ると攻撃し，また男性にも守貞を要求し，結婚を一夫一婦制によるサカラメント（秘蹟）として主張したため，有力者の反感を招き，後嗣を絶たぬようにするという封建的観念から非倫として排撃されたほどであるが，受洗のためには妾を棄てることを条件としている．大友・大村・有馬氏らキリシタン大名らもそれに従い，秘蹟としての結婚式のやり直しをしている．これら教会の戒律を破るものはコンフラリヤなどの組講からも追放された．これらにより女性の人格・地位の尊重・自覚がもたらされ，家庭は育児の神聖な場とされ，離婚・棄児・堕胎・間引は神法に反する行為とされた．人身売買も貧困のため女子供を売るのみでなく，占領地の掠奪売却も相ついていた．天正14年島津氏が豊後から掠奪，肥後に転売した時，イエズス会は正当な奴隷はあり得ないと力説その解放に努め，あるいは朝鮮の役の捕虜奴隷救出に努め，文禄4年(1595)だけでも300名以上になったというから，前後を通じて相当数に上ったことであろう．またポルトガル人の日本人奴隷売買

に1560年代に早くも同国官憲に対し禁圧を陳情，また黒船から奴隷救出を講じている．が，逆に豊臣秀吉は伴天連追放の一理由としてバテレンらがポルトガル人の日本人奴隷売買を禁止しなかったことを挙げている．慶長元年はじめて司教マルチネス P. Martins が日本に着任，奴隷業者に破門令を発し，その後任セルケイラ L. de Cerqueira もそれを継承した．世界における最も早い組織的奴隷解放運動といえる．遊女売買を禁止したことはいうまでもない．その他知行人が領民を非道に扱い，過分の課役をかけ，悪徳を強制すること，職権利用の役得，中間搾取，契約不履行，あるいは高利息・高利潤をいましめている．これら矯風活動が有力武士・町人層入信の妨げとなったことが注目される．
→ミゼリコルジヤ

参考文献　海老沢有道『切支丹の社会活動及南蛮医学』，同「キリシタンのコンフラリヤ」(『アジア文化研究』11)　　　　　　　　　　　(海老沢有道)

078 切支丹宗門来朝実記 キリシタンしゅうもんらいちょうじっき　『南蛮寺興廃記』とともに幕藩制に奉仕する勧善懲悪主義の実録物・読本(よみほん)類と同じ基盤に立つ排耶俗説書の代表的な書．多くの写本が作られているほか，『伊吹蓬』というような異題を付した異本類も少なくなく，庶民層の邪宗門観の形成，幕末排耶論の有力な根拠になったものとして注目される．編著者も成立年代も明らかでないが，初期の排耶書の中から若干の史実を採り，興味とスリル感のある奇怪な物語を作為して，織田信長・豊臣秀吉らがキリシタン宗を許容した悪政を印象づけようとしている．『続々群書類従』12宗教部，『吉利支丹文庫』1に収められ，パスケ=スミスの『日本人のキリスト教伝承』M. Paske-Smith: Japanese Traditions of Christianity, Kobe (1930) に英訳がある．

参考文献　海老沢有道「切支丹宗門来朝実記考」(『宗教研究』139)　　　　　　　　　　　(海老沢有道)

079 キリシタン訴人制札 キリシタンそにんのせいさつ　江戸幕府がキリシタンの宣教師・信徒を検挙するため，密告者に賞金を与える旨を記した制札．密告者に賞金を与える政策は早くから行われていたが，制札を立てることは寛永3年(1626)ごろに始まったといわれている(『長崎記』)．その懸賞金は年を追って増額された．正徳元年(1711)の制札には「はてれんの訴人銀五百枚，いるまんの訴人銀三百枚，立かへり者の訴人同断，同宿幷宗門の訴人銀百枚」と規定されている．→キリシタン禁制

参考文献　清水紘一「キリシタン訴人褒賞制について」(『キリシタン研究』19)　　(岡田章雄)

080 キリシタン大名 キリシタンだいみょう　室町時代の末期から江戸時代の初期にかけてキリスト教に帰依した大名の称．ただし厳密に禄高万石以上の大名というより高禄の士家を指すをしていう．外国側史料に Fidalgo Christão，訳して Seigneur Chretien, Christian Lord などとあるが，端的にキリシタン大名 Daimyô Chrétian の称で呼び記述したのは，ルクセンブルク生まれの司祭で『切支丹大名記』Les Daimyô chrétiens, ou un siècle de l'histoire religieuse et politique du Japon, 1549–1650 の著者ミカエル=シュタイシェン M. Steichen であろう．東洋の使徒フランシスコ=ザビエルに続いて続々来朝した優秀なパードレ・イルマンらの努力により信者の数は目覚ましく増した．九州・中国・四国・近畿・関東・奥州・北海道にも及び，元亀元年(1570)には3万人，天正7年(1579)には10万人，同9年には15万人，同15年には20万人，慶長10年(1605)には75万人に達したという．諸大名中，最初に受洗したのは，大村純忠であった(永禄6年(1563))．その後，ついて有馬氏・五島氏・天草氏・黒田氏・小西氏・毛利氏・細川氏・大友氏(以上九州)，一条氏・宇喜多氏・宗氏(以上中国・四国)，池田氏・京極氏・高山氏・織田氏(信長に非ず，以上近畿)，津軽氏・蒲生氏(以上奥州)等々が続き50家を下らない．彼らが何故改宗するに至ったか，その理由は種々あるであろう．政治的，あるいは家庭的の事情もあり，布教者の教養人格に感化されたこともあろうが，その主たるものは当時布教と表裏の関係にあった貿易の利にあったことは疑いない．その証拠には，彼らが，一旦禁教令(豊臣秀吉・徳川家康による)に遭うと弊履のごとく信仰を捨てている．ただし，禁教令の発令前に帰天した大村純忠と大友義鎮は別として，高山図書(ダリオ)・右近(ジュスト)父子と小西行長(アウグスチン)とは敢然と信仰を貫いた．

(吉田小五郎)

081 鬼利至端破却論伝 キリシタンはきゃくろんでん　反キリシタン教訓書．寛文期における江戸幕府の封建教学・倫理とキリシタン取締りの徹底策に呼応する封建的教訓文学として浅井了意の著わした一種の仮名草子．3巻3冊．京都山田市郎兵衛刊．無刊記．上巻は了意がキリシタン伝来から説き起し，天草島原の乱の発端，中巻は乱の始末を述べ，乱後の天草代官鈴木重成の教化策に応じて天草に下った兄鈴木正三の伝記・業績を簡叙し，下巻には正三著『破吉利支丹』(寛文2年(1662)刊)を収録，各節ごとに了意の「伝」を加えている．京都大学本により『海表叢書』1，『稀書複製会叢書』第6期(影印)に収める．

(海老沢有道)

082 キリシタン版 キリシタンばん　天正8年(1580)以来，イエズス会巡察師バリニャーノ A. Valignano によって教育機関が整い，かつ信徒の増加につれ，出版の必要が痛感され，九州三侯遣欧使節に同行した日本人イルマン，ドゥラード C. Durado (邦名未詳)らに印刷術を習得せしめるとともに，印刷機の輸入を図り，天正18年彼らの携行した印刷機を島原半島の南端加津佐コレジョ(長崎県南高来郡加津佐町)に置いて，日本最初の活版印刷を開始．同年中には片仮名の，おそらく金属活字

も作られ，慶長19年(1614)の全国的禁教実施で不可能になるまでの間，出版された書を称する．それは慶長勅版に先んじるのみか，伏見版が慶長20年まで木活字であり，駿河版がわずかに銅活字であり，しかもそれら初期古活字本が相当大部のものが含まれているにせよ，数十点を出ないのに対して，キリシタン版はわずか24年の間，しかも迫害下に，史料によって推知されるものを含めれば優に100点を越える．不幸にして現存するものは欧文本5点，ローマ字本を含め邦文本20点，欧和混用本4点，断簡邦文本3点，計32点にとどまる．そのうち日本に現存するものは断簡1を加え12点．いずれも稀覯中の稀覯で，天下の孤本も少なくない．過半は海外からの回収であるが，慶長5年刊ローマ字本教理書『ドチリナ＝キリシタン』，国字本祈禱書『おらしよの翻訳』，最高の宗教文学と称されるImitatione Christiの邦訳，慶長15年刊国字本『こんてむつすむん地』，慶長中期刊『太平記抜書』などは伝来本である．教書類が主であることは当然であるが，内外人学生の教科書として文禄元年(1592)刊ローマ字本『平家の物語』，そのころまでに刊行が推定される口語訳『舞の本』，慶長5年刊『倭漢朗詠集』巻之上，それに収載されている「実語教」「童子教」「九相歌」「無常」，前記『太平記抜書』あるいは漢籍から格言・諺語を集めた文禄2年刊ローマ字本『金句集』など和漢古典，刊行が推定されるキケロ・ビルギリウスなどのラテン古典，文禄2年刊口語訳ローマ字本『イソポの物語』などがあり，また現代における中世国語学研究に貴重な資料となっている文禄4年刊『羅葡日対訳辞典』，慶長3年刊の漢和辞書『落葉集』，慶長8～9年刊『日葡辞書』，あるいは慶長9～13年刊，ロドリーゲス J. Rodriguez著『日本大文典』など，すぐれた学的業績もある．刊行地は天正19年6月までに加津佐から天草コレジョ(熊本県天草郡河浦町と推定)に，慶長2年からは長崎コレジョに移り，新鋳活字を使用しているが，同5年以来は邦文印刷を信徒に委託した．同5年版『どちりなきりしたん』と『おらしよの翻訳』，慶長16年刊『ひですの経』に長崎の後藤登明宗印の名が，慶長15年刊『こんてむつすむん地』には京都の原田アントニヨの名がみられる．ただし後者は整版本と推定されている．これらのほか，印刷機舶載前に日本教会のため海外で印刷された1586年リスボン刊バリニァーノ著『日本のカテキスムス』，1590年澳門(マカオ)刊『サンデ日本少年使節記』などラテン文本4点，1620年澳門刊ロドリーゲス著『日本小文典』，1632年ローマ刊ドミニコ会士コリャード D. Collado著『羅西日対訳辞書』および『日本文典』，ローマ字本『日本のコンヒサン』，同じくドミニコ会士ルエダ J. Rueda de los Angeles著の1622年マニラ刊ローマ字本『ロザリヨの記録』，翌年の増補版，1630年エスキベル J. Esquivélが，さきのイエズス会版『日葡辞書』をスペイン語に改編した『日西辞書』なども加えてキリシタン版と称することもある．さらに幕末開国による布教再開後，すなわち慶応元年(1865)～明治16年(1883)の間に，横浜・長崎などで出版されたキリシタン伝統語による出版物，いわゆるプティジャン版も加えて広義に称される場合もある．　→キリシタン文学　→付表〈キリシタン版一覧〉

参考文献　土井忠生『吉利支丹文献考』，海老沢有道『切支丹典籍叢考』，天理図書館編『富永先生古稀記念きりしたん版の研究』(『参考資料』8)，海老沢有道「初期のキリシタン版」(『史苑』34/1)，同「天草キリシタン版書誌」(『アジア文化研究』10)，J. Laures : Kirishitan Bunko．　　(海老沢有道)

083　キリシタン風俗 キリシタンふうぞく　⇨南蛮風俗(なんばんふうぞく)

084　キリシタン文化 キリシタンぶんか　⇨南蛮文化(なんばんぶんか)

085　キリシタン文学 キリシタンぶんがく　キリシタン教徒により創作または邦訳された文学をいう．一般に南蛮文学とも称されるが，明治末期から大正期にかけて北原白秋・木下杢太郎・芥川竜之介らによるいわゆる「南蛮もの」や江戸時代のキリシタン・南蛮文化の影響を示す随筆・詩歌あるいは実録物などを除き，直接キリシタンによる文学に限定する．とはいえ，創作類はキリシタン版辞典・文典類に文例として引用された断句しか伝えられず，ほとんどすべては翻訳であり，しかも教書類が多く，日本文学に市民権を認めることには疑いが持たれている．しかし，日本文学に見るべきもののほとんどない戦国時代末から江戸時代初期にかけての，伝統文学・思想と全く異なる新しい思想運動であり，文学活動であったことを見逃すことができない．彼らはその異質の信仰・思想を万民に伝えるために，伝来以来非常な苦心を払って国語研究に励み，標準的で，しかも平易，かつ上品な表現・文体を追求し，天正8年(1580)以来の教育機関の整備によりそれは一層進み，10年後のキリシタン版開版によって結実した．現在知られる最古のものは永禄8年(1565)モンティ G. B. Montiの豊後発書簡に記された「クルス(十字架)の唱え」断句であるが，シャビエル渡来以来訳編されてきた「カテキズモ」(教理入門書)またはオラショ(祈禱)の面影を伝えるものであり，かつのちのすぐれた祈禱文集，慶長5年(1600)長崎刊『おらしよの翻訳』などの原型を示す．それまでの日本においては漢文の和訓で足り翻訳という必要がなかったから，これらは日本最初の翻訳ということができる．しかも流麗清雅で，教会用語としてのラテン語・ポルトガル語に，宗教語としての仏教語を交え，和漢洋を混用しながら破綻を見せることなく，内容とともに，日本文体に新生面を開いたものといえる．中でも天正19年加津佐刊『サントスの

御作業の内抜書』(諸聖人伝)，翌文禄元年(1592)天草刊『ヒィデス(信仰)の導師』，慶長元年天草刊『コンテンツス゠ムンジ』，慶長4年長崎刊『ぎやどぺかどる』などは，その固い宗教性にもかかわらず，雅俗一致体ですぐれた文学性をもち，宗教文学の白眉と称される．特にそれらは「鸚鵡本には和げず」と，日本的改編がなされた自由訳であり，あるいは「この書の理(ことわり)を達してみな人弁えん為なれば，こびたる言葉を除き，世話に綴りて置くもの也」とあり，教理書のようなものですら「上下ばんみんにたやすく此むねをしらしめんがために，こと葉はぞくのみゝにちかく，儀はデウスのたかきことはりをあらはす者也」とあるように，万民を対象としその理解を旨とした点が注目される．これらに参与したのは仏僧出身の日本人イルマン(修士)が多く，中でもパウロやうほう・ビセンテとういん父子が著名である．そこに当然，口語文学が試みられる．辞典・文典に引用された創作物語も，幸若舞の詞章『舞の本』の口語訳(刊行されたことは確実である)も，不幸にして現伝しない．が，文例の断簡小句から少なくとも13種の創作物語類の面影を偲ぶことができる．また文禄元年天草刊『平家の物語』も「世話に和らげ」た対話体に改編されており，翌年刊『イソポの物語』は，簡潔軽妙，口語を用いて卑俗に陥らず，よく原典の趣きを伝えている．これら刊本のほかいわゆる『耶蘇教叢書』，摂津高槻在発見東家蔵本類，水戸藩寛永没収教書類，天正19年のバレト M. Barreto ローマ字写本などにも，オラショ・聖人伝その他の文学的遺品を見ることができる．中でも『耶蘇教叢書』に抄写され，バレト写本によって全貌が知られるようになった福音書の翻訳は，慶長18年までには刊行されていた『新約聖書』和訳本未発見の今日，すべてのキリシタン文学の基礎的なものとして注目すべきものがある．なお「伽羅沙(聖寵)を以て一書を捧げ候」というような独自の書出しで始まるキリシタンらの書簡類も，中世以来のいわゆる古状に対する新しい書簡文学としてみるべきものがある．現在知られる最古のそれは永禄年間，肥前五島で編せられた『貴理師端往来』所収のものであるが，元和7年(1621)，迫害下にあって教皇に呈した奉答文などは，その最もすぐれたものといえよう．　→キリシタン遺物　→キリシタン版

参考文献　新村出・柊源一校註『吉利支丹文学集』(『日本古典全書』)，海老沢有道他校注『キリシタン書排耶書』(『日本思想大系』25)，新村出『日本吉利支丹文化史』(『新村出全集』6)，姉崎正治『切支丹宗教文学』，窪田幸夫『吉利支丹文学ノート』，海老沢有道『日本キリシタン史』(『塙選書』52)
　　　　　　　　　　　　　　　　　　(海老沢有道)

086 吉利支丹物語 キリシタンものがたり　排耶物語書．内題『吉利支丹御対治物語』．著者・刊行地未詳であるが，刊行地は京都と推定される．寛永16年(1639)刊．2巻2冊．キリシタンの伝来から島原の乱までを扱った実録物で，一応史実を採り入れており，のちの排耶俗説書類に影響を与えている．寛文5年(1665)挿絵を加え『吉利支丹退治物語』3巻3冊として京都中野太郎左衛門により重版された．寛永本は『続々群書類従』12宗教部，『日本思想闘諍史料』10，『吉利支丹史料』(『日本宗教講座』120)，『吉利支丹文庫』1に，寛文本は『稀書複製会叢書』第6期(影印)，『海表叢書』2，『江戸物語』などに収められている．
　　　　　　　　　　　　　　　(海老沢有道)

087 キリシタン屋敷 キリシタンやしき　江戸小石川茗荷谷(文京区小日向)にあった転び伴天連らを禁錮した牢のこと．山屋敷とも呼ばれていた．寛永17年(1640)以来宗門改役として教徒弾圧にあたっていた大目付井上政重の下屋敷であった．正保3年(1646)，屋敷内に牢舎・倉庫・番所を建て高塀をめぐらし，寛永20年の潜入伴天連らのうち，転び伴天連マルケス P. Marquez，キアラ(日本名岡本三右衛門) G. Chiara ほか，南甫・卜意・寿庵・二官らのイルマンを収容，宗門吟味のための情報を集めるため利用したのに始まる．これらの調書により編した『契利斯督記』，宗門改与力の記録『査祆余録』が伝えられている．開設当時「石壁重畳一丈二尺，四十三間四方に築立」てたというほか詳細は知られない．貞享2年(1685)キアラ，元禄13年(1700)には最後に残った二官が死んで収容教徒が途絶え，縮小．寛政4年(1792)9月廃所当時は御蔵・牢屋・役所，それに石壁外に庁事があり，石壁は20間四方であったという．その間，宗門改役の同心らの犯罪者も収容したが，宝永5年(1708)単身日本に潜入したシドッティ G. B. Sidotti を収容，新井白石が訊問．『采覧異言』『西洋紀聞』を著わしたことは著名のことである．その取調べにあたり，白石は三右衛門の書き上げた宗門書3冊を参考したが，断簡写本が伝えられるにすぎない．そのほか宗門改役の書類や没収遺品なども廃所に伴い竹橋の多門内に移したというが，現存しない．厳しいキリシタン取締りのため，一種の禁忌視されたらしく，詳細は明らかでないが，安永年間(1772～81)の『新撰江戸志』，化政期の『小日向志』，釈敬順の『遊歴雑記』など後世の文献により，推定されるにすぎない．また遺跡としても現在ほとんど全く見るべきものがなく，伝説的八兵衛石，俗称切支丹坂などがわずかに伝えられている．なお『通航一覧』195の関係記事も『小日向志』などにより，宗門改役の記録によったものでない．
→キアラ　→契利斯督記(きりしとき)　→査祆余録(さけんよろく)　→シドッティ

参考文献　新井白石著・宮崎道生校注『新訂西洋紀聞』(『東洋文庫』113)，川村恒喜『史蹟切支丹屋敷研究』，山本秀煌『江戸切支丹屋敷の史蹟』，後藤粛

堂「小石川切支丹屋敷」(『歴史地理』27ノ1〜3)
(海老沢有道)

088 キリシタン類族調（キリシタンるいぞくしらべ） キリシタンを根絶するために，キリシタン本人(古切支丹という)の親類・縁者・子孫を監視した制度．その起源は明らかでないが9ヵ条と付リ3ヵ条から成る貞享4年(1687)の法令で一般化した．法令では，本人とその転宗以前出生の子女を準本人(「本人同前」)とし，そのほかの血族・縁者を「類族」として，大体4親等までその生業・生死・生活状態を登録，7月・12月の2度，存命の者，死失の者に分けて帳をつくり幕府の宗門改役に報告することにした．親類関係の範囲は4親等までの血縁と縁者すなわち，本人の配偶者の兄弟姉妹，その甥姪やその子女にまでに及んでいる．本人の配偶者は本人同前とするのが普通であるが，類族として扱った例もある．元禄8年(1695)6月，新令が出て本人のことがなくなったのは本人の生存者が存在しなくなったからであろう．転び者の類族は，転び切支丹類族と呼ばれ本人の転宗以前に生まれた子女は本人同前とされ，その子が男子なら耳孫まで，転宗後生まれた子女は玄孫までが類族で，女子は一代を減ずる．類族は，生死・逃亡・剃髪・結婚・離婚・旅行など調査報告された．本人や本人同前の者が死ぬと幕府の宗門改役に届け，その指示により死体は焼いて灰を海中にすてるか，土葬にするかしたが，類族の場合は届けだけで処置している．宗門改役は寛永17年(1640)井上筑後守政重が任命されたのに始まるが，万治元年(1658)大目付北条安房守氏長があとをつぎ，寛文2年(1662)作事奉行保田若狭守宗雪が加わって以後，大目付と作事奉行から1人ずつ任命された．明暦3年(1657)肥前大村藩で起った「郡崩(こおりくずれ)」関係者の類族調帳底簿(長崎純心大学蔵)は，貞享4年の法令が出てから3年後の元禄3年12月23日作成，類族の移動ごとに記入をつづけ，明和4年(1767)正月2日，転びキリシタン「とじ」の曾孫「りう」が83歳で病死したことの記入で終っている．類族調は，幕府が定めた数々のキリシタン検索制度のうち，最後に成立した根絶策である．殉教者，転び者など，キリシタンであったことが明らかにされている者の子孫は厳重な監視下におかれたから，その中から元の信仰に立ち返ることは不可能に近かった．しかもなお幕末まで存在した多くのキリシタンは，代官所や奉行所に知られず表面仏教徒をよそおって潜伏した人びとの子孫である．矢島浩(ゆたか)『キリシタン類族帳研究叢書』は第1集『東北キリシタン類族帳の研究』以下，各地のキリシタン類族帳を収めている．

参考文献　徳川昭武編『息距篇』，『大村藩郡崩れ一件』(『日本庶民生活史料集成』18)，姉崎正治『切支丹宗門の迫害と潜伏』 (片岡　弥吉)

089 契利斯督記（きりしとき） 江戸幕府宗門改役井上筑後守政重のキリシタン調書および主として承応元年(1652)から寛文2年(1662)までの関係文献を政重の後任北条安房守氏長が編したものを，福山藩の太田全斎が寛政9年(1797)に2巻に写して伝えられた．数少ない幕府側キリシタン史料集として重視される．特に小石川切支丹屋敷に禁錮した転び伴天連岡本三右衛門(キアラ Giussepe Chiara)の口述などを収録している．伝写本中，米国議会図書館本が比較的善本と認められ，『続々群書類従』12宗教部，『吉利支丹文庫』2などの誤読・誤植を訂正することができる．姉崎正治による藤田季荘写本『耶蘇教叢書』所収本との対校(『切支丹宗門の迫害と潜伏』)，チースリク H. Cieslik およびフォス G. Voss による独訳校註 Kirishito-Ki und Sayo〔sic〕-Yoroku, japanische Dokumente zur Missionsgeschichte des 17 Jahrhunderts がある．

参考文献　岡田正之「契利斯督記考」(『史学会雑誌』1ノ6) (海老沢有道)

090 金（きん） 『続日本紀』の天平勝宝元年(749)陸奥国貢金の記事が文献上の産金の初見であるが，金の採取は実際はさらに古くから行われたであろう．金は人類が知った最も古い金属といわれ，砂金洗取による生産様式は，原初的技術で日本でも記録以前の原始時代から行われてきたものと思われ，またほとんど中世末期まで支配的な産金法であった．古代において陸奥白河郡・下野・駿河などに少量を出し，平安時代末期に佐渡の西三川でも砂金を採ったが，陸奥の砂金地帯(現在の宮城県北部から岩手県南部)が16世紀初期までの主産地であった．奈良時代以来この地方の産金は，砂金または砂金を熔錬した錬金で，陸奥国司から朝廷へ貢納された．貢金は主計寮が計納して大蔵省へ納め，一部は銀とともに内蔵寮へ分割し，また金銀器造製のため典鋳司などへ交付された．平安時代中期から宮廷をはじめとする造器用の増加および中国との貿易発展のため，金の需要は増大した．すなわち大宰府においての貿易に金は重要な輸出物であった．12世紀平泉に拠った藤原氏が豪勢を誇ったころは採掘も盛んになり，またこのころから日本船の大陸渡航が興って金輸出も多くなった．金は室町時代にも中国や朝鮮へ引き続き輸出された．中世に金は器物・装飾用のほか，禁裏・社寺への進献奉幣や，貴顕の間の贈答に使用された．16世紀中ごろから金銀山が急激に開発され，山金の採掘製錬が進み，17世紀初期にかけて金銀の大増産をみた．しかし17世紀中ごろになると金銀山は衰退する．主要な金山として甲斐・駿河・信濃・伊豆などの中部のものが比較的早く開発され，ほとんど期を同じくして北陸の金山，ついで奥羽の金山が起った．九州の金山の開発は一般にややおくれ，山ヶ野金山は近世で最大の産金をみたが，17世紀中ごろ盛山であった．金銀山の開発はまず戦国大名の熱心な政策下に進められ，金銀

は軍用・恩賞に重用された．金銀はこれまで唯一の金属貨幣であった銅銭に比べてはるかに高い価値をもつ貨幣として次第に通用されてきた．豊臣秀吉は諸国の金銀山は公儀のもので諸領主へ預けおくものとし，運上を徴収して金銀を集積し，大規模な軍事や土木建築事業に使用したが，徳川家康も秀吉の鉱山政策を承継推進して重要な金銀山を直轄領としたことが幕府財政の強力な基礎となっている．このころまでは一般に金は秤量貨幣として流通した．金の量目は古くは令制の斤・両・銖によって秤量され，銀銅などが大称（1両＝10匁）によったのに対し，その3分の1の小称によった．しかし鎌倉時代から1両＝4匁5分の量目法が行われ，やがて金の使用が広まるにつれてこの量目法を京目とよび，地方には4匁・4匁2分・5匁などを1両とする田舎目が行われた．16世紀後期には畿内を中心として4匁4分＝1両に改まったが，これは両・分・朱の四進法と貫匁法を併用する便宜からであろう．極印を打ち品位を保証した判金は，すでに15世紀に貿易金として現われ，やがて戦国大名中にもこれを鋳造するものがあったが，京都・堺・奈良などの金銀匠・両替商などが判金や極印銀を鋳造するようになった．彼らは両替・秤量・吹替などをも営業とし，16世紀末には地方にも同種の業者がでている．金屋（かねや）・銀屋・天秤屋などとよばれ，領主から特権を受けたものが銀座・天秤座である（金座（きんざ）の称は江戸幕府の金座以前にはみられぬようである）．判金は品位を保証した秤量貨幣であり，定量に鋳造したものもあるがこれも秤量貨幣として扱われた．判金のほか，竿金・延（のし）金・玉金などと形状によってよばれた製錬したままの金も取引された．16世紀以後の金銀増産は外国貿易にも重要な関係がある．13世紀から16世紀前期までの日本の金銀比価は1対5～6，中国では12，3世紀に1対13ほど，14世紀末～16世紀に1対5～6．日本では増産のため，金銀ともに値段下落し，特に銀増産は著しく，金銀比価は1対10ほどとなり17世紀前期には1対13ほどとなった．金は16世紀前期まで特に銅銭に対する相場は中国に対して有利であり，日本から輸出された．16世紀後期から銀は輸出の大宗となり，これに反し金は輸入に転じて，1630年代までは中国をはじめとし東南アジア各地から輸入された．17世紀初めまではフィリピン・スマトラ・広南などの金銀比価は中国以上に日本への金輸出が有利であった．しかし1640年ごろには東洋諸国の金銀比価は平均化し，銀との交換による金の有利な価値関係は失われた．徳川氏は慶長6年（1601）大判・小判・分判・丁銀・豆板銀の金銀貨を鋳造発行，金銀貨幣制を確立することになった．諸領域に流通していた金銀は17世紀末までに幕府の貨幣によって統一される．幕府の金貨は計数貨幣であったが，実際は地金の良否によって相場は変動した．

金銀の産出は17世紀中ごろから急激に減少する．元禄8年（1695）最初の貨幣改鋳があり，金銀の出目による収益を計ったものといわれるが，金銀産出の激減したことがその背景にあった．明治政府は佐渡鉱山などを官行とし，採鉱・製錬の技術面でも西洋のものを導入したが，産金は少なくとも明治30年（1897）ごろまでは近世初期の産額には及ばなかった．明治末年から大正・昭和にかけ採鉱・砕鉱の法も進歩し，製錬法も実情に合うよう取捨し研究された．明治初期には金山に佐渡・生野・半田・院内・小坂・山ヶ野，同末期に佐渡・小坂・牛尾・山ヶ野や台湾の金瓜石・牡丹坑・瑞芳があり，大正以後は北海道の鴻之舞，朝鮮の雲山，また金銀山として佐渡・鯛生・山ヶ野・串木野が重要である．産金高は昭和初年1ヵ年ほぼ15t，昭和15年（1940）本土のみで27tで最高に達した．戦後は鴻之舞・串木野などが主要金山で昭和37年13t程度であまり振るわず，その後，休山したものが多い．明治30年貨幣法により金本位制が確立し，純金2分をもって貨幣の単位とし円と称することが規定された．昭和12年産金法によって金の自由販売を禁じ，同年金使用規則によって工業上医療上必要なもの以外の金使用を禁じ，同15年金地金・金製品は政府に売りわたさねばならなくなった．昭和28年金管理法が改正され，産金量の3分の1を政府が強制的に買い上げ残りの自由販売を許したが，そののち自由販売の割合量は増加された．第1次世界大戦以後各国は金本位制を停止し国内の銀行券の金兌換を中止し，私人の金所有・放出を禁止し，国が一定価格で買い上げ集中的に保有するようになった．第2次世界大戦以後，金生産の低下や各国のインフレ傾向により金の自由市場価格は騰貴したが，昭和25年以後各国のデフレ政策やソ連の自由市場への金放出によって，昭和九年以来のアメリカの金公定価格35ドル（1オンスにつき）に近い相場に戻った．しかし同33年からアメリカの国際収支は悪化し大量の金が流出し，ドルの価値がゆらぎ，ドルの金交換を停止しその国際通貨としての地位が危ぶまれ，金の国際通貨としての強みは依然として残っている．

参考文献　小葉田淳『日本の貨幣』（『日本歴史新書』），同『鉱山の歴史』（同）　　　　　　（小葉田　淳）

091 **銀** ぎん　天武天皇3年（674）対馬島貢銀の『日本書紀』の記事が文献上にみえる産銀の初見である．対馬の銀坑は長崎県対馬市厳原町樫根の地といわれるが，これが古代から中世までほとんど唯一の銀山である．金が中世末期まで日本の重要な輸出物であったのに対し，銀の国内産出は乏しく中国から輸入された．平安時代末以後，南挺・南鐐などと記録にみえるのは，輸入された中国銀で1箇50両（500匁）ほどの銀錠が普通であった．16世紀中ごろから金銀山が急激に開発され，特に産銀の増加が著しかった．その先駆をなしたのは石

見銀山で，天文2年(1533)銀製錬に成功し山元で多量の銀をとるようになった．同11年但馬国生野銀山が発見され，これと前後して山陰・山陽・北陸，つづいて奥羽の諸銀山が開発された．なかんずく，佐渡の相川鉱山は17世紀前半期には国内で最大の産銀をみた．中世の日本の金銀比価はおよそ1対5～6，中国では12，3世紀に1対13ほど，14世紀末から16世紀初めへかけて1対5～6，朝鮮では15世紀から16世紀へかけて1対10ほどとみてよい．16世紀中ごろから増産のため日本の金銀価格は安くなり，特に銀価は下落して，16世紀後期ではほぼ金銀比価は1対10となり，金銀貿易に転換が起った．朝鮮からは15世紀中はきびしい取締りを犯して銀が輸入されたが，天文7年ごろより日本からの多量の銀輸出が始まる．このころから中国船の来航による貿易が発展するが，彼らの最大の目標は日本銀にあった．ついでポルトガル人の日本貿易が興るが，これは日本銀と中国商品の仲介貿易を内容とした．のちに発展したオランダの貿易をも含めて，ヨーロッパ人の日本貿易は，日本から銀を輸出し中国および南方各地の物資を日本へ輸入する点に中心があった．中国では16世紀後半から17世紀にかけ金銀比価は1対7～8であったが，1640年ごろには1対13となり日本とほぼ同様となった．金は16世紀後期から17世紀前半までは，生糸・絹織物につぐ中国よりの重要輸入物となっている．東南アジア各地では，同じ期間には日本に対し金の輸出，銀の輸入は中国の同じ日本貿易以上に有利であった．16世紀以来の日本の外国貿易の拡大発展は，銀の画期的増産がこれを可能としたというべく，その輸出高の多い年はおそらく200t を前後したであろう．鎖国後も中国・オランダ船による巨額の銀の流出が続き，しかも17世紀中ごろには金銀とも産出が減少する．寛文8年(1668)銀輸出が禁止され，まもなく中国にのみこれが解除された．オランダ船による小判の輸出はこのころ増加するが，依然として銀は重要な輸出物であり，貞享2年(1685)貿易銀高の制限と他方に激増した銅輸出によって金銀ともに流出を抑制できたのである．16世紀以来秤量貨幣として銀の流通が発達した．古代には銀の秤量は令に定められ，唐制の大称の斤・両・銖が行われたが，鎌倉時代から1両＝4匁3分の法がみられる．1枚は10両43匁である．銀の貨幣としての流通が盛んになると，貫匁法が一般に行われてきたが，1枚＝43匁はのちまで慣用されている．16世紀後期には都市には金銀の両替・吹替・秤量などを営業とする金屋(かねや)・銀屋・天秤屋が現われ，各自が極印を打って保証した定位の判金・極印銀をも鋳造した．徳川氏は慶長6年(1601)大黒常是の極印銀を採用して常是を銀座の吹人に任用した．慶長の丁銀・豆板銀がこれである．当時は諸藩・諸地域で鋳造された極印銀も多く，灰吹銀とともに通用しており，その範囲は判金や玉金などの流通よりも広く量的にもはるかに多い．幕府の慶長金銀貨によって，これら領域の金銀貨が統一されたのは17世紀末のことである．元禄8年(1695)以後銀貨の改鋳もしばしば行われたが，いずれも秤量貨幣である．明和2年(1765)に五匁銀をつくり，12枚をもって金1両にあてて授受すべきことを命じたが，これは銀貨の計数貨幣のはじめで，その後一分銀・二朱銀・一朱銀など数種が発行された．明治政府は生野銀山などを官行に移し，また採鉱・製錬法にも西洋の新技術を導入したが，産銀額では明治期は近世初期の盛時にはとうてい及ばなかった．明治初期に銀山では佐渡・生野・神岡・半田・院内・倉谷があり，明治末期に椿・小坂・生野・佐渡・神岡があった．大正以後は佐渡・鯛生・山ヶ野・串木野などが金銀山として重要である．産銀高は大正末・昭和初年ほぼ40t，昭和15年(1940)356tに達し，第2次世界大戦後は昭和35年ごろまでは約200t，同38年473tと増加した．19世紀後半に金本位制が世界を支配するに至るまで，銀は無制限通貨として世界各国に流通した．日本も明治30年(1897)の貨幣法制定までは事実上は銀本位制の支配下にあった．銀は日本でも古くから像器などに料用されたが，近代では補助貨幣として鋳造されるほか，電鍍・各種装飾品および合金材料・食器具製造などのため需要増加し，昭和35年ごろから一部輸入されている．

[参考文献] 小葉田淳『日本の貨幣』(『日本歴史新書』)，同『鉱山の歴史』(同)　　　　　　　(小葉田　淳)

092 金海 きんかい Kimhae　韓国慶尚南道の南端，洛東江下流および江口に臨む．古来海上交通の要衝をなし，わが国よりの航路中，最古の揚陸地であった．国史上にみえる任那の地で，中国・朝鮮史料にいう狗邪韓国・任那加羅・南加羅・金官国・金官加羅である．『駕洛国記』はこの国の開国伝説と始祖首露王より末王仇衡王まで10代の事歴を伝えている．新羅法興王19年(532)新羅に降り，金官郡とし，文武王は金官小京をおき，景徳王は金海小京に改めた．高麗は臨海，金州，金寧などとし，忠宣王に至り，金海府とした．朝鮮もこれにより，都護府とすること久しく，末年に及んで郡に改めた．盆城台の古墳は首露王陵と伝えられ，また会峴里貝塚は大正9年(1920)以来数回発掘調査され，王莽時代の泉貨，米粒・支石墓・甕棺・石棺その他の出土品は，洛東江流域に拡がる加耶文化を代表するものとして注目される．なお，文禄の役当時は日本側は朝鮮人の呼称により，「キンムイ」「コモカイ」などと称した．文禄元年(1592)4月17日，釜山浦に到着した黒田長政・大友義統・森吉成らの軍は廻航して，翌日，金海江口竹島(駕羅面竹洞里)に上陸，府使徐礼元の守る金海城を陥れて西進した．翌年和約交渉の間，日本軍が南海沿岸に分成した時には，鍋島直茂がこの地の

竹島，徳津橋(酒村面徳谷里)に築城し，その城址が存している．　→任那(みな)

[参考文献]　『新増東国輿地勝覧』32，『慶尚道地理志』，『朝鮮世宗実録』150，朝鮮総督府朝鮮史編修会編『朝鮮史』4ノ9・10，浜田耕作・梅原末治『金海貝塚発掘調査報告』(『古蹟調査報告』大正9年度1)，末松保和『任那興亡史』，参謀本部編『日本戦史』朝鮮役本編，今西竜『朝鮮古史の研究』，池内宏『文禄慶長の役』別篇1，中村栄孝『日鮮関係史の研究』中，榧本亀次郎「金海貝塚—其の新発見—」(『考古学』6ノ2)，同「その後の金海出土品」(同7ノ3)
(田川　孝三)

093　金銀島探検　きんぎんとうたんけん　1，2世紀以来のギリシャ・ローマの地理書に金島・銀島の存在が記されるが，それは古代インドの史詩からの影響であるらしく，ガンジス河の先インダス河の向こうにあるといい，またジャバ＝デビバという金を多量に産する島だともいう．ジャバ＝デビバは，はじめジャバ・スマトラなどを漠然とよんだらしいが，7世紀ごろにはスマトラがより適切とされてくる．義浄の金洲(パレンバン中心に興隆した室利仏逝(シリビジャヤ)王国)もそれである．16世紀初めポルトガル人が東進すると，スマトラ近海に金島探検を試みている．一方9世紀以後のアラビアの地理書にワクまたはワクワクとよぶ金の豊富な島が記され，学者の中にこれを倭国の対音とし，またスマトラなどにあてる説などがある．さらにシラとよぶシナの東方の金に富む国の記事があり，朝鮮にあてる説もあるが，金についてワクワクと同趣の記載をなすに至る．ワクワクの記事を日本やスマトラの事実と比較説明することには無理があり，古代インドの史詩以来の金島が東方のはてにあるという思想が根底に作用していよう．マルコ＝ポーロのジパングの金の記事も，単純に日本の金の事実を反映したものではない．16世紀中ごろになるとヨーロッパ人のなかに銀島は日本とする説が生まれ，また金島は琉球とする一説も現われる．日本の銀山の開発と巨大な銀輸出がその背景をなし，また16世紀初めポルトガル人が琉球船の多量の金輸出を伝聞して報告したことがその契機となったようである．しかし金島・銀島は理想郷として，ヨーロッパ人の渡来が現実化すると琉球はもとより日本からも遊離してくる．1584，5年ごろフィリピン—メキシコ間の北太平洋航路が開拓されたが，当時日本の東方に金または銀の豊富なアルメニア島の存在が伝えられた．1587年のペテロ＝デ＝ウナムーヌの航海に携帯された海図に北緯29〜30度に金島，金島より60リーグ，33〜34度に銀島，その東北20リーグにアルメニア島が描かれており，いずれも発見できなかった．1608年イスパニア国王はメキシコ—フィリピン航路の寄航地として，メキシコ総督の進言により34〜35度に位置する金銀島の探検をセバスチアン＝ビスカイノに命じ，ビスカイノは日本へ渡り1612年(慶長17)9月浦賀出帆，36〜38度さらに34度まで下り10月中旬過ぎまで探検した．1643年2月マルテン＝ゲリトセン＝フリース指揮下に2艘のオランダ船がバタビア出帆，5月房総半島北西で暴風雨に遇い，一船はオホーツク海に入り蝦夷地の東海岸を経て九月金銀島探検に向かい，日本の東方450ミリを直航，37度半のあたりを数回往返し，一船は千島に達し引き返して金銀島を探検し，7月28日(寛永20年6月13日)飲料水補給のため陸奥山田浦へ寄港，船長らは捕えられて江戸に送られ，のちオランダ商館長へ引き渡された．なお1787年フランス人ラ＝ペルウス，1803年ロシア人クルーゼンシュテルンの探検などがあるが，18世紀には金銀島は単独に探検の対象とする興味が失われ，19世紀には伝説の島として解消された．

[参考文献]　小葉田淳『日本と金銀島』
(小葉田　淳)

094　金銀銅貿易　きんぎんどうぼうえき　金・砂金は9世紀以後の大宰府における中国商人の貿易に重要輸出物の1つとなっており，12世紀ごろから日本商船の大陸通商の発達とともに輸出はさらに増大し，15世紀以後の勘合貿易においても輸出されている．しかし銀は平安時代末期以後，南挺・南鐐のことが文献にみえ，これは輸入の中国銀で，多くは1筒50両(1両=10匁)ほどの銀錠であった．日本では13世紀—16世紀初期の金価は10両(京目45匁)が銭30貫ほど，銀価10両(43匁)5〜6貫，中国で11世紀末に金1両(10匁)が銭10貫，12世紀中ごろに30〜40貫，銀1両が12世紀中ごろ2貫ほど，13世紀前半に3貫以上．そこで金銀比価は日本で1対5〜6，中国で12・13世紀に1対13ほど，明代になると16世紀初期まで1対5〜6となる．中世前期に中国では銅銭に対し日本に比べて銀はやや高く，金は4〜5倍であったから，日本から金を輸出し銅銭を輸入するは大利があった．朝鮮では15世紀の金銀比価はだいたい1対10ほど，同世紀後期から16世紀初期にかけ日本から金輸出が増している．日本で16世紀中ごろから金銀鉱山が急に開発され，特に銀の増産が著しく，16世紀後期に金価は10両(44匁)銭12貫〜15貫，銀(43匁)は2貫以下となり，金銀比価は1対10ほどとなり，17世紀前半には1対13ほどになった．中国では16世紀後半から17世紀初期にかけ1対7〜8であった．朝鮮へは天文7年(1538)ごろから日本銀の輸出が始まるが，16世紀中ごろから日本銀は最大の中国輸出物となり，金は反対に中国からの輸入物となった．17世紀初期までは東南アジア諸国は金は銀に対して一般に中国よりも安価で，フィリピン・スマトラ・広南などの金が日本へ輸入され，銀は最も重要な日本の輸出物であった．しかし寛永17年(1640)ごろになると，日本・中国はじめ東洋諸国の金銀比価は平均化し，金銀の交換による有利な貿易関係

は失われた．16世紀末の中国金の輸入は，1箇約100匁の金塊（印子金）300～400が普通であったが，大量に輸入された年もあったようだ．日本銀の年々の外国輸出高は確知できないが，17世紀初期では丁銀計算で1ヵ年4万貫，年により5万貫にも達したと思われる．このうち大部分は結局は中国に入った．寛永17年ごろになると外国金の輸入は止み，かえって金または金細工の輸出を禁止する令が出ている．しかし鎖国後も銀は長崎貿易の最大の輸出物であった．慶安元年（1648）～寛文7年（1667）の20ヵ年に唐・阿蘭陀船の貨物売銀高，丁銀・吹銀・銀道具をもって輸出した高を，丁銀計算で示すと，唐船貨物売銀高30万8895貫839匁4，持渡銀高18万340貫179匁9，蘭船貨物売銀高13万4222貫207匁，持渡銀高10万674貫637匁で，輸出銀高は総貨物売銀の約64％にあたる．寛文3年ごろから小判の輸出が一部行われ，同8年銀輸出の禁止があり，阿蘭陀船の小判輸出が増加した．唐船による銀輸出の禁止は間もなく解かれて，多量の銀輸出がつづいたが，貞享2年（1685）長崎貿易銀高の制限があり，銅の輸出増加があって，金銀の海外流出はほとんど抑止されることになった．銅は15世紀初期から朝鮮・中国などへ輸出され，16世紀中ごろからの外国貿易の拡大発展の時代もやはり重要な輸出物であった．寛永14年鋳銭や軍用の銅確保のため銅輸出は禁止されたが，やがて解禁され，17世紀中ごろ過ぎからその輸出は次第に増加した．このころ金銀山が衰退し代わって銅山の開発が盛んとなった．貞享2年に長崎貿易銀高は唐・阿蘭陀船計9000貫と定められたが，同年の輸出銅高563万4100斤，代銀高5961貫318匁で貿易銀定高の3分の2を占めた．元禄10年（1697）には輸出銅高890万斤余に達し，幕府は890万2000斤を貿易御定額と決めた．先に唐船歳額70隻と定めたが元禄10年10隻を増し，代物替を銀7000貫まで許可したのも，主として銅輸出の増加によった．しかし貿易御定高の実施は産銅状況からも無理で，元禄14年大坂に銅座をおき銅の統制を強化し輸出銅の確保に努めたが，銅の大坂集荷や輸出銅は減少した．正徳5年（1715）新井白石の献議により代物替を止め唐船30隻・貨物銀高6000貫・輸出銅300万斤，阿蘭陀船2隻・貨物銀高3000貫・輸出銅150万斤と定めた．元文3年（1738）～寛延3年（1750），明和3年（1766）～明治元年（1868）銅座が再興され，だいたい諸国銅を銅座が買い上げ，長崎御用銅・地売銅は銅座が取り計った．延享3年（1746）御用銅1ヵ年御定高310万斤とし，宝暦4年（1754）秋田・盛岡・別子立川の銅をもって御用銅にあてることとし，寛政6年（1794）に御定高185万斤とされている．なお，銅座廃止間は銅会所を置き長崎役人出役して御用銅買入れにあたった．朝鮮へは年々ほぼ10万斤の銅が対馬藩の手で輸出された．

参考文献　住友金属鉱山株式会社大阪支社修史室編『近世前期に於ける銅貿易と住友』（『泉屋叢考』9），小葉田淳『金銀貿易史の研究』　　　（小葉田　淳）

095 金銀比価 きんぎん　金と銀との価値比率をいう．金銀相場とは区別する必要がある．日本においては，13世紀ころより16世紀初期までの金価は，10両（1両＝4・5匁）につき銭30貫文内外であったが，銀価は10両（1両＝4・3匁）につき5～6貫文であった．したがって当時の金銀比価は1対5～6であったことがわかる．16世紀の中期以後，金銀の大増産を見たが，特に銀の生産は，金のそれよりも，いっそう大きな割合で激増したから，金銀比価は1対10前後となり，17世紀の前期にかけては1対12～13となった．以上のごとき金銀比価の変動に伴って，日本の金銀外国貿易も大きな転換をとげた．まず鎖国制成立のころまでに，中国その他の外国金は日本への重要な輸入品となり，反対に銀は中国その他への輸出品の大宗となったが，鎖国後も約30年間，銀は長崎を通ずる最も重要な輸出品であった．日本からの金銀流出が防止されてから，幕末開港のときまでは，一般世人はもとより，政府当局においても，金銀比価の観念を判然とは持ちあわせることなしに経過したように思われる．けれども，安政6年（1859）の開港とともに始まった金貨の乱出により，金銀比価の相違ということが重大問題となった．すなわち，外国商人たちは，条約の定めるところに従って，目方対目方で，洋銀を補助貨幣的な銀貨であった天保一分銀へと強引に乗りかえ，ついで小判・一分判への転換を通じて，日本の金を，いとも割安に獲得し輸出したのであった．当時の天保小判と天保一分銀との間で金銀比価を求めると，わずかに1対4・64であった．ところが他方，そのころの世界の金銀比価は1対15・3程度であった．ゆえに日本の金貨は，外国人から見ると，その実際価値の3分の1に等しい支払によって入手することができたのである．万延元年（1860）の改鋳は，小判の目方を，たとえば天保小判に比較すると，その3分の1以下に減じて，国際比価への平準化を達成したのであった．

参考文献　小葉田淳『日本の貨幣』（『日本歴史新書』），同『金銀貿易史の研究』，Rutherford Alcock: The Capital of the Tycoon (1863); Hirokichi Taya: The Modernization of the Japanese Currency System, Acta Asiatica, 39.　　　（田谷　博吉）

096 金句集 きんくしゅう　天正ごろまでに成立していた格言集．漢籍から約130則を収録しているが編者は未詳．天正20年（1592）書写の奥書がある東北大学本『金句抄』は帝王・黎元・学業・文武の四門に，慶長期の異本は帝王・臣下・黎元・政道・学業・文武・父子・慎身の八門に分けられている．いずれも転写本と推定され，溯原本は不明．当時の唯一の刊本に文禄2年（1593）天草刊のキリシタン版がある．『平家の物語』『イソポの物

『語』と合綴された大英図書館蔵の孤本．本書はアルファベット順に排列されたローマ字本で，訓読文に口語の「心」を添えている．総句数282則．流布本に主として依ったことは明らかであるが，採用した句は約70則．そのほかは室町時代の東陽英朝編とされる禅句集『句双紙』から70則，『論語』『三略』から70則，『古文真宝』から14則，さらに『太平記』などの国書からも採られ，「五常」を付録している．吉田澄夫『天草版金句集の研究』(『東洋文庫論叢』24)・山内洋一郎編著『天草本金句集の研究』にはその影印および研究，『勉誠社文庫』18には影印を収める．

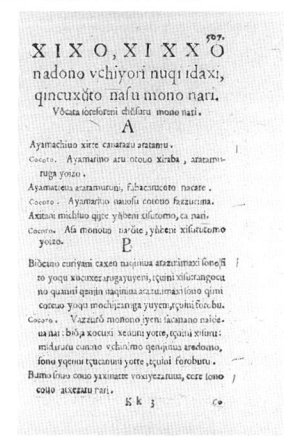

(本文巻頭)

参考文献　土井忠生『吉利支丹文献考』，E. Satow: The Jesuit mission press in Japan, 1591—1610 (1888).

(海老沢有道)

097　金元医学 きんげんいがく　中国の金元時代に隆盛した医学の流派．中国医学は後漢末までにほぼ基礎が確立され，六朝隋唐の間には道教・仏教の影響を受けて多様化し，五代を経て，北宋の時代には朝廷の手厚い保護を受けて，それまでの医学の集大成が行われた．『太平聖恵方』『聖済総録』『証類本草』などの浩瀚な勅撰医学薬学書の公刊，『黄帝内経素問』『傷寒論』などの古典の校勘がそれである．儒学における宋学の発展に刺戟されて医学に革新の動きがあらわれたのは靖康の難(1126年)以後，金が華北一帯を収めて南宋と対立する勢力となってからのことで，その口火をきったのは成無已である．成無已は『注解傷寒論』(序文1144年)，『傷寒明理論』(序文1142年)を著わし，『黄帝内経』の理論を援用して陰陽五行五運六気による『傷寒論』の解釈を行なった．これに続いて劉完素・張従正・李杲・朱震亨らのいわゆる金元四大家がでるに及んで医学改革は完成された．劉完素は『素問玄機病原式』を著わし，疾病の原因を五運六気の化に帰し，治療には好んで寒涼の薬剤を用いた．張従正は『儒門事親』を著わし，医の本義を儒学に求め，治療には汗吐下の三方を好んで用いた．この2人は攻撃剤を用いた点で共通しているので，その学派を劉張学派と呼んでいる．一方，李杲は『脾胃論』を著わし，諸病の原因は脾胃の不調にありとして「中を補い気を益する」ことを治療の原則とした．また朱震亨は『格致余論』を著わし，病気の原因に「陽が余り，陰が不足する」ことを挙げ，養陰を以て治療原理とした．この2人は温補剤を多用した点で共通していたので，その学派は李朱学派と呼ばれた．金元医学の薬理では『素問』の「陰陽応象大論」に基づき，気味の厚薄を以て薬性をいい，これより五蔵の補瀉・升降浮沈・標本陰陽などの議論を展開したが，さらに個々の薬物がそれぞれ特定の経絡系に有効であるとする引経報使説へと発展した．王好古の『湯液本草』は以上の薬理論で統一された異色の本草書である．金元医学は修飾を経つつも，明清を経て近代に及ぶ中国伝統医学の主軸となっている．日本に金元医学を紹介したのは田代三喜で，その門人である曲直瀬道三によって16世紀日本医学の主流にまで高められた．彼らによって伝えられたのは主として李朱医学であり，後代の史家によって後世派と呼ばれた．上記のほかには曲直瀬玄朔・岡本玄冶・長沢道寿・古林見宜らが著名である．これに対して劉張医学を日本に伝えた者には饗庭東庵・林市之進・味岡三伯・岡本一抱らがあり，後世派に対して後世別派と呼ばれた．後世派のわが国の医学に果たした役割は大きく，その系統は近代にまで及んでいるが，17世紀以降，後世派の実地を離れた思弁的傾向に対する批判がおこり，金元医学を否定して後漢の張仲景の医学への回帰を旗幟として，親試実験を説いた革新派がおこった．これが古方派である．
→田代三喜(たしろさんき)

参考文献　大塚敬節『東洋医学史』，岡西為人『中国医書本草考』，藪内清編『宋元時代の科学技術史』

(大塚　恭男)

098　金元珍 きんげんちん　生没年不詳　15世紀前半，平戸を根拠地として，主に琉球と朝鮮との外交・貿易に活躍した朝鮮人．金源珍とも書く．平戸松浦氏の使送として倭寇に拉致された被虜人を朝鮮に送還し，1430年には琉球国の通事ならびに「肥州太守」の使者を兼ねて朝鮮に漂流民を送還し，日本人抑留者を伴って平戸に帰着している．1435年にも「肥州太守」使送として朝鮮に至り，造船用木材の伐採を求めて拒否されているが，「船匠」を伴っていた．被虜人送還を名目として，九州・琉球・朝鮮間を自在に往来する「境界人」として，近年注目を集めている．

参考文献　田中健夫『中世対外関係史』，村井章介『境界をまたぐ人びと』(『日本史リブレット』28)

(石井　正敏)

099　径山 きんざん　中国浙江省余杭県の西北にある山の名，また山麓にある興聖万寿禅寺の山号である．山は天目山の東北峰で天目山に通ずる小径のあることからこの

山名が出たという．しかし万寿寺の山号としての径山が一般には有名である．万寿寺は唐時代に国一禅師道欽が代宗皇帝の詔を受けて開創した禅宗の名刹である．南宋の時代に圜悟克勤の弟子大慧宗杲がこの寺に住持し，多数の有力な官僚の帰依者を得，大いに禅の発展に寄与して以来径山の名は一段と有名になった．南宋の政府が禅寺に官寺制度を設けると，径山は官寺の最上位の寺格，すなわち五山第1位の寺格に置かれ，名僧智識が歴代住持に就任することになった．わが国に禅を伝えた中国僧，わが僧で中国に禅を学んだ留学僧の多くは径山に関係が深い．いわゆる径山の仏法は，わが国の禅宗発展の上にきわめて大きな影響を与えたといえる． (桜井　景雄)

100 錦山の戦（きんざんのたたかい）　文禄の役における戦．文禄元年(1592)，豊臣秀吉の朝鮮侵略軍の7番隊が，全羅道の攻略を担当して，6月中旬，錦山(現在は忠清南道)を占領し，9月上旬に主将小早川隆景が開城(京畿道)に移動するまで，1万の兵力で，ここを本拠としていた．その間，7月8日には，奪回をはかった義兵将高敬命，8月18日には，同じく趙憲・僧将霊圭を撃破して戦死させた．しかし，日本軍は，全羅道の首邑全州(全州市)に迫ったが攻略することができなかった．→文禄・慶長の役(ぶんろく・けいちょうのえき)

　参考文献　呉希文『瑣尾録』(『韓国史料叢書』14)，李擢英『竜蛇日録』(『朝鮮学報』76)，同『征蛮録』(同77)，柳成竜『懲毖録』(『朝鮮群書大系』続々1)，中村栄孝『日鮮関係史の研究』中，池内宏「文禄役に於ける小早川隆景の全羅道経略」(『東洋学報』35ノ2)，貫井正之「安国寺軍の進路」(『豊臣政権の海外侵略と朝鮮義兵研究』所収) (中村　栄孝)

101 金春秋（きんしゅんじゅう）　603～61　654～61在位．新羅第29代の王．諡太宗武烈王．真智王の孫，伊飡竜春の子，母は真平王の娘天明夫人．妃文妃は金庾信の妹．儀表英偉と伝えられ，若くして済世の志あり．善徳王11年(642)百済が大耶城を攻略すると，高句麗の援軍を求め入麗したがかえって捕えられ，辛うじて脱出する．大化3年(647)12月大阿飡として高向黒麻呂(玄理)・中臣押熊らを送って倭に至り，孔雀1隻・鸚鵡1隻を献じ，人質となって倭に滞在すること1年．『日本書紀』に「美姿顔，善談笑」と特筆される．翌年子を伴って入唐，唐の衣冠を採用し，真徳王4年(650)からは新羅独自の年号を唐年号に切り替えるなど，唐の圧力に対し協調外交により対処するに与って力あった．位伊飡を授けられ，唐からは特進を与えられる．同8年真徳女王の死に際し，群臣は伊飡閼川を立てようとしたが，閼川は固辞して春秋を推し，娘智にあたる金庾信の尽力を得て王位につぐ．真骨出身最初の王と目され，ここから新羅の中代(『三国史記』．『三国遺事』は下古とする)に入る．庾信や唐から帰った息仁問らと協力，人材を登用し唐の制度文物を摂取して集権的国家の建設に努力．太宗7年(660)百済征討戦にはみずから大軍を率い，唐軍と共同して義慈王らを摛え百済を滅ぼし，統一への基を築いた．8年6月59歳で没し慶州の永敬寺の北に葬られた．伝武烈王陵には陵碑の美事な螭首と亀趺を留めている．

伝武烈王陵碑の亀趺

　参考文献　三池賢一「金春秋の王位継承」(『法政史学』20)，同「金春秋小伝」(『駒沢史学』15～17)，李基白『新羅政治社会史研究』(武田幸男監訳)，浜田耕策『新羅国史の研究』 (池田　温)

102 禁書（きんしょ）　江戸幕府がキリスト教禁制の徹底のため，長崎渡来の漢籍を検閲する制度を定め，有害と認定して輸入売買を禁止した書物の総称．その検閲制度を書物改(しょもつあらため)と呼び，その役人を書物改役という．中国では明朝の末ごろからキリスト教の伝道が行われ，その伝道出版事業として耶蘇会士および中国人信者の手で教義書のほかに科学技術書が漢文で著述出版されたので，それが日本にも中国船で伝来するようになった．また伝道出版書でなくてもキリスト教関係の記事を含む書物も多く輸入された．一般に江戸時代には多種多量の書物が長崎に舶載されて学芸の発達に貢献したので，キリスト教関係書物の混入も少なくなかった．そこで厳しい書物改制度が実施され，一言半句でも疑わしい文言があれば禁書として処分し，書籍商仲間には主要な書目を掲示させて取扱いを禁止した．この禁書政策の始まりは寛永7年(1630)で，長崎の春徳寺の住持泰室が長崎奉行から書物改を命ぜられ，同16年には儒者向井元升が参加した．一方，商人仲間から撰ばれて輸入書物の評価・入札・受渡しを担当する書物目利(めきき)もまた春徳寺らに協力した．その後元升の次代元成は長崎聖堂の祭酒(学事の主宰者)となったが，貞享2年(1685)中国船の積荷の中から『寰有詮』(禁書一覧33参照)という教義書を摘発した功で，書物改役を兼任することとなった．以後向井家が聖堂の祭酒と書物改役を世襲し，書物改手伝・書記役・加役などの属吏を従え，春徳寺が協力し，書物目利が取

扱い手続でいくらかこれに加わる制度が幕末まで続いた．検閲手続は，積荷を幕府御用と商売用に分け，商売用の書物を聖堂で調べ，目次・序文・内容などを抄出して手控を作り，この手控に基づき解題を付けた書籍目録を作成する．こうして1船ごとに積載書物につき逐一概要を記載した帳が大意書と呼ばれ，長崎奉行へ提出される．宝暦6年(1756)から手数を省くため，再渡の書物は除き，新渡の書物だけ報告することとなった．奉行は大意書に基づき，禁書または疑わしい書物は処分させ，一存で決裁しかねる場合は老中の指図を仰いだ．摘発された書物は焼却し，それを積んで来た船の交易も禁止して追い返し，荷主と船頭の再来航も禁止した．その他，書中にキリスト教の噂や宣教師の名前などわずかな記事が入っていた場合でも，その部分を墨で消しまたは破り去って持ち返らせることが多かった．この厳しい検閲のため，天文学・測量学・地誌・詩文集・稗史小説の類までわずかに紛らわしい文言があったというだけで陽の目を見ることができなかったものがあり，寛永から貞享以前の禁書は32種，貞享から享保以前の禁書は18種である．その後享保5年(1720)幕府の実学振興策により検閲方針が緩められ，ただ噂程度の文言のある普通の書物は売買を許されたので，この時従来の禁書のうち，科学技術書・詩文集・地誌など概算20種が解禁となった．この後新たな禁書指定の実例は少ないが，天保11年(1840)『天方至聖実録年譜』(禁書一覧49，マホメットの年譜)が間違われて禁止されたのが唯一の新例である．この禁書政策が享保以前に漢籍による西洋科学技術の受容を妨げたこと，享保の解禁が科学技術(実学)の発展を促したことは明らかである．こうした禁書に指定された書目については，当局あるいは関係者の手もとから出た根本資料は比較的少なく，以下に掲げる禁書一覧も近藤正斎の『好書故事』などの資料を検討した結果によるものである．

禁書一覧(『天学初函』所収本の中には他の叢書所収本または単行本があるので，江戸時代から各1点と数えられている)

(1)寛永以後貞享以前(＊印は享保の解禁書)
1 天学初函 明の李之藻編，明の天啓末年か崇禎初年ごろ．叢書で収載書19種，理編に『西学凡』『弁学遺牘』『天主実義』『畸人十篇』『交友論』『二十五言』『霊言蠡勺』『七克』『職方外紀』以上九種，器編に『泰西水法』『渾蓋通憲図説』『幾何原本』『表度説』『天問略』『同文算指前編』『同文算指通編』『圜容較義』『測量法義』『測量法義異同』『勾股義』『簡平儀説』以上12種を収める．
2 西学凡 艾儒略(Giulio Aleni)著，天啓3年(1623)．西洋の学問教育を記す．付録『景教流行中国碑頌并序』は唐時代に伝来した景教(ネストリウス派)の紀念碑の碑文である．
3 弁学遺牘 利瑪竇(Metteo Ricci)著，明の万暦37年(1609)．仏教徒との論争書．
4 天主実義 利瑪竇著，万暦31年．キリスト教の教義を説明し仏教を批判する．
5 畸人十篇 利瑪竇著，万暦36年．教義を10題に分けて説明する．
6 交友論(＊) 利瑪竇著，万暦27年．朋友の倫理をキケロの書によって論ずる．
7 二十五言 利瑪竇著，万暦32年．学問道徳論．
8 霊言蠡勺 畢方済(Francesco Sambiaso)著，明の徐光啓編，天啓4年．霊魂につき論じた書．
9 七克 龐廸我(Diego de Pantoja)著，万暦23年．人間の七罪を説明する．
10 職方外紀(＊) 艾儒略著，天啓3年．利瑪竇持参の『万国図志』を龐廸我が漢訳した書に増訂を加えた世界地理書．(以上2—10が『天学初函』の理編)
11 泰西水法(＊) 熊三抜(Sabbathino de Ursis)著，万暦40年．水力利用の技術書．
12 渾蓋通憲図説(＊) 李之藻著，万暦35年．天体測定術を説明する．
13 幾何原本(＊) 利瑪竇・徐光啓訳，万暦35年．ユークリッド幾何学の漢訳書．
14 表度説(＊) 熊三抜著，万暦42年．天文暦法書．
15 天問略(＊) 陽瑪諾(Manuel Diaz)著，万暦43年．天文暦法書．
16 同文算指前編(＊) 利瑪竇・李之藻著，万暦42年．数学書．
17 同文算指通編(＊) 同上．
18 圜容較義(＊) 利瑪竇・李之藻，万暦42年．幾何学書．
19 測量法義(＊) 利瑪竇・徐光啓著，万暦35年．測量術の書．
20 測量法義異同(＊) 同上．
21 勾股義(＊) 利瑪竇・徐光啓著，万暦35年．三角術の解説書．
22 簡平儀説(＊) 熊三抜著，万暦39年．天体測定用の簡平儀の使用法を説明する．(以上11—22が『天学初函』の器編)
23 三山論学紀 艾儒略著，陽瑪諾校訂，天啓7年．キリスト教・仏教・儒教の優劣を論ずる．
24 万物真原 艾儒略著，明の崇禎元年(1628)．宇宙万物の存在を説明した書．
25 弥撒祭義 艾儒略著，崇禎二年．ミサMissaの解説書．
26 滌罪正規 艾儒略著，崇禎元年．懺悔の秘蹟の解説書．

27 聖記百言　羅雅谷(Giacomo Rho)著，崇禎5年．聖人の言行録．

28 教要解略　王豊粛(Alfonso Vagnoni)著，万暦43年．教義の解説書．

29 十慰　王豊粛著．十罪につき魂の慰めを説明する．

30 況義　金尼閣(Nicolaus Trigault)著，天啓5年．イソップ物語．

31 天主実義続編　龐廸我著．前掲4『天主実義』の続編．

32 代疑論　陽瑪諾著，天啓2年．仏教批判書．

(この期間の禁書として『滌平儀記』をあげる資料があるが，これは26『滌罪正記(正しくは規)』と22『簡平儀説』を混同した架空の書名で，誤り伝えたものであろう)

(2) 貞享以後享保以前(*印は享保の解禁書)

33 寰有詮　博訊済(Francisco Furtado)著，天啓年中．儒教・仏教・道教を排斥してキリスト教の教旨を宣揚した書．

34 福建通志(*) 清朝の勅撰，康熙23年(1684)．福建省の郷土誌．首巻に天主像がある．

35 地緯　著者不詳．世界地理書で，西洋諸国の記事にキリスト教のことがあるという．

36 天経或問後集　明の遊芸著『天経或問』の後編で天文学書．「邪法」に似る記事があるという．

37 帝京景物略　明の方逢年著，劉侗・于奕山修補，崇禎八年．北京の名所案内記で，天主堂，利瑪竇の墓の記事がある．

38 西堂全集(*) 清の尤侗の詩文集，順治12年(1655)から康熙30年の間に逐次刊行．このうち『外国竹枝詞』と『外国伝』に西洋の学問，利瑪竇のことがある．

39 三才発秘(*) 清の陳雯耕山著．三才(天地人)につき説明した書で，西洋の天文暦法の記事と禁書12『渾蓋通憲図説』の引用がある．

40 願学集　明の鄒元標の詩文集，万暦35年．利瑪竇に答えた文がある．

41 西湖志(*) 明の田汝成著，清の姚靖増補，康熙28年．名勝西湖の地誌．万歳亭の記事にキリスト教関係記事がある．

42 禅真逸史　清の清渓道人著．隋唐両朝の興亡を書いた稗史小説．文中に「天主」の文字がある．これは道教の「天帝」のことだが検閲に触れた．

43 譚友夏合集(*) 明の譚元春の詩文集．利瑪竇を弔う詩がある．

44 方程論　清の梅文鼎著，康熙11年．数学書．禁書13『幾何原本』，16・17『同文算指』などを引用し，利瑪竇の名がある．

45 名家詩観　清の鄧孝成編，康熙11年初集，同17年2集．名家の詩文集．この中に耶蘇会士湯若望(Johann Adam Schall von Bell)に贈った詩がある．

46 檀雪斎集　清の胡敬辰の詩文集．「自鳴鐘頌序」にキリスト教関係の記事がある．

47 増訂広輿記(*) 陸伯生の原著を清の蔡方炳が増補，康熙35年．諸省の地誌．巻一直隷省の古蹟に北京天主堂がある．

48 堅瓠集(*) 清の褚学稼編．叢書．天主・利瑪竇の記事がある．

(3) 天保年中

49 天方至聖実録年譜　清の劉介廉著，乾隆43年(1778)．原著はアラビア語のマホメット伝である．天保11年舶載．検閲役人はキリストとマホメットの区別が付かなかったので焼却した．

(4) その他諸記録に散見する禁書(推定も含む)

50 聖像略説　キリスト聖像を説明した伝道書．

51 天主十誡解略　王豊粛著．伝道書．

52 絶繳同文紀　龐廸我著．伝道書．

53 闢邪集　明の鐘始声編．キリスト教排斥論を集録．幕末には解禁され，翻刻された．

54 奇器図説　鄧玉函(Johann Terrenz)著．運搬・水力などの諸器械を図説した技術書．享保には解禁され，和訳された．

55 性理大中　清の応嗣寅編，康熙25年．『性理大全』の諸説を類従編纂した書．巻21，天地之部，西洋天文学の記事に「天帝」の文字があり，巻24，異学之部に天主教の記事がある．

56 疑耀　明の李贄著，万暦36年．儒教と仏教の一致を説明した中にキリスト教の文言がある．

57 明史稿　清の王鴻緒らが勅命により編纂，雍正年中(1723—35)．列伝・外国などの項に利瑪竇および西洋の記事がある．享保以前，一時禁書となったのであろう．

右のほか58『定例成案』・59『新例成案』・60『本朝則例類編』などの法制書，61『増補山海経広注』・62『西湖志後集』・63『蘇州府志』その他地誌類，清の銭謙益の文集64『有学集』，清の朱青巌編65『通鑑明紀全載輯略』などもある．これらは嫌疑の部分だけ墨消しの処分を受けて輸入を許された書であるかも知れない．

参考文献　海老沢有道『南蛮学統の研究』，大庭脩『(江戸時代における)唐船持渡書の研究』，伊東多三郎「禁書の研究」(『近世史の研究』1所収)，Tasaburo Ito: The Book Banning Policy of the Tokugawa Shogunate, Acta Asiatica 22 (1972).

〈伊東多三郎〉

103 金仁問 きんじん　629〜94　新羅の王族，三国統一の功労者．武烈王金春秋の次男，文武王法敏の弟．字(あざな)仁寿．23歳で入唐，宿衛に任じ2年後帰国．獐山城

を築くに功あり．唐に乞師し，唐将蘇定方に随い百済の都城を陥れ義慈王以下を摛える（太宗7年（660））．ついで入唐，唐命により高句麗を攻め平壌の固守に遇い，輸糧に努め唐軍の危難を救う．劉仁願・扶余隆と熊津に会盟（文武王4年（664）），また入唐して封禅に参加する（同6年）．ついで李勣の高句麗遠征に呼応（同8年），大軍を率い平壌を攻めついに王を摛えこれを滅ぼし，大琢角干食邑500戸に封ぜられ，唐からも食邑2000戸を賜わる．新羅が唐と対決するに至るや（同14年），唐は仁問を兄に代え王に立てようとしたが，文武王謝罪して許された．孝昭王3年（694）4月29日唐都に没す．年66．翌年慶州に帰葬，太大角干を追贈される．仁問は7回入唐し，宿衛にあること22年に及び，対唐外交に貢献した．墓碑下部残石（約三百数十字）が慶州博物館に現蔵．

参考文献　『三国史記』44　　　　（池田　温）

104 金誠一 きんせい
いっ　1538～93　李氏朝鮮王朝中期の政治家．名は誠一，字（あざな）は士純，鶴峯と号した．本貫は義城（慶尚北道），安東（同）に世居し，中宗33年（1538）12月6日に生まれた．学を李滉（退渓）にうけ，宣祖元年（1568）及第．東西分党にあたり東人に属した．天正17年（1589）日本通信副使となり，翌年，正使黄允吉（こういんきつ，西人）と京都に来て豊臣秀吉に聚楽第に会し，征明嚮導の要請をうけてかえり，允吉は秀吉の来攻を必至とし，かれは否定した．文禄の役が起ると，誤報の罪を問われたが，同じ東人の柳成竜に救解されて慶尚右道招撫使となり，ついで同観察使を授けられ，任地晋州（慶尚南道）に赴き，官軍と義兵の調整に奔走し，防衛に献身した．宣祖26年飢饉と悪疫流行にあたり，救護に努めたが，4月29日病にかかって没した．56歳．のち文忠と諡し，著書も多く，近年成均館大学校大東文化研究院編『鶴峯全集』として集大成された．

参考文献　中村栄孝『日鮮関係史の研究』中
　　　　　　　　　　　　　　　　（中村　栄孝）

105 近世の対外関係 きんせいのたい
がいかんけい　⇒対外関係（たいがいかんけい）

106 京銭 きん
せん　なんきん（南京）銭の別称．中国の南京辺で鋳造された贋造銭とも，または室町時代に輸入された劣等な薄銭の汎称とも，あるいはなんぎん（南銀）＝鉛で鉛銭であろう（草間直方『三貨図彙』）ともいわれる．室町時代から江戸時代の初期まで通用していた銭貨のうち，うちひらめ（打平）と並んで最も質の低い悪銭として，永正3年（1506）以後の室町幕府の撰銭令ではとり除くことが認められたし，また永禄12年（1569）3月1日に出された織田信長の「精選条々」ではうちひらめとともに十増倍を以て用いるべきことが定められて，きんせんは精銭の10分の1の価値しか認められなかった．江戸時代に入ると，幕府は慶長14年（1609）7月19日付で金子1両を京銭4貫文と定めているが，前年の条令では金子1両が鐚（びた）4貫文となっているので，「京銭」が鐚と同意義に用いられていたことがわかる．駄賃定にも鐚銭の意で京銭と記された例がある．

参考文献　佐藤進一・池内義資編『中世法制史料集』2，『徳川禁令考』前集6，阿部愿「京銭悪銭及省陌考」（『史学雑誌』13／11）　　　（滝沢　武雄）

107 金千鎰 きんせん
いつ　1537～93　文禄の役の朝鮮義兵将．中宗32年（1537）生まれる．宣祖25年（文禄元，1592），前府使として羅州（全羅南道）に退居しており，日本軍の首都占領を聞き，義兵を起し，官軍と合流して北上し，水原（京畿道）の禿山城に拠り，転じて江華島に入った．倡義使の号を与えられ，水軍を指揮して忠清・全羅方面と連絡し，漢陽占拠の日本軍を牽制した．翌年，停戦協定が成立して敵の撤去した直後，漢陽に入って残民を安撫し，ついて南下して晋州城（慶尚南道）の守備に加わり，日本軍の包囲をうけて6月29日戦没した．57歳．のち，羅州の旌烈祠（せいれつし）にまつられた．

参考文献　柳成竜『懲毖録』（『朝鮮群書大系』続々1），貫井正之『豊臣政権の海外侵略と朝鮮義兵研究』
　　　　　　　　　　　　　　　　（中村　栄孝）

108 金泰廉 きんたい
いれん　生没年不詳　奈良時代，天平勝宝4年（752）に来日した新羅使．景徳王の王子．貢調使・送王子使ら，総勢700余人で来日．日本側では新羅王子来日と聞いて大内（天武・持統）・山科（天智）以下の山陵に奉告している．泰廉は入京後，拝朝や饗宴の儀において，新羅は昔から日本に朝貢しており，新羅国王の代理として御調を貢進すると，年来の日本側の主張する君臣関係を容認するかのような言葉を述べている．これまでの新羅の対応に不満を募らせた日本朝廷では，ちょうど新羅に「問責」のための使者を派遣しようとしていたところで，これまでの態度を一変させる恭順な姿勢をみせたところから，日本朝廷は大いに満足し，嘉賞の意を述べている．この後，泰廉らは大安寺・東大寺に参詣し，帰途についている．金泰廉が日本側の主張を全面的に受け入れる姿勢を示しているのは，実は彼らは貿易を目的としたもので，その円滑な活動のために日本側に迎合する態度を示したにすぎなかった．このあとすぐに派遣された遣新羅使は「慢にして無礼」として新羅から追い返されている．この後両国の外交は険悪なまま，宝亀10年（779）来日の新羅使を最後として途絶えることになる．なお貿易の具体的な様子は「買新羅物解」にみることができる．　→買新羅物解（ばいしらぎぶつげ）

参考文献　李成市『古代東アジアの民族と国家』，同『東アジアの王権と交易』，石井正敏『日本渤海関係史の研究』，田村圓澄『古代東アジアの国家と仏教』
　　　　　　　　　　　　　　　　（石井　正敏）

109 金忠善 きんちゅうぜん

?〜1643 豊臣秀吉の朝鮮出兵に従軍し，投降した日本将．子孫の伝えによると，加藤清正に属し，日本名は「沙也可（さやか）」（『朝鮮宣祖実録』の「僉知（せんち，僉知中枢府事の略称）沙也可」と比定される），朝鮮軍に帰順して，国王から金忠善の姓名を与え，堂上官の職を授けられ，降倭（こうわ，投降した日本兵）部隊の領将となり，女真の侵入警備のため北辺に派遣され，また，仁祖のとき，李适（りかつ）の乱に功を立てたことが，『承政院日記』に収録された『御営庁謄録』にみえ，清太宗の朝鮮侵入にも戦功があった．金忠善の本貫は金海（慶尚南道），慕夏堂と号し，子孫は達城（慶尚北道）の友鹿洞に世居している．その伝記は，孫金振鳴作の墓誌と子金敬元作の行録に詳しいが，かなり潤飾されている．後世，功績の顕彰工作がくり返され，後孫によって『慕夏堂文集』が，三たび補充加筆して刊行された．また，日本では，明治時代に，まったく架空の人物とされたこともある．
→慕夏堂集（ぼかどうしゅう）

参考文献　『慕夏堂実記』（『慕夏堂集』），中村栄孝『日鮮関係史の研究』中　　　　　　　（中村 栄孝）

110 忻都 きん

生没年不詳　元朝の武将．モンゴル人．鳳州経略使より転じ，至元11年（文永11，1274），征日本の都元帥として，高麗を経て日本に遠征（文永の役）．博多・箱崎を蹂躙したが，夜に入って撤退，帰途は風雨のため多大の損害を蒙った．17年日本再征を具申，日本行省右丞に任ぜられ，18年（弘安四），征東元帥として東路軍を率い，北九州に進攻．さらに江南軍と合し，大挙して大宰府を攻略しようとしたが，台風にあって全軍覆没し，辛うじて逃還した．→文永・弘安の役（ぶんえい・こうあんのえき）

参考文献　『元史』日本伝，武田幸男編訳『高麗史日本伝』（『岩波文庫』），池内宏『元寇の新研究』，山口修『蒙古襲来』　　（山口 修）

111 金方慶 きんほうけい

1212〜1300　高麗朝の武将．字（あざな）は本然．諡は忠烈．高宗・元宗・忠烈王の3代に仕え，国軍の中核として大功あり．1270〜73年，三別抄の乱には追討使を命ぜられ，珍島（全羅南道）から耽羅（済州島）を攻略．ついで元の大都に召され，世祖フビライの知遇を得て，日本遠征の準備にあたる．文永11年（1274）10月，高麗軍都督として8000の兵を率い，元軍の一翼をになって九州に進攻．帰国後，また元に使し，上柱国に任ぜられたが，79年，洪茶丘にうとまれ，罪によって大青島（忠清南道）に流された．まもなく放還，弘安4年（1281）6月，高麗軍の都元帥として1万の兵を率い，東路軍に従って九州を再征．83年辞官，上洛郡開国公として食邑1000，食実封300を賜わる．忠烈王26年（1300）8月戊午（16日）没．89歳．

参考文献　『高麗史』104，『高麗史節要』22，武田幸男編訳『高麗史日本伝』（『岩波文庫』），池内宏『元寇の新研究』，山口修『蒙古襲来』，旗田巍『元寇』（『中公新書』80）　　（山口 修）

112 欽明天皇 きんめいてんのう

6世紀中葉の天皇．『古事記』『日本書紀』によれば継体天皇の嫡子で母は皇后の手白香（たしらか）皇女．幼名は不明，和風諡号は天国排開広庭（あめくにおしはらきひろにわ・あめくにおしはるきひろにわ）尊．異母兄の宣化天皇を継いで539年に即位し，大和の磯城（しき）の磯城嶋金刺宮（しきしまのかなさしのみや）におり，宣化天皇の女の石姫（いしひめ）を皇后として敏達天皇らを生み，ほかに蘇我稲目の女の堅塩媛（きたしひめ）を妃として用明・推古（女帝）両天皇ら，堅塩媛の同母妹の小姉君（おあねぎみ）を妃として崇峻天皇らを生んだという．はじめ大伴金村と物部尾輿（おこし）が大連，蘇我稲目が大臣だったが，天皇の治世のはじめに金村が朝鮮対策の失敗を非難されて失脚したとされ，その後百済から仏教が公式に伝えられると，崇仏の可否をめぐって稲目と尾輿の対立が激化していったが，大陸文化の摂取と中央権力の強化に積極的だった開明派の蘇我氏が朝廷全体の支持を得て，その権力を強めていったとみられる．しかし朝鮮対策は新羅・百済・任那諸国の3者間の複雑な関係に対する適切な対応を欠いて不振の度を加え，562年ころに任那諸国が最後的に新羅に併合されるに至った．なお，531年とみられる継体天皇の死後すぐに実は欽明天皇が一方で即位して，安閑・宣化両天皇の朝廷と対立する両朝分立の状態が生じ，それが約8年後に欽明朝によって統一されたのであり，仏教の公伝はその統一前の戊午の年（538年）だったとする見方が有力となっている．天皇の晩年の570年ころにはじめて高句麗の国使が来朝したが，天皇はこれを引見するに至らないでその翌年に病死し，檜隈坂合陵に葬られたという．
→仏教伝来（ぶっきょうでんらい）

参考文献　林屋辰三郎「継体・欽明朝内乱の史的分析」（『古代国家の解体』所収），吉村武彦編『古代を考える　継体・欽明朝と仏教伝来』　（関 晃）

113 欽良暉 きんりょうき

生没年不詳　9世紀中ごろ唐に居住し，唐と日本の間を往来した新羅貿易商人．承和14年（847）入唐留学僧円仁が帰国の際，欽良暉らの船に便乗する予定で楚州に着いたところ，欽良暉らの蘇州船は5月11日蘇州松江口を出帆して日本へ向かって航海中であった．そこで円仁は欽良暉らのあとを追い，7月20日山東の乳山長淮浦で追い付き，9月2日山東の赤山浦を出帆し，同17日博多湾口残ノ島に着き，翌18日鴻臚館前に着岸翌日入館した．また円珍が入唐の際も，入唐のため大宰府に下った円珍は仁寿2年（852）閏8月欽良暉の商船が来航したので，翌3年7月16日欽良暉の船に乗り，値嘉島に至って鳴浦に停泊し，8月9日出帆，流求国に漂到，15日唐の嶺南道福州連江県境に着岸し，19日福州に上陸した．

参考文献 『入唐求法巡礼行記』4(『大日本仏教全書』),『智証大師伝』(佐伯有清『智証大師伝の研究』),佐伯有清『円仁』(『人物叢書』196),同『円珍』(同200)
(森　克己)

く

001 クァケルナック　Jacob Janszoon Quackernack　1554～1606　オランダ船リーフデ号の船長.1598年,ロッテルダム会社が東洋に派遣した五隻の艦隊に航海士として乗り組んだが,途中チリの海岸で船長が原住民に殺害されたため,代わって船長となる.慶長5年(1600),ウィリアム゠アダムス,ヤン゠ヨーステンなどとともに豊後に漂着.パタニにオランダ商館が開設された噂を聞き,アダムスは英蘭両国の日本貿易開始を斡旋するため帰国したいと徳川家康に願い出たが許されず,代りにクァケルナックが家康の通交許可の朱印状を得て,平戸の領主松浦鎮信の船でパタニに渡る(慶長10年).モルッカ,シナ,日本を目ざすマテリーフ゠ド゠ヨングの艦隊とマラッカ付近で出逢い,朱印状をわたし,日蘭貿易開始の端緒をつくる.同地でエラスムス号の船長となり,ポルトガル艦隊と交戦中1606年10月22日戦死した.

参考文献 『慶元イギリス書翰』(岩生成一訳註,『異国叢書』10)
(永積　洋子)

002 空海　くうかい　774～835　平安時代前期の真言宗僧.宝亀5年(774),讃岐国多度郡弘田郷屏風浦(香川県善通寺市)に誕生.父は佐伯田公,母は阿刀氏.幼名を真魚といい,また貴物と称ばれた.延暦7年(788)入洛,外舅阿刀大足(伊予親王の文学)に就いて文書を習い,10年,大学に学んだが,時に一沙門から虚空蔵求聞持法を示され,経説実修のために阿波の大滝岳・土佐の室戸崎などの地において勤行を重ねた.16年帰洛,『三教指帰』3巻を撰して,儒・道・仏三教の優劣を論じ,仏教こそ最勝の道であるとした(別に同時撰述の空海自筆本が『聾瞽指帰』1巻(金剛峯寺蔵,国宝)として伝えられ,序文と末尾の十韻の詩が異なるほか,本文に多少の出入があり,また若干の自注が施されている).空海出家得度の年時については,延暦11年・12年・14年・17年・22年・23年と異説が多いが,『梅園奇賞』所載の延暦24年9月11日付の太政官符,また『中村直勝博士蒐集古文書』所収の同官符案には,延暦22年4月7日出家の文字がみえ,『続日本後紀』所載の空海伝また「年卅一得度」と記すから(この書は空海63歳示寂とするから,年31は延暦22年にあたる),今は延暦22年出家説に従う.受戒についても延暦14年・22年・23年などの諸説があり,ここでは23年説を採るよりほかはないが,いずれにしても入唐を目前に控えて慌しい得度進具であったとしなくてはならぬ.事実,この『三教指帰』の撰述から入唐までの数年間は,空海伝の中で最も謎の多い部分であるが,ただその間に

大和の久米寺東塔下において『大日経』を感得したという所伝は注目される．空海入唐の直接の動機は，まさにこの経の秘奥を探ろうとするところにあったからである．延暦23年5月12日，空海は遣唐大使藤原葛野麻呂に従い，第一船に乗じて難波津を発し，同7月6日，肥前国松浦郡田浦から渡海，月余にして8月10日福州長渓県赤岸鎮已南の海口に著いたが，さらに福州に廻航，10月3日，州に至った．11月3日，州を発して上都に赴き，12月23日，長安城に入る．翌24年（唐，永貞元年）2月10日，大使らは長安を辞して明州に向かったが，空海は西明寺の永忠（日本の留学僧，この年帰朝）の故院に留住せしめられ，以後城中の諸寺を歴訪して師依を求め，青竜寺の僧恵果に遇って師主とすることを得た（恵果は，不空三蔵付法の弟子，三朝の国師と称せられた唐代密教の巨匠である）．空海は，恵果に就いて発菩提心戒を受け，青竜寺東塔院の灌頂道場において受明灌頂に沐し（6月13日胎蔵界，7月上旬金剛界），ついで伝法阿闍梨位灌頂に沐して（8月上旬），遍照金剛の密号を受けた．恵果は，さらに両部大曼荼羅図10舗を図絵，道具・法文などを新造・書写せしめて空海に付嘱し，また仏舎利など13種物を授けて伝法の印信としたというが，この年12月15日，60歳をもって示寂．空海は，その建碑（翌大同元年（806）正月17日）にあたって碑文を撰し，みずからこれを書いた．一方，空海は，この年，長安の醴泉寺において，罽賓国の僧般若三蔵，北印度の僧牟尼室利三蔵からも学ぶところがあり，般若三蔵からは新訳の『華厳経』その他を付嘱されている．また，書家・詩人としての声名も，すでにその間に揚がっていたようである．大同元年（唐，元和元年）正月，遣唐判官高階遠成は，空海および橘逸勢らとともに帰国せんことを唐朝に奏し，認められたが，空海辞京の日は詳らかでなく，ただ4月には越州にあり，その節度使（浙東観察使）に書を送って内外の経書を求めている．明州からの解纜は8月としてよく，筑紫繋帆の日時については異説が多いが，『御請来目録』巻首の上表文に，大同元年10月22日の日付がみえるから，少なくともこの日には宰府の地にあったことが知られよう．この請来目録の内訳は，新旧訳経142部247巻，梵字真言讃等42部44巻，論疏章等32部170巻，図像等10舗，道具9種，阿闍梨付嘱物13種から成り，目録は高階遠成に付して進献されたものである（最澄書写の本が今に伝えられている．教王護国寺蔵，国宝）．宰府の地にあった空海は，大同2年4月，筑前の観世音寺に留住せしめられ，ついて請来の法文・道具・曼荼羅などを具して上洛したといわれるが，実際に京洛の地を踏んだのは同4年7月に入ってからのことで，それまでは和泉の槇尾山寺にとどまっていたと思われる．入京後は高雄山寺に住した．8月，最澄は空海に書を寄せて，請来の法文12部の借覧を請い，ここに最澄との交友が開かれる．10月，嵯峨天皇の勅によって「世説」の屏風両帖を書いて進献し，爾後，高名の書家・詩人として厚く遇せられるに至った．一方，弘仁元年（810）10月，空海は上表して，高雄山寺に鎮国念誦の法門の実修を請うたが，これは輒く聴されなかったらしい．また，この年，東大寺の別当に補せられたというが未詳．2年10月には高雄山寺の地は不便なりとして乙訓寺に住せしめられ，ついて同寺の別当に補せられている．翌3年10月，最澄はこの寺に空海を訪れて付法の約諾を得，空海また高雄山寺に還住して，翌11月15日，最澄らのために金剛界結縁灌頂を行なった．胎蔵界結縁灌頂は12月14日（空海自筆の『高雄山灌頂歴名』が今に伝えられている．神護寺蔵，国宝）．最澄と空海との交友は，4年11月の『理趣釈経』の借請，7年5月の泰範離反などの問題から，急速に冷却するに至ったといわれるが，その間，空海自身としても，積極的に密蔵法門流布の意を明らかにし，6年4月，いわゆる「勧縁疏」を草して東国の国守や名僧らに送り，秘密経典の書写を勧め，7年6月には新たに修禅の道場建立の地として高野山の下賜を請い，7月聴されていることが注目される．顕密二教の優劣浅深を論じた教理の書，『辨顕密二教論』2巻の撰述がまたこの時期に懸けられていることもゆえなしとしない．空海がみずから高野の地に赴いて禅院の経営にあたったのは9年の冬になってからであるが，10年5月，鎮守神を勧請し，壇場などの結界を行なった．7月，中務省に入住（のちの真言院という），月余にして高雄山寺に還った．このような動きの間にも，詩文の世界に対する空海の沈潜は深く，『文鏡秘府論』6巻の撰述を竟え，11年5月，その玄要を抄録して『文筆眼心抄』1巻を作っている．12年9月，入唐請来の両部曼荼羅および真言七祖などの影像26舗を修補し，新たに影像の賛文を撰して供養を行なったが，『真言付法伝』（『略付法伝』）の撰述がまたこのときに懸けられる．密教付法の本義と師資相承の系譜を明らかにしたもので，ほかならぬ空海その人の独自の立脚地を示したものである．とすると，先の『二教論』とこの『付法伝』との間に『即身成仏義』『声字実相義』『吽字義』3部の教義書の成立を考えることも可能になってくるのではないかと思われ，真言宗開立の基礎的な条件はすでにこの間に成熟しつつあったことがうかがわれる．13年2月，東大寺南院に灌頂道場を建立，空海をして夏中および三長斎月に息災増益の法を修せしめられたが（公的修法のはじめ），この年にはまた，平城上皇が空海を師として入壇，灌頂を受けている．そして翌14年正月，空海は東寺を給預され，密教の道場としてこれを経営することになる．4月，淳和天皇即位．空海は賀表を上っているが，事実，爾後の空海の活躍は，一にこの天皇の庇護に負うところが大きか

った．10月，『真言宗所学経律論目録』（『三学録』）を進献，東寺に真言宗僧50人を住せしめ「道は是れ蜜教なり，他宗の僧をして雑住せしむること莫れ」（原漢文）という官符を得たのは，その第一歩であり，同月，皇后院の息災法，12月，清涼殿の大通方広法と，公的の修法に請ぜられることが多くなった．翌天長元年（824）2月には神泉苑に請雨経法を修し，その功によって少僧都に直任（3月），空海は辞したが聴されなかった．9月，高雄山寺を定額とし，神護国祚真言寺と称して，ここにも真言を解する僧14人が置かれることになる．大和の室生寺を再興して真言修法の道場としたのもこの年に懸けられる．4年5月，大僧都に昇任，5年12月，綜芸種智院を創立，道俗二種の師を請じて，貴賤貧富にかかわらず，宜に随って教授せんことを企図した（院は承和12年（845）廃絶）．空海の生涯の書というべき『秘密曼荼羅十住心論』10巻とその略本『秘蔵宝鑰』3巻の2著は，いずれも天長7年，淳和天皇の勅を奉じて撰進されたものといわれ，菩提心発現の過程を10種の段階（住心）に分類，顕教諸宗をそれぞれの住心に位置づけるとともに，真言宗独自の立脚地を明かした画期的な教理の書である．翌8年6月，空海は病によって大僧都を辞せんとしたが聴されず，9年8月には高野山にあって万燈・万華の二会を修したことが知られるが（金剛峯寺の称呼もこの間に定められた），11月からは「深く穀味を厭い，もっぱら坐禅を好む」といわれ，爾後，高野山隠棲の日がつづいた．その間，承和元年12月，毎年宮中正月の御斎会（金光明会）に，別に真言の法によって結壇修法せしめられんことを奏請して聴され（後七日御修法の起源），また東寺の経営にも心を配るところがあったが，翌2年正月，真言宗年分度者3人の設置が認められ，空海の素志は，ほぼここに果たされたといえよう．しかし，この月から空海の病は篤く，3月21日，62歳をもって高野山に示寂した．延喜21年（921）弘法大師の諡号を与えられる．ときに高野大師ともいわれる．空海の著書として注目すべきものに，先述のほかに『篆隷万象名義』30巻があり，撰述の年時を詳らかにしないが，わが国最古の辞典と称すべきもので，高山寺に永久2年（1114）書写の6帖本（国宝）が伝えられている．またその詩文は『遍照発揮性霊集』10巻（真済編・済暹補），『高野雑筆集』2巻，『拾遺雑集』などに収められている．これら著作は，密教文化研究所編『弘法大師全集』全8巻，勝又俊教編『弘法大師著作全集』全3巻などに収録されている．書蹟としては先に掲げたもののほか，在唐中の筆録にかかる『三十帖策子』（一部分は橘逸勢の筆という．仁和寺蔵，国宝），最澄との交友を物語る『風信帖』（教王護国寺蔵，国宝）などが挙げられよう．これらは『弘法大師真蹟集成』に収められている．

参考文献　密教文化研究所編『（増補再版）弘法大師伝記集覧』，密教学密教史論文集編集委員会編『密教学密教史論文集』，智山勧学会編『弘法大師研究論集』，中野義照編『弘法大師研究』，高木訷元『空海思想の書誌的研究』，同『空海—生涯とその周辺—』

（川崎　庸之）

003 クーケバッケル　Nicolaes Couckebacker　1597〜？　平戸のオランダ商館長．1597年3月6日デルフトに生まれる．1627年バタビアに渡り台湾長官を勤めたのち，寛永9年（1632）商館長として来日し，15年末まで在職．平戸の商館再開後，生糸のパンカダ Pancada（糸割符），オランダ船の出帆時期の制限など，幕府の要求に柔軟に対処して，日蘭関係の改善に努めた．鎖国令が次第に強化され，ポルトガル人の追放が予見されると，総督と協議するため，1636年一旦バタビアに帰った．島原の乱には，海上からの砲撃をみずから指揮し，オランダ人の幕府への忠誠を示した．39年バタビアに帰り，東インド評議員となり，同年末本国に引き揚げ，デルフトに落ち着いた．クーケバッケルの日記の島原の乱に関する記事は，古くから世人の興味をひいたらしく，すでに江戸時代に，商館長ヘンドリック＝ドゥーフが関係記事を抄写したものを，通詞吉雄如淵（権之助）が『天馬異聞』として訳出している．

参考文献　『平戸オランダ商館の日記』3・4（永積洋子訳）　　　　　　　　　　　　　（永積　洋子）

004 九鬼四郎兵衛働之覚（くきしろびょうえはたらきのおぼえ）　聞書．1冊．寛文12年（1672）正月紀伊徳川家の家臣九鬼豊隆が父四郎兵衛広隆の武功談を書き留めたもの．内容は天正6年（1578）神戸信孝の家臣として播磨国神吉城を攻撃して以来，大坂城千貫楼における武功，天草一揆討伐，朝鮮国王子臨海君の保護，蔚山（ウルサン）籠城の武功あるいは老年になって紀伊徳川家に仕え，家中の薫育に尽くした功績などが誌されている．筆記者豊隆の奥書に「広隆老人故委細に物語仕事も無之拙者若年故尋聞申智恵も無之」とあるように詳述されたものではないが，戦国武将の気風を端的に伝えている．広隆は皇大神宮祠官松木氏の出自で，はじめ九鬼氏のち神戸氏に仕え，その滅亡後加藤清正の部将となって清正の姪を娶ったがやがて浪人，関ヶ原の戦後黒田・小早川・藤堂各氏に歴仕した．そして元和9年（1623）73歳で徳川頼宣に仕えて旗奉行を勤め，歴戦有功の老将として優遇された．このころは連歌・茶湯を嗜み，伊勢守流の作法にも通じていたというから御伽衆の立場でもあったことと思う．筆記者の豊隆は広隆の次男であるが16歳で家督を継ぎ寄合組に属した．原本は永く九鬼家に伝来したが，のち紀伊徳川家の所蔵に帰し，その影写本が東京大学史料編纂所に架蔵される．また刊本は『南紀徳川史』47に収めて流布する．

（岩沢　愿彦）

005 九鬼嘉隆（くきよしたか）　1542〜1600　安土桃山時代の武将．

天文11年(1542)志摩国に生まる．志摩田城(たしろ)城主九鬼定隆の子．甥澄隆のあとをうけ家督をつぐ．はじめ右馬允を称した．伊勢国司北畠氏の配下にあったが，織田信長の京都進出のころからその配下に入り，志摩七島の兵士を率いて長島願証寺の一向一揆と対立した．天正2年(1574)信長が一揆を攻撃したときには織田信雄に属して戦い，滝川一益とともに安宅(あたけ)船10余艘をもって大島の要害を破った．また同6年の石山本願寺攻撃にあたり，信長は本願寺を応援する毛利氏の水軍に対抗するために，嘉隆に大艦の建造を命じた．嘉隆は伊勢大湊で鉄板で装甲した大艦6艘を建造した．一益の1艘とともに総勢7艘をもって伊勢湾を発し，同年6月26日熊野浦から大坂に回航しようとしたとき途中で雑賀(さいか)・淡輪(たんなわ)の一揆勢と遭遇したが大砲をもって撃退し，7月16日大坂湾に入って本願寺と毛利氏との海上連絡を遮断することに成功した．同年9月30日，信長は京都からわざわざ堺に下ってこの戦艦を見物し，嘉隆の功を賞した．ついで11月6日，摂津木津川口で600艘からなる毛利氏の水軍を破り，本願寺を孤立させて信長軍の優位を決定づけた．この功によって信長から志摩七島，摂津野田・福島などの地7000石を加増された．のち鳥羽に城を築いてここに拠り，伊勢・志摩両国のうちで3万5000石を領した．天正8年嘉隆は水軍を率いて堺に出動し，摂津花熊城に荒木村重の余党を攻撃した．信長の死後，豊臣秀吉に仕えて所領を安堵され，紀伊水道・熊野灘・伊勢湾一帯の制海権を保持し，秀吉水軍の大将格となり，同13〜14年のころには従五位下大隅守に任ぜられた．同15年九州攻めがあり，嘉隆は小西行長・脇坂安治・加藤嘉明・菅道長・石井与次兵衛らとともに船手として兵員の輸送と警固に任じた．同18年小田原攻めのときは，脇坂・加藤・長宗我部ら諸氏の水軍と協力して伊豆下田城の戦に加わり，さらに小田原海面にも行動した．文禄元年(1592)文禄の役がおきると，嘉隆は秀吉の船手の中心として活躍した．すなわち，同年の陣立書にみえる船手の総数は9200であるが，嘉隆の軍役数は1500人で，藤堂高虎の2000人につぎ，脇坂安治と同数，加藤嘉明の2倍である．嘉隆はその乗船日本丸以下50余艘を率いて肥前名護屋から朝鮮釜山に渡航して兵員の輸送を警固し，また翌2年2月にも朝鮮の熊川で李舜臣の水軍と戦った．慶長2年(1597)封を子の守隆に譲り，伊勢国内に隠居料5000石を領した．同5年，関ヶ原の戦のときは新宮城主堀内氏善らと結んで西軍に味方し，守隆は徳川家康の会津征伐に従って出陣して留守になっていた鳥羽城に入ってこれに拠った．このため父子の間にしばしば戦闘があったが，西軍の敗北が決定的になると，嘉隆は鳥羽城を棄てて和具に潜居した．守隆はみずからの戦功にかえて父の助命を家康に請い，許されたが，その報が届く前の10月12日嘉隆は自殺した．年59．隆興寺殿泰叟常安と号す．鳥羽の常安寺に葬る．

【参考文献】『寛政重修諸家譜』951，有馬成甫『朝鮮役水軍史』
(田中　健夫)

006　草場佩川〈くさばはいせん〉　1787〜1867　江戸時代後期の儒者・詩人．名は韡，字(あざな)は棫芳，通称は磋助，はじめ珮川と号し，のちに佩川と改めた．また，玉女山樵・宜斎とも号した．天明7年(1787)正月7日，肥前国小城郡多久(佐賀県多久市)に生まれた．草場家は代々，佐賀藩の支藩多久侯に仕えていたが，佩川は23歳のとき江戸に出て，古賀精里に学んだ．文化8年(1811)，朝鮮の使節が対馬に来り，その接待役の1人に古賀精里が選ばれたとき，佩川も精里に従って対馬に渡り，韓人と詩賦の応酬をして，その才名をうたわれた．佩川は多久侯に仕えるとともに，のちには本藩の佐賀侯にも仕えて，その儒官となった．詩と絵に長じ，詩は日常の瑣事を平明な言葉で歌って，これを詩暦と称した．慶応3年(1867)10月29日に没した．81歳．法名濯纓軒佩川宜翁居士．郷里多久大古場(多久市多久町)の墓所に葬られ，また髪は佐賀城下称念寺(佐賀市呉服元町)に納められた．著書には『珮川詩鈔』4巻があるほか，『草場珮川日記』が刊行されている．

【参考文献】武富定保「佩川艸場先生墓碣銘」(『事実文編』64所収)，富士川英郎『江戸後期の詩人たち』(『筑摩叢書』208)
(富士川英郎)

007　具志頭親方文若〈ぐしちゃんおやかたぶんじゃく〉　⇒蔡温(さいおん)

008　釧雲泉〈くしろうんぜん〉　1759〜1811　江戸時代の画家．通称文平，名は就，字(あざな)は仲孚．雲泉のほか六石・岱岳・磊々生と号す．宝暦9年(1759)肥前島原の武家に生まれる．父とともに長崎へ行き，中国人から中国語を習ってそれに習熟，画技も同時に学んだ．その師は不明だが，天明年間(1781〜89)に来舶した清人画家張秋谷と推定する説もある．父の没後三備地方，讃岐を経て寛政10年(1798)ごろ京都，享和3年(1803)ごろ江戸，のち越後に移り住んで作画．その間長町竹石・皆川淇園・亀田鵬斎・大窪詩仏らと交流．文化8年(1811)11月16日越後出雲崎で客死．53歳．同地の浄法寺(浄邦寺)に葬る．末期南画における中国南宗画重視への道を準備した1人．「渓山秋霽図」(松本松蔵蔵)，「霜秋幽居図」(『国華』1087)などが知られる．

【参考文献】大村西崖編『雲泉遺墨集』，中村真一郎『木村蒹葭堂のサロン』，大槻幹郎『文人画家の譜』，森銑三「釧雲泉雑記」(『近世の画家』所収)
(河野　元昭)

009　グスク　沖縄諸島を中心に，奄美諸島から先島(さきしま)諸島にかけて分布する琉球独特の城塞的遺跡．一部には非城塞的性格のグスクもある．近世以前の史料には「くすく」と表記されているが，現在は「グシク」と発音する地方が多い．先島では「スク」とよぶ．言

主要グスク一覧

名称	所在地	主な城主	成立・廃絶年代	石積技法・形態	城郭面積	城郭保存状況
首里グスク	那覇市	思紹・尚巴志王以後の歴代中山王	14世紀—1879年	切石積，山城	約50,000 m²	城郭・正殿など復元
浦添グスク	浦添市	英祖王，察度王	13世紀後半—1609年	野面積，切石積，連郭式か，山城	約40,000	一部遺存，一部復元
今帰仁グスク	国頭郡今帰仁村	攀安知(北山王)，尚忠以後の歴代北山監守	13世紀末—17世紀	野面積，連郭式，山城	約70,000	ほぼ遺存，一部復元
具志川グスク	島尻郡久米島町	具志川按司	14世紀—1506年？	野面積，切石積，連郭式，海城	約6,000	ほぼ遺存，一部復元
知念グスク	南城市	(伝)知念按司	13世紀—16世紀	野面積，切石積，連郭式，山城	約5,000	ほぼ遺存
安慶名グスク	うるま市	(伝)安慶名按司	14世紀—15世紀	切石積，輪郭式，山城	約8,000	ほぼ遺存
勝連グスク	うるま市	阿麻和利	12世紀以前？—1548年	切石積，連郭式，山城	約12,000	一部遺存，一部復元
座喜味グスク	中頭郡読谷村	護佐丸	15世紀前半—16世紀	一部野面積，切石積，連郭式，山城	約8,000	ほぼ遺存，一部復元
具志川グスク	糸満市	不明	14世紀—15世紀	野面積，切石積，連郭式，海城	約1,400	ほぼ遺存
糸数グスク	南城市	(伝)糸数てだ	13世紀—14世紀	野面積，切石積，山城	約21,000	ほぼ遺存，一部復元

語学では「グ」は敬語，「スク」は朝鮮語のスキ(村)や古代日本語のシク(磯・城)と同義とみる説，塞(ソコ)に御(グ)を冠したとする説のほか，「グ」は石を意味し，「スク」は聖所を意味する「しけ・しき」と関係づける見方もある．現在，沖縄諸島だけで200余のグスクが確認されているが，その半数が沖縄本島南部に集中している．グスクの多くは13〜15世紀に構築された城塞的遺構で，数千〜数万m²の範囲を，石積みや堀切，土塁，柵などで防禦している．このようなグスクは，按司(あんじ・あじ)とよばれる地域領主の居城ないしはその支城と伝承されてきた．しかし，100m²ほどの範囲を低い石積みで囲っただけの極小規模のグスクや，岩そのもののグスクもあり，いずれも村落の守護神を祀った御嶽(うたき)となっている．このような聖域的遺構は城塞的グスクの中にも取り込まれており，グスクの基本的特徴の1つとなっている．こうした多種多様な形態のグスクの性格をめぐり，昭和30年(1955)代後半から50年代前半にかけて学際的論争が展開された．仲松弥秀は，グスクの民俗学的調査をふまえて従来の按司居城説を否定して聖域説を提起し，グスクを機能によって，①村の拝所としてのグスク，②城に変化したグスク，③倉庫・武備的グスク，④近世・近代の葬所・墓に分類した．そして，グスクの大部分を占めている村の拝所としてのグスクには，英祖王の居城と伝承されている伊祖グスクなどの大型の石積みグスクも含まれているが，これらは村落の風葬所から発生してきた「石垣で囲まれた神のいます，あるいは天降る聖所と，神を礼拝する拝所とを一つにした聖域」と規定した．これに対し嵩元(たけもと)政秀は，多くのグスクがグスク時代の集落跡と重なっていることに着目し，ヒニグスクやフェンサ城貝塚(名城グスク)の考古学的発掘調査成果に立って，グスクB式＝集落説を提示した．嵩元はグスクを形態によって，文献の上でも明らかに支配者の城と認められる切石積み城郭のグスクをA式，その発生，興亡すら文献上不明確な点の多い野面積みの石垣遺構をもつグスクをB式，その他特殊なグスクをC式に分類したうえで，グスクB式を「原始社会の終末期より古代社会に移行する時期の防禦された又は自衛意識を持って形成された集落」と規定した．同じく考古学的調査成果をふまえながらも當真(とうま)嗣一は，グスクB式を「平安末期から鎌倉時代にかけての豪族の館によく似たもの」として，按司居城説を「按司館説」として再提起した．そして高良(たから)倉吉は，グスクをめぐる各説を歴史展開という観点から次のように整理した．グスクB式を，内部に聖域をもつ原始社会(本源的共同体)の防禦集落としてとらえ，その階級分化によって按司の支配の拠点としてのグスクA式へと発達していく道と，グスクB式内から集落が移動して聖域が取り残されて仲松のいう「村の拝所としてのグスク」となる2つの道をたどったとする．以上のグスク論争以後，グスクの実態調査と大型グスクを中心にした発掘調査が進展し，グスク論はグスク内部の遺構変遷によって政治的展開の諸段階を追求する新たな段階に入ってきた．筆者は，グスク論争以後の調査成果をふまえた城塞的グスク論を展開している．まず多種多様なグスクの中から防禦的性格のグスクをとりあげ，これを石塁，堀切，柵などの人工的防禦施設をもつ「城塞的グスク」と，立地は防禦的だが人工的防禦施設は確認されていない「グスク的遺跡」に区別する．そして城塞的グスクを数百m²で単郭構成の小型グスクと，2000〜4万m²で複郭構成の大型グスクに分類したうえで，グスク的遺跡や多様な存在形態

をとる小型グスク段階から，13世紀ごろに大型建物（正殿）とこれに相対する御庭（ウナー）とよばれている広場を中核施設とする定型化された大型グスクへと飛躍的な発達をとげたとする．琉球王国の王宮である首里グスク（首里城）では，正殿に国王が座し，諸按司は御庭に参集して政治的儀式が行われた．大型グスクの出現は，正殿と御庭に象徴される王と諸按司，あるいは按司と配下の共同体首長たちで構成する政治体制の成立としてとらえ，さらに正殿の規模が拡大し，御庭は縮小されていく過程に，王権の拡大，強化をとらえようとしている．

［参考文献］ 沖縄県教育委員会編『ぐすく・グスク分布調査報告書㈠―沖縄本島及び周辺離島―』，沖縄県立博物館編『グスク―グスクが語る古代琉球の歴史とロマン―』，新城徳祐『沖縄の城跡』，仲松弥秀『古層の村』（『タイムス選書』4），同「「グシク」考」（『沖縄文化』5），高良倉吉『沖縄歴史論序説』，同『新版琉球の時代』，同「沖縄原始社会史研究の諸問題」（『沖縄歴史研究』10），安里進『考古学からみた琉球史』上（『沖縄文庫』53），同『グスク・共同体・村』（『琉球弧叢書』6），同『琉球の王権とグスク』（『日本史リブレット』42），同「グスク時代」（『新版古代の日本』3所収），同「寨宮と大型グスクの時代」（琉球新報社編『新琉球史』古琉球編所収），嵩元政秀「沖縄のグスク」（上田正昭編『城』所収），同「「グシク」についての試論」（『琉大史学』1），當真嗣一「沖縄のグスク」（甘粕健編『考古資料の見方』遺跡編所収），同「『グスク＝按司居住説』について」（宮城栄昌・高宮広衞編『沖縄歴史地図』考古編所収），同「考古学上より見た沖縄のグスク」（『沖縄県教育委員会紀要』2），友寄英一郎「再グシク考」（『南島考古』4）　　　　　（安里　進）

010 **薬師** くすし　古代医術にすぐれた者をいい，その職業が世襲されてカバネともなった．そのことは『続日本紀』天平宝字2年（758）4月内薬司佑兼出雲国員外掾正六位上難波薬師奈良らの奏言にみえている．それによると，彼らの遠祖徳来はもと高麗（こま）人で雄略朝に日本に帰化した．徳来の5世孫恵日は推古朝に唐に遣わされ，医術を学んだので薬師と号し，ついにこれが姓となった，とある．薬師をカバネとする氏は右の難波薬師のほか，蜂田薬師（『新撰姓氏録』和泉国諸蕃）・奈良薬師（『令義解』医疾令）がある．なお他に，和薬使主・後部薬使主が『新撰姓氏録』左京諸蕃条にみえている．これは薬師の使主姓を称したものである．かくのごとく薬師を称する氏はほとんど帰化人で，彼らは律令時代に典薬寮の医生・案摩生・呪禁生・薬園生に薬部として優先的にとられることになっており，したがって典薬寮・内薬司の下級官人として医術に従事するものが多かった．

［参考文献］ 太田亮『（全訂）日本上代社会組織の研究』　　　　　（阿部　武彦）

011 **薬師恵日** くすしのえにち　生没年不詳　初期の遣唐使．医恵日とも書く．百済よりの渡来人徳来の5世の孫．渡航年時未詳であるが，推古天皇の時代に唐に赴き医術を学び薬師姓を称す．推古天皇31年（623）7月新羅使に伴って帰国．恵日らは，大唐国は法式備わり定まれる珍しき国であるから，常に通うべきであると奏上．舒明天皇2年（630）8月犬上君三田耜（御田鍬）とともに遣唐使となった．時に大仁．同4年8月三田耜と帰国したらしい．白雉5年（654）2月遣唐副使となり，遣大唐押使高向史玄理らとともに，2船に分乗し，新羅道を経て入唐．時に大山下．斉明天皇元年（655）8月大使河辺臣麻呂らと帰国したか．　　　　（胡口　靖夫）

012 **楠葉西忍** くすばにしにん　1395～1486　室町時代の遣明船貿易家．応永2年（1395）天竺人ヒジリと河内楠葉の女との間に生まれた．幼名ムスル．俗名天次．足利義満の在世時は天竺を名字としたが，のちに母の里の楠葉を称した．はじめ父とともに京都に住んだが足利義持の時代にその怒りをうけて大和に移り，立野に居住し，ここで大乗院経覚によって得度した．立野衆として大乗院と関係を結び坊官となり，その被官商人として行動した．永享4年（1432）と享徳2年（1453）の2度にわたって入明した．第1回は遣明第4号船すなわち三宝院・聖護院・大乗院などの13人寄合船に搭乗した．身分は従商または客商あるいはその下人と想像される．第2回のときは遣明第8号船すなわち多武峯・長谷寺共同船の外官に抜擢され，明では北京にまで至って貿易にあたった．西忍の渡航体験は，大乗院尋尊によって克明に筆録されている（『唐船日記』『大乗院寺社雑事記』）．内容は，渡航船数，貿易品とその数量，利益の実際，利益獲得の秘法，遣明船の発着港，準備に要する費用，その調達の方法，衣裳，日明貿易の沿革，勘合の制度などきわめて多岐にわたり，詳細であるとともに体験者のみが語り得る独特の内容が盛られていて，日明関係史料として貴重である．西忍は晩年は大和の古市に住み，ここで生涯を終った．文明18年（1486）2月14日死去．92歳．　→唐船日記（とうせんにっき）

［参考文献］ 『大日本史料』8ノ18，文明18年2月14日条，田中健夫「遣明船貿易家楠葉西忍とその一族」（『中世海外交渉史の研究』所収）　　　（田中　健夫）

013 **グスマン** Francisco Tello de Guzman　？～1603　スペイン統治下の第6代フィリピン総督．セビーヤの生まれでサンティアゴ騎士団の騎士．植民地統治の官僚として本国において新大陸通商院 La Casa de Contratación de Indias の財務官を経て1595年4月24日の勅令によりゴメス＝ペレス＝ダスマリニャス Gomez Perez Dasmariñas の後任としてフィリピン総督に任ぜられ，翌年7月マニラに着任．6年にわたる彼の在

職期は内外多難であった．98年にはマニラに行政司法院 La Real Andiencia が復活されたが，ビサヤ・ミンダナオ地方のモロ族との間にはしばしば抗争が繰り返され，また1600年にはファン＝ノールト指揮のオランダ船隊の来襲をうけ辛うじてこれを撃退した．また前総督の時代からの豊臣秀吉の招降をめぐる日西交渉の衝にあたった．その間サン＝フェリペ号事件とそれと関連していわゆる二十六聖人殉教が発生すると使節を派遣して秀吉に抗議した．秀吉没し，徳川家康が平和通商の外交を展開するに及び，相互に書翰の往復が行われたが，グスマンはその中で日本人海賊の来寇の禁止を求め，家康は慶長6年(1601)10月の返書においてその処罰と，併せて朱印船制度の開設を通告した．文中「郎巴難至昔高提腰」とあるのはドン＝フランシスコ＝テーヨの音訳である．1602年新総督ペドロ＝ブラボ＝デ＝アクニャ Pedro Bravo de Acuña と交替したが，自己の治績審査 Residencia の終了以前マニラで病没した．

参考文献　モルガ『フィリピン諸島誌』(神吉敬三・箭内健次訳註，『大航海時代叢書』7)

(箭内　健次)

014　グスマン　Luis de Guzman　?～1605 イエズス会宣教師．1543年または1544年，スペイン，パレンシア司教区のオソルノ村で生まれた．アルカラ大学に学び，1563年，アルカラのイエズス会修練院に入った．数多のコレジョの院長，アンダルシア管区長，トレード管区長など歴任し，またアクワビーバ総会長の補佐にも任じた．1605年1月10日マドリードで没した．その著 Historia de las Missiones que han hecho los Religiosos de la Compañia de Jesus para predicar el Sancto Evangelio en la India Oriental y en los Reynos de la China y Japon. Alcala, 1601. は，グスマンみずからが直接，日本の天正遣欧使節と会ったことから，日本に関する記述で大部分を占め，16世紀の日本キリシタンの文献として重要なものの1つである．『(グスマン)東方伝道史』(2巻，昭和19年(1944)・20年)として新井トシの邦訳がある．

参考文献　Nieremberg: Varones ilustres de la Compañia de Jesus, Vol. 8 (1891).

(吉田小五郎)

015　百済　くだら 4～7世紀朝鮮半島の王朝名．日本の古典では多くの場合，百済と書いて「くだら」とよむ．その由来はまだ知られていない．そこに日本と百済との歴史的関係の謎が秘められているのかも知れない．百済の歴史は，単に右のことだけでなく，他の新羅や高句麗の歴史にくらべて，わからないことが多い．たとえばその民族系統は，北方の夫余系か，南方の韓系か，確定し得ない．『三国史記』では，はっきりと夫余系として，始祖は朱蒙の2子，沸流(兄)と温祚(弟)のうち，弟の温祚としていながら，沸流とする別伝のあることを記し，またその兄弟の父も，高句麗の始祖朱蒙とする伝えとともに，朱蒙・沸流・温祚の3人は同母兄弟で，父は優台であるという別伝を記して，すこぶるあいまい複雑である．しかし『三国史記』は一応，始祖を温祚，朱蒙の子，前漢の成帝の鴻嘉3年(前18)即位と決めている．しかもその即位の地は「河南慰礼」と記し，慰礼はあたかも今のソウル付近の南漢山城の地(京畿道広州)であるかのごとき感をいだかしめる記事をつくっているが，後世，慰礼は今の忠清南道の北端なる稷山とする説もあり，後説ながら稷山説も一概にすて去ることはできない．百済の歴史は始祖温祚王の元年(前18)から第31代義慈王の20年(660)に至る，31王678年間を以て大系としているが，歴史の真実を求むれば，第1期慰礼時代(第1代温祚王～第12代契王)，第2期漢山時代(第13代近肖古王～第21代蓋鹵王)，第3期熊津時代(第22代文周王～第26代聖王16年)，第4期南扶余時代(聖王16年～第31代義慈王)の4期に分けて考えるのが妥当であろう．

第1期は『三国史記』によれば約360年間にわたるが，その期間で，歴史的に確認せねばならぬ部分は，最終段階約30年間である．第10代比流王の10年(313)に，高句麗は晋の楽浪郡を滅ぼし，前漢以来400年に及んだ中国諸王朝の朝鮮半島支配の最大根拠地を失った．このとき，楽浪郡とならんで楽浪郡の南隣に在った帯方郡を占領したのが百済であった．百済は，これ以前30～40年のころまでは，まだ国をなしていなかった．馬韓50余国の中の1国として『魏志』韓伝にみえる「伯済国」が，百済の原体であろうことは誰も認めるが，伯済国は国といっても後世の1郡くらいの地域団体であった．帯方郡を占領したころ，伯済国が中心となって近隣諸国を統合して古代統一国家としての百済を建てたと想定される．

第2期を漢山時代と名づけるのは，近肖古王の26年(371)，高句麗を攻めて平壌に至り，高句麗王(故国原王)を戦死せしめ，その勝利をふまえて，同年，漢山に移都したからである．百済が中国(東晋)の史書に「咸安二年(372)春正月辛丑，百済・林邑王各遣使貢方物」「六月遣使拜百済王余句為鎮東将軍領楽浪太守」(『晋書』帝紀)と著録されるのは移都の翌年にあたり，はなはだ唐突な出現である．「余」は姓，「句」は肖古の省約であろう．次の近仇首王は「百済王須」，次の阿莘王は「百済王世子余暉」として同じく『晋書』にみえる．百済の南朝傾斜はこの3代に土台を築いたといえよう．漢山の位置には問題があるが，南城と北城との2城から成っていたことから，今のソウル付近の南漢山と北漢山とに比定するのが通説である．漢山時代の大問題は，そこに移都する根原をなした高句麗に対する勝利，特に高句麗王故国原王の戦死である．高

百済の五方

五方	五方城名	方位	距離	広さ	兵員数	推定現在地
中方	古沙城	南	260里	方150歩	1200人	全羅北道古阜
東方	得安城	東南	100里	方1里		忠清南道恩津
南方	卞(久知下)城	南	360里	方130歩	700〜1000人	全羅南道求礼？
西方	力光(刀先)城	西	350里	方200歩		不明
北方	熊津城	東北	60里	方1里半		忠清南道公州

『翰苑』所引『括地志』及び『北史』百済伝によったが，
数字や里歩の比率など不明な点が多い．

句麗はいずれの日にか南下して，その仇を報いなければならぬ．移都から25年を経た阿莘王5年(396)，高句麗広開土王は，みずから大軍を率いて来攻，58城，700村の地を取り，南北の王城を陷れた．百済は帰服を誓い，王弟および大臣10人は連行された．この時，徹底的に百済を滅亡にまで追いつめなかったのは一見不思議であるが，高句麗の実力はまだそこまで成長していなかった．逆にいえば百済の背後に倭の勢力がひかえていたからである．高句麗は，広開土王の次の長寿王15年(427)平壌に移都した．もちろん南下の前提工作である．移都後約50年を経た長寿王63年，一挙に南下して百済の都城を陷し，百済王蓋鹵王の首をとった．しかしまたしても，高句麗は百済軍に退避残存の猶予を与えざるを得なかった．漢山陥落の翌々年(477年)3月，百済は倭の助けをかりて，南方の錦江南岸の熊津(久麻那利，忠清南道公州)を新都として復興することができた．『三国史記』には，漢城陥落の年，王子文周王が即位して熊津に移都したとしているが，歴史の実情は『日本書紀』雄略天皇21年条の記すように，その間2年の空白期のあったことを認むべきであろう．

第3期の熊津時代は，百済復興の緊急な善後処置として始まった．熊津の新都は錦江の南に，江に接した山城で，形勢は漢城に似ていたが，その機能と背景は，漢城に劣ること数等で，国都として発展する余地にとぼしかった．それでも文周王から聖王16年(538)まで60余年間の都であった．その間に百済の努めたところは，南方への進出であり，それは換言すれば南方に残る倭の勢力を排除することであった．『日本書紀』による任那の興亡史上，最も大きな問題とされる「任那四県」(上哆唎(おこしたり)・下哆唎(あるしたり)・娑陀・牟婁)の百済への譲渡(継体天皇6年)，また引きつづく「己汶・帯沙」の譲渡(同7年)は，とりもなおさず，今の全羅南北両道の全面的支配を，百済に委ねたことを意味するものである．第2の問題は，急激な発展を示した法興王(514〜40在位)治下の新羅から受けた恐畏である．新羅は従来久しく高句麗の支配を受けていたが，法興王の前の智証王(500〜14在位)ごろから独立し，法興王代には形式・内容の備わった古代国家を建てた．そしてまず南方に任那諸国占領の兵をすすめた．百済は任那占領に後れをとった．新羅は，百済の聖王10年すでに任那の南半部を占領した．右のごとき百済の負った課題を解くため，百済は中国(南斉・梁)との外交関係の発展に努力し，したがって南朝文化の輸入には著しいものがあった．熊津時代約60年の百済の政治・外交的努力の蓄積は，ついに聖王16年における所夫里(泗沘，忠清南道扶余)への移都という，一大決心の実現となって実をむすんだ．

第4期の出現について，『三国史記』は「聖王十六年春，移=都於泗沘(一名，所夫里)_，国号=南扶余_」と記しているのみであるが，注意すべきは，この移都と同時に国号を改めていることである．正確にいえば，この第4期は南扶余国時代と呼称すべきである．国号改定こそ，泗沘移都の真相を物語っているといえよう．南扶余の「南」は，遠くさかのぼった北扶余の「北」に対応するもので，北扶余は百済の発祥地，原点である．この国号改称に伴っては，従来，始祖を東明王としたのをやめて仇台王と改めた形跡がある．泗沘移都の積極的志向が，いかに高遠なものであったかがうかがわれよう．新都は，旧都熊津よりわずか50kmほど下流で，同じく錦江南岸に臨む山城を王宮としたが，軍事的要害の形勢は旧都に数倍するのみならず，山城の南方には，市街建設の平地を持ち，さきに獲得した今の全羅南北道の経営にはきわめて有利な位置にあった．改号された南扶余国の実態は，全国が軍事的に編成されたことにある．王都(泗沘)は5部(上・中・下・前・後)に区分され，各部はさらに5巷に小区分され，各巷には兵500人が配された．地方は5方(中・東・南・西・北)の軍管区より成り，各方の長官を方領といい，副を方佐といった．5方のそれぞれの中心地および兵力などは，史料不備で，別表の程度しかわからないが，大略は察知される．王都を中方としていない点など，実際的考慮のあとが見える．方城にはおのおの6ないし10の小城が属し，小城には「城主」が置かれた．城主はまた「道使」と呼ばれた．百済最後の日，唐が接収した統計数によれば5部，郡37，城200，戸76万とある．5部は5方にあたり，郡37は，方城およびそれに属する小城の数であり，城200は普通の農民戸を包摂する城村の総数であろう．要するに南扶余時代の百済は，ほとんど軍事国家であったといってよい．ただ

しみのがし得ないことはこの軍事国家を強化粉飾するために、中国南朝（梁・陳）との関係発展につとめた事実である。南朝から受けた軍事的援助としては、とりたていうべきものがないが、仏教を中心とする芸術・文学など、総じて文化的収穫は多大なものがあったようである。軍国南扶余が直面した最大の問題は、さきにも記した新羅との関係であった。はじめは新羅と連合して北進、高句麗の南下を防遏したが、それによって得たところは、たちまち新羅に横取りされ、その報復のため、聖王はみずから軍を率いて新羅の北進の路を断ち、新羅本国に討ち入らんとしたが、国境にも達せず、狗川（函山城、今の沃川）の戦に敗れて戦死した（554年）。この敗北ののち、わずか数年にして、新羅は任那全域の占領を全うした（562年）。結局百済は対新羅関係においては全面敗北である。百済の当面した第2の対外関係は、さらに広い規模の中に置かれての関係である。それはいうまでもなく大陸の形勢の大変化に起因するものであった。百済の歴史が第2期に入ったときは、中国では五胡十六国時代が始まってすでに50余年を経過し、やがて南北朝時代に発展し（420年ころ）百済は以後主として南朝と交渉を持った。しかるに聖王が戦死して威徳王が即位して36年（589）、隋の南北統一が成功すると、直ちに、隋の統一は東北の大勢力たる高句麗をもその統一圏にとりこもうと企てるに至った。統一未だ固まらぬ隋は総力をあげて高句麗討滅戦争をおこし、大規模な来征前後4回（598年・612年・613年・614年）に及んで失敗し、しかもそのために隋は滅んで唐の時代となった（618年）。唐ははじめ高句麗と和平の策に出たが、根本的には隋と同じく、高句麗を唐の勢力圏内のものにせねば安じ得ない。唐の高句麗征討は、太宗の貞観18年（644）に開始され、爾後10余年に及んで間欠的に戦争が続けられた。その最後の段階において、唐は高句麗を南北からはさみうちにする計に出て、海上から兵を百済に入れるとともに、新羅を動かして百済を攻めしめ、百済は東西からはさみうたれ、もろくも王城（南扶余）は陥り、最後の王たる義慈王は唐に俘となって連行され、ここに軍国百済＝南扶余国は滅んだ（660年）。唐の東西および南北二重作戦は成功して、8年ののちには高句麗も滅び、隋の時以来70年の久しきにわたった戦争は終結した。百済の滅亡は高句麗の犠牲になったものといえよう。百済の王都の陥落は660年であったが、遺民の復興戦争はなお数年継続した。百済の滅亡はその復興戦争にまで言及せねば、完結したものとはいえない。復興戦争には、多分に倭軍が関係している。よって次に日本と百済との関係史を付説しよう。

〔対倭（日本）関係〕『三国史記』は阿莘王6年条に「夏五月、王与倭国結好、以太子腆支為質」という1条をもって対倭関係のはじめとする。したがってそれ以前のことも、この年の結好の理由もわからない。しかし幸いにも『日本書紀』によって、よりさかのぼり、より詳しく百済と倭との歴史的関係を推知することができる。とはいえ、『日本書紀』で充分とはもちろんいえない。書紀によれば神功皇后摂政46年斯摩宿禰が任那の卓淳国に奉使して行ったとき、去る甲子年7月、百済人来って、われわれは東方の貴国（倭国）につかわされて行こうとするものであるという旨を告げた、という記事から始まったように伝えている。この記事は、一見、百済と倭との関係が任那を経由ないし媒介としたことを物語るかのごとくであるが、たとえ右の記事を歴史の片鱗とみることができるとしても、関係はさらに古くさかのぼるものであることを知らねばならぬ。けだし倭人の朝鮮半島交通は、おそくも前漢末期（前1世紀）に始まり、特に後漢の光武帝の建武中元2年（57）の奴国への金印授与の事実、くだって後漢末（200年ころ）において分立され、西晋の終りごろ（313年）まで存続した帯方郡と倭との関係は否定すべくもない歴史事実である。百済はその歴史の第1期、慰礼時代の終りごろから、倭と何らかの交渉を持ったにちがいない。百済が第2期の漢城移都（371年）を実現した対高句麗戦における勝利にも、倭軍の援助の存在は想像にすぎないとするも、高句麗広開土王の百済征討、新羅救援の戦争（396年・400年・404年）に倭軍の介在は否定されず、漢城陥落（475年）して、第3期の熊津移都に際しても、高句麗は倭の勢力の存在を無視できなかった。第4期の南扶余国時代の建設は、倭の勢力の駆逐ないし排除によって可能であったといえる。しかも百済は、中国（主として南朝諸国）との関係においては、倭のそれに数等先んじており、したがって文化の面では、常に倭に対して先進国であった。百済の南朝諸国に対する遣使朝献と、倭国に対する貢調入質（397年以降）の事実は、百済の歴史の両面性を示す最も端的な現象といえよう。百済最後の日、唐・新羅両国軍によって王城が落とされる戦いには、倭国は援軍を出すいとまがなかったが、百済の遺臣鬼室福信らが反撃復興の戦いをおこすに至っては、舒明天皇3年（631）より倭国に質としてあること30年にも及んだ王子豊璋を、斉明天皇7年（661）百済王として援軍をつけて国に還らしめた。しかしこの救援の挙は、翌々年天智天皇2年（663）8月の白村江の大敗を以て終りを告げた。日本の立場からはなれても、百済の歴史紀年は、豊璋王（豊王）を第32代の王とし、滅亡の年は豊王3年（663）とすること、必ずしも牽強とはいえない。

参考文献　朝鮮総督府朝鮮史編修会編『朝鮮史』1ノ1～3、今西竜『百済史研究』、坂元義種『百済史の研究』、末松保和『任那興亡史』、白鳥庫吉「百済の起源について」（『白鳥庫吉全集』3所収）、胡口靖夫『近江朝と渡来人』

百済の官位 百済の官位については，『三国史記』によればその歴史の第1期(慰礼時代)に属する第8代古爾王の27年(260)に，ほとんど完備したように記しているが，もとより信用し得ない．そこに記された内容のほとんど全文が，中国正史(『周書』『隋書』『北史』『旧唐書』など)を総合して作られたものと考えられるからである．これらの記事にみえぬもので，断片的にあらわれる官位的なものがあって，むしろそのほうが真実を伝えているかと思われる．たとえば『日本書紀』に散見するものがそれである．この次第を表示すれば巻末付表のとおりである．　→付表〈百済の官位〉

参考文献　朝鮮総督府朝鮮史編修会編『朝鮮史』1ノ1～3，坂元義種『百済史の研究』，武田幸男「六世紀における朝鮮三国の国家体制」(『(東アジア世界における)日本古代史講座』4所収)

(末松　保和)

百済の遺跡 百済は，その国都がはじめ漢城(京畿道広州)にあり，その後熊津(忠清南道公州)ついて泗沘(忠清南道扶余)にあった関係で，現在これらの地域や当時百済の領域内とみなされる地域に遺跡が残っている．ことに公州および扶余の地を中心として顕著である．遺跡には都京関係の遺跡や山城・古墳・寺址などが特に著しい．〔都京〕漢城に都した時代は，風納里土城のごとく重要な遺跡があるが，その性格についてはなお問題が多い．熊津の時代には，公州が都京であり，王宮は公山城の南麓にあたる地域と推定されているが，遺構の顕著なものは発見されていない．しかし地形的には考慮してよい場所であり，後背の公山城の北には錦江の流れがあり，周辺の連亘する山は王京を囲む自然の羅城をなしたことも考えられる．泗沘の時代は，王宮の所在地は扶蘇山の南の広々とした傾斜地と認められる．都京は，この扶蘇山を北にし，錦城山をふくめた広々とした平地を占めたもので，ことに羅城が扶蘇山の東西から派出して都京を囲んでいる．〔山城〕漢城時代にも南漢山城・広津山城などが考えられるが，公州・扶余を都京にした時代には，聖興山城・韓至山城・箕準山城・大興山城などが存する．これらの城壁は石塊を混じた土塁または石塁で囲まれ，高峻な山稜を利用して営まれている．〔古墳〕漢城時代のものは，ソウル特別市東郊の漢江周辺の地域に多く，土墳のものと積石塚のものとがある．内部構造として木棺を収めた土壙，割石を横積みにし上部を縮約させた横穴式石室の系統のものがあるが，この形式は，帯方郡の故地に発達した塼室墳の影響をうけたものと考えられる．公州においては，その周辺に存するもので，土墳であり，塼室墳と石室墳とがある．石室墳には板石を用いて壁にしたものが多く，天井が平天井のほかにアーチ形のものもあり，また合掌形の例もある．一方塼室墳は，石室墳に先行して発達したものとみなされるが，武寧王陵もその1例であり，年代の1点を把握する上にも重要であるとともに，その墓室の構造は豊富な副葬品とともに東アジアの墓制の中でも特殊である．またその付近の宋山里6号墳は，同じ構造をなす塼室墳であるが，四神の壁画のある点で貴重である．この種の塼室墳には中国南朝文化の影響が濃厚であるとともに，その構造に帯方郡遺民の技術的導入のあったことも無視できない．扶余においては板石による石室のものが多く，陵山里の古墳群の中には壁画の存するものもある．その他，全羅北道益山郡八峯面の双陵といわれる古墳には木棺のある石室が発見されている．〔寺址〕特に公州・扶余を中心として存する．公州付近では『東国輿地勝覧』には，西穴寺・舟尾寺などの名が記されている．これらには新羅統一時代の遺構が見られるが，百済時代から存在したことが考えられ，ことに山地に存することにも特色がある．また舟尾寺(公州郡利仁面)は石窟寺院様式をそなえていることも重要である．扶余においては，『三国史記』に王興寺・漆岳寺・天王寺・道譲寺・白石寺などの名がみえる．これらのうち，王興寺は遺跡の上からも明らかにされているものであるが，その他，発掘調査されたものに軍守里廃寺址・定林寺址などがある．前者は木造の塔址が存し，深く心礎が収められており，後者には平済塔といわれる五層石塔が存するが，いずれも，中門・塔・金堂・講堂が南北一直線にならぶいわゆる四天王寺式の伽藍配置を示し，日本の古代寺院の源流を考える上に重要である．また全羅北道益山郡金馬面にある弥勒寺址は，東アジアの中でも最も広大な寺域を占める壮大な寺院であることが明らかにされた．

参考文献　斎藤忠『古都扶余と百済文化』

(斎藤　忠)

016 百済氏 くだら　百済よりの帰化氏族にして，百済を以て氏名とする氏族をいう．帯する姓(かばね)としては，王(こきし)・朝臣・宿禰・公・伎(てひと)・造・連などがあり，また無姓の者も存し，貴賤さまざまである．ちなみにいうが，百済系氏族には，大化以前に移籍せるものと，百済滅亡時に亡命帰化せるものとがある．而して，後者には，故国において高級貴族・高級技術者の地位にあったものが多数含まれ，朝廷もまた彼らを遇することきわめて厚かった．故に，貴姓を称する者の多くは後者であると考えてよい．なお，百済系氏族には，百済王某々の子孫ととなえる者が多いが，百済王氏以外は，はたしてそれが真なりや否や明らかでない．以下，百済王氏以外の当該氏族について略述してみよう．(1)百済公氏　天平宝字3年(759)に鬼室氏中の数家，同5年に余民善女ら4人，弘仁2年(811)4月に，百済部広浜ら100人に賜姓されている．朝廷は，百済系帰化氏族のうち，功績のあった戸に，その所出を問わずこの氏姓を与えたものと考えられる．

『新撰姓氏録』には百済公氏として，数流の家柄が挙げられている．なお，大阪府堺市大野寺址出土の文字瓦には，百済君刀自古なる名がみえるから，この姓は，天平宝字3年以前にすでに賜姓せられていたことが知られる．(2)百済朝臣　天平宝字2年に余益人・東人ら4人，承和7年(840)に，余河成・福成ら3人に賜姓のことがみえている．右のうち益人は陰陽師，東人は造法華寺判官，河成は画家である．したがって，朝廷は，百済系氏族のうち，技術優長の者の家に，この姓を与えたのではないかと思われる．『姓氏録』には，都慕王30世の孫恵王の後ととなえる一流のみが載せられているが，その所出には数流あったと考えられる．(3)百済宿禰　弘仁3年以降，飛鳥戸造氏中の一部がこの姓を賜わっている．その中には比有王の子孫ととなえる者，琨伎王の子孫ととなえる者があり，これまた所出を異にする家が，この氏姓の下にまとめられたことが知られる．(4)百済伎　職員令大蔵省および内蔵寮にみえる百済手部なる伴部の家柄は，この氏族であろう．しかりとすれば，それは皮革細工に使役される百済戸の伴造家である．(5)百済造・百済連　『日本書紀』天武天皇12年(683)条に百済造に連姓が与えられている．(6)無姓　『大日本古文書』編年文書に散見する舎人，校生らの百済氏族人は，その大方が無姓である．また，『続日本紀』養老6年(722)条などにみえる律令の編者百済人成も，少なくとも天平宝字元年までは無姓であったと考えられる．百済を氏名とする氏族としては，ほかに百済安宿造氏(『大日本古文書』15など)，百済末士氏(『日本書紀』持統天皇5年(691)9月条)などがあるが，省略に従う．

　参考文献　栗田寛『新撰姓氏録考証』，佐伯有清『新撰姓氏録の研究』考証篇　　　　（利光三津夫）

017 百済楽 くだら　古代雅楽の三韓楽(三国楽)の1つ．欽明天皇15年に，百済楽人の交代で，施德三斤・季德己麻次・季德進奴・対德進陀の4名が来朝したという『日本書紀』の記事が初見．令制では治部省雅楽寮に，新羅・高麗(こま)とともに楽師4人・楽生20人とある．楽器は横笛・箜篌(くご)・莫目(まくも，形状不明)で，箜篌は百済琴(くだらごと)といわれ，正倉院に残欠の存する，中国の竪箜篌(起源は西アジア)である．平安時代中期の左方唐楽・右方高麗楽の二分制で，高麗楽に吸収された．今日の高麗楽曲にこれが百済楽と明示できる曲はない．

　参考文献　吉川英史『日本音楽の歴史』
　　　　　　　　　　　　　　　　　（岸辺成雄）

018 百済記 くだらき　書名．完全な本は伝わらず，逸文が『日本書紀』にみえるだけである．神功皇后摂政47年条千熊長彦の分注に「百済記云，職麻那那加比跪者蓋是歟」とあるのを初見とし，同62年条，襲津彦を遣わして新羅を撃たしむとある分注に「百済記云，壬午年，新羅不奉貴国，貴国遣沙至比跪令討之」以下長文の引用がある．このほか，「百済記」と明記した引用は，応神天皇8年条の分注，同25年条の分注，雄略天皇20年条の分注の3回であるが，『百済記』の名に触れなくて，明らかに『百済記』を材料として本文を作ったと思われる記事が神功紀・応神紀に数カ所みられる．これらの記事によって察する限り，この書は近肖古王代から蓋鹵王代までの百済の歴史を記したものであるが，日本のことを「貴国」と記し，「天皇」「天朝」などの称を用いているところを見ると，単純な自国の史書ではない．日本人に示してその歓心を得ることを目的としたものであり，あるいは百済滅亡後日本に亡命した百済人が所持した年代記風のものをもとにして修辞を加え，『日本書紀』編集の所に提出したものかと思われる．→百済新撰(くだらしんせん)　→百済本記(くだらほんぎ)

　参考文献　三品彰英『日本書紀朝鮮関係記事考証』，津田左右吉「百済に関する日本書紀の記載」(『日本古典の研究』下所収)，坂本太郎「継体紀の史料批判」(『日本古代史の基礎的研究』上所収)，木下礼仁「『日本書紀』にみえる「百済史料」の史料的価値について」(『日本書紀と古代朝鮮』所収)，笠井倭人『古代の日朝関係と日本書紀』（坂本太郎）

019 百済戸 くだ　令制下，内蔵寮と大蔵省に所属し，靴・履・鞍具など皮革製品の生産に従事した帰化系工人．令制前のべ身分の系譜をひくもの．内蔵寮に10戸，大蔵省に11戸が配され，それぞれ長上官の典履2人の指揮をうける．百済手部が継続した上番勤務であるのに対し，百済戸は臨時召役の勤務とされている点が両者の相違である．百済戸は百済手部の勤務を補完する予備軍的存在といえる．大蔵省所属のものの本貫地は明記されていないが，内蔵寮のものは左京貫付のものが6戸，紀伊が4戸とされている．彼らが京内だけでなく紀伊にも貫せられていることは，彼らの先祖がかつて百済から渡来してきた折に定着した地域の広がりを推測させる．彼らもまた雑戸として，調傭(役)を免ぜられた．5世紀末から6世紀にかけて百済から渡来した各種の技術者は，令制下に多く品部・雑戸に編成されたといわれる(『令集解』所引別記)．→百済手部(くだらのてひとべ)

　参考文献　平野邦雄『大化前代社会組織の研究』，浅香年木『日本古代手工業史の研究』，筧敏生『古代王権と律令国家』，狩野久「品部雑戸制論」(『日本古代の国家と都城』所収)　　（狩野　久）

020 百済新撰 くだらしんせん　書名．完全な本は伝わらず，逸文が『日本書紀』にみえることは，『百済記』と同じである．この書の引用は3カ所で，初見は雄略天皇2年条百済の池津媛が石河楯に姪けたという記事の分注に「百済新撰云，己巳年蓋鹵王立，天皇遣阿礼奴跪来

索=女郎_，百済荘=飾慕尼夫人女_曰=適稽女郎_貢=進於天皇_」とある．これによって，『百済新撰』も『百済記』と同じように，干支をもって年紀を記し，「天皇」「貢進」というような敬語を，日本に対して使っていたことがわかる．また蓋鹵王の即位は，『三国史記』によると，乙未年(455)とされていて，己巳年(429)とは26年の差がある．『百済記』にみえる歴代王の即位や薨年は完全に『三国史記』に一致するので，『百済新撰』の年紀は，『百済記』とは別の系統のものである．このほか雄略天皇5年条・武烈天皇4年条の分注にもこの書の引用があるが，そこでも日本のことを「大倭」または「倭」と記し，「天皇」の称号を用いている．もとは『百済記』とは別の百済の記録であるが，やはり日本に来た百済人が修辞を加えて，『日本書紀』編修の史局に提出したものであろう． →百済記(くだらき) →百済本記(くだらほんぎ)

参考文献 三品彰英『日本書紀朝鮮関係記事考証』，津田左右吉「百済に関する日本書紀の記載」(『日本古典の研究』下所収)，坂本太郎「継体紀の史料批判」(『日本古代史の基礎的研究』上所収)，木下礼仁「『日本書紀』にみえる「百済史料」の史料的価値について」(『日本書紀と古代朝鮮』所収)，笠井倭人『古代の日朝関係と日本書紀』　　　(坂本 太郎)

021 **百済寺** くだらでら (一)大阪府枚方市中宮にあった寺．延暦2年(783)10月，桓武天皇が交野で遊猟したとき，行在所に供奉した百済王氏の一族の位階を進め，百済寺に近江・播磨の正税各5000束を施入した(『続日本紀』)とあるのがこの寺の初見であり，百済王氏(百済の義慈王の子禅広王の子孫)がこの寺と密接な関係にあったことがわかる．おそらく同氏が創立し，管理した寺であり，出土瓦から奈良時代後期の創立で，平安時代にも存続したと推定される．昭和7年(1932)と同40年に行われた百済寺址の発掘調査によると，薬師寺式伽藍配置をもつ寺で，南大門・中門・東西両塔・金堂・講堂・後方建物があり，中門の両側から出た回廊は両塔を囲んで金堂の両側に達していた．寺内東南隅には別院の跡が検出された．特別史跡に指定されている．

参考文献 『百済寺阯の調査』(『大阪府史蹟名勝天然紀念物調査報告書』4)，工藤圭章他『河内百済寺跡発掘調査概報』　　　(福山 敏男)

(二) ⇨ひゃくさいじ

022 **百済王氏** くだらのこにきし　百済滅亡時の国王義慈の王子善光を祖とする一族．「百済王」なる号は，白村江の戦敗北直後に，朝廷より授けられたもので，そのころは，称号の一種であり氏姓とは異質であったと推定される．それが氏姓と同質なものに変じたのは，持統天皇5年(691)のころ，すなわち，善光に日本の位階が授けられ，その臣属が確定せる時と考えられる．ちなみにいうが，この「王」姓は音読せず「コキシ」「コニキシ」と朝鮮風に訓じられたと思われる．持統朝以降，百済王氏一族は，朝廷の殊遇をこうむり，高位高官に昇る者数多く，また，その本拠難波百済郡・河内交野郡には，しばしば行幸のことがあり，名実ともに帰化氏族中第一の名家たる地位を保ち続けた．百済姓を称する氏族にして，百済王某々の子孫と唱するものは数多い．しかし，真に王族の礼遇をうけていたものは百済王氏に限られるといってよい．奈良・平安時代における同氏を語る上においてさらに注意すべきことは，同氏が，他の多くの百済系氏族より宗家と仰がれ，朝廷もまたかかる私的な連帯意識(それは非律令的といえると思う)を認めていた形跡が見出されることである．その証拠の1は，百済王氏にして，官界に活躍せる人々の伝を案ずるに，しばしば，右のごとき結合関係を想定せしめる事実に行き当たることであり，その2は，桓武天皇の生母の実家和(やまと)氏(高野朝臣)に対する礼遇が，直ちに百済王氏に及んでいることであり，その3は，百済系帰化人津連が菅野朝臣と賜姓されるに際して，その上表文に，百済王元信らが名を連ねていることである．百済王氏の勢威は，朝廷の恩遇と，中級・下級官僚層にあって律令制運用に重要なる役割を果たしつつあった百済系帰化人の総轄者たる地位とによって支えられ，きわめて大なるものがあったと思われる． →百済氏(くだらうじ)

```
善光〔禅広〕───昌成───郎虞─┬─南典
                              └─敬福
```

参考文献 利光三津夫「百済亡命政権考」(『律令制とその周辺』所収)　　　(利光三津夫)

023 **百済王敬福** くだらのこにきしきょうふく　698～766　奈良時代の貴族．百済王郎虞(善光の孫)の三男．天平初年に陸奥介として赴任し，爾後天平勝宝2年(750)に至るまで十数年間，若干の例外を除いて介，天平15年(743)以降は陸奥守として，東北の経営に従事した．陸奥国衙時代の特記すべき事跡としては，天平勝宝元年4月，盧舎那仏建立に際して，部内小田郡より産出した黄金900両を，その塗金材料として献じたことであって，その功により一躍，従五位上より従三位に叙され，洋々たる前途を開いた．ちなみにいうが，敬福が，かかる好機をつかみ得たのは，このころ，百済王家の旧家臣筋に属する国中公麻呂が，大仏造立の総監督的地位にあったからではないかと思われる．同2年，宮内卿として中央に帰還した後の彼の官歴は順調であり，常陸守・掾習西海道兵使・出雲守・南海道節度使・讃岐守などを経た後，天平宝字末年には外衛大将，天平神護初年には刑部卿に任ぜられた．その没年は，天平神護2年(766)6月壬子(28日)，極官は従三位刑部卿である．69歳．在官時代の彼の行動，ならびに『続日本紀』天平神護2年6月壬子条所載の伝よりすれば，敬福は豪

放かつ決断に富んだ人物であり，さらに武官として，すぐれた才伎を有したごとくである．彼が聖武帝の恩寵を蒙り，その兄南典に匹敵する立身をなしたのは，主としてその故であるとみてよいと思う．

　参考文献　今井啓一『百済王敬福』
（利光三津夫）

024　百済王俊哲 くだらのこきししゅんてつ　?～795　奈良時代の貴族．百済王敬福の孫と推定せられる．若年より東北の経営にあたり，宝亀6年(775)11月，従六位上にして蝦夷追討の功により勲六等を授けられ，以後天応元年(781)9月に至るまでに位は正五位上勲四等，官は陸奥鎮守副将軍に達している．しかるに，延暦6年(787)，彼は何事かに坐して日向権介に左降せられた．奈良・平安時代の百済王氏一族の伝を案ずるに，この族人にして左降あるいは処罰せられた者は，この俊哲を含めて1，2名にすぎず，きわめて少数である．当代の百済王氏の地位を考究する上において注意を要すべきこととして，ここに一言しておく．同9年3月，彼は罪を免ぜられ，入京を許され，爾後桓武天皇のいわゆる第2次蝦夷征討に参加せしめられた．免罪の因由は，彼の武官としての才が惜しまれたことと，その前月百済王氏を外戚とする詔が出され，同氏に対する礼遇が高められたこととにあると思う．免罪入京以降，彼の官歴は順調であり，同10年正月下野守，同年7月，大伴弟麻呂の副として征夷副使に任ぜられ，同年9月には，下野守兼陸奥鎮守将軍に補せられた．その没年は，同14年8月7日，極官は『続日本後紀』などの記載によれば，従四位下勲三等であったと考えられる．彼の一族には後宮に関係する者が多く，一説によれば彼の姉であるという明信は尚侍となり，従二位を授けられ，またその娘貴命は，嵯峨天皇の女御となり，忠良親王の母となった．

　参考文献　今井啓一『百済王敬福』
（利光三津夫）

025　百済王善光 くだらのこきしぜんこう　生没年不詳　百済滅亡時の国王義慈の王子．長兄隆は唐軍に捉えられ，長安に抑留されたが，のち唐の傀儡として熊津都督に任ぜられた．次兄豊璋は，日本によって百済王に冊立されたが，白村江の戦敗北後は，高句麗に亡命した．善光は，舒明天皇3年(631)3月，豊璋とともに日本へ人質として送られ，白村江の戦に際しては，1人日本に留められた．よって彼の地位は，爾後における朝廷の百済恢復計画に名分をそえる貴重なものと変じ，それ故に大なる優遇をこうむったごとくである．筆者は，天智・天武天皇の時代に善光が帯している百済王なる称号が，氏姓と異質であること，善光には官位が与えられず，すなわち臣属の形式がとられていないこと，天武天皇の葬儀に際して，彼が独立してそれに参加していること等々より推して，このころ善光は朝廷より百済国王に準ずる待遇を与えられていたと考えている．持統天皇の時代に至って，朝廷は従来の方針を変更し，善光に正広肆の官位を与え，彼とその一族を日本の貴族制に組み入れている．善光が「余」なる百済王家の姓を捨て，百済(氏)王(姓)と称するようになったのも，このころであると考えられる．朝廷の方針変更の理由は，国際情勢の変化により，百済恢復のことが全く絶望的となったからであろう．善光の没年は明らかでないが，『日本書紀』持統天皇7年(693)正月条にみえる贈位の記載よりみて，その直前であったと考えられる．なお，善光は「禅広」と記されている場合もある．また『唐書』劉仁軌伝によれば，唐人は彼を「余勇」と呼んでいた．

　参考文献　利光三津夫「百済亡命政権考」（『律令制とその周辺』所収）
（利光三津夫）

026　百済手部 くだらてひとべ　令制下，内蔵寮と大蔵省に所属し，靴・履・鞍具など皮革製品の生産に従事した帰化系工人．百済戸が令制前のべ身分の系譜をひくのに対し，これはトモ(伴部)身分．内蔵寮に10口(人)，大蔵省に10戸が配られ，それぞれ長上官である典履2人に統轄される．供御のものを製作する内蔵寮所属のものは，左京に本貫地があり，10口は5口ずつ2番に編成され，交替して工房に上番し生産に従事した．一方大蔵省所属のものは，一般に支給する賞賜のものを製作するが，左京に8戸，右京に2戸が居り，勤務は内蔵寮同様1番5人の役で，1ヵ月に2回交替の勤務である．この場合，1人が1ヵ月に縫う履の量は，16両と定められていた．百済手部は雑戸とされ，調徭(役)を免除された(『令集解』所引別記)．彼らは文字通り百済から渡来した技術者の末裔で，『日本書紀』には，応神・雄略の両朝に百済から各種の技術者が渡来したことを伝えている．　→百済戸（くだらこ）

　参考文献　平野邦雄『大化前代社会組織の研究』，浅香年木『日本古代手工業史の研究』，筧敏生『古代王権と律令国家』，狩野久「品部雑戸制論」（『日本古代の国家と都城』所収）
（狩野　久）

027　百済本記 くだらほんき　書名．完全な本は伝わらず，逸文が『日本書紀』にみえることは，『百済記』『百済新撰』と同じである．この書の引用は，継体天皇3年・7年・9年・25年条，欽明天皇2年・5年・6年・7年・11年・17年条に，すべて18ヵ所引用せられている．それらは「百済本記云」と明記された分注の場合であるが，さように明記されなくても，継体・欽明2紀の百済・加羅・新羅などに関する記事が，『百済本記』に拠っていると推せられる部分はすこぶる多い．『日本書紀』の編者がいかにこの書を重んじたかは，継体天皇の崩年について，『日本書紀』の「或本」は28年甲寅としたのを退けて，この書によって25年辛亥と定めたことから察せられる．この書は年を干支で記すほか，月次・

日次まで記す克明な記録の体をとっており，『百済記』『百済新撰』よりはるかに実録の体を深めている．百済王代では武寧王から威徳王初年にわたるものであり，百済が日本と盟約して加羅諸国を率い新羅に対抗しようという意図を書中に強く打ち出している．「日本」という国号を用い，「天皇」という称を用いるなど，日本に対する敬意は失われていない．他の百済の記録と同じように日本に亡命した百済人がその所持した記録を材料として編述し『日本書紀』編修の史局に提出したものであろう． →百済記（くだらき） →百済新撰（くだらしんせん）

[参考文献] 三品彰英『日本書紀朝鮮関係記事考証』上，津田左右吉「百済に関する日本書紀の記載」（『日本古典の研究』下所収），坂本太郎「継体紀の史料批判」（『日本古代史の基礎的研究』上所収），木下礼仁「『日本書紀』にみえる「百済史料」の史料的価値について」（『日本書紀と古代朝鮮』所収），笠井倭人『古代の日朝関係と日本書紀』　　　　（坂本　太郎）

028　口之津　くちのつ　長崎県南島原市の地名．島原半島南端の港．戦国・安土桃山時代のころキリシタン信仰の栄えた地である．永禄6年（1563）この地方の領主有馬義直（のち義貞）に招かれたイエズス会士ルイス＝デ＝アルメイダがはじめてこの地を訪れて布教を行い，城主口ノ津殿をはじめ250人に洗礼を授けた．口ノ津殿は義直の家臣で，洗礼名をジョアンといった．その後同八年パードレ，コスモ＝デ＝トルレスがこの地を布教の中心としてからは信仰が栄え，またポルトガル船もしばしば入港した．天正7年（1579）にはレオネル＝デ＝ブリット船長の貿易船でイエズス会の巡察師アレッサンドロ＝バリニャーノが渡来し，この地に宣教師たちを集め，日本布教の方針について重要な会議を行なった．口ノ津会議とよばれている．翌8年に長崎が教会領となってからは，貿易港としては衰えたが，なお江戸時代の初めまでは信仰が盛んだった．明治22年（1889）市制・町村制施行による口之津村となり，昭和3年（1928）町となる．平成18年（2006）3月31日，周囲の7町と合併して南島原市となる．

[参考文献]『口之津町史』　　　　（岡田　章雄）

029　愚中周及　ぐちゅうしゅうきゅう　1323～1409　南北朝時代から室町時代初期にかけての禅僧．臨済宗楊岐派松源派．別号岳松子．美濃国の人．元亨3年（1323）に生まれる．13歳の時，臨川寺において夢窓疎石に従って剃髪，周及と安名（あんみょう）．長身で高沙弥と称された．このころ春屋妙葩・鑑翁士昭に教えをうけ，竜湫周沢・黙庵周諭に親炙．暦応4年（1341）建仁寺に掛錫（かしゃく）ののち，入元して月江正印に参じ，愚庵の道号を得た．のちに自分で愚中と改む．康永2年（1343）即休契了（しっきゅうかいりょう）に参じて書状侍者・衣鉢侍者などを勤め10年ちかく近侍した．観応2年（1351）帰国．その9月，夢窓の示寂に遭い，3年心喪をつとめて法恩に酬いた．文和2年（1353）南禅寺に書記となり，結制秉払を勤めて即休に嗣法することを表明，ために迫害されて同寺少林院に隠れ，さらに隠棲を志して摂津棲賢寺，播磨，丹波などを転々とした．貞治4年（1365）丹波天寧寺に住す．応永4年（1397）小早川春平の請により安芸仏通寺開山となる．その後将軍足利義持の帰依をうけ，義持に『金剛経』を講じ法要を説いた．16年，義持の奏請により紫衣を賜わる．この年天寧寺に帰り，8月24日，義持の預修仏事を勤め，25日示寂，87歳．遺骨は天寧・仏通両寺に納められた．諡号仏徳大通禅師．法嗣に千畝周竹・諾渓清唯らがいる．行状は門人一笑禅慶の著わした『年譜』に詳しい．著書に『大通禅師語録』（一名『卯余（こうよ）集』，『草余集』は誤り）5巻，『稟明抄』（『宗鏡録抄』）がある．

[参考文献]『大日本史料』7ノ12，応永16年8月25日条，玉村竹二「足利義持の禅宗信仰に就て」（『日本禅宗史論集』上所収）　　　　（今泉　淑夫）

030　朽木昌綱　くつきまさつな　1750～1802　江戸時代後期の丹波国福知山藩主．朽木氏第8代目．寛延3年（1750）正月27日江戸に生まる．父は6代目藩主綱貞（星橋）．幼名は斧次郎，のち左門．安永6年（1777）始謁，9年12月18日叙爵従五位下隠岐守となり，天明7年（1787）11月22日7代目藩主舗綱死去ののち襲封，寛政6年（1794）近江守と改めた．号は竜橋・宗非・不見・真了．和漢の学ならびに和歌に長じた．前野良沢に師事して大槻玄沢らとともに蘭学を学び，玄沢の長崎留学の学資を給し，彼の『蘭学階梯』に序文を書いた．当時の大名中随一の蘭学者となり，杉田玄白・桂川甫周・司馬江漢や特に長崎のオランダ商館長イザーク＝ティツィングIsaak Titsinghらとの交渉が深く，しばしば蘭文の信書を交換した（京都大学所蔵）．当時もっぱら中国のみに憧れていた世人を啓蒙するため，良沢・ティツィングや長崎の蘭通詞荒井宗十郎らの助力を得て，諸外国の地理書を調べて『泰西輿地図説』（17巻6冊，荻野信敏序，主としてヨーロッパ地誌）を著わした．石川県立図書館（金沢）にはティツィングより昌綱に贈った

地図(Atlas Nouveau)があり，前野良沢によるその和訳解説書『輿地図編小解』が明治大学図書館(東京)に所蔵されている．昌綱はまた宇野宗明を師として古泉学で一家をなし，漢銭については宋の洪遵の『泉志』に則って真偽を鑑定し，洋銭の収集にはティツィングらの助を得，その銭形銘文を模写して『新撰銭譜』『増補改正孔方図鑑』『増補改正珍貨孔方図鑑』『西洋銭譜』『彩雲堂蔵泉目録』『泉貨分量考』『弄銭奇鑑』『和漢古今泉貨鑑』などを刊行した．また画をよくし，特に墨竹を好み花鳥山水をも描いた．なお茶道を松平不昧(治郷)に学び，不見庵宗非と号した．茶禅一味で禅学を大徳寺住持一道宗等和尚に学び，寛政12年閏4月9日致仕，同24日剃髪して近江入道と称した．城下に目安箱を設けるなど藩政にも熱意があった．享和2年(1802)4月17日江戸霊岸島箱崎の中屋敷において死去した．享年53．法名は不見院殿相外真了宗非大居士，高輪泉岳寺に葬られた．

参考文献　『朽木家文書』(朝暉会所蔵)，『寛政重修諸家譜』417，山口梁之助編『福知山城史』，同編『福知山城史拾遺』，同編『天田郡志資料』下，京都府立福知山中学校編『朽木昌綱公事蹟調査備忘録』，同編『朽木昌綱公』，園部昌良編『蘭学資料としての『ATLAS NOUVEAU』と『輿地図編小解』』，芦田完『福知山市誌』下1，高浜二郎『初期の蘭学』，塩見繁行「朽木昌綱侯とイザーク=チチング」(『ふくち山』1・2)，芦田完「園部昌良氏の『アトラスヌーボーと輿地図編小解の研究』について」(同174・175)，横山伊徳編『オランダ商館長の見た日本―ティツィング往復書簡翰集―』

(芦田　完)

031 九里金〈くぜ〉〈ん〉 ⇒外国金銀(がいこくきんぎん)

032 工藤平助〈くどうへいすけ〉 1734〜1800　江戸時代の医者で経世論者．名は球卿，字(あざな)は元琳，万光と号した．享保19年(1734)に生まれる．和歌山藩医長井常安の三男で，13歳の時，江戸常詰の仙台藩医工藤丈庵の養子となり，医術を養父に，経史を服部南郭に学んだ．宝暦5年(1755)家督を相続して玄米300俵を給せられた．かれははじめ周庵と称したが，のち君命により還俗して，平助と改称したため，俗医師とよばれたという．営利の才に富み，阿蘭陀通詞吉雄幸作(耕牛)と結託して，蘭癖大名や富裕町人を相手に，オランダ渡来の商品の取引を行い，あるいはまた公事沙汰や賄賂・請託の仲介を行うなどして巨利を博した．他方，前野良沢をはじめ中川淳庵・桂川甫周・大槻玄沢らの蘭学者と親交あり，かれらを通じて海外事情を学んだ．なおかれは藩の出入司を兼務し，藩財政を担当したと伝えられるが，これを裏付ける史料がない．かれの著書の中で最も有名なのは『赤蝦夷風説考』である．同書は，当時識者の間でようやく注目されつつあったロシア問題をとりあげ，その対策を論じて，天明3年(1783)老中田沼意次に献上したもので，上下2巻からなる．そのうち下巻は，主として蘭書の知識に基づき，ロシアの東方経略の歴史とカムチャツカの現状を述べたものであるが，その中で特に注目されるのは，日本とロシア領との地理的関係を明らかにした点である．上巻は，下巻に記載された知識をふまえて，ロシア対策を具体的に論じたもので，蝦夷地の金銀山を開発してロシアと交易を行い，その利潤をもって蝦夷地を開き，ロシア勢力の南下に備えるべきことを主張している．この献策は幕府に採用されて蝦夷地調査隊の派遣となり，その報告に基づいて大規模な蝦夷地開発計画が立案されたが，田沼の失脚とともに中止された．工藤にはこのほか，天明年間に密貿易対策を幕府に献策した『報国以言』や仙台藩の財政改革を論じて藩主に献じた『管見録』(寛政2年(1790))などの著述がある．寛政12年12月10日没．67歳．法名観是院相誉如実元琳居士．江戸深川平野町(江東区深川)の心行寺に葬られた．

参考文献　辻善之助『田沼時代』(『岩波文庫』)，大友喜作「赤蝦夷風説考」解説(『北門叢書』1)，海老名一雄「開国論の濫觴」(『歴史地理』16ノ1・2・4)，河野常吉「赤蝦夷風説考の著者工藤平助」(『史学雑誌』26ノ5)

(佐藤　昌介)

033 国後島〈くなしりとう〉　千島列島最南端の島．松前藩には北海道本島の東端目梨蝦夷を通じて古くから知られていたが，直接関係を持ったのは享保16年(1731)酋長が松前を訪れ，宝暦4年(1754)場所が置かれて以来のことである．寛政元年(1789)国後・目梨蝦夷の乱により支配が強化され，同11年幕府蝦夷地直轄以来千島経営の重要拠点となった．文化8年(1811)ゴロウニン拘囚事件起る．万延元年(1860)仙台藩領となり，明治2年(1869)千島国国後郡となり秋田藩に属したが，まもなく開拓使管轄となり，根室県を経て北海道庁の管轄となるや根室支庁に属し，泊・留夜別に村が置かれていた．第2次世界大戦敗戦以来ソ連・ロシアの占領下にある．昭和20年(1945)10月現在，面積1500km²，人口7370人(北海道庁調べ)．

参考文献　『(新撰)北海道史』，『新北海道史』

(高倉新一郎)

034 狗奴国〈くなの〉こく　『魏志』東夷伝倭人条にみえる国名．『魏志』には，斯馬国以下奴国に至る21の国名をあげて，「此れ女王の境界の尽くる所なり」(原漢文)とし，ついで「其の南に狗奴国あり」(同)と記述する．そして男子を王とし，その官に狗古智卑狗(くこちひこ)があり，女王に属せずと表現している．また倭の女王卑弥呼(ひみこ)は狗奴国の男王と対立したと描く．狗奴国については，熊襲・日向・熊野・毛野などの地方に求める各説があるが，邪馬台(壱)国所在論との関連で，その所在にかんしても見解に対立がある．『魏志』に

は「狗奴国男王卑弥弓呼素不和」とあるが，その読み方も「狗奴国の男王卑弥弓呼，素より和せず」とする説や「狗奴国の男王卑弥弓呼素，和せず」とする説などがある．

参考文献　三品彰英『邪馬台国研究総覧』，水野祐『日本古代国家』(『紀伊国屋新書』B 25)

（上田　正昭）

035　国次印官之引付〔くになみいんかんのひきつけ〕　中世末期，対馬で作成された日朝外交の史料．『朝鮮送使国次之書契覚』の一部として知られ，同書はもと対馬の宗氏に伝えられ，現在は大韓民国国史編纂委員会に所蔵される．『朝鮮送使国次之書契覚』の前半部は，「宗左衛門大夫覚書」とよばれ，永正7年(1510)から同12年まで，三浦(さんぽ)の乱後，壬申約条成立(永正9年(1512))前後の朝鮮船と日本船の往来を記録している．日本国王使弸中や，朝鮮人漂流人の記事などがある．後半部は，さらに「印官之跡付」と題する部分(元亀3年(1572)～天正3年(1575))と「国次印官之引付」(天正8～14年)に分かれる．印は図書，官は官職，冠は冠服を朝鮮から受けたことを示し，国次は国並とも書かれ，対馬島主宗氏の朝鮮への歳遣船をさす．「印冠之跡付」は，対馬の鰐(わに)浦における渡航船隻の検按の記録であり，「国次印冠之引付」は，渡航に必要な文書発行に関する記録であり，対馬府中(厳原)で作成されたものとみられる．これらは，宗氏本宗家が，歳遣船の権益や，別人名義の図書を家臣に与え，彼らに使船を運用させた実態を示しており，偽使外交権益の運用や分配状況を知る貴重な史料である．本書は，前半部と合わせて『朝鮮送使国次之書契覚』として，田中健夫『対外関係と文化交流』に全文が翻刻されている．→朝鮮送使国次之書契覚(ちょうせんそうしくになみのしょけいおぼえ)

参考文献　中村栄孝『日鮮関係史の研究』下，荒木和憲『中世対馬宗氏領国と朝鮮』，田中健夫「中世日鮮交通における貿易権の推移」(『中世海外交渉史の研究』所収)，長正統「『朝鮮送使国次之書契覚』の史料的性格」(『朝鮮学報』33)，田代和生・米谷均「宗家旧蔵「図書」と木印」(『朝鮮学報』156)，米谷均「16世紀日朝関係における偽使派遣の構造と実態」(『歴史学研究』697)

（関　周一）

036　忽必烈〔クビライ〕　⇨フビライ

037　熊谷直盛〔くまがいなおもり〕　？～1600　安土桃山時代の武将．豊後国安岐城主．通称半次(郎)，のち内蔵允，編纂物には名を直陳ともする．豊臣秀吉に仕え，金切裂指物使番の一員．文禄元年(1592)，秀吉の朝鮮出陣に宿奉行を勤め，さらに使番として朝鮮へ渡り，垣見一直らと活躍した．翌2年8月には帰朝，同年閏9月，秀吉の直轄領豊後国直入郡で3万2980石余の代官となり，内3000石を領した．慶長2年(1597)には先手衆の目付として朝鮮に渡り，在陣状況の注進を行うとともに，同年8月，全羅道黄石山城攻撃，翌3年正月，慶尚道蔚山(ウルサン)城救援にも軍功があった．同年5月，帰朝して秀吉に戦況を報告，功により豊後国で新地を与えられた．同国安岐城主となり，1万5000石を領したというのもこのころか．同4年閏3月，黒田長政らに目付時代の私曲を訴えられたため，五大老より逼塞を命ぜられた様子であり，10月，大坂から下国している．翌5年，関ヶ原の戦では西軍に与し，8月25日，兵405人を率いて守備していた近江勢多橋から美濃大垣城に入り，二ノ丸を守ったが，同城三ノ丸守将相良頼房(長毎)らの裏切りにあい，9月17日，三ノ丸西の門口で殺された．彼は出自が明らかでないが，資性勇猛，また石田三成の女婿であったともいう．

（染谷　光広）

038　熊谷五右衛門〔くまがいごえもん〕　江戸時代中期以後萩藩御用商家の世襲名．熊屋とも書く．祖先は長門国阿武川上の熊谷(くまや)村(山口県阿武郡川上村)より出る．江戸時代初期同村太兵衛，萩城下に出て商人となり，その曾孫で城下今魚店町に分家したのが初代五右衛門芳充(1719～91)で事業家的才能に勝れていた．時に藩主毛利重就の宝暦改革において，地元商人を育成する趣旨から当局に見出され，宝暦4年(1754)以来たびたび当座御用金を命ぜられ，各地で低利資金を借り集めて調達しながら利鞘をかせぎ，また諸国に出向いて御用米を買い集めるなどして1代の間に領内第一の豪商となり，また藩当局と大坂豪商との折衝をとりもつ働きも行なった．子孫その業を継いだうちにも4代五右衛門義比(よしかず)は長崎・下関などの蘭学者と交遊して心を蘭学に寄せ，シーボルトからはその将来したピアノを贈られ現存する．その豪壮な邸宅は明和5年(1768)の建築で重要文化財．熊谷美術館の家蔵美術品とともに公開されている．なお代々の墓は，当地の梅蔵院にある．

参考文献　福尾猛市郎『熊谷五右衛門』

（福尾猛市郎）

039　組踊〔くみおどり〕　琉球宮廷の式楽として行われた一種の楽劇．歌と踊と科白を1曲に構成した舞踊劇でもある．組踊の名は一般的には端踊(老人踊・若衆踊・二才踊・女踊など)に対していうが，また別に，組歌の踊の意ともいわれる．享保3年(1718)，当時の踊奉行玉城朝薫(たまぐすくちょうくん)は尚敬王の命をうけ，5組の組踊をはじめて創作した．すなわち『執心鐘入』『銘苅子』『女物狂』『孝行の巻』『護佐丸敵討』である．これは琉球王の即位を認める冊封式を行うため，清国から派遣されてくる冊封使を歓待するための芸能として始められたもので，この使いの乗る船を冠船と呼んだところから冠船踊とも称した．朝薫以後は，田里朝直の3組『義臣物語』『万歳敵討』『大城崩』，高宮城の『花売の縁』，平敷屋朝敏の『手水の縁』が創作さ

れ，ほかに『姉妹敵討』『大川敵討』など総数57篇が作られた(現存台本38篇)．琉球王朝最後の組踊演者は，明治12年(1879)，琉球藩が廃止され，沖縄県が置かれたとき，その禄を失って民間にくだり，その後組踊は民間の舞踊家によって伝承され今日に至っている．組踊は劇的には登場人物の科白と舞踊によって進行し，幕内の地謡が抒情歌をもって場面の情景や心理を表現する．科白の発唱法には男女や年齢，また役柄や階級などによって相異があり，伴奏楽器には三味線(三線)・琴・大小太鼓・笛，ときに胡弓などが用いられる．舞台は橋懸を持つ方三間で能舞台に似た構造を持つのが本来で，背景には紅型の幕が吊るされる．組踊の作劇法には能や歌舞伎の影響もうかがえるが，その題材は沖縄の史実や伝説をモチーフによく整理され，その演技・演出法は沖縄伝統の芸能技法をよく洗練させていることなど沖縄独自のもので，日本の芸能の南限を示す特色ある古典として，日本芸能史上にも重要な地位を占めるものである．昭和47年(1972) 5月15日沖縄の日本復帰と同時に，重要無形文化財に指定された．

　[参考文献] 伊波普猷『琉球戯曲集』(『伊波普猷全集』3)，同『琉球戯曲辞典』(同8)，当間清弘編『組踊全集』，当間一郎『組踊選集』，同『組踊の世界』，上田正昭他編『南島芸能』(『日本庶民文化史料集成』11)　　　　　　　　　　　　　　　　(三隅　治雄)

040 久米島 くめじま　沖縄県に属し，沖縄那覇港の西方約100kmに位置する島嶼．久米は方音クミ，球美・九米・古米・孤米・姑米などと書いてある．その名義は「くめのしま」すなわち「米の島」ということである．日本歴史上の初見は，『続日本紀』の和銅7年(714)12月戊午条に，「少初位下太朝臣遠建治等率=南嶋奄美信覚及球美等嶋人五十二人_，至レ自=南嶋_」とある記事である．ついて同紀には球美人が来朝して方物を献じた記事がみえている．同島がいつから琉球王国の支配を受けたかは不明で，祭祀面では君南風(ちんべー・きみはえ)の管轄下にあった．琉球が中国の冊封を受けてからは福州航路の要衝にあたり，冊封使の使録にもよくその名がみえている．近世に至っては久米島紬で知られたが，それが盛んになったのは元和5年(1619)越前の人坂元普基入道宗味の技術指導を受けてからである．しかしその貢納はやがて苛酷な人頭税となって明治時代に至った．明治の郡編制では島尻郡に属し，仲里・具志川(ぐしかわ)の2村に区画され，平成14年(2002) 4月1日，両村が合併して久米島町となる．面積55.69 km²．

　[参考文献] 東恩納寛惇『南島風土記』(『東恩納寛惇全集』7)，仲原善秀編『久米島史話』，沖縄久米島調査委員会編『沖縄久米島』　　　　　(宮城　栄昌)

041 来目皇子 くめのみこ　?〜603　用明天皇の皇子．同天皇が穴穂部間人皇女を皇后に立てて生んだ四子のうちの第1皇子聖徳太子に次ぐ第2皇子．『日本書紀』によると推古天皇10年(602)，撃新羅将軍となり，諸神部および国造・伴造ら軍衆2万5000を率いて筑紫の嶋郡(福岡県糸島郡北部)に駐屯し軍糧を運んだが，病んで征討できず，翌年2月丙子(4日)当地で没した．異母兄の当摩皇子が代わって征新羅将軍となるが，これも征討を果たさず，これらは推古朝の外交に影響を与えた．『肥前国風土記』などにも所伝がある．
　　　　　　　　　　　　　　　　　　　(北村　文治)

042 狗邪韓国 くやかんこく　慶尚南道金海郡地方に，3世紀ごろあった部族国家ないしは村落連合の政治集団で，『三国志』魏書東夷伝倭人の項にみられる国名である．同伝弁辰の項では弁辰狗邪国と記している．同伝倭人の項には魏の帯方郡から倭に至る経路で，帯方郡から7000余里の航海を経て，「到其(倭)北岸狗邪韓国」とある．「其北岸」の解釈に3説あって，倭国の領域・倭人の居住地説，倭の北方の対岸説，倭の海と岸で接するとする説がある．従来は第1の説を拡大し，大和朝廷が南朝鮮を支配する基盤をこの説に求めたが，この拡大解釈には根拠がない．金海郡は洛東江の河口にあたり，石器時代の豊富な遺物が発見され，その後もこの地方の先進的な地域であった．『三国史記』『三国遺事』ではこの地を金官伽耶国・駕洛国・金官国・南加耶などと記し，『日本書紀』では狭義の任那国と記している．532年に新羅の法興王が金官国を併合し，680年に金海小京となった．　→金海(きんかい)　→任那(みまな)

　[参考文献] 三品彰英『三国遺事考証』上・中，末松保和『任那興亡史』　　　　　　　　(井上　秀雄)

043 クライエル Andrias Cleyer　生没年不詳　ドイツの医家．17世紀の初めの生まれ．天和2年(1682)と貞享2年(1685)に出島オランダ商館長として来日，天和3年と貞享3年の2回江戸に赴く．医学・薬学などを心得ていたほか特に植物学に関心が深く，日本の植物に言及し，これを実写した．1682年にフランクフルトからSpecimen Medicinae Sinicae, sive Opuscula Medica ad Mentem Sinensiumと題する本を刊行し，中国医学の診療法式を述べ，その人体解剖図を掲げている．一説によればこの本はポーランドのイエズス会士ボイム Michael Boymが著述したものであるとされている．
　　　　　　　　　　　　　　　　　　(大鳥蘭三郎)

044 倉木崎海底遺跡 くらきざきかいていいせき　鹿児島県奄美大島南西部，焼内(やきうち)湾に浮かぶ枝久手(えだくて)島と宇検(うけん)村の間の枝久手海峡にある海底遺跡．12世紀末から13世紀前半の貿易陶磁器がまとまって発見された．平成7年(1995)〜10年度の調査で，竜泉窯系青磁1173点をはじめ，同安窯系青磁・福建省系白磁・泉州窯系陶器・景徳鎮窯系青白磁・建窯系陶器(天目)など計2326片が引き揚げられている．船体は確認されておらず，船上からの投棄品の可能性もあるが，日宋貿易

船の沈没した跡の可能性も指摘されている（遺跡の所在地は珊瑚礁の浅瀬）．鹿児島県南さつま市持躰松（もったいまつ）遺跡で出土した陶磁器と同様の組成であり，文献からは知られない福建―南西諸島―南九州ルートを取ったものかもしれない．水中考古学による調査例という点でも注目される．なお宇検村の碇（いかり）家には，中国船に搭載されていたと考えられる碇石が2本伝来する．

参考文献　宇検村教育委員会編『鹿児島県大島郡宇検村倉木崎海底遺跡発掘調査報告書』（『宇検村文化財調査報告書』2）　　　　　　　　（榎本　渉）

045　蔵帳　くらちょう　蔵すなわち倉庫の保管物の品名帳であるが，主に作成されたのは貴重品である美術品の蔵帳である．中国では漢の武帝が図画を蒐集して秘閣に収めてから，歴代帝王がそれを受けつぎ，隋の煬帝は洛陽の宮殿内に法書を蔵する妙楷台と名画を収める宝蹟台の2閣を設け，以後の歴朝帝王も名書画の秘蔵庫を造っており，その蔵品目録が作られたことは，以後の画論画史の書によって推定できる．その蔵庫目録を何とよんでいたのか不明だが，北宋朝末期の徽宗帝の収蔵品を調査記録した『宣和画譜（せんながふ）』と『宣和書譜』とは中国の典型的な蔵帳であるし，高官の収蔵目録も残っているから，やはり個人の蔵帳であるといえよう．この中国の強い書画の愛好と収蔵の習慣は古代日本では受容されず，皇室では下って後白河上皇や後崇光院などが例外的に蒐集者であったが，収蔵目録は作られなかったようである．かの『東大寺献物帳』は東大寺正倉院の蔵帳の性質を持ち，また奈良・平安時代の寺院の資財帳もその意味では蔵帳の一種である．書画蒐集とその目録作成が本格的に行われだしたのは南北朝時代の禅寺と足利将軍家とその幕下の有力武将からである．すなわち禅宗興隆のために必要な禅宗的宋元画を日本禅刹が多く輸入蒐集して蔵主が監理し併せて目録を作った．その最初の遺例が元応2年（1320）と貞治2年（1363）の年号をもつ『仏日庵公物目録』であって，室町時代中期以後は五山とその子院の唐物目録が盛んに作られ，今も10余例を伝えている．武将の最古の収集宋元画目録は『御物御画目録』であり，室町幕府の公方御倉に所属する倉預が保管していたが，細川家や浅井家などの蒐集宋元画目録の断片も残っているからして，室町時代武将は最も高価な宋元画だけの蔵庫目録を作ったことになる．蔵帳と公称して伝存する目録は，小堀政一（遠州）がみずから蒐集した茶道具目録を江戸時代後期から『遠州蔵帳』とよんでいるのが代表例であるが，明治時代以後の諸家の売立目録は蔵帳の内容を具えている．　→仏日庵公物目録（ぶつにちあんこうもつもくろく）

参考文献　長広敏雄「中国列朝の大コレクション」（谷信一・長広敏雄・岡田譲編『御物集成』所収），谷信一「枢府・御府御物論」（同所収），『茶道古美術蔵帳集成』　　　　　　　　（谷　信一）

046　鞍作氏　くらつくりうじ　6・7世紀に大和朝廷で活躍した帰化系の氏族．鞍作は鞍・鞍部・桉（案）作・桉部・桉師とも書く．姓（かばね）は村主．ただし氏人が鞍作首某と書かれていることが少なくない．氏祖の司馬達等（しばたっと）は継体朝に朝鮮から渡来した大唐の漢人（中国系帰化人の意）で，わが国最初の仏法崇拝者として有名であるが，仏教公伝後は大臣蘇我馬子を助けて仏法の興隆に努め，娘の島はわが国最初の出家者の1人となり，子の多須奈（たすな）は用明天皇の冥福を祈るために出家した．止利（とり）仏師として名高い鳥は多須奈の子で，推古朝の本格的な寺院建築の開始期に際会して止利様式と呼ばれる代表的な仏像を後世に残した．そのほか推古朝に僧都になったという徳積（とこさか），遣隋使の通事となった福利，高麗学問僧となった得志などもおり，蘇我氏の下におけるこの時期の鞍作氏の文化的活動はきわめて著しいが，蘇我氏権力が打倒された大化改新以後は史上からほとんどその姿を消してしまう．　→鞍作鳥（くらつくりのとり）　→司馬達等（しばたっと）

参考文献　関晃『帰化人』（『日本歴史新書』）
　　　　　　　　　　　　　　　　　　（関　晃）

047　鞍作司馬達等　くらつくりのしばたっと　⇒司馬達等（しばたっと）

048　鞍作鳥　くらつくりのとり　7世紀の仏師．鳥を止利とも書く．継体朝に大陸から渡来した司馬達等の孫にあたり，父を多須奈という．中国南梁からの渡来人といわれるが，梁を南梁と呼ぶことは少なく，おそらく，朝鮮半島の出身であろう．祖父以来，熱心な仏教信者だったらしく，達等は，草庵にてひそかに仏像を礼拝したと伝えられ，父多須奈は崇峻天皇3年に出家して徳斉法師と称したという．またかれは，用明天皇のために坂田寺を建て，丈六仏像を造ったと伝えられている．この造ったという意味が，みずから監督して制作にあたったとすれば，すでにこのころから造仏を手がけてきたことになるが，その点は不明である．その子鳥の事蹟は，かなり明らかで，蘇我氏の飛鳥寺（元興寺）建立に際し，推古天皇13年（605）4月には，そこに安置すべき銅と繍の丈六仏像各1軀を造り翌14年4月に完成した．従来，この丈六像こそ現在飛鳥寺の本堂に安置してあるいわゆる飛鳥大仏であろうといわれてきたが，異説がとなえられた．すなわち，飛鳥寺の中金堂は推古天皇4年には完成しているのに，それより10年間も本尊がなかったのは不思議で，おそらく，鳥の制作した銅と繍の丈六像は同寺の東・西金堂に安置したものではないかというのである．傾聴すべき説ではあるが，未だ定説とはなっていない．いずれにせよ，鳥はこの造仏の賞として同14年5月4日，大仁位と近江国坂田郡の水田20町を賜わった．かれはこの坂田郡の水田を以て，

天皇のため金剛寺(南淵坂田尼寺)を建立した．同31年には，聖徳太子の冥福を祈って，太子と等身の釈迦三尊像を造った．これが法隆寺金堂の本尊釈迦三尊像である．本像は幸い，完全な姿で伝わり鳥の技術の優秀さを今日に伝えている．その形式は，中国南北朝時代に生まれた仏像に源流をもち，面相は，きわめて厳粛である．またこの釈迦如来像の服制は，インド式の薄物の服制から中国式の厚手の法衣に変化したころの仏像と共通している．従来この種の仏像形式は北魏時代に造営された竜門の賓陽洞の本尊などに求められていた．しかし，四川省の茂県から南斉の永明元年(483)の紀年銘をもつ無量寿像が出土し，この種の中国式服制の仏像も，漢文化の伝統をもつ南朝に生まれたものではないかとする説が強くなってきた．このほか梁時代の年号をもつ仏像にも同様な服制の遺例が見られ，これが百済に伝わり，わが国の初期の仏像となった可能性が強い．こうした止利の制作した仏像の流れをくむ像を止利派の仏像と呼んでいる．

 参考文献　毛利久「飛鳥大仏の周辺」(『日本仏教彫刻史の研究』所収)，久野健「飛鳥大仏論」(『美術研究』300・301)　　　　　　　　　　(久野　健)

049 **鞍作福利**（くらつくりのふくり）　7世紀ころの廷臣．『日本書紀』によれば推古天皇15年(607)7月に小野妹子を大使とする遣隋使の通事(通訳官)となって渡航し，翌16年4月に帰国，さらに同年9月に妹子を大使とする第2次の遣隋使の通事となって再度渡航し，一行は翌17年9月に帰国したが，福利だけは帰らなかったという．鞍作氏の中における系図関係は不明．　→鞍作氏(くらつくりうじ)　　　　　　　　　　　　　(関　晃)

050 **クラッセ**　Jean Crasset　1618～92　イエズス会宣教師．1618年1月3日，フランスのディエップに生まれ，38年イエズス会修練院に入った．のちに文学と哲学を教授し，数多の著作を遺して92年1月4日パリで死去した．74歳．著作中とくに日本に関係深いものはHistoire de l'eglise du Japon(1689)であるが，それはソリエ François Solier の Histoire Ecclésiastique des Isles et Royaumes du Japon(1627)に依存するところが多い．明治13年(1880，序文は同11年)に『日本西教史』として邦訳が刊行され，今日から見てその内容には問題があるが，わが国のキリシタン史研究を促す発端になった文献の1つとして意義深いものといえる．一時ヨーロッパでも重んじられたと見え，フランスで3版(1689年・1715年2種いずれも2巻本)を印し，英訳(1707年ロンドン2巻本)・イタリア訳(1737年ベネツィア4巻本)・ドイツ訳(1738年アウグスブルグ2巻本)・ポルトガル訳(1749～55年リスボン3巻本)がある．

 参考文献　Carlos Sommervogel : Bibliothèque de la Compagnie de Jésus, Vol. 2 (1891) ; Henri Cordier : Bibliotheca Japonica (1912).
　　　　　　　　　　(吉田小五郎)

051 **グラナダ**　Luis de Granada　1505～88　スペインのドミニコ会宣教師．1505年スペインのグラナダに生まれ，25年にドミニコ会に入会した．コルドバとバダホースの修道院長やポルトガル管区長などを勤め，ドミニコ会士として説教にあるいは深い神学の研究に生涯を送った．88年12月31日リスボンで死去した．多数の宗教文学の著作があり，多国語に翻訳されている．中でも Guia de Pecadores (1556)は最も有名で，わが国のキリシタン時代，『ぎやどぺかどる』(国語国字)の題でいわゆるキリシタン版として慶長4年(1599)に出版された(大英図書館他蔵)．ほかに1点 Introduction del Symbolo de la Fe (1582)も『ひですの経』(国字)の題で抄訳本が慶長16年(後藤宗印刊)に刊行された．

 参考文献　幸田成友『日欧通交史』(『幸田成友著作集』3)，E. Allison Peers : M. A. Spanish Mysticism (1924) ; Johannes Laures : Kirishitan Bunko (1959) ; Ernest Mason Satow : The Jesuit Mission Press in Japan (1888).　　　　(吉田小五郎)

052 **内蔵石女**（くらのいしめ）　生没年不詳　平安時代中期の筑前国志麻郡板持荘の住人．寛仁3年(1019)に来襲した刀伊に拉致されたが，のち高麗軍によって救出され，対馬住人多治比阿古見らとともに帰国した．拉致から帰国に至るまでに見聞した，刀伊の行動や高麗水軍との戦闘などの詳しい様子を寛仁3年7月13日付け解状で述べている(『小右記』同年8月3日条紙背)．それによれば，刀伊は昼は島々に潜み，未明に上陸して村々を襲い，老人は殺し，強壮の者を拉致したという．そして刀伊が日本から引き揚げる途中に立ち寄った高麗で，待ち受けていた水軍が刀伊を撃破し，救出されたこと，救出後の高麗の手厚い保護の様子，さらに同じく刀伊に拉致された親族を求めて高麗へわたった対馬判官代長岑諸近に伴われて，他の捕虜よりも一足先に帰国するに至る経緯が記されている．解状は内蔵石女らから事情聴取した大宰府官人の手になるもので，強力な高麗軍船に関する詳細な記述は，彼らの高麗の国情に対する関心の高さにもとづくものである．　→刀伊(とい)　→長岑諸近(ながみねのもろちか)

 参考文献　村井章介「一〇一九年の女真海賊と高麗・日本」(『朝鮮文化研究』3)，石井正敏「『小右記』所載「内蔵石女等申文」にみえる高麗の兵船について」(『朝鮮学報』198)　　　(石井　正敏)

053 **栗崎道喜**（くりさきどうき）　生没年不詳　江戸時代前期の人．南蛮流外科栗崎流の始祖．その伝記については諸説があって一定しないが，肥後国宇土郡栗崎村(熊本県宇土市)の生まれ．7歳の時長崎に至り，9歳の時ひそかに外国船に乗り，ルソン島へ渡った．14歳にして医学を学ぶことを決心し，8年の間，外科術を専攻す．

のち日本へ帰り，長崎万屋町に住み，外科医業を開く．特に金瘡治術にすぐれ，栗崎流外科の祖と称せられた．2代正元・3代正家ともに外科術を行なって名があった．著書に『外科秘訣』と題する口述書がある．

（大鳥蘭三郎）

054 栗崎流外科 くりさきりゅうげか ⇒栗崎道喜（くりさきどうき）

055 クルーゼンシュテルン Ivan Fyodorovich Kruzenshtern 1770～1846 ロシア海軍提督．ロシア最初の世界周航探検家．ロシア帝国学士院会員．1770年11月19日エストニヤに生まれ，海軍士官学校を経て1803年，リシャンスキー Y. F. Lisyanskij とともに世界周航に出発した．このときアダム＝ラクスマン A. K. Laksman につぐ第2回遣日使節レザーノフ N. P. Rezanov は，寛政4年（1792）にラクスマンが伊勢漂流民大黒屋光太夫ら3名を根室に送還して対日通商を拒絶された際に日本側から渡された「信牌」（通航許可証）を頼りに，仙台漂流民津太夫ら4名を長崎に護送する目的でクルーゼンシュテルンの航海に加わっていた．しかし，幕府は「信牌」とアレクサンドル1世の「日本国皇帝宛親書」を拒否してレザーノフの交渉に応じなかったため，露領アメリカ会社付海軍士官フウォストフとダウィドフを示唆して北方領土を襲撃させた．クルーゼンシュテルンは，本事件とは関係なく，世界周航の目的から，アリューシャン，カムチャツカ，クリール（千島），サハリン（樺太），北海道，日本海，九州，対馬，朝鮮各沿岸の測量，海図作成に努め，当時不明だった水路の確定に貢献した．クルーゼンシュテルンは，サハリンを北から回航して，いわゆる間宮海峡を確認しようとして果たさず，サハリンを半島と断定する誤認をおかしたが，彼の『1803～06年におけるナジェージダ号とネバ号による世界周航誌』は当時のすぐれた航海記録として各国語に訳された．1846年8月24日没．75歳．

参考文献 J. Thomas: Universal pronouncing dictionary of biography and mythology. 5. ed. Vol. 2 ; Vasilij M. Pasetskij: Ivan Fedorovich Kruzenshtern (1974).

（高野 明）

056 クルーゼンシュテルン日本紀行 クルーゼンシュテルンにほんきこう 『1803～06年におけるナジェージダ号とネバ号による世界周航誌』Puteshestvie vokrug sveta v 1803, 1804, 1805 i 1806 godakh : , na korablyakh "Nadezhda" i "Neva". Chast. 1－3. S. Peterburg, 1809－12 ; Atlas (1813) が原本．文化元年（1804）ロシア使節レザーノフをのせて長崎に来航したクルーゼンシュテルンの記録は，幕府との通商交渉の経過，当時の長崎と日本人の生活，蝦夷地やアイヌの習俗など興味ぶかい実録を含んでいる．特に本書付巻のアトラス（図録）は，地図・海図・動植物・人種・民俗など109葉を収めた貴重な学術的成果である．わが国では，青地林宗訳・高橋景保校訂の抄訳本『奉使日本紀行』（4巻，文政11年（1828））として知られているが，独・英・蘭・伊・仏・瑞典・丁抹の各国語訳本がヨーロッパに流布した．ロシア語版の翌年に出版された独訳本 Krusenstern, Adam Johann von: Reise um die Welt in den Jahren 1803, 1804, 1805 und 1806 auf Befehl Seiner Kaiserl. Majestät Alexander des Ersten auf den Schiffen Nadeshda und Newa unter dem Commando des Capitains von der Kaiserl. Marine A. J. von Krusenstern. 3. Bde. St. Petersburg, 1810－12 ; Atlas. (1813) は定評がある．この独訳本からの重訳が『クルウゼンシュテルン日本紀行』（羽仁五郎訳註）として『異国叢書』所収．また『奉使日本紀行』は『海事史料叢書』13所収．

（高野 明）

057 来島通総 くるしまみちふさ 1561～97 安土桃山時代の武将．大名．伊予国来島の城主村上通康の第4子．永禄4年（1561）湯築（月）城主河野通直の女を母として生まれる．幼名牛松丸，通称助兵衛．同10年父通康の死去によって来島城主を嗣いだ．なお，通総の代に来島姓を名乗る．天正10年（1582）に至って主家河野氏に離反し，秀吉の水軍として活躍している．同13年の四国攻めでは，兄得居通之とともに小早川隆景の指揮下にあって軍功をたてている．戦功によって通総は野間・風早両郡で1万4000石，兄通之は3000石の所領を与えられた．その後，秀吉の九州攻め，小田原攻めにも水軍として従軍している．文禄元年（1592）の朝鮮出兵に際しては，通総・通之兄弟は四国勢5番手に編成され，700人を率いて渡海，釜山浦などで戦っている．同4年従五位下出雲守に叙任．慶長2年（1597）の再出兵に際しても四国軍勢の6番隊に編成され，600人を率いて出動，唐津沖や蔚山（ウルサン）で戦ったが，9月16日全羅道鳴梁で戦死．年37．法名節巌院天叟常清．風早郡の大通寺（松山市下難波）に葬る．

参考文献 『寛政重修諸家譜』605，須田武男『豊臣時代の伊予領主の史料研究』

（渡辺 則文）

058 クルティウス Jan Hendrik Donker Curtius ⇒ド

クルーゼンシュテルン日本紀行（ロシア使節と幕府官船）

ンクル＝キュルシウス

059 呉〔くれ〕 元来は中国の揚子江流域にあった国，呉（ご）のことであるが，また江南の地方をさす名称としても用いられ，ときには広く中国を意味することがある．呉の赤烏という年号をもつ銅鏡がわが国の各地の古墳から発見されることからも，呉国との通交は明らかであるが，それ以来，中国伝来の事物に「くれ」の語を添えることが多い．たとえば呉楽・呉鼓・呉藍（紅）・呉の椒（はじかみ）など．『日本書紀』応神天皇37年条によれば，倭漢氏の祖先である阿知使主・都加使主を呉に遣して縫工女（きぬぬいめ）を求めしめた．2人は高麗国の案内で呉にわたり，兄媛・弟媛・呉織・穴織4人の工女を得て帰ったという．この説話は倭漢氏の伝えるところかと思われるが，応神朝のころ日本は高句麗と対立しており，この説話のようなことは現実にはありそうもない．『日本書紀』には雄略朝にも4人の工女来朝の説話があり，両者の伝えが混同しているように思われるが，いずれにせよ5世紀には江南地方との通交が密であったらしい．→呉（ご）→倭の五王（わのごおう）

参考文献　岸俊男「呉越文化の流れ」（『日本の古代』3所収）　　　　　　　　　　　　（黛　弘道）

060 呉楽〔くれがく〕　⇒伎楽（ぎがく）

061 呉織・漢織〔くれはとり・あやはとり〕　古代に中国から渡来した綾織の技術者．呉織は呉服，漢織は穴織とも書く．「はとり」は機織の意である．『日本書紀』には応神天皇37年2月に阿知使主（あちのおみ）らを呉（くれ）に遣わして縫工女（きぬぬいめ）を求めたところ，呉王は工女兄媛（えひめ）・弟媛（おとひめ）・呉織・穴織の4人を与えたという．41年2月にこれらの工女は筑紫に着いたが宗像大神が工女を要求したので兄媛を奉った．あとの3人の工女の子孫が呉衣縫（くれのきぬぬい）・蚊屋（かや）衣縫だとみえている．『古事記』にも応神天皇が百済に賢人の貢上を求めたとき，王仁とともに卓素という韓鍛（からかぬち），西素という呉服を貢上したとある．

また『日本書紀』雄略天皇14年正月に呉国の使節が呉から貢献した漢織・呉織や衣縫の兄媛・弟媛らを伴って住吉津（すみのえのつ）に着いた．3月に兄媛を大三輪神に奉り，弟媛を漢衣縫部とした．漢織と呉織は飛鳥衣縫部と伊勢衣縫部の祖先だとみえる．呉織・漢織などを送ってきた呉国は南朝の宋のことで，5世紀には南朝との国交が開かれていたから綾織の技術や技術者が渡来したことは確かである．ただし，応神紀・雄略紀のこれらの織工女渡来の記事は，同じ内容のものを分けて記したか，あるいは前者は後者の記事の混入ではないか，といわれる．『日本書紀』崇峻天皇元年是歳条には，飛鳥衣縫造の祖樹葉（このは）の家をこわして法興寺を建てたとみえるので，飛鳥衣縫部は飛鳥衣縫造に管理されていたことがわかる．伊勢衣縫部については『和名類聚抄』に伊勢国壱志郡呉部郷がみえるので，それとの関連が考えられる．漢織の織った綾がいかなるものであったかは不明だが，呉織については『令集解』職員令の織部司条に，呉服部が小綾を織ったと記されている．『新撰姓氏録』河内国諸蕃に呉服造がみえるので，呉服部は呉服造に管理されていたことが知られる．呉織・漢織などの工女が織った綾は，高貴なものとして貴族の服飾や祭祀の装束・調度の装飾などに用いられた．

参考文献　遠藤元男『織物の日本史』（『NHKブックス』148），志田諄一「大化前代の織物の生産とその部について」（『日本上古史研究』6ノ8）

（志田　諄一）

062 黒川良安〔くろかわりょうあん〕　1817～90　幕末・明治時代の蘭学者．名は弼，号は静淵，晩年には自然とも号した．良安は字（あざな）である．文化14年（1817）2月4日越中国新川郡黒川（富山県中新川郡上市町）に黒川玄竜の子として生まれた．文政11年（1828）父に従って長崎に行き，吉雄権之助に蘭語を，シーボルトに医学を学んだ．天保11年（1840）帰国し，一時金沢藩医となったが，翌12年江戸に出て坪井信道の門に入った．弘化元年（1844）

佐久間象山を識り，象山に蘭学を教え，みずからは象山より漢学を学んだ．同3年金沢藩侯の侍医となり，藩校壮猶館の設立に尽くし，安政元年(1854)同教授となる．同4年幕府の蕃書調所教授手伝となったが，やがて辞し，文久元年(1861)金沢藩種痘所頭取となり3年後一時辞したが，慶応元年(1865)復職し，同3年養生所詰となる．明治3年(1870)金沢藩医学校創設の任にあたり，のち教頭となったが，同4年老齢を以て辞職した．明治23年9月28日東京の自宅にて死亡，74歳．墓は東京都港区の青山墓地にある．法名は良安院静淵居士．

参考文献　岡崎桂一郎「黒川良安之伝」(『刀圭新報』4／8・9)　　　　　　　　　　　　(大塚　恭男)

063 **黒田如水**　くろだじょすい　⇒黒田孝高(くろだよしたか)

064 **黒田長政**　くろだながまさ　1568〜1623　安土桃山・江戸時代初期の武将．筑前国福岡藩主．幼名松寿，長じて吉兵衛．甲斐守を称し，のち筑前守に改める．永禄11年(1568)12月3日播磨国飾東郡姫路(兵庫県姫路市)に生まれる．父は官兵衛孝高(如水)，母は櫛橋豊後守伊定の娘．天正5年(1577)，父孝高が織田信長に属したため，人質として信長のもとに赴き，羽柴秀吉に預けられて近江国長浜に住んだ．同10年はじめて秀吉の中国攻めの軍に従い，翌11年には賤ヶ岳の戦に参加，同年8月河内国丹北郡のうちにはじめて450石の領地を与えられた．同12年小牧・長久手の戦のときには大坂にあって中村一氏らと和泉国岸和田城を守り，根来・雑賀一揆の来襲を撃退して2000石の加増を受けた．九州攻めにあたっては，父孝高とともに羽柴秀長に属して豊後・日向方面を攻め，15年戦後の知行割りによって豊前に移った．豊前入国後は宇都宮鎮房を中心とする国人一揆を潰滅させ，17年5月父孝高の致仕によってその所領を継ぎ，6月には従五位下甲斐守に叙任された．19年朝鮮出兵のため秀吉が諸大名に命じて肥前名護屋に城を築かせたときには惣奉行をつとめ，翌文禄元年(1592)には大友義統とともに第3軍として朝鮮に渡り，金海城・昌原城を降して黄海道に進んだ．同2年明の李如松が平壌の小西行長を破ると，行長は長政らに救援を求めた．長政は小早川隆景らとともに漢城に退き碧蹄館で明軍を破ったが，ほどなく和議がなり，翌3年帰国した．慶長2年(1597)和議が破れ，朝鮮再出兵が命じられると再び朝鮮に渡り，慶尚道梁山を居城として蔚山(ウルサン)城の加藤清正，順天城の小西行長らを援けた．翌3年8月秀吉が没すると，これを機に朝鮮からの撤兵がはかられ，11月帰国した．石田三成とはすでに朝鮮在陣中から不仲となっていたが，秀吉没後は徳川家康に与するようになり，5年6月には保科正直の娘で家康の養女となっていた栄姫を継室としてむかえた．同年7月家康が上杉氏を討つため会津に向けて兵を発するとその先陣をつとめ，関ヶ原の戦では家康に従って三成の軍と戦うとともに，小早川秀秋に勧めて東軍に応ぜしめ，東軍の勝利に貢献した．戦後その功によって怡土郡の一部を除く筑前一国を与えられた．はじめ名島城に入ったが，翌6年から那珂郡警固村福崎に城を築き，祖先発祥の地に因んで福岡と名づけた．同時に豊前との国境ぞいに若松・黒崎・鷹取・大隈・小石原・左右良の6端城を築き(元和元年(1615)一国一城令によって破却)，7年には領内の総検地を実施して藩体制の確立につとめた．8年3月，家康の参内拝賀に際してはその供奉をつとめ，このとき従四位下筑前守に叙任された．同年4月には，片桐且元とともに肥後人吉藩主相良長毎と日向県(延岡)藩主高橋元種との争論を裁定している．19年大坂冬の陣のときには江戸滞留を命じられ，翌元和元年の夏の陣には少数の兵を率いて大坂に登り，将軍秀忠に従って参戦した．元和9年8月4日京都報恩寺で没した．56歳．法号興雲院古心道卜．筑前国那珂郡博多松原(福岡市博多区千代)の崇福寺に葬る．

参考文献　『寛政重修諸家譜』425，貝原篤信『黒田家譜』(『益軒全集』5)　　　　(柴多　一雄)

065 **黒田斉清**　くろだなりきよ　1795〜1851　江戸時代後期の筑前国福岡藩主．初名長順．楽善堂と号す．寛政7年(1795)2月6日福岡城内に生まれる．父は斉隆，母は渡辺氏．父斉隆の死により同年10月，1歳にして福岡藩主となる．文化5年(1808)従四位下侍従に叙任，備前守となり，斉清と改む．文政12年(1829)左近衛少将に任じ，天保5年(1834)致仕して長溥に家督を譲った．蘭学とくに本草学に精しく，富山藩主前田利保と並び称された．蒐集した標本や画図は数百種に及び，江戸の本草学者栗本瑞仙院・桂川甫賢らと交わった．また長崎の警衛を命じられていた関係から，ドゥーフ・シーボルトらとも親交があり，文政11年には世子長溥とともにシーボルトを訪問して，海外の動植物について会談している．このときの問答は，同行した家臣の蘭学者安部竜平の著書『下問雑載』に詳しい．致仕以前から眼を患い失明したが，異草奇木を贈る人があれば手で模索し，香臭をかいでその品種をあてたという．嘉永4年(1851)正月26日，江戸桜田の屋敷で没す．57歳．墓は東京都港区南麻布の天真寺にある．法名は乾竜院殿利山道見大居士．著書に『駿遠信濃卉葉鑑』『鷲経』『本草啓蒙補遺』などがある．

参考文献　『黒田新続家譜』(『新訂黒田家譜』5)，福井久蔵『諸大名の学術と文芸の研究』

(柴多　一雄)

066 **黒田孝高**　くろだよしたか　1546〜1604　安土桃山時代の武将．初名孝隆，のち孝高，致仕後政成に改める．幼名万吉，長じて官兵衛，勘解由と称し，剃髪して如水軒円清居士と号した．はじめ小寺氏を称したが，のち黒田姓に復した．天文15年(1546)11月29日，播磨国飾東郡姫路

(兵庫県姫路市)に生まれる．父は職隆，母は明石宗和の娘，小寺政職の養女として職隆に嫁す．父職隆のとき，赤松氏の一族で御着城の城主であった小寺藤兵衛政職に属し，小寺姓を与えられて姫路城を預かった．織田信長が台頭すると，父職隆とともに政職にすすめて信長に通じ，天正5年(1577)には中国攻めのため播磨に入った秀吉を姫路城に迎え入れ，秀吉に従って佐用・上月の両城を攻めた．同6年荒木村重が信長に背くと，その居城摂津国有岡城に赴き村重を説得しようとしたが，かえって捕えられて城中に抑留され，7年信長が有岡城を降したとき家臣によって救出された．8年秀吉は別所長治を三木城に攻めて滅ぼし，ここを居城に定めようとした．孝高は，三木は播磨のはずれにあり居城とするには適さないと説き，姫路城を秀吉に譲って，みずからは飾東郡国府山城に移り，同年秀吉から揖東郡のうちに1万石を与えられた．このころ小寺姓をもとの黒田姓に改めている．10年秀吉が備中の諸城を攻め，高松城を攻めたときには水ぜめを献策し，蜂須賀正勝とともに毛利氏との講和交渉にあたった．同年6月本能寺において信長が討たれると，秀吉は直ちに高松を発したが，孝高はその殿(しんがり)をつとめて毛利氏の追撃に備え，山崎の戦に従って功をたてた．11年賤ヶ岳の戦に従い，揖東郡に1000石の加増を受け，12年には宍粟郡を与えられて山崎城に移った．13年の四国攻めに際しては羽柴秀長に従い，蜂須賀正勝とともに検使として讃岐屋島に渡り，阿波に進んで諸城を攻めた．戦後は伊予に派遣され，知行の配分にあたった．14年には秀吉に先立って軍奉行として九州に下り，四国・中国の兵を率いて豊前の諸城を攻め，秀吉が九州に入ったのちは羽柴秀長に属して豊後から日向に進んだ．15年7月その功によって豊前国京都・築城・仲津・上毛・下毛・宇佐6郡を与えられた．はじめ京都郡馬ヶ岳城に入ったが，のち下毛郡中津に城を築いて移った．同年9月，肥後で国人一揆が起ると，直ちに出兵し，一揆鎮定後は戦後の処理にあたった．この間，豊前においても孝高の肥後出兵を機に，宇都宮鎮房を中心として黒田氏の支配に反撥する国人一揆が発生したが，翌16年には鎮房を滅ぼして平定した．同年5月従五位下勘解由次官に叙任．17年5月，孝高は致仕して家督を嫡子の長政に譲ったが，その後も秀吉に従って軍師として活躍，小田原攻めのときには北条氏直の降伏に力をつくした．19年朝鮮出兵のため秀吉が諸大名に命じて肥前名護屋に城を築かせたときにはその縄張を担当し，翌文禄元年(1592)には朝鮮に渡って軍務にあたった．しかし病のため，秋にはいったん帰国，翌年浅野長政とともに再び朝鮮に渡って秀吉の命を諸将に伝えた．同年和議がなり，帰国後は剃髪して如水軒円清居士と号した．慶長2年(1597)朝鮮再出兵の際も朝鮮に渡り，慶尚道梁山城を守ったが，翌3年秀吉の死によって帰国した．石田三成とはすでに朝鮮在陣中から不仲であったが，慶長5年関ヶ原の戦に際しては徳川家康に与し，豊後国石垣原の戦において大友義統の豊後奪回を阻止し，さらに豊前小倉の毛利勝信を攻め，筑後に入って久留米・柳川の両城を受け取り，加藤清正・鍋島直茂らと合流して島津氏を討つため肥後水俣に進んだ．しかし11月家康の命によって水俣で兵を止め，豊前に帰った．同年，長政が戦功によって筑前一国を与えられたため，豊前から筑前に移った．慶長9年3月20日京都伏見で没した．博多で没したとの説もあるが，誤り．59歳．法号竜光院如水円清．筑前国那珂郡博多松原(福岡市博多区千代)の崇福寺に葬る．現在墓はまた京都大徳寺竜光院にもある．孝高は豊臣政権の伸張とともに成長した典型的な豊臣取立て大名で，石田三成らとは異なり，内政よりも軍事に長じ，もっぱら軍師としてすぐれた能力を発揮した．はじめ孝高は，茶の湯を武士に不似合な遊戯として嫌悪，嘲笑していたが，秀吉に茶会に招かれてもっぱら軍事を相談することがあり，秀吉からだれにも怪しまれず軍事の相談ができるのも茶の効用の一つと教えられて，茶の稽古を始めたという．のちにはみずから茶法を定めてこれを茶室に掲げたが，このことからも孝高の武人としての性格がうかがえる．孝高がキリシタンであったことは，黒田家の文書・記録には記されていないが，フロイスの書簡には天正11年に高山右近に導かれて洗礼を受け，シメオンと称したとあり，孝高が十字の周囲にSimeon Josuiと刻したローマ字印を使用していたことや，福岡県朝倉市杷木志波の円清寺にある孝高の画像の讃に，「一旦入南蛮宗門，聞法談雖有年」とあることは，それを証明している．九州攻めで多くの将兵にすすめて信者となし，朝鮮出兵には小西行長とはかってセスペデスを従軍させ，関ヶ原の戦によって小西行長らキリシタン大名が滅びると，その旧臣であったキリシタン武士を多く召し抱えた．没後，遺言によって博多の教会に1000エクスを寄付させたといわれる．

参考文献 『大日本史料』12ノ2，慶長9年3月20日条，『寛政重修諸家譜』425，貝原篤信『黒田家譜』(『益軒全集』5)，金子堅太郎『黒田如水伝』

(柴多　一雄)

067 黒船 紹 安土桃山時代から江戸時代初期に来航した黒いタール塗りのポルトガル船を指したが，時にはスペイン船やオランダ船などをも指し，稀には洋風を採り入れて造った日本船を指した場合もある．また幕末期に西欧諸国より来航した艦船を含めて，西洋型船の総称とされた．最も早くは天正15年(1587)6月に，豊臣秀吉が下したキリスト教禁令の後段に黒船の語を記したのを初見とし，その後も対外関係文書にしばしば用いた．江戸時代に入っても幕府はこの語を踏襲し

たが，『当代記』などの記録類でもこの語をしきりに使用している．当時編纂された『日葡辞書』やロドリゲスの『日本大文典』にも，クロフネ Curofune の語があって，南蛮製の大船とか，インドから来航したナウ nau のような船舶と説明してある．ナウはイタリア語でカラック carraca とも呼ばれ，大型帆船であった．時にはガレオン galeão やガレウタ galeota も来航したが，やはり一般には黒船と呼んだ．黒船の称は『松浦文書』『鍋島文書』『島津文書』などにみえ，その船型・外容などは南蛮屏風の主題として描写されている．この近世初期のいわゆる南蛮船は，主としてカラック・ガレオン・ガレウタなどで，大航海時代の主力となった航洋型帆船であり，日本の慶長遣欧使節船もガレオン系の船であった．船体は竜骨と肋骨で骨組を構成して周囲を外板で張りつめる堅牢な構造で，船首尾に巨大な楼を構え，また前檣と本檣に2～3段の横帆，後檣に三角帆，船首に斜檣帆を張る帆装を特徴とし，大きさは100tから1000t余に及んだ．鎖国以後はオランダ船に限られ，ガレオン改良のピネスなどに代わったが，幕末期には西欧諸国船の来航が頻繁になり，中でも嘉永6年(1853)浦賀に来航したペリー麾下のアメリカ東洋艦隊の4隻(フリゲート，うち2隻は蒸気機関装備)は上下を震撼させたので，黒船の代名詞にまでなっている．当時のフリゲートは，船型・帆装・武装とも大幅に改善された実用性の高い軍艦で，来航船のほとんどがこれであり，一部に蒸気機関を装備したものがあったのである．

参考文献　外山卯三郎『南蛮船貿易史』，岡本良知『(十六世紀)日欧交通史の研究』，岡本良知・高見沢忠雄編『南蛮屏風』，石井謙治「伊達政宗の遣欧使節船の船型などについて」(『海事史研究』8)

（石井謙治・岩生成一）

068　グヮルチェリ　Guido Gualtieri　生没年不詳　16世紀後半のイタリア人．詳しい経歴は不明である．ただトリノ付近で生まれたこと，文学と法律の教育に携わり，教皇シクストゥス5世の知遇を得たことなどが伝えられているが，聖職者ではなかったことは確かである．彼の名は『日本遣欧使者記』の著者として有名である．天正遣欧使節一行がローマに着いた1585年と翌86年は，その前後の年に比べてヨーロッパにおける日本関係の出版物が著しくふえているが，それは使節に関する著作・小冊子の数々が特に刊行されたからである．遠い日本から使節を迎え，ローマを中心にヨーロッパ各地で，その反響のほどが知られるのである．グヮルチェリの使節記は，日本の国情の説明とキリシタン布教の発端から筆を起し，以下一行の動静とそれにかかわる諸事を詳しくあげ，リスボンを発って帰途に着くまでのことを書いたもので，使節に関する記録として最も重要なものの1つといえる．

参考文献　Henri Cordier: Bibliotheca Japonica (1912); Léon Pagès: Bibliographie Japonaise (1859); Rob. Streit: Bibliotheca Missionum, Vol. 4 (1928)．浜田耕作『天正遣欧使節記』
（吉田小五郎）

069　グヮルチェリ日本遣欧使者記　グヮルチェリにほんけんおうししゃき　天正10年(1582)に九州のキリシタン大名大友義鎮・大村純忠・有馬鎮貴(晴信)がローマ教皇のもとに派遣した使節が，長崎を出発してから，ローマに行き，その使命を果たして同14年帰路リスボンを出発するまでの紀行をまとめた書物．イタリア文で記され，扉には「日本の使節のローマ到着よりリスボン出発に至るまでの物語，ならびにその通過せる諸地に於てキリスト教徒の諸侯が彼等を歓迎せしこと」とある．1586年にローマではじめて刊行された(原題は Relationi della Venvta degli Ambasciatori Giaponesi a Roma sino alla Partita di Lisbona)．著者ギド゠グヮルチェリ Guido Gualtieri はトリノに近いサン゠ジェネシオに生まれ，多年その故郷およびナルニ・マチェラータ・カメリーノ・アンコナ・ローマなどで文学の教師を勤め，またローマで法律学校を管理し，教皇シスト5世の厚意を受け，ラテン語の書翰を書いていたという．翻訳は木下杢太郎訳『日本遣欧使者記』(岩波書店刊)のほか『大日本史料』11ノ別巻『天正遣欧使節関係史料』の中にも収められている．また『CLASSICA JAPONICA』(『(天理図書館)善本叢書』洋書之部2)には原本の影印が収められている．
（岡田章雄）

070　君台観左右帳記　くんだいかんそうちょうき　足利将軍家が会所の諸室を飾るために用いた宋元画の筆者名と器物および文房具の類を列記した秘伝書．数種の異本があるが，最も信頼できるのは東北大学附属図書館蔵本であって，永正8年(1511)10月16日に真相(相阿弥)が源次吉継なる者に書き与え，それを大永6年(1526)に円深なる者が証明した原本(あるいは写本)をさらに永禄2年(1559)に写した巻子本である．前半は呉・晋・陳，唐～元の画家176名を上中下に3品等別して列記し，後半部は画軸と諸道具の坐敷飾の方法を文と図で説明し，末尾に漆・銅・陶器の名称の解説と形を記している．宮室を意味する台観に君を冠して敬称し，その左右を飾る品々の帳記という主旨の題名は，真相の命名であるかは不明であるけれども，永禄年間にはすでにそうよばれていたことは確かである．南北朝時代の闘茶時代から2層の建物を用いて輸入唐物を飾り立てたことを『喫茶往来』が示しているが，足利義満以来は友社の会を行う会所という別棟の広い建物が将軍邸や別荘に造られ，義政時代に茶湯が成立すると，その会所の客間や書院の道具飾り方の方式が定形化したので，それを真相が集大成して吉継なる者に教授したのが東北大学本の祖本であろう．なお群書類従本は人名が156名であるし，江戸時代初期には人名部だけ独立させ，さ

らに増補した上に印章を付した『君台観』なる写本が流布するが，ともに中国の『図絵宝鑑』を出典としている．東北大学本は古典保存会より複製が刊行され，『美術研究』20，『茶道古典全集』2，『日本思想大系』23などに活字本を収める．

参考文献　松島宗衛『君台観左右帳記研究』，谷信一「君台観左帳記」(『美術研究』49)，堀口捨己「能阿弥・珠光宛君台観左右帳記」(同121)，同「君台観左右帳記の建築的研究」(同122～126)

(谷　信一)

け

001　桂庵玄樹 けいあんげんじゅ　1427～1508　室町時代後期の臨済宗聖一派の禅僧．諱玄樹，字(あざな)桂庵，別に島陰・海東野釈と称す．周防山口の人．応永34年(1427)生まれる．はじめ南禅寺の景蒲玄訢に師事，のちその法を嗣ぐ．南禅寺の惟正明貞・景召瑞棠に従学，蘭坡景茝に詩文を学んだ．長門永福寺に住していた応仁元年(1467)，大内船の正使天与清啓の随員として渡明，各地に宋学を学ぶ．文明5年(1473)帰朝．その後石見に移居し，同8年九州各地を歴遊して肥後の隈部忠直の帰依をうける．同10年2月，島津忠昌の請に応じて薩摩に赴き竜雲寺に入る．11年，忠昌が桂庵のために開創した島陰寺(桂樹院)に住した．この地で朱子新注による講説を盛んに行なった．同13年，伊地知重貞とはかって朱子の『大学章句』を梓行．伊地知本大学・文明版大学とよばれるもので，広くこの地方に流布され，延徳4年(1492)に桂樹院で再刊された(延徳版大学)．桂庵は四書を門下に教授するために句読法を新しくし，『桂庵和尚家法倭点』として残るのがそれである．中世までの講学は，博士家の古注を基本として秘伝的性格をなお強く残していたのに対して，室町時代以後には禅林の漢学が主流となり，新注本によって啓蒙的公開を意図した．桂庵点の実例が，川瀬一馬によって延徳本『大学』・元亀鈔本『論語集注』および建仁寺両足院蔵古写本『島陰漁唱集』の3種が紹介されている．桂庵は長享元年(1487)日向飫肥の安国寺に住し，以後日向と鹿児島の間を往還した．明応6年(1497)12月建仁寺に入寺し(『扶桑五山記』)，その後南禅寺の公帖を受けたとされるが，『南禅寺住持籍』などには記事がみえない．いくばくもなく薩摩に帰り桂樹院あるいは大隅の国分正興寺に住し，さらに東帰庵を結んで退居．永正5年6月15日ここで示寂．82歳．薩南の地で中国

の新思潮の紹介につとめた桂庵の学統は安国寺の月渚永乗，竜源寺の一翁玄心，大竜寺の文之玄昌と継承されて藤原惺窩に及び，近世朱子学の源流となった．著書に『桂庵和尚家法倭点』のほか，詩集『島陰漁唱』（『島陰集』）と『島陰雑著』がある．別に『桂庵文集』『南遊集』があったと伝えられるが今は佚した．

参考文献　『大日本史料』9ノ1，永正5年6月15日条，足利衍述『鎌倉室町時代之儒教』，和島芳男『中世の儒学』（吉川弘文館『日本歴史叢書』11），川瀬一馬「桂庵和尚家法倭点について」（『青山学院女子短期大学紀要』12），藤田浮鷗「桂庵禅師付文之和尚」（『歴史地理』4ノ6）　　　　（今泉　淑夫）

002　**恵果** けいか　746〜805　中国唐代の僧侶．真言付法第七祖，青竜寺和尚と称す．京兆府昭応県（陝西省渭南地区臨潼県）の人．姓は馬氏．天宝5載（746）生まれる．20歳のとき慈恩寺で受戒し，ついで善無畏の弟子玄超から胎蔵界の教法を，不空から金剛界の大法を学び，それより不空に師事して密教の秘奥をきわめた．のち代宗の勅によって内道場の護持僧となり，長安の青竜寺東塔院に住した．次の徳宗・順宗からも崇敬を受け，三朝の国師と称せられて徳望高く，教化は広く及んだ．永貞元年（延暦24，805）わが国の空海が入唐して長安に来り，青竜寺に恵果を訪ねると，恵果は空海の資質を見抜いて金剛界・胎蔵界の灌頂および阿闍梨位の灌頂を授け，不空から承け伝えた密教の秘法をすべて付属し余すところがなかった．同年12月15日に東塔院で寂した．年60．空海は勅を受けてその碑文を撰したという．碑文は「大唐神都青竜寺故三朝国師灌頂阿闍梨恵果和尚之碑」という題名で『遍照発揮性霊集』2に載っている．著作に『十八契印』『阿闍梨大曼荼羅灌頂儀軌』などが伝えられている．

参考文献　『大唐青竜寺三朝供奉大徳行状』（『（大正新修）大蔵経』50），『秘密漫荼羅教付法伝』2（『日本大蔵経』）　　　　（大野達之助）

003　**京学** けいがく　⇒朱子学（しゅしがく）

004　**慶賀使** けいがし　⇒恩謝使・慶賀使（おんしゃし・けいがし）

005　**慶元イギリス書翰** けいげんイギリスしょかん　昭和2年（1927）から6年にかけて刊行された『異国叢書』全13冊のうちの1冊．岩生成一訳註，昭和4年8月刊行．内容は1611年（慶長16）10月22日付ウィリアム＝アダムスの「未見の同朋並に知友に送りし書翰」をはじめとして16年（元和2）6月10日付リチャード＝ウィッカムのリチャード＝コックス宛書翰に至るまで年代順に110通の書翰を翻訳して註を加え，編したものである．原書は主として英国ロンドンにある Commonwealth Relations Office（旧インド事務省）に蔵する原文書集 Original Correspondence に収められたもので，いずれも17世紀初頭日本に派遣されたイギリス東インド会社の社員が社員相互間および会社宛に通信した書翰である．多くは Charles Danvers and William Foster: Letters Received by the East India Company from its Servants in the East, 6 vols. (1897—1902) などにも収められたものである．近世初期対外関係史を研究する上に必須の史料集である．　　　　（沼田　次郎）

006　**警固所** けいごしょ　平安時代，大宰府管内におかれた外敵警固の施設．貞観11年（869）新羅の海賊が，大宰府の隙をうかがって九州に侵入，掠奪を行なったので，大宰府の甲冑を博多の鴻臚館（福岡市中央区の平和台球場の地）に移し，統領・選士および俘囚を分置して，その警固にあたらせたのがはじまりである．その施設の詳細は不明であるが，同15年には，その糧米として筑前国乗田100町を警固田とし，その地子米を充てた．寛平5年（893）新羅賊が肥後国飽田郡に侵寇し翌年に及んだので，博多警固所の俘囚50人を増置し，寛仁3年（1019）の刀伊入寇の際には，前大宰少監大蔵種材らは，警固所に拠って防戦し，これを撃退した．警固所が軍事的構造をもっていたことが想像される．天慶8年（945），3000石の荷を積み，100人を乗せた呉越船を，肥前国高来郡肥最埼警固所が発見して，兵士船12艘をととのえて，肥最埼港嶋浦に抑留したことを，国衙に報告した解文がある．また弘安8年（1285）の『豊後国図田帳』には府警固田18町とみえ，警固所および警固田が，博多以外に及び，かつその機能は，比較的のちまで存続した．現在，福岡市中央区の警固（けご）町と警固（けご）神社にその遺名をとどめ，元寇以後の異国警固番役およびその役所も，これの中世的復活ともいえる．

参考文献　竹内理三「大宰府政所考」（『竹内理三著作集』4所収），佐藤鉄太郎「博多警固所考」（『中村学園研究紀要』26）　　　　（竹内　理三）

007　**警固田** けいごでん　平安時代初期，大宰府の申請によって，新羅の海賊に備える軍士の食料を確保するために設定された田．貞観11年（869）以来，新羅の海賊が北九州を荒らしたのに備えて，俘囚や統領選士をして守らせたが，その糧米の調達が困難となったので，同15年，筑前国の田100町を割きとって警固田とし，その地子から田租分を差し引いたものを糧米にあてた．豊後国にも置かれたらしく，弘安8年（1285）の『豊後国図田帳』に「府警固田十八町」が遺存している．

（虎尾　俊哉）

008　**慶州** けいしゅう　Kyŏngju　大韓民国慶尚北道東南隅の市．北流して迎日湾に入る兄山江の上流がこれをめぐり，さらに四方の山々にかこまれた景勝の地．辰韓の斯盧（斯羅）は，この地で発展して新羅となり，のち半島の大半を領有した．またこの地は徐那伐（徐耶伐）とも称された．伐phur, pŏrは邑里，斯盧・新羅・徐那などはいずれも古方言saraの借音漢字で，転じて徐伐Siobulより Soul と転呼され京・都を意味している．国史に

新羅を「シラキ」と訓んでいる「キ」は，半島古郡県名に支・只・岐などを下に添えたのと同じく，邑城の義とされる．また別称の鶏林 tark-spur は六部の1つの喙評と同音の借字であり，新羅の枕詞の柊衾「タクブスマ」はこの音より導かれた．高麗は新羅を併合してこれを慶州と改め，ついで安東・東京・楽浪・鶏林とも称したが，朝鮮時代に入り，慶州に復した．高麗神宗5年(1202)この地の孚佐らは崔忠献の武人政権に抗して2年余に及ぶ叛乱を起し，高宗45年(1258)蒙古軍の寇掠に焚蕩した．降って文禄の役には加藤清正の軍に陥落，日本軍がこれを占拠して，「けくしう」と称した．しかし，慶長の役の末，明将楊鎬・馬貴らの軍はこの地を本拠として，清正の拠る蔚山(ウルサン)島山城を攻撃して敗退させた．新羅時代の遺蹟は慶州市を中心として方20kmにわたり，市内に古墳畳々とし，城址・王陵・古墳・寺刹・石仏・建造物などが広く山野に散在する．古墳中には大正10年(1921)に発掘調査された金冠塚，同15年秋の瑞鳳塚は金冠珠玉などを出土して世界に著聞され，博物館には新羅文化を語る遺品の数々が集められている．

[参考文献] 『三国史記』，『三国遺事』，『新増東国輿地勝覧』，『東京雑記』(『朝鮮群書大系』13)，『高麗史』21・100・129，朝鮮総督府朝鮮史編修会編『朝鮮史』4ノ9・10，鮎貝房之進『(雑攷)日本書紀朝鮮地名攷』，今西竜『新羅史研究』，三品彰英『三国遺事考証』，末松保和『新羅史の諸問題』，池内宏『文禄慶長の役』別編1，東潮・田中俊明編『韓国の古代遺跡』1，斎藤忠『古都慶州と新羅文化』

(田川 孝三)

009 経籍訪古志 けいせきほうこし 本邦伝存漢籍の古写本・古版本を解説した書．6巻，補1巻．補は医書で，医書以外を本文とし，4部分類に分けている．安政3年(1856)海保元備(漁村)の序がある．伝本には渋江全善(かねよし，抽斎)・森立之(枳園)の両名を編者としているが，実は，狩谷望之(棭斎)在世時代から開催されていた古書鑑賞会の諸家の筆録を，この仲間の中で最も後まで生存した立之がまとめたもので，全善は全く名のみらしい．各書については，書名・巻数の下にテキストをあげ，所蔵者名を記し，諸家未見で，伝聞によるものは「未見」と注し，説明は序跋の有無，巻頭の体裁，蔵書印・奥書などを漢字のみで詳しく記しているが，ほとんど内容に触れていないのが欠点である．しかも，立之は漢文に自信がなかったため，彼に添削を求められた海保元備が，奥書の文章をも改削したので，この点で日本書誌学会で影印した初稿本の価値が認められる．流布本は，明治になって，中国六合の徐氏が活版に付したものと，中華民国になって，これを上海の広益書局が翻印したもののほか，立之の子約之の書入本を翻印した国書刊行会の『解題叢書』所収本とである．

[参考文献] 長澤規矩也「経籍訪古志考」(『長澤規矩也著作集』2所収)

(長澤規矩也)

010 荊楚歳時記 けいそさいじき 中国，南北朝時代の年中行事を記した書．梁の宗懍(そうりん)撰．撰述年時不詳．6世紀中葉か．本来は1巻であるが，隋の杜公瞻(とこうせん)が注を加えた本は2巻となり，以後内容の四季によって分けた4巻本もあらわれた．いまの湖北省・湖南省を中心とする揚子江中流域方面の年中行事を四季の順に記したものである．中国の年中行事の書は，これ以前に，『呂氏春秋』『淮南子』『礼記月令』『四民月令』などがあるが，これらは五行思想を強く打ち出している上に，官府の行事としての色彩が濃いが，この書は民間に実際に行われた生活や習俗をありのままに記している．撰者は南方の習俗を述べているが，注を加えた杜公瞻は隋の人であるから北方の習俗を参照する所が多く，かつ多数の書を引用してよく本文の欠を補っている．この書は中国でも広く行われてのちの同種の書の典拠となったが，日本にも奈良時代から伝えられて，日本の年中行事に影響を与えた所が少なくない．正月の屠蘇酒(とそしゅ)，3月3日の曲水，5月5日の菖蒲，7月7日の乞巧(きっこう)，9月9日の菊酒など，日本古代になじみの深い習俗は，この書だけの影響によるとは断じがたいにしても，いろいろの点で深い関係を及ぼしていることは否むことができない．日本の年中行事の由来や性格を考える上では必ず参照しなければならぬ漢籍である．しかも守屋美都雄の努力でその訳注本(『校註荊楚歳時記—中国民俗の歴史的研究—』)が作られ，さらにそれを布目潮渢・中村裕一の補訂した『荊楚歳時記』が『東洋文庫』324に収録されていることは便利である．

[参考文献] 坂本太郎「荊楚歳時記と日本」(『日本古代史の基礎的研究』上所収)，守屋美都雄「荊楚歳時記の資料的研究」(『大阪大学文学部紀要』3)，和田久徳「荊楚歳時記について」(『東亜論叢』5)

(坂本 太郎)

011 継体天皇 けいたいてんのう 『日本書紀』によれば，生没年は450～531，507～31在位．諱は男大迹(おおど)，袁本杼・乎富等とも書く．応神天皇の5世の孫と伝えられる．父の彦主人(ひこうし)王は近江国にいたが，越前坂井郡の三国にいた振媛を妃とし，継体天皇を生んだ．『釈日本紀』所引の『上宮記』逸文には，凡牟都和希王—若野毛二俣王—大郎子—乎非王—汙斯王—乎富等大公王の系譜を掲げる．彦主人王の死後，振媛は越前に帰って天皇を養った．天皇が57歳のとき，武烈天皇が死に，継嗣がないので，大伴金村が中心となり，物部麁鹿火らとともに天皇を越前から迎え，河内の樟葉で即位した．そののち，樟葉から山背の筒木および弟国を経て，即位の年より20年目に大和国に入り，磐余玉穂に都を定めた．天皇は武烈天皇の姉，手白香(たし

らか)女を皇后に立て，欽明天皇を生んだが，そのほかに近江・尾張・河内方面の皇族・豪族の女を妃とした．そのうち尾張連草香の女目子媛(めのこひめ)は，手白香皇女よりさきに安閑・宣化両天皇を生んだ．以上は『日本書紀』の伝えであるが，即位記事は応神5世の孫という伝えをふくめて，継体天皇の即位を正当化するための潤色が多いのではないかとする説がある．その説では，越前・近江地方に勢力のあった豪族が，武烈天皇の死後，朝廷の乱れに乗じて応神天皇の子孫と称し，約20年の対立・抗争ののち，大和の勢力を圧倒して大和に入り，皇位を継承するとともに，手白髪(香)皇女を皇后として地位を確立したとする．継体天皇の時代は，新羅をはじめ朝鮮諸国の国力がたかまり，日本はしばしば軍隊を派遣したが，朝鮮での勢力は次第に衰えた．任那の4県を百済の請いによって与えたことは，そのあらわれである．司馬達等による仏教の伝来(『扶桑略記』)や，百済からの五経博士の貢上などもあり，文化の発展もみられたが，国内では継体天皇21年から翌年にかけて，筑紫国造磐井の反乱があり，政治の動揺がつづいた．天皇の死についても疑問がある．『日本書紀』は『百済本記』により辛亥年(531)の死とするが，甲寅年(534)とする説もあった．また『百済本記』には「日本天皇及太子皇子俱崩薨」とある．これらから，辛亥の年に政変がおこり，天皇はまきこまれて死に，甲寅の年に至って平穏に復したのではないかとし，これを辛亥の変と称する説がある．

参考文献　水野祐『増訂日本古代王朝史論序説』，吉村武彦編『古代を考える　継体・欽明朝と仏経伝来』，水谷千秋『謎の大王継体天皇』(『文春新書』192)，林屋辰三郎「継体・欽明朝内乱の史的分析」(『古代国家の解体』所収)，直木孝次郎「継体朝の動乱と神武伝説」(『日本古代国家の構造』所収)
(直木孝次郎)

012　慶長遣欧使節　けいちょうけんおうしせつ　慶長年間(1596〜1615)に仙台の城主伊達政宗がローマ教皇のもとに派遣した使節．政宗は慶長16年フランシスコ会の宣教師ルイス＝ソテロを領内に招き布教を許した．そしてその勧告によって新イスパニア(メキシコ)との間に通商を開くことを期待し，ローマ教皇およびイスパニア国王のもとに使節を派遣する計画をたてた．ソテロはこれによって同会の勢力を拡大することを図ったのである．船は陸奥国桃生郡雄勝浜呉壺(宮城県石巻市雄勝町雄勝字呉壺，一説に牡鹿郡月浦(石巻市月浦)とする)で建造された西洋型の帆船，主にその建造にあたったのは，慶長16年に新イスパニアから総督の使節として徳川家康のもとに派遣され，その後太平洋岸を北上して金銀島探険を行なったセバスチアン＝ビスカイノの配下の船匠であり，江戸幕府船手頭向井将監からも船匠・水手頭らが派遣された．使節に選ばれた政宗の家臣支倉常長は，ソテロに伴われ，家人・従者約150人，ビスカイノの一行約40人とともに乗船し，18年9月月浦を出帆，約90日を費やしてアカプルコ港に着いた．支倉の一行はここからメキシコ市に入ったが，同地の教会堂で78人が洗礼を受けた．ついで東海岸のベラ＝クルスからスペイン船で，途中ハバナに寄航，スペインのサン＝ルカルに着き，ソテロの故郷であるセビリアに着き，さらにコルドバ，トレドを経て首都マドリッドに入った．支倉は国王フェリペ3世に謁し，政宗の書翰を呈したが，この時すでに通商開始の件については反対意見が強かった．同地滞在中に支倉は聖フランシスコ聖堂で洗礼を受け，ドン＝フェリペ＝フランシスコの名を授けられた．一行はその後バルセロナから乗船，途中フランス領サン＝トロペに寄航し，ジェノバに着き，さらに海路チビタ＝ベッキアに渡り，ローマに入った．教皇パウロ5世は支倉らに対して，非公式謁見を行なったが，これは政宗が信者でないためであった．またその請願に対しては，多くこれを聴許したが，スペイン国王の権限内の事項については国王に親書を送ることとした．その滞在中ローマ市は支倉らに公民権を贈り，支倉を特に貴族に列した．伊達家に伝えられた教皇および支倉の肖像画は教皇庁がフランス人画家クラウジオに画かせたものである．一行がイタリアを離れ，再びマドリッドに戻って来た時には，家康の禁教令発布の報道がすでに伝わっていたため，スペイン側の態度は硬化していた．政宗の要望していた通商貿易の件も宣教師派遣の件もついに容れられなかったのである．支倉はついにその使命を果たすことができず，空しくセビリアからマニラに渡り，元和6年(1620)禁教下の仙台に帰り着いた．　→支倉常長(はせくらつねなが)

参考文献　『大日本史料』12ノ12，慶長18年9月15日条，同12ノ45，補遺，『雄勝町史』，五野井隆史『支倉常長』(『人物叢書』234)
(岡田章雄)

013　慶長条約　けいちょうじょうやく　⇨己酉約条(きゆうやくじょう)

014　慶長の役　けいちょうのえき　⇨文禄・慶長の役(ぶんろく・けいちょうのえき)

015　景轍玄蘇　けいてつげんそ　1537〜1611　戦国時代から江戸時代前期にかけての臨済宗幻住派の禅僧．仙巣と号した．天文6年(1537)に生まれる．父は河津隆業といい，代々筑前国宗像郡に住し大内氏の家臣の家柄であったという．玄蘇は，永禄年中(1558〜70)博多聖福寺の住持となり，やがて天正8年(1580)宗ης調の招きによって，偽の日本国王使として朝鮮へ渡り，その後終生対馬にあって，朝鮮外交を掌った．同17年にも対馬で仕立てた日本国王使として朝鮮へ渡り，文禄・慶長の役には小西行長・宗義智に従って従軍し，戦時外交を担当した．戦後は慶長14年(1609)に朝鮮に渡り，己酉約条の成立に成功し，同16年10月22日対馬国府中(長崎県対馬市厳原町日吉)の以酊庵で没した．75歳．以酊庵は

その後他所へ移ったが，玄蘇の墓は当初の以酊庵跡にある．以酊庵は，彼の創建したもので(庵号は彼の生年の干支「丁酉」にちなむという)，弟子の規伯玄方がつづいて住し，柳川一件(寛永12年(1635))以後は，五山から派遣される以酊庵輪番僧の駐在場所となった．なお厳原町国分の西山寺には，玄蘇および弟子玄方の木像を蔵する．文集は玄方の編んだ『仙巣稿』3巻がある． →以酊庵(いていあん)

参考文献　『大日本史料』12ノ8，慶長16年10月22日条，長正統「景轍玄蘇について――外交僧の出自と法系――」(『朝鮮学報』29)，伊藤幸司『中世日本の外交と禅宗』，田中健夫「対馬以酊庵の研究」(『対外関係と文化交流』所収)，同「島井宗室と景轍玄蘇」(同所収)　　　　　　　　　　　　(長　正統)

016 景徳寺 けいとくじ　⇒天童寺(てんどうじ)

017 瓊浦雑綴 けいほざってつ　大田南畝(杏花園)の長崎見聞記．文化2年(1805)5月に成る．3巻3冊．稿本が内閣文庫にあり，活字本が『新百家説林』3，『大田南畝全集』8に収録されている．江戸幕府の支配勘定大田直次郎(南畝)は，長崎会所の会計吟味の任をおびて文化元年9月10日に長崎に着し，翌2年10月10日まで岩原御屋敷に在勤し，唐蘭貿易の諸機関や各所を巡検した．あたかもロシア使節レザノフの滞在中で，直接役向きの記事は少ないが，この書の前後の『百舌の草茎』『瓊浦又綴』同様に，ロシアを含む海外事情，長崎の風物や貿易情景，唐船の舶載書目や諸家の古文書・書画・碑銘・扁額などが，鋭い観察によって日記風に筆録されている．

参考文献　玉林晴朗『蜀山人の研究』
　　　　　　　　　　　　　　　　　(中村　質)

018 芸文類聚 げいもんるいじゅう　『北堂書鈔』『初学記』とならんで，中国唐初の三大類書といわれる．収録範囲が広く，47(薬と草とを1とすれば46)の分門の各はじめに事例，あとに詩文という体例がすぐれているが，一方，分類項目に繁簡があるのみならず，収録部門に適切でないものがあるというのが旧来の通評である．わが国には早く伝来して，『日本国見在書目録』に著録されているが，和刻本はなく，明刊本が諸所に流伝する．編者は書家として有名な欧陽詢で，勅命を奉じて編修したもの．巻数は100巻．自序の末に年号はないが，『唐会要』に武徳7年(624)撰上の由がみえる．詢は唐の太宗のときの弘文館学士で，貞観15年(641)没，年85．収録の詩中に蘇味道・李嶠・宋之問・沈佺期の作が混入しているのは原姿ではない．伝本は多く明代の胡纘宗・王元貞・聞人詮らの刊本で，まれに蘭雪堂銅活字印本がある．

参考文献　大東文化大学東洋研究所「芸文類聚」研究班『芸文類聚訓読付索引』　　(長澤規矩也)

019 蛍蠅抄 けいようしょう　塙保己一が文化8年(1811)に編んで江戸幕府に献上した外寇史料集．内容は開化天皇19年から応永26年(1419)まで．本文5巻，付録1巻．編纂の主眼は蒙古襲来史料の集成にあった．ロシアの南下，イギリス船の長崎入港など，対外緊張のうちに，蒙古襲来の史実に鑑みさせることで防衛の担い手としての武士の精神をふるい立たせようとしたものであるが，最初の本格的な蒙古襲来史料集として価値が高い．『(改定)史籍集覧』23，『(新註)皇学叢書』7所収．

参考文献　川添昭二『蒙古襲来研究史論』
　　　　　　　　　　　　　　　(川添　昭二)

020 雞林拾葉 けいりんしゅうよう　古代・中世の文献から朝鮮関係の記述や文書を抄出し，編年的に収録した書籍．塙保己一の著．8巻8冊．文政2年(1819)および同6年刊．内容は『日本書紀』に始まり，日記・歴史書・文書などを広く網羅して『続善隣国宝記』の天正18年(1590)朝鮮通信使渡来に及ぶ．近世の諸書も，関連条項に付載してある．体裁は，同じ著者の『蛍蠅抄(けいようしょう)』に通ずるものがある．『我自刊我書』に所収．
　　　　　　　　　　　　　　　(中村　栄孝)

021 鴃舌小記 げきぜつしょうき　⇒鴃舌或問(げきぜつわくもん)

022 鴃舌或問 げきぜつわくもん　天保9年(1838)3月オランダ商館長ニーマンJohannes Erdewin Niemannの江戸参府を機会に渡辺崋山が小関三英ら数名とともにニーマンに会見し，その問答を崋山みずから記録したもので，書名の「鴃舌」は西洋人の談話の意である．内容はヨーロッパ各国の政治・文化・国際関係やニーマンの日本に対する観察，さらに医学制度などに及んでいる．『鴃舌小記』は『鴃舌或問』成立の事情の知られる小文で，ニーマンの経歴・体軀・風貌・性格を紹介し，江戸についての質問から，たまたま際会した3月10日の江戸城西ノ丸炎上について語り，消防を論じ，さらに学問上の質疑に及んでいる．『鴃舌或問』『鴃舌小記』は『崋山全集』1をはじめ，従来の刊本には異同・混乱がはなはだしく，最近まで研究者の混乱の因をなしたが，善本により補訂を加えたものが『日本思想大系』55，『崋山・長英論集』(『岩波文庫』)に収められた．

023　月渚永乗　げっしょえいじょう　1465〜1541　室町時代後期の禅僧（臨済宗聖一派）．諱は英乗・玄乗とも．宿蘆と号す．寛正6年(1465)生まれる．薩摩牛山の人．はじめ肥後清源寺に栖碧和尚に随侍しまた一枝に従学した．明応6年(1497)，すでに日向に下向していた桂庵玄樹について学び，桂庵の薦によって日向福島竜源寺，ついて同飫肥安国寺に住して島津忠朝の命で外交文書の作成にあたった．『薩州旧記』『薩摩旧記本朝四新註相属之系図』に「（東福寺不二庵）岐陽和尚〈惟正和尚／景召和尚〉桂庵和尚（飫肥安国寺）月渚和尚（略）（市来竜元寺）一翁和尚　文之和尚（屋久島本仏寺）如竹上人」の記事がある．大永3年(1523)，細川高国が鸞岡瑞佐・宋素卿を遣明使としたのに前後して大内義興も正使謙道宗設・副使月渚を派遣した．両使節は彼地でいわゆる寧波（ニンポー）の乱を起して，謙道は鸞岡を殺害し月渚とともに逃れ帰国する．『鹿苑院公文帳』に天文5年(1536)12月の日付で，周防乗福寺（十刹）と建仁寺（五山）受帖の記事があるが，『鹿苑日録』天文6年2月12日条によれば，建仁寺公帖ができたのはこの日であるとされる．晩年は飫肥西光寺に退居した．桂庵の学統を弘めて薩南学派の興隆に功ありと評される．天文10年2月9日示寂．文之玄昌の追薦詩に「人生七十七年忙，幾読遺編涙淋浪」とあるので享年77．法嗣に一翁玄心がいる．　→寧波の乱（ニンポーのらん）

参考文献　伊地知季安『漢学紀源』3（『続々群書類従』10），西村時彦『日本宋学史』，小葉田淳『中世日支通交貿易史の研究』，武藤長平「桂庵禅師と薩藩の学風」（『歴史地理』21ノ2）　　（今泉　淑夫）

024　月峯海上録　げっぽうかいじょうろく　豊臣秀吉の第2二次朝鮮出兵（慶長の役）に捕虜となり，日本に連行されて抑留生活を送り，戦後本国に送還された朝鮮人の日録．著者は鄭希得（ていきとく）．2巻2冊．光海君5年(1613)成立，『万死録』と題す．景宗3年(1723)，曾孫鄭徳休が『海上録』と命名．のち6代孫鄭澗（ていかん）により，憲宗12年(1846)刊，翌年改補刊．著者は，本貫晋州（しんしゅう，慶尚南道）の人，咸平（かんぺい，全羅南道）に世居し，日本軍の侵入を聞き，宣祖30年(慶長2，1597)8月12日に家族親戚と避難の途にのぼり，9月15日海上に逃れ，27日霊光（れいこう）の七山島（しちざんとう）で蜂須賀家政の水軍将森忠村に捕われた．昌原（しょうげん，慶尚南道）の家政本陣に送られ，さらに11月26日発，対馬経由，阿波徳島に回送され，12月30日に到着し，ここで抑留生活を過ごした．翌年，戦争が終結すると，帰国の希望がかない，11月22日徳島を発して対馬に送られ，宣祖32年6月29日，撤兵のとき交換されて来ていた明軍の人質の使者河応朝（かおうちょう）らと同船で釜山（ふさん）に送還され，7月20日帰郷した．本書の原本は，もともと巻1の日記と巻2の詩は日を逐って録されていたのを，鄭徳休の整理から出版までの間に，分割改編されたもので，また，後孫による仮託の文章も付加されている．しかし，3年にわたる日録の記事と詩には，詳細な行動はもちろん，日本事情や各地に連行されていた捕虜の動静について重要な史料となるものが多い．刊本のほか，影印版が『朝鮮学報』23・25・26に収められている．　→鄭希得（ていきとく）

参考文献　中村栄孝「朝鮮役の俘虜鄭希得の『月峯海上録』」（『日鮮関係史の研究』中所収），那波利貞「慶長丁酉役の水軍俘虜鄭希得の月峯海上録」（金正柱編『韓来文化の後栄』所収），同「月峯海上録攷釈」（『朝鮮学報』21・22合併号）　　（中村　栄孝）

025　月林道皎　げつりんどうこう　1293〜1351　南北朝時代前期の五山禅僧．はじめ諱は妙暁，のちに道皎と改めた．字（あざな）は月林．別に独歩叟・円明叟と号す．永仁元年(1293)久我具房の子として生まれる．はじめ越前の平泉寺に入って天台宗を学んだが，のち建長寺の高峯顕日，ついて大徳寺の宗峯妙超に参じ，花園上皇の帰依を受けた．元亨2年(1322)春，入元して南京保寧寺の古林清茂に参じ，その法を継いだ．元の文宗から仏慧知鑑大師の号を贈られた．元徳2年(1330)帰国し，洛西の梅津清景の帰依を受けて，長福寺（京都市右京区梅津中村町）を天台宗から禅宗に改め，その開山となった．観応2年(1351)2月25日寂．寿59．同寺に葬る．普光大幢国師と勅諡された．著作に『月林皎禅師語録』二巻がある．

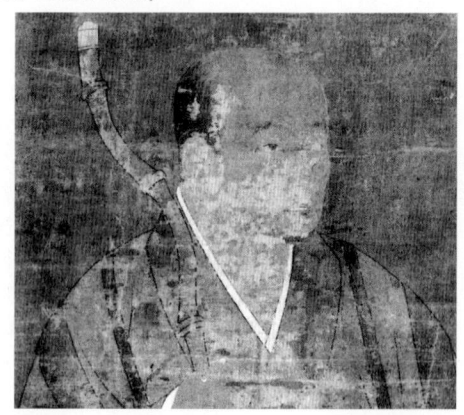

参考文献　『大日本史料』6ノ14，観応2年2月25日条　　（今枝　愛真）

026　ゲバラ　Diego de Guevara　1550〜1621　スペイン南部，ハエン王国出身のアウグスチノ会士．1593年にフィリピンに渡来した．慶長元年(1596)有名なサン＝フェリペ号に乗って日本に漂着，処刑を免れて同3年マニラに戻った．同7年日本に渡来して豊後国臼杵に修道院と教会を建て，アウグスチノ会日本布教の基礎を築いた．翌年マニラに帰り，その後彼は管区代表と

してマドリードに赴いた．1609年，24人の修道士をつのって巡察師として再びフィリピンに向かい，翌年マニラに着いた．彼は日本渡航を希望したが果たせず，14年にフィリピン巡察を終え，マドリードに戻った．17年三たびフィリピンに渡り，21年同地で没した．

参考文献 Manuel Merino: Misioneros Agustinos en el Extremo Oriente (1954); Arnulf Hartmann: The Augustinians in Seventeenth Century Japan (1965)，アルヌルフ=ハートマン『十七世紀日本におけるアウグスチノ会士たち』　　　（高瀬弘一郎）

027 **元** げん　モンゴル人が13世紀に東アジアに建てた王朝名．モンゴル Mongol（「蒙古」はその訳音）は7世紀に現われ，北モンゴル東部の小さな部族であったが，12世紀にその王族テムジンがケレイト部族の王トグリル=オン=ハーンに仕えて出世し，やがてオン=ハーンを倒してモンゴル高原の全遊牧民の指導者となり，即位してチンギス=ハーン（太祖，1206～27年在位）と号した．チンギスはその在世中に，金朝の黄河以北の領土を取り，西夏王国・西遼帝国・ホラズム帝国を滅ぼし，オングト王国・ウイグル王国を服属させ，その西境は西トルキスタンのアム河に至った．東方では，モンゴル軍は1218年，契丹人の一団を追撃して高麗に入り，はじめて接触した．チンギスの第3子オゴデイ（太宗，1229～41年在位）は第2波の大征服を行い，34年金を滅ぼし，西方ではイラン・カフカズ・東ヨーロッパに軍を送って平定した．東方では，31年から高麗征伐を開始したが，崔氏の武臣政権は王都を開城から江華島に遷して抵抗し，ついに目的を達しなかった．オゴデイの死後はその長子グユク（定宗，1246～48年在位）が嗣いだが短命であった．ここに至って内紛が起り，チンギスの長子ジョチと第4子トルイの一族は連合して，トルイの長子モンケ（憲宗，1251～59年在位）をハーン位に即け，オゴデイの一族を粛清した．モンケは南宋征伐の陣中で病死し，南モンゴル・華北を統治した次弟フビライと，北モンゴルの本土を管理した第4弟アリクブガとの間にハーン位をめぐって内戦（1260～64年）が起り，フビライが勝ったが，モンゴル帝国は事実上分裂し，東アジアのフビライの所領のほか，中央アジアはチンギスの次子チャガタイの子孫が占拠し（チャガタイ=ハーン国），西アジア遠征に派遣されていたフビライの第三弟フレグはイランで自立し（イル=ハーン国），南ロシア・西シベリアのジョチの子孫（キプチャク=ハーン国）とともに，四大ハーン国が出現した．さらにオゴデイの孫ハイドは，フビライに対抗して中央アジアで大ハーン（1269～1301年在位）に選挙された．フビライ（世祖，1260～94年在位）は，行政（中書省）・軍事（枢密院）・財政（尚書省）・監察（御史台）の諸機関を整備して，71年国号を大元と改め，79年には南宋を滅ぼして華南を完全に平定した．なおベトナム・チャンパ・ビルマ・ジャワにも出兵したが成功しなかった．高麗では，58年，江華島の崔氏政権が倒れて抵抗もやみ，70年には政府は開城にもどった．フビライは同年，半島の北半を併合し，高麗を圧迫して74年（文永11）・81年（弘安4）の2度の日本進攻に協力させた．その失敗後もフビライは計画を放棄せず，作戦の前線司令部である征東行中書省の右丞相（長官）に高麗の忠烈王を任命し，また皇女を降嫁させた．忠烈王と皇女の間に生まれた忠宣王の血統が，1389年まで高麗王位を占めることになる．フビライの死後，その孫テムル（成宗，1294～1307年在位）が皇帝となったが，たまたま中央アジアでハイド=ハーンが死に，これを機として四大ハーン国の和解が成立した．成宗には嗣子がなく，その甥の仁宗がクーデターを起して兄の武宗（1307～11年在位）を帝位に即け，これに協力した高麗の忠宣王と，遼陽・瀋陽の高麗人移民のために，遼陽行中書省が設置された．武宗・仁宗（1311～20年在位）の時代には，かれらの生母興聖宮皇太后の権力が強大となって皇帝を圧倒した．これに抵抗した仁宗の子英宗は，1323年の太皇太后の死後まもなく太后派に暗殺され，武宗・仁宗の従兄泰定帝が即位した．28年の泰定帝の死とともに皇帝の親衛軍団長エルテムルらが反乱を起し，泰定帝の子天順帝を滅ぼして，武宗の子明宗（1329年在位），その弟文宗（1329～32年在位），明宗の子寧宗（1332年在位）をつぎつぎと擁立したが，もはや皇帝の実権は全くなかった．33年エルテムルが死んで，次の実権者バヤンは寧宗の兄恵宗（順帝）を立てた．恵宗はバヤンの甥トクトアと手を結んで，40年バヤンの追放に成功し，皇帝の権威の回復を進めた．51年，大運河・長江の水路沿いに秘密結社紅巾の反乱が一斉に起り，華北・華中は大混乱となった．54年，トクトアは大軍を指揮して，高郵の張士誠の討伐に向かったが，成功しないうちに恵宗はトクトアの兵権を奪って追放した．そのため元軍は崩壊し，やがて紅巾出身の朱元璋（明の太祖）によって，元朝が68年中原の地から逐い出される原因を作った．高麗の恭愍王は56年，元にそむいて東北面（咸鏡道）を回復したが，この地の出身の女直人李成桂（朝鮮の太祖）がやがて高麗朝に取って代わる．1368年以後もモンゴル人は大元の国号を保存し，1634年にチンギス=ハーンの最後の直系の子孫リンダン=ハーンが清の太宗に滅ぼされる時に及んだ．これを北元という．

参考文献　ドーソン『モンゴル帝国史』（佐口透訳，『東洋文庫』110・128・189・235・298・365），箭内亙『蒙古史研究』，池内宏『満鮮史研究』中世1・3，岡田英弘『世界史の誕生』（『ちくま文庫』），同『モンゴル帝国の興亡』（『ちくま新書』314），同『中国文明の歴史』（『講談社現代新書』1761）

（岡田　英弘）

日元関係 元の世祖(フビライ)は文永3年(1266)以来同10年に至るまで，6回にわたって使を日本につかわして，朝貢を強要した．しかしそのつど拒否されたため，ついに武力を行使して文永11年の文永の役，弘安4年(1281)の弘安の役という再度の元軍の襲来，日元両軍の激突となり，結局再度とも元軍は殲滅的敗北を喫し，その野望はついえ去ってしまった．しかしこの日元関係の悪化にもかかわらず，日宋貿易の繁栄をうけついだ日元貿易は依然としてつづけられ，文永の役の翌々年の建治2年(1276)鎌倉幕府が蒙古軍の再度の襲来に備えて博多湾の沿岸に石塁を築き，また蒙古軍の高麗の基地へ先制攻撃をしかけようという異国征伐の計画準備をしているさなかにも，日本商船が慶元港(明州，寧波(ニンポー))から帰還している．またその翌3年まさに滅びんとする南宋末期の混乱から脱出して帰還した日本商船が宋朝の滅亡を報じ，大宰府はこの情報を幕府に報告しているのである．しかもこの年，元は泉州・広州・慶元・上海・澉浦に市舶司を設けて貿易管理を開始し，また日本商船が黄金を携えて慶元港に入港し，銅銭との交易を求めたのに対して，貿易を許可し，翌弘安元年世祖は沿海有司に布告して，日本商船に貿易を許可するよう命じている．ゆえにこの年執権北条時宗は禅宗の高僧を招くため，徳詮・宗英の2僧を入元させ，また宋僧西澗子曇も帰国している．翌2年5月招請に応じて無学祖元が鏡堂覚円・梵光一鏡らを伴って来朝した．しかもその1月後の6月，元将范文虎が部下の周福・欒忠・通陳光らに牒状を携行させ，入元僧本暁房霊果を伴って来朝させると，幕府はこれを博多において斬っている．ところがまたこの年入元僧の白雲慧暁・桃渓徳悟・竜峯宏雲らが帰朝するし，慶元港へ入港した日本商船四隻に対し，世祖は貿易を許可している．こうして日元国際関係の悪化に関係なく，商船は自由に両国間を往来していた．もっとも弘安の役の最中はさすがに彼我商船の往来も一時とだえたらしく，朝廷が同4年4月，異敵退散の祈禱を宮中で行なった際には，祈禱に必要な香料の不足になやんでいるのである．しかし弘安の役が直接日元貿易に及ぼした影響は一時的なものにすぎなかった．また弘安の役後も世祖の日本に対する招諭の目的は終始かわらず，つぎの成宗もこれを受けて日本招諭の野望をすてなかった．すなわち世祖は同6年補陀落山の僧愚渓如智・提挙王君治を招諭使として日本に派遣したが，暴風のため果さず中途より引き返しており，翌7年再び愚渓・積翁らを派遣したが，対馬に至って積翁を船員に殺され，愚渓は空しく帰国した．しかも貿易の方はますます盛んで，正応5年(1292)6月日本商船4隻が渡元したが，途中3隻は難破し，1隻だけが慶元港に無事入港して貿易をしており，またこの年10月高麗王使者金有成が，元より帰還の途中耽羅(済州島)に漂着した日本商人を送還してきているし，同月日本商船が慶元に入港して貿易を求めている．さらに永仁6年(1298)夏日本商船が慶元に入港すると，成宗は補陀落山の僧一山一寧をこの船に乗せて日本に招諭使として派遣した．翌正安元年(1299)一寧は西澗子曇・石梁仁恭らを随えて博多に着し，10月には鎌倉に至っている．また嘉元3年(1305)にも竜山徳見が乗った日本商船が慶元に入港したし，翌徳治元年(1306)には有慶という日本商人が慶元に赴いて貿易し，成宗に金の鎧甲を献じている．こうして元は終始一貫日本商船の貿易は拒否しなかった．一方また日本商人も元寇の勝利に自信を得て，積極的また盛んに元へ渡航した．しかし日本の報復を恐れ，日本側からの大陸逆襲という流言飛語におびえた元の官吏は，日本商船や日本の留学僧らに不当な圧迫や迫害を加えたので，同2年を初見とし，日本商人が自衛のため，商品として携えた硫黄や日本刀をもって慶元府内の官衙・民家を焼き，暴行をはたらく事件が頻発し，これがまた誘因となって本格的な海賊も渡航し，元の沿岸を荒すようになった．いわゆる倭寇である．元の末期はこの倭寇のために大いに苦しめられた．一方また朝廷・幕府の認可を得，寺社などの造営費獲得を目的とした公許貿易船，いわゆる「造営料唐船」も渡元するようになった．日本から元への輸出品は，金・日本刀・日本扇・螺鈿・蒔絵・硫黄・銅などであり，元からの輸入品は，銅銭・香料・薬品・一般書籍・経典・文具・宋元名画・茶・金襴・金紗・唐綾・唐錦・毛氈などであった．また禅僧の往来も盛んで，入元僧の今日明らかなものだけでも百数十名，来化した元僧10余名を数えている．禅僧の往来に伴い，文化的な影響も多く，まず元の寺院制度が移植され，その禅院の八丈清規は日本の小笠原流礼法の，またそのいわゆる唐様の茶会が茶の湯の源流となり，その語録が五山の詩文学に影響を与え，また五山開板事業の発達を促した．

参考文献 木宮泰彦『日華文化交流史』，森克己『日宋貿易の研究』(『森克己著作選集』1〜3)

(森 克己)

028 元嘉暦 げんかれき 日本上代の暦法は朝鮮を経て伝わった中国暦であり，その最初が元嘉暦であったと思われる．欽明天皇14年には内臣を百済につかわし，医・易・暦の博士の来朝を依頼し，その翌々年には暦博士王保孫が来日した．さらに推古天皇10十年(602)に百済僧観勒が来日し，玉陳がこの僧より暦法を学んだ．『政事要略』には推古天皇12年から暦日が使用されたとみえ，これが元嘉暦と思われる．また，『日本書紀』持統天皇4年(690)11月条に，勅命によって元嘉暦と儀鳳暦とを併用するとみえる(実際には6年から併用)．元嘉暦は中国で劉宋(南朝)の何承天が編纂し，元嘉22年(445)からほぼ65年にわたって行われたものであり，

それが百済を経て日本に伝わった．推古天皇12年からほぼ88年にわたって使用され，さらに儀鳳暦との併用期間として6年間があった．すぐれた暦法で，基本常数の1年・1月の日数は，それぞれ$365\frac{75}{304}$日および$29\frac{399}{752}$日である．

参考文献　能田忠亮『暦』（『日本歴史新書』），藪内清『中国の天文暦法』　　　　　　　　　　（藪内　清）

029　**元寇** げんこう　⇒文永・弘安の役（ぶんえい・こうあんのえき）

030　**元寇史料集** げんこうしりょうしゅう　蒙古襲来関係史料3種の複製本2巻とその解説．昭和10年（1935）3月，国民精神文化研究所より『国民精神文化文献』2として刊行．第1巻には熱烈な異国降伏の祈願で知られる京都正伝寺の宏覚禅師の祈願開白文と，異国征伐計画の史料として著名な『八幡筥崎宮御神宝記』紙背文書を収め，第2巻には弘安4年（1281）の蒙古合戦（弘安の役）をめぐる諸情勢を伝える京都大学所蔵の『壬生官務家日記抄』（『弘安四年日記抄』）を収める．　　（川添　昭二）

031　**元寇防塁跡** げんこうぼうるいあと　⇒石築地（いしついじ）

032　**元史** げんし　中国，元一代を記した正史．明初に，学者の宋濂らが勅命によって編修したものであるが，元が滅亡してまもなく編修にかかったもので，元来，元には起居注など参考すべき原史料がなく，実録をはじめ，史料は簡単なもののみであったためのみならず，洪武2年（1369）の作を翌3年に修改したとはいえ，前後合計300余日の間に倉卒として作り上げたものである．それだけに，同一人が別の付伝のみならず，列伝そのものの中に重出したり，叙述が前後したり，繁簡が当を失したりし，固有名詞の表記法の不統一など枚挙にたえないので，顧炎武の『日知録』をはじめ，その疎漏を難じた書物は多く，『元朝秘史』『元史訳文証補』『蒙兀児史記』，その他後出の元朝に関する史籍によって補うべきところが多い．特に，中華民国になって公刊された柯劭忞（かしょうびん）の『新元史』と彼此参互すべきである．『元史』は本紀47巻・志58巻・表8巻・列伝97巻，合わせて210巻．本史には論賛がないのが1つの特色である．元朝は元寇などでわが国と密接な関係があるにもかかわらず，『元史』には和刻本が出版されず，わずかに巻52〜55（暦志4〜7）が『授時暦議』『授時暦経』として刊行され（寛文12年（1672）刊，後修本がある），そのほか，その後人の注解・図解があるのみである．それは，固有名詞の漢訳をはじめ，官名その他に蒙古語の音訳があり，江戸時代の邦人には訓点を加えにくかったからであろう．本邦関係の記事としては，巻208（列伝95）外国伝に日本条があり，世祖忽必烈の本紀は巻4〜17，その中で，元寇関係は巻11を主とし，巻10〜15にみえる．『元史』の初刻本は洪武刊本であるが伝本はまれで，清の武英殿刊本には誤脱が多い．　　（長澤規矩也）

日本伝（にほんてん）　『元史』巻208，外国（外夷）伝，日本条の通称である．宋以前の日中関係はほとんどくり返さず，至元2年（文永2，1265）の日元交渉の発端から，いわゆる両度の征日本の経過とその失敗後の三征計画を述べる．日本でいう文永・弘安の役（蒙古襲来）であるから，詳細な記述を期待するが，あんがい簡単．これは日元両国の相互関心の比重のちがいであろう．『新元史』日本伝は，巻250，外国伝，日本条のこと．記述はととのっているが，むろん史料価値はおとる．

参考文献　和田清・石原道博編訳『旧唐書倭国日本伝・宋史日本伝・元史日本伝』（『岩波文庫』），石原道博「元寇の敗因に関する一考察」（『明末清初日本乞師の研究』所収），同「元代日本観の一側面」（和田博士還暦記念東洋史論叢編纂委員会編『（和田博士還暦記念）東洋史論叢』所収），同「中国における畏悪的日本観の形成―元代の日本観―」（『茨城大学文理学部紀要』人文科学3）　　　（石原　道博）

033　**元糸銀** げんしぎん　⇒外国金銀（がいこくきんぎん）

034　**玄樹** げんじゅ　⇒桂庵玄樹（けいあんげんじゅ）

035　**玄奘** げんじょう　?〜664　中国，唐代の僧侶．洛州緱氏（こうし）県（河南省洛陽専区偃師県の南）の人．姓は陳氏，俗名は褘（き）．13歳勅命によって出家し，兄とともに洛陽の浄土寺に住し『涅槃経』『摂大乗論（しょうだいじょうろん）』を学んだ．武徳元年（618）隋が滅亡すると兄とともに長安に入り，ついで成都に行って『摂大乗論』などを学び，同5年受戒して律部を習った．それから荊州・相州・趙州を廻って長安に帰り，法常・僧辯の2大徳に就いて『摂大乗論』を受けた．それ故玄奘は真諦（しんだい）系統の摂論宗をまず学んだ人である．ところが諸師の解釈がまちまちで従うところを知らなかったのでインドに行って疑問を解明しようとし，貞観3年（629）長安を出発して西遊の途に上った．新疆省の北路を通り，西トルキスタン・アフガニスタンを経て北インドに入り，釈迦誕生地などの仏蹟を訪ねてから中インドの摩掲陀（まがだ）国パータリプトラ城に至り，ナーランダ寺に入った．ここで戒賢を師として瑜伽論をはじめ顕揚・婆沙・倶舎の諸論や護法の唯識説を学び，梵文経典を研究すること5年，辞去してからインド南部・西部の諸国を遊歴し，再び新疆省の南路を経て貞観19年（645）長安に帰ってきた．請来した経論は657部で弘福寺に安置された．太宗は詔して弘福寺禅院で梵本の翻訳を始めさせ，同22年10月には大慈恩寺が創建されるとその西北に翻経院も建てられた．翌23年5月に太宗が崩じ6月に高宗が即位すると，玄奘は大慈恩寺に移ってもっぱら訳経に努めた．その翻訳事業は非常に大規模で証義・綴文・字学・証梵語梵文・筆受・書手とに分担が分かれ，また訳文も古典梵語から直訳風に訳したので新訳と呼ばれる訳風

がおこった．訳出した経論は『大般若経』600巻，『瑜伽師地論(ゆがしじろん)』100巻，『大毘婆沙論』200巻，『倶舎論』『成唯識論(じょうゆいしきろん)』『摂大乗論』など75部1335巻に及んだ．別に『大唐西域記』12巻を作ったが，これは東洋最大の旅行記でインド史研究上貴重な文献である．麟徳元年(664) 2 月弥勒を念じながら寂した．年65(一説63)．後世法相宗の祖とされ，また倶舎論の新訳を出したので倶舎宗の祖とも称せられる．門下3000といわれるほど弟子は多いが，神昉・嘉尚・普光・窺基の 4 人が上足といわれている．わが国の智達・智通・道昭らも入唐して玄奘の教えを受けている．

[参考文献] 『大唐故三蔵玄奘法師行状』(『(大正新修)大蔵経』50)，『大唐大慈恩寺三蔵法師伝』(同)，『続高僧伝』4 (同)，宇井伯寿『支那仏教史』(『岩波全書』)   (大野達之助)

036 遣新羅使 けんしらぎし

古代の一時期に，日本の朝廷から朝鮮半島の新羅に恒常的に派遣した国使．朝鮮の三国時代に朝廷が百済・新羅・高句麗などに必要に応じて正式の使者を派遣した例は，古くから史料に数多くみえるが，遣隋使・遣唐使のように，外交儀礼(貢調使の答礼を含む)や文物導入のために恒常的に国使を派遣することが行われていたかどうかは明らかでない．ただ大化年間(645〜49)前後のころに三国に学問僧を留学させていたことを示す事例があるから，ある程度そのような慣行が存在した可能性はある．やがて新羅が唐と連合して百済，ついで高句麗を攻め滅ぼす段階になると，日羅の国交は一時絶えたが，百済・高句麗討滅後，新羅が唐の勢力を排除して朝鮮半島を統一すると国交が回復し，天武朝初年から遣新羅使の派遣が開始され，奈良時代の末まで合計22回の派遣が国史に記されている(巻末付表参照)．使節の構成は文武天皇4年(700)度では大使・小使・大少位各1人，大少史各1人の四等官制であり，天平8年(736)度では大使・副使・大判官・少判官があったことが知られ，出発から帰還まではふつう2, 3ヵ月から長くて1年前後を要している．はじめ天武・持統朝のころは，律令制度の確立期にもかかわらず，日唐通好は杜絶中だったから，遣新羅使の派遣は大陸の文物制度導入の方途として，きわめて重要な意義を有したが，8世紀に入ると次第に慣例化し，やがて新羅が日本に対して対等の形式をとろうとする態度を強めてくると，天平8年度の遣使以降，両国の関係はとみに険悪化して，特に必要なとき以外は遣使が行われないようになった．→新羅(しらぎ)　→付表〈遣新羅使〉

[参考文献] 西嶋定生「東アジア世界と冊封体制—六—八世紀の東アジア—」(『中国古代国家と東アジア世界』所収)，関晃「遣新羅使の文化史的意義」(『関晃著作集』3 所収)   (関 晃)

037 源信 げんしん

942〜1017 平安時代中期の天台宗の僧侶．天慶5年(942)に生まれる．大和国葛下郡当麻郷(奈良県葛城市)の人．父は卜部(うらべ)正親．9歳で比叡山に登り良源に師事して顕密2教を究めた．師に似て論議にすぐれていたので，天元元年(978)37歳のとき叡山の広学竪義(こうがくりゅうぎ，法華経講演の討論会)の竪者(りっしゃ，論題を講説する役)に選ばれ，またインドの論理学に関する『因明論疏(いんみょうろんしょ)四相違略註釈』3 巻を著わした．こうして学匠としての名声は高まったが，そのころようやく貴族化してきた叡山の教団に批判的であったらしく，世俗の名利を捨てて横川(よかわ)に隠棲し，もっぱら著述を事とするようになった．このころ横川の首楞厳院(しゅりょうごんいん，略して楞厳院という)を中心にして念仏結社の運動が始められた．源信は叡山の不断念仏，良源の観念念仏の影響を受けて浄土教にはやくから関心をもっていたらしく，この運動にも関係していたようであり，それで永観2年(984)11月に『往生要集』の執筆を始め，翌年4月に完成した．『往生要集』3巻は浄土教の発達に大きな影響を及ぼし，藤原道長・同行成はこの書を読んでおり，院政時代にも藤原宗忠・源義光がこれを読むのを慣いとし，阿闍梨聖全は書中に説いている臨終の行儀に随って寂したといわれる．のち九州に旅したとき，中国宋の周文徳なる者に『往生要集』と良源の『観音和讃』などを贈ったところ，周文徳はこれを本国の天台山国清寺に納めた．時に結縁の男女500余人が協力して書楼を建て，この書を供養慶讃した．のちにまた宋国の人が源信の肖像を求めて来たので承円阿闍梨に描かせて送ったら，彼地ではこれを楞厳院源信大師と呼んで廟を造り，肖像画と『往生要集』をその中に安置したという．その後永延2年(988)に『横川首楞厳院二十五三昧式』を作り，横川首楞厳院を中心とする念仏結社の人々のために念仏を行う上の規約を定めた．長保5年(1003)弟子の寂照が入宋するに際して，天台宗の疑義27条を挙げて四明知礼(しめいちれい)に質問したところ，知礼は深く感嘆して答書を送ってきたが，その内容は不十分なものであったという．寛弘元年(1004)5月，弟子厳久の譲りを受けて権少僧都に任ぜられたが，翌2年12月にこれを辞退した．横川の恵心院に住していたので，世間では恵心僧都とも横川僧都とも呼んだ．長和2年(1013)正月に願文を作り，その中で生前修行した法を挙げて，念仏20倶胝(くてい，億)遍，読誦した大乗経5万5500巻(『法華経』8000巻，『阿弥陀経』1万巻，『般若経』3000余巻など)，念じた大呪は100万遍，ならびに阿弥陀・不動などの呪少々と述べている．この願文から推測すると，源信は念仏のほかに経典の読誦や呪を唱える修行もし，また念仏を唱える回数によって功徳をはかっていたようである．翌3年には『阿弥陀経略記』

を著わし，寛仁元年(1017)には『観心略要集』を著わした．この年病にかかり再び起つことができなくなった6月10日に身体を浄め，阿弥陀仏の手にかけた糸を手に執り，眠るがごとくに息絶えたという．年76．著作はすこぶる多く，その代表的なものは上述の諸書のほかに『一乗要決』3巻があり，これらは伝記・著作目録とともに『恵心僧都全集』全5巻に収められている．同門の覚運と並び称せられ，両者とも天台本覚思想の立場に立ち，源信の系統は恵心流，覚運の系統は檀那流と呼ばれた．　→往生要集(おうじょうようしゅう)

参考文献　『大日本史料』2ノ11，寛仁元年6月10日条，『続本朝往生伝』(『日本思想大系』7)，『大日本国法華経験記』下(同)，大野達之助『上代の浄土教』(吉川弘文館『日本歴史叢書』28)，小原仁『源信』(『ミネルヴァ日本評伝選』)，速水侑『源信』(『人物叢書』195)　　　　　　　　　(大野達之助)

038　**遣隋使**　けんずいし　推古天皇8年(600)から同22年にかけて，前後6回にわたって日本から隋に派遣された公式の使節．使の派遣回数とその年次についてはほかに3回説・4回説・5回説があるが，『隋書』倭国伝・同煬帝紀と『日本書紀』推古紀の記述すべてを生かすと，(1)600年(推古天皇8)，(2)607年(同15)，(3)608年(同16)，(4)608年，(5)610年(同18)，(6)614年(同22)の6回とみるのが妥当である．推古天皇8年(隋開皇20)の使は厩戸皇子(聖徳太子)の非公式な使とする説，西辺豪族派遣の私使とする見解などがあるが，百済の仲介で中国の礼制を摂取することを主な目的とした公式の使であり，推古天皇11年の冠位十二階の制定はその成果であろう．同15年の使には小野妹子らが派遣され，仏教の習得を目的として沙門数十人も同行したが，隋に提出した国書に「日出づる処の天子，書を日没する処の天子に致す，恙無きや」(『隋書』，原漢文)と王(天皇)独自の権威を誇示したために「蛮夷の書，無礼なる者有らば，復たもつて聞する勿れ」(同)と煬帝の不興をかったという．翌16年，妹子は隋の答礼使裴世清とともに帰国，同年再度使節として渡隋．この時，高向玄理・僧旻(日文)・南淵請安らが，留学生・学問僧として同行した．かれらは長年滞在して隋唐の学問・制度・文物についての新知識の導入に努め，帰国後，日本の文化の発達や政治改革などに貢献した．遣隋使は推古天皇22年の犬上御田鍬らの派遣を最後とするが，この事業は遣唐使に継承されていく．　→遣唐使(けんとうし)
→付表<遣隋使>

参考文献　坂元義種「遣隋使の基礎的考察」(井上薫教授退官記念会編『日本古代の国家と宗教』下所収)，同「推古朝の外交」(『歴史と人物』昭和54年12月)，増村宏「隋書と書紀推古紀」(『遣唐使の研究』所収)，篠川賢「遣隋使の派遣回数とその年代」(『日本古代の王権と王統』所収)，河上麻由子「遣隋使と仏教」(『日本歴史』717)　　　　　　　　　(鈴木　靖民)

039　**元銭**　げんせん　中国，元代鋳造の至大通宝・至正通宝などの銅1文銭をいう．元では中統元年(1260)以来中統鈔を，至元24年(1287)以来至元鈔を発行した．この間武宗の至大3年(1310)資国院・泉貨監を設け至大通宝を鋳造し，歴代の銅銭はすべて古例に従い至大銭とともに通用させ，また大銭大元通宝を造り，その1をもって至大銭10にあて用いさせたが，間もなく院監をやめ銭も廃止して中統・至元の交鈔を専用させた．順帝の至正11年(1351)宝泉提挙司を置き，至正通宝を鼓鋳し交鈔とともに通用させたが，交鈔の価は下落し，順帝の末年に至正元宝の5等の大銭を鋳て，銀・交鈔に対する換当価格を定め通用させた．しかし交鈔はすでに信用なく，物貨による交換が行われたという．日宋貿易発展のあとをうけ，元代には文永・弘安の役前後の緊張した間も，その後も，日本商船の往来は絶えなかった．天竜寺船も商船の1つで，室町幕府が綱司任命や船数・渡航期などを指示して公許し，綱司が天竜寺造営費5000貫を提供することを約したのである．日元貿易においても銅銭は依然として重要輸入品であったが，元銭の輸入はきわめて少なく，それは大陸における通貨状況による．元朝制定の通貨としては交鈔が主流で，銅銭では歴代旧銭つまり圧倒的な鋳造量をみる北宋銭を首とする歴朝銭が多く流通した．矢島恭介によれば，東北から九州までの出土銭で確実に調査されたおよそ20例において，字体不明を除き約23万5000枚(明銭を含む)のうち至大通宝は9例121枚，至正通宝は2例4枚に過ぎない．昭和46年(1971)兵庫県宝塚市堂坂遺跡より7箇の壺に納めた厖大な量の古銭を発掘し，その一部の調査では1967枚中で至大通宝1枚，9割は北宋銭であった．

至正通宝(原寸大)

参考文献　『元史』食貨志，矢島恭介「貨幣—本邦に於ける出土銭貨—」(『日本考古学講座』七所収)
　　　　　　　　　(小葉田　淳)

040　**元選**　げんせん　⇨無文元選(むもんげんせん)

041　**建長寺造営料唐船**　けんちょうじぞうえいりょうとうせん　建長寺船とよばれることもある．中国元の世祖(フビライ)の末期以来，貿易方針が変転し，貿易管理の官庁ともいうべき市舶司の廃止，復活が繰り返された．英宗の至治2年(元亨2，1322)三たび市舶司が復活され，宋以来日本・高麗向け専用の慶元港にのみ存置された．ちょうどそ

のころ日本では寺社はその造営費を荘園の年貢に期待できなくなり、それを貿易に求める傾向となってきた。ところが世祖の日本遠征が失敗に帰してより、元では漸次恐日思想が深まり、日本商船に対して警戒を厳重にしたので、日本商船が誤解されて元側の迫害を蒙ることが頻発した。そこで社寺造営料獲得を目的とする商船、いわゆる造営料唐船は朝廷と鎌倉幕府の公許貿易船としてその性格を明らかにして渡元した。今日知られている最初のものは造勝長寿院并建長寺唐船で、一般に建長寺造営料唐船として知られている。それは正中2年(1325)7月出航し、翌嘉暦元年(1326)9月帰国した。

参考文献　森克己『日宋貿易の研究』(『森克己著作選集』1～3)、相田二郎「中世に於ける海上物資の護送と海賊衆」(『中世の関所』所収)、三浦周行「天竜寺船」(『日本史の研究』所収)、柴謙太郎「鎌倉幕府の遣外船建長寺船について」(『歴史地理』59ノ4)、村井章介「寺社造営料唐船を見直す」(歴史学研究会編『シリーズ港町の世界史』1所収)。

(森　克己)

042 建長寺船 けんちょうじせん　⇒建長寺造営料唐船(けんちょうじぞうえいりょうとうせん)

043 遣唐使 けんとうし　7世紀前半から9世紀にかけて、日本から唐に派遣された公式の使節。舒明天皇2年(630)8月に犬上御田鍬らを派遣したのを最初とし、寛平6年(894)に菅原道真の建議によって停止されるまで、およそ20回の任命があり、うち16回が実際に渡海している。遣唐使の組織は時期によって規模・内容を異にするが、『延喜式』大蔵省によると、大使・副使・判官・録事・知乗船事・訳語・請益生・主神・医師・陰陽師・画師・史生・射手・船師・音声長・新羅奄美訳語・卜部・留学生・学問僧・傔従・雑使・音声生・玉生・鍛生・鋳生・細工生・船匠・梶師・傔人・挾杪・水手長・水手という構成であり、時には大使の上に執節使・押使が置かれたこともあった。使節が渡航に用いる船数は、当初は2隻、のち奈良時代になると4隻編成が基本となる。船数の増加に伴って員数も240～250人から500人以上になり、最後の遣使となった承和元年(834)任命の使では651人という多人数になっている。使の随員は官人のほか船の航海に要する専業者などがいるが、大多数は公民から徴発された梶師・挾杪・水手などの乗組員である。船の大きさは不明であるが、船数と使節団の総数から推算すると、1隻につき120人から160人程度乗り込める規模の構造船であったようである。使船の航路は難波津(大阪湾)から瀬戸内海を西下し、筑紫の大津浦(博多湾)に入り、ここから出航した。初期は壱岐・対馬を経て朝鮮半島の西沿岸を北上し、渤海湾口から山東半島に至る北路(新羅道)がとられた。白村江の戦(天智天皇2年(663))ののち敵対した唐との関係が途絶えるが、大宝2年(702)遣使が復活すると、九州南端から多褹(種子島)・夜久(屋久島)・吐火羅(宝諸島)・奄美(奄美大島)・度感(徳之島)・阿児奈波(沖縄島)・球美(久米島)・信覚(石垣島)などを経由して、東シナ海を横断して揚子江口を目ざす南島路が主にとられるようになった。『唐大和上東征伝』に記される鑑真の来日航路がこれにあたる。さらに奈良時代後半以降になると、大津浦をたち、肥前値嘉島(五島列島)付近から順風を利用して一気に東シナ海を横断して揚子江岸に向かう南路(大洋路)がとられるようになった。遣唐使船の航海にはさまざまな困難がつきまとった。円仁の『入唐求法巡礼行記』によると、糒(米をむして乾かした携帯・保存用の食糧)と生水のみで飢えをしのぎながら風雨・高浪を乗り越えなければならず、航行中重病にかかれば独り異国に置き去りにされることもあった。また造船技術・航海術が未熟なため、水路に詳しい新羅人が乗船するなどしたが、難破・漂流することも珍しくなかった。たとえば天平勝宝5年(753)11月、藤原清河・阿倍仲麻呂らを乗せて蘇州から阿児奈波島へ向けて出帆した帰国船が暴風に遭い、南方へ流されて安南に漂着した。結局、2人は辛苦のすえ唐にもどり、望郷の念を抱きつつも生涯唐朝に仕えたのは有名である。このように使節はつねに死の危険と直面しながら渡唐を続けたのであるが、当初の遣唐使の主目的は、唐の制度・文物を導入することにあった。これは日本の古代国家を確立するうえで、中国王朝の国制を模倣しようとしたためにほかならない。特に文化面でも同行した留学生・学問僧などによる仏教を始めとする先進文化の習得、書籍その他の文化的所産の将来に多大な成果をあげた。奈良時代に入ると、文化摂取のほか、主に政治外交上の使命を帯びて派遣されることが多くなった。特に当時の日本の外交は新羅との頻繁な交渉とともに、唐との交渉を通して、東アジアの国際社会での日本および天皇の地位を確保することが要請されており、新羅の「朝貢」を媒体とする宗主・属国関係を唐に認定される必要があった。このことは『続日本紀』天平勝宝6年条に記される唐天宝12載(753)正月、唐の朝賀の場における新羅との席次争いの事件にあらわれている。当日、「諸蕃」の席次で日本を西畔第2吐蕃(チベット)の下に置き、新羅を東畔第1大食国(サラセン)の上に置いたので、副使大伴古麻呂が抗議して、双方の順位を入れ替えさせたというものである。さらに奈良時代末以降になり、政治外交上の使命が薄くてくると、僧侶の求法のほか、実質的な貿易の利益を目的として派遣されるようになっていった。平安時代にも延暦23年(804)と承和5年の2回にわたって遣使され、最新の仏経や思想を摂取したが、それ以降はまったく中断した。これは使の目的の実効性の喪失、政府の財政難などによ

遣唐使航路推定図

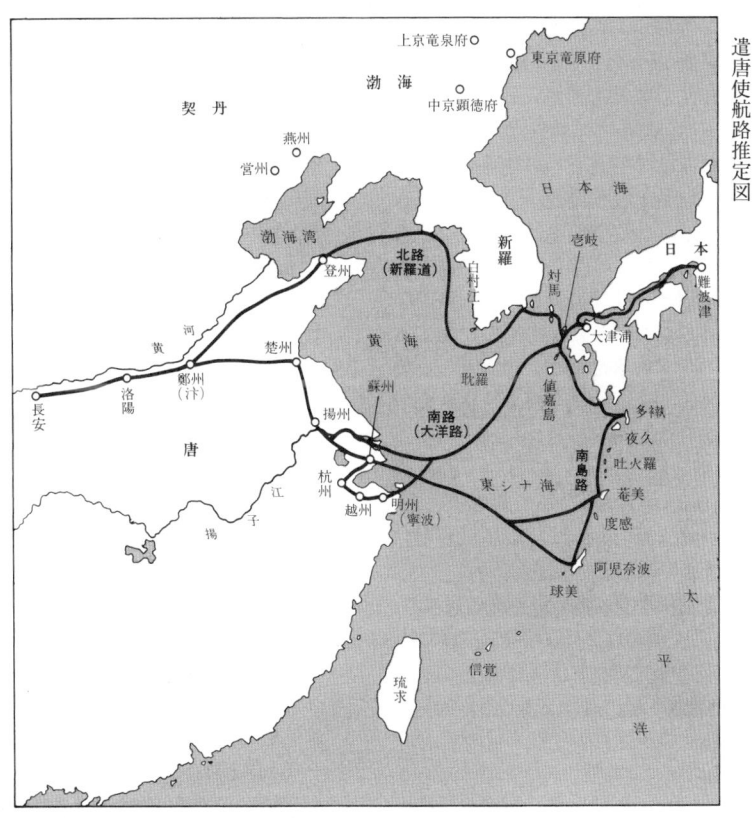

るが，新羅との公的外交が宝亀10年(779)に終り，唐も安史の乱(755〜63年)後，次第に衰運に向かいつつあったので，遣使の外交政策上の意義もなくなってきたためである．また平安時代前期以降活発になった唐人・新羅人商人との私貿易により経済上の欲求も満たされるようになった．こうして寛平6年大使に任命された菅原道真が，唐の擾乱や新羅海賊による航海の困難などを理由に停止を要請し，それが承認されると，遣唐使の制度は行われないまま廃絶した．　→遣隋使（けんずいし）　→付表〈遣唐使〉

参考文献　木宮泰彦『日華文化交流史』，森克己『遣唐使』(『日本歴史新書』)，佐伯有清『最後の遣唐使』(『講談社学術文庫』)，増村宏『遣唐使の研究』，鈴木靖民『古代対外関係史の研究』，東野治之『遣唐使船』(『朝日選書』634)，同『遣唐使』(『岩波新書』新赤1104)，専修大学・西北大学共同プロジェクト編『遣唐使の見た中国と日本』(『朝日選書』780)，『東アジアの古代文化』123，山尾幸久「遣唐使」(『(東アジア世界における)日本古代史講座』6所収)

(鈴木　靖民)

044 遣唐使船　けんとうしせん　船型・構造・艤装については『続日本紀』や『入唐求法巡礼行記』中の断片的記述しか手がかりがなく，ために平安・鎌倉時代の絵画や『宣和奉使高麗図経』の宋船の記述，中国泉州で発掘された宋船，および韓国新安沖海底の元船などから推定するにすぎない．特に8世紀以降，対新羅関係が悪化して朝鮮半島沿いの沿岸航路がとれなくなり東シナ海横断の直航路をとらざるを得なくなったので，140人前後が乗り組み，長期航海に備えた大量の食料・水などを積むため大型の航洋船を必要としたから，唐船つまり中国系ジャンク技術導入で建造したとみられ，船体は多数の隔壁と外板で構成する幅の広い構造で，これに2本の帆柱を立てて網代帆(あじろほ)を展張し，風の弱い時は舷側の櫓棚で櫓を漕いだ．また1回ごとの派遣人数が増加して4艘で編成するのを通例としたため，四つの船と呼ばれたことが『万葉集』にみえている．大きさは，天平宝字5年(761)迎入唐大使高元度の帰国用唐船の長さ8丈(24m)や，泉州出土や新安沖の宋元船の寸法から，全長約30m，幅約9m，排水量300t前後の船と推定される．その建造地は，安芸国に集中しているので，ここに大型唐船を建造する技術者集団がいたものと思われる．なお平安・鎌倉時代の遣隋使船や遣唐使船の絵画は絵そら事だとしても，すべて唐船風なのは当時そう理解されていたことの証左として注目される．

参考文献　小野勝年『入唐求法巡礼行記の研究』1，石井謙治『図説和船史話』，泉州湾宋代海船復原小組編『泉州湾宋代海船復原初探』，泉州湾宋代海船発掘報告編写組編「泉州湾宋代海船発掘簡報」(『文物』1975年10期)

(石井　謙治)

045 謙道宗設 けんどうそうせつ
生没年不詳 室町時代の外交僧．玉村竹二によれば，謙道が道号，宗設が法諱．永正8年(1511)了庵桂悟を正使とする遣明船には居坐(こざ)として乗船して実務を担当し，大永3年(1523)大内氏派遣の遣明船では正使にあげられた．同年の宗設の船は正徳勘合を持参していたが，この船が渡航した直後に，すでに無効となっていた弘治の旧勘合を所持した細川氏派遣の船が渡航し，両者は相ついで寧波(ニンポー)に到着して，対立は暴動にまで発展した(寧波の乱)．宗設は明側から争乱の張本とみられ，帰国後，明では嘉靖6年(大永7，1527)に琉球船を介して引渡しを要求してきた．これに対し，将軍足利義晴は，乱の張本はすでに誅戮し，宗設の船は偽使であったと弁明して細川船を支持する態度をとった．このときの文書は『幻雲文集』に収められているが，なかに「西人宗設」という文字がみえ，宗設は帰化人ではなかったかという論者もある． →寧波の乱(ニンポーのらん)

参考文献 小葉田淳『中世日支通交貿易史の研究』

(田中 健夫)

046 元和航海書 げんなこうかいしょ
元和4年(1618)池田好運が著わした西洋流の航海術書．1冊．原本に題名はなく，『元和航海記』と呼ばれていたが，今日では内容に即して『元和航海書』と呼ぶ．好運はポルトガル人の朱印船の船主兼船長のマノエル＝ゴンサロから航海術を学び，序文には師にただして満足な解答が得られなかった3問，つまり(1)太陽の子午線正中以外で緯度を求める法，(2)南方十字星の縦軸が横のときα星の子午線高度を知る法，(3)北極星高度の改正図で基準の星が見えないときの対処法，という困難な問題に対し，3つの道具による方法を創案したとあるが，具体的な記述はない．ただ付図8点のうち第4図が(3)用，第5図の2点が(2)用にあたるから，これが3つの道具であり，難問の(1)用のものはないが，これは18世紀後半のクロノメーター発明以後でないと実現しないから当然である．本文には，4つのデキリナサン(赤緯)の表を主に，気象・航路・船乗りの心得などがあり，付図には前記の創案具のほか，磁石・全円儀・象限儀や測深用のつるべなどがある．記述に難があるとはいえ，伝統のない西洋流の天文航海術を理解し，その改善法を考案した好運の実力は特筆に価する．写本は京都大学附属図書館などにある．『日本科学古典全書』12，『海表叢書』3，『海事史料叢書』5，および『大日本史料』12ノ29などに所収． →池田好運(いけだこううん)

参考文献 飯田嘉郎『日本航海術史』，川島元次郎『朱印船貿易史』，三枝博音「元和航海書」(『三枝博音著作集』11所収)，同「江戸時代における航海技術」(同所収)，内山守常「元和航海書のデキリナサンについて」(『横浜大学論叢』6ノ1)，同「元和航海書の朔日表について」(同7)，渋谷清見「元和航海書序文の三つの質問について─その航海天文学的所見─」(『海事史研究』8)

(石井 謙治)

047 玄蕃寮 げんばりょう
大宝・養老令制で，治部省被官の2寮(雅楽寮・玄蕃寮)・2司(諸陵司・喪儀司)の1つ．職掌は令文に「掌下仏寺，僧尼名籍，供斎，蕃客辞見讌饗送迎，及在京夷狄，監=当館舎=事上」とあり，①仏教関係と，②蕃客関係に大別しうる．機構は，頭・助・大允・少允・大属・少属各1人，史生4人・使部20人・直丁2人．直接的には中国隋・初唐の鴻臚寺を模したもので，聖武朝ごろまでは②に，以後は①に重点がおかれていた傾向がある．しかし歴史的過程からいえば，仏教の国家的統制機関が始まった推古朝の(1)僧正・僧都，(2)法頭，大化改新の(1)十師，(2)法頭，天武朝初年ごろの(1)僧正・大小僧都，(2)法頭・佐官という，(1)僧官，(2)寺官一体の僧官制が，天武朝末年の(1)僧正・大小僧都・律師，(2)佐官を経て，令制の(1)僧正・大少僧都・律師という僧官単一の僧綱制度が確立する一方で，諸寺の経営を監督する(2)法頭・佐官の系統が，これまた単一の寺官の機構として確立したものが玄蕃寮なのである．その後，実際の管掌は，僧尼令では京内僧侶に限られていたようであるが，『延喜式』に集成される細則では畿内の十五大寺をはじめ，国々の諸事・諸宗，諸蕃使人に及ぶ事務処理にわたっていた．

参考文献 田村圓澄「玄蕃寮の成立」(『飛鳥仏教史研究』所収)

(北村 文治)

048 ケンプフェル Engelbert Kaempfer ⇨ケンペル

049 ケンペル Engelbert Kaempfer 1651～1716
バロック時代のドイツの旅行家，医者．日本探究者．1651年9月16日牧師の子としてレムゴーで生まれた．トルン・クラカウ・ケーニヒスベルクなどの大学に学び，古典語のほか数ヵ国語をマスターし，広く自然科学の分野に関心を抱いたが，専攻は医学．ロシアおよびペルシャと通商条約を結ぶため，83年スウェーデン使節団の書記官としてストックホルムをたち，モスコーを経てペルシャに赴き，イスファハーンやベンダー＝アバスで2，3年を過ごしたが，オランダ東インド会社の医官となり，89年にジャワの地をふみ，さらにシャムを経て長崎に着いたのは90年(元禄3)であった．教養ある日本の青年を助手とし，商館長について91年・92年と2度の参府旅行に加わり，各地で見聞をひろめた．92年10月離日，バタビアを経て翌年10月アムステルダムに着いた．ライデン大学で医学の学位をとり11年ぶりで故郷に戻った．彼は研究と著作に専念したかったが，領主の侍医を命じられ多忙を極めた．その重荷から逃れるため，50歳の時に持参金つきの16歳の少女と結婚したが，その後の生活は幸福ではなかった．1716年11月2日故郷のリーメで死去した．65歳．著書には『廻国奇観』Amoenitatum exoticarum(1712年レムゴーで刊行)，『日本誌』The History of Japan(英

訳本，27年ロンドンで刊行）などがある．

[参考文献] 独逸東亜細亜研究協会編『ケンペル・シーボルト記念論文集』，ケンペル『ケンペル江戸参府紀行』（呉秀三訳註，『異国叢書』6・9）

（斎藤　信）

050 ケンペル日本誌 ケンペル にほんし　本格的な日本研究の書．ケンペルの死後イギリスの富豪スローン卿 Sir H. Sloane が1725年遺族から遺稿を買いとり（スローンの没後大英博物館に収蔵），ドイツ語の原文をスイス生まれの医師ヨーハン＝カスパル＝ショイヒツァー J. K. Scheuchzer に英訳させ，伝記と解題をつけ The History of Japan と題し27年2冊本としてロンドンで出版，その後も版を重ねた．仏訳本と蘭訳本は29年ハーグで刊行，ともに英訳からの重訳である．これより後，73年にケンペルの相続人であった姪の遺品の中に2つの『日本誌』のドイツ語稿本が発見された．1つは著者自身の手になり，他は甥が書いた写本であった．これらによってクリスチアン＝ウィルヘルム＝ドーム C. W. Dohm は，さきに同著者の『廻国奇観』を出したレムゴーのマイヤー書店から77年〜79年に2冊本を出版，原名を Geschichte und Beschreibung von Japan といい，扉に「著者の自筆原稿から編集された」と書いてある．1964年その覆刻本がハノー＝ベック Hanno Beck の序言つきで刊行された．英訳本との間に若干の相違がみられる．同書は，1巻に1690年バタビアをたち長崎着までの記録，日本の地理・気象・鉱物・動植物・魚介．2巻政治体制・歴史．3巻宗教・儒教．4巻長崎の事，貿易史．5巻参府旅行．ほかに「鎖国論」などをふくむ付録から成っている．この本の蘭訳本は安永ごろにはすでに日本に輸入されていた．中野柳圃（志筑忠雄）訳の『鎖国論』は特に有名．また弘化年間（1844〜48）幕命により箕作阮甫・杉田成卿らにより全訳がなされたが，その所在は不明．オランダ語本からは明治13年（1880）坪井信良による全訳が，また昭和3年（1928）には呉秀三の部分訳『ケンペル江戸参府紀行』（『異国叢書』6・9），さらに昭和48年には今井正訳『日本誌―日本の歴史と紀行―』全2冊がある．後年，オランダ商館長ドゥーフは『日本回想録』の中で，「この著作は此の独逸人よりも，寧ろ総督カンホイスの作たることを知らざるべからず」といっているが，真偽のほどは明らかではない．

[参考文献] 沼田次郎「ドイツ人医師ケンペルとその著書「日本誌」について」（『東洋大学大学院紀要』14・15），岩生成一「独医 Kaempfer の「日本誌」とその日本思想界に及ぼした影響」（『日本学士院紀要』25ノ1）

（斎藤　信）

051 玄昉 げんぼう　?〜746　奈良時代法性（相）宗の僧．俗姓阿刀氏．養老元年（717）入唐学問し，玄宗皇帝によって三品に准ぜられ，紫の袈裟を許された．天平7年（735）諸仏像と経論5000余巻を舶載帰国し，吉備真備と往復をともにした．その経論は『開元釈教録』所載の5048巻に相当し，これを本経として光明皇后の「五月一日経」が角（隅）寺に置かれた写経所で翌8年9月から写し始められ（『大日本古文書』7），天平勝宝8歳（756）12月までかかった．これよりさき天平8年2月彼は封100戸・水田10町・童子8人を賜わった．このころ国内は疱瘡と飢饉で荒れ，皇族や貴族の大官も薨じ，除災招福の役割が仏教にいっそう期待され，彼は9年8月僧正に任ぜられ，内道場の仏事を主宰し，同年12月皇太夫人藤原宮子の病を快癒させ，絁1000疋・綿1000屯・糸1000絇・布1000端を賜わり，中宮亮の真備も従五位下から一階進められた．玄昉は，栄寵が日に盛んで沙門の行にそむき，時人の憎むところとなった．11年5月彼の疹疾平癒を祈るため勅により『仏頂尊勝陀羅尼経』1000巻が写された（『大日本古文書』24）．12年8月大宰少弐藤原広嗣は政府の飢饉対策の失政を批判するとともに，僧正玄昉と右衛士督吉備を政治顧問から除けと要求し，乱を起したが敗死した．13年7月玄昉が写経所で写させた『千手千眼陀羅尼経』の願文（『大日本古文書』24）は同年2月の国分寺建立勅に一部類似し，その建立事業への関与は深い．15年7月『法花摂釈』を奉請され（同8），16年5月『弥勒経』を写させた（同2）．平城還都後まもなく17年10月玄昉師物検校所（同24）がみえるのは処罰されたのであり，翌11月2日筑前観世音寺に左遷され，17日封物を収公され，配所で死んだことが『続日本紀』の18年6月己亥（18日）条に記され，19年11月弟子善意は玄昉の恩徳にむくいるため『大般若経』を写した（『大日本古文書』2）．大仏造営をめぐる政治情勢と玄昉との関係やその左遷事情について諸説が見られる．頭塔（奈良市高畑町）を彼の首塚とするのは俗説で，それは東大寺の実忠が造った仏塔である．

[参考文献]　『扶桑略記』（『(新訂増補)国史大系』12），『東大寺要録』（『続々群書類従』11），『七大寺年表』（『校刊美術史料』寺院篇上），『三国仏法伝通縁起』中（『大日本仏教全書』），石田茂作『写経より見たる奈良朝仏教の研究』，堀一郎「玄昉法師の死」（『堀一郎著作集』3所収），横田健一「安積親王の死とその前後」（『白鳳天平の世界』所収），皆川完一「光明皇后願経五月一日経の書写について」（坂本太郎博士還暦記念会編『日本古代史論集』上所収）

（井上　薫）

052 元豊通宝 げんぽうつうほう　中国北宋の神宗のとき，元豊元年（1078）から同8年までの間に官鋳された銅銭と鉄銭．北宋は銭貨鋳造の盛んな時代だったが，中でも最も鋳造量の多かった銭貨で，銅銭だけでも年間502万貫がつくられている．日本へも平安時代の末期以来大量に輸入され，中世を通じて用いられた．江戸時代，万治

2年(1659)から貞享2年(1685)まで，幕府の許可を得て長崎中島の銭座で，中国古銭を模して貿易用の銭貨をつくったとき，元豊通宝も私鋳されたが，書法拙劣で古色なしと批判されている． →長崎貿易銭（ながさきぼうえきせん）

（原寸大）

参考文献　羽田正見『貨幣通考』（勝海舟編『吹塵録』貨幣之部6）　（滝沢　武雄）

053 遣渤海使 けんぼっかいし

神亀5年(728)から弘仁2年(811)まで，13回にわたって日本から渤海に派遣された公式の使節．渤海は旧高句麗領の大半を拠点とする高句麗人が周囲の靺鞨人を支配下に置いて698年自立したが，唐の冊封を受け，西北の突厥，南の新羅の外圧もあり，きびしい国際環境にあった．神亀4年渤海使の初来日は，このような情勢下で新羅を背後より牽制するために日本と結ぶことを意図していた．翌5年の第1回遣渤海使引田虫麻呂らはこの渤海使の送使であり，以後，送使が13回のうち10回を数える．このように遣渤海使は受動的性格を帯びていた．渤海の主導する両国の政治外交は，天平宝字2年(758)・同5年両回の使が藤原仲麻呂政権による渤海と呼応した新羅征討計画の実現を目的としたことに如実に表われている．この間，日本の対渤海外交は新羅とともに渤海にも朝貢を要求するものであったが，渤海は「高麗」と自称して高句麗の後継国意識を示しながらも，日本に従属する朝貢国の姿勢をとることは1度もなかった．新羅征討計画以後，唐・新羅などとの関係の安定をみた渤海は，毛皮・人参・蜂蜜などの産物をもたらし，代わりに絹・絁・綿・糸などの繊維製品のほか，特に黄金・水銀・漆・海石榴（椿）油・水精念珠などを獲得するという貿易中心の交渉に移った．弘仁2年の渤海使送使を最後に遣渤海使は終ったが，渤海はその後も滅亡直前の延喜19年(919)まで大規模な使節団を一方的に送り続け，第1回以来合計34回にものぼった．その間，日本は渤海に対して，延暦17年(798)6年に1度，天長元年(824)12年に1度の来航年期を求めて貿易制限を図ったが，渤海は在唐日本人留学僧との連絡の仲介などを口実に頻繁な遣使を行い，貞観13年(871)日本は平安京での交易活動を公許せざるを得ないほどであった．遣渤海使と渤海使の往来は日本に渤海の文物・制度の影響も及ぼした．たとえば，天平宝字2年の仲麻呂政権による官名の改易に際して，信部（中務）省・文部（式部）省・礼部（治部）省・仁部（民部）省・武部（兵部）省・義部（刑部）省・節部（大蔵）省・智部（宮内）省と五常の徳目と文武の字を八省に用いたことは渤海の官名に倣った可能性が強い．天平宝字7年の遣渤海使の帰国船には入唐学問僧戒融のほか，渤海に住み音声を学んだ学生高内弓一家が乗っていた．このように渤海経由の唐への留学生・留学僧や渤海留学生がいたほか，遣唐使や僧の入唐・帰国の援助，唐の文化や情報の伝達など渤海の日唐間における中継的役割も大きかった．また敦煌の寺子屋で使われた書籍が渤海出身の敦煌寺院の有力者の手を介するなどして渤海経由で9世紀の日本に流入した可能性も推定されている． →付表〈遣渤海使〉

参考文献　新妻利久『渤海国史及び日本との国交史の研究』，石井正敏『日本渤海関係史の研究』，酒寄雅志『渤海と古代の日本』，上田雄『渤海使の研究』，上田正昭監修『古代日本と渤海―能登から見た東アジアTOGIシンポジウム―』　（鈴木　靖民）

054 遣明使 けんみんし

中国の明代に，日本から明の皇帝に対して派遣した使節．明の太祖洪武帝は即位後ただちに日本と外交関係を開くことを希望し，当時大宰府の地を占めていた南朝の懐良親王のところに使者を送ってよこした．『明実録』には，洪武4年(応安4，1371)以後同19年までの間に，10回にわたって日本から使者が派遣されたことが記されている．遣使したのは懐良親王・島津氏久・源（足利）義満で，使者には祖来・宣聞渓・如瑤らの僧侶が選ばれた．こうした明との通交関係は太祖の末年に一時断絶したが，足利義満は，応永8年(明建文3，1401)明との通交関係を開くために新たに使者を派遣した．このときは，同朋衆の祖阿が正使にあげられ，博多商人の肥富（こいつみ）が副使にされた．ついで，同10年の遣明船では天竜寺の堅中圭密が遣明正使となり，翌年永楽勘合百道をもたらして帰国した．以後17回に及ぶ遣明勘合船の正使はすべて京都五山僧のなかから選ばれた．正使は日本国王（足利将軍）から明皇帝にあてた表文・別幅を持参して第1号船に乗りこむ正式の船団代表者であって，資質として高い教養が要求された．しかし，遣明勘合船は朝貢船とはいいながらも内実は貿易船でもあったから，正使には事務的才腕あるいは商才というべき資質も同時に要求された．このような条件を具えた人材は五山の内部にも少なく，選任は常に難航した．ちなみに，応仁2年(1468)に入明した天与清啓は信濃開善寺の住持であったが，正使の任命があると，足利義政がみずから公帖に署名し，京都五山の1つである建仁寺に入り，入院後わずか一宿にして退院し，五山の住持としての資格を得て渡航した．さらに，勘合船派遣の権利をめぐって細川氏と大内氏とが対立抗争する時代になると，正使の選任は両氏の利害と深い関係をもつようになり，両氏の推薦によらなければ正使の決定ができないような状態になった．正使は，入明すると，北京

で奉天殿での謁見，表文の捧呈，進貢物の献進などの正式行事を行い，また付搭貨物の公私の貿易にも使船の代表者として明の官憲との折衝にあたった．副使にも五山の僧侶かこれと関係のあるものが選ばれたが，副使は勘合船の直接経営者の委任により代理者として乗船する居座(こざ)の僧のなかから選ばれた．遣明使のうちには87歳の老軀をもって渡航し，日本刀の貿易のため明の官憲を相手に強硬談判をした東福寺の了庵桂悟や，『策彦和尚初渡集』『策彦和尚再渡集』などの入明記をのこした策彦周良ら，逸話に富む人物も少なくない． →勘合貿易(かんごうぼうえき)

参考文献 小葉田淳『中世日支通交貿易史の研究』，木宮泰彦『日華文化交流史』，辻善之助『(増訂)海外交通史話』，牧田諦亮『策彦入明記の研究』，田中健夫『中世対外関係史』，玉村竹二『五山禅僧伝記集成』 　　　　　　　　　　　　(田中 健夫)

055 遣明船 けんみんせん　日本から中国の明に派遣した船．明の太祖洪武帝は，建国後諸外国との通交を重視し，その即位の年の洪武元年(応安元，1368)に安南・占城(チャンパ)・高麗とともに日本にも使者を送って建国を告げさせた．太祖の時代，明使の応接にあたっていたのは大宰府の地を占めていた征西将軍懐良親王である．懐良親王は，はじめて明使を迎えたときにはこれを拒絶したが，のちに態度を緩和し，同4年以後使節を派遣した．明の太祖の時代は，洪武4年から同19年までの間に日本の使節が10回渡航した．このうち足利義満の使者と称するものが2回渡航したが，いずれも表文がないという理由でしりぞけられた．明と日本の間に正式の通交関係が開かれたのは，足利義満の時代応永8年(明建文3，1401)以後である．『善隣国宝記』によると，応永の初年博多商人の肥富(こいつみ)が明から帰国して貿易の利益を力説し，義満が通交開始にふみきったとしている．同年，義満は祖阿を正使とし，肥富を副使として明に派遣し，同船は翌9年明使天倫道彝を伴って帰国した．翌10年義満は堅中圭密を正使として遣明船を派遣し，同船は同11年に明使趙居任を伴って帰国し，このとき永楽勘合百道をもたらした．こののちいわゆる勘合船が両国間を往来することになった．勘合船が渡航したのは，応永11年から天文16年(1547)まで約150年の間におよそ17回で，船舶の総数は100隻にみたなかった．勘合船は，形式上は朝貢船であるから，日本国王(足利将軍)から明の皇帝に対し表文・貢物を献ずることをたてまえとし，「日本国進貢船」の旗を立てていった．旗は絹で，長さ1丈3尺，足利家の紋章である引両と桐とをつけていた．遣明勘合船には外交使節としての官員のほかに，客商・従商人と水夫とが座乗した．官員は，正使・副使・居座(こざ)・従僧・土官(とかん)・通事・総船頭などである．正使は正式の外交代表で，京都五山の僧侶が任ぜ

られるのが原則であった．居座と土官とは，勘合船の経営者の委任を受けその代理者として乗船するもののことである．居座には五山かこれと関係のある禅僧が選ばれた．土官は俗人で，富裕な商人が選ばれた．従僧は正使に従う僧，通事は通訳官である．客商・従商は便乗を許される商人で，人数は搭乗人員中最も多かった．水夫は船頭方以外の，船の運航に従う人員である．勘合船の経営は，初期は室町幕府が行なったが，有力守護大名や社寺が参加し，のちには細川・大内2氏の間で争われた．博多・堺の商人がその下で実権をにぎって活躍した．船数や人員の制限は初期にはなかったが，応仁以後は，船3隻・人員300人，10年に1回という制限が設けられた．勘合船の渡航は，兵庫から瀬戸内海を経由して博多に至り，ここで船団としての艤装を完了し，五島に出て季節風を待ち，一気に東シナ海を横断して中国の寧波(ニンポー)付近に着航するのを常とした．造船技術と航海技術とはまだ幼稚であったから，風待ちのために1年余の期間をすごしたり，一度洋上に出てからまた引き返したりすることもめずらしくなかった．帰路は大体往路の逆の路をとった．しかし応仁・文明の乱後，瀬戸内海の航行が困難となり，発着地として新たに堺が登場し，土佐沖を迂回する航路が利用された． →勘合貿易(かんごうぼうえき) →付表〈遣明船〉

参考文献 小葉田淳『中世日支通交貿易史の研究』，木宮泰彦『日華文化交流史』，田中健夫『倭寇と勘合貿易』(『日本歴史新書』)，同『中世対外関係史』，同『対外関係と文化交流』，佐伯弘次「室町時代の遣明船警固について」(九州大学国史学研究室編『古代中世史論集』所収) 　　　　　　　　(田中 健夫)

遣明船の船型・構造・艤装などは，応永年間(1394～1428)派遣のものに関しては全く不明である．ただ応永19年には瀬戸内海運に1500石積の春日丸が就航しており，再開以後の遣明船とも勘案して，こうした千石積前後の日本型の大船が使われていたと推定される．永享4年(1432)の再開第1次遣明船の4号船は，20反帆・150人乗(うち水主(かこ)40人)というまずは1000石積以上の大船であり，さらに寛正6年(1465)の遣明船になると2000石積前後の大船が用意され，その後も大型船の使用が定着している．このように遣明船は，瀬戸内海運就航の大型商船の改装にすぎないが，それでもかつては遣唐使船が難航した東シナ海を無難に航海していた．船体は幅広い棚板と太い梁とで構成され，14世紀末期に確立した日本式の本格的構造船だが，屋形などの上部構造や莚帆の帆装などはすべて伝統的な技術の延長上にあって，そこには中国的技術の影響は全くみられない．これが遣唐使船の場合との大きな相違で，室町時代の日本的大型船技術の確立という日本造船史上の画期に注目したい．

[参考文献] 豊田武・児玉幸多編『交通史』(『体系日本史叢書』24)、田中健夫『倭寇と勘合貿易』(『日本歴史新書』)、同『対外関係と文化交流』、石井謙治『図説和船史話』　　　　　　　　　　(石井　謙治)

001 呉 ご　(一)中国、春秋時代の国名(前585～前473年)．姫姓．都は姑蘇(現在の蘇州)．泰伯(周の文王の伯父)が跡目を弟に譲るため南方に逃れ、断髪文身して蛮夷の君となったという始祖伝承をもつ．第19代寿夢以後、王を称す．孫の闔廬は楚の亡命者呉子胥を用い富国に務め、晋と結んで西隣の楚を攻め、また南隣の越と抗争を重ね、その子夫差は臥薪のすえ越王を会稽に破り、中原に進出し一時晋と覇権を競った．しかし越王句践の復讐を蒙り敗れて自殺し、国は滅んだ．古代中国では、倭人も泰伯の後を自称したと伝える(『魏略』『晋書』『梁書』『翰苑』)．

[参考文献] 『史記』呉太伯世家、『国語』呉語

(二)中国、三国時代の王朝名(222～80年)．都は建業(現在の南京)．呉郡富春(浙江省)出身の豪族孫堅・孫策父子が、後漢末の動乱に兵を率いて活動し江東に勢力を築く．華北の中心勢力曹操の南下に際し、策の弟権(のちの大帝)は(蜀)漢の劉備と協力してこれを赤壁(湖北省)に大破し(208年)、天下三分の形勢が齎された．やがて魏・(蜀)漢が帝を称したのに対抗し、黄武の年号を建て(222年)、ついで帝位に登った(229年)．呉は江南の後進地を領し、軍事政権的性格が強く、荊州を(蜀)漢より奪取し、域内の山越の平定同化に力を尽くし、長江中・下流域の開発を進め、さらに交州(ベトナム北部)を確保し南海諸国に使者を派遣して通交を弘めた．しかし大帝の死後、帝室や江南土着豪族の間に内紛がおこり国勢も衰え、天下再統一に乗り出した晋の攻撃の前に潰え、権の孫皓は擒われて滅亡．その時、戸数52万余、男女230万、吏3万2000、兵23万と伝える．わが国の古墳から赤烏(238～51年)の紀年銘鏡が出土し、呉との通交をしのばせる．

[参考文献] 『三国志』、盧弼『三国志集解』、川勝義雄『六朝貴族制社会の研究』、王仲犖『魏晋南北朝史』上　　　　　　　　　　(池田　温)

002 ゴア　Goa　インド西海岸マラバール地方に位置する都市．1510年、ポルトガルのインド総督アルブケルケがイスラム教徒ムスリムと戦い、ゴア占領後はポルトガル人のインド領国の首府として軍事・商業・キリスト教布教の中心となる．「小リスボン」「黄金のゴア」などとよばれ、在留のインド総督ないし副王は、顧問会議・裁判所・法務局・司法官を有した．東洋の使徒聖ザビエルの布教以来発展を見たキリスト教会は、ゴア最盛時の1600年ごろに96の教会施設を大司教座のもとに有し、信徒も人口20万のうち4分の3を占めた．ゴアを起点にインド洋中心の膨大な中継貿易が営まれ、

日本には年1隻の官許船がカピタン=モール制度創設後マカオ経由で来航した．天文20年(1551)大友宗麟が副王に使節を遣し，松浦隆信・島津貴久らも親書を送り，豊臣秀吉は天正19年(1591)総督に応えて書翰を贈った．17世紀中期以降衰退を深めた植民地ゴアは1961年インド軍に接収され解消した．

参考文献　トメ=ピレス『東方諸国記』(長岡新次郎・生田滋・加藤榮一訳注，『大航海時代叢書』5)，リンスホーテン『東邦巡航誌』(岩生成一・中村孝志訳注，同8)，『異国往復書翰集』(村上直次郎訳註，『異国叢書』11)，岡本良知『十六世紀日欧交通史の研究』，山本達郎編『インド史』(『世界各国史』10)，B. H. Baden-Powell : The villages of Goa in the early sixteenth century (1900)；Leopold Contzen : Goa in Wandel der Jahrhunderte Beiträge zur Portugiesischen Kolonialgeschichte (1902)．川北稔「ヨーロッパの商業的進出」(『(岩波講座)世界歴史』16所収)　　　　　　　　　(五野井隆史)

003 ゴア所在日本関係史料　ゴアショザイニホンカンケイシリョウ　インド，ゴアのパンジィム Panjim 市所在のインド領国歴史文書館 Arquivo Histórico do Estado da Índia にある日本関係の史料．この文書館はもともとポルトガル政府によってゴア文書館として建設されたものであるが，インドがゴアを接収してから，これを国立文書館として経営している．ここには16世紀初めからの政治・経済・文化その他，ゴア統治や対外関係などに関する大量の手書き文書が保管されている．その刊行目録によれば，Contas das rendas das Provincias de Japão, 1576–1772. (日本管区(名義)の地代収入計算書)，Idem do sequestro dos bens da Provincia do Japão, 1767–1769. (日本管区寄託資産計算書)をはじめ，日本関係のかなりの量の史料が残っているが，未だ内容の調査研究はほとんど行われていない．また『モンスーン文書』Livros das Monções といわれる東インド全域の統轄にあたったゴアのインド副王庁とポルトガル王室政府の間に取り交わされた公文書中にも，16世紀以降の日本関係文書がふくまれている．

参考文献　小西四郎「メキシコとインドの文書館」(『東京大学史料編纂所報』2)，高瀬弘一郎「ゴアのインド領国歴史文書館収蔵の「モンスーン文書」について」(『古文書研究』3)，岡本良知「十六・七世紀日本関係公文書」(日葡協会編『日葡交通』2所収)　　　　　　　　　　　　(小西　四郎)

004 コイエット　Frederik Coyet　生没年不詳　江戸時代前期の長崎のオランダ商館長(1647年(正保4)11月〜48年(慶安元)12月，52年(承応元)11月〜53年11月)．スウェーデン人．1620年ごろストックホルムに生まれた．オランダ東インド会社に勤務し，長崎の商館長として2度在勤したのち，台湾長官となる(56年)．鄭成功の軍隊に攻められ，救援軍が間に合わず降伏，台湾を引き揚げる(62年)．この責任を問われて裁判となり，バンダ島に終身流刑となる(66年)．ウィルレム3世の斡旋により釈放され(73年)，その後帰国した(75年)．78年ごろ没したとされる．

参考文献　ウーロフ=エーリックソン=ヴィルマン『ヴィルマン日本滞在記』(尾崎義訳，岩生成一校訂，『新異国叢書』6)　　　　　　　(永積　洋子)

005 古逸叢書　こいつそう　日本に保存されていた珍しい中国の古典26種200巻を覆刻した叢書．全49冊．清，光緒10年(1884)東京で刊行．中国ではすでに失われていた古本逸篇を集めたという意味で，『古逸叢書』と名づけた．編者は，明治14年(1881)に駐日全権公使として日本に来た黎庶昌であるが，主として校刻の仕事にあたったのは，前年より日本に来ていた楊守敬で，楊は森立之らの誘導によってこれらの旧書を探り出すことができた．したがって，本叢書中の多くのものは末尾に森立之らの編になる『経籍訪古志』の文を附刻し，解題にあてている．また皇室蔵本の『太平寰宇記』を借出しするため，太政大臣三条実美と黎庶昌の間にとり交わされた書簡が同書の末尾に附刻されているが，その中で黎は乾隆帝の『四庫全書』の欠を補いたいとしている．黎庶昌は貴州省遵義の人で，曾国藩の秘書となり，のちイギリス・スペインに外交官として派遣され，日本に赴任した．本叢書の大部分は『百部叢書』の中に覆刻されている．→佚存叢書(いつぞんそうしょ)

1 影覆宋蜀大字本爾雅3巻〔第1冊〕
2 影宋紹熙本穀梁伝12巻〔第2・3冊〕
3 覆正平本論語集解10巻〔第4・5冊〕
4 覆元至正本易程伝6巻〔第6・7冊〕
　晦庵校正周易繋辞精義2巻〔第7冊〕
5 覆巻子本唐開元御註孝経1巻〔第8冊〕
6 集唐字老子道徳経注2巻〔第9冊〕
7 影宋台州本荀子20巻〔第10〜13冊〕
8 覆宋本荘子注疏10巻〔第14〜18冊〕
9 覆元本楚辞集注8巻〔第19冊〕
　覆元本楚辞弁証2巻〔第19・20冊〕
　覆元本楚辞後語6巻〔第20冊〕
10 影宋大字本尚書釈音1巻〔第21冊〕
11 影旧鈔巻子原本玉篇零巻3巻半〔第22・23冊〕
12 覆宋本重修広韻5巻〔第24・25冊〕
13 覆元泰定本広韻5巻〔第26・27冊〕
14 影旧鈔巻子本玉燭宝典11巻〔第28・29冊〕
15 影旧鈔巻子本文館詞林13巻半〔第30・31冊〕
16 影旧鈔巻子本琱玉集2巻〔第32冊〕
17 影北宋本姓解3巻〔第33冊〕
18 覆永禄本韻鏡1巻〔第34冊〕
19 影旧鈔本日本国見在書目録1巻〔第35冊〕

20 影宋本史略6巻〔第36冊〕
21 影唐写本漢書食貨志1巻〔第37冊〕
22 仿唐石経体写本急就篇1巻〔第38冊〕
23 覆麻沙本杜工部草堂詩箋40巻・同外集1巻・同補遺10巻・同伝序碑銘1巻・同目録2巻・同年譜2巻・同詩話2巻〔第39～46冊〕
24 影旧鈔巻子本碣石調幽蘭1巻〔第47冊〕
25 影旧鈔巻子本天台山記1巻〔第48冊〕
26 影宋本太平寰宇記補欠5巻半〔第49冊〕

参考文献 稲葉岩吉「古逸叢書と佚存叢書」(『近代支那十講』所収) （大庭　脩）

006 肥富 こいつみ 生没年不詳 応永8年(1401)の遣明副使。「筑紫商客」と言われ、博多商人か。明から帰国して足利義満に明との通信の利を説き、義満の対明通交再開のきっかけを作った。当時明は国家使節以外との貿易を禁じていたから、肥富は明から見れば密貿易商人に当たる海商だったと考えられる。義満の国書は「日本准三后道義」名義の書簡形式で、5月13日に東坊城秀長が起草し、清書は世尊寺行俊が行なった。遣明正使は同朋衆と見られる祖阿(素阿弥)で、肥富も副使として入明した。金1000両・馬10匹・薄様1000帖・扇100本・屏風3双・鎧1領・筒丸1領・剣10腰・刀1柄・硯筥1合・同文台1箇を朝貢品として携え、併せて海島の漂流民を送還した。当時明の建文帝は、叔父の朱棣(後の永楽帝)と対立し軍事的に危険な状態にあったこともあり、15年ぶりの日本使来朝を受け入れ、翌年には冊封使の天倫道彝・一庵一如を祖阿・肥富の帰国に同行させた。国書の起草は建文4年(応永9)2月6日で、7月4日以前に筑紫に到着した。祖阿は8月1日に兵庫に着いた後に入京したらしいが、肥富については不詳で、あるいは筑紫で下船したものか。

参考文献 『善隣国宝記』(『訳注日本史料』)、『康富記』(『(増補)史料大成』37)応永8年5月13日条、『大日本史料』7ノ5、応永9年8月3日条、田中健夫『中世対外関係史』、橋本雄「室町幕府外交の成立と中世王権」(『歴史評論』583) （榎本　渉）

007 胡惟庸 こいよう ?～1380 中国、明初の政治家。定遠(安徽省滁県専区定遠県)の人。人物は雄壮大略であったが、陰険なために人から畏れられた。寧国の地方官から創業の功臣李善長に取り入って中央に進出し、太常少卿・中書省参知政事を経て左丞相に累進、洪武帝に親任されて中書省の実権を握った。独断専行のふるまいが多く、次第に野心を抱き御史大夫陳寧や御史中丞涂節らと結んで謀反をはかり、明州衛指揮林賢を日本へ、元の遺臣封績を北元に送り、外援を借りようとした。洪武13年(1380)春、この計画は涂節の密告で発覚し、胡惟庸らは誅殺され、連座するもの1万5000人に及んだ。林賢は備倭指揮として寧波沿海の倭寇防衛と日本貢使の送迎を担当していたが、胡惟庸謀反の片棒をかつぎ、倭兵招来の役割をひきうけて日本に渡り、同14年僧如瑤らの入貢の際、倭兵400余人と武器を伴い帰国したという。この事件の発覚は同19年のことで、洪武帝はこれを機に日本との通交を絶った。

参考文献 『明史』胡惟庸伝、『明史紀事本末』胡藍之獄、佐久間重男「明初の日中関係をめぐる二、三の問題―洪武帝の対外政策を中心として―」(『日明関係史の研究』所収) （佐久間重男）

008 弘安の役 こうあんのえき ⇒文永・弘安の役(ぶんえい・こうあんのえき)

009 弘安四年日記抄 こうあんよねんにっきしょう 原題はなく、内容の年次をもって書名とし、あるいは記主から推して『壬生官務家日記抄』とも称される。1巻。弘安4年(1281)5月から8月の間、元寇関係の記事を収め、当時官務の職にあった小槻(壬生)顕衡の日記を抄写したものと推定されている。かなり破損して判読し難いところも多いが、弘安の元寇に関する貴重な記事を多く含んでいる。紙背文書などから、顕衡4世の孫兼治の筆写に係ると推定され、さらにいわゆる応永の外寇(応永26年(1419)の朝鮮兵船の来襲)のころ、兼治が官務として先例勘考のため抄録したものかと推測されている。旧壬生官務家に伝蔵され、現在は京都大学に蔵するが、昭和10年(1935)国民精神文化研究所から『元寇史料集』2(『国民精神文化文献』2)として複製刊行された。 （橋本　義彦）

010 黄允吉 こういんきつ 1536～? 李氏朝鮮王朝中期の政治家。字(あざな)は吉哉、号は友松堂。本貫は長水(全羅北道)。東西分党にあたり、西人に属した。中宗31年(1536)に生まれ、明宗16年(1561)文科に登第し、官は兵曹参判(へいそうさんぱん)に至った。天正17年(宣祖22,1589)、日本通信正使となり、翌年副使金誠一(きんせいいつ)・書状官許筬(きょせい)とともに京都に来て、豊臣秀吉に聚楽第で会見した。秀吉は、朝鮮の帰服と考え、征明の計画をたて、かれに朝鮮国王の嚮導を要請した。允吉は、国王に復命して、秀吉の出兵は避けがたいことを報告したが、副使金誠一は反対派の東人に属していたので、ことさらに秀吉には動兵の状がみえないと報じた。書状官も、出兵の必至に賛成している。そこで、対策について論争が起り、まだ決定をみないうちに、文禄元年(宣祖25,1592)になると、秀吉が朝鮮に出兵したので、壬辰の乱(文禄・慶長の役)が起った。

参考文献 成均館大学校大東文化研究院編『鶴峯全集』、中村栄孝『日鮮関係史の研究』中 （中村　栄孝）

011 黄海 こうかい Huang Hai 華北と朝鮮半島に挟まった西部太平洋の肢節で、東アジアの付属海。揚子江河口以北の浅海で、渤海海峡により渤海・遼東湾につながる。南は東シナ海。幅・長さともおよそ400マイル、水深は90mまでで、対馬海流の一分派が済州島南西か

ら春夏に北上し，黄海暖流と称する．秋冬は衰え，北偏モンスーンによる反流が発達する．全体として沖合の北上暖流と沿岸南下流により反時計廻り大環流を形成．水色4以上，黄濁し，透明度は普通10m内外で，黄海の名のゆえんである．「河水一石，其泥数斗」の黄河をはじめ，淮・灤・遼の諸河，鴨緑・大同・漢の諸江が流入し，栄養塩豊富のため魚族繁殖場となっている．中国側沿岸は山東半島突出部のリアス式海岸以外は海岸線単調で泥の湿地として，海図にも正確な汀線は入っていない．朝鮮側は海岸線屈曲多く多島海になっている．タイ・グチ・サバ・サワラ・タチウオ・エビ，それに中国沿岸に古来から海塩がとれる．チンタオ(青島)・イェンタイ(烟台)・リュイター(旅大)・チンナムポ(鎮南浦)・インチョン(仁川)などの港市がある．

[参考文献] 富田芳郎編『中国とその周辺』(『新世界地理』3)，宇田道隆『海』(『岩波新書』青732)

(君塚　進)

012 **広開土王** こうかいどおう　374〜412　391〜412在位．朝鮮古代三国の高句麗国17世(あるいは19代)の王．諱は談徳，正しい諡は国岡上広開土境平安好太王である．『三国史記』で「広開土王」と略称してから，それが定着した．この王の即位は，仏教伝来・大学創立・律令始頒などの画期的事件ののち約20年を経過した時で，国運の著しい進展期にあった．即位とともに年号を建てて永楽元年とした．おそらくこの国最初の建元であろう．国運の進展は対外的領土の拡大に具体化された．西方，長城地帯への進出は慕容氏の燕国とのはげしい攻防をくり返した(395・400・402・404・405・406・408年)が，ついに宿願を果たし得なかった．それにひきかえ，南方への進出は大きな成果をあげた．まず百済国の都城(漢城)を陥し(396年)，その背後にあった倭の勢力を駆逐し，新羅国に対する主導権をにぎった(400・404・407年)．最後には高句麗発祥の地とされる東夫余(今の中国松花江東地方)を征服した(410年)．「広開土境」の諡あるゆえんである．王の死後10余年(427年)で，王都を平壌に移し，歴史の一期を画した(広開土王代の紀年は広開土王碑文によった．『三国史記』は1年おくれとなっている)．

[参考文献] 津田左右吉「好太王征服地域考」(『津田左右吉全集』11所収)，武田幸男『高句麗史と東アジア』

(末松　保和)

013 **広開土王碑** こうかいどおうひ　高句麗国の旧都輯安(中国吉林省集安県)の東郊に立つ東アジア最大の墓碑．広開土王(好太王)の死後2年(414年)，遺体を山陵に遷し葬ったときに，王の勲績を銘記して立てられた．碑の存在が知られたのは15世紀初めごろまでさかのぼるが，碑文が読まれるに至ったのは19世紀も70年代である．碑は角礫凝灰岩の不正四角形をなした一本石で，底面は人工によって平面にしたらしいが，他の部分は自然のままとみられる．台石から碑頂までは6.2m．天地に横画線を刻し，碑文の部分は5.4m，幅約10cm間隔の界線を設け，毎行41字詰で文を刻する．発見のはじめは4面総計43行とされたが，大正2年(1913)関野貞・今西竜らの調査によってさらに1行を発見し44行と正され，その後さらに1行を加えるべきかとする説が出ている．また毎行41字というのは原則ではあるが，石の状態によっては数字を減じた行もあったらしく，したがって全碑文の字数は約1800字とする以上の精数は確定されない．そのうち約200字は石がかけて読めず，推読された文字も確実とはいえないものが少なくない．碑文の字体は「篆隷を存すること六七，楷法二三」と評され，書道史上珍重されている．碑文は3節より成り，第1節(約6行)は始祖(鄒牟王)より広開土王に至る簡略な歴史を叙し，広開土王の一代を総記して建碑のゆえんを述べる．第2節(約22ないし23行)は永楽元年(391)から22年に至る王の外征事実を，年代を追って詳記する．第3節(約16行)は330家にのぼる「守墓人烟戸」を出身地別に記し，烟戸の永存を期している．

(大正初年)

(第4面) (第3面)

広開土王碑拓本

烟戸は「国烟」と「看烟」の2種類に大別されるが，それがいかなる類別であるかが全くわからないのは残念である．この碑文が学界にとりあげられてから100年になるが，その研究は外的批判も内的批判もいまだ不充分で，将来に期待されるものが大きい．銘文は次のとおりである．

〔第1面〕
惟昔始祖鄒牟王之創基也出自北夫余天帝之子母河伯女郎剖卵降世生囲有聖□□□□命駕／巡幸南下路由夫余奄利大水王臨津言曰我是皇天之子母河伯女郎鄒牟王為我連葭浮亀応声即為／連葭浮亀然後造渡於沸流谷忽本西城山上而建都焉不楽世位天遣黄竜来下迎王王於忽本東岡履／竜首昇天顧命世子儒留王以道興治大朱留王紹承基業／至十七世孫国岡上広開土境平安好太王／二九登祚号為永楽太王恩沢□于皇天威武振被四海掃除／□□庶寧其業国富民殷五穀豊熟昊天不／弔卅有九晏駕棄国以甲寅年九月廿九日乙酉遷就山陵於囯立碑銘記勲績以示後世焉其辞曰／永楽五年歳在乙未王以稗麗不□／□□躬率往討過富山□□至塩水上破其丘部洛六七百営牛馬群／羊不可称数於是旋駕因過□平道東来□城力城北豊五備海遊観土境田猟而還百残新羅旧是属民／由来朝貢而倭以辛卯年来渡□破百残□□囲羅以為臣民以六年丙申王躬率□軍討滅残国軍□□／囲攻取壱八城曰模盧城各模盧城幹氏利□□□城関弥城牟盧城弥沙城□舎蔦城阿旦城古利城／／囲城雑珍城奥利城句牟城古須耶羅城莫□□□城／而耶羅□璟城□□城□□□豆奴城沸□□

〔第2面〕
利城弥鄒城也利城大山韓城掃加城敦□城□□□國婁売城散那城囲旦城細城牟婁城／婁城蘇灰／城燕婁城析支利城巌門□國林城□□□□□利城就鄒城／抜城古牟婁城閏奴城貫奴城彡囲／城□□國□盧城仇天城□□／□□□其国城残不囲義敢出□國王威赫怒渡阿利水遣刺迫城横□／□□□便□城而残主困逼献□男女生口一千人細布千匹□王自誓従今以後永為奴客太王恩赦先／迷之愆録其後順之誠於是／五十八城村七百将残主弟幷大臣十人旋師還都八年戊戌教遣偏師観／帛慎土谷因便抄得莫□羅城加太羅谷男女三百余人自此以来朝貢□事九年己亥百残違誓与倭和／通王巡下平穰而新羅遣使白云倭人満其国境潰破城池以奴客為民帰王請命太王恩國矜其忠國／□遣使還告以□□十年庚子教遣歩騎五万往救新羅従男居城至新羅城倭満其中官軍方至倭賊退／□来背急追至任那加羅従抜城城即帰服安羅人戍兵□新羅城□城倭満倭潰城□／□尽更□来安羅人戍兵満□□□□其□□□□□言

〔第3面〕
□□□□□□□□□□□□□□□□□□□□□□□辞□□□□□□□□□□潰／以囲□安羅人戍兵昔新羅寐錦未有身来□□□□□開土境好太王□□□□寐錦□□僕句／□□□□朝貢十四年甲辰而倭不軌侵入帯方界□□□□□石城□連船□□□□□率□□□平穰／□□□鋒相遇王幢要截盪刺倭寇潰敗斬殺無数十七年丁未教遣歩騎五万／□□合戦斬殺蕩尽所穫鎧鉀一万余領軍資器械不可称数還破沙溝城婁城□□□城『□□□囲／城廿年庚戌東夫余旧是鄒牟王属民中叛不貢王躬率往討軍到余城而余城国駭□□□□□□／□□王恩普覆於是旋還又其慕化随官来者味仇婁鴨盧卑斯麻鴨盧椯社婁鴨盧粛斯舎鴨盧□□□／囲盧凡所攻破城六十四村一千四百守墓人烟戸売句余民国烟二看烟三東海賈国烟三看烟五敦城／民四家尽為看烟于城一家為看烟碑利城二家為国烟平穰城民国烟一看烟十訾連二家為看烟／婁／人国烟一看烟卅三□谷二家為看烟□城二家為看烟安夫連廿二家為看烟□谷二家為看烟新城三／家為看烟南蘇城一家為国烟新来韓穢沙水城国烟一看烟一牟婁城二家為看烟囲比鴨岑韓五家為／看烟句牟客頭二家為看烟求區韓一家為看烟舎蔦城韓穢国烟三看烟廿一古□耶羅一家為看烟／旻古城国烟一看烟三客賢韓一家為看烟阿旦城雑珍城合十家為看烟巴奴城韓九家為看烟臼模盧／城四家為看烟各模盧城二家為看烟牟水城三家為看烟幹氏利城国烟一看烟三弥囲城国烟一看烟

〔第4面〕
七也利城三家為看烟豆奴城国烟一看烟二奥利城国烟二看烟八須鄒城国烟二看烟五百／残南居韓国烟一看烟五大山韓城六家為看烟農売城国烟一看烟七閏奴城国烟二看烟廿二古牟婁／城国烟二看烟八璟城国烟一看烟八味城六家為看烟就咨城五家為看烟彡穰城廿四家為看烟散那／城一家為国烟那旦城一家為看烟句牟城一家為看烟於利城八家為看烟比利城三家為看烟細城三／家為看烟国岡上広開土境好太王存時教言祖王先王但教取遠近旧民守墓洒掃吾慮旧民転当羸劣／若吾万年之後安守墓者但取吾躬巡所略来韓穢令備洒掃言教如此是以如教令取韓穢二百廿家慮／其不知法則復取旧民一百十家合新旧守墓戸国烟卅看烟三百都合三百卅家自上祖先王以来墓上／不安石碑致使守墓人烟戸差錯唯国岡上広開土境好太王尽為祖先王墓上立碑銘其烟戸不令差錯／又制守墓人自今以後不得更相転売雖有富足之者亦不得擅買其有違令売者刑之買人制令守墓之

参考文献　佐伯有清『研究史広開土王碑』，李進熙『広開土王陵碑の研究』，水谷悌二郎『好太王碑考』，末松保和『高句麗と朝鮮古代史』(『末松保和朝鮮史著作集』3)，武田幸男編著『高句麗広開土王碑原石拓本集成』，星野良作『広開土王碑研究の軌跡』，白崎昭一郎『広開土王碑文の研究』，武田幸男『広開土王碑との対話』(『白帝社アジア史選書』010)

（末松　保和）

014 江華島 こうか　Kanghwa-do　大韓民国京畿道所属の島．朝鮮半島中部，京畿湾の北部漢江の河口にあり，

北西に礼成江口をひかえ，北東上流で臨津江が合し，西に喬桐・席毛など大小の属島があり，東本土との間には，分流塩河があって，朝鮮中心部海上からの門戸に位する．首邑は北東部にあり，島の周辺は潮汐の干満の差が大きく，北部に鎮山の高麗山(436m)，南部の摩尼(利)山(468m)や伝燈山(三郎(さんろう)・鼎足山ともいう)などの山が連なり，要害の地形．周囲99km，面積290km²．高句麗では穴口郡，新羅では海口郡，高麗では江華県が置かれた．別称は沁州．1232年，モンゴル軍の侵入を避けて首都を開城からこの島に移し，70年まで抗戦をつづけたので，「江都」とよばれ，後世まで通称となった．李氏朝鮮では江華都護府となり，1618年，光海君は江華府にのぼした．ついで仁祖は，27年の後金(清)軍第1次侵入(丁卯の乱)の際，難をこの島の行宮に避け留守府に陞格して特に中央官庁に列し，36年の清軍第2次侵入(丙子の乱)に，国王は南漢山城(京畿道広州)に入拠したが，王妃以下はここに移った．翌年，敗戦後，江華府に改めた．しかし，18世紀に朝鮮で首都防衛論が高まり，北東アジア情勢が清から伝わり，辺境の警備に関心が向けられたとき，緊急の避乱地として江華築城案も出た．中国風の燔甓による新築城術を導入して，城郭の補強が行われ，沿岸の防衛施設が造られたのは，その前後のことである．英祖は，10年ほど郡にしたこともあるが，江華府として継続し，水陸の兵備も堅固であった．19世紀になると，列強がこの島を攻撃して首都に圧力をかけるようになった．1866年には，フランス艦隊がここを占領して漢江河口を封鎖し，71年には，アメリカ艦隊が砲撃を加えて海兵隊を上陸させた．つづいて75年には，日本海軍がここを攻撃した(江華島事件)．この島の特殊施設として，17世紀以後史庫があった．豊臣秀吉の侵略後，戦火をのがれた全州(全羅北道)史庫所蔵の『朝鮮王朝実録』(太祖～明宗)をはじめ，古記録・典籍類が暫定的に置かれたことがあり，実録の四部重版後，1605年地方分蔵を決定した際，その原本はこの島の史庫に収められていた．場所は，摩尼山から鼎足山へと，60年に定着し，その後成立したものも累蔵された．また，王室系譜を収めた璿源閣もあり，後世，正祖のときから外奎章閣が設けられて宮廷秘籍を収蔵してあった．それらの文献は，現在ソウル大学校の奎章閣図書の一部になっている．

[参考文献] 『新増東国輿地勝覧』，兪拓基『沁都志』，金魯鎮『江華府志』，『朝鮮世宗実録』地理志

(中村 栄孝)

015 向化倭人 こうか 朝鮮で帰化した日本人をよんだ称呼．投化倭人(とうかわじん)ともいう．王化を慕って投化したものを向化人と称し，日本人のほか，北方境外からは女真(じょしん，野人(やじん))が来た．年限を限って免税し，住居を与えたり，官職を授けたりした．なかには中央に招いて親衛隊に所属させて優遇したものもあった．14世紀末から15世紀の初めにかけては，倭寇(わこう)懐柔策として認めたため，多数の日本人が向化している．→降倭(こうわ)

[参考文献] 『経国大典』，『大典会通』，『朝鮮王朝実録』，中村栄孝『日鮮関係史の研究』上

(中村 栄孝)

016 恒居倭人 こうきょ 李氏朝鮮世宗から中宗まで60年余にわたり，日本通商者に指定された浦所(ほしょ，港)に居留して生活し，その近海の漁獲を認められていた対馬島人．浦所は，慶尚道の薺浦(せいほ，乃而(ないじ)浦)・富山(ふさん，釜山)浦・塩(えん)浦の3港で，対馬商船乗員の残留者が増加したので，朝鮮世宗は，永享8年(世宗18，1436)対馬島主に刷還(連れかえり)を要求し，合計644人中206人(内島主管下60人)の残留を許した．その後，制限は厳守されず，次第に数を増した．文明7年(成宗6，1475)には，合計430戸，2209人(特に薺浦は308戸，1731人)，寺院15もあり，いずれも老若男女を含み，固定した港湾都市化し，日本船の入港をむかえて商取引を行い，近隣の住民と往来して密貿易を仲介し，周辺の公・私田を耕作していた．朝鮮では，たびたび対馬に刷還の要求をくり返すとともに，公田耕作者に課税し，漁船の行動水域を規制して文引(ぶんいん，通行証)を給し，監視員を同乗させるなどの措置をとった．中宗が，規約厳守の方針をとると，永正7年(中宗5，1510)に，三浦の恒居倭人が主導権をとって暴動を起し(三浦の乱)，討伐をうけて本島に撤退した．同9年(中宗7)，壬申約条が成立すると，恒居倭人は全廃された．

[参考文献] 申叔舟『海東諸国紀』(『岩波文庫』)，『朝鮮王朝実録』，中村栄孝『日鮮関係史の研究』上・下，同『日本と朝鮮』(『日本歴史新書』)，関周一『中世日朝海域史の研究』，佐伯弘次『対馬と海峡の中世史』(『日本史リブレット』77) (中村 栄孝)

017 高句麗 こう 前2世紀ごろから後668年まで，中国東北地方南部(南満洲)，朝鮮半島北部にかけて存在した民族，および国家．4世紀ごろから並立した百済・新羅とあわせ，朝鮮三国という．高句麗はトゥングース系に属する夫余の別種であり，言語・習俗は同じで，建国説話にも共通性がみられる．高句麗の始祖は朱蒙(鄒牟・仲牟)といい，河伯の女を母として生まれた天帝の子であって，夫余人の迫害を逃れて南下し，国家を建設して，以後，継続して28代王位が伝えられたという．この伝承の骨子はすでに5世紀初めには完成していた．だが史上に高句麗が登場するのは前2世紀の末であり，以後7世紀後半まで約790年間，中国東方の強国として活躍した．それを高句麗の政治的動向により，次の7期に分けて叙述するのが適当であろう．

(1)前2世紀末～後1世紀 高句麗族が夫余の支配地

を離れ，鴨緑江支流の佟佳江(沸流水)流域まで南下，定住するようになったのは，前2世紀末をさしてへだたらない時期であったと考えられる．前漢の武帝は，前108年，朝鮮半島を中心に4郡を新設したが，その内の玄菟郡(咸興)には高句麗県がみえる．これが高句麗の史上への初登場であり，高句麗は玄菟郡の管掌下にあったようである．しかし高句麗が自立した姿であらわれるのは，新の王莽の時，後9年のことであり，一定の政治的勢力としては，12年高句麗侯騶が初見であり，以後，後漢との間に交渉があった．しかしこの時期の高句麗の政治的発展はなお顕著でなく，その具体的様相も明らかではない．

(2) 2世紀　この時期に，高句麗は飛躍的な発展をみせる．生まれおちるや両眼を開いてものを視たと伝えられる国王の宮は，2世紀初頭から，後漢の玄菟・遼東2郡に，あるいは服属，あるいは侵寇して，積極的な西進策をとり，106年，玄菟郡治を南満洲(老城・永陵)からさらに西方(撫順)へ後退させた．宮を継いだ諸王もこの方針を受け継ぎ，遼東半島はにわかに後漢との抗争地点となった．この高句麗西進の背後には，周辺諸種族に対する政治的把握の成功があった．特に朝鮮半島北東部の日本海沿岸を中心に居住していた沃沮・濊などの種族には，早くから影響力を及ぼしていたらしく，このころには服属させるまでになっていた．半島北西部の楽浪郡は脊梁山脈(単単大嶺)を界線として，やはり南進する高句麗に当面していた．伝統的な東方政策のもとで，中国は西進・南進する高句麗と対決する形勢となってきた．

(3) 3世紀～4世紀中葉　高句麗が西進・南進策をさらに強める中で，みずから手痛い反撃を蒙ったのがこの時期である．2世紀末から後漢が衰退し，遼東半島は公孫氏の領有に帰したが，朝鮮半島の経略にも力を入れ，楽浪郡南に帯方郡を置き，韓・倭を制するとともに，遼東半島・朝鮮半島で，高句麗勢の力をそいだ．だが内紛に介入された高句麗は，209年ごろ本拠を鴨緑江北岸の丸都城(国内城)に移し，ここに新国を建てた．ところが三国魏が公孫氏を討ち，楽浪・帯方2郡を領収すると，244～45年にわたり，高句麗を主敵とし，韓・濊にまで及ぶ東方攻略の大作戦を展開した．王都は屠られ，国王の位宮は逃走し，魏の威信が遼東半島・朝鮮半島をおおったかにみえた．だが晋の統一によって三国分裂を克服したのもつかの間，4世紀には南遷し，五胡十六国時代が始まり，遼東半島は慕容氏の領有するところとなった．342年にこの慕容氏の軍兵はまたも王都に入り，父王(美川王)の墓をあばき，母妻を掠取した．やがて父の尸と母とは返還されたが，高句麗は重ねて痛手を蒙ったのである．しかしこの時期に，南進策は続けられ，3世紀後半には楽浪郡内への侵出が始まり，313年ごろ，楽浪・帯方2郡は朝鮮半島から駆逐された．400年あまり継続した中国の半島郡県支配に終止符をうつ快挙である．さらに遼東方面でも玄菟郡を占領したりした．しかし371年，故国原王は平壤付近において，百済と抗戦中戦死した．高句麗は最大の危機を迎えたのである．

(4) 4世紀後半～5世紀前半　故国原王の戦死は，高句麗の南進策の挫折であるが，それをもたらしたのは朝鮮半島南部における百済・新羅2国であるという，まったく新しい事態をも意味した．ここに三国鼎立の時代が始まったのである．高句麗はこれをよくわきまえ，新しい発展の途を進む．そのためまず国家機構の整備をはかり，372年，大学を立てて子弟の教育につとめ，翌年にはじめて律令を頒ち，375年に仏寺を創って僧を置き(朝鮮仏法のはじめ)，392年には国社を立てて宗廟を修めたという．この一連の施策の背後には，4世紀初以来流入した中国人の存在があるとともに，高句麗の意欲的な政治姿勢をみることができる．他方，新興2国に対しては，百済とは徹底して敵対し，新羅と結んで百済にあたる外交政策をとった．ただ新羅はまだ弱体で，高句麗は人質をとり，これを庇護するという優位な立場を占めた．さらに遼東方面には前秦・後燕が興起したが，おおむね和平を旨としつつも，侵攻の機会をうかがっていた．こうした形勢の上に，広開土王の時代が始まる．王は永楽の年号を用い，倭と結ぶ百済を討ち，新羅を救けた．また粛慎・東夫余など北東方の後背地を攻略するかたわら，後燕から遼東・帯方2国王に封ぜられ，このころより念願の遼東領有を果たしたようである．この50年あまりの時期に，高句麗はみごとに政治危機を脱し，体制をととのえ，伝統的な西進・南進策を最大限までおし進め，未曾有の版図を誇ったのである．

(5) 5世紀前半～6世紀中葉　広開土王について長寿王が即位するころ，高句麗は極盛期を迎えていた．国際的には，中国の南北分裂は固定化して，南朝宋が創立され，北部では北魏がようやく強大となり，一時遼東方面に勢力をのばした馮氏は，高句麗によって滅ぼされた．高句麗は南北両朝に朝貢し，和平を楽しんでいるかにみえた．しかし朝鮮三国では大きな変化が起きていた．427年，長寿王は国都を南方に移し，一挙に朝鮮半島の平壤へ進めたのである．新たな決意のもとに，南進策の新展開を実行しようとしたにちがいない．これを恐れた新羅は，従来の連麗策を捨て，かえって百済と結び，ともに高句麗と対抗することになった．しかし高句麗はこの百済と争い，475年に百済の蓋鹵王を殺し，都を熊津まで後退させる成果をあげた．これ以後も百済との間に戦闘があったが，特に激しい動きもないまま，かなり安定した平壤時代が継続した．

(6) 6世紀中葉～7世紀後半　6世紀中ごろ大きな変化が生じた．その1は新羅の急速な成長によって，百

済との対立が爆発したことである．554年，新羅が百済の聖明王を撃殺した事件を境に，100年あまり続いた済羅同盟は霧散し，その抗争のもとで半島南部の加羅(任那)諸国は両国に吸収併合された．ここにはじめて朝鮮三国が形成され，本格的な三国対立抗争の時代に突入したのである．その2は高句麗王位の動揺である．531年，安蔵王は内紛により殺害され，545年には支配層の対立によって，安原王から陽原王へ王位が移った．こうして迎えた6世紀末に，中国での統一帝国形成への動きがあり，隋が成立する．高句麗は内紛や三国対立のほかに，このような国際関係の動向を察知し，築城や兵器修造に努めてこれに備えた．隋はこうした高句麗の存在を黙視できず，中国統一の勢いに乗じ，598年遼東方面に兵を出して，第1回隋麗戦争が始まった．高句麗は陸海から進攻する隋軍に対し，乙支文徳の巧妙な外交をも含め，力戦してこれをふせぎ，第4回戦を戦う内，隋みずからが崩壊した．ところが隋を継いだ唐は，高句麗の権臣泉蓋蘇文による栄留王弑逆を理由に，644年，高句麗討伐軍を出して以来，8度にも及ぶ侵入を試みた．この間に新羅は唐と連絡を保ち，あるいは高句麗，あるいは百済の非をうったえ，660年百済を倒し，668年には蘇文死後の支配層の内紛が禍となり，ついに高句麗は唐・新羅に滅ぼされてしまった．

(7)滅亡後〜7世紀末　唐は平壌に安東都護府を置いて直接支配をくわだてた．しかし高句麗故土に叛乱が絶えず，また新羅も半島の統一支配をめざし，叛乱軍を納れ，唐と戦う姿勢すらみせ，670年高句麗王族の安勝を金馬渚(益山)に置き，初め高句麗王，のちに報徳王に封じ，優遇した．のち新羅は謝罪，入貢して唐との関係を回復したが，新羅の庇護のもとにあった安勝の高句麗勢も，15年後の684年，族人の謀叛を機に討滅されてしまった．

以上，800年に及ぶ高句麗史の展開過程では，種々の形で倭＝日本との関係・交渉があったはずであり，移住高句麗人も多く，それは文献の上でも認められる．しかし『日本書紀』仲哀天皇9年条の神功皇后による新羅征討や，その際の高句麗の朝貢，応神天皇7年条の高句麗人らの渡来，同28年条の高句麗の上表，仁徳天皇12年条の鉄盾・鉄的の貢上，同58年条の高句麗等の朝貢，仁賢天皇6年条の日鷹吉士の話，欽明天皇元年条の高句麗等の遣使などの伝承記事は，部分的には何らかの史実を反映している可能性もあるが，総じて信用し難い．しかし顕宗天皇3年条の紀生磐宿禰が任那に拠って叛し，高句麗に通う話，継体天皇10年条の百済使者が高句麗使安定を伴って来り，好を結ぶ話は，ともに百済史料に依拠しているので一応信用が置ける．これを含む6世紀以前は，対高句麗交渉の第1期としてよかろう．これに対し，両者の交渉が普通に認められるようになるのは，それ以後である．①欽明天皇31年高句麗使人が越国に漂着して以来，敏達天皇2年，それに翌年と連続して遣使があった(『日本書紀』)．これに対して日本側も送使を遣わしている．日本海岸を経由するこの一連の交渉は，はじめての確実な記事と思われ，王辰爾にまつわる烏羽之表の話もこのときの伝承である．②その次に展開するのが，高句麗僧の来日であって，推古天皇3年(595)以後，推古全朝を通じてみられる特徴である．はじめに恵慈の帰化が伝えられ，聖徳太子の師としてとどまり，20年後高句麗に帰ったが，日本仏教の発展にとって重要である．このほか同10年に僧隆・雲聡，18年に五経を知り，彩色・紙墨・碾磑の作方を伝えたという曇徴や法定，32年に恵灌がみえ，このころ行善の名も知られる．さらに13年には高句麗王が貢上した黄金300両で元興寺丈六を作った話も残されていて，総じてこの期間は仏教文化の流入が著しい．③これに次ぐのは高句麗使人の一連の来航であって，舒明天皇2年(630)の使人宴子抜ら，皇極天皇元年(642)の泉蓋蘇文の事変を伝えた使人，同2年の遣使があり，日本からも津守連大海の派遣があった．いずれも九州経由のもので，隋から唐への大転換を契機とする来航であった．④そして大化・白雉期の日麗交渉もそれまでの形で継続されたであろうが，百済・新羅・任那などの諸国使と同道したという高句麗使人の来日記事にはにわかに信用が置けない．ただ大化元年(645)以後10年間にみられる5回の遣使・進調記事の間をぬって，鞍作得志らの工匠や道登らの僧侶に，それまでと逆に高句麗に留学するという積極的態度がみられるようになった．⑤それ以後，斉明天皇2年(656)から高句麗滅亡までかなり頻繁な交渉があった．まず大使達沙の進調は，唐と高句麗の戦闘に関係あったもののごとく，日本は膳臣葉積らを遣わしている．同6年の使人乙相賀取文は百済滅亡にかかわると思われ，翌7年には高句麗の救援のために，日本軍が出動した．その翌天智天皇元年(662)も乞救の使があったが，翌2年(663)朝鮮に出動した軍兵は，唐・新羅連合軍のために白村江で大敗するに至り，同5年の乙相奄鄒らの使人，そして同7年の高句麗滅亡前では最後の使人は，いずれも日本で高句麗滅亡を知った．5小期に細分して特徴を観察できる以上の日麗交渉は，全体を通じて第2期と考えることができ，それは高句麗史の上では第(6)期に相当する．高句麗滅亡後の第(7)期は，交渉史上，第3期というべきで，天智天皇9年から天武天皇13年(684)の間，新羅の金馬渚に安置された安勝が，新羅の保護のもとでながらも，旧来の遣使を継ぎ，進調を絶たなかった．天武天皇元年・2年の両度の遣使の主体が，安勝か唐かは不明だが，翌年以後連続して6回に及ぶ使者の派遣があった．この期の特徴は必ず新羅送使に随伴し，筑紫を経由したこと

にあり，ここに安勝の特殊な地位がみられる．これに対して日本側は，同10年佐伯連広足を，その3年後三輪引田君難波麻呂を送った．後者は謀叛から崩壊へと進んだ安勝政権の末路に関係あるもので，これ以後再び高句麗使人の姿は現われることはなかった．代わって高句麗人の帰化，彼らへの賜爵，さらに各地への移住など，もっぱら日本内部の対高句麗人施策だけになった．

参考文献　朝鮮総督府朝鮮史編修会編『朝鮮史』1ノ2・3，池内宏『満鮮史研究』上世1・2，武田幸男『高句麗史と東アジア』　　　　（武田　幸男）

高句麗の官位　朝鮮古代三国のうち，高句麗は最も早く政治支配形態をつくったから，その官位の発生もすでに紀元前後にあったかと推測され，3世紀末に著録された『魏志』には「相加」以下「先人」に至る10個の「官」名を列挙して「尊卑各々等級あり」（原漢文）と注している．この「官」はむしろ官職名というべき実態で，位と職とが未だ判然と分化していなかったようである．しかも高句麗の官位を考えるものは，この10個の「官」から出発せねばならない．その10個の上位半分は高句麗族固有の首長名らしく，下位半分は漢字通りの役職名らしく考えられる．この二元的性格は，高句麗の最後の日まで遺存した．巻末の付表に明らかなように，「官位」の数は，時代を経るに従って12となり13となり15となって数を加えた．その最後の形態を比較的詳記するのが，『翰苑』残巻に引用される『高麗記』逸文である．この『高麗記』について特筆される点は，(1)その著作者が唐の貞観15年（641）に，高句麗の内情偵察に派遣された陳大徳の報告書と推定されること，(2)列記される15の官位名のほとんどすべてについて，あるいは「旧名」，あるいは「一名」，あるいは「亦名」などの指示をしていること，(3)この部分は，『翰苑』の本文に「官は九等を崇ぶ」（原漢文）とあるのに対する注解として記されたもので，従二品以下正九品に至るまで各品が正・従に区別されており，このことは官位の九等制がほぼ具現されたかと思われること，(4)他の史書に比して，最も詳密独特な記録であるとともに，筆写に誤脱重複の多かるべきことを警戒しなければならないことである．　→付表〈高句麗の官位〉

参考文献　竹内理三校訂『翰苑』，湯浅幸孫校釈『翰苑校釈』，武田幸男「六世紀における朝鮮三国の国家体制」（『（東アジア世界における）日本古代史講座』4所収），吉田光男「『翰苑』註所引『高麗記』について」（『朝鮮学報』85）　　　　（末松　保和）

高句麗の遺跡　高句麗は前1世紀の後半から7世紀の後半まで7世紀余もつづいた国であるから，遺跡は数多く残っている．これを大別すると，(1)都城跡，(2)山城跡，(3)寺院跡，(4)墳墓，(5)碑などとなる．(1)の都市遺跡は第2次の首都であった中国吉林省集安や第3次の首都のあった朝鮮平安南道平壌に残っている．前者は現在の集安県城がそれにあたり，周囲を石塁で囲まれている．後者は平壌の長安城跡や清岩里土城跡がそれであって，周囲を土塁で囲まれている．後者には別に宮殿跡（安鶴宮跡）も遺存する．(2)の山城跡は数多く残るが，主なものをあげると，中国吉林省集安県山城子山城（覇王朝山城），遼寧省撫順県北関山城，同瀋陽市陳相屯山城，同遼陽県燕州城，朝鮮平安南道平壌大聖山城，黄海北道鳳山県鵶鶻山城などがある．いずれも居住可能な相当の広さの平地を，高峻な尾根によって抱くような地を選んで構築され，尾根上の肝要な地点や防衛上必要な個所には石塁が築かれている．内部には土木工事が施され，また建造物の遺跡が認められる．(3)の寺院跡は集安県の東擡子，平壌付近の清岩里，平安南道平原郡石五里などに残っている．いずれも礎石が残り，高句麗瓦が数多く散布する．(4)の墳墓の存在する地は数多いが，特に集中的に残るのは中国遼寧省桓仁県，吉林省集安県，および朝鮮平安南道の平壌を中心とした地域である．高句麗の墳墓には石築墳・石槨墳・封土墳の別がある．石築墳は大小の石塊を方形にもりあげて墳丘とし，その上部に墓室として横穴石室を築いた高句麗固有の形式（将軍塚その他），石槨墳は床・壁・天井ともに大きい板石を使って地表下に石室を築き，上を小封土で覆った中国的な形式（安岳三号墳その他），封土墳は地表か，やや地表を掘りくぼめたところを床として横穴式石室をつくり，上を封土で覆った形式（舞踊塚その他）であり，石槨墳や封土塚の中には壁画を描いたものもある．集安県には石築墳と封土墳が共存し，平壌付近には封土塚が多い．(5)の碑は，集安県にある広開土王碑が有名である．

（三上　次男）

018 高元度 こうげんど　生没年不詳　奈良時代の官僚．姓からみて高句麗系または中国（楽浪）系帰化人の出か．天平宝字3年（759）外従五位下に叙され在唐の遣唐大使藤原清河を迎える使に任命され，渤海使楊承慶の送使を兼ねて渤海経由で入唐した．同5年帰国にあたり兵仗の見本，甲冑・伐刀・槍・矢などを授かったが，唐帝粛宗の勅により清河はとどまり，元度らのみが蘇州から唐使沈惟岳らに送られて大宰府に着いた．同年従五位上に叙され，のち三河守・左平準令などを歴任した．

参考文献　佐伯有清「入唐求法巡礼行記にみえる日本国使」（『日本古代の政治と社会』所収）

（鈴木　靖民）

019 庚午の変 こうごのへん　⇒三浦の乱（さんほのらん）

020 公作米 こうさくまい　近世の釜山倭館における日朝公貿易は朝鮮側がすべて公木（綿布）で決済することになっていたが，慶安4年（1651）対馬から交渉して毎年受け取る公木の一部，300同（1同は50疋）を米1万2000石に替えることにした．この換米を公作米という．この換米

制度は5年ごとの期限付であったため，そのつど対馬から使人（年限裁判）を派遣して延長交渉を行い，また換米量も次第に増加した．　→公木（こうぼく）

参考文献　『増正交隣志』1（『奎章閣叢書』6），『公作米謄録』，『通航一覧』126〜128，『分類紀事大綱』24（国立国会図書館所蔵『宗家文書』），長正統「日鮮関係における記録の時代」『東洋学報』50ノ4）

（長　正統）

021　翺之慧鳳　こうし えほう　1414〜?　室町時代前期の禅僧（臨済宗聖一派）．諱慧鳳，字（あざな）翺之．別に竹居・幻庵・木裰道人・偕庵・紅蕉・古筠と称した．応永21年（1414）生まれる．丹陽（丹波か丹後）の人．俗姓不詳．応永26年東福寺岐陽方秀の門に入り，のちその法を嗣ぐ．永享8年（1436）遣明使に随って入明．同11年周防に下って大内氏の帰依をうけ，寛正5年（1464）再び周防に赴く．この時の詩文集『竹居西遊集』がある．生涯の僧位は蔵主にとどまるが，詩文の評価が高かった．季弘大叔・南江宗沅・天英周賢らと親交があり，雲章一慶の『雲章和尚行状』を撰した．没年について『蔗軒日録』の文明16年（1484）記事に「此老逝去已及二十年」とするのによれば寛正6年ころの没となる．通説は多くこれに従うが，『松山序等諸師雑稿』に収める翺之の作品に文明元年4月18日生存の明証があり，再考を要する．著書に『竹居西遊集』のほかに『竹居清事』があり，『投贈和答等諸詩小序』を選した．

参考文献　玉村竹二『五山禅僧伝記集成』，今泉淑夫「翺之恵鳳小考」（『日本中世禅籍の研究』所収）

（今泉　淑夫）

022　攷事撮要　こうじ さつよう　朝鮮王朝士大夫が，公私日常の生活に必要な年代記や事例を類集した便覧．時代に応じて増補改編された．原本2巻．編者は魚叔権（ぎょしゅくけん），生没年未詳，咸従（かんじゅう，平安南道）名門の庶出，1542年（中宗37）漢吏科（かんりか）初試に合格し，事大（対明関係）・交隣（対倭人・対女真人関係）文書を管掌する承文院（しょうぶんいん）の吏文（りぶん）学官となった．54年（明宗9）に本書を編修し，校書館で刊行（推定活字本）．68年（宣祖元）・76年に追補し，校書館で活字本刊行．ついで85年に許篈（きょほう）の増修した刻本，1613年（光海君5）に朴希賢の改修した訓錬都監の活字本がある．さらに36年（仁祖14）に李植（りしょく）が増修して本文3巻・附録1巻とした訓錬都監の活字本，73年（顕宗14）校書館の活字本，84年（粛宗10）に崔錫鼎（さいしゃくてい）の増修した活字本，91〜93年の刻本もある．また，1731年（英祖7）〜36年に改修した5巻の木活字本がある．原本は，未発見．朴希賢改修本収載の魚叔権序によれば，中国の日用類書『事林広記（じりんこうき）』や『居家必用（きょかひつよう）』にならった『帝王歴年記』や『要集』があり，内容が粗略なので，故実を考え，現行の例を参照し，事大・交隣を主軸として各種の事項をえらんだという．この趣旨に沿って，「大明紀年」「中朝忌辰」「接待倭人事例」「倭人朝京道路」「接待野人（女真）事例」などの項目があり，朝鮮王朝の忌辰や官職制度，官人の日常に必要な規定や，吉凶の選択から生活用具作製や養馬の法，また書籍や薬品の市価をあげ，「八道程途」の項は地方各官すべてを収め，別号や保有冊板を付記した．その後，増修ごとに「大明紀年」は追補され，「八道程途」の冊板は，許篈の追加で倍増し，壬辰・丁酉の乱（文禄・慶長の役）直前の収録として注目される．朴希賢は，戦後の事態に応じて対明関係を大はばに増修し，「接待倭人事例」に「己酉年新定約条」を加え，「八道程途」から冊板を除いて「土物（物産）」に代えた．なお，その後の改編では，日常の諸事を広くして「附録」を独立した1巻にした．その極，1771年には，徐命膺（じょめいよう）が大規模に改編して15巻とし，内容を11部に分け，『攷事新書』と改題して印刷された．朴希賢の改修本が，五台山・太白山両史庫収蔵本にもとづいて『奎章閣叢書』7として影印されている．

参考文献　東国大学校図書館編『古書目録集成』，宗錫夏編『攷事撮要冊板目録（八道別・分類別）』，末松保和「攷事撮要とその冊板目録」（『末松保和朝鮮史著作集』6所収），李仁栄「攷事撮要の冊板目録について」（『東洋学報』30ノ2）

（中村　栄孝）

023　弘治条約　こうじじょうやく　⇨丁巳約条（ていしやくじょう）

024　孔子廟　こうしびょう　孔子を祀った所（建造物）．中国では略して孔廟といい，北魏時代は宣尼廟，唐代では文宣王廟，明・清では文廟ともいった．日本では聖堂・聖廟などと称した．日本で釈奠（せきてん，孔子の祭）がはじめて行われたのは大宝元年（701）2月といわれ，大学寮内の廟堂で2月・8月の上丁の日に行うのを例とした．平安時代の孔子廟の制は唐式であったと思われる．江戸時代になると，幕府・藩の学校や郷校の制度・建築の発達に伴い，その施設の1つとしてつくられた所が多い．江戸・名古屋・閑谷・多久・佐賀・水戸・萩・会津・仙台などがそれである．その他，学者の邸（家塾）に設置された場合もあるが，規模は大きくない．また，その建築形態については，廟に対する研究や宋以後出版の書籍や明末来日の中国人の知識による影響もある．当時参考にされた文献には，『儀礼旁通図』『礼書』『三礼図』『闕里誌』『朱子家礼』『三才図会』などがある．大部分は，中国式と日本式の建築の混合で，明治になって長崎大浦に純中国式の廟ができたが，それまでは純粋の中国式の廟はなかった．寛永9年（1632）江戸忍岡の林羅山邸内の聖堂，名古屋城内建立の徳川義直の八角堂は江戸時代初期のものとして著名であるが，内部平面は不明である．足利学校のは『儀礼旁通図』所載の寝廟に『朱子家礼』の様式を加え，

多久聖廟は明・清の孔子廟平面を基礎とし，水戸のものは朱舜水が明代文廟に改良を加えた模型に拠ったといわれているが，いずれも日本式手法が現われている．日本の儒教は宗教であるか否かは別として，その建築配置は多分に宗教的であるとともに学問所の付設の要素も強い．その基本的形態は，仰高門・入徳門を経て中央正面の大成殿に至る．大成殿は桁行5間・梁間6間が普通で，内部は石敷で，正面に孔子像，その左右に四配十二哲の像あるいは木位を安置する入込部が設けられた．左右対称は中国建築の一般性格であるが，釈奠の儀式上必要なことであり，日本でもそのまま取り入れられている．孔子廟は藩校と併せて建造されているが，全体の中では中軸として配置されていて，重視されたことを意味する．廟を設置しない場合は，講堂が中軸となるが，釈菜という儀式は講堂で行われるのが普通である．

〔江戸湯島の聖堂〕寛永9年上野忍岡の林羅山の家塾に始まり，万治3年(1660)改築，元禄3年(1690)湯島昌平坂(東京都文京区)に移転改築して聖堂と称し，林家は代々祭酒聖堂預りとなった．宝永元年(1704)・安永3年(1774)・天明7年(1787)・寛政11年(1799)・昭和8年(1933)と改築されている．最初の孔廟は尾張藩主徳川義直の出費で，江戸幕府作事方の棟梁平内大隅の計画で造営され，孔子および顔子・曾子・子思・孟子の諸像を安置した．第2回目は幕府によって改造を加えたもので，稲葉正則・板倉重常が奉行で周制を参考にしたようである．第3回目は，湯島昌平坂に新築し，奉行松平輝貞，助役蜂須賀隆重，大工棟梁依田盛直らで，従来より規模を大きくし，細部に華麗な手法を施した．第4回目は，奉行秋元喬知・稲垣重富・助役伊達宗贇，大工棟梁甲良宗員・大谷正矩で，この時再建の入徳門は現存している．第5回・第6回は，幕府財政の整理期でもあったので，規模を縮小し簡素なものであった．第7回目は，寛政の学制改革と係わりがあって，幕府の直轄学校である昌平坂学問所が開設され，幕府財政もやや余裕があったためか，壮麗かつ大規模であった．奉行松平信明ら12人，大工棟梁平内政休で，朱舜水制作の模型を水戸から取り寄せて参考にした．この時，大成殿ほか諸門すべてを黒漆塗として従来の丹青の装飾文様を改めたが，殿内は高床式であったのを石敷とし，柱礎石も異調であり，前廊の屋根裏に輪垂木を用い，屋根の大棟の両端に鬼狄頭(きぎんとう)を，下棟の端に鬼竜子を飾り，中国趣味が濃厚であった．これは大正12年(1923)の関東大震災まで存したが，その焼失後，昭和8年に現存のものが建築された．これは寛政時に大略基づいているが，鉄筋コンクリート造である．

〔足利学校聖堂〕下野国足利学校(栃木県足利市)は慶長7年(1602)に徳川家康によって再建され，寛文8年(1668)改築，元禄年間・享保13年(1728)・宝暦4年(1754)・安永7年(1778)・享和2年(1802)・文化8年(1811)にそれぞれ修理修営があり，明治に入って藩校求道館に合併し，廃藩後は保存策が講じられ，足利市所有となった．史跡に指定．廟は寛文8年に建立され，5間6間，重層，本瓦葺，四注造で，正面1間を吹放ちとし，6本の角面取柱を立て，正面中央3間を入口とし，左右の間にのみ階を設けて東階・西階とし，両端の間は花頭窓としてある．内部は高床拭板敷，正面の中央に孔子像，右に小野篁像，左に徳川家康を祀ってある．屋根は大棟の両端に鯱形を載せ，上層の隅棟は異様に反っている．平面形式は中国式であるが建築の構造手法は日本の在来からの手法であると飯田須賀斯は解している．

〔閑谷学校聖堂〕備前国閑谷学校(岡山県備前市)の聖堂は延宝2年(1674)創建，貞享元年(1684)改築し大成殿と名づけた．学校敷地の東端で芳烈祠(閑谷神社)の西隣に位置している．3間四方の入母屋造本瓦葺，伊部焼薬掛瓦を用い，柱上部は舟肘木で納まり化粧長押を付し，正面3間は桟唐戸を釣り，側面中央に花頭窓を明けている．床は亀甲型瓦敷，天井は格天井，中央奥に聖龕を安置してある．また，大成殿の西に繋牲石がある．重要文化財に指定．

〔多久学校聖廟〕肥前国佐賀藩家老多久茂文が小城郡多久村(佐賀県多久市)に創めた郷校東原庠舎(鶴山書院)の側に建てた．宝永5年完成，京都で鋳造した孔子像を安置し，恭安殿と称し，釈菜を行なった．重要文化財に指定．明・清時代の孔子廟平面に似たところがあり，構造手法も唐様で，彫刻を飾り彩色を施してある．内部の内陣天井は鏡板に竜を描き，床は瓦敷，扉は外部桟唐戸を用い，聖壇の孔子龕，勾欄・階段および外部柱礎盤などの部分は比較的中国風である．

参考文献 城戸久『藩学建築』，飯田須賀斯「江戸時代の孔子廟建築」(徳川公継宗七十年祝賀記念会編『近世日本の儒学』所収)，田辺泰「足利学校及聖堂建築考」(『建築知識』2ノ5)，白木豊「閑谷聖堂釈菜之儀について」(『閑谷』45)　　(山本　武夫)

025 綱首 ごう しゅ　主に中国宋代の商船における乗員の最上位にあたる階層．綱は輸送のために組織された貨物の組を表す語であり，綱首はそれを管理・統括する責任者．都綱ともいい，和語では船頭と表記される．日宋貿易に従事した綱首層はすべて中国系で，その主な活躍時期は11世紀後半から13世紀後半の約200年間である．博多に定住して貿易に従事する者は特に博多綱首と呼ばれ，聖福寺など日本の寺社・権門に帰属し，それらの依嘱を受けて貿易活動を行い，日本の社会・経済に大きな影響を与えた．謝国明は特に著名である．博多綱首の史料上の終見は13世紀後半であるが，これはその消滅を意味するものではなく，博多綱首が主体

的に貿易を進めた段階から，彼らが寺社・権門の下請け的性格を強めたことが反映しているものと考えられている．

[参考文献] 斯波義信『宋代商業史研究』，森克己『続日宋貿易の研究』（『森克己著作選集』2），亀井明徳『日本貿易陶磁史の研究』，榎本渉「東アジア海域と日中交流」，林文理「博多綱首の歴史的位置」（大阪大学文学部日本史研究室編『古代中世の社会と国家』所収），同「「博多綱首」関係史料」（『福岡市博物館研究紀要』4），大庭康時「博多の都市空間と中国人居住区」（『シリーズ港町の世界史』2所収），同「博多綱首の時代」（『歴史学研究』756）

（河辺 隆宏）

026 幸州の戦 こうしゅうのたたかい　豊臣秀吉第1次朝鮮出兵（文禄の役）の際，文禄2年（宣祖26, 1593）2月12日，明軍の来援に敗退して首都漢陽に集結した日本軍攻囲作戦のため，幸州山城（京畿道高陽郡）に入拠した全羅道巡察使権慄（ごんりつ）の兵2300に対し，日本軍（宇喜多秀家以下の諸部隊）が大挙して先制攻撃をかけた戦い．山城は，漢江右岸に臨む要害，城兵は官・義軍の精鋭，背水の陣に決死の戦闘を展開し，攻防は，早朝より日暮に及んだ．京畿の水軍が江華島から来援したため，日本軍は，死傷多く背後を絶たれるのをおそれ，囲みを解いて退き，権慄も日本軍の再挙をおそれ，坡州（はしゅう，京畿道）に移った．幸州には，権慄の没後，間もなく，宣祖35年（1602）6月に建てられた「元帥権公幸州大捷碑」（崔岦（さいりつ）撰文，韓濩（かんかく）書，金尚容（きんしょうよう）篆）がある．

[参考文献] 柳成竜『草本懲毖録』（『朝鮮史料叢刊』11），崔岦『簡易集』（『韓国文集叢刊』49），李恒福『白沙集』（同62），『吉川家文書』（『大日本古文書』家わけ9），朝鮮総督府編『朝鮮金石総覧並補遺』下

（中村 栄孝）

027 高寿覚 こうじゅかく　生没年不詳　近世初期薩摩流寓の唐人．宝永・正徳のころ儒者として江戸幕府に仕えた深見玄岱（高天漪）の祖父．もと明の福建漳州府の人で，慶長の初期に薩摩に流寓して島津家久に医師として仕えた．鎌居新右衛門の子久兵衛を嗣としたが，元和3年（1617）帰唐したままかの地で没した．嗣子久兵衛は父に従って渡唐したが，父の死に遭い寛永6年（1629）帰国．のち長崎に移り同19年唐大通事となる．渤海（ふかみ）姓を名のり，のち深見氏と称し，寛文6年（1666）没す．玄岱はすなわちその子である．

[参考文献] 石村喜英『深見玄岱の研究』

（沼田 次郎）

028 興聖万寿寺 こうしょうまんじゅじ　⇨径山（きんざん）

029 甲辰蛇梁の変 こうしんしりょうのへん　朝鮮中宗39年（天文13, 1544）甲辰の4月12日に，日本船20隻余りが，蛇梁鎮（慶尚南道統営郡蛇梁面琴坪里）に入寇した事変．入寇者がいずれのものであったかは不明であり，朝鮮の受けた損害が軽く，水軍1名が殺され，10名余りが負傷しただけであったが，日本と朝鮮の交通に及ぼした影響は大きかった．すなわち朝鮮は，この事変を契機として対馬島主との条約をすべて破棄し，日本国王（足利将軍）および大内氏・少弐氏の使船のほか，いっさいの日本人を接待しないことにした．さきに，三浦の乱後，中宗7年（永正9）の壬申約条で国交が回復して以来，通交貿易が年をおって拡大し，密貿易の弊もはなはだしくなり，取締りに苦しんでいた際なので，これを対馬島人の行為として，巧みに機会をとらえたのである．一方，加徳島に鎮を設けて水軍僉使（せんし）をおき，きびしく海上の交通を監視させた．その後，対馬島主は，日本国王使の渡航斡旋によって講和の成立をはかり，日本国王使僧安心が，たびたび朝鮮に赴き，朝鮮でも，対馬島と絶交するのを不利とする議論が出て，申光漢（しんこうかん）・成世昌（せいせいしょう）・李彦迪（りげんてき）・李滉（りこう，退渓（たいけい））らの名臣が相ついで講和を主張したので，明宗の時代になり，明宗2年（天文16, 1547）丁未には，約条が締結され，4ヵ年を経過して対馬島との通交貿易が復旧した．

→丁未約条（ていびやくじょう）

[参考文献] 中村栄孝『日鮮関係史の研究』下

（中村 栄孝）

030 甲辰の変 こうしんのへん　⇨甲辰蛇梁の変（こうしんだりょうのへん）

031 厚生新編 こうせいしんぺん　ショメルの家庭百科事典のオランダ語訳を蘭学者が江戸幕府の命で翻訳した百科事典．原著者はフランス人ノエル＝ショメルでその蘭訳本は数種あり，7冊本（1778年刊）が底本．写本名には別に医事の抜粋『厚生新編医事攬要』や『生計纂要』『ショメール和解抜書』などがある．文化8年（1811）に幕府天文方勤務の馬場貞由（佐十郎）の江戸引留め策として，高橋景保の建議で蘭書翻訳にあたる蛮書和解御用がおかれ，外交文書翻訳以外は主にショメルの翻訳をした．阿蘭陀通詞馬場貞由が任命され，さらに大槻玄沢・宇田川玄真・大槻玄幹・宇田川榕庵・小関三英・湊長安・杉田立卿・青地林宗・大槻玄東・杉田成卿・箕作阮甫・竹内玄同らが藩医のまま登用され，家業の合間に項目を翻訳し，協議を行い仕事を進めた．これは弘化2年（1845）ころまで継続し，135冊以上（分冊で200冊余）になった．原書から実用本位で生活に必要な項目が分類別に選択され，天文地学・理化学・鉱物・産業技芸があり，特に植物・動物・医療・薬品は項目が多い．なお葡萄酒・銅版画・洋紙の製法，エレキテルなども選択されて蘭学の実用的性格をよく現わしている．仮名交り文で要領よく述べられており，訳者の注には和漢書の引用もあり，当時の実情もみえる．一般の利用厚生に役立たせる目的にふさわしいものであ

ったが，当時は刊行されずに官庫の秘書とされた．しかし，伊達・島津・井伊家その他に写本が伝わり，医学教育・産業開発・蘭学研究に利用された．翻訳にあたった蘭学者は共同研究により，語学・西洋知識を増強させ，訳語は各自の著述を通じて影響をし，蘭学の発達普及となり，幕末には蛮書和解御用は蕃書調所に発展した．本書は蘭学が公学になるはじめとなり，質量ともに明治時代以前における最大の翻訳である．昭和12年(1937)に葵文庫(静岡県立中央図書館)蔵の幕府伝来本の活字本が，また同53年に続稿を加えた稿本覆刻本が刊行された．

参考文献 貞松修蔵『厚生新編』解説(『厚生新編』活字本付載)，石山洋『厚生新編』解題(『厚生新編』稿本覆刻本別巻付載)，板沢武雄「厚生新編訳述考」(『日蘭文化交渉史の研究』所収)，朝倉治彦・石山洋「厚生新編訳述考続貂」(『上野図書館紀要』1)
(向井　晃)

032 **高泉性激** こうせんしょうげき 1633～95 山城宇治の黄檗山万福寺第5代住持．性敦とも書く．中国福建省福州府福清県東閣の林氏の第5子として，崇禎6年(1633)10月8日誕生．父の名は茂高，母は趙氏．13歳で出家し，29歳で隠元の法嗣慧門如沛に嗣法．寛文元年(1661)渡来して隠元に近侍し，奥州二本松の甘露山法雲院，加賀金沢の明法山献珠寺，摂津麻田の摩耶山仏日寺に進み，黄檗山内に塔頭法苑院，山城伏見大亀谷に天王山仏国寺を建てて住した．元禄5年(1692)正月黄檗山第5代の法席を継ぎ，同8年10月16日63歳で住山中に寂し，仏国寺に葬られた．大円広慧国師・仏智常照国師と諡(おくりな)される．文章に巧みで「文高泉」と称され，書は董其昌に類するといわれた．語録のほかに『扶桑禅林僧宝伝』『洗雲集』など百余巻の著書・詩文集類を残している．嗣法の門人10余人，その法系は黄檗宗内で仏国派と称されている．

参考文献 雲宗元章『黄檗第五代高泉和尚行実』，道祐『大円広慧国師紀年録』，久保田収「近世における二人の僧伝史家―卍元師蛮と高泉性激―」(『歴史教育』2ノ11)
(平久保　章)

033 **好太王** こうたい ⇒広開土王(こうかいどおう)

034 **好太王碑** こうたいひ ⇒広開土王碑(こうかいどおうひ)

035 **光太夫** こうだゆう ⇒大黒屋光太夫(だいこくやこうだゆう)

036 **興儔** こうちゅう ⇒心越興儔(しんえつこうちゅう)

037 **江南軍** こうなんぐん 弘安4年(至元18，1281)の蒙古合戦(弘安の役)の折，日本に遠征してきた南宋人を中心とする元側の軍隊．元は文永初度の遠征に失敗したあと征収日本行中書省を設けて日本遠征の方略を定めた．弘安4年5月，モンゴル人・漢人・高麗人からなる東路軍4万が高麗の合浦から進撃を開始した．一方，元に降伏した南宋軍を中心とする江南軍およそ10万，戦艦3500艘は阿塔海(アタハイ)・范文虎を将として，寧波(ニンポー)や舟山島付近で装備を整え，同年6月中旬ごろから順次発船していった．7月に平戸島や五島列島に達し，続いて平戸島付近で東路軍と合体し，一挙に博多湾に進入すべく鷹島付近に集結していたが，閏7月1日，颱風にあい，壊滅的な惨状で敗退した．→文永・弘安の役(ぶんえい・こうあんのえき)

参考文献 池内宏『元寇の新研究』，相田二郎『蒙古襲来の研究 増補版』，太田弘毅『蒙古襲来』
(川添　昭二)

038 **弘仁・貞観文化** こうにん・じょうがんぶんか 弘仁(810～24)は嵯峨朝の，貞観(859～77)は清和朝の年号であるが，文化史上の時代区画としては，平安時代前期(9世紀)を汎称するものとして用いられる．この時期の宮廷を中心に，貴族や官人の間に培われた文化が開花したもので，のちの国風文化に対して，唐風文化と呼ばれてもよく，王朝文化の一典型を形づくるものである．

学問や教育の分野では，和気氏の弘文院，藤原氏の勧学院，橘氏の学館院，王氏の奨学院などの大学別曹の設置，明経・紀伝(文章)・明法・算など諸道充実の事実が挙げられ，空海の綜芸種智院のごとき儒・道・仏三教の教授を目指す独自の私学もあらわれた．弘仁以来，春秋二季の釈奠の翌日，大学の博士や学生を殿中に延き，前日所講の経書について論義させることが行事として定着し(釈奠内論義)，「明経の碩儒」といわれ公羊家として知られた善道真貞をはじめ，羽咋吉足・御船氏主・善友穎主・大春日雄継・菅野(御船)佐世・善淵永貞・同愛成らの博士が輩出，ほかに『春秋』三伝に精しかった苅田種継，「礼聖」といわれ「儒素」を称せられた滋善宗人，『春秋』の名家で兼ねて『毛詩』『周易』をよくした山口西成，音博士清内雄行，「専ら経業に精しく，頗る詞華を閑ふ」といわれた紀(苅田)安雄らの名が知られている．文章道の隆盛は，この時期の大きな特色で，漢詩集『凌雲集』(弘仁5年か)，『文華秀麗集』(同9年か)，『経国集』(天長4年(827))など，いわゆる勅撰三集や類書『秘府略』(同8年)の撰進がそこに1つの時期を画し，菅原清公・小野岑守・仲雄王・滋野貞主らが与って大きな力があっ

た．さらに仁明朝(833～50)には元稹・白居易の詩文が舶載されて，この風潮を昂め，「詩家の宗匠」といわれた小野篁，「在朝の通儒」といわれた春澄善縄や大江音人，「藻思華贍」を称せられた菅原是善らがあらわれ，ついで島田忠臣・都良香・橘広相・菅原道真らの人々によって受け継がれることになる．一方，文章道の隆盛に伴い，老荘の思想に対する理解が深められてくる一面の事実があり，仁明朝における春澄善縄の『荘子』進講はその著しい例であるが，ほかにも滋野安成のごとき，すでに一種の専門家として遇せられる人があらわれている．また，嵯峨天皇の皇子源明が，山田春城とともに「諸子百家」の閲覧に熱心であったと伝えられるのも，この風潮と無関係ではあるまい．明法家としては，天長年間『令義解』の撰進に際して，「律令の宗師」といわれた讃岐永直が，興原敏久・額田今足らの人々に伍してその名をあらわし，爾後，讃岐永成・御輔永道・伴(吉田)宗・粟鱒麻呂・宍人永継・桜井田部貞相・惟宗直宗・忌部濱継・凡春宗・惟宗直本らの博士が数えられるが，直本は『令集解』の撰者である．算博士としては，氷継麻呂・家原氏主・有宗益門・阿保(小槻)今雄・家原高郷らの名がみえ，さらに陰陽・医方などの分野においても注目すべき人材があらわれている．陰陽家としては，藤原並藤が「陰陽推歩の学を善くし，天文風星に明暁す」といわれ，承和年間(834～48)に陰陽請益として入唐した春苑玉成は『難義』1巻を請来して，陰陽寮の諸生に伝学し，博士に挙げられた．天安・貞観の交，暦博士大春日真野麻呂は「暦術独歩」といわれ，能く祖業を伝えて今に五世なりと特記され，滋岳川人は『世要動静経』『指掌宿曜経』『滋川新術遁甲書』『金匱新注』などの著者として知られる．医家には，早く『大同類聚方』の撰者の出雲広貞がおり，その子菅原峯嗣はまた『金蘭方』の撰者である．ほかに物部広泉・大神虎主・菅原梶成ら，名医が輩出した．

宗教界の事実としては，この時期の劈頭に，最澄・空海の2師による天台・真言2宗の開立があり，天台宗は，最澄の死後，延暦寺に大乗戒壇の建立を認められてから，山修山学を宗とする独自の教団経営が軌道に乗り，さらに円仁・円珍の入唐求法によって，密教(台密)の基礎も固められ，真言・止観兼修の道場としての叡山の存在が注目されるに至った．真言宗は，空海一代の間に，すべての条件が整えられたといってよく，叡山に対する高野というよりは，むしろ王城の地に東寺(教王護国寺)を給預されて，密教(東密)専門の道場とすることを認められたことの意義が大きかった．つづいて神護寺がまた空海に付属され，さらに嘉祥寺・安祥寺・禅林寺・貞観寺・大覚寺・仁和寺・醍醐寺と，空海の死後も，つぎつぎに真言密教の寺院が建立されてくる事実が注目される．その点，天台宗寺院の京都進出は，貞観年間に入って，遍照の元慶寺建立を待たなくてはならなかった．ひとしく密教全盛の時代が開かれたといっても，東密と台密との間にはおのずから微妙な相違があった．一方，一代一度の大仁王会や臨時の仁王会のほかに，毎年正月の御斎会・後七日御修法，季御読経(四季から春秋二季へ)，灌仏，仏名などの宮中年中行事が定着してくるのがこの時期で，御斎会や季御読経には，内論義が加えられてくる．また，天長年間には薬師寺の最勝会が創始され，興福寺の維摩会や宮中の御斎会とともに三会と呼ばれて，その講師を歴仕することが各宗学僧の登竜門とされるに至った．この学僧らの経典講説の間に，ヲコト点や片仮名が考案されてきたのがまたこの時期であったと考えられている．なお『法華経』の講説は，延暦年間(782～806)勤操や最澄によって，八講・十講などの形式が整えられ，ことに叡山の十一月会は，一山の中心的な行事として重要視されてきたが，宮廷での講説は，先帝の追善供養など特殊な場合に限られていた．しかし，円仁の帰朝以来，法華懺法や例時作法の勤行の形式が整えられ，またその示寂の翌貞観7年に始修された常行堂の不断念仏(山の念仏)とともに，のちの浄土教の興起を促す有力な要因になったことが注目される．神祇関係の事実としては，平安奠都に伴って，賀茂社の地位が向上し，嵯峨朝には斎内親王が立てられるに至ったこと，貞観年間には石清水八幡宮が勧請されて，神仏習合の新たな一歩が踏み出されたことが挙げられよう．

この時期の文章道の隆盛については上述したが，そこで「詩家の宗匠」と呼ばれた小野篁は，また藤原関雄(東山進士)や源常(いずれも『経国集』の作者)，在原行平(奨学院の創始者)らとともに，『古今和歌集』の作者として最も早い時期を代表する1人である．漢詩の流行に圧せられて，しばらくその影を潜めていたといわれる和歌が，ほかならぬ「詩家の宗匠」を中心に再生の日を迎えることになり，つづいて遍照や在原業平らが登場して，いわゆる六歌仙時代が開かれてくる．その間，篁の流謫，関雄の「閑退」，遍照(良峯宗貞)の出家，業平の流離というようなそれぞれに特殊な体験がこの和歌再生の背後にあり，また，そこに文屋康秀・喜撰・小野小町・大友黒主らの進出をみるに至った事実については，それとして別に考えられなくてはならぬ問題を含んでいると思うが，ともかくもそれによって，貞観期の文壇に一種の新風が吹き入れられたことは事実であり，都良香や菅原道真のような人たちにしても，その外に立つことはできなかった．道真の『新撰万葉集』の撰述(寛平5年(893))は，その意味でこの時期の掉尾を飾るにふさわしいものであったといえよう．なおまた，このころまでに，草仮名や平仮名の発達があったことが考えられている．

弘仁・貞観時代という称呼は，はじめは美術史上の時代区画として用いられてきたもので，そこでは特にいわゆる一木造(いちぼくづくり)の密教彫刻が念頭におかれていた．室生寺・教王護国寺・神護寺・観心寺などは，いわばその宝庫とみなされている．絵画においても，神護寺や子島寺の両界曼荼羅図にみられるように，密教の教理上の要求から制作されたものが代表的遺品とされるが，密教美術以外の分野では，この時期にはじめて，薬師寺の僧形八幡のような神像の制作がみられるようになったこと，絵画においても，百済河成・巨勢金岡のように，絵師として独自の名を遺す人々があらわれてくることが注目される．また，能書をもって伝えられる人は，空海・嵯峨天皇・橘逸勢ら，いわゆる三筆以外にも多数を数えるが，その間から草仮名や平仮名の発達が促されてきたことは間違いないであろう．その他，建築・工芸・能芸などの分野についてはここでは記さないが，いずれにしても，唐風文化の全盛を謳われるこの時期にあっても，底流にはすでに次の時代を予感させるような動きがあらわれ始めていたといえると思う．

[参考文献] 佐藤誠実『日本教育史』1(『東洋文庫』231)，久木幸男『大学寮と古代儒教』，家永三郎監修『日本仏教史』1，蓮実重康編『弘仁貞観時代の美術』(『日本美術史叢書』2)，小島憲之『国風暗黒時代の文学』，川崎庸之『平安の文化と歴史』(『川崎庸之歴史著作選集』3)　　　　(川崎　庸之)

039　高内弓 こうの ちゆみ　生没年不詳　奈良時代の渤海留学生．音声を学ぶ．天平宝字7年(763)渤海使王新福を送って渤海に赴いた日本の送使板持鎌束の船に，妻子3人・乳母とともに乗り込み，帰国の途についた．唐留学を終えて渤海に至り，帰国の便を待っていた僧戒融ならびに優婆塞も同船した．ところが途中暴風に遭い，異国の婦女と優婆塞が災いの原因と考えた鎌束は，水手に命じて妻子らを海に投げ込んでしまった．その後も漂流を続け，ようやく隠岐にたどりつくことができた．のち，鎌束は罪に処せられた．宝亀4年(773)来日した渤海使烏須弗が，渤海で音声を学んだ内雄が帰国して10年経つが安否について音沙汰がないので，このために渤海は壱満福らを遣わしたと述べている．「内雄」とは「内弓」のことかと思われる．「雄」の漢音に「キュウ」があり，奉使に際して内弓を内雄と改めたか．渤海への留学生の数少ない人物として注目される．なお内弓と一緒に帰国した戒融について，その帰国の安否を尋ねるため唐の勅使が渤海を経て新羅に至り，天平宝字8年7月，その意向を受けた新羅使が来日した．日本は無事帰国した由を回答している．→遣渤海使(けんぼっかいし)

[参考文献] 石井正敏『日本渤海関係史の研究』　　　　(石井　正敏)

040　河野通有 こうのみちあり　?～1311　鎌倉時代後期に活動した伊予河野氏正系の武将．通信の孫，通継の子．六郎，対馬守．伊予国久米郡石井郷(松山市)を領有し，同地の縦淵城を本拠とした．文永の役(文永11年(1274))ののち，元の再度の来襲が予想され，通有は鎌倉幕府の指示に従って出動し，九州の防備にあたった．弘安4年(1281)筑前国の海岸に迫った元軍は，堅固な石塁によって上陸を阻止された．通有は石塁を背にして，その前に陣をはったので，将卒はこれを「河野の後築地」とよんで彼の豪胆さに驚嘆した．ついで志賀島の戦いに，通有は元の大艦を奇襲し，敵将を捕えて戦果をあげたが，負傷療養のため帰郷した．徳治2年(1307)通有は幕府から西国および熊野浦の海賊追捕を命ぜられ，その鎮圧に努力した．応長元年(1311)7月14日没し，その遺骸は，彼が元寇戦没者の菩提のために建立した同国周布郡北条郷(愛媛県東予市)の長福寺に葬られた．法名は長福寺殿天心紹普大居士．通有は悲境にあった同氏の威信の回復に貢献した．→文永・弘安の役(ぶんえい・こうあんのえき)

[参考文献] 『八幡愚童訓』(『日本思想大系』10)，『予章記』(『伊予史談会双書』5)，景浦勉校訂『予陽河野家譜』，同編『善応寺文書』(『伊予史料集成』2)，『愛媛県編年史』2，池内宏『元寇の新研究』
(景浦　勉)

041　高表仁 こうひょうじん　生没年不詳　中国唐朝から倭国(日本)に派遣された最初の使節．『日本書紀』に舒明天皇2年(630)8月犬上三田耜(御田鍬)らを唐に遣わし，4年8月唐は高表仁を遣わして三田耜を送るとみえ，同10月難波津に至り盛大な出迎えを受けてから5年正月帰国するまで数十字の記事がある．唐側では『旧唐書』倭国伝以下，『通典』『唐会要』『冊府元亀』『資治通鑑』などに，『太宗実録』に原拠をもつと解される伝えを載せ，貞観5年(631)11月新州(嶺南)刺史高表仁を倭に遣わしたが，表仁に綏遠の才なく倭王(あるいは王子)と礼を争って朝命を宣べずに還ったという．当時，唐は高句麗との対抗上，倭と結びその背後を脅かそうと意図したが，倭はそれに応じなかったと見られる．隋の元勲高熲(こうけい)の三男で，隋の太子勇の娘大寧公主と結婚した表仁を遣倭使と同一人とみる説(岑仲勉『隋書求是』)は，目下確証を欠くが蓋然性は大きい．

[参考文献] 池田温「裴世清と高表仁」(『東アジアの文化交流史』所収)　　　　(池田　温)

042　洪武銭 こうぶせん　⇒洪武通宝(こうぶつうほう)

043　洪武通宝 こうぶつうほう　ふつう洪武銭と呼ぶ．明の太祖は即位の年洪武元年(1368)戸部および各行省に命じて洪武通宝を鋳造させ，その制は当10銭重さ1両(10匁)，以下5等あり，小銭は重さ1銭(匁)であった．鋳造料生銅は当十銭1000箇，当五銭2000箇についてそれぞれ

66斤6両5銭とし，当三銭3333箇，折二銭5000箇，小銭1万箇についてそれぞれ65斤9両2銭と定めたから，鋳造のとき耗用分としてそれぞれ前記の箇数で当十・当五両銭は生銅625銭，当三以下は492銭をあてたことになる．同23年小銭1箇に生銅1銭2分を使用させることとし，折二銭以上の大銭もこれに準じて鋳造料を増させた．同26年各省の鋳造をやめ，北京においてのみこれを継続させた．同8年大明宝鈔を発行してその通用を計り銅銭通用を制限し，同27年以後は禁止したが，かかる状況下に鋳銭も計画どおり実施されたかは疑問である．同26年の定制では北平および広西以下9省の炉座（鋳銭所）数計325座半，鋳銭歳額計31万1761貫600文となっている．成祖の永楽6年（応永15，1408）すなわち足利義満の没年に永楽通宝が鋳造される．義満の生前は遣明船が頻繁に渡航し，また明船も来航し，明皇帝の頒賜銭や官貿易給価の銅銭は当時の明の制銭すなわち洪武通宝小銭をもってなされたと見られる．明銭を含む国内各地の発掘銭において，明銭中では洪武通宝は永楽通宝につぎ多い．また大内氏や室町幕府の撰銭令によると悪質の国内私鋳の洪武通宝が行われていた．

（原寸大）

参考文献 小葉田淳「室町時代明銭輸入と国内銅銭流通事情」（『日本貨幣流通史』所収）

（小葉田 淳）

044 洪武帝 こうぶ 1328～98 1368～98在位．中国の明朝初代の皇帝．姓名は朱元璋．字（あざな）は国瑞．諡は高皇帝．廟号は太祖．一世一元の制を創始し，その年号から洪武帝という．平民出身から皇帝となり，モンゴル族の元朝を倒し漢人王朝を再興．帝は1328年濠州鐘離東郷（安徽省鳳陽県東北）の貧農の生れで，17歳の時，淮河一帯の大飢饉に父母兄を一時に亡くして同郷の皇覚寺に入門，托鉢僧となって地方を行脚遍歴した．25歳のとき一兵士として紅巾軍の将領郭子興の配下に身を投じ，たちまちその才略と抜群の功を認められて累進し，至正16年（1356）小明王韓林児の宋政権から呉国公に封ぜられた．ついで西と東の強豪陳友諒・張士誠らを相ついで倒し，江南の統一を達成するとともに，元朝打倒の北伐軍を派遣し，洪武元年（1368）正月，金陵（南京）で帝位につき，国号を明，元号を洪武と定めた．時に41歳．帝は内政の根本的な改革に留意し，同13年左丞相胡惟庸の反逆事件を機に，元朝以来の最高行政機関の中書省を廃して，その下の六部を独立させ，軍事の大都督府を五軍都督府に，監察の御史台を都察院に改め，また地方でも元代の行省を廃して，行政の承宣布政使司，軍事の都指揮使司，監察の提刑按察使司を分置させ，それぞれの長官を皇帝に直結し，君主独裁体制を確立した．新政権の軍隊として衛所制度を創設し，律令の改定にも着手して同30年『大明律』を完成した．さらに同14年に全国に里甲制を実施し，『賦役黄冊』『魚鱗図冊』を作成して財政的基礎を確立し，人民教化のために『六諭』を発布し，郷村に社学を設けた．対外的には，モンゴル制圧のために遼東・青海の経略を進め，また海外諸国を招撫する方針から，朝貢貿易のみを公認し，それ以外は私貿易として禁止した．さらに元末明初の沿海地での倭寇・海寇の活動防止のため，海禁政策を強行した．日本に対しては，倭寇の禁止と朝貢を促す使節を再度派遣したが，林賢事件の発覚により，同19年以後その通交を絶った．洪武31年没．71歳．

参考文献 『明史』太祖本紀，呉晗『朱元璋伝』，松本善海「洪武帝」（仁井田陞編『人物東洋史』所収），和田清「明の太祖と紅巾の賊」（『東洋学報』13ノ2），佐久間重男『日明関係史の研究』，山根幸夫「明太祖政権の確立期について」（『史論』13）

（佐久間重男）

045 神戸 こうべ 兵庫県の東南部に位置する市．大阪湾の西部北岸の港都で，県庁所在地．この地は古くから瀬戸内海交通の要地として栄えた港町で，旧湊川尻の川崎浜から和田岬に至る海岸は，平安時代には大輪田泊（おおわだのとまり）とよばれ，鎌倉時代以降はもっぱら兵庫津の名で知られた．この港は東南の風をまともに受け，難破する船が少なくなかったので，弘仁3年（812）以降，しばしば風波を防ぐ築堤工事が政府の手によって行われたが，あまり成果はあがらなかった．対宋貿易に大きな関心をよせた平清盛は，港の前面に島を築いて，その島影に船を停泊させる計画をたて，承安3年（1173）工事に着手した．築堤に使用する石の表面に一切経が書かれていたので，この島のことを経ヶ島とよび，また兵庫島ともいわれた．清盛が私財を傾けた画期的な工事も，数年後に破壊したため，政府は清盛の申請によって修築工事を開始した．この工事は清盛の死後，一時中断されたが，建久7年（1196）僧重源の奏請によって，再び続行された．室町時代になって足利義満が対明貿易を開始すると，兵庫津は遣明船の発着港として，一段と活況を呈した．中国から輸入される物資や各地からの商品が兵庫の港に集積され，問丸とよばれる商人たちが，それらの物資の保管と販売にたずさわった．しかし応仁・文明の大乱で戦火にまきこまれ，そのうえ遣明船が和泉の堺から出発することになったため，兵庫の繁栄は次第に失われた．江戸時代には，兵庫は尼崎藩の支配下に置かれていたが，

明和6年(1769)江戸幕府はこれを尼崎藩から取り上げて天領に編入した．江戸時代の兵庫は，瀬戸内海を航行する船にとって重要な寄港地であっただけでなく，山陽道の宿駅として本陣・問屋場などの設備が整えられ，参勤交代の西国諸大名は，陸路を利用するものも海路を利用するものも，兵庫に立ち寄ることになり，活気を取りもどした．ことに寛文10年(1670)ごろから西廻り航路が発達して，北国の物資が海路下関を迂回して直接大坂に輸送されるようになり，さらに松前航路の開拓によって，松前の物資が兵庫に運ばれるようになった．商業の発達に伴って問屋・仲買の数もふえ，天領になって間もなく株仲間の組織が認められ，彼らの扱う商品の量は次第に大坂を圧倒するような形勢すらあった．江戸幕府が兵庫を開港場として外国貿易に門戸を開いたのは，慶応3年12月7日(1868年1月1日)で，安政五箇国条約で決められた期日より5年後のことである．しかも，その開かれた港は従来の兵庫津ではなく，その東に接する川崎から旧生田川尻の小野浜に至る臨海地帯で，神戸・二ッ茶屋・走水の3ヵ村を含む地域であった．そしてここに外国人居留地が設定され，治外法権地区として，居留外国人の組織する行事局が，その管理にあたった．開港当時の神戸の人口はわずか2万3000人余りにすぎなかったが，その後貿易港として順調な発展を遂げ，明治22年(1889)4月に市制がしかれた．同32年に条約改正が実施されると，居留地もその年の7月日本に返還され，外国商社に代わって次第に日本人商社が立ちならぶようになった．市域は市制施行後，数次の町村合併によって，六甲山系の南麓の平地から，さらに北側の内陸部にまで拡がった．昭和31年9月政令指定都市となる．区制が実施されたのは昭和6年9月で，当初は8区であったが，同20年5月に6区に改編され，その後市域の拡張に伴って4区が増設され，さらに旧市域の2区を統合して現在9区が置かれている．平成7年(1995)1月，兵庫県南部地震で大被害があった(阪神・淡路大震災)．面積552.15km^2，人口150万2772人(平成19年3月31日現在)．

参考文献　『神戸市史』　　　　　　　(今井林太郎)

046　弘法大師　こうぼうだいし　⇨空海(くうかい)

047　弘法大師請来目録　こうぼうだいしょうらいもくろく　空海が唐から請来した法文・道具・曼荼羅などの目録．1巻．大同元年(806)唐から帰国した空海が，10月22日入京の遣唐判官高階遠成に付して上表文とともに朝廷に進献したもので，『進官録』ともいう．その内訳は，新訳などの経142部247巻，梵字真言讃など42部44巻，論疏章など32部170巻，仏菩薩金剛天などの像，法曼荼羅・三昧耶曼荼羅・伝法阿闍梨などの影10鋪，道具9種，阿闍梨(恵果)付嘱物13種と記されているが，新訳などの経142部の内，118部までが不空の訳経であることが注目される．また梵字・図像・道具の意義を明し，最後に顕教と密教との区別を説いて，上表文に「斯法は則ち諸仏の肝心，成仏の径路なり」(原漢文)といったことと対応させている．今日，教王護国寺(東寺)に蔵する『弘法大師請来目録』(国宝)は，実は最澄の筆写にかかるものであることが知られている．『弘法大師全集』1，『平安遺文』8などに所収．

参考文献　辻善之助『日本仏教史』1，石田尚豊『空海の起結』　　　　　　　(川崎　庸之)

048　公木　こうぼく　朝鮮李朝時代に税布として徴収した木綿で，通貨としての役割をも果たした．日本との交易の支払いにも公木がつかわれる場合があり，特に近世倭館での日朝公貿易では，品目ごとにあらかじめ定めた折価率でもってすべて公木で決済された．しかし公木をそのまま日本へ持ち込むことは必ずしも有利ではなかったので，倭館での別の輸入品の買付けにまわしたり，また公作米にかえて輸入したりするのが例であった．→公作米(こうさくまい)

参考文献　『増正交隣志』1(『奎章閣叢書』6)，『通航一覧』126〜128，『分類紀事大綱』24(国立国会図書館所蔵『宗家文書』)，中村栄孝「江戸時代の日鮮関係」(『日鮮関係史の研究』下所収)，長正統「倭館貿易の盛衰」(井上秀雄・長正統・秋定嘉和『セミナー日本と朝鮮の歴史』所収)　　(長　正統)

049　香木　こうぼく　香気を発散する木材は，いずれも香木といえるはずであるが，香道ではそれらの木材は認めていない．その匂いが鑑賞に価しないからである．香道でいう香木とは，沈(じん)に限られている．沈とは沈水香の略称で，これを水中に入れると沈むところから，この名が付けられたのである．沈は学名をアクイラリヤ＝アガローカ＝ロックス Aquilaria agallocha Roxb といい，沈香樹と訳され，東南アジアの熱帯地方に太古繁茂していたものがジャングルの内に埋もれ，樹脂が特定の部分に集まり凝結した物質で，芳香に富んでいる．凝結濃度の高いものほど，芳香は著しく粘り気も多い．この種のものを伽羅(きゃら)という．伽羅とはヒンズー語のアガル(重い・黒いという意味の言葉)が漢訳された時，阿迦嚧とか亜掲嚕・亜伽羅と書かれたので，その亜伽羅の亜が略されて伽羅となったのである．わが国では，推古天皇3年(595)ごろ沈水香が紹介されて以来，江戸時代末期に至るまで，宮中関係方面では沈または沈香と呼ばれているが，一方武家社会ならびに庶民の間では，鎌倉時代ごろから，伽羅または奇南香として紹介され，沈とは香木の総称名詞として使用されるようになり，沈の分類名詞として伽羅・羅国・真南蛮・真那伽が使用される．のちにさらに佐曾羅と寸聞多羅とを加え，これを六国列香と称し，香道で使用する香木は，この6種と定まるのが江戸時代のことで，今日に及んでいる．六国とはいずれも沈を

産する土地の名称であるから,「六品何れも沈水香なり」と『六国五味伝』にみえ,その国名が沈の質の良否の程度を示すものとされている.すなわち伽羅を最高とし,以下,羅国・真南蛮・真那伽・佐曾羅・寸聞多羅という順で質がおちる.ところでこの六国の聞(きき)を定めたのは,米川常白(常伯)であるが,後世における六国列香は,いずれも沈の品質名として聞くことは無理のようで,中世的沈の判断と沈外との間に混淆があるかに感じられる.1例をあげると,佐曾羅がある.『六国列香之弁』に「上品は炷出し伽羅にまがふ也」とあるのは,すでに佐曾羅が沈でないことを仄めかすものであり,沈が六国の総称名詞と考えられなくなった有様を物語ると同時に,沈は伽羅だけに用いられる名称と変じたことを示すものである.佐曾羅は白檀・赤梅檀とともに,白檀科Santalum album Linnに属する香樹で,沈のごとく埋め木ではなく,インドのマイゾール州には現にたくさん成育している.この植物は形態学上からも特殊な根半寄生植物で,根に吸盤ができて,それをほかの植物の根に吸着させて,栄養を摂取する吸根性植物である.日本では古くから薫物(たきもの)調製の資料として,沈とともに重要視されているが,沈ではないのである.佐曾羅や寸聞多羅が沈とともに聞香(ききこう)の分野に加わり,いわゆる六国列香の概念が生まれると,聞香の分野はこの2種の香木(沈と白檀)によって構成され,沈一木の香気を鑑賞する古来の習慣が失われ,それとともに遊戯的要素を持つ組香の鑑賞に移行するのである.

参考文献 早川甚三『香道』,三条西公正『香道』,北小路功光『香道への招待』,平泉貞吉「インドーマイゾールのびゃくだん(サンダル)」(『香料』101),山田憲太郎『日本香料史』,同『東亜香料史研究』

(三条西公正)

050 誥命 ごう 中国の明・清時代に,王の封建や官吏の任命にあたって発給した辞令のうち,五品官以上に与えるもの.はじめに昇り降りの竜をあしらった「奉天誥命」の篆字,末に織造年月日の篆字を織り出し,地色は五行の色を青赤黄白黒の相生の順にし,上に文官一品は雲鶴,二品は獅子,三・四品は瑞荷,五品は瑞草というように文様を織り出した錦地を,一品は玉,二品は犀,三・四品は金,五品は角の軸をつけて巻物に裱装し,誥文を墨書きする.発給年月日の上に「制誥之宝」の印を押し,身分に応じて一定の文字の符号と通番とを台帳との間に割字し,「広運之宝」の印で割印をする.妻が夫の官品に応じた位を授けられる時は,夫と同じ誥命の中に記される.六品官以下は勅命といい,白綾に織文は「奉天勅命」「勅命之宝」の印を用いる.わが国に遺存する明の誥命では豊臣秀吉を日本国王に封ずるもの(大阪市立博物館蔵,重要文化財)が好例で,文官一品の形式である.清は多く明制によったが,誥文を満漢両様で書くため,軸を右にし,左開きで左から満文,右から漢文を書き,両文の末尾が中央で合う形になっている.

参考文献 大庭脩「豊臣秀吉を日本国王に封ずる誥命について—我が国に現存する明代の誥勅—」(『古代中世における日中関係史の研究』所収)

(大庭 脩)

051 紅毛 こうもう 明代中国人がオランダ人を指して呼んだ紅毛番(『東西洋考』)・紅毛夷(『野獲編』)の略称.彼らの毛髪・鬚が赤いところから由来する.イギリス人を呼称する語にも用いられたことがある.日本でもこれが援用され,ポルトガル・イスパニヤを南蛮と呼称したのに対し,主として紅毛は阿蘭陀・和蘭・荷蘭などとともにオランダを指す語として併用した.イギリスをも呼んだがこれはきわめて少ない.

参考文献 張維華『明史仏郎機呂宋和蘭意大里亜四伝注釈』(『中国史学叢書』続編22),西川如見『増補華夷通商考』(『岩波文庫』),新井白石『采覧異言』(『新井白石全集』4)

(箭内健次)

052 紅毛画 こうもうが ⇒オランダ絵
053 紅毛船 こうもうせん ⇒オランダ船
054 紅毛談 こうもうだん ⇒オランダばなし
055 高野大師 こうやだいし ⇒空海(くうかい)
056 高麗 こうらい 朝鮮の王朝(918〜1392年).英語のコリアKoreaは高麗Ko-ryŏから生まれた.

〔政治・外交〕新羅末期の動乱期に,松岳郡(開城)の豪族王建(高麗太祖)は泰封王弓裔の部将となって活動し,やがて弓裔を倒して王となり,国号を高麗,年号を天授とし,都を松岳(開城)においた(918年).高麗という国号は高句麗の後継者を意味する.当時,西南部には後百済,東南部には新羅があり,また全土に無数の豪族が割拠していた.高麗はそれらの豪族を征服・懐柔して勢力をひろげ,平和的に新羅を併合し(935年),つづいて後百済を打ち滅ぼし(936年),朝鮮内部を統一した.そのころ「満洲」では高句麗の遺民がつくった渤海が契丹に滅ぼされ(926年),その支配者層が多く高麗に投来した.これまで朝鮮の歴史は半島内の新羅と北方の渤海とに分かれていたが,渤海の滅亡,その支配者層の高麗への投入によって,はじめて一体化されることになった.北方領土は失われたが,ここに朝鮮史上はじめての統一国家が出現した.しかし国内の豪族は帰服したとはいえ独自の武力と経済力をもち半独立の状態にあった.かれらの統御が新王朝の重要問題であった.太祖王建は,かれらに官爵・賞物をやり,また王氏の姓を与え,20余豪族と婚姻を結ぶなどして,かれらとの連合をはかった.一方,かれらは太祖に貢物をだし宿衛・助戦の兵を送って自己の力を温存した.初期の高麗王朝は高麗王室を中核とする豪族連合政権であった.太祖の生存中は豪族の対立

は表面化しなかったが，その死(943年)とともに抗争がおこり，以後約40年間，内乱状態が続いた．そのあとをうけた成宗(981～97年)は儒者を登用して中央官制・地方制度・軍制・教育制度・田制などを改革し，豪族の力を抑え，かれらを官僚に吸収するにつとめた．以後，約100年にわたって同様の努力が続けられ，文宗(1046～83年)の時代になって官僚国家体制が完成した．かつての豪族にかわって国家から土地と禄を支給される官僚が中央・地方の権力をにぎり，豪族は地方行政の末端事務をつかさどる郷吏になった．このように王朝が発展し安定するにつれて，官僚上層部は貴族化し，家系や姻戚関係で立身出世するようになった．王室と通婚するのが最高の目標となり，外戚が権力をふるった．顕宗・徳宗・靖宗・文宗の4代約50年間にわたって栄えた安山の金氏，文宗・順宗・宣宗・献宗・粛宗・睿宗・仁宗の7代約80年間続いた慶源の李氏は，その代表的存在であった．かれら貴族は王城で豪華な生活をするかたわら，一族・親戚を集めて族党をつくり，自党の栄達と他派の排斥につとめた．はなやかな貴族生活には陰惨な抗争がつきまとい，李資謙の乱(1126年)や妙清の乱(1135～36年)などがおこった．貴族政治のもとで武臣は冷遇された．その指揮下の兵士も雑役に使用され，本来支給されるべき軍人田も実際には与えられず，かれらの不満は高まっていた．また一般農民も重い租税・貢賦・力役の負担にあえいでいた．こういうなかで上将軍鄭仲夫らはクーデターをおこして多数の文臣を殺し，国王毅宗を廃して明宗を立て，一挙に貴族政権を打ち倒した(1170年，庚寅の乱)．その後，中央では武臣のなかで政権の争奪が続き，地方では旧政権支持者の反抗があり，また全土にわたって農民・奴婢・賤民などの大叛乱がわきあがったが，やがて崔忠献の登場によって動乱はおさまり，強力な武人政権が現われた．崔氏は忠献・瑀(う，怡(い))・沆(こう)・竩(ぎ)と4代約60年(1196～1258年)にわたり，強大な家兵と広大な荘園・食邑を地盤にして政権をにぎった．王朝から独立した政権をたて得なかった点で不徹底さはあるが，このような武人政権の長期にわたる存在は，朝鮮史上で稀有のことである．しかし武人政権はより以上の発展をみずに倒れた．それは強大な外圧がおしよせたからである．元来，高麗が存続した10～14世紀は北方民族が活躍した時代である．まず契丹(遼)，続いて女真(金)，さらにモンゴル(元)が相ついで擡頭し，中国その他の東アジア諸国に侵入したが，高麗もたえず北方民族の侵寇に苦しめられた．なかでもモンゴルの侵略はおそるべき災害をもたらした．1231年から約30年間，ほぼ連年のように侵入し全土を荒らした．崔氏政権は都を江華島に移し徹底抗戦を国民によびかけ，民衆は方々で抵抗した．しかしモンゴルの侵入はいつ終るとも知れなかったので，政府内部に厭戦気分がおこり，崔氏はクーデターによって倒された(1258年)．以後，高麗王室は蒙古との和親につとめ，蒙古の力を背景にして権力をとりもどした．これに対して民衆のなかに不満があったが，モンゴルおよび高麗政府の二重の力で鎮圧された．モンゴルの武力的侵入はやんだが，モンゴルは高麗の内政に干渉し，領土の一部を奪い，貢物をとった．特に2回にわたる日本遠征には高麗に莫大な負担をおわせた(1274年・81年)．元の圧迫が続いているときに，14世紀以降，倭寇がおしよせ人や物をさらい，また2度にわたって中国から紅巾の賊が侵入した(1359年・61年)．このように外患で苦しんでいるときに，官僚上層部は元の権威を笠にきて荘園を拡大し，農民・奴婢をとりこんだ．そのため国家の財政は窮迫し，官僚への土地や禄の支給も困難となり，官僚のなかに分化・対立をよびおこした．そこに現われたのが士大夫である．かれらは地方の中小地主層の出身で，儒学を身につけ科挙を経て官僚となり，上層官僚の不法を攻撃した．そのころ大陸では元の力が衰え，明が成立した(1368年)．広大な荘園をもつ権門勢家は元を支持し，士大夫層は明を支持した．内政・外交をめぐって政界の対立が激化するなかに李成桂が登場した．かれは倭寇をうって武名をあげ，政府の親元政策に反対し，ついにクーデターによって親元派を追放し(1388年)，続いて田制改革を断行し(1390年)，荘園を没収して官僚・軍士に分配した．その2年後，かれは王位についた．高麗は34代374年で滅んだ．

〔社会経済〕高麗時代は身分制度が厳重であった．最高身分は王族で，官職にもつかず宮殿にすみ広大な土地をもった．その次には文武官僚(両班)が上位を占め，両班のなかでは文班が優位で，戦争の際の最高司令官には文臣が任命された．文武両班には地位に応じて土地(田柴科という)と禄が支給された．文臣は科挙によって採用されたが，高級官僚の子孫は蔭叙によって官僚になれた．一般民衆は良と賤に区別された．良民の大部分は農民であり，科挙によって官僚になる道が開かれてはいたが，現実には学習の余裕がなく不可能であった．良民の居住地域は州・府・郡・県などと称され，概して同族が集居した．かれらは耕す土地について収穫の4分の1にあたる租を国家に納め，そのほかに地方産物を貢賦としてだし，また雑多な力役に徴発された．貢賦は現物で納めたが，その製造・調達は集団労働によったので，実質的には力役であった．かれらにとって国家にだす力役が最大の負担であった．そのため戸は人丁の多少を基準にして9等に分かれ，その等級に応じて力役を負担した．賤民のなかの最下級のものは奴婢であった．奴婢は公奴婢と私奴婢に分かれ，前者は中央・地方の官庁に，後者は私人に属した．かれらは各種の労働・雑用に使役され，また売買・

贈与・典当・相続の対象とされた．当時，財産の主要形態は土地でなく奴婢であり，その相続にあたっては男子・女子が均等に分割した．奴婢と良民との結婚は不当とされ，父母の一方が賤であれば子は賤となった．奴婢の解放は本人1代に限られ，子孫は奴婢にもどされた．奴婢の数・比重はわからないが，相当多数いたらしい．奴婢と良民との中間に，準賤民がいた．郷・部曲・所・津・駅・荘・処などの人間である．郷以下のものは州・府・郡・県の下部に属する行政区画であるが，その居住者は郡県民とは区別され賤民に近い待遇をうけた．かれらは刑罰が良民より重く，国学への入学は禁止され，良民との通婚も不当とされた．これら準賤民は良民に劣らず莫大な数にのぼったらしい．かれらには特殊の負担が課された．所の人間は金・銀・銅・糸・紙・陶磁器・かわら・茶・果物などを王室・官庁に納めた．荘・処は王室直属の荘園であった．津・駅は交通上の要点に置かれた．郷・部曲の負担の実態はよくわからない．良民・奴婢・準賤民たちは武人政権の成立の時期に，支配体制の混乱に乗じて蜂起した．それは参加者の幅が広く，数十年の長期にわたり，また地域が全土にわたる点で，朝鮮史上，類の少ない大反乱であった．結局は崔氏の武力で鎮圧されたが，この蜂起は身分解放に役立った．武人政権の時代には，従来みられなかった賤民の立身者があらわれ，また所などの郡県への昇格も行われた．同時に，武人政権の成立したころから荘園の拡大が顕著になった．都に住む官僚上層部は権力を利用して，あるいは国王から賜牌をもらって土地を兼併し，周辺の農民を佃戸にとりこみ，自己の奴婢や佃戸に耕作させて収穫物をとった．この種の荘園には巨大なものがあったが，王朝権力に依存する地主であったために，政局の変動によって荘園支配も変動し，土地所有は不安定であった．他方，地方では奴婢や佃戸を使って直接に土地を経営する地主が成長した．その規模は前者より小さかったが，在地性がより強い地主であった．高麗後期には，かれらのなかから士大夫が現われ政局を動かすようになった．高麗滅亡の直前に，かれらの力で土地改革が断行され，科田法という土地法が公布された．これにより巨大な荘園は没収されて官僚・軍士に分配されたが，同時に官僚地主と佃戸の関係も規制された．租額の公定と佃戸の土地の侵奪の禁止により佃戸の地位を保証すると同時に，佃戸の土地からの離脱を禁じ佃戸を土地に緊縛した．この科田法は李氏朝鮮にうけつがれ，その初期の土地関係を規律した．

〔文化〕高麗時代は仏教の極盛期であった．太祖は遺訓のなかで仏教の尊崇を強調したが，歴代の国王は仏教に帰依し，首都はじめ各地に多くの寺院をたて，寺田・寺奴婢その他の財宝を寄進した．王族・貴族はじめ民衆の出家も盛んで，僧侶の数は十数万にのぼった．第8代顕宗から第11代文宗にわたる時代に，数十年を費やして大蔵経(高麗板大蔵経)が刻板され，それはモンゴルの侵入によって焼失したが，モンゴル侵略下で外敵撃退を祈って再び大蔵経が雕造された．それは現在も慶尚道の海印寺に保存され，世界仏教文化の貴重な史料になっている．法会や仏教行事も国家の奨励で盛んに行われたが，特に燃燈会(1月15日)と八関会(11月15日)が盛大であった．大覚国師義天(1055～1101年)・普照国師知訥(1157～1210年)・懶翁恵勤(1320～76年)・太古普愚(1301～82年)などの名僧が出た．しかし高麗末期には寺院・僧侶の俗的勢力と迷信的態度に対する批判が儒者の側から出て，仏教は精神面での指導力を失った．仏教とならんで風水地理説が盛んであった．これは人体の血脈と同様に土地に地脈があるとみなし，地相を選んで住宅・墓・寺院をたて凶をはらい福をまねくという思想で，ひろく上下に信仰された．また山川・天象への信仰，シャーマニズムも盛んであった．一方，儒教は国家の礼教として尊重され官僚の学習が盛んであった．経書の宋からの輸入，その覆刻も盛んであった．はじめは儒教は仏教と共存し，両者に兼通する人が多かったが，高麗末期に元から朱子学が伝来し，新進士大夫層にうけいれられてからは，朱子学を身につけた学者・官僚は仏教を強く排撃するようになった．儒学の発展とともに史書が盛んに編纂された．歴代の王の実録がつくられ，また各種の史籍が編纂されたが，その大部分は散佚し，現存するのは『三国史記』『三国遺事』『帝王韻記』などにすぎない．こういう学術の発展は印刷技術の発展を促し，木版印刷のほかに，13世紀には金属活字による印刷が始まった．最古の活字本『古今詳定礼文』(1234年)は失われて現存しないが，『直指心経』(1377年)が残っている．高麗の金属活字印刷は世界で最初のものである．美術・工芸では，仏教の盛行に伴い多くの寺院・仏塔・仏像・仏画・鐘がつくられ，また螺鈿や象嵌金属器も発達したが，当時の美術・工芸を代表するのは青磁である．高麗青磁は宋磁の影響をうけて始まったが，やがて独自の一層すぐれたものとなった．瓶・壺・皿・硯滴・筆筒・香炉など多様な器具がつくられたが，その翡翠を思わせる色，動植物をかたどった可憐で気品のある形状，陽刻・陰刻・象嵌でつくりだした鳥や花などの美しい紋様は，静寂で繊細な美をかもしだしている．

〔日本との関係〕高麗は朝鮮統一の直後に日本に国書を送って修交を求め(937年(承平7))，刀伊の賊の侵入の際には女真人に虜掠された日本人を奪回して日本に送還し(1019年(寛仁3))，また国王文宗が難病にかかったときには日本に医者の派遣を求める(1080年(承暦4))など友好的政策をとったが，日本政府は高麗との修交を拒んだ．しかし対馬・壱岐や薩摩・筑前・大宰府などの使者あるいは商人は11世紀中期から12世

紀中期にかけて，しばしば高麗にでかけて交易し，また高麗の漂流民を送還し，積極的に交渉にあたった．かれらは方物として螺鈿・蒔絵の鞍，刀・鏡匣・櫛箱・硯箱・書案，画屏風・扇・香炉・水銀・硫黄・螺甲・真珠などを高麗国王に献納し，高麗は回賜を与えた．このような日本商人の活潑な渡航に反して，高麗商人の日本への渡来はほとんどみられない．12世紀の後半以降，日本船の渡航は少なくなるが，しかし交易は絶えなかった．13世紀には日本の貿易船を高麗では進奉船とよび，1年に1回・船2艘を限度とするという規定を設けていた．貿易が不振となる反面，13世紀20年代以降，倭寇が朝鮮の南海岸を襲いだした．まだ小規模なものであったが，高麗は抗議の使者を日本にだし禁圧を求めた(1259年(正元元)・1264年(文永元))．そのころ高麗はモンゴルの大侵略をうけ，ついにモンゴルに屈服した．モンゴルは高麗を介して日本へ招諭の使者を送り(1267・68年・69年・70年・72年)，さらに日本が屈しないのをみて高麗を基地にして日本へ遠征しようとした．そのとき三別抄という軍隊が反乱をおこし，南部一帯の農民をまきこんで元および元に屈服した高麗政府に反抗し(1270～73年)，元の遠征計画を頓挫させた．しかし三別抄の乱を鎮圧したのち，元は高麗に兵船900隻・兵士6000名・水夫6700名と武器・食料を負担させて日本に遠征した(文永の役)．これは失敗に終ったが，元は再征計画をたて，まず高麗を介して日本へ宣諭使を送り(1275年(建治元))，続いて高麗に兵船・武器の製造を命じた(同年)．この再征計画は，宋への征服戦争の進展，旧宋軍の再編・動員のために予定が変更されたが，やがて高麗と中国(江南)の両地から日本へ遠征軍が出発した(1281年(弘安4)，弘安の役)．このとき高麗は兵船900隻・水夫1万5000名・正軍1万名・食料11万石を負担した．この第2回遠征も失敗に終り，高麗の兵士・水夫の約3分の1はもどって来なかった．その後も元は日本遠征をあきらめず，実行はできなかったものの世祖フビライが死ぬまで(1294年)，何度も遠征計画をたて，そのたびに高麗に戦争準備を命令してきた．元の強圧下におかれた高麗は，それを拒みようがなかった．元寇の前夜の数十年にわたる高麗の抗戦，第1回出征を阻止した三別抄の反乱，その後の高麗の苦難などは当時の日本にはわからなかった．鎌倉幕府は元の侵入を先導するものとみなし，高麗への出兵計画をたて，敵愾心をもやした．しかし，そのなかでも日本商船は高麗に渡航し(1286年・1292年(正応5))，細々ながら交易が行われた．その間，日本人海賊の襲撃もなく，険悪な事件はおこらなかった．ところが，14世紀中期以降，倭寇の活動が激しくなる．1350年(観応元)2月に固城・竹林・巨済を襲撃したのを手はじめとし，以後，高麗の滅亡に至るまで，ほぼ連年襲った．はじめは南部海岸地帯であったが，やがて西海岸を北上して京畿・黄海さらに平安道南部の海岸を荒らし，のちには東海岸の江原道から咸鏡道南部の海岸まで襲った．首都開城もおびやかされ，何度も戒厳令が発せられた．倭寇がねらったのは第1に穀物で，各地の穀物倉庫およびその輸送船を襲い，また人間をさらい，種々の物資も掠奪した．高麗は防衛につとめる一方，日本に使者を送り海寇の禁遏を求めた(1366年(貞治5))．将軍足利義詮はかれらを引見し，帰国にあたっては天竜寺の僧を派遣し(1368年(応安元))，修交を試みたが，倭寇をとめる力はなかった．その後，倭寇の跳梁は一段とひどくなった．海岸だけでなく河川をさかのぼって深く奥地に侵入し，しばしば首都の近傍を襲い，そのため高麗では遷都が論議されたほどであった．高麗は軍備をかため火薬を使用して倭寇を防ぐ一方，何度も使者を日本へ送り倭寇の制止を求めた(1375年(永和元)・77年・78年・79年(康暦元))．室町幕府や九州探題今川了俊・大内義弘らは高麗の使者を厚待し，また使者を高麗に送り，物を贈ったり高麗人捕虜を送還したりするなどして高麗との修交に努力したが，倭寇を制止する力はなかった．高麗は防衛体制を固める一方，倭寇の根拠地であった対馬を攻撃し，倭船300隻を焼いた(1389年(康応元))．その後も倭寇は続いたが，高麗側の反撃にあって活動はおとろえた．

参考文献 『高麗史』，『高麗史節要』，成均館大学校大東文化研究院編『高麗名賢集』，日本史料集成編纂会編『中国・朝鮮の史籍における日本史料集成』三国高麗之部，武田幸男編著『高麗史日本伝』(『岩波文庫』) (旗田 巍)

057 高麗史 こうらいし 朝鮮の高麗王朝一代のことを記した紀伝体の史書．李氏朝鮮の文宗元年(1451)鄭麟趾ら撰進．世家46巻・志39巻・年表2巻・列伝50巻・目録2巻，計139巻．世家は歴代国王の事績であるが，本紀といわずに世家としたのは，『史記』の形式に従い朝鮮国王を諸侯の地位においたためである．王のうち第32代辛禑・第33代辛昌は，偽姓とみられて世家から除かれ，列伝にいれられている．志は天文・暦・五行・地理・礼・楽・輿服・選挙・百官・食貨・兵・刑法の12部門に分かれる．当時全盛をきわめた仏教が志に含まれていないが，それは本書編纂当時の崇儒排仏政策のためである．列伝は一般の官僚・名士の伝記を記すほかに，后妃・宗室・公主・良吏・忠義・孝友・烈女・方技・宦者・酷吏・嬖幸・姦臣・叛逆の項目をたてており，最後に辛禑・辛昌2王の事績を付記している．はじめ李朝太祖のときに編年体の『高麗史』37巻がつくられたが，太宗は儒臣に命じて訂修させ，さらに世宗は史局を設けて何度も改修させ，それが文宗元年に完成し，端宗2年(1454)に刊行された．本書の編纂にあたって高麗国王歴代の実録をはじめ多くの公私文書・書籍が

参照されたが，その大部分は散佚して現存しないので，現在では本書が高麗時代の歴史を伝える最も基本的史料である．本書は早くから，おそらく室町時代に日本に伝来した．それは大内本とよばれ，毛利家に蔵されていたが，やがて山口県人近藤清石の手にうつり，明治41(1908)～42年，国書刊行会によって活字印刷され（全3冊），普及するに至った．朝鮮民主主義人民共和国は，この国書刊行会本を底本にして旧版本と対校し活字本をだし(1957～58年)，また朝鮮語訳本を刊行した．他方，大韓民国の延禧大学校東方学研究所は崔漢綺の手沢本を底本にしソウル大学校中央図書館所蔵の木版本で補充し影印縮刷本を刊行し(55年)，また索引も刊行した(61年)．1972年には韓国の亜細亜文化社より高麗成宗代の乙亥字印本の影印縮刷本（底本の欠落部分は同系の木版本で補充）が刊行された．

参考文献　今西竜「朝鮮書籍解題」(『高麗及李朝史研究』所収)，中村栄孝「高麗史節要の印刷と伝存」(『日鮮関係史の研究』下所収)，石井正敏「徳川光圀と『高麗史』」(『茨城県史研究』60)，武田幸男編訳『高麗史日本伝』(『岩波文庫』)

(旗田　巍)

058　高麗史節要　こうらいしせつよう　高麗王朝の編年史．李氏朝鮮の春秋館の編纂．35巻．文宗2年(1452)完成．『高麗史』と同時代に独自に編纂されたもので，『高麗史』の要約ではない．『高麗史』が紀伝体であるのに対して本書は編年史であり，内容は『高麗史』にくらべると簡略であるが，それにない材料を多分に含んでいる．『高麗史』とともに高麗時代の歴史を知る上での基本史料である．昭和7年(1932)，朝鮮史編修会は奎章閣本を『朝鮮史料叢刊』の第1として影印出版し，同13年，その欠落部分(巻5・6・18の3巻と，箋・凡例・修史官・目録)を『高麗史節要補刊』(『朝鮮史料叢刊』18)として影印出版した．その後，大韓民国の古典刊行会が影印縮刷本をだし(1960年)，つづいてわが国の学習院大学東洋文化研究所は蓬左文庫所蔵の完本（重要文化財）の影印縮刷本を刊行した(昭和35年)．

参考文献　中村栄孝「高麗史節要の印刷と伝存」(『日鮮関係史の研究』下所収)

(旗田　巍)

059　高麗青磁　こうらいせいじ　⇒青磁(せいじ)

060　高麗茶碗　こうらいちゃわん　茶の湯に用いる茶碗のうち朝鮮半島で焼造された茶碗の日本における総称．高麗茶碗の名称は高麗時代の茶碗という意味ではなく，日本において朝鮮を高麗と呼んでいたために起った呼称である．実際に高麗時代に焼かれた茶碗はごく少なく，李朝時代前期から中期にかけて焼かれたものがほとんどである．高麗茶碗という称が主要な茶会記にあらわれるのは天文6年(1537)で，『松屋会記』に「高ライ茶碗」と記されている．侘茶の深まった天正年間(1573～92)に入ると高麗茶碗の使用頻度は急速に増大し，使用の増大に伴ってわが国に数多く請来され，さらに注文によって焼かれるようにもなった．高麗茶碗は作調からみて作品を2群に大別することができ，制作期を分けることができる．1つは朝鮮半島における日常雑器を取り上げたと思われる1群であり，1つは日本からの注文によって作られた茶碗群である．今日における高麗茶碗の種類は非常に細かく分類されているが，永禄年間(1558～70)から寛永年間(1624～44)前半まではわずか三島(みしま)・暦・井戸・割高台などの名称が見られるのみで，ほかは単に高麗茶碗という総称で記されている．今日の細かい分類名称は江戸時代中期以後につけられたものである．それらの種類では雲鶴・三島・刷毛目(はけめ)・粉引(こひき)・大井戸(おおいど)・小井戸(こいど)・青井戸(あおいど)・井戸脇(いどわき)・吹墨(ふきずみ)・小貫入(こかんにゅう)・堅手(かたて)・雨漏(あまもり)・柿の蔕(かきのへた)・熊川(こもがい)・蕎麦(そば)・斗々屋(ととや)・伊羅保(いらほ)・金海(きんかい)・御所丸(ごしょまる)・呉器(ごき)・御本(ごほん)などが代表的なものである．

(赤沼　多佳)

061　高麗板大蔵経　こうらいばんだいぞうきょう　高麗第23代高宗王の時，雕成された大蔵経．いま板木は韓国慶尚南道陝川郡伽耶山海印寺に存し，国宝に指定されている．経板は重複する121枚を併せて総数8万1240枚，すでに欠失したもの18枚．その開刻は高宗23年(1236)に始まり，16年の経営を重ね，同38年に完成した．時に同18年よりモンゴル軍の侵寇をうけ，翌19年都を江華に遷して兵難をさけた．難局に会してこの大業をなした動機はこの年の初め，大丘府八公山符仁寺（夫人寺）に蔵した顕宗以来の大蔵経板をモンゴル兵燹に焼滅したことを悲しみ，これを再刻して仏力の加被により国家を冥護し，鎮兵の護符とする祈願によるものであった．江華に大蔵都監，晋州南海の島の南海県に分司都監をおき，両所において雕造の業が進められた．時の権臣晋陽公崔怡（初名瑀）・崔沆父子・私財を傾けてこれを統督し，分司は鄭晏が分担した．経板は成るに随って江華都城西門外の大蔵経板堂に集められ，完成した38年9月，王は百官を率いて慶成会を挙行した．朝鮮太祖7年(1398)5月，経板は漢城支天寺に運ばれ，翌定宗元年(1399)正月，海印寺に移された．この蔵経刻出には当時伝存の北宋本・契丹本および高麗旧刻本などを以て参伍対校し，この業にあたった開泰寺の僧統守其は『高麗国新雕大蔵校正別録』30巻を編んだ．その勘訂校合は精密を極め，ごく一少部分のみを残して亡んだ北宋・契丹蔵経および本国旧刻本の内容ならびに相互の関係を明らかにする貴重な記録で，また本文経典も，取捨には，逐一その理由を明記している．その学術的価値の高く認められるゆえんで，わが国の『縮刷大蔵経』『(大正新修)大蔵経』は本蔵経を以て底本としている．入蔵経典は，『開元釈教録』『続貞元釈教録』『宋朝新訳

経典』『契丹蔵経』中より収め，上記校正別録，再彫麗蔵目録を加え，総じて1514部，7520巻に及ぶ．この経板刊記は干支のみで年号はなく，明治37年(1904)関野貞の調査報告以来，多くの学者の調査により，前述高宗朝刻経の事実が明らかにされた．しかし，本蔵経以前の旧刻については，多くは高宗朝と併せて2回説に与するが，その内容は必ずしも一致せず，また3回とする主張が有力である．なお，高麗末より1世紀半にわたり，今川貞世・大内義弘・足利義満らをはじめ，歴代の将軍・大名など相ついて本蔵経を要請し，その贈与をうけたことも少なくない．時には経板を請求したこともあった．朝鮮ははじめ倭寇禁制・捕虜刷還の条件として，また政府の排仏政策からも，仏典の賜与を惜しまなかったが，ようやくその煩に堪えず，中宗34年(天文8，1539)大内義隆の請を謝絶して以来，蔵経要請はあとを絶った．

参考文献　『高麗史』23・100・129，『東国李相国集』25(『朝鮮群書大系』)，朝鮮総督府朝鮮史編修会編『朝鮮史』3ノ4，4ノ1，李瑄根編『高麗大蔵経総目録・索引・解題』(日韓文化情報センター訳)，李能和『朝鮮仏教通史』上，村上竜佶『海印寺大蔵経版調査報告書』，関野貞『韓国建築調査報告』，菅野銀八「高麗板大蔵経に就いて」(朝鮮史学会編『朝鮮史講座』特別講義所収)，池内宏「高麗朝の大蔵経」(『満鮮史研究』中世2所収)，妻木直良「高麗大蔵経雕板年代に就て」(『新仏教』11ノ5)，同「再び高麗大蔵経に就いて」(同11ノ6)，同「三たび高麗大蔵経雕造を論ず」(同12ノ4・5)，小野玄妙「高麗大蔵経雕印考」(『仏典研究』1ノ4)，同「韓国海印寺の大蔵経板について」(『東洋哲学』17ノ3)，浅見倫太郎「高麗版大蔵経彫造年時考」(『朝鮮』28・29)，菅野銀八「海印寺大蔵経板に就て」(『史林』7ノ3)　　　　　　　　　　　　　　　　(田川　孝三)

062 高麗道記 こうらいみちのき　大島忠泰が，豊臣秀吉の第2次朝鮮出兵(慶長の役)の際，島津義弘の部隊に所属して対馬を出発し，大風のため漂流して郷里に帰るまでを記した紀行．写本1巻．慶長2年(1597)に成立．忠泰は通称久左衛門尉，島津義弘の家臣．慶長2年2月下旬に大隅国伊佐郡馬越を出発し，4月12日に義弘に伴われて京泊(きょうどまり，川内(せんだい))を船出し，対馬島に着いたが，朝鮮に向かう途中，漂流して同28日に，長門の三島に着いた．引き返して筑後に入り，久留米から肥後の八代(やつしろ)を経て，6月1日に水俣(みなまた)に帰着した．その間の紀行が本書で，往路には哀愁の情にみちた別離の和歌が多く録されている．『薩藩旧記雑録』後編29(『鹿児島県史料』旧記雑録後編2)所収．　　　　　　　　　(中村　栄孝)

063 広隆寺 こうりゅうじ　京都市右京区太秦蜂岡町にある．山号は蜂岡山．現在，真言宗御室派．秦寺・太秦公寺・秦公寺・太秦寺・蜂岡寺・葛野寺・桂林寺などともいう．『日本書紀』推古天皇11年(603)11月条に，秦河勝が聖徳太子から授けられた仏像をまつるため蜂岡寺を造ったとあるのが，この寺の初見である．『上宮聖徳太子伝補闕記』などは，山代の蜂岡南麓の聖徳太子の宮を河勝が寺に改めたとする．また『日本書紀』推古天皇31年7月条には，新羅・任那の使者が献じた仏像を葛野の秦寺に安置したとしている．平安時代の縁起には，当寺の起源を推古天皇11年とするものと，同30年とするものとがある．また斑鳩寺の火災後，百済の入師が蜂岡寺を造ったという説もある．奈良時代以来，当寺は聖徳太子建立7寺または8寺の1つとされた．承和5年(838)の『広隆寺縁起』(『朝野群載』2)によると，当寺はもと葛野郡九条河原里・同荒見社里にあったが，土地が狭いため，五条荒蒔里に移したとあるが，いつのことかよくわからない．弘仁9年(818)の火災で堂塔歩廊が焼けたが，南・東・西の大門や四面の築地は残ったようである．その後，僧道昌は丹後国多原寺の薬師像を当寺に迎えたという．承和ごろに再興された建物は，金堂(5間四面，前面孫庇付き)・歩廊・中門・講法堂(5間四面，前面孫庇付き)・鐘楼・食堂・僧房・宝蔵・政所庁屋・厨屋・大炊屋・湯屋・廐屋・客房などであった(『広隆寺縁起資財帳』『広隆寺資財交替実録帳』)．その後，久安6年(1150)の火災で堂舎を失い，永万元年(1165)に金堂(7間四面)・阿弥陀堂(5間四面)・常行堂・回廊・中門・鐘楼・経蔵の再興供養が行われた．この金堂は永禄7年(1564)～8年に規模が縮小され，のち講堂と改称されて現存している(赤堂)．また，この再興時に作られた鐘楼の在銘鐘は西本願寺に移されている．

参考文献　橋川正『太秦広隆寺史』，望月信成編『広隆寺』　　　　　　　　　　　　　　　(福山　敏男)

弥勒菩薩像 (みろくぼさつぞう)　2軀の弥勒菩薩半跏

弥勒菩薩像(1)

像がある．（1）宝冠をいただき，像高84.2cm．台座とともに赤松の一材から彫成され，一部に漆箔が残るが，本来は各所に乾漆を盛って仕上げていたとする説もある．細作りの体で清楚な気品があり，その作風はソウルの韓国国立中央博物館の金銅弥勒菩薩像に通じることは，飛鳥時代の木彫像がすべて楠材を用いているのに本像のみ例外であることとともに注目される．『広隆寺資財交替実録帳』に記される2軀の金色弥勒菩薩像の1つにあたると思われ，『日本書紀』の推古天皇11年(603)聖徳太子が秦河勝に仏像を賜わったという記事や，同31年新羅から奉献した仏像を広隆寺に安置したという記事が参考される．国宝．（2）宝冠がなく，全高90cm宝髻弥勒・泣き弥勒と通称され，楠材の一木造り．漆箔天衣と裳裾一部を皮で造る点に異色があり，日本における7世紀の作と考えられる．国宝．

参考文献 林南寿『広隆寺史の研究』，西村公朝「広隆寺弥勒菩薩像の構造についての考察」(『東京芸術大学美術学部紀要』4)，毛利久「広隆寺宝冠弥勒像と新羅様式の流入」(『白初洪淳昶博士還暦記念史学論叢』所収) (水野敬三郎)

064 香料 こうりょう 『日本書紀』推古天皇3年(595)条にみえる沈香木が漂着した記事が日本における香料に関する初見．仏教の普及とともに焚香料として需要が増し，天平勝宝4年(752)来日の新羅使がもたらした交易品には，東南アジア以西の産品である薫陸香や丁香などが含まれている．11世紀中ごろに編まれた『新猿楽記』には「唐物」として沈香・麝香などがみえ，元至治3年(1323)に慶元(明州)から日本へ向かう途中で高麗の西海岸で沈没した船(新安沈船)にも胡椒や香木が大量に積載されており，日宋・日元貿易における香料輸入の一端を知ることができる．仏事における焚香料としてだけでなく，9世紀以降の貴族社会では香り自体を楽しむ薫物(煉香)合が流行し，12世紀後半の二条朝には指南書である『薫集類抄』が著わされ，さらに南北朝時代以降には香道が成立した．一方，14世紀中ごろ以降は琉球が香料貿易において重要な役割を果たすようになり，東南アジアから入手した香料を明・日本・朝鮮へ輸出するようになった．国内では沈香の最上品である伽羅への需要が高まり，直接東南アジアへ赴く朱印船貿易の時代を迎える要因の1つともなった．17世紀後半以降のいわゆる「鎖国」期には，オランダ船や中国(明・清)船が長崎にもたらした．

参考文献 山田憲太郎『香料の歴史』，同『東亜香料史研究』，東野治之『遣唐使と正倉院』，関周一「香料の道と日本・朝鮮」(『アジアのなかの日本史』3所収)，同「香料の道 再考」(小野正敏編『前近代の東アジア海域における唐物と南蛮物の交易とその意義』〔文部科学省科学研究補助金研究成果報告書〕所収) (河辺 隆宏)

065 高良斎 こうりょうさい 1799～1846 江戸時代後期の眼科医．阿波国徳島の人．名は淡，字(あざな)は子清，良斎と称す．寛政11年(1799)5月19日に生まれる．本姓山崎氏．13歳のころより家学の眼科学を養父高錦国に学び，また本草学を乾純水について学ぶ．文化14年(1817)10月，長崎に留学し，吉雄権之助についてオランダ語とオランダ医学とを学ぶ．文政6年(1823)シーボルトが出島オランダ商館医師として来日するやただちについて学び，塾舎を鳴滝に開くや，ここに移ってオランダ医学を研修するとともにシーボルトの身辺の世話をやき，大いにその信用を得た．同9年，シーボルトの江戸参府に随行する．同11年シーボルトより学術免許状を得たが，その翌年発覚したシーボルト事件に連坐して一時投獄された．天保2年(1831)，帰国して眼科診療に従う．同7年大坂に出て医業を開き，兼ねて医生を教授する．弘化3年(1846)9月13日病没．48歳．大坂の妙光寺(大阪市南区谷町)と徳島の本覚寺(徳島市寺町)に葬られる．法名は淡生院良義日潤居士．『薬品応手録』『耳眼詳説』『駆梅要方』などを著訳．

参考文献 高於莵三・高壮吉『高良斎』 (大鳥蘭三郎)

066 交隣須知 こうりんしゅうち 江戸時代中期以降広く使用された朝鮮語学習書．4巻．著者は一般に雨森(あめのもり)芳洲と伝えられて来たが，前間恭作はこれを否定，対馬の通事が編纂し，芳洲は助力を与えぬにすぎぬとしている．もっぱら写本により伝えられたが，明治期に入り，次の4種の刊本が出された．(1)『交隣須知』4巻，雨森芳洲編輯，浦瀬裕校正増補，宝迫繁勝印刷，明治14年(1881)1月印行，外務省蔵板．(2)『(再刊)交隣須知』4巻，中谷護兵衛印刷，同16年印行，外務省蔵板．(3)『交隣須知』4巻，宝迫繁勝删正，白石直道出版，同16年3月印刷．(4)『校訂交隣須知』1巻，前間恭作・藤波義貫共訂，同37年刊行．いずれも増訂校補が加えられており，原本の姿を伝える写本の伝本には5種が知られている．これらのうち上記(1)を除く刊本3種および写本鹿児島県苗代川本2種が，昭和41年(1966)・42年に京都大学文学部国語学国文学研究室編，京都大学国文学会発行として解題・索引を付して影印刊行された．

参考文献 小倉進平『(増訂補注)朝鮮語学史』，同「交隣須知について」(『国語と国文学』13ノ6) (田川 孝三)

067 交隣政策 こうりんせいさく 李氏朝鮮王国が周辺諸国に対してとった親善関係を基本とした外交政策．その前提には，中国に対する宗属関係にもとづく事大政策と相即している．特に日本のばあい，足利政権が，明から「日本国王」の冊封をうけて外交関係が成立すると，対等敵礼の国として交隣の関係は確立した．豊臣秀吉の朝鮮出兵により破綻を来たしたが，徳川政権は，修好を復

旧し、中国との復交に成功しなかったが、「日本国大君(たいくん、征夷大将軍の称号)」の外交が承認されて、伝統的交隣政策が、19世紀まで継続していた。なお、朝鮮王国は、海東の琉球王国にも、北方接壤地の住民である女真(じょしん、野人(やじん))の諸族に対しても、特殊な形態で交隣政策をとり、世祖が「北和東交」と称したこともある。時代の推移による交隣政策の推移は、『経国大典』以下の法典や、『海東諸国紀』『攷事撮要』『通文館志』『辺例集要』『増正交隣志』などの諸文献によって概要を知ることができる。

[参考文献] 中村栄孝『日鮮関係史の研究』上・下、同『日本と朝鮮』(『日本歴史新書』)

(中村　栄孝)

068 交隣提醒 こうりんていせい 雨森(あめのもり)芳洲の朝鮮外交に関する著書で、成立は享保13年(1728)。写本に2巻本と1巻本があるが内容の差はない。対馬藩に仕えた芳洲が朝鮮外交専門家としての立場から国際情勢の分析を基盤にして、藩主以下藩内の人士に朝鮮外交の要諦を説いたもので、特に通詞訳官についての考察などは他に例をみない鋭さがある。写本は東京大学史料編纂所・芳洲書院(滋賀県伊香郡高月町)などに所蔵。『雨森芳洲全書』3(『関西大学東西学術研究所資料集刊』11ノ3)所収。

(長　正統)

069 鴻臚館 こうろかん 古代において主として外国使臣の接待機関として設けられ、玄蕃寮の管下に属した。その名は中国で外蕃のことを司る鴻臚寺に由来する。7世紀に筑紫に「大郡」「小郡」の名がみえ、これは持統天皇2年(688)に「筑紫館」とよんだものにあたる。難波にも6世紀より「大郡」「小郡」の名がみえ、これも継体天皇6年以後、「難波館」「三韓館」「高麗館」などとよばれている。大化の難波遷都に、大郡を仮宮にあて、小郡を壊し宮を営むとあって、いずれも朝廷の施設であったことがわかり、筑紫・難波ともに2ヵ所に設けられたらしい。その他延暦23年(804)に能登国の「客院」、『延喜式』に越前敦賀津の「松原客館」もみえる。ただ鴻臚館の名は平安時代に入って現われ、まず筑紫の鴻臚館は、承和4年(837)に遣唐大使藤原常嗣の入唐のときに初見し、平安京のそれは、弘仁元年(810)に渤海客使の泊したのが初見である。難波と平城京には鴻臚館という名はみえない。

さて筑紫の鴻臚館は博多津にあり、福岡市西部の福岡城跡がその跡地と考えられ、いわゆる鴻臚館瓦が出土したことがある。鴻臚北館の名もあって、やはり南北2館あったのであろう。昭和62年(1987)からひき続く発掘調査によって、福岡城内の旧テニスコートと平和台球場の南北に対応する2ヵ所から、同じ方位と規模をもつ建物群が検出され、このことが確認された。それらは、①7世紀末から8世紀初めまでの掘立柱の門跡・塀跡・建物跡など筑紫館にあたる遺構と、②鴻臚館瓦を伴う大型の礎石建物で、8世紀初めから9世紀半ばに至る筑紫館から鴻臚館にかわる時期の遺構と、③さらにそれを改修した9世紀後半から後の遺構との3期に分かれ、木簡・陶磁器などの遺物は、後半の2期にあたるものが多い。また『延喜式』では、大宰府の兵馬24匹中10匹と牧馬10匹とを鴻臚館に置いて急速の用に備え、儲米3840石を蕃客料としている。しかし平安時代中期以後は使客でなく唐商の応接機関となり、政府は蔵人所の蔵人・出納を派遣し和市を行わせ、その後民間の交易を許した。かくて鴻臚館の存在意義は次第に失われたが、寛治年間(1987～94)まで存在したことが確かめられる。

平安京の鴻臚館は、『拾芥抄』などによれば左京朱雀大路と壬生大路、および七条大路と七条坊門小路にはさまれた方2町の地に東館があり、朱雀大路をへだててそれと対称的な地域に西館があった。『延喜式』によると左右京職の支配下にあったが、弘仁6年、館舎の荒廃の著しかったことがみえる。しかしこれは渤海客使の入京が間遠であったため、その期間を管理した京職と木工寮の怠慢によるのであろう。ここでも内蔵寮と客使の交易が行われ、その後貴族の取引きが許された。渤海の滅んだのち、天徳元年(957)の菅原文時の意見封事に館舎の衰退がみえ、12世紀ごろには私人の所領と化していた。→大宰府鴻臚館遺跡(だざいふこうろかんいせき)

[参考文献] 森克己『日宋貿易の研究』(『森克己著作選集』1)、長沼賢海『邪馬台と大宰府』、川勝政太郎「平安京の鴻臚館について」(『古代学』10ノ2～4合併号)、平野邦雄「鴻臚館」(『史跡保存の軌跡』所収)、大庭康時「鴻臚館」(『列島の古代史』4所収)

(平野　邦雄)

070 降倭 こうわ 李氏朝鮮初期に、倭寇を討伐した際、投降した日本人。保護を加えて朝鮮内居住を認め、なかには土地を与え、姓名を賜わり、官職を授けて優遇されたものもあった。また、李氏朝鮮中期、壬辰・丁酉の乱(文禄・慶長の役)の際、投降した日本将兵。広い地域で長期にわたる戦争であったため、その数も多く、姓名・官職を与えられたものもあり、部隊を編成して従軍させられ、鳥銃(ちょうじゅう、鉄砲)・刀剣の製造やその操作や技術の指導に利用された。武将金応瑞が、かれらの統轄にあたったことがよく知られている。降倭の部隊は、北方辺境に侵入する女真(じょしん、野人(やじん))の警備に配置され、鉄砲隊として実力を発揮したものもある。戦後、明の要請により後金(清)のヌルハチ征伐軍を出した際に参加したことも、内乱の鎮定に動員されたこともあり、部隊長として知られた金忠善などもあった。かれの子孫は、現在も達城(慶尚北道)の友鹿洞に同族集落をなしている。なお、朝鮮では、一時、投降者を多数斬殺し、失策として批判

されたことがある．

[参考文献] 『朝鮮王朝実録』，柳成竜『西厓文集』，同『懲毖録』(『朝鮮群書大系』続々1)，姜沆『看羊録』，中村栄孝『日鮮関係史の研究』上・中

(中村　栄孝)

071　呉越国 ごえつこく　中国五代の間，浙江省付近一帯を領有した銭氏の割拠政権(907～78年)．初代は武粛王銭鏐(りゅう)，2代はその子文穆王銭元瓘(かん)で，次にその3子，忠献王銭弘佐・忠遜王銭弘倧(そう)，忠懿王銭弘俶(しゅく)が相継いだ．銭弘俶は宋に降り，宋の太祖の父の諱を避け弘を去って銭俶と称し，その忠懿王の諡も宋から贈られたものである．清朝乾隆以後の版本はさらに乾隆帝の諱を避けて，弘を宏に作ることが多い．初め唐末の混乱の際，軍閥の董昌が越州に拠り帝号を僭称したのを，杭州余杭県出身の将軍銭鏐が，唐の昭宗の命を受けて討平し，浙江(銭塘江)以西の呉，以東の越の地方を領有して独立勢力を築き，907年後梁の朱全忠が唐を簒うと，後梁から呉越国王に封ぜられたのがその起源である．銭鏐は皇帝を称しなかったが，翌年改元して天宝元年とし，その17年目を宝大，さらにその3年目を宝正と改元して国内に行わせた．宝正7年(932)銭鏐が没して子元瓘が嗣ぐと政策を改め，後唐の正朔を奉じて以後中央の年号を用いた．941年元瓘が死し，その子弘佐が13歳で嗣ぎ，947年死してその弟弘倧が代わったが，将軍胡進思に廃せられ，さらにその弟弘俶が迎立された．956年後周の世宗が南唐を征した時，呉越国は詔を受けて南唐領に侵入したがかえって敗績した．しかしこの後は後周の属国となり貢献を怠らず，960年宋が興るとまたこれに臣属した．呉越国の領土は初め杭州を都とし，蘇・温・明・衢(く)・睦(ぼく)・越・湖・秀・婺(ぼう)・台・処の12州あり，のちに閩(びん)国の崩壊に乗じて福州を併せた．宋の太宗の太平興国3年(978)国を挙げて内付し，13州，86県，戸55万余を献じたが，これが大略宋代の両浙路にあたる．銭俶は988年，60歳で死んだが，その子惟演(いえん)をはじめとし，一族が北宋初期に官僚として栄えた．呉越国は領内に天台宗の霊地天台山があるため仏教が盛んで，特に銭俶が保護を加えて，数百寺を建立し，また宝篋印塔8万4000基(銭弘俶八万四千塔)を造って各地に頒布した．その国は小さいが経済・文化が栄え，日本からは僧侶が渡航し，彼の地からは商人が渡来した．

[参考文献] 『旧五代史』銭鏐伝，『新五代史』呉越世家，『宋史』呉越銭氏，『十国春秋』呉越，西岡虎之助「日本と呉越との交通」(『西岡虎之助著作集』3所収)

(宮崎　市定)

072　コエリュ Gaspar Coelho　？～1590　イエズス会司祭．初代日本イエズス会準管区長(天正9年(1581)～18年)．1527～31年の間にポルトガルのポルトに生まれ，56年イエズス会に入り，62年からインドで働き，元亀3年(1572)来朝．五島の島々を訪問後，下(しも)地区の長上として大村・島原を中心に熱心に働き，天正4年口之津で有馬義貞に洗礼を授けた．同6年有馬鎮純と大村純忠との間を執り成し，同9年初代準管区長となり，同11年フロイスに『日本史』編述を命じた．同14年5月大坂城で豊臣秀吉に謁見して歓待され，伊予に小早川隆景を訪ねて8月初旬豊後に戻った．9月中旬再び臼杵を発し，3ヵ月間山口・下関に滞在し，毛利輝元・小早川隆景から土地を与えられて，その年の終り，あるいは15年の初めごろ長崎に帰った．15年秀吉は九州攻めの直後，突然伴天連追放令を発したので，早速善後策を協議して迫害を最小限にとどめ，秀吉を刺激することなく慎重に布教を続け，かえって教勢が高まるに至った．天正18年5月7日加津佐で死んだ．

[参考文献] 『イエズス会日本年報』上(村上直次郎訳・柳谷武夫編，『新異国叢書』3)，ルイス＝フロイス『完訳フロイス日本史』(松田毅一・川崎桃太訳，『中公文庫』)，Josef Schütte: Introductio ad Historiam Societatis Jesu in Japonia, 1549―1650 (1968).

(柳谷　武夫)

073　交趾 コーチ　中国前漢の武帝が南越を平定して9郡を置いたが，その1つが交趾郡で，現在北ベトナムのトンキンデルタ地方がこれにあたり，7世紀の初めまで存在した．また隋から唐の時代にかけて現在のハノイの西方に交趾県が置かれた．交趾の語はその後中国においてその意味する範囲がひろがり，漠然とベトナム人の国を指すようになり，これが日本にも伝わった．日本船が交趾へ渡航するようになったのは天正5年(1577)ごろからで，その後日本との往来が加速度的に頻繁となり，朱印船貿易にとって有力な市場となった．またフェフォ Faifoe (坡舗，会安)とツーラン Tourane (茶麟，茶竜)には日本人町が建設された．当時日本では交趾をなまり，川内・河内と書いて「かうち」とよんだこともあった．それはほぼ現在のベトナム中部にあたる地方を意味する．しかしこの交趾の称呼は，その後さらに南に移動し，現今ではメコン河の下流域一帯をコーチシナ Cochin china とよぶようになった．

[参考文献] 岩生成一『南洋日本町の研究』，同『朱印船貿易史の研究』，Léonard Aurousseau: Sur le nom de Cochin-chine, Bulletin de l'Ecole Française d'Extréme Orient 24.

(長岡新次郎)

074　コーボ Juan Cobo　？～1592　スペインのドミニコ会宣教師．1545年ごろスペインのトレード王国のコンスエグラに生まれ，オカーニャ村のドミニコ会修道院に入った．アビラとアルカラで習学ののち，アビラの聖トマス修道院で教育にあたったが，新たにフィリピンに管区が創設される噂を聞き，みずから極東に赴

くことを決意した．彼は86年7月スペインを発ち，途中メキシコにしばらく滞在して，フィリピンに渡来したのは88年5月のことであった．フィリピンでは主として中国人に対する布教と司牧の任にあたり，困難な中国語を習得して大きな成果をあげた．中国語で公教要理を編纂し，中国人のための病院を建てた．あたかもそのころ国内の統一を終えた豊臣秀吉は，近隣諸外国に向け積極的な外交政策を展開するが，92年（文禄元）フィリピンに対しても入貢を促す書翰を送った．フィリピンのスペイン人は当時軍事的に弱体だったので，総督は時をかせいでその間に防備を強化することを考え，日本への使者にコーボを選んだ．コーボは同年7月薩摩に着き，ついで名護屋で秀吉に謁した．これに対し秀吉は再度前回と同じ趣旨の書翰を認めて，これをコーボに託した．彼は同年11月薩摩を発ったが，嵐にあい途中台湾に漂着して原住民に殺された．

参考文献 Diego Aduarte & Manuel Ferrero: Historia de la Provincica del Santo Rosario de la Orden de Predicadores en Filipinas, Japon y China, tomo Ⅰ; Pablo Pastells: Historia General de Filipinas, tomo Ⅲ; J. L. Alvarez-Taladriz: Notas adicionales sobre la embajada a Hideyoshi del Padre Fray Juan Cobo O. P.（『サピエンチア　英知大学論叢』3）　　　　　　　　（吉田小五郎）

075 ゴーレス Gores　15世紀から16世紀前半にかけて南方諸国と交易していた琉球商船の乗組員．ゴーレスが琉球（レキオ）人，日本人のいずれか議論があるが，琉球商船の本国出発の咨文の日付がポルトガル人の書翰に記す入港の日付と一致することや，「ゴーレスの住んでいる国はレケヤ（琉球）」と記す『アルブケルケ伝』や，他の書翰にみえるレケヤの地理的位置が琉球であることなどからみて，琉球人であることは間違いがない．ゴーレスが最初に文献に現われるのは，マラッカで囚われたポルトガル人ルイ=デ=アラウジョが，1510年（永正7）印度総督アフォンソ=デ=アルブケルケ Albuquerque にあてた書翰で，「ゴールは一月に当地（マラッカ）に来り，四月その国に向う」と記してある．またアルブケルケが国王にあてた書翰や『アルブケルケ伝』ほか数種の史料がある．レキオ人についても数史料があり，琉球人の南海における活動をよく伝えている．

参考文献 秋山謙蔵『日支交渉史話』，小葉田淳『中世南島通交貿易史の研究』，安里延『沖縄海洋発展史』，岡本良知『（十六世紀）日欧交通史の研究』，同「所謂ゴーレス問題への一寄与」（『歴史地理』60ノ4），藤田豊八「欧勢東漸初期に於ける海外の日本人」（『東洋時報』194）　　　　　　　　　　　（宮城　栄昌）

076 呉楽 ごがく　⇒伎楽（ぎがく）

077 五箇所商人 ごかしょしょうにん　⇒糸割符仲間（いとわっぷなかま）

078 古賀精里 こがせいり　1750〜1817　江戸時代後期の儒者．寛政三博士の1人．諱は樸（すなお），字（あざな）は淳風，弥助と称した．精里は号である．寛延3年（1750）10月20日，肥前国佐賀郡古賀村（佐賀市）に生まれた．父は忠能（佐賀藩士）．古賀氏は本姓は劉，帰化人の後裔である．はじめ陽明学を好んだが，京都に遊学し，福井小車・西依成斎に学んでから朱子学を主とした．大坂滞在中に尾藤二洲・頼春水と親交があった．帰国後，藩政に参加し，藩校制度の整備に努め，その教授となった．寛政3年（1791）幕命により江戸昌平黌にて経書を講じ，8年幕府の儒者（200俵）に任ぜられた．柴野栗山・尾藤二洲とともに学政の推進にあたり，『孝義録』の編修に参加した．文化7年（1810）対馬に赴き対韓交渉にあたり，翌年も林大学頭とともに韓使と折衝した．彼の学問は博く，朱子学を主としたが，崎門の学風は喜ばなかった．書も董其昌を学んで雅健の趣がある．文化14年5月3日没し，江戸大塚（文京区大塚先儒墓所）に儒礼で葬られた．68歳．詩文集20巻，『四書集釈』『論語纂釈諸説弁誤』『大学章句纂釈』『大学諸説弁誤』『中庸章句纂釈』『中庸諸説弁誤』『十事解』『極論時事封事』『経済文録』『軟莎偶語』『韓聘瑣記』ほか多くの著書がある．3男6女あり，長子は燾（穀堂），佐賀藩に仕え，次子は煒（熿，晋城），洪氏を嗣ぎ，三子は煜（侗庵），昌平坂学問所の儒官となる．

参考文献 本多忠升「古賀精里先生墓誌銘」（『事実文編』49所収），古賀煜「精里先生行実」（同所収），『通航一覧』45・111　　　　　　　　（山本　武夫）

079 後漢 ごかん　中国の王朝名（25〜220年）．14代，約200年．前漢と併せて漢といい，また都の洛陽が，前漢の都の長安に対し東にあるので東漢ともいう．王莽の篡奪による新朝は『周礼』を標榜する革新政治が破綻し，赤眉の農民軍や各地の豪族軍が相抗争した．前漢の帝室の流れをくむ劉秀（光武帝）は南陽の豪族に擁立され，新を滅ぼした更始帝劉玄を破り気勢上がる農民軍を平定するのに成功し，順次，強豪を打ち破り天下統一を齎し漢の再興をみた．後漢は在地に勢力をもつ有力豪族層を政権に組み入れ，王莽の新制をやめて漢の旧に復し，経術を鼓吹して礼制を整え，郡兵を撤去し選挙を重んじて中央集権を図り，続く明帝・章帝時代まで栄えた．しかし4代和帝以降幼帝が位をつぎ，外戚の竇・鄧・梁氏らが政権を握り，それと対抗する宮廷の宦官の勢力も強まり，外は西方の羌族の叛侵入に遇い，天災も加わって経済も衰え実物経済への傾斜を示した．末期には宦官を排する名節の士が地方名族，太学の学生を背景に清流を形成し，宦官の弾圧に遇って党錮の獄が起る．道教に連なる民間信仰が拡がり，王朝革命をめざす黄巾の大農民叛乱のため，天下は群雄割拠に陥り，献帝を擁立した曹操軍団が華北の実権を抑え，やがて三国（魏・呉・（蜀）漢）鼎立時代に推移す

る．後漢では白虎観会議や熹平石経の定立，許慎の『説文』完成や鄭玄らの訓詁註の大成など，経学の発達，固定化が著しく，讖緯説の流行を伴って儒教的政治イデオロギーが全般に滲透した．しかし末期になると仏教・道教もやや存在が明らかとなり，帝国体制への反動が社会・文化各面にきざすようになる．

光武帝の中元2年(57)，倭の奴国から大夫と自称する使人が洛陽に奉貢朝賀し印綬を賜わったことが『後漢書』に明記され，18世紀末，北九州の志賀島で発見された方寸の金印(「漢委奴国王」印)こそそれにあたると一般に認められる．ついで安帝の永初元年(107)倭国王(あるいは倭面土国王)帥升(あるいは師升)が生口160人を献じ，その後，2世紀中葉の桓帝・霊帝時代に倭国は大乱で相攻伐したと『後漢書』に伝える．
→前漢(ぜんかん)

参考文献 王先謙『後漢書集解』，范文瀾『中国通史』二，鎌田重雄『秦漢政治制度の研究』，宇都宮清吉『漢代社会経済史研究』，狩野直喜『両漢学術考』，渡辺義浩『後漢国家の支配と儒教』，D. Twitchett and M. Loewe eds., The Ch'in and Han Empires.〈Cambridge History of China〉Vol. I (1986).
(池田　温)

080 後漢書 ごかんじょ ⇒漢書(かんじょ)

081 胡弓 こきゅう　リュート属擦弦(さつげん)楽器の1種．小弓・鼓弓とも書く．四角い枠状の胴に長い棹を挿しこみ，胴と棹に平行に3本，あるいは4本の弦を張ったもので，3弦が古制．胴には表裏2枚の猫皮が張られている．表革と弦の間に駒を立てて弦を皮から離し，それを弓で擦奏する．楽器の形状は三味線を小型にしたようなもので，棹の長さが約70cm，胴は横幅約13cm，縦約14.5cmであるが，三味線に比べて中子先(なかごさき)の部分が長い．駒も三味線のそれより長く，また弦を乗せる上縁部が山型になっている．弓は木製の弓幹に馬尾を張ったもので，全長は約90cmのものと，約130cmのものとの長短2種がある．奏者は多くの場合，膝の間に中子先をはさむようにして楽器本体をほぼ垂直に立てて構え，左手指で感所を押えながら右手の弓で擦奏する．音楽には元来胡弓のために作曲された胡弓本曲と，地歌・箏曲に合わせて合奏する外曲(がいきょく)とがあるほか，文楽・歌舞伎・民俗芸能などでも用いられることがある．これと同類の楽器は東アジアにいろいろ存在し，日本本土の胡弓はそれらのいずれかが伝来したものであるが，琉球・南蛮・中国からとする諸説があって歴史的には不明な点が多い．いずれにしても，伝来後に三味線に似た形に改造されたものである．『時慶卿記』慶長14年(1609) 3月17日条に「小弓」とあるのが文献上の初見で，当初は門付芸(かどづけげい)にも用いられたが，芸術音楽の分野では，当道(とうどう)に属する盲人音楽家がこの楽器を用いた．彼らは地歌・箏曲を扱っていた人たちであるから，胡弓と地歌・箏曲との合奏が行われるようになったのである．胡弓の名手としては江戸時代の石村検校・政島検校・宇伝佐喜検校などの名が知られ，現在ではかなり衰微してはいるが，藤植(ふじえ)流・松翁流などの流派があって，古典曲を伝承している．そのほか沖縄では独自の規格の胡弓が用いられている．

立姿の胡弓演奏(右)
(石川豊信「鳥追」)

参考文献 『古事類苑』楽舞部2，平野健次監修『胡弓―日本の擦弦楽器―』，野川美穂子「胡弓楽」(日本芸術文化振興会国立劇場調査養成部編『日本の伝統芸能講座』音楽所収)，小島美子「三味線と胡弓の起源と伝播のルートについて」(『民俗音楽研究』29)
(蒲生　郷昭)

082 五経博士 ごきょうはかせ　五経すなわち儒教の古典である『詩経』『書経』『易経』『春秋』『礼記』を講ずる学者．中国では前漢の武帝のときにはじめて置かれ，はじめは儒学の教官であるとともに天子の諮問に与り，民衆の教化にもあたったが，のちもっぱら大学の教官の名称となった．この制度が6世紀初めころにはすでに南朝から百済に受容されていたようで，それがやがて日本への儒教伝来の上に大きな役割を果たすことになった．すなわち『日本書紀』継体天皇7年6月条に，百済が任那の4県を割譲された返礼として五経博士の段楊爾(だんように)を大和朝廷に貢上したことがみえ，ついで同10年9月条に，五経博士の漢高安茂(あやのこうあんも)を貢上して，さきの段楊爾と交代させることを請うたことがみえ，さらに欽明天皇15年2月条に，使者を朝廷に遣わして救兵を乞うとともに，五経博士王柳貴をそれまでの馬丁安と交代させることを請うている．これらは交代制による儒教学者の貢上で，継続的に行われていたともみられるから，聖徳太子が師としたという博士覚哿も，あるいはこの五経博士であったかもしれない．
(関　晃)

083 五紀暦 この暦法は天安2年(858)よりわずか4年間頒行されたもので，しかも大衍暦と併用された．大衍暦は唐僧一行が編纂したもので，天平7年(735)に吉備真備が唐土より持ち帰り，天平宝字8年(764)に儀鳳暦に代わって頒行され，その行用年数は94年に及んだ．五紀暦は唐の郭献之が編纂したもので，宝亀11年(780)に遣唐使の1人によって朝廷に献上されたものであった．『文徳実録』によると天安元年に大春日朝臣真野麻呂が大衍暦の誤りを指摘し，代わって五紀暦を用うべきことを奏請し，それが許されたとみえる．また『三代実録』には，当時まで行われた大衍暦との併用が論議されたという．唐では五紀暦は宝応元年(762)から建中4年(783)まで22年間行用されたが，とりたてて特徴のない暦法であった．基本常数である1年・1月の日数は，それぞれ$365\frac{328}{1340}$日および$29\frac{711}{1340}$日であり，儀鳳暦(中国名は麟徳)のそれをそのまま採用した．

[参考文献] 能田忠亮『暦』(『日本歴史新書』)，藪内清『中国の天文暦法』　　　　　(藪内　清)

084 国王付搭品 室町時代の遣明船は幕府船たると寺院船・大名船たるとを問わず，明よりみれば日本国王(将軍)の朝貢船であるから，積載品は国王の正貢物・使臣自進物のほかは国王付搭品と見做された．遣明船貿易の主体となった貨物はこれであって，幕府・寺院・大名の貨物も含まれるが，客商・従商の商品が重要であった．初期の遣明船の付搭品の内容は詳しくはわからぬが，刀剣が重要品の1つであったことは確かである．永享4年(1432)以後の遣明船では，刀剣・銅・蘇木・硫黄の4種が主要貨で，そのほか銅器・漆器・扇などであった．付搭品は官収買が行われたが，明の宣宗時代には財政の緊縮政策がとられ，官収買にあたり評価を切り下げ，かつ給価法を改変して二重の減価が行われた．特に宝徳3年(1451)の遣明船は船数も付搭品量も多く減価はなはだしく，貨物の一部を積み帰る始末であった．こうして応仁年間(1467〜69)の遣明船以後は民間市易禁制品の刀剣・硫黄は官収買されたが，その他の貨物は寧波(ニンポー)や北京会同館の市や北京往返の沿途などで民間貿易をするようになった．また官収買に給価された銅銭も宝徳の遣明船までのようにそのまま将来することをやめ，有利な生糸・絹織物などの中国商品を購入し輸入するようになった．刀剣の官収買の給価はますます安くなったが，品質は粗悪となった．末期の遣明船では銅銭や銀が携帯されている．

[参考文献] 小葉田淳『中世日支通交貿易史の研究』
　　　　　　　　　　　　　　　(小葉田　淳)

085 国書 国家の最高権力者の名をもって取り交わされた外交文書．明万暦元年(1573)に成立した徐師曾撰『文体明弁』国書の項によれば，春秋戦国時代は列国間において，そして漢・唐などの統一政権成立以後は，中国の王朝と夷狄(周辺諸国)との間で用いられた文書を国書というとある．中国隋唐代以降に東アジアの諸国間で用いられた国書についてみてみると，元来は中国皇帝が国内の臣下に与えるものと同じ様式の慰労制書や論事勅書の下賜に対し，周辺諸国は上表文の奉呈が原則であった．しかし，中国に匹敵する勢力を持つ国家に対しては「致書」という敵礼文書が使用され，また，周辺諸国同士では多様な書式が用いられた．漢文による国書は，書式や本文の首末式をはじめ，文言・印章・紙の質やその折り方・函の有無などによって相手国に対する認識や名分関係が如実に反映するため，国書をめぐる外交上の問題がしばしば惹き起こされた．日本における国書の例は，『宋書』倭国伝に倭王武の上表文がみえ，隋代には推古天皇15年(607)に遣隋使小野妹子がもたらした致書形式の国書に対して煬帝が不快感を表したことは有名である．唐代になると，皇帝から慰労制書や論事勅書がもたらされ，遣唐使は上表文を進めたと見られるが明らかではない．新羅や渤海に対しては慰労詔書を発給し，渤海王は啓式文書を送った．新羅王は一時期日本に上表を用いた形跡があるが，8世紀になると上表の提出を求める日本と常に紛糾し，国交が断絶した．宋代には日本との間で正式な国交は開かれず，元代ではフビライが「奉書」や「聖旨」などの文書を日本に送り，高麗は文永4年(1267)に元宗が啓式の文書を発給したが，日本側の返書は見られない．明代に入り足利義満が明の冊封を受けてその臣下になると，明は義満(日本国王)に対して詔勅を用い，義満は「日本国王」号を名乗る上表を進めた．一方，朝鮮王朝との間では，相互に書式外交文書(書契)が用いられたが，日本側の名義表記などについて問題がしばしば起こった．江戸時代には一時期を除き「日本国大君(徳川将軍)」と朝鮮国王との間で書契による外交が行われた．

[参考文献] 中村裕一『唐代制勅研究』，同『隋唐王言の研究』，金子修一『隋唐の国際秩序と東アジア』，石井正敏『日本渤海関係史の研究』，田中健夫『前近代の国際交流と外交文書』，田代和生『書き替えられた国書』(『中公新書』694)，高橋公明「外交文書，「書」・「咨」について」(『年報中世史研究』7)，同「外交文書を異国牒状と呼ぶこと」(『文学』6ノ6)，橋本雄「「遣朝鮮国書」と幕府・五山—外交文書の作成と発給—」(『日本歴史』589)，坂上康俊「勅命下達文書の比較研究—日本と中国の場合—」(『東アジアと日本』1)，広瀬憲雄「書儀と外交文書—古代東アジアの外交関係解明のために—」(『続日本紀研究』360)　　　(近藤　剛)

086 告身 高麗および李氏朝鮮で，国王が官職を授ける際に発給した公文書．起源は，中国の唐代の制に

ならったもので，時代により，官職の階層にもとづいて名称や発給の手続きが異なり，様式に種別がある．総じて職帖（しょくちょう）と通称された．李氏朝鮮初期には，改正が繰り返されたが，『経国大典』ができて不動の定制となった．文・武官の四品までは教旨，五品以下は台諫（司憲府・司諫院）の署経（祖系・門地・経歴の審査）を経て，吏曹と兵曹がそれぞれ教を奉じて発給した．倭人（日本人）や野人（女真）の本土に居住しながら官職を受けたものも，同じ扱いであった．

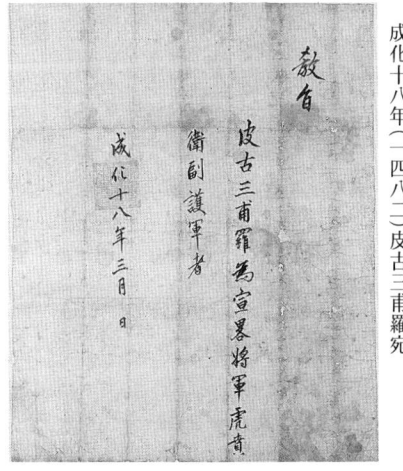

成化十八年（一四八二）皮古三甫羅宛

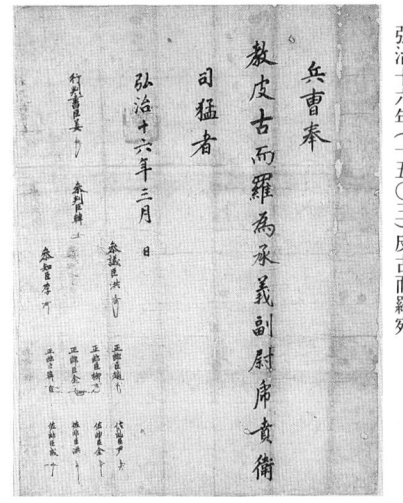

弘治十六年（一五〇三）皮古而羅宛

参考文献 『校註大典会通』，中村栄孝『日鮮関係史の研究』上，大庭脩『唐告身と日本古代の位階制』

（中村　栄孝）

087 国清寺 こくせいじ　中国浙江省台州専区天台山仏隴峰（ぶつろうほう）の南麓にある寺．隋の開皇18年（598）晋王広（のちの煬帝）が天台大師智顗（ちぎ）のために創建．はじめ智顗は陳の太建7年（575）天台山に入り修禅の地として仏隴峰に修禅寺（のちの禅林寺）を建てたが，開皇17年ここで入寂すると晋王広は深くいたみ，千僧斎を設けて堂塔を造建したのである．弟子の灌頂もここに住したので以後天台宗の根本道場となった．わが国の留学僧もここを訪れるもの多く，唐の貞元20年（804）には最澄と義真がここで天台宗の教法を受けた．唐の会昌5年（845）の廃仏で荒廃したが，大中8年（854）に入唐した円珍は旅費の砂金40両を投じて天台大師の墳塔・仏殿を修理し，翌々年にも30両を投じて止観院・坊舎を修築した．宋代になっても成尋（じょうじん）・俊芿（しゅんじょう）・重源（ちょうげん）・栄西が訪れている．宋の景徳2年（1005）景徳国清寺と改め，その後兵火にかかって炎上し什宝を焼失したが，建炎2年（1128）勅命によって再建し旧観に復した．→天台山（てんだいさん）

参考文献 『国清百録』（『（大正新修）大蔵経』46），斎藤忠『中国天台山諸寺院の研究』

（大野達之助）

088 国姓爺 こくせんや　⇒鄭成功（ていせいこう）

089 国性爺合戦 こくせんやかっせん　義太夫節の曲名．時代物．5段．近松門左衛門作．竹本筑後掾（義太夫）没後の正徳5年（1715）11月1日から3年越し17ヵ月間興行された近松の代表作．主人公和藤内は明朝亡命の臣鄭芝竜と九州平戸の田川氏の女のあいだに生まれた中国の英雄鄭成功がモデル．彼は明朝末に日本から中国にわたって清と抗戦し，日本に援兵を求めたりしているが，この事件に材をとりながら作り変えたのが『国性爺合戦』である．規模雄大で異国情緒あり，また座元竹田出雲の工夫などもあって成功したが，特に3段目獅子が城の場は悲劇的な葛藤を描いて見事である．この興行から幕間に野呂間人形を演じなくなったことも戯曲史的に注目される．先行の作に『国仙野手柄日記』（元禄末）がある．なお，鄭成功が国王の姓を賜わった人物という意味では国姓爺が正しいが，近松はわざと国性爺としたと考えられる．国姓爺とした正本もあるが多くは性としている．『日本古典文学大系』50，『近松全集』10，『日本名著全集』5などに所収．

参考文献 守随憲治・大久保忠国『国性爺合戦』解題（『日本古典文学大系』50），向井芳樹「国性爺合戦」（『国文学解釈と鑑賞』35／12）　（広末　保）

090 後百済 こうひゃくさい　892～936年に朝鮮半島にあった王朝．「ごひゃくさい」とも読む．892年，新羅の裨将であった甄萱が当時の政治紊乱に乗じて武珍州（光州）を占領して自立．900年には，完山を都と定めて後百済王と称し，かつて新羅によって滅ぼされた百済義慈王の宿憤を雪ぐことを標榜しながら新羅や高麗と争い，朝鮮半島西南部の旧百済国の領域を確保していった．独自の官職制度を制定したといわれているが詳細は不明．中国の呉越国や唐国に使者を派遣し，特に後唐から後百済王号が認められてその藩となったほか，契丹との通交も試みるなど，中国の権威を積極的に利用しようとした．一方，日本にも延喜22年（922）・延長7年（929）

の2度使節を派遣したが，新羅の陪臣とみなされ，臣下に外交の資格はないとして，いずれも交流を拒否された．927年，甄萱は新羅の王都に侵入すると，景哀王を自尽させて敬順王をたて，また多くの人物・財宝を略奪した．その後も後百済に優位な戦況であったが，935年，甄萱の長子である神剣が王位継承問題から内紛をおこし，甄萱を幽閉して王位を奪った．幽閉先から逃れた甄萱は，敵国であった高麗に投降するが，神剣の後百済政権はこの混乱を収拾することができず，936年に一利川の戦で高麗軍に敗れ，滅亡した．

参考文献 中村栄孝『日鮮関係史の研究』上，三品彰英『三国遺事考証』中，原田一良『高麗史研究論集』，石井正敏「『日本書紀』金春秋来日記事について」(佐藤信・藤田覚編『前近代の日本列島と朝鮮半島』所収)，申虎澈『後百済一甄萱政権研究一』，조법종「후백제와 태봉관련 연구동향과 전망」(『新羅文化』27)　　　　　　　　　　　(近藤　剛)

091 五山文学 ござんぶんがく

鎌倉時代から室町時代にかけて，五山禅僧によって創作され，鑑賞された漢詩文のことをいい，日本漢文学の黄金時代を形づくるとともに，中世文化の形成のうえで重要な役割を果たした．その表現形式は詩文の各分野に及び，住持がはじめて入寺するときの説法である入院(じゅえん)法語，住持が定期的または臨時に法座に上って行う説法である住院法語，火葬や年忌などの小仏事のための各種の法語，修行者たちに宗旨を説く示衆法語，仏教的な詩である偈頌(げじゅ)，入寺を勧誘慶賀する疏(しょ)など各種の文学作品が含まれている．このような禅林文芸は鎌倉時代から南北朝時代にかけて多くの来朝僧や留学僧たちの日中交流によって伝えられたが，わが国禅宗における学芸興隆の最初のきっかけとなったのは，円爾の帰朝(仁治2年(1241))とその仏教・儒教などの尨大な典籍の将来である．やがて，そののち蘭渓道隆・兀庵(ごったん)普寧・大休正念・無学祖元・一山一寧・東明慧日・清拙正澄・明極(みんき)楚俊・竺仙梵僊などの禅匠たちの相つぐ来朝と，円爾をはじめ無本覚心・無関玄悟・無象静照・南浦紹明・竜山徳見などの帰国によって，漢詩文の流行に拍車がかけられ，五山の間で漢詩文が非常に重んじられるようになった．たとえば，禅宗に入門する場合には，まず漢詩文作製の能力試験が課せられた．そのため，五山には漢詩文を得意とする人々が自然に多く集まった．しかも，そこでは悟りの心境を詩文で表現する訓練が優先されたので，参禅修行そのものよりも詩文の作製の方に人々の関心が移っていってしまった．このようにして流行した五山文学の発展のうえで，決定的な影響を与えたのは，正安元年(1299)に来朝した一山一寧である．一山は禅学はもとより儒学など学芸百般に通じ，しかも，きわめて高度に洗練された教養の持主であったから，その及ぼした影響力は絶大で，やがてその門下からは，当代学芸界の第一人者となった虎関師錬をはじめ，夢窓疎石・雪村友梅・竜山徳見・寂室元光など多くの逸材が輩出して，五山文壇で大いに活躍した．しかも，雪村や竜山らは竺仙を中心にして，その師である古林清茂(くりんせいむ)の思想を受け継いで，金剛幢下という文雅の友社をつくり，五山文学の発展に大きく貢献した．ついで14世紀後半になると，虎関門下から鬼才をうたわれた中巌円月や夢巌祖応・性海霊見などが登場して華々しく活躍した．また，竜山門下からは，五山文学の双璧とうたわれた義堂周信・絶海中津など優れた作者が多数輩出した．このころになると，その作品は本格的なものとなり，和臭味が少なく，そのために中国でもかなり高い評価を受けるようになった．さらに15世紀に入ると，岐陽方秀・惟肖得巌・太白真玄・江西竜派・心田清播・瑞渓周鳳・希世霊彦などが出て，五山派の主流は純文芸を専門とする人々によって形成されるに至り，相国寺や建仁寺を中心にして五山文学は大いに栄え，質量ともにその頂点に達した．しかも，四六文の模範とされた蒲室(季潭宗泐)の作法が絶海らによって伝えられてからは，四六文が五山の間に大流行し，室町時代中期にはその最盛期を迎え，四六文を専門としない者は学問を語る資格がない，とまでいわれるようになった．たとえば，絶海の門下からは，最一の作者といわれた惟肖のほか，一生涯を平僧の低い位で終ったが，きわめて格調の高い四六文を作って五山文壇で重きをなした天章澄彧などが出て，五山はこれら純文学者たちの四六熱に浮かされた．そのため，惟肖得巌・太白真玄・仲方円伊は四六の三疏，また，惟肖の文，江西の詩，太白の四六，心田の講説は四絶などといわれたように，五山の学芸には，きわめて高度な専門化や分化の傾向が目立って現われるようになった．一方，詩作の分野では，義堂・絶海のころまでは杜甫の詩風が重視され，古詩や律詩が詩作のかなりの部分を占めていたが，室町時代中期の惟肖のころからは蘇東坡の詩が大いに流行して，詩の作品も当世風の七言絶句が圧倒的に多くなっていった．しかも，その作品の中に学殖の深さを示す難解な辞句を努めて多く使おうとするために，いろいろな機縁の語句や故事などの出典を探ろうとして，博覧強記を誇る学風が栄えるようになった．さらに，そのための各種の典籍の講義が盛んになり，ついで，それらの注釈を筆録した抄物(しょうもの)が多く作られるようになっていった．そのために，五山の学芸には創造的な精神が失われて，応仁・文明の乱後になると，その伝統をただ形式的に継承しようとするだけの惰性的なものとなり，シナ趣味が喪失して和様化をすすめ，すっかり衰退してしまった．そのため，五山を出て還俗し，儒家として独立した人々が多く出るようになった．そうした人たちの

なかに，近世儒学の泰斗となって大いに活躍した藤原惺窩・林羅山・谷時中・山崎闇斎などがいる．その意味で，五山の学芸は近世の儒者によって受け継がれたということができるであろう．

[参考文献]『五山文学全集』，『五山文学新集』，玉村竹二『五山文学』(『日本歴史新書』)

(今枝　愛真)

092 御朱印船 こしゅいんせん ⇒朱印船(しゅいんせん)　⇒朱印船貿易(しゅいんせんぼうえき)

093 小関三英 こせきさんえい　1787～1839　江戸時代後期の蘭学者，医学者．天明7年(1787)6月11日，出羽国田川郡鶴岡(山形県鶴岡市)に生まれる．名は貞義，のち好義と改め，篤斎または鶴洲と号す．文化元年(1804)，江戸へ出て吉田長淑についてオランダ医学を学ぶ．文政4年(1821)故郷へ帰って医業を開いたが，翌5年に佐々木仲沢とともに仙台藩医学館の講師となり，同館に新設の蘭方科の教導にあたる．同9年ドイツのコンスブルック G. W. Consbruch の内科書の蘭訳書を重訳して『泰西内科集成』を訳出，のちその提要を『西医原病略』と題して刊行．天保2年(1831)江戸へ出て蘭学者桂川甫賢の家に寄寓して，オランダ医学・蘭学の研究に没頭，翌3年岸和田藩に仕え，同藩藩医となる．同4年幕命により天文台に出仕，蘭書翻訳方となり，『厚生新編』の訳述・編集に協力し，また『輿地誌』の訳述を続ける．一方，渡辺崋山・高野長英らとともに尚歯会を結成，天下の情勢を論じ，特に飢饉対策・西洋事情の研究に力を注いだ．たまたま，同9年浦賀に来航したイギリス船モリソン号の処置をめぐり，幕府当局側と崋山・長英らの意見が対立し，翌10年5月崋山・長英はついに捕えられ，投獄されるに至った．このため，三英はわが身にもわざわいの及ぶのを覚悟し，同年5月17日に自刃した．53歳．江戸青山の竜巌寺に葬る．

[参考文献]　杉本つとむ編著『小関三英伝』

(大鳥蘭三郎)

094 巨勢邑治 こせのおおじ　？～724　7世紀末，奈良時代前期の公卿．巨勢は許勢にもつくり，名は祖父にもつくる．黒麻呂の子．大宝元年(701)正月，粟田真人を遣唐執節使とする遣唐使の大位に任ぜられる．時に三河守，務大肆．翌2年渡唐，慶雲4年(707)3月帰国し，その功により同年5月綿・絁・布・鍬・穀を給わった．翌和銅元年(708)3月正五位上で播磨守に任じ，同5年正月従四位下，霊亀元年(715)正月従四位上に昇叙，同年5月右大弁となる．養老2年(718)3月中納言に任ぜられ，同3年正月正四位下，同5年正月従三位に叙せられた．同年3三月勅により帯刀資人4人を給わり，神亀元年(724)2月正三位に昇叙，封を増されたが，同年6月6日没した．

(加藤　友康)

095 古先印元 こせんいんげん　1295～1374　南北朝時代の五山禅僧．諱は印元，字(あざな)は古先．薩摩の人．永仁3年(1295)に生まれる．はじめ円覚寺の桃渓徳悟に入門した後，諸師に参じたが，文保2年(1318)入元して無見先覩，ついで中峯明本に参ずること数年，さらに古林清茂(くりんせいむ)・月江正印・笑隠大訴などに参じ，嘉暦元年(1326)帰国した．夢窓疎石と親しく，建武4年(1337)請われて甲斐の恵林寺に住し，ついで翌暦応元年(1338)に山城等持寺の開山となり，さらに暦応寺(天竜寺)の大勧進となった．貞和元年(1345)真如寺，観応元年(1350)京都万寿寺，ついで相模の浄智寺に住し，また須賀川(福島県)普応寺の開山となった．延文3年(1358)鎌倉の長寿寺の開山となり，翌4年円覚寺，ついで建長寺に住し，同寺内に広徳庵を構えた．応安7年(1374)正月24日寂．80歳．建長寺広徳庵と長寿寺曇芳庵に塔す．正宗広智禅師と勅諡された．

[参考文献]『大日本史料』6ノ40，応安7年正月24日条

(今枝　愛真)

096 胡宗憲 こそうけん　？～1562　倭寇を平定したので名高い明の武将．績渓(安徽省)の生まれ．字(あざな)は汝貞，諡は襄懋．嘉靖17年(1538)の進士．知県・御史となり，浙江を巡按したが，当時，日本の五島を根拠地として中国沿海を寇掠していた倭寇の首領王(汪)直を招撫しようと苦心をかさねた．まず王直とならぶ巨魁徐海に賄賂をおくって懐柔し，同じ海寇集団の頭目陳東・葉麻らを捕えさせたが，つづいて王直にも同じような懐柔策をもちい，欺いてついに投降させた．いわゆる戦略戦術に長じ，「権術多く功名を喜ぶ」と評せられたが，連年の征倭の功により右僉都御史・兵部右侍郎・右都御史にすすみ，王直平定の功によって嘉靖39年には太子太保を加えられた．かれの倭寇平定策は，互市を許すという懐柔策で，倭寇発生の根源をついてはいたが，結果的にはだまし討ちに終り，同41年にはかれもまた失脚して投獄され，自殺した．倭寇平定の功将には，さきに劉江・朱紈・王忬・張経らがおり，のちに兪大猷・戚継光・胡宗憲らがいる．明代倭寇研究の根本史料の1つ『籌海図編』13巻は，かれの著とされているが，じつはかれの幕下鄭若曾の手になったものである．

[参考文献]　陳懋恒『明代倭寇考略』，田中健夫『中世海外交渉史の研究』，同『倭寇と勘合貿易』(『日本歴史新書』)，石原道博『倭寇』(吉川弘文館『日本歴史叢書』7)

(石原　道博)

097 孤草島釣魚禁約 こそうとうちょうぎょきんやく　嘉吉元年(1441)，対馬島主(守護)宗貞盛が朝鮮との間に結んだ漁業条約で，朝鮮の孤草島で対馬島民が漁業を行うことを許し，その手続・収税などを定めている．孤草島の位置については諸説あるが，現在の全羅南道麗川郡巨文島三山面(三島，北緯34度2分・東経127度17分)に比定してよかろう．条約の内容は，『海東諸国紀』釣魚禁約条や

『朝鮮王朝実録』(『朝鮮世宗実録』から『朝鮮中宗実録』まで)などに散見するところからまとめれば，次のごとくである．すなわち同島へ出漁する船は，対馬島主から船の大小や乗船員数などを記入し島主の印3つをおした文引(渡航証明書)の発給をうけ，慶尚道巨済島知世浦に赴き，島主文引を提出して代りに知世浦万戸から孤草島往来の文引を給付されて孤草島へ赴くべきこと，また同島での操業海域は島の内海(すなわち巨文島の島内海)に限られ，漁が終ると知世浦にもどって，万戸の文引を返し，税魚(当初大船500尾・中船400尾・小船300尾，のちに減じて『経国大典』ではおのおの200尾・150尾・100尾)を納め，島主文引に証明をもらって帰島すべきこと，もし島主文引を持たず，または兵器を帯したり，指定水域外を横行すれば海賊とみなされるなどである．本条約は三浦の乱(永正7年(1510))まで続いた．なお対馬の古文書に「おふせん」なる語を記すものがあるが，これは孤草島釣魚に関するものである．

参考文献　長節子「「おふせん」論考」(『中世 国境海域の倭と朝鮮』所収)，同「孤草島釣魚研究」(同所収)　　　　　　　　　　　　　　　(長　節子)

098 五台山 ごだいさん　中国山西省忻県専区五台県の東北に在る霊山．山は東台・西台・南台・北台・中台の5峰から成り，盛夏でも炎暑を知らないので清涼山ともいう．文殊菩薩示現の霊地として，普賢菩薩の峨眉山，観世音菩薩の補陀落山とともに三大霊山の1つに数えられている．この山を文殊示現の霊地とするのは4世紀の東晋のころかららしく，北魏の孝文帝が中台に登り1寺を創建して大孚図霊鷲(だいふとりょうじゅ)寺と名づけてから多くの寺院が建立されたという．霊辨(れいべん)は『華厳経』をもって登山し，清涼寺において苦修練行してついに『華厳経』の奥旨を悟り，のちに『華厳論』100巻を造った．浄土五祖の初祖とされる曇鸞も五台山の遺跡を訪ねて出家し，四論の宗義に通じたという．北斉高祖の第3王子は山に登って文殊菩薩を求め，身を焼いて供養したと伝える．当時山中には200余の伽藍があったが北周の時破壊され，隋の終りに兵火のために焼亡しわずかに67所が残ったという．唐代になって貞観17年(643)新羅の慈蔵は生身の文殊を見ようとしてはるばる訪れ，咸亨4年(673)法相宗の窺基は僧俗500余人とともに中台に登り，罽賓(けいひん)国から来た仏陀波利は儀鳳元年(676)文殊の尊容を見ようとして山に入った．また大暦元年(766)には不空・含光は山中に金閣寺・玉華寺を造営して密教の中心とし，同5年4月法照は仏光寺に至り，のちに大聖竹林寺を建て般舟(はんじゅ)道場で念仏三昧を修した．同11年華厳宗の澄観が登山し，大華厳寺に住して『華厳経』『法華経』などを講じ，のちに『華厳経疏』を撰した．わが国からも多くの僧が五台山巡礼を行なっている．興福寺の僧霊仙は元和末年に訪れ，慧蕚も嵯峨皇太后橘嘉智子の命をうけて開成4年(839)に登山している．天台宗の円仁は同5年入唐の目的である当山巡礼を果たし竹林寺で念仏三昧の法を習い，つづいて各地の名刹も訪れた．宋代になって雍熙元年(948)東大寺の僧奝然(ちょうねん)が来山し，熙寧5年(1072)11月には成尋(じょうじん)が来て真容院に入り，ついで太平興国寺・金剛窟・大華厳寺を巡礼した．元代になって仏教の聖地として大万聖佑寺が建てられ，清代になるとラマ教寺院が増えた．

(中台全景)

参考文献　小野勝年・日比野丈夫『五台山』，常盤大定・関野貞『中国文化史蹟』1，斎藤忠『中国五台山竹林寺の研究』　　　　　　　(大野達之助)

099 古代の対外関係 こだいのたいがいかんけい　⇨対外関係(たいがいかんけい)

100 呉泰伯説 ごたいはくせつ　⇨泰伯説(たいはくせつ)

101 コックス Richard Cocks 1566〜1624　イギリス東インド会社平戸商館長．1566年イングランド中部のスタフォード州ストールブロックの自作農ロバートと妻ヘレンの三男に生まれ，1600年12月(以下すべてジュリアン暦)東インド会社に入社，03年から5年間南フランスのバヨンヌに駐在したことがある．また，別のロンドンの織布会社にも籍をもっていた．13年6月12日(慶長18年5月5日)ジョン=セーリスの率いる東インド会社の第8航海の際日本に来航，W・アダムスの周旋で11月26日平戸商館が開設されると商館長に任命され，江戸・大坂に代理店をおいて日本貿易にあたった．16年9月(元和2年8月)イギリス・オランダの貿易活動が平戸・長崎に限定され，20年にはオランダ商館との対立が高まる一方，中国貿易の開始の望みを託していた華僑の華宇(はう)や，幕臣のアダムスが死亡し，この年夏から2年間，両会社の防衛同盟によって活動は一時小康を保ったけれども，経営不振は拭い得ず，貸付金も3200ポンドに及んで回収の見込みが立たなかった．バタビアの命により23年12月23日(グレゴリオ暦では24年1月2日，元和9年11月12日)商館

の業務を閉じ，翌日日本を去った．バタビアでは帰還命令に直ちに応じなかったかどで裁判を受け，本国送還となったが，帰路，24年3月27日，アン=ロイヤル号上で死亡した．滞日中の『コックス日記』や書翰が残っている．　　　　　→イギリス商館　　　（金井　圓）

102 コックス日記 コックスニッキ　イギリス東インド会社平戸商館長リチャード=コックスの在職中の公務日記．ロンドンの大英図書館に残存する自筆本はわずかに1615年6月1日(以下すべてジュリアン暦，元和元年5月15日)～17年7月5日(同3年6月13日)までを含む1冊(210葉)と，17年7月6日(同3年6月14日)～19年1月14日(同4年12月9日)まで，および20年12月5日(同6年11月22日)～22年3月24日(同8年2月23日)までの断簡を集めた1冊(242葉)だけであるが，商館の日常業務とたびたびの上方・江戸旅行の際の江戸幕府当局との折衝をはじめとし，徳川家康死去前後の国内状勢，オランダ・ポルトガル・日本商人の活躍，平戸松浦氏の役割などを克明に記しているので，江戸時代初期日本史の根本史料として有用である．1883年大英博物館のE・M・トムソンによる抄本(2冊)がロンドンで刊行され，それを増補した村上直次郎の日本版Diary of Richard Cocks, Cape-Merchant in the English Factory in Japan, 1615-1622. With Correspondence (2冊)が明治32年(1899)東京で刊行され，前者の覆刻本がニューヨークで刊行されたほか，皆川三郎の研究書『平戸英国商館日記』が昭和32年(1957)に刊行されたが(その後改訂版あり)，東大史料編纂所刊行の『日本関係海外史料』所収『イギリス商館長日記』原文編3冊(昭和53年～55年刊)と同訳文編4冊(うち，本文上・下2冊は同54年～55年刊)は原本の完全な翻刻と翻訳の最初のものである．なお，コックスの就任直前の平戸日記がセーリスの航海記に載っており，また商館閉鎖期1週間分の日記の抄本がロンドンの旧インド省図書館に保存されていて，後者はトムソン版・海外史料本に収録されている．

参考文献　「本所出版物」(『東京大学史料編纂所報』13～17)　　　　　　　　　　　（金井　圓）

103 兀庵普寧 ゴッタンフネイ　1197～1276　鎌倉時代に来朝した臨済宗楊岐派の禅僧．諱は普寧，字(あざな)は兀庵．中国，西蜀(四川省)の人．慶元3年(1197)に生まれる．はじめ儒学をうけたが，のち出家して唯識などの教学を修めること数年，ついに禅に転じ，蔣山の痴絶道冲，ついで阿育王山の無準師範の門に投じ，さらに無準に従って径山に移り，ついにその法を継いだ．のち霊隠寺・天童寺の首座を勤めたあと，慶元府の霊岩寺，常州の南禅寺に住したが，文応元年(1260)旧知の間柄であった蘭渓道隆や円爾などの招きをうけて来朝し，博多の聖福寺に入った．ついで上京して，東福寺の円爾と旧交を暖めたが，北条時頼の要請をうけて建長寺2

世となった．ときに，建長寺の本尊は地蔵菩薩であるから，仏である自分より下位であるというので，ついに仏殿を礼拝しなかったと伝えられる．この後，時頼は兀庵について熱心に参禅問法をかさね，弘長2年(1262)10月16日朝，ついに悟りを開いて，兀庵から印可証明をうけている．しかし，時頼の死後，格調高いその禅風のよき理解者が得られず，しかも門徒の間で争い事が起きたため，嫌気がさして，文永2年(1265)日本人景用を伴って，在留わずか6年で帰国してしまった．その後，婺州の双林寺，温州の江心寺などに住した．至元13年(1276)11月24日寂．寿80．宗覚禅師と勅諡された．著作に『兀庵和尚語録』1巻がある．弟子に東巌慧安・南洲宏海・天外志高らがいる．その滞在期間はわずかに数年間にすぎなかったが，大陸禅宗界の第一級の禅匠に接することができたということは，わが禅林のその後の発展にとってきわめて貴重な刺戟となった．　　　　　　　　　　（今枝　愛真）

104 籠手田安経 コテダヤスツネ　？～1582　戦国時代，平戸松浦氏の武将．肥前国生月島・度島の領主．左衛門尉，兵部少輔．キリスト教に帰依し，ドン=アントニオと称した．領内に教会・聖堂などを建て，仏像を焼き捨て，家族・家臣・領民も多数キリシタンとなった．松浦隆信がキリシタンを弾圧する中で，固く信仰を守り，永禄8年(1565)隆信が福田港のポルトガル船攻撃の際もこれに参加しなかった．天正10年(1582)初頭，扁桃腺炎で急死したが，勇将として数々の戦功があったので，松浦鎮信もその死を惜しんだ．妻はドナ=イサベル，嫡子はドン=ゼロニモと称し，安経の死後も領内のキリシタンを保護した．

参考文献　『耶蘇会年報』1(村上直次郎訳，『長崎叢書』2)，『イエズス会日本年報』(村上直次郎訳・柳谷武夫編，『新異国叢書』3・4)，ルイス=フロイス『完訳フロイス日本史』(松田毅一・川崎桃太訳，『中公文庫』)，和辻哲郎『鎖国』(『和辻哲郎全集』15)，片岡弥吉「籠手田一族」(『カトリック研究』20ノ4)
　　　　　　　　　　　　　　　　　　（瀬野精一郎）

105 後藤寿庵 ゴトウジュアン　生没年不詳　江戸時代初期の陸奥

国仙台藩士．開拓者ならびにキリシタン武士として知られている．寿庵をめぐる伝説や仮説が多く，彼の出身と最後についても確実な史料がない．奥州の後藤一族の者と推定する史家もいるが，宣教師の書簡ではじめて現われる時，博多のジョアン＝ゴトーとして言及されているので，慶長年間(1596～1615)に九州から奥州へ来たともいわれている．慶長19年・元和元年(1615)，後藤寿庵は伊達政宗の武将として大坂の陣に出陣した（『伊達家文書』）．その冬の陣の終り，彼は大坂でイエズス会の宣教師アンジェリスに会い，彼を奥州へ招いた．その後イエズス会の宣教師が奥州布教に参加するようになり，後藤寿庵の領地見分(みわけ，岩手県奥州市)または仙台の後藤屋敷を拠点にした．なお，元和年間は伊達領内の大規模な開拓政策にあたって後藤寿庵は胆沢川の上流から水堰の工事を開始した．それは寿庵の追放後数年もかかったが，現代まで寿庵堰と称され，水沢平野の水田に最も重要な給水路となっている．元和9年正月末，伊達政宗が領内のキリシタン探索を命じた折，見分から下嵐江(おろせ)へ逃げたカルワーリュ神父は逮捕され，後藤寿庵は棄教命令を拒否したので2月6日前後隣国南部へ逃亡した．その後，南部からさらに津軽へ行ったとか，後年伊達領に戻ったとか，九州へ下り筑前で殉教したとかの説があるが，確実な史科はない．大正13年(1924)に後藤寿庵の開拓事業を賞して従五位が贈られ，昭和6年(1931)に見分の寿庵館跡に後藤寿庵廟堂が建立された．

[参考文献] Giovanni Rodriguez Giram: Lettera Annva del Giappone Dell'Anno 1624．『石母田文書』(『宮城県史』12)，姉崎正治『切支丹迫害史中の人物事蹟』，菅野義之助『奥羽切支丹史』，浦川和三郎『東北キリシタン史』，村岡典嗣「後藤寿庵とその史料」(『日本思想史研究』所収)，H・チースリク「後藤寿庵」(『奥羽史談』6ノ3・4，7ノ1)
(H・チースリク)

106 **五島純玄** ごとうすみはる 1562～94 戦国大名．永禄5年(1562)肥前国福江(長崎県五島市)に生まれる．父は宇久純定，母は不明．次郎，修理大夫，大和守，若狭守．天正15年(1587)家督を嗣ぎ，九州攻めのため下向した豊臣秀吉に豊後国府内で謁し，秀吉は純玄の所領を安堵し，異国船警備を命じた．文禄元年(1592)秀吉は朝鮮出兵(文禄の役)にあたり，先陣を命じ，純玄は総勢700余人を率い，軍船17艘・船舶8艘に分乗して出陣するに際し，それまでの宇久姓を五島姓に改めた．同4月名護屋(佐賀県唐津市鎮西町)を発し，釜山に上陸し，各地を転戦したが，同3年7月28日，疱瘡のため朝鮮陣中で没した．遺骸は酒漬にして福江に後送され，大円寺に葬られた．33歳．法名子峰源師．妻は秀吉の下知に従わなかったため，所領を没収された伊佐早の領主西郷純堯の妹との説がある．父純定がキリスト教を保護したのに対し，純玄はキリシタン追放令を発したため，五島のキリスト教は一時下火となった．

[参考文献] 『寛政重修諸家譜』186，中島功編『五島編年史』上
(瀬野精一郎)

107 **後藤宗印** ごとうそういん ?～1627 安土桃山・江戸時代前期の海外貿易に従事した商人．キリシタン．諱は貞之，通称は惣太郎，のちに庄左衛門と改め，受洗してThome (登明)の霊名を用いた．長崎頭人の1人で，長崎が公領となると，町年寄と改名され，また慈悲の組の役員でもあった．外国貿易にも関係し，慶長11年(1606)6月12日付で茭莱(ボルネオ)，同12年12月24日付で暹邏(シャム)国へ渡海する舟の御朱印状を得た．社会的地位と経済力を持った有力な教徒としてイエズス会を援け，同5年からその委託を受けてキリシタン版国字本の印刷を行い，同年3月上旬刊『おらしよの翻訳』，同年6月上旬刊『どちりなきりしたん』，同16年5月上旬刊『ひですの経』が残っている．1621年(元和7)3月26日付長崎の教徒からローマ教皇への奉答文に署名した13名中にその名がみえる．寛永3年(1626)隠居し，同4年11月24日80余歳で没し，長崎皓台寺に葬られた．

[参考文献] 天理図書館編『富永先生古稀記念きりしたん版の研究』(『参考資料』8)
(土井忠生)

108 **五島ルイス** ごとうるいす 中世末・近世初期の肥前五島の領主．従来第20代宇久(五島)次郎純玄(すみはる)および次代の孫次郎玄雅(はるまさ)の2人を指すといわれたが，その後，L・フロイス『日本史』，J・ロドリゲス『日本教会史』，M・シュタイシェン『切支丹大名記』，『耶蘇会士日本通信』などの翻訳が出版され，『寛政重修諸家譜』186の五島氏系図と併せての研究で第19代次郎三郎純堯(すみたか)と弟の玄雅の2人とされる．純堯は第18代純定の庶子で大浜氏の養子であったが，永禄11年(1568)ルイスの名を受洗し，天正4年(1576)父のあとを継ぎ五島の領主となり，キリスト教を保護した．3年後に没したので甥の純玄が当主となったが，彼はキリスト教を嫌い弾圧した．文禄3年(1594)文禄の役で陣没すると，純玄の弟玄雅が襲封しルイスを称して布教を許した．関ヶ原の戦で小西行長らと西軍に従ったが途中で変心，東軍に転じ慶長9年(1604)ごろから棄教して信者を弾圧した．純堯は生年不詳，天正7年8月26日没，法名は竜山宗辰，福江の清浄寺に葬られる．玄雅は天文17年(1548)に生まれ，慶長17年没，65歳，法名は天幡奕叟，福江の大円寺に葬られる．

[参考文献] 『切支丹風土記』3，土井忠生『吉利支丹文献考』，「日本人キリシタン略伝」(『カトリック大辞典』)
(森田誠一)

109 **五島列島** ごとうれっとう 長崎県五島市，南・北松浦郡，佐世保市，西海市に属し，東シナ海にあるわが国最西端

の列島．福江島・久賀島・奈留島・中通島・小値賀島・宇久島をはじめ大小さまざまの島が約100kmの海上に連なっている．島は白亜紀の水成岩からなる傾動地塁で，断層によって5つに分かれている．島には縄文時代以前からの遺跡が多く，『肥前国風土記』には松浦郡の西南の海中に値嘉郷があると書かれており，そこには80余の島があり，小近島・大近島に人が住んでいるとされている．貞観18年(876)3月9日肥前国から独立し値嘉島が設置されたが，間もなく廃止され，もとの肥前国に復した．遣唐使の南路のコースにあたり，相子田(あいこだ)・川原・美弥良久(みみらく)などの港は，最後の寄港地に利用された．中世は倭寇の根拠地となり，近世には福江に本拠を有する五島氏と平戸松浦氏が領した．江戸時代禁圧をのがれたキリシタンが移住潜伏したことで知られる．

参考文献　中島功編『五島編年史』

(瀬野精一郎)

110 **小西如庵** こにしじょあん　?～1626　文禄・慶長の役の講和使節．内藤飛驒守忠俊，徳庵に同じ．松永久秀の弟甚介と丹波八木城主内藤氏の娘との間に生まれ，青年時代にキリシタンとなり，ジョアン(如庵)と称した．足利義昭が勢いを失うとともに浪人となったが小西行長に登用され，小西如庵の名で著名である．朝鮮の役にあたり，文禄2年(1593)6月20日，明国への講和使節に選ばれたが，明入国の手続きが長引き，同3年12月6日，ようやく北京に入るを得，同13日，明の大臣と日本の封貢につき議するところがあった．翌4年正月北京を発し帰国したが，明使が提出した条項は豊臣秀吉を激怒せしめ，慶長の役が始まった．関ヶ原の戦で小西行長が処刑されてのち，一時加藤清正に仕え，間もなく加賀の前田家の侍臣となり徳庵と称した．慶長19年(1614)，キリシタンの故に高山右近とともにマニラに放逐され寛永3年(1626)その地で客死した．

参考文献　『大日本史料』12ノ14，慶長19年9月24日条，ルイス＝フロイス『完訳フロイス日本史』(松田毅一・川崎桃太訳，『中央文庫』)，ドン＝テオトニョ＝デ＝ブラガンサ編『耶蘇会士日本通信』京畿篇下(村上直次郎訳『異国叢書』3)，Francisco Colin: Labor Evangélica, Ministerios Apostólicos de los Obreros de la Compañía de Jesús: en las islas Filipinas; Luis Frois: Apparatos para a História Ecclesiástica do Bispado de Japam(リスボン，アジュダ図書館蔵)，松田毅一「丹波八木城と内藤如庵について」(『Cosmica』7)　　(松田　毅一)

111 **小西行長** こにしゆきなが　?～1600　安土桃山時代の武将．弥九郎，摂津守．西洋人はそのキリスト教名を加え，「アグスチノ＝ツノカミ(津守)殿」と称した．行長の前半生についてはわずかのことしか判明しない．和泉堺の薬種商の家に出たとするのは，堺の薬種商小西家が著名なための混同らしく，両小西家の関係は立証できない．『備前軍記』4，『陰徳太平記』58などは，弥九郎(行長)は羽柴(豊臣)秀吉と竹馬の友であったので，宇喜多家の使者に採用されたとするが，秀吉とは年齢が開きすぎていて幼少時から親しい関係にあったとは認め難い．一方，南蛮人宣教師の報告によれば，小西立佐は堺に生まれたが，早くより都に住んでおり，行長は弘治元年(1555)ごろその次男として「都」で出生し，「幼少時より都の教会でキリシタンの教義を学んだ」という．だが行長はいかなる縁故からか，備前・美作の領主宇喜多直家に仕え，その間，直家が織田信長に投降する際に頭角を現わすことになった．直家が行長を使臣に随伴させて上洛させたことと，当時，立佐がすでに信長の知遇を得ていたこととの間には関係があるかも知れない．立佐・行長父子は天正8年(1580)ころから秀吉に重用され始め，同年立佐は播磨の網干へ使しているし，翌年行長は網干に近い室津で所領を得ている．同10年，行長はなお室津に居り，秀吉から小豆島の管理を委ねられた．同年12月14日付で，秀吉が行長に材木運搬の遅延について叱責した文書がある．『イェズス会日本年報』によれば，同11年には塩飽から堺に至るまでの船舶を監督する水軍の長に任ぜられたというが，このころから秀吉の「舟奉行」(『川角太閣記』)の1人に任ぜられたのであった．同13年には根来・雑賀攻めにその職名で参戦した．このころ，室津や小豆島が行長の管轄下にあったことは，当時行長に招かれて小豆島へ伝道に赴いた宣教師の報告に詳らかである．一介の商人から舟奉行へと破格の出世をした行長は，さらに同16年閏5月16日になり，肥後国宇土の城廻りで12万石を給せられるに至った．豊臣秀吉は朝鮮出兵に際し，行長を一番隊の隊長に任命した．文禄元年(1592)4月13日，女婿の宗義智らとまず釜山城を陥れ，東萊・梁山・尚州と順調に勝ち進み，5月2日に首都ソウルに達し翌日入城した．さらに平安道に進撃し，6月15日には平壌を陥落させた．しかし朝鮮国王の要請に基づいて明軍が来襲し，攻防戦が展開する間，明の遊撃沈惟敬が平壌に来って，講和を申し入れたので，行長は8月30日，惟敬と会談し，50日間の休戦を約した．翌2年正月7日，明将李如松の軍に包囲されたので平壌を退き，4月18日には，惟敬の和議を容れてソウルからも撤兵した．行長と惟敬は，この戦役の間，幾度となく会談しており，その内容は本役の史実の解明にきわめて重要であるが，日・明・朝のいずれの史料からも明らかでなく，奇々怪々と評されている．だが両者の間で和平実現のために両国政庁を欺く密約が交わされたことは察するに難くない．同年6月，行長の家臣小西(内藤)飛驒守如庵は，日本側の講和使節に選ばれ，翌年末，北京において明政府と和平条件を定めたが，およそその内容は，先に秀吉が提

示した和件七条とは全く異なるものであった．したがって，慶長元年(1596) 9月2日，行長に伴われて来た明国使節が秀吉に謁した時に，たちまちその内容が明らかとなって秀吉の激昂を買い，朝鮮への日本軍再出兵となった．行長がこれにより失脚しなかったことはむしろ不思議とすべきであろうが，ともかく行長は同2年正月13日，肥前名護屋を出，8月には左軍の一将として南原を攻略，9月からは順天城の守りを固めた．翌3年，秀吉の死後2ヵ月を経，順天城において明軍を迎撃し，11月19日になってようやく軍を撤し，25日に釜山を出発して帰国の途についた．同5年7月に，毛利輝元を総大将として石田三成が徳川家康に対して挙兵した際，行長は西軍に参加し，9月15日，関ヶ原に戦ったが，東軍の寺沢広高隊に敗北し，近江伊吹山中において捕縛された．ついて10月1日，行長は三成らとともに京都六条河原で斬首された．その死に臨み，キリシタンの教義に反するとて自害を拒否し，先にポルトガル王妃から賜わったキリストとマリアの画像を押し戴きこれに祈ったと伝えられる．これによっても，天正15年に伴天連追放令が発せられた直後，一時キリシタン信仰に冷淡になりはしたが，信徒の道を全うしたものと認められる．その一人息子は処刑され，宗義智に嫁した一女は離縁されてのち慶長10年長崎で死に，女婿小西弥左衛門はマカオに追放されて客死したので，小西立佐・行長の直系の子孫は断絶した．

【参考文献】Luis Frois: Apparatos para a História Ecclesiástica do Bispado de Japam（リスボン，アジュダ図書館蔵），Georg Schurhammer: Die Riusas, Katholischen Missionen. 49. ルイス＝フロイス『フロイス日本史』(松田毅一・川崎桃太訳，『中公文庫』)，池永晃『完訳中世堺を代表する俊傑小西行長』，松田毅一『(近世初期日本関係)南蛮史料の研究』，石原道博『文禄・慶長の役』(『塙選書』31)，豊田武『堺』(『日本歴史新書』) （松田 毅一）

112 小早川隆景 こばやかわたかかげ 1533〜97 戦国・安土桃山時代の武将．毛利元就の第3子．母は吉川国経の女妙玖．天文2年(1533)生まれる．幼名は徳寿丸，長じて又四郎．同13年安芸国竹原小早川家をつぎ，翌年大内義隆のもとに人質となり3年にして帰る．同19年沼田小早川家をつぎ両小早川家をあわせた．同20年沼田高山城に入る．のち中務大輔ついで左衛門佐に任ず．兄吉川元春とともに父元就を助け，元就没後は甥輝元を助けて毛利氏を山陰山陽の大半と九州の一部を併有せしめ，兄元春とともに両川と称せられた．同23年より陶晴賢との決戦に折敷畑・矢野保木城・厳島などの戦に戦功あり，西方では永禄2年(1559)門司城の救援に赴き，同12年には遠く筑前立花城を攻略した．北方では同6年以後たびたび尼子攻略に従った．元亀2年(1571)足利義昭の命に応じて備前の浦上・宇喜多と通じる三好氏の本拠讃岐に出兵，天正3年(1575)信長に応じた備中の三村氏を滅し，同4年以後水軍を以て本願寺などの反織田勢力を援助した．同10年秀吉の備中高松城攻囲に元春とともに対陣し，本能寺の変により秀吉がいそぎ和議を結び軍を返した時，隆景は機に乗じて秀吉を追撃しようとする主張を退けた．秀吉はこれに感じ，以後両者互いに提携するに至ったといわれる．翌年養子元総(秀包)を元春の子経言とともに人質として秀吉に出した．同13年秀吉の紀州征服に警固船を動員して助け，また四国平定には元春とともに伊予を攻略し進んで讃岐に入った．戦後功により伊予35万石を与えられた．九州攻めには同14年8月先鋒として豊前の攻略に任じ，以後九州諸城を攻めて功をたて，同15年功により伊予を転じて筑前一国と筑後・肥前各2郡を与えられ，筑前名島に新城を築きここに治し，同年肥後に起った大一揆の鎮定にあたった．同16年従五位下侍従に叙任し，ついで従四位下．同18年の小田原攻めには尾張清須城自身在番と仮屋・須賀城の拠守に任じ，秀吉の小田原攻めの成功は隆景の献策によるといわれる．文禄元年(1592)の朝鮮出兵には1万人を統率し，第6軍主将として従軍，各地に転戦し，特に翌年正月の碧蹄館の戦には立花宗茂らとともに明将李如松の大軍を破った．同年閏9月病により帰朝．このころ以後秀吉の猶子秀俊(のち秀秋)を嗣子とするに決したが，同4年領知をこれに譲り備後御調郡三原に隠退した．秀吉は筑前において5万石余の隠居料を給した．同年8月従三位権中納言に任じ，清華に列せられたが，慶長2年(1597) 6月12日三原城に没した．65歳．三原の米山寺(広島県三原市)に葬られる．法名泰雲紹閑．晩年は大徳寺玉仲宗琇との道交厚く参禅を怠らず，同寺に金鳳山黄梅院を創立し菩提所とした．また儒を学んで中庸の道の宣揚につとめ，慶長元年には名島学校を興し聖廟を建て少壮者を学ばせたという．没後慶長14年位牌を防州闢雲寺(このとき泰雲寺と改称)に建てた．室は小早川正平の女．のち周防吉敷郡問田(といだ)村に住み，問田大方と称せられた．

【参考文献】『小早川家文書』(『大日本古文書』家わけ11)，『江氏家譜』，『寛政重修諸家譜』618，渡辺世祐・川上多助『小早川隆景』 （松岡 久人）

113 小早川秀秋 こばやかわひであき 1582〜1602 安土桃山時代の武将．豊臣秀吉の正室高台院の兄木下家定の第5子．母は杉原七郎左衛門家次の女．天正10年(1582)近江長浜に生まれる．幼名辰之助．幼少から秀吉の養子となり高台院の膝下に養育され羽柴秀俊と名のり，同19年参議に任じ右衛門督を兼ね従四位下に叙せられたので金吾と呼ばれた．ついで丹波亀山10万石を与えられ，文禄元年(1592)権中納言に進み左衛門督に転じ従三位に叙せられ丹波中納言と称した．朝鮮の役が起ると同2年3月肥前名護屋に出陣したが，同年8月秀吉の側室

淀が拾丸(秀頼)をもうけるに及び小早川隆景の養嗣子となり，同3年11月備後三原城に赴いた．同4年関白豊臣秀次の事件に連坐して丹波の所領を没収されたが，ついて隆景が備後三原城に隠居すると同時にその旧領筑前一国および筑後の一部を与えられ，慶長2年(1597)6月隆景が没したのち秀秋を名のった．同年7月朝鮮再派軍の総大将として釜山に渡り，翌3年正月蔚山(ウルサン)の戦にはみずから奮戦して武名を挙げたが，その軽挙の科で帰国を命ぜられ，4月筑前等を取りあげ越前北庄を与えられた．翌4年2月秀吉の遺志に基づき，豊臣氏五大老から筑前・筑後の旧領に移された．関ヶ原の戦以前から徳川家康にくみし，その気配を察知した石田三成の命に従い伏見城攻撃に加わり，陽に西軍がわに属した．関ヶ原の戦にあたっては初め西軍にあって松尾山に陣したが，戦いなかばにして東軍に反応し徳川方大勝の因をなした．戦後，宇喜多秀家の旧領のうち備前・美作50万石を与えられ岡山城に治し，ついて名を秀詮と改めたが，政道乱れ，諫言した老臣杉原紀伊守は誅伐され，稲葉通政は逐電し，家中の退散が多かったといわれる．同7年10月18日岡山にて没．年21歳．死没の異常な事情を伝える諸説があるが確かでない．嗣子なく家は断絶した．法名瑞雲院秀厳日詮．備前岡山の本行院で火葬に付し，京都本圀寺の塔頭瑞雲院に納骨．

参考文献 『小早川家文書』(『大日本古文書』家わけ11)，『木下家譜』，『寛政重修諸家譜』618，『岡山市史』2　　　　　　　　　　　　　　　　　　(松岡　久人)

114 **御分唐船** ごぶんとう　鎌倉幕府官営の日宋貿易に従事した船．いつごろから置かれたか明らかでないが，文永元年(1264)4月，幕府が大宰府に対し御分唐船を今後停止するよう命じている(鎌倉幕府追加法422)のでその存在が知られる．経営規模・運営方式など不明．廃止理由はおそらくモンゴルの進出によって大陸の情勢が変化したためであろう．これ以後は，幕府は必要な唐物を民間貿易船に委託して入手したようである．

参考文献 佐藤進一・池内義資編『中世法制史料集』1，森克己『日宋貿易の研究』(『森克己著作選集』1～3)，中村栄孝「十三・四世紀の東アジアと日本」(『日鮮関係史の研究』上所収)，長節子「建長六年「唐船制限令」に関する諸問題」(『中京短期大学論叢』1ノ2)　　　　　　　　　　　　　(長　節子)

115 **孤峯覚明** こほうかくみょう　1271～1361　鎌倉・南北朝時代の禅僧．覚明，字(あざな)は孤峯．奥羽会津の平氏の出．文永8年(1271)生まれる．7歳で出家の志があり，17歳で得度した．はじめ叡山で台密を学び，のち禅に入り，紀伊興国寺開山の心地覚心に従った．応長元年(1311)求法のために元に航し，中峰明本・無見先覩・断崖了義・雲外雲岫・古林清茂らについて奥旨をきわめた．帰国してさらに能登永光寺の瑩山紹瑾に参じて，

曹洞の宗風を探り，仏祖正伝菩薩戒を付属された．のち出雲宇賀荘に至り，雲樹寺を創建して住した．当時は元弘の乱中で，後醍醐天皇は隠岐を出て伯耆船上山にあり，覚明は召されて宗要の勅問に奉答した．建武2年(1335)10月5日同天皇より国済国師号を賜わった．その後興国寺をつぎ，また京都妙光寺に住したが，南朝後村上天皇に召されて参内し，同天皇らに戒法を授けた．正平2年(北朝貞和3，1347)4月3日同天皇より三光国師号を加賜された．彼は南朝君臣の尊信があつかったが，また北朝光厳天皇の帰依もうけた．晩年，和泉高石に大雄寺(だいおうじ)を建てて住し，正平16年(北朝康安元，1361)5月24日91歳で，ここに寂した．その著作に語録『徹心録』，説法『四会録』があるが，今日に伝来しない．弟子に古剣智訥・聖徒明麟・子晋明魏らがある．

参考文献 『大日本史料』6ノ23，正平16年5月24日条，雲樹寺編『霊昭余光』，山川七左衛門『浜寺之由来』，村田正志「大雄寺の懐古」(『南北朝史論』所収)　　　　　　　　　　　　　　　　　　(村田　正志)

116 **盈物** こぼれもの　江戸時代，長崎へ入港した唐・蘭船の積荷物を荷役の人夫が，荷揚げ，掛け改め，荷渡しをする際，こぼれ落ちた物は，その日雇人夫に与える習慣があった．これを盈物という．盈物を得た人夫は，自由に一般人へ売っていたが，安永3年(1774)，盈物仲買人が定められ，一般人への売却は禁止された．天明4年(1784)，人夫が故意に盈物を増長させる弊が著しくなったので，すべて，盈物の拾い取りを厳禁し，また盈物仲買人を廃し，代わって，唐・蘭側から砂糖を出させ，長崎会所を通して，現品または銀で，人夫の従前の得分を引き続き認めることにした．出島商館では，出島関係の人夫その他への贈物として，砂糖を定例2万4500斤，長崎会所へさし出すことになり(貰物砂糖という)，荷役関係の人夫は，そのうちから，従前の盈物得分を貰った．唐船関係の新地人夫は，寛政5年(1793)の例によれば，長崎会所から8万5000斤を砂糖現品で，1万斤分を銀で受けている．

参考文献 林韑他編『通航一覧』145，『長崎会所五冊物』2・3(『長崎県史』史料編4)，G. F. Meijlan: Geschiedkundig Overzigt van den Handel der Europezen op Japan. (Verhandelingen van het Bataviaasch Genootschap van Kunsten en Wetenschappen, 14dedeel, Batavia, 1833).

(山脇悌二郎)

117 **高麗** こま　高句麗の呼称．日本の古文献は高句麗を高麗と記し，「こま」と訓じた．高麗・高句麗と「こま」は言語的関連はない．古代日本人は高句麗(高麗)・百済・新羅の三国を馬韓・弁韓・辰韓の三韓にあてはめ，高句麗を馬韓とみなしていたので，馬の朝鮮語の古訓「コマ」が高句麗の呼称になったとの説もある．また

中国の古文献に高句麗を貊と呼び，貊は熊に似ると記されているために，熊の朝鮮語の訓「コム」が日本に伝わり高句麗の呼称になったともいわれる．

参考文献　鮎貝房之進『雑攷』2上，三品影英『日本書紀朝鮮関係記事考証』上　　　（旗田　巍）

118　高麗氏　高句麗よりの帰化氏族．高麗（巨万・狛に作る場合もある）を以て氏名とする氏族をいう．高句麗よりの帰化氏族は，大化以前に移籍せる人々も，決して少数ではないが，『令集解』賦役令所引霊亀3年（717）11月の太政官符より推して，同国滅亡時に投化せる人々もかなりの数に達したと考えられる．かかる人々は，最初は駿河・甲斐・相模等々の諸国に居住したが，霊亀2年に武蔵国高麗郡を本拠とすることになった．なお，高句麗よりの帰化氏族においても，高句麗王某々の子孫と主唱するものが多いが，その真偽は不明である．少なくともその中には百済王氏のごとき疑いもなき貴種はいなかったごとくである．以下数流の氏族を挙げてみよう．(1)高麗朝臣氏　天智天皇7年（668）の高句麗滅亡の際にわが国に亡命してきた肖奈福徳の家は，肖奈王と称したこともあるから，本国で王族だったかもしれないが，その一族の肖奈公行文は養老・神亀のころに明経の博士として名があり，またその甥の福信は武蔵国高麗郡に生まれ，少年のとき都に出て相撲の上手を認められ，聖武天皇に武勇を愛されて昇進し，橘奈良麻呂の乱などに活躍した．福信は天平19年（747）に肖奈王，天平勝宝2年（750）に高麗朝臣，宝亀10年（779）に高倉朝臣と改姓し，従三位まで進んで延暦8年（789）に81歳で没した．(2)高麗王氏　『続日本紀』大宝3年（703）4月乙未条に，従五位下高麗若光に王姓を賜わるとみえている．しかし，上記の氏姓の者は，このほか全く正史に見出しえない．故に，この一族には，百済王氏のごとく，朝廷に仕え，高位高官を授けられた者はいなかったと考えてよい．『新編武蔵風土記稿』所引武蔵国高麗郡所在の高麗大宮の社伝によれば，天平20年に高麗王が没し，高麗明神と崇められたとみえている．右の高麗王は若光を指すと思われる．しかりとすれば，高麗王氏は，高麗郡移住に際して指導者的役割を果たした家柄であり，移住後は住民より宗家として仰がれていた氏族であると考えられる．(3)高麗使主　所出不詳．天平宝字2年（758）6月に，その族人5人に多可連と賜姓されている．(4)狛首　安岳王の後と称する一族．(5)狛連　鄒牟王の後と称する一族．天平宝字2年6月，その中の数人が長背連と改姓せられた．(6)狛造　夫連王の後と称する一族．『養老令』職員令大蔵省の条にみえる伴部，狛部を世襲する族人と考えられる．右のほか，高麗姓の氏族としては，高麗画師を称する者，骨品を有しない者等々があって史冊にその名をとどめている．

参考文献　佐伯有清『新撰姓氏録の研究』考証篇5，同「背奈氏の氏称とその一族」（『新撰姓氏録の研究』拾遺篇所収）　　　　　　　　（利光三津夫）

119　高麗楽　狛楽とも書く．日本の現行舞楽の左方唐楽に対する右方高麗楽として用いるほか，奈良時代の三韓楽（実は新羅・百済・高句麗の三国の楽で，馬韓・弁韓・辰韓の三韓の楽ではない）の1つにもこの名称がある．朝鮮三国時代の高句麗の楽をさし，新羅統一王朝のあとの高麗朝（918～1391）の楽ではない．中国音楽文献でも高句麗楽といわず高麗楽と書く．高句麗楽の日本への初伝は不明であるが，『日本書紀』には推古天皇26年（618）8月高麗より「鼓吹」が伝来し，天武天皇12年（683）正月には高麗楽が奏されたという記事がみえる．職員令治部省雅楽寮条には高麗楽師4人・楽生20人とあり，以来歴代の雅楽寮制に新羅・百済とともにみえる．横笛・琴（玄琴）・莫目（まくも）を用いる．玄琴は古くは4絃，のちに6絃の琴で，琵琶の柱の大きく高い形の棵が14枚立つ．丸都城（鴨緑江北岸通溝）外の墓の中の壁画に画かれている．もと中国の臥箜篌である．現在に至るまで朝鮮の古典楽・民間楽に用いられている．莫目は形態不明．朝鮮の楽器名も不明．平安時代初期まで，雅楽寮には，新羅楽・百済楽・高麗楽・唐楽・林邑楽（林邑はベトナム，ただし内容は中国伝来の天竺楽）・度羅楽（地域不明の外来楽）・伎楽・散楽の別があったが，平安時代中期に，左方唐楽と右方高麗楽に二分する制度が現われ，それが今日まで伝承されて来た．左方唐楽には，唐楽・林邑楽を，右方高麗楽には，新羅楽・百済楽・高麗楽を収容した．この二分に至る過程に，唐楽を古楽・中楽に分けたり（東大寺），唐楽と大唐楽に分けたりした奈良時代から，平安時代初期には，東方の高麗楽座と林邑楽座，西方の新楽座と胡楽座（古楽座）の4座に分けたり，新楽・高麗楽・古楽の3部楽屋に分けたり，左新楽・右高麗楽の2部楽屋に分けたりする変遷があったが，一貫して，新羅・百済・高麗の三楽を高麗楽1つに統合している．現行の高麗楽曲はすべて舞を伴い，楽器編成は高麗笛（狛笛）・篳篥（ひちりき）の2管楽器と三ノ鼓（さんのつづみ）・鉦鼓・太鼓の3打楽器で，左方唐楽の笙を含まず，管絃の琵琶・箏を含まないので，左方唐楽と楽風がかなり違う．舞の装束も左方の赤に対して緑を主色とし黄を配する．調子は左方の6調子に対し高麗一越調（いちこつちょう）・高麗平調（ひょうじょう）・高麗双調（そうじょう）の3調を用いる．

参考文献　田辺尚雄『日本の音楽』，岸辺成雄「高麗楽の正体」（国立劇場編『第十二回雅楽公演解説』所収）　　　　　　　　　　（岸辺　成雄）

120　狛戸　令制下，大蔵省に所属し，革の製作に従事した高麗系品部．同省には雑革の染作にたずさわるものとして，長上官の典革1人，狛部（伴部）6人と狛戸が配属されている．『令集解』職員令所引別記には，

「忍海戸狛人五戸，竹志戸狛人七戸」は「役日無シ限」で牛皮20張を年料として製作し，別にまた「村々狛人三十戸，宮郡狛人十四戸，大狛染六戸」も皮革生産に従い，これら5種類の狛戸は，品部として調役を免ぜられたとある． （狩野　久）

121 高麗神社 こまじんじゃ　埼玉県日高市新堀(にいほり)に鎮座．大宮明神・白髭明神とも称する．旧県社．祭神は高麗王若光を主神とし猿田彦神・武内宿禰命ほか6柱をも配祀する．元正天皇霊亀2年(716)5月，関東甲駿7国に散在投化していた高麗(高句麗)人1799人を移し集め，ここ武蔵国に高麗郡を置き安住させた時，その首長となったのが若光であり，その没するや扈従の貴賤，霊廟を建て同郡の総鎮守と崇め，また若光は晩年白髭を垂れたので白髭さまと親しみ尊んだと伝える．以後若光の子孫歴代祠職し現在に及んでいる．文献によると武蔵国に通計55社に及ぶその分祀ありとしている．後年，高麗人系が各地に分住して開発に従事し，なお王の遺徳を景慕して祀ったのであろう．重要文化財『大般若経』456帖(建暦元年(1211)〜建保6年(1218)間筆写)．重要美術品鍍銀鳩榊彫文長覆輪太刀，高麗氏系図巻子などを社蔵する．本殿は一間社流造(室町時代末造営)．例祭10月19日．近くの勝楽寺に伝高麗王若光墓もある．→高麗氏(こまうじ)　→勝楽寺(しょうらくじ)

参考文献　高麗神社編『高麗神社と高麗郷』，今井啓一「高麗郷と高麗神社」(金正柱編『韓来文化の後栄』上所収)，同「武蔵国旧高麗郡高麗神社について」(『東京と京都』86) （今井啓一）

122 高麗寺 こまでら　神奈川県高来神社に付属した仏寺で，現在は廃寺．「こうらいじ」ともいう．同県中郡大磯町高麗の高麗山南麓に鎮座する旧郷社高来神社(旧高麗神社，高麗権現)は明治時代初めまでながく神仏習合でその供僧坊を鶏足山雲上院高麗寺と称した．寺は行基の開基と伝え平安末・鎌倉時代には相模十五大寺の1つと『吾妻鏡』などにもみえ，伊豆山・箱根両権現と並称され，江戸時代には上野寛永寺末，寺領100石を与えられた．明治時代初め，寺は廃し本地仏の千手観音像も他へ遷されたが，今は旧高麗寺の末寺で神社に隣接する慶覚院にある．

参考文献　『走湯山縁起』(『群書類従』2輯)，『筥根山縁起』(同)，今井啓一「高麗権現と伊豆・箱根両所権現」(李沂東編『韓来文化と其の事蹟—東海地方—』所収)，同「(湘南大磯)高麗寺・高麗神社をめぐって」(『芸林』11ノ6) （今井啓一）

123 高麗福信 こまのふくしん　709〜89　奈良時代の廷臣．武蔵国高麗郡の人．本姓は肖奈公．和銅2年(709)に生まれる．肖奈氏は，『新撰姓氏録』より推すに，高句麗王好台7世の孫延興王の後と称する氏族であって，また，『続日本紀』延暦8年(789)10月乙酉条所載の伝によるに，高句麗が唐将李勣に攻め亡ぼされたときに日本に帰化した福徳の子孫といわれている．福信はこの福徳の孫であり，若年時代に伯父行文に伴われて，官途につくべく上洛した．上京後福信は，相撲巧者の故に内裏に召され，内竪所に侍せしめられ名をあらわし，まず右衛士大志に任ぜられた．しかしてその後順調に昇進し，天平10年(738)3月外従五位下，同11年7月入内，同15年5月正五位下，同15年6月春宮亮，同20年2月正五位上，天平勝宝元年(749)7月従四位下，8月中衛少将にして兼紫微少弼，11月従四位上，天平宝字元年(757)5月正四位下，同4年正月信部大輔，同6年12月内匠頭，天平神護元年(765)正月従三位，神護景雲元年(767)3月造宮卿但馬守にして兼法王宮大夫，その後武蔵守，近江守などを兼任し，さらに天応元年(781)五月弾正尹，延暦2年6月兼武蔵守に任ぜられた．その致仕の時は延暦4年2月である．その官歴中に武官あるいは造宮官が多いことは，彼の統帥の才を示している．なお，右の期間に彼の氏姓は，その立身に比例して，肖奈王，高麗朝臣，高倉朝臣と改められている．延暦8年10月乙酉(17日)没．81歳．→高麗氏(こまうじ)

福信
（自署）

参考文献　佐伯有清「背奈氏の氏称とその一族」(『新撰姓氏録の研究』拾遺篇所収) （利光三津夫）

124 高椋館 こまのむろつみ　京都府相楽郡山城町上狛(かみこま)にあったと思われる高句麗の使節を接待する外交施設．椋は樋のこと．相楽(さがらか)館ともいう．『日本書紀』欽明天皇31年4月条に，高句麗の国使の船が越の海岸に漂着したことがみえる．高句麗との国交に関する最初の記録である．報告を聞いた欽明天皇は非常に喜び，山背国の相楽郡の地にこの客館を新築して，手厚く遇するように命じた．国使は，同年7月飾船に迎えられ，近江を通って客館に入り待機していた．しかし，天皇は国使に会わないまま32年4月に崩じた．そこであとを継いだ敏達天皇は，翌年4月即位すると，すぐに群臣を客館に派遣し，国使を入京させ接見した．

参考文献　関祖衡編『山城志』10(『大日本地誌大系』)，『京都府相楽郡誌』 （胡口靖夫）

125 狛部 こま　令制下，大蔵省に所属し，革の染作にあたった高麗系伴部．同省には雑革の染作に従事するも

のとして，長上官の典革1人のほかに伴部である狛部6人と品部の狛戸が配されている．忍海戸狛人以下5種の品部のほかに皮革の製造にたずさわったものに，紀伊国の狛人・百済人・新羅人拜せて30戸があり，年料として牛皮10張，また鹿皮・麛皮をつくらせ，雑徭を免除された(『令集解』職員令所引別記)．『日本書紀』天武天皇10年(681)4月条に連姓を賜わったとみえる大狛造は，品部の1つに挙げられている大狛染との関連が考えられ，伴部である狛部の有力氏族と推測される．『新撰姓氏録』によると，河内国諸蕃に大狛連があり，また山背国諸蕃に狛造がある．『日本書紀』仁賢天皇6年是歳条には高麗から工匠須流枳(するき)・奴流枳(ぬるき)が献ぜられたが，彼らは大和国山辺郡額田邑の熟皮高麗(かわおしのこま)の先祖であるとある．これらが彼らの定着地であった． (狩野 久)

126 ゴメス Luis Gomez 1567～1634 フランシスコ会司祭．俗名ゴメス＝パロミノ．1567年8月30日南スペイン，アンドゥハール生まれ．父はドン＝ルイス＝パロミノ，母はドーニア＝マリア＝コーボ．南スペイン，オスナ大学で民法と教会法を学んだのち，フランシスコ会アンダルシア厳守派管区修道院で誓願を立て，マルチェナの聖オラリア修道院で修練期を終え，コルドバで神学を修め，90年司祭となり，グラナダの修道院に移った．93年スペインからメキシコを経て翌年フィリピン到着，説教師としてマニラで活動した．慶長3年(1598)フランシスコ会士ヘロニモ＝デ＝ヘススとともに来日，口之津に入港，肥後で逮捕，3ヵ月長崎に拘留されたのちマニラへ追放された．同5年再度前述のヘススとともに来日途中，台風のため難破してマニラへ帰る．翌6年同じくヘロニモ＝デ＝ヘススとともに再来日，平戸に入港，ともに伏見で徳川家康に謁見．翌7年，家康・秀忠にフィリピン総督アクーニャの書簡・贈物を捧呈したフランシスコ会士ルイス＝ソテロに日本語を京都で教えた．同15年，京都フランシスコ会修院長として，通商貿易を求めた家康のイスパニア国王宛書状のスペイン語訳文と証明書を伏見・大坂で執筆．慶長19年の追放令公布時に大坂に潜伏，京坂地方で活動し，元和4年(1618)都に入牢中のフアン＝デ＝サンタ＝マルタらに関する長文の殉教報告書を京都で作成しフィリピン管区巡察使に送った．同6年に伏見・堺，寛永元年(1624)～2年に摂津・丹波，同6年に都に難を避けたが，晩年の生活は乞食のごとく悲惨をきわめた．同10年4月に逮捕，大坂に投獄され，翌11年大村，長崎を経て5月11日(陽暦6月6日．あるいは5月12，13，14，15日)江戸で殉教．66歳．在日34年，京坂地方の布教に従い，そのうち20年は迫害時代を過ごした老練の宣教師で「善き古参のルイス＝ゴメス」と称された．

参考文献 アビラ＝ヒロン『日本王国記』(佐久間正訳・注，会田由訳・岩生成一注，『大航海時代叢書』11)，『ディエゴ・デ・サン・フランシスコ報告・書簡集』(佐久間正訳，『キリシタン文化研究シリーズ』4)，『ドン・ロドリゴ日本見聞録』(村上直次郎訳註，『異国叢書』)，レオン＝パジェス『日本切支丹宗門史』中(吉田小五郎訳，『岩波文庫』)，ロレンソ＝ペレス『ベアト・ルイス・ソテーロ伝』(野間一正訳)，T. Uyttenbroeck: Early Franciscans in Japan, Missionary Bulletin Series Vol. 6; Bernward H. Willeke: Luis Gomez Palomino OFM(1567—1634), Missionar und Märtyrer in Japan, Fraziskanische Studien Vol. 45. (井手 勝美)

127 ゴメス Pedro Gomez 1535～1600 安土桃山時代に来日したイエズス会の宣教師で，わが国にはじめてカトリック神学やアリストテレスの思想を組織的に伝えた重要人物．1535年南スペインのマラーガに生まれ，18歳のときイエズス会に入り，コインブラ大学で神学を学び，のちにこの大学の教授活動に加わった．79年にかねて望んでいた東方伝道の願いがかなえられてリスボンから日本に向かう．天正10年(1582)に澳門(マカオ)を経て日本に到着，直ちに豊後地区の長上(スペリオール)に任ぜられた．18年に準管区長となり，文禄2年(1593)に日本人伝道者の教育のためのテキスト『カトリック真理要綱』Compendium catholicae veritatis, in gratiam Iapponicorum fratrum Societatis Iesuを完成する．その内容は(1)『天球論』De sphaera (2)『アリストテレス霊魂論要綱』Breve compendium eorum, quae ab Aristotele in tribus libris de anima et in parvis rebus dicta sunt (3)『教理問答書』Catechismus tridentinusの3部からなる．このうち特に『天球論』はクラビウスの『サクロボスコ天球論注釈』と並んで，わが国にアリストテレスのコスモス的世界像をはじめて移植したものとして科学思想史上，大きな意味をもつ．この著作の邦訳および研究が尾原悟によってなされている．慶長4年12月17日(1600年2月1日)没．

参考文献 尾原悟「キリシタン時代の科学思想—ペドロ・ゴメス著「天球論」の研究—」(『キリシタン研究』10)，同「ペドロ・ゴメス著「天球論」(試訳)」(同)，伊東俊太郎「アリストテレスと日本—我が国における西欧的世界像の最初の受容—」(『教養学科紀要』1)，Joseph Schütte: Drei Unterrichtsbücher für japanische Jesuitenprediger aus dem XVI. Jahrhundert, Archivum Historicum Societatis Jesu Vol. 8. (伊東俊太郎)

128 コモカイ ⇨金海(きんかい)

129 暦 こよみ 一般に暦の種類として，太陰暦・太陽暦・太陰太陽暦があるが，暦法以前の原始の暦も，太陰(月)と太陽(日)が主な2つの要素であることに変りは

日本使用の暦法

暦　名	撰　者	始　行　年	行用年数	太陽年	朔望月	暦法掲載書
元　嘉　暦	何　承　天	持統天皇6年(692)	5	日 365.2467	日 29.53058	宋書
儀　鳳　暦	李　淳　風	文武天皇元年(697)	67	.2448	.53060	旧唐書・唐書
大　衍　暦	僧　一　行	天平宝字8年(764)	94	.2444	.53059	同
五　紀　暦	郭　献　之	天安2年(858)	4	.2447	.53060	唐書
宣　明　暦	徐　昴	貞観4年(862)	823	.2446	.53060	同
貞　享　暦	渋川春海	貞享2年(1685)	70	.2417	.53059	貞享暦書
宝　暦　暦	安倍泰邦ら	宝暦5年(1755)	43	.2416	.53059	暦法新書
寛　政　暦	高橋至時ら	寛政10年(1798)	46	.24235	.530584	暦法新書・寛政暦書
天　保　暦	渋谷景佑ら	弘化元年(1844)	29	.24223	.530588	新法暦書
グレゴリオ暦		明治5年(1872)		.24225		

(平山清次『暦法及時法』によるが，若干加筆した)

ない．『日本書紀』は神武東征以降の暦日を載せており，渋川(安井)春海・中根元圭はそこに固有の太陰太陽暦を想定し復原したが，『古事記』を重んじた本居宣長は人為的な暦法以前の，太陽暦的な季節の推移を主に，月相の変化も並列させた自然暦を考えた．また，これとは別に小川清彦は『日本書紀』の暦日を，同書編纂時現行の儀鳳暦を平朔にしたものと考えた(『日本書紀の暦日に就て』)．欽明期百済から暦博士が渡来し，推古期百済僧観勒が暦本を貢し，書生がついて暦法を学んだのは，百済を通じて中国の太陰太陽暦が入ったのを示すものである．『政事要略』25に推古天皇12年(604)正月はじめて暦日を用うとあることから，中国六朝宋の元嘉暦がこの時用いられたとする考えもあるが，暦名の初見は，『日本書紀』持統天皇4年(690)11月条のはじめて元嘉暦と儀鳳暦とを行うという記事で，儀鳳暦は唐の麟徳暦のこととされる．これによれば両暦併用となるが，『三代実録』『類聚三代格』にはこの時はじめて元嘉暦を用い，のち儀鳳暦を用いたとあり，朔の計算からは，儀鳳暦は6年から用いられたとされている．令制では，中務省管下の陰陽寮に暦博士と暦生とが置かれ，造暦と技術者養成が行われ，毎年来年の暦を造って11月1日中務省に送り，中務省が天皇に奏聞し，内外諸司にも給わった．後のもので見ると，この暦は具注暦といい，そのうち天皇に奏する暦を御暦(ごりゃく)，諸司に給うのを頒暦(はんれき)または人給暦(ひとだまいのこよみ)という．これに対して律にみえる七曜暦は正月1日天皇に奏したが，この方は御暦だけで頒暦はなく，ために遺品は中世以後のものしかない．具注暦の遺品で古いのは長らく正倉院の天平18年(746)・同21年・天平勝宝8歳(756)のものとされ，いずれも断簡であったが，昭和55年(1980)静岡県浜名郡城山遺跡から天平元年の，さらに平成14年(2002)奈良県高市郡石神遺跡から持統天皇3年の木簡暦断片が出土し，これが一番古い．以上は儀鳳暦時代であるが，

天平宝字7年(763)儀鳳暦を廃してはじめて唐の開元大衍暦を用いた．宮城県多賀城跡，茨城県石岡市鹿の子C遺跡，岩手県水沢市胆沢城跡，秋田市秋田城跡から出土した宝亀11年(780)から嘉祥元年(848)に至る漆紙(うるしがみ)の断簡暦がこれに属する．ついで天安元年(857)宝応五紀暦を併用したがこの期の遺品はない．貞観4年(862)長慶宣明暦を採用．天徳2年(958)から一時符天暦を併用した．九条家本『延喜式』紙背の永延元年(987)暦を経て，長徳4年(998)以下の藤原道長自筆の『御堂関白記』は半年分完全な具注暦14巻に書き込んだもので，この風はこの後長く行われた．これらは最近では頒暦とは別に暦家に特注したものとされている．暦の学問・技術は暦道と呼ばれるに至るが，その暦博士と造暦宣旨を蒙る者とは，次第に賀茂氏に独占されて来る．鎌倉時代に入って仮名暦が見え，同末期に板暦が起り普及した．南北朝時代から地方暦が現われたが，伊豆の三島暦，伊勢の丹生暦・宇治暦・山田暦，京都の大経師暦・院御経師暦，奈良の南都暦，武蔵の大宮暦，陸奥の会津暦など，多くは仮名板暦で，摺暦座の存在も知られる．時に京都と日付の食違いを生じ，そのことでまた特別な名称はなくとも，常陸鹿島を中心とする暦のあることが推定されたりする．室町時代に賀茂氏(勘解由小路氏)が絶えて，天文道の安倍氏(土御門氏)に実権が移り，賀茂氏の支族幸徳井氏が事にあたった．宣明暦は行われること823年．江戸時代初期，元の授時暦の研究が盛んとなり，貞享元年(1684)一度は明の大統暦への改暦が決定されたが，渋川春海が貞享暦を完成し，はじめて日本人によって作られた暦が採用され，翌2年から施行された．先に述べた七曜暦は，その法が応仁・文明の乱で絶えたが，すぐ復活され，そのころの写本が残っている．春海はこれにも力を入れ，刊行もされた．このあと，造暦の実権は江戸幕府の天文方に移り，次の改暦を企図した将軍徳川吉宗の死により，宝暦暦は京都方に主導権が

戻ったが，寛政・天保の2つの改暦は新進の暦学者の登用によって成し遂げられた．ここにはじめて西洋天文学の影響が用数の上に現われたが，太陰太陽暦という構成に変りはなかった．西洋で行われている太陽暦はこれまでキリシタン暦・咬𠺕吧暦(カラパれき)として接したことはあるが，明治維新を成功させた新政府が国際場裡に仲間入りする必要から，多数の国で行われている太陽暦(グレゴリオ暦)を採用し，明治5年(1872)12月3日を6年1月1日とした．造暦者は星学局・天文局・内務省地理局・東京天文台と推移して今日に至っている．

さて，元嘉・儀鳳・大衍・五紀・宣明・貞享・宝暦・寛政・天保の9個の太陰太陽暦相互の主な違いは，1年(太陽年)と1月(朔望月)の長さの違いで，年・月の長さの関係は元嘉暦だけ1章19年7閏の関係で章法といい，儀鳳暦以下はこの関係が破れて破章法と呼ぶ．章法では1年が過大となるが，破章法ではそれよりやや小となり，貞享・宝暦暦では消長法を用いて過小となり，寛政・天保暦では西洋の影響を受けて，現在値に近くなる．朔については，元嘉暦だけが経朔(平均朔)で，大の月と小の月が交互に来て時々大大と続くが，儀鳳暦以後は定朔(実朔)で，四大三小と続くことがある．二十四気については，寛政暦までは常気，すなわち1年の長さの24等分であったが，天保暦では定気，すなわち黄道を24等分したため不等間隔となった．時刻表示が中国そのままを用いていたのを，貞享暦以後は里差(経度差)による修正が行われたが，その前から定時法による表示であったのを，天保暦では不定時法とした．これらの違いや変遷はあるが，9個の暦の太陰太陽暦としての共通点は，その時代時代に到達した常数を用いて二十四気と朔を算出し(暦算の草稿を見行草という．またその結果は朔旦冬至・四大などの理由で修正することがあった)，二十四気のうちの中気(ちゅうき)で月名を定める．すなわち雨水正月中(儀鳳暦では驚蟄正月中)が朔と次の朔の前日までの1月に含まれる時は正月，春分2月中が含まれる時は2月，というようにして行き，大寒12月中を含む時は12月とし，中気の間隔は1月より長いので，中気を含まない月を閏月とした．ただし天保暦では定気のため1月より短い中気の間隔ができ，中気を含まない月必ずしも閏月とならず，別に細則を設けた．二十四気のうちで中気と1つ置きになる立春正月節・驚蟄二月節などの節気は，月名決定には与らないが，太陰太陽暦における太陽暦としての1面の12ヵ月の区切りを示すものであり，陰陽道上の日の吉凶を示す暦注や物忌の日取りなど，この「節切り」を規準とするものが大部分であった．これから推せば，立春正月節は正月1日以外のもう1つの年の区切りで，年齢を数えるのに立春で年とる例も見られ，2分の1以上の確率で年内立春も起ることになる．

以上が暦面の上にどう現われるかというに，毎年の具注暦は，題号と年間日数など，大歳と八将神など，暦序(暦例)，(毎月の)月建，各日，暦跋からなるが，各日の事項は，日付・干支・納音・十二直が上段に，弦望・二十四気・七十二候・六十卦・没滅などが中段に，その他の日の吉凶に関する暦注が下段に，また人神・日遊神の所在が下段下方にあり，時の吉凶注のあるものもある．日出入時刻・昼夜時刻数，日月食の時刻・食分などがあり，朱書の注としては，日付上部欄外の宿曜その他がある．暦注には変遷があり，仮名暦は具注暦の記載事項を略したが，上段の太陰暦である連日の日付に対して中段の立春年首の太陽暦というべき節・中などの注は必ず併載はされているが，日がとびとびで中段であることは常人の注意を引きにくかった．享保14年(1729)一律に二十四気を日付と並べ，幅広く出すことになったのは，その意味で注意される．

太陰太陽暦がその時々の正確な常数を用いる複雑な暦法であるのに対して，現行太陽暦が簡明な暦法であるが正確な数を用いていない(グレゴリオ暦の1年は365.2425日，1太陽年は365.2422日)のはよい対照といってよいであろう．

歴史的な暦日を知る工具書は長暦類と呼ばれるが，それには渋川春海の『日本長暦』，安藤有益の『本朝統暦』，中根元圭の『皇和通暦』，内務省地理局の『三正綜覧』，外務省の『近代陰陽暦対照表』，神田茂編『年代対照便覧並陰陽暦対照表』，土橋八千太『邦暦西暦対照表』，内田正男『日本暦日原典』などがある．

→元嘉暦(げんかれき)　→五紀暦(ごきれき)　→宣明暦(せんみょうれき)　→大衍暦(だいえんれき)　→天保暦(てんぽうれき)

参考文献　平山清次『暦法及時法』，日本学士院編『明治前日本天文学史』，岡田芳朗『日本の暦』，渡辺敏夫『日本の暦』，能田忠亮『暦』(『日本歴史新書』)，広瀬秀雄『暦』，同編『暦』，大谷光男『古代の暦日』，藪内清『中国の天文暦法』，桃裕行『暦法の研究』(『桃裕行著作集』7・8)，内田正男「日本の暦法」(『現代天文学講座』15所収)，原秀三郎「静岡県城山遺跡出土の具注暦木簡について」(『木簡研究』3)，藤本孝一「頒暦と日記」(『京都市史編さん通信』188・189)，小坂真二「具注暦に注記される吉時凶時注について」(『民俗と歴史』17)，Shigeru Nakayama: A History of Japanese Astronomy.

(桃　裕行)

130 古律 こりつ　⇨大宝律令(たいほうりつりょう)

131 コリャード　Diego Collado　?～1641　スペインのドミニコ会士．1589年ごろスペインのミアハダスMiajadasの生まれ．1600年ごろドミニコ会に入会，11年フィリッピンに来島，準備期間を経て，19年(元和

5）禁教下の日本に来航，長崎辺を中心に布教に従事した．22年，二十六聖人殉教事件の調査を機とし，イエズス会の日本布教権独占の非を訴えるため離日，ローマではさらに同様な趣旨を述べたフランシスコ会士ソテロの獄中の書をも発表したが，イエズス会側の反論に会い，不成功に終った．数年の沈黙後，32年布教聖省の許可のもとにローマで『日本文典』『懺悔録』『羅西日辞書』の3書を出版した．イエズス会編纂の日本語学書に対抗する言辞のみえるところに，彼の意図を察することができる．35年マニラに再渡来，41年帰欧の途次船が難破し，波瀾に富んだ生涯を閉じた．布教史の上だけでなく，日本語学の方面でも特異な，注目に価する人だといえよう． →日本文典(にほんぶんてん)

参考文献　『コリャド日本キリシタン教会史補遺(一六二一―一六二二年)』(井手勝美訳・ホセ＝デルガド＝ガルシア註)，『コリャード日本文典』(大塚高信訳)，『コリャード懺悔録』(大塚光信翻字)，『コリャード羅西日辞典』(大塚光信解題・索引)

(大塚　光信)

132 コリャード懺悔録 コリャードざんげろく　ドミニコ会士ディエゴ＝コリャド Diego Collado 編著，1632年ローマ刊．原題の日本語を翻字して示せば，「日本の言葉にようコンヒサンを申す様体と，またコンヘソルより御穿鑿召さるるための肝要なる条々のこと．談議者の門派の神父ディエゴ＝コリャドといふ出家ロマにおいてこれを為立てものなり」であるが，普通には『懺悔録』と称している．表題，印刷許可文，序文につづいて，本文が4～65頁まであり，66頁に正誤表がのり，全文が終る．本文は偶数頁にローマ字綴りの日本語，奇数頁にそのラテン語訳があり，内容的には，教義の宣言と懺悔およびそれに対する戒告の3部分から成り立っている．コリャードの日本語学習書3部作のうち2番目に作られたもので，日本語模範文例集の性格を持つ．語学の資料としてだけでなく，当時の風俗・習慣を知る上にも欠かせないものといえる．複製に大塚光信翻字『コリャード懺悔録』と『CLASSICA JAPONICA』(『天理図書館善本叢書』洋書之部)1所収のものがある． (大塚　光信)

133 古令 これい ⇨ 大宝律令(たいほうりつりょう)

134 虎林中虓 こりんちゅうこ　1627～78　江戸時代前期の臨済宗の僧．俗姓青木氏．幼年にして天竜寺第199世洞叔寿仙の門に入る．順調に出世を遂げ，明暦3年(1657)に景徳寺公帖を受領した後，臨川寺・円覚寺・天竜寺の公帖を得て，寛文4年(1664)には天竜寺第202世として入院した．翌年朝鮮修文職に任命されて対馬以酊庵に赴任し，同7年まで在島して朝鮮との交渉にあたった．延宝6年(1678)9月27日，入寂．52歳と伝えられる．特に詩文の才能をもって知られ，新井白石は『退私録』の中で，禅林内外における虎林の高い評判を記している．文集に『西山外集』12巻(6冊)があり，それに収められた書簡や作品によって，後西院や霊元天皇をはじめとする公家社会，水戸光圀や林春斎(鵞峯)ら武家社会の文人らと親しく交際している様子を知ることができる．明暦3年(1657)に瑞渓周鳳の『善隣国宝記』が上梓される際には，その跋文を記しており，「西山塞馬閑人書」と署名している．

参考文献　上村観光「水戸義公と虎林中虓」(『禅林文芸史譚』所収)，同「天竜寺の虎林と向井元升」(同所収)，石井正敏「以酊庵輪番僧虎林中虓」(田中健夫編『前近代の日本と東アジア』所収)

(石井　正敏)

135 コレジヨ Collegio　キリシタンの神学院(神学予備課程)．イエズス会東インド巡察師バリニャーノが，豊後のキリシタン大名大友義鎮(宗麟)の援助を得て，天正8年(1580)府内に神学院サン＝パウロのコレジヨを創設した．初代学院長はメルチオール＝デ＝フィゲイレドで，最初の外国人神学生8名はパウロ養方から日本の言語・文学その他の一般的知識を学び，同11年，臼杵のノビシャド(修練院)で2年間の修練期を終了した日本人神学生が入学してラテン語，外国人神学生はスコラ哲学，同13年，同哲学課程を終了した外国人学生は神学を学んだ．翌14年以後，戦乱と迫害のために山口，西九州各地に転々と移動した．すなわち同年島津義久の豊後侵入により山口，同15年豊臣秀吉の伴天連追放令により生月の山田，同年末から長崎，翌16年千々石と有家，翌17年加津佐，同19年天草の河内浦に移動した．文禄2年(1593)神学生は分散し河内浦に残留した日本人神学生は，準管区長ペドロ＝ゴメスの大著『神学綱要』(『天球論』＝自然科学，『霊魂論』＝哲学綱要，および『キリスト教教理綱要』よりなる)の一部を初めて学んだ．慶長2年(1597)長崎のトードス＝オス＝サントス教会，同3年長崎の岬の教会に移動し，慶長19年徳川家康の禁教令公布後に解散した．この間，哲学(スコラ哲学)・神学(倫理神学・教会法・典礼)・自然科学・古典ラテン文学・日本文学(文語文・候文・説教法)・仏法(仏教と神道の教義)などの学科が開講され，日本史上最初の西洋思想・学問の移植と後年の蘭学形成に寄与した功績は大きい．コレジヨの神学予備課程終了者から選ばれた司祭候補者は，同じくバリニャーノにより東洋における日本人・外国人司祭養成機関として，1593年澳門(マカオ)に設立されたサン＝パウロのコレジヨで神学課程を学び，慶長6年長崎で木村セバスチャンとルイスにあばらが最初の日本人修道司祭となる．また新来の外国人宣教師に日本語と日本の慣習を教授するため，天正8年大村に設立されたと思われる語学コレジヨも坂口，神の浦，坂口を経て長崎に移動し同じく慶長19年まで続いた． →キリシ

タン学校制度

参考文献 井出勝美『キリシタン思想史研究序説』, 高瀬弘一郎『キリシタン時代の文化と諸相』, A・シュワーデ「府内のコレジョについて」(『キリシタン研究』10), 尾原悟「キリシタン時代の科学思想―ペドロ・ゴメス著「天球論」の研究―」(同), 片岡弥吉「イエズス会教育機関の移動と遺跡」(同11), H・チースリク「天草のコレジョと日本文化」(『キリシタン文化研究会会報』12年1）

(井手　勝美)

136 呉呂 ゴロ ⇨呉羅服連(ゴロフクレン)

137 ゴロウニン Vasilij Mikhajlovich Golovnin 1776～1831 ロシア海軍中将. ロシア帝国学士院通信会員. 1776年4月19日(ロシア暦4月8日), リャザン県に生まれ, 海軍士官学校卒業後イギリス海軍に留学(1802～06), 帰国後ディアーナ号艦長として世界周航に出帆, 文化8年(1811)択捉(えとろふ)・国後(くなしり)両島を測量中, 6月4日松前奉行支配調役奈佐政辰に捕えられた. 本事件は, 文化3年・4年にサハリン(樺太)南部・択捉島・利尻島などを急襲した露領アメリカ会社付海軍士官フウォストフ N.A. Khvostov とダヴィドフ G.I. Davydov の蝦夷地乱妨(文化の変・丁卯の変)に対する報復であった. ゴロウニンら8名は, 松前と箱館に監禁され, 2年3ヵ月余の幽閉生活を送った. 副艦長リコルド P.I. Rikord は, 翌9年観世丸船主高田屋嘉兵衛と水主4名を捕えてカムチャッカへ連行したが, 嘉兵衛の沈着な善処に感銘して, 同10年ゴロウニンらの釈放を条件に日本側と和解し, ゴロウニンらは9月26日釈放された. ゴロウニンは, 1811年のクリール(千島)列島測量の成果を19年に出版したが, 特に日本における生活を主題にした『日本幽囚記』によって有名である. 31年7月11日(ロシア暦6月29日)病没. 55歳.

参考文献 Y. Davydov: Golovnin (1968). V.A. Divin: Povest' o slavnom moreplavatele (Moskva, 1976). 瀬川亀・岡久渭城『高田屋嘉兵衛』 (高野　明)

138 ゴロウニン日本幽囚記 ゴロウニンにほんゆうしゅうき Zapiski flota kapitana Golovnina o priklyucheniyakh ego v plenu u yapontsev v 1811, 1812 i 1813 godakh. S priobshcheniem zamechanij ego o yaponskom gosudarstve i narode. Chast. 1-3. S.-Peterburg, 1816. 文化8年(1811), 北太平洋の調査測量とオホーツクへの武器弾薬輸送のためクリール(千島)列島へ来航したロシア軍艦ディアーナ号艦長ゴロウニンの日本幽閉中の手記. ゴロウニンは松前・箱館において, 足立左内・馬場佐十郎(貞由)・間宮林蔵・村上貞助・上原熊治郎らの知識人に接して, ロシア語およびロシアの国情を伝え, 同時に日本の学問の水準, 国内体制, 習俗, 民族性などについて知識を得たが, 本書はこうした見聞を克明に記録した書物である. 初版1816年, 英・仏・独・蘭など広く訳本がある. 邦訳では文政4年(1821)に馬場佐十郎・高橋景保がオランダ語訳本の翻訳に着手し, 同8年に杉田立卿・青地林宗が訳了した『遭厄日本紀事』が最初で, 明治27年(1894)に海軍軍令部訳『日本幽囚実記』がロシア語の原書にもとづいて訳出された. 井上満訳『日本幽囚記』(『岩波文庫』, 全3冊, 昭和18年(1943)～21年刊)は, ディアーナ号副艦長リコルド Petr Rikord の手記を付した訳書で, ロシア語の原本と日本側史料による定本である. なおソ連のハバーロフスクで1972年に出版されたものは, 詳細な注釈を付した完本である. (高野　明)

139 呉羅服連 ゴロフクレン Grofgrein 主として, アンゴラ山羊の毛(モヘア)を原料とした平組織の薄手の起毛しない毛織物. 張りがあり, 粗剛な感触を特色としている. 呉絽覆輪とも書き, 略して呉呂(ゴロ)ともいわれた. 『近世風俗志』に「幅輪ヲ江戸俗ハゴロト云, 京坂ハフクリント云」とある. 近世初頭, 南蛮・紅毛船によって舶載されて以来, 幕末まで, オランダや中国貿易を通じて輸入されてきた. 江戸時代には羽織・合羽・女帯などに利用されてきた.

参考文献 新村出『東亜語源志』(『新村出全集』4), 小野武雄『江戸の舶来風俗誌』 (北村　哲郎)

140 混効験集 こんこうけんしゅう 沖縄最古のことば辞書である. 尚益王2年(正徳元, 1711)に, 当時の三司官識名盛命(しきなせいめい)以下7人の文人たちが国王尚貞(しょうてい)の宣旨を受けて編集したものである. 乾・坤2巻から成り, 見出し語の配列は和辞書『節用集』のように門目別. 収録された語には俚諺が含まれていたり重出語が未整理だったりで, いわゆる語彙数を数えるには正確さを欠くが, 見出し語の数は1050項目語である. 評定所(ひょうじょうじょ)本, 上江洲(うえず)家本, 英王堂(チェンバレン)本, 田島本, 仲吉本などが今日に伝えられている. 刊本および研究に伊波普猷『古琉球』付録(『伊波普猷全集』1), 外間守善『混効験集―校本と研究―』, 同『おもろ語辞書―沖縄の古辞書

『混効験集—』などがある. →琉球語(りゅうきゅうご)
(外間　守善)

141 ゴンサロ　Manuel Gonçalves　生没年不詳　在日ポルトガル人貿易家兼船長. 伝記が不詳なため姓名の正確な表記は不明(冒頭の表記は推定による). 来日の時期も不明であるが長崎に居住し, 長崎奉行長谷川左兵衛藤広を通じ慶長18年(1613)正月11日付暹羅渡航朱印状(「まのゑる」とみゆ), 翌年同月同日付交趾渡航朱印状(「まのゑるこんさる」とみゆ)を受く. また呂宋には元和2年(1616)・同4年渡航, この際同行した肥後出身の池田与右衛門好運に航海術を教授, これが『元和航海書』編述の母胎となった. 同書には「万能恵留権佐呂」とみえている. なお同年11月には交趾渡航朱印状交付を申請したが, 許可されたかどうか明らかでない. またアビラ=ヒロンの『日本王国記』には1614年11月6日彼の船が澳門(マカオ)へ向かって長崎を出帆したとある. 東南アジア各地と交易を行なったらしい.

参考文献　村上直次郎校註『増訂異国日記抄』(『異国叢書』11), 岩生成一『朱印船貿易史の研究』
(箭内　健次)

142 金地院崇伝 こんちいんすうでん ⇨以心崇伝(いしんすうでん)

143 近藤重蔵 こんどうじゅうぞう　1771〜1829　江戸時代後期の北方探検家. 幕臣. 諱は守重, 字(あざな)は子厚, 幼名は吉蔵, 重蔵は通称, 正斎・昇天真人と号した. 明和8年(1771), 江戸駒込雞声ヶ窪(東京都文京区本駒込)に生まる. 父は守知(御先手組与力), 母は藤田氏(備後福山藩士藤田隆本の娘). 17歳, 同志と白山義塾を開いた. 寛政元年(1789), 御先手与力見習. 翌2年, 父隠居し, 兄東次郎多病のため, 家督相続し御先手与力となる. 6年2月に聖堂にて学問吟味を受け優等の成績で及第, 7年に長崎奉行手附出役として出張, 奉行中川忠英の命をうけて『清俗紀聞』の編纂に従事し, また『安南紀略藁』などを著わし献上した. 9年支配勘定に転任(本高100俵・足高128俵), 関東郡代附出役となる. 蝦夷地取締上に付き建言し, 10年3月, 松前蝦夷御用取扱を命ぜられ, 幕府使番大河内善兵衛政寿らの蝦夷地巡察に随った. 以後, 寛政11年・享和元年(1801)・同2年・文化4年(1807)の4回にわたって蝦夷地に赴き, 樺太から千島列島の情勢を探索し, 択捉(えとろふ)島の一角カムイワッカオイに, 露人のたてた十字架を撤去して「大日本恵土呂府」の標木を建てた. そして西蝦夷地上地処分方幷取締法を建議し, 『辺要分解図考』・出張取調書及地図を献上している. 文化5年書物奉行, 文政2年(1819)大坂弓奉行に転じたが, 身分不相応の第宅を築き, 千притетик大納言の女を娶るなど不遜の行為ありとして同4年4月小普請入差控を命ぜられ, 江戸滝野川に閑居し, のち目黒の別荘に移り住んだ. このころまでに『金銀図録』『右文故事』

『憲教類典』などを完成献納し, 金沢文庫再興を企図して『金沢文庫考』を著わし, 蒐集した数百巻の古書籍を蔵する滝川文庫を建設した. 同9年, 目黒の別荘の境界争いから長男富蔵の殺傷事件が起り, 富蔵は八丈島に配流となり, 10月6日改易申し渡され守重は近江大溝藩預りとなった. 同12年6月16日(9日とする説もある)同地で病没. 59歳. 藩主分部家の菩提所瑞雪院(滋賀県高島市勝野)に葬り, 自休院俊峯玄逸禅定門と諡号した. また, 江戸駒込西善寺(文京区向丘)内にも墓標をたてた. 書物奉行在任中は, 紅葉山文庫の書籍を渉猟して『宝貨通考』『外蕃通考』『外蕃通書』などの著書を献納し, 五経註本校合の意見書(「五経定本取立内度儀＝付御内慮伺候書付」)も提出している. しかし, 『外蕃通書』は江戸幕府初期以来の外交政策にふれているので幕閣は喜ばず, 陽に褒賞したが転任の因となったとする説もある. 紅葉山文庫修造について老中と強硬に争論することもあった. 交友関係も, 水戸・姫路・阿部(福山)・大関(黒羽)・土屋(土浦)・松浦(平戸)の諸藩主から, 当時の学者文人にわたって広く, 松崎慊堂の『慊堂日暦』にもしばしばその記事がみえる. また, 蝦夷地での行動, 傲慢な幕府鷹匠を懲したり, 貸財の東叡山凌雲院を困らせたり, 禁錮中の大溝藩士への教化などの逸話に富む人物である. 『近藤正斎全集』全3巻(明治38年(1905)〜39年), 『近藤重蔵蝦夷地関係史料』全4巻(昭和59年(1984)〜平成5年(1993), 『大日本近世史料』)がある.

(蔵書印)

参考文献　長田権二郎『近藤重蔵』, 村尾元長編『近藤守重事蹟考』(『近藤正斎全集』1), 森潤三郎『紅葉山文庫と書物奉行』
(山本　武夫)

144 近藤正斎 こんどうせいさい ⇨近藤重蔵(こんどうじゅうぞう)
145 近藤守重 こんどうもりしげ ⇨近藤重蔵(こんどうじゅうぞう)
146 金平糖 コンペイトウ ⇨南蛮菓子(なんばんがし)
147 崑崙 こんろん　崑崙という名は古く『書経』禹貢に中国の西隣に住む西戎の部族名として知られ, また黄河の源, 玉を産する山脈として, これを仏典にみえる須弥山と同一視して使用された. また中世においては東南アジアに住み, 頭髪が巻き, 色黒く, 航海に活躍した民族もおしなべて崑崙人の名で呼称した. アジアの中

央大山塊の南方は黒色人種の発源地であったかと考えられているが，東南アジアにおいては古くオーストラリア系の種族が住み，これをメラネシア系種族が追い，さらに北方よりモンゴル系の要素が混血してインドネシア系種族が生じたが，これが全体にひろがり，西暦紀元前後からインドより渡来した植民者と混血してカンボジア・チャンパ・モンなどの諸国家をつくり，海上に雄飛し，遠くマダガスカル・アフリカ大陸まで発展した．天平6年(734)に入唐使判官平郡広成が漂著した崑崙国もチャンパ(林邑)を指し，延暦18年(799)三河に漂著し木綿種を齎した崑崙人もそういう貿易船の乗組員の1人だったろう．

参考文献　桑田六郎「南洋崑崙考」(『台北帝国大学文政学部史学科研究年報』1)，松田寿男「崑崙国攷」(『松田寿男著作集』4所収)，G. Ferrand：Le K'ouen-louen et les anciennes navigations, Journal Asiatique. 1919；R. A. Stein：Le Lin-yi 林邑, Hanhiue. II, 1－3，杉本直治郎「平群広成らの謁見したる崑崙王」(『東南アジア史研究』1所収)

(松本　信広)

さ

001 **蔡温** さいおん　1682〜1761　江戸時代中期の琉球の政治家．唐名蔡温．字(あざな)文若(ぶんじゃく)．普通具志頭親方(ぐしちゃんおやかた)文若といわれている．1682年(天和2)9月25日(月日は清暦)那覇久米村に生誕．父蔡鐸．母玉津．幼少のころから読書に励み，21歳のとき郷学の師として読書師匠役に抜擢された．25歳で講談師匠となり，27歳となった1708年(宝永5)，進貢存留通事の役を兼ねて留学生として清国福州に派遣された．福州では実学の地理学を学んだが，特に錦鶏山凌雲寺で匿名の隠者から経世済民の要諦につき警醒され，また鼓山湧泉寺の別院では仏典を通読する機会を得た．10年帰国して，翌11年(正徳元)には王世子尚敬の師傅となり，13年敬の即位とともに近習職を勤め，政務の後見役となった．16年(享保元)尚敬王の冊封を請うために王命により清国に派遣され，その結果，19年冊封使の来島をみた．この功により翌20年三司官座敷となり，ついに28年三司官(大臣)に任ぜられ，以後80歳で世を去るまで直接間接政務に参与して事実上琉球王国統治の指導者となり，向(しょう)象賢(羽地朝秀)と並ぶ沖縄の二大政治家となった．実学思想を身につけた蔡温の政治的理念や実際政策は，数多い著書の中の『独物語』『図治要伝』『教条』などに示されている．彼は五行説に基づく政道を説き，しかも政道は正道であり，その政道は手段の前後を尊重すべきであると強調している．実際政策ではその中心を経済生活の安定に置いたが，特に農業の振興は治国の道であり，また政務の緊要であるとし，振興の実際面では1734年『農務帳』を公布して，農耕技術の向上と生産統制の指導につくした．蔡温はまた治水工事に力を注ぎ，35年みずから沖縄島内の河川を巡視し，治水・灌漑を実地に指導した．潮害防止にも留意して護岸工事を行い，防風林・防潮林を各地に仕立てた．蔡温は植林にも大いに努力し，そのために沖縄本島の山林を巡見し，山林造成を目的に村落の新設・移転を行わせた．そして35年から51年(宝暦元)までの間に，造林法と山林監督に関する規定を収めた林政書7種をつくり，間切や村に配布した．蔡温の学んだ実学は，墾荒均田興水利の7字を学則としたもので，とりわけ興水利に力を入れた．都市に対しては商工業を助成し，士族階級の生活問題を解決するために，従来士族に禁止していた商業や手工業の経営を認めた．そして都市の繁栄を図るために，都市居住者はすべて免税にし，それに対応して田舎百姓の都市移住を厳禁し，農民の土地緊縛を実行した．その他，歴史書『中山世譜』の編集，教育の奨励，質

素倹約の励行など，彼の治績は各方面にわたっているが，実際政治にあたって，清と薩摩に対する政治姿勢をいかに調和させるかについては，日夜苦悩した1人であった．その中で政治的地位の安定を図るために，和文学者平敷屋朝敏（へしきやちょうびん）を処刑する事件も起した．1761年12月29日（月日は清暦）没．80歳．

[参考文献] 『蔡氏家譜』（『那覇市史』資料篇1ノ6上），蔡温『自叙伝』（『蔡温選集』），伊波普猷・真境名安興『琉球の五偉人』，井上秀雄「蔡温の研究」（『日本歴史』281） 　　　　　　（宮城　栄昌）

002 佐伯文庫 さいきぶんこ　豊後国佐伯藩主毛利高標（たかすえ）が創設した文庫．高標は字（あざな）を培松，号を霞山，堂号を紅粟斎と称した．学問を好み，古書の鑑識に長じた蔵書家で，しばしば侍臣を長崎に派遣して唐船の舶載した善本を購入した．その結果，宋版『廬山記』・明版道蔵経など，宋・元・明版や朝鮮本の稀書を主とする約4万冊の漢籍を収集した．文庫は天明元年（1781）佐伯鶴城の三ノ丸に建てられ，書物奉行がこれを管理した．高標の収蔵書には「佐伯侯毛利高標字培松蔵書画之印」の方大朱印を，高標没後の収蔵書には「佐伯文庫」の長方朱印を押した．高標の没後，文政10年（1827）に，孫の毛利高翰（たかなか）は文庫の善本2万余冊を選んで幕府に献納し，翌11年に幕府はこれを紅葉山文庫に置き，一部を昌平坂学問所と医学館に分収した．現在，その大部分が内閣文庫に，一部が宮内庁書陵部に所蔵されているほか，大分県佐伯市にも2000余冊の漢籍残本が保存されている．

（蔵書印）

[参考文献] 梅木幸吉『佐伯文庫の研究』，『内閣文庫漢籍分類目録』 　　　　　　（福井　保）

003 歳遣船 さいけんせん　朝鮮へ使人（その乗船を使送船という）を発遣する日本の諸氏に対して朝鮮側が結んだ，年間渡航許容船数を規定した定約により，日本の諸氏が朝鮮へ派遣した船．使人1回の渡航を1船と計算した．使送船で渡航した一行は，朝鮮から渡航費・滞在費の支給をうけ，朝鮮側の公式の接待をうけて，その便宜と利益を享受しながら交易の利潤を追求することができた．しかし使送船の数が次第に増加したので，朝鮮ではその応接経費の増大に苦しみ，経費節減のために船数制限措置として歳遣船の制度を採用したのである．

この制度は受図書の制（朝鮮へ通交する諸氏にその実名または姓名を刻した図書を与えて，これを使者のもたらす書契に押させ偽使の出来を防ぐようにした制度）と結びついて朝鮮王朝時代における日本からの通交者の統制策の根幹をなした．歳遣船定約のさきがけとしては応永31年（世宗6，1424）に朝鮮からの使者朴安臣らに対して，九州探題渋川義俊が自分の使送を春秋2回に限ることを申し出た例をあげることができるが，朝鮮がこの制度を本格的に推進しだしたのは世宗朝末年からである．すなわち永享12年（世宗22，1440）に小早川美作守持平と歳遣1船を約したのを手はじめに，嘉吉3年（世宗25，1443）には癸亥約条でもって対馬島主宗貞盛と50船を約している．朝鮮でははじめ，対馬からの使送船をこの50船だけに限ろうとしたが宗氏一族の有力者がそれぞれ独自に通交するのを押えきれず，宗盛国に7船，宗盛家に4船（のち3船追加），宗盛弘に4船と定約者をふやしていった．対馬以外の諸氏すなわち朝鮮で深処倭と呼んだものについては前述の小早川持平以外に，世祖朝に入ると，康正2年（世祖2，1456）以降隅州太守藤熙久・一岐州太守志佐源義ら10氏をはじめとする深処倭に対してそれぞれ1船あるいは1ないし2船の定約を結び，歳遣船制度の適用は一挙に日本各地の諸氏にひろがった．そして『海東諸国紀』の段階すなわち文明3年（成宗2，1471）末現在では，対馬8名・深処倭38名の歳遣船定約者が数えられる．ただし同じ歳遣船定約者といっても，深処倭の場合は1船かあるいは1，2船どまりである（1船は24名，1ないし2船は14名）のに対して，対馬の場合は島主の50船は別としても，7船2名・4船1名・3船1名・1船3名という具合で，船数からいえば格段の差があった．この段階になると受図書人はほとんどすべて歳遣船定約者となり，わずかの例外も，文明9年（成宗8）に藤原頼永・宗茂次・橘国長の3人を年1船の定約者にしたことによってなくなり，受図書人はすべて歳遣船定約者として年間の通交回数を制限されることになった．永正7年（中宗5，1510）の三浦の乱ののち，同9年に壬申約条が成立するが，この約条では対馬島主の歳遣船を従来の50船から半分の25船に減らし，しかも対馬からは島主以外の者が通交するのを一切許さないことにした．また，かつて争乱以前に通交していた深処倭も，あらためて資格を審査し，合格した者だけ図書を改給し，歳遣船を許すことにした．この体制は基本的には文禄の役までつづいたが，対馬島主の歳遣船は大永3年（中宗18，1523）に5船を加えて30船となり，天文13年（中宗39，1544）の甲辰蛇梁の変による渡航禁止ののち，同16年（明宗2）の丁未約条でまた25船（内訳大船9隻・中船8隻・小船8隻）にもどった．そして弘治3年（明宗12，1557）の丁巳約条では再び30船となって文禄の役に至っている．慶長14年

（光海君元，1609）の己酉約条では深処倭の通交は一切否定され歳遣船としては対馬島主の20船（大船6隻・中船小船各7隻）だけが許された．この状況を打開するために対馬は己酉約条成立直後から朝鮮と交渉して，以酊庵送使・万松院送使・児名送使（島主の子が幼名で図書を受けて送使するもの）等々各種名義の歳遣船をつぎつぎに数船定約することに成功したが，そのうち永続したものは副特送使・万松院送使・以酊庵送使の3船だけであった．しかも朝鮮側は接待経費削減のために，柳川一件後の寛永12年（仁祖13，1635）島主歳遣船の方を兼帯・寄乗という形で合併統合させる方式をうち出し，最終的にはすべての歳遣船を年間8回の送使（年例八送使という）にまとめさせてしまった．歳遣船が最終的に廃止されたのは日本の廃藩置県の年すなわち明治4年（高宗8，1871）の末である． →癸亥約条（きがいやくじょう） →己酉約条（きゆうやくじょう） →差倭（さわ） →壬申約条（じんしんやくじょう） →送使船（そうしせん） →丁巳約条（ていしやくじょう） →丁未約条（ていびやくじょう） →特送船（とくそうせん） →図書（としょ） →日朝関係（にっちょうかんけい）

〔参考文献〕『通文館志』（『朝鮮史料叢刊』21），『増正交隣志』（『奎章閣叢書』6），『朝鮮送使国次之書契覚』（田中健夫『対外関係と文化交流』），中村栄孝『日鮮関係史の研究』下，同『日本と朝鮮』（『日本歴史新書』），田保橋潔『近代日鮮関係の研究』上，長節子「三浦の乱以前対馬による深処倭通交権の入手」（『中世 国境海域の倭と朝鮮』所収），同「壬申・丁未約条接待停止深処倭に関する考察」（『年報朝鮮学』10） （長　節子）

004 柴山 きざん　生没年不詳　中国，明の宦官．4度琉球に使した．第1回は応永32年（洪熙元，1425）で，明成祖の尚巴志封王の勅諭を持参．第2回は同34年（宣徳2）皮弁冠服と，生漆・磨刀石購入のため銅銭200万文を齎した．第3回は永享2年（宣徳5，1430）で，宣徳3年付勅諭を齎し，この際私費を投じて琉球に大安禅寺を建てた．第4回は永享5年で，明宣宗から「日本と和好通商せよ」との勅諭（宣徳7年正月付）とさらに銅銭2000貫を持参した．この際，大安寺に千仏霊閣（天妃宮）を作った．柴山は日本へ赴かず，受林（日本僧正琦）が八至羅（八郎）に殺されたが，その八至羅が柴山の船に逃げ込み，柴山は八至羅をつれて明へ帰った．終りを全うしなかった使人であるが，明人にして4度も渡琉したのは，この人だけである．

〔参考文献〕『歴代宝案』1・12・16，鄭秉哲他編『球陽』2，小葉田淳『中世南島通交貿易史の研究』，宮田俊彦「内官柴山四度の渡琉」（『琉明・琉清交渉史の研究』所収） （宮田　俊彦）

005 西笑承兌 さいしょうじょうたい　⇨せいしょうじょうたい

006 再造藩邦志 さいぞうはんぽうし　文禄・慶長の役を朝鮮の立場から記述した史書．著者は申炅（号華隠，1613～53）．仁祖27年（1649）から執筆にかかり，完全に成稿することなく没したが，子息の以華が孝宗10年（1659），校編跋を付して完成した．表題の「再造藩邦」とは，日本の侵略で亡国の危機に瀕した国家を明の援助でよくたてなおし得たことをいうもので，宣祖32年（1599），来援明軍の経略邢玠の生祠を首都ソウルに作ったとき，そこに掲げられた宣祖王御筆の4文字に由来する．内容は日本侵略の前史を宣祖10年（明の万暦5）から叙述し始め，文禄・慶長の役を経て宣祖40年，回答使呂祐吉の日本派遣までを記している．後書きによれば，著者の祖父申欽（号象村）の稿中の『征倭志』を骨子として，これに『懲毖録』その他の文集や街談巷説の類まで参酌して叙述したという．現今流布しているのは『大東野乗』所収の6巻本であるが，初期の刊本としては，乾隆18年（1753）刊の4巻本がある．

〔参考文献〕前間恭作『古鮮冊譜』2 （長　正統）

007 蔡鐸 さいたく　1644～1724　江戸時代前期の琉球の儒学者，歴史家．唐名蔡鐸．字（あざな）天将．号声亭．1644年（正保元）12月8日（月日は清暦）首里金武に誕生して那覇久米村の蔡家の養子となる．66年（寛文6）清国に留学したが疾を得て帰国．その後進貢のため数回渡清した．96年（元禄9）閩人子孫の居住する久米村の最高責任者たる総理唐栄司に任命，翌97年『歴代宝案』第1集を編修し，1701年には羽地朝秀著『中山世鑑』の漢訳本である『中山世譜』を修訂した．24年（享保9）12月16日（月日は清暦）没．81歳．蔡温はその子．

〔参考文献〕『（小宗）蔡氏志多伯家』（『那覇市史』資料篇1ノ6下），東恩納寛惇「中山世鑑・中山世譜及び球陽」（『琉球史料叢書』5付載） （宮城　栄昌）

008 最澄 さいちょう　767～822　平安時代の僧，日本天台宗の祖．諡号伝教大師．叡山大師ともいう．近江国滋賀郡の人で，父は三津首百枝，母は不詳．幼名を広野という．三津首氏は後漢孝献帝の裔，登万貴王の後と伝える志賀漢人系の渡来氏族である．『叡山大師伝』『伝述一心戒文』などには，弘仁13年（822）の没，56歳とし，逆算して神護景雲元年（767）の生まれとなる．「度縁」「戒牒」などの年齢記載によれば天平神護2年（766）の生まれとなるが，これは戸籍の誤った記載を踏襲したものらしいので，信頼すべき伝記史料の説を採る．7歳，村里の小学に入り陰陽・医方・工巧を学んだが，12歳のとき近江国分寺に入って大国師行表の弟子となり，唯識および禅法を修め，15歳で国分寺僧として得度し，最澄と名のる．延暦4年（785）の春，東大寺の戒壇に入って具足戒を受けたが，同年7月中旬，世間の無常を観じ，比叡山に登って禅行生活に入った．この間，華厳教学を通じて天台教学に傾倒するに至った．

延暦16年，内供奉に補せられ，新たに一切経書写を発願し，七大寺の助成や大安寺の聞寂，下野の道忠らの知識を得て完成した．同17年11月，比叡山に南都の碩学を招いて法華十講を始修，同21年夏には，和気氏の主催する高雄山寺の天台会の講師に招かれるが，これが機縁となって入唐還学生に選ばれた．同23年7月訳語僧義真(のち初代天台座主)を伴い，遣唐第2船に乗って渡海，9月1日に明州に着岸した彼は，ただちに天台山に巡礼したのち，台州において天台山修禅寺座主道邃(どうずい)より天台法門および菩薩戒を受け，かねて同仏隴寺座主行満からも天台の付法を受けた．また翛然(ゆうねん)から牛頭(こず)禅を，惟象(ゆいぞう)から大仏頂曼荼羅を伝授された．台州に留まること5ヵ月の間に，刺史陸淳の援助をうけて多数の天台法文を写得，翌年4月には越州に赴き，順暁から金剛界灌頂を受け，多くの密教の法文を写得した．5月初め明州に帰り，大素・江秘・霊光らから雑曼荼羅を伝授された．かくて最澄は在唐わずか9ヵ月の間に，多彩な法門を伝授されたので，これを円禅戒密の四種相承という．帰途は遣唐第1船に便乗し，延暦24年7月15日，帰朝復命をとげた．請来の典籍は230部460巻を数えた．桓武天皇は新渡の法文を書写させるとともに，高雄山寺にわが国最初の灌頂道場を設け，諸宗の大徳に受灌せしめた．翌大同元年(806)正月，最澄の奏請により南都の諸宗と並んで天台宗に年分度者2人(止観業・遮那業各1人)が允許され，ここに日本天台宗が開創された．こうして彼は比叡山を中心に教団の基礎がために努め，弘仁元年春，金光明・仁王・法華の三部の経の長講を始修，同3年には法華三昧堂を造立した．新帰朝の空海との間に親交が結ばれたのも同じ時期で，彼は空海に経典の借覧や密教の受学を懇請し，弘仁3年冬には弟子を率いて高雄山寺に赴き，空海より結縁灌頂を受けた．しかしこのような親交も同4年11月，最澄が『理趣釈経』の借用を申し出，空海がそれを拒絶するに及び，急速に悪化する．その背後に弟子泰範の去就問題がからんでいたことも事実であるが，要するに2人の宗教観の相違が露呈されたのである．弘仁5年春，最澄は筑紫に行化し，筑前の竈門山寺に入唐渡海の宿禱を賽し，ついで豊前の宇佐・香春両神宮寺に『法華経』を講じた．6年8月，和気氏の請により大安寺塔中院に赴いて天台教義を講じたが，ついで同8年春ごろ，関東に巡化し，上野国緑野(みとの)郡浄土院と下野国芳賀郡大慈院に宝塔各1級を造り，塔別に『法華経』1000部8000巻を書写し安置した．鑑真の弟子，故道忠禅師の門徒たちがこれを助成したという．東西への布教は天台宗教団の全国的拡大の布石の意味をもつであろう．この関東行化を契機として始まったのが「三一権実諍論」である．当時奥州会津に住む徳一が『仏性抄』を著わし，法相宗義に立って『法華経』を権教と判じたのに対して，最澄は弘仁8年2月，『照権実鏡』を著わし，天台宗義に立脚してこれを反駁した．以後，両者応酬を重ねて弘仁12年に及んだ．『守護国界章』など，最澄の一連の著作はこの論争の所産である．関東の旅から帰山した最澄は，弘仁9年3月，門弟たちを集めて小乗250戒の棄捨を宣言し，同時に比叡山一乗止観院に大乗戒壇を建立する決意を表明した．同年5月，天台宗年分学生に大乗戒を授けて菩薩僧とし，12年間の山修山学を課することを定めた「六条式」を撰上して勅許を請い，ついで同年8月これをくわしく規定した「八条式」を，翌10年3月には重ねて大乗戒の独立を訴えた「四条式」を奏進した．この3式を『山家学生式』とよぶ．はじめ黙殺の態度をとっていた南都・僧綱側も「四条式」の出るに及んで反撃に出，同年5月，南都七大寺の意見をまとめてこれをはげしく論難した．この僧綱の奏状にこたえて執筆されたものが，最澄の主著と目される『顕戒論』3巻である．しかし大乗戒独立の主張は最澄の生前には実現せず，彼は弘仁13年6月4日，山上の中道院でその悲劇的な生涯を終えた．彼の宿願は，残された門弟(特に光定)の奔走や藤原冬嗣・良岑安世らの助力によって，没後7日目の6月11日に至って勅許された．奈良時代の仏教は，6宗の組織はあったが，諸大寺における学団組織であり，国家に従属し，教団としての主体性を欠いていた．最澄が生涯の課題とした三一権実諍論は，国家仏教に対する宗派仏教の独立をめざす教理論争であり，大乗戒独立運動は，国家に対する仏教の自立をめざす教団改革であったと評することができる．しかし，最澄の開創にかかる日本天台宗は，円禅戒密の四種相承を基礎として成立した一種の総合仏教であり，やがて空海の真言宗，南都の旧宗とともにいわゆる「南都北嶺体制」を形成し，王法仏法相依思想を生み出し，長く古代国家を支える精神的支柱となった．貞観8年(866)7月，清和天皇よりわが国最初の大師号宣下をうけ，伝教大師の大師号を贈られた．墓所は比叡山の浄土院にある．

最澄（自署）

参考文献　三浦周行編『伝教大師伝』，塩入亮忠『伝教大師』，安藤俊雄・薗田香融校注『最澄』(『日本思

想大系』4），塩入良道・木内堯央編『最澄』（『日本名僧論集』2），田村晃祐『最澄』（『人物叢書』193），佐伯有清『伝教大師伝の研究』　　　　（薗田　香融）

009 斎藤小左衛門 さいとうこざえもん　1577～1633　イエズス会パードレ．天正5年(1577)丹波生まれ．霊名パウロ．有馬セミナリヨに学び，慶長12年(1607)入会，イルマンとして長崎の修錬院で修業．国語・ラテン語に達した．同16年ごろ広島に布教したが，19年の大追放により澳門（マカオ）に至り，交趾・東京などの在留日本人間に布教を開拓．1624年ごろパードレに挙げられた．巡察師としてビエイラ S. Vieyra が日本潜入を企てたのに加わり，マニラで準備をととのえ，寛永9年(1632)薩摩を経て長崎に至ったが，半年後に捕えられた．翌10年大村藩預けとなり，同年8月末穴吊しに逢い，8日後の同月29日（陽暦10月2日）餓死，殉教した．57歳．

[参考文献] J. F. Schütte, ed., Textus Catalogorum Japoniae, 1549—1654 (1975)．　（海老沢有道）

010 采覧異言 さいらんいげん　新井白石が徳川7代将軍家継に海外事情を認識してもらうため，正徳3年(1713)に書いた漢文体の世界地理書．5巻．序文に「異言を釆（と）り覧（み）る」とあるように，宝永5年(1708)屋久島に潜入上陸したイタリアの宣教師ジョバンニ＝シドティおよび商館長コルネリス＝ラルダイン以下のオランダ人から聴取して得た全世界の地理・風俗・物産・政治情勢などについての認識を基本とし，それに『万国坤輿図説』その他中国で作られた地図・地理書から得た知識をも加えた詳細な解説書で，巻1欧邏巴（エウロパ）・巻2利未亜（リビヤ＝アフリカ）・巻3亜細亜（アジア）・巻4南亜墨利加（ソイデアメリカ）・巻5北亜墨利加（ノオルトアメリカ）という構成である．旧教側のシドティ，新教徒のオランダ人の両方から話をきいている点で，内容的に偏向や誤謬が比較的に少ないし，当時最新のヨアン＝ブラウの東西両半球図（オランダの幕府への献上品）を利用した点でも，白石の認識は同時代人一般をはるかに超えている．のち山村昌永（才助）によって訂増本（『（訂正増訳）采覧異言』，享和2年(1802)完成）が著わされるまでは，本書は最高の世界地理書として権威をもち，江戸時代後期においてはジュリオ＝アレニ（中国名，艾儒略（がいじゅりゃく））の『職方外紀』と並んで，識者の必読書だった．同じく白石の名著『西洋紀聞』が秘書とされて少数者にしか読まれなかったのに対し，本書は広く転写され読まれたから，幕末の学界に絶大な影響を与えたのである．活字本としては大槻文彦校訂の明治14年(1881)刊本と『新井白石全集』4所収本がある．

[参考文献] 宮崎道生『新井白石の研究増訂版』，同『新井白石の洋学と海外知識』　　　　（宮崎　道生）

011 西琳寺 さいりんじ　大阪府羽曳野市古市にある真言宗の寺．別称古市寺．百済より渡来した王仁（わに）の後裔の西文（河内書，かわちのふみ）氏が本拠地に建てた氏寺．寺名の西は西文氏のそれからとり，別称古市寺の名は古市郡の郡名からとっている．文永8年(1271)の『西琳寺文永注記』所引阿弥陀仏像銘によれば欽明朝の己卯年(559)創建の寺というが，出土瓦と法起寺式伽藍配置などからみて白鳳時代創建とされ，方1町の地に金堂・塔・講堂・鐘台・経楼・歩廊などの跡がみられる．今は塔・講堂・僧坊などの跡以外の主要堂宇跡が民家の地下に埋れているが，「天平十五年帳」（『西琳寺文永注記』所引）によれば金堂（重層）・宝塔（五重）・講堂・歩廊・鐘台・双倉・食堂・東西僧坊などをそなえ，隆盛であった．奈良時代末か平安時代初期に火災があったらしく，承暦4年(1080)興福寺一乗院の末寺となったが，西大寺叡尊の弟子惣持が中興した．明治維新の廃仏などで荒廃し，旧境内の大部分が民有地となり，宝物は四散し，今は西門から入ったところに塔心礎，叡尊・住職らの墓（五輪塔），薬師堂（昭和25年(1950)建立）が残る．昭和24年と53年に発掘調査された．心礎は二上山産の安山岩（辺長3.3m，高さ1.8m，28 t）で，表面の円形柱孔の周囲に4つの添柱座を彫り加え，柱座彫り込みの側面に横穴式舎利奉安孔を穿ち，柱座底面に「刹」の字を陰刻している．当寺旧蔵の白瑠璃碗（安閑天皇陵出土）は東京国立博物館に所蔵される．

[参考文献] 大阪府教育委員会編『大阪府文化財調査報告』3，同編『西琳寺跡範囲確認調査概要』1，『羽曳野市史』4，石田茂作『飛鳥時代寺院址の研究』，井上光貞「王仁の後裔氏族と其の仏教」（『日本古代思想史の研究』所収），たなかしげひさ「古市西琳寺の興亡と変貌」（『奈良朝以前寺院址の研究』所収），荻野三七彦「河内国西琳寺縁起に就いて」（『美術研究』79）　　　　（井上　薫）

012 佐伯今毛人 さえきのいまえみし　719～90　奈良時代の高級官人．養老3年(719)に生まれた．右衛士督外従五位下人足の子，大蔵卿正四位下真守（まもる）の弟．初めの名は若子，天平19年(747)ころ，今毛人と改名．初め造甲賀宮司の主典として大仏の造顕に従事．その熱意と経験を買われて天平17年より東大寺の造営に与った．同20年，30歳の時，造東大寺次官に補され，事実上の責任者として東大寺の造営に尽瘁し，苦心の末，天平勝宝4年(752)の4月9日，大仏の開眼会にまで漕ぎつけることができた．その後も東大寺の伽藍の完成に努め，同7歳には造東大寺長官に補されたが，その勝れた手腕が買われ，彼は3度も造東大寺長官を勤めた．その間，大宰大弐に任ぜられて下向し，怡土城を築き，また左大弁兼造西大寺長官となって西大寺を造営した．宝亀6年(775)，遣唐大使を命じられ，同8年には節刀を賜わったが，疾病のため渡航できなかった．延暦元年(782)，佐伯氏の出では前例のない従三位に叙さ

れた．やがて建設の手腕を認められて造長岡宮使に補され，新都の造営にあたった．延暦3年，参議に列せられ，翌年，正三位に進んだ．同8年に致仕し，翌9年10月3日に死去した．72歳．今毛人の生涯の大部分は東大寺の造営にあてられた．彼はこれに心血を注いでついに世紀の大事業を成就，後世に名を残した．なお，息子の三野は，右京大夫従四位下にまで進んだ．

参考文献　角田文衞『佐伯今毛人』(『人物叢書』108)
(角田　文衞)

013 **堺商人** さかいしょうにん　堺は熊野詣の九十九王子の1つ堺王子からおこり，摂津住吉郡と和泉大鳥郡とにまたがっているが，13世紀には堺荘が成立，横条大小路(おおしょうじ)を境として北荘(摂津)と南荘(和泉)とに分かれていた．両荘ともはじめは皇室領であり，南荘はのちには室町幕府の直轄地ともなっているが，この地は古代から住吉社との関係が深く，総鎮守開口(あぐち)神社は住吉神を祭っており，漁業・交易の要地であった．また南荘には地下請(じげうけ)の時代があり，永享・嘉吉のころから幕府領となって地下請はなくなるが，なおこれは気分として残り，のちの自治制度につらなるものをもつ．室町幕府は足利義満と細川頼之との提携によって基礎を固められるが，細川氏は淡路・阿波・讃岐などの守護大名であり，三管領(かんれい)の1つとして京都と四国とを結ぶ必要上，摂津と和泉を重視し，幕府直轄領である堺に勢力をのばしていった．室町時代中期まで海上交通の中心にあった兵庫が西軍の大内氏に押えられたこともあって，応仁の乱後は堺がその繁栄を奪い，遣明船の発着場ともなり，大名船としての細川船の客衆には堺商人があたった．武士たちも堺に一族をいれ，売り子(商人)をかかえ，また屋号が名のられるようになった．当時の郷村では自治が行われたが，堺の自治組織はこれを一段と高度にしたもので，南北両荘を連合し，老(としより)衆や若衆の組織がつくられ，この南北の老衆から36人の代表者が選ばれて，会合衆(えごうしゅう)となった．月行事3人，12ヵ月で36人である．南北両町に分かれ，両町の町民や町衆から年寄衆が出ていた．堺の人口は，14世紀末，応永の乱の時期に民家1万と伝えられる(『応永記』)．これには誇張があろうが，文明7年(1475)の堺の大津波には数百隻の船と数千の民家が災害をうけたという(『大乗院寺社雑事記』)．16世紀には人口2万～3万の町人の町にはなっていたであろう．堺は瀬戸内海の商港としては南にかたより，兵庫に比べると地理的条件は劣っていたが，南北朝時代には南朝方は堺と伊勢大湊とを西国と東国との連絡港にしていたし，堺には新しい商業聚落が成立し，新儀商人が出現していた．応仁の乱中には，和泉守護細川氏と畠山政長・義就らの争奪戦の対象となったが，兵庫に比較するとまだ平静であったし，大消費地南都への物資輸送が，戦乱をさけて，兵庫―淀―木津の舟運から堺よりの荷駄に切りかえられたことも堺発展の原因となった．また堺は大阪湾頭にある兵庫に比し，淀川の沖積作用から影響されることの少ない距離に位置していたこともここでは無視できない．さらに瀬戸内海に海賊が横行して航路の安全が脅かされると，中世末の対外貿易において内海を通過せずに紀淡海峡より土佐の中村，薩摩の坊津を経由する大陸への新航路が開始されたことも一因としてあげられよう．しかしそれだけが繁栄の原因ではなく，四国との交通関係によるところも大きかった．細川氏は堺を通じて四国の物資をおくり近畿のヒンターランドと有無相通じていたのである．四国からの軍勢の上陸地点も堺であった．ここでは信教の自由も発展の要因としてあげられよう．京都五山のうち大徳寺派はこの地に拡がり，一休宗純も堺に留錫した．日蓮宗も早くに入っているし，本願寺派も蓮如のとき根をおろす．蓮如は堺北荘の豪族樫木屋道顕(かしきやどうけん)の援助をうけ，その樫木屋道場に信証院をたてている．道顕は堺に来ていた明人の堅致(けんち)と堺の豪商万代屋(もずや)の娘木の花(このはな)との間に生れた子であったが，樫木屋は薬種の販売をしていた．明応5年(1496)にできた石山御坊も堺の富強によってたったともいえよう．南北朝時代以降の堺には，本座・新座の商工業者として史料に名前を残した者も少なくない．14～15世紀には，後世の堺刃物の先祖とみられる山川姓鋳物師や，油問屋代官職として納屋(なや)宗信，金融業者の野遠屋(のとや)妙基・本阿弥などという人々の名前も残っているし，16世紀になると，能登屋・朱屋・菊屋・材木屋などの屋号をもつ人々が為替や年貢物の輸送・販売などに活躍している．そして16世紀後期，織田信長の国内統一時代の堺には，天王寺屋の一族津田氏が国内商業や海外貿易に手を広げ，津田宗達がその惣領で，茶人としても有名であった．その子津田宗及も茶人であった．今井宗久・宗薫父子も納屋に始まる．海産物を収める倉が納屋で，富裕なる町人を納屋衆とも，納屋貸衆とも称し，堺の自治制の中心をなしていた．油・菜種・海産物の問屋で，運送にもあたっていた．納屋家の一族という納屋助左衛門も天正年間(1573～92)から海外貿易をなし，文禄2年(1593)にルソンにも渡航し，呂宋(ルソン)助左衛門といわれた．今井宗久もこの納屋一族の女婿となった人物であり，もとは近江か大和の地侍の流れであろう．信長との関係も深く，堺の租税徴収や遠里小野(おりおの)・摂津五ヵ荘の代官職となっている．千利休も堺豪商の1人．利休の家は和泉一円の問丸を支配し，堺の南方佐野の塩魚座をもっていた．利休は堺の魚屋与兵衛の長男与四郎として生まれたのである．堺商人中，豊臣秀吉の全国統一に大いに協力したのが小西隆佐(立佐)とその子と思われる行長であった．小西一族は

堺では小西党も組織，瀬戸内海一円にその持舟を動かしていた。小西隆佐は戦陣のとき兵糧の運送にあたった。小西行長が朝鮮の役に水軍を指揮したのもそんな関係からであろう。小西党は小西白粉（おしろい）で知られ，薬屋でもあった。堺は織物と金属工業で知られ，鍛冶職や鋳物師がすぐれた技術をもっていたし，鉄砲製造でも知られていた。徳川家康が政権を握っても堺商人はなお力をもっていたが，堺は大坂の陣で焼けてしまう。徳川氏は堺を特別行政区とし，外国生糸の輸入でも優遇した。しかし元和2年（1616）の禁教令で外国貿易商人も近畿地方に滞留することができなくなり，平戸や長崎にその地位を譲ることになる。それでも堺の糸割符商人は五箇所商人のなかでも最大の割当をうけ，鎖国後も唐物を取り扱っていた。長崎で落札して堺に廻送し，そこの唐物問屋が引きうけて売り捌いていたのである。元禄以後になると堺の衰頽ははげしくなる。大和盆地の清流を集めて河内を横断し，大坂の城東に溢出する大和川の常習的な洪水の禍難をさけるために決行されたのが，新大和川付換の開削であったが，中甚兵衛の努力はさることながら，宝永元年（1704）新河開通以来その搬出した泥砂の堆積はひどくなり，堺の港を浅くしたのであった。かくて堺商人の富める者は大坂に移り，九州にいき，江戸に下る。堺に残った商人は，金銭の逸脱をいましめ，筋目（すじめ）のみやかましく倹約（しまつ）して立つという無気力な気風を育て，以後の堺は鉄砲鍛冶がかわって刃物中心の静かな町となった。港が浅くなり船の出入もできず，唐物の売捌の実権も大坂商人の手に帰する。ただ堺の背後には綿作地があり，綿業が起り木綿問屋もあり，繰綿延売会所も設けられて，やはり人口も5万人位はあり，幕府はここに堺奉行をおいて重視はしたが斜陽になり，堺を縦貫する街道もわずか大坂から分岐して南海に向かう一支線にすぎなくなる。擡頭する大坂に港湾としての地位を奪われ，ようやく局限された一埠頭にすぎなくなり，堺商人の活気は失われる。

参考文献　『堺市史』，豊田武『堺』（『豊田武著作集』四）
（宮本　又次）

014 境部石積 さかいべのいわつみ　生没年不詳　坂合部磐積にもつくる。7世紀後半の官人。白雉4年（653）遣唐使派遣の際に学生として入唐したという。天智天皇4年（665）守大石（もりのおおいわ）とともに遣唐使となり，同6年に旧百済を支配する熊津（ゆうしん）都督府熊山県令の司馬法聡に送られて筑紫都督府（のちの大宰府）に帰還したが，直接唐都に赴いたかどうか疑問。天武天皇10年（681）には封60戸，絁（あしぎぬ）30疋，綿150屯，布150端，钁（すき）100口が賜与されており，翌年には『新字』1部44巻の編集を命じられている。おそらく入唐の経験などによって得られた彼の学識が期待されてのことであろう。なお冠位は遣唐使となった際には小山，翌々年帰還した際には大山下とみえる。

参考文献　鈴木靖民「百済救援の役後の日唐交渉」（坂本太郎博士古稀記念会編『続日本古代史論集』上所収）
（鈴木　靖民）

015 境部雄摩侶 さかいべのおおまろ　推古朝の新羅征討の大将軍。蘇我氏の一族。『日本書紀』推古天皇31年（623）是歳条に，大徳境部臣雄摩侶・小徳中臣連国を大将軍とし，数万の衆を率いて新羅を討ったが，新羅国主が降服を請うたので許したことを伝える。時の人は，この軍事は境部臣と阿曇連が先に多く新羅の幣物を得たので，大臣蘇我馬子に実行を勧めたもので，新羅問使吉士磐金の返旨を待たずに出陣したのは早計であったと評したという。

参考文献　井上光貞「推古朝外交政策の展開」（『井上光貞著作集』5所収）
（日野　昭）

016 坂浄運 さかじょううん　生没年不詳　室町時代後期の医僧，坂流医系の中で特に知られる。父は浄喜。明応年間（1492～1501）に明に留学し，張仲景の『傷寒論』にもとづいた医方を学んで帰国。博学で医に精しく名声を得，後柏原天皇の病を治し，治部卿・法印に叙せられる。『遇仙方』8巻，『新揣方』31巻の著のほかに，山名因幡守某より方書を求められたのに応じ，曾祖父浄秀の『鴻宝秘要抄』を増補して『続添鴻宝秘要抄』（永正5年（1508））を著わし，家伝の医方を集成する。本書は8巻よりなり，脈法・傷寒などにつき詳述する。室町時代の医学を知るに重要な書だが，その論ずるところは広く知られるに至らず，永田徳本がそれを受け継いでからようやく浸透した。また明からもち帰った丹青の貝を狩野元信に提供して釈迦の像を描かせ，嵯峨の清涼寺に納めたといわれる。

参考文献　服部敏良『室町安土桃山時代医学史の研究』，山田重正『典医の歴史』，阿知波五郎「坂流医学」（京都府医師会編『京都の医学史』所収），三木栄「続添鴻宝秘要抄について」（『日本医史学雑誌』25／4）
（長門谷洋治）

017 坂上氏 さかのうえうじ　古代の渡来人系氏族。延暦4年（785）6月，坂上苅田麻呂は上表文で「臣等本是後漢霊帝之曾孫阿智王之後也」（『続日本紀』）と述べている。また，『新撰姓氏録』右京諸蕃上の筆頭に「漢　坂上大宿禰　出｣自｣後漢霊帝男延王｣也」とある。しかし，本来は阿智使主を祖と称する東漢氏の枝族であったことは『日本書紀』の「東漢坂上直子麻呂」（欽明天皇31年7月条・敏達天皇元年6月条），「倭漢坂上直」（推古天皇28年（620）10月条）といった記述から明らかであり，単に「坂上」と称するようになるのは壬申の乱に関しての天武紀に「坂上直国麻呂」「同熊毛」「同老」などとみえる例からである。姓（かばね）は，天武天皇11年（682）5月に直から連に，同14年6月に忌寸に，天平宝字8年（764）9月に大忌寸に，延暦4年6月以降大宿禰と，

それぞれ賜姓された．坂上氏は代々武を尚ぶ家柄として知られ，奈良時代には恵美押勝の乱に功を立てた苅田麻呂，平安時代初期は蝦夷征討で名高い征夷大将軍田村麻呂らの武将を出した．以後，田村麻呂の子孫がもっとも栄え，陸奥鎮守将軍についたものも多い．また，田村麻呂三男浄野の流れに是則（代々勅撰集作者）・望城（『後撰和歌集』作者）・明兼（『詞花和歌集』作者）らの歌人や，範政・兼成・明基・明政・明盛らの明法博士をも出している．後世，田村麻呂を祖と称する家系は全国に多い．　→東漢氏（やまとのあやうじ）

```
阿智使主──都賀使主──志努直──駒子直
├─甲由直──熊毛
├─糠手直                    ┌─苅田麻呂
├─弓束直──老──大国──犬養─┼─山野
└─小梼直                    └─越足

├─石津麻呂──清河      大野──氏高
├─広人──河内麻呂      広野──峯雄
├─田村麻呂              浄野
├─鷹主──貞守            正野──実雄
├─直〔真〕弓            滋野──貞雄
├─鷹養──氏勝──滝守    継野
├─雄弓                  継雄
├─又子(桓武妃/高津内親王母)  広雄──高直──安主
│                        高雄
└─登子(藤原内麻呂室)    高岡
                        高道──茂樹
                        春子(桓武妃/葛井親王母)

├─当宗
├─当峯
├─当道──好蔭──是則──望城──厚範──範親
├─定成──俊光
│       ├─範政──明兼──兼成──明基──明政
│       └─重俊──業俊──兼俊
└─明盛──明綱─┬─明治
              ├─明清
              └─明澄──明成
```

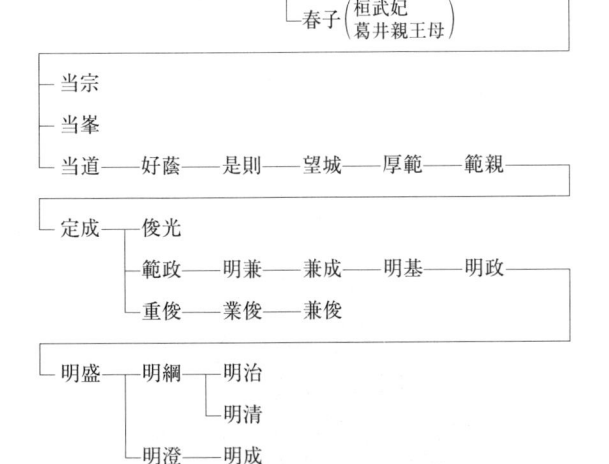

参考文献　『坂上系図』（『続群書類従』7輯下），高橋崇『坂上田村麻呂（新稿版）』（『人物叢書』），佐伯有清『新撰姓氏録の研究』考証篇5　　（高橋　崇）

018 相良長毎 さがらながつね　1574〜1636　安土桃山・江戸時代前期の武将．肥後国人吉藩主．初め頼房，四郎次郎，左兵衛佐と称す．天正2年（1574）5月4日生まれ．相良義陽の第2子，母豊永氏．兄忠房の夭逝により同13年襲封．同15年の羽柴（豊臣）秀吉の九州攻めにあたり，老臣深水宗方は秀吉に謁して相良氏旧領安堵を懇願し，秀吉はこれを許した．宗方は連歌に長じ秀吉の覚えもめでたく，長毎は隈本領主佐々成政の与力を命ぜられた．文禄・慶長の役では加藤清正方に属して活躍，帰還後は人吉城下町に韓人を住まわせ大陸新技術伝達に役立てた．関ヶ原の戦では初め西軍，のち東軍につき鎌倉時代以来の本領安堵に成功．また近世初期大名家によく見られる重臣の反乱や元和5年（1619）の椎葉一族の内訌も鎮定し，さらに翌6年加藤領の八代に外港の拠点を求めて田浦，のち植柳に船仮屋（ふなかりや）を設けた．寛永13年（1636）6月13日江戸藩邸で死去．63歳．墓は球磨郡大村（熊本県人吉市）の願成寺にある．法名は天曳玄高瑞祥院．

参考文献　『寛政重修諸家譜』898，梅山無一軒『南藤蔓綿録』（『肥後国史料叢書』3），田代政誧『求麻外史』，『人吉市史』1　　（森田　誠一）

019 防人 さきもり　古代，九州北部を中心とする西海の辺防にあたった兵士．『養老令』軍防令に「凡兵士（中略）守=辺者-，名=防人-」とある．『日本霊異記』中ノ3には「前守」とあり，元来は「崎守」「岬守」の意で，それに中国唐代の制にならって「防人」の字をあてたものと思われる．

〔成立〕大化2年（646）の改新の詔に設置のことがみえるが，実際には天智天皇2年（663）の白村江の敗戦後，西海の辺防が強化された折に本格的に整備されたと思われ，同3年，対馬・壱岐・筑紫に烽と防（防人）とが設置されている．持統天皇3年（689），筑紫の防人の年限に満ちた者の交替を命じていることは，防人の交替制がすでに行われていたことを示している．大宝元年（701）の『大宝令』制定によって軍団兵士制が確立すると，防人はその制度の中に組みこまれ，諸国軍団の兵士の中から派遣されることとなった．

〔制度〕令制の防人は3年間の勤務とされる．人数は令に規定はないが，天平神護2年（766）の制では3000人とあり，天平10年（738）には2000余人の東国防人の存在したことが確認される．諸国の防人は，国司に部領されて津（難波）に至り，津からは専使が部領して筑紫に至った．防人は津までは私粮を携行するが，津出発後は公粮が支給された．筑紫に至った防人は，防人司の定めた配置に従い，旧防人と交替して任務につき，部署を守備するほか，付近に空閑地を賜わって稲や雑菜を栽培し，その食糧を得た．また10日に1日の休暇を得た．防人は在役中は課役を免除され，帰郷後は3年間国内の軍団への勤務を免除された．しかし3年の勤務で交替するという令の規定はそのとおりには行わ

れず，筑紫に留まって帰郷しない防人も多かった．また軍防令に規定はないが，8世紀を通じて防人のほとんどは東国の兵であった．東国は令制以前から舎人（とねり）などの大和政権の武力の基盤であり，また斉明・天智朝の外征で西国の地方首長や農民が疲弊したのを補う意味もあって，東国人が防人にあてられたのであろう．また『万葉集』20の東国防人歌の左注の分析から，防人軍の編成に令制以前の国造軍の遺制の見られることが指摘されている．

〔沿革〕和銅6年(713)，駅子・駅馬の疲弊にかんがみ，専使による防人の部領をとどめ，遞送によることとした．天平2年に至り，防人は一時停止され，同9年には筑紫にある防人を本国に帰し，筑紫の人に壱岐・対馬を防守させた．この時東国の防人2000余人が本国に帰還したことが，駿河・周防・後後の各天平10年度正税帳の程粮支給記事によって知られる．この前後は，全国的な飢饉・疫病や藤原広嗣の乱などで兵制が動揺するが，『万葉集』20によれば，天平勝宝7歳(755)，相替わって筑紫に遣わされる東国防人の歌が収められており，これ以前に東国防人の制が復活していたことが知られる．しかし東国防人は，路次の国が供給に苦しむこと，防人を出す家の生活が成り立たなくなることなどの理由により，天平宝字元年(757)に至り廃止され，西海道7国の兵士1000人がかわりに辺防の任にあたることとなった．その後も東国防人は，大宰府の数度の要請にもかかわらず復活されず，天平神護2年には，筑紫に残留している東国防人を検括して戍に配し，その数だけ西海道出身の防人の数を減じ，合計3000人とすることとした．延暦11年(792)，辺要を除いて兵士が停廃されると，3年後の同14年，壱岐・対馬を除いて防人も廃止され，9年後の同23年には壱岐の防人も廃止された．大同元年(806)には，近江国の夷俘640人を大宰府に移して防人とした．天長3年(826)，大宰管内の兵士が全廃され，かわりに統領・選士が置かれることにより，軍団兵士制を基盤とする防人制は崩壊し，西海の辺防は，在地首長層や移配の蝦夷の武力に委ねられることとなった．

参考文献 岸俊男「防人考」（『日本古代政治史研究』所収），直木孝次郎「防人と舎人」（『飛鳥奈良時代史の研究』所収） （笹山 晴生）

020 防人司 さきもりのつかさ 大宰府の部司．『大宝令』で，正・佑・令史各1人をもって構成され，防人の名帳・戎具・教閲・食料田をつかさどった．はじめ防人はおもに東国の兵士をあて，部領使（ことりづかい）の統率のもとに大宰府に送られた．天平10年(738)の『周防国正税帳』によると，前・中・後般あわせて1900人足らずの防人が送られているが，このような防人をひきうけ，かれらの名簿をつくり，戎具を付し，訓練し，旧人と交替させて守当の場所に送り，その地の近くに空閑地を与えて営種させるという業務を行なった．天平宝字元年(757)，防人を西海道の兵士1000人に代え，これを防人司にあてるという記事がある（『続日本紀』）．長官の正は『大宝令』では正七位上，奈良時代末には，従五位下の2例が知られている．延暦14年(795)，防人を廃し，「防人之官」を停廃するとある（『類聚三代格』18）．防人司が廃止されたのであろう．

参考文献 『太宰府市史』通史編1 （平野 邦雄）

021 砂金 さきん ⇨金（きん）

022 策彦周良 さくげんしゅうりょう 1501〜79 戦国時代，明への進貢貿易に活躍した禅僧．名は周良，策彦と号し，また謙斎と称した．文亀元年(1501)4月2日管領細川家の家老井上宗信の第3子として生まれる．永正6年(1509)京都北山鹿苑寺心翁等安のもとで仏門に入り，同15年天竜寺で剃髪し具足戒を授かる．幼時から詩文の誉れがあり，儒釈に通じた等安の訓導によってその才はますます磨かれた．堺の豪商の外護で建立され，「漢書廚」と綽名された竺雲等連が開祖となった天竜寺塔頭妙智院の第3世住職となる．天文6年(1537)周防大内義隆の請に応じて京都を去り湖心碩鼎を正使とする入明進貢船団の副使としての任務に就き，同8年4月19日五島奈留島を出帆，目的を果たして同10年6月26日奈留島帰着．第2次の入明は正使として天文16年5月20日奈留島出帆，同19年6月9日山口に帰着し，義隆に報告している．この2回の入明進貢の旅を策彦は克明に記録して『策彦入明記』としてのこし，日明通交貿易史の研究に貴重な貢献をしている．翌年9月義隆は陶晴賢の叛乱に自尽した．こののち武田信玄・織田信長らとの交渉もあったが立身出世を望まぬ策彦は妙智院にあって隠遁の日を送り，天竜寺の護持につとめた．五山文学史の上にも多くの作品をのこしている．天正7年(1579)6月30日，79歳をもって妙智院で入寂した．『策彦入明記』のほか『謙斎詩集』『謙斎雑稿』『城西聯句』『漢倭聯句』などが現存する．

参考文献 上村観光『五山詩僧伝』（『五山文学全集』5），牧田諦亮編『策彦入明記の研究』

（牧田 諦亮）

023 策彦入明記 さくげんにゅうみんき　天文年間（1532〜55）大内義隆主導の2回の入明進貢の記録類．京都天竜寺塔頭妙智院第3世策彦周良の執筆．『初渡集』（第1次，天文7年7月朔から同10年10月26日まで），『再渡集』（第2次，天文16年11月朔から同18年9月30日まで）を中心として，副使（第1次），正使（第2次）の任にあった策彦が中国側係官との外交折衝や寧波（ニンポー）嘉賓堂での日本船団員の行動，大運河北上の際に寄港した各地での見聞，北京での天子拝謁のさまなど，克明に記録している．これらはもともと著書としての体裁をととのえたものではないが，再渡の時に10年1貢の規定の日が来ていないとして上陸を許されず，寧波沖に仮泊していたころの買物帳である『於定海礜山下行価銀帳』や，進貢船につみこんだ物品目録ともいうべき『渡唐方進貢物諸色注文』，再渡の際の覚書ともいうべき『大明譜』など数多い重要な文献類とともに入明記類と総称される．その原本は今日もなお妙智院に保存されている（重要文化財）．江戸時代すでに複本作成が試みられたが，明治18年（1885）には修史局によって影写され，東大史料編纂所に蔵されている．これにもとづいて大正11年（1922）刊行の『大日本仏教全書』遊方伝叢書4に関係文献類とともに収載され，『「策彦和尚入明記初渡集」三巻，「策彦和尚入明記再渡集」二巻，高楠順次郎編『入明諸要例』一巻，同編『入明記巻初事文集記』一巻」とされたが，もともと厳密な巻数分けがあったのではない．牧田諦亮編『策彦入明記の研究』（昭和30年（1955）・34年）は妙智院の原本にもとづいて公刊された．

参考文献　小葉田淳『中世日支通交貿易史の研究』

（牧田　諦亮）

024 冊封 さくほう　東アジア諸国の国際秩序を形成するためにとられた中国王朝の前近代的な対外政策．その内容は，中国王朝の皇帝が周辺諸国の君長に官号・爵位の封冊を与えて君臣関係を結び，宗主国対藩属国という立場でこれを従属的な地位におくことである．その宗属関係の具体的表現は朝貢であり，朝貢は藩属国の使節が宗主国の中国皇帝に朝見して土産の物を献じ，君臣の礼をつくすことである．皇帝はこれに対し，回賜として多くの返礼物を与え大国の威徳を示した．朝貢には回賜が伴うため，朝貢は貿易の一形態ともみられるが，その本来の主旨は宗属関係における君臣の礼をあらわす政治的儀礼であったといえよう．対外関係における冊封制の祖型と考えられるものは，漢代の外臣の制度である．それは郡国制下の君臣関係の国内的秩序の外延としておかれ，外臣として封爵をうけて内属した周辺国家は，その本土内ではその民族独自の礼・法をもつが，漢と直接関係をもった君長たちだけは漢の礼・法を奉ずる国であるとされる．この冊封の理念は，さらに古く周代の封建制や中華思想，華夷思想にまでさかのぼるが，要するに「中華の主」は同時に「天下の主」という天下的世界観の立場から，国内の封建的な君臣関係を対外諸国の君長との関係にまで延長して，国際的秩序の樹立をはかったものにほかならない．古代の冊封関係の歴史をみると，中国周辺の諸国はその自立と勢力拡大のために，むしろ中国王朝の庇護もしくは権威を借りようとし，積極的に朝貢してその冊封関係を利用する傾向があった．3世紀の邪馬台国女王卑弥呼が「親魏倭王」に封ぜられたことや，五世紀のいわゆる「倭の五王」が朝鮮半島に勢力を伸ばし，高句麗・新羅・百済の3国に対抗し，南朝の宋・斉に朝貢してその冊封をうけたことなどはそれである．7世紀に唐帝国が出現すると，半島の高句麗・百済・新羅はそれぞれ朝貢して唐との間に冊封関係を結び，ついで百済・高句麗が滅亡し新羅による半島統一後は，再び両者の間に冊封関係が形成され，また新たに北方に渤海が起ると唐と冊封関係を結ぶなど，東アジアの国際情勢は唐を中心とする冊封体制のもとに展開した観がある．一方，日本は冊封体制の外側に立ち，中国に対しては隣国として対等の関係を保持し，朝鮮半島に対してはこれを藩国として一段上位の立場を確保しようとする姿勢をとった．これは日本が中国王朝の華夷体制に倣う措置であった．当時の大和朝廷は律令体制確立のために，中国の文物制度の摂取受容にははなはだ積極的で，その公的に派遣された使節が遣唐使であった．しかしこの遣唐使も中国側から見れば本国の国書と貢物をもって来朝する日本朝貢使であり，その国は朝貢国であった．その点，他の藩属国と大差があったわけではない．したがって，冊封関係そのものは固定的ではなく，諸国家間の勢力関係の変化に伴って変動するが，冊封体制はこれを広義にとって朝貢体制とほぼ同義に解すれば，東アジア諸国は中国中心の冊封体制下に包含されていたとも解されよう．その後も朝鮮半島の諸国は原則的には中国との冊封関係にあったが，日本は遣唐使の廃止後，五代・宋・元時代を通じて中国王朝との国家間における公的な関係をもたなかった．したがって冊封の問題は発生しなかったが，室町時代に至り明との間に新しくこの問題に当面せざるを得なかった．モンゴル人の元朝を倒して中国人の主権を回復した明の太祖洪武帝は対外的に海禁政策をとり，諸外国には入貢をよびかけ朝貢貿易のみを認める方針であった．このとき日本は南北朝抗争期で，日中関係には正常な進展がみられなかったが，中国貿易に強い関心をもった足利義満は，洪武帝の死後，国交打開の道を求めて遣明船の派遣を決意した（応永8年（1401））．翌年これに答えた建文帝の国書には，義満を日本国王とし「班示大統暦俾奉正朔」とあった．ついで義満から永楽帝にあてた表文（国書）には「日本国王臣源表」す，と記され，明側の求める称臣

入貢の体裁が具備していた．永楽帝もこの使節を歓待し，義満に亀鈕の金印と勘合100道を支給した．金印をうけることは，義満が明皇帝から正式に日本国王に封ぜられたことで，ここに日明の冊封関係が成立した．琉球もまた明との間に冊封関係があり，この時期の東アジアはおおむね明の冊封体制下に外交が展開された．しかし16世紀以後，中国人の密貿易が盛んとなり，ヨーロッパ人の東洋への来航も加わり，民間私貿易が東アジアの国際貿易の主流として朝貢貿易にとって代わる情勢であった．豊臣秀吉は国内統一後，対外的には明との勘合貿易（朝貢貿易）の復活をはかって実現せず，大陸遠征を企てて文禄・慶長の役をひき起したが，その間，明との講和にあたり秀吉を日本国王に冊封する議が生じた．しかし講和条件の内容と明の朝貢貿易を認めない態度とにより交渉は決裂し，再度の出兵の要因となった．　→華夷思想（かいしそう）

参考文献　栗原朋信『上代日本対外関係の研究』，中村栄孝『日鮮関係史の研究』中，坂元義種『古代アジアの日本と朝鮮』，田中健夫『中世対外関係史』，西嶋定生「東アジア世界と冊封体制—六—八世紀の東アジア—」（『中国古代国家と東アジア世界』所収），佐久間重男『日明関係史の研究』，西嶋定生『古代東アジア世界と日本』（『岩波現代文庫』）

（佐久間重男）

025 冊封使録 さくほうしろく　中国が琉球に派遣した冊封使の使命報告書を板行したもの．琉球が冊封体制にくみこまれたのは明初であった．明の太祖は，洪武5年（1372）楊載を琉球に遣わして琉球を詔諭した．察度王は，これに対し弟泰期らを明に遣わし表を奉り方物を貢した．太祖はこれに，大統暦や織金文綺・紗羅などを下賜した．察度が没し，その子武寧が即位すると，永楽2年（1404）時中が冊封使として来島し，武寧を冊封して琉球国中山王とした．これが冊封のはじまりである．その後，特殊な場合を除き歴代の国王は冊封をうけ，明代に14回，清代に8回行われた．そして同治5年（1866）尚泰の冊封で終った．このうち冊封使録として残っている最も古いものは嘉靖13年（1534）尚清冊封使陳侃の使録である．冊封使は，北京から福建に下り，ここで乗船を準備し，船員・従者・兵員など約300～600人を以て，2隻の船で渡海し，琉球に約3～8ヵ月間滞在，その間に，諭祭・冊封の礼を行う．滞在中観察した風俗・文化などを記して報告書が作成される．陳侃の使録では，詔勅・諭祭文をのせ，内容は使事紀と群書質異に分け，終りに琉球の言語について記されている．明代の使録はおおむねこれにならい，清代では全体を，航海・疆域・産物・制度・芸文など多くの項目に分けて記述している．李鼎元使録だけは全文日記体である．これらの冊封使の使録は，それぞれの時代の史料として重要視されている．『那覇市史』資料篇1ノ3（冊封使録関係資料）は陳侃から李鼎元までの使録を，『日本庶民生活資料集成』27は汪楫・徐葆光・李鼎元の使録を収める．　→付表〈冊封使〉

参考文献　真境名安興『沖縄一千年史』，島尻勝太郎『近世沖縄の社会と宗教』，原田禹雄『冊封使録からみた琉球』，同『琉球と中国—忘れられた冊封使—』（『歴史文化ライブラリー』153），同訳注『陳侃　使琉球録』，同訳注『郭汝霖　重編使琉球録』，同訳注『夏子陽　使琉球録』，同訳注『張学礼　使琉球紀・中山紀略』，同訳注『汪楫　冊封琉球使録三篇』，同訳注『徐葆光　中山伝信録』，同訳注『周煌　琉球國志略』，同訳注『齊鯤・費錫章　続琉球国志畧』

（島尻勝太郎）

026 佐久間象山 さくましょうざん　1811～64　江戸時代後期の思想家．松代藩士．実名は初め国忠，のちに啓（ひらき），またの名を大星という．幼名は啓之助，通称は修理（しゅり），字（あざな）は初め子迪（してき），のちに子明，象山はその号である．文化8年（1811）2月28日に信濃国松代城下に生まれる．父の国善（通称一学）は5両5人扶持で側右筆，表右筆組頭を勤めたが，卜伝流の剣術の達人で道場を開いており，和漢の学にも通じていた．象山は，幼時，腕白なきかん坊であったが，きわめて利発で，やがて家老鎌原（かんばら）桐山などから経学文章を，町田源左衛門から和算を学ぶ．18歳で家督を継ぎ，天保4年（1833）江戸に出て佐藤一斎に師事するが，朱子学を信ずる彼は，一斎が陽明学を奉ずるのに不満で，文章詩賦しか学ばぬと称していたという．7年初め帰藩したが，10年江戸に再遊，神田阿玉池に塾を開く．同12年江戸藩邸学問所頭取となるが，この当時までは伝統的な漢学の修得に没頭していた．アヘン戦争の情報に衝撃を受けた象山は，老中で海防掛となった藩主真田幸貫より海外事情の研究を命じられたことも加わって，俄かに対外的危機に目覚め，以後海防の問題に専心する．天保13年11月の藩主宛上書は，西洋列強と戦争になった場合勝目がないとして，オランダより船を購入すると同時に教師を招き，大船・大砲を充実すべきことなどを説いたもので，「海防八策」とよばれる．その9月に西洋砲術を学ぶため江川坦庵（太郎左衛門）に入門していたが，みずから原書を読む必要を痛感して，34歳の弘化元年（1844）黒川良安に就いてオランダ語を学び始めた．嘉永2年（1849）『ドゥーフ＝ハルマ』の改訂・出版を企てるが，幕府の許可が下りず中絶した．同4年江戸木挽町に塾を開き，西洋真伝を標榜して砲術を教えたが，弟子には必ず砲術と儒学を兼修させた．門下に勝海舟・吉田松陰・加藤弘らがいる．この前後に各藩の依頼でたびたび大砲を鋳造し，嘉永5年には易の原理で砲術の理論を説明した『礮卦』を著わす．この間，天保14年に郡中横目役（弘化4年まで），翌弘化元年に佐野・湯田中・沓野

三ヶ村利用係を命ぜられ，嘉永 4 年までたびたび藩地に戻り，その地の開発に尽力する．また，天保14年に佐久間氏の旧禄100石に加増され，嘉永 5 年42歳の折に勝海舟の妹順子を娶っている．嘉永 6 年のペリー来航とともに，西洋事情探索と国力充実の必要を一層強調したが，翌安政元年（1854） 4 月吉田松陰に密航を慫慂した廉で幕府に捕えられ， 9 月に松代で蟄居するよう命じられた．『省諐録』はこの獄中の感懐を記したものである．蟄居中，閑寂を楽しみ蘭書の学習に精進するが，知己との情報交換を怠らず，安政 5 年の日米修好通商条約締結の際には，藩の家老を通して米国との折衝案を幕府要路へ送る一方，京都の梁川星巌へ密使を出し公武融和を働きかけた．文久 2 年（1862） 9 月には時事を痛論した幕府への上書稿を書き，12月には攘夷の不可と積極的な貿易・海外進出を説いた意見書を藩主へ提出する．同年末 9 年ぶりで赦免されるが，この前後になされた高知藩と萩藩，さらに翌 3 年の朝廷からの招聘は，藩内の反対派からは象山追出しの具とされようとした．元治元年（1864） 3 月幕府の徴命を受けて上洛，海陸御備向手付御雇（40人扶持15両）となる．京都では公武合体論と開国進説に立脚して，一橋慶喜や皇族・公卿の間を奔走したが， 7 月11日に三条木屋町筋で尊攘派に斬殺された．禁門の変の 7 日前であり，変に備え天皇を彦根へ遷すよう画策していたことが，直接の原因であった．時に54歳．遺骸は花園妙心寺大法院に葬られる．法名は清光院仁啓守心居士．象山が自己の使命としたのは，対外的危機を克服するため，優越した西洋の科学技術を摂取して国力を充実することであった．その場合，西洋の国力の基礎を自然科学ないし実験的思考にまでさかのぼって捉えた点に，彼の特徴がある．この背後には，格物窮理を重視する彼の朱子学があった．彼は格物窮理の観念を媒介として西洋の科学技術を理解，導入したが，その過程は儒教の格物窮理を自然科学的，実験的方法に読み直していくことであった．大砲の鋳造から硝石や写真器の製作，豚飼育や馬鈴薯栽培の奨励といった行動には，実験的精神の萌芽が認められよう．その反面，社会政治制度の面については，彼の眼は比較的に狭く，幕藩体制の身分秩序を天地自然の秩序とみる朱子学的見方を最後まで保持した．これがその自然科学的思考の一層の展開を妨げると同時に，その西洋理解を科学技術面に限定した．「東洋道徳，西洋芸術」の観念がここから出てくる．たしかに蘭学の習得につれその視野は世界に拡大したが，彼の夷狄観批判は，それが西洋科学技術の摂取と西洋諸国に対する現実的対応とを妨げるという点に根拠があった．彼の対外論は，初期の避戦論から積極的な貿易・海外進出論に発展したが，これは押しつけられた「開国」を，日本が世界を席捲する第一歩へ転じようとするものにほかならなかった．

『(増訂)象山全集』全 5 巻がある．

〖参考文献〗 佐藤昌介・植手通有・山口宗之校注『渡辺崋山・高野長英・佐久間象山・横井小楠・橋本左内』（『日本思想大系』55），宮本仲『佐久間象山』，大平喜間多『佐久間象山』（『人物叢書』23），植手通有『日本近代思想の形成』，信夫清三郎『象山と松陰』，丸山真男「幕末における視座の変革―佐久間象山の場合―」（『忠誠と反逆』所収）

（植手 通有）

027 査祆余録 さようよろく 江戸小日向のキリシタン屋敷に勤務していた与力河原甚五兵衛の日記で，寛文12年（1672）から元禄 4 年（1691）に至る．『河原甚五兵衛覚書』とも題し，また『査祆余録（さようよろく）』とも，『捜祆余録』ともつくる．祆という字は，中国において拝火教を指しているが，耶蘇教の意味でも使われ，すなわちキリスト教をも指している．一与力の日記として内容は，キリシタン屋敷内の生活をそのままに反映し，きわめて簡潔で客観的であるから，信憑性が高い．ただし，下役の見聞記であるから記事は外面的なことにとどまり，種々の調査内容や批判には入らない．いずれにせよ，寛永20年（1643）に筑前大島で捕縛された宣教師一行の最後の存命者キアラ Giuseppe Chiara（日本名，岡本三右衛門）と，彼と一緒に居た伝道士の生活・取調べ・死などについての唯一の史料として，キリシタン史上において見逃すことができない貴重な史料である．写本は国立国会図書館・内閣文庫にあり，また黒川真道・栗田元次の旧蔵本がある．『続々群書類従』12に収録されている．

〖参考文献〗 Gustav Voss und Hubert Cieslik: Kirishito-Ki und Sayo-Yoroku; Japanische Dokumente zur Missionsgeschichte des 17. Jahrhunderts（Monumenta Nipponica Monographs, No. 1）．

（H・チースリク）

028 鎖国 さこく 〔意義〕「鎖国」という言葉は，長崎のオランダ通詞中の逸材志筑忠雄（しづきただお）が，出島商館に在勤したことのあるドイツ人医師エンゲルベルト＝ケンペル Engelbert Kaempfer の大著『日本誌』

の蘭訳本付録の「現在のように日本帝国を鎖して，国民にいっさい外国貿易に関係させぬことの可否についての探究」という1章を，享和元年(1801)に全訳して『鎖国論』と題したのに始まっている．しかしその実態は，近世初期において，江戸幕府がその中央集権的な封建支配体制を強化する過程において採択した，きわめて強力にして特異な政策であって，当局者はこの方向と相容れない点が多いと考えたキリスト教ならびにこれと密接な関係があったポルトガル・スペイン両国と反幕勢力との思想的，政治的，軍事的な結合を徹底的に断ち切り，同時に反幕勢力が海外貿易によって富強化することも懸念して，これを阻止せんとした政策で，そのために海外交通貿易に対しても極端な制限と取締りが行われて，わが国がおのずから国際的に孤立するようになった状態とその期間を指している．そしてその期間は，広義にはこのような体制がほぼ整備された寛永16年(1639)から，幕末にペリーの率いる米艦が渡来して日本の開国を迫った嘉永6年(1853)まで，215年にわたるわが対外関係の推移の全体を指すが，また狭義には，江戸幕府が，いわゆる第1回の鎖国令を発布した寛永10年から，引き続いて4度条文の改変をかさねて，その令の完備した寛永16年に至る6ヵ年間の対外政策の推移を指し，またその前後若干の幅を持たせて，その前の準備期間とその後の同令の補強期間をも含む，江戸幕府草創期における鎖国政策への移行実施の過程を指す場合が多い．このような幕府の政策が200余年にわたって維持存続したことは，一方においては，当時のわが政治・経済・思想や宗教・国防など，各方面における強い要請に基づいて断行されたためであって，その後政治・経済・文化など各方面に多大な影響を与えた．しかし鎖国は国内問題であると同時にまた国際問題でもあった．当時このような特異な状態が形成され，かつ永年にわたり維持されて行くには，国外においても，これを支え，あるいは少なくともこの状態をそのまま容認するような国際情勢があったことが看過ごせない．すなわち鎖国には国内的契機と国際的契機との両方面があって，この両者が絡みあって進展したのであった．

〔経過〕江戸幕府創設のころには，徳川家康は諸外国との国交貿易をきわめて積極的に推進したが，キリスト教の布教に対しては漸次取締りを強化し，ついに慶長18年12月(1614年1月)キリシタン禁令を発布して全国的にその取締りに着手したが，元和2年(1616)4月家康の死をうけて秀忠が統を継ぐと，その年8月8日に家康以来の懸案であるキリシタン禁令を発したのに加えて，ヨーロッパ商人の貿易地を平戸・長崎の両港に限定し，今まで自由であった国内各地での商売を禁止して，唐船だけは禁令に係わりなく，従来どおり自由に売買することを認めた．ここにわずかに残されていた庶民や諸大名のヨーロッパ人との接触と貿易参加の道も絶たれた．もっともこれより先，すでに慶長14年9月には，西国大名が500石積み以上の大船を持つことを禁じ，これを悉く淡路島に集めて没収し，彼らの軍事力や積極的な海外貿易参加の道を封じていたので，その以後西国大名の朱印船貿易も姿を消している．ついて元和9年の暮になって，かねてから睨まれていたポルトガル・スペイン両国民に関する禁令を出し，ポルトガル人の一部はその息子とともに追放され，日本人は死刑の厳罰を以てマニラに渡航することを禁止されている．このように幕府の対外政策は一歩一歩鎖国に向かって前進していったが，寛永9年正月，前将軍秀忠が没して将軍家光の独裁となると，各方面の幕政強化と相応じて，翌年2月28日に長崎奉行の赴任にあたり，条目17ヵ条を与えていよいよ鎖国の第1段階に突入した．ついて4度条文の改変をかさね，前後6年を経て，寛永16年7月5日を以て一応鎖国政策は完成した．これを列記すれば，第1，寛永10年2月28日(17ヵ条)，第2，同11年5月28日(17ヵ条)，第3，同12年5月28日(17ヵ条)，第4，同13年5月19日(19ヵ条)，第5，同16年7月5日(3ヵ条)，となる．以上5段階の鎖国令は，16年の最後の条令を除いては，いずれもその条文の数もその内容も非常に似かよっている．すなわち，これを要約すれば，(1)第1条から第3条までは日本人海外往来の禁，(2)第4条から第8条に至る5ヵ条はキリシタン宗，特に伴天連取締り令，(3)第9条以下は外船貿易取締りの規定であって，当面の日本人海外往来の禁については，10年の令では，いまだ奉書船の渡航を認め，それ以外の日本船の海外往来を禁じ，ただ海外在留五年未満の者の帰朝を認可した．しかし12年の令に至って，日本船の海外渡航と海外在住日本人の帰朝を絶対無条件に禁じた．次に伴天連取締りは，13年の令に至るまで変化はないが，ただ伴天連の訴人に対する懸賞金を，10年の令では銀100枚と規定したのを13年の令で，銀200枚または300枚に増額している．また，かねてポルトガル人に対して規制の方策を講じてきたが，いよいよ寛永11年暮(1635年2月)になって，幕府は長崎の町人に命じて港内に築島(つきしま)を構築させ，工事が完成してから，今までは市内に散宿していたポルトガル人を悉くここに移住させて，その出入りを厳重に制限・監視し，市民との接触を断ち，彼らの日常生活にも多くの規制を加えた．ついで寛永13年9月になって，今までの処置に追打ちをかけるようにポルトガル船4隻の出帆にあたり，ポルトガル人やその混血児など287人を澳門(マカオ)に追放した．ところが寛永14年秋から翌年の春にかけて島原の乱が勃発し，その叛徒にキリスト教的色彩が濃厚に感ぜられて鎮定に手を焼いた幕府は，さらに一層外国人の取締りを厳しくして，まず寛永16年2月

21日に今まで無風帯にあったオランダ人や中国人に対しても，その居住に制限を加え，この取締りに基づいてお春など日本在住オランダ人やその混血児30名余をジャカルタに追放し，同年7月5日に至って，老中7名連署のカレウタ船渡航禁止令を発布してここにポルトガル船の渡航は全く差し止められ，天文以来1世紀続いたポルトガル船の対日貿易は，完全に禁止され，同月この禁令を知らずして来航した2隻には再渡航を禁じ澳門に帰航させた．しかし澳門の存立は，一に日本貿易にかかっていた．そこで通商再開交渉のため特派使節を日本に派遣したが，寛永17年5月に使船が長崎に入港すると，幕府は乗船を焼き沈め，使節ら61人を斬って首級をさらし，下級船員13人をジャンク船で澳門に追返して，鎖国令の厳重な実施の態度を示した．引き続いて，その後3ヵ月して9月には，キリシタンの取締りに辣腕を振るった大目付井上政重が平戸に出むいて，口実をもうけできたばかりの堅牢なオランダ商館の石造倉庫を破壊させ，翌18年5月17日になって，ポルトガル人追放後空いていた長崎港内の築島に移転させ，日本人との接触を厳しく取り締まった．これが出島のオランダ商館の起源で，鎖国時代ヨーロッパ人との通商・文化輸入の唯一の門戸となった．その後さらにこれまで黙許していたオランダ人による海外在住日本人との音信贈物の取りつぎも禁じ，日本滞在中はオランダ人がキリスト教の儀式を行うこと，日本人や中国人に宗教関係の器物を譲り渡すことも禁じ，さらに医薬・航海・天文関係以外の洋書の輸入をも制限し，中国船の輸入する漢籍の検閲にも手がつけられ，書物改役も設置されるなど国民のキリスト教思想との接触が，神経質なまでに厳しく警戒された．貿易地と貿易法についても，きわめて強力な管理・統制が加えられたが，貿易量については当初の間は毫も制限を加えず，かえって鎖国によって輸入物資，特に主要な生糸が減量してオランダ人によって価額が操作されることを警戒し，中国船の輸入を期待すると同時に，朝鮮・琉球を介してその輸入を確保するように宗・島津両氏に命を伝えたほどで，鎖国後オランダ船と中国船の対日貿易額は，むしろ一時急カーブを描いて上昇している．ことがこのように運ぶためにはオランダ人の幕府に対する並々ならぬ働きかけがあった．すでに日本との国交開始の当初に執政マウリチウスが家康に呈した国書の中に，カトリック教国民の侵略的植民政策とキリシタンとの密接な関係を中傷し，暗にその反感をそそった．その後も機会あるごとに，当局に向かってこの中傷をくり返した．その後寛永5年に，スペイン船が，暹羅(シャム)のメナム河で長崎の町年寄高木作右衛門の朱印船を焼き沈め乗組員を捕え去った事件があると，この報に接した平戸のオランダ商館長は，スペイン人とポルトガル人は同一人種で同一国王の治下にあり，そのスペイン船は澳門で修理や必需品の積込みをしたと知らせて，全力をつくして日本人の両国民に対する反感を挑発し，さらに島原の乱後，寛永16年6月には，商館長が江戸に上って幕府にポルトガル船の貿易禁止を勧告した．その後1ヵ月余にしてカレウタ船渡航禁止令が発布されると，その報に接したバタビアのオランダ総督府では，感謝祝賀の宴を張った．このようにオランダは，永年にわたり日本貿易独占を目指して幕府に働きかけて成功したが，日本国外にあっても，建国以来のライバルである先進国ポルトガル・スペインの東アジアにおける商権打破に努め，香辛料や生糸・絹織物の獲得をめぐって，各地において争いは激烈をきわめた．ことに1602年に東インド会社が設立されてから，強固な資本と優勢な艦隊援護のもとに，ポルトガル人の基地ゴア・マラッカ・澳門などの攻略を企て，この基地間を往来するポルトガル船団の攻撃や拿捕，特に日本に通う敵船の追跡・捕獲に力を注ぎ，艦隊をマニラ近海に出動させ，マニラ湾を封鎖して，メキシコからの太平洋航路の銀貿易船を拿捕し，また中国南部から生糸を供給する中国船を待ち伏せし，捕獲した商品を日本貿易にまわすなどして，濡手で粟の利益をあげた．イギリス人に対しても，国の内外にわたり激烈なる商戦を展開した末，ついに元和9年には平戸と暹羅のイギリス商館を撤退させるに至った．その後幕末に至るまで，幕府の要請によってオランダ商館長は毎年世界の情報を提出した．これを風説書というが，イギリス人が日本貿易の復活のため，延宝元年(1673)使節船リターンReturn号を派遣した際には，すでにオランダ人によって，イギリス国王とポルトガル王女との結婚のことが幕府に報じられており，それが理由となって，拒絶されて空しく引き返さねばならなかった．そのころフランスでも東インド会社が設立されて，日本貿易開始を企画し，デンマークの東インド会社も商船を日本に派遣しようとしたが，やはりオランダ人によって事前に幕府に報ぜられて，その目的を達しなかった．なおオランダ人は，永年東南アジア各地で朱印船の貿易に圧迫されて手こずっていたが，鎖国の報に接すると，間髪を入れず東京(トンキン)・交趾(コーチ)シナ・柬埔寨(カンボジア)・暹羅に商館員を派遣して，商館を開設し，朱印船の旧地盤を手に入れて永く日本貿易に対応する市場の確保に成功するとともに，これら諸国の政府に日本との国交貿易開始の意向があると，いつも未然にこれを阻止した．このようにしてオランダ人は，ヨーロッパ諸国からだけでなく，アジア諸国と日本との交通も遮断して，国際社会において日本を孤立させるのに成功し，かれらに有利な鎖国下における対日貿易独占の体制を維持した．しかしやがて18世紀の後半になると，北辺から新興のロシア，南からはイギリスやフランス，東からはアメリカ合衆国

などが，日本の海辺にせまって国交や通商を求めて来た．幕府はその対策を一層厳しくしたが，文化5年(1808)8月イギリス船フェートンPhaeton号が，長崎港に侵入するなど，鎖国の維持は次第に困難となった．幕初以来祖法として守り続けた強固な鎖国体制も，徐々にゆらぎ，やがて急速に開国へと傾斜していった．

〔影響〕鎖国は，前後215年余にわたり，幕府の絶大な強権のもとに励行された特異な政策であって，その結果，せっかく拡大しかけた日本人の世界知識は，急速に縮小していった．その上，幕府は国民をキリスト教思想から完全に隔離するために禁書政策を実施し，漢籍に至るまで極端に制限した．これと関連して，キリスト教を媒介として導入されかけたヨーロッパの合理的精神の芽もつみとってしまう結果となった．これらの諸問題について，明治以降専門研究者の間にその得失などいろいろ論議されている．しかし鎖国の成立過程に比すれば，その影響については，いまだ精密な実証的研究はできていない．経済上でも，金・銀などの正貨や銅の流出問題については，内外人の研究も出ているが，この閉鎖経済打開の一策として国内の自給自足経済に力が注がれ，それにより江戸時代中期まで主要輸入品であった生糸が，やがて養蚕業の全国的発達に伴い，開国後は重要輸出品となり，新日本建設の有力な財源となったような実例は，なおほかにも求めることができる．

[参考文献] 日蘭学会・法政蘭学研究会編『和蘭風説書集成』，『内田銀蔵遺稿全集』，辻善之助『(増訂)海外交通史話』，中村孝也『江戸幕府鎖国史論』，和辻哲郎『鎖国』(『和辻哲郎全集』15)，井野辺茂雄『新訂維新前史の研究』，岩生成一『鎖国』(中央公論社『日本の歴史』14)　　　　（岩生　成一）

鎖国をめぐる学説　岩生成一の研究以降は，近世対外関係全般を捉えるという視点からの鎖国研究が推進された．なかでも，加藤榮一・北島万次・深谷克己が編纂した，松前・対馬・薩摩・長崎の各口の形成過程に考察を加えた論文集によって，鎖国体制下の外交体制が明確に「四つの口」から形成されていたという考え方が定着する．四口については，その解体に至るまでを見通した研究もある．木村直也はその変質により鎖国的実態に接近すると説いた．そして，長崎のみは直轄地ゆえ他の口とは別扱いという主張をはじめ，四口を並列に論ずる意見に批判的見解はあるものの，各口における個別研究も進められている．他にも，荒野泰典は海禁・華夷秩序という対概念を説き，永積洋子は外交政策から鎖国を見直した．山本博文が鎖国令の検討から家光政権の特質を論じるなど，国内政治史と連動した諸研究や，横山伊徳は世界史の中に鎖国を位置づけるなど，多角的な鎖国研究が数多く行われている．

[参考文献] 加藤榮一・北島万次・深谷克己編『幕藩制国家と異域・異国』，荒野泰典・石井正敏・村井章介編『アジアのなかの日本史』2，曾根勇二・木村直也編『新しい近世史』2，木鎌弘美『長崎貿易と寛永鎖国』，荒野泰典『近世日本と東アジア』，永積洋子『近世初期の外交』，山本博文『鎖国と海禁の時代』，松方冬子『オランダ風説書と近世日本』，横山伊徳「一八―一九世紀転換期の日本と世界」(『日本史講座』7所収)　　　　（木崎　弘美）

029　鎖国論 さこくろん　随筆的政策論(ただし翻訳書)．訳者志筑忠雄．上下2巻．享和元年(1801)成．ドイツ人エンゲルベルト＝ケンペル Engelbert Kaempfer の著わした『日本誌』の蘭語版 De Beschrijving van Japan (1729年・33年版の2種あり)の付録第6章「今日のように日本国を閉鎖してその国民が国内においても国外においても外国と通商を営むことを許さないことが同国にとって利益ありや否やについての研究」(原文直訳)を邦訳したもので，享和元年8月16日の日付を持つ訳例が巻首にある．写本によってはそのほかに大田南畝の「読鎖国論」という一文を付した本もある．内容は要するに鎖国肯定論で，純理的には鎖国割拠は自然の理法に背くものであるが日本の地理的歴史的諸条件，特に対外関係・政治事情などから見る時は，江戸幕府のとった鎖国政策はそれなりの理由があったとして，終局的にはこれを是認する立場をとっている．志筑は蘭書を通して当時の国際的環境とくにロシア関係にも精しかったと思われるが，その認識の上に立って，蝦夷・カラフトの地の経営宜しきを得ばロシアの圧力も重大な危険とは成らず，むしろわが国内の緊張を保ち，挙国一致して栄える刺戟と成る，とする考えから，ロシアに対しては決して警戒は怠ってはならないが，鎖国の現状を維持することができるという見解を採っており，以上のような意味で鎖国是認論を説いたケンペルの所説を訳出したものであろう．幕末まで多く写本で流布し各方面に相当の影響を与えたと推測される．嘉永3年(1850)国学者黒沢翁満により『異人恐怖伝』として上梓されたが，巻首に鎖国の天理に反することを論じている廉で絶版を命ぜられた，という．幕府の鎖国的政策に対して「鎖国」の名称が与えられたのは本書を以てはじめとする．本書は前記の『異人恐怖伝』出版以後，明治24年(1891)『(少年必読)日本文庫』5 (内藤耻叟校，博文館発行)に収められ，また大正3年(1914)国書刊行会の『文明源流叢書』3に『異人恐怖伝』が収録されている．『異人恐怖伝』はほかにも1，2刊行されている．　→ケンペル日本誌

[参考文献]『ケンペル日本誌』(今井正訳)，小堀桂一郎『鎖国の思想』(『中公新書』358)，板沢武雄「鎖国および「鎖国論」について」(『日蘭文化交渉史の研究』所収)，沼田次郎「ドイツ人医師ケンペルと

その著書「日本誌」について」(『東洋大学大学院紀要』14・15)，岩生成一「独医Kaempferの「日本誌」とその日本思想界に及ぼした影響」(『日本学士院紀要』25ノ1)　　　　　　　　　　　　　　(沼田　次郎)

030 佐々木永春　しょうしゅん　生没年不詳　戦国時代の遣明使節．近江の人，姓は源氏．号は東林．明応2年(1493)西遊，当時日向飫肥(おび)の安国寺にいた桂庵玄樹に師事して宋学を修め，玄樹の送別詩を得て同4年入明，同6年寧波(ニンポー)の名士12人の和韻詩と厳端の序，玄樹の『島隠集』のための洪常の序を持って帰国した．永正6年(明の正徳4，1509)足利義澄の名において孔子を祀る儀礼を求めることを表面の目的としてかかげ，宋素卿(原名朱縞，寧波の人)とともに遣明船の四号船である細川船により入明，同年11月には北京に在り，翌正徳5年5月までに寧波に戻り，「送源永春還国詩画巻」(京都国立博物館保管)を贈られて同年6月9日以後帰国した．この送別詩画巻は楊守阯の序，倪復・屠濬・董鑰・魏偁・方誌・陸偁・楊守隨・張昺・金洪・袁孟悌・宋似・方霖ら12人の送別詩，方仕の跋，孝宗・武宗朝の宮廷画家王諤の送別図より成り，ほぼ受贈時の原形を保持している．

　参考文献　『大日本史料』9ノ2，永正六年是歳条，小葉田淳『中世日支通交貿易史の研究』，田中健夫『中世海外交渉史の研究』，川上涇「送源永春還国詩画巻と王諤」(『美術研究』221)　　(川上　涇)

031 佐竹義敦　さたけよしあつ　1748～85　江戸時代中期の出羽国秋田藩主．洋風画家．7代藩主義明の嫡子．寛延元年(1748)閏10月4日生まれる．幼名義直，のち秀丸，次郎と称し，さらに義敦と改めた．画号は曙山．宝暦8年(1758)11歳で封を継ぎ，8代藩主となる．同13年右京大夫と称し従四位下侍従に叙任．義敦が襲封した時期は，前代義明治世末年のいわゆる銀札仕法をめぐる未曾有の大騒動による政情不安，連年の宝暦大凶作による農村の疲弊，極度に困窮化した藩財政など，まさに藩政が危機に直面した時期であり，襲封4年目にして参勤費用に差支えるほどであった．したがって28年にわたるその治世は財政逼迫対策に終始せざるを得なかった．半知・四六借上げ，上方蔵元の解任，高百石五石米借用，商判役銀制などが実施されたが，天明3年(1783)の大凶作によって事態は一層深刻化した．起死回生策であった高10石につき米13石徴収のいわゆる十三割新法も藩内各層の反対で中途挫折の止むなきに至った．治世中家老を更迭すること30余人に及んだが，なお財政難の打開は不可能であった．なお，宝暦11年の農民分収分の増加を骨子とする林制改革や明和元年(1764)の阿仁銅山上知令撤回工作の成功など見るべき点も少なくない．さらに，秋田洋画の創始者小田野直武の最大の後援者として，また自身が洋風画家としても著名であり，『佐竹曙山写生帖』がある(中に義敦が著わした洋画論である『画法綱領』『画図理解』を収める)．天明5年(1785)6月10日没．38歳．法名は源通院殿泰岳良清大居士．秋田天徳寺に葬る．

　参考文献　奈良環之助・太田桃介・武塙林太郎『近世の洋画―秋田蘭画―』，成瀬不二雄『曙山・直武』(『東洋美術選書』)　　(半田市太郎)

032 刷還使　さつかんし　江戸時代初期，朝鮮王朝が派遣した使節の職名．刷還は，他国に流浪する自国人を連れ還ることを意味する朝鮮語．豊臣秀吉の朝鮮侵略(文禄元年(1592)～慶長3年(1598))後の国交再開期に派遣された3回の使節(慶長12年次・元和3年次(1617)・寛永元年次(1624))は回答兼刷還使とされ，日本からの書簡に対する回答および朝鮮侵略の際の被虜朝鮮人の送還を任務とした．またその後の通信使(寛永13年次・同20年次)も被虜人の送還を行なっている．往復の道中に出頭した被虜人を，帰路の途上に逐次回収した．また，日本各地から朝鮮使節の宿所に赴いて同胞の本国送還を訴えた者たちがおり，使節は彼らを現在の居住地に赴かせ，被虜人相互のネットワークを利用した招募活動に当たらせた．また使節本隊とは別に，朝鮮側の倭学訳官(日本語通訳官)たちを，小倉・博多・唐津・名護屋・堺など朝鮮使節の路程からはずれた地域に派遣し，送還の業務にあたらせた．使節一行は，彼らに①礼曹諭文(礼曹が発給した刷還教諭文)，②使節諭文(朝鮮使節が発給した刷還教諭文)，③執政文書(江戸幕府宿老が礼曹にあててだした書契)のいずれかを持参させた．この過程で，対馬藩が，使節の分遣隊に同行したり，また諸大名との交渉にあたったりするなどの協力をした．こうして慶長5年から寛永20年の間に，6100人程度の被虜朝鮮人が，朝鮮王朝に送還されたものと推測されている．

　参考文献　内藤雋輔『文禄・慶長役における被擄人の研究』，三宅英利『近世日朝関係史の研究』，米谷均「「朝鮮通信使」と被虜人刷還活動について」(『対馬宗家文書』第1期朝鮮通信使記録　別冊中)，同「近世日朝関係における戦争捕虜の送還」(『歴史評論』595)　　(関　周一)

033 薩弘恪　さつこうかく　生没年不詳　7世紀後半，日本に帰化した唐人．持統朝ころの音博士．薩は薛が正しいか．唐人続守言と同じく斉明天皇7年(661)百済遺民軍に捕えられて，日本に送られてきたものか．持統天皇3年(689)続守言らとともに稲を賜い，同5年にも銀20両を賜わった．翌6年にも同様に水田4町を賜わった．音博士として唐語を教授した功によるものであろう．天武天皇10年(681)以来の国史の編纂にも携わり，続守言らと『日本書紀』の述作にあたったとも考えられる．文武天皇4年(700)6月，刑部(おさかべ)親王・藤原不比等らとともに『大宝律令』撰定の功績により，禄を賜わった．この時，冠位は勤大壱とみえる．律令

撰定事業において，彼は『永徽（えいき）律令』をはじめとする唐語文献の解釈などに主として携わり，唐風の律令条文作成に寄与したものであろう．

参考文献　森博達『日本書紀の謎を解く』（『中公新書』1502）　　　　　　　　　　　　　　　　　　（鈴木　靖民）

034　察度王 さっと　1321～95　1350～95在位．中世後期の琉球察度王統第1代の王．1321年（元亨元）生まれる．父は奥間大親（うひやぁ）．母は羽衣伝説上の天女と伝える．王位につく以前，日本船に依って生誕地に近い港に輸入される鉄を買い入れて造った農具を農民に与え，また貧窮者の救済につとめたために領民から慕われ，ついに50年（観応元），失政続きの英祖王統に代わり，推されて中山王となった．72年（応安5，洪武5）明の太祖の招諭をうけ朝貢し，以後約500年に及ぶ冊封関係の基を開いた．琉球の世の主が王を称し，また国名が元の瑠求から琉球となったのは，その時からであった．明との交通開始を契機に，92年（明徳3）留学生を国子監に送り，これが以後王国末期まで続いた．明国からは同年閩人三十六姓が帰化し，その子孫は琉球の政治・外交・文化の発展につくした．また，90年には宮古・八重山の入貢をみ，中山の勢威は著しく高まった．琉球の世界史的舞台が開かれたのは察度王によってであった．95年（応永2）10月5日（月日は明暦）没．75歳．

参考文献　向象賢編『中山世鑑』（『琉球史料叢書』5），蔡温他編『中山世譜』（同4）　（宮城　栄昌）

035　冊封 さくほう　⇨さくほう

036　薩琉貿易 さつりゅうぼうえき　慶長14年（1609）の島津氏による琉球統治以後，江戸幕府の統制支配と保護のもとで取り行われた薩摩藩と琉球国との貿易．その実態は琉球国経由の輸入唐物を中心とした貿易である．鎖国下の長崎貿易があくまでも中国とオランダの両国を対象としたいわば受動的貿易であったのに対し，この薩琉貿易は，琉球国の対明・対清朝貢貿易によって輸入された唐物を，わが国内市場で転売することを目的とした能動的貿易であった．いずれも江戸幕府の公許公認と指導のもとで実施されていたが，後者の薩琉貿易は薩摩藩が琉球国救済措置として幕府へ陳情したことが成功して許可されたもので，また，近世の中期以後は薩摩藩による密貿易という側面をもった貿易であった．島津氏の琉球侵入直後から寛永の初めに至る初期の薩琉貿易では，琉球国経由の輸入唐物のほとんどは，島津氏の自家の消費もしくは幕府をはじめとした進献贈答の品物として使用されていた．ところが寛永7年（1630）に至ると，藩財政の借銀累積がついに7000貫（あるいは2万貫とも）にも達し，琉球国の進貢貿易以外にはその返済方法がないということから，以後積極的に実施されるに至った．寛永10年には，琉球国の対明朝貢の貢期がかつての2年1貢の制に復旧し，貢船の船数も貢期ごとに2隻（頭号船・2号船）の発遣が許可されたことなどから，一度の進貢時にほぼ銀1000貫目（貢船2隻分）相当の貿易が行われるようになった．その資銀はほとんど薩摩藩の藩銀が中心であり，生糸・反物を主体に薬種・書籍類その他珍貴な調度品などが輸入されて，上方や長崎などで転売された．ところが貞享2年（1685）における幕府の対外貿易の制限（定高仕法）や糸割符商法の再興に伴い，翌3年12月には琉球貿易にも制限策が示達されるに至った．またこれまで上方や長崎で行われてきた琉球国経由の唐物商法が幕府の長崎貿易に支障をきたすということから，薩摩藩ではそれを回避するため，元禄元年（1688）正月国許家老から長崎奉行の山岡景助・宮城和澄にその処置について願い出ていたが，同年6月には京都に定問屋の設置を認可され，翌年8月には京都の内侍原善兵衛店を定問屋と定めて琉球輸入の唐物は以後この定問屋の封印をもって販売されることとなった．これとともにすでに天和3年（1683）2月には，幕府が長崎貿易に対して制限を加えていた奢侈的商品ならびに羅紗・猩々緋などの毛織物の輸入禁止の政策がそのまま薩琉貿易にも等しく示達され，自用以外にはこれら毛織物類の販売は以後禁止されることとなった．当時の琉清貿易の商資銀を薩琉間では通常「渡唐銀」の名称で呼んでいたが，この渡唐銀の数量については島津氏による琉球支配以後，貞享3年に至る間は特別な制限規定はなく，寛永10年以後の一時期には1度の進貢時（2隻分）に銀1000貫目相当の貿易量に達したが，その後はおよそ進貢時880貫目（2隻分），接貢時420貫目（1隻分）となっていた．貞享4年から正徳3年（1713）に至る間は規定として進貢時804貫目，接貢時402貫目に減額され，正徳4年には，改鋳によって金銀貨の品位向上がはかられたという事情もあって，さらに減額となり，進貢料604貫目，接貢料302貫目に制定され，以後そのまま明治の廃藩置県時にまで及んだようである．正徳3年以降，この琉球に下される進貢貿易用の銀子は幕府の銀座で特別に鋳造され，慶長の位に改鋳した上で下賜されるのを式例としていた．そのためこの渡唐銀は改鋳に際しては極秘に取り扱われ，京都の銀座で吹替えて下していたが，寛政10年（1798）の吹替えに手抜かりなどがあって，薩摩藩と京都銀座との間で争いとなり，それが原因して以後はすべて江戸銀座で吹替えて下賜されるようになった．貞享期以後京都の定問屋で白糸・紗綾などの唐物を専売にしてきた薩摩藩は，その後寛政12年に至り琉球国中山王の名で幕府に薬種・器財類の販売免許を願い出たが許可されなかった．しかしこれ以後，文化元年（1804）から文政3年（1820）に至る16年間に10回にわたって琉球持渡り唐物の転売品増加の免許申請が幕府に提出された．薩摩藩では琉球国の救済措置を大義名分としていたが，幕府は長崎貿易に与

える影響やその他の支障などから即座に許可せず，多面的に検討したうえで文化7年9月に薄紙100束・五色唐紙500束・釘（？）5万斤・羊毛織300端・丹通600枚・緞子300本・猩燕脂2000斤・花紺青2000斤の計8品種につき3年間を試みとして免許し，文政元年4月には蝋・硼砂2000斤・桂枝2000斤・厚朴7000斤の4種が3年間免許され，さらに文政3年8月には玳瑁800斤と白手竜脳100斤の2種が追加免許された．その後，文政8年には調所広郷らの努力の甲斐があって，亀甲・爪・蝋・竜脳・硼砂・猩燕脂・沈香・沙参・阿膠・辰砂・茶碗薬・蒼朮・大黄・甘草・山帰来・桂枝などの16種の唐物が免許され，銀高1720貫目を上限として，定額の7割弱の1200貫目につき2割（銀240）とその他諸雑費を長崎会所に納付することなどを条件として，以後5ヵ年間長崎表で売り捌くことが認可された．しかしその期限はその後も延期され，天保10年（1839）から一時期停止処置をうけることがあったが，わずか7年を待たずして再び正式に復活をみ，廃藩置県時に及んだ．これらの免許唐物は長崎表においては当時の唐商持渡り品とは大いにその品質を異にして格別によく，入札商人の中には琉球持渡り品の落札に心を配る者があるほどであった．これ以外に，砂糖・鬱金その他の琉球特産物が薩琉貿易で輸入されて，薩摩藩領内をはじめ上方・北国・下関地方で転売されていたが，薩琉貿易の主体をなしていたのは輸入唐物で，琉球特産物はどちらかといえば付随的商品で，幕府その他への進献贈答の品物として利用される場合が多かった．そのため薩琉貿易は琉明間・琉清間の朝貢貿易の消長に大いに左右されていた．当時の琉明間・琉清間の貿易は朝貢という特殊な外交形態をとった上での交易であったから，渡唐時には明清の朝廷へ進献される常例の貢（方）物がまず積まれ，それに輸出品として昆布・鱶鰭・煮貝・醬油・筋干藻・鮑・茶・繰綿・煙草・種子油・桐油・荏子油・琉球米などの特産物が搭載された．輸出品は北国の海産物が主体をなし，時代によって変遷があったようである．一方，薩琉貿易には，琉球国内で消費される鉄製農器具や鍋・造船用帆柱をはじめ菜種子油・桐油その他数多くの日用雑貨品などが，薩摩藩の琉球下り御用船（十三隻船）から持ち渡られ，御用船の船頭衆などとの間で交易が行われていたが，その数量は対清貿易に較べればはるかに僅少であった．以上の輸出に対して中国からの輸入品は生糸・反物・薬種・書籍・染料・香料・墨朱などをはじめその他文房具・調度品類に及んでいた．しかしながらキリシタン関係の物品や毒薬は輸入禁止品として堅く申し渡され，ことに元禄以後においては中国近代の書籍の輸入，さらには新著一切の輸入が禁止され，この禁令はその後も引き続き取り行われていたようである．薩摩藩ではこの貿易を管理するため文化7年に唐物方という役所を設けていたが，その後琉球産物生産方とその名称を変更している．またこの薩琉貿易を総体的にみると輸入が輸出を圧倒するという変則的交易で，幕末の文久・慶応ごろ以後は輸出入とも大いに減少し，明治に至ると，琉球国の日中両属体制の終結とともに自然に消滅するに至った．

参考文献　『鹿児島県史』2，小葉田淳『中世南島通交貿易史の研究』，喜舎場一隆「薩琉関係の展開」（中田易直編『近世対外関係史論（増補版）』所収），同「近世薩琉関係の一駒—渡唐銀を廻る諸問題について—」（『歴史教育』18ノ4）　　（喜舎場一隆）

037 砂糖 さとう

奈良時代，天平勝宝6年（754）に唐僧鑑真が来日の際に唐黒（黒砂糖）をもたらしたのが最初とされている．記録としては『東大寺献物帳』に「蔗糖」とあるのがもっとも古い．当時のものは黒い不定形あるいは飴状のものだったと考えられる．『種々薬帳』の中に記載されており，薬の一種で，口の荒れや痰・咳などの薬として貴人のあいだで使われた．「沙糖」「砂糖」というよび方は平安時代初期には現われるが，安土桃山時代までは一種の高貴薬としての地位を保っており，甘味料としては甘葛（あまずら）・飴などが使われるのみであった．安土桃山時代にはヨーロッパや南方との交通が盛んになり，朱印船貿易によって砂糖がかなり輸入されるようになった．一方，カステラ・ボウロ・金米糖・カルメラなど砂糖を使う「南蛮菓子」が導入され，茶の湯の流行にも促されて羊羹・あんなど著しく甘い菓子が工夫され，砂糖は主として菓子用に多量に使われるようになった．江戸時代には輸入減少策としてサトウキビ栽培が幕府によって奨励され，三盆白など製菓用の砂糖がつくられた．明治に入って日清戦争後の台湾の領有によって，砂糖は一時，自給して余るほどになった．価格も下がり，一般家庭への普及をはやめた．こうしたあいだに，京菓子・上菓子などの高級菓子から干菓子・駄菓子類に至るまで，多彩な和菓子が工夫されたが，中には甘さを誇るだけで，形や色の工夫だけといったものも多い．一方，砂糖の普及は日本料理の味に変革をもたらし，日本は料理の味付けに非常に多く砂糖を使う国になったといわれる．料理はいっぱんに甘くすれば一応，舌に媚びる味になるためと思われる．日本料理はそれまでにくらべてたいへん甘いものになり，こんにちでは砂糖（あるいは他の甘味料）がないと日本料理はほとんど成り立たないほどで，その意味で独特な料理体系を形成している．一方，ジャム・砂糖漬けなど砂糖によるくだものの保存加工品は世界的に多いが，日本ではあまり発達しなかった．→甘蔗（かんしゃ）

参考文献　守安正『お菓子の歴史』（『食の風俗民俗名著集成』10・11），石毛直道・大塚滋・篠田統『食物誌』（『中公新書』403）　　（大塚　滋）

038 佐藤泰然 さとうたいぜん　1804～72　幕末維新期の蘭方医．名は信圭(のぶかど)，号は紅園．泰然は通称である．父佐藤藤佐(とうすけ)は庄内藩鳥海山麓の升川村の生まれで，若くして江戸に出て旗本など数家の会計を掌る公事師となった．泰然はその長男として文化元年(1804)武蔵国川崎(神奈川県川崎市)に生まれたが少年時代を江戸で父母とともに送り，旗本伊奈氏に仕えていた．その内に洋方医を志して足立長雋，ついで高野長英を師としたが満足できず，天保6年(1835)より3年半ほど長崎に留学して大いに努め，同9年の秋江戸に帰って，薬研堀に塾を開いた．当時は生母の姓をとり和田泰然と称していた．和田塾の名は高くなった．しかし何か理由があって，彼はその塾を親友で女婿の林洞海に譲り，みずからは下総佐倉藩主堀田正睦の招きで佐倉に移り，その城下町の一隅に蘭方塾を開き順天堂と称した．姓も父祖のものを採り佐藤泰然と改めた．順天堂はオランダ語を教え，西洋外科を実行して新しい医術を学ぶのに適した所として日本中にその名が知られた．上総出身の高弟関寛斎が書いた『順天堂外科実験』1冊は嘉永年間(1848～54)にこの塾でどんな手術が行われたかをよく示している．また安政元年(1854)の日付で順天堂執事の名をもって書かれた『療治定(さだめ)』と題する40種に及ぶいろいろな手術の料金表が残っているが，当時としては驚くべき内容である．安政6年に泰然は家督を養子の佐藤舜海(のちの尚中)に譲り，みずからは新しく開港した横浜に住み，外国人との交際を多くした．彼のやや早すぎる隠居は藩主堀田正睦が安政年間に老中として開国の衝にあたったとき，彼がブレイン＝トラストの1人として何かを進言したことに関係があるとおもわれる．明治5年(1872)4月10日，東京の下谷茅町(台東区池之端)にて肺炎のため没した．享年69歳．墓は台東区谷中の天王寺にある．また顕彰碑は佐倉順天堂跡に建っている．大正4年(1915)に従四位を追贈された．松本順(良順)はその実子である．

参考文献　村上一郎『蘭医佐藤泰然—その生涯とその一族門流—』，『順天堂史』上，小川鼎三『佐藤泰然伝』

(小川　鼎三)

039 サハリン　Sakhalin　⇒樺太(からふと)

040 ザビエル　Francisco de Xavier　⇒シャビエル

041 左方 さほう　雅楽の演奏様式の1つである舞楽の分類名．右方(うほう)に対する．略して「左(さ)」ともいう．奈良・平安時代に渡来したアジア諸国の音楽のうち，中国系の音楽・楽器・舞・演奏者などを総括する用語．左方の楽(略して左楽)，左方の舞(左舞)，左方の舞人(左舞人)，左方の楽人などの意味に用いる．舞楽の上演にあたっては，楽器編成・舞楽装束・奏演様式などすべて，右方の舞楽と対比的に扱うことが原則である．たとえば笛は，左の竜笛(りゅうてき)に対する右の狛笛(こまぶえ)，鼓は左の羯鼓(かっこ)に対する右の三鼓(さんのつづみ)等々．例外曲としては，夜多羅拍子の「倍臚(ばいろ)」「抜頭(ばとう)」「還城楽(げんじょうらく)」の3曲がある．これらは，本来中国系音楽であるが，現在では右方の舞楽に配されている．当初より舞楽の中心地であった大坂の四天王寺(天王寺方)，奈良の興福寺(南都方)，京都の宮廷(京都方)には，それぞれ左方と右方別々の舞楽を専業とする家系が存した．応仁の乱などの戦乱以後，宮廷楽人が四散したので，南都方からは左舞人，天王寺方からは右舞人として出仕した．現在雅楽の継承にあたっている宮内庁楽部の楽師は，上記三方楽人を主体とするが，旧来の家系上の左方・右方の別によって専門を決めてはいない．しかし左方・右方の対比という舞楽上演における特質は，現在も生かされている．　→右方(うほう)

参考文献　芸能史研究会編『雅楽』(『日本の古典芸能』2)，林屋辰三郎『中世芸能史の研究』

(蒲生美津子)

042 サボリ　Nathaniel Savory　1794～1874　アメリカ人，最初の小笠原島入植者の1人．正しくはセーボリと発音する．1794年7月31日マサチューセッツ州に生まれる．船員となってホノルルにいた1830年(天保元)，他の白人4名とカナカ人20余名とで，当時無人島だった小笠原諸島の父島へ移住．開墾し，時折寄航する捕鯨船などに食料を供給．53年6月(嘉永6年5月)対日遠征の途次琉球から訪れたペリーに，アメリカ海軍貯炭所用地としてポートロイド(二見港)前面の165エーカーを50ドルで売り，該地所の管理を委託される．ペリーの勧告と指導により同年8月ピール島(父島)植民自治体が組織されるやその首長に就任(該自治体は存続期間を2年とし満了時さらに3年間延長)．文久元年12月(1862年1月)幕府の小笠原島開拓御用で外国奉行水野筑後守忠徳一行が来航，島民は服従の誓書を徴され，代りに地券を交付されるものの，同3年5月開拓中止，駐在幕吏および日本人移民引揚とともに再びサボリが同島を事実上主宰．グアム出身女性との間に4男4女(内2名早世)を儲け，明治8年(1875)の明治政府による初の官吏派遣(外務省出仕田辺太一ら)をみる前年4月10日に同島で没．79歳．遺族は他の外国人系島民ともども明治15年末までに日本に帰化した．　→小笠原諸島(おがさわらしょとう)　→小笠原諸島帰属問題(おがさわらしょとうきぞくもんだい)

(広瀬　靖子)

043 査祆余録 さけんよろく　⇒査祆余録(さけんよろく)

044 更紗 サラ　近世初頭から舶載された外国の模様染布の総称．佐羅紗・皿紗・佐良左とも記し，別名紗羅染(しゃむろぞめ)・華布・印華布という．金箔・金泥を施したものは特に金華布・金更紗と呼称する．主とし

て木綿の布に手描き，あるいは型を用いて模様を染めたもので，インド・ジャワをはじめスマトラ・中国・イラン・ヨーロッパ製のものがある．日本で模倣製作されたものは「和更紗」と呼ぶ．その語源については ジャワ語の srasah, ポルトガル語の sarassa, saraçs, スペイン語の saraza, インド西海岸の要港であった Sulat の転訛(『紅毛雑話』)，インド南海岸地域の古語 saraso, sarasses(リンスホーテン『東方案内記』記載)などが考えられるが，いずれも確かな証拠はない．技術的にはきわめて素朴な描絵風のものを除けば，大きく(1)先媒染(さきばいせん)法(染料に浸ける前に媒染剤で模様を描くか型づけするかする)と蠟防染を併用したインド系の更紗，(2)蠟防染を主体としたジャワ系の更紗，(3)銅版やローラーによる捺染を主体としたヨーロッパの更紗とに分けられる．このうち「古渡更紗」と称してわが国で珍重されている更紗類の大半は，17世紀から18世紀に舶載されたインド製のものである．模様は異国的な人物・立木・鳥獣・花鳥などのほか，扇・香袋・巴の模様など，日本人の嗜好が強く反映されたものが含まれていることに特色がある．これらの意匠は江戸時代後期に発刊された『佐羅紗便覧』(安永7年(1778))・『増補華布便覧』(同10年)・『更紗図譜』(天明5年(1785))などによって流布した．「和更紗」はこうした渡りものの更紗に刺激されて，特に江戸時代後期から明治にかけて各地で製作されたものをいい，堺更紗・長崎更紗などの名が残っている．一般に型紙を用いて裂地に染料を摺ったり，型染と同じく型紙を用いて糊を置き，引染めしたりしたもので，用途は下着や胴着・風呂敷など．そのなかで鍋島更紗のみは歴史も古く模様の輪郭に木型を用いて丹念に染められており，藩の御用達品としての風格あるものが造られてきた．

[参考文献] 岩生成一訳註『慶元イギリス書翰』(『異国叢書』10)，『唐蛮貨物帳』，小笠原小枝編『更紗』(至文堂『日本の美術』175)，John Irwin and Katharine B. Brett : Origins of Chintz.

(小笠原小枝)

045 佐魯麻都 まろ　6世紀中葉の倭系安羅(あら)人．加不至費直(かふちのあたい，河内直)・阿賢移那斯(あけんいなし)らとともに，かつて百済と戦って殺された那奇他甲背(なきたこうはい)を共通の祖として，安羅に出生・成長したとの説が有力．532年ころ倭系臣僚集団を実態とする，いわゆる任那日本府が安羅に置かれると，執事として実務を担当した．41年，加不至費直らと新羅に通じ，百済の招集に応じなかったことを百済の聖明王より責められた．43年には聖明王が彼らの召喚を欽明天皇に願い，翌年にも同王は佐魯麻都らの存在が任那復興の障害になっていることを告げている．要するに彼らは在安羅の倭系集団内において下級に位置したが，ある程度の軍事力をもち，また対百済交渉などに独自の判断・行動をとり得た親新羅・反百済的立場の人たちであった．

[参考文献] 笠井倭人「加不至費直の系譜について」(『古代の日朝関係と日本書紀』所収)，大山誠一「所謂「任那日本府」の成立について」(『日本古代の外交と地方行政』所収)，鈴木英夫『古代の倭国と朝鮮諸国』

(鈴木　靖民)

046 差倭 さわ　江戸時代に対馬藩から朝鮮に遣わした不定期の使節に対する朝鮮での呼称．文禄・慶長の役後，朝鮮は己酉約条(慶長14年(1609))により，日本との国交を回復し，対馬宗氏が毎年20船の歳遣船を渡すことを認めた．朝鮮ではこれを年例送使と呼ぶが，宗氏はその数をふやす努力をする一方，各種の不定期送使を発遣し，朝鮮側にその接待を認めさせることに成功している．この不定期送使を朝鮮では差倭と呼び，そのうち礼曹参判宛の書契を携えていくものを大差倭(日本では参判使という)，礼曹参議宛の書契を持っていくものを小差倭といった．前者は関白承襲告慶差倭(徳川将軍襲職の告知)・通信使請来差倭など14例あり，後者は陳賀差倭(朝鮮国王即位の賀)・漂人領来差倭・裁判差倭・館守差倭など10例ある．差倭は朝鮮からの接待料支給の関係で，釜山倭館での滞留日限が決められていたが，特殊な外交案件処理のために渡海する裁判差倭だけは日限がなく，また釜山倭館の館守差倭は原則として任期が2年であった．→己酉約条(きゅうやくじょう)　→歳遣船(さいけんせん)

[参考文献] 『通文館志』5(『朝鮮史料叢刊』21)，『増正交隣志』1・2(『奎章閣叢書』6)，長正統「日鮮関係における記録の時代」(『東洋学報』50ノ4)

(長　正統)

047 沢野忠庵 さわのちゅうあん　?～1650　ポルトガルのイエズス会士．転び伴天連．本名フェレイラ Christovão Ferreira．1580年(?)，リスボン近郊に生まれ，96年イエズス会に入り，コインブラ大学に学び，東洋布教を志して1600年ゴアに至り，澳門(マカオ)に移って08年哲学・神学課程を了え，パードレに叙され，翌慶長14年(1609)長崎に渡来．有馬セミナリヨで日本語学習の傍らラテン語を教授．同17年来の迫害の中に京都に移り，修道院長を援けるうち，所司代板倉勝重による弾圧を受けたが，潜伏した．元和元年(1615)ごろミヤコ地区長となった．同3年日本管区長コウロスの秘書として長崎に下り，病弱の管区長をよく援け，同7年には再び上洛，主として大坂に駐在した．寛永2年(1625)から管区長に再任したコウロスの秘書として，『イエズス会日本年報』を執筆している．同9年コウロスが死し，後任管区長は翌年殉教，彼が実質上，日本司教代理兼イエズス会管区長の責任を負った．そのため官憲の狙うところとなり，たちまち捕われ，穴吊

しの拷問に逢い，ついに棄教し，沢野忠庵と名のり，宗門改めに協力した．「目明し忠庵」と称され，同13年には反キリシタン書『顕偽録』を著わした．この棄教は長与善郎の『青銅の基督』や遠藤周作の『沈黙』など文学作品で扱われているが，その事情や彼の心情は史料的には明らかでない．この報が澳門に伝わると，かえってパードレらの日本潜入計画が活発化し，ルビノらの潜入となった．慶安3年(1650)10月11日没(長崎の晧台寺過去帳)．何よりも彼が棄教して，『天文備用』『南蛮流外科秘伝書』を著わしたことにより，南蛮流天文学・外科術が伝存し，鎖国下の近世的科学知識として蘭学を準備したことが注目される．半田順庵・杉本忠恵・西玄甫らはその門下であり，元禄9年(1696)刊行の『阿羅陀外科指南』は，忠庵著の偽装改題であると推定される．また向井元升の『乾坤弁説』は『天文備用』の忠庵説を本説とし，それに弁説を付したものであるが，すべてにわたり「南蛮学士の説誤りなし」と，西洋科学の説を受容するに至っている．

[参考文献] 海老沢有道『南蛮学統の研究増補版』，H. Cieslik：The Case of Christovão Ferreira, Monumenta Nipponica Vol. 29 No. 1.
(海老沢有道)

048 讃 さん ⇒倭の五王(わのごおう)

049 サン＝アウグスティノ Thomas de S. Augustino
⇒トマス＝デ＝サン＝アウグスティノ

050 三箇の津 さんがのつ 中世，薩摩国川辺郡の坊津(ぼうのつ)，筑前国博多津，伊勢国安濃郡の阿濃津(安濃津)の3つの港津をいう．中世から近世初頭にかけての国内・海外交通や貿易の要津で，明の『武備志』日本考の中には，日本には3つの有力港津があって商船が集まり，外海に通じている．坊津・博多津・安濃津がそれで，中でも坊津が中心で，往来する客船は必ずここに寄港するといった内容のことが記されている．その実否はともかく，明側にはこれら3港津が明との貿易上もっとも重要な港津であるとみなすものがいたことを示唆している．このうち博多津は中世・近世にかけ貿易港として繁栄をつづけたが，安濃津・坊津はその重要性が失われていった．なお古代摂津の敷津などの港津も摂津三津と称され，さらに鎌倉時代以降同じく摂津国の兵庫・渡辺・一之洲(ときに神崎)が三箇津とよばれ，徳治元年(1306)，この三箇津に寄港する商船に対する課税である商船目銭の徴収権が京都の八坂法観寺釈運上人に与えられ，正和4年(1315)以降東大寺と住吉神社がその徴収権を与えられている．

[参考文献] 徳田釼一著・豊田武増補『(増補)中世における水運の発達』，相田二郎『中世の関所』
(佐々木銀弥)

051 三韓 さんかん 朝鮮半島南部にあった3種の韓族．『三国志』魏志東夷伝韓条によれば，3世紀の韓族は，馬韓・辰韓・弁韓(弁辰韓)の3つに分かれ，馬韓は50余国，辰韓は12国，弁韓は12国からなりたっていたと記す．4世紀に入って，馬韓の1国であった伯済を中心に百済が，辰韓の斯盧を主体にして新羅が形成され，弁韓は加羅諸国に分立していった．加羅は伽耶・伽倻・駕洛などともみえる．『日本書紀』では神功皇后摂政前紀に，新羅・高句麗・百済を「是所謂之三韓也」とするのをはじめとして，高句麗・新羅・百済を三韓とする用例がみえる．舒明天皇2年(630)是歳条には「三韓館」を記載する．

[参考文献] 三品彰英『日本書紀朝鮮関係記事考証』上
(上田 正昭)

052 三韓楽 さんかんがく ⇒高麗楽(こまがく)

053 三韓征討説話 さんかんせいとうせつわ ⇒新羅征討説話(しらぎせいとうせつわ)

054 懺悔録 さんげろく ⇒コリャード懺悔録

055 三国遺事 さんごくいじ 高麗忠烈王10年(1284)～15年に僧一然が編纂した現存最古の朝鮮の私撰史書．本書の篇目は第1巻王暦・紀異一，第2巻紀異二，第3巻興法・塔像，第4巻義解，第5巻神呪・感通・避隠・孝善である．そのうち王暦は別本から収録したものとみられ，紀異は新羅史を中心に，東方諸国の諸史料を収録している．その末尾の「駕洛国記」も，大康2年(1076)に編纂した史書の抄録である．第3巻以後の構成は梁・唐両高僧伝を参考にし，朝鮮三国の仏教史関係の説話記事を中心としている．その記事には三国以来の史書・寺誌・金石文・日記・帳籍・公文書などからの引用が多く，特に新羅歌謡とみられる郷歌が14種も伝えられ，歴史のみならず宗教学・言語学・文学・民俗学研究の貴重な資料である．版本では残巻を除けば，中宗7年(1512)の慶州重刊本が，活字本では国書刊行会本第3版(昭和48年(1973))が最良である．→駕洛国記(からこっき)

[参考文献] 三品彰英『三国遺事考証』，金思燁『完訳三国遺事』，村上四男「三国遺事解説」1(『朝鮮学報』99・100合併号)
(井上 秀雄)

056 三国志 さんごくし 中国三国時代(220～80年)の正史．蜀漢出身で晋に仕えた陳寿(字(あざな)承祚，297年没)撰．『魏書』30巻・『蜀書』15巻・『呉書』20巻，計65巻よりなる．これら3書ははじめ別行しており，北宋の刊刻に至りはじめて1書にまとめられた．なお本来存した陳寿自身の「叙録」は古く佚して今日見るを得ない．南朝宋の裴(はい)松之の「注」(429年成)を併せた本が普及し，全体で約100万6000字(うち本文約35万字)，『史記』『漢書』『後漢書』と合わせて「四史」と称され，中国の代表的史籍の1つである．官撰の王沈『魏書』・韋昭『呉書』および私撰の魚豢『魏略』の3書に多く依拠していることは，裴注に引かれた3書の逸文と較べれば明らかに知られる．ただ蜀については先

行のまとまった史書を欠き，また陳寿の出身国であったため，自身撰述の比重が最も大きい．本書は叙事簡潔で文辞に生彩あり良史をうたわれ，『史記』『漢書』についてよく読まれた．しかし魏を正統とした点は，東晋の習鑿歯の『漢晋春秋』以下宋の蕭常『続後漢書』，元の郝経『続後漢書』，明の謝陛『季漢書』など蜀漢を正統とする別著を生み，本書編纂時の司馬氏政権を擁護する筆致とともに，正統論者から批判を浴びた．裴注には200種以上に及ぶ魏晋人の著作を引用し，本書の記事を多面的に補充しかつ注解を加えており，併読の必要がある．『魏書』の最後にある「東夷伝」中の倭人条は，日本に関する最古のまとまった所伝として名高い．本書は志・表を欠くので清人や近人の補志表が10余種あり，多く『二十五史補編』に収載されている．テキストは吐魯番出土の4世紀写本断巻を除けば南宋刊本2種(紹興・紹熙本)を祖本とし，清の殿版系諸本が最も流布するが，今日では中華書局標点本を標準版と認められよう．清の杭世駿・趙一清・梁章鉅・易培基らにより注釈も多種あるが，盧弼『三国志集解』(1957刊)にほぼ取捨集成された観がある．なお別に明人の『三国志(演義)』(小説)がある．→魏志倭人伝(ぎしわじんでん)

[参考文献] 燕京大学編『三国志及裴注綜合引得』(『哈仏燕京学社引得』33)，黄福鑾編『三国志索引』，黄大受編『三国志選注』，今鷹真・井波律子訳『三国志』(『世界古典文学全集』24)，繆鉞「陳寿与《三国志》」(上海師範大学歴史系中国史学史研究室編『中国史学史論集』1所収)，楊翼驤「裴松之与《三国志注》」(同所収)，逯耀東「裴松之与三国志注研究」(『国立編訳館館刊』3ノ1)，尾崎康「宋元刊三国志および晋書について」(『斯道文庫論集』16)，渡辺義浩『三国政権の構造と「名士」』，満田剛「王沈『魏書』研究」(『創価大学大学院紀要』20)，同「韋昭『呉書』について」(『創価大学人文論集』16)

(池田 温)

057 三国史記 さんごくしき 朝鮮の現存最古の歴史書．高麗仁宗23年(1145)に金富軾らが編纂した官撰史書で，中国正史に準じ，新羅本紀12巻・高句麗本紀10巻・百済本紀6巻・年表3巻・雑志9巻・列伝10巻，合計50巻である．本書は新羅建国の始祖赫居世居西干元年(前57)に始まり，その滅亡の第56代敬順王9年(935)に至る新羅王朝史を中心にしている．高句麗史は始祖東明王元年(前37)より第28代宝蔵王27年(668)までで，説話史料と中国史料とが他の2国史より多い．百済史は，始祖温祚王元年(前18)から第31代義慈王20年(660)に至る歴史で，3国中記事がもっとも簡潔である．本書の記事は3国の国内記事をはじめ，3国相互間および中国・倭・日本などとの国際関係記事が数多くみられる．国内記事では，権力争奪の記事や中国思想による吉兆記事があり，そのほか天災地変・農業関係記事の多いのに注目される．1010年以前に編纂された旧『三国史』が高句麗史中心であったのを，本書は新羅史中心にかえたが，これは高麗王朝内の勢力分野の変化による．本書は引用の原典がきわめて多く，特に中国史料の引用は国内史料に匹敵する．国内史料のもっとも古いものは高句麗で4世紀後半，新羅で545年，百済で5世紀末尾と推測される．板本では正徳壬申(1512)の慶州重刊本が，活字本では朝鮮史学会本第3版(昭和16年(1941))が最良である．

[参考文献] 申瀅植『三国史記研究』，延世大学校東方学研究所編『三国史記索引』，『三国史記』(井上秀雄訳注，『東洋文庫』372・425・454・492)

(井上 秀雄)

058 三国通覧図説 さんごくつうらんずせつ 軍事地理書．林子平著．天明5年(1785)成稿，翌6年刊行．日本の隣境にある朝鮮，琉球および蝦夷地の3国，それに無人島(小笠原諸島)の地図，さらに日本とそれらの地域との里程を示す総図，合わせて5図を載せ，国防的観点からそれら四地域の地理や風俗について解説したもの．朝鮮図は長崎のオランダ通詞楢林氏所有のものにより，解説で朝鮮固有の文字である「諺文(おんもん)」(ハングル)を紹介しているのが注目される．琉球図および解説は『中山伝信録』，無人島図および解説は長崎の島谷家の記録によったもの．蝦夷図は数図を基に作成し，解説は新井白石の『蝦夷志』，坂倉源次郎の『北海随筆』などの著書のほか，蝦夷地航路の船乗りの説によったものであるという．なかでも，子平が特に詳細に論じたのは蝦夷地である．彼は同書の中で，ロシアの東方経略を説き，その勢力がカムチャッカから千島に及んでいることを指摘して，蝦夷地侵略の危険を警告する．それとともに，その対策を論ずるにあたり，蝦夷地をもって外地とみなす当時の通念を否定して，これを本土の延長線上にとらえる．そして，蝦夷地を領する松前氏が収奪のために，蝦夷人に対して愚民政策をとることに反対して，蝦夷人に教化政策を及ぼし，彼らを文明化して，蝦夷地を本土並みに開発することにより，ロシアの侵略政策に対抗しうると主張している．寛政4年(1792)に林子平が幕政批判の廉で処罰された際，本書は絶版を命ぜられた．他方，本書はシベリアのイルクーツクに伝えられ，同地の日本語学校の教師として赴任したドイツの東洋学者クラプロートによってフランス語に翻訳され，1832年(天保3)にパリで出版された．またこれとは別に，シーボルト文献の中から本書の蝦夷地の部分を蘭訳したものが発見されている．『林子平全集』2などに収められている．

[参考文献] 平重道『林子平その人と思想』

(佐藤 昌介)

059 三山 さんざん 南北朝時代のころ，南山・中山・北山に

分立して100余年間抗争した琉球の3支配地域の総称．山は中国が与えた言葉で，沖縄語のシマ＝島＝村にあたる．1313年（正和2）に即位した英祖王統の玉城（たまぐすく）王が酒色に耽り，政務を怠った間に，南部の大里按司は南山王を，北部の今帰仁（なきじん）按司は北山王を称して独立し，中山との鼎立をみた．『中山世鑑』以下が説くように玉城王の時に国が三分したのではなく，有力なる按司が周辺を大きく併呑して3勢力圏にまとめられたのである．三山は特に対外貿易に力を注ぎ，経済的発展を軸に三山の統一に乗り出した．72年（応安5）の中山朝貢にならって78年（永和4）には南山が，83年（永徳3）には北山が明国に朝貢したのは，大国の権威を背景に勢力を伸張させ，併せて貿易の利を収めて富強を招くためであった．三山は明の太祖の休戦勧告を表面的には容れながらなお抗争を続けたが，1416年（応永23）に北山が，ついで22年に南山が尚巴志によって滅ぼされて全島が統一された．

[参考文献] 蔡温他編『中山世譜』（『琉球史料叢書』4），『明会典』105 　　　　　　　　　　（宮城　栄昌）

060 三十帖冊子 さんじゅうじょうさっし　密教の典籍を書写した冊子．京都仁和寺蔵．本仕立ての30帖よりなるが，このほかに『十地経』を書写した2帖がある．紙質は薄葉と厚紙で，法量は縦12.8〜15.8cm，横13.6〜18.5cm．粘葉装（でっちょうそう）の最古の遺品としても知られる．空海が在唐中に青竜寺の恵果の指導を受けて経典儀軌を書き留め，また唐の写経生20数名に依頼して書写したり，一部橘逸勢が書いたりしたとされるものである．楷書が主で，行草書体も多く，梵字の大半は空海の筆跡であると推定される．空海はこれを東寺大経蔵に収めた．貞観18年（876）6月6日，高野山座主の真然は東寺長者真雅に借覧を乞うた．この時は東寺に返納されたが，元慶3年（879）正月，真雅が示寂すると，寛平元年（889）2月，当時，東寺長者であった真然は冊子を携えて高野山に登り経蔵に納めた．観賢が東寺長者となるや，延喜12年（912）金剛峯寺座主無空に返還をせまったが，無空は応じなかった．同15年12月，観賢は宇多法皇の院宣を得て，催促したが，なお応諾しなかった．無空は翌年8月より冊子を携行して山城・伊賀を転々し，18年6月26日伊賀蓮台寺で示寂した．醍醐天皇は無空門下に対し冊子を返納させた．同19年11月1日に天覧に供し，翌日，次の官宣旨が下った．「左弁官下東寺／応真言根本阿闍梨贈大僧正空海入唐求得法文冊子参拾帖安置経蔵事／右，右大臣宣，奉勅，件法文，宜全収経蔵，不出闕外，令宗長者，永代守護者，寺宜承知，依宣行之，不得疎略／延喜十九年十一月二日大史菅野朝臣清方／大弁橘朝臣澄清」．これに観賢の作成した『根本大和尚真跡冊子等目録一名三十帖冊子勘定目録』をそえて，東寺経蔵に納めた．治安2年（1022）11月，長算は『勘定目録』以後に紛失した12帖（13帖か）の目録を調製したことが『東宝記』にみえる．文治2年（1186）10月5日，仁和寺の守覚法親王は東寺長者の俊証に冊子の借覧を乞い，これを仁和寺大聖院の経蔵に秘蔵し，現在に至る．貞和元年（1345）には東寺の杲宝が，延宝7年（1679）には高野山無量寿院の実秀が冊子を転写している．『弘法大師全集』15に『勘定目録』が載る．第14帖の総目録に記載された『十地経』は2帖あり，従来『三十帖冊子』とは別箇に取り扱われてきた．冊子およびこれを納める箱は国宝，『十地経』は重要文化財に指定されている．

[参考文献] 佐和隆研・中田勇次郎編『弘法大師真蹟集成』，仁和寺監修『国宝三十帖冊子重要文化財十地経冊子』 　　　　　　　　　　（宮坂　宥勝）

061 三十六姓移民 さんじゅうろくせいいみん　中国の明初，福建から那覇久米村に移住してきた閩人三十六姓．1372年（察度王23）の琉明通交の開始を契機に閩江下流の住民が，往復船舶の廻航や水先案内または船匠として派遣され，やがて久米村に集団居住するようになった．三十六姓は実数でなく，その中には帰郷や廃絶した家があり，17世紀半ばには蔡・鄭・林・梁・金の5家が残ったとされている．彼らは琉球王府からは客分として遇され，15歳以上の男子には地扶持（じふち）という一定の倉米が支給された．その子孫は海事上の活動のみならず，思想・文化の上で活躍したものも多く，また後年には進貢副使は必ず久米人から出し，官生を経て政治家・学者となったものもいた．蔡温・程順則・鄭秉哲らは久米出身者である．三十六姓居住の久米村＝クミムラは明末に「クニンダ」と呼ばれたが，みずからは唐営（とうえい）と称し，のちに好字の唐栄に改めた．久米村には聖廟・天妃廟・竜王殿・私学の明倫堂が，第2次世界大戦の沖縄の戦前まであった．

[参考文献] 東恩納寛惇『南島風土記』（『東恩納寛惇全集』7） 　　　　　　　　　　（宮城　栄昌）

062 三十六島 さんじゅうろくとう　琉球の修辞としての名称．1663年（寛文3）に来島した冊封使張学礼の使録『使琉球記』にある三十六島はその始見である．1719年（享保4）に来島した冊封副使徐葆光は程順則らに質して，その島名を『中山伝信録』に注記したが，琉球50余島を三十六の数にあてはめたので，その取捨には元来無理があった．『伝信録』に記してある島数で，奄美諸島を東北八島として特に詳掲してあるのは，薩摩に割譲した事実を隠蔽するための擬装であった．

[参考文献] 『那覇市史』資料篇1／3，東恩納寛惇『南島風土記』（『東恩納寛惇全集』7） 　　　　　　　　　　（宮城　栄昌）

063 山叟慧雲 さんそうえうん　1227〜1301　鎌倉時代後期の臨済宗聖一派の禅僧．別に道空房と称した．安貞元年（1227）生まれる．武蔵国飯沢の人．東福寺円爾に師事した．正嘉2年（1258）入宋．杭州浄慈（じんず）寺の断橋妙倫

に参じ，無関玄悟らとともにその頂相に自賛を与えられた．方庵智圻・清虚□心にも学び，文永5年(1268)帰朝．東福寺で秉払(ひんぽつ)を勤め，まもなく博多承天寺に住持となり，円爾からの嗣法を宣言し，翌年10月横岳崇福寺に晋住した．近江国安楽寺の開山とされるが，また伊達政依の懇請で陸奥国勝満寺・東昌寺などの開山となり10年以上奥州に滞在した．永仁3年(1295)3月九条忠教の招請で東福寺5世に就任，亀山法皇はその上堂に臨席し，また北条貞時から東福寺への荘園寄進を受けた．正安3年(1301)7月9日示寂．75歳．東福寺正覚庵に塔し，その門流を正覚派という．『山叟和尚語録』がある．

参考文献 『仏智禅師伝』(『五山文学全集』1)，『扶桑五山記』(『鎌倉市文化財資料』2)，天瑞守選『慧日山宗派図』，『断橋妙倫禅師語録』(『卍続蔵経』122)，卍元師蛮『延宝伝燈録』10(『大日本仏教全書』)，『本朝僧宝伝』上(同)，白石芳留編『東福寺誌』，田山方南編『禅林墨蹟』乾，今枝愛真『中世禅宗史の研究』，島田修二郎「山叟慧雲像」(『国華』698)
(菅原 昭英)

064 **山丹交易** きんたんこうえき 清国ははやくから年々，黒竜江下流域に官人を派遣し，賞烏綾木城において，その地方や沿海州・樺太の住民と朝貢貿易を行なっていた．文化6年(1809)に間宮林蔵が赴いた木城(満洲仮府)は北緯51度15分のデレンに仮設されていた．黒竜江下流域の住民である山丹人は，満洲官人から賞賜された品物や，同時に木城で開かれる交易市場で満洲人から得た物資，すなわち古官服・錦・綿織物・玉・煙管・扇・銭などの中国品をもたらして樺太へ渡り，カラフト＝アイヌや北海道の宗谷アイヌを相手に，貂・水獺・狐などの毛皮とか，日本の鉄製品(鍋・針・斧など)・酒・米・煙草その他と交易した．中国製品の古官服の一部や錦は，アイヌから日本人の手に渡り，蝦夷錦とよばれて珍重された(蝦夷錦ははやくも12世紀中ごろの『中外抄』に「えぞいはね錦」とみえている)．また，玉は樺太玉とよばれて根付・緒締などに用いられた．山丹交易が行われた場所は，寛政2年(1790)以来，樺太南端の白主(しらぬし)に限定されたが，当初は特に決まった所はなく，山丹人はときには本島の宗谷まで来航した．またオロッコの住む北樺太東岸へも渡来し，少量ながらその交易品を携えたオロッコが，アニワ湾のクシュンコタンまで南下して，アイヌと交易した．カラフト＝アイヌと宗谷アイヌは山丹人に莫大な負債があったが，樺太が幕府の直轄地に入った翌々文化6年，幕府はその負債の大半を山丹人に支払い，山丹交易を官営に移した．19世紀の半ば黒竜江の下流域がロシア領に帰るに及んで，山丹交易はついに終りを告げた．

参考文献 『北海道史』，『(新撰)北海道史』，末松保和『(近世に於ける)北方問題の進展』，洞富雄『北方領土の歴史と将来』，竹内運平「山丹交易に関する考察」(『国学院雑誌』59ノ5・6)，白山友正「山丹交易事情」(『経済史研究』40)，大友喜作「山丹貿易と工藤平助」(『仙台郷土研究』3ノ6)，高倉新一郎「近世に於ける樺太を中心とした日満貿易」(『北方文化研究報告』1)，菊地新一「近世における山丹交易」(大東文化大学『経済論集』6)，佟柱臣「我国歴史上対黒竜江流域的管轄和其他」(『文物』242)
(洞 富雄)

065 **山丹人** さんたんじん 江戸時代，樺太へ交易を目的に渡来する黒竜江下流域の住民をサンタン(山丹・山旦・山靼)人とよんでいた．文化6年(1809)の間宮林蔵の探検によって，黒竜江の河口ちかくに居住するギリヤークGilyakが，その上流に接して住むオルチャOlchaをジャンタとよび，サンタンはこれから転訛したアイヌ語であることが知られた．オルチャの居住する地域の上流には，これと同様にツングース族であるが，はやくから満洲化したゴルジGoldi(黒金(ヘジェン)・短毛子)が住み，中国人はオルチャをまだ満洲化していないゴルジとみて，不剃髪黒金・長毛子などと呼んだ．ゴルジに押されて，3種族の住域は，順次河口に向けて移行したらしい．林蔵が行った当時，サンタン人は，有

(近藤重蔵『辺要分界図考』2「山丹人之図」，『近藤正斎全集』1)

名なデレンちかくから下流はプルまでの間に住んでいた．

参考文献　間宮林蔵『東韃紀行』，鎌田重雄『ソ領沿海地方の原住民』，洞富雄『北方領土の歴史と将来』，白鳥庫吉「東韃紀行の山丹に就いて」（『白鳥庫吉全集』五所収），和田清「支那の記載に現はれたる黒竜江下流域の原住民」（『東亜史論藪』所収），島田好「近代東部満洲民族考」（『満洲学報』5），吉田金一「十七世紀中ごろの黒竜江流域の原住民について」（『史学雑誌』82ノ9），L. von Schrenck：Reisen und forschungen im Amur-lande in den jahren 1854—1856(1858—1900)．　　　　　　　　（洞　富雄）

066 サンデ　Duarte de Sande　1547〜99　ポルトガル人イエズス会士．『天正遣欧使節記』の編者．中国名孟三徳．1547年生まれ．61年リスボンでイエズス会に入り，コインブラ大学に学んだのち同大学でラテン語・神学などを講じ，イエズス会全体を通じて有数のフマニストと称され，特にラテン語に秀でていた．72年インド布教に赴き80年までゴアで説教を行い，3年間バサインBaçaimのコレジヨ院長とインド北地方の上長を勤めた．85年7月澳門（マカオ）到着後すぐに肇慶に赴き87年11月まで滞在した．90年より97年まで澳門のコレジヨ院長兼シナ布教長を勤め，99年7月中旬52歳で死去．彼の肇慶・澳門発信の書翰22通はローマのイエズス会文書館に現存する．『天正遣欧使節記』の編者としてその名が明記されるが，実質的編者はバリニャーノであり，そのラテン語訳を委嘱された．
→サンデ天正遣欧使節記

参考文献　『デ・サンデ天正遣欧使節記』（泉井久之助他訳，『新異国叢書』5），『マッテーオ・リッチ中国キリスト教布教史』1（川名公平訳・矢沢利彦注，『大航海時代叢書』2期8），Josef Franz Schütte：Monumenta Historica Japoniae Ⅰ, Monumenta Missionum Societatis Iesu. Vol. 34.

（五野井隆史）

067 サンデ天正遣欧使節記　サンデてんしょうけんおうしせつき　イエズス会が1590年に澳門（マカオ）で刊行したラテン文，対話体による天正遣欧使節の紀行．原題De missione legatorum Iaponensium ad Romanam curiam, rebusq〔ue〕in Europa, ac toto itinere animaduersis dialogus『日本使節たちのローマ〔教皇〕廷への派遣，ならびに〔使節たちの〕ヨーロッパおよび〔往復〕の全旅程において見聞せしことどもについての対話〔録〕』．この使節の派遣を計画し，ゴアまで使節と同行，一行の帰国の際にインド副王の使節として一行とともに来日したアレッサンドロ＝バリニアニが澳門に滞在中，使節の手記などをまとめ，ドゥアルテ＝デ＝サンデに命じて編纂させたものである．印刷には一行がヨーロッパから持帰った活字印刷機が用いられた．有馬氏の一族で千々石ミゲルの従兄弟にあたるレオとリノの2人と4人の使節との対話の形式をとり，未だ日本を離れたことのないレオとリノを相手に4人が約8年に及ぶ旅行の経過や経験，歴訪した各地での見聞や印象を物語り，特にキリスト教国の繁栄とヨーロッパ文化の優秀性を強調するという内容になっている．当時日本語訳の計画もあったが実現しなかった．日本語訳に泉井久之助他訳『デ・サンデ天正遣欧使節記』（『新異国叢書』5）がある．　　　　　　　　　　　　（岡田　章雄）

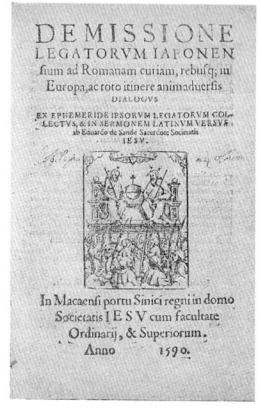

068 参天台五台山記　さんてんだいごだいさんき　延久4年(1072)に入宋し，天台山・五台山に巡礼した，京都岩倉の大雲寺主成尋（善慧大師）の渡宋および宋滞在中の日記．9世紀に入唐した円仁（慈覚大師）の『入唐求法巡礼行記』と日本僧侶による中国旅行記の双璧をなす．延久4年3月15日，肥前壁島で弟子ら7名とともに宋商船に乗り込む記事に始まり，翌年6月12日，開宝勅版一切経をはじめ，多数の仏像・経典，および神宗皇帝の日本に贈る文書・物品などを，弟子5人に託して，日本に向かう宋船に乗り込ませた記事に終る．成尋自身は帰国せず，宋の元豊4年（永保元，1081）に開封の開宝寺で示寂した．本書は，天台山（浙江省天台県）・五台山（山西省代県）という当時の仏教界の最も重要な聖跡地巡礼を中心とする1年3ヵ月にわたる記録であるが，その記述は仏教関係のみならず，宋代で最も国力の充実したといわれる神宗期の政治・経済・社会・文化の諸方面の事柄にわたっている．中でも，首都開封をはじめとする，旅行中に経過した各地の様子，水陸交通についての記述は克明で，当時の都市の状況や交通事情を具体的に伝える第一等の史料である．また，毎日の金銭の収入・支出，物価などについてもこまめに記されていて，貴重な経済史料となっている．このほか，記述は風俗・習慣，食生活，さらには動植物に至るまで及んでおり，公私文書がそのまま転載されていることなどとともに，本書の価値を一層高いものにしている．日本に帰国する弟子に託された本書の自筆本は現在伝わらないが，東福寺に古写本がある（8冊，重要文化財）．その第1・3・5冊の奥書によれば，同本

は承安元年(1171)に成尋の自筆本と校合した写本を底本として，承久2年(1220)に書写されたものである．また同本の巻頭あるいは巻末に「普門院」の印記があり，円爾(聖一国師)の蔵書であったと推測されている．このほか，十数本に上る近世の写本があるが，ほとんど東福寺本を祖本としている．東福寺本の影印『参天台五台山記』(『東洋文庫叢刊』7)，平林文雄『参天台五台山記校本並に研究』があるほか，『大日本仏教全書』遊方伝叢書3，『(改定)史籍集覧』26に収められている．

参考文献　『刪補天台五台山記』(『大日本仏教全書』)，島津草子『成尋阿闍梨母集・参天台五台山記の研究』，森克己「参天台五台山記について」(『続日宋貿易の研究』所収)，斎藤円真『参天台五台山記』，藤善真澄『参天台五台山記の研究』，同訳注『参天台五台山記』　　(石井　正敏)

069 三島砂糖惣買入制度 さんとうさとうそうかいいれせいど　鹿児島藩では調所広郷による天保の藩政改革が行われたが，その改革の中心の1つは大島・徳之島・喜界島の3島で生産される砂糖の専売であった．これを三島砂糖惣買入制度という．すでに同藩は正保4年(1647)にその支配下にあった琉球に対して貢糖の上納を命じ，さらに琉球政庁が領民から納入させた買上糖にも注目し，これの独占をはかるなど，砂糖を有力な財源としていた．他方，大島をはじめとする島嶼部でも，甘蔗栽培の条件にめぐまれたこともあり早くから砂糖が生産されていた．藩は黍横目を任命して生産を統制し，さらに津口横目・竹木横目などに命じて流通および製品を管理し，砂糖でもって貢租上納にかえる換糖上納の制度を実施していた．安永6年(1777)から天明7年(1787)にかけては，藩主島津重豪のもとで砂糖の自由取引を一切禁止し，貢糖以外の砂糖をも藩が買い上げ，それを大坂に移出する砂糖専売を実施した．ところで，500万両余の借財に苦しむ藩では文政末から調所広郷が財政再建に取り組み，天保元年(1830)には三島砂糖惣買入制度が開始された．例を大島の場合にとると，この島で納入すべき砂糖の量は60万斤と定められ，この定式上納分以外の余計糖は島民の生活必需品との交換によって納入された．具体的には，毎年村役人が島内を廻り黍の状況を調査して各生産者の製糖額を予想し，これから貢糖分などを控除した残りの余計糖額を算出し，この余計糖と交換して支給される必需品を生産者に注文させた．この注文を代官所を通して受けた三島方役所は，城下または大坂で注文品を調達し，これを島に送って生産者に配給したのである．また，この交換を促すためにこれまでの島民の貸借関係が廃棄され，さらには貨幣の流通までが全廃され，天保10年からは羽書と呼ばれる一種の手形が発行され，島民は貨幣経済から一切遮断されることとなった．同時に，砂糖の生産量を確保するために，男子15歳以上60歳まで，女子13歳以上50歳までを作用夫(女子は半人前)と称し，それぞれに甘蔗栽培のための耕地を割り当て，役人の監督のもとに耕作させ，たとえ水田であってもこれを干して甘蔗を栽培させた．しかも，製造された砂糖はただちに藩の倉庫に納入させ，粗悪品の場合は首枷・足枷の刑罰が科せられ，密売はきびしく処分された．なお，藩によって独占された砂糖は三島方御用船によって大坂蔵屋敷に送られ，問屋を排して直接商人に入札で販売された．その量は年間1200万斤，他の輸入の唐糖，諸藩産出の和糖にくらべて薩摩の黒糖の占める割合は大きく，それに島民の必需品との交換で得られた砂糖が3倍から5倍にもあたる値段で売られるとあっては，その利益は莫大なものがあった．これによって藩は深刻な財政危機を切り抜けることができたといわれている．

参考文献　土屋喬雄『封建社会崩壊過程の研究』，原口虎雄『幕末の薩摩』(『中公新書』101)　　(吉永　昭)

070 桟留 サントメ　São Thomé　聖トマスSão Thoméが布教した地と伝えるインドのコロマンデル地方の異名．聖多黙とも記す．この地から近世初頭ごろ日本に舶載された縞織りの綿布を桟留縞・唐桟留・唐桟(とうざん)などとよんだ．『徳川実紀』寛永15年(1638)4月5日条には蘭人が「酒井讃岐守忠勝に謁して方物を奉る．算留縞二十巻(下略)」と記しているが，このころ，桟留縞の名称で袴・羽織などに流行した．舶来の桟留縞は「咬𠺕吧(ジャガタラ)・錫蘭(セイラス)・弁柄(ベンガラ)・鹿比丹(カピタン)・今照気(コンテリキ)・占城(シャンバ)・老板(ラオス)」などで生産され奥島(奥縞，おくしま)とよび，その模様を奥島もよう(御本手(ごほんて)ともいう)といい，「紺地に赤筋の立しま，赤と藍の小ざん崩し，赤藍の小がうし・あづき縞，めくら縞，あいの千筋」(『万金産業袋』)などがあった．奥縞は，幕末ごろまで輸入されたが，京都西陣の「菅大臣前の町や一官町」(前掲書)で，すでに享保ころ以前から模織されて隆盛であった．西陣の桟留縞製織技術は，明和年間(1764～72)に西濃・尾西方面に伝えられ，短期間に農間余業として拡がり，「尾張出来桟留嶋，新産ニテ此節，銀高四千貫バカリノ出来高ニ承リ，尤当時諸国流行ノ品ニ付，国々ヨリ織出シ，莫大ノ事ニ御座候」(文政12年(1829)『産物方御用留』)とあるほどの盛況であった．文化ごろには，越中の福野村では尾張から織工を招き技術を修得して桟留縞の生産を始めている．さらに武蔵国川越では，川越唐桟・川唐(かわとう)とよばれた桟留縞が，いつのころか生産されて江戸でもてはやされた．『守貞漫稿』に「近年日本ニテ唐桟模織甚多シ，中ニモ武州川越ニテ専模製ス，江戸人号テカワトウト云」とある．川越では，この川唐から双

子(ふたご)木綿(または双子縞ともいう)という織物を案出したという．桟留縞は，幕末ごろには次第に結城縞などに押されて衰微していった． →唐桟(とうざん)

参考文献 林英夫『近世農村工業史の基礎過程』
(林 英夫)

071 サン＝ハシント Thomas de S. Jacinto ⇨ トマス＝デ＝サン＝ハシント

072 参判使(さんぱんし) ⇨差倭(さわ)

073 サン＝フェリペ号事件(サンフェリペごうじけん) 慶長元年(1596)，土佐浦戸に漂着したスペイン船サン＝フェリペ号 San Felipe の処置をめぐり，日本人とスペイン人の間に生じた紛争．ガレオン船サン＝フェリペ号(約1000 t，一説に約700 t．乗組員233名)は，ドン＝マチアス＝デ＝ランデーチョ Don Mathias Landecho を司令官として，1596年7月12日(新暦)，ルソン島のカビテを出港しヌエバ＝エスパーニャ(濃毘数般，メキシコ)に向かったが，途中暴風雨に遇い針路を日本へ向け，10月17日土佐国浦戸港外に達し，領主長宗我部氏の小舟に曳航されて港内に入った．司令官ランデーチョは使者を大坂に派遣して，乗組員の保護，船体修繕の許可などを求めたが，豊臣秀吉の命で奉行として現地に派遣された増田長盛は同船を臨検して，船荷のすべてと乗組員の所持金2万5000ペソを没収させ，大坂に回送した．なお，『太閤記』には「土佐国寄船之事」と題して同船の没収貨物の処分についての記載がある．この事件は，その後さらに，当時マニラのスペイン政庁の使節として渡来し日本に滞在していたフランシスコ会宣教師フライ＝ドン＝ペドロ＝バプチスタ F. Don Pedro Baptista ら6名のフランシスコ会宣教師，日本人イエズス会士3名，その他の日本人信徒17名の逮捕と処刑という事態に発展し(二十六聖人殉教事件)，日本とスペインとの外交問題に展開した．この殉教事件を惹起した原因としては，同船の臨検・積荷没収の際，これに抗議した同船の水先案内フランシスコ＝デ＝サンダ Francisco de Sanda が威嚇のため，世界地図を示してスペイン国王の版図の広大なることを威示し，これらの領土は，まず宣教師を派遣して住民を懐柔し，その後軍隊を送り占領した，と述べたことが秀吉の耳に達し，秀吉の宣教師に対する疑惑の念をかき立てたため，とする説と，当時大坂に在ったイエズス会出身の日本司教ドン＝ペドロ＝マルチンス Dom Pedro Martins SI. がフランシスコ会士らスペイン系宣教団の日本布教進出を阻止するため，秀吉に対してスペイン人を誹謗したことが原因である，とする説とがある．いずれにせよ，この事件は日本貿易と布教の独占権をめぐるポルトガル勢力とスペイン勢力との確執がその背景をなしている．なお，司令官ランデーチョは大坂に上り，同地から殉教者の一行を追って長崎に下り，同地からマニラに帰り，サン＝フェリペ号乗組員は船体を修繕してマニラに戻った．その後，マニラ政庁は使節を日本に派遣して，没収品と殉教した宣教師の遺物引渡しを要求したが，秀吉は後者のみに応じ，没収貨物の返還は拒否した．この事件は，慶長7年に同じく土佐に漂着したスペイン船エスピリト＝サント号事件と対比され，豊臣秀吉と徳川家康の対外政策の相違を示す事件として比較されている．

参考文献 C. R. Boxer: The Christian Century in Japan 1549―1650. 村上直次郎訳註『異国往復書翰集』(『異国叢書』11)，岩生成一『鎖国』(中央公論社『日本の歴史』14)，加藤榮一「公儀と異国」(『幕藩制国家の成立と対外関係』所収) (加藤 榮一)

074 サン＝フランシスコ Diego de San Francisco ⇨ ディエゴ＝デ＝サン＝フランシスコ

075 三別抄(さんべつしょう) モンゴル服属下にあった高麗において，反モンゴルの急先鋒に立った高麗の軍隊．モンゴルの侵入を受けた高麗は開城から江華島に遷都したが，モンゴルの強い要求に抗しきれず，1270年5月，還都を決めた．三別抄はこれに抵抗し，将軍裴仲孫が王族を高麗王に擁立して反乱を起こし，臣僚を率いて全羅南道の珍島に移り，都とした．同地を拠点に反モンゴル活動を展開したが，1271年5月にモンゴル軍により壊滅的な打撃を受け，一部が耽羅(済州島)に逃れたが，1273年4月に平定された．この間，文永8年(1271)日本に牒状を送ったことが，「高麗牒状不審条々」(東京大学史料編纂所保管文書)によって知られる．その内容はモンゴルの脅威を述べ，共同して対抗しようという主旨であった．しかしながら日本側では三別抄からの牒状とは分からず，文永5年に送られてきた，モンゴルの徳を賞賛し，モンゴルへの服属を勧める高麗牒状とは正反対の内容を理解することができず，返牒は送られなかった．三別抄の抵抗がモンゴルの日本来襲を遅らせ，結果的に日本に防衛の準備期間を与えた意義には大きいものがある．

参考文献 村井章介「高麗・三別抄の叛乱と蒙古襲来前夜の日本」(『アジアのなかの中世日本』所収)，石井正敏「文永八年来日の高麗使について」(『東京大学史料編纂所報』12)，윤용혁『고려 삼별초의 대몽항쟁』 (石井 正敏)

076 三浦(さんぽ) 15世紀初めから16世紀初めにかけて朝鮮王朝が日本からの通交者の到泊地として開港した3つの浦所，すなわち薺浦(乃而浦とも表記する．慶尚南道鎮海市斉徳洞)・富山浦(釜山市東区凡一洞あたり)・塩浦(慶尚南道蔚山市塩浦洞)の総称．朝鮮王朝では開国当初，倭人懐柔のために平和目的の通交者であれば興利船(商船)・使送船を問わず沿海各処へ自由に到泊するのを許していたが，やがて警備上の必要から15世紀のごく初め，興利船の到泊港を富山浦・薺浦の2ヵ所に限定した．そして1423年(応永30)，使送船の到泊

三浦（海東諸国紀）

もこの両浦に限定し，そこに使人接待のための倭館を設けた．その後対馬からの浦所増設要求によって26年塩浦を加え，三浦の体制ができ上がった．その後も対馬からは，慶尚道南部に浦所増設要求をくり返したが，朝鮮は，三浦で足るとしてついに許さなかった．38年（永享10）には日本からの使送船を三浦へ平均に分泊させる措置をとっているが，これは使送船が渡航に便利な薺浦へ集中して接待や警備の混乱があったためである．浦所は早くから港町としてのにぎわいを見せ，朝鮮側で恒居倭と呼ぶ常住日本人（大部分は対馬人）の数は次第に増えていった．朝鮮側ではその対策に手を焼き，1435年，来航者の長期滞在を禁じ，久留する者は朝鮮の民と見なして課税する方針を決め，それを対馬島主宗貞盛に通告した．その結果，翌36年，貞盛の請による管下60人と朝鮮の民となることに同意した残留希望者206人とを除く378人が対馬へ送還された．貞盛管下60人は，貞盛がやがて刷還することを条件に暫定的に留居を許したものであったが，その後1439年，朝鮮は貞盛管下60人以外の不法滞在者の刷還を貞盛に命じており，60人は事実上，恒久的に公認されたのと同じことになった．さらにその後（1474年11月から75年12月の間）朝鮮では60人を60戸と認識するに至っている．しかし恒居倭はそれらの枠を越えて増加するので，朝鮮では対馬へたびたびその刷還を要請し，対馬側も一応協力はしたが次第に増加した．1494年（明応3）の調査では，薺浦347戸2500人，富山浦127戸453人，塩浦51戸152人で，総計525戸3105人にも達していた．浦所には対馬から代官を派遣して恒居倭の管理や徴税を行なっていたが，15世紀後半には島主の信任する「倭酋（朝鮮側の呼称）」が各浦所に駐在して，その任にあたっていたようである．恒居倭の生業は浦所近海での漁業，近傍での耕作，密貿易など多方面にわたっていた．なお浦所近海での漁業は恒居倭だけでなく日本からの来航者にも許されていた．しかしこの恒居倭の繁栄も1510年（永正7）の三浦の乱に敗れて対馬へ撤退するまでのことであった．12年の壬申約条で対馬の通交を許し浦所は薺浦1処とし，17年に富山浦を加え，47年の丁未約条で薺浦を止めて富山浦のみとしたが，朝鮮は浦所に日本人の恒居するのを一切許さなかった．なお『海東諸国紀』には1474年（文明6）当時の三浦の様子を伝える各浦の絵図が付されている．→恒居倭人（こうきょわじん）→三浦の乱（さんぽのらん）

参考文献 『朝鮮王朝実録』，中村栄孝『日鮮関係史の研究』上，同『日本と朝鮮』（『日本歴史新書』），三浦周行「足利時代日本人の居留地たりし朝鮮三浦」（『日本史の研究』2所収），李奏勲「朝鮮三浦恒居倭の刷還に関する考察」（『朝鮮学報』195），李泰勲・長節子「朝鮮前期の浦所に関する考察」（『九州産業大学国際文化学部紀要』34） （長 節子）

077 **三浦の乱** さんぽのらん 1510年（永正7），朝鮮の三浦（薺浦・富山浦・塩浦）で日本人が起こした争乱．事件の起こった年の干支にちなんで庚午の変ともいう．朝鮮王朝の日本人接待制度が燕山君の時代（1495〜1506）の国政全般の破綻の中で混乱して，日本からの使送人や三浦の恒居倭の間には不満がたかまった．一方，その混乱に乗じて密貿易が従来よりはるかに盛んになり，それを抜きにしては恒居倭の経済がなりたたないまでになっていた．そして浦所には，一種，無法に近い状態さえも現出していた．燕山君を廃して王位に就いた中宗は倭人対策の建てなおしに意を用いたが，前代以来つづいた恒居倭の横暴は相変わらず，薺浦では恒居倭が朝鮮人の民家に放火する事件とか，熊川県の官吏が人をつかわして加徳島で伐木させていたのを襲撃する事件とかが続発した．政府は倭人対策の刷新をねらっ

て，浦所を管轄する官衙の官人に新進の徒を起用する政策をとったが，これが「新進，事を好む」の傾向が強く，恒居倭の生活の実情を無視した施策を強行して，かえって混乱を助長した．たとえば，富山僉使になった李友曾は使船接待に関する前例をまったく無視した新法を立てたり，恒居倭に強制労働を課したりした．また薺浦僉使金世鈞は恒居倭が出漁する際にその船に同乗させるきまりになっていた船軍を出すことを拒否し，その結果，同乗船軍なしに出漁した恒居倭が賊と間違われ，朝鮮の官に射殺されるという事件が起こったりしている．このような事件が起こった場合，通常は対馬島主と朝鮮政府との間で直接交渉をして解決をはかるのが例であるが，あいにく対馬では島主が宗材盛から次の宗盛順に替わる時期にあたっていて，交渉が円滑にいきにくい事情にあった．そういうとき，新島主盛順の襲職を朝鮮へ通告し，図書の改給を求める特送使宗盛明が渡航し，接待が旧例に違うことを知り，また恒居倭の窮状を見て憤激して帰島し，島主代官宗盛親（対馬史料では国親）とかたらって挙兵を決め，対馬からも多数の兵船を渡して，中宗5年(1510)4月4日，三浦一斉に蜂起した．宗盛明は富山浦を，宗貞長は薺浦から熊川を，また宗盛弘は巨済島の水軍根拠地を攻撃し，富山浦では富山僉使李友曾を殺して，その首を対馬へ送り，薺浦では薺浦僉使金世鈞を捕えて，さらに熊川城を攻囲した．事変の第一報がソウルへ伝わったのは4日後の同月8日であった．朝鮮政府は事変の処理を専門に担当する都体察使以下の官を任命して事にあたらせた．緒戦に成功した倭軍はやがて富山浦や巨済島から軍をひきあげて薺浦に結集し，対馬からは代官の宗盛親もみずから200隻余りの兵船を率いて薺浦へ渡航した．かれらはこのような武力を背景にして朝鮮側と交渉を開始し，使送人や恒居倭の待遇改善要求を実現する道をさぐり始めたが，同月19日，朝鮮側の薺浦総攻撃によって大敗し，対馬へ逃げかえった．その後，6月22日に対馬から兵船が加徳島へ来て，数日間，安骨浦城を攻囲したが，これも敗れて，以後，対馬は朝鮮から完全に通交を断たれた．そこで対馬は日本国王使弸中一行を朝鮮へ送って交渉させ，その結果1512年に壬申約条が成立して通交を回復することに成功したが，朝鮮側はもはや恒居倭の存在を許すことはなかった．　→恒居倭人（こうきょわじん）　→三浦（さんぽ）　→壬申約条（じんしんやくじょう）

参考文献　『朝鮮中宗実録』，李肯翊編『燃藜室記述』7（『朝鮮群書大系』），中村栄孝『日本と朝鮮』（『日本歴史新書』），同「三浦における倭人の争乱」（『日鮮関係史の研究』上所収）　　　　（長　節子）

し

001　シーボルト　Philipp Franz von Siebold　1796～1866　ドイツの医学者．1796年2月17日，バイエルンのウュルツブルグに生まれる．父はウュルツブルグ大学教授のヨハン＝ゲオルグ＝クリストーフ＝フォン＝シーボルト．ウュルツブルグ大学で医学を学び，1820年同大学を卒業．22年7月オランダ東インド陸軍病院外科少佐に任命され，同年9月ジャワに向けオランダを出発し，翌23年4月バタビアに到着．ついで長崎出島のオランダ商館医員に任ぜられ，同年6月バタビアを出港，文政6年(1823)7月6日長崎に着く．翌7年，長崎町内の吉雄塾・楢林塾に出張して診療を行い，門人を集め，臨床講義をなす．また長崎郊外の鳴滝に塾を開き，湊長安・美馬順三・平井海蔵・高良斎・二宮敬作・石井宗謙・伊東玄朴らに対し，医学・万有学の講義を行う．同9年正月長崎を出発，新任商館長とともに江戸参府の途に上る．高良斎・二宮敬作・石井宗謙・川原慶賀，従行．3月4日江戸に着き，同月25日将軍徳川家斉に謁見．4月12日江戸を出発するまでの間に，桂川甫賢・宇田川榕庵・大槻玄沢・石坂宗哲・高橋作左衛門（景保）・最上徳内・土生（はぶ）玄碩らと面会．同10年娘いね生まれる．11年いわゆるシーボルト事件発生し，翌12年日本御構を申し渡され，同年12月日本より追放される．1830年7月オランダに帰り，ライデンに在って日本で蒐集した多くの資料の整理にあたり，著作に専心．42年オランダ国王よりヨンクヘールの称号を受ける．安政5年(1858)シーボルト逐放令撤去され，翌6年夏，日本へ再渡来し，幕府顧問として文久元年(1861)5月江戸へ至る．しかし，同年9月顧問を解かれ長崎へ帰り，翌1862年オランダへ帰着す．1863年オランダ政府の官職を免ぜられ，ドイツへ帰る．66年10月18日，ミュンヘンで病没し，ミュンヘン南墓地に葬る．70歳．日本に関する著作を多く発表

し，主著として，Nippon(シーボルト『日本』)；Fauna Japonica(『日本動物誌』)；Flora Japonica(『日本植物誌』)の三大著書を出版．

参考文献　呉秀三『シーボルト先生其生涯及功業』，同『シーボルト先生』(『東洋文庫』103・115・117)，板沢武雄『シーボルト』(『人物叢書』45)，日独文化協会編『シーボルト研究』　　　　　（大島蘭三郎）

002 シーボルト事件 シーボルトジケン　シーボルトが日本に滞在すること約5年，その離日帰国の時期が近付いた文政11年(1828)10月以降，日本官憲の疑惑を受けて抑留され，審問の結果，結局国外追放処分を受け，また多数の関係日本人も処罰された事件．シーボルトは文政6年来朝したが，オランダ政府より日本の綜合的科学的調査の任務を与えられていたため，精力的に日本についての研究を進め，またそのための資料としてあらゆる分野にわたって各種の文献・資料の蒐集に努力し，本国にこれを送った．その種類の豊富なこと，またその数量の莫大なことは，今日オランダのライデン，ドイツのミュンヘンなどに分散現存するそのコレクションに徴して明らかである．彼はその蒐集にあたって，その豊富な研究資金に物をいわせて買い求め，あるいは製作させ(絵画や標本のごとき)，また門人・助手を使用し，あるいはみずから接触した日本人にその欲する物品を贈与して，その代償として要求するなど，きわめて熱心で，時には強引に見えることもあった．特に文政9年江戸参府以来交際のあった幕府天文方高橋景保との通信贈答などは，一部幕吏のひそかに注意するところとなっていたが，同11年3月高橋および普請役間宮林蔵に届けた彼の贈り物が官憲に知られ，幕吏は高橋の身辺をひそかに看視していた．同年8月9日長崎地方を襲った暴風雨のため，彼がその荷物を積込んだ蘭船コルネリス=ハウトマン号が稲佐海岸に擱坐し，船体を損傷した．その修理のため積荷を一旦卸した時，彼の荷物から，当時外国人の国外持出しを禁ぜられていた物品が現われた．この事件から2ヵ月を経た10月10日，高橋は町奉行所に逮捕され入牢，子小太郎・下僚下河辺林右衛門以下数人も捕われた．ついで11月1日急使が長崎に到着，長崎奉行はシーボルトを抑留して商館長預けとし，出島各所を探索して多くの物品を押収，また和蘭通詞吉雄忠次郎ら多数の関係者が捕えられ，それぞれ入牢・町年寄預け等々の処分を受けた．以後再三シーボルトの審問が行われ，結局天保元年(1830)3月26日高橋は死罪(ただし入牢中すでに病死)が確定，子小太郎は遠島，以下それぞれの処分を受け，長崎でも同年閏3月25日裁判確定，処分された者両地合わせて約50人に及んだ．シーボルト自身はその前年の文政12年9月25日長崎奉行から「以来国禁申付」との宣告を受け，12月5日日本を退去した．その罪状の中心は，結局国外持出し禁止の日本地図(高橋より受領)と葵紋付帷子(幕府医師土生玄碩より受領)の持出しとされているが，そのほかにもあったようである．シーボルトは滞日間多くの日本人に医学および関連諸科学を教授することを黙認され，日本側も種々の便宜を計り保護を与えた．それは幕府当局としても蘭学の重要性を認めていたからであるが，彼の日本人との接触，その蒐集活動が幕府の許容範囲を逸脱したところにこの事件の原因があった．事件の全貌，処分の広範囲，また処分の峻厳さは，人心に相当の影響を与え，その意味で一時蘭学の発展を畏縮させた．

参考文献　呉秀三『シーボルト先生其生涯及功業』，板沢武雄『シーボルト』(『人物叢書』45)，中西啓『長崎のオランダ医たち』(『岩波新書』青924)

（沼田　次郎）

003 シーボルト日本 シーボルトニッポン　原題NIPPON. Archiv zur Beschreibung von Japan und dessen Neben- und Schutzländern：Jezo mit den südlichen Kurilen, Krafto, Koorai und den Liukiu‐Inseln『ニッポン．日本とその隣国および保護国，南千島をふくむエゾ・カラフト・朝鮮および琉球諸島の記述集』．日本とその近隣を地理・歴史・宗教・考古学等々の分野にわたり研究紹介した代表的な著作．著者はドイツ人フィーリップ=フランツ=フォン=シーボルト．初版には次の3種がある．(1)22分冊本(1832年から58～59年の間に14回に分けて配本)，製本された冊数は一定しない．(2)著者が52年に製本させ刊行したもの(本文6冊・図録1冊)．(3)「コーリッチ版」(著者の没後69年にイギリス人コーリッチが印刷された残部を買いとり，校合表をつけて出したもの)，52年の刊記をもつ．その後97年に著者の息子たちが刊行した「縮小第2版」がある．また覆刻版には，1931年にベルリンの日本学会が覆刻した「トラウツ版」，さらに昭和50年(1975)日本の日蘭学会監修の覆刻版があり，後者はトラウツ版と同様に本文2冊・図録2冊・補巻1冊からなるが，内容的にはテキストのうちでこれが最もすぐれている．この覆刻版は，第1冊には，①日本の数学的・自然的地理，日本の発見・名称など，平戸と出島，陸上・海上旅行，②民族と国家・憲法その他，日本民族，武器，江戸参府旅行，③日本史・考古学，第2冊には，④芸術と学問，⑤宗教，⑥農業・茶の栽培と製法，貿易，⑦隣国と保護国，エゾ・千島・カラフト，琉球諸島，をふくむ．図録第1冊は210図まで，第2冊は211から366図までで，別に「日本全図」1枚がある．補巻には28図と本文未完部分の増補3篇，参府旅行中の日記のほか，新たに縮小第2版から室(むろ)以後の参府紀行を加えた．またトラウツ版にあった索引は省き，別に刊行された日本文の緒方富雄他著『シーボルト「日本」の研究と解説』の巻末に新たに「人名・地名索引」をつけた．邦訳には岩生成一監修『日本』(本文6冊・

図録3冊)がある.

[参考文献] 日独文化協会編『シーボルト研究』

(斎藤　信)

004　ジェスイット教団　ジェスイットきょうだん　⇨イエズス会
005　信覚　しぎ　⇨石垣島(いしがきじま)
006　慈覚大師　じかくだいし　⇨円仁(えんにん)
007　志賀島　しかのしま　福岡市東区に所在する陸繋島.福岡市の最北部,東から西にのびる海の中道とよばれる細長い砂嘴(さ)の突端にある.天明4年(1784)西南海岸域から「漢委奴国王」の金印が発見されたことは著名である.『万葉集』には志賀の海人や志賀の地名がよみ込まれた歌が22首あり,志賀の海人の生活がうかがわれる.彼らは香椎廟宮毎年春秋の祭日には風俗楽を奏していた(『三代実録』貞観18年(876)正月25日条).蒙古襲来の時には戦場となった.『島田文書』によると,南北朝時代は長講堂領で,九州探題一色範氏や今川了俊の被官が押妨していたことが知られる.古代以来対外交渉で重要な役割を果たしていた.糟屋郡に属したり那珂郡に属したりしていたが,明治13年(1880)糟屋郡に属し,昭和28年(1953)7月志賀島村から志賀町となり,同46年4月福岡市に合併した.

[参考文献] 九州大学文学部考古学研究室編『志賀島』,大山喬平編『長講堂領目録と島田家文書』(『京都大学文学部博物館の古文書』1),福岡市教育委員会編『志賀島・玄界島』(『福岡市埋蔵文化財団調査報告書』391),筑紫豊『金印のふるさと志賀島物語』,森山邦人・光安欣二『志賀島の四季』

(川添　昭二)

008　志岐鎮経　しきしげつね　⇨志岐麟泉(しきりんせん)
009　志玉　しぎょく　1383〜1463　室町時代前期の東大寺戒壇院の長老.総円・渡西・談宗あるいは普一潤山志玉と称した.永徳3年(1383)に生まれた.出自などについては不詳.金沢称名寺で剃髪し,のち戒壇院長老融存について律・華厳教学を修め,さらに諸宗について造詣を深めた.応永24年(1417)に渡明,翌年成祖に『華厳経』を講じ,戒を授け普一国師の号を賜わった.同29年に多くの仏典類・什器などをもって帰国し,戒壇院に止住した.時に「和国の僧,大明天子の戒和尚となる,誠に本朝の美事」と評せられ,師融存の入寂のあと戒壇院長老となった.常に戒壇院で『華厳五教章』『大乗起信論』などを,さらに大仏殿で『華厳経』を講じ,戒律の宣揚につとめるなど聴講者は群を成したという.称光天皇はその功を尚び,重ねて国師号を授与し,時の人は志玉を「和漢両朝の国師」と称した.永享元年(1429)9月に足利義教の南都巡礼にあたって,摂政二条持基とともに戒壇院で戒を授け,同12年4月には12回にわたり『華厳経』普賢行願品の講義を行い,義教は親しくこれを聴聞するなど,志玉に深く帰依した.文安3年(1446)正月2日に戒壇院が千手堂などを残してほとんど全焼するに及んで,直ちに再興に着手し,同年8月には講堂の立柱式が行われ,義教また御教書を発して造営を援けた.志玉は寛正4年(1463)9月6日に81歳で没し,洛西栂尾の高山寺に埋葬された.応永21年には造東大寺大勧進となり,後年にも還補されたほか,金沢称名寺・鎌倉極楽寺,周防国阿弥陀寺,讃岐国屋島寺などにおいても『華厳経』を講じ,修覆に寄与したと伝え,康正2年(1456)正月の金春禅竹の『六輪一露之記』著述にあたっても,寂静枯淡の芸術美を追求した禅竹に大きな影響を与えた.

[参考文献] 『東大寺戒壇院住持記』,『本朝高僧伝』18(『大日本仏教全書』),芳賀幸四郎「水墨画と華厳の世界観」(『東山文化の研究』所収),大屋徳城「室町時代の華厳学者」(『日本仏教史の研究』1所収)

(堀池　春峰)

010　志岐麟泉　しきりんせん　生没年不詳　戦国・安土桃山時代の肥後天草郡志岐城主.初名は又次郎,長じて鎮経(しげつね),官途名は兵部少輔,のち大友義統から兵部大輔をうける.麟泉は大友宗麟(義鎮)からの諱名か.天草下島西部海岸一帯を本領地とするが,下島中部の本砥(本渡,ほんど)や上島への進出を図って天草・上津浦(こうつら)氏と対立.そのため援助を有明海を隔てた肥前有馬晴純に求め,晴純の五男慶寿丸(諸経,親重)を養嗣子に迎えるとともに,外国貿易を希求し宣教師の派遣を依頼する.永禄9年(1566)宣教師ルイス=アルメイダを迎え,天草最初の布教を許可し,みずからも翌年に洗礼を受け,また教会堂を建立した.洗礼名ドン=ジョアン.しかし元亀元年(1570)以降,外国船の入港が途絶え,さらに対立中の天草氏の入信から布教に冷淡となり宣教師を追放.天正8年(1580),薩摩出水城島津義虎と婚姻関係で同盟を結び,以後,島津氏の肥後進出・竜造寺攻略に力を貸すが,豊臣秀吉の九州統一により服属.同16年秀吉から宇土城主小西行長に合宿が命ぜられたが,翌年宇土城普請役を拒否し,天草五人衆の中心者となって志岐城で一揆を起す.戦局は一時有利であったが,小西氏援軍の加藤清正軍に城将木山弾正が破れて落城.妻子は行長に預けられたが,麟泉は薩摩出水に落去し,のち天草郡大多尾村で没したと伝えられる.子親重は小西氏家臣として朝鮮の役に参加し,のち加藤清正に仕えた.なお麟泉を親重(諸経)のこととするのは誤り.

[参考文献] 『熊本県史料』中世篇4,『耶蘇会年報』1(『長崎叢書』2),本渡市教育委員会編『天草の歴史』,下田曲水『暫定天草切支丹史』,熊本日日新聞社編『新・熊本の歴史』3

(森山　恒雄)

011　竺仙梵僊　じくせんぼんせん　1292〜1348　鎌倉時代末期に元より来朝して五山で指導的役割を果たした臨済宗楊岐派の禅僧.諱は梵僊,字(あざな)は竺仙.みずから来来禅子といい,別に最勝幢・思帰叟と号す.至元29年

(正応5, 1292)11月15日生まれる．明州象山県の人．姓は徐氏．はじめ湖州資福寺の別流□源に，のち杭州霊隠(りんにん)寺の瑞雲□隠，さらに晦機元熙・雲外雲岫・商隠起予・横川如珙・元叟行端・東嶼徳海・止庵普成・中峯明本・古林清茂(くりんせいむ)らに参じたのち，ついに古林の法を継いだ．天暦2年(元徳元,1329)夏，径山(きんざん)で明極(みんき)楚俊に逢い，同行して，同年6月来朝，翌年2月鎌倉に赴いた．元弘2年(1332)2月浄妙寺に住し，こののち足利尊氏・直義兄弟の篤い帰依をうけた．建武元年(1334)直義の推挙により浄智寺に住して楞伽院を開き，暦応元年(1338)大友氏の所領である相模三浦の無量寿寺の開山となった．同4年直義の推挙により南禅寺に住し，康永2年(1343)同寺内にも楞伽院を開いて退休した．貞和2年(1346)2月真如寺，同3年正月建長寺に住したが，翌4年退院し，同年7月16日浄智寺楞伽院に寂す．寿57．楞伽院に塔す．著作には『竺仙和尚語録』7巻のほか，詩文集の『天柱集』『来来禅子東渡語』『来来禅子東渡集』各1巻などがある．弟子に大年法延・椿庭海寿らがいる．足利尊氏・直義兄弟や大友貞宗・氏泰父子などの篤い帰依をうけ，雪村友梅・竜山徳見・石室善玖・古先印元・中巌円月らと，古林清茂門下の金剛幢下と称する友社を結成し，21年の長きにわたって五山禅林で指導的役割を果たしたので，その高雅な学芸は宋元文化移植の面できわめて大きな影響をもたらし，五山文学隆盛の端緒をなすとともに，その後の発展方向を決定づけた．なお，弟子の椿庭海寿の依頼で，その死後12年後に法兄の了庵清欲が撰述した『竺仙和尚行道記』がある．

参考文献　『大日本史料』6ノ11，貞和4年7月16日条，玉村竹二『五山禅僧伝記集成』

(今枝　愛真)

012 子元 しげん　⇒無学祖元(むがくそげん)

013 色丹島 しこたんとう　千島列島に属する島．北部に斜古丹(しゃこたん)湾などの良泊を持ち，木材・十字狐・漁業などで知られ，ことに寛政12年(1800)幕府択捉(えとろふ)島経営着手後は出稼地ことに往来船舶の避難地として重視された．明治5年(1872)開拓使に属し，密猟船取締のために年々官吏が派遣されたが，17年北千島アイヌ97名を色丹島に移して千島国に編入し，色丹郡を設け，斜古丹村を置き，21年戸長役場を設置した．北千島アイヌは環境の急変により急激に減少し，昭和20年(1945)8月ソ連軍に占領された．同年10月現在，面積255km²，人口920人(北海道庁調べ)．北千島アイヌの子孫で純粋の者はいなくなっていた．

参考文献　大野笑三編『南千島色丹島誌』(『アチックミューゼアム彙報』47)，北海道編『千島調査書』

(高倉新一郎)

014 寺社造営料唐船 じしゃぞうえいりょうとうせん　鎌倉・室町時代，寺社造営の費用を得るため中国に派遣された貿易船．唐船は，天竜寺宋船のように宋船といっている例もあるが，実際には入元船・入明船を指している．もともと寺社の造営費には国衙領を宛てたり，あるいは成功(じょうごう)によったりしていた．しかし国衙領を寺社造営の財源とすることは困難となり，成功も期待できなくなっていった．そのような情況に対して朝廷は経済的に有望な関所の関務を一定年限寺社に認可して造営を遂げさせた．一方鎌倉幕府は敬神崇仏を旨とし寺社造営を遂行していたが，蒙古襲来以後，それを負担する御家人の経済的窮乏化は著しくなっていた．しかるに日・元国家間の外交的緊張とは別に，民間では日本商人の能動的な貿易が展開していた．このような情況の中で寺社は巨額な造営費を求むべく，幕府などの許可のもとに貿易船を組織して海外に派遣するようになった．鎌倉時代では，徳治元年(1306)帰国の称名寺(『金沢文庫古文書』)，徳治3年の炎上を機とする鎌倉極楽寺(『金沢文庫古文書』)，中国商人の請負かともみられている至元3年(元亨3, 1323)の東福寺再建などにかかわる新安沈没船，嘉暦元年(1336)帰国の建長寺・勝長寿院(『広瀬文書』『比志島文書』)，元徳2年(1330)出発の関東大仏，元弘3年(1332)帰国の住吉神社(『摂津住吉大社文書』)などの各寺社造営料唐船が知られる．住吉神社の場合，造営を目的としたとはいえないという意見もある．南北朝時代に入って，康永元年(1342)の天竜寺造営料唐船(『天竜寺造営記録』)があり，綱司至本が損益にかかわらず5000貫を提供するを約している．また，『師守記』貞治6年(1367)4月21日条によって，但馬入道道仙(俗名道直)の療病院造営料唐船発遣のため在家棟別銭10文が徴されていることが知られる．さらに宝徳3年(1451)発遣，享徳3年(1454)帰朝の入明船第4号船は博多聖福寺造営のため九州探題渋川教直が仕立てたものであった．

参考文献　森克己『(新訂)日宋貿易の研究』(『森克己著作選集』1)，同『(増補)日宋文化交流の諸問題』(同4)，村井章介『東アジア往還』，三浦周行「天竜寺船」(『日本史の研究』所収)　(川添　昭二)

015 泗川の戦 しせんのたたかい　慶長3年(1598)10月1日，島津義弘・忠恒父子が朝鮮慶尚道泗川新城に明・朝鮮軍を迎撃し，うち破った戦闘．豊臣秀吉の第2次朝鮮侵略(慶長の役)において，島津氏は巨済島─南原─海南と進撃し，慶長2年10月，泗川に入って日本式の新城を築いた．翌3年9月，明の将軍董一元，朝鮮の将軍鄭起竜の率いる連合軍は島津氏の家臣川上忠実の守る泗川旧城を陥し，ついて同年10月1日，島津勢主力の拠る新城に迫ったが，反撃にあって潰滅し，董一元は星州に逃れた．この戦いで島津氏は「鬼島津」の異名をとり，武功を高めた．

参考文献　島津久通『征韓録』(『戦国史料叢書』6)，

諸葛元声『両朝平攘録』(『明代史籍彙刊』)，李炯錫『壬辰戦乱史』下，徳富猪一郎『近世日本国民史』9，北島万次『豊臣秀吉の朝鮮侵略』(吉川弘文館『日本歴史叢書』52)　　　　　　　　　　(北島　万次)

016 使送倭人 しそうわじん　朝鮮王朝において，日本から使人の名目で渡航した者を総称した名称．客倭ともいった．これに対して，交易のみを目的として渡航した者を興利倭人と呼んだ．またそれらの乗船に着目していう場合には使送船(あるいは使船)・興利船という呼び方をした．朝鮮王朝初期には使送船も興利船もともに往来が自由であったが，朝鮮側で次第に統制策に転じた．なお日本からの渡航者のいま1つの種類として受職倭人がある．これは朝鮮王朝の官職を授けられている者で，年1回，使人ではなくその当人が冠服を着し告身(辞令)を持参して入朝することになっていた．ただし特例として親朝を免ぜられ，遣使で済ます場合もあったので，その場合は使送の分類に入れるべきである．使送人の朝鮮における接待は，初期には特に統一した規定がなく，使節ごとに判断して行われていたが，次第に規式ができて制度化し，『海東諸国紀』(申叔舟著，1471年成立)の時点では「諸使定例」として次の4段階ができ上がっていた．第1は日本国王(将軍)使，第2は諸巨酋(畠山・細川・京極・山名・大内・少弐などの有力者)使，第3は九州節度使(九州探題)使・対馬島主特送使(歳遣船定約数外の臨時の遣使)，第4は諸酋(上記を除く対馬島以外の通交者)使・対馬島人の使で，そのほか使送倭人の分類には入らないが，受職人の入朝もまたこの第4の諸酋らと同じ接待例で扱うことになっていた．文禄・慶長の役が終って己酉約条(慶長14年(1609))が成立すると，使送はすべて対馬だけが差遣することになり，朝鮮ではそれを年例送使(島主歳遣船その他毎年恒例で遣わすもの)と差倭(特定の使命を帯びて随時渡航するもの)とに大別していた．年例送使は形式は使送でも特別な使命があったわけではなく，公貿易が目的であった．→巨酋使(きょしゅうし)　→歳遣船(さいけんせん)　→差倭(さわ)　→受職倭人(じゅしょくわじん)　→送使船(そうしせん)

[参考文献]『通文館志』(『朝鮮史料叢刊』21)，中村栄孝『日鮮関係史の研究』，同『日本と朝鮮』(『日本歴史新書』)　　　　　　　　　　(長　節子)

017 事大文軌 じだいぶんき　朝鮮の対明外交文書集の1つ．もとは54巻54冊よりなるが，現存23巻23冊の残欠本で，原本は韓国ソウル大学校付属図書館奎章閣に収蔵されている．第15代光海君9年(1617)に撰集庁で承文院の対明外交文書集である『吏文謄録』に基づいて編纂し，11年ごろ木活字(訓錬都監字)を以て刊行された．これは同時になされた『続武定宝鑑』『翼社録』などの編纂出版事業とも関連し，特に壬辰・丁酉乱(文禄・慶長の役)における王の功績を顕彰する政治的目的をもつものであった．内容は宣祖25年(明万暦20，1592)から光海君即位年(万暦36，1608)にわたるおよそ17年間のもので，すべて1028通の文書がおさめられている．戦時・戦後の両国の交渉を中心として，戦後の日本情勢報告，勃興期の建州衛奴爾哈赤および琉球国王世子尚寧との往復書，また明より寄せられた建州衛の動向情報などを含み，文禄・慶長の役の間における朝鮮・明，および明清交替期直前の根本史料である．本書は昭和10年(1935)『朝鮮史料叢刊』7として朝鮮総督府より影印刊行された．

[参考文献]　中村栄孝「明・鮮外交文書集『事大文軌』」(『日鮮関係史の研究』中所収)　　　　　(田川　孝三)

018 七支刀 しちしとう　奈良県天理市布留(ふる)町の石上神宮の宝庫に蔵されて伝来した特異な形状の鉄剣．江戸時代には「六叉の鉾」と呼ばれ，例年6月の祭の神幸に霊代とされていたが，明治になってからその銘文が注意され，諸学者によって解読が試みられた．この七支刀は鉄製の両刃の剣で，柄や鞘などの外装は失われている．剣身の両側に左右交互に3つずつの小枝を造り出している．身の長さ65.6cm，幅は中ほどで2.2cm，身の下部で折れていて，茎(なかご)の長さ9.3cmである．身と枝を通じて刃の内側に沿って界線を刻み，身の表と裏の2条の界線の間に合計61字の銘文を刻むが，界線にも銘文にも金象嵌が施されている．銘文は損傷や錆によって文字の部分または全画を失ったものもあり，全文を読むことはできなくなっている．読み方は学者によって相違するが，いま一案を示すと，表の文は「泰和四年(?)□月十六日丙午正陽　造百練鋳七支刀　生(?)辟百兵　宜供供侯王　□□□□作」と，裏の文は「先世以来　未有此刀　百濟□世□　奇生聖音　故為倭王旨造　伝不□世」と判読される．およその意味は「(東晋の)泰和四年某(正か四か五)月十六日の純陽日中の時に，百練の鉄の七支(枝)刀を造る．もって兵難をのがれるし，侯王の供用とするのに適する．某作る．先の世以来未だこのような刀はなかった．百済王と太子とは生を御恩に依っているが故に，倭王の御旨によって造る．永く後世に伝わるように」というのであろう．そうすると東晋の太和4年(369)に百済王が自国で造らせて，重大な事件を記念して倭王に贈ったものと思われる．百済の近肖古王19年(364)〜27年の大和朝廷と百済との交渉は『日本書紀』神功皇后49年にあり，近肖古王24年(太和4年)にわが軍は渡海して新羅を破り，比自㶱(ひしほ)以下の7国を平定し，忱弥多礼(とむたれ，済州島)を占領して百済に与えたので，肖古王と王子貴須も来会して大和朝廷に忠誠を誓ったとある．またその3年後，百済王は同国谷那鉄山の鉄で作らせた七枝刀(ななつさやのたち)1口と七子鏡その他の重宝を大和朝廷に献じたとあるのは太和4年の倭国軍の援助を感謝し記念したものと思われる．

『古事記』の応神天皇段に百済の照古王(肖古王)が横刀と大鏡を貢上したとあるのも右の七枝刀・七子鏡送献のことを裏書するものであろう。石上神宮の七支刀は右の七枝刀(横刀)にあたると考えられ、古代史の重要資料として国宝に指定されている。

[参考文献] 石上神宮編『石上神宮宝物誌』、福山敏男「石上神宮七支刀の銘文」(『日本建築史研究』所収)、星野恒「七枝刀考」(『史学叢説』1所収)、喜田貞吉「石上神宮の神宝七枝刀」(『民族と歴史』1ノ1)、榧本杜人「石上神宮の七支刀とその銘文」(『朝鮮学報』3)、栗原朋信「七支刀銘文についての一解釈」(『上代日本対外関係の研究』所収)、村山正雄編著『石上神宮七支刀銘文図録』、神保公子「七支刀研究の歩み」(『日本歴史』301)　　　(福山　敏男)

019 志筑忠雄 しづきただお　1760〜1806　江戸時代中期の天文・物理学者。本姓中野、名は初め盈長・忠次郎、のち忠雄。号は柳圃。字(あざな)は季飛・季竜。宝暦10年(1760)に生まれる。長崎阿蘭陀通詞志筑家に養子に入り(第8代)、安永5年(1776)養父のあとを襲い稽古通詞となったが、翌6年病身を理由に辞し、同職を養子次三郎に譲る。以上は『長崎通詞由緒書』によるが、ただ彼の辞職は、天明2年(1782)という記録(諸役人帳)があることが、近年報告されている。辞職後は本姓中野に復し、病弱の故か隠退して人と交わらず、独り蘭書の翻訳・研究に専念した。『蘭学事始』は本木良永の弟子とする。文化3年(1806)7月8日、47歳で没(長崎市光永寺過去帳)。その約30年にわたる蘭学研究の業績は、次の3分野に大別される。第1は『暦象新書』を中心とする西洋天文・物理学研究で、蘭学史上同分野の研究としては最初で最高水準にあった。ニュートン力学の概念を宋学以来の気の理論を援用して解釈した点に特徴がある。同書所収の「混沌分判図説」は、狩野亨吉の指摘以来カント・ラプラスの星雲説に比せられるが、事実は、宋学の気の回転というアイディアを基本に、ニュートン力学中の遠心力・求心力という概念を応用して宇宙生成を説いたものである。『求力法論』でニュートン粒子論を訳述し、これは中天游、門人吉雄如淵(権之助)らに継承された。また『火器発法伝』中の投射体の放物線理論は、弟子末次忠助を経て熊本池部啓太の弾道学研究に受け継がれた。第2は『助字考』『和蘭詞品考』などにみられるオランダ語学・文法研究で、その成果は門人馬場貞由や大槻玄幹を通じ江戸の蘭学界に影響を与えた。第3はロシア勢力の南下という当時の政情を背景とする訳業で、特にケンプフェル『日本誌』の1章の抄訳『鎖国論』は、「鎖国」という歴史用語の初出といわれる。

[参考文献] 『長崎通詞由緒書』(『長崎県史』史料編4)、渡辺庫輔『阿蘭陀通詞志筑氏事略』、志筑忠雄没後200年記念国際シンポジウム実行委員会・長崎大学

「オランダの言語と文化」科目設立記念ライデン大学日本語学科設立150年記念国際シンポジウム実行委員会編『蘭学のフロンティア』，狩野亨吉「志筑忠雄の星気説」(安倍能成編『狩野亨吉遺文集』所収)

(吉田　忠)

020 悉曇 しったん　日本に伝来したサンスクリット語学，およびそれに用いられた文字の称．悉曇という名称は，字母表の初めに「nama sarvajñāya siddhāṃ 娜摩娑囉嚩者若也悉曇」と書いて，その字母表の成立を祝福する習慣があったことから出た．悉曇文字は，古代インドで使用されていたブラーフミー文字から出たグプタ文字から4〜6世紀ころ発達した文字で，仏教東漸の波に乗り日本に伝来した．だから悉曇文字と梵字(サンスクリット文字)とは必ずしも一致しないが，日本に渡来した梵字は悉曇文字であったので，空海の『梵字悉曇字母幷釈義』の題名のごとく，両者は同一視されてきた．日本に存在している古いインド文字は，ほとんどこの字体で，日本で書写され，研究されたものを含めると，膨大な量の文献が残存している．学問としての悉曇は，字母表と悉曇章を中心として行われた．悉曇章は，悉曇16字の摩多(主として母音)と，35字の体文(主として子音に母音aを結合させた音節)を掲げ，それらの字が結合して多数の音節を表わす文字を作り出す方式を，章に分けて示したものである．すなわち，インドの文字は基本的には母音を表わす字と子音を表わす字とがあり，これが合わさって1音節ごとに1字を作るので，その結合の方式と発音に関する研究が1つの語学となったのである．これは音韻と文字に関する語学であるが，語法としては，八転声(名詞の格変化)・六合釈(語の合成法)・二九韻(動詞の人称語尾変化18種)・十羅声(時・法・称の10種)などがあるが，日本では語法の研究は著しくふるわず，江戸時代になって若干研究された．したがって，日本における悉曇学は，梵字の発音と書記法が大部分であって，梵文を読解するまでには至らなかった．悉曇学はインドに起きたが，仏教とともに中国に渡来し，中国の南北朝時代では，『涅槃経』文字品の解釈に伴って盛んとなった．また語学としても研究され，智広の『悉曇字記』が著わされた．唐代中期以後密教が盛んとなるにつれ，インド古来の哲学の一種である音声神秘観が重要な教義となり，梵語のままに唱える真言・陀羅尼(だらに)が盛行し，そのため文字・音韻の学である悉曇の学が重視されるようになった．しかし，中国には悉曇学書の残存するものがわりあい少なく，むしろ日本において盛行を見るようになる．奈良時代に林邑の僧仏哲(仏徹とも書く)が一種の悉曇章を将来しているが，悉曇研究の契機をなしたのは，空海で，彼は悉曇章を請来するとともに，『梵字悉曇字母幷釈義』を著わした．続いて，入唐の諸家によって悉曇章や，中国における悉曇研究書の請来があって，主として真言宗においては空海の学統，天台宗においては円仁(慈覚大師)の学統が形成されたが，これらは相互に交流がなされ，天台宗の安然に至って悉曇学の集大成ともいうべき『悉曇蔵』(元慶4年(880)成)が著わされた．その後，梵語の発音・漢字音の発音の伝承が薄くなるにつれ，文献的研究による音韻学が起きて，明覚らが活躍した．明覚以後，悉曇学は，漢字音韻学と結び付き，韻学と称すべき日本的な言語学を形成するようになった．平安時代末の学者には，花蔵院寛智・常喜院心覚・光明山重誉・東禅院心蓮らがおり，鎌倉時代には，小川承澄・明了房信範，南北朝時代には，東寺の杲宝・賢宝，室町時代には，高野山の宥快・長覚および関東にあった印融がいた．江戸時代には，浄厳・澄禅・曇寂・寂厳・慈雲・行智らが，それぞれ一家を成した．明治時代に，ヨーロッパの梵語学が入るとともに，悉曇学は衰えた．しかし，古代の梵語および梵語学を伝えていること，日本における言語研究の理論的根拠となったことなど，評価し直すべき点は多い．

参考文献　『(大正新修)大蔵経』54・84，『悉曇具書』(『大日本仏教全書』)，『慈雲尊者全集』，梵字貴重資料刊行会編『梵字貴重資料集成』，馬渕和夫『日本韻学史の研究』，同『(影印注解)悉曇学書選集』，同『悉曇章の研究』，田久保周誉『批判悉曇学』，同『梵字悉曇』，中村瑞隆・石村喜英・三友健容『梵字事典』，種智院大学密教学会編『梵字大観』，R. H. van Gulik: SIDDHAM.

(馬渕　和夫)

021 シドッティ Giovanni Battista Sidotti 1668〜1714　イタリアのシチリア島パレルモ出身の在俗司祭．1668年貴族の第3子として生まれ，ローマで学び枢機卿フェラリの知遇を得てローマ教皇庁法律顧問となる．教皇クレメンテ11世はインドと中国の典礼問題解決のため特派使節としてアンティオキア総大司教トゥルノンの派遣を決したが，シドッティも教皇の命により禁教下の日本布教の宣教師・教皇使節としてトゥルノンに同行，1703年フランス＝インド会社の船でゼノア出港，翌04年9月マニラ着．08年8月23日，フィリピン総督ドン＝ドミンゴ＝サバルブル＝エチュベリの建造したサンティシマ＝トリニダード号に乗船してマニラ出港，同年10月11日，すなわち宝永5年8月29日早暁，大隅国屋久島の唐ノ浦に和服帯刀の姿で上陸した．ただちに捕えられて長崎へ送られ，長崎奉行所でオランダ人を介して取り調べられ，翌宝永6年9月25日，長崎を発ち江戸へ護送された．将軍徳川家宣の特命を受けた新井白石から同年11月22日より12月4日まで4回にわたって小石川の切支丹屋敷吟味所で尋問を受けた結果，宣教師として来日したことが明白となり，同屋敷に終身囚禁されたが，獄卒長助・はる夫婦がシドッティにより受洗したことを自首したため，正徳4年(1714)3

月1日，地下の詰牢に移され，同年10月21日に病死，遺骸は同屋敷裏門の側に葬られた．シドッティは，ローマ教皇から与えられた日本布教の復活という使命は達成できなかったが，日本に到着して新井白石に会い，鎖国の根本理由とされたキリシタン侵略説の誤解を解き，さらにその博識と人格をもって白石を感動，尊敬させ，世界の歴史地理について認識を与え実証的洋学再興の機運を開いた功績は大きい．白石の記録に『羅馬人処置献議・天主教大意』『ヨハンバッテイスタ物語』『采覧異言』『西洋紀聞』がある．　→采覧異言（さいらんいげん）　→西洋紀聞（せいようきぶん）　→邏媽人欵状（ローマじんかんじょう）

参考文献　新井白石著・宮崎道生校注『新訂西洋紀聞』（『東洋文庫』113），宮崎道生『新井白石の研究』，同『新井白石の洋学と海外知識』，内山善一「最後の潜入伴天連「ローマの使節」シドチ神父の殉教事情」（『弘前大学国史研究』12），松田毅一「シドッティの屋久島潜入について」（『日本歴史』238），Relacion del viage que hizo el Abad Don Jvan Baptista Sydat, desde Manila al Imperio del Japon embiado por Nvestro Santissimo Padre Clemente XI. Sacada por Fray Agustin de Madrid, ... Madrid, 1717 ff. 19.　　　　　　　（井手　勝美）

022 子曇しどん　⇒西澗子曇（せいかんしどん）

023 支那しな　中国を指す言葉で，梵語から出た．その支那という漢字は，中国僧侶による梵語の音訳であり，別に至那・斯那とも，また特に中国の国土を意味して，震旦・真丹などとも書かれる．その語根であるčinなる音は，はじめて中国を統一した王朝である秦 qín に由来すると一般に認められている．すなわち秦王朝の勢威が遠く外国に及んだため，諸外国は中国を秦と呼び，秦が滅びて漢代となった後も，これを漢と呼びかえることなく，秦の名がそのまま固定してしまったのである．この系統の語が南方海路により，西方へ拡まった．紀元1世紀末と思われるギリシャ語の書『エリトラ海一覧』にアジアの東端にあると記された地 Thinai および2世紀の「プトレマイオスの地図」に海路の東の極に記される Sinae などがそれである．もっとも後者には別に陸上シルクロードの東端にあたると思われる地に Serica の名が記され，これは絹の産地としての中国北部を指すものであるが，この系統の語は，ラテン語に入ったまでで，それ以上に拡がらなかった．中世インド洋貿易を掌握したアラブ人は，ギリシャ語を承けて，中国を Sin と称した．このアラブ人の航海術を学んで海上に雄飛し，喜望峰を廻って極東に到達したのがポルトガルを先頭とする西欧諸国で，当時の宣教師たちは一般に中国を China と称して，その調査研究を書きのこした．今日の西欧諸語においても同様で，ただ発音・綴字にわずかの差違が生ずることがある．一方，支那学のごとき複合語では Sinology と，子音が S になるのも共通の現象である．日本は古来中国を指すに，梵語から出た支那のほかに，漢・唐なる歴史的呼称を用い，また当代王朝の名によって明国・清国などと呼んだ．清国が滅び中華民国が成立した際，日本政府は，中華・中国などは固有名詞でなく，みずからの誇称であるとしてこれを斥け，中国側の公称英訳 Republic of China を日本語に重訳し，支那共和国と定めてから，支那が公私に汎用されることとなった．最初に公式に中華民国と称したのは，日本が第2次世界大戦中に擁立した汪兆銘政府に対してである．敗戦後，支那なる文字は中国人が最も嫌悪するところなのを知り，次第に用いられなくなり，あるいは片仮名にてシナと記すのが一般化した．ただし，中国人が支那なる文字は日本人の創造した蔑称であると考えるならば，それは全く根拠のない誤解で，現に民国以後の中国に，みずから支那内学院と称する仏教研究所が存在した実例がある．

参考文献　石田幹之助『欧人の支那研究』（『現代史学大系』8）　　　　　　　　　　　　（宮崎　市定）

024 シナ海かい　太平洋北西部付属海としての，中国およびインドシナ地域東側の海のうち，黄海 Hwang Hai に南接する水域を東シナ海（中国名，東海 Tong Hai）とし，これに南接する水域が南シナ海（中国名，南海 Nan Hai）で，その界は台湾海峡 Tai-wan Hai-hsia の狭隘部である．東シナ海は，黄海との界を長江口―済州島―九州を結ぶ線とし，南東は南西諸島・台湾で限られ，面積およそ125万 km²，南西諸島ぞいに水深1000m 以上の部分もあるが，大部分200m 以下の大陸棚で，わが国ほか沿岸諸国漁民の好漁場である．近時，石油資源に関しても注目されている．なお，古来わが国と大陸との重要交通路の1つで，寧波（ニンポー）・舟山（チョウシャン）群島・温州（ウェンチョウ）・福州（フーチョウ）や上海（シャンハイ）などが大陸側にある．南シナ海は，フィリピン諸島とシナ南部・インドシナ半島に東西を限られ，ほぼ北緯10度線を界に南のボルネオ海に続く．海南（ハイナン）島のほかサンゴ礁の発達した東沙（トンシャー）・中沙（チュンシャー）・西沙（シーシャー）・南沙（ナンシャー）の各群島が散在する．南沙群島は北緯4～12度あたりに分布し，中国は広東省に属するとして重要視している．水域は水深4000m 以上の部分が広がるが大陸棚も発達して，トロールなどの有望漁場である．中国では古来，サンゴやタイマイ（鼈甲原料の海亀）などの珍貴な南海産物で知られていた．

参考文献　花井重次編『新世界地理』2
　　　　　　　　　　　　　　　　　（君塚　進）

025 市舶司しはくし　中国で海外貿易事務を担当した官庁．市舶は互市舶の略で貿易船の意．唐代に始まり，宋・元・明代に存続され，清の海関に引き継がれた．唐で

は開元2年(714)以後，市舶使または押蕃舶使などの官職名で広東の広州におかれ，多く宦官が任命され中央から派遣された．南海諸国との貿易が盛んとなった宋代には，海外貿易の関税収入や香薬など官の専買収益を重視して，市舶司の制度が次第に整備され，市舶司の設置も広州をはじめ泉州・明州・温州・杭州・秀州など多数の諸港に及んだ．その他，各市舶司には必要に応じその分所として市舶務をおく場合もあった．元豊3年(1080)のころ市舶司の長官は転運使の兼任であったが，崇寧元年(1102)はじめて専任の長官がおかれ，提挙市舶司もしくは提挙市舶とよばれた．市舶司の職掌についての規定は市舶条例とよばれ，その条例は時期と場所により一定しないが，その大要は次のようである．(1)入港する海舶の積荷の臨検およびその関税の徴収，(2)禁榷貨物(専買品)およびその他の舶貨の政府による収買・保管・出売など，(3)海舶の出港許可証(公憑)の下付および違禁貨物の取締り，(4)舶載貨の販売許可証(文引)の下付，(5)蕃国・蕃舶に対する招来およびその送遣事項，(6)銅銭流出に対する禁令，(7)一般官吏および市舶官吏の不法行為の取締り，(8)漂着船および居留蕃人に関する規定などである．元も宋のあとをうけて海外貿易にはすこぶる積極的で，関税収入(細貨10分の1，粗貨15分の1，舶税30分の1など)に力を入れ，また市舶条例22ヵ条を制定して政府の貿易統制ならびに独占をはかった．市舶司も改廃常なき状況であったが，多いときは広州・泉州・慶元・上海・澉浦・温州・杭州の7ヵ所に及んだ．明朝は海外諸国の朝貢貿易のみを許したので，市舶司はかかる海外諸国からの入港船舶に対する出入国管理ならびに貿易を担当する業務に限定された．市舶司は洪武3年(1370)浙江の寧波(ニンポー)・福建の泉州(のち福州)・広東の広州の3ヵ所に新設され，永楽3年(1405)にはさらに入貢使節団の宿泊・接待を兼ねた館駅としてそれぞれ安遠・来遠(柔遠)・懐遠の3駅がおかれた．日本との貿易関係については，浙江におかれた市舶司が主として日本船受け入れの窓口となっており，その地は唐・宋では明州，元では慶元，明・清では寧波とよばれた．日本では遣唐使以後，正式の国交関係はないが，中国船の来航が次第に多くなり，宋・元代には博多と明州(慶元)を結ぶ両国の民間貿易船の往来が活況を呈した．特に元代には社寺造営のために幕府公許の貿易船がしばしば派遣された．明代は政経不分離の朝貢貿易のために，寧波市舶司では提挙市舶の官が地方官とともに，朝貢船であるか否かの真偽を検査したのち上陸を許し，進貢物その他の付帯貨物もすべて臨検した上で登記封印し，入京の貢使団とともに首都の会同館に送りとどけた．

参考文献　森克己『(新訂)日宋貿易の研究』(『森克己著作選集』1)，藤田豊八「宋代の市舶司及び市舶条例」(『東西交渉史の研究』南海篇所収)，中村治兵衛「宋代明州市舶司(務)の運用について」(『中央大学人文科研紀要』11)，榎本渉「明州市舶司と東シナ海海域」(『東アジア海域と日中交流』所収)，同「宋代市舶司貿易にたずさわる人々」(歴史学研究会編『シリーズ港町の世界史』3所収)，山崎覚士「貿易と都市—宋代市舶司と明州—」(『東方学』116)

(佐久間重男)

026 司馬江漢 しばこうかん　1747～1818　江戸時代後期の洋風画家，蘭学者．安藤氏の子として延享4年(1737)江戸に生まれる(元文3年(1738)生誕説もある)．40歳余で土田氏に入夫．名は勝三郎・吉次郎・孫太夫．のち唐風に改め姓を司馬，名を峻とした．字(あざな)は君岳，号は無言道人・春波楼・西湖道人など．自筆の「江漢後悔記」(『春波楼筆記』のうち)によると，はじめ狩野古信に師事(古信は享保16年(1731)没．美信の誤りと考証されている)，のち浮世絵師鈴木春信の偽物をつくり，また鈴木春重・蕭亭春重などの款で美人画を描き好評であったという．しかしやがて「和画は俗なり」とし，南蘋(なんぴん)派の宋紫石に入門，紫石を通じて平賀源内を知り，さらに秋田蘭画の小田野直武・佐竹曙山にも近づいた．こうして西洋画の研究が始まり，前野良沢・大槻玄沢らの助力を得て蘭書の記事などを手がかりに苦心を重ね，ついに銅版画の制作に成功した．天明年間(1781～89)のことである．「三囲図」「広尾親爺茶屋図」「御茶水図」「不忍池図」「三囲之景図」「中洲夕涼図」「両国橋図」のほか，舶載の図を写した「サーヘンタイン池図」「療養院之図」などが銅版画で制作されている．また天明の末から寛政期にかけ，蝋画と称する独特の油絵が盛んに描かれ，今日「相州鎌倉七里浜図」「木更津富士図」「異国風景人物図」「学術論争図」「西洋樽造図」などを見ることができる．彼は天明8年から翌寛政元年(1789)にかけて長崎へ旅行した．西洋画の研究を目的とするものであったが，これは同時に西洋理学への関心をいちだんと深める機会になった．以後，天文学・地理学などについての著作が多くなる．しかし，その西洋理解や合理精神が不徹底であったのも事実といわなければならない．そしてその理由は，時代的な制約に併せて功を急ぐ性格的なものに求めることができる．晩年は老荘の思想に親しみ世間から隠れて住み，文政元年(1818)10月21日，江戸で没した．72歳．法名は桃言院快詠寿延居士．深川本材木町の慈眼寺(のち豊島区巣鴨に移転)に葬られる．著作『和蘭天説』『西洋画談』『和蘭通舶』が『日本思想大系』64に収められている．

参考文献　黒田源次『司馬江漢』，細野正信『司馬江漢』(『読売選書』29)，成瀬不二雄「司馬江漢」(『日本美術絵画全集』25所収)

(原田　実)

027 司馬達等 しばたつと　6世紀ごろの帰化人．『日本書紀』

敏達(びだつ)紀には鞍部村主(くらつくりのすぐり)司馬達等とも記し，『元興寺伽藍縁起幷流記資財帳』には桉師首(くらつくりのおびと)達等，『扶桑略記』には案部(くらつくり)村主司馬達止と記す．鞍作(くらつくり)氏の祖．鞍作多須奈(たすな)の父，鞍作鳥(止利)の祖父．『扶桑略記』欽明天皇13年条に，「日吉山薬恒法師法華験記云，延暦寺僧禅岑記云」という引用で，司馬達等は大唐の漢人で継体天皇16年2月に入朝し，大和国高市郡坂田原に草堂を造り，本尊を安置して帰依礼拝した．世は挙げてこれは大唐の神なりといったとみえる．この記載は『坂田寺縁起』の文を干支を誤って記したものであるとの説もあるが，また仏教が欽明朝の公伝以前にこういう形で民間に伝わったということも考えられる．『元亨釈書』17には司馬達等を南梁の人としている．敏達天皇13年9月に鹿深(かふか)臣が弥勒石像1軀，佐迫連が仏像1軀を百済から持ち帰ったとき，蘇我馬子はその2軀の仏像を乞い請け，達等と池辺直氷田を四方に遣わして修行者を求めさせ，播磨国で還俗僧高麗恵便を得た．馬子はこれを師とした．達等の女嶋(善信尼)とその弟子2人を出家させ，達等と氷田に付けて衣食を供せしめた．馬子が仏殿を宅の東方に造り，弥勒石像を安置し，3尼を招いて法会を行なったとき，達等は斎食の上に仏舎利を得て馬子に献上した．

[参考文献] 辻善之助『日本仏教史』1，関晃『帰化人』(『日本歴史新書』) （大野達之助）

028 ジパング Jipangu 日本国の漢字音から出た名称で，日本を指す．古くはZipangu, Jipangu のちにJapongo, Japam, Japanと記す．マルコ＝ポーロMarco Polo(1254~1324)の『世界志』(いわゆる『東方見聞録』)にCipangu(ただし写本によって語頭をC, Ç, S, Zに作るもの，語中・語尾の綴りにも諸種がある)，同時代のペルシャの史家ラシード＝ウ＝ディーンRashīdu-'u-Dīn(1247ころ~1318)の『集史』にJimingu, Jipangu, Jibangu(ただし母音不確定)とあるのが，この名の現存の記録にみえる最も古いものである．それ以前のイスラム教徒の記録には倭国の漢字音に起源するWakwakの称が用いられている．日本をJapanと呼ぶのは，日本国の漢字音から出たポルトガル語のJapongoそれから転じたJapam, Japão(Iapão, Japão)がマレイ人や欧人の間に拡まったものであるが，トメ＝ピレスTomé Piresの著スマ＝オリエンタールSuma Oriental(『東方概説』の意，1513~15年ころの著作)に日本をJamponと記しているのも，おそらくこの称呼に直接あるいは間接に基づいていると考えられる．　→東方見聞録(とうほうけんぶんろく)

[参考文献] Henry Yule and A. C. Burnell: Hobson-Jobson(1903) ; Paul Pelliot: Notes on Marco Polo, 1 (1959) ; Donald F. Lach: Asia in the making of Europe, 1, 2 (1965). 岡本良知「Japanという語の由来」(『日本歴史』97)　（榎　一雄）

029 慈悲屋 じひ　⇨ミゼリコルジヤ

030 シベリア Siberia ロシアのアジア領土の一部．西はウラル，東は太平洋，北は北氷洋，南はカザフ・モンゴル・中国・朝鮮との境界で限られる地域．面積約1276万5900km²．1581年にロシアが併合を開始し，1639年にはオホーツク海に達したが，アムール河進出は清朝に阻まれ，89年のネルチンスク条約で外興安嶺まで後退し，その後はカムチャッカ・アラスカ方面に向かった．この方面に漂着した日本人が，17世紀末からロシア人に救助されるようになったのも，1711年からロシア人がカムチャッカから千島に進出し始めたのも，そのためである．しかしロシアは1860年の北京条約でアムール河左岸と沿海州を併合すると，67年にはアラスカとアレウト諸島をアメリカに譲渡し，ソ連になってからは1944年にトワ国を併合し，翌45年には樺太南半部と千島を占領し，現在のシベリアの境域とした．ロシア人がシベリアからアラスカまで進出したのは毛皮を求めてであったが，流刑囚を含むロシア人移民の手で農業・鉱業を興し，また資源に恵まれているので，革命後は重工業基地として大発展をしている．ロシアでは18世紀前半から日本に関心を示し，1737年にはその船隊が日本に来ているが，日本がロシアのシベリア進出に注目し始めたのは，71年にベニョフスキーの警告を聞いてからである．19世紀中ごろロシアは沿海州を含む極東地方に進出し，安政元年12月(1855年1月)，江戸幕府はこれと和親条約を結んで千島と樺太の国境について定め，明治政府は明治8年(1875)樺太を千島と交換し(樺太・千島交換条約)，同38年にはポーツマス条約により樺太南半部を日本領とした．明治初年からシベリアの極東地方には日本人居留民も多く，革命後，日本はその保護を名としてシベリア出兵を行い，第2次世界大戦後は多数の日本人がシベリアに抑留されている．なお，シベリアが欧亜を結ぶ交通路として重要な役割を果たして来たことを忘れてはならない．

[参考文献] 外務省編『日露交渉史』，同編『日ソ交渉史』，シチェグロフ『シベリア年代史』(吉年柳里訳)，加藤九祚『シベリアの歴史』(『紀伊国屋新書』B2)，郡山良光『幕末日露関係史研究』　（吉田　金一）

031 市法会所 しほうかいしょ　⇨市法貨物商法(しほうかもつしょうほう)

032 市法貨物商法 しほうかもつしょうほう　江戸時代の長崎貿易において，寛文12年(1672)から貞享元年(1684)に至る13年間，唐船と出島のオランダ商館とを対象に行なった貿易制度の一型態．「貨物市法」また「市法貨物」とも「貨物」「貨物商法」などともいわれる．江戸時代の初めには，生糸や反物・薬種などの輸入品の代価として，主として銀(丁銀・灰吹銀・銀道具類)が日本からの輸

出品に当てられていたが，その数量が次第に増加し，特に明暦元年(1655)の糸割符制度の廃止から相対(あいたい)売買期の中ごろにかけて，きわめて多量の銀が輸出された．その結果，国内使用銀の不足が懸念されるようになり，寛文期には幕府によって銀輸出統制が始められるに至った．その方法は金の輸出による銀の国外流出の抑制や，銀の輸出禁止令の発令であったが，このような直接的な手段では貿易の維持や運営に支障をきたすことがあり，この際，長崎貿易の根本的な改革を必要としたのである．そこで幕府は銀輸出の実態，外国商人の舶来貨物の仕入れ原価の調査などをふまえ，新たに派遣した長崎奉行の牛込忠左衛門を中心に貿易制度の大改革を試み，寛文12年市法貨物商法が成立することとなった．その概略はつぎのようなものであった．幕府は五箇所(江戸・京都・大坂・堺・長崎)および長崎貿易の諸国商人どもの過去の輸入実績，あるいは所持銀高の調査を行い，それに応じて長崎の貿易商人各自の輸入可能な額を規定した．この規定をうけた商人を市法商人あるいは貨物商人と呼び，輸入活動を公認された商人であって，この商人株を持たない者は長崎貿易に参加できないこととした．そして五箇所を軸として貨物商人を組織化し，五箇所からそれぞれ貨物目利・札宿老その他の役人を選出させ，渡来品の品質の吟味・評価・入札・輸入価格の決定などを長崎奉行所との連携のもとに分担させた．そして長崎奉行の支配下に決定された輸入価格を外国商人側に示し，その価格での売却に同意すれば市法会所(貨物会所)を通して，市法商人にその輸入可能規定額を入札方式で買わせ，高札の者へ売却されていく．この過程で市法会所は中間利益(市法増銀・貨物増銀)を得ることになるが，これは貿易運営費に当てられたほかは，長崎の市民や市法商人などにその持ち株(商人株)に応じて分配した．このように，市法貨物商法では長崎貿易商人を五箇所のもとに組織し，各自の輸入限度額を定めて，日本側で決めた価格で外国商人に貨物を売らせる方法をとり，これによって貿易額の膨張と銀の国外流出防止を図ったことが大きな特徴である．この貿易仕法の導入によって，貿易額および銀輸出はかなり抑えられたが，市法増銀の配分によって長崎市民がきわめて裕福になり，外部から批判的にみられるようになったこと，また増銀の処理にあたって長崎奉行が不正を行なっているといった風聞が流れたことなどもあって貞享元年に廃止され，そして糸割符制度が復活された．市法貨物商法は鎖国下においてはじめて実施された幕府による本格的な貿易統制であり，またのちの長崎会所貿易の先駆をなす貿易制度として，きわめて注目されてよい．　→相対貿易(あいたいぼうえき)　→糸割符(いとわっぷ)

〚参考文献〛太田勝也『鎖国時代長崎貿易史の研究』，中村質『近世長崎貿易史の研究』，中田易直『近世対外関係史の研究』，『長崎県史』対外交渉編

(中田　易直)

033　市法売買 しほうばいばい　⇒市法貨物商法(しほうかもつしょうほう)

034　至本 しほん　生没年不詳　康永元年(1342)に天竜寺船の綱司(船長)として元に渡った人物．国籍・出身地などは不明．「至本御房」と呼ばれ，法体と考えられる．足利直義は暦応4年(1341)12月23日，天竜寺造営のため貿易船2艘を翌年秋に派遣することが許可された旨を天竜寺住持夢窓疎石に伝え，同25日には夢窓の推挙を受けて至本に1艘目の綱司として渡海すべきことを命じた．至本は同日に請文を提出し，利益の多少にかかわらず，帰国の後に現銭5000貫文を寺家に納めることを約束した．天竜寺船は翌康永元年秋に博多を出航して10月に慶元(現在の浙江省寧波)に着いた．元では至元元年(1335)以来日本船来航が禁じられ，上陸は認められなかったが，年が明けると貿易が許可され，ここに8年ぶりに日元貿易は復活した．この時に書を送って交渉を行なった「商主」は至本だろう．至本の帰国についてはよく分からないが，夢窓は貞和元年(1345)8月に至本と思しき「宋船綱司」に謝辞を述べている．至本は天竜寺の竣工(8月29日に開堂法会)を祝して同寺を訪問したのであろう．

〚参考文献〛『天竜寺造営記録』，三浦周行『日本史の研究』1下，榎本渉『東アジア海域と日中交流』

(榎本　渉)

035　嶋井宗室 しまいそうしつ　？〜1615　安土桃山時代の筑前博多の豪商，茶人．宗室は宗叱とも書かれる．名は茂勝．剃髪して端翁宗室と号し，また虚白軒・瑞雲庵とも称した．生年については天文8年(1539)とする説があるが根拠は明らかではない．『嶋井文書』によれば，天正の初年には豊後大友氏との交渉がみられ，宗室はこのときすでに博多津支配の一翼を担う存在であり，富裕な商人として大友氏と資金面で関係を持ち，また茶器の蒐集でもすぐれた能力を持った茶人であったことが知られる．宗室は大友氏を介して堺の天王寺屋(津田)道叱と関係を結び，天正8年(1580)8月には堺に出て，津田宗及・山上宗二・藪内道和らの茶人・豪商と交際した．その後織田信長に近づき，同10年6月の本能寺の変の当日は招かれて同寺に宿泊し，変の最中に空海の筆蹟を持ち出して逃げたと伝えられている．信長の死後は，千利休を介して豊臣秀吉に接近した．秀吉は九州攻めの帰途，天正15年6月筑前箱崎に滞在して，諸将の論功行賞を行うとともに宗室と神屋宗湛とに戦火で荒廃していた博多の復興を命じた．現在の博多の町割りの基礎はこのときにできたという．宗室は功により表口13間半・入30間の屋敷を許され，町役を免除された．同年6月19日秀吉の陣所で行われた茶

会の折，秀吉に対して宗室が「武士ハ嫌らひ」「武士ヨリ町人宜候」と答えたという逸話は，後世の所作ではあろうが，博多商人の気概を示したものとして喧伝されている．筑前を領有した小早川隆景の名島築城は翌16年の2月から始まるが，宗室は宗湛とともに城下町の建設に協力した．秀吉は，九州攻めの後，朝鮮出兵の企図を明確にし，対馬の宗氏をして朝鮮国王の入朝を促させた．宗義智は和平派の小西行長，博多聖福寺の景轍玄蘇，それに宗室らと謀って，秀吉の意図を不発に終らすべく努力した．天正17年，義智は偽の日本国王使船を仕立てて朝鮮に送ることにし，その協力を宗室に求めた．宗室はこの年，行長の使者として朝鮮に渡航した．翌年5月義智が宗室に対し，一生涯そむくことはないという誓紙を送っているのは，朝鮮との折衝の背後における盟約関係を語るものであろう．文禄元年(1592)出兵軍渡海の直前にも宗室は朝鮮に渡っているが，その目的は明らかではない．宗室にはまた，石田三成と示し合わせて，秀吉の出兵を諫止しようとしたという逸話も残っている．小早川隆景の養子秀秋が慶長3年(1598)に越前に移されると，博多は豊臣氏の蔵入地となり，三成が代官として下向，宗室はこれに協力した．朝鮮出兵にあたって博多は重要な兵站基地となったが，宗室は目立った活躍はしていない．関ヶ原の戦ののち，黒田長政が筑前に入国し，宗室は福岡城の普請に協力して，同11年に知行300石を与えられたけれども，これを辞した．同15年，宗室は養嗣子信吉に充てて「生中心得身持可〻致分別事」17ヵ条を遺した．そこには商人の生活態度に関する細かな訓誡が示されていて，天下の豪商として遠く海外にまで足跡を印した昔日の面影を読みとることはできない．元和元年(1615)8月24日死去．墓は福岡市崇福寺にある．大正5年(1916)生前の功により従五位が追贈された．

参考文献 『大日本史料』12ノ22，元和元年8月24日条，田中健夫『島井宗室』(『人物叢書』63)

(田中 健夫)

036 **島清興** しまきよおき ?〜1600 安土桃山時代の武将．左近と称す．名は勝猛が有名であるが，『多聞院日記』文禄元年(1592)10月14日条に島左近清興の妻が「高麗陣立無異儀帰国」を立願したことがみえており，『根岸文書』に島左近清興の名乗と花押がみえるので清興とすべきであろう．彼はもと筒井氏の家臣であったが，浪人して一時法隆寺に身を寄せ，のち近江国へ下った．彼は高名の勇将であったので石田三成の招くところとなり，三成は自己の所領4万石のうち1万5000石を彼に与えて優遇したといわれる．文禄元年三成に従い朝鮮に渡る．慶長5年(1600)9月の関ヶ原の戦においては，14日西軍の士気を鼓舞するため蒲生郷舎とともに大垣から杭瀬川に討って出，東軍の先鋒中村一栄・有馬豊氏らの軍を破り，翌15日の本戦においては，三成の先鋒として黒田長政・加藤嘉明・細川忠興・田中吉政らの軍勢と奮戦，自身銃創を蒙りながらも大いに東軍を悩ました．しかし，一進一退の戦局も小早川秀秋の裏切りのため西軍諸隊は相ついで潰走し，清興も乱戦の中に斃れた．

(山本 博文)

037 **島津家久** しまづいえひさ 1576〜1638 江戸時代初期の武将．島津義弘の第3子．母は広瀬氏の女．天正4年(1576)11月，日向国加久藤に生まれる．幼名米菊丸，初名忠恒，通称又八郎．官途は，慶長4年(1599)少将，同9年陸奥守，元和3年(1617)参議，薩摩守，寛永3年(1626)従三位，権中納言，同8年大隅守となる．文禄2年(1593)兄久保が朝鮮で病死したあとをうけ，島津氏の継嗣となる．同年朝鮮渡海．慶長3年父義弘とともに泗川に明軍と戦って大捷し，同年帰朝，上洛，翌4年3月老臣伊集院忠棟(幸侃)を山城伏見の茶亭において手刃し，幸侃の息源次郎忠真の叛(庄内の乱)を惹起した．叛乱自体は，徳川家康の調停によって忠真を頴娃1万石に移すことで終息した．同5年9月，義弘が関ヶ原の戦に敗北して帰国．以後，同7年8月忠恒の上京まで徳川氏との折衝があり，同年12月伏見において家康に謁した．なお，同年には鹿児島城を築きこれに移った．また，この年8月には伊集院忠真を日向国野尻において誘殺．同11年6月家康の偏諱を賜わり家久と改名し，琉球侵略の内諾を得た．同14年2月琉球に出兵，5月国王尚寧を虜として鹿児島に凱旋した．同年末より琉球(南西諸島)の検地に着手，翌15年3月にはその業を終えた．同年6月家老平田太郎左衛門増宗を薩摩入来で射殺(増宗は琉球侵略軍の副司令官)，9月尚寧を伴って家康・秀忠に謁した．16年10月慶長内検を開始，同19年3月丈量を終った．この内検において「御朱印高(太閤検地高)に不足」を補うために籾高(籾・大豆1石5升を高1石とする)を採用し，61万9055石余となる．これは太閤検地の石高(57万8000石余)が，16世紀末の南九州農村の生産力に対して過大であることを示すものである．なお，慶長18年琉球国のうちから道之島(奄美大島・喜界島・沖永良部島・与論島・徳之島の総称)を割きとり，直轄領とした(江戸幕府に対しては「琉球国之内」であった)．支配体制の面では，鹿児島藩の特異点として著名な外城(とじょう)制の整備も行われた．近世に成立年代を有する20外城のうち，家久代に成立したものが半数以上に達する．寛永9年6月11日，「此軍役之趣，一天下之法にて候」として家中軍役規定を制した．家中の負担を平等ならしめるため，知行ならしの作業が，同年11月から行われたが，先年高1石の内容を籾・大豆1石5升としたのをさらに引き下げて，籾・大豆9斗6升を以て高1石とした．総高57万2600百石余，もって農村荒廃の状を知ることができる．家久は，妻子の江戸定府

を，他にさきがけて寛永元年から実施した．寛永15年2月23日，鹿児島において死去．享年63．法名は慈眼院花心琴月大居士．墓は鹿児島市池之上町の福昌寺跡墓地にある．

[参考文献] 『寛政重修諸家譜』108，伊地知季安・季通編『旧記雑録』後編（『鹿児島県史料』），桑波田興「外様藩政の展開―薩摩藩―」（『（岩波講座）日本歴史』10所収），同「薩摩藩の初期検地について」（鹿児島大学教育学部社会科編『鹿児島の地域と歴史』所収）
(桑波田 興)

038 島津重豪 しまづしげひで 1745～1833 江戸時代後期の薩摩藩主．延享2年(1745)11月7日生まれる．幼名善次郎，元服して兵庫久方，宝暦4年(1754)松平又三郎忠洪と称し，同5年7月父重年のあとをつぎ島津第25代，藩主となる．11歳の弱年ゆえ祖父継豊が後見となる．薩摩守．天明7年(1787)正月隠居，上総介，従三位左近衛権中将に進み，号して南山，寛政12年(1800)栄翁と称す．襲封した宝暦5年には木曾川治水の工事費22万両の借金を加え，藩債は90万両近くに膨れ上がり，このため藩主みずから一汁一菜の粗食に改め，諸事格外の省略に努めたが，安永元年(1722)江戸桜田藩邸の類焼，同8年の桜島大噴火による田畑数万石の損毛，天明元年・寛政元年の江戸芝藩邸焼失，天明6年の江戸田町藩邸・桜田藩邸の火災，また同2年・4年の風水害による9万1256石の損毛，同6年の39万8000石の損毛など災難続きのため，倹約などという尋常手段で解決できる窮乏ではなかった．しかし彼の三女茂姫は11代将軍徳川家斉の御台所であったから将軍の岳父としての権勢はそれ相応の出費を要し，「高輪下馬将軍」とはやされるような豪奢な生活を営んだ．彼の治世は，幕政においては田沼意次の積極政治時代にあたり蘭学の勃興・海外貿易の振興など新政の風が吹きまくっていた時代で，彼もまた持前の英邁闊達さを発揮して藩政の一新を図った．彼は歴代のオランダ商館長と親しく，幕末日本開化の父シーボルトが驚嘆するような新知識の探究者で，23歳の時『南山俗語考』なる中国語学書を著わし，中国語で侍臣との会話もした．蘭学や本草学にも熱心で，江戸大崎村・鹿児島城下吉野村や大島に薬園を設け，緬羊の飼育，毛織の研究をし，『鳥名便覧』『琉球産物志』『成形図説』『島津国史』『薩藩名勝考』『質問本草』『薩藩名勝志』『薩藩名勝百図考』『琉客談記』などの編纂は彼の意に出でたもので，後世を利すること絶大である．『琉球産物志』は江戸の本草学者田村藍水に琉球諸島の産物1000余種を研究させた成果であり，『成形図説』は100巻のうち30巻しか印行されず，31巻から45巻までは未刊で，後は2度の火災で焼失したが，曾槃と白尾国柱が和漢洋の学名で解説したわが国農学書中の白眉である．重豪は安永2年に藩校造士館・演武館を，翌3年に医学院を，同8年には明時館（天文館）を設け薩摩暦を発行した．幕府の御手伝普請・献金，たび重なる天災，重豪の積極開化政策・豪奢な生活などのために，文化4年(1807)には藩債は銀7万6128貫余（金126万両）に達した．天明7年に家督をついだ子斉宣は，樺山主税・秩父太郎らを家老に起用して徹底的緊縮政策で財政難の解決を試み，重豪の施策を悉く破却したので，激怒した重豪が樺山らの党類多数を切腹・遠島・寺入などに処し，斉宣を隠居させ，孫の斉興(19歳)を家督に据え89歳の没年まで藩政の実権を握り，調所広郷（ずしょひろさと）を財政改革主任に抜擢して，文政10年(1827)まで彼1代で500万両（銀32万貫）に膨張した大債を片づけ，富強日本一の藩に面目を一新せしめた．天保4年(1833)正月15日，江戸高輪藩邸にて没す．法名，大信院殿栄翁如証大居士．墓は鹿児島市池之上町の福昌寺跡墓地にある．

[参考文献] 『続編島津氏世録正統系図』，伊地知季安・季通編『旧記雑録』追録111～161（『鹿児島県史料』），『鹿児島県史』2，原口虎雄『幕末の薩摩』（『中公新書』101），同『鹿児島県の歴史』（『県史シリーズ』46），芳即正『島津重豪』（『人物叢書』181），重野安繹・小牧昌業『薩藩史談集』，鹿児島市編『薩藩の文化』
(原口 虎雄)

039 島津貴久 しまづたかひさ 1514～71 戦国時代の薩摩国の武将．島津忠良の嫡子．母は島津成久の娘．幼名は虎寿丸．又三郎・三郎左衛門尉と称す．官途は修理大夫・陸奥守．永正11年(1514)生まれる．薩摩・大隅・日向3ヵ国での島津氏一族・国人の割拠状態と本宗家守護の弱体化のなかで，大永6年(1526)に島津勝久の養子となった．その後，守護職の継承をめぐって島津忠良・貴久と実久・勝久との間に抗争がおきたが，天文4年(1535)に勝久は鹿児島から追放され，実久は同8年の紫原合戦に敗れ，島津氏一族中の守護職継承に絡む有力な対抗勢力はなくなり，同14年北郷忠相らは伊集院に集まり貴久を守護として承認した．そして，同19年には，島津元久以来の守護の居城の地となった鹿児島に内城を築いて伊集院から移り，同21年修理大夫の官途を与えられ，同年12月には一族相互の契諾をかわし基盤を強化した．これ以降，契状類には貴久を「屋形様」と認めたものが出現するのであり，薩隅日3ヵ国の領主が大名としての権威を貴久に認めてくるのは天文年間の末のことと考えられる．その後，天文23年の岩剣城合戦を契機に大隅・日向方面への領域の拡大を行なった．そして，永禄7年(1564)に貴久は陸奥守の官途を得，嫡子義久は修理大夫に任ぜられた．同9年に出家し，伯囿と号した．貴久から義久への家督移譲はこの前後とみられる．この間，貴久は，天文18年のシャビエルの鹿児島上陸にあたっては，最初は家臣の入信を認めたが，1年後，領内の不安定をもたらすこ

とを理由にキリスト教を禁じた．一方，南蛮貿易には積極的な姿勢を見せているが，キリスト教への消極的姿勢から実ることはなかった．元亀2年(1571)6月23日，加世田(鹿児島県加世田市)で没した．58歳．死後，貴久創建の南林寺(鹿児島市，現廃寺)はその菩提所となった．墓は，現在，鹿児島市池之上町の福昌寺跡墓地にある．

［参考文献］『大日本史料』10ノ6，元亀2年6月23日条，伊地知茂七『島津貴久公』(『島津中興記』)，『鹿児島県史』1，原口虎雄『鹿児島県の歴史』(『県史シリーズ』46)，『聖フランシス・デ・サビエル書翰抄』(アルーペ・井上郁二訳，『岩波文庫』)

(福島　金治)

040 **島津忠恒** しまづただつね ⇨島津家久(しまづいえひさ)

041 **島津義久** しまづよしひさ 1533〜1611　安土桃山・江戸時代前期の武将．天文2年(1533)島津貴久の長子として生まれる．母は入来院重聡の女．童名虎寿丸．初名又三郎忠良．足利義輝の偏諱を受け，三郎左衛門尉義辰，のち義久と改める．永禄7年(1564)修理大夫に任じた．近衛稙家の周旋による．永禄9年2月父貴久の譲を受け守護となる．永禄末年より肥後球磨の相良氏と結んだ大口の菱刈氏を降し，薩摩一国を掌握した．元亀3年(1572)春，禰寝(ねじめ)氏を肝付(きもつき)氏と絶縁せしめ，天正2年(1574)2月伊地知氏・肝付氏を降して薩隅両国を統一．同5年伊東義祐を豊後に追い，6年11月高城に大友義鎮の軍を大破し，日向を領国化した．同7年から肥後に進攻し相良氏・阿蘇氏を圧迫した．同9年には相良氏を降し，翌10年肥前有馬の有馬鎮貴(晴信)の要請により島原半島に出兵し竜造寺隆信の軍と対峙した．この間，イエズス会巡察師バリニァーノとのあいだに交渉がもたれ，司祭館(鹿児島)設立と山川の南蛮貿易港化(定航船入港地化)が進展しつつあったが，12年3月竜造寺隆信の敗死により肥前南半部に影響力を行使し得るようになり，司祭館設立と山川開港のことは中絶した．翌13年末羽柴秀吉は義久に大友氏との和解を勧めたがこれを拒否，筑前・豊後への侵攻を続行した．14年末大友義統を豊前に走らしめ，全九州征服の間近を思わせたが，15年3月秀吉の介入を受け，同年4月17日，日向根白坂において羽柴秀長の軍と戦って敗れ，同年5月6日薙髪，竜伯と号し，同月8日川内泰平寺において秀吉に降り，薩摩・大隅・日向諸郡などを安堵され，同年7月上洛．10月在京賄料1万石を充行われる．16年9月14日堺を出発，10月14日鹿児島着，17年11月次弟義弘の長男又一郎久保を秀吉の命により家督後継者に定めた．文禄元年(1592)3月，文禄の役にあたり義久は病気を理由に参加せず，義弘が兵1万を率いて出兵した．しかし島津氏は窮乏のため軍費を賄えず，やむなく義久は薩摩・大隅・日向諸郡の社寺領3分の2を徴して軍費にあてた．同年6月，梅北国兼ら数輩が，肥後佐敷において騒擾し，累を島津歳久(義久の弟，祁答院領主)に及ぼし，歳久は自尽を余儀なくされた．この事件の事後処理(歳久遺臣の籠城解除)と薩隅検地実施のために細川藤孝(幽斎)が薩摩に下向したが，検地は延期された．同4年大隅国富隈(浜之市，鹿児島県霧島市隼人町)に移居した．これは家督後継者又八郎忠恒のために鹿児島の地をあけておくためであった(さきに家督後継者となっていた又一郎久保は，文禄2年9月朝鮮唐島にて病死)．文禄3〜4年に太閤検地が実施されたが，同検地は近代以前に行われた唯一の中央権力の手による検地であり，この時決定された石高は当時の生産高のほぼ2倍に近く，以後の藩政に多大の影響を与えた．慶長7年(1602)4月11日徳川家康の所領安堵を受け，同9年11月富隈より隼人城(鹿児島県霧島市国分中央)に移居．同16年正月21日死去．享年79．法名貫明存忠庵主妙国寺殿．墓は鹿児島市池之上町の福昌寺跡墓地にある．

［参考文献］『大日本史料』12ノ7，慶長16年正月21日条，『旧記雑録』後編1解題(『鹿児島県史料』)，『鹿児島県史』1，桑波田興「薩摩藩の初期検地について」(鹿児島大学教育学部社会科研究室編『鹿児島の地域と歴史』所収)

(桑波田　興)

042 **島津義弘** しまづよしひろ 1535〜1619　戦国から江戸時代前期にかけての武将．島津貴久の第2子．母は入来院弾正忠重聡の女．幼名又四郎，初名忠平，兵庫頭を称した．天文4年(1535)7月23日生まれる．天正14年(1586)8月足利義昭の偏諱をうけ義珍(よしまさ)，同15年8月義弘と改名．同16年6月侍従に任ぜられ，従四位下に叙せられ，羽柴姓を授けられた．慶長4年(1599)剃髪，惟新と号した．永禄7年(1564)北原氏の故地日州諸県郡飯野(宮崎県えびの市)に移居し，日向の伊東氏に対した．元亀3年(1572)5月，木崎原(えびの市)に伊東氏を大敗せしめ，天正4年8月，日州高原城を攻め，ついで伊東氏の本拠佐土原に迫り伊東氏を豊後に奔らしめた．同6年11月，大友義鎮の軍を高城(宮崎県児湯郡木城町)に破り日向一国を手中にした．同9年8月，肥後水俣に相良義陽を伐ち，相良氏を屈伏せしめ，これより肥後・筑後・肥前攻略に従った．同13年4月守護代となる．同15年5月羽柴秀長に降伏，同年同月25日大隅一国ならびに日向真幸院を豊臣秀吉より安堵され，翌天正16年6月上洛，7月豊臣姓羽柴氏を与えられ，天正17年8月帰国を許される．この年，飯野より大隅国栗野に移る．文禄元年(1592)4月朝鮮に出兵，同4年4月陣中より召還，7月帰国．12月栗野より帖佐(鹿児島県姶良郡姶良町)に移る．慶長2年3月，再度朝鮮に出兵，同3年10月泗川新寨の戦に大捷．同5年9月，関ヶ原の戦で敗戦，敵中縦断退却は南九州の人口に膾炙するところである．同年10月帰国後は向島(桜島)に蟄居した．同11年帖佐より平松(始

良町)に移り，翌12年加治木に隠棲した．元和5年(1619)7月21日没す．享年85．法名，松齢自貞庵主．墓は鹿児島市池之上町の福昌寺跡墓地にある．義弘の事跡のなかで朝鮮人陶工招致のことは現在薩摩焼としてそのあとをのこしている．

参考文献　『大日本史料』12ノ31，元和5年7月21日条，伊地知季安・季通編『旧記雑録』前編2～後編4(『鹿児島県史料』)，『寛政重修諸家譜』108

(桑波田　興)

043　島原　しまばら　長崎県東南部の市．広くはこれを中心とする島原半島全域を指す．島原市は半島の中央東端に位置し，西に雲仙岳を背おう緩やかな傾斜地で，東は有明海を隔てて熊本県に対する．広義の島原は『肥前国風土記』にみえ，古代以来，肥前国高来(たかく)郡に属した．鎌倉時代初期に藤原純友の後裔で御家人の有馬経澄が関東より下向，半島南部の有馬(南島原市)あたりで土豪化した．中世を通して，ほぼ旧の町名を冠する諸氏が割拠したが，戦国時代初期の有馬貴純が半島全域を統一．晴純代に肥前国大半を領したこともあるが，キリシタン大名晴信が半島4万石を本領として豊臣秀吉に安堵され，近世，有馬氏島原藩が成立した．有馬氏の改易，転封のあと，元和2年(1616)大和国五条から松倉重政が入部し，有馬氏歴代の日野江・原の2城を廃して島原城を新築し，近世体制の確立をはかった．子の勝家が島原の乱による改易のため，また長崎のおさえとして，以後譜代の諸家が交替した．すなわち，寛永15年(1638)から高力忠房・高長父子，寛文9年(1669)深溝松平忠房が丹波福知山より入部し，4代目忠刻(ただとき)の死で，寛延2年(1749)下野国宇都宮の戸田忠盈と交替転封，戸田氏は2代で安永3年(1774)に再び松平忠恕(ただひろ)と交替転封．8代目の松平忠和代に廃藩を迎えた．明治の郡区編制で南高来郡となったが，島原町は昭和15年(1940)4月1日2村を併せて市制をしき，同30年三会村を合併，平成18年(2006)有明町を合併，今日に至る．面積82.76km²，人口5万0452人(平成19年3月31日現在)．

参考文献　『長崎県史』藩政編，林銑吉編『島原半島史』

(中村　質)

044　島原記　しまばらき　島原の乱に関する代表的な雑史．同名の，また別名をもつ類書が多い．うち最も大部で史料価値が高いのは，著者不明・江戸時代中期以前成立の5巻本で，内閣文庫に徳川家達旧蔵の5冊本と別名『島原合戦記』の2冊本があるほか，広島大学6冊本・京都大学2冊本・九州大学1冊本などがある．刊本の『(改定)史籍集覧』26所収本の底本は，徳川家旧蔵東京大学本．吉利支丹濫觴および一揆蜂起から原城落城後の仕置までの経緯を47項に分かち，まま出典を掲げて記述する．双方の矢文，落首，島原藩提出の双方の村別人口・竈数の記述などがユニーク．しかし，上記諸写本間で数字などの異同が多い．内閣文庫には，一揆関係の諸覚書のほか，乱後の潜入バテレンの口上まで7書を収録した同名の2冊本があり，『島原記』を別名とする類書には，山田右衛門佐『山鳥記』(10巻10冊)，『吉利支丹濫觴記』1冊，慶安2年(1649)刊『新板島原軍物語』(以後『新板絵入島原合戦記』『天草物語』として刊行)，『島原日記』などがある．→島原の乱(しまばらのらん)

(中村　質)

045　島原の乱　しまばらのらん　江戸時代初期，松倉勝家領の肥前国島原と同国唐津寺沢堅高領の肥後国天草の領民が連帯し，少年益田(天草)四郎時貞を盟主に蜂起し，島原の原城にたてこもって幕府・諸藩兵と戦い，全員誅殺された大農民一揆．天草一揆ともいう．この一揆に対するこれまでの評価には，①当時の幕藩権力以来のキリシタン宗門一揆説，②当時は少数意見であったが，明治以降教会関係史家が首唱し，やがて一揆史研究の高まりの中でほぼ定説化した領主苛政に対する農民一揆説，③両説の融合論がある．

〔一揆の原因〕島原・天草両地方ともに見るべき耕地はなく，古くから漁業・対外貿易・出稼ぎなど，東シナ海への依存度が高かった．島原藩は表高4万石のところ，有馬氏の内検で約70％が打ち出され，そのあと，元和2年(1616)入部した松倉重政は，有馬氏の日野江・原の両城を廃し，7年の歳月を費やして分不相応といわれた島原城を築き，寛永7年(1630)の内検でさらに64％を打ち出し，計10万石の草高として領民に課税し，幕府に対しても10万石の軍役を負担した．一方同地方は，旧主有馬晴信(プロタジオ)時代には日本カトリックの一大中心地で，その子直純の日向国延岡への転封時も随身せずに帰農する武士が多かったという土地柄だけに，重政の弾圧策は峻厳をきわめ，多くの殉教者を出しながら，多くは寛永初年までに棄教し，いわゆる転びキリシタンとなった．寛永8年重政の子の勝家が襲封したが，鎖国によって石高制外の収入源たる対外貿易を断たれ，また同12年からは凶作が続いた．当時大村牢にあったポルトガル人イルマンのドアルテ＝コレアや，オランダ平戸商館長クーケバッケルの報告によれば，あらゆる生産物や生活手段に課税し，未進の取立ての厳しさは言語に絶し，このための一揆だという．だが，たとえば貢租減免などの世俗的要求も信仰による抵抗と見なされ，キリシタン取締りを口実に誅求が正当化されるという特殊な条件が存在した．

〔一揆の経過〕寛永14年10月25日ごろ，島原南部の有馬地方で農民が代官を殺害して一斉に蜂起した．蜂起の契機は，10日ほど前から活発化していたキリシタン的動きの取締りとも，あこぎな年貢未進の取立てともいい，一揆勢のキリシタン的様態は，領主の苛政に関する幕府の検断を引き出すための策略という情報もあった．ともあれ，つぎつぎに寺社を焼き，27日には

城下に放火して島原城を襲い，一揆は全藩域に拡大した．天草でも同27日ごろから益田四郎の出身地大矢野島を中心に蜂起し，応援の島原勢と合流した3000～4000人は，11月14日本渡で富岡城代三宅藤兵衛重利を敗死させ，さらに天草ほぼ全域を一揆に巻き込みながら，同19日から4日間にわたり藩権力の拠点富岡城を攻撃したが，ついに本丸を抜けず，それぞれの本拠に撤退した．これを境に，キリシタンになることを強制された「新きりしたん」の村々は一揆の戦列を離れ，島原でも西・北部では庄屋が切り崩されると村全体が藩側につく現象がみられた．これよりさき，一揆の報は折から参府中の両藩主を通じて幕府に達した．一方求援の使者が近隣藩に遣わされたが，諸藩では『武家諸法度』を守って自領境界にとどまり，指示を幕府に仰いだ．幕府は宗門一揆と規定し，両藩主を帰領させ，上使として板倉重昌を派遣し，これに佐賀・久留米・柳川・島原藩を付け，天草には熊本藩兵をあてることにした．上使・諸藩兵の島原到着は12月5日で，その原城包囲前に，両領の一揆継続派は石垣だけの廃城に応急の手を加えてたてこもった．これは，個別領主に対する在郷の一揆から，将軍権力そのものとの対決，一切の世俗的妥協を排した宗門一揆への質的転換といえる．籠城者数は『稿本原城耶蘇乱記』の，天草勢を含め2万7754人というのが実態に近いと思われる．上使重昌は，翌15年元旦に四藩兵を督して2度目の総攻撃を敢行したが，大敗し戦死した．本来戦後処理の上使であった松平信綱は，正月4日に着陣すると戦術を変え，全九州の大名を動員し，仕寄り構築，投降勧告，オランダ商館長の参戦砲撃，長崎唐人や金掘りを使った爆破計画などで，城中の食糧欠乏を待ち，ついに2月28・29日の総攻撃で，「返忠(かえりちゅう)」の絵師山田右衛門作を除いて全員を殺害し乱は終った．一揆の全過程を通じて，庄屋層や帰農武士が中世的な「小村」を単位に和戦の指導権を握ったこと，クルス(十字架)を押し立てて結束の強化をはかり，両地方では教会破却後もキリシタンの組(講)が村落機構と併存したことから，前幕藩制的「初期一揆」の側面が強い．

〔一揆の影響〕乱後，幕府は松倉勝家を改易(のち斬刑)して譜代の高力忠房を入れ，天草を没収(山崎家治の治世3年ののち天領化)し，軍記違反の鍋島勝茂ほかを処罰する一方，松平信綱を増転封し，彼を中心に幕閣機構を確立した．キリシタン邪教観は意図的に増幅され，『武家諸法度』の解釈を，一揆には臨機応変に越境赴援して圧殺するよう改め，また大目付の宗門改役を設けた．寛永16年にはこの乱を理由にポルトガル貿易を断絶し，鎖国を完成したとされる．

〔主要史料〕一揆側自身の記録は皆無で，前掲ドアルテ＝コレアとクーケバッケルの報告(『長崎県史』史料編3所収)を除き，他は投降者の証言・落首を含めて，すべて体制側の筆になる．これらを最も多く収録するのは林銑吉編『島原半島史』中巻(昭和29年(1954)刊)で，島原有馬町の『別当杢左衛門覚書』，『肥前国有馬古老物語』，『山田右衛門作口書写』や，松倉家士の『林小左衛門覚書』『佐野弥七左衛門覚書』，『島原原之城兵乱之記』『島原一揆松倉記』，唐津藩士の『並河太左衛門記』(抄)など乱後の現地人記録，大村藩士の『島原一乱家中前後日帳覚』，熊本藩士の『肥前国有馬戦記』，久留米藩士の『原陣温故録』，柳川藩主立花宗茂の『立斎島原戦覚書』，福岡藩の『黒田家出勢人数並手負討死聞書』，佐賀藩の『有馬記録』『有馬之役』，延岡藩の『有馬五郎左衛門記』『松竹吉左衛門筆記』などの近隣諸藩の従軍記録，松平信綱の臣長谷川源右衛門の留書『肥前国有馬高来郡一揆籠城之刻々日記』，後世の編纂史料である『高来郡一揆之記』，島原藩士川北重熹編『原城紀事』，村井昌弘『耶蘇天誅記』，金井俊行『稿本原城耶蘇乱記』などを収める．このほか『島原記』や，信綱の子輝綱の従軍日記『島原天草日記』(『続々群書類従』4所収)があり，また村井一甫編『切支丹御退治記』50冊(内閣文庫所蔵)は，幕末に幕府・諸大名家史料やそれまでの編纂物などの記事を日付順に配列集大成したものである．関係書翰・帳簿など，原文書が最も豊富に残っているのは熊本藩で，主として熊本大学附属図書館永青文庫に所蔵され，かなりのものが『熊本県史料』近世篇3巻，未刊の『細川家記』(東大史料編纂所所蔵，草稿本)などに収められている．佐賀藩の記録も多いがほとんど未刊で，佐賀県立図書館・佐賀大学・同県多久市立図書館など支藩や邑別に散在する．その他隣接諸藩もほぼ同様．史料としての絵図は，上記諸機関のほか，長崎県立図書館，同県南高来郡の南有馬町公民館，三重県桑名市の鎮国守国神社(柳川藩史料)，大阪市大淀区の南蛮文化館などにあるが，慶応義塾図書館所蔵「寛永十五年肥前島原陣之図」を第一に推したい．

参考文献　岡田章雄『天草時貞』(『人物叢書』51)，助野健太郎『島原の乱』，中村質「島原の乱と鎖国」(『(岩波講座)日本歴史』9所収)，同「島原の乱と佐賀藩」(『九州文化史研究所紀要』24)，鶴田八洲成「島原における一揆発端の事件の分析」(『熊本史学』32)，深谷克己「「島原の乱」の歴史的意義」(『歴史評論』201)　　　　　　　　　　　(中村　質)

046 ジャガタラ　Jacatra　⇨ジャカルタ

047 咬𠺕吧文　ジャガタラぶみ　ジャガタラから送ってきた手紙の意味で，江戸幕府の鎖国政策によって海外に追放された日本人が，日本国内の肉親や知人に宛てて送った手紙のこと．享保4年(1719)に刊行された西川如見(長崎出身の学者・文人)の著書『長崎夜話草』の1章「紅毛人子孫遠流之事付ジャガタラ文」の中で，寛永16年

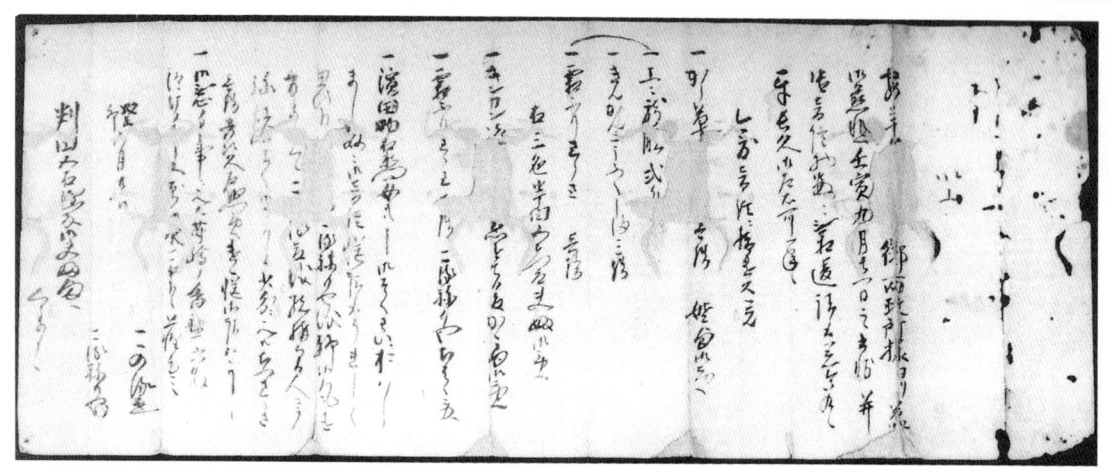

（寛文三年五月二十一日判田五右衛門夫婦宛コルネリヤ書翰）

(1639)にジャガタラに追放された混血の少女お春が望郷の思いに堪えかねて，郷里の知人おたつに送った手紙が，鎖国時代，世人に異国情緒をよく表現したものとして広く愛読され，この名称が伝わるようになった．ジャガタラというのは，今日のインドネシア国の首府ジャカルタ Jakarta で，西洋人は訛ってジャカタラ Jacatra と呼び，当時蘭領東インド総督府があったバタビア Batavia のことである．オランダ船は毎年同地から長崎に来航し，中国人は明代から咬噌吧（繁茂している椰子樹を意味する同地の方言カラッパ Kalapa の音訳）の漢字をあてて同地の地名としたので，日本では咬噌吧をジャガタラと読ませるようになった．お春の手紙は擬古文の美文で書かれていて，如見が読者の興味をそそるように，お春の名を借りて仮作したものと思われるが，明治末年になって，平戸で混血婦人コルネリヤ Cornelia が夫ピーテル＝クノル Pieter Cnol と連名で，母親とその夫判田五右衛門両人に宛てた手紙2通と，六兵衛未亡人ふくが平戸の旧主谷村五郎作と同三蔵に宛てた手紙など計5通が発見され，その後さらに長崎県立長崎図書館にあったお春が未亡人になってのち，長崎にいる叔父峯七郎兵衛・同二郎右衛門に宛てた手紙の古い写しも判明，紹介されて，江戸時代初期ジャガタラに移住した日本人らの生活の一端やその心情も明らかになった．これらの手紙によると，彼女らはすでに故郷の親類や知人と時々音信を通じ合い，互いにその消息を知り，船便に託して反物や土地の産品を贈り，これに対して故国産の日用品や，時に鉢植の花卉も送ってもらい，手紙の中にはいつも同地在住の他の知人らの近況も書きそえている．ジャカルタの国立文書館には，そのころ移住した多数の日本人関係史料も保存されているが，彼女らの手紙の内容を裏付けるものも少なくない．

参考文献 川島元次郎『南国史話』，村上直次郎「ジャガタラの日本人」（『台北帝国大学文政学部史学科研究年報』1），岩生成一「史伝「ジャガタラお春」」（『学士会一九八一年講演特集号』），渡辺庫輔「正本じやがたら文」（長崎県人会『ながさき』昭和35年2月号〜10月号），佐藤独嘯「ジャガタラ文の新発見」（『歴史地理』16ノ1・2・5）　　（岩生　成一）

048 ジャカルタ　Jakarta　インドネシア共和国の首都．ジャワ島の北西岸にあり，チリウン川の河口に位置する．16世紀初めごろからパジャジャラン国の貿易港としてひらけ，付近に椰子（現地語でクラパ kelapa という）が叢生しているのでカラパ，あるいは土地名・民族名のスンダ Sunda をつけてスンダ＝カラパともいわれた．1527年ごろ，この地はバンテンのイスラム教徒ファタヒラー（ファラテハン）に征服され，ジャヤカルタ Jayakarta（勝利の町の意）と改称され，訛ってジャカルタ，オランダ人はヤカトラ Jacatra，わが国ではジャガタラと称えた．しかし早くから往来した中国人は，依然として古名の咬噌吧（カラパ）などの字を用いていた．オランダ東インド会社は1610年，この地のパンゲラン（太守）から商館建設の許可を得，貿易を営んだので諸民族の来住するものも次第にふえた．19年総督クーンは，パンゲランと結んだイギリス人と戦いこの地を占領し，城塞を改築拡大し市街地をその南に設けた．21年以来東インド会社の命令によりオランダの民族名をとってバタビア Batavia と改名，会社の任命した総督が代々この地に居住して，商事をはじめ軍事・行政・司法などに広大な権限を与えられて統治にあたり，オランダのアジア経略の根拠地とした．はじめこの市にはオランダ人の居住は少なく，ほとんどが東方アジア人，特に中国人が有力で，彼らは自治を許され，みずからの頭領を選び市の内外で各種の職業に従事し，その納める諸税は会社の有力な財源であった．1740年，中国人虐殺事件が起ったが，のち会社は彼らを市の南郊チリウンの西岸に居住させた．会社解散後もオランダ領東インドの首都として市街地は拡大し，特に総督ダーンデルスは19世紀初め，市街をチリウン河口の低湿不健康地から南の高地に移してウェルトフレーデン

を開発し，広大な広場に総督官邸(現在の大統領宮殿)の設立に着手，おいおい付近に諸官庁・学校・病院・商社なども整備されて現ジャカルタの中央区を形成する機縁となった．1886年，近代的港湾施設をもつタンジョン゠プリオークが市の外港として設けられ，欧米諸国との定期航路も開かれて，1905年には市制を施行，ますます近代的都市の形態を備えるに至った．第2次世界大戦の日本軍政時代，市の名称はもとのジャカルタに復帰した．

参考文献　フロイン゠メース『爪哇史』(松岡静雄訳)，デ゠クラーク『蘭印史』(南方調査会訳)，レオナルド゠ブリュッセイ「オランダ東インド会社とバタヴィア(1619—1799)」(『東南アジア研究』21／1)，中村孝志「バタヴィア華僑の徴税請負制度について」(『東洋史研究』28／1)，F. de Haan: Oud-Batavia; H. A. Breuning: Het voormalige Batavia.
(中村　孝志)

049　借位　じゃくい　律令制下において仮に高い位階を授けること．天平宝字6年(762)11月，正六位上多治比真人小耳が送高麗人使に任ぜられて従五位下を仮授され，また承和2年(835)12月，遣唐大使従四位上藤原朝臣常嗣に正二位，副使従五位上小野朝臣篁に正四位上を口頭で仮授したように，遣外使節や海外使節の接待役に任命されたとき，海外諸国への礼を失しないために一時的に高い位階を仮授した．また天長元年(824)8月，善政の吏として国司から推挙された郡領に五位を借授し，その実績によって与奪することを発令し，翌年7月にその位禄を定めたが，平安時代にはしばしば郡領らへの借叙が行われた．

参考文献　加藤順一「借位の起源とその機能―対外使節を中心として―」(慶応義塾大学『法学研究』64／1)
(野村　忠夫)

050　寂円　じゃくえん　1207〜99　鎌倉時代の来朝禅者．越前宝慶寺の開山．中国南宋の人．開禧3年(1207)生まれる．宝慶年間(1225〜27)天童山景徳寺(中国五山第3位の名刹)の長翁如浄の会下で入宋参学中の道元と知り合う．如浄の没後，安貞年間(1227〜29)に道元を慕って来朝．深草の興聖寺・越前の永平寺に随侍するとともに如浄の祖廟である承陽庵(じょうようあん)の塔主(たっす)をつとめた．道元の滅後はその高弟孤雲懐奘に師事して禅の奥儀を究め，その法嗣となった．弘長元年(1261)永平寺を去って越前国大野郡に赴き，この地方の豪族伊志良氏の外護を得て宝慶寺の開山となった．正安元年(1299)9月13日示寂．世寿93．法嗣に義雲(永平寺中興の祖)がおり，参学の徒に瑩山紹瑾(けいざんじょうきん)がいる．永平寺瑠璃聖宝閣より，「寂円」の朱印が捺された『如浄語録』の断簡本が発見された．

参考文献　『越前宝慶由緒記』(『曹洞宗全書』室中・法語・頌古・歌頌・寺誌・金石文類)，司馬遼太郎『街道をゆく』18，石川力山「曹洞宗寂円派の歴史的性格」(今枝愛真編『禅宗の諸問題』所収)，同「寂円派研究序説」(『日本仏教史学』12)，東隆真「宝慶寺寂円禅師」(『傘松』403)，同「道元禅の展開　(三)寂円・義雲系統」(曹洞宗宗学研究所編『道元思想のあゆみ』1 所収)，佐藤秀孝「寂円」(同所収)，同「宝慶寺寂円禅師について」(『曹洞宗研究員研究生研究紀要』18)，同「中国僧寂円―孤高と望郷の生涯―」(『禅の風』23)，高橋秀栄「寂円　禅の道をつらぬいた中国僧」(『週刊司馬遼太郎街道をゆく』11)
(高橋　秀栄)

051　寂室元光　じゃくしつげんこう　1290〜1367　鎌倉・南北朝時代の入元禅僧．道号寂室(はじめ鉄船)，諱は元光．正応3年(1290)5月15日，美作の生まれ．姓は藤原氏．小野宮実頼7世の孫と伝えられる．乾元元年(1302)13歳，山城三聖寺の無為昭元に師事，嘉元2年(1304)得度した．のち行脚に出て鎌倉禅興寺の大覚派の約翁徳倹に参じ，徳治2年(1307)約翁が建仁寺に住持するに従い，延慶2年(1309)約翁の指示により関東に下向，武蔵金沢称名寺の慧雲律師に律を学び3ヵ月で上京，南禅寺に住した約翁に随侍した．のち一山一寧に参じ鉄船の号を受けた．元応2年(1320)可翁宗然らと入元，天目山の中峯明本に参じ，ついて径山(きんざん)の元叟行端，次に古林清茂(くりんせいむ)・清拙正澄・霊石如芝(りんしいじょし)らに歴参，元の泰定3年(嘉暦元，1326)帰朝した．中峯の枯淡隠逸な禅風に忠実な寂室は以後25年間，備前・美作の間に幽棲，俗塵を避けた．のち摂津の福厳寺に寓し，近江の往生院，美濃の東禅寺，甲斐の棲雲寺に住した．康安元年(1361)72歳のとき近江守護佐々木氏頼(雪江崇永居士)創建寄進の永源寺の開山となる．寺名は雪江崇永の「永」と佐々木氏の系譜の源氏から取るという．寂室は大寺名利に出世することを好まず，諸山格の相模の長勝寺，十刹格の豊後の万寿寺，五山格の天竜寺の公帖をいずれも固辞，終生黒衣の平僧で通した．貞治6年(1367)9月1日没．寿78．永源寺含空台に葬る．応永2年(1395)円応禅師と勅諡，昭和3年(1928)正燈国師と追諡．詩偈にすぐれ能書家．門弟に霊仲禅英・松嶺道秀・弥天永釈・越渓秀格らがいる．『永源寂室和尚語録』には伝記から見て当然ながら上堂住山法語は全然なく，示衆法語・書簡・道号頌が多い．

参考文献　『大日本史料』6／28，貞治6年9月1日条，卍元師蛮『本朝高僧伝』31(『大日本仏教全書』)，上村観光『五山詩僧伝』(『五山文学全集』5)，玉村竹二『五山禅僧伝記集成』，今枝愛真『禅宗の歴史』(『日本歴史新書』)
(伊藤　東慎)

052　寂照　じゃくしょう　？〜1034　平安時代中期の入宋僧．大江斉光の第3子．俗名は定基．円通大師と号し，三河入道，三河聖ともいう．文章・和歌を善くし，蔵人・図

書頭を経て，三河守となり，たまたま任国三河で妻を亡くしたことを契機に，永延2年(988)寂心(慶滋保胤)を師として出家，京都東山の如意輪寺に住す．ついで比叡山横川の源信(恵心僧都)に天台宗を，醍醐寺の仁海に密教を学ぶ．長保4年(1002)状をたてまつり，宋に向かい五台山に巡礼せんことを奏申し，その出発に際して摂津国山崎で母のために静照を請じて法華八講を行なった．長門国の報恩寺で療養の後，翌年肥前国より海を渡り，宋の明州に着いた．景徳元年(寛弘元，1004)真宗皇帝に謁して無量寿仏像・金字法華経・水晶数珠を進上し，皇帝より紫衣ならびに円通大師の号を賜わった．天台山に赴くことを願い，食糧の便宜を与えられている．入宋にあたって源信の委託を受けて天台宗に関する27ヵ条の質問状を南湖の知礼にもたらし，その答釈を得たので帰国しようとした時，寂照の徳を慕った三司使の丁謂の引き止めに会い，呉門寺に留まった．丁謂は自己の月俸を割いて寂照に給したという．寂照が日本から携えていった慧思の著『大乗止観』と『方等三昧行法』は，すでに中国では逸失してわずかに目録を残すだけであって，天竺寺の遵式がこれらを上板している．また宋に滞在中，藤原道長ら日本の貴族・文人と書状を交わし，日宋の文化交流に跡をのこしたが，ついに景祐元年(長元7，1034)杭州で没した．蘇州の報恩寺内の普門院は寂照が生前に建てた仏堂で，その死後に寂照の影像が祀られ，熙寧五年(延久4，1072)に入宋僧の成尋がここを訪れている．なお寂照は中国語が話せなかったので，もっぱら筆談によったが，王羲之風の書蹟は見事であったという．

参考文献　西岡虎之助「入宋僧寂照についての研究」(『西岡虎之助著作集』3所収)，久曾神昇「三河入道寂照の研究」(『愛知大学綜合郷土研究所紀要』5)

(中井　真孝)

053 謝国明 しゃこくめい　生没年不詳　鎌倉時代前期，博多に居住して対外貿易に活躍した．宋国臨安府出身(天保4年(1833)円証大完撰「謝国明之碑」)の商人．宋より帰国した円爾(聖一国師)に帰依し，仁治3年(1242)博多に承天寺を建立，円爾を招いて開山とした．寛元元年(1243)円爾の勧めにより，先年焼失した宋国径山万寿禅寺再建の資として材木を送り，無準師範(仏鑑禅師)より礼状(東京国立博物館蔵「板渡の墨蹟」)を贈られている．一方，宗像社社領の小呂島の地頭と称して社役を納めなかったため，同社より訴えられ，国明の死後とみられる建長4年(1252)に，宗像社の訴えを認める関東御教書が下されている．玄界灘に浮ぶ小呂島は中国・朝鮮航路の要地にあたり，国明は貿易の拠点として利用していたのであろう．その後，同島をめぐっては，国明の後家尼と三原種延との間に相論があり，さらに種延を前大宮司宗像氏業が訴えているが(建長5年六波羅書下)，結果は明らかでない．承天寺に元

禄8年(1695)作の肖像画(南宗祖辰賛)，博多駅前に前記の碑が，それぞれ現存している．なお，謝国明の没年を「弘安三年(1280)庚辰十月七日卒，春秋八十有八」(前記円証大完撰碑文)とする説があるが，すでに建長5年の六波羅書下に，謝国明の「遺領」「遺跡」「後家尼」などの語がみえるので，疑問である．

参考文献　広渡正利『博多承天寺史』，森克己「日宋貿易に活躍した人々」(『森克己著作選集』2所収)，榎本渉『東アジア海域と日中交流』，同「「板渡の墨蹟」から見た日宋交流」(『東京大学日本史学研究室紀要』12)，川添昭二「鎌倉中期の対外関係と博多」(『九州史学』88～90合併号)

(石井　正敏)

054 謝名 じゃな　？～1611　江戸時代初期，薩摩藩の琉球侵略のときの三司官の1人．謝名は謝名親方とよばれ，唐名鄭迥(ていどう)，利山と号した．鄭氏湖城家の9世で，鄭禄の第2子として久米村で生まれた．嘉靖44年(1565)官生(留学生)として梁炤・蔡㷼・梁焌とともに中国明の国子監に入学，隆慶5年(1571)帰国した．万暦2年(1574)には，万暦帝即位の慶賀使に従い，都通事として入京した．その後，2回長史として進貢使に加わり，帰国後，総理唐栄司(久米村の長官)に任ぜられた．万暦29年翁寄松が三司官になったが，5年後，讒言によって職を免ぜられ百姓に貶された．翁は城間親方とよばれ，和文をよくし，尊円流(青蓮院流)の書をよくしたので尊円城間と称されていた．これを讒言したのは謝名といわれ，謝名はこれに代わって三司官に任ぜられた．これ以来，薩摩藩に対する強硬策がとられる．薩摩藩は，嘉吉以来琉球は附庸国であることを主張し，聘礼の励行を要求，また豊臣秀吉以来の軍役・徭役の履行を要求したが，謝名がこれを峻拒したことにより，ついに琉球侵略となった．慶長14年(1609)のことである．けれどもこれは表面上の理由で，薩摩藩の財政窮乏，家臣知行の不足，藩内対立勢力の存在，江戸幕府に対する藩の立場からも考えられ，特に琉球の中国貿易の利益独占への企図がその真因であるとされている．圧倒的な薩摩藩の武力の前に，数日で首里城は陥落した．謝名は，那覇の兵を率い，久米村に砦を構えて防戦したが敗れ，首里城に入るため走る途中捕えられた．国王尚寧以下100余名の家臣は，捕虜として薩摩へ連れ去られた．慶長15年，島津家久はこれを駿府を経て江戸に連行し，将軍徳川秀忠に報告して帰国した．翌16年，家久は奄美大島など5島を除いた知行目録を王に与え，納貢を定め，掟十五条を与え，起請文を出させて帰国させた．謝名はこの起請文への調印を拒否したために同年9月19日斬罪に処された．彼は外交を誤ったために国を滅ぼしたとして，琉球の正史にも筆誅を加えられている．なお，謝名は薩摩では邪名と書かれた．

参考文献　喜安『喜安日記』(『那覇市史』1ノ2)，

『鄭氏家譜抄』（同1ノ6），蔡温他編『中山世譜』（『琉球史料叢書』4・5），鄭秉哲他編『球陽』（『沖縄文化史料集成』5），文之玄昌「討琉球詩並序」（『南浦文集』所収）　　　　　　　　　　（島尻勝太郎）

055 シャビエル Francisco de Xavier 1506〜52 スペイン人イエズス会士．キリスト教（ローマ＝カトリック）を日本に最初に伝えた．古記録には「しびえる」（寛永ころの日繰（ひぐり，祝日表）），「ジャヒエル」（『契利斯督（キリスト）記』），「サベイリウス」（『西洋紀聞』）と表記され，現在もザビエル，ザベリオ，シャヴィエルなどさまざまな表記がある．出身国スペインでもXavier, Javier両様の綴があてられ，ともにハビエルと表音されるが，シャビエルはXavierのバスク・ポルトガル読みである．スペイン北東部ピレネー山麓のナバーラ出身でバスク人の血をひく．父ファン＝デ＝ハッスー Juan de Jassu はスペインに併合される以前のナバーラ王国の貴族で，国王の財政顧問・宰相を務め，母マリア＝デ＝アスピルクエタ Maria de Azpilcueta の出自も名門で，輿入れの際アスピルクエタとシャビエルの2城を嫁資として持参している．1506年4月7日彼は第6子として首都パンプローナに近いシャビエル城で生まれ，育った．25年19歳の時パリ大学の聖バルブ学院に入学．同室のピエトロ＝ファーベル Pietro Faber の感化で真摯な生活を続けるうちに，やはり同学院に学ぶ元スペイン軍人イグナシオ＝デ＝ロヨラ Ignacio de Loyola の指導を受け，34年同志とイエズス会を実質的に創立した（教皇パウルス3世 Paulus Ⅲ の認可は40年）．同会の活躍に瞠目したポルトガル国王ジョアン3世 João Ⅲ は植民地東インドの布教に協力を仰ぐべく会員の派遣をロヨラに要請した．かくてシャビエルが推挙され，41年4月7日彼は極東における教皇代理としてリスボンを出発．翌年5月6日ゴアに到着した．爾来7年間インド海岸，セイロン島，マラッカ，香料群島で超人的な布教活動に従ったが，「頑迷な」異教徒，イスラム教徒の抵抗に直面し，また新改宗者に対するポルトガル人の迫害，布教保護にあたるはずの国王の軍隊の非協力などから活動の割りに成果は得られなかった．47年12月マラッカで彼を尋ねてきた日本人アンジローと邂逅．その知性・人格にいたく惹かれ，また日本人一般の資質を聞き，さらに日本を知る友人ジョルジ＝アルバレス Jorge Alvarez が彼の請を容れて綴った『日本記』を読んで東洋伝道の成果は日本でこそ見られるものと確信し，ポルトガル国王の支配の及ばぬ日本への渡航を決意した．日本が一人の強力な「国王」の実権下にあることを，また日本に「大学」のあることを聞いた彼は，まず「国王」に謁して布教許可を得，ついで「大学」で論争してキリスト教の権威を高めようと計画した．49年4月アンジローを案内役とし，司祭コスメ＝デ＝トルレス Cosme de Torres，修士ファン＝フェルナンデス Juan Fernandez ほか2名を伴ってゴアを出発．マラッカで中国人のジャンクに乗り換えて同年8月15日（天文18年7月23日，聖母被昇天の日）鹿児島に上陸．領主島津貴久から住院を与えられ，布教の自由を得，上洛の便宜供与の約束もとりつけた．彼はアンジローの助力で教理を簡単にまとめ，それを島津氏の菩提寺たる禅刹福昌寺の境内で聴衆に読んだ．また同寺の住持忍室と親しくなり，霊魂の不滅を論じ合った．信者は増加したが，仏僧の烈しい妨害があり，また内心期待した貿易の利益の空しさに失望した貴久の態度も硬化し，ついにキリスト教への改宗は死を以て禁じられた．彼は上洛を急ぎ，50年9月トルレス・フェルナンデス，日本人信者鹿児島のベルナルド，アンジローの弟ジョアンほか1名を従えて出発．市来を経て京泊から海路平戸に渡った．碇泊中のポルトガル船が彼を丁重に歓迎するのを見て，利に敏い領主松浦隆信は彼を厚遇し布教を許した．改宗者も多く出たが滞留1ヵ月余で同地をトルレス・ジョアンに委ね，厳寒の候，博多・下関を経て山口に到着した．一行の辻説法の噂は領主大内義隆に達し，謁見は許されたが布教許可はなく，成果も特になかった．程なく岩国あたりから海路泉州堺に到着．51年1月勇んで入洛したが室町時代末期の京都は戦乱で廃墟にひとしく，天皇・将軍の権威は地に堕ち，比叡山の「大学」は異国人の故を以て彼の入ることを拒んだ．すべてを知った彼は滞在11日で離京．淀川を下り堺へ戻った．彼は次の目標を山口に置き，当時中国一の富強を誇った大内氏の保護を仰いで，同地を布教の中心地たらしめようと考えた．まず平戸に赴き，祭器やかねて「国王」に献上すべきものとしていた時計・楽器・眼鏡・ポルトガルの酒・織物など珍奇な贈物とインド総督・ゴア司教の推薦状を携えて同年4月再度山口を訪れ，正式に領主大内義隆に謁見した．義隆は布教を許可し，住院として廃寺1宇を提供した．教勢は俄然活気を呈し，仏僧を含む訪問者が住院に殺到し，また天体の運行，雷，雨，月の盈虚（えいきょ）など自然現象の説明は聴衆を魅了した．一方彼はキリスト教を中国人が認めないことを訝かる疑問に接したが，これはのちの中国伝道の計画につながった．滞在中の改宗者は琵琶法師ロレンソ，山口のマテオはじめ500余に及ぶ．またキリスト教の創造主の意味を明確にするため，布教上便宜的に使ってきた「大日（ダィニチ）」の語を廃し，ラテン語の「デウス」を用いた．逗留5ヵ月ころ，豊後の領主大友家の使者がポルトガル船の沖の浜入港と義鎮の招請を伝えてきたので，平戸から呼んだトルレスに山口を託し，海路豊後に至った．彼はポルトガル船長ドゥアルテ＝ダ＝ガーマ Duarte da Gama の勧告を容れ，盛儀を整えて同年9月19日義鎮を府内の居城に訪ねた．義鎮はキリスト教に関心を

寄せていたので礼を尽くして彼を迎え，直ちに布教を許し，時至れば自身改宗する旨語った．60日余の滞在中彼は山口からの書翰で陶隆房の叛乱により大内氏は滅んだものの，義鎮の弟八郎（大内義長）が新領主に迎えられ，教会保護が保証されたことを知って安堵したが，鹿児島上陸以来全くインド・ヨーロッパから書翰がなく，また49年に要請した援助者の派遣もなかったので，事情を気遣い，一応インドに帰還して問題を整理した後，日本の布教にあたるべき宣教師を選定し，再び来日しようと企てた．義鎮からポルトガル国王宛ての書翰と贈物を預かり，ヨーロッパに派遣すべき鹿児島のベルナルド，山口のマテオ両名とほか2名を伴って51年11月20日ガーマの船で沖の浜を出発．翌年2月ゴアに帰着した．2年3ヵ月の日本滞在中の改宗者は1000にも満たなかったが，理性によらなければ容易に信者にならないと見た日本人に寄せる期待は大きく，彼は書翰・口頭で「その文化・礼儀・作法・風俗・習慣はスペイン人に優る」「日本人ほど理性に従う人民は世界中で逢ったことがない」と伝えてやまなかった．また日本文化の源泉は中国にあり，中国伝道の成功は日本のキリスト教化を促すものと考えてゴアの総督使節の広東派遣を企てたが果たせず，直接中国に渡航すべく司祭バルタザール＝ガーゴ Baltasar Gago，中国人従僕アントニオほか1名を伴って52年4月ゴアを，7月マラッカを出発．8月末広東港外上川（サンシャン）島に上陸した．鎖国下の中国入国の機を待つうちに熱病で倒れ，12月3日早暁に没した．享年47．遺骸は同島に埋葬後，54年ゴアに移された．1619年教皇パウルス5世 Paulus V により福者に，22年教皇グレゴリウス15世 Gregorius XV によりロヨラとともに聖人に列せられ，1904年教皇ピウス10世 Pius X により「世界の伝道事業の保護者」と定められた．

参考文献　『聖フランシスコ・ザビエル全書翰』（河野純徳訳，『東洋文庫』579―582），吉田小五郎『聖フランシスコ・シャギエル小伝』，同『ザヴィエル』（『人物叢書』21），ラウレス『聖フランシスコ・サヴィエルの生涯』（松田毅一訳），河野純徳『聖フランシスコ・ザビエル全生涯』，岸野久『ザビエルと日本』，ザビエル渡来450周年記念行事委員会編『「東洋の使徒」ザビエル』，ルイス＝フロイス『完訳フロイス日本史』（松田毅一・川崎桃太訳，『中公文庫』），ゲオルク＝シュールハンメル「日本に於ける聖フランシスコ・ザヴィエル―一五四九―一五五一年―」（『キリシタン研究』1），ヴァリニァーノ「東インドに於けるイエズス会の起源と進歩の歴史」（同27・28，岩谷十二郎訳），G. Schurhammer: Franz Xaver, sein Leven und seine Zeit. 4 vols.; G. Schurhammer: Der heilige Franz Xaver, der Apostel von Indien und Japan.
　　　　　　　　　　　　　　（岩谷十二郎）

056 シャム Siam　⇨タイ

057 暹羅通事 しゃむつうじ　近世長崎の町役人の1つで，シャム（タイ）語の通訳官．定員2人で，広義の唐通事に属する．江戸時代初期の来航唐船の中にはシャム起帆の船が，多くは年に5，6艘，平均3艘弱あり，船頭はじめ乗組員の多くは中国人であったが，若干のシャム人もいた．この役は『訳司統譜』（『長崎県史』史料編四所収）では正保元年（1644）の森田長助に始まるとするが，『長崎先民伝』では明暦2年（1656）シャム王使節船でもたらされた国書の翻訳を契機とするという．また同書では，彼は武蔵の産で，寛永4年（1627）シャムに渡り，山田長政にも仕えたが，鎖国令を知って帰国した者という．寛文12年（1672）泉屋七三郎が加わり2名となり，森田・泉屋で世襲した．その後町役人機構の拡充につれ，無給の見習も設けられたが，シャム出し船が減少した上，シャム人自身の貿易品はほとんどなかったので，森田の2人扶持以外には，唐通事口銭銀の一部が支給されるほか役料は少なく，東京通事・モフル通事同様，唐通事中の端役の位置に甘じた．
　　　　　　　　　　　　　　（中村　質）

058 暹羅船 しゃむせん　⇨唐船（とうせん）

059 暹羅屋勘兵衛 しゃむやかんべえ　江戸時代，近江八幡町の商人岡地勘兵衛がこの屋号を称した．口伝によれば，鎌倉時代の武将佐々木盛綱の子孫といい，元和年中（1615～24）同町に移住し，貞能の時はじめて勘兵衛と称し代々その名を継ぐ．家業は更紗に五色の花紋を染めたものを製して暹羅染と呼んで売り出したが，家人が暹羅（タイ）に渡って習得して帰って製し始めたといわれる．ほかに同国から持ち帰った黄銅阿弥陀如来像や舎利塔を所蔵していた．滋賀県近江八幡市加茂町の西光寺には歴代の墓がある．

参考文献　川島元次郎『朱印船貿易史』
　　　　　　　　　　　　　　（岩生　成一）

060 シャルルボア Pierre François Xavier de Charlevoix　1682～1761　フランス人イエズス会士．1682年10月24日生まれる．『スペインまたはサン＝ドミンゴ島史』Histoire de l'Isle Espagnole ou de S. Domingue. 2 Tomes（1730），4 Tomes（1733），『ヌーベル＝フランスの歴史及び総記』Histoire et Description Générale de la Nouvelle-France. 3 Tomes ou 6 Tomes（1744），『パラグアイ史』Histoire du Paraguay. 3 Tomes（1756），6 Tomes（1757）などの著書もあるが，日本では『日本キリシタン宗門興廃史』Histoire de l'Etablissement, des Progrès et de la Décadence du Christianisme dans l'Empire du Japon. 3 Tomes（1715）（異本もある），『日本の歴史と総記』Histoire et Description Générale du Japon. 2 Tomes ou 9 Tomes（1736），6 Tomes（1754），あるいは『日本キリシタン宗門史』Histoire du Christianisme du Japon.

2 Tomes(1828, 1829, 1836)の著者として知られている．1761年2月1日没．78歳． （柳谷　武夫）

061　上海 シャン　Shanghai　中国の東海岸，長江(揚子江)河口にのぞむ中央直轄市．黄浦江と蘇州河(呉淞(ウースン)江)との合流点に位し，長江を経て直接外洋に結び，中国最大の貿易港ならびに商工業都市．もとは華亭県(松江)東北の一漁村で，古く滬瀆(ことく)の名でよばれたが，宋代に上海鎮がおかれ始めてその呼び名となった．上海の別名の滬は，滬瀆の古名に由来する．12世紀初めに滬瀆に近い青竜に市舶司・権場がおかれたが，元の至元14年(1277)に上海鎮に市舶司が移され，同27年にはこの地を県に昇格し松江府に属した．元末には張士誠が一時ここに拠ったが，明代には倭寇の来襲を受け，嘉靖32年(1553)堅固な城壁が築かれてから，再び盛況をとりもどし清代に及んだ．清初には長崎との間に直接的な貿易が開かれていた．しかし上海が近代化するのは，アヘン戦争の結果，1842年の南京条約によって開港場となってからである．各国の領事館がおかれ，外国租界が画定され，海関の管理権が外国人の手に移り，イギリス人が絶対多数を占める市参事会の行政下に奇形的な発達をとげ，不平等条約に守られた資本主義列強の対華貿易の拠点となった．特に95年の下関条約は，日本をはじめ諸外国の金融資本による工場建設を合法化した．諸外国の投資はイギリスが第1で約3分の1を占め，これに次ぐ日本は第1次世界大戦後，主として紡績業を中心に発展した．中国の民族資本は第1次大戦を契機に次第に成長し，とりわけ浙江財閥は上海を本拠に新商工業地に進出し，官僚資本と結んで金融界を支配し国民党政府の経済的支柱となった．一方，辛亥革命の前後，中国の主権から独立していた租界は革命運動の温床となったが，民族運動や排外運動もこの地を中心に行われた．1921年には中国共産党がここに誕生し，25年には中国反帝運動に一期を画した5・30事件が起り，27年には国民革命軍の北上に際し，上海労働者らが臨時市政府を組織したが，蔣介石の4・12クーデターで弾圧された．32年1月の第1次上海事変では抗日救国運動の先鋒となり，日本軍は居留民保護の名目で一時上海を占領した．37年11月からは日中戦争のために日本軍の占領下におかれた．45年日本の降伏とともに国民政府の治下に入ったが，49年5月28日人民解放軍によって解放され，上海市人民政府が成立した．解放後は生産面を重点に綜合的な工業都市として，軽工業のほか重工業，特に機械工業に力を入れ，全国的に重要な位置を占めている．中国有数の海港であるばかりでなく，長江航運の基点であり，滬寧(上海―南京)・滬杭(上海―杭州)2幹線鉄道の基点でもあり，定期航空路も北京・重慶などに開かれている．教育文化施設も充実し，復旦大学・交通大学・上海医学院などのほか，科学院分院・徐家匯天主堂・魯迅記念館などがある． （佐久間重男）

062　寿安鎮国山 じゅあんちんこくのやま　中国，明の永楽帝が封じた日本の山．辻善之助・木宮泰彦・秋山謙蔵らはこれを阿蘇山に比定するが，小葉田淳はそれに反対している．史料には①阿蘇山の名のみみえるもの，②寿安鎮国山の名のみみえるもの，③両山を同一とするもの，④両山を別個とするもの，⑤両山とも名のみえぬもの，の5種あるが，筆者は④が正しいと考える．③はその典拠とする史料を誤解し①・②を混同したもの．ただし両山を結びつける歴史的可能性は高い．筆者は寿安鎮国山を京都万寿寺所在の地かと疑っている．錫封の理由は，中華思想にもとづく外夷綏撫の一形態を背景に，「日本国王源道義」(足利義満)が，明の要求に応じ島寇(倭寇)を捕えて献上した「勤誠」を嘉した結果であり，永楽帝は山上に建てる碑の碑文まで用意している．建碑の年代については永楽元年(応永10, 1403)～4年の各年と16年の諸記事があるが，『太宗実録』の永楽4年をとるべきであろう．

　参考文献　石原道博「日明通交貿易をめぐる日本観―明代の日本観(二)―」(『茨城大学文理学部紀要』人文科学 5) （石原　道博）

063　朱印船 しゅいんせん　朱印船の船型・構造・帆装などについては技術史料が皆無のため不明な点が多く，特に慶長期ではそれが著しい．ただ断片的史料によって，外国から購入したジャンク系の航洋船と国産の航洋船とが使われていたことが推察されるが，その割合は不明である．『慶長日件録』によれば，慶長9年(1604)新造の加藤清正の朱印船は，長さ20間・幅5間余，座敷を3重に設け，16畳の間もある大船であるが，これは遣明船のような純日本型では航洋性に欠けるところから，中国式の航洋ジャンクの技術をとり入れて造ったものと思われる．このように慶長期の朱印船は，輸入・国産を問わず中国系ジャンクを主体としたとみられるが，少数ながら外国人船主が西洋型帆船を使用し，一部の日本人船主が国産の西洋型帆船を使ったという可能性もある．また積載量は，小は12万斤(72t)から大は80万斤(480t)と幅が広く，西欧側の史料でも70tから200tまでのものがある．そうした小型日本船の絵画資料としては，慶長五年フィリピン沖でオランダ艦隊に拿捕された100t余の山下船のものがある．この船は前檣と主檣に網代帆(あじろほ)を展張した典型的なジャンクではあるが，後檣に三角帆用の斜桁があるといった洋式帆装の混入がみられるので，日本製と推定されなくはない．寛永期になると，社寺に奉納された朱印船の絵馬などがあって，慶長期よりは船型・構造・艤装を考察するための条件がかなりよくなる．特に寛永11年(1634)に奉納された長崎の清水寺の末次船の絵馬は，写実的描写にすぐれ，また模写ながら荒木船の絵も末次船とほぼ同型の船を写実的に描いてあって，

寛永期の朱印船の船型・構造・帆装の好資料となっている．これらによって，船型および船体構造は基本的にはジャンク式でも船尾構造と舵は西洋式で，上部構造も船首楼は日本式，船尾楼は西洋風といった折衷形式がとられ，帆装もまた前檣と主檣にジャンク式の網代帆と西洋風の高帆（たかほ）を展張するほか，船首にやり出し帆，後檣に三角帆といったガレオン模倣の西洋式帆装をとり入れた折衷形式であることが明白になる．これらは中国式のジャンクを基本にして，航洋性や帆走性能をより向上させたもので，すでにシャム船で行われていた西洋技術の導入をさらに積極的にすすめたものと思われる．この折衷形式を日本前とかミツィス造りと呼んだが，主な建造地長崎は，外国船の出入の多い関係もあって，こうした形式の船を造るには最適の土地であった．このように寛永期の朱印船の船型・構造・帆装を把握した上で，京都の清水寺に奉納されている末吉船の絵馬（寛永9・10・11年奉納の3面）と角倉船の絵馬（同11年奉納）をみると，船の描写は非写実的ながらも日本前の特徴が描かれていることがわかり，寛永期では日本前が全盛だったことを示している．また『茶屋新六交趾渡航絵巻』に描かれた茶屋船は，後世の作のため描写のくずれが目につくが，これも日本前とみられる．この茶屋船の長さ25間・幅4間半，乗組300人余というデータは，数少ない寸法史料として前述の加藤船や角倉船の長さ20間・幅5間というデータとともに貴重で，その寸法比から茶屋船の25間は全長，加藤・角倉両船の20間は竜骨長と判断される（角倉船の幅は『天竺徳兵衛物語』ほかは9間としているが，これでは矛盾した寸法比になるので5間の誤りとして右のように処理した）．こうした寸法から深さを仮定し，トン数を推定すると，茶屋船が約550t，加藤・角倉両船が約650tとなり，おそらく末次船・荒木船も同程度で，この程度が日本前としての最大級とみられよう．それは当時来航していた大型のガレオンが700〜1000t，伊達政宗の遣欧使節船が500t，三浦按針の朱印船が500tで，これが当時の大型船のレベルとみられるからである．なお，こうした大型船以外に100t級の小型船が慶長期同様使用されていたことはいうまでもない．

参考文献 川島元次郎『朱印船貿易史』，岩生成一『新版朱印船貿易史の研究』，石井謙治『図説和船史話』　　　　　　　　　　　　（石井　謙治）

064 **朱印船貿易** しゅいんせんぼうえき 16世紀から17世紀にかけて，ヨーロッパ人の世界各地における航海・植民・貿易上の発展は目覚ましく，天文年間（1532〜55）に始まるポルトガル船のわが国への来航に引き続く貿易・布教の拡大も，この線に沿うものであったが，日本船の東南アジア各地との貿易もその刺激によって遅ればせながら徐々に進展した．これと同時に明初以来いわゆる倭寇のため，中国との交通貿易が杜絶したので，この局面の打開に迫られて，日本船は中国の政令の及ばない第三地の台湾・呂宋（ルソン）・交趾（コーチ）や暹羅（シャム）などに進出して，同地に来航する中国の密貿易船と出合取引をするようになった．このような国際的契機とともに国内的には，豊臣秀吉の全国統一，秩序の回復に伴い，経済も発展し，さらに中央政権も大名も財源確保の一環として金銀銅などの鉱山の開発に努めたので，その産額はにわかに増大して年々海外貿易に投入され，その発展を促進した．この情勢に即応して，秀吉は内外の海賊の取締りを厳しくするとともに，わが商船の南方各地渡航を奨励し，外国船の来航を歓迎した．すでに大名の中には，領域内に出入りする船舶に特別な免許状を発給する者もあったが，秀吉もこれを行い，その領域が全国に拡大するにつれて，その制度を内外船にも適用するようになった．はじめは直臣の発給するものであったが，呂宋島との交通が進展すると，文禄2年（1593）に先方当局から，わが商船の携える特許状を権威づけるため，主権者秀吉の印章と署名あるものの下付を提案して来た．その後，慶長2年（1597）秀吉が呂宋島長官に与えた返書に明らかに「異日商賈之舟，可$_レ$持$_二$予押印之一書$_一$，然則海陸不$_レ$可$_二$有$_二$小難$_一$」と記したのも，正しくその提案に応じたものである．現に加藤清正がその船を同島に派遣した際，人を介して，秀吉の側近にいて外交文書の調製を担当した西笑承兌に渡航船の朱印状の下付を依頼している．その印は，秀吉が外交文書に用いたと思われる「豊臣」の印文のある朱印に相違ない．秀吉が下付した渡海朱印状の現存するものもなく，またこれを伝えたその当時の文書も記録も無いこともあって，その制度の創設を否定する説もあるが，諸般の情勢から判断しても，彼の時代にこの制度の原初的形態がすでに発足していたことに疑いない．

こと対外貿易政策に関して，徳川家康は秀吉の行なった諸政策を踏襲して，これを確立発展させていった．朱印船制度も，また秀吉の時に創設されたものを，家康がさらに確立発展させたもので，海外渡航船に，家康も，外交文書に用いた彼の朱印を捺した特許状を交付して，渡航先の官憲にこの旨を通じ，わが商船の航行貿易の安全について，相手国の了解を取りつけたものである．すでに家康は，関ヶ原の戦後，江戸幕府の設立に先立って，早くも慶長6年に，安南国に送った返書の中で，「本邦之舟，異日到$_二$其地$_一$，以$_二$此書之印$_一$可$_レ$為$_二$証拠$_一$，無$_二$印之舟者$_一$，不$_レ$可$_レ$許$_レ$之」と通告して，彼の朱印状を携えたわが商船には特別の便宜を与え，それを持たない商船は，これを拒否せんことを求め，さらに同年冬，呂宋長官に送った書翰でも，ほぼ同様な主旨を通告したが，引き続いて柬埔寨（カンボチャ）など南方諸国に友好の書翰を送った際にも，彼の朱

印状について了解を求めた．そこでこのような親善外交を背景として，朱印状はわが商船の渡航先の官憲によって了解，尊重され，その効力は常に大幅に認められるようになって，そののち朱印状貿易の隆盛期を迎える原動力となった．朱印状の発給は，将軍の秘書格であった僧侶が主としてこれを司った．最初，西笑承兌がこれにあたり，その没後，閑室元佶がそのあとをつぎ，彼の没後は以心崇伝がずっとこれを担当した．海外に商船を出さんとする者は，それぞれつてを求めて幕府の重臣本多正純や長崎奉行長谷川左兵衛や金座の後藤庄三郎の紹介により，あらかじめ幕府に願い出て，前記の僧侶から朱印状を書いてもらった．朱印状は大高檀紙に，船の渡航先を単に「自日本到……国舟也」と縦2行に記し，その横に下付の年月日を書き，その左上に家康の印文「源家康弘忠恕」という朱印を捺したが，徳川秀忠が2代将軍となると，この書式を踏襲し，「源秀忠」の印文がある彼の朱印を捺させた．ところで秀吉・家康と秀忠ら3者の朱印の寸法はほとんど均しく，ことに秀忠の朱印の寸法は全く秀吉のと同一である．このことだけみても，海外渡航船に朱印状を下付するという思想や制度が，秀吉に創設されて，引き続いて江戸幕府に及んだことを示すものである．

　江戸幕府の朱印船制度確立から，寛永年間（1624～44）の半ばごろの鎖国政策断行に至るまで30余年間に朱印状の下付を受けて南航したわが商船は非常に多く，創設後元和2年（1616）に至る13年間は，朱印状の原簿ともいうべき『異国御朱印帳』および『異国渡海御朱印帳』によって集計し，その脱漏を現存朱印状および諸記録によって補えば合計195隻となる．爾後，鎖国に至るまでを内外の記録によって蒐集統計すれば，161隻となるから，創設以来鎖国までの累計は，少なくとも356隻となる．朱印船の渡航先は，中国南部の港湾からインドシナ半島各地，ならびに南洋諸島など19地に跨り，ほとんど赤道以北の南方各地の主要な港津を網羅していた．すなわちその渡航先は，北方では高砂（たかさご，台湾）・毘耶宇（ビヤウ，澎湖島）・信州（漳州）などがあり，西洋と記したのはポルトガル領マカオ（澳門）のことで，安南（主として現在のベトナム国，狭義には東京（トンキン）地方）・交趾（ベトナムの中部以南）・順化（ソンハ，交趾の旧都ユエ Hue）・迦知安（カチアン Cachian, ベトナム中部）・占城（チャンパ，交趾の一部）・柬埔寨・暹羅（タイ国）・太泥（パタニ Patani）・摩利伽（マナカ Malacca）などは後インド地方の地名で，島々では呂宋・密西耶（ミサイヤ Bisaya）・芙莱（ブルネイ Burnei）・摩陸（マロク Molucca 諸島）などがあった．田弾（ダタン）とあるのは明らかでない．鎖国までに少なくとも356隻の朱印船が渡航したとすれば，年平均11隻余，1地宛平均18隻余，多い年には1年間に20数隻も出帆している．朱印船制度創設のは

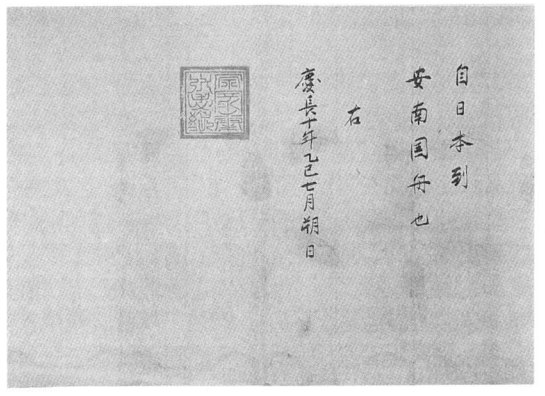

安南渡海朱印状

じめごろ数年間は，これら19地方各地宛に発給されたが，元和3年以後には東京・交趾・柬埔寨・暹羅・呂宋・高砂の6地に集中し，その合計297通に上り，これだけでも総数の84％に上り，そのうち最も多数渡航した交趾・暹羅・呂宋・柬埔寨の4地には，日本人の移住する者も多く，日本町が発達したが，日本南方交通の幹線から離れ，貿易の点からも，航路の点からも有利でない地方は次第に淘汰されたと思われる．

　朱印船を派遣した企業主は，大名をはじめ商人や在留外人など100名以上に上ったが，大名は島津・松浦・鍋島・亀井・加藤・五島・有馬・細川など，主として西国大名で，外人には三浦按針（ウィリアム＝アダムス William Adams）・ヤン＝ヨーステン Jan Joosten など10名余，中国人では在留民の頭李旦や林五官など10名余いたが，商人では京都の角倉了以父子・茶屋四郎次郎，大坂の末吉孫左衛門，長崎の末次平蔵・荒木宗太郎らが最も有名で，その他の多くも京・大坂・堺・長崎などの主要商業都市の商人であった．

　朱印船の船積は，小は90ｔから大は800ｔのもあったが，200～300ｔ位が多く，当時船舶が大洋を航するには大抵季節風を利用して帆走したので，朱印船も晩秋初冬の北風を利用して出帆南下し，渡航先で貿易を遂げて後次の年の春夏の南風に乗って帰航した．船の運航には，もちろん，船長・航海士・書記・水夫などがあたった．船長はその運航や貿易について，全責任を帯び指揮統轄したので，企業主の腹心の部下やその一族があたり，航海士については，近世初期わが商船が南方に進出し始めたころには，彼らに未知であった海洋において航路を指示するため，中国人などが雇われ，のちにはポルトガル・イスパニヤ・イギリス・オランダ人などのこの方面の航海に熟通したヨーロッパ人もかなり雇われたが，日本人航海士も多く乗り組んだことはいうまでもない．肥後の池田与右衛門好運はこのような日本人航海士の1人で，元和2年ポルトガル人朱印船貿易家ゴンサルベス Manuel Gonzalvez が呂宋に渡航した時に便乗してヨーロッパ風の航海術の

朱印船年次別・渡航地別隻数

年次＼渡航地	信州	毘耶宇	高砂	西洋	安南	東京	順化	交趾	迦知安	占城	柬埔寨	田弾	暹羅	太泥	摩利伽	呂宋	密西耶	茭莱	摩陸	合計
慶長9年(1604)	2			1	4	3	1		1	1	5		4	3		4				29
10年(1605)				8	3	2			1		5			2		4	1	1		27
11年(1606)				1	2	1			1	3	1		4			3	1	1		18
12年(1607)				8	1				1	4	1		4		1	4				24
13年(1608)					1				1	1			1							4
14年(1609)						1		1		1	6			3						12
15年(1610)					1			3		1	3			2						10
16年(1611)					2			3			1		2							8
17年(1612)	1				1	3				2			1							8
18年(1613)					1	6			1	3	2		1							14
19年(1614)					1	7				2	3		4							17
元和元年(1615)		1				5			1	5			5							17
2年(1616)				1	4						1								1	7
小計	2	1	1	18	14	11	1	32	1	5	24	2	36	7	1	34	2	2	1	195
元和3年(1617)				2		2		5			1		1							11
4年(1618)				4		3		7		2	1		3							20
5年(1619)						3		1			1									5
6年(1620)				1				5		1			2							9
7年(1621)				3		1		2		1			4							11
8年(1622)				1				1			2		2							6
9年(1623)				3		2		2	1	2	3		1							14
寛永元年(1624)				1		2		2			1		2							8
2年(1625)				3		1				1	2									7
3年(1626)				2							1									3
4年(1627)				2				1		1	2									6
5年(1628)				2		2		2		2	3									11
6年(1629)								1		1	1									3
7年(1630)						1		1			1		2							5
8年(1631)				5		1		1		1	1									9
9年(1632)				3		2		3		4			2							14
10年(1633)				3		3		2		1	1									10
11年(1634)						3		2		2										7
12年(1635)						1		1												2
小計				35		26		39	1	20	20		20							161
合計	2	1	1	36	18	14	37	1	71	1	6	44	2	56	7	1	54	2	2	1	356

指導を受け，その会得したところを綴って『元和航海書』と題する貴重な記録を残した．客商と称する多くの個人商人も船賃を払って便乗し，資金や商品を持ち込んで貿易に参加し，そのほか国内商人が資金を朱印船に投資したり，客商に資金を貸し付けて間接に貿易に参加したりし，また水夫も賃金の代りに商品を船室に持ち込み，渡航先で取引するなど，つまり朱印船貿易といっても，一企業主が独力で営むものでなく，広く各階層の人々が参加したのであった．こうして朱印船には，小は100貫目から大は1000貫目以上の現銀と商品が積み込まれて，渡航先で在留日本人らの協力を得て，商品の買付け，集荷，積込み，販売などに断然優位を占め，各地の市場をコントロールして，オランダ船など諸外国船の貿易を圧倒して，その最盛期には，年間貿易額はオランダ船や明船を凌駕し，ポルトガル船に匹敵するほどであった．朱印船は日本から銀・銅・鉄・硫黄・樟脳・米穀のほか，陶器・漆器や銅鉄製食器や刃物など諸雑貨を輸出し，その輸入品は生糸・絹織物・綿布をはじめ，鹿皮，鮫皮や蘇木・鉛・錫・砂糖などで，織物のほかは主として原料品で，朱印船貿易の性格を示すもので，これらの商品の貿易によって10割以上の純益を挙げた．

これより先，幕府は慶長14年に令を出して諸大名の大船を保有することを禁じた．表面上はその軍事力を抑えんとしたものであるが，他方，遠洋航海にたえる大船の所有を抑えて，その貿易活動に掣肘を加えたものに相違なく，はたして，その翌々年限り西国大名の朱印船貿易は全く停止してしまった．もっとも，幕府

がちょうどこのころからキリシタンの取締りを強めて，ついに慶長18年の暮には禁圧の大号令を発したので，諸大名は保身のため対外関係などに面倒な事態を招くことも極力避けたことによるものとも思われる．ついで幕府は元和2年には外国人の国内商業を禁じその寄港地を長崎・平戸両港に限定し，さらにのちにはこれを長崎1港に限って，貿易の規制も強くなって，朱印船商人も次第に淘汰整理されて，後年には京の茶屋・橋本・角倉・平野，大坂の末吉，長崎の末次や2代目三浦按針など，もっぱら幕府と繋りの深い特権的な商人の手に移っていった．しかし朱印船でキリシタンが往来したり，貿易の利益に均霑しない商人や大名の中には密貿易船を出したり，中国人名義で商船を出したりするものも出たので，寛永8年に，さらに奉書船の制を設けて取締りを強め，ついで鎖国政策を断行してその海外渡航をも全く禁止したので，代わってオランダ人が急速に朱印船の地盤に商権を拡大していった．

参考文献　岩生成一『新版朱印船貿易史の研究』，同『朱印船と日本町』(『日本歴史新書』)，川島元次郎『朱印船貿易史』，森山恒雄「豊臣期海外貿易の一形態」(『東海大学紀要文学部』8)，永積洋子『朱印船』『日本歴史叢書』60)　　　　　(岩生　成一)

065 宗叡　しゅうえい　⇒しゅえい

066 袖海編　しゅうかいへん　中国，清の汪鵬の著．1巻．著者は銭塘(浙江省)の生まれ．字(あざな)は翼蒼・翼昌，号は竹里山人．書名は蘇東坡の詩の1句「袖中有東海」からとったもの．成立年代は未詳だが，おそらく乾隆29年(1764)かそれ以後．内容は1記事ごとに段落をもうけ，随時随筆の集録ともいえる．自然と風土に恵まれた長崎を通して，画家・詩人としての20年にわたる見聞と体験をもとに，具体的な日本の生活文化を，愛情こめて熱心に探求したもの．清代日本論の1つ．『昭代叢書』戌集，『小方壺斎輿地叢鈔』10所収．

参考文献　高羅佩「乾隆時代一支那人の日本観」(『東亜論叢』2)，石原道博「清代汪鵬の日本美術文化論―日中美術文化の交流・第五部―」(『茨城大学五浦美術文化研究所報』6)　　　　　(石原　道博)

067 周鶴芝　しゅうかくし　生没年不詳　日本に乞師(請援)した明末の将．『日本乞師記』の周崔芝と同一人か．崔芝は九京と号し，福清県榕潭の生まれ．海商となり，日本では薩摩の島津侯と父子の義を結んだという．明の招撫により水軍都督となっていた崔芝は，明の回復を図るため正保2年(1645)使を薩摩に遣わし援兵を請い，翌年兵3万を借りる約束を得たが，副将黄斌卿の反対にあい，実行に至らなかった．正保4年再び請援の使を薩摩に派遣したが，今度は薩摩側がこれに応じなかった．『海東逸史』の鶴芝伝には，1651年清軍のため舟山に破れ，日本に往ったが，終るところを知らずとある．

参考文献　中村久四郎「明末の日本乞師及び乞資」(『史学雑誌』26ノ5・6)　　　　　(原口　泉)

068 周及　しゅうきゅう　⇒愚中周及(ぐちゅうしゅうきゅう)

069 舟山群島　しゅうざんぐんとう　Choushan Ch'üntao　中国，浙江省東北部海上の舟山島を中心に並列する群島．寧波(ニンポー)の東南，象山港口の六横島から長江口に近い大戢島まで，南北約150kmにわたり大小200有余の島々からなる．舟山群島には現在，定海・普陀・岱山・嵊泗の4県があり，住民の多くは漁民で，水産資源が豊富なため各地に漁場が活況を呈し，中国の三大漁場の1つである．なかでも舟山島南岸の定海は古来良港として知られ，明代には海防の前線基地であり，寧波への入貢船舶の経由，寄航地でもあった．また16世紀半ばの明代後期には，舟山群島は中国海寇や倭寇の活動の根拠地になるところも多く，とりわけ六横島の双嶼港は，海寇の李光頭・許棟らがポルトガル人や日本人・南洋人を誘っての国際的密貿易の本拠であり，金塘島の烈港(瀝港)は倭寇王とよばれた王直らの前進基地であった．なお，普陀山の南海寺は中国仏教の四大名山の1つて，唐代の日本僧慧鍔(恵蕚)の開基になるという．　→普陀山(ふださん)　　　　　(佐久間重男)

070 銃術　じゅうじゅつ　⇒砲術(ほうじゅつ)

071 従商人　じゅうしょうにん　室町時代の遣明船に従者として座乗した商人．公貿易や私貿易の商品を積みこむことを許され，巨大な利益を得た．遣明船搭乗の人員中で従商人の比率は最も高かった．大乗院尋尊の記録した楠葉西忍の談によると，永享4年(1432)に出発した13家寄合船は乗員150人であったが，そのうち船の航海にあたる船頭・脇船頭などの船頭方の人数が50人，遣明船経営者の委任で乗船した外官方が40人で，他の60人は客商(客人衆ともよばれた商人)・従商で占められたという．なお外官方には有徳の商人やその従者もふくまれていたから，船頭方を除くと使節以外はすべて商人であった．『駅程録』にみえる天文8年(1539)の船では，1号船総員185人中112人，2号船140人中95人，3号船131人中90人が従商人であった．応仁以前の遣明船では大内氏配下の博多・門司の従商人が多かったが，兵庫や蘆屋の商人もあった．文明以後は堺商人の抽分銭請負いが始まり，細川船の客商・従商はほとんど堺商人が独占した．　→勘合貿易(かんごうぼうえき)

参考文献　小葉田淳『中世日支通交貿易史の研究』，田中健夫『倭寇と勘合貿易』(『日本歴史新書』)　　　　　(田中　健夫)

072 住宅唐人　じゅうたくとうじん　中世末から鎖国直後までの間に日本に定住した明国人．明末の海外移住(華僑社会の形成)の一環として，わが国には倭寇やその俘囚として，また政治的混乱を避けて多くの明人が来住し，日本女性と結婚して，西国各地には唐人町も形成された．しかし来航唐船の長崎集中につれ，長崎移住の傾向を示

した．江戸幕府は慶長8年（1603）に在住の馮六官を唐通事に任じて彼らや唐船貿易の掌握をはかり，元和初年には方100間の唐人墓地，続いて出身地ごとに興福（南京地方）・福済（泉州・漳州）・崇福（福州）の唐3ヵ寺が寛永初年までに相ついで建立された．これらの中核は華宇・三官・二官・べっけい等の朱印船経営者や，2世以下が唐通事という世襲的職能集団を形成した劉一水・林公琰・陳冲一など30余名，町乙名の徐前園・郭一官らである．鎖国によって新規の日本定住が原則的に禁止されたのちも，彼らやその子孫は「明人」の意識を保持し，江戸時代を通じて貿易や行政に重きをなした．

〔参考文献〕 頴川君平編『訳司統譜』（『長崎県史』史料編4），『通航一覧』147・148，中村質「近世の日本華僑」（福岡ユネスコ協会編『九州文化論集』2所収）
　　　　　　　　　　　　　　　　　　（中村　質）

073 周文 しゅうぶん ⇨天章周文（てんしょうしゅうぶん）

074 周文裔 しゅうぶんえい 生没年不詳 11世紀前半の宋商人．日本人女性との間に生まれた子の周良史とともに対日貿易に活躍している．その来日の初見は長和元年（1012）で，年紀違反とされたが，三条天皇即位後初の宋商人の来航ということで安置が許されている．長元元年（1028）にも来航して年紀違反で廻却の処置を受けたが，この時には右大臣藤原実資の家司で実資所領筑前高田牧の牧司宗像妙忠を介して太政官と実資に書状を送り，唐物使の派遣を請うなど安置と同様の処遇を求めている．また実資宛書状から文裔は万寿3年（1026）7月に離日し長元元年9月に再来日していることがわかり，年紀制管理のもとでの具体的な来航間隔を知ることができる貴重な例となっている．その後，長元5年にも来日しているようで，少なくとも都合5回来日していることが知られる．

〔参考文献〕 森克己『続日宋貿易の研究』（『森克己著作選集』2），山内晋次『奈良平安期の日本とアジア』，亀井明徳「日宋貿易関係の展開」（『（岩波講座）日本通史』6所収）
　　　　　　　　　　　　　　　　　　（河辺　隆宏）

075 周文徳 しゅうぶんとく 生没年不詳 10世紀後半に対日貿易に活躍した宋商人．源信から『往生要集』を託され宋天台山国清寺に奉納した人物として知られる．初度の来航年は不詳であるが，対日貿易の共同経営者ともいうべき宋商鄭仁徳が寛和2年（986）に来日しているので，この時に周文徳も来日した可能性がある．また永祚2年（988）に奝然の弟子嘉因らが鄭仁徳の帰国船で入宋しており，この時文徳も行動をともにしていたと推測される．その後，正暦元年（990）に嘉因らを同船させて鄭仁徳が来日しており，この時文徳も同船して来日したものと考えられ，同年冬に大府貫主豊嶋才人（豊島方人）に託して書状を源信に送っている．ただしこの時は音信不通で，翌年2月に再び源信に書状を送り，その中で『往生要集』を国清寺に奉納した旨を伝えるとともに，日本滞在中の食料などの処置が十分でないことを述べ，朝廷への仲介を求めている．

〔参考文献〕 森克己『新訂日宋貿易の研究』（『森克己著作選集』1），速水侑『源信』（『人物叢書』195），亀井明徳「日宋貿易関係の展開」（『（岩波講座）日本通史』6所収），原美和子「勝尾寺縁起に見える宋海商について」（『学習院史学』40）
　　　　　　　　　　　　　　　　　　（河辺　隆宏）

076 周鳳 しゅうほう ⇨瑞渓周鳳（ずいけいしゅうほう）

077 周良 しゅうりょう ⇨策彦周良（さくげんしゅうりょう）

078 周良史 しゅうりょうし 生没年不詳 11世紀前半に対日貿易に活躍した宋商人．父は宋商人周文裔，母は日本人女性．万寿3年（1026）6月，関白藤原頼通に対し，母が日本人であることなどを理由に名籍を進めて叙爵を請い，贖労絹300疋を献上した．頼通は名籍は受け取るが叙爵は認めず，返書と黄金30両を良史に送っている．同年10月，宋明州に至り，「日本国大宰府進奉使周良史」と称し，大宰府都督の命によって土産を進奉しようとするが，日本の公式文書を持参していないとして明州市舶司により上京を留められている．良史が叙爵を求めた意図がうかがえる．なお後年，宋商人から同様の要請を受けた藤原頼長は頼通の先例にならって対応している．中野重孝氏旧蔵『大手鑑』所収長元7年（1034）正月10日付け「東宮（後の後朱雀天皇）御手跡」に，「大宋国汝南郡商客良史，字憲清」とみえる．汝南郡は現在の河南省汝南県にあたり，宋商人の具体的な出身地を示す史料として貴重である．

〔参考文献〕 森克己『続日宋貿易の研究』（『森克己著作選集』2），山内晋次『奈良平安期の日本とアジア』，亀井明徳「日宋貿易関係の展開」（『（岩波講座）日本通史』6所収），田島公「大陸・半島との往来」（『列島の古代史』4所収）
　　　　　　　　　　　　　　　　　　（河辺　隆宏）

079 宗叡 しゅえい 809～84 平安時代前期の僧．入唐八家の1人．「しゅうえい」ともよむ．俗姓池上氏，左京の人．大同4年（809）生まれる．はじめ大学寮で音律を習う．ついで弘仁13年（822）出家．内供奉十禅師載鎮・延暦寺義真・興福寺義演・園城寺円珍について諸宗を学び，この間，天長8年（831）に具足戒，ついで菩薩戒を受ける．さらに東寺に移り，実恵・真紹らに師事した．また選ばれて東宮惟仁親王（清和天皇）に侍し，以後崩御に至るまで厚い帰依を受け，元慶3年（879）5月の出家に際しては，戒を授けている．貞観4年（862）真如親王に従って入唐．五台山・天台山に巡礼する一方，汴州の玄慶，長安の青竜寺法全・慈恩寺造玄・興善寺智慧輪らを尋ね，修学に努めた．同7年福州より唐商李延孝の船で帰国，11月東寺に帰着した．同11年正月権律師，16年12月権少僧都に転じた．18年東寺二長者となる．元慶3年10月大僧都を経ずに僧正に任じられた．同8年3月26日示寂．享年76．禅林寺

僧正・円覚寺僧正・後入唐僧正などと称される。『三代実録』に寂伝があり、同伝が『入唐五家伝』に「禅林寺僧正伝」として収められている。　→入唐八家（にっとうはっけ）

参考文献　『頭陀親王入唐略記』（杉本直治郎『真如親王伝研究』）、『書写請来法門等目録』（『大日本仏教全書』）、杉本直治郎『真如親王伝研究』、佐伯有清『円珍』（『人物叢書』200）、同『高丘親王入唐記』

（石井　正敏）

080 **儒学** じゅがく　⇒儒教（じゅきょう）

081 **朱紈** しゅがん　1492～1549　中国、明の海禁政策を厳守し海上の粛正を断行した官僚。蘇州府長洲県（江蘇省）の人。字（あざな）は子純。弘治5年（1492）生まれる。正徳16年（1521）の進士。清廉剛直で知られた朱紈は、浙江・福建の海域を中心に盛大となった密貿易に対処するため、嘉靖26年（1547）7月、右副都御史として南贛巡撫から浙江巡撫兼福建軍務提督に起用された。彼は直ちに沿海地の現状を巡視し、出入船舶の監視や沿海住民の保甲をきびしくし、海禁の厳守と海寇・倭寇の取締りを強化し、海賊の本拠・密貿易の中心地を急襲させ、その絶滅をはかった。その結果、翌年4月密貿易の拠点双嶼港は潰滅し、李光頭・許棟ら多数の賊酋が逮捕・処刑された。しかし彼の徹底した海上の粛正は、密貿易の利益に潤っていた沿海地の郷紳層やこれと結ぶ官僚の反撃に遭い、独断処刑の罪を問われて失脚し、嘉靖28年ついに毒薬を仰いで自殺した。58歳であった。その死後、海禁が弛み海寇・倭寇の極盛期を招いた。

参考文献　『明史』朱紈伝　　　（佐久間重男）

082 **儒教** じゅきょう　（一）中国において前漢の武帝が董仲舒の献策により、儒家の教説を基礎に正統教学として国教化し、以後、清末までの王朝支配の体制教学となった思想。儒家とは、中国、春秋末期から戦国期にかけて活躍した諸子百家（思想家群）の中で、首位に立つ思想集団。孔子を開祖として戦国期の孟子・荀子など原始儒家によって思想形成を遂げた。先秦諸子のうちではこの儒家と墨家が、活動的学派として最も組織的かつ活発であった。儒家は、伝統的な宗族・郷村の儀礼を保持するための、民間の長老・巫祝に由来する職業団体を背景にもったらしく、儒の呼称はその柔弱・緩慢のニュアンスをもつ軽侮の形容で、時流に迂遠な葬儀・祭礼方面に従事する保守的な技術教導者の一面をさす、といわれる。孔子を中心に発足したこの学団は、その死後は門人たちによって魯（山東省）の中心地から各地に分散し展開して、戦国末期には8派を数えたという。孟子や荀子には、「先王の道（堯・舜・文王・周公らの教え）」つまり孔子が理想化した周初の礼楽文化の復興を意図して、自己を「儒」と位置づける帰属意識が強い。秦漢統一帝国以後、彼らの奉持した古典「経書」が六芸（りくげい）として国教に公認されたが、その国家学（国家運営のための政治原理を提供する学術）の内容は、董仲舒系の公羊春秋（くようしゅんじゅう）学における「君臣・父子の礼、夫婦・長幼の序（けじめ）」などの名分主義と、陰陽五行思想による天人相関説を配合して、「人君を助け、陰陽に順い、教化を明らかにする」統治者（天子・人君）を政教一致の体現者—聖王・聖人とするものであった。この儒教は、政治・文化の担い手であった士人（官僚・知識層）の主たる思想となり、その歴史・社会の変化に応じて、仏教や道教の教説をも受容してみずからの教義を豊かにし、この儒教思想の史的展開がとりもなおさず前近代中国の思想史の主流をなした。したがって郡県制帝国統治の王朝体制が克服される近代化の過程で、儒教は思想・文化上の打倒目標となり、批判対象とされた。なお儒教は、過去の朝鮮・ベトナム・日本の文化形成に深刻な影響を与え、特に朱子学はこれらの地域の諸政権・政体とむすんで長期に正統教学の地位を占めた。通常、この学術面を「儒学」と称し、政教一致の教学的性格を示すとき、その宗祖の名をとって孔子教Confucianismともよぶ。

儒教の基本的教義は、(1)綱常倫理、(2)修己治人、(3)名分主義、(4)世俗的権威主義、である。(1)綱常倫理　儒教では三綱五倫（君臣・父子・夫婦と兄弟・朋友）の3ないし5組の身分的、血縁的関係をあるべき人倫秩序とするため、家族組織から国家政治体制まで貫く具体規定をそなえる。戦国期の孟子がつとに古聖である舜の政教として「父子に親あり、君臣に義あり、夫婦に別あり、長幼に叙（序）あり、朋友に信あり」を紹介し、この人間関係を支えるのに必要な道徳として五常—仁・義・礼・智・信が唱えられ、さらに董仲舒がそれ以前の諸徳目を五行説に配当し、後漢の『白虎通義』に承襲されて綱常思想が定着した。六朝期には、五常を「五典」（『書経』舜典篇）として「父は義、母は慈、兄は友、弟は恭、子は孝」と解する説も併用されたが、いずれにもその修得のための、人間論・意識論がくり返し説かれた。(2)修己治人　五常の道徳を修養し（修己）、五倫秩序の実現に努力する（治人）不断の教化が、統治層士人つまり「君子」の任務であるとする。孔子は礼楽文化を先王周公たちの政教として祖述したが、「礼」とは支配者層氏族内部の階層秩序の規定、つまり敬天・崇祖の日常儀礼を伴う宗族支配（父系血縁集団の秩序）の組織規定であって、その文化はこの祭・政・教一致の礼楽的秩序のうえに栄えた。祖孫・父子の上下尊卑の人倫秩序を根幹とし孝悌道徳によって国家政治体制を維持しようとする。春秋後期は社会進展につれてのこの古代一致体制の解体期にあたり、孔子は孝悌道徳を普遍化した「仁」の徳の実践を創唱しつつ、それを主軸に礼楽文化の再構を試みた。儒教はか

くて「礼」の学習と「仁」徳の修養が「修己」の内容となり，人民への教化主義が「治人」政治の眼目となる．(3)名分主義　孔子の「正名」思想は，事物の実質を正確に認識できる称呼（よびな）を保持することで，この名実の正しい一致がほかでもなく礼楽的貴族領主制の君臣・父子の身分秩序を乱さず，法権のもとの平等主義を忌避して孝悌道徳の壊敗を許しえぬ内容であるとする主張であった．孟子は，新編された『春秋』を孔子の正名（名分）を具現した経典とみて，そこに「名を正して分を定め，情を求めて実を責める」（欧陽脩）君父制を重視する尊王思想を学びとろうとした．秦漢期儒家の，政教（人倫・治政）上の君臣関係の重視から「春秋は，名分を道（い）う」（『荘子』天下篇）と評定された．一方，戦国期の『管子』の名分思想や，君主権強化をはかる申不害・韓非ら法家系の刑名思想が臣下統御術へむかい，「正名審分」や「名に循（そ）いて実を責める」という君主・臣僚間の名分思想を秦漢期の帝国統治に浸透させた．漢代の董仲舒系春秋学では，天地陰陽にもとづく「君臣の義」として法家流の政術から離して理念化し，綱常倫理に組み入れた（『春秋繁露』）．かくて国家（君主）に忠誠な臣僚を人倫道徳の一方に位置づけるとともに，伝統的な家族集団（家長）への孝悌観念とむすびつける努力がなされた結果，『孝経』は礼学の一部から独立して孝悌が国家的規模での展開を示した．『春秋』と『孝経』はかくて国家の教本として普及し，儒教の名分論はこの2経典に代表された．後漢「礼教」国家での礼教は君父・臣子と尊尊・親親との間へと問題の焦点が移った．のち宋代の民族国家の危機に際会し，孫復らの春秋学による尊王攘夷が唱えられ，夏夷の別を闡明して中国の伝統文化を保持する一種の国粋主義として，新儒学の名分論の一展開をみた．(4)世俗的権威主義　以上の諸教義は政教的文明を包括した聖人の道としての記録「経書」に述べられ，漢代の春秋学と易学が陰陽五行思想や道家・法家の主張を巧妙に摂取し，綱常的家父長制の観念が拡大して国家規模に適用され，「易伝」の宇宙論によっても自然と人事を総合解釈することに成功した．．この過程で，人道を中心に説く原始儒家思想は，神秘的な天人相関説の色彩を濃くし漢魏期の讖緯説の流行がその非合理的傾向を増幅した．しかし一定の「礼教」文化を維持しようとする現実処理の政術として，常に国家権力に依存して世俗的権威を帯び，かつ古聖の伝統を背景とした教学的権威を兼備した．以後，士人の思想は「経学」形式をとって展開する．歴史・社会の進展から「礼教」体制の危機が襲うとき，儒教は常に「経書」解釈の枠を拡げ，仏教・道教などを自己内部に組み入れて礼教からの士人の離反を防いだ．

　経学とは，中国古典の「経書」すなわち四書五経などの解釈をめぐる学術をさす．経書は儒家の奉持した基本典籍で単に「経」ともいう．戦国末・秦漢期の諸子百家のあいだで，儒家を含め自家の特定する文献を経・経言とよび，その解説部分を説・解・伝・記などと称した．織物のたて糸の意味から転じて，儒家では「つねのみち」，つまり永久不変の原理を提供する，人間生活の軌範を十全に具備する教義の典籍とされ，内容は孔子や周公など古代の理想の祖師や聖賢の述作として権威づけられた．前漢末期からこの経書を補うものとして，秦漢期以来の多くの伝訓・伝説のほかに，よこ糸を意味する緯書が作成された．経としては『孝経』が書名として早く定着したが，『老子』にも経伝・経説の名称の解釈書があった．儒家の経典は『荀子』にみえる『礼』『楽』『詩』『書』『春秋』の5種が古く，漢初成立の『荘子』天運篇に「孔子が『詩』『書』『礼』『楽』『易』『春秋』の六経を治め」とあり，それが政術に応用される国家学「六芸」の位置を占めるのは前漢武帝期に国家教学として学官に五経博士が置かれてからである．「六芸」となった経書に対して，『論語』『孝経』もこれに準じて扱われ，これらは経術・政芸として治政に活用され，伝・記・説を伴った実際の運用を「経学」とも呼んだ．ことに陰陽五行の災異理論を説く董仲舒系の『春秋』の術芸は国事の当否を判断し国策の基本に関与し，他の経書の治政への応用をも刺激した．両漢期を通じて専門の経書をマスターして師承を重んずる学官（博士官）は，当用の政術を競い，休祥災異・神仙思想のために図讖（予言説）・緯書をも採り入れて経説を展開した．この，当時通行の隷書—今文（きんぶん）で書写されたテキストを用いる博士官の今文学とは別に，古文—戦国期の篆書や籀文（ちゅうぶん）などの字体のテキストを使用する学術—古学も，前漢末期に興り，訓詁解釈にすぐれ今古文の比較研究を促し，漢魏期の「注」—故訓・校注を残した．後漢末の鄭玄に至って経書の総合解釈の段階に達し，当面の治政のための術芸をこえて永遠の政教理念を説く学術へと傾いた．六朝期には礼学（三礼の学）を軸に貴族社会を支えた礼教の議論をよび，漢魏期の経注・伝注を敷衍して再解釈をほどこす集解・音義・義疏が盛行したが，義疏の学は漢訳仏典の論義の影響をうけた討論形式をとり，教相判釈（きょうそうはんじゃく）のように分析的解釈を施した．その対象の経書は，隋初の音義集成『経典釈文』では三経（『周易』『尚書』『毛詩』）・三礼（『周礼』『儀礼』『礼記』）と春秋三伝（『左氏伝』『公羊伝』『穀梁伝』）に『論語』『孝経』と古典語彙集『爾雅』の十二経に及び，別に三玄の書の『老子』『荘子』を配して14種を収める．300年にわたる経書解釈の蓄積の結果，唐初から「科挙」の課目に経学が課せられ，その標準解釈として勅撰『五経正義』が定本（標準テキスト）とともに編成されて，漢魏期の石経以来の公認テキストの校定を経た．唐宋間に五経以外の諸経書

にも義疏が作成されたが，この注疏の学にはすでに創造的な思想性は脱落，北宋神宗期に『孟子』が昇格して十二経に加えられて古注系の標準解釈叢書『十三経注疏』が完成する時期(南宋期)には，新儒学―宋学の活動期に入っていた．

宋代以降，隋唐貴族制の解体によって科挙を足場に新興官人支配層が登場すると，統一王朝の内政・国際上の政治的，経済的な緊張状態のなかで国家主義的な名分論や正統論が唱道され，仏教・道教流行による儒教の思想的危機感から道義心の涵養と古聖の道の主体的体得をめざす新儒学 Neo Confucianism が興った．新儒学は起源をたどれば老荘思想や華厳・禅学の仏教理念に影響をうけたものであり，この新興士大夫官人層によって道統・宇宙観・人性論など従来の経学と次元を異にする「理気論」「性理学」が唱えられ，また経世済民の実学が説かれた．新儒学では，三綱五倫と五常とを理(「天理」)と宣言し気による万物(自然とヒト)の差異を説き，それは家父長制的礼教体制を理気概念によって体系づけて洗練された天人合一思想を内容とする朱子学となって完成した．宋学の展開過程で旧来の経書への自由解釈や文献批判が出現し，他方で歴史学・自然学や名物・金石を対象とする実証的な学術を生んだ．さらに程子(程顥(こう)・程頤(い))や司馬光が『中庸』『大学』の2篇を『礼記』から独立させて『論語』『孟子』と組み合わせて「四書」として尊奉し，南宋の朱熹(朱子)がみずからの哲理にもとづく『章句・集注』を作って「五経」に導入する必読書と規定した．「四書」は程朱学にとって在野の聖賢が議論を交わした政教論集であり，かつ天下統治の方策は各個の士人の責任と自発性において修得すべきものと解釈された．「礼教」体制下の士人が君臣倫理のなかで相対的自立性を強めつつ，積極主体的に「礼教」イデオローグとして果たすべき政治・社会状況が反映されていることが朱子学が正統教学に帰した理由である．元明期を通じて，朱子の四書注釈が科挙に課せられ，この新注による勅撰『四書大全』が著わされて，古注系の経学は軽視された．明清期に朱子学は体制思想を制圧したが，封建秩序の内部矛盾の増大からその補強として陽明学が登場する．一方，その陽明左派の李贄(し)らは当時の活発な商工業に従事する郷紳層を背景に「礼教」体制の欺瞞性を衝き，欲望肯定の「童心」説を唱えて儒教批判に及んだ．他方，社会の動揺に対処して党派的に政争を挑んだ東林学派(東林党・復社など)は中央集権制の批判，学術的調査活動の必要を説いた．この経世致用の実学の提唱は明朝の滅亡と異民族支配の現実に直面し強い民族意識を伴って支持された．それは黄宗羲・顧炎武・王夫之らに代表される．かくて史的実証を眼目に，博学と実践を重んずる経学・史学が勃興する．しかし清朝の文化政策によってその経世面の実学思想や反満感情は抑圧されて，客観主義的な「実事求是」の側面が伸びて18世紀中国を彩る乾隆・嘉慶の学―考証学が開花する．

考証学は，考拠の学・樸学と自称し，経書を中心に宋明の理学・心学の主観唯心ふうの学風を排し，さかのぼって古聖により近い時代の学業とされる漢魏期の伝注や六朝期の注疏を尊重したので清朝漢学ともよぶ．経学を主軸とした顧炎武の浙西学派は閻若璩・胡渭らの経書(『書経』『易経』)への文献批判を通じて宋学の拠りどころを覆す方法を樹立．全盛期には，漢儒の学芸を信奉した恵棟・江声ら呉派(蘇州学派)のもとに銭大昕・王鳴盛や汪中などを輩出した．ついで戴震の皖派(安徽学派)から段玉裁と王念孫・引之父子が出現し小学(古典語学)の知識を活用して古典解釈を深めた．経学は「目録・輯佚・校勘」を基礎学とする文献批判と言語考証の近代古典学へと変貌を遂げてゆく．また黄宗羲が道を拓いた史学は万斯同・全祖望から邵晋涵・章学誠に至る浙東学派にその特色が発揮され，姚際恒や崔述らの古史批判は後世の近代歴史学に重大な影響を及ぼした．これらの学風はアヘン戦争後，公羊学派の時務論のまえに退潮を余儀なくされるが，皖派系の兪樾・章炳麟や，孫詒讓・王国維らによってその精髄が継承され，近代中国の古典学「国学」の基盤を築いた．士人の基礎教養と体制教学はその間も，科挙の存続したかぎりは(1903年廃止)新儒学―朱子学であることに変更はなかったが，経書自体は「礼教」世界が急速な行きづまりを見せるなかで諸子文献と並列されてその権威の相対的低下を招いた．そして本格的な儒教否定は近代の幕開けとしての，キリスト教に依拠した農民運動―太平天国運動の思想であった．20世紀を迎える時期には，士人層の中から変法派(改良主義思想家)と革命派とがそれぞれ経書批判を伴って儒教批判を展開させ，経書の教義と士人知識層の教養との原則的一致を求めた旧体制が崩壊するにつれて，経書の権威は失墜していった．儒教の完全な克服には，辛亥革命後の五・四運動の「孔家店打倒」を経て，現実を変革する人民解放の革命運動による体制変革を必要とした．

参考文献　皮錫瑞『経学歴史』，蔣伯潜『十三経概論』，范文瀾『范文瀾歴史論文選集』，周予同『周予同経学史論著選集』，宇野哲人『儒学史』上，楠本正継『宋明時代儒学思想の研究』　　(戸川　芳郎)

㈡日本において，儒教という語は『本朝文粋』3の菅原輔正策問「弁₌耆儒₋」(長保3年(1001))に，また儒学の語は『菅家文章』2の「博士難」(仁和3年(887))にそれぞれみえるが，そのほか「儒道」(『日本書紀』持統天皇7年(693)3月甲寅条)の呼称もあり，「周孔之教」(同皇極天皇3年(644)正月乙亥朔条)，「斉魯之学」(『懐風藻』序)などと呼ばれたこともある．5世紀

ごろ伝来して以来,わが国前近代社会における有力思想の1つとしての地位を保持しつづけた.

〔古代・中世〕応神朝に百済の和邇吉師(王仁)が『論語』などの典籍をもたらしたという王仁伝説や,継体・欽明朝に五経博士が百済から交代派遣されたとする伝承は,そのままでは事実とは認め難いが,儒教伝来が朝鮮経由でなされたことを反映するものであろう.しかし5世紀には中国南朝諸国との外交関係が結ばれていたので,そのルートによる儒教典籍の舶載や儒教教義を身につけた人たちの渡来もあったと考えられる.特に478年の倭王武の上表文にみえる儒教経書からの引用は,『宋書』編纂者の潤色でなければ,仮に類書からの再引用を含むにしても,当時相当数の儒教典籍が輸入され,かつ利用し得る状態にあったことを示している.6~7世紀以降も経書の輸入は引き続いて行われ,渡来氏族である史部の手で伝習されたと考えられるが,7世紀初頭からは中国への留学生派遣も始まって,儒教受容は一段と進展した.推古天皇12年(604)成立とされる『十七条憲法』は,その1つの到達点を示すものである.そこには仏教の影響も認められるものの,基調をなすのは儒教思想であって,前に指摘された中国儒教教義の基本特徴が見出される.すなわち,君父への随順を力説する第1条には綱常倫理の思想,「上不_レ礼,而下非_レ斉」と説く第4条には修己治人の思想が現われており,「君則天之,臣則地之」とする第3条は名分主義に基づく.また第6条・第16条が「古之良典」の権威を特記するのは,世俗的権威主義の立場を示す.そして,官司制から律令制への統治体制の進展に伴って,儒教は土着の民族信仰や仏教と融和あるいは対抗の関係を取り結びつつ,律令体制イデオロギーの一環を形成し,支配層がそれを系統的に学習する施設としての学校が設立される.学校は天智天皇9年(670)ごろの創設当初は学職と呼ばれ,主に百済からの亡命知識人によって構成されたが,遅くとも『大宝令』(大宝元年(701))において大学寮と改称された.大学寮の本体をなすのは経書を講究する儒学科(のちの明経道)で,教科書としては三経・三礼・『春秋左氏伝』『論語』『孝経』の九経がその注疏とともに指定された.春秋三伝のうち公羊・穀梁が採用されなかったのは,8世紀初頭にこの2書が伝来していなかったためで,8世紀末に留学生の手で将来され,ついで教科書として採用された.注疏は唐令にならって,『毛詩』と三礼は中国北朝で行われた北学系,他は南学系・北学系が並行指定されたが,並行指定されたもののうち実際に用いられたのは南学系のみであった.儒教伝来の経路からみて在来の史部の学問が南学系のものであったと考えられること,「南人簡約(中略)北学深蕪」(『北史』儒林伝)と評される南学の学風が文化的後進国であるわが国に受け入れやすいものであった

ことなどが,南学系注疏がもっぱら用いられた原因と考えられている.大学における経書の研究・教育のレベルは明らかでないが,9世紀初頭には三礼・三伝をそれぞれ専攻する学者グループが生まれ,両グループの論争が論義形式で行われたこともある(『類聚国史』31,天皇行幸,天長8年(831)8月乙亥条,『三代実録』仁和2年5月28日条紀安雄卒伝).また「以_二春秋_一名_レ家」「尤精_二礼経_一」などと評される大学教官も輩出しており(『三代実録』貞観6年(864)正月17日条山口西成卒伝,同元慶4年(880)5月28日条菅野佐世卒伝),御船氏主『九経難儀』,刈田種継『三伝難義』など大学教官の著述もあった(『類聚符宣抄』6,承和9年(842)5月26日宣旨).経書の理解は9世紀ごろには相当進んだものとなっていたと考えられる.また貞観2年には『御注孝経』が教科書として新たに採用され,唐制への追随が一層進められた.しかし釈奠論義に用いるテキストが五経と『論語』『孝経』など比較的基礎的なものに限られたという事実は,当時一般の儒教理解の程度を示すものとみられるし,前記教官の諸著作が現存しないため彼らの理論水準も窺い難い.大学の経学教育は貴族支配層に儒教的教養をある程度普及させるに役立ったものの,儒教教義が彼らの間で十分に内面化されるには至らなかった.8世紀には儒教・仏教・道教の優劣を論じる三教論も現われたが,その論点はおおむね中国の三教論の繰返しにとどまっている.また8~9世紀には儒教イデオロギーの民衆への滲透をはかって,孝子・節婦の表彰など儒教的家族道徳の鼓吹が政府の手で試みられた.しかし民衆の生活実態からかけ離れたこのような民衆教化政策は失敗に終り,政府の意図はストレートには実現しなかった.そのうえ10世紀以降の律令体制解体期に入ると,民衆教化政策そのものが放棄された.貴族支配層の間では,これに先立って経学よりも漢文学への志向が次第に強くなり,9世紀後半には大学においても紀伝道が明経道に代わって中心的位置を占めた.主として明経道の学者を意味した「儒」という語も,両儒(文章博士),儒卿(紀伝出身の公卿),儒宗(紀伝道の第一人者)などの用例にみられるように,もっぱら紀伝道用語と化した.貴族社会における明経の地位低下は著しかったといえる.

大学寮諸道における教官職の事実上の世襲化(博士家の成立)や博士家家説の形成・継承(家学)の傾向は明経道にも波及し,10世紀から11世紀にかけて中原・清原両氏が明経道博士家の地位を確立して大学寮退転後の中世にまで及んだ.家学は経書の訓釈について博士家ごとに説を立てたものであるが,在来の注疏の範囲内での小異説にすぎず,独創的な新説や自由解釈とは無縁であって,それを継承する博士家の保守性は,13世紀以降新たに輸入された宋学に対する消極的態度

を生み出した．博士家が新注を採用し始めるのは後述のごとく15世紀のことであり，当初宋学導入に積極的役割を果たしたのは禅僧たちである．彼らの中には入宋・入元に際して直接・間接に宋学を学び，また宋学典籍をもたらしたものも少なくなかった．宋本はすでに12世紀ごろから商人の手で輸入されていたが，禅僧の中国渡航が多くなるとともに宋学関係書の舶載も活発化し，円爾のように多数の新注書を将来したケースもある．しかし禅僧の宋学学習の目的は主に禅儒の一致ないし両者の優劣の弁証にあったので，その宋学受容に偏りがあることは否めない．ただその中でも14世紀の中巌円月や義堂周信の宋学理解には注目するべきものがあった．中巌の著『中正子』はその宋学理解のレベルを示す書であるし，義堂は宋学の教授を禅林外に開放したことで知られる．鎌倉・南北朝時代を通じて宋学の学習は禅林内部に限られていたので，宋学の名分論が建武新政の思想的根拠となったとし，あるいは玄慧法印を宋学首唱者に擬する旧説は，その妥当性を疑われているが，義堂が将軍足利義満に『中庸』を講じて以後，禅僧が新注による経書の講義を公家・武家に行うことが多くなり，宋学は次第に上級武士や公家たちの間に滲透していった．政情不安と社会変動が著しかった時期だけに，社会秩序の不動を天理によって基礎づけようとする宋学の教説は，彼ら支配層に受け入れられやすいものをもっていたと考えられる．啓蒙的な『四書童子訓』（『大学童子訓』のみ残る）を著わして宋学普及に貢献した公家学者一条兼良が現われ，博士家が新注を採りいれ始めるのは，このような状況においてのことであった．しかし清原宣賢が四書を講じるにあたり，学庸については全面的に新注に依拠しながら，論孟に関しては新注・古注折衷にとどまった事実にみられるように，博士家の宋学受容には徹底を欠くものがあり，家学の伝統が完全に断ち切られたのではなかった．そのうえ，兼良も宣賢も禅僧の禅儒一致論からさらに一歩を進めて，神道中心の三教融合論を提起している．1つには一条家が吉田神道の説を承けており宣賢が元来吉田家出身であったことに起因するが，同時に彼らの宋学理解の限界を物語るものであり，また当時の思想界における新儒学の位置がそこに示されているともいえる．一方，15世紀以降には宋学の地方への普及もみられ，近世社会の支配的イデオロギーとなる基盤が徐々に築かれていった．普及は有力な守護大名・戦国大名やその家臣団に対する宋学の講義という形でなされたが，その著名な例としては15世紀前半に清原宣賢が越前・若狭・能登で，同後半に禅僧桂庵玄樹が薩摩で，16世紀前半に南村梅軒が土佐で，それぞれ宋学を講じたことが知られている．特に薩摩では桂庵の指導で文明13年（1481）『大学章句』が刊行されたが，これはわが国における新注書開板の最初の事例であり，土佐では梅軒の学統から近世の海南学派が生まれた．また足利学校では，文安3年（1446）上杉憲実制定の「学規三条」が講書のうちに四書をあげているのは，宋学の影響がすでに及んでいたことを示すものであり，遅くとも16世紀半ば以前に新注の部分的採用が始まっていたことも知られている．しかし宋学を受容した階層は戦国動乱の中で精神的支柱を模索していた武士層に限られ，新儒学が科挙制度を通じて広く地方の郷紳層をとらえていった中国の場合とは異なっている．その背景にはいうまでもなく日中両国の文化的格差や社会構造の相違があり，それらがわが国における儒教理解の徹底を妨げる要因にもなっていた．容易に解消し得るはずのないこうした差異をどのようにしてのりこえていくかは，近世儒教の課題の1つとして残された．

参考文献　家永三郎『日本道徳思想史』（『岩波全書』），水田紀久・頼惟勤編『中国文化叢書』9，小島憲之『国風暗黒時代の文学』上，同『上代日本文学と中国文学』上，久木幸男『大学寮と古代儒教』，小林芳規『平安鎌倉時代における漢籍訓読の国語史的研究』，和島芳男『日本宋学史の研究』，芳賀幸四郎『中世禅林の学問および文学に関する研究』，東野治之「美努岡万墓誌の述作」（『日本古代木簡の研究』所収），武田佐知子「律令国家による儒教的家族道徳の導入」（竹内理三編『古代天皇制と社会構造』所収），菅原征子「律令国家の農民教化」（『講座日本教育史』1所収），和島芳男「上代貴族の学問について」（『神戸女学院大学論集』6ノ1・2），石川謙「上世・中世の漢学教育」（『国語と国文学』34ノ10），緒方惟精「明経家学の成立と鎌倉期に於ける清中二家」（『千葉大学文理学部紀要』文化科学2ノ1），阿部隆一「本邦中世に於ける大学中庸の講誦伝統について」（『斯道文庫論集』1）　　　（久木　幸男）

〔近世〕16世紀後半以降，すなわち近世に入ると，儒教の社会に対する影響力は，それ以前と比較して，格段に大きくなった．それは一面では，将軍や大名など，高い地位にある為政者の教養として，広く重んぜられるようになったためであり，また一面では，武士をはじめ一般の人々のための日常的な道徳の教えとして普及したからである．それにより，儒学ないし儒学を中心とした漢籍に関する学問としての漢学は，この時代における学問を代表する地位を占めるようになった．思想界の動向にも，儒教の影響が大きい．そのような状況が生じた基本的な原因は，この時代に入って，政治的秩序が安定し，人々の関心が，現実社会の中での生き方，すなわち道徳や政治の問題に，主として指向されるようになったことにあったと考えられる．しかし大きくなったとはいえ，その社会に対する影響力には，特に中国や朝鮮の場合と比較してみると，かな

りの限界があった．その理由の第1は，宋代以降の中国や，また李氏朝鮮において実施されていたような，科挙による人材登用の制度がなかった点である．したがって近世の日本では，儒学を修得しても，社会的には単に学者として評価されるにとどまり，その学問を実際の政治上に活用する機会は与えられないのが普通であった．江戸幕府や諸藩には儒者とよばれる役職が置かれたが，その任務は，将軍や大名に対する侍講（個人教授）と，文辞や故実に関する知識が必要とされる事務を処理したり，書籍の編纂・出版などの作業に従事したりすることとが，主であって，政治上の問題に関する発言権などはなかった．幕府の場合でいえば，6代将軍徳川家宣の信任を受けた新井白石が，侍講の職にありながら，その意見を政治上に反映させることができたのは，ほとんど唯一の例外であり，諸藩においても事態は同様であった．科挙の制度があれば，儒学の教養は，為政者たる官僚の全員にとって必須のものとなり，儒教道徳が官僚の行為規範としての権威をもつこととなったであろうが，日本の武士社会では，儒教にそれほどの規制力はなかった．それと関連して第2に，儒教における具体的な生活規範としての「礼」が，日本では社会制度として受用されなかったという事実がある．「礼」は，中国古代の社会習俗を基礎として形づくられたものであるが，李氏朝鮮でもかなり忠実に履行されていたのに対し，日本では，古代以来，貴族や知識人の間で部分的に実践されたことはあるにしても，本格的に制度として取り入れられることはなく，近世においても同様であって，人々の生活は固有の習俗にもとづいて営まれていた．このことは，たとえば，「己（おのれ）に克（か）ちて礼に復（かえ）るを，仁と為す」（『論語』顔淵篇）というような，儒教の基本的な思想についての理解を困難にし，いわば抽象的な理論ないし教訓として儒教を理解するという傾向を生み出すこととなった．しかし上記の2点による限界は，儒教の思想の正確な理解，あるいはその本来の社会的機能の発揮という面からすれば，短所としなければならないが，その反面，中国や朝鮮の場合とは異なった，日本儒教の特色をなすいくつかの長所を生み出すこととなった．その第1は，自由な研究や討論の発展である．中国や朝鮮では儒教が官学として国家権力と結びついていたのに対し，幕府や諸藩では，儒教にそれほど重要な意義を認めてはいなかったから，特別な保護を加えることもなく，したがってまた，民間での学者たちの活動の内容には，ほとんど干渉しようとしなかった．ただし学者の活動が，政治上の意味で危険とみなされた場合には，たとえば山鹿素行や林子平の事件にみられるように，きびしい処罰を受けることがあったが，学問上・思想上の問題について，そのような統制が加えられることはなかった．少なくともそれが18世紀後半までの一般的な状況であり，幕府が寛政異学の禁（寛政2年(1790)）により，朱子学を「正学」と定めたのは，その意味で政策上の画期的な変化であったといえる．しかしこの禁令も，学校制度を整えるための準備として，幕府の学校での教育内容を規制したのにとどまっていたから，民間の学界での自由討究の風潮を阻害するまでには至らなかった．このような自由な風潮は，政治権力との関係ばかりではなく，社会そのものの開放的な性格とでもいうべきものによって支えられており，その点を第2の特色に数えることができる．儒学の専門家は，中世までは，貴族や禅僧など，特定の身分の人々にほぼ限定されていたのに対し，近世になると，武士や庶民など，さまざまな身分から学者が輩出した．それらの学者が開いた私塾などによる教育活動と，他方で出版事業が発達したこととにより，学問的研究の成果は一般に公開され，能力さえあれば誰にでも近づきやすいものとなったのである．また，学者の世界の中ばかりではなく，一般の社会に生活する人々に対しても，平易な文章や講話などによって，儒教的な道徳の教えなどを説こうとする学者や思想家も，石田梅岩・大原幽学・二宮尊徳ら，多く現われ，それにより儒教の思想は，いわば通俗化された形態で，広く民衆の間にまで普及した．このように自由で開放的な風潮に支えられたことにより，近世の日本儒教は独特の発展をとげ，日本人による知的活動の成果を代表するものとして，わが国の思想史上に，仏教における鎌倉仏教と並ぶほどの，重要な意義を担うものとなっている．

近世の儒教は，朱子学の継受から出発した．16世紀後半から17世紀にかけて，朱子学が儒学界の主流をなしたのは，中世後期の京都五山を中心とした学風を継承したもので，その五山などの学風は，同時代の中国や朝鮮で朱子学が官学として重んぜられていたことの影響のもとに成立していた．近世儒学の祖と称せられる藤原惺窩は，五山の1つである相国寺で，またその門人で，幕府の儒官となった林羅山は，同じく建仁寺で，それぞれその学問の基礎を習得している．その惺窩が，禅僧の身分を離脱し，儒学者として社会に活動することを志して，訓点を加えた四書五経を公表しようとしたこと，また羅山が，慶長8年(1603)に京都の市中で『論語』の公開講義を行なったりしたことは，秘伝や身分に拘束された中世儒学から，自由で開放的な近世儒学への転換を象徴する出来事であった．また，少しのちであるが，儒教道徳を平易に解説した仮名草子『清水（きよみず）物語』は，寛永15年(1638)に出版されると，「京やゐなかの人々に」2000～3000部も売れたといわれ（『祇園物語』），民間での需要の大きかったことがうかがわれる．惺窩の学統は京学とよばれ，そのほかにも多くの学者が活動して，初期には京都が

儒学の中心となった．地方では，薩摩や土佐など各地に，五山の禅僧の系統をひく儒学が発展しており，その土佐の儒学（南学）を学んだ山崎闇斎は，やがて京都で塾を開き，独特の厳格な学風を特色とした朱子学の一派（崎門学）が，その門流から発展した．しかし朱子学は，儒教の古典に合理主義的な解釈を加えることにより，普遍的な性格を強めていたとはいえ，日本の社会にとっては，やはり外来思想であって，前記のような社会的諸条件にもとづく限界のために，その本来の機能は発揮されず，したがって朱子学の教えを忠実に実践しようとすればするほど，その教えに疑問を抱くようになった人々が，比較的に早い時期から現われている．中江藤樹が正保元年(1644)ごろに陽明学に転向したのがその最初であるが，藤樹の後継者は，熊沢蕃山が出た以外には，あまり発展しなかった．これに対し，朱子学ばかりではなく，陽明学を含めて，中国で後世に発達した儒学の思想を全面的に排除し，直接に『論語』など儒教の古典の原文を研究することにより，その本来の精神を明らかにすることを標榜して，独特の学説を主張したのが，寛文2年(1662)，3年ごろに始まる山鹿素行の聖学と伊藤仁斎の古義学，および享保2年(1717)ごろに確立された荻生徂徠の古文辞学であって，この3者を総称して，古学とよんでいる．古学は，日本人による儒教の古典の解釈として，学問的に独創性に富んでいるとともに，日本の社会に適合した道徳や政治のあり方を，その古典の解釈を通じて表現している点で，注目に値する．古学の中でも，仁斎と徂徠の学問は，こののちの学界や思想界の動向に大きな影響を及ぼし，特に学問の上では，中国の古典に関する実証的な研究の発展への道を開くこととなった．しかし仁斎や徂徠の学問は，独創的であるだけに，やや主観的な性格をおびたのに対し，これを修正するために，中国の漢代や唐代の注疏を研究する古注学や，その古注と新注（朱子学）および仁斎・徂徠の学説を総合しようとする折衷学などが起った．このうち古注学は，長崎から輸入される漢籍を通じ，清朝の考証学の影響を受けて，考証学として発展し，吉田篁墩・松崎慊堂・安井息軒らが，すぐれた研究の成果を挙げた．また，徂徠の影響のもとに，現実の政治上の諸問題に関する議論，すなわち経世論が発展し，その一種として，19世紀の水戸藩に生まれた水戸学は，対外的危機に直面した日本の国家的統一を強化するための方策を主張して，明治維新を準備する役割を果した．この間に，幕府や諸藩では，18世紀後半から，武士に対する教育に関心を向け，藩校や昌平坂学問所を設立したので，武士の間には，朱子学を中心とした儒学が広く普及するようになった．しかし昌平坂学問所の教授として名高い佐藤一斎が，「陽朱陰王」と批難されたように，実質上は陽明学を信奉していたのをはじめ，朱子学を学びながら，陽明学に親近感を抱く人々が，幕末期にかけて，次第に多くなった．吉田松陰や西郷隆盛らにも，その傾向が認められる．これは，朱子学が分析的であるのに対し，陽明学に直覚的な性格のあることが，日本人の心情に合致し，特に行動の倫理として受容されやすかったためであると考えられる．陽明学者である大塩平八郎（中斎）が天保8年(1837)に反乱を起したのも，その顕著な実例であろう．

〔近代〕幕末維新の動乱の時期には，幕府や諸藩の有志の人々の間での全国的な交流が盛んとなり，その際のいわば共通語として漢語が用いられたことや，さらには新しい統一国家形成の事業を進めて行く上で，儒教を中心とした漢学の知識が参考とされたことなどにより，明治初年には漢語や漢文が流行し，政府の法令など公文書にも，従来の慣用の文体に代わって，純粋な漢文またはその読み下し文による表現が一般に用いられるようになった．明治3年(1870)に公布された刑法典「新律綱領」も，明律に依拠して作られたため，裁判官には漢学の知識が必須の教養とされた．新政府の教育方針としても，最初は，国学と並べて漢学を重視し，明治2年には，幕府の昌平坂学問所を復活して，大学の本校とし，ここで国学と漢学とを講授することと定めた．しかしこの大学の内部では，国学者と漢学者との間にはげしい対立を生じ，また，ともに洋学を排斥しようとしたので，政府は同4年に大学本校を廃止し，洋学の教育に主力を注ぐようになった．このため漢学は次第に衰退し，私塾などの活動も衰えるようになったが，当時の政治家や知識人の多くは，もと武士として，儒学の教養を具えていたので，洋学を受容するに際しても，たとえば中村敬宇（正直）や西村茂樹らにみられるように，儒学を基礎として西洋の思想を理解しようとする傾向が強く，そのことが明治時代における西洋文化受容の1つの特色をなした．こののちも国民に対する道徳教育の見地から，儒教を尊重しようとする動きは，政府の内部にあり，その中には，明治天皇の侍講の職にあった元田永孚のように，儒教の国教化を主張した者もあったが，そのような動向の結果として明治23年に発布された「教育勅語」の内容は，儒教的な徳目を織り込みながらも，全体としては国家本位の道徳を体系的に述べており，「孝」や「仁」の徳目を基本とした儒教の思想とは異質なものとなっている．この前後のころから，復古主義の風潮に乗じて，各種の儒教研究の団体が結成され，『陽明学』など雑誌の発刊も行われた．また，西洋哲学の研究者である井上哲次郎が，明治33年に『日本陽明学派之哲学』を著わし，つづいて古学派・朱子学派と，三部作を完成したのは，伝統思想としての儒教を，近代哲学の立場から再評価しようとしたものであった．このような儒教復興の動向の中で，陽明学が重視されたのは，江戸

時代後期以来の風潮を継承したものであるとともに，その日本的な陽明学の思想の中に，ドイツの観念論哲学などと一致する要素が見出されたためであったと考えられる．翻訳語として定着した「良心」が陽明学の用語に由来しているのは，その一例である．儒教の維持をめざした団体の中には，明治10年に設立された私塾としての二松学舎のように，のちに大学となって発展したものもあり，また，同13年に結成された斯文学会は，大正7年(1918)に斯文会となり，湯島聖堂を管理して，儒教の研究と普及の活動をつづけている．この間に，各大学を中心に，中国哲学や中国文学の立場からする儒教の学問的研究が発展するようになった．しかし社会の一般的な状況としては，明治の末年ごろから，知識層の間でも儒学の本格的な教養は失われ，それに代わる道徳思想の確立もみないままに，国家主義の風潮に支配されて，道徳を軽視する傾向が，特に政治家や上層の軍人の間に強まり，そのことが日本の軍国主義を暴走させる一因をなしたと考えられる．そのような観点から，歴史上において儒教が日本人の精神生活に及ぼした影響を明らかにすることは，なお今後に残された研究上の課題である．　→漢文学(かんぶんがく)

参考文献　大江文城『本邦儒学史論攷』，安井小太郎『日本儒学史』，牧野謙次郎『日本漢学史』，徳川公継宗七十年祝賀記念会編『近世日本の儒学』，丸山真男『日本政治思想史研究』，阿部吉雄『日本朱子学と朝鮮』，相良亨『近世日本儒教運動の系譜』(『アテネ新書』63)，尾藤正英『日本封建思想史研究』，衣笠安喜『近世儒学思想史の研究』，宇野精一・中村元・玉城康四郎編『東洋思想の日本的展開』(『講座東洋思想』10)，R・N・ベラー『日本近代化と宗教倫理』(堀一郎・池田昭訳)，安丸良夫『日本の近代化と民衆思想』，斎藤悳太郎『近世儒林編年志』，斯文会編『日本漢学年表』　　　　(尾藤　正英)

083　儒教建築 じゅきょうけんちく　孔子をまつる廟，すなわち聖堂建築をいう．江戸時代の学問は儒教を教学の中心としていたから，幕府や藩の学校のうちに聖堂(聖廟)が設けられた．また尾張藩のように，城内に設けたものもあった．現存する重要文化財に指定された江戸時代の聖堂は佐賀藩多久学校聖廟と岡山藩閑谷学校聖廟の2つで，聖堂の代表である幕府の江戸昌平坂学問所聖堂は大正12年(1923)の関東大震災で焼失したが，寛政の規模によって再建されている．聖廟は大成殿を建てて孔子像を安置し，左右に廻廊を出して前に門を開くのが基本形式で，日本では簡略化されたものも多かった．日本の工匠が建てたので，建築様式は基本的には他の建築と変わらず，中国風の細部を加えたものであった．→孔子廟(こうしびょう)　　　　(太田博太郎)

084　儒教美術 じゅきょうびじゅつ　儒教(儒学)思想に基づいて生まれ

儒教建築　閑谷学校聖廟大成殿

た各種の美術．儒家思想は前漢時代に官学に採用されて，宮殿に孔子と72弟子の彫像や画像が並べられ，爾来，清時代末期まで儒教は国学的待遇を受けていたので，絵画を中心にして儒家思想を表示する作品が大いに制作された．この中国の儒教は朝鮮と日本に受容され，唐式学制を模倣した奈良・平安時代は宮廷や大貴族では釈奠(せきてん)像や弟子像を描き漢詩文を讃して，これを賢聖障子とよんだ．また，その他の摂受された多くの唐絵も儒教に関する題材をもっていた．鎌倉・室町時代は幕府に代わって禅林社会が儒教的美術を消化し，江戸時代に朱子学が重視されると君主・臣民の倫理とされて，名古屋城障壁画の帝鑑図(重要文化財)を代表として，当時の画題別名によると聖賢・儒者・仕臣・烈女・忠孝などの儒家思想に直結した作品をはじめ，隠逸や騒客の中にも儒教的要素のある作品が生まれた．江戸幕府の昌平黌や藩校は儒教建築になっているが，明治時代になると全く衰えた．　→儒教建築(じゅきょうけんちく)　　　　(谷　信一)

085　朱子学 しゅしがく　(一)中国南宋の朱子によって確立された学説の体系．北宋中期(11世紀中ごろ)に興った新儒学(宋学)，中でも主として周張二程(周濂渓・張横渠・程明道・程伊川)や邵康節らの学説を継承してこれを集大成し，独自の学問体系を樹立したもの．その中でも二程子の学説と朱子のそれとの間には共通点が多いので，合わせて程朱学などともいう．その内容は哲学理論・名分論・経学などの分野に区分することができる．そのうち，精密な哲学理論を構築し得た点に朱子学の大きな特色があるが，学問が理論体系の樹立だけに終らず，その理論に従って修養し自己の人格を聖賢の境地にまで高めることを目ざす修養の学であり，さらにはその成果を政治の場にまで及ぼす「修己治人の学」であるところにその学問の本質があった．〔哲学理論〕(1)本体論　朱子の哲学は理気二元論といわれ，万物の成立・存在を理と気とによって説明した．すなわち天地および天地の間に在るすべての事物は，物質

的根源(物質を形成する素材)である気と，各事物の在るべき在り方を規定する理との二者によって成立し存在するものとした．そして気が凝集し結合して物を形成すると，そこに各事物の理が宿ると考えた．ただしその場合，理の方が気よりも優先していて，理の規定を受けることによってはじめて気や事物がそれとして成立し得るものとした．(2)人性論　朱子は人の性を，本来の性である「本然の性」と，現実の性である「気質の性」とに分けて考えた．人も万物の中の一種で，人の身体が気によって形成されると，そこに人の理が宿る(心に宿る)．その人の理が人の性(本然の性)であるとして「性即理」の命題を立てた．人の理とは，人が人である必須の条件であり，また人はかくあるべし，かくすべしという人の理想像や行為の規範でもあり，その最も重要な内容は仁義礼智であるとした．本然の性は仁義礼智そのものであるから完全に善であるが，身体的要素の影響を受ける気質の性は，理なる本性そのままではあり得ず，悪の生ずる可能性を持つ．なお本然の性は万人に同一であるが，気質の性は身体を構成する気の相違に応じて個人差がある．悪の根源は気に基づく身体的要素に帰せられたが，具体的には心の働きである情や欲にあるとした．(3)修養論　朱子は「天理を存し人欲を去る」と「居敬窮理」を修養法の主要なスローガンとして掲げた．前者は，悪の根源である私欲を除去して心を理に合致させること．居敬は心を敬という状態に保つこと，窮理は事物の理を知りつくすこと．敬とは心を集中して散漫にしないことで，居敬は「天理を存し人欲を去る」ための方法でもあった．窮理については，事物の理を1つずつ窮め知る努力を積む過程において豁然(かつぜん)貫通してあらゆる理が一挙に理解できるとしたが，最も重要なことは，経書を読んで人倫の理を窮めることであった．居敬と窮理とは相まって効果をあげ，学問修養の目的を達しうるものとした．〔名分論その他〕朱子は五倫(父子・君臣・夫婦・長幼・朋友)を重視して倫理の確立を期し，華夷の区別を強調して，当時中国の北半部を支配下に置いていた金(女真族)に対する復讐とその排除(攘夷)を説いた．また上記の独自の哲学理論に基づいて『周易本義』『四書集注』をはじめ多くの経書の注釈を書いた．さらに学問の成果を政治の面に活かして，民生の安定や綱紀の粛正，国力の充実にも力を尽くした．以上，朱子学の基本的な性格を一言にしていえば「理」を重んずる学問であった．〔朱子学の展開〕朱子の晩年に朱子学は偽学として政治的弾圧を受けたが，朱子の没後やがて禁令が解け，朱子学は門弟やその門流を通じて全国に広まった．元明以後，特に15世紀初め明の永楽以降は，科挙の試験における経書の解釈はもっぱら朱子学の学説によることとなって(これを朱子学が官学になったという)，朱子学は知識人・官僚層に広く深く浸透し，一般民衆をも含めて中国人の生活を律する教学として清末まで勢力を持続した．学界においては，学者・思想家として朱子学を奉じあるいは支持する人たちが常に多数存在し，彼らは朱子学派と(程朱学派とも)呼ばれるが，陽明学をはじめ，朱子学と異なる立場をとる学説も，すべて朱子学を土台にしてそこから出発したのであって，思想史上・学術史上における朱子学の位置はきわめて大きい．朝鮮や日本に対する影響も絶大であった．なお清代には考証学(漢学)が盛行し，専門的な学説の上では朱子学に対する批判ないし修正が大いに行われたが，朱子学の官学としての地位と教学としての権威は揺がなかった．

〔朝鮮の朱子学〕朱子学は高麗朝の末期(13世紀末ごろ)に朝鮮に伝わって李朝を興す原動力の役割を果たし，李朝に入るとその官学となった．以後，朝鮮の儒学は朱子学一色で，教学としての朱子学が普及徹底し，一般の冠婚葬祭も朱子の『文公家礼』によって行われるほど強い力を持った．学界においては，最初は朱子の学説を忠実に祖述する傾向が強かったが，朝鮮の朱子といわれた李退渓あたりから独自の朱子学解釈をするようになり，解釈上の立場の相違に基づいて意見の対立が生じた．特に「四端・七情」をめぐる主理派(李退渓が代表者)と主気派(李栗谷が代表者)との論争は李朝一代を通じて延々と続けられた．また17・18世紀を中心に「礼」に関する論争が盛んに行われ，この学説上の論争が政治的党派の対立と結びついて血なまぐさい抗争を繰り返したが，これらの論争を通じて，朱子学に対する理解が次第に深められかつ具体的になった．なお日本の朱子学に対する李退渓らの影響も軽視できないものがある．

参考文献　島田虔次『朱子学と陽明学』(『岩波新書』青637)，『朱子学大系』，三浦国雄『朱子』(『人類の知的遺産』19)，鄭鎮石他『朝鮮哲学史』(宋枝学訳)，阿部吉雄『日本朱子学と朝鮮』　　　(山井　湧)

㈡朱子学では，道徳の原理は，人の心の本性として，先天的に内在しているものと考えられたから，その「理」を窮め(窮理)，心の本性を発揮させる(尽性)ことができれば，人は誰でも，人格を完成して，聖人と同様な高い精神的境地に到達することができる(「人みな聖人たるべし」)と説かれていた．この平等な人間観に立脚することにより，朱子学は，儒教道徳の普遍的，合理主義的な性格を，さらに強めたといえる．儒教の古典の中から，比較的に明快で理解しやすい四書(『大学』『中庸』『論語』『孟子』)を選び出して，朱子がその精密な注釈を作ったり，また，古代の礼法が実行されにくくなっていた当時の中国社会の実情に合わせて，朱子が『小学』や『文公家礼』(文公は朱子の諡)を著述したりしたのも，そのような普遍化のための努力であって，その結果として，朱子学は，明・清の時代の

中国では，国家公認の教学（官学）として高い権威をもつとともに，朝鮮・ベトナム・日本など，中国と隣接する東アジアの国々にも大きな影響力を及ぼすこととなった．なお，「性」や「理」の観念そのもの，ないしその観念にもとづく哲学的理論は，仏教，特に華厳宗の教理に由来しており，その点では朱子学は，普遍的宗教としての仏教の長所を取り入れることにより，儒教の思想的革新をはかったものとみることができる．しかし，そのような道徳理論としての合理性にもかかわらず，朱子学の現実社会における機能としては，既成の道徳規範や社会秩序への随順を教えることにより，保守的な性格をおびる面があった．それは朱子学では，理気二元論の立場をとり，「理」を顕現させるためには，それを阻害している「気」の作用を排除しなければならない，と考えられたからで，具体的な個人の道徳的修養の方法についていえば，心の本性（理）を明らかにするためには，まず「人欲」を克服することが必要であるとされた．この「人欲」ないし「人心」とは，私的な欲望にとらわれること，すなわちエゴイズムを意味し，したがってその克服は，欲望や感情を絶滅させようとするものではなかったが，この主張により朱子学の道徳思想には禁欲的な性格が強くなった．また，「窮理」を実行するための前提条件として，精神の集中をはかること，すなわち「居敬」が必要であるとした点も，同様の結果をもたらした．この「敬」とは，「つつしみ」と訓読されるように，身心を謹直な状態に保つことで，そのためには座禅に似た「静坐」が修養の方法としてすすめられた．

　日本では，朱熹の没年にあたる正治2年（1200）にすでに『中庸章句』の写本が作られているように，宋との貿易などを通じて新注書は早くから伝えられており，五山の禅僧らの間で学習されるとともに，公家や上層の武士たちに次第に影響を与えたが，朱子学が本格的に受容され，社会の全般に大きな影響を及ぼすようになったのは，近世に入ってからであり，その初期には儒学界の主流としての地位を占めた．それを代表するのが，近世儒学の祖と称せられる藤原惺窩と，その系統に属する朱子学者たちで，惺窩が京都を中心に活動したところから，京学とよばれた．惺窩の門下では，林羅山・松永尺五・堀杏庵・那波活所らが名高い．京学のほかにも，京都では朝山意林庵らが活動し，また地方には，土佐に南学，薩摩に薩南学など，五山の学統を継承した学派が存在した．このようにして多くの朱子学者が現れた中で，朱子学の合理主義的な思考の方法をよく理解し，これを独自に発展させたものとしては，中江藤樹の『翁問答』や，新井白石の多くの著述などを挙げることができる．しかし他方で，南学の系統から出た山崎闇斎に代表されるように，「窮理」よりも「居敬」に重点を置き，禁欲主義を強調して，道徳の形式的な遵守を教えようとする傾向が現われ，この傾向が日本の朱子学の1つの特色をなした．君臣上下の身分的秩序を絶対視する名分論が，しばしば朱子学者らによって説かれたことも，その点に関連している．「名分」は朱子学の用語ではなく，また朱熹自身が，『孟子』を四書の1つとして尊重し，孟子の易姓革命肯定説を擁護する立場をとっていたことなどからみても，この名分論には日本的な性格が強い．18世紀に入ると，闇斎の学派に代表されるような禁欲主義的な思想は，次第に人々の心から離れ，それに代わって伊藤仁斎や荻生徂徠らの古学の思想が流行したが，18世紀末の寛政年間（1789～1801）のころになると，朱子学再興の機運が高まり，頼春水・柴野栗山・尾藤二洲・古賀精里らが現われた．松平定信による寛政異学の禁は，このような機運に乗じたもので，これにより朱子学ははじめて幕府の「正学」として公認されるに至った．しかしこの禁令も，思想統制というよりは，学校設立の準備として教育内容を公定しようとしたものであって，この時期における朱子学再興が，武士層に対する教育の問題と，密接に関連していたことを示している．実際にも，この前後のころから，各地で藩校が設立されるようになったが，その多くや，また幕府の昌平坂学問所では，朱子学の教育が基本とされた．これは武士たちに道徳的な自覚を促し，それにより激化しつつあった社会的矛盾に対処しようとする方策であったとみることができるが，そのような目的には，論理的に明快で，個人の自律性を重んずる朱子学が，最も適合したものとして選ばれたのである．こののち，朱子学を中心とした儒学の教養は，武士や上層の庶民の間に広く普及したが，その受容と実践の過程で，一方では水戸学や闇斎学派らによる名分論への傾斜と，他方で陽明学への接近の傾向とが生じ，いずれも朱子学の合理主義的な道徳理論からはやや逸脱していた点が，この時期における朱子学理解の特色として注目される．しかしその一方，社会の一般的風潮として，教育の普及にもとづく合理的思考の成長には，必ずしも無視しがたいものがあり，維新後における欧米の近代的な合理主義思想の受容のために，その精神的基盤としての重要な役割を果たしたと考えられる．　→儒教（じゅきょう）

　参考文献　島田虔次『朱子学と陽明学』（『岩波新書』青637），同『大学・中庸』（『中国古典選』4），安田二郎『中国近世思想研究』，楠本正継『宋明時代儒学思想の研究』，大江文城『本邦四書訓点並に注解の史的研究』，足利衍述『鎌倉室町時代之儒教』，尾藤正英『日本封建思想史研究』　　　（尾藤　正英）

086 朱舜水 しゅしゅんすい　1600～82　日本に投化した中国明末の遺臣．万暦28年（1600）10月12日，余姚（浙江省）に父正，母金氏の三男として生まれた．名は之瑜，字は魯

璵・楚璵，号は舜水．中国時代の事蹟は詳かでないが，明朝から12回も仕官をすすめられて応ぜず，ひたすら南明復興運動に挺身，中国・安南・日本の三角貿易，いわゆる「海外経営」に従事し，13回目に監国魯王の徴をうけて感激したのも束の間，一時は安南に抑留されて死を決したこともある．鄭成功(国姓爺)の北征(南京攻略)に従軍して敗北し，明室復興の成りがたいのを悟って，万治2年(1659)七たび長崎に来り，ついに帰らなかった．このとき柳川藩の安東守約(省庵)が俸禄の半ばをさいて援助し，中国で戦死した「知友」王翊の身代りを日本で発見．寛文5年(1665)水戸藩の小宅生順の推挙でその賓客となり，日本の魯王と仰いだ徳川光圀をはじめ，安積澹泊らいわゆる水戸学派の学者と深く交わった．その学風は朱永佑(永祐にも作る)・張肯堂・呉鍾巒らの影響をうけた朱子学・陽明学の中間，実学といえよう．道義一貫，日中心交．湊川神社(神戸市)の楠氏の碑文は舜水の撰．天和2年(1682)4月17日没す．83歳．茨城県常陸太田市瑞竜山に「明徴君子朱子墓」がある．東京大学農学部構内に日本渡来250年を記念した「朱舜水先生終焉之地」の碑，常陸太田市の西山荘の近くに朱舜水顕彰会による「朱舜水碑」があり，300年祭に因んで故郷余姚に「朱舜水先生紀念碑」が朱舜水先生記念会・日中文化交流協会によって建てられた．稲葉岩吉(君山)編『朱舜水全集』，朱謙之編『朱舜水集』2巻がある．

参考文献 石原道博『朱舜水』(『人物叢書』83)，同「朱舜水の世系について」(鈴木俊教授還暦記念会編『(鈴木俊教授還暦記念)東洋史論叢』所収)，同「関於所謂明帰化人舜水尺牘」(中華大典編印会編『中日文化論集』所収)，同「朱舜水十二考」(『茨城大学文理学部紀要』人文科学15)，同「朱舜水関係史料補説」(『茨城県史研究』1)，同「新建朱舜水碑記」(『日本歴史』346) (石原 道博)

087 受職倭人 じゅしょく わじん 朝鮮王朝時代に朝鮮国王から官職を授けられた日本人．朝鮮の太祖(李成桂)は，倭寇を懐柔する方法として，倭寇の首領に降伏をすすめ，投降した日本人(向化倭人・降倭・投下倭などとよばれた)のなかの有能なものに朝鮮の官職を授けて優遇する策をとった．この制度は，太祖5年(応永3，1396)に始まり，妻を娶り，田宅や奴婢を与えられ，ソウルに居住して王宮に侍するものなどが続出した．なかには受職後日本に帰ってそのまま朝鮮にはもどらず，随時入朝して貿易に従うものもでてきた．また最初から日本に居住したままで受職するものもあらわれた．世宗26年(文安元，1444)海賊捕獲の功で護軍の職を受けた壱岐の藤九郎がその最初の例である．こののち，受職倭人は増加し，成宗2年(文明3，1471)には，対馬18人，筑前5人，壱岐3人，合計26人になった．官職は功績によって高下があり，僉知中枢府事などの高官から司正・司果などの微官のものまであった．受職倭人には辞令書としての告身(こくしん)と，官職に相当する笠靴品帯(冠服)とが授けられ，受職人はこれを着用して毎年ソウルに入り，粛拝の礼を行なって土物を献じ，回賜の物を受けることになっていた．したがって受職人となることは大きな通交特権を得ることであった．日本に居住したままで受職するものの地域は肥前や薩摩などに拡がり，肥前鏡社草野氏管下の平長親は朝鮮に銃筒と火薬とを献上して堂上官の要職を得た．16世紀後半，この制度は形骸化し，告身と冠服さえあれば，本人でなくても朝鮮で待遇が受けられるようになり，別人が詐称して通交特権を行使するという変則的な事態が生じた．文禄・慶長の役により，日朝間の通交が断絶し，戦争前の受職倭人はすべてその特権を失った．しかし，戦争中に朝鮮側に協力した対馬の数人の人物には恩賞としての授職が行われた．しかし官職の世襲は許されず，本人の死亡後はこれに相当する数の船が対馬藩からの派遣船にふくまれることになり，中絶船とよばれた．受職倭人制度はこの後廃止された．

参考文献 中村栄孝「受職倭人の告身」(『日鮮関係史の研究』上所収) (田中 健夫)

088 授時暦 じゅじ れき 元の至元18年(1281)から施行された暦法．撰者は許衡・王恂・郭守敬らである．暦法の詳細は『元史』『明史』にみえる．授時暦の特徴は，①1年の長さを365.2425日としたこと(この値は現行太陽暦(グレゴリオ暦)の値と一致する)，②1年の長さは時とともに変化するという消長法を採用したこと，③天文定数の端数を分数ではなく小数であらわすようにしたこと，④暦計算の起算点をはるか遠い往古に置くという従来の法を廃して前年(至元17年)の冬至においたこと，などにあり，また造暦の基礎となる天文観測に慎重を期している．郭守敬は器械の製作に優れ，簡儀・仰儀などの新しい天文機器を工夫して精妙を極めた観測を行い，王恂は算法の達人でこの暦法の実施にあたっては暦官はすべてその教えを受けた．多数の協力によって得られた精密な観測結果を用い過去の記録

を整理して成立した授時暦は中国第一の善暦といわれ，王朝が元から明に変わって大統暦と名を改めたが内容は授時暦と同じものがその滅亡まで使用された．元における採用後400年ほど経て，わが国では授時暦の研究が盛んになり，貞享暦の開発者渋川春海もはじめは授時暦そのものを採用するよう上奏した．この時はたまたま授時暦による日食予報が失敗したため，春海は授時暦に中国と日本との経度差その他若干の補正をして貞享改暦に成功した．

参考文献　山田慶児『授時暦の道』

（内田　正男）

089　朱仁聡　しゅじんそう　生没年不詳　平安時代中期，対日貿易に活躍した宋の商人．日本には永延元年(987)10月の来航を初見とし，長徳元年(995)にも若狭に来着している．滞日中しばしば問題を起しており，長徳3年10月には若狭守に乱暴したことで，明法博士に罪名勘申が命じられている．長保2年(1000)には，皇后藤原定子に進めた品物の代価受け取りをめぐって，大宰大弐を巻き込む紛争を生じている．なお，『続本朝往生伝』などには，仁聡が敦賀在留の折，訪ねてきた源信・寛印の師弟に，航海の安全祈願のため船内に掲げてある婆䂖婆演底夜神の画像を示して，その知識を試みたところ，2人が即座に画像に因んだ『華厳経』中の句を記したので，学識の深さに感嘆したという話が伝えられている．

参考文献　森克己『続日宋貿易の研究』（『森克己著作選集』2），『福井県史』通史編1

（石井　正敏）

090　繻子　しゅす　繻子組織による織物をいう．朱子とも書き，古くは八糸または八糸緞と記して，「しゅす」と読ませ，中国では紵子の字を当てている．この組織がどこで，いつごろ考案されたかは明らかでないが，遺品としてはテヘランの近郊のレイの遺跡から発掘された，12世紀のペルシャ，セルジューク朝の時代のものと推考される文繻子が今のところ最も古いようである．わが国に現存する最も古い遺品は，京都大徳寺所蔵の大法被の左右の縁に付けられている裂で，中国元の至正11年(1351)の繍銘がある．ついて古いのは東京国立博物館所蔵の永和4年(1378)の墨書銘を有する舞楽装束裲襠（重要文化財）で，この裂は紺繻子地に牡丹唐草文を織り出した金襴である．以上のような遺品を通じて，14世紀ごろには繻子はわが国へ中国から舶載されていたことがわかる．繻子がわが国で製織されたのは天正年間(1573～92)のことといわれているが，江戸時代には京都の西陣を中心に盛んに製織され，天保年間(1830～44)には桐生に技術が伝えられた．明治までは絹糸による本繻子がすべてであったが，明治6年(1873)西陣で維新前後盛んに中国から輸入されていた交織の繻子を摸して，絹・綿交織の八枚繻子を織り出し，南京繻子と称した．また同12年ごろ，桐生で外国製品を摸した絹・綿交織の繻子を織り出し，東京浅草の観光社から観光繻子の名で売り出したため，以後絹・綿交織繻子は観光繻子と総称された．綿・毛交織の繻子はイタリアン＝クロスあるいは毛繻子と呼ばれ，明治末から大正期にはイギリス・イタリア両国から盛んに輸入された．

参考文献　日本織物新聞社編『大日本織物二千六百年史』下，西村兵部編『名物裂』（至文堂『日本の美術』90）

（北村　哲郎）

091　繻珍　しゅちん　Setim　繻子の地合に何種かの文様表現にだけ係わりのある緯糸を用いて，文様を織り出した柔らかな地風の織物．古くは七糸緞の文字が当てられ，中国からの輸入品が珍重されたようである．江戸時代前期には上層社会の贈答品に多用されたが，中期ころからは国内でも製産され，庶民の帯や掛衿にも利用されるようになった．後期から明治時代には打掛や帯にもっぱら用いられ，明治20(1887)，30年代は繻珍の帯の全盛であった．

参考文献　『徳川実紀』2・3・5（『(新訂増補)国史大系』39・40・42），寺島良安編『和漢三才図会』，『百工比照』（尊経閣文庫所蔵），井原西鶴『好色一代男』（『定本西鶴全集』1），同『西鶴俗つれづれ』（同8），『風俗画報』83・112・188・233

（北村　哲郎）

092　受図書人　じゅとしょにん　朝鮮王朝の時代に，朝鮮国王から図書（私印）を授けられ，通交貿易上の特権を行使した日本人．受図書人が受けた図書は，銅製の私印で，普通実名を刻したものが用いられた．図書は通交者の書簡に捺し，到着港でその真偽が照合されたので，日本では勘合印とよんだ事例がある．15世紀の初め，朝鮮太宗のとき，九州探題渋川満頼とその配下の平宗寿が印の下賜を朝鮮に要請したことがあったが，いずれも許されず，次の世宗の時代に即位年(応永25年(1418))に日本国西海路美作太守浄存（小早川常嘉か）の求請に対して与えたのが文献上の初見である．応永の外寇ののちには，対馬・壱岐をはじめ九州や中国地方にまで受図書人の範囲がひろがり，通交貿易に重要な機能を果たすことになった．受図書人は，朝鮮から特に認定された通交者であるから，その使人は朝鮮で優遇を受け，受図書は一種の貿易特権と目されるようになった．図書はもともと個人を対象に授けられたもので，所有者の死後は相続者が返納し，新図書を改給されるのが正規であったが，返納を怠って永年使用するもの，他人に譲渡・売却するものなどがあらわれ，朝鮮側では真偽の判別に困惑し，日朝間の通交関係を混乱させ，三浦の乱の一因となった．朝鮮では制度の是正に苦心したが良策がなく，一方対馬では貿易の制限に対処する一方策として図書を宗氏とその一族とに集中するこ

とをはかり，朝鮮貿易を独占しようとした．文禄・慶長の役ののち，戦争前の図書は一切無効となり，わずかに宗氏一族と対馬の老臣柳川氏などが新図書を支給されたにすぎなかった．

参考文献 中村栄孝「朝鮮初期の受図書倭人」(『日鮮関係史の研究』上所収)，田中健夫「中世日鮮交通における貿易権の推移」(『中世海外交渉史の研究』所収)，同「「吉見」の図書について」(『中世対外関係史』所収） (田中 健夫)

093 シュパンベルグ Martyn Petrovich Shpanberg ⇨ スパンベルグ

094 首里 しゅり　14～15世紀ごろから明治12年(1879)の廃藩置県に至るまでの琉球王国の首都．首里城正殿をはじめ，円覚寺など多くの建造物が古都の景観を残していたが，第2次世界大戦で烏有に帰した．首里は，方音「シュイ」，『おもろさうし』では「志より」とかかれ，16世紀王府の辞令書も「志よりの御みこと」と記している．1393年に寿礼結制(しゅりうっち)が明に派遣され，馬・方物を貢したことが『明実録』に記されている．寿礼結制は首里掟で，首里の地名が古くからあったことを示すものとされるが，起源は首里城内の拝所である首里森におこり，次第に首都の名にまで拡大されたと考えられている．17世紀ごろ，首里は三平等(みひら)に区分され，20村を中にふくんでいた．明治13年区画整理により，7管区15村となった．同29年区制実施で首里区となり，村は字と改められた．大正3年(1914)字は町とし，同10年5月20日那覇とともに市制がしかれ，金城・鳥堀・赤田・崎山・儀保・赤平・汀良・久場川・平良・石嶺・大名・末吉・寒川・山川・真和志・池端・大中・桃原・当蔵の19町となった．けれども置県後，政治・経済の中心は那覇に移り，人口も4万4000(明治6年)，2万4000(同16年)，2万(大正14年)と減少し，一方，那覇は1万4000(明治6年)，2万4000(同16年)5万4000(大正14年)と増加の一途をたどった．昭和29年(1954)9月1日，広域都市化の波にのって，小禄村とともに那覇市に編入されるに至った．→首里城(しゅりじょう)

参考文献 東恩納寛惇『南風風土記』(『東恩納寛惇全集』7)，『那覇市史』通史篇2 (島尻勝太郎)

095 首里城 しゅりじょう　那覇市首里当蔵(とうのくら)町にあった城．琉球国王尚氏の居城．その創建は，14世紀察度(さっと)王代とも，またそれ以前ともいわれる．けれども15世紀初め，尚巴志の三山統一後，城の規模が整えられ，第二尚氏の尚真・尚清代にさらに整備拡張された．東西が約225間，南北が約150間，面積は約1万9000坪とされている．正門を歓会門といい，第2門は久慶門で儀礼門とされ，第3門は後門で継世門といい通用門である．城壁の高さ約2丈，厚さ約2間である．1660年(万治3)，1709年(宝永6)には火災にあい大修築がなされ，1846年(弘化3)にも大修理がなされた．廃藩置県後，熊本鎮台分営が一時おかれたが，明治42年(1909)に首里区に移管された．正殿は大正12年(1923)大修築がなされ14年には特別保護建造物に指定された．第2次世界大戦に際し，第32軍司令部陣地が城跡の地下に構築されていたため，アメリカ軍の砲撃にさらされ，正殿はじめ木造建造物は焼失し，城壁も破壊された．昭和33年(1958)守礼門(歓会門の前方100m位のところにあり，「守礼之邦」の扁額をかけてある．俗に上綾門(うえあやじょう)とよばれる)，同49年歓会門，平成4年(1992)正殿の復元がなされ，その後も復元の事業が続けられている．城跡は史跡に指定されている．

正殿(大正末～昭和初期頃)

参考文献 東恩納寛惇『南島風土記』(『東恩納寛惇全集』7)，鎌倉芳太郎『沖縄文化の遺宝』 (島尻勝太郎)

096 春屋妙葩 しゅんおくみょうは　1311～88　鎌倉時代・南北朝時代の五山禅僧，僧録司．道号春屋，諱は妙葩．別号，芥室，不軽子(ふきょうす)，西河潜子(せいがのせんす)．応長元年(1311)12月22日，甲斐(山梨県)の生まれ．姓は平氏．夢窓疎石の俗甥にあたる．正中2年(1325)美濃(岐阜県)虎渓山滞留中の夢窓について得度，翌年南禅寺住持中の夢窓のもとで登壇受戒した．のち夢窓の鎌倉下向に従って浄智寺・瑞泉院(のちの瑞泉寺)に移る．建武元年(1334)夢窓は南禅寺に再住したが，春屋はそのまま鎌倉で浄智寺住持の元僧竺仙梵僊の書状侍者をつとめ偈頌(げじゅ)の作風，中国梵唄(ぼんばい)の学習にはげんだ．同2年上京して夢窓に参じ，同3年南禅寺入寺の元僧清拙正澄についた．貞和元年(1345)天竜寺雲居庵主に任ぜられ，常に夢窓に随侍し『円覚経』を読み忽然大悟，夢窓から「春屋」の号を受け印可を得た．延文2年(1357)等持寺に住し，翌年の天竜寺の火災，康安元年(1361)臨川寺の炎上にあい，復旧に尽力した．貞治2年(1363)天竜寺に住したが，応安2年(1369)延暦寺と南禅寺の争いにより丹後(京都府)の雲門寺などに隠棲すること約10年，康暦元年(1379)天竜寺雲居庵に復職，さらに南禅寺に住し将軍足利義満の奏請により「天下僧録司」に任ぜられ全国の禅寺・禅僧を統轄した．同年12月，後円融天皇から智覚普明

国師の号を下賜，義満創建の宝幢寺の住持となり寺後に寿塔を造営，鹿王院と名づけた．永徳元年(1382)天竜寺に再住，至徳元年(1384)義満創建の相国寺には故夢窓を勧請して開山とし，みずからは第2世となる．嘉慶2年(1388)8月12日，鹿王院に没し同院に塔す．寿78．著述は『夢窓国師年譜』，夢窓の法話・垂訓集『西山夜話』の編者，詩集『雲門一曲』のほか，『智覚普明国師語録』8巻(『〔大正新修〕大蔵経』80所収)．この語録中の『宝幢開山智覚普明国師行業実録』は年譜にあたる．春屋は祖録・外典(げてん)を多く出版，いわゆる五山版の大半を占めた．弟子に厳中周噩(しゅうがく)・玉畹(ぎょくえん)梵芳らがいる．

参考文献 『空華日用工夫略集』，『臥雲日件録抜尤』(『大日本古記録』)，卍元師蛮『本朝高僧伝』35(『大日本仏教全書』)，上村観光『五山詩僧伝』(『五山文学全集』5)，玉村竹二『五山禅僧伝記集成』，村井章介『アジアのなかの中世日本』　(伊藤　東慎)

097 順空 じゅんくう ⇒蔵山順空(ぞうざんじゅんくう)

098 俊芿 しゅんじょう 1166～1227 鎌倉時代前期の律・天台・禅三宗兼学の学僧．京都泉涌寺の開山．我禅房，字は不可棄と号した．肥後国飽田郡木々荘の人で，仁安元年(1166)8月10日に誕生．幼時より聡明の誉れが高く，同国託麻郡池辺寺に入り，18歳で剃髪，翌年大宰府の観世音寺で具足戒を受け，南北二京に遊学したが，特に戒律の必要を痛感し，帰郷して筒岳に正法寺を建て戒律を流布した．正治元年(1199)34歳の時，わが国の戒律の衰微を嘆いて，弟子安秀・長賀を伴って博多より入宋し，天台山・径山などに遊学した．径山で蒙庵元総に禅宗を学び，さらに四明山景福寺の如庵了宏について，日夜を問わずに戒律を修学すること3ヵ年に及び，律部を窮めた．了宏は竹渓法政の高弟で，当時律宗の神星と評された律僧であった．その後北峯宗印についてさらに天台の教理を修めたが，この宗印も法門の棟梁といわれ仏教界の指導的地位にあった僧で，8ヵ年留学し，宗印の高弟2人のうちの1人にかぞえられた．13年の在宋中に律・禅・天台の三宗のほかに，浄土教も研鑽するかたわら，悉曇・書法にも造詣を深め，建暦元年(1211)に帰国した．『不可棄法師伝』によると律部の仏典327巻，天台・華厳宗や儒教などの典籍，水墨画の羅漢図，法帖，碑文など多数の書画類をたずさえて帰った．請来した律部の書籍は，宋朝撰述のものを網羅したものと思われ，当時の宋朝の諸宗相融の風潮を身を以て体験した．帰国後栄西の請により建仁寺に留住し，また博多の崇福寺にも移住したりしたが，建保6年(1218)に中原(宇都宮)信房が洛東仙遊寺を俊芿に寄せるに及んで，清泉涌出した祥瑞にちなんで，泉涌寺と改めた．翌承久元年(1219)10月に『泉涌寺勧縁疏』と『殿堂色目』を作り，四方に喜捨を求めて，中国寺院の規矩による当寺再興を開始した．この勧進帳は今日泉涌寺に秘蔵され，国宝に指定されているもので，彩箋に山谷流によった運筆の妙はその発願文とともに破格のものとして，多くの人々を驚かせた．『不可棄法師伝』には書法を「真書草書之品，筆神墨妙」とか「縦横筆陳走竜蛇」と評している．後鳥羽院・後高倉院などは勧進帳をみて，当寺再興にそれぞれ准絹1万疋・1万5000疋を奉加したのをはじめ，多数の人々が喜捨を寄せた．元仁元年(1224)7月に泉涌寺は御願寺となり，嘉禄2年(1226)の春，新建された重層の講堂で，教律二宗の講義を行い，ここに四宗(律・天台・禅・浄土四宗)兼学とした．俊芿に帰依した後鳥羽院・後高倉院・一条公経・久我通光・北条政子・北条泰時をはじめ，九条道家・徳大寺公継らはしばしば俊芿を訪ねて法筵に列したが，ことに道家は安貞元年(1227)に讃岐国二村郷の水田56町を当寺に施入した．俊芿の生きた時代は「末法已臻，真教陵夷」の時代であり，俊芿の戒律復興の提唱は仏教界にも反響を与えた．南都の戒律復興に挺身した笠置寺貞慶は，俊芿に律文の疑義を質し，年来の疑義を氷解したし，のちの西大寺叡尊もまた戒律の講義を聴聞した1人であった．従来の道宣・法礪・懐素の四分律三宗のほかに，宋朝の新しい律宗の学風を継承して，わが国の仏教の復興を計らんとした功績は大きく，北京律の祖と仰がれた．鎌倉時代中期の覚盛・叡尊・円晴らによる南都戒律の復興は，俊芿の高弟定舜が大和海竜王寺に請ぜられて，戒書の講義や指導にあたり，その目的は俊芿の没後に達せられた．その著書に『三千義備検』『坐禅事儀』『仏法宗旨論』『念仏三昧方法』などがあり，弟子として定舜・湛海・心海・了真・頼尊らがあった．安貞元年閏3月8日に泉涌寺で62歳の生涯を終えた．応永18年(1411)10月に後小松天皇は大興正法国師の諡号を贈り，大永6年(1526)3月の300年忌には後柏原天皇は香合を贈り，享保11年(1726)2月に中御門天皇は大円覚心照と加諡，さらに明治天皇は月輪大師という大師号を追諡した．

参考文献 『大日本史料』5ノ3，安貞元年閏3月8日条，石田充之編『鎌倉仏教成立の研究―俊芿律師―』，高雄義堅「不可棄法師俊芿法師の研究」(『支那仏教史学』5ノ3・4)，土橋秀高「俊芿の律制」(『印度学仏教学研究』17ノ2)　(堀池　春峰)

099 順正書院 じゅんせいしょいん ⇒新宮涼庭(しんぐうりょうてい)

100 舜天 しゅんてん 1166～1237 第1代の琉球の国王とされ，尊敦ともいう．源為朝が伊豆の大島から渡来し，1166年(仁安元)大里按司の妹との間にもうけたのが舜天で，彼は天孫氏の最後の王を弑した権臣利勇を，義兵をあげて討ったので，国人に推されて王位についたという．1650年(慶安3)，向象賢(しょうしょうけん)の『中山世鑑』にはじめて書かれてから，王府の正史はこれを踏襲している．その即位は1187年(文治3)に比定され，

1237年(嘉禎3)在位51年，72歳で没したとされる．
【参考文献】蔡温他編『中山世譜』(『琉球史料叢書』4・5)，『保元物語』，鄭秉哲他編『球陽』(『沖縄文化史料集成』5)，加藤三吾『琉球の研究』，『東恩納寛惇全集』1　　　　　　　　　　（島尻勝太郎）

101 順天 じゅんてん　Sunch'ŏn　大韓民国全羅南道麗水半島の基部にあり，南に順天湾をひらき，交通の要衝．古く百済は欿平，新羅は昇平，高麗は昇州・昇平ともいい，高麗忠宣王以降順天府と改めた．また高麗以来水軍の根拠地とし，李氏朝鮮は左道水軍節度使営をおいた．慶長2年(1597)豊臣秀吉の第2次朝鮮出兵(慶長の役)に，左軍諸将は8月以降全羅道を巡って攻略し，小西行長らは順天新城浦に築城して拠点とした．翌3年10月，行長らは秀吉の死による撤兵命令をうけ，準備を進めて帰国の途についた．しかし明水軍提督陳璘・朝鮮水軍統制使李舜臣らは，行長らの退路を阻んで攻撃を加えた．泗川(慶尚南道)に在って，すでに明将董一元・劉綎らの軍を破った島津義弘らはこの情報をきき，その危急を救うため急行し，11月18日露梁(慶尚南道南海郡と河東郡との間の海峡)に両軍の激戦が展開された．潮流の動きに暗い日本軍は苦戦を重ねたが，李舜臣の戦死することもあり，ようやく敵軍を破り危機を脱し，巨済水域に出て帰国した．実に慶長の役(丁酉の乱)最後の海戦であった．
【参考文献】『高麗史』57，『朝鮮世宗実録』151地理志，『新増東国輿地勝覧』40，李晬光編・洪重徴補『昇平志』，順天邑編『順天邑勢一斑』，中村栄孝「豊臣秀吉の外征―文禄・慶長の役―」(『日鮮関係史の研究』中所収)　　　　　（田川　孝三）

102 聖一国師 しょういちこくし　⇒円爾(えんに)

103 定恵 じょうえ　643～65　7世紀の僧．藤原鎌足の長子．貞慧にも作る(『家伝』上，貞慧伝)．『家伝』に記す没年齢から逆算すると皇極天皇2年(643)の生まれ．『日本書紀』白雉4年(653)5月壬戌条に学問僧定恵は内大臣の子で，遣唐大使吉士長丹に従い入唐したと記され，同書同5年2月条所引の『伊吉博得(いきのはかとこ)言(伊吉博得書)』に定恵は天智天皇4年(665)唐の劉徳高の船で帰国したとある．『家伝』によると，白鳳5年(白雉4年の誤り)11歳で入唐し，長安の僧慧日の道場に住み，僧神泰に学び，内経外典に通じ，白鳳16年(天智天皇4年)9月百済を経て帰り，百済滞在中に詩を作り，百済人からねたまれ(毒殺されたとする説と，毒(にく)まれたとする説がある)，12月23日大原に没し，時に23歳，高麗(こま)僧道顕が誄を作ったと記す．『尊卑分脈』は定恵と藤原不比等の母は車持君与志古娘であるとする．
【参考文献】横田健一「藤原鎌足と仏教」(『白鳳天平の世界』所収)，直木孝次郎「定恵の渡唐について」(『古代史の窓』所収)　　　　　　　　（井上　薫）

104 尚円 しょうえん　1415～76　琉球第二尚氏王統初代の王．現尚家の祖．1415年(応永22)に生まれた．父は尚稷．伊是名(いぜな)村の人で村人にいれられず国頭に逃れた．ここでも永住できず，首里に移居し，越来(ごえく)王子尚泰久に仕えた．泰久が王位に即くと，御物城御鎖側(おものぐすくおさしのそば)官(外交と貿易を司る)に登用された．尚徳王の代になると，これとあわず，しばしば諫めて容れられず旧領に隠棲した．尚徳の死後群臣に推され，1470年(文明2)王位に即いた．在位7年，その間，明との朝貢が2年1貢となった．1476年7月28日(月日は明暦)没．62歳．はじめ見上森陵に葬られたが，1501年(文亀元)尚真王により王家代々の墓である玉陵(たまうどん)が築かれ，移葬された．
【参考文献】『大日本史料』8ノ9，文明8年是歳条　　　　　　　　　　（島尻勝太郎）

105 捷解新語 しょうかいしんご　朝鮮で使用された日本語学習書．著者は，文禄の役で捕虜となった経歴をもつ康遇聖．10巻．刊行は1676年(粛宗2，延宝4)だが稿の成立は約40年さかのぼる．会話体の日本語文に朝鮮語の対訳と音注が付けられている．日朝両国役人の交渉，朝鮮使節の日本訪問を主な内容とする．言語学的に価値の高い資料である．この原刊本に対し，18世紀には，その改訂版の『改修捷解新語』『重刊改修捷解新語』と『捷解新語文釈』が刊行された．
【参考文献】京都大学文学部国語学国文学研究室編『(三本対照)捷解新語』本文篇，釈文・索引・解題篇，同編『改修捷解新語』，小倉進平著・河野六郎補注『(増訂補注)朝鮮語学史』，浜田敦『朝鮮資料による日本語研究』，同『続朝鮮資料による日本語研究』，安田章『朝鮮資料と中世国語』，辻星児『朝鮮語史における『捷解新語』』(『岡山大学文学部研究叢書』16)，中村栄孝「『捷解新語』と『倭語類解』」(『日鮮関係史の研究』下所収)　　　　（辻　星児）

106 貞観文化 じょうがんぶんか　⇒弘仁・貞観文化(こうにん・じょうがんぶんか)

107 常暁 じょうぎょう　？～866　平安時代前期の僧．入唐八家の1人．小栗栖律師・入唐根本大師などと称される．山城小栗栖路傍の捨子という．はじめ元興寺の豊安に三論宗を学び，別に真言宗を修める．承和5年(838)6月，三論留学僧として遣唐使に従って入唐し，揚州に至る．上京を望んだが許されず，同地の栖霊寺文璨および華林寺元照に師事し，密顕両法を学んだ．特に文璨からは大元帥法を学び，伝法阿闍梨位灌頂を受けた．翌6年8月帰国し，9月に請来目録を遣唐准判官藤原貞敏に託して朝廷に進めた．翌7年6月，大元帥明王像を山城宇治郡法琳寺に安置して修法院となさんことを請い，許された．ついで同年12月にははじめて宮中の常寧殿において大元帥法を修した．以後，大元帥法は国家鎮護の秘法として重んじられ，仁寿元年

(851)に至り，真言院後七日御修法に准じて，毎年正月8日より7日間宮中において同法を修することを勅許された．貞観6年(864)2月権律師に任じられ，同8年11月30日示寂した．享年不詳．請来目録の古写本が大和文華館に収蔵されている． →入唐八家(にっとうはっけ)

参考文献 『常暁和尚請来目録』(『大日本仏教全書』)，『入唐五家伝』(同)，堀池春峰「興福寺霊仙三蔵と常暁」(『南都仏教史の研究』下所収)，小西瑛子「元興寺僧常暁の入唐求法」(『元興寺仏教民俗資料研究所年報』3)，佐藤長門「太元帥法の請来とその展開」(『史学研究集録』16) (石井 正敏)

108 尚敬 しょうけい 1700～51 琉球第二尚氏王統13代の王．在位39年に及び，尚敬の代は尚真の代と並び称せられる盛世とされている．その期間は，清の乾隆時代，徳川吉宗の享保・元文・寛保のころと平行していて，両文化の交流の上に，琉球文化の開花をみた時代である．1700年(元禄13)尚益の長子として生まれ，8歳で読谷山・久米具志川の両間切を領し，続いて10歳には中城間切を加封され，中城王子を称した．1713年(正徳3)14歳で父のあとをうけて王位につき，19年(清康熙58，享保4)，冊封正使海宝・副使徐葆光が来島して冊封をうけた．この時代は蔡温はじめ，多くの人材が輩出して，政治・経済・文化の上で輝かしい業績を残している．(1)修史事業．前代のあとをうけ，蔡温・鄭秉哲らをして，『中山世譜』『琉球国由来記』『球陽』などを編修せしめ，尚泰に至るまで書きつがれた．(2)農政．『御教条』『農務帳』『杣山法式帳』『山奉行所規模帳』などを公布し，国民道徳を涵養，農政を指導し，林政の基礎を確立した．羽地川改修をはじめ，各河川の開鑿・改修などによって，水利をはかり，農業を振興せしめた．人口の増加に対応して，全島にわたって，新村の建立，村の移動によって耕地の拡大，生産の増大をはかった．(3)士族対策．窮乏化する士族に対し，屋取の許可，転職などを認め，また貸借の利息を制限し模合の法を始めた．これとともに，各種技術(製紙・金銀細工・漆器・堆錦(ついきん)法その他)の工人を褒賞し，市場の開設などにより，産業の育成をはかった．(4)文化．程順則によってもたらされた『六諭衍義』は，国内でも普及し，江戸幕府にも献上され，室鳩巣の和訳により全国の庶民教科書として普及した．玉城朝薫(たまぐすくちょうくん)によって作られ，冊封使接待に演ぜられた組踊は，能に学んだとされ，この時代以後，琉球独特の芸能として発達した．以上のような治績の中で，新村建立や村移動によって多くの悲劇を生んだこと，和文学者平敷屋朝敏の処刑などは，この時代の暗い面であった．1751年(宝暦元)正月29日(月日は清暦)没．52歳．王家代々の墓である玉陵(たまうどん)に葬られた．

参考文献 蔡温他編『中山世譜』(『琉球史料叢書』4・5)，鄭秉哲他編『球陽』(『沖縄文化史料集成』5) (島尻勝太郎)

109 性瑩 しょうえい ⇒独湛性瑩(どくたんしょうけい)

110 蕉堅道人 しょうけんどうじん ⇒絶海中津(ぜっかいちゅうしん)

111 肖古王 しょうこおう 『日本書紀』神功皇后摂政紀にみえる百済王．『三国史記』の百済王第13代の近肖古王(346～75在位)にあたる．日本と交渉をもった最初の百済王と伝えられる．『三国史記』によると，371年王は太子(貴須)とともに高句麗の平壌城を攻め，高句麗王斯由(故国原王)を殺し，この年，都を漢山に移した．『晋書』によると，372年百済王句(近肖古王)は東晋に朝貢し，鎮東将軍・領楽浪太守に任命された．『日本書紀』によれば，神功皇后摂政52年，王は七支刀などを日本に献じたとあるが，『日本書紀』では王の在位は干支二運(120年)くり上げられており，これは同じ372年にあたるという．また『三国史記』によると百済はこの王の時，博士高興があらわれ，はじめて文字記録が可能になったという．『古事記』の百済国主照古王(近肖古王)の時，朝廷の記録係である史(ふひと)の祖の阿知吉師や和邇吉師が来朝したとの記録は，この伝承と呼応しているかに見える．『新撰姓氏録』にはこの王の後裔氏族として，三善宿禰・錦部連・石野連・春野連・己汶氏・汶斯氏などを伝える．また，この王に近の字が冠せられたのは，百済王系に第5代「肖古王」(在位166～214)が加上されたことによる． →百済(くだら)

参考文献 三品彰英『日本書紀朝鮮関係記事考証』上，坂元義種『百済史の研究』，同『古代東アジアの日本と朝鮮』，山尾幸久『日本古代王権形成史論』，平野邦雄『大化前代政治過程の研究』 (坂元 義種)

112 盛算 じょうざん 961～? 平安時代中期の東大寺の僧．応和元年(961)に生まれる．永観元年(983)奝然に随行して入宋し，寛和2年(986)帰国した．この間，宋では中印度法天三蔵から悉曇(しったん)・梵音を学び，梵学翻経令遵三蔵から両界瑜伽大法および諸尊別法を学び，灌頂を受けた．また汴京(開封)滞在中に『掌中枢要記』や『優塡王所造栴檀釈迦瑞像歴記』を書写したことが知られ，後者の末には，入宋から，瑞像を模刻して帰国に至るまでの経緯を詳しく記している．帰国後，奝然から重ねて灌頂を受け，また長徳3年(997)には寛朝から伝法灌頂を授けられている．寛仁3年(1019)3月，59歳の時に五台山清凉寺阿闍梨に補任される．補任を求めた奝然の解状では天台・五台両山巡歴が特筆されている．その前年に藤原道長に奝然将来の宋本一切経を献上している「遺弟」とは，盛算のことと思われる．奝然没後，愛宕山を五台山になぞらえ，その山麓に伽藍建立を念願していた師の遺志をついで，

勅許を得て嵯峨棲霞寺阿弥陀堂の西に釈迦堂を建てて清凉寺と称し，奝然将来の釈迦如来像を安置してその菩提をとむらった．没年は不明であるが，『小右記』長元4年(1031)3月10日条に，棲霞寺内の文殊像は宋商人周良史が「故盛算」に付属したとする記事があり，これ以前に入寂したことがわかる．

参考文献　西岡虎之助「奝然の入宋について」(『西岡虎之助著作集』3所収)，鷲尾順敬「史話 日延と清算」(『仏教史学』1／10)，無能生「清算か盛算か」(同1／11)　　　　　　　　　　　(石井 正敏)

113 尚氏　しょうし　琉球王家の姓．その系統によって第一尚氏・第二尚氏とよばれ，いずれも伊平屋島出身とされている．〔第一尚氏〕その起源について折口信夫は，思紹の父佐銘川大主が佐敷に至り，苗代の地に屋敷をかまえ，「月しろ」の宮を祀ったことから，苗代が尚思紹となったのであろうと推測している．けれども『明実録』では，永楽5年(1407)，琉球国中山王世子思紹がその父中山王武寧の死を告げ，永楽は思紹を封じて琉球国中山王としたことを記していて，思紹の死に至るまで姓は記されていない．同書永楽13年条には「琉球国中山王思紹世子尚巴志」とあり，尚巴志が父王の死を告げ，冊封を請う上表文で尚巴志と書したことを示している．『中山世譜』宣徳5年(1430)条には「本年，内官柴山，副使阮某，勅を齎して国に至り，王に尚姓并に金織，紵糸，沙羅，戯錦を賜ふ」(原漢文)と記しているが，これは永楽13年尚巴志の請封により，宣徳元年2月1日の勅諭で，「特に内官柴山を遣はして勅を齎し，爾世子尚巴志に命じて琉球国中山王と為す」(『明実録』，原漢文)のことをいったものであり，尚姓は皇帝よりの賜姓でなく，尚巴志の自称であったのである．〔第二尚氏〕金丸(尚円)は第一尚氏の尚泰久，ついで尚徳に仕えたが，尚徳とあわず，旧領に隠棲したが，尚徳の死後，群臣に推されて王位についたと正史は記している．けれども異説によれば，尚徳は久高島に参詣に出かけて留守の間に城内で革命がおこり，金丸が王に推戴された．尚徳は久高島よりの帰途，洋上でこれを聞き，海中に投じて没したといわれる．金丸は成化7年(1471)3月「琉球国中山王世子尚円」として，尚徳の死を報じ封爵を請うた．翌8年冊封使官栄・副使韓文が来島し，尚円を琉球国中山王として冊封した．尚徳の世子として王になり尚姓をついだのである．第二尚氏第1代で，現尚家の祖である．第一尚氏時代は，最も盛んに海外交易を行い，その雄渾な海洋思想は，「万国津梁の鐘銘」となって残されている．第二尚氏の尚真は，諸按司の首都集居，身分制創設などによって中央集権を達成し，黄金時代をつくりあげた．尚寧は，外交の失敗により薩摩の侵寇を招き，以後その付庸となった．蔡温らの改革によって尚敬代は，第2の黄金時代といわれた．尚温は好学の王で，国学を創設し，教育の普及をみた．19世紀以後，外国船来航，経済の変動，地方の疲弊などで次第に衰頽し，明治政府の対外策と関連して，琉球処分へと発展した．明治5年(1872)尚泰は琉球藩主に封ぜられ，同18年侯爵を授けられた．

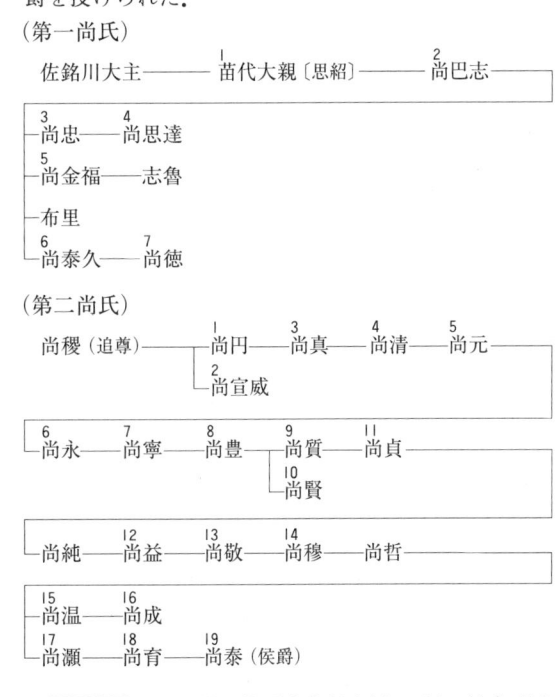

(第一尚氏)

佐銘川大主 ── 苗代大親〔思紹〕[1] ── 尚巴志[2]

┌ 尚忠[3] ── 尚思達[4]
├ 尚金福[5] ── 志魯
├ 布里
└ 尚泰久[6] ── 尚徳[7]

(第二尚氏)

尚稷(追尊) ── ┌ 尚円[1] ── 尚真[3] ── 尚清[4] ── 尚元[5]
　　　　　　　 └ 尚宣威[2]

尚永[6] ── 尚寧[7] ── 尚豊[8] ── ┌ 尚賢[9] ── 尚貞[11]
　　　　　　　　　　　　　　　　　 └ 尚賢[10]

尚純 ── 尚益[12] ── 尚敬[13] ── 尚穆[14] ── 尚哲

尚温[15] ── 尚成[16]
尚灝[17] ── 尚育[18] ── 尚泰[19](侯爵)

参考文献　東恩納寛惇『尚泰侯実録』，折口信夫「琉球国王の出自―佐敷尚氏・伊平屋尚氏の関係の推測―」(『折口信夫全集』16所収)　　(島尻勝太郎)

114 蔣洲　しょうしゅう　？～1572　戦国時代日本に渡航した明人．字(あざな)は宗信．別号竜渓．出身は中国浙江省鄞県．青年時代は遊俠の者と交わり，奇策縦横の口舌の徒であった．嘉靖32年(天文22, 1553)以来倭寇王直一味の活動がはげしくなり，根拠地を日本において中国大陸沿岸で行動するようになると中国側ではその対策に苦慮した．このとき蔣洲は寧波(ニンポー)府生員となり，直接日本に行って王直を説得すべきことを浙直総督胡宗憲に献策して容れられ，みずから日本渡航の使者となった．蔣洲は陳可願とともに嘉靖34年(弘治元, 1555)に中国を発って，日本の五島に着き，王直と会見し，好条件を示して帰国を促し，承諾させた．ついて王直とともに松浦・博多地方を経て豊後大友氏のもとに至り，また山口の大内氏や対馬の宗氏とも連絡をとり，倭寇禁止について協力を求めた．嘉靖36年，蔣洲は王直とともに帰国したが，誤解を受けて投獄され，王直もまた誘殺された．ようやく嘉靖39年許されて「大忠義士」と賞された．隆慶6年(1572)直隷省昌平の旅舎て死去した．蔣洲の日本見聞の知識は鄭若曾の著書，特に『日本図纂』『籌海図編』の資料として採用され，中国人の日本認識に大きな影響を与えた．なお足利学

校中門扁額の「学校」の文字は蔣洲の筆といわれている．　→王直（おうちょく）　→籌海図編（ちゅうかいずへん）　→日本図纂（にほんずさん）

参考文献　田中健夫「明人蔣洲の日本宣諭―王直の誘引と戦国日本の紹介―」（『中世対外関係史』所収），同「足利学校の中門の扁額」（『対外関係と文化交流』所収）

（田中　健夫）

115　小銃 しょう　⇨鉄砲（てっぽう）
　　　　　じゅう

116　漳州船 しょうしゅう　⇨唐船（とうせん）
　　　　　　　せん

117　蔣承勲 しょうしょう　生没年不詳　中国，五代十国時代の呉越国の商人．日本には，承平5年（935）9月に来航して羊を献上した記事を初見とする．天慶元年（938）8月には，少監物源興国が承勲の貨物を受け取りながら，代価を支払わずに死去したため，大宰府庫の布を支給されている．その後，天暦7年（953），呉越王銭弘俶（在位948～78）の書状および品物を右大臣藤原師輔らに進め，帰国の際に師輔の呉越王への返書を託されている（『本朝文粋』）．これより先，承平6年に左大臣藤原忠平，天慶3年に左大臣藤原仲平が，それぞれ呉越王に送った書状を仲介したのも承勲であった可能性がある．また天暦7年には日本僧日延を便乗させて帰国しており，日本・呉越間の交渉に重要な役割を果たした．なお『本朝文粋』は蔣丞勲または蔣丞勲に作る．

参考文献　木宮泰彦『日華文化交流史』，西岡虎之助「日本と呉越との交通」（『西岡虎之助著作集』3所収）

（石井　正敏）

118　向象賢 しょうけん　1617～75　江戸時代前期の琉球の政治家．向象賢（向は本支を明らかに表示するために尚を略画したもの．よみは尚と同じ）は唐名で，羽地（はねじ）王子朝秀・羽地按司朝秀ともよばれる．尚貞王の摂政として，薩摩支配下の琉球の政治の基礎をきずいた．尚真王の廃長子尚維衡6世の孫で，尚質王の従弟にあたるとされるが，その経歴を伝える史料は少ない．1617年（元和3）に生まれ，40年（寛永17）24歳で家督をつぎ，52年（承応元）羽地間切の惣地頭に任ぜられた．58年（万治元）には年頭使として薩摩に行き，3年ののち帰国した．薩摩の政治家・文人との交流を深めたことは，国相就任後，大いに役立った．50年（慶安3）王命をうけ，伝承・史料を集めて『中山世鑑』を編纂した．琉球最初の史書である．66年（寛文6）50歳で国相に任ぜられ，在任中に出された法令を集めた『羽地仕置』は，のちの為政者の指針となった．75年（延宝3）11月20日59歳で死去したが，その葬儀には国王も臨席したという．向象賢は，薩摩の支配に入ってから50余年の間に頽廃した士風を粛正するために，農村に傾城を囲い置くこと，女子の傾城になることを厳禁し，役職にある者の傾城買いを厳に戒めた．役職に任命される際に行われた虚礼を廃止し，迷信を禁じ，祭祀などの虚飾に流れることを戒め，葬礼定・祭祀定・不浄定などを制定した．寛文7年（1667）に出されたいわゆる学文芸能奨励の覚では，学文・算勘・筆法・筆道・医道・立花・茶道・唐楽・馬乗・謡・容職方・庖丁などの一芸にても嗜まない者は，由緒ある家柄の者でも召し遣われ間敷事，としたことは薩摩との融和を目的としたもので，生花・茶道・謡曲・書道などが士人の間に流行することになり，その影響は大きいものがあった．地頭の百姓支配についても，「百姓痛まざるよう」と，その権限に種々の制限が加えられた．これらの施策は，薩摩の支配を前提として，合理的な政治によって薩摩への義務を果たし，これと調和して内政を安定させるためのものであった．彼はまた言語による日琉同祖論を唱えた最初の人である．

参考文献　蔡温他編『中山世譜』（『琉球史料叢書』4・5），東恩納寛惇『校註羽地仕置』（『東恩納寛惇全集』2）

（島尻勝太郎）

119　尚真 しょう　1465～1526　琉球第二尚氏王統3代の王．1465年（寛正6）に生まれる．尚円の子．尚円の死去時幼少の理由で，尚円の弟尚宣威が即位したが6ヵ月で退位し，77年（文明9）尚真が13歳で即位した．79年（明成化15），明の憲宗の冊封をうけた．在位50年の間に強固な中央集権制度を確立し，財政は安定し，文化は栄え，後世，「嘉靖の栄華」とうたわれた．「百浦添（ももうらそえ）欄干之銘」（百浦添は首里城正殿のこと）には，その治績を11ヵ条あげている．次に尚真の治績を記す．(1)離島の征討．1500年（明応9）には八重山征討が行われた．八重山は3年間貢を絶ち中山に反逆を企てているという宮古の仲宗根豊見親の訴えにより，46隻の軍船に3000の兵を以て征討した．征討後，宮古・八重山両島には頭（かしら）が任命され統制を堅くした．また久米島でも，伊敷索（いしきなわ）按司・具志川按司が滅ぼされた．(2)宗教による統一．このころ神女の勢力は大で，尚宣威の退位も神女の力によるものであった．尚真は各間切のノロ（神女）に辞令を与え，3人の「大あむしられ」がこれを統率し，さらにその上に王の姉妹（のちには后）を聞得大君（きこえおおきみ）に任命して支配させ，神女の勢力を政治の下に置いた．一方，尚泰久以来仕えた禅僧芥隠を開山として，円覚寺を創建し，仏寺の宗たらしめた．(3)外国貿易．進貢貿易は前代以来盛んで，尚真は，暹羅（シャム）・満刺加（マラッカ）・安南・巡達（スンダ）・仏太泥（パタニ）にも遣船し，蘇木・胡椒などを求めて，明への進貢品とした．外国貿易の隆盛は，王府の財政を豊富にし，諸按司統制を容易にしたと考えられる．(4)諸按司統制．各間切に割拠していた諸按司を首里に聚居せしめ，その領地には代官を派遣して治めさせた．これらの按司・群臣は，冠の色，金銀の簪によって身分の高下を明示して統制に便した．「刀剣弓矢を蔵して護国の具とな

す」と「欄干之銘」にあるのは，武器の携帯を禁じ，兵乱を未然に防ぐ意味があったと考えられる．僧仙岩の建言によって，殉死が禁ぜられたことが国王頌徳碑（現存せず，碑文の拓本が残る）に記されている．1526年（大永6）12月11日（月日は明暦）没．62歳．王家の墓玉陵（たまうどん）に葬られた．

参考文献　蔡温他編『中山世譜』（『琉球史料叢書』4・5）
(島尻勝太郎)

120 成尋 じょうじん

1011〜81　平安時代中期の入宋僧．寛弘8年(1011)生まれる．父方は藤原氏，祖父実方，父貞叙．母方は源氏で，曾祖父高明，祖父俊賢，生母名は未詳であるが，歌集『成尋阿闍梨母集』によって知られている．兄弟2人，弟(成尊?)が律師として仁和寺と関係した．7歳のとき，母方の親類にあたる文慶を頼って，京都岩倉の大雲寺に入る．文慶は大雲寺の初代検校，権大僧都，三条天皇の護持僧となり，さらに園城寺の長吏をつとめた名僧であった．成尋は文慶から金胎両部の大法・護摩法・諸尊別行儀軌などを学び，さらに悟円(致平親王)から金胎蘇三部の大法・護摩法，行円(源国輔)や明尊からも台密の秘奥を受け，長久2年(1041)に大雲寺の別当となる．宮中の法華八講に出仕し，天喜2年(1054)に延暦寺の阿闍梨に補任され，また関白藤原頼通の護持僧として平等院との関係も深かった．大雲寺の発展につとめ，如宝院・宝塔院を建立した．天台寺門派に属し，特に三井の学僧慶遍・慶耀らと交わり，また『今昔物語集』の著者とも擬せられる源隆国(南泉房)は生母の兄弟で，その影響もあった．早くより渡宋を志し，康平3年(1060)三井の新羅明神に詣でて祈願したといわれ，延久2年(1070)宿願を果たさんがために，五台山と天台山の巡礼の裁可を奏上し，宋船の帰還に便乗を企つ．老母の嘆きをあとに，大宰府に向かい，待機中，円慶ら7名に灌頂を行う．延久4年3月15日，一行8名は壁島(佐賀県東松浦郡呼子町加部島)から渡海，浙江の杭州に上陸，天台山に詣で，北上して汴京(河南省開封)から五台山の巡礼を果たす．汴京では神宗に謁見，日本のことを紹介した．あるいは都内の名刹を巡拝し，高僧やインド僧と交わり，勅旨によって祈雨の秘法を行い，認められて善慧大師の号を賜わる(熙寧6年(延久5))．日本からたずさえるところ，天台真言の経書600余巻，道具38種．円仁や奝然の巡礼記を献上．宋土で求得するところ，下賜の新訳経など413巻をはじめ，印刷・写本など合わせて六百数十巻に及んだ．求得品を同行の帰還者5名に託送し，みずからは残留．元豊4年(永保元，1081)10月6日，汴京の開宝寺において没．行年71．一説に天台国清寺に日本善慧国師之塔を建つという．日宋文化交流史上不朽の功績を残した．なお著作に『観心論註』『法華経註』『法華実相観註』『観経鈔』『普賢経科』『善財童子知識集』などがあり，うちもっとも注目すべきは『参天台五台山記』8巻．→参天台五台山記(さんてんだいごだいさんき)

参考文献　『続本朝往生伝』(『日本思想大系』7)，『明匠等略伝』(『阿娑縛抄』196)，『元亨釈書』16(『(新訂増補)国史大系』31)，高泉性潡『東国高僧伝』6(『大日本仏教全書』)，卍元師蛮『本朝高僧伝』67(同)，『寺門伝記補録』8・15(同)，敬雄・慈本編『天台霞標』初ノ4(同)，『大雲寺縁起』(同)，『宋史』日本伝，『仏祖統紀』45(『(大正新修)大蔵経』49)，高楠順次郎『成尋所記入宋諸師伝考』(『大日本仏教全書』)，島津草子『成尋阿闍梨母集・参天台五台山記の研究』，平林文雄『参天台五台山記校本並に研究』，新村出「成尋法師の入宋とその母」(『新村出全集』10所収)，鷲尾順敬「入宋僧成尋及び当時の日宋交通」(『日本仏教文化史研究』所収)，塚本善隆「成尋の入宋天台山行」(『塚本善隆著作集』6所収)，常盤大定「入宋せる日本善慧国師」(『日本仏教の研究』所収)，森克己「参天台五台山記について」(『森克己著作選集』2所収)，藤善真澄訳注『参天台五台山記』，藤善真澄『参天台五台山記の研究』，玉井幸助「成尋阿闍梨の家系」(『文学』11ノ7)，永井義憲「「仁和寺の律師」は成尊か」(『大正大学研究紀要』52)，結城令聞「日本僧成尋法師とその入寂地の開宝寺址の調査」(『日華仏教』1ノ3)，原美和子「成尋の入宋と宋商人」(『古代文化』44ノ1)，石井正敏「成尋生没年考」(『中央大学文学部紀要』177)，同「成尋」(元木泰雄編『王朝の変容と武者』所収)，森公章「入宋僧成尋とその国際意識」(『白山史学』39)
(小野勝年)

121 成尋阿闍梨母集 じょうじんあじゃりのははのしゅう

平安時代中期の家集．2巻．作者の出自・生没などは不明の点が多いが，源俊賢女として永延2年(988)ごろ生まれ，藤原実方の男と結婚して男2人を生み，間もなく夫に死別しわが子の成長を唯一の頼みに50余年の寡婦生活を続けた．80歳を超えた延久2年(1070)，第2子成尋阿闍梨が入宋請状を出し，このことが家集成立の因をなした．巻1は内容的には治暦3年(1067)から延久3年3月まで，巻2は延久3年正月から同5年5月まで，7年間にわたる思いを175首の和歌と長文の詞書をまじえて，年次順に記している．母の自撰で，死に直面した高齢で60歳をすぎた愛児と離別する悲嘆と，渡宋するわが子への思いやりを歌日記的に綴った異色ある家集．伝本に冷泉家旧蔵の藤原定家手沢本(大阪青山学園蔵，重要文化財)と，その江戸時代臨摸本である宮内庁書陵部蔵旧禁裏本がある．『私家集大成』2などに翻刻所収．

参考文献　島津草子『成尋阿闍梨母集・参天台五台山記の研究』，平林文雄『成尋阿闍梨母集の基礎的研究』
(橋本不美男)

122 正倉院宝物 しょうそういんほうもつ　聖武天皇と光明皇后の発願になる東大寺の倉であった現在の正倉院の校倉に伝えられてきた什宝類．〔宝物の由来〕宝物類はその由来により，天平勝宝8歳(756)5月2日に崩御した聖武太上天皇の遺品を光明皇太后が東大寺盧舎那仏に献納し，今日に伝えられたものと，それ以外のものとの2つのグループに大別される．まず光明皇太后が奉献した品々は，『献物帳』と称する献納物の品目・形状を書いた目録がそえられ，その目録の日付順に示せば，(1)天平勝宝8歳6月21日の献物，(2)天平勝宝8歳7月26日の献物，(3)天平宝字2年(758)6月1日の献物，(4)天平宝字2年10月1日の献物，である．これらは当初七百数十点の品々を数えたが，その後，出蔵のことがあって，今日ではおよそ百数十点を伝えている．これらは『献物帳』の記載に合致する品で，特に由諸正しいものとして，「帳内宝物」と称し，正倉院宝物のなかでも特に重きをなしている．次に第2のグループは，右の『献物帳』に記載される以外の品で，これらの由来はおよそ左記のものに類別される．(1)天平勝宝4年4月9日大仏開眼会用物，(2)天平勝宝5年3月29日仁王会用物，(3)天平勝宝6年5月3日弁才天女壇法会用物，(4)天平勝宝7年7月19日聖武帝生母中宮御一周忌斎会用物，(5)天平勝宝8歳5月2日聖武帝崩御時用物，(6)天平勝宝8歳5月19日聖武帝御葬儀用物，(7)天平勝宝9歳(天平宝字元)5月2日聖武帝御一周忌斎会用物，(8)天平宝字2年正月子日・卯日儀式用物，(9)天平神護3年(神護景雲元，767)2月4日称徳天皇東大寺行幸時の献物，(10)神護景雲2年4月3日称徳天皇東大寺行幸時の献物．これらには光明皇太后奉献の宝物にそえられたような献納時の目録はなく，宝物自体に，しばしば年月日の墨書銘や彫銘があり，銘文を整理してみると，宝物の由来を示すものにおよそ先掲のような例がうかびあがってくるのである．これらの日付を当時の正史『続日本紀』にみると，よく合致するのがあり，それはまさしくその時の用物であることが実証される．他方，『続日本紀』にみえない日付のものは，逆に正史を補う史料たりうるのである．〔宝物の種類〕調度品，文房具，楽器楽具，遊戯具，仏具，年中行事用物，武器武具，服飾類，香薬類，工匠具，書籍図面，文書があげられ，それらはいずれも奈良時代の貴族文化の実際をよく示している．〔宝物の材質〕動物質のものとして，象牙，犀角，水牛角，鹿角，兎毛，鹿毛，狸毛，羊毛，蚕糸，鹿皮，牛皮，馬皮，熊皮，偃鼠皮，鮫皮，玉虫羽，鳥羽，貝殻，瑇瑁，鯨骨，鯨鬚，珊瑚，真珠などがあげられ，注目すべきは，象牙・犀角など外来の貴重材で，特に象牙は細工の材として豊富に使用されている．またいわゆる螺鈿(らでん)の貝殻あるいは瑇瑁(べっ甲)なども南方産のものであり，それらの用例も少なくない．次に植物質も外来材が多く，紫檀，黒檀，白檀，鉄刀木，花櫚，沈香，榔樹などインド・東南アジア産のもので，これらが宝物の素材に多く用いられていることも注目してよい．なかでも紫檀材は木画・螺鈿が施される台材として多用され，正倉院を代表する材である．植物質ではそのほか，針葉樹材に檜，杉，一位，榧，広葉樹材に欅，牟久木，樫，栗，桑，朴，楠，棗，椿，伊須，桜，黄楊木，楓，柿，桐，沢栗があり，なかでも針葉樹材の檜が最もよく用いられており，檜が工作に適した良材であることを当時の工人は十分認識していたことがうかがわれる．さらに植物質には，竹，葛，柳，藺，樺桜皮なども豊富にみられ，また蓮実，菩提子などがある．鉱物質のものには，金(金箔，金泥)，銀(銀箔，銀泥)，銅，鉄，白銅，赤銅，錫，佐波理，水晶，ガラス，瑪瑙，琥珀，翡翠，孔雀石，紺玉，青斑石，大理石などがあるが，金属関係では銅製品がもっとも多く，ついて，多くはないが銀製品があげられる．鉄製品は刀剣など刃物の例が多く，そのほか釘類があるが，器物の例はまれである．奈良時代の金属工芸の実態がうかがわれる．また，かの白瑠璃碗は，今日のイラン方面で製作されたと推定され，紺玉はアフガニスタンでの産と推定され，ともに西域の香り高い品である．〔宝物の技法〕金工，漆工，陶磁，ガラス，織物，染物，編物，紙，螺鈿，瑇瑁貼，木画，撥鏤，嵌玉などがあげられる．これらの多くはわが奈良時代の産と考えられ，奈良時代工芸の技術水準を示すものであるが，同時に，その背景には朝鮮，中国あるいはそれ以西，また東南アジア，インドなど，当時の世界各地のすぐれた文化・技術が包含されていることも忘れてはならない．〔正倉院宝物の意義〕以上，正倉院宝物のあらましを述べたが，その意義なり価値をまとめれば，およそ次のようにいわれている．(1)由緒，来歴が確かであること．『献物帳』関係の品がその第1にあげられ，それ以外でも銘文によって年次，用途など，その由来が明らかであり，歴史的，史料的な価値がきわめて高い．(2)地上での伝世品であること．そこに発掘品には見ることの少ない，有機質のもの，たとえば染織品，植物質のものなどがまとまって多量に伝えられており，これは他に類例のないことである．(3)宝物の数量が多いこと．今日，一応八千数百点と称するが，ガラス玉などは数万個，古裂は小片を数えれば10数万点ともなる．(4)種類が豊富なこと．先に述べたように宝物の種類はいうまでもなく，その材料，技法のどれをとってみても多種多様である．(5)制作が優秀であること．むろん宝物みなが優秀とはいいがたいが，繁栄をきわめた中国唐代での一級品であったと思われるものが伝えられており，すでにかの地では失われて見ることのできない華麗なる文化の一端がうかがわれる意義は大きい．(6)世界性があること．宝物の材質についても先に述べたように，東

南アジア・インド産のものが豊富に使用されており，宝物にみる意匠図案も中国はもちろん，遠く西方のものがあり，要するに8世紀の世界各地の文物が正倉院宝物に凝縮されているといって過言でない。これら正倉院宝物はながく校倉で伝わってきたのであるが，昭和38年(1963)5月には空気調節施設の完備した鉄筋コンクリート造りの西宝庫に移納された。それはながい宝物の歴史上でも画期的なことであった。宝庫には活性炭槽を通過した清浄な空気が送りこまれ，湿度65%の保存環境がつくられている。校倉時代に比べれば，その保存環境は格段に改善されたのであり，全宝物がよりよい環境で後世により長く伝えられることになったことは疑いない。

<u>参考文献</u> 帝室博物館・国立博物館・東京国立博物館編『正倉院御物図録』，正倉院事務所編『正倉院宝物』，和田軍一『正倉院』(『創元選書』248)，関根真隆『正倉院』(『名宝日本の美術』4)，同『天平美術への招待』，同『正倉院への道』，石田茂作「正倉院御物と奈良時代文化」(『奈良時代文化雑攷』所収)，安藤更生「正倉院沿革史」(『東洋美術』特輯正倉院の研究）

(関根 真隆)

123 正倉院薬物 しょうそういんやくぶつ 正倉院宝庫の北倉階下に納められた薬物。伝世品として地上に遺る世界最古の生薬で，すべて唐から渡来した薬物である。これらの薬物には，天平勝宝8歳(756)6月21日，孝謙天皇と光明皇太后が先帝聖武天皇崩後の七七忌辰に際して，東大寺盧舎那仏にその品名，数量，納器を明記した献物帳(『種々薬帳』)を添えて，他の宝物類とともに献納した60種の漢薬(帳内品と呼ばれる)と，献物帳所載品以外に薬用，薫香用，染料，顔料その他の工芸用などの目的で納められたものとがある。帳内品は21の唐櫃に納められていたが，献物帳の願文の趣旨により社会的愛情と公共性をもって一部出蔵され，献納の年からおよそ百年間実用に供された。朝比奈泰彦ら薬学・理学・農学・文学者16名の昭和の科学調査で，帳内品40品，帳外品15品，計55品が現存することが確認された。それは『唐本草』(『新修本草』)を実物を以て示す唯一の生薬で，東洋医学上の正しい伝統を明らかにする鍵で，天平文化を解明する上にも，唐の文化を理解する上にも，有力な文化的遺産である。帳内品60種は動物性薬品10，植物性薬品27，鉱物性薬品13，化石(動物)6，製剤4種で，『唐本草』新附の胡椒以下の外来薬が含まれ，2世紀後の宋の『証類本草』に新附の畢撥(ひはつ)，黒黄連，新羅羊脂，丁香の新薬4種が，すでに日本に渡来していたことも証明している。これら薬物の産地は唐朝治下の中国大陸全域に及んでいるばかりでなく，密陀僧，無食子，紫鉱，胡同律，黒黄連，木香，竜歯，竜骨，石塩，大黄，甘草の産地を結ぶと東ローマ帝国からトルコ・シリア・ペルシャから北方陸路を経て首都長安を結ぶシルクロードとなり，奄麻羅，阿麻勒，犀角，巴豆，胡椒，畢撥，丁香，沈香，白檀，蘇芳，檳榔，蔗糖，桂心，冶葛の産地を追うと，インド・タイ・ベトナム・南海諸島に及び，正倉院は全アジアであることと，正倉院の世界性を，天産物としての正倉院薬物が一層明確に実証している。『種々薬帳』に記載された薬物は次のとおり。麝香，犀角(2種，ともに現存せず)，犀角器，朴消(現存せず)，蓤核，小草，畢撥，胡椒，寒水石，阿麻勒，奄麻羅，黒黄連，元青(現存せず)，青葙草(同)，白皮(同)，理石，禹余粮(現存せず)，大一禹余粮，竜骨，五色竜骨(現存せず)，白竜骨，竜角，五色竜歯，似竜骨石，雷丸，鬼臼，青石脂(現存せず)，紫鉱，赤石脂，鍾乳床，檳榔子，宍縦容(現存せず)，巴豆，無食子，厚朴，遠志，呵梨勒，桂心，芫花，人参，大黄，蔓蜜，甘草，芒消，蔗糖(現存せず)，紫雪(同)，胡同律，石塩(現存せず)，猬皮(同)，新羅羊脂(同)，防葵(同)，雲母粉，密陀僧(現存せず)，戎塩，金石陵(現存せず)，石水氷(同)，内薬(同)，狼毒(同)，冶葛。また現存する帳外の薬物は次のとおり。雄黄，白石英，滑石，木香，丁香，蘇芳，没食子之属，沈香及薬塵，白色粉，獣胆，草根木実数種，礦石数種，薬塵，丹，銀泥。なお帳外の「青木香」は帳内の防葵あるいは狼毒にあたるものと考えられる。

<u>参考文献</u> 朝比奈泰彦編『正倉院薬物』，渡辺武「正倉院宝庫の薬物」(『書陵部紀要』7)，同「正倉院宝庫の裛衣香(えひこう)について」(同18)

(渡辺 武)

124 尚泰 しょうたい 1843〜1901 琉球第二尚氏王統19代で，琉球王国最後の国王。琉球藩王。1843年(天保14)7月8日(月日は清暦)尚育王の第2子として首里城下に生まれる。48年(嘉永元)6歳で琉球国中山王を継承。66年(清同治5，慶応2)清国より冊封を受ける。明治維新の社会的変革により，明治5年(1872)琉球藩王に封ぜられ，同時に華族となる。明治12年4月の廃藩置県(置県処分)に至る8年間琉球藩王。同年，明治政府の命により上京するが，6月に従三位に叙せられ，麝香間祗候となり，金禄公債証書20万円が下賜された。17年に一時帰郷するが，それ以外は東京で過ごす。18年侯爵となる。34年8月19日，東京九段の尚家屋敷にて急性胃腸カタルのため死去。59歳。遺体は首里の玉陵(たまうどん)に葬られる。激動の時代に翻弄された非運の国王であった。尚泰に関する唯一の史料に東恩納寛惇編『尚泰侯実録』がある。しかし琉球処分期の重要人物の史料としては不十分である。尚泰についての原史料は，東京尚家の文書中に厖大な量が残っている。

(我部 政男)

125 承兌 じょうたい ⇒西笑承兌(せいしょうじょうたい)

126 尚泰久 しょうたいきゅう 1415〜60 琉球第一尚氏王統6代の

王．1415年（応永22）に生まれた．尚巴志の第5子．王の即位前に志魯・布里の乱があり，54年（享徳3）即位後も，護佐丸の讒死，阿摩和利の乱が起った．いずれも肉親・縁戚間の乱で，王の仏教尊信もこれと関係があると考えられている．京都の僧芥隠が来島して，その信仰を得，多くの寺院が建てられ，梵鐘が鋳られた．特に首里城正殿のいわゆる「万国津梁の鐘銘」は，琉球の貿易立国の精神を示すものとして知られる（同鐘は沖縄県立博物館蔵）．1460年（寛正元）6月5日（月日は明暦）没．46歳．

参考文献　蔡温他編『中山世譜』（『琉球史料叢書』4・5），鄭秉哲他編『球陽』（『沖縄文化史料集成』5）

(島尻勝太郎)

127 **正澄** しょうちょう ⇨清拙正澄（せいせつしょうちょう）

128 **聖天院** しょうてんいん ⇨勝楽寺（しょうらくじ）

129 **承天寺** じょうてんじ　福岡市博多区博多駅前1丁目にある寺．臨済宗東福寺派．山号は万松山．開山は円爾（辯円），開基檀越は綱首の謝国明と大宰少弐の武藤氏（資頼と伝える）．聖福寺に続いて宋風の強い兼修禅が博多にもたらされた．日本の対外交渉史上重要な役割を占めており，南北朝時代には諸山に，室町時代には十刹に列せられている．かつては塔頭43といわれていた．明治22年（1889）九州鉄道の開設などに伴って境内地の一部を譲渡し，寺域は変貌した．重要文化財として木造釈迦如来及両脇侍像・絹本著色禅家六祖像・朝鮮鐘がある．

参考文献　広渡正利『博多承天寺史』，福岡県文化会館編『万松山承天寺所蔵品目録』，同編『博多承天寺展図録』，伊藤幸司『中世日本の外交と禅宗』，川添昭二『中世・近世博多史論』，同「鎌倉中期の対外関係と博多―承天寺の開創と博多綱首謝国明―」（『九州史学』88〜90合併号）

(川添　昭二)

130 **性瑫** しょうとう ⇨木庵性瑫（もくあんしょうとう）

131 **聖徳太子** しょうとくたいし　574〜622　推古天皇の摂政皇太子．本名は厩戸皇子．この名にちなんで厩前誕生の物語が『日本書紀』にみえるが，それは説話であって事実とは認められない．厩戸はおそらく誕生の地名から出た名であろう．太子にはほかに多くの名が伝えられる．上宮太子はその1つで，太子の住んだ宮殿の名から出たというが，今も奈良県桜井市に上之宮（うえのみや）という地名が残るから，それによるものであろう．太子の聡明さを讃えた和風の称号として，豊聡耳（とよとみみ）命・豊聡八耳命などがあり，主として仏教の立場から徳を讃えた称号に聖王・法王・法大王・法王大王などがある．聖王は推古天皇15年（607）の年紀のある法隆寺金堂薬師如来像光背銘に，法王大王は推古天皇4年の年紀のある伊予湯岡碑銘にみえるから，生前からの称号とみることができる．聖徳と熟したのは文武天皇慶雲3年（706）造立の法起寺塔露盤銘が初出であるから，没後の諡と解すべきであろう．父は用明天皇，母は皇后穴穂部間人皇女．ふたりはともに欽明天皇の子であるが，母を異にする．用明天皇の母は蘇我稲目の女堅塩媛，間人皇女の母は同じく稲目の女，堅塩媛の妹小姉君．父は同じでも母が異なれば，その子の結婚は自由であることが古代の慣習であるが，この場合父母の母は稲目の女で同母の姉妹である．太子にとって蘇我氏の血は濃密な比重をもって体内にまじっていたといえる．太子の生誕の年については古来諸説があるが，没年が推古天皇30年2月22日というのは，法隆寺金堂釈迦如来像光背銘や中宮寺天寿国曼荼羅繡帳銘の一致するところで動かしがたく，享年49に疑わしいところはないので，それから逆算して敏達天皇3年をとるのが定説である．太子の生涯の事績を幼年時代から1年の落ちもなく記しているのは『聖徳太子伝暦』であるが，これは神異譚を交えたものだから，事実として認めることはできない．ほぼ事実として信じてよいものは，『日本書紀』崇峻天皇即位前紀の用明天皇が在位わずか2年で崩じたあとに起った，蘇我・物部氏の争いに，蘇我側の陣営に属して働いたことである．時に太子は14歳であった．この時政治の主導権は，敏達天皇の皇后豊御食炊屋姫と大臣蘇我馬子にあったと思われるが，太子が守屋との合戦に蘇我側に立ったことは，以後の太子の生涯を規定する重要な意味をもったと考えられる．用明天皇のあとをついだ崇峻天皇は蘇我馬子との確執がもとで馬子の意を受けた東漢直駒によって殺害される．豊御食炊屋姫が592年即位して，日本で最初の女帝推古天皇の時代が始まる．天皇はその翌年当時20歳の厩戸皇子を立てて皇太子とし，摂政とした．この摂政は後世の清和幼帝について設けられた藤原良房のように，天皇に代わって万機を行う任をもったのではなく，むしろ天皇の命をうけ，蘇我馬子とともに輔弼の任にあたるほどの位置にあったと解せられる．太子が摂政となって最初に天下に布告したことは，仏教を正式に国の宗教として受容することを公にしたことである．仏教は欽明朝に公伝されてからこの方，蘇我氏は一貫してこれを興隆することに熱心であったが，皇室の態度は一定せず，消極的であった．推古朝になってはじめて朝廷の態度が定まり，豪族たちもこれから君親の恩に報いるために，競って寺を建てるようになった．推古天皇3年高句麗の僧恵慈，百済の恵聡が来日した．両僧は仏教を弘めるに功績があり，特に恵慈は太子の仏教の師となった．師弟の契りは深く，太子の深い仏教への造詣は恵慈に負うところが少なくなかった．恵慈は推古天皇23年国に帰るが，30年太子の訃を聞いて悲しみに堪えず，自分も来年の同月同日死んで浄土で太子にお目にかかろうとして，それを実行したと伝えられるほどである．恵慈・恵聡の2僧は来日以後法興寺に住まわされたが，この寺は

蘇我馬子が守屋討伐の際の発願にもとづいて，百済から渡来した工人たちを駆使して建てた寺であり，日本で最初の堂塔伽藍を完備した大寺院であった．天皇と皇太子はともに誓願して銅繡丈六仏像各1軀を作り，これを法興寺の金堂にすえた．鞍作鳥の作であり，このころから法興寺は蘇我氏の私寺よりも国の官寺たる性格を帯びることになった．『日本書紀』は推古天皇8年から11年にかけ，朝鮮半島で新羅と事を構え，任那を救うために将軍を派遣したと記す．しかし任那は欽明朝にすでに滅ぼされており今更大軍を派遣するのもおかしく，仏教の平和主義を信条とする太子の精神からいっても進んで行うほどのものであったかどうか疑われる．あとに任命した皇族将軍の死や，別の皇族将軍の妻の死によって，この挙を中止したと記すのは，太子の望むところであったろうと考える．推古天皇9年2月太子は宮室を斑鳩に造り，13年にはそこに遷った．時の都飛鳥の豊浦からは十数kmもはなれた所であるが，ここに宮を造った理由は竜田を越えて河内に通ずる交通路の要衝にあったこと，また妃の膳姫にゆかりある土地であったことなどによるのであろう．斑鳩宮の跡は今法隆寺東院の地に求められ，発掘の結果幾棟かの掘立柱の建物が検出された．推古天皇11年から太子の内政改革が始まる．十二階冠位を定めたことはその1つである．色を異にした冠を諸臣に与え，その身位の上下を明らかにしたもので，大徳・小徳・大仁・小仁・大礼・小礼・大信・小信・大義・小義・大智・小智の儒教の徳目を冠名とした12階である．この冠位は本人の勲功によって昇級したから，これまでのカバネに代わり個人の奉公の念を高める上に効果があり，これを授与する天皇の尊厳を増す意味もあってあろう．この制度の源流は朝鮮半島の三国にそれぞれ求められるが，名称に五常の徳目を用いた例はなく，太子の理想主義的政治の姿勢を明瞭に示している．推古天皇12年には『憲法十七条』を発布した．これは官吏への教訓にすぎないという説もあるが，よく読めば太子の深遠な国家観・政治思想を表わしたもので，立国の根本義を規定した法といってよい．太子の考えた国家は君・臣・民の3つの身分から成る．君は絶対であるが，礼を重んじ，信を尊び，賢者を官に任じ，民の幸福を図らねばならぬ．臣は君の命を受け，五常の徳を守り，公平に人民を治めねばならぬ．そしてすべての人は和の精神を体して国家の平和を保ち，仏教に従って枉った心を直さねばならぬ．この俗界での君・臣・民の3身分は仏国世界での仏・菩薩・衆生に比せられるものであり，菩薩の利他行によって衆生の救われる仏国の理想をここにも実現しようとするのである．『憲法十七条』には儒家・法家の具体的政策も述べられているが，根底には仏教思想が牢固として存在する．仏教篤信の太子の親しく作ったといわれるのにふさわしい．推古天皇15年小野妹子を国使として隋に遣わし，「日出づる処の天子，書を日没する処の天子に致す，恙なきや」(原漢文)の国書を呈した．隋の煬帝はこれを快しとしなかったが，翌年鴻臚寺掌客裴世清を答礼使として日本に遣わした．その帰国にあたり，妹子は再び隋に赴き，学生学問僧8人を同行し，かの地の文物を学ばせた．隋に対する対等外交の勝利であり，5世紀代の倭王が南朝諸国に対して行なった服属外交を清算したものであった．推古天皇22年第2回の遣隋使が犬上御田鍬を大使として派遣された．遣隋使の派遣，学生学問僧の留学が，のちの日本文化の発展に寄与した功は偉大であった．このほか百済人味摩之が帰化して伎楽を伝えたことは，日本にはじめて中国西域の音楽をひろめたものとして意義深く，また百済の僧観勒が来日して暦本および天文地理の書，遁甲方術の書を伝えたことは，後世平安時代では推古天皇12年はじめて暦日を用いたという伝説を生んだ．暦法を伝えたとは欽明天皇14年にすでにみえているから，推古天皇のときはさらにそれが一般化されたことをいうのであろう．推古天皇28年太子が馬子と議して「天皇記及国記臣連伴造国造百八十部幷公民等本記」を録したと『日本書紀』にあるが，これは政府による歴史書編修の最初の試みとして注目に値する．新しい国造りの輪廓を定めて静かに国初以来の歴史を顧みる余裕を生じたのであろう．ここに用いられた天皇の号は，推古天皇16年隋に送った第2回の国書に「東天皇，敬んで西皇帝に白す」(原漢文)とあるのなどと相まって，これまで大王とよばれた称号を，太子によって天皇と改められたのではないかという想像を起させる．以上編年的に太子の政治的な事績と思われるものを述べたが，最後に太子の仏教研鑽の瞠目すべき成果について記さねばならぬ．太子はその仏教に対する造詣を講経と製疏によって現わした．講経については『勝鬘経』と『法華経』の2部を対象とし，前者は天皇が太子を請じて行なったもので3日にして終ったこと，後者については天皇がその布施として播磨国の水田百町を賜わったことなどを『日本書紀』は記す．これらに対しては異伝もあって不確かなところもあるが，製疏の方は，『法華義疏』4巻，『維摩経義疏』3巻，『勝鬘経義疏』1巻が，太子の御製として天平19年(747)勘録の『法隆寺伽藍縁起幷流記資財帳』に明記されているから，天平年間には法隆寺の重宝として珍蔵されていたことで確かな事実と考えられる．まして『法華義疏』は太子自筆の草本と認められるものが法隆寺に伝わり，明治の初め皇室に献納されて今に残るから，その存在に疑いを抱く筋はない．義疏は3書ともに経典の詳密な注釈書であって，各字句についての意味を説き教義を明らかにする．大陸学匠の先行の書をそれぞれ参考にしてはいるが，それに盲従はせず，独自の判断や解釈

を示している．太子の到達した仏典理解の深遠さには舌を巻いて驚くのほかはなく，仏教の伝来初期にこれだけの受容咀嚼がなされたことが，後世の仏教発展の基に培ったことは大きい．しかも太子の仏教が知解の域にとどまらず，菩薩道の実践にまで及んだことは，後年の嫡子山背大兄王の殉教の行動からみて察せられる．親鸞が太子を「和国の教主」として尊んだのはもっともであって，太子は日本文化とくに日本仏教の恩人として大書すべき人物である．太子の墓は磯長（しなが）墓といい，大阪府南河内郡太子町の叡福寺の境域内にある．

参考文献　聖徳太子研究会編『聖徳太子論集』，坂本太郎『聖徳太子』（『人物叢書』178），大山誠一『〈聖徳太子〉の誕生』（『歴史文化ライブラリー』65）

（坂本　太郎）

132 正徳長崎新例 しょうとくながさきしんれい　正徳5年（1715），新井白石の行なった長崎貿易改革．海舶互市新例ともいう．白石は銀・銅の見返り品の不足，密貿易の防止，物価抑制，長崎町民の生活安定の見地から一大貿易改革を断行した．正徳5年2月23日大目付仙石丹波守久尚らは，正月11日付の23ヵ条からなる令書を持って長崎に到着した．この法令と，同年5月・6月・8月に追加された諸令を総称して正徳新例といい，それは「長崎表廻銅定例」「唐船数並船別商売銀高割合定例」「阿蘭陀人商売方定例」など，唐（中国）・蘭（オランダ）貿易に関するもののほか，長崎町民への配分金や，長崎奉行の心得など広範な規定を含んでいた．改正の要点は次のとおりである．⑴唐貿易は船数30艘，取引高銀6000貫目（最大限銀9000貫目）．輸出品は丁銀120貫目・銅300万斤，残りは俵物（ひょうもつ，煎海鼠（いりこ）・干鮑（ほしあわび）・鱶鰭（ふかのひれ））・諸色（俵物以外の昆布・鯣（するめ）などの海産物，真鍮製品・蒔絵・伊万里焼などの商品）とした．すでに元禄元年（1688），唐船は70艘に限定され，新例発令直前は50数艘入港していたから，30艘というのは非常な削減であり，その結果発生が予想される密貿易防止のため，信牌すなわち入港許可書をもつ唐船だけ長崎入港を認めた．⑵蘭貿易は船数2艘，取引高銀3000貫目（従前どおり金1両に付き銀68匁替）で，うち銅150万斤を渡し，銀高120貫目は諸色の買物代金，100貫目は出島置金（出島の費用），残りの金は持ち帰った．新例以前の貿易額は唐・蘭合計銀9000貫目，銅代物替銀5000貫目，追御定高（元禄11年～宝永5年（1708））銀2000貫目，すなわち実際の輸出額は銀1万2000貫目であったから，新例の貿易額は減額であった．⑶輸入品の購入は入札を止め，値組（長崎会所が購入価格を決定する方法）で行い，掛り物（一種の輸入税）を課した．⑷唐・蘭貿易の利益の配分は従前と変わらず，銅買銀の銀1500貫目（金2万5000両），地下配分金の銀4200貫目（金7万両）を引いた残りを運上とした．正徳新例は銀輸出の抑制策ではなく（新例前の銀の輸出額は年間160貫目），銅の輸出に基づく貿易制度の確立を計ったものであった．しかし新例の規定による450万斤の廻銅は不可能であり，その後長崎貿易は銅に代わって俵物を輸出しながら漸次衰亡していった．

唐貿易船一覧

	発航地	船数	1艘の積荷高	備考
		艘	貫目	
口船	南京船	10	銀 190	積荷の超過分は1艘に付き銀30貫目まで俵物・諸色で取引を許可
	寧波船	11	銀 190	
	厦門船	2	銀 220	
	台湾船	2	銀 130	
奥船	広東船	2	銀 270	荷物の超過分はすべて俵物・諸色で取引を許可するが，唐船総計で銀9,000貫目まで
	広南船	1	銀 170	
	暹羅船	1	銀 300	
	咬𠺕吧船	1	銀 300	
合計		30	銀6,000	

⑴口船は発航地が日本に近い地方，奥船は発航地が日本に遠い地方の船である　⑵1艘の積荷高は，口船は積高，奥船は売高である

参考文献　『徳川禁令考』前集6，『通航一覧』163～168，金井俊行編『増補長崎略史』下（『長崎叢書』4），『長崎市史』通交貿易編東洋諸国部，栗田元次『新井白石の文治政治』，山脇悌二郎『長崎の唐人貿易』（吉川弘文館『日本歴史叢書』6）

（森岡　美子）

133 少弐景資 しょうにかげすけ　1246～85　鎌倉時代後期の武将．寛元4年（1246）生まれる．少弐資能の子．少弐氏の系図類では，のちに名を盛氏と改め，豊前守に任じたとあるが，ともに直接史料はない．『蒙古襲来絵詞』では大宰少弐三郎左衛門尉景資とあり，文永11年（1274）蒙古合戦の折には29歳であると記している．同じく，同合戦の折には「日の大将」として博多の息浜（おきのはま）を固め，500余騎を率いて戦い，戦功の引付を行なっている．『八幡愚童訓』はこのとき景資は敵将流将公を討ったと記す．弘安4年（1281）蒙古合戦関係では，検討を要する文書であるが，『五条文書』の中に肥前国御厨海上合戦勲功の実正を糺した弘安7年4月12日景資書状写がある．翌8年11月，安達盛宗（泰盛の子）とともに兄の少弐経資に抗し，筑前国岩門城（福岡県筑紫郡那珂川町）で挙兵し，敗死した．40歳．岩門城の西側（那珂川町寺山田）に景資の墓と伝える五輪塔がある．

参考文献　川添昭二『九州中世史の研究』

（川添　昭二）

134 少弐資能 しょうにすけよし　1198～1281　鎌倉時代の大宰少弐，筑前・豊前・肥前・対馬・壱岐の守護．建久9年（1198）生まれる．少弐資頼の子．官途は豊前守を経て筑後守，正嘉2年（1258）大宰少弐となる．資能の生涯にとって

もっとも大きな事件は蒙古襲来である．資能は南浦紹明(じょうみん)を崇敬し，その住寺である大宰府の崇福寺に外護を加えているが，これは南浦紹明を対蒙古政策の相談役としていたことを意味しよう．従来の対馬守護に加えて文永10年(1273)8月以前，壱岐守護となっているのは異国警固強化の一環であろう．文永9年5月17日の異国警固番役覆勘状は同状の初見である．文永11年10月蒙古初度の来寇で対馬・壱岐の守護代は討死している．その間の戦況は資能によってつぎつぎに鎌倉幕府に報ぜられている．資能自身，弘安4年(1281)閏7月13日，蒙古合戦の傷がもとで死去したと伝える．84歳．法名覚恵．福岡県太宰府市の安養院跡にその墓と伝えるものがある．大正4年(1915)贈従三位．

[参考文献] 川添昭二『九州中世史の研究』，渡辺文吉『武藤少弐興亡史』　　　　　　　　　(川添 昭二)

135 少弐経資 しょうにつねすけ　1229〜92　鎌倉時代の大宰少弐，筑前・筑後・豊前・肥前・対馬の守護．寛喜元年(1229)生まれる．資能の子．その後半生は主として蒙古問題に費やされた．異国警固の体制を整え，文永・弘安両度の蒙古合戦を指揮し，建治元年(1275)・弘安4年(1281)2度にわたる異国征伐の計画では指揮をとる予定であった．石築地(元寇防塁)の築造工事を統轄し，文永蒙古合戦直後，蒙古合戦勲功賞配分の調査をしたのをはじめ，正応元年(1288)〜同3年には大友頼泰とともに弘安4年蒙古合戦勲功賞の配分を行なっている．弘安9年，鎮西の武士を異国警固に専心させるために設けられた鎮西談議所の頭人の1人となっている．その前年11月の岩門合戦で弟の景資を誅滅しているが，これは少弐氏全体からすれば勢力の減退である．蒙古襲来を契機として北条氏得宗の鎮西支配は強化され，経資は筑後・豊前・肥前の守護職を失っている．正応5年8月2日没．64歳．法名は浄恵．

[参考文献] 瀬野精一郎『鎮西御家人の研究』，渡辺文吉『武藤少弐興亡史』，川添昭二『九州中世史の研究』，同「鎮西特殊合議訴訟機関」(『史淵』110)，同「鎮西談議所」(『九州文化史研究所紀要』18)
　　　　　　　　　(川添 昭二)

136 尚寧 しょうねい　1564〜1620　琉球国の第二尚氏王統第7代の国王．童名(わらびなー)は思徳金(うみとくがね)，神号は日賀末按司添(てだがすえあじそえ)．1564年(永禄7)に生まれる．3代国王の尚真の玄孫で浦添王子と称す．母は6代国王尚永の妹で，首里大君加那志(おおきみかなし)．尚永に子供がないために尚寧が王位に就いたという．尚寧は尚永王の長女の阿応理屋恵(あおりやえ)按司加那志を妃とし，ほかに2夫人がいたが嗣子ができず，結局尚永王の兄弟の尚久の第4子尚豊を世子とした．1589年(天正17)に尚寧は即位したが，99年(明万暦27，慶長4)に長史鄭迥(ていどう)らを請封のため明に遣わした．翌年にも長史蔡奎(さいけい)，使者毛如鳳(もうじょほう)らを派遣した．神宗万暦帝は，洪瞻祖・王士禎を冊封使(さくほうし)に任じたが，天候をまっている間に洪が病没し，替りに夏子陽を任じた．しかし，夏子陽らが琉球に来たのは1606年で，夏子陽はその時の滞在記を『使琉球録』に著わした．王府の正史『中山世譜』などによれば，1605年，三司官(法司)の翁寄松(尊円城間(そんえんぐすくま))が謝名(じゃな)親方鄭迥(ていどう)の讒言によって百姓におとしめられ，翌年謝名は三司官となったという．翁は親日派で，謝名は親中国派であったため，謝名が三司官となってのちの1609年にいわゆる「島津の琉球入り」を招いたと俗にいわれている．豊臣秀吉は，1588年に島津氏を介してしきりに招諭し，翌年，尚寧はこれに対して使者を派遣したが，1591年に島津義久からの朝鮮出兵に際しての兵7000，兵糧10ヵ月分の要求については，いくらかを届けて断わったという．1604年，義久は甑島漂着の船員に託して，以前の漂着船問題に関しての謝礼につき尚寧の来聘を促したが，琉球側は替りに使者を送るにとどまった．このため義久は尚寧に書を送り問責するとともに，1606年将軍徳川家康から琉球出兵の許可を得て，再度の来聘を促しつつ準備をすすめ，09年琉球に出兵し，首里城において尚寧を降伏させた．島津の出兵の意図については，現在，必ずしもはっきりしていないが，秀吉の時代から関ヶ原の合戦を経て，江戸幕府の成立という激しい変動の中での島津の微妙な立場を反映していると思われる．沖縄史研究においては，この島津出兵前を古琉球，以後を近世琉球とよぶのが近年の通説である．降伏後，尚寧は歴代国王始まって以来はじめて国外へ出て，家久とともに，徳川家康・将軍秀忠に拝謁し，2年後に帰国を許されたという．以後，琉球は中国に対しては独立国を装いながらも，実質的には，幕府・島津の支配の下で新しい時代を歩んだ．1620年(元和6)9月19日(月日は明暦)没．57歳．尚寧王は島津に敗れ国外に出たため，代々の王家の墓である玉陵(たまうどん)に入れなかったという伝承が今に伝わっている．しかし，本来が浦添王子であるため，浦添間切にあった極楽陵(浦添ようどれ)に葬られた．妃の阿応理屋恵は，その後40年余生きて死んだが，一旦，首里の天山墓に葬られ，1759年(宝暦9)にようやく極楽陵に移葬された．
→琉球出兵(りゅうきゅうしゅっぺい)

[参考文献] 『大日本史料』12ノ34，元和6年9月19日条　　　　　　　　　　　　　　(田里 修)

137 正念 しょう　⇒大休正念(だいきゅうしょうねん)
138 少年遣欧使節 しょうねんけんおうしせつ　⇒天正遣欧使節(てんしょうけんおうしせつ)
139 樟脳 しょうのう　天然樟脳は，樟樹(楠)を蒸溜して製造される．6世紀ごろアラビアでは薬品として使われてい

たという．その後，ジャワ，スマトラを経て中国に伝えられ，明末(16世紀末)に編纂された『本草綱目』には製造方法が記されている．わが国への伝来は，寛永14(1637)～15年ごろに「薩摩樟脳」のオランダ輸出がみられるから，それ以前である．朝鮮の役後，島津義弘が朝鮮からつれてきた陶工鄭宗官らが，薩摩伊集院郷苗代川で樟脳製造を始めたというから，中国から朝鮮を経て製造技術が伝えられたことになる．明治以前の代表的な産地は，薩摩と土佐・日向である．薩摩藩では正徳年間(1711～16)から樟脳製造を許可制とし，製品は藩が独占的に購入するという専売制をとり，当時は年4万斤を中国，8万斤をオランダに販売した．そのころ，ヨーロッパで消費される樟脳は，ほとんど薩摩樟脳であったという．長崎における中国向けの輸出量は，明和2年(1765)が最高で，16万1500斤，このうち15万9500斤は薩摩産であった．薩摩藩では樟脳山役所を設けて製品を一手に収納して長崎の蔵屋敷へ送り，そこから輸出した．薩摩では砂糖・櫨蠟とともに樟脳は藩財政上の重要産物であったから植林にも力をそそぎ，従来1000両の利益といわれた樟脳が安政開港後には2000両の利を生んだともいう．薩摩につぐ産地として知られた土佐では宝暦2年(1752)に製造が始められたというが，その後安政年間(1854～60)より土佐式とよばれる技術による生産が始まった．土佐藩では幕末に長崎に貨殖局出張所(土佐商会)を設け，後藤象二郎らに司どらせて岩崎弥太郎らを販売にあたらせた．土佐式製法は，明治以後，四国・九州から紀伊・伊豆・駿河方面にも採用されて生産額を上げていった．日清戦争により領有した台湾の樟脳に対して明治32年(1899)まず専売制をとり，36年10月1日には外国市場において内地産樟脳との価格の均一化を維持するため内地にも専売制を布き，わが国特産物の1つとして九州・四国・房総などを主産地として大いに輸出された．昭和37年(1962)4月1日，生産の減少によって専売制を廃止した．なお，近代における樟脳のおもな用途はセルロイドの製造原料のほか，香料のボルネオール製造・防虫剤・浮遊選鉱剤などである．

参考文献　『古事類苑』植物部1・外交部，『鹿児島県史』2，日本専売公社編『樟脳専売史』，村野守治「薩摩の樟脳」(『日本産業史大系』8所収)

（林　英夫）

140 **尚巴志** しょう　1372～1439　琉球第一尚氏王統2代の王．はじめて統一王朝を建てた．伝承によれば，その祖は鮫川大主といい伊平屋の人．佐敷に移居して思紹を生み，思紹の子が尚巴志である．尚巴志は1372年(応安5)に生まれ，21歳のとき父に代わって佐敷按司となった．当時琉球は三山に分立抗争していたが，南山の紛争に乗じ島添大里按司を滅ぼし，中山王武寧が群臣の信を失ったのに乗じこれを滅ぼして父思紹を中山王とした．ついで山北を滅ぼし，南山も滅ぼして琉球が統一された．1421年(応永28)父の死によって中山王となったが，25年(明洪熙元)には冊封使柴山が来島して冊封をうけた．首里城を整備して王都とし琉球最古の碑である「安国山樹花木記碑」を残している．国相懐機が王のために道教の本山に符録を求めた文書が残っている．王は明へ進貢したほか，瓜哇(ジャワ)・暹羅(シャム)などにも遣使し貿易した．琉球の貿易制度は王によって整備されたとされる．在位18年で1439年(永享11)4月20日(月日は明暦)に没した．68歳．

参考文献　蔡温他編『中山世譜』(『琉球史料叢書』4・5)，鄭秉哲他編『球陽』(『沖縄文化史料叢書』5)，『明実録』，『歴代宝案』

（島尻勝太郎）

141 **聖福寺** しょうふくじ　福岡市博多区御供所町にある寺．臨済宗妙心寺派．山号は安国山．開山は明庵栄西．創建については栄西申状による建久6年(1195)説と，『聖福寺仏殿記』による元久元年(1204)説とがある．寺伝では源頼朝を開基とし後鳥羽天皇の外護を伝えるが，実際には在博多中国海商(博多綱首)たちが寺基を固めたのであろう．鎌倉時代末期に諸山，南北朝時代初期に十刹に列せられている．南北朝・室町時代には九州探題との関係が深く，宝徳3年(1451)遣明船のうち4号船は探題渋川教直による聖福寺造営料唐船であった．筑前守護大内氏の支配と保護は文安年中(1444～49)の大内教弘のころから明瞭になり大内義隆に及んでいる．戦国時代末のたびたびの兵火によって荒廃したが110世耳峯玄熊が再興に尽力した．近世初期建仁寺派より妙心寺派に転じ現在に及んでいる．123世の仙厓義梵は画僧として著名である．境内は国指定の史跡，重要文化財として大鑑禅師像・高峯断崖中峯三和画像・朝鮮鐘などがあり，金銅誕生仏は重要美術品である．

参考文献　小畠文鼎編『聖福寺史』，聖福寺文庫刊行会編『安国山聖福禅寺転派資料』，福岡県文化会館編『安国山聖福寺所蔵品目録』，聖福寺編『聖福寺通史』，同編『聖福寺主要図録』，佐藤正彦『聖福寺の建造物』(『福岡市文化財叢書』2)，上田純一『九州中世禅宗史の研究』，伊藤幸司『中世日本の外交と禅宗』，川添昭二「鎌倉初期の外交関係と博多」(箭内健次編『鎖国日本と国際交流』上所収)

（川添　昭二）

142 **聖福寺造営料唐船** しょうふくじぞうえいりょうとうせん　⇨寺社造営料唐船(じしゃぞうえいりょうとうせん)

143 **聖福寺仏殿記** しょうふくじぶつでんき　正平23年(北朝応安元，1368)2月7日，博多の聖福寺仏殿再興の経緯を書いたもの．作者は河南陸仁．同人は中国河南省の出身，字は元良，雪樵・乾々居士とも称し，乱を避けて当時聖福寺に滞在していた．同寺33世無隠法爾と親しく，その要請によって同記を執筆している．同記で聖福寺の創建を元久元年(1204)と記しており，正平10年(北朝文和4)か

ら同寺仏殿の再興に着手し正平22年(北朝貞治6)に完成したことを記している．行間に戦乱を憎む情があふれている．同記文は石に刻んで仏殿の前に建てていたが，なくなったので，天保5年(1834)124世湛元等夷が二川相近の書で再建している．『群書類従』釈家部，『隣交徴書』3ノ1所収．

[参考文献]　『大日本史料』6ノ28，貞治6年是歳条，榎本渉『東アジア海域と日中交流』
　　　　　　　　　　　　　　　　(川添　昭二)

144 紹明 じょうみょう　⇨南浦紹明(なんぼじょうみん)

145 請益生 しょうやくしょう　遣唐使に随って入唐留学した学生の一種．すでに国内で学業を受けた学生などが，さらに唐で師について具体的問題を審問し，その他の学問を請い自己を益するものをいい，留学生と区別された．僧侶の場合を請益僧という．請益生の例は養老度の明法大和長岡，天平度の明法秦大麻呂，承和度の暦請益刀岐雄貞・陰陽請益春苑玉成などが知られ，かれらは漢籍も将来した．『延喜式』大蔵省の遣唐使の組織にもみえる．　→遣唐使(けんとうし)　→留学生(るがくしょう)

[参考文献]　木宮泰彦『日華文化交流史』，鈴木靖民『古代対外関係史の研究』，山下克明「遣唐請益と難義」(『平安時代の宗教と陰陽道』所収)
　　　　　　　　　　　　　　　　(鈴木　靖民)

146 醬油 しょうゆ　古く中国で行われていた醬や豉(し)に起源をもつ液体調味料．蒸煮した大豆と炒って挽き割った小麦を混ぜ，これにカビを生やして麹をつくり，食塩水を加えたもろみを発酵熟成させて製品とする．醬油の名が文献に登場するのは中世末期のことで，『文明本節用集』に「醬醬(シャウユ)」，『鹿苑日録』天文5年(1536)6月28日条に「醬油」，『言継卿記』永禄2年(1559)8月27日条に「シャウユウ」，『多聞院日記』永禄11年10月25日条に「醬油」などとみえる．表記はまだ不統一であるが，『鹿苑日録』の記事には「醬油ヲネサス」とあり，味噌とは別物の醬油もろみを仕込んだことを示しているようである．企業生産は下総の野田で永禄4年前後に開始されたと伝えるが，とにかく室町時代末期から江戸時代初期にかけて京都・堺・紀州湯浅・播州竜野，下総の野田・銚子などに醬油企業が誕生，『毛吹草』(寛永15年(1638))には堺の特産として「醬油溜」の名がみえている．醸造法については『雍州府志』(天和2年(1682))や『本朝食鑑』(元禄8年(1695))などから記載されるようになり，『雍州府志』はまた，京都では多くの酒屋が醬油をつくるとともに一般にも自家醸造する家が多く，堺の醬油があってもあまり使われない，と当時の状況を伝えている．巷には醬油売りの姿も見られ，貞享・元禄ころには醬油は完全に日本人の生活に定着していた．こうして調味の基礎となるものの意で室町時代には味噌の別称であったらしい「下地(したじ)」の語も，醬油をさす言葉になったようである．寛文年間(1661～73)からはオランダ東インド会社の手を通じて，醬油はヨーロッパへも送られた．スウェーデンの植物学者ツンベルグが日本へ来たのは安永4年(1775)であるが，彼はその時の紀行に，「茶の輸出は少い．それは支那茶に比して非常に劣るからである．その代り非常に上質の醬油を作る．(中略)多量の醬油樽がバタヴィア，印度，及び欧羅巴に運ばれる」(『ツンベルグ日本紀行』(『異国叢書』4，山田珠樹訳)と書いている．ヨーロッパではソースの味付けに醬油が珍重されたのだが，オランダ人は遠く赤道を越えての輸送中の変敗を防ぐため，醬油を釜で沸かして陶器の壜に詰め，瀝青で密封したのであった．近世前期の醬油は堺・大坂など上方のものの質がよく，開府以来人口を増大させていた江戸の市場もおおむね上方からの「下り醬油」によって占められていた．後期になって関東の醬油の質が向上するとともに形勢は逆転し，文政4年(1821)に醬油問屋行事が江戸町年寄に提出した上申書によると，当時江戸に搬入されていた醬油は年間125万樽，うち123万樽が上総・下総・常陸その他の関東産のもので，残りの2万樽程度が大坂からの廻漕分であった．1樽の容量は8升(約14.4ℓ)前後で，これが当時の1人当りの年間消費量に相当した．ちなみに現在の日本の1人当り年間消費量は10ℓ程度である．醬油は米食中心の日本の食生活が生み出したすぐれた調味料であるが，それが万能，かつ卓越したものであるために，日本料理の独自性を強め，国際性を失わせる結果にもなった．しかし，現在では業界最大手のキッコーマンが，米国に続いてシンガポール，オランダで現地生産を開始したように，世界の注目を浴び，販路を拡大するようになっている．

コンプラ醬油瓶(ヨーロッパ輸出用の陶器製瓶)

[参考文献]　『古事類苑』飲食部，ヒゲタ醬油編『醬油沿革史』，『野田醬油株式会社三十五年史』，『キッコーマン醬油史』，『キッコーマン株式会社八十年史』，平野正章他『しょうゆの本』，坂口謹一郎「醬油の

ルーツを探る」(『世界』398) (鈴木　晋一)

147　請来目録 しょうらいもくろく　古代日本の入唐留学僧が持ち帰った経典や道具類を列記し，朝廷に献上した目録．将来目録．現在では天台・真言の「入唐八家」の分のみが伝わる．ほぼ共通の体裁をもち，目録部分のほかに，入唐にいたる経緯，在唐中の修行の様子，帰国するまでの状況などを記している．1人で数種類を作成しているものもあるが，それぞれの代表的なものを掲げると，最澄「伝教大師将来台州録」(延暦24年(805))ほか，空海「御請来目録」(大同元年(806))，円仁「日本国承和五年入唐求法目録」(承和5年(838))ほか，常暁「常暁和尚請来目録」(承和6年)，円行「霊巌寺和尚請来法門道具等目録」(同前)，恵運「恵運禅師将来教法目録」(承和14年)，宗叡「新書写請来法門等目録」(貞観7年(865))，円珍「智証大師請来目録」(天安2年(858))ほか，などである．安然がこれら八家の請来目録の内容を類別編集した『八家秘録』がある．いずれも『(大正新修)大蔵経』55所収．経典・仏像・仏具のほか，外典も蒐集の対象となっている．入唐僧の報告書であり，特に唐における具体的な活動を知る上で重要な史料となっている．→弘法大師請来目録(こうぼうだいししょうらいもくろく)　→伝教大師将来目録(でんぎょうだいししょうらいもくろく)　→入唐新求聖教目録(にっとうしんぐしょうぎょうもくろく)

〔参考文献〕　小野勝年『入唐求法巡礼行記の研究』4，同『入唐求法行歴の研究』下，高橋聖「遣唐僧による請来目録作成の意義―円仁の三種の請来目録を中心に―」(『史学研究集録』26)，石田尚豊『空海の起結』，酒寄雅志「最澄の将来目録と遣唐使の印」(『栃木史学』20)　(石井　正敏)

148　勝楽寺 しょうらくじ　埼玉県日高市新堀の旧県社高麗神社近くにある寺院．真言宗智山派．聖天院と称す．正しくは高麗山勝楽寺．高麗郡の首長高麗王若光が没すると，その冥福を祈るため，侍念僧の勝楽は王が高麗国から将来した聖天尊(歓喜天)を安置し一寺を草創しようとしたが途中で没し，のち若光の第3子聖雲らが勝楽の遺志をつぎ建立したと伝える．往時は栄えたが寛永年間(1624～44)焼失した．国指定重要文化財の梵鐘(文応2年(弘長元，1261)在銘)・県指定文化財の鰐口(応仁2年(1468)在銘)などを寺蔵し，その仁王門畔に伝高麗王若光墓(凝灰岩製多宝塔)などがある．→高麗神社(こまじんじゃ)

〔参考文献〕　『新編武蔵風土記稿』184(『大日本地誌大系』)　(今井　啓一)

149　小琉球 しょうりゅうきゅう　16世紀に行われた北部台湾の呼び名．中国の明では，初期から琉球(沖縄)との交通が開けており，『隋書』以下に記された流求は沖縄と考えられて，一般に台湾の存在は忘れられていた．しかし琉・明の交通が頻繁に行われた過程で，16世紀中葉になると，嘉靖13年(1534)の冊封使陳侃をはじめとする旅行の知見が加わり，途中に横たわる現在の北部台湾に小琉球の名を与え，従来の琉球は大琉球として識別されるようになった．このころから来日する多くの明船にならって出洋する邦人もこれを踏襲し，また同じころ来航したポルトガル人もこの中国人の知見に従って，16世紀中葉のバルトロメウ＝ベーリュの図のように，小琉球をレケオ＝ペケニョ，大琉球をレケオ＝グランデ，あるいは同義語のレキオ＝ミノール，レキオ＝マヨールと称えるようなものも現われた．安土桃山時代，日本では一時ルソンを小琉球と考えたこともあったごとくであるが，地理上の知識が加わるにつれてその存在は曖昧となり，清朝時代わずかに台湾南部の一孤島にその名をとどめることになった．→大琉球(だいりゅうきゅう)

〔参考文献〕　伊能嘉矩『台湾文化志』上，岡本良知『十六世紀における日本地図の発達』，中村拓『鎖国前に南蛮人の作れる日本地図』，曹永和『台湾早期歴史研究』，小葉田淳「台湾古名随想」(『日本経済史の研究』所収)　(中村　孝志)

150　徐海 じょかい　?～1556　中国明代の倭寇の頭目．安徽省歙(しょう)県の人．若くして杭州大慈山虎跑寺の僧侶となる．法名は普浄，通称は明山和尚．叔父徐惟学に誘われて天文20年(1551)日本に渡来し，大隅某領主の人質とされる．翌年，倭人を誘って烈港の密貿易に参加したが，王直との不和事件があって別行動に転じ，同23年以後は柿林・乍浦を基地として江蘇・浙江の諸州県を連年襲撃した．弘治2年(1556)8月，総督胡宗憲の術中にはまり，平湖県沈家荘で捕えられ死す．

〔参考文献〕　李献璋「嘉靖海寇徐海行蹟考」(石田博士古稀記念事業会編『(石田博士頌寿記念)東洋史論叢』所収)，佐久間重男「王直と徐海―倭寇の巨魁―」(『日明関係史の研究』所収)　(佐久間重男)

151　書儀 しょぎ　中国で，手紙の形式作法を記した書物のことをいう．「書儀」に対して，身体の動作や儀容の方面に対して「行儀」といい，日常の交際や挨拶の規範を示したものを「辞儀」という．いずれも士人のための作法書である．宋の司馬光の『書儀』(『司馬光書儀』とも)が知られていたが，近時，敦煌から多数の書儀類の残巻が発現し，唐末社会の民衆の手紙の書き方に対する要求の高まりとともに民度の上昇傾向をも知ることができる．書儀にも公的な官牘書儀の類と私的な書儀の類とがあるが，敦煌資料の中には私用の書状類を編集したものや，12月往来型の書儀類がみられる．このような書儀がわが王朝社会にもたらされていたことは『日本国見在書目録』(儀注家)に『大唐書儀』以下の書儀が列挙されていることによって知られ，また，たとえば『大唐新定吉凶書儀』は円仁の請来目録(『慈覚大師入唐新求聖教目録』)に「大唐新修宣公卿士

庶内族吉凶書儀」とあって詩格や詩集類とともにわが国に将来されていた．平安時代後期のわが国の書儀往来集である『雲州消息』(『明衡往来』とも)なども中国の書儀の影響によるところがあったかと考えられているが，わが国中世社会において多数の往来物が出現するのは唐社会における士庶のための書儀盛行の情況とはなはだよく似ているといえよう．

参考文献 饒宗頤『書儀』(『敦煌書法叢刊』13)，劉復『敦煌掇瑣』，潘重規『敦煌写本書儀研究』，那波利貞『唐代社会文化史研究』，金岡照光『敦煌の民衆』(『東洋人の行動と思想』8)，川口久雄「唐代書儀類と明衡往来の諸本「(『平安朝日本漢文学史の研究』所収)，那波利貞「中唐晩唐時代に於ける接客辞儀類の著書の出現に就きて」(関西大学東西学術研究所編『石浜先生還暦記念論文集』1所収)，西野貞治「敦煌俗文学の素材とその展開」(大阪市立大学『人文研究』10ノ11)，山田英雄「書儀について」(『日本古代史攷』所収)，丸山裕美子「書儀の受容について」(『正倉院文書研究』4)，廣瀬憲雄「書儀と外交文書」(『続日本紀研究』360)　　　(川口　久雄)

152 続守言 しょくしゅげん　生没年不詳　7世紀後半，日本に帰化した唐人．持統朝ころの音博士．唐人薩弘恪らとともに斉明天皇7年(661)百済の遺臣鬼室福信の軍に捕えられて，天智天皇2年(663)ころまでに日本に送られてきたものか．かれを含む俘虜100余名ははじめ近江国に住まわされ，その後のちの美濃国の不破・方県2郡に移された．続守言らはやがて朝廷に仕え，持統天皇3年(689)6月薩弘恪とともに稲を賜わり，同5年9月にも銀20両を賜わった．翌6年12月にも水田4町を賜わった．音博士として唐語を教授した功によるものであろうが，その他，同朝における『浄御原令』の撰定や辞書・国史の編纂の事業などにあたって，唐語文献の読解などに携わったことも考えられ，『日本書紀』の述作者の1人とする説がある．→薩弘恪(さつこうかく)

参考文献　森博達『日本書紀の謎を解く』(『中公新書』1502)　　　(鈴木　靖民)

153 書契 しょけい　本来は証拠の書類またはその記録の帳簿をいうが，外交文書に対してもしばしばこの名称が用いられた．『日本逸史』弘仁13年(822)3月癸巳条に，諸蕃の客の書契に答えるため，対馬の史生を停めて博士を置くことを記した太政官符があるが，これなどが外交文書を書契と称した早い例であろう．外交文書としての書契が最も重要な意味をもったのは，朝鮮王朝の時代である．応永の外寇の直後，朝鮮では日本からの使船を統制する目的で，九州地方からの使船は九州探題渋川氏の，対馬島内からの使船は島主宗氏の書契を所持させることにし，所持のないものは接待を拒否した．ところが，この結果対馬島主の書契を受けて渡航する使船が激増したため，朝鮮では宗氏との間に密約を結び，書契に捺す印によって使船の待遇に差別をつけることにした．この制度によって自由に渡航して貿易しようとする興利船(こうりせん)は大きな制限を受けたが，やがて書契を偽造するものや塗沫改書するものがあらわれた．

参考文献　中村栄孝「日鮮交通の統制と書契および文引」(『日鮮関係史の研究』上所収)
(田中　健夫)

154 徐公祐 じょこうゆう　生没年不詳　兄徐公直とともに，9世紀半ばに日本貿易に活躍した唐商人．『高野雑筆集』付収唐人書簡に，唐大中6年(852)前後に在日の唐僧義空らに宛てた兄弟の書状が収められている．それによれば，兄の公直は，おりからの会昌の廃仏を避けて，子胡婆を日本に滞在する唐僧義空(承和14年(847)ころ来日)のもとに預け修行させている．公祐は来日のたびに義空や胡婆と音信を通じ，種々の贈り物を送っている．公直は，みずからは来日することはなかったが，「衙前散将」という節度使の一員であることを示す肩書きを帯びている．節度使は管内の大商人に名目的な将軍号を与えて積極的に貿易を営ませ，その利益を有力財源としている．公直もそうした大商人で，資本家として弟の公祐に貿易の実務を行わせていたものと思われる．入唐した円珍は蘇州の公直宅に宿泊して，その世話を受けており，洛陽滞在中には公祐の夢をみたという．『唐人送別詩并尺牘』(園城寺所蔵)には徐公直自筆の円珍宛書状が収められている．これらの書簡には，唐物使をはじめ当時の貿易の様子をうかがえる記事が散見し，陶磁器などの貿易品などが記されており，初期の対日貿易をうかがううえで貴重な史料となっている．

参考文献　高木訷元「唐僧義空の来朝をめぐる諸問題」(『空海思想の書誌的研究』所収)，石井正敏「九世紀の日本・唐・新羅三国間貿易について」(『歴史と地理』394)，田中史生「唐人の対日交易」(『経済系』229)，山崎覚士「九世紀における東アジア海域と海商―徐公直と徐公祐―」(大阪市立大学『人文研究』58)　　　(石井　正敏)

155 女真 じょしん　中国，東北地方東部に居住し，粛慎・挹婁・勿吉・靺鞨などと呼ばれてきたトゥングース系民族の遼・宋以後の名称．女直ともいう．遼代の女真は，直接遼の支配を受ける熟女真と，ゆるやかな従属関係の生女真とに分かれていた．12世紀に入ると，生女真の完顔部の酋長阿骨打が生女真を統一し，会寧府(阿城)を首都とする金朝をたて(1115年)，さらに熟女真も併せ，ついに遼を滅ぼした．この間，漢字に倣った女真文字を創製している．金朝は，ついで華北に進出して北宋を倒し(1127年)，淮水以北の華北を領有して南宋と争った．しかしやがて蒙古に滅ぼされ(1234年)，

女真人は蒙古(元)の支配下に入った．その後14世紀後半に至り，元を追って東北地方に進出した明に属し，有力首長は明の官職を受け，朝貢・互市の特権を与えられた．明代には建州女直・海西女直・野人女直の3大集団に分かれていたが，16世紀末，建州女直のヌルハチが，日本の朝鮮出兵によって明の女直に対する統制力が弛緩した機に乗じて，全女直民族を統一し，後金国を建て(1616年)，清朝へ発展する基礎を確立した．寛仁3年(1019)対馬・壱岐および北九州地方を襲った刀伊は，沿海州に住む女真である．　→刀伊(とい)

参考文献　江上波夫編『北アジア史』(『世界各国史』12)，三上次男『金代女真社会の研究』(『金史研究』1)，藤田明良「文献資料から見た日本海交流と女真」(前川要編『北東アジア交流史研究』所収)，『アジア遊学』107(特集北東アジアの中世考古学)

(石井　正敏)

156　蜀江錦　しょっこう　「しょっこうのにしき」ともいう．三国・五代十国の時代に，蜀の国であった現在の中国の四川の地は，古くから優秀な赤地錦の産地であった．そのため今日一般的には，法隆寺に伝来した飛鳥時代の赤地錦を総称して蜀江錦と呼んでいる．格子蓮華文経錦・獅子鳳円文経錦・亀甲花唐草文経錦の3種がそれである．この蜀の赤地錦の伝統は宋・明の時代に四川の成都につくられた錦院(明代には織染局)にも受け継がれたようで，そこで製織された錦も同じく蜀江錦の名で呼ばれてきた．それゆえ近世わが国では，それらの蜀江錦を模織してきたところから，蜀江錦は一種の文様の名とされるようになった．その文様は花文を中に置いた八角形の4辺を長方形ではさんで繋いだ連続幾何文様が最も代表的である．　(北村　哲郎)

157　諸蕃　しょばん　古く一般には「諸蕃人」「諸蕃賓客」のごとく諸外国の意味に用いているが，平安時代の初期につくられた『新撰姓氏録』では，当時の氏族をその出自によって皇別・神別・諸蕃の3つに分類した(三体という)．そして「大漢三韓之族，謂=之諸蕃=」と述べ，中国・朝鮮からの渡来人の後裔を諸蕃の部に一括した．すなわち同書21巻より29巻に，左京・右京・山城・大和・摂津・河内・和泉の順に326氏をあげている．この数は同書収載全氏族のほぼ3分の1を占めている．これら諸蕃を出自別にみると，漢163・百済104・高麗41・新羅9・任那9氏となり，地域別にみると，左京右京174・河内55・摂津29・大和26・山城22・和泉20となっている．また彼らのカバネをみると，朝臣3・宿禰31・忌寸41・連73・造41・史24・村主19・首19，その他曰佐・薬師・画師などのカバネがあり，彼らの身分的状態を知ることができる．なお，この諸蕃のことを皇別・神別の語にひかれてか蕃別という人もあるが，それは誤りである．このような誤用はすでに近世初期につくられた『敬公姓氏録』や『尾張本姓氏録』にみえている．　→新撰姓氏録(しんせんしょうじろく)

参考文献　佐伯有清『新撰姓氏録の研究』，関晃『古代の帰化人』(『関晃著作集』3)　(阿部　武彦)

158　徐福伝説　じょふくでんせつ　徐福は中国秦代の方士で斉の人．徐市(じょふつ)とも書く．『史記』秦始皇本紀に，帝が不老不死の仙薬を求めて居るのに徐福は上書して東海の三神山にそれを捜しに童男女数千人を連れて出発することになったことがみえる．結局秘薬のことは失敗に終ったが徐福はわが国の紀州熊野浦に到達したという伝説になっている．このことは『史記』によったと思われるが『神皇正統記』にも書かれている．徐福は今の和歌山県新宮市に住みついて暮らしたという．新宮の阿須賀神社の南に紀州藩主徳川頼宣が儒臣李梅渓に書かせ建てたという碑がある．

参考文献　彭双松『徐福研究』，安志敏『徐福伝説を探る』，池上正治編訳『不老を夢みた徐福と始皇帝―中国の徐福研究最前線―』，『アジア遊学』52(徐福―アジア二〇〇〇年の青い鳥―)

(大藤　時彦)

159　諸目利　しょめきき　江戸時代長崎貿易輸入品の良否・真贋(しんがん)を見分ける役人．各目利の成立年代は一定しないが，寛永年間(1624～44)には糸目利・塩硝目利・薬種目利・端物目利・伽羅目利・鮫目利がいたといわれ，寛文年中にはこれに加えて唐物目利・書物目利などもいた．延宝元年(1673)の市法貨物商法のもとでは五箇所貨物目利54人が入札によって出した平均値段をもとにして外国商人からの仕入価格が決定された．長崎会所貿易でも同会所諸目利が輸入品の値入れをして作成した値入帳をもとに値組評議がなされ，外国商を交えた元値組にも諸目利は参加した．慶応年間(1865～68)薬種目利(13人)・端物目利(7人)・鮫目利(5人)は20俵2人扶持，糸目利(2人)・茶碗薬目利(2人)・漆目利(3人)・唐物目利(4人)・書物目利(3人)・唐絵目利(4人)・鹿皮目利(15人)・玉目利(2人)・牛皮目利(3人)は12俵2人扶持を受ける．　→糸目利(いとめきき)　→唐絵目利(からえめきき)　→唐物目利(からもののめきき)

参考文献　大岡清相編『崎陽群談』(『日本史料選書』10)，金井俊行編『増補長崎略史』上(『長崎叢書』3)　(武野　要子)

160　書物改役　しょもつあらためやく　江戸時代に長崎におかれた中国書の調査役．書物改手伝・書記役などが属している．幕府はキリスト教禁制政策を遂行するため，中国船が舶載する漢籍の内に含まれるキリスト教関係書を取り締まる必要上，舶載書の内容の検査を行なった．最初は春徳寺住職がこれにあたり，寛永16年(1639)から紅葉山文庫へ納める書物を選ぶ目的で向井元升も加わった．元升の少子元成は貞享2年(1685)に『寰有詮』という書がキリスト教義を説くものであることを発見，その

功により向井氏は長崎奉行に直属し，代々書物改役となり幕末に至った．取調べの緩急は時代によって異なるが，書籍を一々調査してその内容を簡単に書いた大意書を作成して長崎奉行に呈出するほか，御用書の調整にもあたり，正徳長崎新例以後は信牌の文，配銅証文などの書役もした．向井氏の所蔵する書物改の記録は，向井家の旧記として『舶載書目』・『商舶載来書目』・近藤正斎の書物などに利用され，その一部は長崎聖堂文書として長崎歴史文化博物館に現存する．
→禁書(きんしょ) →向井元升(むかいげんしょう)
参考文献 大庭脩『(江戸時代における)唐船持渡書の研究』，同『江戸時代における中国文化受容の研究』 (大庭 脩)

161 祥瑞五郎太夫 しょんずいごろうだゆう 江戸時代前期に染付磁器を焼いたといわれる人物．染付磁器に「五良大甫 呉祥瑞造」の銘を記したものがあり，従来，祥瑞五郎太夫という人物が作ったものとされてきた．五郎大夫について諸説があるが，一説には伊勢国大口村の伊藤五郎太夫で，文禄3年(1594)中国へ渡り，江西省景徳鎮窯で製陶し，元和2年(1616)帰朝．筑後朝妻で窯を築き，染付磁器を焼いたが，寛文3年(1663)87歳で没したという．祥瑞はその号で，墓は三重県松阪市大口村最勝寺にあるという．しかし，「五良大甫 呉祥瑞造」の八字銘は，先記伊藤五郎太夫伝承と全く関係ないとする見解が提示されている．それによれば，その銘は中国明末に流行した署名法によるもので，五良大甫は五男の長子，呉は姓，祥瑞は号とされ，つまり呉姓の家の五男の長子で祥瑞号のものが造ったという意になるという．普通，祥瑞と呼ばれる焼物には，青花(染付)のほか，五彩(色絵)を加えた色絵祥瑞と呼ばれるものがあり，いずれも日本の茶人に珍重されている．伝世品の中には「大明崇禎年造」銘の茶巾筒(兵庫県滴翠美術館蔵)などがあり，明末崇禎年間(1628～44)を中心に，景徳鎮民窯で，特に日本の茶人小堀遠州をとりまく人々とその活躍した時期に注文され，焼造されたものとみられている．したがって祥瑞五郎太夫は直接これらの作品とは結びつかず，架空の人物とせざるを得ない．
参考文献 斎藤菊太郎『古染付・祥瑞』(『陶磁大系』44)，同「ションズイ新論」(満岡忠成編『祥瑞』所収) (河原 正彦)

162 白猪氏 しらい ⇒葛井氏(ふじいうじ)
163 白糸 しらいと ⇒生糸(きいと)
164 白糸割符 しらいとわっぷ ⇒糸割符(いとわっぷ)
165 白猪骨 しらいのほね 生没年不詳 律令国家成立期の文人的な下級官僚．史(ふひと)姓を帯び，名は宝然(ほね)にもつくる．天武天皇13年(684)12月，留学していた唐から新羅を経て，新羅の使人に送られて筑紫へ帰着した．のち文武天皇4年(700)6月，務大壱(むだいいち，構造的に大宝令制の正七位上に相当)の下級官僚で，律令国家の基本的な法体系を完成した『大宝律令』の編纂に参加した功で禄を賜わった．
参考文献 布施弥平治『明法道の研究』，滝川政次郎『律令の研究』 (野村 忠夫)

166 新羅 しらぎ 朝鮮古代の国名．356～935年．「しんら」「しら」とよむのが一般的であるが，日本では城の意味を語尾に付し，「しらぎ」と呼びならわしている．都は慶州(大韓民国慶尚北道)．新羅の建国は，その前身の辰韓斯盧国から新羅国にかわり，六部の統合による貴族連合体制が成立したことによる．その年次は慶州で古墳が盛行する4世紀後半とみられるので，『三国史記』の奈勿王即位年次の356年をあて，斯盧国時代を含めた新羅の時代区分を次のように考えることができる．

新羅の時代区分

区 分	王代(年代)	特徴	時代
前 史	1始 祖～16訖解王 (　～356年)	原始村落国家	新盧国時代
第1期	17奈勿王～21炤知王 (356～500年)	初期貴族連合体制	三国時代
第2期	22智証王～30文武王 (500～676年)	後期貴族連合体制	同
第3期	30文武王～35景徳王 (677～765年)	律令体制，王権確立	統一時代
第4期	36恵恭王～41憲徳王 (765～826年)	律令体制，王位争奪	同
第5期	42興徳王～56敬順王 (826～935年)	地方自立，王権衰微	含後三国時代

〔前史〕慶州地方に農耕が始まったのは，前4～3世紀ごろで，後3世紀前後の斯盧国時代には，韓族の農村共同体を基盤とした原始国家が成立していた．その中心は，後世，六村といわれた村落国家で，現在の慶州市とこれをとりまく幅1km・長さ10km以上の谷間の各地をそれぞれ根拠地としていた．この地方の地形や土壌が，初期農耕に適していたため，生産が向上し，社会組織が整備され，国家形成が順調に進展した．この時期の政治組織は，支配権力が弱く，個々の成員が重視される村落共同体の秩序を基礎としたものである．斯盧文化の性格は，加羅諸国や日本のそれと類似し，その基層文化は，南方系統とみられるが，貴族文化には，北方文化や中国文化の影響がある．新羅の始祖神をみると，天神が山頂に降臨し，水神の娘を王妃に迎える農耕神話が中心で，海洋渡航神話もある．これらは，『古事記』『日本書紀』の伝える日本の建国神話と類似しており，この地方と日本との農耕生活に類似したところが多かったと考えられる．また，『日本書紀』神代宝剣出現章や『出雲国風土記』には新羅の名がみえ，この地方との交流の古さを示している．

〔第1期〕初期貴族連合体制 4世紀後半の新羅建

国は，国家形成の飛躍的な発展による．六村の村落連合体制が，中央集権的な貴族連合体制となり，その王位継承も三姓交代の伝承時代から金氏の王室独占にかわった．またこの時代から新羅は国際社会に登場し，377・382両年に辰韓諸国の代表国として前秦に朝貢している．399年以後，5世紀中葉までは，高句麗・倭・加羅諸国に侵略される苦難の時代が続いた．5世紀後半になると，新羅はこれらの諸勢力を排除しながら，洛東江の上・中流域に進出し，百済と連合して，高句麗と戦うことさえあった．この時期には，王者の権威が拡大し，その墳墓も大形になった．副葬品には加羅諸国と同様農耕機具が多い．新羅は農業生産を基本とする社会で，その王者の権威も農耕祭祀による農業生産の維持発展をもたらすところにあった．また，これらの副葬品から，新羅の貴族文化は，北方のスキタイ文化や中国文化の影響をうけた高句麗文化と類似するところが多かったことが知られる．この時期には，倭軍がしばしば新羅王都を攻撃し，399年にはついに王都を占領するが，翌年新羅は高句麗軍に救われた．しかしその後，安羅軍や倭軍に再び王都を占領され，その後も，高句麗と倭との争奪地とされた．そのため新羅王は王子を人質として倭国に送ることもあった．425年以降，倭王が宋に要請した称号には，新羅・秦韓など七国諸軍事の語があり，倭が新羅の独立を認めるとともに，秦(辰)韓諸国がなお存続していたことを伝えている．5世紀後半になると，倭軍は新羅の周辺部しか攻撃しなくなり，新羅が強大になったことを示している．

〔第2期〕後期貴族連合体制　この時期の特徴は，国内の諸制度の整備と，領土の拡大とにある．その前半期の532年までは，貴族体制の制度化と領土拡大で，後半期は，律令体制への過渡期で，統一戦争の時期でもある．503年には，国際的に使用されていた新羅の国号や王の称号を国内でも使用することにし，ついで，上大等・兵部令など中央官職名や州軍主など地方軍官名を制定し，中央集権制度の第一歩をふみだした．520年に律令を発布したが，その実態は前代の慣習法を整備したものであった．そのころ官位十七等や六部など身分制度が整備された．また牛を使用する農耕や，築堤など農耕生産の技術が飛躍的に発展し，市場が開設され，水上運輸も整備された．文化面でも，528年の仏教公伝や，536年の元号制定など画期的な事件が多くみられる．6世紀に入ると，領土拡大が始まり，まず東海(日本海)沿岸方面に勢力を拡大し，525年には沙伐州を置いて洛東江上流を支配し，532年には，洛東江下流域の金官加羅地方を併合した．562年には，高霊加羅など洛東江中流域を制圧し，ついで568年には，漢江流域から東海岸の現在の咸鏡南道北部まで勢力を伸ばした．これら新付の地域には四方軍主をおき，そのもとに州・郡の地方制度を整備した．この時期の新羅軍は，貴族の私兵や宗教的な花郎が中心となっていた．その官制は貴族の請負制で，重要な職掌は複数貴族の合議制で，王権はまだ弱かった．新羅が加耶地方に進出すると，すでにこの地方に勢力を伸ばしていた百済や，百済および加羅諸国と関係の深かった倭との国際関係が複雑となり，漢江流域に進出すると，高句麗や中国とも新しい国際関係が生じた．この時期の新羅外交は，百済・高句麗を最も重視し，ついて，中国を統一した隋・唐との関係を尊重した．しかし日本との関係もまた次第に重視せざるを得なくなり，6世紀後半から7世紀前半にかけては，三国中で最も頻繁に使節を派遣していた．日本の対新羅問題は，主として任那の帰属問題で，6世紀中葉に，日本が仲介役をしたことから，日本は新羅に任那の調を求めることになった．新羅は，三国との抗争や対唐外交の背後を固めるため，日本との国交を緊密にしておく必要があった．この時期の外交形式は，使者の口上と貢物の献上とであったが，新羅は621年から，国書を提出する中国風の形式にあらためた．後半の統一戦争期は，643年に新羅が唐に救援を求めたときから始まる．このとき唐の太宗は善徳女王の廃位などの対策を示したので，新羅の貴族会議では，647年に女王を廃位した．しかし，金庾信ら下級貴族や地方豪族が女王を擁立して，上大等毗曇らの貴族勢力と戦って勝った．この時期には，王家の血縁思想が高揚し，骨制の身分制度が成立し，651年には官制を改革し，律令官僚体制をとり始めた．660年に唐との軍事同盟が成立し，百済を滅ぼした．しかし，各地に百済復興軍が起り，一時優勢であったが，663年の白村江の戦で，唐・新羅連合軍に敗れ，復興軍は消滅した．661年以来，唐とともに高句麗を攻め，668年に高句麗を滅ぼした．670年に，それまで同盟を結んでいた唐軍を旧百済領から駆逐し，高句麗復興軍を援助して，唐軍と対立した．676年までの対唐戦争では，貴族が消極的で，地方豪族や下級貴族が積極的に戦って勝利をおさめたので，貴族の政治勢力が衰え，豪族たちの支持を得て，王権が確立した．その間，王権を強化するため，唐の律令官制・兵制・地方行政などを参考に，独自の官僚体制を確立した．特に，旧百済・高句麗の勢力を糾合するため，全土を九州とし，中央軍団に九誓幢を置いて，旧新羅勢力との融和をはかった．この時期の対日本外交は，従来の形式的な国交ではなく，唐の朝鮮出兵に関連するきびしい条件下での国交となった．大化2年(646)，日本は高向玄理を新羅に遣わし，形骸化した任那の調をやめて王族を派遣させた．翌3年に新羅は，のちに太宗武烈王となる金春秋を派遣してきたが，これは新羅が百済に攻められて窮地にあったので，これを打開するための王族外交とみられる．660年に百済が滅亡

すると，百済王族の鬼室福信らが日本にいた王子扶余豊を擁立して，各地で百済復興軍を結成し，日本もこれを援助して新羅軍と戦ったが，白村江の戦で敗退した．日本とは，交戦時期を除くと，638年以後ほとんど毎年使節が往来していた．そのうえ，滅亡後の百済使節が4度，高句麗使節が9度，新羅の承認を得て日本に派遣されたが，これらは任那の調と同様，新羅が対唐戦争に備えて日本を懐柔する政策だったとみられる．

〔第3期〕王権確立期　この時期は律令体制の発展期で，貴族文化の最盛期でもある．中央官制では651年に官僚化が始まり，675年と685年ごろの再度の整備によって，ほぼ中央集権的官僚制度が成立したが，797年以降，その規模を次第に縮小した．新羅の官僚体制を支えた丁田制は722年から始まるが，757年には早くも貴族体制を支える禄邑制に逆もどりした．地方制度では，685年に五京・九州制が完成し，そのもとに119の郡と290の県が配置された．これらの郡県はいくつかの村からなり，村には10～15の自然村落があったとみられる．租・調などの徴税，兵役・労役の徴発などには，自然村落が単位となっていて，日本の家族単位とは異なっていた．このことは村落共同体の勢力が根づよく，これを基盤とした貴族勢力が依然として強力で，王権を背景にもつ官僚制が十分発達できなかったことを推測させる．当時の有力な貴族には，3000人の奴婢とこれに匹敵する家畜や私兵をもっているものもあった．そのため，統一の功臣金庾信の子孫でさえ，政治の中枢から遠ざけられ，日本の奈良時代のように，新興貴族・律令官人層の擡頭は，あまり顕著ではなかった．ただ外位の廃止など，畿内と地方との制度上の差別は一応解消した．文化面では，仏教・儒教をはじめ，歌舞・音曲などの貴族文化が飛躍的に発展した．新羅仏教は，国家鎮護を目的としていたので，680年ごろから四天王寺以下七大寺に特別な官庁を設けて管理し，他の寺院にも寺田を与えるなど，国家的な保護を受けていた．この時期に慈蔵・元暁・義湘ら多くの名僧がでた．7世紀には，涅槃・戒律・華厳・法性・法相の五教のほか，浄土教や密教も盛んに行われ，禅宗も次第に普及するようになった．日本との関係は，唐との関係に反比例して推移し，唐との対立が激化した7世紀後半には，日本との使節の往来が連年行われたが，8世紀に入り，対唐関係が修復されるにつれて，日本との国交が疎遠になった．高句麗滅亡後，対日関係が緊密になったのは，対唐戦争に備えるためであったが，この時期には日本でも遣唐使を派遣することができず，新文物を導入するためには，対新羅外交を正常化し，留学生・留学僧を新羅に送る必要があった．このような状況は，687年ごろから変化し，日本が上位にたつ形式で国交を行おうとして，新羅と対立し始めた．日本側はこの要求の根拠として，神功皇后の新羅征討の伝承を強調した．新羅は733年に，唐の渤海遠征を支援することによって，一挙に対唐関係を好転させ，735年には懸案の領土問題が解決した．この年（天平7），新羅は日本に対し，国号を王城国と改め，対等な外交を主張する使者を派遣した．天平勝宝4年（752）に，新羅は王子金泰廉を日本に派遣し，国交の正常化をはかったが，日本は新羅国王の来朝をうながすなど，強硬な方針をとったため，新羅は日本との外交に消極的になった．神亀4年（727）から始まる日本の渤海外交は，新羅外交を悪化させる原因となった．しかし，日本の新羅貿易は，これと裏腹に次第に活発になった．7世紀には，新羅の使節団は20～40人であったが，天平10年（738）以後には100人以上になり，天平勝宝4年には700人を越える大使節団となったが，そのほとんどは商人であった．日本の貴族はこれらの商人から金属工芸品・顔料・染料・香・薬などを購入していた．

〔第4期〕王位争奪期　この時期の特徴は，律令体制を推進する勢力と貴族連合体制を復活させようとする勢力との対立・抗争にあった．757年に，禄邑制度を復活させ，貴族連合体制への復帰政策をとるとともに，律令体制を推進する政策をも同時に行なった．このような両勢力の政策的な対立がさらに激化し，恵恭王代（765～80）には6つの内乱が続発した．貴族体制を支える村落共同体が根づよく残存していたため，この体制を復活させようとする勢力が再び強力になってきた．他面，律令体制の整備とともに官僚の支配権力が定着し，両者を止揚できないまま対立抗争が続いた．その後は軍事力を背景に王位を争奪したが，政策的には貴族体制を標榜しながら律令政治を推進した．809年に哀荘王を殺害して王位に即いた憲徳王は，王畿中心の貴族体制をとったため，地方では反乱が相つぎ，その総決算として，822年・825年の金憲昌父子の内乱が起った．この時期の儒教では，恵恭王代から五廟制が定着し，788年から官吏登用のため，読書三品の制度を定めた．この時期の対日関係では，正式な国交はあまり盛んでなく，8世紀初頭以後途絶えた．貿易は私的な商人によるものが多くなり，神護景雲2年（768）には左右大臣以下が九州の綿（きぬわた）合計7万5000屯（1屯＝2斤）を天皇から賜わって，新羅の貿易品を買っている．当時の日本の貴族たちが，新羅の奢侈品をいかに愛好したかを知ることができる．私貿易が盛んになった9世紀には，朝鮮海峡に海賊船が横行し，ときには日本の沿岸を襲うこともあった．8世紀以降，新羅から渡来する帰化人がふえ，ときには200人に近い集団もあった．彼らの多くは関東地方に移され，この地方の開拓に利用されたが，彼らはその経営に成功し，農業生産も向上して，勢力を拡大する者も少なく

なかった．その中には郡司となった者もおり，後世，東国武士の祖と仰がれる者もいた．

〔第5期〕地方自立期　この時期は，王畿を基盤とする貴族体制に復帰したため，地方が中央から離れ，自立する傾向がみられ，後半期には新羅王朝が地方政権となる後三国時代を迎えた．834年に骨品制度により，家屋・衣服・生活用具などの規定を定め，王畿住民の身分序列を設定したが，骨品制度は王畿の住民を優遇する制度で，地方住民の身分制度はなく，王朝は彼らを律令的収奪の対象としていた．そのため地方住民は反乱をくり返し，租税の徴収などに抵抗した．このような地方勢力が次第に結集し，892年に甄萱(しんけん)が後百済国を起し，895年には弓裔が後高句麗国をたてて，後三国時代となった．918年に，弓裔の後をうけた王建は高麗国をたてた．927年に，景哀王は王都に侵入した甄萱に殺害され，935年に敬順王は群臣を従えて高麗に帰順した．この時期の文化は，時勢を反映して禅宗が仏教界を支配し，地理風水説も起ってきた．儒教関係では崔致遠らの学者がでた．歴代の歌謡を集めた『三代目』は，890年ごろに編纂されたが，その後散逸した．日本との関係では，承和7年(840)に青海鎮の将軍弓福からの使者が日本に朝貢してきたが，日本では国交を許さず，貿易のみを許した．弓福は博多に支店をおき，唐や新羅との交易に従事し，貴族の奢侈品を売買していた．彼はまた，日本僧円仁らの入唐を助けるなど，海上運輸にも従事した．日本では貞観8年(866)に応天門の変で藤原氏が苦境に立つと，新羅の侵入に内応する者がいるとして，無実の北九州や壱岐の豪族たちを逮捕した．また，同11年に新羅の海賊が博多を襲撃したことから，新羅より帰化していた博多商人30名を内応の危険があるとして，東北地方に流した．このように正規の国交や貿易が途絶えると，両国の対立感情が激化した．8～9世紀には，新羅からの帰化人が多かったが，弘仁11年(820)に新羅人700人による反乱があった．その結果，天長元年(824)に新旧の帰化人をすべて陸奥の空地に移住させるとともに，以後，新羅人はすべて強制的に帰国させ，帰化を認めなくなった．

参考文献　今西竜『新羅史研究』，末松保和『新羅史の諸問題』，井上秀雄『新羅史基礎研究』，同『古代朝鮮』(『NHKブックス』172)　　　(井上　秀雄)

新羅の官位　新羅の官位名は，はじめ官職名と結合して使用されていたが，508年以後520年ごろまでに官職名と一応分離するなどの整備が行われ，550年ごろには，身分序列を示す官位として確立した．新羅官位の特徴は次のごとくである．①門閥貴族の直轄地である王畿の住民を重視し，彼らに京官位を与え，新付の地方住民には外位のみを与えた．660～70年代の統一戦争期に，律令体制を樹立するため，外位を廃止して京官位17等に統一した．②日本の場合と異なり，官位と官職との相当制を取らず，同一官職に任命されるものの官位には数等の幅がある．③官位名には固有の名称を使用し，日本や高麗のように唐式の9等制の数字表式を採用しなかった．④官位制度は骨品制など固有の身分制に大きな制約を受けていた．官位の発生は，村落国家の統合段階に首長層を3段階に区分したことに始まる．ついで新羅の社会構成に対応し，首長―豪族―郎党―良民の階層を官位序列の基本構造とした．ついで加羅諸国を統合する際に，まず有力な加羅諸国の名を上位の官位名に取りあげ，ついで王朝の中心である門閥貴族を優遇するため，阿湌・奈麻・舎知・烏知にはそれぞれ大小の別を作った．660～80年代に外位・百済人位・高句麗人位などを吸収した京官位は，その地域的閉鎖性を一度は打破したが，826年以降に，骨品制による制約が生じ，重阿湌―四重阿湌，重奈麻―九重奈麻，重奈麻―七重奈麻などの特進の官位ができた．また官位名の変遷もみられる．たとえば，三国時代には第9等の級伐湌までの語尾が「干」「干支」であったが，統一前半期にはほとんどが「湌」となった．しかし，その後半期には「干」の復活が目立つようになる．これらの現象は，三国時代と統一時代後半期に貴族連合体制が優勢であったためである．　→付表〈新羅の官位〉

参考文献　井上秀雄『新羅史基礎研究』，末松保和『新羅史の諸問題』(『末松保和朝鮮史著作集』1・2)，武田幸男「金石文資料からみた新羅官位制」(江上波夫教授古稀記念事業会編『江上波夫教授古稀記念論集』歴史篇所収)　　　(井上　秀雄)

新羅の遺跡　朝鮮半島で百済・高句麗とともに国家として発展した古新羅時代，および30代文武王(在位661～81年)が半島を統一し，56代敬順王(在位928～35年)が高麗に国を譲るまで存続した統一新羅時代の遺跡をいう．これらの遺跡は，その領域内に広く分布しているが，顕著なものは，一貫して都京であった慶州とその周辺に集中している．古新羅時代の遺跡としては，都京跡・山城跡・古墳・寺院跡などがある．都京跡は慶州にあり，瞻星台のような天体観測の施設も残され，統一新羅時代に継承されている．山城跡も慶州周辺に残り，南山城跡・明活山城跡・仏桃山城跡などがあるが，その他，領域内の各地にも残っており，これらには石塁がめぐらされている．古墳はこの時代の遺跡のうち，最も顕著なものである．慶州付近には壮大な双円墳も存し，内部構造は積石式木槨で，金冠・金製耳飾・金釧・頸飾・帯金具・腰佩・履などの金銀の華麗な装身具をはじめ，利器・武具・馬具・土器・銅鋺・ガラス塊など豊富な出土品が見られる．ことに瑞鳳塚から発見された青銅製蓋付の壺に延寿元年(511年説あり)の銘があり，路西里140号墳から発見された

銅壺に「乙卯年国岡上広開土地好太王壺杆十」の刻銘があり，高句麗文化との関係を示している．また路西里鶏林路14号墳発見の嵌玉金製短剣のごとく，西域を経由したとみなされるものがある．寺院跡も，皇恩寺・芬皇寺・四天王寺などが残り，ことに皇竜寺跡は発掘により壮大な伽藍であったことが明らかにされ，東洋古代寺院跡でも最も顕著な1例に数えられる．統一新羅時代になると，都京は前代を基盤として整備拡張され，宮殿も月城を中心として充実し，臨海殿も整備された．雁鴨池からは，木簡が出土した．また月城の北には，条坊を経て北川の辺に城東里離宮も営まれた．地方にも都城の跡や月城に似た形態のものも見られる．寺院跡は各地に見られ，現在に法燈をつづけているものも多い．ことに仏国寺のような，石垣と石階を巧みに利用した宏壮なものも発達した．これには石塔・幢竿支柱・石槽などを配し，ことに石塔は金堂の左右前に両塔があり，いわゆる両塔式の伽藍配置を示す．ほかに石窟庵のような，円丘を営み，石窟の形式をなした特殊なものも発達した．また慶州の南山は当代の霊場でもあり，山嶺や山中のいたるところに小寺院・磨崖仏・石塔などが見られる．墳墓は，内部構造は整美な横穴式石室で王陵などには，円墳でそのまわりの腰石に十二支彫像を配し，石人・石獅を兆域においた特殊なものも発達した．また火葬が流行し，蔵骨器の納められている石櫃なども見られる．これらの遺跡には，その遺物とともに唐文化の影響によったものもあるが，新羅独自の性格をもつものもあり，東アジアの文化の一特異性を示している．

参考文献　斎藤忠『新羅文化論攷』，同『古都慶州と新羅文化』　　　　　　　　　　（斎藤　忠）

167 新羅楽 しらぎがく　日本古代音楽の1つ．新羅国からの渡来楽で，律令制の成立によって雅楽寮の楽として編入され，平安時代中期には，高麗楽・百済楽とともに，右方（うほう）舞楽として整備統合された．曲名・曲態など詳細は不明である．奏演の初見は『日本書紀』允恭天皇42年正月条．大葬に派遣された楽人80が，種々の楽器を張って歌舞した．のち天武天皇12年(683)正月丙午(18日)，小墾田儛・高麗・百済楽とともに庭中で奏された．養老令制では「新羅楽師四人，楽生廿人」とみえ，のち改制減員されて『日本後紀』大同4年(809)3月丙寅(21日)条(『令集解』では3月28日とする)には「新羅楽師二人，琴舞等師也」とあり，琴師・舞師の存在を知る(なお『令集解』『類聚三代格』では新羅楽師4人とする)．さらに『類聚三代格』嘉祥元年(848)9月22日の太政官符によれば「新羅楽生廿人減十六人定四人　琴生二人元十人　儛生二人元十人」のごとく減員された．今日正倉院に3張の新羅琴と2種の新羅琴琴柱とが遺存する．また『文徳実録』嘉祥3年11月己卯(6日)条，および天安2年(858)5月乙亥(15日)条により，新羅琴の名手であった新羅人の沙良真熊から，治部大輔興世書主と宮内卿高枝王が弾奏を学んだことを知る．

参考文献　林謙三『正倉院楽器の研究』，林屋辰三郎『中世芸能史の研究』，正倉院事務所編『正倉院の楽器』，芸能史研究会編『雅楽』(『日本の古典芸能』2)
（蒲生美津子）

168 新羅琴 しらぎごと　古代楽器の1つ．新羅楽に用いた12絃の箏．朝鮮の民俗楽器の伽耶琴はその後裔．現在正倉院に①金泥絵新羅琴，②金薄押新羅琴，③新羅琴残闕の3張が遺存する．桐材一木くり抜きで，裏に大きく開口した槽と，尾端に羊耳形の緒留がある．全長約155cm，幅約30cm．調子は柱を移動して整える．槽の片側に懸緒をつけ，奏者はこれを頸にかけて奏した．①・②は，天平勝宝8歳(756)6月21日光明皇太后によって献納された金鏤新羅琴2張が，のち弘仁14年(823)2月19日右大臣藤原冬嗣の宣により出蔵され，同年4月14日代納されたもの．双倉雑物出入帳によると「一面表畳木形金涅画，裏以金薄押，遠山并雲鳥草等形，罰面画日象　一面表以金薄押輪草形鳳形，裏以金薄画大草形，罰面画草鳥形」とある．③は，はじめ東大寺の阿弥陀堂にあったものが，延喜20年(920)羂索院の双倉，さらに天暦4年(950)正倉院南倉に移管されたもの．腹中首部寄りに「東大寺」の刻銘がある．

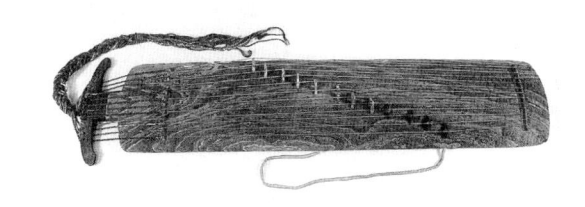

金泥絵新羅琴

参考文献　林謙三『正倉院楽器の研究』，同『東アジア楽器考』，正倉院事務所編『正倉院の楽器』，芸能史研究会編『雅楽』(『日本の古典芸能』2)
（蒲生美津子）

169 新羅征討説話 しらぎせいとうせつわ　神功皇后らが新羅などを征討したとする説話．『古事記』『日本書紀』などにみえるいわゆる新羅征討説話には，潤色があり矛盾があって，その信憑性については問題がある．『古事記』では仲哀天皇が熊襲を平定するため筑紫の橿日宮(福岡市香椎)にあったおり，神功皇后(息長帯日売命，『日本書紀』では気長足姫尊と書く)が神がかりして，「西の方に国あり，金銀をはじめとして目のかがやく種々の珍宝多(さわ)にその国にあり，吾今その国を帰(よ)せ賜はむ」(原漢字)とする託宣をしたと述べる．しかし仲哀天皇はその神の託宣を信じず，橿日宮で急死したという．そこで国の大祓をして，改めて託宣をあおぐと，

天照大神と住吉三神の託宣であることが判明して，神の教えのまにまに新羅に出兵し，新羅国を御馬甘（みまかい）とし，百済国を渡（わたり）の屯家（みやけ）と定めて，新羅の国王を服属させたと記す．『日本書紀』では神の託宣を信じなかった仲哀天皇は，その後も熊襲の征討をつづけ，半年ばかりののちに崩じたという．改めて神託を請うたところ，天照大神・厳（いつ）の事代（ことしろ）神・住吉三神が現われる．神功皇后は北九州の征討をつづけ，さらに「西の財（たから）の国を求めむと欲す」（原漢文）と発願して，大三輪（おおみわ）の社を立て，刀・矛を献じ，和珥（わに）津（対馬市鰐浦か）から出発したと記す．そして新羅王波沙寐錦（はさむきん）を服属させ，新羅は，微叱己知波珍干岐（みしこちはとりかんき）を人質にして，種々の財宝をもたらしたと描く．高麗（高句麗）や百済の王も，その軍営の外にきて「朝貢絶たじ」と告げたと伝える．新羅・高句麗・百済を「いわゆる三韓なり」と記すのは『日本書紀』である．記紀には共通して天照大神や住吉三神などの神威を物語る霊験譚としての要素が強いが，記紀両書の所伝相互に差異があるばかりでなく，地理上の誤認もあり，新羅王名や人質名は，『日本書紀』の編集者たちによって知られていた別の伝えによって付加されたものと考えられる．いわゆる新羅征討説話には虚構のあとが著しく，史実とはみなしがたいが，特に『日本書紀』では，新羅のみならず，高句麗・百済朝貢のいわれをも強調する説話となっている．いわゆる「三韓征伐」の用語は，それ自体が後代の産物である．この説話は古代のみならず，江戸時代以後にも大きな影響を及ぼして，日朝関係史を歪曲する説話となった．　→日朝関係（にっちょうかんけい）

参考文献　岡本堅次『神功皇后』（『人物叢書』27），津田左右吉『日本古典の研究』（『津田左右吉全集』1），三品彰英『日本書紀朝鮮関係記事考証』上

（上田　正昭）

170 新羅坊 しらぎぼう　内乱や飢饉などにより唐に移住した新羅人の居留区で，新羅人による自治が認められていた．山東半島の登州，江蘇地域で大運河沿いの楚州が二大新羅坊があり，その様子については承和遣唐使に同行して入唐した僧円仁の『入唐求法巡礼行記』に詳しい記述がある．円仁は登州新羅坊の人々の支援によって唐内巡礼を始め，各地の新羅人の協力によって巡礼と修行を続けることができた．またこの時の遣唐使は唐からの帰国に際して，楚州新羅坊の新羅人60人と船9隻を雇って分乗し，山東半島から新羅沿岸を経て帰国している．彼ら新羅人は日本への海路を諳んじていたというのであるから，これより前から対日本貿易に活躍していたことが知られる．これら新羅坊を中心とする在唐新羅人社会に大きな影響力をもっていたのが張宝高で，登州の新羅坊には張宝高によって赤山法華院が建立されており，同地の新羅人の精神的紐帯として重要な役割を果たしていた．　→張宝高（ちょうほうこう）

参考文献　小野勝年『入唐求法巡礼行記の研究』4，佐伯有清『円仁』（『人物叢書』196），内藤雋輔「新羅人の海上活動について」（『朝鮮史研究』所収），森克己「慈覚大師と新羅人」（『続日宋貿易の研究』所収），堀敏一「唐代新羅人居留地と日本僧円仁入唐の由来」（『東アジア世界の形成』所収）

（石井　正敏）

171 糸乱記 いとらんき　貞享2年（1685）の糸割符制度復活に際し，堺の新・旧糸割符商人の間に惹起された抗争事件の記録．7巻．編者は記事内容からみて堺の旧糸割符商人に属する高石屋通喬（長七郎，道句）．享保4年（1719）正月から翌5年正月までの約1ヵ年間を費やし，本書を完成している．本書は，長崎の生糸貿易にかかわる糸割符制度の記録としてきわめて重要であるばかりでなく，近世町人が自身の手によって幕府権力に抵抗した事実を物語る史料としても注目される．糸割符制度は明暦元年（1655）に廃止され，貞享2年に復活されるが，復活の際，糸割符制は明暦以前の関係に戻すとされた．ところが堺の町では糸割符制度が廃止になってから町人共の実態が変化し，不振となるもの，没落するもの，他の地に転出するものなどが発生し，また当時の主要都市に一般的にいえることであるが，町方を支配する町年寄層においても旧町年寄は没落し，新興町人が新規町年寄に就任するようになっていた．こうして貞享の糸割符制度の復活にあたっては，堺では堺奉行の指導もあって，新規の町年寄を中心とし，その縁故で堺の新興町人層によって大部分の糸割符年寄や糸割符人が選定され，明暦以前の旧糸割符商人がほとんど無視されてはずされた．このため，旧糸割符年寄どもが中心となって，自分たちこそ糸割符制度の復活にあたって主導権を持つべきであり，再び糸割符年寄や糸割符人となる権利があると主張し，堺奉行に強く抗議した．そしてこれが聞きいれられないとみると江戸に出向き，三奉行（寺社奉行・勘定頭・町奉行）に訴訟し，最後に老中に籠訴するに至った．幕府側もこれを無視することもできず，結局堺奉行を更迭し，元禄2年（1689）旧糸割符人のいい分を若干認め，新規年寄に言いふくめて旧糸割符人を一部糸割符仲間に追加することで，不満分子と妥協をはかることになった．本書はこうした抗争の記録である．すでに経済力もなく，堺における実際の力を失っていた旧糸割符人が，自己の主張を貫徹して意気を示した興味ある都市の記録として注目される．『日本史料選書』17所収．

参考文献　中田易直『近世対外関係史の研究』

（中田　易直）

172 シルベイラ　Gonçalo da Silveira　?～1640　ポル

トガルの対日本貿易総司令官（カピタン＝モール）．青年期ペルシャ湾方面の海上活動に従事した．1628年（寛永5）5月シャム湾内において長崎の豪商高木作右衛門所有の朱印船がアルカラソ Arcarazo 指揮のスペイン艦隊によって撃沈され，朱印状および旗が奪取されるという事件が発生すると，江戸幕府はその報復として西蘭両国が同一国王支配下にある故を以て長崎に碇泊中のポルトガル船3隻を抑留した．日本貿易断絶を恐れた澳門（マカオ）のポルトガル元老院はシルベイラを謝罪の使節として日本に派遣し，彼は寛永7年夏長崎に着いた．ポルトガル船の抑留は長崎奉行竹中采女正らの斡旋により解除された．彼は拘束されながら将軍徳川家光との謁見を強く求め，滞留4年，寛永11年2月15日実現した．一旦澳門に帰着したが，その後2度にわたり司令官として来日（同12年・13年）取引を行なったが，13年の時は船員一同拘禁ののち取引を許された．帰航の際，国外追放の日本人287人を乗せ澳門に帰着．そののちインドを経由1640年本国に帰着，同年没した．

参考文献　『平戸オランダ商館の日記』1・2（永積洋子訳），C. R. Boxer: The Great Ship from Amacon. Annals of Macao and the Old Japan Trade, 1555—1640 (1959); C. R. Boxer: Fidalgos in the Far East, 1550—1770 (1948)．

（箭内　健次）

173　代物替　しろものがえ　江戸時代の長崎で定高貿易と別途に行われた物々交換方式の取引．定高貿易では唐・蘭側にまず売らせ，その総売銀高が確定した後，その額から日本側に対する支払債務額（総称して遣捨銀という）を差し引き，残った銀額限度で輸出品を買わせ，こうして輸出入のおのおのを銀高で平均，一致させる方式で取引を行う．それで定高貿易の取引方式は単純な物々交換ではない．しかし代物替は，唐・蘭側の総売銀高・遣捨銀は考慮しないで，双方の売物・買物の銀高が一致する限度で単純に売物・買物を交換する即座の取引である．すなわち代物替は，純粋な物々交換である．代物替は，定高貿易制施行後の貞享3年（1686），唐船側の嘆願によって始まり，はじめ願売（ねがいうり）または荷物替（にもつがえ）といった．元禄8年（1695）に始まる唐・蘭船との銅代物替，元禄11年から唐船との間で行われた追御定高の取引，正徳長崎新例で唐船に対して設けられた有余売（雑物替（ぞうもつがえ））は代物替である．銅代物替では生糸・織物・香薬・砂糖・皮革・鉱物その他（漆・蠟など）と棹銅（純度の高い棒状の銅）とを交換した．ただし棹銅に玉銅（純度の低い球形の銅）・金線（金糸）を交えたことがある．有余売では，はじめ俵物・玉銅・芝吹銅などを渡し，のちには昆布・鯣・鰹節などの海産物や銅器物・真鍮製品・蒔絵・伊万里焼物・樽物などのいわゆる諸色を渡して，絹織物・薬物・砂糖・小間物などと交換した．

参考文献　山脇悌二郎『長崎の唐人貿易』（吉川弘文館『日本歴史叢書』6）

（山脇悌二郎）

174　晋　しん　中国，中古の王朝．泰始元年（265）～建興4年（316）の4代を西晋（都は洛陽），建武元年（317）～元熙元年（419）の11代を東晋（都は建康）とよぶ．河内温の名族司馬懿（諡は宣帝）が曹操の将軍・丞相として権勢を蓄え，子の師（景帝）・昭（文帝）と引続き実権を握り，昭は蜀討滅の功により晋王となり，その子炎（武帝）に至り曹魏の元帝より受禅，やがて呉を遠征平定して天下統一をなしとげた（太康元年（280））．晋は一族を多く要地に封王とするとともに，『泰始律令』（268年）を発布して官制を整え，占田・課田制と戸調式により住民支配の面目を新たにした．しかし王室司馬氏をはじめ大姓門閥の勢力が強く，貴族政治が顕著であった．まもなく八王の乱（300～06年）で国内は混乱に陥り，匈奴劉氏の南進を招いて国都は落ち帝も捕えられて（永嘉の乱）滅ぶ．以降，華北は五胡十六国時代に入るが，江南に鎮した一族司馬睿（元帝）が，避難南遷した王導らと協力して晋の再興を図った（東晋）．王・謝両氏を典型とする名族貴族体制が栄え，一方京口や江陵に鎮する軍閥が実力を握り王権は弱かったが，江南の開発に努め，苻秦の南侵を淝水の一戦に破り（383年），約100年の命脈を保った．その間仏教が拡まり，王羲之の書や顧愷之の画，陶淵明の詩文に代表される芸術文化の花を咲かせたが，最後は軍閥劉裕に国を奪われた．なお，国初の泰始2年倭の女王の入貢が史に記録され（『日本書紀』神功皇后摂政66年条所引『晋起居注』，『晋書』武帝紀・同倭人伝），また末期の義熙9年（413）高句麗と並んで方物を献じた（『晋書』安帝紀，『太平御覧』981所引『義熙起居注』）．

参考文献　『晋書』，湯球輯『十六国春秋輯補』，呂思勉『両晋南北朝史』，王仲犖『魏晋南北朝史』，安田二郎『六朝政治史の研究』，『周一良集』2・3，川勝義雄『魏晋南北朝』（『中国の歴史』3），唐長孺他編『中国通史参考資料古代部分』3

（池田　温）

175　清　しん　中国の最後の王朝（1616～1912）支配者は満洲族で，12代存続．

〔成立〕明代，ツングース系の女真（女直）族は中国東北部（満洲）からソ連の沿海州にかけて居住し，明の間接支配を受けていた．女真は狩猟を主な生業とするかたわら幼稚な農業をも営んでいたが，16世紀後半になると統合の機運が生じ，瀋陽の東方にいた建州女直の一首長ヌルハチは女真をほぼ統一し，1616年ヘトアラ（興京老城）でハンの位に即いた．これがいわゆる後金国の成立で，彼が清朝の初代の皇帝太祖である．女真はその後満洲（マンジュ）と改称された．はじめ明に対して従順であったヌルハチは，天命3年（1618）明と

の国交断絶を宣言し，翌4年サルフの戦で明の大軍を破り，同6年遼東の平野に進出し，ついで瀋陽に遷都した．同11年ヌルハチが死ぬと，子のホンタイジが即位した．彼が第2代の太宗である．彼は天聡9年(1635)内モンゴルを平定し，元朝の直系に代々伝えられていた玉璽を獲得したので，翌年皇帝の位に即き，国号を清，年号を崇徳と改めた．これは清の皇帝が満洲・蒙古(モンゴル)・漢の3族の上に君臨することを意味する．翌崇徳2年(1637)清は朝鮮を攻撃して服属させた．一方，明との戦いは遼西方面で絶えず続けられていたが，明の有力な武将や文官の投降も多くなり，国力は増強した．清の国家機構は，ヌルハチの時代に満洲人を再編成して作られた軍事制度に基づく八旗制であるが，ホンタイジの時代になると明の中央官制をまねて六部なども設置された．

〔中国の統一〕崇徳8年ホンタイジが死ぬと，子の世祖順治帝が即位したが，幼少のため叔父の睿親王ドルゴンらが摂政となり，以後ドルゴンがもっぱら実権をふるった．翌順治元年(1644)明が李自成の内乱によって滅亡すると，救援を求めた明の武将呉三桂の先導で清軍は山海関を突破し，李自成を北京から駆逐した．これを清の入関というが，この年北京に遷都し，清は明に替わり中国の王朝となった．ただ当時地方には清に抵抗する勢力が残存していたので，その平定に約20年を要した．すなわち，まず李自成とその一派の張献忠を滅ぼすとともに，南方で擁立された明の皇族の南京の福王，福州の唐王を滅ぼした．広東で立った桂王は一時勢力を拡大したが，やがて清軍に追われ，張献忠の残党李定国を頼って雲南からビルマに逃げ，同18年ビルマ王から清軍に引き渡された．そしてこの年順治帝は死に，子の聖祖康熙帝が即位した．清が中国を平定するにあたり，明の大官であった洪承疇らが大いに尽力したが，特に呉三桂らの武将の活躍が目覚しかった．彼ら武将は明末の軍閥で有力な軍団を率いていたため，清に投降すると優遇されて王爵を与えられ，中国の平定が一応終った後も，平西王呉三桂は雲南に，平南王尚可喜は広東に，靖南王耿継茂(耿仲明の子)は福建に駐留し，治安の維持にあたった．これを三藩といい，強大な軍事力を背景に権勢をふるったので清と対立するようになり，ついに康熙12年(1673)まず呉三桂が反旗を翻し，ついで福建・広東の二藩もこれに応じ三藩の乱となった．はじめは三藩側が優勢であったが，やがて形勢が逆転し，同20年反乱は鎮定された．また清に反抗を続け三藩に加勢した台湾の鄭氏も同22年滅ぼされ，台湾がはじめて清の領土となった．

〔康熙・乾隆の盛世〕康熙帝は中国史上屈指の名君と称され，61年にわたる長い治世の間，みずから学問を好み政治に励んだ．次の世宗雍正帝の治世はわずか13年にすぎなかったが，優れた政治力を発揮して皇帝の独裁権力を強化し，財政の充実に努めた．次の高宗乾隆帝も学問芸術を愛好し，はじめは政治に励み60年も在位した．この3代の治世は130年に及び，康熙・乾隆時代といわれて清の全盛期を意味する．(1)領土の拡大 三藩の乱の鎮定によって国内は安定し，以後対外的に発展して版図が著しく拡大した．まず康熙帝は17世紀中ごろから黒竜江方面に進出してきたロシアの勢力を退け，康熙28年ロシアとネルチンスク条約を結んで国境を画定し，黒竜江流域の地を確保した．ついで外モンゴルに侵入したオイラートのジュンガル部の部長ガルダンを破って同35年外モンゴルを領土に加え，同59年ジュンガル軍を駆逐してチベットを保護下においた．次の雍正帝は同軍を撃破して青海を収め，乾隆帝はついに乾隆22年(1757)ジュンガルを滅ぼし，翌々24年には天山南方のウイグル人をも平定した．ここに清の領土は天山山脈の南北にまで拡大し，パミール以西のコーカンド・アフガンなどの国々が清に朝貢するようになった．乾隆帝はこのほか，長江上流のチベット族の小国大金川・小金川を討ち，台湾の林爽文の反乱を鎮圧し，ビルマとベトナムに出兵し，ネパールのグルカ族を攻めるなどしてみずから「十全の武功」と誇った．すべてが成功したわけではなかったが，乾隆時代には版図は最大の規模に達し，中国本部と東北部を直轄領とするほか，内外モンゴル・青海・新疆・チベットを藩部として間接統治し，朝鮮・ベトナム・タイ・ビルマなどの諸国を藩属国とした．(2)国家機構の整備 清は明の国家機構をほとんどそのまま継承し，さらに拡充発展させた．最高政治機関は明代以来の内閣であったが，別に満洲出身の王朝として独特の議政王大臣の会議があった．しかし雍正年間に新たに軍機処が設けられると，以後実権はここに移った．なお藩部の事務を統轄する理藩院など清独特のものもあった．ただ中央官庁は満漢併用で，同じポストに満洲人と漢人とを並べ任じたのは，中国統治に漢人の協力を必要とした清の官制の特色である．官吏の登用は科挙により，朱子学を政治理念とした．兵制は入関後も満洲人を主とする八旗が中心であったが，別に一般漢人から成る緑営が地方の治安維持に任じた．(3)社会経済の発展 康熙・乾隆時代に長年平和が続き社会が安定すると人口が激増した．その結果，中国内地はすみずみまで開発されて人口が満ち溢れ，やがて禁を犯して東北や東南アジアに移住するようになった．また少数民族の住地であった西南諸省の奥地も中国化が進み，改土帰流が行われて内地同様の行政に改められていった．経済界も非常な活況を呈し，農業では商品作物の栽培や養蚕が盛んになり，新作物の栽培も普及した．手工業も大いに発達し，問屋制生産やマニュファクチュア的な形態をとるものも現われ，塩を扱う新安商人と為替業を主とする山西商人が二大勢力をなして活発な商

業活動を行なった．商工業の隆盛に伴って同業組合や同郷組合の会館・公所が各地に設立され，特に江蘇・浙江地方の経済的繁栄は目覚しかった．明末から始まったヨーロッパ人との貿易により毎年数百万ドルの多額の銀が中国に流入したので，銀を中心とする貨幣経済が発達し，税制のうえでも一条鞭法からさらに進んで，丁銀を地銀に繰り入れた地丁銀が康熙末から雍正初めにかけて成立した．(4)文化の発達　康熙・乾隆時代には皇帝の学問愛好と豊かな財政によって大規模な文化事業が行われ，『康熙字典』『古今図書集成』『四庫全書』など多くの大部な書物が編纂された．しかし一方では厳重な思想統制が施かれ，特に反満思想には鋭敏で，筆禍事件の文字の獄がしばしば起り，禁書も行われた．そのため思想界はふるわなかったが，実証主義的な研究法によって古典研究に新生面を開いた考証学が発達し，優れた学者が輩出した．文学では『紅楼夢』や『儒林外史』など小説の傑作が生まれ，絵画では四王呉惲とよばれる名手が出て清の画風を確立し，工芸でも精巧な技工によって豪華なものが作られた．ヨーロッパから宣教師のもたらしたキリスト教はやがて禁止されたが，西洋文化は宮廷で珍重された．

〔衰運の兆し〕乾隆時代も半ばを過ぎると各方面に矛盾が現われてきた．乾隆帝の政治はやがて放漫に流れ，寵臣和珅を頂点とする官僚の腐敗が進み，武力の基礎であった満洲八旗は疲弊した．大地主や大商人による土地の集中化と過剰人口は農民を圧迫して困窮させ，土地を離れた流民や無頼の徒が多数発生し，社会状態の悪化が著しくなった．こうした風潮のもとに民衆の間に秘密結社が発展し，救世主として弥勒仏の下生を唱える白蓮教は嘉慶元年(1796)湖北省で反乱を起した．この年乾隆帝は帝位を子の仁宗嘉慶帝に譲ったが，引き続き太上皇帝として実権をふるった．白蓮教はまとまった組織がなく，流賊として農村を転々としたにすぎなかったが，官兵は役に立たず，反乱は拡大して四川・陝西・河南の諸省に及んだ．同4年乾隆帝が死に嘉慶帝が親政すると，綱紀を粛正して積極的に反乱の鎮圧にあたり，一般農民から郷土自衛の郷勇を募って対抗させたので，同9年白蓮教の乱は平定された．同25年嘉慶帝が死に子の宣宗道光帝が即位したが，清朝の衰運と中国社会の矛盾はさらに著しくなっていった．

〔末期〕道光20年(1840)のアヘン戦争以後の清末70年は中国近代史の時期でもある．産業革命を達成したイギリスは1834年東インド会社の対中国貿易独占権を廃止して自由貿易体制を確立したが，清では外国貿易を広州1港に制限するほか種々の制約を加えていた．この時アヘン問題を契機にイギリスが武力に訴えたのがアヘン戦争である．清は敗れ，同22年南京条約を結んで香港を割譲し，自由貿易を認め，ついでアメリカ・フランスとも同様の条約を結んだ．しかし英・清両国共になお不満であったので，咸豊6年(1856)清と英・仏両国との間にアロー戦争が起り，清は再び敗れて同8年天津条約，同10年北京条約を結び，より広般な外交貿易上の権利を与えた．一方，国内ではアヘン戦争後社会不安が激化し，道光30年(1851年1月)キリスト教を標榜する洪秀全を指導者とする太平天国の乱が起った．その政策はよく貧民の心をとらえ，15年にわたりほとんど全土に及ぶ大乱となった．すでに腐敗していた官兵は役に立たなかったが，曾国藩や李鴻章の組織した湘軍・淮軍などの郷勇の力と外国の援助により，同治3年(1864)に至り反乱は鎮定された．時に穆宗同治帝の時代で，しばらくの間内外ともに平穏となったので，これを同治の中興という．そのころ富国強兵を図るため洋務運動といって西洋文明が採り入れられたが，単なる近代技術の模倣にすぎなかった．清が諸外国と結んだのは，治外法権など不利な条項をもつ不平等条約で，開港場には外国の租界が設置された．また外国の圧力は辺境地方に加わり，ロシアは咸豊8年の愛琿条約，同10年の北京条約で黒竜江地方を奪い，光緒7年(1881)のイリ条約でイリ地方の一部を取った．フランスは光緒10～11年の清仏戦争でベトナムを植民地とし，イギリスは同12年ビルマを併合し，日本は同20～21年の日清戦争により朝鮮に対する清の宗主権を放棄させた．外国の圧迫に対し，キリスト教排斥の仇教運動のような排外運動が19世紀後半に頻発するようになった．

〔滅亡〕日清戦争に清が敗北すると，ただちに列強の帝国主義の勢力が襲い，数年の間に中国の要地は租借地となり，外国の勢力範囲が設定されて中国分割の危機が迫った．この事態に対し国外からはアメリカ国務長官ヘイの門戸開放宣言が発せられ，国内では徳宗光緒帝と康有為らによって光緒24年変法自強の革新政治が断行されたが，たちまち西太后を中心とする保守派の反対で戊戌の政変が起り失敗した．これより反動的排外的な政策がとられ，同26年義和団事件が起ると，清は8ヵ国連合軍と開戦して惨敗し，翌年辛丑和約を結び，半植民地的状態に陥っていった．そのころ清ではようやく政治の革新に着手し，官制の改革や科挙の廃止，新法律の制定などを行い，立憲準備を始めた．同34年光緒帝と西太后が相ついで死ぬと，幼い宣統帝が即位し，宣統3年(1911)責任内閣制が実施されたが，すでに清の勢力は全く地に墜ちていた．他方，孫文らを中心とする革命運動は光緒31年の中国革命同盟会の結成以来急速に発展し，宣統3年(1911年10月10日)辛亥革命が起こり，中華民国が成立し(1912年1月1日)，宣統帝が退位して(同年2月12日)清は滅亡した．

参考文献　稲葉岩吉『清朝全史』，内藤虎次郎『清朝史通論』(『内藤湖南全集』8)，蕭一山『清代通史』，

神田信夫『清帝国の盛衰』(『図説中国の歴史』8)
(神田　信夫)

日清関係〔江戸幕府時代〕清朝が北京に都したのは, 1644年(正保元), 将軍徳川家光の晩年であり, これより明治維新に至る220余年間の日清関係として次のことが列挙できる. (1)明の文化人が清の支配を忌避して日本に帰化, または清朝治下から来日し, 日本の宗教・思想・芸術に影響を与えた. 山城宇治に万福寺を創建し, 黄檗宗を伝えた隠元隆琦, 徳川光圀に聘せられた朱之瑜(舜水)は前者であり, 画家の沈南蘋は後者である. また明・清交代の際, かねて九州平戸に貿易した鄭芝竜の子鄭成功(母は日本人)は, 華南の沿岸・島嶼に拠って明王朝の回復を図り, 江戸幕府に援兵を乞うたことがある. (2)清国船は長崎で貿易を許され, 清国人は「唐人屋敷」に居留し, 日本は絹糸・絹織物・陶磁器・漢薬・漢籍などを輸入し, 銀・銅・海産物などを輸出した. 清国人からの情報(『華夷変態』)によって幕府は清国の事情を知り, オランダ人からの情報(『阿蘭陀風説書』)によって欧米の時事に接した. 清国がアヘン戦争(1840～42年)に敗れた報道は幕府を驚かせ, 天保13年(1842)異国船打払令を撤回した. また, 魏源の『海国図志』は日本の有志に読まれた.

〔明治維新後〕(1)日清戦争まで　明治政府は, 明治4年(1871)伊達宗城を派遣して, 李鴻章と平等の日清修好条規を締結した. その第2条が同盟規定と疑われて問題になった. この条規締結後, 琉球人・岡山県人が台湾に漂着して「生蕃」に殺される事件があり, 6年該条規批准と同治帝親政祝賀のため北京へ行った副島種臣からこの事件の責任を追求された総理衙門(清国外務省)は,「生蕃」を化外の民として責任を回避した. 当時, 日本国内には, 併合して藩とした琉球の主権を主張し, また, 士族の不平を外に転じて台湾を領土化しようとの野心もあって, 翌7年台湾に出兵. 琉球問題はその後も日清間の外交問題になり, 未解決のうちに清国が日清戦争に敗れ, 日本の琉球併合が既成事実になった. 他方, 明治政府は, 江華島事件によって同9年日朝修好条規を締結し, 朝鮮を「自主ノ邦」とした. その後朝鮮の革新派(独立党)を援助して, 清国との藩属関係を固守する保守派(事大党)と対立し, 壬午(明治15年)・甲申(同17年)の両事件を起したが, ともに清軍の後援する保守派に敗れた. しかし, ベトナムの宗主権に挑戦するフランスとの戦いを指導する李鴻章が譲歩して, 18年伊藤博文と天津条約を結び, 両国軍隊を朝鮮から撤した. ところが, 27年朝鮮で東学党の乱が起り, 清・日両国が出兵して日清戦争となり, 李鴻章麾下の淮軍・北洋艦隊は敗れた. 翌28年李鴻章は伊藤博文・陸奥宗光の要求する不平等の下関条約に調印し, 朝鮮の自主独立を認め, 遼東半島・台湾・澎湖諸島を割譲し, 償金2億両(テール)を支払い, 新開港場を開き, 開港場・開市場での工業権を認め, 日本に列強と同等の権を承認した. しかし, 露・仏・独3国の干渉により, 3000万両を得て遼東半島を返還した. (2)日清戦争後　この翌1896年, 李鴻章はロシアのニコライ2世の戴冠式に出席し, 外相ロバノフと対日秘密同盟条約を締結した. 清国には列強が侵入して租借地・鉄道建設権・鉱山採掘権を競取し, 日本は明治31年福建省の不割譲を締約させた. 日清戦争直後, 孫文らは反清革命蜂起を図って失敗, 日本・ハワイ・北米・ロンドン・カナダを巡って再び来日, 日本有志の援助を得て革命に奔走. 光緒帝の信任した康有為らの明治維新を範とする「戊戌変法」(1898年)は, 西太后中心の保守派に弾圧され, 康有為は日本に亡命. 保守派は, 義和団を利用して外国勢力の駆逐を図り, 1900年義和団事件を起した. 日本は, 最も多数の軍隊を派遣して8ヵ国連合軍に加わり, 軍規厳正を称されたが, 償金は少額だった. この事件中, 日本は厦門(アモイ)を占領しようとして失敗. ロシアは満洲(現在の中国東北部)を占領し, アメリカの綿布・石油・麺粉の市場を奪い, イギリスの清国における支配的地位と日本の朝鮮支配を脅かした. 日本はイギリスと同盟し, 米・英両国より戦費を借款して, 明治37～38年ロシアと戦って辛勝. ポーツマス条約によって満洲におけるロシアの利権(南満洲鉄道とその付属地, 鉱山採掘権, 遼東半島租借地)を譲渡され, 清国からその承認と南満洲鉄道の併行線を建設しない承認を得た. 日本の勝利を立憲の専制に対する勝利と解した清国民の間に立憲運動が盛り上がり, 清廷は立憲を準備してこれに迎合, また科挙制度を廃止した. 海外留学, 特に日本への留学が激増し, その多くは日本での近代教育によって自国の危機に目覚め, 日露戦争直後(1905年)東京で結成された, 孫文を総理とする全国的な革命結社の中国革命同盟会に投じた. 同盟会は, 日露戦争後各省で組織し始めた近代的軍隊(新軍)の革命化に努力. 最も革命化した武昌新軍の1911年10月10日の革命兵変が辛亥革命に発展し, 清朝は倒れた. 天皇制への影響を恐れて君主立憲制を希望した日本当局者も, 清朝を見限って袁世凱を支持したイギリスに追随. 日本の企業は, この機に古武器・弾薬を売り込み, 大冶鉄山への利権の強化に努めた.

参考文献　外務省編『日本外交年表並主要文書』, 辻善之助『増訂海外交通史話』, 石原道博『鄭成功』, 山脇悌二郎『近世日中貿易史の研究』, 田保橋潔『近代日鮮関係の研究』下, 実藤恵秀『中国人日本留学史』, 宮崎滔天『三十三年の夢』(『宮崎滔天全集』1), 王芸生『日支外交六十年史』(長野勲・波多野乾一訳)
(波多野善大)

176　新安沈船　しんあんちんせん　韓国全羅南道の新安沖で発見された日元貿易船. 1976～84年にわたって遺物・船体の引

揚が行われた．364点の荷札木簡やその他の遺物の分析から，京都東福寺が末寺博多承天寺の塔頭釣寂庵を通じ，綱司と呼ばれる海商に貿易を委託したこと，至治3年(1323)に慶元(現在の浙江省寧波)から出航し沈没したことが明らかになった．元応元年(1319)の東福寺火災との関係が推測されている．筑前国筥崎八幡宮に奉加銭を納める予定だった勧進聖教仙など，他にも多くの荷主・乗員がいた．船体は中国式のジャンクで，全長28m，中央部幅9.2mで，約200tの規模．2万点以上の中国陶磁器，800万枚以上の銅銭，700点以上の銀・青銅製品，300点以上の金属鋌(主に錫)，香料を中心とした植物遺体などが引き揚げられており，日元貿易で扱われた商品の内容や貿易の規模を伝える貴重な資料である．商品運搬用の木箱，銅鑼・鉦，将棋駒・下駄・日本刀の鍔・和鏡・日本製火鉢・漆絵碗・古瀬戸瓶・硯，中国式の鉄鍋，高麗式の銅製匙・箸など，船員や船員の所持品も確認されている．船体は全羅南道木浦市の国立海洋遺物展示館に展示され，遺物はソウルの中央国立博物館や国立光州博物館などにも分蔵される．

参考文献 〔韓国〕文化公報部・文化財管理局『新安海底遺物』綜合篇，〔韓国〕文化財庁・国立海洋遺物展示館編『新安船』，川添昭二「鎌倉末期の対外関係と博多」(大隅和雄編『鎌倉時代文化伝播の研究』所収)，山本信夫「新安海底遺物」(『考古学による日本歴史』10所収) (榎本 渉)

177 沈惟岳 しんいがく 生没年不詳 奈良時代中期の帰化人．遣唐大使藤原清河らを迎えるために唐に遣わされた高元度らの一行が，天平宝字5年(761)8月に空しく帰国したとき，唐人沈惟岳は越州浦陽府折衝賞紫金魚袋の官位を帯び，押水手官(船長)として船員9人・水手30人とともに，元度らを送って大宰府に来着した．部下の紀喬容以下38人は，惟岳の贓汚すでに露れ，部下を率いるに足らないとして大宰府に訴えたりしたが，認められなかった．当時来朝していた渤海国使が，唐国の動乱がなお続き，史朝義の勢力が盛んであることを朝廷に報告したので，惟岳らはしばらく帰国を抑えられ，やがて結局全員がそのまま日本に帰化することになった．かれらの主要なものは官位・氏姓を与えられて京に移されたが，惟岳は宝亀11年(780)11月に正六位上から従五位下に叙せられ，その翌月に清海宿禰という氏姓を与えられて左京に編附された．その後延暦8年(789)3月に美作権掾に任ぜられたことが知られる．またそのほかでは，晏子欽・徐公卿が栄山忌寸，孟恵芝・張道光が嵩山忌寸，吾税児が永国忌寸，維敬宗が長井忌寸，盧如津が清川忌寸，王維倩・朱政が栄山忌寸，馬清朝が新長忌寸，沈庭昂が清海忌寸の氏姓を与えられている．

参考文献 関晃『帰化人』(『日本歴史新書』)，石井正敏「外交関係―遣唐使を中心に―」(池田温編『古代を考える 唐と日本』所収) (関 晃)

178 沈惟敬 しんいけい 生没年不詳 万暦東征(文禄・慶長の役)のとき，日本との和議について画策した明の外交家．嘉興(浙江省)の生まれ．明軍が平壌で大敗し，「能く倭に説く者」を募ったとき，游撃将軍として李如松の配下となる．のち「封貢の議」が起り，「中朝弥縫し，惟敬以て款局を成す」とある．文禄の役(壬辰倭乱)における日本と明の和議は2度に分けて考えられる．(1)平壌の和議は，文禄元年(万暦20,1592)かれと小西行長らの会見によって始まる．明史料では，かれを「遊客」「市中無頼」「亡頼」とするが，斬罪にあたる楊応竜を朝鮮に赴援して報効させようとするなど，兵部尚書石星には信任された．「惟敬の舌端，靡々として聴く可し」とある．(2)ソウルの和議は翌年以降のこと．和議の推移をみると，明国側は，神宗―石星―顧養謙―宋応昌―沈惟敬，日本側は，豊臣秀吉―行長―内藤如安(明側では「小西飛」と称す)の線で行われたと考察されるが，和平の条件として前者は「三事」(2度にわたり内容の違うものが示されたので「前三事」「後三事」として区別される)，後者は「七件」を主張，この間にあって行長・沈惟敬が弥縫糊塗し，両国の不信警戒は高まる一方で，しかも「関白表文」が偽作され，明の正使李宗城は途中で逃亡，和議は結局破裂した．かれは手兵を率いて釜山など，倭の軍営に出入りしていたが，万暦25年ついに明軍に捕らえられた．「惟敬擒はれ，日本の嚮導・中国の禍根，方に絶つを得たり」とあり，愛人陳澹如の家からは倭旗・倭刀・倭剣・倭衣・倭器・細絹・犀帯・日本図など363件が押収された．かれについては，「一無頼」「小人の舌端」のため苦杯をなめたといい，「海上数年，平壌大捷して王子帰るを得，尽とくその倭を緩くせしの功を没し難し，この後，反覆変幻，弥縫詭詐すること年復た一月，中国をして耳目明らかならず，戦守拠る無からしめ，宗城(李正使)を妬み，日本に媚び，軍戍を撤し，餉を費やし，威を損し，本兵(石星)を欺悞するに迫ぶ，その罪小ならず」とする．朝鮮史料では，かれの人となりについて浙江，また福建の人といい，「その父商を以て日本に往来し，備さにその事情を暗んず，本国(朝鮮)の被兵を聞き，上書して親ら倭営に挺入し，計を以て緩めんことを願ふ，兵部尚書石星これを許し，仮すに京営添往遊撃の号を以てし，倭情を覘はしむ，惟敬，その趨従を簡び，家人沈嘉旺(鄭四)等を具し，疾馳して来る」「その人，貌寝(みにく)きも口懸河の如し，且つ言ふ，平義智・平秀吉と相知る」とある．

参考文献 石原道博『文禄・慶長の役』(『塙選書』31) (石原 道博)

179 神叡 しんえい ?～737 奈良時代の大和元興寺の僧．唐

国人との伝えもある．義淵僧正の徒で法相宗に属し，華厳・三論もよく兼学す．生年は不明．養老元年(717)律師，天平元年(729)少僧都に補任さる．養老3年道慈とともに食封50戸を賜わり，天下桑門の秀として並び称された．芳野(吉野山)の現光寺で虚空蔵菩薩の霊感を得，自然智を授かったと伝えられ，俗に芳野僧都と呼ぶ．天平9年没．興福寺蔵法相六祖像(国宝)中に信叡とあり，神叡と同一人とする説と別人とする説がある．

参考文献　『僧綱補任』(『大日本仏教全書』)，『扶桑略記』6(『(新訂増補)国史大系』12)，岩城隆利編『増補元興寺編年史料』上　　　　　　　(辻村　泰善)

180 **心越興儔** しんえつこうちゅう　1639~95　江戸時代に来朝した中国明代の禅僧．曹洞宗寿昌派の祖．明の崇禎12年(1639)8月28日杭州金華府浦陽(浙江省)に生まれた．俗姓は蒋氏．初名は兆隠．樵雲・越道人とも自称したが，詩文・書画には東皐の号を好んで用いた．8歳にして仏門に入り，20歳のとき江西省建昌府の寿昌寺の覚浪道盛に参学．その後，翠微寺の闊堂大文に師事して仏法の奥旨を究め，その法嗣となった．32歳のとき杭州の永福寺に住したが，延宝5年(1677)39歳のとき長崎興福寺の明僧澄一道亮(ちんいちどうりょう)に招かれて来朝．同寺を中心に精力的な布教活動に乗り出したが異宗派の僧侶の反対にあい，一時幽閉を余儀なくされた．天和元年(1681)今井弘済が徳川光圀に働きかけてその難から救い出し，同3年水戸に迎えられ，天徳寺(のち寿昌山祇園寺と改称)の住持に推された．元禄8年(1695)9月30日，同寺にて示寂．世寿57．墓は祇園寺にある．詩才豊かな学僧で，金沢八景の命名者としても知られるが，そのほか篆刻にも秀いて，文人趣味的な絵も能くした．また来朝の際に持参した七弦琴の演奏法にも才があってこれを盛行させた．能書家でもあり，楷行草隷の各書体の作品が数多く現存している．その書風は明代の書法をうけたものである．その法脈は寿昌派または心越派とよばれるが，その独自な禅風を発展させる門弟には恵まれなかった．一代の行状を知る資料集として浅野斧山編『東皐全集』がある．

参考文献　永井政之「東皐心越研究序説」(今枝愛真編『禅宗の諸問題』所収)，茨城県立歴史館編『東皐心越』(特別陳列目録)，篆刻美術館編『心越展』，杉村英治「来舶高僧東皐心越禅師」(『日中芸術研究』36)　　　　　　　　　　　　　(高橋　秀栄)

181 **清楽** しんがく　⇒明清楽(みんしんがく)

182 **慎機論** しんきろん　経世書．渡辺崋山著．1冊．天保9年(1838)10月15日，遠藤勝助が主宰する尚歯会の例会が終って，雑談中，江戸幕府の評定所記録方芳賀市三郎が，近く江戸沿海に渡来するはずの「英船」モリソン号に対し，打払いをもって臨むべしとする評定所の答申案を示した．同席した渡辺崋山・高野長英らは，これをもって幕府の既定方針を示すものと誤解し，長英は『夢物語』を著わし，崋山は幕府の有力者に働きかけるなどして，打払いに反対した．『慎機論』は，崋山がこのとき憤激のあまり，幕府の対外政策を批判して著わしたものであるが，内容が過激なことに気付き，途中で筆を捨てた未完稿である．蛮社の獄の際，幕吏が崋山の自宅から押収したおびただしい反故の中から，江川英竜の依頼で執筆した西洋事情にかんする一文の初稿(『西洋事情答書』)とともに発見され，それらにより崋山は幕政批判の罪で処罰された．『崋山全集』1，『日本思想大系』55所収．

参考文献　藤田茂吉『文明東漸史』，佐藤昌介『洋学史研究序説』　　　　　　　　　　(佐藤　昌介)

183 **親魏倭王** しんぎわおう　景初3年(239)邪馬台国女王卑弥呼が魏の皇帝から授けられた称号．称号の意味は「魏に親しむ倭王」．倭の諸小国の中にはこれ以前にも中国の王朝に通じ，「王」号を授けられたものもあるが，倭国全体の支配権を対象とした「倭王」号はこれが最初．周辺諸国に授けられた称号と比較すると魏が当時の倭国を高く評価していたことがわかる．なお，卑弥呼を親魏倭王に任じた詔書やこの称号を刻んだ金印は，正始元年(240)帯方太守を通じてもたらされた．

参考文献　『魏志』倭人伝，栗原朋信『上代日本対外関係の研究』，坂元義種『古代東アジアの日本と朝鮮』，大庭脩『親魏倭王』，同「「卑弥呼を親魏倭王とする制書」をめぐる問題」(『古代中世における日中関係史の研究』所収)，猪熊兼繁「親魏倭王」(『法学論叢』63/1)，手塚隆義「親魏倭王考」(『史苑』23/2)，古田武彦「邪馬壹国」(『史学雑誌』78/9)　　　　　　　　　　　　　　　(坂元　義種)

184 **新宮凉庭** しんぐうりょうてい　1787~1854　江戸時代後期の蘭方医．諱(いみな)は碩，号は駆竪斎・鬼国山人，通称は凉亭，のち凉庭と改める．天明7年(1787)3月13日医師新宮道庵の子として丹後国加佐郡由良村(京都府宮津市由良)に生まれる．伯父有馬凉築について医事・経書を学び，文化元年(1804)18歳で開業した．21歳のころ，宇田川玄随の『西説内科撰要』を読んで発奮，

同7年長崎遊学に出発, 途中諸所に名医を訪ね, 治療を行なった. 10年長崎着, 吉雄如淵らの通詞に師事. オランダ商館長ドゥーフに認められ, 商館付医師に就学. 文政元年(1818)帰郷, 翌2年京都に開業, 西洋医学の流行をみた. 天保10年(1839)南禅寺畔に順正書院を創建, 8学科を設け, 系統的な医学教育を行なった. 経済の才にも長じ, 南部藩の財政改革に寄与した. 南部侯のもとめに応じて著わした『破レ家ノツヽクリ話』には彼の経済策が示されている. 南部藩のほか, 越前藩松平家に多額の融資を行い, 津藩藤堂侯の学堂建設にも献金した. 涼庭には男子なく, 養子をとり, 門下の俊秀を選んで四分家を立て, 本・分家相協力して, 新宮一門の繁栄をはかった. 著訳書は前記のほか, 『西遊日記』『但泉紀行』『駆豎斎詩文鈔』『泰西疫論』『窮理外科則』『解体則』『人身分離則』『駆豎斎方府』など多数. 没後編まれた『鬼国先生言行録』は涼庭の伝記である. 安政元年(1854)正月9日病没. 68歳. 南禅寺の天授庵に葬る. 贈正五位.

参考文献 山本四郎『新宮涼庭伝』

(片桐 一男)

185 **辛禑王** しんう 1365~89 1374~88在位. 朝鮮の高麗末期, 第32代王. 少名は牟尼奴, のち禑と改名. 1365年生まれ, 権臣辛旽のもとで育ったが, 旽の誅殺後は宮中に収養され, 73年改名して江寧府院大君となり, 翌年の恭愍王被殺のあとをうけ, 9月25日即位. 出生には辛旽の婢妾の所生, 旽の養子などの所伝があり, 『高麗史』などの正統論では嫡流とせず, 辛姓を冠し, 列伝に記録して, 当時の複雑な政治背景を反映する. 禑王の治世は王朝末期にあたり, 内争が多発し, 外政の対応に腐心した. 南から連年内陸部まで侵攻する倭寇禁圧のため, 5度にわたり室町幕府・九州探題今川了俊に遣使し, 大内義弘とも通交したが実効なく, また元から明への王朝交替期に帰趨は容易に定まらず, 88年の遼東征討戦を機にかえって親明派の李成桂らが実権を掌握して, 王を廃した. はじめ江華と通津, 翌89年に黄驪に流され, 同年12月江陵で殺された. 25歳.

(武田 幸男)

186 **新元史** しんげんし 中国, 紀伝体の元朝史. 民国の柯劭忞(かしょうびん)撰. 本紀26・表7・志70・伝154, 計257巻. 明初, 洪武初年に編纂された『元史』は数ヵ月で匆卒に成り不備が多いので, 清の邵遠平『元史類編』・銭大昕『元史氏族表』『補元史芸文志』・魏源『元史新編』・曾廉『元書』・洪鈞『元史訳文証補』, 民国の屠寄『蒙兀児史記』など, 補訂改修が種々なされた. 本書はそれらの成果を集成するとともに, 『元朝秘史』『元典章』, ラシード゠ウッディーンの『集史』など蒙・漢・イラン史料を総合的に利用するを得て, 『元史』を上回る大著にまとめられた. 大総統徐世昌の命により1919年本書は正史に列せられ, 日本の東京帝国大学は柯劭忞に文学博士を贈った. 旧史体に依り, 改訂増補の史料的根拠が明示されていない点, 近代的学術著作とは距りがあるが, 柯劭忞の『新元史考証』58巻がある程度その欠陥を補う. 初校鉛印本・徐氏退耕堂版本・庚午(1930年)重訂本など諸版あり.

(池田 温)

187 **沈香** じんこう ⇒香木(こうぼく)

188 **進貢船** しんこうせん ⇒朝貢(ちょうこう)

189 **信使** しんし ⇒通信使(つうしんし)

190 **神子栄尊** じんしえいそん 1195~1272 鎌倉時代, 天台兼修の臨済僧. 円爾(聖一国師)の法嗣. 道号は神子, 諱は栄尊(一説, 号は栄尊, 諱は口光). 建久6年(1195)6月26日, 筑後の生まれ. 俗姓平氏, 判官康頼の子. 7歳のとき栄西の弟子厳琳につき13歳で得度, 天台を学ぶ. のち上野長楽寺に至り栄西の弟子栄朝に師事した. 嘉禎元年(1235)円爾とともに入宋, 円爾と別れて諸山の老宿を歴訪, 径山の無準師範の下で禅旨を究め3年を経て帰朝. 仁治元年(1240)肥前水上山に万寿寺を創建し開山となる. 翌年, 円爾の帰朝に及び円爾を万寿寺に請じ, みずからは地方に遊化, 朝日寺・報恩寺・妙楽寺を開く. 晩年京都に上り内大臣二条道良の帰依を受けた. 文永9年(1272)12月28日, 万寿寺に寂し同寺に塔す. 寿78. 遺戒11ヵ条あり. 法嗣に亨菴宗元(年譜の編者)・楽山□□・徹叟道映・一関祖丘・神光了因らがある.

参考文献 『肥前国勅賜水上山興聖万寿禅寺開山勅特賜神子禅師栄尊大和尚年譜』(『続群書類従』9輯上), 『水上山万寿開山神子禅師行実』(同), 卍元師蛮『本朝高僧伝』21(『大日本仏教全書』), 白石芳留編『東福寺誌』, 同編『禅宗編年史』

(伊藤 東慎)

191 **心地覚心** しんちかくしん ⇒無本覚心(むほんかくしん)

192 **晋州の戦** しんしゅうのたたかい 文禄2年(1593)6月, 豊臣秀吉の第1次朝鮮侵略(文禄の役)のあとをうけて日明講和交渉が進められている最中に, 日本軍が朝鮮軍の籠る慶尚道晋州城を攻略した戦い. 第1次朝鮮侵略の緒戦で日本軍は勝利を重ねたが, やがて朝鮮側の反撃や明の救援により戦局は攻守ところを変えた. 平壌と碧蹄館における日明交戦のあと, 朝鮮の反対を無視して日本と明の間で講和交渉が開かれた. その際秀吉は和議の心得とともに朝鮮南部を押えるため, 晋州城攻略を諸大名に指示した. 要害である晋州城には前年10月, 細川忠興・長谷川秀一らが攻略に向かったが失敗し, その後, 晋州城は朝鮮の官軍と義兵の拠点になった. 秀吉は約12万の兵をこの攻略に向けた. これに対し, 朝鮮側は日本軍の迎撃を主張する権慄ら官軍の指揮者と, 軽挙妄動をいましめる義兵将郭再祐らの意見の対立があって戦闘態勢が整わなかった. 日本軍は迎撃にでた権慄らを撃退し, その余勢をかって晋州城を囲んだ. 朝鮮側は火器をもって防戦したが, 加藤清正が火器の

攻撃をさける亀甲車を用いたこともあって，日本軍はこれを攻め陥した．

[参考文献] 柳成竜『懲毖録』(『朝鮮群書大系』続々1)，山崎尚長『両国壬辰実記』，徳富蘇峰『近世日本国民史』豊臣氏時代戊篇，北島万次『朝鮮日々記・高麗日記』(『日記・記録による日本歴史叢書』近世編四)，北島万次『豊臣秀吉の朝鮮侵略』(吉川弘文館『日本歴史叢書』52)，同『壬辰倭乱と秀吉・島津・李舜臣』
(北島 万次)

193 申叔舟 しんしゅくしゅう 1417〜75 朝鮮王朝前期の官人．諱(いみな)叔舟，字(あざな)泛翁，号希賢堂，保閑斎ともいう．諡は文忠．太宗17年(1417)6月13日生まれる．父は申檣，本貫は高霊(慶尚北道)．1438年，はじめて設けられた詩賦進士試に応じて首席となり，翌年文科に及第し，その後集賢殿に入って俊才の名をほしいままにした．43年(嘉吉3)には日本への通信使の書状官として京都へ往復し，対馬では宗貞盛との癸亥約条締結交渉にも関係した．52年には首陽大君(のちの世祖)が謝恩使として中国へ行ったのに書状官として随行し，ついで55年，首陽大君が端宗をしりぞける反正を行なって即位(すなわち世祖)すると，その承認を求める奏聞使として再び北京へ赴いた．そして反正への功により功臣の号を与えられた．官職は都承旨から芸文館大提学を経て，58年には右議政となり，高霊府院君に封ぜられた．60年には江原・咸吉道都体察使となり，毛憐衛女真の討伐を行い，62年には官人最高位の領議政になった．68年に世祖が死去したのちは睿宗から成宗の初年にかけて院相の一員として国政に元老的な役割を果たし，成宗6年(1475)6月21日59歳で没した．申叔舟は訓民正音(ハングル)の制定に功があり，また漢語にも造詣が深く，『東国正韻』『洪武正韻釈訓』『四声通攷』などの編纂に関係して音韻研究に不朽の足跡を残した．かれが漢語音韻の研究のために遼東へ幾度も足をはこんで明の翰林学士黄瓉に教えを請うた話は有名である．またかれは長い間礼曹(六曹の1つで外交担当)の職にあった．そして『成宗実録』の申叔舟卒伝に「事大交隣を以て己が任と為す」とあるごとく，かれは外交問題に意を用い，1471年には『海東諸国紀』を撰修している．申叔舟が臨終にあたって，成宗王へ「国家，日本と和を失ふことなかれ」と遺言したとの説は，その後有名で，柳成竜が『懲毖録』の冒頭にそのことを記したのが日本へ伝わり，松下見林の『異称日本伝』に載ったりしている．文集『保閑斎集』(『朝鮮史料叢刊』14)がある．→海東諸国紀(かいとうしょこくき)

[参考文献] 小倉進平著・河野六郎補注『(増訂補注)朝鮮語学史』，中村栄孝『日鮮関係史の研究』，田中健夫訳注『海東諸国紀』(『岩波文庫』)，田中健夫「十五世紀日朝知識人の相互認識」(『前近代の国際交流と外交文書』所収)
(長 正統)

194 真照 しんしょう 生没年不詳 鎌倉時代の律僧．もと清禅といい，のち実乗房真照，入宋中は寂庵と号した．京都増福寺の僧．京都の人，俗姓不詳．京都東林寺の律僧浄因に戒律を学び，建長6年(1254)10月に戒壇院円照について受戒．増福・戒光寺に止住．律の疑問などを解決せんとして，正元元年(1259)に入宋求法し，寂庵と号し妙蓮律師に受戒法，行居律師に律三大部を学び，弘長2年(1262)の秋に帰国．東大寺戒壇院に止住し，律三大部などの講義を行うこと6ヵ年，文永5年(1268)の秋に終講した．この間一時凝然は復師を勤め，戒壇院に鑑真の等身御影像を画いて安置し，後代の範とした．以後泉涌寺に移り，思允に帰事し，弘安4年(1281)6月に仏日房寂入死去により増福寺に移ったという．

[参考文献]『円照上人行状』中(『続々群書類従』3)，慧堅『律苑僧宝伝』13(『大日本仏教全書』)
(堀池 春峰)

195 審祥 しんじょう 生没年不詳 奈良時代の大安寺僧．審詳にもつくる．入唐して香象大師に師事し，華厳を学んだと伝えるが，新羅学生の呼称は，新羅へ留学した学僧の意味と考えられる．天平12年(740)，智識寺行幸を機縁として，良弁によって開始された金鐘寺での『華厳経』講説には，最初の講師として招請され，3ヵ年にわたり，3人の複師を立て16人の学僧を招いて，旧訳六十華厳を講述，大仏造顕事業の思想的根拠を明らかにする．同じころ，大安寺にも盧舎那仏を本尊とする華厳院が造営されたが，これも審祥らの力によったものと思われる．また，彼はこのころの有数の経論所持者で，それらは，審祥師経録・審祥師書類・審祥大徳書などとよばれ，写経の際，大いに利用されていた．その著書には，『花厳起信観行法門』1巻や，『妙法華経』の釈などがある．なお，没年は明らかでないが，天平16年8月まではその存在が確認できる．

[参考文献] 堀池春峰「華厳経講説より見た良弁と審祥」(『南都仏教史の研究』上所収)
(佐久間 竜)

196 新庄直忠 しんじょうなおただ 1542〜1620 安土桃山・江戸時代前期の武将．刑部，刑部左衛門．天文11年(1542)生まれる．新庄蔵人直昌の次男．母は久我大納言某の女．父直昌戦死の時わずか8歳であり，家臣らにたすけられ兄直頼・弟直寿とともに近江国坂田郡新庄城に籠るが，三好長慶の攻撃を恐れ同城を退く．のち将軍足利義晴に仕え近江国滋賀郡唐崎の辺に領地を賜わり，ついで織田信長に属し，また豊臣秀吉に仕え，入道して東玉と号した．文禄元年(1592)朝鮮に出陣し，6月太田小源五宗隆・糟屋内膳正数正とともに秀吉の命を奉じ，朝鮮八道の観察使16人及び安撫使らを遣わしおのおのその地に還住すべき旨の連署の廻文を作ってこれ

を諭した．この前後しばしば加増され，近江国浅井・蒲生・坂田・栗太，伊勢国安濃5郡のうちに1万4600石余の地を領し，近江の秀吉蔵入地の代官でもあった．慶長2年(1597)善光寺如来の方広寺大仏殿遷座の際には大津から大仏殿までの人足・伝馬徴収の責任者．秀吉死後は病のため京師に閑居．同4年7月3日徳川家康が伏見向島に居を移すと，兄直頼とともに館を警固．関ヶ原の戦で知行を失った．同19年大坂冬の陣の時家康に召し出され，甥の直定と同じく今里の付城を守る．翌元和元年(1615)正月男直氏とともに家康に供奉し，駿府にて旧領近江国坂田郡柏原の旅館守護ならびに付近の幕領の代官を命じられた．元和6年正月25日当地で没．年79．戒名，総寧寺殿明叔東玉大居士．墓は滋賀県米原市寺倉の総寧寺にある．

参考文献　『大日本史料』12ノ33，元和6年正月25日条，『寛政重修諸家譜』822，『書上古文書』

（山本　博文）

197 壬申入明記　じんしんにゅうみんき

室町時代の外交関係文書集．了庵桂悟が永正9年壬申の年(正徳7，1512)に入明したときの外交関係文書を，のちの外交折衝の参考にするために筆録したもの．30通の文書を収めるが，書状の後に東樵(鶯岡省佐)や鄭通事(鄭沢)の製作であることを朱書してあるものが多い．天竜寺妙智院には，策彦周良の手写した『壬申入明記』があるが，策彦が入明の参考としたものであろう．牧田諦亮『策彦入明記の研究』上に本文・解説を収める．なお『大日本史料』9ノ4，永正9年5月20日条には，1通を欠き29通の文書を載せている．→了庵桂悟（りょうあんけいご）

参考文献　小葉田淳「壬申入明記に就いて」（『中世日支通交貿易史の研究』所収）

（田中　健夫）

198 壬申約条　じんしんやくじょう

1510年(中宗5，永正7)の三浦の乱後，12年(中宗7，永正9)に朝鮮が新たに定めた日本からの来航者取扱規則の条目．明治以後，永正条約ともよばれた．内容は対馬島主の通交の取扱いが主であるが，対馬は三浦の乱の敗退後，朝鮮から一切の通交を拒否されていたので，偽の日本国王使弸中を派遣して交渉し，条目成立にこぎつけた．内容は(1)三浦開港をやめ，浦所を薺浦だけとし，そこへの倭人の恒居は禁止する．(2)対馬島主の歳遣船を癸亥約条以来の50船から半減して25船とし，従来歳遣船の数外として接待していた対馬島主特送船(賊変通告などの名目のもの)は廃止する．(3)対馬島主の歳賜米豆も癸亥約条以来の200石を半減して100石とする．(4)対馬島人で歳遣船定約者・受職人であった者の通交を禁止する．(5)対馬島以外の日本各地から従来来航していた者(深処倭)も，今後通交を希望する場合は資格を再審査し，通交を許す者については図書を改給する，等々である．この条目の内容はその後数度の改訂(丁未約条，丁巳約条など)を経たが，基本的には文禄の役まで維持された．→癸亥約条（きがいやくじょう）→三浦の乱（さんぽのらん）→丁未約条（ていびやくじょう）

参考文献　『朝鮮中宗実録』7年8月辛酉条，『大日本史料』9ノ4，永正9年是歳条，『宗左衛門大夫覚書』(田中健夫『対外関係と文化交流』)，中村栄孝『日鮮関係史の研究』下，長節子「壬申・丁未約条接待停止深処倭に関する考察」(『年報朝鮮学』10)

（長　正統）

199 薪水給与令　しんすいきゅうよれい

⇒異国船打払令（いこくせんうちはらいれい）

200 新撰姓氏録　しんせんしょうじろく

平安京・五畿内居住の古代氏族の系譜書．『姓氏録』ともいう．万多親王・藤原園人らの撰．30巻目録1巻．完本は伝わらず抄録本が現存．弘仁6年(815)7月成立．本書編纂の端緒は，延暦18年(799)12月，諸氏族に本系帳の進上を命じたことにある．さらにその前史として天平宝字5年(761)の『氏族志』の編纂があげられる．同書は，恵美押勝(藤原仲麻呂)の乱によって完成をみなかった．また延暦18年の本系帳の進上もすすまず，桓武天皇の崩ずるに及んで，その撰勘は停滞を余儀なくさせられていた．本書の本格的な編纂は，嵯峨天皇の即位後，弘仁元年9月以降に始まったらしく，同5年6月にいちおう完成．それを『日本紀略』弘仁5年6月丙子朔条は「先レ是，中務卿四品万多親王，右大臣従二位藤原朝臣園人等奉レ勅撰二姓氏録一，至レ是而成，上表曰，云云」と伝える．さらに翌6年7月20日，源朝臣・良岑朝臣など諸氏の本系を加え，再上表されて最終的に完成をみた．平安左右京・山城・大和・摂津・河内・和泉の順に，1182氏を皇別・神別・諸蕃の「三体」に大別し，第1巻から第10巻までを皇別(335氏)，第11巻から第20巻までを神別(404氏)，第21巻から第29巻までを諸蕃(326氏)，そして第30巻を未定雑姓(117氏)にあてて，諸氏族の系譜を書きならべている．収録の系譜の内容を抄録本，および逸文によってみると，(1)各氏族の出自が「三例」，すなわち「出自」「同祖之後」「之後」の区分にもとづいて書き始められ，(2)これにつづいて姓氏名の由来・賜名・賜氏姓にかかわる事柄を記し，(3)本宗の人名と別祖の人名，および別祖より出た枝流の人名とその後裔氏族名ならびに本拠地が記され，(4)本書完成直前までの改賜氏姓のことが時代を追って記述されていることが知られる．ただし現伝の本書は抄録本なので，右の内容のすべてを完備してはいないが，古代史研究の重要な史料の1つとなっている．また本書は京畿内居住の氏族の本系を集成したものとはいえ，第6巻曰佐条に「男諸石臣，次麻奈臣，是近江国野洲郡曰佐(中略)祖也」，第17巻賀茂朝臣条逸文に「孫小田々足尼，次大等毗古，是伊賀国鴨藪田公祖也，小田々足尼，子宇麻斯賀茂足尼，子御多弓足尼，是伊予国鴨部首祖也」などとあるように畿外諸国に分布する氏族名もあげら

れており，地方氏族の貴重な史料を提供している．本書は冒名冒蔭の盛行による氏姓秩序の混乱を収拾するために諸氏の出自と賜氏姓の推移の明確化を期して編纂されたもので，当時の時代背景を知るためにも欠かせない文献であろう．現伝の抄録本には建武2年(1335)と延文5年(1360)の奥書をもつ2系統の本がある．両系統本に大差はないが，延文5年本の第21巻以下は，建武2年本のそれとかなりの相違がある．前者に属する御巫清直本と後者の系統本である柳原紀光本とを対校した校訂本が佐伯有清によって作成されている(佐伯有清『新撰姓氏録の研究』本文篇)．

[参考文献] 佐伯有清『新撰姓氏録の研究』，栗田寛『新撰姓氏録考証』，溝口睦子『日本古代氏族系譜の成立』，阿部武彦『氏姓』(『日本歴史新書』)，関晃「新撰姓氏録の撰修目的について」(『関晃著作集』5所収)，田中卓『新撰姓氏録の研究』(『田中卓著作集』9)，熊谷公男「令制下のカバネと氏族系譜」(『東北学院大学論集』歴史学・地理学14)

(佐伯　有清)

201 新撰洋学年表　しんせんようがくねんぴょう　天文5年(1536)から明治10年(1877)の間に欧米より移入された学術技芸などの文化事象を編年かつ略史的に記した年表．人物には事略・年齢・没年・墓所を，書物には解題を，雑事には傍証を加えている．大槻如電(修二)著．昭和2年(1927)発行．これより先，明治9年著者は祖父玄沢50年祭追遠の料として『日本洋学年表』を脱稿，翌10年出版．同年開催の内国勧業博覧会に出陳した．文亀元年(1501)から明治元年までを前記・正記に分け，正記(宝永以後)には官事，学事，著訳書目，学士の生卒の欄を設けている．倉卒の間に成ったため遺漏誤謬ありとして，以来関係書籍を集め見聞を筆記して増補訂正に努めて50年，如電83歳にして，面目を一新した『(新撰)洋学年表』が世に問われた．自筆原稿の写真刷に索引を付して自費出版したもので洋学史研究の基本書である．ちなみに佐藤栄七がこれをもとにさらに増訂を加えたのが昭和40年出版の『日本洋学編年史』である．

(庄司　三男)

202 新唐書　しんとうじょ　⇨唐書(とうじょ)

203 人頭銭　じんとうせん　江戸時代，中国人の手を経て輸入されたヨーロッパの銀貨．『三貨図彙』には紅毛人頭銀とある．ヨーロッパでは貨幣に皇帝の肖像を刻印するのが例であるが，中国の銭を手本としたわが国ではその例が無く，珍しいものであったから，肖像の刻された貨幣は特に人頭銭と呼ばれたのであろう．田沼意次が積極的な貿易政策を進め，銅と俵物の輸出と引替えに輸入した金銀貨の中に含まれていたもので，花辺銀銭の代りとして中国人崔景山が請け負い，安永6年(1777)以降天明2年(1782)までの6年間に銀337貫65匁1分に相当するものがもたらされたと『唐阿蘭陀持渡金銀銭図鑑控』に記録されている．

[参考文献] 辻善之助『田沼時代』(『岩波文庫』)

(滝沢　武雄)

204 沈南蘋　しんなんぴん　1682～？　中国，清の乾隆時代の花鳥画家．いわゆる来舶画人の1人．名は銓，字(あざな)は衡斎あるいは衡之，号は南蘋，または南評，澹蕩人など．浙江省呉興の人．康熙21年(1682)生まれる．本来は惲南田風の常州花鳥画をもとに西洋画風の写実的技法を加えた花卉鳥獣画をよくした画家と考えられる．『長崎実録大成』によると享保16年(1731)12月3日長崎に来航し，同18年9月18日帰国した．日本渡来について中国側の資料は日本の国王が招聘したと伝えるが，享保7年江戸幕府は長崎奉行を通じて唐船主に中国画を舶載するように命じ，同10年には明以前の名画の粉本を持ち渡るように命じていて，古画・粉本の蒐集に苦しんだ唐船主の懇望で来日したものと考えられる．その作品は渡来時から珍重されていて，著録などによると200点近い作品が日本に伝存したことが確認されている．その多くが年記を持っていて，それによると制作時期は康熙47年から乾隆25年にわたるが，真蹟と考えられる最後の作品は乾隆24年のもの．その大半が帰国以後の制作であることから，日本での評価が帰国後も高かったことが知られる．しかし，すでに江戸時代後期から沈銓作品の大半は贋作もしくは代作とする説があり，今日も真贋の鑑定は困難である．日本に現存する作品は画風の上から(1)緻密な写生による，清淡な色彩のもの，(2)油っぽく，画面のさわがしいもの，の2つに，図柄の上から①一般的な写生花鳥図，②吉祥図，の2つに分けることができ，前者の(1)・(2)は後者の①・②とそれぞれほぼ重なるが，(2)群に属する作品は乾隆年間の中国花鳥画，あるいは中国に伝存する沈銓作品とはやや異質である．沈銓は長崎で唐通詞熊代繍江(熊斐)にその写実的写生花鳥画法を教え，熊斐はそれを真村蘆江・僧鶴亭・黒川亀玉に伝え，彼らによって長崎・京坂・江戸に南蘋風写生花鳥画が伝えられ，いわゆる長崎派写生花鳥画とよばれる写実的花鳥画ができ上がり，さらに江戸時代写生画に影響を与えることとなった．　→南蘋派(なんぴんは)

[参考文献] 鶴田武良『宋紫石と南蘋派』(『日本の美術』326)

(鶴田　武良)

205 真如　しんにょ　生没年不詳　平城天皇の第3皇子．俗名高丘親王．母は正四位下伊勢老人の女継子．大同4年(809)4月平城天皇が弟の嵯峨天皇へ譲位するとともに皇太子となったが，翌弘仁元年(810)9月薬子の乱によって廃される．弘仁13年無品から四品に叙されたが，まもなく出家し，東大寺に入る．法名を真忠といい，のち真如と改めた．はじめ律師道詮に三論宗を習い，ついで空海に密教を学ぶ．斉衡2年(855)修理東大寺大仏司検校に任じられ，貞観3年(861)に功を終

えた．まもなく入唐の勅許を得，翌4年7月宗叡・伊勢興房ら僧俗60人を率いて大宰府を発し，9月明州に到着した．同6年2月洛陽に至り，5月長安に入った．長安では青竜寺の法全から胎蔵界・金剛界の法を受けた．このころ法名を遍明と改めている．さらに宗義を研究するため天竺行を志し，同7年正月3人の従者とともに広州より海路天竺に向かった．しかし，まもなく羅越国（マレー半島南端にあったとみられる）において遷化した．貞観7年，享年67と推定されている．なお，親王出家後，その子女は在原朝臣の姓を賜わっている．

参考文献 杉本直治郎『真如親王伝研究』，田島公「真如(高丘)親王一行の「入唐」の旅—「頭陀親王入唐略記」を読む—」(『歴史と地理』502)，佐伯有清『高丘親王入唐記』 （石井 正敏）

206 信牌 しんぱい 正徳長崎新例で江戸幕府が唐船に対して創設した貿易許可の照票(証明書)．長崎通商照票ともいう．唐船頭達に新例の諸約条を守らせ，とりわけ年度の取引船数30艘を維持する目的で正徳5年(1715)から唐通事に発行させた．料紙は鳥子大高檀紙(とりのこおおたかだんし)を用い，受給者である船頭(のちに船主という)の姓名，起帆地別の船籍(南京・寧波(ニンポー)・広東船など)，貿易銀額を記し，併せてこの照票を持参・提示しない者には交易を許さず，約定条項に違反すれば再び給与しない旨を華文で記す．ただし使用の年度は記さず，原簿にあたる『割符留帳』に明記した．寛保3年(1743)から使用指定の年を3年すぎれば無効とされた．譲渡は有効．使用後は無効．ただし1代限り有効のものが発行された特例がある．正徳5年の最初の発行数は47枚．幕末期最後の発行は文久元年(1861)8月8日の2枚．受給者は南京船(上海起帆)の楊少棠と鈕春杉であった．→正徳長崎新例(しょうとくながさきしんれい)

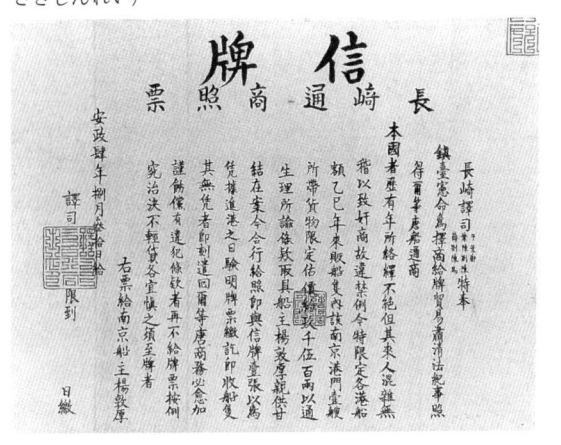

参考文献 大庭脩編『近世日中交渉史料集』1，山脇悌二郎『近世日中貿易史の研究』，同『長崎の唐人貿易』(吉川弘文館『日本歴史叢書』6)，菊地義美「正徳新例における信牌制度の実態」(『日本歴史』185) （山脇悌二郎）

207 進奉船 しんぽうせん 日本から高麗へ渡航した商船．12〜13世紀ごろの高麗には，「進奉の礼」すなわち朝貢の形式を具備して渡航した商船に交易を認めるという原則があったと推測され，『平戸記』では，このような商船を進奉船と称している(仁治元年(1240)4月条)．高麗元宗4年(1263)の日本宛高麗牒状に，日麗両国交通開始以来，年に1度，船2艘を以て高麗に進奉するという約定があるとみえる(『高麗史』25，元宗4年4月甲寅条)．しかしこの約定は，日麗両国の政府間のものではなく，おそらく高麗と対馬との間で結ばれたものであろう．

参考文献 青山公亮『日麗交渉史の研究』(『明治大学文学部研究報告』東洋史3)，李領『倭寇と日麗関係史』，森克己「鎌倉時代の日麗交渉」(『続々日宋貿易の研究』所収)，川添昭二「鎌倉時代の対外関係と文物の移入」(『(岩波講座)日本歴史』6所収） （石井 正敏）

208 新羅 しん ⇒しらぎ

209 森羅万象 しんらばんしょう ⇒森島中良(もりしまちゅうりょう)

210 新羅明神 しんらみょうじん 園城寺(三井寺)の伽藍鎮守として祀られるとともに，ひろく天台寺門宗における護法神として崇敬される帰化神祇の1つ．円珍(智証大師)が平安時代の初め求法のために入唐したとき，赤山法花院において新羅人が礼拝していた土俗的な神祇を，仏教護法のために日本へ伴い帰ったと伝える．円珍伝などの説話的な記述によると円珍が帰国する際，船中に老翁が姿を現わし，「われはこれ新羅明神なり，和尚のために仏法を守護し，慈尊の出世に到らん」と宣言し，帰国後に円珍が寺地を開拓した時にも再びその姿を現わし，伽藍造営を指導し，永く寺門の法流を守護することを誓ったので，円珍らは三井の北院に社殿を造営して護法鎮守とした．比叡山の円仁(慈覚大師)も同じ神を将来し，赤山明神と名付けて護法神となし，神祠を比叡山の西坂本(いまの京都市左京区修学院のあたり)に建てて赤山禅院と呼んで今日に至っている．園城寺の中院には三尾明神，南院には日吉新宮が勧請されるが，北院は新羅明神祠を中心として伽藍が構成され，中世には新羅の森と呼ばれる林叢が繁茂した．いまの社殿(新羅善神堂)は貞和年間(1345〜50)に建立された三間社流造で国宝となっている．社殿内には木彫新羅明神像(国宝)を祀り，秘仏として伝法灌頂を受ける者以外には，いまも礼拝は許されない．中国風の老翁形の坐像で，神像彫刻としても特異な形像である．『三井寺新羅社歌合』によると承安3年(1173)の八月十五夜の歌合のごときは「一乗止観の窓前，遙に湖上の月を望んで」この森に月卿雲客が集うた由を語り伝えている．園城寺に蔵する新羅明神画像(重要文化財)

をみると幞頭冠をつけ，中国風の衣をまとい錫杖をもって胡床に半跏し，右手には提婆品1巻を持つ．般若・宿王の2童子を侍らせ，本地の文殊像も描かれるなど，『園城寺伝記』などに記す義軌的な記述ともほぼ一致している．　→赤山明神(せきさんみょうじん)

参考文献 『寺門伝記補録』(『大日本仏教全書』)，石田茂作『秘宝園城寺』，宮地直一「平安朝に於ける新羅明神」(天台宗寺門派御遠忌事務局編『園城寺之研究』所収)，景山春樹「園城寺の鎮守社とその遺宝」(『神道美術』所収)，中大輔「九世紀山東における在唐新羅人社会の構造と儀式・言語」(鈴木靖民編『古代日本の異文化交流』所収)，菊池照夫「赤山明神と新羅明神」(同所収)　　　　(景山　春樹)

す

001 **隋** ず　中国の王朝．開皇元年(581)～義寧2年(皇泰元，618)．楊氏．随国公に封ぜられたのが朝名の由来で，唐以降隋と書かれるようになった．帝室の先世は北周朝を建てた宇文泰の麾下で活躍した武将で，北辺武川鎮に軍人として勤務し鮮卑人と通婚するほど北族的生活の影響を受けており，普六茹姓を賜わっていた．北周の外戚として実権を握った楊堅(高祖文帝)は巧妙なクーデターで帝位に登り，意識的に漢化を推進し鮮卑系の胡姓を廃して，みずからも後漢の楊震以来の名族である弘農華陰楊氏の後裔と宣伝した．新王朝は碁盤状プランをもつ大興城を長安に築造して首都とし，開皇律令を発布し国制を整え，魏晋以来の中正を廃止して吏部の任官権を徹底させ，州郡県3段階の地方制を州県2段階に整理し冗員を省くとともに，中央集権を強化した．かくして強力な軍事力を築き，北方の強敵突厥に対しては離間策によりその内部分裂を図り，また名目的独立を保っていた長江中流の後梁を征服し，ついで江南に二百数十年続き中華の正統王朝を誇る南朝最後の陳を攻め，王子晋王広(のちの煬帝(ようだい))の率いる数十万の隋の大軍のもとに，文弱な貴族政権に堕していた陳は潰え，開皇9年天下統一が実現した．隋は六朝以来の門閥貴族および在地豪族の勢力を抑圧し，州県郷里と隣保組織を通じ徹底した人民の把握を進め，貌閲(首実検)を強行して戸籍登録の完遂を期し，また輸籍の法を設けて租調など公課の徴収を効果的にした．これと併行して南北を結ぶ大動脈となる運河体系を開鑿整備し，均田制により民生の安定をはかり，官倉の備蓄をふやし災害に備え，五銖(開皇五銖)の大量鋳造を通じ流通経済に活気を与え，人口と国富の画期的充実をもたらした．かくて隋の国威は高まりアジアに広くその名がひびいて朝貢国も増し，倭国の遣使もかかる情勢に応じたものであった．権臣楊素らと結び策略により兄の太子勇を失脚させ，やがて父文帝を弑して帝位についた(仁寿4年(604))と伝えられる煬帝は，さらに対外膨脹政策を推進した．まず吐谷渾を西征し西域との通商路を確保，ついで林邑・流求(台湾)などにまで征討軍を送り，また遠隔各国に使者を派遣して入貢を促した．煬帝は男女100万人余を徴用して大運河を造り，洛陽の西の西苑をはじめ運河沿いに離宮・宮苑をいくつも営み，竜舟に乗り長さ200里と称される船列を浮かべ巡遊するという贅沢の限りを尽くし，使役される人民の怨嗟を無視してさらに大業8年(612)無謀な高句麗遠征を強行した．ところが高句麗の根強い民族的抵抗に遇い派遣した大軍もほとん

ど壊滅したにかかわらず、翌年繰り返された第2次征討の途中で楊玄感(楊素の子)らの叛乱が起り、全国を巻き込む隋末の動乱へと進展した。のちに唐朝を建てる李淵父子も突厥防衛の要衝太原の留守として挙兵し、農民出身の竇建徳や西域商胡の裔王世充その他群雄と混戦の末、突厥の援助を受け首都長安を押え優位に立ち、義寧2年江都遊幸中の煬帝が親衛軍の叛で殺されるとみずから擁立した恭帝(楊侑)からの受禅を強行し、隋は38年の短命に終った。隋は大統一の結果、南北文化の融合が進み、仏教を奨励して治国の具としたので、三論の吉蔵、天台の智顗(ちぎ)ら名僧が輩出して中国仏教の黄金時代を迎え、音楽・舞踊や造形芸術も東西の諸要素が流れこんで空前の盛況を示した。

[参考文献] 『隋書』、『北史』、『資治通鑑』陳紀・隋紀、呂思勉『隋唐五代史』、岑仲勉『隋書求是』、アーサー・F・ライト『隋代史』(布目潮渢・中川努訳)、王永興編『隋末農民戦争史料彙編』

(池田　温)

002 水軍 すいぐん ⇨海賊衆(かいぞくしゅう)

003 瑞渓周鳳 ずいけいしゅうほう　1391〜1473　室町時代臨済宗の僧。その名声は五山文学僧として一世を風靡した。臥雲山人・㮍羊僧・刻楮子・竹郷子と号する。和泉堺の人で、明徳2年(1391)に生まれ、応永の乱で父を失い上京し、応永11年(1404)相国寺の無求周伸に師事、同20年無求遷化により、その後は厳中周噩・天章澄彧・惟肖得厳に参じ、ことに学芸面の薫陶を受け、また南都興福寺の仏地院に赴き戒律・華厳を学んだ。永享8年(1436)8月、山城景徳寺(諸山)の官刹住持に任命され、入院して法を無求周伸に嗣いだ。同9年8月十刹の等持寺住持をつとめ、さらに同12年8月相国寺第50世住持となる。翌嘉吉元年(1441)同寺を退き、寺内に寿星軒を創めて隠居したが、同3年相国寺開山塔崇寿院の塔主となり、文安3年(1446)には相国寺鹿苑院塔主に任ぜられ僧録を司る。その後相国寺寿徳院・嵯峨大慈庵・北山鹿苑寺・岩蔵慈雲庵などに住し、その間、宝徳元年(1449)から同3年まで杜詩の講筵を催し、文明2年(1470)には『臥雲夢語集』を撰述するなど文芸活動を行なった。将軍足利義教・義政に重んぜられ、文筆の才をもって幕府の外交文書作成にたずさわり、また永享11年上杉禅秀の乱の調停使として関東下向を果たし、康正2年(1456)には再度鹿苑院僧録を勤め、さらに将軍義政の懇請で応仁元年(1467)にも同職を司るなど政治的才能をもち、幕府の政治・外交にかかわった。文明5年5月8日世寿83歳で慈雲庵において示寂。塔所は同庵および相国寺慶雲院に設けられ、同14年後土御門天皇から興宗明教禅師と勅諡された。希宗友派・黙堂寿昭・春英寿芳・景甫寿陵の法嗣を出し、横川景三・桃源瑞仙・景徐周麟などは学芸面で薫陶を受けた門下生である。著作は『臥雲日件録』、『臥雲稿』、『瑞渓疏』(『竹郷集』)、『刻楮』、『入東記』、『温泉行記』、『善隣国宝記』などがある。 →善隣国宝記(ぜんりんこくほうき)

[参考文献] 『大日本史料』8/6、文明5年5月8日条、玉村竹二『五山禅僧伝記集成』、今枝愛真『禅宗の歴史』(『日本歴史新書』)　(竹貫　元勝)

004 推古天皇 すいこてんのう　554〜628　592〜628在位。和風諡号は豊御食炊屋姫尊。諱は額田部。欽明天皇の皇女で、母は大臣蘇我稲目の娘堅塩媛(きたしひめ)。用明天皇の同母妹。崇峻天皇の異母姉。554年生まれる。71年皇太子(敏達天皇)妃となり、76年、前皇后広姫死没の後をうけて異母兄敏達天皇の皇后に立てられた。時に23歳。85年32歳で敏達と死別し、その2年後には兄用明天皇が没し、92年崇峻天皇暗殺の後、叔父蘇我馬子らに推され、女性としてはじめて皇位に登った。天皇はその諱から知られるように元来額田部の民を伝領したが、立后の翌年に設けられた私部をも支配するに及んで、その経済力は皇族の中でも擢んでたものとなった。崇峻天皇没時は39歳という分別盛りで、加えて叔父馬子とも親密であった。これらの要因が最初の女帝を生んだ背景であろう。『日本書紀』によれば93年甥の厩戸皇子(聖徳太子)を皇太子に立てたとあるが、即位当初は長男竹田皇子と厩戸皇子との選択に迷って皇太子を立てず、600年ごろ竹田が没してはじめて厩戸を太子に立てて万機を委ねたとも推測される。在位中、冠位十二階の制定、十七条憲法の製作、遣隋使の派遣、『天皇記』『国記』の製作などのことがあったが、その間、官司制の整備・壬生部の設定にみられる皇室経済の基盤整備など政治・経済両面にわたる改革が推進された。622年聖徳太子の没後は蘇我氏への対応に苦慮したが、28年3月7日皇嗣を定めぬまま75歳で世を去った(月日は『日本書紀』による)。推古朝は法隆寺に象徴される飛鳥文化の最盛期であった。

[参考文献] 黛弘道『律令国家成立史の研究』

(黛　弘道)

005 隋書 ずいしょ　中国、隋朝の正史。5帝紀・30志・50列伝の計85巻。志は本来遅れて編纂された『五代志』(梁・陳・斉・周・隋の五朝対象)をのちに併せたもの。唐初起居舎人令狐徳棻の議に従い、武徳5年(622)12月詔で先行5朝正史の編纂を命じ、中書令封徳彝・中書舎人顔師古らに隋史を担当させたが未完に終り、ついで貞観3年(629)中書省に秘書内省を置き五代史の事業を推進し、ようやく同10年正月に完成奏上された。編纂に与かったのは侍中魏徴を筆頭に中書侍郎顔師古・給事中孔頴達・許敬宗・趙弘智らの名が伝わる。『五代志』は令狐徳棻・于志寧・李淳風(天文・律暦)・韋安仁・李延寿・敬播らの編修になり、長孫無忌を編纂代表として顕慶元年(656)5月上進された。隋代には類聚体の王劭『隋史』のほか紀伝体の国史がなかった

ので，新たに編纂を要したが時代が近接していたので比較的よくまとめるを得た．書中経籍志は『漢書』芸文志につぐ典籍の重要な著録であり，東夷伝倭国の記事は日本古代史の貴重史料として周知．

参考文献 楊守敬『隋書地理志攷証』，姚振宗『隋書経籍志考証』，岑仲勉『隋書求是』，鄧経元編『隋書人名索引』，興膳宏・川合康三『隋書経籍志詳攷』

（池田　温）

006 帥升 すいしょう　2世紀初頭の倭国王．『後漢書』倭伝に，「安帝の永初元年(107)，倭国王帥升等，生口160人を献じ，請見を願う」と記されている．ただし『通典』巻185（北宋刊本）には「永初元年倭面土国王師升等」云々とあり，『翰苑』（太宰府天満宮所蔵）には「倭面上国王師升等」となっている．これらにより，「倭面土国」をヤマト国と読み大和国とする説，「倭の面土国」で面は回の誤りで「回土国」とはイト国で『魏志』倭人伝にみえる伊都国とする説，さらに面土国はマズラ国すなわち同じく倭人伝の末廬国を指すとする説などがあり，また「帥升等」を1人の名とする説，「師升」が正しいとする説など，諸説ある．おおむね「倭国王」が正しく，「帥升等（ら）」と表現されているのは，帥升ならびに有力首長による遣使であることを示すと理解されている．

参考文献 西嶋定生「「倭国」出現の時期と東アジア」（『アジアのなかの日本史』2所収），同「倭面土国出典攷」（『就実女子大学史学論集』5）

（石井　正敏）

007 嵩山居中 すうざんきょちゅう　1277〜1345　鎌倉時代後期の入元禅僧．道号嵩山，諱は居中．建治3年(1277)，遠江国に生まれた．姓は源氏．正安元年(1299)に来朝した元僧の西澗子曇に詩才を認められ，のち建長寺に住した西澗に師事，その印可を得た．延慶2年(1309)春，入元したが間もなく帰朝．文保2年(1318)再入元，古林清茂・中峰明本らに歴参6年，至治3年(元亨3，1323)秋帰朝．元弘2年(1332)南禅寺，延元元年(1336)建仁寺，康永元年(1342)円覚寺，同3年建長寺に住した．貞和元年(1345)2月6日没．69歳．建仁寺広燈院と円覚寺瑞雲庵に分塔．諡号は大本禅師．語録に『嵩山集』がある．

参考文献 『大日本史料』6ノ8，貞和元年2月6日条，『臥雲日件録拔尤』（『大日本古記録』），卍元師蛮『本朝高僧伝』27（『大日本仏教全書』），上村観光『五山詩僧伝』（『五山文学全集』5），玉村竹二『五山禅僧伝記集成』

（伊藤　東慎）

008 崇伝 すうでん　⇨以心崇伝（いしんすうでん）

009 崇福寺 すうふくじ　⇨そうふくじ

010 末次家 すえつぐけ　江戸時代初期の貿易商．2家あり，1つは長崎に，他は博多にあった．長崎の末次家は，久四郎興善が元亀2年(1571)長崎開港後まもなく博多から移り住み，町の建設に大いに尽くし，その1町に興善町の名がつけられたほどである．その子平蔵政直は，早くから朱印船貿易を営み，のちに町乙名となり，元和5年(1619)代官村山等安一家が処刑されると，代わって代官に任ぜられた．政直は外交にも関与して権勢を張り，民政に与っては，支配下の町々から多額の地子銀を徴し，貿易の利などによって莫大な産を築いた．彼が台湾に派遣した船の船長浜田弥兵衛が，かねて貿易を干渉妨害していた長官ヌイツ Pieter Nuyts と激突して，江戸幕府から一時オランダ船の日本貿易を差し止められたことがある．平蔵は寛永7年(1630)5月に没し，子の平左衛門茂貞がそのあとを嗣ぎ，子孫が引き続いて代々代官職を襲った．平左衛門は篤く禅宗に帰依し，同20年に春徳寺を長崎城山の中腹に移し，大いに堂宇を造営した．同寺は京都の臨済宗建仁寺の末寺である．その子平蔵茂房もまた篤く禅宗に帰依し，中国，明の禅僧隠元隆琦や木庵性瑫が来日すると，礼を尽くしてこれを厚遇し，両人にいろいろ寄進した．この縁故で，建仁寺の両足院と春徳寺の境内には，末次家代々の墓がそれぞれ3基ずつある．明暦元年(1655)に茂房の子平蔵茂朝が父祖のあとを継いで代官に任ぜられたが，寛文9年(1669)幕命によってオランダ風の船を造ることとなった．積量500石，工成って同地の船頭島谷市左衛門は翌10年3月長崎を出帆，薩摩を経て江戸の品川に着き，延宝3年(1675)には，同船ではじめて小笠原島を探険した．当時，茂朝は富栄を極めて，世間の噂では，50〜60万石の大名も及ばないといわれたが，延宝4年正月になって，彼が国禁を犯して密貿易船を海外に派遣したことに関係ありと訴えられ，厳しい取調べのすえ，関係者一同罪科に応じて処罰された．罪状は，召使陰山九大夫と通事下田弥惣右衛門が共謀して中国人船頭を雇い，中国商から買い取った商船を柬埔寨（カンボジア）に派遣し，平蔵が資金を貸し付け，母親も関係したとされた．主犯の九大夫とその子および弥惣右衛門は獄門，平蔵と長子平兵衛は隠岐に，平蔵の末子三十郎と母親および弥惣右衛門の養子は壱岐に流され，弥惣右衛門の家人やその他の関係者10数名，幼児に至るまで，家財没収，他家にお預け，あるいは追放の刑を受けた．平蔵の没収された家財は，現銀8700貫目，小判3000両入10箱，黄金100枚，その他多数の香木伽羅や中国の古書画700箱，道具1500箱など，世評のとおりであった．その後，元禄10年(1697)4月の長崎の大火は，興善町に住む同族末次七郎兵衛の家の失火によるもので，彼は邸宅・倉庫もことごとく烏有に帰したので，やむなく長崎を去り，ここに末次家はまったく跡を絶った．博多の末次家の店主彦兵衛は，また中野彦兵衛ともよび，同地の豪商島井家と相並んで朱印船や便乗商人にしばしば資金を融通し，さらに澳門（マカオ）のポルトガル船にも，時々，多額

の資金を貸し付けて高率の利子を収めた．これを投銀（なげがね）とよび，その証書は元和年中から鎖国直前にわたっていて，同家にはかなり多く伝存している．

```
久四郎興善──平蔵政直──平左衛門茂貞
 ┌平蔵茂房──平蔵茂朝─┬平兵衛
                      └三十郎
```

参考文献　川島元次郎『朱印船貿易史』，森永種夫『犯科帳―長崎奉行の記録―』（『岩波新書』青440），奥村武「長崎と博多商人」（『長崎談叢』50）

（岩生　成一）

011 **末次船** すえつぎぶね　⇒朱印船（しゅいんせん）　⇒朱印船貿易（しゅいんせんぼうえき）

012 **末次平蔵** すえつぐへいぞう　？〜1630　安土桃山・江戸時代前期の貿易商人．長崎代官．名は政直．父は博多の商人末次興善で，元亀2年(1571)長崎開港後間もなく移住して町の建設に大いに尽力し，次第に重きをなした．平蔵は父の跡を継いで家運はさらに開け，乙名として町の支配に与ったが，豊臣秀吉がはじめて海外渡航船に朱印状を下付すると，彼もこれを受けて安南方面に船を派遣して貿易を営み，江戸時代になっても引き続いて幕府から朱印状を受けて貿易を営み富を築いた．しかし同家の使用人であった代官の村山等安が威勢におごるのを憎んで，ついに当局に訴訟を起し，元和4年(1618)の秋平蔵は江戸に上って幕府において等安と対決し，等安一家が幕府の禁を潜ってキリシタンと深い関係があることを暴露したので，翌年11月等安一家は幼児に至るまで処刑され，彼が代わって代官になった．こうして彼は民政や貿易に腕を振るうばかりでなく，さらに外交にも関与することになり，寛永元年(1624)福建総督が代官末次平蔵に書を送って，日本人が海上で商船を奪掠するのを訴えたが，彼は幕府の意を体して返書を送って海賊は日本人でない旨を通じた．その後も鎖国まで引き続いて安南や台湾に朱印船を派遣したが，特に明の密貿易商から生糸や絹織物を購入できる台湾貿易に力を入れた．ところがオランダ人は日本と通交貿易を開始すると，その中間基地で，またこれらの商品を購入するため，同島南西岸のタイオワン（安平）に城塞と港を築いて全島経略の中心地とした．ここに日本人とオランダ人は競争するようになり，両者の間にしばしば紛争が起り，朱印船の貿易も妨害された．そこで寛永5年4月末平蔵は持船2隻を派遣し，武装船員470人乗組み，配下の船長浜田弥兵衛が指揮して渡航し，台湾長官ヌイツ Pieter Nuyts に面会し激論の末，人質を交換して日本に着いて事を解決せんとしたが，幕府は平蔵らの報告を容れてオランダ船を抑留し，平戸貿易を禁止した．オランダ側は事件を解決せんと，当面の責任者長官ヌイツを日本に送って引き渡したので，幕府の意も和らぎ，ついで寛永7年5月平蔵が狂気の中に死んで，オランダ人の貿易も再開された．→浜田弥兵衛事件（はまだやひょうえじけん）→村山等安（むらやまとうあん）

参考文献　川島元次郎『朱印船貿易史』，辻善之助『(増訂)海外交通史話』，幸田成友『日欧通交史』

（岩生　成一）

013 **陶部** すえ　須恵（すえ）器の製造に従事する部．須恵器は朝鮮における硬質土器製作の技術を受容し，5世紀前半に和泉国北部（大阪府堺市）の丘陵地帯で製作され始めたらしい．『日本書紀』崇神天皇7年条にみえる「茅渟県陶邑」は，年代は疑問だが須恵器を造る人々の居住した集落と考えられる．そうした技術の所有者を朝廷の力で組織し，隷属させたのが陶部である．『日本書紀』垂仁天皇3年条に，近江国鏡村（滋賀県蒲生郡竜王町）の陶人は，日本に渡来した新羅の王子天日槍（あめのひほこ）の従者であると記し，雄略天皇7年条に，百済が朝廷に貢献した多くの工人のなかに新漢（いまきのあや）陶部高貴のいたことがみえる．この伝承はそのまま信ずることはできないが，新羅や百済から須恵器の工人の渡来したことが知られる．養老令制では，宮内省土工司に泥部（伴部）・泥戸（品部），筥陶司に筥戸（雑戸）が付属しているが，陶部・陶戸は存しない．朝廷直属の須恵器工人の組織である陶部は，8世紀には解消し，民間の工人集団として存続したのであろう．

（直木孝次郎）

014 **末吉勘兵衛** すえよしかんべえ　1526〜1607　安土桃山時代から江戸時代前期にかけての摂津国平野郷の豪族．名を利方，法名を道勘と称す．豊臣秀吉の時，河内の代官となり，廻船業に従事．のち徳川家康に協力し，慶長6年(1601)伏見に銀座を創設した．大永6年(1526)生まれ，末吉藤右衛門長増の次男．末吉家は摂津平野郷の豪族で平野七名家の1家．この地域に支配的役割を担い，きわめて強大な経済力を有していた．勘兵衛利方は分家して本家の兄藤右衛門増久の東末吉家に対し，西末吉家を称し，関ヶ原の戦で東末吉家が西軍に味方したのに対し，勘兵衛は東軍に参加して家康の信頼を得，家運を開いた．のち手広く廻船業を営む一方，その功労に対し銀座の設立を特許され，後藤庄三郎（金座の長官）の協力のもとに銀座を組織し，頭役10人を選任，うち末吉一族より3人の頭役を出し，さらに末吉家が銀座役員の多数を占め，幕末に至っている．なおその子孫は寛永鎖国まで朱印船貿易に従事し，また平野郷に加えて河内国の志紀・河内2郡の代官に任ぜられている．慶長12年3月5日没．82歳．高野山蓮華定院に葬る．

参考文献　『大日本史料』12ノ26，元和3年3月26日条，田谷博吉『近世銀座の研究』，豊田武『中世日本商業史の研究』（『豊田武著作集』2），宮本又次『大阪町人』（『アテネ新書』81），中田易直「末吉孫

左衛門と末吉平野一統」(『日本歴史』501)

(中田　易直)

015 末吉家 すえよし　室町時代，摂津国住吉郡平野郷(大阪市平野区)の有力な土豪．租税の徴集を請け負い，また和泉国堺の馬座の特権を得るなど，この地域を中心に商業活動を行なって資本の増殖をはかり，強大な経済力を有する豪商に成長していった．末吉家は坂上田村麻呂の子孫を称しているが，豊臣秀吉・徳川家康の両時代には，末吉の経済力と当時の政治権力とが結びついて，各種の利権を得て，この地域に強大な行政権を行使するような立場にあり，平野七名家の1家として栄えた．末吉家は秀吉の時代，末吉藤左衛門増久のころ，末吉一統の中で3家が平野で勢力を持ってき，藤左衛門増久の本家が東末吉家を，次男の末吉勘兵衛利方が西末吉家を，それに三男の末吉次郎兵衛長成の家がのちに平野家を称し，この平野家の長男を九郎右衛門，次男を平野藤次郎正貞といい，後者の平野藤次郎が西末吉とともに関ヶ原の戦後，家康政権に接近して，政商として活躍した．東・西末吉家は，秀吉のころともに平野荘の年貢徴集の代官として重要な任務についていたが，東末吉は天正16年(1588)に秀吉より朱印状を得て廻船業に従事し，遠く日本海を航行して出羽国にまで至り，この方面で活躍した．また文禄年間(1592～96)には鉱山開発を請け負うなど，この分野の将来性にも着目した．しかし秀吉没後，関ヶ原の戦や大坂の陣にあたっては，東末吉は終始豊臣方に立って働いたので，家康から遠ざけられ，家康政権下では家運は振るわなかった．それに反して西末吉家の勘兵衛利方は，天正14年秀吉の抜擢によって河内の代官を勤め，廻船業を行い，営業税免除の特権が与えられていた．また家康より三河領内の諸港に自由に出入りを保障する朱印状が与えられ，領内限りの廻船業の特許を得，やがて関八州に拡大されていくこととなった．このように秀吉・家康の両者と緊密な関係にあったことから，秀吉から家康への政権の推移に際し，西末吉は徳川氏の幕下につき，一族の平野藤次郎とともに関ヶ原の戦では家康に協力し，その功績の代償として末吉勘兵衛利方は慶長6年(1601)銀座の設立を特許され，後藤庄三郎光次とともに銀座差配を命ぜられ，10人の頭役の選任にあたっているが，うち末吉孫左衛門・平野藤次郎・平野九郎右衛門の3人が銀座頭役となり，その他，末吉家一統より多数の銀座役人や座人を出していて，平野の末吉・平野一統はまさに銀座の中心的役割を担った(『末吉平野先祖系図』)．また西末吉家の継承者末吉孫左衛門は近世初頭の朱印船貿易家の本流として活躍し，慶長9年より寛永12年(1635)まで計12回，朱印状のちに御奉書を与えられて，暹羅(シャム)・東京(トンキン)などに渡航していた．また平野藤次郎も寛永3年より同11年まで5回，朱印状のちに御奉書を与えられて，台湾・東京などに進出し，寛永期の奉書船貿易の本流として活躍した．大坂の陣に際しては平野の末吉孫左衛門や平野藤次郎らは他の町年寄どもの協力を得て，徳川氏に対する協力を強め，その功績は抜群であった．陣後，末吉孫左衛門はその褒美として，平野に加えて河内国志紀・河内両郡を添えた代官に任命され，大坂周辺の商業・経済上の重要地域を支配し，代々代官職を世襲したが，のちこの代官家は江戸に移り，幕下に勤仕し，長崎奉行を勤める人材を輩出した．また平野藤次郎も同様の代官職に任命されたが，藤次郎正貞以降3代にして不都合があり，代官職を召し上げられている．以上，平野の末吉家は江戸時代を通じて平野地域の代官あるいは町年寄として重きをなし，近世初期には朱印船貿易に活躍し，一族は銀座の中心的役割を果たした豪家であった．

なお末吉家系図は，これまで『寛政重修諸家譜』990の末吉によっているが，これは西末吉家中代官家系図が中心であり，同書の平野もまた代官家系図である．末吉家としては同家蔵の『末吉平野先祖系図』が注目され，東末吉家も銀座に関係あるもの，惣年寄職にあるものが知られる．ついで西末吉家についても勘兵衛利方の長男藤四郎が早世したため，姉聟孫左衛門吉康をその養子として勘兵衛の後継者としたもののごとく，きわめて有能な人材として家康に貢献し，銀座頭役・朱印船主・代官に取り立てられた．しかし姉聟であったから，末吉家にしては1代限りの末吉家ピンチヒッターの感があり，この直系は代官家として続く．本系図の弟五郎兵衛は，実は勘兵衛の次男で平野に住居し(東大史料編纂所写『末吉家系概要』)，西末吉家の本流として現在の平野町の末吉勘四郎の先祖となっている．なお孫左衛門の子供は長男の孫左衛門が代官職を継承，次男の長五郎家が銀座末吉家に代々銀座を継承(『日本財政経済史料』2所収「銀座役員由緒書」)．また五男末吉藤右衛門次男の勘右衛門が銀座に勤め，代々銀座座人を継承している．本系図によって，末吉・平野一統が代官職と銀座職と平野惣年寄職とを継承している実態が知られ，興味深い新事実が示されている．→付表<末吉家系図>

参考文献　『末吉勘四郎家文書』，東京大学史料編纂所編『末吉家史料目録』(写真帳)，『平野郷町誌』，佐藤孝之『末吉家史料の目録作成と公開および同家史料の総合的研究』〔平成11年度―平成13年度文部省科学研究費補助金研究成果報告書〕，宮本又次『大阪町人』(『アテネ新書』81)，中田易直「近世初頭の貿易商人たち」(『日本人物史大系』3所収)，同「末吉孫左衛門と末吉平野一統」(『日本歴史』501)

(中田　易直)

016 末吉船 すえよしぶね　⇨朱印船(しゅいんせん)　⇨朱印船貿易(しゅいんせんぼうえき)

017 末吉孫左衛門 すえよしまござえもん 1570〜1617 江戸時代前期の銀座頭役,朱印船貿易家,摂津国平野の代官.名は吉安(吉康),法名は道円.西末吉家の勘兵衛利方の後継者.元亀元年(1570)生まれる.実は利方の娘ゆきが辻蓜孫左衛門に嫁し,その子吉康・道長が兄弟で,利方の孫養子となる.この吉康を『寛政重修諸家譜』990では系図を簡略化し,勘兵衛の長男として表記している.孫左衛門吉康は養父勘兵衛利方とともに関ヶ原の戦に協力,戦後銀座頭役として銀貨の鋳造を経営し,また末吉一族の中心として毎年のように朱印船貿易に従事した.また大坂の陣後その功労が認められ,一族の平野藤次郎正貞とともに,平野郷とそれに添えて河内国志紀・河内両郡の代官に任ぜられ,代官職と銀座役員をその子孫が分けて世襲した.彼は幕府の要人土井利勝・本多忠勝・板倉重政,それに金地院崇伝らと交渉をもつ有力者でもあった.元和3年(1617)3月26日大坂にて没す.48歳.高野山蓮華定院に葬られる.子孫衛門長方は父の遺業を継承するとともに,柏原船の創始で知られている.

[参考文献] 『大日本史料』12ノ26,元和3年3月26日条,東京大学史料編纂所編『末吉家史料目録』(写真帳),田谷博吉『近世銀座の研究』,岩生成一『新版朱印船貿易史の研究』,中田易直『近世対外関係史の研究』,同「末吉孫左衛門と末吉平野一統」(『日本歴史』501)　　　　　　　　　　　(中田 易直)

018 末吉文書 すえよしもんじょ 末吉船で名高い摂津平野の豪商末吉家に伝来した文書.同家は坂上田村麻呂の子広野麻呂を祖とする平野七名(しちみょう)家の1つで,古くより平野荘の年寄として平等院への年貢請負にあたって来たが,坂上家の25代にあたる藤右衛門行増(1493〜1583),その子藤右衛門増久(1523〜1608)・勘兵衛利方(1526〜1607)の代になって筒井順慶よりその領内大和・河内の2地方における商売の保護をうけ,平野七町を根拠として盛んな営業を行い,さらに織田信長・豊臣秀吉などから種々の特権や庇護を受けて豪商として成長した.行増のあとは増久が家督を嗣ぎ,利方は泥堂に別家したので,以後前者は東末吉,後者は西末吉と俗称される.両家にはほぼ安土桃山時代からの文書が伝存するが,平野荘中に対して発給された信長や秀吉の朱印状などは東の方にあり,西にも営業税免除に関する秀吉朱印状なども伝存するが,いずれも勘兵衛利方に対するもので,これらは東の平次郎増重(1563〜1633)に対する廻船や鉱山採掘に関する秀吉朱印状などと比肩されよう.しかし江戸時代の文書は注目すべきものはほとんど西家の方にあるといってよく,これは西家が関ヶ原の戦・大坂の陣を通じて徳川家康に終始味方し,徳川家の庇護を受けるに至ったことによる.利方は河内国志紀・河内両郡にある天領の代官となり,利方晩年より孫左衛門吉安(1570〜1617)の代にかけては朱印船貿易によって盛んに蓄財をなし,鎖国以降には平野川を利用して河内国柏原村と大坂を結ぶ柏原船を創始して運送業者としての働きももった.したがって同家の文書は商業・地方(じかた)・貿易・運送など広い分野に及んでおり,また平野の惣年寄として代々平野郷町の自治にあずかったので,町方文書としても注目されよう.西末吉家所蔵の文書は夥しい量で,公開されていないが,そのうちアジア航海図・異国通船朱印状・安南国答賜物目録などが「末吉家貿易関係資料」として重要文化財に指定されている.東大史料編纂所には,西末吉家(現当主末吉勘四郎)の文書を影写した『末吉文書』1冊(文書・典籍57点,明治36年(1903)写),東末吉家(現当主末吉達)の文書を影写した『末吉文書』1冊(文書22点,明治20年写)・『東末吉記録』2冊(絵図・帳簿14点,昭和12年(1937)写)・『東末吉文書』3冊(文書・絵図・記録83点,昭和16年写)が架蔵されている.

[参考文献] 『平野郷町誌』,豊田武『中世日本の商業』(『豊田武著作集』2)　　　　　(橋本 政宣)

019 蘇芳 すおう マレー語 Sappang を中国で音訳した言葉で,インド・タイ・マレーシアなどを原産とするマメ科の灌木の名.赤木・蘇木などと呼ばれることもあった.幹の心材は黄色だが,空気にさらすと酸化して赤褐色になる.そのため,木工芸品の素材にもされてきたが,心材を煮沸して得た煎汁は木材・布帛・紙などの染色に用いられてきた.その結果,蘇芳は色名にもされてきた.わが国へは奈良時代に中国から舶載されたようで,天平勝宝8歳(756)6月21日の『種々薬帳』には載せられていないが,若干の蘇芳木が正倉院北倉に収蔵されている.また檜材をこれで染めた赤漆(せきしつ)小櫃も正倉院に現存している.幹材はその後も調度品の素材に用いられていたようであり,煎汁は染色液として重用されていた.明礬(みょうばん)で赤,灰汁で紫赤,鉄塩で暗紫に発色するように,媒染剤を替えることによって,また黄の下染で緋に,藍に上染することで紫色を呈するところから,利用度が多かった.鎌倉時代には中国宋からの重要な輸入品の1つであったが,室町時代には琉球を中心とする南海中継貿易の発展の結果,逆に日本から中国明や朝鮮に輸出されるようになった.しかし,江戸時代には再び輸入に転じ,正徳元年(1711)長崎に入港した54隻の唐船,オランダ船による輸入総量は,蘇木50万2600斤,すおう1万3200斤であった.江戸時代蘇芳染は紅染に代わるものとして,また藍との交染や鉄媒染によって,紫根染の代用として,衣服の染色に多用されていたようである.
→蘇木貿易(そぼくぼうえき)

[参考文献] 田中健夫『倭寇と勘合貿易』(『日本歴史新書』),山脇悌二郎『長崎の唐人貿易』(吉川弘文館『日本歴史叢書』6),岡田章雄『日欧交渉と南蛮貿

易』(『岡田章雄著作集』・3) （北村　哲郎）

020 菅野氏 すがのうじ　渡来系の古代氏族の1つ。姓（かばね）は朝臣。旧姓は王，のちに津史，さらに津連。敏達天皇3年10月に王辰爾の弟牛が津史の氏姓を賜わり，天平宝字2年（758）8月に津史秋主らが連の姓を授けられた。津連が菅野朝臣となったのは延暦9年（790）で，『続日本紀』同年7月辛巳条には津連（菅野朝臣）真道らの上表を載せ，そこに百済国貴須王に出自し，その孫辰孫王，一名智宗王が応神天皇朝に渡来して皇太子の師となったこと，辰孫王の長子太阿郎王の孫午定君に3男があり，長子の味沙，仲子の辰爾，季子の麻呂がそれぞれ葛井・船・津連の三姓の祖となったこと，敏達天皇朝に高麗国の「烏羽之表」を辰爾が読み解いたことなどの系譜伝承がみえる。賜姓記事に「勅因‐居賜‐姓菅野朝臣‐」とあることからすると，菅野の氏名は居地名にもとづいたもので，あるいは大和国宇陀郡菅野の地が本拠かと思われる。『新撰姓氏録』右京諸蕃，菅野朝臣条に「出‐自百済国都慕王十世孫貴首王‐也」とある。　→葛井氏（ふじいうじ）　→船氏（ふねうじ）
参考文献　佐伯有清『新撰姓氏録の研究』考証篇五
（佐伯　有清）

021 菅原清公 すがわらのきよとも　770〜842　平安時代初期の文人。宝亀元年（770）に古人の四男として生まれる。幼少より経史に通じ，15歳の時に東宮に侍し，20歳で文章生，29歳で対策に及第し大学少丞となる。遣唐判官として延暦23年（804）入唐し翌年帰朝，従五位下大学助となる。大同元年（806）尾張介となり，以後大学頭・左少弁・式部少輔などを歴任する。弘仁9年（818）彼の献議により儀式や衣服など唐風に改める詔が下る。翌年文章博士を兼ねて『文選』を講じ，つづいて式部大輔・左中弁・右京大夫・弾正大弼などに任じ，天長元年（824）播磨権守として京を出たが諸卿の議奏で再び召され，承和6年（839）従三位に叙せられて牛車で参内することを勅許された。同9年10月17日没。73歳。性仁愛にして殺伐を好まず造仏写経を勤めとした。『令義解』や勅撰3集の撰者として名を列ね，詩文集『菅家集』は散佚したが17首の詩を残す。嵯峨天皇側近の文人官僚であり，儒家として菅原氏の基礎を確立した。
（大曾根章介）

022 菅原道真 すがわらのみちざね　845〜903　平安時代前期の学者，政治家。承和12年（845）生まれる。父は菅原是善。母は伴氏。菅原氏は奈良時代の古人以来代々の学者の家であった。道真の祖父清公，父是善はいずれも学者の誇りとする文章博士・式部大輔に任じ，公卿の地位に列した。道真も幼少より父の厳格な教育をうけ，11歳で詩を賦した。貞観4年（862）文章生，同9年文章得業生となり，同12年方略試を受けて合格した。時に26歳である。これより順調に官途を進み，少内記から民部少輔を経，元慶元年（877）式部少輔・文章博士に任じた。学界はこの道真の昇進を快しとせず，いろいろないやがらせをした。特に同4年8月父是善が没してから，道真はいよいよ学者の非難の矢面に立った。かれは博士である一方，父祖の経営した私塾である菅家廊下を背負ったからである。この廊下から出た秀才・進士は100人に近く，隠然たる学界の一勢力であった。同7年渤海客使裴頲らが加賀国に到着したのを迎えるために加賀権守を兼ね，かりに治部大輔の事を行えという命をこうむり，裴頲と詩を唱和し，接伴員としての任を果たした。仁和2年（886）道真は讃岐守に任ぜられ，文章博士・式部少輔の任をはなれた。これは菅家門下の勢いが隆盛をきわめるのを恐れた学者たちが，一時道真を地方に転出させ一派の勢いを抑えようとした運動が効を奏したのでもあろう。讃岐在任の4年間はかれにとっては無聊に苦しんだ毎日であった。しかしかれは熱心に国務にあたり，地方人民の生活を直接に知り，他日国政の衝にあたる素地を培ったといえる。またこの間に阿衡（あこう）問題（阿衡の紛議）が起ったが，道真は藤原基経に意見書を呈出し，この問題が学者の将来を萎縮させ文章を廃滅させるであろうことを憂え，基経自身のためにも何ら得るところはないことを諄々と説き，阿衡の詔書の作者橘広相のために適切な弁護を試みた。寛平2年（890）国司の任期を終え，帰京してからの出世はめざましい。同3年蔵人頭・式部少輔・左中弁に任じた。宇多天皇の信任を得て，一躍政治の中枢部に関与したといえる。同6年には遣唐大使に任ぜられたが，派遣の事は実現されずに終った。この理由については古来いろいろの議論があるが，そのころ遣唐使が奈良時代の昔のような意義を失っていたことは事実である。珍奇な唐物の輸入は毎年来航する商船によってまかなわれていたし，巨大な組織となった使節の派遣に要する費用も財政上の負担となっていた。そして当時唐は凋弊し，使節が安全に唐の都に達することができるかどうかも不安の材料であった。もっともこれらのことは十分に知られた上で，なお遣唐大使を任命しているのだから，実行を中止した理由は別に求めねばならなくなる。直接の動機は，6年9月14日付で提出した道真の，諸公卿に遣唐使の進止を議定することを請うた奏状にもとづき，停止を決定したのであるが，任命はその1月前の8月21日なのである。任命後1月もたたないうちに実行をやめるのは，初めから実行の意志のない形式だけの任命であったのではないか。大使の道真，副使の紀長谷雄は，停止決定後もなおその官衙には大使・副使の職を称すること数年に及んでいる。この間かれの官位の昇進は急である。7年10月中納言に任じ従三位に叙した。父祖は三位にまで進んだが，中納言に任じた者はなかった。かれは51歳の若さで父祖を超えた官職に就いたのである。

この年春宮権大夫を兼ねたが，これは天皇が東宮の輔導に道真の力を期待したからである．9年権大納言に任じ右大将を兼ねた．同日藤原氏の家督時平も大納言に任じ左大将を兼ねた．良房・基経と代々群臣の上首を占めた藤原氏にとって，まさにそれに雁行しようとする道真の官位昇進は基経の嫡子時平にとっては目の上の瘤である．この年宇多天皇は譲位し醍醐天皇の時代となる．昌泰2年(899)時平は左大臣・左大将に，道真は右大臣・右大将に任じ，両者の地位の拮抗にゆるぎはない．そこで時平およびその一味は，道真の女が天皇の弟斉世親王の室となっているから，ひそかに廃立を企てていると讒言し，延喜元年(901)突如として，道真は大宰権帥に左遷された．官途にあった4人の男子も諸国に左遷せられ，顕栄の座をきわめた道真に思いがけぬ悲運がおとずれた．大宰府での生活は窮迫をきわめ，病魔にも犯された．そして同3年2月25日大宰府で没した．59歳である．遺言によって大宰府に葬る．そこが安楽寺であるという．道真は文人学者として古今にたぐい稀な人であった．その詩文は『菅家文草』『菅家後集』として伝わるが，唐の詩文の形を自家薬籠中のものとし，日本的な情緒を表わした作品は絶妙をきわめる．歴史家として『三代実録』の撰修に与り，『類聚国史』も編修した．後世かれの冤が明らかにされ，朝廷や藤原氏に不幸も続いたので，その霊魂を慰めるために正暦4年(993)正一位・太政大臣を贈られた．また天満天神として崇められ，京都の北野に祭られた北野神社は二十二社の中にも加えられた．

参考文献 『大日本史料』1ノ3，延喜3年2月25日条，太宰府天満宮文化研究所編『菅原道真と大宰府天満宮』，坂本太郎『菅原道真』(『人物叢書』100)，藤原克己『菅原道真と平安朝漢文学』，所功『菅原道真の実像』(『臨川選書』20)　　　(坂本　太郎)

023 杉田玄白 すぎたげんぱく 1733〜1817 江戸時代中期の蘭方医・蘭学者．諱(いみな)は翼，字(あざな)を子鳳，号を鷧斎といい，晩年に九幸翁の別号を用いた．その居を天真楼と称し，家塾名ともした．晩年建てた書斎を小詩仙堂と呼ぶ．玄白は通称．享保18年(1733)9月13日，江戸牛込矢来の小浜藩酒井侯の下屋敷に生まれる．父は小浜藩医杉田甫仙，母はこのとき難産で死去．古学派の宮瀬竜門に漢学を，幕府の奥医師西玄哲に蘭方外科を学び，宝暦3年(1753)藩医となる．同藩の医師小杉玄適を通じ，京都の山脇東洋が唱導する古医方に刺激を受け，また江戸参府随行の通詞吉雄幸左衛門らに会い蘭方外科につき質問．やがてオランダ医書『ターヘル゠アナトミア』を入手．明和8年(1771)3月4日，前野良沢・中川淳庵らと小塚原の刑場で死刑囚の屍体の解剖を見分，『ターヘル゠アナトミア』(正しくは，ドイツの解剖学者クルムス Johan Adam Kulmus が著わし，オランダのディクテン Gerardus Dicten の蘭訳した Ontleedkundige Tafelen『解剖学表』のアムステルダム1734年版)の正確なることを知り，同志と翻訳を決意，翌日着手．4ヵ年の会読の努力を経て，安永3年(1774)『解体新書』5巻(図1巻・図説4巻)を完成，刊行の推進力となった．この挙は，江戸における，専門学者の手になる，本格的蘭医書翻訳事業の嚆矢(こうし)であって，日本の医学史上に及ぼした影響すこぶる大きく，その後の蘭学発達に果たした功績は大きい．翻訳・刊行の苦心の様子は玄白晩年の懐想録『蘭学事始』に活写されている．主家への勤務，患者診療，患家往診の間，学塾天真楼を経営，大槻玄沢・杉田伯元・宇田川玄真ら多数の門人の育成に努め，蘭書の蒐集に意を注いで門人の利用に供するなど，蘭学の発展に貢献した．前記訳著のほか，奥州一関藩医建部清庵との往復書翰集『和蘭医事問答』をはじめ，『解体約図』『狂医之言』『形影夜話』『養生七不可』などにおいて医学を論じ，『乱心二十四条』『後見草』『玉味噌』『野叟独語』『犬解嘲』『鷧穴談』『耄耋独語』などの著述を通じて政治・社会問題を論評した．「病論会」なる研究会を会員のまわり持ち会場で定期的に開催，医学研鑽に努めた様子が『鷧斎日録』に窺える．阪昌周に連歌を学び，詩・歌・俳諧をものし，宋紫石・石川大浪ら江戸の洋風画家と交わって画技も高かったことは，極彩色の大幅「百鶴の図」をはじめとして，戯画などに窺える．蘭方医学の本質を求めて，心の問答を展開した相手，建部清庵の第5子を養子に迎え，伯元と改称させて家塾の経営を継がせた．実子立卿は西洋流眼科をもって別家・独立させた．その子孫には，成卿・玄端ら有能な蘭方医・蘭学者が輩出，活躍している．文化14年(1817)4月17日，病没．85歳．芝の天徳寺の塔頭，栄閑院(通称猿寺，東京都港区虎ノ門3丁目)に葬られる．九幸院仁誉義真玄白居士という．

墓は東京都史蹟に指定.

参考文献　片桐一男全訳注『蘭学事始』, 片桐一男『杉田玄白』(『人物叢書』158), 同『蘭学事始とその時代』(『NHK文化セミナー歴史に学ぶ』), 同『江戸の蘭方医学事始―阿蘭陀通詞・吉雄幸左衛門耕牛―』(『丸善ライブラリー』311)　　　　　(片桐　一男)

024　杉村直記　すぎむらなおき　1741～1808　幕末対馬藩の家老. 諱は蕃祐(ありすけ), 通称虎太郎, 伊織・采女・大和・長門と称す. 寛保元年(1741)11月22日生まれる. 杉村家は対馬藩の代々の家老家筋で, 直記は宝暦・寛延期に活躍した家老杉村大蔵の嫡子. 対馬藩の財政の大部分は, 幕府から公許された朝鮮貿易の利潤に支えられていたが, その貿易が江戸時代中期から悪化して藩は多額の借財を抱えた. 加うるに寛延3年(1750), その貿易が中止されて, 藩の死活問題となった. その復活運動(御大願)で, 幕府からの下賜金取得に功績を挙げたのが直記の父大蔵であった. しかしその後, 貿易方法の改善問題をめぐって, 安永3年(1774)には私貿易が中止され, 公貿易のみの貿易となり, 藩はまさに「浮沈大切之期」となった. そのため, また復活運動(御至願)に命運を賭けることとなり, 家老職を解任されていた杉村直記が, 時の老中田沼意次と懇意であるという理由で復職された. 彼は藩の起死回生問題として必死に田沼意次に働きかけ, ついに同5年, 毎年1万2000両の下賜金の獲得に成功し, 藩財政の再興の主として称賛され, 知行1800石, 家老上座の地位につき, 以後, 対馬藩の政治を牛耳った. 特に, 時の藩主宗義功(よしかつ)の早死による跡目相続問題でも辣腕を振るって, 対馬藩の存続を可能にし, 彼の専横政治となった. しかも行政機構の縮小策を断行したので, それが逆に中・下級家臣との対立の要因を作り, 藩内に派閥抗争を展開することとなった. さらに老中田沼意次が天明7年(1787)に失脚したことで, 彼もすぐ家老職を解任され, 文化3年(1806)江戸に幽閉され, 同5年3月3日戸沢大和守邸にて没した. 68歳. 江戸下谷の養玉院に葬られた. 法号, 憲照院大徹誠全居士.

参考文献　『長崎県史』藩政編・史料編2, 長崎県教育会対馬部会編『(郷土史料)対馬人物志』　　　　　(森山　恒雄)

025　勝　すぐ　古代のカバネ(姓). 『日本書紀』雄略天皇15年条に, 秦造酒が各地に散在した秦民をあつめ, 百八十種勝を率いて絹を貢納し朝廷に集積したので, ウヅマサの姓を賜わったとある. 勝姓者は朝鮮から渡来し, 秦氏伴造の領率のもとで, 地方の秦部を管する地位にあった. 勝の読みは, マサ・タヘとする説もあるが, 村の首長の韓語に由来するスグリが適当で, カバネ村主(すぐり)を漢氏系の伴造が称したのに対し, 勝は秦氏系の在地首長のカバネとなった. 現在, 勝部(カツベ)と混同されることが少なくない.

参考文献　八木充「勝姓者集団について」(『律令国家成立過程の研究』所収)　　　　　(八木　充)

026　村主　すぐり　下級帰化人の称するカバネ(姓). 語源は古代朝鮮語で村長の意という説が有力である. 村主を「すぐり」と読むことは『和名類聚抄』伊勢国安濃郡村主郷の読みを須久利としてあることによって知られる. 村主姓の初見は『日本書紀』雄略天皇2年条の史部身狭村主青で, 敏達天皇13年条にも鞍部村司馬達等がみえる. 前者は朝廷の書記官, 後者は鞍作りの技術者の一族である. この村主姓を称する者は漢人に多く, 『坂上系図』には仁徳朝に渡来したと伝える高向村主・錦部村主など30の村主姓氏族がみえる. 彼らは漢氏の支配下にあって, 錦部のような品部や漢氏の私有の部の直接の指揮者であったろうといわれる.

参考文献　太田亮『(全訂)日本上代社会組織の研究』, 関晃『帰化人』(『日本歴史新書』), 佐伯有清「新羅の村主と日本古代の村主」(『日本古代の政治と社会』所収)　　　　　(阿部　武彦)

027　頭陀親王入唐略記　ずだしんのうにっとうりゃくき　真如親王の入唐に随行した伊勢興房の帰国後の報告記. 親王の入唐求法の足跡を伝える根本史料. 本文は, 貞観3年(861)3月の親王の入唐勅許に始まり, 天竺に向かう親王と別れて, 興房が同7年6月に帰国した記事に終る. その後に若干の注記がある. 筆者の伊勢興房は, 真如親王の生母伊勢継子の一族と思われ, 貞観14年および元慶7年(883)の渤海使来日に際し, 通事に任じられており, 官職はともに前筑後少目であるが, 位階は前者に従七位上, 後者に従八位上とみえる. 本書は現在『入唐五家伝』の第4「真如親王入唐略記」に付載の形で伝えられており, 東寺の賢宝が延文2年(1357)に随心院本を書写した観智院本が流布本の祖本となって, 『続群書類従』伝部, 『大日本仏教全書』などに収められている. また杉本直治郎『真如親王伝研究』には観智院本の写真および校訂文が収められている.

参考文献　佐伯有清『高丘親王入唐記』, 田島公「真如(高丘)親王一行の「入唐」の旅―『頭陀親王入唐略記』を読む―」(『歴史と地理』502)　　　　　(石井　正敏)

028　ズニガ　Pedro de Zuniga　？～1622　江戸時代初期日本に渡来して殉教したアウグスチノ会士. スペインのセビリアで, ヌエバ＝エスパニヤ第7代副王アルバロ＝マンリケ＝デ＝ズニガの子として生まれる. 生地の修道院に入り, 東洋伝道を志して1610年フィリピンに渡った. 元和4年(1618)キリシタン禁制下の日本に入国したが, 翌年長崎奉行長谷川権六から退去を勧告され, 一旦マニラに帰った. その後信者の求めに応じて元和6年代理管区長の資格でドミニコ会士ルイス＝フロレスらとともに堺の商人平山常陳の船で日本に向かったが, 同船は台湾沖で英国船エリザベス号に拿捕

され，身柄は平戸オランダ商館に拘禁されて，バテレン潜入の嫌疑で厳しい取り調べを受けた．累が常陳らに及ぶことを恐れたズニガは拷問に屈せず身分を秘したが，長谷川権六は英国商館長リチャード＝コックスをはじめ旧知人を証人として繰り出した．このためモラレス神父の勧めに従い，元和7年自白．翌元和8年7月13日フロレス・常陳らと長崎で火刑に処された．

参考文献　『大日本史料』12ノ45，元和8年7月13日条，『イギリス商館長日記』（『日本関係海外史料』），姉崎正治『切支丹伝道の興廃』（『姉崎正治著作集』3），レオン＝パジェス『日本切支丹宗門史』中（吉田小五郎訳，『岩波文庫』）　　　　　　（清水 紘一）

029 スハーデル　Juriaen Schaedel　生没年不詳　17世紀に来日したオランダ人砲手．寛永20年（1643）南部山田浦にオランダ船ブレスケンス号が漂着し，釈放されたのに，オランダが返礼せず，さらに4年後来日したポルトガル使節が，バタビアでオランダ東インド総督から舵手と水夫を借りたと述べたため，日蘭関係が悪化した．総督は事態改善のため，南部漂着のオランダ人釈放への感謝を理由に，特使アンドリース＝フリシウスを派遣し，医師カスパル＝スハムブルヘル，砲手スハーデルを同行させた．スハーデルは特使とともに江戸に登り，武蔵野の牟礼（東京都三鷹市）で臼砲を試射した．この席には牧野佐渡守親成，大目付井上筑後守政重，鉄砲方が列席し，大成功をおさめた．彼は鉄砲方に臼砲の操作，小城塞攻撃法を伝授し，銀100枚を贈られた．島原の乱の際オランダ船が海上から砲撃して叛徒の鎮圧を助けて以来，幕府は臼砲の威力を認め，臼砲・砲丸の製造技術の習得に熱心であったから，スハーデルの来日は，日蘭関係の改善に役立った．

（永積 洋子）

030 スハムブルヘル　Caspar Schaemburger　生没年不詳　江戸時代初期のオランダ商館の医者．1649年（慶安2年）7月28日，バタビアを発し9月19日長崎着．同年11月25日長崎を発し江戸へ向かう．その前，2，3週間，4人の日本少年に日々外科治療法を教授し，その後も50年の秋まで滞在し，いわゆるカスパル流外科を伝える．カスパル流外科は南蛮流外科の後をうけて西洋の医法を伝えたもので，その病因論は4原液の混合調節により，4原液の不調を来すものには風・寒・暑・湿・飲食・打身・金瘡などにより原液が滞るために諸病を発し，瘡瘍を生ずるものと説いた．その治療法としては油薬を主として用いた．

参考文献　大鳥蘭三郎「カスパル流外科の流祖について」（『日本医史学雑誌』9ノ2）

（大鳥蘭三郎）

031 スパンベルグ　Martyn Petrovich Shpanberg　?〜1761　デンマーク人でベーリング探検隊員．海軍大佐．1720年ロシア海軍士官となり30年に北方航路調査・対日通商を海軍省に進言したベーリングの指示により38年6月オホーツクより日本へ向かう．北緯45度30分のウルップ島沖を回航．同年8月イギリス人ウォールトン大尉（同探検隊員）北緯43度20分のエゾ本島沖に達し，千島26島を記録．元文4年（1739）5月23日（露暦6月22日）スパンベルグ指揮の「アルハンゲル＝ミハイル」ほか2隻のロシア帆船が仙台領牡鹿郡田代島三名岬（宮城県牡鹿郡牡鹿町鮎川沖）に碇泊，藩小役千葉勘七郎，田代浜名主善兵衛らがロシア水兵と応対した．「元文の黒船」と称された露船来津の記録は日露双方に現存しロシアの対日交渉が18世紀前半に開始された事実を示している．同行したウォールトンは同月19日北緯35度10分安房国長狭郡天津村府入（千葉県安房郡天津小湊町天津字布入）に入港，舵手カジミーロフ，水夫チェルカーシンら6名が上陸，日本人は薪水食糧を，ロシア人は銀貨・硝子玉などを与えた．ウォールトンは当時の状況を39年9月1日（露暦）スパンベルグに報告している．ロシア人が北海道・本州の太平洋沿岸を南下して日本人と直接交渉した事件であり，またロシア人がハボマイ諸島・シコタン島などの南千島をはじめて地図に記録したといわれる．1761年没．

参考文献　『通航一覧』273，大槻玄沢『北辺探事』（『北門叢書』6），S・ズナメンスキー『ロシア人の日本発見』（秋月俊幸訳，『北大選書』4），郡山良光『幕末日露関係史研究』，岡本柳之助編『（日魯交渉）北海道史稿』　　　　　（高野 明）

032 スピノラ　Carlo Spinola　1564〜1622　イタリア人イエズス会宣教師，殉教者．1564年12月23日スペインのマドリッドにて生まれる．83年イエズス会のルドルフォ＝アクワビーバのインドにおける殉教の報に接し，東洋布教の志を抱いて翌年イエズス会に入った．94年ミラノで司祭となり，96年日本布教のためにリスボンを出帆したが遭難し，ブラジル・プエルトリコ・英国を経てリスボンに戻った．98年最終請願を立て翌年再出発し，通算6年の苦難にみちた旅の末1602年（慶長7）7月長崎に上陸した．有馬のコレジオで1年間日本語を学び，慶長9年都に移り伝道士の信心会，ミゼリコルディアの組（慈悲の組）を組織し布教活動に専念した．同16年イエズス会日本管区の会計係に任命され，都から長崎に戻った．同17年長崎で月蝕を観測しマカオに在ったアレーニと協力して長崎一マカオ間の経度を測定した．同19年の大追放令に際しては長崎に残留し，潜伏して活動を続けた．元和4年（1618）長崎でアンブロージオ＝フェルナンデス修道士とともに捕えられ，大村の鈴田牢に投獄された．鳥籠のような狭い牢屋に30名余の宣教師と信徒たちが入れられ，辛酸極まる獄中生活を4年間送った．同8年8月5日長崎西坂において25名が火刑，30名が斬首されたが，スピノラはこのいわゆる元和の大殉教の中心人物であっ

た．57歳．慶応3年(1867)ピオ9世によって福者に列せられた．

参考文献　『大日本史料』12ノ46，元和八年8月5日条，パチェコ＝ディエゴ『鈴田の囚人』(佐久間正訳)
（宮崎賢太郎）

033 **スペイン**　Spain　ヨーロッパ大陸の西南部に位置し，イベリヤ半島のほぼ5分の4を占める王国．首都マドリード．西北部は大西洋に面し，南は地中海を隔ててアフリカ大陸と近接する自然的条件は，この国の歴史を大きく彩っている．古くフェニキヤ人・カルタゴによる殖民が行われていたが，ローマ帝国の興隆によってその版図となった．しかしゲルマン人による民族大移動の結果，この地には西ゴート王国が建国され，その支配下に入った．しかし711年イスラム教を奉ずるアラブ人がジブラルタルよりイベリヤ半島に侵入し，半島を征服した．以後イスラム化が進められ，929年にはウマイヤ王朝のラーマン3世は西カリフ国を建て，その首都コルドバは当時世界最大の都市の1つとして栄えた．しかしイスラム支配に対する北部スペイン民族のキリスト教王国はこれに抵抗してレコンキスタReconquista(国土回復運動)を西部はアストゥリアスを，東部はナバラを起点として強力に展開し，これらが契機となってそれぞれカスティリャ王国，アラゴン王国の成立を見るに至り，1479年両国王のイサベラ1世とフェルナンド5世の結婚によってここにスペインの政治的統一が実現した．そして1492年にはイスラム最後の拠点のグラナダを征服して半島を統一した．イスラムとの戦いでの勝利の中で芽生えたカトリック教を中心とする強力な民族主義は，ヨーロッパ各国に展開されたルネサンス運動と宗教改革などに刺激され，スペインは大航海時代の幕開きの指導的役割をポルトガルとともに担うに至った．コロンブスの新大陸航海にはイサベラ女王の強力な支援があり，これを契機にスペインはヨーロッパ以外の地に対する殖民地獲得に狂奔し，特に新大陸産の銀を大量にヨーロッパに流入せしめ，価格革命を実現せしめた．神聖ローマ皇帝となったカルロス1世，つづくフェリペ2世の時代はスペインの黄金の時代といわれ，反宗教改革を指導し，フェリペ2世は1580年にはポルトガル王をも兼ね，ローマ教皇の最大の保護者として絶対主義政治を展開した．それまで相互に全く未知の国であった日本との関係もこのような背景のもとに開始された．しかしその時期は幕末以降を除きわずかに1584年(天正12)より1624年(寛永元)までの40年という短期間にすぎなかった．それも現実的にはスペインの東洋における唯一の殖民地であるフィリピンを通じて行われたものが大半であったし，また宗教史的にみればポルトガルと日本との関係が主としてイエズス会を通じて展開されたのに対し，スペインの場合フランシスコ会・ドミニコ会・アゴスチノ会などの修道会の伝道が随伴したという特色をもっている．日本とスペインとの関係に右のような性格をとらしめたものは，大航海時代の幕開きをめぐり展開されたいわゆるデマルカシオン Demarcación (疆域画定)である．スペイン・ポルトガル2国の征服者たちによって「発見」された地域の帰属をめぐる紛争は1494年のトルデシリャス協定と1529年のサラゴサ協定によって表面的には解決をみたが，かねてアジア進出を強く望むスペイン側はこれを無視し，あえてフィリピンを自国疆域内として1571年これを殖民地とした．しかしこの時東アジアの各地にはポルトガル勢力がすでに絶対的地位を築き上げており，イエズス会の伝道も日本を中心に活発に展開していた．スペインはフィリピンに対し，メキシコを仲介としての間接統治の形態をとり，しきりに東アジアへの進出を狙ったが常にポルトガルの妨害に遭遇した．日本との関係は天正12年スペイン船が「遭難」の形式をとって平戸に入港したのが最初であった．両国関係の持続のためにはポルトガルとの摩擦を極力回避する以外に道はなく，それは偶然の機会を捉えこれを利用することであった．幸いにしてフィリピンは東南アジアにおいては日本と最も近接しているという地域的条件が大きく作用した．すなわち豊臣秀吉が天正19年以降フィリピン総督に対し招降を求める強硬外交を展開すると，これを利用してフィリピンよりフランシスコ会の日本伝道の足がかりを得ようと企てた．これは結局は秀吉の強硬方針により二十六聖人殉教という悲劇を惹き起したにすぎなかったが，次の徳川家康の登場による平和外交の政策に助けられ一応友好関係の樹立をみた．しかしこれも徳川政権の基盤の強化に従いキリスト教禁圧方針が強化されるに伴い大きく影響を蒙ることになった．同時にまた貿易の分野についても発展の可能性はきわめて乏しいものであった．それはスペインのアジア貿易の基幹とするところがメキシコのアカプルコからフィリピンのマニラを中継地として中国の市場を目標とするガレオン貿易であり，しかもその内容が新大陸の銀と中国の生糸を中核とする取引であって，これは当時の日本と媽港(マカオ)を結ぶポルトガルや朱印船その他の国々との取引と競合するものであったことが最大の原因であった．このことがスペイン，特にマニラの殖民者たちの日本貿易への関心を稀薄化せしめる結果となり，むしろ日本関係をスペイン系の修道会の日本伝道に利用するにとどまった．このような事情から江戸幕府のキリスト教禁教方針の強化に伴ってスペインと日本との関係が消滅の道を辿るのは必然であった．寛永元年修好使節として日本に派遣されたアヤラら一行は江戸に上ることを拒否され，国交断交の通告を幕府から与えられ，ここに両国関係は断絶した．ただこの間にあって慶長14年(1609)日本に漂着したドン＝ロド

リゴ前フィリピン総督は家康との間で日本とメキシコ（のびすぱん）との間の通商協定締結の交渉を行なったこと，また慶長18年伊達政宗の使節支倉常長がメキシコ通商開設を求めて渡欧した事件があげられる．いずれの場合もガレオン貿易のルートが帰路日本の近海を通過するという航海事情から案出された交渉であったが，ともにスペイン側の対日通商開始の熱意が十分に成熟しなかったことにも原因があった．鎖国期間を通じ両国間には何の接触もなかった．幕末開国にあたり日本が諸外国との通商条約締結の一環としてスペインとの間には，明治元年（1868）9月28日（陽暦11月12日）全権デ＝ケベドとの間で神奈川において修好通商航海条約の調印が行われ，翌2年5月1日（陽暦6月10日）より実施され，ここに正式な外交関係の樹立をみた．なおスペインの呼称はイスパニアに対するイギリスの呼称であり，明治以前においては，わが国の諸地理書および万国図では，もっぱら「えすぱにや」「イスパニア」「伊須般」「以西把儞亜」「伊斯儞亜」などと記されている．

参考文献　井上幸治編『南欧史』（『世界各国史』5），『長崎市史』通交貿易編西洋諸国部，村上直次郎編『日本と比律賓』（『朝日新選書』14），同『貿易史上の平戸』　　　　　　　　　　　　　　　　（箭内　健次）

1700年ハプスブルグ王家に代わってブルボン王家がスペインを支配し，ナポレオン戦争に際してはフランス軍の侵入に対し徹底的に抵抗した．しかしその後国内では政治的な改革は行われず，また，1820年代にはラテン＝アメリカの植民地が独立した．1868年9月には自由主義者による革命がおこり，1873年から75年にかけて第1共和制が成立した．19世紀後半から国内での産業革命が進み，それに伴って20世紀に入ると労働運動が盛んとなった．一方1898年の米西戦争敗北によってキューバとフィリピンの植民地が失われ，その結果スペインは1909年からモロッコを侵略してここを支配しようとした．このため第1次世界大戦にはスペインは中立をたもった．モロッコ戦争での失敗が原因となって1923年にはプリモ＝デ＝リベラの独裁政権が成立したが，世界恐慌のために1930年には倒れ，31年には王政も崩壊し，第2共和制が成立した．共和制政府に対する軍部・教会など反対勢力の抵抗は強く，1936年2月には反対勢力に対抗して共和制をまもるための人民戦線政府が成立した．これに対して同年7月軍が反乱を起し，スペイン内戦が始まった．そして39年にはフランシスコ＝フランコが人民戦線政府を倒して独裁政権を樹立した．第2次世界大戦に際してフランコは慎重な態度をとり，中立を維持した．第2次世界大戦後スペインは全体主義国家として国際社会で孤立したが，フランコは1975年に没するまでその独裁体制を維持し，内戦の損害を回復することに努力し，工業化政策を進めた．フランコの死後ファン＝カルロス王子が王位について王政を復活した．国王はモロッコを最終的に放棄し，国内では積極的な自由化政策をとった．日本は明治元年（1868）にスペインとの間に日西修好通商航海条約を結んだ．これは同30年に日西修好交通条約として改訂された．スペイン内戦に際して日本はフランコ政権を支持したが，フランコ政権は昭和20年（1945）に日本との国交を断絶した．国交が回復するのは同31年のことである．

参考文献　斉藤孝編『スペイン・ポルトガル現代史』（『世界現代史』23）　　　　　　　　　　　（生田　滋）

034　スペイン所在日本関係史料　スペインしょざいにほんかんけいしりょう　スペインと日本との関係は，スペイン本国を通じ現実的には植民地であったメキシコやさらにフィリピン統治との関係において展開されたという歴史的背景から日本関係文書もその一環として記録されている．このほかポルトガル関係の布教文書が媽港（マカオ）を経てマドリーに送られるなどでイエズス会関係文書なども多く残存している．これらを含め現在最も多くの日本関係文書を収めているのはセビーヤのインド古文書館 Archivo General de Indias である．植民地関係文書館の名にふさわしく同館はヨーロッパの代表的古文書館であり，夥しい古文書の中で主として「フィリピン関係文書」の名で対日本布教・通商文書が架蔵されている．しかもその目録が『フィリピン関係古文書目録』と題してほぼ完全に7冊本として刊行されていることははなはだ便利である．次に日本関係古文書の宝庫はマドリーの王立歴史科学院 Real Academia de la Historia である．ここでは"Cortes""Jesuitas"の部門に数多くの日本関係古文書が存在する．またマドリーにある国立歴史文書館や国立図書館にも若干の文書があるが，むしろマドリー・セビーヤ以外の代表的文書館としてはシマンカスの国立文書館に伊達政宗の遣使関係の文書など多く見られ，またトレドのイエズス会古文書館などにも日本布教関係文書が存在するが，全般的にみて目録の整備など不十分でなお今後の調査が必要である．総じてスペイン国内には各教会所属のものなどを含め古文書は数多く保存されているものの，未開拓である．ことにフランシスコ会・ドミニコ会・アゴスチノ会などの修道会関係古文書についてはほとんど調査されていない．したがって日本関係文書の所在は未確認である．その中でフランシスコ会の教師ロレンソ＝ペレスの日本関係古文書の紹介は貴重なものである．なおメキシコ・フィリピンの古文書館についてはこれを省略した．

参考文献　松田毅一『在南欧日本関係文書採訪録』，東京大学史料編纂所編『日本関係海外史料目録』12, Torres y Lanzas and others: Catalogo de los Documentos relativos a las Islas Filipinas exis-

035 **スペックス** Jacques Specx　生没年不詳　平戸の初代オランダ商館長，オランダ東インド総督．1585年ごろドルドレヒトに生まれ，慶長14年(1609)平戸にオランダ商館が開設されると，初代商館長に任命され，同18年を除き，元和7年(1621)までこの職にあった．この間江戸に参府旅行を行い，閣老・平戸藩主の信頼を得ていたが，商館の経理の面で総督の疑惑を招いたらしく，元和7年にはバタビアに召喚された．出発に先立ち，彼は「弁明書」を書き，みずからの行為を弁護するとともに，この年与えられた将軍の5ヵ条の命令についての彼自身の解釈を記している．本国の十七人会に釈明するため，寛永4年(1627)一旦帰国したが，翌年には十七人会から東インド評議員に任命され，バタビアに赴任した．その到着の前日総督クーンが急死したため，スペックスが臨時総督に選ばれ，寛永6年，正式にこの地位を継いだ．このころ台湾での生糸貿易をめぐって，末次平蔵と台湾長官ピーテル＝ヌイツが紛争を起し，日蘭貿易は中絶していた．平蔵はバタビア総督に書簡を送り，台湾のオランダの城塞ゼーランディア城の破壊と，同地の将軍への割譲を要求したが，スペックスはこれは将軍の命令ではなく，平蔵の独断であると判断して，断固として拒絶した．他方，同9年にはヌイツを紛争責任者として日本側に引き渡したため，幕府は総督が将軍の家臣としての誠意を示したとして，日蘭貿易を再開した．日本の習俗に通じていたスペックスの処置が，オランダ貿易の危機を救ったのである．一方バタビアでは同年，総督を辞任して本国に帰る際，バタビア在住の華僑は金メダルを贈り，在任中の彼の保護に感謝した．1645年ごろ没．

参考文献　永積洋子・武田万里子『平戸オランダ商館・イギリス商館日記』(『日記・記録による日本歴史叢書』近世編7)　　　　　(永積　洋子)

036 **角倉素庵** すみのくらそあん　1571～1632　江戸時代初期の思想家．名与一，諱玄之，のちに貞順，字(あざな)子元，号素庵．角倉了以の長男として元亀2年(1571)6月5日に生まれる．母は角倉宗家栄可の女で，生まれながら嵯峨土倉の結束の要のような存在であった．豊かな経済力を背景として，父了以の海外通商・河川疏通などの事業に積極的に協力する実務能力とともに，向学心強く朱子学の研鑽につとめた．叔父吉田宗恂・侶庵(紹意)の2人に学ぶところ多く，宗恂から医術を通じて科学的な探求精神を，侶庵からは儒仏一致を唱えた当代第一の儒僧策彦周良の影響をうけた．天正12年(1584)14歳の時より漢学にいそしみ，たちまち唐宋詩文をすべて通誦，16年18歳にして相国寺に至り藤原惺窩に謁してこれに師事し，爾来命によってその著『文章達徳録』100余巻ならびに綱領の校定削補にあたり，元和3年(1617)に至って達成した．その間慶長3年(1598)～5年に来朝した朝鮮の儒者，刑部員外郎姜沆(きょうこう)を師とともに嵯峨に招きその学識を深めた．同9年春林羅山とはじめて出合い，彼を惺窩に紹介して，二大儒を結び合わせた．素庵の学問は父からうけついだ事業のなかにも生かされ，安南(ベトナム)への書簡なども作成した．慶長4年『史記』の刊行を手がかりに同15年ころまでの間は出版事業に関心が向けられ，本阿弥光悦の協力も得て嵯峨本という古典・謡本を中心に典雅な装幀の作品が生まれた．また光悦と並んで能筆をもっても知られ，洛下の三筆と称せられた．晩年は元和元年秋から5年まで幕命で近江国坂田郡の県令(代官)，別に淀川転運使・岐蘇(木曾)川採運使などを命ぜられたが，同7年らいを病み，やがて書斎読書堂に籠居，儒者の生活を送り寛永9年(1632)6月22日没．62歳．墓所は京都市右京区嵯峨念仏寺および二尊院にある．遺著『期遠集』『百家集』は今に伝わらない．

参考文献　林屋辰三郎『角倉素庵』(『朝日評伝選』19)　　　　　(林屋辰三郎)

037 **角倉船** すみのくらぶね　⇒朱印船(しゅいんせん)　⇒朱印船貿易(しゅいんせんぼうえき)

038 **角倉文書** すみのくらもんじょ　京都の旧家角倉氏所蔵の文書．角倉氏は室町時代，代々医を業とし，やがて嵯峨の大覚寺境内に土倉を営み，また洛中帯座座頭職を得，京都の豪商として資本を蓄積し，勘合貿易にも参加した．近世初頭角倉了以・与一(素庵)の時代になって，その経済力をもとにして共同して海外貿易，河川開発，鉱山の調査などにあたり，徳川家康政権に協力して各種の利権を与えられた．すなわち朱印船貿易，淀川転運使，木曾山の巨材採運使，山城国の代官などに従事した．現在の『角倉文書』は了以・与一宛の書状，特に本多上野介正純・大久保佐渡守長安ら家康側近の経済関係のスタッフからの書状類や高瀬川に関する利権文

書，京都の絵図，角倉源流系図稿などが含まれている．明治末年京都市角倉玄遠蔵の『角倉文書』を影写し，それを現在京都大学および東大史料編纂所が保有している．なお一部流出していた角倉氏の近世初期の貿易関係の重要文書が数点同家に戻り，『角倉文書』に新規に追加されたが，これらの文書の中でも注目されるのは，寛永鎖国に対応して寛永末より万治年代にかけての時期か，平野藤次郎(友平)・角倉与一(玄紀)・末吉八郎右衛門(正明)の3者が朱印船貿易の再開について幕閣と協議に入っている事実が知られ，興味をひく．

参考文献　林屋辰三郎『角倉了以とその子』，同『角倉素庵』(『朝日評伝選』19)，中田易直『近世対外関係史の研究』，川嶋将生「朱印船貿易再開をめぐる一史料」(『中世京都文化の周縁』所収)

(中田　易直)

039 角倉了以 すみのくらりょうい　1554〜1614　安土・桃山から江戸時代前期にかけての朱印船貿易並びに河川土木事業家．天文23年(1554)，嵯峨土倉の角倉の一門で医家でもあった父吉田宗桂(意庵)の長子として出生．母は中村氏．本名与七．諱光好．父ゆずりの科学者的な緻密さと土倉業からの大胆な企業者的な実行力を兼備していた．元亀元年(1570)宗家角倉栄可の1女をめとり，翌2年に長じて全事業の協力者となった長男与一(素庵)を得，翌3年父の死によってたちまち土倉経営を相続したが，前半生は岳父栄可の影の存在で過ごした．角倉は栄可のもとで豊臣政権と協力していたので，了以の活動は江戸幕府とともに始まった．慶長8年(1603)幕命によって安南国(ベトナム)貿易を開始し，例年往来を欠かさず，武器・硫黄などをたずさえ，薬種・書籍などをもたらした．同16年まで了以が中心となって活動し，同年に素庵がうけついだ．了以はこれに並行して慶長9年嵯峨大堰川の開疏を計画し，翌10年これを建議し幕府も山城・丹波両国の生民の利益として許可，11年3月着工，8月にはその工を完成した．了以はみずから現場に立ってこれを指導し，大石は轆轤索をもってひき，水中の石は鉄棒あるいは火薬を用いて破砕するなど多大の努力を払った．現在京都の嵐山大悲閣上の了以像は巨綱を捲いて座とし犂をもって杖としたその当時の姿を写している．その結果丹波世木より嵯峨に舟を通じ五穀・塩鉄・材石が載漕され，京都は有力な後背地をもつに至った．その成功によって翌12年富士川の疏通をはかって成就，さらに翌13年天竜川に着手したがこれは水勢猛激で成功しなかった．ついで同15年京都において方広寺大仏の建立にあたって巨材輸送のため鴨川に水道を開いたが，翌16年に至って鴨川に並行して高瀬川の運河建設を請願して，二条より鴨川の流水をとりいれ，伏見に至ることを計画した．これは鴨川水道に代わる永久施設として，水域の土地買収，浜地の年貢運上はじめ工事費の全般を負担したが，総額7万5000両を自弁したという．この運河によって京都は二条より直ちに伏見に至り，淀川を経て大坂に水路で結ばれ，江戸に政治的中心が移ってのちの経済的地盤沈下をくいとめることにもなった．その完成を見極めて慶長19年7月12日に没した．61歳．嵯峨二尊院に葬られた．その全事業は素庵にうけつがれた上，素庵の長子玄紀が京角倉として二条に住し主として高瀬川を，次子厳昭は嵯峨角倉として大堰川畔に住してその水路を管理しともに繁栄して幕末に至った．

参考文献　『大日本史料』12ノ14，慶長19年7月12日条，林屋辰三郎『角倉了以とその子』

(林屋辰三郎)

040 住吉神社造営料唐船 すみよしじんじゃぞうえいりょうとうせん　⇨寺社造営料唐船(じしゃぞうえいりょうとうせん)

041 住吉大社 すみよしたいしゃ　大阪市住吉区住吉2丁目に鎮座．旧官幣大社．祭神は底筒男命・中筒男命・表筒男命・息長足姫命(神功皇后)．摂津国一宮．『日本書紀』によれば，神功皇后の三韓出兵に神助あり，凱旋の後，「我が和魂をば大津の渟中倉(ぬなくら)の長峡にまさしむべし」(原漢文)との神教により，皇后は田裳見宿禰(たもみのすくね)をして筒男三神をこの地に鎮祭せしめたと伝える．『帝王編年記』はその年を神功皇后摂政11年とする．のちに皇后も併祀された．田裳見宿禰の裔は津守氏を称して代々神主として奉仕し，海上交通の守神として崇敬をあつめた．延喜の制名神大社．祈年・月次・相嘗・新嘗をはじめ，祈雨・八十嶋祭に預り，特に「開_遣唐船居_祭」には遣使奉幣がなされた．神階は早く天平年間(729〜49)に従三位が授けられていたが，ついて正三位となり，延暦3年(784)6月には勲三等，同年12月従二位，大同元年(806)4月従一位となり，その後間もなく正一位となり極位に列せられた．天武天皇のとき神田30町を賜わったのをはじめ，歴代天皇・上皇の行幸・御幸・奉幣の例はすこぶる多いが，特に後村上天皇が戦乱の世の前後9年間，当社を行在所としたことは著しい．すなわち正平7年(1352)2月28日行幸し，神主津守国夏の館に入ったが，住江

殿の竣功をまってここに移り，同年閏2月15日まで滞在し，ついて同15年9月再び行幸，爾来7年半にわたって住江殿を行宮とし，同23年3月11日ここに崩御した．ついて長慶天皇は当社にて践祚，同年12月24日まで引き続いて行宮としたものである．社殿の本殿4棟は住吉造と称する妻入，高床，丹塗の，神社建築史上最も古い様式の1つを今日まで純正に伝えているもので，4殿とも国宝に指定されている．境内地はもと22町余を有したが，明治維新に際して国有地に上知され，大部分は住吉公園となって現在は約10万m²．例祭は7月31日，荒和(あらにご)大祓，または単に「おはらい」といい，堺宿院頓宮に神幸する．特殊神事として，踏歌(とうか)神事(1月4日)・白馬(あおうま)神事(1月7日)・御結鎮(みけち)神事(1月13日)・松苗神事(4月3日)・卯之葉神事(5月上卯日)・御田植神事(6月14日)・神輿洗神事(7月第3土曜日)・宝之市神事(10月17日)・埴使(はにつかい，2月・11月)がある．中で埴使は祈年・新嘗両祭の祭器の料とする埴土を大和の畝傍山に採りに行く神事として有名．宝物には天平3年の奥書がある『住吉大社神代記』(重要文化財)をはじめ，後醍醐天皇の綸旨・後村上天皇御祈願状，舞楽面綾切(同)ほか，守家の太刀・繁慶の刀(ともに重要文化財)など多数を蔵する．

参考文献 梅園惟朝『住吉松葉大記』，田中卓編『住吉大社神代記』，田中卓他『住吉大社史』，西本泰『住吉大社』　　　　　　　　　　(真弓　常忠)

042 宋胡録 すんころ　タイ北部のスワンカロークに近いスリサチャナライの近郊に一群の古窯跡があり，俗にスワンカローク窯と呼ばれる．15世紀から16世紀にかけて，鉄絵・褐釉・青磁などを盛んに焼いたが，ことに鉄絵の合子が江戸時代に日本に輸入され，香合としてすこぶる珍重された．当時日本ではスワンカロークに「宋胡録」の字を宛ててそれらをよんだのである．

参考文献 矢部良明『タイ・ベトナムの陶磁』(『陶磁大系』47)　　　　　　　　　　　　(満岡　忠成)

せ

001 清海鎮 せいかいちん　新羅の軍鎮．日本・唐・新羅3国間貿易に活躍した新羅人張宝高(張保皐)の拠点となった．現在の韓国全羅南道莞島郡莞島邑長佐里一帯にあり，その本営は莞島本島に近接する将島に置かれていた．唐の杜牧「張保皐・鄭年伝」(『樊川文集』巻3)に「清海は新羅の海路の要なり」とある．若くして唐に渡った張宝高は，帰国して興徳王に謁見して，「唐では新羅人を奴婢として使っている．清海に鎮して海賊が新羅人を拉致していくのを取り締まりたい．」と申し出て許された．828年のこととされている．その取締りに成果をあげると宝高は次第に政界に重要な地位を占めるようになり，都の内紛を避けて王族や重臣たちが清海鎮に身を寄せるようになった．その1人である金祐徴(神武王)を助けて王位につけるなどしたが，やがて張宝高は暗殺されてしまった．851年には清海鎮も廃止され，鎮の民は碧骨郡(全羅北道)に移された．近年の将島発掘調査によって，版築土城，建物，門，井戸，排水溝などの遺構が明らかとなり，陶磁器や金属製品などの遺物が出土した．また海岸に円木列(木柵)が確認され，敵船の侵入を防ぐためのものと推測されている．

参考文献 〔韓国〕国立文化財研究所編『将島清海鎮遺跡発掘調査報告書』1・2　　　　(石井　正敏)

002 西澗子曇 せいかんしどん　1249〜1306　中国，宋末・元初来朝の臨済宗僧．道号西澗，諱は子曇．宋の淳祐9年(1249)浙江省台州の生まれで，姓は黄氏．幼年，広度寺に出家し，17歳で蘇州承天寺の石楼明につき，ついで浄慈寺の石帆惟衍(しっぱんいえん)に参じ石帆が天童寺に転住するに従い随侍すること6年，文永8年(1271)北条時宗の招きにより来朝．当時の中国政情は不穏，祥興2年(弘安2，1279)南宋は亡び元朝となる．西澗はその前年帰国，天童寺の環渓惟一に侍し，ついて台州の紫岩に住し石帆の法をついだ証を表明した．元の大徳3年(正安元，1299)貞時の招きに応じ一山一寧の来朝に従い再度来日．貞時は弟子の礼をとり西澗を円覚寺に請じた．続いて建長寺に移り徳治元年(1306)正観寺に退去．宇多上皇は帰依あつく禅要を問う．同年10月28日没．寿58．建長寺伝燈庵に葬る．塔名，定明．勅諡大通禅師．

参考文献 『大通禅師行実』(『続群書類従』9輯上)，『元亨釈書』8(『(新訂増補)国史大系』31)，『本朝高僧伝』23(『大日本仏教全書』)，上村観光編『五山詩僧伝』　　　　　　　　　　　　(伊藤　東慎)

003 清啓 せいけい　⇒天与清啓(てんよせいけい)

004 **生口** せいこう 『後漢書』倭伝に倭国王が生口160人を後漢に献じ，『魏志』倭人伝に卑弥呼が魏に生口10人を献じたなどとある．その他漢籍に生口の語はしばしばみえるが，その貢献は，右の倭人の例のほかにはみえない．生口の意味は昭和初期以来，邪馬台国論争のなかで論議された．中国に渡って技術を習得した者とする説や，元来捕虜を意味するが，倭が貢献したのは潜水のできる漁者とする説もあるが，倭人の小国間における戦いの捕虜を奴婢として中国に貢献したと解すべきであろう．生は熟に対する語と解し，未開人の意とする説もあるが，「漢の生口」(『後漢書』高句麗伝)の語もあるので，採らない．

参考文献　笠井倭人「生口」(『古代の日朝関係と日本書記』所収)　　　　　　　　　(直木孝次郎)

005 **青磁** せいじ 青い釉のかかった高火度還元焔焼成のやきものの総称．薪の灰の成分に含まれたわずかな鉄分が還元して，青色を呈する．古く中国の漢代に浙江省付近のいわゆる昔越で始まったもので，その後六朝から唐・五代にかけて浙江省，福建省の一部の諸窯，すなわち越州窯で最も早く発達した．唐に続き北宋では定窯・燿州窯・汝窯．南宋にはいって官窯の修内司窯，後期の郊壇窯はきわめてすぐれた作品を焼成して，世界に比類のないやきものとして特に有名である．青磁の釉色が最も美しく，作行(さくゆき)もすぐれたものが作られたのが南宋時代である．その主産地は浙江省で，中でも省西南の竜泉県竜泉窯で焼成されたものが最も多いといわれている．現在までに百数十の窯跡が発見されている．南宋の青磁は，当時主要な貿易品として多量に海外に輸出されて世界的に有名になった．わが国にも日宋貿易によって多量に伝来していたものらしく，平安朝文学には「秘色(ひそく)」「あをじ」の語がみえ，これらは青磁を指した言葉であった．また上代の諸国国分寺などの寺跡，広島県の草戸千軒遺跡(中世の町)，神奈川県の鎌倉，福岡県の博多海岸をはじめ各地の遺跡から数多くの青磁・青磁片を出土している．そのほとんどが竜泉窯のものと考えられる．わが国では，これを砧(きぬた)・天竜寺・七官の3手に分けている．砧手は釉色が粉青色の最も美しい宋時代のものをいい，天竜寺手は釉色がやや黄味を帯びた厚い作行のもので，元から明中期ごろにかけてのものをいう．天竜寺船によって運ばれてきたのでこの称がある．七官手は釉色が特に透明度の強いもので明末以降のものをそう呼んでいる．中国について古く青磁を焼いたのは安南で7，8世紀ころ，ついで朝鮮では，高麗時代に中国越州窯の影響を受け発展し，12世紀中ごろには，青磁の釉下に白黒で描く文様を象嵌した独得の象嵌青磁が焼成された．日本では江戸時代初期に肥前の有田で焼かれたのが最初とされている．

参考文献　座右宝刊行会編『世界陶磁全集』10，安藤孝一「南宋の青磁―わが国の伝世品について―」(『月刊文化財』89)　　　(安藤　孝一)

006 **征収日本行中書省** せいしゅうにほんこうちゅうしょしょう　⇒征東行中書省(せいとうこうちゅうしょしょう)

007 **清正記** せいしょうき 肥後熊本城主加藤清正に関する伝記書．「きよまさき」とも訓む．編著者は古橋左衛門又玄，全3巻から成る．成立期は明確でないが，江戸時代初期の正保・慶安年間(1644～52)ころと推定．内容は加藤清正の生年から没年までの，主として戦役時における功績を中心に記しているが，清正の先祖・幼少期の行動は加藤美作守が書き置いたもの，若年期から天正18年(1590)の小田原の役までの行動は古橋又助が書き置いたもの，朝鮮(文禄・慶長)の役中の行動は下川兵太夫・木村又蔵が書き置いたもの，朝鮮の役後の清正の行動は，編著者の父古橋氏保が書き置いたものを基にして，その大要を編著したものである．本書には多くの戦記・伝記とその伝記内容の裏付けとして，清正宛の豊臣秀吉朱印状・徳川家康書状・各大名家書状が掲載され，今日見られない原史料も含まれているので，加藤清正の軍事的行動を歴史的に正確化しうる基本史料となっている．そのために民政関係，関ヶ原の戦後については簡略である．本書は編著者によって清正の本廟地熊本の本妙寺に寄進されたが，のち享保期には将軍徳川吉宗も読覧した書で，後世の武将加藤清正像を形成するに大きな影響を与えた書である．『肥後文献叢書』2所収．

参考文献　片山丈士『加藤清正』，森山恒雄「近世初期の肥後国」(『熊本県史』総説編所収)，同「加藤清正と小西行長の明暗」(「新・熊本の歴史」編集委員会編『新・熊本の歴史』4所収)　　(森山　恒雄)

008 **西笑承兌** せいしょうじょうたい 1548～1607 安土桃山・江戸時代初期臨済宗夢窓派の僧．天文17年(1548)生まれる．はじめ真如寺の麟甫功について得度，のち相国寺の仁如集堯について詩文を学ぶ．後年，13歳の時仁如に試毫詩を呈して唐の張九齢同年の詩に擬されたことを自負している．『惺窩先生文集』に「与先生旧相識，頗自負文字」と評する．中華承舜に拝塔嗣法した．天正12年(1584)相国寺に入寺．心華院を創建．同13年初めころ鹿苑院主となり，僧録を司り，同19年2月ころまで在院．この間17年4月南禅寺坐公文を受けた．慶長年中(1596～1615)相国寺内に豊光寺を開創．晩年はここに退居した．慶長2年3月鹿苑僧録に再任，示寂の時まで在職する．同12年12月27日寂．60歳．法嗣に文嶺承良・鳳林承章・丘叔志左がいる．豊臣秀吉・徳川家康のブレーンの1人として主要仏事を差配する一方で寺社行政と外交通商文書を作成した．この方面の著に『異国来翰認』『交隣考略』がある．『鹿苑日録』中に永禄9年(1566)・天正17年・慶長2年の日記(『日用集』影写本3冊，尊経閣文庫所蔵)があり，ほかに『西笑

和尚文案』および詩文集『南陽稿』がある．慶長2年の『伏見城学問所記』がよく知られる．兌長老とも称される．その功名の生涯は，「豊光寺，当代依為帰依僧，寺院繁昌異他寺者也」（『慶長日件録』）と権勢を称される一方で，「惣別僧方無行儀ニシテ成人ノ息有ナント於京中嘲哢ス，金銀貯甚多ト」（『当代記』）と褒貶相半ばする間にあって，衰退期五山を代表する．

参考文献　『大日本史料』12ノ5，慶長12年12月27日条，辻善之助『日本仏教史』7・8，下房俊一「西笑承兌―『学問所記』を中心に―」（『国語国文』41ノ11）　　　　　　　　　　　　（今泉　淑夫）

009　井真成　せいしんせい　699～734　奈良時代の遣唐留学生．養老元年（717）に入唐した．『続日本紀』などの記録に記されていない人物で，2004年（平成16）に中国西安市東郊において墓誌が発見され，その事跡が知られるにいたった．工事現場で偶然に掘り出されたところから，誌石に破損を生じ，一部判読が不可能の文字もあるが，約40cm四方の石に，1行16字，12行あわせて171字が刻まれている．銘文によれば，真成は，才能があり，礼楽を身につけ，風采も立派な人物であった．学業に精進していたが，道半ばにして突然に死を迎えてしまった．開元22年（734）正月のことで，「官第」（公邸）で没した．時に36歳であった．玄宗皇帝は，その死を悼み，尚衣奉御（従五品相当）の官を贈った．そして2月4日，万年県滻河の（東）の原に埋葬したという．「井」と省略された本姓については葛井か井上か見解が分かれているが，養老元年の遣唐使（大使多治比広成）に随行して唐に渡ったとみることは共通の理解になっている．墓誌蓋銘「贈尚衣／奉御井／府君墓／誌之銘」（／は改行）．墓誌銘「贈尚衣奉御井公墓誌文并序／公姓井字真成国号日本才称天縦故能／□〔衛ヵ〕命遠邦馳聘上国蹈礼楽襲衣冠束帯／□朝難与儔矣豈図強学不倦問道未終／□遇移舟隙逢奔駟以開元廿二年正月／□日乃終于官弟春秋卅六　　皇上／□傷追崇有典　詔贈尚衣奉御葬令官／□即以其年二月四日空于万年県滻水／□〔東ヵ〕原礼也嗚呼素車暁引丹旐行哀嗟遠／□兮頽暮日指窮郊兮悲夜台其辞曰　／□乃終常哀茲遠方形既埋於異土魂庶／帰於故郷」．

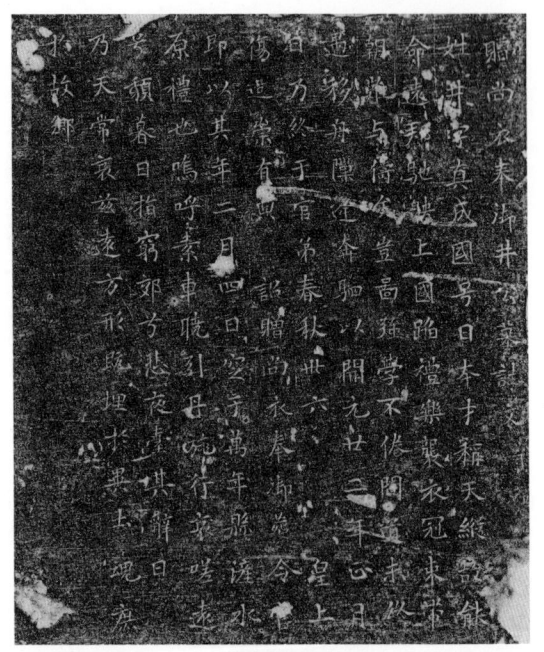

（墓誌拓本）

（墓誌蓋拓本）

参考文献　専修大学・西北大学共同プロジェクト編『遣唐使の見た中国と日本』（『朝日選書』780），石見清裕「入唐日本人『井真成墓誌』の性格をめぐって―中国唐代史の立場から見ると―」（『アジア遊学』70），同「井真成の墓誌」（『日本史の研究』212）　　　　　　　　　　（石井　正敏）

010　征西将軍宮　せいせいしょうぐんのみや　南北朝時代，九州南朝の首帥．前征西将軍宮懐良親王と後征西将軍宮（後村上天皇の皇子良成親王とする説その他がある）である．懐良親王の活動は，(1)征西将軍の命を受けて出発し，忽那島在島時代が終わるまで，(2)興国3年（北朝康永元，1342）5月薩摩到着以後，正平3年（北朝貞和4，1348）正月

肥後菊池に入るまでの薩摩谷山時代，(3)肥後菊池に入ってから正平16年(北朝康安元，1361)大宰府に入るまでの菊池時代，(4)文中元年(北朝応安5，1372)今川貞世(了俊)によって大宰府が陥落するまでの大宰府時代，(5)弘和3年(北朝永徳3，1383)没するまで，の5期に分けられる．(3)は肥後の国司・守護としての菊池武光の支配機構・軍事力に頼った形の統治形式をとっている．(4)の10年余の大宰府時代は征西将軍府とよばれるにふさわしい名実をそなえており，（A）旧来の大宰府機構と，（B）懐良親王の征西将軍としての機構とが接合して形成されている．（A）は大宰府在庁組織復活の線で大宰少弐頼澄が権大監・少監・大典などの府官を従え，執行として府社(府領)の検注収納にあたる当年の沙汰人職を定めるなどの機能を果している．少弐頼澄の被官饗庭道哲(あえばどうてつ)は高辻道准らとともに征西将軍の令旨奉者のもとで奉行人として活動し，（A）と（B）は基底面で接合している．令旨奉者は①五条頼元・②右中将(大蔵卿)資世・③左少将胤房などが知られ，②③の活動が著しい．この間の令旨は70通ほど，関係文書は二十数家，対象地域は肥前がもっとも多く，豊前がこれに次ぎ，肥後，筑前の順で，伊予もある．内容的には所領の安堵，下地の遵行(じゅんぎょう)がもっとも多く，かつて多かった軍勢催促は1，2にとどまっている．征西将軍府が在地の調停機関として安定的な信頼を得ていたことを示している．ただ遵行など，守護・使節を通して行われ，令旨の内容・形式ともに武家文書化の傾向を示している．正平13年(北朝延文3)には五条良遠が豊前国司であるが，(4)の期間中もそうであるかどうかは不詳．豊前守護は少弐頼澄で，菊池武光の弟武尚がこれを補助・監察している．肥後は菊池武光が肥後守で守護を兼ね，征西将軍府の事実上の支柱であり，最大の軍事的基盤であった．阿蘇氏では惟澄が初期において相応の軍事的基盤となったが，征西将軍府は対阿蘇氏全体の一人として対応しているので，惟澄の恩賞要求は思惑通りにはいかなかった．征西将軍府奉行人の饗庭道哲は博多承天寺の釣寂庵にいたが，ここは対外貿易の拠点の1つでもあり，征西将軍府の対外交渉の実務はこれらの奉行人がとっていたものであろう．明は懐良親王を「国王」「日本正君」として，つまり征西将軍府を日本の伝統的な外交出先機関としての大宰府の後身で，日本を代表する機関であるとみて倭寇禁圧を要求してきたが，懐良親王はこれを拒絶した．しかし今川貞世の大宰府攻撃を目前にして，明に臣服する態度にかえた．(5)に入ってからは，懐良親王は菊池氏に擁護される存在にすぎなかった．後征西将軍宮の令旨は約30通ほど知られ，内容は感状・安堵・充行・遵行関係その他で，令旨奉者には宮内少輔政業・左少(中)将胤房・右少弁定有・左少将邦忠その他がいる．後征西将軍宮を中心とする

九州南朝勢力は九州探題今川貞世の経略によって衰退していったが，弘和元年6月，肥後菊池の隈部・染土両城が陥落してからは，九州南朝首脳部間の分裂抗争が深まり，いよいよ衰退していった．後征西将軍宮の書状は現在20通ほど知られ，年次の明らかなものの最後は南北朝合一後の元中12年(応永2，1395)10月20日五条良量あてのものである．これ以後確実な史料で後征西将軍宮の事績を辿ることはできない．

参考文献　田中元勝『征西大将軍宮譜』(『肥後文献叢書』6)，藤田明『征西将軍宮』，杉本尚雄『菊池氏三代』(『人物叢書』132)，山口隼正『中世九州の政治社会構造』，同『南北朝期九州守護の研究』，川添昭二『菊池武光』，同『九州中世史の研究』，同「懐良親王をめぐる九州の南北朝」(『九州の中世世界』所収)，同「後征西将軍宮発給文書考」(『古文書研究』19)　　　　　　　　　　（川添　昭二）

011 **西征日記** せいせいにっき　花園妙心寺の僧天荊が第1次朝鮮侵略(文禄の役)の際，小西行長・宗義智の軍に従軍した時の日記．記事は文禄元年(1592)3月12日から同年8月10日に及んでいる．天荊は博多聖福寺の僧景轍玄蘇らとともに朝鮮外交僧としての経験をもち，その文筆の技術をもって従軍し，朝鮮民衆を生業に就かせるための榜文を書いたり，朝鮮軍と軍事上の駆引きをする際の交渉文を書いたりした．これらのいきさつや，小西・宗軍の動向が具体的に記されている．豊臣秀吉の朝鮮侵略関係の基本史料．『続々群書類従』3，史伝部に所収．

参考文献　池内宏『文禄慶長の役』別編1，徳富猪一郎『近世日本国民史』7，北島万次『朝鮮日々記・高麗日記』(『日記・記録による日本歴史叢書』近世編4)，同『豊臣秀吉の朝鮮侵略』(吉川弘文館『日本歴史叢書』52)　　　　　　　　　（北島　万次）

012 **清拙正澄** せいせつしょうちょう　1274〜1339　鎌倉時代後期，元から来朝した代表的臨済宗僧．南宋咸淳10年(1274)正月3日，福州連江の生まれ，姓は劉氏．月江正印の弟にあたる．15歳報恩寺の月渓紹円について出家，ついで杭州浄慈寺の愚極智慧に参じ，その法をついだ．27歳，愚極の没にあい，その後は方山文宝に参ずること15年．以後虎巌浄伏・東巌浄日に歴参，ついに袁州鶏足山聖因寺に住し在住4年した．松江の真浄寺に住持中，泰定3年(嘉暦元，1326)6月，日本の檀信の招請により弟子永鎮らと出帆，途中大風にあい8月ようやく博多に達した．翌年正月上京，北条高時に迎えられて建長寺に住した．在寺3年，禅規を刷新，寺内に公的寮舎を新造，規矩を『百丈清規』の旧に復した．元徳元年(1329)浄智寺に移り，翌年円覚寺に住した．住山3年目の正月17日『百丈清規』の元祖，百丈懐海をまつる「百丈忌」を日本ではじめて設けた．元弘3年(1333)建長寺山内禅居庵に退去したが，後醍醐天皇の勅命に

より上京，建仁寺に住し建武3年(1336)南禅寺に遷住した．その間，信濃守護小笠原貞宗は信濃国に畳秀山開善寺を創建して清拙を開山に請じた．清拙は日本禅林の規矩として日本の風俗に即した『大鑑清規』を撰したが，清拙に帰依した貞宗はこれに基づきさらに一般世間の礼法成立に尽力し小笠原礼法にまで発展させた．暦応2年(1339)正月17日「百丈忌」の当日没．寿66．建仁寺禅居庵と建長寺禅居庵に葬られる．勅諡大鑑禅師．この門派を大鑑門派といい，門弟に天境霊致・独芳清曇，『勅修百丈清規』を日本ではじめて出版した古鏡明千などがいる．さらにこの派から五山文芸の大家，希世(村庵)霊彦，遣明船で活躍した天与清啓などがでた．清拙と親交あった五山禅僧に虎関師錬・天岸慧広・明極楚俊・竺仙梵僊・雪村友梅がある．著書は『大鑑清規』のほか，『清拙和尚語録』，詩文集『禅居集』がある．

参考文献　『大日本史料』6ノ5，暦応2年正月17日条，『東海一漚集』(『五山文学新集』4)，上村観光『五山詩僧伝』，玉村竹二『五山禅僧伝記集成』
(伊藤　東慎)

013　世祖　せいそ　1417～68　1455～68在位．朝鮮王朝第7代の王．諱は瑈，字(あざな)は粋之，諡(おくりな)は恵荘．太宗17年(1417)9月29日，忠寧大君(のちの世宗)の次子として生まれる．世宗10年(1428)，晋平大君に封ぜられ，後咸平，また晋陽，さらに首陽大君と改む．長兄の第5代文宗が在位3年余りで没し，その子端宗が即位すると，端宗3年(1455)，反正を行なって端宗を廃して即位した．この簒奪には抵抗が多く，端宗の復位を図って敗れた成三問ら死六臣と，世祖に仕えるのを拒んで下野した金時習ら生六臣は後世忠臣として称えられた．世祖14年(1468)9月8日，52歳で死去した．王陵は光陵といい，京畿道南楊州郡榛接面富坪里所在．日本との関係についていえば，世宗朝に癸亥約条で対馬島主と歳遣船定約を結んだのをうけて，その方式を拡大して，対馬以外の日本各地からの通交者をつぎつぎに歳遣船定約者にしていった．また世祖は熱心な仏教信者で，上院寺で観音現象があったり，円覚寺の落慶で雨花・舎利出現の奇瑞があったりしたことなどを内外に宣伝したため，この祝賀を名目として，世祖12年以後，日本各地の諸氏名義の使者が多数渡航した．

参考文献　『朝鮮世祖実録』，『海東諸国紀』(『岩波文庫』)，中村栄孝『日鮮関係史の研究』，田中健夫『中世対外関係史』，長節子「朝鮮前期朝日関係の虚像と実像―世祖王代瑞祥祝賀使を中心として―」(『年報朝鮮学』8)
(長　正統)

014　成祖　せいそ　⇨永楽帝(えいらくてい)

015　世宗　せいそう　1397～1450　1418～50在位．朝鮮王朝第4代の王．諱は祹，字(あざな)は元正，諡(おくりな)は荘憲．太祖6年(1397)4月10日，芳遠(のちの太宗)の第3子として生まれる．母は閔氏(のちの元敬王后)，妃は昭憲王后沈氏(沈温の女)．太宗8年(1408)，忠寧君に封ぜられ，同12年には大君に進み，同18年には王世子に冊封され，同年8月，父王太宗の譲位を受けて即位し，世宗32年(1450)2月17日54歳で死去した．王陵は英陵といい，京畿道驪州郡陵西面旺垈里所在．なお太宗は譲位後も兵権だけは掌握して太上王として世宗4年まで在世した．世宗は集賢殿を置き，多くの秀才を集めて学術を奨励し，そこから王朝を代表する逸材が輩出し，数多くの業績が生まれた．同25年の訓民正音の制定(頒布は28年)はその代表的成果であり，そのほか『高麗史』『農事直説』『五礼儀』『三綱行実』『竜飛御天歌』等々多くの書物も出来した．また世宗は科学技術の発展にも意を用いた．北方への進出がもっとも積極的に行われたのもこの時代で，豆満江方面に6鎮を置き，鴨緑江上流方面にも太宗以来の政策を継承して4郡の設置を完了した．南方については世宗元年に太上王太宗の主導で対馬遠征(己亥東征すなわち応永の外寇)を行なったが，太宗の死後，世宗はもっぱら日本からの通交者の接待と統制の制度の確立をはかった．すなわち倭船来泊の浦所を太宗朝以来の薺浦・富山浦の二浦に，さらに塩浦を加えて三浦とし，そこに倭館を設置して，接待の円滑化を図った．そして倭人の恒居も人数を限り暫定的に認めた．また対馬島主発行の文引による通交者の統制を実施し，さらに歳遣船定約の制度も確立した．歳遣船制度成立の画期となったのは対馬島主宗貞盛と歳遣船50船の定約を結んだ同25年の癸亥約条である．なお漁業についても同23年対馬島主宗貞盛と孤草島釣魚禁約を結んで対馬漁民の孤草島(現在の巨文島)への出漁を公認した．これらの諸政策は要するに対馬島主を優遇し，それをして他の通交者の統制に協力せしめようとするものである．

参考文献　『朝鮮世宗実録』，『璿源系譜紀略』(震檀学会編『韓国史』年表)，中村栄孝『日鮮関係史の研究』
(長　正統)

016　成宗　せいそう　1457～94　1469～94在位．朝鮮王朝第9代の王．諱は娎，諡(おくりな)は康靖．世祖3年(1457)7月30日，第7代世祖の子暲(のち徳宗と追尊す)の第2子として生まれる．母は粋嬪韓氏(のちの昭恵王后)，同7年，者山君に封ぜられ，睿宗元年(1469)，叔父にあたる第8代睿宗が死去すると，祖母の尹大妃(貞熹王后，世祖の妃)の命により，13歳で即位した．なお尹大妃は成宗7年(1476)正月まで，王に代わって政務をとり，以後，成宗が親政するようになった．王は成宗25年12月24日，38歳で死去した．王陵は宣陵といい，ソウル特別市江南区三成洞所在．初めの妃は恭恵王后韓氏で，韓氏が成宗5年に19歳で死ぬと尹氏が立った．しかし尹氏は同10年に廃され，その後に貞顕王后尹氏

が立った．廃妃尹氏は同13年に王命で自殺させられたが，この廃妃尹氏の子がのちに第10代の王燕山君となった．成宗は儒教主義を強くうちだし，みずからも経史に通じ性理学を深く学び，書画なども善くした．弘文館を設置したり，竜山(漢江のほとり)に読書堂を設けて有能な年少の士を集めて賜暇読書させたり，成均館に尊経閣を設けてそこへ書籍を賜与したり，養賢庫を設けて儒生への供饋を行なったりした．『東国通鑑』『東国輿地勝覧』『東文選』など王朝を代表するような書物が相ついでつくられたのもこの時代である．日本との関係についていえば，この王の初年ごろに，通交者の整理と定例化がほぼ完成し，それらの接待の仕方，たとえば使船の大小や船夫の定額，浦所での給食，上京時の人数，留浦の日限，過海料等々に関する規定もでき上がった．成宗2年に申叔舟が撰進した『海東諸国紀』はそれらをまとめたものである．また同8年には受図書人として通交権を認めていながら，未だ毎年の渡航船数が定まっていなかった者に対して歳遣船定約を結び，全受図書人の年間渡航船数を限定することに成功した．

参考文献　『朝鮮成宗実録』，『璿源系譜紀略』(震檀学会編『韓国史』年表)，震檀学会編『韓国史』近世前期編，中村栄孝『日鮮関係史の研究』，田中健夫『中世対外関係史』　　　　　　(長　正統)

017 聖堂 せいどう ⇨孔子廟(こうしびょう)

018 聖堂禁書 せいどうきんしょ ⇨禁書(きんしょ)

019 征東行中書省 せいとうこうちゅうしょしょう　弘安の役(弘安4年(1281))以後の元の日本遠征の準備と実行のための軍事機関．征東行省ともいう．「征東」は元の東辺経略の意の一般的表現で，正式名称は征収日本行中書省．文永の役後，南宋が滅び，従来日本遠征を担当させられていた高麗，中国東北部方面(開元宣慰司)に加えて，中国江南地方(江淮行省)もその主要基地とされるに至った．1280年，これら3者の代表者を構成員とする征東行省が設置され，81年の日本遠征の実行にあたったが，その失敗に伴い，同年末ないし翌年初めに廃された．元はその後も日本征服の意図を捨てず，83～84年，85～86年の2回遠征計画が具体化され，そのつど最初のものと同じ内容・性格の征東行省が設置され，準備を推進した．しかし，2回とも江南方面での民乱激発などで結局計画は中止され，それに伴って征東行省も廃されて，86年以後再び設けられることはなかった．

参考文献　武田幸男編訳『高麗史日本伝』(『岩波文庫』)，池内宏『元寇の新研究』，北村秀人「高麗に於ける征東行省について」(『朝鮮学報』32)
　　　　　　　　　　　　　　　(北村　秀人)

020 薺浦 せいほ ⇨三浦(さんぽ)

021 聖明王 せいめいおう　?～554　『日本書紀』欽明天皇紀などにみえる百済王．『三国史記』の百済王第26代の聖王(在位523～54)にあたる．『三国史記』によると「聖」は諡(おくりな)で，諱(いみな)は明穠．『日本書紀』には聖明王のほかに明王・聖王・聖明・明などと記し，『梁書』には明，『陳書』には余明とある．余は百済王の王姓．聖明王は諡号と諱を合わせた名．なお，『日本書紀』や『梁書』は聖明王(明)の即位を524年と記す．『梁書』によると普通5年(524)，明は隆(父の武寧王)の死後，梁王朝から持節・督百済諸軍事・綏東将軍・百済王に封冊され，中大通6年(534)・大同7年(541)・太清3年(549)と梁に朝貢した．この間，涅槃などの経義・毛詩博士・工匠・画師などを梁に求め許された．『三国史記』によると538年，都を泗沘に移し，国号を南夫余と改めたという．王は北方の高句麗に対しては新羅と結んでこれにあたり，他方，南の任那地域に対しては日本の任那支配権を尊重する態度を示して任那諸国の盟主的地位に立ち，同地域の新羅勢力を排除しようとした．また，王は高句麗や新羅との戦いに日本の軍事的援助を求めた．王が天皇に対して「臣」と称し，人質を出し，また梁から得た中国文化を日本に伝えたのもこの援助要請と関係があり，いわゆる仏教公伝もその代償の一環であった．しかし，たび重なる高句麗との戦闘は国力を疲弊させ，高句麗から得た漢城の地も新羅に奪われ，554年，王は新羅との戦いで殺され，百済は大敗北を喫した．なお『新撰姓氏録』右京諸蕃下にはこの王の後裔氏族として市往公を伝える．→仏教伝来(ぶっきょうでんらい)

参考文献　今西竜『百済史研究』，末松保和『任那興亡史』，坂元義種『百済史の研究』，同『古代東アジアの日本と朝鮮』，山尾幸久『日本古代王権形成史論』，平野邦雄『大化前代政治過程の研究』
　　　　　　　　　　　　　　　(坂元　義種)

022 西洋医学 せいよういがく　広義にはギリシャに始まり，ヨーロッパで発展し，現代医学の基盤をなす医学を指す．狭義には，漢方に対する，日本における西洋由来の医学の呼称．日本にはじめて入った西洋医学は，16世紀後半，イエズス会の宣教医が布教のかたわら普及させたものである．したがって，この時期に来日した西洋人はポルトガル人であったが，慶長5年(1600)以降はフランシスコ会士らの来日でスペイン人による医学伝承も行われた．しかしキリスト教の布教が禁止されたためその期間は短い．また彼らが教えた医学，すなわちキリシタン医学はキリスト教徒弾圧の中で衰退していった．しかし西洋医学の中でも外科が漢方では得がたい効力を持つことから南蛮流外科として後世に伝えられた．中でもイエズス会士で，日本に帰化したフェレイラ Christovão Ferreira(日本名沢野忠庵)が教えた医術が『南蛮流外科秘伝書』として残る．このほか，天正年間(1573～92)，海外から帰国した栗崎道喜が伝えた医術が栗崎流外科となって後世に伝えられた．江

戸時代に入り，西洋との通交は日蘭交易にのみ限定され，キリスト教は禁止されたが，幕府は西洋医術の価値を認め，オランダ人医師のもとに日本人医師を派遣して講義を受けさせた．中でも慶安2年(1649)特使の随員として来日したカスパル Caspar Schamberger には江戸に約10ヵ月滞在を許して医術を教えさせた．それがカスパル流外科と呼ばれ，紅毛流外科の代表的なものとなって広まった．一方，幕府から派遣されて出島に学んだ医師の中で，向井元升・岩永宗故の名前が記録に残るが，向井は著書『庖厨備用倭名本草』(貞享元年(1684)刊)にはじめて西洋薬物・食品の記事を載せ，岩永は延宝2年(1674)来日したウイレム＝テン＝ライネ Wilhem ten Rhijne との問答書『阿蘭陀薬方雑聚』を残した．このように西洋医学は来日した蘭医から日本人医師に直伝されたが，その仲介を勤めた通詞がみずから医学に精通するに及び，医者に転じ，おのおのの流派を形成するに至った．西吉兵衛(玄甫)の西流，楢林新五兵衛(鎮山)の楢林流，吉雄(よしお)幸左衛門(耕牛)の吉雄流がそれである．また17世紀半ばころより藩医が出島で蘭医から医学を学び，それで一派を立て，西洋医学の普及にある役割を果たした人々が現われた．嵐山甫安はその代表的人物である．ところで，江戸時代初期は必要に応じて蘭医に質問する形で知識を得たが，17世紀半ば以降，交易品のリストに医薬品・医書・医療機器が目立ってくる．中でも図入り医書は幕府高官の注文で輸入され，翻訳が求められた．その要望に応じてはじめて訳されたのがレメリン J. Remmelin の解剖書である．訳者は本木庄太夫で，天和2年ころの訳である．18世紀に入ると西洋解剖書を見て漢方の五臓六腑説に疑問を持つ者が現われ，それを動機に人体解剖が行われた．宝暦4年(1754)の山脇東洋によるものが最初である．以来，各地で解剖が行われたが，その流れの中で，杉田玄白らの『解体新書』の翻訳が行われた．安永3年(1774)この訳書が出版されたことで，西洋医学への関心が一挙に隆まり，江戸を中心に蘭学が興ったが，一方，長崎ではそれ以前からの通詞による西洋医学の伝授がいっそう盛んとなり，長崎が蘭学の中心地となった．特に文政6年(1823)のシーボルト Philipp F. von Siebold 来日を機会に，多くの日本人がシーボルトから直に西洋医学を学んだことが，蘭学の発展を促し，西洋医学の受容に拍車をかけた．また嘉永2年(1849)の牛痘接種の成功，開国，安政5年(1858)のコレラ大流行，戊辰戦争などは西洋医学の合理性・効力を一般に広く知らしめる機会となった．また，安政4年，幕府はオランダに正式に西洋医学伝授を頼み，それに応えて来日したポンペ＝ファン＝メールデルフォールト Johannes L. C. Pompe van Meerdervoort が系統的医学教育を長崎で行い，そこにはじめて西洋式病院ならびに医学校を建設した．こうした歴史的背景の中で，明治政府は明治2年(1869)日本の医学に全面的に西洋医学を採用する方針を定め，そのモデルをドイツにとることを決定した．また，明治7年には医制を公布，医術開業試験を実施して伝統医学を排し，西洋医学に全面的に切り替える施策をとった．これによって蘭方と呼ばれてきた西洋医学が日本の医学の主流となり，本道と呼ばれてきた伝統医学が漢方と称されるようになった． →オランダ医学

参考文献　古賀十二郎『西洋医術伝来史』，関場不二彦『西医学東漸史話』，富士川游『日本医学史』，酒井シヅ『日本の医療史』　　　　　(酒井　シヅ)

023 **西洋画** せいよう　字義どおり解すれば，西洋で発達した技法により西洋で描かれた絵画となるが，わが国では，それに倣って描かれるようになった絵画を指し，固有の日本画に対比させて洋画と呼ぶのが普通になっている．西洋絵画の伝来は桃山時代にさかのぼる．キリスト教とともにもたらされた宗教画がそれで，やがて日本人修道士の手で制作が行われ，さらに世俗的な風俗図なども描かれたが，禁教と鎖国によって姿を消した．ついで18世紀に入り知識人の間に蘭学への関心が高まると，長崎を通して入手した蘭書や中国経由の洋風表現を手がかりに，西洋の画法の摂取につとめる画人があらわれる．江戸を中心に活躍した平賀源内・司馬江漢・亜欧堂田善，秋田藩を母胎にして今日秋田蘭画と呼ばれる独特の画風を生み出した小田野直武・佐竹曙山(義敦)，長崎の出島にかかわりながら作画した若杉五十八・川原慶賀などで，彼らは対象を如実に描き出す透視画法や陰影法の習得に情熱を燃やし，それぞれ趣をもつ作品をのこした．なかでも江漢や田善の腐蝕銅版画の制作は特筆に価する．しかしこうした動きも，幕末に近くなるにつれて下火になり，あとを絶った．明治の洋画に直接つながるのは，幕府の機関蕃書調所画学局で行われた研究である．安政4年(1857)蕃書調所の絵図調出役になった川上冬崖は，蘭書によって油絵の技法や材料を研究考案し，学生に教授した．冬崖の研究は種々の制約があって十分な成果を挙げるに至らなかったが，文久2年(1862)に画学局に入った高橋由一により，洋画の新しい時代の扉が開かれることになる．当時の人びとの西洋絵画への関心は，なによりも事物を迫真的に捉えるその描写技術にあった．幕府が画学局の研究に期待したのも，実用の術としての洋画である．しかし高橋は習学のそもそもから，西洋の写実表現に「一ノ趣味」(『高橋由一履歴』)すなわち芸術性を感得していた．画学局の洋画研究に満足できなかった彼は横浜在住の英人チャールズ＝ワーグマンに入門するなど，努力を重ねた．こうして「花魁」「鮭」など近代洋画史の劈頭を飾る優作を生むことになる．明治に入ると開化の風潮に乗って洋画を志す者が増え，それに応える画塾があらわれた．明治2年(1869)川上

冬崖の聴香読画館，6年高橋由一の天絵楼，函館でロシア人に学んだ横山松三郎の家塾，8年ワーグマン門下の五姓田義松の塾，イギリスで学んだ国沢新九郎の彰技堂などである．明治9年，政府は「欧州近世ノ技術ヲ以テ我日本国旧来ノ職風ニ移シ百工ノ補助トナサン」として，工部省工学寮内に工部美術学校を開設し，イタリアから3人の教師を招聘した．ここにようやく正則の西洋美術教育が開始されるのである．なかでも絵画を担当したアントニオ=フォンタネージは画技・人格ともに優れた人物であったから，生徒に強い感化を与え，浅井忠のような優秀な画家を出すことになる．しかし洋画の好調は長く続かなかった．明治11年フォンタネージが病を得て辞任，帰国した．そして西南戦争による財政の悪化，国粋主義の台頭などが政府の方針を変えさせ，工部美術学校は16年に廃止となる．国粋主義による洋画排斥はたいへんに根強く，15年と17年の内国絵画共進会に洋画の出品は認められなかった．22年に開校した東京美術学校も洋風美術を除外している．この年，洋画家たちは結束して明治美術会をつくり気勢を挙げた．風土に根ざした写実表現としてやはり近代洋画史を飾る浅井忠の「春畝」と「収穫」は，その第1回展と第2回展に出品されたものである．しかし，依然として外圧は強く，また多くの洋画家たちもなお写真的な迫真描写に捉えられていたから，気勢とはうらはらにその内実は未熟であった．浅井の作品はむしろ例外といわなければならない．そうした停滞を一掃したのは26年にフランスから帰国した黒田清輝であった．パリでラファエル=コランについて外光描写を学び，身辺の事物を印象派風の明るい色調で描く黒田の表現は，従来の暗く脂っぽい洋画にあきたらない若い画家たちに大いに迎えられ，彼を中心にたちまち外光派が形成された．いわゆる新派である．明治美術会系の旧派と新派の間に対立が生じるが，29年東京美術学校に新設された西洋画科の教師に黒田と久米桂一郎が挙げられ，またその一統が明治美術会を離れて白馬会を結成するにおよび，外光派の優位は決定的になる．なお外光派隆昌の背景に浪漫主義思潮の高揚があったことを見逃せない．なかでも藤島武二の「天平の面影」，青木繁の「海の幸」は，洋画における浪漫主義精神のみごとな具現としてよい．明治40年，フランスのサロンに倣った官設展文部省美術展覧会（文展）が開設された．そして黒田に発した外光派がその洋画部門の主流を占め，それがアカデミズムとして権威をまとうことになる．しかし明治末から大正初めにかけて，西洋のさらに新しい美術思潮である印象派や後期印象派の刺激を受けた若い画家たちがあらわれ，文展の自然主義的な洋画に反発した．彼らはセザンヌやゴッホに私淑し，白樺派の運動とも連動して自我の発揚をめざすが，こうした動きのなかからやがてフュウザン会が生まれ，さらに新帰朝者を迎えて大正3年（1914）二科会が結成される．以後，大正・昭和を通じて大小多数の団体が生まれて今日に及ぶが，その流れを概観すると，表現上の主張による結集独立から画壇内の勢力争いによる離合集散へ傾いていったとみることができる．

(原田　実)

024 西洋型帆船 せいようがたはんせん　ヨーロッパで発達した帆船の総称で，風帆船ともいう．近世初期に来航したポルトガル・スペインほかの貿易船，および鎖国後の長崎に来航したオランダ船がそれにあたるが，当時は南蛮船・紅毛船とよび，船型は大航海時代の花形ガレオンが主であった．日本での建造は，慶長5年（1600）豊後に漂着したオランダ船リーフデ号の航海長ウィリアム=アダムス（三浦按針）が，徳川家康の命で伊豆の伊東で建造した80 tが最初で，ついで120 tも造ったが，ともに小型ガレオンと思われる．また同18年伊達政宗がローマに使節を派遣した際に新造した船は，500 tのガレオンであって，太平洋を2往復した実績を持つ．鎖国後は航洋船の必要性がなく，その技術は幕末に至るまで断絶したが，嘉永2年（1849）江戸幕府は海防上の危機感から，相模の浦賀で2檣の小型帆船（スループ）の蒼隼丸を試作した．また有力諸藩でも軍艦としての西洋型帆船に関心が高まって，同6年5月薩摩藩は3檣バークの昇平丸を起工したが，これはペリー来航の直前で，その後，幕府も浦賀でほぼ同大の鳳凰丸の建造に着手した．しかし，いずれも大船建造禁止令解除後に竣工したため，ペリー来航で泥縄式に建造した失敗作と誤解されているが，遅れて着工した水戸藩の旭日丸などとともに，それぞれ独学で西洋式帆船を建造した関係者の努力は賞讃に価する．他方，安政2年（1855）伊豆の戸田での2檣スクーナー（君沢型）の建造や長崎海軍伝習所での長崎形など外国人指導による建造もあったものの，軍艦は蒸汽船時代に移行し，帆船の用途は輸送船しかなく，昇平・鳳凰・旭日の3艦も輸送船に改装された．明治時代になると，耐航性の大きい点が買われ，海難の多い和船の代りに内航海運で

（ガレオン船）

使用する政府の方針によって，スクーナーがかなり普及したが，高価なため和船を駆逐するには至らなかった．しかも和洋折衷式の合子船（あいのこぶね）の擡頭もあって延び悩み，やがて昭和時代の機帆船へと移行していった．

幕末期建造主要西洋型帆船要目

船名	形式	主要寸法			建造地	竣工
		長さ	幅	深さ		
		尺	尺	尺		
蒼隼丸	二檣ラガー	55	13	4.2	浦賀	嘉永2年
鳳凰丸	三檣バーク	120	30	19.5	同	安政元年
昇平丸	同	102	24	14.0	鹿児島	同
君沢形	スクーナー	81.1	23.2	9.9	戸田	2年
旭日丸	三檣シップ	139	32	24	江戸	3年
鳳瑞丸	三檣バーク	120	29.5	21.5	鹿児島	同
箱館丸	スクーナー	96	23.5	8.8	箱館	4年
長崎形	コットル	72	18	14	長崎	同
開成丸	スクーナー	110	25	14.5	仙台	5年

[参考文献] 公爵島津家編輯所編『薩藩海軍史』上，勝海舟『海軍歴史』（『海舟全集』8），寺谷武明『日本近代造船史序説』，石井謙治『図説和船史話』，同「伊達政宗の遣欧使節船の船型などについて」（『海事史研究』8），同「近世初期の西洋型帆船」（須藤利一編『船』所収），同「明治期の造船近代化と日本形船」（『漁船』215），安達裕之「明治の帆船」（『講座・日本技術の社会史』8所収） （石井　謙治）

025 西洋学家訳述目録 せいようがくかやくじゅつもくろく 著訳者名のイロハ順に排列した洋学者の翻訳書目録．編輯は穂亭，校閲は桐園．1冊．嘉永5年（1852）12月の例言を付す．表紙に粘付された表題紙に「天文地理歴学算術内外医療本草舎密軍学雑録随見聞而記焉」とあって収録分野が示されている．桐園の叙，穂亭の例言を付し，作者索引に続いて，本文である目録が続く．本文は，著訳者の名・字・号・通称・出身・居住地・流派などを記し，書名には巻数・活版・刻本・写本の別記がある．著訳者名総数117名（団体名1つを含む）．書目数490部（著訳者名不詳22部を含む）．校閲者の桐園，編者の穂亭ともに未詳．若干の脱漏・誤記もあるが，嘉永4年ころまでの蘭学者と訳著がほぼ収載されており，蘭学創始より100余年間の蘭学発達・普及の跡を概観できる．大正15年（1926）の松雲堂書店による再刊本があるほか，『文明源流叢書』3に収録されている．

（片桐　一男）

026 西洋紀聞 せいようきぶん ヨーロッパをはじめ海外事情とキリスト教教義の説明および批判を平易な国文で書いた名作．上中下3巻．新井白石が，宝永5年（1708）に屋久島（鹿児島県）に潜入したローマ法王庁の使節ジョバンニ＝バッティスタ＝シドチ Giovanni Battista Sidotti を取り調べた際，聴取した事項を基本に，正確を期するため参府のオランダ商館長などからも聞いて補訂，上巻末に「正徳五年（1715）二月」の識語があるが，完成は白石の最晩年であろう．上巻はシドチ潜入と取り調べ記事，中巻は最新の知識に基づく五大州の地理，諸国・諸地域の政治・風俗・物産などの説明と，当時の国際戦争スペイン継承戦争（1701～14）・北方戦争（1700～21）の経過の詳細な記事，下巻はキリシタン関係記事を含む．国禁のキリシタン関係記事のため新井家に秘蔵されたが，寛政五年（1793）幕命により献上してからは知識人の間に広まり，明治直前には英訳本も出た．地理書としては『采覧異言』に及ばないが，キリシタン教義の説明と批判の鋭さの点では鎖国時代，比類がない．オランダ献上のブラウ図（東西両半球図）の使用により，地理学的に新見解を示し，「和魂洋才」（日本人の自主的精神のもとに西洋の知識技術を活用）的思考では，佐久間象山・橋本左内に先駆け，その合理主義的批判は水戸藩の『息距編』をはじめ幕末期の排耶書，ひいては明治のキリスト教界にも影響を及ぼして，思想史的意義はきわめて大きい．見事な筆蹟の自筆本3冊が内閣文庫（国立公文書館）に現存する．筆者校訂の『新訂西洋紀聞』（『東洋文庫』113）のほか，『日本思想大系』35などに収録されている．

[参考文献] 宮崎道生『新井白石の研究増訂版』，同『新井白石の洋学と海外知識』，同『新井白石の史学と地理学』 （宮崎　道生）

027 清凉寺 せいりょうじ 京都市右京区嵯峨釈迦堂藤ノ木町にある浄土宗の寺．「しょうりょうじ」とも読む．山号は五台山，通称は嵯峨釈迦堂．奝然（ちょうねん）は，入宋中，台州で模刻した優塡王（うてんおう）所造の栴檀釈迦像を持って帰朝し，永延元年（987）京都西北の愛宕山を中国の五台山になぞらえて，ここに伽藍を建て大清凉寺と号することを奏請したが，実現せず，長和5年（1016）に没した．そこで弟子の盛算は，愛宕山麓にある棲霞寺内の釈迦堂に奝然請来の栴檀釈迦像を安置して，清凉寺と号することを勅許された．棲霞寺に仮寓した清凉寺は，この釈迦像が三国伝来の霊像であり，また「生身の如来」でもあるとの信仰が高揚するに伴い，次第に大きくなり，棲霞寺とその位置が入れ替わった．平安時代末から，生身如来から霊験を受けようとする多数の参詣・参籠者で賑わい，また浄土教の発展と相まって嵯峨近辺に隠遁する聖たちの宗教活動の拠点ともなる．鎌倉・室町時代，しばしば火災に遇った諸堂舎が念仏者の勧進で復興されると，清凉寺は浄土教念仏の色彩が濃くなり，大念仏（融通念仏）が盛んに行われた．16～17世紀以後，「本願」と称する浄土宗系の僧が寺院経済の実を握り，五大堂など真言宗系の子院としばしば対立した．ことに釈迦像の出開帳における賽銭の分配をめぐる両者の争いは世間の嘲笑を浴びている．明治維新のとき，真言宗系の子院が大覚寺に合併され，浄土宗単独の寺となる．

[参考文献] 水野恭一郎・中井真孝編『京都浄土宗寺院文書』, 塚本善隆『浄土宗史・美術篇』(『塚本善隆著作集』7)　　　　　　　　　　　(中井　真孝)

十六羅漢像(じゅうろくらかんぞう)　全16幅からなる絹本著色の画像. 各幅, 縦82.1cm, 横36.4cm. 国宝. 永延元年(987)に東大寺僧奝然(ちょうねん)が宋から将来したとの所伝があるが, 奝然請来本は建保6年(1218)に焼失したと伝える『仁和寺御日次記』の記事が注目され種々の推定がなされた. (1)焼失したのは奝然将来本ではなかったのではないかとの推測. (2)清凉寺本には補筆が非常に多いことを理由にして, 火災に遭った将来本を救出して修補したものに相違なく, 同記の記述は不充分であるとの推測. (3)奝然将来本は焼失し, 現在の清凉寺本は十八羅漢の中の16幅が遺る北宋末(12世紀前半)の作で, 損傷はあるが補筆はないとする説. (4)古い図様に基づき南宋時代に造られた羅漢図の面影をのこすもので原初の状態が窺えないほど修補されたという説. 以上の諸説とも清凉寺本が宋画である点では一致するが, 奝然将来本であるか否かは意見が分かれる. しかし, 現在, (3)の説が有力である. 現存する羅漢図の大半が南宋以降のものであるのに対し, 本図はそれらとは図様の異なる古い時代の様式を反映した, 例のない作と考えられている.

十六羅漢像(第一尊者)

[参考文献] 宮崎法子「伝奝然将来十六羅漢図考」(鈴木敬先生還暦記念会編『(鈴木敬先生還暦記念)中国絵画論集』所収), 米沢嘉圃「十六羅漢図」(『国華』754)　　　　　　　　　　　(関口　正之)

釈迦如来像(しゃかにょらいぞう)　東大寺僧奝然(ちょうねん)が入宋して雍熙2年(寛和元, 985)に造立し, 翌年わが国に請来した. インドの優塡王(うてんおう)が釈迦の在世中に造立し, 中国に伝わったという釈迦栴檀瑞像の模刻. 像高162.6cm. 縄目状の頭髪や, 通肩の大衣に刻んだ流水状の衣文にインド, ガンダーラ風を示す特異な形相の等身立像である. 中国産の桜材を用い, 前後2材に両体側部を組み合わせ, 面部その他を剝(は)ぎ付けて造り, 背割内には絹製の五臓, 本像造立の由来を記した『奝然入宋求法巡礼行並瑞像造立記』『入瑞像五臓具記捨物注文』『義蔵奝然結縁手印状』『奝然繋念人交名帳』のほか, 文書, 経巻, 版本仏画, 鏡像など多数の納入品が籠められていた. 背割蓋板には作者台州張延皎・張延襲兄弟の刻銘がある. 光背は日本産の桜材で, 平安時代の補作と見られるが, 身光の輪郭を波形にした特異な形は当初のものを模したのであろう. 台座に建保6年(1218)快慶の修理銘がある. 国宝(像内納入品一切を含む).

釈迦如来像

[参考文献] 丸尾彰三郎他編『日本彫刻史基礎資料集成』平安時代造像銘記篇1, 京都国立博物館編『釈迦信仰と清凉寺』(特別展目録), 毛利久「清凉寺釈迦像変遷考」(『日本仏教彫刻史の研究』所収), 奥健夫「生身仏像論」(『講座日本美術史』4所収), 長岡龍作「清凉寺釈迦如来像と北宋の社会」(『国華』1269)　　　　　　　　　　　(水野敬三郎)

028　セーボリ　Nathaniel Savory　⇨サボリ

029　ゼーランジャ城事件　ゼーランジャじょうじけん　⇨浜田弥兵衛事件(はまだやひょうえじけん)

030　セーリス　John Saris　？〜1643　イギリス東インド会社の貿易船隊司令官. 1579年もしくは80年ロンドンに生まれる. 幼少のころ父トマスThomas Sarisを失い, 成年に及んで東洋で活躍しようと東インド会社に入り, 1604年ヘンリー=ミドルトンHenry Middletonの指揮する第2回東洋航海に参加してジャワのバンタムに至りこの地に留まって08年末ころ商館長となり, 翌年10月(以下西暦は旧暦, 括弧内は和暦)まで在職, 一旦帰国. 11年会社が第8航海を企てると, 国王ジェームズ1世はセーリスをクロウブClove号の船長, 同号ほか2隻の司令官に任じ, 同年4月船隊はダウンズ

Downes港を出帆，翌12年10月バンタムに着いた．この地で日本在住のW・アダムズの書翰に接し，僚船2隻を帰帆させたのち，13年1月14日この地を発し，モルッカ経由，6月12日(慶長18年5月5日)すでにオランダ商館ができていた平戸に入港した．セーリスは平戸の領主松浦氏の厚遇を受け，江戸にいたアダムズを呼び寄せ，彼および10人のイギリス人を伴って8月7日(7月2日)平戸を出発，9月6日駿府に着き，翌々日(8月4日)徳川家康に謁して国王書翰と贈物を呈し，さらに江戸に赴き，徳川秀忠に謁し，再度駿府を訪ねて10月8日(9月5日)家康の返翰と貿易許可の朱印状を得て平戸に帰り，11月26日(10月25日)の商人会議でリチャード＝コックスを長とするイギリス商館を平戸に開設，12月5日(11月4日)平戸を去って，翌14年1月3日バンタムに，ついで9月27日には故国プリマスに到着，陸路ロンドンに帰着して会社に報告した．帰国後は15年ごろ，ロンドン市長の孫娘アンと結婚したがアンは子を設けず23年死去，のちセーリスはロンドンからミドルセックスのフルハムに移り，43年12月11日その地で死去した．その著書に『日本渡航記』がある．

参考文献 『大日本史料』12ノ11，慶長18年9月1日条，「アーネスト・サトウのハクルート版への巻頭言と序説」(金井圓訳，『新異国叢書』6所収)，*Sir Ernest Mason Satow ed., The voyage of Captain John Saris to Japan, 1613.* (金井　圓)

031 セーリス日本渡航記 にほんとこうき　イギリス東インド会社貿易船司令官ジョン＝セーリスの航海日記．日本駐在イギリス全権公使サトウの校訂による『1613年キャプテン・ジョン・セーリスの日本への航海』*The voyage of Captain John Saris to Japan, 1613, edited by Sir Ernest Mason Satow.* London, printed for the Hakluyt Society, 1900. とその村川堅固による解説付き邦訳2種，『日本渡航記』(十一組出版部，昭和19年(1944)刊)，『セーリス日本渡航記』(岩生成一校訂，『新異国叢書』6，雄松堂書店，昭和45年刊)で知られる．内容は1611年旧暦4月18日英国ダウンズDownes港を出発したクロウブClove号，ヘクターHector号およびトマスThomas号の3隻から成る船隊のバンタム到着までの短い記事について，クロウブ号でセーリスがバンタムを去って平戸に至り，日英関係の開始を意味する駿府での国書授受，平戸での商館開設ののち，バンタム経由，無事1614年9月27日故国プリマス港に到着するまで2年半の記事から成る．そのなかに，セーリス参府中の1613年8月7日(慶長18年7月2日)から同年11月6日(10月5日)までのR・コックスの日記が引いてある．サトウの底本はロンドンの旧インド省図書館India Office Libraryの自筆浄書本で，別に大正13年(1924)東京の東洋文庫が入手した大法官フランシス＝ベーコン*Sir Francis Bacon*への自筆浄書献上本があり，大塚高信によるその写真複製と翻刻校訂本(英文，『東洋文庫叢刊』10，2冊，東洋文庫，昭和16年刊)があり，『新異国叢書』本は村川訳をこの献上本と比較したほか，サトウの解説の完訳を収める． (金井　圓)

032 世界図 せかいず　西洋の世界図が伝来する以前わが国に行われた世界図は仏教の地理的世界像に基づくものであった．インドや中国を含む大陸瞻部洲(せんぶしゅう)は宇宙の中心をなす須弥山(しゅみせん)の南方にあると考えられていた．東大寺大仏蓮弁(天平勝宝元年(749))には北広南狭の瞻部洲および4大河(インダス・ガンジスほか)の発する無熱池が線刻されている．世界図の名に値する最古の作品は貞治3年(1364)書写の『五天竺図』(法隆寺蔵)で，逆卵形の瞻部洲の中に玄奘の遊歴伝聞した国々が記入されている．『拾芥抄』(14世紀前半)所載天竺図はこの種の図の著しく退化したものである．西洋の世界図がはじめて舶載された年代は明らかでないが，天正8年(1580)には地球儀が，翌9年には世界図がそれぞれ織田信長の手許にあったことを西洋側の記録は伝えている．キリシタン時代，世界図は好んで屏風に描かれ，室内を飾る調度でもあった．南蛮系世界図の中で最も年代が早いとされる山本久所蔵本ですら，加藤清正隊からの報告によって知られるようになった朝鮮東北方の地名「おらんかい」が記入されているので，文禄元年(1592)をさかのぼるものではない．漢字表記のマテオ＝リッチ(利瑪竇)の作品も慶長10年(1605)には京都に届いており，この図もまたたびたび屏風に描かれた．わが国最初の刊行西洋系世界図は人物図と一対の長崎刊『万国総図』(正保2年(1645))で，図形はリッチ図，地名は西洋原図に従っている．蘭学が興ってのちはオランダ版地図が翻訳されるようになり，刊行図としては司馬江漢の『輿地全図』(寛政4年(1792))や橋本宗吉の『喎蘭(オランダ)新訳地球全図』(同8年)が初期のものである．文化7年(1810)一応の完成を見た高橋景保らによる『新訂万国全図』は，6年後部分修正を経た銅版刷りの官版として世に出たが，両半球の配置・名称の変更，京都中心半球図の掲載など独自性を発揮することに努めている．

参考文献 織田武雄・室賀信夫・海野一隆編『日本古地図大成世界図編』，鮎沢信太郎・大久保利謙『(鎖国時代)日本人の海外知識』，室賀信夫・海野一隆「日本に行われた仏教系世界図について」(『地理学史研究』一)，中村拓「南蛮屏風世界図の研究」(『キリシタン研究』9) (海野　一隆)

033 戚継光 せきけいこう　?～1587　中国明の武将．登州(山東省蓬萊)の生まれ．父のあとをつぎ都指揮僉事となり，いわゆる嘉靖大倭寇のとき，総兵官胡宗憲のもと，その鎮定に活躍．当時，明の衛所・軍卒は用うるに足らず，かれは精兵を召募・訓練し，戦法・艦船・兵器の

充実につとめ，名高い王(汪)直をはじめ，浙江・福建の海寇を平定し，兪大猷と双璧とされる．隆慶元年(1567)海禁がとかれ海寇がやや鎮静すると，こんどは北辺備にうつされ，総兵官として蒙古の侵略を防いだが，かれを信任した宰相張居正が死ぬと，給事中張希皋らに弾劾され，万暦15年(1587)不遇のうちに没．著に『紀効新書』『練兵実紀』，詩文集に『止止堂集』5巻がある．壬辰・丁酉倭乱(文禄・慶長の役)のとき，かれの新法が朝鮮で見直されたが，『紀効新書』は中国より日本で愛読された．

参考文献 陳懋恒『明代倭寇考略』(『燕京学報』専号6)，石原道博「壬辰丁酉倭乱と戚継光の新法」(『朝鮮学報』37・38合併号)　　　　　(石原　道博)

034 **赤山明神** せきざんみょうじん　比叡山(延暦寺)における伽藍鎮守神の1つ．円仁(慈覚大師)が平安時代の初め求法のために入唐したとき，赤山法花院において新羅人が礼拝していた土俗的な神祇を，仏教護法のために日本へ伴い帰った帰化神祇である．園城寺(天台寺門宗)では，円珍によって伴われた同じ神祇を新羅(しんら)明神と呼んで伽藍鎮守の護法神としている．赤山明神を祀る小祠は比叡山上では横川方面に若干が散在しているが，その本拠は西坂本と呼ばれた京都市左京区修学院関根坊町の赤山禅院であり，比叡山西麓の総鎮護とされている．『赤山禅院略縁起』などによると貞観10年(868)に清和天皇によって社殿が荘厳化され，正四位の神階を得たと記している．像容は彫像でも画像でも赤色の袍を著け，右手には矢を左手には弓を持つ，武神的な姿に造形されるものが多い．三十番神の1つに加えられている．　→新羅明神(しんらみょうじん)

参考文献 『赤山大明神縁起』(『続群書類従』3輯上)，佐々木進「赤山明神の像容について」(『文化史学』38)　　　　　　　　　　　(景山　春樹)

035 **セシーユ** Jean-Baptiste-Thomas-Médée Cécille　1787～1873　フランスの東インド派遣海軍司令官．1787年10月16日下セーヌ県ルーワン Rouen に生まれ，1804年5月海軍に入隊，海上勤務ののち07年から2年間陸上勤務，09年再び海上に戻り，10年海軍中尉，16年海軍大尉，29年海軍中佐となり，35年太平洋巡航，38年海軍大佐に昇進，40年極東巡航，43年シナ海巡航に出て，翌年6月海軍少将に進み，同年10月の特命全権公使ラグルネの清仏黄浦(ホワンポア)条約締結を支援，46年春みずから琉仏通商条約交渉を試みて失敗したのち，旗艦クレオパートル Cléopâtre 号ほか2隻を率いて同年7月28日(弘化3年6月6日)長崎港外に達し，長崎奉行との間で遭難海員好遇の要求をめぐる交渉に着手したが，奉行側の対応が迅速でないため7月30日(6月9日)返答を待たずに退去した．47年12月海軍中将に昇進，インド派遣使節を勤め，48年の2月革命後，下セーヌ県議会議員に当選し，翌49年には国の立法議会議員に選ばれ，駐英大使の任命を受けず，ルイ＝ナポレオンを補佐し続け，52年海軍諮問委員，ついで元老院議官(1870年まで)をつとめ，68年海軍廃兵問題特別委員会議長となり，73年10月9日サン＝セルバンで死去．85歳．『1841年から44年にかけてのエリゴン号インドおよびシナ航海記』(パリ，1847～50) 4冊の共著者としても知られる．

参考文献 箭内健次編『通航一覧続輯』4　　　　　　　　　　　　　　　　　(金井　圓)

036 **ゼズス会** ゼスス かい　⇨イエズス会

037 **セスペデス** Gregorio de Céspedes　1551～1611　スペイン人宣教師．1551年マドリッドに生まれ，69年イエズス会に入会．天正5年(1577)4月，司祭として長崎来着，大村・都・臼杵を経て，同8～9年の第1回協議会に参加後，同16年まで若江・岐阜・都・高槻・河内・明石・大坂・小豆島・平戸・豊後で布教，日本語に精通し高山右近・小西行長らのキリシタン大名と親交を結び，豊臣秀吉・秀長に謁し，細川忠興室(ガラシア夫人)の授洗に協力．同17年長崎，文禄元年(1592)有馬の修院副院長，同3～4年小西行長の従軍司祭として朝鮮に渡り，島原・有馬・豊前中津・長崎を経て，慶長7年(1602)以後，豊前小倉城主細川忠興の信任を得て同地で活躍し同16年11月に没した．

参考文献 レオン＝パジェス『日本切支丹宗門史』(吉田小五郎訳，『岩波文庫』)，『フロイス日本史』(松田毅一・川崎桃太訳，『中公文庫』)，J. F. Schütte, ed., Monumenta Historica Japoniae, Vol. I (1975) ; J. L. Alvarez-Taladriz, ed., Sumario de las cosas de Japon (1954)．　　　　　　　　　　(井手　勝美)

038 **絶海中津** ぜっかいちゅうしん　1336～1405　臨済宗夢窓派の僧．法諱は中津，はじめ要関と号しのちに絶海と改めたが別に蕉堅道人とも称した．父の俗姓は土佐の津野氏，母は惟宗氏で建武3年(1336)11月13日に生まれた．貞和4年(1348)上京して天竜寺に入って僧童となり，西芳寺の夢窓疎石にも師事し，剃髪した後の観応元年(1350)以後は春屋妙葩に従った．翌年具足戒を受けて大僧となったが夢窓の示寂に逢い，文和2年(1353)に建仁寺に移錫して竜山徳見に参じ，ついで大林善育に

湯薬侍者，放牛光林のもとで禅客を務めることしばしばであった．貞治3年(1364)関東に下って報恩寺の義堂周信，建長寺の青山慈永・大喜法忻に参じて蔵主・侍香を務め，足利基氏より厚遇されることが多かった．応安元年(1368)入明して杭州臨安府の中天竺山の季潭宗泐に参じて焼香侍者・蔵主などの役位にあり，また景徳霊隠禅寺・護聖万寿禅寺の間を周旋して用貞輔良・清遠懐渭に参じ，洪武4年(応安4，1371)再び径山(きんざん)の季潭宗泐に参じた．同9年太祖洪武帝は絶海・汝霖の2人を英武楼に召見して法要を問い，また熊野古祠について詩を作らしめ，これを賞して唱和し，袈裟・宝鈔などを下して帰国を許した．この間に無逸克勤を介して，夢窓疎石の碑銘の撰文を宋濂に依頼した．永和4年(1378)帰国して京都に上り，康暦元年(1379)には天竜寺の性海霊見に参じて前堂首座となり，翌10月甲斐の恵林寺に晋住した．永徳3年(1383)相国寺の鹿苑院に移り，至徳元年(1384)には将軍足利義満の意に逆らって摂津銭原に隠棲した．翌2年有馬の牛隠庵に移り，ついで細川頼之の招請によって阿波の普済院に住し，続いて大雄山宝冠寺を開いて初祖となった．同年12月義満に呼び戻されて洛中の等持寺に住し，明徳2年(1391)7月には等持院に転住したが，翌年10月相国寺に住し，応永4年(1397)相国寺再住，同8年相国寺に三住し，義満は当寺をもって五山第一位に列し，鹿苑院を兼帯させたが同12年4月5日に70歳で寂した．相国寺勝定院・南禅寺霊岩院・嵯峨霊松院に葬った．門弟には鄂隠慧奯・西胤俊承・宝山乾珍・東洋允澎など20余人があり，『絶海和尚語録』3巻と詩文集の『蕉堅稿』2巻がある．語録は西胤俊承の編する恵林寺語録，鄂隠の編する相国寺語録，慧瓘の編する再住語録，鄂隠の相国三住語録について，陞座・拈香・真讃・自賛・偈頌の順に配列され，永楽元年(応永10，1403)の冬に堅中圭密を正使とする遣明使節に随伴した門弟の竜渓等聞は，浄慈寺の道聯に序文，径山の心泰に跋文を請うてのち帰朝した．応永16年に後小松天皇より仏智広照国師の号を，同23年には称光天皇より浄印翊聖国師と勅諡された．なお年譜は同30年8月に門弟の叔京妙祁によって撰述された．

参考文献 『大日本史料』7ノ7，応永12年4月5日条，玉村竹二『五山禅僧伝記集成』，上村観光『五山詩僧伝』(『五山文学全集』5)，北村沢吉『五山文学詩稿』　　　　　　　　　　　　　　(葉貫 磨哉)

039 雪舟等楊 せっしゅうとうよう 1420〜? 室町時代の禅僧画家．わが国で最も個性的な中世唐絵様式を創造した．応永27年(1420)に備中国に生まれた．永享2年(1430)と3年に相国寺住持であった春林周藤に師事し，享徳3年(1454)まで同寺に居て等楊なる諱をもち知客の職に就いているが，周藤が同寺を退去した後に誰の下にあったかは不明である．間もなく楚石梵琦の「雪舟」なる

二大字を得たので相国寺の竜崗真圭に雪舟二字説を書いてもらって字(あざな)としたが，南宋時代の詩人楊万里が書斎を釣雪舟と号していたことに因むものである．やがて周防国大内家を頼って山口に行き，雲谷なる軒号をもつ庵に住して画事に専念していたようだ．当時の高僧の詩文と等楊が弟子如水宗淵に与えた「破墨山水図」の自讃によると，相国寺の画僧であった大巧如拙の弟子の天章周文に同寺で絵事を教わったことがわかり，すでに一流の唐絵画家の域に達していた．大内家の遣明船に乗って応仁元年(1467)に博多を出て寧波(ニンポー)に着き，近郊の五山第三位の太白山天童景徳禅寺(略号，天童)から首座(しゅそ，第一座)の職を与えられた．翌成化4年(1468)6月には北京で賜宴に与かり，翌年2月にも滞在しているが，夏には帰国している．前記の「破墨山水図」讃によると大運河を利用したようだから，寧波から杭州・蘇州・鎮江・揚州と北上したにちがいないので，その周辺の自然と都市とを熟視したであろう．同行した呆夫(ばいふ)良心は北京の礼部院に壁画を描いたと記し，彦竜周興は天子に賞められたと書いているけれども確かめる資史料がない．等楊の北京滞在中の行動は不明であるが，「破墨山水図」讃で北京には張有声と李在の2画家がいる旨を述べているが，前者は不明で後者は宣徳6年(1431)に没しているから，等楊入明時期には在世していないので，等楊の中国画壇への知識は必ずしも正確ではない．しかし多くの名画，特に中国の大自然の認識は等楊の画嚢を豊かにしたであろう．帰国後の等楊の居住地はしばらく不明であるが，「鎮田滝図」が数十年前まで存在していたことと，豊後の画室について良心が「天開図画楼記」なる一文を文明8年(1476)3月に作っていることから大分に住んでいたらしい．しかし『実隆公記』には山口に住む三条公敦の像を文明11年に描いたとあり，また同年着讃の「益田兼堯像」(重要文化財，益田兼施蔵)が遺っているからその後山口に戻っていたといえる．同13年には美濃国正法寺に行き，翌年は出羽国立石寺を写生(模本)しており，15年に京都を経て16年に山口に帰っている．18年6月に山口に来た了庵桂悟は等楊の画室の遊賞文を「天開図画楼後記」と題して制作し，12月には等楊は「山水長巻」(国宝，防府毛利報公会蔵)を描き，越えて延徳2年(1490)冬には薩摩に帰る弟子の秋月等観に自画自讃の頂相(模本，藤田美術館蔵)を与えている．さらに明応4年(1495)3月に自画讃の「破墨山水図」(国宝，東京国立博物館蔵)を円覚寺の如水宗淵に印可の証として付与し，翌年には「慧可断臂図」(重要文化財，斎年寺蔵)を描き，11月には京都に居る宗淵に返書(梅沢彦太郎蔵)を認めている．「天橋立図」(国宝，京都国立博物館蔵)の構図によると，文亀2年(1502)の制作であらねばならぬ結論が出るので，同年は同地域に行き，

ついでに加賀と能登に廻遊した形跡が強いが，永正3年(1506)に雲谷軒で没したと推定される．すなわち等楊筆「山水図」(国宝，大原総一郎蔵)に牧松周省の七言八句の詩後に桂悟が追讃していて，その末尾に「牧松遺韻雪舟逝，天末残涯春夢驚，永正丁卯上巳前一日中略看于雲谷軒舎」とあるに基づく．永正4年3月2日に雲谷軒で係讚する時にはすでに等楊は死んでいたとの意味によって，その前年の山口没説が一般に信用されている．この仮定によれば87歳の長寿であって，中年以後の在住地は山口であり，多くの禅僧の詩文も雲谷軒在住時代の作品に対してであるから，雲谷軒時代が最も充実した作画時期であったといえる．主要な遺品を年代順に列記すると，「四季山水図」4幅(重要文化財，東京国立博物館蔵)には「日本禅人等楊」の落款と明王朝の末流者の鑑蔵印があり，当時の浙派形式を学んだ入明中の研究作である．文明11年の「益田兼堯像」は大和絵的筆法が混じっていてささか異様であるが，「秋冬山水図」2幅(国宝，東京国立博物館蔵)は南宋水墨画を消化した等楊画法の完成作で，このころの作と推定され，諸家に分蔵されている団扇図は南宋画研究の跡を示すやはり同時期の習作であろう．最晩年の代表作は文明18年の「山水長巻」，明応4年3月の落款をもつ「破墨山水図」，同5年の「慧可断臂図」，文亀元年の「天橋立図」である．ほかに71歳(延徳2年)の歳書のある「四季花鳥図屛風」(重要文化財，尊経閣文庫蔵)などの数点の着色大画面作品があるが，真筆の証明は容易でない．さて等楊は師の周文様式に立脚して中国唐絵を大胆に折衷したところに特色と価値があり，多くの弟子と祖述者が輩出して自然に雪舟派が形成された．

[参考文献] 朝岡興禎『古画備考』中，玉村竹二編『五山文学新集』4，田島志一編『雪舟画集』，沼田頼輔『画聖雪舟』，東京国立博物館編『雪舟』，熊谷宣夫『雪舟等楊』，蓮実重康『雪舟等楊新論』

(谷　信一)

040　雪村友梅　せっそんゆうばい　1290〜1346　鎌倉・南北朝時代の臨済宗一山派の僧．越後白鳥郷(新潟県長岡市白鳥町付近)の人，父は一宮氏，母は信州の須田氏である．正応3年(1290)に生まれ幼時に鎌倉に赴いて一山一寧について僧童となり，年齢満ちてのちは叡山に登って受戒した．京都に下って建仁寺に掛錫したが，18歳となった徳治2年(1307)に，海を渡って元に入り，元叟行端・虚谷希陵・東嶼徳海・晦機元熈などに参じ，ついて道場山の叔平□隆に参じて侍者から蔵主に転じた．時に元は参学中の日本僧に間牒の疑いを寄せ，雪村は雪州の獄に投ぜられ，叔平もこれを匿ったとして獄中に繋がれて示寂した．刑吏の白刃が雪村に加えられようとしたとき，咄嗟に無学祖元の臨剣頌である「乾坤無地卓孤筇，且喜人空法亦空，珍重大元三尺剣，電光影裡斬春風」と朗誦し刑吏を驚嘆せしめて刑を免れた．赦されて長安にあったが再び四川の成都に流謫され，あること10年，この間に経・史・諸子の典籍を毎紙一覧してはこれを暗記して水中に投じて見る者を驚嘆させた．州の大官老儒は雪村の儒典の口講を受ける者が多かった．大赦によって再び長安に戻って3年した泰定4年(嘉暦2，1327)9月に，突然老親を夢見て帰国の思いが起ったが，天暦元年(嘉暦3，1328)に南山翠微寺に請ぜられて入寺し，香を一山一寧に焚て法嗣となり，元の朝廷は宝覚真空禅師の号を特賜した．住すること1年，翌年5月商舶に乗じて博多に着岸し，帰路を鎌倉に取り由井浜で長年わが子の帰りを待った母親に邂逅し，この年は養母に専念したが，翌元徳2年(1330)には一山の塔である建長寺玉雲庵の塔主となった．たまたま信州諏訪の金刺満貞によって慈雲寺に請ぜられ4月9日入寺した．翌年秋には神為頼によって山部の徳雲寺の開山となり，元弘2年(1332)には小串範秀が京都西禅寺に招き，建武元年(1334)には大友氏によって豊後の蔣山万寿寺に転住した．住すること3年，再び上洛して栂尾に隠栖したが，同4年に播磨の赤松則村は赤穂郡苔縄郷に法雲寺を構え，小串範秀の推奨を受けて雪村を開山に迎えた．幕府は暦応2年(1339)11月に法雲寺を以て諸山に列し，十方住持の禅院となした．翌年法雲寺の側に大竜庵を構えて退居したが，この年に足利尊氏・直義兄弟は京都万寿寺に特請した．病を以て固辞すること3度に及んだが，かえって檀那赤松氏の勧奨不足と解釈されたので，大竜庵を出て良峯(善峯)に入って隠栖した．あること3年，赤松則村は懇に陳情したので康永2年(1343)8月11日に上洛して万寿寺の席についた．翌年同月に退院して清水の清住庵に退居し，ついで有馬温泉に療養した．貞和元年(1345)2月に朝命によって東山建仁寺に住し，宗風大いに振るったが翌2年11月に，急に法兄石梁仁恭の塔所建仁寺興雲庵に香資を寄せ，12月18日の石梁の忌斎を早めて欲しいと依頼した．塔主は11月26日に忌斎を定め，当日法要に導師を務めた雪村は『楞厳呪』

第五段に至って焼香し，大展三拝したのち右手半身が不随となった．朝廷からの医薬も退け，12月2日黎明に侍者に命じて紙筆を求め，遺偈を左手で書かんとしたが字画が成らず，憤然として大筆を屏上に抛り，墨痕乾かざるうちに示寂した．年57．清住庵で荼毘し建仁寺興雲庵の石梁の側に葬った．のち赤松氏は建仁山内に大竜庵を構えて塔所とし，播磨法雲寺，備前宝林寺宝所庵にも分塔した．遺著に『宝覚真空禅師語録』『岷峨集』があり，門弟に大同啓初・雲渓支山・太清宗渭など10余人がある．

[参考文献] 『大日本史料』6ノ10，貞和2年12月2日条，『五山文学新集』3，足利衍述『鎌倉室町時代之儒教』，玉村竹二『五山禅僧伝記集成』，今谷明『元朝・中国渡航記―留学僧・雪村友梅の数奇な運命―』　　　　　　　　　　（葉貫　磨哉）

041 節刀 せつとう　天皇の命を奉じて，海外に派遣される大使や反乱鎮撫の大将軍に授けられる任務の標識．これを持して任に赴く者を持節遣唐使・持節征夷大将軍などという．軍防令に「凡大将出征，皆授⌞節刀⌟」とみえ，その義解に「謂凡節者以⌞旄牛尾⌟為⌞之，使者所⌞擁也，今以⌞刀剣⌟代⌞之，故曰⌞節刀⌟，雖⌞名実相異⌟其所⌞用者一也」とあって唐様の節の取扱いの継承である．ただ節は犛牛（ヤク）の尾の長毛を用い，その曲直を正し，破邪の呪力を信仰したのであるが，日本では容易に得難いので，刀剣を代用して節刀と称した．遣唐使廃止以後は，将軍出征の際に限って節刀を授けるのが例となり，『西宮記』8や『北山抄』4（拾遺雑抄）には，将軍に節刀を賜う儀の次第を伝えている．凱旋すれば直ちに返上し，温明殿に納めて保管された．天徳4年（960）の内裏焼亡の際に焼損し，『小右記』寛弘2年（1005）11月17日条に『村上御記』を引用して天徳4年9月25日の調査で「雑剣三十柄（之中，可⌞有⌞節刀⌟，又加⌞金銀銅等小調度⌟）」と伝え，『中右記』嘉保元年（1094）11月2日条の裏書には『蔵人信経私記』を引用して，天徳内裏焼亡の日に焼損した御剣の中「二腰名⌞霊刀⌟，一腰破敵，一腰守護，但件剣有⌞鏤，鏤⌞歳次幷名等⌟，又同鏤⌞十二神・日月・五星等⌟体也」とみえ，「件破敵是遣⌞大将軍⌟之時，所⌞給節刀也，一腰是名⌞守護⌟，候⌞御所⌟是也」として「件霊刀等国家大宝也，必可⌞被⌞作儲⌟者，天徳奉⌞勅，以⌞備前国撰献仮治白根安生⌟令⌞焼⌞其実於高雄山⌟也者」と備前の鍛冶白根安生による復原新造を伝えている．『左大史小槻季継記』（『歴代残闕日記』所収）安貞2年（1228）大刀契紛失事の正月24日条に「其後，嘉保元年，堀河院皇居焼亡之時，件霊剣幷雑剣等令⌞焼損⌟畢，如⌞時記⌟者，符文等少々令⌞相残⌟云々，今度所⌞被⌞求出⌟者，件霊剣二柄也，又銅鉄之類焼損等少々被⌞加納⌞之云々，落居之趣，以⌞将軍剣（三公戦闘剣也）⌟入⌞節刀櫃⌟，以⌞今一筋（護身剣歟）⌟入⌞大刀櫃⌟，以⌞焼損銅鉄之類（魚形貽⌞其体⌟云々）⌟加⌞入大刀櫃⌟」と大刀契・節刀の存続を示すが，11月29日に至って，大刀契は「養和乱逆之時，令⌞紛失⌟歟云々，今度所⌞求出⌟之剣等各節刀也云々」と推定している．また『桃華蘂葉』節刀事には「大刀契幷節刀，建武度紛失，被⌞新⌞造之⌟」とあって数度の紛失と新造を伝えている．

[参考文献] 滝川政次郎「節刀考」（『国学院大学政経論叢』5ノ1）　　　　　　　　　　（鈴木　敬三）

042 節度使 せつどし　奈良時代の地方軍政官の一種．天平4年（732）と天平宝字5年（761）の2度にわたって設置．第1次は天平4年8月17日に藤原房前・多治比県守・藤原宇合がそれぞれ東海東山二道・山陰道・西海道の各節度使に，また，道別に判官4人・主典4人・医師1人・陰陽師1人が任命された．節度使は鎮所をもち，傔人と呼ばれる武装兵を従え，みずからも帯剣し，道別に白銅印1個，それに駅鈴2口を与えられた．その任務は所管諸国の軍団兵士の整備・訓練，兵器の製造・修理，兵糧の用意，また烽など軍事施設の整備にあった．この時，作られた備辺式はその後の辺境防備の模範となった．なお，第1次節度使は天平6年4月21日に停止．この節度使の設置目的は対新羅戦争というよりは海辺防備に重点があり，東海・東山二道節度使も東国の防人と同様に西国防備を主とし，あわせて蝦夷にも備えたものであろう．これに対して天平宝字5年11月17日の第2次節度使は対新羅戦争を前提にしたものであり，藤原恵美朝狩・百済王敬福・吉備真備がそれぞれ東海道・南海道・西海道の各節度使に，また道別に副2人・判官4人・録事4人がそれぞれ任命された．3節度使の所管国・船・兵士・子弟（郡司の子弟で兵士の指揮にあたるか）・水手の合計はそれぞれ32国・船394隻・兵士4万700人・子弟202人・水手1万7360人．約6万人の動員体制をとったが，翌年から飢饉がおこり，疾疫で死亡するものも多く，また立案の中心であった藤原恵美押勝（仲麻呂）が乱で死亡するに及んで，この計画は立ち消えになった．天平宝字7年8月18日に山陽・南海道の節度使，翌8年7月17日に東海道節度使，同年11月12日に西海道節度使がそれぞれ廃止された．節度使の設置は第1次・第2次ともに当時の社会・政情不安を対新羅問題に人々の関心を向けることで切り抜けようとした藤原氏によるたくまれた施策であったと思われる．

[参考文献] 鈴木靖民『古代対外関係史の研究』，岩佐精一郎「節度使の起源」（『岩佐精一郎遺稿』所収），坂本太郎「正倉院文書出雲国計会帳に見えた節度使と四度使」（『日本古代史の基礎的研究』下所収），村尾次郎「出雲国風土記の勘造と節度使」（『律令財政史の研究』所収），早川庄八「天平六年出雲国計会帳の研究」（『日本古代の文書と典籍』所収），菊池英夫「日唐軍制比較研究上の若干の問題―特に『行軍

制を中心に―」（唐代史研究会編『隋唐帝国と東アジア世界』所収），北啓太「天平四年の節度使」（土田直鎮先生還暦記念会編『奈良平安時代史論集』上所収），和田軍一「淳仁朝に於ける新羅征討計画について」（『史学雑誌』35ノ10・11），滝川政次郎「山陰道節度使―日本海沿岸の国防―」（『国学院大学紀要』15），友寄隆史「節度使設置について」（『立正史学』45）　　　　　　　　　　　　　　　（坂元　義種）

043 銭 ぜ　この語は貨幣の俗称として用いられることもあるが，一般に金属製の円形で中央に方孔のある貨幣をいう．青鳧・鳥目・鵞眼・青銅・用途・用脚・料足と呼ばれることもある．1文を単位とし，1000文を1貫文という．時に10文を1疋，100文を1結ということもあり，また九六銭（省陌）といって96文を以て100文とする慣行も江戸時代にはあった．材料としては多くの場合銅が用いられているが，金・銀・鉛・鉄・真鍮などが素材にされ，金銭・銀銭などと呼ばれた例もある．銭の鋳造・使用は中国にならったものであるが，わが国では和銅元年（708）に催鋳銭司が設置されて鋳銭されたのが，確実に知られる最古の例で，このとき鋳造されたのが唐の開元元宝にならった和同開珎と考えられる．銀銭と銅銭があった．これ以後天徳年間（957～61）までに皇朝十二銭といわれる万年通宝・神功開宝・隆平永宝・富寿神宝・承和昌宝・長年大宝・饒益神宝・貞観永宝・寛平大宝・延喜通宝・乾元大宝が相ついで鋳造され，新銭1を以て旧銭10にあてて使用させている．この間万年通宝とともに鋳られた開基勝宝は金銭，大平元宝は銀銭で，金銭1は銀銭10，銀銭1は銅銭10にあてられた．律令体制が衰えると，採銅量の減少，鋳銭意欲の減退などにより，官鋳が途絶したが，やがて次第に商品の取引が盛んになり，貨幣の需要が高まって，渡唐銭と呼ばれた外国銭（主として中国銭）を以て官銭の欠を補う形での貨幣の流通がおこった．延久4年（1072）に宋銭の使用を禁じているのは，このころすでに宋銭が流通していたことを示しているが，12世紀後半になると，土地売券に銭貨使用例が現われ，また宋朝から多量の銭貨が流入した事実があって，このころから銭の流通が進んだことが知られる．鎌倉時代に入ると，この傾向はさらに強まり，13世紀初めには銭貨使用は本格化し，その後半期に入るとほとんど全国的に流通圏が広まっている．室町時代になっても，官鋳はなかったが，幕府が銅銭の正式な輸入権を握り，あたかも流入した中国銭が幕府の制銭として通用する形となった．輸入された銭貨としては北宋銭が最も多く，明銭がこれに次いだが，種類が多く，また多年の使用により磨耗・切損するものがあった上に，私鋳銭も現われたので，時人は銭を精銭（善銭）と悪銭（鐚銭）とに分け，悪銭は排除するか打歩を付して用いた．これを撰銭といった．このような行為は奈良時代以来行われて来たが，室町時代にはその例も多く，幕府などが撰銭令を出して，これを制限することもあった．戦国時代に入ってもこの傾向は変わらず，領国単位で撰銭令が出されたりしたが，徳川氏が政権を握るに及んで，慶長13年（1608）永楽銭1貫文を鐚銭4貫文にあてるなど幣制の統一が進み，やがて寛永13年（1636）以降大量の寛永通宝が鋳造されて，ようやく安定した銭貨の流通を見るに至った．この間豊臣政権が天正通宝・文禄通宝を，徳川氏が慶長通宝・元和通宝を鋳たというが，確証はなく，通貨としての意義は乏しいといわれている．その後江戸幕府は江戸のほか諸国に銭座を置き，銭貨を鋳造させ，のちには金・銀座で鋳造させた．それらの銭貨は鋳造の時期，場所などにより必ずしも均質ではなかったし，中には元文元年（1736）鋳造の鉄銭，明和5年（1768）鋳造の真鍮銭（四文銭）のごときもあったが，少数の例外を除きいずれも銭文は「寛永通宝」とされた．したがって寛永通宝には年号・人名・地名・銭質などにより正徳佐字銭・荻原銭・深川銭・鉄銭佐字銭などの呼び名が付けられた．例外には宝永5年（1708）鋳造の宝永通宝（当十銭）・天保6年（1835）鋳造の天保通宝（当百銭）・文久3年（1863）鋳造の文久永宝（当四銭），あるいは一地方に流通区域を限定された仙台通宝（角銭）・箱館通宝（鉄銭・円孔）などがあった．銭の相場には，その量質や金・銀貨との関係で高下があったが，日常の取引はこれらの銭でまかなわれたのである．維新後も幣制が整備されるまでしばらくの間は，小額取引に銭が用いられたが，やがて新貨にかわった．なお近代以前には，通用銭のほかに祭祀に用いられた紙銭・土銭や，玩弄銭・厭勝銭として造られた絵銭などがあった．近年，飛鳥池遺跡等から出土して注目された富本銭も絵銭の一種と考えられるが，わが国最古の通貨であったとの説もある．

参考文献　『古事類苑』泉貨部，大蔵省編『大日本貨幣史』三貨部，小葉田淳『日本の貨幣』（『日本歴史新書』），作道洋太郎『近世日本貨幣史』，滝沢武雄『日本貨幣史の研究』，同『日本の貨幣の歴史』（吉川弘文館『日本歴史叢書』53），栄原永遠男『日本古代銭貨流通史の研究』，東野治之『貨幣の日本史』（『朝日選書』574），滝沢武雄「鎌倉時代前期の貨幣」（竹内理三博士古稀記念会編『続荘園制と武家社会』所収），同「平安後期の貨幣について」（『史観』82），同「鎌倉時代中期の貨幣」（『早稲田大学大学院文学研究科紀要』30・31）　　　　（滝沢　武雄）

044 セミナリヨ Seminario　イエズス会インド巡察師バリニァーノにより，日本人聖職者の養成と上流子弟の教育を目的として設立された一般教育機関．天正8年（1580）下地区の有馬と都地区の安土に開設され，生徒は剃髪者であった．彼は同年「セミナリヨ規則」を

定め，畳・服装・食事・茶の湯の室など日本的要素を採用した．彼の教育理念は，古典を重視するキリスト教的ヒューマニズムと東西文化の融合調和を目ざす人格の陶冶にあった．10歳くらいまでの予備課程の上に，ラテン語文法・文学の3学級と日本語・文学の1学級，さらに優秀な上級生や卒業生のために仏法と神道を含む神学専攻科が設けられ，歌唱，グレゴリオ聖歌，オルガン・クラボ・フルートの楽器弾奏などの音楽も教授された．油絵・水彩画・銅版画・彫刻・印刷術・時計・オルガンなどの技術教科が加えられたこともある．日課時間表に基づく寄宿舎制で，夏期は4時半(冬期は5時半)から8時の就寝まで，キリスト教的雰囲気の中で信仰生活が養われるよう配慮され，少人数の指導者を養成する「さんたまりやの御組」も導入された．教科書として，アルバレス『ラテン文典』，ボニファチオ『キリスト教徒子弟の教育』，キケロ『演説集』，サンデ『遣欧日本使節対話録』，ビルギリウス『詩集』，『倭漢朗詠集』，『太平記』，ゴメス『神学綱要』などが使用された．各地のセミナリヨは以下のとおりである．(1)有馬のセミナリヨは仏寺を改造した日本風の建物で，天正15年の豊臣秀吉の伴天連追放令により浦上・有馬へ移動した．(2)安土のセミナリヨも日本風の3階の建物で，天正10年の本能寺の変により高槻・大坂を経て，秀吉の伴天連追放令により生月島の一部・長崎・有馬へ移動して有馬のセミナリヨと合併，在校生は約70名であった．以後，八良尾(はちらお)・加津佐・八良尾・有家(ありえ)・長崎・天草・志岐・長崎・有馬・長崎へ移動して慶長19年(1614)まで存続した．(3)山口のセミナリヨは天正15年設立，同年の伴天連追放令後に廃止された．(4)大村のセミナリヨは，来日するイエズス会士が日本語を学ぶために天正10年ごろ設立，神の浦・坂口を経ておそらく長崎へ移動し，慶長19年まで存続したものと思われる．(5)長崎のセミナリヨは，司教セルケイラが慶長6年教区司祭養成のために新設した神学校である．学生はセミナリヨ課程を終了した経験ある伝道士で，ゴメス『神学綱要』，マヌエル＝サ『聴罪師の手引』，セルケイラの『良心問題提要』と『教会の秘跡執行提要』，バレト『聖教精華』など，良心問題(倫理神学)と典礼を中心とした実践的司牧的な教科内容であり，13年間に7名の日本人司祭が養成され，慶長19年まで存続した．以上，キリシタン時代のセミナリヨはすべて，同19年の江戸幕府の禁教令公布によって消滅した．　→キリシタン学校制度

参考文献　ヴァリニャーノ『日本巡察記』(松田毅一他訳，『東洋文庫』229)，片岡千鶴子『八良尾のセミナリヨ』，シリング『(日本に於ける)耶蘇会の学校制度』(岡本良知訳)，海老沢有道『洋学伝来史』，J・L・アルバレス＝タラドゥリス編註「日本イエズス会第二回総協議会議事録と裁決(一九五〇年)」(井手勝美訳，『キリシタン研究』16)，「日本イエズス会第一回協議会(一五八〇一八一年)と東インド巡察師ヴァリニアーノの裁決(一五八二年)」(井手勝美訳，同22)，H・チースリク「日本における最初の神学校(一六〇一年—一六一四年)」(同10)，同「セミナリヨの教師たち」(同11)，片岡弥吉「イエズス会教育機関の移動と遺跡」(同)，柳谷武夫「セミナリヨの生徒たち」(同)，井手勝美「キリシタン時代に於ける日本人のキリスト教受容」(同)，J・ロペス＝ガイ「キリシタン音楽」(井手勝美訳，同16)，H・チースリク「セミナリヨの教育精神について」(『キリシタン文化研究会会報』8年1)，同「高槻のセミナリヨ」(同16年3・4合併号)

(井手　勝美)

045　セルケイラ　Luis de Cerqueira　?～1614　イエズス会の日本司教．1551年か52年にポルトガルのアルビトに生まれる．1566年イエズス会入会，コインブラ大学神学教授，エボラ大学で神学博士号を取得，同大学神学教授．慶長3年7月4日(1598年8月15日)，日本司教として巡察師バリニァーノとともに長崎来着後，(11月に)協議会を開催．豊臣秀吉の死後，長崎奉行寺沢広高の教会破却により，翌慶長4年天草河内浦へ退去し志岐へ移る．同5年長崎に戻り，同6年教区司祭養成を目的としたセミナリヨ(神学校)を長崎に新設，みずから倫理神学を講じ7名の邦人司祭を養成した．同11年徳川家康に伏見で謁し，本多正純と板倉勝重に教会の保護を求めた．16年間教会を司牧し典礼を整備してキリシタン時代の最盛期をもたらし信者三十数万人を数えるに至り，同19年正月8日(1614年2月16日)，長崎で没した．編著書に『良心問題提要』『教会の秘跡執行提要』がある．

参考文献　レオン＝パジェス『日本切支丹宗門史』(吉田小五郎訳，『岩波文庫』)，J・ロペス＝ガイ『キリシタン時代の典礼』(井手勝美訳)，H・チースリク「キリシタン時代における司教問題」(『キリシタン研究』9)，同「日本における最初の神学校(一六〇一年—一六一四年)」(同10)，J. F. Schütte, ed., Monumenta Historica Japoniae Ⅰ(1975)；H. Cieslik：The Training of a Japanese Clergy in the Seventeenth Century, Studies in Japanese Culture. 11(1963)
(井手　勝美)

046　禅院寺ぜんいんじ　もと平城右京四条一坊に在った仏典などを収蔵した寺院．白雉4年(653)5月の第2次遣唐使に随って入唐留学した僧道昭(道照)は帰国後の天智天皇元年(662)3月に飛鳥寺(本元興寺)の東南隅に禅定を修し，かつは在唐中に蒐集し請来した仏舎利・仏典などを収蔵して，後世に伝え，万民のよりどころとするために一院を建立し禅院と称した．平城遷都の翌年の和銅4年(711)8月，飛鳥寺の平城左京移建より

7年早く平城京に移された．薬師寺境内に伝わる天平勝宝5年(753)7月の「仏足石記」により，平城京に移建された当寺は右京四条一坊であったことが判明する．ここに約半世紀にわたる飛鳥寺との関係は中断され，単独寺院となったらしい．『続日本紀』文武天皇4年(700)3月己未条の道昭没伝には当寺に収蔵された経典について「書迹楷好にして並に錯誤あらず」(原漢文)と指摘し，写経の藍本として高く評価されていたことが知られる．『正倉院文書』によると天平14年(742)7月ごろから金光明寺写経所において，当寺の論疏を借用して書写が行われ，同18年ごろの注文には「禅院寺経目録」1巻が写一切経司に送られたこと，同19年3月には写経司で検定した768巻の借書のうち，413巻は「禅院之本」であったこと，同年10月9日の注文(『大日本古文書』24)には，「自禅院寺奉請疏論等歴名」として，約90種，377巻の仏典名を掲示し，ほかに紅白など三重袋に入れ，漆塗りの管に入れられた仏跡図1巻を記載している．この仏跡図は薬師寺の仏足石図の藍本であったことは同刻文によって明らかにされる．また中には聖徳太子撰の『勝鬘経疏』3巻も含まれているから，道昭請来経ばかりではなかったらしい．しかし当寺は質・量ともに有数の聖教類を所有する寺であったことが注目される．『延喜式』玄蕃寮では当寺の仏典の曝涼について，3年に1度，治部省・玄蕃寮・僧綱・三綱などが立会して行うことを明記し，その保存が計られたこと，三綱によって運営されていたことが知られる．しかし元慶元年(877)12月に至って平城の元興寺の別院となり，両寺の関係は道昭の昔にかえったが，以後の衰亡については明らかでない．昭和54年(1979)に至り飛鳥寺東南で行われた発掘調査で，玉石組の溝・築地・掘立柱の建物などの遺構が検出され，禅院跡と認められた．　→道昭(どうしょう)

[参考文献]　福山敏男『奈良朝寺院の研究』，堀池春峰「平城右京禅院寺と奈良時代仏教」(『南都仏教史の研究』遺芳篇所収)，藤野道生「禅院考」(『史学雑誌』66／9)　　　　　　　　　　　　(堀池　春峰)

047　善慧大師 ぜんえだいし　⇨成尋(じょうじん)

048　前漢 ぜんかん　紀元前3世紀〜紀元後1世紀の中国の王朝．前206年〜後8年．西漢ともいう．先行する最初の大統一帝国秦は徹底した中央集権的法治が破綻し，全国的農民反乱を招きわずか15年で滅ぶ．沛(はい)の一亭長で挙兵，争乱中に頭角を現わし項羽のもとで漢王に封ぜられた劉(りゅう)邦(のちの高祖)が，蕭何・張良・韓信ら智相勇将をよく用い，ついに項羽をはじめ群雄を平定して天下を再統一し，長安を都とした．秦の苛政を去り民生の安定を図り，秦の郡県制を引きつぐとともに一族・功臣を諸侯王に封じ，漢は15代200余年の安定した支配を実現し，王莽の新朝による中断を経て後漢の再興をみ，并せて400年に及ぶ中国史上最も長期にわたる大王朝となった．第2代恵帝時の呉楚七国の乱を通じ異姓諸王は多く滅ぼされ，封建諸侯の勢力はきびしい制限を蒙り皇帝権が強化された．第7代武帝劉徹は約60年の治世を通じ，蓄積された国富を傾け対外発展に努め，衛青・霍去病ら名将の活躍で強敵匈奴を討って黄河以西に進出，西域に勢力を及ぼし，朝鮮半島に兵を出して楽浪郡以下4郡をおき，南方にも南越を討ち西南の夜郎に威勢を加え，空前の版図を開いた．しかし外征のため国力の消耗を来し，その補填のため桑弘羊ら財務官僚を登用し塩鉄専売・均輸・平準などの財政策を試み，財産税を強化した．武帝治世に太初暦を採用して正月歳首とし，元号の制を定着させ，三公九卿以下の官制，三輔・郡・国を包含する地方行政も整い，続く昭・宣帝期にかけて儒教の国教化や孝廉などを柱とする官吏登用制も進み，旧中国の国家体制の基本型が形成された．約5000万の人口を郡県郷里を通して戸籍に登録し，五銖銭の大量流通により人頭税を銭納させる住民支配が実現した．幼帝昭帝を輔佐する霍光が実権を握って以降，外戚や宦官(かんがん)の勢力が伸張する傾向を示し，最後は外戚王莽による簒奪を見るに至った．『漢書』地理志に「楽浪海中に倭人有り，分かれて百余国と為り，歳時を以て来り献見すと云ふ」(原漢文)とみえるのが中国史書における倭(日本)の初見．前漢の銅鏡は北九州の弥生時代墳墓に副葬された例が多く，当代の通交を示している．　→後漢(ごかん)

[参考文献]　滝川亀太郎『史記会注考証』，王先謙『漢書補注』，西嶋定生『秦漢帝国』(講談社『中国の歴史』2)，呂思勉『秦漢史』，宇都宮清吉『漢代社会経済史研究』，大庭脩『秦漢法制史の研究』，松丸道雄・永田英正『中国文明の成立』(『ビジュアル版世界の歴史』5)，D. Twitchett and M. Loewe eds., The Ch'in and Han Empires.〈Cambridge History of China〉Vol. I　　　　　　　(池田　温)

049　前漢書 ぜんかんじょ　⇨漢書(かんじょ)

050　善議 ぜんぎ　729〜812　奈良・平安時代前期の僧．天平元年(729)生まれる．出自は河内国錦部郡恵賀連氏．大安寺僧．道慈より三論の法義を授けられたと伝えるが，年齢的にいささか無理なように思われる．しかし道慈と同じく入唐したとされており，帰国後は大安寺にあって，学徳すぐれた僧として令名高く，三論宗では彼を法将とよんだという．特に，延暦17年(798)9月の詔や，同22年正月の勅からも推察されるように，当時の法相宗に対する三論宗劣勢という状況のなかで，彼にかける期待は大きかったと思われる．弘仁3年(812)8月23日没．84歳．弟子に安澄・勤操がいる．　　　　　　　　　　　　(佐久間　竜)

051　銭弘俶八万四千塔 せんこうしゅくはちまんしせんとう　中国，五代十国時代，呉越国最後の王銭弘俶(在位948〜78)が，阿育王の故

事に倣って955年ごろに作成した銅鉄鍍金製の8万4000個の小塔．高さ(相輪部を含む)約20cm，基部1辺約8cm．基壇の四面に釈迦の本生図や諸尊像を鋳出している．『金石契』所引「勝相寺記」に，本塔500基が日本に頒賜されたと伝えるが，康保2年(965)7月僧道喜の記した『宝篋印記』には，日本僧日延が本塔1基を齎したこと，日延の言によると，弘俶が五代十国の争乱に多数の人命を奪ったため，その供養に本塔を作成し，塔中に摺本「宝篋印経」を安置したこと，などが記されている．しかし『宝篋印記』の記事を虚構とする意見もある(藪田嘉一郎)．弘俶の時代には蔣承勲らの呉越商人が日本との間を盛んに往来しているが，本塔はこの時期の両国関係を物語る遺品として貴重である．現在日本には誓願寺(福岡市西区今津町，重要文化財)・金胎寺(京都府相楽郡和束町，同)・東京国立博物館(那智経塚出土品)・金剛寺(大阪府河内長野市天野町)・書道博物館(東京都台東区)に所蔵されており，この他にも個人蔵や奈良県大峰山寺出土品などがある．

[参考文献] 藪田嘉一郎編『宝篋印塔の起原』，小野玄妙『仏教の美術及び歴史』(『小野玄妙(仏教芸術)著作集』2)，岡崎譲治「銭弘俶八万四千塔小考」(『仏教芸術』76)，関根俊一「銭弘俶八万四千塔について」(『MUSEUM』441)　　　　(石井　正敏)

052　千光法師 せんこうほうし　⇨明庵栄西(みょうあんえいさい)

053　選士 せんじ　平安時代大宰府管内に配した兵士．天長3年(826)大宰府管内の軍団兵士制を廃止し，代わって富饒遊手の児といわれる富裕な階層の者を選士とし，大宰府や9国2島の守備にあたらせた．定員は大宰府に選士400人と彼らを指揮する統領8人，他の9国2島に選士1320人，統領34人を置き，それぞれを4番に分かって30日ごとに上番させた．したがって年間約90日役する．貞観年間(859～77)に新羅の海賊が頻りに九州沿岸部を侵寇するのに対し，貞観11年夷俘を配して九州沿岸の警備にあたらせたが，その際，統領・選士の堪能の者を夷俘の長として彼らを管轄させた．さらに同年12月に統領2人と選士100人をもって鴻臚館の守備隊とした．統領は軍毅に准じて職田2町と仕丁3人を給い，選士は庸を免ぜられ，中男3人と日粮を給い，特に大宰府に配置の選士には調庸を免じ，仕丁2人を支給した．しかし一方で『三代実録』貞観11年12月5日条に，統領・選士の懦弱(だじゃく)を指摘する文があり，実際，寛平年間(889～98)にしばしば九州沿岸を侵寇する新羅の賊に対し，選士が動員されたことを示す史料はなく，むしろ防人制の再興要請や郡司士卒を動員している例がみえる．これらより選士制の停廃を令した史料はみえないが，9世紀後半には，選士制は実態を伴わないものになっていたと推測できる．

[参考文献] 山内邦夫「選士制とその周辺」(遠藤元男先生頌寿記念会編『(遠藤元男先生頌寿記念)日本古代史論苑』所収)　　　　(米田　雄介)

054　千字文 せんじもん　漢字を覚えるための小学入門書．書法初学の書ともなる．1巻．中国梁の周興嗣撰．毎句4字，250句，1字の重複もなく計1000字あるから名づけられた．王羲之筆の法帖に魏の鐘繇の『千字文』があり，鐘繇はこれを晋の武帝の時作ったとする旧説もあるが疑わしい．王羲之が写した古千字文に錯乱があったので，梁の武帝の時に勅命によって周興嗣が韻をととのえ，編み直したと考えられる．古千字文の作者は不明であるが，漢代からこの種の漢字と書法の入門書があった．わが国には応神天皇16年に王仁吉師が「千字文一巻」を将来したとされるが，商鞅の千字文だとか，鐘繇の千字文だとか，諸説があるが，いずれの千字文であるかは明らかでなく，周興嗣の作は平安時代以後流行し，習字の教科書として重んじられた．それは単に字を並列しただけでなく，内容的に一貫性があることと，暗誦に便なるように韻を踏んで作られているからである．たとえば，「天地玄黄，宇宙洪荒」の初2句は黄・荒が同韻，「謂語助者，焉哉乎也」の結2句は者・也が同韻であり，ほかは隔句に韻を踏む．一篇の大意は，天地の徳を讃え，その間に存在する人間，特に人君，君子の徳政と修身の工夫を説き，森羅万象を列挙して，学問の要を勧めたものと見られる．梁以後の明に至る各時代に千字文は作られ，それらは続・広・易・万などの字を冠している．わが国にも，平安時代末期三善為康が『続千字文』を撰し，貝原益軒・木村明啓に同類のものとして『千字類合』『世話千字文』がある．法帖としては隋の智永の『真草千字文』が古くまた有名である．『隋書』経籍志には蕭子雲や胡粛の『注千字文』のほか『篆書千字文』『演千字文』が記される．和刻に『篆図附音増広古注千字文』があるが，近世期寺子屋教科書として各種の板本が出た．

[参考文献] 安本健吉『評釈千字文』(『岩波文庫』)，小川環樹・木田章義注解『千字文』(同)，川口久雄『平安朝日本漢文学史の研究』，伯希和「千字文考」(馮承鈞訳，『図書館学季刊』6ノ1)

(川口久雄・高瀬允)

055　善信尼 ぜんしんに　6世紀末ごろの人．わが国最初の尼．司馬達等(しばたっと)の女．俗名は嶋(斯末売とも書く)．敏達天皇13年9月，高句麗よりの渡来僧恵便に従って出家得度し善信尼と称す．『元興寺伽藍縁起并流記資財帳』によれば，蘇我馬子は宅の東に仏殿を造り，百済から将来した弥勒の石像を安置し，善信尼とその弟子禅蔵尼・恵善尼の3尼を招いて斎会を催したという．翌14年3月，物部守屋が仏教を迫害すると善信尼らを喚び法衣を奪って海石榴市(つばきいち)の亭に禁固し

た．崇峻天皇元年学問尼として百済へ遣わされ，戒律を学んで同3年3月に帰朝，桜井寺に居住した．そして善徳・善妙・妙光・善聡・善通らの諸尼を度した．

[参考文献] 辻善之助『日本仏教史』1

（大野達之助）

056 宣徳銭 せんとくせん ⇒宣徳通宝（せんとくつうほう）

057 宣徳通宝 せんとくつうほう　中国，明の宣宗のとき鋳造した銅銭．宣宗の宣徳8年（1433）10月工部と浙江・江西・広東・福建の4布政司に命じ，宣徳通宝銭10万貫を鋳造させたことが『明会典』にみえる．明の太祖は即位以前至正21年（1361）大中通宝を鋳造し，以後は洪武・永楽・宣徳の通宝など歴代年号を帯びる銭が造られた．これら明の制銭は頒布少なく，英宗天順4年（1460）にきわめて劣質の悪銭を除き北宋銭など歴代旧銭と兼用させたが，歴代旧銭の通用が多かった．成祖永楽年間（1403〜24）遣明船の国王（将軍）への頒賜，官収買物の給価に制銭（永楽通宝）をあてた．しかし宣宗代には制銭頒賜はほとんどなく，享徳2年（1453）渡航遣明船の収買物給価は宣徳通宝があてられた．この後遣明船は銅銭を生糸など有利な商品に換え持ち帰った．宣徳通宝について孝宗弘治16年（1503）鋳造の弘治通宝まで制銭鋳造なくこの銭はほとんど輸入されず，宣徳通宝輸入量は永楽・洪武通宝に比しすこぶる少ない．国内私鋳銭もある．

（原寸大）

[参考文献] 小葉田淳「室町時代明銭輸入と国内銅銭流通事情」（『日本貨幣流通史』所収）

（小葉田　淳）

058 宣徳要約 せんとくようやく　中国，明の宣徳9年（永享6，1434）に制定された日明間の通交規定といわれているもの．日本の年号に従って永享条約といわれることもある．内容は，(1)遣明船搭乗の人員は300以下，(2)船数は3，(3)所持の刀剣は3000をこえてはならない，というもので，永楽要約（応永条約）の(1)10年1貢，(2)人員200，(3)船数2，の規定を改めた規定であり，永享6年6月に来日した明使雷春が宣徳新勘合をもたらしたときに改定を約したのであろうという．この要約の存在が考えられた根拠は鄭若曾の『日本図纂』『籌海図編』，鄭暁の『吾学編』，『明史』日本伝などであるが，小葉田淳はこれらの史料はいずれも後世のもので真実を示していないとし，両要約ともその存在は容認できないとした．また，小葉田は，要約をめぐる栢原昌三の存在論，後藤秀穂の非存在論をともに批判し，『蔭凉軒日録』の記事などによって「私の考へは（中略）十年一貢・人三百・船三隻の制限は宝徳三年（一四五一）の遣明船後頒たれたものと断定し，刀剣附搭三千の制限もこの際に要求されたものであらうと思ふ」と結論している．実際に遣明船が派遣された状況も，小葉田のいうように両要約とはかなり相違していた．→永楽要約（えいらくようやく）

[参考文献] 小葉田淳『中世日支通交貿易史の研究』

（田中　健夫）

059 泉涌寺版 せんにゅうじばん　鎌倉時代，京都東山の泉涌寺で開版された仏書．正治元年（1199），弟子とともに入宋した不可棄法師（俊芿（しゅんじょう））は，帰国に際し多数の宋刊本を将来した．泉涌寺版はこれらの宋刊本をテキストにして覆刻出版したもので，わが国印刷史の上では，宋元刊本の覆刻で名高い五山版の先駆をなすものとして注目される．現存最古の泉涌寺版は，寛元4年（1246）道玄が開版した『仏制比丘六物図』である．

[参考文献] 川瀬一馬「泉涌寺版について—泉涌寺蔵律部七十三帖を中心として—」（『書誌学』新15）

（金子　和正）

060 宣明暦 せんみょうれき　中国晩唐の穆宗の長慶2年（822）から71年間行われた暦法で，徐昂の作とされる．日本へは，清和天皇の貞観元年（859）渤海大使烏孝慎がもたらし，同3年暦博士大春日真野麻呂は，これまでの大衍・五紀両暦併用に代えて採用されんことを請うて許され，翌4年から実施された．その後，江戸時代の貞享元年（1684）まで823年の長期にわたって行われたので，はじめの30年間は日本，中国とも同じ宣明暦を用いていたことになる．その暦法は『新唐書』暦志に記され，基本常数の中，1年は$365\frac{2055}{8400}$日，1月は$29\frac{4457}{8400}$日である．『見行草』と称する暦算稿も数年分残り，暦算法を解説した安藤有益の『長慶宣明暦算法』もあり，暦そのもの，実施暦日資料も豊富で，朔旦冬至・符天暦・地方暦たる故を以ての暦日の食い違いなど，暦日の具体相も比較的よく知られる．長期実施のため天度に遅れること2日，元の授時暦による改暦論が盛んとなり，貞享元年，一時明の大統暦採用が決定されたが，結局，安井（渋川）春海の作った貞享暦採用の決定を見，宣明暦に代わって翌年実施された．　→暦（こよみ）

[参考文献] 藪内清『中国の天文暦法』，能田忠亮『暦』（『日本歴史新書』），佐藤政次「宣明暦の渡来とその影響」（日本大学史学会頌寿記念論文集刊行委員会編『石田・和田・龍・山中四先生頌寿記念史学論文集』所収），桃裕行『暦法の研究』（『桃裕行著作集』7・8）

（桃　裕行）

061 善隣国宝記 ぜんりんこくほうき　古代から中世に至る対外関係史ならびに外交文書集．3巻．瑞渓周鳳の編著．書名の典拠は『春秋左氏伝』にある．数度の段階を経て，文

明2年(1470)に成立．上巻は垂仁天皇88年から明徳3年(1392)までの僧侶の往来を中心とした中国との交渉を記しており，虎関師錬の『元亨釈書』からとった記述が大部分であるが，なかには『海外国記』『書籍後伝記』など現存していない書物からの引用もある．中巻と下巻とは応永5年(1398)から文明18年までの明や朝鮮との往復文書とその別幅とを収録している．瑞溪死後の文書が収められているのは，後人が補充追加したものである．瑞溪は，寛正5年(1464)遣明使の派遣にあたり，明皇帝に捧呈すべき表文の作成を幕府から命ぜられ，また同時に明に需むべき書籍の選択について諮問を受けたが，このことが直接の動機となり，外交文書作成の先例を調べているうちに，これを後世のものの指針として残しておくことの重要性に思い至り，本書を撰述したものと推察される．外交文書の作成は，当時五山僧が担当した重要な任務の1つであり，本書は瑞溪の死後も貴重な参考史料集として重視された．文中に『神皇正統記』の引用や足利義満の外交文書を批判した文章などがあり，本書をもって特異な思想を表現するための著述とする見方もあるが，本書の本領はあくまでも後進への指針・参考とするところにあった．本書の撰述にあたり，瑞溪の教養の基礎となったのは六国史などの古典の学習よりは，むしろ当代随一の碩学といわれた清原業忠の教示に求められる点の方が多い．現在，最も流布している本は，京都の出雲寺松栢堂から明暦3年(1657)に出版された木版本で，上中下の3冊からなっている．『続群書類従』雑部，『(改定)史籍集覧』21をはじめ，中島悦校訂『新訂善隣国宝記』，国書刊行会の影印本，田中健夫編『善隣国宝記・新訂続善隣国宝記』(『訳注日本史料』)などはすべてこれによっている．写本には別幅を欠く1冊本など数種のものがあるが，内容上は刊本と大差ない．

[参考文献] 『群書解題』20，田中健夫「善隣国宝記の成立事情とその背景」(『中世海外交渉史の研究』所収)

(田中　健夫)

062 善隣国宝後記 ぜんりんこくほうこうき ⇨続善隣国宝記(ぞくぜんりんこくほうき)

063 善隣国宝別記 ぜんりんこくほうべっき ⇨続善隣国宝記(ぞくぜんりんこくほうき)

064 禅林寺僧正 ぜんりんじのそうじょう ⇨宗叡(しゅえい)

そ

001 祖阿 そあ　生没年不詳　応永8年(1401)の遣明船の正使．瑞溪周鳳の『善隣国宝記』によると，応永の初年に博多商人の肥富(こいつみ)が明から帰国して，足利義満に日明通交の利益を説き，義満はこれに動かされて遣明使派遣にふみきったという．このときの正使が祖阿で，肥富は副使にされた．同船は翌応永9年明使天倫道彝らを伴って帰国し，日明関係開始の糸口となった．『吉田家日次記』は，祖阿のことを「遣唐使遁世者素阿弥」と書いている．このことは祖阿が当時将軍の側近に侍して雑用をつとめていた同朋衆の1人であったことを推測させる．このとき以後の遣明船の正副使は五山関係の僧が選ばれるのが普通であり，同朋衆が使節に任ぜられたのはきわめて異例であった．

[参考文献] 田中健夫『中世対外関係史』

(田中　健夫)

002 蘇因高 そいんこう ⇨小野妹子(おののいもこ)

003 宋 そう　10～13世紀の中国の王朝．唐末から五代にわたる政治・軍事分裂の末期に，後周という軍閥王朝のもとで禁軍(近衛軍)の総司令官であった趙匡胤(太祖)が，政権をうばい(陳橋の変)，開封に都して建国し(960年)，弟の趙匡義(太宗)とともに979年までに中国全土を平定して統一に成功した．趙氏の世系は18世，320年つづき，1279年，元の軍勢が帝昺(へい)を守る宋の残兵を広東省広州沖の厓山に追いつめて潰滅させた事件で亡んだ．この間，1127年，華北に侵入した女真族の金軍が，徽(き)宗・欽宗父子を捕囚にした靖康の変まで168年を北宋，以後，徽宗の九子高宗が華中・華南を保全して皇統を継ぎ，杭州臨安府に都してから滅亡するまでの152年を南宋という．宋という王朝名は，趙匡胤が宋州帰徳軍節度使であったことによる．趙宋とよんで南朝の宋(420～78年)＝劉宋と区別することもある．日本史の該当する年代でいえば，平安時代の末，藤原氏の摂関政治の半ばから，鎌倉時代の第2次元寇である弘安の役の直前にあたる時期である．

中国史のなかでの宋代は，2000余年つづいた王朝史を二分する政治・経済・文化・社会の大転換期にあたり，宋・元・明・清約1000年の後期中華帝国の社会と文化の基本が成立した発端期である．確かに宋は漢や唐のような軍事や国際外交の栄光やロマンの影は薄いが，今日われわれが中国的と考える様相が形成され，持続した均衡をつくり出したところに時代の意義がある．もう1つ，日本を含む東アジアの国際関係史のなかでみると，唐の世界帝国が崩れ，それぞれの国が民族文化にめざめ，自立を求めて多極化し始めた国際環

境に宋は直面していた．この推移が宋をして内面の充実，土着の伝統の再生，文化・経済大国の道を求めさせ，中国史上はじめての海洋進出を促し，また文化と経済の水準は世界史上はじめて西方のそれを抜き，のちの西力東漸のいとぐちをつくった．政治史で大事なことは，当時の経済・社会の大変化をのりこえて，官僚制が内容を一新して強化されたことである．すなわち旧い指導層であった貴族・軍人勢力の一掃に成功し，文臣の圧倒的優位による官僚制を登用法・監察・昇進の分野でととのえ，効率的で安定した独裁制が生まれた．ことに隋・唐に始まる科挙が宋代に完成され，2万前後の高等官の大半が，段階的，定期的な科挙試験の合格者で補給され交替してゆくことになった．この制度保証のために，かつて大土地所有と不可分に結びついていた世襲貴族官僚の根が絶たれ，才能ある新人が競合と平等の原則のもとで指導層に到達する道が開けた．宋の官制は社会の軍事化・分権化の監視，行政と財務の徹底した集権に力を注いだ．節度使の旧軍は禁軍に吸収し，これを統制する枢密院は指揮権を握り，統帥権は天子に帰した．節度使の兵権は回収し，代りに文臣を派遣した．中央では中書門下（行政），御史台（監察），枢密院（軍事）の職掌分立を確立したほか，三司（財務）・翰林学士院（諮問）を特設した．地方では中間的監督区である路を全国17内外つくり，財務・軍事・専売・刑法それぞれに独立した監察の機構をたてた．中央地方を通じて要職は文臣が占め，科挙の成績と官歴を照合しつつ人事権を中央で握った．こうした基本制度は清末までつづいた．

官僚制の強化・効率化は経済社会の変化と関わっていた．唐と宋の盛期でくらべると，人口は2倍，耕地は4倍，財収は3倍，通貨鋳造量は10倍ふえた．耕地と人口の増加は華中・華南の開発に負っており，ことに低湿地の広大な干拓がすすみ，また占城稲や早稲の新品種の投入も手伝って，集約的で収量の高い水田が一時に開け，「蘇湖熟すれば天下足る」穀倉地帯が長江下流に出現した．この農業革命は，商業革命，新しい地主制，社会の都市化に連動している．穀倉が安定したため，茶・絹・陶磁器・漆器・製紙・鉱業が各地で特産化し，大運河と長江を軸とする水運組織が発達し，商業組織もととのった．国内商業は貨幣需要をふやし，大量の銅銭が鋳造されたことに加えて，紙幣・信用証券，補助貨幣としての金・銀が公私の取引に用いられた．銀の流通はイスラムの興起による西アジア商圏の東方進出と関わりがある．内陸・海洋を経て波及した国際商業は，開封・杭州・広州・泉州・明州などに香料・薬物・染料・馬匹・奢侈品・金・銀をもたらし，絹・陶磁器・茶・金・銀・銅銭などと交易した．この刺戟で宋の造船・航海技術は急成長し，中国史でもはじめて中国船がインド洋・紅海方面へ進出したほか，東アジア海域の戎克（ジャンク）貿易は宋船の掌中に帰した．日宋間に正式の外交はなかったが，天台山・五台山詣での宗教情熱で渡海した奝然（ちょうねん）・成尋（じょうじん），そして栄西・道元らの僧の往来は活潑であり，平氏一門や荘園領主は，宋船に託して砂金・真珠・水銀・刀剣・螺鈿（らてん）・扇・硫黄・良木を宋に運んだ．宋からは香料・絹・書籍・仏典・地図・陶磁器・絵画・仏像・銅銭，印刷・繊維の工芸技術，作物や植物，学術・歴史知識，禅宗，造園・建築の技術，香道・喫茶の風が伝わり，流入した銅銭は荘園経済の変化に影響を及ぼした．農・商業の革命は土地所有と税制の質も変えた．貴族層の政権のとりでであった自給的大所領は消失し，土地による財産形成は商業化に傾斜した社会に即応した地主経営によるようになり，明清時代に郷紳と呼ばれる特権的不在地主の原形が生まれた．税制も，査定基準を人丁から土地の所有面積におきかえた唐末以来の両税法が行われ，さらに各種の商業税が土地税を補う重要財源となった．

一方，社会と文化の都市化も，宋の変革の重要な局面である．唐半ばまでは大中小の行政都市での市場の開設，市場内の商工活動は，きびしい「市制」で管理され，町割りも「街坊制」の規制をうけたが，宋では市場統制も商工活動もほぼ自由となり，「行（こう）」とよぶ商工同業組合も生まれた．農村部でも，日本の在郷町や斎市にあたる鎮市・村市が無数に発生し，都市の文化や商工業品を農村に流し，農村の生産物を都市に吸い上げる機構がととのった．こうした社会経済の都市化と，文治主義の風潮や，印刷文化の普及とが相まって，都市は知識人や富民の高度文化，盛り場に起った新しい俗文学など，洗練された生活様式や娯楽の集まるところとなった．絵画や陶磁器などの伝統芸術は完成の域に達し，文学では散文体の文章が尊重されて一時期を画し，自由で口語を駆使した韻文の詞（し），世俗の文芸ジャンルとしての散曲・小説などが起った．教養人の理想像が多才多面の創造性を重んじたので，欧陽修・蘇軾（そしょく）らの一流の知識人は，同時に書家・文豪・大詩人としても知られる幅広い文化人であった．こうして中国文化の黄金時代とされる宋代で，学術の振興は著しかった．伝統への回帰を反映して，司馬光の『資治通鑑』に代表される包括的，体系的な史書の編纂や，あまたの記録を分類整理した百科全書の編纂など，故実の再生に力が注がれるとともに，地理，考古，博物，技術などでも豊かな成果があがった．宋の知的発酵の1つの極点は，朱熹（しゅき）に集成された宋学である．宋の儒者は仏教，道家，『易経』の理念や用語を広く取捨し，また古典のなかから新たに四書（『大学』『論語』『孟子』『中庸』）を選定し，新時代の社会に適応した形而上的な宇宙論をつくり出した．太極から理・気が派生し，陰陽・五行の相関を運動法

則として万物が実在するという宋学の構想は，具体的には家族倫理を核として，宇宙の理法にのっとり五倫を実践すれば天理に合一するという道徳政治の思想体系の役割も果たし，元末から科挙に採用されて，官僚政治の哲学の正統理念となった．

このように宋は軍事・外交の不振という逆境から生じた国内緊張を，経済と文化の充実という方向に導くことに成功し，以後1000年つづいた新しい型の政治・社会経済・文化のもとを築きあげた．元や清の征服王朝もこうした社会と文化に順応して成立できたのである．しかしこの文化主義をなり立たせた環境には，後年の硬直化につながる要素がつきまとっていた．周辺の諸国が民族的にますます覚醒して外圧を増してゆくなかで，資源開発や技術革新の歩調がゆっくりと下降を始めた．集約化する労働，広がる商工業のわりには，所得と富の配分があまりにも不均衡になり，通貨の供給も不十分で，農村と都市の較差も大きくなった．人口増にくらべて官僚の規模や税収が不適切であり，ことに独裁的官僚制は一旦確立すると惰性が生じて保守的となり，宋学で裏づけられた君主の独裁権に対し，有効に制肘する法が育たなかった．1004年の宋・遼の和議，1044年の宋・西夏の和議による小康期は，こうした国と社会の機能不全という危機をはじめて自覚させた．丈量と資産調査による貧富較差の是正，財政・行政の健全化，資源開発が熱心に求められ，神宗に登用された王安石が新法という改革案を断行して体質改善をはかった．資源にゆとりのある南方の官僚はその進歩性を認めたが，政治と軍需の中枢であった華北の官僚は保守的に批判し，秩序の安定を希う官僚機構の惰性がこれに加わって，党争とよぶ権力闘争が派生し，改革は失敗した．行政硬直のきざしの中で，徽宗の文化・学術奨励のもと，文運は隆盛したが，北宋は遼・金の侵入を招いて亡んだ．南宋では政治が経済の中枢である華中・華南に立地したため，社会・経済・文化は一段と発達した．新法の長所が採られて地方行政組織の整備，丈量・戸口調査，資源開発で成果をあげたが，金の外圧に備えて設けた4つの総領所が財政の地方分立を生じ，北宋に匹敵する中央官僚機構を支える負担も加わって，貧富較差の抜本の手直しはすすまず，地主制が広がった．朱子一門の倫理国家の実践をめざす動きも，こうした危機を直観した新官僚の自覚の表明でもあった．

参考文献 『宋史』，徐松編『宋会要輯稿』，周藤吉之・中嶋敏『五代・宋』(『中国の歴史』5)，梅原郁『宋王朝と新文化』(『図説中国の歴史』5)，J. K. Fairbank, E. O. Reischauer and A. M. Craig: East Asia, Tradition and Transformation.　　(斯波　義信)

日宋関係　960年の宋の建国から，1279年に元によって滅ぼされるまでの日本と宋の関係，ただし，1126年に金が宋の首都開封を占領し翌年徽宗らが北方へ連行された靖康の変を境に，前者を北宋，後者を南宋と称している．宋は君主独裁体制のもと文治主義を統治の基本方針とし，士大夫階級が政治・社会を指導し国内的には平和と繁栄をもたらしたが，対外的には遼(契丹)・西夏・金などの圧迫を受けて軍事費は増加した．財政難の宋にとって外国貿易は重要な財源となった．宋は主要な港市に市舶司を置いて貿易事務を掌らせた．そのうちの明州市舶司が対日貿易に当たり，日本では大宰府一博多を中心にして対応していた．宋船は若狭・越前国などにも入港している．日本の対北宋関係は，政府の管理貿易を基本としていた．正式の国交関係はなかったが，入宋僧は勅許を得て出国しており，入宋後は公的な処遇を受けている．管理貿易の淵源は，律令体制の再編強化がはかられた延喜年間(901～923)の前半期にある．延喜3年には官司先買の原則が示され，同11年には商人は一定の期間(2～3年)をあけて来航すべきことを定め，年期に違反した場合は安置(滞在)を認めず廻却(帰国)させるという年紀(期)制を定めている．『小右記』寛仁3年(1019)条などに見られる，個人の海外渡航を禁止する渡海(禁)制の法源も律の条文にあると言われる．これは来航商人を国家管理のもとに把握し，華夷秩序の遵守を求めたものである．交易は主として大宰鴻臚館(福岡市中央区)で行われた．宋船が来着すると臨検(存問)がなされ，政府に報告されると公卿の審議(陣定(じんのさだめ))にかけられ，天皇の裁可を経て，安置・廻却の決定が大宰府に通知された．交易が許されると唐物使(からもののつかい)が派遣されて政府の先買がなされ，そののちに大宰府などの地方官が交易し，そのあと一般の交易が許された．11世紀半ば以降に鴻臚館は廃絶し，交易の場は東側の博多地区に移り，管理貿易は大宰府府官の手に委ねられ変質しながらも12世紀前半頃まで存続し，廃絶した．日本・北宋関係の基本は宋海商の日本への進出であるが，日本側からの渡宋としては罪障消滅・後生菩提のための僧侶の諸所の聖地，特に天台山・五台山巡礼が際立った特色である．これは南宋期に入ると求法のための入宋へと変化をみせる．聖地巡礼で著名なのは奝然(ちょうねん)・寂照(大江定基)・成尋(じょうじん)・戒覚などである．『宋史』日本伝は奝然に多くの筆を割いているが永観元年(983)入宋し，太宗に『職員令』『王年代紀』などを献じて，宋の日本認識を飛躍的に前進させ，開宝勅版大蔵経・栴檀釈迦像などを日本へもたらした．寂照が源信から託された天台宗に関する27ヵ条の疑問を四明知礼に致したことはよく知られている．成尋には浙江省の天台山から河南省開封・山西省五台山という南北中国にわたる1年有余の旅行見聞録『参天台五台山記』があり，神宗時代の中国仏教はもとより，広く政治・経済・交通その

他各方面に関する貴重な研究資料となっている。密航した戒覚にも『渡宋記』があり，簡略ながら，永保2年(1082)に博多を出帆し五台山に詣でた経緯が記されている．これら北宋時代の日本人の入宋・帰朝は宋商船に便乗して行われている．

北宋からの輸入品のあらましは藤原明衡(989～1066)の『新猿楽記』に次のように掲げられている．沈香・麝香・衣比・丁子・甘松・薫陸・青木・竜脳・牛頭・鶏舌・白檀・赤木・紫檀・蘇方・陶砂・紅雪・紫雪・金益丹・銀益丹・紫金膏・巴豆・雄黄・可梨勒・檳榔子・銅黄・緑青・燕紫・空青・丹・朱砂・胡粉・豹虎皮・藤茶碗・籠子・犀生角・水牛如意・瑪瑙帯・瑠璃壺・綾・錦・羅・縠・呉竹・甘竹・吹玉などをはじめ加工的品種は主に大陸の産であり，沈香・薫陸などの香料類以下の原料的品種の多くは南海方面・インド・アラビア・アフリカなどの地域から一旦宋に転入され日本に転売されたものである．右のほか，経典・書籍・文房具(唐紙・唐硯・唐墨)・唐画・鳥獣類などがある．入宋僧成尋は宋帝に日本にとっての重要輸入品は香・薬・茶碗・錦・蘇芳であるといっている(『参天台五台山記』熙寧5年(1072)10月15日条)．日本からの輸出品としては砂金・水銀・硫黄・真珠・扇・刀剣・工芸品などで，扇は扇面の倭絵がよろこばれ，刀剣は実用品としてのみならず美術品としてもよろこばれた．

11世紀半ば以降，宋海商の博多居住(唐房)が進み，それら博多綱首による交易が以後の日本の対宋貿易を代表する．南宋に入り，孝宗(在位1162～89)の時代は南宋の最盛期で，金との和平の継続により経済・文化の発展が著しく，外交においても積極方針をとり貿易の振興につとめた．一方日本では平清盛の全盛期であった．平氏は清盛の祖父正盛以来西国の受領を歴任して瀬戸内海一帯に勢力を張り，父忠盛は大宰府の介入を排除して対宋貿易を行なっていた．清盛および弟の頼盛は大宰大弐に任じるが，頼盛は現地に赴任し，北九州の有力寺社を支配下に収め，大宰府の府官勢力を掌握した．清盛は先例などを問題とせず貿易の振興をはかり，門司関を掌握し，大輪田泊(兵庫)を修築するなど瀬戸内海航路の整備を行なった．輸入品の主要消費地である京都を背景にして対宋貿易は活発化していった．平氏を打倒した鎌倉幕府は，草創期においては西国の支配は未熟であったが，大宰府支配の進展とともに外交・貿易の権限を強めてゆく．承久の乱後の嘉禄2年(1226)，御家人の武藤(少弐)資頼が大宰少弐になったことは注目される．北条氏専制化の深まりとともに武家文化の独自性が強く出てくるが，それは宋文物の移入を媒介とするもので，北条時頼による建長寺の創建はその標識といえる．建長6年(1254)4月，鎌倉幕府は唐船5艘以上を置くことを禁じ，それ以外の船の破却を命じた．制限意図は必ずしも明らかではないが，一般の渡宋船に制限を加え，幕府(北条氏)が対宋貿易の主導権を掌握しようとしたものであろう．しかし宋との民間貿易は一片の法令で制限されたとはいえない．文永元年(1264)4月，幕府は大宰府にあてて「御分唐船」の停止を命じる．北条氏による貿易独占化の深まりの中で理解されることがであろう．文永の役直後の建治2年(1276)日本商船の渡宋・帰国が知られ，弘安元年(1278)北条時宗は宋の名僧を請ずべく使僧を渡海させている．翌年南宋は亡び，3世紀を超える日宋関係は終った．

日本・南宋の貿易の輸出入品も大勢としては北宋期とあまり変わらないが，宋銅銭の輸入が盛んとなり，日本社会を貨幣経済の方向へと進めた．経典・書籍類および磁器類の輸入もますます盛んとなった．日本から南宋への輸出品も大勢は北宋期と変わらないが，『宝慶四明志』巻6には，細色(容積に比し価値の高いもの)として金子・砂金・珠子・薬珠・水銀・鹿耳・茯苓，麤色(容積の大なるもの)として硫黄・螺頭・合蕈・松柏・羅板をあげている．『開慶四明続志』には「輸入日本貨の中で，抽分によって最も国庫の収入となるものは，硫黄と板木のみ」と記しており，「倭人は鯨波の険を冒し，舳艫相衙み，其物を以て来り售る」(『開慶四明続志』8)という盛況をみせた．

宋文物移入の鎌倉文化形成に与えた影響は大きい．まず東大寺の再建は，その伝統的諸力を基礎に，武家政権の形成を背景として東アジア貿易体制の展開の中で推進された．宋文物について深い理解をもちみずから渡宋したと称する重源が宋人鋳師陳和卿(ちんなけい)を登用して再建を成功に導いた．陳和卿は技術面で多様な才能をもつ交易者で，大仏の鋳成はその指導によった．重源の勧進活動で集められた宋銭は大仏の鋳材となった．再建第2期の大仏殿建立には豪壮雄偉の構造美を誇る宋風の大仏様(天竺様)建築が行われ，大仏殿の造像には彩色丹具は宋から直接購入され，中門の石像類は明州出身の渡来宋石工の作である．宋文化の影響を背景とする鎌倉文化の形成は東大寺再建を通しての重源の宋文物移入に始まるといえる．在宋の間(1199～1211)，律と天台を中心に広く宋仏教を学んで帰国した俊芿(しゅんじょう)は宋文物の総合的な将来者であり，仏教・宋学・美術・典籍(出版)と影響するところは広範であった．鎌倉時代中期以降の外来文化は，禅宗と，禅宗に随伴する文物の移入が中核をなしており，禅宗は宋・元の宗教・学問・文芸・美術など，宋・元文化の主軸をなすものであったから，禅宗の移入は宋・元文化の移入にほぼ並置できるほどの価値をもつものであった．その担い手は入宋日本禅僧の栄西・道元・円爾・南浦紹明(じょうみん)その他数多くの求法僧侶であり，蘭渓道隆・兀庵(ごったん)普寧・大休正念・西澗子曇・無学祖元その他数多くの来日宋禅僧

である．これら禅宗を受容した博多・鎌倉などは禅寺を都市景観の主要点とする租界的部分をもち宋文化の直接移植地としての機能を果たした．

[参考文献] 曾我部静雄『日宋金貨幣交流史』，木宮泰彦『日華文化交流史』，森克己『森克己著作選集』1～4，川添昭二『対外関係の史的展開』，山内晋次『奈良平安期の日本とアジア』，榎本渉『東アジア海域と日中交流』，田島公「日本，中国・朝鮮対外交流史年表―大宝元年～文治元年―」(奈良県立橿原考古学研究所附属博物館編『貿易陶磁』所収)

(川添　昭二)

004 総円志玉 そうえんしぎょく ⇨志玉(しぎょく)

005 宋学 そうがく ⇨朱子学(しゅしがく)

006 宗覚禅師 そうかくぜんじ ⇨兀庵普寧(ごったんふねい)

007 宋希璟 そうきけい　1376～1446　朝鮮王朝初期の文官．諱希璟，字(あざな)正夫，老松堂と号す．高麗朝末期の1376年，忠清道連山県竹安坊筠亭里に生まる．父は玄徳，本貫は新平(忠清道洪州牧の属県)．1402年，27歳のとき科挙に及第し，以後司諫院・芸文館などの職を歴任し，明国へ派遣される使節に加えられたこともある．1419年(応永26)の応永外寇(朝鮮では己亥東征という)のあとで日本国王使亮倪が朝鮮へ渡っているが，宋希璟はその回礼使に任命され，亮倪一行を送りつつ，翌20年の閏正月から約10ヵ月間かけて京都へ往復している．その使命は，将軍が求請した大蔵経1部をもたらし，日本在住の朝鮮人漂流者と倭寇被擄人の送還を求めることであった．この使行に際して彼が記した記録が『老松堂日本行録』である．この旅行中，彼は当時倭寇の本拠地と見られていた対馬の実情をはじめ，北九州や西国各地ならびに京都の情勢をよく観察し，以後の朝鮮における日本認識の深化に寄与している．晩年は全羅道の潭陽に隠退し，1446年，71歳で死去した．以後その後孫はこの地に住んだ．夫人鄭氏は東萊鄭氏允厚の女．　→老松堂日本行録(ろうしょうどうにほんこうろく)

[参考文献] 谷村一太郎・小川寿一校訂『新訂老松堂日本行録』，村井章介校注『老松堂日本行録』(『岩波文庫』)，中村栄孝『日鮮関係史の研究』上，同「『老松堂日本行録』(井上本)の景印によせて」(『朝鮮学報』45)

(長　正統)

008 宗金 そうきん　?～1454　室町時代前期の博多商人．応永年間(1394～1428)には京都に在住し，のちに博多に移ったらしい．応永の外寇の直後，応永27年朝鮮から回礼使宋希璟が日本に派遣されると，宗金は博多で一行の接待にあたり，また一行を先導して瀬戸内海を通過して京都に至った．宗金はこのときすでに幕府の要人や国内商人とかなり緊密な連絡の方法を確保していたらしい．朝鮮との通交貿易は世宗2年(応永27，1420)から文宗即位年(宝徳3，1451)まで31年間にわたって記録されているが，「僧宗金」「石城商倭宗金」「筑州府石城県藤氏宗金」「日本筑州石城管事宗金」「石城小吏宗金」「富商石城府代官宗金」などの名称が連年のようにみえる．管事・小吏・代官などは博多の行政に参加していたことを示すものであろう．初めは九州探題渋川氏配下の商人あるいは使人として行動していたが，大友氏の代官をつとめ，やがて世宗7年には朝鮮から図書(私印)を与えられて受図書人となり，独立した貿易商人として活動するようになる．宗金はさらに自己の子弟や使人を朝鮮に送ったり，朝鮮使節の護送や将軍の遺使に関係したりして，貿易活動の舞台を拡げていった．永享3年(世宗13，1431)には将軍足利義教の使者として渡航した．また斯波・渋川・大友・少弐ら諸氏の下請貿易などを随時並行して行い，巨利を得た．文宗即位の年，宗金は大蔵経の賜与を朝鮮に求め，善山府得益寺所蔵の3800巻を与えられたが，これが最後の朝鮮との通交となった．一方，宗金は遣明船にも関係した．朝鮮の礼曹に，正統元年(永享8，1436)竜室道淵を正使とする船で入明し，明の皇帝から段子20匹・絹40匹を与えられたと報告している．しかし正統元年に明から帰国した使節は恕中中誓で，竜室の帰国はそれよりも2年前のことであって，報告の内容は矛盾している．享徳3年(端宗2，1454)8月没．そのことは倭護軍藤九郎により翌年朝鮮に報告された．
→宗性春(そうせいしゅん)

[参考文献] 田中健夫「日鮮貿易における博多商人の活動」(『中世海外交渉史の研究』所収)，有光保茂「博多商人宗金とその家系」(『史淵』16)，有光友学「中世後期における貿易商人の動向」(静岡大学『人文論集』21)，上田純一『九州中世禅宗史の研究』，佐伯弘次「中世都市博多と「石城管事」宗金」(『史淵』133)，同「室町期の博多商人宗金と東アジア」(同136)，伊藤幸司『中世日本の外交と禅宗』

(田中　健夫)

009 象牙符 ぞうげふ　室町時代，足利義政に対して通交証として朝鮮国王から送られてきた信符．朝鮮成宗5年(文明6，成化10，1474)に，日本国王(足利義政)の要請によって10枚作製し，これを折半し，右符を日本に送って，日本から朝鮮に赴く使者に携帯させ，左符は朝鮮にとどめて，験察に用いた．材質は象牙，形は径1寸5分・周4寸5分の円形で，両面にそれぞれ「朝鮮通信」と「成化十年甲午」の文字を篆刻し，かつ第1から第10まで番号があったという．朝鮮ではこれを「通信符」といい，日本では破符(わりふ)とよんでいた．実物は現存せず，記録によってのみ，その存在が知られる．　→通信符(つうしんふ)

[参考文献] 田中健夫「勘合符・勘合印・勘合貿易」(『対外関係と文化交流』所収)

(田中　健夫)

010 宗家文書 そうけもんじょ　対馬藩宗家に伝来した文書群．近

世の宗家は，朝鮮王朝との外交実務や貿易を担当したため，国際色豊かな内容を含んでいる．宗家は，外交実務を担うため，朝鮮との間に起きた出来事を記録し，特に釜山の倭館において詳細な記録を残した．『(館主)毎日記』『裁判記録』や東向寺僧侶による『両国往復書謄』，編纂物として『分類紀事大綱』がある．また領内統治や対江戸幕府関係の記録も，対馬藩府中(対馬市厳原)の藩庁や，江戸の藩邸において作成された．役所別の執務記録として『毎日記』がある．この結果，(1)対馬藩庁，(2)倭館，(3)江戸藩邸において，文書の作成・保存がなされた．(1)は領内政治に関するものが大部分を占め，藩の中枢機関として朝鮮や江戸，その他各地への通達事項や関連記録，各地で記録されたものの写が多い．(2)は朝鮮との外交・貿易などに関するものが多く，(3)は対江戸幕府や通信使関係の記録が多い．

これらの史料は，現在，①国立国会図書館，②慶応義塾図書館，③東京大学史料編纂所，④長崎県立対馬歴史民俗資料館，⑤九州国立博物館，⑥東京国立博物館，⑦大韓民国国史編纂委員会において保管されている．

対馬藩庁に保存されてきた宗家の書物を納めた「御文庫」(宗家文庫)は，江戸時代から存続し，最終的には，対馬における宗家の菩提寺である万松院の境内に置かれていた．その保存庫の老朽化にともない，④へ寄託資料として移管された．上記以外に，約1万4000点もの古文書・器物類は，文化庁が購入し，⑤の所蔵となった．この中には，宗氏が朝鮮への偽使派遣のために集積した図書(銅印，計23個)や，模造木印(足利将軍や朝鮮国王の印鑑の模造印．計14個)を含む．釜山倭館にあったものは，外務省記録課，帝国図書館，国立国会図書館支部上野図書館を経て，①に移管された．江戸藩邸にあった史料は，江戸・東京における宗家の菩提寺である養玉院から，②に入った分と，南葵(なんき)文庫に入ったものとがあり，後者は東京帝国大学附属図書館を経て，③に移管された．また朝鮮総督府が，各所の旧対馬藩関係文書から朝鮮関係のものを中心に購入収集し，それらが⑦に移管されている．⑥には，旧一橋家文書が保管されているが，その中に宗家文書とおぼしき記録が，161冊現存している．

各機関に所蔵されている主な史料をあげると，①には『倭館館主日記(館主日記・毎日記)』860冊，『裁判記録』(訳官記録を含む)271冊，『両国往復書謄』190冊，『分類紀事大綱』40冊，②には江戸藩邸に保存された一連の通信使記録や『朝鮮往復書』78冊がある．③には『江戸藩邸毎日記』490冊，『海陸毎日記』81冊，④には92の役職名別の『毎日録』7396点(合冊にして3437冊)などがある．⑦には，各期の通信使記録(約1100冊)や送使記録(約1500冊)，以酊庵輪番僧による『本邦朝鮮往復書』約150冊，藩内各役所の『毎日記』約360冊，『訳官記録』約300冊，①本と同じ『裁判記録』約200冊，①本に続く年代の『分類紀事大綱』約100冊などがある．

ゆまに書房が，マイクロフィルム版『対馬宗家文書』として，②から『朝鮮通信使記録』(第1期)，③から『江戸藩邸毎日記』(第2期)，①から『倭館館守日記・裁判記録』(第3期)を選び，解説を付して刊行した．

史料目録は，①は，長崎県史編集室による『国立国会図書館所蔵宗家文書目録』が便利であり，②は，『信使記録下書目録』や慶応義塾大学本『対馬宗家文書・雑集目録』(『対馬宗家文書』第2期 江戸藩邸毎日記 上・中，所収)など，③は，東京大学史料編纂所による『東京大学史料編纂所所蔵 宗家史料目録』，④は，厳原町教育委員会による『宗家文庫史料目録』(日記類Ⅰ，記録類Ⅰ，記録類Ⅱ，記録類Ⅲ，記録類Ⅳ・和書・漢籍)，⑤は文化庁による『対馬宗家関係資料目録』『第五十二之箱・第百三十九箱外交関係目録』『第四十六箱図書・木印目録』，⑦は『対馬島宗家文書記録類目録集』『対馬島宗家関係文書 書契目録集』(Ⅰ，Ⅱ，Ⅲ，Ⅳ，Ⅴ)や『対馬島宗家文書古文書目録集』(Ⅰ・Ⅱ)がある．

[参考文献] 田代和生『近世日朝通交貿易史の研究』，同『改訂『対馬宗家文書』について』(『対馬宗家文書』第3期倭館館守日記・裁判記録 別冊下)

(関 周一)

011 宗左衛門大夫覚書 そうさえもんだゆうおぼえがき 16世紀初めの朝鮮通交に関する記録．著者は対馬北端大浦の宗左衛門大夫．本文18丁の写本で，『朝鮮送使国次之書契覚』の冒頭に合綴されている．もと対馬の宗伯爵家に伝わり，朝鮮総督府朝鮮史編修会に移り，現在は韓国の国史編纂委員会所蔵のはず．この写本は天文14年(1545)の写しを寛政7年(1795)に再転写したものである．永正8年(1511)3月より同11年末までの記事と最後に三浦の争乱に関する短い記事があり，三浦の乱および壬申約条成立の経過を知る重要史料である．『九州史料叢書』3，中村栄孝『日鮮関係史の研究』下，田中健夫『対外関係と文化交流』に解説・校訂本を収める． →三浦の乱(さんぽのらん) →壬申約条(じんしんやくじょう)

(長 正統)

012 宗貞国 そうさだくに 生没年不詳 室町時代後期の武将．対馬国守護．刑部少輔．彦七．前代の宗成職に子がなかったため，従弟貞国が応仁元年(1467)あとを継いだ．貞国の父盛国は前々代対馬守護宗貞盛の弟．母は仁位宗氏の出で，法名を即月という．14世紀半ばころに端を発する宗氏本宗と庶流の仁位宗氏との1世紀以上にわたる対立は，双方の血を引く貞国が家督を継いだことで解消した．朝鮮関係諸権益を利用して宗氏一族やその他島内諸氏への支配を強化する政策は，前々代貞盛がことに積極的に展開したが，それが貞国の代に

至って実を結び，また貞国が仁位宗氏の血を引いていることも相まって，彼は島内の一円支配をほぼ完成した．貞国は一族やその他島内諸氏の朝鮮通交のための図書の賜給や歳遣船定約を朝鮮へ盛んに斡旋して，通交権の拡大を図っている．九州との関係では文明元年(1469)，貞国は将軍足利義政の命を受けて，それまで対馬へ亡命していた少弐頼忠(政資)を奉じて九州本土へ出兵し，大内氏を破って大宰府を占領し，九州における少弐氏・宗氏の旧領を回復した．そして貞国は博多を守ったが，少弐頼忠が肥前千葉氏の内訌に干渉して貞国に出兵を強制し，その結果貞国が大敗したころから，少弐氏との不和が始まった．そして同3年朝鮮から九州所領回復祝賀の宣慰官田養民が対馬へ来たのを機会に，貞国は頼忠に無断で帰島した．同10年9月大内政弘が少弐政資に決戦をいどんだときには，貞国は大内氏の呼びかけに応じて少弐救援の兵を出さなかったので少弐氏は完敗して肥前へ遁走した．近世の所伝によれば貞国は明応元年(1492)に子息の盛貞に職を譲り，同3年に没したことになっている．しかし朝鮮へは燕山君元年(明応4，1495)11月にも貞国の使人が行っており，同2年2月に貞国死去に伴う致奠官の対馬発遣が決定している．すなわち朝鮮史料では貞国が没したのは1495年末ないし96年初めということになる．　→宗氏(そうし)

参考文献　『朝鮮世祖実録』，『朝鮮睿宗実録』，『朝鮮成宗実録』，『燕山君日記』，申叔舟『海東諸国紀』(『岩波文庫』)，『長崎県史』古代・中世編，史料編1，長節子『中世日朝関係と対馬』，荒木和憲『中世対馬宗氏領国と朝鮮』　　　　　　（長　節子）

013 **宗貞茂** そうさだしげ　?〜1418　室町時代前期の武将．対馬国守護．刑部少輔．讃岐守．法名昌栄(正永)．宗霊鑑(法名)の子．応永5年(1398)それまで対馬島内の政権をとっていた宗一族庶流の仁位宗氏系の頼茂を討って政権をとった．しかしその後少弐氏に従って九州へ出兵中の同8年末，再び仁位宗氏の賀茂に政権を奪われ，翌年7月再び政権を奪還した．同年末，宗五郎なる者が謀叛を企てたが，機先を制して未然にふせぎ，以後鋭意領国の経営につとめ，ようやく安定にむかった．九州本土との関係では，主家の少弐氏を助けて九州探題渋川満頼や大内氏と抗争をくり返した．朝鮮との関係では，倭寇の禁圧に努力しその実績によって朝鮮の信頼を得た．応永21年朝鮮が日本各地からの通交者を制限するため使人発遣者を日本国王・対馬島・大内氏・少弐氏・九州探題など10処に限定することにした時，そのことを関係方面へ通告することは貞茂が引き受けて行なっている．朝鮮の統制策に協力して立場を強化するという対馬の伝統的な政策は，貞茂の時代にうち出されたものである．没した月日は正確にはわからないが，応永25年3月貞茂病気の報が朝鮮へ伝わり，やがて没すると，朝鮮では4月24日致祭のための使者李芸を遣わし，倭寇取り締まりの功績をたたえて特に厚く物を贈っている．　→宗氏(そうし)　→宗頼茂(そうよりしげ)

参考文献　『朝鮮定宗実録』，『朝鮮太宗実録』，『長崎県史』古代・中世編，史料編1，長節子『中世日朝関係と対馬』，荒木和憲『中世対馬宗氏領国と朝鮮』　　　　　　（長　節子）

014 **宗貞盛** そうさだもり　?〜1452　室町時代前期の武将．対馬国守護．幼名都都熊丸．右馬．彦六．対馬国守護宗貞茂の子．応永25年(1418)貞茂の死去によってあとを継ぐ．襲職当初は若年で，対立関係にあった同族の仁位宗氏や早田左衛門大郎などの勢力にはばまれて十分な支配力を発揮できず，倭寇活動が活発化したため，応永26年朝鮮から報復出兵(応永の外寇)を受けた．その後応永33年貞盛は朝鮮へ対馬島主文引制の実施を提案し，永享12年(1440)それを完全実施させることに成功した．この制によって日本からの渡航者はすべて対馬島主宗氏の発行する文引(渡航許可証)の携行を義務づけられた．また永享8年対馬の島民で朝鮮三浦に勝手に住みついていた恒居倭を朝鮮側の要請で刷還したが，代りに管下60人の恒居を暫定的ではあるが認めさせた．嘉吉元年(1441)には朝鮮と釣魚禁約を結んで朝鮮全羅道南海の孤草島への出漁権を獲得した．嘉吉3年には朝鮮からの提案で島主の歳遣船を50船に制限し，島主への歳賜米豆を200石とする癸亥約条を結んだ．貞盛はこれら朝鮮に関係した諸権益を利用して対馬島内の反対勢力をたくみに押え，支配権を強化していった．このように貞盛は朝鮮関係では目ざましい成果をあげたが，九州方面では主家少弐氏の衰退に伴い形勢不利となり，文安元年(1444)肥前春日岳で大内軍に大敗して弟盛国・盛世が戦死し，筑前などの九州所領をすべて失った．享徳元年(1452)6月22日没．　→応永の外寇(おうえいのがいこう)　→癸亥約条(きがいやくじょう)　→恒居倭人(こうきょわじん)　→孤草島釣魚禁約(こそうとうちょうぎょきんやく)　→宗氏(そうし)

参考文献　『朝鮮世宗実録』，『朝鮮端宗実録』，申叔舟『海東諸国紀』(『岩波文庫』)，『長崎県史』古代・中世編，史料編1，長節子『中世日朝関係と対馬』，荒木和憲『中世対馬宗氏領国と朝鮮』，李泰勲「朝鮮三浦恒居倭の刷還に関する考察」(『朝鮮学報』195)　　　　　　（長　節子）

015 **蔵山順空** ぞうざんじゅんくう　1233〜1308　鎌倉時代の臨済宗の僧侶．円爾(聖一国師)の法嗣．道号は蔵山，諱は順空．天福元年(1233)元旦の生まれ．俗姓源氏．はじめ神子栄尊につき，のち円爾に参ずること3年，さらに建長寺の蘭渓道隆の道誉をきき鎌倉に赴き，その門下に学ぶ．北条時頼の出資により弘長2年(1262)入宋，径山に掛搭，偃渓広聞・荊叟如珏・淮海元肇に従い，径山

を辞してさらに断渓□用・退耕徳寧・西巌了慧・石林行鞏らに参じ在宋7年, 帰朝後は円爾の会下に入り書記を司った. 文永7年(1270)創建の肥前の高城寺の開山となり, ついで博多の承天寺に移り, 正安2年(1300)東福寺第6世となり在住5年, 嘉元3年(1305)同寺を退く. 延慶元年(1308)5月9日双林庵に寂し, 永明院に塔し広照と号す. 寿76. のち円鑑禅師と勅諡される. 語録一巻がある. 師の門派を永明門派といい, 法嗣に大道一以・固山一鞏らがある.

[参考文献] 『元亨釈書』8(『(新訂増補)国史大系』31), 卍元師蛮『本朝高僧伝』22(『大日本仏教全書』), 白石芳留編『東福寺誌』, 同編『禅宗編年史』, 林岱雲『日本禅宗史』, 今枝愛真『禅宗の歴史』(『日本歴史新書』)　　　　　　　　　　(伊藤　東慎)

016 宗氏 そう　鎌倉時代から江戸時代末にわたる対馬国の領主. 対馬国衙の在庁官人惟宗氏が, 鎌倉時代に対馬国の守護・地頭であった少弐氏の地頭代を兼ねたことにより, 次第に島政の実権を握り, 武士的活動の領域では宗氏を称するようになった. 惟宗氏が宗氏を称した初見は文永の役に戦死した助国である. 所伝では宗氏の始祖を平知盛の子知宗とか, 安徳天皇とかするが, 後世の付会である. 南北朝時代には少弐氏に従って九州本土に転戦し, 筑前などに所領を得た. 澄茂の時(永和4年(1378)以前)対馬国守護となり, 名実ともに対馬の支配者となったが, 少弐氏との主従関係は文明10年(1478)ごろまで続き, その間, 少弐氏を助けて九州本土へたびたび出兵した. 少弐氏から自立する過程で惟宗姓を平姓に改めた. 宗氏は高麗とも貿易していたが, 15世紀には貞茂・貞盛などの努力で朝鮮から通交貿易上の種々の特殊権益を得, 朝鮮通交のうえで特段の地位を確立し, 16世紀には朝鮮貿易をほぼ独占した. 義智のとき, 文禄・慶長の役があり, 両役とも州兵を率いて出兵し, 戦後は国交回復に尽力した. その結果, 対馬は朝鮮貿易を再開することができた. その子義成は対馬による国書改作が江戸幕府に知れ, 一時, 存亡の危機に立たされたが, 寛永12年(1635)引き続き朝鮮外交をつかさどり, 貿易を行うことを認められた. 朝鮮外交の最大の任務は通信使の請来と護行であった. 江戸時代の石高は対馬と肥前国田代領あわせて3万石弱であったが, 17世紀後半, 朝鮮貿易隆盛期の義真の代から10万石以上の格と称した. 文化14年(1817)肥前国松浦郡浜崎などに2万石を加増. 義功のときより, 代々, 大広間詰. 居館は15世紀の一時期, 上県郡佐賀にあったほかは, 今日の厳原にあった. 明治2年(1869)義達(重正)は版籍を奉還して厳原藩知事に任ぜられ, 廃藩置県後の同17年伯爵となった. 菩提寺は義智以降万松院(対馬市厳原町).

助国─右馬太郎─盛国─経茂─澄茂─頼茂─貞茂─貞盛─
└成職═貞国─材盛═義盛─盛長═将盛─晴康─義調─
└茂尚═義純─義智─義成─義真─義倫═義方═義誠─
└方熙═義如═義蕃═義暢═義功(猪三郎)═義功〔富寿〕─
└義質═義章═義和═義達〔重正〕(伯爵)

[参考文献] 『寛政重修諸家譜』501, 『系図纂要』46, 陶山存『宗氏家譜』, 『対馬島誌』, 『(増訂)対馬島誌』, 『新対馬島誌』, 『長崎県史』史料編1, 古代・中世編, 長節子「宗氏の出自」(『中世日朝関係と対馬』所収), 田中健夫「対馬藩の歴史」(『対外関係と文化交流』所収)　　　　　　(長　節子)

017 宋史 そう　中国宋朝の正史. 本紀47・志162・表32・列伝255, 計496巻, 約813万7000字. 元末期順帝至正3年(1343)詔を下し遼・金・宋三朝の正史を編纂せしめ, 同5年10月完成奏上. 編纂官は領三史の阿魯図・別児怯不花両名以下, 都総裁の脱脱(とくと), 総裁7名, 史官23名以下の連署した上表を付す. 筆頭阿魯図らは漢文に通ぜず, 実質的に貢献したのは総裁掲傒斯・張起岩・欧陽玄らであった. 宋代は史学の栄えた時期で, 日歴・実録類がよく整備され, 紀伝体の国史も繰り返し編纂された. 『宋史』編纂に際し主として依拠したのは, 『三朝国史』(太祖・太宗・真宗, 呂夷簡ら勅撰, 150巻, 仁宗天聖8年(1030)成), 『両朝国史』(仁宗・英宗, 王珪ら勅撰, 120巻, 神宗元豊5年(1082)成), 『四朝国史』(神宗・哲宗・徽宗・欽宗, 李燾・洪邁ら勅撰, 350巻, 孝宗淳熙13年(1186)成), 『中興四朝国史』(高宗・孝宗・光宗・寧宗, 謝方叔・程元鳳ら勅撰, 理宗宝祐5年(1257)成)の四国史であり, 国史の備わらぬ理宗以降については『理宗実録』『度宗時政記』などの編年記録を利用したとみられる. わずか2年半余で正史中最大の『宋史』が編纂できたのは, 宋代に整備された国史類を中核とし, 他の諸資料も参酌して加減取捨したからである. 今日宋の国史・実録はほとんど散佚し, わずかに残巻や部分的引用をとどめるだけなので『宋史』の価値は大きい. ただし, より詳細な『続資治通鑑長編』『建炎以来繋年要録』『三朝北盟会編』『宋会要輯稿』などが伝存するので, 『宋史』のみに頼る必要はなく, 『宋史』の利用の際もこれらを并せ参照することが望ましい. 元至正6年杭州路刊本は百衲本二十四史に影印され(一部明成化本補配), これを底本として中華書局標点本40冊が刊行されている. 巻124岳飛伝だけの和刻本(篠原允文校点, 嘉永4年(1851)刊)もある.

[参考文献] 周藤吉之「宋朝国史の編纂と国史列伝」(『宋代史研究』所収), 同「宋朝国史の食貨志と『宋史』食貨志との関係」(同所収), 楊家駱「宋史識語・宋史要迹」(『二十五史識語』所収), 陳智超「宋史史料」(陳高華・陳智超編『中国古代史史料学』所収)　　　　　　　　　　　　(池田　温)

日本伝　『宋史』巻491, 外国伝, 日本国条の通称.

旧・新『唐書』までの正史は，倭・倭人・倭国・日本を列伝の東夷・東南夷・四夷もしくは夷蛮・夷貊のうちに述べたが，『宋史』以後は外国伝の1つとして記述する．本文も要領よく，はじめの100字たらずで唐代までに知られた日本の地理と日中関係の大要を述べ，それまでの正史がとかく前史を潤削してくり返すのと趣を異にする．雍熙元年(永観2，984)日本僧奝然が入宋し，日本の歴史地理に関する詳細な知識を得たのはこのときで，これは彼がわが国の職員令や王年代紀を献じたからであろう．神代から第64代円融天皇までと，いわゆる五畿七道三島がはじめて紹介され，これまでの『魏志』倭人伝，『隋書』倭国伝的日本観を一変させる．太宗が万世一系の国体と羨望したことや，奝然が贈った感謝の表文もみえる．南宋と日本との関係としては，乾道9年(承安3，1173)の入貢と淳熙2年(安元元，1175)の入宋船による中国人撲殺事件で，犯人の日本人を日本の法により処刑させているのが注目される．

参考文献　石原道博編訳『新訂旧唐書倭国日本伝・宋史日本伝・元史日本伝』(『岩波文庫』)，森克己『日宋貿易の研究』，石原道博「中国における隣好的日本観の展開―唐・五代・宋時代の日本観―」(『茨城大学文理学部紀要』人文科学2)　　(石原　道博)

018 **送使船** そうしせん　近代になって朝鮮が開港する以前に，日本から朝鮮王朝へ渡航した使人の乗船．使送船ともいう．朝鮮では日本から渡航する使人の乗船についてさまざまな規定を設けているが，これは使人の乗船の場合，過海料と留浦料を支給することになっていたことに関係がある．朝鮮では歳遣船定約で日本からの通交者の総数を制限するとともに，それぞれの通交者の格式に応じて使者の乗船のほかに副船を許すか否かを定め，さらに船の大きさを船体の長さによって大・中・小3等に分かち，それぞれの船夫定員を40名・30名・20名と定め，その定員によって毎日の給料額を計算した(かつては定員以下の場合，実数によって給料していたが，小人数の船夫で渡航しながら，恒居倭で補って点呼を受け定員分の給料を得る不正が行われたため，船夫数に関わりなく定員数によるとした)．そして使人の発遣地別に渡航日数を定め，また使人の格式に応じて留浦日限を定めて，過海料・留浦料を算出した．このような送使船の給料規定は『海東諸国紀』(1471年成立)の段階でひととおりできあがっている．ところで，このような給料規定が確立するにつれて，その運用をめぐって，日本側と朝鮮側との間でさまざまな駆引きや攻防も展開する．その1つは歳遣船定約外の臨時の送使，すなわち特送船の発遣で，これは対馬島主が，賊船の情報などの変事を通知することを名目として発遣するものである．いま1つは船隻尺量の際の不正であって，使人が小船に乗って来ながら浦所の恒居倭の所有する別の大船にすりかえて朝鮮側の尺量を受ける手口が用いられた．こういう不正にも助けられて15世紀末ごろには送使船のほとんどが大船として給料を受けるようになっていた．しかし丁未約条(天文16年(1547))では，最も大口の歳遣船定約者である対馬島主宗氏の場合だけは，大船・中船・小船それぞれの船数を定め，勝手に大船だけを出送することができないようにし，以後この方式は己酉約条(慶長14年(1609))でも継承された．江戸時代には対馬以外からの使人は渡航しなくなり，しかも使人の上京は禁止されていた．この時代の送使船も臨時の送使のものと，毎年恒例の送使のものとに大別される．臨時の送使は実際に具体的な使命を帯びたもので，朝鮮ではこれを差倭と呼んだが，さらにそのうち，将軍家および対馬島主の慶弔・交替の報告や，通信使に関する交渉などの大事を使命とするものを大差倭(対馬では参判使と呼んだ)といい，また朝鮮に対する慶弔や漂流民の護送などの目的で派遣されるものを小差倭といって区別した．毎年恒例の送使は年例送使といい，これには己酉約条にもとづく島主歳遣船20船と，その後対馬で獲得した万松院送使・以酊庵送使など計20余船があった．年例送使は，名義こそ送使であったが，実質は貿易が目的であった．そのため朝鮮では宴享・接待の経費節約のために，寛永12年(1635)に，幾船分かをまとめて1船の渡航で済ませる兼帯の制を案出した．その結果，ついには年例送使を年8回に整理することに成功した．これを年例八送使という．またそれに伴って差倭・年例送使ともに給料や接待方式の定例化が徹底した．　→歳遣船(さいけんせん)　→三浦(さんぽ)　→使送倭人(しそうわじん)

参考文献　『海東諸国紀』朝聘応接紀(『岩波文庫』)，『通文館志』(『朝鮮史料叢刊』21)，中村栄孝『日鮮関係史の研究』上・下，同『日本と朝鮮』(『日本歴史新書』)　　(長　正統)

019 **宗主国** そうしゅこく　対外関係にあって，従属国の政治・外交に特殊な権限をもち，またこれを保護する国家を指していう．宗主権とは，一般に一国が他国の内治や外交を管理もしくは支配する特殊な権力のことである．前近代の東アジアの国際関係にあっては，中国とその周辺諸国家との間に，このような宗主国対従属国の関係が樹立され，国際的秩序の保持に一定の役割を果した．古来，漢民族には自己の国土と文化に対する民族的優越性を認める中華思想があり，周辺の異民族を四夷すなわち東夷・西戎(せいじゅう)・南蛮・北狄(ほくてき)として劣等視する華夷思想が存した．そのため中華の主たる者は同時に天下の主たる者であるという自覚を生み，天下の支配者である天子(皇帝)は，天の命令に基づいてその徳をひろめ周辺の異民族を徳化し，礼と法との秩序をうち立てることを理想とした．この理念は，国内の封建的秩序を，外延としての周辺諸国

にも及ぼそうとするものであり，中国の天子は周辺諸国の君長に官号・爵位を与えて冊封し，その間に君臣・父子・兄弟・舅甥などの統属関係を結び，宗主国対藩属国の関係を樹立した．その具体的な現れが朝貢であり，朝貢は藩属国の使節が宗主国の中国皇帝に朝見して土産の物を献じ，君臣の礼をつくすことである．皇帝はこれに対し，回賜として上質で多量の返礼物を与え大国の威徳を示した．日本の主権者が中国の皇帝から日本国王として冊封されたのは，古くは邪馬台国女王卑弥呼が「親魏倭王」の称号をうけたのをはじめとし，中国の南北朝時代の宋のとき，倭の五王がそれぞれ冊封された例と，15世紀の明のとき，足利義満が明の皇帝から冊封されて「日本国王」の称号をうけた例などの数例がみられる．隋唐時代には日本から遣隋使・遣唐使が派遣されたが，このときは冊封の事実はなく，聖徳太子の対隋外交に示されるように，中国を大国と認めながらも，これに対して対等の立場を保持した姿勢がうかがわれる．この方針は律令政権にも受け継がれ，日本が藩属国として中国を宗主国と仰ぐことはなかった．むしろ中国的理念を適用して，朝鮮半島の諸国に対してはこれを藩国として一段低くおさえ，日本へ朝貢する国として処遇しようとした．一方，朝鮮は事大・交隣を外交の基本方針としており，中国に対しては藩属国として常にこれを尊敬し，事大主義を国是としてその政治文化の諸影響を強く受けたが，日本に対しては隣国として対等の友好善隣の関係を持とうとした．中国もまた朝鮮に対しては宗主国として女真や日本の脅威からこれを防衛する立場をとった．豊臣秀吉の文禄・慶長の役における明軍出兵の事実は，これを示すものにほかならない．さらに満洲族の清代にも，朝鮮は降服して藩属国となり，近代の壬午・甲申の政変では朝鮮への宗主権の強化をはかる清国軍隊の駐留を許し，大陸への勢力伸張をはかる日本とついに日清戦争をひき起すに至った．

[参考文献] 田中健夫『対外関係と文化交流』

(佐久間重男)

020 宋書 そうじょ 中国南朝劉宋の正史．著名な文人官僚沈約撰．100巻，約140万字．巻末自序に編纂経緯を伝え，それによれば宋の徐爰らの『国史』などに多く拠り，斉の永明5年(487)春勅命を受けて撰集に従い，翌年2月，紀10巻・列伝60巻を完成奏上，のち志30巻を続成した．志は司馬彪『続漢書』を引き継ぎ，魏・晋・宋を対象に律暦・礼・楽・天文・符瑞・五行・州郡・百官を含む．詔勅奏議など，駢文の原資料を豊富に採録し史料価値は高い．一部欠失しており，現行テキストは北宋校訂本に由来する．南宋紹興中江南重刊北宋監本が百衲本・仁寿本二十四史中に影印され，明の南監本による志村楨幹訓点の宝永3年(1706)和刻本もあるが，実用には中華書局標点本が広く使用される．『日本国見在書目録』『通憲入道蔵書目録』に著録．「倭国伝」には讃・珍・済・興・武五王の遣使を伝え，特に武(雄略天皇)の上表(昇明2年(478))は日本古代史の貴重な遺文として名高い．

[参考文献] 岡崎文夫「梁の沈約と宋書」(『歴史と地理』31ノ1)，張沢咸「魏晋南北朝史史料」(陳高華・陳智超編『中国古代史史料学』所収)，孫彪・男鼎宜「宋書考論」(『国立北平図書館館刊』9ノ1〜4)，顔尚文「沈約的宋書与史書」(『台湾師大歴史学報』10)

(池田 温)

021 宗助国 そうすけくに ?〜1274 鎌倉時代中期の武将．対馬国地頭代．右馬允．資国とも書く．文永11年(1274)10月，モンゴル軍の襲来により佐須浦(長崎県対馬市厳原町の西海岸)で戦い，同月6日子息らとともに討死した．同地の小茂田浜神社に祀る．同社には元禄10年(1697)に以酊庵輪番僧文礼周郁の撰した碑がある．助国は対馬国の守護・地頭であった少弐氏の地頭代であった．宗氏は対馬国在庁官人惟宗氏の後と考えられるが，助国が宗氏を名乗った初見である．同時代の文書には宗右馬允(『斎藤定樹氏所蔵文書』)とあるのみで，実名を記したものはない．鎌倉時代末期の成立と推定される『八幡愚童訓』に「地頭宗右馬允助国」とある．僧日澄(1441〜1510)撰の『日蓮上人註画讚』には「守護代資国」とある．地頭とするのは誤りで，守護代については，確証がない．厳原町下原の観音山に，助国の首を祀ると伝える首塚，同町樫根の法清寺境内に胴を祀ると伝える塚があるが，どちらも後世(首塚は南北朝，胴塚は戦国時代と推定)に建立されたものである．→宗氏(そうし)

[参考文献] 『関東評定衆伝』(『群書類従』4輯)，『寛政重修諸家譜』501，『長崎県史』古代・中世編，長節子『中世日朝関係と対馬』，『厳原町史』

(長 節子)

022 増正交隣志 ぞうせいこうりんし 朝鮮王朝の対日関係の沿革や制度および実務の要点などを事項別にまとめて編纂した書物．編者は金健瑞．1802年に6巻2冊本として活字で印行された．金健瑞はこの書物をその曾祖父金慶門が編纂した『通文館志』の交隣関係部分をとり出して増補改訂する形で編纂した．書名に「増正」を冠しているのはそこから来ている．『通文館志』とともに江戸時代の朝鮮の対日関係の全体像を知るためのもっとも便利な書物である．主立った内容は，巻1が日本との約条の沿革および現行の日本使人接待制度の大要，巻2が日本からの使人の種別とその接待定例，巻3が倭館の関係，巻4が交易関係の禁約や制度，巻5が通信使関係，巻6が対馬へ差遣する問慰訳官関係等々である．1811年の通信使易地行聘以後，両国間の通交制度に大幅な変更が出てきた．その新事態に対応してこの書物も内容を増補改訂し1864年に，6巻3冊本とし

て重刊された．『奎章閣叢書』6，『韓国学古典叢書』所収．　→通文館志(つうぶんかんし)

参考文献　田川孝三「通文館志の編纂とその重刊について」(『朝鮮学報』4)　　　　　　(長　正統)

023 宗性春　そうせい　しゅん　生没年不詳　室町時代の博多商人．宗金の子．成化4年(応仁2，1468)天与清啓が正使となって入明した遣明船の土官(とかん)の首席をつとめた．土官は俗人から選ばれて船の運営の実務を担当するものである．この使節団は翌文明元年(1469)成化の新勘合をもたらして帰国したが，勘合は将軍には渡されず大内氏の手に落ちた．そこで，将軍足利義政は明との通交に景泰の旧勘合を用いることにしたが，文明7年(成化11)性春を専使として朝鮮国王成宗のもとに送り，成宗から明に対して，義政が旧勘合を使用することに諒解を求めていることと新勘合給付の希望をもっていることとを伝えて仲介斡旋してくれるように依頼させた．成宗は義政の要求を拒絶したが，性春には爵位と物を与えて待遇した．

参考文献　小葉田淳『中世日支通交貿易史の研究』，有光保茂「博多商人宗金とその家系」(『史淵』16)
(田中　健夫)

024 宗設　そうせつ　⇒謙道宗設(けんどうそうせつ)

025 宋銭　そうせん　中国，宋代(960〜1279)に鋳造された銭．宋都ははじめ開封にあり，建炎元年(1127)金軍の侵入により南渡して臨安(杭州)に遷った．開封時代を北宋といい，臨安時代を南宋という．国初の鋳銭を宋通元宝といい，これは年号を冠さないが，以後，ほとんど歴代改元ごとに年号を付した新銭を鋳造した．中国歴朝中で最も鋳銭の盛んであったのは北宋で，なかんずく神宗の代を最盛とし，元豊3年(1080)には鋳るところの銅鉄銭約595万貫，そのうち銅銭506万貫と記されている．南宋に入ると鋳銭高は北宋に比して激減し，年額ほぼ10万貫程度が多いといわれる．銅銭・鉄銭両種がつくられたが，重要なのは銅銭である．小平銭すなわち一文銭のほか，折二銭が鋳造されることが多く，また財政上の都合などから当三・当五・当十の大銭を発行したときもある．元代になると紙幣をおもな通貨とし，銅銭もときには鋳造したが，紙幣流通のためしばしば銭通用を禁止したりした．通用した銭は前代の旧銭が主で，北宋銭が多かった．12世紀中期より，日本へ大陸からの銅銭輸入が始まる．輸入銭は銅小平銭である．中国では唐代にすでに銭の海外輸出を禁じており，北宋以来もその海外流出がはなはだしいので，神宗のとき，一時，銭禁をゆるめたこともあるが，概して禁止を厳重にした．南宋の嘉定7年(1214)日本と高麗の商人が銅銭を博易することを禁じているが，このころより銅銭の日本輸入は著増したようである．理宗の淳祐9年(1249)，慶元(寧波(ニンポー))に近い定海に駐屯した海軍が日本船を追跡し銅銭2万貫を捕獲している．日本の記録では，仁治3年(1242)一条入道相国(西園寺公経)の沙汰した船が帰国し，銭10万貫その他珍宝を積み来たという噂もあった．元代になっても日本船の渡航は絶えたわけでなく，主として慶元路(寧波)に出入し，銅銭は重要な輸入物であった．『元史』にも，建治3年(1277)，日本商人が金を銅銭に換えていくことを記している．南宋以来，日本船の輸入した銅銭も当時の大陸の流通銭の実情を反映し，北宋銭が大部分を占めたことは疑いない．矢島恭介「銭—本邦に於ける出土銭貨—」(『日本考古学講座』7所収)によると，明銭を含まない福島・滋賀・大阪・岡山の4府県4ヵ所の出土銭，また，入田整三「鎌倉小学校庭発掘の古銭調査報告」(『考古学雑誌』25ノ9)も明銭を含まず，ともに室町時代以前の埋蔵とみられる．字体不明を除き，前者は9735個のうち，北宋8616，唐891，南宋306，後者は8598個のうち，北宋7528，唐781，南宋235で，その他に漢代五銖銭以下，隋・五代・遼・金・高麗の銭がある．この両者を合計し個数の多い銭を5種あげると，元豊通宝2237，皇宋通宝2190，熙寧元宝2054，元祐通宝1664，開元通宝1591で，最後が唐銭，他は北宋銭である．また矢島の自余の17ヵ所の出土銭の例は明銭や朝鮮通宝を含み，室町時代後期までの埋蔵と認められるが，字体不明を除き，23万8174個のうち，北宋15万9939，明3万1199，唐1万6251で，個数の多い5種は元豊通宝・皇宋通宝・永楽通宝・熙寧元宝・元祐通宝で，第3位の永楽通宝が明銭，他は北宋銭である．これら出土銭によれば，流通銭は，中世前期では約88％，中世後期では67％余りが北宋銭である．　→付表〈宋銭一覧〉

淳熙元宝(南宋)
(原寸大)

宋通元宝(北宋)
(原寸大)

参考文献　小葉田淳『日本の貨幣』(『日本歴史新書』)，奥平昌洪『東亜銭志』3　　　　(小葉田　淳)

026 宋素卿　そうそけい　？〜1525　室町時代日明通交に活躍した明人．本名は朱縞．明の浙江省鄞県の出身．明の弘治年間(1488〜1505)に日本人に従って来日し，永正8年(正徳6，1511)細川氏の遣明船の綱司となって入明した．ついで大永3年(嘉靖2，1523)には，細川船の正使鸞岡瑞佐(省佐)をたすけて明に渡った．このとき正徳勘合は大内船の謙道宗設が所持しており，細川船が所持していたのはすでに無効になっていた弘治の旧勘合であり，寧波(ニンポー)に到着したのも大内船入

港のあとで，細川船は著しく不利な立場になった．しかし，素卿はいちはやく市舶司に賄賂を贈り，嘉賓館の席次も瑞佐を宗設の上に置かせることに成功した．このことにより大内船の一行は激怒して，細川・大内両氏の対立は暴動へと発展した．素卿は乱後捕えられ，嘉靖4年(大永5)4月明で獄死した． →寧波の乱
(ニンポーのらん)

参考文献　小葉田淳『中世日支通交貿易史の研究』
(田中　健夫)

027　早田左衛門大郎　そうだざえもんたろう　生没年不詳　室町時代前期の対馬の豪族．対馬の土寄崎や船越を根拠地として，一時は宗氏と対抗するほどの勢力を張っていた．特に宗貞茂の死後，そのあとをついだ子の貞盛がまだ幼少だった時期には島内最大の実力者になった．朝鮮の史料に「賊中万戸」などと書いてあるところからみて，前身は倭寇であったと考えてよいであろう．応永の外寇の直後，応永27年(世宗2，1420)朝鮮から回礼使宋希璟が派遣されたときには応接にあたり，以後世宗朝を通じてしばしば使を朝鮮に送ったが，貿易の実態は宗氏をしのぐほどであり，一方倭寇の情報を朝鮮に報告するなどして，朝鮮の倭寇対策に協力する姿勢も示した．世宗8年(応永33，1426)には，朝鮮の巨済島の地を農耕地として下賜されるよう希望した．世宗10年(正長元，1428)を最後とし，以後，朝鮮の史料には早田左衛門大郎の名がみえなくなるので，このころ没したものと推定される．のち子の六郎次郎が頻繁に朝鮮と通交しているが，宗氏の勢力発展に伴い，早田氏はその家臣にくみいれられ，貿易上の活動も減少した．『海東諸国紀』にみえる上護軍平茂持・護軍皮古時羅・副司果平伊也知(早田彦八)らはいずれも左衛門大郎の後裔であろう．

参考文献　田村洋幸『中世日朝貿易の研究』，田中健夫「朝鮮との通交関係の成立」(『中世対外関係史』所収)
(田中　健夫)

028　宗経茂　そうつねしげ　生没年不詳　南北朝時代の対馬守護代．宗盛国の子．彦次郎といい官途は刑部丞．少弐貞経・頼尚2代の被官で，経の字も貞経から与えられたものであろう．家譜の類は，貞経とともに鎮西探題北条英時討滅に従ったと伝える．『宗氏家譜略』は，家督を継いだのは貞和5年(1349)と伝える．足利直冬の在九州期間中は主として肥前方面で活躍し，正平9年(北朝文和3，1354)に入ると筑前関係の遵行に従っている．後世，勇武の士であったと伝え，文明9年(1477)の「順叟大居士即月大姉肖像賛幷序」では足利尊氏から「九州侍所職」を賞賜されたと記している．少弐頼尚の代官としての活動がその実態である．頼尚が大保原(おおほばる)合戦(延文4年(1359))以後勢力を減退すると，経茂は対馬の支配を実質化し，所領・給分の充行・預置，仏神事の興行，漁業関係諸権益の安堵，島内の桝の統一など，その対馬支配は各分野にわたり，対朝鮮貿易を開始するなど，宗氏の対馬島主化を画期的に進めた．康安元年(1361)ころ出家，法名は雲岩宗慶．没年については応安3年(1370)・同5年などの説がある．

参考文献　川添昭二『九州中世史の研究』，長節子『中世日朝関係と対馬』，山口隼正『南北朝期九州守護の研究』
(川添　昭二)

029　宗然　そうねん　⇒可翁宗然(かおうそうねん)

030　宋版　そうはん　中国の宋代に刊行された書籍．中国における書籍の出版は，唐・五代にも多く行われたが，宋代に至って盛んになった．これは学問の興隆とともに，科挙(官吏登用試験)制度の確立によって書籍の需要が増大してきたためである．宋版は，本文の校正が周到厳密，字体も欧陽詢など名家の書風を備えて美しく，刊刻技術も優秀であるなど，内容・形態ともにすぐれたものが多く，学問的にもその価値が高く評価され，古くから残巻零葉といえども珍重されてきた．宋代において出版が盛んに行われたのは，蜀(四川省)・杭(浙江省)・閩(びん，福建省)であるが，出版者によって中央・地方の官庁で刊行された官刊本，民間で刊行した私刻本に分けられる．また宋版は，すでに平安・鎌倉時代には宋より来舶した商人，あるいは留学僧などによってわが国へ多数将来され，その中には『劉夢得文集』30巻(国宝)などの佚存書も少なくない．

参考文献　北京図書館原編・勝村哲也(覆刊)編『中国版刻図録』，静嘉堂文庫編『静嘉堂文庫宋元版図録』，長澤規矩也『宋元版の研究』(『長澤規矩也著作集』3)，尾崎康「宋版鑑定法」(『ビブリア』85)
(金子　和正)

031　宋版大蔵経　そうはんだいぞうきょう　中国宋代に刊行された漢文の仏典の集成．漢文の大蔵経ははじめ筆写によって伝えられたが，宋代以後木版刷によって開板印行された．最初の開板は北宋の太祖の勅を受けて開宝4年(971)に行われ，太平興国8年(983)に総数13万余板の版木が完成した．これを勅版(または蜀版・開宝蔵)という．平安時代に入宋した東大寺僧奝然(ちょうねん)によってこの大蔵経の摺本が日本に請来され(寛和2年(986))，やがて藤原道長の法成寺の経蔵に安置されたが，その失火によって焼失した．北宋の勅版大蔵経は，完成後に新しく訳出された経論も入蔵したが，熙寧4年(1071)には顕聖寺聖寿禅院に移管され，のちにこの経板が覆刻されて高麗版と金刻版(または趙城金蔵)の成立に影響を与えた．私刻版の開板としては，北宋の徽宗より賜名された崇寧万寿大蔵(または崇寧蔵)が最も古い．これは福州の東禅等覚院において刊行されたが(元豊3年(1080)～政和2年(1112))，引き続き同じ福州の開元寺で毘盧蔵が刊行された(政和2年～紹興21年(1151))．平安時代末期から鎌倉時代に将来された福州版は，こ

の東禅等覚院版と開元寺版の混合蔵経と見られる．南宋に入ると，湖州の思渓円覚禅院において円覚蔵（または前思渓蔵）が刊行され（靖康元年(1126)～紹興2年ころか），その後100年ほど経て，安吉州（湖州の改名）の思渓法宝資福禅寺（思渓円覚禅院の昇格名）の名のもとで資福蔵（または後思渓蔵）が追雕補刻された（宝慶元年(1225)～景炎元年(1276)ころか）．この円覚蔵と資福蔵をあわせて，のちに思渓版（または南宋版）と称し，日本にも少なからず舶載されている．南宋の紹定4年(1231)ころ平江府の磧砂延聖院で開板された磧砂蔵は元代後半（大徳11年(1307)～延祐2年(1315)ころ）に完成をみたもので，近年金蔵が発見され，その影印版が公刊されている．→一切経（いっさいきょう）→高麗板大蔵経（こうらいばんだいぞうきょう）

[参考文献] 大蔵会編『大蔵経』　　　　（藤田　宏達）

032 崇福寺 そうふくじ　長崎市鍛冶屋町にある黄檗宗の寺．山号聖寿山．興福寺・福済寺とともに長崎唐寺三福寺の1つで，寛永6年(1629)渡来した超然が，福建省福州府出身の林楚玉を檀首に福州幇（ほう）の檀那寺として同9年開基免許を受け同12年に創建．俗に福州寺という．2代は百拙如理，3代道者超元のとき隠元が渡来し興福寺に入寺したのち，明暦元年(1655)5月王引・何高材・林守壂（僧となり独振）らに請われて晋山，開法と位置づけされている．ついて同3年には即非如一が渡来して晋山，これを中興開山として世代を改め，以後2代千呆性侒・3代大衡海権と即非下の渡来僧（唐僧）が住持する．8代大成照漢を最後に和僧が入寺するが，明治までは監寺（かんす）にとどまり住持になれなかった．中国風伽藍のうち大雄宝殿と第一峰門が国宝に指定されている．前者は正保3年(1646)建立され，天和元年(1681)ころ重層に改築された．後者は海天門・唐門・二ノ門などと呼ばれるが，元禄7年(1694)浙江省寧波（ニンポー）で切り組まれ，翌年舶載されて再建したものである．

[参考文献] 宮田安『長崎崇福寺論攷』，『長崎市史』地誌編仏寺部下　　　　（大槻　幹郎）

033 僧旻 そうみん　⇨旻（みん）

034 遭厄日本紀事 そうやくにほんきじ　⇨ゴロウニン日本幽囚記

035 宗義真 そうよしざね　1639～1702　江戸時代中期の対馬藩主．義成嫡男．幼名彦満．寛永16年(1639)江戸下谷の藩邸で生まれた．母は日野氏．明暦元年(1655)従四位下播磨守．同3年12月27日家督を継ぎ，同日侍従・対馬守となる．義真は襲封早々，義成の晩年に登用された「商売功者」大浦権太夫をひきつづき起用して藩政改革を断行した（寛文改革）．権太夫の改革は万治3年(1660)の領内総検地を手はじめに，地方知行制の廃止などの禄制改革，均田制度の実施（甲辰の地分け）などによる土地制度の改革，公事夫役の銀納制（頭銀（つむりぎん））の実施などを内容とする急進的なものであった．藩内の反感などによって寛文4年(1664)に権太夫は失脚するが，その後も改革の基本路線は継承され，藩内の職制整備，城下町府中の整備などが促進された．また，寛文5年の宗門改めと五人組の編成によって農民統制が強化される一方，同7年からは生子麦制度が創始されるなど，撫育策も見られる．寛文改革はほぼ成功し，対馬藩は在地の構造を除けばほぼ近世的な体制へと脱皮した．折から，義成以来の銀山再開発の成功と朝鮮貿易の好況が重なり，対馬藩は西国一の分限といわれるほどの好況をみせた．このころ義真は武鑑の家格を2万石から10万石格へひきあげたといわれるが，確証はない．さらに義真は，大船越瀬戸の開鑿（寛文12年竣工），釜山倭館の草梁移転（延宝6年(1678)完成）などの大土木工事を完成させたほか，貞享2年(1685)藩校小学校を設置し，木下順庵門下の雨森芳洲・陶山鈍翁・松浦霞沼を招聘するなど，文教政策にも力を入れた．しかし，在位の後半には放漫財政と銀山の衰退，貿易のかげりなどで，藩財政は徐々に困窮し始めた．元禄5年(1692)6月27日致仕，同年7月刑部大輔に改称．しかし同7年家督を継いだ義倫が没し，幼い義方が藩主となると改めて朝鮮関係の管掌を命じられ，同14年まで勤めた．その間に発生した竹島（現，鬱陵島）帰属問題は同9年日本人の渡航禁止で一応の決着がつけられた．同15年8月7日対馬府中で没した．64歳．高巌宗屋天竜院．室は京極高和女．墓所は長崎県対馬市厳原町万松院．

[参考文献] 『寛政重修諸家譜』501，雨森芳洲編『天竜院公実録』（泉澄一編『宗氏実録』1），長崎県教育会対馬部会編『対馬人物志』（『対馬叢書』4），『新対馬島誌』，森山恒雄「対馬藩」（『長崎県史』藩政編所収）　　　　（荒野　泰典）

036 宗義調 そうよししげ　1532～88　戦国・安土桃山時代の対馬守護．晴康の長男．幼名熊太郎・彦七．刑部少輔などとも称した．天文元年(1532)生まれる．同11年11月将軍足利義晴から諱字を与えられて義親を称し，同22年2月封をついて対馬守護となり，佐須盛廉ついて佐須盛円を守護代とした．弘治元年(1555)5月倭寇が朝鮮全羅道達梁を襲う事件（乙卯達梁の倭変）があり，義調は情報を伝えるなどして朝鮮の倭寇討伐に協力し，同3年には歳遣船を増加して30隻に復することができた（丁巳約条）．永禄2年(1559)家臣の山本右馬康範と津奈弥八郎調親が賊船を率いて義調に叛し，船越浦を襲撃したが，義調は仁位豊前盛家にこれを討たせ，策をめぐらして壱岐勝本に康範・調親を誅した．同6年将軍足利義輝から讃岐守に任ぜられた．同9年，封を宗将盛（義調の養祖父）の次男茂尚（調尚）に譲り，府中（厳原）宮谷の地に隠棲，御西殿とよばれ，閑斎一鷗と号した．しかし茂尚は病弱で，同12年に致仕し，弟の義純があとをついだが，これも天正7年(1579)に隠居

し，そのあとは将盛の五男でわずか12歳の義智(昭景)がつぐことになった．この間，義調は島主の地位にはなかったが隠然とした勢力をもち，朝鮮との通交貿易に努力し，通交貿易権を宗氏一族の手中に収めることに成功している．義智襲封後は補佐役として島内の政治をとりしきり，同14年には仁位に来襲した賊船を壱岐に追って戦ったが，多くの死者を出した．天正15年，豊臣秀吉の九州攻めが行われると，義調は家臣の柳川調信を薩摩川内の秀吉の陣所に送り，ついて義智にかわって再び島主の地位につき，みずから義智とともに筑前箱崎の秀吉の陣所に出頭して，秀吉から対馬一円の知行を許された．このとき秀吉は義調に朝鮮との折衝を命じ，義調もただちにこれに着手したが，その進行の途中，16年12月12日に没した．57歳．義調の施政は前後36年の長きにわたった．椿齢宗寿長寿院と号し，墓は対馬市厳原町太平寺にある．

参考文献 『寛政重修諸家譜』501，藤定房『対州編年略』，陶山存編『宗氏家譜』(『対馬叢書』3)，『長崎県史』古代・中世編　　　　　　(田中　健夫)

037 宗義智 そうよし　1568〜1615　安土桃山時代の対馬守護，江戸時代前期の対馬藩主．宗将盛の五男．幼名彦三・彦七．永禄11年(1568)生まれる．天正7年(1579)兄宗義純のあとをついで対馬守護となった．守護代は佐須調満(のち景満)．わずか12歳の弱年だったので，すでに隠棲していた宗義調が補佐役として島政をみた．これよりさき同5年将軍足利義昭から諱字を与えられて昭景(あきかげ)を称したが，同14年7月以後は義智に改め，対馬守を称した．翌15年豊臣秀吉の九州攻めの直後，宗義調が守護に再任して，義智を嗣子とし，義調・義智の両人は筑前箱崎の秀吉の陣所に出頭し，対馬一円の知行を許された．このとき，秀吉は両人に対し，朝鮮が入朝するよう交渉することを命じた．翌16年，義調は交渉の進行中に没し，義智は再度島主として，島政を主宰することになった．朝鮮との交渉に関する秀吉の督促は続き，義智は苦心折衝の結果，同18年に至って朝鮮の通信使黄允吉の渡来を実現させることができた．義智は一行とともに京都にのぼり，秀吉との会見にこぎつけた．翌年通信使一行の帰国後，義智は功により，従四位下侍従に叙任された．ただ，秀吉が朝鮮使者に託した文書は大明計略の抱負を朝鮮に伝えたものであり，明を宗主国と仰ぐ朝鮮国王にそのまま伝達するわけにはゆかず，これを適当に糊塗して秀吉の朝鮮出兵を不発に終らせるため，義智は小西行長・島井宗室・景轍玄蘇らと協力画策するところがあった．義智はみずから朝鮮に渡って折衝にあたったりしたが，すべての努力は水泡に帰し，文禄元年(1592)秀吉の出兵が強行された．義智の軍は行長らの第1軍に配属され「ちやうせん国さきがけの御せい」とされ，対馬では16歳から53歳までの男子をすべて動員した．

第1軍は朝鮮の釜山に上陸し，短時日の間にソウルを占領，さらに平壌に進んだ．ここでは明の援軍の来襲があり，義智は勇戦してこれを退けた．翌2年になって講和の議がおこり，義智は明将謝用梓らを伴って肥前名護屋に帰り，同4年には秀吉から薩摩出水郡の地1万石を加増された．慶長元年(1596)には明の冊封使楊方亨らが渡来し，義智はこれを大坂城に導き秀吉と会見させた．翌2年，慶長の役が始まると義智はまた行長らと朝鮮に渡り歴戦して，秀吉から朝鮮巨済島を所領として与えられた．翌3年，秀吉の死後，義智は対馬に帰島したが，朝鮮貿易の杜絶と戦争とによって対馬の受けた打撃はきわめて大きかった．戦後，さきに秀吉から与えられた出水郡の地は，徳川家康により肥前田代領にかえられた．関ヶ原の戦では西軍に属したが，所領は無事で，のち朝鮮との修好回復に努力して同14年には己酉約条を成立させ，江戸時代日朝通交の基礎を固めた．なお，義智は朝鮮出兵の直前の天正19年宣教師ワリニャーノによって受洗し，行長の娘マリアを妻としていたが，関ヶ原の戦後にはこれを離別した．元和元年(1615)正月3日死去．48歳．朝鮮国王は特に万松図書を贈って弔意を表わし，毎年1隻貿易船を派遣することを許した．墓所は対馬市厳原町万松院．

参考文献 『大日本史料』12ノ17，元和元年正月3日条，『寛政重修諸家譜』501，藤定房『対州編年略』，陶山存編『宗氏家譜』(『対馬叢書』3)，『長崎県史』古代・中世編，田中健夫「宗義智―離島の勇将―」(『対外関係と文化交流』所収)　　(田中　健夫)

038 宗義成 そうよしなり　1604〜57　江戸時代初期の対馬藩主．義智嫡男．はじめ貞光，幼名は彦七，ついで彦三．慶長9年(1604)対馬府中に生まれた．母は阿比留氏．元和元年(1615)義智没後に上洛，徳川家康・秀忠に謁見して家督を許され，対馬守となる．同3年従五位下侍従，ほどなく従四位下に昇進．義成の在位中は，朝鮮通信使が5回も来日したほか，国際的には後金(清)の朝鮮侵攻(1627年)に対する幕府の援軍派遣問題，国内的には重臣柳川調興との争論(柳川一件)などが相ついで起き，多難であった．なかでも柳川一件は宗氏の存亡にかかわる義成の生涯最大の危機であった．調興との確執は義成の襲封後ほどなくその萌しがみられ，寛永8年(1631)双方が幕府に訴えて争論となった．その過程で日朝間の国書の改竄などの不正が露顕し，近世初期の日朝関係最大の事件に発展したが，同12年将軍徳川家光の親裁によって調興の有罪とされた．義成勝訴の理由の1つに，義成室の日野資勝女が家光室の鷹司氏と親類にあたることがあげられているが，むしろ，宗氏の存続による日朝関係の安定を望んだ幕府の政治的判断を重視したい．一件後幕府は宗氏への統制を強化する一方，日朝関係の諸慣例を改革して近世的な体

制を整えた．また，一件を経て強化された権力を梃子に義成は，従来家臣に分給されていた歳遣船（貿易船）の権利を収公し（寛永13年），釜山倭館に藩側の最高責任者として館守を置く（同14年）など通交貿易体制を整備する一方で，領内総検地の実施（同13年）を軸に兵農分離政策を促進し，銀山の再開発を進め，また種々の運上銀制度を創設するなど，近世的な藩体制と財政の確立に努めた．しかし，これらの施策は十分奏効せず，さらに貿易不振も加わって藩財政は悪化し，義成晩年の慶安年間（1648～52）の借銀は6000貫余にのぼった．明暦3年（1657）10月26日没．54歳．性岳宗見光雲院．墓所は長崎県対馬市厳原町万松院．編著に『朝鮮信使記録』14巻がある．

[参考文献] 『寛政重修諸家譜』501，鈴木棠三編『宗氏家譜略』（『対馬叢書』），長崎県教育会対馬部会編『対馬人物志』（同4），『新対馬島誌』，森山恒雄「対馬藩」（『長崎県史』藩政編所収） （荒野 泰典）

039 宗義盛 そうよししげ 1476～1520 室町時代後期の武将．対馬国守護．初名盛順．通称彦七．讃岐守．対馬国守護宗材盛の長男．近世の所伝では義盛は永正2年（1505）に父材盛隠退のあとを継いだとするが，材盛・盛順発給文書の年代・内容により，盛順の家督継承を永正3年と推定する説もある．朝鮮史料では1509年（永正6）4月（陰暦）材盛死去によりあとを継いだことがみえる．永正17年まで対馬国守護であった．永正7年将軍足利義尹（義稙）から義の字を与えられ，屋形号を許され，義盛と名を改めた．対馬の所伝では，翌年上京して将軍義尹から北近江に8000貫の所領を与えられたというが，確証はない．永正7年三浦の乱が起り，対馬からも多数の兵船を朝鮮へ送って戦ったが完敗し，三浦の恒居倭は一切放逐され，対馬人の朝鮮通交を一切断たれたが，日本国王使弸中らを送って交渉し，永正9年壬申約条によって通交を回復することに成功した．近世に編纂された『寛政重修諸家譜』には永正17年12月6日，45歳で没したとある（冒頭の生没年の西暦はこれによった）．　→恒居倭人（こうきょわじん）　→三浦の乱（さんぽのらん）　→壬申約条（じんしんやくじょう）

[参考文献] 『大日本史料』9ノ11，永正17年12月6日条，『朝鮮中宗実録』，『長崎県史』古代・中世編，史料編1，荒木和憲『中世対馬宗氏領国と朝鮮』 （長 節子）

040 宗頼茂 そうよりしげ 生没年不詳 南北朝・室町時代前期の武将．対馬国守護．右馬大夫．至徳元年（1384），「宗右馬大夫惟宗朝臣頼茂」が願主となって厳原八幡宮の修造を行なったことが，同社の享保5年（1720）棟札に記録されており，これが頼茂の初見である．明徳3年（1392）ころから応永5年（1398）末まで対馬国守護．南北朝時代には北朝方．応永4年ころ朝鮮へ使者を送り修好関係をもった．対馬島主の朝鮮通交として史料でわかる限り宗宗慶（経茂）について2度目で，朝鮮王朝になって最初である．頼茂前代の対馬国守護宗澄茂は仁位郡仁位中村に本拠をおく宗氏庶流の出であったが，惣領家から対馬の支配権を奪ったものである．頼茂はそれを継承していたのであるが，応永5年末，今度は頼茂が惣領家の宗貞茂によって政権を奪われた．『宗氏家譜』『寛政重修諸家譜』以下従来の所説では，頼茂と，『海東諸国紀』によって貞茂の父とわかる霊鑑とを同一人とするが，それは誤りで，頼茂は澄茂の血族であろう．　→宗貞茂（そうさだしげ）　→宗氏（そうし）

[参考文献] 『朝鮮太祖実録』，『長崎県史』古代・中世編，史料編1，長節子『中世日朝関係と対馬』 （長 節子）

041 草梁倭館 そうりょうわかん ⇒倭館（わかん）

042 ソート＝マヨール Dom Nuno Souto-Maior 生没年不詳 17世紀初頭のポルトガルの艦隊司令官．Sotomayorとも書く．漢名，東魯納也．慶長14年12月（1610年1月）に長崎港外で起ったポルトガル船燔沈事件，ノッサ＝セニョーラ＝ダ＝グラッサ号Nossa Senhora da Graça事件（またはマードレ＝デ＝デウス号Madre de Deus事件）によって中絶していた日本と澳門（マカオ）の間の貿易再開交渉のため，ゴアのポルトガル副王の使節として日本に特派された．一行は慶長16年6月19日，長崎を避けて薩摩に上陸，島津氏に援助を求め，その家臣の嚮導で駿府に至り，同年7月1日，徳川家康に謁し，ついで江戸で将軍秀忠に謁した．使節は，ゴアの副王ならびに澳門市参事会の書簡を呈し，前記事件の発端となった澳門での日本人船員騒擾事件に対するポルトガル側の措置について弁解し，かつポルトガル船燔沈の不当を論じ，損害賠償と責任者である長崎奉行の罷免とを要求したが，日本側では，事件の責任はすべて，当時の澳門の司令官アンドレ＝ペッソアAndre Pessoaにありと主張して，全くこれに応ぜず，ただ再びポルトガル貿易を開くことは許可し，「売買法度以下，如＝前規＝可＝無＝相違＝者也」との朱印状を与えた．　→ノッサ＝セニョーラ＝ダ＝グラッサ号事件

[参考文献] C. R. Boxer: The Affair of the Madre de Deus,—A Chapter in the History of the Portuguese in Japan—(1929)．『大日本史料』12ノ8，村上直次郎校註『増訂異国日記抄』（『異国叢書』） （加藤 榮一）

043 蘇我稲目 そがのいなめ 6世紀の豪族．蘇我高麗（こま）の子，馬子の父．宣化・欽明朝の大臣．この間，大連の物部氏とならんで中央政治に顕著な活動を示した人物．その2人の女が欽明天皇の妃となったことにより，用明・崇峻・推古の3天皇の外祖父ともなった．その事績としては，屯倉経営へのすぐれた指導力の発揮があげら

れ，宣化天皇元年の那津の口官家の設置や，欽明天皇16年以降の吉備五郡の白猪屯倉，備前児島屯倉の設置・経営がある．後者では，耕作農民である田部の丁(よほろ)の名籍を造る新方式を導入し，また大和の大身狭・小身狭屯倉には，百済・高句麗からの渡来人を参加させ，さらに紀伊の海部屯倉を開くなど，朝鮮半島の情勢に対応した新施策がとられた．また，すすんで仏教を受容し，大和の小墾田(おはりだ)の家に仏像を安置し，向原(むくはら)の家を寺とし，大陸の文化や思想への理解を示すなど，開明的姿勢をもって，欽明朝末年までの政治に指導的役割を果たした．『日本書紀』によると，欽明天皇31年3月1日に没したという．

[参考文献] 日野昭『日本古代氏族伝承の研究』，遠山美都男『蘇我氏四代』(『ミネルヴァ日本評伝選』)

(日野　昭)

044 蘇我韓子 そがのからこ　5世紀ころの人．蘇我満智の子という．『日本書紀』雄略天皇9年3月に，大伴談・紀小弓・小鹿火らと新羅を討って大勝したが，その遺衆との戦いで，談は戦死し，小弓も病没した，とする．同9年5月，小弓の子の大磐と小鹿火とが対立したが，小鹿火の詐言により，韓子は大磐を憎み，百済王とともに国界視察に赴いた時，後から大磐の鞍几(くらぼね)の後橋を射たが，逆に大磐によって射殺されたと伝えられている．

(日野　昭)

045 続守言 ぞくしゅげん　⇒しょくしゅげん

046 続善隣国宝外記 ぞくぜんりんこくほうがいき　⇒続善隣国宝記(ぞくぜんりんこくほうき)

047 続善隣国宝記 ぞくぜんりんこくほうき　江戸時代に作成された外交文書集．書名は，瑞渓周鳳の『善隣国宝記』を継承する意をこめたものであろう．同一書名で内容の異なる3種類のものが伝えられている．

(1)『続群書類従』雑部および『(改定)史籍集覧』21に収録刊行され，一般によく知られているもの．天明4年(1784)7月の久保亭(泰亨)の識語がある．久保は，この書物は対馬以酊庵関係の僧が筆録したものと推定し，京都の村井敬義が所蔵していた2小冊の混乱を整理・抜粋したものと記している．この整理のおり，久保は隣交と直接関係のない「興明討虜呉将軍檄文」「林道栄大村禎祥文」「林羅山父子及門人輩与朝鮮正秋潭・李石湖贈酬詩篇筆語」などを削除したという．内容は文明5年(成化9，1473)より寛文12年(1672)に至る朝鮮・明・琉球・ノビスパン・澳門(マカオ)などとの往復文書69通を収めている．掲出文書には特に体裁に注意が払われており，外交文書作成担当者による蒐集であることを想像させる．15世紀以後の対外関係研究の基本史料である．写本には，東大史料編纂所本1冊(旧彰考館本2冊の写本)・東京都立中央図書館本1冊(市村文庫本)・内閣文庫本2冊(外務省引継本)・静嘉堂文庫本2冊(『続群書類従』原稿本)などがあるが，いずれも同系統の写本で，諸本間にほとんど異同はない．筆者編『善隣国宝記・新訂続善隣国宝記』(『訳注日本史料』)におさめるものは，東京大学史料編纂所本を底本として，所収の文書は原本ないし善本で校訂を加えてある．

(2)続群書類従完成会が『善隣国宝後記』の書名に改めて，『続群書類従』拾遺部に収録したもの．見返しに「宝永辛卯孟陬(正徳元年(1711)正月)日」「慧山松隠玄楝編集」の記述がある．内容は，天正18年(1590)・慶長12年(1607)・同14年・元和3年(1617)・寛永元年(1624)・同13年・同19年・同20年・承応3年(1654)・明暦元年(1655)・天和2年(1682)における将軍・老中・対馬宗氏らと朝鮮国王や使節との往復文書である．江戸時代初期の日朝関係の基本史料である．なお本書成立の1ヵ月後に新井白石の朝鮮通信使対応改革の建議があった．写本には東大史料編纂所本(中山久四郎本)・内閣文庫本・九州大学本(旧松浦家本・中村栄孝旧蔵本)などがある．

(3)神宮文庫所蔵本．写本，1冊．編者・成立年不明．永享4年(1432)遣唐表より享保4年(1719)の朝鮮通信使に関する覚書までを収めている．(1)・(2)と重複した文書が多い．特に(1)とは19通が重複している．外交文書体裁重視の記述は(1)との関連を思わせるものがある．

次に本書と関係の深い『続善隣国宝外記』ならびに『善隣国宝別記』につき述べる．『続善隣国宝外記』は『続群書類従』雑部および『(改定)史籍集覧』21に収録刊行されている．文明5年から延宝3年(1675)までの対外関係史料26通が収められている．そのうち(1)と重複するのは18通で，(1)では削除されたという「興明討虜呉将軍檄文」以下の文も収めてある．もと「原続善隣国宝記」とでも称すべきものが存在し，久保泰亨がそれを整理・作成したのが(1)で，他の人が別にまとめたのが『続善隣国宝外記』ではあるまいか．写本には神宮文庫本・内閣文庫本・東大史料編纂所・静嘉堂文庫本などがある．

『善隣国宝別記』は続群書類従完成会によって『群書類従』雑部の「補遺」として加えられたもの．文明4年から明暦元年までの外交文書や贈酬の詩文・筆語などを収めているが，重点は詩文の方におかれている．(1)と同一の注記があるところから考えると，(1)と共通の出典に拠ったのであろう．写本は神宮文庫に蔵され，奥に「勤思堂村井敬義」の朱書があり，敬義が天明4年に神宮林崎文庫に奉納したものである．(1)・(3)と『続善隣国宝外記』および『善隣国宝別記』とはもと一連のものであったと考えられる．

[参考文献] 『群書解題』20，田中健夫「『続善隣国宝記』について—所収史料の特質と撰述の経緯—」(『前近代の国際交流と外交文書』所収)

(田中　健夫)

048 則天文字 そくてんもじ　漢字の字体の一種．中国，周（武周）の則天武后（624～705）が制定したもの．すべての漢字には及ばず，「天」「地」「日」「月」「年」「国」などいくつかの字に限られている．奈良時代末成立の『新訳華厳経音義私記』には，則天武后製作経序の音義があり，その末尾に「〔〕天 〔〕初 〔〕君 〔〕聖 〔〕人 〔〕〔〕證 〔〕〔〕地 ◎日 〔〕月 〇皇 〔〕國国 〔〕奉年 〔〕正 〔〕字 万字 大悲 大臣 〔〕記授記」以下，「〔〕法 〔〕〔〕遭 〔〕〔〕 〔〕」に至る，30数項についての一覧がある．周代の文献にはよく使われたらしく，わが国では，正倉院御物の『色紙詩序』（慶雲4年（707）奥書）や『王勃集』にみられ，『新訳華厳経音義私記』の本文にも「〔〕古天字」「〔〕」「〔〕」「〔〕〔〕」「〔〕」などがみられる．平安時代の漢和字書『新撰字鏡』に「〔〕」「〔〕上字未詳」など，鎌倉時代改編の観智院本『類聚名義抄』にも「〔〕大周作－（天）」「〔〕則天作此」「〔〕聖」「〔〕證」「◎日」などが載せられ，頼宝の『釈摩訶衍論勘注』（元応2年（1320））などの仏書にも引かれて，一部に，聖教の書名に「〔〕」（法），人名に「〔〕」（国）などが使われたが，一般の文字生活には影響が少なかった．

参考文献　蔵中進『則天文字の研究』，築島裕「古代の文字」（『講座国語史』2所収），常盤大定「武周新字の一研究」（『東方学報』東京6）

（小林　芳規）

049 即非如一 そくひにょいち　1616～71　江戸時代前期に来日した明僧．万暦44年（1616）5月14日，福建省福州府福清県に生まれる．宋の文人林希逸の裔．父は林英，母は方氏．崇禎5年（1632）17歳，県の竜山寺西来瀞（こう）に投じ，翌年4月8日剃髪する．同10年黄檗山万福寺（古黄檗）の隠元隆琦に参じ，順治8年（1651）正月嗣法，夏雪峰崇聖寺住持となる．同11年東渡した隠元に招かれ，ようやく同14年（明暦3）2月16日千呆性侒・若一炤元らを従えて長崎に渡来した．崇福寺に住持して中興開山とされ，福済寺の法兄木庵性瑫とともに二甘露門と称せられる．寛文3年（1663）8月24日宇治の黄檗山万福寺（新黄檗）の隠元に省覲し，木庵とともに首座となる．山内竹林精舎に居し，この年第一黄檗三壇戒会には教授となる．翌年無心性覚・独航性安らと京都・奈良の諸刹を巡り，9月木庵の黄檗第2代晋山に白槌をつとめ帰国の途についたが，小倉藩主小笠原忠真・法雲明洞らに広寿山福聚寺開山に迎えられ，同5年3月晋山する．同8年7月法雲を第2代とし崇福寺に帰山，千呆に後席を譲って退閑し，同11年5月20日遺偈を書いて没する．56歳．嗣法門人法雲・千呆ら5人，剃度の弟子に化林性僙がある．俗に隠・木・即とよばれ隠元の徳，木庵の道，即非の禅とたたえられ，また黄檗三筆にも数えられる．著作に『聖寿山崇福禅寺語録』『即非禅師語録』『即非禅師全録』など21部があり，語録類および伝記は平久保章編『（新纂校訂）即非全集』にまとめられている．

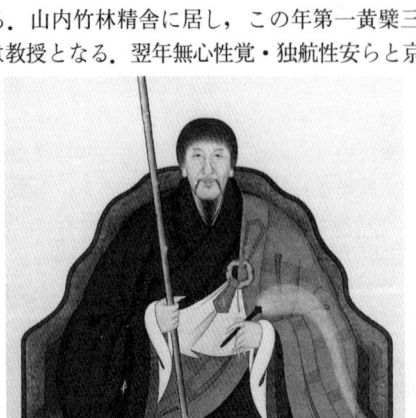

参考文献　法雲明洞編『賓主聯璧』，宮田安『崇福寺論攷』，林雪光「即非如一年譜」（『神戸外大論叢』21ノ3）

（大槻　幹郎）

050 祖元 そげん　⇒無学祖元（むがくそげん）

051 楚俊 そしゅん　⇒明極楚俊（みんきそしゅん）

052 ソテーロ Luis Sotelo　1574～1624　フランシスコ会司祭．スペイン，セビーリャ市参事会員の次男として，1574年9月6日生まれる．94年サラマンカ大学在学中，フランシスコ会修道院において修道誓願をたてる．99年スペインを離れ，メキシコを経て1600年フィリピンへ渡る．日本布教を志し，マニラ郊外ディラオにおいて日本語を学びながら日本人キリスト教徒の霊的指導に従事．慶長8年（1603）フィリピン総督使節としてベルメーオと同行し来日．都，紀伊，江戸において精力的に教えを弘め，さらに同15年には伊達政宗の知遇を得て奥州布教の足がかりをつくる．同18年江戸の迫害に際し捕えられ火刑の宣告をうけたが，政宗の執り成しにより釈放され，同年9月15日（1613年10月28日）政宗の遣欧使節支倉常長とともに牡鹿半島月の浦を出帆，メキシコ経由でマドリードおよびローマに赴いた．(1)フランシスコ会士の派遣，(2)奥州司教区の設置，(3)スペイン領との貿易協定の締結などの請願を携え，スペイン国王フェリーペ3世ならびにローマ教皇パウロ5世に拝謁したが，使節出立後四囲の情勢が激変したため，所期の目的を達することができず，1617年にスペインを発ち，メキシコを通って翌年フィ

リピンに到着．その地に抑留されたが、常長は元和6年(1620)帰国した．ソテーロは2年後の元和8年に禁制を犯して薩摩に潜入したが、直ちに捕えられ、寛永元年7月12日(1624年8月25日)大村において殉教した．49歳．ソテーロは、才気煥発にして、一般信徒のみならず徳川家康や伊達政宗の心をとらえる人間的魅力も備えていたが、感情的に思い込む傾向が強く、当時の複雑な国際情勢の中にあって、宗教家としてのみならず政治面でも活躍したこともあり、敵対者も多く、彼ほど毀誉褒貶の極端な来日宣教師はめずらしい．1867年列福．→慶長遣欧使節(けいちょうけんおうしせつ)

参考文献 『大日本史料』12ノ12、慶長18年9月15日条、同12ノ45、補遺、ロレンソ＝ペレス『ベアト・ルイス・ソテーロ伝』(野間一正訳)、トマス＝オイテンブルク『十六～十七世紀の日本におけるフランシスコ会士たち』(石井健吾訳)　　(野間　一正)

053 袖湊 そでのみなと ⇒博多(はかた)

054 外浜 そとがはま 青森県津軽半島東岸部を指し、中世には夷島(えぞがしま、北海道)と並んで日本の東の境界と意識された．文献上ではしばしば西の境界である鬼界(きかい)島と対で現れる．12世紀、奥州藤原氏の奥羽支配の中で、境界地域としての外浜の呼称が成立したと考えられる．源頼朝の奥州征伐により、日本国の境界として明確に位置付けられた．鎌倉時代には流刑地たる夷島の手前にあって、怪異が出現する場所と意識され、また怪異を追放する場所ともされた．その支配・管理は、奥州惣奉行指揮下に安藤(安東)氏が担当し、蝦夷管領と呼ばれた．北条氏は安藤氏を被官化し、津軽の北条氏所領の代官に任じている．安藤氏は幕府滅亡後も、15世紀半ばまで夷島・外浜を中心に勢力を保ち、日之本(ひのもと)将軍を名乗った．外浜は中央からは日本の果てと意識されたが、一方でアザラシの皮や鷲の羽など珍奇な北方産物を入手できる土地でもあり、陸奥の金・馬と並んで奥州藤原氏の繁栄を支える経済的基盤にもなった．しかし14世紀になると日本海交通の発達に伴い、津軽半島西岸の十三湊(とさみなと)が台頭し、交易の地としての外浜の重要性は低下した．近世には境界としての外浜の実質は失われるが、日本の境界を意味する象徴的な地名としては依然として用いられた．

参考文献 大石直正・高良倉吉・高橋公明『周縁から見た中世日本』(講談社『日本の歴史』14)、入間田宣夫・豊見山和行『北の平泉、南の琉球』(『日本の中世』5)、大石直正「外が浜・夷島考」((関晃先生還暦記念会編『(関晃先生還暦記念)日本古代史研究』所収)　　(榎本　渉)

055 蘇那曷叱知 そなかしち 『日本書紀』にみえる任那国の使節．蘇那曷叱智にも作る．同書では崇神天皇65年7月に、任那国から蘇那曷叱知が派遣され、垂仁天皇2年に帰国したとし、大和朝廷と朝鮮諸国との外交が始まったとしている．この記事は加羅諸国からの渡来開始の説明伝承によるものである．また、その帰国する際、垂仁天皇より任那王に赤絹100匹(200段)を贈ったが、途中で新羅に奪われ、これが任那と新羅との抗争のはじまりであるとしている．これは金官加羅国と新羅国との抗争のはじまりを伝える説話である．また、分注には大加羅(金官加羅)国の王子ツヌガアラシトの説話をのせ、任那(みまな)の地名由来の説明伝承としている．蘇那曷叱知は朝鮮での借用字とみられ、その訳語には、中田薫の金官国第10代金仇亥の子金奴宗説、白鳥庫吉の于斯岐阿利叱智干岐説、三品彰英の金国(金官)邑君説、李丙燾の弁辰の渠帥(貴人)説などがある．

参考文献 三品彰英『日本書紀朝鮮関係記事考証』上、李丙燾「蘇那曷叱智考」(『日本書紀研究』6)　　(井上　秀雄)

056 祖能 その ⇒大拙祖能(だいせつそのう)

057 蘇木貿易 そぼくぼうえき 中世東アジアの日本・明・琉球3国間の蘇木をめぐる交易を指していう．蘇木は蘇方・蘇枋・蘇芳とも記し、また丹木・紅木とも記され、古来赤色の染料または薬材として珍重された．もともと南方熱帯地方に産する豆科の常緑樹で、日本には中国を経由して古くから輸入されていた．日宋貿易で中国からもたらされたものとしては、香薬・茶碗・錦・蘇方などがあるとか、錦・綾・香薬が主で茶碗・文具・蘇方などがこれに次ぐとかいわれ、各種の絹織物・陶磁器のほかに香薬・蘇方などがあり、これら香薬類は多くが中国の南海貿易を経て転輸されたものにほかならない．ところが明代となり、国初以来ながく海禁政策がとられたことは、結果的に新興の琉球王朝のために海上貿易活動への道を開くことになった．琉球国が自立するには仲継貿易に依存せざるを得なかったが、明の海禁で中国商人が海外で活動することを禁止されたことが、琉球国に東アジアの物資中継者としての広範な活動舞台を与えることになったからである．琉球王朝は明の冊封をうけた藩属国で、明との朝貢貿易はほとんど連年にわたり、その進貢物は自国の土産品のほか多くを仲継物資で補足しなければならなかった．14世紀末から15世紀後半までの琉球の室町幕府に対する遣使は比較的盛んで、大体3～4年に1度の割で来航していたといわれる．その琉球船では、将軍におくる献上品のほかに、沈香・蘇木などの香薬類、南蛮絹、南蛮酒などの仲継南海物資がもたらされていた．このように琉球国は明に対する朝貢貿易を主体として、南海諸国や日本、朝鮮との仲継貿易によって物資の獲得をはかり、その貿易利潤は国家の重要な財源となった．この琉球国の南海仲継貿易の発展は、日明間の貿易にも影響し、これまで中国を経由して日本に輸入されていた香薬・蘇木類が、この時期に至って南海→琉球→

日本→明というコースをたどり，日本から逆に明に輸出されることになったのである．遣明船貿易で主要な輸出品は，刀剣・硫黄・銅・蘇木・扇ならびに蒔絵の漆器・屏風・硯などの工芸品であった．その中で南海産の蘇木は，永享4年(1432)度の遣明船では1万600斤を輸出し，さらに宝徳3年(1451)度の場合は実に10万6000斤の多量に達した．このような貿易品の品目は，遣明船の廃止後もほとんど変化がなかったようである．これはこの時期における著しい変化で，注目すべきことであった．　→蘇芳(すおう)

参考文献　田中健夫『対外関係と文化交流』
(佐久間重男)

058　**尊敦** そんとん　⇨舜天(しゅんてん)

059　**存問使** ぞんもんし　古代，来日した外交使節(蕃客)の応接にあたった官人．『延喜式』太政官・同治部省によると，蕃客が来日すると，存問使・掌客使・領帰郷客使らが任命され応接の態勢がとられた．このうち存問使は，まず蕃客の到着地に派遣され，蕃客を慰労するとともに，来日の理由などを尋ねて朝廷に報告する重要な役割を担った．その報告にもとづき朝廷で審議の結果，入京を許可すると，存問使は領客使となり，蕃客を伴って上京の途についた．領客使は，使節の接待にあたる一方では，路次の国々に必要な物資・人夫を手配する職務もあった．実例としては渤海使に対するもので，漢文学に堪能な人物の多かった渤海使を応接するため，漢文学に素養のある外記・内記・直講らが多く選任されている．

参考文献　沼田頼輔『日満の古代国家』，田村圓澄『古代東アジアの国家と仏教』，上田雄『渤海使の研究』，浜田久美子「延喜式に見える外国使節迎接使」(『延喜式研究』18)　　　　(石井　正敏)

た

001　**タイ**　Thailand　インドシナ半島中央部に位置する立憲君主国．首都バンコク．もとシャムSiamといった．民族構成は，タイ族のうち中部タイを占めるシャム族(狭義タイ族)を指導民族とし，北部・東北部の同じタイ系のラオ族，さらに華人，マライ族の平地住民がこれにつぐ．そのほか，森林・山地に住む20種に近い少数民族がいる．タイ族社会は本来的には稲作農耕を営み，精霊信仰を維持し，紀元前，原住地といわれる揚子江南部より，インドシナ半島に南下して，はじめて北タイに独立のスコータイ王国(1257～1350年)をつくった．カンボジアに栄えたクメール王国のインド伝来のヒンドゥー，仏教などの文化を吸収し，タイ文字を創案し，また元朝との友好により行政上の諸制度，文物を導入した．つぎのアユタヤ朝(1350～1767年)は，35代417年も存続したが，西欧諸国との交流も活発で，日本との交渉もこの時代の中ごろに目立つものがあった．『明史』によれば，1388年にタイ使節が日本へ行ったと書かれているが，その後琉球との交易が注目される．琉球史料『歴代宝案』によると，14世紀末から15世紀初めにかけて，アユタヤ王国からの貿易船が毎年来るようになったといわれる．皮革・酒・香木・砂糖などをもたらし，琉球からは日本の米・銅・明礬(みょうばん)・砂金・陶器をはじめ中国の布地などを積んで行った．アユタヤ朝の中期になると朱印船が認められてから，渡航・在留する日本人がふえ，ポルトガル人や他のヨーロッパ人と同様，居住・通商の自由を与えられ，日本人町の発展を見るようになる．そして，彼らは王室の傭兵・義勇兵にもなってビルマとの戦いに活躍し，その隊長は官位を授けられ重く用いられた．たとえば，オークプラ純広，オークヤー゠セナーピムックの山田長政のごとくである．日タイ両国間の公式の修好は慶長11年(1606)徳川家康がエーカトッサロート王(第21代，1605～10年在位)に鎧・刀剣・馬具を献上し，アユタヤ王から奇楠香(香木)・火器を贈られたときに始まった．ついで，元和7年(1621)将軍秀忠の謁見をうけたタイ使節は，土井利勝宛の山田長政の紹介書状を持参し，秀忠からは返書が送られている．その後も，数度の使節が来日しているが，山田長政がアユタヤ王朝の親衛隊長の要職にあったことが影響したと見ていい．しかしやがて，寛永13年(1636)の鎖国令により，両国関係は衰退し，明治31年(1898)の修好通商航海条約の締結まで，ほとんど断絶の状態にあった．なお，アユタヤの日本人町は，昭和8年(1933)同地を訪れた東恩納寛惇(ひがしおんなかんじゅん，当

時，府立東京高等学校教授，東洋史専攻)によって発掘され，200余点の遺物(観世音菩薩像，日本刀・槍の破片，茶碗，皿，硬貨など120点)が発見された．これによって，1万5000坪の住宅地，約8000人の日本人の居住の伝承も実証されるといわれた．

参考文献 河部利夫『東南アジア』(河出書房新社『世界の歴史』18)，西野順治郎『日・タイ四百年史』，三木栄『日暹交通史考』，ロン＝サヤマナン『タイの歴史』(二村竜雄訳)，生田滋「琉球と東南アジア諸王国」(大林太良・谷川健一・森浩一編『沖縄の古代文化』所収) (河部　利夫)

1855年英国，56年米国(タウンゼント＝ハリス使節)，つづいて西欧諸国と友好通商条約を調印し開港したが，治外法権と関税の不平等条項を承認した．明治天皇と同年代のチュラロンコン王(1852～1910)は1868年15歳で即位し，欧米人と日本人(政尾藤吉)の御雇外国人を顧問として文明開化，行政近代化，中央集権化を推進，立法，財政，軍事，教育，交通などを整備して，英仏両国植民地の中間にありながらもアジアでは日本と並ぶ独立君主国を保った．日本とは1898年(明治31)2月25日修好通商航海条約を締結している．大正時代にあたるワチラウット王(1910～25年在位)時代には第1次世界大戦で日本とともに連合国側に参戦し，戦後の条約改正交渉の緒を開いた．経済面では華商を主軸に国内流通機構を整備，米の輸出額を増大し，教育面では平民層まで高等教育と外国留学を浸透させ平民主体のエリート階層を生んだ．西欧留学体験をもつ平民出身の人民党員は1932年立憲革命を指導し王族・貴族支配の絶対君主政体を打倒，日本と同様の立憲君主政体を樹立した．しかし，公営企業を中心に経済不況の改革をめざす国家経済計画(33年3月)が敗退して人民党のエリート官僚独裁政治と化し，第2革命(33年6月)以後パホン大佐の軍人政権が内乱を鎮圧し政局は安定した．38～57年の20年間(44～47年を除く)ピブン元帥の長期安定政権がつづき，39年までに不平等条約を全面改訂して関税と所得税の国庫増収に成功．国防予算増額，軍需産業拡大，国家信条運動(39～42年)などの挙国一致の戦時統制政策を強め，国民精神を鼓吹した．国名をシャムからタイへ変更し(39年)，日・仏・英3国と領土保全条約(40年)を結んだピブン政権は，日本の支援を得てインドシナ国境領土の返還(41年5月)を果たしたが，やがて日本軍の国内進駐承認(同年12月8日)，日タイ同盟条約締結(同月21日)，対米英宣戦布告(42年1月25日)など対日協力姿勢を強めた．親日ピブン政権に反対したプリディ摂政は抗日自由タイ運動を指導(42～45年)，日本軍情報を連合軍へ伝える地下工作を展開し，終戦直後には日本側の強制による対米英宣戦布告の無効を声明した．戦後の文民政権(45～47年)は連合国と講和条約を結び国際連合へ加盟し(46年)，戦後のピブン政権(48～57年)は戦時調達物資の償金を日本へ請求した(56年)．この戦時特別円決済協定締結(62年)後，戦後日本経済のタイ進出が加速化し，サリット首相の軍人政権下の産業投資奨励政策と相まって，外資合併企業の工業化が進展した．その結果，学生を中心とする反日運動が広まり(72年)，軍人政権に代わる文民政権(73～76年)が3年間つづき政党政治を推進した．しかし，76年以後軍人政権が復活し，対日友好関係を深め，プレム大将の政権の下でアセアンASEAN(67年発足)の一国として安定成長の途を歩んだ．88年チャチャイ政権が成立するが，91年には軍事クーデタが起こり，その後短期政権が続いた．2001年タクシン政権が成立したが，06年軍事クーデタが起った．なお国名は第2次世界大戦後45年末シャムに復したが，49年5月再度タイと改めた．

参考文献　西野順治郎『日・タイ四百年史』
(市川健二郎)

002 太陰暦 たいいんれき ⇒暦法(れきほう)

003 ダイウス宗 ダイウスしゅう ⇒吉利支丹(キリシタン)

004 大円禅師 だいえんぜんじ ⇒鏡堂覚円(きょうどうかくえん)

005 大衍暦 だいえんれき 中国，唐の開元17年(729)から上元2年(761)までの33年間施行された暦法．『旧唐書』『唐書』に詳細がみられる．従来の麟徳暦(儀鳳暦)の日食予報が適中しなかったため改暦の必要が生じ，玄宗の勅命を受けて僧一行が編纂したもの．新たに二十八宿を精測するなど優秀な観測結果をとり入れた稿本のできた開元15年に一行は没したが，その法に基づき張説・陳玄景が詔を受けて暦術7篇，略例1篇，暦議10篇をまとめ上呈した．大衍暦は天文学的に多くの創意があった．たとえば太陽運動の遅速は数値的に正確に把握され飛躍的に進歩するなど，唐代を代表する善暦として大衍暦の後世への影響は大きい．わが国へは天平7年(735)4月唐より帰朝した吉備真備が『大衍暦経』1巻，『立成』12巻を齎し，さらに天平宝字元年(757)11月に『大衍暦議』が入り習得され，ようやく同8年から儀鳳暦にかわって行われることになり，天安元年(857)まで施行された．大衍暦は，1年の長さを111万0343分，1月の長さを8万9773分とした．これらを1日の長さ3040分で割れば，1年は365.2444日，1月は29.53059日となる．

参考文献　能田忠亮『暦』(『日本歴史新書』)，藪内清『中国の天文暦法』
(内田　正男)

006 大王 だいおう 古代東アジアに行われた君主の称号の1つ．朝鮮では高句麗の好太王(広開土王，391～412年在位)が「永楽太王」と称されたのをはじめ，次の長寿王，新羅の真興王(540～76年在位)なども大王と称されている．日本(倭)では，江田船山古墳(熊本県)出土大刀銘や，稲荷山古墳(埼玉県)出土鉄剣銘，隅田(すだ)八幡神社(和歌山県)所蔵人物画象鏡銘など，5

～6世紀の金石文に「大王」の称がみえる．これらはいずれも，当時中国の皇帝から王に冊封された諸国の君主に対し，その支配圏内において行われた尊称であり，国内的に君主号として用いられたものと考えられる．日本では，漢語としての「大王」が，敬称の和語としての「オホキミ」と結びつき，「天皇」（スメラミコト）の号が7世紀に成立する以前の大和政権において，君主の称として用いられたのであろう．

[参考文献] 坂元義種『古代東アジアの日本と朝鮮』，東野治之「大王号の成立と天皇号」（『日本古代金石文の研究』所収），森公章「天皇号の成立をめぐって」（『古代日本の対外認識と通交』所収）

（笹山　晴生）

007　**大応国師**　だいおうこくし　⇨南浦紹明（なんぽじょうみん）

008　**対外関係**　たいがいかんけい　異なる民族・地域そして国家間の交流を概括する用語．日本における対外関係の歴史は，原始・考古の時代から不断に営まれ，その場は日本列島に隣接する地域や国家から，次第にアジア及び地球世界に拡がっていった．以下，古代・中世・近世と大まかな時代区分にしたがい，その歩みを述べる．

【古代】　中国古代文明の東方への波及によって発生した弥生文化は，稲作と金属器の使用によって農耕社会を発達させ，やがて紀元前1世紀ごろから原始的小国家が日本各地に分立するようになった．

弥生文化が成立した前3～2世紀ころ，中国では，前221年に秦の始皇帝がはじめて中国を統一し，秦のあとをうけた前漢は，前108年，武帝のときに衛氏朝鮮を滅ぼして北朝鮮に楽浪・玄菟・真番・臨屯の4郡をおき，その地を直接統治下においた．玄菟郡以下の3郡はその後廃止されたが，楽浪郡（郡治は今の平壌付近）の設置は，ようやく政治的社会を形成し始めていた朝鮮や日本を刺戟し，それまで政治的，社会的におくれていたこれらの地域の発達を促して，国家形成への第一歩を踏み出させた．後8年に前漢は一時王莽に簒奪されたが，25年，光武帝によって後漢が再興された．2世紀半にはいると，後漢は内政の腐敗から急速に衰えて朝鮮支配の圧力が弱まり，朝鮮半島南部では韓族の小国家群が地域ごとに馬韓・辰韓・弁韓という連合体をつくるようになった．一方，中国東北地方の東北部に興ったツングース系の高句麗も，1世紀後半には強大となって南下の動きを示すようになった．

日本に関する最初の確かな史料である『漢書』地理志の記事によると，紀元前後のころの日本＝倭（わ）はすでに百余国の小国家が分立し，定期的に使者を楽浪郡に送って貢物を献上するものもあった．57年（後漢，建武中元2）正月には，倭の奴（な）国王の使者が後漢の都洛陽に赴き，光武帝に謁見して印綬を賜わっている（『後漢書』東夷伝・光武本紀）．なお，天明4年（1784）に博多湾頭の志賀島から発見された「漢委奴国王」と陰刻された金印は，光武帝がこのとき与えたものであろうという見方がつよい．107年（後漢，永初元）10月には，倭国（倭面土国・倭回土国）王帥（師）升らが生口160人を献上して，安帝に謁見を願い出ている（同東夷伝・安帝本紀）．このように北九州を中心とする地域の小国家は，自己の権力を堅固にするために中国の王朝に使者を送り，次第に政治的，社会的に成長していたが，その後国際的秩序の中心である後漢が衰退すると，倭国では70～80年にわたって大乱が続き，邪馬台国の女王卑弥呼を共立してやっと治まった（『魏志』倭人伝）．

この間朝鮮では，2世紀の末に後漢の衰えに乗じて遼東の公孫氏が楽浪郡を領有し，3世紀初めにその南方をさいて帯方郡（郡治は今のソウル付近）をおいた．中国では220年についに後漢が滅び，魏・呉・蜀の三国時代となるが，魏は238年に公孫氏を討滅して，楽浪・帯方両郡を勢力下にいれた．こうして両郡はしばらく魏の支配下にはいるが，280年には魏のあとをうけて西晋が天下を統一した．しかし，国内の混乱から西晋の威勢が朝鮮半島に及ばなくなると，高句麗が次第に強大化して南進し，313年には楽浪郡を併合したため，長い間続いた中国王朝の直接統治はここに終った．やがて朝鮮半島の南部では国家統一の動きが活潑化し，楽浪郡の解体によってまず馬韓が百済によって統一され，帯方の地は百済の領有となり，辰韓は新羅が統一した．この結果，朝鮮半島は高句麗・百済・新羅の3国が鼎立する形勢となった．

邪馬台国は奴国・伊都（いと）国を含む大小約30の小国家を従えた連合国家で，魏が楽浪・帯方両郡を領有した翌年の239年に最初の遣使を行い，以後しばしば魏に使を派遣した．魏も倭国が呉と通好することを恐れ，また南朝鮮の小国家の動きを牽制する必要上，卑弥呼に「親魏倭王」の称号と金印紫綬を与えて優遇し，247年の邪馬台国と狗奴（くな）国の戦いに際しては，帯方郡の太守に使臣を派遣させて邪馬台国を後援した（『魏志』倭人伝）．邪馬台国の位置については，今なお論争が続けられているが，いずれにしても3世紀の日本は統一国家への歩みを始めており，おそくとも4世紀の前半には，大和朝廷による国内統一ができていたことは間違いない．

国内統一を完了した大和朝廷は，4世紀半ばごろから朝鮮半島に進出するようになる．『日本書紀』に引用されている百済関係の記事によると，百済は南下する高句麗に対抗する必要から，背後を安全にするため367年に日本の出兵を要請し，朝廷はこれに応じて369年に大軍を送り，弁韓（加羅）の諸国を勢力下にいれて任那と呼ぶ根拠地としたとみられている．また，高句麗好太王（広開土王）の功業を記した「好太王碑」（中国吉林省集安県）によると，倭は辛卯年（391）に渡海して

百済・新羅を服従させ，400年には高句麗が倭を任那まで追撃し，404年には倭が帯方の地まで侵入して高句麗と戦い，敗北したことが記されている．このような朝鮮半島への進出は，応神・仁徳両陵に象徴されるように大和朝廷の支配力の充実と発展を示すものであった．

倭と中国との通好については，266年（西晋武帝，泰始2）に倭の女王が西晋に遣使貢献したという記事（『晋書』武帝紀・『日本書紀』神功紀所引晋起居注）を最後にして，5世紀の初めまで中国の史書にはみられなくなるが，413年になると『晋書』四夷伝に倭が東晋に朝貢したことがみえ，その後『宋書』夷蛮伝に讃・珍（弥）・済・興・武の倭の五王が，相ついで南朝の宋に使節を派遣したことが記されている．中国では西晋のあと北方民族の五胡が華北に侵入していわゆる十六国の時代となったが，これに対して漢民族は江南の地にうつり，西晋の一族が318年に東晋を興して南北朝対立時代にはいった．宋は東晋の武将劉裕（武帝）が420年に建てた王朝で，その後，南斉・梁そして陳にかわった．このように，5世紀にはいって大和朝廷は南朝諸国と直接交渉をもつようになったが，その目的は倭の五王が一貫して要求している爵号の内容から，倭の朝鮮半島における実績を中国の王朝に認めさせ，その立場を有利にすることにあったと思われる．たとえば雄略天皇に比定される倭王武は，「使持節都督倭新羅任那加羅秦韓慕韓六国諸軍事安東大将軍倭王」の称号を得たが，倭王らの要求する称号のなかから常に百済の名が削られたのは，南朝と百済との深いつながりによるものであろう．

5世紀を通じて行われた大和朝廷の朝鮮進出や南朝との交渉によって，その間に多くの帰化人が渡来し，進んだ大陸の文物と機織・金属工芸・土木その他の新しい技術が朝鮮を介して移入された．しかし，高句麗が次第に強大になると，これに圧迫された新羅と百済は6世紀にはいってその発展の途を南に求め，任那を脅かすようになった．新羅は任那に進出する構えを示し，百済は巧みな外交政策によって任那に勢力をのばしながら，他方では日本との友好関係を表面上持続した．そのうえ6世紀初めごろには，大連（おおむらじ）大伴金村が百済の要求に応じて任那の4県を割譲したので任那諸国の不信をまねき，新羅に接近するものもあらわれた．任那の失地回復のために派遣された近江毛野の新羅遠征軍は，渡海を前に筑紫の国造磐井の反乱によって妨げられ，562年ころまでに新羅が任那の地をことごとく領有するに至った．こうして4世紀後半以来続けられた大和朝廷の半島経営はその拠点を失い，これによって朝鮮に対するわが国の力は著しく弱まった．

中国では，589年に隋が陳を滅ぼして約300年に及ぶ南北朝を統一した．その4年後に聖徳太子が摂政となった推古朝では，任那の回復をはかる歴代の朝廷の意図を実現するために，対朝鮮外交を推進して新羅遠征を計画したが，派遣軍の指揮官の死去などによって挫折すると，5世紀末の倭王武の遣使以来1世紀以上の間とだえていた中国との国交再開にむけて努力する．『隋書』倭国伝によれば，最初の遣隋使派遣は600年となっているが，『日本書紀』では推古天皇15年（607）の小野妹子の派遣が第1回となっている．高句麗征伐を計画していた隋の煬帝はわが国を無視することもできず，翌年の妹子の帰国に際しては，裴世清を隋の使者として同行させた．遣隋使の派遣は，アジアの政局を見通して日本の国際的地位の向上をはかった太子および大臣（おおみ）蘇我馬子の卓越した外交手腕によるものであり，同時に留学生や学問僧によって大陸文化を直接輸入したという点で，その後の政治や文化の発達に大きく貢献した．特に高向玄理・南淵請安・僧旻らは中国に長期間滞在し，その間618年に隋は滅亡したが，新興の意気に燃える唐の制度や文化を学んで帰国し，その知識は大化改新の大きな原動力となった．

その後に行われた数回にわたる隋・唐の高句麗大遠征は東アジア諸国に絶大な脅威を与え，わが国における大化改新の大きな要因となったが，やがて朝鮮では，次第に強大となった新羅が660年に唐と結んで百済を滅ぼすに至り，そのため百済の残存勢力の1つであった鬼室福信は，日本に救援を求めてきた．そこで日本は，以前から人質として日本にきていた百済王子豊璋（余豊）を王位につけ，斉明天皇みずから百済救援のため九州に下ったが，天皇が没したので中大兄皇子が皇太子のまま国政をみることになった．かくて天智天皇2年（663）救援の大軍が半島に渡ったが，日本の水軍は唐の水軍と白村江（はくすきのえ，錦江河口付近）に戦って敗れ，ここにわが国は朝鮮における既得権をほとんど失った．同7年に唐と新羅は高句麗を滅亡させたが，新羅はさらに唐の勢力を半島から撤退させて，朝鮮の統一を完成した．こうした海外からの脅威に対して，わが国は同3年に対馬・壱岐・筑紫に防人と烽をおき，筑紫に水城を築くとともに，翌4年には長門・筑紫に城を築き，さらに同6年には大和の高安城，讃岐の屋島城，対馬の金田城を築いて対外防備に意を用いた．

遣唐使は白村江の戦以後しばらく中絶していたが，大宝2年（702）から再開された．舒明天皇2年（630）の犬上御田鍬らの派遣から寛平6年（894）に菅原道真の建議によって廃止されるまで，264年間に19回の遣唐使が任命されたが，そのうち3回は派遣が中止されている．遣唐使は第9回の養老の遣使以後，大使以下の四等官が4隻の船（四舶）に分乗する例が定められ，使節一行のほか多くの留学生や学問僧が同行した．遣唐

使の航路は，新羅との関係悪化から北路より東シナ海を横断する南島路・南路をとらねばならなくなったので，造船技術や航海術の未熟さと相まって，遭難の危険性はますます高まり，多くの犠牲者を出したが，唐の進んだ文化を輸入しようとする当時の人々は，危険を顧みずに往来した．この結果，国際性豊かな天平文化の花が開いたことは広く知られるところである．こうして遣唐使とともに入唐した人々のうち，僧玄昉・吉備真備は帰国して政治の中枢に参画し，僧道昭は法相宗を，僧道慈は三論宗を学んでわが国に伝えた．また阿倍仲麻呂は，入唐して玄宗皇帝に仕えて文名をあげ，その間帰国しようとしたが果たさず，そのまま長安で没した．唐の僧鑑真は，渡航にたびたび失敗したのち，天平勝宝6年(754)6回目にしてようやく来朝して律宗を伝え，東大寺に戒壇院を建立して聖武天皇以下に戒を授け，唐招提寺を創建した．平安時代に入ってからも，僧最澄・空海・円仁・円珍らが入唐して仏教を学び，帰国してその後の宗教界に絶大な影響を与えた．

日本と新羅との関係は，白村江の戦ののちも使節の交換が続けられたが，日本が新羅を従属国として扱おうとしたため，両国の関係は次第に円滑さを欠いていった．これに対して8世紀初めに中国東北地方東南部のツングース族が高句麗の故地に渤海国を建て，唐に対抗するために，神亀4年(727)から200年ほどの間に三十数回使節を送ってきたので，わが国は日本海岸に松原客館(今の敦賀)や能登客院を設けて渤海使に応対した．日本側も十数回にわたって遣渤海使を派遣して友好関係を保ち，互いに文物の交流をはかった．中国では907年に唐が倒れ，五代十国の時代を経て960年に宋王朝が成立したが，朝鮮でも新羅の国内が乱れて分裂し，918年に王建が高麗王朝を建てて全土を統一した．また渤海も926年に東モンゴルから興った契丹に滅ぼされ，契丹はやがて遼と改称して内モンゴルから満州にまたがる一大強国となり，たえず宋や高麗を圧迫した．

このような東アジアの形勢に対してわが国は，9世紀末の遣唐使の廃止以後は，10世紀初めに打ち出した中国商船の三年一航令と一般日本人の海外渡航禁止の方針に端的に示されているように，いずれの国とも新しい国交を開こうとしなかった．長徳3年(997)には高麗の海賊が北九州に襲来し，藤原道長の全盛期である寛仁3年(1019)には，沿海州地方にいたツングース系の女真族の刀伊(とい)が対馬・壱岐をおかして博多に侵入したが，王朝貴族たちはこれに対しても積極的な外交政策をとろうとはしなかった．このように一種の鎖国状態にあったとはいえ，宋の商船は常に北九州に来航して大宰府を中心に私貿易が行われており，一時は五代十国の1つである浙江地方の呉越国が国交を求めて使を派遣してきたこともあった．また僧侶が宋の商船に便乗して渡宋することも許されており，永観元年(983)に入宋した僧奝然(ちょうねん)，長保5年(1003)に入宋した僧寂照，延久4年(1072)に入宋した僧成尋らは，日宋両国の架け橋となって文物交流と相互理解に大きな功績を残した．11世紀後半に入って北宋の神宗は，対遼政策の必要から熱心にわが国との国交を望み，成尋の弟子や宋の商人を介して皇帝の国書を送ってきたが，王朝貴族たちは国交の正式再開に踏み切ることはできず，そのためには平清盛の登場を待たねばならなかった．

参考文献 石井正敏・川越泰博編『日中・日朝関係研究文献目録』，森克己・沼田次郎編『対外関係史』(『体系日本史叢書』5)，井上光貞他編『(東アジア世界における)日本古代史講座』，石母田正『日本の古代国家』(岩波書店『日本歴史叢書』)，井上光貞他『大化改新と東アジア』，池内宏『満鮮史研究』，佐伯有清『研究史広開土王碑』，笠井倭人『研究史倭の五王』，井上秀雄『任那日本府と倭』，末松保和『任那興亡史』，鬼頭清明『白村江』(『歴史新書』33)，関晃『帰化人』(『日本歴史新書』)，森克己『遣唐使』(同)，秋山謙蔵『日支交渉史研究』，森克己『日宋貿易の研究』(『森克己著作選集』1～3)

(平田　耿二)

【中世】 中世日本の対外関係は，中国大陸では宋・元・明，朝鮮半島では高麗・朝鮮，南西諸島の琉球の各王朝，それに南方諸地域，北方の蝦夷地，はじめて東アジアに姿を現わしたヨーロッパ諸国を対象に展開する．その特質は，これまで律令政権の手中にあった外交権が武家政権に移り，中国中心の国際秩序のなかに日本が明確に位置づけられたこと，蒙古襲来とそれに続く倭寇活動の時代を経て国際的な視野が急速に拡大し，明の海禁政策や琉球王国の出現さらにはヨーロッパ船の登場などの影響で通交圏が東アジアから東南アジアにまで拡がったこと，通交貿易には武士・寺社を中心に商人が積極的に参加し外来文化の影響は国民各層に深く浸透したこと，外交や貿易の利権が一種の特権として固定化し，国内勢力の変遷とともに推移したこと，などである．

平氏政権は積極的な対外政策をとり，来航宋商人と荘園の領主・荘官との密貿易が盛んに行われ，11世紀中ころには日本商船が高麗に進出し，さらに東シナ海を横断して南宋に至って貿易した．平清盛は後白河法皇とともに来航宋人を引見，明州刺史の文書を受理して返書と答品を贈り，また音戸の瀬戸の開削，大輪田泊の築港などを推進して貿易を保護奨励した．鎌倉政権は初期には対外貿易に干渉しなかったので，博多・今津などには宋商船が来泊して貿易を行なった．日本商船の渡航も盛んであった．源実朝が育王山参拝の目

的で陳和卿に造船を命じた話は有名である．鎌倉政権はその基礎が固まると外国貿易を制限し，建長6年(1254)には大宰府に唐船(海外渡航船)を5隻に限ることを命じた．僧侶で渡航するものが多く，彼らは宋版大蔵経をはじめ多くの典籍をもたらした．禅宗とともに中国風の生活文化が導入され武家社会に大きな影響を与えた．宋からの輸入品で注目すべきは銅銭である．貨幣経済の進展に伴い12世紀末には土地の売買や年貢代納に宋銭が用いられ，その流通が停止されたこともあった．ほかに陶器・漆器・絹織物・書画・薬物・香料・染料が輸入され，硫黄・刀剣・木材・砂金・水銀などを輸出した．13世紀初頭における蒙古の興起は東アジアの形勢を一変した．元の成祖フビライは南宋を圧迫するとともに高麗に侵入して服属させ，ついで日本に対して通交を要求してきた．蒙古の国書を受けた京都の公家政権は明確な回答を示さず，外交折衝を防衛責任者である武家にゆだねてしまった．文永・弘安両度の戦争を経過して武家の発言権は拡大したが海外認識はそれに伴わなかった．元軍の来襲を予測して設けられた異国警固番役は元の滅亡後40年近く存続していた．元は日本との戦闘に関係なく日本船の貿易を許したので，日本では正中2年(1325)に建長寺造営料唐船(嘉暦元年(1326)帰国)，元徳元年(1329)に関東大仏造営料唐船，元弘2年(1332)に摂津住吉社造営料唐船などを公許の貿易船として派遣した．また天竜寺船は暦応4年(1431)足利直義によって計画された．14世紀から15世紀にかけての時期のアジアでは新旧の勢力が激しく交替した．征服王朝元の滅亡と漢民族王朝明の中華回復，王氏高麗王朝の崩壊と李氏朝鮮王朝の出現，琉球王朝の統一，それに明の南海遠征やティムール王朝・オスマン=トルコの発展などが相つぎ，日本では鎌倉政権の滅亡，南北朝争乱，室町政権の誕生があった．この間，1350年以後朝鮮半島で倭寇が猛威をふるった．倭寇は対馬・壱岐・北九州地方の日本人と禾尺・才人(高麗の賤民)を中心とする高麗・朝鮮人の連合であって，人民や食糧を掠奪して高麗王朝の存立をおびやかし，その余波は中国大陸の元・明にまで及んだ．明王朝は華夷の分を重視し，四夷の君長(国王)だけを明皇帝に入貢する資格をもつものと認め，それ以外のものの入貢は原則として拒絶した．足利義満は15世紀の初頭に成祖永楽帝から日本国王に冊封(さくほう)された．日本国王は原則として誥命(こうめい)・印綬・暦・冠服を受け，藩属国の王として臣属の礼をとって進貢船を派遣した．足利義満は明皇帝からみて日本国王だっただけではなく，同一の国際秩序に属していた朝鮮国王からみても日本国王であった．このことは室町政権が東アジアの国際社会のなかで確かな立場を獲得したことを意味し，これまで伝統的に律令政権のものであった外交権が武家政権に完全に接収されたことを示す画期的事件であった．豊臣政権から徳川政権へと続く武家外交の基礎がこのとき定められたのである．遣明船は応永8年(1401)から天文16年(1547)まで1世紀半の間に19次にわたり80余の船が渡航した．名目上は国王使船であるが有力大名や寺社が経営にあたり，五山僧・博多商人・堺商人・同朋衆などが実際の運用を担当した．洪武・永楽の銅銭をはじめ生糸・絹織物・薬物・書画などを輸入し，刀剣・硫黄・銅のほか中継物資の蘇木などを輸出した．遣明船の貿易は大きな利益をもたらしたが，発遣に要する負担は農民の上にも重くのしかかっていた．

朝鮮半島との関係では倭寇の存在が大きく永く尾をひいた．明と日本との関係は明皇帝と日本国王とが1本のパイプで結ばれた一元的関係であったが，朝鮮と日本との関係は朝鮮国王と日本の国王・巨酋・諸酋・諸商人などがそれぞれ別々に多数のパイプで結ばれる多元的関係であり，その舞台廻しの役を対馬宗氏が演じたところに特色があった．このような事態になったのは日本国王には倭寇を統制するだけの力がないと朝鮮側で判断したからである．朝鮮では倭寇を直接武力で鎮圧したり懐柔したりするとともに，倭寇を統制できる立場にある日本国内の諸勢力と結んで鎮静化させ，倭寇が捕えた被虜人の送還を達成しなければならなかったのである．日本側の国王や諸大名・有力寺院が朝鮮に求めたものは高麗板大蔵経や梵鐘などの文化財で，中小豪族が求めたものは食糧や木綿などの生活必需物資だった．朝鮮にとって日本との通交は倭寇対策上やむをえないものであったが，日本船の頻度の渡航は歓迎すべきものではなく，各種の約条や規制を定めて渡航・滞在・貿易を制限した．明王朝が朝貢政策とともに実施した海禁政策は周辺の諸国に多大の影響を与えた．この政策は海賊や倭寇の活動を抑制するために中国人の一切の海上活動を禁止したものである．朝貢・海禁の両政策は表裏の関係を保ち，海賊の防止と明政府の海外貿易独占に寄与した．しかし海禁の実施は中国沿海の商人たちへの打撃であっただけでなく，中国との直接貿易を望む南方華僑や新興琉球王国にとっても打撃であった．新しい市場を開拓するために暹羅(シャム)船・爪哇(ジャワ)船・スマトラ船などは琉球船とともに朝鮮半島や日本をめざして北上し，南方の物資を中継貿易した．倭寇をはじめ博多・対馬・薩摩などの地域の商人がこれと接触し，東アジアの通交貿易圏は拡大し交易品も多彩になった．琉球を中継した南方産の蘇木や胡椒は日本人の手を経て朝鮮や明に輸出され，朝鮮の大蔵経は琉球で珍重された．倭寇による被虜朝鮮人は琉球にまで転売され，そこから朝鮮に送還された．ほかに被虜中国人や被虜日本人もあり，その送還には各国とも心をくだいた．16世紀に入り海禁政策は破綻し大倭寇が発生した．構成員の大部分は中

国人であった．ヨーロッパ船ははじめて東アジアに姿を現わし，倭寇や琉球人と接触しながら北上してやがて日本に到着し，鉄砲やキリスト教など異質の文物をもたらした．室町時代の文化は武士階層の援護をうけて開花したが，その代表とされる禅宗・朱子学・茶の湯などはいずれも海外からの文化が日本に根づいたものであった．特にこの時代は海外との人的交流が盛んに行われた．絵画・建築・彫刻・医学・印刷術・暦学・礼式・遊芸や農業技術などがとりいれられた．近世の絹織物業・綿業・窯業の発展は中世の技術導入に負うところが多い．諸外国の日本認識も進んだ．朝鮮における『海東諸国紀』の刊行は日本・琉球に関する認識の深化を如実に示すものである．また16世紀の倭寇活動を機に，明では多くの日本研究書が作成され，いわゆる『魏志』倭人伝や『宋史』日本伝の記事にとどまっていた日本認識は一変した．豊臣秀吉が企てた文禄・慶長の役は15世紀以来うちたてられた東アジアの通交秩序を否定し破壊する行動であった．

参考文献 辻善之助『増訂海外交通史話』，秋山謙蔵『日支交渉史研究』，小葉田淳『中世日支通交貿易史の研究』，同『中世南島通交貿易史の研究』，青山公亮『日麗交渉史の研究』，木宮泰彦『日華文化交流史』，中村栄孝『日鮮関係史の研究』上・中，田村洋幸『中世日朝貿易の研究』，森克己『日宋貿易の研究』（『森克己著作選集』1～3），同『（増補）日宋文化交流の諸問題』（同4），同『史苑逍遙』（同5），田中健夫編『日本前近代の国家と対外関係』，田中健夫『中世海外交渉史の研究』，同『中世対外関係史』，同『対外関係と文化交流』，同『倭寇』（『歴史新書』66），同『倭寇と勘合貿易』（『日本歴史新書』），同『前近代の国際交流と外交文書』，同『東アジア通交圏と国際認識』，村井章介『アジアのなかの中世日本』，同『東アジア往還』，榎本渉『東アジア海域と日中交流』，橋本雄『中世日本の国際関係』，川添昭二『対外関係の史的展開』，伊藤幸司『中世日本の外交と禅宗』，伊川健二『大航海時代の東アジア』　　　　　　　　　　　　　（田中 健夫）

【近世】　近世の対外関係の特色としては何よりもまず日本がはじめて西欧世界と接触し，それがわが国の集権的封建体制の確立の過程に大きな影響を与えたことをあげることができる．中世までの日本人の一般的世界認識は，日本・中国・インドの3国をもって世界とするいわゆる三国観が支配的であったが，16世紀中期におけるヨーロッパ人の日本来航とキリスト教伝道により，アジアの日本から世界の日本へと大きく飛躍するに至った．

一般的に大航海時代といわれるヨーロッパ世界の拡大は，永年にわたるイスラム支配から脱却して独立の歩を進めたポルトガルおよびスペインによって進められた．ポルトガルは香料貿易の確保を狙ってアフリカ経由インドへのルートを発見し，カリカットを拠点としてさらに東進して1511年には当時東南アジア最大の貿易港であったマラッカを占拠した．さらに香料の原産地モルッカ諸島にも進出するとともに，マラッカより北進して中国への通商路を開拓することに成功し，広州へ姿を現わしたのは1513年であった．貿易は当時の明政府の海禁政策などにより必ずしも有望ではなかったが，沿岸商民たちの通商への強い要望に助けられ，密貿易の形で華南より華中へと移動し，1540年代には華中のリャンポーにその活動の拠点を建設した．同地は日明貿易の舞台であった寧波（ニンポー）に近く，このことは彼らの日本出現の可能性を齎した．天文12年（1543）中国船に乗ったポルトガル人は種子島に出現，ここに日欧人接触の端緒を開いた．彼らが領主種子島時堯に献上した鉄炮は世に種子島銃といわれ，逸早く国産化されて当時の戦国争乱期に積極的に採用され，戦法の転機となったことは有名である．こうしてたまたま開かれた彼らの日本貿易の将来はきわめて悲観的であったが，当時東シナ海を舞台とする日明貿易が明政府による倭寇禁圧によって衰微したのを機とし，日明仲介貿易の形で参加するに及んで俄に活況を呈した．他方広州の地方官憲によって澳門（マカオ）に居住が認められたことと相まって将来への発展の期待がたかまった．ポルトガルの日本貿易が，それまでの王室経営から，日本貿易惣カピタン制（いわゆるカピタン＝モール制）に移行したのがほぼこの時期であったこともこのことを裏書するものであろう．

このような情勢はたまたま始められたイエズス会によるキリスト教伝道にきわめて有効に作用した．ヨーロッパにおける宗教改革の嵐の中でカトリック教団の内部革新を目指して組織されたイエズス会は，ローマ教皇およびカトリック国王の期待を担って，折から展開されたポルトガル商人たちのアジアにおける商業活動の地域に伝道を試みたものの必ずしも大きな成果があがらなかった．しかしイエズス会宣教師の1人フランシスコ＝シャビエルはマラッカでこの地に来た一日本人アンジローと会見し，これが機縁となって日本への伝道の決意を堅め，天文18年鹿児島に上陸し，ここに日本におけるキリスト教伝道が始まった．シャビエルは鹿児島で領主島津貴久から布教の許可を得て伝道の第一歩を踏み出したが，中央での伝道の確立を志して東上，畿内に入り室町幕府や朝廷からの伝道許可を求めようとしたが戦乱のため目的を果たさず，帰路につき山口で大内義隆に迎えられ，さらに豊後の大友義鎮の招きをうけ府内に入り，後継者選定の協議のため日本を去った．彼の後継者たちは立案された方針に従って日本伝道を行なったが，それは九州地区と畿内地区とほぼ2方向にわたって展開された．九州地区では

主として中世以来貿易港として栄えた大名の領内を中心に行われ, 島津氏・松浦氏・大友氏などの諸大名は領内における伝道を許可し, 次第に改宗者の増加をみた. これはそれぞれの大名が外国貿易の振興を領国経営の大きな柱とし, そのため東アジア海域に進出してきたポルトガル船の入港に期待する経済的意図と密接な関連をもっていた. しかし新しい宗教の領内浸透はさまざまな政治問題を誘発し, 延いては自己の領内支配を混乱に導くに至ったので, 領主は布教禁止の方針を打ち出すに至った. この情勢を察した宣教師はポルトガル船の入港を回避し, 布教に好意をもつ大名領内に移動する方針をとった. 肥前の一小大名大村純忠や有馬氏は率先してキリスト教を公認し, 受洗してキリシタン大名となり積極的に保護の方針をとった. この結果ポルトガル船はそれら大名の領国に入港することになり, 大村領内では横瀬浦から福田を経て長崎が貿易の中心となり, 有馬領では口之津の繁栄をみた. さらに大村純忠が天正8年(1580)長崎周辺の地をイエズス会に教会領として寄進するに及び, 長崎は九州における布教と貿易の中心となった. 最も早くキリスト教に好意を示した豊後の大友義鎮は宣教師を保護しつつ, ポルトガル国王やインド副王に書簡を送り, 軍需品の輸入を求めたが, 領内へのポルトガル船の入港は初期のみにとどまった. このようにして九州におけるキリスト教伝道はめざましい進展をみせ, 天正10年ころには豊後地区には1万5000人, 下(しも)地区(肥前中心)には11万人に及ぶ信者が生まれたといわれる. 一方シャビエルが最も熱望した畿内伝道は逸早く後継者らによって進められたものの, 当時の政治情勢の影響をうけ捗々しい進展をみせなかったが, やがて織田信長が畿内入りし彼のキリスト教保護の方針が明らかになると, ここに有力な保護者を得て次第に発展した. 彼のキリスト教保護はその覇権確立の政治目的から出た面が強く, 特に寺院対策が中心であった. 彼の死後豊臣秀吉もまたキリスト教保護を打ち出したことから, 畿内地区は九州地区と並んでキリスト教布教の主要な舞台となった. しかし秀吉は統一事業がほぼ完成するとともに俄に政策を一変し, 天正15年6月九州攻めの帰途箱崎で宣教師追放令を発布し, 即時国外退去を命じた. しかし追放令中にポルトガル貿易の奨励が強調されていたことはキリスト教についての本法令の実効性を著しく稀薄にした. 宣教師は国内に残留して密かに伝道を継続した.

このようにポルトガル商業資本はイエズス会の東方伝道と緊密な連繋を保ちながら当時の日本の政治・経済情勢に大きな足跡を残したが, 他方大航海時代の主役の1つであったイスパニアはポルトガルより遙かにおくれて東アジアに姿をみせ, 1571年フィリピンを占領して同地を東洋進出の拠点とした. 日本との関係もようやく天正12年平戸入港によって実現した. そして領主松浦氏を通じて通商関係を開始した. この情勢はやがて秀吉による侵略の遠因となった. 国内制覇の余勢を駆って大陸出兵の実行に移した秀吉は時を同じくしてフィリピンのイスパニア総督に対し降伏要求の書を送った. これが端緒となって外交折衝が展開され, イスパニア側では使節の名目でフランシスコ会の宣教師を派遣し, 日本国内の伝道を企てた. しかしこのことはイエズス会との対立を深め, その余波は秀吉による二十六聖人殉教という悲劇となったのである.

朝鮮出兵ならびにフィリピンのイスパニア政庁に対する招撫, 高山国への国書にみられる一連の秀吉の武力外交は彼の国際的認識の欠如からくる国内戦争的性格をもつものであるが, 同時に反面それまでの日明冊封体制を否定する側面をもっていたことは東アジアに大きな緊張を齎した. しかし間もなく秀吉の死, 徳川家康の登場により事態は新たな展開をみた. 家康は秀吉の死後直ちに太泥(パタニ)国王への返書に対外交渉の担当者であることを通告するとともに現実的外交を開始した. すなわち国際緊張の緩和をはかり, 国内統一への政策の一環をなす外交が展開された. そのために外交の面では平和外交をスローガンとし, 明・朝鮮との国交恢復をはかるとともにアジア・ヨーロッパ諸国に対しても親善関係の樹立につとめた. その場合秀吉のとった商教分離の方針を踏襲した. 貿易振興の第一段として初期においては領国である関東の一港(浦賀)に外国船誘致を計画し, そのためには秀吉時代断絶の状態にあったフィリピンのイスパニア政庁に呼びかけてキリスト教伝道を予測の上で貿易船の入港を求め, また慶長5年(1600)関ヶ原の戦直前豊後に漂着したオランダ船リーフデ号のパイロットであったウィリアム=アダムズを優遇して江戸に招き, 三浦半島に釆地を与えて貿易船誘致の意図を示したが, 関ヶ原の戦の勝利によって全国制覇の第一歩を踏み出すと, 当時最大の貿易港であった長崎を完全に領有し, ついで朱印船貿易制度を実施した. これは日本人の対外貿易活動の促進をはかるとともに, これを自己の政権下に管掌することを意味しているが, 同時に彼ら貿易商人の赴く東南アジア諸国に対し統一政権としての権威を認識せしめる外交政策でもあった.

朱印船貿易の実施により, 大名・武士をはじめ富商たちの外国貿易は刺激され, 日本人の海外渡航は空前の活況を呈し, 渡航地の政治・経済条件と結びつき, ここに南洋日本町の発生をみるに至った. 他方かねてよりポルトガル・イスパニアによる東洋貿易権打破を最大の目標とした新興国オランダおよびイギリスは, 家康政権の積極的誘致の意向に乗じて日本貿易計画を試み, 相ついで日本に貿易船を派遣した. 家康はこれを歓迎して無条件の自由通商を許可した. 同時にこの

ことは商教分離の立場をとっていた外交方針にも少なからぬ影響を与えた．家康政権は当初より禁教を基本的理念としていた．しかし当時主流をなすポルトガル貿易が宣教師の指導のもとに行われていた現実から，あえてこれを強行することを躊躇していた．しかし政権の基盤が徐々に強化するに伴い，大名統制上からも放任することは許されなかった．伝道活動を伴わないオランダ・イギリスの通商開始の見通しの明らかになった慶長18年12月，家康の命により秀忠の朱印で出された宣教師(伴天連)追放令は名実相伴った禁教令であった．同令においてキリスト教伝道に「神国日本」侵略の野望の存することを強調した．

このようにヨーロッパ諸国との関係が展開したが，徳川政権の最大の外交課題は秀吉の朝鮮出兵によって破局に瀕した明および朝鮮との関係の修復であった．明に対しては，来航する明船に対し朱印状を発行し，福建総督に書を託して勘合の交付を求めるなど冊封関係の復活を求めたが明政府の容れるところとならなかった．朝鮮に対しては，俘虜の送還を通じて交渉を開始したが，以後は朝鮮貿易の復活を最も強く熱望する対馬の宗氏の画策のもとに進められた．宗氏は従来の日朝貿易の立役者としての実績を背景として巧みに策謀し，慶長14年己酉約条を成立させて朝鮮貿易と外交事務を独占することに成功した．しかしこれはいわば私的関係であり，徳川政権の公的外交関係の成立はなお年月を要したのである．なお己酉約条締結と同じ年，島津氏は琉球に出兵して同国を服属せしめた．この結果琉球は明国と冊封関係を保ちつつ島津氏に服属するという二重支配をうけることになり，幕府には使節を派遣するだけで直接交渉をもつことはなかった．

家康の死後幕府政治の中心となった秀忠は逸早く元和2年(1616)8月外交方針を明らかにし，その中で禁教方針を継承するとともにヨーロッパ人の国内商業権を奪って貿易港を長崎と平戸の2港に制限することにより貿易の統制に乗り出した．また初期には原則的には自由開放であった朱印船貿易も次第に幕府と特殊な関係をもつ特権商人らによるものに限定されてきた．これらの情勢の影響をうけてイギリスは元和9年対日通商を断念した．それまで幕府のとった商教分離の政策もここに急転した．禁教の強化によって商教一体をたてまえとするポルトガル・イスパニアは大きな打撃をうけることになり，寛永元年(1624)イスパニアは交渉断絶を言い渡され，代わってオランダは優位にたつこととなった．彼らはイギリスの撤退後ポルトガルとの間に日本貿易をめぐり烈しい抗争を展開し，禁教策を推進する幕府に積極的に迎合しつつ目指す東洋貿易制覇の道を進めた．禁教強化と貿易統制は寛永期に入り幕府の権力基盤の確立に伴い一層強められ，やがていわゆる鎖国令の形で最終段階に入った．それはまず

すでに元和末年からみられた日本人海外渡航制限から始まり，やがて禁止となった．そしてキリシタン処罰規定を一層強化するとともに貿易統制をヨーロッパ諸国のみならずキリスト教と無関係の中国船にも適用し，貿易を長崎1港に集中させて監理体制を厳しくした．寛永14年に起った島原の乱は幕府をしてキリシタン対策の一層の強化の必要を痛感せしめ，かつての外国貿易の要であったポルトガル貿易はオランダによって肩代り可能であるとの判断のもとに，同16年ポルトガルとの通交の断絶を敢行し，2年後には平戸にあったオランダ商館を長崎出島に移し厳重な監視のもとにおき統制した．いわゆる寛永鎖国はここに成立した．一般的に寛永鎖国とは江戸幕府がその集権的封建体制を確立する過程において生じた「国際的孤立」の状態を指す概念と規定されている．しかし現実には対馬の宗氏を通じて朝鮮との間にはそれまでの「私的」関係から寛永12年以降善隣関係が成立し，朝鮮からは将軍の代替りごとに通信使の来朝をみるに至っている．幕府は五山僧侶を対馬に常住せしめ外交文書を管掌する以酊庵輪番制を設けたが，貿易利潤については顧慮しなかった．ここに「大君外交」が確立したのである．また日琉関係については，島津氏の琉球服属以降幕府と琉球との間には直接交渉はなく，ただ将軍襲職の際には慶賀使を，琉球王就封の時は恩謝使を江戸に参府させ将軍に謁見する慣しとなっており，これは江戸幕府の権威を誇示する政治的性格をもつものであった．

一方長崎1港において展開されたヨーロッパ国との唯一の交渉であるオランダとの交渉は，幕府によって管掌されたものであったが，その目的とするところは貿易の利潤にあったものでなくキリシタン国すなわちカトリック国からの信徒の潜入を未然に防止するためであったことは，オランダに対する長崎での貿易活動承認の際における幕府からの通達に明らかに示されている．このためには彼らには年々海外情報としての風説書(オランダ風説書)の提出が義務づけられていた．また商館長に対して江戸参府を命じていることは朝鮮使節および琉球使節の場合と同じく幕府の権威を内外に誇示する目的から出たものであった．中国船に対しては風説書(唐船風説書)提出のみであり，それもオランダの場合と異なり必ずしも義務づけられてはいなかった．

長崎奉行の管理のもとに展開された鎖国以後のオランダ船・中国船による日本貿易は，時代により変遷があったが，初期においては国内における輸入品に対する需要の拡大から以前に比しおおむね増大の傾向を示したが，中期以降次第に減少の道を辿った．他方これら輸入品(主として生糸・絹織物・薬種・砂糖など)に対する対価としての貨幣的商品，とりわけ銀，ついて銅の海外流出をめぐり国内に多くの政治的，経済的問

題が発生した．しかもこれらの貿易を通じて齎された利潤は長崎の地元に投下されることが多く，幕府の財政とはほとんど無関係で，徒に長崎市民を潤す結果になりがちであった．このことより貿易無用論が学者・政治家によって唱えられるに至った．長崎貿易の利潤の幕府財政への吸上げは元禄期における幕府財政危機対策の一環として採り上げられ，長崎会所の設立により官営貿易が展開されて以降であった．この点よりみて幕府の鎖国以降の外交の基調は，統一政権としての権威を内外に誇示するとともに禁教政策の貫徹をはかることを第一義とするものであり，経済的側面は少なくとも中期まではほとんど重視していなかったとみるべきであろう．

　鎖国体制の推移の過程において国際環境は変化をみせた．鎖国前後主役を演じたポルトガル・イスパニアはすでに遠のき，オランダによる東アジア貿易独占の時代となったが，18世紀以降新たにロシアの東方経略の展開があり，また一旦東アジアより姿を消したイギリスは産業資本によってインドを拠点に再進出してきた．ことに北方からのロシアの動向は幕府に北方問題の重要性を認識せしめ，寛政4年(1792)のラックスマンの蝦夷地来航は最初の強烈な衝撃であった．幕府は鎖国政策を祖法化することにより当面の危機を回避する方針をとったものの，何ら抜本的対策を樹立する努力を行わなかった．他方永らく全盛を極めたオランダの東洋貿易も殖民地支配機構の頽廃などにより次第に衰退に向かい，加えてフランス大革命に引きつづくナポレオン戦争の過中に捲き込まれ本国は占領され，東南アジアにあるすべての殖民地はイギリスに占領され，オランダの国旗はわずかに長崎の出島の一角に掲げられたにすぎなかった．ウィーン会議によって独立は恢復したものの昔日の面影は失われた．しかし永年多大の利潤をむさぼった日本貿易に対してはその維持に狂奔し，幕府の統制貿易の枠内において利潤の拡大に努めた．やがてアヘン戦争が勃発し，中国がイギリスの前に屈服したことは幕府にとっても，またオランダにとっても大きな衝撃であった．オランダ国王は日本開国の不可避を察し，「忠告」の形で幕府に開国を勧告したが，国際認識の欠如する幕府はこれを拒絶した．嘉永6年(1853)のアメリカ艦隊来航に端を発した日本開国の道は，永年の蜜月状態をつづけた幕府・オランダ関係に終止符をうつものであり，やがては徳川政権崩壊へと進んだのである．

　参考文献　京都外国語大学付属図書館編『対外交渉史文献目録』近世篇，石井正敏・川越泰博編『日中・日朝関係研究文献目録』，中田易直・清水紘一編『近世日本対外関係文献目録』，岡本良知『(十六世紀)日欧交通史の研究訂補再版』，岩生成一『鎖国』(中央公論社『日本の歴史』14)，沼田次郎編『日本と西洋』(『東西文明の交流』5)，中村栄孝『日鮮関係史の研究』中・下，田代和生『近世日朝通交貿易史の研究』，田保橋潔『近代日本外国関係史』，井野辺茂雄『維新前史の研究』，C. R. Boxer: The Christian Century in Japan 1549—1650.　　(箭内　健次)

009 大覚禅師 だいかくぜんじ　⇒蘭渓道隆(らんけいどうりゅう)

010 大観通宝 たいかんつうほう　中国，北宋徽宗のとき鋳造された銭．『宋史』食貨志に大観元年(1107)徽宗御書の当十銭を鋳たことがみえ，『永楽大典』には，大観通宝に小平・折二・当三の銭があり，また河北に詔して夾錫(錫を加えた)当五銭を鋳造させたとある．大観通宝にはまた鉄銭もある．これらのうち小平すなわち大観通宝銅一文銭が日本へ輸入されて通用した．室町時代，永正9年(1512) 8月30日の幕府の撰銭令によると，100文中に古銭・明銭(輸入銭)の善銭20文を入れ，残りは地銭(国内私鋳銭)のうちよき永楽・大観・嘉定以下裏に文字ある銭，また日本私鋳銭中でわれ銭を除き(通用禁止)少し欠けた銭，以上ともによき銭とし同価に併用せよと合し撰銭をきびしく禁じていた．このころ西国中心に明銭の模造私鋳が盛んであったらしいが，大観通宝や南宋の嘉定通宝(嘉定元年(1208)鋳造)の私鋳もあったようで，同じころ会津地方に私鋳の大観通宝が通用したことが『会津四家合考』にみえる．

(原寸大)

参考文献　小葉田淳『日本貨幣流通史』，奥平昌洪『東亜銭志』3　　(小葉田　淳)

011 大邱 たいきゅう　Taegu　朝鮮南東部の内陸にある都市．もとは大丘と書き，大邱の表記は正祖初年(18世紀末)より次第に行われた．古くは加羅の喙(達伐・達句火)の国．新羅に併され，景徳王16年(757)大丘県に改めた．李氏朝鮮に入り郡，ついて都護府となり，宣祖29年(1596)監営をおいたが，翌年の兵火(慶長の役)によってやめ，34年以後長く復設された．日本との交通が開かれたのち，釜山より王都に至るいわゆる倭人上京路の要地となった．世祖朝末より成宗16年(1485)に至る15世紀後半期に三浦(釜山，熊川の薺浦(乃而浦)，および蔚山(ウルサン，塩浦)の私貿易が禁止され公貿易による物資は洛東江沿いの花園県に設けた倉庫(倭物庫，花園倉)に保管し，国用は随時上納し，余は商人に売却した．花園県は当時星州管下にあったが，時に大丘にも帰属し，粛宗10年(1684)以後長くその管下に入った．宣祖25年，文禄の役には小西行長・宗義智らの将兵は4月13日釜山攻略ののち，密陽・梁山など

を経て20日に大丘を占領して北進した．ついで慶尚道安撫にあたった毛利輝元の管下にあって，大丘には斎村広英・明石則実，また稲葉貞通ら諸将が相ついで留陣した．翌26年5月日本軍の南部沿海地方への撤退に続いて明参将李寧・総兵劉綎らが来り屯して日本軍と対峙した．慶尚北道に属していたが1980年直轄市となった．

参考文献 『三国史記』34, 『高麗史』57, 『新増東国輿地勝覧』26, 『大邱府邑誌』, 『大邱府史』, 池内宏『文禄慶長の役』別編1, 中村栄孝『日鮮関係史の研究』上, 三浦周行「足利時代に於ける日鮮貿易に関する一考察」(『青丘学叢』4) （田川　孝三）

012 **大休正念** だいきゅうしょうねん 1215〜89 中国，宋の禅僧．嘉定8年(1215)誕生．宋国温州永嘉郡の出身．はじめ洞上の禅を伝える東谷明光に参じ，ついて天目山に登り，さらに臨済宗楊岐派の禅を伝える径山の石渓心月に参禅し嗣法した．わが国へは文永6年(1269)北条時宗の招請に応じ商船で渡航し，同年10月鎌倉の禅興寺に入り，同9年建長寺第3世住持となり，さらに寿福寺に住した．弘安7年(1284)円覚寺に第2世として住持したが，正応2年(1289)病となり正観寺に移って間もない同年11月29日，75歳で寂し，寿福寺に遺骨が収められ，のち仏源禅師と諡された．『念大休禅師語録』7巻は，志淳・宗全・潜奇編で，歴住した禅興寺・建長寺・寿福寺・円覚寺の四会の語録である．小参・告香普説・大小仏事・頌古・仏祖讃頌・自讃・偈頌雑題・題序跋雑記・法語・蔵六菴円湛塔無生銘などが収録されるが，その語録によって高度の学識をそなえた禅僧であったことを知る．来日以来20年に及ぶ禅宗宣揚活動は北条時宗や貞時，時宗の弟宗政などをはじめとする鎌倉武士に対して多大の感化を与えたものとみられる．また，その間に大川道通・嶮崖巧安(仏智円応禅師)・鉄庵道生(本源禅師)・秋磵道泉などの法嗣を出して一派をなし，大休派，あるいは諡号仏源禅師によって仏源派と称され，日本禅宗二十四流中の1流に数えられている．

参考文献 『元亨釈書』8(『(新訂増補)国史大系』31), 玉村竹二「大休正念墨蹟『石橋頌軸序』に就て」(『日本禅宗史論集』上所収) （竹貫　元勝）

013 **大欽茂** だいきんも ？〜793 在位737〜93 第3代渤海王．第2代武芸の子．諡号文王．『旧唐書』渤海靺鞨伝には，唐に盛んに使者を派遣したことが特筆されている．唐との関係は一貫して安定しており，762年には渤海郡王から国王へと昇格されている．また貞元年間(785〜805)に都を上京から東京に遷している．武芸の時とは国際的な環境が大きく変化してきたのであり，その変化は対日外交にも反映している．在位57年の間，10回の使者を日本に派遣してきている．第1回交渉以来，日本・渤海の名分関係を同等とする渤海と，君臣・華夷に擬する日本との双方の思惑に大きな違いがあったが，その後も日本は渤海王に上表の提出を求めるなど，華夷秩序の遵守を求めている．しかし渤海がこれに応じないため，ついに宝亀2年(771)来日の使者の時には，国書を受け取らず，進物も返却するという強硬手段に出た．この一件は使者が国王に代わって表文を改修し，謝罪することで落着した．この後の詳細は明らかでないが，名分関係で紛争は起こっていない．渤海側が日本の主張を表面的には受け入れたものと思われる．渤海側には対日外交の主たる目的が政治から経済へと転換し，円滑な対日貿易活動の重視へと転換していくという事情もあったのである．このように大欽茂の時代には唐・日外交も順調に推移し，唐から「海東の盛国」と評されるほどの繁栄をもたらした．大興・宝暦の年号を使用し，大興57年(唐貞元9, 793)3月4日没．

参考文献 濱田耕策『渤海国興亡史』(『歴史文化ライブラリー』106), 石井正敏『日本渤海関係史の研究』, 酒寄雅志『渤海と古代の日本』

（石井　正敏）

014 **大君** たいくん 江戸時代，外国に対して用いられた徳川将軍の称号．大君の語は儒者の最も尊重した『易経』に，「大君命あり，国を開き家を承く」「武人大君と為る」「知あって臨む，大君の宜(ぎ)なり」などとみえるもので，いずれも天子を指す．この称号がわが国で外交文書に使用されたのは，徳川3代将軍家光の時，寛永13年(1636)のことで，寛永元年の朝鮮国王への書翰中の将軍署名「日本国源家光」に対馬藩が独断で「王」を加えて(「日本国王」)送ったことが原因であった．そこで「日本国大君」の称号に変更し，寛永13年の朝鮮からの国書にはじめてこの文字を使用させた．これが6代将軍家宣の時，新井白石の意見により一時中止され，「日本国王」と改められた．中国では大君は天子の称であり，朝鮮では王子の嫡子の称であるというのがその理由であった．しかし8代将軍吉宗は日朝外交の体例を5代綱吉の時のものに戻したから，以後，再び「日本国大君」の称号が用いられ，幕府滅亡に至るまでは欧米諸国との外交文書にもこの称号が使用された． →柳川一件(やながわいっけん)

参考文献 新井白石『殊号事略』(『新井白石全集』3), 同『国書復号紀事』(同4), 宮崎道生『新井白石の研究』, 同「国書復号紀事批判」(『新井白石序論』所収), 同「林家と水戸と白石」(『日本歴史』158)

（宮崎　道生）

015 **大航海時代叢書** だいこうかいじだいそうしょ 15・16世紀の西欧諸国民によるいわゆる「地理的大発見」の時代の記録を翻訳刊行した叢書．岩波書店の企画編集により，吉野源三郎を編集主幹とし，会田由・飯塚浩二・井沢実・泉靖一・岩生成一を監修者に迎え，昭和40年(1965)7月

に第1回配本を行い、以後隔月に全12巻が刊行された。本叢書刊行の趣旨は、企画編集者によれば、15・16世紀のヨーロッパ人の「新世界発見」と「征服」はその後のヨーロッパ人の非ヨーロッパ世界における植民地支配形成の契機となり、世界にさまざまな矛盾や文化摩擦を生み出したこと、そして第2次世界大戦後の世界の状況が植民地体制の克服とヨーロッパ中心史観の止揚を齎したことに鑑み、この時代を現代史の出発点として捉え、この時代に継起したヨーロッパ人の「航海」「発見」「征服」を現代の世界状況にかかわる問題として見直すことにあり、そのため、この問題を考える素材として、歴史学・文化人類学・民族学・地理学の諸研究にとって不可欠の原資料を選び、正確な翻訳と精密な注解により、広く研究者に提供することにあるという。「地理的発見の時代」という表現を避けて「大航海時代」という新たな発想による表題を掲げたのも、かかる問題意識に由来している。その編集方針は、本邦初訳の記録を可能な限り原典に近いテキストを底本とし、抄訳を避け、原著述の表現をできるだけ活かした翻訳を心掛けること、注解も本文記載事項の説明や校訂注にとどまらず、本文の記述の背景をより深く理解するのに役立つ、歴史学・地理学・文化人類学などの研究成果を基礎とした解説を豊富に採り入れるというものである。全12巻の内訳は、コロンブス・アメリゴ・ガマ・バルボア・マゼラン「航海の記録」、アズララおよびカダモスト「西アフリカ航海の記録」、アコスタ「新大陸自然文化史」(上・下)、トメ＝ピレス「東方諸国記」、メンドーサ「シナ大王国誌」、モルガ「フィリピン諸島誌」、リンスホーテン「東方案内記」、ロドリーゲス「日本教会史」(上・下)、ヒロン「日本王国記」・フロイス「日欧文化比較」(合冊)、別巻「大航海時代概説・年表・索引」よりなる。本叢書に採り上げた時代は、15世紀末から16世紀であるため、その内容はイベリア両国の航海・征服事業にかかわる記録が主体であり、関係する地域も、アフリカ大陸・中南米・極東に偏する傾向がある。このため、昭和54年6月に配本を開始した『大航海時代叢書(第二期)』全24巻の企画では、さらに、オランダ・イギリス・フランス諸国民による航海の記録を採り上げ、関係する地域も前記の諸地域に加えて、インド・東南アジア・カナダなどの地域が含まれている。

〈加藤　榮一〉

016　大黒屋光太夫 だいこくや　こうだゆう　1751〜1828　江戸時代、ロシアの修交使節に伴われて鎖国後公然帰国した最初の漂民。幸太夫とも書く。宝暦元年(1751)伊勢国白子(しろこ、三重県鈴鹿市)に生まれる。天明2年(1782)12月千石積神昌丸の船長として船員16人と江戸へ出帆したが、遠州灘で大時化に襲われ、太平洋上を漂流すること7ヵ月、アリューシャン列島の小島に漂着した。島民に立ち交じって海獣狩に従い、4年を経たのちようやくシベリア本土の極東カムチャツカに移ったが、ここでも極度の飢寒に悩むこと約2年にして政庁所在地イルクーツクに着いた。かれは即刻本国帰還の嘆願書を差し出したが、一行は3分の1の6人を残すのみであった。官憲ではかれを日本語学校(1768年設立)の教師とするため、硬軟両面の手段でかれの引止め策を計り、3回に及ぶ帰国請願書を握り潰したまま2年が空費された。この地で図らずも救いの手を差し伸べたのがキリル＝ラクスマンである。帝室科学アカデミー会員でシベリア全土の自然界の権威であり海をへだてた日本北辺の自然研究に深い関心のあったキリルは、光太夫の窮地に陥っている内幕を察知し、その上京を好機としてかれを首府ペテルブルグに引き連れ、上流各界の有力者に引き合わせた。光太夫はキリルの指導とかれの潜在的長所によって首府滞在7ヵ月の間に18世紀末の啓蒙的ロシア文明を皮相にせよ身につけ、またその優れた人柄はかれに接したすべての人に好意を持たせた。かくてかれの帰国嘆願も女帝エカテリーナ2世の嘉納を得た。またロシア側でも日本との国交はピョートル大帝以来の希望であり、キリルの次男アダム＝ラクスマンを修交使に任じ、光太夫帰還に事寄せて派遣した。1792年(寛政4)冬、根室に来舶したが、幕府宣諭使との公式会見の行われたのは翌年6月松前の地であった。老獪な幕府は光太夫を引き取ったまま体よくアダムを立ち去らせた。光太夫の帰還は幕府にとって青天の霹靂であり、西洋文明を親しく体験したかれを国民の眼からそらすのが精一杯であった。光太夫は番町薬園に30余年の軟禁生活を強いられ、悲願であった郷里とはまったく無縁のまま、文政11年(1828)4月15日、78年の生を終えた。しかしかれの世界的知識は当時ようやく芽生えはじめた蘭学の先駆者桂川甫周や大槻玄沢の蔭の力となり、また間重富や鷹見泉石もかれを利用した。光太夫を知るべき原典には桂川甫周『北槎聞略』『漂民御覧の記』、篠本廉『北槎異聞』が

光太夫(左)と磯吉(奇観録)

参考文献　亀井高孝『大黒屋光太夫』(『人物叢書』119)，同『光太夫の悲恋』　　　　　　　　　(亀井　高孝)

017 大黒屋助左衛門 だいこくやすけざえもん　生没年不詳　江戸時代初頭の堺の貿易商人．詳細なことは不明であるが，あるいは堺の納屋の一族か．『異国御朱印帳』によると，慶長9年(1604)12月16日に江戸において大黒屋助左衛門に太泥国宛の朱印状が交付されている．その際の紹介者は後藤庄三郎(金座の長官)と小笠原一庵(長崎代官)であり，このことを依頼している人物は唐津城主寺沢志摩守広高(前長崎代官)であるが，彼は大黒屋助左衛門のことを異国へ一両度も渡海していて，名護屋以来存知寄りのもので，不実なところのない人物であるといって推薦している．太泥はパタニPataniのことでマレー半島の東海岸にある暹羅(シャム)の属領で，豊臣秀吉のころより日本と交渉があり，17世紀にはオランダやイギリスの商館がおかれていたし，中国人も多く進出し華人社会を形成していた．

　　　参考文献　『青木文書』，岩生成一『新版朱印船貿易史の研究』，『堺市史』　　　(中田　易直)

018 対州糸船 たいしゅういとぶね　江戸時代に朝鮮から輸入した生糸を運んだという対馬藩の船．『和漢船用集』4に「対州糸船(タイシュウイトフネ)　対馬の国の舟，朝鮮の糸荷を積の名なり」とあるのがそれである．対馬藩では朝鮮の釜山倭館から私貿易を通じて中国産の生糸を輸入し，これを同藩の京都屋敷を通じて売りさばいたが，18世紀半ばころには長崎経由の中国産生糸と競合して敗れ，その輸入は衰退した．

　　　参考文献　田代和生『近世日朝通交貿易史の研究』　　　　　　　　　　　(長　節子)

019 対州編年略 たいしゅうへんねんりゃく　対馬の歴史を叙述した漢文の編年体史書．原題は『本州編年略』．著者は対馬の国学者藤定房．上中下3巻から成り，享保8年(1723)の成立．ただし定房は死の直前まで補訂を続けたらしく，現存する諸本中には享保17年までの記事のあるものがある．しかし諸本すべて神武天皇から始まっている．日本・朝鮮・中国の諸文献以外に対馬の古文書・古記録も多く利用している．諸写本の間の異同は多い．鈴木棠三編『対州編年略』(『対馬叢書』1)に東大史料編纂所本および同本に欠ける部分については長崎県立長崎図書館本の影印を収める．

　　　参考文献　長節子「新刊紹介『対州編年略』」(『史学雑誌』81ノ11)　　　　　　　　　(長　節子)

020 泰西輿地図説 たいせいよちずせつ　翻訳ヨーロッパ地誌．朽木(くつき)昌綱撰．17巻6冊．寛政元年(1789)刊．ドイツ人ヨハン=ヒュブネル原著『古今地理学問答』Johann Hübner: Krutz Fragen aus der neuen und alten Geographie bis auf Gegenzeit(1693)の蘭訳 Kort begryp der oude en nieuwe geographie を，元オランダ通詞荒井庄十郎の助けを借り，昌綱が抄訳したもの．ヨーロッパ総論以下，ポルトガル，イスパニア，フランス，イギリス，オランダ，スイス，イタリア，ドイツ，スカンジナビア，ポーランド，ロシア，ハンガリー，ギリシャ付トルコの諸巻のあとに世界全図・分図，各国都市図，各地景観図の3巻を加える．『八紘(はっこう)通誌』以前，公刊された唯一のヨーロッパ誌として，海外知識の重要源泉であった．享和4年(文化元，1804)重刻本もある．原著蘭訳には標題紙に両半球図が表示されているほか，地図がなく，昌綱所蔵の幾多の洋書が援用されている．ユトレヒト・ロンドン・パリの都市図は，西洋都市図の日本人による最初の紹介である．最近，和製漢語「帝国」の最初の仕様書として注目される．『蘭学資料叢書』7に影印を収める．

　　　参考文献　鮎沢信太郎「泰西輿地図説」(鮎沢信太郎・大久保利謙『(鎖国時代)日本人の海外知識』所収)，石山洋「大地理師ヒュブネルをめぐって」(『上野図書館紀要』3)，吉村忠典「「帝国」という概念について」(『史学雑誌』108ノ3)　　(石山　洋)

021 大拙祖能 だいせつそのう　1313~77　南北朝時代の入元禅僧．道号大拙，諱は祖能．正和2年(1313)3月3日相模の生まれ，姓は藤原氏．14歳落髪，叡山登壇受戒．のち東福寺の双峯宗源，円覚寺の大川道通，建長寺の嶮崖巧安・東明慧日，天竜寺の夢窓疎石らに就いた．康永2年(1343)春，入元．無言承宣・東陽徳輝・千巌元長らに参じ千巌門下で一夜五更忽然大悟した．のち月江正印・了庵清欲らに参じ千巌没後，延文3年(1358)帰朝．のち筑前の顕孝寺，豊後の万寿寺，上野の吉祥寺，鎌倉の円覚寺・建長寺に住した．永和3年(1377)8月20日没．寿65．円覚寺青松庵に塔す．勅諡広円明鑑禅師．

　　　参考文献　『大拙和尚年譜』，卍元師蛮『本朝高僧伝』33(『大日本仏教全書』)，玉村竹二『五山禅僧伝記集成』　　　　　(伊藤　東慎)

022 大船建造の禁 たいせんけんぞうのきん　寛永12年(1635)6月21日付『武家諸法度』第17条で「五百石以上船停止事」として，江戸幕府が武家の大船建造を禁止したことをいう．これより先の慶長14年(1609)9月，幕府は西国諸大名所持の500石以上の船の没収，破却を命じ，『増補慶長日記』はこれを武者船没収としている．大船建造の禁の目的も，この時と同様大名の武力削減にあったから，右法度にいう「船」とは軍船であるが，荷船をも含めた．しかし，強圧も過ぎると有事の際不利なことが島原の乱によって判明したので，寛永15年5月15日，荷船はこの制限外とした．天和3年(1683)7月の『武家諸法度』に，「荷船之外，大船は如=先規=停止事」とあり，大船とは500石以上の軍船をいい，荷船も武家所持船のことである．この寛永の大船建造の禁に際して，(1)この禁令は武家ばかりでなく百姓町人にまで及

んだ，(2)同時に檣2本以上の船の建造並びに竜骨構造を禁じた，(3)この造船法規に順応して日本形船ができ上がった，という説が行われてきた．(1)については前述のとおり武家のみが対象であった．(2)は『通航一覧』の「異国渡海之部，渡海御免並禁制之部，中陵漫録」に拠るという説であるが，同項には2檣以上の船の建造禁止，竜骨その他造船に関する法規の記載はない．同附録巻21「三本檣船禁制」に，「寛永十二乙亥年五月二十八日本邦より異国に渡海の事を禁じ給ふ(中略)，これより三本檣の船停止となる」とあり，割註して「令条等に此停止の事所見なし，姑く中陵漫録に拠る」とある．『中陵漫録』を見ると，大船＝海外渡航船＝3本檣船，大船建造禁止＝海外渡航絶対禁止＝3本檣築造禁止という論理のようである．かつ竜骨については全く言及していない．おそらく前記論者はこの論理をそのまま採用し，かつ3本檣船＝竜骨構造船，3本檣船築造禁止＝竜骨構造船建造禁止と想像したのであろう．(3)の日本形船は中世末期にはでき上がっていた伊勢船・二成船(ふたなりぶね)・弁才船などの在り来たりの船型・構造の船である．なお幕末期の海防の危機打開策として，幕府は嘉永6年(1853)6月のペリー来航を契機に政策を一転し，同年9月15日大船建造の禁を解くとともに，諸大名に対して大船建造を奨励する方針をとった．この場合大船とは西欧の海軍に対抗できる洋式軍艦である．しかしペリー来航前の同年4月21日，幕府は薩摩藩に対して琉球防衛名目の軍艦建造を許可しており，同藩は約1ヵ月後にのちに昇平丸となる洋式軍艦を起工している．また幕府自身も解禁直前には浦賀で準備を進めていた洋式軍艦鳳凰丸の起工を命じているように，大船建造の禁は海防上の必要から解除前すでに無効化しつつあり，ペリー来航は解禁の時期を多少早めたにすぎない．

参考文献　菅沼貞風『大日本商業史』，竹越与三郎『日本経済史』8，住田正一『日本海法史』，石井謙治『図説和船史話』，加地照義「鎖国時代の大和型帆船―とくに造船制限との関連について―」(神戸商科大学『商大論集』20ノ4)，全指正三「江戸時代の造船法」(『海事史研究』7)，安達裕之「鎖国と造船制限令」(『異様の船』所収)　　(金指　正三)

023 **太祖** たいそ ⇒洪武帝(こうぶてい) ⇒李成桂(りせいけい)

024 **大蔵経** だいぞうきょう ⇒一切経(いっさいきょう)

025 **兌長老** だいちょうろう ⇒西笑承兌(せいしょうじょうたい)

026 **大通禅師** だいつうぜんじ ⇒愚中周及(ぐちゅうしゅうきゅう)

027 **大典** だいてん ⇒梅荘顕常(ばいそうけんじょう)

028 **大唐陰陽書** だいとういんようしょ　中国唐代陰陽五行家説の集成書．呂才撰．本来の書名は『陰陽書』．太宗のとき，陰陽家の所伝多く謬偽浅悪なるゆえをもって編纂が命ぜられ，貞観15年(641)に頒行．『旧唐書』経籍志に50巻，『新唐書』芸文志に53巻，『日本国見在書目録』には「大唐陰陽書五十一巻」とある．日本への伝来は，『正倉院文書』天平18年(746)の写疏所解に同書の書写のことがみえるから，それ以前にさかのぼる．仁寿3年(853)陰陽寮が同書法に基づき毎年害気鎮めを行うことを申請して以降，陰陽師により日時や方角に関する吉凶禁忌勘申の典拠として頻りに引用され，陰陽道の基本的文献の1つであった．大部分は散逸したが，貴族の日記や陰陽師の撰著に逸文を見出すほか，旧新『唐書』の呂才伝に卜宅・禄命・葬篇の一部を載せる．また，第32・33巻がまとまって数本，静嘉堂文庫・国立天文台・天理大学図書館などに伝存している．両巻は正月から12月まで月ごとに六十干支を記し，それぞれに対応する種々の暦注(節(せつ)切り)をほどこしたもので，暦家が具注暦を製作する際，暦注記入の手本となったと考えられる．伝本の奥書には，両巻は暦博士大春日真野麻呂が嘉祥元年(848)に書写したものと比校した暦家賀茂保憲本の系統で，ほかに宿曜師の仁宗・仁統・増命本および醍醐寺本とも校したとあり，平安時代の暦家や造暦宣旨を蒙った宿曜師が所持していたことが知られる．

参考文献　馬国翰編『玉函山房輯佚書』77，新美寛編『(本邦残存典籍による)輯佚資料集成』続篇，大谷光男『東アジアの古代史を探る』，山下克明「『大唐陰陽書』の考察」(小林春樹編『東アジアの天文・暦学に関する多角的研究』所収)　　(山下　克明)

029 **大唐街** だいとうがい　明末の日本研究書に見える地名．花旭塔津(博多津)にある一街として挙げられている．『武備志』(1619年成立)に，かつて大唐街には唐人が居住していたが，今はその唐人は倭となっているとあり(16世紀後半成立の『日本風土記』『日本考』に拠ったもの)，早く松下見林『異称日本伝』や貝原益軒『筑前国続風土記』によって取り上げられている．なお益軒は大唐街の所在地を筥崎松原とするが，現在では否定されている．森克己はこの記事を平安末期以降における宋人の博多居住の証左とし，以後の研究者も日本の文献に見える12世紀の「博多津唐房」に対応するものとして，しばしばこの記事を取り上げてきた．ただしこれら明末の史料に登場する「大唐街」が，4世紀近く前の博多津唐房と直結させて考えることができるのかについては疑問も呈示されており，その扱いについてはなお一考を要する．

参考文献　森克己『新訂日宋貿易の研究』(『森克己著作選集』1)，佐伯弘次「大陸貿易と外国人の居留」(川添昭二編『よみがえる中世』1所収)，榎本渉「『栄西入唐縁起』から見た博多」(五味文彦編『中世都市研究』11所収)　　(榎本　渉)

030 **大道寺** だいどうじ　山口市金古曾町のザビエル公園付近がその跡地とされるキリスト教会．周防・長門など6

ヵ国を領有した大内義長がイエズス会日本布教長コスメ＝デ＝トルレスに対して教会および修道院建造を許して下付した裁許状に記載されている「大道寺」が，日本語で呼称された教会名であったのか，大道寺という廃寺ないしその寺跡に由来する地名であったのかは判然としない．トルレスに土地寄進を約束しながら陶隆房の謀叛のため天文20年(1551)9月1日に自刃した大内義隆のあとを嗣いで豊後府内から山口に入った大友義鎮の異母弟大内晴英(のち義長)は，翌21年8月28日(1552年9月16日)付の裁許状(判物)をもって，「周防国吉敷郡山口県大道寺事」として西域から来朝の僧(パードレ)に仏法(キリスト教)紹隆のために「彼寺家(教会・修道院)」を創建すべきことを許した．教会および修道院の建物は同23年ないし翌弘治元年(1555)に完成したが，弘治2年戦乱のために焼失した．同裁許状の写本はのちポルトガルに送付され，1570年(元亀元)コインブラで出版された『イエズス会日本書翰集』にはじめて日本文字にポルトガル訳文を付して掲載された．大道寺の漢字の訳文として，grande Day caminho do ceo doige（大いなる　ダイ，天の道　ドイジ）とある．ダイ(大)ドイジ(道寺)とは，大いなる天の道(天道＝デウス)の寺，すなわちキリシタンの寺・キリシタン教会の名称であったと推測される．

参考文献　『イエズス会士日本通信』上(『新異国叢書』1)，松田毅一「大内義長の大道寺裁許状について」(『古文書研究』4)　　　　　　　　　（五野井隆史）

031 **大唐米** だいとうまい　とうぼし(唐法師・唐芒子)・赤米ともよばれた外来米．原産地は占城(チャンパ)地方(ベトナム中部の安南地方)で，宋の真宗のころ(11世紀初め)中国に入り，中国から日本に伝えられたという(『和漢三才図会』など)．おそらく平安時代末期か鎌倉時代前期には移入されたのであろう．品種としては早稲で，小粒ではあるが細長く，虫害や旱害には強くて，白地(畠地)のようなところでも栽培でき，収穫量も多い上に，飯にすれば炊き増えするのが長所であった．欠点としては，風で落穂しやすく長雨では腐りやすいこと，粘り気が少なくて味が淡泊なため食味に劣ることであった(『清良記』『本朝食鑑』『重修本草綱目啓蒙』など)．しかし，脱粒性の高いことは脱穀作業を容易なものとすることから長所でもあった．とりわけ多収穫であることが中世の農民に歓迎されたらしく，移入後，九州・中国・四国・畿内など西日本を中心に，その栽培は急速に広まったといわれている．一般に斗代は一度決定されるとかなりの期間は変更されなかったので，多収穫品種は農民の余剰分の取得増を招いたのである．しかし，領主側は食味の劣る納入物では減収となるので，やがて品種によって銭貨との換算率をかえた．貞和2年(1346)の東寺領播磨国矢野荘の算用状によると，一般の米は石別900文か870文であるが，大唐米は石別800文と低くなっている．鎌倉時代には早稲栽培に適した西日本各地で普及し，零細農民の自立化をすすめる一助となり，やがて領主側も換算規定を行なったのである．大唐米は一種類ではなく，『清良記』によれば，早大唐・白早大唐・晩大唐などの8品種がみえ，その後にも移入されたり改良されたりしたものがあったようであるが，多くは早稲であり，白大唐と赤大唐のうち，より多収穫の赤大唐が栽培された．赤大唐は米粒に薄赤い斑点があるもので，江戸時代に赤米とよばれたのはこれである．しかし，食味の劣ることから，「朝夕も余所は皆赤米なれども，此方は播州の天守米」(『好色一代女』4，栄耀願男)とか，「最下品ニシテ賤民ノ食ナリ」(『重修本草綱目啓蒙』)と，江戸時代には下等米としてあつかわれていた．

参考文献　『古事類苑』植物部1，古島敏雄『日本農業技術史』(『古島敏雄著作集』6)，豊田武編『産業史』1(『体系日本史叢書』10)，宝月圭吾「本邦占城米考」(『中世日本の売券と徳政』所収)，同「封建時代前期の産業経済」(『新日本史講座』所収)

（福留　照尚）

032 **大日房** だいにちぼう　⇒能忍(のうにん)

033 **泰伯説** たいはくせつ　中国古代の聖人の1人である泰伯(または太伯)が，日本に渡来して，皇室の先祖となった，とする説．泰伯とは，周の王朝の基礎を作った文王の伯父にあたる人で，文王の祖父である太王の長男であったが，末弟の季歴に王位を継がせたいという父の志を察して，南方の野蛮の地に逃れ，呉(ご)の国の始祖になった，と『史記』などに伝えられている．その季歴の子が文王である．この泰伯が，のちにさらに海を渡って日本に来たとする伝説は，古くからあり，中国の文献では，魚豢の著わした『魏略』や，また『晋書』『梁書』などの倭国に関する記事の中で，倭人が「自ら太伯の後(のち)と謂ふ」などと記されている．日本でも，北畠親房の著『神皇正統記』の中で，天皇を神の子孫とする立場から，この説を批判しており，14世紀の当時に泰伯説を唱える者のあったことをうかがわせる．泰伯説にもとづく日本史の書を著わしたとして知られるのは，やはり14世紀の五山の禅僧で，儒学や漢文学の教養も深かった中巌円月(ちゅうがんえんげつ)であるが，その書は朝廷の命により焼かれたといわれ，後世には伝わっていない．やがて近世に入ると，儒学の勃興に伴い，この説を信奉する人々が多く現われるようになった．まず林羅山は，「神武天皇論」の中で，右の円月の説を推測するという形で，泰伯説に賛成する意見を述べ，たとえば天孫降臨の神話は，泰伯の渡来を迎えた人々の印象を物語ったものであろう，とするとともに，天皇の君主としての地位が不変であるのは，泰伯のすぐれた徳(至徳)にもとづく，としている．ただし羅山は，その議論の末尾で，公私の区別がある

とし，右の主張は私的な見解であって，公的な場で『日本書紀』の講義をする時には，そのような説を述べることはしないといい，泰伯説が社会的には容認されがたいことを自覚していた．子の鵞峯も，同様な立場をとり，したがって個人的に泰伯説を述べている場合はあるが，幕府の事業として鵞峯が編纂の任にあたった『本朝通鑑』に，泰伯説が記述されていたのを，徳川光圀が発見し，これを削除させたという話が水戸藩に伝えられている（安藤為章著『年山紀聞』など）のは，事実ではなく，公的な歴史書の編纂に際し，鵞峯が泰伯説を採用したとは考えられない．また，中江藤樹も，「本朝は后稷（こうしょく）の裔（えい）なりといへる説，まことに意義あることなり」（『翁問答』，后稷は周の王室の始祖）と述べており，その門下の熊沢蕃山は，『三輪物語』などの中で，天照大神とは泰伯のことであり，その聖人としての高い徳により，子孫である天皇は日本の君主としての地位を長く保持することができている，との考えを述べている．

泰伯説は，歴史的事実としては根拠がなく，泰伯その人もほとんど伝説上の人物であるが，右のように泰伯説が多くのすぐれた学者たちによって支持されたのは，単純に儒学の影響によるというよりは，むしろ徳の高い人が人々の信望を集めて君主になるという，合理的・人間主義的な考え方が，この時代の思想界の風潮と合致し，その考え方にもとづいて日本の神話やその神話に由来する天皇の歴史を解釈するための，1つの根拠とされたことによるのであろう．その意味では，「神は人なり」（『古史通』）と主張した新井白石の歴史観と，泰伯説は共通した性格をもっていたと考えられる．

参考文献　尾藤正英『日本封建思想史研究』，同『元禄時代』（小学館『日本の歴史』19），松本純郎「本朝通鑑に於ける泰伯論の問題」（『水戸学の源流』所収）

（尾藤　正英）

034　大武芸　だいぶげい　？～737　在位718～37　第2代渤海王．初代大祚栄の子．神亀4年（727）はじめて日本との外交を開始した．諡号武王．独自の年号（仁安）の使用を始めた．領域の拡大をはかり，周辺の靺鞨諸部族を次々に併合していったが，北方の黒水靺鞨は唐の羈縻（きび）州となり渤海に対抗した（726年）．それでも黒水靺鞨侵攻を進める武芸とこれを諫めた弟の門芸との争いとなり，門芸は唐に亡命した．門芸の返還を求めて唐（玄宗）との間で交渉が行われたが，埒があかないとみた武芸は，732年唐領登州（山東半島）を攻撃した．これに唐も新羅とともに出兵するという事態を迎えた．しばらく唐への朝貢も途絶えたが，やがて武芸が謝罪して唐との関係は修復された．武芸が日本に初めての使者を派遣してきた神亀4年は，まさに唐や黒水と緊張を迎える時期であった．武芸の遣使の意図は日本に軍事同盟を求めるものであったが，日本側はかつての高句麗が再興して，再び使者を送ってきたという程度の認識しかなく，成果はなかった．このため武芸の代に再び日本に使者が派遣されることはなかった．唐開元25年（737）に没す．

参考文献　濱田耕策『渤海国興亡史』（『歴史文化ライブラリー』106），石井正敏『日本渤海関係史の研究』，酒寄雅志『渤海と古代の日本』

（石井　正敏）

035　太平興国寺　たいへいこうじ　中国河南省開封に在った寺．もと竜興寺と称し，後周の顕徳2年（955）に廃されたが，宋の太宗が太平興国2年（977）に復興して年号を寺名とした．同7年寺の西方に訳経院（のちに伝法院と改められる）を建て，天息災・施護・法天らを迎えて訳経に従事させ，また印経院を建てて新経を印刻させた．神宗の熙寧5年（1072）10月，わが国の成尋・頼縁らが伝法院に来り止住し，日称・天吉祥・慧賢・慧詢らの訳経三蔵と歓談を交えた．のち徽宗の宣和元年（1119）に至って寺は破却された．また，当寺復興の翌年太平興国3年3月，太宗は天下無名の寺に太平興国の勅額を与えた．江西省袁州・山西省平陽府翼城県・同安邑県・同太原府五台山・江蘇省鐘山・河北省開州・河南省開封府中牟県・同尉氏県・安徽省泗州などに残る太平興国寺は当時寺額を賜わった寺院である．

（大野達之助）

036　帯方郡　たいほうぐん　後漢の建安年間（196～220）から西晋の建興元年（313）ごろまで，朝鮮半島の西側中央部におかれた中国の郡で，領域はほぼ現今の黄海道と京畿道北部にあたる．前漢の元封3年（前108），武帝が朝鮮半島に設置した4郡のうち，後漢代まで存続した楽浪郡の南半を分離して設置された．設置者は当時遼東から西北朝鮮を実質的に支配していた襄平侯公孫康である．帯方郡は楽浪郡とともに漢につづく三国の魏，ついで西晋の時代まで存続し，西晋時代には7県，4900戸を管した．しかし建興元年楽浪郡が高句麗の勢力下に入ったのと前後して，帯方郡も南方の韓族の攻撃をうけて滅び，領域の南部と遺民は馬韓諸国に併わされ，その先進的な要素はのちの百済国の成立と発展に役立った．設置当時，帯方郡は勃興しつつあった南部の韓族や濊族，日本列島の倭族に対する中国勢力の対置機関としての性格をもっていたから，これらの諸族との政治・経済上の折衝は帯方郡が取り扱った．したがって倭国の中国王朝との交渉も，この郡を通じて行われた．郡治は帯方県におかれた．帯方県の位置には両説あり，一は朝鮮半島の中央部を東西に流れる漢江の河口に近いソウル付近（池内宏説），他は黄海道鳳山郡文井面古城里（関野貞（ただし）説）である．前者は政治・経済的な要衝であるが，付近に中国との関係を示す遺跡はいまだに発見されておらず，後者には中国式の土城と墳墓（帯方太守張撫夷墓など）があるが，政治地理

的条件は前者のようには良好でなく，現在のところ両者いずれとも決し難い．　→楽浪郡（らくろうぐん）

[参考文献] 池内宏「楽浪郡考」（『満鮮史研究』上世1所収），関野貞「朝鮮美術史」（『朝鮮の建築と芸術』所収）　　　　　　　　　　　　　　　（三上　次男）

037　大宝律令　たいほうりつりょう　律令時代盛期の基本法典．刑部（おさかべ）親王らの撰．律6巻・令11巻．施行期間は，令が大宝元年(701)から，律が翌2年から，いずれも『養老律令』に代わった天平宝字元年(757)まで．『養老律令』に対して古律・古令という．かねてから夫の天武天皇とともに律令制定を命じていた持統天皇は，天武没後にこれを『浄御原令』としていちおう諸司に配布したが，孫の文武天皇に位を譲ると，令の改定と律の制定とを督励し始めたらしい．『続日本紀』には文武天皇4年(700)3月に律令の撰修が命じられ，6月に天武皇子の刑部ら19人の官人学者が撰者に任ぜられたかのようにみえる記事があるけれども，そうすると完成までの期間があまりにも短すぎるとして，3月は令の撰修完了と律の撰修開始，6月は令の撰者らに対する行賞とみる説もある．ともあれそれらは長期間にわたった律令制定事業の忙しい最終段階を示し，また律の撰修が令より遅れていたことは確かである．律令の施行過程も忙しかった．すなわちまず令については，翌大宝元年3月に大宝と建元すると同時に新位階を授け官制を改め，4月から中央の貴族や官人に対し撰者らを分遣して令の講義を始め，6月には全国に施行を命じ，8月に律令が揃って体裁を整え献上されると地方でも講義が始まり，翌2年10月に至ってようやく写本が全国に配布されるという過程が知られる．一方，律の完成は令と同じ元年8月だが，施行が命じられたのは翌年2月であり，7月から講義を始め，10月に令とともに全国に配布されるという順序である．だが律令の徹底は容易でなかったらしく，慶雲3年(706)には実情に即した大きな改正が行われ，和銅4年(711)に至っても詔で「纔（わずか）に一，二を行ひ，悉くは行ふ能はず」と嘆かれているが，これはかえって当時の朝廷が律令の徹底に熱心だった証拠とみることができる．ところで『大宝律令』は『養老律令』に代わってのち，平安時代中期ごろにはすでに散逸していたようであるが，これは両律令にあまり差違がなかったためとも考えられる．事実，平安時代前期に令の注釈書を集成した『令集解（りょうのしゅうげ）』によって両令を比較すると，字句修正が主である．この点，『浄御原令』との差違が，大宝元年8月の完成当時「大略，浄御原朝庭を以て准正となす」といわれているものの，かなり多方面にわたっていたとみられるのと異なる．律は大宝・養老の両律にほとんど差違がないばかりか，唐で律に公定の注釈を添えて撰修された律疏とも酷似している．結局『大宝律令』は，『浄御原令』時代の経験にもとづき，唐の『永徽律疏』(653年撰)と『永徽令』(651年撰)とを模範として撰修された律令であり，律令国家の基本法典としての役割は『養老律令』よりもはるかに大きかったということができる．なお『大宝律令』の巻数は，律・令をともに10巻とする『養老律令』と著しく異なっているが，篇目や構成にはあまり差がなかったらしく，今日まで知られている差異は，篇目について大宝の官員令を養老では職員令，選任令を選叙令，考仕令を考課令とし，構成では大宝の医疾令が養老の営繕令よりも前に位置づけられていたと推測される程度である．

[参考文献] 『令義解』（『(新訂増補)国史大系』22），井上光貞他校注『律令』（『日本思想大系』3），律令研究会編『訳註日本律令』，中田薫『法制史論集』1，滝川政次郎『律令の研究』，坂本太郎『大化改新の研究』，石尾芳久『日本古代法の研究』，利光三津夫『続律令制とその周辺』　　　　　　　　　　　　　　（青木　和夫）

038　戴曼公　だいまんこう　⇒独立性易（どくりゅうしょうえき）

039　大明国師　だいみんこくし　⇒無関玄悟（むかんげんご）

040　太陽暦　たいようれき　⇒暦法（れきほう）

041　平清盛　たいらのきよもり　1118〜81　平安時代末期の武将．平忠盛の嫡子．実は白河院の落胤で，母は祇園女御の妹といわれる．懐妊後，白河院より忠盛に下賜され，生まれたのが清盛という（『仏舎利相承系図』）．この生母は清盛生誕の翌々年病没したらしい．武家としてはじめて太政大臣従一位の極官に昇り，平氏政権を現出した．その居館が六波羅にあったところから「六波羅殿」「六波羅入道」と呼ばれ，また「平相国」「平禅門」とも称された．〔軍事権門〕元永元年(1118)に生まれた清盛は，祖父正盛・父忠盛が院近臣として蓄えた政治力・経済力を背景に中央政界に地位を得，忠盛死後は武家棟梁としての地位を継承する．保元の乱(保元元年(1156))では後白河天皇方として勝利を収め，少納言入道信西と組んで勢力を伸ばす．ついで平治の乱(平治元年(1159))に源義朝を破り，軍事権門としての地位を確立した．両乱は「武」の重要性を政界内外に知らせる結果となり，以後清盛をはじめ平氏一門の官位は急速に上昇する．清盛自身は永暦元年(1160)正三位参議となって，武家としてはじめて公卿に列し，仁安2年(1167)には内大臣正二位から太政大臣従一位にまで昇った．程なく官を辞し，翌3年2月病を得て出家，摂津福原に引退した．しかしその後も一門の総帥として，また国家権力の一翼をになう軍事権門として，政界に確固たる権力を保持し続けた．法名清蓮，のち静（浄）海．〔全国組織〕平治の乱のころまでに清盛は肥後・安芸・播磨の国守や大宰大弐を歴任し，父祖同様西国に基盤を形成，同地の武士組織に尽力した．西国の海民がそうである結果として，清盛自身も対宋貿易や海上交通に深い関心を示し，摂津大輪田泊の修築

を行なって宋船をここまで入航させることに成功．また伝説によれば安芸音戸の瀬戸の開削（あるいは修復）も手がけたという．平家納経で有名な厳島神社への崇敬も海上交通や西国武士組織と無関係ではないと思われる．清盛自身の志向性もあるが，それに加えて伊予の河野氏や越智氏，肥前松浦党などの水軍の掌握を目的として，かかる努力が続けられたといえよう．平氏の擡頭が院との深い結びつきによってもたらされた結果，西国の国守歴任，海賊追捕，西国に多い院領の支配等々により，平氏自身も必然的に西国を基盤とするようになったのであるが，平治の乱後，唯一の武門棟梁になり上がった平氏は，東国や北陸への進出を積極的にはかるようになる．敗れた源氏の基盤を継承し，源氏家人の組織化を果たすことが急務だったからである．特に東国や北陸の国守を一門で占めることによって，国衙を媒介とする軍事力組織をはかる必要があった．その意味で清盛は平治の乱後，全国を対象とする唯一の武門棟梁として，まさに軍事権門の名にふさわしい存在になったということができる．ただしどのように基盤を拡大しようと，平氏が対象地域の支配をどう行うか，どう在地武士を組織するかが問題となる．公権を媒介として在地武士を戦時に動かすことができたとしても，彼らの利害を代表しうる存在として主従制のもとに彼らを私的に組織化しなければ，武門棟梁としての存在意義はきわめて薄い．公権に基づく軍制を把握しただけでは充分とはいえないのである．その点で清盛の全国支配には脆弱性が認められ，そこに平氏政権の限界も内包されていたということができる．〔対朝廷勢力策〕旧来の朝廷勢力に対する施策の1つとして清盛が採用したのは婚姻政策である．一門の人々は政界の有力者と婚姻を結んだが，特に清盛の娘のうち盛子は関白藤原基実の室に，寛子は基実の子基通の室となり，徳子（建礼門院）は高倉天皇の中宮となって安徳天皇を生んでいる．基実が若くして他界した際にはその遺領を盛子に継がせ，実質的には清盛の管理下に置いてしまった．安徳天皇の即位（治承4年（1180））後，清盛は天皇外祖父の地位を得ることとなる．また高倉天皇の母は，清盛妻時子の妹建春門院平滋子にほかならない．この時子・滋子姉妹は桓武平氏本宗の流れをくむ平時信の娘で，他にも清盛の子重盛・宗盛が時信の娘と婚姻を結んでいる．清盛はこの一流と婚姻を結ぶことにより，堂上公家平氏をも一門にとりこんだのであった．このほか院近臣として勢力を誇った藤原家成の家とは，重盛・知盛（清盛子）・教盛（清盛弟）らが幾重にも婚姻を重ね，村上源氏の流れをくむ僧俊寛の一族とも頼盛（清盛弟）が婚姻を結ぶなど，有力公家との婚姻関係は非常に密接なものであった．しかしそれにもかかわらず鹿ヶ谷の謀議（治承元年）で平氏倒滅の陰謀をめぐらしていたのは，家成の子成親や西光・俊寛などであった．彼らは後白河院近臣としての立場から，平氏を政敵とみなし決起しようとしたのである．基実死後の摂関家遺領横領事件に典型的にみられるように，平氏の婚姻政策はあまりに強引であったため，それによって生ずる政治的，経済的な利害の対立が，密接に結ばれた婚姻関係をはるかに上回って表面化したのであった．〔政権樹立〕このように清盛の施策は中央・地方双方において矛盾を呈し，特に後白河院とは対立が尖鋭化していった．一門による官位の独占や知行国・荘園の集積が，旧勢力の不満を促進し，彼らを後白河院のもとに結集させる結果となったのである．鹿ヶ谷の謀議のあと，治承3年に盛子が死去するとその遺領を院が没収，ついて清盛嫡子重盛の死去後はその知行国越前を院が奪うなど，院の攻勢が続き，ついに同年11月清盛は福原から上洛してクーデタを敢行し，院を鳥羽殿に幽閉，反平氏の公家の官を解き，平氏一門や平氏家人，親平氏派の公家をもってこれにかえた．ここに清盛の独裁政権が樹立され，清盛による強引な暗黒政治が展開されることとなる．一門の多くが公卿・殿上人となり，知行国の半数以上を一門が占めたという『平家物語』の記載は，実にこのクーデタ以後の状況を物語るものである．不満分子を摘発するため京中に密偵「禿童（かむろ）」を放ったというのもこのころのことであろう．荘園の集積にしても，これ以後は上級領有者を戴かない平家領も出現し，平氏が権力者として頂点に立ったことを示している．しかしいかに圧政をしいても反勢力の動向は抑えようがなく，翌治承4年5月には以仁王・源三位頼政の挙兵があり，8月には伊豆の源頼朝，木曾の源義仲らの挙兵が相つぎ，諸国は内乱の様相を呈していった．清盛は福原遷都をもってこれに対抗したが，新都造営が思うにまかせぬまま還都のやむなきに至った．寺社勢力の活発な動きへの対策として同年12月には南都焼打ちを敢行するが，これも仏敵の汚名を着せられるだけの結果に終り，かえって反平氏勢力の結集を強めてしまった．翌養和元年（1181）閏2月4日，熱病におかされた清盛は，家人平盛国の九条河原口の邸で，平氏の行末を案じながら64歳の生涯を閉じた．

参考文献　『平家物語』（『日本古典文学大系』32），『玉葉』，安田元久『平清盛』（『人と歴史シリーズ』日本8），上横手雅敬『平家物語の虚構と真実』上（『塙新書』61），五味文彦『平清盛』（『人物叢書』219）
（飯田悠紀子）

042 大琉球 だいりゅうきゅう　明代，琉球（沖縄）・台湾の知見が加わるにつれて大・小琉球の区別が生じ，中国人は琉球を大琉球と呼んだ．16世紀中葉来航したポルトガル人らもこれにならい，大琉球をレキオ＝マヨール，あるいはレケオ＝グランデと呼ぶようになった．　→小琉球（しょうりゅうきゅう）

[参考文献] 伊能嘉矩『台湾文化志』上，岡本良知『十六世紀における日本地図の発達』，中村拓『鎖国前に南蛮人の作れる日本地図』，曹永和『台湾早期歴史研究』，小葉田淳「台湾古名随想」（『日本経済史の研究』所収）　　　　　　　　（中村　孝志）

043 台湾 たいわん　T'aiwan　中国福建省と台湾海峡を隔てて，東方200kmの海上にある島．台湾本島および澎湖諸島その他からなる．中華民国の支配下にあり，台北・高雄の2行政院直轄市，基隆（キールン）・台中・台南の3省轄市および台北以下の16県がある．住民は原住民である高山（高砂）族と，明末以来移住した漢族（閩（びん）・客）からなる．高山族はインドネシア系で，一部平地に住み早くから漢族に同化して旧来の習俗を失ったもの（平埔）のほか，大部分は高地に住し，北から順にアタヤル，サイシャト，ブヌン，ツォウ，ルカイ，パイワン，東部にアミ（パンツァ），プユマ（パナパナヤン），蘭嶼にヤミなどで，おのおのは言語，風俗，習慣などを異にする．漢族にはこのほか，第2次世界大戦後大陸から移住したいわゆる外省人多数が加わった．歴史上台湾の存在がようやく知られるのは隋代からで，元末まで琉求といわれたが，明初，現在の沖縄に琉球の名が用いられると台湾は小琉球とよばれ，島の一部また全部が雞籠，東番，北港，台員，大円，台湾などと呼ばれるようになった．オランダ東インド会社は，1624年南部台湾のタイオワン（台南）に根拠地を設け，ゼーランディア城を築き，本土サッカム（赤嵌）にプロビンシア砦を設けて台湾確保の中心地にした．同じころ渡来した日本人と独占貿易を巡って衝突したり（浜田弥兵衛事件），北部台湾を占拠したスペイン人と抗争したりしたが，前者は寛永の鎖国のため来航途絶し，42年にはスペイン人も駆逐され，南北の諸蕃社は討伐されて30年代後半からは統治に専念しうるようになった．会社はキリスト教宣教師を用いて住民の馴化を企て，また大陸から多くの漢族を誘致して農業（米・砂糖）その他産業の開発を行い相当の収益をあげ得た．しかし61年，明室護持を標榜する鄭成功の来襲によってこの地を失った．鄭氏は3代22年で83年清軍に降ったが，清では翌年台湾に1府3県を置き福建省に隷せしめた．政府は治安維持のため中国人の台湾渡航に制限を加えたが，大陸の戦乱，飢饉などのため閩・粤（えつ）の難民は続々として渡来し，前者は西海岸の平野部に，後者は山間の辺地に居住して，ほとんど現在の分布図を形成し，18世紀中葉ころまでに，一部山地を除き中国人の足跡を印せぬ地はなくなった．清朝の台湾統治は，官吏の不正を恐れて任期を制限したので，若干の優秀な為政者をもったものの，施政の見るべきものは少なく，住民は強悍で「三年小反，五年大反」といわれるように反乱をくり返し，また閩・粤，漳・泉間の分類械闘が激発して治安は乱れた．外界に対し暗黒・閉鎖的であった台湾も，19世紀中葉になると台湾（安平）・淡水・基隆・打狗（高雄）の4港が開かれ，1885年には独立の1省となり，進歩主義者劉銘伝の開発策がとられたが，功を見ぬうちに日本の領有するところとなった（95年）．日本は児玉源太郎，後藤新平らの施政によって治安の確保，産業開発，幣制改正，交通機関の整備，衛生改善などを図り，日本帝国主義のための原料供給地，資本と商品の独占的植民地としての基礎づくりが遂行された．しかしその過程において台湾民衆の抗日，民族運動を発生せしめた．これに対し日本のとった政策は，同化主義（皇民化運動），母国延長主義であった．第2次世界大戦の結果，台湾は中国に返還された．面積3万6179km²．

[参考文献] 伊能嘉矩『台湾文化志』，矢内原忠雄『帝国主義下の台湾』（『矢内原忠雄全集』2），台湾省文献委員会編『台湾史』，同編『台湾省通志』，『民族学研究』18ノ1・2合併号（台湾特輯号）
　　　　　　　　　　　　　　　（中村　孝志）

044 ダ゠ガーマ　Duarte da Gama　⇨ガーマ

045 高丘氏 たかおかうじ　百済より渡来して河内国古市郡に居住した氏族．『新撰姓氏録』河内国諸蕃，漢条に「高丘宿禰は百済国の公族大夫高侯の後，広陵高穆より出づ」（原漢文）とみえる．天智天皇2年（663）白村江の敗戦の際，その一族沙門詠が日本に亡命し，その子楽浪河内（さざなみのかわち）は文章にすぐれ大学頭となり，神亀元年（724）高丘連の姓を賜わった．その子比良麻呂は大外記に任じ，天平宝字8年（764）恵美押勝の反を告げて賞せられ，神護景雲元年（767）宿禰を賜姓された．

[参考文献] 佐伯有清『新撰姓氏録の研究』考証篇5　　　　　　　　　　　　　　（横田　健一）

046 高丘親王 たかおかしんのう　⇨真如（しんにょ）

047 高木作右衛門 たかぎさくえもん　安土桃山時代から江戸時代にかけて長崎の町年寄・御用物役・地方代官などを勤めた高木家の歴代通名．初代忠雄は長崎開港（元亀元年（1570））のころ肥前高木荘から移住，同地の頭人となった．文禄元年（1592）町年寄．慶長12年（1607）駿府に出頭，長崎奉行を勤めた小笠原一庵の私欲を証言して一庵を失脚させた．豪商として海外貿易にも関係し，元和2年（1616）摩陸国宛の朱印状を得た．2代忠次も朱印船貿易に従事．3代宗能は寛文2年（1662）御用物役となった．4代宗利．5代宗音は延宝3年（1675）別家とした同苗伝左衛門正信に町年寄職を譲った．6代宗輔．7代忠栄．8代忠与は御用物役に加えて元文4年（1739）2月23日（『高木家代々先祖書』では同年3月15日）長崎代官に任ぜられ，両役を兼帯．9代忠興．10代忠任．11代忠篤．12代忠顕．13代忠知は明治元年（1868）2月から同年4月まで長崎府取締役を勤めた．

[参考文献] 『町年寄発端由緒書』（長崎歴史文化博物館

管軍総把印（鷹島神崎海岸で発見。モンゴル襲来の際、江南軍下級将校の所持したものか）

蔵）、金井俊行編『長崎名家略譜』（『長崎叢書』下）、越中哲也「ルイス作右衛門とペトロ作右衛門が出た高木氏諸家について」（『キリシタン文化研究会会報』10ノ2）　　　　　　　　　　　　（清水　紘一）

048 高倉福信 たかくらの ⇒高麗福信（こまのふくしん）
ふくしん

049 たかさぐん　近世初期、日本で用いられた台湾の一称呼。一般に台湾南部、打狗（打鼓）山方面に赴いた日本人航海者の称えたものが、起源といわれるが確証はない。むしろ豊臣秀吉が文禄2年（1593）、招諭しようとした「高山国」を湯桶（ゆとう）読みしたものから転じたものと思われる。慶長14年（1609）2月有馬晴信が家臣に与えた訓令にみえるものが有名であるが、まもなく日本人に親しみやすい「たかさご」「高砂」に転じ、台湾を指すようになった。→高砂（たかさご）

　参考文献　『大日本史料』12ノ6、慶長14年2月是月条、幣原坦『南方文化の建設へ』、伊能嘉矩『台湾文化志』上、内田銀蔵「三百年前日本と台湾との経済的関係に就きて」（『内田銀蔵遺稿全集』3所収）、小葉田淳「台湾古名随想」（『日本経済史の研究』所収）、同「邦人の海外発展と台湾」（同所収）

（中村　孝志）

050 高砂 たかさご　近世初期以来、日本で用いられるようになった台湾の一称呼。はじめ「たかさくん国」（『有馬家代々墨付写』）、「たかさこ」（『久能文書』）と称えられ、また「高砂国」（元和元年（1615）村山等安朱印状）と書かれたが、まもなく「たかさご」「高砂」として定着し、ようやく日本人の間に普遍化するようになった。「高佐古」（『松浦家文書』）、「多加佐古」（『日本異国通宝書』）、「塔伽沙谷」（『華夷通商考』）、「塔伽沙古」（『外国通信事略』）、「塔曷沙古」（『和漢三才図会』）など、いずれも借字して音を写したものである。→たかさぐん

　参考文献　『大日本史料』12ノ6、慶長14年2月是月条、『異国渡海御朱印帳』（『異国叢書』）、幣原坦『南方文化の建設へ』、伊能嘉矩『台湾文化志』上、内田銀蔵「三百年前日本と台湾との経済的関係に就きて」（『内田銀蔵遺稿全集』3所収）、小葉田淳「台湾古名随想」（『日本経済史の研究』所収）、同「邦人の

海外発展と台湾」（同所収）　　　（中村　孝志）

051 鷹島 たか　長崎県北部、伊万里湾口にある島。同県松浦市に属する。面積約16km²。弘安4年（1281）モンゴル軍が潰滅した古戦場。文永11年（1274）のモンゴル軍襲来の際、モンゴル軍は松浦地方に襲来し、鷹島にも上陸、住民らは大きな被害を受けた。さらに弘安4年5月、高麗の合浦を出発した東路軍と中国の慶元（寧波（ニンポー））を出発した江南軍は、7月27日ごろ鷹島周辺海域で合流し、博多湾突入の機をうかがっていたが、閏7月1日の夜中、大暴風雨が襲い、集結していたモンゴル軍船は一夜にして潰滅した。その後、かろうじて生き残ったモンゴル軍兵士も鷹島付近の残敵掃蕩戦でほとんど生け捕られたり、討ち果たされたりした。この周辺の海中から、沈没したモンゴル船の多くの遺物が、水中考古学の成果として発見されているが、なかでも昭和49年（1974）に鷹島の神崎（こうざき）海岸で掘り出されたパスパ文字で書かれた至元14年（1277）9月の「管軍総把印」は貴重な遺物として注目される。鷹島における合戦の模様は『蒙古襲来絵巻』にくわしく述べられているほか、文書にも散見する。水中より引き上げられた遺物は、松浦市立鷹島歴史民俗資料館に保存されている。

　参考文献　『鷹島町郷土誌』、朝日新聞西部本社企画部編『海から甦る元寇』、鷹島町教育委員会編『鷹島海底遺跡』、同編『鷹島海底遺跡』2～11（『鷹島町文化財調査報告書』1～10）　　（瀬野精一郎）

052 高島秋帆 たかしま　1798～1866　江戸時代後期の砲術
しゅうはん
家。諱（いみな）は茂敦、字（あざな）は舜臣、通称は四郎太夫、秋帆はその号である。寛政10年（1798）長崎町年寄高島四郎兵衛の三男として長崎に生まれる。父のあとをつぎ、のち長崎会所調役頭取となった。長崎港の防備を担当した関係で、はじめ荻野流砲術を学んだが、のち出島の蘭人から西洋砲術を学び、これを高島流砲術とよんだ。西洋近代砲術を最初に紹介したものといえる。伝存する『高島流砲術秘伝書』は、オランダの砲術入門書の翻訳である。天保11年（1840）9月、秋帆は幕府に上書して、アヘン戦争の戦況を伝え、清国側

の敗北を砲術の未熟に帰して，西洋砲術の採用による武備の強化を進言した．翌年幕命により出府し，徳丸ヶ原で秋帆所持の輸入砲4挺の実射と歩騎兵の演練を行なった．そのため名声がおおいに挙がり，幕府は高島流砲術を採用することとして，前記の輸入砲をすべて買い上げ，あわせて代官江川英竜(太郎左衛門)に砲術の伝授を命じた．すでにこれ以前に佐賀藩および薩摩藩が高島流砲術を採用しているが，幕府について諸藩がひろく高島流砲術を採用するのは，これ以来である．秋帆の在府中にかなりの門人があり，ほぼ確認できる数をあげると，幕臣(陪臣を含む)は11人，諸藩士は13藩にわたり，30人である．さらに長州藩では，秋帆の帰国後，藩士を派遣して入門させているが，他藩でも同様の例がみられる．しかし，他方，高島流砲術の隆盛は，幕府内部の守旧派の忌むところとなり，当時町奉行の鳥居耀蔵(甲斐守忠耀)が長崎奉行伊沢政義と組んで秋帆を罪におとしいれようとした．そのため天保13年10月に秋帆は逮捕されて江戸に送られ，町奉行鳥居の手で取調べをうけ，のち評定所で再吟味が行われ，弘化3年(1846)7月に中追放の判決をうけて，武蔵国岡部藩に預けられた．嘉永6年(1853)ペリー艦隊の来航に伴い，江川英竜の進言により赦免されて，通称を喜平と改め，江川のもとで鋳砲に従事し，のち講武所砲術師範にあげられ，幕府の軍事の近代化に寄与した．慶応2年(1866)正月14日没．69歳．墓は東京都文京区向丘1丁目の大円寺にある．法名皎月院殿碧水秋帆居士．

参考文献 有馬成甫『高島秋帆』(『人物叢書』8)，佐藤昌介『洋学史の研究』　　　　　(佐藤　昌介)

053 **高田屋嘉兵衛** たかだやかへえ　1769〜1827　江戸時代後期の海運業者．明和6年(1769)正月淡路国津名郡都志本村(兵庫県洲本市五色町都志)に生まれる．貧農弥吉の長男．幼名は菊弥．寛政2年(1790)に兵庫に移って樽廻船の船子となり，同4年に船頭となって長崎・下関などとの物資輸送に従事した．同7年には独立し，辰悦丸(1500石積)を建造して船持船頭となる．翌8年には兵庫で酒・塩・木綿，酒田で米穀を買い入れ，箱館に運んで売却し，帰途には箱館で魚・昆布・魚肥を仕入れて上方で販売する営業を開始し，当時隆盛してきた北前船の一角に参入した．特に経済的な地位を高めてきた蝦夷地に着目し，同10年に箱館に支店を開設して蝦夷地・上方間の商品流通に経営の力点をおいた．同11年には，東蝦夷地上知などロシアの進出に対応し始めた幕府の蝦夷地政策に物資輸送の面で食い込み，以後の経営の飛躍的発展の契機を摑んでいる．択捉(えとろふ)島の措置が急がれたが，択捉―国後(くなしり)間は潮流が速く複雑なため商船の通航を欠いていたので航路開発を命じられ，同年7月に官船宜温丸(70石積)により択捉島渡海に成功し，すぐれた航海技術を示した．翌年には択捉官物輸送を命じられ，同島掛の近藤重蔵とともに手船辰悦丸により同島に渡り，17ヵ所の漁場を開くなどの開発策に従った．同年末に官船5艘の建造を命じられ，享和元年(1801)10月には蝦夷地御用定雇船頭(3人扶持・苗字帯刀御免)となり，同2年に手船3艘が択捉定雇船となり，官船と定雇船を一手に掌握した．さらに，文化3年(1806)に蝦夷地産物売捌方を命じられ，同7年に択捉場所の請負，同9年から根室・幌泉両場所の請負など蝦夷地の場所経営も拡大し，本店を箱館に移して大坂・兵庫に支店をおくなど，幕府の蝦夷地政策の展開と深く結びつくことによって，蝦夷地交易において卓越した地位を占めて利潤を得，豪商として成長を遂げた．しかも，産物について厳重な品質管理と計量を行なったため，諸国の商人の信用が厚かったという．またこの間，ロシア使節レザノフの通商要求を拒絶したことに端を発した，フヴォストフらの樺太・択捉に対する武力攻撃から始まる日露紛争に巻き込まれ，紛争の解決に尽力している．文化8年6月に，南千島測量のため国後島に渡来したディアナ号艦長ゴロウニンを捕えて箱館に幽囚したが，翌年8月にゴロウニンの安否確認に国後島にやってきたディアナ号艦長リコルドにより，観世丸に乗船し箱館への帰途に寄港したところを拿捕され，カムチャツカに連行された．同地でロシア語を習得し，翌年5月に国後島に送還され，ゴロウニン釈放，紛争の平和的解決のため，日露両国の交渉・調停に尽力し，日露の両当事者からその能力を賞賛された．その後文政元年(1818)には，経営を弟金兵衛らに譲り郷里都志本村に隠居し，近隣の港湾修築などに協力し，同10年4月5日に同地にて死去した．59歳．郷里の都志本村多聞寺に葬られた．なお，函館市船見町の称名寺にも墓碑がある．法名高誉院至徳唐貫居士．

参考文献 『函館市史』通史編1，柴村羊五『北方の王者高田屋嘉兵衛』，ゴロウニン『日本幽囚記』(井上満訳，『岩波文庫』)　　　(藤田　覚)

054 **高取焼** たかとりやき　福岡県の陶器．黒田長政が朝鮮出兵の際に連れ帰った朝鮮の陶工八山(和名高取八蔵)は，慶長5年(1600)黒田氏が豊前中津から筑前福岡に転封したのち，命によって鷹取山の麓の宅間(直方市永満寺)に開窯したと伝える．宅間窯は発掘調査によって燃焼室と焼成室6室からなる割竹式登窯であることが確認された．製品の釉薬は灰釉のほかに鉄釉と長石釉があり，器種は碗・皿・水指・片口・甕・瓶・擂鉢(すりばち)などである．操業年代は慶長11年から同19年とみられる．次の内ヶ磯(うちがそ)窯(直方市頓野)は焼成室14室からなる階段状連房式登窯である．焼成室幅は約2.9m．窯床面から擂鉢・甕・片口などとともに茶入が出土．製品の釉薬は土灰釉・藁灰釉・鉄釉・長石釉・緑青釉などがあり，小皿の窯詰には胎土目積がみられ，

片口や瓶には貝を底面に置いたものがある．茶器は上質で美濃焼の影響が認められるが，日常雑器は唐津焼との共通点が多い．開窯時期は慶長19年とみられる．寛永7年(1630)に窯は白旗山(飯塚市)に移り，俗に遠州高取と呼ぶ優れた茶器が作られた．寛文5年(1665，一説に同7年)に上座郡鼓村(朝倉郡東峰村小石原鼓)に窯を移し，引き続き茶器などを焼いて現在に至る．また宝永5年(1708)福岡藩は福岡城下の西新町(福岡市西区)に御用窯(東皿山と呼ぶ)を，享保3年(1718，一説に寛保元年(1741))には同じ西新町に民窯(西皿山と呼ぶ)を設けた．

[参考文献] 高取静山『高取家文書』，直方市教育委員会編『内ヶ磯窯跡』，同編『古高取永満寺宅間窯跡』，福岡市美術館編『特別企画「大名茶陶―高取焼」展図録』　　　　　　　　　　　　　　(大橋 康二)

055 **高野長英** たかのちょうえい　1804～50　江戸時代後期の蘭学者．名は譲，はじめ卿斎と称し，のち長英と改めた．号は瑞皐という．文化元年(1804)5月5日，陸奥国胆沢郡水沢(岩手県水沢市)の生まれ．父後藤実慶，母美代の三男．幼いころ父に死別し，母方の伯父高野玄斎の養子となる．後藤・高野両家はともに仙台藩領水沢の領主伊達将監の家臣で，高野家は医をもって仕え，養父玄斎は杉田玄白の門人であった．文政3年(1820)17歳のおり，養父の反対をおしきって医学修業のため江戸に出，苦学しながら蘭医杉田伯元に学び，ついで吉田長淑の内弟子となった．文政7年師の長淑の死にあい，翌8年長崎に赴きシーボルトの鳴滝塾に入塾，その翌年「ドクトル」の称号を授けられたが，ひきつづき長崎にとどまり研究に従事した．文政11年11月にシーボルト事件がおこったため，連坐をおそれていちはやく姿をくらまし，事件のほとぼりがさめるのをまって九州を去り，途中，診療と講義を行いながら，天保元年(1830)10月に江戸に戻った．かれは高野家の相続権を放棄し，町医師となって，診療のかたわら生理学の研究に従事し，天保3年わが国最初の生理学書である『医原枢要』内編5冊を著わし，そのうち第1巻を刊行した．渡辺崋山を知ったのは，この年である．これ以来崋山の蘭学研究を助け，天保飢饉の際には飢饉対策のために『二物考』や『避疫要法』を著わし，あるいはまた『夢物語』を著わして，幕府の対外政策を批判した．天保10年5月，蛮社の獄がおこると，これに連坐して幕政批判の罪で永牢(無期禁錮)の判決をうけた．かれは獄中で郷党にあてて『蛮社遭厄小記』を著わし，自己の無実を訴えるとともに，かれをおとしいれた敵側を糾弾し，弘化元年(1844)6月末日に牢内雑役夫の非人栄蔵に金を与えて放火させ，切放しを利用して脱獄逃亡した．そのため放火脱獄犯として全国に指名手配されるが，いったん江戸から脱出したのち，まもなく再潜入し，同志の田原藩医鈴木春山の庇護のもとに江戸市中に潜伏し，『兵制全書』や『三兵答古知幾(タクチキ)』を翻訳した．宇和島藩主伊達宗城の知遇を得，嘉永元年(1848)2月末に宇和島に至り，同地で『砲家必読』などの蘭書の翻訳に従事したが，かれの所在が幕府に探知されたため，翌2年正月に当地を去り，8月に再び江戸に潜入した．翌3年7月，沢三伯の名で医業を営んだが，同年10月30日の夜，隠れ家を捕吏におそわれて自殺した．47歳．墓は岩手県水沢市東町の大安寺にある．法名拡充軒俊翁長英庵主．『高野長英全集』全6巻，『崋山・長英論集』(『岩波文庫』)などがある．

[参考文献] 藤田茂吉『文明東漸史』，高野長運『高野長英伝』，佐藤昌介『洋学史の研究』，同『高野長英』(『岩波新書』新赤512)　　　　(佐藤 昌介)

056 **高野新笠** たかののにいがさ　?～789　光仁天皇夫人，桓武天皇の生母．本姓は和史(やまとのふひと)．百済武寧王の子純陀太子から出たと伝えるが，実は低い身分の百済系渡来氏族と考えられる．父は乙継，母は土師真妹．光仁天皇の白壁王時代に嫁し，山部王(桓武)・早良王・能登女王を生む．宝亀年中(770～80)に高野朝臣と改姓し，天応元年(781)桓武即位により皇太夫人となり，延暦8年(789)12月28日崩御．天高知日之子姫尊と謚し，大枝山陵に葬る．翌9年に皇太后，大同元年(806)に太皇太后と追尊された．

[参考文献] 平野邦雄「今来漢人」(『大化前代社会組織の研究』所収)，田中史生「桓武朝の百済王氏」(『日本古代国家の民族支配と渡来人』所収)

　　　　　　　　　　　　　　(林 陸朗)

057 **高橋景保** たかはしかげやす　1785～1829　江戸時代後期の天文学者．字(あざな)は子昌，号は観巣・玉岡・求己堂主人．父の通称作左衛門を襲名．さらにオランダ商館長ドゥーフよりグロビウスGlobiusの名を得た．天明5年(1785)父至時(よしとき)，母永田氏の女の長男として大坂に生まれ，寛政9年(1797)父のいる江戸へ出，父から天文暦学を学び，また昌平黌で学んだ．文化元年(1804)4月病死の父のあとを受けて20歳で天文方に任命された．同8年蛮書和解御用の創設につとめ，以後これを主宰し，さらに同11年2月御書物奉行に任ぜられて天文方筆頭となった．天文方と兼任で測量御用を命ぜられた景保は，父に師事した伊能忠敬の全国測量事業の監督を引き継ぎ，忠敬没後はその地図完成に尽力した．また文化4年蘭書を参照して世界地図作成を申し渡され，同6年『新鐫総界全図附日本辺界略図』，翌7年『新訂万国全図』を製した．地図作成の参考調査のため，および当時の北方情勢を背景に，彼は地誌研究にもつとめ，カラフト研究の『北夷考証』を著わし，ケンペルの『日本見聞記』(『蕃賊排擯イ説』)，『ナポレオン戦記』(『丙戌異聞』)を訳出，ゴロウニンやクルーゼンシュテルンの日本紀行翻訳の校訂，また満

洲語の研究を行なった．種々の方面で行政手腕を発揮したが，文政11年(1828)シーボルトに制禁の日本地図などを渡していたことが発覚し，同年10月入獄，翌12年2月16日病のため45歳で獄死した．高橋家の墓所は下谷源空寺(東京都台東区東上野)にある．　→シーボルト事件

[参考文献] 大崎正次編『天文方関係史料』，上原久『高橋景保の研究』，渡辺敏夫『近世日本天文学史』上　　　　　　　　　　　　　　　　　　(吉田　忠)

058 高橋至時 たかはし よしとき 1764～1804 江戸時代後期の天文学者．字を子春，号を東岡または梅軒，通称作左衛門という．明和元年(1764)11月30日大坂定番同心徳次郎の長男として生まれ，安永7年(1778)12月，15歳で父の跡目をついだ．幼くして算学を好み，一時，松岡能一の門に学んだという．天明7年(1787)間(はざま)重富と同じころ麻田剛立に入門，天文暦算学を学んだ．特に当時最新の西洋天文説を伝える『暦象考成』後篇のうちのケプラー楕円軌道論の研究につとめた．幕府の改暦の企図に及んで，寛政7年(1795)3月，彼は重富と前後して暦学御用のため江戸出府を命ぜられ，同年11月天文方に任命された．翌8年8月改暦御用を仰せ付けられ，翌9年末まで改暦作業の実質上の中心的人物として活躍した．寛政暦(同10年より施行)は上記イェズス会士系著訳書により，日月の運行に対し楕円軌道論を用いてはいたが，5惑星の運動は課題として残った．そこで蘭書にその説明を求め，たまたま享和3年(1803)フランス人ラランドLalandeの天文学書の蘭訳本を入手，半年間その研究に没頭し『ラランデ暦書管見』を著わすが，無理がたたってか業なかばの文化元年(1804)正月5日，41歳で病死した．江戸下谷の源空寺(東京都台東区東上野)に葬られる．なお，全国測量・地図製作で有名な伊能忠敬は，はじめ至時に師事した．著作は数多いがどれも公刊に至らず，主なものに『増修消長法』『新修五星法及図説』『地球楕円形赤道日食法』『暗又利亜暦考(アンゲリアれきこう)』などがある．

[参考文献] 大崎正次編『天文方関係史料』，大谷亮吉『伊能忠敬』，上原久『高橋景保の研究』，「西洋精密科学受容の先人たち—天文方高橋至時没後200年記念—」(『天文月報』96ノ5)　　　(吉田　忠)

059 鷹見泉石 たかみ せんせき 1785～1858 江戸時代後期の下総国古河(こが)藩士．名忠常，通称十郎左衛門，字(あざな)伯直，号楓所・可琴軒・泰西堂・泉石(晩年)．天明5年(1785)6月29日古河城内に生まれる．父は忠徳．鷹見家は同藩の長臣であった．幼少期，同藩蘭医河口信任に啓発され，13歳江戸詰小性．大槻玄沢門から蘭学出発．天文・暦数・地理・歴史・兵学・食物・博物の学とその資料収集に努める．渡辺華山・司馬江漢・箕作(みつくり)阮甫・高島秋帆・江川坦庵(太郎左衛門)・川路聖謨(としあきら)・杉田玄白・同成卿・坪井信道・桂川甫賢・同甫周・同甫安・宇田川榕庵・石川桜所(良信)・佐久間修理(象山)・大槻磐渓・土井利忠(越前大野城主)・ヤン゠コック゠ブロムホフ(泉石は同人から蘭名ヤン゠ヘンドリック゠ダップルJan Hendrik Dapperを貰う)らに交わった．泉石は公人として藩財政を建て直し，天保8年(1837)大塩平八郎の乱に際しては平八郎召捕に功を立てた．当時，藩主土井利位(としつら)は大坂城代の職にあり，泉石もこれに従って大坂にあったのである．渡辺華山筆「鷹見泉石像」(国宝)は，この乱の平定に功を立てた利位が菩提寺である江戸浅草誓願寺に泉石を代参させたが，その折の姿を描いたものであるという．また利位は世界初の雪結晶図譜『雪華図説』を刊行している(同書はマルチネットのKatechismus der Natuurを参考にしている)が，泉石は利位に自然科学の蘭書を講じている．江戸在住時代に利位・用人枚田(ひらた)水石とともに谷文晁に入門．大黒屋光太夫からロシア語を，中浜万次郎から英語を学び，別に華語も独学した．幕府に提出した古河藩の建言書『愚意摘要』(開港通商し洋学を入れ，至急洋式軍備を断行することを建言)を起草．高島流兵術を卒先採り入れた．弘化3年(1846)古河蟄居後，隠居となり，政務の繁忙を離れて長年研究した対露策を『蝦夷北蝦夷地図』にまとめ，嘉永2年(1849)『新訳和蘭国全図』を刊行，「日光駅路里数之表」著述など学問に生き，一歩先の日本を眺めた開国論者であった．尨大な蘭学資料と，『泉石日誌』を残して，安政5年(1858)7月16日，74歳で古河に没す．同地の正麟寺に葬り，大槻磐渓が墓碑撰文．大正7年(1918)従四位を贈られる．平成16年(2000)鷹見泉石関係資料は重要文化財に指定された(古河歴史博物館蔵)．

(渡辺華山筆)

[参考文献] 古河歴史博物館編『鷹見泉石日記』，緒方富雄・渡辺武夫・川島恂二編『鷹見泉石『新訳和蘭国全図』解説』，古河市教育委員会編『蘭学者(地理学)鷹見泉石』，伊東多三郎『近世史の研究』2，石

山洋「蘭学におけるオランダ地理学」(『地理学史研究』2)　　　　　　　　　　　(川島 恂二)

060 高向玄理 たかむこのくろまろ　？～654　大化の国博士。本姓漢人のち史に改む。本名黒麻呂, 玄理はその中国風表記であろう。渡来人の子孫。推古天皇16年(608)遣隋使小野妹子の再航に随って留学。舒明天皇12年(640)学問僧南淵請安とともに帰朝。大化元年(645)蘇我大臣家打倒を機に樹立された, いわゆる改新政府に僧旻とともに国博士として登用され, 国政の顧問として活躍した。翌2年には新羅に使し, 任那の調を罷める代りに人質を貢らせることを定めた。時に小徳冠。翌年金春秋に送られて帰朝。同5年僧旻とともに詔をうけて新官制の整備に着手したが, 直後に左右大臣が相ついで没し, 翌年白雉改元のことがあり, 玄理や旻は孝徳天皇とともに中大兄皇子らから次第に疎外されたと思われる。白雉5年(654)遣唐押使として大使以下を率いて渡海し, 唐帝に拝謁した。時に大花下(一に大錦上)。同年帰国を果たさず唐に客死した。(黛 弘道)

061 高安城 たかやすじょう　古代の山城。遺跡は奈良県生駒郡平群町久安寺・三郷町南畑, 大阪府八尾市高安山にある。天智天皇2年(663), 白村江の敗戦後, 外寇に備え, 同6年11月に屋島城(香川県), 金田城(長崎県対馬)とともに, 標高488mの高安山を最高峰とする地域に築かれた朝鮮式山城である。城の倉庫は, 壬申の乱で近江軍によってほとんど焼かれ, 大宝元年(701)8月25日には廃城となって, 舎屋雑儲の物は, 大和・河内国に移し貯えられている(『続日本紀』)。また, 城に付属設置の高安烽は, 和銅5年(712)正月23日に廃されているが, 天智・天武・持統・元明天皇らは, この城に行幸している(『日本書紀』『続日本紀』)。廃城後, 昭和53年(1978)に,「高安城を探る会」が, 平群町久安寺の金ヤ塚・中ノ口・クズレ川で, 倉庫跡とみられる礎石6棟分を探しだすまで, 遺構は知られなかった。その後の発掘調査で, 当初と, その後再建の遺構(礎石)が検出されている。

参考文献　関野貞「天智天皇の高安城」(奈良県編『奈良県史蹟勝地調査会報告書』5), 河上邦彦「高安城跡確認調査」(奈良県立橿原考古学研究所編『奈良県遺跡調査概報』1981年度・1982年度)

(小島 俊次)

062 高山右近 たかやまうこん　1552～1615　安土桃山・江戸時代前期の武将。キリシタン大名。幼名彦五郎, のち友祥(ともなが)・長房, 通称右近・右近大夫・右近允。ジュスト＝ウコン殿 Justo Ucondono と尊称される。千利休高弟の1人で南坊(みなみのぼう)・等伯と号す。天文21年(1552)高山友照(図書)の子として生まれる。永禄7年(1564)父の居城大和国沢(奈良県宇陀市榛原区沢)で日本人イルマンのロウレンソから受洗し, 霊名ジュスト(寿子・重出)を授けられる。天正元年(1573)3月荒木村重の支持を得て摂津国高槻城主となる。6年秋, 村重が織田信長に叛いた時, 村重のために高槻城に拠ったが, 信長の意を受けたパードレのオルガンティーノの勧告に従い出家になることを条件に信長に降り, 4万石の本領を安堵される。10年本能寺の変が起ると, 羽柴秀吉に属して山崎で明智光秀と戦った。翌11年4月の賤ヶ岳の戦では佐久間盛政の大軍に攻められ岩崎山の陣を放棄して木ノ本の羽柴秀長の陣に退却する。同13年閏8月播州明石6万石に転封。この間, 牧村政治・蒲生氏郷・黒田孝高・瀬田左馬丞らの改宗に尽くす。15年九州征討に従軍したが, 同6月筑前箱崎で禁教令が発令されると, 棄教を拒み改易される。小西行長所領の小豆島・天草に隠れ住み, 翌年加賀の前田利家に招かれ1万5000石を食む。同18年小田原の役には利家に従って参陣, 嗣子利長からも重用され軍奉行となる。慶長6年(1601)自費で金沢に教会を設立し, 加賀・能登・越中におけるキリシタン布教に努める。同18年12月の徳川家康の禁教令によって右近および内藤如安の一族は金沢から大坂を経て海路長崎に下る。翌19年10月7日(1614年11月8日)国外追放の処分を受けて長崎を出発し, マニラでは同市民の歓迎を受けたが, 元和元年正月5日(1615年2月3日)病死。64歳。葬儀ミサは9日間続き, イエズス会のサンタ＝アンナ聖堂に葬られ, のちサン＝ホセ学院に移葬。その死は追放の苦しみによる殉教死と見做され, 寛永7年(1630)マニラで右近を聖人の列に加えるための正式調査が始まり, 現在も列聖運動は継続中。

参考文献　ルイス＝フロイス『完訳フロイス日本史』(松田毅一・川崎桃太訳,『中公文庫』),「コリン著の高山右近伝」(佐久間正訳, H・チースリク解説・註,『キリシタン研究』17),『大日本史料』12ノ14, 慶長19年9月24日条, 片岡弥吉『高山右近太夫長房伝』, ヨハネス＝ラウレス『高山右近の生涯』, 海老沢有道『高山右近』(『人物叢書』13)

(五野井隆史)

063 高山図書 たかやまずしょ　？～1596　戦国・安土桃山時代の武将, 畿内キリシタン教界の先駆者。高山右近の父。名は友照, 通称飛騨守。大永4年(1524)ごろ生まれる。松永久秀配下の大和国沢城主時代の永禄6年(1563)奈良で日本人イルマンのロウレンソからキリシタン要理を聴き, ガスパール＝ビレラから受洗し, 霊名ダリオ(太慮)を授けられる。同11年和田惟政に従って摂津国芥川城を守り, 翌々年同国高槻城に移る。惟政死後の天正元年(1573)高槻を領有して荒木村重に属す。6年村重が織田信長に叛くや信長に抗戦したが, 子息右近がオルガンティーノの勧告に従って信長に降り開城したことにより, 図書は村重の有岡城に走った。翌年村重敗れて越前北庄の柴田勝家に預けられたが, 同地でキリシタン布教に尽くす。同10年信長の弑殺後に高槻

に帰り，13年右近の明石転封に従って同地に住す．15年右近の改易によって小西領内に隠れ住む．翌年息子の右近が前田利家に招かれた時，金沢に同行．文禄3年(1594)ごろ療養のため上京し，慶長元年(1596)同地で病死．

　参考文献　ルイス＝フロイス『完訳フロイス日本史』(松田毅一・川崎桃太訳，『中公文庫』)，松田毅一『(近世初期日本関係)南蛮史料の研究』，片岡弥吉『高山右近太夫長房伝』，ヨハネス＝ラウレス『高山右近の生涯』，海老沢有道『高山右近』(『人物叢書』13)　　　　　　　　　　　　　(五野井隆史)

064 **高山長房** たかやまながふさ　⇨高山右近(たかやまうこん)

065 **湍津姫命** たぎつひめのみこと　⇨宗像神(むなかたのかみ)

066 **度島** たくしま　長崎県平戸市(平戸島)の北方約4kmにある島．面積3.45km²．地勢は一般に平坦であるが，適度な諸峰を有する，玄武岩の台状火山の島である．南側に傾斜し，北西海岸一帯は大海食崖で，見事な景観である．戦国時代末よりキリスト教の布教が行われた．天文19年(1550)キリスト教宣教師フランシスコ＝ザビエルは，はじめて平戸に来港した．時の平戸領主松浦隆信(道可)は，ザビエルを歓迎し，キリスト教の布教を許可した．領主の一族であり，生月・度島などを治めていた籠手田(こてだ)氏は隆信の命により受洗し，熱烈な信者となり，領民の帰依する者も多かった．度島での布教はルイス＝アルメイダ，ルイス＝フロイスなどが有名であるが，領民の彼らに対する信望はきわめて厚く，ポルトガル商船が平戸を去った後も，キリスト教の信仰は衰えなかった．次代の鎮信(法印)は，大のキリスト教嫌いであり，かねてから機会を見てキリスト教を一掃することを考えていたが，慶長2年(1597)家臣に命じて，度島のキリスト教信徒をことごとく打ち亡ぼした．昭和30年平戸市制施行の際，度島町として同市に属した．主要産業は農業と沿岸漁業で，台地上の集落は畑作中心の散村であり，南東部の海岸沿いに集落形態の漁村が見られる．大きく在部と浦部に区画されている．近世平戸藩領時代の絵図・領知目録などには多久島の文字が散見する．

　参考文献　獅子門三世誕子『壺陽録』，度島尋常小学校編『度島郷土誌』，板橋勉『聖サヴィエルと平戸切支丹』，塙薫蔵『平戸史蹟大観』

　　　　　　　　　　　　　　　　　　(木田　昌宏)

067 **竹崎季長** たけざきすえなが　1246〜?　鎌倉時代の武士．肥後国の御家人として2度の蒙古襲来の防戦に活躍，『竹崎季長絵詞(蒙古襲来絵巻)』にみずからの武功をえがいたことで著名．寛元4年(1246)生まれる．菊池氏か，あるいは阿蘇氏か，いずれにせよ肥後国内の有力な豪族の庶流出身で，本領は益城郡竹崎(熊本県宇城市松橋町)らしい．文永11年(1274)10月，博多湾岸に蒙古軍が上陸した際，すでに本領を失い，回復を図って係争中の身であった季長は，主従わずか5騎の小勢で，その日の大将武藤(少弐)景資の指揮下に加わり，先がけの武勲をあげた．しかしその功績が注進されなかったと知った季長は，翌建治元年(1275)みずから鎌倉に上り，幕府の実力者である御恩奉行安達泰盛に直訴，ついに認められて竹崎の地に近い肥後国海東郷(宇城市小川町)地頭に任ぜられた．弘安4年(1281)の弘安の役にも肥後国守護代安達盛宗(守護泰盛の次男)の指揮下に出陣，今回も先がけなど多くの武功をたてた．永仁元年(1293)2月9日，季長は肥後国二宮の甲佐大明神の加護や，安達泰盛の恩にむくいるため，蒙古襲来の合戦の武功や，鎌倉での直訴の次第をえがいた絵詞の作成を発意したらしい．やがて完成したのが『竹崎季長絵詞』であるが，その作成過程などは今日まだ解明されていない点が多い．また同年正月23日には地頭として海東郷の郷社の祭田や修理田，出挙米に関する7ヵ条の置文を定め，のち正和3年(1314)正月16日には，これを拡充した18ヵ条の置文を出家後の法名法喜の名であらためて制定するなど，所領である海東郷の支配を進めた．正中元年(1324)3月4日，海東社に対し，修理の費用として銭162貫文・米67石・田1町を寄進した文書が，季長の消息をつたえる最後の史料で，没年は不詳．　→蒙古襲来絵巻(もうこしゅうらいえまき)

(蒙古襲来絵巻)

　参考文献　『塔福寺文書』(『熊本県史料』中世篇3)，『秋岡氏所蔵文書』(同4)，『平治物語絵巻・蒙古襲来絵詞』(『日本絵巻物全集』9)，熊本県教育委員会編『竹崎城―城跡調査と竹崎季長―』(『熊本県文化財調査報告』17)，荻野三七彦「「蒙古襲来絵詞」に就いての疑と其の解釈」(『日本古文書学と中世文化』所収)，石井進「ある絵巻のできるまで―『竹崎季長絵詞』の成立―」(『中世史を考える』所収)，工藤敬一「竹崎季長」(『荘園公領制の成立と内乱』所収)，川添昭二『蒙古襲来研究史論』(『中世史選書』1)，佐藤鉄太郎『蒙古襲来絵詞と竹崎季長の研究』

　　　　　　　　　　　　　　　　　　(石井　進)

068 **竹崎季長絵詞** たけさきすえながえことば ⇒蒙古襲来絵巻(もうこしゅうらいえまき)

069 **竹島問題** たけしまもんだい　第2次世界大戦後，日本海にある竹島(韓国側は独島と称す)の帰属をめぐっておきた日本・韓国間の領土紛争。竹島は日本海のほぼ中央にあたる北緯37度9分，東経131度55分に位置し，東西に相対する2つの主島と，その周囲に点在する数十の岩礁から構成されている。岩骨露出した急峻な断崖絶壁の火山島で，人の常住に適さない。総面積は，日比谷公園よりやや広い。この島はわが国では古く「松島」の名で知られていたことは，多くの文献・地図などに明らかである。これを「竹島」と呼ぶようになったのは，明治38年(1905)島根県編入以後のことで，それまでの「竹島」または「磯竹島」というのは，すべて鬱陵島を指している。なお鬱陵島は，19世紀前半にシーボルトがこれを「松島」に比定してからは，「松島」とも呼ばれるようになった。一方韓国側は，朝鮮の古文献にある「于山島」「三峯島」などが今日の竹島であると主張しているが，それを立証できる根拠に乏しい。それらの島には多くの人が居住し，大竹その他の天産があるとの記事もあり，むしろそれが竹島に該当していない可能性が強い。なお韓国側でいう「独島」は，それが朝鮮の文献に現われたはじまりを韓国側学者も光武10年(1906，明治39)としているように，きわめて新しい。竹島の開発・経営については，元和4年(1618)大谷・村川両家が幕府から鬱陵島への渡海免許を受け，同島の開発に従事したが，その往復の途次今日の竹島に立ち寄り漁猟を営んだ。これに関する古文書は多く残されており，また同島の経営を端的に物語る元禄9年(1696)に作成されたと推定されるきわめて正確な地図もある。明治時代になっても，隠岐島民らは鬱陵島に赴く途次竹島において採貝・採藻に従事した。それは少なくとも明治23年ころまでさかのぼることができるが，当初は鮑(あわび)や天草の採取が主であった。それが明治30年ころからはもっぱらあしか猟業を行うようになった。斯業に従事するものはその後急速に増加，そのような状態が続けば，同島のあしかは絶滅に瀕する形勢となってきた。このため明治37年9月隠岐の中井養三郎は同島の領土編入ならびに貸下願を政府に提出，これに基づき政府は同38年2月この島を竹島と命名し，島根県隠岐島司の所管とした。翌39年島根県は竹島漁猟合資会社(代表中井養三郎)に同島を貸与した。その後名義人は変わったが，第2次世界大戦の勃発まで同島のあしか猟業は続けられた。一方李朝初期から明治初年に至る450年もの間，鬱陵島を空島とする政策がとられていたので，同島の沖合50マイルに位置する孤島竹島にまで，本土から直接韓人の開発の手が延びていたとは考えられず，また現にその開発・経営を示す資料や地図も見当たらない。戦後日本は連合国の占領管理下におかれ，総司令部の指令によって竹島への日本政府の行政権の行使が停止されたが，この措置は同島の帰属とは無関係であった。しかし韓国側はこれにより竹島は日本の領有から明白に排除されたとなし，昭和27年(1952)1月18日李承晩韓国大統領が海洋主権宣言を発して李承晩ラインを設定した際に竹島を同ラインのなかにとりこんだため，日韓両国間に竹島の領有をめぐって紛争が生じた。その後韓国漁民が同島を占拠し漁業に従事しているのを発見，退去を求めたが拒否された。29年韓国は警備隊を派遣して常駐させ，また燈台を設置し，さらに付近を航行するわが巡視船に発砲するという行為を重ねた。しかしわが方としては，あくまでも平和的手段によってその解決をはかるべく，同年9月韓国に対し本紛争を国際司法裁判所に付託し解決することを提議したが翌月拒否された。本問題は40年の日韓基本条約成立の際も解決せず，日韓間の重要な懸案問題の1つとして今日に至っている。　→鬱陵島(うつりょうとう)

[参考文献] 川上健三『竹島の歴史地理学的研究』，村井章介『境界をまたぐ人びと』(『日本史リブレット』28)　　　　　　　　　　(川上 健三)

070 **多気志楼蝦夷日誌集** たけしろうえぞにっししゅう　⇒蝦夷日誌(えぞにっし)

071 **竹田昌慶** たけだしょうけい　1338〜80　南北朝時代の医師。明医方の移入者，医家の名門竹田家の初代。暦応元年(1338)生まれる。幼名亀千代丸。後光厳天皇のとき兄が故あって関東に配流(山城国の竹田に蟄居ともいう)を命ぜられたが，昌慶もこれに従い，姓を竹田とする。のち赦されて京都にかえり山城守に補せられる。医方を修め，剃髪して実乗僧都と号す。応安2年(1369)渡明し金翁道士について牛黄円などの秘方を受け，名を明室(めいしつ)と改む。道士の娘を妻とし，2子を設く。洪武年間(1368〜98)に明の太祖の后の難産に際して功があり，安国公に封ぜられた。永和4年(1378)妻子を残したままで，医書と経穴に必要な銅人形などをもち帰国した。牛黄円を後光厳上皇と足利義満に献じたほか，後円融天皇を奉診して左衛門督に任ぜられ，康暦2年(1380)法印に叙せられ，備後国鞆一円を采地として与えられた。官庫の地は京都三条(当時御倉町)。子孫から多くの名医が出，牛黄円は家伝の秘薬となった。康暦2年5月25日死亡。43歳。

(長門谷洋治)

072 **竹中重義** たけなかしげよし　?〜1634　江戸時代前期の豊後国府内藩主。長崎奉行。釆女正。重利の子。重利のあとをうけ2万石を領した。元和5年(1619)6月福島正則改易に際し広島開城を交渉。寛永6年(1629)長崎奉行となり，キリシタン多数を捕えて熱湯責めなどにより改宗を強行するなど，市中のキリシタン禁制に辣腕をふるった。しかるに長崎代官末次平蔵らにより，唐船

に対する私的賦課，海外渡航船に対する通航許可証の発給，収賄，私貿易など職務上の数々の不正を訴えられ，寛永10年2月11日罷免．翌年2月22日所領没収のうえ，浅草海禅寺において賜死．

　　参考文献　『バタヴィア城日誌』1（村上直次郎訳注・中村孝志校注，『東洋文庫』170），フランソア＝カロン原著・幸田成友訳著『日本大王国志』（同90），八百啓介「長崎奉行竹中重義について」（『九州史学』80）　　　　　　　　　　　　　　　　　　（清水　紘一）

073 **竹内玄同** たけのうちげんどう　1805〜80　江戸時代後期の蘭方医．名は幹，西坡と号した．加賀大聖寺の竹内玄立の次男として生まれ，越前丸岡藩の侍医である叔父玄秀の家をついだ．京都に出て藤林普山に従って蘭学を修め，のち長崎でシーボルトについて蘭医学を修業して故郷にかえった．江戸に出て芝露月町に居をかまえ，のち木挽町にうつった．天保13年（1842）蘭書翻訳手伝を命ぜられた．安政5年（1858）7月将軍徳川家定の危篤に際しては，伊東玄朴・戸塚静海などとともに奥医師にあげられ，治療に専念した．西洋内科医術が江戸城にはいったはじめである．西洋医学所取締をかね，法印に叙せられて渭川院と号した．文久3年（1863）3月将軍家茂に従って京都にのぼり，家茂が大坂城で病を得たときも治療に従事した．のち失明し，慶応2年（1766）正月致仕し，風香と号して風月を友とした．明治13年（1880）1月12日，76歳で没した．東京青山の梅窓院（港区南青山2丁目）に葬る．大正13年（1924）贈正五位．

　　参考文献　松尾耕三『近世名医伝』2

　　　　　　　　　　　　　　　　　　　　（深瀬　泰旦）

074 **大宰府** だざいふ　律令制下，筑前国にあって，対外的には軍事と外交，内政上は西海道の9国3島（天長元年（824）より2島）を総管することを任務とした特殊な地方官庁．そのため「非京非国，中間孤居」といわれた．和名を「於保美古止毛知乃司」という．大宰府の起源を，宣化天皇元年，軍粮を集積するため設けられた「那津官家」に求める説があるが，官家と大宰府では性格が異なる．その後，崇峻天皇5年「筑紫将軍所」，推古天皇17年（609）「筑紫大宰」の名がみえ，その職務内容や隋使裴世清の渡来についての彼我の諸記録をみると，すでに筑紫に外交・軍事を掌る施設が設けられていたことは疑いない．つづいて大化5年（649），「筑紫大宰帥」がみえ，天智・天武朝にかけて，「筑紫率」「筑紫惣領」の号とともに散見する．中央から王・貴族が任地に派遣されていたのである．しかし，「大宰府」の号そのものは，天智天皇6年（667）の「筑紫都督府」，同10年の「筑紫大宰府」が初見である．このばあいも，「都督府」の号に先んじて，百済鎮将の使節が表函をもたらしたとき，われは「鎮西将軍」「日本鎮西筑紫大将軍」を称したとあり，大宰府の軍事・外交の任をよく示している．天武天皇元年（672），大宰栗隈王が「筑紫国は元より辺賊の難を成（まも）る」と断言したのもおなじである．このような機能を維持するのに必要な内政はまだ未発達であった．同14年，府の儲用物として，絁・糸・布・庸布・鉄・箭竹などを中央から送下しているのは，管内の調庸制が確立していないことを示す．ともかく，天智朝から「大宰府」の号がみえるのは，天智天皇2年の白村江の敗戦を契機に，府の施設と組織に大きな変革のあったことを示す．まず天智天皇3年，筑紫に「水城」を築き，翌年，「大野」「椽（基肄）」の2城を造ったのは，現在の地に大宰府が設立された証左であり，持統天皇3年（689），石上麻呂に「新城」を監せしめたのも，その造営がつづいていることを示す．また同5年，筑紫史益が「筑紫大宰府典」に拝されてより29年を経たとあるのは，さかのぼって天智天皇2，3年ごろ官制に画期のあったことを裏づける．そして持統天皇4年，「大宰・国司皆遷任」とあるのは，府が9国3島を総管する体制がようやく成ったことを示し，この前後に，管内の調庸制が整ってきた記事が相ついでいる．このようにして大宰府の官制は完成する．『大宝令』に至っての職員令には，帥，大・少弐，大・少監，大・少典の四等官以下50人の長上官が記され，それに事力・使部らの番上官を加えると584人程度の官人数と計算されている．帥は従三位相当で，大納言につぎ，大弐は正五位上であるが，実際は従四位がほとんどで，それらの地位は地方官庁としては破格である．職掌として，まず軍事外交について「兵士・器仗・鼓吹・郵駅・伝馬・烽候・城牧」など一般国司の職務を統べるものと，「蕃客・帰化・饗讌」など日向・薩摩・大隅・壱岐・対馬の3国2島の国司の職務を統轄する任とがある．ために，職員として「防人正」「大・少工」「主船」の定員をもつ．実際上も，「防人」は，東国防人を配しながら，天平9年（737）より筑紫兵士に代えるなど，いくたの変更を経，ついに兵士制そのものが維持できず，「選士・統領」をあてるに至るが，府の「鎮捍・防守」の任そのものに変りはなかった．また天平宝字3年（759），藤原仲麻呂の新羅遠征計画に，大弐吉備真備が管内諸国に命じ軍備をすすめ，怡土城を築いたのも，府の任務に由来する．一方，唐・新羅などの外国使節や帰化人に対しては，来朝の理由を問い，所持の文書・方物を検し，直ちに政府に報告し，その指示をうけて，「供給」「安置」「放却」「上送」の処置をとり，わが遣新羅使・遣唐使も，府の「供給」「資養」をうけるのが常であった．内政については，「戸口簿帳，字=養百姓=，勧=課農桑=，(中略)租調，倉廩，徭役」とあり，これも一般国司の職掌を統合するものである．実際上，管内の9国2島の「調」「庸」「贄」「雑物」などは府に貢進し，「蔵司」の監検のもと「府庫」に納められ，府官人の俸禄，兵器など手工業生産の材

料，内外使節の接待費・旅費，貿易の支払対価などの「府用」にあてられ，残余の一定額を京進したのである．京進物として調庸の絹・綿，贄の年魚，雑物の紫草などが代表的なものである．そのため，大宰府は「調帳」と「用度帳」をともに政府に提出した．「租」は管内諸国の正倉に正税として蓄積され，「地子米」とともに一部国用にあてられ，府はこれを監検する立場にあった．しかし，府官人の公廨稲と雑用料稲は管下の6国の正税から府に送らせ，また3国2島のそれも府を介して6国から送付せしめるのが原則であった．防人粮もおなじである．これらは「税司」が扱い，穀米の出納のため「税庫(倉)」が設けられ，大野城にもおなじく「城司」と「城庫」が設置されていた．そのため管内諸国の「正税帳」は一旦府が検し，「公廨処分帳」，その他の帳簿とあわせ政府に提出する定めであった．そのほか，管内6国と3国2島に対し，その国司・郡司の考課・銓擬・任用に，府はそれぞれ一定の権限を有していた．

令制下における府政の推移をみると，まず天平12年，少弐藤原広嗣の反乱によって，同14年，府を廃し，筑前国に政務を代行せしめたが，軍事のみは「鎮西府」を設けて行わせ，独自性を維持した．しかし同17年には旧に復し，その後も，宝亀2年(771)，逆に筑前国を府に吸収し，大同3年(808)，また筑前国を復活するなど，『大宝令』の「大宰府帯筑前国」の規定は一貫していない．9世紀初めから，親王を帥に任ずることが恒例となり，親王帥が遙任のため，臣下を権帥に任じて府務を行わせ，府の機構は変質を遂げた．そのため権帥と大弐は官は違っても職務の差はなくなり，両者を同時に任じないのが原則となった．やがて両者の赴任も稀になり，少弐もおなじ傾向を辿った．政府は赴任しない府の官人に対し，早くも承平5年(935)，その鑒務をとどめ，俸料を奪うこととし，翌6年には，逆に赴任者を昇叙することとし，賞罰を明らかにしたが，実効はあがらず，最終的には，保安年間(1120～24)の権帥源重資を最後に，権帥・大弐の赴任はあとをたった．長承元年(1132)より少弐も在京のままとなった．かくして府務は，大・少監，大・少典に実権がうつり，府の機構も，「政所」はじめ，「公文所」「大帳所」「兵馬所」「蕃客所」などの分課的な「所」が成立し，政所の官人を監・典が独占するに至った．したがって，大宰府の発給文書も，公式令の定めた府の符・解・牒は姿を消し，長保5年(1003)の政所下文，寛徳2年(1045)の政所牒を初見として，11世紀はじめから政所の発給するものに変化した．しかも，長暦2年(1038)の下文を画期として，大監以下少典に至る官人30名内外の署名が現われるほど，政所の機構も尨大化した．かれらは在地豪族としての宗像・秦，府に下向して土着した大蔵・藤原・平など，いわゆる「府中有縁之輩」とよばれ，「府官」と総称され，その中から少弐を輩出するに至った．これら在庁官人に対し，大宰府庁宣・大府宣が下されたが，その初見は保安4年である．平氏が大宰府を拠点とするのは，平清盛の大弐任命に始まるが，その弟頼盛が大弐在任中に，大蔵氏より出た府官原田種直と政治関係をもち，養和元年(1181)，かれを少弐に任命してから府との関係が強くなった．平氏滅亡後，源頼朝は，鎮西奉行(または守護人)に天野遠景を定め，そのあと武藤資頼が奉行の地位をつぎ，子孫がこれを世襲したが，その任は大宰府と共存するもので，これを排除するものではなかった．しかし，嘉禄2年(1226)資頼が大宰少弐に任ぜられるに及んで，両者は一体化し，武藤氏は少弐氏を称したのである．

参考文献 倉住靖彦『大宰府』(『歴史新書』25)，同『古代の大宰府』(『古代史研究選書』)，平野邦雄「大宰府の徴税機構」(竹内理三博士還暦記念会編『律令国家と貴族社会』所収)，佐々木恵介「大宰府の管内支配変質に関する試論」(土田直鎮先生還暦記念会編『奈良平安時代史論集』下所収)，石井進「大宰府機構の変質と鎮西奉行の成立」(『日本中世国家史の研究』所収)，竹内理三「大宰府政所考」(『竹内理三著作集』4所収)，『太宰府市史』通史編1

(平野 邦雄)

075 大宰府跡 だざいふあと 福岡県太宰府市に所在．福岡市(那大津)のある福岡平野から南東へのび，筑紫平野に至る御笠川構造谷(東西を山郡山塊と背振山地に扼される)の中央部にひらけた低地を府域とする．北方の四王寺山(大野城)と，その西麓よりのびる約1.2kmの水城(みずき)，さらに西につづく小水城を防禦線としている．大宰府のプランについて，これまで府庁方4町，観世音寺域方3町と，その中間に学校院域方2町を東西に配し，さらに庁域の中軸線の南延長を朱雀大路にあたる大路とし，その東西を左郭・右郭とし，東西各12坊，南北22条をもって府域と考えてきた．そして1坊は方1町としたのである．しかし，昭和43年(1968)からの大宰府の発掘調査によれば，庁域の東方，推定左郭二坊と三坊の境界線と交差して柵列があり，その長方形区画内から官衙跡が発掘され，おなじく西方，庁域中軸線より約3町の位置に脇門的遺構が検出された．さらに庁域の南の境界をこえ，小字名「不丁」(府庁)を中心に，広範囲に官衙的建物跡が発掘され，庁域方4町は成立しなくなった．府域においても，路・側溝など遺構は明確でなく，条坊プランが把握されたとはいいがたい．府庁の建物は，正殿・後殿・東西脇殿・中門・南門および中門と正殿を結ぶ廻廊の存在が知られ，それらの残存礎石のある遺構面が大宰府創建時のものと考えられてきた．しかし，南門・中門跡と後殿地区の東北隅建物跡の発掘によって，建物は3期

に分かれ，創建時のものは掘立柱であることが明らかとなった．現在次のように推定されている．

　　第Ⅰ期　7世紀後半～8世紀初頭・大宰府
　　　　政庁創建期，掘立柱建物群
　　第Ⅱ期　8世紀初頭～10世紀中葉・朝堂院
　　　　形式創建期，礎石建物（第1次下層）
　　第Ⅲ期　10世紀中葉～12世紀・朝堂院形
　　　　式整備拡充期，礎石建物（第2次上層）

これをみると第Ⅰ期の天智朝創建のものが素朴な掘立柱であること，第Ⅱ期の遺構面に焼土が堆積するのは天慶の乱による府の焼亡を示すこと，第Ⅲ期はさらに規模を拡大し再建しているのは，監・典など「府官」の勢力の拡大と対応することなどが注意されよう．国特別史跡．

　参考文献　九州歴史資料館編『大宰府史跡発掘調査概報』，同編『大宰府政庁跡』，藤井功・亀井明徳『西都大宰府』（『NHKブックス』277），横田賢次郎「大宰府政庁の変遷について」（九州歴史資料館編『（九州歴史資料館開館十周年記念）大宰府古文化論叢』上所収），石松好雄「大宰府庁域考」（同所収），同「大宰府政庁の庁域について」（『九州歴史資料館研究論集』3）　　　　　　　　　　　（平野　邦雄）

076　**大宰府鴻臚館遺跡** だざいふこうろかんいせき　大宰府鴻臚館の遺構は福岡市中央区城内にある．昭和63年（1988）以降本格的な発掘調査が行われ，第Ⅰ期（7世紀後半～），第Ⅱ期（8世紀前半～），第Ⅲ期（8世紀後半～9世紀前半），第Ⅳ期（9世紀後半～10世紀前半），第Ⅴ期（10世紀後半～11世紀前半）の5期にわたる遺構が確認され，上部遺構は近世の福岡城築城に際して削平されてしまったが，Ⅰ～Ⅲ期の建物群群が検出されている．第Ⅰ期は掘立柱建物であったが，第Ⅱ期以降は礎石建物が建てられていた．復元された海岸線により，鴻臚館は海岸に面した高台に位置していたことが知られる．11世紀後半以降の遺物・遺構は発見されず，ちょうど入れ替わるように，博多遺跡群における貿易陶磁器などの遺物が急増する．この時期に商人の滞在・交易の場が鴻臚館から博多に移動したと考えられている．　→鴻臚館（こうろかん）

　参考文献　福岡市教育委員会編『鴻臚館跡』1～16（『福岡市埋蔵文化財調査報告書』270～875），大庭康時「鴻臚館」（『列島の古代史』4所収），同「鴻臚館の最新出土品と交易・流通」（『東アジアの古代文化』125），川添昭二・重松敏彦「鴻臚館関係文献目録」（『年報太宰府学』2）　　　　　　（石井　正敏）

077　**多治比県守** たじひのあがたもり　668～737　奈良時代前期の貴族，官人．姓（かばね）は真人．生年は『公卿補任』天平9年（737）条に「薨，年七十」とあるのによれば天智天皇7年（668）である．父は文武朝の左大臣多治比島．慶雲2年（705）に従五位下，霊亀元年（715）に従四位下に叙せられ，養老元年（717）遣唐押使として節刀を賜わり渡唐，翌2年帰朝．武蔵守・按察使・持節征夷将軍・中務卿などを歴任し，天平元年長屋王の変に際し，権に参議となる．このころ大宰大弐より民部卿に遷り，変後従三位．天平3年に参議，同4年に中納言および山陰道節度使に任ぜられ，同6年に正三位と昇進を重ね，知太政官事舎人親王，従二位右大臣藤原武智麻呂につぐ高官であったが，天平9年6月に没した．当時大流行した天然痘が死因であろう．

　参考文献　高島正人「奈良時代の多治比真人氏」（『奈良時代諸氏族の研究』所収）　　　　（直木孝次郎）

078　**多治比広成** たじひのひろなり　？～739　奈良時代前期の貴族，官人．姓（かばね）は真人．多治比島の第5子．和銅元年（708）に従六位上より従五位下に叙せられ，同年下野守，養老3年（719）越前守となり，按察使を兼ねて能登・越中・越後の3国を管し，神亀元年（724）従四位下．天平四年（732）遣唐大使となり，翌5年節刀を授けられ，同年4月難波より出航，使命を果たして同6年11月多禰島に帰着，翌7年平城に帰来．このとき吉備真備・玄昉が留学を終え，広成に従って帰朝したと考えられる．『懐風藻』『唐大和上東征伝』では氏（うじ）を丹墀につくる．入唐に際して用字を改めたか．同年従四位上より正四位上に昇り，同9年8月に参議，同9月に従三位中納言，さらに翌10年には式部卿を兼ねる．天平9年の痘瘡の大流行後，橘諸兄につぐ高官となったが，天平11年4月に没した．『懐風藻』に詩3首がある．　　　　　　　　　　（直木孝次郎）

079　**田道間守** たじまもり　『日本書紀』にみえる人名．『古事記』は多遅摩毛理と書く．『古事記』垂仁天皇段によれば，天皇が三宅連らの祖先にあたる多遅摩毛理という人物を常世国に遣わして登岐士玖能迦玖能木実（『日本書紀』は非時香菓と書き，今，橘というとある．その時（季節）でないのに実る果物の意か）を求めさせた．彼はその実を縵八縵・矛八矛（葉のついた枝，葉をとった枝各八枝の意）として齎（もたら）し帰朝したが，すでに天皇は崩じていた．彼は縵四縵・矛四矛を分けて大后比婆須比売命と天皇の御陵の前に献じ，みずからは叫び哭いて死んだという．『日本書紀』に「遠往╱絶域╱，万里蹈╱浪，遙度=弱水╱，是常世国，則神仙秘区，俗非╱所╱臻」とあるとおり，神仙思想の影響によって生まれた説話である．

　参考文献　川副武胤『古事記の研究』
　　　　　　　　　　　　　　　　　　（川副　武胤）

080　**田代三喜** たしろさんき　1473～1544　室町時代後期・戦国時代の医家．わが国における李朱（りしゅ）医学，後世派の開祖．曲直瀬（まなせ）道三の師．名は導道（どうどう），諱が三喜，字（あざな）は祖範（そはん）で範翁・意足軒・支山人などと号した．文明5年（1473）4月8日，武蔵国越生（おごせ，埼玉県入間郡越生町古池，一説に川越

に兼綱の子として生まれる．代々の医家だが，彼も医を志し臨済宗妙心寺派の僧となり，足利学校主の利陽に学ぶ．長享元年(1487)中国明に渡り李東垣(りとうえん)・朱丹渓(しゅたんけい)の医学を学び，日本人留学僧医の月湖に師事し，明応7年(1498)帰国．鎌倉円覚寺江春庵に住んだが，のち下野国足利に移り，さらに永正6年(1509)，古河公方(こがくぼう)の足利成氏の招きで下総国古河へ行き「古河の三喜」とよばれた．その後も関東一円を往来したが，足利学校遊学中の曲直瀬道三が彼に師事し，京都に李朱医学を持ち帰った．これがその後約200年間にわたって日本医学の主流をなすに至った．『三喜廻翁医書』は三喜の代表的著作の集大成．天文13年(1544)4月15日，72歳(一説に天文6年2月19日，79歳)で没した．茨城県古河市桜町永仙院跡に供養碑がある．

参考文献　矢数道明『近世漢方医学史』

（長門谷洋治）

081 橘智正 たちばなのともまさ　生没年不詳　江戸時代前期の対馬島主宗義智の家臣．別名井手弥六左衛門．慶長の役のあと，日朝国交回復のため，宗義智の命をうけ，慶長5年(宣祖33, 1600)4月朝鮮人捕虜を送還し朝鮮に和を求む．以後，しばしば国交回復折衝のため朝鮮に渡り，日本への通信使派遣を要請．同11年4月釜山にて訳官朴大根と協議．これを上申した結果，朝鮮側に，(1)徳川家康の側から先に国書をだすこと，(2)朝鮮侵略の際，朝鮮国王の陵墓を荒らした犯人(犯陵の賊)を縛送すること，という2つの条件を示され，それを日本へ持ち帰った．

参考文献　『朝鮮宣祖実録』，中村栄孝『日鮮関係史の研究』下，田代和生『書き替えられた国書』(『中公新書』694)

（北島　万次）

082 橘逸勢 たちばなのはやなり　？～842　平安時代前期の官人．父は従四位下入居．延暦23年(804)，遣唐使に従って，空海・最澄らとともに留学．大同元年(806)帰朝．承和の初めごろ，従五位下となったが老病をもって官につかなかったという．承和7年(840)但馬権守に任ぜられた．同9年7月，承和の変の首謀者とされ本姓を剝奪，非人と改め伊豆国へ配流されたが，配送の途中8月13日に遠江国板筑駅において死没した．これが冤罪であった可能性は強い．嘉祥3年(850)，正五位下を追贈され本郷に帰葬することを許された．墓は姉小路北堀川東の地にあったという．仁寿3年(853)，さらに従四位下を贈られた．貞観5年(863)以来，中世に至るまで祟りを恐れた貴族たちによって御霊会の対象として祀られた．能書家として有名であり，隷書を得意とし，嵯峨天皇・空海とともに後世三筆と称され弘仁元年(810)には，平安宮の北面の門の額題を書いた．また伊都内親王願文・興福寺南円堂銅燈台銘や『三十帖冊子』の一部などが彼の筆になるものと伝えられるが確証はない．

参考文献　『橘逸勢伝』(『続群書類従』8輯上)，玉井力「承和の変について」(『歴史学研究』286)，福井俊彦「承和の変についての一考察」(『日本歴史』260)

（玉井　力）

083 立花宗茂 たちばなむねしげ　？～1642　安土桃山・江戸時代前期の武将．筑後国三潴郡柳川を居城とした立花家の初代大名．大友氏の一族吉弘氏から出て，筑後の高橋氏を継いだ高橋鎮種(紹運)の子．鎮種の同僚で立花城城督の戸次(べっき)鑑連(道雪)の娘誾千代の婿として戸次家に入った．はじめ宗虎と名乗ったというが管見の限りでは宗虎と名乗った文書はいずれも写してあり今のところ確証を得ない．統虎(むねとら)・正成・親成・尚政などと名乗り，宗茂の名乗りはもっとも新しい．官途は左近将監・侍従・飛騨守．天正12年(1584)に道雪と実父紹運が協同して筑後へ遠征したときに立花城を守り，事無きを得た．同年秋道雪が筑後で病死したため，誾千代の代官として立花城督となり，紹運とともに大友氏の筑前支配の責任を担った．同14年には紹運の守る岩屋城，弟統増(直次)のまもる宝満城を落とした島津勢が迫り，降伏を勧告したが，豊臣秀吉に立花の名字まで貰っているということを理由にこれを拒否して城を守り通し，秀吉勢の九州上陸で島津勢が撤退を始めると，筑後の星野氏が島津方として守る高鳥居城を攻め落とした．これらの功績により統虎は15年6月に小早川隆景の与力として，筑後三池郡・山門郡・三潴郡・下妻郡を与えられた(三池郡は弟統増領)．養父道雪時代の立花城の軍事力は，道雪の先祖以来，あるいは道雪の時代からの被官，道雪の豊後時代からの寄掭(与力)，筑前立花城督就任に伴って大友氏から寄掭として付けられた立花城周辺の大友氏被官によって構成されていた．したがって統虎はこれらの構成メンバーを同質な「家臣」として編成し直さねばならなかった．しかし寄掭は統虎と本質的には対等な地位にある大友氏の被官だった過去があり，これを家臣化することにはかなりの困難が本来ならばあったはずである．統虎がこれに成功した理由はなによりも中央政権＝豊臣政権によって大名として認定されたという事実である．統虎が島津氏から降伏を勧告された際に秀吉から立花の名字を貰ったからという理由で断わったのは，立花の名字すなわち立花城主，つまり大友氏の立花城の代官(城督)ではない独立権力者という立場を与えられたという認識に基づくものであろう．そしてこの立場は豊臣氏の軍勢が九州に上陸することによってさらに強化され，15年5月にはそれまで筑前での寄掭であった薦野氏に立花の名字を与え，また文書の宛所の位置も統虎が秀吉から受け取る文書の宛所の位置に替え，秀吉と統虎の関係をそのまま旧寄掭との関係に当てはめた(のちに文書形式は変更)．下筑後を受け取ると山

門郡の柳川を居城とし，17年には領内を検地して御前帳の提出に備えた．この時の御前帳高（秀吉への指し出し高）は計10万石，その内高橋領1万石であったらしい．文禄元年(1592)には秀吉の動員に従って朝鮮に侵入した．朝鮮では碧蹄館の戦で島津氏らと小勢で明の大軍を破り，勇名を轟かした．慶長5年(1600)関ヶ原の戦では直接参戦はしなかったが西軍に属し，敗戦後柳川に帰って佐賀の鍋島氏，肥後の加藤氏を相手に戦ったが，結局加藤清正の勧告を受け入れて降参し，主な家臣を加藤清正に預けて浪人．江戸へ赴いた．同8年に徳川家康・同秀忠に召し出されて陸奥国棚倉で1万石を与えられて大名に取り立てられ，同15年には陸奥・上総で1万石を加増され，2度の大坂の陣には徳川方として参戦した．元和6年(1620)11月に下筑後三潴・下妻・山門で10万9600石余を与えられ，再び柳川へ戻った．その後将軍秀忠の相伴衆となる．寛永14年(1637)に隠居，弟直次の子忠茂を養子として跡を譲った．同15年島原の乱の際は，隠居の身ながら将軍家光に命ぜられて島原に赴いた．同19年11月25日死亡．法名大円院松隠宗茂．墓は東京都練馬区桜台の広徳寺別院にある．

参考文献　『寛政重修諸家譜』112，中野等『立花宗茂』(『人物叢書』227)　　　　　（木村　忠夫）

084 立花宗茂朝鮮記 たちばなむねしげちょうせんき　豊臣秀吉の第1次朝鮮侵略（文禄の役）における立花宗茂勢の動向をまとめた軍記．1巻．別名『立花朝鮮記』『天野源右衛門朝鮮軍物語』『朝鮮南大門合戦記』．特に碧蹄館の戦で立花勢が明提督李如松の軍を撃退した記事が中心．立花宗茂に従軍した天野源右衛門貞成が寺沢広高の指示により書きあげ，立花家の軍功を誇示したもの．原本は立花家家臣井本藤太が所蔵していたといわれる．『（改定）史籍集覧』13，『豊太閤征韓秘録』1に所収．

（北島　万次）

085 橘屋又三郎 たちばなやまたさぶろう　生没年不詳　戦国時代の堺貿易商人．文之玄昌の著『鉄炮記』によれば，天文12年(1543)種子島に鉄砲が伝来したとき，たまたま同地に滞在していた又三郎は，鉄砲の製作法と射撃術を学び，堺に帰って直ちに鉄砲の製作を始め，畿内一円にこれを広めたといわれる．のちに堺が鉄砲の一大生産地となったのは又三郎の功とされ，世人は又三郎を鉄砲又と称したという．しかし『鉄炮記』の記事によると，中央に鉄砲が伝播するのに関与した人物には，又三郎のほかに津田監物丞・根来寺杉坊某の2名が挙げられているため，普及の功績を又三郎に特定しがたいが，この津田監物丞は根来寺杉坊の院主津田監物と同一人物と思われ，また津田氏は橘姓を称していることから，「根来寺杉坊津田監物橘某」なる同一人の事跡が別々の情報として文之に伝えられ，不穿鑿のままそれらの人物が存在する記事になったとも考えられる．　→鉄砲伝来（てっぽうでんらい）　　　　　（所　荘吉）

086 韃靼漂流記 だったんひょうりゅうき　江戸時代初期，越前船の韃靼（清国）漂流の記録．江戸町奉行所での漂流者2名の口書で，成立は正保3年(1646)8月．1冊本，3冊本など多数の写本が現存し，書名も『異国物語』『越前船漂流記』『三国漂流記』『北韃物語』などさまざまである．同元年5月越前三国浦の竹内藤右衛門ら58名が3艘の商船に分乗し，松前へ貿易に赴く途中暴風雨にあい，今日のロシア沿海州ポシェット湾付近に漂着し，多くは土着人に殺されたが15名は辛うじて生き残り，清国の官憲の保護を受けた．時あたかも清の世祖は盛京（今の瀋陽）から北京に遷都中で，彼らはこの歴史的事件にあい，北京に送られて特別の待遇を受けた．滞留約1年で朝鮮を経て同3年6月大坂に帰着した．本書は清国の摂政睿親王はじめ重臣らと直接面会し，清の興隆期の軍事・法制・風習・言語など簡単ながら生き生きと伝えており貴重な記録となっている．筆者編『日本庶民生活史料集成』5，石井研堂編『校訂漂流奇談全集』中，荒川秀俊編『異国漂流記集』中に所収．

参考文献　園田一亀『韃靼漂流記の研究』，橋川時雄『異国物語考訳』，服部聖多朗「韃靼漂流記の異本―「韃靼漂流記の研究」を中心として―」（『日本古書通信』134），同「天野信景と韃靼漂流記」（『典籍趣味』15）　　　　　（池田　晧）

087 伊達政宗 だてまさむね　1567〜1636　安土桃山・江戸時代前期の武将．出羽国米沢城主・陸奥国岩出山城主・仙台城主．永禄10年(1567)8月3日，伊達輝宗の長男として米沢城に誕生．母は山形城主最上義守の娘，義姫（保春院）．幼名は梵天丸．天正5年(1577)元服，藤次郎政宗と称する．その実名は伊達家中興の主とされる大膳大夫政宗のそれを襲名したものである．同7年，三春城主田村清顕の娘，愛（めご）姫（陽徳院）と結婚．同12年10月，家督を相続した．翌13年従五位下美作守に叙任，同19年侍従兼越前守，羽柴姓を許される．慶長2年(1597)従四位下右近衛権少将，同13年陸奥守となり松平姓を許され，元和元年(1615)正四位下参議，寛永3年(1626)従三位権中納言に進んだ．天正13年，大内定綱を追って塩松（東安達，福島県二本松市）を入手したが，畠山義継に不慮にして拉致された父輝宗を義継もろともに伊達軍の銃撃で射殺する結果となった．同年安達郡本宮観音堂人取橋合戦で佐竹・蘆名らの連合軍と戦ったのち，翌14年畠山氏を滅亡させ二本松領（西安達，同県二本松市）を収めた．天正16年安積郡の郡山をめぐって佐竹義重・義宣，蘆名義広以下の連合軍と交戦，のち相馬勢力を抑えて三春田村領を掌握した．翌17年相馬領北境を攻め，馬を帰して会津磐梯山麓の摺上原（すりあげがはら，磨上原）に蘆名義広の軍を破り，会津蘆名氏を滅亡させ，さらに岩瀬二階堂氏を攻滅し，これと前後して白川義親・石川昭光を服属

させた．天正18年会津黒川城で行われた伊達家佳例の七種連歌に「七種を一葉によせてつむ根芹」と発句して，仙道7郡（福島中通りの諸郡）を手に入れた得意を表現した．この時点における伊達領国は，当時本領といわれた伊達・信夫・長井（置賜）のほか，会津・岩瀬・安積・田村・安達・宇多・亘理・伊具・刈田・柴田・名取・宮城・黒川の諸郡および志田郡の一部に及び，さらに軍事指揮下に入った白川・石川・大崎・葛西諸氏の領土を加えれば，浜通りを除く福島県と宮城県および岩手県南にわたる広大な勢力圏を構成した．この年，小田原に参陣して豊臣秀吉に臣従し，天正15年の関東奥両国惣無事令以後に攻め取った会津・岩瀬・安積の諸郡を没収された．天正18，9年に起きた大崎・葛西一揆には会津城主蒲生氏郷とともに鎮圧にあたったが，この間における氏郷との駆引き，あるいは政宗の一揆煽動の疑いなどは，周知のところである．一揆鎮定後，天正19年伊達・信夫・長井・安達・田村・刈田を没収され，大崎・葛西旧領すなわち志田・遠田・栗原・玉造・加美・牡鹿・桃生・登米・本吉・磐井・気仙・胆沢・江刺の諸郡を与えられ，米沢から玉造郡岩出山に移った．秀吉の死後まもなく，長女五郎八（いろは）と徳川家康の子忠輝との婚約により家康に接近し，慶長5年の関ヶ原の戦には徳川方として上杉景勝の軍を白石城などに攻めた．関ヶ原決戦の直前，家康から刈田・伊達・信夫・長井その他合計49万余石を約束する判物を与えられたが，この合戦のさなかに南部領で起きた和賀一揆を援助したために，結果は刈田郡のみを与えられたにとどまった．同じころ慶長6年近江国に5000石を安堵され，のち慶長11年常陸国に1万石，さらに寛永11年（1634）近江国に5000石を給されて伊達62万石を確定させた．慶長6年，仙台城および仙台城下の建設を開始し，同年4月仙台城に移り，また岩出山から仙台に士民を引移した．以後，約10年間に城と城下町の建設を進め，慶長9年松島五大堂，同12年塩竈神社，大崎八幡神社，国分寺薬師堂，同14年松島瑞巌寺をそれぞれ造営した．同じころ，奥羽の旧戦国大名・国人を召抱え，従来の家臣と合わせて膨大な家臣団を擁し，これを一門・一家・準一家・一族以下の班に編制した．大身家臣が多数の陪臣を抱えつつ知行地の城館に居住し，番ごとに仙台に参勤居住するという，仙台藩特有の制度もこのころに定まったとみられる．藩建設の事業が一段落を迎えた慶長18年，ソテロのキリシタン布教活動に連携して南蛮との通商を企図し，幕府の支持のもとに支倉六右衛門（常長）をメキシコ・スペイン・ローマに派遣したが，幕府のキリシタン禁教が強化されたこともあって所期の目的を達せず，元和6年の支倉帰国となった．この間，慶長19年，大坂冬の陣和議からまもなく，庶長子秀宗が宇和島10万石に封じられている．支倉帰還後，領内のキリシタン弾圧を強行し，他方領内の産業振興に意を注ぎ，桑・漆の植栽を勧め，新田開発を一層推進した．元和9年から寛永3年にかけて行われた北上・迫（はさま）・江合の三河川の合流および北上川の石巻流出の工事は，北上川舟運の確立と江戸廻米の交通条件を整備し，あわせて旧大崎・葛西領を仙台藩の米作穀倉地帯に造成するための治水・灌漑の条件を整備した．寛永5年仙台城下南東郊の若林に屋敷を構え，花鳥風月を友とし狩と漁を楽しむ生活を送りながら江戸参勤と国政執行を続けた．父輝宗は遠藤基信を宰臣としたが，基信が輝宗に殉死した後を受けた政宗は，はじめは片倉景綱と伊達成実を重用しながらも一門親類衆との談合（合議）によって政事を運営した．慶長以後は石母田宗頼・茂庭綱元らを奉行に取り立てこれを用いて独裁的な政事を行なった．他方，膨大な家臣団とくに万石クラスの大身家臣の存在は，藩財政を当初から苦しめ，政宗死後は一門大身層に対する藩主権力の確立が大きな課題となった．彼は，優れた武将である半面，特に和歌をよくし古典を愛し，茶道・能楽に長じ，能書家でもあった．豪華を好み，人の意表に出ることが多く，数々の伝説をのこしている．幼少のころ右眼を失明したが，虎哉宗乙の薫陶により，唐末の隻眼の勇将李克用に自らを擬し，隻眼のコンプレックスを「独眼竜」のプライドへと転換させたものとみられる．曾祖父稙宗が陸奥国守護，祖父晴宗が奥州探題に補任され，父輝宗も奥州探題を自任したという，奥州探題家伊達の由緒は，政宗の意識と行動を生涯支配したとみられる．蘆名攻滅などについての豊臣秀吉の詰問に対しても，父の仇討とあわせて奥州探題家の由緒による正当性を主張した．陸奥国府と国分寺に近い仙台の地に居城を選び，国分寺薬師堂・大崎八幡神社・奥州一宮塩竈神社・松島五大堂および瑞巌寺など陸奥一国の歴史に関わる古社寺を再興造営したこと，奥羽の戦国大名・国人を召抱えたことなど，いずれも彼の「奥州王家伊達」という抱負に基づくものといえる．寛永13年5月24日，江戸桜田邸で死去．70歳．法名は瑞巌寺貞山禅利．墓は仙台瑞鳳寺瑞鳳殿にある．昭和49年（1974）瑞鳳殿（戦災焼失）の再建工事の際に行われた調査によれば，身長は159.4cmで同時代の日本人の平均を示し，面長で鼻すじの通った貴族的な容貌をうかがわせ，手足は骨太であった．

参考文献 『伊達治家記録』，『政宗公御名語集』（『仙台叢書』1），『仙台市史』資料編10〜12，小林清治『伊達政宗』（『人物叢書』28），五野井隆史『支倉常長』（同234），山田勝芳「伊達政宗の「独眼竜」―中国的故事あるいは制度受容の一面―」（『国際文化研究』1）　　　　　　　　　　（小林　清治）

088 立山 <ruby>軽<rt></rt></ruby> 長崎市中央部にある山．また同市の町名．玉園山の西部にあたる玉垣山の別名であるが，現在で

はこの山と茶臼山との間を立山と呼んでいる．江戸時代は長崎村岩原郷に属した所で，長崎八景に，「立山秋月」と称された名勝の地であった．現在の長崎歴史文化博物館の地は，キリシタン時代は山のサンタ＝マリヤ教会と墓地であったが，破却後は井上筑後守政重の屋敷となり，さらに，延宝元年(1673)長崎奉行所が設置された．この奉行所は，立山御役所，または立山御屋敷などと呼ばれ，総坪数は3278坪半であった．正徳5年(1715)，奉行所に隣接して，岩原目付屋敷(現在の長崎歴史文化博物館の敷地北側，総坪数863坪)がおかれ，奉行所同様，長崎支配の要とされた．

参考文献　『長崎市史』地誌編名勝旧蹟部

(原田　博二)

089 **田中勝介** たなかしょうすけ　生没年不詳　江戸時代前期，メキシコ(濃毘須般(ノビスパン))に渡航した京都の商人．洗礼名はフランシスコ＝デ＝ベラスコ，ドン＝フランシスコ＝ジョスケンドノ Joçuquendono とも称される．上総岩和田の海岸で遭難した前フィリピン総督ドン＝ロドリゴ＝ビベーロが，慶長15年6月(1610年8月)日本船サン＝ブエナベントゥーラ号で浦賀からアカプルコに帰還するに際し，後藤少三郎光次の仲介によって徳川家康からメキシコ渡航を許される．翌16年2月メキシコ副王の答礼使にして金銀島探険の指命を帯びたメキシコ人司令官セバスティアン＝ビスカイノのサン＝フランシスコ号に他の22人の日本人とともに便乗して，同年5月浦賀に帰着した．航海中は首長として厚遇され，善良な態度のために尊敬を集めた．家康訪問のビスカイノを駿府で出迎え，9月みずからも家康に拝謁して羅紗・葡萄酒などを献上したが，家康は紫羅紗を鷹野の御羽織用に裁縫させた．その後のことは不詳．

参考文献　『駿府記』，『ドン＝ロドリゴ日本見聞録』(村上直次郎訳註，『異国叢書』7)，『ビスカイノ金銀島探検報告』(同)

(五野井隆史)

090 **田辺氏** たなべうじ　帰化系の古代豪族．『新撰姓氏録』右京諸蕃に「田辺史，漢王の後，知惣乃り出づ」(原漢文)とあるが，左京皇別，上毛野朝臣条に，徳尊(孫)の孫，斯羅が皇極天皇の御世に河内の山下の田を賜い，文書を解したので田辺史となり，天平勝宝2年(750)改めて上毛野君の姓を賜わり，弘仁元年(810)朝臣の姓を賜わったとみえる．『日本書紀私記』弘仁私記序の諸蕃雑姓記にも田辺史らの祖，思須美・和徳の両人が仁徳朝に百済国から帰化し，自分らの祖は「貴国将軍上野公竹合也」といったとある．『続日本紀』天平勝宝2年3月戊戌条には中衛員外少将従五位下田辺史難波らが上毛野君姓を賜わったとあり，皇別の上毛野氏と結びついた一族もあった．本拠は田辺廃寺跡がある大阪府柏原市田辺で，居地を氏の名とした．文書を解したという氏姓の由来どおり，田辺史鳥は白雉5年(654)遣唐判官として入唐し，田辺史百枝と首名は『大宝律令』の撰定に従事している．

参考文献　佐伯有清『新撰姓氏録の研究』考証篇2・5，同「上毛野氏の性格と田辺氏」(『新撰姓氏録の研究』研究篇所収)，志田諄一「上毛野氏と帰化系氏族」(『日本上古史研究』3ノ4)，笹川尚紀「上毛野氏の外交・外征をめぐって」(『古代文化』57ノ3)

(志田　諄一)

091 **田辺伯孫** たなべのはくそん　帰化系氏族の田辺史の祖．百尊とも書く．『日本書紀』雄略天皇9年7月条の河内国の奏言によると，飛鳥戸郡の人，田辺史伯孫は古市郡の書首加竜に嫁していた娘が出産したので，聟の家に行って祝賀し，月夜に帰途につき，誉田陵(応神天皇陵)のもとで赤い駿馬に乗った人に出逢った．伯孫はこの駿馬を手に入れたいと思った．その馬に乗っていた人は，伯孫の願いを知って馬を交換した．伯孫は馬を厩に入れた．翌朝その馬は土馬に変わっていた．誉田陵に行ってみると，自分の葦毛の馬は土馬の中にいたという．類似の話が『新撰姓氏録』にもみえる．この説話は『文選』赭白馬賦の影響をうけている．

参考文献　志田諄一「上毛野氏と帰化系氏族」(『日本上古史研究』3ノ4)

(志田　諄一)

092 **種子島時堯** たねがしまときたか　1528〜79　戦国時代の武将，種子島島主．享禄元年(1528)生まれる．初名は直時，弾正忠，従五位下，弘治4年(1558)以降は左近衛将監を称す．少時父恵時(加賀入道)と対立，島津氏の介入を招いた．時堯女は島津義久の後の夫人である．時堯の名を永く後世に伝えたのは，鉄砲伝来の時の種子島島主であったという歴史事実である．天正7年(1579)10月2日没．52歳．

参考文献　『種子島家譜』(『鹿児島県史料』旧記雑録拾遺家わけ4)

(桑波田　興)

093 **煙草** タバ　Tabaco　豊臣秀吉の天下統一後，すなわち近世初頭，はじめて渡来した農作物で，甘藷・南瓜・西瓜・落花生・唐芥・玉蜀黍(とうもろこし)・甘蔗も，この時代に渡来したとされる．しかし，室町時代中期に栽培が始まった木綿について，大きな影響をわが国農業に与えたものは，煙草である．木綿が大坂周辺・名古屋周辺などの地の農業を市場向け生産に組み換えたのに対して，煙草は全国の比較的山間部をも流通経済に引き入れるについて，大きな役割を果たしたからである．煙草は，もともと米大陸先住民がこの熱帯アメリカ原産の植物を喫煙していたが，その習慣とともに，新大陸の発見で欧州へ伝播したものである．それが，ポルトガル船の来日(天文12年(1543))以降，日本各地にもたらされたとみられる．タバコは，ポルトガル語であるが，メキシコのハイチ語を語源としており，わが国では，「煙草」のほかに「多葉粉」を，タバコの当て字として使っていた．もっとも，煙草の輸入による喫煙の風習と移入栽培の時期にはズレがある．耕

作開始の年代には(1)天文年間説として，鉄砲伝来の翌天文13年があるが，ポルトガルでも煙草を栽培していなかったので，無理がある．(2)天正年間(1573～92)説．これも商品としての煙草輸入起源と混同している．(3)慶長年間(1596～1615)説．長崎・薩摩・平戸の3ヵ所説があり，慶長4年・同9年・同10年説がある．以上から，天正・慶長のころ，異邦人の渡来とともに種子が移入され，急速に国内各地へ広がったといえる．一方，風俗としての喫煙の風習については，『当代記』の慶長12年2月29日の項に，喫煙を行なったのちは「たゝるとて嫌レ之者もあり(中略)去年の比(ころ)より京中に有」としている．また同13年10月3日には「此二，三ヶ年以前よりたはこと云(いう)物，南蛮船に来朝して，日本の上下専レ之」とあり，諸病はこれがため治るが，喫煙した者が悶絶して急死する例も多いという記述がある．リチャード゠コックスの日記の元和元年(1615)6月22日条に「日本人が男女児童皆此の事を喫するに熱中せるを見て，不思議の感にたえず」としたが，煙草を喫するようになって(慶長10年ころを指す)10年しか経っていないからである．『慶長日記』慶長14年4月条には荊(いばら)組・皮袴組などの不良の輩が横行し，「きせるを大にして，腰にさして人にもたせ」などしたことを記している．そして喫煙を通じて徒党をなしたとして，検束されるに至る．この年7月には，最初の喫煙の禁制が出されたのである．慶長17年には煙草の売買や作付の禁も出された．売買した者の家財はその行為を見付けた者に下される旨も規定している．元和2年10月3日の煙草作付の禁制は，町人は50日，百姓は30日，自分の食料で禁錮される罰を定め，その者の住む場所全体に1人100文，その所の代官に5貫文の過料を科している．禁煙の令とともに「きせる狩」なども行われた．しかし地球上を喫煙の習慣が普及するのに100年もかからなかったといわれる煙草が，単なる禁令によってなくなるはずもなかった．結局，寛永19年(1642)・同20年の禁令は本田畑への作付禁止の形をとっており，穀作奨励と表裏となっている程度とされ，野山を新たに開墾して作付すればかまわないとなった．やがて，元禄15年(1702)12月の御触では，前年までの半分の作付を本田畑で許容するに至り，残り半分は「土地相応の穀類」を作らなければ罰するというまでに後退した．こうして煙草栽培が各地で行われていたので，ついに煙草の特産地が早くも寛永年間に現われている．山城・伊賀・丹波・肥前などがそれである．元禄期には薩摩の国分(国分煙草)が，丹波大野などとともに名産地として登場してくる．煙草作付による面積も「近江程なる大国二三ヶ国は空しからん」と『宇佐問答』が慨嘆したほどに，全国的に煙草耕作が普及していった．江戸時代後期に入ると，産地は増え，煙草の嗜好も変わるにつれて，名産地の評価も変わってくる．弘化3年(1846)の『煙草百首』は，嗜好について明和・安永年間(1764～81)のころまでは，からいのを上品としていた．しかし最近は，やわらかい味が好まれ，一般に関西はきつく，関東はやわらかを第一とする，と述べている．こうして，味の辛・和・香気・火持ちなどが細かく吟味され，それに応じて，土地を選び，肥料を選び，調整・貯蔵を工夫するようになった．国分煙草は香気が強く，その耕作法は，明治初年の記録によれば，種を選ぶのに細心の注意を払い，苗床は冬暖かで夕日のよくあたる南向きの地を選び，特に油粕は病害に対する抵抗力がつくほか，香気・色沢・火付きなどを良くする，なくてはならない特効肥料と考えられた．金肥・莫大な労力，産地近辺に刻みの工業を生むなど，こうして，煙草は商業作物として発展していったのである．

参考文献　『大日本史料』12ノ3，慶長10年是歳条，古島敏雄『日本農業技術史』(『古島敏雄著作集』6)
(小林　正彬)

094　**玉陵** たまうどぅん　那覇市首里金城町にある琉球王国第二尚氏王朝の墓．玉御殿とも書く．1501年(文亀元)，第3代尚真(しょうしん)により首里城の西，綾門大道(あやじょううふみち)に面して造営された．琉球石灰岩の岩陰を掘り広げて営まれており，東室・中室・西室の3室よりなる．基壇上に破風(はふ)型の墓が3基＝3室連続する様式をとっており，前面に石高欄を配している．3室ともに楔門(アーチ型門)状の墓口がついており，石扉を設けている．中室は死骸を木棺に納めてしばらく安置するところで(シルヒラシという)，数年後に骨を洗い清めたうえで(洗骨葬)，国王と妃は東室に，その他の王族は西室に石厨子・甕厨子などに入れて安葬した．王家といえども個人墓を造らず，一般民衆同様に集団墓の様式を保持した．墓内には中国舶来の青石(輝緑岩)を削って造られた石厨子が4基納められているほか，多数の厨子が安置されている．広い墓庭の一角に仮名書き碑文の「玉御殿の碑文」(大明弘治14年(1501)9月建立銘)が建っており，造営時に被葬者の規定が行われた状況を伝えている．太平洋戦争末期の

沖縄の戦で損壊を被ったが，昭和49年(1974)年に修復され往時の姿を取り戻した．墓域全域が世界遺産に登録され，国史跡，墓室3棟・石牆2棟が重要文化財に指定されている．

参考文献　高良倉吉『琉球王国史の課題』，重要文化財玉陵復元修理工事委員会編『重要文化財玉陵復元修理工事報告書』，杢正夫「玉陵の修理完成に際して」(『月刊文化財』173)　　　　　　　　　(高良　倉吉)

095　玉城朝薫 たまぐすくちょうくん　1684〜1734　琉球の古典劇組踊の創始者．唐名向受佑(しょうじゅゆう)．琉球国王の即位に際し中国皇帝の命をおびた使節が来琉して琉球国王に任命する儀式があった．その使節を冊封使，使節の乗ってきた船を御冠船という．沖縄の古典芸能が一名御冠船踊といわれるのは冊封使を歓待するための芸能であったからである．朝薫は1684年生まれる．92年玉城間切惣地頭職を拝命．1704年はじめて薩摩に渡る．09年徳川家宣の将軍就任の時，慶賀使節の一員として江戸に上り，通訳をつとめる．13年踊奉行に就任．18年再度踊奉行に任じられ，冊封使を歓待するために作戯を命じられる．宮廷芸能は王府の官僚である踊奉行に管掌され，踊奉行は外交に関連する要職であった．薩摩は実質的に琉球を支配しながら琉球の中国貿易の利を確保するため琉球の独立をよそおい，冊封使の滞留中大和めくものを厳禁した．中国の使節を歓待するのに琉球独自の芸能が国策として必要であった．朝薫の創作した組踊は，『執心鐘入』『銘苅子』『孝行之巻』『二童敵討』『女物狂』の5つで，一般に五組と称される．1734年没．51歳．→組踊(くみおどり)

(比嘉　実)

096　ダミアン　Damião　？〜1586　戦国・安土桃山時代の日本人イエズス会修道士．日本名不詳．天文7年(1538)ごろ筑前秋月(福岡県甘木市)に生まれ，はじめは仏寺の小僧となり，弘治2年(1556)ごろ府内(大分市)で洗礼を受け，以後，同宿(どうじゅく)としてキリシタン伝道に従事した．永禄2年(1559)にビレーラ神父に伴われて京都へ行き，同4年に府内で寺子屋式の教会学校をつくり，博多・平戸・横瀬浦・島原などで働き，同9年に上(かみ)地区へ出かけ，フロイスの翻訳事業を手伝った．同11年にイエズス会に入ったが，のちに一時脱会してから天正4年(1576)に再入会を許され，同6年，大友宗麟の改宗に際して大きな役割を果たした．同14年に準管区長コエリョとともに上京したが，同年(1586年12月29日)下関で死去．

参考文献　H・チースリク『秋月のキリシタン』(『キリシタン文化研究シリーズ』30)

(H・チースリク)

097　ダルメイダ　Luis de Almeida　⇨アルメイダ
098　俵物 たわらもの　近世長崎貿易において中国貿易で銅代替輸出品として重要な地位を占めていたもの．俵物は煎海鼠(いりなまこ)・干鮑・鱶鰭(ふかひれ)などの海産物を俵に詰めて輸送したため起った呼称であり，「ひょうもつ」とも読む．これらの海産物は中国の高級食品として需要が多く，単にわが国のみならず東南アジア・南太平洋諸地域においても生産され，中国市場へ輸出されていた．

江戸幕府ははじめ長崎の中国貿易を金銀で決済していたが，その流出が著しく増加したため，貞享2年(1685)に金銀に代えて銅を輸出することとし，中国船の貿易歳額を銀6000貫目に限定した．この貿易制限によって密貿易が盛んになったため，元禄8年(1695)に幕府は銅による決済を条件に銀高1000貫目分の交易を許可した．これを銅代物替(しろものがえ)という．この銅代物替は同9年に銀高5000貫目，同11年に8000貫目に増額された．このとき銀高8000貫目のうち2000貫目が追御定高として俵物諸色によって決済されることとなった．これによって俵物は諸色(昆布・鯣・鶏冠草・天草など)とともに中国向けの重要な輸出品となった．元禄12年幕府は長崎町年寄久松善兵衛を俵物諸色支配に任じ，その下に俵物総問屋・俵物大問屋・俵物小問屋を置き，俵物諸色の集荷機構を整え，海産物の輸出増加をはかった．こうして俵物諸色は長崎貿易において銅を上回る輸出品となった．

延享元年(1744)幕府は長崎町人8名に俵物一手請方を命じ，俵物独占集荷体制を成立させた．俵物一手請方問屋は同2年に長崎，同4年に大坂・下関に俵物会所を設け，その他にも指定問屋を置き，それぞれの地域の集荷を行わせた．宝暦13年(1763)金銀の輸入に際して，幕府が俵物を銅とともにその決済にあてたため，俵物の重要性は決定的なものとなった．しかし，一手請方制は長崎俵物一手請方問屋による独占集荷とはいえ，諸国の把握がゆるやかなものであり，下請問屋に大きく依存した不安定なものであった．しかも俵物買入方法の基本を「浦方相対次第」としていたため，長崎での売渡値段はほぼ一定であるにもかかわらず，諸国では年々値段を高く買い入れねばならないという矛盾を内蔵していた．このため長崎俵物一手請方問屋は資銀的に行き詰まり，集荷能力も失墜し，俵物の生産と集荷が減少した．

天明5年(1785)幕府は長崎俵物一手請方問屋による集荷をやめ，長崎会所の下に俵物役所を設置し，同役所による俵物の直仕入を断行した．同年幕府は諸国浦々へ普請役を派遣して俵物の自由売買を禁じ，献上品を除いて俵物はすべて俵物役所へ売り渡すことを命じるとともに，値段の固定化と統制の強化をはかった．こうして従来の長崎俵物一手請方問屋は独占的集荷権が排除され，彼らと結び付いていた諸国の下請問屋も俵物役所によって直接把握されることとなり，俵物独占集荷機構の再編成が行われた．以後幕府の俵物独占

集荷体制は諸国浦々をおおい，俵物役所が俵物を一種の貢租品として買い上げることとなった．幕府の俵物独占集荷体制下における東北諸藩と西南諸藩との対応の仕方は，大きな違いがあった．東北諸藩は幕府の統制強化を背景にして領内の流通統制を徹底し，直接生産者（漁民）との対立を激化させたが，西南諸藩は幕府の俵物独占集荷体制を解体させる動きを示した．文化4年（1807）長州藩は俵物からの利益獲得を目指し，独自の領内統制を行なって藩の役場引請制を実施した．このころ，薩摩藩は北国筋の俵物を大規模に密買し，琉球貿易を通して俵物の輸出を独自に行なった．このような西南諸藩の俵物集荷の動向は幕府による長崎貿易を衰退させる原因となった．

幕府は安政6年（1859）の開港以後も俵物独占集荷体制の存続をはかり，万延元年（1860）に外国列強の要求を一部受け入れて，前貸銀を渡していない俵物のみを諸外国へ売り渡すこととし，文久元年（1861）に亀田丸を尼港（ニコライエフスク），同2年に千歳（せんさい）丸を上海に派遣して貿易の実態調査を行なった．しかし，外国列強は利益の多い俵物の自由貿易を強硬に主張し，俵物独占集荷機構の解体を迫った．慶応元年（1865）幕府はついにその要求に屈し，俵物の自由売買を認め，俵物独占集荷体制を廃止した．以後明治期においても俵物はわが国の重要な輸出品であった．→正徳長崎新例（しょうとくながさきしんれい）　→長崎会所（ながさきかいしょ）

参考文献　荒居英次『近世海産物貿易史の研究』，小川国治『江戸幕府輸出海産物の研究』，石井孝「俵物貿易独占体制の崩壊」（『幕末開港期経済史研究』所収）　　　　　　　　　　　　　　（小川　国治）

099 俵物一手請方 たわらものいってうけがた　享保13年（1728）江戸幕府は長崎会所のもとに雑物替会所を設置し，ここで俵物諸色を取り扱うこととした．しかし，この雑物替会所は同17年からの2ヵ年半で俵物問屋に銀1130貫目に及ぶ未払銀を生じた．このため同19年雑物替会所は長崎会所に統合され，払方会所と称されることとなった．寛保2年（1742）さらに貿易仕法が改正されたが，この時期銅の長崎廻着状態が悪く，俵物による決済が増大した．幕府は俵物の重要性を痛感し，延享元年（1744）に長崎の俵物問屋8名を俵物一手請方に任じ，俵物の集荷に一層力を注ぐこととした．これは長崎の俵物問屋を株仲間に組織し，従来個別分散的であった俵物集荷を独占的に行なうことによって，元方値段を抑制しようとしたものであった．俵物一手請方問屋は同2年に長崎，同4年に大坂・下関に俵物会所を設け，江戸・松前に指定問屋を置いて俵物の独占的集荷を行なった．なお，俵物の最大生産地であった松前蝦夷地は，近江商人の場所請負によって開発された関係から，彼らの組中が俵物の集荷も請け負った．この一手請方制の成立によって一時俵物の生産と集荷は躍進したが，俵物を「浦方相対次第」で買い入れたため，浦々での値段が次第に高くなり，一手請方問屋の資銀が枯渇し，集荷も減少した．天明5年（1785）一手請方制は廃止され，俵物役所の直仕入による俵物集荷が行われることとなった．

参考文献　荒居英次『近世海産物貿易史の研究』，小川国治『江戸幕府輸出海産物の研究』
　　　　　　　　　　　　　　（小川　国治）

100 湛海 たんかい　生没年不詳　鎌倉時代中期の律宗の僧．宗師ともいい，字（あざな）は聞陽．よく経論に通じ，律を南都に学び，京都泉涌寺の俊芿の室に入って東山の首座となったという．嘉禎3年（1237）入宋し，両浙・南湖に遊び晦巌照について一心三観の旨を受け，北峯宗印・古雲元粋にも学んだ．淳祐4年（寛元2，1244）泰山の白蓮教寺に入り，仏牙を求めたが叶わず経論数千巻，楊柳観音（俗に楊貴妃観音と呼ぶ），十六羅漢像などを請来して帰国．数年後再度入宋し，白蓮教寺の楼門・三重塔を復興寄進し，その功により長老（堅）公より仏牙舎利を授かり，宝祐3年（建長7，1255）帰国．仏牙を泉涌寺戒壇堂に納め，毎年9月8日の舎利会を興した．没年は不明だが24日が命日という．

参考文献　赤松俊秀監修『泉涌寺史』，卍元師蛮『本朝高僧伝』58（『大日本仏教全書』）
　　　　　　　　　　　　　　（辻村　泰善）

101 緞通 だんつう　文政10年（1827）に成る『箋注和名類聚鈔』の「毯」の注釈に「俗呼陀牟都宇」とあるのが，今のところ文献上の初見であるが，俗にとあるところからすると，用語としては文政以前にあったと思われる．中国語の絨毯を意味する「毯子」を語原としている．一般には手織のラグ，カーペットの総称とされているが，わが国で江戸時代から製織されてきたものは，いずれも素材として木綿糸が使われてきた点に，中近東や中国の絨毯との違いがある．法隆寺や正倉院の宝物の中には7，8世紀に中国から舶載されたと考えられるフェルトの「氈」は現存しているが，パイル糸を経糸に絡めて文様のある布面を作る「毯」の遺品は江戸時代に輸入されたものしか残っていない．京都祇園会の山鉾の見送りや胴掛などには17，8世紀のペルシャやコーカサスや中国製の「毯」がかなり使用されているから，江戸時代にそれらが紅毛船や中国船によって多数舶載されたことは間違いない．このことは敷物に対する需要があったからと考えられるし，わが国で緞通の製作が始まった理由もそこにあったといえよう．ただわが国では羊毛の生産はなされていなかったから，羊毛の代りに，綿糸が用いられたのであろうが，それは多湿なわが国の風土にはかえって適していたともいえる．わが国で緞通の製作が始まった時期は明らかでないが，鍋島緞通は元禄期，その技法を学んだ堺緞通

は天保2年(1831)，赤穂緞通は嘉永年間(1848~54)のことと伝えられている．経・緯・パイル糸にいずれも綿糸を用いている点，ならびにパイルの結び方はペルシャ結びである点は共通しているが，織機は鍋島が斜傾竪機，堺が垂直竪機，赤穂が平機と相違がある．日本での緞通の生産が盛んになったのは明治20年(1887)~30年代のことで，33年堺における生産数量は96万余畳であったという．昭和27年(1952)大量特需によって，日本の手織緞通の生産量は40万平方フィートと頂点に達したというが，その後は漸減を続け，各産地とも現在は1ないし2の工房でわずかな量が生産されている状態である．

参考文献　岡崎喜熊『敷物の文化史』，佐伯隆敏『絨毯それは砂漠にはじまる』　　　　(北村　哲郎)

102 **短筒** たんづつ　⇒鉄砲(てっぽう)

103 **丹波氏** たんばうじ　中央の丹波氏は古代帰化系氏族の1つ．『新撰姓氏録』左京諸蕃に丹波史は後漢霊帝8世の孫孝日王の後なりとあり，『坂上系図』『丹波氏系図』では7世紀ころに坂上氏から分かれたとするが確かではない．『続日本紀』和銅4年(711)12月壬寅(2日)条に丹波史千足の名がみえ，10世紀後半の鍼博士丹波宿禰康頼は医学に精通し，『医心方』30巻を撰して，永観2年(984)に奏進した．以後代々医薬の家となり，その系図は『尊卑分脈』に詳しい．なおほかに丹波国に国造家の丹波氏(姓は直)がある．　　(関　晃)

104 **丹木** たんぼく　⇒蘇木貿易(そぼくぼうえき)

105 **段楊爾** だんように　5・6世紀の百済人，五経博士．継体天皇7年6月，任那4県の百済への割譲を仲介した穂積押山が百済から帰国する時，百済使とともに同道して来日した．同10年9月，後任の漢高安茂が来日して交代を認められているので，まもなく帰国したものとみられる．漢高安茂の後，馬丁安・王柳貴と続く，日本に交代で赴任した百済五経博士の初任．→五経博士(ごきょうはかせ)　　　　(石井　正敏)

106 **耽羅** たんら　⇒とむら

001 **値嘉島** ちかのしま　⇒五島列島(ごとうれっとう)

002 **地球儀** ちきゅうぎ　球体の表面に，地球表面の海陸や，経度・緯度の線を描いた地球の模型．南北両極を貫く回転軸を，垂直と23度半傾けて台上に設置するものが多い．ヨーロッパで地球儀がはじめて製作されたのは，1492年にニュルンベルグのM・ベハイムによってである．この年にコロンブス Christopher Columbus のアメリカ発見があったが，この地球儀にはその知識は盛り込まれておらず，当時の地球球形説の高まりの中で，コロンブスの航海と地球儀の製作とが同時に行われたのであろう．日本人としてはじめて地球儀について議論をしたのは，儒者の林羅山が京都の耶蘇教会を慶長11年(1606)に訪れ，室内にあった地球儀を見て，地球球形説に反対する議論を行なったとするものである．この時は，地球儀を「円模之地図」といっている．長崎のオランダ通詞，本木良永は安永3年(1774)に『天地二球用法』をオランダ語から翻訳し，はじめて地動説を日本に紹介した．その内容は，天球儀・地球儀の製作法・解説であるが，そこでいう天球・地球とは，今日の意味での天球・地球を意味する半面，天球儀・地球儀のこともさしている．つまりヨーロッパの言葉で celestial globe, terrestrial globe という言葉が，両者の意味を兼ねているので，彼も用語を直訳して，訳語に両者の意味をもたせたのであろう．土御門(安倍)泰邦の著わした『宝暦暦法新書』(宝暦4年(1754))には，観測用具の中に「天球」「地球」の語がみえる．渋川景佑の率いる幕府天文方の集団著作である『寛政暦書』21には「天球儀」「地球儀」としては架台のあるもの，「天球」「地球」としては軸に柄のようなものをつけたのみのものを図示し，両者を別の呼称で区別したらしい．なお，単なる天球儀・地球儀のほかに「蛮製天球儀」「蛮製地球儀」として舶来のものも並べて図示しているので，江戸時代には日本でも天球儀・地球儀の製作が行われたことを示している．古い地球儀には製作当時の地理的知識があらわされている．
　　　　　　　　　　　　　　　　(関口　直甫)

003 **智鏡** ちきょう　生没年不詳　鎌倉時代の僧侶．字(あざな)は明観，月翁と号した．出身も不明．京都泉涌寺の開山俊芿(しゅんじょう)に師事して天台教学と特に四分律を学んだ．戒律復興の志を抱いたもので，俊芿示寂(安貞元年(1227))後は同門の定舜に教えを乞い，定舜が南都に招かれて叡尊・禅恵らに律文を講じたことから，南都の性相学にも関心を寄せ，これに通じた．暦仁年間(1238~39)の初め入宋して律学を研鑽し，帰国

後，泉涌寺第4世を継いだ．また律だけでなく，浄土教にも心を傾け，泉涌寺の来迎院に住して中国浄土教家の善導・元照の風をも学んでいるが，さらに在宋中，かの地で禅家の蘭渓道隆と親交を結び，道隆に来日を勧めて，来朝にあたっては来迎院に招いている．道隆はのちに鎌倉に召され，建長寺の開山となった．また宝治元年(1247)浄土宗西山派の祖証空の示寂の折，迎えられて菩薩戒の義理について討論したと伝える．弟子に浄因らがあり，南都律との交渉をますます深めるに至っている．

参考文献 慧堅『律苑僧宝伝』11(『大日本仏教全書』)，卍元師蛮『本朝高僧伝』58(同) （石田 瑞麿）

004 千島列島 ちしまれっとう　カムチャツカ半島と日本列島との間に一列に並ぶ23の島より成る．最初，寛永20年(1643)オランダ探検船によって発見紹介され，カムチャツカ半島を征服したロシア人が正徳3年(1713)来島して経営に着手，元文3年(1738)・4年ベーリングの探検によって全貌が明らかにされた．ロシアは東洋貿易の基地を求めて，得撫(うるっぷ)島を根拠地として，安永7年(1778)に納沙布(のさっぷ)の松前藩根拠地に来航して通商を求めた．同藩はこれを拒絶したが，ロシアは寛政4年(1792)松前，文化元年(1804)長崎と相ついで使節を送った．この情勢に対応して宝暦4年(1754)交易所が国後(くなしり)島に進められ，幕府は天明5年(1785)・6年大規模な蝦夷地調査隊を派遣，寛政12年蝦夷地を直轄に移し択捉(えとろふ)島を開発した．文化元年長崎に来航したロシア使節が，翌年幕府の通商拒絶にあうや，文化3年・4年，ロシア船が択捉および樺太の日本根拠地を襲って乱暴を働いた．ために日露両国の間は緊張したが，文化8年たまたま国後島に寄港したロシア測量船長ゴロウニン以下を日本側が捕えて拘囚し，部下がその釈放に尽力した事件を契機として和解した．その後折々ロシア船が択捉島に漂流民を送還するにとどまり，真の解決は安政元年(1854)日露和親条約締結まで待たねばならなかった．この条約により，両国国境は択捉・得撫両島を隔てる得撫海峡に引かれた．明治2年(1869)8月，日本は択捉・国後両島を合わせて千島国と称し，北海道の一部に編入した．明治8年樺太・千島交換条約が締結され，日本は，慶応3年(1867)両国雑居の地と決められた樺太から撤退して全島がロシア領となり，その代償として得撫島以北の千島列島の領有権を得，列島すべてが日本領となった．明治9年1月，日本は新たに得撫・新知(しむしり)・占守(しゅむしゅ)の3郡を設け，新領土には年1回船を巡行させて厚生・警備を図ったが，明治17年その住民を集めて色丹(しこたん)島に移して保護を加え，翌年1月に同島を郡として千島国に加えた．色丹島は地史学上納沙布岬の延長で，千島列島ではなく，本島との中間にある島群とともに根室国花咲(はなさき)郡に属しており，択捉航海の避難港となっていた島である．列島は当時ラッコなどの貴重な海獣の産地として密猟船が集まったが，日本にはこれを抑える力もなかった．開発計画に着手したのはようやく明治24年のことで，その時侍従片岡利和の千島派遣があり，これを契機として26年退役海軍士官郡司成忠が同志とともに千島報効義会を組織し，占守島に移住して北千島産業の基礎を固めた．しかし開発は容易に進まず，同44年オットセイ保護条約の締結によって中部千島はその繁殖地として指定され，除外されさえした．しかしそのころから北洋鮭・鱒漁が制限を受け始めたので，千島がそれに替わる基地に選ばれ，さらに航空機の発達により太平洋横断の重要路線となり，昭和14年(1939)には北海道庁千島調査所が設けられ，翌15年オットセイ保護条約が廃棄されると，開発は急速に進み，ことに第2次世界大戦が始まると重要な対米軍事基地となり，居住者は約1800人に達した．昭和20年8月16日，ソ連軍は突如占守島の攻撃を開始し，守備軍の武装を解除し，進んで南千島および色丹島・歯舞(はぼまい)諸島に至り，兵および住民を退去せしめて全域を占領した．ヤルタ協定によって樺太およびクリル諸島を入手することを条件として参戦したからである．そして22年これをサハリン州の一部としてロシア共和国に編入した．戦後結ばれたサンフランシスコ講和条約によって日本は「クリルアイランズ」の領有権を放棄せしめられたが，ソ連はその条約に署名せず，その範囲も所属も確定されないままである．

参考文献 高倉新一郎『千島概史』，吉田嗣延『北方領土の地位』，John J. Stephan: The Kuril Islands, Russo-Japanese frontier in the Pacific.

（高倉新一郎）

005 智証大師 ちしょうだいし　⇒円珍(えんちん)

006 地図 ちず　地球上のある広さの土地について，その境界，そこにある地物，たとえば山川・田畑・住居・集落・道路などを，紙や布その他の材料の平面上に図示したもの．もとより正確な地図は，精密機械による地球表面の実測の結果を適当な投影法によって平面に展開し，一定の縮尺を用いて図示し，方位を明示しなければならない．そのような地図は西洋近世に至ってはじめて現われた．しかし見取図程度の地図はすでに先史時代から作られ，現存の未開種族でも最近まで木片や砂などを用いて地図を画いていた．エジプトではパピルスを，バビロニアでは粘土板を用いて地図が作られたが，ギリシャ・ローマ時代に至ると地中海中心の世界図も画かれた．中国では『周礼(しゅらい)』に大司徒がみえ，天下土地の図を以て国土全域の自然人文を管理する官職とされ，戦国時代には多くの地図が作られた．晋の裴(はい)秀に至って今日の平面図法に基づき『禹貢(うこう)地域図』を作ったようである．わ

が国では大化2年(646)正月改新の詔が宣せられたが、その8月に班田の実施を促すとともに「宜観国々壃界、或書或図，持来奉示」と国々の地図を徴したのが史上の初見である(『日本書紀』)．さて班田のために田地の区画が1町(108m前後)四方の碁盤割に整理された．そして方6町を里といい，条と里の座標を用いて各里の地番をたとえば三条五里というように表示し，これを地図に表わしたのが田図である．田図は民部省に保管されたが今は散逸して伝わらない．この間に有力寺社や貴族は広大な田畑や空閑地を国から与えられ，のちには買得によりさらに拡張して荘園を経営した．そして田図にならって荘園の地図を作った．墾田図・開田図などと呼ばれる．その遺存するものの中で，後世の写しではあるが，年代的に最も古いものは天平7年(735)の「讃岐国山田郡弘福(ぐふく)寺領田図」である．東大寺が近江・越前・越中などに所有した荘園の地図13葉が正倉院に遺存し，民間に流出したものを合わせて奈良時代の20葉の田図の写真が『東大寺開田図』(『大日本古文書』東大寺文書4図録)に集録されている．これらの田図は麻布に書かれたものが多く，条里は経緯線としての意味をもち，地図投影法上，方格図ということができる．また条里の枡目の大きさからその縮尺もわかる．1000分の1から3000分の1くらいの縮尺のものが多く，四周に方位が示されているので地図としての精度が高い．現在の地形図上に比定し得るものも多い．国郡図については天武天皇10年(681)多禰国(種子島)図，同13年に信濃国図など辺疆諸国の地図も作成されたので全国にわたって存在したであろう．これらを接合すれば日本全図も作り得るわけで，後世，聖武天皇時代の高僧行基によって作成されたとされ行基図と呼ばれる日本全図が存在する．京都仁和寺蔵の行基図は嘉元3年(1305)に写されたものである．慶長版の『拾芥抄』に所載されて広く全国に行われ，また海外にも伝えられた．中世には荘園が全国に拡がり，荘境についての紛争に伴う荘園絵図が画かれ，また鎌倉幕府による地頭補任によって領家と地頭とが下地(したじ)を中分するための荘園絵図などが多く残っている．系譜的に古代の田図に連なるものであるが，時代が下るに従って条里的経緯線は影が薄くなり，山河や寺社・民家などを絵画的に表現して，地図としての精度は落ちたが絵図と呼ばれるにふさわしい芸術性を加えた．これはやがて近世の村絵図へと伝承された．近世初頭ポルトガル・スペイン船が渡来し，宣教師によりヨーロッパの世界図・地球儀などがキリシタン大名らに献上され，やがて世界図屏風も作られた．福井市浄得寺のそれは，その代表作である．日本からも朱印船が南洋に進出したが，その際ポルトガル船などで使用されたポルトラノ型海図(海図上に方位盤から放射状に派出する多数の方位線が引かれ，航海者はそれによって目的港への進路を決めることができる)を輸入し，のちにはこれを自作するに至った．徳川家康は天下を統一して江戸に幕府を開いたが，慶長10年(1605)全国の大名に命じて国絵図を作成提出させた．これを第1回として，寛永10年(1633)，正保元年(1644)，元禄10年(1697)，天保6年(1835)にも国絵図を調製させた．正保図以降は1里6寸(縮度2万1600分の1)の大縮尺の地図で，大国図では畳8畳分を超えるほどの大型地図であった．これらの国絵図を縮小して連ね日本全図も作られた．正保日本図は1里3分すなわち縮尺43万分の1であり，日本国土の輪郭がかなり正しく描出された．近世の鎖国時代にも長崎を通じて，先には利瑪竇(マテオ=リッチ)により漢訳された「坤輿(こんよ)万国全図」が，後にはオランダから直接世界図が輸入され，これらに基づく世界図が出版された．日本人による実測に基づく日本図は伊能忠敬(いのうただたか)によって完成された．明治政府は明治21年(1888)陸地測量部を設けた．これは今日の国土地理院の前身で，5万分の1地形図をはじめ各種地図を刊行してきた．

参考文献　栗田元次編『日本古版地図集成』，西岡虎之助編『日本荘園絵図集成』，織田武雄『地図の歴史』，川村博忠『江戸幕府撰国絵図の研究』，秋岡武次郎『日本地図史』，同編『日本古地図集成』，南波松太郎・室賀信夫・海野一隆編『日本の古地図』，米倉二郎「中世村落の様相」(『地理論叢』8)，同「庄園図の歴史地理的考察」(『広島大学文学部紀要』12)

(米倉　二郎)

007　智蔵 ちぞう　生没年不詳　7世紀の三論宗の学僧．中国呉国の出身．姓は熊凝氏．福亮在俗のときの子で，父福亮とともに斉明天皇代に来日し，法隆寺・元興寺に住し，慧灌に従って三論を修学した．その後，入唐して吉蔵に謁して三論の余蘊を質し，その奥義を極めて帰国した．古来，わが国三論の第二伝者とする．帰国後はもっぱら法隆寺において三論を講じ，その弘通に努めたという．天武天皇2年(673)大和川原寺の大蔵経書写に際して勅命を受けて督役の任にあたり，その功績によって僧正に任命されている．入寂の年などは不明．弟子に大安寺道慈，元興寺智光・礼光などがある．

参考文献　『扶桑略記』5(『(新訂増補)国史大系』12)，『三論祖師伝集』下(『大日本仏教全書』)，『三国仏法伝通縁起』中(同)，卍元師蛮『本朝高僧伝』1(同)，『僧綱補任抄出』上(『群書類従』4輯)，『元亨釈書』1・21(『(新訂増補)国史大系』31)

(髙田　良信)

008　智達 ちたつ　生没年不詳　7世紀の法相宗の学僧．斉明天皇3年(657)，新羅に使を遣わし，智達らを新羅使に付して唐に送ってくれるよう依頼したが，新羅が承諾しなかったので智達らは還帰した．翌斉明天皇4

年秋7月，勅を奉じて智通とともに新羅の船に乗じて入唐し，玄奘に従って無性衆生の義を受けている．また，玄奘の法嗣窺基から法相宗の教理を学び，帰国して元興寺で法相宗を弘めたという．これをわが国法相宗伝来の第二伝とする．しかし，帰国の年代やそれ以外の事蹟を伝える史料は全くない．

参考文献 『三国仏法伝通縁起』（『大日本仏教全書』），『八宗綱要』（同），『内典塵露章』（同）

（髙田 良信）

009 千々石ミゲル ちぢわミゲル 1570～? 天正年間（1573～92）ローマに遣わされた少年使節（天正遣欧使節）の正使の1人．清左衛門，直員．肥前千々石出身，有馬晴信の従弟で大村純忠の甥．元亀元年（1570）に生まれ，天正10年13歳で使節となる．帰国後の同19年イエズス会に入り慶長8年（1603）以前に同会を退会して大村領主大村喜前から600石を充行われる．喜前の愛顧を失ってのち有馬氏のもとへ行き家臣となったが同氏からも追放され元和8（1622），9年ごろ長崎にいたとされるも不詳．なお，長崎県諫早市多良見町山川内（旧伊木力（いきりき）村）にミゲル夫妻の墓石と称せられるものがある．寛永9年12月12日（1633年1月19日）と14日（1月21日）の紀年銘が見られる．→天正遣欧使節（てんしょうけんおうしせつ）

参考文献 『大日本史料』11ノ別巻，『デ・サンデ天正遣欧使節記』（泉井久之助・長沢信寿・三谷昇二・角南一郎訳，『新異国叢書』5），ヨゼフ=フランツ=シュッテ編『大村キリシタン史料―アルフォンソ・デ・ルセナの回想録―』（佐久間正・出崎澄男訳，『キリシタン文化研究シリーズ』12），大石一久『千々石ミゲルの墓石発見』，J. F. Schütte: Monumenta Historica Japoniae.

（五野井隆史）

010 智通 ちつう 生没年不詳 7世紀の僧侶．『日本書紀』によれば，斉明天皇4年（658）7月に，智達とともに勅を奉じて新羅船で入唐，玄奘に師事して無性衆生義をうけたという．同年入唐の記事は，『仏祖統記』にもみられる．ところで，この無性衆生義については，印度の学者である無性の教義にもとづく摂論宗とする説もあるが，伝統的解釈としては，『元亨釈書』や『三国仏法伝通縁起』などいずれもが，唯識・法相宗とする．その帰国年や，その後の事績などについては全く明らかでないが，『三国仏法伝通縁起』では法相宗の第一伝を道昭とし，この智通らを第二伝とする．ただ，『八宗綱要』では，この智通と智達を第一伝とし，道昭を略している．

参考文献 富貴原章信『日本唯識思想史』，田村圓澄「摂論宗の日本伝来について」（『南都仏教』25）

（佐久間 竜）

011 西蔵金 チベットきん ⇨外国金銀（がいこくきんぎん）

012 智鳳 ちほう 生没年不詳 奈良時代の法相宗の僧．新羅の国の人で，渡来留学して大宝3年（703）智鸞・智雄と入唐．撲（濮）揚智周について法相唯識を学んで帰国．飛鳥の元興寺（法興寺）に住して法相唯識を広めたといい，わが国法相宗の第三伝とされ，その教えは義淵に相伝されたといわれる．慶雲3年（706）10月16日，右大臣藤原不比等が大織冠鎌足の遠忌として維摩会を修し，智鳳を講師に任じたと伝えるが，資料不足で不明な点が多い．

参考文献 卍元師蛮『本朝高僧伝』67（『大日本仏教全書』），岩城隆利編『元興寺編年史料』上，田村圓澄「仏教経典の伝来と受容」（『田村圓澄日本仏教史』1所収）

（辻村 泰善）

013 茶 ちゃ 茶の若葉を摘んで加工した飲用品．中国から伝えられる．延暦24年（805）最澄が唐から茶の実を持ち帰り，近江坂本の比叡山麓に植えたのに始まる．喫茶の風がおこり，弘仁6年（815）6月，畿内ならびに近江・丹波・播磨に茶樹を植え，毎年，朝廷への献進が令せられる．京中にも一条・正親町・猪熊・大宮の方1町に官営の茶園が設けられた．遣唐使の停止以後，茶の栽培が一時中絶したが，建久2年（1191）栄西によって宋からもたらされた茶の実が背振山（佐賀県神埼郡）で栽培され，その後博多の聖福寺山内に植えられたのについて，承元元年（1207）明恵が栄西から贈られた茶種を京都栂尾で栽培した．栄西のもたらした茶法は抹茶法で，鎌倉時代を通じて茶は寺院を中心に全国に伝播し，叡尊著『関東往還記』によると，近江の守山・愛智河（愛知川），美濃（正しくは近江）の柏原と茶の生産は各地に広がっている．南北朝時代に成立した『異制庭訓往来』は全国の茶の産地をあげ，「我朝の名山は，栂尾を以て第一と為る也，仁和寺・醍醐・宇治・葉室・般若寺・神尾寺，是れ補佐と為す，此の外，大和の室尾，伊賀の八鳥（服部），伊勢の河居，駿河の清見，武蔵の河越，皆是れ天下に指して言ふ所也」（原漢文）という．さらに『遊学往来』は，茶の種類を栂尾寺は千金・黄金・焼香・雨露，室尾寺は鳳肝・泉盧・白雪・春雪，般若寺は緑山・水厄・午後煙，伊勢小山寺は雲映・雀舌・鷹爪，神尾寺は檜旗・小葉，宇治は朝日山，葉室は走摘とあげる．また，室町時代には近江の神崎郡永源寺山腹の茶園から，香味の深い銘「越渓」の茶を製した．茶はおおむね摘んだ芽を蒸して乾燥させる碾（ひき）茶と，釜煎りし揉み乾燥させる黒茶の2種で，碾茶は臼で挽いて抹茶にした．茶園の供給する茶の引き屑である「ヒクズ」は広く庶民に飲用された．桃山時代になると栂尾茶の生産が衰え，代わって宇治茶の生産が高まり，宇治では有力な製茶業者が茶師と呼ばれ茶師上林家のもとで，宇治の茶師が全国に名をはせた．大坂では延宝年間（1673～81）に茶問屋・茶仲間が成立して，各地で茶の取引が行われるようになった．江戸時代の中ごろに現代の煎茶法が始まり，

これが庶民的な喫茶法になると，元文3年(1738)山城の綴喜郡湯屋谷村永谷三之丞によって煎茶が改良され，天保年間(1830～44)には玉露の製法が始められた．江戸の茶商山本嘉兵衛が「玉の露」と命名して江戸の諸侯に贈り，賞賛を得たところから玉露という．江戸時代中期以降，国内需要をみたす茶の生産は徐々に伸びていたが，安政6年(1859)神奈川(横浜)の開港により茶は輸出商品となり，品質のよい山城・近江・伊勢・大和・駿河・遠江・下総・武蔵の茶が輸出された．安政6年の輸出量は40万ポンド，文久2年(1862)654万ポンド，慶応3年(1867)945万ポンドと急速に伸び，生糸に次ぐ重要輸出品になった．

参考文献　茶業組合中央会議所編『日本茶業史』
（辻　ミチ子）

014 **茶屋家** ちゃやけ　近世初頭の特権町人の典型．江戸幕府の呉服師で朱印船貿易家．四郎次郎を世襲名とする．初代茶屋四郎次郎清延の父中島四郎左衛門明延は，妻が小笠原右馬助長隆の娘であるとされ，中島氏は一時小笠原氏の幕下に従っていたが，堺で負傷してのち牢人となり，やがて京都で呉服商人となった．この中島氏は，近世初頭，京都を中心に山城国内の地侍的土豪として相当の経済力を基盤にもち，京都の三大長者の1人と称された．中島氏の茶屋が三河国の出自とする人もいるが，『茶屋文書』からみて誤解であろう．明延・清延は永禄のころより徳川氏の御用を勤め，清延は徳川家康と同年齢であった関係から，三河に赴いて若い時から家康の側近に仕えた．そのころ父明延は京都で家業の呉服商を営む一方，別邸においてもっぱら茶事をこととし，そこに将軍足利義輝が休憩に来ていたとされ，その関係から「茶屋」の屋号が生じたといわれる．のちに京都で，三河の徳川氏の旅宿を勤めた．清延は家康の上方での買物や武具の調達を命ぜられ，時には一種の間者(かんじゃ)のような特別の任務にもつき，また数次にわたる家康の合戦にも従事して武勲をたて，同時に軍需物資の調達にあたるなど，家康政権の成立に貢献し，有力な特権町人の頭目に成長した．以後，清延は京都で家康と豊臣秀吉との政治的関係の調整に努め，また朝廷に対する家康の贈答にかかわる隠密御用や，一時は江州代官をも勤め，慶長元年(1596)に死去した．茶屋は長男清忠が2代目四郎次郎を継承するが早死し，清延の次男又四郎清次が3代目四郎次郎を継ぎ，呉服師のほかに長崎貿易や朱印船貿易に従事し，隠然たる力をもった．茶屋は四郎次郎が京都を本拠として将軍家の御用を勤め，弟の三男新四郎長吉は尾張徳川家の御用達として名古屋を本拠とし，尾州茶屋(新四郎を世襲名とする)を称し，一方，幕府の呉服師や朱印船貿易も勤めた．また四男の小四郎宗清は紀州徳川家の御用達として和歌山に本拠をおき，紀州茶屋(小四郎を世襲名とする)を称し，藩の呉服師となったが，のち徳川吉宗が8代将軍職に就任してからは，幕府の公儀呉服師となった．そのほか，紀州藩で藩札の発行を行なっている．以上，茶屋3家は幕末まで公儀呉服師として残るが，近世中期より経営不振となり，幕末に及んでいる．→付表〈茶屋家系図〉

参考文献　中田易直「茶屋四郎次郎由緒考」(『歴史地理』87ノ1・2合併号)
（中田　易直）

015 **茶屋船** ちゃやぶね　⇨朱印船(しゅいんせん)　⇨朱印船貿易(しゅいんせんぼうえき)

016 **茶屋又四郎** ちゃやまたしろう　1583～1622　江戸時代初期の代官的豪商．3代目茶屋四郎次郎(清次)の慶長19年(1614)までの名称．一般に「茶屋四郎次郎」といわれるのは，初代四郎次郎と3代目四郎次郎(又四郎は慶長20年に本家名を襲名)とが混同されている．天正11年(1583)初代四郎次郎の次男として生まれる．又四郎は長谷川左兵衛藤広(慶長12年より長崎の代官となる人物)のもとで，「子分同前」に御用向の見習いをしていたが，慶長8年4月1日兄2代目四郎次郎(清忠)が早世してから，徳川家康の命で茶屋四郎次郎家を継承することとなり，以後慶長12年長谷川左兵衛の補佐役として又四郎も長崎に派遣され，外国船の管理，キリシタンの吟味など，外国貿易や都市長崎の監察の実務を分担し，「長崎商物糸巻物以下売買の代官」と称された．又四郎は長崎で家康のための貿易品の購入，特に生糸や鉛・南蛮鉄の輸入につとめ，大坂の陣前には軍需品の確保に努める一方，みずから慶長17年にはじめて朱印船貿易を開始し，安南国交趾(コーチ)に派船している．大坂の陣では長谷川左兵衛とともに参陣し，戦後も幕閣内に隠然とした勢力をもっていた．元和8年(1622)7月16日没．40歳．→朱印船貿易(しゅいんせんぼうえき)

参考文献　『茶屋文書』，『大日本史料』12ノ46，元和8年7月16日条，中田易直『近世対外関係史の研究』，同「茶屋四郎次郎由緒考」(『歴史地理』87ノ1・2合併号)
（中田　易直）

017 **茶屋文書** ちゃやもんじょ　近世を通じての豪商茶屋四郎次郎家の文書・記録．内容は同家の『御家譜』および各種・各時代に出された『由緒書』類，茶屋四郎次郎の主家筋で，初代四郎次郎の母の実家である小笠原家の『小笠原系図』などの系譜類が数々保存され，その中でも近世初期の巻物になる『由緒書』はきわめて良質のもので，茶屋家の出自などの研究に重要である．その他近世初頭の同家の古文書類が注目され，十数点が存在しているが，京都所司代板倉伊賀守勝重より長谷川忠兵衛(藤継)・茶屋又四郎宛の，慶長19年(1614)幕府の上使間宮権左衛門伊治の長崎下向にかかわる書状で，キリシタン大名高山右近・内藤如安，その他各地で捕えた教徒100余人の澳門(マカオ)追放に関するものなど注目すべきものが多い．京都市茶屋武郎によって，

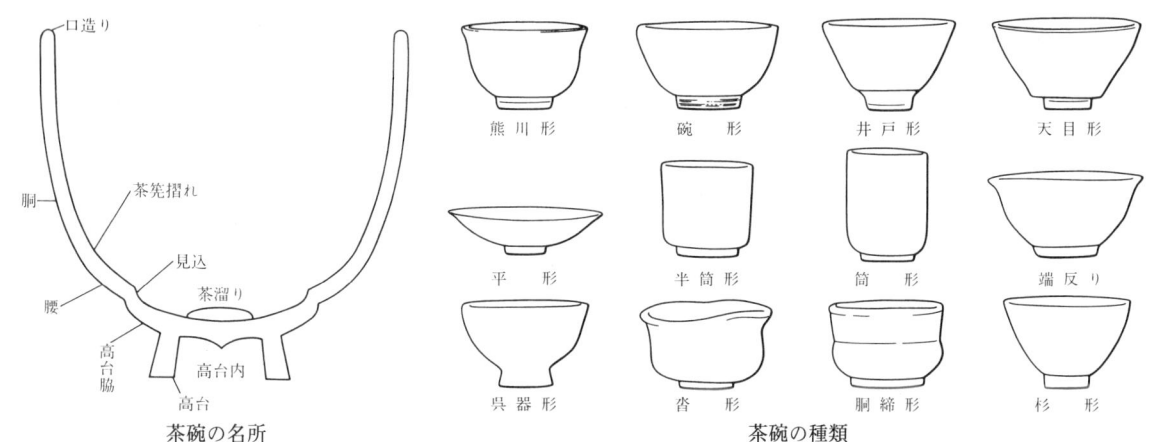

図：茶碗の名所（口造り・胴・茶筅摺れ・見込・茶溜り・高台脇・高台内・高台・腰）

図：茶碗の種類（熊川形・碗形・井戸形・天目形・平形・半筒形・筒形・端反り・呉器形・沓形・胴締形・杉形）

総数約40点が保存されている。なおほかに尾州茶屋家の記録として，名古屋市蓬左（ほうさ）文庫蔵『尾州茶屋記録』があり，当時の糸割符制度の実態を知るよい史料である．尾州や紀州茶屋の『由緒書』と茶屋新田関係文書，それに元禄8年(1695)以降明治に至る『日記』類が寄贈保存されている．

参考文献　中田易直『茶屋四郎次郎由緒考』（『歴史地理』87ノ1・2），同「元禄享保期尾州茶屋経営史」（『日本歴史』160）　　　　　　　（中田　易直）

018 茶碗 ちゃわん　茶盌・茶埦とも書き，中世までは磁器を意味した．たとえば「茶埦の壺」「茶埦の枕」などとあり，東山時代の『君台観左右帳記』にも「茶埦物之事」の標題のもとに青磁・白磁・饒州埦（青白磁）などを挙げ，「土之物」の標題下に天目類を挙げている．近代においては，飲茶用のものを茶碗と呼ぶのはもちろんだが，飯用のものも茶碗と呼んでいる．以下，茶の湯の茶碗について，茶碗自体の各部の呼び方，分類，名称などを略記することとする．まず茶碗自体の各部の名称であるが，口辺は口造り，ついで胴，腰，高台（こうだい）脇，底部は高台，高台内（うち），内底は見込（みこみ），見込の周辺は茶筅摺（ずれ），内底の中央は茶溜（だま）りという．これら各部はまた茶碗鑑賞の要点であり，すなわち見所（みどころ）ともされる．茶の湯に用いられる茶碗には，唐物（中国），高麗（朝鮮），和物，島物（しまもの，安南・宋胡録（すんころく）），紅毛（オランダ）などがある．唐物には，天目（曜変・油滴・建盞・灰被（はいかつぎ）・玳玻盞（たいひさん）），青磁（砧（きぬた））・天竜寺・珠光手・人形手・ヒシオ手），絵高麗，染付（祥瑞（しょんずい）・古染付・雲堂（うんどう）手・呉須（ごす）手）などがあり，特に天目は茶道の伝来に因縁があり，唐物中でも格別に貴ばれる．高麗茶碗は，茶碗を通じて最も茶人に愛好される．高麗とは桃山時代の朝鮮に対する呼称で，高麗茶碗とはいうが，高麗時代の産ではなく，その大半は李朝時代の作品である．これには井戸・熊川（こもがい）・三島・刷毛目・玉子手・堅手（かたて）・雨漏（あまもり）・粉引（こひき）・蕎麦・斗々屋（ととや）・柿の蔕（へた）・伊羅保・呉器・金海・御所丸・割高台・御本（ごほん）などがある．和物は唐物・高麗に較べさらに種類が多く，まず楽（長次郎・ノンコウ・光悦）があり，瀬戸（伯庵・瀬戸黒・志野・織部）について国焼（唐津・薩摩・萩・信楽（しがらき）・仁清・朝日）と多様である．古来，一井戸，二楽，三唐津，ないしは，一楽，二萩，三唐津，などといわれているが，けだし大方の茶人の好みを表わしたものであろう．煎茶碗にはことに明末染付の小器を貴ぶ．茶鍾といい，茶盞といい，茶甌というが，形には僅少の異同があるだけである．和物では，青木木米の交趾（コーチ）・染付・金襴手がことに貴ばれる．

参考文献　林屋晴三編『茶碗』（至文堂『日本の美術』14）　　　　　　　　　　　　　（満岡　忠成）

019 チャンパ　Champa　⇨林邑（りんゆう）

020 智雄 ちゆう　生没年不詳　奈良時代の法相宗の僧．大宝3年(703)智鳳・智鸞とともに入唐し，法相宗を学んでわが国に伝えた．法相宗の伝来として，道昭を第一伝，智通・智達を第二伝，智鳳・智鸞・智雄を第三伝，玄昉を第四伝とする考え方がある．智鳳・智鸞・智雄については資料が乏しく不明な点が多い．

参考文献　『三国仏法伝通縁起』（『大日本仏教全書』），岩城隆利編『元興寺編年史料』上，田村圓澄「仏教経典の伝来と受容」（『田村圓澄日本仏教史』1所収）
（辻村　泰善）

021 中外経緯伝 ちゅうがいけいいでん　日本の古代から近世初期までの近隣諸国・地域との通交関係をまとめた概説書．江戸時代後期の国学者伴信友著．実証的密度が高い．全6部より成る．第1部および第2部は『古事記』『日本書紀』をはじめとする日本側の文献，『魏志』倭人伝や中国正史をはじめとする中国側の文献などにより，古代の日本・中国・朝鮮・蝦夷との通交関係にふれている．第3部は古代末期から近世初期にかけての琉球との通交関係を，第4部は豊臣政権が琉球・呂宋・朝鮮に服属・入貢を強要したことや文禄元年(1592)末までの豊臣秀吉の第1次朝鮮侵略（文禄の役）のいきさつ

を，第5部は文禄2年の日明講和交渉の史実を，第6部は同3年から慶長4年(1599)までの豊臣秀吉の第2次朝鮮侵略(慶長の役)の史実，それに江戸幕府および薩摩藩による琉球征服過程についてもふれている．全体として，記録・文書—たとえば第5部では松浦家家臣の『吉野日記』をいれるなど—をもとにした実証的な歴史書である．『中外経緯伝草稿』と題して『(改定)史籍集覧』11，『伴信友全集』3所収．

(北島　万次)

022 籌海図編 ちゅうかいずへん　中国明末の海防・地理書．鄭若曾の撰．13巻．嘉靖41年(永禄5, 1562)の序がある．16世紀の倭寇を対象として編纂され，内容は，はじめに輿地全図・沿海山沙図，王官使倭事略，倭国入貢事略，倭国事略があり(巻1〜巻2)，次に広東・福建・浙江・直隷・登萊遼海などの沿海地方の地図・倭変紀・兵防官考・事宜をそれぞれあげ(巻3〜巻7)，さらに倭患総編年表・寇踪分合図譜，大捷考，遇難狥節考，経略1〜3(巻8〜巻13)がある．これで明らかなように本書は地図を中心にして，日本との通交の沿革，日本事情，中国沿海の海防状況，倭寇の動静などを総括的に叙述して倭寇対策に及んでいる．鄭若曾は胡宗憲幕下の地理学者で，史料の蒐集は多方面に及んだ．本書に先行して嘉靖40年に『日本図編』を編した．この書はほとんどそのまま『籌海図編』にとりいれられたものであるが，宗憲から日本に派遣された蔣洲や楊宜が日本に派遣した鄭舜功などの最新情報にもとづいている．ほかに各処倭変顛末の記述では公移と諸公の奏稿を参考にしており，さらに136種に及ぶ参考文献をあげている．史料としての価値も高く，16世紀の倭寇の動静を知る基本的文献である．また明末日本研究書の水準を示すものであり，後世に及ぼした影響も少なくない．嘉靖・隆慶・天啓の刊本がある．最も流布した天啓本は実際の編者である鄭若曾の名を削り，編者を胡宗憲とした．そのため後世多くの誤解を生んだ．→胡宗憲(こそうけん)　→鄭若曾(ていじゃくそう)

参考文献　田中健夫「籌海図編の成立」(『中世海外交渉史の研究』所収)

(田中　健夫)

023 中華思想 ちゅうかしそう　⇒華夷思想(かいしそう)

024 中巌円月 ちゅうがんえんげつ　1300〜75　鎌倉・南北朝時代の臨済宗大慧派の僧．法諱は円月，はじめ至道といったがのち円月と改めた．中巌はその道号，別に中正子・中正叟・東海一漚子とも称した．相模鎌倉の人．俗姓は土屋氏．正安2年(1300)正月6日に生まれ，幼名を吉祥丸といった．武蔵鳥山の乳母の家で養育され，徳治2年(1307)に祖母に迎えられて相模亀ヶ谷に移り，やがて寿福寺に入って僧童となり至道と安名(あんみょう)された．立翁□基に寿福・大慈の両寺に随い道恵に『孝経』『論語』『九章算術』を受けたが，正和元年(1312)梓山律師について剃髪し，密教とその行法を受けた．翌年密教を棄て首座寮の寛通□円のもとで語録の素読を受け，禅宗への興味を示し，偈頌を作して峻崖巧安からその文才を賞された．同3年乾明山万寿寺の雲屋慧輪に参じ，ついで円覚寺の東明慧日の門下に連なり法諱を円月と改めた．文保2年(1318)に入元を志したが許されず，京に登って万寿寺の絶崖宗卓，越前永平寺の義雲に参じ，元応元年(1319)には鎌倉浄妙寺の玉山徳璇，建長寺の東明慧日・霊山道隠，円覚寺の南山士雲らに参じ，元亨元年(1321)には不聞契聞とともに上京し，希明□祚の好意によって南禅寺帰雲庵に寄遇し，済北庵の虎関師錬に通参した．正中元年(1324)博多に赴き，船便を待つ間，大友貞宗の斡旋で豊後万寿寺の闡提正具に参じ，翌年秋にようやく入元した．雪竇山資聖寺・天寧寺の霊石如芝，虎丘山雲岩寺の済川若機，鳳台山保寧寺の古林清茂，洪州の西山雲蓋山，呉門幻住庵の絶際会中，道場山万寿寺の東陵永璵などに参じ，この間に日本僧の竜山徳見・雪村友梅などにも参叩した．天暦2年(元徳元，1329)に郷友の不聞契聞が武昌の獄中にあるを聞き，赴いて救わんとしたが，赦免されたのを聞いて盧山東林寺の古林清茂に随い，ついて洪州の百丈山大智寺に至って東陽徳輝の会下で書記となった．解職ののち盧山の竜巌徳真・柏堅，永福寺の竺田悟心に，ついで婺州金華県の双林寺，同じく広福寺(智者)の蒙堂寮に留錫した．至順3年(元弘2，1332)杭州の浄慈寺にあったが，郷僧の大弁正訥とともに径山(きんざん)興聖万寿禅寺・雪竇山資聖禅寺・幻住庵を回って浙東に下り，郷僧の一峯通玄を伴って倭船に乗じて博多に着岸した．日本の元弘2年である．筑前多々良の顕孝寺，豊後の万寿寺に錫を止めたが，翌年に大友貞宗とともに上京し，南禅寺の明極楚俊の下で蒙堂寮に居し，『原民』『原僧』の2篇を撰述して後醍醐天皇に献呈した．建武元年(1334)鎌倉円覚寺に帰って東明慧日のもとで『中正子』を撰述し，後堂首座に要請されたが固辞し，後席を継いだ大川道通にも同職の要望があったが辞退した．建武2年に東明の建長寺住持就任に随って後堂首座に就任した．翌年円覚寺に移り，ついで宇都宮，常陸鹿島の安坊寺，下総相馬の竜沢庵に避難し，同4年に建長寺に帰着したが，大友氏泰は相模藤谷の崇福庵に請住した．また浄智寺の竺仙梵僊によって前堂首座に請われ，東明の建長寺にも前堂首座の要請があったが，強要を恐れて上京した．東明は建長寺を退院して浄智寺に移りたい希望があり，上京中の中巌に斡旋方を依頼した．足利直義の三条第と臨川寺の夢窓疎石を訪れて懇願したが，建長後住を予定していた大川道通の急死によって，後住の人選が沸騰し，東明の建長再住の形で決定した．直義・夢窓の両書を携えて東明に伝えたのち，崇福庵に住し，ついで上野利根荘に下り吉祥寺を開堂し，大友貞宗の追善供養と，香を東陽徳輝に嗣いで大慧派の

意を表明した．曹洞宗宏智派の東明門弟の怒りは治まらず，ようやく別源円旨・東白円曙の仲裁で和合した．康永元年(1342)に再度の入元渡海を試みたが，官憲の禁止にあって果たさず，鎌倉に帰って崇福庵と利根荘との間を往還した．貞和3年(1347)に吉祥寺に僧堂を建てて規矩を整えたが，12月に方丈の火災にあって止々庵を創めて移り，同5年には鎌倉寿福寺の全提志令の下で前堂首座となった．後席を継いだ明岩正因にも観応2年(1351)に請われて首座となり，文和2年(1353)に乾明山万寿寺，同年12月蔣山万寿寺，延文3年(1358)に京都万寿寺を歴住し，山内に妙喜世界を創めて退居寮とした．貞治元年(1362)4月建仁寺に移り，同山内に妙喜世界を移建した．同2年等持寺に住したが，翌年近江の六角・甲良両氏の外護で竜興寺を創め，近江と京との間を往還した．同6年鎌倉建長寺の公帖が下って赴任したが，翌年退院して帰京した．応安3年(1370)に南禅寺に招請されたが固辞し，同6年には天竜寺復興の期待を寄せられて堅請されたが，老齢をもって辞退し，永和元年(1375)正月8日寂した．76歳．仏種慧済禅師と勅諡された．著書に『東海一漚集』『中正子』『自歴譜』『藤陰瑣細集』『文明軒雑談』『仏種慧済禅師語録』『日本書』『蒲室集註解』などがある．妙喜世界を妙喜庵と改称して全身を葬り，建長寺梅洲庵にも分塔した．門弟に南宗建幢・子建浄業・東湖浄暁・東生浄旭・帰岩浄惲・仲和原礼・西昆原池・大業建紹などがある．

参考文献　『中巌和尚自歴譜』(『五山文学新集』4)，『仏種慧済禅師語録』(同)，玉村竹二『五山禅僧伝記集成』，足利衍述『鎌倉室町時代之儒教』

（葉貫　磨哉）

025 中山世鑑 ちゅうざんせいかん　琉球王府の最初の正史．『琉球国中山世鑑』ともいう．向象賢(しょうしょうけん)の撰．首巻とあわせて全6巻．慶安3年(1650)の成立．首巻には「琉球国中山王世継総論」を載せ，巻1から巻5にかけての本紀には琉球開闢の事，舜天紀，英祖紀，尚巴志紀，尚円紀を収める．王府独自の史料とあわせて，中国冊封使の記録，日本の『保元物語』『平治物語』などを参考にして編纂されたあとがうかがえるが，巻1の琉球開闢に関する記事についての典拠は明らかでない．内容が和文体で書かれていること，王号を廃して国司号を用いていること，従来の慣例と異なって和暦を採用していることなどから，その編纂には当時の琉球国の実質支配者であった薩摩の島津氏に対する政治的配慮が働いていたとする指摘がある．それはさておき，何代かにわたる国王の記録が恣意的にはずされていることからして，やはり史料的価値のうえでは問題が残る．『琉球史料叢書』5所収．

参考文献　東恩納寛惇「中山世鑑・中山世譜及び球陽」(『琉球史料叢書』5付載)　　（上原　兼善）

026 中山世譜 ちゅうざんせいふ　『中山世鑑』につぐ琉球王府の正史．元禄14年(1701)に蔡鐸(さいたく)が『中山世鑑』を漢訳化したものを，享保9年(1724)に蔡鐸の子蔡温が重訂，さらに同16年に鄭秉哲(ていへいてつ)が附巻の改修を行い，以後歴代追記がなされた．正巻14巻，附巻7巻．正巻は主として国君のはじめとする天孫氏から最後の琉球国王尚泰に至る中国との交渉記事を収め，附巻7巻は尚清王より尚泰王までの薩摩の島津氏との交渉記事を収める．『中山世鑑』の単なる漢訳化でなく，蔡温らによって王府の外交文書，中国側の文献，冊封使の記録類で『中山世鑑』の誤りの訂正・補足が行われている点で，史料的価値は『中山世鑑』よりもまさる．なお，蔡鐸本については長い間現存しないと思われてきたが，今日沖縄県立博物館所蔵の19冊のうち12冊が蔡温本で，ほか7冊が蔡鐸本とみなされている．『琉球史料叢書』4に所収．

参考文献　東恩納寛惇「中山世鑑・中山世譜及び球陽」(『琉球史料叢書』5付載)，嘉手納宗徳「蔡鐸本『中山世譜』について」(『沖縄文化研究』1)

（上原　兼善）

027 中山伝信録 ちゅうざんでんしんろく　著者徐葆光は清朝から琉球に派遣された冊封副使(尚円王統第15代中山王尚敬に対する)で，康熙58年(享保4，1719)に来島し，翌年2月に帰国するまで9ヵ月間沖縄に滞在し，その間に見聞し調査したことを6巻にまとめた報告書である．封舟から始めて冊封礼，琉球の地理・官制・風俗・言語に至るまで，数ある「使録」の中でも詳細正確な記述を以て聞える．中でも巻1・巻2は清から琉球までの航海，諭祭・冊封の儀礼などに対する実際の体験を記したものであって最も信憑性が高い．和刻本の影印を『和刻本漢籍随筆集』15に収める．→冊封使録(さくほうしろく)

参考文献　原田禹雄訳注『徐葆光　中山伝信録』

（宮田　俊彦）

028 中津 ちゅうしん　⇨絶海中津(ぜっかいちゅうしん)

029 中世の対外関係 ちゅうせいのたいがいかんけい　⇨対外関係(たいがいかんけい)

030 抽分銭 ちゅうぶんせん　商品に対する一種の課税．中世の海外貿易船に対して賦課された．中国元代に取引貨物の価格の10分の1あるいは15分の1を徴収した先例がある．暦応4年(1341)の天竜寺船では帰国後商行為の損益に関係なく，綱司の博多商人至本が現銭5000貫を寺家に納入することになっていたが，これも一種の抽分銭とみることができよう．遣明船の場合は，帰航後将来した貨物の総額を計算して全貿易額の10分の1を商人が経営者に納めた．すなわち貿易額が2万貫であれば2000貫が抽分銭として経営者の収入になったのである．応仁以後，遣明船の派遣に堺商人が関与するようになると，湯川宣阿らによって抽分銭の請負(請切)が

行われた．抽分銭請負制は帰航後の貨物を評価するのではなく，出航前にあらかじめ利益を計算し，帰国後の抽分銭に相当する額として1艘について3000貫とか4000貫とかを経営者に前納する方法である．堺商人による遣明船請負が行われるようになると，坐乗の商人は堺商人か請負人の支配下の商人に限定されることになり，遣明船の経営が堺商人によって独占されることになった．このことは，従来遣明船の経営に参加できるのは幕府のほかは有力守護大名や有力寺社に限られていたのとは大きな相違であった．ただ永正以後の大内船の場合には帰朝後に抽分の制が行われたこともあった．

参考文献　小葉田淳『中世日支通交貿易史の研究』

(田中　健夫)

031　忠烈王　ちゅうれつおう　1236～1308　1247～1308在位．高麗第25代の王．諱は諶，ついで眶．1236年2月26日(月日は陰暦)に生まれる．24代元宗の長子．母は順敬太后金氏．60年世子となる．幼時より人質として元都に滞在することが多く，72年には辮髪・胡服のいでたちで帰国，国人を泣かせた．74年，フビライの娘クツルガイミシと結婚して元皇帝の駙馬(ふば，婿)となり，同年，父の死を承けて即位．同年および81年，元に強いられて参戦した2度の日本遠征に大敗(文永・弘安の役)，90年には元の叛乱軍の侵略を蒙って江華島に避難するなど，多難な治世だった．78年，王はフビライに合浦(馬山)駐在の元軍をとどめて倭寇に備えるよう要請した．これを根拠に，高麗は倭寇鎮圧のため積極的に元軍を引きいれたとする説があるが，朝鮮を敵視する伝統的な色眼鏡で視たもので説得力はない．王の晩年は世子謜(のちの忠宣王)と不和となり，1308年7月13日(月日は陰暦)73歳で没した．王陵は慶陵という．

参考文献　池内宏『元寇の新研究』

(村井　章介)

032　長安　ちょうあん　中国の古都の名で，陝西(せんせい)省渭(い)水の南岸，今の省都西安市の地．前漢の首都となって以後，五胡十六国の前趙・前秦・後秦，南北朝の西魏・北周，隋・唐などの諸王朝の首都であったが，長安が特に栄えたのは漢・唐の時代である．政治・経済・文化の中心都市であるとともに，東西交通路の要衝でシルク=ロードの起点であった．唐代の長安は，隋の開皇2年(582)漢代以来の旧長安城の南東，竜首山の地を新都に建設された大興城のあとを受けて，これを増築し完成したものである．この長安城の規模は，東西18里115歩(9.9km)，南北15里175歩(8.4km)で周囲に12門をおき，中央北寄りに宮城，その南に皇城がつくられ，皇城の南東と南西にそれぞれ東市・西市が設けられ，坊市の配置や街道の設置なども条里整然とした都市計画に基づいていた．これは，後世の都城建設の規範となったばかりでなく，対外的にも唐文化の影響下にあった渤海の上京，日本の平城・平安両京などの模範となった．宮城は太極宮といい，天子の日常の住居であるとともに政治の施行される場であり，のち高宗のとき宮城外の北東に接して大明宮が建てられ，また玄宗のときにはその南東に興慶宮が作られ，それら3者はそれぞれ西内・東内・南内といい，あわせて三大内と称された．皇城は子城ともよばれ，純然たる官庁の所在地であった．長安城の中は宮城と皇城を除き，南北14街，東西11街によって整然と区画され，皇城正南の朱雀門と外郭城正南の明徳門を結ぶ朱雀大街によって左街(東街)と右街(西街)とに分けられ，それぞれ万年・長安の両県の管轄に属した．街路の幅は70mから150mもあり，両側に溝が掘られ街路樹が植えられていた．街路に囲まれた区画を坊といい，坊は周囲を土壁で囲まれ，内部は巷・曲などの小路を通じて坊門より出入し，坊門は朝夕の街鼓を合図に開閉され，一般には夜間の外出は禁止されていた．東西両市の営業も，毎日正午から日没までと定められ，その他の坊での商店の営業は許されなかった．東西両市には，合計220種に及ぶ同業商店(行)が軒を連ねていたという．長安の人口は最盛期の開元・天宝年間(713～56)には100万人に達し，当時における世界最大の都市であった．また，唐代の長安は世界的な国際都市で，日本・新羅・渤海などの東方諸国や東南アジア諸国ならびに西方の西域諸国やペルシャ・アラビア・インドなど世界各国との往来が密接であり，各国の使節，留学生，僧侶ならびに商人などが集合し，世界各地の文化の集中したところである．しかしその繁栄も長くは続かず，黄巣の乱に次ぐ唐末の戦乱で破壊され，長安の街はついに廃墟と化した．その後，明代になって修築せられたのが現在の西安城であるが，その規模は唐代の長安城の6分の1にも足りないほどであった．

参考文献　宋敏求『長安志』，足立喜六『長安史蹟の研究』，石田幹之助『増訂長安の春』(『東洋文庫』91)，平岡武夫・今井清編『唐代の長安と洛陽』(『唐代研究のしおり』5～7)，妹尾達彦『長安の都市計画』(『講談社選書メチエ』223)

(佐久間重男)

033　澄円　ちょうえん　1290～1371　鎌倉・南北朝時代の僧侶．禅宗からの批難に対し，浄土宗の教義が他宗に比しすぐれていることを主張した学僧で，浄円または智演ともいい，旭蓮社と号した．正応3年(1290)，和泉国大鳥郡堺浜(大阪府堺市)に生まれ，南都で受戒したのち，比叡山に登り承遍および観豪に師事して天台の教学を学び，さらに虎関師錬から禅要，了慧から鎮西義を相承して了慧の弟子となった．正中2年(1325)渡元し，廬山の東林寺で優曇普度から慧遠流の浄土教を学び，元徳元年(1329)帰朝した．その後正慶元年(1332)までの間に，堺に廬山の風を模した旭蓮社を創建するとと

もに，他面著作活動を活潑に行い，浄土宗は教団的には附庸宗・寓宗ではなく，教義は小乗でなく大乗であることを明らかにした．応安4年(1371)7月27日に82歳で没した．一説に応安5年7月22日，90歳で没したともいう．著書に夢窓疎石の『夢中問答』を批判した『夢中松風論』10巻，虎関師錬の『宗門十勝論』について論難した『浄土十勝論』14巻，『浄土十勝論輔助義』4巻，その他『師子伏象論』6巻などが現存している．

参考文献　『堺市史』7，『泉州堺旭蓮社澄円菩薩略伝』，三田全信「旭蓮社澄円について」(『浄土宗史の諸研究』所収) 　　　　　　　　(大橋　俊雄)

034 **重源** ちょう　1121〜1206　鎌倉時代前期の僧．房号は俊乗．南無阿弥陀仏と号す．保安2年(1121)誕生．京都の紀氏を出自とし，13歳のとき醍醐寺にて出家，17歳で四国修行を志し，19歳のときはじめて大峯修行に入った．そのほか熊野・御岳・葛城に登り，空海の遺跡をたずね密教に対する理解を深めるとともに，大陸への関心も高め，仁安2年(1167)47歳のとき入宋し，翌年栄西らとともに帰朝している．重源の前半生はあまりめざましいものでなかったが，入宋後の後半生は，東大寺の再建という畢生の大事業にかかわった．治承4年(1180)に平家の南都焼打ちにより炎上した東大寺大仏殿を含めたこの寺の復興のために，法然房源空らの推挙で養和元年(1181)8月，東大寺造営勧進職に任じられたのは，重源61歳の時であった．重源は東大寺炎上の翌年，大仏殿の焼跡を整備し，再建にあたって，蓮実の杓を携えて，念仏を唱えて全国勧進への方途をさぐった．この再建事業は至難のわざで，勧進職任命から8年目の文治5年(1189)8月，九条兼実にその職の辞退を申し出たが，後白河法皇・九条兼実の要請で，大勧進職に任ぜられた．まず大仏の鋳造にあたっては，養和元年大仏の螺髪を鋳始め，寿永元年(1182)中国宋の鋳物師陳和卿(ちんなけい)をまねいて大仏尊像の修理をすすめ，翌年2月に大仏の右手，4月に頭部を鋳始め，約1ヵ月で完了し，元暦元年(1184)正月には左手を鋳造した．これで大仏の鋳造がほとんど終り，鍍金をほどこしたのち，文治元年大仏開眼供養が行われた．次に最大の難工事の大仏殿の再建にとりかかり，重源は，巨材を求め，同2年周防国を東大寺造営料国とし，材木調達のため杣に入って，長さ40mに及ぶ棟木を採り，4年には，用材の運搬について源頼朝の協力を得ている．重源はそのためにも，港湾の整備をせんとして，佐波川・三田尻港・家島群島・兵庫関・輪田泊・難波渡辺付近などを改修し，この東大寺建立を通じて，伊賀・播磨・備前などの荘園の強化をはかり，播磨大部荘，伊賀玉滝荘・黒田荘などの発展を期待し，また一方では，杣工の安全と，来世得脱のために，重源は播磨大部荘の地に浄土寺を，伊賀阿波荘に新大仏寺，難波渡辺の地に渡辺別所を，周防国に阿弥陀寺を創建した．ことに播磨浄土寺や，伊賀新大仏寺には快慶による弥陀三尊仏などを造らせている．そのほか，入宋にあたっては宋版の一切経を帰朝にあたってもたらし，上醍醐寺や笠置寺に安置し，高野山に登っては念仏道場としての新別所を開いている．そしてその別所などでは迎講(ごうこう)を行なって阿弥陀信仰をたたえ源平の兵乱の犠牲者の霊をとむらい，陳和卿を伊賀の阿波荘などに入れたが違法多く，寺領を定範に譲っている．このように重源の生涯は大仏および大仏殿の再建に尽くされ，建仁3年(1203)東大寺総供養が遂げられたのち，建永元年(1206)6月5日(日付については諸説あり)，86歳で東大寺において入滅．現在奈良市川上町の伴墓に現存する三角五輪塔は重源の墓といわれる．また，重源が示寂するまでの間の造寺・造仏などの事業に関する記録『南無阿弥陀仏作善集』がある．

参考文献　『大日本史料』4ノ9，建永元年6月4日条，小林剛編『俊乗房重源史料集成』(『奈良国立文化財研究所史料』4)，小林剛『俊乗房重源の研究』，南都仏教研究会編『重源上人の研究』，中尾堯・今井雅晴編『重源　叡尊　忍性』(『日本名僧論集』5)，平岡定海『東大寺の歴史』(『日本歴史新書』)，同「周防国阿弥陀寺の成立について」(岸俊男教授退官記念会編『日本政治社会史研究』下所収)，小山正文「重源上人入滅年月日考」(『東海仏教』28)
　　　　　　　　(平岡　定海)

035 **超元** ちょう　⇒道者超元(どうじゃちょうげん)

036 **朝貢** ちょう　対外関係において中国王朝がとった宗属関係による前近代的な政治的儀礼．その内容は，藩属国の君長もしくは使節が宗主国の中国皇帝に朝見して土産の物を献じ，君臣の礼を表明することである．中国は古来，みずからを宗主国として諸外国を藩属国とみなし，天朝の恩意を示して四夷の遠人を懐柔するという方針をとった．その具体的な外交関係は，朝貢と賞賜の政治的儀礼，儀式に表象されたが，経済的には「貢あらば則ち賜あり」という原則に基づき，諸外国

の進貢物に対して，中国皇帝が賞賜（回賜）物を返礼に給付するという，一種の貿易関係を含んでいた．このように朝貢には回賜が伴うため，朝貢は貿易の一形態ともみられるが，その本来の主旨は，宗属関係における冊封，君臣の礼をあらわす政治的儀礼であった．その理念は古く周代の封建制や中華思想，華夷思想にまでさかのぼるもので，「中華の主」は同時に「天下の主」という天下的世界観の立場から，中国王朝は国内の封建的な君臣関係を対外諸国の君長との関係にまで引用して，中国中心の国際的秩序の樹立をはかったのである．「称臣入貢」という表現は，朝貢の意味するところを端的に示すといえよう．また朝貢は冊封関係と表裏をなすもので，古代のアジア諸国は，その自立と勢力拡大のために，むしろ中国王朝の庇護ないし権威を借りようとし，積極的に朝貢してその冊封関係を利用する傾向があった．その点，古代には朝貢のもつ政治的意義は大きかったようである．しかし時代がくだると，政治的意図よりも相互間の経済的交流の比重が増大し，宋元時代には朝貢と貿易とはそれぞれ分離して，特に貿易面の充実と振興がはかられた．ところが，元朝の異民族支配を倒して漢人王朝を復興した明では，太祖洪武帝は復古主義の方針をとり，対外的にはその国の主権者の名で派遣する朝貢使節団の貿易のみを正常な貿易として認め，それ以外の外国商船の来航は密貿易として禁止し，また一般中国人の海外渡航や海上貿易はいっさいこれを禁止する海禁政策をとった．したがって，中国貿易に関心のある外国商船は，朝貢船団の中に組み入れられて随行するほかなかった．そのため，朝貢船団が中国にもたらす方物としては，⑴本国王の進貢物，⑵正副貢使の自進物，⑶随伴者の付載貨物などであり，なかでも随伴者の多くは商人であった．これらの付帯貨物は，明政府は一部を除いて大部分を買い上げる原則であった．このような朝貢と賞賜ならびにそれに付帯する貿易関係を朝貢貿易といい，かかる形式をふまない貿易はすべて密貿易として厳禁されたのである．また，諸外国が宗主国としての明朝に対して反抗的行為に出たばあいには，朝貢拒否の報復手段を用いた．したがって，この朝貢貿易は政経不分離を原則として，はじめて成立するものであった．朝貢貿易で中国に来航する朝貢船の資格について，明の王圻の『続文献通考』には，「それ貢は夷王の遣はす所にして，定期あり，金葉・勘合・表文ありて験をなす，使の来るや時を以てし，その験するや偽なければ，我が国家いまだかつてこれを許さざるなし，貢いまだ許さざるなければ，すなわち市舶いまだかつて通ぜざるなし」（市舶互市条）とある．これによれば，朝貢船（進貢船（しんこうせん，琉球での呼び名は「ちんこんせん」））は海外諸国の国王の派遣船であり，その証拠となるものが表文および勘合であった．表文は朝貢船を派遣する諸外国の国王が中国皇帝に贈る外交文書である．勘合は密貿易船と区別するために，明政府が諸外国に与えた割符であって，1船ごとに1枚ずつ所持することになっていた．勘合の支給は洪武16年(1383)に暹羅（シャム）・占城（チャンパ）・真臘（カンボジア）に与えられたのが最初で，日本には永楽2年（応永11，1404）に支給されたといわれるが，それは倭寇などの民間船団と区別する必要があったからである．元来，諸外国の入貢には，本国国王の表文すなわち外交文書を持参すればよいのであるが，不祥事を起しやすい諸国には中国の治安維持の上から，入貢査証としての勘合を付加させたものとみられる．中国との君臣関係をわきまえ，事大主義をとり信義が厚いとみられた朝鮮・琉球などには，勘合が支給されず，本国国王の表文だけで入貢できたのである．また諸外国の朝貢には，3年1貢とか5年1貢とかの貢期の制限があったが，必ずしも厳守されたわけではない．朝鮮・琉球は毎年1貢し，年に数度に及ぶばあいもあった．ただし後になって，貢使に対する賜物・廩給・口糧など経費節減のための財政事情もあったが，貢使団一行が中国内で傷害，密貿易など種々の不祥事件をひき起したばあい，その制裁措置として明朝側から厳しい制限をうけることがあった．日本が10年1貢，船3隻，人300，兵器帯用の禁止などの一括規制をうけたごとき，それである．琉球も成化10年（文明6，1474）の福州での殺傷事件を機として，従前の毎年1貢を2年1貢に改められ，人数も制限され，嘉靖元年（大永2，1522）以降はそれが定例とされた．なお，琉球では国王の嗣立ごとに明朝からの冊封使が派遣される例となっていたので，冊封と進貢は琉球建国以来の国是とみなされ，それは清朝になってもそのまま受け継がれ，琉球の存立上の手段ともなっていた．その意味では，琉球は典型的な中国への朝貢国でもあった．海外諸国の朝貢船を受け入れるため，明では浙江の寧波（ニンポー），福建の泉州（のち福州），広東の広州の3港が開放され，それらの地には中央の出先機関として貿易事務をつかさどる市舶司がおかれた．市舶司では，提挙市舶もしくは市舶太監の官が地方三司官とともに入貢船の真偽を検査したのち上陸を許し，進貢物をはじめその他の付帯貨物すなわち輸入商品もすべて取り調べたうえで登記封印し，そのうち中央に送付すべきものは，入京の貢使団とともに首都におかれた会同館に護送された．当初，明朝では招撫外交の方針から，いっさいの輸入品は関税免除であったが，そのほとんどが政府に買い上げられるたてまえであったから，朝貢貿易の利益は官の独占であった．ただし政府があまり必要としない一部輸入品については，中国の民間商人とのあいだに交易が許されたが，それも各地の市舶司および首都の会同館において，官の監督下に期日を限定して行われ

たにすぎない．この朝貢貿易も明の後期には，軍需財政面から変質を余儀なくされて関税徴収が始まり，隆慶元年(1567)には海禁も解除されて，日本以外の東西洋への中国人の出航貿易が容認され，明末に及んだ．清では外国貿易のために，康熙24年(1685)海禁を開いて粵(えつ)海関(広州)・閩(びん)海関(厦門(アモイ))・浙海関(寧波)・江海関(上海)の4関を設けて関税を徴収し，さらに乾隆22年(1757)以後は広東1港に限定されたが，対外諸国の受け入れには明代以来の朝貢貿易の方式がそのまま踏襲された．その解除はアヘン戦争による南京条約をまたねばならなかった．　→回賜(かいし)　→華夷思想(かいしそう)　→冊封(さくほう)

参考文献　田中健夫『中世対外関係史』，佐久間重男『中国近世史—明代史—』，同『日明関係史の研究』，陳哲雄「中琉文化の歴史淵源」(『琉球の文化』1)，西嶋定生『日本歴史の国際環境』，同『古代東アジア世界と日本』(『岩波現代文庫』)　(佐久間重男)

037　朝鮮　ちょうせん　14世紀末から19世紀末の大韓帝国成立まで朝鮮半島に存在した王朝．日本では李氏朝鮮あるいは李朝ということもある．朝鮮を創始した李成桂の家系は北部地方の土豪で，元の植民地機関である双城総管府(咸鏡道永興)に武人として仕えていた．高麗末期に倭寇対策などに私兵を動員して功績をあげた李成桂は，政府の中で実力を蓄え，元・明交代期にあって親明路線と政治改革を主張する新興官僚層を結集した．1388年，当時の権力者崔瑩から遼東城の明軍討伐を命じられた李成桂は，その途上，鴨緑江の中洲威化島から全軍を返して首都開城に入城し，崔瑩および彼に推戴された国王辛禑をしりぞけて行政・軍事の最高権力を掌握した．彼はまず1391年に科田法を施行して，権勢家の私有地を国家収税地に編入するとともに，官僚には地位に応じて科田と称する土地を京畿で支給することとした．こうして新興官僚層の支持をとりつけ，権勢家の経済基盤を掘りくずした李成桂は，1392年鄭道伝らの支持をうけて王位についた(太祖)．彼は親明政策をとり，翌年，明帝の裁下によって正式な国号を朝鮮と定めた．1394年には楊州の地(現ソウル)に新都を築き，漢城と改称した．新国家の運営にあたっては，高麗時代に権勢をふるった仏教に代わって朱子学を国家思想として採用し，それにもとづいた科挙を官僚任用試験とすることによって国家理念の統一をはかった．一方では貴族や高級官僚によって構成される都評議使司が最高の政策決定機関となり，王権と対抗関係が生じたし，王家も内紛がつづいた．権力者の正統性をめぐり，前王朝の正史として編纂された『高麗史』も数度に及ぶ改訂が行われた．1401年，李成桂の第5子李芳遠が兄弟と鄭道伝らを殺害して第3代国王太宗として即位した．太宗は王権の強大化をめざして貴族の権力基盤である私兵を廃止し，都評議使司を議政府に改組して，その下に国王直属の実務官庁として吏・戸・礼・兵・刑・工からなる六曹をおいた．このような支配基盤の安定化を背景に，明から朝鮮国王の冊封をうけ，北部地方の領域化も進行した．第4代世宗代には内外政ともに大きな飛躍があった．優秀な人材を登用するために集賢殿や弘文館が設置され，1446年には『訓民正音』を公布し独特の表音文字であるハングルを創制したり，各種編纂事業を行なったりした．1419年(応永26)には倭寇の本拠地とみなしていた対馬に，兵船227隻，軍士1万7200余からなる大規模な遠征軍を派遣して大打撃を与えた(己亥東征，応永の外寇)．北部地方経営も積極的に推進し，鴨緑江と豆満江を境界とする線まで進出して現在の領域の原形をつくった．第6代端宗代には集賢殿出身者を中心に官僚の力が強大化したが，端宗の叔父は1455年端宗を廃して即位し(世祖)，重臣らを殺害，処罰して王権を復活させようとした．急速な国家権力の掌握は多くの摩擦を生んだが，とりわけ王朝勃興の地咸鏡道の土豪李施愛は強く反発し，1467年，自治権を要求して政府派遣の地方官を殺して一道全体を巻き込む反乱をおこした．中央権力はこれらの軋轢を克服しながら安定の度を増していった．すでに太宗代には高麗時代の地方社会支配層である郷吏を高級官僚から排除していたが，成宗代にはほぼ士大夫による政権掌握が完了する．それを法制的に裏付けたのが，1485年に完成した『経国大典』であり，19世紀の新式法律ができるまで「祖宗不易の法」として法体系の根幹となった．

政権を独占した両班とは，元来，中国の王宮内における文官と武官の並び方に起源をもつ東西両班の略なのだが，朝鮮では次第に国家官僚および国家官僚となる資格をもつと認められた士大夫の呼称に拡大し，特権階層をも意味するようになる．両班内部でも世祖政権樹立の功臣に連なる勲旧派と地方地主出身の新進官僚である士林派との対立が深まった．士林派を重用した成宗が死亡し燕山君が即位すると，政権を掌握した勲旧派は大量の死刑を含む士林派の大弾圧を行い，つづく中宗代にも争いは続いたが，士禍と総称される試練を乗り越えた士林派は1565年ついに政権を掌握するに至った．士林は朱子学を理念的根拠とする政治運営を行なったが，そのなかから党派が生じ，のちに党争と呼ばれる熾烈な派閥抗争が起る．1575年，士林が東西2派に分裂し，1591年にはさらに東人が南北2派に再分裂した．このような時期，1592年(文禄元)から1598年(慶長3)にかけて豊臣秀吉軍が侵入(文禄・慶長の役，壬辰倭乱・丁酉再乱)し，朝鮮社会は大きく荒廃した．さらに1627年・1636年と2度にわたる後金(清)軍の侵入をうけた(丁卯・丙子胡乱)．27年の侵入の勝利で後金は朝鮮と兄弟関係を結び，対明戦の軍糧など膨大な貢物を要求していたが，これを君臣関係に変え

てさらに強い支配を実現しようとしたことから，仁祖は対清宣戦教書を下した．36年12月，清太宗ホンタイジの軍隊10万による朝鮮攻撃が開始され，翌年正月，仁祖は捕えられて臣従を誓わせられた．これ以後，1895年（明治28）日清間の下関条約締結まで朝鮮は清に対して冊封を受け入れ政治的従属関係（事大）をとらされることになる．17世紀後半になると王妃の服喪期間をめぐって孝宗政権の正統性をめぐる争いが西人と南人の間に起り，党争は朱子学の解釈をめぐる理論闘争＝礼論として展開されるようになる．西人の宋時烈が反対派を弾圧したことから党争はさらに激しさを増し，西人も老論と少論に分裂して四色といわれる老・少・南・北4派の，学閥・血縁・地縁と結合し両班士大夫全体を巻きこんだ深刻な対立がつづく．18世紀の英祖・正祖は蕩平策によって四色にとらわれない人材登用を行おうとしたが，基本的には老論優位で推移し，近世朝鮮政治の大きな特徴の1つは，このように両班士族が政治の実権を掌握していたことで，高級官僚の合議制で運営されていた初期の議政府にそれがよく表われている．最高官庁がもつこの性格は，三浦の乱に際して設置され1554年に常設化された備辺司にも受け継がれた．備辺司は議政府議政・六曹判書・両局大将などの高官を構成員とする国境地帯の防衛策決定機関だったが，豊臣秀吉軍の侵入時に活躍して17世紀には議政府に代わって国策決定機関となり，国王を補完しつつ政治の最高機関として1892年まで存続した．

国王が死亡すると，一代の事跡を編年体でまとめた「実録」が編纂された．『朝鮮王朝実録』と総称されるこの記録は，太祖から哲宗に至る25代1706巻全巻が現存する．「実録」の編纂ははじめ春秋館が行い，のちに特設の実録庁に移管された．戦火などによる亡失を避けるため4部を作成し国内各地の史庫に分置された．豊臣秀吉軍の侵入の際にはかろうじて全州史庫本のみが亡失を免れ，乱の終結後これをもとにして活字印刷で復元が行われ，王宮内と要害の地4ヵ所に新たに設置された史庫に分置された．「実録」の編纂は前王代の政治評価につながるため党争の具となり，『宣祖実録』のように，後代，改修されるものもあった．韓国併合後，朝鮮総督府の手ですべてソウルに集められた．『朝鮮王朝実録』は，備辺司の記録である『備辺司謄録』や国王の動静記録である『承政院日記』『日省録』とともに朝鮮時代の基本史料となっている．

中央集権を貫徹するため全土を8道に分け，長官として大臣と同格の観察使（監司）を派遣し，全土を330余りの邑に分け，中央から地方官（守令）を派遣して直轄支配した．しかし中央が直接に支配しえたのは邑までで，それ以下は在地士族の支配する世界であった．各邑は郷班・土班と呼ばれる土着士族が郷庁を基盤に守令を補佐しつつ地方支配の実務を掌握していた．短期間で交代する守令よりもむしろ彼らの方が実質的な地方支配者の性格が強い．また郷吏も，身分的には士族から貶しめられてはいたが，住民支配の実務担当者として大きな力をもっていた．このような李朝社会の身分は，大きく士族・中人・常民・賎民の4つに分かれる．士族は両班国家官僚として政治的支配権を握り，地方社会では地主として経済的支配者でもあり，同族の力を結集して大きな社会勢力となった．士族は父系の祖先を同じくする者を集めた族譜を作成し同族の結束を固めた．中人は父祖代々通訳・医師など中下級技術官僚の職を半ば世襲していた．人口の大部分は常民と賎民である．常民の大部分は農民であった．賎民は大部分を占める奴婢と，それ以下の白丁などの2階層に分けられる．奴婢には中央・地方の官庁で役務に従事する公奴婢と，私人に所属する私奴婢があった．私奴婢はさらに，主人（上典）の家に同居する率居奴婢と独立した家計を営む外居奴婢に分けられる．いずれも上典所有農地での農作業に従事したり，貢納を行なったりしており，所有者にとって財産の一種であったが，社会的存在としては多くの場合常民とあまり変わらなかった．賎民のなかでも奴婢はさまざまな契機で良民に上昇しえたが，白丁などにはその機会が与えられなかった．身分的に見て特徴的なことは，朝鮮時代中期以降継続して免役を受ける人口が顕著に増加していることである．朝鮮王朝では3年ごとに戸籍を作成していたが，残存する戸籍の分析によると17世紀に数％であった免役者の人口比率が19世紀になると地方によっては50％を越える．戸籍作成時の不正も大きかったが，政府側の積極的な官位官職販売政策によるところも大きい．16～17世紀の日本・清両軍の侵入により壊滅的な打撃を受けた国家財政を再建するため，穀物寄贈の代償として免役資格を与えて士族並みにする納粟政策が推進され，常民や奴婢が上位身分を獲得していった．

18世紀になると従来の支配体制に限界が見え始めてきた．すでに国家財政再建のため納粟と並行して還穀が財源確保策の1つとして制度化されていた．本来，還穀は飢饉時に国家が穀物を貸して次の収穫時に一定の利子を付けて返還させる制度だが，各官庁に穀物を分配して還穀財源とし，これを民衆に強制貸付けして利子を官庁の財源とする制度に変更され，税の一種と化していた．国家に対する一般民衆の負担には，壮年男子に対する軍役と，田地に対する田税，および地域単位で特定の物品を政府・官庁・王室に納入する貢納と進上があったが，朝鮮時代中期以降それらの収取体制は大きく変容した．軍役は役務の代償として布を納める方法に変わって実質的に人頭税に化しており，貢納は生産や運搬の過重さが嫌われて請負化が進行していた．このような背景と商品経済の発展を受けた政府は，17世紀になると大同法を施行し，邑の農地面積に

応じて米や銅銭を供出させ，それで政府・官庁・王室の必要物品を購入することにした．こうして貢納は実質的に地税化した．社会の変化に対応すべく多くの改革が行われ，行政面では1744年に『続大典』，財政面では1809年に『万機要覧』が編纂された．学問的には17世紀以降李滉(退渓)系統の嶺南学派(南人系)と李珥(栗谷)系統の畿湖学派(西人，老論系)が二大勢力をなしたが，党争の深刻化によって朱子学の現実遊離傾向が強まった．一方でそれを乗り越え「実事求是」を旨とする実学派が成長した．李瀷(星湖)門下の丁若鏞らは星湖学派(経世致用学派)を形成し，朴趾源ら北学派(利用厚生派)は生産力の発展による民生の向上を目指し，清を通じて西洋の科学技術をも学ぶべきだとした．すでに朝鮮には中国経由でカトリックが入っていたが，正祖の父の死をめぐる時派と辟派の党争の余波が宗教弾圧にまで発展した．1801年に成立した老論政権は，禁教令を出してカトリックの多い南人を弾圧し(辛酉教獄)，多くの信徒が処刑された．こうした弾圧を終息させるため，清の宗主権の発動と西洋艦隊の示威を求めて信徒が北京に送ろうとした手紙が発見され，政府は危機感をいだいて弾圧を西学一般に拡大し，星湖学派・北学派ともに壊滅させられた．

19世紀になると，純祖妃を出した安東金氏(安東を本貫とする金氏)一族が議政や各曹判書に就任して，特定の勢力が政権を掌握するいわゆる世道(勢道)政治を始めた．安東金氏はつづく憲宗と哲宗の妃も出して豊壌趙氏などと世道政治を続けたが，1863年，12歳の高宗が即位すると，その父興宣大院君李昰応が実権を握った．大院君は対内的には危機に瀕した政治の建て直しを目指して党派にとらわれない人事をはかり，備辺司の廃止や地方士族の基盤となっていた書院の弾圧を敢行した．また対外的には朱子学の衛正斥邪理念に基づく鎖国攘夷政策をとり，1866年のアメリカの武装商船シャーマン号とフランス艦隊の侵入(丙寅洋擾)，1871年のアメリカ艦隊の侵入(辛未洋擾)を撃退した．しかし崔益鉉ら儒生の反発と高宗妃閔妃一族との対立が深まり，1873年に失脚し，驪興閔氏一族による世道政治が始まる．開国政策をとる閔氏政権は，1876年江華島事件を契機に日本と日朝修好条規(江華条約)を締結して開国した．1882年給米の不正支給に抗議する軍人が漢城で暴動を起し，日本公使館などを襲撃した(壬午軍乱)．大院君はこれを利用して再度政権を掌握したが，日・清両国の武力干渉で守旧派政権が復活した．清との事大関係の継続で危機の乗り切りを図る守旧派に対し，清から独立して国政改革を行おうとする開化派は金玉均・朴泳孝らを中心に，1884年クーデターを起して新政府を組織した(甲申政変)．しかし袁世凱軍が武力介入すると，支援を約束した日本軍は引き揚げ，新政権は孤立してわずか3日で崩壊した．日・清両国勢力を牽制しようと，国王と閔氏一族はロシアに接近したが，その結果朝鮮は英・露の国際対立に巻き込まれ，1885年にはイギリス艦隊に巨文島を占領された．

19世紀になると，1811年に平安道で起きた民衆反乱(洪景来の乱，平安道農民戦争)をはじめとして，民乱が頻発した．1862年に慶尚道晋州で発生した大規模な民乱が慶尚・忠清・全羅の南部3道に拡大し，咸鏡道にも飛び火して甲午農民反乱の序曲となった．民乱の多くは地方官の不正，各種収奪の強化を直接の契機として起ったが，その背景には，18世紀以降朝鮮社会の深部で起きていた変化がある．従来の支配方式がもはや有効性を失い，欧米列強の圧力も強まって何らかの政策的転換が要求されていた．行財政改革，身分制度の実質的変容などが支配者側の回答として出されたし，党争から世道政治への変化も権力集中による危機乗り切りの側面をもつ．しかしこれらの諸政策も決定的な効果をあげえず，開国による激動で民衆の生活はさらに不安の度を加えた．19世紀民乱の究極として起きたのが甲午農民反乱である．1894年2月，全羅道古阜で東学教団の地方幹部全琫準を指導者として起きた民乱は，教団中央の慎重論を乗り越え，日本勢力と閔氏政権の排除を唱えて全羅道一帯に展開し，政府正規軍を各地で撃退した．西学(キリスト教)に対決するとした東学は，19世紀中葉，欧米の侵入に対する民族的自覚の高まりのなかで民間信仰に儒・仏・仙教を取り入れて成立した．日・清両国が介入するや農民軍は全州和約を締結して政府軍と休戦し，各地に自治機関としての執綱所組織を作って全羅道に一種の二重政権状態を現出した．居留民保護などを名目に出兵した日本は反乱の鎮静化後も撤兵せず，内政改革を口実に朝鮮への介入を続けた．同年7月，日本軍は王宮を占領し，閔氏政権を倒して大院君を擁立するとともに，金弘集を首班とする開化派政権を成立させた．この政権は軍国機務処を設置し，官制改革，科挙廃止，租税金納化，身分差別撤廃などの近代化諸政策を打ち出した(甲午改革)が，上からの改革の限界性などで実効は低かった．王宮占領直後，日本と清が朝鮮を戦場として日清戦争を始めると，農民軍は侵略に抵抗して戦いを再開し，朝鮮中南部一帯に展開していった．しかし同年末ころには日本・朝鮮政府連合軍によって撃破された．日清戦争に勝利した日本はさらに朝鮮への侵略を強めたが，三国干渉で後退を余儀なくされ，朝鮮政府内部ではロシア派の勢力が強まった．劣勢を挽回すべく1895年10月，日本は大院君をかつぎ出すとともに，王宮に侵入して閔妃を殺害した(乙未事変)．朝鮮各地では，閔妃殺害と開化派の改革に抗議して，衛正斥邪派指導下に義兵が蜂起した．1896年2月，ロシア派がクーデターで政権を掌握し，急速に勢力を拡大した．政権から排除された開化派は独立協会を組織し，機関紙『独

『立新聞』に拠って自主独立思想を主張しソウルに独立門などを建設した．国王側も1897年10月に皇帝に即位し，国号を大韓と改称(大韓帝国)して年号も光武と改め，清との宗属関係を解消した自主独立国家であることを表明した．

〔日本との関係〕 高麗時代以来，倭寇対策が朝鮮にとって最重要課題の1つであった．李成桂は室町幕府に使者を送り倭寇の禁制を要請した．倭寇はなかなか鎮静しなかったが，捕虜として日本に連れ去られた朝鮮人の返還交渉を通じて大内・島津氏など西国諸大名と朝鮮との接触が盛んになり，博多を中心とする朝鮮貿易が発展していった．足利義満の大蔵経求請などを契機にして，1404年日本と朝鮮の間に対等の交隣関係を基調とする正式な国交が開かれた．日本からは京都五山の禅僧を中心とする使節が漢城を訪れ，貿易や対明通交斡旋の要請，さらに大蔵経・仏具の購求など大きな成果を挙げた．また朝鮮からは通信使が派遣され，『老松堂日本行録』『海東諸国紀』などの著作を通して朝鮮に日本事情を伝えた．李朝初期の倭寇対策は懐柔を基本方針とし，首領には官職を与えるなどしたので帰順する者や貿易に転換する者も多かった．来航日本人の増大に対して朝鮮政府は，1401年港を富山浦(釜山)・乃而浦(鎮海)の2ヵ所に限定し，これ以外への来航者を海賊として取り締まることとした．1419年，飢饉で生活に窮した対馬島民が沿岸部を襲うや，上王として執権していた太宗は世宗の反対を押し切り，兵船227隻と1万7285人の軍を対馬に派遣して攻撃した(応永の外寇)．太宗の死後権力を掌握した世宗は対日強硬政策を排し，通好交易に渡来する倭人を優遇しつつ，歳遣船，図書(勘合印)，通信符(勘合)，書契，文引などの制度を整備して来航者を統制した．その過程で仲介者としての対馬の役割が決定的に重要となった．さらに開港場に塩浦(蔚山(ウルサン))を加えて三浦とする一方，それ以外への来航を厳重に制限した．三浦と漢城には倭館と呼ぶ客館を設けて日本からの使節を接待した．この時代，日本から朝鮮へは銅銀などの鉱産・工芸品，蘇木(そぼく)など南洋の産物などが，朝鮮から日本へは木綿・米・薬材などが主要な交易品であった．倭館における貿易などの利潤は大きく，在留日本人(恒居倭)の数は増加して1475年(文明7)の戸口調査で三浦合計で430戸，2209人にのぼり，寺院も15を数えた．しかし私貿易が禁止されたことなどから，1510年(永正7)三浦の日本人が呼応して反乱を起し(三浦の乱)，朝鮮政府軍に敗れた恒居倭は対馬に逃れた．朝鮮貿易を失い窮地におちいった対馬は将軍および大内氏を介して朝鮮と交渉し，翌々年壬申約条により交易を再開できたが，歳遣船の半減，恒居倭の不許可，図書の削減など厳しい統制が加えられ日朝貿易は極度の不振におちいった．

1592年，豊臣秀吉軍の朝鮮侵入(文禄の役，壬辰倭乱)が始まった．1590年，朝鮮は通信使に形勢を窺わせていたが，党争の影響もあって日本軍侵入の可能性を否定する報告を是とし，戦争準備は皆無に近かった．日本軍は慶尚・忠清道を席巻し，約1ヵ月後には漢城を陥落させ，平壌から最北部の咸鏡道にまで進撃した．国王宣祖は鴨緑江岸の義州に逃れ，明に援軍を要請した．また王朝崩壊を避けるため王世子光海君は分朝し，一部政府首脳とともに宣祖と別行動をとるに至った．朝鮮政府軍は李舜臣指揮下の水軍を除いてほとんど崩壊したが，各地で儒生などに率いられた義兵が起って日本軍と戦いを続けた．明軍が来援すると戦況は一変した．平壌は明軍の手に陥ち，漢城北方の碧蹄館の戦は日本軍の勝利するところとなったが，戦いに疲れた日本軍のなかに和議の要求が高まり，小西行長と明将沈(しん)惟敬の両者で講和交渉が開始され，停戦が実現した．しかし提示した条件がすべて反故にされたことに激怒した秀吉は再度朝鮮出兵を命令した(慶長の役，丁酉再乱)．1597年日本軍は慶尚・忠清・全羅3道に侵入したが，明・朝鮮両軍の反撃に会い，海上では党争で失脚していた李舜臣が復帰して水軍を指揮し，亀甲船で日本水軍を大破した．翌年，秀吉の死を契機にして日本軍は撤退したが，朝鮮の人的，物的被害は甚大であった．多くの人命のみならず宮殿・書籍など多くの文化財が戦火で失われ，また日本にも大量に搬出された．

徳川家康は政権を樹立すると朝鮮との外交関係修復に乗り出したが，朝鮮側の不信の念は強かった．対馬の国書偽造工作などによりようやく1607年朝鮮から回答兼刷還使が訪れ，1617年(元和3)には大坂平定の賀，1624年(寛永元)には家光襲職の賀を名目とする使節が来日した．この間，対馬の国書偽造が露見し(柳川一件)，朝鮮外交は幕府の統制下に対馬宗氏が行うという近世的体制が成立した．朝鮮側もこれを認定し，1636年以後，交隣にもとづき通信使と名称を改めた使節が将軍の代替り祝賀などを名目に往来すること9回に及ぶ．通信使の正使には将来政府首脳部になるべき有能な人物が選ばれ，六曹参議(次官)の格が与えられた．一行は平均400人，第一級の文化人が加えられ，江戸往復の約6ヵ月間，日本各地で文化交流を続けた．日本側では李滉の儒学と『東医宝鑑』の医学に対する関心が深く，使節通行路の沿道各地で問答が繰り広げられた．通信使の来日は多くの反響を呼び，絵画や歌舞伎の題材にもとりあげられた．通信使も『海游録』などの紀行文を著わして日本事情に対する理解を深め，薩摩芋栽培法や水車技術などを朝鮮にもたらした．しかし両国の財政負担は巨額にのぼり，1811年(文化8)に行礼場所を対馬に変更して行われた交渉を最後に通信使は復活しなかった．一方，対馬藩が秀吉軍の先導

をつとめたこともあって，この間，朝鮮側の窓口は釜山の倭館に限定され，日本人が朝鮮国内に足を踏み入れることはできなかった．日本から朝鮮へははじめ銀が輸出されて中国に再輸出されたが，のちに銅が主要商品となった．朝鮮から日本へは薬用人参や中国産生糸が輸出され，対馬藩はこれらを上方で売り捌き莫大な利益を得た．

明治政府は樹立後ただちに朝鮮に外交国書を送って交渉を開始したが，天皇の用語として「皇」「勅」を使用したため，中国との事大関係を国際関係の基調とし，日本とは対等であるとしていた大院君は受理を拒否した．征韓論の高まるなか，1875年，軍艦雲揚号の軍事行動で朝鮮を威圧した日本は，翌年江華において朝鮮政府と日朝修好条規を締結し，朝鮮を「開国」させた．元山・仁川2港が開港されると，関税など不平等条約に支えられた日本商人がイギリス製綿製品を中継輸出し，大豆・米を大量に運び出したため朝鮮では深刻な穀価騰貴が民衆を苦しめた．1882年に壬午軍乱が起ると日本は出兵し，済物浦条約を締結して朝鮮侵略を拡大した．1884年，清仏戦争が起きて清の影響力が後退すると急進開化派がクーデターを計画した．日本は勢力拡大の好機としてこれに加担した．この甲申政変は失敗したものの，日本は清とともに朝鮮への経済侵略を拡大させた．阪神地方の労働者への供給用に米を買い占め，朝鮮の穀物流通機構を破壊したため，朝鮮ではしばしば防穀令を出して穀物の域外搬出を禁止した．甲午農民反乱が勃発すると日本軍が出動し，王宮を占領して閔氏政権を倒し，大院君を担ぐ一方，金弘集開化派政権を成立させた．その最中，日清戦争を開始し，有利な戦局を背景にして，親日色の強い政権を成立させるなど，朝鮮への内政干渉を激化させた．このような動きに対し，農民反乱軍・政府・宮中などは反対運動を展開したが，日本に弾圧された．日清戦争に勝利した日本は，1895年の下関条約で朝鮮に対する清の宗主権を否定させた．しかし三国干渉で勢力が後退したため，閔妃を殺害しロシア派を排除しようとしたが，朝鮮各地には反日義兵運動が起り，1896年2月，親ロシア派政権が成立した．1897年の大韓帝国成立後も日本の朝鮮侵略は激しさを増し，第1次日韓協約で実質的に保護国とし，1906年には統監府を設置し，ついに1910年の韓国併合に至った．　→日朝関係(にっちょうかんけい)

参考文献　末松保和編『朝鮮研究文献目録』(『東洋学文献センター叢刊』7～9・12・15～17)，田川孝三『李朝貢納制の研究』，中村栄孝『日鮮関係史の研究』，四方博『朝鮮社会経済史研究』

(吉田　光男)

038　朝鮮王朝実録　ちょうせんおうちょうじつろく　李氏朝鮮歴代国王の編年体の史書．『李朝実録』ともいう．太祖から純宗までの27朝(1392～1910年)を31種，1946巻に編纂した．太宗9年(1409)，『太祖実録』の編纂に着手したのに始まり，当該国王の没後に編纂を行い，1935年，『純宗実録』の編纂をもって完結した．太祖以下3代のみは綱目体．廃王(燕山君・光海君)の場合は「実録」といわずに「日記」と呼ばれる．編纂を担当したのは，『仁祖実録』までが春秋館，『孝宗実録』以後は実録庁であるが，最後の『高宗実録』『純宗実録』は韓国併合後，李王職で行われた．史官の記録である『史草』(家史)と，官庁の重要文書を撰集した『時政記』を根本史料とした．内容は，李朝の政治・経済・社会・文化などの各方面にわたっているが，それのみでなく，日本・琉球・中国・満洲など周辺諸地域に関しても豊富な記述を含んでいる．『宣祖実録』『顕宗実録』『景宗実録』のように一度完成した実録が何度か改修された場合もあり，特に『宣祖実録』以降は，政治的党争の影響を強く受けた記述になっていることに注意したい．保存にあたって李朝政府は，副本をつくり分置する方針をとり，成宗4年(1473)以降は，清書本1冊・印刷本3冊を，中央の春秋館の史庫と，忠州・全州・星州の3つの地方史庫に分置した．しかし，文禄・慶長の役により，全州史庫以外の3庫の実録は失われてしまった．役後，全州史庫の実録を底本として，新たに3部を印刷し，これと校正刷1部・原本(旧全州史庫本)の5部の実録を，春秋館・妙香山(のち赤裳山)・太白山・五台山・江華の5つの史庫に分置した．以後代々5部ずつ印刷し，各庫に保存したが，春秋館史庫本は，戦禍と火災によって大部分が消失してしまった．韓国併合後，五台山史庫本は，東京帝国大学に寄贈され(関東大震災で焼失)，他の3本はソウルに集めて保存された．1929～32年，京城大学は太白山史庫本(一部江華史庫本)を底本として，哲宗までの全実録の写真縮刷本を刊行した(総目録共889冊)．これをさらに縮写して，昭和28年(1953)から学習院大学東洋文化研究所が『李朝実録』(56冊，太白山本『光海君日記』全187巻は未刊)を，また1955年から韓国の国史編纂委員会が『朝鮮王朝実録』(全48冊，総索引1冊．ただし，『高宗実録』『純宗実録』は別に『高宗純宗実録』全3冊として刊行)を刊行した．学習院大学東洋文化研究所刊『李朝実録』の冊別構成は以下のとおりである．

1　太祖実録(巻1～15)・定宗実録(巻1～6)
2　太宗実録(1)(巻1～12)
3　太宗実録(2)(巻13～20)
4　太宗実録(3)(巻21～28)
5　太宗実録(4)(巻29～36)
6　世宗実録(1)(巻1～14)
7　世宗実録(1)(巻1～46)
8　世宗実録(2)(巻47～83)
9　世宗実録(3)(巻84～127)

10 世宗実録(4)(巻128〜147)
11 世宗実録(5)(巻148〜163)
12 文宗実録(巻1〜13,巻11原本欠)・端宗実録(巻1〜14)
13 世祖実録(1)(巻1〜31)
14 世祖実録(2)(巻32〜49)・睿宗実録(巻1〜8)
15 成宗実録(1)(巻1〜74)
16 成宗実録(2)(巻75〜149)
17 成宗実録(3)(巻150〜235)
18 成宗実録(4)(巻236〜297)
19 燕山君日記(巻1〜63)
20 中宗実録(1)(巻1〜23)
21 中宗実録(2)(巻24〜46)
22 中宗実録(3)(巻46〜66)
23 中宗実録(4)(巻67〜86)
24 中宗実録(5)(巻87〜105)・仁宗実録(巻1・2)
25 明宗実録(1)(巻1〜17)
26 明宗実録(2)(巻18〜34)
27 宣祖実録(1)(巻1〜46)
28 宣祖実録(2)(巻46〜83)
29 宣祖実録(3)(巻84〜144)
30 宣祖実録(4)(巻145〜221)
31 宣祖修正実録(巻1〜42)
32〔鼎足山本〕光海君日記(1)(巻1〜85)
33〔鼎足山本〕光海君日記(2)(巻86〜187)
34 仁祖実録(1)(巻1〜25)
35 仁祖実録(2)(巻26〜50)
36 孝宗実録(巻1〜21)
37 顕宗実録(巻1〜22)
38 顕宗改修実録(巻1〜28)
39 粛宗実録(1)(巻1〜22)
40 粛宗実録(2)(巻23〜42)
41 粛宗実録(3)(巻43〜65)
42 景宗実録(巻1〜15)・景宗修正実録(巻1〜5)・英祖実録(1)(巻1〜14)
43 英祖実録(2)(巻15〜39)
44 英祖実録(3)(巻40〜66)
45 英祖実録(4)(巻67〜100)
46 英祖実録(5)(巻101〜127)
47 正祖実録(1)(巻1〜18)
48 正祖実録(2)(巻19〜36)
49 正祖実録(3)(巻37〜54)
50 純祖実録(1)(巻1〜16)
51 純祖実録(2)(巻17〜34)
52 憲宗実録(巻1〜16)・哲宗実録(巻1〜15)
53 高宗実録(1)(巻1〜11)
54 高宗実録(2)(巻12〜25)
55 高宗実録(3)(巻26〜39)
56 高宗実録(4)(巻40〜48)・純宗実録(巻1〜4)

参考文献　今西竜「李朝の実録に就て」(『高麗及李朝史研究』所収),末松保和「李朝実録考略」(『青丘史草』2所収)　　　　　　　　　(関　周一)

039 朝鮮群書大系 ちょうせんぐんしょたいけい　朝鮮前近代の史籍叢書.明治42年(1909)〜大正5年(1916),朝鮮古書刊行会が京城(ソウル)で刊行.全4期に分け,第2期を「続」,第3期を「続々」,第4期を「別集」とする.洋装・活版印刷本で全79冊を数え,植民地時代に刊行された類書中,最大規模のものである.朝鮮雑誌社社長釈尾春芿を編集兼発行者とし,高等法院判事浅見倫太郎らが解題を執筆している.一部に高麗(『三国史記』『破閑集』『補閑集』『益斎乱藁』『櫟翁稗説』『東国李相国集』『陶隠先生詩集文集』『牧隠詩藁』『圃隠先生集』),宋(『宣和奉使高麗図経』),清(『欽定満州源流考』),近代日本(『朝鮮美術大観』『新朝鮮及新満洲』)のものを含むが,大半は李朝時代の書籍で占められる.李朝末期に成立した叢書『大東野乗』全13冊をはじめとして,『東国輿地勝覧』『江華府志』などの地誌,『東国李相国集』『星湖僿説類選』『退渓先生文集』などの名儒の文集,さらには日本に来た朝鮮使節の紀行・見聞録を集成した『海行摠載』等々,重要な書物が多く収録されており,『李朝実録』(『朝鮮王朝実録』)以下の官撰史籍の欠を補っている.収載書目は次のとおりである(第1期の一部書目には巻次表示がないが,便宜,刊行順に巻次を付す).

〔第1期〕
1 三国史記(金富軾)
2 大東野乗(1)
3 朝鮮美術大観(朝鮮古書刊行会編)
4〜12 大東野乗(2)〜(10)
13 八域誌(李重煥)・東国郡県沿革表・四郡志(柳得恭)・京都雑志(同)・北漢誌(聖能)・東京雑記(権以慎)
14 大東野乗(11)
15 渤海考(柳得恭)・北輿要選(金魯奎)・北塞記略(洪良浩)・高麗古都徴(韓在濂)・宣和奉使高麗図経(徐兢)
16 大東野乗(12)
17 中京誌(金履載)・江華府志(金魯鎮重修)
18 大東野乗(13)
19 破閑集(李仁老)・補閑集(崔滋)・益斎乱藁(李斎賢)・櫟翁稗説(同)・疋言覚非(丁若鏞)・東人詩話(徐居正)
20〜22 海東繹史(韓致奫)
23 海東繹史続(韓鎮)
24 竜飛御天歌(権踶等)
〔第2期(続)〕
1 紀年児覧(李万運)
2 文献撮要(鄭元容)

3～5 東国通鑑(徐居正等)
6～10 新増東国輿地勝覧(盧思慎等編・李荇等増訂)
11～16 燃藜室記述(李肯翊)
17 通文館志(金慶門)
18 大典会通(趙斗淳等)
19～21 燃藜室記述別集(李肯翊)
22・23 東国李相国集(李奎報)
24 新朝鮮及新満洲(朝鮮雑誌社編)
〔第3期(続々)〕
1 懲毖録(柳成竜)
2 海東名臣録(金堉)
3～6 海行摠載
7 稼斎燕行録(金昌業)
8～14 東文選(徐居正等)
15～18 東史綱目(安鼎福)
19・20 星湖僿説類選(李瀷,安鼎福編)
21・22 芝峰類説(李睟光)
23 東寰録(尹廷琦)
24 陶隠先生詩集文集(李崇仁)・冶隠先生言行拾遺(吉再,吉興先等編)・牧隠詩藁(李穡)・圃隠先生集(鄭夢周)
〔第4期(別集)〕
1～4 退渓先生文集(李滉)
5 三峯集(鄭道伝)
6 重訂南漢志(洪敬謨)
7 欽定満洲源流考(阿桂等) (村井　章介)

040 朝鮮国往還日記 ちょうせんこくおうかんにっき　花園妙心寺の僧天荊は「右武衛殿源義明」(九州探題渋川氏ともいわれるが明らかでない)の命により,義明の子義堯の図書(銅印)を朝鮮国王に請うため,使節団の正官として天正14年(1586)春京都を発ち,翌15年7月ソウルに着き,16年春帰国した.その際の日記.原本のうち下巻(同15年7月22日より翌年正月7日まで)のみが尊経閣文庫所蔵.天荊の随員のほとんどは対馬の人々.かれらは朝鮮との対馬の通交権取得のため渡海したものといわれている.
〔参考文献〕中村栄孝『日鮮関係史の研究』下,田中健夫『中世対外関係史』 (北島　万次)

041 朝鮮歳遣船 ちょうせんさいけんせん ⇨ 歳遣船(さいけんせん)

042 朝鮮史 ちょうせんし　朝鮮の古代より李太王(高宗)31年(1894)に至る編年体の歴史書.朝鮮総督府朝鮮史編修会編.巻首(総目録)・総索引各1冊を含め全37冊.『朝鮮史』の編修は大正11年(1922)12月設置の朝鮮史編纂委員会に端を発する.のちこれをやめ,新たに同14年6月8日勅令第218号朝鮮史編修会官制が公布され,日本・朝鮮官民の権威を集め組織的な編纂が行われた.昭和7年(1932)刊行を開始し,同13年,当初計画した『朝鮮史』の刊行を終えた.事業に携わった者およそ41名に及び,朝鮮全道および日本・満洲などに採訪して借用した資料4950点,そのうち重要なものを撰んで作った複本1623冊,本文・史料より成る稿本3500冊である.刊行されたのは稿本の史料を除く本文のみで,すべて6編35巻,2万4000余頁,および巻首・総索引各1巻である(総索引は昭和15年に刊行).内容は,第一編新羅統一以前3巻(本文とともに史料原文を付す),第二編新羅統一時代1巻,第三編高麗時代7巻,第四編朝鮮時代前期10巻,第五編同中期10巻,第六編同後期4巻である.なお蒐集史料中,重要なものの公開出版のため,本書と併行して『朝鮮史料叢刊』『朝鮮史料集真』も刊行された.『朝鮮史』各巻の収載内容は次のとおりである.　→朝鮮史料叢刊(ちょうせんしりょうそうかん)

巻首(総目録)
〔第一編〕
1 朝鮮史料
2 日本史料
3 支那史料
〔第二編〕
新羅文武王9年～高麗太祖18年
〔第三編〕
1 高麗太祖19年～同宣宗元年
2 高麗宣宗2年～同毅宗元年
3 高麗毅宗2年～同高宗10年
4 高麗高宗11年～同忠烈王5年
5 高麗忠烈王6年～同忠恵王元年
6 高麗忠恵王2年～同廃王元年
7 高麗廃王2年～同恭譲王4年
〔第四編〕
1 朝鮮太祖元年～同太宗10年
2 朝鮮太宗11年～同世宗5年
3 朝鮮世宗6年～同世宗24年
4 朝鮮世宗25年～同世祖12年
5 朝鮮世祖13年～同燕山君3年
6 朝鮮燕山君4年～同中宗10年
7 朝鮮中宗11年～同中宗35年
8 朝鮮中宗36年～同宣祖4年
9 朝鮮宣祖5年～同宣祖25年
10 朝鮮宣祖26年～同宣祖41年
〔第五編〕
1 朝鮮光海君即位年～同仁祖3年
2 朝鮮仁祖4年～同仁祖15年
3 朝鮮仁祖16年～同孝宗8年
4 朝鮮孝宗9年～同顕宗14年
5 朝鮮顕宗15年～同粛宗15年
6 朝鮮粛宗16年～同粛宗36年
7 朝鮮粛宗37年～同英祖2年
8 朝鮮英祖3年～同英祖25年
9 朝鮮英祖26年～同英祖51年

10 朝鮮英祖52年～同正祖24年
〔第六編〕
1 朝鮮純祖即位年～同純祖20年
2 朝鮮純祖21年～同憲宗6年
3 朝鮮憲宗7年～同哲宗14年
4 朝鮮李太王即位年～同李太王31年
総索引

参考文献　朝鮮総督府朝鮮史編修会編『朝鮮史編修会事業概要』，中村栄孝「朝鮮史の編修と朝鮮史料の蒐集」(『日鮮関係史の研究』下所収)

(田川　孝三)

043 朝鮮鐘 ちょうせんしょう　新羅から高麗時代に朝鮮で作られた鐘をいう．竜頭(りゅうず，吊手の鐶部分)は和鐘と異なり，単頭で脚をふまえ，背面に旗挿しまたは甬(よう)という円筒形飾りを置く．和鐘のように，鐘身に袈裟襷(縦横の線)は設けない．上下帯には細密な文様をほどこし，中帯はなく，上部に4ヵ所の乳郭を置き，普通1郭内に3段3列の乳(突起)を付す．鐘身胴部には，飛天・仏像・銘文などを鋳出す．撞座(つきざ，鐘を打ち鳴らす時につく個所)は鐘身の下部の対称的位置に2個所あるのが普通で，その文様は日本の鐘と同様蓮華文である．旗挿しは円筒形で笠形を貫通するものが多いが，通らない鐘もある．旗挿しの高さは口径の33％前後であるが，10世紀ころから高くなる．笠形周縁の突起帯は，時代が古い鐘では笠形の周縁に蓮弁を放射状にならべた文様帯をもつものが多いが，13世紀初頭からこの文様帯が立体的表現となり，笠形周縁より斜上方に向かって繰形の突起帯となり，時代がくだると次第に顕著なものとなり，高麗後期鐘の特色となる．朝鮮鐘は大部分青銅製であるが，ソウル特別市東国大学蔵鐘は中形の鉄鐘として知られている．製法は蠟型鋳造により華麗な装飾文様を作り，和鐘の単純簡素な形体とは対照的である．韓国における朝鮮鐘は104口余が知られ，江原道平昌郡珍富面東山里の上院寺鐘は開元13年(725)の在銘鐘最古のものである．慶州博物館蔵のもと奉徳寺鐘は大暦6年(771)の銘があり，口径222.7cm，25tもある大鐘で胴に鋳出された飛天の文様が美しく，エミレの鐘として親しまれている．日本における朝鮮鐘の分布状態は九州地方，日本海沿岸，瀬戸内など朝鮮との航路筋にあたる地域に多く残存する．現存する朝鮮鐘は破片を含め四十数口，うち在銘最古のものは福井県常宮神社鐘(国宝)で太和7年(833)の銘がある．その他，和鐘と朝鮮鐘の混合形式鐘，中国鐘と朝鮮鐘の混合形式鐘もみられる．

参考文献　坪井良平『朝鮮鐘』　(香取　忠彦)

(福井県常宮神社)

044 朝鮮史料叢刊 ちょうせんしりょうそうかん　『朝鮮史』編纂のため採訪された史料のうち，重要なものを刊行広布した叢書．全21集．昭和7年(1932)～13年・19年，朝鮮総督府朝鮮史編修会編・刊．原本の草書・略字など，解読困難なものは活版印刷・洋装本に改め，他はオフセット・コロタイプ印刷による複製本の体裁とした．なお本叢刊と併行して，昭和10年～12年に刊行された『朝鮮史料集真』全3集9輯(解説9冊)は，重要史料の1葉または2葉をコロタイプ版とし，解説を加えた史料写真集である．『朝鮮史料叢刊』の収載書目は次のとおりである(6・8以外は複製の体裁である)．→朝鮮史(ちょうせんし)

1 高麗史節要(春秋館編)(24冊3帙)
2 海東諸国紀(申叔舟)(1冊1帙)
3 軍門謄録(柳成竜編)(1冊1帙)
4 唐将書画帖・唐将詩画帖(柳成竜編)(4冊1帙)
5 政院伝教(柳成竜編)(3冊1帙)
6 乱中日記草・壬辰状草(李舜臣)(1冊)
7 事大文軌(24冊3帙)
8 眉巌日記草(柳希春)(5冊)
9 乱後雑録(柳成竜)(2冊1帙)
10 鎮管官兵編伍冊残巻(尹承吉編)(2冊1帙)
11 草本懲毖録(柳成竜)(1冊1帙)
12 制勝方略(李鎰編)(1冊1帙)
13 陽村集(権近)(8冊1帙)
14 保閑斎集(申叔舟)(8冊1帙)
15 朝鮮賦(董越)(2冊1帙)
16 続武定宝鑑(洪彦弼等編)(2冊1帙)
17 紹修書院謄録(紹修書院編)(1冊1帙)
18 高麗史節要補刊(春秋館編)(5冊1帙)
19 宗家朝鮮陣文書(朝鮮史編修会編)(1巻・1冊)

20 正徳朝鮮信使登城行列図(対馬藩編)(1巻・1冊)
21 通文館志(金慶門編)(2冊1帙)

参考文献　朝鮮総督府朝鮮史編修会編『朝鮮史編修会事業概要』，中村栄孝「朝鮮史の編修と朝鮮史料の蒐集」(『日鮮関係史の研究』下所収)，田川孝三「通文館志の編纂とその重刊について」(『朝鮮学報』4)
（田川　孝三）

045 朝鮮人街道 ちょうせんじんかいどう　滋賀県野洲郡野洲町行畑で中山道から分かれ，琵琶湖岸寄りの永原・江頭・八幡・安土・能登川・彦根を経て鳥居本で中山道に合する約41kmの脇往還．江戸時代に朝鮮通信使(回答使を含む)が通ったので，この名がある．元来「浜(街)道」「下(海)道」などと呼ばれ，条里地割りに沿う農道や地方的な道をつなぐ生活道路だったので屈曲が多かったが，織田信長の安土築城で戦略的価値を高め，豊臣秀次の八幡築城のとき八幡城下に引き込まれた．関ヶ原の戦後，徳川家康はこの道を通り八幡に帰投，上京したので，吉例の道として家康・家光らの上京時や通信使の通行に用いられたのである．通信使は慶長12年(1607)～明和元年(1764)の間にこの街道を10回往復して八幡で休泊したが，沿道の住民たちの負担は大きかった．現在，街道の大半は直線化されて「主要地方道大津能登川長浜線」に踏襲され，旧景観の多くが消失している．　→通信使(つうしんし)

参考文献　滋賀県教育委員会編『朝鮮人街道』(『中近世古道調査報告書』1)，橋本犀之助「朝鮮人街道に就いて」(『彦根高商論叢』24)，木村辰男「朝鮮人街道に関する若干の歴史地理学的考察」(『大阪産業大学紀要』13)
（木村　辰男）

046 朝鮮信使 ちょうせんしんし　⇒通信使(つうしんし)

047 朝鮮征討始末記 ちょうせんせいとうしまつき　朝鮮歴代の略記，豊臣秀吉の第1次朝鮮侵略(文禄の役)の発端から日本軍が朝鮮撤兵する豊臣秀吉の第2次朝鮮侵略(慶長の役)の終りまでを日本の諸家に伝わる朝鮮事跡の記録や，『朝鮮征伐記』『朝鮮太平記』などを用い，朝鮮側の記録については柳成竜『懲毖録』を用いてまとめたもの．別名『両国壬辰実記』．嘉永7年(1854)，山崎尚長編．豊臣秀吉の朝鮮侵略の概略について知りうる．『朝鮮征討始末記』は文禄元年(1592)まで，『両国壬辰実記』は慶長4年(1599)までの記述．

参考文献　北島万次『朝鮮日々記・高麗日記』(『日記・記録による日本歴史叢書』近世編4)
（北島　万次）

048 朝鮮征伐記 ちょうせんせいばつき　豊臣秀吉の第1次朝鮮侵略(文禄の役)の記録．藤原惺窩の門弟堀正意(杏庵)が万治2年(1659)にまとめたもの．9巻．天正18年(1590)，豊臣秀吉が朝鮮に服属強要したこと，豊臣秀吉の朝鮮侵略(文禄の役)における漢城(ソウル)陥落，小西行長の平壌占領，明提督李如松の平壌攻撃と小西行長の敗退，加藤清正の咸鏡道侵入，日明講和交渉などの記述がある．豊臣秀吉の朝鮮侵略(文禄・慶長の役)に出陣した諸大名がみずからを誇示した戦記と異なり，客観記述に徹している．松本愛重編『豊太閤征韓秘録』1所収．

参考文献　中村栄孝『日鮮関係史の研究』中
（北島　万次）

049 朝鮮送使国次之書契覚 ちょうせんそうしくになみのしょけいおぼえ　16世紀対馬の朝鮮通交に関する記録．原本は失われて，寛政7年(1795)の写本が一番古い．寛政7年の写本の表紙には「天正之時分，朝鮮送使国次之書契覚帳面」とあるが，この書物の最初の部分には，永正8年(1511)から同12年にかけて，対馬大浦の宗左衛門大夫が，三浦の乱ののち壬申約条成立前後の彼our船隻往来の状況や朝鮮との交渉についての伝聞を記した『宗左衛門大夫覚書』を収めている．その後に題名にあたる内容があり，これは2つの部分から成る．前半部分は元亀3年(1572)から天正3年(1575)3月の間，対馬北端の鰐浦で朝鮮へ渡航する船隻を検索した記録．後半部分は，天正8年から同15年3月の間，府中で朝鮮渡航に必要な書類を発行した際の記録．どちらにも朝鮮通交の名義人である受図書人や受職人名などとともに，その通交権の実際の行使者(すべて対馬人)の名を記しており，対馬による朝鮮通交独占の有様を伝える貴重な史料である．寛政7年の写本は，対馬の宗旧伯爵家に伝わったもので，現在，韓国国史編纂委員会蔵．刊本は『九州史料叢書』3，田中健夫『対外関係と文化交流』所収．

参考文献　田中健夫「中世日鮮交通における貿易権の推移」(『中世海外交渉史の研究』所収)，中村栄孝「十六世紀朝鮮の対日約条更定」(『日鮮関係史の研究』下所収)，長正統「『朝鮮送使国次之書契覚』の史料的性格」(『朝鮮学報』33)
（長　正統）

050 朝鮮通交大紀 ちょうせんつうこうたいき　中世から近世前期までの日本(特に対馬)と朝鮮との関係を朝鮮側の文書を中心に通観・解説した書物．編者は対馬の儒臣松浦儀右衛門允任(号霞沼)．10巻10冊．享保10年(1725)の序がある．巻1から巻8までは，応安元年(1368)から正徳6年(1716)までの間の高麗・朝鮮の文書を年代順にあげて解説し，その和訳文を掲げ，編者の案文を付したもの．巻9・巻10は『海槎録』とその和訳文ならびに案文である．巻8までの編成は，まず歴代の対馬島主宗氏をあげ，各代にどのような外交折衝があったかを叙述する方法をとっている．内容は高麗と対馬との交渉に始まり，癸亥約条による朝鮮の通交統制，三浦の乱，文禄・慶長の役前後の折衝，戦後の修好回復，竹島問題，釜山倭館をめぐる貿易問題などから，潜商(密貿易)，漂流・漂着者の送還，特鋳銀，キリシタン禁制の朝鮮への報告などまで多岐・多方面に及んでいる．和訳文は直訳ではなく，意訳した部分が多い．参考にしてい

る書物は対馬藩の公式記録類のほかに，日本・朝鮮・中国の文献からの広汎な引用があり，編纂時においてはかなり周到な準備がされていたといえる．『海槎録』は天正18年(1590)豊臣秀吉のもとに来た朝鮮の通信副使金誠一の書いた日本紀行である．『朝鮮通交大紀』編纂の目的として松浦允任があげているのは，(1)朝鮮側の対馬に対する態度を考察する，(2)朝鮮への対応手段を考える，(3)幕府に対して朝鮮と対馬の関係の沿革を理解させる，の3点である．この目的に沿って，まず外交実務の参考にするためのものが作成され，ついで幕府提出用としてそれを訂正削除したものが作成された．現在，2系統の写本が存するのはこのためであるが，両者の対比は，対馬藩の朝鮮および幕府に対する立場を理解するうえにきわめて興味深いものがある．筆者と田代和生(かずい)による校訂本が刊行されている．　→金誠一(きんせいいつ)

参考文献　田中健夫「『朝鮮通交大紀』と松浦允任」(『対外関係と文化交流』所収)　　　(田中　健夫)

051　**朝鮮通信使**　ちょうせんつうしんし　⇒通信使(つうしんし)

052　**朝鮮人参**　ちょうせんにんじん　⇒人参(にんじん)

053　**朝鮮半島**　ちょうせんはんとう　アジア大陸の北東部で南に突出する一大半島で，3300余の島嶼をあわせて面積は約22万1000km²，日本の本州の面積にほぼ匹敵する．鴨緑(アムノク)江—白頭(ペクトゥ)山—豆満(トゥマン)江を境界とする現在の領域は15世紀中ごろ李朝時代(朝鮮時代)前期に確定したもので，高麗時代までは北辺，特に咸鏡(ハムギョン)道地方には女真族も居住していた．現在は朝鮮戦争の結果としての北緯38度付近の軍事境界線で南北に分断されているが，大韓民国の人口は約4782万人(2005年)，朝鮮民主主義人民共和国の人口は約2249万人(同年，国連統計)である．北端は咸鏡北(ハムギョンプク)道穏城(オンソン，北緯43度)，南端は済州(チェジュ)島南岸(同33度6分)で，この間の緯度差を距離に直すと約1000kmとなり，「三千里江山」の言葉はこの南北間の距離を表現したものである．李朝時代には国内が八道(咸鏡，平安(ピョンアン)，黄海(ホゥンヘ)，京畿(キョンギ)，江原(カンウォン)，忠清(チュンチョン)，全羅(チョルラ)，慶尚(キョンサン))に区分されていたが，今も歴史的，文化的地域単位としてこの区分がよく用いられる．また，山嶺，河川などを基準にして，関北(クヮンブク，咸鏡道)，関西(クヮンソ，平安道)，海西(ヘソ，黄海道)，嶺東(ヨンドン，江原道)，湖西(ホソ，忠清道)，湖南(ホナム，全羅道)，嶺南(ヨンナム，慶尚道)などの呼称も使用される．朝鮮半島の東海岸は隆起性の海岸である．海岸線は単調で，清津(チョンジン)湾，永興(ヨンフン)湾，迎日(ヨンイル)湾など限られた湾入部しかなく，また脊梁山脈が東偏しているために咸興(ハムフン)，元山(ウォンサン)付近をのぞいて大きい平野に恵まれない．南と西の海岸は沈降性の海岸で，屈曲に富み数多くの湾入部と島嶼が見られる．平野は南海岸と西海岸の大河川の下流部にひらけ，そのいずれもが稲作を中心とする農業地帯となっている．西海岸は遠浅でかつ干満の差が大きく，古くから干拓が進められて水田が拡大した．一部は塩田にも利用された．現在でも大規模な干拓地が造成され，農地だけでなく工業用地・住宅地にも活用されている．朝鮮半島の大部分は古期層の安定した地塊から成り，中生代以降の海成層の分布は一部に限られている．花崗(かこう)岩と，これが変成作用を受けた花崗片麻(へんま)岩が広く分布することも特色で，両者をあわせると全体の54.4%に達する．新生代の造山運動を受けなかったため，一般に浸食の進んだおだやかな地貌を示し，平壌(ピョンヤン)付近のように準平原化した地域もある．山岳地帯が発達しているのは北部の蓋馬(ケーマ)高原とその周辺狼林(ナンニム)山脈，咸鏡山脈，摩天嶺(マチョルリョン)山脈で，最高峰の白頭山(2744m)をはじめ，2000m以上の山はすべてこの地域にある．針葉樹の原生林が広大に分布し，豊富な木材資源を提供している．狼林山脈とその南に続く太白(テベク)山脈が半島の脊梁山脈で，その走行方向は北北西—南南東である．太白山脈は南の慶尚道地方に至って高度を減じるまで，約500kmに及ぶ断層構造の山脈で，金剛(クムガン)山，雪岳(ソラク)山，五台(オデ)山，太白山などの名山がこれに属する．脊梁山脈から分かれる支脈はほぼ北東—南西の方向をとり，最大の支脈は南部の小白(ソベク)山脈で，智異(チリ)山(1915m)がこれに属する．河川は前記山脈の走行方向に規定されて多くのものが北東から南西に流下する．最大の河川は鴨緑江(790km)，続いて洛東(ナクトン)江(525km)，豆満江(521km)，漢(ハン)江(514km)，大同(テドン)江(439km)など．朝鮮半島の気候を日本と比較すると，気温の年較差が大きいこと，年間降水量が少ないことなど，より大陸性気候の特徴を示す．気温の年較差が大きいのは，主として冬季の気温が低下するためで，これは脊梁山脈が東偏するため冬の季節風の影響が山脈にさえぎられることなく，ほぼ全域に及ぶことによる．主要山脈の風下側(東海岸地方や嶺南地方)が相対的に冬季の気温が高い．ちなみに朝鮮半島と日本からほぼ同緯度の地点をとって夏(8月)と冬(1月)の気温を比較してみると，新義州(シンウィジュ，夏24.1度，冬零下9.0度)と秋田(夏24.3度，冬零下0.7度)，ソウル(夏25.4度，冬零下4.9度)と仙台(夏24.0度，冬0.6度)，釜山(プサン，夏25.4度，冬1.8度)と東京(夏26.7度，冬4.1度)，などとなる．このような冬の寒さは冬季の農業にとって制約条件となる．また朝鮮半島の住居が日本にくらべて閉鎖的構造をとり，オンドルのような暖房設備が発達していることもこのことと関連する．年間降水量は南部の済州島や慶尚道，全羅道地方の沿岸部

でもっとも多く，1400mmをこす．北部に向かうに従って漸減し，北東端，咸鏡道地方の内陸部では600mmに達しない．たとえば釜山1390mm，ソウル1250mm，平壌900mm，鐘城（チョンソン）509mm，など．降雨は夏季に集中することが特徴で，6〜9月の4ヵ月間に年間降水量の約6割が集中する．夏季には気温が上昇することとも相まって稲作にとっては有利な基礎条件を提供しているといえよう．西海岸の大同江河口部や仁川（インチョン）から泰安半島にかけての地域は局地的な寡雨地域で，遠浅の海岸を利用して製塩業が発達した．

参考文献　建設部国立地理院編『韓国地誌』，鄭璋鎬『新編韓国地理』，姜錫午『新韓国地理』，河野通博編『東アジア』（『世界地誌ゼミナール』1）

（山田　正浩）

054 朝鮮日々記 ちょうせんにちにちき　豊臣秀吉の第2次朝鮮侵略（慶長の役）に豊後臼杵の大名太田一吉（豊臣秀吉の軍目付）の従軍医僧として朝鮮に渡海した安養寺の僧慶念の日記．慶長2年（1597）6月24日から翌年2月2日までの間の記事．釜山上陸，南原の戦い，蔚山（ウルサン）籠城などにみる日本軍の放火・殺戮・人身売買をはじめとする悲惨な様子を和歌にして詳しく記している．朝鮮侵略に動員されたものが侵略を批判した貴重な史料．原本は大分県臼杵市安養寺にある．

参考文献　内藤雋輔『文禄・慶長役における被擄人の研究』，藤木久志『織田・豊臣政権』（小学館『日本の歴史』15），北島万次『朝鮮日々記・高麗日記』（『日記・記録による日本歴史叢書』近世4），同『豊臣秀吉の朝鮮侵略』（吉川弘文館『日本歴史叢書』52），同『加藤清正』（『歴史文化ライブラリー』230），朝鮮日々記研究会編『朝鮮日々記を読む』

（北島　万次）

055 朝鮮船 ちょうせんぶね　朝鮮国籍または朝鮮型の船の汎称だが，江戸時代では朝鮮通信使一行が大坂まで乗ってくる大掛りな船団の船をいう場合が多い．この使節船は典型的な朝鮮型で，船型・構造・艤装とも日本船とは全く異なり，箱型の船首形状をはじめ外観は中国風な

（近江名所図会2）

がら実態はかなりの相違がある．最も特徴的な船体構造は，中国式の隔壁を設けない代りに左右の外板1枚ごとに船梁を貫通させて栓でとめ，各外板間は一種の縫釘ではぎ合わせるという特異な方式をとる．帆装は布帆を使用するが，一般の船はバッテン付きの莚帆つまり朝鮮式の帆を用い，その他中国風の木碇や舵にも朝鮮的特徴がある．この特異な船体構造は12世紀初期には成立しており（『高麗図経』），それが20世紀の漁船にも使われているほど長い伝統を持つことが注目される．

参考文献　金沢兼光『和漢船用集』，朝鮮総督府水産試験場編『漁船調査報告』2・3，今村鞆『船之朝鮮』，金在瑾『朝鮮王朝軍船研究』

（石井　謙治）

056 朝鮮物語 ちょうせんものがたり　豊後臼杵の大名太田一吉（豊臣秀吉の軍目付）の家臣大河内秀元がまとめた慶長2年（1597）3月18日から翌年3月13日までの豊臣秀吉の第2次朝鮮侵略（慶長の役）の戦記．別名『朝鮮記』『大河内秀元朝鮮日記』『大河内物語』．2巻．太田家の戦功を後世に示すためまとめたもの．秀吉の朝鮮人なで切り指示，鼻切りの様子，南原の戦い，蔚山（ウルサン）籠城などの様子に詳しい．慶念の『朝鮮日々記』とあわせ用いると豊臣秀吉の第2次朝鮮侵略（慶長の役）の実態がよくわかる．『朝鮮記』として『続群書類従』合戦部所収．

参考文献　中村栄孝『日鮮関係史の研究』中，内藤雋輔『文禄・慶長役における被擄人の研究』，藤木久志『織田・豊臣政権』（小学館『日本の歴史』15），北島万次『朝鮮日々記・高麗日記』（『日記・記録による日本歴史叢書』近世4），同『豊臣秀吉の朝鮮侵略』（吉川弘文館『日本歴史叢書』52）

（北島　万次）

057 朝鮮来聘使 ちょうせんらいへいし　⇨通信使（つうしんし）

058 長宗我部元親 ちょうそがべもとちか　1538〜99　戦国時代の武将．土佐国の大名．幼名弥三郎，のち宮内少輔，羽柴土佐侍従．長宗我部国親の長男として天文7年（1538）長岡郡岡豊（おこう）城（高知県南国市）に生まる．幼少時は姫若子といわれた柔和な性格で国親は心痛していたという．永禄3年（1560）5月長浜戸の本の戦で父国親に従って初陣し戦功をたて土佐の出来人といわれるようになった．同年6月国親の死後家督をつぐ．以後弟親貞・親泰をはじめ重臣久武内蔵助らの協力で本山・吉良・安芸・津野らの諸豪族を従え，天正2年（1574）家臣に追放された一条兼定の所領の幡多郡を手中におさめ，兼定の子内政を長岡郡大津城に移して娘を配し，同3年安芸郡東部の土豪を打倒して土佐を統一した．弟島弥九郎親益が謀殺されたことを理由に天正3年末ころ阿波に出兵し，同4年には南伊予，同6年には讃岐へ侵攻した．その後同9年ころまでに阿波の三好，

伊予の西園寺・宇都宮，讃岐の香川・羽床らの諸氏を降した．その間天正6年には次男親和に香川家をつがせ，同9年には一条内政を伊予へ追放して土佐一条家を滅ぼした．同10年織田信長と対決することとなったが本能寺の変で危機を脱し，大兵を阿波に入れて十河（三好）存保を中富川に破り，勝瑞城を攻略して阿波を制圧した．つづいて東讃岐へ侵攻して十河城を囲み，同12年これを陥れて讃岐を統一し，同13年春には伊予湯築城主の河野通直を降して四国を制覇した．賤ヶ岳の戦で柴田勝家と，小牧・長久手の戦では織田信雄・徳川家康と結び，豊臣秀吉を挟撃しようとしたため，同13年6月から7月にかけて秀吉の四国攻めにあい，降伏して土佐一国の領有を許された．同14年秀吉の命で長男信親と九州に出兵し，島津勢と豊後の戸次川に戦って敗れ信親は戦死した．同15年9月より検地を始め，同16年岡豊より大高坂（高知市）に居城を移し，後嗣を四男盛親と定め，反対した一族の吉良親実・比江山親興に切腹を命じた．同18年秀吉の小田原攻めに従軍し，帰国後浦戸城（高知市）に移った．文禄の役に従軍して従四位下少将となる．慶長元年（1596）サン＝フェリペ号漂着の処理を行い，同2年3月掟書を定め，慶長の役に出兵し同3年3月帰国した．同4年3月三男津野親忠を香美郡岩村に幽閉し，4月上洛したが同年5月19日伏見で没した．62歳．法号を雪蹊恕三大禅定門といい，吾川郡長浜村（高知市長浜）天甫寺山に葬る（墓は県史跡）．元親は軍事活動のみならず領国経営に手腕を発揮した．秀吉より土佐一国を安堵されてからは，公儀優先を考え，家臣団を再編して久武・桑名・中内の3氏を中心に家老たち重臣と馬廻クラスに施政方針を徹底させ，月6度の会議により諸政策を定め，中部5郡と安芸・幡多の東西2郡にそれぞれ諸奉行を任命し，山間部や郷分・浦分の下級役人を監督させた．また在地の農民的武士である一領具足をそれぞれの地域の衆として組織し，軍事や労役に従事させた．城下町経営にも熱心で商工人を中心とする市町を岡豊・大高坂・浦戸などにつくったが居城移転や除封で未完成に終った．軍事・経済上の理由から山林資源を重視し竹木の伐採に規制を加えた．元親のこうした政策は『長宗我部地検帳』，掟書，『秦氏政事記』などの史料によって知ることができる．元親は一面において文化人であった．仏教・儒学に関心をよせ，南学を奨励し，和歌・連歌・茶道にも心得があった．現存する国分寺金堂・土佐神社・豊楽寺薬師堂は元親の修復したものである．

参考文献　中島鹿吉『長宗我部元親伝』，山本大『長宗我部元親』（『人物叢書』57），同『土佐長宗我部氏』（『戦国史叢書』8），平尾道雄『長宗我部元親』

（山本　大）

059 長宗我部盛親 ちょうそかべもりちか　1575〜1615　安土桃山時代の武将．土佐国の大名．幼名千熊丸，右衛門太郎（増田右衛門尉長盛を烏帽子親として右衛門，盛親を名乗る），土佐守．天正3年（1575）岡豊（おこう）城（高知県南国市）に生まる．長宗我部元親の四男，母は斎藤氏．同14年長兄信親の戦死後，後嗣と決定．一族の吉良親実・比江山親興はこれに反対し元親より自刃を命ぜらる．慶長4年（1599）元親の死後家督をつぎ，長浜（高知市）の慶雲寺を長宗我部氏の菩提寺とし，元親の法号にちなみ雪蹊寺と改め，元親の画像（重要文化財）と木像（秦神社神体）を納む．豊臣秀吉の小田原攻めに元親とともに従軍し，文禄・慶長の役にも出兵した．慶長元年11月には近習・中間・小者の勤務について規定を定め，翌2年3月には元親と連名で掟書を発布した．関ヶ原の戦では西軍に属し，毛利・吉川・長束・安国寺らの諸将とともに南宮山麓に陣したが，西軍の敗色が濃くなると戦わずに帰国した．帰国後浦戸城をかためて関東軍にそなえるとともに井伊直政を通じて徳川家康にわびた．しかし兄の津野親忠を殺したため家康の怒りにふれたので上京して弁明したが許されず，領国を没収された．上洛後上立売の柳ガ厨子に屏居し，大岩祐夢と号し寺子屋の師匠をして14年を過ごした．慶長19年大坂冬の陣には豊臣秀頼の招きに応じ大坂へ入城した．翌元和元年（1615）の夏の陣では八尾方面に出陣し，藤堂高虎の兵と戦ったが，井伊直孝の軍に側面をつかれて敗走した．大坂落城後京街道を北に逃れ，山城の八幡付近の橋本に潜んでいるところを蜂須賀の家臣に捕えられ，京の大路を引き廻された末，5月15日板倉勝重に六条河原で斬られた．41歳．法号は源翁宗本．京都五条寺町の蓮光寺に葬る．

参考文献　『大日本史料』12ノ20，元和元年5月15日条，寺石正路『長宗我部盛親』

（山本　大）

060 奝然 ちょうねん　938〜1016　平安時代中期の東大寺の僧．俗姓秦氏．天慶元年（938）正月24日誕生．東南院観理に三論を学び，石山寺元杲（げんごう）に真言を学ぶ．天徳3年（959）受戒，戒師寛静．天禄3年（972）兄弟弟子義蔵と現当二世結縁状を認め，愛宕山に伽藍の建立を誓っており，このころから宋五台山巡礼の機会を伺っていたが，天元5年（982）宋商人の船便を得て入宋を決意した．翌永観元年（983）8月1日，弟子嘉因・盛算らを伴い，宋商陳仁爽らの船に便乗して入宋の途につき，同18日台州に到着．9月に天台山に赴き，杭州・越州・泗州・楊州を経て，12月に首都汴京（開封）に到着．太宗に謁し，銅製品および日本の『職員令』『日本年代記』などを献じ，日本の風土・地理などの質問に答えている．翌年3月，汴京から五台山に赴き，6月帰着．雍熙和元年（985）3月，再び太宗に謁し，法済大師号および印行されたばかりの大蔵経5048巻，新訳経41巻などを賜わり，帰途につき，6月に台州に到る．7月21日，宮中で礼拝したインド伝来の優塡王

造立と伝える釈迦如来像の模刻に着手し，8月18日完成．同像造立の由来などを記し，その他の品々とともに胎内に納めた．翌2年7月，宋台州の商人鄭仁徳の船に便乗して日本に向かい，大宰府に帰着した．翌永延元年(987)2月入京し，釈迦像などを北野の蓮台寺に安置した．ついで3月には法橋に叙せられている．8月，愛宕山に清涼寺を建立し，将来の釈迦像を安置せんことを請い，準備を進めるが，奝然在世中には実現しなかった．翌2年，鄭仁徳の船を利用して弟子嘉因らを宋に遣わし，宋帝に書状および藤原佐理の手跡，種々の工芸品を贈り，先年の厚遇に謝している．永祚元年(989)7月，東大寺別当に補され，3年在任している．この後の経歴は詳らかでなく，長和5年(1016)3月16日入寂．79歳．没後，入宋にも同行した弟子盛算が師の遺志を継ぎ，嵯峨栖霞寺内釈迦堂を以て清涼寺と号せんことを奏請して勅許され，同所に釈迦像を安置して今日に至る．同釈迦像は鎌倉時代以降盛んに模刻されているが，昭和29年(1954)胎内から絹製の五臓や文書などが多数発見された．なお，奝然には在宋中の日記4巻があったが，現在では散逸し，逸文のみ知られる． →清涼寺(せいりょうじ)

〔参考文献〕 『大日本史料』2ノ10，長和5年3月16日条，木宮之彦『入宋僧奝然の研究』，塚本善隆『浄土宗史・美術篇』(『塚本善隆著作集』7)，西岡虎之助「奝然の入宋について」(『西岡虎之助著作集』3所収)，石井正敏「入宋巡礼僧」(『アジアの中の日本史』5所収)，山口修「奝然の入宋と上表文」(『仏教文化研究所年報』9)，同「『奝然入宋求法巡礼行並瑞像造立記』考」(『仏教学会紀要』1)，上川通夫「奝然入宋の歴史的意義」(『日本中世仏教形成史論』所収)，村井章介『中世日本の内と外』(『ちくまプリマーブックス』128) （石井　正敏）

061 **懲毖録** ちょう 16世紀末，朝鮮の領議政であった柳成竜が豊臣秀吉の朝鮮侵略(壬辰丁酉の倭乱，文禄・慶長の役)の出来事について覚書き風にまとめたもの．『朝鮮王朝実録』『乱中雑記』とならんで，秀吉の朝鮮侵略関係についての基本史料．「懲毖録」と名づけたのは『詩経』に「予(われ)，それに懲りて，後の患ひを毖(つつ)しむ」とあることに由来する．内容は，1587年(天正15，宣祖20)に秀吉の使者と称するものが，秀吉の日本国新王就任を告げ，通信使派遣を要請し，日本へ朝鮮通信使を派遣した顛末から始まり，第1次侵略からソウル陥落，朝鮮・明の反撃，日明講和交渉のこと，第2次侵略の際，秀吉が死んで日本軍が撤兵した1598年(慶長3，宣祖31)までにわたる．李舜臣や朝鮮義兵などに詳しく，朝鮮側の主体的な歴史叙述に終始している．『宣祖修正実録』のうち壬辰丁酉倭乱に関する記述は『懲毖録』を参照しているところが多い．江戸時代，『懲毖録』は日本語にも翻訳され，貝原益軒の序文のある「元禄本」がよく知られている．『朝鮮群書大系』続々1，『東洋文庫』357(朴鐘鳴訳注)に収められるほか，自筆草稿『草本懲毖録』が『朝鮮史料叢刊』11に収め影印刊行されている． →柳成竜(りゅうせいりゅう)

〔参考文献〕 北島万次『豊臣秀吉の朝鮮侵略』(吉川弘文館『日本歴史叢書』52) （北島　万次）

062 **張宝高** ちょうほう ？〜841 新羅人で，新羅の政界および新羅・唐・日本間の貿易に活躍した．名前を，『三国史記』『三国遺事』などでは弓福・弓巴，杜牧『樊川文集』では張保皐，『続日本後紀』『入唐求法巡礼行記』などでは張宝高とする．はじめ唐の徐州に渡り，軍人となる．のち新羅に帰り，清海鎮(全羅南道莞島)を根拠地に海賊討伐に功をあげ，武名を高めた．839年，王位をめぐる争いに敗れて清海鎮に逃れた金祐徴を助けて閔哀王を討ち，祐徴を王位につけ(神武王)，その功績によって感義軍使に任じられ，封戸2000を支給された．ついで神武王を継いだその子文聖王は，父王と宝高との約束に基づき，宝高の娘を王妃にしようとしたが，貴族に反対されたため断念した．宝高はこの違約に怒り，清海鎮で反乱を起したが，朝廷側の刺客により殺害された．宝高が一代で巨富を築き，政界の重要人物となった基盤は，唐・新羅・日本を舞台とする貿易にあった．その殺害の裏にも貿易の利権をめぐる争いがあったとみられる．在唐新羅人の間に勢力を築く一方，海上交通に至便の莞島に根拠地を置いて唐・日間の貿易に従事していた．宝高自身が来日した明証はないが，早くから日本人とくに大宰府および筑前国の官人らと密接な関係を持ち，私貿易を行なっており，筑前国守文室宮田麻呂は取引相手として著名である．一方，承和7年(840)12月には使者を遣わして朝廷に方物を献じたが，人臣に境外の交無しとの理由で拒否されている．なお宝高の没年について，『三国史記』は文聖王8年(846)とするが，『続日本後紀』承和9年正月乙巳条の所伝に従い，同8年11月とする． →清海鎮(せいかいちん)

〔参考文献〕 今西竜「慈覚大師入唐求法巡礼行記を読みて」(『新羅史研究』所収)，蒲生京子「新羅末期の張保皐の擡頭と反乱」(『朝鮮史研究会論文集』16)，〔韓国〕莞島文化院編『張保皐의 新研究』，金文経『清海鎮의 張保皐와 東北亜細亜』，濱田耕策「新羅末期の海上の覇者」(『韓国史上における海上交通・交易の研究』〔韓国国際交流財団研究助成・一九九九年度韓国研究プロジェクト研究成果報告書〕所収)，林鐘寬「張保皐の海上活動の再照明と二一世紀海洋思想鼓吹方向」(同所収)，李基東「張保皐とその海上王国」(近藤浩一訳，『アジア遊学』26・27)，田中俊明「アジア海域の新羅人―九世紀を中心として―」(京都女子大学東洋史研室編『東アジア海洋域圏の

史的研究』所収），〔韓国〕国立海洋遺物展示館編『新羅人張保皐』　　　　　　　　　　（石井　正敏）

063 張友信 ちょうゆうしん　生没年不詳　9世紀，日唐間の貿易に活躍した唐人．張支信とする史料もある．承和14年(847)6月22日，在唐の日本人春日宅成・大神巳井，僧仁好・恵蕚・恵運らを乗せて明州望海鎮を出帆し，3箇日夜で肥前国遠値嘉島に到着した記事が初見．その後，貞観3年(861)10月，入唐のため西下した真如（高岳親王）の要請により，船1艘を建造．翌年5月完成し，真如以下僧俗60人とともに博多を出帆し，遠値嘉島を経て，9月7日，明州管内着．到着直後通事として活躍したが，その後の消息は明らかでない．貞観6年8月には大宰府が，大唐通事張友信が渡唐ののち，いつ日本に帰るかわからないため，不定期に来日する唐人に備えて，唐僧法恵を通事にあてることを請い，許されている．大宰府の通事として重要な役割を果たしていたことが知られる．

参考文献　杉本直治郎『真如親王伝研究』，森公章「大唐通事張友信をめぐって」（『古代日本の対外認識と通交』所収），佐伯有清『高丘親王入唐記』
　　　　　　　　　　　　　　　　　　（石井　正敏）

064 智鸞 ちらん　生没年不詳　奈良時代の法相宗の僧．大宝3年(703)智鳳・智雄らと入唐し，濮陽智周について法相宗を学んで帰国したといい，智鳳・智雄・智鸞をもってわが国法相宗の第三伝といわれる．彼らについては資料に乏しく不明な点が多い．3僧を新羅僧と見，新羅の法相宗を伝えたと解する説もある．

参考文献　『三国仏法伝通縁起』（『大日本仏教全書』），岩城隆利編『元興寺編年史料』上，田村圓澄「仏教経典の伝来と受容」（『田村圓澄日本仏教史』1所収）
　　　　　　　　　　　　　　　　　　（辻村　泰善）

065 珍 ちん　⇒倭の五王（わのごおう）

066 沈惟岳 ちんいがく　⇒しんいがく

067 沈惟敬 ちんいけい　⇒しんいけい

068 陳外郎 ちんういろう　室町時代初期，日本へ亡命した医師陳順祖の子孫．代々，この名を使ったとみられる．陳順祖は諱は宗敬，台州の人，元朝に仕え官礼部員外郎に至る．元亡んで来渡し博多に止住した．足利義満召すも赴かず，応永2年(1395)没す．嗣子宗寿，字(あざな)は大年，義満の招きにより入洛し，応永11年（永楽2,1404）の遣明船で渡航したようで，おそらく通事を勤めたであろう．彼が中国からもたらしたという霊宝丹が透頂香(とうちんこう)である．同27年朝鮮通信使宋希璟が入洛のとき通事魏天とともに接伴にあたった陳外郎は大年である．大年は同33年没と伝え，その子が月海常佑で，大年とともに室町幕府の典医を勤めたという．文安3年(1446)没と伝え，その嗣子が祖田で字は有年という．文明13年(1481)幕府は薩摩の島津氏に求めるものがあり陳外郎を使として下向させたが，それは同15年の遣明船に進貢物として積んだ硫黄の調達であろう．長享2年(1488)蔭凉軒集証は次回の遣明船の役者を伊勢貞宗とも談合し正使は相国寺崇寿院主仲璋，居座の1人に陳外郎を書きたてた．その外郎は祖田で，内諾したという．硫黄調達の使者とし集証は外郎を推し，やがて幕命があったが外郎は辞退した．明応2年(1493)の堺発遣明船に外郎が居座とし渡航したかは疑わしい．『幻雲文集』の陳有年員外郎遺像に題する文によれば，祖田は漢詩・和歌にもすぐれていた．『幻雲詩藁』に「杏林員外郎赴登州，令嗣礼部公作詩，以惜其行」とあり，杏林員外郎は医の祖田で，能登に赴き，嗣子は友蘭周晦である．『実隆公記』に大永3年(1523)外郎が温井俊宗書状を実隆へ届け，書状には『源氏物語』の歌につき所望ある旨記されていた．俊宗は文人風雅の能登守護畠山義総の重臣であり，彼も風雅の士であった．この外郎は祖田であろうかと思われる．『大館常興日記』に天文年中(1532〜55)能州在国の外郎のことがみえ，外郎は友蘭であろう．『雍州府志』に宗敬末裔が洛下西洞院に来住，透頂香を製造販売しており，小田原透頂香は余流とある．一方，小田原の所伝は，祖田の長子藤右衛門尉が小田原へ来り小田原外郎元祖となったという．→外郎氏(ういろうし)

参考文献　小葉田淳『中世日支通交貿易史の研究』，中丸和伯「陳外郎宇野家と北条氏綱」（津田秀夫編『近世国家の成立過程』所収）　（小葉田　淳）

069 鎮海 ちんかい　Chinhae　朝鮮の都市．大韓民国慶尚南道にあり，釜山直轄市の西方，馬山市の東方に位置する海港．済州島につぐ朝鮮第2の島の巨済島が南方近くにあり，この島と南東方の加徳島によって外海の風波から守られた鎮海湾を形成し，漁港・軍港・観光・工業都市として発展した．文禄・慶長の役では，朝鮮の海将李舜臣がこの湾内でしばしば日本の水軍と激戦を交えて勝利を収めた．日露戦争初頭には，日本の艦隊が鎮海湾を占領して朝鮮海峡の警戒にあたり，ロシアのバルチック艦隊を迎えるときには，鎮海湾が連合艦隊の訓練と待機の基地となった．日本海海戦当日，東郷平八郎の指揮する連合艦隊主力はこの湾から出撃した．大正5年(1916)から第2次世界大戦の終結まで，日本海軍の要港部が置かれた．現在は大韓民国海軍の艦隊司令部・海軍大学・海軍士官学校がある．
　　　　　　　　　　　　　　　　　　（野村　実）

070 沈金 ちんきん　漆工芸の加飾法の1つ．中国では鎗金(そうきん)といい，戧金・創金とも書く．室町時代ごろに日本に伝わり，剔金(ちっきん)と記されている．漆塗の面に刀で模様を彫り表わし，これに漆を摺り込んで乾かないうちに金箔か金粉を綿で押し込み，刻線内に金を付着させ，余分の金を拭い取って模様を表わす．その起源については，中国漢代の漆器に線彫りで模様

を表わしたものや，宋代の金胎彫漆の金属胎が見えるものにこれを求める説もあるが，宋代ころに行われ，元代以降に盛んになったと考えられる．宋代の鎗金としては，江蘇省武進県の南宋墓から出土した奩(れん)や長方盆がある．『輟耕録』の「鎗金銀法」中に技法が詳述されており，その工程は現在の沈金とほとんど変わらない．元代の作としては，延祐2年(1315)銘の経箱とその類品数例が伝わり，銘によって浙江省の杭州で製作されたものと知られる．『大明別幅幷両国勘合』によれば，足利将軍家への贈物品目中に鎗金器が含まれており，明代初期には鎗金が中国の代表的工芸品と見られていたことが察せられる．明代中期以降も製作され，明代から清代にかけて漆絵や密陀絵を併用した存星(ぞんせい)が盛んになった．日本でも室町時代後期ごろから沈金の技法が行われ，江戸時代には江戸の二宮桃亭が沈金法に優れていたという．江戸時代後期に能登国輪島に沈金が伝わり，現在その特産となっている．琉球には15世紀ごろに技法が伝わったと推測され，祝女(ノロ)の祭具用の丸櫃に緑漆沈金の古例が見られる．16世紀以降も沈金法が盛んに行われ，琉球漆工芸の代表的技法の1つにあげられる．

参考文献　東京国立博物館編『図版資料鎗金沈金存星』，荒川浩和・徳川義宣『琉球漆工芸』，荒川浩和「沈金」(『(文化財講座)日本の美術』10所収)，同「輪島塗とその周辺」(『輪島塗』所収)，同「琉球漆工芸資料―祝女関係丸櫃について―」(『MUSEUM』341)

(荒川　浩和)

071　陳元贇　ちんげんぴん　1587～1671　江戸時代初期，明国からの帰化人．字は義都，既白山人・升庵・芝山・菊秀軒と号した．万暦15年(天正15, 1587)虎林あるいは武林の出生というが，異説も聞く．元和年間(1615～24)，明国の兵乱を避けて，日本に亡命．もっとも倭寇対策の使節に随行してとか，短期旅行の目的でとかともいう．長州萩，江戸に滞在したのち，寛永年間(1624～44)の末，名古屋藩祖徳川義直に招かれ，禄60石を受けて名古屋に居住．同地の文化発展につくす．寛文11年(1671)6月9日，九十軒町の自邸で没．85歳．建中寺に葬り，法名は武林既白山陳広学元贇．日本語に通じる．書・医薬・菓子に豊富な知識をもつ．詩をよくし，僧元政との応酬は『元元唱和集』に収める．中国の製陶技術をつたえ「元贇焼」を残す一方，同じく拳法をもたらし起倒流をおこす．承応元年(1652)竣工の定光寺義直廟の設計を指導．著書に『老子経通考』『長門国誌』などがある．門人穂積碩は名高い．

参考文献　岡田啓・野口道直編『小治田之真清水』，小松原濤『陳元贇の研究』，西村時彦『尾張敬公』，『名古屋市史』人物編1・地理編・学芸編，『新修名古屋市史』3，太田正弘編『定光寺誌』

(林　董一)

072　進貢船　しんこうせん　⇨朝貢(ちょうこう)

073　鎮西警固番　ちんぜいけいごばん　⇨異国警固番役(いこくけいごばんやく)

074　頂相　ちんぞう　頂相(ちょうそう)は如来の頂上にある肉髻(にくけい)のことで，転じて禅宗の肖像画を指す場合には「ちんぞう」という．禅宗では師資相伝の証として，師が弟子に自賛の画像を与えるが，その形式は通常，全身像と半身像に分けられる．全身像は曲彔(きょくろく)と呼ぶ椅子に，座具の法被をかけ，像主は衲衣(のうい)に袈裟(けさ)を着て坐す．その着衣の裾や広い袖は曲彔の下に垂れ下がり，あたかも仏像の裳懸(もかけ)座のようになる．像主は右手に竹箆(しっぺい)か払子(ほっす)をとる場合が多く，曲彔の前には沓床(くつどこ)があって，脱いだ沓が置かれている．半身像は，像主の腰から上の上半身を描いたもので，両袖口を合わせるように手を組み，右手の親指を合わせた袖の間からのぞかせる．伝法の証としての頂相は，当然，自賛の寿像であるが，没後の喪儀や，年忌法要のために作られたものもあり，その場合，賛は像主にゆかりのある高僧が書く場合が多い．なお，彫像の場合も頂相と呼んでいるが，その像容は画像の全身像と同形式である．このほか，林間や野を歩行する有様を描いた経行(きんひん)像がある．これも頂相の変形とみられる．鎌倉時代，禅宗が渡来し，中国宋元の禅僧の来日やわが国禅僧の留学などによって，宋元の頂相が多数舶載された．貞治2年(1363)筆録された『仏日庵公物目録』によると，宋僧の頂相39幅があったことがわかる．わが国でも，こうした渡来頂相を手本にして制作されたが，初期の頂相では，文応元年(1260)に来日し，文永2年(1265)に帰国した無準師範弟子兀庵普寧(ごったんふねい)の自賛像(京都正伝寺)が最も古い．これは北条時頼が絵師長嘉に命じて描かせたことがわかっている．このほか，年紀のある主な作品をあげると，文永元年円爾像(京都天授庵)，同8年蘭渓道隆像(鎌倉建長寺)，弘安7年(1284)無学祖元像(鎌倉円覚寺)，正応元年(1288)南浦紹明像(京都大徳寺)など多

数あるが，これら初期頂相は，宋の人物画法にもとづいて，あくまでも写実を追求し，そこにはなんの理想化も企てられておらず，ごく自然なままの姿や面貌をとらえている．その点，大和絵の似絵(にせえ)や，中世高僧像とは大いに異なるものであるが，これら初期頂相は，どちらかというと，理知に富んだ表現が示されていて，像主の性格描写にいささかきびしいところがあるように思われる．しかし，南北朝時代の建武元年(1334)宗峯妙超像(大徳寺)や，貞和5年(1349)ごろの無等周位筆夢窓疎石像(京都妙智院)になると日本的な情感が画像の中に示されるようになる．そして，頂相におけるこのような日本的観照法はその後の肖像画一般に浸透するのである．頂相の画家はおおむね禅僧画人であり，前記無等周位のほか，吉山明兆・文清・墨斎など室町時代絵画史に名をとどめている．

参考文献 宮次男『肖像画』(『ブック・オブ・ブックス日本の美術』33)，古田紹欽『頂相―禅僧の顔―』

(宮　次男)

075 椿庭海寿 ちんてい かいじゅ 1318～1401 南北朝時代の臨済宗古林派の僧侶．竺仙梵僊の法嗣．遠江の人．文保2年(1318)生まれる．竺仙に師事し，貞和6年(1350)入元，帰朝は応安5年(1372)で，中国に23年間もの長期滞在をなした中国通の五山僧である．中国においては，天寧寺で蔵主を掌り，了庵清欲・月江正印・了堂惟一などに参じ，また浄慈寺に後堂首座をつとめるなどし，洪武5年(応安5，1372)には明の太祖の招請で鄞県の福昌寺に住している．帰朝後は，山城真如寺・浄智寺・円覚寺に住し，至徳3年(1386)に天竜寺第23世住持，翌嘉慶元年(1387)には南禅寺の第46世住持となった．のち南禅寺内の語心院に隠退したが，応永8年(1401)閏正月12日に84歳で寂し，塔は語心院と若狭高成寺回春庵に設けられている．法嗣は用堂□妙や，琉球円覚寺開山の芥隠承琥などがでている．『木杯余歴』『伝燈録抄』などの著述をのこし，直翁智侃の塔銘『仏印禅師直翁和尚塔銘』や無関玄悟の塔銘を撰している．

参考文献 『大日本史料』7ノ4，応永8年閏正月12日条，玉村竹二『五山禅僧伝記集成』

(竹貫　元勝)

076 鎮東大将軍 ちんとうだいしょうぐん ⇒倭の五王(わのごおう)

077 陳和卿 ちんな 生没年不詳 鎌倉時代前期来朝の中国宋の工人．東大寺惣大工ともいわれた．来朝時期は寿永元年(1182)らしいが(『玉葉』)未詳．この年，鎮西から帰国しようとしていたとき俊乗坊重源に請われて東大寺大仏の再興に従事し，舎弟陳仏寿ら宋人鋳物師7人と，わが国の鋳物師草部(くさかべ)是助・助延など14人が加わり，翌寿永2年5月に大仏の仏頭を鋳造した．開眼供養は文治元年(1185)8月．この後，伊賀国山田郡有丸・広瀬・阿波杣山や播磨国大部荘などを与えられたが，いずれも東大寺浄土堂および大仏領として寄進している．文治2年には大仏殿建立を中心とする東大寺造営料所として周防国があてられ，重源が同国の国司職に補任された．同年4月，和卿は他の番匠とともに重源に伴われて周防国に下向し，佐波川上流の杣山に入って用材の切り出しにあたった．建久6年(1195)3月，東大寺供養の際，源頼朝は和卿を大仏殿に招見しようとしたところ「貴客は多くの人命を断たしめ給ふの間，罪業惟重，値遇し奉るにその憚りあり」(原漢文，『吾妻鏡』)といってこれを拒んだ．しかし，当初からわが国の工人たちと不仲であったといわれ，のちには重源とも同調できず，建永元年(1206)ごろ両者は決別した．建保4年(1216)6月，鎌倉に赴いて将軍源実朝に謁したが，このとき和卿は「貴客は昔宋朝医王山の長老たり，時に吾はその門弟に列す」(原漢文，同)といって涕泣している．実朝は渡宋の念を深くし，和卿に造船するよう命じた．船は翌建保5年4月にでき，これを鎌倉の由比ヶ浜に浮かべようとしたが失敗し，以来和卿の消息は全くわからない．なお『広大和名勝志』によると，大仏殿前の金銅八角燈籠は和卿の作といい，『和州旧跡幽考』は，東大寺念仏堂に安置する重源の位牌を彫ったのは和卿であると記す．また，近世の『桜塢漫録』は「鎌倉彫は四条帝の御宇，運慶の孫康円，陳和卿と共に法華堂の仏具を彫りたるを始とす」と伝えている．

参考文献 『大日本史料』4ノ14，建保5年4月17日条，岡崎譲治「宋人大工陳和卿伝」(『美術史』30)

(三浦　勝男)

078 沈南蘋 ちんなんぴん ⇒しんなんぴん

079 陳明徳 ちんめいとく ⇒頴川入徳(えがわにゅうとく)

つ

001 通航一覧　つうこういちらん　幕末期江戸幕府によって編修された対外交渉関係の史料集成．嘉永3年(1850)林大学頭健(壮軒)・林式部少輔韑(復斎)らが主宰し，昌平坂学問所内に設けられた沿革調所において編修された．その由来は巻頭に記された林韑の文に明らかで，異国船来往の対外危機に対処するためのきわめて時局性の強い修史事業であった．その内容は，永禄9年(1566)三河国片浜浦への安南国船漂着のことから始まり，文政8年(1825)異国船打払令の公布に至るまでの異国との交渉に関する史料を蒐集し，これを宮崎成身以下12名より構成された編修員が各人分担，琉球・朝鮮・安南・南蛮・唐・阿蘭陀・諳厄利亜・暹羅・魯西亜・北亜墨利加など各国別に起源・交渉・漂着などに分類して収め，別に「長崎港異国通商総括」「南蛮総括」や附録に「海防」の部を立てるなどきわめて包括的な史料集成であり，まさに近世対外交渉史料集にふさわしいものである．編修方法もきわめて客観的であり，同一事件についても多くの史料を並記し，編修者の意見は最小限にとどめるなど，林述斎などの修史事業に見られる方針で貫かれている．本書の完成したのは嘉永6年12月と推定され，幕府に献上，安政5年(1858)8月紅葉山(もみじやま)文庫に収められたことは『御書籍目録』に記述されている．なお本書が文政8年を以て終っている理由については編修者の執筆した「凡例」に「彼船処置の一変せしによりてなり」とあることで明らかである．時あたかもペリー来航という外交上の大事件発生を機にその続輯(はじめは「続編」とあり，のちに改称)編纂が計画され，嘉永6年末か，安政元年初頭に発足した．宮崎成身と林晃(鶯渓，林韑の長男)が主宰者となり，8名の編修者によって編修が進められたが，うち7人は正編の関係者であった．史料の構成もほぼ同一であるが，正編の特色でもあった「長崎港異国通商総括部」は省略されている．続輯の草稿完成は安政3年11月ころと推定される．ただし献上本および紅葉山文庫入庫の有無については記録に見あたらない．次に巻数は，正編は322巻，附録23巻，続輯は152巻，附録26巻，計523巻より成る(そのほか絵図)．献上本のうち，正編は明治6年(1873)5月の皇居火災によりほとんど大半焼失，稿本は現在内閣文庫に架蔵されているが，前半部に欠本多く，全体で107冊分欠本である．ただし明治初年外務省で全文筆写した写本が，明治39年東大史料編纂所に移管されており，この分を底本として明治45年～大正2年(1913)国書刊行会より8冊本として刊行され広く利用されている．

また続輯は，清書本(巻1)と南稿本177冊が内閣文庫に架蔵，それに外務省より史料編纂所に移管された写本166冊が現存．これらを底本として昭和42年(1967)以降5冊本として清文堂出版より刊行された．内閣文庫に架蔵の正続稿本は史料の切り貼り，付箋の貼付などはなはだ多く，本書を編纂する過程の状況をきわめて詳細に知ることができるのは貴重である．幕末の複雑な国際関係の展開の中での外交史料の編纂はきわめて困難であったと考えられ，古記録集成的性格をもつ修史事業は本書を以て中絶し，林家主宰の編修事業から外国奉行のもとに行われる『通信全覧』編修へと移行するに至ったものと思われる．

参考文献　福井保『江戸幕府編纂物』，山本武夫「徳川幕府の修史・編纂事業⑭―通航一覧の編集―」(『(新訂増補)国史大系月報』61)，田中正弘『近代日本と幕末外交文書編纂の研究』，木崎弘美『近世外交史料と国際関係』　　　　　　　　　　(箭内 健次)

002 通事　つうじ　通訳のことをさし，訳語ともいう．『日本書紀』推古天皇15年7月条に「大礼小野臣妹子遣=於大唐_，以=鞍作福利_為=通事_」とあるのを初見とする．『延喜式』大蔵省蕃使条によると，入唐使には漢語の訳語と新羅・奄美の訳語，入新羅使には大通事・少通事，入渤海使にも訳語が同行していた．一方来日した渤海・新羅の使節にも通事が同行してきたが，渤海使の来日に際しては領渤海客使の任命とともに，渤海通事を任じた．また『三代実録』貞観6年(864)8月13日条により，大宰府には来日する唐商人のために大唐通事が置かれていたことが知られる．そのほか『延喜式』大蔵省賜客例条に百済通事・船頭通事・俘囚訳語などがみられる．　→訳語(おさ)　(酒寄 雅志)

中世の通事は，遣明船や朝鮮に渡航した国王使船に坐乗し，外国語の通訳を行うとともに外交折衝の事務を担当した．遣明船では大体1艘に2人坐乗した．ほとんどが中国人で，元朝の遺臣で来投した者や事を構えて渡来した者もあるが，倭寇によって捕えられた被虜人が登用された場合が多い．幕府から給禄をうけ，海外の使節が渡来したときには応接の役にあたった．ゆたかな教養の持ち主が多く，単なる通訳業務に終始せず，外交折衝で重要な役割を演じたことが少なくない．また文化人として一般の尊敬を集めていた．

参考文献　小葉田淳『中世日支通交貿易史の研究』　　　　　　　　　　　　　　　　(田中 健夫)

江戸時代，中国語・オランダ語については，それぞれの通弁・翻訳を担当した唐通事・阿蘭陀通詞があった．長崎の地役人で，ともに通訳官としての通弁・翻訳業務のほか，長崎奉行の命をうけて諸法令の令達・執行を行い，長崎会所の貿易業務にもかかわって，貿易品の評価や日本側役人として取引の折衝にあたり，外国人や出入商人の管理統制にもあたるなど，商務官

としての役割も大きかった．組織としては，ともに大通事(詞)4人，小通事(詞)4人，稽古通事(詞)若干名が基本定数で，上に目付2人がいた．唐通事の方には，上に風説定役1人がおかれていた．双方ともに，享保期以降，各職階に過人・並・格・見習などが補任され，人員の増加をみた．唐通事には，より上席の頭取・諸立合などが設けられ，時代をとおして，唐通事のほうが高給・多人数であった．これは，唐船貿易とオランダ貿易の取引高・利潤の多寡を反映しているようである．唐館・蘭館などに勤める基本的な職務のほかに，大小通事(詞)各1名が諸加役を交替で勤めた．通事・通詞にみられる年番，通詞にみられるオランダ商館長の江戸参府に随行する江戸番，参府休年に献上品に付き添って警固出府したことなどである．文化年間(1804～18)以降，江戸の天文台に有能な若い阿蘭陀通詞が1人，聖堂には唐通事1人が交替で勤めた．正規の唐通事・阿蘭陀通詞の下に，それぞれ中国語・オランダ語を覚えて，貿易業務の下働きをする数十名の内通事(詞)の一団が存在した．寛文6年(1666)に唐内通事仲間が成立，寛文10年には阿蘭陀内通詞のなかから12人の内通詞小頭が任命され，それぞれ責任ある組織となった．内通事(詞)から正規の通事(詞)に昇進することはできなかったが，特別に昇進を許された有能な通詞の例も若干存在する．唐通事は亡命明人の子孫が多く，頴川(えがわ)・彭城(さかき)・林・神代(くましろ)など40余姓．阿蘭陀通詞は日本人で，平戸時代からオランダ商館の雇いとして働いた南蛮通詞(ポルトガル語通訳)の系譜をもつものも含めて30余姓を数える．オランダ人は通詞をtolk，通詞仲間をHet Collegie，年番をrapporteurと呼んだ．通事・通詞は，外交・貿易をめぐる通弁・翻訳業務だけでなく，詩・書の彭城宣義・林道栄，蘭学・近代科学技術史上足跡をのこした西玄甫・西善三郎・吉雄耕牛・本木良永・志筑忠雄・馬場貞由・本木昌造らが著名である．　→オランダ通詞　→唐通事(とうつうじ)

参考文献　頴川君平編『訳詞統譜』(『長崎県史』史料編四)，片桐一男『阿蘭陀通詞の研究』

(片桐　一男)

003 **通信使**　つうしんし　朝鮮国王が書契(国書)および礼単(進物)をもって，足利将軍・徳川将軍に派遣した外交使節団．「朝鮮通信使」「朝鮮信使」「信使」「朝鮮来聘使」「来聘使」「御代替り信使」ともよばれた．その先例は，高麗王朝辛禑王元年(永和元，1375)2月にみられる．朝鮮王朝の成宗朝には，編成や携帯品も規定されたが，その様式と性格が固定してくるのは，孝宗朝(明暦通信使，別表参照)からである．室町時代に来朝した通信使は，世宗朝の3回のみであり，その詳細は不明であるが，幕府のほかに大内氏や九州諸豪族とも交渉していて，江戸時代における幕府のみとの交渉とは性格を異にしている．これは，室町幕府が地方豪族に対する絶対的な統制力に欠けていた政情から生じたものである．来聘の理由については，室町時代は，倭寇禁止の要請や将軍襲職祝賀が多く，幕府も同じ認識で迎えている．2回にわたる豊臣政権のもとでは，いずれも日本軍の朝鮮半島侵入が関係していた．江戸時代には12回に及んで来朝したが，初期の5回までは複雑な理由を秘めていた．たとえば寛永13年(1636)通信使の場合は，幕府では「泰平の祝賀」と考えたが，朝鮮王朝では，幕府が行なった「日本国大君号」の制定，以酊庵(いていあん)の創設，対馬藩家老柳川氏の処分などの朝鮮政策の変更の意味をさぐり，かつ柳川氏と対決した対馬藩主(宗義成)を擁護するためであり，また北方よりする後金の圧力に抗し，「向明排金」の方策を堅持するために，南方日本との和平を保つ必要に迫られての派遣であった．このように来聘理由は，日朝両国の政情や東アジアの動向に関連していた．明暦通信使から両国の認識が「日本将軍襲職祝賀」に安定してくるのも，中国における清朝支配の確立が背景にあった．その編成は，正使(文官堂上正三品)・副使(文官堂下正三品)・従事官(文官五・六品，はじめ書状官)・堂上訳官(上上官)・上通事(漢学一員・倭学二員)・製述官(文才者)・良医・次上通事・押物官(進物輸送通訳)・写字官・医員・画員・子弟軍官(三使護衛)・軍官・書記・別破陣・馬上才・典楽・理馬(馬の世話)・伴倘(三使の従僕)・船将・卜船将(進物船船長)・陪童・礼単直(進物係)・盤纏直(物品係)，以下は砲手・鼓手・旗手・格軍(兵士)などに及んでいた．人員は，最高の慶長12年(1607)より最低の文化8年(1811)まで不同である．使節は徳川将軍への書契とともに，礼単(別幅)として，大繻子・大段子・黄照布・綿紬・人参・虎皮・豹皮・彩花蓆・駿馬・鷹・黄蜜・筆・墨などを携行し，ほかに御三家・老中・所司代らにも持参した．通信使の日本使行は，王城を出発し，陸路，ときに江路を利して釜山に至り，海神祭ののちに騎船3隻・卜船3隻に分乗して，対馬藩よりの迎聘参判使(朝鮮では通信使護行差倭)とともに出港することが例であった．対馬府中(厳原)に入り，海路を壱岐―藍島―赤間関―上関とたどり，瀬戸内海を東へ，鎌刈(蒲刈)―鞆津―牛窓―室津―兵庫を経て大坂に達した．それより，諸大名提供の川御座船に乗って淀川をさかのぼり，淀浦から陸路を，これも諸大名提供の人馬を用い，京都を経て朝鮮人街道より東海道を江戸に下った．沿路の諸藩では，幕府の指令もあって，海・陸の護衛を厳重にして安全を図り，新築・改装した客館では華麗な饗応を行なった．客館における彼我の学者・文人の交流は盛んであり，三使(正・副・従)・製述官をはじめ一行は対応に忙殺された．江戸に着くと，吉日をえらんで，城中大広間において諸大名列座のなか，聘礼の儀(朝

鮮では伝命)があり，国書・進物が献上され，将軍より三使への慰労があった．終ると御三家による饗宴が恒例であった．正徳通信使の際，新井白石により儀式に大改革が実施されたが，徳川吉宗によって復旧された．寛永13年よりは，3回にわたり日光山参詣も行われている．やがて将軍より返翰と別幅とを受け，往路を逆にたどって帰国した．しかし，日朝両国の財政が悪化すると，文化8年には対馬での聘礼交換(易地聘礼)となり，その後も再興交渉と延聘とを繰り返すうちに，江戸幕府の崩壊を迎えた．通信使の意義は深いが，政治・外交面からみれば，東アジア国際社会の変化に関連し，また日本においては政権の成立と展開，朝鮮においては官人支配の安定と発展に密着していたことである．経済面からいえば，設備・饗応，藩士民の動員などにより，沿路諸藩は莫大な出費を強制され，扶持米の借上げ，藩札の発行などに追い込まれた．有益であったのは文化面であり，諸藩の客館や江戸本誓寺・東本願寺に殺到した学者・文人・医師などにより，朱子学をはじめ先進的な朝鮮文化が学ばれ，間接的にも中国文化に触れる機会ともなった．しかし，明和通信使の帰途に大坂で発生した対馬藩士による都訓導崔天宗殺害事件のごとく，表面を友好で飾りながら，内面に両国相互の激しい対立感，とりわけ武士階級の優越感は，貧しい国際観の本質を率直にあらわすものであった．→日朝関係(にっちょうかんけい)　→付表〈朝鮮王朝通信使〉

参考文献　中村栄孝『日鮮関係史の研究』下，李元植『朝鮮通信使の研究』，辛基秀・仲尾宏編『大系朝鮮通信使』，三宅英利『近世日朝関係史の研究』
（三宅　英利）

004 通信符 つうしんふ　朝鮮国王が①大内氏と②日本国王(足利義政)に贈った通交証．①は景泰4年(享徳2，1453)に朝鮮国王が大内氏に造給したもの．縦5.4cm，横1.6cmの銅印で，印面は単廓，篆字で「通信符」の文字を陽刻したものの右半分である．右符を大内氏に与え，左符は朝鮮にとどめたと思われる．側面に「朝鮮国賜大内殿通信右符」，背面に「景泰四年七月日造給」とある．重要文化財．②は記録によってのみ存在が確認されるものである．朝鮮成宗がその5年(成化10年(文明6，1474))に義政の要請によって造給した象牙符10枚である．円形で周4寸5分，径1寸5分，両面にそれぞれ「朝鮮通信」「成化十年甲午」と篆刻してあり，折半して右符を日本に贈って使節に携行させ，左符を朝鮮にとどめて験察したという．『運歩色葉集』「勘合」の項に「自₌大唐₌出₌日本₋象牙之破符也」とあるのはこの通信符を指したものと推察されるが，大唐(明)から象牙符が送られてきた事実はない．→象牙符(ぞうげふ)

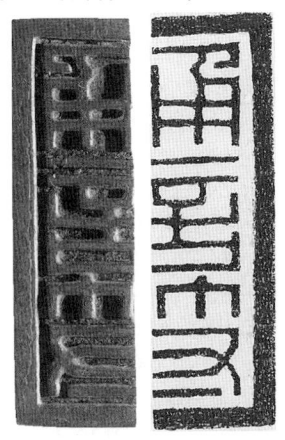

参考文献　田中健夫「勘合符・勘合印・勘合貿易」(『対外関係と文化交流』所収)
（田中　健夫）

005 通文館志 つうぶんかんし　朝鮮司訳院の官制などを書いた書籍．12巻6冊．通文館は高麗忠烈王2年(1276)に漢語学習のため，また司訳院は恭譲王3年(1391)に日本・蒙古・女真語学習の官衙として設け，のち高宗31年(1894)に廃止した．朝鮮太祖は即位の初めこれを併せて司訳院とし，訳官をおき，語学学習機関として礼曹に属させた．本書は，長官崔錫鼎の指示のもとに，訳官金指南が子の慶門の助けを得て編成し，粛宗34年(1708)に完成，46年に銅活字を以て刊行した．官制・規例以下伝記・年表などよりなる．正祖2年(1778)に至り李湛が長官金栢谷の命をうけて増補し，もとの慶門の戊子の序を庚子とし，木版本10巻4冊とした．この後の増修は紀年条のみである．すなわち正祖5年，同19年は10巻4冊，純祖2年(1802)は11巻4冊，哲宗13年(1862)，高宗11年，同18年は11巻5冊，同25年は12巻6冊である．なお，この間純祖20年，憲宗8年(1842)，哲宗3年，同7年にも11巻5冊本が刊行されたと思われるが筆者未見．『朝鮮史料叢刊』21所収．

参考文献　『高麗史』76・77，『経国大典』1，正三品衙門，田川孝三「通文館志の編纂とその重刊について」(『朝鮮学報』4)
（田川　孝三）

006 都加使主 つかのおみ　5世紀に朝鮮から渡来したと伝える中国系帰化人．『日本書紀』応神天皇20年9月条に，倭漢直(やまとのあやのあたえ)の祖の阿知使主とその子の都加使主が，己れの党類17県を率いて来帰したとあり，『古事記』応神天皇段にも漢直の祖が渡来したとある．その後『日本書紀』には，阿知使主父子が応神朝末年に呉(くれ，中国江南の地)の国に遣わされ，縫織の工女を連れて帰ったこと，雄略朝に百済から連れてきた諸種の技術者を漢直掬(つか，都加使主)に統率させたこと，雄略天皇の死後，都加使主が大連大伴室屋とともに清寧天皇を助けて，星川皇子を攻め殺したことなどがみえる．また『坂上系図』に引く『新撰姓氏録』逸文によれば，都加使主の3子が兄腹・中腹・

弟腹の3系統の祖となり，以後さらに多数の氏に分かれて発展したことになっている．これらはすべてをすぐに事実とはなしがたいが，帰化系の雄族倭漢(東漢)氏は，都加使主のときに朝廷における地歩を固め，のちの発展の基礎を作ったとみてよいであろう．→阿知使主(あちのおみ) →帰化人(きかじん) →東漢氏(やまとのあやうじ)

参考文献 関晃『帰化人』(『日本歴史新書』)，平野邦雄『大化前代社会組織の研究』，加藤謙吉『大和政権と古代氏族』 　　　　　　　　　　(関 晃)

007 調伊企儺 つきのいきな 6世紀の人．新羅が任那を滅ぼした時，敗れて捕虜となった武将．『日本書紀』欽明天皇23年7月是月条によると，人となり勇烈であった．河辺臣の失策で新羅に敗れたとき降伏せず，新羅の闘将が刀を抜き，褌(はかま)を脱がせ，尻を日本に向けて，「日本の将わが尻をくらえ」と叫ばせたのに対し，「新羅王わが尻をくらえ」と叫び，再三の責めに屈せず叫び続けて殺された．なお同条には，妻の大葉子(おおばこ)の詠んだという歌，またある人の反歌が収められている． (亀田 隆之)

008 筑紫磐井 つくしのいわい 6世紀の筑紫国造．『日本書紀』に，継体天皇21年6月朝廷に反乱し，翌22年11月大将軍物部麁鹿火と筑紫の御井郡に戦い敗死したという．『古事記』に「竺紫君石井」とある．磐井はそれ以前，朝廷に出仕したことがあるという．『筑後国風土記』逸文に記される磐井墓は，東北別区に石人などが立ち，解部(ときべ)と号する石人の前に偸人(ぬすびと)が地に伏していた．おそらくそれは磐井が朝廷で解部として争訟を司ったことを表示するものであろう．現在福岡県八女市吉田の丘陵上に西から東へ60基余りの古墳群が展開し，西の石人山古墳(5世紀半ば)を磐井の祖父の代，その東の岩戸山古墳(6世紀前半)を磐井の墓，さらに東の乗場(のりば)古墳(6世紀後半)を磐井の子葛子の墓にあてる説もある． →磐井の乱(いわいのらん)

参考文献 小田富士雄編『古代を考える 磐井の乱』，吉田晶「古代国家の形成」(『(岩波講座)日本歴史』2所収)，小田富士雄「磐井の反乱」(『古代の日本』3所収) (平野 邦雄)

009 津島紀事 つしまきじ 19世紀初めにできた対馬の地誌．対馬で行われる朝鮮通信使の聘礼準備のため文化3年(1806)に来島した幕吏土屋帯刀廉直の命を受け，対馬藩士で郡奉行の平山東山(諱は棐，字(あざな)は明允，東山は号)が編纂した．本文11巻，附録2巻．東山は郡奉行の劇務のかたわら島内を踏査し，古老から伝承を集め，また旧記を参照して真文体の稿本を作り，同6年12月藩へ提出した．しかし，この稿本の文章は漢文の体をなさないとの批判が藩内で起って，東山に和文に改めるよう藩命が出たが，東山は的を射ぬ批判に抵抗してそれをことわり，藩では土屋から真文体で書くよういわれていたこともあって和文とすることをやめ，結局同8年2月に至り，川辺橘亭に命じて東山稿本を大幅に縮め，文章も書き改めた抄略本『津島紀事』を急造した．これは同年5月に行われる朝鮮通信使の聘礼に，信使応接のため対馬へ来る林大学頭述斎の来島に間に合わせるためであった(これ以前に林家からも献呈の要請があった)．藩が幕府・林家へ献上したのは，この抄略本『津島紀事』で，附録のない11巻本である(内閣文庫所蔵本はこの系統)．その後，東山は私的に推敲を重ね，多数の書入れ・貼紙などのある2通りの自筆本，すなわち真文本と和文本を残した(真文本と和文本の本文の内容は同じ．補記もほぼ同内容)．本文11巻・附録2巻から成るが，附録は藩へ提出した稿本にはなく，それ以後に付したものである．現在，自筆の真文本は九州大学附属図書館に，和文本は対馬の厳原八幡宮神社に所蔵される．自筆本の内容は，第1巻が対馬の名義・国土・田租・国司・郡郷など対馬全体にわたる総論．第2巻が国府の地誌．第3巻から第10巻までは対馬全107村の村誌で，村ごとに名義・地理・山岳・海浦・神社・寺院の順に記している．第11巻は土産考．附録2巻には棟札銘や器物の図をのせる．本書は自然地理の記述はもちろんのこと，地名の由来や寺社の縁起，官制の沿革など詳細をきわめた地誌で，対馬の歴史・地理を知るための貴重な書物である．刊本には九州大学附属図書館所蔵の東山自筆真文本を影印した『津島紀事』3冊(鈴木棠三編，東京堂出版)がある．

参考文献 平山東山『津島紀事編緝之始終』(厳原八幡宮神社蔵『津島紀事』別巻)，対馬教育会編『対馬島誌』，鈴木棠三「津島紀事解題」(同編『津島紀事』付載) (長 節子)

010 対馬城 つしまじょう ⇨金田城(かねだじょう)

011 対馬国 つしまのくに 西海道の1島．肥前国(佐賀県)北方の壱岐島よりさらに北，九州と朝鮮半島との中間に位置する島で，現在，長崎県対馬市となる．対馬島が律令制下で国に準ずる扱いを受けたことに基づく呼称である．地勢は，現在でも87%が山林で，耕地はわずか3.3%であり，海岸線のほとんどは複雑に入り込んだリアス式海岸である．このような地理的条件のもとでも，早くから人が住みついていたことは，志多留貝塚(上県町)・浅茅湾遺跡群(豊玉町・美津島町)・塔ノ首遺跡(上対馬町)・矢立山古墳(厳原町)などの，縄文時代初期から古墳時代までの考古遺跡が多数分布していることからも知られる．文献史料では，『魏志』倭人伝が，3世紀にはすでに1000余戸の住民がおり，生産力が乏しいため，住民は漁業と交易で生計を立てていると述べている．このような住民の生活形態は，弥生時代遺跡が多く，遺跡から朝鮮半島系と北九州系の遺物

が同時に出土するというような考古遺跡の特徴からも推定される．また，天武天皇3年(674)の貢上以来，銀の特産でも知られたが，中世には廃れた．銀産は近世初期に再興され，17世紀後半には最盛期を迎えるが，18世紀にはいると衰退した．対馬島は，律令国家の成立以来，その地理的位置から朝鮮半島に対する外交と国防の最前線の島として，九州本土や中央政府と政治的・経済的に密接に結びつけられた．天智天皇2年(663)朝鮮半島の白村江での敗戦後，防人・烽が配備され，同6年には金田城(美津島町)が築かれたことなどはその好例であるが，同時に，朝鮮半島に対する侵略の足場ともなり，かつ，元寇(文永・弘安の役)をはじめとする朝鮮半島からの数度の侵攻も経験した．『延喜式』では上県・下県の2郡を管し，下国で，遠国であった．国府・国分寺は下県郡(厳原町)に置かれ，一宮は海神神社(峰町)である．このほか，『延喜式』に記載された式内社は29座と非常に多く，それも朝鮮半島と九州との間に位置するという対馬の特徴の反映とする見解もある．式内社は，その後の廃社・合併・改称などで，現在比定が困難なものもあるが，天道信仰の聖地となっている多久頭魂神社・八幡宮神社(厳原町)や和多都美神社・和多都美御子神社(豊玉町)など，名社・古社が多い．また，厳原町の国分寺(曹洞宗)・西山寺(臨済宗)・万松院(天台宗)をはじめとして，島内には中世以来の朝鮮関係などの遺物や古文書などを所蔵する寺院が多い．また田数は『和名類聚抄』によると428町．平安時代までの対馬で勢力をふるったのは対馬国造家で，それ以後，13世紀半ばまでは在庁官人の阿比留氏であった．阿比留氏の出自は明らかではないが，9世紀後半に入島・定着したと推定されている．13世紀後半からこれに替わって宗氏が台頭した．従来，宗氏は平知盛に出自し，対馬との関係はその子孫重尚による阿比留氏討伐(寛元3年(1245)に始まるとされていた(『寛政重修諸家譜』501)．しかし現在では，宗氏は大宰府官の惟宗氏の一支流である対馬在庁の惟宗氏が武士化したものとされ，文永11年(1274)の元寇で地頭代の資国(助国)が対馬で戦死していることから，このころに宗氏が少弐氏のもとで対馬支配に関係していたことは確実と考えられている．その後，宗氏は南北朝の内乱に乗じて対馬島の実質的な支配権を手中にし，末期には守護に昇格し，以後，戦国時代末期まで守護であった．しかし，15世紀初めころまでは宗氏本宗は少弐氏に従って北九州におり，対馬には代官を置いていたと考えられる．所伝では応永15年(1408)に貞茂が本拠を対馬三根郡(郷)佐賀(峰町)に移したといわれており，そのころ宗氏本宗は本拠を対馬に移すと同時に，島内支配と朝鮮関係の掌握に本格的に乗り出したと考えられ，宗氏が朝鮮関係に本格的に登場するのもこの時期からである．日本・高麗間に正式の国交はなかったが，寛仁3年(1019)の刀伊の入寇以来，九州・壱岐・対馬から貿易船が通うようになった．元寇以来この貿易は断絶し，観応元年(忠定王2，1350)以後，大規模な倭寇が朝鮮半島から中国遼東半島を襲った．この時期の倭寇の主体は対馬・壱岐・松浦地方の住民で，対馬島はその拠点であった．高麗とそのあとを継いだ李氏朝鮮は，倭寇禁圧のために室町幕府や九州探題などと関係を結ぶ一方で，日本人の通交貿易を許し，投降・帰化を認めるなどの懐柔策をとり，また，倭寇の根拠地を掃討するために，康応元年(恭譲王元，1389)と応永26年(世宗元，1419)とに対馬に侵寇した．しかし，もっとも効果的だったのは懐柔策で，倭寇は減少したが，その反面通交貿易者が激増し，朝鮮政府は対馬島の倭寇禁圧と通交貿易者の統制のために宗氏を優遇し，利用するようになった．当時の対馬島には82の浦に8000余戸の住民が住み，朝鮮や九州との交易・漁業・製塩などを営み，浦々には宗氏の庶流や古くからの土豪が勢力を張っていた(申叔舟『海東諸国紀』)．土豪には，朝鮮のみでなく，琉球とも通交した早田氏のような例もある．また，朝鮮の三浦(薺浦・釜山浦・塩浦)には日本人(おもに対馬島住民)が定住し(恒居倭人)，貿易と漁業に携わるようになった．宗氏は朝鮮政府に協力しながら，嘉吉3年(世宗25，1443)の癸亥約条(嘉吉条約)をはじめとする条約で，日朝関係における特権的な地位を固め，それを梃子に島内の庶流や土豪の間に支配を浸透させていき，15世紀後半の貞国のとき島内支配権をほぼ確立した．他方で宗氏は，大内氏との北九州での抗争に敗れて同地域の所領を失い，少弐氏とも決別して，対馬島のみを足場に，独自に戦国大名化の道を歩むことになる．16世紀にはいると朝鮮の通交貿易制限の方針と対馬島住民の貿易拡大要求の間で矛盾が激化し，永正7年(中宗5，1510)三浦の乱が起った．乱後通交貿易は厳しく制限され，宗氏は権益回復に務めるとともに，島外の朝鮮通交貿易者の権益も集中して，16世紀後半には朝鮮との通交貿易権をほぼ独占するに至った．天正15年(1587)の豊臣秀吉の九州平定に伴って，宗氏も豊臣政権に服属し，秀吉の朝鮮侵略(文禄・慶長の役)には全島を挙げて動員され，朝鮮貿易も断絶して，島は疲弊した．慶長10年(宣祖38，1605)江戸幕府のもとで講和が成立したのち，宗氏は朝鮮外交の実務と貿易の独占を許され，慶長14年(光海君元)の己酉約条以後，対馬島民の朝鮮貿易は正式に再開された．また，戦後の講和交渉以来の宗氏の不正(国書の改竄などを含む)が表面化したことで日朝関係上の大事件に発展した重臣柳川調興との争論(柳川一件)も寛永12年(1635)に解決され，対馬藩主宗氏の権力は安定し，かつ，以酊庵輪番制が設けられるなど，日朝外交体制も整備された．対馬藩は，近世を通じて日朝外交の実務を担うととも

に，朝鮮貿易の独占を許された特異な藩として存続したが，在地では，在郷給人(郷士)が領地のなかば以上を占め，被官・下人を使役して家父長制的経営を展開し，他藩の村役人にあたる役職も独占しており，農民は零細な経営規模と過重な夫役負担のために自立性が弱く，中世以来の構造が色濃くのこされた．しかし，そのために，対馬島が辺境に位置することと相まって，古くからの珍しい民俗信仰や行事，中世以来の古文書などが，現在に至るまでよく保存されたとも考えられる．幕末には西洋列強のアジア進出とともに対馬島の戦略的な重要性が増し，文久元年(1861)にはロシア軍艦ポサドニック号の芋崎(美津島町)占拠事件も起った．明治維新を経て，明治2年(1869)の版籍奉還で対馬府中は厳原，藩は厳原藩とされ，同4年の廃藩置県後は厳原県となり，同年9月伊万里県に合併された．翌5年5月伊万里県が佐賀県と改称されるに伴って同県の管轄となり，同年8月長崎県に編成替えになった．

参考文献　『新対馬島誌』，『長崎県史』古代・中世編，藩政編，中村栄孝『日鮮関係史の研究』，田中健夫『中世海外交渉史の研究』，同『中世対外関係史』
(荒野　泰典)

012 対馬島 つしまの　⇨対馬国(つしまのくに)

013 対馬藩 つしまはん　⇨府中藩(ふちゅうはん)

014 辻蘭室 つじらんしつ　1759〜1835　江戸時代後期の蘭学者．諱は章従(のりのぶ)．宝暦6年(1756)11月26日京都の医師村田玄隆の三男として生まれ，のち久我家の医師辻章業(のりおき)の養子となる．久我家の諸大夫となり医を職とし，大槻玄沢に書簡で教えをうけた．寛政7年(1795)主君信通の死にあい譴責．オランダ語を独習して蘭日辞典『蘭語八箋』を著作(天文，人品などに分類，未刊，草稿京都大学蔵)．京都では蘭語学習の草わけで語学の大宗と仰がれ，製薬でも一家をなし，その昇汞丹(しょうこうたん)製造は蘭薬に遜色がなかったという．さらに天文地理暦数や語学(マレー・ギリシャ・ロシア・朝鮮の各語，梵文，ただし深くはない)・医学博物・隧輸通攻など多方面の研究に従事した(京都大学蔵『蘭室伝記史料』による)．晩年出羽守，従四位下．天保6年(1835)12月13日80歳で没．大徳寺大慈院に葬られる．

参考文献　山本四郎「辻蘭室伝研究」(有坂隆道編『日本洋学史の研究』1所収)　(山本　四郎)

015 津田又左衛門 つだまたざえもん　生没年不詳　江戸時代前期の長崎の商人．慶長年間(1596〜1615)に商売のため暹羅(シャム，タイ国)に渡航し，同国の首府アユチャの郊外の日本町に滞在中，隣国と紛争が起り，暹羅国は苦境に陥ったので，国王の要請によって，在留日本人軍を編成し，山田長政とともにその指揮を取ってこれを撃破した．国王はその功を多として王女を又左衛門と結婚させ，やがてその間に一男が生まれた．寛永年間(1624〜44)の初めに長崎に帰り，材木町の乙名(おとな)に任ぜられ，ついで年行司(ぎょうじ)，常行司となり，傍ら暹羅語通事を勤めたが，本務多忙のため通事を森田長助に譲り，日本町の頭木村半左衛門や暹羅の高官の対日通交貿易の推進に斡旋して寛文年間(1661〜73)の末に及んだ．

参考文献　松浦陶編『長崎古今集覧』12(『長崎文献叢書』2集3)，『唐通事会所日録』1(『大日本近世史料』)
(岩生　成一)

016 筒井定次 つついさだつぐ　1562〜1615　安土桃山・江戸時代前期のキリシタン大名．幼名四郎．父は慈明寺順国．永禄5年(1562)大和国慈明寺城(奈良県橿原市)に生まれ，元亀3年(1572)筒井順慶の養子になる．天正12年(1584)順慶の遺領を継ぐ．翌年伊賀上野城に移り20万石を領し従五位下伊賀守に任じ羽柴の姓を賜う．さらに豊臣秀吉の関白拝賀の時供奉し，従四位下侍従に進む．文禄元年(1592)の朝鮮出兵時肥前名護屋城に駐屯し，同年秋長崎に赴いてイエズス会巡察師バリニャーノから受洗．慶長5年(1600)徳川家康の上杉景勝征伐に従軍し関ヶ原の戦後に本領を安堵さる．同13年6月家臣中坊秀祐により不行跡を訴えられて改易され，奥州岩城の鳥居忠政に預けられる．一説に改易はキリシタンであることが露顕したためといわれる．元和元年(1615)旧臣が大坂方に属したため不審を蒙り子息順定とともに死を賜わり同年3月5日自害，54歳．室は織田信長の女．

参考文献　『大日本史料』12ノ5，慶長13年6月是月条，同12ノ17，元和元年3月5日条，ルイス＝フロイス『日本書翰』(木下杢太郎訳)，シュタイシェン『切支丹大名記』(吉田小五郎訳)　(五野井隆史)

017 ツニガ　Pedro de Zuniga　⇨ズニガ

018 津波古政正 つぱこせいせい　1816〜77　琉球国最後の王尚泰の国師．幕末期に異国船(喋咭唎)通事として活躍した安仁屋(のちに与世山)政輔(東順法)を父に，1816年(文化13)8月21日(月日は清暦)首里に生まれる．童名は樽金，唐名は東国興．40年(天保11，清の道光20)より47年(弘化4，道光27)まで，官生として北京の国子監に学び，その間に『東国興詩稿』を著わしている．帰国後，国学講談師匠・系図座中取・高奉行等々を経て尚泰の侍講官となり，59年(安政6)佐敷間切津波古の地頭職に任ぜられ，以後津波古を名乗る．琉球王国末期の疑獄事件である牧志・恩河事件や琉球処分の際には，北京滞在中に得た学問や国際的感覚でもって尚泰王の国師として政治に携わっている．明治初期における第一級の知識人である．77年(明治10)8月31日，琉球処分(明治12年)を見ずして没す．62歳．

参考文献　『東姓家譜』『那覇市史』資料篇1ノ7)，尚球『廃藩当時の人物』，新里金福・大城立裕『近代沖縄の人びと』(『沖縄の百年』1)，河原田盛美

『琉球紀行』(『沖縄県史』14) （島尻　克美）

019　坪井信道　つぼいしんどう　1795〜1848　江戸時代後期の蘭方医．名は道，字(あざな)は信道，誠軒，冬樹と号した．寛政7年(1795)正月2日美濃国池田郡脛永村(岐阜県揖斐郡揖斐川町)に，岐阜城主織田秀信の流れをくむ坪井信之の四男として生まれた．文政3年(1820)江戸に出て按摩をしながら，宇田川榛斎の門にはいり蘭医学を学んだ．同12年深川上木場三好町に医業をひらき，治療をこうもの門前市をなしたという．かたわら学塾安懐堂をひらき，ついで深川冬木町にうつって，学塾を日習堂と改名した．毛利侯はその名声をきいて侍医として召しかかえ，300石を給した．同時代の伊東玄朴・戸塚静海とともに江戸の三大蘭方医と称せられた．文政9年『診候大概』1巻を著わし，西洋医方にもとづく診断法の大要をはじめて紹介し，体温計を用いて体温の測定方法を論じた．ほかに訳書として『製煉発蒙』2巻(文政12年)，『万病治準』30巻，『扶歇蘭杜(フーフェラント)神経熱論』3巻(天保4年(1833))などがあり，いずれも写本としてつたえられている．嘉永元年(1848)11月8日，54歳で没した．浅草誓願寺に葬られたが，のち多磨墓地，さらに染井墓地に改葬された．法名冬樹院松誉実誠信道居士．その墓碣銘は塩谷宕陰の撰するところである．門下として名をなしたものに，緒方洪庵・青木周弼・川本幸民・杉田成卿・黒川良安などがいる．

[参考文献]　青木一郎『坪井信道の生涯』，松尾耕三『近世名医伝』2　　　　　　（深瀬　泰旦）

020　投馬国　つまのくに　倭の小国の1つ．「とうまのくに」とも読まれている．『魏志』倭人伝に「南至=投馬国=水行二十日，官曰=弥弥=，副曰=弥弥那利=，可=五万余戸=」とみえる．邪馬台国九州説では，筑後国(福岡県)上妻・下妻郡，肥後国(熊本県)玉名郡・託麻郡，日向国児湯郡(宮崎県西都市)都万神社周辺，薩摩国(鹿児島県)高城郡託万郷などに比定され，邪馬台国大和説では，但馬国(兵庫県)，出雲国(島根県)，備後国鞆(広島県福山市)，周防国(山口県)佐波郡玉祖郷などに比定されている．投馬国の戸数5万余戸は，邪馬台国の7万余戸につぐもので，諸小国の中では，かなり大きな国であったことがうかがわれる．

[参考文献]　佐伯有清『研究史邪馬台国』，武光誠編『邪馬台国辞典』　　　　　　（佐伯　有清）

021　津守氏　つもりうじ　古代，摂津国の難波津一帯を管掌した名族．津守とは，住吉津(墨江津，すみのえのつ)を守る意，のち姓となる．『日本書紀』神功皇后摂政前紀によれば，ツツノオ三神を住吉に鎮祭した際，津守連の祖田裳見(たもみ)宿禰をして神主として祭らしめたとみえる．『新撰姓氏録』摂津国神別には「尾張宿禰同祖，火明命八世孫，大御日足尼之後也」とあり，田裳見の系はこれにつづくものであろう．爾来，田裳見宿禰を始祖として，世々，住吉大社の社家として奉仕をつづけた．その本拠地は西成郡津守郷(大阪市西成区)であり，天武天皇13年(684)には連姓より宿禰姓を賜わった．後裔は遣唐使(津守吉祥)をつとめたり，天平3年(731)には『住吉大社神代記』を編纂したりするなど史上での活躍が目立ち，また11世紀後半の第39代国基は歌を能くし，歌集に『津守国基集』があり，津守氏中興の人とよばれた．その後，南北朝時代には南朝方に味方して史上に著われ，皇室と深いかかわりをもちつつ，一族は摂津・和泉にわたって広く栄えた．宮司職は明治まで世襲されたが，大正に入り廃された．明治17年(1884)国美のとき男爵を授けられる．　→住吉大社(すみよしたいしゃ)

手搓足尼―豊吾田―的―平巳志―百済―許麿―手色

倭―山部―佐波良―船弓―白鳥―生羽―広麿―池吉

男足―浄山―国麿―島麿―真常―秋主―高継―浄永

全継―善雄―継麿―夏嶺―綱雄―助雄―雄助―利常

扶平―公則―良利―忠満―頼信―保忠―信国―国基

広基―俊基―盛宣―国盛―長盛―国長―経国―国平

国助―国冬―国道―国夏―国量―如国―国清―国豊

国博―国昭―国則―国賢―国順―国繁―国崇―国家

国通―国実―国治―国教―国該―輝教―国条―国頼

国礼―国福―国美(男爵)

[参考文献]　梅園惟朝『住吉松葉大記』

（吉井　良隆）

022　ツュンベリ　Carl Peter Thunberg　⇨トゥーンベリ

023　ツンベルグ　Carl Peter Thunberg　⇨トゥーンベリ

て

001 出会貿易　であいぼうえき　16世紀から17世紀にかけて日本船が明朝の海禁を避けてルソン島のマニラ，ベトナムの広南のような明船も来航する第三国の貿易地で行なった中国産物資の取引．明朝は隆慶元年（永禄10，1567）海禁を解いて国民の海外出航・貿易を許したが，日本への渡航は厳禁し，朝貢船でなければ外国船の来航も許さなかった．そこで明船も来航するマニラ・広南のような貿易港市に渡航していた日本船は，その地で中国の物産，特に生糸を多く買い付けた．日本船が明船と場所・期日などをあらかじめ打ち合わせ落ち合って取り引きするばあいに限らず，その地の問屋・仲買から明船が輸入した物資を仕入れるばあいをも含めて出会貿易という．後者のばあいは，諸国の船が貿易に出入りして，しぜんと集合することになっているところという意味での「出会地」における貿易である．すなわちこのばあいの出会貿易は「出会地貿易」である．
→朱印船貿易（しゅいんせんぼうえき）
参考文献　岩生成一『新版朱印船貿易史の研究』
（山脇悌二郎）

002 ディーメン　Antonio van Diemen　1593～1645　オランダの東インド総督．1593年クレムボルグ Culemborg に生まれる．1636年から45年までの在任中モルッカ諸島の反乱を2度の遠征で鎮圧し，40年にはポルトガル人の支配下にあったマラッカを占領した．また42年台湾北部にいたスペイン人を駆逐し，日本の鎖国体制の完成に伴って41年唯一のヨーロッパの国として日本貿易を独占するなど，アジアにおけるオランダの優位を確立するのに貢献した．バタビアでは42年『バタビア法令集』を定め，ラテン語学校，2つの教会を設立し，町の発展に尽くした．また，彼が派遣したタスマンの艦隊は，ニュージーランドやタスマニアなどオーストラリアの一部を発見した．45年4月19日没．
（永積　洋子）

003 ディエゴ＝デ＝サン＝フランシスコ　Diego de San Francisco　生没年不詳　フランシスコ会司祭，宣教師．1575年ごろスペイン，メンブリーヤに生まれ，俗名 Diego Pardo と称した．年代は不明だが，フランシスコ会のサン＝パブロ跣足派管区に入り，司祭になってから1605年にフィリピンへ渡り，09年に修練長に任ぜられ，12年（慶長17）に日本へ派遣され，京都で日本語を勉強することになった．14年（慶長18）のキリシタン禁令の際，彼は長崎の山中に隠れて国外追放を免れた．その後，江戸へ赴き，15年（元和元）4月14日に多くのキリシタンといっしょに逮捕され，16日に小伝馬町の町牢に投ぜられた．信徒たちはつぎつぎと処刑されたが，彼は向井忠勝の提言によって16年9月30日にメキシコへ送還された．18年4月にソテーロ一行とともにメキシコからマニラへ渡り，つづいて日本に潜入した．20年（元和6）に大坂を経て江戸へ赴き，7ヵ月ほどそこに滞在し，21年に長崎へもどった．26年（寛永3）4月8日に2人のフランシスコ会士とアウグスチノ会のフランシスコ＝デ＝ヘスス神父を連れて，肥前七つ釜（佐賀県唐津市）を出発して73日間，日本海沿岸を通って酒田に至り，同伴者を各地へ配置し，みずからは山形に居を定めた．29年（寛永6）9月に京都・大坂を経て長崎へもどり，32年（寛永9）までそこに居た．その後，消息を断ったので，彼の最期は不明．1610年（慶長15）以後の日本におけるフランシスコ会の上長として，同修道会の伝道を再組織した．彼の詳しい書簡や報告書は，キリシタン伝道をはじめ当時の社会状態について（たとえば江戸の町牢での体験談など）貴重な史料となる．
参考文献　『ディエゴ・デ・サン・フランシスコ報告・書翰集』（佐久間正訳，『キリシタン文化研究シリーズ』4）
（H・チースリク）

004 鄭希得　ていきとく　1573～?　16世紀末～17世紀初期，朝鮮の文人．字（あざな）は子吉，号は月峯．両班階層たる鄭咸一の次男として宣祖6年（1573）慶尚道晋州咸平に生まれ，幼少より文芸に才あり．宣祖30年（慶長2），豊臣秀吉の第2次朝鮮侵略（慶長の役）の際，全羅道霊光郡七山洋に避難中，蜂須賀家政の水軍部将森忠村に捕えられ，阿波徳島に連行さる．以後，翌年まで徳島に幽囚されるが，家政朝鮮出陣中の留守居役東首座の優遇をうけ，詩文の応酬など文芸上の交流を行い，さらに同じく被擄人姜沆（藤堂高虎の軍に捕えられ，のち京都に移されて藤原惺窩と交流した全羅道出身の朱子学者）の消息なども知り得た．慶長4年（1599），帰国．宣祖37年，進士に及第．仁祖元年（1623）あるいは同18年に没という．日本での被擄日記『月峯海上録』（日本の見聞録，風土，日録，詩，疏文など収められ，朝鮮被擄人の一端について知り得る貴重な史料）がある．→月峯海上録（げっぽうかいじょうろく）
参考文献　中村栄孝『日鮮関係史の研究』中，『影印月峯海上録』（『朝鮮学報』23・25・26），那波利貞「月峯海上録攷釈」（同21・22合併号），石原道博「月峯海上録について」（同23）
（北島　万次）

005 鄭経　ていけい　1642～81　中国，明末の鄭成功の長子．字（あざな）は賢之・元之，幼字は錦舎，号は式天．また朱経・鄭錦ともよばれる．嫡室は唐氏，妃は陳・林・李・頼・黄の5氏．弟は9人．父成功の死後，厦門（アモイ，福建）から台湾に入り，招討大将軍世子を称した．東都（台湾）を東寧府と改名，大陸反攻の機をうかがい，三藩の乱のとき，靖南王耿精忠の請援に呼応

して，福建・広東の沿海を攻略．この間，厦門と台湾に商館をおいたイギリス東インド会社と貿易し，また父成功の志をついで，日本請援と呂宋(ルソン)招諭を続行した．しかし乱の平定とともに台湾に退き，翌年病死．40歳．

参考文献　石原道博『明末清初日本乞師の研究』，同『国姓爺』(『人物叢書』22)　　　　　(石原　道博)

006　丁巳約条ていしやくじょう　朝鮮明宗10年(弘治元，1555)の乙卯達梁の倭変後，同12年4月，対馬島主宗氏の歳遣船に関して朝鮮が定めた条約．明治以後，弘治条約ともよばれた．丁未約条で制限された通交条件の緩和を求めて，宗氏はたびたび交渉したが，朝鮮側は一貫して拒絶した．ところが，日本海賊団が全羅道を襲った乙卯達梁の倭変が起き，朝鮮側は大きな衝撃を受けた．こうした状勢の中，宗氏は倭寇に関する情報を提供したり賊の首を献じたりして，条件緩和の交渉を続け，同11年には，日本国王使僧天富・景轍玄蘇を渡航させた．交渉の結果，海賊禁圧の強化を条件に，宗氏の歳遣船を5隻加えて，年30隻とする丁巳約条が定められた．この約条は，文禄・慶長の役で通交が断絶するまで維持された．また同18年(永禄6)，22年の2度の交渉で，22名が受図書人として復活している．　→丁未約条(ていびやくじょう)

参考文献　『朝鮮明宗実録』，中村栄孝『日鮮関係史の研究』下，米谷均「16世紀日朝関係における偽使派遣の構造と実態」(『歴史学研究』697)　　　　　(関　周一)

007　鄭若曾ていじゃくそう　生没年不詳　中国明末の地理学者で経世家．号は開陽．江蘇省崑山の出身．魏校・湛若水・王守仁らに師事．嘉靖年代の初めに貢生となり，ついで胡宗憲の幕下で倭寇平定のために活躍した．『籌海図編』はその代表的著述である．他の著述に『江南経略』『海防図論』『海運全図』『海運説』『太倉至北京海運故道』『黄河全図』『黄河議』『蘇淞浮糧義』『万里海防』『日本図纂』『江防図考』『朝鮮図説』『安南図説』『琉球図説』などがあり，子孫の鄭起泓・鄭定遠が編した『鄭開陽雑著』11巻に収められている．ほかに『皇明経世文編』にも5編の論文がとられている．いずれも広汎な資料蒐集にもとづく労作で，明末地理学の水準を示すものであり，後世に及ぼした影響も大きい．　→胡宗憲(こそうけん)　→籌海図編(ちゅうかいずへん)

参考文献　藤田元春『日支交通の研究』中近世編，田中健夫『中世海外交渉史の研究』　　(田中　健夫)

008　程朱学ていしゅがく　⇨朱子学(しゅしがく)

009　鄭舜功ていしゅんこう　生没年不詳　中国明末の経世家，冒険家．新安郡(安徽省歙県付近)の人．倭寇が猖獗を極めた嘉靖34年(弘治元，1555)，みずから使者となり日本を諭したいと上奏し，浙江総督楊宜の推薦を受け，日本事情探査と日本宣諭の朝命を受けた．翌年5月広東を出航し，日本の京都に向かう途中九州近海で暴風にあい，遅くとも7月に豊後に至った．臼杵海蔵寺の塔頭竜宝庵に滞在して日本情報の収集や大友氏への倭寇禁圧要請を行う一方，禁賊交渉のため従事沈(しん)孟綱・胡福寧らを京都に派遣した．12月大友氏の使僧清授らと日本を離れ，嘉靖36年広東を経て寧波(ニンポー)に至った．帰国してみると，楊宜は趙文華の弾劾により失脚しており，鄭舜功は7年間投獄され，清授は総督胡宗憲の上奏により四川に流された．著書に『日本一鑑』がある．なお鄭舜功は享禄2年(1529)にも来日しているとする説が江戸時代以来あり，史料の博捜によるさらなる事績の考証が求められている．　→日本一鑑(にほんいっかん)

参考文献　片山晴賢「『日本一鑑』名彙の研究」1(近思文庫編『日本語辞書研究』1所収)　　(中島　敬)

010　程順則ていじゅんそく　1663～1734　近世琉球の政治家，学者．虞氏京阿波根から養子として入り程氏を継いだ泰祚を父に，鍾氏粟国親雲上宗盛の三女饒古樽を母に，1663年(寛文3)10月28日(月日は清暦)久米村に生まれる．童名は思武太，字(あざな)は寵皇．号は念菴，名護親方または名護聖人とよばれる．74年(延宝2)の若秀才を皮切りに，通事，都通事，中議大夫，正議大夫，紫金大夫などを経て1719年(享保4)隆勲紫金大夫加銜法司正卿(三司官座敷)となる．1683年(天和3，清の康熙22)謝恩副使王明佐に随って中国に赴き，学問を修めるため閩に4年間逗留した．89年(元禄2，康熙28)には存留通事として再度渡唐，3年間滞留している．その帰国に際し，十七史全1592巻を買い求めたほか，『六諭衍義』や『指南広義』を板行して持ち帰っている．この『六諭衍義』は，薩摩藩を経て将軍徳川吉宗へ献上され，さらに荻生徂徠の訓点，室鳩巣の和訳により刊行され，近世庶民教育の手本とされた．1713年(正徳3)には，将軍封襲慶賀の掌翰使として江戸に上り，その時の新井白石との会見が『南島志』や『采覧異言』として著わされたという．順則の著作としては，漢詩集の『雪堂燕遊草』『雪堂雑俎』などがある．34年(享保19)12月8日(月日は清暦)没．享年72．墓は那覇市識名にある．

参考文献　『程氏家譜』(『那覇市史』資料篇1ノ6)，伊波普猷・真境名安興『琉球之五偉人』，真栄田義見『程順則伝』　　(島尻　克美)

011　鄭芝竜ていしりゅう　1604～61　中国，明末の鄭成功の父．南安(福建)の人．字(あざな)は飛黄・飛皇・飛虹，通称一官・老一官・平戸一官．外国ではIquan, Yquan, Equanとよばれた．澳門(マカオ)で受洗，Nicolasは洗礼名．父の紹祖(象庭・翔宇)も，日本に来たといわれる．弟

に芝虎・芝鳳(鴻逵)・芝豹らがいる．平戸で田川七左衛門の娘(倭婦・翁氏)をめとり，福松(森・成功)・次郎左衛門(七左衛門)の2子をあげた．妾に顔・陳・李・黄の4氏，4子がいる．日本甲螺(かしら)顔思斉(振泉)の後継者のようにいわれるが，実は李旦Captain Andrea Dittisの死後強大となったもの．明に招撫されて海防遊撃・総兵官・都督となり，日本南海貿易に活躍．明が滅びると，南京(江蘇)の福王弘光帝から南安伯に，また福州(福建)の唐王隆武帝からは平虜侯に封ぜられ，ついて太師平国公．日本に請援もした．しかし福州が陥ると，南明復興運動にみきりをつけて清に降り，こんどはしきりに子の成功の招諭につとめ，これが失敗すると，順治18年(1661)4月謀叛律に問われて族誅．58歳．明末清初の弐心伝・逆臣伝にみる1つのタイプ．

参考文献　石原道博『明末清初日本乞師の研究』，同『国姓爺』(『人物叢書』22)，同「鄭芝竜集団の軍事的基盤」(『軍事史学』3)，岩生成一「明末日本僑寓支那人甲必丹李旦考」(『東洋学報』23／3)，前嶋信次「鄭芝竜招安の事情について」(『中国学誌』1)
(石原　道博)

012 鄭成功 ていせいこう　1624～62　中国，明末復興運動の中心人物．寛永元年(1624)7月14日(7月23日，7月15日ともいう)，日本の平戸の生まれ．幼名福松，中国名森，字(あざな)は明儼，号は大木，諡は忠節．国姓(明皇帝の姓)である朱を賜わったので国姓爺(こくせんや)として名高いが(爺は敬称)，みずから朱成功とは称しなかった．西洋にはCoxinga, Koxinga, Koxinjaなど，20余りの呼び名で伝えられている．父は明の鄭芝竜，母は田川七左衛門の娘．弟に次郎左衛門のほか，異腹の4弟がある．森およびこれら4弟(焱・垚・鑫・淼)は木火土金水の五行にちなんで命名されている．7歳のとき，単身明に渡り，南安県(福建)学員生となり，南京(江蘇)の太学に学び，銭謙益に師事．明が滅び，唐王隆武帝の知遇を得，国姓朱を賜い，成功と改名，忠孝伯に封ぜられた(1645年)．抗清復明の決意をいっそう固めたのは，父芝竜の降清と，大陸に渡った母田川氏が安平城(福建泉州)で自害してからのこと(46年)．厦門(アモイ，福建)の中左所を思明州と改め，ここを本拠として沿海各地に軍事・経済の拠点を拡大，大陸反攻のチャンスをねらった．これと併行して，いわゆる東洋・西洋を連ねる貿易を行い，直属の五大商や十商行などは，日本・琉球・台湾・安南・交趾(コーチ)・シャム(タイ)・呂宋(ルソン)などに及んだ．桂王(永明王)永暦帝から威遠侯・漳国公・延平郡王・潮王に封ぜられ，日本に数回請援，乾坤一擲の北征(南京攻略)を敢行したが，一敗地にまみれた(58～59年)．従軍した朱之瑜(舜水)が，日本投化を決意したのはこの直後．清が沿海5省の遷界令をしいた年(61年)，オランダ人の拠る台湾を攻略．このとき，オランダ側へはバタビアからの救援部隊，清の応援申込みもあった．翌永暦16年(1662)，イタリア宣教師ビトリオ=リッチVittorio Ricci(李科羅)を呂宋招諭に赴かせたが，志をとげないまま5月8日急死．39歳．近松門左衛門の『国性爺合戦』はかれに取材したもの．清朝もかれを顕彰して諡号をおくり，建廟を許した．現在，中国でも台湾でも，民族英雄として注目されている．

参考文献　台湾銀行経済研究室編『鄭成功伝』(『台湾文献叢刊』67)，同編『鄭氏関係文書』(同69)，石原道博『国姓爺』(『人物叢書』22)，鄭成功研究学術討論会編『台湾鄭成功研究論文選』，厦門大学歴史系編『鄭成功研究論文選』，石原道博「鄭成功関係史料補説」(『茨城大学文理学部紀要』人文科学12)，台湾省文献委員会編「鄭成功復台三百週年紀念特輯」(『台湾文献』12／1)，台湾風物社編「鄭成功開台三百週年紀念特輯」(『台湾風物』11／3・4・6・12), D. Keene: The Battles of Coxinga, Cambridge Oriental Series No. 4.
(石原　道博)

013 ティツィング　Isaac Titsingh ？～1812　長崎出島の商館長．1744年(45年とも)アムステルダムの生まれ．安永8年(1779)～9年，天明元年(1781)～3年，同4年の3回長崎出島のオランダ商館長を勤めた．はじめ医学を学んだといわれていたが近年の情報ではライデン大学で法学を学んだという．1766年東インド会社入社．安永8年出島商館長として来日．同9年，天明2年江戸参府．85年バタビア帰任後ベンガル長官その他の要職を歴任，93年遣清国大使として清国に至り翌年乾隆帝に謁見した．96年会社をやめ英国ロンドンに移住，1801年本国に帰る．ついでパリに移住，在日間蒐集した日本関係資料の整理翻訳および執筆に努めIllustrations of Japan(『日本風俗図誌』), Nipon O Dai Itsi Ran(『日本王代一覧』)などを著わし前者は1822年，後者は1834年公刊された．日本人との接触広く朽木昌綱・島津重豪ら大名，桂川甫周・中川淳庵ら蘭学者，長崎奉行久世広民や吉雄幸作以下多くの和蘭通詞と親交あり，また田沼意次・意知父子とも接触があったのではないかと思われる．離日後もこれら日本人と通信あり朽木・中川ら13人の日本人の書翰25通が今日京都大学附属図書館所蔵の彼の書翰集の中に含まれている．したがって彼の名は当時の，また後世の日本人の間にも日本趣味あり学識ある商館長として聞え出島の彼の居室は日本風に飾られているといわれていた．その遺稿・書翰その他の関係資料は今日多くロンドンの大英図書館British Libraryに所蔵されている．

参考文献　岩生成一「出島蘭館長イザーク・チッチング研究資料」(日本大学史学会編『(石田・和田・竜・山中)頌寿記念史学論文集』所収)，横山伊徳『オランダ商館長の見た日本―ティツィング往復書翰集―』
(沼田　次郎)

014 ティツィング日本風俗図誌 ティツィングにほんふうぞくずし　ティツィングIsaac Titsinghの死後1822年に出版された彼の主著. 原名Illustrations of Japan: consisting of private memoirs and anecdotes of the reigning dynasty of the djogouns, or sovereigns of Japan: a description of the feast and ceremonies observed throughout the year at their court: and of the ceremonies customary at marriages and funerals, London, 1822. 内容は大体2部に分かれ第1部は歴代将軍の代々の政治的事件, 挿話等々を記し第2部は主として日本人の婚礼・葬礼などにつき記す. またその間に彼が経験した10代将軍徳川家治時代の政治社会の挿話, 落首, 評判記などのほかに浅間山の噴火, 長崎奉行久世広民との西洋式船舶造船技術の導入に関する折衝や島津重豪, 田沼意次・意知父子らの開明的意図を推測せしめる記事等々を含み, 外国人の日本見聞記として特異なものを持つ. Bijzonderheden over Japan, 's Gravenhage, 1824-25はこの書の蘭訳であるが多少記事の順序を入れ変えたり改めたりしたところもある. 邦訳として沼田次郎訳『ティチング日本風俗図誌』(『新異国叢書』7)がある.

(沼田　次郎)

015 鄭迥 ていどう　⇨謝名(じゃな)

016 丁未約条 ていびやくじょう　朝鮮中宗39年(天文13, 1544)の甲辰蛇梁の変後, 明宗2年(天文16, 1547)2月に朝鮮が定めた日本からの来航者取扱規則の条目. 明治以後, 天文条約ともよばれた. 甲辰蛇梁の変の結果, 壬申約条が破棄され, 日本国王(足利将軍)および大内氏・少弐氏の使船を除き, 対馬などからの日本人の接待はいっさい禁じられてしまった. そのため, 対馬側は, 日本国王使僧安心を通じて復旧交渉を行い, 約条が定められた. 内容は, (1)壬申約条後, 30隻に改訂されていた対馬島主宗氏の歳遣船を再び25隻に削減する, (2)風浪にかこつけて加徳島以西に来泊する者は賊とみなす, (3)50年以前の受図書人・受職人は, 壬申約条の例により接待を許さない, などであり, また浦所を釜山浦のみとした. 壬申約条の規定を基本線として通交者の統制を強化するものであったが, そのため対馬側はその緩和をたびたび求め, 明宗12年(弘治3)丁巳約条が定められた. →甲辰蛇梁の変(こうしんだりょうのへん)　→壬申約条(じんしんやくじょう)　→丁巳約条(ていしやくじょう)

[参考文献] 『朝鮮明宗実録』, 中村栄孝『日鮮関係史の研究』下

(関　周一)

017 鄭夢周 ていむしゅう　1337〜92　高麗末期の文臣・学者. 諱ははじめ夢蘭, ついで夢竜, のち夢周と改めた. 字(あざな)は達可. 号は圃隠. 諡号は文忠. 父は瓘. 母は李氏. 本貫は迎日(慶尚北道). 恭愍王9年(1360), 科挙に首席で及第し, 恭愍王・辛禑王・辛昌王・恭譲王の4代に仕えた. 禑王3年(永和3, 1377), 海賊禁制を求める使者となって日本へ使いし, 博多で九州探題今川貞世に交渉して, 貞世に管下に対する禁賊を約させ, また倭寇によって掠去された俘虜数百人を伴い還ることに成功した. 高麗では従来禁賊要請を, 日本の中央政府に対して行なっていたが, これが転機となって, 以後, その相手を今川貞世・大内義弘など倭寇根拠地の実力者に切りかえた. また元・明交替期に, 明へ2度使いし, 親明派として活躍した. 恭譲王4年(1392)4月4日, 李成桂を王に推戴する計をはばもうとして, かえって芳遠(李成桂第5子, のちの太宗)によって都開城の善竹橋の傍で殺された. 時に56歳. 性理学を深くきわめて東方理学の祖と称される. 文集に『圃隠集』がある.

[参考文献] 『高麗史』列伝30, 『高麗史節要』

(長　正統)

018 デ゠サンデ Duarte de Sande　⇨サンデ

019 出島 でじま　長崎市内の町名. 江戸時代には, 「てしま」「でじま」の2つの表記があるが, オランダ人など当時のヨーロッパ側記録ではほとんど「デシマ」である. 長崎では元亀2年(1571)の開港以来, ポルトガル人をはじめヨーロッパ人は, 市内に雑居していたが, キリスト教の伝播をおそれる江戸幕府は, 寛永13年(1636), 市内を貫流する中島川下流の弧状の洲(『長崎雑記』)を, 25人の豪商(のちの出島町人)に命じて扇形に整えて家宅を建てさせポルトガル人を収容し, 合計銀80貫目の家賃をとらせた. 同16年ポルトガル人を追放し, これが空き家になると, 同18年5月17日(1641年6月24日)平戸にあったオランダ東インド会社日本商館をここに移し, 家賃銀55貫目を地権者たる出島町人に配分した. そこで阿蘭陀屋敷ともよばれ, 以後安政4年8月(1857年10月)日蘭追加条約により鎖国的貿易制度が廃止されるまで, 貿易を通してわが国唯一のヨーロッパ世界との接点となった. 長崎の町とこのわずか3969坪余の小島は, 1つの橋でつながり, 橋の手前には制札が掲げられていて, 出島役人(出島町人から任ぜられる出島乙名(おとな)・組頭, および日行使・筆者・金場役・料理人・コンプラ仲間などの下役と, オランダ通詞136人で, 宝永5年(1708)には合計224人), 門鑑を持った入札商人・日雇人夫, および遊女以外の出入りを禁じ, オランダ人は許可を得て役人の警護のもとでしか外出は許されなかった. 出島内の建造物の種類や位置は, 寛政10年(1798)の大火の前後ではかなりの変化はあったが, 基本的には鎖国期を通して変わっていない. 1820年(文政3)O. Fisscherの出島の平面図, 建物の模型とその名称表によれば, 表門・水門・検使席・乙名部屋・通詞部屋・町人部屋・火消道具置場・番所などの管理施設17棟, カピタン(商館長)部屋をはじめ, 新カピタン・補助員・医師・書記・倉庫長・大工・裁縫師などの居住施設や台所・涼み所(娯楽施設)など15棟,

大小の倉庫16棟，その他オランダ旗竿・庭園・時鐘・牛小屋・豚小屋などがあった．出島の機能の第1はオランダ貿易であるが，文化面でも，17世紀半ばの医師カスパルやテン=ライネらはいわゆる紅毛流外科を楢林鎮山・本木良意らの通詞や嵐山甫安などの諸藩医に伝え，その後のケンペル・ツンベルグ・シーボルト・モーニッケ，開国後のポンペ・ボードワンなどは，医学のほか植物学・薬学・化学・天文学・物理学の面で大きな影響を与え，商館長では初期のカロン，後期のチチング・ドゥーフ・ブロンホフなどの日本研究は著名である．商館長は1年おきに交代したが，毎年頭の江戸参府にはオランダ医師や通詞が付き添い，厳しい制制下にも各地の蘭学者らとの交流をもった．蘭学は外圧の危機感から軍事科学を主とする広い分野の洋学へと進み，開国前後，幕府・諸藩の伝習が出島を中心に行われた．安政2年12月(1856年1月)日蘭和親条約てオランダ人の市内遊歩が認められ，同6年6月開港に伴い，鎖国的な通商上の制約の廃止とともに出島の管理権はオランダ領事官にうつり，日本側の役人・番人は引き払った．これと平行して市のはずれに外国人居留地が拓かれたが，出島も慶応2年(1866)居留地に編入され(明治32年(1899)居留地廃止)，木造洋館や石造倉庫の建造が進んだ．慶応3年出島の南側全面に幅4間の遊歩道が築出され，明治になると新教教会や神学校が進出して雰囲気も変化した．その後中島川の変流工事により，明治21年北側の江戸町に沿った幅平均10間が削られて川床となり，逆に東側の築(つき)町との間の潟は埋め立てられ(昭和29年(1954)に再び掘って銅座川口とす)，さらに明治32年から37年にかけて西・南側水面が広く埋め立てられて，扇形の出島は完全に内陸化した．　→オランダ商館

　参考文献　長崎市出島史跡整備審議会編『出島図—その景観と変遷—』　　　　　　　　(中村　質)

　出島の発掘・復元　長崎市は，長崎市出島史跡整備審議委員会・第2次出島史跡整備審議委員会の審議・答申により，平成8年(1996)出島復元の短・中期計画と長期計画を策定した．短・中期計画はカピタン部屋をはじめとする，1820年代の建物25棟の建設と，護岸石垣を整備して扇形の出島の顕在化を行うもので，長期計画は出島周辺の国道などの整備や中島川と銅座川の水路を変更して，出島の周囲を水面とし，19世紀初頭の出島を完全に再現するというものである．平成20年8月現在，カピタン部屋・ヘトル部屋・一番蔵など10棟が完成している．発掘調査も，平成8年の第1期整備事業から以後順次行われ，コンプラ醤油瓶・古伊万里などの貿易資料やクレーパイプ・ジンボトルなどの商館員の生活資料など多数が出土し，これら出土品は考古館(旧石倉)で展示公開されている．

　参考文献　長崎市教育委員会編『国指定史跡出島和蘭商館跡　西側建造物復元事業に伴う発掘調査報告書』他，山口美由紀『長崎出島』(『日本の遺跡』28)　　　　　　　　(原田　博二)

020　出島間金　でじまあいだきん　わが国は慶長年間(1596〜1615)には金が欠乏し銀を輸入品の交換にあてていた．しかし銀も無尽蔵というわけにはゆかず，寛文年間(1661〜73)には国内銀の逼迫を感じていた．寛文4年嶋田久太郎が長崎奉行の時オランダ人がはじめて金を外国へ持ち渡りたい旨願い出たので金500両をためしに持ち渡らせ，翌5年には3万両，同6年には5万両を持ち渡らせた．そうして同8年オランダ人による銀の搬出を廃止した．両替比率は銀68匁を1両とした．当時の日本国内相場は56〜57匁であり両者の間に約10匁の差が生じた．この銀子を間金という．寛文12年より貞享元年(1684)の間に間金10万720余両を得た．間金は長崎地下への落銀として高木作右衛門手代給金ならびに扶持米代，御用物蔵修復料などにあて，残金は箇所別・かまど数に割合せ配分し，なお残れば翌年の間金の基にした．　→市法貨物商法(しほうかもつしょうほう)

　参考文献　大岡清相編『崎陽群談』6(『日本史料選書』10)　　　　　　　　(武野　要子)

021　鉄舟徳済　てっしゅうとくさい　？〜1366　南北朝時代の臨済宗夢窓派の僧．法諱は徳済，鉄舟はその道号，別に百拙とも号した．下野の人．出家して大覚派の師について剃髪したと思われるが，のち夢窓疎石に参じ，ついて至元年間(1335〜40)の初めに同志とともに入元し，廬山の竺田悟心，開先寺の古智慶哲，金陵の古林清茂などの間を歴参し，元の順宗皇帝より円通大師と特賜された．帰国して天竜寺の夢窓疎石・無極志玄に参じて秉払を務め，貞和3年(1347)12月には阿波の補陀寺に住して夢窓に嗣香を通じてその法嗣となった．康安2年(1362)2月に石室善玖の後席を継いで京都の万寿寺に出世し，晩年は播磨の瑞光寺，または嵯峨に竜光院を構えて閑居した．蘭石図・蘆雁図など水墨画の名手としても知られたが，貞治5年(1366)9月15日に竜光院で示寂した．遺著に語録と詩集としての『閻浮集』があり，門弟には象外集鑑・華渓梵英の2人がある．

　参考文献　『大日本史料』6ノ27，貞治5年9月15日条，『天竜宗派』，玉村竹二編『扶桑五山記』，上村観光『五山詩僧伝』(『五山文学全集』5)，玉村竹二『五山禅僧伝記集成』，北村沢吉『五山文学史稿』　　　　　　　　(葉貫　磨哉)

022　徹通義介　てっつうぎかい　1219〜1309　鎌倉時代曹洞宗の僧．諱は義价とも書き，また義鑑ともいう．俗姓は藤原氏．承久元年(1219)2月2日越前に生まれ，寛喜3年(1231)13歳，日本達磨宗の波着寺の懐鑑について剃髪し，翌年比叡山に上り具足戒を受け比丘となる．仁治2年(1241)懐鑑および他の門人とともに京都深草興聖寺の道元のもとに集団入門した．以来深く道元に帰投し，

寛元元年(1243)道元の北越移錫に従い、永平寺で典座・監寺の要職に任じた。道元入滅のあと孤雲懐奘に随って法を嗣ぐ。ついで師命を奉じ京都の建仁・東福、鎌倉の寿福・建長各寺を見学し、また正元元年(1259)中国に渡り4年の間、名刹を歴訪し『五山十刹図』を将来し、帰国後は永平寺の山門・廻廊などを整備し各種の儀礼規定を設けた。文永4年(1267)永平寺3世に晋住し在任6年で退き、山下の養母堂で母を養ったが、弘安3年(1280)懐奘の入寂にあい62歳で再住した。永仁元年(1293)加賀国押野荘(金沢市)大乗寺の澄海の招きをうけ75歳で移り、真言院を禅院に改めて住した。同6年大乗寺を弟子の瑩山紹瑾(けいざんじょうきん)に譲り、その後はひとり庵室に隠居し、延慶2年(1309)9月14日91歳で入滅した。塔を寺の西北隅に建て定光院という。門弟の紹瑾が、永光寺や総持寺などを開創してから曹洞宗の教勢は全国的に拡張された。

参考文献 『永平寺三祖行業記』(『曹洞宗全書』史伝上)、『(元祖孤雲徹通)三大尊行状記』(同)、懶禅舜融編『日域曹洞列祖行業記』(同)、湛元自澄編『日域洞上諸祖伝』上(同)、嶺南秀恕編『日本洞上聯燈録』1(同)、三州白竜編『大乗聯芳志』(同)

(桜井 秀雄)

023 **鉄砲** てっぽう 現代では火薬またはガス圧によって弾丸を発射しうる機能をもった金属製の筒形携帯火器を指すが、かつては火器を総称する言葉として使われ、口径の大きな大砲(大筒・大銃・火砲・仏狼機・破羅漢・発郎機・発熕・石火矢・国崩・半胴火矢・大鉄砲)、銃身の長い銃(長筒・狭間筒・置き筒)、携帯小銃(中筒・小筒・手筒・手銃・火銃・鉄火銃・雷銃・鳥銃・鳥嘴銃・風銃・気砲)、銃身の短い銃(短筒・短銃・芥砲・塵砲・馬筒・馬上筒・騎銃)、銃身の短い砲(火矢筒・短火矢筒)などさまざまの名で呼ばれる大小の銃砲および玉火矢・炮烙火矢・大国火矢・合図火矢までも鉄砲と称した。一般に銃砲を発達史から分類する場合は、点火機構によって指火式(タッチホール)・火縄式(マッチロック)・歯輪式(ホイルロック)・燧石式(フリントロック)・雷管式(パーカッションロック)・薬莢式(カートリッジ)に時代区分をするが、前装銃時代・後装銃時代といった分け方もある。わが国の歴史において鉄砲という場合は、伝来の地名に因んで種子島銃あるいは単に種子島とも称される前装式の火縄銃を指すことが多いが、史料上では文永11年(1274)、博多湾に襲来した元軍が用いた「てつはう」が最初である。これは中国において「震天雷」または「鉄砲」と呼ばれたもので、鉄製の中空弾殻に火薬を詰め、口火に点火してから投石機で発射される砲弾であった。このとき火光と大音響を伴うものを鉄砲と表現したため、室町時代の史料には爆竹についても「鉄炮」とか「鉄放」と記録され、ここから天文以前すでに火器が日本人に知られていたとの誤解が生まれた。近代の概念でいう鉄砲は、天文12年(1543)種子島に渡来したときに始まる。このとき伝来した鉄砲はマラッカ型の瞬発式点火機構を持つ東南アジア製の火縄銃で、ヨーロッパ銃やルーム銃の緩発式点火機をもつ火縄銃とは機構上大きな違いがある。瞬発式点火機と緩発式点火機との得失は一概にいえないが、命中精度においては瞬発式が勝るものの、安全性や操作性においては緩発式が優れていることから、ヨーロッパや中国のように平原で戦うため編成された組織的軍隊の装備には緩発式が採用され、東南アジアや日本のように地形が狭隘で集団戦闘の困難な国では、命中度のよい瞬発式が好まれる。特に一騎討ちによる戦闘様式を重んじてきたわが国では、命中がすべてに優先し、伝来後ヨーロッパ式の緩発式火縄銃が紹介されても、ほとんど興味を引いていない。このことは寛永年間(1624～44)に燧石銃がもたらされたときも同じで、他の点でいかに優れていても命中度の劣る鉄砲は問題にされなかった。このように幕末まで火縄銃に固執したことを以て、しばしば封建制度下での技術停滞の一例とされるが、燧石を鋼鉄製の当金に打ちつけて発火させる燧石銃は、常に生火を保持する火縄銃に比べて安全ではあっても、発射時の撃発による衝撃で銃が動揺し、精密な命中を望み得ない。衆に抽んでることを目的とする日本の武術修得においては、このような命中精度の劣る鉄砲が歓迎されるはずはなく、火縄銃は日本の戦闘様式、さらにはそれを育んだ地勢風土に定着するものとなった。幕末に至って命中度の劣る燧石式ゲベール銃や雷管式ゲベール銃が採用されたのは、兵制をヨーロッパ式に改革したための必然的な結果にほかならない。この火縄銃の最大射程は銃の口径や銃身長によって異なるが、通常軍用に使用される銃身長1mぐらいの6匁玉筒(口径15.8mm)で500m前後に達する。命中精度としては常薬量を用いて射撃した場合、20mで直径10cmほどの標的に命中させることができるが、人馬ぐらいの大きさの標的となると100mが射距離の限界で、それ以上の距離では急速に命中が粗くなる。装塡速度も鉄砲の大きさによって異なるが、6匁玉筒ぐらいの銃では1分間に4、5発の発射が可能である。操作方法は、まず銃口から規定された量の黒色火薬と鉛弾を入れ、込矢をもって突き固める。次に火蓋を開けて点火薬を火皿に注ぎ、火蓋を閉じて準備を終える。射撃をするときは、火挟の竜頭に火縄を付け、左手に銃床を支えて火蓋を切り、銃尾を右手に握って照準を定め、引鉄を引けば、火は火皿の点火薬を通じて薬室内の装薬に伝火し、弾丸が発射される。江戸時代における鉄砲の規制は、豊臣秀吉の刀狩令を踏襲しており、庶民の鉄砲所持を厳しく禁止するもので、寛永6年には毎年鉄炮改が実施される旨の触が出されたが徹底できず、享保

2年(1717)の触によって幕府の鉄砲規制の基本がつくられた．しかし猪・鹿による農作物の被害を防止するためには，農民の鉄砲所持を認める必要が出てきたので，所有権を認めないで一定の制限の下に所持を許可する方針をとった．これは拝借鉄炮とか預鉄炮と呼ばれるもので，許可の期間によって日切鉄炮あるいは四季打鉄炮と称した．また鉄砲の移動についても規制が行われ，特に関八州への持ち込みについては，大小を問わず老中の許可を必要とした．　→鉄砲伝来（てっぽうでんらい）

参考文献　洞富雄『種子島銃』，有馬成甫『火砲の起源とその伝流』，所荘吉『火縄銃』　　（所　荘吉）

024　鉄炮記　てっぽうき　天文12年(1543)，種子島へ漂着した日本初来のヨーロッパ人によって，洋式小銃が伝えられたことを記したもの．撰者は薩摩の大竜寺の文之玄昌（南浦と号す）で，慶長11年(1606)，種子島の領主種子島久時の依頼をうけ，日本における鉄砲のおこりに果たした種子島氏の功績をたたえている．この記録は，こうした成立の事情からして曲筆の気味もあり，また筆録の時代が下っていることにも難点はあるが，一方，種子島家からは確実な史料が提供されているはずであるから，史実に関する記述として，その信憑性は高く評価されよう．『鉄炮記』は『南浦文集』に収録され，その版本には，寛永2年(1625)古活字本と慶安3年(1650)版の2種があって，両者とも，題記の下に「代=種子嶋久時公=」とあるが，前者のみ末尾に「慶長十一年丙午重陽之節」と記している．　→鉄砲伝来（てっぽうでんらい）　　　　　　　（洞　富雄）

025　鉄砲伝来　てっぽうでんらい　ヨーロッパ式の火縄式発火装置をもった錬鉄製小銃が日本に伝来したのは，戦国の動乱がまさに最高潮期を迎えようとする前夜であった．そのいきさつを，日本側資料としてはいちばん信憑性の高い『鉄炮記』は，およそ次のように伝えている．天文12年(1543)8月25日，種子島に大きな外国船が来着した．この船に乗っていた中国人の儒生五峯との筆談で，船中の客は西南蛮種の商人であることが知られた．2人の長がいて，1人を牟良叔舎，1人を喜利志多侘孟太といい，彼らは鉄砲と称する驚異的な性能をもつ火器を携えていた．年若い島の領主種子島時堯（ときたか）は，この希世の新兵器に瞠目して，高価をいとわず，その2挺を譲りうけ，臣下の篠原小四郎に命じて，火薬調合の方法を学ばせる一方，鍛冶数名に命じて銃筒を模造させた．が，銃尾を塞ぐネジのついた鉄栓のつくり方がわからず，困惑していたところ，翌年来航した外国船に銃匠が1人乗り組んでいたので，八板金兵衛清定がこの者について，その製法を学び，ようやく鉄砲の製作に成功した．種子島では1年ばかりのうちに数十挺の鉄砲を製造することができた．この記録によると，五峯とよぶ中国人がどこかの外国船に便乗して種子島へやってきたというのであるが，ポルトガル側の基本資料であるアントニオ＝ガルワン António Galvão の『世界新旧発見史』には，1542年に，アントニオ＝ダ＝モッタ，フランシスコ＝ゼイモト，アントニオ＝ペイショットとよぶ3人のポルトガル人が，中国人のジャンクに乗って，ジャポエス（日本）という一島に漂着した事実が語られている．この記述を『鉄炮記』と照合して，中国人五峯を船主とするジャンクに，3人のポルトガル人が便乗して，種子島へ漂着したのが，事の真相であったように思われる．五峯は，やがて五島を根拠地にして倭寇の大頭目として活躍するに至った，中国の密貿易家・海賊の王直その人とみてよいであろう．五峯は五島の中国的表現である．つまりポルトガル人たちは中国の海賊船で種子島に来航したわけである．なお，これらの2記録にはポルトガル人初来の年次に1年のずれがあって，いずれに従うべきか，にわかに断じがたい．1614年（慶長19）まで日本滞在40年に及んだ耶蘇会宣教師ロドリゲス＝ツーズ João Rodrigues Tşuzzu の著わした『日本教会史』は，来航の年次その他，ガルワンの記述に従っているが，それにはみられない鉄砲伝来の事実に関して，こう述べている．戎克（ジャンク）はザネガシマ（種子島）という薩摩近海の一島に入港し，そこにポルトガル人が鉄砲（エスピンガルダ）の用法をつたえたので，まもなく鉄砲は日本中に普及した．この島には今もなお鉄砲をおしえたポルトガル人の名がつたえられている．また，鉄砲伝来の事実をもっともくわしく物語っている文献として，メンデス＝ピントー Fernão Mendéz Pinto の『回国記』は見のがせない資料である．ピントーは種子島初来のポルトガル人を，ピントー自身およびディオゴ＝ゼイモト，クリストワン＝ボラリョの3人であり，日本人にはじめて鉄砲の用法をつたえたのはゼイモトであると記している．彼に従えば，種子島漂着は1544年もしくは1545年ということになる．おそらくピントーは鉄砲伝来後あまり時を経ないころ，種子島へ渡航し，島民から当時の情況を伝聞し，また初来の同国人の動勢を直接・間接に聞きただして，それらを自己の体験とたくみに交錯させ，独自の空想力をはたらかせて，鉄砲伝来劇をおもしろく書きあげたのであろう．ポルトガル人によって製法が伝えられたヨーロッパ式小銃は，その発火装置から火縄銃と呼ばれ，また発祥地の名をとって種子島（銃・筒）ともいわれた．銃筒は錬鉄板を捲成鍛冶したもので，銑鉄を材料とした鋳造法によるものではなかった．元来，火薬・火器は中国で発明されて，ヨーロッパに伝えられたものであり，しかも，金属製銃砲はヨーロッパに先立ち，13世紀の末葉，中国で発現した．中国ではその鋳銅製の原始的手銃がなんら進歩発達をみずに二百数十年を経たが，その間にヨーロッパでは小銃の改良が急速に進み，

その成果がアジアへ逆輸入されたのである．当初中国では，在来の鋳銅法によってヨーロッパ銃を模製していたが，1556年，はじめて倭寇の頭目辛(新)五郎から錬鉄銃の製法を伝習した．朝鮮でも，正鉄銃の製作は，豊臣秀吉の侵略の際ようやく行われるに至っている．種子島で始まった鉄砲の製造とその使用は，戦国動乱の波にのって，たちまち全国的にひろまった．この間の情況の一端を示す資料として，『鉄炮記』と『日本一鑑』に，次のような記述がみられる．『鉄炮記』は大要，こうつたえている．鉄砲伝来のことをきくや，その年のうちに，紀州根来寺(ねごろでら)の杉坊某公が使者を派遣して鉄砲を求めてきた．島主種子島時堯は，高価で譲りうけた2挺の鉄砲ではあったが，その1挺を杉坊に贈った．その後，泉州堺の商人橘屋又三郎なる者が，種子島にとどまること1，2年，鉄砲に習熟して帰国したので，人々は彼のことを鉄炮又とよんだ．かくて，畿内・関西ばかりか，関東方面にまで，鉄砲の使用がひろまった．一方，『日本一鑑』(著者鄭舜功は，鉄砲伝来後12～13年して豊後の大友氏に使して，2，3年抑留さる)には，「手銃，初め仏郎機(フランキ，ポルトガル)に出ず．国の商人始めて種子島の夷に教えて作るところなり．次は則ち棒津(ぼうのつ，薩摩)・豊後(府中)・平戸・和泉(堺)等の処，通じて作る」とある．鉄砲の戦争への導入は，日本の戦術に革命的変革をもたらした．鉄砲装備の歩兵集団を主戦部隊とする戦術が生まれ，天正3年(1575)の長篠の戦において，その真骨頂を発揮した．またこうした戦術の変革は政治上の支配・隷属関係にも重要な影響を及ぼした．こうした「銃砲の渡来が日本の社会に生じたる大変革─日本が嘗て経験したることなき大なる改革」という「日本の歴史家により看過せられた」史実を，はじめて指摘したのは，炯眼の民間史家山路愛山であって，明治34年(1901)刊行の『読史論集』にこの問題を詳論している．→橘屋又三郎(たちばなやまたさぶろう)　→鉄砲(てっぽう)　→ピント

参考文献　西村時彦『南島偉功伝』，岡本良知『(十六世紀)日欧交通史の研究』，洞富雄『鉄砲伝来とその影響』，有馬成甫『火砲の起原とその伝流』，所荘吉『火縄銃』，井塚政義・飯田賢一編『鉄砲伝来前後』，洞富雄「銃砲の起源にかんする二，三の問題」(『史観』75)，所荘吉「種子島伝来銃についての考察」(『銃砲史研究』1)，同「鉄砲伝来論考」(同61～64)，同「銃砲史における二，三の問題について」(同77)，宇田川武久『鉄炮伝来』(『中公新書』962)

(洞　富雄)

026　鉄利 てつり　唐の開元年間(713～41)から名が現われ，11世紀ころまで中国の東北地方を舞台に活躍した，純ツングース系部族．『遼史』などには鉄驪とも表記される．698年，震(渤海)が建国され，北進の勢いを示すと，鉄利は唐に朝貢し，突厥にも通じて対抗したが，741年ころ渤海に併合され，鉄利府として6州に分割統治された．渤海に併合される前後，2度にわたり多数の鉄利人が渤海人とともに来日している．天平18年(746)には1100余人，宝亀10年(779)には359人が来朝したが，後者の場合には鉄利人と渤海人との間に軋轢のあったことが伝えられている．この後，鉄利は，926年に契丹が渤海を攻撃した際には内応して渤海を攻めている．渤海滅亡後，契丹と結んで一時期勢力を誇り，また高麗とも通交貿易して文化を高めたが，やがて11世紀に入り，生女真の勃興とともにこれに吸収されていった．→靺鞨(まっかつ)

参考文献　池内宏「鉄利考」(『満鮮史研究』中世1所収)

(石井　正敏)

027　才伎 さいぎ　百済など朝鮮三国から渡来した技術民．『古事記』には，応神朝に「手人」，『日本書紀』は，雄略朝に「西漢(かわちのあや)才伎」「今来(いまき)才伎」「手末(たなすえ)才伎」「漢手人部」などと総称される韓鍛冶(からかぬち)から陶部(すえべ)・鞍部・画部(えかきべ)・錦部・訳語，さらに漢織(あやはとり)・呉織(くれはとり)・衣縫(きぬぬい)に及ぶ多種類の技術民が百済から渡来したと伝え，このほか仁賢朝に高句麗より「巧手者(てひと)」，大化より斉明朝にかけて新羅より「才伎」が貢進された記録もある．このうち百済の才伎は，『大宝令』で再編され，多くの生産官司に伴部(伴造)─品部・雑戸として位置づけられた．それらのうち「てひと」の名を残すのは，大蔵省・内蔵寮の百済手部(くだらのてひとべ，雑縫作・伴部)，才伎長上(さいぎのちょうじょう，綾錦織・桃文師など)がある．これらは負名入色人として，その職務を世襲したが，8世紀以後次第にその身分から解放された．

参考文献　平野邦雄『大化前代社会組織の研究』，浅香年木『日本古代手工業史の研究』

(平野　邦雄)

028　手人部 てひとべ　令制以前，渡来系技術者により編成された部(べ)．史料が乏しく，実態は不明であるが，『日本書紀』雄略天皇7年是歳条に漢手人部(あやのてひとべ)がみえ，これは百済より渡来した新漢陶部(いまきのあやのすえつくり)・鞍部(くらつくり)・画部(えかき)・錦部(にしごり)・訳語(おさ)などの技術者の総称のようである．したがって，手人部とは5世紀末ごろに渡来した今来才伎(いまきのてひと)によって編成され，東漢氏の配下におかれた技術者集団のことであろう．令制の内蔵寮と大蔵省に配属された百済手部はこの後身か．→百済手部(くだらのてひとべ)

(熊谷　公男)

029　寺沢広高 てらざわひろたか　1563～1633　安土桃山・江戸時代前期の大名．正成(まさなり)のち広忠ともいう．忠次郎，従四位下．永禄6年(1563)尾張に生まれる．父は広政．豊臣秀吉に仕え，肥前国唐津城主となる．天正

17年(1589)，従五位下志摩守に叙任．同19年，肥前名護屋城築城の際，山里丸普請を分担．文禄元年(1592)，第1次朝鮮侵略(文禄の役)の時，名護屋在陣衆として長束正家とともに秀吉の後備衆に加わる．同4年，秀吉の命令により，日本軍の朝鮮撤兵の指示と明の講和使節接待のため朝鮮渡海．慶長元年(1596)6月，明の冊封副使遊撃将軍沈(しん)惟敬を大坂に伴う．同年9月，日明講和交渉破綻により，同年12月，小西行長とともに釜山に渡り，朝鮮王子を秀吉のもとへ送り謝礼さすべき旨(文禄2年の秀吉の和議条件に，朝鮮王子1人を質として日本に送るべき旨あれど，実現されず)を朝鮮側に伝え，日本の朝鮮再出兵回避のための工作にあたる．慶長2年，第2次朝鮮侵略(慶長の役)の際，釜山—名護屋間の船次連絡の統轄にあたる．この間，文禄2年当時，本知高，肥前の旧草野領，旧波多領をあわせ，計3万7500石を領知，文禄3年，薩摩国出水に2万112石余，肥後国水俣に4024石余の加増をうけ，計6万1637石の知行をうける．さらに慶長4年，薩摩国出水，肥後国水俣の領知と筑前国怡土郡2万石とを交換．同5年，徳川家康の上杉景勝討伐に加わる．転じて関ヶ原の戦で先鋒をつとめ，尾張より美濃に入り大谷吉継の軍を破る．同6年，関ヶ原の戦の恩賞として肥後国天草郡に4万石を与えられ，旧領をあわせ12万石の知行取となる．同10年，徳川秀忠将軍宣下の際供奉参列．同19年，大坂冬の陣では天王寺辺で戦う．寛永3年(1626)従四位下．同10年4月11日没．71歳．法名宗可．

[参考文献]『寛政重修諸家譜』651，小瀬甫庵『太閤記』(『新日本古典文学大系』60)，『肥前名護屋城旧記』，『朝鮮宣祖実録』，黄慎『日本往還日記』(『青丘学叢』11)，趙慶男『乱中雑録』(『朝鮮群書大系』6～8) (北島 万次)

030 天岸慧広 てんがんえこう 1273～1335 鎌倉時代後期の臨済宗仏光派の僧．法諱は慧広，天岸はその道号．武蔵国比企郡の人，俗姓は伴氏．文永10年(1273)生まれる．13歳で建長寺の無学祖元について僧童となり慧広と安名された．翌弘安9年(1286)11月8日に南都東大寺の戒壇院に赴いて度牒を受け，ついで戒牒を受けて具足戒を受けた．のち四方を遍参したが，ついに下野那須の雲巌寺に至って高峯顕日に参じ，久しく侍して印可を受け，高峯の鎌倉円覚寺に晋住するに随って前堂首座となった．元応2年(1320)に物外可什・別源円旨らと元国に渡り，杭州天目山の中峯明本に参じ，また袁州の仰山に赴く途中に，翰林学士掲傒斯(文安公)を訪れて仏光国師(無学祖元)塔銘の撰文を依頼した．泰定3年(1326)に洪州の翠巌寺に掛錫し，ついで保寧寺の古林清茂，本覚寺の霊石如芝，鶏拙山の清拙正澄に謁して，本師高峯の語録に序跋を申請した．径山(きんざん)の万年正統院の祖塔を拝したのち，再び金陵の古林清茂に随侍して偈頌主義の家風に傾倒したが，元徳元年(1329)に竺仙梵僊に東渡を勧めて明極楚俊に付随させ，物外可什らとともに同船帰朝した．伊豆の香山寺に住し，移って鎌倉の浄妙寺に昇ったが休耕庵を構えて退居した．上杉重兼は足利家時のために，建忠報国寺を開いて始祖に請じたが，建武2年(1335)3月8日寂した．年63．仏乗禅師と勅諡された．遺著に『東帰集』があり，『五山文学全集』1に収められている．

[参考文献]『大日本史料』6ノ2，建武2年3月8日条，『仏光国師語録』9(『大日本仏教全書』)，『仏国禅師語録』(『(大正新修)大蔵経』80)，玉村竹二『五山禅僧伝記集成』，同「足利直義禅宗信仰の性格」(『日本禅宗史論集』下2所収) (葉貫 磨哉)

031 伝教大師 でんぎょうだいし ⇒最澄(さいちょう)

032 伝教大師将来目録 でんぎょうだいししょうらいもくろく 延暦23年(804)入唐し，翌24年に帰朝した最澄が，帰朝の際将来した経論などの目録．『伝教大師将来台州録』と『伝教大師将来越州録』とからなる．前者は台州の道邃・行満のもとにあって得た経釈録，後者は越州の順暁のもとにおいて受けた密教典籍録．文政4年(1821)版の真超の序文によれば，『台州録』は「円宗録」といい，「越州録」は「越府録」といっていたが，後世に言いかえている．将来した典籍について，『台州録』(後記)には120部345巻，『越州録』(巻頭)には102部115巻，総計230部460巻(『越州録』巻頭)となっているが，実数はもう少し上回る．文政4年上梓されたが，『越州録』は延暦寺横川(よかわ)松禅院の最澄真筆(現存，国宝)により，『台州録』は最澄自筆本が織田信長による延暦寺の焼打で失われたので大納言藤原(難波)宗建所蔵本により，観智院本で校した．本将来目録は，空海の『弘法大師請来目録』と並んで高く評価され，日本仏教史上のみならず，日中仏教交渉史上においても注目される．『(大正新修)大蔵経』55，『大日本仏教全書』仏教書籍目録2，『伝教大師全集』4，『平安遺文』8などに所収．

[参考文献]古川英俊「伝教大師台州将来目録の研究」(『叡山学報』20)，塩入良忠「将来目録の解説」(『伝教大師研究』19)，牛場真玄「浄土院版「伝教大師将来目録」について」(『天台学報』12，『印度学仏教学研究』19ノ1) (福原 隆善)

033 天荊 てんけい 生没年不詳 安土桃山時代の外交僧，花園妙心寺の僧．「右武衛殿源義明」(九州探題渋川氏ともいわれるが明らかでない)の命令により天正5年(1577)・同15年の両度にわたり朝鮮との修好のため渡海．文物の交流にたずさわる．文禄元年(1592)，豊臣秀吉の第1次朝鮮侵略(文禄の役)において小西行長の従軍僧となり，朝鮮の道案内，朝鮮側に対する法度・榜文および軍事上の交渉文の起草にあたる．日記に『右武衛殿朝鮮渡海之雑藁』(天正5年)，『朝鮮国往還日記』(同15年)，『西征日記』(文禄元年)がある(ともに尊経閣文庫

所蔵)．→右武衛殿朝鮮渡海之雑藁(うぶえいどのちょうせんとかいのざっこう) →西征日記(せいせいにっき) →朝鮮国往還日記(ちょうせんこくおうかんにっき)

参考文献 田中義成『豊臣時代史』，中村栄孝『日鮮関係史の研究』上・中，池内宏『文禄慶長の役』別編1，北島万次『朝鮮日々記・高麗日記』(『日記・記録による日本歴史叢書』近世4)，同『豊臣秀吉の朝鮮侵略』(吉川弘文館『日本歴史叢書』52)

(北島 万次)

034 天経或問 てんけいわくもん 天文学書．天主教系漢籍の1つ．中国清代の游子六(名を芸，閩(びん，福建省)の人)の編著．刊年不詳，康熙14年(1675)の「序」がある．前後2集のうち，日本に輸入が許可され多大の影響を与えたのは，前集70項目の内容であり，特にそれを訓点付和刻本として享保15年(1730)に出版した西川正休の啓蒙による．大部分は天地の形体論でそこに天円地方説と異なる地球説があり，巻末近く西洋四元説や創造主宰神の影響がみられる． →禁書(きんしょ)

参考文献 藤原暹『鶴峯戊申の基礎的研究』

(藤原 暹)

035 天竺 てんじく 中国・日本でインドをよぶ伝統的呼称．『後漢書』118，西域伝に「天竺国一名身毒」，東晋郭璞(かくはく)の『山海(せんがい)経』18，海内経注に「天毒即天竺国」，インド紀行『法顕伝』(一名『仏遊天竺記』)に「行赴天竺」などの用例をみるほか，晋・十六国時代以降の漢訳仏典に頻出する．唐の玄奘が『大唐西域記』2で「詳夫天竺之称，異議糾紛，旧云身毒，或曰賢豆，今従正音，宜云印度」と述べ「印度」の語を用うべしとしてから，古典的用語の1つとなった．語源は大河を意味するサンスクリット Sindhu(身毒・信度・辛頭)が，イラン語で Hindhu(賢豆・乾篤・乾竺)となり，さらにギリシャ語化し Indhu(印度・印土)となり，またビルマ語を通して Thindhu, Tindhu(天篤・天竺・天豆)に変じたと解されている．わが国では仏教とともにこの語も伝わり，中国世界を越えた先にある最も遠方の異国として意識され，唐天竺は外国をいう一般語となった．

参考文献 杉本直治郎「「天竺」名中国伝来経路考」(『東南アジア史研究』所収)，P. C. Bagchi : Ancient Chinese Names of India, Monumenta Serica XIII.

(池田 温)

036 天竺楽 てんじくがく ⇨林邑楽(りんゆうがく)

037 天竺徳兵衛 てんじくとくべえ 1612～? 江戸時代初期に南方貿易に従事した町人．慶長17年(1612)播磨国加古郡高砂(兵庫県高砂市)に生まれるという．寛永3年(1626)15歳のとき，朱印船貿易家として有名な角倉与一の経営する貿易船に，船頭前橋清兵衛の書役として雇われて乗り組み，10月16日長崎福田浦を出航，中天竺マカダ国流砂川に渡航，同5年8月11日長崎に帰港した．渡航地中天竺はシャムに，流砂川はメコン川に比定されている．彼の再度の渡航はオランダ人ヤン＝ヨーステンの船で寛永7年11月14日に福田浦を出帆，前回同様シャムに至り，翌々年の9年8月14日帰港した．この渡航によって天竺徳兵衛とよばれる．のち宝永4年(1707)96歳のとき，若き日の渡航を追懐して，途中航路の模様や寄港地の景観・風俗・物産などを記録し，これを長崎奉行に提出し，それが世上に流布して『天竺渡海物語』『天竺徳兵衛物語』あるいはこれに類似する名称でよばれている．内容には明らかな地理的誤りなどもあるが，初回渡航の角倉船の規模や経営関係人名，あるいはシャムにおける山田長政の記述などは当時の貿易の参考史料としても重要である．徳兵衛は晩年大坂上塩町(大阪市天王寺区上汐)に住み，剃髪して宗心と号したというが没年は明らかでない．鎖国後一般に海外事情の知識が乏しくなると，この種の異国譚が興味をもたれたものとみえ，この物語に題材をとって4代目鶴屋南北の『天竺徳兵衛韓噺(いこくばなし)』その他歌舞伎・浄瑠璃・読本などが数々つくられた．

参考文献 川島元次郎『朱印船貿易史』

(村井 益男)

038 天智天皇 てんじてんのう 626～71 661～68称制，68～71在位．大化改新の中心人物．和風諡号は天命開別尊(あめみことひらかすわけのみこと)．淡海(近江)大津宮天皇とも．推古天皇34年(626)の生．父は田村皇子(舒明天皇)，母は宝皇女(舒明皇后，皇極・斉明天皇)．同じ母の生んだ妹に間人(はしひと)皇女(孝徳皇后)，弟に大海人(おおあま)皇子(天武天皇)がいる．名は葛城(かずらき)皇子，開別皇子．父の即位後，中大兄(なかのおおえ)とよばれるようになったのは，大兄つまり皇位継承候補として，蘇我大臣馬子の娘の生んだ異母兄に古人大兄(ふるひとのおおえ)がいるためである．その古人大兄を大化改新着手後に兵を送って殺し，娘の倭姫(やまとひめ)を引き取ってのちに皇后としたが，2人の間に子はなかった．配偶者として他に8人を『日本書紀』は記載し，大友・建(たける)・川嶋・施基(しき)の4皇子と，太田・鸕野(持統天皇)・御名部・阿倍(元明天皇)ら10皇女を生んだとするが，『続日本紀』は施基を第7皇子とし，『扶桑略記』は子女を男6人・女13人とし，他書にも大友皇子の弟妹についての所伝が残るなど，天智の子女はほかにもいた形跡がある．没した翌年に起った壬申の乱のために書物が多く失われたらしく，『日本書紀』も天智紀以前は天武紀以後にくらべて記事が簡略である．改新以前の中大兄については，父の殯(もがり)に年16で誄(しのびごと)を述べたとあるほか，飛鳥寺の西の槻の木のある広場で催された蹴鞠の会で中臣鎌子(のちの藤原鎌足)と親しくなり，南淵請安(みなみぶちのしょうあん)の所へ一緒に通う間に蘇我大臣家打倒の計画を練ったという話をのせている程

度である．藤原鎌足の伝記『大織冠伝』にもほぼ同じ話がみえるが，旻（みん）法師の堂へ通うとしている．請安も旻も，推古朝に隋へ派遣された第1回の留学僧であり，隋の滅亡と唐の興隆とを目撃し，舒明朝に帰国したばかりであった．彼らの説く王朝交代の論理は，折しも高句麗で大臣が国王らを殺して独裁者となり，百済では国王が反対派の王族や高官らを追放するなど，唐の圧迫を受けた朝鮮諸国激動の情報とともに，若い中大兄の危機感を鋭く刺激したことであろう．日本でも皇室と蝦夷・入鹿ら蘇我大臣家とのいずれかが主導権を握って，国家統一を強化しなければならぬ状況だったからである．ところが舒明の死後の皇位継承候補には，中大兄と古人大兄のほかにも，聖徳太子の子の山背大兄（やましろのおおえ）がいて，朝廷豪族たちの意見が一致しないために，皇后が即位すると（皇極天皇），その翌皇極天皇2年（643），入鹿は兵を斑鳩宮に派遣して山背大兄一族を滅ぼしてしまった．このような先制攻撃に対し，中大兄は鎌足とともに大臣家打倒の計画を練り，まず蘇我石川麻呂の娘を中大兄の妻に迎えて彼ら一族の分裂を策し，また暗殺者を雇って決行当日の手順を組み，さらに打倒後の新政府の人事や政策も立案したらしい．かくて皇極天皇4年夏6月12日，飛鳥板蓋宮の正殿で外交儀礼が行われている最中に，侍立していた入鹿を暗殺した．このとき20歳の中大兄は，暗殺者たちがひるんでいるのを見かね，率先して剣をふるい，入鹿に襲いかかったという．翌日，大臣蝦夷は自邸を焼いて自殺．翌々日，皇極天皇は弟の孝徳天皇に譲位．中大兄は皇太子として実権を掌握，阿倍内麻呂を左大臣，蘇我石川麻呂を右大臣，中臣鎌子を内臣，旻と高向玄理（たかむこのげんり）とを国博士とする新政権を樹立した．新政権は飛鳥寺の槻の木の下に群臣を集めて忠誠を誓わせ，はじめて年号を立てて大化元年とし，秋には東国や倭国に使者を派遣して当面の軍事的，財政的基盤とし，冬には都を飛鳥から難波に移し，大化2年（646）正月元日，いわゆる改新の詔を公布した．公地公民の原則，国・郡（評）・里などの地方行政組織，戸籍の作製や班田の収授，租税制度など，4綱目にわたって改革の方針を宣言したこの詔は，唐のような中央集権国家の建設をめざしていたが，改革の実現は，どれ1つを取り上げても容易ではなかった．中大兄自身，屯倉（みやけ）・入部（いりべ）のような私有地・私有民を返上したのをはじめ，中央では冠位12階を13階，さらに19階と細分して，官僚機構の充実に対応させ，地方では国造の支配していた国を郡の前身である評に組みかえ，1里を50戸で編成するなど，新政権は大化年間を通じて目標の達成に努め，内部に右大臣の石川麻呂のような批判者が出れば，中大兄は容赦なく粛清した．だがその翌年春，穴戸（長門）国で発見された白い雉が献上されると，これを天の下した

祥瑞と自讃し，年号も白雉と改めた．はたしてこのころから改革の勢いも鈍くなる．やがて中大兄は孝徳天皇とも対立し，白雉4年（653）には母や弟妹とともに群臣を率いて飛鳥へ引き上げ，残された天皇が翌年冬に病死すると，再び母を立てて斉明天皇とし，みずからは引き続き皇太子として実権をとった．斉明朝の7年間は，飛鳥岡本宮造営などの大きな土木工事，阿倍比羅夫らの遠征による蝦夷地の支配，そして唐に滅ぼされた百済を復興しようとする努力に費やされたが，それが可能だったのは，大化年間の改革で朝廷の直接に支配する人民や財貨が増加したためと思われる．また中大兄の子どもたちのなかでは，右大臣石川麻呂の娘が生んだ建皇子が次の皇太子かと期待されていたのに，斉明天皇4年（658）8歳で死ぬと，皇位継承候補として浮上してきた孝徳天皇の遺子有間皇子を，土木工事を非難し反乱を企てたとして，処刑してしまった．かような内政問題を抱えているので，660年（斉明天皇6）唐に滅ぼされた百済の遺臣が日本に救援を求めてきたことは，中大兄らに対するさまざまな不満をそらせる好機であった．そこでほぼ日本全国から兵を動員し，阿倍比羅夫らを将軍として朝鮮半島に送りこむ一方，みずからは母や弟や妻子を率いて北九州の筑前国朝倉に宮を移し，翌年母の斉明が病死した後も，皇位にはつかずに政務をみる，つまり皇太子の称制という形式で百済復興戦争を継続した．しかし663年（称制3）の白村江の戦いで，日本の水軍が唐の水軍に大敗するに至って復興を諦め，百済からの亡命貴族とともに全軍を日本に引き上げさせた．翌年には19階の冠位を26階に増して官僚機構の充実に努めるとともに，諸豪族の氏上は朝廷が認定することとし，その民部（かきべ）・家部（やかべ）ら私有民も朝廷の監督下に置くなど，再び内政の改革に着手した．国際関係の変化に対しては，大化以来しきりに遣唐使を派遣して状況を把握しようとしていたが，白村江の敗戦後は，亡命貴族に指導させて大宰府の水城や，北九州から瀬戸内海沿岸にかけての朝鮮式山城を築いて唐の侵攻に備え，さらに彼らを近江や東国各地に住まわせて，その新しい技術による開拓や増産をはかった．こうして称制7年春，都を大和の飛鳥から近江の大津に移し，翌春には即位して天智天皇となった．近江遷都には，のちに柿本人麻呂が「いかさまに思ほしめせか」と歌ったように，不満の声は少なくなかったようだが，やはり唐の侵攻を顧慮しての決断だったらしい．ともかく近江朝の4年間は，表面上穏やかに過ぎた．即位の翌年秋の鎌足の病死は天智に打撃であったし，かねてから鎌足に命じて作らせていた律令も，律はもちろん，いわゆる『近江令』も体系的な法典としてはついに完成しなかったのではないかと疑われるけれども，大化以来，官僚機構をはじめ，さまざまな法令や制度がこのころまでに整

ってきたことは確かである．近江朝では亡命貴族を教官とする大学ができたといわれ，『懐風藻』でも大友皇子の漢詩が最も古く，天智天皇9年(670)に日本最初の全国的な戸籍である庚午年籍が作製されたのも，地方の役人まで漢字を書けるようになったためと考えられる．『万葉集』では舒明朝から天智朝ころにかけての歌が，作者の明らかになった最初の作品群といわれ，天智の歌は斎藤茂吉が「蒼古峻厳」と評しているけれども，弟の大海人皇子と額田女王の蒲生野での相聞のほうが初心者には印象あざやかであろう．しかしこの額田女王も大海人との間に十市皇女を生んでいるのに天智の妻となる．天智天皇10年正月，長子の大友皇子を太政大臣に任じて政を委ね，蘇我赤兄(あかえ)を左大臣，中臣金(こがね)を右大臣，蘇我果安(はたやす)・巨勢人(ひと)・紀大人(うし)を御史大夫として大友を輔佐する体制を整えてから新たな法令を公布したが，その冬12月3日，大臣や御史大夫らに後事を託して世を去った．46歳．しかしこの人事に対する不満は翌年，壬申の乱が起きる直接の原因となる．ともあれ天智天皇は，親友だった藤原鎌足の子孫が奈良時代初期から歴代の大臣や高官として政権を掌握するようになり，奈良時代末期に施基皇子の子の白壁王が光仁天皇となって以後は皇統の祖とされたために，実際には弟の天武，娘の持統の両天皇が壬申の乱後に律令国家を完成させたにもかかわらず，後世の朝廷からは天智が律令国家の創始者と仰がれることとなった．だが，近親の団結が必要な武家時代，ことに儒教が広まり始めた江戸時代には，天智が義兄の古人大兄，義父の石川麻呂，甥の有間皇子らを容赦なく粛清していった事実が注目されて，人格的に非難されるに至った．結局平穏な時代には，激動の時代に生きた人物像が理解しにくかったのである．　　　　　　　　　（青木　和夫）

039　天正遣欧使節 てんしょうけんおうしせつ　天正年間(1573～92)に日本のイエズス会が企画し実現したキリシタン大名の名代の4少年のヨーロッパ使節行．天正10年，イエズス会の日本巡察師アレシャンドゥロ＝バリニャーノは第1次訪日行を終えて長崎から出帆する直前に，九州のキリシタン大名大友宗麟・有馬鎮貴(晴信)・大村純忠の名代として有馬のセミナリオに在学中であった13歳前後の少年4人を選び，彼らをポルトガル(およびスペイン)国王フェリーペ2世，ならびにローマ法王のもとに使節として派遣することを思い立った．これにより，ヨーロッパ，キリスト教世界に日本人を知らせ，その地の法王・国王・貴顕らの心を動かして日本のイエズス会の布教事業を援助せしめる道を拓き，他方では使節の少年らにかの地のキリスト教世界の偉大な諸事をつぶさに目撃させ，その見聞と感動を帰国後同胞である日本国民に伝えさせることによる布教上の効果を期したのである．大友宗麟の名代としてはその姪が日向国主伊東義益に嫁していたので，義益の甥にあたる伊東マンショ，有馬・大村両家の名代としては鎮貴の従弟，純忠の甥にあたる千々石(ちぢわ)ミゲルを選び，同じ年ごろの中浦ジュリアン・原マルチノを副使とした．バリニャーノはゴアから先，同行できなくなったので，ポルトガル人の司祭メスキータが終始引率者かつ通訳を務め，さらに日本人修道士ロヨラ，また印刷術を修得して来る目的をもってドラード少年らが一行に加わった．天正10年正月28日(1582年2月20日)，使節らが乗ったポルトガル船は長崎を解纜し，澳門(マカオ)で10ヵ月滞在したのち，マラッカを経て天正11年10月(1583年11月)にゴアに至った．当地に滞在中，ユリウス暦がグレゴリオ暦に変わったことはともかく，天正12年7月(1584年8月)に無事にポルトガルの首都リスボンに着いた．日本のイエズス会はポルトガル国王の保護権下にあったので，同国王に謁することが使節らの主目的の1つであったが，時にポルトガル国王はスペイン国王フェリーペ2世であり，一行はリスボン，エボラ，ビラビソーザで歓待されたのち，スペインに入国し，9月(10月)に主都マドリードに到達した．国王がこの日本人使節をいかなる身分をもって引見するかには問題があったが，国王は豊後国王・肥前国王らの名代，すなわち日本のキリスト教徒の国王の名代として，ヨーロッパのキリスト教徒の王子に対すると同様の礼遇をもってした．この時点から，日本の使節のことはヨーロッパ各地に知れわたるようになり，アリカンテ港からスペインの艦船に乗りこんでトスカーナ大公国のリボルノ港に着くと，大公フランチェスコ1世はピサやフィレンツェにおいて最高の栄誉をもって歓迎した．大公は領内での旅費を全額負担したのみならず，しばしば3000名にのぼる随員を派遣する有様であった．天正13年，ローマに至った一行はイエズス会本部のあるジェズ教会に宿泊し，同年2月22日(3月23日)，帝王の間において法王グレゴリオ13世から公式謁見を賜わり，大友・有馬・大村三侯の書状を捧呈した．法王はその翌月没し，シスト5世が新法王に就任し，使節らはローマ市民権証書を授与されたり，ローマの諸教会を歴訪したりした．5月にローマを離れて帰路に就き，アッシジ，ロレート，ボローニャ，フェララなどイタリア北東部の諸都市を訪れたが，極東から3ヵ年もの長旅を続けて来たキリスト教徒の王子たちに対する人々の熱狂ぶりは高まる一方であり，ベネツィア大統領に謁し，ミラノ，ジェノバを経てスペイン，ポルトガルに戻って行くころ，日本およびこの使節に関する書物が続々ヨーロッパ各地で出版され，1585年中だけでその数は48種にも及んだ．ポルトガルではインド行の船が出帆するまでの余暇を利用して，コインブラ，バタリャ，ナザレなどを訪れ，天正14年2月(1586年4月)リスボンから日本に向かった．東南

アフリカのモサンビク島で半歳滞留を余儀なくされたのち，天正15年4月(1587年5月)ゴアに戻り，巡察師バリニャーノと感動的に再会した．一行が勇躍してゴアから旅立つのは天正16年3月(1588年4月)であるが，その前年，遠く隔たった日本では豊臣秀吉がバテレン追放令を発していることなど知るよしもなかった．一行がそのことおよび大友宗麟・大村純忠の死去を知ったのは天正16年6月(1588年8月)澳門に入港してからである．巡察師バリニャーノは澳門において日本入国について当局に打診した結果，宣教師の資格としてではなく，インド副王の使節としてなら許可されることがわかり，日本人使節らを伴って天正18年に入って澳門を出帆し，同6月27日(7月28日)，長崎に着いた．先に長崎を離れてより8年5ヵ月と20日の歳月が経過していた．それより一行は京都に上り，翌19年閏正月8日(1591年3月3日)聚楽第において豊臣秀吉に謁し，インド副王の書状，アラビア馬その他の品を贈呈し，また伊東マンショは秀吉の前でクラビチェンバロ，ビオラなどかの地から携え帰った楽器を演奏して聞かせた．その後，伊東マンショらは天草の修練院でイエズス会に入り聖職者としての道を選んだが，当初バリニャーノが企てたようには捗らず，伊東マンショは慶長17年(1612)司祭として長崎の学院で病死し，千々石ミゲルは早く修道院を去ったのみかキリシタンの信仰を棄てて迫害者側の味方となり，消息を断った．原マルチノは慶長19年澳門に流され，寛永6年(1629)その地で客死した．中浦ジュリアンは，迫害の嵐が吹き募る間，イエズス会の司祭として各地で決死的な布教活動を続けていたが，ついに幕吏に捕えられ，寛永10年，長崎において逆吊りの拷問の末に絶命し殉教した．日本巡察師バリニャーノが企てたこの使節行は，16世紀の東西交渉史上の壮挙であり，帰路澳門において日本人修道士ロヨラが病死したほかは一同が苦難を克服して日本に戻るを得たのである．だがその本来企画したことについては，必ずしも成功したとは言い切れない．使節行の最大の成果なり功績は，日本をヨーロッパ全域に知らしめたことで，1585年から93年の間だけで，90種に及ぶ使節関係の書がイタリア・フランス・ベルギー・スペイン・ポルトガルその他で刊行された．だがヨーロッパから日本の教会への援助は思わしくなかった．さらに使節らは迫害のためとはいえ日本の社会なり宗教界で十分な活動をしたとは言い難い．おそらくこの使節のわが国への最大の貢献は，洋式印刷機と印刷術を将来したことであり，数多くの「キリシタン版」を刊行したことといえるであろう．

参考文献　『大日本史料』11ノ別巻，松田毅一『史譚天正遣欧使節』，同「天正遣欧使節の真相―特に伊東満所に就いて―」(『史学雑誌』74ノ10)

(松田　毅一)

040　天正遣欧使節記　てんしょうけんおうしせつき　⇒サンデ天正遣欧使節記

041　天章周文　てんしょうしゅうぶん　生没年不詳　15世紀前半に活躍した室町時代前期の代表的画家．臨済僧．諱は周文，字(あざな)は天章，号は越渓，俗姓は藤倉．相国寺の都管(とかん)の役で寺院の土地財宝を司ったので，書画の管理をも行なったと思われる．また足利将軍家の御用絵師としても活躍した．彼の事蹟中で最も早く知られるのは，応永30年(1423)将軍家の朝鮮派遣使節一行に加わって朝鮮に渡り翌年帰国したことで，彼の地では朝鮮官人が周文の描いた山水図を称賛した(『李朝実録』)．永享2年(1430)大和片岡の達磨寺達磨像に彩色(同像造像銘)．永享5年ころ観音善財図を描く(愚極礼才観音像賛)．同7年建仁寺仏像見学(『蔭涼軒日録』)，同10年後崇光院に周文筆の障子絵を御目にかける(『看聞御記』)．同12年雲居(うんご)寺本尊・二王像の造立を命ぜられ(『蔭涼軒日録』)，嘉吉3年(1443)天王寺聖徳太子像造立(『康富記』)．国内の記録からは造像に関する記事がこのほかにも多くみられる．周文の伝記を概括した希世霊彦の「周文都管像賛」(『村庵小稿』)に，彼の描いた仏寺堂宇の墻壁の仏画は飛動し，王公貴人第宅の屏障の花鳥山水は光り輝くと記し，あるいは前述の造仏にも言及して呉道子の善画と，楊恵之の善塑とを合して独り美名をほしいままにしたと称賛している．画事に関しては今日に伝来する作品に直接つながるところがなく，また確実な印章などが認められないので周文画を特定することが困難である．大正から昭和初期にかけての周文研究の展開の中に周文画の代表作がそれぞれの観点から選定されたが，今日，ほぼ周文の作品と認められているのは，水色巒光(らんこう)図(文安2年(1445)，東京，藤原家蔵)と竹斎読書図(同3年，東京国立博物館蔵)の2点で，様式の典型性，画格の高さ，制作年代などからその代表作と目されている．周文画の様式には郭熙らの北宋画と南宋院体画とくに馬遠・夏珪らの様式を融合したところに特色が認められ，また，脇本十九郎説以来近年も関心がもたれている李朝初期山水画との関連が指摘されている．室町時代の初期詩画軸には周文筆の伝称をもった山水画が多く，先の2点のほか三益斎図(応永25年，東京，静嘉堂文庫美術館蔵)，江天遠意図(同26年ころ，東京，根津美術館蔵)，山水図(永享9年ころ，京都，慈照院蔵)，江山夕陽図(同9年，東京，小坂家蔵)，蜀山図(文安3年ころ，東京，静嘉堂文庫美術館蔵)などがその主なものであり，また四季山水図屏風(東京，前田育徳会蔵)をはじめ数点の山水図屏風も伝来する．周文様式は普遍的性格を強くもつことから，室町時代山水画に広く影響を及ぼし一世を風靡するに至った．近年，これら多くの伝周文画の中から，天遊松渓・岳翁蔵丘らの画家の作品が識別され，また李秀文について

もその作品が見出され，周文が朝鮮より帰国した応永31年に来日したとみられる別人と認められた．周文は相国寺において如拙から画法を伝授されたと伝えられ，弟子には墨溪(桃林安栄)・雪舟等楊らがあり，また小栗宗湛・岳翁蔵丘らも弟子筋と考えられる．

参考文献　渡辺一『東山水墨画の研究』，脇本十九郎「室町時代の絵画」(『(岩波講座)日本歴史』所収)，滝精一「周文画説」(『国華』304・305)，福井利吉郎「日本水墨画の本流」(『恩賜京都博物館講演集』7)
　　　　　　　　　　　　　　　　　(赤沢　英二)

042　**天台山**　てんだいさん　中国浙江省台州市天台県にある．山名は，上中下の三台星に応ずる山の意．天梯山・台岳ともいう．華頂峰(1136m)を最高峰に，桐柏・赤城・瀑布・仏隴・香炉・羅漢・東蒼の八峰を数える．古く道家によって仙居の山とされた．周の霊王の太子王子晋が，右弼真人となり，桐柏峰に居ると信じられ，三国呉の葛玄や許邁は赤城峰に居たという．劉宋代には顧歓，唐代には葉法善・呉筠・杜光庭の住したことが知られる．司馬承禎は桐柏観に住し，天台道士と呼ばれた．五代には呂洞賓，宋代には張紫陽・白玉蟾が住した．東晋代からは仏家の入山が相つぎ，霊山の名を高めた．支遁・于法蘭・曇光，王羲之と交わった曇猷，支曇蘭・法順・僧従・普耀・慧明・僧護・僧淑・僧祐・智達・天花尊者・慧実・慧達・竺道潜の名が知られる．孫綽は『天台山賦』を作り，石橋に五百羅漢が住したことを伝える．陳代に智顗(ちぎ)が入山し，死後，隋の煬帝は国清寺を創建した．以後，天台宗の聖地として有名になる．弟子の灌頂，六祖湛然が住した．一行は大衍暦を伝え，豊干は寒山や拾得と交わった．惟則は仏窟宗の禅宗を開いた．日本僧の入山者も多い．最澄は道邃・行満に学び，帰朝後，比叡山に日本天台宗を開いた．円珍・成尋(じょうじん)・重源・栄西・俊芿(しゅんじょう)なども入山している．五代に天台徳韶が復興し，元・明代以後はもっぱら禅宗の人々が住した．南麓の国清寺，仏隴の真覚寺・高明寺，瀑布の方広寺などが現存している．→国清寺(こくせいじ)

参考文献　『天台山記』(『(大正新修)大蔵経』51)，『天台山方外志』，『参天台五台山記』(『大日本仏教全書』)，常盤大定・関野貞編『中国文化史蹟』6，陳公余・野本覚成『聖地天台山』，斎藤忠『中国天台山諸寺院の研究』
　　　　　　　　　　　　　　　　　(池田　魯参)

043　**天智天皇**　てんちてんのう　⇨てんじてんのう

044　**伝長老**　でんちょうろう　⇨以心崇伝(いしんすうでん)

045　**天童寺**　てんどうじ　中国浙江省寧波(ニンポー)市鄞県の東方60里に位置する太白山(天童山とも)中にある．中国禅宗五山制度の第3位に列せられる禅宗の名刹．晋の永康中，義興が庵を結んだところ，太白星が化して童子になり，義興の身辺につかえ，薪水を給したという．この伝説によって，太白・天童という，山・寺名がつ
いた．唐の乾元2年(759)天童玲瓏寺，咸通10年(869)天寿寺と改名したが，北宋の景徳4年(1007)に，景徳禅寺の名を賜わり，以後今日まで，天童景徳寺の名で知られる．住僧では，南宋の建炎3年(1129)～紹興27年(1157)の約30年間住した，第16世宏智正覚が有名である．日本の道元は，入宋して天童寺に学び，長翁如浄から曹洞禅を受け，帰国後，越前国に永平寺を創建して日本曹洞宗を開いた．現在の天童寺は，明の崇禎4年(1631)に住した密雲円悟が復興したものである．円悟は隠元隆琦の師翁である．

参考文献　『天童寺志』，『天童寺続志』，常盤大定・関野貞編『中国文化史蹟』6，鈴木哲雄『浙江江西地方禅宗史蹟訪録』
　　　　　　　　　　　　　　　　　(池田　魯参)

046　**天文条約**　てんぶんじょうやく　⇨丁未約条(ていびやくじょう)

047　**天保暦**　てんぽうれき　弘化元年(1844)から明治6年(1873)太陽暦が施行されるまで江戸時代末期の29年間本邦で行われた太陰太陽暦法，またこの暦法で推算された暦本のこと．西洋天文学に基づいて編纂された寛政暦法は高橋至時(よしとき)・間(はざま)重富の努力にもかかわらず，まだ十分ではなかったので改暦後もたびたび誤差もあり，5惑星に対してはケプラーの楕円運動論を採用し得なかったので，至時はさらに一層の研究・観測を続行した．享和3年(1803)春，堀田正敦からラランデ天文書の蘭訳本を貸与され，一目してその精詳なることに感嘆し，早速その解読にとりかかり『ラランデ暦書管見』1冊を著わしたが，一私人の所蔵書のため十数日で返還，至時は幕府に請うて7月に再び入手，この解読に専心して『ラランデ暦書管見』11冊，その他『西洋人ラランデ暦書表用法解』など数冊を著わしたが，過度の勉強に健康悪化し，翌文化元年(1804)正月5日没した．幕府は長子景保を天文方に任じ，大坂から間重富に出府を命じて至時の遺業の完成を目ざした．両人は解訳に努力したが，重富は文化6年帰坂，景保は暦局の管理その他の要務に追われ，ついに完成できなかった．至時の次子渋川景佑・足立信頭が引きついで事にあたり，天保7年(1836)『新巧暦書』40冊として完成して幕府に上呈した．一方天文方山路諧孝は蘭書ペイボ＝ステーンストラの天文書を訳して『西暦新編』10巻を編述した．ここにおいて同12年幕府は『新巧暦書』並びに『西暦新編』による改暦を渋川・足立両天文方に命じた．両人は『新巧暦書』を基に『西暦新編』を参考にして『新法暦書』9巻を編成し，同13年土御門(つちみかど)晴親の校閲を受け，渋川景佑は同年4月6日京都へ出立，陰陽頭安倍晴雄と改暦の要務を打ち合わせ，7月12日帰府した．晴雄から進献して10月6日改暦宣下があり，「天保壬寅元暦」と名を賜わり，弘化元年から頒行した．8代将軍徳川吉宗が意図した西洋天文学を採用した改暦が実現した．天保暦ははじめて定気法を採用した本邦において最も

精密な太陰太陽暦法であった（太陽年365.242234日，朔望月29.530588日）．→暦（こよみ）

参考文献　渡辺敏夫『日本の暦』，同『近世日本天文学史』
（渡辺　敏夫）

048　天文道〔てんもんどう〕　中国から伝えられた天文とは，天に現われた変事，天変現象を記録し，その地上への影響を解釈することであった．日本に伝えられて，王朝期に陰陽道・暦道とともに天文道といわれて，陰陽寮の管轄下に置かれたが，中世以降この3道は安倍家の家学として兼ね伝えられた．陰陽道は禁忌一般を扱い，暦道は編暦・改暦の科学的側面を持つのに対して，天文道は天文占に限られる．日食や彗星などは天変のなかでも最も由々しきものと考えられ，中国の正史の天文志などに古来の観測記録とその時におこった地上の災厄（天子の死，飢饉，氾濫，反乱など）も記録されている．陰陽寮では天変を観測すると過去の記録にもとづいて解釈し，陰陽頭はその記録と解釈を密封して，勘文の形で宮廷に急ぎ報告し，担当大臣はそれに応じて災厄を免れるための祈禱などの処置を講じる．

参考文献　『古事類苑』方技部
（中山　茂）

049　天与清啓〔てんよせいけい〕　生没年不詳　室町時代中期の臨済宗大鑑派の僧．遣明正使を勤めた．法諱清啓，道号天与．別に海樵・鵝湖・万里叟と号す．信濃国伊那郡の知久心源の子．同地の法全寺の伯元清禅（知久心源の兄）について出家した．長じて伯元に随侍して上洛，建仁寺の禅居庵に寓した．のち伯元の法を嗣ぎ禅居庵の塔主となり，同庵内に浄居軒を構え，書斎を杏花深処と称した．宝徳3年（1451）10月，遣明正使東洋允澎の一行に加えられて入明，代宗皇帝に謁見して功績があった．享徳3年（1454）7月帰朝．室町幕府はその功により同年12月，能登の安国寺（諸山）の住持に任じ，さらに信濃開善寺（十刹）の住持に任じた．天与の外交手腕を評価した幕府は，寛正元年（1460）6月には，遣明正使に任じ，同年建仁寺（五山）住持に任命した．一行は文正元年（1466）博多を出帆，翌応仁元年（1467）寧波（ニンポー）府に到着，憲宗皇帝に謁見し将軍足利義政の表を呈した．しかし随員の1人，又三郎が起した明人傷害事件で，天与は身をもって又三郎をかばい，皇帝に謝罪して許されて，文明元年（1469）8月，土佐に帰着した．以後遣明正使として随員の犯した罪の責任をとるため，天与は一切の公職を辞して信濃の法全寺に退居した．その寂年，世寿を詳らかにしない．瑞渓周鳳・天隠竜沢・希世霊彦らと交友があり，著述に『万里集』『再渡集』があったが伝わらない．嗣法の弟子に月甫清光・古雲知図がある．

参考文献　『臥雲日件録抜尤』（『大日本古記録』），『蔭凉軒日録』，玉村竹二『五山禅僧伝記集成』
（加藤　正俊）

050　テン゠ライネ　Willem ten Rhyne　⇨ライネ

051　天竜寺造営料唐船〔てんりゅうじぞうえいりょうとうせん〕　康永元年（1342）天竜寺造営費支弁のために発遣された対元貿易船．暦応2年（延元4，1339）後醍醐天皇が没すると，足利尊氏は夢窓疎石の建言に従って天皇の冥福を祈念して寺院の創建を決定した．この造営費には安芸・周防2国の公領からの収入をあてる計画であったが，それに加えて博多商人至本に「商売之好悪」にかかわらず現銭5000貫を天竜寺に納入することを約束させ造営費の補塡にあてようとしたものである．南北両朝間の争いはすでに北朝の圧倒的な優勢にむかっていたが，荘園・公領は諸国の武士の横領にまかされ，幕府も北朝も深刻な財政危機に陥っていた．こうしたなかで武士の荘園・公領侵強を抑制し，武家と公家・社寺勢力との融和によって政局の安定をめざす幕府としては，公武統一の促進策として天竜寺造営計画をたてたものであろう．『天竜寺造営記録』によれば「度々有評定，群議不一揆」とあり，足利直義から朝廷の明経・明法博士の意見を求めるなど紆余曲折がみられるのも，幕府・朝廷内のさまざまな反対意見のためであろう．これらをたくみに調整したのが直義と夢窓疎石であったと考えられる．通説では尊氏が後醍醐天皇の怨霊にさいなまれたとされているが，こうした形で尊氏をもち出すに至った幕府首脳の苦慮の痕跡と推測される．元朝側はフビライ没後急速に厭戦的になり，また倭寇による海賊貿易を却ける意味からも平和裡に貿易利潤を国庫に収めることを望むようになっていった．沿岸7ヵ所に市舶司を設置したのはその端的なあらわれである．日本からはこうした機運に乗じて勝長寿院・建長寺造営料唐船（嘉暦元年（1326）帰国），関東大仏造営料唐船などが発遣されており，今回の天竜寺造営料唐船の計画は鎌倉幕府の政策に範を求めたものである．

参考文献　『大日本史料』6ノ6，暦応4年12月23日条
（田中　博美）

052　天竜寺船〔てんりゅうじぶね〕　⇨天竜寺造営料唐船（てんりゅうじぞうえいりょうとうせん）

053　天倫道彝〔てんりんどうい〕　生没年不詳　応永9年（1402），天台僧の一庵一如とともに明使として来日した臨済僧．愚庵（以中）智及の法嗣で，寧波府天寧寺住持・僧録司左覚義の肩書きで来日した．前年に明に入貢した日本使祖阿らの帰国に当たり，建文帝が同行させた．7月4日以前に筑紫，8月1日兵庫に入港し，11日には入京して仁和寺に宿した．9月5日には足利義満を北山別業に訪い，国書・大統暦・錦綺20匹などを賜与した．明朝と「日本国王」義満の間の冊封関係はここに成立した．この時の儀は大々的なものだったため，斯波義将・満済をはじめとして，批判的に思う者も少なくなかった．翌応永10年2月19日に義満に京都進発の意を告げ，3月3日に兵庫を出航した．同行の遣明使が9月24日以前に寧波に到着しているから，この時に帰国

を果たしたものだろう．義満はこれ以前，明の政変(靖難の変)で建文帝の叔父(永楽帝)が政権を奪ったという情報を得ており，絶海中津に命じて国書を2通作成させた．天倫・一庵は応安5年(1372)以来30年ぶりに来日した明僧であり，接触を願う禅僧も多かった．幕府は自由な面会を禁じていたが，鹿苑院塔主として外交を担当した絶海とは詩文を応酬しており，祖阿や入明僧季芳覚曇らを介して文交・対面の機会を持った者も確認される．

参考文献　『大日本史料』7ノ5，応永9年8月3日条・9月5日条，7ノ6，応永10年2月19日条，木宮泰彦『日華文化交流史』，小葉田淳『日支通交貿易史の研究』　　　　　　　　　　　(榎本　渉)

054 **篆隷万象名義** てんれいばんしょうみょうぎ　漢字字書．前半部空海撰，後半は別人の続撰．6帖．中国梁の顧野王撰の部首分類体字書『玉篇』を基に，掲出に篆体と隷体の2字体を並べ，音注・義注を，『玉篇』より簡略な形に改めたもので，1万6000余字を542の部首に配列する．その部首や字の配列も，ほぼ『玉篇』に倣うが，出典名を省き，義注も単字に多く改めるなど，よりわかりやすい形となっている．原本『玉篇』の大部分が佚しているので，その『玉篇』の内容を知る点でも貴重．成立は，第1帖に「東大寺沙門大僧都空海」とある点から，天長4年(827)以降，没年の承和2年(835)の間と思われる．後半は「続撰惹曩三仏陁」とあるのみでその人・時代は不明．第4帖までの前半は50巻構成，後半の第5帖以下は巻15の下～30と，異なった構成となっている．「永久二年(1114)六月以敦文王之本書写之了」の奥書を持つ京都高山寺蔵本(国宝)が唯一の古写本である．『崇文叢書』(大正15年(1926))，『弘法大師全集』6(昭和41年(1966))，『高山寺資料叢書』6(同52年)に高山寺本の影印を収める．

参考文献　岡井慎吾「篆隷万象名義を看て」(京都大学文学会『芸文』19ノ2)，貞苅伊徳「玉篇と篆隷万象名義について」(『国語学』31)，宮沢俊雅「図書寮本類聚名義抄に見える篆隷万象名義について」(『訓点語と訓点資料』52)，周祖謨「論篆隷万象名義」(『国学季刊』5ノ4)　　　　　　(白藤　礼幸)

と

001 **刀伊** とい　朝鮮語で蛮夷・夷狄を意味する되 Doe の音訳で，高麗人がその北方に居住する女真人を指称したもの．寛仁3年(1019)，北九州に来襲した事件が「刀伊の入寇」として知られる．この時女真人に連行され日本で解放された高麗人の語を，日本人がそのまま使用したものであろう．女真人は，高麗東海岸あるいは東海沖の鬱陵島などにしばしば入寇して甚大な被害を与えているが，寛仁3年には，高麗を襲った50隻から成る一団が日本に向かい，3月末日に対馬ついで壱岐に襲来し，4月7日には筑前怡土郡・志麻郡・早良郡を相ついで襲った．大宰府では前月28日付の対馬からの報告に基づき，権帥藤原隆家の指揮のもとに防禦体制をとり，防戦に努め撃退した．賊徒は翌8日那珂郡に現われたので，隆家は府官・在地の豪族らを博多の警固所に派遣し，翌日警固所に襲来した賊徒を撃退した．この後，賊徒は11日志麻郡船越津に現われ，12日上陸したが撃退され，翌13日，肥前松浦郡を襲い数十人の被害を出して撤退し，日本から姿を消した．賊徒は，1隻に50人ほどが乗り組み，上陸すると鋒や太刀を持った20～30人を先頭に，弓矢を持った70～80人が続いて隊伍を組み，これが10～20隊で荒らし回った．馬牛犬を斬食し，老人・子供は殺害し，壮年男女は捕虜として連れ去り，穀物を奪い，民家を焼くという暴虐の限りを尽くした．このため各地で甚大な被害を蒙り，合わせて死者は壱岐守藤原理忠ら365人，連行される者1289人にも及んだ．賊徒は日本を撤退した後，再び高麗を襲ったが，待ち構えていた高麗軍に撃破され，捕虜となった日本人のうち300余人が保護され，高麗使鄭子良に送られて帰国した．この間，朝廷では，4月17日に大宰府から第一報が届くと，諸道の警固，神仏への祈願などを命ずる一方では，大宰府官人らの奮戦を促し，翌18日に戦功ある者には褒賞を与えることを決定し，大宰府に伝えた．戦後，藤原隆家が勲功者13名を申請し，任官などを受けた．この陣定の時，実際の戦闘は褒賞を決める以前の4月13日に終了しているのであるから褒賞する必要はないとの意見が藤原公任・同行成らから出されたが，結局この時の上卿藤原実資の，もし今回褒賞を行わなければ，今後進んで戦うものはいなくなるであろうとの意見によって褒賞が与えられたという経緯が伝えられている．　→女真(じょしん)

参考文献　土田直鎮『王朝の貴族』(中央公論社『日本の歴史』5)，池内宏「刀伊の賊」(『満鮮史研究』中世1所収)，石井正敏「『小右記』所載「内蔵石女

002 **土井利忠** どいとし 1811～68 江戸時代後期の越前国大野藩主．文化8年(1811)4月3日大野藩5代藩主土井利義(としのり)の子として江戸目白台の下屋敷で生まれた．文政元年(1818)6代利器(としかた)のあとをうけて7代藩主となった．幼少(8歳)であったため宗家の下総国古河(こが)藩主土井利位(としつら)が後見人となった．文政10年従五位下能登守に叙任．同12年はじめて大野に入部した当時，累年の藩債が山積し藩政も沈滞していた．天保13年(1842)藩政改革に着手，まず人材を登用し，財政の整理，産業の発達，教育の振興，医術の普及，軍制の改革に努め，また蝦夷地・北蝦夷の開拓・守備にも盛名を馳せた．利忠が抜擢した内山七郎右衛門良休は藩債返還の方法は「商」のほかはないと進言し，藩店「大野屋」の経営をはじめ，面谷(おもだに)鉱山の経営，生糸・絹織物など領内産物の増産に努めた結果，負債の完済に成功した．教育の振興では藩校明倫館および蘭学館の開設，洋書の翻訳刊行，医術の普及では済生病院の新築，種痘の実施，軍制の改革では小銃の製造，洋式砲術の採用，また蝦夷地・北蝦夷の開拓，大野屋商品の輸送のための藩船大野丸の建造を行なった．文久2年(1862)致仕，明治元年(1868)12月3日没．享年58．大野の善導寺に葬った．城山麓の柳廼社(やなぎのやしろ)は利忠を祀る．明治42年贈従三位．

参考文献　『福井県史』2，吉田迂一編『(土井利忠公伝)柳陰紀事』，土井利忠公百年祭奉賛会編『土井利忠公と大野藩』　　　　　　　　　　　　(印牧　邦雄)

003 **唐** とう　中国の王朝．618年～907年．

〔政治過程〕唐の帝室は漢族の名族隴西李氏を称し，西涼王李暠の後裔と公式記録にみえるが，実は北朝以来北辺防備に任じた鮮卑軍人の集団中から身を起し，北周の八柱国の1つとなり，北周・隋の帝室と通婚関係をもった武人貴族の出であった．隋の煬帝(ようだい)の世に高句麗遠征の破綻から楊玄感の叛を契機に全国を巻き込む動乱となると，突厥防衛の要衝太原に留守として駐屯していた李淵(のちの初代皇帝高祖)は，天下の形勢をうかがって挙兵し，突厥の援助を得ていち早く長安に進出し代王侑を一時擁立したが，江東に遊幸中の煬帝が親衛軍に殺されるや受禅を強行して唐朝を創建した(武徳元年(618))．国初の数年間は各地に割拠する群雄(王世充の鄭，李密の魏，竇(とう)建徳の夏，宇文(うぶん)化及の許，徐円朗の魯，劉武周の定揚，梁師都の梁，李軌の涼，薛(せつ)仁杲の秦，杜伏威の呉，蕭銑(しょうせん)の梁など)との混戦が続いたが，太子建成と秦王世民(2代太宗)兄弟の勇略により順次平定して天下統一を実現した．天下統一ののち，世民は兄の太子建成と弟の斉王元吉を玄武門の変により打倒し父の禅(ゆずり)を受けて帝位に登り，房玄齢・杜如晦・魏徴ら名臣をよく用い貞観の治を現出した．広範な小農民を基礎とする中央集権的大帝国の充実につれ，東突厥・吐谷渾・鉄勒諸部・西突厥を相ついで撃破し，吐蕃を抑え，高昌から亀玆・于闐など西域の要地に進出し，漢代以来空前の威勢を張った．李靖・李勣(せき)・劉仁軌ら名将の活躍とともに，玄奘の『大唐西域記』や王玄策の『行記』が生まれ，羈縻(きび)政策が奏功して大唐帝国の皇帝には，游牧諸族から天可汗の称号が上られた．3代李治(高宗)の代に，新興の新羅と結んで百済・高句麗を平定し，北ベトナムにも勢力を及ぼし，六都護府体制を打ち建て世界帝国の繁栄を謳歌し，泰山で封禅を挙行した．しかし妃武照(のちの則天武后)が術策を弄して皇后となりやがて帝権を左右して，ついに中国史上唯一の女帝として周(690年～705年)を建てた．武后政権が潰えてからも，李顕(中宗)の韋后や安楽・太平両公主らの政権干渉が続き国政は退廃したが，李隆基(のちの玄宗)のクーデター(710年)により彼女らは完全に一掃され，やがて玄宗即位とともに盛唐の幕が開かれ，開元の治を謳われた．姚(よう)崇・宋璟・張九齢ら名相にリードされた開元時代は，一方で国初貞観時代への復帰を号するとともに，社会経済の発展変質に対応して新政策を打ち出し，財務官僚や蕃将の勢力が伸張し，やがて天宝時代に入ると盛唐の栄華にもかげりを生ずるに至る．天宝14載(755)に勃発した安史の大乱により，洛陽・長安は陥り玄宗は蜀に逃れ，西北で李亨(粛宗)が即位してウイグルの援兵を得て，李予(代宗)に至り10年近い動乱を辛うじて収束した．唐後期には各地に節鎮が割拠し，兵権を握る節度使が民政を掌る観察使などを兼ね，河朔の3鎮は節度使の世襲化により半独立地帯となるほどであった．中央では宦官(かんがん)が政治的実権を握り，幼弱な天子を擁立したのに対し，外朝の官僚は科挙などを媒介として党派を形成し，永貞の革新(805年)を試み失敗したが，牛李の党争とよばれる政争を続けた．この間李純(憲宗)の元和年間(806～20)や李忱(宣宗)の大中年間(847～59)のごとき相対的安定期を現出し，藩鎮の抑圧に努め唐の命脈を延ばすを得た．しかし龐勛(ほうくん)の乱を経て李儇(僖宗)の乾符年間(874～79)に至り，災害・飢饉を背景に王仙芝・黄巣の大農民反乱が起り，長安も流寇に占領され王朝の権威は地に墜ちた．のち沙陀族出身の李克用らの援助により，乱は内部分裂もあり衰えたが，やがて黄巣の部下で汴州(べんしゅう)の要地を押えた朱温(のちの五代後梁の太祖)の勢力が強まり，宦官を打倒して唐の禅譲を受け五代の乱世に入る．

〔制度〕国初には隋後期の制(大業律令)を廃し，隋初開皇の国制に復帰するに努め，法制の整備をめざし，

武徳・貞観・永徽(えいき)律令を皇帝1代ごとに編纂し，永徽年間(650〜55)には律の詳細な公権的注釈(律疏)もできて一応の完成に達した．律は12篇約500条よりなり，笞杖徒流死の五刑の刑罰体系をもち，可罰性のある行為や処刑の規定は客観的かつ計量的で，罪刑法定主義的傾向が著しい．反面，官人など上級身分を優遇する八議の制や，礼を規範とする家族倫理を尚び尊長に対する不法には極刑をもって臨むごとき，身分社会にふさわしい伝統的性格も強い．約30篇1500余条の令は，行政法規を主体とし一部に民・商・訴訟法的規定を含む法典で，国制の大綱をこれによって定めた．令に違反すれば律により処断される．令は基本法として原則を示し，随時の処置や必要に応ずる立制・改訂・廃止などはすべて詔勅によったから，現実の行政では，詔勅中の重要条項を官司別にまとめた格や編勅の類が令に優先して準拠された．また律令を補う行政施行細則は官庁ごとにまとめて式が編纂された．律令格式はその体系性と形式的整合性に加え，一貫した文書主義により統治技術として実効をあげ，周辺の東アジア諸国にまで継受された．垂拱，神竜，開元3(715)・7・25年に改訂発布をみて以後，律令にはほとんど手を加えることがなくなった．盛唐以降，国制が大幅な変質をとげるにつれて，令式と現実との乖離は拡大し，勅格の比重が高まり，『格式律令事類』や『刑律統類』のような関係法規を類聚した法典が実用されるようになり，宋代の勅令格式の法体系へと推移する．盛唐期までの官制は，流内・流外・雑任の3段階よりなる身分官人制を基軸とし，詔勅の起草にあたる中書，詔勅案や上奏の審査検討に任ずる門下，吏戸礼兵刑工6部とそれを統括する左右司の都省よりなる尚書の3省を中心に，9寺・5監などの中央行政機関，12衛以下の宮衛軍，全国10〜15道の約300府州，千数百県に及ぶ地方行政組織を通じて支配の貫徹を期した．登籍戸数約1000万，人口5000万人を数える大帝国は，流内京官二千数百・流内外官一万数千，流外その他下級官吏内外計五万数千，そして底辺の雑任ら職掌人約30万人の定員で統治されるたてまえであった．国政を総括し政策決定を行う宰相には，初唐は3省の長官が任じ，盛唐では中書門下の政事堂で帝の委任を受けた数名の宰相による合議が政務を決したが，中唐以降は翰林学士が制詔を司り，外廷の宰相および内廷の宦官と鼎立するに至った．初唐では六朝以来の門閥出身貴族官僚が官界を牛耳り，吏部による官僚人事が支配的であったが，盛唐になると財政・軍事の専門能力に優れた人材が擡頭し，臨時の差遣により任ぜられる使職が発達した．とりわけ判戸部・度支使・塩鉄使の財務官庁や宦官の内枢密使から発達した枢密院が財・軍政の中枢として重きをなした．門閥貴族制を支えた九品中正制は隋初に廃止され，明経・進士2科や臨時の制科による試験採用制が時代とともに比重をまし，武后期からは特に文才の必要な進士科が重視され，父祖の蔭による出身は軽蔑されるに至り，唐後期の宰相や翰林学士は多く進士出身者によって占められた．各官庁は長官・通判官・判官・主典の四等官と検勾官の構成で運用され，各官の責任区分が定まり，考課・俸禄まで詳密な準則で規制され，検察に任ずる御史や諫官が重要な役割を果たし，司法刑獄は刑部・大理寺・府州が共同して処理にあたった．制度的には頗る完備した官僚機構も，武后時代の濫官政策で腐蝕し，安史の乱後は分権化が強まり，使職の辟召による任用が一般化し，公課や役務を免れる目的で商人や土豪が官庁に名目的ポストを占める影庇さえ盛行をみるに至った．当代社会は，人口の数十分の1を占めるにすぎぬ文武を習学する士が，農工商の民を支配し，底辺になお賤民(雑戸・官戸・部曲・奴婢)がおり，これを支える構造をなした．特に五品以上の士は，官人永業田を給され時に封爵や食封も与えられ，子孫が流内官から出身できる資蔭を認められ，同籍親族の課役を免除される特権層であった．唐朝は氏族志の編纂を通じ，伝統的家門の声望より王朝の官品が優越する新秩序を定着させようと努め，武后期や安史の大乱を契機として新興地主や商人らが社会的に進出した．州県郷里を通ずる住民支配は，毎年の計帳と3年ごとの戸籍作成を基礎に遂行され，北魏以来の均田と租庸調制を組み合わせた人身把握をめざした．しかし土地所有の規制をはかる均田制は，畿内や華北・西陲などで部分的に施行されたにとどまり，給田を伴わぬ公課の一方的徴収が行われ，盛唐以後租庸調制もくずれて義倉米に始まる地税や戸当の税銭が比重をまし，やがて土地に対して夏と秋に課される両税法に変化し，塩や茶の専売が財政収入を支えるに至った．兵制は国初，両京を中心に600余の折衝府をおき兵農一致の府兵制をしいたが，盛唐に至り募兵に頼らざるを得なくなった．

〔文化〕儒教の学問的伝統は，初唐の孔穎達らによる『五経正義』の欽定により一応の集大成をみたが，思想的生命の涸渇はおおうべくもなかった．それにひきかえ伝訳の充実を背景に中国仏教は隋から初唐にかけ思索・布教の黄金時代を迎え，吉蔵の三論，智顗(ちぎ)の天台，玄奘の法相，道宣の律，法蔵の華厳，善導の浄土など続々新しい中国的教学体系を生み，8世紀以降は南北の禅宗諸派が旺盛な活動を展開した．唐室の庇護を得た道教も多彩な成長をとげ，玄宗の天宝時代にピークを迎えた．当代は東西文化交流の最盛期にあたり，世界帝国の繁栄を慕って来華する外国人も夥しく，両京を中心に主要都市に居住し唐に仕官して高位に登り重要な貢献を残した者も少なくない．凹凸画で名高い尉遅(ビシャ)父子やインド暦法の瞿曇悉達(ゴータマ=シッダールタ)，密教を伝えた善無畏(シ

ュバカラシムハ)・不空(アモガバジュラ)などはその代表例にかぞえられる．さらに西亜から中亜を経て祆教(けんきょう)・マニ教・ネストリウス派キリスト教(景教)が伝わり，首都長安をはじめ若干の都市に夷寺が建てられ，マニ教や景教の経典も漢訳された．これら外教は主に在留外国人の庇護下に栄えたが，9世紀の会昌の廃仏で大弾圧を蒙り歴史の表面から姿を消した．他方イスラム圏との交渉は南海貿易の隆盛をもたらし，広州には蕃坊とよばれるイスラム商人居住区さえ形成された．そして宗教文化以外にも，音楽・舞踊・雑戯・占卜・飲食に及ぶ生活文化に多くの外来要素が浸透した．もとより外来文化は量的質的に限られた部分を占めたにすぎず，唐代文化の基調は漢民族の伝統にねざすものであり，後世への影響の最も重大なものは文学であった．唐前期までは六朝伝来の四六駢儷体(しろくべんれいたい)が支配的で，対偶と韻律に細心の配慮を払い内容より形式修辞に工夫を凝らす傾向が著しく，貴族文化の典型をなしていた．ところが盛唐に至り律詩・絶句の定型が完成し，詩史と評されるリアリズムの名作を生んだ杜甫および天上謫仙とうたわれた李白の二大詩人の出現をみ，唐詩は中国文学史上の最高峰を築き上げた．当時王維・岑参(しんじん)・高適(こうせき)ら名詩人が輩出し文運を盛り上げた．初唐に虞(ぐ)世南・欧陽詢・褚(ちょ)遂良らにより古典的完成をとげた書道や李思訓・呉道玄らの金碧燦然たる絵画もこの時代の文化的高潮を物語る．玄宗朝において中国古代文化は完熟をみ総決算がなされたと称して過言でない．数万巻の宮廷蔵書の総合目録たる『群書四部録』が完成し，漢訳仏典についても智昇の『開元釈教録』により大蔵経の組織が定まった．盛唐期までにはなお顔師古の古典学，李淳風・一行の暦算，孫思邈(しばく)らの医薬学，劉知幾の史論などが生まれ，また美術工芸の高度の達成は竜門の造像をはじめ，近時の発掘遺品や日本の正倉院宝物によく示されている．安史の大乱後は文化面でも変質が目立ってくる．最も伝統的な経学でも経典に対し客観的かつ批判的な討究が柳宗元らをさきがけとして興り，また禅宗思想の摂取融合も中唐の李翺(こう)らに兆し宋学の源流となった．同時に韓愈(ゆ)・柳宗元により，散文において意識的に四六駢文を否定して表現の自由な古文が主張され，宋代に受けつがれる．韓愈ら古文の作者は一方で伝奇(小説)を作り，文学的関心の多様化がみられる．また歌曲として歌われる詩余(詞)が発達し，唐末五代には『花間集』によって古典的完成をみるに至り，さらに通俗的語りものの変文が盛行し，文学のジャンルが拡がりより広い階層にまで普及するようになる．高官に登りながら平俗を尚ぶ白楽天の詩文や，遊里の哀歓のごとき都市生活を好んでうたった晩唐詩のあり方も右の動向と併行している．また印刷術が普及し始め

たことも注目をひく．宗教においても，旧来の寺観の善美を誇り教学の複雑をよしとする傾向に代わって，修禅や念仏の実践を重んずる禅と浄土諸派が士大夫・庶民層に根強く浸透し，道教も生活に密着した民族信仰として民間に普及した．学術の分野では，制度史の範をなす杜佑の『通典(つてん)』や賈耽(かたん)の地志・地図など経世実用に重点がおかれるようになる．美術にあっては前代の彩り豊かで壮麗な壁画に代わり，心意を重んずる単色の水墨の技法が発達し小品がひろく鑑賞され，書でも中唐の顔真卿に至り古典的均斉より意志的表現が目立ってくる．これらを要するに文化の担い手が貴族から士大夫官僚に漸次移りゆくにつれ，その内容特質も根本的に変化していった様相が看取される．

参考文献 『旧唐書』，『新唐書』，『資治通鑑』唐紀，呂思勉『隋唐五代史』，岑仲勉『隋唐史』，范文瀾『中国通史』3・4，王寿南『隋唐史』，布目潮渢・栗原益男『隋唐帝国』(『中国の歴史』4)，胡戟・張弓・李斌城・葛承雍編『二十世紀唐研究』，D. Twitchett, ed., The Cambridge History of China, Vol. 3.　　　　　　　　　　　(池田　温)

日唐関係　〔国交の開始〕隋は中国北朝の北周の王室の外戚から出た文帝が建てた王朝で，589年に南朝の陳を倒して，3世紀近く続いた南北朝対立の状態を解消し，周囲の諸民族を威圧する大帝国を形成した．わが国は5世紀末ころから中国との国交が絶えていたが，この隋大帝国の出現に対応して，推古朝に遣隋使を派遣すること数回に及んだ．やがて推古天皇26年(618)，煬帝(ようだい)が第3回高句麗大征討に失敗ののち，全国的な反乱の中で殺されて隋が滅び，唐の高祖が天下を統一すると，隆々たる唐の国勢を見て同31年に帰国した遣隋留学生の薬師恵日(くすしのえにち)らは，「かの大唐国は法式備わり定まれる珍らしき国なり，常に達(かよ)うべし」と報告し，朝廷は舒明天皇2年(630)に犬上御田鍬(みたすき)・恵日らを第1回遣唐使として唐に派遣した．しかし唐の太宗はすでに隋の政策を継承して，高句麗征討の準備を進めており，翌々4年に御田鍬らの送使として高表仁を日本に遣わし，日本の協力をとりつけようとしたが，果たさなかったらしく，そのためか，以後約20年間遣唐使の派遣は行われなかった．

〔国際関係の緊迫〕その間に朝鮮半島をめぐる東アジアの国際関係は急速に緊迫の度を加え，皇極天皇3年(唐貞観18，644)の末に太宗はついに高句麗進攻を開始し，それは結局成功しなかったけれども，これに対応して日本では翌大化元年(645)6月から大化改新が開始され，隋・唐の律令制度を採用して，急遽高度の中央集権体制を実現する方向にむかった．この640年代の初めには，高句麗・百済でも政治体制強化のた

めの政変が起っており，このころ以降の東アジア諸国の国内的，国際的な動きは，すべてこの唐大帝国の絶大な軍事的脅威と切り離しては考えられない．日本の改新政府は，当面の改革がすでに一段落した白雉4年(653)には吉士長丹を大使とする遣唐使，翌5年2月には高向玄理を押使とする遣唐使を派遣しており，これは主として唐と新羅の軍事的提携を側面から牽制しようとしたものとみられるが，朝鮮半島をめぐる事態は容赦なく進行し，唐・新羅連合軍はまず斉明天皇6年(660)8月に百済を，ついで天智天皇7年(668)9月に高句麗を討滅した．その間に日本は百済残存勢力の復興運動を援助するために，大軍を百済の旧地に送ったが，同2年8月に白村江(錦江河口付近)の戦で唐の水軍に大敗して，救援軍を引き上げた．このとき唐の高宗は百済討滅に続いてさらに新羅・日本を征討する意志もあったらしいが，唐の百済鎮将劉仁願や，特にその将劉仁軌らがそれを不利としたためか，実現には至らなかった．また『日本書紀』によれば，天智天皇3年5月に劉仁願は郭務悰らを日本に遣わして，朝廷に表函と献物を奉ろうとし，翌4年9月にまた唐は劉徳高を郭務悰に副えて使として表函を奉ろうとし，朝廷が守大石・境部石積らを唐に遣わすと，その翌々6年11月にまた劉仁願は司馬法聡らを遣わして，石積らを大宰府まで送還し，朝廷はまたも伊吉博徳らを遣わして，その法聡らを送還させている．これらの遣使や送使の一々の真の目的が何であったかは，必ずしも明らかではないが，唐の遣使がみな新羅の動きに対処するため，日本に和解の意を表明する意味を有していたことは間違いないであろう．しかし朝廷はこれに対して警戒心を弛めず，このころ金田城(対馬)・大野城(筑紫)・椽(き)城(同)・長門城(長門)・屋島城(讚岐)・高安城(大和)などを築城あるいは修理し，天智天皇6年には近江の大津京に遷都して，さらに防備態勢を固めた．また高句麗滅亡後には，その翌8年に日本が河内鯨らを唐に遣わし，唐が郭務悰ら2000余人を日本に遣わし，同10年正月には劉仁願が李守真らを朝廷に遣わして表を上り，翌天武天皇元年(672)3月には郭務悰が送使沙宅孫登とともに，再び船47隻・衆2000人を率いて大宰府に来着し，書函と信物を奉っており，これらもその一々の目的は明らかではないが，その中で郭務悰が2000余人を率いて再度来日したのは，あるいは捕虜の送還のためだったのかもしれない．高句麗を討滅した後，新羅は高句麗遺民を後援するなどして，巧みに唐の勢力を朝鮮半島から駆逐する政策をとったので，唐はこれに対抗するために，日本との和親関係の維持に努めたが，やがて天武天皇5年に至って，唐は平壌に置いていた安東都護府を遼東故城に移し，新羅ははじめて朝鮮半島全域の統一を達成した．こうして天武朝に入ったころには，日唐間の危機はほとんど去った状態になっていたが，日本はまさに律令制度の最終的な仕上げの段階に入り，中国の制度・文物の知識を切実に必要としていた時期だったにもかかわらず，その後30年近くのあいだ遣唐使を送らなかった．

〔遣唐使外交〕日唐間の緊張緩和後最初に派遣された遣唐使は，大宝2年(702)出発の粟田真人を執節使とするもので，迎入唐大使・送唐客使などを除けば，そののち承和5年(838)に出発した最後の遣唐使まで，実際の派遣はすべて7回，航路は大宝以前は北路がふつうだったが，大宝以後ははじめは南島路，宝亀以後は多く南路をとった．また大宝以後はみな4隻の船を連ね，使節の一行は大使以下総勢約450〜650人に及んだが，4船がそろって無事に往還することはあまりなかった．唐は中国の伝統的な中華思想に基づき，周囲の諸民族の国家といわゆる冊封関係を結び，これに毎年朝貢の義務を課したが，日本に対してはこれを絶域の蕃国として扱い，冊封も歳貢の義務も強制しなかったので，日本も自由な立場で遣唐使を送り，唐と友好関係を維持しながら，積極的に当時世界的文化圏の中心となっていた唐の文化の導入に努めた．使節は数多くの随員・船員を伴ったが，唐都に至って唐帝に拝謁し，朝儀に参列し，貢物を献じ，回賜を受け，可能な限りの書籍・財物を購入して帰国し，また随行の留学生・学問僧は，少なくとも次回の遣唐使が派遣されるまで，かの地にとどまって研修に努めた．かれらやかれらとともに来朝した中国人その他によってもたらされた大陸の学芸・技術・文物・制度が，天平文化を中心とするわが古代文化の形成にいかに大きな寄与をしたかは，今さらいうまでもない．しかしやがて唐の国力が755年(唐天宝14，日本天平勝宝7)に始まる安史の乱以後急速に衰え始め，また唐の民間商人の海外貿易活動が次第に活潑になり，9世紀に入ってから中国の商船が大宰府などにしばしば来航するようになったため，日本の遣唐使派遣の意欲は次第に低下し，9世紀の末に至ると，寛平6年(894)に遣唐大使に任命された菅原道真の意見により，渡航・行路の危険を主たる理由として，遣唐使の派遣は中止され，以後再び派遣されることはなかった．ただその後も唐の商船の来航は跡を絶たなかったため，延喜11年(911)に朝廷は三年一航令を定めてこれを制限したが，その間に唐王朝は同7年に滅亡し，前後3世紀近くに及んだ日唐関係はここに終末を告げるに至った． →遣唐使(けんとうし) →白村江の戦(はくそんこうのたたかい)

参考文献 石原道博編訳『新訂旧唐書倭国日本伝・宋史日本伝・元史日本伝』(『岩波文庫』)，池内宏『満鮮史研究』上世2，森克己『遣唐使』(『日本歴史新書』)，西嶋定生「東アジア世界と冊封体制—六—八世紀の東アジア—」(『中国古代国家と東アジア世界』所収)，旗田巍「十一十二世紀の東アジアと日本」

（旧『（岩波講座）日本歴史』4所収），滝川政次郎「劉仁軌伝」(『古代文化』36ノ7・9・11）
(関　晃)

004　銅　どう　産銅の記録上の初見は『続日本紀』に文武天皇2年(698)因幡国ついで周防国から銅鉱を献じたとあり，和銅元年(708)武蔵国から和銅すなわち自然銅を献じたとある．朝廷では慶雲の年号を和銅と改め，近江国ついで河内・山城等諸国で銅銭の和同開珎を鋳造させた．しかし銅の採掘はさらに古く古墳時代にさかのぼるであろう．8世紀以来産銅国として前記のほか備中・備後・豊前などがあり，平安時代には長門・豊前両国が主産地となっている．和同開珎以下天徳2年(958)鋳造の乾元大宝までいわゆる皇朝十二銭が鋳造された．鋳銭料の銅鉛採掘のため産国に採銅所とよぶ官営の鉱業所がおかれ，当国および所定の国から正税・庸物などのうちを割き採掘費を供与させた．しかしこれら料物は次第に欠くこととなり，さらに10世紀中ころ藤原純友の乱に長門国採銅所の料物供与なく，当時唯一の周防国鋳銭司焼亡とともに採銅・鋳銭に壊滅的打撃をうけた．平安時代末期から鎌倉時代にかけ確実な史料に残るほとんど唯一の産銅地は摂津国能勢郡である．15世紀に入り産銅が増加したらしく，従来外国輸出品中にみられなかった銅が，遣明船や朝鮮渡航船の重要な輸出品となった．産銅国は備前・備中・但馬・美作である．16世紀には産銅が次第に増し，17世紀後半期には銅鉱業は飛躍的発展を遂げた．尾去沢・阿仁が銅山となったのは1660年代，足尾の開坑はやや古いが発展したのは同じころ，別子の開坑は元禄4年(1691)である．銅は17世紀中期より長崎貿易の重要輸出品となり同世紀末輸出高は最多となった．幕府は鎖国後も銀流出がはなはだしいので寛文8年(1668)銀の海外持出しを禁じ，やがて銀に替え持出しを認めた金の流出をも警戒し，貞享2年(1685)輸入貨物銀高を制限した．かくて金銀流出の抑制に成功したが，それには銅輸出の増加も寄与した．元禄8年銀1000貫目，翌年銀5000貫目の代物替とし銅輸出をも許可した．17世紀末1ヵ年銅輸出高は，中国船600万～700万斤，オランダ船200万～290万斤に達した．元禄11年幕府は890万2000斤を輸出の定額としたが，それだけの輸出継続は困難で産銅高・輸出高ともに減少の傾向にあり，正徳5年(1715)海舶互市新例で銅の代物替も廃止された．銅銭の鋳造は寛永13年(1636)以来諸所の銭座で寛永通宝一文銭をつくったが，ことに元禄10年～宝永6年(1709)江戸・京で多量に鋳造された．幕府は長崎輸出銅確保のため元禄14年～正徳2年，元文3年(1738)～寛延3年(1750)，明和3年(1766)～明治元年(1868)の3度大坂に銅座をおき，銅の集荷・製錬・売買などを統制した．宝暦4年(1754)当時の輸出銅定高は310万斤で，秋田・盛岡(尾去沢)・別子立川の産銅をもって充当することとした．江戸時代諸銅山の荒銅は大坂へ廻送，大坂の吹屋で絞銅(しぼりどう)・間吹銅に吹き，輸出用の棹銅や地売用の種々の型銅に小吹した．荒銅を南蛮吹し灰吹銀を抜きとり抜銀した銅が絞銅で，含銀量の少ない荒銅は間吹し吹銅とした．南蛮吹を山元で行なった銅山もあるが，のちには銀絞を行う山が増した．明治維新後，別子が旧幕時代につづき泉屋(住友)が稼行したのは稀有の例で，主要銅山は金銀山同様に一時官業となり，のち三菱・古河などに払い下げられた．開坑・採鉱・製錬に外国の新技術も導入され，明治7年約2000 tであった産銅量は同40年4万t弱，第1次世界大戦中に10万tに達し，世界有数の産銅国の地位を占めた．この間，渡良瀬川水質汚染による足尾銅山鉱毒事件や諸銅山の煙害事件など社会問題も生まれた．第1次世界大戦後に日本は銅の輸入国に転じ，満洲事変後は国内生産約7万tに匹敵する量の輸入が必要となり，また銅鉱石の輸入が始まった．昭和40年(1965)ころ国内鉱産銅11万t，輸入鉱産18万tとなっている．同47年以来別子・足尾をはじめ主要銅山の閉山が続いて，国内鉱の開発や採掘は振るわず僅少のものとなった．

参考文献　小葉田淳『鉱山の歴史』(『日本歴史新書』)，鉱山懇話会編『日本鉱業発達史』上，武田晴人『日本産銅業史』
(小葉田　淳)

005　ドゥーフ Hendrik Doeff, Jr.　1777～1835　江戸時代後期の長崎出島のオランダ商館長．1777年12月2日アムステルダムに生まれる．98年ジャワに渡り東インド会社商務員補，翌年(寛政11)出島商館の筆者頭として来日．一旦バタビアに帰り寛政12年新商館長ワルデナール Willem Wardenaar とともに再来，享和3年(1803)には27歳で商館長に昇任した．折からオランダはフランス大革命・ナポレオン戦争のため1795年以降フランスの治下に在り英国と戦争状態に在った．したがって日本との貿易も極度の困難に陥り文化6年(1809)を最後として同14年まで長崎にオランダ船を派遣することができなかった．その間文化5年には英艦フェートンが長崎を脅かし同10年・11年には英国のラッフルズ Thomas S. Raffles による出島商館接収の企図があり，出島商館の存立も危機に瀕したがドゥーフは奮闘してよくその危機を乗り切った．また文化3年・同7年・同11年の3回江戸に参府した．また滞日中蘭通詞を指導して蘭日辞典(道富ハルマ，『道訳法児馬』『長崎ハルマ』などともいう)を編纂した．同14年末離日，バタビアに帰る．1819年本国に帰る途中海難のため多年の蒐集品一切また夫人をも失った．その後アムステルダムに住し1835年10月19日没．57歳．著書として『日本回想録』Herinneringen uit Japan, Haarlem, 1833 がある．日本滞在が長く通詞はもちろん蘭学者・幕吏・大名らとの接触ふかく日本人の間に広い人脈を持って

いた．在日間遊女園生・瓜生野を愛し瓜生野との間に丈吉という男子を得たが，丈吉は父の離日後17歳で夭折している．ドゥーフは戦乱の間よく出島の独立を維持した功により国王から勲章を授与されている．　→道富ハルマ（ドゥーフハルマ）

[参考文献]　『ヅーフ日本回想録』（斎藤阿具訳註，『異国叢書』5），斎藤阿具『ヅーフと日本』

（沼田　次郎）

006　ドゥーフ日本回想録 ドゥーフにほんかいそうろく　原書名 Herinneringen uit Japan, Haarlem, 1833である．1803年～17年長崎出島のオランダ商館長を勤めたドゥーフの回想録．ドゥーフは長い日本滞在中に蒐集した多くの文献・物品などを携え本国へ帰国の途中1819年乗船が難破し一切を失った．帰国後記憶の薄れないうちに回想録を執筆したが刊行を見合わせていた．しかし彼の滞日後日本に滞在したシーボルト Philipp Franz von Siebold やフィッセル J. F. van Overmeer Fisscher が，ドゥーフが和蘭通詞を指導して苦心編纂した蘭日辞書（『道富ハルマ』）を利用しながら自分の編著のように宣伝したので，これを否定し自分の編著であることを証明するためにこの書を出版したという．オランダにとって最大の苦難の時期であった自己の滞日中の経験・日蘭の関係・ロシア使節や英国のラッフルズとの交渉はもちろん当時の日本の政治・社会・蘭学・蘭学者の状況などに関する貴重な史料となる書物である．邦訳としては斎藤阿具訳注『ヅーフ日本回想録』（『異国叢書』5）がある．

[参考文献]　斎藤阿具『ヅーフと日本』

（沼田　次郎）

007　道富ハルマ ドゥーフハルマ　『道訳法児馬』とも『長崎ハルマ』とも呼ばれている蘭日辞典．写本であるため本型・冊数とも一定していない．編著者は長崎の出島に長く滞在していたオランダ商館長ヘンドリック＝ドゥーフ Hendrik Doeff で，協力者は通詞の中山時十郎・吉雄権之助・西儀十郎・石橋助十郎・名村八太郎・名村八十郎・猪股伝次右衛門・西甚三郎・植村作十郎・志筑長三郎・三島松太郎の11名．ドゥーフは『日本回想録』のなかで，「通詞たちは日本に在留しているオランダ人との交渉で蘭語を学んだので，新来の人々の言葉は聞きなれず理解に苦しみ，また通詞たちの発音は日本流に訛っているので，新来者には非常に難解だった．（中略）私はこの障害を除こうと考え，まず日本語を覚え，1812年（文化9）最もすぐれた通詞をえらんで，オランダ人のためにこの日本語辞典を作りはじめた」と述べている．すなわちフランソワ＝ハルマ François Halma の『蘭仏辞典』（第2版）によって作業をすすめ，完成したのはドゥーフ帰国後の天保4年（1833）．清書して1部を幕府に献上，江戸の天文方と長崎奉行所に各1部を備えた．いま静嘉堂文庫所蔵旧大槻家本を例示すると，全8冊・本型縦36×横19cmで，各頁30行の罫紙に書かれ，紙の折り目の上部に「道訳法児馬」，下方に「三省堂蔵」と印刷してある．見出し語のオランダ語は筆記体で，訳語は「アベセヲ学ブ童子」のように楷書体で縦書きになっていて，収録語数は約5万．本書が蘭学生にとってどれほど役立ったかは，緒方洪庵の適塾の状況を述べた福沢諭吉や長与専斎の自伝に詳しい．またこの辞書の筆写は貧しい蘭学書生のよいアルバイトでもあった．本書は安政年間（1854～60）に幕府の官医桂川甫周（国興）らによって改訂，『和蘭字彙』として刊行された．　→和蘭字彙（オランダじい）→ドゥーフ

（斎藤　信）

008　トゥーンベリ　Carl Peter Thunberg　1743～1828　江戸時代中期に来日したスウェーデンの植物学者，医学者．日本植物学の基礎をおいた人物．ツュンベリ・ツンベルクとも記される．スウェーデンのイェンチェピングに1743年11月11日に生まれる．ウプサラ大学で医学の博士号を受けフランスに留学，途中オランダで師のリンネの紹介で諸名士と会い，その奨励により喜望峰・日本の植物調査を志し，東インド会社付属の医師となり，71年12月出発，翌年4月16日喜望峰に到着，植物採集とオランダ語の習得ののち，75年（安永4）3月喜望峰を出発，バタビアを経て同年8月14日長崎に

上陸，翌年商館長に随行し江戸で桂川甫周・中川淳庵らと交流，可能な限り植物標本をあつめ帰国後，日本産植物の学名を決め，リンネの植物体系で分類し，日本植物学を近代化した．リンネ父子を継いでウプサラ大学教授，のちに学長となった．1828年8月8日没．84歳．墓はウプサラ大学の近くにある．著書に『日本植物誌』『日本植物図譜』『旅行記』『喜望峰植物誌』がある．

参考文献　スウェーデン大使館・日本植物学会編『ツュンベリー来日二〇〇年記念誌』，木村陽二郎『シーボルトと日本の植物』（『恒和選書』5）

(木村陽二郎)

009　トゥーンベリ日本紀行（トゥーンベリにほんきこう）　スウェーデンの植物学者トゥーンベリの書いた日本紀行．彼はオランダ船の主任医官として1775年(安永4)8月13日，長崎に入港，翌日出島に上陸，翌年12月3日長崎を出帆するまで日本に滞在．76年3月4日から6月25日まで江戸参府旅行，将軍徳川家治に謁見，彼は1年4ヵ月足らずの滞在にもかかわらず，日本の地理，気候，政治，司法，宗教，民俗や性格，風俗習慣，日本語，通貨，武器，農業，動植鉱物，食事，祭，天文暦日，墓所，産業，貿易，通訳や出島での生活をその参府紀行とともにくわしく記し，明快な解釈をほどこしている．また彼の暖かい心も知ることができる．彼は欧州を発って帰国するまでの旅行記を4巻にまとめ1788〜93年にスウェーデン語で出版，英・独・仏訳本もある．第1・2巻は喜望峰付近にくわしく，第3・4巻は日本紀行となっている．この日本紀行の部分を山田珠樹は1796年の仏訳本から重訳し，昭和3年(1928)に『ツンベルグ日本紀行』(『異国叢書』4)として刊行，ほかに同16年・同47年版もある．

参考文献　日本学術会議・日本植物学会編『ツュンベリー研究資料』，木村陽二郎『日本自然誌の成立』(『自然選書』)

(木村陽二郎)

010　唐画（とうが）　⇒唐絵(からえ)
011　銅会所（どうかいしょ）　⇒銅座(どうざ)
012　唐楽（とうがく）　奈良・平安時代初期に日本に伝来した中国唐代の音楽．治部省雅楽寮が管轄した渡来楽のなかで，最大規模をもつ．大唐楽とも称し，『東大寺要録』などでは唐中楽・唐古楽・唐散楽・唐女儛の区別もされた．唐楽演奏の初見は，『続日本紀』大宝2年(702)正月癸未条の群臣を西閣に享宴する時に「五帝(常)・太平楽」を奏したとする記録．雅楽寮における定員は，『令義解』によると唐楽師12人，楽生60人．大同4年(809)当時の唐楽師は横笛・合笙・簫(しょう)・篳篥(ひちりき)・尺八・箜篌(くご)・箏(そう)・琵琶・方磬(ほうけい)・鼓の各楽器の師と，歌・舞の各師．唐楽系楽器は，このほか竽(う)・琴(きん)・瑟(しつ)・五絃琵琶が知られる．楽生はその後，天平3年(731)7月29日には39人(『続日本紀』)，嘉祥元年(848)9月22日には36人に減少した(『類聚三代格』)．大陸系諸楽の導入後，いわゆる楽制改革が進められた段階で(その時期については嵯峨天皇から仁明天皇期など諸説がある)唐楽は左方の楽舞として，右方の高麗楽に対するものとなった．音楽形式，演奏形式などが整備され，使用楽器も次第に，笙・篳篥・横笛・琵琶・箏・鞨鼓(かっこ)・鉦鼓(しょうこ)・太鼓に固定した．承和楽・清上楽・和風楽など多数の日本製の楽曲が，大戸清上・尾張浜主らによって作曲作舞された．五絃琵琶譜など古楽譜や古文献から知られる曲目は二百数十曲にのぼる．現行曲は，明治3年(1870)および22年に撰定された約100曲を数え，宮内庁式部職楽部のレパートリーとなっている．

参考文献　林謙三『正倉院楽器の研究』，荻美津夫『日本古代音楽史論』，芸能史研究会編『雅楽』(『日本の古典芸能』2)，蒲生美津子「明治撰定譜の成立事情」(角倉一朗他編『音楽と音楽学―服部幸三先生還暦記念論文集―』所収)

(蒲生美津子)

013　投化倭人（とうかわじん）　⇒向化倭人(こうかわじん)
014　唐館（とうかん）　⇒唐人屋敷(とうじんやしき)
015　道教（どうきょう）　中国人のあいだから興った唯一の宗教．ただ，古くは儒教や仏教も道教と自称し，道教が自派を道教と称えだしたのは5世紀の初めごろからだったから，注意が必要である．道教は，中国古代のさまざまな民間の信仰を基盤としているために呪術宗教の傾向がつよく，神仙思想が中心となっているので長生きが主な目的となっているが，儒学・墨子・易・陰陽・五行・道家・医学・緯書などの思想，仏教や巫の信仰も，教理形成に重要な役割を荷っている．老子を教祖とする創唱宗教とみるのが一般的だが，老子を教祖視するようになったのは7世紀以後のことで，実際は教祖も開祖もはっきりしない自然宗教である．ふつう，中国の民族宗教といわれているけれども，日本や朝鮮半島，東南アジアの一部にも伝播しているから，厳密な意味では民族宗教とはいえない．けれども，中国人の生活と密接に結びつき，儒仏二教とながらく交渉しあいながら中国宗教史の主流となっていたから，道教の内容や性格を通してかれらの思考形式や精神生活を十分に把握することができる．多くの日本の研究者は，道教を成立道教と民衆道教とに分けるが，成立道教だけを道教とし，民衆道教は道教系または道教的民間信仰とすべきであろう．仏教の僧侶にあたる者を道士，尼を女道士または女冠，寺院を宮または観，一般的には道観という．道士たちは頭髪をのばして特殊なまげに結い，道服を着て道観に住み，辟穀・服餌・調息・導引などの修行をして長生法の習得に努める一方，仏教類似の多くの戒律を守りつつ神々に仕え，人々の請いに応じて儀式を行い，衆生の済度に従事する．三界

三十六天や地獄も説く．地獄には六獄，九幽以下十八・三十六・八十一・百八などの別があるが，その責苦の説明から推して，仏教から学んだに相違ない．神像も同様だが，最近では皇帝・皇妃の姿をとる．神には，最高神の元始天尊，その下の三清以下実に多くの神々がいるとされているが，上下の関係はあまりさだかでない．面白いことに時代によって最高神が変わり，5世紀ごろには老子を神格化した太上老君が最高神格だったが，6世紀ごろから元始天尊，10世紀初めからは玉皇上帝とされるようになった．けれども，いま道士たちは元始天尊を，一般の人々は玉皇上帝を，それぞれ最高神と考えている．なお，最近台湾の一部で，これまでの玉皇上帝が引退し，関羽を神格化した関聖帝君に代わったという説が説かれ始めている．道教の一切経を道蔵という．すべてで5485巻だが，これを洞真・洞玄・洞神の三洞と，太玄・太平・太清・正一の四輔に分類する．これまた仏教にならった結果らしい．それらの経典中には，悪鬼・悪霊をさけ，神をよんで自身や家を守るおふだ，呪術が多く説かれているが，叩歯・禹歩・九字・鏡・守庚申・守一・分身・隠形その他がなかでも注目される．宗派としては，2世紀のなかばごろ成立した五斗米道を最初の道教教団とするのが一般的ながら，太平道がやや先に成立しているから，これを最初としなければならない．けれども，内容からみて，これら2集団は道教の源流とすべきだろう．五斗米道は，現存の天師道の前身だというが，最近両者を別視する説が提出されている．太平道は，黄巾の乱を起して中絶した．3世紀ごろ成立した茅山を本山とする上清派は，唐・宋の王室と結びつき教勢をはったが，のちやや衰えて今日に及んでいる．5世紀に成立した新天師道がはじめて道教と自称した宗派で，ふつう道教の大成といわれているが，開祖寇謙之の没後中絶した．12世紀の中葉の華北地方に興った太一・真大道・全真の3派のうち，前2者は13世紀に中絶し，全真教のみが現存しているが，これら3派は儒仏道三教をあわせたような特徴をもつ．13世紀に成立した浄明忠孝道もほぼ同様の性格ながら，忠孝を重視する．このほかに武当山を本拠とする武当道があるが，教団的勢力は乏しかった．現在では，天師道・上清派・全真教が台湾や東南アジアに残っているが，宗派的な相違はほとんどない上に，道士たちは俗人同様の生活をし，儀式のときだけ道服を着るようになっている．大陸では，中華人民共和国成立後は迷信として布教は禁止され，多くの道士が還俗して，その存続が危ぶまれたが，プロレタリア文化大革命の終息後は様子が変わり，著名な道観には修復の手が加えられ，中国道教協会も再び活動を始めた．全真教の本山の北京の白雲観では，1984年から後継者の道士の養成が開始され，人々の信仰も認められた．日本へは道士も来ず，教団も組織されなかったが，その信仰は陰陽道や修験道に取り入れられたり，日本の習俗や民間の信仰に埋没しながら受容されている．ことに沖縄県下には土地神や竈神の信仰が伝来している．朝鮮半島には天師道が伝わり，ベトナムではカオダイ教に入っている．

参考文献　窪徳忠『中国の宗教改革―全真教の成立―』，同『道教史』（『世界宗教史叢書』9），同『（中国宗教における）受容・変容・行容』，同『中国文化と南島』（『南島文化叢書』1），同『道教入門』，同『新版道教百話』（『ぽんブックス』5），秋月観暎『中国近世道教の形成』，大淵忍爾編『中国人の宗教儀礼』
〔窪　徳忠〕

016　桃渓 $\overset{とう}{けい}$　⇒了庵桂悟（りょうあんけいご）

017　道元 $\overset{どう}{げん}$　1200〜53　鎌倉時代の僧侶．日本曹洞宗の開祖．正治2年(1200)内大臣源通親を父とし，摂政太政大臣藤原基房の娘を母として，木幡の松殿山荘で生まれた，といわれている．幼くして父母に死別し，建暦2年(1212)春，養父である伯父藤原師家の制止を振り切って，叔父の良顕法眼を比叡山の麓に訪ね，その手引きによって横川の首楞厳院に行き，般若谷の千光房に入った．翌建保元年(1213)天台座主公円について剃髪，戒壇で大乗菩薩戒を受けて，仏法房道元と名乗った．こののち天台宗教学の奥儀を学んでいたが，天台宗では，一切の衆生はもともと仏であると教えるが，仏であるのに人はなぜ修行を積まなければならないのかという疑問が，どうしても解けなかった．そこで叡山にいるかぎりこの問題を解決できないと悟った道元は，園城寺の公胤を訪ねた．しかし，公胤もそれには答えないで，宋に渡ってじかに禅宗を学んでくるがよいと勧めたので，建保5年秋，道元はまず建仁寺に赴き，栄西門下の仏樹房明全に参じた．そののち同寺で仏樹房明全らに学ぶこと6年あまり，やがて貞応2年(1223)道元は明全らと宋に渡った．このとき明州の港に日本の椎茸を買いに来た阿育王山の老典座から，禅の修行について大いに啓発された話は有名である．ついて道元は天童寺に赴いて，臨済宗大慧（だいえ）派の無際了派に参じ，同寺の惟一西堂や宗月・伝蔵主から，大慧派をはじめ臨済各派の嗣書を見ることを許された．さらに嘉定16年(1223)秋，阿育王山に登り，広利禅寺の三十三祖の変相図を拝観したが，翌年冬，無際が寂したので，諸寺歴訪に旅立ち，宝慶元年(1225)春，径山（きんざん）に赴いて，無際の法兄弟の浙翁如琰についた．ついで天台山に行き，万年寺の元鼐（げんし）に参じてその嗣書をみ，さらに明州の大梅山護聖寺に寄り，台州の小翠岩では大慧派の盤山思卓にもまみえた．こののち鎮江の雁山能仁寺などをも訪れて，見聞を弘めている．やがて雎という老僧の勧めを思い出して，天童寺に赴いて同寺31世の如浄に参じ，入室問法をかさねて，同年ついに大悟した．さらに如浄に学

ぶこと3年，安貞元年(1227)道元は釈尊正伝の仏法を伝えて帰国し，建仁寺に身を寄せた．こののち道元は，如浄から受け継いだ仏法の絶対性を強く主張し，坐禅こそ仏法の正門であり，大安楽の法門であるとして『普勧坐禅儀』を著わし，坐禅の仕方や心得を明らかにして，ひろく人々に禅を勧めた．そのため，天台衆徒から迫害を受け，寛喜2年(1230)ころ建仁寺を追われて深草に移り，安養院に寄った．こののち精力的に説法を続けて『正法眼蔵』の大著述を開始し，如浄から学んだ仏法こそ仏教の神髄，すなわち「仏祖単伝の正法」であるという確信のもとに，他宗にするどい批判をあびせ，一世を風靡していた末法思想や念仏・祈禱をきびしく排斥した．やがて天福元年(1233)ころ，正覚尼や九条教家の寄進によって，もと極楽寺の一部であった観音導利院を中心に一寺を建て，ここを道場とした．ついて嘉禎2年(1236)10月同寺に僧堂を開き，そのころ寺号を観音導利興聖宝林禅寺と改称している．また翌年春，『典座教訓』を著わして，修行者の生活規律を一定させた．このようにして，ようやく深草道場の体制が整ってきた文暦元年(1234)冬，比叡山より目の仇にされていた大恵派の大日能忍の門下から孤雲懐奘(えじょう)がまず入門し，さらに同派の覚禅懐鑑や徹通義介なども越前波著寺から集団で入門した．このことがまた比叡山を刺激して，天台衆徒の圧迫が再び加えられるようになった．しかし今度は，道元も負けてはいなかった．そこで『護国正法義』を著わして，自分が伝えた禅こそ国家護持のための正法であると力説した．さっそく叡山側がこれをはげしく非難して朝廷に訴えたので，朝廷が叡山の言い分を認めた結果，天台衆徒の圧迫はますます激化した．しかも，寛元元年(1243)2月，藤原一門の絶大な支援を受けた円爾が深草に近い月輪山荘に東福寺を創建し，天台・真言・臨済禅の3宗を併存させたので，道元は東福寺側からも脅威を受けるようになった．そこで同年7月道元は，門下に加入した大恵派の越前波著寺関係の人たちの熱心な働きかけと，門弟波多野義重の招きによって，その所領である越前志比荘に移り，翌年大仏寺に入った．やがて同4年6月同寺を永平寺と改称し，ついて僧名をみずから希玄と改めた．そして道元は一段ときびしい修行に打ち込み，在家成仏や女人成仏を否定し，出家至上主義をつよめていった．その間宝治元年(1247)北条時頼の招きをうけて鎌倉に下ったが，まもなく越前に帰ってしまった．やがて永平寺を懐奘に譲り，建長5年(1253)8月28日京の宿で，黒衣の平僧の位のまま高潔無比の生涯を閉じた．54歳．弟子に孤雲懐奘のほか詮慧・僧海などがいる．生前中に禅師号や紫衣を贈られたと伝えるのは誤りで，孝明天皇から仏性伝東国師，明治天皇から承陽大師と勅諡された．著作には『正法眼蔵』のほか『永平清規(しんぎ)』『学道用心集』『宝慶記』がある．

参考文献　大久保道舟『道元禅師伝の研究』，竹内道雄『道元』(『人物叢書』88)，今枝愛真『道元―坐禅ひとすじの沙門―』(『NHKブックス』255)，同『道元―その行動と思想―』(『日本人の行動と思想』3)，同『道元とその弟子』　　　　　(今枝　愛真)

018 東皐 とうこう　⇒心越興儔(しんえつこうちゅう)

019 道光 どうこう　生没年不詳　7世紀の僧．白雉4年(653)5月，遣唐大使吉士長丹の船で入唐，同行した学問僧のなかには，恵施・弁正・道昭・定恵らがいた．『三国仏法伝通縁起』によれば，入唐の目的は律蔵を学習させることにあり，天武天皇7年(678)に帰国し，『依四分律抄撰録文』を著わしたという．わが国における戒律研究の先駆者といってよい．『日本書紀』持統天皇8年(694)4月条によれば「贈律師道光贈物」とあり，この年に入寂したのであろうか．ここにいう律師は，天武天皇12年3月以後，新たに加えられた僧綱の構成員であり，道光はどの時点からかは明らかでないがこれに任ぜられ，僧尼統領の一翼をになっていたのである．　　　　　　　　　　　　　(佐久間　竜)

020 道咬 どうこう　⇒月林道皎(げつりんどうこう)

021 銅座 どうざ　江戸時代に諸国鉱山から銅鉱石を集荷，精錬して，輸出向けの棹銅(長崎廻銅・御用銅)や国内向け地売銅の鋳造，販売，輸送などの支配を行なった機関．大坂に置かれたが，別に長崎の鋳銅所も銅座と称され，ともに改廃がある．大坂の銅座は，元禄14年(1701)石町(大阪市東区)に置かれたのが最初．これは銀座加役のもので，主要業務は長崎御用銅の確保であった．江戸時代初期には，輸入の代替品として銀が多量に輸出されたが，のち国内使用銀の不足が懸念され，寛文期以降は銀の輸出制限が厳しくなる．代わって銅が多く輸出されだし，元禄10年に幕府は以後年間890万2000斤を輸出する規定を設けるが，この確保はきわめて困難で，14年銅座を置いて銅に関する万般の支配を企図した．しかし，なお規定量の確保はできず，正徳2年(1712)に廃止．この後，正徳長崎新例で銅の輸出歳額を450万斤に減らし，また御用銅を秋田・別子銅山など主要20銅山に割り付けるなどして，その確保を図るが，元文3年(1738)再度大坂内両替町(大阪市東区高麗橋詰町)に銅座を設け，京都銀座から年寄役・勘定役・戸棚役・平役に至るまで交代勤番させた．寛保3年(1743)に輸出歳額は210万斤に減らされ，銅座の役割は薄れ，延享3年(1746)に歳額310万斤に増やされるが，御料銅山などに前貸しや前渡しした仕入銀がこげつき，赤字経営となり，寛延3年(1750)に廃止．この後，明和3年(1766)三たび銅座が設置される．これは銀座の加役ではなく，大坂過書町(大阪市東区北浜)の長崎銅会所を銅座に取り立てたもので，勘定奉行・長崎奉行・大坂町奉行の支配下に置かれ，長崎会

所と密接な関係のもとに運営され，明治元年(1868)に至る．長崎の銅座は，享保10年(1725)に浜の町築地に設けられた鋳銅所(元文3年廃止)と享保16年宮甚右衛門が官許を得，稲佐秤田浜に建てた鋳銅所(元文3年廃止)などをいい，いずれも棹銅を鋳造した． →大坂銅座(おおさかどうざ)

参考文献 住友修史室編『泉屋叢考』9，永積洋子「大坂銅座」(地方史研究協議会編『日本産業史大系』6所収)，今井典子「長崎貿易体制と元文銅座」(『住友史料館報』38) (太田 勝也)

022 東西洋考 とうざいようこう 中国，明末の東南アジア諸国に関する地理書．明の張燮(ちょうしょう)撰．撰者は竜渓(福建)の人．字(あざな)は紹和．万暦22年(1594)の挙人．12巻．蕭基の万歴(暦)丁巳序，王起宗の同戊午序があるから，本書の成立は万暦45年，出版は翌46年と思われる．著作の目的は，東洋・西洋諸国(爪哇(ジャワ)を中心に，その東が東洋，西が西洋)の現状を明らかにするため．西洋列国考(巻1～4)，東洋列国考(巻5)は，それぞれ各国の概説・形勝名蹟・物産・交易の4項に分叙．外紀考(巻6)は日本と紅毛蛮(オランダ)．税餉考(巻7)・税璫考(巻8)は明の海外交通貿易に対する政策．舟師考(巻9)は航海術・航路．芸文考(巻10・11)・逸事考(巻12)は歴代の海外関係の文章を抜粋．巻11・12には日本関係記事もある．テキストは万暦刊本(万暦戊午序)，惜陰軒叢書本，これに基づく叢書集成本，国学基本叢書本(商務印書館)など．

参考文献 別枝篤彦「東西洋考に現れたマライシア西部航路の研究」(『東南アジア諸島の居住と開発史』所収)，薛澄清「明張燮及其著述考」(『嶺南学報』4ノ2) (石原 道博)

023 唐桟 とうざん 江戸時代初頭，イギリス・オランダの商船によって日本にもたらされた綿織物のことである．原産地は西南アジア一帯であった．なかでも桟留(サントメ，インド)・咬喳吧(ジャガタラ，ジャワ)・錫蘭(セイラス，セイロン)・弁柄(ベンガラ，ベンゴール)などは，ひろく珍重された．唐桟は奥島(奥縞)ともよばれ，遠い国から渡来したという意味であるという．また，唐桟は桟留縞のこととする見方があるが，これは桟留縞が，なかでももっとも珍重され，やがて京都西陣で模織に成功，その技術が享保すぎるころから地方機業地に波及した結果，桟留縞が唐桟の代表的織物となったためであろう．桟留縞はインドのセント＝トーマスから舶来してこの名があるとされている．化政期ごろ唐桟は冬着に好まれ，尾西(びさい)地方で生産された桟留縞は尾州縞，西濃では美濃縞の名称で知られ，また，武蔵国入間郡で織られた唐桟は川越で販売したので，これを川唐(かわとう)とよび，これに対して舶載品は唐桟留と称した．なお，唐桟は，衣服・羽織・袴に愛用され江戸時代末期に盛んで『東海道中膝栗毛』の中に「八丈(縞)もやぼになった，唐桟はおやぢめく」とある． →桟留(サントメ) (林 英夫)

024 唐紙 とうし 中国南部で生産される諸種の紙の日本での総称．古い時代にはコウゾ(楮)を原料とし，奈良時代すでに輸入されて写経用紙その他に供されたことが，正倉院蔵の実物によって知られる．しかし平安朝の盛時には，官営の造紙設備，紙屋院で漉く和紙がはるかに良質となり，『源氏物語』の作者に「唐の紙はもろくて」と批判されるに至った．ただし室町時代から輸入されるようになった明朝の唐紙は，若竹の繊維を原料とした淡褐色のもので，質はもろいが肌目こまやかに，墨のにじみが平均して雅趣に富むため，江戸時代の文人墨客に愛用された．浅黄赤色の上等品を毛辺(もうへん)，白色で堅い下級品を連史(れんし)と呼ぶ．もとは「とうし」も「からかみ」も同じものの呼称であったが，江戸時代には全く別物となった．国内でも和唐紙(わどうし)の名で江戸・水戸・薩摩などで模造されているが，一方，清朝盛時にはきわめて上質の紙が中国で生産され，文房品としての声価はそれと比ぶべくもない．

参考文献 池田温「前近代東亜における紙の国際流通」(『東アジアの文化交流史』所収) (寿岳 文章)

025 道慈 どうじ ？～744 奈良時代の大安寺僧．三論宗第三伝という．俗姓は額田氏．大和国添下郡の人．大宝2年(702)入唐．長安の西明寺に止住．学問修行の様子について『続日本紀』には「渉く経典を覧，尤も三論に精し」(原漢文)とあり，『懐風藻』には「明哲を歴訪し，講肆に留連し，妙(くわ)しく三蔵の玄宗に通じ，広く五明の徽旨を談ず」(同)と記す．さらに唐の宮中で，『仁王般若経』を講ずべき義学の高僧100人のなかに簡(えら)ばれたとも伝える．養老2年(718)帰国．彼に対する評価は，「性甚だ骨鯁，時に容れらえず」(同)という面もあったが，『続日本紀』養老3年11月条には，釈門の秀たる者と記し，「戒珠満月を懐くがごとく，慧水滄溟に写すがごとし」(同)として，食封50戸を施されたという．天平元年(729)10月には律師に任ぜられ，仏教政策の推進に大きな役割を果たした．僧尼の質の向上をめざしての戒師招請計画，大安寺の移建や『日本書紀』編纂事業への参加など，その業績は多岐にわたる．また，『愚志』1巻を著わし，唐に比して虚設の多いわが国仏教界のあり方に，きびしい批判を加えたという．天平16年10月2日，70有余歳をもって寂去．

参考文献 井上薫「道慈」(『日本古代の政治と宗教』所収)，佐久間竜「道慈伝の一齣」(『日本古代僧伝の研究』所収) (佐久間 竜)

026 道者超元 どうじゃちょうげん ？～1660 江戸時代前期の来日中国僧．福建省興化府莆田県の人，俗姓未詳．南山の亘

信行弥の法嗣，わが国黄檗禅の開祖隠元隆琦の法姪にあたる．慶安3年(1650)長崎に来航，聖寿山崇福寺3代住持となる．承応元年(1652)冬には肥前平戸藩主松浦鎮信に招かれ，普門寺集雲庵で安居を行う．同3年興福寺逸然性融らの招請に応じ法伯隠元が渡来，翌明暦元年(1655)崇福寺に進山したとき，住持を退いて監寺となる．ついで同3年隠元の法嗣即非如一が渡来，崇福寺住持となるに伴い退いて五帝堂に入った．道者は隠元に先立ち多くの僧俗の帰依を集めていたが，大挙して渡来した隠元下の僧たちと同じ法類であったが齟齬をきたした．隠元下に入ることを拒んだためともいう．すでに明暦2年9月帰国を決心し参徒にとどめられたが，ついに万治元年(1658)回棹した．同3年国観寺において没したという．在留中曹洞禅の悦厳不禅・月舟宗胡・雲山愚白・独庵玄光・霊峯道悟，臨済禅の盤珪永琢，黄檗禅に入った慧斑(慧極道明)・潮音道海などの人材が参禅した．また曹洞禅の防州石白(鵬洲碩搏)・量外頑器・大梅法璹を経て，黄檗禅の木庵下の黄檗24代住持石窓衍劫にその法脈が伝えられたといわれ，大梅禅の名でよばれている．なお，『南山道者禅師語録』がある．

参考文献 山本悦心『黄檗東渡僧宝伝』

(大槻　幹郎)

027 唐書 とうじょ　唐朝の正史．旧新2種がある．北宋で『唐書』ができてから，すでにあったものが『旧唐書(くとうじょ)』，新刊が『新唐書』と区別して呼ばれるようになった．そして『新唐書』が流布重視されて『旧唐書』は読まれなくなり，一部に闕文を生ずるほどであったが，清朝乾隆帝による二十四史編纂にあたり『旧唐書』も加えられたので，以後両唐書はひろく併用されるようになった．

〔旧唐書〕五代後晋の天福6年(941)帝命により纂修に着手，趙瑩・張昭遠・賈緯・趙熙らが編纂に従事，開運2年(945)完成，宰相劉昫の名で進呈された．本紀20・志30・列伝150，計200巻．唐代には史館が整備され，起居注(ききょちゅう)・日暦の類が恒常的に作製され，皇帝1代ごとの実録も高祖から武宗まで揃い，中唐には韋述・柳芳・于休烈・令狐峘らの手を経て紀伝体130巻の『国史』(『唐書』ともいう)が完成されていた(代宗大暦年間(766～79)まで含む)．その他柳芳『唐暦』・崔亀従『続唐暦』・賈緯『唐季補録』など編年史書もあり，これら先行史書，特に『国史』に依拠して編纂されたので，中唐以前は概してよく整っている．志類も『六典(りくてん)』(職官志)，『群書四部録』(経籍志)，天宝の十道志(地理志)のごとく盛唐の資料により，中唐以後を欠く所が多い．宣宗以降唐末までは実録がなく史料に乏しかったので，本紀は叙事冗雑を免れず，若干の列伝は任官履歴だけで事跡を欠くという姿で，著しく不備である．しかし盛唐以前の詔勅奏議を多く引用し，唐代に編纂された形をよく残している点は，その史料価値を高めている．南宋紹興年間(1131～62)刊本(残巻)と明の聞人詮校刻本・清の殿版などがある．実用には中華書局標点本がよい．

〔新唐書〕北宋の盛時に文運が昂まり史学が栄えると，『旧唐書』の史体と行文に批判が強まり，新修の議が起った．仁宗の慶暦4年(1044)宋祁らに命じ唐書編纂を進め，范鎮・呂夏卿・宋敏求・欧陽修らの努力で，ようやく嘉祐5年(1060)に至り完成奏上された．本紀10・志50・表15巻は欧陽修，列伝150巻は宋祁をそれぞれ代表撰者とし計225巻．『春秋』にならって尊王攘夷，正統論などを強く意識し，当代士大夫の儒教的史観によってまとめられ，同時に駢文(べんぶん)を排して古文のスタイルで文辞が統一された．『旧唐書』を下敷にした部分が過半を占めるけれども，唐後期については多数の文献を参照して記述の整備を図り，宗室世系・宰相・宰相世系・藩鎮諸表を新纂し，さらに兵志・選挙志を立てて軍政・科挙を解説するなど，旧書に優る点が少なくなく，全体に収載内容が増し宋人の古文尊重にマッチしたので圧倒的歓迎を受け，広く行われた．ただ旧書に比し，原文をほとんど書きかえ省約した個所が多いので，史料として信拠しにくい．研究には旧書を併せ参照する必要がある．嘉祐監本(14行本)以下北宋16行・南宋10行・明南北監本・清殿版など多種，中華書局標点本が実用に適す．

わが国にも古く舶載され，天永4年(永久元，1113)藤原茂明加点本『白氏文集』裏書に「(旧)唐書」，藤原頼長『台記』康治2年(1143)9月30日条に「新唐書」がみえ，堀正修の校訂訓点本『新唐書』(寛延元年(1748)刊)あり．

参考文献 羅士琳・劉文淇編『旧唐書校勘記』，岑建功編『旧唐書逸文』，沈炳震編『新旧唐書合鈔』，趙紹祖『新旧唐書互証』，羅香林「唐書源流考」(中山大学『文史学研究所月刊』2ノ5)，傅振倫「両唐書綜論」(『北平大学学報』1ノ4)，劉節「旧唐書的修訂与研究」(『中山大学学報』4)，福井重雅「旧唐書―その祖本の研究序説―」(早稲田大学文学部東洋史研究室編『中国正史の基礎的研究』所収)

(池田　温)

028 道昭 どうしょう　629〜700　7世紀の僧侶．道照とも表記する．舒明天皇元年(629)河内国丹比郡に生まれる．俗姓船連，父は恵釈という．出家して飛鳥の元興寺(法興寺)に入り，白雉4年(653)5月12日，道厳・定恵らと遣唐大使小山上吉士長丹に従って入唐し，長安の大慈恩寺の玄奘三蔵について窺基(慈恩大師)とともに法相唯識を学び，相州の隆化寺の慧満について禅要を習う．斉明天皇7年(661)，仏舎利・経典・鐺子などを請来して帰国す．天智天皇元年(662)3月，飛鳥寺(法興寺)の東南隅に禅院を建て，ここに経論を納め，法相学，禅要を広めた．広く全国を周遊し社会事業を興し，宇治橋造営にも関わったとされる．文武天皇2年(698)薬師寺繡仏開眼の講師となり大僧都に補任された．同4年3月10日72歳で没し，遺命により栗原にて火葬にされた．わが国における火葬，社会事業の端緒をひらき，法相宗の第一伝，禅要の初伝をもたらしたといわれるが，歴史的にみると法相宗よりも摂論宗をもたらしたとされる．　→禅院寺(ぜんいんじ)

[参考文献]　卍元師蛮『本朝高僧伝』1(『大日本仏教全書』)，岩城隆利編『増補元興寺年表史料』上，田村圓澄「摂論宗の伝来」(『田村圓澄日本仏教史』2所収)，中村浩「僧道昭に関する諸問題」(『大和文化研究』134)　　　　　　　　　(辻村　泰善)

029 道正庵隆英 どうしょうあんりゅうえい　1171〜1248　鎌倉時代前期に入宋し，漢方医薬の製法を伝えた医僧．京都の人．承安元年(1171)生まれる．藤原顕盛の子で，俗名は隆英．清水谷公定の養子となって官職に就き，経学に通じたが，治承の乱で，外祖父源仲家が戦死したのを機に官を辞し，仏門に入った．貞応2年(1223)建仁寺の明全および道元・廓然・亮照らに随って入宋．諸山を歴訪し，漢方医薬の製法を学んで帰朝した．その後，世事を断って洛西の木下(京都市上京区)に庵を結んで籠居，それより道正庵と称したという．宝治2年(1248)7月24日死去．世寿78．江戸時代に入ってから，道元に随伴して入宋し帰朝したことを強調する道正伝がいくつか作られたが，史実としては疑わしいとの説がある．

[参考文献]　嶺南秀恕『日本洞上聯燈録』12拾遺(『大日本仏教全書』)，藤原卜順『道正庵元祖伝』(同)，東隆真「道元とその門弟」(『講座道元』1所収)，河村孝道「道元禅師と永平寺の開創」(桜井秀雄他編『永平寺史』所収)，木下忠三「道正庵と鹿児島島津家に就いて」(『傘松』昭和63年3月号別冊)　　　　　　　　　　　　(高橋　秀栄)

030 藤四郎 とうしろう　⇒加藤四郎左衛門景正(かとうしろうざえもんかげまさ)

031 唐人座 とうじんざ　中国・朝鮮からの輸入品を販売する座．天正元年(1573)朝倉氏を滅ぼして越前を支配下に収めた織田信長は，国内の諸商売を楽座としたが，唐人座と絹織物を取り扱う軽物座だけは座を認めた．天正2年正月付の橘屋三郎五郎(越前国木田庄の豪商)充織田信長定書によれば，両座は三ヶ庄(北庄・社庄石場・木田庄)・一乗谷・三国湊・端郷(東郷か)の4ヵ所に設けること，信長の朱印状によって諸役は免除されてはいるが，役銭は座人1人宛上質の絹1疋とし，不納なら座を追放すること，往還の商人に対する役銭は絹10疋とすることなどが定められ，役銭を納入する本所は信長であった．以来，両座は柴田勝家からも安堵保護されたが，織田信長の死後ともに楽座となったらしく，以後，『橘家文書』にも両座の名はあらわれない．

[参考文献]　奥野高広『織田信長文書の研究』上，『福井県史』資料編3　　　　　　　　　　(松原　信之)

032 唐人遣用銀札 とうじんつかいもちいぎんさつ　⇒長崎唐館役所札(ながさきとうかんやくしょさつ)

033 唐人貿易 とうじんぼうえき　江戸時代，日本に来航した中国人との貿易．唐人とは中国人を呼んだ語．徳川家康の日明勘合貿易再興の企図，自由貿易を保障した朱印状の付与，和平外交の姿勢などが唐人の間に反響を呼んだらしく，慶長17年(1612)には30艘の唐船が平戸に来航した．当時中国は国民の日本渡航を厳禁していたので，禁を犯して来たもので，多くは海盗であったであろう．平戸・長崎・鹿児島など九州各地で取引したが，寛永12年(1635)，入港・貿易地は長崎に限られた．寛永年代から貞享元年(1684)までのおよそ60年間は，中国は明と清が交代する動乱期で，明の政令は行われず清の権威も確立せず，海賊上がりの都督鄭芝竜，その子，国姓爺成功らの鄭氏一門が唐人貿易に大いに活躍して，日本から主として銀・金を輸出した時期である．清朝は遷界令を発して海禁を一層厳しくしたが，天和3年(1683)鄭氏が降伏した結果，翌貞享元年遷界令を撤去して展海令を公布し商民の日本渡航も許した．幕府はこれに対応して，貞享2年，貿易制度を改め，銅を輸出品の基礎とする制度に切り替えた．同年は銀・金貿易の時代が銅貿易の時代に移った画期的な年である．すでに清朝は日本に銅を需めることきわめて熱心であった．順治2年(正保2，1645)江蘇・江西・浙江・安徽(あんき)4省の内地税関の長は商民を募り，その関税銀を前渡しして北京の鋳銭局(戸部の宝泉局，工部の宝源局)の料銅購買を請け負わせ，康煕3年(寛文4，1664)からは江蘇・江西・湖南など5省の蘆課銀(蘆の栽培に賦課する税銀)をこれに加え，同18年(延宝7)からは長蘆・淮南・淮北らの塩商が官納する塩課銀も加えて，遷界令を徹底的に実施している最中であるにもかかわらず長崎に派船した．同44年(宝永2)からは寧波(ニンポー)の浙海関，上海の江海関など外洋貿易を専管する四海関の関税銀も注ぎ込んでいる．康煕38年(元禄12)から内務府所属の商人に請け負わせたが，日本の産銅減少に対応して同55年(享保元)請負制をや

めて8省の分辦とし，以降さまざまに採辦の方法を変えたけれども宝泉・宝源2局の鋳銭に必要な443万5180斤の日本銅採買を目指して国帑を投入することは雍正13年（享保20，1735）までつづいた．乾隆3年（元文3，1738）からは，江・浙2省の総督が江・浙の富裕な商民を募ってその自備資本で買わせ，半額を自由に売り，他は2省で折半して買い上げることに改めたが，乾隆20年（宝暦5）当時，12家12人であった民商の数を固定して額商とし，12家以外の者で長崎銅貿易を願い出て許された者は，そのいずれか1家の名義を借りて行うものとした．こうして成立した定数の商人を「辦銅額商」という．同年はまた，官位を持つ特定の塩商1家に買銅させる制が定着した年でもある．この商人を「辦銅官商」といい，塩の官引を特給され，帑本銀（どほんぎん）の貸付けも受けて銅貿易に励んだ．乾隆25年清朝は生糸・絹織物の海外輸出を禁止したけれども，長崎に向かう船には特に毎船，白糸3960斤に相当する33巻の絹織物輸出を認めた．同年，官商范清洪・額商楊裕和らは銀38万4000余両を共同出資して，白糸6万3360斤にあたる絹織物528巻，その他薬材・砂糖などを買い調え，16船を上海から出航させ200万斤の銅を購入している．1家の辦銅官商と12家の辦銅額商が共同出資して長崎貿易を独占することは，わが幕末期までつづいた．幕府が定めた貿易の諸制度は，大体のことは判明するが，唐人貿易の実態については不明な点が多い．とりわけ唐船が日本に輸入した商品の年間の総量はほとんど不明である．長崎オランダ商館の日誌に散見する程度である．以下は明暦2年（1656）の52艘の輸入量．生糸18万8420斤（1斤＝600g）．節糸2万3100斤．撚糸100斤．縫糸131斤．金糸200斤．織物7万4104反．蘇木102万3925斤．明礬（みょうばん）18万7200斤．砂糖147万260斤．蜂蜜14万7480斤．香・薬16万1014斤．皮革15万9728枚．胡椒4万1000斤．黒漆（うるし）3万5360斤．錫1420斤．硝石9000斤．赤銅鉱400斤．硼砂170斤．茶碗薬（釉薬）900斤．蠟1万880斤．櫨実（はぜのみ）4万3830斤．檀木3632斤．水牛角8410斤．象牙3800斤．犀角62本．ぱんや2800斤．藤2116斤．乾果物1950斤．紙57包．書籍12箱．小間物198箱．琥珀15個．珊瑚玉1連．文化元年（1804）に11艘が売り上げた主なものは，砂糖128万5600斤，香薬92万3087斤，蘇木38万5049斤，鉗銅（とたん）23万9997斤，銀（目方）506貫100匁と銀銭1万9753個などである．　→糸割符（いとわっぷ）　→市法貨物商法（しほうかもつしょうほう）　→正徳長崎新例（しょうとくながさきしんれい）　→信牌（しんぱい）　→俵物（たわらもの）　→唐人屋敷（とうじんやしき）　→長崎会所（ながさきかいしょ）

参考文献　『皇朝文献通考』14～18，珠衡阿他編『嘉慶長蘆塩法志』，佶山他編『重修両淮塩法志』，『長崎市史』通交貿易編東洋諸国部，山脇悌二郎『長崎の唐人貿易』（吉川弘文館『日本歴史叢書』6），Daghregister offte dagelijkse aanteeckeningen des Comptoirs Nangasacquij.　　　　（山脇悌二郎）

034　唐人町　とうじんまち　戦国時代から江戸時代初頭にかけて，主に西日本の各地に形成された，在留中国人または朝鮮人の居住に因む町名．前者は，明末中国人の海外移住の一環である日本華僑社会の形成を示すもので，豊後府内・臼杵，肥前口ノ津，肥後伊倉・熊本，日向都城，大隅小根占・高山・串良などに存在し，当時東南アジア各地にできた中華街や日本町に対応する．後者は文禄・慶長の役で連れられてきた捕虜を住まわせたことによるといい，筑前福岡，肥前佐賀，肥後人吉などの唐人町はこれである．しかし，たとえば臼杵では「唐人来りて余多居住するを以て町名とす」（『桜翁雑録』）というが，文禄2年（1593）の検地帳には外国人だけでなく日本人・「高麗人」も居住していた．他も同様であろう．このほか，肥前長崎・福江，肥後川尻，薩摩鹿児島，大隅高須などにもかなりの数の唐人がおり，英商館長リチャード＝コックスの日記では平戸にも木引田町一帯に唐人街の記事がみえるが，今これらに唐人町の名はない．このことは高須・川尻など，近世的な町建て以前に消滅したことも考えられるが，長崎でのごとく婚姻，土地所有（居住地），職業などで外国人としての差別がなかったからではなかろうか（ただし薩摩藩では唐人だけの人別帳が別につくられた）．社会機構についてはほとんど不明であるが，長崎では元和から寛永にかけて唐人墓地や出身地別に唐三ヵ寺（興福寺・福済寺・崇福寺）を創建しており，華宇・三官・二官・ベッケイのごとき朱印船主や，唐通事などの有力唐人を核とした，ごく限られた自治が，日本側権力のもとで認められたようである．しかし鎖国によって外国貿易が長崎に限られると，その他の地では生活手段に困難を来し，長崎に移住するか，現地の藩社会に埋没するかしかなく，今は町名と，伊倉では唐人墓石数基，臼杵の石敢当などを残すのみである．長崎の唐人屋敷も一種の唐人町であるが，これは来航中国人（清人）を日本人から隔離するための，すぐれて鎖国制的な施設であった．

参考文献　中村質「近世の日本華僑」（箭内健次編『外来文化と九州』所収），小葉田淳「唐人町について」（『日本歴史』2ノ5），久多羅木儀一郎「臼杵唐人町考」（『臼杵史談』33）　　　（中村　質）

035　唐人屋敷　とうじんやしき　近世鎖国下の長崎において，「唐人」（「唐船」乗組みの清人，東南アジア各地の華僑，現地人）を収容する施設．唐館ともいう．長崎市館内町にあった．はじめ唐人は貨物を持って自由に知り合いの家に宿泊したが（相対船宿），取締りや宿口銭の市中配分のため，寛文6年（1666）から各町順番に1艘ずつ，入港から出船までの一切を取り仕切ることになった

（唐蘭館絵巻）

（宿町・付町制）．貞享2年(1685)貿易額が年間銀6000貫目に制限されると密貿易が頻発したので，長崎村十善寺郷の御薬園をほかに移して元禄2年(1689)に完成．総坪数8015坪（のち9373坪余に拡張），高い塀で囲われていた．大門を入ると，左手に特許商人が野菜・薪・魚などの生活用品や，俵物・銅器・蒔絵・伊万里物などの輸出品の見本を並べた市店（寛延2年(1749)には76)や辻番小屋・牢屋などがあり，右手には通事部屋・乙名部屋・札場などがあって，唐人屋敷乙名・組頭・唐通事・唐人番・辻番・探り番・杖突・書役などの唐方諸役人（宝永5年(1708)には合計324人)が交代で詰めた．しかし唐人の居住区である二ノ門内に入れるのは遊女だけで，そこには正徳期までは2階建の長屋19棟，部屋数50があり，一時に約2000人(20～30艘分)を収容した．その後相つぐ火災（天明4年(1784)の全焼時には892人在留）などで建物数は変化したが，ほかに土神堂・関帝堂・観音堂・天后堂・涼所や数ヵ所に溜池・井戸があった．唐人が持込みできるのは手廻品だけで，貨物は元禄15年からは海中の新地荷物蔵に収納され，外出は荷役，唐寺参詣，船の修理などに役人付添いで許されるにすぎない．しかし幕末には，荷物を担いで市内を売り歩く者も多く，開港以後は新地などへの移住もみられた．明治3年(1870)焼失したので，跡は市民に分譲された．文化的には，館内の卓袱(しっぽく)料理，唐人踊りの明清楽，竜(じゃ)踊りや精霊流しなどが市内に伝わり，また仮名や浄瑠璃に巧みな唐人もあった．

[参考文献] 山本紀綱『長崎唐人屋敷』，『長崎県史』対外交渉編　　　　　　　　　　　（中村　質）

036 東征絵伝 とうせいえでん　奈良市唐招提寺蔵の鎌倉時代の紙本著色の絵巻物．『鑑真和上東征絵伝』ともいう．5巻．永仁6年(1298) 8月に鎌倉極楽寺の開山，忍性が唐招提寺に施入したことが各巻の見返しに記され，奥書には画工，六郎兵衛入道蓮行と，第1・3・4・5各巻の詞書を書いた筆師の名とが記されている．律僧の忍性が盛唐時代の戒律の師である鑑真の生涯を絵巻にあらわそうとして，鎌倉の画師の蓮行に描かせ，その詞書は忍性の徳を慕う鎌倉幕府の官人のうちの能筆に写させた．武蔵守北条長時は忍性を極楽寺の開山にしたが，その一族の足利家時夫人が第4巻に名をのこしているのをはじめ，第1巻は将軍とともに京都から来た藤原宣方が書き，その子輔方とともに能書である．第3巻は大炊助入道見性で，忍性について出家した，小野道風流の筆者．第5巻の嶋田行兼は北条時宗の侍臣というように鎌倉かたの武家たちである．蓮行は鎌倉の絵所画師であろうかと思われ，大和絵も唐絵も描ける作家である．絵巻詞書は奈良時代末の『唐大和上東征伝』（淡海真人元開撰）と和上に伴って来朝した思託の『鑑真伝』とにもとづいて新しく作った和文である．その詞書によって，唐における14歳の鑑真が父に従って出家を志す発端から，中国の寺院を巡拝し戒を授ける情景や5度にわたって航海する難船の変化ある描写をまとめ，第4巻の後半から日本の風物のなかに一行を優遇する盛んな場面がくりひろげられる．第5巻は詞書1段をのこして失われたが，奈良に入ってからの各画面が連接されており，東大寺大仏殿や宮中の様子，戒壇院の授戒の景，唐招提寺の立ちならぶ建物，自房で76歳で端坐入滅するまでの7段がよくのこっている．筆線は確実な描写力をそなえ，和上を失明の人としてはあらわさない絵画的な節度もうかがえる．ことに第2巻(次頁の図)・第3巻の難破する海と人との絵巻的な独特の手法はめざましい．重要文化財に指定．『日本絵巻物全集』21，『(新修)日本絵巻物全集』21，『日本絵巻大成』16に所収．

[参考文献] 亀田孜「東征伝絵縁起幽考」(北川智海編『唐招提寺論叢』所収)　　　　　（亀田　孜）

037 唐船 とうせん　大別して，(1)中国籍の船の総称，(2)ジャンクと呼ばれる典型的な中国式の構造や艤装をもつ船，

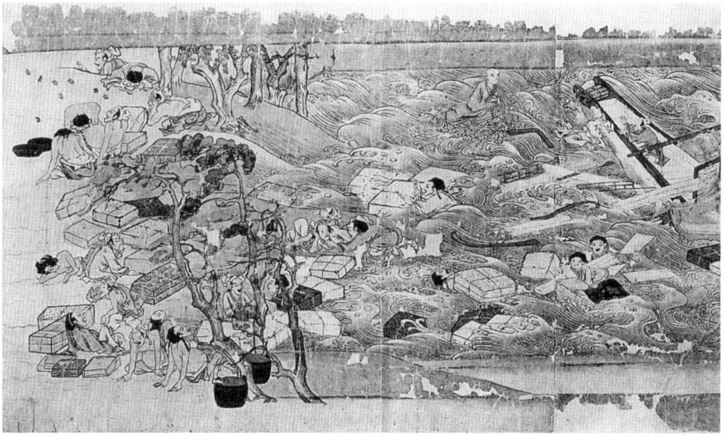

東征絵伝　第二巻第一段
（天宝十二年十二月狼溝浦にて難破）

(3)唐風の装飾を施した和船，(4)日中貿易に従事した日本商船，といった広汎な意味を持つ船．日本では唐朝滅亡後も唐・もろこしが中国の呼称だったため，平安時代から江戸時代末期に至るまで唐土船・唐船と書き，古くはもろこし船・から船・からの船とも呼んだが，時に応じてこの４つの場合に使われた．たとえば『山槐記』治承３年(1179) ６月22日条の平清盛が乗船した厳島参詣用の唐船は宋船だから(1)，『宇津保物語』俊蔭の唐土舟(もろこしぶね)や『吾妻鏡』建保４年(1216) 11月24日条の唐船の場合は，前者が遣唐使船，後者が源実朝の渡宋船で両者とも国産なので(2)か(4)，『今鏡』の高陽院の池に浮かべた唐船は(3)，『伊勢物語』26段のもろこし舟の場合は(1)・(2)のいずれかというようになる．また鎌倉時代に幕府が認めた渡宋する日本商船を『吾妻鏡』は唐船とするが，これも技術的判断の史料がなく(2)か(4)か断定は困難である．平安・鎌倉時代に来日した唐船は，12世紀の『高麗図経』に述べられた中国伝統の大型外航船で，その帆装は13世紀の『華厳宗祖師絵伝』が描いている２本マストに中国独特の網代帆を展張し，船体構造は中国泉州出土の宋商船や韓国新安海底で発見された元代商船で裏づけられたもの，つまり角型竜骨上に多数の隔壁を配して外板を張りつめるといったきわめて堅牢な構成で，かつ耐航性を重視して鋭いV型船底を採用するという合理性の高いジャンク式であることが明確になった．この基本形式は少なくとも唐時代には確立していたもので，遣唐使船は東シナ海直航のためにその技術を導入したが，９世紀の遣唐使停止と同時にそうした大型船は国内海運には不要のため消滅してしまった．平安・鎌倉時代の貴族の日記などにみられる泉池や河川で使った華麗な唐船(3)は，渡航用のジャンクとは全く無縁の小型和船に唐風の装飾や唐屋形を設けた儀礼用楽船や遊び船にすぎなかった．『源氏物語』胡蝶に「竜頭鷁首をからよそひに，ことごとしうしつら」えたとあるのはその好例である．鎌倉時代の日宋貿易用の唐船がジャンク式か日本式かは確証がないのに対し，室町時代のいわゆる遣明船は唐船と書かれるのが普遍化し(『教言卿記』『看聞御記』ほか多数)，しかも15世紀中期以後の船は平常瀬戸内航路で物資輸送にあたっていた500～2000石積級の大型商船を雇傭して改装したものであった．これは当時技術的に確立をみた日本式構造船だから，これで船型とは無関係に渡航日本商船を唐船と呼称する(4)が定着していたことになる．こうした商船改装で海難も稀だった遣明船と，派遣のたびに特別に唐船を新造しながら海難頻発に悩まされた遣唐使船との差は大きく，室町時代における造船・航海両技術の発達を端的に示すものといえよう．この遣明船も明の海禁政策により終止符を打って密貿易時代を迎えると，日本商船は台湾・フィリピンからさらに南方諸国で取引きを行うようになった．いきおい遣明船流の改装日本型商船では耐航性不足となって，日本の船主は中国のジャンクや暹羅(シャム)船などを購入して間に合わせたが，やがて同系の外航船を九州地方で建造するようになった．しかし17世紀初期に官許貿易の朱印船制度が確立すると，就航隻数の減少から船は500 t 前後と大型化し，国産ジャンクは船体と帆装に南蛮船ガレオンの長所をとり入れた折衷式の唐船を主用した．これが日本前とかミスツイス造りとも呼ばれた唐船だが，やがて江戸幕府の海外渡航禁止令により内航船への転用もできないまま折角の外航船技術も自然消滅の形となった．以来，唐船といえば長崎で貿易を行う中国の商船かジャンク系の船の呼称となったが，18世紀初期ごろに長崎来航商船の船型識別用に描かれた『唐船之図』(『唐船図巻』)には，南京(ナンキン)船・寧波(ニンポー)船(２図)・福州造リ南京出シ船・台湾船・広東船・福州造リ広東出シ船・広南船・厦門(アモイ)船・暹羅船・咬𠺕吧(カルパ)出シ船・阿蘭陀(オランダ)船の順で11種の写実的な図が載っている．最後のオランダ船以外の10種はいずれもジャンク系の船で船籍地の名を冠しているにすぎず，『華夷通商考』の南京船・福州船も同じである．ただ暹羅船というのは朱印船の原型となった中洋折衷式の船であって，基本的には外航用ジ

ャンクであり，またカルパ出し船も国籍はともかく外航用ジャンクそのものであるから，ともに唐船と呼ばれて当然の船である．なお南京船のみは本来外航船でなく，平底の川船のため船型的に異なっても構造面の違いは少ない．その他の8種は大きさ・寸法比・艤装に多少の相違はあるが，基本構造は宋代の外航船と同系ながら，船型・帆装とも進歩をみせて外航船としての耐航性と実用性は大幅に向上していた．そこで寛文10年(1670)江戸幕府は長崎代官末次平蔵に命じ，同地で500石積の唐船1艘を造らせた．これは『通航一覧』のいうオランダ船説が長い間通説化していたものの，解体時の記録ほかによりジャンク式であることが実証ずみである．この唐船は数度の実験航海で好成績をあげ，延宝3年(1675)には無人島(小笠原諸島)探検に使われて島の発見に成功するという実績まであげたが，翌年の末次平蔵の失脚のため見捨てられ，天和元年(1681)には解体されて結局ジャンク技術は日本に定着しないまま近代を迎えることになる．明治政府は西洋造船技術の導入に懸命の余り，ジャンクは和船と並んで全く無視された．しかし内航海運で圧倒的多数を占める船主たちは政府の意向に反して和船を重用し，逐次改善を加えて折衷式の合子(あいのこ)船に発展させたが，はじめ洋式化した帆装はやがてジャンク式の伸子帆になって実用性を高めているのは皮肉である．
→遣唐使船(けんとうしせん)　→遣明船(けんみんせん)
→朱印船(しゅいんせん)　→南蛮船(なんばんせん)

厦門船(唐船図巻)

参考文献　金沢兼光『和漢船用集』(『海事史料叢書』11)，湯谷稔編『日明勘合貿易史料』，須藤利一編『船』(『ものと人間の文化史』1)，石井謙治『図説和船史話』，金秋鵬『中国古代的造船和航海』，大庭脩「平戸松浦史料博物館蔵「唐船之図」について―江戸時代に来航した中国商船の資料―」(『江戸時代における中国文化受容の研究』所収)，池田哲士「最近発掘された宋代の外洋船」(『海事史研究』28)，北野耕平「中国における古代船舶の三つの新例」(『海事資料館年報』3)
(石井　謙治)

038 道璿 どうせん　702～60　唐の僧．中国河南省許州の人．姓は衛氏．唐睿宗嗣聖19年(702)に出生．幼にして出家し，洛陽大福先寺に入り，定賓に従って具足戒を受け律蔵を学んでいる．その後神秀の付法華厳寺普寂に師事して禅・華厳を修め，のち大福先寺に還って衆僧を教化している．開元21年(733)日本僧栄叡・普照が入唐し，戒律を日本に伝えるため道璿の来日を要請した．この請を受けて，翌年10月インド僧菩提僊那・ベトナム僧仏哲らとともに遣唐副使中臣名代の船に乗り来日することとなったが，途中暴風に遭遇したという．この年時を『南天竺波羅門僧正碑文』では開元18年12月13日とするが，栄叡らの入唐の年時から考えて開元22年を正説とする．苦難の末，天平8年(736)5月18日筑紫大宰府に到着．7月摂津に入り，10月勅によって時服を下賜され，大安寺の西唐院に住し，『梵網経』『四分律行事鈔』を講じ，律蔵を弘める．同15年3月興福寺北倉院で行表に具足戒を授け，禅・華厳を伝えている．天平勝宝3年(751)4月律師に補任し，翌年4月東大寺大仏開眼供養会の呪願師を務める．同6年2月鑑真の来日に際し菩提僊那とともに迎え，その労苦を慰問している．晩年病疾により吉野比蘇寺に隠棲し『梵網経』の註釈書3巻を著わし，達磨以下諸祖および師僧善友の冥福を祈って四季追福文を製したという．また天平宝字3年(759)にも願文を作っているが，翌4年閏4月18日，59歳で入寂した．

参考文献　『唐大和上東征伝』，『東大寺要録』1・2(『続々群書類従』11)，『七大寺年表』，『僧綱補任』1(『大日本仏教全書』)，卍元師蛮『本朝高僧伝』2(同)
(髙田　良信)

039 唐船日記 とうせんにっき　室町時代遣明船の記録．大乗院尋尊筆．1冊．内題に「天竺人楠葉入道西忍渡唐両度之内第二度日記」とあり，享徳2年(1453)に入明した楠葉西忍の談話を尋尊が筆録したもの．航海日誌，使節の衣装・引出物・携帯品・頒給品，積載貨物の数量・取引価格，船舶運営の費用などを克明に記している．『大乗院寺社雑事記』(『尋尊大僧正記』)の記事と一致する箇所もある．尋尊は遣明船に特別の関心を持っており，そのために西忍からの聞書を独立した一書にまとめたのであろう．内閣文庫蔵．→楠葉西忍(くすばさいにん)

参考文献　田中健夫『中世海外交渉史の研究』
(田中　健夫)

040 唐船抜買 とうせんぬけがい　⇨抜荷(ぬけに)

041 唐船風説書 とうせんふうせつがき　鎖国期に唐船がもたらした海外情報の報告書．起源は不明であるが，長崎に唐船が入津すると，上陸前に風説定役などの唐通事が乗り込み，船頭名，乗組人数，主要貨物，起帆地，その期日，僚船数，航路，起帆地の政情などを詳しく聴取し，直ちに翻訳して奉行に提出すると，これは継飛脚で老中に

進達され，オランダ風説書とともに幕府の主要な海外情報源となった．原文書は伝存しないが，林春勝・大学頭信篤父子が書写輯綴し，華(明朝)夷(清朝)の変革状況として『華夷変態』と名付けた．内閣文庫本(35巻本3種)は正保元年(1644)から享保2年(1717)までの2266件の風説書を収める(うち阿蘭陀風説書54件，対馬藩経由の情報24件，薩摩藩からの21件，および若干の勅諭，咨文，檄文，論策，書簡を含む)．はじめは明清交代期のことに呉三桂，鄭氏関係情報に重きを置くが，鄭氏滅亡の貞享期以降は貿易関係記事が中心となり，元禄末ごろから次第に定型簡略化される傾向にあった．その続輯というべきものが同所蔵『崎港商説』(3巻本2種)で，享保2年から同7年までの199件の唐船風説書を収める．長崎県島原市の松平家文庫にも37巻本『華夷変態』(延宝2年(1674)から享保9年までの2189件を収録)があり，その第33・37巻は『崎港商説』1・3である．このほか，記事を補完する5巻5冊本の『華夷変態』2種が宮内庁書陵部・広島大学などにある．以上に浦廉一の詳細な解説を付したのが，東洋文庫刊『華夷変態』(上・中・下，昭和33年(1958)・34年刊)である．その複製本はこれに漏れた寛永18年(1641)長門漂着船頭の上申書ほか前後の風説書など95件を追加している(東方書店，昭和56年)．享保期以後も風説は聴取されたが，漂着唐船やアヘン戦争以後のものが断片的に伝存する．従来風説書は幕府による海外情報独占のための機密文書と考えられてきたが，鎖国直後でも風説書と同内容の情報が長崎町人から即刻諸藩に伝えられており，これを疑問視する説もある．
→華夷変態(かいへんたい) →崎港商説(きこうしょうせつ)

参考文献 中村質「初期の未刊唐蘭風説書と関連史料」(田中健夫編『日本前近代の国家と対外関係』所収) (中村 質)

042 **唐船見送番所** とうせんみおくりばんしょ 江戸時代長崎で唐船の密貿易防止のために置かれた監視所．正徳長崎新例の貿易額・銅輸出高は当時実行不可能であった元禄年間(1688〜1704)の約定高を実施可能な宝永・正徳年間(1704〜16)の実績に切り下げて制度化したもので，これと信牌制にみられる新たな船数ならびに積荷高制限とによって，取引の円滑化と抜荷などの防止をはかったものである．しかし信牌が唐商人の中に徹底せず，享保元年(1716)唐船19艘が信牌を持たずに来航したので幕府はその貿易を禁止し39人を唐館に拘留し翌年4月放還した．幕府は同元年長崎港外木鉢浦に番所を置いて密貿易を監視させ，特に積戻唐船の私販，売れ残り貨物の密貿易を防ぐために厳しく見張らせた．この番所を唐船見送番所という．なお唐船の私販，抜荷を取り締まるには船数・定高の増額が必要とされ，翌2年船数40艘，定高8000貫に改められた．

参考文献 長崎市役所編『増補長崎略史』上(『長崎叢書』3)，山脇悌二郎『長崎の唐人貿易』(吉川弘文館『日本歴史叢書』6) (武野 要子)

043 **道蔵** どうぞう 生没年不詳 7，8世紀の百済僧．『日本書紀』によれば，天武天皇12年(683)の旱に雩して雨を得，持統天皇2年(688)にも請雨して効験があったと記す．その後の活躍ぶりは明らかでないが，『続日本紀』養老5年(721)6月条によれば，道蔵はかつて法門の領袖，釈門の棟梁であった．ところが年80をこえたので，所司に仰せて施物を賜い，その恩恵を老師所生の親族にまで及ぼしたとあり，その果たした役割をうかがうことができる．『東域伝燈目録』には，その著として『成実論疏』10巻をあげている．
(佐久間 竜)

044 **東韃紀行** とうだつきこう 文化7年(1810)春，箱館奉行所雇間宮林蔵が，その前年，命により単身樺太西海岸ノテトより山韃人の船に便乗して対岸シベリアのデカストリー(アレキサンドロフスキー)に渡り，キジ湖を経て黒竜江下流の満洲仮府の所在地デレンに至り，満洲仮府と付近住民の交易状況を視察し，さらに1日路をさかのぼり，本流を下って河口を経て帰国し，その見聞をまとめたもの．林蔵は文化5年樺太全島踏査の命を受け，その最北端を目指したが到達することができず，翌年再び試みたが志を得ず，ノテトに滞在中この使船を得たのである．これによって黒竜江下流の状況が明らかにされたばかりでなく，樺太がシベリアと海峡を隔てる島であることが実証された．この紀行は，林蔵の親友松前奉行所調役村上貞助の筆記の形で巧みな挿画を入れて江戸幕府に献上した3巻本が内閣文庫に所蔵され，『東韃地方紀行』と名付けられている．『東韃

(群夷騒擾)

紀行』の書名で明治44年(1911)に刊行(昭和13年(1938)復刊)されているほか，『東韃地方紀行』の書名で『日本庶民生活史料集成』4，『東洋文庫』484にも収められている． (高倉新一郎)

045 **東丹国** とうたんこく 契丹が渤海を滅ぼした後に置いた国．926年，契丹の耶律阿保機は東方の渤海を攻め，王城

忽汗城(上京竜泉府)を陥落させ，渤海を滅ぼした．阿保機は渤海の故地をそのまま統治する方針をとり，忽汗城を天福城と改め，国名を東丹国として，長子倍を国王に任じた．しかし渤海人の抵抗や渤海から凱旋する途中で死去した阿保機の後継をめぐる争いなどにより，928年には東丹国は遼国内の東平(遼陽)に移され，渤海故地の統治を放棄している．このころ延長7年(929)に東丹国使裴璆が来日した．裴璆はかつて渤海使として2度来日したことがある．渤海滅亡後，東丹国に仕えたものであるが，東丹国王はその経歴を利用して，日本との外交を取り結ぼうとしたものであろう．ところが裴璆は日本側の事情聴取に対して，渤海滅亡の事情を語り，契丹王を誹謗するところがあったため，朝廷は過状(怠状)を提出させ(『本朝文粋』12)，帰国させている．

参考文献 柿村重松『本朝文粋註釈』

(石井　正敏)

046 唐通事 とうつうじ　近世の長崎や薩摩藩・琉球王府などに置かれた中国語の通訳官．長崎では，奉行が慶長9年(1604)に在留明人の馮六(馮六官)をこれに任じて以来，和語に通じた有力在留明人とその子孫を世襲的に任用した．唐通事の語は広狭二様に使われる．広義のそれは地役人のうち通事役唐方で，たとえば宝永5年(1708)には，狭義の唐通事28人のほか，主に日本系の諸国通事(暹羅(シャム)通事3・東京(トンキン)通事1・モール通事1，寛文期には呂宋(ルソン)通事1人)，唐人系でキリシタン取締りや争論裁断の唐人年行司9人，主に日本人で唐人の身辺の諸用を達する唐内通事167人，在留唐人で来航者の身元引受をする唐船請人6人を含むものである．狭義のそれが一般にいう唐通事で(以下これに限定する)，初期の人数には不明な点があるが，寛文12年(1672)大通事4人・小通事5人を定数とし，その下に稽古通事若干名を置いた．元禄8年(1695)唐通事目付2人，同12年風説定役と稽古通事見習各1人を加え，原則として一子相伝．享保以降大通事の上に「新株」の御用通事・直組定立合通事・唐通事諸立合・唐通事頭取を置き，大小通事それぞれの下に過人・助・助格・並・末席・格や無給のポストを設け，総数は文政7年(1824)に82人の多きに達した．機能は単なる通訳官ではなく，通訳業務のほか，正徳5年(1715)以降通商許可証である信牌をその名で発給し，大通事林梅卿により宝暦末期から唐金銀が輸入されたのをはじめ，輸出入品の評価に加わり，船別の取引銀高を具申し一部裁量するなど商務官的な性格が強く，唐人の監視統制にあたる．宝暦元年(1751)唐通事会所を設置．一方私的な側面では，来航唐人を含む長崎華僑社会の指導的地位にあった．唐通事の林仁兵衛(林二官)・頴川(えがわ)藤左衛門(陳二官)は，個人として鄭氏の日本貿易の利銀約3000貫目を預託されていた．また初期の唐通事はそれぞれ同郷会館の機能を併せ持つ唐寺(興福寺・福済寺・崇福寺)の建立に深く関わり，子孫も大檀越として唐僧招請，伽藍の維持拡大，享保17年(1732)までは唐船寄進物の売却と謝礼たる送り昆布の調達にあたった．彼らは唐人からみれば「故郷親類之子孫」であり，林梅卿は奉行所に出す由緒書に「本国大明福建，生国肥前」と記している．薩摩藩の唐通事も，近世初頭に居住明人を藩内各地の交易地に置いたもので，天水(てんみず)・江夏(こうか)・汾陽(かわなみ)・頴川・済陽(わたりよう)などの各家である．琉球国は，明・清朝と朝貢関係を維持したので，明人系の久米村出身者を通事とし，中国の国子監で学ばせ，福州琉球館の在留通事，さらに進貢使に従って上京する都(と)通事に昇任させ，進貢使に抜擢された者もある．ちなみに，対馬藩には朝鮮との通交にあたって通訳を担当する通詞がいた．

参考文献 頴川君平『訳司統譜』(『長崎県史』史料編4)，宮田安『唐通事家系論攷』，林陸朗『長崎唐通事』

(中村　質)

047 唐通事会所日録 とうつうじかいしょにちろく　寛文3年(1663)正月5日から正徳5年(1715)6月10日までの長崎の唐通事の日記．ただし唐通事が備忘のために記して保存していた職掌上の覚書を唐通事仲間の執務の参考とする目的で類聚，編纂した日記である．覚書の筆者は年番の小通事もしくは大通事とみられ，年々交代した筆者によって書き継がれた覚書を，大・小通事を中心にして唐通事仲間が類聚，編纂したものである．はじめ10巻10冊本であったが，現存するのはその写本9冊である．第2冊(第2巻)を欠く．成立年は明らかにすることができないが，宝暦年間(1751〜64)以降の成立であろう．唐通事会所が長崎今町(いままち)の人参座屋敷跡に成立したのが宝暦元年であり，ついて手狭なそこから256坪余の本興善町(ほんこうぜんまち)の糸蔵跡屋敷地を修造して移転したのが宝暦12年である．唐通事会所成立のそもそもは，唐通事仲間個人の住宅や市中の貸蔵などに分散，保管していた風説書控，さまざまな覚書などを1ヵ所にまとめることにあったと思われ，宝暦12年は覚書類聚のための用意が特に整った年であるからである．本書の内容は，およそ唐通事の主要任務である唐船貿易に関する記事を中心としている．しかし長崎の大火，密貿易者の処刑などの記事もみえ，多岐にわたっている．唐人屋敷，銅貿易に関する記事は特に多くかつ詳細である．『大日本近世史料』に『唐通事会所日録』(7冊)として翻刻．すなわち第1冊(寛文3年〜元禄6年(1693))，第2冊(元禄7年〜11年)，第3冊(元禄12年〜16年)，第4冊(宝永元年(1704)〜5年5月)，第5冊(宝永5年6月〜7年)，第6冊(正徳2年〜3年)，第7冊(正徳4年〜5年6月)．

(山脇悌二郎)

048 道登 どう　生没年不詳　7世紀の僧．元興寺沙門．高麗(こま)学生，入唐して吉蔵に師事し，三論宗を学んだともいう．山背の恵満の家よりでたと伝える．大化元年(645)8月になると，大化改新後の仏教政策推進のため，当時のすぐれた僧を網羅して作られた十師の一員に加えられる．また，同2年には山背の宇治橋を作り，人畜を済度したという(『日本霊異記』，宇治橋断碑)．さらに，『日本書紀』白雉元年(650)2月条によれば，長門の国司が白雉を献じた時，彼は天皇の問いに答えて，高麗における白鹿や白雀を休祥とした例や，大唐に派遣した使者が，三足の烏をもち帰ったのを，国人が休祥なりとした例をあげ，白雉ならば，祥瑞であることはいうまでもないとしたとある．
　　　　　　　　　　　　　　　　　(佐久間　竜)

049 藤堂高虎 とうどうたかとら　1556～1630　江戸時代前期の伊勢国津藩主．幼名与吉，通称与右衛門．弘治2年(1556)生まれる．近江国犬上郡藤堂村(滋賀県犬上郡甲良町)の地侍藤堂源助虎高の次男．母は多賀良氏の女とら(妙青夫人)．元亀元年(1570)浅井長政に属し姉川の戦に従軍，その後阿閉貞征，磯野員昌，佐和山城主織田信澄と主を変えた．天正4年(1576)羽柴秀長に仕え，播州三木城攻め，但馬の一揆退治に功を挙げ，さらに伊勢峯および亀山城攻略，賤ヶ岳の戦，小牧・長久手の戦等々の戦功で同13年1万石，同15年九州攻めの軍功で佐渡守，はじめて紀州粉河2万石の城主となった．秀長の没後は子秀俊に仕えたが，秀俊も没し，一時高野山に入った．しかし，豊臣秀吉の懇命によりその直臣となり文禄4年(1595)伊予板島(宇和島)7万石，文禄・慶長の朝鮮出兵に水軍を率いて従軍．慶長の役では巨済島の海戦で朝鮮水軍を全滅させたが，李舜臣が再び将となったため苦戦した．再出兵の際の功により伊予国で1万石加増．一方，高虎はすでに天正15年徳川家康の伏見第築造を機として家康に接近，朝鮮出兵中も家康より手紙が寄せられ，慶長4年(1599)先んじて弟正高を江戸に人質に出すなど家康の信任篤く，同5年関ヶ原の戦に東軍左縦隊として小早川秀秋・大谷吉継の軍を破り，この戦功で同年12万石加増，伊予今治20万石の大名となった．同11年備中国で2万石加増，和泉守，同13年伊賀一国と中部伊勢で22万950石津城主に転封，この転封は大坂表非利の際は家康は上野城へ引取，秀忠は彦根城に入り防御の配慮(『高山公言行録』)であったといわれる．高虎は伏見・丹波亀山城などの築城に従事したが，同16年大坂方に備えて上野・津城の大修築を行なった．上野の5層の天守は暴風により倒壊したが同18年竣工，津・上野の城下町も整備した．大坂夏の陣に河内路の先鋒となり，八尾で長宗我部盛親と苦闘し，真田幸村のため危険に瀕した家康を救うなど戦功を挙げ，元和元年(1615)伊勢国4郡のうちで5万石，さらに同3年多年の忠勤で伊勢田丸5万石を増封され32万3950石，同5年徳川頼宣の和歌山転封に伴い，田丸領は大和・山城の内5万石と交換になった．また日光東照宮造営，徳川秀忠の女東福門院の入内などにも奔走し寛永3年(1626)少将となった．晩年失明し寛永7年10月5日没．75歳．高虎は家康・秀忠への忠勤と巧みな処世術により津藩祖として藩政の基礎を築いた．高虎時代の初期藩政の特色は年貢・夫役の確保のため定十三ヵ条，家・人・馬改め，百姓家付帳の作成，百姓逃散・一揆防止のため十人組組織，平(ならし)高実施，あるいは土着郷士懐柔のため伊賀出身の家臣保田采女に藤堂姓を与え，伊賀者と称せられた忍者を採用し，元和9年松平忠直の変に備えて農兵50人を募り無足人と称する農兵隊組織の起源を作った．高虎は文学・茶の湯・能楽を嗜み，子の高次に与えた太祖遺訓十九条が知られる．藩祖高山公と称され，江戸上野の寒松院(東京都台東区上野動物園内)に葬る．法号寒松院殿道賢高山権大僧都．→唐島の戦(からしまのたたかい)

〔参考文献〕喜田村矩常編『公室年譜略』(東京大学史料編纂所蔵)，『高山公実録』(上野市立図書館蔵)，藤堂高文編『宗国史』，藤堂高兌『補註国訳聿脩録』，津坂孝綽編『太祖創業志』，『寛政重修諸家譜』900，新井白石『藩翰譜』7下(『新井白石全集』1)，『津市史』1，七里亀之助『ふじの生涯』，林泉『藤堂高虎公と藤堂式部家』
　　　　　　　　　　　　　　　　　(杉本　嘉八)

050 唐大和上東征伝 とうだいわじょうとうせいでん　唐僧鑑真の伝記を記したもの．真人元開(淡海三船)撰．1巻．宝亀10年(779)成立．『法務贈大僧正唐鑑真過海大師東征伝』，略して『鑑真過海大師東征伝』ともいう．本書は鑑真の弟子唐僧思託の依頼により，思託の『大唐伝戒師僧名記大和上鑑真伝』3巻の内容を取捨選択し，整理加筆して1巻にまとめたもので，3巻本は「広伝」と呼んで区別するが，諸書に一部を残すのみで現存しない．内容は，まず鑑真の出自，出家の因縁や年次，受具，受学の師などに触れ，帰国後，江淮の間にひとり秀れた律の化主と仰がれたことを記し，続いて日本から伝戒師を求めて入唐した栄叡・普照が10年の滞在を経て帰国に及んで，同行の僧数人と揚州に来て，大明寺にいた鑑真に謁する機会に恵まれたことを記す．この時，栄叡・普照は鑑真の弟子の中から同行者をつのろうとしたが，1人として日本に行くことを望まなかったため，鑑真みずから不惜身命の決意を披瀝して日本に渡る約束をしたことを記している．その後の記述は渡海に失敗すること5度に及んだ苦難の姿をかなり詳細に述べ，12年後，6度目にしてようやく成功したことを伝える．そして最後は聖武上皇より授戒伝律を託された鑑真の授戒と唐招提寺の設立，および伝律活動に触れ，その示寂を語って終るが，結びとして示寂をいたむ漢詩5篇が付されている．『群書類従』伝部，『大日本仏教全

書』,『(大正新修)大蔵経』51に収めるが, 写本に観智院本・唐招提寺本・高貴寺本・戒壇院本・北川本などがある. →思託(したく)

[参考文献] 安藤更生『鑑真大和上伝之研究』, 蔵中進『唐大和上東征伝の研究』, 汪向栄校注『唐大和上東征伝』(『中外交通史籍叢刊』), 石井正敏「唐大和上東征伝」(『歴史と地理』490) （石田 瑞麿）

051 ドゥフ Hendrik Doeff, Jr. ⇨ドゥーフ

052 ドゥ＝フリース Maerten Gerritsz de Vries ⇨フリース

053 唐房 とうぼう 日本国内で, 宋商人が居住し, 貿易の拠点とした区域. 文献史料における初見は『両卷疏知礼記』巻上奥書(永久4年(1116))の「薄〔博〕多津唐房」であるが, 承徳元年(1097)の大宰権帥源経信の葬儀には多数の宋人が弔問に訪れており, このころにはすでに唐房が形成されていたとみられる. 一方, 博多駅前に広がる博多遺跡群の博多浜西側地域では11世紀後半から対外交易に関わる遺構や中国系陶磁器を中心とする遺物が急激に増加しており, このあたりが博多津唐房の所在地であったとみられている. 12世紀後半になると宋人の居住範囲が唐房より東側の日本人居住地の方まで広がり, 宋人と日本人の混住が進み宋人居住区としての唐房は徐々に実態を失っていったようである. なお, 九州各地に残る「トウボウ」地名と唐房を結びつけて宋人居住と交易の展開を想定する見方もあるが, 時期的に明代に降ると思われる地名もあり, 「トウボウ」地名と日宋貿易との関連についてはさらに検討が必要と思われる.

[参考文献] 大庭康時他編『中世都市・博多を掘る』, 亀井明徳「日宋貿易関係の展開」(『(岩波講座)日本通史』6所収), 林文理「博多綱首の歴史的位置」(大阪大学文学部日本史研究室編『古代中世の社会と国家』所収), 大庭康時「博多の都市空間と中国人居住区」(『シリーズ港町の世界史』2所収), 同「集散地遺跡としての博多」(『日本史研究』448), 同「博多綱首の時代」(『歴史学研究』756), 服部英雄「日宋貿易の実態」(『東アジアと日本』2所収), 榎本渉「『栄西入唐縁起』からみた博多」(『中世都市研究』11), 渡邊誠「大宰府の「唐坊」と地名の「トウボウ」」(『史学研究』251) （河辺 隆宏）

054 東方見聞録 とうほうけんぶんろく 1298年, マルコ＝ポーロ口述, ルスティケロ筆録. ベネチアの商人ポーロ家のニコロ・マッフェオ兄弟が東行, 元朝フビライ汗の教皇宛使節として帰国した後, ニコロの子マルコを伴い復命し, さらに汗の教皇・キリスト教諸国王宛使節としてイル汗国経由で再帰国するまでの30余年間にわたる一家の体験, タルタル人とサラセン人との風俗習慣, その他の国々について可能な限りの知見を述べたもの. 日本が「ジパング」の名で含まれている. 原題はないがその内容から『世界誌』と呼ぶべきである.『東方見聞録』の題名は, 明治期の中学東洋史教科書の記載に始まり, 書名としては大正3年(1914)刊のアカギ叢書本(佐野保太郎訳)が最初で, 明治45年刊の瓜生寅(うりゅうはじむ)訳本は『マルコポロ紀行』(博文館)と題していた. なお, 中国では『馬可波(または博)羅遊記(または行紀)』と題する. 本書はイスラム教徒の独占する東西貿易にキリスト教徒が進出した最初の時点を示すもので, その冷静, 客観的な叙述から中世アジア研究の宝庫と称される. 異本が多く, ベネデット, ペリオ, マウルらにより諸写本が集積, 翻訳され, 第2次世界大戦後ピッゾルッソら言語学者による本文校訂が開始された. その歴史地理的記述はマースデン, ポーチェ, ユールらの研究で大要は判明したが, 戦後愛宕(おたぎ)松男・楊志玖ら日・中の元朝史研究家による現地語史料を駆使した新研究が生まれている. 和漢洋の刊本や研究文献は財団法人東洋文庫(東京都文京区)が世界で最も多く所蔵する. 校本はGabriella Ronchi, ed.: Marco Polo Milione, Milano, 1982 (Biblioteca 45)が最古最良と称される2写本(フランコ＝イタリア語, トスカナ語)を合冊し, さらにゼラダ写本(ラテン語)から多くの佚文を注記しているので便利であり, 邦訳に愛宕松男訳注『東方見聞録』(『東洋文庫』158・183)がある. →ジパング

[参考文献] 渡邊宏編『マルコ・ポーロ書誌1477—1983』,『愛宕松男東洋史学論集』5, Leonard Olschki: Marco Polo's Asia (1960). （渡邊 宏）

055 投馬国 とうまこく ⇨つまのくに

056 東明慧日 とうみょうえにち 1272~1340 曹洞宗宏智(わんし)派の来日中国僧. 法諱は慧日, 道号は東明(とうみょう, 「とうみん」ともいう). 南宋の咸淳8年(1272)に明州(浙江省)定海県に生まれ, 俗姓は沈氏. 9歳で奉化(浙江省)大同寺の沙弥となり, 13歳で剃髪し, 17歳で具足戒を受け, 天寧(報恩光孝寺)に登り直翁徳挙の下で修行し契悟す. また天童・霊隠・万寿・蔣山・承天の諸寺を遍歴し, 明堂の白雲山宝慶寺に6年間在住して説法した. 延慶2年(1309)北条貞時の招きに応じて来日し, 相模禅興寺に住したが, 翌年円覚寺に昇住し, まもなく山内に白雲庵を構えたが, なお万寿・寿福・東勝・建長の諸寺に移って法を開演した. また肥後の寿勝寺・善光寺開山として請された. 暦応3年(1340)6月白雲庵に隠退し, 同年10月4日69歳で入寂した. 門人が編集した『白雲東明禅師語録』3巻がある. 中国臨済宗の大慧宗杲(だいえそうこう, 1163年寂)の看話禅(かんなぜん)に対し, 曹洞宗の宏智正覚(わんししょうかく, 1157年寂)は黙照禅(もくしょうぜん)と称され, この禅風を伝えたのは永平道元であるが, ついで宏智正覚6世の直系法孫として伝法したのが慧日で, 門末を日本禅宗二十四流の一として「東明派」という.

五山禅林と結びつき発展し，越前朝倉氏の外護をうけ，門弟で入元した者もあり，文芸趣味にあふれた人が多く，すぐれた詩文をものしている．しかし朝倉氏滅亡後は，白雲庵を中心として文芸活動に専念する小集団となった．

[参考文献]　『大日本史料』6ノ6，暦応3年10月4日条，『扶桑五山記』3～5（『鎌倉市文化財資料』2），嶺南秀恕編『日本洞上聯燈録』（『曹洞宗全書』）

（桜井　秀雄）

057 唐物 とう ⇨からもの

058 道訳法児馬 どうやく ⇨道富ハルマ（ドゥーフハルマ）

059 東遊雑記・西遊雑記 とうゆうざっき・さいゆうざっき　紀行．古河辰（古松軒）著．旅行の年代は『西遊雑記』，『東遊雑記』の順．(1)『西遊雑記』7巻7冊．寛政元年(1789)の洪水のため損傷したので書改める旨の自序がある．天明3年(1783)3月から9月までの間，郷里(備中国下道(しもつみち)郡岡田村(岡山県倉敷市真備町岡田))より山陽道―九州東海岸―岡―霧島―加治木―坊津―阿久根―阿蘇―山家―久留米―佐賀―大村―長崎―口之津―島原―有田―唐津―太宰府―福岡―下関に至り帰路舟行の単独行の記録．この紀行によって松平定信の知遇を受けることになった．(2)『東遊雑記』寛政元年6月水戸藩内藤貞常の序，天明8年4月の自序がある．天明8年江戸幕府の巡見使に随行して東北地方から蝦夷地を視察した見聞を記した紀行．庶民の風俗（服装・食事・言語）や信仰（神道家や仏家の解釈ではなく民俗状況），農具，物産（珍石・奇石の採集も含む）にわたって生活状態を上方中国筋と比較しながら具体的に述べ，合理的見解をも示している．また藩政への考察にも触れ，蝦夷地の描写は詳しく，林子平の『三国通覧図説』の蝦夷の部を批判している．見取図・写生図の挿入もあるが，測量術を基にしての精確な図であり，一般の旅と異なる巡見使の行路を知ることもできる．伝存写本は10巻本，12巻本，26巻本など一定せず，記述にも差異がある．『帝国文庫』紀行文集（柳田国男の解説あり），『近世社会経済叢書』12（『東遊雑記』），『東洋文庫』27（同），『日本庶民生活史料集成』2（『西遊雑記』）・3（『東遊雑記』）所収．

[参考文献]　黒正巌「古川古松軒の著述に就て」（『経済論叢』14ノ6）

（山本　武夫）

060 東洋文庫 とうようぶんこ　アジア全域にわたる資料・研究書を組織的網羅的に集め図書館として公開し，また研究部をおきアジア各地域についての研究機関として活動している財団法人組織．東京都文京区本駒込2丁目にある．図書部は昭和23年(1948)以来国立国会図書館支部としてその保護管理のもとにおかれている．文庫の基礎は大正6年(1917)岩崎久弥がモリソン George Ernest Morrison (1862～1920)が蒐めた中国に関する欧文文献2万4000部，銅版画・地図などを購入し，同13年財団法人とし，これを東洋文庫と称した．蔵書としては，岩崎自身が集めた国宝・重要文化財を含む日本古代より江戸時代にわたる古書5300余部の岩崎文庫を含み，辻直四郎のインド文献など多くの学者の寄贈した中国・朝鮮・満洲・蒙古・安南・タイの史書・地図・拓本などをはじめ，梅原末治の考古資料や甲骨文を有し，また敦煌文献をフィルムにおさめている．ついでマイクロフィルム＝センターをおき内外の研究者・大学などの利用に供するとともに，多くの重要史料のマイクロフィルムの蒐集に努め，ユネスコとわが政府の協力による東アジアにおけるフィルム保存センターに指定されている．なお，昭和36年より平成15年(2003)まで文庫に付置されていたユネスコ東アジア文化研究センターはアジア諸地域の人文・社会科学などの研究に関する中央機関として学術情報・蒐集・調査・出版などの活動を行なった．

[参考文献]　『東洋文庫十五年史』，東洋文庫編『東洋文庫五十周年展』(特別展目録)，同編『東洋文庫その成立と蒐集　改築竣工紀念一九八三年四月二七日』

（田川　孝三）

061 東萊府 とうらいふ　朝鮮王朝時代の地方行政区域．朝鮮半島の南東部に位置し，東は機張，南は海，西と北は梁山に接していた．現在の釜山広域市東萊区に邑治があった．高麗時代の東萊県の後で，朝鮮王朝時代も初めは東萊県であったが，明宗2年(1547)陞格して東萊府となった．宣祖25年(1592)降格して再び県となったが，同32年また府となり，光武7年(1903)郡となった．なお，1592年の文禄の役ののち，宣祖36年まで梁山が管下に入り，また宣祖32年から光海君9年(1617)の間，機張が管下に入っていた．府の長官は府使．その管轄下に，15世紀初めに倭人の到泊港に指定された浦所の1つ富山(釜山)浦があり，そこには倭館も置かれていたので，倭人の接待，倭人との貿易，倭人に関する中央への連絡なども府使の任務であった．ことに文禄・慶長の役後に結ばれた己酉約条で，浦所が釜山浦のみとなり，かつ倭人が上京せず釜山の倭館に常時400～

500人滞在して，貿易や外交にあたるようになって以後，府使は管下の訓導・別差（ともに通訳官にして外交官）を指揮して朝鮮側の窓口として倭人との折衝にあたり，重要な役割を果たした．その重要性にかんがみ，東萊府使は北方の義州府尹と同様に，観察使を経由せず直接中央へ上啓することができた．『東萊府先生案』は歴代府使(1506年以降)の名簿である．

参考文献　『新増東国輿地勝覧』，『輿地図書』，『大東地誌』，『大東輿地図』，『増補文献備考』17，『東萊府事例』(『韓国地方史料叢書』9)，『通文館志』(『朝鮮史料叢刊』21)，『増正交隣志』(『奎章閣叢書』6)　　　　　　　　　　　　　　　　（長　正統）

062 道隆 どうりゅう ⇨蘭渓道隆(らんけいどうりゅう)

063 東陵永璵 とうりょうえいよ　1285〜1365　南北朝時代に来朝した中国元代の禅僧．曹洞宗宏智派の禅風を伝えた．明州四明の人．元の至元22年(1285)生まれた．無学祖元の俗姪の子にあたる．はじめ金陵保寧寺の古林清茂に参じて金剛幢下の宗風になじんだが，のち天童山景徳寺の雲外雲岫の門に投じてその法を嗣ぎ，曹洞宗宏智派の法系の人となった．観応2年(1351)足利直義が夢窓疎石のあとに天竜寺の住持となるべき人材を中国に求めた．その招聘に応えて来朝した．来朝後は，京都の天竜寺・南禅寺，鎌倉の建長寺・円覚寺など五山の名刹に歴住した．貞治4年(1365)5月6日示寂．世寿81．墓は南禅寺の西雲庵に造立された．法嗣に中曳善庸・玉巖□璋・玄庵□宗がある．遺著に『璵東陵日本録』がある．

参考文献　『大日本史料』6ノ26，貞治4年5月6日条，石川力山「曹洞宗宏智派における東陵永璵の位置」(『宗教研究』48ノ3)　　　　（高橋　秀栄）

064 唐令 とうれい　中国，唐代の行政法典．日本では律令を「りつりょう」とよむので，「とうりょう」ともよまれる．古代中国では，西晋の泰始年間(265〜74)に律・令2種の基本法典がセットとして制定され，律は犯罪とその処罰を定め，令は官僚機構以下，国制の要項を規定した．この律・令を主体とする法体系は，南北朝を経て隋・唐に受けつがれ，唐前期に完成された．唐初武徳年間(618〜26)には，隋末煬帝の大業律令を全廃し，隋初の開皇律令をよりどころとして新制を施行し，やがて武徳律令が編纂された．のち皇帝1代ごとに，おおむね部分的刪訂を加えた新律令を作成発布することとなり，玄宗朝の開元年間(713〜41)には前後3回にわたって令の改訂が行われ，開元二十五年令に至り最終の姿を整え，以後，新しい編纂は試みられなくなった．唐令は諸年度の改訂を通じ，終始，30巻で一貫し，条文数は貞観令が1590余条(『旧唐書』刑法志，『冊府元亀』刑法部，『資治通鑑』194)，開元七年令が1546条(『唐六典』6など)をかぞえる．その篇目は別表のとおりで，なお貞観・永徽・開元二十五年の諸令には，学令・封爵令・禄令・楽令・捕亡令・仮寧令の諸篇を含む場合があった．唐令の体系と内容は後代にも大きな影響を及ぼし，宋の淳化・天聖・元豊の諸令や，金の泰和令，元の通制条格などにその跡をとどめるが，明初に編纂された明令は規模がすこぶる小さく，すでに基本法たる地位を失っており，行政法典の中心は会典の類にうつる．唐令は元・明の間に散佚したが，20世紀になり，甘粛省敦煌の莫高窟蔵経洞から，寺院で紙背が利用されたため偶存した残巻(永徽令の東宮諸府職員令と開元令の公式令)が発見され，原型の一端が確かめられた．日本には夙に将来され，『大宝令』の編纂には永徽令が藍本となったと認められており，『日本国見在書目録』にも，「本令卅」「唐永徽令卅巻」「唐開元令卅巻」が著録されている．唐令の復原研究は，明治30年(1897)代，中田薫によって推進され，仁井田陞『唐令拾遺』(昭和8年(1933))で画期的成果を得たが，なお，その補訂作業が進められ『唐令拾遺補』(平成9年(1997))が編纂された．しかし1999年寧波(ニンポー)の天一閣で戴建国により北宋天聖令残本(巻21〜30，田・賦役〜雑)が発見紹介され，2006年には残本全体のカラー影印と録文・研究の両冊(天一閣博物館・中国社会科学院歴史研究所天聖令整理課題組校証『天一閣蔵　明鈔本天聖令校証　附唐令復原研究』

唐　令　一　覧

皇帝	名　称	編纂代表者	完成・発布年月
高祖	武徳令	裴寂ら	武徳7年(624)4月
太宗	貞観令	房玄齢ら	貞観11年(637)正月
高宗	永徽令	長孫無忌ら	永徽2年(651)9月
同	麟徳令	源直心ら	麟徳2年(665)(惟改曹局之名)
同	儀鳳令	劉仁軌ら	儀鳳2年(677)2月(依官号復旧)
武后	垂拱令	裴居道ら	垂拱元年(685)
中宗	神竜令	蘇瓌ら(一作唐休璟)	神竜元年(705)
睿宗	太極令	岑羲ら	太極元年(711)2月
玄宗	開元初令(三年令)	盧懐慎ら(一作姚崇)	開元3年(715)3月
同	開元前令(七年令)	宋璟ら	開元7年(719)3月
同	開元後令(二十五年令)	李林甫ら	開元25年(737)9月

開元七年令篇目

巻1	官品(上)	巻11	選挙	巻21	田
2	官品(下)	12	考課	22	賦役
3	三師三公台省職員	13	宮衛	23	倉庫
4	寺監職員	14	軍防	24	廐牧
5	衛府職員	15	衣服	25	関市
6	東宮王府職員	16	儀制	26	医疾
7	州県鎮戍嶽瀆関津職員	17	鹵簿(上)	27	獄官
8	内外命婦職員	18	鹵簿(下)	28	営繕
9	祠	19	公式(上)	29	喪葬
10	戸	20	公式(下)	30	雑

(『唐六典』6による)

上・下，中華書局）が公刊され，日本令との比較も含め宋家鈺・黄正建ら9名の中国研究者によって詳論された．天聖令には「不行唐令」172条が含まれているので，唐後期の令の原型を窺う貴重史料となる．

[参考文献] 仁井田陞『唐を中心として見たる東亜の法律』（『東亜研究講座』71），同「東アジアにおける法典の形成」（『古代史講座』10所収），中田薫「唐令と日本令との比較研究」（『法制史論集』1所収），坂本太郎「日唐令の篇目の異同について」（『坂本太郎著作集』7所収），坂上康俊「『令集解』に引用された唐の令について」（『九州史学』85），菊池英夫「唐令復原研究序説―特に戸令・田令にふれて―」（『東洋史研究』31ノ4），岡野誠「北宋天聖令雑令中の水利法規について」（『法史学研究会会報』11），丸山裕美子「日唐令復原・比較研究の新地平―北宋天聖令残巻と日本古代史研究―」（大阪歴史科学協議会『歴史科学』191），大津透「天聖令と律令制比較研究」（『東方学会報』94） （池田 温）

065 唐令拾遺 とうれいしゅうい　散佚した唐令の佚文を蒐め，その体系・条文を復原せる書．仁井田陞（にいだのぼる）著，東方文化学院東京研究所，昭和8年（1933）刊．唐令は中国古代行政法典の完成形態を示し，東洋法制史の枢軸をなす要籍なので，明治34年すでに中田薫が「唐令拾遺」313条の稿をなしたが公刊に至らなかった．著者は中田の指導のもとに青年期の心血をそそぎ，和漢の古籍75種を博捜精検して計715条を集録し，日本の『大宝令』『養老令』の構成・条文排列をも参照して整理復旧に努め，1000余頁の大冊を完成した．序説に唐令の沿革と影響を含む史的研究を叙し，採択資料についての文献的研討，解題を添え，なお附録として日唐両令対照表・唐日両令対照表および採択資料索引を付載する．本書は唐史・中国法史研究者の必携書たるにとどまらず，わが国では日本律令・日本古代史学者の座右の書となった．帝国学士院恩賜賞受賞．著者は本書の補訂を意図したが病気のため果たさず，後進数名によりその作業が進められ『唐令拾遺補』（平成9年（1997））が編集された．東京大学出版会による縮印復刊（昭和39年・58年）あり．

[参考文献] 石母田正「〔書評〕仁井田陞『唐令拾遺』」（『石母田正著作集』8所収），池田温「〈唐令拾遺補〉編纂をめぐって」（唐代史研究会編『律令制』所収） （池田 温）

066 東路軍 とうろぐん　弘安4年（1281）のモンゴル襲来の折，日本に遠征してきたモンゴル人・漢人（北部中国人）および高麗人などからなる軍隊．文永11年（1274）のモンゴル襲来の折の編成とほぼ同じである．モンゴル・漢3万，高麗1万の計4万（別に梢工・水手がいる）で，忻都・洪茶丘が指揮をとった．高麗軍の主将は金方慶である．弘安4年5月3日，高麗で建造した900艘に分乗して高麗の合浦から進撃を開始した．一方，元に降伏した南宋軍（蛮軍）を中心とする江南軍およそ10万，戦艦3500艘は阿塔海（アタハイ）・范文虎を将として，寧波（ニンポー）や舟山島付近で装備を整え，同年6月中旬ごろから順次発船していった．当初，東路・江南2軍は壱岐の海上で会合する予定であったが，のちに平戸島に変更している．東路軍は5月21日対馬をおそい，壱岐を経て6月6日博多湾頭に進んだ．この間，一部は長門を突いている．東路軍は志賀島に足掛りを作って，攻防戦が行われた．その後壱岐に退き，6月29日・7月2日と日本軍の攻撃をうけている．東路軍は7月に入ると平戸島や五島列島に達した江南軍と合流し，一挙に博多湾に進入すべく鷹島付近に集結したが，閏7月1日，颶風にあい壊滅的打撃をうけた．→江南軍（こうなんぐん） →文永・弘安の役（ぶんえい・こうあんのえき）

[参考文献] 池内宏『元寇の新研究』，山口修『蒙古襲来』，川添昭二『元の襲来』（『日本史の世界』2），太田弘毅『蒙古襲来』 （川添 昭二）

067 遠山景晋 とおやまかげみち　1752〜1837　江戸時代後期の長崎奉行．通称金四郎．宝暦2年（1752）永井筑前守直令の四男として生まれる．母は鈴木氏．遠山景好の養子．天明6年（1786）閏10月6日遺跡を継ぎ500石を給わる．同年12月7日はじめて将軍徳川家斉にまみえ翌7年正月30日御小性組に列せられる．寛政6年（1794）3月30日学問を試され甲科に上げられ時服2領を給わる．同8年12月10日若君家慶に付属せられ西城に候す．文化9年（1812）2月17日目付より転じて長崎奉行となり9月7日長崎着任，土屋紀伊守廉直と代わる．在任中オランダ船でセイロン産象1頭を輸入する．諸役所雑費定額の2割を減じ特別の事務を担当する者のほか褒賞を与えることを中止する．また長崎会所歳計が困難になったので幕府の命により米代銀の上納延期を認める．文化12年9月22日長崎を出発．翌13年7月24日作事奉行に転じる．天保8年（1837）7月22日没．86歳．法名は静定院殿光善楽土大居士．江戸下谷の本光寺に葬られたが，のち東京都豊島区巣鴨5丁目の本妙寺に改葬された．

[参考文献]『寛政重修諸家譜』787，『長崎奉行遠山景晋日記』（『清文堂史料叢書』114），金井俊行編『増補長崎略史』上（『長崎叢書』下） （武野 要子）

068 渡海の制 とかいのせい　古代の日本において，許可なく海外に渡航することを禁止した制度．寛仁3年（1019）7月13日付け大宰府解（『小右記』同年8月3日条から10日条にかけての紙背）などにみえる．同解文によると，刀伊の入寇の際に刀伊軍に親族らとともに捕えられたが単身脱出した対馬島判官代長岑諸近は，親族の安否を尋ねるため「渡海の制」があることを知りながら高麗へ渡航する．そして高麗において親族の消息を得て

帰国するにあたり,「異国に向かうの制」が重いので,事情を説明してもらうため,高麗軍によって救出された日本人捕虜を伴って帰国したとある.また入宋僧戒覚の『渡宋記』永保2年(1082)9月5日条にみえる,出航に際し「府制」を恐れて船底に隠れていたとする記述,九条伊通著『大槐秘抄』のなかで高麗・対馬について述べている一節にも「制」という表現が見られ,これらも渡海の制のことと考えられている.その法源については,延喜11年(911)年に中国商人の来航間隔を定めた年紀が制定された際,同時に日本人に対しても海外渡航に制限が加えられたとする説や,律の条文に求める説などがあり,さらに律条文説では唐衛禁律越度縁辺関塞条に相当する日本律か,養老賊盗律謀叛条かで解釈が分かれている.

参考文献　森克己『新訂日宋貿易の研究』(『森克己著作選集』1),石井正敏「一〇世紀の国際変動と日宋貿易」(『〔新版〕古代の日本』2所収),榎本淳一「律令国家の対外方針と「渡海制」」(『唐王朝と古代日本』所収),山内晋次「古代における渡海禁制の再検討」(『待兼山論叢』22),稲川やよい「「渡海制」と「唐物使」の検討」(『史論』44),村井章介「一〇一九年の女真海賊と高麗・日本」(『朝鮮文化研究』3)　　　　　　　　　　　　　　(河辺　隆宏)

069　吐火羅・舎衛　とから・しゃえ　タイ・インドの国名および地名.吐火羅は覩貨邏・堕羅とも書き,『日本書紀』白雉5年(654)4月条に,吐火羅国の男2人・女2人が舎衛の女1人とともに日向に漂着したとあるのを初見とし,同書に6例みえる.また『令集解』職員令玄蕃寮条所引古記にも頭の職掌の「在京夷狄」を注釈して「堕羅・舎衛・蝦夷等」とある.その所在地について,薩南諸島の吐噶喇(とから)列島(宝七島),ミャンマーのイラワジ川中流の驃国,アフガニスタン北部からウズベキスタン共和国のトカーレスタンとする説などがあるが,タイ南部のメナム川下流域のモン人の建てたドバーラバティ王国にあてる説が有力である.この場合冒頭の『日本書紀』の記事は,吐火羅より唐へ派遣した使節が暴風雨にあって漂着したものとみることができる.一方舎衛は祇園精舎で有名な舎衛城(シュラーバスティ)のことで,インドのガンジス川中流のサヘート=マヘート付近とする説が一般的である.なお白雉5年条にみえる「舎衛女」は,斉明天皇5年(659)3月条の「舎衛婦人」,天武天皇4年(675)正月条の「舎衛女」と同一人物であろう.

参考文献　伊藤義教『ペルシア文化渡来考』,井上光貞「吐火羅・舎衛考」(『古代史研究の世界』所収),伊藤義教「再説ゾロアスターの教徒の来日」(『朝日ジャーナル』1980年9月19日号),榎一雄「『日本書紀』の吐火羅国と舎衛」(同1980年8月15日・23日合併号)　　　　　　　　　　　　　　(酒寄　雅志)

070　吐噶喇列島　とかられっとう　鹿児島県の薩南諸島に位置し,ほぼ北から口之島・臥蛇(がじゃ)島・中之島・平(たいら)島・諏訪之瀬島・悪石(あくせき)島・宝島・横当(よこあて)島とそれらの周辺の小島からなり,列島は北緯29～30度,東経129～130度の間に連なっている.行政上は同県鹿児島郡十島(としま)村に属す.臥蛇島・横当島など無人島もいくつかある.列島は霧島火山帯にあたっているため,口之島・中之島・諏訪之瀬島などには活火山があり,中之島にある海抜939mの御岳(おんたけ)に代表されるように,かなり高い山をもっている島があるため,全体に平地に乏しい.そのうえ一部の島には珊瑚礁地形もみられるため,近時まで港湾施設にも恵まれなかった.それでも,中之島のタチバナ遺跡では縄文時代晩期の竪穴住居跡などが出土しているように,早い時期からの生活の痕跡が見出されている.一方,『日本書紀』白雉5年(654)・斉明天皇3年(657)・天武天皇4年(675)の各条などにみえる音読類似地名の「吐火羅」「覩貨邏」「堕羅」などは文意からしてこの地域ではないとみられている.各島には平家の落人伝説が残っており,その子孫とされる諸家が現存している.中世には倭寇の一拠点ともなったらしく,宝島の観音洞内からは宋代の湖州鏡や多くの中国貨幣が出土している.この地域の帰属が文献で明確になってくるのは中世からで,島津氏は種子島氏に臥蛇島などを与え,16世紀初頭には同島から種子島氏へ綿・鰹節・煎脂(せんじ)が貢納されている.江戸時代には薩摩国川辺郡に属し,慶長14年(1609)の島津氏の琉球出兵には島民が水先案内をつとめた.江戸時代の総石高は800石余とされているが,貢納物は雑多であったとみられている.文政7年(1824)にはイギリス捕鯨船員が宝島に上陸して牛などを略奪した.明治18年(1885)以後は鹿児島県大島支庁の管轄下にあったが,同41年には十島(じっとう)村として大島郡の所属となった.昭和21年(1946)には米軍政下におかれたが,同27年に本土に復帰し,所属も大島郡となっていた.しかし,同48年4月1日に鹿児島郡の所属となった.

参考文献　十島村教育委員会編『十島村文化財調査報告書』,『十島村誌』,埼玉大学編『トカラ列島誌』,永山修一「古代・中世における薩摩・南島間の交流」(村井章介・佐藤信・吉田伸之編『境界の日本史』所収)　　　　　　　　　　　　　　(中村　明蔵)

071　杜家立成雑書要略　とかりつせいざつしょようりゃく　隋末唐初の名文家杜正蔵が著わした模範文例集.「杜家」は杜正蔵のことで,その伝は『隋書』に収められ,杜家の文章を,時人は「文軌」と称賛した.「立成」はたちどころに成るの意.「雑書要略」は種々雑多の書簡の大要を示した著述をいう.正倉院所蔵になる1巻は,光明皇后自筆とされ,天平勝宝8歳(756)6月21日の『東大寺献物帳』(『国家珍宝帳』)に,「頭陀寺碑文并杜家立成一巻

麻紙　紫檀軸　紫羅標　綺帯」とあり,「楽毅論一巻」とともに「皇太后御書」と記載されるものに該当する．このうち,合装されていた「頭陁寺碑文」は現存しない．藍・茶などの染紙を交用した19張からなる本巻の寸法は,27.1cm×593cm．本文は,各種の書簡文とその「答」すなわち返信を付した形式で,36件72通の例文を収録する．その書は闊達な行書体で揮毫され,光明皇后の学書の一端を偲ばせる．なお,巻末・紙背には,「積善藤家」の方印が捺されるが,これは,「積善之家必有=余慶-」(『易経』)にもとづいた,皇太后の生家藤原氏の印である．

参考文献　正倉院事務所編『正倉院の書蹟』,『書道全集』9,小松茂美『手紙の歴史』(『岩波新書』青977),日中文化交流史研究会『杜家立成雑書要略―注釈と研究―』　　　　　　　　　　　(古谷　稔)

072 徳川家光 とくがわいえみつ　1604〜51　江戸幕府第3代将軍．1623〜51在職．2代将軍秀忠の次男．慶長9年(1604)7月17日生まれる．母は秀忠正室浅井氏(お江,崇源院)．兄長丸早世により,実質長男として祖父家康の幼名竹千代を与えられた．元和6年(1620)9月元服,家光と名のる．同9年7月27日京都において父の譲りを受け,3代将軍となる．慶安4年(1651)4月20日死去．48歳．法号を大猷院といい,下野国日光山に葬る．幼時,母は弟国松(徳川忠長)を偏愛し,父秀忠もその影響をうけたので,乳母春日局をはじめ竹千代付きの者は,国松が将軍を継ぐのではないかと懸念したが,祖父家康によって竹千代の世継ぎの地位は確定した．そこで家光は終生父をこえて祖父家康を敬愛し,信仰した．彼は晩年しばしば夢中に家康を見,それを狩野探幽に命じて画かせた「夢想の画像」が日光輪王寺にある．彼の家康崇拝の念の最大の結晶は,寛永11年(1634)〜13年の日光東照宮大造営である．その経費56万8000両余はすべて幕府自身の支出で,この造営期間中には石燈籠1基すら諸大名から献納させなかった．慶安4年,彼は死後も家康に仕えるべく,遺骸を日光山の天海の堂の傍に葬るよう遺言し,それに従って建てられたのが大猷廟である．彼は元和9年に将軍を継ぐが,その後も重要な政務はほとんど父秀忠と西ノ丸の老中とで処理せられ,彼は依然将軍世子のごとき存在であった．したがって寛永9年正月24日秀忠が死去すると,さながら将軍代替りのような様相を呈した．この年7月,さきに紫衣事件によって配流されていた大徳寺の沢庵宗彭らを赦免し,また諸国に巡見使を派遣した．翌々年には5万石以上の大名に領知の判物・朱印状を給付した．このころから幕府の支配体制は安定期に入った．同11年家光は30万の大部隊を率いて京都にのぼり,朝廷を威圧するとともに,御料地の増進をはじめ,公家・住民に椀飯振舞をして,これで朝幕関係は安定状態に入った．幕藩関係においても,秀忠死去の年にこそ,かつて家光と将軍継嗣を争う立場にあった弟忠長と,豊臣氏に縁故深い加藤清正の子忠広の家とが改易に処せられるという,政略的大名処分があったが,その後は処罰の件数も激減し,諸大名に対する幕府の態度も,口実を設けてこれを圧迫することから,むしろその支配体制の確立を助長する方向へと大きく変化した．寛永10年の軍役令改訂においても,幕府の方針は軍事力の負担の比重を外様の大藩におき,もはや幕府と外様大名との間に矛盾は存在しないとの認識に立っている．政治機構の制度化,法令の整備もこの時期に一段と進んだ．同11〜12年には老中以下主要役人の職務内容や分担が成文化され,江戸幕府職制の特色である複数役人による月番交替制と重要事項の合議制も確立した．訴訟規則や評定所の勤務規則も設けられた．それら一連の法制整備の総括は,寛永12年の『武家諸法度』の大改訂である．鎖国政策もこの時期に最終段階へと進展し,寛永10年海外在住日本人の帰国禁止,同12年日本船の海外渡航禁止,同16年ポルトガル船来航禁止,同18年オランダ商館の長崎出島移築となって,鎖国体制が完成した．このように寛永9年に始まる将軍家光の親政期は,家康の覇業の完成期と評価すべきである．しかし家光はこの時期に幕政の主導的存在であったとは認め難い．彼は幼少から病気がちであったが,同14年は年初から全く公務の場へ出ず,翌年3月に至った．この年は10月に島原・天草の乱が勃発したのをはじめ,全国的に天候不順で,風水害も生じ,治安も悪化し,5〜6年後の大飢饉へと連続してゆく．つまり支配階級内部の関係は安定したが,階級間の矛盾が天候不順を契機として噴出したのである．この幕藩体制成立期の危機を将軍不在のまま乗り切ったのは,松平信綱・堀田正盛・阿部忠秋ら閣老協議体制であった．家光の親政期に入って直ちに成立した閣老協議制を頂点とする幕府の行政機構が,この危機を突破し,さらに慶安4年家光の死後も,11歳の幼将軍家綱を頂いて,安定した幕政を施行することを可能としたのである．家光という人物は,気性も活発で,狩猟や武芸を好んだが,将軍としては,整備されてきた幕府政治機構の頂点にのせられた存在で,父祖のようにその主導力を幕政に発揮する余地は乏しかった．むしろその個性はきびしい傅育を通じて抑えられていった．彼が老臣の諫言をよくきいて行動を改めたという,名君としての数々の逸話が,彼の意思や行動の自由が制約されてゆく状態を物語っている．彼の大病も,窮屈な秩序の枠の中に押し込められてゆく苛立ちから来る神経症のようなものだったかと察せられる．家光が心からうちとけられたのは,慈母のごとく慕った春日局と,少年のころから信任していた酒井忠勝と,彼が赦免してから親しく接し,その人徳にひかされた沢庵宗彭であり,それに何にもまして祖父家康が心の支

えになっていたと思われる．

参考文献 『徳川実紀』2・3(『(新訂増補)国史大系』39・40），広野三郎『徳川家光公伝』，辻達也『江戸幕府政治史研究』　　　　　　　　　（辻 達也）

073 **徳川家康** とくがわいえやす 1542～1616 江戸幕府初代将軍．1603～05在職．太政大臣．三河国岡崎の城主松平広忠の子として，天文11年(1542)12月26日に生まれた．幼名は竹千代．母は同国刈谷の城主水野忠政の娘で，名はお大(没後に江戸の伝通院に葬られ，法名を伝通院殿という)．当時の松平氏は，今川氏と織田氏との両勢力にはさまれた弱小の大名で，広忠は今川方に属したが，忠政の子の信元が織田方に転じたので，竹千代が3歳の時，お大は離別されて刈谷に帰り，のち尾張阿久比の城主久松俊勝に再嫁した．竹千代は6歳で今川氏に人質として送られる途中，三河田原の城主戸田康光に奪われて，織田信秀のもとに送られた．天文18年に広忠が没すると，今川義元は岡崎城を管理下に置くとともに，安城(あんじょう)の城を攻略して，城主織田信広を捕え，この信広との人質交換によって，竹千代は岡崎に帰り，ついで駿府に移った．19歳まで駿府に住み，弘治元年(1555)には元服して，次郎三郎元信と称し，同3年には今川氏の一族関口義広の娘(のちの築山殿)と結婚した．翌年までの間に元康と改名．人質ながら，松平家の当主として，このころから岡崎衆を率いて出陣したり，岡崎在城の家臣に定書を下したりした．永禄3年(1560)5月の桶狭間の戦の前日18日には，敵中に孤立した大高の城に兵糧を入れることに成功し，武名を挙げた．義元が敗死したのち，岡崎城に入って自立し，翌年には織田信長と和睦した．これにより今川氏から離反したが，駿府にいた妻関口氏と子の信康は，永禄5年に鵜殿長照の2子と交換されて無事に岡崎に移った．同年に清洲で信長と会見し，翌6年には，義元からもらった「元」の字を捨てて，家康と改名した．「康」は，勇名高い祖父清康の1字である．「家」の字は，源義家に由来するともいわれるが，確実ではない．同年9月に勃発して，翌7年2月までつづいた三河の一向一揆は，松平氏の家臣を二分した大きな動乱となったが，家康は勇敢に戦って，和睦により平定した．この一揆は，一向宗寺院の不入権を家康の部下が侵害したことが発端をなした点から，荘園制に由来する旧体制を温存するか否定するかを争う意味をもっていたと考えられるが，これに勝利したことにより，旧体制を否定した戦国大名としての家康の支配が，西三河の地域に確立された．ついで同7年に吉田(豊橋)と田原との両城を攻略して，東三河を支配下に入れた．翌8年から，本多作左衛門重次・高力与左衛門清長・天野三郎兵衛康景の3人を奉行に任命して，三河の民政を司らせ，俗謡に「仏高力，鬼作左，どちへんなしの天野三兵」と評されたというのも，領

国支配の体制が整い始めたことを物語っている．家康が松平から徳川に改姓し，朝廷から従五位下三河守に叙任されたのは，永禄9年12月である．同11年に至り，前年に信長と和睦した武田信玄に呼応して，家康は遠江に出兵した．同年12月に信玄も駿府を攻略し，家康に使者を送って，大井川を境に，駿河を武田氏が，遠江を徳川氏が取ることを協約した．12年5月には今川氏真がいた掛川城が陥落して，遠江はほぼ平定された．翌元亀元年(1570)に家康は引馬(ひくま)に築城して，本拠をここに移し，地名を浜松と改め，また岡崎には信康を置いた．この間に信長は上洛に成功し，家康もこれに協力して，越前の金ヶ崎に兵を進め，一旦は京都に退却したが，6月に信長とともに近江の姉川で浅井・朝倉両氏の軍と戦って，勝利を得た．翌2年から武田氏は遠江と三河に侵入し，同3年12月には，浜松城の北方を西上する信玄の軍勢に対し，家康はあえて出撃したが，三方原で大敗し，辛うじて帰城することができた．敗北したとはいえ，約3倍の大軍に対し積極的に戦ったのは，不名誉ではなかった．翌天正元年(1573)に信玄は没したが，武田勝頼の軍は引きつづいて遠江に侵入し，翌2年に高天神(たかてんじん)城を占領した．3年5月の三河の長篠の戦で，武田軍は大敗したが，この後も勝頼との対立はつづき，家康も大井川を越えて出兵したりした．しかし武田方の高天神城は堅固で，天正9年にこれを陥落させて，ようやく遠江全域を支配下に入れた．10年3月には，信長の甲州攻略の一翼を担って，家康は駿河口から甲府に入り，戦後に駿河を領国に加えた．6月に本能寺の変が起ったとき，家康は穴山梅雪とともに和泉の堺にいたが，宇治田原・信楽(しがらき)を経て，伊勢から船で岡崎に帰った．やがて7月に，混乱状態にある甲斐・信濃に出兵し，8月に甲斐の新府(しんぷ)に進み，若神子(わかみこ)で後北条氏と対陣したが，10月に和議を結び，甲斐と信濃(東・南部)に対する支配権を得た．この間に中央の政界では羽柴秀吉の勢力が伸び，織田信雄がこれと対立するに至ったので，家康は信雄を援助して，同12年に尾張に出兵し，小牧山を本陣として，秀吉の大軍と対峙し，ついに屈服しなかった(小牧・長久手の戦)．講和ののち，同14年に秀吉は老母を人質として岡崎へ送ることにより，家康を上洛させ，家康も大坂城で秀吉に臣従の礼をとり，正三位権中納言に叙任された．同年12月に駿府に本拠を移し，これ以後は，駿・遠・甲・信・三の5ヵ国にわたる領地の統治に努力し，交通の整備，商工業の振興，新田の開発などを進めた．同17年から翌年にかけては，領国に検地を実施し，かつ年貢・夫役に関する7ヵ条の定書を下して，農政の統一をはかっている．この間，15年には従二位権大納言に昇進した．同18年に後北条氏が滅びると，秀吉は家康に対し，後北条氏の旧領である伊

豆・相模・武蔵・上野・上総・下総の6ヵ国への転封を命じ、家康はこれに従って、江戸を本拠と定めた。正式に江戸城に入ったのは、8月1日で、こののち八朔（はっさく）は関東入国を記念する日とされる。新しい領国は、近江などに散在する約10万石を合わせて、250万石に達し、豊臣政権下で最大の大名となった。朝鮮出兵では渡海せず、やがて秀吉が病衰すると、五大老の筆頭として、大きな勢力をもち、官位も慶長元年（1596）には正二位内大臣に昇進して、内府（だいふ）とよばれた。同3年に秀吉が没したあと、家康は伊達政宗や福島正則らと姻戚関係を結ぶなど、禁制を破って独断専行したので、他の四大老や石田三成らとの間に対立が深まったが、かえってこの状勢を利用して勢力を伸ばし、ついに同5年の関ヶ原の戦によって、武家政権の代表者としての地位を獲得した。同8年2月12日には、後陽成天皇から征夷大将軍に補任され、従一位右大臣に昇進して、江戸幕府を開き、正式に全国に対する統治権を掌握した。この後、江戸と伏見とを往復し、同10年4月16日に将軍職を子の秀忠に譲ったのちも、大御所とよばれて、同12年からは駿府に居城し、朝廷・寺社関係や外交、および貨幣と交通など、全国的な政務を統轄して、江戸の幕府と並び、二元政治の体制をなした。同16年には京都の二条城で豊臣秀頼と会見し、ついで同19年から翌元和元年（1615）にかけての大坂の陣によって豊臣氏を滅ぼし、幕府の前途への不安を除くとともに、同じ元和元年には、『武家諸法度』と『禁中并公家諸法度』とを制定させて、幕府の基礎を固めた。安心した家康は、駿府に帰り、翌2年正月に田中（藤枝の東方）へ鷹狩に出た際に発病し、3月には太政大臣に任官、4月17日に75歳で病死した。遺言により、同夜に久能山に遺体を移し、吉田神道による神式で葬るとともに、江戸の増上寺にも仏式の廟を作った。こののち天海の主張する天台系の山王神道に基づき、東照大権現の神号が勅許されて、翌3年4月には下野の日光山に改葬された。これにより、やがて「東照宮」または「東照神君」が、家康に対する尊称となる。家康は、健康な身体と明敏な判断力とに恵まれ、特に幼少時に不遇を経験したことにより、強い忍耐力を身につけて、人心を洞察し、情勢に的確に対処することができた。また弓馬の武術にも優れ、果敢な行動力を発揮して、譜代の家臣らを統率するとともに、豊臣政権末期には多くの大名の信望を集め、ついに秀吉の後継者となって、幕藩体制を確立し、こののち2世紀半に及ぶ平和な社会の秩序を成立させるという、大きな歴史的役割を果たしたのである。家康にはすぐれた家臣が多く、武将としては、四天王とよばれる酒井忠次・本多忠勝・榊原康政・井伊直政らが名高い。また、本多正信・正純の父子らには、政治上の機密に参画させた。鉱山の開発には大久保長安を、また家臣ではないが僧侶の天海・以心崇伝らを社寺や朝廷対策また外交などに活用している。学問を愛好し、藤原惺窩や林羅山ら儒学者の講義を聞いたが、詩文には関心がなく、史書を通じて、唐の太宗や源頼朝を尊敬していた。学者らに命じて古書や古記録を蒐集させ、また『孔子家語』『貞観政要』『吾妻鏡』『大蔵一覧』『群書治要』などを活字版で出版させたことは、一面では幕府開創の準備に役立ったとともに、文運興隆の端緒となった。政治上では特定の学問や宗派を偏重しなかったが、個人としては浄土宗の信者で、自筆の日課念仏を残している。家康の妻は、最初の築山殿が、長子信康とともに、甲州方への通謀を疑った信長の命令により、天正7年に殺されたあと、同14年に秀吉との講和に際し、その異父妹の朝日姫を迎えたが、これは名のみの政略結婚で、2年後に別居し、18年には死去した（南明院殿）。これ以後は正室を置かず、約15人の側室に10男5女を生ませたが、その中に、次男秀康の母お万（永見氏、長勝院殿）、三男秀忠と四男忠吉の母お愛（西郷氏、宝台院殿）、五男信吉の母お都摩（秋山氏、下山殿）、六男忠輝の母お茶阿（朝覚院殿）、九男義直の母お亀（志水氏、相応院殿）、十男頼宣と十一男頼房の母お万（正木氏、養珠院殿）らがあり、また側近として政治上に重んじられた阿茶局らがいる。秀康は、豊臣秀吉ついで結城晴朝の養子となった（越前松平家の祖）ので、秀忠が将軍の地位を継承し、また義直・頼宣・頼房は、それぞれ尾張・紀伊・水戸の三家の始祖となった。

[参考文献] 『大日本史料』12ノ24、元和2年4月17日条、『松平記』（『三河文献集成』中世編）、大久保彦左衛門『三河物語』（『日本思想大系』26）、松平家忠『家忠日記』（『続史料大成』19・20）、板坂卜斎『卜斎記』（『（改定）史籍集覧』26）、『朝野旧聞裒藁』（『内閣文庫所蔵史籍叢刊』特刊1）、『徳川実紀』1（『（新訂増補）国史大系』38）、安積澹泊『烈祖成績』、内藤耻叟『徳川十五代史』、山路愛山『徳川家康』（『岩波文庫』）、徳富猪一郎『近世日本国民史』徳川家康、三上参次『江戸時代史』、辻善之助『日本仏教史』8、中村孝也『徳川家康文書の研究』、同『家康伝』、同『家康の族葉』、同『家康の臣僚』、同『家康の政治経済臣僚』、徳川義宣『新修徳川家康文書の研究』、小和田哲男編『徳川氏の研究』（『戦国大名論集』12）、北島正元『江戸幕府の権力構造』、同編『徳川家康のすべて』、煎本増夫『幕藩体制成立史の研究』、所理喜夫『徳川将軍権力の構造』、桑田忠親『徳川家康―その手紙と人間―』（『旺文社文庫』）

（尾藤 正英）

074 徳川秀忠 とくがわひでただ　1579～1632　江戸幕府第2代将軍。1605～23在職。法名台徳院殿一品大相国公尊儀。徳川家康の三男。母は家康の側室西郷氏於愛の方（宝台院）。

天正7年(1579)4月7日遠江浜松城に生まれた．童名長松君，のちに竹千代と改めた．長兄信康が自害，次兄秀康が羽柴(豊臣)秀吉の養子になったため，世子の地位についた．同18年正月上洛，15日秀吉に拝謁し，元服して秀吉の偏諱を受け秀忠と名乗り，従四位下侍従に叙任された．同19年正四位下少将を経て参議兼右近衛権中将，文禄元年(1592)9月9日従三位権中納言に進んだ．慶長5年(1600)会津の上杉景勝攻撃には先鋒としてかの地に向かい，途中下野小山にて上方における石田三成の挙兵を聞き，父家康とともに西上した．この時家康は東海道を，秀忠は東山道をとったが，同年8月石田方の真田昌幸に進軍を妨害され，昌幸を信濃上田城に攻めた．そのため時間を空費し，関ヶ原にて東西両軍の会戦迫るとの飛報を受け関ヶ原に向かうも時すでに遅く，ついに合戦に参加することができなかった．このため，家康の勘気をこうむり，諸将の調停によってようやく赦された．同6年3月28日従二位権大納言，同8年2月11日家康が征夷大将軍に任じられるとともに，右近衛大将・右馬寮御監を兼ねた．この年，秀忠の長女千姫は，秀吉の遺児秀頼に入輿した．同10年2月24日，供奉の輩十万余人を率いて，江戸より上洛の途を進め，3月21日入洛，4月7日家康が将軍職を秀忠に譲る旨奏聞し，16日に徳川氏第2代目の征夷大将軍に任じられた．この日あわせて淳和・奨学両院の別当，源氏長者，正二位内大臣に任じられ，牛車随身兵仗を賜わった．同11年9月23日には新営なった江戸城に移る．同12年には朝鮮通信使が来日し，5月6日拝謁を受け，また，同14年には，島津家久の琉球侵攻を許し，これを服属させ，島津氏に与えた．ただし，この時期は，駿府の家康が実権を持ついわゆる「大御所時代」であって，秀忠はおもに東国を中心とした大名の統率にあたっている．同19年3月9日従一位右大臣に叙任．この年の大坂冬の陣および翌年5月の大坂夏の陣では，家康とともに出陣し，ついに秀頼を自害させ，豊臣氏を滅ぼした．元和2年(1616)4月17日の家康没後は名実ともに主権者となり，同5年広島城修築を理由に豊臣氏の旧臣である福島正則を改易するなど，1代の内にのべ41名の大名の改易を断行した．この中には，家康の遺老本多正純など譜代や一門に対するものも多い．朝廷との関係では，同6年娘和子(東福門院)を入内させ，寛永4年(1627)紫衣事件を通して後水尾天皇を退位に追い込み，孫にあたる幼女を即位させた．明正天皇である．また，対外政策については，中国船以外の外国船来航を長崎・平戸に限定し，武器輸出の禁，海賊行為の禁などの原則を堅持した．キリスト教に対しては家康の晩年の政策を引き継ぎ，弾圧を強めた．元和9年7月27日には長男家光に将軍職を譲り，大御所となって西ノ丸に移徙したが，なお実権を握り，土井利勝を信任して幕府権力の強化に努めた．寛永3年8月18日従一位太政大臣，同9年正月24日没．年54．三縁山増上寺(東京都港区)に葬る．室は豊臣秀吉の養女，実は浅井長政の三女於江(崇源院)で，秀吉の側室淀君の末の妹にあたる．

参考文献 『徳川幕府家譜』(『徳川諸家系譜』1)，藤野保『新訂幕藩体制史の研究』，高木昭作「江戸幕府の成立」(『(岩波講座)日本歴史』9所収)，藤井譲治「秀忠大御所時代の年寄制」(『江戸幕府老中制形成過程の研究』所収) (山本博文)

075 徳済 とくさい ⇒鉄舟徳済(てっしゅうとくさい)

076 特送船 とくそうせん 対馬島主宗氏が朝鮮王朝政府に対して報告や交渉をするために遣わした特送使の乗船．朝鮮から多額の滞在費などの支給を受け，貿易を行うことも認められていたので，島主の通交貿易権の拡大に役立った．嘉吉3年(世宗25，1443)に対馬島主宗貞盛と朝鮮との間に成立した癸亥約条に関する一番まとまった記述である『海東諸国紀』(1471年成立)の記事には，島主歳遣船を50船とし，もしやむをえない報告のことがあれば，数外に特送船を遣わすことを約したとある．これによれば特送船のことは癸亥約条に最初から盛り込まれていたごとくであるが，約条成立後の朝鮮政府と島主との交渉からみると，約条当初には特送船についての規定はなく，その後，対馬側が50船を発遣し終った後に生じた海賊情報の伝達などを口実にして使船を送り，このような使船を50船の歳遣船とは別枠の特送船として次第に朝鮮側に認めさせたものと考えられる．島主は特送使に持たせる書契に図書を3ヵ所おしたので，朝鮮で三着図書特送船，対馬で三ツ印の船と呼んだ．朝鮮での特送使の接待の等級は，『海東諸国紀』の時点で，国王使の下の巨酋使の次で，島主歳遣船の使者より1級上であった．特送船を数外とする慣行ができると，島主は朝鮮との交渉ごとなども特送使で行うようになり，歳遣船は名は使船でも実質は貿易船となり，特送船が使船の役割を果すようになった．特送船には数の制限がなく，しかも厚い接待を受けることができたので，島主は種々の名目を設けて特送船を送り，通交貿易権拡大の手段とした．ことに15世紀末ごろからは特送船を乱発したので，朝鮮ではその接待費が大きな負担となっていた．三浦の乱(1510年)後，朝鮮は対馬人の通交を絶ち，再開を許した壬申約条で特送船を認めないことにした．島主は特送船の復活を熱心に朝鮮へ要請したが，丁未約条・丁巳約条でも許可されなかった．その間にも島主は，あらゆる機会に一方的に特送船(別遣船ともいう)を送りつけた．大抵は接待を拒否されたが，朝鮮国王即位の陳賀など特例をもって接待された事例もある．そして明宗王(1545～67在位)の末年に特送船拒絶の原則が緩和されたようである．文禄・慶長の役で通交が断絶し，戦後の己酉約条では，島主歳遣船20隻の数内で特送船3隻が認

められた．寛永12年（仁祖13，1635）に兼帯によって年例八送使の制度ができると，特送船も3隻を合わせて1回の派遣となり，特送船本来の使船の性格を失って，他の歳遣船と同様，本質的には貿易船と変わらぬ存在となった．船数・渡航人員・滞在日限・渡航費・滞在費・貿易品目など細かい規定があり，江戸時代を通じて派遣されたが，明治4年（1871）に廃止となった．
→己酉約条（きゆうやくじょう）　→歳遣船（さいけんせん）　→壬申約条（じんしんやくじょう）　→丁巳約条（ていしやくじょう）　→丁未約条（ていびやくじょう）　→図書（としょ）

[参考文献]　『朝鮮王朝実録』，『通文館志』5（『朝鮮史料叢刊』21），『増正交隣志』1（『奎章閣叢書』6），中村栄孝『日本と朝鮮』（『日本歴史新書』），同「歳遣船定約の成立」（『日鮮関係史の研究』下所収），荒木和憲「特送船にみる宗氏の朝鮮通交」（『中世対馬宗氏領国と朝鮮』所収）　　　　（長　節子）

077 独湛性瑩 どくたんしょうえい　1628〜1706　黄檗山万福寺4代住持．中国福建省興化府莆田県の人．俗姓陳氏．崇禎元年（1628）9月27日生まれる．幼少より儒を学び，16歳梧山積雲寺自申衣珠に投じ剃髪，のち承天寺亘信行弥，その法兄黄檗山万福寺（古黄檗）隠元隆琦に参じた．承応3年（1654）隠元に従い長崎に渡来，興福寺・崇福寺・摂津普門寺と随侍，書記ついで侍者となる．寛文元年（1661）宇治黄檗山万福寺（新黄檗）開創には西堂となる．同4年嗣法し，旗本近藤貞用開基の遠江国金指の初山宝林寺に招かれ，翌年10月進山した．また上野国新田郡岩宿の鳳陽二山国瑞寺開山となる．天和2年（1682）正月黄檗山に進山，10年在住して塔頭獅子林に退院する．「念仏独湛」といわれ，浄土教に傾倒，当麻浄土曼荼羅を賞揚し，義山良照・信阿忍澂ほか浄土僧との親交があった．嗣法者39人．宝永3年（1706）正月26日獅子林で没した．年79．著書に『独湛禅師語録』『独湛和尚全録』『独湛禅師梧山旧稿』などがある．

[参考文献]　円通道成『黄檗第四代独湛和尚行略』，山本悦心『黄檗東渡僧宝伝』，松永知海「黄檗四代独湛和尚攷」（坪井俊映博士頌寿記念会編『（坪井俊映博士頌寿記念）仏教文化論攷』所収），大賀一郎「黄檗四代念仏禅師独湛和尚について」（『浄土学』18・19合併号），大槻幹郎「独湛と念仏禅」（『大法輪』43ノ11），同「黄檗独湛の絵画序説」（『大和文華』111）
（大槻　幹郎）

078 特鋳銀 とくちゅうぎん　⇒人参代往古銀（にんじんだいおうこぎん）

079 徳之島 とくのしま　鹿児島県奄美（あまみ）諸島の1つで，奄美大島と沖永良部（おきのえらぶ）島の間に位置する．面積248km²．『続日本紀』文武天皇3年（699）・霊亀元年（715）条に，他の南方の島々とともに度感が来貢した記事をのせている．この度感は，現在の徳之島とされる．13世紀ころから琉球に服属したが，17世紀初め，琉球が薩摩の支配下になって以来薩摩領となる．第2次世界大戦後アメリカ軍政下にあったが，昭和28年（1953）12月25日，他の奄美諸島とともに日本に復帰した．島の中央部に標高645mの井之川岳がある．砂糖・大島紬を産し，闘牛が盛んである．行政上は大島郡徳之島町・天城（あまぎ）町・伊仙（いせん）町よりなる（平成19年（2007）4月1日現在）．

[参考文献]　『徳之島町誌』，『天城町誌』，『伊仙町誌』
（島尻勝太郎）

080 独立性易 どくりゅうしょうえき　1596〜1672　中国浙江省杭州府仁和県の人．姓は戴，名は笠．号を荷鉏人・曼公．儒医・能書で知られる．万暦24年（1596）生まれる．承応2年（1653）明末の戦乱を避けて来舶，翌年渡来の隠元隆琦について僧となり，号を天外一閒人・天外老人・就庵とした．隠元の普門寺行，江戸行に従い，老中松平信綱に招かれ武州野火止平林寺に住したが，ほどなく長崎に帰り興福寺幻寄庵に閉関する．出関後広く医療活動を行い，岩国侯吉川広正・広嘉，小倉侯小笠原忠真らにも招かれ，また痘科でも知られる．なおわが国篆刻の風は独立によって改まったといわれ，詩文・書画を能くし書は草書に秀で，『書論』の著があり，中国文人趣味を伝える一翼を担う．弟子に高玄岱・北島雪山・北山寿安らがある．幾度か黄檗山に上ることを志して果たさず，寛文12年（1672）11月6日，長崎の崇福寺広善庵で没した．年77．

[参考文献]　高玄岱「明独立易禅師碑銘并序」（『事実文

編』19所収），山本悦心『黄檗東渡僧宝伝』，石村喜英『深見玄岱の研究』　　　　　（大槻　幹郎）

081　時規物語 ときのりものがたり　江戸時代後期の漂流記．遠藤高璟著，全10巻25冊．嘉永3年(1850) 5月に加賀藩主前田斉泰献上．内容は以下のとおりである．越中富山の長者丸(650石積，船頭半四郎，10人乗)は，天保9年(1838) 11月仙台領唐丹港の沖合で難風にあい，海上で漂流し始め，約6ヵ月の間，飢えと渇水と闘い，その間に五三郎・善右衛門・金六が死に，残った7人は翌年4月米国の捕鯨船に救助される．この船はゼンロッパ号，船長をケッカルといったと漂民は伝えている．彼らは手厚い看護を受け，健康の回復後は，約5ヵ月間捕鯨の手伝をしたのち，ハワイに着いた．ハワイ在留中に船頭が病死した．世話をしていた米国宣教師は種々送還させようとしたが，結局カムチャツカ，オホーツク，シトカ，択捉(えとろふ)島と順次送還され，江戸へ帰還してから抑留されることさらに6年，その間にも病死するものが出て，一件落着して越中に帰ったのは富山を出帆してから11年後の嘉永元年10月で，無事郷里への生還者は太三郎・六兵衛・次郎吉・金蔵の4名で，漂民がシトカから送還されるとき，領主への贈物として掛時計を託されて来て『時規物語』ができた．原本は尊経閣文庫所蔵．写本には宮内庁書陵部に同名の10巻本があるのみ．石井研堂『異国漂流奇譚集』，『日本庶民生活史料集成』5に所収．

参考文献　三上義夫「写法新術及び其著者遠藤高璟」(『史学』5／4)　　　　　（荒川　秀俊）

082　度感 と　⇒徳之島(とくのしま)

083　図書 としょ　朝鮮王朝政府が日本人通交者に通交の徴証とするため造給した印．印面に通例，実名(松浦党など一字名乗の場合は「源正」のごとく姓名)を刻した私印で，銅製．朝鮮では印章(官印)に対して私印を図書といった．図書を授けられた者を受図書人といい，受図書人は遣使の際，使者に持たせる書契(書簡)に図書を押して自己の遣使であることの証明とした．この制度は，他人が自分の名を詐称して通交するのを図書によって防ぎ，優待を受ける目的で日本人の側から請願したのに始まる．世宗即位年(応永25，1418)に美作太守浄存(小早川則平)が請願して造給されたのが図書授給の文献上の初見(『世宗実録』)で，その後博多・壱岐・対馬・肥前松浦などの有力な通交者は，おのおの請願して順次図書を得た．一方，対馬島主(守護)宗貞盛への図書授給の事情は特殊であった．応永の外寇後の世宗2年，宗都都熊丸(貞盛)は，対馬を朝鮮の属州にするとの前提で「宗氏都都熊瓦(丸)」の図書を与えられた．属州化を拒否したため一時通交を拒絶されたが，通交復活後貞盛は書契はもちろん，その後発給を始めた文引にも朝鮮授与の図書を用いた．貞盛以降の歴代島主は，代替りごとに朝鮮へ図書改給を申請して造給され，それは幕末の最後の藩主義達まで続いた．朝鮮側が通交統制を強化するにつれて図書は，単に優遇を約束するのみでなく，通交権・貿易権を保障するものとなった．朝鮮は受図書人による無制限の来航を防ぐため15世紀の半ばごろに受図書人の多くに歳遣船定約をさせた．成宗8年(文明9，1477)には受図書人にして歳約のない藤原頼永ら3人に各1船の定約をさせ，ここに受図書人はすべて歳船定約者となり，以後，受図書人となる者には同時に歳船定約をさせた．なお，受職人でも職衝があがると図書を得て，親朝を免ぜられる制があった．図書の授給は，日本人からの請願によって行われ，所有者が死亡すれば，相続者が還納して自己名義で改給された．朝鮮は図書授与の際，見本を紙におして礼曹(外交を掌る官庁)と典校署(印篆を掌る官庁)に置き，また浦所にも分置して，書契が来るごとに真偽を検察した．ところが15世紀末ごろから死去しても図書を返納せずそのまま使用したり，あるいは他人に売却したりする図書の不正使用が著しくなり，朝鮮はその対策に苦慮していたところ，三浦の乱(1510年)が起ったので，通交者整理の好機として乱後の壬申約条で島主以外の対馬島人の図書をすべて無効とし，深処倭(壱岐・日本本土の通交者)の図書も受図書以来50年以上経過したものは除いた上で再審査し，通交を認める者には新図書を改給することにした．丁未約条でも40年以前の受図書は接待を許さないことにした．壬申約条以後の深処倭の図書授給は，すべて対馬から朝鮮へ働きかけて実現したもので，図書は対馬で保管され，それに基づく通交貿易権は島主や島主から知行として充行われた島人によって運営されていた．文禄・慶長の役後に成立した己酉約条では，戦前の図書は島主を除きすべて無効となったので，対馬は貿易権挽回のため朝鮮へ請願して和平の功労者柳川氏や万松院(宗義智菩提寺)など数箇の図書を得ており(寛永12年(1635)の柳川一件の結果，柳川氏の図書は廃止)，島主歳遣船とそれらの図書による通交体制は，明治4年(1871)まで続いた．従来わかっていた図書の実物は「吉見」と最後の対馬藩主「義達」の印であったが，1990年代中ごろ，永らく宗家に秘匿されてきた図書23

「吉見」

個が発見された（現在，九州国立博物館所蔵）．なお大正ごろには対馬に「義和」（藩主，天保13年(1842)襲封），「源安」，「職次」，「源正」，「政教」の印があった．ほかに「源兼」の印影が知られている．印の大きさは義達が方6.7cm，島主以外の印は方3cmから方4.5cm位で，島主のものは大きく他は一般に小さかったようである．印甲に鋳造した年月が刻してある．　→己酉約条（きゆうやくじょう）　→歳遣船（さいけんせん）　→三浦の乱（さんぽのらん）　→受職倭人（じゅしょくわじん）　→受図書人（じゅとしょにん）　→壬申約条（じんしんやくじょう）　→丁未約条（ていびやくじょう）　→文引（ぶんいん）　→柳川一件（やながわいっけん）

参考文献　『朝鮮王朝実録』，『海東諸国紀』（『岩波文庫』），『朝鮮送使国次之書契覚』（田中健夫『中世対外関係と文化交流』），『増正交隣志』（『奎章閣叢書』6），釜山甲寅会編『日鮮通交史』前，中村栄孝『日本と朝鮮』（『日本歴史新書』），同「朝鮮初期の受図書倭人」（『日鮮関係史の研究』上所収），田中健夫「「吉見」の図書について」（『中世対外関係史』所収），長節子「一五九〇・九一年田平源兼と朝鮮礼曹との往復書契をめぐって」（『中世日朝関係と対馬』所収），同「壬申・丁未約条接待停止深処倭に関する考察」（『年報朝鮮学』10），田代和生・米谷均「宗家旧蔵「図書」と木印」（『朝鮮学報』156）　　（長　節子）

084　杜世忠　とせいちゅう　1242～75　元の国使．世祖フビライに仕え，礼部侍郎に至る．文永の役の翌年，すなわち建治元年(1275)，日本詔諭のため正使に選ばれ，副使の兵部侍郎何文著ら一行5名とともに，高麗を経て長門に上陸．鎌倉に送られたが，同年9月7日，竜の口で斬首された．34歳．辞世の漢詩が残っている．　→文永・弘安の役（ぶんえい・こうあんのえき）

（山口　修）

085　渡宋記　とそうき　平安時代永保2年(1082)～3年，日本人僧戒覚の入宋巡礼記．著者戒覚は，中原氏出身，延暦寺僧，伝燈大法師位．晩年（出家後40年ほど）中国五台山に永住を志し，入宋して彼地に没したと思われる．入宋の経過を日記体で記し，到着の報告をかね，みずからその日記を抄出して旧房播磨の引接寺に送ったのが本書である．永保2年9月5日，筑前博多津から宋商船で密出国した記事に始まり，翌年6月11日，五台山真容院に永住を許されたところで終る．密航の苦心，宋船の風習や航法，宋国での待遇，見聞の風物，感懐の詩歌などが克明に知られる．戒覚については，従来『万代和歌集』に収められた在宋の詠1首が知られるだけであったが，本書の出現により『参天台五台山記』を著わした成尋（じょうじん）直後の入宋僧戒覚の行業が明らかとなった．原本は失われ，寛喜元年(1229)実尊写，慶政識語の1巻が宮内庁書陵部（旧九条家蔵）にわずかに遺されている．『伏見宮家九条家旧蔵』諸寺縁起集』（『図書寮叢刊』）に活字翻刻，また橋本義彦『貴族の世紀』（『日本の歴史文庫』5）に書き下し文を収める．　→戒覚（かいかく）

参考文献　森克己「戒覚の渡宋記について」（『森克己著作選集』2所収），小野勝年「戒覚の『渡宋記』」（『竜谷大学論集』400・401合併号），木下資一「『撰集抄』慶祚説話についての覚書―密航僧戒覚の伝聞の流伝と再生―」（『富山大学国語教育』8）

（平林　盛得）

086　戸塚静海　とつかせいかい　1799～1876　江戸時代後期の蘭方医．名は維秦，字（あざな）は藻徳．静海・春山と号した．遠州掛川の戸塚培翁の三男として，寛政11年(1799)に生まれた．文化13年(1816)藩医十束井斎について蘭学を，松崎慊堂について儒学を学んだ．文政3年(1820)宇田川榛斎の門にはいり，同7年榛斎のすすめに従って長崎にゆき，シーボルトの門弟となった．シーボルト事件に連坐して獄につながれたが，数ヵ月で疑いがはれて釈放された．長崎にとどまること8年にして江戸にかえり，外科専門をもって開業して，おおくの患者とともに，おおくの門人をあつめた．はじめ掛川藩主太田侯につかえていたが，天保13年(1842)島津斉彬の侍医となった．安政5年(1858)将軍徳川家定危篤の際に，伊東玄朴・竹内玄同らと奥医師にあげられ，法印に叙せられて静春院と号した．明治9年(1876)1月29日，78歳で没した．東京谷中の天王寺に葬られた．法名は静春院殿仁山玄道居士．

参考文献　松尾耕三『近世名医伝』3，土屋重朗『静岡県の医史と医家伝』　　（深瀬　泰旦）

087　渡唐銭　ととうせん　中国より渡来した銭貨．中世において日本で流通した銭貨は中国銭であった．10世紀末にはこれまで畿内中心に部分的に流通していた本朝銭の通用は止み，やがて12世紀に入ると日宋貿易により中国銭の渡来が始まり，13世紀にはその数量は著しく増し，国内に盛んに流通するようになった．当時中国銭を宋朝銭あるいは「渡唐土之銭」などと呼んでいる．鎌倉・南北朝時代，南宋・元との貿易において北宋銭を主とする中国銭が輸入された．皇宋通宝・元豊通宝・熙寧元宝・元祐通宝など11世紀の北宋銭が最も多く，唐の開元通宝も少なくない．室町幕府の遣明船貿易により，明の前期の洪武通宝・永楽通宝・宣徳通宝など輸入されたが，明銭では永楽通宝が最も多かった．しかし貿易事情の変遷により弘治通宝以後の明銭は輸入されていない．室町時代になっても国内通用は北宋銭が圧倒的に多量を占めていた．15世紀ころから国内に私鋳銭が現われ，それには宋銭を模したものもあるが，明銭の模造も多く，畿内のほか西国方面でも造られた．そして永楽・洪武・宣徳銭などと称しても，大小・善悪種々の銭貨があった．それゆえ渡来の中国銭を「根本渡唐銭」といい，「地銭の内，よき永楽・大観・嘉定

以下うらに文字のあるせに，よき銭の内たるへし」などと国内私鋳の明・宋銭の偽銭の通用を定めている．私鋳銭のほか，長年の使用や天災戦乱のため磨滅欠損した銭貨も増して，撰銭が行われ，幕府・戦国大名など撰銭令を出して取り締まった．一般に唐・宋などの渡唐銭を古銭といい，善銭として1文を1文とし通用する基準銭としているが，東国では16世紀中ころ以来永楽通宝を基準とするようになった．江戸幕府はこの慣行をうけ慶長9年(1604)永楽銭1文を他の銭貨(鐚(びた))4文に充用させ，ついて同13年永楽銭通用を停止した．寛永13年(1636)以来，寛永通宝一文銭(鐚にあたる)を多量に鋳造し，古銭は海外へ輸出されたため次第に消失した．→宋銭(そうせん)

参考文献　小葉田淳『日本の貨幣』(『日本歴史新書』)，同『日本貨幣流通史』，滝沢武雄『日本貨幣史の研究』
(小葉田　淳)

088 渡唐船警固　ととうせんけいご　鎌倉・室町時代，海外渡航船に対して幕府が公許を与え，沿海の大名や豪族に令して航海の安全を確保させたこと．渡航船の通路にあたる瀬戸内海や九州沿岸は中世海賊の巣窟であり，渡航船は海賊の襲撃を避けるために警固をうけた．鎌倉時代の建長寺造営料唐船をはじめ室町時代の天竜寺船や遣明船はすべて幕府が公許し警固させた船であり，幕府は警固の代償として貿易利益の一部を徴収したり，幕府船の貨物や経営費を負担させたりした．永享4年(1432)度の遣明船では筑前の少弐満貞や対馬の国人に警固させ，応仁度には対馬宗氏をはじめ上松浦一族・下松浦一族・松浦壱岐守(呼子)・佐志・志佐・奈留・肥前大島・宇久大和・平戸松浦肥前守などの松浦党諸氏，大友氏，大内氏，安芸・備後・備中・備前・播磨・摂津の各守護，諸国所々の海賊衆に警固を命じている．文明年間(1469～87)以後では南海路がとられたので島津氏に警固を命じている．宝徳度のように船中に警固の人を乗りこませることもあった．

参考文献　田中健夫『倭寇と勘合貿易』(『日本歴史新書』)，佐伯弘次「室町時代の遣明船警固について」(九州大学国史学研究室編『古代中世史論集』所収)
(田中　健夫)

089 渡唐段銭　ととうたんせん　遣明船経営の費用調達の目的で農民に課した臨時の税．永享6年(1434)9月3日恕中中誓を正使とする遣明船団が兵庫を出発したが，そのなかに大和大乗院船がふくまれていた．『大乗院日記目録』の同年11月11日条をみると，大乗院領48ヵ所の土民らが渡唐反(段)銭のことによって蜂起したことを記している．当時大乗院は大和国内だけで300余の荘園を有していたが，そのうちの48ヵ所には土一揆を誘発するほどに苛酷な段銭が課せられていたのである．
(田中　健夫)

090 都督府　ととく　⇨大宰府(だざいふ)

091 トマス＝デ＝サン＝アウグスティノ　Thomas de S. Augustino　？～1637　アウグスチノ会の日本人司祭．慶長7年(1602)ごろ肥前国大村に生まれる．6歳のとき有馬のセミナリヨに入り，慶長18年12月のキリシタン禁令のため澳門(マカオ)へ渡り，勉強をつづけ，元和6年(1620)に日本へもどり，同宿(伝道士)として働き，1622年にマニラへ行き翌年にアウグスチノ会に入会した．1年の修練を終えてからセブ島の神学院で勉強し，1627年か28年に司祭に叙階された．寛永8年(1631)に日本へもどり，当時長崎に投獄されたアウグスチノ会の上長グテレス神父の世話とキリシタンとの連絡を保持するため奉行所の馬丁になり，グテレス神父が同9年(1632年9月3日)に処刑されるまでつづけた．活発な伝道活動にもかかわらず，巧みに警吏の捜査を免れた．彼は常に金鍔の脇差を帯び，また魔術を使って空中を飛び海を渡った，などの伝説が生じたため，金鍔とあだなされた．長崎戸町，また大村にも，彼の隠れ穴といわれた所に，金鍔谷と称するのがある．寛永14年に彼は密告されて逮捕され，同年9月20日(1637年11月6日)に穴吊して死去した．

参考文献　H・チースリク『キリシタン時代の邦人司祭』(『キリシタン文化研究シリーズ』22)，片岡弥吉『金鍔次兵衛一件資料』(『長崎学会叢書』8)
(H・チースリク)

092 トマス＝デ＝サン＝ハシント　Thomas de S. Jacinto　1590～1634　江戸時代前期の日本人ドミニコ会司祭．日本名は西六左衛門．父は西ガスパル内記(肥前国松浦郡平戸・生月の籠手田領代官)，母はトイ(土肥？)ウルスラ．天正18年(1590)生月に生まれ，長崎と有馬のセミナリヨで学びイエズス会の同宿となり，慶長18年(1613)の禁教令により翌年澳門(マカオ)へ追放され安南で布教，元和2年(1616)長崎へ帰りドミニコ会の同宿となる．同6年マニラへ渡り奨学生としてトマス学院(現在の聖トマス大学)で哲学と神学を学び，1624年ドミニコ会に入り，25年誓願を立てトマス＝デ＝サン＝ハシントの修道名を受け神学部に入って司祭となり，台湾で3年間活動後，琉球を経て寛永6年(1629)長崎着．高山右近の旧領音羽，長崎，広島，大坂，長崎へと長崎奉行の厳しい捜索を逃れ，同11年大村領水之浦で逮捕され9月27日(1634年11月17日)西坂で穴吊しの刑を受けて殉教．45歳．昭和55年(1980)列福．

参考文献　H・チースリク編著『芸備キリシタン史料』，佐々木利昭訳著『長崎十六殉教者―神のしもべ達の横顔―』，H・チースリク「殉教者一族・生月の西家」(『キリシタン研究』21)，Fray Francisco de Paula: Breve relacion de los esclarecidos martirios de cuatro religiosos de Santo Domingo de la Provincia del Santo Rosario de Filipinas (1636).
(井手　勝美)

093　ドミニコ会　ドミニコかい　カトリック教会内の修道会．正式の名称はOrdo Fratrum Praedicatorum（略OP）．創立者はスペイン人ドミンゴ＝デ＝グスマンDomingo de Guzmán（1170？〜1221）．当時南フランスに起ったアルビ派の異端に対して清貧の実践と教理説教によって戦うためにドミンゴは説教者の団体をつくる必要を感じた．教皇は既成の修道会の規則をとりいれるよう要求したので，彼はアウグスチノ会の会則に基づきそれを適当に自分の目的に合わせて新しい修道会の会憲とし，1216年に教皇ホノリウス3世に認証された．異端や異教に対する伝道活動のため徹底した学識の必要を重んじ，ドミニコ会は特に，神学はもちろん諸学問の研究を重視している．要するに，個人の完成と福音宣教の2要素を合わせた修道精神である．優れた学者を生じ，またヨーロッパの諸大学で，神学部を担当するようになった．日本においては，文禄元年（1592）にドミニコ会士フアン＝コーボ Juan Cobo がフィリピン総督の特使として豊臣秀吉に遣わされたことにつづき，慶長7年（1602）から本格的な伝道活動に従事するようになった．はじめは薩摩（甑島・川内）で働き，同14年に島津氏の不興をかい，肥前（佐賀・浜町・鹿島・長崎）に移り，そのほか京都と大坂に聖堂を建てた．同19年の宣教師追放令の際，7名が残り潜伏して，長崎・大村地方で活躍をつづけ，弾圧下のキリシタンの強化団結のために諸所でロザリオの組を組織した．その後も，数回にわたって新たに会士が来日し，寛永14年（1637）まで活動した．来日したドミニコ会士26人のうち，渡航中に殺された2人も含めて23名が殉教を遂げた．その後も2度，慶安元年（1648）と明暦元年（1655）にマニラから宣教師を日本へ派遣することの計画を試みたが，失敗に終った．近代においてドミニコ会は，明治37年（1904）以来四国，昭和2年（1927）から仙台教区で働き，そのほか東京・京都で修道院・研究所・学生寮などを営んでいる．

　参考文献　クラウディオ＝ニエト『ドミニコ会の愛と受難』（ドミニコ会訳）　　　　（H・チースリク）

094　富山元十郎　とみやまもとじゅうろう　生没年不詳　江戸時代後期の幕臣．諱は保高，通称元十郎．寛政5年（1793）ロシア使節アダム＝ラックスマン一行応接のため目付石川忠房らと松前に渡り（当時は小人目付），同11年幕府が東蝦夷地（当初ウラカワ（浦河）以東の地，ついで和人地を含む知内川以東の地）を仮上知するや同地に派遣され，蝦夷地経営に従事した（支配勘定格）．享和元年（1801）仲間の目付深山宇平太とともにウルップ（得撫）島調査の命を受け，同年6月エトロフ（択捉）島に渡り，ついで同島よりウルップ島に渡ってヲカイワタラの岡に「天長地久大日本属島」の標柱を建て，さらにラッコ猟のためトウボ滞在中のケレトフセ以下17人のロシア人に遇い，みずから先年習得した若干のロシア語を使って問答し，彼の状況を調査して帰った．同3年閏正月箱館奉行支配調役並となる．同年箱館奉行庁舎，ついで翌文化元年（1804）奉行交代屋敷が完成したが，水が乏しかったので，元十郎が苦心点検して清水の湧出する所を箱館山に発見し，筧によってこれを引いてから水には不自由しなくなったという．ために時の奉行羽太正養は，元十郎の功を讃え，これを富山泉と称し，文を選して碑に刻し，「くみそめし泉とともにいさをしのその名もつきぬ世々につたへむ」（『休明光記』5）なる1首の歌を添えた．なお，文化4年松前蝦夷地一円が幕領となるや調役に進み，松前・江差在勤となった．

　参考文献　『御私領之節魯西亜船一件』（『中島家文書』，函館市中島良信蔵），『（新撰）北海道史』2・5
（榎森　進）

095　耽羅　とむ　古代済州島の国名．「たむら」ともよむ．島の中心漢拏山北麓毛興に現われた三神人の開国，その子孫による星主・王子・従且などの王族形成の伝承を持つが，建国状況・王権構造などは不詳．3世紀ころには州胡と呼ばれ，韓諸国と交易を行なっていた．5世紀末百済の南遷により同国の朝貢国となり，国王が百済の佐平位を称するなど，その臣属下に入った．660年百済の滅亡により独立し，7世紀後半には新羅の朝鮮半島統一に抵抗するためか日本に計9次にわたり使節を送るが，結局679年新羅に臣属．日本の遣耽羅使は遣新羅使に副次した679年（天武天皇8）・684年（同13）．天平10年（738）『周防国正税帳』には耽羅島人の来日がみえるが，宝亀9年（778）遣唐使が帰路同島に漂着，抑留された際には，新羅との交渉で救出されており，8世紀以降日本との間は疎遠になった．日宋貿易の日本商船漂着例もある．新羅滅亡後は高麗に臣属したが，粛宗10年（1105）耽羅郡となり，以後朝鮮半島国家の一部となった．

　参考文献　金奉鉉『済州島歴史誌』，森克己「日宋交通と耽羅」（『森克己著作選集』2所収），岡田英弘「元の順帝と済州島」（『アジア文化研究論叢』1），高橋亨「済州島名考」（『朝鮮学報』9），森公章「古代耽羅の歴史と日本」（『古代日本の対外認識と通交』所収），同「耽羅方脯考」（同所収），筧敏生「耽羅王権と日本」（『続日本紀研究』272）　（森　公章）

096　台与　とよ　邪馬台国の女王卑弥呼の宗女．『三国志』の現存する刊本には「壹與」とあるが，宋本『太平御覧』所引の『魏志』には「臺舉」，『梁書』『北史』には「臺與」とある．「邪馬壹國」を「邪馬臺國」の誤記であるとみて，「壹與」も「臺與」の誤りとする説がある．魏の正始8年（247）ころ，卑弥呼が死ぬと，邪馬台国は男王を立てたが，国中服さず互いに誅殺し合い，2世紀末の倭国大乱の再現となった．そのため13歳で卑弥呼の宗女であった台与を立てて王としたと

ころ，国中ようやくにして治まったという．この宗女とは卑弥呼の一族の娘という意と思われるが，女王となった台与は卑弥呼以来の魏との外交関係を維持し，率善中郎将大夫掖邪狗らを魏の都洛陽に派遣して朝貢した．なお『日本書紀』神功皇后66年条所引の『晋起居注』によると，泰初(始)2年(266)「倭女王」が西晋に朝貢したことがみえるが，この「女王」を台与とする見解もある．　→邪馬台国(やまたいこく)

(酒寄　雅志)

097 豊臣秀吉 とよとみひでよし　1537〜98　安土桃山時代の武将．天文6年(1537)生まれる．『太閤素生記』によれば尾張国愛知郡中村(名古屋市)の木下弥右衛門の子という．弥右衛門は織田信秀の足軽であったが負傷して村に帰り百姓となった．秀吉の母なか(大政所，天瑞院)は弥右衛門との間に，姉とも(瑞竜院日秀)と秀吉を生み，弥右衛門死後おなじく織田家の同朋であった竹(筑)阿弥に嫁し，1男1女をあげた．すなわち，秀長と旭姫(南明院)である．秀吉の幼名は猿，日吉丸とも伝える．16歳のとき父の遺したわずかな永楽銭を持って中村を出，清須で木綿針にかえ，針を商いつつ流浪するところを遠江久能の城主松下加兵衛(之綱)に拾われ家来となったが，同輩の妬みにあい出奔，やがて織田信長に仕えることとなった．信長のもとで草履取から次第に出世した次第は小瀬甫庵『太閤記』に詳しく，そこには清須城の割普請や美濃墨俣(すのまた)築城においてみせた迅速な成功，薪奉行としての算勘の巧みさなど，秀吉の手腕を示す挿話が描かれている．しかし，確実な古文書の上でかれが姿を現わすのは，永禄8年(1565)11月信長が美濃の坪内利定らに与えた知行充行状にそえた添状で，木下藤吉郎秀吉の署名がある．そのころからしばらく信長の奉行衆として，丹羽長秀などとともに活動していた．木下の姓については，正室ねい(北政所，高台院)の兄家定が木下を名のっているところから，入聟によって妻の実家の姓を借りたとみる説がある．天正元年(1573)7月木下姓を改め，羽柴姓に替えた．丹羽長秀と柴田勝家にあやかったものと伝える．時期的には信長による足利義昭の追放，室町幕府の滅亡と一致していた．筑前守の受領名もこのころから名のったと思われる．信長入京以後秀吉は京都周辺の政務を奉行していたが，天正元年9月浅井氏滅亡後の江北に大名として封ぜられ，今浜(長浜)に築城した．天正5年10月信長の命をうけて中国平定に出陣，播磨・但馬の経略に従事，三木城主別所長治の反乱を鎮定し，備前の宇喜多直家と結び，8年因幡・美作に入り，9年10月吉川(きっかわ)経家の籠もる鳥取城を陥落させ，伯耆に進出，転じて淡路を押え，10年3月備中に向かい，5月高松城に清水宗治を囲んだ．6月2日本能寺の変に信長が斃れると，その報を秘して高松城救援の毛利輝元と講和を結び，宗治を自殺させて反転，13日山城山崎に明智光秀と戦いこれを破った．光秀は敗走の途中土民に討たれ，秀吉によって首を本能寺に梟(きょう)された．秀吉は柴田勝家・丹羽長秀・池田恒興らと尾張清須に会議し，信長の長男信忠の子三法師(秀信)を織田氏の後継者と定め，分国を再編，江北を勝家に譲り，みずからは山崎に拠った．以後，信長死後の主導権をめぐる闘争となったが，秀吉は天正11年4月柴田勝家を近江賤ヶ岳に破り，勝家を本城越前北荘(福井)に攻めて自殺させ，勝家と結んだ信長の三男信孝も自殺，滝川一益らは降伏して，覇権の基礎を固めた．5月池田恒興を美濃に移し，秀吉は摂津大坂城に入り，8月畿内・近国の検地と知行割を実施，大坂城の大規模な築造に着手，ここを本城とした．この時期，秀吉は三法師を擁し，信長の五男御次丸(秀勝)を養子にした地位を活用し，信長の葬儀や一周忌の法要を行い，平秀吉を名のるなど，信長の正統の後継者であることを前面に押し出していた．のちまで用いることになった朱印も使用し始めている．天正12年信長の次男信雄は徳川家康と結び，秀吉と対立した．秀吉は犬山城に入り小牧山に陣した家康に対したが，4月配下の甥秀次・池田恒興・森長可らは家康の本拠三河を衝こうとして尾張長久手の戦に家康に敗れ，恒興・長可以下が戦死した．11月秀吉は信雄と講和，ついで家康もこれに従った．小牧・長久手の戦は，東国を平定して征夷大将軍の職につこうとした秀吉の権力構想(信長の継承)に転換を余儀なくさせた．11月かれは従三位権大納言に昇任，公卿への道をふみだす．従来，秀吉は天正10年10月従五位下左近衛権少将，11年5月従四位下参議に叙任したとされているが，ともに12年10月以降遡及して叙任されたもので，文書はあるがその時点の事実ではない．天正13年3月正二位内大臣，7月従一位関白となった．関白は古来摂家の者に限られた職であったが，秀吉は近衛前久の養子となり，藤原秀吉としてこの職についた．このころ弟秀長を将として四国を平定，ついで北国に進み越中・越後・飛騨から信濃に勢力を伸ばした．14年5月妹旭姫を家康に嫁させ，10月母大政所を岡崎に質として送り，家康をして入京，臣従の礼をとらせることに成功，11月信長以来の課題であった正親町天皇の譲位を実現，陽光院(誠仁親王)第1王子で16歳の和仁(周仁)親王を後陽成天皇として即位させた．秀吉は太政大臣となり(12月)，藤原氏を改め，豊臣姓を名のり，近衛前久の女前子を養子とし，新天皇の女御として入内せしめ，外戚の地位についた．このころ大村由己に書かせた『任官之事』には，秀吉の祖父を萩中納言という架空の公家とし，皇胤を匂わせる創作がなされている．天正15年5月島津義久を降伏させて九州を平定，6月キリシタンの統制にかかわる2つの法令を発し，大名の自由な入信と大名による領民へのキリスト教入信の強制とを禁じ，

人身売買を禁止するとともに，日本を「きりしたん国」に対置される「神国」と認識し，宣教師の追放を命じた．明の衰退とヨーロッパ勢力の進出という東アジアの新しい情勢のもとで，近世的な国家意識を表明したものといえる．天正16年4月，秀吉は京都内野に新築した聚楽第に天皇を迎え，29名の大名から起請文をとって政権の基盤を固めた．信長によって追放された足利義昭もこれを機に帰京，剃髪して秀吉の知行を受け，室町将軍家は消滅した．7月秀吉は刀狩令と海賊取締令を発し，百姓の武装解除と耕作専念義務を定め，海民の掌握につとめた．関白政権による天下統合はこれ以後加速度を増したが，その手段は，大名ごとの領域支配を支援・確立して一揆を制圧し，領域内外の紛争は関白の裁定によって停止，裁定違犯者は関白によって編成された軍勢によって制裁するというかたちをとった．北条氏政・氏直父子の討伐はその典型例である．天正15年暮関東・奥羽に発せられた惣無事令は両地域における武力紛争の全面的停止を命じたものであるが，北条氏は真田氏との係争地である上野沼田領に関する秀吉の裁定を侵犯し，公儀の名による「誅伐」を受けることになった．天正18年秀吉は諸大名を動員して小田原城を攻め，7月北条氏を滅ぼし，8月会津城に入り，関東・奥羽の大名認知を確定，同時に徳川家康の江戸転封に代表される大規模な大名の移封・除封を実施し，天下統合を終えた．19年8月，家臣団下層を構成する奉公人・侍・中間・小者らが町人・百姓となること，百姓が商売・賃仕事に出ることを禁じ，身分の社会的流動化に歯止めをかけ，その統制を強めた．同年暮関白の職を甥秀次に譲り，みずからは太閤として実権を握り，翌文禄元年(1592)諸大名に命じて朝鮮出兵を実行した(文禄の役)．秀吉の大陸侵略構想は関白就任直後からあり，国内における惣無事令と表裏をなしていた．九州平定後朝鮮の入貢と明への案内を朝鮮国王に求め，それに応じなかったことを理由に出兵したもので，秀吉は肥前名護屋に城を築いて本営とした．日本軍は緒戦で朝鮮2王子を捕え明の国境まで進出したが，義軍の蜂起と明軍の介入により戦線は膠着状態となり，文禄2年6月いったん講和となった．同3年8月側室淀殿との間に次男(秀頼)が生まれた．秀吉は正室との間に実子に恵まれず，秀勝死後も秀秋(三好のち小早川)・秀家(宇喜多)・智仁(六宮のち八条宮)を養嗣子とし，天正17年淀殿が長男鶴松を生んだときは欣喜したが，19年の鶴松夭折に落胆，秀次を豊臣家の継嗣とした．秀頼誕生を機に秀吉は隠居城であった山城伏見城を諸大名に命じ大拡張し，天下統合の中枢とし，城下に町屋敷を建設せしめた．こうした動きは国制の頂点にある秀次との間の矛盾を表面化させ，ついに文禄4年7月秀次は謀叛の罪により自殺，諸大名は秀頼への忠誠を誓約させられるに至った．8月大名・寺社以下の統制を主眼とした天下支配の掟および掟追加が徳川家康・毛利輝元ら有力大名の連署によって発せられた．大名相互の自主的な盟約を停止したことに象徴されるように，戦国時代が法制的に終幕を告げたものといえる．有力大名と直臣の奉行によって構成される権力機構はこの時点で成立し，慶長3年(1598)7月の五大老・五奉行の職制として整備された．慶長元年9月来日した明使楊方亨を大坂城に引見した秀吉は意に反した表文にその無礼を怒り，使節を追い返すとともに再度の朝鮮出兵を命じた(慶長の役)．このたびは秀吉は伏見城に居り，諸軍も朝鮮南半部の沿岸地帯確保に努めるうち，3年8月18日秀吉が死去(62歳)，やがて全軍撤退となった．秀吉の辞世は「つゆとをちつゆときへにしわかみかななにわの事もゆめの又ゆめ」であった．4年4月洛東阿弥陀ヶ峰西麓(京都市東山区)に営まれた廟所に埋葬され，朝廷は豊国大明神の神号を贈り，豊国社が設立された．秀吉は信長の政策を継承し，中世社会に形成されつつあった町と村を社会制度の基礎単位として公認し，特に天正12年以降の検地において300歩＝1段制と京枡使用という統一基準による土地丈量により石高制を創出，町村ごとに町人・百姓の土地保有を認定した．それは職能による身分編成への動きとともに近世社会の骨格をつくりだしたものであった．秀吉は百姓の境遇から身を起し，社会の頂点に立ち，大名領主権力による近世国家の創始者となった．新井白石もいうように「かかる事，我朝にしては希なる」ことであり，死後江戸時代前期にかけて多くの伝記が作成された．小瀬甫庵『太閤記』・竹中重門『豊鑑』・林羅山『豊臣秀吉譜』などが代表的で，甫庵のように儒教的立場から論評を加えたものがある．その後江戸幕府のもと豊臣時代の史実究明が禁圧されるなかで，江戸時代中期以降身分制社会の流動化に伴い，武内確斎『絵本太閤記』・栗原柳庵『真書太閤記』などの大衆的文芸作品が民衆の身分上昇への憧憬と結びついて愛好され，広汎な読者を得た．今日でも秀吉の生涯は勤勉・工夫・奇略などを含む日本人の好む出世物語の典型とされている．

[参考文献] 三鬼清一郎編『織田・豊臣政権研究文献目録(一九八三年十二月現在)』,『大日本史料』10編・11編, 大村由己『天正記』,『太閤素生記』(『(改定)史籍集覧』13), 小瀬甫庵『太閤記』(『新日本古典文学大系』60), 太田牛一『大かうさまくんきのうち』, 桑田忠親『豊臣秀吉研究』, 同『豊太閤伝記物語の研究』, 渡辺世祐『豊太閤の私的生活』, 安良城盛昭『幕藩体制社会の成立と構造』, 藤木久志『豊臣平和令と戦国社会』, 田中義成『豊臣時代史』, 朝尾直弘『天下一統』(『大系日本の歴史』8), 同「豊臣政権論」(『将軍権力の創出』所収), 宮地直一「豊太閤と豊国大明神」(『神祇と国史』所収), 染谷光広「木下

秀吉の文書についての補説」(『日本歴史』300)

(朝尾　直弘)

098 渡来人 とらいじん　古代に朝鮮半島など海外から渡来し，定住した者とその子孫を指す語．従来の「帰化人」という語に代わって用いられるようになった．「帰化」は中華思想にもとづく用語で，「異国人がその国の王の徳を慕って来朝し，帰附する」ことを意味するが，①移住者の中には「帰化」以外の様々な事情で渡来した者が含まれる，②日本列島内に帰化すべき国家が確立していない段階の移住者を「帰化人」と呼ぶことは適切でない，③「帰化人」という用語には民族的な差別意識や偏見がつきまとう，と，主に以上3つの理由により，「帰化人」の語がしりぞけられ，新たに「渡来人」という呼称が定着した．ただ一方で中華思想を前提とした古代日本の支配者層の国家観に依拠すると，「帰化人」は，妥当な学術用語であるとする説や，「渡来人」の概念には定住者以外の一時的滞在者も含まれるから，逆に学術用語としてなじまないとする説などが存し，用語の是非をめぐって，いまだ意見が分かれている．→帰化人(きかじん)

参考文献　中野高行『日本古代の外交制度史』

(加藤　謙吉)

099 度羅楽 どら　8世紀初めに日本に伝来した度羅国の楽．治部省雅楽寮が管轄した楽舞の1つ．『続日本紀』天平3年(731)7月乙亥条に，雑楽生を「度羅楽六十二人」と定めたのが文献上の初出．『日本後紀』大同4年(809)3月丙寅条には「度羅楽師二人，鼓舞等師也」とあり，『類聚三代格』同日官符にも「度羅楽師二人(鼓師，儛師)」とみえる．また『令集解』には「婆理舞六人(二人刀楯を持ちて舞ひ，四人桙を持ちて立つ)，久太舞二十人，那禁女舞五人(三人は舞人，二人は花取)，韓与楚奪女舞(女二十人のうち五人は甲を着し刀を帯ぶ)，右四舞，度羅之楽」(原漢文)とある．『続教訓抄』では沙陀調曲に婆理を挙げ「或譜には盤渉調に之を入る」とする．度羅楽は，天平勝宝4年(752)4月9日の大仏開眼会にも列しており，婆理と久太の装束と大刀が正倉院宝物に，婆理の仮面が東大寺に遺存する．なお度羅国とは，朝鮮の済州島の古名，中央アジアのトハラ(吐火羅)など諸説がある．

参考文献　林謙三『正倉院楽器の研究』，岸辺成雄『古代シルクロードの音楽』，芸能史研究会編『雅楽』(『日本の古典芸能』2)

(蒲生美津子)

100 止利仏師 とり　⇨鞍作鳥(くらつくりのとり)

101 トルレス Balthazar de Torres　1563～1626　イエズス会宣教師．1563年12月14日，スペイン，グラナダに生まれる．79年にイエズス会に入り，修練，人文課程，哲学の勉強を終え，86年に助祭となり，同年，帰国途中の天正遣欧使節一行に同行してインドへ赴き，87年5月にゴアに着いた．そこで神学課程を終えて司祭に叙階されてから90年に澳門(マカオ)へ移り，7年間，神学の講義を担当した．慶長5年7月5日(1600年8月13日)に来日，1年間，有馬のセミナリヨで日本語を習い，同6年5月10日(1601年6月10日)に長崎で終生誓願を立て，同年に豊前中津へ送られ，同8年に京都，上京のレジデンシヤ(住院)，同12年に大坂，つづいて6年間，金沢のレジデンシヤに居た．同18年のキリシタン禁令と伴天連追放令の際，堺に隠れ，元和元年(1615)の大坂夏の陣のとき大坂の明石掃部の屋敷にいた．大坂落城の時の冒険的な脱出について，体験者としての貴重な報告を残している．休養のため一時長崎へ行き，同2年に再び堺へもどったが，病気のため同5年に長崎へ移り，寛永3年2月22日(1626年3月20日)に捕縛され，同年閏4月26日(1626年6月20日)長崎西坂で火刑にされた．62歳．

参考文献　レオン＝パジェス『日本切支丹宗門史』(吉田小五郎訳，『岩波文庫』)，Josef Frantz Schütte「一六一四・一五年，大坂の陣と日本の教会」(『キリシタン研究』17)

(H・チースリク)

102 トルレス Cosme de Torres　1510～70　イエズス会宣教師．1510年スペイン，バレンシアに生まれる．34年ごろ司祭となり，最初はマジョルカにおり，38年にメキシコに渡り，その後，スペイン艦隊の嘱託司祭となった．46年にフランシスコ＝シャビエルに会い，ともにゴアへ行き，48年にイエズス会に入会，天文18年(1549)にシャビエルとともに日本へ渡った．シャビエルが日本を去ってから彼は同20年から元亀元年(1570)まで日本におけるイエズス会の上長を務めた．弘治2年(1556)まで山口におり，その後，豊後府内(大分市)へ移った．永禄5年(1562)に大村領内のキリシタン伝道開始につき，横瀬浦・平戸などへ行き，翌6年に大村純忠に洗礼を授けた．同年に横瀬浦の港が破壊されてのち彼は有馬領口之津に定住するようになった．元亀元年に新任の上長カブラルが来日すると，トルレスは志岐における宣教師会議に参加し，同年9月3日(1570年10月2日)に同地で死去した．

参考文献　パチェコ＝ディエゴ『長崎を開いた人—コスメ・デ・トーレスの生涯—』(佐久間正訳)

(H・チースリク)

103 トンキン Tonkin　ベトナムの中国と境を接する地方をいう．東京と書かれた．国都の名に由来する．16世紀後半黎(レ)朝の権力が衰頽して実権が鄭(チン)氏と阮(グエン)氏に移ったが，鄭氏は黎王室を擁して国都東京(現在のハノイ)に拠りベトナム北半を，阮氏は順化(フエ)を中心にしてベトナムの南半をそれぞれ統治して抗争をつづけた．当時，日本では鄭氏の勢力範囲を東京とよび，阮氏のそれを交趾(コーチ)と称し，ともに江戸幕府と書信をかわし親交を保持し，朱印船も盛んに往来し，その数延べ40隻余に及び，角倉・末

次など有力商人の船が両地に渡航して，銅・生糸・絹織物・香料などを取引した．日本の鎖国後交易は杜絶したが，開国後日本と仏領インドシナとの貿易はフランス側の常に高い関税障壁のため振わなかった．日中戦争の際，蔣介石政権援助のためトンキン地方を通じて軍需物資が中国に送り込まれ（援蔣ルート），これを遮断するため日本軍は1940年（昭和15）9月北部仏印に武力進駐し，以来太平洋戦争の終結に至るまで，このトンキン地方にも駐留した．

参考文献　岩生成一『新版朱印船貿易史の研究』

（長岡新次郎）

104 **東京通事** とうきんつうじ　長崎唐通事の中のトンキン語通訳官．『訳司統譜』によれば，明暦年中(1655〜58)から東京久蔵が任じられていたが，元禄12年(1699)魏五平次がそのあとをついて，東京・広南通事に任じられると，以後は魏氏が東京通事を世襲して幕末に至る．東京久蔵の就任事情は不明であるが，東京船・広南船もまま渡来しており，シャム通事の森田・泉屋氏，モール通事の重松・中原氏と同じく，鎖国前のかの地との交易者ではなかろうか．役料は地位と職務の重要性に比例すると思われるが，宝永5年(1708)唐大通事1人分が年に銀35貫562匁に対し，シャム通事は3人扶持と銀2貫773匁，東京通事は3人扶持と銀520目にすぎず端役であった．魏五平次は，唐通事魏九官父子に従って寛文12年(1672)に来住した東京人の喜である．その曾孫五左衛門竜山は，寛政8年(1796)東京・中国・日本3ヵ国語対照の会話辞書『訳詞長短話』5巻（長崎歴史文化博物館蔵）を著わした．　　　　（中村　質）

105 **ドンクル＝キュルシウス**　Jan Hendrik Donker Curtius　1813〜79　最後の長崎オランダ商館長で最初の外交官．1813年4月21日アルネム Arnhem に生まれる．オランダで教育を受け，ジャワに渡り，バタビア高等法院評定官・同高等軍事法院議官を経て，52年7月（嘉永5年6月）長崎に来て，11月1日商館長となった．55年8月在日オランダ理事官を兼ねて，東インド総督の訓令により長崎奉行と通商条約締結のための交渉を試みたが不調に終り，日米和親条約締結後，幕府の軍艦発注，海軍伝習の開始にあずかる一方，56年1月30日（安政2年12月23日）日蘭和親条約を締結して，従来のオランダ人に対する束縛を除き，翌年追加条約を締結して日蘭貿易制度を改め，さらに58年8月17日（安政5年7月10日）には日蘭修好通商航海条約を締結して両国の外交関係を改めた．在日中，長崎出島のオランダ商館文書の本国移送に努め，また日本語を研究して文法書 Proeve eener Japansche spraakkunst (1857) を刊行．60年（万延元）帰国．その収集図書はライデン大学に今も保存されて日本学研究に役立っている．1879年11月27日アルネムで死去した．66歳．

参考文献　カッテンディーケ『長崎海軍伝習所の日々』（水田信利訳，『東洋文庫』26），金井圓「ドンクル＝キュルシウスのもうひとつの貢献」（『日蘭交渉史の研究』所収）　　　（金井　圓）

106 **曇徴** どんちょう　生没年不詳　7世紀の高句麗僧．『日本書紀』推古天皇18年(610)3月条に，高麗王より貢進され，五経を知り，彩色（顔料）・紙墨をつくり，また碾磑（みずうす）を造ったとみえる．『聖徳太子伝暦』には，太子が曇徴らを斑鳩宮に入れ，ついで法隆寺に安置したとあり，『元亨釈書』にもその伝がある．紙墨は以前から伝えられていたのだから，このとき新たな製紙技術が伝えられたという意味で，それを太子が完成させたとの説が江戸時代からあり，三経義疏はこの新たな紙に記載されたとの説もある．

参考文献　寿岳文章『日本の紙』（吉川弘文館『日本歴史叢書』14），滝川政次郎「碾磑考」（『[増補新版]日本社会経済史論考』所収）　　（平野　邦雄）

107 **ドン＝ロドリゴ**　Don Rodrigo de Vivero y Velasco
⇨ビベロ＝イ＝ベラスコ

108 **ドン＝ロドリゴ日本見聞録** どんロドリゴにほんけんぶんろく　慶長14年(1609)9月，任期を終えてマニラからメキシコに帰る途中，暴風雨に遭遇し難破，上総国岩和田（千葉県夷隅郡御宿町）に漂着した前フィリピン臨時総督ドン＝ロドリゴ＝デ＝ビベロ Don Rodrigo de Vivero y Velasco が徳川家康の厚遇をうけ日本滞在中の記録を本国皇帝に捧呈したものから村上直次郎が翻訳して『異国叢書』の1冊（第7巻）に収めて刊行したもの．底本はロンドンの大英図書館アジア布教記録の一部として架蔵されている．彼は駿府で家康と会見，日本とメキシコとの間の貿易開設の交渉を行なった．かねてから関東貿易の促進に強い希望をもっていた家康と，ポルトガルによって日本貿易を独占されていたイスパニアとしてはこれを契機に日本を中継してのマニラ・メキシコ貿易開始の好機会とするロドリゴの期待とが合致したところにこの交渉の成立の背景があった．彼は駿府よりさらに西上，京都・大坂を瞥見し，慶長期の日本の姿を本記録に画いている．彼は翌年離日した．しかしマニラ居住のスペイン人らはこの計画に強い反対意見を抱いていたことは本書に村上が付録として掲載した史料によって知られる．本書は見聞録としてのユニークさとともに17世紀初頭のフィリピンを拠点とする日本とイスパニアとの交渉の一端を示す好史料である．

（箭内　健次）

な

001 内通事 ないつうじ ⇒通事(つうじ)

002 内藤如安 ないとうじょあん ⇒小西如庵(こにしじょあん)

003 苗代川焼 なえしろがわやき　鹿児島県日置市東市来町美山にある薩摩焼の一系統．串木野窯から移った朴平意(和名清右衛門)ら朝鮮陶工によって慶長10年(1605)あるいは同11年ごろ開窯とみられる．藩主の保護を受けて元屋敷窯を築き，のちに堂平(どびら)窯，寛文9年(1669)五本松窯が開かれるが，享保16年(1731)ごろ，藩の保護が止むと一時廃窯となったらしい．寛延元年(1748)藩の保護が再開され，新たに御用窯として御定式(ごじょうしき)窯が設けられた．弘化3年(1846)にウチコク窯と南京皿山窯が民窯として開かれる．製品は黒物と呼ぶ碗・皿・甕・瓶などの日常雑器と，藩主好みの白土を用いた白物の2つに大別される．白物の系統はのちに上絵付技法を導入して錦手や金襴手の製品も焼く．また江戸時代後期になると染付磁器も焼いた．
[参考文献] 岡田喜一『薩摩』(『陶磁大系』16)，田沢金吾・小山富士夫『薩摩焼の研究』
(大橋　康二)

004 中浦ジュリアン なかうらジュリアン　1570〜1633　天正年間(1573〜92)ローマに派遣された少年使節の1人．イエズス会司祭．肥前中浦(長崎県西海市西海町中浦)出身．元亀元年(1570)に生まれ，天正10年少年使節の副使として大村純忠により遣わされる．帰国後イエズス会に入り慶長13年(1608)司祭に叙階．博多中心に布教し禁教令施行後は肥前口ノ津から九州各地に宣教し，寛永10年(1633)豊前小倉で捕われた．穴吊しの刑により同年9月19日長崎で殉教死した．64歳．平成19年(2007)ローマ教皇庁より福者の位に上げられる．→天正遣欧使節(てんしょうけんおうしせつ)
[参考文献] 『大日本史料』11ノ別巻，『デ＝サンデ天正遣欧使節記』(泉井久之助他訳，『新異国叢書』5)，H・チースリク『キリシタン時代の邦人司祭』(『キリシタン文化研究シリーズ』22)，J. F. Schütte: Monumenta Historica Japoniae.
(五野井隆史)

005 中川淳庵 なかがわじゅんなん　1739〜86　江戸時代中期の小浜藩医，蘭学者．元文4年(1739)，小浜藩医中川仙安(竜眠)の長男として江戸に生まれる．名は玄鱗また鱗，字(あざな)は攀卿，通称ははじめ純安，のち淳庵，また純亭．少年のころから植物を好み，19歳から薬品会・物産会が開催されるたびに収集品を出品，本草家として知られる．平賀源内の編纂した『会薬譜』(宝暦9年(1759))，『物類品隲』6巻(同13年)を校閲．オランダの書物に載るアスベスト(石綿)の本体を同定，明和元年(1764)火浣布(燃えない布)をつくる．江戸詰の山形藩医安富寄碩からオランダ文字を学び，オランダ商館長が江戸参府で江戸滞在中，定宿の長崎屋を訪問，通詞らと接触，蘭学知識の吸収に努める．明和5年小浜藩より稽古料3人扶持を受ける．同7年，家督相続120石．翌8年，長崎屋でオランダ語の解剖書『ターヘル＝アナトミア』を入手，同藩の医師杉田玄白に仲介，3月4日，中津藩医前野良沢，玄白らと小塚原の腑分に同道，ともに協力して翌日より同書の翻訳に従事，安永2年(1773)玄白(誌)・淳庵(校)・熊谷元章(図)で『解体約図』を板行，同3年玄白らと『解体新書』5巻を刊行した．翌年，オランダ商館付医師として来日したツンベルグ(トゥーンベリ)にしばしば面談し，植物学・理学・医学などについて教えを受け，かたわら標本類を提供してツンベルグの日本植物研究を助け，のち『日本植物誌』(天明4年(1784))にその名が記され，海外に知られた．また商館長ティツィングとの親交も厚かった．安永7年，小浜藩奥医師となる．天明5年，藩主に随従して国元の小浜で勤藩中に発病，翌年養生のため休暇を得て江戸に帰ったが回復せず，同年6月7日，膈症のため病没．48歳．江戸小石川の金剛寺に葬られた．訳著は前記のほか『和蘭局方』『和蘭薬譜』『五液精要』などの医薬書があり，また梅文鼎の著書を訓解した算書の『籌算』があるが，いずれも未刊．
[参考文献] 和田信二郎『中川淳庵先生』，片桐一男「解説 中川淳庵先生」(『伝記叢書』140)
(片桐　一男)

006 長崎 ながさき　長崎県南部，西彼杵(にしそのぎ)半島の南半と長崎半島全域を占める市．県庁所在地．もと肥前国彼杵郡に属し，戦国時代末期以来の貿易港．『深堀家文書』正嘉2年(1258)彼杵荘惣地頭代後家尼某請文に「永埼」の地名が初見し，この文書にみえる領主長崎氏は平安時代末ころからの在地開発領主と考えられている．当時長崎湾岸一帯は京都東福寺領彼杵荘に属していたが，常陸から下向した地頭深堀氏のほか，長崎氏同様の戸町・矢上・時津・永与・伊木力などの小地頭がおり，南北朝時代には「彼杵一揆」を形成していた．戦国時代末期の長崎甚左衛門純景は大村純忠に属し，居城は長崎村春徳寺山(現在の城(じょう)の古址(こし))にあり，城下である現在の桜馬場辺の小集落には，永禄12年(1569)トードス＝オス＝サントス教会が建てられ，純景(ベルナルド)以下住民1500人余はみな信徒になった．大村純忠(ドン＝バートロメオ)はイエズス会士アルメイダと協約して，元亀2年(1571)長崎を澳門(マカオ)からのポルトガル船に開港し，集落から離れた岬の突端を開拓して，大村・島原・平戸・横瀬浦・外浦・分知の6町を建てた．これが近世長崎の起源である．

〔教会領長崎〕この長崎を特徴づけたのは，天正8年(1580)純忠による長崎・茂木のイエズス会への寄進であろう．ポルトガル船は長崎に集中し，かつ裁判権の一部や船舶税の徴収権は留保したので，戦国大名としての彼の政治基盤はより確かなものになった．翌年同会は日本を準管区としたが，その長は長崎に駐在し，同10年遣欧少年使節はここから旅だった．住民は年々増え，すべてキリシタンで，教会の支配下に流寓武士を「頭人」として，軍事をふくむ自治的都市を形成した．同12年有馬晴信(ジョアン＝プロタジオ)も自領への寄港をねらって浦上村をイエズス会に寄進した．

〔天領長崎と支配〕豊臣秀吉は天正15年九州平定の帰途，突如バテレン追放令を発し，翌16年教会領を収公して佐賀の鍋島直茂を代官に任じた．文禄元年(1592)その跡役として唐津藩主寺沢広高を初代長崎奉行に，町人村山等安を代官に任じた．町数はこの時すでに23町に増えており(天正18年の人口は約5000，文禄期には1万人未満)，これを内町といい，地子は免除された．その後市街化は隣接の大村領長崎村にも及んだので，江戸幕府は慶長10年(1605)これと飛地の浦上村の一部1200石とを交換して天領長崎を一円化した(同19年の人口は2万5000人以上という)．そこで内町の外側に，寛永19年(1642)丸山・寄合町の2傾城(けいせい)町が設定されるまでに間に43ヵ町の外町が形成され，江戸時代を通じて「市中」と呼ばれる内町・外町と，長崎・浦上山里・浦上淵の3村からなる「郷」の区分が定まった．時代は降るが元禄初年の天領長崎の石高は，地子免除(無高)の内町は別として，外町834石余(この地子銀50貫目)，郷3ヵ村2600石，計3435石3升，ほかに内町の築出地などをふくむ新開高36石2斗と山海の運上若干にすぎず，近世長崎の行財政や住民生活は，ほぼすべて貿易・外交の動向に規定された．まず内町は奉行の支配下に，4人の町年寄(さきの頭人)と各町の乙名(おとな)・組頭が行政を担当した．外町の支配は複雑で，一般行政は奉行が行い，2人の常行司(元禄12年(1699)に町年寄に加えられ，内外町が同格となる)と各町の乙名・組頭がその掌にあたるが，地子銀の徴収は代官が行う．郷は代官支配地で，手代のもとに各村に庄屋・組頭が置かれた．長崎奉行と長崎代官の職掌は複雑に絡み合い，時代と人物によっても異なるが，奉行は老中に直属し，鎖国前の豊後府内藩主竹中重義，幕末の大村藩主大村純熙を除きすべて旗本から任命され数年間在職した．「市中」の支配と，ことに全国に及ぶ外交・貿易の実務を総轄し，関連して西国全般のキリシタン・海防・漂着船・抜荷などの処置にあたった．代官は老中配下の勘定奉行に属し，長崎住民の筆頭格で，村山等安のあと末次平蔵(元和2年(1616)～延宝4年(1676)，4代)，そのあとは奉行の指揮下に筆頭町年寄高木氏が代行，高木作右衛門(元文4年(1739)～明治元年(1868)，6代)が事実上世襲し，「郷」3ヵ村のほか天草・日田(ひた)など近隣の天領を併管した．管地の年貢米は，長崎で奉行以下諸役人の役料米や扶持に，また売却金の一部は幕府購入の輸入品(御用物)代などに充てられた．

〔鎖国以前の貿易と禁教〕この時期日本貿易の主体は長崎でのポルトガル貿易で，澳門から齎らされる中国産白糸と日本銀の交換が大宗を占めていた．取引にはイエズス会が深く関わっていたので，秀吉の死後慶長中期にかけてキリシタンの勢力はむしろ拡大した．家康は慶長9年に糸割符制を定めてポルトガル船白糸の荷受けの独占権を堺・京都・長崎の富商(糸割符商人)に与え，また朱印船制度を整備して，この年から鎖国までの32年間総計356隻の朱印船のほとんどは長崎発着である．長崎では代官・町年寄はじめ有力町人や在住の唐人・ヨーロッパ人が朱印船を仕立て，客商・船員・身売人として渡海する者も多かった．また慶長9年には唐通事を置き，以後幕府も唐船の長崎招致をはかったので，元和から寛永初期にかけて唐人墓地や唐三ヵ寺が創建されるまでになった．中には贋の朱印状で派船する者もあり，寛永8年幕府が奉書船制度を設けて渡航を制限する一因となった．当時は外国人の定住・結婚・雇用・土地所有・船宿ほかの職業・国内移住も自由な国際都市で，日本人移住者も多く，寛永3年ころの人口は約4万人に膨張しており，みなキリシタンであったという．江戸幕府のキリシタン弾圧が本格化するのは，蘭・英の日本貿易参加，岡本大八事件後の慶長18年末の全国禁教令からである．長崎では翌年イエズス会本部教会(二十六聖人の殉教以来コレジョがあり，キリシタン版が刊行されていた)をはじめ4修道会の大小19の教会や病院が壊され，宣教師97人と高山右近・内藤如安らの信徒がマニラと澳門へ追放された．住民には棄教が強制され，信徒は町役人や船宿から除かれた．元和2年はじめて作られたという寺方門徒帳にみえる2万4693人とは，こうした「転びキリシタン」であろう．しかし同8年の「大殉教」を経て，キリシタンを摘発し棄教を強制する手段は踏絵・懸賞金・居宅追放・火焙り・穴吊り・山上り(雲仙の熱湯責め)・江戸(キリシタン屋敷)下りなど次第に巧妙残虐になり，潜伏していた宣教者や信徒はほぼ寛永中期までにすべて殉教ないし棄教した．

〔鎖国の完成〕寛永10年から同16年まで5次にわたる鎖国令で，日本人の海外通交の全面禁止，禁教の強化(ポルトガル人やその家族の出島収容と澳門放逐，宗旨人別改の強化など)，唐船を長崎に限定して新たな定住を禁じ，ポルトガル貿易を断つなど貿易統制を強化したが，同18年平戸オランダ商館を出島に移し，鎖国は一応完成した．この間全国の沿岸領主に異国船警戒と漂到船の長崎回航を義務付けた．奉行は同10年

から２人（１人在府，１人在勤）に増えたが，その家中や与力同心25，町雇いの町使散使16人では対外的には無力であるから，同18年福岡藩兵約1000人を港口の「沖両番所」や台場に展開させ（翌年から佐賀藩と１年交代の長崎警備），非常時には，たとえば島原の乱時には大村藩に市中警固を命じ（外事犯は常時大村牢に収容），のち正保４年(1647)に渡来した南蛮船に対する警備では，奉行と補佐役の譜代藩主が連名で九州四国の諸藩から５万人弱を動員したような警備体制が成立した．

〔住民の貿易参加〕鎖国後全国的に新興商人が台頭すると，長崎でも糸割符商人や唐船の船宿主などの利権に対し，市中均霑の要求が強まった．明暦元年(1655)糸割符制は廃されて相対（あいたい）貿易となった．しかしこれは外国側に有利で，銀・金の流出が新たな問題となった．寛文３年(1663)の大火で「市中」のほとんどが焼失したが，その復興や貿易管理の面からも，同６年船宿を全廃し，唐船の宿泊その他の業務一切を各町が１隻ずつ順番に担当し，利銀をその町内で按分することとなった（宿町・付町制）．寛文12年市法商法（市法貨物商法）の実施を機に，戸数の多い町を割って，内町24・外町56町とし，かつ地主の公役負担・利銀配当（箇所銀）の単位としての箇所数を確定した．借家人への利銀配当（竈（かまど）銀）の史料初見はやや降るが，実施はこの時期からであろう．市法商法は全輸入価格を日本側（市法会所）が決めて安く買い取り，内地商人には入札で売って，莫大な差益は，長崎諸役人の手当や市中助成を差し引き，全国六千数百人の市法商人に取引株高に応じて配当するものである．長崎は商人数の８割，株高の55％を占め，さらに宿・付町は唐貨物の３分の１を会所値段で直買いてきたので，長崎は俄然活況を呈した．寛文12年４万0025人の人口は９年後の天和元年(1681)には５万2702人に急増している．近世の50数寺・５社は，すべて慶長からこの時期までに，禁教につれて創建ないし再興されたものであるが，今みる景観や祭礼行事などの原型はほぼ市法期に成立した．またこのころ沢野忠庵（棄教宣教師フェレイラ）らの南蛮学から，本木良意・楢林鎮山らの蘭学への転換がみられ，長崎地誌や地図の初源，西川如見，向井去来・元成兄弟，喜多元規，黄檗唐僧らの多彩な活動が始まるのもこの時期である．

〔定高制と長崎会所〕幕府は，貞享２年，市法商法を廃して糸割符制を復活し，清朝の遷界令（海禁）解除による唐船の激増に対処すべく，年間取引にはじめて上限を定めた．この定高は唐船は銀6000貫目，蘭船は金５万両（銀で3000貫目），積荷高をはるかに下廻ったので抜荷が激増した．そこで同４年奉行を３人に増し（２人在勤），元禄元年から唐船数をあらかじめ70隻に限り，同２年唐人屋敷を設けて唐人を日本人から隔離する一方，同８年定高のほかに銀1000貫目分（翌９年から5000貫目分）の銅で物々交換（銅代物替）を許した．さらに幕府財政補強の目的から同11年長崎会所を設け，銀2000貫目の俵物諸色による代物替を許すとともに，翌年から貿易利銀のうち長崎地下配分金７万両および落銀若干を除くすべて運上させることとし，奉行を４人に増した．元禄14年銅座を設けて輸出銅の確保をはかったが，ほどなく銅はもとより俵物諸色も不足して所定の取引は行われず，地下助成や抜荷などの問題が深刻化したので，新井白石を中心に対策をねり正徳５年(1715)いわゆる正徳長崎新例が発布された．その主眼は諸種代物替を廃して貞享の定高に戻し，唐船は30隻に減じて通商許可の信牌を給し，銅輸出高は元禄期の約半分の唐船300万斤，蘭船は２隻150万斤に限ることにあった．こうした貿易の衰退は奉行が正徳期に３人，２人に減ぜられ，長崎の人口が元禄９年の６万4523人をピークに，同16年５万0148人，正徳５年４万1553人と急激に減少したことからもうかがえる．

〔鎖国貿易の衰退〕正徳新例以降の長崎貿易には３つの特徴が指摘される．その１は定高貿易の衰退である．定高は享保元年(1716)に唐船銀8000貫目に増額され，同５年から実質はそのままで唐船新銀4000貫目，蘭船は新金２万5000両となったが，寛保２年(1742)末の「半減令」を経て，一時復調したが，最後の基本改正である寛政２年(1790，翌年から実施)の額は，唐船10隻・銀2740貫目・銅100万斤，蘭船１隻・銀700貫目・銅60万斤に低下し，その後は欧亜の国際的動乱のため，所定の隻数に達する年は希であった．こうした事情を反映して，人口は明和８年(1771)の２万9897人を2000人程度の幅で上下しながら幕末開港期に至る．しかし周知のように出島医師・商館長や唐船文人らとの直接交流と，輸入された典籍・器財などにより，長崎は日本の学術文化の各分野において先駆的役割を果たした．その２は，18世紀中期以降幕府は運上増徴のため，銅をベースとする定高取引以外に，俵物・昆布を主とする各種名目の取引を増し，定高貿易の衰退をかなり補ったことである．長崎奉行兼帯の勘定奉行により宝暦13年(1763)から外国金銀の逆輸入が始まり，このため天明５年(1785)俵物役所を設けて海産物を専売化した．その３は，19世紀にはいると対外緊張とともに，長崎会所の独占貿易と競合する国産の砂糖・反物・薬種の増加，薩摩藩の「琉球産物」なる中国産品の長崎売出しや，抜荷・不正物の流通が構造化して，鎖国体制は外圧のみならず内部からも崩壊していったことである．

〔開港後の動向〕安政６年(1859)の開港により長崎の貿易独占は崩れ，取引は急増したが首位は横浜に奪われた．関税率は鎖国期の10分の１内外に引き下げられたが，長崎会所は長崎港に特徴的な軍事物資・対清貿易と，銅・米穀などについては取引の独占を維持し

た．明治元年18藩の合議による長崎会議所，ついで長崎裁判所が治安維持にあたり，さらに長崎府，翌2年長崎県に属し，11年郡区町村編制法により長崎区となる．明治22年4月1日市制施行時の市域は，江戸時代の「市中」80町に，安政四年居留地設定のため古賀村と交換して天領化した旧大村領戸町村や，埋立地13町を加えたもので，面積約7km²，9230戸・5万4502人であった．大正9年(1920)までに旧「郷」域全体を編入し，その後も市域拡張を行なったが，昭和20年(1945)8月9日の原子爆弾投下により，死者7万3884人，重軽傷者7万4909人，被災者12万820人，被災戸数1万8409戸の惨害をこうむった．戦後数次の併合を経て，平成19年(2007)3月31日現在，面積406.36km²，人口45万2064人．→出島(でじま)

参考文献 『長崎県史』対外交渉編，『長崎市史年表』，中村質『近世長崎貿易史の研究』，太田勝也『鎖国時代長崎貿易史の研究』，同『長崎貿易』，同編『近世長崎・対外関係史料』　　　　　(中村　質)

007 長崎運上 ながさきうんじょう　江戸幕府が長崎貿易に課した雑税．ほか町人への酒運上・金線屋運上などもあるが僅少である．寛文4年(1664)からのオランダ船の金輸出に際し，相場は金1両が銀58匁余のところ68匁で両替させ，1両につき銀10目余の差益(出島間金)があった．これにより幕府は，市法商法期の13年間に計10万727両余を収公した．本格的な貿易運上は勘定奉行荻原重秀により元禄期から始まる．元禄8年(1696)江戸商人伏見屋四郎兵衛に貿易定高の枠外に銀1000貫目分の銅で代物替(物々交換)を許す条件として銀90貫目の運上を課した．その後代物替は銅で銀5000貫目分，俵物・諸色でも2000貫目分と増え，同12年から長崎貿易の全利銀のうち，長崎の経営費金11万両(「地下配分金七万両」ほか)を除くすべて収公することになったので，これらを経理する長崎会所の運上額は，同10年の3万5000両(銀で2100貫目余)，14年銀3097貫目余，15年3891貫目余(『長崎雑記』『崎陽紀事』)であった．その後はさらに増えたらしいが，正徳新例後は貿易縮減による収益減に伴い，幕府は運上額を享保8年(1723)毎年金5万両と定め，同16年には3万両，同18年には1万5000両宛に減じ，寛保2年(1742)には全免．逆に延享3年(1746)までに21万3500両余を貸し出し，海産物輸出貿易の振興をはかった．これにより，宝暦11年(1761)までに返済を完了し，翌年より運上として例格上納1万5000両宛，このほかその後は主に外国金銀輸入に伴う定高枠外の諸商法利銀を間欠的に，別段上納(明和7年(1770)より5000両宛)・別段増上納(安永5年(1776)より7000両宛)・臨時上納金(享和元年(1801)7000両ほか)・御用金(文化4年(1807)7万両ほか)・別船上納金(文化9年7000両ほか)・唐金銀上納(明和元年(1764)より出来高)の名目で上納し，嘉永5年(1852)までに計214万419両余を上納した．

参考文献 『長崎会所上納金一件』(長崎市立博物館所蔵)，『例格上納金其外口々上納金納高』(同)，『長崎県史』対外交渉編，山脇悌二郎『長崎の唐人貿易』(吉川弘文館『日本歴史叢書』6)，中村質「外国金銀の輸入と別段商法」『近世長崎貿易史の研究』所収)　　　　　　　　　　(中村　質)

008 長崎表廻銅定例 ながさきおもてまわりどうじょうれい　⇒正徳長崎新例(しょうとくながさきしんれい)

009 長崎会所 ながさきかいしょ　長崎の貿易・財政および運上に関する総勘定所．享保以降には貿易実務も管掌し，開港まで貿易を独占した．創設年次については，元禄10年(1697)説と翌11年説がある(前者は実質的機能の開始は11年としている)．場所は八百屋町の糸割符会所を浦五島町に移し，その跡におかれた．11年4月筆頭町年寄から「異国商売吟味定役幷ニ御運上銀納方役」となり，浅草蔵米80俵を給されることになった高木彦右衛門の下に，請払役12人と下役四十数人をおいて，定高銀9000貫目，銅代物替銀5000千貫目のほか，同年より認められた俵物・諸色による代物替銀2000貫目分の貿易会計を総轄し，利銀を長崎の「地下配分(じげはいぶん)」(地役人千数百人の役料給銀約3000貫目，箇所・竈銀，諸役所雑用，普請銀などの市政経費)，翌年用の銅買金(取引終了後に収公)，運上(主に代物替利銀)に大別される全出納を管掌することになった．翌12年勘定奉行荻原重秀が下向し，市政経費11万両以外はすべて運上することになり，その後運上額は時代とともに変化したが，会所の運営は一貫して幕府の保護と統制のもとにおかれた．すなわち幕府は貿易政策を決定付ける輸出銅・海産物の確保のために，3度にわたり銅座を設け，この間寛延3年(1750)には御用銅会所，天明5年(1785)には長崎俵物役所を設けて，長崎会所による専売制的集荷を行わせた．会所貿易の特質は，独占・金額制限(定高制)による高収益，求償，官営的性格にある．求償貿易とは，主として銅輸出貿易の差損を輸入貿易の利で補うものである．たとえば，会所が売り渡す銅価は享保6年(1722)以来幕末まで，100斤につき唐船には115匁，オランダ商館には60匁2分5厘と固定されていたが，会所が仕入れる国内市価は漸次騰貴したので，慢性的に赤字である．俵物・諸色も原則として固定価格で，かつ取引口によっては割引値段で輸出した．これら差損を「償銀」と称し，輸入差益で相殺した(天保10年(1839)には銅と俵物で銀734貫35匁)．輸入差益は主に次の方法で生じた．元禄期から正徳新例前までは，輸入価格は日本側商人の入札によって決められたが，会所は市況や財政需要をはかって一定比率の関税的な「掛り物」を上乗せして入札させた．その後は会所役人が評価し，外国側の納得を得て購入し(「値組商法」)，これを商人に入札させる．

長崎会所
（長崎会所広間での元値組みの光景）

正徳新例では輸入差益が総平均10割（12万両＝銀7700貫目）になるように値組みするとしたが，漸次比率を引き上げ，嘉永初年には19.2割を目途とした．このため機構，人員は拡大し，享保19年元方と払方の2部局制となり，大坂の銅座・御用銅会所・俵物役所，箱館の俵物役所にも請払役以下を常駐させ，嘉永6年（1853）には，調役2，目付2，取締役9，請払役38，役所番2，筆者75，金見2，銀見4，蔵番5，小役28，札読2，筆者手伝18，小使45，極印打2，日雇頭2，各種目利（書物・伽羅・鮫・端物・薬種荒物・油薬・糸・茶碗薬・漆・唐物・唐絵・玉・鹿皮・牛皮・塩硝）84，その他47，合計367人で地役人数の約20％を占めた．

参考文献　『長崎県史』史料編四・対外交渉編
（中村　質）

010 長崎会所五冊物 ながさきかいしょごさつもの　長崎会所の貿易収支の明細を5冊にまとめて説明したもの．後世の仮題を含め数種あり，各冊の標題や記述の体裁は全く同じであるが，数値などが若干異なり，制度改変に伴い順次補訂されたものらしい．成立年次は明記されず編者名もないが，内容から会所役人の実務書であることは明らかである．現在知られているものの記事の下限と所在は以下のとおり．『長崎会所秘書』（寛政10年（1798），東大史料編纂所），『長崎会所五冊物』（天保13年（1842），長崎市立博物館），『唐蘭通商取扱』（嘉永元年（1848），内閣文庫）．端本数種のうち長崎県立図書館本（第1・3・4冊）は安政元年（1854）を下限とする．第1冊は，年間唐船10艘・蘭船1艘との各種取引の銀高額，その利益と合計（貿易総収入），これから支出される輸出品代，滞在経費，長崎市政経費，運上などの総支出の概要で，本書の総論にあたる．上の4書によれば，銀約4000ないし5000貫目の取引により，その18.5割から21.1割の差益を得，これを市政経費などにあて，全収支はほぼ均衡がとれている．第2冊は唐方に限定し，定高口諸取引の収支明細や，銅・俵物・諸色などについて，正徳新例（正徳5年（1715））以来の変遷を略記し，第1冊には計上されない唐金銀を主とする定高「商売外」諸商法にもふれる．第3冊は，これを蘭方について記したもので，個人の「脇荷」，定高「商売外」の別段商法，江戸参府会計に特徴がある．第4・5冊は，唐蘭船の滞在中の諸経費，運上，諸役人の役料給銀，戸別配当，諸役所経費，寺社寄進銀などの支出明細．これにより，寛政以降の長崎会所の貿易と収支の制度的大要が理解される．しかし，第1冊の収支に計上されていない取引があり，年々の来航船数や積荷も，当時の国際情勢の変動により大きく変化したので，実績との乖離は否定できない．刊本としては長崎市立博物館所蔵のものが『長崎県史』史料編4に収められている．

参考文献　中村質「いわゆる『長崎会所五冊物』の諸本」（『近世長崎貿易史の研究』所収）
（中村　質）

011 長崎紀聞 ながさききぶん　長崎に関する図録を中心とする地誌．著者は田沢春房．2巻（2冊）．成立は文化4年（1807）または同5年とみられる．長崎の名勝や，付近の山水風景などを叙し，また各図につき簡単な説明を加えている．このうち，特に乾巻は主に出島のオランダ商館，およびオランダ人の生活状態を描き，坤巻は十善寺の唐館の状況を描いている．原本は濃麗の極彩色を施している．しかし複刻本（貴重図書影本刊行会編，昭和5年（1930），解説共3冊）は，一部のみを彩色したものとなっている．もと本書は「観覧図絵」との題のもとに，田沢春房によって著わされていたが，このうち唐・蘭館などの諸図を抜萃して浄写し，成立したものである．
（外山　幹夫）

012 長崎教会領 ながさききょうかいりょう　安土桃山時代，イエズス会領となった長崎の称．現在の長崎市のうち，江戸町・万才町・樺島町・興善町，その他中心部一帯に相当．天正8年4月27日（1580年6月9日），大村純忠がその領国内の長崎の地をイエズス会領としたことによって成立．日本巡察師アレキサンドロ＝ワリニァーノの書簡によれば，天正7年，来日間もないワリニァーノに純忠は長崎の譲渡を申し出た．その理由は，佐賀の竜造寺隆信の侵略防止，停泊税の収入確保，自身の避難所

の確保の3点であったという．これに対しワリニャーノは，知行地を得ることはイエズス会の基本方針に反する，教会領内の犯罪者に聖職者として死刑を宣告することは不可能，日本の地にイエズス会が領土的野心を有しているのではないかという疑惑を日本人に持たれる，との3つの理由から苦慮し，他の宣教師と1年近く協議して受け入れに決したとする．一方これに対し『長崎縁起略』『長崎志正編』などわが国側史料は，純忠と竜造寺隆信との合戦に際し，純忠の家臣長崎純景がイエズス会から軍資金を借りたが，返却できなかったため，ついに長崎の地をイエズス会に渡すことになったとして，その成立の契機にやや異なる記述をする．長崎純景の協力いかんはともかく，純忠が竜造寺氏との合戦に，イエズス会から借金したことは事実らしい．教会領化に際して純忠は，同地の田畑の所有権を永久に教会に譲渡し，教会はそこの役人の任免権を有し，その役人にこの地に対する司法・行政権を与えるとした．ただし，船舶の関税収入権のみは純忠のものとした．なお同時に茂木の地も教会に譲られた．住民の大半は西日本各地から亡命したキリシタンや，戦乱によって逃れてきた者であって定着率が高かった．その後天正16年5月18日豊臣秀吉の直轄地となり，イエズス会領に終止符が打たれた．

参考文献 ヴァリニャーノ『日本巡察記』（松田毅一他訳，『東洋文庫』229），古賀十二郎『長崎開港史』，高瀬弘一郎『キリシタン時代の研究』，松田毅一『大村純忠伝』，外山幹夫『大村純忠』，同『中世九州社会史の研究』，安野真幸「教会領寄進文書の研究」（『史学雑誌』85ノ1） 　　　　　　　（外山　幹夫）

013 長崎警衛記録 ながさきけいえいきろく　福岡藩士井上権一郎信元の勤番日記で，異国船渡来時における長崎港の警備の様子を記録したもの．大塚武松編．昭和7年（1932）刊．長崎港の警備は，最初，寛永18年（1641）に福岡藩にその命が下されたが，翌19年には佐賀藩にも同様の命が下されたので，以後，幕末の元治元年（1864）に廃止されるまで，この福岡藩と佐賀藩が1年交替でその警備を担当した．長崎港の警備は俗に千人番所と呼ばれた戸町・西泊の両番所と，港内外に築造された太田尾・女神・神崎・白崎・高鉾・長刀岩・蔭尾などの台場の守備がその主なものであったが，これに要する費用は莫大なもので，のちには両藩の財政を苦しめたといわれる．この記録には，弘化2年（1845）のイギリス測量船来航時の記録をはじめ，嘉永6年（1853）のロシア使節プチャーチン来航時の記録，さらには翌安政元年（1854）のオランダ東洋艦隊とイギリス東インド艦隊来航時の記録などが収録されており，幕末長崎の警備を知る上で格好のものである．『日本史籍協会叢書』所収．　　　　　　　　　　　　　　　（原田　博二）

014 長崎警備 ながさきけいび　鎖国後江戸幕府が，長崎の警護のために近隣諸藩に課した特殊な軍役．長崎警衛ともいう．一般には福岡・佐賀両藩が1年交代で港口の西泊・戸町の「沖両番所」を守備するのをいうが，広義には大村藩担当の不法外国人などの大村牢収監，異国船の航路にあたる大村・五島両藩の海上警備，主に熊本藩による長崎奉行御用船の提供，また異国船渡来など非常時における大村藩の長崎市中警備やその他諸藩兵の出動を含めていう．慶長19年（1614）幕府は長崎の教会破壊などに大村・島原・平戸の3藩兵を動員したが，鎖国の過程で唐船の来航地を長崎に限り，寛永16年（1639）ポルトガル船の渡来を禁じるとともに，西国大名へ沿岸警備と漂着船の長崎廻航を命じ，17年貿易継続願いに渡来したポルトガル使節以下を処刑した．18年2月福岡藩主に対し参勤を免じて長崎警備（大村・五島藩は自領海警備）を命じたが，これはポルトガル側の報復に備え，平戸オランダ商館の長崎移転に対処したものと解せられる．翌年佐賀藩がこれに代わり，以後両藩の隔年勤番となった．正保4年（1647）ポルトガルの使節船が再渡来し，長崎奉行は九州諸藩の約5万の兵員を動員し，「御名代」四国高松城主松平定行の指揮のもとに警戒にあたった．これを契機に西国諸藩36の長崎蔵屋敷ができ揃い，明暦元年（1655）に港口の内外に7ヵ所の台場が構築された．警備の両藩は，毎年4月に交替，9月半ばまでは約1000人（大番），その後一部撤兵を原則とし，主要火器の石火矢・大筒約50挺，弾・火薬は幕府が貸与した．しかし異国船やキリシタン潜入の危機感がうすれるのに伴い，寛文・元禄ごろから次第に形式化し，完全な形骸化を暴露したのが文化5年（1808）イギリス船フェートン号の入港事件である．これを機に新台場・増台場の設置など警備が強化されたが，欧米船の渡来が頻繁になるにつれ，警備費用が藩財政を圧迫した（ことに佐賀藩は自領である長崎港外の伊王島・四郎ヶ島に近代的な砲台を築き，自鋳の銃砲を配置）．開国後の長崎警備は，大村藩による外国人居留地を含む市中警護に力点がおかれ，元治元年（1864）沖両番所を廃し，福岡・佐賀藩は蔵屋敷を拠点に長崎港の治安維持にあたって維新をむかえた．

参考文献 『長崎警衛記録』（『日本史籍協会叢書』），『長崎県史』対外交渉編　　　　　（中村　質）

015 長崎古今集覧 ながさきここんしゅうらん　江戸時代後期に編纂された長崎の史書．松浦東渓（政之・陶）の編．14巻．成立は文化8年（1811）．唐人番を勤務した東渓が，郷土の歴史に深い関心をよせ，寛政元年（1789）38歳でその職を辞し，史料の収集・編纂に専念して，文化8年に脱稿．内容は長崎に関わる歴史的事件・名跡・対外関係など諸事にわたる項目を立て，それについて自己の見解で叙述するのではなく，収集した諸史料を引用，並列している．引用書は，『日本書紀』『続日本紀』などに始

まり，『華夷通商考』『長崎夜話草』『長崎志』『長崎実録』『長崎略縁起』『長崎記』など，近世長崎の代表的地誌を中心に用い，その数は四十数点にのぼる．東大史料編纂所・長崎県立長崎図書館・長崎歴史文化博物館などに写本が所蔵される．『海色』に巻之4までが翻刻されており，『長崎文献叢書』に長崎県立長崎図書館本を底本とする翻刻がある．　　　（太田　勝也）

016　長崎御用銅（ながさきごようどう）　江戸幕府が銅座や御用銅会所を設けて，長崎に廻着させた輸出用の銅．貿易の官営化を計った幕府は，元禄11年（1698）銅の年間輸出量を890万2000斤と定め（定高），その確保のため同14年大坂に銅座を設け，全国銅山の生産，大坂吹屋での精錬，地売銅を統制し，純度の高い棹銅にして長崎に積み下させた．しかし銅座が買入価格を低く抑え，資金不足や濫掘などのために目的を達せず，正徳2年（1712）にはこれを廃して，年500万斤の御用銅を大坂の泉屋（住友）以下17人の銅屋請負とした．正徳新例での定高は450万斤で，享保元年（1716）請負制を止め，幕府は吹減りを見込んで500万斤の荒銅を全国20の銅山に割り付けた．同6年長崎会所の唐船への売渡価格は100斤につき115匁，蘭船には61匁7分5厘と定め，これは幕末まで据置かれたので，以後国内価格との差額，つまり長崎会所の輸出差損は増大する一方で，指標商品である銅の確保のためさまざまな施策がなされた．元文3年（1738）再び銅座を設け，寛保3年（1743）船数・商額を減じて，廻銅高を200万斤としたがうまくゆかず，寛延3年（1750）銅座を廃して御用銅会所を大坂に設け，長崎会所の直買（310万斤）とした．明和3年（1766）これを廃して幕末までつづく第3次の銅座に改め，幕府の勘定役や長崎会所の役人を常駐させた．定高は秋田・盛岡・別子・立川銅234万斤から，天明6年（1786）290万5000斤に引き上げられたが，寛政6年（1794）185万斤となる．山元には即金の銅価のほか，次第に手当銀・増手当・普請手当・涌水手当を加算し，廻銅請負の船問屋には割増し運賃もつけたが定高の確保は困難で，輸出の主体は海産物に移った．開港後は赤字輸出制を廃し，文久2年（1862）93万斤に定高を減じたものの，依然長崎会所が輸出を独占した．

参考文献　『大意書』（『近世社会経済叢書』7）
（中村　質）

017　長崎根元記（ながさきこんげんき）　『長崎記』『長崎鏡』などと並ぶ近世長崎の一地誌．編者不詳．成立年も不詳であるが，記事中の最末年が元禄10年（1697）なので，このころをあまり下らない成立と思われる．昭和3年（1928）刊の『海表叢書』4に新村出の所蔵および同氏の解説で採録されている．B7判，116頁．同書の解説では，5冊7巻（巻3・巻4と巻6・巻7は各合冊になっているので，5巻としてもよい），「美濃紙の古き善写本」とある．内容は，巻1は主に長崎の名の由来，開基，町の規模や市制関係等の記事，巻2は鎖国に関わるような対外関係の記事，巻3・巻4は，主にオランダや糸割符関係など平戸や長崎における貿易関係の記事，巻5は漂流・漂着関係などの記事，巻6・巻7は，間金，五ヵ所商人，貨物市法関係の記事となっており，長崎の地誌の中にあっては，比較的早期の良質の記事を有している．　　　　　　　　　　（太田　勝也）

018　長崎志（ながさきし）　江戸時代に編纂された長崎の地誌．編者は田辺茂啓・小原克紹・野間寿恒・村岡重文ら．正編16巻・続編13巻よりなる．本書の成立はやや複雑である．まず正編は，田辺茂啓がおよそ30年の日子をかけて独力で宝暦10年（1760）『長崎実録大成』との題名をもって一応完成し，明和元年（1764）これを長崎奉行所に提出．ときの奉行菅沼定秀はこれを義挙として賞揚し，以後の時代についての執筆を勧めた．この勧めに応じて彼はその後明和4年分までを書き継ぎ，同年これを本文12巻・年表4巻としてまとめた．ときの長崎奉行石谷清昌は，これを『長崎志正編』と名付けた．茂啓が翌明和5年正月に没してより以降の分については，同じく長崎奉行の命により，小原克紹，ついで野間寿恒・村岡重文らが天保10年（1839）に至る間までを執筆し，同年これを本文10巻・年表3巻として完成させ，これを『長崎志続編』とした．正編は，「長崎開基之事」の項のもと，長崎の地名，在地領主長崎氏の出自と発展を述べ，元亀元年（1570）長崎が南蛮貿易港となり，翌2年町建てが行われて以降の長崎の行政を記すほか，寺社の建立，および南蛮・中国・オランダとの貿易について特に詳述する．さらに元亀元年から明和4年までの年表を付している．続編もまたほぼ正編の編纂方式を踏襲し，以後の歴代奉行，諸役所の増改設などを中心に行政，および寺社について触れ，さらに中国・オランダとの貿易のほか，ロシア船の来航，漂流人の送付などについて詳述する．総じて，寺社・対外関係に多くの紙数を割いているのが特徴である．『長崎志正編』は昭和3年（1928）に古賀十二郎校訂のもとに翻刻刊行．その後，正編・続編は，それぞれ昭和48年・同49年に，『長崎実録大成正編』『続長崎実録大成』の題名を付して，丹羽漢吉・森永種夫校訂のもとに，『長崎文献叢書』1集2・4として，長崎文献社より刊行された．　　　　　　　　（外山　幹夫）

019　長崎実録大成（ながさきじつろくたいせい）　⇒長崎志（ながさきし）

020　長崎代官（ながさきだいかん）　近世，長崎の筆頭地役人．豊臣秀吉は天正16年（1588）4月長崎を直轄領とし鍋島直茂を代官に命じた．直茂の長崎代官としての職務は物成などの収納・秀吉御用物の購入・長崎ならびに近隣地域の警備と海外貿易の取締りの3点であった．同19年直茂は毛利吉成とともにマカオからの来航船が長崎に入港するや秀吉の御用物印子の独占購入にあたったが失敗した．肥前名護屋に在陣中の秀吉を長崎町人の代表

として見舞った村山等安は，銀25貫を納入するという条件で長崎御免地以外の土地を預かりたいと願い出て許され長崎代官に就任した．この村山等安を初代の長崎代官とする説もある．等安は商人仲間の頭として生糸・印子・鉛・水銀・ルソンの壺の売買に手腕をふるい，諸大名や町人へ多くの貨幣を融通した．末次平蔵がその不正とキリシタン入信を幕府に訴えたため，元和5年(1619)江戸で斬罪となり，代わって末次平蔵が長崎代官に就任する．平蔵政直は浜田弥兵衛事件でオランダと対立したが，次代息子平蔵茂房はオランダ人の長崎貿易を側面から援助しオランダ商館の最大の取引相手ともなり，諸大名貿易にも多くの便宜をはかった．また常時長崎に滞在しない長崎奉行の補佐役として長崎の町の政治に大きな発言権を持った．慶安元年(1648)野母・高浜・川原の3村，寛文9年(1669)日見・古賀・茂木・樺島の4村が長崎代官に属した．延宝4年(1676)御禁制の投銀を行なったかどで末次平蔵茂朝は流罪となり，以後代官事務を町年寄が処理した．元文4年(1739)高木作右衛門長崎代官に就任．明和元年(1764)米方・寺社方事務長崎代官に属し文化2年(1805)抜荷取締も兼ねる．江戸時代後期には米100俵・受用銀45貫を受ける．御船頭2人，御武具御用物蔵預5人，御米蔵預12人のほか元締手代・手代・水主・御用物方・郷村庄屋・能太夫・能役者などが長崎代官に付属した．

[参考文献] 金井俊行編『増補長崎略史』上（『長崎叢書』3），J・L・アルバレス＝タラドゥリース「村山当安(一五六二—一六一九年)に関するヨーロッパの史料」(佐久間正訳，『日本歴史』235・245・256)，武野要子「藩政史料にみえる末次平蔵」(『福岡大学商学論叢』20ノ3) （武野 要子）

021 長崎通詞 ながさきつうじ ⇨オランダ通詞

022 長崎通詞由緒書 ながさきつうじゆいしょがき ⇨阿蘭陀通詞由緒書(オランダつうじゆいしょがき)

023 長崎唐館役所札 ながさきとうかんやくしょふだ 長崎で中国人を集住させた唐館に設けられた役所から，享保10年(1725)長崎奉行石河土佐守政郷在勤の時に出された銀札．唐館内の者および出入者の在留諸費用支払用として，唐館の乙名(おとな)などの役人が1ヵ月通用の期限付き銀札を出した．銀札の表面には「唐館通宝」という銭型や「銭五分」などという額が刷られ，裏面には「長崎唐館役所」と銘うたれている．この銀札を受け取った者は，正銀と引換え請求をしなければならなかったが，それによって毎月の銀札使用高を長崎会所に通知することができた．だが元文元年(1736)に銀札は止められ，正銭通用とされたが，翌2年再び札遣いとなった．その後も札と正銭の使用は幾度か通用の交替をしつつ幕末に至った．ただここで銀札と指称されているが，表面に銭型が刷られたり，銭でありながら銀貨の単位の「分」などが使われているので，今後銀札か銭札かの検討を必要とする．

[参考文献] 荒木豊三郎編『(増訂)日本古紙幣類鑑』，日本銀行調査局編『図録日本の貨幣』6，古賀十二郎「長崎唐館に於ける正銭及び銀札の使用」(『経済史研究』12ノ5) （藤本 隆士）

024 長崎派 ながさきは 江戸時代に唯一の開港地として，また地方都市としての長崎に，例外的に生まれた多様な画派の総称．中国・オランダの外来文化による新題材や新画風がまず長崎に移植され，この地でのそれらの展開は必ずしも充分ではなかったが，江戸時代後期の日本画壇に与えた刺戟として注目される．その諸派は6種に大別される．①黄檗派　禅宗黄檗派とともに中国から移入された，洋風の混入した陰影法をもつ頂相(ちんぞう)に特色がある．喜多元規ら．②漢画派　黄檗僧逸然(いつねん)に始まり，河村若芝や唐絵目利役渡辺秀石らによる北宗画．③南蘋派　享保16年(1731)渡来の沈南蘋(しんなんびん)に教えられた写実的花鳥画派．熊代繡江(熊斐)から宋紫石らを経て，江戸時代後期の写実的傾向を誘発させた．④南画派　伊孚九・江稼圃ら渡来文人に始まる．池大雅らの文人画派に影響を与えた．⑤洋風画派　オランダ画の影響で，18世紀末から油絵で外来モティーフを描く．若杉五十八・荒木如元や，シーボルトのために日本風俗を描いた川原慶賀ら．⑥長崎版画　中国・オランダなど異国的主題を特色とする．→南蘋派(なんぴんは) （坂本 満）

025 長崎ハルマ ながさきハルマ ⇨道富ハルマ(ドゥーフハルマ)

026 長崎奉行 ながさきぶぎょう 近世，肥前国長崎に設置された役職．起源は，天正16年(1588)4月2日付で，豊臣秀吉がポルトガル船の寄航地であった長崎支配のため，竜造寺政家の老臣鍋島直茂(信生)を代官として任用したことに始まる．慶長8年(1603)江戸幕府が成立すると，徳川家康は初代の奉行として三河時代の旧臣小笠原為宗(一庵)を派遣し，秀吉時代，大名預地的性格の濃厚であった長崎を幕府直轄地として掌握した．長崎奉行の職掌は，①将軍・幕府の需要品購買，②外国貿易の管理，③キリシタン禁制，④西国大名の動向監視，⑤長崎警備と西国沿岸の防備，⑥町方支配，⑦外国使臣に対する応接と風説書等による海外情報の収集などであった．これらのうち，外国貿易の管理は慶長9年以降，糸割符制度によって推進されたが，寛永の鎖国後，明暦元年(1655)相対貿易仕法，寛文12年(1672)市法貨物商法，貞享2年(1685)定高仕法，元禄10年(1697)長崎会所貿易と，貿易制度が変遷すると，奉行は各商法の円滑な運営につとめ，その統制にあたった．また，貞享2年以降生じた積戻船を中心として抜荷が激増すると，諸大名を督励して私貿易の取締にあたった．幕府は慶長17年以降キリスト教を禁止したが，旧イエズス会領であった長崎に対しては，同19年以降，長崎

奉行に命じて宣教師の国外追放と教会堂の破壊を断行するなど禁制を強化し，元和4年(1618)訴人褒賞制，寛永6年(1629)絵踏制施行などにより，同地に扶植されたキリスト教色を一掃した．さらに，寛永10年以降の鎖国令により長崎奉行には西国大名領に対する監察権が付与され，宣教師や信者の追捕にあたった．西国沿岸の防備について，幕府は寛永18年以降，福岡藩主黒田氏と佐賀藩主鍋島氏に対し隔年交替で長崎番を命じたほか，沿岸の諸大名にも異国船警備を目的とする番所などを設営させていたが，有事に際して長崎奉行は諸大名の動員と指揮にあたった．町方支配について，幕府は，当初，奉行が外国船の来航期に限り任地下向を例としたこともあって，市政に対する町年寄の裁許権を広範に認めていたが，正徳5年(1715)以降，地下人から提起された諸願・公事・訴訟はすべて奉行の所轄と定めた．江戸時代の長崎奉行は，仮役を含め総数126名を数える．定員は，当初1名であったが，寛永10年より2名とされ，貞享3年に3名，元禄12年に4名，正徳3年に3名，翌4年に2名と推移した．寛永15年以降，老中支配に属し，500〜1500石の役方出身の旗本が多く任用された．延享3年(1746)より長崎貿易監察のため，一時期，勝手方勘定奉行が兼任した．奉行には，寛永15年以降，下僚として与力5騎・同心20人が預けられ，1年交替で江戸と長崎とを往復した．町奉行所は，寛文11年以降，それまでの西役所に加えて立山役所(東屋敷)が設営された．元禄3年以降，格式は従五位下・芙蓉間詰・諸大夫席を定制とした．明治元年(1868)廃止．→付表〈長崎奉行一覧〉

参考文献　『通航一覧』4〜8，金井俊行編『増補長崎略史』(『長崎叢書』3・4)，『長崎県史』対外交渉編，長崎文献社編『長崎事典』歴史編，太田勝也『鎖国時代長崎貿易史の研究』，中村質『近世長崎貿易史の研究』，外山幹夫『長崎奉行』(『中公新書』905)，清水紘一「近世初頭長崎奉行の一考察」(『中央史学』1)，長崎県教育委員会編『長崎奉行所関係文書調査報告書』(『長崎県文化財調査報告書』131)，木崎弘美『長崎貿易と寛永鎖国』，清水紘一・柳田忠弘・木崎弘美『長崎御役所留』(『外政史研究』2〜6)，鈴木康子『長崎奉行の研究』，安高啓明「幕府評定所と長崎奉行の司法的概念」(『日本歴史』710)

（清水　紘一）

027 長崎聞見録 ながさきぶんけんろく　広川獬の著書で，寛政12年(1800)に刊行された(同9年自序)．別名『長崎見聞録』という．獬は京都の人で，通称は大内介，号は瑤池館・竜淵などで，花頂宮の侍医をつとめた．平賀源内・杉田玄白・佐藤中陵らと同じく，長崎の吉雄耕牛の門人の1人で，長崎に2度来遊，その滞在期間は前後足かけ6年にも及んだ．そして，その間，長崎の風俗・習慣や外国の文物に興味をもち，これらのことを紹介するために，この書を著述した．この書は巻之1から巻之5まで，5冊で構成され，全部で146項目について記述がなされているが，「刲竜(ばいろん)」「舟揚げ之図」「唐人幽霊の事」「唐人流くわんじょう」「唐人墓」「阿蘭陀人の墓」「水揚奇器」「すててきわあとる(硝酸)の事」など興味深いものが多い．『長崎文献叢書』1集5所収．獬の他の著作としては，文化2年(1805)刊の『蘭療薬解』や，同12年刊の『蘭例節用集』などがある．

参考文献　古賀十二郎『長崎洋学史』

（原田　博二）

028 長崎貿易銭 ながさきぼうえきせん　鎖国下，長崎において外商のために特鋳した銭貨．江戸幕府は政権確立のため鋳造貨幣の統一をはかり，さらに貿易利潤の独占をねらって鎖国を行い，中国とオランダのみに長崎を開港して事にあたらせた．ちょうどそのころ，中国では明から清への革命成就期であった．中国に門戸を開いていた長崎の港は，当然その国替りの影響をうけざるをえなかった．それは，アジアの貿易は中国の銭貨が主な流通手段であったからである．1659年明復興のために南京を攻撃した鄭成功が敗れ，明朝は62年に完全に滅亡した．これよりさき36年には，中国では後金が国号を「大清」と改めていたが，明が滅ぶや中国の支配権はおのずから清の手に入った．この間，復明抗清の運動が続けられた．運動家の1人，鄭成功は日本・ルソン・南方諸地域にひろがる海上貿易を営みながら，軍備資金の蓄積に奔走したのである．清は60年アモイを攻略したので，鄭はオランダ人を駆逐して台湾に根拠地を移し，貿易の拡大につとめた．このような情勢の変化は銅銭を主とする中国の内外通商圏を狭めたために，商人たちは日本に銅銭の供給を依頼するより手段がなかった．それに対応して鎖国下でありながら万治2年(1659)長崎に鋳銭局を置いて銅貨を鋳造することを幕府は許した．ただし「寛永通宝」の銘は使用することを禁じた．この銭貨需要に，さらに拍車をかけたのがオランダであった．清国と貿易しようとしても明清抗争で中国銭が不足して思うように行えないため，オランダもまた日本の貿易銭を求めざるをえなかったのである．しかし，貞享元年(1684)に至り，清の国内統一が完成すると，長崎貿易銭の役割は終った．主として宋銭の銘を多くとった元豊通宝・祥符元宝・天聖元宝・嘉祐通宝・熈寧元宝・紹聖元宝・治平元宝などの諸銭が万治2年から貞享2年までの26年間鋳造された．鋳造高は明らかでない．中国の銭貨がアジアで重要な意味をもつ証左であろう．

参考文献　大蔵省編『大日本貨幣史』6，日本銀行調査局編『図録日本の貨幣』4，津田繁二「長崎の各銭座」(『長崎談叢』3)

（藤本　隆士）

029 長崎町年寄 ながさきまちどしより　自治制をしいた江戸時代の長崎

の指導的町人．天正15年(1587)高木勘右衛門・高島良悦・後藤宗太郎・町田宗賀が長崎頭人となり文禄元年(1592)町年寄と改称された．その後町田家断絶し高木彦右衛門が町年寄となったが元禄10年(1697)外町常行司薬師寺又三郎と交替．同12年外町常行司福田伝次兵衛・久松善兵衛が町年寄となり都合6人制となる．享保18年(1733)高島作兵衛，宝暦5年(1755)福田十郎右衛門がそれぞれ一代町年寄に就任．明和5年(1768)福田十郎右衛門，同7年久松土岐太郎，文化5年(1808)高島作兵衛がそれぞれ町年寄世襲となる．同7年町年寄末席久松喜兵衛一代町年寄に進み文政5年(1822)世襲となる．このように幾多の変遷を経て天保年間(1830〜44)には高島両家・高木・後藤・薬師寺・福田両家・久松両家の9人に決まる．しかし福田源四郎・高島四郎太夫はのち，ともに放役となり両家の子孫が町年寄見習を命じられたが江戸時代を通じて旧格に復することはなかった．町年寄本来の職務は長崎奉行を補佐し他の地役人を監督し町の事務を処理することであった．兼役として長崎会所調役をつとめた．加役としてこのほか普請方・館内遺用方・人参方・旅人方・銅方・船改方などがあった．役料は家格によって違ったが高70俵5人扶持，受用銀20貫目が最も高かった．長崎会所調役を勤める場合は別に5人扶持，年番にあたった場合は受用銀25貫目，添年番にあたる場合は受用銀10貫目が支給された．町年寄の1人は毎年年頭に幕府に出仕して白書院で将軍にまみえ時服白銀を賜わる特典にあずかった．享和2年(1802)より一般帯刀を許された．慶応3年(1867)7月長崎地役人の改正があり長崎町年寄は長崎奉行支配調役並に任ぜられ切米100俵を給せられた．

参考文献 『長崎町年寄発端幷先祖代々相勤候由緒書控』，『安永四年年寄共勤方書』　(武要子)

030 長崎土産（ながさきみやげ）　長崎に関する図録を中心とする地誌．磯野信春が絵とともに著わした．1巻(1冊)．弘化4年(1847)成立．描かれたものとしては諏訪神社・眼鏡橋などの名勝や，オランダ正月などの風俗もあるが，多くは唐館・蘭館・唐寺・唐船・蘭船などの唐・蘭関係のもので占められている．長崎の大和屋由平が刊行．のち『海表叢書』6，『南蛮紅毛史料』2などに収録．　(外山 幹夫)

031 長崎名勝図絵（ながさきめいしょうずえ）　鎖国時代の長崎観光案内書として著名なもの．文化・文政期長崎奉行であった筒井和泉守政憲の発意によって当時長崎聖堂の助教で儒学者の饒田喩義の編述に成るもの．彼は文を野口文竜に，挿図を打橋竹雲にと2人の協力を得て完成した．6巻17冊．その時期はおそらく文政年間(1818〜30)の初期であったと推定されているが，刊行されることなく，稿本のままであった．明治に入り，長崎市役所の所蔵するところとなったが，ようやく昭和6年(1931)に至り，丹羽漢山の校訂によって長崎史談会から公刊された．昭和49年『長崎文献叢書』の中の1冊として再刊されたが，これは訳注本である．また『日本名所風俗図会』15にも収める．なお本書ときわめて密接な関係にあるものとして同じく稿本として長崎市立博物館に架蔵されていた『長崎古今集覧名勝図絵』が昭和50年はじめて刊行された．これは松浦東渓の編述した『長崎古今集覧』の文章に応ずるものとして石崎融思の画いたもので，双方相まって「長崎名所図絵」というべきであろう．　(箭内 健次)

032 長崎夜話草（ながさきやわぐさ）　江戸時代中期に著わされた，長崎や異国に関する諸事を記した近世長崎の代表的な書物の1つ．著者は西川忠英(如見)とされるが，後叙に，天文・暦学に長じ8代将軍徳川吉宗に仕えた子の忠次郎(正休)が，父忠英が京師の書林の要求に応じて語った話を筆記し，編じたものであることが記されている．5巻．享保5年(1720)刊．内容は1巻から3巻までが長崎ゆかりの故事および黒船入津・有馬氏黒船焼討・邪宗門制禁・紅毛船初来・異国渡海禁止・ジャガタラ文・エゲレス船初来・唐船初来など，総じて長崎の開港から江戸時代初期に至る外交事情に関する記事より成り，4巻は長崎の孝子・忠夫・貞婦・直民・義夫・烈女の記事，5巻は付録として，唐様画師・眼鏡細工・硝子など長崎土産の記事となっている．『岩波文庫』，『長崎叢書』1，『西川如見遺書』6(西川忠亮編)などに収められている．　(太田 勝也)

033 長崎蘭館長蘭通詞一覧（ながさきらんかんちょうらんつうじいちらん）　⇒奉行蘭館長蘭通詞控(ぶぎょうらんかんちょうらんつうじひかえ)

034 長崎略記（ながさきりゃっき）　長崎に関する地誌．著者未詳．1巻．成立時未詳．ただし，記述に江戸時代延宝の年号がみられるところより，これ以後の成立と推定．内容は長崎の歴史を叙述する．まず長崎の地名の考証より書き起し，叙述の大半を江戸時代の長崎の政治・文化などに費やしている．県立長崎図書館に写本が2部(ただしともに端本)ある．　(外山 幹夫)

035 中津辞書（なかつじしょ）　⇒中津版オランダ辞書(なかつばんオランダじしょ)

036 中津版オランダ辞書（なかつばんオランダじしょ）　中津版オランダ辞書として知られているのは『蘭語訳撰』である．文化7年(1810)に江戸で出版された日蘭対訳辞書で，原語の書名をNieuw Versameld Japans en Hollandsch Woordenboek(新集日蘭辞典)という．豊前中津藩主奥平昌高により刊行されたので，通称を『中津辞書』という．『蘭語訳撰』という書名は，その凡例に「姑(しばら)クコレヲ題シテ蘭語訳撰トイフ」とあるのによる．刊本としては2巻2冊・5巻5冊・5巻1冊などの形のものが見られる．巻頭にある馬場佐十郎(貞由)のオランダ語の序文によると，馬場佐十郎の草稿を中津藩士神谷弘孝が写し，それにもとづいて藩主奥平昌高が

みずから編集したものという．蘭文の序文の次に奥平昌高による邦文の序文がある．本文はいろは順であるが，いろは等の各類は天文・地理・時令・数量・宮室・人品・家倫・官職・身体・神仏・器用・衣服・飲食・文書・銭穀・采色・人事・動物・植物の諸門に分け，日本語に対してオランダ語の訳語を示している．収録された語句の数は7072で，江戸時代に成立した日蘭対訳辞書としては最も充実した内容のものとなっている．中津版オランダ辞書には，もう1つ『バスタールト辞書』がある．これはABC順蘭日対訳辞書で，オランダ語における外来語の辞典である．文政5年(1822)に中津藩からやはり江戸で刊行された．本書は，1698年アムステルダム版のL. Meijersによる Woordenschat という辞書(全3巻)の第1巻 Bastaardt-Woorden をもとにして編集したもの(bastaardt-woordenは外来語)．2巻2冊であるが，『蘭語訳撰』ほどには利用されなかったらしい．

参考文献　鈴木博解題・索引『蘭語訳撰』，辛島詢士「『中津辞書』の穿鑿」(『ビブリア』44)
（松村　明）

037　中臣烏賊津使主　なかとみのいかつおみ　大和時代の廷臣で中臣氏の祖先とされる伝説上の人物．烏賊津連・伊賀都臣・伊賀津臣・雷大臣とも書かれる．『日本書紀』仲哀紀・神功紀には仲哀天皇が筑紫の橿日(かしひ)宮で急死したとき，烏賊津連は四大夫の1人として神功皇后を守護し，皇后のために審神者(さにわ)となって，新羅征討の神教を下した神の名を聞き出したとあり，『尊卑分脈』には雷大臣は仲哀天皇のときに大兆の道を習い，亀卜の道に達し，卜部の姓を賜ったとあり，『続日本紀』天応元年(781)7月癸酉条の右京人栗原勝子公の上申には，伊賀都臣が神功朝に百済に使して彼土の女に生ませた2子がわが国に帰化して，美濃国不破郡の栗原勝一族の祖となったとあり，『日本書紀』允恭紀7年12月朔条には，天皇が一舎人の中臣烏賊津使主を近江の坂田に遣わして弟姫(衣通郎姫)を召したとある．
（関　晃）

038　中臣勝海　なかとみのかつみ　6世紀後半の廷臣．『日本書紀』によれば，敏達天皇14年大臣蘇我馬子が前年に百済から伝来した仏像を崇敬して，石川の宅に仏殿を造り，大野丘の北に塔を建てて大いに仏事を行なったのに対して，中臣勝海大夫は大連物部守屋とともに，疫病の流行を理由にそれらの仏殿・塔・仏像を破却し，善信尼以下の尼らを捕えて笞うった．その後用明天皇2年4月に守屋と勝海は，天皇が病を得て看護のために豊国法師を内裏に引き入れるのを阻止しようとしてから，馬子と決定的に対立し，同月勝海はその家に衆を集めて守屋を助けようとしたが，その抗争の中で舎人迹見赤檮(とみのいちい)に斬り殺されたという．勝海は祭祀専門職の中臣氏の中心人物として排仏に努めたとみ

られるが，『中臣氏系図』所引の『大中臣本系帳』にも『尊卑分脈』にもその名が全くみえない．
（関　晃）

039　中大兄皇子　なかのおおえのおうじ　⇒天智天皇(てんじてんのう)

040　中野彦兵衛　なかのひこべえ　生没年不詳　江戸時代前期の商人．島井・大賀両家と並ぶ博多の豪商で，もと末次と称したが，長崎代官末次平蔵の姪を娶り，大賀氏とともに草創期糸割符の配分に与り輸入生糸を取り扱った．そのうえ島井家や堺の具足屋とともに朱印船に貿易資金を貸し付けた．当時これを投銀と称したが，同家にはその証文が15通残存し，元和2年(1616)から寛永15年(1638)に及び，その投資先は西類子(ルイス)，舟本弥七郎，平野藤次郎などの有力な朱印船に及び，ほかに中国ジャンク船や澳門(マカオ)のポルトガル船もあって，投資額は，小は500目から大は5万両に上るものもあった．

参考文献　川島元次郎『朱印船貿易史』，武野要子『藩貿易史の研究』，中村質「対外投資の変化」(『近世長崎貿易史の研究』所収)
（岩生　成一）

041　中浜万次郎　なかはままんじろう　1828～98　江戸時代後期の漂流民，幕臣，英学者．ジョン万次郎とも称す．文政11年(1828，あるいは文政10年)土佐国幡多郡中ノ浜(高知県土佐清水市中浜)の漁師悦助の次男に生まれる．天保12年(1841)正月5日西浜の伝蔵ら4人と近海の漁に出て暴風のため太平洋上を漂流，13日鳥島に漂着，半年後アメリカ捕鯨船ジョン=ハウランド号に救われ，ハワイで4人と別れ，船長ホイットフィールドと東海岸ニュー=ベッドフォードに上陸，フェアヘイブンでジョン=マン John Munn の名で小学教育を終えた．水夫・鉱夫として金を貯え，ハワイに戻って伝蔵父子と帰国準備をし，嘉永3年(1850)末アメリカ船サラボイド号に便乗して沖縄沖で翌年正月かねて購入してあった小艇で琉球摩文仁(まぶに)間切に上陸，8月鹿児島に送られ，9月長崎で訊問を受け，5年6月土佐藩に引き渡され，10月中ノ浜に帰った．この年土佐藩は中浜の姓を与え，教授館下遣に取り立て，坂本竜馬・岩崎弥太郎らがその英学を学んだ．ペリー艦隊渡来の年，嘉永6年11月，幕府に召され，普請役格20俵2人扶持で韮山代官江川英竜の手付となり，安政4年(1857)江戸軍艦操練所ができるとその教授方となり，同6年『英米対話捷径』を刊行，翌万延元年(1860)咸臨丸の通弁主任として遣米使節の護衛にあたった．文久元年(1861)末咸臨丸で小笠原島を視察，その日本領土であることを在住外国人に諭し，のち一番丸船長として小笠原島付近で捕鯨に従事した．元治元年(1864)薩摩藩開成所で，慶応2年(1866)土佐藩開成館で新知100石を給せられて英学を講じた．明治2年(1869)新政府の徴士として開成学校中博士となり，同3年渡欧の途次病を得て米国経由で帰国，以後療養生活を送り，明治

31年11月12日東京京橋弓町で没した．71歳．当初，谷中の仏心寺に葬り，のち墓を豊島区の雑司ヶ谷墓地に移した．

[参考文献] 中浜東一郎『中浜万次郎伝』，文倉平次郎『幕末軍艦咸臨丸』，井伏鱒二『ジョン万次郎漂流記』，川澄哲夫編『中浜万次郎集成』

（金井　圓）

042 長岑諸近 ながみねのもろちか　生没年不詳　平安時代中期の官人．対馬判官代であった寛仁3年(1019)3月，刀伊に襲われ，母や妻子らとともに捕えられたが，のち1人で脱出．高麗方面へ去った賊を求めて単身高麗に向かう．そこでは高麗軍が賊を迎え撃ち，多数の日本人捕虜を救出したが，諸近の家族は殺されていたことを知らされた．そこで諸近は帰国の途につくが，そもそも無断で高麗（海外）に渡ることは「渡海の制」に違犯する行為であるので，自分の行動の正当性を証言してもらうため，救出日本人捕虜のうち，内蔵石女ら10名を連れ帰った．帰国後大宰府で尋問を受け，詳しい供述をしている．大宰府はこれを解状にしたため，7月13日付けで太政官に送っている（『小右記』同年8月3日条紙背）．諸近のその後の消息は不明．　→内蔵石女（くらのいわめ）　→刀伊（とい）　→渡海の制（とかいのせい）

[参考文献] 榎本淳一「律令国家の対外方針と「渡海制」」（『唐王朝と古代日本』所収），山内晋次「古代における渡海禁制の再検討」（『待兼山論叢』22），稲川やよい「「渡海制」と「唐物使」の検討」（『史論』44）

（石井　正敏）

043 中村蘭林 なかむららんりん　1697〜1761　江戸時代中期の儒者．姓は藤原，名は明遠，字（あざな）は子晦，通称深蔵．蘭林・盈進斎と号した．元禄10年(1697)江戸に生まれる．父玄悦は幕府の医官で，蘭林もはじめ玄春と称し幕医であったが，延享4年(1747)西丸奥医から奥儒者に転じて深蔵と改め，将軍徳川家重に近侍した．室鳩巣門下の朱子学派であるが，朱子学墨守の立場をとらず，考証を重んじ，古書はその時代の言辞で解すべきだとの古学に近い主張をした．寛延元年(1748)朝鮮通信使と筆談，朱子学について議論し，伊藤仁斎のために誤れるか，と批判されたと伝える．宝暦11年(1761) 9月3日没．65歳．江戸谷中の玉林寺に葬る．遺命して蔵書49部を足利学校に寄付した．著書は『学山録』『講習余筆』『閑窓雑録』『読易要領』『読詩要領』など約30種．

[参考文献] 原念斎『先哲叢談』7，井上哲次郎『日本朱子学派之哲学』，斎藤悳太郎『近世儒林編年志』

（衣笠　安喜）

044 中山作三郎 なかやまさくぶろう　1785〜1844　江戸時代後期のオランダ通詞．諱は武徳，字（あざな）は知雄，俗称得十郎．天明5年(1785)長崎諏訪町のオランダ通詞の家に生まれる．寛政10年(1798)にオランダ稽古通詞となりオランダ小通詞助役へ昇進しのちオランダ大通詞となる．オランダ商館長ドゥーフの指導により蘭和対訳辞書の編纂が始まると御用和蘭辞書翻訳認方掛に任命され，オランダ通詞仲間の中心になってその編纂に携わった．いわゆる『ドゥーフハルマ』はドゥーフ帰国後も幕命により編纂が続けられ，天保4年(1833)完成した．長崎歴史文化博物館には中山作三郎自筆の『ドゥーフハルマ』25冊，別本8冊が架蔵されている．作三郎は文化5年(1808)2月オランダ大通詞石橋助左衛門らとともにオランダ人よりフランス語を習ったが，これは日本人によるフランス語修得の嚆矢といわれる．またシーボルトに鳴滝の別宅を提供し鳴滝塾の基をつくった．弘化元年(1844)8月12日没．60歳．　→道富ハルマ（ドゥーフハルマ）

[参考文献] 長崎市役所編『増補長崎略史』上（『長崎叢書』3）

（武野　要子）

045 仲村渠致元 なかんだかりちげん　1696〜1754　近世琉球の陶工．1696年(元禄9)8月19日（月日は清暦）父仲村渠筑登之親雲上・母泉崎村無系城間筑登之親雲上の娘真牛の長男として泉崎村（那覇市）に生まれる．童名は真浦戸，唐名は用啓基．1724年(享保9)憲令を受けて八重山へ渡り，陶法を伝えた．さらに30年陶技を学ぶため薩摩へ赴き，星山仲次の嫡子弥右衛門や林新衛門らより陶法を伝授される．帰国後，古波蔵村（那覇市）にみずから窯を造り，薩摩への献上品である多葉粉盆・火取・灰吹などを製作する．52年(宝暦2)には，これらの功により新家譜を賜わり士籍に陞せられる．家系は5代続いた陶業者であった．1754年6月18日（月日は清暦）没す．享年59．号成功．

[参考文献] 真境名安興『沖縄一千年史』，『新参用姓家譜』（『美術研究』52）

（島尻　克美）

046 投銀 なげがね　近世初期に外国貿易に行われた貸付金．拋銀とも書き，投機的な性格を持つ．すなわちこの資金を借り入れた船の航海が完了した時，借り手は元利とも返済するが，船が難破した時にはこれを返済する義務がなかったからである．その証文の原文書，およびそれを引用した文献など，40点近くの記録が残されている．和文・漢文の証文の包紙に「海上也」とあることから，海上銀とも呼ばれる．貸主は博多・堺・京都・長崎の豪商，町年寄，糸割符商人のほか，宣教師の記録によれば，大名，日本在住ポルトガル人などである．借り手は日本の朱印船貿易家，日本在住の華僑・中国人・ポルトガル商人，日本イエズス会などである．貸付額は銀75貫目から100匁までさまざまで，大商人が危険を避けるため小口に分けて分散投資した場合もあり，小商人も参加していた．利率は1航海につき中国船が9割から3割5分，朱印船が5割から3割5分，ポルトガル船が4割8分から2割5分で，船の出帆が延期された場合は「かこい」と称する1割の割増金を

支払った．これらの利率は，借り手と船に対する信用度，貸付期間，当事者間の取引関係などにより上下した．ポルトガル船の場合，途中に待ち受けるオランダ艦隊の危険の度合により利率が大きく変動した．またイエズス会に対しては，利率4割だったが，澳門(マカオ)のポルトガル商人に対しては，平均2割9分だった．投銀は慶長年間(1596～1615)に始まり，最も盛んに行われたのは，元和・寛永年間(1615～44)である．投銀をポルトガル語でレスポンデンシアといい，1630年代に澳門のポルトガル人は日本に20～40万クルザド(1クルザドはほぼ1テールにあたる)の負債があった．ゴアのインド副王は，たびたび日本人のレスポンデンシアを禁じる法令を出している．中国人の場合は，船宿が投銀を斡旋した．そして鎖国体制完成以後も，寛文年間(1661～73)まで投銀が行われた．この場合貸主と借り手との共同企業的性格を持ち，初期のポルトガル人の投銀とはその性格が変わって来た．

参考文献　山脇悌二郎『近世日中貿易史の研究』，中村質『近世長崎貿易史の研究』，高瀬弘一郎「日本イエズス会の財政と投銀」(『史学』43ノ1・2合併号)　　　　　　　　　　　　　(永積　洋子)

047　難波大郡　なにわのおおごおり　『日本書紀』には欽明天皇22年是歳条に，新羅は「復(ま)た奴氏大舎を遣はし，前の調賦を献(たてまつ)る，難波大郡に諸蕃を次序(つい)する時，掌客額田部連・葛城直等，百済の下に列して引き導く，大舎怒りて還る」(原漢文)とあるのを初見として推古天皇16年(608)9月乙亥条，舒明天皇2年(630)是歳条，白雉2年(651)12月晦日条に記事がみえる．難波大郡に関連するものとして，難波小郡(おごおり)3例，難波郡3例の記事があり，筑紫にも大郡・小郡があったことがみえる．従来大郡・小郡は律令制下の東生郡・西成郡に相当する行政区画や地域名称として理解されてきたが，現在では先に挙げた史料の内容からみて，難波大郡は外国の使節を饗応したり，また使節のもたらした貢献物を検校したりする外交用庁舎を指し，難波小郡は主として西国地方に巡遣された使者や国司が命令を受領し，また報告・復命のために参集する内政用庁舎であると考えられている．難波郡については，難波大郡の略称とする考えと，国家的直轄地として6世紀中葉以降に成立した難波郡がのちに外交的儀礼の場としての大郡と，西国に対する行政的支配の場としての小郡に分立したと解する意見がある．なお，大化元年(645)12月の難波遷都後に孝徳天皇が巡居した宮室の中に小郡宮(大化3年是歳条)，大郡宮(白雉3年正月条)があるが，既設の難波小郡・大郡の庁舎を改修して宮室としたものであろう．→大郡宮(おおごおりのみや)

参考文献　吉田晶『古代の難波』(『歴史新書』37)，直木孝次郎「孝徳朝の難波宮―小郡宮を中心に―」

(『難波宮と難波津の研究』所収)，鎌田元一「評制施行の歴史的前提―いわゆる大化前代の「コホリ」について―」(『律令公民制の研究』所収)
(中尾　芳治)

048　難波男人書　なにわのおひとのしょ　難波吉士(きし)男人の記録．斉明天皇5年(659)に派遣された遣唐使坂合部石布に随行した男人の入唐記録で，『日本書紀』斉明天皇5年7月戊寅(3日)条の分注に『伊吉博徳書(いきのはかとこのしょ)』につづいて引かれている．本書によると，大唐に行った大使は島に触れて転覆し，副使は唐天子高宗に謁して蝦夷をみせ，この蝦夷が白鹿皮1，弓3，箭80を天子に献上したとある．
(酒寄　雅志)

049　奴国　なこく　『魏志』倭人伝などにみえる古代国郡制施行以前，現在の福岡県福岡市・春日市付近にあった国．『後漢書』倭伝に「建武中元二年(57)，倭の奴国奉貢朝賀す，使人みづから大夫と称す，倭国の極南界なり，光武賜ふに印綬を以てす」とみえ，この印は天明4年(1784)に博多湾頭の志賀島で発見された「漢委奴国王」という印文のいわゆる金印とされる．『魏志』には伊都国(福岡県糸島郡)から「東南奴国に至るに百里，官を兕馬觚(しまこ)といひ，副を卑奴母離(ひなもり)といふ，二万余戸あり」とみえ，邪馬台国の7万戸，投馬国の5万戸につぐ規模であった．国史では儺県や那津など「ナ」を語幹とする地名としてみえ，やがて筑前国那珂郡となる．福岡市板付や春日市須玖岡本などの遺跡は当国に密接な関係を有し，特に後者の甕棺墓からは当国の王墓に比定されるにふさわしい副葬品が発見されている．

参考文献　三品彰英『邪馬台国研究総覧』
(倉住　靖彦)

050　那津　なの　⇒博多(はかた)

051　那覇　なは　沖縄県沖縄本島西南部，東シナ海に面する市．県庁所在地．那覇の語はナバ(漁場)に由来し，さらにオキナハにまで発展したという伊波普猷(いはふゆう)の説が一般に行われている．古くは，「うきしま」とよばれ，船着場を中心として多くの小島が集まっていたといわれる．冊封使が来琉して首里に上る時，那覇―首里間は船橋を架けて通行していたが，15世紀に国相懐機が長虹堤を築造して，陸路，那覇から首里に往来できるようにした．これ以後，那覇には渡地(わたんじ)・若狭町・仲島・辻・泉崎などの聚落が発達した．15～16世紀，琉球は日本・朝鮮・明，東南アジアの国々と盛んに往来交易したが，那覇がその拠点であり，それらの国々の船が頻繁に往来した．「おもろ」でも，「うきしまはげらえて，たうなばんよりやうなはどまり」とうたわれている．港の出入を管する財務官の御物城も設置された．16世紀には，港の入口の南北である「やらざもり」と三重城(みえぐすく)とに砲台が設けられて防備の役をになった．そのころは琉球の大貿

易時代とよばれ，首里城正殿にかけられた梵鐘には「万国津梁の鐘銘」とよばれる銘が刻されている．これは当時の琉球人の海洋思想を示すものである．1609年(慶長14)，薩摩支配により，中国以外の地に貿易船を出すことを禁ぜられたが，明治12年(1879)の廃藩置県後も港の重要性に変りはなかった．明治41年には近代的な港湾にするために築港が始められ，大正15年(1926)に竣工した．明治29年4月1日，沖縄県に2区5郡制が施行され，那覇区となった．大正10年には人口も6万3000人となっていて，同年5月20日那覇区と首里区に市制が施行された．第2次世界大戦により那覇は灰燼に帰したが，戦後，住民を元居住地に復帰させ行政機構を整備する必要から，市長には旧市長が任命された．昭和25年(1950)大都市計画が立案され，29年首里市と小禄(おろく)村を合併，32年真和志市を合併して大那覇市となった．面積39.23km^2，人口31万2938人(平成19年(2007)3月31日現在)．　→首里(しゅり)

[参考文献]　『那覇市史』　　　　　　　　　（島尻勝太郎）

052　ナバレテ　F. Alonzo de Navarrete　1571〜1617
江戸時代前期，日本布教に従事したスペイン人宣教師，ドミニコ会司祭，同会日本管区総代(管区長)，神学者．1571年スペインのカラオラ司教区ログロニョ Logroño に生まれる．サラマンカ大学に学び，バリャドリでドミニコ会のサン＝パブロ修道院に入り，4年後フィリピンに派遣された．カガヤン地区の同会ヌエバ＝セゴビア管区で原住民の布教に従ったが，病弱のため，1602年，本国帰還を余儀なくされた．彼はこれを潔しとせず，職務に戻ることを願い，ついに同会総長の許可を得て，新たに30名のドミニコ会士を伴いフィリピンに帰任した．慶長16年(1611)，フィリピンのドミニコ会管区長は彼を遣外管区総代として日本に派遣した．日本では彼の渡来の翌年(慶長17年)，江戸幕府は天領に禁教政策を実施し，布教は次第に困難な情勢となった．同18年12月23日(1614年2月1日)の全国的な宣教師追放令発布に際して，彼は潜伏して迫害の強化されるなかで布教に従事したが，とりわけ，肥前国大村地方において，彼はアウグスチノ会パードレ，エルナンド＝デ＝サン＝ホセ P. Hernando de San Jose およびフランシスコ会パードレ，アポロナリオ＝フランコ P. Apollonario Franco とともに慈善事業を推進して貧民や捨児の救済にあたり，また信徒の講を組織して迫害下の信徒の信仰維持と強化をはかった．しかるに，大村喜前(よしあき)が棄教して迫害を強化したため，これを諫止せんとして，エルナンドとともに公然と法衣をまとい，大村領に入り布教を行い，喜前に諫状を送ったが，ともに捕えられて元和3年4月27日(1617年6月1日)，大村湾高島において斬首され，殉教した．

[参考文献]　Léon Pagés：L'Histoire de la Religion Chrétienne au Japon. レオン＝パジェス『日本切支丹宗門史』(吉田小五郎訳，『岩波文庫』)
　　　　　　　　　　　　　　　　　　　（加藤　榮一）

053　ナバレテ　Luis Fajardo Navarrete　?〜1597
16世紀末，豊臣政権とマニラのスペイン政庁との間で生じた外交上の紛争事件の処理をめぐり，マニラ政庁から日本に派遣された使節．文禄2年(1593)にマニラ政庁の使節として日本に派遣されたフランシスコ会士ペドロ＝バプチスタ P. F. Pedro Baptista, OFM. らは，慶長元年(1596)，サン＝フェリペ号事件に累連して，逮捕処刑され，いわゆる二十六聖人殉教事件を惹き起した．この事件の報は慶長元年12月(1597年2月)にマニラに達し，フィリピン総督フランシスコ＝テリョ＝デ＝グスマン Francisco Tello de Guzman は，この両事件に抗議し，サン＝フェリペ号没収品ならびに大使バプチスタら殉教者の遺物の返還を要求するため慶長2年7月(1597年8月)，ナバレテを正使，ディエゴ＝デ＝ソウザ Diego de Sousa を副使とする使節を日本に派遣した．交渉の結果，日本側からの謝罪は得られなかったが，サン＝フェリペ号乗組員の放免と殉教者遺物の引渡しには成功した．しかるに，ナバレテは同年10月21日，日本で病死し，ソウザが遺物を携えて帰国した．　→サン＝フェリペ号事件

[参考文献]　『長崎市史』通交貿易編西洋諸国部
　　　　　　　　　　　　　　　　　　　（加藤　榮一）

054　鍋島勝茂　なべしまかつしげ　1580〜1657
江戸時代前期の肥前国佐賀藩主．幼名は伊勢松，通称は伊平太，諱は清茂・勝茂，受領名は信濃守．直茂の長男．母は石井忠常の女．天正8年(1580)10月28日，肥前佐賀に生まれる．はじめ竜造寺隆信の次男江上家種(肥前国神埼郡城原)の養子となり，のち蓮池城に移った．文禄の役では，家種・勝茂が率いる城原衆・蓮池衆は鍋島軍の馬廻両組を構成して活躍したが，家種の戦死により，勝茂の鍋島家復帰が実現する．文禄3年(1594)，父直茂とともに上洛，翌4年，豊臣秀吉の仲介により養女戸田勝豊の女と縁組し，従五位下信濃守に任じられ，大名世嗣の処遇をうける．翌5年(慶長元)，竜造寺氏の一門・重臣より，忠節を誓う起請文の提出をうけ，佐賀藩における直茂—勝茂体制を承認される．慶長2年(1597)，直茂とともに朝鮮に出兵したが，翌3年帰国ののち上洛，慶長5年の関ヶ原の戦では，石田三成に与して伏見城および安濃津城(伊勢)攻撃に参加，西軍敗北ののち，井伊直政・黒田長政らに仲介を頼んで徳川家康に謝罪し，西軍に応じた立花宗茂(筑後柳川)を討つことで本領を確保した．慶長12年竜造寺本家(政家—高房)の断絶を契機に竜造寺家の家督を相続し，名実ともに鍋島佐賀藩の初代藩主となり，直茂は藩祖となる(ただし，直茂を初代と数える場合は2代藩主となる)．勝茂は，佐賀城の造営，城下町の整備にあたる一方，慶長15年総検地と並行して，全家臣団に対して三部上

地(知行地の30％召上)を実施，ついで元和7年(1621)にも，竜造寺四家(多久・武雄・諫早・須古)を対象に三部上地を実施して，蔵入地の拡大につとめ，積極的な一門創出策を行なった．一方，家督相続後，竜造寺四家を佐賀に集めて家老としたが，特に，公儀普請役から必然化した藩財政の窮乏を，四家の協力によって打開したことから，佐賀藩においては，四家を首脳とする政治運営が定着し，竜造寺執政体制が確立する．寛永12年(1635)，惣仕置(請役家老，当役ともいう)を制定し，多久茂辰に国元諸事支配を命じて，蔵方の財政を一任するとともに，蔵方頭人および大横目の制度を整備し，蔵入方における財政運営の機構と制度を整備した．島原の乱に際しては，最大限の兵力を動員して，幕府に対する信用の回復につとめたが，かえって軍令違犯の罪によって逼塞を命じられた．寛永19年幕府より長崎御番役の命をうけ，翌20年より福岡藩と1年交代で長崎警備にあたった．正保3年(1646)，当役を多久茂辰より武雄茂綱に交代せしめる一方，財政政策に新たな路線を打ち出しながら，これまで制定した藩法を集大成して(『鳥ノ子御帳』)法体系を整備し，また藩制機構を整備して佐賀藩体制の確立につとめた．明暦3年(1657)3月24日没．78歳．墓所は東京元麻布の賢崇寺と佐賀市本庄町の高伝寺．法名泰盛院殿沢円良厚大居士．継室岡部長盛の女(高源院)．

参考文献 『寛政重修諸家譜』823，『佐賀県史』中，『佐賀市史』2，藤野保編『佐賀藩の総合研究』

(藤野　保)

055 鍋島直茂 なべしま なおしげ　1538〜1618　江戸時代前期の大名．幼名は彦法師丸，通称は孫四郎，諱は信昌・信生・直茂，受領名は飛驒守・加賀守．清房の次男．母は竜造寺家純の女．天文7年(1538)3月13日，肥前国佐賀郡本庄村(佐賀市本庄町)に生まれる．同10年，西千葉家の養子となったが，のち10年にして佐賀に召還され，竜造寺隆信に対する臣従が始まる．弘治2年(1556)，隆信の母(慶誾(けいぎん))が直茂の父清房に再嫁し，隆信とは義兄弟となる．直茂は，こうした血縁関係を通じて，竜造寺氏の有力な譜代家臣となっていくが，特に元亀元年(1570)，今山合戦において，大友氏の大軍を撃退し，鍋島氏の地位を不動のものとした．その後直茂は，竜造寺軍の陣立構成の先陣をつとめ，隆信の北九州制覇に大きな役割を果たした．天正12年(1584)隆信が島原合戦において戦死すると，隆信の子政家および竜造寺氏の一門・重臣より領国政治の委任をうけた．天正15年における豊臣秀吉の島津征討後，翌16年，長崎代官に任命されたが，同18年，肥前神埼郡のうちにて4万4500石を与えられ，この年軍役を免除された政家の子高房に代わって佐賀藩政を総攬した．こうして，佐賀藩においては，家督と支配が分離したまま文禄・慶長の役を迎えるが，朝鮮出兵が直茂に命じられることによって，竜造寺家臣団は鍋島軍を構成し，朝鮮陣中における戦闘を通じて，主従制をいっそう強化した．文禄5年(慶長元，1596)，竜造寺氏の一門・重臣は，直茂の嫡子勝茂に対し，起請文を提出して忠節を誓い，佐賀藩における直茂—勝茂体制を承認した．慶長3年(1598)，朝鮮より帰国ののち上洛し，伏見において豊臣秀頼に謁見したが，慶長5年の関ヶ原の戦では西軍に味方し，柳川の立花宗茂を討つことで本領を確保することに成功した．翌慶長6年，勝茂とともに出府して，徳川家康に対し奉公の意を表明，次男忠茂を証人として提出する一方，当時江戸にあった高房に対して堪忍料を支給し，竜造寺家の家督の維持につとめた．しかし，同12年，高房・政家が相ついで死亡し，竜造寺本家が断絶したため，江戸幕府の裁定により，竜造寺家の家督は勝茂が相続することとなり，ここに家督と支配が鍋島氏に統一されて，名実ともに鍋島佐賀藩が成立した．この年，直茂は致仕したが，なお佐賀藩政を後見した．佐賀藩では，慶長10年から同15年にかけて総検地を実施し，高35万7036石を打ち出したが，同18年，公儀権力は，これを公認し安堵する旨の朱印状を交付した．これより先，慶長14年，勝茂と相談のうえ，忠茂に対して定米(物成高)1万石を与えて鹿島鍋島家を創設したが，元和3年(1617)には，勝茂の長男元茂に隠居料定米1万363石と直茂付の家臣83名を与えて小城鍋島家を創設した．元和4年6月3日没．81歳．肥前佐賀郡本庄村(佐賀市本庄町)の高伝寺に葬る．法名は日峯宗智大居士．

参考文献 『大日本史料』12ノ29，元和4年6月3日条，『寛政重修諸家譜』823，『佐賀県史』上・中，『佐賀市史』1・2，藤野保編『佐賀藩の総合研究』

(藤野　保)

056 鍋島直正 なべしま なおまさ　1814〜71　江戸時代後期の肥前佐賀藩主．はじめ斉正のち直正．閑叟と号す．文化11年(1814)12月7日佐賀藩主江戸藩邸に生まれる．父は佐賀藩主鍋島斉直，母は鳥取藩主池田治道の女幸姫．天保元年(1830)佐賀藩35万7036石の藩主となる．襲封とともに極度の藩財政難克服をめざし，直正みずから主導して質素倹約にもとづく藩財政の緊縮化をはかったが，同6年の佐賀城二ノ丸の焼失を契機として直正を中心とする藩政改革派が藩の実権を握り，同8年から諸改革が実施された．在住代官体制強化による農村支配の再建，藩行政機構の集中化，藩債の整理，加地子米(小作料)10ヵ年間猶予による本百姓体制の再編などを行なった．他方佐賀藩は鎖国下の長崎港の警備を福岡藩と隔年に命じられており，文化5年のイギリス軍艦フェートン号の長崎港内乱入に際し，その年警備担当であった佐賀藩主斉直は幕府から謹慎処分を受けた．この汚名をそそぐためには長崎警備を強化することが至上課題であった．天保7年の長崎諸台場での筒打訓

練に始まり，同9年の長崎への出動体制の強化，同11年の番所・台場への筒打増員などによる長崎詰の強化が行われた．また天保9年には軍用金の蓄積を命じた．佐賀藩では小物成や新田開発などの収入は藩財政とは別途会計として懸硯方へ納められ，主に軍事用の支出とされてきたが，この懸硯方納金を増やそうとしている．嘉永3年(1850)に長崎港外の佐賀藩領伊王島・神ノ島に洋式大砲を設置するために砲台を築くことになり，2年余の歳月をかけてこれを完成させた．また大銃製造方を置いて洋式大砲の製造に着手し，わが国ではじめて反射炉を建設した．そして同5年6月に初の洋式鉄製大砲を製造した．両島には洋式大砲56挺を配備した．この反射炉建設による洋式大砲鋳造は西欧の理化学などの知識を必要とするため，精錬方を設けて化学工業に関する研究を行なって西欧の近代的軍事工業技術を積極的に取り入れようとしており，また種痘を子の世子直大と貢姫に行なったように，西欧の医学知識にも注目し，その導入に強い関心をもっていた．長崎警備の増強など軍事費の確保のために，嘉永2年に国産方を独立した役局として積極的に領内の産物奨励に乗り出した．のち安政元年(1854)に蒸汽船購入の代価に充てる国産を取り扱う代品方が設けられたが，代品として石炭と蠟が重視された．嘉永6年のペリー来航に際し幕府が諸大名に意見を問うた時，直正は強硬な攘夷を主張したが，その真意は国防体制を強化した上で通商を行うというところにあったと思われる．文久元年(1861)11月に致仕した(以後閑叟と号す)．しかし佐賀藩の実権は依然として直正の手にあった．翌2年11月閑叟は幕府・朝廷間の周旋のため京都・江戸へ出向いた．この時公的には攘夷ということで動いているが，当時の閑叟は幕府を中心とする公武合体という立場であった．元治元年(1864)にも上洛するがこのころには有力諸侯の協議によって公武合体を実現するという雄藩連合政権的な考えをとっている．諸外国との通商開始によって長崎警備強化が薄らいでのちは，洋式銃砲による藩兵組織への改編，実戦的大砲の鋳造・配備など藩自体の軍事力の増強を行うとともに，石炭・蠟・茶などの殖産奨励，懸硯方軍事資金の増大など軍事費の確保強化を実施し，富国強兵路線をとって強大な軍事力を築いた．そのころ，佐賀藩は佐幕でも勤王でもなくただ自藩の富強を計るのみで形勢観望的だ，との評判があったが，かかる佐賀藩の態度は明治維新まで続いた．明治元年(1868)2月，佐賀藩は維新政府へつくことがはっきりしたが，戊辰戦争での佐賀藩の軍事的活躍はめざましかった．閑叟は維新政府内では議定の要職についた．明治4年正月18日東京永田町の自宅で没す．58歳．この半年後に藩制を否定した廃藩置県が断行されたが，閑叟の死は1つの時代の終りを告げるものであった．墓は東京都港区の賢崇寺隣の麻布墓所にある．なお佐賀市大和町久池井(くちい)の春日山墓所には遺髪を納める．

[参考文献] 久米邦武著・中野礼四郎編『鍋島直正公伝』，中村郁一『鍋島閑叟』，木原溥幸『幕末期佐賀藩の藩政史研究』　　　　　　(木原　溥幸)

057 納屋衆 なやしゅう　中世末期より近世初頭にかけて，海浜倉庫を所有して貸付け，利益を得ていた問屋たち．堺では納屋衆が倉庫業によって富裕化していき，廻船業，貿易業，金融業などを兼ねて巨富を得た．堺は中世より近世初頭にかけて，町の自治的共同体組織をもち，その中心として納屋衆が指導的立場にあって，武士を堺の町に入れずに支配していたが，織田信長によって弾圧され，自治組織はつぶされるが，以後も堺の有力豪商として封建社会下の堺の町を支配した．これらの有力者を会合衆ともいった．　→堺商人(さかいしょうにん)

[参考文献] 『堺市史』　　　　　　(中田　易直)

058 納屋商人 なやしょうにん　本来は納屋物を取り扱う商人をいった．農民が領主に規定の年貢米その他を完納した残りの米穀や特産物については，農民は自由にこれらを処分することができたが，これらの商品を納屋物といった．しかし最近では堺の納屋貸衆の問屋を納屋衆，あるいは納屋商人という場合が多い．中世末より近世初頭にかけて，有力納屋商人10人が「納屋貸十人衆」(『糸乱記』)と呼ばれ，堺の町では指導的地位にあり，自治的組織をつくって武士たちの介入を認めない町民の都市を一時的につくっていた．これらの指導者は別に会合(えごう)衆ともいわれ，『蔗軒日録』によれば文明年間(1469～87)には湯川宣阿・湯川新兵衛・富那宇(うなう)屋宗元・三宅主計・和泉屋道栄・湯川新九郎・湯川助太郎などの名が知られるが，大部分納屋商人の出自であったと推定される．また永禄11年(1568)には織田信長と対決した堺の有力者に能登屋・臙脂(べに)屋などの豪商の存在が伝えられている(『重編応仁記』)が，信長に弾圧された．以後信長政権の支配下におかれた堺の有力者はやはり納屋商人たちであった．当時堺で中心となった今井宗久一族は，天王寺屋津田宗及と並ぶ政商であったが，この宗久は近江高島郡より出て堺の納屋宗次に身をよせ，政商・茶人として信長らと交渉をもった．今井宗久は屋号を納屋といい，やはり倉庫業であったが，ほかに薬種，鉄砲，貿易などの商業に従事し，堺ではきわめて強大な力をもつに至った．やはり「納屋商人」の典型である．また茶人として有名な千利休は名を宗易，姓は田中といったが，はじめは納屋与四郎といって，やはり納屋商人の出自であった．彼は豊臣秀吉によって切腹を命ぜられている．このような堺の納屋町人に対して，『柳庵雑筆』の筆者が「応仁兵乱の後，商人みな僣上して兵士の如く，太刀を佩び，弓箭を握，軍役に従ふこと，堺の菜屋

(納屋)京の茶屋の如し」とするように一般に見られるに至った．このように会合衆，堺の年寄，糸割符商人らに納屋商人の出身者が多く，政商化し，堺経済の中心として堺の発展とともに繁栄し，その衰退とともに衰亡した．→堺商人(さかいしょうにん)

[参考文献] 『堺市史』2・7，豊田武『堺』(『豊田武著作集』4) （中田　易直）

059 納屋助左衛門 なやすけざえもん
生没年不詳　安土桃山時代の貿易家．別名呂宋(ルソン)助左衛門．彼の所伝には伝説的要素が多く，正確な事蹟は明らかでない．納屋氏を称することから，堺の納屋衆の出であったと推測される．所伝によれば，天正年間(1573～92)より海外貿易に従事し，文禄2年(1593)にルソンへ渡航し，翌年7月帰朝に際して，堺の代官石田木工助を介して豊臣秀吉に同地の珍奇な品々とともに真壺50を進上した．いわゆる呂宋壺と称せられ，茶器として珍重されたものである．秀吉はこれを大坂城西ノ丸の広間に陳列して，千利休に価格を評価させ，所望の大名衆に分配し，自身も3箇を引取った．助左衛門はこれにより巨利を博したと伝えられる．その後秀吉の忌諱にふれ，一門闕所となったが，その際，彼はその壮麗な居宅を堺の大安寺に寄進した．慶長12年(1607)カンボジア(柬埔寨)に渡航し，国王の信任を得て同地に留まったと伝えられる．
（加藤　榮一）

060 楢林宗建 ならばやしそうけん
1802～52　江戸時代後期の蘭方医．享和2年(1802)2月7日，佐賀藩医を勤める長崎の蘭方医楢林栄哲(高連，峡山)の次男として長崎に生まる．名は潜，字(あざな)は孔昭，和山と号した．大村町に兄栄建とともに医塾を開き，門人を教えた．文政6年(1823)，来日したオランダ商館医シーボルトに師事，翌年より，家塾にシーボルトが出張診療する許可を得，同僚の蘭方医を集めて臨床医学を学んだ．文政10年3月父の跡を継いで永代長崎居住の佐賀藩医となり，藩のため海外情報収集などの任にもあたった．弘化4年(1847)佐賀藩主鍋島直正から牛痘接種法導入の命を受け，バタビアから牛痘痂を取り寄せることに尽力．嘉永2年(1849)痘痂がもたらされ，商館医モーニケが宗建の三男建三郎に接種して成功．これが佐賀藩をはじめ，全国に牛痘接種が普及する原動力となった．著書に『牛痘小考』その他がある．嘉永5年10月6日病没．51歳．墓は長崎市銭座町の聖徳寺にある．

[参考文献] 渡辺庫輔『崎陽論攷』，古賀十二郎『西洋医術伝来史』 （片桐　一男）

061 楢林鎮山 ならばやしちんざん
1648～1711　江戸時代前期の阿蘭陀通詞・楢林流外科の開祖．通詞楢林氏初代．名は時敏，通称ははじめ彦四郎，のち新右衛門，さらに新五兵衛，剃髪して栄休といった．鎮山はその号．慶安元年(1648)12月14日生まれ．明暦2年(1656)稽古通詞，寛文6年(1666)出島出入りの者300人余りにオランダ語の吟味が行われた際，好成績を得て即時に小通詞となる．貞享3年(1686)大通詞．延宝元年(1673)来航の英船リターン号，貞享2年来航の葡船サン＝パウロ号に対する応接通詞に加わった．仏国外科医アンブロアス＝パレーの外科書をカロルス＝バトスの蘭訳本を参考に『紅夷外科宗伝』を編述，「仕掛書」「金瘡書」「金瘡跌撲図」「油之書」「油取様之書」「膏薬書」の内容を含んでいた．オランダ商館付医師たちより医術を学び，外科治療にあたり，楢林流外科と称して名声を得た．元禄11年(1698)蘭人に加担，勤方不届きのかどありとして閉門を命ぜられ，医に転身，在野の医業につとめた．正徳元年(1711)3月29日没．64歳．墓は長崎市銭座町の聖徳寺にある．

[参考文献] 古賀十二郎『西洋医術伝来史』 （片桐　一男）

062 楢林流外科 ならばやしりゅうげか
⇒楢林鎮山(ならばやしちんざん)

063 奈良屋道汐 ならやどうせき
？～1630　江戸時代前期の町人．奈良屋一忠，勝兵衛，法名清波道汐といった．慶長～寛永期にかけての堺の有力町人．慶長期に徳川家康より堺の富裕町人10名が伏見に呼ばれ，来航ポルトガル船の生糸などの買入れについて依頼され，その要請に応じた10人中の1人．慶長9年(1604)には堺糸割符仲間37人中の1人．同年家康より堺の糸割符年寄に任命され，糸割符仲間の年寄として長崎貿易や家康政権下の都市の確立に協力した．生年は不明であるが，堺の河野氏一族で10人の有力者中，高石屋・伊予屋・奈良屋は一族であって，当時富裕な豪商であった．寛永7年(1630)4月28日没．父は忠元といい勝兵衛，法名は道二といった．道汐の息子宗恵も同じく糸割符年寄であったが，孫以降奈良屋勝兵衛を称し，平糸割符人となっている．→糸乱記(しらんき)

[参考文献] 『堺市史』5・7，高石屋通喬編『糸乱記』(『日本史料選書』17) （中田　易直）

064 鳴滝塾 なるたきじゅく
シーボルト Philip Franz von Sieboldの私塾．文政6年(1823)オランダ商館付医員として来日したシーボルトは長崎出島の外科部屋で診療を始めたが，診療の結果が評判をうみ治療を受けたいという町民も数を増してきた．しかし多くの患者の出島出入りの際の手続きの煩雑さから翌7年シーボルトは私塾を設けようと考えた．オランダ通詞中山作三郎の別宅が長崎の東郊鳴滝(長崎市鳴滝町2丁目)にあったのをオランダ通詞目付茂伝之進と町年寄久松碩次郎がシーボルトに世話をした．ブランデンシュタイン＝ツェッペリン伯爵が蔵する鳴滝別荘の図によればシーボルトが1824年における長崎近郊鳴滝別荘設計図とドイツ語で記載しているので，鳴滝塾を造る計画は薬草園を付設することを考慮に入れて文政7年春ごろにはでき上がっており，同年6月塾は完成した．鳴滝塾は2階建てで木造2棟と厨房・書庫・石蔵おのおの1棟ずつあ

鳴滝塾（成瀬米城筆）

り，おもやの1階を診療室，2階を修学寮にあてた．シーボルトの門人の1人高野長英は長崎に出て鳴滝塾に身を寄せ2階の修学寮に居住した．美馬順三が鳴滝塾の塾頭として多くの後輩を指導しシーボルトの診療を援助した．高野長英が父あての書簡に記したように鳴滝塾の庭園にはシーボルトが日本各地で採集した薬草を移植，栽培した．安政6年（1859）シーボルトが再渡来した時も鳴滝塾に居住した．塾の建物は老朽化のため取りこわされ現在国指定史跡シーボルト宅跡として敷地のみが保存されている．→シーボルト

[参考文献] 呉秀三『シーボルト先生』（『東洋文庫』103・115・117）
（武野 要子）

065 南京船 ナンキンブネ ⇨唐船（とうせん）

066 南贍部洲万国掌菓之図 なんせんぶしゅうばんこくしょうかのず 西洋系地理知識をちりばめた最初の刊行仏教系世界図．作者は浪華子（鳳潭）．宝永7年（1710）刊．仏説にもとづく大陸としての贍部洲の北広南狭という基本形をくずすことなく，その西北部に群島状のヨーロッパ，東南海中には『大明九辺万国人跡路程全図』（元禄末期刊）の島嶼化された南アメリカを登場させている．こうした試みは同じころ宗覚（1639〜1720，教王護国寺両界曼荼羅の修復者）によってなされており，彼の作品と覚しき神戸市立博物館所蔵（南波氏旧蔵）のいわゆる団扇型贍部洲図にその雛形をみることができる．鳳潭はいわば改訂者にすぎない．しかしその刊行の意義は大きく，アジア地名の詳しい地図として歓迎され，それ自体版を重ねたばかりでなく，延享元年（1744）には華坊宣一によるかな書きの通俗版も現われ，幕末に至るまで三国（本朝・唐・天竺）世界図としての地歩は揺るがなかった．

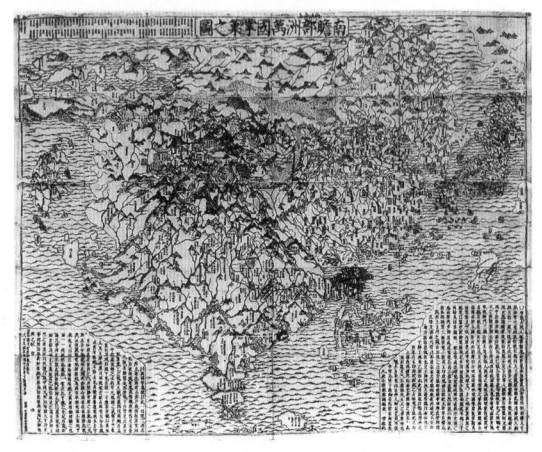

[参考文献] 室賀信夫・海野一隆「日本に行われた仏教系世界図について」（『地理学史研究』1），同「江戸時代後期における仏教系世界図」（同2），海野一隆「宗覚の地球儀とその世界像」（『科学史研究』117）
（海野 一隆）

067 南宋 ナンソウ ⇨宋（そう）

068 南挺 ナンチョウ 純度の高い良質の銀で，南鐐と同義語．「なんちょう」ともいう．また南廷・南庭・軟挺と記した例もある．天文元年（1532）に編せられた『塵添壒嚢鈔』には軟挺と記し，「なんりやう」と訓じている．藤原頼長の日記『台記』久安4年（1148）9月1日条には「献=銀四十両（南庭）於南円堂=」とあり，この記事の書かれたころにはこの語が用いられていたことがわかる．また『吾妻鏡』文治元年（1185）10月20日条には，西国より帰った源範頼が兄頼朝に南廷30を献じたとある．おそらく大宰府からの押収品であったろうが，同時に献上された唐錦・唐綾・唐墨などと同様，南挺は中国からの輸入品だったのである．藤貞幹の『好古日録』（寛政9年（1797）刊）に「南廷古書ニ散見ス」とあるが，室町時代に作られた『七十一番職人歌合』に「銀ざいく　なんりやうのやうなるかねかな」とあって，室町時代ごろから南挺に代わり南鐐がもっぱら用いられるようになった．

[参考文献] 『古事類苑』泉貨部，小葉田淳『日本の貨幣』（『日本歴史新書』），滝沢武雄『日本の貨幣の歴史』（吉川弘文館『日本歴史叢書』53）
（滝沢　武雄）

069 南天竺婆羅門僧正碑 なんてんじくばらもんそうじょうひ 大安寺の伝燈住位僧の修栄が神護景雲4年（宝亀元，770）4月21日に師の菩提僊那の木像の賛を作り，その賛を刻した碑．碑は伝わらないが，碑文（賛）は南都の性空律師（臨済宗

南島雑話（嫁入図）

寂照庵の僧）撰の『南天竺婆羅門僧正碑註』(元禄11年(1698)京都二条通松屋町の武村市兵衛開板，『大日本仏教全書』遊方伝叢書1所収）によって伝えられ，『群書類従』伝部，『続古京遺文』，『(大正新修)大蔵経』51にも碑文を収めるが，文字に異同がある．碑文によれば，インド僧の菩提は五台山の文殊菩薩を拝するため唐に至り，日本からきていた学問僧理鏡らの要請で天平8年(736)来日し大安寺に入り，常に『華厳経』を誦し，天平勝宝2年(750)僧正となり，天平宝字4年(760)57歳で没し，登美山の右僕射藤原豊成の所有林に葬られた．碑文にみえないが，菩提は遠くから流沙を渉って唐と日本に至り(『国家珍宝帳』)，大仏開眼会の導師もつとめた(『東大寺要録』).

参考文献　鈴木学術財団編『大日本仏教全書』98,『群書解題』4上「南天竺波羅門僧正碑幷序」

(井上　薫)

070　南島雑話　なんとうぞうわ　幕末の奄美大島を中心に描いた図解民俗誌．南島研究のバイブル的文献．著者の名越(なごや)左源太時行(のち時敏)は，薩摩藩の家格寄合(よりあい)に属する上流武士．大目付兼物頭(ものがしら)のとき，お由羅騒動に連座して，奄美大島名瀬間切の小宿(こしゅく)に遠島処分となる．嘉永3年(1850)から安政2年(1855)まで5年余りの流謫中，加計呂麻島を含む大島中を回り，精細な記録を残す．内容は，天文・地理・動植物・宗教・年中行事・衣食住・言語・冠婚葬祭・産業・行政など万般にわたる．自己の見聞だけでなく，大島代官本田親孚(ちかたか)が文化2年(1805)に書いた「大島私考」などを典拠にしている．草稿本の所在は不明であるが，鹿児島大学農学部蔵本など数種の写本が伝存する．島津家旧蔵本(東大史料編纂所蔵)には，「大嶋窃覧(だいとうせつらん)・大嶋便覧・大嶋漫筆」「南島雑記」「南島雑話」など諸編名があるが，総括して『南島雑話』と呼ぶ．昭和8年(1933)永井竜一のガリ版刷刊行．活字本は，『日本庶民生活史料集成』1・20と『東洋文庫』431・432がある．

参考文献　永井亀彦編『高崎崩れの志士名越左源太翁』，同編『高崎くづれ大島遠島録』

(原口　泉)

071　南島志　なんとうし　琉球国に関する地理書．新井白石の著．別に『南倭志』『琉球考』ともいう．漢文体で，上下よりなる．享保4年(1719)の成立．上には地理・世系，下に官職・宮室・冠服・礼刑・文芸・風俗・食貨・物産を収める．参府中の琉球人から直接得た知識にもとづいて，旧来の中国の史書，冊封使録などによる琉球認識を補訂した点で意義のある書である．『新井白石全集』3所収．

参考文献　宮崎道生『新井白石の研究増訂版』，勝田勝年『新井白石の学問と思想』

(上原　兼善)

072　南蛮　なんばん　もともと中国の中華思想に基づく四周の異民族に対する蔑称の1つである．わが国ではすでに長徳3年(997)南蛮賊徒が九州各地で略奪を働いたことが記録されている．これは奄美島人を指したようであるが，その後中世を通して東南アジア諸地方の称呼として用いられ，記録にみえる．ヨーロッパ人の渡来後は，彼らが澳門(マカオ)・ルソン・ゴアといった南方を基地としたところから，やはりこの語が用いられた．ただし，同じく南方を基地にして渡来したヨーロッパ人であっても，オランダ人のことは紅毛と呼んで区別した．江戸時代，南蛮は国名ではポルトガル・スペイン・イタリアを指した．→紅毛(こうもう)

参考文献　西川如見『増補華夷通商考』(『岩波文庫』)，『通航一覧』182,『古事類苑』外交部，『大日本史料』2ノ3，長徳3年10月1日条，11月2日条，松田毅一『キリシタン研究』第2部論攷篇

(高瀬弘一郎)

073　南蛮菓子　なんばんがし　安土桃山時代から江戸時代初期にかけてポルトガル人などによって伝えられたヨーロッパの菓子のことで，主なものに，かすていら(加須底羅,

カステラ)・ぼうる(またはぼろ，ボーロ)・かるめいら(浮石糖，カルメラ)・びすこうと(乾麺包，ビスケット)・金平糖(コンフェイトスの転)・有平糖(アルフェロアの転)など日本人の嗜好に投じたものがこんにちに伝わる．カステラにみるスポンジ状の歯ざわり，カルメラや金平糖の強い甘味はそれまでの点心類とはたいへん異なったものであり，歓迎された．オーブン焼きの手法も新しいものだった．宣教師たちが布教のための具とし，また大名などへの贈り物としたこともあって普及を早めた．文献初出はザビエル渡来の10年後の永禄元年(1558)．ただし「南蛮菓子」の名は元禄ごろからである．導入と技術の中心は長崎であった．キリスト教弾圧，鎖国と続く中，日本人の苦心と研究によって，江戸時代にかけて，日本人の嗜好に合わせてつくられるようになり，京・大坂を経て百数十年を要して江戸へ伝えられた．ただし，金平糖のようにその製法が秘されたために，職人の長い試行錯誤によって日本における製造が可能になった例もある．南蛮菓子の技術はその後，新しい菓子の開発を促し，「おらんだ餅」「新南蛮餅」など，いわゆる「洋風和菓子」の誕生を迎える．わが国の料理法や味覚にも影響を及ぼした．なお，ボーロはこんにちのクッキーにあたり，佐賀の名物となり，また，そばぼうろも工夫された．最初の渡来ヨーロッパ人がポルトガル人であったので，南蛮菓子の名にはポルトガル語起源のものが多い．

参考文献　守安正『お菓子の歴史』上(『食の風俗民俗名著集成』10)，安達巌『たべもの伝来史』
〔大塚　滋〕

074 南蛮冑　なんばんかぶと　南蛮人来航とともに舶来したヨーロッパ製の冑．鉢の外容の異風を珍重して，そのまま錣(しころ)を配属して使用したり，鉢の鉄板の矧ぎ合せや飾り鋲，錆地に金銀象嵌を好んで試みた和製の摸倣作品を総称する．『会津陣物語』には岡野左内が「角栄螺(つのさざえ)ノ南蛮甲ヲ猪頸ニ着ナシ」とみえ，角栄螺の形状という．慶長5年(1600)8月に黒田長政が徳川家康から下賜されたという歯朶の前立の冑は『別本黒田家譜』に大坂冬の陣に着用したと伝え，「一，甲は従=御所様=拝領のしいなりの南蛮甲」とみえ，その外観を椎形とよんでいる．鉢の頂辺先端を尖らせて前方に向けた二枚矧の桃形(ももなり)は，先端を後方に向けたローマ製の南蛮冑からの啓発と解されており，広く各種の南蛮冑が製作されている．

〔鈴木　敬三〕

ローマ製の冑(上段)と改造の南蛮冑(下段)

075 南蛮系世界図　なんばんけいせかいず　およそ鎖国前に伝来した西洋製の地図に基づいて描かれた世界図の総称．南蛮屏風世界図ともいう．その大部分は日本図と1双をなす屏風絵であり，そのためいずれも描画年・作者名・序跋などを欠き，個々の作品の正確な成立年代は不明である．おのずから作品相互の系譜的関係・系統分類・西洋製原図などに関しても未解決の問題が少なくない．最も早い時期の作品とされている山本久所蔵図ですら，その朝鮮東北方に文禄元年(1592)出陣中の加藤清正隊からの報告によってはじめて知られるようになった「おらんかい」を記入しているので，この年をさかのぼるものではない．この図および浄得寺所蔵図，小林家・河村家各所蔵図は，小判形の輪郭の中に世界の海陸を大西洋を中央にして配置しているが，経線の記入がないので，原図が卵形図法の図であったか否か判然としない．現存点数としては図の外形を矩形とするものが最も多く，それらを内容によって分類すると，(1)発心寺所蔵図・池長家旧蔵図のように緯度目盛・縮尺をもち太平洋を中央に置く図，(2)東京国立博物館や南蛮文化館の所蔵図のようにTYPVS ORBIS TERRARVM(世界図)なる表題と天動地球説の図解を添える太平洋中央の図，(3)下郷共済文庫や益田家の所蔵図のように大西洋を中央に置き，南北両半球を副図とするものなどに大別される．(1)はポルトラーノ(平面海図)式世界図を模写した可能性があり，(2)は主として1592年刊のプランシウス P. Plancius 世界図，(3)は1598年ごろのその改訂版に拠っているようである．同じく矩形を輪郭とするものの，宮内庁所蔵図はメルカトル図法であり，原図は1609年刊のカエリウス P. Kaerius の作品と考えられる．以上の諸図すべてが鎖国前の作品というわけではなく，たとえば描作年代のやや明らかなものを挙げてみると，下郷共済文庫所蔵図は承応元年(1652)ごろ，益田家所蔵図は同3年ごろの作品である．

参考文献　織田武雄・室賀信夫・海野一隆編『日本古地図大成世界図編』，中村拓「南蛮屏風世界図の研究」(『キリシタン研究』9)，秋岡武次郎「桃山時代，江戸時代初期の世界図屏風等の概報」(『法政大学文学部紀要』4)
〔海野　一隆〕

076 南蛮外科　なんばんげか　天文12年(1543)ポルトガル人がはじめて種子島に渡来し，同18年フランシスコ=シャビエ

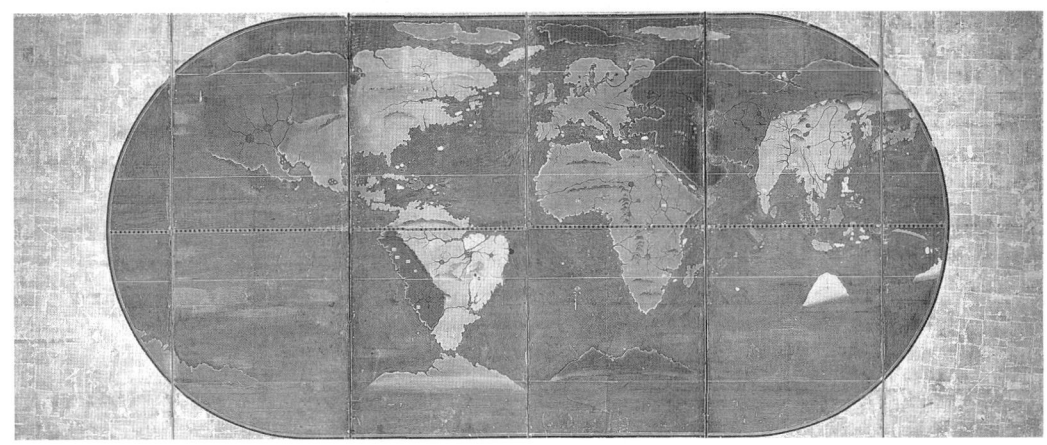

南蛮系世界図　世界図屏風（浄得寺所蔵）

ルが鹿児島にきて，はじめてキリスト教をわが国につたえた．これより寛永16年(1639)ポルトガル船の渡航を禁止して鎖国が完成するまでの約1世紀の間，ポルトガルの宣教師がわが国にもたらした医術を南蛮医術とよび，特に外科にすぐれていたのでこれを南蛮外科と称した．このころ西欧ではアンドレアス=ベサリウスによって解剖学が画期的な発達をとげ，ウィリアム=ハーベイによって血液循環説がとなえられるなど，その医学に近代化の兆しがあったものの，南蛮流においてはヒポクラテスに始まり，ガレヌスによって大成された液体病理学が主流を占めており，これがはじめてわが国にもたらされたのであるが，その影響にみるべきものはなかった．イエズス会の宣教師ルイス=アルメイダが来朝したのは弘治元年(1555)のことである（天文21年(1552)説もある）．その翌年豊後の府内に2ヵ所の救療院を設け，それぞれらい患者と孤児を収容した．孤児院では乳牛をかい，この乳をしぼって孤児たちに与えたという．永禄12年(1569)には京都四条坊門に，織田信長の許可を得て南蛮寺が建立され，寺内に病者を収容し，医薬を給して治療を行なった．その医師はグレゴリアとルイスで，両人とも宣教師でありながら医術にくわしかった．アルメイダをはじめポルトガルの宣教師医師がもたらした医術が，そのままわが国に移植されて南蛮流として定着したのではなく，その先駆者としてはむしろ沢野忠庵をあげるべきである．忠庵は本名をクリストフ=フェレイラといい，イエズス会の宣教師として渡来したが，江戸幕府の禁教政策のため棄教して放逐の刑を免れてわが国に帰化した．半田順庵・西玄甫がこれについて医術を学んでいる．忠庵の医説を記したものに『南蛮流外科秘伝書』（3巻）がある．一方栗崎道喜はルソンに渡って外科術を修め，慶長元年(1596)に長崎にかえって南蛮外科をとなえた．以後栗崎流外科として重きをなし，のち幕府医官にあげられた．半田順庵に教えをうけた吉田安斎も外科をよくし，吉田流を創始した．その伝承によって数派に分かれているが，内容や治療法に格段の相違があるわけではなかった．南蛮外科の治術は瘡瘍と金創を主としている．瘡瘍の内では癰と瘍を主とし，その原因はガレヌスのいう四体液の不調にあるとした．腫瘍の治方はこれを散らすか，膿ますかの2法で，すでに膿んでしまったときは膿潰させる薬をつかうか，または切開を加えた．創傷の内で金創の治方は，疵の深浅にかかわらず，あたためた焼酎を木綿にひたしたものを用いて創面をあらい，ヤシ油をぬって縫合し，ふたたび焼酎であらって木綿の包帯をまいたという．止血の法としては内薬または散布薬を用いて縫合し，圧迫包帯をほどこした．南蛮外科の書物としては，さきにあげた忠庵の書のほかに，『方外集要』（3巻，山本玄仙，元和5年(1619)），『金創仕掛』（2巻，栗崎道喜）がある．　→オランダ医学

参考文献　日本学士院編『明治前日本医学史』3，古賀十二郎『西洋医術伝来史』，関場不二彦『西医学東漸史話』上，服部敏良「キリシタン医学の概況」（『室町安土桃山時代医学史の研究』所収）

(深瀬　泰旦)

077　**南蛮寺** なんばんじ ⇨切支丹寺（キリシタンじ）

078　**南蛮鐘** なんばんしょう　室町時代末期に南蛮文化渡来とともに，キリスト教会の鐘が出現する．これは鐘下部のやや開いた逆チューリップ形，鐘の内部に舌を設けて鳴

(春光院所蔵)

らす．形体，音色や奏鳴法の点で，日本の梵鐘と大きく相違する．こういったキリシタンに関した鐘，すなわちベルを南蛮鐘という．京都の妙心寺春光院に，胴部にIHSの文字と十字架，3本の釘を表し，これを耀光で囲んだ，イエズス会の紋章と，算用数字の1577を鋳出した西洋のベル形鐘(重要文化財)があり，天正3年(1575)に建立された南蛮寺のベルとして作られたものである．この鐘は日本製か外国製か不明である．同種のベルとして大分県の中川神社の1612年(慶長17)銘のベル(重要文化財)がある．　　　　　　　(香取　忠彦)

079 南蛮船 なんばんせん　16世紀中ごろポルトガルをはじめヨーロッパ諸国から来日した貿易船の俗称で，船体が黒塗りのため公式名称を黒船という．ポルトガル船はインドのゴア，スペイン船はフィリピンのマニラを基地とし，季節風を利用して長崎・平戸など九州諸港との間を往復したが，スペインは日本を中継地とする太平洋横断航路の開拓に成功した．17世紀になると，出遅れたオランダやイギリスも平戸に商館を設け，南蛮船貿易は全盛期を迎えた．南蛮船の名は船型を特定しないが，一般にはナウ Nau という形式の帆船とされている．しかし当時ナウは帆船の汎称でもあり，船型名称としては大航海時代の花形のカラック Carrack とガレオン Galleon の双方に使われていたので，ここでは南蛮船の船型は来航から鎖国までの約90年の間に，大別して初期がカラック，中期がガレオン，末期がガレウタ Galeota という変遷があった点を中心にしたい．3者とも帆走専用の武装商船だったが，ほかにもフスタ Fusta とかヤハト Jacht といった小型船も来ている．しかし貿易上では右の3船型が主役だったし，フスタが有名なのは豊臣秀吉が九州攻めの際に博多で見て感嘆したからで，船としては両舷に櫂を並べ，帆装時は三角帆を展張する軽快なガレー Galley 系の軍船であって，秀吉の1件がなければ日本史上に名をとどめるほどの船ではない．ところで，初期の南蛮船を代表するカラックは500～1000t級の大型帆船で，前檣と主檣に各2枚の横帆，後檣に三角帆を張る3檣の帆装と船首にやり出し帆を備えており，船体の寸法比つまり全長と竜骨長と横幅との割合を3対2対1とし，船尾形状は丸形，船首と船尾には巨大な船首楼と船尾楼とを設けていた．いわゆる南蛮屛風の南蛮船の多くが非写実的な描写ながらカラックと断定できるのはこうした特徴からである．このカラックの発展型がガレオンで，16世紀後半から17世紀全期を通じて西欧の大型帆船の決定版であった．帆走速力を上げるため船体の寸法比を4対3対1とカラックより細長くし，船尾形状も喫水線より上は構造的に無理のない平形とした．また船首楼を小型化する代りに嘴(くちばし)状のビークヘッドを長く突き出させるのを外観上の特徴とする一方，帆装は末期のカラックとほぼ同様だったが，大型船は前檣と主檣の帆を各3枚とし後檣を1本追加するなどの改良も行われた．こうして高性能化したガレオンは西欧諸国の商船・軍艦として広く採用され，時代や国により多少の相違はあるものの右の基本的特徴に変りはなかった．来日ガレオンは500～1000t級が主で，南蛮屛風では狩野内膳筆とその同系のものにかなり巧みに描かれている．次に鎖国までの約20年間は300t内外の小型ガレオンつまりガレウタ(ガリオット)が主役となり，ために来航禁止令にはガレウタの名が南蛮船の代表格で登場する．西欧ではナベッタとも呼び，慶長18年(1613)に伊達政宗が月の浦で建造した500t級のガレオン遣欧使節船も在日神父アンジェリスはナベッタと報告している．これは大型ガレオンでは4檣が通例だったため，3檣の点を意識してのものと思われる．なお鎖国政策により長崎での貿易を許されたオランダ船は紅毛船と呼ばれるようになり，鎖国前の南蛮船と区別された．　→オランダ船　→黒船(くろふね)

参考文献　岡本良知『長崎開港以前欧舶来往考』，同『(十六世紀)日欧交通史の研究』，外山卯三郎『南蛮船貿易史』，杉浦昭典『帆船―その艤装と航海―』，岡本良知・高見沢忠雄『南蛮屛風』，石井謙治『図説和船史話』，同「伊達政宗の遣欧使節船の船型」(『海事史研究』8)　　　　　　　(石井　謙治)

(16世紀のポルトガルのカラック)

080 南蛮鉄 なんばんてつ　近世初期のころ日本に輸入された鉄の素材(半製品)．ふつう長さ約15cmほどのひょうたん型をした平たい板状の鋼片で，俵国一の研究によると，おもにインドのコロマンデル沿岸地方のサレムで精錬されたウーツ鋼，つまり不純物の少ない良質のるつぼ鋼が代表的なものとされ，慶長16年(1611)オランダ商館長が徳川家康・秀忠らに献上した記録が知られている．刀剣・工芸材料として重用されたが，粗悪品もあり，評価はさまざまである．南方から渡来した鉄という意味で広く南蛮鉄とよばれた場合もある．

参考文献　飯田賢一『日本鉄鋼技術史』，俵国一『日本刀の科学的研究』，同「南蛮鉄について」(『工学会誌』282・295・360)　　　　　　　(飯田　賢一)

081 南蛮美術 なんばんびじゅつ　16世紀末から日本で行われた異国趣味の美術．ポルトガル人・スペイン人らが東南アジアを通って来航したために，南からの異国人のもたらしたものとして「南蛮」なる呼び名が用いられた．イエズス会が布教用に養成した画家たちの，主に日本画の材料を用いて描いた洋風画，すなわち「マリア十五玄義図」（京都大学文学部），「救世主像」（東京大学附属図書館）などの聖画と，「泰西王侯騎馬図」（神戸市立博物館・サントリー美術館），「西洋風俗図」（MOA美術館・永青文庫・南蛮文化館・福岡市美術館），「世界図と都市図」（宮内庁・神戸市立博物館）などの世俗画があり，西欧風俗と西洋画法との異国的要素で近世初期絵画中でもその特色が鮮明である．しかし，異質性の高いためと，キリスト教禁圧の影響とによって他画派への影響は少ない．わずかに「達磨図」や「老師父図」（神戸市立博物館）が司馬江漢など江戸時代後期の洋風画に影響を残した．他に南蛮人が交易に用いた南蛮船を主題にした南蛮屏風は九十数点現存し，狩野派などの日本画家による異国趣味をよく示している．中国の輸出用屏風の図柄に影響している．工芸では南蛮人や南蛮船・鉄砲・うんすんかるたなどを文様化することが広く行われ，広義ではそのような作品も含めるが，漆器では蒲鉾型の洋櫃（ひつ）・小型洋簞笥・聖書台・聖龕（がん）など異国的な型のものが輸出用としてつくられ，特に洋櫃は鎖国時代を通じて欧州に輸出され，japan, japon, giaponeなどは漆器を指す普通名詞になるほどであった．金工品には洋風釣鐘（南蛮鐘）とメダルの製作や，洋風モティーフの鐔（南蛮鐔）などがあり，また洋風の甲冑も輸入されて日本の変り兜のデザインに刺戟を与えている．陶芸には織部焼に洋風新意匠を装ったものがある．染織品にはフランドルのつづれ織りが祇園や長浜の鉾や山車（だし）に用いられ，またビロードやサテン・サラサ（更紗）など新しい織物による陣羽織や火事装束がつくられた．洋風のひだ襟やボンバーシャという膨らんだズボン，南蛮傘といわれた広つばの帽子（南蛮帽）も好まれ，ボタンや返し縫いは後世まで伝えられ，縞柄も輸入された．さらに注目すべきは，その縞柄やサラサ・宋胡録（すんころく）・呂宋（るそん）壺のように東南アジアの産物や意匠がしばしば南蛮趣味の重要な対象となっていたことである．

参考文献　岡田譲編『南蛮工芸』（至文堂『日本の美術』85），日高薫『異国の表象—近世輸出漆器の創造—』，「南蛮美術総目録（洋風画篇）」（『国立歴史民俗博物館研究報告』75）　　　　　　（坂本　満）

082 南蛮屏風 なんばんびょうぶ　16世紀後半から17世紀前半に来航した南蛮人（ポルトガル・スペイン人）との交流を反映する屏風絵．狭義では南蛮人渡来（上陸・交易）図とも呼ばれる一群の屏風を指す．広義では，それ以外に同時代の洋風画屏風を含む．後者はイエズス会によって製作されたもので，宗教画屏風は現存しないが，世俗画には西洋の王侯・武将図，戦闘図，都市図，世界図，田園遊楽図（「泰西王侯図」（長崎県立美術館），「泰西王侯騎馬図」（神戸市立博物館・サントリー美術館），「レパント戦闘図」（香雪美術館），「二十八都市図と世界図」（宮内庁），「四都市図と世界図」（神戸市立博物館），「西洋風俗図」（MOA美術館・神戸市立博物館・福岡市美術館・南蛮文化館））などの主題がマニエリスム末期の様式で鮮烈な異国情趣をもって描かれ，その中には寓意性の推測されるものもある．イエズス会が布教の便宜のために大名家に贈物としたものが含まれるが，この異国的様式は日本の画派に何らの影響を残さず，禁教とともに消滅した．一方，狭義の南蛮屏風は，狩野派が案出した構成が町絵師によっても描かれたもので，商家・廻船問屋などに伝えられた例が多く，縁起ものとして好まれたことを推測させる．近年の総合的な調査研究（「南蛮美術総目録（洋風画篇）」，『国立歴史民俗博物館研究報告』75）によって，比較的初期制作の10点を，①室町時代の文献にある「唐船図屏風」を祖型として，中国港市の情景（唐船が描かれる）とこれまでの南蛮屏風の類型に認められる通りの南蛮船と日本港市情景の組合せによる1双の屏風（九州国立博物館・大阪城天守閣），②日本と南蛮（「想像上の異国」と上記の総目録では記す）の組合せ，③日本のみの南蛮船入港の情景，に分類し，以上の3類型の変形継承群3群75点，およそ交易を中心主題とするもの15点の他に，地図と並置される1点を加えた91点が整理された．その点数の多さは「洛中洛外図」につぐもので，この屏風の重要問題が論じられるに値する．作品がさらに発見され，点数は増える可能性がある．この新しい分類では「南蛮」という言葉を使っていない．「南蛮イメージ」が明白な西欧イメージから，ほとんど同時代の中国宮廷図イメージそっくりなものまであって，その中間の異国的なものの原型には，中国的ではあってもモンゴル・朝鮮風俗の混入も認められる曖昧さが，好奇心と想像力を刺激する．異国趣味の魅力といえる．同時代の狩野派による中国宮廷風俗図屏風との構図とモティーフ上の共通性も明らかであるが，この曖昧さが近世の日本人の異国観を窺う史料としての面白さでもある．

参考文献　岡本良知・高見沢忠雄『南蛮屏風』，坂本満他編『南蛮屏風集成』　　　　　　（坂本　満）

083 南蛮風俗 なんばんふうぞく　近世初期に来日した南蛮人，すなわち南ヨーロッパのキリスト教国民によってもたらされ，日本人が受け入れた風俗．

その1は衣類関係で，襦袢（じゅばん）はポルトガル語の「ジバン」に由来する．「更紗」「メリヤス」「ビロード」「ラシャ」も同様である．だがたとえば「ジバン」は元来アラビアの衣服であるし，「メリヤス」

は南欧では長靴下のことであるが，日本では絹糸・綿糸・毛糸のメリヤス編みの意味に変わったように個々に解説を要するものが多い．「弁柄縞」「桟留縞」などの「ベンガラ」「サントメ」はポルトガル語に由来するが，インド方面の地名である．「カルサン」「マント」「カッパ」「ボタン」などはポルトガル語そのままが日本語となった．昔から日本にあった「括(くく)り袴」に南蛮人の「カルサン」の様式がとり入れられた和洋折衷のこの種の袴は普及して，上杉謙信・織田信長・徳川家康らが着用したと伝えられるものが現存している．豊臣秀吉はことのほか南蛮の衣服を好み，文禄3年(1594)の吉野での観桜の宴に際しては諸将に南蛮の服装を着用するようにと命じ，事実その有様が「吉野花見図」屏風に描かれている．慶長9年(1604)の秀吉の七回忌に催された豊国祭を扱った著名な屏風絵に描かれた群集の中にも，かなりの数の南蛮服装の人物が見出される．南蛮系の衣服や服飾品の流行は豊臣秀吉が文禄の役に際し北九州名護屋に大本営を構え，そこから上方(かみがた)に引き揚げたころから急速に弘まったのであるが，たとえ一時期であったにせよ大いに流行した．京都の高台寺にある秀吉所用と伝えられる陣羽織は，ペルシャ産の絹綴(つづれ)で，獅子・虎・孔雀・鹿などの図柄であり，まさしく豪華といえる．

南蛮風俗の第2種は食物であり，現在もなお，カステラ・テンプラ・パン・金米糖(コンフェイト)・ボーロ等々に名残りを留めている．ただし日本人は外来語をそのまま用いずに変えることがしばしばあるので，上記の食物名の語源が厳密にポルトガル語であるとは断定できないものもある．しかし日本人が牛肉や卵を好んで食べるようになったのは南蛮人の影響であり，先に南蛮人に対して肉食を非難した豊臣秀吉までが，のちにそれを好むまでになった．豆腐料理の一種で，「おでん(関東煮(だ)き)」の材料として各地で好まれるものに「がんもどき」あるいは「ひりょうず(ひりゅうず)」と呼ばれるものがある．この後者の語源がポルトガル語である可能性もあるが断定はできない．だが大阪の鯖(さば)の押し寿司の一種「ばってら」はポルトガル語の「バテイラ」(小舟)に由来する．

その他にも南蛮に由来する風習が日本の社会で流行した．「タバコ」はその代表的なもので，確かな記録にみえる限り，慶長6年に伏見においてフランシスコ会の修道司祭ポルトガル人ジェロニモ=デ=ジェズスが薬として徳川家康に献上したことをもって嚆矢とする．それ以後，タバコは薬用から嗜好品と変わり，幕府はしばしば煙草禁止令を出すが，結局，禁圧することはできなかったのである．「カルタ」はもとよりポルトガル語であるが，その伝来と普及の解説は容易でない．古来日本では貝覆(かいおおい)，また貝合(かいあわせ)が行われて来たが，そこへポルトガルからカルタがもたらされ，影響したり融合したりして，現今の百人一首やいろはカルタや花札など種々のものができたのである．時計は早く日本にもたらされたが，わが国では夜明けと日没で昼夜を分ける，いわゆる不定時法が採用されていたから，南蛮系の時計は役に立たず，したがって普及も発達もしなかった．ローマ字はキリシタンの間でかなり用いられ，キリシタンはもとより信徒でない者もローマ字入りの印章を用いた．また大友宗麟のようにみずからのキリスト教名「フランシスコ」を「不乱師子虎」や「府蘭」として署名に用いる者もあった．彼はまた「FRCO」を組み合わせた印章を使用した．

参考文献　岡田章雄『南蛮宗俗考』(『岡田章雄著作集』1)，松田毅一「南蛮文化考」(『近世風俗図譜』13所収) (松田　毅一)

084　南蛮文化　なんばんぶんか　南蛮人(南ヨーロッパのキリスト教国民)の来日によって近世初期の日本で開花した異国情緒的文化．来日した南蛮人はほとんどが宣教師と商人であったが，商人らは，通常，南蛮船が入港した港の市街から外には出かけず，日本人と接触する機会が少なかったから，文化的に日本人に影響を与えたのが宣教師たちであったことはいうまでもない．宣教師たちは日本人のキリスト教化を目的として渡来したのであるから，そのもたらした文化がキリスト教に関るものであったことは当然である．事実，次に例を挙げるように南蛮文化の多くはキリスト教文化といえるものである．だが，南蛮文化をキリシタン文化と同一であるとみなしてはならない．すなわち，キリスト教(キリシタン宗門)が日本で公認されていたのは天文18年(1549)シャビエルの来日から天正15年(1587)豊臣秀吉による布教禁止までの間だけで，それ以後はキリシタンや宣教師の公然たるキリスト教的文化活動は禁じられた．ところが，いわゆる南蛮文化(南ヨーロッパ風の文物)がわが国の朝野でもてはやされ愛好されたのは，豊臣秀吉がキリシタンの布教活動を禁じてのちのこと(慶長5年(1600)の前後十数年)であるから，この文化をキリシタン文化とは称し得ないのである．つまり「南蛮文化」は，南蛮人の影響を受けた文化一般を指し，「キリシタン文化」は，その文化を担った人々の活動や文化の意義は多大であるが，「南蛮文化」のうちの一部であると解すべきである．

南蛮人がもたらした文化，また彼らの渡来によってわが国で新たに発生した文化の種々相を，まず芸術の分野から観察してみよう．南蛮屏風(「南蛮人渡来図屏風」)といわれる豪壮華麗な障屏画がある．通常は6曲1双で左半双には外国の情景や南蛮船，右半双には南蛮人の上陸，日本商人との取引の有様が描かれている．金箔を施した雲の彼方には日本様式のキリスト教の教会があり，開け放たれた室内ではミサが行われている

ところ，キリシタン信者が宣教師に懺悔しているところ，南蛮人司祭と日本人同宿（どうじゅく）が教本を手にして問答しているところが微細に描かれている．その教会の門から宣教師の一団が出かけ，船の側からは黒人がかかげた日傘のもとにいる威風堂々たる南蛮人を先頭に大勢の商人がやって来て，街路で両者が出会う．船から続々陸揚げされる品々，孔雀・洋犬・象などの舶来動物もみえ，いかにも異国情緒に満ちていて，長崎の埠頭付近の有様をそのままに，またはそこを念頭において日本人の画家が写実的に屛風絵に仕立てたことがわかる．広義の南蛮屛風には，このほか，世界地図や日本地図，また外国の諸都市や南欧の風物，人物，戦闘図などを画題としたものがある．たとえば「都市図屛風」の場合，そこにはリスボン・ゴア・セビリャ・ベニス・ジェノバ・コンスタンチノープル・ローマのような著名な都市のみでなく，ベルゲン・アンカラ・ストックホルム・アントワープ・ハンブルクなどまで描かれていて，日本人の画家がヨーロッパから輸入ないし贈呈された都市図帳に基づいてこれを作製したことを知らしめる．こうした世界地図屛風や宣教師たちの談話によって，安土桃山時代以後日本人はそれまでの天竺・中国・日本という三国世界観を捨て世界を地球的視野で理解するに至ったのであり，南蛮人がもたらした最大のものは日本人をして世界観を拡大せしめたことにあるというも過言ではない．日本におけるキリシタンの数が増えるにつれ，教会や信徒の家において宗教画を多く必要としたので，当然，多数輸入され，のちには日本においてもキリスト・聖母マリア・諸聖人を描いた絵画が製作された．これらは江戸時代の迫害期にほとんどが没収されたり破却されたりしたが，現存する南蛮文化館（大阪市）の「聖母マリア画像」「聖ペテロ画像」，東京国立博物館の「親指の聖母画像」「三聖人像」，神戸市立博物館の「聖フランシスコ＝ザビエル画像」，大阪府茨木市立キリシタン遺物史料館所蔵「聖母マリア十五玄義図」等々，いずれも逸品であり，迫害をくぐり抜けて伝来しただけに一層貴重というべきである．キリシタン関係の美術工芸品で現存するものの中には，地下に埋められていたり，壁にぬりこめられていたりしたものがあり，その例としては島原半島の原城跡から出土した黄金の十字架や，豊後丹生（にう）から出土した聖母子像等々がある．

南蛮人の来日によって，種々の西欧の風習，ことに衣食関係の風習が日本人の間で愛好され受容された．それらはほとんどキリスト教とは無関係であったから，江戸時代を通じて日本の文物と混同して行った．この種のものについては別項「南蛮風俗」で述べてあるので，次にはキリシタン宗と関係があったために，短期間しか存続しなかった風習，もしくは変容して存続した風習の例を挙げる．前者としては，クリスマスや復活祭に，アダムとエバ，キリストの贖罪・復活・昇天といった演劇が上演されたり，聖歌隊が組織されたり，ビオラ・クラボ・オルガンといった西洋楽器が演奏されたりしたことが挙げられる．これらは教会が早く破壊されたので発達することなく終熄した．一方，西九州の各地や摂津の山奥の集落などでは，キリスト教の風習が日本のそれと混同したり，相当に変容したりしながら存続した．教会暦がなくなった旧高槻領の山中では，春になって燕が来ると，「入りの日」から「開きの日」まで30日間，2食とし，開きの日には身体を清め「お縄にかかる」といって祈りを唱えながら苦行用の鞭で左肩を打ち，それが終ると鶏肉を食べるのを習しとした．これは四旬節・聖週間・復活祭などの風習の名残りである．

日本で布教事業を主に担当したイエズス会は，教育をもって「布教のための最も効果的な武器」としていたので，当初からわが国で教育事業を企てた．教会に付属した初等学校のほか，天正7年巡察師バリニャーノが来日してからは，コレジオ（学院）・ノビシャド（修練院）・セミナリオ（神学校）なる3種の教育機関が設立された．初等学校において女子にも入学が許されたり給食が施されたりしたことなど，日本の教育史上特筆に価する．これらのイエズス会の諸学校は，迫害のために転々と移動せねばならず，学生生徒らは安んじて勉学できない状態にあったが，それでも彼らがそこでヨーロッパから将来された印刷機をもって数数の書物を刊行したことは南蛮文化のうち最も学術的価値が高い．それら「キリシタン版」とも「日本イエズス会版」とも称される約30種の現存する書物は現在の日本語学研究者に裨益するところ多大だからである．

終りに挙げるべきは宣教師たちの社会活動である．すなわち，戦乱期において宣教師たちはキリシタン信徒ともども，キリストの教えに従い，重税・飢饉・高利・疫病などにあえいでいた人々，落伍者・窮乏者たちに慈善の事業を数々行い，かつ収賄・賭博・堕胎・窃盗・離婚等々の諸悪と戦い，その防止に努めたのである．→吉利支丹（キリシタン）　→吉利支丹遺物（キリシタンいぶつ）　→キリシタン学校制度　→キリシタン社会事業　→キリシタン版

参考文献　海老沢有道『南蛮文化』（『日本歴史新書』），松田毅一『キリシタン―史実と美術―』，同『南蛮人の日本発見』　　　　　　　　　（松田　毅一）

085 **南蛮文学** なんばんぶんがく　⇨キリシタン文学

086 **南蛮貿易** なんばんぼうえき　南蛮の語義から南蛮貿易はポルトガル貿易・スペイン貿易を意味し，時代は寛永鎖国までを対象とする，と解してよいであろう．この時期の両貿易はともに史料上の制約からなお不明確な事柄が少なくないが，これまでに判明していることを要約し

て記す．わが国とポルトガルとの関係は天文11年(1542)ポルトガル人の種子島渡来に始まるが，貿易関係が確立する上で重要な意味を持つのが，1555年ごろ澳門(マカオ)がポルトガル領となったことである．ポルトガル貿易とは，澳門と日本の間の貿易にほかならない．さらに元亀元年(1570)長崎がポルトガル船のために開港されたこともまた，大きな意義を持つ．以後長崎はポルトガル船のわが国における唯一の入港地・貿易地として，不動の地位を固めるが，これに関係して注目すべき点は，長崎が，貿易と不離の関係にあったキリシタン教会の中心地となったことである．すなわち，開港後長崎はイエズス会教会の中枢であったばかりか，慶長元年(1596)司教の着座を迎えると，名目は豊後府内司教であったが，終始長崎に駐錫した．しかもそこの住民はほとんどすべてキリシタン信徒であり，代官・町年寄以下の支配層も，禁教・迫害の時代に入るまで，ほとんど信徒ばかりで占められていた．わが国とポルトガルとの関係は，貿易とキリシタン布教とから成っていたといってよいが，このような両国関係は貿易地の性格にそのまま反映していたといえよう．そのことはまた，イエズス会宣教師―特に財務担当パードレたるプロクラドール職にあるパードレ―の貿易介入を招き，貿易は布教のための良き手段ともなった．貿易そのものの内容に入ると，まず貿易品であるが，ポルトガル船がわが国にもたらした商品は，中国大陸の産物が大部分であった．ポルトガル貿易最盛期のころのものと思われる，あるスペイン史料は，ポルトガル人が長崎にもたらす商品が次のようなものであったことを伝えている．生糸類・絹織物・金・麝香・白鉛・綿糸・綿布・水銀・鉛・錫・山帰来・大黄・甘草・砂糖．このように多様な商品から成っていたが，中でも主要なものは生糸で，これが長崎での売上げのおおよそ半分位を占めた．これら日本向けの商品を，ポルトガル人は広東で夏・冬の2度開かれる市の内，特に夏の市で仕入れた．一方ポルトガル人が長崎から澳門にもたらしたものは，ほとんど銀のみであった．このような商品構成はそのまま，ポルトガル貿易が繁栄しえた理由を明らかにするものでもある．すなわち，①中国大陸では日本に比して銀の金に対する価値が高かった．当時わが国では銀の産出額がきわめて大きかった．②日本では良質な中国産生糸・絹織物に対する需要が大きかった．③これら中国の産物と日本の産物との交易を，中国人・日本人が直接行うことは中国政府の政策から不可能であった．このためポルトガル人が仲介業者として有利な立場につくことができた．ポルトガル船は夏季長崎に渡来して冬季に帰航したが，この間の長崎での総売上高は，おおよそ次のとおりであった．1570～90年代は40万～60万クルザド，17世紀に入って1630年代初めまでは50万～150万クルザド，その後1630年代を通して200万～230万タエル(クルザドとタエルはほぼ同じ価値かまたはタエルの方が多少価値が高かった)．またポルトガル側の利益率は，おおよそ50～100％といったところであったようである．ポルトガル貿易の人的要素として特筆すべきものは，カピタン＝モールと代理商人(ファクトール)であろう．カピタン＝モールは，1年ごとの対日航海権所有者で，その権利は当初はポルトガル国王から恩賞としてポルトガル貴族に与えられた．この権利の保有者以外，その年の日本航海を行うことができなかった．しかしこの権利は間もなく売買の対象となった．売価はその年により変動が大きく，史料的に判明する売価はおおよそ7000～7万7000クルザドの値幅で動き，平均はおおよそ2万4000クルザドであった．このカピタン＝モールは日本貿易により莫大な収入が期待できただけでなく，長崎停泊中はそこのポルトガル人社会を統轄する地位にあった．いま1人の代理商人であるが，1570年ごろ澳門において対日生糸貿易を独占的に行うための一種の企業であるアルマサンが組織され，澳門住民で希望する者は全員が参加して出資し，そして利益配当銀を受け取ったが，このアルマサンから長崎での生糸取引を委任された者が代理商人である．彼は長崎において，現地のイエズス会プロクラドールの仲介・助力などを得て，日本側に生糸を一括取引(パンカダという)により売り渡した．このアルマサンは，売上げに対して一定率で澳門市に税を，カピタン＝モールに運賃を支払った．生糸以外の商品については，このような独占的組織による取引は行われなかった．ポルトガル人は日本側には長崎の領主に停泊料・関税を支払っていたようであるが，その詳細は不明である．対日貿易の澳門市に対する財政的貢献は，もちろん相当に大きいものであったことはいうまでもない．史料的制約からその明細は不詳としなければならないが，おおよそ対日総売上高の2～9％であったようである．ただ終末期に近づくにつれ，対フィリピンなどスペイン貿易の比重が大きくなったといってよい．

スペイン貿易について触れると，フィリピンからのスペイン船の渡来を見るのは1580年代からであるが，特にこのスペイン貿易が盛んになるのは，17世紀初めであった．中国大陸とフィリピンとの間の交易が拡大し，大陸産の生糸・絹織物が大量にマニラにもたらされ，集積されていたこと，スペイン人の間で主として日本の食糧品・軍需品に対して需要があったこと，それに徳川家康の政策的配慮も加わって，一時期スペイン貿易はポルトガル貿易に脅威を与えるほどの規模に達したようである．ただ，スペイン貿易についてはポルトガル貿易以上に史料が乏しく，その実態を詳細に知ることは困難である．なお，スペイン貿易は寛永元年(1624)，ポルトガル貿易は同16年幕府により禁令が

出され，断絶した． →糸割符（いとわっぷ） →オランダ貿易 →鎖国（さこく） →朱印船貿易（しゅいんせんぼうえき） →南蛮船（なんばんせん）

参考文献 岡本良知『十六世紀日欧交通史の研究』，高瀬弘一郎『キリシタン時代の貿易と外交』，同訳註『モンスーン文書と日本―十七世紀ポルトガル公文書集―』，箭内健次「南蛮貿易」（『（岩波講座）日本歴史』9所収），山脇悌二郎「近世の対外関係」（『体系日本史叢書』5所収），ホセ＝アルバレス＝タラドリス「マカオ・長崎間貿易船のアルマサン契約に関する一六一〇年の資料」（野間一正訳，『キリシタン研究』12），C.R. Boxer: The Great Ship from Amacon (1959). (高瀬弘一郎)

087 **南蛮焼** なんばんやき 中国南部・シャム・安南など南洋方面から渡来した粗陶器の総称で，特に茶陶として珍重された．室町時代中期ごろから村田珠光・宗珠によって簡素な個性味をもった茶が，新興町衆に支えられて盛んとなってきた．唐物の中でも下手な珠光青磁や高麗茶碗が珍重される中で，粗陶の南蛮焼も茶人好みとして賞玩された．しかし，それぞれに一定の作風がみられず，その窯場の大部分は中国南方と考えられるが明確でない．『茶具備討集』（天文23年(1554)奥書）には，すでに芋頭や瓶の蓋など南蛮物の名がみえる．貿易港として栄えた堺の町衆茶人などの手によって，17世紀初頭に朱印船貿易やシナのジャンク船，オランダ船によって盛んにわが国に請来されたものである．

参考文献 三上次男・長谷部楽爾編『世界陶磁全集』16 (安藤 孝一)

088 **南蘋** なんぴん ⇨沈南蘋（しんなんぴん）

089 **南蘋派** なんぴんは 江戸時代中期に来日した中国人画家沈南蘋の花鳥画の影響を受けて長崎に生まれた，鮮麗な賦彩と細緻な筆法による写生的な花鳥画を主とする画派．長崎派ともいう．沈南蘋は中国浙江省呉興の人で，名を銓，字を衡之，号を南蘋また衡斎といい，没骨法と鉤勒法を並用し，精緻な筆法と艶麗な色彩による写生花鳥画をよくした．その画風は当時の一般的な中国の花鳥画とはやや異質であり，地方的な画風であったと考えられる．南蘋は享保16年(1731)12月長崎に来航し（一説に門人高鈞・鄭培を同伴したという），同18年9月に帰国するまでの間に，その写生的画法を長崎の青年画家熊斐（初名，神代彦之進）に教えた．さらにその後，南蘋の弟子高乾が来崎し，同じ画法を熊斐に伝えた．南蘋の画風は当時の日本画には見られない新鮮な艶麗さを持っていたので，一方で「俗」と評されながらも多くの人々を引き付け，熊斐のもとには各地から弟子が集まった．その門下から出た熊斐文・熊斐明・真村蘆江・江越繍浦・巌斐（広渡）湖秀は長崎で活躍し，僧鶴亭・大友月湖・泉必東は京坂で，宋紫石・林稚瞻（松林山人）・森蘭斎・建部凌岱・鏑木梅渓は江戸で，それぞれ南蘋画風を広めた．また独自に南蘋の画法を学んだ黒川亀玉も，江戸の南蘋画風の普及に少なからぬ影響を及ぼした．宋紫石ははじめ熊斐に学び，ついで宝暦8年(1758)夏ごろ，長崎に来航した宋紫嵒（同10年7月長崎で客死）から西洋画風に近い写生的表現技法を学んで，他の南蘋派画家よりもいっそう写生的な花鳥画を創め，江戸画壇に大きな影響を与えた．南蘋派の写生花鳥画は沈滞していた当時のわが国の画壇を刺戟し，各画派に影響を及ぼし，一時はかなり流行したが，やがて円山応挙の新しい写生画が盛んになるとともに衰退していった． →沈南蘋（しんなんぴん）

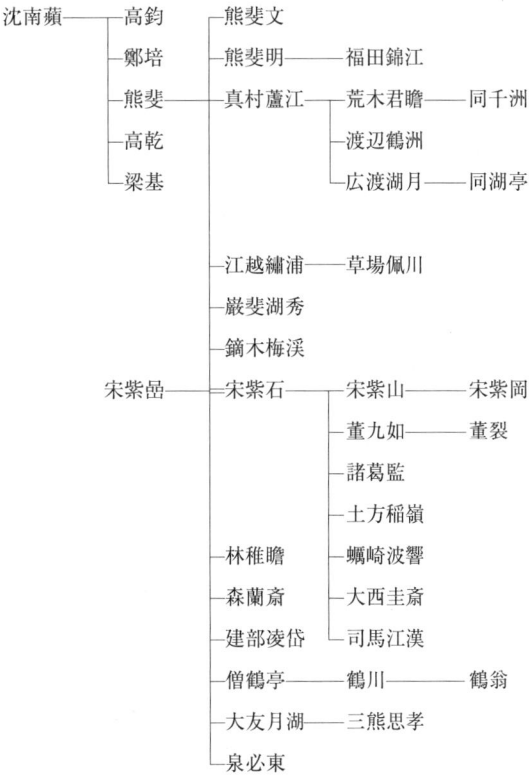

```
沈南蘋 ─┬─ 高鈞     熊斐文
        ├─ 鄭培     熊斐明 ── 福田錦江
        ├─ 熊斐     真村蘆江    荒木君瞻 ── 同千洲
        ├─ 高乾                 渡辺鶴洲
        └─ 梁基                 広渡湖月 ── 同湖亭

              江越繍浦 ── 草場佩川
              巌斐湖秀
              鏑木梅渓

宋紫嵒 ── 宋紫石 ── 宋紫山 ── 宋紫岡
              董九如 ── 董裂
              諸葛監
              土方稲嶺
              蠣崎波響
         林稚瞻
         森蘭斎     大西圭斎
         建部凌岱   司馬江漢
         僧鶴亭 ── 鶴川 ── 鶴翁
         大友月湖 ── 三熊思孝
         泉必東
```

参考文献 古賀十二郎『長崎画史彙伝』，永見徳太郎『長崎の美術史』，越中哲也・徳山光・木村重圭監修『長崎派の花鳥画―沈南蘋とその周辺―』，鶴田武良「宋紫嵒について―来舶画人研究―」（『国華』1028），同「何元鼎と梁基―沈南蘋の周辺―」（同1069） (鶴田 武良)

090 **南聘紀考** なんぺいきこう 鹿児島藩の貧窮好古篤学の士，伊地知季安著．上・中・下3巻より成り，推古天皇15年(607)に始まり天保3年(1832)に終る．外国ことに明・清・琉球との交渉の史料集である．貧書生の独力の仕事であるから勢い誤脱不備を免れ得ないが，間々，他に逸して島津家にのみ伝わった貴重な史料を含む． (宮田 俊彦)

091 **南浦紹明** なんぽじょうみん 1235～1308 鎌倉時代の臨済宗大応派の僧．法諱は紹明，南浦はその道号．駿河国安倍

郡の人．俗姓は藤原氏．嘉禎元年(1235)誕生．幼時に郷里の建穂寺の浄弁について出家の法を学び，建長元年(1249)年15にして剃髪受戒し，建長寺の蘭渓道隆の席下で紹明と安名された．正元元年(1259)入宋し，諸寺の知識に参じたのち，杭州浄慈寺に赴いて虚堂智愚の門を扣き，問答応酬して掛錫を許されて知客を司った．咸淳元年(文永2，1265)6月大いに器許され，虚堂の寿像を画いて賛を請うた．この年8月に虚堂は径山に移り，南浦も付随して参禅し，一夕大悟して偈を虚堂に呈した．虚堂はこの者ついに大悟徹底したと諸寮を触れ廻り，大衆の南浦を見る眼が一変して尊敬された．咸淳3年の秋に虚堂の会下を辞して帰国した．辞するにあたって，虚堂は偈を与えて送行の饌とし，巨山志源・無象静照・通首座など同参の日本僧をはじめ，知人が虚堂の偈に和韻して頌軸を作って南浦に贈った．帰国して建長寺の蘭渓に参じて蔵主となり，文永7年(1270)秋に筑前早良郡興徳寺の檀越に招請され，10月28日に入寺し，虚堂に嗣香を通じて法嗣となった．嗣法書および入院の語を，曇侍者に託して径山の虚堂のもとに呈して嗣法を報告した．虚堂は「吾が道東せり」といって喜んだという．文永9年6月ごろまで住山し，同年12月25日に，同国横岳の崇福寺に入寺した．住すること33年，嘉元2年(1304)に後宇多法皇の詔を受けて上洛し，法皇は宮中に南浦を召して禅要を問い，大いに皇情に叶え，同3年7月20日に京都万寿寺に入寺せしめた．また法皇は東山の故址に嘉元寺を創めて開山に請じようとしたが，叡山衆徒の反対によって不可能となった．徳治2年(1307)関東に下って正観寺に仮寓し，北条貞時の帰依を受けて建長寺に入寺した．12月29日入寺後の小参に，明年12月29日に示寂するような句があったので，大衆は不思議に思ったが，果して翌延慶元年(1308)12月29日に，たちまち微疾を示して遺偈を書し，跏趺して示寂した．年74．法臘60．勅して円通大応国師と諡された．よってこの門派を大応派という．弟子に月谷宗忠・即山宗運・絶崖宗卓・通翁鏡円・雪庭宗codes・可翁宗然・峰翁祖一・即庵宗心・宗峯妙超・済川宗津・秀崖宗胤・物外可什・雲川宗竜・松巌宗友・柏庵宗意・月堂宗規・滅宗宗興・東州宗隅などがある．塔所は，絶崖宗卓が勅を奉じて京都に竜翔寺を創めて開山に請じ，開山塔を祥雲庵といい，柏庵宗意は建長寺山内に天源庵を追塔し，筑前崇福寺には瑞雲庵を建塔した．滅宗宗興は拝塔嗣法の徒で，峰翁祖一の加担を得て，尾張妙興寺を構えて南浦を勧請した．宗峯妙超は大徳寺の開山であるが，この門派は室町時代中期以後に五山派を脱して林下に属した．南浦の行状は月堂宗規が撰述し，月堂の弟子無我省吾はこれを携えて入元し，杭州臨安府の中天竺寺に赴き，住持の用章延俊に塔銘を求め，応安5年(1372)12月に滅宗宗興はこれを上梓した(『円通大応国師塔銘』)．興

徳・崇福・万寿・建長の四会語録(『大応国師語録』)は，洪武八年(永和元，1375)5月19日付の大竜翔集慶寺(天界)住持季潭宗泐の叙があり，跋は文永9年3月の西澗子曇，元徳2年(1330)4月の明極楚俊，洪武3年4月の杭州臨安府の径山住持以中智及の跋がある．五山版のほかに寛永18年(1641)・延宝2年(1674)・宝暦3年(1753)・寛政9年(1797)・明治40年(1907)の各版がある．

参考文献　玉村竹二『五山禅僧伝記集成』

(葉貫　磨哉)

092 南浦文集 なんぽぶんしゅう　近世初期の禅僧文之玄昌の詩文集．3巻3冊．南浦は別号．上巻に「衆楽記」以下38題の慶長4年(1599)から元和4年(1618)の間に作られた記・文・跋・銘が収められ，中巻には説・祭文・書牘など44題を収める．下巻には詩幷序24題と恭畏に充てた論2篇を収める．作品は住持した大隅の正興寺・安国寺などを生活圏とする地方色が濃い．また島津藩主のために製した明・呂宋・安南・琉球の国主に充てた書は当時の海外交渉の様子を伝えるなど，中央京都の五山僧の詩文集と性格を異にするのが特色．自筆本も知られるが流布本に2種あり，慶安2年(1649)版(『薩藩叢書』2，『新薩藩叢書』4所収)と寛永2年(1625)版とは，上冊はほぼ同一であるが中・下冊に異同があり，特に前者の下冊は後者にない分を含んでいる．ほかに『南浦棹歌』3巻3冊があり，これらをすべて収める『南浦全集』6巻6冊がある．また『南浦文集補闕』1冊が数篇の補遺を収める．→鉄炮記(てっぽうき)

参考文献　森慶造『南浦文之和尚』(『成簣堂叢書』11別冊)

(今泉　淑夫)

093 南洋日本町 なんようにほんまち　17世紀初期，東南アジア各地に発生した日本人移民の集団居住地．当時欧州人もこれを日本人区Japanese Quarterまたは日本村Japanese Campoなどと呼んだ．近世初期日本の商船が漸次南洋各地に渡航するようになり，ことに江戸幕府が，これらの商船に渡航免許の朱印状を下付し，諸外国にも書を送ってその諒解を求めたので，朱印船の貿易はにわかに発展して，寛永13年(1636)の鎖国までに延べ数305，60隻渡航した．したがってこれらの朱印船に便乗して

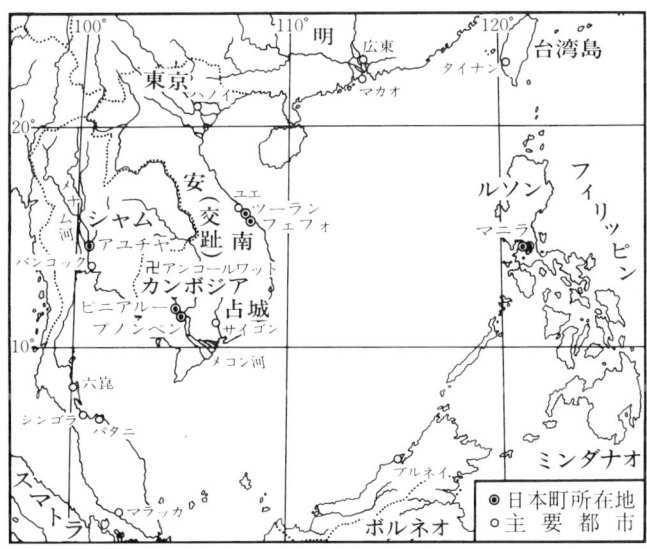

南洋各地に渡航する日本人も多く，渡航先に踏みとどまって活動するものも少なくなかったが，さらに日本の港から帰航する外国船に便乗した日本人もまた少なからず，その多くは外人の間に雑居して，外人の下でいろいろな職場で働き生活した．そして朱印船がもっぱら渡航して盛んに貿易を営んだ地方に日本町が発達した．すなわちフィリピンのマニラ近郊ディラオ Dilao とサン゠ミゲル San Miguel，交趾国（今のベトナム中部）のツーラン港 Tourane とその南に近いフェフォ Faifo，カンボジア国を貫流するメコン河中流のプノンペン Phonom Penh とその北に近い分流に位するピニア゠ルー Pinhalu，シャム国（今のタイ国）を貫流するメナム河中流にある当時の首府アユチヤ Ayuthia の東郊河岸の7ヵ所にあった．やや例外として，朱印船の渡航しなかったミャンマー国の西北辺で当時の首府アラカン Arakan，今のミョーハン Myohang の郊外にも，一時日本人の集団居住地が形成された．このほかに外人と雑居した地は，オランダ人の東方経略の中心地ジャワ島のバタビア Batavia（今のジャカルタ）やその西方に近い同島のバンタン Bantam をはじめ，インドネシア各地の主なる島々から，東方モルッカ諸島 Moluccas に及び，北は台湾島西海岸中部でオランダ人の城塞ゼーランディア城 Zeelandia の東方に近い内陸にわたっていた．

これらの日本町は，いずれも朱印船の貿易に至便な海岸または河岸の港町にあったことはいうまでもなく，そしてそれぞれその国の中央政府の所在地か，またはその地方を管轄している地方庁の所在地に近接した所にあったが，これはその当時これらの諸地がその国の経済的中心地でもあり，かつまた朱印船の貿易遂行にあたり，常に同国の官憲との折衝を必要としたからでもあった．すなわちアユチヤの日本町はシャムの首府の東郊河岸にあり，プノンペンとピニア゠ルーはカンボジアの首府ウドン Oudong の東方に近い河岸にあり，ディラオとサン゠ミゲルは，いずれも呂宋島のスペイン人の中央政庁の所在地マニラに接した海岸に近い河岸にあり，ツーランとフェフォは，交趾国を統治している安南国の重臣阮氏の根拠地順化の南方に近い海港と河岸の港とにあった．各日本町所在地の官憲は，日本人移民取締りの必要上から，その建設を助成した場合が多く，大部分は自治制を敷き治外法権も認められ，在住日本人の有力者が選ばれて，町の行政を担当した．フェフォの林喜右衛門や，アユチヤの山田長政は，その代表的な人物であった．なおこれらの日本町には，大抵華人町が隣接し，ほぼ同様な機構のもとに形成運営されていた．マニラのディラオの日本町に隣接して，華人の市場町パリアン Parian があった．アユチヤの日本町の上流で同じ河岸に華人町があり，ピニア゠ルーの日本町の近くにもあったが，フェフォの日本町は河の北岸沿いにあり，その河上に華人町があって，少なくとも第2次世界大戦前までは，この日本町の西端の小川にかかる橋を日本橋と呼び，この橋に通ずる街路を日本橋通り Rue de Pont Japonais と呼び，町の郊外に当時の日本人移民の墓も2基残っていた．これらの日本町の極盛時元和年間（1615～24）には，日本人在住民の人口は，マニラの3000名を筆頭として，アユチヤの1500～1600名のほか，少なくとも200～300人位となり，その総数5000名以上にも達し，南洋における日本人移民活動の中心勢力となった．

日本町の主要構成員は貿易商人で，朱印船の積荷の売捌きと，購入する土産品の集荷積込みや，来航中国船のもたらす生糸絹織物やその他の商品の買付けにあたり，この貿易機構の整備に伴い，在住日本人は一時その地方の商権を抑え，この方面に渡航進出して来たヨーロッパ船も，日本町在住商人の手によらねば商品の集荷積込みもできない状態であった．また一方にお

いて，日本町には浪人も少なくなかったが，彼らに率いられて，日本人はその地方の外征や内乱に武勲を立てて重んぜられた．シャムでは国王の近衛隊中に日本人800余人がいたと伝えられたが，寛永5年に国王が死んで王位継承の争乱が起ると，山田長政は新王の命により，シャム軍2万人と日本兵800人を指揮して叛乱軍を鎮定したこともある．カンボジアにおいても，在住日本人は，主として同国軍隊に，一時的または常備的に雇傭され，あるいは王の近衛軍として，常時国内の治安維持にあたり，時には同国の外征や内乱鎮圧に参加した．このようにして，日本人移民の勇猛果敢な声価を高からしめたが，慶長11年(1606)にはマニラの日本人が暴動を起そうとしてスペイン人を戦慄させ，その後も再三不穏の計画があったので，ついにイスパニヤ政庁はディラオの日本町を破却したこともあった．他方彼らはシナ人の暴動の際には，再三スペイン軍に参加してこれを鎮定し，その後も時々原住民の叛乱を鎮定し，モルッカ諸島やシンガポール方面に派遣されたスペイン艦隊にも参加した．そのほか日本から追放されたキリシタンも少なくなく，マニラでは在住民の半数1500人が信徒で，ディラオの日本町の住民の信仰は，フランシスコ会の宣教師が携わり，サン＝ミゲルの方はイエズス会の宣教師がその面倒を見て，各自区内にその宗派の会堂も建立された．シャムにも400名の信徒が移住していて，交趾やカンボジアにも多数の信徒がいて，その日本町には彼らの手でその教会堂も建立された．しかし江戸幕府が鎖国政策を断行すると，もっぱら朱印船の貿易に依存して繁栄した日本町も，母国からの人員・物資の補充も絶えて，その後急速に衰えたが，それでもなお17世紀半ばすぎから，長いものは18世紀の初期までその命脈を存続した．

参考文献　岩生成一『南洋日本町の研究』，同『続南洋日本町の研究』，同『朱印船と日本町』(『日本歴史新書』)，村上直次郎『六昆王山田長政』(『朝日新選書』2)　　　　　　　　　　　　　　　(岩生　成一)

に

001 ニーマン　Johannes Erdewin Niemann　1796～1850　江戸時代後期の長崎出島のオランダ商館長．1796年アムステルダムに生まれる．1818年東インドに赴き30年(天保元)出島商館の筆者兼荷倉役として来日．34年～38年商館長．38年江戸参府，渡辺崋山らの学者と接触した．彼は医師であったといわれるが，専門の医師ではなかった．ただし医学の心得はあったのであろう．順天堂の佐藤泰然は彼に学んだと考えられている．38年一旦バタビアに帰ったが再来することができず41年本国に帰る．50年に死去．日本婦人との間に女子を儲けた．

参考文献　酒井シヅ「蘭館長ニーマンと長崎留学生」(『日本医史学雑誌』21ノ1)　　(沼田　次郎)

002 ニコラオ　Giovanni Nicolao　1560～1626　イタリア人，イエズス会宣教師，絵画師．1560年ナポリに生まれる．1580年(別資料で1577年)にイエズス会に入り，1581年にインドへ送られ，天正11年(1583年7月25日)に来日．イタリアで絵画を修めたので，彼の派遣は1人の絵画教師を日本へ送るように依頼されたからである．最初の1年のあいだ，長崎と有馬の教会のために祭壇画を1枚ずつ描き，同12年から15年まで京都に居た．同15年の伴天連追放により九州へ行き，同16年から19年まで人文学と倫理神学を勉強した．文禄元年(1592)に絵画・銅版画・工芸などを教える課程ができたので彼はそれを担当し，同年に志岐，同2年に八良尾，同3年に有家，つづいて有馬や長崎のセミナリョでこれを指導した．いつ司祭に叙階されたか判明しないが，慶長8年(1603)からもう司祭として名簿に載っている．その後も絵画学校の担当をつづけ，同19年(1614年11月)にマカオへ渡り，1626年3月16日にそこで死去した．彼の指導のもとで生徒はヨーロッパから将来した絵を模写し，特に遠近法と陰影法を習った．彼自身の作品は残っていないが，彼の弟子の作品はキリシタン美術として知られ，また長崎を中心とする洋画は，この絵画学校の伝承を受けている．

(H・チースリク)

003 西川如見　にしかわじょけん　1648～1724　江戸時代前期の天文家，地理学者．名は忠英，通称次郎右衛門，如見(恕見)はその号で，また求林斎・淵梅軒とも号す．慶安元年(1648)長崎に生まれる．父は忠益．その家は生糸の鑑定などを勤める土地の役人．20歳代に学問に志し，当時長崎に家塾を開いていた京都の儒者南部艸寿に師事し，また長崎の洋学者林吉右衛門・小林謙貞(樋口権右衛門)の学統のなかで南蛮系の天文・暦学に通じ，

マテオ=リッチなどの耶蘇会士系の著述も読んでいたものと思われる。元禄10年(1697)に隠居してから著述に専心し多くの著書を出し，名声が知れわたった。禁教下にあって，西洋の知識はきわめて限られていたが，長崎という地の利を持つ如見の見識は高く評価され，享保4年(1719)徳川吉宗に江戸へ召し出されて下問を受け，数年江戸にとどまって帰国した。享保9年8月10日没。77歳。墓は長崎市の長照寺にある。墓碑に金梅院殿西川如見居士源忠英之墓とある。著書は多数あり，天文・暦学・地理関係の著書は西洋認識の先駆として位置づけられている。『天文義論』『両儀集説』『右旋弁論』『虞書暦象俗解』『教童暦談』『日本水土考』『華夷通商考』『長崎夜話草』『町人嚢』『百姓嚢』などが代表的なもので，また『天経或問』訓点本とその付録『大略天学名目鈔』のように次男西川正休と共同して書いたものもある。これらすべては『西川如見遺書』に収められている。　→華夷通商考(かいつうしょうこう)

参考文献　細川潤次郎「西川如見伝」(西川忠亮編『西川如見遺書』所収)　　　　　　　　(中山　茂)

004 西玄甫 にしげんぽ　?～1684　江戸時代前期の阿蘭陀通詞・医師。西家第2代。初代西吉兵衛の子として長崎に生まれる。初名は新吉，承応2年(1653)吉兵衛と改名，父の跡職を継ぎ，大通詞となる。寛文9年(1669)退役。延宝元年(1673)召出され，江戸西久保に屋敷を拝領，幕府の参勤通詞目付を勤め，外科医官を兼ね，玄甫の通称を用いた。クリストファオ=フェレイラ(日本名沢野忠庵)に南蛮医学を学び，ついでオランダ商館医から紅毛医学を学び，寛文8年医学証明書を得た。ここにおいて，南蛮・紅毛両流の医術を併せて外科治療にあたり，名声を得た。これを西流外科と呼んでいる。明暦2年(1656)沢野忠庵が訳した南蛮文字の天文書の和解を命ぜられ，向井元升とともに従事，彼が欧字を読み，元升が筆録，さらに元升の陰陽五行説に基づく弁説が付けられ『乾坤弁説』として呈上された。通事頴川藤左衛門と共著の『諸国土産書』は，西川如見の『華夷通商考』の種子本の1つとなっている。貞享元年(1648)9月17日江戸で病没。

参考文献　片桐一男「阿蘭陀通詞西吉兵衛父子について」(箭内健次編『鎖国日本と国際交流』下所収)
　　　　　　　　(片桐　一男)

005 西善三郎 にしぜんざぶろう　?～1768　江戸時代中期の阿蘭陀通詞。享保7年(1722)より出島に出入りし，通詞職を見習う。同18年口稽古を命ぜられ，元文元年(1736)稽古通詞，同四年小通詞末席，延享3年(1746)父善右衛門の跡職を継ぎ，翌年小通詞，宝暦3年(1753)大通詞助，翌年大通詞となった。この間，年番通詞を5度，江戸番通詞を6度勤めた。明和3年(1766)東上の際，江戸の定宿長崎屋で前野良沢・杉田玄白らの訪問を受

け，オランダ語学習の困難性を説いた。晩年，蘭日辞書の編纂を企画，マーリンPieter Marinの『蘭仏・仏蘭大辞典』Groot Nederduitsch en Fransch Woordenboekに準拠して，AB二三韻諸言を訳したが，完成をみずに明和5年病没した。享年には52・53・54歳の3説がある。

参考文献　片桐一男『阿蘭陀通詞の研究』
　　　　　　　　(片桐　一男)

006 西宗真 にしそうしん　⇒西類子(にしるいす)

007 西村太郎右衛門 にしむらたろううえもん　生没年不詳　江戸時代前期の海外貿易家。近江国蒲生郡八幡町(滋賀県近江八幡市)の出身で日触八幡社(日牟礼八幡宮)の氏子。『日触八幡社記録』によれば，西村太郎右衛門は船に貨物を積み九州に赴く途中台風にあい乗組員一同氏神の冥助を祈ったところ運よく元和元年(1615)安南に漂着した。この地は戦争の最中で城方にくみせよとの氏神の神占を得て，海賊防禦のため船中に備えた甲冑を身につけ上陸し寄手の兵を打ち破り勝利を得た。城方の兵は太郎右衛門の武勇に感じ入り大将軍と称え城主にした。太郎右衛門は日本への帰国を断念したが望郷の念に堪えられず親戚への贈物を添えて郷里の氏神八幡宮へ奉納する絵馬を長崎へ送った。長崎奉行はこれを検閲し絵馬は長崎奉行所へ置きその模写したものを八幡宮へ送ったという。この絵馬は同宮に現存し，大きさは縦2尺2寸7分，幅2尺6寸1分で商船が画かれており，「正保四年(1647)(丁亥)三月吉日」と年月日が付されている(重要文化財)。

参考文献　川島元次郎『徳川初期の海外貿易家』
　　　　　　　　(武野　要子)

008 西流外科 にしりゅうげか　⇒西玄甫(にしげんぽ)

009 西類子 にしるいす　?～1646　安土桃山・江戸時代前期の貿易家。肥前大村氏の家臣，西宗源の子。通称九郎兵衛，宗真と号す。類子はキリシタン霊名ルイスLuisの音を充てたもの。なお，『末次文書』の元和3年(1617)2月14日付投銀証文には日下に「るいす／清二郎」と署名し黒印を捺す。貿易家としてはすでに文禄・慶長年間(1592～1615)ごろから呂宋貿易に従い令名をはせていたといわれる。慶長12年，大村喜前の推挙により徳川家康に謁し，海外事情を告げて信を得た。みずから朱印船を派遣して呂宋貿易に従事するとともに，投銀による投資や貿易業務の委託などにより，その貿易活動の場を拡大していた。彼に交付された異国渡海朱印状は，今日判明する限りでも，慶長12年・16年・17年・19年，元和元年・3年の各年次，6例に及ぶ。元和以降，表面上はみずから海外派船を行うことはなく，摂津国堺に隠棲したと伝えられるが，貿易業務の委託や内国市場の遠隔地取引などによる商業活動を行なっていたようである。彼の異国関係文書や遺物は堺の本受寺に寄進された。正保3年(1646)正月15日没。墓は

大阪府堺市宿屋町東三丁の本受寺にある．
[参考文献] 岩生成一『新版朱印船貿易史の研究』
(加藤 榮一)

010 日英関係 にちえいかんけい ⇨イギリス

011 日延 にちえん 生没年不詳 平安時代中期の延暦寺の僧．肥前国の人，権律師仁観の弟子．中国天台山の徳韶より延暦寺座主延昌に，中国で散佚した天台教籍の書写送付の要請があったのに応えて，日延は送使として天暦7年(953)に天台山を領す呉越国へ渡った．そのとき暦家賀茂保憲は奏聞して，日延が仁観の弟子として暦術に心得があるとの理由で，当時用いられて久しい宣明暦後の新暦法の学習と請来を委嘱した．日延はこれらの使命を帯びて渡海し，経典の送致に歓喜した呉越王銭弘俶（こうしゅく）より紫衣を贈られ，内供奉に准ぜられた．ついて申請して司天台に入ることを許され，「新修符天暦経并立成」を学び，兼ねて日本未請来の内典・外典（げてん）1000余巻を受伝し，天徳元年(957)に帰国した．彼が伝えた符天暦は保憲に預けられ，翌年から宣明暦と並んで造暦に用いられることになり，また内典は延暦寺の学堂に，『春秋要覧』『周易会釈記』などの外典は大江家に留め置かれた．このほかに銭弘俶が阿育王の故事に倣って作った8万4000の金銅宝篋印小塔の1つを伝え，肥前国司多治比実相に贈っている．村上天皇はその労を賞して僧綱宣旨を賜わるが，日延はそれを固辞し，ついで大宰府に下向して康保年中(964~68)故藤原師輔のために大浦寺を建立した．その後の日延の消息は不明であるが，彼の符天暦請来はわが国における宿曜（すくよう）道成立の契機となり，10世紀末ころから符天暦を奉じて暦算や星占を行う宿曜師が多数現われることになる．また『二中歴』13，一能歴の禄命師の項に日延の名が記され，禄命の術をも伝えたものと思われる． →銭弘俶八万四千塔（せんこうしゅくはちまんしせんとう） →符天暦（ふてんれき）

[参考文献] 桃裕行「日延の天台教籍の送致」(『桃裕行著作集』8所収)，同「日延の符天暦齎来」(同所収)，竹内理三「「入呉越僧日延伝」釈」(『日本歴史』82)
(山下 克明)

012 日欧文化比較 にちおうぶんかひかく ⇨フロイス日欧風習対照覚書

013 日乗 にちじょう 生没年不詳 戦国・安土桃山時代の僧．宗派は法華宗であったともいうが不詳．朝山日乗あるいは日乗朝山とする2説がある．出身にも出雲・美作説がある．弘治元年(1555)上洛し，梶井宮で出家した．この際，後奈良天皇から上人号を受けているが，これは日乗のたびたびの夢想を関白近衛前嗣（前久）が天皇に取り次ぎ，天皇がこれを奇特としたからという．以後，朝廷に出入りし，内裏の修造に携わる一方，永禄6年(1563)には毛利氏と大友氏の停戦調停のために聖護院道増らとともに活動している．毛利氏の使僧安国寺国寺恵瓊は，日乗の活躍は古代中国の周公旦・太公望に匹敵するものであると称賛する一方，油断のならない人物であるとも評している（『吉川家文書』）．同10年には事情は不明であるが，摂津西宮で入獄し，翌11年4月には勅免により出獄して，上洛している．同年織田信長が上洛してからのちは，信長に才を認められたためか，寵を受け，奉行人的な役割を果たしている．主に朝廷との折衝にあたって内裏修造の奉行を勤めるなどし，毛利氏との交渉などにも関わっていた．信長はキリスト教に理解を示したが，日乗は排撃の急先鋒に立っていたようで，ポルトガル人宣教師フロイスは，その著『日本史』の中で，口をきわめて日乗を非難している．『日本史』には，永禄12年4月，日乗が，フロイス・日本人修道士ロレンソと信長の面前で宗論を交えて，敗れたとする記事もある．この後も日乗のキリスト教排撃活動は続き，同年キリスト教の熱心な保護者である和田惟政を信長に讒言し，失脚させている．翌元亀元年(1570)惟政が復帰したころ日乗は失脚したともいうが，疑わしい．少なくとも朝廷の信頼は引き続き厚かったようで，同2年にもまだ内裏修造の任にあたっている．しかし，天正年間(1573~92)に入ってほどないころには確実に信長の寵を失ったらしい．同5年病死したとする説もあるが確定できない．墓は久しく不明であったが，昭和初年に京都知恩寺の無縁墓の中から発見された．

[参考文献] 三浦周行『歴史と人物』(『国民学芸叢書』三)，奥野高広『増訂織田信長文書の研究』上，補遺・索引，荻野三七彦「怪僧日乗について」(『日本歴史』528)
(久保健一郎)

014 日仏関係 にちふつかんけい ⇨フランス

015 日仏辞書 にちふつじしょ ⇨日葡辞書（にっぽじしょ）

016 日文 にちぶん ⇨旻（みん）

017 日羅 にちら 6世紀の百済の官人．達率の官位を帯びた．『日本書紀』によれば，敏達天皇12年7月，天皇は任那の復興を計ろうとして，宣化天皇の時，大伴金村が海表に派遣した火葦北国造刑部靫部阿利斯登の子で，当時百済に在った日羅を召した．百済の国王がはじめこれを拒んだために実現しなかったが，再度の招請によって，恩率・参官・徳爾ら数人の百済側の使者とともに来朝した．阿斗の桑市に滞在し，天皇の諮問に応じて，黎民を護養し，上下を饒富ならしめ，国力を充実したうえで，船舶を多く造り，威を示して百済の国王を召すことや，百済が九州方面に勢力を伸ばすことへの対応策，要害の地に塁塞を築くべきことなどを進言したという．恩率・参官は帰国に際し，滞留する徳爾らに日羅の暗殺を命じた．徳爾らは機会を窺うが，日羅の身に火焔のような光があり，恐れて果たせなかった．12月晦日にその光が失われたので，暗殺した．その後，日羅は蘇生して，暗殺が従者の所為で，

新羅とは関係がないことを告げたという．天皇はその墓を小郡の西畔の丘前に営ませ，妻子を石川の百済村，水手らを石川の大伴村に分かち置き，徳爾らを推問して，身柄を日羅の眷属に委ねた．眷属の葦北君らは徳爾らを殺して弥売嶋に投じ，また日羅を葦北に移葬したという（その墓と伝えられるものが熊本県葦北郡津奈木町福浜・同県八代市坂本町久多良木などにある）．任那をめぐる百済との折衝の過程で生じた事実を踏まえた所伝とみてよいであろう．『聖徳太子伝暦』では，聖徳太子と関係づけた奇瑞譚を附加してある．

参考文献　矢野盛経『日羅公伝』，今井啓一「日羅と勝軍地蔵・愛宕神」（『神道史研究』5ノ3）

（飯田　瑞穂）

018 **日蘭関係** にちらんかんけい　⇨オランダ

019 **日蓮** にちれん　1222〜82　鎌倉時代の僧，日蓮宗の開祖．貞応元年(1222)安房国長狭郡東条郷片海（千葉県鴨川市天津小湊）に生まれる．日蓮は「海人が子」と自称し，教団では武士の子と伝えるが，当地の荘官クラスの子と考えられる．幼名を薬王丸・善日麿とも伝える．天福元年(1233)のころ近傍東北荘の天台寺院清澄寺に登り，嘉禎3年(1237)ごろ出家得度．房号は是聖房といい，僧名ははじめ蓮長，さらに日蓮と改めたと伝える．出家の動機は無常感抱懐にあった．遠国安房に就学の師なしとした日蓮は，延応元年(1239)のころから，鎌倉さらに京畿に留学．留学の中心地は天台宗比叡山延暦寺で，日蓮は『涅槃経』の「法に依れ，人に依らざれ」の教えにより『法華経』をよるべき法＝経典とする法華至上主義に到達，その一方，反浄土教の立場をとっていった．建長4年(1252)のころ清澄寺に帰り，翌年4月（3月とも）28日同寺において法華信仰弘通を開始．教団ではこれを立教開宗とする．弘通は反浄土教の主張を伴ったので，同寺内の浄土教信奉者や近傍の地頭東条景信ら信奉者たちから反発をうけた．加えて，日蓮はその父母が「御恩」を蒙った領家の尼に味方して，尼の土地を侵蝕しようとした景信の野望を挫いたことも重なり，景信は清澄寺での日蓮の師道善房に日蓮の勘当＝追放を迫った．このため，日蓮は建長6年のころ同寺を退去，鎌倉に出て名越（なごえ）で教えを弘める．やがて正嘉元年(1257)から文応元年(1260)にかけて地震・暴風・洪水・疫病・飢饉などが続出，死者・病者・飢餓者が輩出した．日蓮は災害続出の原因と対策を宗教的立場から考え，『守護国家論』（正元元年(1259)）・『立正安国論』（文応元年）を執筆，『立正安国論』を北条氏得宗北条時頼に提出．『立正安国論』は，邪法である法然浄土教に人々が帰依して法華信仰を棄捨したことを災害続出の原因とし，対策を浄土教徒への布施禁止と法華信仰への回帰とし，そうしなければ，経に説くように自界叛逆（ほんぎゃく）難（内乱）と他国侵逼（しんぴつ）難（侵略）の起ること疑いなしとした．『立正安国論』での主張を知った鎌倉浄土教徒は，日蓮と問答をしたばかりでなく，名越に日蓮を襲撃した．その危難は免れたが，日蓮は幕府により弘長元年(1261)伊豆国伊東に配流，同3年赦免．翌文永元年(1264)，日蓮は安房に帰省して弘通するが，東条松原大路で東条景信らによる襲撃の難にあうが（小松原法難），免れて鎌倉にもどった．一連の受難のなかで，法華信仰弘通者の値難を予言した仏のことばの体現者としての自覚と仏のことば＝予言の実証者としての自負とが，「法華経の行者日蓮」として表現されるようになる．文永5年服属か交戦かの選択を迫る蒙古（モンゴル）の国書が到来，『立正安国論』の他国侵逼難の現実化が日蓮や他の人々に意識され，日蓮に帰依する者も増えていくが，この時期日蓮は，「是一非諸」とよばれるラジカルな法華択一の立場にたち，浄土教・禅・律の諸宗を批判，日蓮の信奉者の言動も先鋭化した．このため，日蓮らは同8年訴えられ，9月12日幕府の弾圧をうける．このころ蒙古襲来の気配が高まり，幕府は翌9月13日関東在住の御家人で九州に所領をもつ者に自身または代官がその所領に下向して防衛体制下に入ることと所領内の悪党鎮圧を命じた．幕府の膝元鎌倉での日蓮らの言動を悪党における反秩序的な言動とみての弾圧と考えられ，日蓮は相模竜口で危く斬首されようとしたが難を免れ，佐渡に流謫．門弟のなかにも流刑・拘禁・御内追放・所領没収される者があったとともに転向者が続出，潰滅的打撃を蒙る．日蓮の斬首されるかの危難になぞらえて竜口法難というが，むしろ文永8年の法難というにふさわしい一連の弾圧である．同11年に及ぶ流人生活のなかで，日蓮は，受難の意味づけと法華信仰弘通者の使命感とを『開目鈔』（同9年）に，法華信仰実践の集中的表現としての唱題の救済論的意味づけを『観心本尊抄』で行なった．同9年の北条時輔の乱は自界叛逆難の現実化としてうけとられた．同11年鎌倉にもどされ，北条時宗の被官平頼綱に会見，蒙古防衛にかかわる真言密教重用不可を勧告するが，いれられず，5月鎌倉を去り漂泊の旅に出，一時期滞在の地とした甲斐国身延山に最晩年の弘安5年(1282)まで過ごすことになる．この間，『撰時抄』（建治元年(1275)），『報恩抄』（同2年）などの執筆とともに，各地の信奉者に書状やその信仰生活の中心となる曼荼羅本尊を書き送った．身延入山後は，信奉者のなかには，日蓮に帰依するため親子・主従間の軋轢を生じた者もあったが，日蓮はかれらを励ましたばかりでなく，弘安2年駿河国富士郡熱原に起ったいわゆる熱原法難にも身延で対処した．しかし，次第に健康を害していき，ついに同5年9月に病身を養うべく身延を出て常陸の温泉に向かうが，途中武蔵池上の信奉者池上宗仲の館に留まり，日昭ら6人を本弟子に指定して10月13日示寂．61歳．池上で荼毘にふし，遺言

により身延に墓所を設けた．大正11年(1922)「立正大師」号を贈られた．

参考文献　立正大学日蓮教学研究所編『(昭和定本)日蓮聖人遺文』，法蔵館編集部編『日蓮聖人真蹟集成』，立正安国会編『日蓮大聖人御真蹟対照録』山川智応『日蓮聖人伝十講』，姉崎正治『法華経の行者日蓮』，家永三郎『中世仏教思想史研究』，大野達之助『日蓮』(『人物叢書』6)，戸頃重基『日蓮の思想と鎌倉仏教』，川添昭二『日蓮―その思想・行動と蒙古襲来―』，田村芳朗『日蓮―殉教の如来使―』(『NHKブックス』240)，高木豊『日蓮とその門弟』，同『日蓮―その行動と思想―』(『日本人の行動と思想』4)，川添昭二「日蓮と文永蒙古合戦」(『日蓮とその時代』所収)　　　　　　　(高木　豊)

020　日露関係　にちろかんけい　⇨ロシア

021　日中関係　にっちゅうかんけい　本項では近世までの日中関係を扱う．〔古代〕『漢書』地理志燕地条によると，「楽浪の海中に倭人あり，分かれて百余国となる，歳時を以て来り献見すと云ふ」(原漢文)とあり，また王莽時代の貨幣(貨泉)や銅鏡が弥生時代の遺跡から出土することも知られているが，具体的な記録としては，後漢の建武中元2年(57)に倭の奴国王が遣使奉献して印綬を賜与されたのが初見で(『後漢書』東夷伝)，この印が福岡県志賀島出土の「漢委奴国王」の金印であるとされる．その後，安帝の永初元年(107)に倭国王帥升(倭面上国王師升・倭面土国王師升・倭面土地王師升などとも表記される)が生口160人を献じたといわれるが(同)，その後しばらく両者の関係を示す記録はない．後漢時代末期の桓帝・霊帝時代に卑弥呼が邪馬台国女王となり，ついで遼東の公孫氏が楽浪郡の南部に帯方郡を設置すると，倭はこれに属し，魏の明帝の景初2年(238)に公孫氏が滅亡すると，その翌年の景初3年6月に卑弥呼は魏に遣使奉献し，同年12月「親魏倭王」に冊封されて金印紫綬が賜与され，その後交渉が続いた．卑弥呼の死後も，それを嗣いだ壱与(あるいは台与か)が晋王朝の成立に際して泰始2年(266)に遣使奉献している．4世紀になると，楽浪・帯方2郡の消滅や，五胡十六国時代の紛争のため，両者の関係を示す記録はないが，5世紀になるといわゆる「倭の五王」の遣使の記録が『宋書』に残されている．これは讃・珍・済・興・武という5人の倭王が永初2年(421)以降相ついで中国南朝の宋王朝に遣使朝貢した記録であり，これら倭王は宋王朝に対して，倭国のみならず百済・新羅をふくむ軍事権を認可され，かつ安東大将軍・倭国王の称号を受けることを奏請した．この奏請は漸次認可されたが，ただ百済に対する軍事権は最後まで認められなかった．それは宋王朝が百済に対する軍事権をすでに百済王に認可していたからであろう．この「倭の五王」の遣使朝貢は，高句麗に対抗しようとする内容をもつ昇明2年(478)の倭王武の上表を最後として中止され，その後，斉王朝・梁王朝の創立期にそれぞれ倭王進号のことはあるが，これは遣使を示すものではなく，以後120年にわたって倭王遣使のことはない．開皇9年(589)に隋王朝が中国を統一すると，その前後に高句麗・百済・新羅はそれぞれ隋に遣使朝貢してその冊封を受け，隋の外藩国となった．『隋書』倭国伝によると，倭国も開皇20年(推古天皇8)に隋に遣使したことが記され，また推古天皇15年(607)には小野妹子が使者として派遣された(『日本書紀』)．『隋書』によればこのときの国書に「日出る処の天子，書を日没する処の天子に致す，恙なきや」(原漢文)とあり，煬帝の不興を得た．翌年妹子は隋使裴世清を伴って帰国し，裴世清の帰国の際には再び妹子が送使として派遣された．『日本書紀』によればそのとき持参した国書には「東天皇敬んで西皇帝に白す」(原漢文)とあったと記され，前回と並んで倭国は隋に対して対等な立場を主張したごとくであり，朝鮮三国のごとく冊封を受けるということはなかった．その後推古天皇22年には犬上御田鍬が遣隋使として派遣されたが，これは隋末の紛乱期のことであり，その成果は不明である．武徳元年(618)に隋王朝が滅亡して唐王朝が形成されると，武徳4年までに朝鮮三国はそれぞれ唐に遣使朝貢して，その冊封を受けたが，倭国は舒明天皇2年(630)に至ってはじめて犬上御田鍬と薬師恵日を使者として派遣した．以後倭国の百済救援軍が天智天皇2年(663)に白村江で唐軍のために大敗するということもあったが，寛平6年(894)までの約270年間に，遣唐使の任命は唐使送遣をふくめておよそ20回，うち4回は中止されたので渡航は16回を数える．しかしこの回数は，毎年欠かすことなく遣使朝貢を続けている新羅などに比較すると，きわめて少ない．これは新羅・渤海などに比べて，倭国(8世紀以降は日本国と改称)が最初から最後まで唐に冊封されず，したがって外藩国としての遣使朝貢の義務を負っていなかったためである．遣唐使船は8世紀には通常4隻で，その乗組人数は最大650余人に及んでいるが，その大半は漕ぎ手としての水夫であった．遣唐使船には大使・副使らのほかに，多数の留学生・留学僧が危険を冒して同乗し，長年月間唐に滞在してその文物・制度を学び，これを日本に伝え，律令制を整備させ，日本文化の育成に貢献したことは注目すべきである．しかしこのことに注目するのあまり，遣唐使派遣の目的が唐文化の将来のためのみであったとする見解は皮相であり，再考すべきである．また遣唐使は唐に対して国書を持参しなかった，という見解が行われているが，これも正しいとは考えられない．遣唐使は寛平6年の菅原道真の上表によって停止されるが，その当時から平安時代を通じて，これに代わる商船の往来が頻繁になり，いわゆる日宋貿易が盛

んになっていったことが注目される．

〔中世〕平安時代末期には平清盛が日宋貿易のために摂津大輪田泊を開き，鎌倉時代になると貞永元年(1232)には鎌倉の海岸に和賀江島が築かれて宋船との交易が行われた．これは唐以前の東アジアでは中国王朝を中心とする政治的関係が形成されていたのに対して，宋以後のそれでは宋を中心とする経済的交易圏がそれと代わったことによるものである．しかしこの商船の往来に便乗して多数の僧侶が入宋し，その中から栄西・道元などの鎌倉新仏教の創始者が輩出した．また宋末元初の動乱を避けて日本に渡来し，日本仏教に影響を与えた無学祖元らの禅僧の影響も大きい．しかしこの交易関係は国交関係を伴っていなかったので，モンゴル帝国が朝鮮半島を席巻して高麗王朝を服属させると，文永4年(1267)以降日本に使者を派遣して国交を求めた．鎌倉幕府がこれを拒絶すると，モンゴルは文永11年・弘安4年(1281)の再度にわたって対馬・壱岐・北九州に大軍をもって来襲した(文永・弘安の役)が，ともに暴風雨のため潰滅した．その後もモンゴル側では日本征服の計画は存続したが，その支配下にあった民衆の反乱やモンゴル内部の分裂のために再征は実現しなかった．しかしこのモンゴル来襲前後も，両国間に交易船の往来が継続していたことに注意される．これを受けて南北朝時代になると，天竜寺造営料唐船の発遣などに見られるように，交易関係はなお盛んであったが，それとともに朝鮮半島や中国北部地方の沿岸地域に倭寇の襲来が激しくなった．この倭寇は北九州や瀬戸内海を根拠地とする武装商人集団ともいうべきもので，沿岸各地の人員・物資を掠奪したので，朝鮮王朝・中国王朝ともにその対策に苦しみ，高麗王朝に代わった李氏朝鮮王朝も，元王朝に代わった明王朝も，ともに倭寇の禁圧政策に努力した．もともと倭寇の猖獗は交易関係が国際的秩序を伴わずに肥大化したことによるものであったから，李朝・明朝ともに交易統制によって倭寇を禁圧しようとし，特に明王朝は勘合貿易政策を採用することによって国際交易の秩序を設定しようとした．その結果応永10年(1403)，明の成祖永楽帝は足利義満を日本国王に冊封し，これに勘合を与えて，両国の交易をその所持者のみに限定した(勘合貿易)．足利義満が中国の皇帝から冊封を受けたことは，5世紀の倭の五王以後はじめてのことであった．これによって倭寇はいったん沈静化し，日明貿易の盛行とともに入明僧も輩出した．画僧雪舟もその1人である．しかし室町幕府の統制力が弛緩し，また海禁政策の強圧のため中国沿岸住民の不満が大きくなると，両者は結合して，中国沿岸地方における倭寇が再度猖獗した．これが16世紀のいわゆる後期倭寇である．

〔近世〕豊臣秀吉が全国を統一し，倭寇の根拠地を支配下に吸収すると，その活躍も終息したが，それにつづいて秀吉が勘合貿易の再開を求めて朝鮮国王にその斡旋を求めたことから，文禄元年(1592)には朝鮮出兵が開始された．これが文禄の役(壬辰の倭乱)で，はじめ秀吉軍は半島北部まで侵略したが，のち明の援軍が大挙来襲するに及んで，いったん和議が成立した．しかしその内容が明の皇帝が秀吉を日本国王に冊封することであることが判明するに及んで，この和議は破れ，再度出兵が行われた(慶長の役，丁酉の倭乱)．しかし秀吉軍は制海権を掌握することができず，陸戦でも終始明軍に圧迫されて劣勢をつづけ，慶長3年(1598)秀吉の病死とともに全軍が撤退して，この7年間にわたる戦争は終結した．当時李氏朝鮮王朝は明王朝の冊封国であり，冊封を受けている藩国が他から侵略された場合には宗主国が救援することは当然であったにもかかわらず，秀吉がこの国際状勢に無知のまま朝鮮出兵を行なった結果であるといえよう．文禄・慶長の役の終結後，日本と朝鮮との関係は慶長12年以後修復され，朝鮮の使節として通信使が来日することになったが，中国との関係は，明王朝時代はもちろん，清王朝時代になっても，明治初年に至るまで，江戸時代を通じて修復されなかった．しかし両国間の交易はますます増大し，特に中国産の生糸・絹織物や薬品に対する需要が激増し，その代価として日本から銀・銅が流出した．しかもこの時期には両者の交易がポルトガル商人によって仲介されることがあり，これに対して慶長9年に江戸幕府が実施したのが白糸割符の制度である．また寛永12年(1635)には，来航する中国商船は他の外国船と同じく長崎1港に限定され，以後江戸時代を通じて中国との交易は長崎のみで行われ，元禄元年(1688)には長崎に清人居留地が設けられて幕末に及んだ．この間，明王朝滅亡後その復興を計って，福建沿岸で抗清運動を続けていた鄭成功が，慶安元年(1648)から万治3年(1660)に至る期間，数回にわたって江戸幕府に対して乞師を行なったが，幕府は応諾しなかった．明僧隠元隆琦が承応3年(1654)来日して黄檗派を開き，明の遺臣朱舜水が万治2年来日して水戸藩の賓客となり，水戸学の成立に影響を与えたのも，明清交替期のことであった．また長崎に入港した中国船の積荷には上記の生糸・絹織物・薬品のほかに当時の新刊書を含むかなり大量の漢籍があり，これらはキリシタン布教に関係ないものであれば，幕府・諸藩によって購入され，当時における新知識の源泉として，儒教の教学のみならず，国内の文化に多大の刺激を与えた．江戸時代の日本が中国と正式な国交をもたなかったにもかかわらず，学問・文学・芸術において中国文化を最高に尊重したことの背景として，このような知識人の渡来や，長崎貿易において輸入された中国書籍の影響を無視することはできないであろう．　→糸割符(いとわっぷ)　→海禁(かいきん)　→勘合貿易(かんごうぼうえき)

→禁書（きんしょ）　→元（げん）　→遣隋使（けんずいし）
→遣唐使（けんとうし）　→遣明使（けんみんし）　→遣明船（けんみんせん）　→冊封（さくほう）　→寺社造営料唐船（じしゃぞうえいりょうとうせん）　→朱印船貿易（しゅいんせんぼうえき）　→清（しん）　→宋（そう）　→朝貢（ちょうこう）　→唐（とう）　→唐人貿易（とうじんぼうえき）　→文永・弘安の役（ぶんえい・こうあんのえき）　→文禄・慶長の役（ぶんろく・けいちょうのえき）　→明（みん）　→邪馬台国（やまたいこく）　→倭寇（わこう）　→倭の五王（わのごおう）

参考文献　『古事類苑』外交部，日本史料集成編纂会編『（中国・朝鮮の史籍における）日本史料集成』，湯谷稔編『日明勘合貿易史料』，石井正敏・川越泰博『日中・日朝関係研究文献目録』，木宮泰彦『日支交通史』，同『日華文化交流史』，秋山謙蔵『日支交渉史研究』，藤田元春『上代日支交通史の研究』，同『日支交通の研究』中近世篇，藤家礼之助『日中交流二千年』，西嶋定生『日本歴史の国際環境』（『UP選書』235），田中健夫『中世海外交渉史の研究』，同『中世対外関係史』，同『対外関係と文化交流』，森克己『（新訂）日宋貿易の研究』（『森克己著作選集』1），同『続日宋貿易の研究』（同2），同『続々日宋貿易の研究』（同3），同『（増補）日宋文化交流の諸問題』（同4），小葉田淳『中世日支通交貿易史の研究』
（西嶋　定生）

022　日朝関係　にっちょうかんけい　本項では近世までの日朝関係を扱う．日本列島は，北はサハリン・沿海州，西は朝鮮半島，南は琉球弧から台湾・東南アジアにつながる，弓なりの懸け橋である．縄文時代に列島が孤立して以来，列島の住民はこれらの海のルートによってアジア大陸や東南アジア諸地域と交流するなかで自己を形成し，社会・国家を営んできた．なかでも朝鮮半島との関係は，政治・経済・文化の各面において，もっとも密接かつ持続的で影響も大きかった．

その関係のあり方は，列島に統一国家が形成される5世紀で前後に分けられる．4世紀以前の朝鮮半島と列島との関係は縄文時代にまでさかのぼる．縄文時代前期中ごろから西北九州を起点に西日本に拡がる新しい土器（曾畑式土器）や，石器・骨角器などの道具組成における朝鮮半島との類似性から，西日本，とりわけ西北九州地方と朝鮮半島南部との，人の移動をふくむ交流が想定されている．弥生時代になるとその交流は格段に緊密化して日常化し，稲作などの技術，石器・青銅器・無文土器などの朝鮮系文物や鏡などの中国系文物，さらには農耕儀礼その他のイデオロギーも伝来した．こうして倭人社会に政治的社会が形成された．紀元前1世紀から紀元2世紀にかけての倭人社会は，100余国に分立した状態から地域的統合にむけて進み始め，3世紀には諸「王」を従属させた邪馬台国が存在していた．これらの「国」は，朝鮮半島経由で前漢・後漢・魏に入貢していた．倭人社会は中国文明の外延に組み入れられることで文明化の端緒をつかみ，中国王朝の冊封（さくほう）関係を媒介にして国家形成に向かったのである．しかし，この段階までの「倭国」は，列島の倭人社会の一部を統合するにすぎず，韓人を支配するような状況にもなかった．遺物の残存状況などからみて想定されるのは「倭韓同居」の状態である．中国の史書から倭国が姿を消す「謎の1世紀」を経た4世紀後半には，大和王権を中心に列島の大部分を統合するような政治秩序（統一権力）が形成され，他方で朝鮮半島の高句麗・百済・新羅の抗争に介入するようになっていた．こうして，日朝関係も国家を主体とする新たな段階に入る．

5世紀以後の前近代の日朝関係は，5〜9世紀，10〜14世紀，15世紀〜19世紀後半の3期に分けられる．

5〜9世紀間は，天皇を中心とする律令国家（「小中華」体制）の形成とその後の動向が中心で，国家レベルの国際関係が主体であった時期である．8世紀初頭までは，日本列島における律令国家体制の構築と，朝鮮半島の三国鼎立から新羅による国家統一の動向が密接に関連しながら展開する．この間に中国では，五胡十六国・南北朝を経て，隋（581年）・唐（618年）の成立をみる．南北朝の宋には倭の五王が入貢して冊封をうけたが，5世紀後半から1世紀余りは朝貢使を派遣しなかった．遣使が中絶したのは，直接には朝鮮半島南部の支配に効果がなくなったためであるが，中絶の間に大和王権は自己を中心とする「小中華」体制の構築を志向するようになり，隋・唐に対しては，遣隋使・遣唐使（事実上の朝貢使）を派遣したものの，冊封関係には入らず，「不臣の外夷」としての立場をとることになった．朝鮮半島では，唐と同盟した新羅が百済（660年），高句麗（668年）を滅ぼし，676年には唐の勢力を排除して，実質的に朝鮮半島を統一した．大和王権は百済復興運動を助けたが，663年（天智天皇2年）白村江で唐・新羅連合軍に敗北し，唐・新羅の侵寇を恐れる立場に陥る．また，唐と対立するようになった新羅も，大和政権との緊張緩和を望み，668年新羅使が来日・朝貢した．これ以後両国使節の往来が続く．また，この時期には朝鮮半島や中国からさまざまな人々が集団で渡来し，彼らは律令国家の形成に大きな役割を果たした．朝鮮半島からは，加羅（任那）・百済・高句麗・新羅からの渡来人集団があり，中国からの渡来人も含めて，農耕技術・製鉄技術・手工業などの技術から，漢字，さらに，仏教・儒教・医学・薬学・暦学などをもたらした．彼らは列島内各地，特に京畿内に帰化・定住し，有力豪族になった氏もある．8世紀初頭，大和王権は『大宝律令』を完成するとともに，国号を「倭」から「日本」に改め，「天皇」（7世紀初

頭，あるいは後半に成立）が，化内の諸「国」と化外の諸蕃（新羅・渤海）・夷狄（隼人・蝦夷など）から構成される「天下」を従える，「小中華」としての律令国家の形態を整えた．しかし，このような国家間の外交・貿易関係は，8世紀後半以降衰微する．遣新羅使は宝亀10年(779)を最後に途絶し，遣唐使も承和5年(838)の遣使が最後になった（寛平6年(894)は計画のみ）．その一方で，唐・新羅・日本商人による民間の対日貿易・文化交流が展開し，それが次の時期の基調になる．そのなかで渤海との関係だけは，929年（延長7）の滅亡直前まで続き，唯一の例外にみえるが，渤海使の来日も8世紀半ばには貿易主体に変わっていた．

10世紀以降14世紀末までの間でまずめだつのは，いくつかの外寇と倭寇である．その背景には，前代後半にはすでに徴候が表われていた，国家を主体とする国際関係が背景に退き，国家を媒介としない貿易や文化などの国際交流が展開，活発化したという状況がある．その状況の担い手は，彼我の商人・禅僧などの個人・集団であり，大宰府や西日本での宋・高麗商人との貿易や日本商人の宋・高麗への渡航などは活発に行われていた．彼らの活動を支え同調したのは境界地域の人々であったが，それによって列島内外の地域間の貿易・交流が活性化した．その有様を具体的に示すのが，1323年（元亨3）に日本に向かう途中，朝鮮半島南西部の木浦沖で沈没した中国船の，質量ともに驚くほど豊富な積み荷である．この状況に対応する術を知らない朝廷に代わって，積極的な外交・貿易政策を展開したのが平氏政権であったが，これに次ぐ鎌倉政権はその政策を継承するだけの見通しをもたず，結局，この期間を通じて，宋・元，高麗との国家権力相互の恒常的な関係は構築されなかった．そのことが，次にみる外寇や倭寇を準備したのではないか．この時期の外寇は，刀伊（女真）の入寇（寛仁3年(1019)），元寇（文永11年(1274)・弘安4年(1281)），高麗の対馬侵寇（康応元年（元中6，1389)）などである．なかでも，元寇は日本が前近代で経験した最大の外寇であり，日本人は「ムクリ・コクリ」（蒙古・高麗）という言葉で，その衝撃と恐怖を長く記憶にとどめた．しかし，日本の被害はアジア全体でみれば，比較にならないほど軽微であった．当時高麗は武人政権の時代だったが，1231年から約30年間に6回の侵略を受けるなかで武人政権は滅び，その後に起った三別抄の乱(1270～73年)もモンゴルおよびこれと講和した高麗政府の連合軍によって鎮圧された．元寇の被害が日本で軽微だったのは高麗の根強い抵抗の賜物でもあるが，その間高麗は全土を踏みにじられて甚大な被害を蒙った上に，2度にわたる日本侵寇に動員されて大きな損害を出し，さらに，倭寇の被害にみまわれることになる．倭寇は，14世紀半ば以降ほぼ毎年，大規模な集団で，高麗沿岸，ついで，中国沿岸を

襲い，米・人・財物などを略奪した．その活動のピークは1370～80年で，高麗滅亡の一因となった．従来，この時期の倭寇の主体は対馬・壱岐や北九州地域の日本人とされ，それが高麗と李氏朝鮮(1392年成立)の公式見解でもあった．しかし，実態は，少なくとも，日本人のみ，日本人と高麗・朝鮮人の連合，高麗・朝鮮人のみ，という3要素の複合したものであり，彼らは独自の風俗を獲得しながら対馬・壱岐のほか済州島などを拠点として倭寇地域を構成していた．倭寇は，日本の辺境支配の問題である以上に，高麗・朝鮮の国内問題であった．しかし，倭寇が人民レベルの国際交流あるいは連合の可能性を内包していたことは明らかであり，むしろ国際関係における国家と人民の対抗関係が明瞭な形をとるようになるのがこの時期の特徴である．そして，倭寇を媒介に，高麗・李氏朝鮮，明(1368年建国)と室町幕府との国交が開始され，それが新たな東アジアの国際秩序形成を準備する．

15世紀以降の第1の特徴は，国際関係における国家と人民の対抗関係が，恒常的になり，「人臣に外交なし」というイデオロギーが国家権力にとってより切実になったこと．明・清，李氏朝鮮，江戸幕府による「海禁」（いわゆる「鎖国」）の施行は，その具体的な表われである．第2の特徴は，武家政権が外交権を掌握したこと．この時期の日本が，比較的自由な立場で東アジアの国際社会に関与できたのはそのためである．第3の特徴は，明皇帝を頂点とする東アジアの国際秩序に規定されていたこと．室町幕府と李氏朝鮮の関係は14世紀末に倭寇禁圧に関する交渉に始まったが，15世紀初頭に足利義満が明皇帝によって「日本国王」に冊封されて以後は，明の冊封関係を前提とした「国王」同士の対等な関係（交隣）がたてまえとなった．明に「事大」，日本に「交隣」という朝鮮側の対外姿勢はこの時以後変わらなかった．第4の特徴は，上記の枠組みに対する日本側の姿勢と位置が，文禄・慶長の役の前後で異なること．前期（室町時代）には，日本も上記の枠組み内にとどまっていたが，後期（近世）には，日明間の外交関係は構築されず，日本は上記の枠組みから離脱すると同時に，朝鮮を自己の華夷秩序のもとに位置づけた．しかし，近世日本もこの枠組みから自由であったのではなく，それに規定されつつ相対的に独自な「小中華」的秩序（日本型華夷秩序）を形成したにすぎない．つぎに，前期・後期の日朝関係について整理する．

前期の日朝関係は，国王同士のみならず，朝鮮国王と諸大名・諸豪族・諸商人というように，個々に多元的な関係が結ばれ，その間の調整が対馬の宗氏によって行われた．国王間の使節の往復は，計画・自称も含めて，ともに60回以上にのぼるが，諸大名以下の使節の朝鮮渡航はより頻繁であった．これは後期のみなら

ず，同期の日明関係との違いでもある．日明関係は，日本国王(室町政権の首領)の明皇帝への朝貢という一元的な関係を軸に展開したからである．この違いは，第1に，日朝関係が西日本と朝鮮半島南部との「倭寇圏」内交易を基盤としたこと，第2に，この時期の日朝関係が倭寇対策を軸に展開したことによる．朝鮮の倭寇対策は次の2つに分類できる．1つは，外交によって日本側に倭寇を抑えさせること．室町幕府には辺境にまで支配を及ぼす力量はなく，朝鮮側は，幕府との関係を維持しつつも，今川了俊・少弐氏・大内氏・宗氏などの西国の地方権力に期待し，以前から関係のあった彼らを引き続き優遇した．2つは，倭寇懐柔策．これは，西国の中小領主や商人に国内の官職を与えて(受職倭人)官位相当の待遇をし，平和な貿易を望む者(興利倭人)には自由な貿易を許すというもので，国内体制の整備と相まって効果は大きかった．その反面，貿易を求め渡航するものが増大し，朝鮮側は渡航者統制策に転換する．統制策には，授図書の制度，書契・文引の制度，歳遣船の制度，浦所の制度などがあるが，対馬の宗氏は，そこで要の役割を期待され，特に優遇され特権的な地位を占めた．宗氏と朝鮮の間に正式な関係が生じたのは14世紀末だが，倭寇禁圧に尽力した当主貞茂の死亡によって再発を憂慮した朝鮮が対馬の倭寇禁絶を企図して行なったのが，応永26年(1419)の応永の外寇(己亥東征)である．しかし，世宗が実権を握った朝鮮は融和策に転じ，15世紀半ばまでには上記の統制策が整備された．これら通交全般について取り決め，朝鮮国王から宗氏に頒賜されたのが癸亥約条(嘉吉3年(1443))である．15世紀後半になると，貿易の拡大を望む日本人と抑制・縮小を企図する朝鮮側との確執が激化し，永正7年(1510)には三浦(富山浦・乃而浦(薺浦)・塩浦)の日本人が暴動を起した(三浦の乱)．この後，三浦居留民はすべて対馬に送還され，通交再開後も開港場が薺浦(のち釜山に変更)1港に制限され，貿易額も半減されるなど，規制は一層厳重になった(壬申約条)．それに対して宗氏は，朝鮮通交上の諸権益を対馬以外のものも集中し，16世紀半ばにはほぼ独占した．しかし，対馬側からみて，朝鮮関係がほぼ手詰りの状態であったことは否めない．なお，朝鮮からの輸入品は，仏具(大蔵経・鐘・仏像・仏画)，織物(麻布・木綿布)，毛皮(虎・豹)，青磁など，輸出品は，鉱産物(銅・硫黄・銀)，工芸品(太刀・扇等)，中継物資(染料・香料・薬材等)などである．近世に日本でも盛んに生産されるようになる木綿は，この時期に朝鮮から導入された．

　後期(近世)の日朝関係は豊臣秀吉の朝鮮侵略(文禄・慶長の役，壬辰・丁酉の乱)に始まる．その原因については諸説あるが，ここでは，明との「勘合(かんごう)」(公的貿易)復活を軸に，東アジアの国際秩序の再編を企図したものと考えておく．戦争は講和交渉をはさんで7年間続いた．戦後，豊臣政権がほどなく倒壊し，明は国力を消耗して威信を失って行ったが，とりわけ戦場となった朝鮮の惨禍は大きく，復興に長い時間を要した．日本軍は，5万〜6万人もの朝鮮人や朝鮮本・銅活字などの文化財を略奪して日本に運び，それが近世の朱子学や磁器生産の勃興を準備した．しかし，本来の目的は達成されず，理不尽な侵略に対する深い恨みが朝鮮官民に残された．戦後講和の時期を経て形成された日朝関係の特徴は，次の4点である．(1)270年近く平和な関係が維持されたこと．それはなによりも，次にみるような諸要素の，微妙なバランスのうえに成り立ったものであった．(2)客観的には「交隣」関係である朝鮮との関係を，日本型華夷秩序の一環に位置づけたこと．日本側は講和の実現，すなわち通信使の来日を「お詫び」「御礼」の使節ととらえたが，それは，そうでない場合は再び出兵するということと裏腹の関係にあった．そのような位置づけのもとに，通信使は慶長12年(1607)から文化8年(1811)までに12回来日し，将軍権力の荘厳化に利用された．ただし，はじめの3回は，朝鮮側の使節の名目は，徳川将軍からの国書に対する「回答」と，朝鮮被虜人の送還を目的とした，回答兼刷還使であった．このような相互の認識の齟齬には，講和交渉以来の宗氏の，国書の偽造・改竄を含む不正が介在していた．柳川一件後の改革で，大君号の採用，以酊庵(いていあん)輪番制の開始，外交文書への日本年号の採用などとともに，朝鮮側の名目も通信使と改められた．正徳元年(1711)戦後第8回の通信使来日の際，新井白石は，強引に，大君号を国王号に変えるなどの改革を行なったが，彼の失脚後すぐに以前の体制に戻された．日本側は幕藩権力の威信をかけて通信使を盛大に接待し，朝鮮側も面目をかけて盛大な使節を送ったので，その費用は両国ともに膨大であった．寛政の改革の一環として，通信使来日が対馬で簡素に行われて(易地聘礼)以後途絶したのは，両国が疲弊してその財政負担に耐えられなかったためと，外圧による．通信使一行と日本人知識人の間には，筆談唱和などの文化交流などがみられ，各地の祭りの意匠などに使節の風俗を取り入れた例なども少なくない．しかし，来日のたびに巷間で印刷・刊行された記録類には当局者側の意図を増幅・祖述したものが多く，それが幕末にみられる，通信使の途絶を朝鮮側の無礼とする意見の元凶ではないか．(3)日朝関係における外交・貿易などの諸実務を，宗氏・対馬藩が独占的に担ったこと．講和は，徳川政権にとっては日明講和交渉の一環であったが，朝鮮貿易を主要な財政基盤とする対馬の宗氏にとっては死活問題であった．宗氏は徳川政権の意を受ける以前から交渉を進め，不正まで行なって講和を実現した．それによって徳川政権は，宗氏・対

馬藩の独占的な地位を認めた．一方，戦後第1回目の「通信使」来日の後，朝鮮国王は宗氏に己酉約条を頒賜して，前期以来の宗氏の地位を認めるとともに，貿易を許可した．こうして，宗氏，対馬藩は日朝関係を媒介し，両国の矛盾の緩衝装置としての機能を担うことになった．(4)朝鮮貿易が徳川政権の貿易政策の一環に組み込まれ，それに規定されていたこと．主要な貿易品についてみれば，輸入品は，17世紀の朝鮮人参や中継物資(生糸・絹織物)などから，18世紀半ば以後の牛皮・薬材などに，輸出品は，18世紀末初めまでの銀から銅へと，それぞれ転換するが，それは主に，徳川政権の貿易政策に規定されてのことであった．それによって朝鮮貿易は長期低落傾向に陥り，対馬藩は慢性的な財政窮乏に苦しむことになった．こうして，対馬藩自体が日朝間の矛盾を産む存在に変化して行く．

日朝間の平和を支えたバランスは，18世紀後半以後，国内の市場構造の変化による幕藩体制の動揺と，欧米資本主義の圧力の強まりによって崩れ始め，それと符節を合わせるように，朝鮮や周辺諸国諸民族に対する侵略論が表われる．「開港」以後の「征韓論」はその帰結であった．　→百済（くだら）　→遣新羅使（けんしらぎし）　→高句麗（こうくり）　→高麗（こうらい）　→新羅（しらぎ）　→宗氏（そうし）　→朝鮮（ちょうせん）　→通信使（つうしんし）　→文永・弘安の役（ぶんえい・こうあんのえき）　→文禄・慶長の役（ぶんろく・けいちょうのえき）　→倭寇（わこう）

参考文献　田中健夫編『世界歴史と国際交流』，朝尾直弘他編『列島内外の交通と国家』（『日本の社会史』1），『講座日本歴史』1〜6　　　（荒野　泰典）

023　入唐記　にっとうき　入唐・入宋僧の事跡を簡単に記した書．1巻．巻末に「心覚闍梨撰記」とあり，平安時代後期の真言宗の僧心覚の編．平安時代に入唐した8人の僧侶（入唐八家）すなわち最澄・空海・常暁・円行・円仁・恵運・円珍・宗叡の事跡および受法の次第などを中心に，それ以前の智通・智達・道照・道慈・智鳳・慈訓・玄昉・永忠・栄叡・普照・行表・行賀・善義・戒明，およびそれ以後の真如・済詮・寂照・慶盛・成尋・日円の事跡を記している．成立については，入唐八家の記事の冒頭に「八家録次第也」(朱書)とあり，またその前後に「已上私記」「已下私記」(同)という注記がある．そこでこの「八家録」を，9世紀後半の天台宗の学僧安然の『八家秘録』とみて，心覚が安然の『八家秘録』を基礎に，その前後の入唐・入宋僧の事跡を加えたものと考えられている．ただし安然の『諸阿闍梨真言密教部類惣録』延喜2年(902)序文にみえる「八家秘録」に記された僧侶の次第と『入唐記』の順序とが異なっていることは注意される．一方，心覚にも『八家総録』の編著があることが知られており，したがって入唐八家記事冒頭の注記の「八家録」を安然の『八家秘録』とすることについてはさらに検討の要があろう．このことを含め，本書の古写本で流布本の祖本である高山寺旧蔵本は朱墨混交していて，どこまで心覚編著の原状を伝えているか疑問があり，成立については今後の研究に待つべき点が多い．平安時代末期書写本(高山寺旧蔵，阪本竜門文庫所蔵)の影印が『阪本竜門文庫覆製叢刊』3として公刊されているほか，『大日本仏教全書』遊方伝叢書2，『続群書類従』釈家部などに収められている．

参考文献　『群書解題』18上，川瀬一馬「平安末期鈔本『入唐記』解説文並釈文」（『阪本竜門文庫覆製叢刊』3付録）　　　　　　　　（石井　正敏）

024　入唐求法巡礼行記　にっとうぐほうじゅんれいこうき　延暦寺の僧円仁（慈覚大師）が，承和5年(838)に入唐してから，同14年に帰国するまでの日記．全4巻．延久4年(1072)に入宋した成尋の日記『参天台五台山記』とともに日本人僧侶による中国旅行記の双璧をなす．日記は遣唐請益僧の円仁が，承和5年6月13日，博多津で遣唐第1船に乗り込む記事に始まり，会昌7年(大中元，847)9月，新羅人の商船で大宰府に帰着した後，12月14日，弟子南忠の来訪記事を最後として終っている．日記には日本の遣唐使の様子をはじめ，円仁の足跡が広範囲に及んでいることから，唐内各地の交通とくに運河の状況，風俗・行事，貴重品から日用品に至るまでの物価などの社会・経済に関する記事が豊富で，中央や地方都市の状況などが活写されている．また旅行関係を中心とする公私文書が転載されていることも貴重で，当時の第一等の史料となっている．特に武宗の排仏についての具体的な史料として重要で，後年入宋した成尋が神宗に本日記を進覧した時，排仏を詳細に記した第3巻は除外したという（『参天台五台山記』熙寧5年(1072)10月14日条）．このほか在唐新羅人に関する記事も貴重で，彼らが居留地を形成し，日本との貿易に従事していた具体的な状況は，本書によってはじめて知ることができるといってよい．特に新羅人の中心人物で『三国史記』など朝鮮史料にみえる著名な張宝高の事跡について重要な記述を残している．本書の原本は伝わらず，古写本も東寺観智院旧蔵本(国宝)があるにすぎない．同本は，粘葉装・4帖から成り，第4巻奥書に正応4年(1291)に僧兼胤が長楽寺(京都円山の天台宗の寺院か)において書写した旨が記されている．第2・3・4巻には校合の識語があり，第4巻に「二位僧正寛円本也」と注があるので，寛円本をもって校合したことがわかる．寛円は建暦元年(1211)ごろに活躍した延暦寺の僧侶とみられる．なお第4巻には明徳2年(1391)東寺の僧宝が本書を感得した旨の識語があり，観智院に襲蔵されるに至った経緯を知ることができる．なお観智院本のほかに，文化2年(1805)に信濃津金寺の僧長海が比叡山松禅院本を書写した旨の識語

を持つ池田長田氏蔵本がある（『四明余霞』329付録）．池田本は現在所在不明で詳細はわからないが，観智院本によるものとみられ，別系統の古写本とみることはできないという（小野勝年）．観智院本は，影印本（『東洋文庫論叢』7）のほか，活字本に『続々群書類従』宗教部，『大日本仏教全書』遊方伝叢書1，訳注本に『国訳一切経』史伝部（堀一郎），『古典日本文学全集』15（同），『東洋文庫』157・442（足立喜六・塩入良道）などがあるが，厳密な校訂と詳細な注釈を付した小野勝年『入唐求法巡礼行記の研究』全4巻が最も基本的な文献である．なお英訳注本に E. O. Reischauer: Ennin's Diary (1955); Ennin's Travels in T'ang China (1955)（田村完誓訳，『世界史上の円仁―唐代中国への旅―』），中国語訳注本に，顧承甫・何泉達点校『入唐求法巡礼行記』(1986年)がある．

[参考文献] 佐伯有清『最後の遣唐使』（『講談社現代新書』520），同『円仁』（『人物叢書』196），岡田正之「慈覚大師の入唐紀行について」（『東洋学報』11ノ4，12ノ2・3，13ノ1），田中史生『『入唐求法巡礼行記』に関する文献校定および基礎的研究』〔平成13年度―平成16年度科学研究費補助金（基礎研究C(2)）研究成果報告書〕　（石井　正敏）

025 入唐五家伝 にっとうごけでん　平安時代の5人の入唐僧恵運・宗叡・常暁・真如・円行の，特に入唐・帰朝の事跡を中心とした伝記史料集．1巻．その内容は，「一，安祥寺恵運伝」は，貞観9年（867）に恵運によって作成された『安祥寺縁起資財帳』をもとに，延喜元年（901）に寺家より撰国史所に進められたとみられる恵運の伝記．「二，禅林寺僧正伝」は，『三代実録』元慶8年（884）3月26日条の宗叡の寂伝で，『日本高僧伝要文抄』などにも引用されている．「三，小栗栖律師伝」は，常暁に関する『続日本後紀』の記事と長元2年（1029）ごろの成立とみられる『入唐根本大師記』および常暁ゆかりの山城法琳寺別当補任の次第（第32代覚耀まで）の3部から成っている．「四，真如親王入唐略記」は，『三代実録』元慶5年10月13日条の真如親王の寂伝抄出と真如の入唐に同行した伊勢興房の記した『頭陀親王入唐略記』および在唐僧好真牒・寛平5年（893）8月16日付太政官符を収める．「五，霊巌寺和尚伝」は，仁寿2年（852）3月6日の円行の寂伝（『文徳実録』未収）および付法の弟子や唐僧義真らとの交流について記す．四の奥に，東寺僧賢宝による延文2年（1357）4月書写の識語があり，個別に伝えられていた史料をこのころに1巻にまとめて，『入唐五家伝』の名称を付したものとみられる．四・五の中には今日では他にみることのできない史料が含まれており，貴重である．賢宝自筆本が東寺観智院に所蔵されている．文政2年（1819）に塙保己一が観智院本を書写せしめた本が続群書類従本の底本とされ，流布本の祖本となっている．『続群書類従』伝部，『大日本仏教全書』遊方伝叢書1に収められており，森哲也「『入唐五家伝』の基礎的考察」（『市史研究ふくおか』3）に写真版が掲載されている．

[参考文献] 『群書解題』4上，小野勝年『入唐五家伝』解題（鈴木学術財団編『大日本仏教全書』98）

　　　　　　　　　　　　　　　　　　（石井　正敏）

026 入唐新求聖教目録 にっとうしんぐしょうぎょうもくろく　円仁編著．1巻．承和14年（847）奏進．別名『慈覚大師求法目録』．入唐八家請来目録（17部）中の1つ．円仁目録『日本国承和五年入唐求法目録』『慈覚大師在唐送進録』等3部中の1つで，在唐9年間に求得し請来した総目録である．「経論・念誦の法門および章疏伝記等，都計584部，802巻，胎蔵金剛両部大曼荼羅および諸尊の壇像，舎利ならびに高僧の真影等都計伍拾種」とみずから記し，まず長安における求得，次に五台山，最後は揚州の順に収録している．密教関係では梵語の真言，梵漢対訳の陀羅尼，ことに金胎両部の経典をはじめ，儀軌類，それに曼陀羅・壇様・法具・祖師像があり，顕教関係では法華・華厳・般若・維摩等の大乗経典とともに因明・百論といった経律論にわたり，その疏章に及んでいる．さらに浄土・禅に関する聖教の請来も初伝のものを多くふくむ．円珍の請来数に比べてやや少ないが，空海に比べ遙かに多い．内容は多岐であって，史伝・碑記・目録・図像・土石に及び，外典類も20余種を数える．その請来した原本は失われ，すでに見ることを得ないものがほとんどであるが，目録や写本を通じて一端をうかがうことができる．たとえば『両京新記』『百司挙要』『鄭余慶吉凶書儀』をはじめ，『南陽和尚問答雑徴』『浄土五会念仏略法事儀讃』，揚州の明空が聖徳太子の義疏を釈いた『勝鬘経疏義私抄』，あるいは『翻梵語雑名』および『金剛界大曼陀羅』のごとき，注目すべきものをふくむ．入唐八家にはそれぞれ，録外の請来があるが，青蓮院吉水蔵のごときは円仁の録外を補っていて，善無畏の金剛界五部心観についての『六種曼荼羅略釈』のごときが重要である．本目録は会昌廃仏（842〜45年）直前における唐土上下の仏教事情を反映しているものという点，さらに平安時代初期の仏教文化受容の究明の参考となり，とりわけ円仁『入唐求法巡礼行記』と彼此補って理解に役立つ根本資料であり，従来の研究は多いが，なお追究の課題も残されている．『（大正新修）大蔵経』，『大日本仏教全書』，小野勝年『入唐求法巡礼行記の研究』4附録所収．抄本に京都高山寺蔵『八家各請来録』（鎌倉時代写），青蓮院吉水蔵『聖教』（寛治5年（1091）勝豪書写），吉祥院南渓蔵『勘定前唐院見在書目録』（天明3年（1783）実霊写），観智院旧蔵本（文政3年（1820）真超写）などがある．

[参考文献] 三崎良周『入唐新求聖教目録』解題（鈴木

学術財団編『大日本仏教全書』99），『諸阿闍梨真言密教部類総録』（『〔大正新修〕大蔵経』），佐藤哲英「前唐院見在書目録について」（福井康順編『慈覚大師研究』所収），神田喜一郎「慈覚大師将来外典攷証」（同所収），牧田諦亮「慈覚大師将来録より観たる唐仏教の一面」（同所収），小野勝年「「前唐院見在書目録」とその解説」（『大和文化研究』10ノ4）

（小野　勝年）

027 入唐八家 にっとうはっけ　平安時代前期に入唐して密教を受けて来た8人の僧をいう。八家真言とも称す。『三国仏法伝通縁起』に「古来諸徳入唐伝▢密，前後連続総有▢八家▢」として，最澄・空海・常暁・円行・円仁・恵運・円珍・宗叡の名をあげる。最澄は永貞元年（延暦24，805）順暁より三部三昧耶を受け，空海は同年恵果より金剛界・胎蔵界の両部大法を受け，常暁は開成3年（承和5，838）文璨より金剛界大法と大元帥法を受け，円行は開成4年義真より胎蔵界大法を受け，円仁は開成5年元政より金剛界大法を，翌年に義真より蘇悉地大法を，法全より胎蔵界大法を受け，円珍は大中9年（斉衡2，855）法全より金剛界・胎蔵界・蘇悉地の三部大法を受け，宗叡は咸通3年（貞観4，862）玄慶より金剛界大法を，法全より胎蔵界大法を受け，それぞれわが国に伝えた（恵運は在唐5年なれども受法のことは不明）。このうち空海（東密）と円仁・円珍（台密）の法流だけが後世に存続した。彼らが帰国ののちに奏進した経疏・図像・法具などの請来目録を『八家請来目録』『八家秘録』と総称する。　→請来目録
（しょうらいもくろく）

参考文献　高見寛恭「入唐八家の密教相承について」（『密教文化』122・126・130）　（中井　真孝）

028 日葡辞書 にっぽじしょ　Vocabulario da Lingoa de Iapam　ポルトガル語で説明した日本語の辞書。イエズス会宣教師数名が日本人信徒の協力を得て先行写本に大改訂を加えて成った。編者らの氏名未詳。慶長8年（1603）本篇，翌9年補遺，長崎学林（コレジョ）刊。当時の口語を中心に文書語・詩歌語・仏教語・婦人語・方言・卑語などまで約3万2800語を収録，イエズス会式ローマ字綴で表記した日本語をABC順に配列し，各条に所要の説明を加えている。語義を主に，発音・文法・敬語などについて，豊富な用例をあげて具体的に説き，漢語には訓釈を付けて語義と漢字面との関連も配慮した。また，類義語・対義語・関連語をあげて比較し自得させる一方，学習者の語彙の拡充を図っている。用例は日常卑近の口語が多いが，また『太平記』『天草本平家物語』その他多くの書を引用し，それにも一々説明がつけてある。方言は九州方言が主で，それにあたる標準語を教えている。卑語も同じ。一般語彙でも2語間の優劣を注するなど，規範的態度を持っており，総体に当時の標準語辞典の性格をもつ。不備や欠陥もないではないが，組織・内容ともに近代的辞書の体裁を具えた当代随一のものであって，室町時代語研究に不可欠の貴重な資料である。伝本は，オックスフォード大学ボードレイ文庫・エボラ公立図書館（ポルトガル）・パリ国立図書館（補遺欠）その他にある。ボードレイ文庫本に影印2種（岩波書店・勉誠社）があり，パリ国立図書館本にも影印（勉誠社）がある。また本書には寛永7年（1630）マニラ刊のスペイン語訳『日西辞書』Vocabulario de Japón と，パジェス L. Pagés の仏訳で明治元年（1868）パリ刊の『日仏辞書』Dictionnaire Japonais-Français があって，前者に1種（雄松堂），後者に2種（岩波書店・勉誠社）の影印がある。西・仏訳とも種々の誤りを含む。土井忠生・森田武・長南実編訳『邦訳日葡辞書』は，原文の忠実な翻訳で本書を利用しやすくしたが，なお正しい理解にはさらに考究すべき点もある。

参考文献　土井忠生『吉利支丹語学の研究新版』，今泉忠義『日葡辞書の研究』，森田武『室町時代語論攷』，同『日葡辞書提要』，片桐洋一「『日葡辞書』の歌語」（国語語彙史研究会編『国語語彙史の研究』4所収）　（森田　武）

029 日本 にっぽん　⇨シーボルト日本

030 二宮敬作 にのみやけいさく　1804〜62　江戸時代後期の蘭方医。号は如山。文化元年（1804，一説には享和元年（1801）とも）5月10日，伊予国宇和郡磯崎浦（愛媛県八幡浜市保内町磯崎）の農家に生まれる。父六弥・母茂。文政

2年(1819)医学修業のため長崎へ遊学．同6年以後の6年間，シーボルトに師事し信任を受け，同9年のシーボルト江戸参観の時には助手として随行．のちにシーボルト事件に連座し，数ヵ月間，禁錮された．天保元年(1830)郷里の宇和島に帰り，外科および種痘を以て開業，安政2年(1855)に宇和島藩の藩医となった．国政にも通じ，高野長英・村田蔵六(大村益次郎)らの憂国の士とも交流があった．嘉永2年(1849)に高野長英が宇和島に逃亡した際には，長英を自宅に匿ったりもした．安政6年のシーボルト再来日の折に長崎を訪れ，文久2年(1862)3月12日，長崎の諏訪町において病没．59歳．法名は青雲院徳光如山居士．シーボルトの遺児楠本イネが晧台寺(長崎市寺町)に墓を建立．愛媛県西予市宇和町卯之町の光教寺にも遺髪塔がある．大正13年(1924)贈正五位． →シーボルト

参考文献　呉秀三『シーボルト先生』3(『東洋文庫』117)，谷泰吉「二宮敬作先生に就て」(『医譚』5)

(高安　伸子)

031 **日本一鑑** にほんいっかん　明代中国人の日本研究書．「一鑑」は一通り見るという意である．撰者は，鄭舜功で，広東の新安郡の人である．『窮河話海』9巻，『桴海図経』3巻，『𣵀島新編』4巻の3部16巻から成る．鄭舜功は，浙江総督楊宜の命で，倭寇禁圧の目的のため，日本に派遣され，豊後の大友義鎮(宗麟)のもとに滞在した．嘉靖35年(弘治2，1556)のことで，約半年間の在日ではあったが，つぶさに日本の事情をしらべ，帰国後，本書を著わした．『桴海図経』および『𣵀島新編』は，日本の地理・地図などについて記してある．『窮河話海』は，日本の歴史・人物・風習など，日本に関するあらゆることが述べてあり，撰者の実見によるところも多い．「寄語」として膨大な日本語の語彙も載せてあり，中国人の日本研究書の中で，量質すぐれている．テキストは，民国28年(1939)拠旧鈔文殿閣影印本があり，本邦にも写本が伝えられている． →鄭舜功(ていしゅんこう)

参考文献　京都大学文学部国語学国文学研究室編『纂輯日本訳語』，福島邦道「日本一鑑所引の古辞書」(山田忠雄編『本邦辞書史論叢』所収)

(福島　邦道)

032 **日本王国記** にほんおうこくき　⇨ヒロン日本王国記

033 **日本奥州国伊達政宗記并使節紀行** にほんおうしゅうこくだてまさむねきならびにしせつきこう　⇨アマティ日本奥州国伊達政宗記并使節紀行

034 **日本海** にほんかい　日本列島・アジア大陸東縁およびサハリンに囲まれた海．西南の対馬海峡からは，黒潮の分枝が東シナ海や黄海の水の一部を併せた対馬海流(暖流)となって流入し，北上して津軽海峡と宗谷海峡から流出する．対馬海流は，冬の北西季節風を暖めて気候を温和にするが，多量の水蒸気を放出して豪雪の原因ともなる．北方からは，シベリア東部から沿海州ぞいに朝鮮半島北部にリマン海流(寒流)が流下する．両海流とも魚族が豊富で，漁業を盛んにしている．この海は，古代には，日本で越(こし)の海，中国では東瀛(とうえい，15世紀以後は韃靼(だったん)海)などと呼ばれた．新羅および高句麗・渤海との間の外交使が来往し，中世には博多と敦賀との間の宋商人が，近世には北前(きたまえ)船が盛んに航行した．この海を日本海と名づけたのは，文化2年(1805)に長崎から北航したロシア海軍の提督クルーゼンシュテルン『日本紀行』とその付図によるというのが通説であった．しかし，彼が前以てみていたフランス人ラ=ペルーズ「日本周辺海図」(1787年発行)はもとより，それ以前の西洋製地図には18世紀中ごろから日本海(朝鮮半島寄りは朝鮮海とするのもある)とする諸地図が刊行されていた．日本では，寛政4年(1792)発行の司馬江漢「地球全図」や，山村昌永(才助)が文化元年に幕府へ進呈した『訂正増訳采覧異言』の付図「亜細亜州輿地全図」がすでに日本海としていた．そして，明治初年から日本海(時には大日本海)の称呼が一般化されていった．朝鮮では，いま東海とよぶ．日本海沿岸地域は，資本主義的，近代的発展への対応の遅れとともに「裏日本」視されてきたが，日本海をめぐっては，ことに1960年(昭和35)代以降に，政治・経済・軍事面の戦略上きびしい国際的緊張が高まっている．しかしこの一方では，相つぐ新資料の発見や学際的，国際的研究の成果が蓄積されつつあり，中でも，日本海沿岸に固有に発達がめだつ潟を文化交流と貿易の拠点とした政治勢力や都市をめぐって，また独自の風土とのかかわりで，日本海域史や日本海(環日本海)文化の解明が進みつつある．

参考文献　久米邦武『裏日本』，高瀬重雄『日本海文化の形成』，森浩一・門脇禎二・江上波夫編『古代日本海文化の源流と発達―環日本海(東海)金沢国際シンポジウム―』

(門脇　禎二)

035 **日本回想録** にほんかいそうろく　⇨ドゥーフ日本回想録

036 **日本海防史料叢書** にほんかいぼうしりょうそうしょ　単に軍事的な側面に限らず，近世後期の対外政策の在り方を含めて海岸防備を論じた著作を集めて刊行した叢書．さきに『海事史料叢書』を編集した住田正一が編纂し，海防義会の援助をうけ，昭和7年(1932)から8年にかけて，海防史料刊行会を発行者とし，全10冊が巌松堂書店から発売された．昭和6年に満洲事変が始まり，対外戦争に突入するという情勢を背景とし，近代以前の海防に関するさまざまな議論を振り返るという意図で編纂・刊行された．海防については，18世紀後半のロシアの接近を契機に対外的危機が認識されるようになり，それ以後，対外的緊張の高まりとともに盛んに論じられるようになる．収められた著作は，林子平『海国兵談』が最も古いものであるが，その『海国兵談』が絶版処分となり，著者が処罰されたように，江戸幕府は，対

外関係や海防政策を論じた著作の出版を，奇怪異説，人心を惑わすものとして厳しく取り締まったため，ほとんど写本としてしか残らなかった．住田は，『近時海国必読書』や，塩田順庵が嘉永2年(1849)に編集した『海防彙議』，同6年の『海防続彙議』など，江戸時代にすでに蒐集されたものを柱としながら，それに収められていない18世紀末から19世紀半ばまでの海防関係の著作を集めて刊行し，近世後期の対外政策・海防政策を研究するための基本的史料集を提供した．なお，この叢書に収められず写本のままで伝存している海防関係の著作も多い．各冊に収載される書目は次のとおりである．

1 海防問答(平山子竜)・海防備論(藤森弘庵)・海備全策(山鹿素水)
2 海国兵談(林子平)・海防論(赤井東海)・海防弁(赤松則陽)・海辺防禦私考
3 近時海国必読書
西客堅協鹿日本紀事第四篇抄訳(高橋景保)・和蘭紀略(渋川六蔵)・北陲杞憂(附西陲紀事)(東洋鯤叟)・諳厄利亜人性情志(吉雄永宜)・丙戌異聞(高橋景保)・別埒阿利安設戦記(吉雄永宜・青地林宗)・泰西録話(古賀煜)・西洋諸夷略表・慎機論(渡辺崋山)・極論時事封事(古賀精里)・蒸気船略説・鴉片始末(斎藤馨子徳)・防海策(佐藤百祐)・上書(松本斗機蔵)・愚意上書(中島清司)・海防五策(斎藤徳蔵)・魯西亜国王書翰・授魯西亜国使節信牌・諭魯西亜国使節書(遠山景晋)・魯西亜属国伊児哥都蛤首長書・諭魯西亜国甲必丹・魯西亜国甲必丹奉約書・懇親之書翰・上執政相公閣下書(平山子竜)・上北闕書(同)
日本防考略
4 海防彙議(塩田順庵編)
答問十策(青木定遠)・異艦戦法・奉吉田宰相書(蒲生君平)・防海微言(亀井昭陽)・献芹微衷(松本斗機蔵)・海寇窃策(黒白老侯)・禦戎策(安積艮斎)・籌海因循録(附文政七甲申年七月八日薩州領内七島の内宝島へ異国船漂着の一件)(遠山景晋)・佐藤元海議・赤井厳三議・戊戌夢物語(高野長英)・夢物語評・夢々物語・上真田侯書(佐久間象山)・籌海私議(塩谷宕陰)・呑海肇基論序言(佐藤元海)・海備芻言(山鹿素水)・海防説階・明君一斑鈔・弘化二乙巳年二月亜墨利加渡来の節浦賀奉行土岐丹波守建白・弘化三丙午年閏五月二十八日渡来アメリカ船一条浦賀奉行報文・弘化三丙午年六月廿一日相州浦賀表へ異国船渡来の節御備等の義松下下総守家来より防禦の義を以御用番阿部伊勢守殿へ伺書・弘化三年七月異国船取斗方申上(筒井紀伊守)・野

叟独語(杉田玄白)
5 海防彙議
論辺防(頼山陽)・異国船之儀御尋ニ付申上候書付(筒井紀伊守)・海防私策(羽倉簡堂)・献芹微衷(大槻磐渓)・夷船防禦の儀に付心附候趣申上候書付(大塚同庵)・内密問答録(鶴峯戊申)・存付候儀申上候書付(江川太郎左衛門)
海防続彙議(塩田順庵編)
海辺御備愚意(松平定信)・寛政海防議・漂民記事・北地危言(大原左金吾)・河尻守議(河尻肥後守・荒尾但馬守)・文化八年捕魯西亜人話・鴃舌小記(渡辺崋山)・鴃舌或問(同)・答人問書(同)・海防臆測(古賀煜)
6 海防続彙議
嘉永六年夷舶四隻渡来始末・薩州御届・井戸石見守議・三奉行議・両目付議・咬𠺕吧都督職書翰・和蘭甲比丹上書・和蘭風説書・合衆国伯理璽天徳書翰和解・薩州侯議・桑名侯議・防春或問(塩谷宕陰)・榴弾図説(殿岡神通)・清国騒乱話・癸丑鄙見(長戸譲)・海防策(寺門静軒)・小塙庄助議・和戦失得弁(狂愚陳人)・鑑戒録・海備私言・加州侯議・佐賀侯議・福井侯議・御目付議・太田道淳老侯議・擬答亜墨利加国書(羽倉簡堂)・靖海私議(安井息軒)・根芹(阿斯廼夜検校)・鶴峰生議(鶴峯戊申)・久留島侯議・島津侯議・新庄侯議・此度アメリカ船渡来の義に付乍恐存付奉申上候覚・蛮語禁止令・某氏議・造大艦新令・俄羅斯舶四艘渡来始末・崎尹手附等議・俄羅斯国書翰二通・答書・続献芹微衷(大槻磐渓)・禦戎策(昌谷碩)
7 海防策(松浦武四郎)・海警妄言(吉田敏成)・南蛮阿蘭陀之敵舶乗捕行法・一品流水学集海上湊之記・海辺廻見物語
8 海岸備要(本木正栄)・海防私議(長山貫)・海防私議補遺(同)・海防四百首(山脇正準)・海中法螺物語
9 東奥沿海日誌(松浦武四郎)・佐渡日誌(同)
10 海防試説・海戦布策(窪田清音)・海軍所伝達帳・鹿角日誌(松浦武四郎)・辺論合壁(永田賛典編)

(藤田 覚)

037 **日本河** にほんがわ　ヨーロッパ人の描いた古地図にみえるベトナムのメコン河の一支流の名で，17世紀の初期から19世紀の初めまでおよそ3世紀200年にわたって使われていた．当時の地図などにRevier Japonoise, Revier Japonaise(フランス語)，Japansche Rivier(オランダ語)などとみえる．日本河とは，(1)現今メコン河の最東の河口(メコン河は分流して海に注ぐ)クワ＝ティエウCũa-tieuよりさかのぼってホーチミン(旧サイゴン)の西南の河港ミトMythoの南側を過ぎるソン＝

ミトSong Mytho(「ソン」は川の意)を指すが，(2)さらにその上流，少なくともビン＝ロン(永隆)Vingh-long付近に及ぶメコン河の分流の1つを指し，さらに，(3)なおも上流プノンペンPhnom Penhまでさかのぼるメコン河の本流チェン＝ギャン(前江)Tien-Giangそのものを指したこともあった．プノンペンとその上流ピニャールーPonealuには16世紀末から17世紀にかけて日本町が形成され，また朱印船貿易も盛大に行われていた．日本河の名は当時の日本人の活動を物語る名残である．

参考文献 岩生成一『南洋日本町の研究』，杉本直治郎・金永鍵『(印度支那に於ける)邦人発展の研究』
(長岡新次郎)

038 日本紀行(にほんきこう) ⇨クルーゼンシュテルン日本紀行 ⇨トゥーンベリ日本紀行

039 日本乞師記(にほんきっしき) 中国，明末に日本に請援した始末を記述した書．清の黄宗羲撰．撰者は明末清初の思想家．浙江省余姚(よよう)の人．字(あざな)は太冲，号は南雷・梨洲．明の永暦3年(慶安2，1649)に馮京第と長崎に来て請援したらしい．1巻．書名は「乞=師日本=」の意．内容は周崔芝・林皐・馮京第・黄孝卿・阮美らの乞師の事情とその失敗の原因を述べる．『避地賦』(『南雷文定』前集11)とともに黄宗羲の日本観も知られる．テキストは『行朝録』(『黄梨洲遺著』彙栞14，『紹興先生遺書』4集)に収む．東京大学総合図書館蔵の『行朝録』(写本)と比較すると，字句に多少の相違がある．梅村野史の『鹿樵紀聞』(痛史十六種)巻中にみえる「日本乞師」は，ほとんどこの記事を襲うもの．なお同じ日本乞師を記述した『海外慟哭記』(『遯盦叢編』甲集4，『古学彙刊』史学類)を，清の全祖望も薛鳳昌も黄宗羲の著とし，謝国楨も同意のようだが，「日本乞師」も参考した後人の編著と思われる．

参考文献 石原道博『(明末清初)日本乞師の研究』
(石原 道博)

040 日本教会史(にほんきょうかいし) 著者はイエズス会宣教師ジョアン＝ロドリゲス＝ツウズJoão Rodrigues Tçuzuである．文献などより得られた知識に歴史的考察を加えた系統的な東洋および日本に関する総記と東洋・日本における初期キリスト教布教史とからなり，個々の事象に関する記述が正確である．原文の題名はHistoria da Igreja do Japãoという．伝本にはアジュダ本とマドリード本の2種がある．アジュダ本は18世紀の転写本，マドリード本は歴史学士院図書館伝存の自筆原稿本(不完全)である．本書の執筆は澳門(マカオ)で1620年に始まり2年間でその大部分が書き上げられたが，新資料の入手により随時加筆増訂された．本書の構成は3巻からなり，第1巻35章では作者の日本における広範囲にわたる豊富な生活体験が随所に生かされ，アジアに関する一般的記述，日本民族，日本の地勢と地理，気候風土と習俗，度量衡，家屋と建築，礼儀作法および礼法，贈答，酒と宴会，茶の湯および数寄などについて詳述されている．第2巻16章は日本の学芸，技芸一般，文字，紙墨，印刷の方法，中国と日本の数学，天文学，蝕と星座，時間・刻などの時の区分，占星術とそれに付随する迷信などについて言及する．第3巻28章では東洋におけるキリスト教布教の始源から説き，フランシスコ＝ザビエルの東洋布教と日本渡航・布教およびその死に至るまでの経緯が叙述され，最後に1624年に至るまでの日本教会の司教の伝記3章をもって終っている．日本語訳が『ジョアン＝ロドリーゲス日本教会史』上下として『大航海時代叢書』9・10に収められている．

参考文献 土井忠生『吉利支丹語学の研究』，M. Cooper: Rodriguez, the Interpreter ; João do A. Abranches Pinto, ed., História da Igreja do Japão pelo p. e João Rodrigues Tçuzzu S. J., 2 vols, Coleção Noticiàs de Macau 13—14.
(五野井隆史)

041 日本切支丹宗門史(にほんキリシタンしゅうもんし) フランス人日本学者レオン＝パジェスLéon Pagèsによって1869・70年にパリで刊行．原題はHistoire de la Religion Chrétienne au Japon depuis 1598 jusqu'a 1651, comprenant les faits relatifs aux deux cent cinq martyrs béatifiés le 7 juillet 1867. 2 vols. (『一八六七年七月七日，福者に挙げられたる殉教者二百五人に関する事蹟を採録せる，一五九八年より一六五一年に至る，日本切支丹宗門史』)という．本書は3編からなり，『イエズス会日本年報』および同会宣教師の書翰・報告書などに多く依拠し，フランシスコ会・ドミニコ会の史料やバチカン所蔵史料をも駆使しながら，江戸時代初期の日本キリシタン史を編年体によって叙述している．第1編17章は内府様(徳川家康)の時代(1598〜1616年)のキリシタン布教について述べ，第2編16章は将軍様(秀忠)の時代(1616〜31年)を扱い，京都・長崎・江戸・仙台において多数の殉教者を出した迫害などについて多くのスペースを割く．第3編10章は当将軍(家光)の時代(1632〜51年)にして，鎖国期のキリシタンの動静，島原の乱，ポルトガル人使節一行の死，バチカン布教聖省の動向などについて述べる．本書は単なるキリシタン宗門の歴史ではなく，日本とヨーロッパ諸国との主要な交渉についても言及した初期日欧交流史でもあり，近世初期の対外史研究には不可欠の基本的文献である．各章末には詳細な註がある．邦訳が『日本切支丹宗門史』上中下3冊として『岩波文庫』に収められている．なお本書に収録された附録史料編の翻訳は未刊．
(五野井隆史)

042 日本遣欧使者記(にほんけんおうししゃき) ⇨グヮルチェリ日本遣欧使者記

043 日本見聞録(にほんけんぶんろく) ⇨ドン＝ロドリゴ日本見聞録

044 日本考略 にほんこうりゃく　明代中国人の日本研究書.『日本国考略』ともいう.薛(せつ)俊編.薛俊は,定海県の人で,よく学問ができ,常州の教諭として諸生を導いた.1巻1冊.嘉靖2年(1523)成立.この年,寧波(ニンポー)において大内氏の遣明船と細川氏派遣船の正使鸞岡瑞佐(省佐)・明人宋素卿の間ではげしい争いがあり,この寧波の乱を契機に,日本への関心が高まり,さらに倭寇への警戒心も加わり,刊行されたものである.その内容は,「日本地図」から始まり,「沿革略」以下,疆域,州郡,山川,制度,風俗,朝貢,貢物,文詞などに及び,当時の中日交渉上,日本に関する必要事項を調べたものである.なかんずく,終りの「寄語略」すなわち日本語の語彙集は,15類数百語のことばを集めてある.明代におけるはじめての日本研究書であり,未熟な点も多いが,のちの日本研究書に多くの影響を与えた.テキストは,初刊本は見あたらず,重刊本は嘉靖9年本が東洋文庫にあり,朝鮮版もあり,ほかにも諸本が知られている.

[参考文献] 京都大学文学部国語学国文学研究室編『日本寄語の研究』　　　　　　　　　　(福島　邦道)

045 日本国王 にほんこくおう　日本国の支配者の称号.外国から称された場合と日本側で自称した場合とがある.ふるい中国史書では,日本の支配者は通常「倭王」とよばれていた.「日本国王」の称が最初にみえるのは,唐代の『唐丞相曲江張先生文集』所収の「勅日本国王書」で,次は『元史』日本伝の「大蒙古国皇帝奉書日本国王」で書き始められている蒙古国書である.室町時代になり,足利義満が明の成祖永楽帝の冊封(さくほう)を受けて,日本国王を称した.義満が日本の統一政権の君長として明の皇帝から認知されたのである.国王は皇帝から誥命(こうめい,辞令書)・暦・金印・冠服・勘合などを与えられ,上表文を持参した使節団を入貢させた.義満はみずから「日本国王臣源道義」と称して上表文を成祖に送った.以後,足利義持・義教・義政・義澄・義晴が外交文書に日本国王号を使用した.義満・義持・義教に対しては明皇帝からの冊封使が派遣されたが義政以降はそのことが省略された.朝鮮では,おおむね歴代の将軍を日本国王と考えていたが,日本から朝鮮に送る文書には原則として国王号は用いなかった.征夷大将軍が室町政権の国内に対する首領の称呼であるとすれば,日本国王は国外に対する首領の称呼であった.将軍と国王とは必ずしも同一の人物ではない.両者の機能も有機的に整合されていたわけではなく,あるときは補完しながら,あるときは破綻を見せながら展開した.国王は,国内では天皇に対する僭上,国外に対しては卑屈な存在として非難されたが,一方では勘合船派遣の主体者であり,外国文化・文物受容の中心的存在としての地位を保持した.中国の銅銭や朝鮮の大蔵経の輸入にはしばしば国王の特権が利用された.豊臣秀吉は,文禄の役の講和交渉のときに神宗万暦帝から誥命を受けたが,冊封を拒絶して,慶長の役に突入した.徳川政権では,明との関係が修復されず,清との関係も成立しなかった.朝鮮に対しては,朝鮮からの外交文書に国王と書くことをやめさせ,林羅山の案に従って「大君」号を用いさせることにした.ただ1度,武家権力の確立を希む新井白石が「日本国王」号を復活したことがあったが,以後は大君号にもどされて幕末に至った.　→大君(たいくん)　→日本国王之印(にほんこくおうのいん)

[参考文献] 伊東多三郎「将軍,日本国王を称す―その史的意義―」(『近世史の研究』4所収),田中健夫「足利将軍と日本国王号」(『前近代の国際交流と外交文書』所収)
(田中　健夫)

046 日本国往還日記 にほんこくおうかんにっき　慶長元年(朝鮮宣祖29,明万暦24,1596),日明講和交渉のため明冊封使来日の際,明冊封副使沈惟敬に接伴し,朝鮮通信使として来日した黄慎の日本紀行記.この紀行文は宣祖29年8月3日(日本暦閏7月3日),通信副使朴弘長が国書を持って釜山にきたことから始まる.309名の通信使一行は8月5日,釜山を発し,閏8月18日(日本暦8月18日),堺に着く.閏8月29日(同8月29日),豊臣秀吉は朝鮮が王子を人質として遣わさなかったことを責め,朝鮮通信使の来見を許さなかった.9月3日(同2日),秀吉は「爾を封じて日本国王と為す」(原漢文)という明皇帝の誥勅を知って怒り,講和交渉は破綻となる.そのため,明冊封使と朝鮮通信使一行は9月9日(同8日),堺を発ち,11月23日,釜山に帰った.この紀行文は以上の事情について,12月9日まで記してあるが,日本の見聞にも触れている.『青丘学叢』11に『交隣紀行―日本国往還日記―』として収められている.
(北島　万次)

047 日本国王之印 にほんこくおうのいん　中国,明の皇帝が冊封(さくほう)のしるしとして日本国王に与えた金印.印文は「日本国王之印」(『満済准后日記』).『蔭涼軒日録』寛正6年(1465)6月14日条により,(1)金印は日本国王の明皇帝への上表文に捺す,(2)別幅(勘合=明の礼部への咨文)にも捺す,(3)勘合とともに保管し,その使用は日本国王の面前で蔭涼軒主が行う,(4)亀形の鈕がついていて,光輝人を照らし,両手でも提持しがたいほどの重さがあった,などのことがわかる.これらのことは『善隣国宝記』や『続善隣国宝記』からみても真実であることが裏づけられる.現在,山口県防府市の毛利博物館に「日本/国王/之印」の印文のある木製印(重要文化財)がある.方形,単廓,篆書,陽刻で,金印を模したものと推定される.印面の大きさは方10cm,側面に「日本国王臣源」の墨書がある.金印は幕府によって厳重に保管されていたにもかかわらず,細川・大内両氏紛争の際に失われ,足利義晴は大永7年

（嘉靖6，1527）金印の再給を世宗に要請した．木製印は勘合を入手した大内氏が金印の代用にしたのではないかとの説もある．豊臣秀吉冊封のとき，日本には金印がなかったので神宗は誥命（こうめい）・詔書とともに金印の賜与をも決定した．中村栄孝は，この金印はのちに対馬宗氏の手に移ったと推定している．

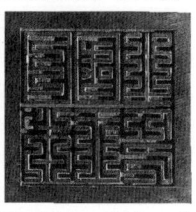

<参考文献> 中村栄孝『日鮮関係史の研究』中，小葉田淳『中世日支通交貿易史の研究』，田中健夫「勘合符・勘合印・勘合貿易」（『対外関係と文化交流』所収）　　　　　　　　　　　　　（田中　健夫）

048 日本国見在書目録 にほんこくげんざいしょもくろく　わが国最古の漢籍目録であるが，一部国書が混じる．『外典書籍目録』『本朝見在書目録』とも．1巻．藤原佐世撰．安井息軒は，貞観17年（875）正月，宮中の秘閣冷然院が火災に罹り，多くの典籍文書を焼亡したことがこの目録編修の契機となったかという（「書現在書目後」）．見在とは現存の意で，本書は燼余の図書の目録との説があるが，当時世に伝存していた漢籍の目録とするのが通説である．成立年については諸説があるが，貞観17年から寛平3年（891）の間と考えるのが妥当か．中国の『隋書』経籍志に従って，易（えき）家から惣集（そうしゅう）家まで40家に分け，書名・巻数を記し，まま撰者名その他を注記する．1579部，1万7345巻（矢島玄亮調査）を著録するが，この数は数え方によって若干の違いがある．本書は平安時代初期9世紀末までにわが国に伝来した漢籍を知る上に，さらには『隋書』『旧唐書（くとうじょ）』の経籍志，『新唐書』芸文志に記載されぬ逸書が多く著録されていることにより，漢籍の書誌学・校勘学研究上の重要な資料とされている．日本人の著作ながら清朝末期には，黎庶昌の『古逸叢書』に収められた．伝本としては，奈良室生寺旧蔵の平安時代末期古写本1帖（宮内庁書陵部蔵）が現存唯一で，この古写本を展転書写した本は江戸時代末期から明治にかけて少なくない．なお，この古写本は「私略之」という注記があり，省略本であることがわかる．『古典保存会覆製書』1期および『日本書目大成』1（影印本）に収められており，翻刻には『続群書類従』30輯下がある．

<参考文献> 小長谷恵吉『日本国見在書目録解説稿』，矢島玄亮『日本国見在書目録―集証と研究―』，狩野直喜「日本国見在書目録に就いて」（『支那学文藪』所収），山田孝雄「日本国見在書目録」（『典籍説稿』所収），太田晶二郎「日本漢籍史札記」（『太田晶二郎著作集』1所収）　　　　　（金子　和正）

049 日本国志 にほんこくし　中国，清代の日本研究書．清の黄遵憲撰．撰者は清末の外交官・詩人．広東省嘉応の人．字（あざな）は公度，号は東海公・法時尚任斎主人・水蒼雁紅館主人など．光緒3年（明治10，1877）に初代駐日公使何如璋（子峩）の参賛（書記官）として来日．日本の学者文人と深く交わり，ひろく日本事情を研究して，同5年に『日本雑事詩』を著わす．これは大著『日本国志』の構想を，断片的，印象的に歌いあげたもの．同11年帰国し，同13年本書を完成．首1巻・40巻．内容ははじめに光緒20年の薛福成の序，同13年の自序．次に中東年表巻首・国統志3巻・隣交志5巻・天文志1巻・地理志3巻・職官志2巻・食貨志6巻・兵志6巻・刑法志5巻・学術志2巻・礼俗志4巻・物産志2巻・工芸志1巻．おわりに同22年の梁啓超の後序．日本の歴史をはじめ，当時の日本事情など，あらゆる方面の総合的日本像を探究したもの．清が甲午中日戦争（日清戦争）にふみきったのは，1つには本書による日本認識の上に立ったためといわれる．『日本雑事詩』とは，いうなれば双生児の関係．なお清人の日本研究には，さきに翁広平の『吾妻鏡補』（一名『日本国志』）があり，あとに傅雲竜の『游歴日本図経』，王先謙の『日本源流考』などがある．テキストは光緒16年の羊城富文斎刊版，1帙12冊がある．

<参考文献> 石原道博「鎖国時代における清人の日本研究―翁広平の日本国志（吾妻鏡補）について―」（『茨城大学文理学部紀要』人文科学16・17），同「黄遵憲の日本国志と日本雑事詩」（『茨城大学人文学部紀要』文学科論集7～9）　　　　　　　　　　（石原　道博）

050 日本史 にほんし　⇨フロイス日本史

051 日本志 にほんし　⇨ファレンタイン日本志

052 日本誌 にほんし　⇨ケンペル日本誌　⇨モンタヌス日本誌

053 日本書簡 にほんしょかん　⇨フロイス日本書簡

054 日本植物誌 にほんしょくぶつし　㊀原題Flora Japonica．ツュンベリー著．1巻．1784年刊．ツュンベリーが日本で採集した植物は，800種をこえ，新属26，新種390種を含んでいる．長崎付近のものが約300種，箱根のものが62種，江戸のものが43種である．本書には種子植物374属735種，胞子植物27属33種と若干の疑問種が記載されている．リンネ分類で日本植物が命名記載された最初のもので，日本植物相の西欧への紹介に貢献した．シーボルトも，来日するにあたり本書を入手し，日本へ持参した．文政10年（1827）シーボルトは伊藤圭介に本書を与えた．圭介は本書の植物の学名を和名と漢名にあてる作業を行い，『泰西本草名疏』3巻を作成，文政12年に刊行した．本書は，日本において，第2次世界大戦前・戦後それぞれ復刻出版されている．

<参考文献> 木村陽二郎『シーボルトと日本の植物』（『恒和選書』5），日本学術会議・日本植物学会編

『ツュンベリー研究資料』，スウェーデン大使館・日本植物学会編『ツュンベリー来日二〇〇年記念誌』
(二)原題Flora Japonica．シーボルト，ツッカリーニ，ミケル共著．2巻30冊．1835年から70年にかけて分冊として刊行された．第1巻(1835～41年刊)はツッカリーニが分類記載し，シーボルト解説の100図が載せられ，観賞植物と有用植物を含む．第2巻(1842～70年刊)はツッカリーニとシーボルトの死後，ミケルによって完結した．50の植物図がある．図はすべて彩色図である．野菜や穀物の図はない．花木と常緑樹の図が大部分で，草は少なく，草の3分の1はユリの類である．第2巻の50図のうち40図は針葉樹で，結果として日本の針葉樹をほとんど図説したことになる．シーボルトは日本産の多種の植物を収集し，ヨーロッパに送り，植物園で栽培した．これらが本書作成に役立った．本書により本格的に日本の植物相が世界に紹介された．本書は昭和51年(1976)に日本で本格的な復刻出版(『シーボルトフロラ・ヤポニカ』，講談社)がなされている．

参考文献　木村陽二郎『シーボルトと日本の植物』(『恒和選書』5)，同『生物学史論集』

(矢部　一郎)

055　日本図纂にほんずさん　明代中国人の日本研究書で，特に日本地図，地理にくわしい．鄭若曾著．若曾(号，開陽)は，江蘇省崑山に生まれ，倭寇の猖獗に対して日本をよく知ろうとしたが，その倭寇を鎮圧したのが胡宗憲であり，宗憲の知遇を得たことにより，この書を著述したのである．1巻1冊．嘉靖40年(1561)成立．内容は，詳細な「日本国図」をはじめとして，「日本入寇図」「日本国論」「日本紀略」「使倭針経図説」「国朝貢式」などになっている．先行の日本研究書『日本考略』を参考にしているが，より正確な日本事情をとらえようとしている．ただし，若曾は来日したことはなく，なお不十分な点も多いが，中国人による本格的な日本地理研究書として特筆される．初刊本はなく，静嘉堂文庫蔵重刊本がある．『日本図纂』は1年後，若干改訂して，『籌海図編』として刊行された．『日本図纂』の影響力は大きく，その後の日本研究書にしばしば引用されている．　→蔣洲(しょうしゅう)　→籌海図編(ちゅうかいずへん)　→鄭若曾(ていじゃくそう)

参考文献　『鄭開陽雑著』2，京都大学文学部国語学国文学研究室編『日本寄語の研究』，田中健夫「籌海図編の成立」(『中世海外交渉史の研究』所収)

(福島　邦道)

056　日本大王国志にほんだいおうこくし　⇨カロン日本大王国志
057　日本大文典にほんだいぶんてん　⇨日本文典(にほんぶんてん)
058　日本動物誌にほんどうぶつし　(一)原題Fauna Japonica．ツュンベリー著．本文7頁で1冊の小冊子．1822年12月ウプサラ刊．154種の動物が記載されている．その後編1冊が1823年3月にウプサラで刊行された．本文5頁で180種の動物が記載されている．2書の合計は334種．ケンペルにつぐ日本の動物の紹介である．
(二)原題Fauna Japonica．シーボルト編．5巻．1833～50年刊．シーボルトが日本から持ち帰った標本や資料により，テミンク，シュレーゲル，デ゠ハーンが執筆し，シーボルトが編集したものである．この大著により日本の主要な脊椎動物と甲殻類が本格的に記載命名され，世界に紹介された．これによって日本の動物相が明らかにされた．昭和9年(1934)復刻版が出版され，昭和51年に本格的復刻版(『シーボルトファウナ・ヤポニカ』，講談社)が刊行されている．

参考文献　上野益三『日本動物学史』，木村陽二郎『生物学史論集』

(矢部　一郎)

059　日本渡航記にほんとこうき　⇨セーリス日本渡航記
060　日本府にほんふ　いわゆる任那日本府．その存否・形態をめぐっては諸説がある．日本府は国号が日本と定まってからの名称．『釈日本紀』によれば「倭宰」に作ったものがあり，それで日本府を「やまとのみこともち」と訓む．本来は倭府とでもあったか．以下，『日本書紀』の一般的な記載に従い，日本府と記す．日本府は『日本書紀』によると任那と総称された加羅諸国の地におかれ，欽明天皇の時には安羅にあった．そのため任那日本府とか安羅日本府と称された．当初は日本の将軍たちの軍府であったと思われるが，やがて常設的な政治機関となり，加羅諸国の盟主的な地位を占めた．府には卿とか大臣とか臣と記された大和朝廷派遣の上層官人がいたが，実質的な権限は執事が握り，なかでも現地の出身者が指導的な役割を果たした．なお，欽明朝の日本府の官人には卿に的臣，臣に吉備臣弟君，執事に河内直や阿賢移那斯，佐魯麻都などがいた．任那地域は新羅と百済のはざまにあり，両国のたえざる侵略にさらされ，いかに生き残るかが当面の課題であった．日本府は任那地域における大和朝廷の権益を守る立場にあり，朝廷の軍事力を背景に，任那地域の保全をはかり，任那執事と呼ばれる任那諸国の代表と協議しながら，時には新羅と，時には百済と交渉し，現実的な対応策をとった．百済は日本府の新羅寄りの政策に不満をもち，新羅の領域化の危機を感じ，大和朝廷に日本府の責任者の更迭を求めた．しかし，朝廷は現地の難しい状況を理解し，日本府の判断を信じ，百済側の一方的な要求には応じなかった．かえって百済が任那地域に設置した郡令・城主を危険視し，これらを日本府の支配下におくことを求めた．やがて百済は，高句麗や新羅との戦闘が激化し，新羅の任那地域への侵略が激しさを増すと，かつて更迭を要求した的臣の功績をたたえ，その後任の派遣を求めた．その後，554年，百済が新羅と戦って大敗し，聖明王が殺されると，現地の国際的均衡が破れ，562年，任那諸国は新羅に滅ぼされ，ここに日本府も任那とともに

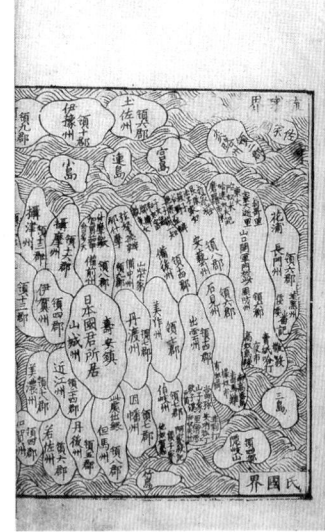

日本風土記（巻二冒頭と日本国図）

滅亡した．　→任那（みまな）　→官家（みやけ）

参考文献　池内宏『日本上代史の一研究』，末松保和『任那興亡史』，井上秀雄『任那日本府と倭』，鬼頭清明「「任那日本府」の検討」（『日本古代国家の形成と東アジア』所収），弥永貞三「「彌移居」と「官家」」（『日本古代社会経済史研究』所収），山尾幸久「任那日本府の実態」（上田正昭他編『ゼミナール日本古代史』下所収），平野邦雄「継体・欽明朝の国際関係」（『大化前代政治過程の研究』所収），笠井倭人「加不至費直の系譜について」（『古代の日朝関係と日本書紀』所収），大山誠一「所謂「任那日本府」の成立について」（『日本古代の外交と地方行政』所収），鈴木英夫「加耶・百済と倭—「任那日本府」論—」（『朝鮮史研究会論文集』24）　　　（坂元　義種）

061 日本風俗図誌 にほんふうぞくずし　⇨ティツィング日本風俗図誌

062 日本風俗備考 にほんふうぞくびこう　⇨フィッセル日本風俗備考

063 日本風土記 にほんふどき　明代中国人の日本研究書．侯継高編．継高は江蘇の人で，総兵官の職にあった．5巻．『全浙兵制考』3巻の付録として，明の万暦20年（1592）ころ刊行された．日本の倭寇の脅威は，万暦年代に入っても，まだ残存し，江蘇・浙江では，特に日本をくわしく知る必要があり，編纂されたものである．先行の日本研究書によったところもあるが，本書独自のものも多く，この種のものでは，はなはだ価値のある書といえる．内容は多彩である．「日本国図」から始まり，「倭国事略」「寄語島名」「沿革」「国王世伝」「朝貢」などの地理・歴史・風物などから，「歌謡」（和歌），「語音」（語彙），「山歌」（俗謡）などの文学・語学にまで及んでいる．テキストは，原刊本が日本の内閣文庫にある．李言恭・郝杰（かくけつ）により多少改訂して，『日本考』として再刊された．日本ではよく読まれたようで，写本としても伝えられている．中国人による日本研究の代表的な書である．

参考文献　京都大学文学部国語学国文学研究室編『（全浙兵制考）日本風土記』，渡辺三男『訳註日本考』，汪向栄・厳大中『日本考』　　（福島　邦道）

064 日本文典 にほんぶんてん　㈠イエズス会宣教師ロドリゲスJ. Rodriguez がポルトガル語で書いた日本語文典で，2種ある．(1)『日本大文典』Arte da Lingoa de Iapam. 慶長9年（1604）〜同13年長崎学林刊．3巻1冊．当時の標準的口語の発音をはじめ，口語を中心に文語を対照しつつ文法を説き，韻文・書状・文書などの各種文章語をも扱う．ラテン語の文法範疇とその文典の組織に則って日本語の文法を詳述したが，その範囲外の敬語法や「てにをは」その他，日本語独特の事実も具体的に整理記述して確かな知見を示し，また方言的相違，発音や表現上の誤りなども規範的に細かに教えている．伝本はオックスフォード大学ボドレイアン文庫・英国クロフォード家蔵．前者に勉誠社刊の影印がある．土井忠生訳『（ロドリゲス）日本大文典』（三省堂）は忠実な翻訳で知られ，広く利用されている．(2)『日本小文典』Arte Breve da Lingoa Iapoa. 元和6年（1620）澳門（マカオ），マドレ＝デ＝デウス学林刊．3巻1冊．本書は前著を簡約にし，日本文典としての組織を整えたものであるが，ローマ字綴り方を改めたほか，新たに加えた事項もある．伝本はロンドン大学オリエント＝アフリカ研究学校・葡国アジュダ文庫蔵．前者の影印が出ている（雄松堂）が，分明でない．またランドレス M. C. Landresse の仏訳抄本（1825年，パリ）がある．翻訳に池上岑夫訳『日本語小文典』（『岩波文庫』）がある．大小両文典ともに国語研究史上に特異の地位を占め，室町時代の信憑し得る国語研究資料としてきわめて高い価値をもっている．

参考文献　土井忠生『吉利支丹語学の研究新版』，同『吉利支丹論攷』，福島邦道『キリシタン資料と国語研究』，阿部健二『国語文法史論考』，土井忠生「ロ

氏小文典のローマ字綴」(橋本博士還暦記念会編『国語学論集』所収)，鈴木博「ロドリゲス日本大文典の関東方言の条に関して」(『国語学』45)

(二) ラテン語で書いた日本語文典．ドミニコ会宣教師コリャードD. Collado著．Ars Grammaticae Iaponicae Linguae. 1632年ローマ布教聖省印刷発行．1巻1冊．東洋文庫・上智大学・東京大学総合図書館・京都大学附属図書館・天理大学附属天理図書館その他蔵．本書の序によれば，ロドリゲスの『日本文典』を取捨利用し，それに実地の見聞(1619〜22年在日)と読書とによって得た知識を加えて編したものという．品詞別に説き，動詞に重点をおいているが，ロドリゲスの『大文典』に拠った跡は，説明や引用例などに著しく，中には『大文典』を正しく移していない点もある．土井忠生によれば，まずスペイン語の稿本(大英図書館蔵)が成り，それを修正増補したのが版本であるが，むしろ『小文典』に拠ったかと見られる点もあるという．質・量ともにロドリゲスのに劣るが，ロドリゲスの触れていない事実の記述もあって，対照し注意すべきものである．影印『コリャード日本語文典』(『天理大学善本叢書』洋書之部CLASSICA JAPONICA)，大塚高信訳『コリャード日本文典』がある．

参考文献 土井忠生「コリャード日本文典の成立」(『日本諸学振興委員会報告』3)　　(森田　武)

065 日本訪書志 にほんほうしょし　わが国に伝存する漢籍の古鈔本・古版本を解説した書．清，楊守敬著．16巻，8冊．光緒23年(1897)刊．明治13年(1880)清国公使館員として来日した楊守敬が，在留4年の間に，わが国で収集し，あるいは各地で見た宋・元・明の古版本，および日本の漢籍古鈔本・古版本235部について解説したもので，書名・版式・序跋・伝来・内容などを詳細に記録している．注目すべきは，わが国伝存の宋元古版本には，中国に伝存せぬ佚書を多く含んでいること，日本の漢籍古鈔本が隋唐時代の学風をよく伝え，校勘学上はなはだ重要である旨を指摘していることである．楊守敬が日本滞留中に収集した漢籍は，その没後中華民国政府が買い上げ，故宮博物院と松坡図書館に分蔵したが，故宮収蔵のものは第2次世界大戦後台北に移された．王重民編，民国19年(1930)刊『日本訪書誌補』がある．

参考文献 『故宮所蔵観海堂書目』，『(国立故宮博物院)善本書目』，陳捷『明治前期日中学術交流の研究』，長澤規矩也「楊惺吾日本訪書考」(『長澤規矩也著作集』2所収)，阿部隆一「(中華民国国立)故宮博物院楊氏観海堂善本解題」(『(増訂)中国訪書志』所収)　　(金子　和正)

066 日本町 にほんまち　⇒南洋日本町(なんようにほんまち)

067 日本丸 にほんまる　文禄元年(1592)豊臣秀吉の朝鮮出兵の際，御座船として九鬼嘉隆が建造した鬼宿(きしゅく)を，秀吉が日本丸と改名させた大安宅(おおあたけ)船．その要目は，文禄・慶長期に志摩国の鳥羽界隈で建造した諸大名の軍船26艘の寸書である『志州鳥羽船寸法』によると，別表のとおりである．現存の2点の日本丸画は後世の作で信憑性に欠けるが，文禄2年に描かれた『肥前名護屋城図屏風』の3艘の大安宅船のうち，御座船的要素の強い1艘が日本丸とみられる．豊臣氏滅亡後は江戸幕府の所管となり，鳥羽藩に預けられたが，修理の際，船体は櫓50丁立てに小型化されて大竜丸と改名，幕末に解体された．現在，地元の大湊(三重県伊勢市)には，その天井板・舞良戸(まいらど)など近世初期の様式をもつ遺物が伝えられている．なお，このほかに毛利家建造の安穂丸(一説に宮徳丸)を，秀吉ができばえを賞して日本丸と改名させたという毛利家の記録があるが，これは船の長さ70間，幅40間といった荒唐無稽の数字を記すだけに，その改名由来も信用できない．ただし，九鬼流水軍書には日本丸から鬼宿に改名したという逆の由来が述べてあり，『通航一覧』附録18の編者も毛利家の安穂丸を日本丸と改名したために既存の九鬼日本丸を鬼宿にしたという同様の解釈をして，2つの日本丸の存在の辻褄を合わせているが臆測にすぎない．

日本丸(肥前名護屋城図屏風)

日本丸主要寸法

全　　　長	約105.0尺
舫長さ	83.0尺
筒関幅	31.3尺
筒関深さ	10.0尺
総矢倉長さ	約90.0尺
総矢倉高さ	10.5尺
計算石数	2,600石
実積石数	約1,500石
櫓　　　数	小櫓100挺

『志州鳥羽船寸法』による(約を付した数値は同史料ほかの伊勢船系安宅船による推定値)

参考文献 石井謙治『図説和船史話』，渡辺世祐「朝

鮮役と我が造船の発達」(『国史論叢』所収)，石井謙治「名護屋城図の安宅船について」(『国華』915)

(石井　謙治)

068　日本幽囚記　にほんゆうしゅうき　⇨ゴロウニン日本幽囚記

069　日本洋学年表　にほんようがくねんぴょう　⇨新撰洋学年表(しんせんようがくねんぴょう)

070　如宝　にょほう　?〜815　奈良・平安時代前期の僧．胡国の人．伝律授戒の師として来朝した鑑真に従い，天平勝宝6年(754)入朝．入朝後，東大寺戒壇院で受戒，鑑真の法弟となり，律学を研鑽した．一時，下野の薬師寺に住し，持律厳正をもって世に謳われ，天平宝字7年(763)，鑑真の入滅に遭い，師の委嘱により鑑真創建の唐招提寺に住した．同寺は本来，律学を講じて律徒を養成する道場であるから，如宝が得た成果は十分発揮されることとなった．こうして桓武天皇の尊崇を得，天皇はじめ后妃・皇太子に菩薩戒を授ける栄誉に浴し，また勅によって唐招提寺に大殿を建立し，以後，ここをもって律講の本山とする永式を建てた．大同2年(807)少僧都に任じられているが，東大寺戒壇院の戒和上第1世法進のあとを受けて第2世を継ぎ，唐招提寺では法載・義静のあととして第4とされる．空海と親交があったことが知られ，弟子に豊安・寿延・昌禅があり，在俗の受戒者はその数を知らないという．弘仁6年(815)正月7日没．

参考文献　義澄『招提千歳伝記』上1(『大日本仏教全書』)，慧堅『律苑僧宝伝』10(同)

(石田　瑞麿)

071　丹羽ジャコベ　にわジャコベ　1579〜?　イエズス会修道士．中国人を父，日本人を母として天正7年(1579)日本で生まれた．漢名倪(げい)一誠．天正20年志岐のセミナリヨでイタリア人絵画教師の修道士ジョバンニ゠ニコラオから西洋画の技法を学び，きわめて画技に長ずるに至る．慶長6年(1601)末中国布教長マテオ゠リッチ(利瑪竇)の要請により在日中の巡察師バリニァーノから澳門(マカオ)へ派遣され，1602年に再建された同地の聖パウロ教会のために同宿の資格で聖母被昇天図と一万一千人乙女殉教者図を描く．同年7月，マヌエル゠ディアス司祭とともに澳門から水路北京着，翌年のキリスト降誕祭に聖母子像を描きリッチから明万暦帝へ献上される．1606年5月，リッチからイエズス会入会を許可されて澳門に帰り，1608年3月，南昌へ赴き修練期を終了，修道士となり，1610年，同地で救世主像と聖母マリア像を描き，再び北京へ赴き，翌年9月〜10月，北京のリッチ(1610年没)柵欄墓地の小聖堂に救世主像の祭壇画を描き，1613年には同地にとどまる．遅くとも1618年以後1635年まで澳門在住．同地には慶長19年に日本から追放された肥後宇土出身の日本人画家マンショ゠タイチコ(1615年没)や師のニコラオ司祭(1626年没)もいた．没年不詳．西洋画の陰影，遠近，色彩法の優秀性において中国人を承認，驚嘆させるほど非凡の画才を示したが，現存する聖画類はない．

参考文献　リッチ・セメード『中国キリスト教布教史』(矢沢利彦他訳注，『大航海時代叢書』2期8・9)，西村貞『日本初期洋画の研究』，岡本良知『吉利支丹洋画史序説』，P. M. D'Elia S. I.: Fonti Ricciane, Vol. II.

(井手　勝美)

072　人参　にんじん　食用・薬用の両種があり，前者はセリ科，後者はウコギ科植物で別種．〔食用人参〕地中海沿岸地方原産で，12〜16世紀にかけてヨーロッパ各地で栽培され，中国には元代に入り胡蘿蔔(こらふく)の名で呼ばれ各地に普及した．日本へは中国から16世紀末には輸入されていて，『清良記』(寛永5年(1628))，『多識編』(同7年)に記載をみる．日本渡来の往時の食用人参は東洋系長人参で，葉も蔬菜とし，根も黄・赤・白・紫のものがあった．ヨーロッパ系人参は江戸時代後期に長崎に入り，明治に入ってはヨーロッパ系別種やアメリカ種も加わった．〔薬用人参〕平安時代の『本草和名』や『医心方』に載る人参の和名カノニゲグサ(一名ニコタ，一名クマノイ)，『延喜式』にみえる進貢品は正真の人参(朝鮮人参)ではなく，ツリガネニンジン(沙参)その他を誤ったものと考えられている．正倉院宝物の人参は正真の人参である．江戸時代に幕府が貿易決済のため特別鋳造した銀貨(人参代往古銀)をあててまで輸入をはかり，人参座を設けて独占販売権を与えた朝鮮人参は，その輸入量が年々増大し，銀の国外流出が年々高まるに及んで，将軍徳川吉宗の世に人参栽培計画がはかられた．対馬藩と長崎の清国商人を介しての2つのルートで，それぞれ朝鮮種と遼東種の人参生根と実を入手した幕府は，これを江戸の官営薬園に試植するとともに，佐渡と日光に試植させた．結実に成功したのは佐渡が早かった(享保10年(1725))．こうして佐渡には人参栽培専用の官営薬園が奉行所内に設けられ，日光では官営人参栽培場が設置され，栽培に成功した．この幕府主導の栽培種が頒与され，各藩に栽培が行われるようになった．人参の現和名オタネニンジン(御種人参)はこれに由来する名称である．なお薬用人参にはこの朝鮮人参のほかに，和産のトチバニンジン(竹節人参)，中国産のサンシチニンジン(三七人参)，さらにアメリカニンジン(広東人参)などがある．

参考文献　宗田一「享保の治の薬事政策」(『第十七回杏雨書屋特別展示会目録』)，田代和生『江戸時代朝鮮薬材調査の研究』

(宗田　一)

073　人参座　にんじんざ　江戸時代，幕府が人参(薬用人参)の販売を統制するために特定商人に命じて設置を認めた座．商品名をとって人参座と称した．人参は江戸時代に薬用として珍重されたが，それには長崎貿易によって中国から輸入された唐人参と，朝鮮から輸入された朝鮮

人参，そして国内で栽培された和人参の3種類があった．この中で唐人参は享保20年(1735)には，江戸では長崎屋源右衛門が唐人参座を許されてここで販売されている．他方，朝鮮人参は朝鮮貿易にあたった対馬宗氏の専売下におかれ，小売所を通して販売されている．宝暦元年(1751)には，朝鮮人参の中に品質の悪いものがあり，宗対馬守でよく吟味し，御目見以上の購入希望者は家来の判鑑，御目見以下の者は支配頭・組頭の判鑑で購入するようにとある．和人参は元禄3年(1690)に麹町の長谷川安清がその販売を許されている．その後，享保の改革による殖産興業政策もあって国内での栽培が奨励され，野州今市付近で栽培したところ，朝鮮人参と効能が変わらないとして陸奥国でも栽培されることとなり，また，大和吉野郡などでも栽培されている．元文3年(1738)には，日光で栽培された朝鮮種人参が販売され，翌年にはその栽培を希望する者に便宜がはかられ，宝暦13年には，神田紺屋町の岡田治助が朝鮮人参座の設置を認められている．人参座の扱う人参は，上人参・並人参・肉折人参・細髪人参・刻人参などに分かれ，上・並人参には極印を押すなど，品質の管理は厳重であった．明和・安永期ごろになると，下売人が任命され，それぞれの販売領国が指定されるなど，人参の全国的な販売組織が成立している．また，商人らは京・大坂朝鮮種人参売弘会所からその仕入れを命ぜられているが，詳しいことはわからない．神田の朝鮮人参座は天明7年(1787)には廃止され，寛政2年(1790)には，朝鮮種人参の作付および販売は自由となった．ただ野州人参のみは幕府の管轄下におかれたらしく，天保6年(1835)には，この人参が本町・大伝馬町両薬種問屋に払い下げられている． →人参(にんじん)

[参考文献] 高柳真三・石井良助編『御触書集成』，『徳川禁令考』前集6，荒井顕道編『牧民金鑑』
(吉永　昭)

074 人参代往古銀 にんじんだいおうこぎん　貨幣悪鋳期に，朝鮮貿易用として，京都銀座で特鋳された良質銀貨．江戸時代の日朝貿易は，対馬藩の独占経営下にあり，輸出の大半が国内通用銀(丁銀)で，対価として朝鮮人参や中国産の生糸・絹織物が輸入されていた．その隆盛期，荻原重秀による元禄・宝永期の貨幣改鋳の影響を受け，急激な利益の低減を招いたことから，同藩は幕府に窮状を訴えたため，宝永7年(1710)9月，往古銀すなわち慶長銀と同品位の良質銀を年間1417貫500目，灰吹銀から新たに鋳造して，対馬藩へ交付されることになった(宝永期往古銀)．その目的が日朝貿易の援助，特に当時の貴重薬である朝鮮人参の輸入促進にあったため，国内の通用銀と区別して，人参代往古銀という．鋳造許可にあたって幕府は，「世上御救之事故，歩合なし」(『宗家記録』)とし，悪鋳銀貨との交換の際の品位差・鋳造経費などを公儀の負担とした．ただしこの銀の朝鮮への輸出は，書契(外交書簡)の交換に手間どり，正徳2年(1712)2月から，その名称も対馬藩主宗義方の書契にある「今有朝旨，特為鋳造」の文字をとって「特鋳銀」とされ，朝鮮からさらに中国まで交易用銀として使用された．宝永期往古銀の鋳造は，慶長銀と同位の正徳銀が新鋳される正徳4年まで，計5197貫目余にのぼった．その後，通用銀(正徳・享保銀)がそのまま朝鮮へ輸出されていたが，元文2年(1737)，前年に行われた貨幣悪鋳によって，再度往古銀の鋳造許可がおりた(元文期往古銀)．しかしこれより前から，幕府は対馬からの銀大量流出を抑制する方針を打ち出しており，このため往古銀の引替条件を，当時の通用銀と比較して，人参代銀600貫目を5割増，交易代817貫500目を9.9割増と厳しくした．これにより，対馬からの銀輸出は，延享年代に急激に低下し，元文期往古銀の鋳造も計5100貫目余，宝暦4年(1754)の引替を最後に途絶した．

[参考文献] 田谷博吉『近世銀座の研究』，田代和生『近世日朝通交貿易史の研究』
(田代　和生)

075 寧波 Ningpo　中国，浙江省東部の省轄市．余姚(よよう)江と奉化江(鄞(ぎん)江)とが甬(よう)江に合流する地点の港市で，余姚江を通じて杭州と運河(上虞―銭塘)で結んでいる．この地は古く，春秋戦国時代には越国の領域内にあり，秦漢のときは鄮(ぼう)県を設けて会稽郡に属した．唐代にはこの地を鄮州としたが，開元26年(738)その西南境にある四明山の名をとり，明州と改名した．五代には呉越国の領域となり，後梁の開平2年(908)には鄮県を鄞県と改めた．明州は，その後，南宋のとき慶元府に，元代はこれを受けて慶元路に改め，明の洪武14年(1381)には寧波府と改称され，明清代を通じてその治所でもあった．民国では府を廃して鄞県だけを存置したが，人民共和国では省轄市として旧府名の寧波を復活した．この地は古くから朝鮮・日本などとの海上交通の発着港となっており，唐代には南海路経由のわが遣唐使船も入港した．宋初には両浙提挙市舶司が杭州におかれたが，ついで明州定海県(今の鎮海県)に移された．その後改廃を経て，南宋では市舶務を明州(鄞県)の地に存置して外国貿易を管理した．元朝では至元15年(1278)慶元提挙市舶司を設け，明代もこれを受け継ぎ寧波に提挙市舶司がおかれた．特に明では日本の遣明勘合船の来航地に指定され，永楽3年(1405)以来，安遠駅・嘉賓館が設けられて貢使一行の宿泊・接待にあてられた．降って清代後期には，この地はアヘン戦争でイギリス海軍に占領され，南京条約により5港の1つとして開港されたが，上海における国際貿易の発展に伴って貿易港としての性格はうすれ，近海ならびに国内の商業・漁業の取引地にすぎなくなった．なお，付近には阿育王寺・

天童寺・保国寺などの名刹があり，宋元時代を通じて栄西・道元ら日本禅僧の遊学地でもあり，また市内には明代の范欽の蔵書を集めた有名な天一閣がある．人口31万，甬江口の鎮海県を含めると91万(1981年)．

（佐久間重男）

076 寧波の乱 ニンポーのらん

日明勘合貿易をめぐる細川・大内両氏の対立が明の寧波において武闘をひき起した事件．寧波争貢事件ともいう．応仁の乱後，室町幕府の威信が弛み，対外貿易の面では，近畿・四国に領国をもち新興の堺の商人と結ぶ守護大名の細川氏が，西国に勢力を張り博多・門司の商人をバックとする大内氏と対立し，遣明船貿易の利益を追求しその主導権を競っていた．両者の抗争は，大永3年(嘉靖2，1523)の遣明船において極点に達し，いわゆる寧波争貢事件をひき起すに至った．大内義興の遣明船は，前回の入明の際に受領した正徳の新勘合をもち，謙道宗設を正使とする3隻(300余人)で博多を出航し，この年4月27日に寧波に到着した．これに対抗して細川高国も，幕府からすでに無効となった弘治の旧勘合を獲得し，独自に鸞岡瑞佐を正使とする1隻(100余人)の遣明船を仕立て，堺から四国沖・薩摩を経由する南海路をとって五島に出て，大内船に遅れること数日後に寧波に達した．寧波市舶司の規定では，貨物の陸揚げおよび点検の順序は入港の先後によることになっていたが，このとき細川船には，前回の入明に際し劉瑾に黄金1000両をおくり，うまく事を運んだ明人の宋素卿(本名は朱縞，朱二官ともいう)が副使として随行していたので，彼は前回同様いち早く市舶太監頼恩に賄賂をおくり，早く入港した大内船よりも先に入関の手続きをすませ，また嘉賓館での宴会の席次も，細川船の鸞岡を大内船の宗設の上座におかせ，宿泊にも差異を設けた．これらの差別待遇に憤激した宗設らは，同年5月1日，寧波市舶司の東庫から武器を持ち出し鸞岡瑞佐を襲って殺し，細川船を焼き払い，さらに逃れた宋素卿を紹興までも追跡したがつかまらず，引き返して沿道で放火乱暴をはたらき，その取締りにあたった指揮使劉錦らを殺し，また指揮使袁璡を捕虜にし，船を奪って海上に逃れ去った．この武闘事件について，明政府では浙江巡按御史の報告に基づき，事件に対処した地方官の責任が追求されるとともに，日本の入貢通商の当否に関して，礼部で検討されることになった．礼部の答申では，細川船の宋素卿をかばい寛大な処置を求めようとしたが，他方では宋素卿らの姦偽と浙江各官の不正怠慢をきびしく指摘する強硬論が出たため，ついに宋素卿らは捕えられて獄死し，嘉靖8年(1529)浙江市舶太監も撤去された．この寧波事件は，腐敗堕落した明の市舶太監頼恩の汚職行為が原因で発生したとはいえ，もともと朝貢貿易船の入関手続きの先後にかかる通商権の争奪であり，外交上の抗議すべき問題であったが，ついに国外で乱闘騒ぎをひき起し，多くの中国人をまき込む異例の大事件となった．強硬論の中には，日本の法規無視に対する「閉関絶貢」の議もあったが，結局その手段はとらず，明では琉球国使臣を介して，日本への抗議と犯人引き渡しの勅諭を送るとともに，日本の入貢に対し厳しい規制を加えることになった．

参考文献　『大日本史料』9ノ20，小葉田淳『中世日支通交貿易史の研究』，田中健夫『倭寇と勘合貿易』(『日本歴史新書』)，佐久間重男『日明関係史の研究』

（佐久間重男）

ぬ

001 ヌイツ Pieter Nuijts 1598～1655 オランダの台湾長官(在勤1627～29). 1598年オランダのミッデルブルフに生まれる. ライデン大学で哲学を学んだ後, 1626年東インド員外参事としてバタビアに赴任. ただちに台湾長官兼日本向特使に任命される. 寛永4年(1627)生糸貿易をめぐり, 朱印船貿易家とオランダ人の間に生じた紛争につき弁明するため参府するが, 彼の身分, 資格が問題となり, 将軍徳川家光の拝謁を得られず使節は失敗に終る. 翌年台湾で浜田弥兵衛の一行が彼を捕らえ, 貿易の自由を求める事件が起り, このため日蘭貿易は断絶した. 寛永九年総督スペックスは事件の責任者として彼を日本に送ったので貿易は再開され, 彼は平戸で身柄を拘束された. 寛永13年商館長が将軍に献上した燈架が将軍の気にいり, ヌイツは許されてバタビアに帰った. 帰国後, ヒュルストの市長を勤めた(1649～50). 1655年ヒュルストで没. →末次平蔵(すえつぐへいぞう) →浜田弥兵衛事件(はまだやひょうえじけん)

参考文献 『平戸オランダ商館の日記』4(永積洋子訳)
(永積 洋子)

002 ヌエバ＝エスパーニャ Nueva España ⇨濃毘数般(ノビスパン)

003 額田部皇女(ぬかたべのおうじょ) ⇨推古天皇(すいこてんのう)

004 抜荷(ぬきに) ⇨ぬけに

005 抜商(ぬけあきない) 江戸時代, 制規や商慣習を犯して不正の商売を行うこと. 三都や城下町を中心として全国的流通機構が整備・固定化した段階にあって, 荷主が問屋を経由しないで仲買と取引したり, 問屋が直接産地で買付をしたりする直売・直買(出買), 中継地の買次問屋を経由しない打越荷物, 既定の問屋以外の他地で販売する道(途)売, 既存の株仲間・仲間の独占権益を侵害する脇売・脇買, 仲間内の協定破り, また藩の専売仕法に違反した国産物の取引など, いずれも抜商のたぐいであるが, 代表的なものは密貿易である. 正徳4年(1714)幕府は唐船との私的取引を厳禁する旨, 海辺領国の諸大名に対して令達し, 享保3年(1718)にも「唐物ぬけ商」の摘発を督励している. なお安永6年(1777)3月の大坂町触では, 同地の江戸堀米市場において堂島米相場の報知を飛脚によらず「身振抃色品」で合図することも「抜ケ商」と称して禁じている.

参考文献 高柳真三・石井良助編『御触書寛保集成』,『大阪市史』3
(鶴岡実枝子)

006 抜買(ぬけがい) 協定されている購入方法を破って商売すること. 『日葡辞書』には, 「店舗以外のところで, または一般の通り値以外の値でこっそりと隠れて買うこと」と記されている. 江戸時代には, 密貿易をすることをさす「抜荷」と同義語として使用された. すなわち俵物三品を長崎会所以外の者が生産者から購入した場合と, 唐・蘭船から資格を有さずに直接取引をした場合に, 抜買・抜荷と称し, 厳しく処罰された.

(鈴木 敦子)

007 抜荷(ぬけに) 密貿易, あるいは流通統制に反して私的に売買された品物, 転じてそれらの行為そのものを指す. 「ぬきに」とも訓む. 密貿易は統制のあるところではほぼ例外なく存在するが, 抜荷という言葉は, 主に近世の密貿易について使用される. 17世紀30年代以降の日本では長崎・薩摩・対馬・松前の4ヵ所において, 幕府・藩の統制のもとで貿易が営まれたが, 権力による統制とそのもとで常に存在した自由な貿易への欲求が, 抜荷という犯罪を構成する. 抜荷の形態には, 日本人が外国に渡って行う抜船と, 上述の4ヵ所の周辺で行うものがある. 抜船には, 寛文7年(1667)に発覚した伊藤小左衛門の朝鮮への武具密輸や, 延宝4年(1676)末次平蔵の手代らが中国へ武具を密輸した事件などがある. 上述の4ヵ所周辺の抜荷には, 貞享2年(1685)から1720年代にかけて長崎周辺で頻発した抜荷や, 朝鮮釜山倭館での密貿易(潜商), 伝説的な薩摩藩の「唐物崩れ」(享保7年(1722)ごろ)などがある. 上記の時期の長崎の抜荷は特権をもたない長崎の住民が沖合で唐船と出会って行う沖買に特徴がある. なかでも, 正徳長崎新例以後の長崎貿易で信牌を受けられなかった中国船が, 福岡・小倉・萩の3藩の領域が接する藍島あたりで大々的に行なった抜荷は, 3藩合同の打払いにもかかわらず, 数年間続いた. これを唐船抜買とも呼ぶ. また, 「唐物崩れ」とは, 薩摩藩の取締りによって, それまで殷賑をきわめていた志布志などの豪商が, 一夜にして没落したことを指す. このように, 近世において抜荷はいたるところでみられたが, おおむね, 既成の輸出入品の流通ルートを補完するにとどまっていた. しかし, 19世紀20年代以降の調所広郷の主導による薩摩藩の抜荷は, 黒糖専売とならんで藩財政再建の柱になったと考えられ, その時期以降, 薩摩に蝦夷地から直接運ばれる輸出海産物は長崎へ運ばれるものを質量ともに凌いでいた. このように, 幕末になると, 抜荷も独自の流通ルートを形成するまでになっていたが, それも幕藩制的な流通統制を崩壊させようとするさまざまな動向の1つと考えることができる. しかし, その動向の担い手が藩の形態をとらざるをえないところに, 国内市場の相対的な未成熟がみてとれる. 抜荷犯は, 18世紀初めから18世紀末の間を除いては, おおむね極刑に処せられた. その理由としてキリスト教伝播の可能性や金銀流失の防止などがあげられるが, むしろ外国人との, 権力を介さない私的

な交流という行為そのものが厳罰の対象となったとみるべきである．

[参考文献] 森永種夫編『犯科帳』，『通航一覧』，雨森芳洲『交隣提醒』（『雨森芳洲全書』3），山脇悌二郎『抜け荷―鎖国時代の密貿易―』（『日経新書』28），小川国治『江戸幕府輸出海産物の研究』，荒野泰典『近世日本と東アジア』，板沢武雄「鎖国時代における密貿易の実態」（『法政大学文学部紀要』7），服藤弘司「『抜荷』罪雑考」（『法制史研究』6），菊地義美「鎖国下の密貿易」（『歴史教育』10ノ9・10），崎原貢「渡唐銀と薩琉中貿易」（『日本歴史』323），長正統「路浮税考―粛宗朝癸亥約条の一考察―」（『朝鮮学報』58）　　　　　　　　（荒野　泰典）

008 抜船沖買 ぬけぶねおきがい ⇨抜荷（ぬけに）

ね

001 寧一山 ねいいっさん ⇨一山一寧（いっさんいちねい）

002 根占湊 ねじめみなと　大隅半島南部の鹿児島湾東岸に位置する港．現在，鹿児島県肝属（きもつき）郡南大隅町に属す．この地は『和名類聚抄』にみえる大隅国大隅郡禰覆郷に比定され，古来大隅地方の要地とされている．県内最古の正応6年（永仁元，1293）の銘のある板碑があるなど，中世初頭からの史跡が多いが，在地領主とみられる禰寝（ねじめ）氏（本姓建部氏）が鎌倉時代～戦国時代に禰寝院を中心に勢力をふるい，一時は大隅半島を広域にわたって領有した．そのような勢力を背景に戦国時代の元亀3年（1572）には禰寝氏は琉球国に使節を送り，交易に積極的態度を示した．その後，天正9年（1581）と翌年には島津氏が当地の船主に琉球渡航の朱印状を与えている．当地には琉球船のみならず，明船・南蛮船も来航し，永禄3年（1560）には唐人と南蛮人が交易をめぐって争ったほどであった．江戸時代には島津氏の直轄地となったが，領内には「唐人町」「唐人屋敷」などがあり，また大船建造も行われたとみられている．明治時代以後も根占港は対岸の山川港などとともに物資の移出入の拠点とされ，現在も根占・山川間には錦江湾フェリーボートが運航されており，大隅・薩摩両半島を結ぶ要港としての役割をになっている．

[参考文献] 川添昭二校訂『禰寝文書』（『九州史料叢書』14・19・22），『根占郷土誌』上　　（中村　明蔵）

003 年期 ねんき　古代の日本において，外国使節および中国商人に対して設けられた一定の来航年限．年紀とも書く．天平4年（732）の新羅使が「来朝の年期」を奏請したのに対して，日本は3年に1度と回答している．渤海との間でも来航の間隔をめぐる交渉が延暦15年（796）以降続けられ，最終的に天長元年（824）に12年に1度（一紀一貢）と定められた．一方，延喜11年（911）に中国商人に対して「年紀」が定められた．詳細は不明であるが，同一商人の連年の来航を禁止し，およそ中2年の間隔を空けるべき内容となっている．これが来日した宋商人の処遇の基準となり，商人の安置（滞在）と廻却（帰国）の判断がなされた．これらの年期（年紀）制定には華夷秩序維持の観念が共通しており，国家的に対外関係と貿易の管理を意図していた．中国商人に対する年紀制による管理を示す史料は12世紀前半を最後にみられなくなる．その理由は従来の商人が往復する人物一体型から，宋商人の博多定住による人物分離型への貿易形態の変化に一因があると考えられる．

[参考文献] 森克己『新訂日宋貿易の研究』（『森克己著

作選集』1），同『続日宋貿易の研究』（同2），森公章『古代日本の対外認識と通交』，石井正敏『日本渤海関係史の研究』，山内晋次『奈良平安期の日本とアジア』，石上英一「日本古代十世紀の外交」（『東アジア世界における日本古代史講座』7所収），石井正敏「一〇世紀の国際変動と日宋貿易」（『〔新版〕古代の日本』2所収），河辺隆宏「日宋貿易における年紀制管理と貿易形態の変化」（佐藤信・藤田覚編『前近代の日本列島と朝鮮半島』所収），森公章「日渤関係における年期制の成立とその意義」（『ヒストリア』189），渡邊誠「平安中期貿易管理の基本構造」（『日本史研究』489） （河辺 隆宏）

004 念救 ねんぐう 生没年不詳 平安時代後期の入宋僧．長保5年（1003）寂照に随行して入宋．長和2年（1013）一時帰国した．宋天台山大慈寺再建の費用を募る目的もあり，「大宋国知識使」と称されている．藤原道長に寂照らの書状を伝え，搨本『白氏文集』や天台山図などを贈っている．また渡日に際して天台山から託された延暦寺への贈り物として，天台宗祖智顗の袈裟・図像などをもたらした．藤原実資にも物を贈り，宋事情について語っている．長和4年，再び入宋．道長は，公卿らから集めた大慈寺再建の知識物を天台山宛施入状を添えて念救に託している．また寂照に経典類を注文して金を託したほか，天台山へのさまざまな施入物を託している．また帰国にあたり，寂照・念救ら師弟5人の度縁を得ている．なお『今昔物語集』巻19ノ第2「参河守大江定基出家語」の寂照（大江定基）の宋における様子は，念救の語り伝えるところと記されている．

参考文献 西岡虎之助「入宋僧寂照についての研究」（『西岡虎之助著作集』3所収），鷲尾順敬「入宋僧念救」（『中央史壇』6ノ4） （石井 正敏）

005 年例送使 ねんれいそうし ⇨送使船（そうせん）

の

001 ノイツ Pieter Nuijts ⇨ヌイツ

002 能忍 のうにん 生没年不詳 平安・鎌倉時代前期の僧，達磨宗（日本禅宗の1派）の開祖．房号は大日房，諡号は深法禅師．俗姓は平氏．悪七兵衛の異名で有名な平景清の叔父と伝える．若年に出家し，諸経論を究めたが，天台僧覚阿の伝禅や来朝宋人の風聞から禅に関心をいだき，師を得ないまま自証独悟した．研究者の間では「天然の禅者」と評されている．摂津水田（大阪府吹田市）に三宝寺を開き，数人の門弟と見性成仏義の究明をめざしたが，畿内の人々に師承のないことを譏られたため，文治5年（1189），弟子の練中・勝弁を宋国に渡海させた．大慧宗杲の法嗣で育王山の住持であった拙庵徳光は，その嗣承を認め，淳熙16年（文治5，1189）6月3日付で，釈尊から数えて第51代の祖師たる嗣書を付与した．2弟子の帰朝後，禅風大いにあがり入京唱禅をめざしたが，建久5年（1194），臨済宗黄竜派の禅を弘めようとしていた栄西ともども，その布教を停止させられた．能忍の前に京都進出をはばまれた栄西は，能忍を極端な戒行の否定と偃臥に妄執する「空見の徒」であると厳しく批難した．しかし，日蓮の遺文に法然源空と並べてその名が記されているように，能忍の活躍ぶりは栄西よりも上まわっていた．建久6年ごろ没．甥の景清が三宝寺を訪れたので，弟子を酒屋に走らせたところ，官への密告かと疑った景清によって刺殺されたと伝える．弟子に，比叡山で学んだ後多武峯に移り，達磨宗の宗風を弘めた仏地房覚晏らがある．

参考文献 柳田聖山『ダルマ』（『人類の知的遺産』16），仲尾良信『日本禅宗の伝説と歴史』（『歴史文化ライブラリー』189），原田正俊「達磨宗と摂津国三宝寺」（有坂隆道先生古稀記念会編『日本文化史論集』所収），高橋秀栄「大日房能忍と達磨宗に関する史料」（『金沢文庫研究』22ノ4，22ノ7・23ノ1合併号），同「三宝寺の達磨宗門徒と六祖普賢舎利」（『宗学研究』26），同「大日房能忍の行実」（『日本仏教史学』15），嗣永芳照「日本曹洞宗に於ける大日能忍の達磨宗の消長―徹通義介をめぐって―」（『書陵部紀要』18），石井修道「仏照徳光と日本達磨宗―金沢文庫所蔵「成等正覚論」を手がかりとして―」（『金沢文庫研究』20ノ11・12），同「正法寺文書よりみた日本達磨宗の性格」（『仏教学』35），同「日本達磨宗の性格」（『松ヶ岡文庫研究年報』16），中尾良信「大日房能忍の禅」（『宗学研究』26） （高橋 秀栄）

003 野国総管 のぐにそうかん 生没年不詳 近世，中国より琉球

に芋（唐芋）を最初にもたらした人物として知られる．野国は彼の出身地である野国村（北谷間切の管内，沖縄県中頭郡嘉手納（かてな）町野国）のこと，総管は中国貿易船の乗り組み役職の1つであり，姓名・履歴は不明．中国に渡航し芋を見出して琉球に持ち帰ったが，その当時産業振興に熱心であった儀間真常（ぎましんじょう）が彼のもとを訪ね，芋の栽培法を教授してもらい琉球に普及させた．やがてこの芋は薩摩にもたらされ，全国に普及して薩摩芋となり，飢饉など非常の際の食物の地位を占めるようになったといわれる．琉球で唐芋，薩摩で琉球芋，全国で薩摩芋と呼ぶようになったのはこの伝来の事情によるとされている．履歴は不明だが彼の墓といわれるものが現在残っており（嘉手納町兼久），墓域の一角に総管野国由来記が宝暦元年（1751）に建立され功績を大書したというが，それは今は残っていない．後世，琉球では蕃薯大主（うふしゅう）の名で伝承された． （高良　倉吉）

004 ノッサ＝セニョーラ＝ダ＝グラッサ号事件 ノッサ＝セニョーラ＝ダ＝グラッサごうじけん　近世初頭，長崎における日葡両者の貿易取引をめぐる紛争に端を発したポルトガル船燔沈事件．従来，マードレ＝デ＝デウス号 Madre de Deus 事件として一般に知られているが，ポルトガル側の原史料で確認される船名はノッサ＝セニョーラ＝ダ＝グラッサ号 Nossa Senhora da Graça である．この事件の背景には，初期徳川政権の貿易政策と澳門（マカオ）のポルトガル商人の利害との矛盾関係，とりわけ，駿府の大御所徳川家康の意嚮を体して，ポルトガル船の貨物の先買権を行使し，長崎における貿易取引の管轄権強化をはかった長崎奉行長谷川左兵衛藤広と澳門の年航船のカピタン＝モール Capitão Mór（総司令官）ならびに澳門のポルトガル商人との対立関係，ポルトガル船の日本貿易独占を切り崩そうとするマニラのイスパニア勢力や新来のオランダ勢力とポルトガル人との対抗関係，日本のキリスト教会護持の立場から長崎奉行と気脈を通じる日本イエズス会と澳門市との間の微妙な対立関係などが複雑に絡み合っていた．事件の直接の原因は，慶長13年（1608）に，肥前日野江城主有馬晴信が家康の内意を受けて占城（チャンパ）と通商を求め，併せて伽羅木（きゃらぼく）を購入するため派遣した朱印船が帰途澳門に寄港滞留中に船員が同市で騒擾事件を起し，当時澳門市の総司令官の任にあったアンドレ＝ペッソア Andre Pessoa がこれを鎮圧し，日本人側に多数の死者を出した事件に端を発する．翌慶長14年ペッソアは年航船のカピタン＝モールとしてナウ船ノッサ＝セニョーラ＝ダ＝グラッサ号に搭乗して長崎に来航し，長崎奉行長谷川藤広に前年の日本人騒擾事件の措置につき調書を提出し，みずから駿府に赴いて家康に事情を陳弁することを申し出た．藤広は家康のポルトガル人に対する感情を忖度（そんたく）し，この事件がポルトガル船貿易の杜絶に発展することを危惧して，ペッソアを説得して，事を穏便に処理するため，澳門での事件の真相は伏せて，ペッソアの代理人として書記のマテオ＝レイタン Mateo Leitão を使者として駿府に遣わし，藤広の身内の者を取りなし役として同行させることとした．かくて事は無事落着するかに見えたが，使者の出発後間もなく，家康所望の品の先買権行使をめぐってポルトガル商人側の不満が募り，彼らは取引関係の改善と奉行の非法を訴えるため，ペッソアが駿府に赴くことを決議した．これはイエズス会士らの勧告により結局実行されなかったが，これを察知した藤広とペッソアの関係は険悪化した．藤広は報復のため有馬晴信に，家康の内命で占城に渡航した配下の朱印船の乗組員がペッソアのため殺害された顛末を報告し，彼の処罰を請願するよう教唆した．駿府では，あたかもこの歳平戸に入港したオランダ船の使節と上総で難破して救助された前フィリピン長官ドン＝ロドリゴ＝デ＝ビベロ Don Rodrigo de Vivero らが相ついで家康に謁し，日本との交易促進について色よい返答を行なった経緯などがあり，家康は晴信からの報告に接すると，ポルトガル船貿易の断絶を躊躇することなくペッソアらの処刑を決意し，晴信にその執行を命じた．晴信が長崎に帰着する間に，長崎では彼我の関係は一段と険悪となり，駿府からはペッソア召喚の命が伝えられ，一方，長谷川藤広も自己の権限でペッソアを査問する姿勢を示した．ペッソアは生命の危険を感じて，これらの要請を一切拒否して船内にこもり，防備を固めて出港の準備を整えていた．このような状況を見て，藤広は，晴信が長崎に帰着すると，前記のナウ船拿捕のため実力を行使する準備を進めた．慶長14年12月7日，すなわち1610年1月1日，ペッソアは出帆の準備を完了し順風を待つばかりとなったが，1月6日（陽暦）有馬晴信は橈船に1200人の兵士を乗せ，ナウ船を攻撃した．日本側はナウ船からの大砲の射撃で多大の損害を蒙ったが，4日間に及ぶ波状攻撃のすえ，有馬側は井楼を設けた1船を仕立てて船尾からナウ船に銃撃を加え，1月9日夜，ついに同船を焔上させた．ペッソアは船の火薬庫に火を投じてみずから同船を爆沈させ船と運命を供にした．この事件により澳門との通航は一時杜絶したが，市の経済基盤を長崎貿易に依存する澳門側と，ポルトガル船によって輸入生糸の大半を供給されている日本側との双方の思惑から，通航修復の交渉が行われ，慶長16年，ドン＝ヌーノ＝ソート＝マヨール Don Nuno Souto-Maior がゴアのポルトガル副王の使節の資格で薩摩に来航し，駿府で通航修復の商議を行なった．家康は長谷川藤広らに対する処罰要求などは一切却けたが，ポルトガル船貿易に対して「売買法度以下，如＝前規＿可レ無＝相違＿者也」（『異国日記』）との文言の朱印状を交付した．これは形式的には，

豊臣秀吉時代以来の双方の取引慣行を追認したものであるが，この朱印状によって長崎でのポルトガル船貿易に公儀の支配が及ぼされることを確認するものとして，日葡交易史上に1つの画期をなすものであった．なお，この事件を糸割符仲間による輸入生糸独占体制確立の契機と評価する見方もあるが，むしろこれは，公儀の先買権と長崎奉行の貿易管轄権の問題として見るべきであろう．その後の曲折はあるが，長崎奉行の司舶使としての権限が，この事件を契機として強化されたことは否定できない．　→有馬晴信（ありまはるのぶ）　→岡本大八事件（おかもとだいはちじけん）　→ソート＝マヨール　→長谷川藤広（はせがわふじひろ）　→ビベロ＝イ＝ベラスコ

参考文献　『大日本史料』12ノ6，慶長14年12月9日条，村上直次郎訳註『異国往復書翰集』（『異国叢書』11），五野井隆史「一六一〇年長崎沖におけるマードレ・デ・デウス号焼打に関する報告書」（『キリシタン研究』16），林基「糸割符の展開―鎖国と商業資本―」（『歴史学研究』126），C. R. Boxer: The Affair of the Madre de Deus, —A Chapter in the History of the Portuguese in Japan — (1929); F. X. Charlevoix, S. I.: Histoire et Description général du Japon. 2 vols. (1736).　　　（加藤榮一）

005　ノビシヤド　Noviciado　ポルトガル語で修練院のことをいい，カトリックの修道会の養成機関の1つ．教会法によって修練期間は満1年と定められているが，イエズス会では2年としている．そのために修道院の一部，または独立した修練院が設立される．修練期は修道服の着衣から始まり，終了の日に清貧・貞潔・従順の三誓願を立てる．まだ立願の修道者ではないが修道会のすべての特権に参与する．その目的は，修道会の精神について指導を受けることと，修道生活に参加しながら自分の召命を確かめることにある．日本のキリシタン時代の初期において，修道志願者の修練はある教会の伝道活動に参加しながら行われ，巡察師バリニャーノが天正8年（1580）に豊後臼杵（大分県臼杵市）に本格的なノビシヤドを設置し，最初の修練士12名を迎え，ラモン神父を修練長に任命した．天正14年の末，薩摩軍の豊後侵入のため修練者は山口へ避難，天正15年の伴天連追放令の際，生月島の山田（長崎県平戸市生月町山田免）へ移された．その後，ノビシヤドは有家（同南島原市，天正16年），大村（同17年），天草（同19年）へ移され，慶長2年（1597）に閉鎖された．慶長11年（1606年11月1日）にそれは長崎トードス＝オス＝サントスの修道院において再開され，コンファロニエリ神父が修練長になった．慶長14年にまた閉鎖された．その後，イエズス会に入った邦人は，あるいはマカオあるいはローマで修練を済ませた．フランシスコ会・ドミニコ会・アウグスチノ会の邦人修道者はマニラのそれぞれの修道会の修道院で修練期間を済ませた．

参考文献　H・チースリク「臼杵の修練院」（『キリシタン研究』18）　　　（H・チースリク）

006　濃毘数般　ノビスパ　近世初頭，当時イスパニアの植民地であったメキシコをヌエバ＝エスパーニャ Nueva España（新イスパニアの意）と称したのを日本人が訛って用いた呼称．1521年，フェルナン＝コルテスがアステカ帝国を征服したのち，1529年，イスパニアはメキシコに副王を置き中央アメリカ経営の中心とした．16世紀中葉，イスパニア勢力はフィリピン群島に進出し，マニラに極東進出の拠点を築き，新イスパニアと同地を結ぶガレオン船の航路が開かれた．これに伴い，風波の難により同航路のイスパニア船が日本沿岸に寄港・漂着する事例も生じた．徳川家康は慶長3年11月10日（1598年12月8日），伏見城でフランシスコ会士ヘロニモ＝デ＝ヘースス Jeronimo de Jesus, OFM. を引見し，彼に，マニラへ使者として赴き，イスパニア船の関東誘致，鉱山技師招聘のため斡旋するよう命じ，併せて新イスパニアとの交易につき打診させた．さらに，同7年（1602年9月）土佐に漂着したエスピリツ＝サント号 Espiritu Santo の船長らをマニラに送還させた際，家康はフィリピン長官アクーニャ Don Pedro de Acuña に書を送り，新イスパニアから渡来する商船のため朱印状を下付する旨を伝えた．慶長14年，メキシコへの帰途，乗船が上総岩和田で難破したドン＝ロドリゴ＝デ＝ビベロ Don Rodrigo de Vivero y Velasco を新イスパニアに送還せしめるにあたり，家康は彼に通商開始について尽力するよう要請，翌年，彼らの出発にあたって，フランシスコ会士アロンソ＝ムーニョス Alonço Muños, OFM. を使者となし，イスパニア国王充書翰を携行させた．なおこのとき，京都の商人田中勝介ら十数名の日本人が便乗して新イスパニアに渡航した．しかし，メキシコ側では日本人の来航を好まず，また新イスパニアの日本貿易に対するマニラ市民の反対もあり，通商の件はその後も進展をみなかった．ついで，ドン＝ロドリゴ送還の答礼使節として慶長16年に来航したセバスチアン＝ビスカイノ Don Sebastian Vizcaino が慶長18年帰国するにあたって，その乗船を艤装させた伊達政宗は，家康の意を体し，家臣支倉（はせくら）六右衛門常長とルイス＝ソテロ Luis Sotelo, OFM. を使節として新イスパニアに派遣し，通商交渉にあたらせた．すなわち慶長遣欧使節で，これが日本からの新イスパニアへの人員派遣の最後となった．元和元年閏6月（1615年8月）浦賀に着いたイスパニアの使者が，ムーニョスに託した書翰の返書として齎したイスパニア国王の書翰には，通商問題については何ら触れず，宣教師の庇護についてのみ記してあったため，幕府は新イスパニアとの交渉に見切りをつけ，本格的なキリシタン禁教政策に転じた．そして，マニラとの

007 野呂元丈 のろげんじょう 1693~1761 江戸時代中期の医師・本草家．名は実夫，字(あざな)は元丈，号は連山，幼名は源次．元禄6年(1693)12月20日高橋重英の次子として伊勢国多気郡波多瀬村(多気町波多勢)に生まれる．正徳2年(1712)医師野呂実雄の養子となる．その年京都に出て，医学を山脇玄修，本草を稲生(いのう)若水，儒学を並河天民に学ぶ．享保4年(1719)幕府の採薬御用の命で江戸に出る．同9年宅地を拝領．元文4年(1739)御目見医師．延享4年(1747)寄合医師．将軍徳川吉宗の意をうけ寛保元年(1741)から寛延3年(1750)まで，江戸参府のオランダ人・通詞を江戸日本橋の長崎屋に訪問し，ドドネウス『草木誌』，ヨンストン『動物図説』の内容を質問した．その成果は『阿蘭陀禽獣虫魚図和解』1巻，『辛酉阿蘭陀本草之内御用ニ付承合候和解』1冊，『阿蘭陀本草和解』8冊である．元丈は青木昆陽とともに近世蘭学のさきがけであり，西洋植物学・薬物学への本格的な接近を行なった最初の人であった．宝暦11年(1761)7月6日69歳で没．墓は東京都港区高輪2丁目の泉岳寺墓地にある．著書は多数あるがいずれも未刊．『狂犬咬傷治方』1巻，『仏足石碑幷記』1巻，『妙高山温泉記』1巻，『越後佐渡海品攷』2巻，『北越妙高寺火井攷』1巻，『救荒本草並野譜』4巻，『連山草木志』1巻，『北陸方物』1巻，『朝鮮人筆談』1巻，『外台秘要再校答問』1巻など．
→阿蘭陀本草和解(オランダほんぞうわげ)

[参考文献] 大西源一『野呂元丈伝』，松島博『近世伊勢における本草学者の研究』　　　　(矢部　一郎)

交渉も，元和9年に来航したマニラ政庁の使節ドン=フェルナンド=デ=アヤラDon Fernando de Ayalaの参府を幕府が拒絶して以来，断絶した．

[参考文献] 『異国往復書翰集・増訂異国日記抄』(村上直次郎訳註・校註，『異国叢書』11)，『ドン=ロドリゴ日本見聞録・ビスカイノ金銀島探検報告』(村上直次郎訳註，同7)，『大日本史料』12ノ12，同12ノ45補遺　　　　(加藤　榮一)

は

001 パードレ Padre ⇒伴天連(バテレン)

002 裴璆 はいきゅう 生没年不詳 平安時代前期に2度来日した渤海の大使裴頲の子．みずからも渤海の大使として延喜8年(908)伯耆に来着し，翌年入京．帰国に際し鴻臚館で催された餞別の宴の詩巻の序を大江朝綱が書き，その中の「前途程遠(下略)」の1句が『和漢朗詠集』にとられて名高い．延喜19年再び来日し，朝綱らと旧好を温めている．この時，裴璆は朝綱が大臣の位に上っていないことを知って，日本は賢才を登用しない国であると嘆じたという話が伝えられている(『江談抄』7)．日本から帰国したのち，925年(後唐同光3)に朝貢使として後唐に赴いている．その翌年渤海が契丹に滅ぼされたのち，故地を支配した東丹国に仕え，その使者として延長7年(929)に丹後に来着した．しかし入京を認められず，また契丹王を誹謗する言動があったとして愁状を提出させられている(『本朝文粋』12)．

[参考文献] 新妻利久『渤海国史及び日本との国交史の研究』，上田雄『渤海使の研究』

(石井　正敏)

003 買新羅物解 ばいしらぎぶつげ 天平勝宝4年(752)に来日した新羅使との貿易に用いられた文書．もと正倉院宝物「鳥毛立女屏風」の下貼りに用いられていたが，江戸時代の修理の際に剥がされ，市中に流出したもので，現在前田育徳会尊経閣文庫などに所蔵されている．ほとんどが断簡であるが，貿易の具体的な様子を伝える貴重な史料．購入を希望する品目をあげ，その対価として糸や綿の量を記したのち，日付と購入者の官位姓名などを記している．律令に外国使のもたらした品物の貿易は，まず官司が必要とする品を購入した後，民間での交易を許すという規定があり(関市令)，取り引きは官を介して行われた．おそらく内蔵寮に提出されたものと思われる．これらの文書にみえる新羅使がもたらした品物は，佐波理製碗など新羅製品だけでなく，銅鏡などの唐の工芸品，さらに東南アジア以西原産の香料・薬品に及び，当時唐で取り引きされていた国際貿易品を網羅している．釈文は参考文献に掲げた文献に収められている．

[参考文献] 東野治之「鳥毛立女屏風下貼文書の研究」(『正倉院文書と木簡の研究』所収)，皆川完一「買新羅物解　拾遺」(『正倉院文書研究』2)

(石井　正敏)

004 裴世清 はいせいせい 生没年不詳 遣隋使小野妹子を送って倭国(日本)に派遣された隋の使者．名門裴氏の出．

『日本書紀』に推古天皇16年(隋大業4，608)4月「大唐使人裴世清，下客十二人，妹子臣に従ひて筑紫に至る」(原漢文)以下，6月丙辰(15日)難波津に泊り，8月癸卯(3日)入京，同壬子(12日)朝廷に召し国信物を庭におき，「皇帝問倭皇」云々の隋国書を言上し，丙辰(16日)朝に饗され，9月乙亥(5日)難波の大郡に饗され，辛巳(11日)罷り帰るに至る詳しい記事を残す．帰国には再び妹子が大使として同行，高向玄理(たかむこのげんり)・僧日文(旻(みん))らを留学生・僧として伴った．使者世清の身分官職は秘書省文林郎(従八品)，鴻臚寺掌客(正九品)であり，帰国後唐初に主客郎中(従五品上)に任じたことが盛唐の郎官石柱に刻され，さらに江州刺史(正四品下)となった(『新唐書』巻71上宰相世系表裴氏)．

参考文献　『隋書』倭国伝，池田温「裴世清と高表仁」(『東アジアの文化交流史』所収)　　(池田　温)

005 梅荘顕常 ばいそうけんじょう　1719〜1801　江戸時代中期の臨済宗相国寺派の僧．法諱顕常，道号梅荘．別に大典・蕉中・東湖・淡海・不生主人と号し，竺常とも称した．居を小雲棲，書斎を自牧，書院を北禅という．享保4年(1719)5月9日出生．近江国神崎郡伊庭(滋賀県東近江市伊庭町)の儒医今堀東安の子．10歳，相国寺慈雲庵独峰慈秀の門に入り，翌年出家．宗乗を講究するとともに，大潮元皓・宇野士新(明霞)らに就いて護園派の儒学を究めた．安永6年(1777)相国寺に住山(第114世)．天明元年(1781)幕命により朝鮮修文職に任ぜられ，対馬の以酊庵に赴任，満2年在任した．同5年，その功により南禅寺の公帖を受け紫衣を賜わった．また備中宝福寺の大雲林説より菩薩戒脈を相承した．享和元年(1801)2月8日，慈雲庵に寂した．83歳．『小雲棲稿』『昨非集』『詩語解』『文語解』など，詩文集をはじめ文辞に関するものや唐詩の注解などの著書は，70余種の多きに達している．

参考文献　荻野独園『近世禅林僧宝伝』3，小畠文鼎『大典禅師』　　(加藤　正俊)

006 裴頲 はいてい　生没年不詳　渤海の大使として平安時代前期に2度来日．初度は元慶6年(882)加賀に来着．文豪の誉れ高く，在京中には，特に接待の任にあてられた菅原道真・島田忠臣らと詩文を贈答している．道真は日本人の作59篇を集めた詩巻を贈り，序文の中で裴頲の詩作の才能を高く評価している(『菅家文草』7)．寛平6年(894)再度来日して道真らと再会し，旧好を温めており，この時も詩会が催された(同5)．この後，子の裴璆(はいきゅう)も3度来日している．

参考文献　新妻利久『渤海国史及び日本との国交史の研究』，上田雄『渤海使の研究』

(石井　正敏)

007 灰吹銀 はいふきぎん　灰吹法によって精錬した銀．山吹銀・山出し銀ともいう．灰吹法とは銀鉱に鉛を合わせて合銀鉛(貴鉛)を作り，これを灰皿あるいは灰吹炉で熱して，鉛を灰に吸収させ，餅状の灰吹銀を残してとる方法であった．灰吹銀には，荒灰吹されたものから，精錬を重ねてつくられた純銀に近い上質のものまであった．『鈴鹿家記』応永元年(1394)12月8日条には「灰吹合五拾両料目弐百拾五匁」とあって，灰吹銀は室町時代初期から知られているが，はじめは輸入されたものであった．灰吹法がわが国に伝わったのは金銀山の開発が盛んになった戦国時代以降で，おそらく天文年間(1532〜55)のことであろう．そのころから荒灰吹の銀塊をさらに吹直しし，それぞれの吹直しの行われた地名，稼敷の名称，吹手の名などを極印とした極印灰吹銀が通用したが，形状量目が雑多で，受渡しに一々秤量しなければならなかった上に，銀産地あるいは極印の異なるごとに，品位が相違していたために，江戸時代初期までには加賀藩の花降灰吹銀をはじめ28ヵ国余で灰吹銀が通用しており，中では佐渡のように慶長金銀の地金を主に供給した鉱山でも，鉱山で働く者に対する賃銀支払など一国通用のために極印灰吹銀を作った例もあるが，それ以上の流通の発展は望めなかった．そのため寛文8年(1668)には従来灰吹銀遣いであった播磨・因幡・土佐・美作の4ヵ国で近年丁銀遣いになったという記録があり，元禄の貨幣改鋳のころまでには諸国通用の灰吹銀も漸次丁銀に切りかえられたようである．なお外国との貿易にあたって，上質の灰吹銀が海外へ流出したので，それを防ぐために，元和2年(1616)江戸幕府は長崎に銀座をおいて取り締まった．

『鼓銅図録』銀・鉛を吹分る図(出鉛を以て灰炉(はいとこ)の中へ入，炭火にて徐(しづ)かに鎔(と)かし吹けば，鉛は灰の中へ沈(しづ)み銀ばかり中央(まんなか)にあらはれ出づ．これを灰吹銀といふ)

参考文献　草間直方『三貨図彙』(『日本経済大典』39・40)，近藤正斎『金銀図録』，小葉田淳『日本鉱山史

の研究』，同『日本貨幣流通史』，田谷博吉『近世銀座の研究』，榎本宗次『近世領国貨幣研究序説』

(滝沢　武雄)

008 博多 はかた　広狭二義があり，広くは博多湾沿岸一帯で現在の福岡市沿岸部にほぼ相当する地域，狭くは近世にいう博多（東は石堂（いしどう）川，西は那珂（なか）川，南は博多駅付近，北は博多湾）を指す．石城府・冷泉津などの異称があり，中国の史書には覇家台・花旭塔・八角島などと記されている．地名の由来については，①土地広博，人物衆多の意味，②地形が羽を伸ばしたようであるから羽形といっていたのが博多に転じた，あるいは「筥（はこ）た」で，「はこ」は河海で囲まれた島のような所につけられた名，③泊潟（はかた），すなわち船を泊（は）つべき潟，その他の説がある．『続日本紀』天平宝字3年（759）3月庚寅（24日）条にみえる「博多大津」が「博多」という地名の初見である．広義の博多の歴史は，後漢の建武中元2年（57）奉貢朝賀したと『後漢書』にみえる奴国（なのくに）から数えても約2000年に及ぶ．古代・中世の博多は，外来文物の受容・摂取はもとより日本文物の移出を直接に担い，他の地域に類のない国際性をもち，東アジアへ向けての日本の顔であったといってよい．宣化天皇元年，大和政権は那津（なのつ）のほとりに官家（みやけ）を修造し，諸国の屯倉（みやけ）から穀を運ばせて非常に備えさせた．この那津官家については，その修造を述べた詔の信憑性をはじめ種々論議があるが，一種の対外的な兵站（へいたん）基地であったとみられる．福岡市南区の三宅（みやけ）や福岡市博多区の比恵（ひえ）遺跡が比定されたりしている．奴国も那津官家も日本の対外関係の中でみずからの形態を明らかにしており，これらに続く筑紫館（つくしのむろつみ）―鴻臚館（こうろかん）も同様であり，博多の都市的発展は古代～中世と対外関係を媒介とするものであった．福岡市中央区西公園付近を荒津（あらつ）というが，荒津の海に面したかつて福岡城や平和台球場があった一帯に鴻臚館はあった．これは外国使節接待の迎賓館および関係官司で，日本から外国へ使いする者などの宿館である．大宰府蕃客所に属し，約400年間存続する．つまり博多は大宰府の外港として機能したのである．10世紀に入ると筥崎八幡宮（福岡市東区）が創建され，筥崎の開発が進む．同宮の神官秦氏は大宰府の府官であり，その開発は対外貿易と密接な関係にあった．昭和52年（1977）末から，市営地下鉄の開業に備えて，博多地区，いわゆる旧博多部の埋蔵文化財の発掘調査が始まり，尨大な貿易陶磁類が発掘された．11世紀後半から12世紀前半にかけての白磁類の出土量はきわめて多い．貿易の拠点，繁栄の中心はこの地に移ったのである．この時期にはすでに博多を拠点とする宋海商（博多綱首）が数多く集住し，中国人街（唐房，日本人混在）を形成する．鎌倉時代に入ると，博多の代表的な禅寺を相ついて建立し維持してゆく．平安時代末期には今津（福岡市西区）も開発され国際貿易港となる．平清盛が袖湊（そでのみなと）を整備して対宋貿易の根拠としたといわれ，博多は平氏の対外貿易上重要視しなくてはならぬが，袖湊は歌語的表現で，平氏の段階ではすでに陸地化していた．モンゴル襲来を機として博多に鎮西探題が置かれ，九州政治の中心は大宰府から博多に移る．日元間の国家間の関係は緊張をみせているが，民間の往来は繁く，寺社造営料唐船は相ついて発遣されている．南北朝時代14世紀半ばから倭寇は激しくなり，九州探題今川了俊はその鎮圧を代償に博多を拠点として高麗と頻繁な交渉をしている．応永26年（1419）の応永の外寇を機として博多を根拠とする九州探題渋川氏が一時期朝鮮貿易に優位を示すが，のち対馬宗氏が主導権を握る．室町時代に入ると大内氏の勢力が筑前に及び，大内氏は筑前守護として対外貿易（ことに対明）の拠点である博多の支配に意を注いだ．博多に対する大内文化の影響は大きい．同時に鎌倉時代末以来博多に権限をもつ大友氏と争うが，大内義隆が滅んで，大友氏はキリシタン時代博多の支配者となる．戦国時代博多は自治都市といわれるが大友氏との関係を抜きにはできない．天正15年（1587）豊臣秀吉が戦乱によって荒廃した博多を復興し町割りを行い，北部の博多浜と南部の息浜（おきのはま）が統合されて近世都市博多となるが，朝鮮出兵の兵站基地をつくるためのものであった．17世紀早々，黒田長政は鴻臚館の跡に福岡城を築き，旧福岡部を整備して城下町とし，筑前52万石余の支配の根拠地を整えた．旧博多部は桝形門（ますがたもん）で旧福岡部とつながり，商人の町として画定された．福博のこの特異な双子都市は明治に入って合併し，明治22年（1889）4月1日そのまま福岡市となる．昭和47年4月1日，政令指定都市となり，九州における中枢管理機能の福岡市への集中化は著しい．→三箇の津（さんがのつ）

参考文献　朝日新聞社編『博多二千年史筑紫ものがたり』，『福岡の歴史』，中山平次郎『古代の博多』，川添昭二編『東アジアの国際都市博多』（『よみがえる中世』1），同『中世・近世博多史論』，武野要子『博多』（『岩波新書』新赤704），大庭康時他編『中世都市・博多を掘る』

(川添　昭二)

009 博多御公用銀 はかたごこうようぎん　筑前国博多で鋳造されたという銀貨．「はかたごこうようぎん」ともいう．草間直方の『三貨図彙』や近藤正斎の『金銀図録』では，文禄2年（1593）朝鮮出兵にあたって，軍用銀として用いられたものと推定されている．後者に掲載された図では，のちの丁銀と同様なまこ形で，「博多御公用」と「中山与左衛門」の極印が全面に刻されていて，重さは32匁とある．品位は同年石見銀山で作られた灰吹銀（石州銀）と同じといわれている．なお『三貨図彙』掲

載の楪(譲)葉銀は形は似ているが刻印がなく，同様のものか否か不明である．　　　　　　　　（滝沢　武雄）

010 博多商人 はかたしょうにん　筑前国博多津を根拠地として，主として室町・戦国時代から近世初頭にかけて活躍した貿易商人をいう．博多が大陸との接点として，都市的発展の基盤をもったのは，すでに古代からであった．11世紀末には，博多に大唐街とよばれる中国人居留地が形成されていたと考えられ，このころが日宋貿易の盛期であったのだろう．大宰府・筥崎とともに博多が重要な役割を果たしたのである．発掘される墨書陶磁器に「丁綱」など，中国人で綱首（ごうしゅ）であろう名前が多く発見されている．組をあらわす綱に付けられた名の人びとは宋の商人であろうし，彼らの中には日本人と通婚して定着した人も多かったと考えられ，博多商人の国際性の一面を物語ってもいるだろう．大陸と往来する僧や中国人たちが，文物の交流にたずさわったのは自然の成行きであった．博多の多くの寺社が何らかの貿易と関わっていたのである．13世紀末のモンゴル襲来に，鎌倉幕府は防塁を築かしめ，博多は石城府の観を呈した．しかし日元間の文物交流は行われ，博多がその先端地の役割を果たしたことは忘れてはならない．その後，倭寇とよばれる武装商人の動きが収まり，日明・日朝・南海貿易は進展．博多商人肥富（こいずみ）氏・承天寺住持闇公（ぎんこう）・慈雲禅寺住持天真らの名がこの2，3世紀の間に見えるのも特徴的である．さて，室町～戦国時代には，大内氏が内陸の旧博多部を支配，大友氏は北端の息浜（おきのはま）部を支配し，それぞれ対外交易にあたっていた．筥崎宮油座神人で博多の奥堂氏，息浜の澳浜（おきのはま）氏・綱場氏などが大陸貿易に活躍した．この間，大内氏と大友氏は，入船公事徴収権をめぐって争い，天文20年(1551)大内義隆が陶隆房に敗れた後，永禄2年(1559)大友義鎮（宗麟）は筑前・豊前の守護，九州探題に任ぜられた．ちょうどこのころ，西欧の東漸運動は日本にまで届いたが，キリシタン時代の博多の文化を支えたのは大友氏であった．このころから，博多商人の代表格として活躍するのが島井氏や神屋氏である．ことに神屋氏の祖主計とその養子太郎左衛門は天文8年に大内船の総船頭を勤め，神屋寿禎は石見銀山を発見，開発して大内氏に運上銀百枚を献上している．このような中で，神屋宗湛・島井宗室は大友氏に近づいていく．この時代，一般にクリスチャン＝センチュリーと呼ばれ，宣教師たちは，博多を自治都市と指摘しているのであるが，その意味内容はどのようなものであったのか，今後の再検討課題であろう．上述のように多くの領主に支配され，争奪された町，そして上層商人は，つぎつぎに変わる強力な支配者に接近し，諸役免除を受けながら，町の合議制に臨むという形なのである．あえていえば，国際貿易都市としての博多の自治とは，領主権力の，不安定ながらも均衡の中に息づく冒険商人たちが得た自治ではなかったか，と思われる．しかしアジアにおけるこのような都市はきわめて希少な存在であって，歴史的意義を忘れてはなるまい．天正15年(1587)6月，九州平定後，豊臣秀吉は戦国の争乱で灰燼となった博多の町割を行い，有名な楽市楽座令を出して再興した．博多商人は，この天下人に近づいたが，そこには朝鮮出兵のための兵站（へいたん）基地としての役割が待っていた．商人たちは廃墟の中からよみがえったであろうが，時代は大きく転換して幕藩制に移っていった．慶長5年(1600)関ヶ原の戦の直後，豊前より黒田氏が筑前に入部，早速福岡築城にかかった．宗室・宗湛はじめ諸商人は新領主に積極的に協力せざるをえなかった．それに鎖国という重圧がかかってきた時，かつての貿易商人としての，冒険的，投機的隔地間商人の役割は終りを告げた．宗室は慶長15年遺訓をしたため，商人の経営から日常生活，さらに心得まで微細な教えを残した．それは隔地間取引で望外の利益を得て大笑した天才商人が，国内商業に限定された経営を余儀なくされる時代の到来を見抜いた1つの予見であった．黒田氏のもとで，博多は福岡城下町とならんで存在する町人町となった．

参考文献　『嶋井文書』（西日本文化協会編『福岡県史』1），中山平次郎『古代の博多』，川添昭二編『東アジアの国際都市博多』（『よみがえる中世』1），佐伯弘次「大内氏の博多支配機構」（『史淵』122）

（藤本　隆士）

011 博多版 はかたばん　⇨兪良甫版（ゆりょうほばん）

012 萩焼 はぎやき　山口県萩市松本および長門市深川（ふかわ）に伝承する陶芸の総称．近世初頭，萩藩主毛利氏が，文禄・慶長の役後招来した，李朝の陶工李勺光・李敬の兄弟に，萩城下の松本村中の倉（萩市椿東）で開窯させたのがはじめという．寛永2年(1625)李勺光の子山村新兵衛光政は，藩主秀就から「作之允」に，李敬（日本名坂助八）は「高麗左衛門」に名替（なかえ）の判物（はんもつ）を拝領した．その後寛文3年(1663)松本御用窯に，三輪・佐伯両窯がお雇細工人として召抱えられ，三輪窯初代休雪は，藩命により京に上り楽焼（らくやき）を修め，萩焼に和風を吹き入れた．一方，松本御用窯山村家の高弟蔵崎五郎右衛門は，赤川助左衛門・同助右衛門らと大津郡深川三ノ瀬に移住，明暦3年(1657)新たに御用窯を開くが，これを松本焼（松本萩）に対して深川焼（深川萩）と称している．萩焼は創業以来，井戸形・熊川（こもがえ）・三島手など高麗茶碗を模した侘びた趣と，領内産の大道土（防府市大道）を主原土とすることによる手どりのよさや，枇杷色の釉などを特色として，現在も萩・深川・山口を中心に茶陶を主とする焼造が盛んである．

参考文献　山口県教育委員会編『萩焼古窯』，同編

『萩焼長門深川古窯』，山本勉弥『萩の陶磁器』(『萩文化叢書』1)，河野良輔『萩・出雲』(『日本陶磁大系』14)，同「萩焼―萩藩窯の成立と発展―」(山口県立美術館編『古萩―その源流と周辺―』所収)，同「萩」(『世界陶磁全集』7所収)　　(南　邦男)

013　白雲慧暁　はくうんえぎょう　1223～97　鎌倉時代の臨済宗聖一派の僧．法諱慧暁，道号白雲．別に隠谷子と号する．貞応2年(1223)讃岐美濃郡に生まれる．幼にして比叡山に登り行泉に就いて台教を学んだ．17歳，剃髪受具．25歳，京都東山泉涌寺の月翁智鏡に参じて四分律を学んだが，文応元年(1260)衣を改めて東福寺の円爾に参じ，爾来服勤すること8年，文永3年(1266)入宋．台州瑞巌寺の希叟紹曇に参じて大悟し，弘安2年(1279)帰朝．世俗を避けて隠栖したが，正応5年(1292)，九条忠教の請を受けて東福寺第4世の住持となり，円爾の法を嗣いだ．永仁の初め同寺を退き，洛北に栗棘庵を結び退隠．永仁5年(1297)12月25日寂した．世寿75．仏照禅師号を勅諡された．のちにその法系を栗棘門派と称した．著述に『仏照禅師語録』2巻と，仮名法語『由迷能起』1巻がある．

参考文献　『仏照禅師塔銘』(『続群書類従』9輯上)，『元亨釈書』8(『(新訂増補)国史大系』31)，卍元師蛮『延宝伝燈録』10(『大日本仏教全書』)，同『本朝高僧伝』41(同)　　(加藤　正俊)

014　白氏文集　はくしもんじゅう　中国唐代の白居易(字(あざな)楽天，号香山居士)の作品集．『白氏長慶集』50巻・『白氏後集』20巻・『白氏続後集』5巻を結集した75巻．他界する前年(845年)，みずから「後記」を加えて手定した．収めるのは3840首を越える．まさしく唐一代を通じての厖大な詩文集である．しかも例の少ない自撰集である．作品に対する愛着と自負から発し，生涯を賭けての結果と見なしていたからである．確かに幼少の15歳から始まり，75歳で没する直前までの制作が集まっている．古体詩でいえば，社会の矛盾や政治の頽落を鋭く批判する「諷諭」の一群があり，玄宗の楊貴妃に対する愛の嘆きを高く奏でる「長恨歌」や，音楽を言葉に翻訳しつつ，流謫(るたく)の侘しさを深く調べる「琵琶行」もある．また文学的知己の元稹に贈った「唱和」も含まれる．それらは「元和体」として斬新な様式と見られ，追随者を多く出した．さらに近体詩でいえば，「遺愛寺鐘欹枕聴，香炉峯雪撥簾看」とか，「蝸牛角上争何事，石火光中寄此身」とか，声韻の整った七言の律絶も多い．総じていえば，題材が経験的であり，言語が常識的であり，発想が心理の自然に沿う，独自の個性様式をせり上げるものであった．文辞について見れば，科試の範文と目された諸作があり，制詔の文体を一変させ，『白朴』として行われた多くの文章があり，自己の制作を，「狂言綺語」と省みる，仏教的立場の少なくない篇章も広く読まれた．ために没時に宣宗は「綴玉聯珠六十年」「文章已満行人耳」の2句を含む七律を捧げ，文化に貢献したという「文公」の諡(おくりな)を贈った．流伝の広さは唐土に限られず，西方では異族の回鶻や越南にも及び，東方では新羅や日本にまで伸びた．いわば東アジア漢語文化圏を通して読み続けられたのである．わが国には生前から詩文が転写され伝来した．その一に入唐僧慧萼(えがく)が居易手定の一本を書写したものがある．その直後から70巻本をはじめとして，さまざまな集本が伝来した．この状況の中で，知識人は六朝から初唐にかけての文学から，たちまちに居易の「和平」「流麗」なそれへと関心を向けた．この傾向はさらに伸び，仮名文学を荷う女流の間にも拡がった．「書(ふみ)は文集・文選(もんぜん)」と，『枕草子』に記されるほど賞愛されたのである．ただし北宋刊本から末尾の数巻が失われ，伝本はすべて71巻となった．数多い刊本のうち，最も重要なのは，北宋刊本の系列に属し，前後続集の形態をほぼ保つ，わが国の那波道円の，元和4年(1618)印行にかかる木活字本と，先詩後筆の形態に改編した，南宋初期の紹興(しょうこう)年間(1131～62)刊本とである．ただいずれにも不備な点があるから，香山の面目に接するには，那波本の形態を顧みつつ，紹興本の本文を取り，残巻ながら慧萼本の重鈔を含む金沢文庫本をはじめとして，唐鈔本の流れを汲む諸鈔本に拠る必要があろう．

参考文献　大東急記念文庫編『金沢文庫本白氏文集』(『大東急記念文庫複製叢刊』)，平岡武夫・今井清校定『白氏文集』，花房英樹『白氏文集の批判的研究』，同『白居易研究』，金子彦二郎『平安時代文学と白氏文集』，太田次男・小林芳規『神田本白氏文集の研究』，平岡武夫「白氏文集の金沢文庫本・林家校本・宗性要文抄本・管見抄本について」(神田博士還暦記念会編『(神田博士還暦記念)書誌学論集』所収)，花房英樹「宋本白氏文集について」(同所収)，岑仲勉「論白氏長慶集源流并評東洋本白集」(『中央研究院歴史語言研究所集刊』9)，小尾郊一「白氏文集

伝本に就いて」(『東方学報』京都15ノ2)

(花房　英樹)

015　白村江 はくすき ⇨白村江の戦(はくそんこうのたたかい)

016　白石詩草 はくせきしそう　新井白石の自選漢詩集．1巻1冊．正徳2年(1712)刊．正徳元年，徳川家宣の将軍就任祝賀のため来朝した朝鮮使節に，対馬藩儒員雨森芳洲を介して呈示した自作99首を，朝鮮製述官李礥・同正使趙泰億・幕府儒員深見玄岱の序と，朝鮮副使任守幹・同従事李邦彦の跋を得て，板行したもの．ほかに宝暦3年(1753)版・寛政8年(1796)版・無刊記版の諸本がある．『詩集日本漢詩』1に影印．『新井白石全集』5に翻刻．

参考文献　中村真一郎『詩人の庭』，松下忠『白石詩草』解題(『詩集日本漢詩』1)，吉川幸次郎『鳳鳥不至』(『吉川幸次郎全集』23)　(梅谷　文夫)

017　白村江の戦 はくそんこうのたたかい　天智天皇2年(663)，日本の百済救援軍が白村江口で唐軍に敗北した戦．白村江は『日本書紀』の表現で「はくすきのえ」ともよみ，『旧唐書』や『新唐書』では白江，『三国史記』では白沙などと記され，伎伐浦ともいい，熊津江(錦江)下流の名称．なお，これを東津江の下流とする説もある．7世紀中ごろ，朝鮮三国は武力衝突をくり返し，新羅は高句麗と百済の絶えざる攻撃にさらされ，国力は疲弊した．そこで唐に両国が朝貢路をたとうとしていると訴え，唐の関心をひくことに成功した．643年，唐の太宗は新羅に肩入れし，両国の新羅攻撃を非難し，停戦を命じた．しかし，この命令は無視され，その後も両国の新羅侵略は続いた．「万国の主」を自認する唐の皇帝はその面目にかけて，違勅の罪をたださざるをえなくなった．651年，高宗は百済王に新羅の諸城の返還を命じ，「王，もし進止に従はざれば，朕，すでに法敏(後の文武王)の請ふ所に依りて，ままにそれ王と決戦せん」と記した璽書を送った(『旧唐書』百済伝，原漢文)．しかし，百済の新羅攻撃はその後も続き，皇帝の停戦命令はくり返し無視された．660年，高宗はついに蘇定方に命じて大軍を派遣し百済征伐を決行した．唐軍は百済の白江口の守りを突破すると，一気に河をさかのぼり，途中の抵抗を撃破して王城に迫った．百済王義慈は城を捨てて逃れ，王城は戦わずして陥落した．ここに百済王やその太子らは唐軍に降伏し，捕虜となった．だが，唐の戦後処理は百済の人々の反感を買い，任存山を中心とした抵抗はたちまち百済全土に波及した．蘇定方はこれを鎮圧できず，百済王らを従えて唐に帰還した．百済再興軍は百済国内から唐軍やこれに協力した新羅軍を駆逐することに成功したが，なお百済の旧王城には劉仁願の率いる唐軍の一部が居残り，新羅はこれを支援した．鬼室福信らは日本に救援を求め，あわせて人質として送られていた百済王子の豊璋を百済王に推戴したい旨を申し入れた．

これまで百済の求めに応じてしばしば救援軍を送ってきた日本の朝廷はこの要請を受け，ただちに斉明天皇は皇太子の中大兄皇子らを従え，筑紫に本営を設け，百済救援のことにあたった．斉明天皇7年(661)，天皇の死後は皇太子が指揮を取り，帰国する豊璋王子に織冠の冠位を授け，妻として多臣蒋敷(おおのおみこもしき)の妹をめあわせた．王子は救援軍に守られて百済に入り，662年，日本の封冊をうけて百済王に就任した．これらはいずれも日本が百済王を臣下の地位に位置づけたことを物語る．しかし，日本での人質生活の長かった豊璋王と実権を握る鬼室福信の関係はうまく行かず，663年，この百済復興の英雄は謀反の罪で殺されてしまった．他方，百済領内で孤立した唐軍を支援するため，661年，高宗は劉仁軌を派遣したが，劣勢をくつがえすことはできなかった．662年，高句麗征伐に失敗すると，高宗は百済内の唐軍の帰国を許可した．これを受けた唐の将兵はこぞって帰国を希望したが，劉仁軌は高句麗征伐における百済占領の重要性や百済君臣の不和などを説き，かえって反撃に転じた．高宗は留将劉仁願の増援要請をいれ，孫仁師に7000の兵を授けて百済に送った．663年，唐と新羅の連合軍は水陸2軍に分かれて百済王の居城(周留城)攻撃に向かった．8月27日，日本の百済救援軍はこの劉仁軌の率いる水軍と白村江口で遭遇し，戦いは翌日に及んだ．これがいわゆる白村江の戦である．結果は状況判断を軽視し，敵軍に無謀に突込んだ日本軍の大敗に終った．戦は4度に及び，日本軍は破れ，「その舟四百艘を焚く，煙焰，天に漲(みなぎ)り，海水，皆赤」かったという(『旧唐書』，原漢文)．舟上にあった豊璋王は高句麗に逃れ，周留城は陥落した．白村江での日本軍の敗北は，百済救援軍の一部にすぎなかったが，その打撃は大きく，日本軍は戦意を喪失し，百済の将来に絶望した百済貴族らを載せて日本に帰国してしまった．百済再興ののろしとなった任存城はなお健在であったが，すでに大勢は決した．この後，668年，孤立した高句麗は滅び，やがて新羅は唐軍を追い出して朝鮮半島を統一した．日本は百済救援軍の派遣を日本の百済支配，さらには反抗的な新羅征伐の好機ととらえたのであるが，この戦の結果，朝鮮半島への足掛りをまったく失うこととなった．しかし，亡命百済貴族を受け入れて対外防備体制を固め，また彼らを官人化して国内政治の充実をはかり，律令国家への歩みを早めた．　→鬼室福信(きしつふくしん)　→豊璋(ほうしょう)

参考文献　朝鮮総督府朝鮮史編修会編『朝鮮史』1ノ1～3，鬼頭清明『白村江』(『歴史新書』33)，全栄来『百済滅亡と古代日本』，森公章『「白村江」以後』(『講談社選書メチエ』132)，同『東アジアの動乱と倭国』(『戦争の日本史』1)，韓昇「白村江開戦前夜における唐と新羅・日本との関係」(『東アジア

と日本」〔九州大学21世紀COEプログラム(人文科学)紀要〕2），韋蘭春「白村江の戦と戦後の唐・日関係」（『国学院大学日本文化研究所紀要』85），鮎貝房之進「白江・白村江」（『雑攷』4所収），池内宏「白江及び炭峴について」（『満鮮史研究』上世2所収），同「百済滅亡後の動乱及び唐・羅・日三国の関係」（同所収），八木充「百済の役と民衆」（小葉田淳教授退官記念事業会編『小葉田淳教授退官記念』国史論集』所収），井上秀雄「白村江の戦い」（大林太良編『日本古代文化の探求　戦』所収），全栄来「周留城・白江の位置比定に関する研究」（『アジア公論』9ノ12，10ノ2），田村圓澄「百済救援考」（『熊本大学文学部論叢』5），坂元義種「白村江の戦い」（『歴史読本』28ノ19），滝川政次郎「劉仁軌伝」（『古代文化』36ノ7・9・11）

（坂元　義種）

018　羽栗翔 はぐりのかける　生没年不詳　奈良時代の官吏．吉麻呂の子．翼の弟．霊亀2年（716）吉麻呂が留学生阿倍仲麻呂の傔人（従者）として入唐し長安に滞在した時，唐の女性との間に生まれた（『類聚国史』187）．天平6年（734）遣唐使船の帰航に際して父に従い来日．その後，官途につき，天平宝字3年（759）在唐の遣唐大使藤原清河を迎える遣唐使の録事として渤海使楊承慶の送使を兼ね渤海に至るが，唐の安史の乱による政情不安などのため大使高元度らと少人数で長安に入った．途中，登州開元寺で願主の1人となり，その仏殿西廊外の僧伽和尚堂内の壁に西方浄土の絵を描かせた（『入唐求法巡礼行記』）．清河に仕えて長安に長期滞在したらしいが，帰国船に乗ったか，唐に客死したか不明．

参考文献　木宮泰彦『日華文化交流史』，王勇『唐から見た遣唐使』（『講談社選書メチエ』125），角田文衞「葉栗臣翼の生涯」（『紫式部とその時代』所収）

（鈴木　靖民）

019　羽栗翼 はぐりのつばさ　719〜98　奈良・平安時代の官吏．氏を葉栗にもつくる．吉麻呂の子．翔の兄．霊亀2年（716）以来遣唐留学生阿倍仲麻呂の傔人として長安にいた吉麻呂と唐の女性との間に養老3年（719）生まれた（『類聚国史』187）．天平6年（734）父に従い来日し，山城国乙訓郡を本貫とする．出家して僧となるが学業優秀のため還俗し官吏に登用される．宝亀6年（775）遣唐使の録事（のち准判官），同7年大外記兼勅旨大丞，臣姓を賜わる．同8年副使小野石根らと入唐．翌9年第2船か第3船で帰国．宝亀11年唐で行われる『宝応五紀暦経』を貢上した．延暦元年（782）丹波介，同5年本草に詳しいため内薬正兼侍医となり天皇に側近．同7年左京亮，ついで同8年内蔵助をそれぞれ兼ねた．勅旨所の助にも任じた．延暦17年5月27日没す．70歳．ときに正五位上（『日本後紀』延暦16年正月甲午条）．

参考文献　角田文衞「葉栗臣翼の生涯」（『紫式部とその時代』所収）

（鈴木　靖民）

020　筥崎宮 はこざき　福岡市東区箱崎に鎮座．延喜式内社で，旧官幣大社．応神天皇・神功皇后・玉依姫命を祭神とする八幡宮である．元来，筑前国穂波郡の大分（だいぶ）宮（福岡県飯塚市大分）の頓宮であったが，大分宮の「三悪」（①参詣時における大宰府・筑前国衙諸役人の竈門宮に対する不敬，②嶮岨な道を通る郡司百姓の饗膳勤仕の苦難，③放生の地でないこと）により，延長元年（923）遷座した．当宮の遷座には，新羅来寇の危機感と日中間の私的貿易に深い関心を有する大宰府官たちの動きが，背景に存在したと考えられる．遷座以後，大宰府との密接な関係を背景に勢力をのばしていった．大宮司は大宰府府官の秦氏であり，他にも府官に出自を有すると思われる祠官が存在する．当宮が日宋間の私的貿易に関与していたことは，『今昔物語集』26ノ16の秦貞重関係説話，また宮領内に宋人御皆免田が存在し，所当未納分として大唐絹を上納していたこと，宋人の綱首が当宮領領主として所役を勤仕していたことや，韓国新安沖の沈没船から当宮の交易活動を示す木簡が発見されたことなどにより明らかである．遷座以来，神仏習合の宮寺形式をとっていたことが，『延喜式』より窺える．また当初より神宮寺を有し，神宮寺内に多宝塔が建立され，多宝塔供養のため筥崎宮塔院が建設された．同塔は最澄の発願により，千部寺僧兼祐が大宰府に請い建立したものである．この事実から当宮神宮寺は，天台系の影響をうけていることが窺える．塔院三昧は，11世紀前期以降，宇佐弥勒寺講師元命門徒が師資相承して勤めるようになり，11世紀半ばには，元命の子清成が筥崎宮大検校職に補任されたことを契機に，筥崎宮は宇佐弥勒寺の別宮となった．12世紀前期宇佐弥勒寺は石清水八幡宮の末寺化し，当宮も石清水祠官田中家の荘園制的支配下におかれた．しかし12世紀半ばごろ，当宮の神人たちが，大山寺・香椎宮の僧徒や神人たちとともに大宰府の官衙・屋舎を焼き払ったことにより，香椎宮とともに大宰府の支配下におかれた．大宰府府官たちによる仁平の筥崎・博多大追捕は，日宋貿易をめぐる当宮内の主導権争いと，当宮の掌握強化をめざす府官たちの意図によりおこされたものであろう．以後，当宮に対する大宰府の支配力は強化された．12世紀半ば，宇佐大宮司公通が大宰権少弐となり，当宮を宇佐宮の本家である近衛家に寄進し，みずからが実質的支配を行なっていた．この公通の動きの背景には，日宋貿易の要所である当宮の掌握を意図した平氏の意図が存在したと考えられる．このため，大宮司秦親重は平氏方人として活動し，壇ノ浦の戦後，2年間，源頼朝の勘気を蒙った．当宮は治承・寿永の内乱後，再び石清水宮の別宮となり，以後，一時期，大山寺寄人殺害事件により当宮を別宮化しようとする延暦寺の策動はあったが，戦国時代に至るまで石清水祠官田中家が支配した．モン

ゴル軍襲来時に焼失し，祠官らは神体を宇美宮に避難させようとしたが同宮に入れず，上山極楽寺に移った．戦闘の際，当宮より白張装束の30人ほどが矢先をそろえてモンゴル軍に射かけたといわれている．亀山上皇は修造料として筑前・安芸2国をあてるとともに，「敵国降伏」の4字の紺紙金泥の宸筆書37枚を寄進した．鎌倉・南北朝時代は少弐氏，室町・戦国時代は大内氏の支配下におかれた．16世紀末期の配分高は500石で，黒田長政も500石を安堵している．本殿は大内義隆，拝殿は大内義隆または黒田長政，楼門は小早川隆景が再建したもの，一の鳥居は長政が建立したもので，いずれも国指定重要文化財となっている．このほか，平安時代中期に作られた太刀，南北朝時代に作られた石燈籠・刀剣，室町から江戸時代にかけて作られた銅製鉢・銅製酒瓶・流金吊燈籠・鍵などがある．当宮は火災に数度会っているためにあまり古い時代の文書は残っていないが，戦国時代末期以降の大友宗麟・豊臣秀吉・小早川秀秋・黒田氏歴代の所領安堵状，江戸時代末期攘夷を命じた孝明天皇綸旨や明治時代初期神仏分離を命じた太政官達などが残っている．また油座文書写や御遷宮記録もある．文芸史料としては，大内義隆らの和歌懐紙，秀吉らの和歌短冊がある．祭祀は，古くは5月の騎射，8月の放生会が中心であったが，現在は1月3日の玉取祭（玉せせり）と9月12日〜18日の秋季大祭（放生会）などが有名で，県内外からの多くの観光客・参拝者でにぎわう．

参考文献　筥崎宮編『筥崎宮史料』，石清水八幡宮社務所編『石清水八幡宮史』4・5，『福岡県史資料』，竹内理三編『大宰府・太宰府天満宮史料』，川添昭二編『博多筑前史料豊前覚書』，広渡正利・川添昭二編『筥崎宮史』，江島茂逸『筥崎社鑑』，清原陀仏郎『筥崎宮誌』，瀬尾玉置編『筥崎宮誌』，森克己『日宋貿易の研究』，宮地直一『八幡宮の研究』，筥崎宮編『重要文化財筥崎宮本殿修理工事報告書』，亀井明徳『日本貿易陶磁史の研究』，土田充義『八幡宮の建築』，川添昭二編『九州中世史研究』1・3，川添昭二『中世九州の政治と文化』，同『中世文芸の地方史』（『平凡社選書』71），広渡正利「平安期における筥崎宮―八幡大菩薩筥崎宮創建考―」（田村圓澄先生古稀記念会編『東アジアと日本』宗教・文学編所収），佐伯弘次「中世都市博多の総鎮守筥崎宮」（中世都市研究会編『都市と宗教』所収），川添昭二「福岡市筥崎八幡宮所蔵「御油座文書写」「筥崎神宮文書」「石燈籠銘文」」（『九州史学』7），同「筥崎の大夫―府官研究の一節―」（『福岡地方史談話会会報』10），筑紫豊「八幡大菩薩筥崎宮創建考」（『神道史研究』4ノ6），村田正志「神社関係の古文書覚書―「敵国降伏」宸翰―」（『研修』22），田中君於「『宮寺縁事抄臨時祭』と『宮寺縁事抄納筥目録』」（『国学院高等学校紀要』19），佐伯弘次「中世後期の博多と大内氏」（『史淵』121），長沼賢海「油座の一二について」（『九州文化史研究所紀要』8・9），西谷正「新安海底発見の木簡について」（同30），有川宜博「石清水八幡宮における筥崎宮領の支配」（『九州史学』47）

（日隈　正守）

021　函館　はこだて　北海道の渡島（おしま）半島南部に位置し，津軽海峡に面する市．陸繋島函館山の山裾に広がる重要港湾都市．古くはウスケシ（宇須岸）とよばれたが，戦国時代河野政通が築いた館が箱形だったので箱館が地名化した．縄文時代以来の遺跡があり，土師器（はじき）も出土，12世紀ころより和人が渡来し，南北朝時代の北朝年号貞治6年（1367）銘の板碑（いたび）や，石崎八幡宮の永享11年（1439）銘の鰐口がある．日本海海運の流れに位置づけられ，『庭訓（ていきん）往来』にみえる宇賀昆布はその例である．箱館の東方に志苔（志濃里）館もあったが，コシャマイン以後たび重なるアイヌの攻撃で壊滅，和人集落は亀田へ移った．昭和43年（1968）志苔館付近で出土した珠洲（すず）焼甕から38万枚の古銭が発見されている．江戸時代初期福山（松前郡松前町）を拠点とした松前藩は和人地と蝦夷地を区別し，亀田に境界の番所を置いた．亀田は港として不適で和人集落は再び箱館中心に形成されることとなり，享保20年（1735）松前三湊の1つとして沖ノ口番所設置，問屋・小宿も組織された．天明以降ロシア人南下が問題になり，幕府は蝦夷地御用掛を置き，寛政11年（1799）東蝦夷地を直轄，享和2年（1802）蝦夷奉行を置き，同年箱館奉行と改称，さらに文化4年（1807）松前藩を移封，庁舎を福山に移して松前奉行と改称．この間択捉（えとろふ）島を開発した高田屋嘉兵衛は箱館の発展にも尽力著しい．文政4年（1821）松前藩復領，安政元年（1854）開国，箱館は翌年から開港されることとなり，ペリー艦隊は，帰途，調査のため箱館来港．同2年渡島半島西部以外全蝦夷地を幕府は再直轄，箱館には諸術調所を設け，洋式の弁天岬台場・五稜郭を築いた．箱館には条約国の領事・商人が渡来し，西洋文化が輸入された．明治元年（1868）4月箱館裁判所を設置したがまもなく箱館府と改称．同年榎本武揚の率いる旧幕脱走軍に占領され，箱館府は一時青森に避難，翌年5月脱走軍降伏，7月開拓使設置，8月蝦夷地を北海道と改め11ヵ国を置く．箱館は渡島国に属し，9月末開拓使出張所を置き箱館を函館に改めた．同年から札幌に開拓使本府を建設，北海道内部の開拓が進められ，明治5年函館支庁を置き，渡島国と後志（しりべし）国西半を管轄．函館は北海道の関門であるとともに，国際貿易港であり，商業経済の拠点として発達．同12年函館区が置かれ，亀田には郡役所を置く．同15年函館県，同19年北海道庁管下．同30年全道を19支庁に分け，函館は函館支庁，亀田は亀田支庁に属した．同32年函

館区を自治体にし，函館区役所開庁，また亀田ほか3郡を管轄する亀田支庁を七飯より函館に移して函館支庁と改称，大正11年(1922)渡島支庁と改称，同年8月1日，函館区に市制施行．昭和14年湯川町，同24年亀田村の一部，同41年銭亀沢村を編入，同48年12月1日亀田市(昭和46年11月1日市制)と合併，平成16年(2004)戸井町・恵山町・椴法華村・南茅部町を編入．函館は函館山麓から東方へ広がり，北洋漁業，北海道の内陸部発展とともに発達した．しかし北海道の行政の中心が札幌に移り，奥地発展に伴い経済の中心も移動し，太平洋戦争では北海道―本州間の国鉄連絡船が空襲で壊滅した．航空機の発達，青函トンネルの開通により発達は停滞，日魯漁業，函館どつく，北洋漁業の基地も国際的制約のなかで苦しんでいる．なお函館は大火が多く，そのため石造・レンガ造りの店屋が多い．面積677.89km²，人口29万0873人(平成19年3月31日現在)．

参考文献　『函館市史』，『新北海道史』，河野常吉『函館区史』　　　　　　　　　　　　　　(榎本 守恵)

022 箱館奉行 はこだてぶぎょう　江戸幕府の遠国奉行の1つ．老中の下に属し，主に蝦夷地行政をつかさどった．定員2名(ただし時により3〜4名)，役高2000石，役料1500俵．席順は，はじめ長崎奉行次席，のち下田奉行次席．幕府は寛政10年(1798)12月蝦夷地御取締御用掛を置いて，翌11年正月ウラカワ(北海道浦河郡浦河町)以東の東蝦夷地を仮上知したが，同年6月松前藩が知内川以東ウラカワまでの追上知を内願したため，同年8月以降知内川以東の和人地(箱館および箱館付々)と東蝦夷地全域を仮上知した．享和2年(1802)2月同地域を永久上知し，それを契機に同年2月23日蝦夷地御取締御用掛を廃止し，新たに蝦夷地奉行を設け，同年5月10日箱館奉行と改称，ついで文化4年(1807)の松前蝦夷地全域の上知に伴い，同年10月24日松前奉行と改称した．その後文政4年(1821)松前蝦夷地を松前氏に返したことにより，翌5年7月24日松前奉行夏目信平の西丸留守居への転役をもって廃止されたが，蝦夷地奉行以来の同職(含松前奉行)就任者は，戸川安論・羽太正養・河尻春之・村垣定行・荒尾成章・小笠原長幸・服部貞勝・安藤雅久・本多繁文・夏目信平・高橋重賢の11名である．幕府は，蝦夷地支配の眼目をアイヌの懐柔・撫育にありとして，アイヌ交易の是正，風俗の和風化，さらには教化を目的とした蝦夷三官寺(国泰寺・等澍院・善光寺)の建立などの政策を断行したが，蝦夷地支配の本来的な目的は，ロシアの南下に対する対応と蝦夷地収益の2点にあり，アイヌに対する政策も親露化の防止という視点から行われたものであった．また蝦夷地の警備は弘前・盛岡2藩に命じ，非常時には秋田・庄内・仙台・会津の4藩および富山藩にも出兵を命じた(ただし富山藩は出兵をみないままに終る)．経営にあたっては，従来の場所請負制を廃止し，高田屋嘉兵衛・伊達林右衛門・栖原角兵衛などの新興ないし江戸系商人を起用して直捌を行い，箱館と江戸に会所を設置して蝦夷地の産物と流通を直接掌握しようとした．しかし，享和2年以降は勘定方による経費節減の強い要請によって次第に消極策に転じ，文化4年松前蝦夷地全域の幕領化にふみきったものの，西蝦夷地については場所請負制を存続させたのみならず，同9年には東蝦夷地についても場所請負制を復活し，しかも同11年以降は弘前・盛岡両藩の警備地域を和人地内に限定するなど警備政策も著しく後退し，文政4年松前氏の復領により松前奉行は廃止された．その後神奈川条約により箱館開港となると，安政元年(1854)6月26日幕府は箱館および近郊5〜6里四方の地を上知し，同年6月30日再び箱館奉行を設置し，翌年2月松前藩に東部木古内(きこない)村(上磯郡木古内町)以東および西部乙部(おとべ)村(爾志郡乙部町)以北の地を返上させてその管轄とした．同奉行の主要な任務は，前幕領期にあっては，対露関係の緊張から異国境の警備・取締およびアイヌ政策を軸とした松前蝦夷地の統治にあったが，この期にあっては，箱館における欧米列強との接交および蝦夷地警備を軸とした松前蝦夷地の統治にあった．奉行所は松前藩の箱館役所を利用し，元治元年(1864)五稜郭に移転した．在職者は竹内保徳・堀利熙をはじめ13名(内2名奉行並)で，安政5年外国奉行設置後は兼務ないし転出者が多い．慶応3年(1867)足高料を廃止し，持高となり，役金4000両となった．席次は下田奉行次席．この期の幕府の松前蝦夷地政策の中心は蝦夷地の警備と開拓にあり，警備は松前藩と東北諸藩に分担させたが，安政6年以降は東北6藩に分領支配を命じ，諸藩による蝦夷地経営と密着した形で進めた．経済的には松前藩政下の役金体制を踏襲したものの，従来松前藩で禁止していた大網の使用を許可し(安政2年)，さらにヤムクシナイ番所(山越郡八雲町)での人別改の廃止や出稼人に対する諸規制を緩和するなど，漁業生産力の上昇をはかり，かつ蝦夷地への和人の定住を促進した．また，水田稲作の奨励や石炭・金・銀・銅・鉄などの鉱山の開発など漁業以外の諸産業の発展を促し，安政4年には箱館産物会所を設置して蝦夷地産物の流通統制を行い，生産・流通両面からの積極的な掌握を試みるとともに，さらには，白糠(しらぬか，白糠郡白糠町)・茅沼(かやぬま，古宇郡泊村)炭坑での罪人の使役，クドウ場所ウスベツ(久遠郡せたな町)への人足寄場の設置と罪人の漁場での使役など，この期の松前蝦夷地政策は前期のそれと著しく趣を異にし，むしろ多くの点で明治以降開拓使によって実施された諸施策と類似していたところに大きな特徴がみられた．明治元年(1868)4月箱館裁判所の設置により箱館奉行は廃止された．

参考文献　羽太正養編『休明光記』，『(新撰)北海道史』

5)、『蝦夷地御開拓諸御書付諸伺書類』(同)、『(新撰)北海道史』2、『松前町史』通説編1、菊池勇夫「箱館奉行の基本性格について」(『北方史のなかの近世日本』所収)、田端宏「幕府の蝦夷地経営(寛政―文政期)の諸問題」(北海道・東北史研究会編『北からの日本史』所収)、榎森進「幕府の蝦夷地直轄と松前奉行」(『歴史と地理』391) 　　　(榎森　進)

023 **パジェス**　Léon Pagès　1814～86　フランスの東洋学者．1814年9月パリに生まれ、長じて l'Univers 誌共同編集者となったが、フランス公使館アタッシェとして北京に赴き、東洋に関心を強め、欧州に帰って各地に史料を求め、立派な私設文庫を設け、数々の研究成果を発表．特にキリシタン研究を志して、まず『シャビエル書簡集』2巻(1855年)、『日本図書目録』(59年)を編刊．折から日本二十六殉教者の列聖にあたり『日本二十六聖人殉教記』(62年)を著わし、ついでそれ以後、キリシタン壊滅に至るまでを編年的に扱った『日本切支丹宗門史』(69年)と、その付篇史料集を翌年刊行．これらは今も迫害下のキリシタン史の準史料として重用される．また1603年長崎刊『日葡辞書』を改訳した『日仏辞典』(1868年)を編した．なお、ドンクル＝キュルシウスの『日本文法稿本』のホフマン J. Hoffmann 補修本のフランス語訳改訂本(1861年)も編している．1886年11月没．72歳．　→日本切支丹宗門史(にほんキリシタンしゅうもんし)　　　(海老沢有道)

024 **パシオ**　Francisco Pasio　1552～1612　イエズス会宣教師．イタリア人．1552年、ボローニャに生まれ、72年イエズス会に入り、東洋伝道を志願し、まだ神学生であったが派遣され、リスボンで司祭に叙階され、78年にゴアへ渡った．ゴアのコレジョで監事および管区会計を務め、82年に澳門(マカオ)へ、翌83年(天正11)に日本へ派遣され、7月25日に長崎に到着、その後、堺のレジデンシャに属していた．天正15年の伴天連追放令につき一応平戸へ赴き、同16～17年にモレーラ神父と日本人修道士リアンと一緒に豊後の巡回伝道へ派遣された．同19年にイエズス会の四盛式誓願を立て、1592年(文禄元)2月5日の管区会議でローマへ派遣される管区代表に選ばれたが、巡察師バリニャーノが彼を日本に残してほしいと依頼したので、会議の方でこれを承諾した．パシオはきわめて日本語に精通していたので要職に就き、天正19年に管区長秘書として長崎に居り、慶長元年(1596)にマルティンス司教が上洛し豊臣秀吉に謁見した際、パシオも同行した．慶長5年に準管区長ゴメスが死去した際、パシオは彼の後継に任命された．同11年にパシオは数人の会士と同宿を連れて博多で黒田如水の三回忌、小倉でガラシア細川の七回忌の荘厳な追悼ミサを行い、同12年に徳川家康および将軍徳川秀忠への表敬訪問のため、駿府および江戸へ出かけた．同16年に日本のイエズス会が管区に昇格した際、バレンチン＝カルバリョが管区長となり、パシオは巡察師に任命された．1612年3月22日に長崎を出発し澳門へ行ったが、同年8月30日に澳門で死去した．徳川政権が成立した当時、パシオはイエズス会の最高責任者であった．早くも慶長8年に、家康が生きているあいだキリシタンは安心できないと感じて、ローマの総会長へ報告した．

参考文献　H・チースリク「一六〇四年、準管区長パシオの覚書」(『キリシタン研究』28)
　　　(H・チースリク)

025 **羽柴秀勝**　はしばひでかつ　1569～92　安土桃山時代の武将．三好吉房の次男で豊臣秀次の弟、母は秀吉の姉の瑞竜院日秀．小吉と称す．永禄12年(1569)生まれる．秀吉の養子であった次秀勝(織田信長四子)の死後、遺領の丹波亀山を与えられ、天正15年(1587)の九州攻めには本役5000人を率いて出陣した．しかし、秀吉に領地の知行高について不満を申し立てたことによって怒りを買い、勘当の憂き目をみた．天正17年10月に蜂屋頼隆の遺領が与えられ、越前敦賀で知行を回復することができた．小田原の役の後、甲斐1国が与えられ、城下の府内に伝馬役免許などの法令を出している．のち岐阜に移る．朝鮮出兵の際の陣立書で勝勝は、軍役8000人、岐阜少将となっている．文禄元年(1592)5月に秀吉が策定した三国国割計画では、朝鮮全土の統治者に擬せられている．同年9月9日に朝鮮の唐島(巨済島)で病死．24歳．無嗣断絶となった．

参考文献　渡辺世祐『豊太閤の私的生活』、横田冬彦「田住文書にある二通の秀吉朱印状」(『神戸大学史学年報』5)
　　　(三鬼清一郎)

026 **橋本十左衛門**　はしもととじゅうざえもん　生没年不詳　江戸時代の有力朱印船貿易家で銀座座人．寛永10年(1633)幕府の六人衆の1人有力幕臣太田備中守資宗の弟資信．十左衛門と称し(『寛政重修諸家譜』)、豪商橋本の養子となり、寛永8年柬埔寨に渡航．同9年、11年にも奉書船貿易家の1人であった．同時に銀座座人としてもこのころより有力メンバーとして活躍して、寛延・明和年代には銀座年寄となっているが、のち彼の子孫は太田家に復して家臣となったといわれる．

参考文献　岩生成一『朱印船貿易史の研究』、田谷博吉『近世銀座の研究』、中田易直『近世対外関係史の研究』
　　　(中田　易直)

027 **長谷川権六**　はせがわごんろく　生没年不詳　江戸時代前期の長崎奉行．字は守尚・藤正・尚之．慶長19年(1614)伯父の左兵衛が堺奉行へ転出したあと、4代目長崎奉行になる．奉行在任中、光永寺・晧台寺・大音寺・本蓮寺・聖福寺などが建ち、長崎代官村山等安の処刑、宗門人別帳の作成によるキリスト教徒の捜索が行われた．慶長15年呂宋渡海朱印状を幕府よりうけ、以後3回にわたって下付をうける．元和7年(1621)8月暹羅国信使

江戸参着の折，従者を派遣す．寛永元年(1624)3月病で京にいた時，薩州に着いたイスパニア人と対談し，国王の書簡を江戸幕府へ捧呈すべき旨要請した．寛永4年柬埔寨国の理諸般務事より届けられた書簡によれば，日本と柬埔寨の友好を求むとあり，権六は，書簡や進物を受けていたにもかかわらず謝辞が遅れたので，大和屋善左衛門らに通商を求めさせ，金屏風・大内鏡・錫鉢などを送った．寛永3年長崎奉行を辞任．

参考文献 『徳川実紀』1・2(『(新訂増補)国史大系』38・39)，「長崎奉行歴代略譜」(金井俊行編『増補長崎略史』) (武野 要子)

028 長谷川忠兵衛 はせがわちゅうべえ ?～1665 江戸時代前期の海外貿易家兼外国船の貿易検使．諱は藤継，頓也．長谷川左兵衛藤広の弟．徳川家康・同秀忠に仕え，慶長4年(1599)兄長谷川波右衛門重吉が佐渡国に赴く時従い，のち命令で越後国村上(新潟県村上市)へ行く．長崎に到着する外国船の検使をつとめ，生糸など輸入品の売買・輸送，兄左兵衛との連絡にあたる．慶長14年のノッサ＝セニョーラ＝ダ＝グラッサ号(通称マードレ＝デ＝デウス号)爆沈に功績があった．すなわち小船2艘をならべ，にわかに井楼をくみ一大船としダ＝グラッサ号に漕ぎつき，乗り移って船主按針を討ち取った．その後摂津国の代官となる．多田銀山を奉行し，また大坂冬の陣・夏の陣にも参戦したが，その後病にかかって職を辞し，居宅の地を下賜されて京都に住んだ．家康より唐花布の羽織と蓮花王の茶壺を下賜されている．寛文5年(1665)3月27日没．法名は堅白．

参考文献 『寛政重修諸家譜』795, 三宅英利「長崎奉行長谷川左兵衛論考」(『史淵』69)

(武野 要子)

029 長谷川藤広 はせがわふじひろ 1567～1617 江戸時代前期の長崎奉行．通称左兵衛．永禄10年(1567)生まれる．慶長8年(1603)徳川家康に仕え，同11年長崎奉行に任ぜられ同19年まで勤む．同14年12月有馬晴信が南蛮船を討つ時，藤広謀をめぐらし楼船を具して晴信とともにこれを焼討ちし船を海中に沈めた．同19年山口直友とともに肥前国有馬へ赴き，キリシタンを追捕した．その後大坂出陣の命をうけ，直ちに大坂に向かった．長崎奉行在任中，オランダ人・イギリス人に通商許可の朱印状が下り，また糸割符仕法が行われる．耶蘇教の取締り，将軍の貿易品購入，外国貿易の管理に手腕をふるい，茶屋四郎次郎や亀屋栄任らとともに家康の側近として厚遇をうけた．慶長19年堺の奉行を兼ねる．元和3年(1617)10月26日死去．51歳．法名は秀月盛白．近江坂本の西教寺(大津市坂本本町)に葬る．男子がいたが若年により跡職を命ぜられなかった．妻は川村氏の女．→ノッサ＝セニョーラ＝ダ＝グラッサ号事件

参考文献 『大日本史料』12ノ28，元和3年10月26日条，『寛政重修諸家譜』795, 三宅英利「長崎奉行長谷川左兵衛論考」(『史淵』69) (武野 要子)

030 支倉常長 はせくらつねなが 1571～1622 伊達政宗によりスペイン・イタリアに遣わされた慶長遣欧使節の大使．はじめ与市，のち六右衛門，また長経とも称した．常長の自署は確認されないが，元禄年間(1688～1704)編纂の『伊達治家記録』に六右衛門常長の記載がある．一族は常の1字を使用した．元亀2年(1571)生まれる．父は山口常成，父の兄支倉時正の養子となる．慶長13年(1608)10月22日の知行充行状によると，60貫(600石)余りを有する．父の犯罪に連坐し，一時所領を没収される．同18年9月スペインとの通交貿易を熱望する政宗の命によりフランシスコ会修道士ソテーロとともに陸奥国牡鹿郡月浦(宮城県石巻市)をサン＝フアン＝バプティスタ号で出帆，アカプルコ・メキシコ市を経由して19年11月マドリードに着く．翌元和元年(1615)正月スペイン国王フェリーペ3世に謁し政宗の書状を捧呈．同地でキリスト教に改宗，霊名はフェリーペ＝フランシスコ．同年9月ローマに入りサン＝ピエトロ宮で教皇パウロ5世に拝謁し政宗の書状を呈した．ローマ市から公民権を贈られ貴族に列した．同6年マニラ経由で長崎に着き8月24日仙台帰着．同7年6月中旬以降8月までに病没．52歳．彼の将来品は仙台市博物館にある(国宝)．彼のものとされる墓碑が仙台市光明寺にある． →慶長遣欧使節(けいちょうけんおうしせつ)

参考文献 「一六一九年十一月三十日付日本発信のジェロニモ＝アンジェリス書翰」(ローマ＝イエズス会文書館所蔵日本・中国部34)，『大日本史料』12ノ12, 慶長18年9月15日条，同12ノ45, 元和8年7月1日条，補遺，仙台市博物館編『慶長遣欧使節関係資料編』(『仙台市博物館図録』2)，松田毅一『慶長使節』，利倉幸一『支倉常長考』，支倉常長顕彰会編『支倉常長伝』，ロレンソ＝ペレス『ベアト・ルイス・ソテーロ伝』(野間一正訳)，高橋由貴彦『ローマへの遠い旅—慶長使節支倉常長の足跡—』，五野井隆史『支倉常長』(『人物叢書』234)，佐藤憲一「「支倉常長追放文書」の年代について」(『仙台市博物館調査研究報告』8)，浜田直嗣「旧支倉家関係史料に

ついて」(同4)　　　　　　　　　　(五野井隆史)

031 秦氏 はた　古代に朝鮮半島から渡来した氏族．秦始皇帝の裔と称し，後漢霊帝の子孫とする漢氏と帰化氏族の勢力を二分した．『日本書紀』には，応神朝に弓月君が120県の人夫を率いて帰化し，雄略朝に全国の秦民を集めて秦酒公に賜い，酒公は秦造として百八十種勝を率い朝廷に庸調の絹縑を貢進したとし，欽明朝に山背紀伊郡人秦大津父を大蔵官に任じ，秦人7053戸を戸籍に付し大蔵掾を秦伴造としたとする．『新撰姓氏録』の説話も共通し，酒は秦民92部1万8670人を率い絹を貢進し，これを収めるため雄略天皇の朝倉宮の側に大蔵をたて，酒を長官にしたという．ついて推古朝に秦河勝と天寿国繡帳を作成する令者として椋部秦久麻がみえる．大化前代の朝政に名を残すのはこの程度で，いずれも朝廷のクラ(庫・蔵)を管理する実務官であるが，在地に巨大な勢力をもつ殖産的氏族としての性格をもつことを示している．その本拠地は山背国葛野・紀伊・愛宕郡を中心に，近江国愛智・犬上郡から美濃・越前・摂津・播磨国に及び，山背国の秦大蔵・秦倉人・秦高椅(たかはし)・秦川辺・秦物集(もずめ)・秦前，近江国の依智(えち)秦・簀(す)秦などの傍系氏族も秦の1字を共有するように，氏の分化が少なく，比較的等質性を保つ土豪としての性格をもつ．配下の秦部・秦人・秦人部も山背・美濃・備前・豊前国などにわたり，同族集団を形成していた．秦氏は天武朝の八色姓(やくさのかばね)で漢氏とならび忌寸を授けられたが，実際には一部に実施されたのみで，天平20年(748)に秦氏1200余烟に伊美吉(忌寸)を賜わったように同族の改姓はおくれ，しかもこのような多数の同族が一時に改姓される例は日本の他氏族にはなく，氏族の基盤の深さが知られる．『姓氏録』では，山城国諸蕃に秦忌寸，左京諸蕃に太秦公宿禰があるが，後者は平安京に移貫された後の称であろう．長岡京・平安京への遷都は秦氏の基盤への遷都であり，その財力によって建設されたとの説もある．事実，造都・造宮事業や造営費の収取に秦氏は深くかかわり，主計頭・助，大蔵省・内蔵寮の主鑰・蔵部にもひきつづき秦氏の名は多い．長岡京跡出土の木簡はこれらのことをよく証している．元慶7年(883)，秦氏は惟宗朝臣に改姓され，明法家を多く輩出し，ほかに朝原忌寸(のち宿禰)に改姓されたものもあるが，各地方には秦姓のものも多く残り，ともに在庁官人・郡司としての名をとどめている．→太秦氏(うずまさうじ)
　[参考文献]　関晃『帰化人』(『日本歴史新書』)，平野邦雄『大化前代社会組織の研究』，同「秦氏の研究」(『史学雑誌』70ノ3・4)　　　　(平野 邦雄)

032 秦公寺 はたぎみでら　⇒広隆寺(こうりゅうじ)

033 幡崎鼎 はたざきかなえ　1807〜42　江戸時代後期の蘭学者．長崎の人．文化4年(1807)生まれ．はじめ藤市とも藤平とも称した．オランダ商館の部屋付を勤め，オランダ語を習得．文政9年(1826)商館長スツルレルの江戸参府に随行．同11年シーボルト事件に連坐，町預り中，天保元年(1830)逃亡，永御尋となる．幡崎鼎と変名，大坂ついて江戸に出，同4年水戸藩西学都講青地林宗の病没後，同藩に招かれ，『海上砲術全書』などを訳述，蘭学教授．渡辺崋山・高野長英・小関三英らとともに活躍．同8年オランダ兵書購求の藩命で長崎に出張．その栄達を嫉視する者の密告により長崎奉行所に捕えられ，江戸護送．軽追放，伊勢菰野藩預けとなり，天保13年7月2日同地で病没．36歳．
　[参考文献]　伊東多三郎「蘭学者幡崎鼎」(『近世史の研究』2所収)　　　　　　　　　　(片桐 一男)

034 パタニ　Patani　タイ国南部，マライ半島東岸の港市．古くから東西交通の要地で，ランガスカ(中国史書にみえる狼牙脩・狼牙須・凌牙斯加)はこの付近とされる．14世紀中葉，タイ中部にアユタヤ朝が起ると，この地にもパタニ(仏大泥・大泥)国ができ，イスラム教も伝わり，半島で最も古いイスラム国家の1つとして，タイ・中国・琉球・日本のほか，ヨーロッパ諸国の貿易船で栄えた．しかし17世紀中葉以後は，港の機能が悪く衰えた．王国ははじめアユタヤに隷属したが，17世紀半ば以後は半島南部マライ系のジョホールに，ついでケランタンの勢力下に入り，1785年バンコック朝に征服されて亡んだ．住民はマライ人が多く，付近にはココヤシ・ゴム・煙草の農園が多い．香料・錫鉱石を産する．
　[参考文献]　許雲樵『北大年史』，永積昭「パタニ国の王統について」(『南方史研究』1)，同「パタニ国の支配層について」(同2)，A. Teeuw and D. K. Wyatt: Hikayat Patani, The Story of Patani. 2 vols.
　　　　　　　　　　　　　　　　　　(中村 孝志)

035 秦河勝 はたのかわかつ　7世紀ごろの人．推古朝の聖徳太子の近侍者．山背国葛野郡を本拠とする秦氏の族長的人物．川勝とも書く．『日本書紀』『広隆寺資財交替実録帳』『広隆寺縁起』などを総合すると，推古天皇11年(603)，聖徳太子より仏像をうけ葛野に蜂岡寺(広隆寺)を建てたとし，同18年に来朝した新羅・任那使の導者となっているが，おそらく推古天皇30年に太子の病気平癒か追福のため寺を建立し，そのときに太子よりかつて賜わった新羅の弥勒菩薩像を安置したとする記事の方に信憑性があろう．河勝は皇極天皇3年(644)東国不尽河(富士川)のあたりで大生部多が蚕に似た虫を常世神としてまつり，巫覡もこれにことよせ村里を迷わせたので，かれらを打ちこらしめたという．『上宮聖徳太子伝補闕記』『聖徳太子伝暦』には，用明朝に物部守屋の討伐に，太子の軍政人として参加し，冠位十二階の大仁，のち小徳を賜わったという所伝がある．
　[参考文献]　平野邦雄『大化前代社会組織の研究』，今

井啓一『秦河勝』(『帰化人の研究』3)
(平野　邦雄)

036　秦酒公　はたのさけきみ　5世紀ごろの人．雄略天皇の近臣．秦造酒ともいう．『日本書紀』雄略天皇12年10月壬午条に，天皇が木工(こだくみ)闘鶏御田(つげのみた，猪名部御田)が采女を姧したと疑いこれを刑しようとしたとき，天皇に侍坐し琴声をもって戒めたので，御田は刑を免れたという．また秦民を臣連らがほしいままに駆使するのを憂え，天皇の詔により秦造として百八十種勝を率い庸調の絹縑を献上し，朝廷に積んだので禹豆麻佐(太秦)を称するに至ったという(同15年条)．『新撰姓氏録』左京諸蕃には，功満王3世孫，弓月君の孫普洞王(浦東君)の男とあり，おなじような説話をのせるが，秦民の数を92部1万8670人とする．また秦民を役し，八丈蔵を宮側にたて貢物を納めることとし，はじめて大蔵の官員をおき，その長官となったという．
(平野　邦雄)

037　秦朝元　はたのちょうげん　生没年不詳　奈良時代の官人．僧弁正の子．医家．大宝年中(701〜04)，留学生の父，兄朝慶とともに唐にあったが，父兄の客死によって1人帰国した．養老3年(719)忌寸姓を賜わり，こののち医術において師範たるに堪えるとして禄物を賜い，また弟子をとり漢語を教授した．官位は従六位下，正六位上，外従五位下と昇叙している．天平年中(729〜49)，入唐判官に任ぜられ，父の故をもって唐帝より厚く賞賜され，帰国後，天平9年図書頭，同18年主計頭となったのが，官歴の最終で，いずれも外従五位上．この間，『万葉集』17に，太上天皇(元正)の雪見宴に侍し，左大臣橘諸兄にもし歌を作りえなければ麝をもって贖えと戯れられ，黙していたという．『尊卑分脈』は朝元の女を藤原式家菅継の母とし，『公卿補任』は藤原種継の母とするから，このばあいは朝元は種継の外祖父となる．
(平野　邦雄)

038　羽田八代　はたのやしろ　羽田(波多)氏の始祖と伝えるが実在したか未詳．『古事記』孝元天皇段によると，建内宿禰の9人の子(男7人・女2人)の筆頭に八代をあげ，波多臣・林臣・波美臣・星川臣・淡海臣・長谷部君の祖とする．『日本書紀』によると，応神天皇3年，百済の辰斯王が天皇に礼を失したので，紀角らとともに派遣されて王を責め，百済は辰斯王を殺して阿花王を立てたので帰国したという．また履中天皇即位前紀には，天皇が皇太子の時，矢代(八代)の女黒媛を妃としようとしたが，仲皇子と不倫関係にあり，ために皇子を攻め殺したとある(ただし『古事記』は黒比売を葛城葦田の女とする)．
(日野　昭)

039　バタビア　Batavia　⇨ジャカルタ

040　秦人　はた　秦氏のもとに帰属した帰化集団．漢氏配下の漢人(あやひと)，新漢人(いまきのあやひと)に対応する概念．秦人・漢人は秦部・漢部の上位者で，その直接の管理者をさすとの説もあるが，秦人は秦公・秦造より秦忌寸と改姓された上位一族に帰属するものを一般的に総称したものであろう．これが身分の分化とともに，秦倉人・秦小宅・秦勝などの姓に上昇するものと，残留して秦人・秦人部・秦部などの集団に編成されるものに分かれた．欽明朝に，秦人・漢人を召集し，国郡に安置して戸籍に編貫したとあるのはそれで，事実，大宝2年(702)の『御野国戸籍』には，秦人・秦人部がひろく見出され，秦人は一種の農民の氏姓となっている．→秦氏(はたうじ)

[参考文献]　直木孝次郎『日本古代国家の構造』，平野邦雄『大化前代社会組織の研究』，関晃「倭漢氏の研究」(『関晃著作集』3所収)，湊敏郎「六，七世紀の在地における身分関係」(『姓と日本古代国家』所収)
(平野　邦雄)

041　バタビヤ城日記　バタビヤじょうにっき　バタビアのオランダ東インド総督府で，東インド各地およびバタビアで起ったことを記した日記．欧文題はDagh-Register gehouden in't Casteel Batavia．1621年オランダ東インド会社の重役十七人会は各地の商館に，日記を記しその写本をバタビアに送ることを命じたが，同地ではこの日記や報告書を元にして各地の状況を概観し，またバタビアおよびその近辺の出来事を記した日記を作成した．東インド各地に関する最も基本的な史料の1つである．その原本は，1624〜1808年の分がジャカルタの国立文書館，オランダの国立中央文書館などに所蔵されている．刊本は，1624〜82年まで，31冊に分けて，バタビアとハーグで1887〜1931年の間に出版された．この中から日本と台湾関係記事を抜粋したものが，村上直次郎訳『抄訳バタヴィア城日誌』全3冊で，1669年の分まで出版されている．

[参考文献]　村上直次郎訳注・中村孝志校注『バタヴィア城日誌』(『東洋文庫』170・205・271)
(永積　洋子)

042　パチェコ　Francisco Pacheco　1565〜1626　ポルトガル人イエズス会司祭，福者．1565年ブラガ大司教区のポンテ＝デ＝リマに生まれる．父はガルシア＝ロペス＝パチェコ，母はマリア＝ボルゲス＝デ＝メスキータ．85年イエズス会入会，92年インドへ赴き，澳門(マカオ)のコレジョ(神学院)で神学を学んで司祭となり，1600〜04年，同コレジョで神学を教え，その間の1603年，盛式四誓願司祭となる．慶長9年(1604)来日，長崎着．京都・大坂・堺で布教し，同13年澳門に帰り同コレジョ院長となる．17年，再来日，日本司教補佐となり，19年澳門へ追放されたが，翌元和元年(1615)商人に変装して三たび来日，同5年まで高来の上長，翌6年，上地区長，翌7年，日本管区長となる．寛永2年(1625)口之津で逮捕され島原に入牢，翌3年閏4月26日(1626年6月20日)長崎で殉教．日本語を解せず，

教に努めた．

　〔参考文献〕　レオン=パジェス『日本切支丹宗門史』（吉田小五郎訳，『岩波文庫』），高瀬弘一郎『キリシタン時代の研究』，五野井隆史『徳川初期キリシタン史研究』，J. F. Schütte S. J.: Monumenta Historica Japoniae I, Monumenta Historica Societatis Iesu, Vol. III.　　　　　　　　　　　　　　　　（井手　勝美）

043 パチェコ　Luis Paes Pacheco　？～1640　寛永17年（1640），交易再開嘆願のため使者として長崎に派遣された澳門（マカオ）市の代表使節．島原の乱後，江戸幕府はポルトガル船の来航禁止を決し，寛永16年7月5日（1639年8月4日）付老中奉書を上使太田備中守資宗に与えて長崎に下向させ，死を以てポルトガル船の日本渡航を禁止する旨の上意をポルトガル人に伝達した．日本貿易の禁止は澳門市の死活にかかわる問題であったため，澳門市は特使を派遣し貿易再開を懇請することに決し，翌年，パチェコとロドリゴ=サンチェス=デ=パレデス Rodrigo Sanches de Paredes，ゴンサロ=モンテイロ=デ=カルバーリュ Gonçalo Monteiro de Carvalho，シマン=バス=デ=パイバ Simão Vaz de Paiva の4名を特使として長崎に派遣した．一行は寛永17年5月17日（新暦7月6日）長崎に到着したが，乗組員全員が出島に拘禁された．6月15日（同8月2日），加々爪民部少輔忠澄と野々山新兵衛兼綱が上使として長崎に到着し，黒人水夫13名を除き，使節ら61名の乗組員に死罪を宣告し，翌日彼らを西坂（長崎市西坂町）で斬首した．乗船は長崎港外の戸町に曳航され，一行の遺留品とともに焼き沈められた．助命された13名は後日，中国船で澳門に送還され，かくて約1世紀にわたった日葡通交はここに断絶した．

　〔参考文献〕　東京大学史料編纂所編『オランダ商館長日記』原文編之4・訳文編之4下（『日本関係海外史料』）　　　　　　　　　　　　　　　　　　（加藤　榮一）

044 バチカン所在日本関係史料　バチカンしょざいにほんかんけいしりょう　バチカン市国の日本関係史料は，(1)バチカン枢密文書館 Archivio Segreto Vaticano と(2)バチカン使徒図書館 Biblioteca Apostolica Vaticana の稿本部にあり，ほかにローマ市内の(3)布教聖省文書館 Archivio di Propaganda Fide にも存在する．(1)は，①教皇小勅書 Brevi del Papa，②教皇書翰 Epistolae del Papa，③枢機卿会議議事録 Atti del Concistorio，④司教からの書翰 Lettere dai Vescovi，⑤スペイン駐在教皇使節との往復書翰 Corrispondenza con la Nunziatura in Spagna，⑥ポルトガル駐在教皇使節との往復書翰 Corrispondenza con la Nunziatura in Portogallo，⑦ボルゲーゼ家旧蔵文書 Fondo Borghese，⑧AA. ARM. I-XVIII 文書，⑨教皇クレメンテ11世文書などに日本関係文書がある．②には天正遣欧使節報告，ドミニコ会士コリャード関係文書，シスト5世の有馬・大村・大友の三侯宛および高山右近宛書翰などがある．④には日本司教セルケイラ書翰10通がある．⑤には天正遣欧使節と慶長遣欧使節の関連文書があり『大日本史料』に多く収録される．⑦には日本に関するグレゴリオ13世の勅書，教皇クレメンテ8世宛日本人信徒書状や支倉常長関連史料がある．⑧には教皇パウロ5世宛日本人信徒書状写，バリニャーノやフロイスらの書翰がある．②～⑦の日本関係文書の大部分は東大史料編纂所がマイクロフィルムで架蔵．(2)の図書館は刊本部と稿本部とからなり稿本部は数十の部門に分かれる．日本のキリシタン代表が元和6年（1620）・7年に教皇パウロ5世に呈した奉答書，寛永5年（1628）4月16日付奥州キリシタン宛さんふらんしすこの司ふらい・さんふらんしすこ和文書翰，バリニャーノの弁駁書 Apologia，コリャードの『西日辞書』，キリシタン版『どちりなきりしたん』と『ぎやどぺかどる』断片などがある．(3)には1626年以降の日本関係，特にコリャード関係文書が多い．なお，山本信次郎がローマ滞在中に文書館などで日本関係文書写本を謄写した中の257点は昭和15年（1940）・16年に帝国学士院に寄贈され，現在日本学術会議文庫にある．

　〔参考文献〕　東京大学史料編纂所編『日本関係海外史料目録』12，松田毅一『在南欧日本関係文書採訪録』，同『（近世初期日本関係）南蛮史料の研究』，岡本良知「ヴチカン文書」（基督教史学会編『切支丹史論叢』所収），同「日本学術会議文庫蔵キリシタン文書解説」（『キリシタンの時代』所収）
　　　　　　　　　　　　　　　　（五野井隆史）

045 蜂須賀家政　はちすかいえまさ　1558～1638　安土桃山時代の大名．徳島藩藩祖．父は蜂須賀正勝．永禄元年（1558）尾張国海東郡蜂須賀（愛知県海部郡美和町）に生まれる．幼名は小六，号は蓬庵．はじめ父とともに織田信長に仕えたが，天正3年（1575）豊臣秀吉に属し，同3年長篠の戦に功をたてたのをはじめ，同6年播磨国広瀬に宇野重清を討ち取り，翌年には伯耆国羽衣石（うえし）城の南条元次を救出し論功にあずかった．同10年山崎の戦では勝竜寺にて，また賤ヶ岳の戦に大功をたてた．同12年根来雑賀の一揆を鎮し，その功により秀吉より播磨国佐用郡に3000石を与えられた．天正13年父正勝の四国攻めの功によって阿波国17万6000石に封ぜられ，名東郡徳島に入部．翌14年従五位下阿波守に叙任．同15年九州攻めでは日向国高鍋城を，同18年小田原攻めでは伊豆韮山を攻めた．また文禄の役に参陣，朝鮮半島各地に転戦，慶長の再役には蔚山（ウルサン）城の浅野幸長を救援した．慶長5年（1600）関ヶ原の戦でははじめ西軍に組みしたが出陣せず，子至鎮（よししげ）を徳川家康のもとにおくり本領を保った．隠居・剃髪，蓬庵と号し，藩主至鎮の蔭にあって藩政の指導にあた

った．元和6年(1620)至鎮没後，嫡孫忠英(ただてる)が10歳で阿波・淡路両国を襲封，家政は幕府に後見役を命ぜられ，寛永6年(1629)病に伏すまで続いた．その間，藩政の確立に努めた．元和7年公儀への御奉公に専念することを指示するなど，家臣団の意識転換をはかり，同9年国奉行を設置して地方支配の整備，寛永4年には入部以来の諸法令を集大成した『御壁書』(元和元年)に7ヵ条の『裏書』を追加制定した．また長谷川越前・外孫蜂須賀山城を家老とし忠英を補佐させた．寛永15年12月30日没．81歳．徳島の福聚寺(のち興源寺と改称)に葬られる．法名蓬庵常仙瑞雲院．室は生駒家長の娘．

参考文献　『寛政重修諸家譜』361，岡田僑編『蜂須賀家記』，徳島県編『蜂須賀蓬庵』，石躍胤央「藩制の成立と構造―阿波藩を素材にして―」(『講座日本近世史』1所収)　　　　　　　　　(石躍　胤央)

046 **八呈金** はちてい　⇒外国金銀(がいこくきんぎん)

047 **八幡愚童訓** はちまんぐどうきん　八幡神の神徳を童子にも理解させるという書．『八幡大菩薩愚童訓』『八幡愚童記』ともいい，一般には「はちまんぐどうくん」と読む．著者は石清水八幡宮社僧という．本書は2種(仮に甲乙とする)があり，甲乙ともに上下2巻本，また甲乙は元来1本であったともいう．成立年代は，甲は延慶元年(1308)～文保2年(1318)以前，乙は正安年間(1299～1302)のころという．写本の甲は1・2類に分類される．1類は前文が具体的で，文永の役の対馬・壱岐の侵寇が明記され，2類は前文が抽象的で，文永の役の対馬・壱岐の侵寇の記載がほとんどない．1類写本は11本，2類は4本が判明．書名「八幡愚童訓」は1類に1本，2類に3本，あとは「八幡愚童記」とある．甲上巻は神功皇后・応神天皇，文永の蒙古襲来，九州軍の決戦，筥崎宮焼亡など，下巻は弘安の役の叡尊の修法，蒙古退却の奇瑞などを記述．乙本は，八幡の神徳霊験を14章に分けて述べた阿弥陀信仰と習合の教義書で，説話は『八幡宮巡拝記』に共通．流布本には甲2類の群書類従本，乙類の続群書類従本などがある．『日本思想大系』20所収．

参考文献　『群書解題』1中，萩原竜夫「神祇思想の展開と神社縁起」(『日本思想大系』20所収)，小野尚志『八幡愚童訓諸本研究』　　　　　(中野　幡能)

048 **八幡船** はちまんせん　⇒バハン船

049 **八幡大菩薩愚童訓** はちまんだいぼさつぐどうきん　⇒八幡愚童訓(はちまんぐどうきん)

050 **法進** ほうしん　709～78　奈良時代の僧．中国唐の人．景竜3年(709)生まれる．揚州白塔寺の僧で，鑑真が授戒伝律の師として日本に渡ることを決意した当初から随行し，辛苦をともにして，天平勝宝6年(754)入朝した．東大寺の戒壇院創建にあたって師を助け，聖武上皇の信任篤く，鑑真が大僧都に任ぜられた時，一緒に律師として僧綱に列した．その後，宝亀元年(770)少僧都，同6年には大僧都に任ぜられ，皇室の信任のほどが知られる．また鑑真が唐招提寺を開き，律学講演の道場としてからは戒壇院の戒和上第1世となり，唐禅院を継いでいるが，地方出身者の出家の便を考慮して戒壇を下野薬師寺と筑紫観世音寺に設けたことは法進の指導にまつところ多大である．爾来，戒壇院に加えて，これを天下三戒壇と称する．しかし法進の功績は政治的な側面のみではなく，その講律に見られ，該博な学識は律の「五大部」「三要疏」や『梵網経疏』の講義に明らかであるが，さらに天台宗の教学にも通じ，天台の「三大部」を講ずること4度に及んだと伝えられる．またその著述に『東大寺受戒方軌』1巻，『沙弥十戒威儀経疏』5巻，『梵網経疏』6巻または7巻があって，『受戒方軌』は当時の受戒作法の在り方を伝えて，影響が大きく，『梵網経疏』も最澄の天台円戒に指針を与えたものである(ただし現存しない)．門弟に聖一・慧山らがある．宝亀9年9月29日没．70歳．

参考文献　慧堅『律苑僧宝伝』10(『大日本仏教全書』)，義澄『招提千歳伝記』中1(同)，石田瑞麿『鑑真―その戒律思想―』(『大蔵選書』10)

(石田　瑞麿)

051 **八送使** はっそうし　⇒送使船(そうしせん)

052 **伴天連** バテレン　室町時代に伝来したキリスト教の宣教師・司祭・神父の呼称，ポルトガル語パードレPadre(父・師父の意)に由来．破天連・頗姪連・万天連・破提連の宛字もある．排耶書『南蛮寺興廃記』はバテレンは師のごときものと説明．「はてれん」の初見は永禄12年(1569)4月25日付の正親町天皇『御湯殿上日記』の綸旨．豊臣秀吉が伊勢神宮へ交付したとされる天正15年(1587)6月18日の朱印状に「伴天連門徒」とあるように，キリシタンおよびキリスト教をも意味する．

(五野井隆史)

053 **伴天連追放令** バテレンついほうれい　キリシタン宣教師に対する国外追放令．とりわけ，豊臣秀吉が天正15年(1587)6月19日付で発布した5ヵ条の禁制をさす．今日その写が『松浦文書』に伝存する．九州攻めで島津氏を帰順させた豊臣秀吉が6月7日筥崎に凱旋し，博多に滞在中に発布した．秀吉はこの禁制で，日本は「神国」であり，キリシタンは日本の伝統的宗教権威の破壊を行う「邪法」であると規定し，大名・給人に対しては領内に「邪法」が弘布されることを禁止し，宣教師に対しては，相手の自由意志に依らずして改宗を強制し「仏法」を破壊した，として国外退去を命じた．ただし，ポルトガル船の来航は商売のことであるから許容し，仏法の妨げをなさざる限りキリシタン国からの往来は自由である，と規定している．この追放令は，従来，この最後の条項ゆえに禁教令としてはあまり効果がな

かったとする説も流布しているが、この禁制は日本イエズス会の布教活動にかなり深刻な影響を及ぼしている。また、この禁制発布の動機についても、従来からさまざまな説があるが、秀吉がこの禁制の中で大名・給人の知行の問題に触れ、彼らの所領支配権が「公儀」の支配権に包摂され、それに従属すべきものであることを強調して禁教政策を励行すべきことを命じている点に注目すべきである。同様の趣旨は、この禁制の日付の前日に、伊勢神宮の所領を中心に発布された11ヵ条の「定」(神宮文庫所蔵『御朱印師職古格』、『古文書之写』上) にも明示されており、この禁制が「禁教」を媒介として個別領主権に対する「公儀」の支配権の確立をはかるために発せられたものであることがうかがえる。

参考文献　加藤榮一「公儀と異国」(『幕藩制国家の成立と対外関係』所収)、岩沢愿彦「豊臣秀吉の伴天連成敗朱印状について」(『国学院雑誌』80ノ11)

(加藤　榮一)

054 華岡青洲 はなおかせいしゅう　1760～1835　江戸時代後期の医師。華岡流外科の創始者。名は震(ふるう)、字(あざな)は伯行、通称随賢(3代)、俗名雲平、青洲は号。宝暦10年(1760)10月23日紀伊国那賀郡名手庄西野山村字平山(和歌山県紀の川市西野山字平山)に生まれた。祖父尚親より医を業とし、父は直道。天明2年(1782)京都に赴き、吉益(よします)南涯に古医方を、大和見立(けんりゅう)にオランダ流外科を学んだ。同5年父の死去により帰郷して家業を継承。内科も外科もともに一致して生体の理を究めるべきであるとする「内外合一活物究理」を主張し、広く民間療法も採用して和漢蘭折衷の医方を実践した。寛政7年(1795)再び上洛して製薬などの研究に努め、接骨医の用いていた麻酔剤を改良して経口麻酔剤麻沸湯(通仙散)を創案。文化元年(1804) 10月13日これを用いて全身麻酔下での乳癌摘出手術に世界ではじめて成功した。従来の外科手技が外傷の縫合や腫瘍の切開にとどまっていたのに対し、青洲は関節離断・尿路結石摘出をはじめ多数の外科手術を敢行し成果をあげた。紀州侯の招きを再三辞退したが特旨により在野を許されて藩の侍医となり、僻村に暮らして民衆の医療に尽力。家塾春林軒に全国から集まった門人は1000人を越え、数多くの名医を輩出した。天保6年(1835)10月2日自宅にて病没。享年76。墓は紀の川市西野山字橘垣内の華岡家墓地にある。門人の筆記した『瘍科瑣言』『乳岩弁』『燈下医談』など多数の写本が伝えられる。

参考文献　森慶三・市原硬・竹林弘編『医聖華岡青洲』、呉秀三『華岡青洲先生及其外科』

(小曽戸　洋)

055 羽地朝秀 はねじちょうしゅう　⇒向象賢(しょうしょうけん)

056 ハノイ　Hanoi　ベトナム社会主義共和国の首都。同国北部、ソンコイ河右岸にある。7世紀はじめ隋は交趾郡の治所を現在のハノイ付近の宋平に置いた。これが唐代の大羅城の前身である。唐はこの城に安南都護府を置いたが、何度も移転・改修を経、また外敵に破壊されたが、867年高駢(カオペン)により増築された。ベトナムが中国の支配を脱し、1010年李朝の太祖は都をこの大羅に移し、昇竜(タンロン)城と名づけた。その後、李・陳・黎各朝を通じてベトナムの首都であった。黎朝の太祖黎利はこの地を東京(トンキン)と名づけたが、これはのちこの地方一帯を呼ぶ名称となった。黎朝後期にこの地を訪れたヨーロッパ人はこの地をケ＝チョ Ke-cho(ベトナム語で都会の意)と呼んでいる。16世紀半ころから鄭氏がベトナム北半を統治し、江戸幕府に書信を通じ親交を保ち、朱印船が盛んにこの地に渡航し、交易を行なった。鄭氏が滅んだあと、阮朝の明命(ミンマン)帝は1831年この地にはじめて河内(ハノイ)という名をつけた。87年フランス領インドシナが成立するや、その首都となり、フランス風の町作りが行われた。1940年(昭和15)9月日本軍がこの地に進駐し、その後太平洋戦争が終結するまでの間占拠していた。
→トンキン

(長岡新次郎)

057 馬場貞由 ばばさだのぶ　1787～1822　江戸時代後期の阿蘭陀通詞、蘭学者。諱(いみな)は貞由、字(あざな)は職夫、号は縠里、通称は佐十郎といい、蘭名アブラハム Abraham も用いた。天明7年(1787)長崎の商家に生まれ、馬場為八郎の養子となって阿蘭陀通詞となる。語学に才があって、中野柳圃にオランダ語を、商館長ドゥーフにオランダ語・フランス語を、ブロムホフに英語を学び、松前出張時にゴロウニンからロシア語を学んだ。文化5年(1808)、稽古通詞のとき、幕府天文台の『万国全図』補訂事業に召し出され、同8年、蛮書和解御用の開局とともに中心的存在として、外交文書の翻訳・異国船応接にあたり、ショメールの『家庭百科事典』の翻訳に従事、『厚生新編』訳述の主力となる。同10年、松前に出張、露船応接、江戸に帰って魯西亜辞書取調御用掛を命ぜられた。文政元年(1818)と同5年、浦賀に出張、英船応接。天文台役宅内で江戸の蘭学者にオランダ語文法を教授、訳述活動も展開して、蘭学の発達に貢献。語学書に『蘭語冠履辞考』『西文規範』『蘭学梯航』『魯語文法規範』、世界地理・歴史書に『東北韃靼諸国図誌野作(えぞ)雑記訳説』『帝爵魯西亜国誌』などの訳著があり、露語から訳出の『遁花秘訣』はジェンナーの種痘法紹介の嚆矢(こうし)である。『泰西七金訳説』『度量考』など自然科学関係の訳書も多い。文政5年7月27日病没。36歳。東京都杉並区の宗延寺に墓碑がある。法名を持貞院純信日敬居士という。

参考文献　片桐一男『阿蘭陀通詞の研究』

(片桐　一男)

058 **馬場利重** ばばとししげ ?～1657 江戸時代前期の長崎奉行．三郎左衛門を称す．父昌次・母千村平右衛門良重の女．慶長5年(1600)徳川家康にまみえ，その後父の遺跡をつぎ将軍徳川秀忠に仕え，御書院番・御使番・御目付を勤め，寛永12年(1635)甲斐国巨摩郡の中に1000石加増2600石を知行した．同年朱印船渡航禁止令が出る．翌年長崎奉行になる．出島の完成によりポルトガル人の長崎市街散宿を禁止．翌14年島原の乱がおこり上使板倉内膳正重昌に属し原城を攻め翌年落城後長崎へ帰る．翌16年ポルトガル人の来航禁止令が出され，正保4年(1647)には通商を求めてポルトガル船の来航があった．承応元年(1652)正月長崎奉行辞任．明暦3年(1657)9月10日死去．牛込松源寺(東京都中野区上高田に移転)に葬る．

参考文献　『寛政重修諸家譜』116

（武野　要子）

059 **馬場正通** ばばまさみち 1780～1805 江戸時代後期の経済学者．字(あざな)は子成，通称は源二郎，右源次，蔵．安永9年(1780)近江国高島郡東万木(ゆるぎ)村(滋賀県高島市)に生まる．寛政10年(1798)江戸に上り経済学者の鷹見星皐に師事し，経済学を修める．享和元年(1801)蝦夷地旅行を思い立ち，幕府目付羽太正養(はぶとまさやす)の蝦夷地巡見に，羽太の部下湯浅三右衛門の従者として加わり，国後(くなしり)島アトイヤに至る．翌2年勘定奉行中川忠英に仕え，書物預りとなる．のちに箱館奉行となった羽太正養に仕え，文化元年(1804)，正養の箱館赴任に従い箱館に赴き，そこに学舎を設けて学を講じる．翌2年，江戸に帰り，3月17日死去．享年26．著書に『造幣策』『辺策発矇』『万木雑稿』『蝦夷古今変』『北征日誌』などがある．『造幣策』は，享和年間に箱館奉行において蝦夷地通用の銭鋳造の当否が論ぜられ，これについて正養が正通に意見を徴したのに対し，建策したものである．蝦夷地産の金銀銅を用いて蝦夷地通用の銭を鋳造すべしと説いている．　→辺策発矇(へんさくはつもう)

参考文献　内田銀蔵「馬場正通の生涯及其の著書」(『日本経済史の研究』下所収)　　（海保　嶺夫）

060 **バハン船** バハンぶね　バハンは海賊行為または密貿易行為をさし，バハン船はそれを行う船である．一般には八幡船と書き倭寇船の別称と考えられている．根拠は，江戸時代中期に香西成資の書いた『南海通紀』に倭寇船は八幡宮の幟を立てていたので八幡船の称が生まれたという記事だが，この考えは明治時代まで通説となった．大山祇神社に三島水軍の旗と言い伝えるものがあり，伊豆大神宮・八幡大菩薩・三島大明神の三神の名のあることなどが関係あるかもしれない．バハンの用字は「ばはん」「八幡」のほか「八番」「奪販」「発販」「番舶」「破帆」「破幡」「破半」「波発」「白波」「彭亨」と日中の史料にみえる．イエズス会版『日葡辞書』(1603年)はBafãとし，「日本以外の地，すなわち，シナその他の所へ略奪に行くこと」と説明し，さらにBafanbune(バハン船)・Bafanjin(バハン人)をあげている．バハンの語源説には，日本語説と外来語説があるが，後者が有力である．用例をみると，海賊行為一般をさし，倭寇に特定しているものはなく，『南海通紀』の説は真実を伝えているとはいいがたい．なお，江戸時代中期以後は密貿易の意味に転じて用いられている．

参考文献　新村出「八幡船考」(『船舶史考』所収)，秋山謙蔵「ばはん船・八幡船・倭寇」(『日支交渉史話』所収)，田中健夫「遣明船とバハン船」(『対外関係と文化交流』所収)　　（田中　健夫）

061 **ハビアン** Fabian 1565～1621 イエズス会イルマン．不干斎巴鼻庵と号した．永禄8年(1565)加賀または越中国に生まれ，僧名を恵俊(恵春)と伝えられる．京都臨済宗大徳寺の所化であったと思われるが，天正11年(1583)母親(ジョアンナ，北政所の侍女)とともに京都で受洗．高槻と大坂のセミナリヨで学び，同14年，イルマンとしてイエズス会入会，臼杵の修練院に入ったが，島津軍の豊後侵入のため山口へ避難し，翌15年の豊臣秀吉の伴天連(バテレン)追放令により，平戸，長崎，有家へ移り，同18年，加津佐のコレジョに在学，巡察師バリニァーノが同地で開催した日本イエズス会第2回総協議会に最年少の日本人イルマンとして参加，文禄元年(1592)天草のコレジョの日本語教師，『平家物語』の口訳編纂者として序文を執筆，翌2年，大江で引き続きラテン語を学び，慶長2年(1597)～7年長崎のトードス＝オス＝サントス教会(現在の春徳寺)と岬の教会で倫理神学を学び，『仏法』を編纂．翌8年以後，抜擢されて京都下京の教会で活躍，同10年，護教論書『妙貞問答』3巻を著わし，翌年，朱子学者林道春(羅山)と論争，京都で京極高吉室マリアの第3女マグダレナ(朽木兵部少輔宣綱室)の葬儀，および博多でシメオン黒田孝高(如水)の三回忌の追悼説教者となる．翌年，準管区長パシオに随伴し江戸への途次，駿府で徳川家康の側近本多上野介正純に教理論書を献上．翌13年，京都のベアータ(修道女)とともにイエズス会を脱会棄教し，奈良，枚方の中宮，大坂を経，同17年には同ベアータと博多で同棲，禁教令が公布された同19年以後，長崎で幕府のキリシタン迫害に協力，元和6年(1620)反キリシタン書『破提宇子』を著わし，翌7年2月末ごろ同地で没．57歳．その生涯は，当時の知識人が異質の外来宗教キリスト教に対する受容と排除の軌跡を示す象徴的事例として，日本思想史上，注目すべきものがある．

参考文献　『大日本史料』12ノ33，元和6年正月是月条，坂本正義『日本キリシタンの聖と俗―背教者ファビアンとその時代―』，山本七平『受容と排除の

軌跡』，井出勝美『キリシタン思想史研究序説』，H・チースリク「ファビアン不干伝ノート」(『キリシタン文化研究会会報』15ノ3)，井出勝美「校注 ハビアン著『破提宇子』(一六二〇年)」(『キリスト教史学』51)，J. F. Schütte S. J. : Monumenta Historica Japoniae Ⅰ, Monumenta Historica Societatis Iesu, Vol. Ⅲ. (井手 勝美)

062 ハビエル Francisco de Xavier ⇨シャビエル

063 土生玄碩 はぶげんせき 1762〜1848 江戸時代後期の眼科医．幼名は久馬，名は義寿，字(あざな)は九如，号は桑翁．宝暦12年(1762)安芸国高田郡吉田(広島県安芸高田市)の眼科医の家に生まれる．安永7年(1778)医学修業のため京都へ遊学，和田泰純に5年間師事．その後，帰郷して眼科医を継ぎ名声を得る．文化5年(1808)浅野侯の姫で南部侯夫人の眼病治療を命ぜられ江戸に赴く．同7年，奥医師を拝命．同13年，法眼に叙せられ，文政5年(1822)には徳川家慶の眼疾を治療．しかし同12年，江戸参府中のシーボルトから散瞳薬を教授された謝礼に将軍拝領の紋服を贈ったことでシーボルト事件に連座，改易となり禁錮の罰を受けた．天保8年(1837)に禁錮を解かれ深川に隠居．嘉永元年(1848)8月17日に病没．87歳．東京都中央区築地3丁目の築地本願寺内に碑がある．著書は『獺祭録(だっさいろく)』『師談録』など．子の玄昌も眼科医として著名．大正4年(1915)贈従四位．

参考文献 富士川游『本朝医人伝』(『富士川游著作集』7)，呉秀三「土生玄碩先生伝」(土生玄碩先生第百五十年紀念会編『土生玄碩先生第百五十年紀念会贈位祝典記事』所収) (高安 伸子)

064 羽太正養 はぶとまさやす 1752〜1814 江戸時代の箱館奉行．安芸守．通称庄左衛門．宝暦2年(1752)，旗本羽太正香の子として江戸に生まれ，安永5年(1776)25歳で家督を相続し，大番，御蔵奉行を経て田安家用人となり，布衣を許され，寛政8年(1796)目付になった．同11年東蝦夷地を上知した幕府は，蝦夷地取締御用掛を新設し，松平忠明・石川忠房らとともに正養をこれに任じた．享和元年(1801)正養は，東蝦夷地を巡回して国後(くなしり)島のアトイヤに至った．同2年戸川安論(安倫)とともに蝦夷(箱館)奉行に任命された．文化4年(1807)幕府は西蝦夷地も直轄し，箱館奉行を松前奉行にあらためた．当時ロシア人が蝦夷地近辺に出没し，ことに文化4年4月択捉(えとろふ)島のナイボを襲撃した．箱館在勤中の正養は，蝦夷地警衛中の南部・津軽藩兵を増員し，また秋田・庄内藩にも出兵を求めたが，これらの兵が退却した責任を問われ，小普請入逼塞を命じられた．文化11年正月22日没．63歳．法名，正養院殿故芸州刺史大壤日新大居士．墓は東京都品川区南品川2丁目の天妙国寺にある．正養は学問好きで，大部の編著書『休明光記』をまとめた．これは寛政11年より文化4年までの第1次幕府直轄期の蝦夷地経営記録で，史料的価値が高い． →休明光記(きゅうめいこうき)

参考文献 『寛政重修諸家譜』1083，『通航一覧』286〜296・附録8，北海道総務部行政資料室編『北海道開拓功労者関係資料集録』下 (長谷川伸三)

065 歯舞諸島 はぼまいしょとう 北海道東南端根室半島納沙布(のしゃっぷ)岬と色丹(しこたん)島との間に点在する島群．水晶(すいしょう)・秋勇留(あきゆり)・勇留(ゆり)・志発(しぼつ)・多楽(たらく)の各島およびこれらの属島よりなる．面積総計101.5km²．南千島と平行して北に延びているが地質は全く異なる．納沙布岬の延長で，台地状の平坦な島々である．水産ことに昆布が豊かなこと，太平洋岸から国後(くなしり)島への近道にあたったので，古来漁業出稼地として賑い，根室諸島・水晶諸島・珸瑤瑁(ごようまい)離島などと呼ばれ，北海道庁根室支庁に属していたが，太平洋戦争によりソ連軍に占領され，同国解体後も，いまだにロシアの行政下にある．昭和20年(1945)当時は花咲郡歯舞村(同34年4月1日根室市編入)に属し，世帯数755戸，人口4455人．

参考文献 北海道編『戦前における歯舞・色丹・国後・択捉諸島』，吉田嗣延『北方領土』，「角川日本地名大辞典」編纂委員会編『角川日本地名大辞典』1 (高倉新一郎)

066 浜田弥兵衛 はまだやひょうえ 生没年不詳 江戸時代前期の貿易家，長崎代官末次平蔵の朱印船船長．寛永2年(1625)末次船の船長としてタイオワン(台南の外港安平)に渡航した際，関税の納入を拒否してオランダ人に貿易を禁止され，やむなく同地に越冬し，同4年彼は弁明の証人として新港(シンカン)社の住民を伴い帰国し幕府に訴えた．5年再度2隻の船を率いてタイオワンに渡航したが，長官ピーテル＝ヌイツが，前年の日本遣使の不首尾の報復として彼らに圧迫を加えたことから紛争，いわゆる台湾事件を惹き起した(浜田弥兵衛事件ともいう)．のち，島原の乱に子の新蔵とともに戦功を挙げ，のち新蔵は肥後の細川家に仕官した．大正4年(1915)11月贈従五位． (加藤 榮一)

067 浜田弥兵衛事件 はまだやひょうえじけん 1628年(寛永5)，台湾南部のオランダ人の貿易拠点のタイオワンTayouan(台南の外港安平)で生じた日蘭両国人の紛争．台湾事件・ゼーランジャ(ゼーランディア)城事件ともいう．オランダ東インド会社は，中国官憲との交渉のすえ，台湾島に中国貿易の拠点を獲得し，1624年(寛永元)，タイオワンとこれに近接する島嶼(北線尾(パクセンボイ)・鯤身(コンシン))に城塞と商館を建設し，マルチヌス＝ソンクMartinus Sonckを同地の長官gouverneurとして派遣した．ソンクはタイオワンに隣接する赤嵌(サッカム)Saccamの地を買収して居留地を拡張し，この地

域一帯をゼーランディア Zeelandia と称した。その後、オランダ人は逐次その勢力版図を拡大し、タイオワンはオランダ東インド会社の日中貿易の重要な拠点となり、オランダ船の日本貿易もこれを機会に発展の傾向を示すこととなった。一方、台湾島では早くから日本人と中国人の出会貿易が行われ、日本人は台南地方にも船を送り、同地で取引していた。オランダ人は台湾島に会社の排他的な支配の実現を意図しており、同地の中国人と日本人の貿易を閉め出すため、ソンクは台湾からの輸出品に10%の関税を課した。しかし、日本人は同島での交易の既得権を主張して支払いを拒否したため、ソンクは日本人の買い入れた生糸15ピコルを押収した。その翌年25年（寛永2）には、京都の朱印船貿易家平野次郎と長崎代官末次平蔵が台湾に派遣した朱印船がオランダ側の妨害によりタイオワンで取引できず越年するという事態が生じた。この事件は幕閣首脳部の耳にも達し、バタビアの東インド総督ピーテル＝デ＝カルペンチール Pieter de Carpentier は、タイオワンでの日蘭両者の貿易上の確執が両国間の重大な紛争に発展することを懸念した平戸商館長の報告に接し、日本に大使を派遣してオランダ人がタイオワンで関税を課す理由を釈明し、かつ日蘭紛争を回避するため、将軍がタイオワン向け渡海朱印状の発給を一時停止してほしい、と要望させることを決した。そして、27年（寛永4）4月にインド評議会員外参事としてバタビアに着任早々のピーテル＝ヌイツ Pieter Nuijts をタイオワン長官に任命し、また、大使として日本に派遣することとした。27年6月下旬にヌイツはタイオワンに到着した。当時タイオワンに入港中の3隻の日本船は前年来オランダ側の規制で取引もままならず越年し、空荷で帰らねばならぬ状況にあったため、末次船の船長浜田弥兵衛らはヌイツに窮状を訴えたが彼はこれに取り合わず、7月下旬にタイオワンを出発し、8月1日（日本暦6月20日）平戸に着き、約2週間後参府の途についた。一行が江戸に着いたのは10月1日（8月22日）であった。一方、ヌイツの冷淡な処遇に怒った弥兵衛らは、新港（シンカン）社の住民ディカ（日本史料には「理加」）ら14人を連れ出して、ヌイツの出発直後出港して長崎に帰港し、彼らを証人として、タイオワンにおけるオランダ人の乱暴を訴え、彼らの口から台湾全島を将軍に捧げるといわせた。末次平蔵はディカらを台湾の朝貢使に仕立てて江戸に送った。一方、ヌイツは総督の徳川家光充書翰の写を幕府年寄衆に呈して謁見を求めたが、幕閣では、ヌイツを使節として謁見し総督の書翰を受理することが、将軍家の外交上の礼法に適うか否かということが問題となった。このため、ヌイツは1ヵ月余も江戸に滞留を余儀なくされ、その間、総督の身分やヌイツ自身の身分・資格などにつき執拗な質問をうけた。その結果、彼はオランダの主権者の使節ではなく陪臣の使者にすぎないと判定され、謁見と書翰・献上品の奉呈は拒絶された。なおこの間、新港社の住民らは朝貢使として将軍の謁見をうけ、多大の賜品を与えられた。11月5日（日本暦9月28日）、謁見の拒否が伝えられると、ヌイツは忿懣やるかたなく、同月8日（10月1日）に副使のピーテル＝ムイゼル Pieter Muyser らを江戸に残し、一足先に江戸を発ち、平戸に着くと早々、12月3日（10月26日）ウールデン号に搭乗してタイオワンに向かった。ヌイツには今回の遣使の不首尾が偏に平蔵と弥兵衛らの策動によるものとしか考えられなかった。翌28年5月（寛永5年3月）、平蔵の派遣した2隻の船が弥兵衛を船長としてタイオワンに入港した。同船は多くの武装した日本人を乗せていたので、長官ヌイツは武器を没収し、日本人をゼーランディア城に拘禁し、同乗して来た新港住民を抑留し将軍家の賜物をも取り上げた。弥兵衛らは長官と交渉したが、ヌイツは取引の許可も帰国の許可も与えず、進退に窮した日本人は隙を見て長官にとびかかり捕縛し、抵抗するオランダ人2人を殺した。長官は威嚇に屈して日本人と和解交渉に入り、数日にわたる交渉のすえ、オランダ・日本双方から5人の人質を差し出して日本に送り、両者を日本で交換したのち長官を釈放すること、先に日本人が中国に資金を送ったまま回収不能となった生糸200ピコルと長官ソンクが没収した生糸15ピコルを日本人に渡すことで契約が成立した。7月11日（6月10日）、オランダ人人質を乗せた日本のジャンク船ゼーランディア号と日本人人質を乗せたオランダ船エラスムス号はタイオワンを出帆した。7月25日（6月24日）両船が長崎に着くと、日本人人質は解放されたがオランダ人は平蔵の命で長崎に監禁され、2ヵ月後、船長ランベルト、カレル、トビアスほか船員20人は大村の牢へ、他の船員とムイゼル、長官の一子ラウレンスらは有馬の牢に移された。また、この事件と直接関係のない平戸オランダ商館も閉鎖され、来航したオランダ船も拘留された。その後、オランダ側は遣使して事件の釈明に努めたが成功せず、平蔵の死後、寛永12年当面の責任者ヌイツを日本側に引き渡し、ようやくオランダ人の拘禁が解かれ、翌寛永13年からオランダ船貿易も復活した。この間、人質のムイゼルとラウレンスは獄中で死亡した。なお、この事件は将軍の発給した渡海朱印状の侵犯事件として重視され、朱印状の侵犯による将軍権威の毀傷を危惧する幕府首脳に朱印船の渡航を中止させる結果ともなった。　→末次平蔵（すえつぐへいぞう）　→ヌイツ

参考文献　『平戸オランダ商館の日記』1・2（永積洋子訳）、『長崎オランダ商館の日記』（村上直次郎訳）

（加藤　榮一）

068　林鵞峯　はやしがほう　1618～80　江戸時代前期の幕府儒者。

元和4年(1618)5月京都に生まれる．諱は恕，別名は春勝．字(あざな)は子和，子林，之道．幼名は吉松，又三郎．剃髪後は春斎，のちに弘文院学士．号は鵞峯，向陽軒，葵軒など多い．羅山の三男．母は荒川宗意の女．京都で那波(なわ)活所に師事し筆札を松永貞徳に学ぶ．寛永11年(1634)11月1日江戸にて将軍徳川家光に目見得，同15年冬より父の勤方見習を命ぜられ評定所に出仕した．同18年より『寛永諸家系図伝』編集に主として従事し，その後は朝鮮使節来聘始末(『朝鮮往来』)の献上，譲位即位のことなどに関与し，正保2年(1645)12月法眼となる．同3年父羅山の病気中名代を勤め切米500俵を受ける．同4年明国の鄭成功の援兵懇請の書簡を将軍の前で読み，その返簡のことに与った．その後も将軍宣下，承応の日光山中制法，同法会，明暦元年(1655)朝鮮信使応接，同2年暹羅(シャム)国書簡御用を勤め，明暦3年父羅山の死により遺跡900石を相続した．寛文元年(1661)改元御用，同年11月『異朝百将小伝』『本朝三十六将小伝』撰進，12月28日治部卿法印となり，同2年10月より『本朝編年録』続撰などに従事した．同3年12月には五経講釈残らず終了を賞され，忍岡塾を弘文院と称するよう申し渡され，以来弘文院学士と称した．同4年に『武家諸法度』改正御用を勤め，同10月には先の『本朝編年録』を『本朝通鑑』と改め，編集のために忍岡屋敷に国史館を普請した．同10年6月に編集終了し，浄書完了の12箱分を献上し功により加増200石計1110石余となった．10月に残篇3箱も完成し，都合310巻を献上した．延宝8年(1680)2月10日病気に付き隠居願を差し出し，同月23日これが許され家督を信篤に譲り，隠居料300俵を賜わった．鵞峯は羅山の業を継承し，幕府御用とともに述作に努め，五経には私考があり，『鵞峯林先生文集』のほかにも『日本王代一覧』『職原抄聞書』『奥羽軍記校本』『関東行賞録』『古文孝経諺解』，『孟子』『大学』『論語』の諺解，『周易程伝私考』『日本国事跡考』など著述は多い．『忍岡南塾乗』は晩年の日記である(『国史館日録』5(『史料纂集』)に収める)．延宝8年5月5日没．歳63．文穆と私諡．当初忍岡下屋敷に儒葬し，のち牛込に移葬(東京都新宿区市谷山伏町林氏墓地(国指定史跡))．

参考文献　『先祖書控』，『寛政重修諸家譜』770,『通航一覧』94・95・109, 文部省編『日本教育史資料』19, 山本武夫「林鵞峯の日記について」(『歴史地理』86ノ3)　　　　　　　　　　(山本　武夫)

069 林子平 はやし しへい　1738〜93　江戸時代後期の経世思想家．名は友直．号は六無斎．幕臣岡村源五兵衛良通の次男で，元文3年(1738)6月21日に江戸に生まれた．父良通が罪を得て除籍されたので，子平ら兄弟は叔父の町医師林従吾に養われた．姉なほが仙台藩主伊達宗村の側室に召し出された関係で，兄嘉膳は宝暦6年(1756)に仙台藩士にとりたてられ，禄150石を給せられた．ところがまもなく宗村が死去し，なほが剃髪して仙台に下ったので，嘉膳は仙台詰となり，子平は兄に伴われて，翌7年仙台に移った．子平の身分は無禄厄介という不遇なものであったが，彼はこれを逆用して，自由に出府し，あるいは長崎に赴くなどして見聞を広めた．江戸では工藤平助に兄事し，あるいは桂川甫周，大槻玄沢らの蘭学者と交わって，新知識を学んだ．また長崎では通詞所蔵の世界図や翻訳地理書を写し，あるいはまた『阿蘭陀船図説』を刊行している．子平の漢学の学統は不明であるが，徂徠学の影響が大きい．彼は藩当局あてに藩政改革にかんする上書を3度差し出している．他方，子平は北方海域におけるロシアの進出に注目して，『三国通覧図説』および『海国兵談』を著わし，世論の喚起をはかった．しかし，これらの著書は出版物取締令に抵触するとして，寛政3年(1791)の暮に幕府に召喚され，翌年5月在所蟄居の判決をうけ，板木・製本ともに没収されて，不遇のうちに，寛政5年6月21日に病死した．56歳．墓は仙台市青葉区子平町竜雲院内にあり，法名は六無斎友直居士．『六無斎全書』(全4巻)，『林子平全集』(全5巻)がある．

参考文献　鈴木省三『林子平伝記』，平重道『林子平その人と思想』　　　　　　　(佐藤　昌介)

070 林述斎 はやし じゅっさい　1768〜1841　江戸時代後期の幕府儒者．明和5年(1768)6月23日生まれる．諱ははじめ乗衡(のりひら)，のちに衡(たいら)．幼名は熊蔵，長じて徳詮(叔紞，公鑑ともいう)．述斎，蕉隠，蕉軒などと号す．大学頭を称し，晩年は大内記という．美濃国岩村藩主松平乗薀(のりもり)の第3子．長兄乗国，次兄乗遠いずれも若死にし，彼も病弱であったので，丹波国福知山藩朽木(くつき)家より乗保を迎えて養嗣とした．10余歳より強健となり家に在って大塩鼇渚・服部仲山に学び，また渋井太室に師事した．たまたま大学頭林信敬(錦峯)没して嗣がなく，寛政5年(1793)4月5日幕命により林家の養嗣となり，12月に諸大夫・大学頭となった．時に寛政の改革にあたり，学問所設置の建議を進めた．従来昌平坂の一画は林家の別邸で，大成殿(聖堂)も林家預りであったが，土地一切を幕府に納れ，新しく区域を拡張し聖堂を改築し，学寮を建て儒員を増し，また事務吏を置いて規模を大きくし学事諸制度を定め，幕府直轄の学問所となった．そして林家は小性組番頭次席格，3000石高となった．屋敷地は寛政11年に八重洲河岸で都合1500坪となる．文化8年(1811)2月朝鮮信使応接のため対馬に赴き10月帰府した．文政5年(1822)3月，3500石高となり，天保9年(1838)11月聖堂・学問所御用ほか勤向を辞し大内記と改名した．これまで昌平坂学問所を主宰するほか西ノ丸御前講釈，将軍世子の誕生名文字の撰進や読書講釈御用，日光山関係御用なども勤めた．また幕府の編

纂事業も推進し，『寛政重修諸家譜』『徳川実紀』『朝野旧聞裒藁(ほうこう)』『武家名目抄』『新編武蔵風土記稿』『新編相模国風土記稿』『孝義録』『史料』などの編纂に関与し，『佚存叢書』の上梓も注目すべきである．歴代林家当主の中では異色の人物で，趣味として造園・音楽を好み，谷中に賜春園，小石川に錫秋園と名付けた別荘を営み，友人子弟を集めて管絃の合奏を楽しんだという．著書に『蕉軒雑録』『蕉軒咏物詩』『蕉軒吟稿』『蕉軒雑稿』『接鮮録』『南役小録』『天瀑総録』『述斎文稿』『述子詩稿』『家園漫吟』『谷墅雑賦』などがある．天保12年7月20日没(『先祖書控』による．佐藤一斎の「墓碑銘」は7月14日没としている)．歳74．江戸牛込山伏町下屋敷に儒葬(東京都新宿区市谷山伏町林氏墓地(国指定史跡))．快烈と私諡．なお町奉行となった鳥居忠耀(耀蔵(ようぞう))は述斎の三男である．

参考文献 佐藤坦「厳師述斎林公墓碑銘幷序」(『事実文編』56所収)，文部省編『日本教育史資料』19，『通航一覧』42〜44・71・102 (山本 武夫)

071 林春斎 はやししゅんさい ⇒林鵞峯(はやしがほう)
072 林道春 はやしどうしゅん ⇒林羅山(はやしらざん)
073 林信篤 はやしのぶあつ ⇒林鳳岡(はやしほうこう)
074 林梅卿 はやしばいけい ⇒りんばいけい
075 林鳳岡 はやしほうこう 1644〜1732 江戸時代中期の幕府儒者．正保元年(1644)12月14日に生まれる．鵞峯の次男．諱は戇(とう)，信篤．字(あざな)は直民．幼名は又四郎．鳳岡，整宇と号す．寛文4年(1664)8月徳川家綱に目見得．同6年12月切米300俵，惣髪にて春常と改名．延宝8年(1680)2月家督相続し，御文庫書籍目録の作成，四書五経などの訓点訂正，朝鮮信使御用(天和2年(1682))などを勤め，貞享2年(1685)に八重洲河岸1000坪余の屋敷地を賜わる．同3年9月『武徳大成記』編集完成し，同4年大蔵卿法印に叙任し弘文院学士の称号を賜わった．元禄4年(1691)湯島昌平坂に聖堂新規造営されて祭酒を勤め，束髪して諸大夫・小性組番頭格となり大学頭を称することになった．元禄11年9月忍岡別邸類焼し牛込に替地2000坪を賜わる．正徳年間(1711〜16)は侍講新井白石と意見の合わぬことが多かった．享保4年(1719)朝鮮信使来聘御用を勤め，同9年閏4月老齢の故に隠居した．著述には幕命による編纂書のほかに四書・『周易』『詩』『書』の各講義，韓客贈答(辛卯および享保己亥)などがある．『鳳岡林先生全集』(年譜・行状・碑銘を付す)がある．享保17年6月1日没．年89．江戸牛込山伏町の下屋敷に儒葬(東京都新宿区市谷山伏町林氏墓地(国指定史跡))．正献と私諡する．

参考文献 『林氏先祖書控』，『寛政重修諸家譜』770，『通航一覧』35・38・39・95・100・110
(山本 武夫)

076 林羅山 はやしらざん 1583〜1657 江戸時代初期の儒学者．江戸幕府の儒官を代表する林家の始祖．名は信勝または忠，字(あざな)は子信，通称ははじめ又三郎，のち道春という僧号で呼ばれた．羅山とは儒学者としての号で，中国広東省の羅浮山で宋代の学者が『春秋』を研学したとの故事に基づき，師の藤原惺窩が命名したもの．また江戸の邸宅に夕顔の花があったことにより，顔回になぞらえて夕顔巷などとも号した．天正11年(1583)8月に京都の四条新町で生まれた．父は信時．祖父正勝は加賀の牢人で，紀州で没し，そののち一家は京都に移った．羅山は父の長兄吉勝の養子となり，幼時から学才を示した．13歳で建仁寺に入り，古澗慈稽・英甫永雄ら禅僧について学んだが，僧にはならず，15歳で寺を出て帰宅した．この後も読書に努め，慶長9年(1604)，22歳の時，吉田玄之(角倉了以の子)の紹介で，惺窩に入門したが，この際に羅山が提出した「既読書目」には，440余の書名が列挙され，その中には，経学のほか，諸子百家や史書・地誌・兵学・本草など，多方面の漢籍が含まれていて，その学力の高かったことを示している．博識ながら，17〜18歳のころから朱子学に関心を深め，22〜23歳のころには，朱子の注釈による『論語』の公開の講義を京都の市中で行なった．これはそれまで秘伝として貴族や僧侶の間で伝授されて来た古典に関する知識を一般に広めようとする，啓蒙的な文化活動であって，協力した友人松永貞徳も『徒然草』や『百人一首』を講読した．公家の清原秀賢は，これを禁止するよう徳川家康に訴えたが，家康は笑って取りあわなかったという．さらに羅山は，学問を実際の政治と結びつけることをめざして，慶長10年に二条城で家康に謁し，学識を認められて，同12年に江戸で将軍徳川秀忠に謁し，駿府で家康に仕えて，その命により僧形となり，道春と称した．翌年には禄米300俵を受け，ついで同16年に家康に随行して上洛した際に，京都の近辺の八瀬・祝園・梅ヶ畑など数村で310石余の知行を与えられた．こののち秀忠・家光・家綱まで4代の将軍に歴仕し，侍講を勤めるとともに，古書旧記の調査蒐集，『大蔵一覧』『群書治要』などの出版，また朝鮮通信使の応接や，外交文書の起草，あるいは寺社関係の裁判事務など，学問や儀礼に関係ある公務に従事し，また幕命を受けて『寛永諸家系図伝』『本朝編年録』などを編纂した．寛永7年(1630)には，江戸上野の忍岡に屋敷を与えられ，また学問料200両を賜わって，塾舎を建て門人を教育した．同9年には尾張藩主徳川義直が，ここに聖堂を建立した．同年，300俵を加増．慶安4年(1651)に至り，禄米を知行に改めて，武蔵国赤木・袋・柿沼の各村を与えられ，京都近辺の領地と合わせて910石余となる．明暦元年(1655)，江戸城中にあった銅瓦の書庫を賜わったが，同3年の大火で，銅庫とともに蔵書を焼失し，落胆して，火災

から4日後の正月23日に病死した．75歳．儒礼により上野の邸内に葬られたが，元禄11年(1698)に改葬され，墓は東京都新宿区市谷山伏町の林氏墓地(国史跡)にある．妻は荒川宗悦の娘で，名は亀，慶長14年に結婚し，明暦2年に59歳で病没した．長男叔勝と次男は早逝したので，三男の春勝(鵞峯)が家を継ぎ，四男守勝(のち靖，僧号春徳)は，別家を立てて幕府に仕えた．羅山は博識の努力家で，58歳の時でも1年間に700冊を閲読している．著書も多いが，独創性には乏しく，『春鑑抄』『三徳抄』『儒門思問録』など，和文の啓蒙書の類が代表作とされる．思想上では朱子学を信奉し，それと対立する陸象山・王陽明らの学風を排斥することに努め，「惺窩答問」では，師の惺窩の寛容な学風を批判している．また排仏論を唱え，『排耶蘇』を著わしたりもした．しかし現実には幕府で僧侶として待遇されており，寛永6年には民部卿法印に叙任された．法印は最高の僧位で，名誉ではあったが，言行不一致として民間の中江藤樹らの批判を招くこととなった．思想的に家康や幕府の政治に影響を及ぼしたという事実も認められないので，羅山の登用により，朱子学が幕府の官学となったとみるのは，誤りである．しかし羅山の学殖が幕府の内部で重んぜられたことは，儒学者の社会的地位の向上に役立ったし，多数の漢籍に訓点を加えたことにより，儒学の普及にも大きく貢献している．羅山はまた，神道や日本の歴史にも関心が深く，神儒一致の立場から，『神道伝授』『本朝神社考』などを著わした．その漢詩文は，鵞峯らの編集した『羅山林先生集』150巻に収められている．

参考文献 林鵞峯『羅山先生年譜』(『羅山林先生集』附録)，林春徳『羅山林先生行状』(同)，『寛政重修諸家譜』770，堀勇雄『林羅山』(『人物叢書』118)，大江文城『本邦儒学史論攷』，石田一良・金谷治校注『藤原惺窩 林羅山』(『日本思想大系』28)
(尾藤 正英)

077 **原田喜右衛門** はらだきえもん 生没年不詳 安土桃山時代の貿易家．洗礼名パウロを名乗るキリシタンで，かねてフィリピン貿易に従事していた．豊臣秀吉の側近で茶人でもあった長谷川宗仁(そうにん)を介して，マニラの防備が手薄であること，大兵を率いて征服すると威嚇すれば相手は容易に降服するであろうと秀吉に進言し，その結果，文禄元年(1592)の秀吉の第1回呂宋(ルソン)遣使が行われ，喜右衛門の一族ガスパル孫七郎がフィリピン長官ゴメス＝ペレス＝ダスマリーニャス Gomez Peres Dasmariñas に宛てて入貢を促す秀吉の信書を携行してマニラに渡航した(1592年5月)．これを契機として彼我の間に使者の往復が行われたが，喜右衛門はマニラからの第1回答使として来日したフワン＝コーボ Fr. Padre Juan Cobo, OP. とともに，第2回遣使の大使としてマニラに渡った(93年4月)．このときコーボは台湾沖で遭難し，マニラ政庁では秀吉の出兵を遷延させるため，また，より詳しい事情を探るため，第2回答使としてフランシスコ会士ペドロ＝バプチスタ Fr. Padre Pedro Baptista, OFM. らを日本に派遣した．バプチスタの1594年(文禄3)1月7日付のフィリピン長官宛の報告書によると，長谷川宗仁は秀吉に台湾島(高砂)の征服を建策したが秀吉はこれを拒絶したと伝え，また同年2月4日付の同人の長官宛報告は喜右衛門が台湾との修好の使節に任命されたと記している．けだし，長谷川宗仁と喜右衛門は，対ルソン・台湾進攻策の推進論者であったらしく，秀吉は当初，その建策を容れて対マニラ強硬外交を試みたものの，その後の国際情勢の推移から，秀吉自身はその対外強硬政策の手直しに転じた模様である． →原田孫七郎(はらだまごしちろう)
(加藤 榮一)

078 **原田孫七郎** はらだまごしちろう 生没年不詳 安土桃山時代の貿易家．洗礼名をガスパルと称し，パウロ原田喜右衛門の一族．喜右衛門の手代としてフィリピン貿易に従事し，マニラにも居住し，スペイン語に通じ，同地の事情に精通していた．文禄元年(1592)，豊臣秀吉が呂宋(ルソン)勧降の書をフィリピン長官に遣った際，使者としてマニラに赴いた(1592年5月到着)．長官ダスマリーニャスはこの書面に心中穏やかならざるものがあったが，事を荒だてるのを不利と考え，表面，彼を厚遇し，孫七郎に返書を与え，ドミニコ会士フワン＝コーボらを答礼使として，ともに日本に遣わした．これを契機として，日本とフィリピンの間に，秀吉の晩年まで3回の使節が往復し，マニラからはイスパニア系宣教団が日本に渡来する契機となった． →原田喜右衛門(はらだきえもん)
(加藤 榮一)

079 **原マルチノ** はらマルチノ ？〜1629 天正遣欧使節の副使．永禄11年(1568)ごろ肥前国大村領波佐見に生まれる．ポルトガル語でマルチーニョ＝ド＝カンポ(カンポは原の意)といわれる．天正10年(1582)ローマに赴き，帰途インドのゴアで巡察師バリニャーノに対し感謝の演説をラテン語で行う．この演説は同16年同地で日本人の手により印刷されキリシタン版の先駆となる．18年帰国しイエズス会に入る．慶長13年(1608)司祭に叙階．語学の才に恵まれキリシタン版の作成翻訳に従事．教会公証人として日本司教を補佐，同18年イエズス会日本管区長秘書，翌年澳門(マカオ)に追放されロドリゲスの『日本教会史』執筆に協力し1629年10月23日同地で病没．日本人イエズス会員中，卓抜した才能と学識を有した． →天正遣欧使節(てんしょうけんおうしせつ)

参考文献 『大日本史料』11ノ別巻，『デ・サンデ天正遣欧使節記』(泉井久之助他訳，『新異国叢書』5)，ルイス＝フロイス『九州三侯遣欧使節行記』(岡本良知訳)，H・チースリク『キリシタン時代の邦人司

祭』(『キリシタン文化研究シリーズ』22), 福島邦道「原マルチノ小考」(『実践国文学』12), 宮崎賢太郎「天正遣欧使節の人物研究」(『長崎談叢』68), J. F. Schütte: Monumenta Historica Japoniae I, Monumenta Missionum Societatis Iesu, Vol. 34.

(五野井隆史)

080 婆羅門僧正 ばらもんそうじょう ⇒菩提僊那(ぼだいせんな)

081 バリニャーノ Alexandro Valignano 1539～1606 イエズス会東インド巡察師. 1539年イタリアのキエティに生まれ, 57年パドバ大学で法学博士号を取得し, 66年イエズス会入会, ローマ=コレジョ(神学院)で哲学と神学を学び, 70年, 司祭, 翌年, 修練長, 72年マチェラータのコレジョ院長となる. 翌73年ローマで東インド巡察師に任命され盛式終生誓願を立て, 翌年, 41名のイエズス会士とともにリスボン出港, ゴアを経て, 78年マカオ着. 翌天正7年(1579)口之津着. 翌年, 有馬鎮貴(晴信)に授洗, 翌9年, 五畿内を巡察し織田信長の歓待を受け, 日本イエズス会第1回協議会(臼杵・安土・長崎)を開催しシャビエル以来山積していた司牧と布教問題を処理した. 日本の準管区昇格, 下(しも)・豊後・都の3布教区制, 日本年報(『イエズス会日本年報』)の作成, マカオ市との生糸貿易による財政の確立, 大村純忠から寄進された長崎港と茂木の受領による経済と布教の拠点確保, 日本人聖職者養成機関セミナリヨ・コレジョ・ノビシアドの設立, イエズス会内の日本人との融和, 禅僧を範とした礼法の制定など, 日本の言語・文化・風習に対する適応政策は大航海時代の海外布教史上画期的なものであった. 同10年, みずから立案した遣欧少年使節(天正遣欧使節)とともに長崎出港, 18年, 使命を果たした使節とともにゴアから再来日, 長崎着. 豊臣秀吉の伴天連(バテレン)追放令に対処するため加津佐で第2回総協議を開催, 使節の舶載した活字印刷機によるキリシタン版の出版に着手する. 翌年, インド副王使節として秀吉に謁し, 長崎で第1回管区会議を開催して離日, 1593年, 東アジア布教の拠点としてマカオにサン=パウロ=コレジョを設立. 慶長3年(1598)新司教セルケイラとともに三たび来日し長崎で第2回管区会議を開催, 同7年, 関ヶ原の戦後の布教事業再編成のため, 長崎で協議会を開催後, 翌年マカオへ向かい, 1606年1月20日, 同地で病死. 組織者としての手腕, 深い学識と人格により, シャビエルの精神を継承したキリシタン史上の中心人物である. 著書に『インド諸事要録』, 『日本のカテキズモ』, 『日本イエズス会士礼法指針』, 『日本巡察記』, 『東インドイエズス会史』, 『日本キリスト教史』第1巻などがある. →キリシタン学校制度 →キリシタン版 →コレジョ →セミナリヨ →天正遣欧使節(てんしょうけんおうしせつ) →ノビシアド →ビジタドール

バリニャーノ印
(IHS)

参考文献 ヴァリニャーノ『日本巡察記』(松田毅一他訳, 『東洋文庫』229), 同『東インド巡察記』(高橋裕史訳, 『東洋文庫』734)同『日本イエズス会士礼法指針』(矢沢利彦・筒井砂訳, 『キリシタン文化研究シリーズ』5), 同『日本のカテキズモ』(家入敏光訳), ルイス=フロイス『完訳フロイス日本史』(松田毅一・川崎桃太訳, 『中公文庫』), 高瀬弘一郎編訳『イエズス会と日本』(『大航海時代叢書』2期6), 海老沢有道・松田毅一『エヴォラ屏風文書の研究』, 高瀬弘一郎『キリシタン時代の研究』, 岡本良知『十六世紀日欧交通史の研究』, 同『キリシタンの時代—その文化と貿易—』, アルバレス=タラドゥリス編註「日本イエズス会第二回総協議会会議事録と裁決(一五九〇年)」(井手勝美訳, 『キリシタン研究』16), 「日本イエズス会第一回協議会(一五八〇—八一年)と東インド巡察師ヴァリニャーノの裁決(一五八二年)」(井手勝美訳, 同22), J. L. Alvarez Taladriz : A. Valignano S. J., Sumario de las cosas de Japon(1583), Monumenta Nipponica Monographs, No. 9 ; J. F. Schütte S. J. : Valignanos Missionsgrundsätze für Japan, Vol. I-1, 2 ; J. F. Schütte S. J. : Monumenta Historica Japoniae I, Monumenta Historica Societatis Iesu, Vol. 111.

(井手 勝美)

082 バルトリ Daniello Bartoli 1608～85 イエズス会司祭, 歴史著述家. イタリア人. 1608年2月12日にイタリアのフェララに生まれる. 23年にイエズス会に入会, 哲学・神学をパルマで済ませ, 36年にボローニャで司祭に叙階された. 毎年一度東洋布教を願ったが一生イタリアで過ごし, 最初は各地で説教家として名声を得, その後, 総会長カラファによりローマへ呼ばれ, イエズス会の歴史を編成するようにと命ぜられた. 創立者イグナチオ=デ=ロヨラの伝記につづいてフランシスコ=ザベリオ伝, インド・モルッコ・日本などアジアにおけるイエズス会史を作成した. 版を重ねるにつれて, その書題がかわってきたが, 1660年に出版された日本の部は, 『イエズス会史』Dell' Historia Della Compagnia Di Giesu, Il Giappone, Seconda Parte Dell' Asia(Roma, 1660)となっている. 彼の著書はその優れた文体で知られているだけでなく, 公式

歴史著述家としてイエズス会本部にある史料を，自由に使用することができ，したがって今は現存しない第一級の原史料を豊富に使っていたので，きわめて信憑性の高い著書として評価されている．なお従来の著述家とは違って，彼は地理的な順序で記述を進めた．日本のキリシタン史は，『アジアにおけるイエズス会』と題する第2巻(1660年刊)に収められている．1685年1月13日にローマで死去した．76歳．

（H・チースリク）

083 ハルマ和解 ハルマわげ　稲村三伯が中心となって編成したわが国最初の蘭日辞典．13冊本と27冊本とがあり，寛政8年(1796)成稿，以後2，3年間に30余部を順次世に送った．題簽にはF: HALMA, NEDERDUITS WOORDENBOEK. とあり，日本名はない．はじめ大槻玄沢は『前蘭後和東西韻会』と命名したが，これは一般には用いられず，『波留麻和解』と呼ばれた．この名称は三伯の門人藤林普山の『訳鍵』の「凡例・附録」の跋文で，三伯自身が用いたのがおそらく最初．しかし『道富(ドゥーフ)ハルマ』を『長崎ハルマ』と呼んだのに対し，三伯のそれを『江戸ハルマ』とも呼んだ．この『ハルマ和解』は，その名が示すように，フランソア゠ハルマ François Halma の『蘭仏辞典』(1729年第2版)に基づいて作られた．ハルマの辞典は双解式といって，見出し語の大部分をまずオランダ語で説明し，次にフランス語の訳がついているので，三伯らはそのオランダ語の説明部分を訳したのである．はじめ三伯は自分の修業期間が限られていたので，師の大槻玄沢にハルマ辞書の翻訳を頼み，郷里に帰って勉強するつもりであったが，玄沢は多忙と学力の不足を理由にこれを断わり，元通詞の石井恒右衛門を三伯に紹介．その指導のもとで宇田川玄随・岡田甫説らと，後半には宇田川(安岡)玄真の協力を得てこれを完成した．各頁1段組15行．見出し語を先に木活字で印刷し，訳語は毛筆で右から左へと縦書きに，あとから書き込んだので，訳のできない語には正直に「未詳」と書いた．

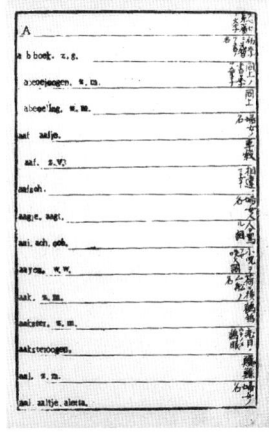

江戸版(東大本)

全部で2181枚．収録語は当時8万と称したが，実際には約6万語．英語学者勝俣銓吉郎はこの辞書に三伯の江戸版と中井厚沢の関西版があることを指摘した．現存本を比較すると，紙質・活字の大きさに相違がみられ，巻末にローマ字で「寛政八年二月十八日」と書いてある東大本と早大本が江戸版．なお早稲田大学所蔵の13冊の写本にある玄沢の「識語」は本書の成立を語る重要な資料である．　→稲村三伯(いなむらさんぱく)

参考文献　斎藤信『日本におけるオランダ語研究の歴史』

（斎藤　信）

084 馬鈴薯 ばれいしょ　じゃがいも(瓜哇薯)のこと．慶長3年(1598)オランダ船がジャワのジャカトラ Jacatra から長崎へ導入したため，ジャカタライモまたはオランダイモとよばれていたのを，小野蘭山が馬の鈴から連想して馬鈴薯と名付けた(文化5年(1808)，『耋莚小牘(てつえんしょうとく)』)．馬鈴薯は暴風雨や低温による米麦の凶作時にも被害の少ない作物で，備荒・救荒作物として災害の多い地帯に栽培された．寛延元年(1748)飛騨では高山の代官幸田高成(善太夫)が信州から種いもを取り寄せて栽培させたし，天明年間(1781～89)には甲府代官中井清太夫が馬鈴薯の栽培を奨励し，ともに飢饉時には大いに役立った．高野長英も天保の飢饉に際会して『救荒二物考』(天保7年(1836))を著わし，種いもとともにこれを頒布した．そのため各藩は競って馬鈴薯の栽培を勧奨した．北海道でも箱館の開港(安政6年(1859))までは自給作物として栽培していたが，開港後は，一躍自給食糧作物から商品作物としての有利性が一般に知られるようになり，明治期には男爵いも(男爵川田竜吉にちなむ)のような優良品種が普及するようになる．

参考文献　西川卯之助『馬鈴薯の起原と発達史』，秋鹿見二『日本物産の由来』，吉川祐輝『食用作物』各論，きむらのぼる『いも』　　（三橋　時雄）

085 パレンバン Palembang　インドネシアのスマトラ島東南部にあり，南スマトラ州の州都．東西海上交通の要点にあたるから，7世紀ころから貿易港として栄え，シュリービジャヤの首都があった．その後，中国人から旧港と呼ばれ，14～15世紀ころには中国人が多く移り住んで海上貿易の拠点となった．15世紀初め，旧港船が小浜港(福井県)に至って象などをもたらし，さらに南九州に至ったとの記録もある．同世紀前半の間，琉球国との外交通商関係もあった．17世紀からオランダが進出し，1825年にオランダの植民地に入れられ，油田地帯の中心であった．太平洋戦争初期の昭和17年(1942)2月，その地の石油確保をめざして日本の落下傘部隊が降下し占領した所である．

参考文献　和田久徳「十四五世紀における東南アジア船の東アジア来航と琉球国」(球陽論叢刊行委員会編『球陽論叢』所収)　　（和田　久徳）

086 パン　Pão　小麦粉を主原料とし，これに水と膨化源を加えてこねた生地を焙焼した食品．ポルトガル語が語源．天文12年(1543)ポルトガル人により種子ヶ島に伝来し，慶長年間(1596～1615)には南蛮貿易が始まって，異国人の常食としてパンの名が知られた．鎖国の強化された寛永年間(1624～44)には，長崎には出島のオランダ人，唐人のためのパン屋ができた．当時はパン種に醴(あまざけ)を用い，蒸しパンと焙焼パンがあった．江戸時代後期には兵糧パンの研究が始まり，天保13年(1842)には，伊豆韮山の代官江川太郎左衛門が邸内でパンを焼かせたという．幕末開港後は外国船や居留民の需要で横浜などにパン屋ができたが民間には広まらなかった．明治7年(1874)に日本独得の米糀種を用いたあんパンが市販されて人気をよび，大正初年にはパン酵母による製パンも始まって徐々に一般に普及し，第2次世界大戦後は食生活の洋風化とともに，米につぐ主食となった．

参考文献　立原翠軒『楢林雑話』(『海表叢書』2)，越中哲也『長崎の西洋料理』，柴田米作編『日本のパン四百年史』，越後和義『パンの研究』

(松下　幸子)

087 蛮学 ばんがく　⇒洋学(ようがく)

088 パンカダ　Pancada　⇒糸割符(いとわっぷ)

089 万国総図 ばんこくそうず　わが国最初の刊行西洋系世界図．四十ヵ国人物図と1対．「正保　酉」(正保2年(1645))の刊記のある一対は下関市立長府博物館所蔵品のみである．神戸市立博物館所蔵品は人物図のみ刊本で世界図は手書である．刊記に「正保丁酉」とある版本は，後世おそらくは17世紀後半における模倣であり，地名その他に誤謬が多い．長府博物館本についてみると，図形はマテオ=リッチ世界図の系統であるが，地名には「カボテボワエスペランシヤ」(喜望峰)をはじめとしてリッチ図にないものがかなり混じっている．また短冊型の枠内の地名(州・国名)は木版刷りであるのに対して，その他の地名は墨書されている．墨書の場合は西洋製地図上の地名の発音をほぼ正確にカタカナ表記しており，その記入数から見て後人の補入では断じてない．要するに刷り上がった段階では白地図ともいえる内容を呈しているわけである．一方細井広沢の『秘伝地域図法大全書』(享保2年(1717))によると，『万国総図』は測量術修得完了の際に手渡される証明の品の1つであったという．東を上にした珍しい構図も掛軸を念頭に置いてのことであったのであり，図の用途を知ればうなずける．いささかの権威と絵画性を備えていたこの図も，やがて利にさとい出版業者の知るところとなったらしく，地名をすべて木版刷りにした模倣版が何種類も残っており，のちには『節用集』などの挿絵にもなって普及している．

参考文献　海野一隆「資格証明としての地図」(『ちずのしわ』所収)

(海野　一隆)

090 蛮社の獄 ばんしゃのごく　天保10年(1839)におこった蘭学者弾圧事件．弾圧の対象とされたのは，渡辺崋山とその同志である．渡辺崋山は定府の田原藩士で，天保3年に年寄役末席に挙げられ，海岸掛りを兼務することになった．崋山はこれが直接の動機で，高野長英・小関(こせき)三英らの蘭学者を招いて蘭学の研究を始めた．主たる目的は海防の研究であり，その蘭学は従来の科学技術の枠を越えた，経世的性格を帯びたもので，特に西洋事情の研究に重点がおかれていた．崋山の蘭学研究が進むにつれて，彼は「蘭学にて大施主」という世評を得，彼の傘下に集まる同憂の士が少なくなかった．当時は国内では飢饉が相つぎ，これに伴い一揆・打ちこわしが高揚したおりであり，また他方，対外関係では，イギリス資本主義が東アジアに進出した時期にあたっていた．このような情勢の下で危機意識をいだいた人々が，崋山の経世的知見をしたって集まった．武士階級に属するものが大部分で，特に幕臣と儒者，文人が多い．幕臣では勘定吟味役川路聖謨(としあきら)・代官江川英竜(太郎左衛門)・同羽倉用九(簡堂)・使番松平乗豪(伊勢守)・西丸小姓組下曾根信敦(金三郎)ら，儒者，文人では幕府儒官古賀侗庵・紀州藩儒遠藤勝助・高松藩儒赤井東海・二本松藩儒安積艮斎(あさかごんさい)・津藩儒斎藤拙堂・水戸藩立原杏所らがあげられる．なお通説では，彼らが崋山や長英を中心に尚歯会という結社をつくり，政治を議したとされているが，これは誤りで，彼らは個人的に崋山と交わり，あるいは師事したにすぎない．

崋山の蘭学が経世的性格をもち，それが旧思想の批判を伴った以上，漢学との衝突は不可避であり，したがって崋山が幕府の文教をつかさどる林家一門の怨みを買うのは当然のなりゆきであった．ことに崋山は林家の門人筋にあたり，そのうえ彼の交友には儒者が多く，彼らの中には蘭学に心を傾けるものが少なくなかった．このことが林家の憎悪をさらにかきたてた．なかでも崋山とその同志を敵視したのは，林述斎の次男鳥居耀蔵であった．鳥居は当時目付の職にあり，幕臣の監察にあたっていただけに，江川英竜・羽倉用九らの幕臣が崋山に接近することを知って，次第に警戒心を強めていった．その彼を崋山らの弾圧に踏みきらせたのは，モリソン号事件とこれにつづく江戸湾防備強化の問題であった．天保9年10月，尚歯会の席上で，評定所の下吏芳賀市三郎が，近く江戸近海に来航するはずの「英船」(実は米船)モリソン号に対し，幕府が撃攘策をもって臨むという秘密情報をもらした．崋山と長英はイギリスの強大な軍事力に通じていただけに，この政策がもたらす危険をおもんぱかって，崋山は『慎機論』を，長英は『戊戌夢物語』を著わし，幕府の撃攘策に反対した．ただし『慎機論』は内容が過激

なため，華山が中途で筆を折った未完の草稿で，他見を許さなかった．

幕府もまたこの風説に刺激されて，江戸湾防備を強化する必要を認め，目付鳥居耀蔵と代官江川英竜に命じて，江戸湾周辺地区を調査させることにした．両者は天保10年正月に江戸を発ち，江戸湾周辺の地区を調査，測量したのち，3月に江戸に戻った．その後，江川は巡見復命書を作成するにあたり，華山の意見を求め，あわせて復命書に添える予定の『外国事情書』の執筆を依頼した．華山は『外国事情書』の草稿を2度書き改めて，これと江戸湾防備の構想を説いた『諸国建地草図』を江川に送っている．ところがこのことをいちはやく探知した鳥居は，華山の手になる『外国事情書』の上申を阻止しようとして，配下の小人目付小笠原貢蔵に老中水野忠邦の内命といつわって，華山および同志の探索を命じた．小笠原は2度にわたって探索書を提出しているが，彼に情報の大部分を提供したのは納戸口番花井虎一であった．花井は蘭学者宇田川榕庵の門下で，華山宅にも出入りしていた．また彼は当時僧侶順宣父子らが企てた無人島渡航計画にも関係していた．小笠原は花井から聴取した華山およびその同志にかんする情報を，無人島渡航計画者一味にかんするそれとともに，鳥居に詳細に報告している．鳥居は小笠原の探索書を基に，さらにこれに潤色を加えて華山らの告発状を作り，花井虎一の密告という名目で，これを上司の水野忠邦に上申した．老中水野はこの告発状に彼が信頼する幕臣の名があげられているので，配下の者に再調査させた結果，彼らの嫌疑が晴れたため，残る容疑者は，無人島渡航計画者一味を除けば，華山と長英の2人となった．そのため華山は5月14日に逮捕され，一時姿をくらましていた長英は18日に自首した．そして華山は幕吏が自宅捜索の結果，発見した『慎機論』と『外国事情書』の初稿により，また長英は『夢物語』により，それぞれ幕政批判の罪で，華山は在所蟄居，長英は町医者のゆえをもって永牢（終身禁獄）を命ぜられた．同年12月18日のことである．それとともに『外国事情書』は，鳥居の目論見どおり，上申されずに終った．

参考文献　小沢耕一編『華山書簡集』，佐藤昌介校注『華山・長英論集』（『岩波文庫』），藤田茂吉『文明東漸史』，佐藤昌介『洋学史研究序説』，同『渡辺華山』（『人物叢書』187），同『高野長英』（『岩波新書』新赤512）　　　　　　　　　　　　　（佐藤　昌介）

091 **蛮書和解御用** ばんしょわげごよう　文化8年（1811）江戸幕府天文方におかれた外交文書の調査・翻訳，蘭書の翻訳に従事した機関．蕃書和解御用とも書く．幕府は文化8年3月1日天文方高橋景保に当時重要視されていたショメール Noel Chomel の家庭用百科辞書の翻訳開始を命じ，文化5年以来天文方に出仕を命ぜられて世界地図の翻訳刊行にあたっていた長崎の阿蘭陀通詞馬場貞由を従事させた．さらに5月蘭学者大槻玄沢を参与させた．この蘭書訳局としての事業，役職ないし部局を「蛮（蕃）書和解御用」と呼んだ．ただし，名称は必ずしも一定せず，「阿蘭陀書籍和解之御用」とか「蛮書ショメール和解之御用」とも呼ばれた．馬場貞由・大槻玄沢没後は，宇田川玄真・宇田川榕庵・小関三英・杉田立卿・杉田成卿・湊長安・青地林宗ら当時一流の洋学者・阿蘭陀通詞が出仕を命ぜられ翻訳に従事した．ショメール百科辞書の訳稿は『厚生新編』と名付けられ，未刊の献上本は静岡県立中央図書館葵文庫に現存する．またこの部局では，青地林宗による『輿地誌』，杉田立卿らによる『海上砲術全書』などの翻訳事業も行われた．この翻訳事業を通じて，洋学が次第に「公学」化されて行き，事業内容も軍事科学的要素が加わって行った．またここでは異国船の出現に際して各地に出張，応接にあたり，嘉永・安政ごろからは諸外国の外交文書の翻訳に与かる業務も増えて行った．それらの機能は結局「蕃書調所」の創設に引き継がれた．

参考文献　片桐一男『阿蘭陀通詞の研究』，新村出「蘭書訳局の創設」（『続南蛮広記』所収），沼田次郎「蛮書和解御用と蕃書和解御用」（『歴史と地理』289）

（片桐　一男）

092 **蕃神** ばんしん　外（と）つ国の神の意．『日本書紀』欽明天皇13年条に，百済の聖明王の献じた仏像を「蕃神」とするのが文献上の初見．国神と対置して「となりのくにのかみ」と訓んでいるように，仏を日本在来の神とそれほど異質の存在とはみなしていなかったようである．しかし仏だけが蕃神であったのでなく，『古語拾遺』に「秦・漢・百済内附之民，各以=万計=，足レ可=褒賞=，皆有=其祠=」とあるように，大化前代以来の三韓や大陸からの渡来人の奉ずる信仰対象をひろく含んでいる．だが，三韓系の神を韓神，秦漢系のものを漢神と呼んで区別したかどうかは明らかでない．これら蕃神は「未=預=幣例=也」と『古語拾遺』はいうが，百済の聖明王といわれる今木（いまき）神やその祖仇首（くど）王とされる久度神らを祭神とする平野神社（山城），新羅の阿加留比売を祀る比売許曾神社（摂津）などは平安時代前期までに名神大社として月次・新嘗などの官幣に与っており（『延喜式』神名帳），在来の大社と同様のものとして令制の神祇制度に組みいれられている．御神楽（みかぐら）に「韓神」という曲名の神楽があり，宮内省内に祀られていた園神・韓神の祭（同四時祭）に由来するものと考えられることも，平安時代には在来の神と同視するようになったことを示すとしてよかろう．また『延喜式』神名帳に，鳳至（ふげし）比古神社（能登）・信露貴（しらき）彦神社（越前）・御出石神社（但馬）・辛国神社（河内）・呉津孫（くれつひこ）神社（大和）・於美阿志神社（同）・久麻加夫都阿良加志

比古神社(能登)・美麻奈比古神社(同)・美麻奈比咩神社(同)・大狛神社(河内)・阿良加志比古神社(能登)・許麻神社(河内)などが認められるのは，地方においてもこれらの蕃神が在来の神祇信仰と同化して，それぞれの地域の人々の生活の中に融けこんでいったことを示している．ただ農民層の漢神信仰の中には，延暦10年(791)の太政官符「応レ禁二制殺二牛用一祭二漢神一事」(『類聚三代格』)の示すように，在来の雨乞いの儀礼とは質の異なる祭祀をするものもあった．このような道教の系譜をひくものは，たとえ雨乞いのためであっても律令国家によって禁圧されている．

参考文献 清原貞雄『神道史』，原田敏明『日本古代思想』，下出積與『日本古代の神祇と道教』，水野正好「道教的世界の成立」(『季刊考古学』2)

(下出 積與)

093 **蕃神考** ばんしんこう　蕃神を祭神とする式内社を考証したもの．1巻．著者は江戸時代後期の国学者伴信友．自序や奥書に年紀はなく成立年次は不詳．本文と「附考」の2部から成る．本文では，山城国葛野郡の名神大社平野神社の祀る今木神・久度神・古開神・比売神の4座の神は，桓武天皇の生母である高野新笠の一族がその後裔とする百済の王朝の聖明王やその始祖都慕王に由来する蕃神であることを詳細に考証し，関連して河内国の飛鳥戸(あすかべ)神社(安宿郡)・杜本(もりもと)神社(同)・当宗(まさむね)神社(志紀郡)の祭神も百済ないし漢に起源をもつ蕃神であることを述べている．「附考」は，比売許曾神社(摂津)・大酒神社(山城)・伊豆志坐神社(但馬)・御井神社(同)・敬満神社(遠江)ならびに大学寮の祀る釈奠11座が蕃神であることの考証である．写本のみで伝えられ，板本はなく，明治40年(1907)に『神祇全書』2，『伴信友全集』2に収められた．ただ前者は「附考」に天竺の神として仏のことをのせるが，後者は欠いている．

(下出 積與)

094 **帆船** はんせん　⇒西洋型帆船(せいようがたはんせん)

095 **番船** ばんせん　一般に廻船・海運に関する用語で，次の2つの意味をもっていた．(1)は見張りをする，番をする船の意味で，港口や関所などで必要に応じ警固・見張りをする船のことである．また特に長崎に入港してきたオランダ船の警固にあたった長崎奉行所の船をさして番船といった．この船は4挺立の小船で，同心以下4人の役人が乗りこんだ．さらに難船した場合に，船が漂着した浦方では，役人の難船改めや事故処理がすむまでの間，船の積荷や船屑・船具などが盗まれたり傷つけられることのないよう，番をする船をさして番船といった．(2)は一番乗りとか二番乗りとかいう場合の競争する船の意味で，特に新綿番船・新酒番船の名で広く知られていた．新綿番船は毎年新しい木綿が集荷すると，数艘の菱垣廻船に積み，大坂から江戸へ早着を競争した年中行事であり，新酒番船はその年にできた新酒を樽廻船に積み込み，大坂または西宮を同時出帆して江戸へ到着する順番をきそった．新酒番船については元禄時代にすでにその慣行が確認される．当初大坂安治川と西宮から8艘ないし6艘ずつ同時出帆したが，のちには公平を期して西宮仕建てに切りかえられた．原則として大坂8軒・西宮6軒の各樽廻船問屋から1艘ずつ参加したため，先走り(1番船)と後走り(2番船)の2回に分け，先走り出航のあと3，4日あとに後走りが出帆した．そして，総一番となるのはこの先走りのなかで決められた．それでも後走りが先走りを追い越して総一番で江戸着する場合もあった．1位に到着した番船は江戸酒問屋の盛んな出迎えをうけ，船頭は赤い半天1枚を着せられて祝酒で歓待され，金一封に与った．またこのとき新酒立値段ができて，その年の酒相場を決定するため，酒造家も大いに関心を集めていた．普通江戸―大坂間の所要日数が10日ないし2週間前後であったのに対し，番船は競争のため，3，4日で江戸に到着している．なかでも安政6年(1859)の新綿番船の例では大坂―浦賀間をほぼ2日(50時間)で走破して，「稀代之早業」とその快走ぶりが記録されている．

参考文献 石井謙治『図説和船史話』，柚木学「新綿番船と新酒番船の起源について」(交通史研究会編『日本近世交通史論集』所収)

(柚木 学)

096 **范文虎** はんぶんこ　生没年不詳　中国，元朝の武将．初め南宋の武将として元軍と交戦したが，至元12年(1275)元軍に降伏．以来，宋都臨安(杭州)の攻略に従った．至元18年(弘安4)，征日本行省の右丞として，江南軍十余万を率い，日本に遠征．いわゆる弘安の役であるが，8月1日(日本暦閏7月1日)の颶風により日本沿海で大軍は覆滅．文虎は辛うじて帰国したが罰せられず．至元24年，ノヤンの反乱には皇帝フビライの親征に従軍．功を立て，東北地方鎮撫のため，遼東行省の設置を建言している．　→江南軍(こうなんぐん)

参考文献 『新元史』范文虎伝，武田幸男編訳『高麗史日本伝』(『岩波文庫』)，池内宏『元寇の新研究』，山口修『蒙古襲来』

(山口 修)

097 **ハンベンゴロ** Moric August Aladar Benyovzky　⇒ベニヨフスキー

098 **万暦三大征考** ばんれきさんだいせいこう　中国，明の万暦年間(1573～1620)に起きた三大征(哱拝の乱・朝鮮の役・播州の乱)の始末を記述した書．明の茅瑞徴撰．撰者は黄岡(湖北)知県・兵部職方主事．天啓元年(1621)に成る．『東夷考略』と同一書．1巻．内容は天啓改元(元年)の東園老人の叙，天啓辛酉(元年)の清遠居士の序につづき，哱氏，倭上・倭下，播州の順に叙述，巻末に附図をのせる．寧夏総図・日本総図(付，日本島夷入寇之図・遼東連朝鮮図)・播州総図，いずれも有用．倭上・下

は，中国でいう万暦東征・万暦朝鮮役・万暦日本役,朝鮮の壬辰丁酉倭乱,日本の文禄・慶長の役のことで,三大征中最重要のものとして詳述．万暦東征を三大征の一環としてみていることが注目される．明朝はこの三大征により，苦しかった国家財政はいよいよ圧迫され，衰亡を速めた．テキストは燕京大学図書館本,民国23年(1934)に鄧之誠の序を付し,『燕京大学図書館叢書』1として刊行．

参考文献　石原道博『文禄・慶長の役』(『塙選書』31)

(石原　道博)

ひ

001　ビエイラ　Sebastian Vieira　?～1634　イエズス会宣教師．ポルトガル人．1573年ごろカストロ＝ダイロに生まれる．89年(91?)にコインブラでイエズス会に入り，同地のコレジョで哲学・神学を学び，1601年に司祭に叙階された．02年にインドへ派遣され，ゴアで8ヵ月修練長補佐を務めてから，03年にマカオ，04年(慶長9)に日本へ渡った．06年にマカオへ送られ3年間会計係を務め，09年に日本へ戻り広島のレジデンシヤの上長となった．11年にイエズス会の四盛式誓願を立てた．14年の宣教師国外追放令の際，マニラへ行ったが，翌年(元和元)に日本へ潜入した．19年にマカオへ行き，管区会計を務め，23年12月の管区会議で日本管区の代表者に選ばれ，ローマへ派遣された．24年にマカオを出発し，26年にローマに着き，2度も教皇ウルバノ8世に謁見し，日本信徒の奉答文(1621年)を呈上し，また同教皇から日本の信徒宛の書簡を託されて帰路についた．29年にリスボンを発ってマカオへ戻ったが，32年(寛永9)にフィリピン経由で日本へ潜入し，翌年，大坂川口で逮捕されて長崎へ送られたが，34年に江戸へ移され，6月6日(寛永11年5月11日)に，5人の同伴者とフランシスコ会のルイス＝ゴメス神父とともに市中を引廻され，穴吊るしにされた．4日後まだ生きていたので引き出され，火焙りにされた．

(H・チースリク)

002　東インド会社　ひがしインドがいしゃ　⇨イギリス東インド会社　⇨オランダ東インド会社

003　東シナ海　ひがししなかい　⇨シナ海

004　眉巌日記草　びがんにっきそう　宣祖元年(1568)から同10年まで朝鮮の弘文館副提学(弘文館とは経籍に関する事務を司る官衙，副提学は弘文館の1職，正三品)柳希春の日記．柳希春の号が眉巌であるところから『眉巌日記』と名づく．『眉巌日記草』の原本はもともと春秋館(時政の記録を司る官衙)に置かれていたが，全羅南道潭陽大徳面の柳羲迪(ぎてき)の所蔵となった．刊本としては『朝鮮史料叢刊』8に収載されている．内容は公私にわたるできごとを記し，日本からの使臣の往来や使送倭船の通交などについても詳しく書かれている．朝鮮光海君元年(1609),『朝鮮宣祖実録』編纂の際，春秋館にあった宣祖初期の史料は壬辰倭乱で焼失したため，李廷馨(ていけい)の『私録日記』や柳希春の『眉巌日記草』などが『朝鮮宣祖実録』編纂の拠りどころとなった．『朝鮮宣祖実録』の初期の記述には『眉巌日記草』の記述がそのまま引用されているところがかなりある．

005 ビジタドール Visitador　巡察師．イエズス会総会長代理として特殊な任務遂行のために派遣される特使．任務は①修道会本部と会士との連絡促進，②修道会会憲の遵守と事業の促進，当該地の特殊な条件と障害に対する適策の実施，③総会長に対する巡察報告書の提出，である．任務・期間・権限はそのつど総会長によって決定され，常任役ではなく任務の遂行または総会長の死去により同職務は自動的に解かれる．日本と東インドはローマから最も遠くヨーロッパとはきわめて異なる状況のため，早くも1568年，初代巡察師としてG・アルバレスが任命されたが，73年（天正元），薩摩沖で難破死した．第2代巡察師バリニァーノの権限は通常のそれより大きく，事実上，全権を有する総会長代理であった．彼の権限はアジアのポルトガル布教保護圏に属する全地域（インド・マラッカ・澳門（マカオ）・中国・日本）を含んでいたが，95年からマラッカ以東の地域に縮小された．彼の斡旋により，東インド巡察師は常任役となりほぼ2世紀間継続し，キリシタン時代の永禄11年（1568）～慶安3年（1650）に11名が任命された．バリニァーノの玖磨領主相良義陽宛挨拶状（天正8年4月3日）と大村純忠のイエズス会総会長宛書状（1582年1月27日（天正10年正月4日））に「備慈多道留」の宛字，黒印がある．

[参考文献]　『相良家文書』2（『大日本古文書』家わけ5），松田毅一『大村純忠伝』，H・チースリク「イエズス会における職務」2（『キリシタン文化研究会会報』7ノ3・4合併号）　　　　（井手　勝美）

006 ビスカイノ Don Sebastian Vizcaino　？～1615　16・17世紀の交，イスパニア人探険航海家，新イスパニア総督の遣日使節．イスパニアのウエルバ Huelva に生まれる．早く新イスパニア（ヌエバ＝エスパーニヤ Nueva España，濃毘数般，今日のメキシコ）に渡り，1586～89年にはフィリピンにも在留した．96～97年，新イスパニア総督ベラスコ Don Luis de Velasco の命によりカリフォルニアの探険航海に従事，1602年には同総督スニガ Don Gaspar de Zuniga, Conde de Monterrey に命ぜられて，さらに探険の歩を進め，翌年，北緯43度のセバスチァン岬 Cabo Sebastian に至った．04年にはマニラに赴くガレオン船の司令官に任ぜられた．08年，当時航海者たちの間で日本の東方海上にあるといわれていた金銀島の探険を命ぜられたが，たまたま，09年（慶長14）に暴風のため日本に漂着したドン＝ロドリゴ Don Rodrigo de Vivero y Velasco らが江戸幕府の援助で送還され10年メキシコに到着したので，答礼大使を兼ねて日本に渡航した．11年3月22日アカプルコを出帆，6月11日（慶長16年5月1日）浦賀に入港した．6月22日（和暦5月12日）江戸城で将軍徳川秀忠に，7月5日（同5月25日）駿府で大御所徳川家康に謁した．ビスカイノは12年9月11日（慶長17年8月16日）まで日本に滞在し，その間，日本沿岸の測量許可を得て，各地を探測した．特に，仙台では伊達政宗の知遇を得て，11年11月から12月にかけて三陸沿岸を測量し北緯40度付近まで達している．12年9月11日（慶長17年8月16日）浦賀を発して金銀島探査の途につき，1ヵ月余を空しく洋上で費やしたすえ，暴風に遭い乗船破損し，再び浦賀に戻った．彼はメキシコに戻る船を新造するため幕府に援助を求めたが，この年，岡本大八事件が発生して幕府がキリシタン禁教に傾いていたため，彼の要望は叶えられず，5ヵ月間江戸に滞留を余儀なくされた．結局，伊達政宗が支倉（はせくら）六右衛門常長とソテーロ Luis Sotelo を使節として新イスパニアに派遣する機会に，その使船に船客として便乗することとなり，13年10月27日（慶長18年9月14日），仙台月ノ浦を出帆し，同年12月26日メキシコのサカトラ Zacatla に入港した．1615年，アカプルコにて没した．　→金銀島探検（きんぎんとうたんけん）

[参考文献]　『ビスカイノ金銀島探検報告』（村上直次郎訳註，『異国叢書』7）　　　　（加藤　榮一）

007 ビセンテ Vicente　？～1609　日本人のキリシタン文学者．養方軒パウロの息として天文9年（1540）ごろ若狭国に生まれ，堺で医業に従っていたが，天正8年（1580）イエズス会のイルマン（修錬士）となり，ビセンテ＝ビレラ Vicente Vilela と称した．また Toin とあり，洞院とも称したらしい．翌年安土セミナリヨの教師となり，安土焼亡後，大坂で細川ガラシャの入信を助け，天正の伴天連追放令後は九州に下り，諸キリシタン書の訳編に従事．中でも『サントスの御作業』（天正19年刊）は，父子ともに訳業にあたった．文禄元年（1592）には京都に戻り，オルガンティーノを助け，在洛の諸大名の間に教えを説いた．慶長14年（1609）5月没．　→養方軒パウロ（ようほうけんパウロ）

[参考文献]　H・チースリク「イルマン・ヴィセンテ洞院」（土井先生頌寿記念論文集刊行会編『国語史への道』上所収）　　　　（海老沢有道）

008 日高涼台 ひだかりょうたい　1797～1868　江戸時代後期の医師．名は精または惟一，字（あざな）は子精．六六堂・玄花道人・忘斎・遯叟（とんそう）・寛山と号した．寛政9年（1797）12月10日，安芸国山県郡（広島県山県郡）の医師の家に生まれる．文化14年（1817）に安芸を出て，大坂の高須琴渓，京都の福井榕園（ていえん）・新宮（しんぐう）凉庭らに師事し，医学と儒学を学ぶ．文政8年（1825）に蘭方医学修得のため長崎へ赴き，シーボルト・吉雄権之助に師事．この時の鳴滝塾の門人には美馬順三・戸塚静海・日野鼎哉（ていさい）らがいる．同11年から天保13年（1842）まで大坂で開業．同年11月，安芸竹原へ帰郷し眼科を主として診療に従事した．医学の

ほかに詩人としても活動しており，篠崎小竹・広瀬旭荘らと交遊があった．明治元年(1868)9月17日に病没．72歳．墓は広島県竹原市竹原町の長生寺にある．著書は『和蘭用薬便覧』『種痘新書』『六六堂療法家言』『瘍科精義』など数多く残されている．

[参考文献] 呉秀三『シーボルト先生』3(『東洋文庫』117)，中野操「大阪における蘭学の学統について」(『蘭学資料研究会研究報告』167)

(高安 伸子)

009 **火縄銃** ひなわじゅう ⇨鉄砲(てっぽう) ⇨鉄砲伝来(てっぽうでんらい)

010 **檜隈** ひのくま 大和国(奈良県)の地名．檜前とも書く．現在，同県高市郡明日香(あすか)村の南部に大字檜前があり，ここを中心とする付近数kmの範囲が古代の檜隈の地であろう．大字平田・野口・栗原・阿部山などを含み，古代における飛鳥の南に位置した．『日本書紀』欽明天皇7年条に檜隈邑がみえ，『和名類聚抄』では高市郡に檜前郷がある．この地域の特色は朝鮮からの渡来人が多く居住したことで，『続日本紀』宝亀3年(772)4月条にみえる坂上苅田麻呂らの奏言に，倭漢(やまとのあや)氏の祖阿智使主(あちのおみ)は応神朝に17県の人夫を率いて帰化し，高市郡檜前村に住み，高市郡はそれらの人々に満ちて，他姓のものは10に1，2である，という．誇大の言であるが，阿智使主や関係者の後裔には平田・檜隈などこの地域の地名を氏とする者が多く，倭漢氏の本拠地であったことに誤りはない．檜隈寺跡・定林寺跡・栗原寺跡などがあり，仏教の栄えた地の1つである．天武・持統合葬陵をはじめ，中尾山古墳・高松塚古墳・キトラ古墳など7世紀後半以降の特色ある古墳が多いが，6世紀の欽明天皇陵もこの地にあったとされる(『日本書紀』)．宣化天皇の宮は檜隈廬入野(いおりの)にあったが，所在地は不明．

[参考文献] 直木孝次郎「檜前の地」(『飛鳥 その光と影』所収)，門脇禎二「渡来人の里—檜隈」(『飛鳥古京』所収)

(直木孝次郎)

011 **檜隈民使博徳** ひのくまのたみつかいのはかとこ 5世紀後半の廷臣．『日本書紀』雄略天皇2年10月条に天皇の暴悪を述べたあとに，ただ史部(ふみひと)の身狭村主(むさのすくり)青(あお)と檜隈民使博徳らを愛寵したとあり，同8年2月条にこの青と博徳が呉(くれ)の国(中国江南の地，すなわち当時の南朝)に遣わされたこと，同10年9月条に呉が献った鵝鳥2羽を持ち帰ったが，その鵝鳥が筑紫で水間君(みぬまのきみ)の犬に喰われて死んだことがみえ，さらに同12年4月条にも青と博徳を呉に遣わしたこと，同14年正月条に呉が献った工人の漢織(あやはとり)・呉織(くれはとり)と衣縫(きぬぬい)の兄媛(えひめ)・弟媛(おとひめ)を連れて帰ったことがみえる．同応神天皇37年条にも倭漢(やまとのあや)氏の祖の阿知使主(あちのおみ)とその子の都加使主(つかのおみ)を呉に遣わして，縫工女(きぬぬいめ)を求めさせた記事がみえており，これらが中国南朝の史書にみえる倭の五王の遣使記事に対応する日本側の伝えのすべてであるが，身狭村主や檜隈民使は倭漢氏配下の帰化系の小氏族だったから，当時かれらが外交官として，何度か南朝諸国に使いした事実が，互いに混乱してこのような形で伝えられたものか．檜隈は倭漢氏が本居地とした大和国高市郡檜隈(檜前)村の地．檜隈民使氏はのちに首の姓(かばね)を与えられたらしい． →倭の五王(わのごおう)

[参考文献] 関晃『帰化人』(『日本歴史新書』)，同「倭漢氏の研究」(『関晃著作集』3所収)

(関 晃)

012 **日野鼎哉** ひのていさい 1797~1850 江戸時代後期の蘭方医．暁碧または蔭香と号す．寛政9年(1797)豊後に生まれる．帆足万里，長崎においてシーボルト，京都では小石元瑞に師事．オランダ語に通じ，外科を得意とした．京都で開業．弘化年間(1844~48)に京都で痘瘡が流行，鼎哉の門人であった越前の人，笠原良策(白翁)と牛痘法の日本への早期導入を協議．越前藩主を通して長崎から痘苗を得るために尽力した．嘉永2年(1849)9月19日夜に長崎より京都へ痘苗が到着，鼎哉の孫の朔太郎らに接種された．痘苗の効力が確認された後，二条新町に除痘館を開設して種痘を実施した．また，痘苗を緒方洪庵に分け，大坂古手町(大阪市東区道修町)に除痘館が設立された．種痘法の民間への普及に貢献した1人である．嘉永3年5月24日に病没．54歳．法名は釈念浄居士．京都市東山区の鳥辺山墓地に再建した墓がある．著書は『白神除痘弁』『黴毒一掃論』などがある．大正4年(1915)贈正五位．

[参考文献] 京都府医師会編『京都の医学史』，竹内真一「京都牛痘伝苗の日時及び同痘苗の由来について」(『医譚』復刊47)

(高安 伸子)

013 **日比屋了珪** ひびやりょうけい 生没年不詳 安土桃山時代の堺のキリシタン総代で，かつ商人．茶道関係の文献には「ヒビヤ了慶」「日比屋了慶」「比々屋了桂」などと記されているが，「千五百八十八年五月十日」(月日はキリシタンの暦日の習慣から邦暦と解される)，すなわち天正16年5月10日付でローマのイエズス会総長に宛てた五畿内のキリシタン代表者の連署状には「了五了珪」と自署し花押も付しているから，「了珪」が正しい．「了五」は，そのキリスト教名が「ディエゴ」であり，当時のキリシタンは教名をこのように漢字で表わすことが多かった．この日比屋了珪の経歴および業績について判明することはきわめて乏しい．了珪は少なくとも父の代以前から堺の豪商であり，当時，港のすぐ近くであった櫛屋町に邸を有した．天文19年(1550)12月にフランシスコ=シャビエルが日比屋家を訪れた

時に，了珪の父は彼を冷遇したが，永禄4年(1561)に すでに日比屋家の当主となっていた了珪は，宣教師ビレラを招き，その際に了珪の数人の子供や親族がキリシタンとなった．ついで了珪は長男ビセンテ了荷に説得されて受洗し，堺の教会が建てられるまで，自宅を宣教師たちの宿舎とし，かつ教会とした．天正15年に豊臣秀吉の命令によって堺の教会が破壊された後は，再び彼の邸が教会の役目を果たした．了珪の最期は明らかでなく，慶長5年(1600)にはなお健在であったが，娘の1人モニカが天文18年生まれであるから，すでにかなりの老齢に達しており，遠からず死去したものと思われる．排耶書『破提宇子(はダイウス)』は，日比屋一族は多く死所を得ずに滅びたと記しており，元和3年(1617)の堺のキリシタン代表連署状にはすでにその名がみえない．なお，長男の日比屋兵右衛門了荷，教名ビセンテは小西行長の家臣として活躍した．

参考文献　松田毅一「日比屋了珪一族」(『(近世初期日本関係)南蛮史料の研究』所収)

(松田　毅一)

014 ビベロ゠イ゠ベラスコ　Don Rodrigo de Vivero y Velasco　?〜1636　スペインのフィリピン臨時総督(在勤1608〜09年)．メキシコのヌエバ゠ビスカヤの長官兼軍司令官を経て(1599年)，タスコ鉱山町の長官となる．1606年フィリピン長官が在任中死去したため，08年ビベロが臨時長官に任ぜられ同地に赴任した．マニラで日本人が暴動を起したので，慶長13年(1608)ビベロは暴徒を日本に送還し，彼らの処罰と貿易船数の制限を要請し，徳川家康と徳川秀忠の返書を得た．慶長14年次の長官と交代してフィリピンからメキシコに帰任する途中，乗船が上総の岩和田(千葉県夷隅郡御宿町)で難破したが，彼は救出され，家康・秀忠に謁した．慶長15年日本船でメキシコに帰った後，日本とメキシコの貿易開始に努めた．この間の日本での見聞，地理，歴史，風俗，習慣などを記したのが，『ドン゠ロドリゴ日本見聞録』である．20年彼はパナマ地方長官兼司令官に任ぜられた．36年没．→ドン゠ロドリゴ日本見聞録

参考文献　『ドン゠ロドリゴ日本見聞録』(村上直次郎訳註，『異国叢書』7)

(永積　洋子)

015 備辺司謄録　李氏朝鮮の時代の16世紀なかば，中央官庁におかれた備辺司の記録．備辺司とは李朝国家の兵権・政権など重要機務を総領する協議機関．正一品の衙門．その前身は15世紀に設置された知辺事宰相にある．明は北虜・南倭に手をやいていたのは周知のことであるが，朝鮮も同様に辺境防衛に悩まされていた．辺境防衛については，当初，中央では兵曹の司るところであったが，女真対策など辺境防衛が忙しくなるにつれ，特に選ばれた知辺事宰相がその機務にあたっていた．中宗12年(1517)，知辺事宰相にかわって備辺司が中央に創設されたが，一度廃止され，同15年に復設．同17年に常設されたとする説があり，一方，明宗10年(1555)，乙卯達梁の倭変(同年5月11日，倭船70余隻が全羅道達梁浦から上陸して民家を焼き払い達梁城を陥れた事件)を契機に，李朝は兵制を改革し，中央に辺境防衛を司る備辺司を設置したという説もある．『備辺司謄録』は光海君9年(1617)から高宗29年(1892)までの273冊が現存している．刊本としては韓国国史編纂委員会刊・民族文化社発行の『備辺司謄録』がある．

(北島　万次)

016 卑弥呼　⇨ひめこ

017 卑弥呼　2世紀末〜3世紀前半の邪馬台国の女王．「ひみこ」ともいう．2世紀後半に倭国に戦乱がつづき，180年代ごろ卑弥呼は共立されて王となった．鬼道にすぐれ，未婚であり，弟が国政を助けていたという．王位について以来，人々の前に姿をあらわさず，婢1000人が侍し，ただ1人の男が飲食を給し，辞を伝えるため卑弥呼の居処に出入りしていたと伝えられている．このような卑弥呼の姿は，人々に接すると王の霊力・呪術力が弱まると信じて隔離・幽閉された原始的祭祀王の性格に類している．魏の景初3年(239)6月，卑弥呼は大夫の難升米らを魏の都洛陽に遣し，魏帝に男の生口4人，女の生口6人，班布2匹2丈を献じて朝貢した．これに対し，同年12月に魏帝は詔書を発して卑弥呼を「親魏倭王」とし，金印紫綬を仮授し，同時に銅鏡百枚など数々の物品を賜与することとし，正始元年(240)，帯方郡の太守弓遵らがさきの詔書・印綬を奉じて倭国に至り，魏帝の詔書や賜与の物品を卑弥呼のもとにもたらした．同4年，卑弥呼は大夫の伊声耆ら8人を魏へ派遣し，生口や倭錦などを魏帝に献上した．同8年，卑弥呼と狗奴国の男王卑弥弓呼との対立が，帯方郡の太守王頎によって魏に報じられ，この時，卑弥呼も載斯烏越らを帯方郡に遣して，狗奴国との戦闘の状況を知らせた．この戦乱のさなかに卑弥呼は死んだらしく，径100余歩の冢(ちょう)が作られ，奴婢100余人が徇葬されたという．邪馬台国九州説では古く卑弥呼を「熊襲」の女酋とし，近くは天照大神に比定する説があり，一方邪馬台国大和説では神功皇后とみなす説が早くからあり，その後，倭姫命・倭迹迹日百襲姫(やまとととひももそひめ)命などを卑弥呼とする説があるが，いずれも定説とはなっていない．
→邪馬台国(やまたいこく)

参考文献　『新訂魏志倭人伝他三篇』(石原道博編訳，『岩波文庫』)，志田不動麿『倭の女王』，佐伯有清『ヤマタイ国とヒミコ』(『日本史の世界』1)，同『魏志倭人伝を読む』(『歴史文化ライブラリー』104・105)，白鳥庫吉「倭女王卑弥呼考」(『白鳥庫吉全集』1所収)，同「卑弥呼問題の解決」(同所収)，内藤虎次郎「卑弥呼考」(『内藤湖南全集』1所収)，坂本太郎「魏

志倭人伝雑考」(『日本古代史の基礎的研究』上所収)
　　　　　　　　　　　　　　　　　　　(佐伯　有清)
018 百済 ひゃくさい ⇨くだら
019 百済寺 ひゃくさいじ　滋賀県東近江市百済寺町の山手に在る天台宗の古刹．聖徳太子によって十一面観音を本尊として創建され，高麗僧恵慈・百済僧道欽らによって寺観が整えられたという．帰化人の多く定住した地域なので，寺名のよって来たるゆえんも想定される．隣接する金剛輪寺・西明寺とあわせて，天台湖東の三山として，宗教史的にも，美術史的にも重要な寺である．中世における一山の規模は大きく，山坊址が連なり天台の山岳伽藍らしい景観をもっているが，明応7年(1498)夏と文亀3年(1503)春と，2度の火災にかかり，さらに天正元年(1573)には織田信長の焼打をうけて，ついに中世期の盛況には復していない．本堂の向かって右方には三重塔址があり，近江における重要な天台系末山の基本的な伽藍配置を示している．十一面観音立像(秘仏本尊，藤原時代)・山王曼荼羅(重要文化財)・下乗石(伝小野道風筆)は有名．
　　[参考文献]　寒川辰清編『近江国輿地志略』73(『大日本地誌大系』)，『近江愛智郡志』5　(景山　春樹)
020 百武万里 ひゃくたけばんり　1794〜1854　江戸時代後期の蘭方医．名は苞，号は月処．寛政6年(1794)筑前国宗像郡の医師的野麗庵の長子として生まれる．青年のころに京都へ赴き，吉益北洲に師事し漢方を学ぶ．文政10年(1827)長崎へ赴いてシーボルトに師事．その後，福岡において西洋医学を提唱．天保12年(1841)筑前で初の人体解剖が行われた時，解剖実施の中心人物であったため迫害を受けて博多から退去した．のちに博多に戻って開業，名医の評判を博す．北九州地方の広範囲にわたる西洋医学普及に尽力した．安政元年(1854)11月，病気により没した．61歳．明治44年(1911)贈正五位．
　　[参考文献]　呉秀三『シーボルト先生』3(『東洋文庫』117)　　　　　　　　　　　　　　　(高安　伸子)
021 白檀 びゃくだん ⇨香木(こうぼく)
022 表 ひょう　前近代の東アジアの国際関係において，諸外国の国王が中国皇帝に贈る正式の外交文書．表文・表箋ともいう．明代の朝貢貿易では，諸外国の国王名義の外交文書である表文の所持が朝貢の絶対的条件とされ，表文がないときは入貢を拒否された．表文の内容は，称臣入貢といわれるように中国皇帝への臣属の意を表明するとともに，進貢方物を並記するのが一般的で，時に応じ自国に必要な物資を要請する場合もあった．南海諸国の表文には，台紙に金葉(貝多羅(パトゥラ)という植物の葉を代用)を用いたものあり，占城(チャンパ)国の例では「その王，金葉の表を奉じて来朝し，長さ尺余，広さ五寸，本国の字を刻す」とある．足利義満の明皇帝に呈した外交文書は『善隣国宝記』の記載によれば，「日本国王臣源表す」という書き出して，その後に進貢方物が列記され，明らかに中国側の表文の形式にかなったものであり，成祖(永楽帝)がこれに対し，「日本国王之印」の亀鈕の金印を賜わったことはよく知られている．　→朝貢(ちょうこう)
　　[参考文献]　蘇継廎『島夷志略校釈』(『中外交通史籍叢刊』)，佐久間重男「明代の外国貿易」(『日明関係史の研究』所収)　　　　　　　　　　(佐久間重男)
023 漂民御覧之記 ひょうみんごらんのき　江戸時代の漂流記．桂川国瑞(甫周)著．1冊．寛政5年(1793)成立．11代将軍徳川家斉は遣日使節アダム＝ラックスマンに帯同されて帰国した漂流民大黒屋光太夫と磯吉を寛政5年9月18日江戸城内の吹上御庭に召し出して上覧した．2人はロシアの服装で出頭し，松平定信・加納久周・平岡頼長ら幕閣の首脳部の面々から，漂流の次第，漂着地や漂泊各地の事情・風俗，特に帰国願いのため露都ペテルブルグに至り，エカテリナ2世に拝謁した事情，王城の構え，ペートル帝の像，武器，宗教，ロシアの日本についての知識程度，ロシアの日本との交易希望など27項目を尋問され，光太夫は的確に答えた．この席に列座した著者がその問答を逐一記録したもので，著者は「千古の一大奇事なり」と述べている．のち著者は漂流送還の事情，ロシアの国制・地理・物産・風俗・文字・言語などを詳問し，翌年『北槎聞略』の大著を著わした．『漂民御覧之記』は『漂流奇談全集』(『続帝国文庫』)の『神昌丸魯国漂流始末』，および『近世漂流記集』の『魯西亜国漂民記』にそれぞれ収録されているほか，書名表記はないが『通航一覧』317にも収録されている．　→大黒屋光太夫(だいこくやこうだゆう)　→北槎聞略(ほくさぶんりゃく)　(池田　晧)
024 俵物 ひょうもつ ⇨たわらもの
025 漂流 ひょうりゅう　現代語としての漂流は，海難事故の一形態を示すものである．しかし歴史的には，対外交渉史・文化史的に把握すべき概念であることは明らかで，その意味で「漂着」とセットにして考察すべき，非正規に行われた人間・文化の交流の一形態である．歴史記述が関心を示してきたのは，海難としての漂流ではなく，その結果として生じた異文化との接触であった．一方，外国人が日本に漂着し，日本人が外国に漂流した結果が，今日，歴史に記録されていることの背景には，漂流民の送還制度確立がある．つまり，第1に少なくとも国家権力が自己の統治権の及ぶ範囲内で対外関係を掌握・統制しうる体制が成立していること，第2に，国家が相互に漂流民送還を実現するための最低限の国際関係が存在することが前提となる．この意味で漂流・漂着は「漂流民送還制度」の問題として，帰化人・俘虜・外国商人などの往来とならんで対外交渉史的に考察すべき問題を内包している．近年，中国を中心とする漂流民送還制度の確立が明らかになった結果，東アジア各国相互の送還に関する研究が深まりつ

つある．また近世の日本においては，ヨーロッパ諸国が日本人漂流民を送還することによって外交関係の樹立を計った事例も少なからず存在する．これも前述の送還体制から派生した問題といえよう．さらに日本人が海難にあって国内へ漂着・救助された場合は，特に近世においては整備された海難救助制度のもとに原籍地に送還される．これもまた漂流の周辺に存在する問題の1つである．本来，沿岸に漂着した船・積荷・人はすべて沿岸住民に帰属するという慣行は，世界中に広く存在していた．金指正三のいう「遭難物占取」の慣行である（『近世海難救助制度の研究』）．律令国家の成立以来，統一政権は，国家権力として在地権力の遭難物占取に介入し，これを否定する方向で機能しようとした．古代・中世の史書にあらわれる漂流・漂着は，多くはこの種の在地（沿岸）権力と国家権力の抗争の結果として記述されている．さらにこれに異文化への関心が加味されることはいうまでもない．しかし何といっても漂流に大きな関心が示されたのは近世社会である．近世日本が「鎖国」と通称される極端に対外関係を制限する政策をとった結果，日本人の海外渡航は禁止された．したがって漂流し送還された人（多くは海運に従事する廻船乗組員）の経験が，唯一の直接的な異文化との接触の窓口となったためである．その前提には，海運の発達に伴って船舶の航行が増加し，海難・漂流の機会が増えたこと，ほぼ1630年代ごろに，先に述べた漂流民送還体制が一応の確立をみたことがある．また近世の国家（江戸幕府）権力は対外関係とその情報を自己の管理下においていたので，送還された漂流民を受け入れるにあたって，出入国管理の必要上，厳重な調査を行い，特にカソリックのキリスト教と物品の持込み（漂流に偽装した密貿易）の防止につとめたため，対外関係をあつかう機関（幕府直轄の長崎・松前奉行所，対琉球関係の薩摩藩，対朝鮮関係の対馬藩）には，漂流民の記録（漂流口書）が蓄積され，これがさらに学者による編纂物漂流記の作成を促すという結果ともなった．近世を通じての海難の統計は存在しないが，年間，数千件にのぼったと推定され，このうち漂流の事実が確認されるものは近世全体で300ないし400件である．最初の動機がどのようなものであれ，漂流記が蓄積され写本として流布した背景には，近世における強烈な異文化への関心，対外関係への関心が存在したことを確認すべきである．また大部分の漂流記は異国遍歴という類型（仮にオデッセウス型とよぶ）であるが，少数ながら孤島漂着（主として伊豆鳥島・小笠原諸島・八丈島など）の「ロビンソン型」を含み，近世社会が何を「異文化」とみなしたかについても示唆を与えている．ペリー来航後の新たな対外関係に対応すべく編纂された『通航一覧』以降の一連の対外関係史料集では，漂流記が大きな比重を占めており，近世の対外関係における漂流の位置を示している．しかし近代になって漂流に対する切実な同時代的関心は失われ，漂流記録はむしろ珍談奇譚として好奇的，趣味的にとりあつかわれがちになった．改めて近世対外関係とそこにおける民衆的な立場からの視野において，歴史学的に再検討されるべきであろう．漂着については唐船の漂着記録から唐船貿易の実態を解明しようとする注目すべき動向があり，日朝，中琉などの相互送還の実態の解明も進んだ．なお『通航一覧』が海難を伴わない非正規の異国船との接触をすべて「漂着」という概念で統轄していることにも留意すべきである．なお，「鎖国」が造船技術の水準を制約し，海難多発の原因となったという通説について一言しておく．しばしば誤解されるが，寛永12年（1635）6月21日付『武家諸法度』第17条「五百石以上之船停止之事」（いわゆる「大船建造の禁」）は，軍用の異国型船舶の制限と解すべきで，商船については寛永15年にこの制限は撤廃されている．そして海運の隆盛に伴い廻船の大型化・機能化は進行し，幕末には2000石積クラスの商船が就航するようになった．ただし和船独特の帆装と大型化した舵，脆弱な船尾構造，水密甲板の欠如などの弱点と，経済効率の追求のため夜間の航行が常用されるようになったことが，海難事故を頻発させたことは事実である．しかし，この原因にはなお考察すべき問題を残している．2本帆柱と竜骨が禁止されていたという通説にしても，徳川禁令集には根拠を見出し得ないのであるから．

[参考文献] 荒川秀俊編『日本漂流漂着史料』，荒野泰典『近世日本と東アジア』，鮎沢信太郎『漂流』（『日本歴史新書』），春名徹『世界を見てしまった男たち』（『ちくま文庫』），安達裕之「鎖国と造船制限令」（『異様の船』所収），劉序楓「漂流，漂流記，海難」（桃木至朗編『海域アジア史研究入門』所収），池内敏『近世日本と朝鮮漂流民』，春名徹「漂流民送還制度の形成について」（『海事史研究』51），同「近世漂流民送還制度の終焉」（『南島史学』65・66合併号），渡辺美季「清代中国における漂流民の処置と琉球」（同54・55）　　　　　　　　　　（春名　徹）

生存して救助された漂流人の中には，本国に送還される場合がある．東アジアの国家間では，漂着した異国人の送還が，制度として整備されていく．朝鮮半島から日本に漂着した人々の送還をみると，7世紀後半～10世紀前半，律令国家の主導のもとに新羅に送還されたが，10世紀後半～12世紀前半は大宰府や対馬などの諸国衙の主導によって高麗に送還され，日本・高麗双方の地方官衙間のルートで処理された．15世紀前半には，漂着地の領主らが漂流朝鮮人を送還した．15世紀中期以降，朝鮮王朝の要請に応じて，対馬の宗氏を中心に西日本各地の諸領主が連携して送還する体制が

整備された．16世紀には宗氏が，朝鮮に対する唯一の送還の窓口になり，対馬内外に漂着した朝鮮人を送還した．江戸時代には，沿岸海運の発展にともない漂流人の件数が増加し，海禁政策をとる明・清・朝鮮王朝と江戸幕府の間では，無償で漂流人・漂着人を送還する体制が整備された．朝鮮人漂着人の送還の窓口は，対馬藩の宗氏がつとめた．

参考文献　荒川秀俊編『日本漂流漂着史料』(『気象史料シリーズ』3)，山内晋次『奈良平安期の日本とアジア』，関周一『中世日朝海域史の研究』，荒野泰典『近世日本と東アジア』，池内敏『近世日本と朝鮮漂流民』，李薫『朝鮮後期漂流民と日朝関係』(池内敏訳)　　　　　　　　　　　　(関　周一)

026 漂流記 ひょうりゅうき

漂流・漂着の記録．もっぱら近世の記録のみが現存している．漂流の体験(別項「漂流」参照)をしたのは近世の商船乗組員が大部分であり，彼らのほとんどすべては無筆だったので，漂流記録は役人・知識人による口述・聞書きの体裁をとる．その作成動機と聞き取りを行なった者の性格によって3種に大別できる．(1)は「漂流口書」と通称されるもので，官吏(長崎・松前奉行所，対琉球の薩摩藩，対朝鮮の対馬藩)による調書である．基本的には出入国管理上の関心によって作成されるため，原籍地からの最終出帆日時(海難遭遇時ではないことに注意)，船名，船籍，積載量，船頭，乗組員の姓名と原籍地，積荷と目的地などを最初に書き出し，出帆後漂流に至る経過，異国への漂着ないしは外国船による救助から，外国における経験の記述，帰国の手段と帰国日時などが，基本事項として網羅される．これに付属して持ち帰った品物，風俗記事，外国語の単語などが記録される場合もある．長崎の例では，唐船などによって送還された後，揚り屋に収容し，白洲で訊問が行われ，最終的には1年近くかかって口書を作成する．その間，原籍地への照会，宗門改を行う．最後に内容を読みきかせて爪印を捺させた．これを終えてはじめて漂流民は帰国を許されるのである．この調書はその後もつきまとい，所属する藩での取調べなどは多くは最初の口書の確認であった．(2)は，学者による海外事情調査の聞き取りであって，「編纂物漂流記」と通称される．ロシアに漂流した大黒屋光太夫の経験を蘭学者桂川甫周が聴取した『北槎聞略』が1つの典型となり，のちに影響するところが大きかった．(1)の口書的要素のほか，中国正史外国伝の風俗記事に範をとったといわれる風俗の記載，絵図のほか，送還に伴う外交交渉，ロシア語単語などをも網羅している．(3)は，筆者が仮に「炉辺談話型」と命名したもので，帰郷後の漂民の談話を土地の有識者などが筆記したもの．(2)の変種であるが，(2)ほど体系的ではないものの，漂流民自身はもっとも自由に本音を語っている点に特色がある．大槻玄沢編『環海異聞』の当事者の1人である津太夫が帰国後に語った「陸奥仙台領石巻米沢屋船魯西亜漂流之事」(『北狄事略』戊辰銷夏記)は代表例である．(1)～(3)がすべて存在する事例を参照すれば，同一経験の記述法について示唆される点が少なくない．なお少数ながら漂流者自身が記した記録も存在する．→環海異聞(かんかいいぶん)→北槎聞略(ほくさぶんりゃく)

参考文献　石井研堂編『漂流奇談全集』(『続帝国文庫』22)，同編『異国漂流奇譚集』，荒川秀俊編『近世漂流記集』，池田晧編『日本庶民生活史料集成』5，春名徹「炉辺談話型漂流記の形成について」(『調布日本文化』7)，同「遍歴する漂流譚」(『国学院大学紀要』44)　　　　　　　　　　　　(春名　徹)

027 飛来一閑 ひらいいっかん　1578～1657

江戸時代前期の塗師．代々千家十職の1人として一閑張の業を伝える．初代一閑は明の万暦6年(1578)に生まれ，寛永年間(1624～44)に明より帰化し，その出自である浙江省杭州の西湖畔飛来峰にちなみ飛来を姓とし，朝雪斎・金剛山人・蝶々子と号す．一閑張の技法を考案し，千宗旦にその雅味を賞され，世に知られるようになった．大徳寺清巌宗渭のもとに参禅し，書画をよくした．明暦3年(1657)没．一説に80歳．一閑張は漆器に紙を用いるもので，木地に和紙を貼る技法と，型を用いて和紙を貼り重ねて作る張抜法とがある．紙を貼る接着剤は，飛来家では秘法としているが，植物の根を用いるというところから推して蕨糊と見られ，渋を混ぜて調整したものを用いる．

参考文献　荒川浩和「飛来一閑の技法―漆と紙の風合―」(表千家北山会館発行『千家十職　茶の湯の木工と塗り物細工』所収)　　　　　(荒川　浩和)

028 平戸 ひらど

長崎県北部，北松浦半島の西に位置する平戸島・大島・生月(いきつき)島・度島(たくしま)，北松浦半島西北部および周辺の小島と田平町から成る市．平戸島は南北40km，東西9km，面積163.14km²．中部の安満(やすまん)岳(535m)以下，ほぼ300～400m級の連峰が中南部に展開．旧石器時代から縄文・弥生各時代にかけての遺跡が島全域に分布．特に中西部の堤西牟田遺跡(堤町)は2万1000年以前のものと推定される．また中部の根獅子(ねしこ)遺跡(根獅子町)からは4体の弥生人骨が出土し，このうちの女性頭骨からは抜歯の風習が判明．平戸の地名については，『肥前国風土記』に，島南部の称として「志式島」がみえる．式内社志々伎神社が鎮座した志々伎山によるものであろう．『三代実録』には庇羅郷とある．官牧の設置もみられた．すでに平安時代末には平戸とみえる(『青方文書』)．『三代実録』貞観18年(876)3月9日条によると，松浦郡の庇羅郷(平戸)と値嘉郷(五島)をそれぞれ郡に昇格させ，上近郡と下近郡とし，この2郡をもって値嘉島という行政区域(国に相当)を設定する政府の決定をみ

たという．ただしその施行の実否・期間は不明．平戸島は遣唐使船の経由地ともなった．平安時代末以来，この地は宇野御厨（みくりや）に属した．鎌倉時代に入ると，峯・大江・津吉・志自岐氏らがあった．このうち峯氏は，松浦党の祖とされる源久の子直の子披を祖とするもので，のち平戸氏，さらに戦国時代，一族の主導権を掌握してからは松浦氏を称して戦国大名として平戸を中心に大名領国を形成し，近世大名へと推移する．天文19年(1550)，平戸にポルトガル船が入港し，松浦氏と通商を開始，これを機にフランシスコ＝ザビエルが入部し，以後，平戸は南蛮貿易港として繁栄し，またキリスト教が布教された．しかし領国内の仏教徒・僧侶らの反発から領主松浦隆信がキリスト教とは一線を画したことから，ポルトガル人は永禄5年(1562)平戸を去って大村純忠領の肥前横瀬浦（長崎県西海（さいかい）市）へと移り，同浦壊滅後，一旦平戸は貿易港として復活するかにみえたが，隆信の子鎮信（法印）のキリスト教に対する悪意から新たに福田浦（長崎市福田本町），ついて長崎浦へと転ずるなど，南蛮貿易は断絶した．その後平戸は，慶長14年(1609)松浦隆信（宗陽）時代にオランダ貿易が開始され，同年その商館が設置，ついて同18年イギリス商館が設置されることにより甦り，繁栄を取り戻した．しかし，それまで長崎で貿易を行なっていたポルトガル人が，寛永16年(1639)長崎から追放されたこと，これに伴い五ヵ所商人が長崎での貿易復活を願ったこと，松浦氏の貿易行為をオランダ人が嫌悪したことなどから，幕府はついに寛永18年平戸オランダ商館の閉鎖とその長崎移転を命じた．こうして平戸は貿易の利を失い衰退した．イギリス商館はすでに元和9年(1623)に閉鎖されていた．一方平戸藩は，鎮信（法印）以後，6万3200石（寛文4年(1664)以後6万1700石）の外様大名として，平戸の日之岳城（のち亀岡城）を拠点として藩政を施行して，以後明治維新に至った．平戸藩は当初から対外貿易廃絶に伴う経済的打撃からの立ち直りに苦慮した．特に江戸時代中期以後の著しい財政不足に対処するため藩政改革を実施した．この間，文化元年(1804)港内埋立てによって，新たに築地町をつくって狭隘な城下町を拡張するなどがあった．維新後の明治4年(1871)，平戸県を経て長崎県下となる．11年現平戸市域は松浦郡から北松浦郡の所属となり，平戸町・平戸村・中野村・宝亀村など11町村となる．22年町村制施行に伴い8町村に合併．この折，度島（多久島村）は平戸村となる．大正14年(1925)平戸町・平戸村は合併し平戸町となる．その後昭和30年(1955)1月1日，平戸町・中野村・獅子村・紐差（ひもさし）村・中津良（なかつら）村・津吉村・志々伎村が合併して平戸市が設置され，平成17年(2005)大島村・生月町・田平（たびら）町と合体し新たな平戸市となった．昭和30年平戸島は西海国立公園内に編入され，52年には宿願の平戸大橋が九州本土北松浦郡田平町との間に架けられた．面積235.60km²，人口3万8691人（平成19年3月31日現在）．　→度島（たくしま）

参考文献　『長崎県史』史料編2，山口麻太郎編『平戸藩法令規式集成』，『平戸市史』，『大島町郷土誌』，三間文五郎編『平戸藩史考』，藤野保『新訂幕藩体制史の研究』，外山幹夫『松浦氏と平戸貿易』

（外山　幹夫）

029　平戸一官　ひらどいっかん　⇨鄭芝竜（ていしりゅう）

030　平戸商館　ひらどしょうかん　⇨イギリス商館　⇨オランダ商館

031　平野神社　ひらのじんじゃ　京都市北区平野宮本町鎮座．旧官幣大社．祭神は今木（いまき）神（第1殿），久度（くど）神（第2殿），古開（ふるあき）神（第3殿），比売（ひめ）神（第4殿）．当社は延暦13年(794)10月桓武天皇が平安遷都の後，生母高野新笠の祖廟として祀られていたのを外戚の故をもって大和国から皇居近くに遷し祀ったもので，その時期は，『類聚三代格』貞観14年(872)12月15日の太政官符に，延暦年中に建てられた由がみえ，ついて延暦20年5月14日の太政官符には平野祭が載っているので，それ以前と思われ，したがって遷都から程遠くない時期と考えられよう．そして『延喜式』祝詞の平野祭には「今木与利仕奉来流皇太御神能広前爾白給久」とあるから，今木すなわち大和国高市郡今木より遷し祀られたものであり，また同祭の祝詞が今木神と久度・古開2所の宮とが別祝詞になっていることから，遷祀の順はまず今木神，ついて久度・古開両神が祀られたものであろう．さて今木神の今木はもと今来（新来）の意で，新たに渡来した帰化人を指したが，後にはその住居地をも称するようになった．高野新笠の出自は，『続日本紀』延暦9年正月壬子条に「后先出₋自₌百済武寧王之子純陀太子₋」とみえ，百済の王族のわが国に帰化したもので，その地に祖先を祀ったのが今木大神である．次に久度神は，『延喜式』神名帳の大和国平群郡20座の中の久度神社の祭神と考えられ，大枝朝臣土師宿禰がその祖神を祀ったもの．次の古開神は，諸本に古関神ともあって，開・関のいずれに従うべきか明らかでなく，あまつさえ旧地名も見当らない．あるいは大和国添下郡の旧地名であるかも知れない．とすればこの地の佐紀神社を桓武天皇の外祖母大枝氏（貞観年中大江氏と改む）の氏神の故をもって新都に遷し祀ったものであろう．なお金子武雄は，この古開神と久度神とはもと同一の神であったであろうと『延喜式祝詞講』において述べ，また内藤湖南は，久度神は百済の祖，尚古王の子仇首王のことで，仇首は日本音で「くど」と訓ぜられるので，これを久度神と称して今木神とともに桓武天皇の外祖神として祀ったとしている（『日本文化史研究』）．次に比売神については，古くは神を奉斎した女性をのちに神として祀り比売神と称したもので，当社第4殿の神は高野新笠姫

と伝えられている．なお『延喜式』太政官に「凡平野祭者，桓武天皇之後王（改ㇾ姓爲ㇾ臣者亦同），及大江和等氏人，並預=見参=」とあるのをみると，桓武天皇のあとの王と大江氏と和氏とが平野の祭神といかに特別な関係にあったかがわかる．この祭神四柱については，古来種々の説があり，これを次田潤は『祝詞新講』の中で次の3つにまとめている．第1説は，古く一般に行われた今木神を源氏の氏神，久度神を平氏の氏神，古開神を高階氏の氏神，比売神を大江氏の氏神とする説．第2説は，4柱をことごとく竈の神とみる説（『大祓執中抄』『平野神社祭神考』）．すなわち，今木は今食（いまけ）．久度は烟抜の穴のある竈（『和名類聚抄』）．古開は主上の朝夕の膳を調達するための竈の霊で，この竈は1代ごとに改造される例となっており，崩御の後に空器となった竈を古開と称えて祀ったもの．比売神は炊ぐことを諸民に教えた功ある神とする説．第3説は，平野の諸神をことごとく桓武天皇の母方の祖神とする説（伴信友の『蕃神考』）である．神階については，承和10年（843）今木神に名神を，ついで貞観5年久度・古開2神に正三位，比売神に従四位上を，同6年7月10日今木神に正一位を贈られ，そして平安時代中期以後は二十二社のうちの上の第5位に，ついで明治4年（1871）5月官幣大社に列せられている．祭日は『延喜式』四時祭上の平野神四座祭の条に「右夏四月冬十一月上申日祭ㇾ之」とあり，現在の例祭は4月2日．本殿（4殿2棟）の建築様式は平野造とも比翼春日造とも称し，寛永3年（1626）・同9年の再建で重要文化財．拝殿は東福門院寄進の「接木の拝殿」として有名．境内の桜苑は，花山天皇が寛和元年（985）に手植してより桜の名所として名高く，江戸時代には平野の夜桜として一般庶民に親しまれ，今日に至っている．
→平野神（ひらののかみ）

参考文献 鈴鹿連胤『神社覈録』，伴信友『神名帳考証』（『伴信友全集』1），『平野宮御伝記』，遠藤允信編『増訂平野集説』，『平野神社史』

（鈴木 義一）

032 平野藤次郎 ひらのとうじろう ？～1638 江戸時代初期銀座の頭役，海外貿易家．諱は正貞．父は末吉次郎兵衛長成で，代々平野藤次郎を称し，安井九郎兵衛と協力して大坂道頓堀を開鑿し，ついで大坂の陣に徳川方に尽くして，功により元和元年（1615）から代官に任ぜられた．その後母とともに朱印状の下付を受けて，しばしば台湾に船を派遣して貿易に従事し，さらに交趾（コーチ）・東京（トンキン）貿易に従事して大いに活動したが，寛永15年（1638）6月10日に死亡した．

参考文献 岩生成一「江戸幕府の代官平野藤次郎」（『法政大学文学部紀要』13），中田易直『近世対外関係史の研究』，同「末吉孫左衛門と末吉平野一統」（『日本歴史』501）

（岩生 成一）

033 平野神 ひらののかみ 京都市北区平野宮本町の旧官幣大社平野神社に祀られる，今木（いまき）神・久度（くど）神・古開（ふるあき）神・比咩（比売，ひめ）神の4神．『本朝月令』所引の『貞観式』逸文に「平野・久度・古開三神」とあり，平野神とはもとは，主神の今木神の呼名だった．今木は「今来」で，新しく渡来したという意味．百済系の渡来人集団の神で，平城京でも祀られたが，都が平安京に移されたとき遷座された．→平野神社（ひらのじんじゃ）

（吉田 敦彦）

034 平山常陳 ひらやまじょうちん ？～1622 江戸時代前期のキリシタンの朱印船貿易家，殉教者．堺の出身，洗礼名ジョアチン＝ディアス．呂宋（ルソン）貿易に従事し，ドミニコ会士と接触し，この間，ドミニコ会の第三会員（第三会とは正規の修道会員ではないが俗人として修道士同様の信仰生活を維持する信徒の組織）となったといわれる．1620年（元和6）6月，マニラから日本潜入を志すアウグスチノ会士ペドロ＝デ＝ズニガ Pedro de Zuñiga, OESA. とドミニコ会士ルイス＝フロレス Luis Flores, OP. を便乗させて日本に向かい，途中澳門（マカオ）に寄港，7月2日（和暦6月3日）同地を出港，22日台湾近海でイギリス船エリザベス号に拿捕され，8月5日（和暦7月7日）平戸に曳航された．この間，右の2名の宣教師が摘発され，その身柄は平戸オランダ商館に引き渡され，厳しい取調べを受けたが，両人は身分を明らかにしなかった．一方，蘭・英商館は常陳の船をイスパニア船と見做してその積荷を蘭英防禦協定に基づき，捕獲品として没収し，双方に分配することを主張したが，常陳は積荷は日本人商人のもので没収は不当であると主張し，長崎奉行に訴訟した．事件は長崎奉行長谷川権六藤正と平戸藩主松浦隆信の手に委ねられたが，審理は蘭・英商館に好意的な隆信の主導で進められ，結局，元和7年10月17日の最終審判でズニガは宣教師であることを告白し，フロレスも翌元和8年正月23日，身分を明らかにした．同年7月13日，常陳はズニガ・フロレスとともに長崎で火刑に処せられ，船員12名は斬首された．フランシスコ＝カレロは常陳に関して，「体軀は矮小であるが勇気と鋭気に富み，事に当って勇猛果断，信仰の諸事に蘊奥を極め，日本の諸宗派を論駁してその迷妄を破り彼等の崇めているところが全く誤謬である所以を明らかにした」と述べているが，この記述には彼の殉教を飾るための虚構も尠なくないと見られる．

参考文献 『大日本史料』12ノ45，元和8年7月13日条，レオン＝パジェス『日本切支丹宗門史』（吉田小五郎訳，『岩波文庫』），岡田章雄「平山常陳事件」（『岡田章雄著作集』3所収），Léon Pagés: L'Histoire de la religion chrétienne au Japon, 1598—1651; P. Francisco Carrero: Triunfo del Santo Rosario y Orden de Santo Domingo en los Reinos del Japon, desde el año del Señor 1617 hasta el de 1624, Cap. 22. （加藤　榮一）

035　平山常陳事件　ひらやまじょうちんじけん　近世初頭の朱印船貿易とキリスト教禁教政策に絡まる事件．慶長18年12月23日（1615年1月22日）に発せられた江戸幕府のキリスト教禁制により，宣教師の国外追放，信徒に対する弾圧の強化という事態に直面し，1620年（元和6年），マニラのアウグスチノ会では，日本の信徒の要望もあり，日本に宣教師を派遣することを決定した．そして，同会のペドロ＝デ＝ズニガ神父 P. Pedro de Zuñiga, OESA. と，またこれに呼応してドミニコ会のルイス＝フロレス神父 P. Luis Flores, OP. が日本渡航を志願し，同年6月4日ごろ，平山常陳を船長とする船に便乗してマニラを出発した．同船は澳門（マカオ）に寄港したのち日本に向かったが，途中，7月22日（元和6年7月23日），台湾近海でイギリス船エリザベス号の臨検を受け拿捕された．折しも，オランダ人とイギリス人は1619年に本国の蘭英両国東インド会社が，共通の敵イスパニア勢力をアジアから駆逐するため協定を結んだことを受けて，20年に蘭英防禦艦隊が平戸を母港として組織され，マニラ封鎖作戦を展開し，日本近海でも彼らのイスパニア船・ポルトガル船・中国船に対する掠奪行為が一段と激しくなっていた．エリザベス号は常陳船を平戸に曳航し，その間に船内で2名の宣教師が摘発されて平戸のオランダ商館に身柄を引き渡され，厳しい取調べが行われたが，2人は累が船長らに及ぶことを慮って容易に身分を明かさなかった．日本商人たちは日本船に対する英蘭人の不法行為としてこれを長崎奉行に訴えた．一方，蘭英両商館側も平戸の領主松浦氏に働きかけ，これを宣教師密航事件として喧伝し，常陳船拿捕の合法性を主張した．事件は長崎奉行長谷川権六藤正と平戸の領主松浦隆信の協議に委ねられたが，審理は容易に決着しなかった．その背後には，長崎を拠点とする日本商人やポルトガル商人たちの利害を重視する長崎奉行と，蘭英商館との交易に依存する松浦氏との利害関係の対立が絡んでいた．審理の結末が予断を許さない状況を見て，平戸のオランダ・イギリス両商館では協議のすえ，それぞれ2名の使節を江戸におくり，両国商館の主要なメンバーが連署した元和6年8月12日（1620年9月8日）付の共同決議文を作成して将軍家に提出し，今回の事件がイスパニア人宣教師の潜航事件であり，このような事件は日本の朱印船の海外渡航を許す限り根絶することは不可能であると訴えた．一方，平戸では拘禁されたズニガ・フロレスらの取調べと，松浦氏の法廷での事件の審理が進められ，元和7年10月17日の最終審判でズニガは宣教師であることを告白し，フロレスも翌元和8年正月23日，身分を明らかにした．その結果，ズニガ・フロレス両神父と平山常陳は，元和8年7月13日，長崎で火刑に処せられ，船員12名が斬首された．この事件は，のちに，いわゆる元和8年の大殉教へと発展し，その後の禁教政策の強化に連なった．一方，常陳船拿捕の件については，一応，勝訴を獲得したオランダ・イギリス商館側に対しても，幕府は元和7年に，平戸の領主を介して，オランダ・イギリス船が日本から武器を輸出し，日本人を戦闘要員として海外に連れ出すことを厳禁し，さらに，日本の港や近海において，彼らが日本船・ポルトガル船・中国船などに対して海賊行為を働くことを禁止する命令を下した．平山常陳事件は，キリスト教の布教ならびに，その後の朱印船貿易の動向に大きな影響を及ぼしたことに留まらず，元和9年のマニラとの国交断絶と，平戸商館を拠点として極東水域で軍事活動を展開していたオランダ連合東インド会社の戦略行動にも大きな影響を及ぼし，オランダ船の日本貿易を海賊から商人へと転換させる契機ともなったのである．　→フロレス　　（加藤　榮一）

036　被虜人　ひりょにん　みずからの意志に反して拉致されたり，捕虜になったりした人．

（1）倭寇に捕らえられた人．14世紀後半〜15世紀に朝鮮半島や中国大陸沿岸部を襲った倭寇（前期倭寇）は，朝鮮人や中国人を殺したり，捕虜にしたりした．女性を捕虜にし，暴行することも多かった．被虜人は，案内人（諜者）として倭寇の活動に従事させるほか，博多・対馬や琉球の那覇などで商品として売買され，転売されていった．対馬の宗氏や早田氏らのもとで家内奴隷として使役され，対馬や西日本の港において，漁業や輸送業などの労働力とされた．足利義満のもとで通事となった魏天のような被虜中国人もいる．被虜朝鮮人は，足利義満や，九州探題今川了俊ら各地の領主によって，朝鮮王朝に送還された．被虜中国人は，同様に朝鮮王朝に送られた後，明へ転送されるケースが多かった．これらの送還は，人道的な理由というよりも，朝鮮王朝から御礼として贈られる回賜品や，朝鮮王朝への通交権を獲得しようとする送還者の意図が強かった．16世紀の後期倭寇による被虜人も生まれ，五島から「南蕃国」まで転売された事例がある．

（2）豊臣秀吉の朝鮮侵略（文禄元年（1592）〜慶長3年（1598））の際に捕虜になった人．諸大名や人買商人らによって，多数の被虜朝鮮人が日本に連行された．被虜人は，侍者・茶坊主・しもべ・厨子（料理人）や，女性に仕える侍女・宦者，陶工・印刷工などの職人，薬屋・茶屋のような商人など，多様であった．姜沆のような朱子学者も含まれ，彼は藤原惺窩らと交流している．朝鮮王朝側の要請に応じて，被虜人の一部（6100人程度と推定される）は，朝鮮王朝に送還された．被虜人が本国へ帰還する経緯は，①被虜人の自力帰国，②対馬宗氏などを介在した送還，③朝鮮使節（回答兼刷還使や通信使）が来日した際の送還の3つに大別さ

れる。帰国しなかった被虜朝鮮人は、おおむね日本社会に同化し、武士になる例もみられる。

参考文献　有井智徳『高麗李朝史の研究』、関周一『中世日朝海域史の研究』、内藤雋輔『文禄・慶長役における被擄人の研究』、藤木久志『雑兵たちの戦場』、高橋公明「異民族の人身売買」(『アジアのなかの日本史』3所収)、秋山謙蔵「「倭寇」による朝鮮・支那人奴隷の掠奪とその送還及び売買」(『社会経済史学』2ノ8)、石原道博「倭寇と朝鮮人俘虜の送還問題」(『朝鮮学報』9・10)、米谷均「「朝鮮通信使」と被虜人刷還活動について」(『対馬宗家文書』第1期朝鮮通信使記録　別冊中)、同「近世日朝関係における戦争捕虜の送還」(『歴史評論』595)、大石学「近世日本社会の朝鮮人藩士」(『日本歴史』640)、木部和昭「萩藩における朝鮮人捕虜と武士社会」(『歴史評論』593)　　　　　　　　　　(関　周一)

037　ビレラ　Gaspar Vilela　？～1572　イエズス会宣教師。ポルトガル人。1524年ごろエボラに生まれ、いつどこで司祭になったかは不明であるが、司祭になってから53年にインドでイエズス会に入り、弘治2年(1556)にヌニエス＝バレト神父一行と一緒に来日した。最初は平戸へ派遣され、特に籠手田氏の領内で伝道し、度島(長崎県平戸市度島町)・生月(同市生月町地区)などで集団洗礼を行なった。これは、江戸時代を通じて信仰を守り通したいわゆる潜伏キリシタンの基礎となった。永禄元年(1558)に平戸で公に仏像・経典などを焼き棄てたため、騒動が起ったので、神父は豊後へ退いた。その後、ビレラは考え直し、日本の文化・風俗への順応方針の先駆者となった。翌2年に日本人伝道士ロレンソとダミアンとともに京都へ赴き、京都地方での伝道を開始した。最初は、極貧のうちに苦労しまた迫害を受けたが、永禄6年以後、清原枝賢・結城忠正・高山図書など武士階級の洗礼ののち、布教活動は急速に発展した。永禄9年に彼は九州へ召還され、同11年、長崎甚左衛門(純景)の領内で伝道を開始し、漁民の集団改宗につづき城下の仏寺を聖堂に改造し、トードス＝オス＝サントスとし、すなわち諸聖人にささげた(今の春徳寺の場所(長崎市夫婦川町))。ビレラの指導で何人かの聖人の小伝が翻訳され、また典礼の方面では、ミサ中の対話、聖週間の諸行事などに日本的な要素が導入された。神父の書簡は2通がエボラ版の日本書簡集に収録され、村上直次郎による邦訳が『イエズス会士日本通信』下(『新異国叢書』2)にある。過労で健康を害したので、70年にインドへ送られたが、72年にゴアで死去した。キリシタン伝道の開拓者の1人として高く評価されている。

　　　　　　　　　　　　　　　(H・チースリク)

038　ヒロン　Bernardino de Avila Giron　⇨アビラ＝ヒロン

039　ヒロン日本王国記　ヒロンにほんおうこくき　16世紀末から17世紀にかけて約20年間、主として長崎に在住していたイスパニヤの商人Avila Gironの綴った『転訛してハポンと呼ばれている日本王国に関する報告』Relacion del Reino a que llaman Corruptante Japonのことで、全体23章からなり、豊臣秀吉から徳川家康のころまでの、移り変わる日本の国情を詳しく述べたものである。『大航海時代叢書』11に『日本王国記』と題して翻訳が収められている。　➡アビラ＝ヒロン

　　　　　　　　　　　　　　　(岩生　成一)

040　ピント　Fernão Mendez Pinto　1509～83　ポルトガルの冒険的旅行家。1509年生まれる(1511年・14年説あり)。いわゆる大航海時代の風潮に乗じて1537年ごろインドに赴いたのち、58年までの約20年間、東南アジア・中国・日本水域をあるいは奴隷として、また兵士として、商人として、宣教師として、海賊として遍歴し、その間の見聞を自伝的にまとめた。これはPeregrinaçãoとしてピントの死後1614年刊行され、ヨーロッパの読書界に大きな波紋を捲き起こした。彼は4度日本を訪れており、全226章のうち200章以降は日本関係の記述に充てられており、種子島来航当時からザビエルとともに日本布教に携わったことや、大友宗麟との会見など中国情勢などを含め当時の東アジアのキリスト教伝道のことなどが叙述されている。全体的にみて必ずしも事実に基づく記述ではなくむしろ多分にフィクションを交えた文学的作品と評価されている。しかし側面史としては無視しえない記述が各処に見られるなど注目すべき著作といえよう。完訳には岡村多希子訳『東洋遍歴記』(『東洋文庫』366・371・373)がある。1583年没。　　　　　　　(箭内　健次)

041　賓礼　ひんれい　古代の外交使節を迎える際の儀礼。律令制の整備とともに、隋唐の制度にならって導入され、特に『大唐開元礼』を参考に整備された。主に来日した新羅使・渤海使を迎える、入国から帰国まで一連の儀式を賓礼と総称している。具体的には、大宰府や沿海諸国に到着した使節を客館(鴻臚館)などの施設に安置・供給することに始まり、朝廷から使者が派遣され(存問使・領客使)、入京が許可されると使節を伴って都まで案内し、京内の迎賓使節(鴻臚館)に滞在させる。その後、来日の時期によって、正月元日朝賀の儀をはじめとする朝廷の儀式に参列し、拝朝して国書の奉呈ないし王言の奏上と国信物の献上が行われた。その後饗宴が催され、使節に対して授位や賜禄が行われ、天皇の国書(慰労詔書)や答礼品が授与され、使節は帰途につく。『延喜式』などに「渤海国使進王啓并信物儀」「賜渤海客饗儀」「賜渤海客宴儀」などとして細かい式次第が定められている。

参考文献　鍋田一「古代の賓礼をめぐって」(柴田実先生古稀記念会編『柴田実先生古稀記念日本文化史

論叢』所収)，同「六・七世紀の賓礼に関する覚書」(滝川博士米寿記念会編『律令制の諸問題―滝川政次郎博士米寿記念論集―』所収)，田島公「日本の律令国家の「賓礼」」(『史林』68ノ3)

(石井　正敏)

ふ

001 武 ぶ　⇨倭の五王(わのごおう)

002 ファレンタイン日本志 ファレンタインにほんし　ファレンタイン François Valentijn(1666～1727)はオランダの牧師，著作家．その百科辞書的大著『新旧東インド誌』Oud en Nieuw Oost-Indiën, 1724―26. 全5巻8冊中の第5巻2冊9章に収められたのが「オランダ人日本通航貿易志」Beschrijvinge van den Handel en Vaart der Nederlanderen op Japan, 166p, 1 map. 通称「日本志」である．彼は日本に来たことはないが，先人の著述，オランダ東インド会社の記録をもとに，日本の地理，歴史，政治，宗教，新旧キリスト教，度量衡，ヨーロッパ人来航史，オランダ東インド会社日本貿易史，鎖国令ほか諸法令を述べた．特に1635年(寛永12)以降17世紀各オランダ商館長の日誌や，1702年(元禄15)商館長ドゥフラス Abraham Douglas の江戸参府日誌を抄録しているのは，原史料が未刊であった当時，日蘭交渉を具体的に述べた基礎史料として，きわめて価値が高い．ただ惜しむらくは，叙述が18世紀当初で終っている．

[参考文献]　故内田嘉吉氏記念事業会編『内田嘉吉文庫稀覯書集覧』　　　　　　　　(中村　孝志)

003 ファン゠ディーメン Antonio van Diemen　⇨ディーメン

004 ファン゠フリート Jeremias van Vliet　1602～63　オランダのシャム臨時商館長(在勤1634～37年)．1602年に生まれる．助手として東インドに渡航(29年)．下級商務員に昇進した後，新設のシャム商館勤務となり，同地に41年まで滞在．この間，同国の政治・経済・歴史・風俗などを調査し，『シャム王国誌』『シャム王位継承戦記』『アユタヤ王年代記』などを記した．『シャム王位継承戦記』は，山田長政について記した，数少ない文献として知られている．パレンバンに委員として赴き(42年)，マラッカの長官(42～45年)，ついで東インド臨時評議員となる(45年)．帰国艦隊の司令官として帰国(46年)．故郷シーダムの市会議員を勤めた．63年2月没．

[参考文献]　ヨースト゠スハウテン『暹羅王国における政治・勢力・宗教・風俗・商業・その他著名の事項に関する記事』(幸田成友訳，フランソワ゠カロン『日本大王国志』附録)　　　　　　(永積　洋子)

005 ファン゠リンスホーテン Jan Huyghen van Linschoten　⇨リンスホーテン

006 ファン゠ローデンステイン Jan Joosten van Lodenstijn　⇨ヤン゠ヨーステン

007 **フィゲイレド** Melchior de Figueiredo ?～1597
インド人イエズス会司祭．1530年ごろインドのゴアに生まれ，54年，テルナーテでイエズス会入会，58年までモルッカ諸島で布教，61年，司祭，ゴア修練院院長となる．永禄7年(1564)来日，平戸着．口之津・島原・臼杵・大村・福田・口之津で布教，元亀元年(1570)長崎湾を測量し福田港に代わる良港と選定し，翌2年，長崎に小聖堂(岬の教会＝被昇天の聖母教会)を建て，五島・博多を経，天正9年(1581)府内のコレジョ初代院長として第1回日本協議会に参加，同12年，名医曲直瀬道三正盛(一渓)の治療を京都で受けて改宗させ，同14年，病のため平戸港から離日，マカオを経て1597年7月3日ゴアで没．日本語をきわめてよく解した．

参考文献 ルイス＝フロイス『完訳フロイス日本史』(松田毅一・川崎桃太訳，『中公文庫』)，パチェコ＝ディエゴ『長崎を開いた人―コスメ・デ・トーレスの生涯―』(佐久間正訳)，J. F. Schütte S. J. : Monumenta Historica Japoniae I, Monumenta Historica Societatis Iesu, vol. 111 ; J. Wicki S. J. : Valignano, Historia del principio y progreso de la Compañia de Jesús en las Indias Orientales (1542—64), Bibliotecha Inst. Hist. S. I., vol. II ; J. F. Schütte S. J. : Introductio ad Historiam Societatis Iesu in Japonia 1549—1650.
(井手　勝美)

008 **フィッセル** Johan Frederik van Overmeer Fisscher 1800～48 オランダの出島商館員．オランダのハルデルウェクに1800年2月18日生まれる．19年東インドに渡り，20年(文政3)出島のオランダ商館勤務となり長崎に到着．文政8年より荷倉役となる．文政11年9月の台風により稲佐に擱岸してシーボルト事件の発端を作ったコルネリス＝ハウトマン号が修理を終えた後，12年2月同船に乗り日本を去った．その間文政5年商館長ブロンホフ Jan Cock Blomhoff の江戸参府に随行して日本人学者との交流があった．遊女粧との間に1男をもうけたが文政9年5月夭折した．1830年祖国に帰り，33年著書 "Bijdrage tot de kennis van het Japansche Rijk" をアムステルダムで出版．その後再び短期間バタビアにいたが帰国し，48年10月23日アントワープで病没．48歳．彼の日本収集品はライデンの国立民族学博物館やライデン大学(図書の主なもの)に収蔵されている．

参考文献 庄司三男「J. F. van Overmeer Fisscher とその著 "Bijdrage tot de kennis van het Japansche Rijk"」(『蘭学資料研究会研究報告』272)
(庄司　三男)

009 **フィッセル日本風俗備考** フィッセルにほんふうぞくびこう 文政3年(1820)来日，12年離日まで長崎出島オランダ商館に勤務したフィッセル Johan Frederik van Overmeer Fisscher が彼の豊富な見聞・体験・資料に基づいて著わした書．原題 "Bijdrage tot de kennis van het Japansche Rijk" 1833年オランダ，アムステルダムで刊行．ライデンの国立民族学博物館所蔵の "CATALOGUS VAN OVERMEER FISSCHER"(『日本収集品目録』)は同書に利用された資料の豊富さを証明している．同書はヨーロッパにおいて日本に関する知識への大きな寄与として高い評価をうけた．わが国でも幕末，山路弥左衛門諧孝のもと杉田成卿・箕作阮甫・竹内玄同・高須松亭・宇田川興斎・品川梅次郎らの分担翻訳による『日本風俗備考』22巻(『文明源流叢書』3)が完成．また斎藤阿具訳『フィッセル参府紀行』(『異国叢書』5)がある．庄司三男・沼田次郎訳注『日本風俗備考』1・2(『東洋文庫』326・341)は原本からの新たな翻訳である．
(庄司　三男)

010 **フィリピン** Philippines 東南アジアにある共和国．首都はメトロ＝マニラ．7100余りの島々からなる島嶼国家．16世紀に始まるスペイン，それに引き続く1898年からのアメリカ合衆国の植民統治によって，東南アジアでは，特異な文化・社会を形成している．全住民の9割以上がキリスト教徒で，そのうち9割以上がカトリック教徒である．南部のミンダナオ島の一部やスルー諸島ではスペインの来航以前からイスラームが広まり，諸島各地の山岳地帯ではアニミズムが信仰されている．フィリピン文化はその宗教によって，それぞれカトリック文化圏，イスラーム文化圏，山岳アニミズム文化圏に分けて説明される．フィリピン諸語は，アウストロネシア(マラヨ＝ポリネシア)語族に属し，タガログ語・セブアノ語など全人口の1％以上が日常話す言葉は10種類を数え，相互の違いが大きいため，ある言葉を話す人にはほかの言葉は理解できない．アメリカによる英語教育の普及と近年の国語(フィリピノ語(タガログ語とほとんど同じ))政策のため，国民の大半が英語と国語を話す．スペイン・アメリカの影響は色濃く感じられるが，その基層文化はマレー系のものであり，フィリピン化したものも多い．日本とフィリピン諸島の交流が本格化するのは，16世紀に入ってから「倭寇」，通商，キリスト教を通してであった．1586年(天正14)の長崎の大村船以降，ほぼ毎年，主に九州各地から季節風を利用して1～2月にマニラに入港し，6～7月に帰航する日本商船があった．主な貿易品は，日本から銀，日本へ生糸・絹織物などの中国産品，黄金・鹿皮であった．貿易の拡大とともに，マニラに滞留する日本人も増加し，1590年代初頭に，日本町ディラオ Dilao が成立した．一方，江戸幕府のキリスト教弾圧が激しくなると，1614年の高山右近・内藤如庵などのようにマニラに来る日本人キリスト教徒が増加し，15年ディラオに隣接してサン＝ミゲル San Miguel 日本人居住区が設立された．これらの日本町は，慶長6年(1601)に成立した朱印船貿易(寛永元年(1624)

までに呂宋渡航船朱印状50通下付)により拡大し，1620年代前半の最盛期には人口3000人に達した．しかし，鎖国政策の影響で，日本町は自然消滅し，日本とフィリピンの関係も偶発的な漂流民を除いて，その直接的な交流は途絶えた．マニラの日本町は，当時東南アジア各地に成立した日本町のなかで地理的に日本にもっとも近いことから，もっとも古く成立し，長期間にわたり存続し，規模も最大であった．その活動も多方面に及び，ほかの日本町に比べ，宗教的色彩が濃かった．

再び，日本がスペイン領フィリピン諸島と関わりを持つようになるのは，明治以降であった．明治21年(1888)マニラに日本領事館が開設され，人的，物的交流が計られた．しかし，期待された成果はあげられず，同26年に一時閉鎖に追い込まれた(約3年間)．日本とフィリピンの交流が活発になるのは，フィリピンがアメリカ合衆国領となった同31年以降である．植民地開発を急ぎ，労働者不足に悩むアメリカは，避暑地バギオBaguioに通じるベンゲットBenguet道路建設はじめ各地で日本人労働者を雇用し，同36年から翌年にかけて5000人余りの日本人がフィリピンに渡った．明治期のフィリピンの日本人は，出稼ぎ労働者，「からゆきさん」(日本人売春婦)，小規模商店主・行商人など民間の個人が中心であった．ところが，第1次世界大戦を契機として日本本土の大資本が進出し，それまで細々と行われていたマニラの商業活動やダバオDavaoのマニラ麻農園は，本土から流入してきた資本を背景に飛躍的に発展した．昭和10年(1935)代になると，日本の経済進出はさらに盛んになり，ダバオの日本人土地所有問題など経済摩擦を引き起こした．こうした経済的緊張関係は，日本の南進構想によってさらに増幅され，ついに日米戦争に突入した．戦争前夜の在留邦人人口は約3万人と推定され，そのうち2万人がダバオに在住していた．昭和17年1月より，フィリピンでは日本軍政が敷かれた．日本軍は虐殺などにより残虐な印象を与え，フィリピン人の怒りと恨みをかった．激戦地となったフィリピンでは「バタアン死の行進」など数々の悲劇が生まれた．戦後も対日感情はなかなか好転しなかった．同26年に開始された日比賠償交渉は，同31年にようやく妥結し日比賠償協定が調印され，両国の国交が回復された．また，同35年に調印された日比友好通商航海条約は，マルコス戒厳令政権下の同48年になってようやく大統領権限で批准された．その後，日本の経済進出はめざましく，アメリカと並ぶ最大の貿易相手国となった．しかし，一方で，日本とフィリピンの経済格差から公害輸出，「買春」観光，「ジャパゆきさん」，マルコス疑惑，政府開発援助などの問題が生じた．面積30万km²，人口7650万人(2000年推定)．メトロ＝マニラに1000万人近くが集中．

[参考文献] レナト＝コンスタンティーノ『フィリピン民衆の歴史』(池端雪浦他訳，『フィリピン双書』8〜10・12)，池端雪浦編『東南アジア史』2(『新版世界各国史』6)，同編『日本占領下のフィリピン』，池端雪浦・リィデイア・N・ユー＝ホセ編『近現代日本・フィリピン関係史』，早瀬晋三『「ベンゲット移民」の虚像と実像』，同『未完のフィリピン革命』(『世界史リブレット』123)　(早瀬 晋三)

011 **風説書** ふうせつがき ⇨オランダ風説書　⇨唐船風説書(とうせんふうせつがき)

012 **風説定役** ふうせつさだめやく　唐通事(唐方の通訳官)における上級役職の1つ．元禄12年(1699)，官梅(林)道栄が任命されてから1人役で勤めた．寛延2年(1749)平野繁十郎病死後，年番大通事の兼役となる．明和のころ一時，年番の翌年に担当となったこともあったが，安永3年(1774)旧に復し兼役となった．職務は，唐船長崎入港に際して，稽古通事1人を連れ出張，唐風説書を受け取り，翻訳をなし，書類に作成のうえ，長崎奉行所へ提出，荷役前には「御条目」(幕府の禁令)の趣を読み聞かせ，年番通事立合いのもとに請書を作成させる．唐船が他領漂着，引船で長崎に曳航された際には，唐人を奉行所に連れてゆき詮議にあたる．そのほか，奉行所から唐人への命令・伝達などに際しては立合う，というものであった．長崎地役人中，類似の職掌で唐通事に準じていた阿蘭陀通詞においては，特に風説定役は設置されておらず，目付・年番大小通詞らがその役務にあたっていた．

[参考文献] 浦廉一「華夷変態解題」(『華夷変態』上所収)　(片桐 一男)

013 **風帆船** ふうはんせん ⇨西洋型帆船(せいようがたはんせん)

014 **風浪宮** ふうろうぐう　福岡県大川市大字酒見に鎮座．旧県社．別称風浪(かぜなみ)神社．祭神は小童命・息長足姫命・住吉神・高良玉垂命．神功皇后が三韓より凱旋したとき暴風雨が起り，船が危険になり，皇后が海神に祈ると，たちまち風や海は静まり，白鷺が現われたので，その地に宮を造り小童命を祀ったと伝える．古来，海上鎮護の神とされる．本殿は永禄3年(1560)領主蒲池鑑盛(宗雪)が再建，慶長8年(1603)田中吉政が修理し，社領52石を寄進．本殿と正平10年(北朝文和4，1355)銘の石造五重塔は重要文化財．例祭は1月29日(潮井詣)．

[参考文献] 大日本神祇会福岡県支部編『福岡県神社誌』下，福岡県教育委員会編『福岡県の文化財』　(中野 幡能)

015 **フエ　Hue**　ベトナム中部の古都．ユエはフランス式の呼称．漢字では順化と書く．16世紀からのベトナムでは，ハノイの鄭氏と対立して阮(グエン)氏が中部のフエに拠ったから，フエは中部ベトナムの要地となり，17世紀の日本からの朱印船の渡航地となった．18世紀後半のベトナムの内戦では，タイソン党の拠点の

1つであった．1802年，嘉隆（ザロン）帝（阮福暎）がベトナムを統一して阮朝を始めると，その首都となった．83年，フランス軍に占領され，フエ条約によって阮朝はフランスの保護国となったが，第2次世界大戦末に同朝が滅びるまで，首都であり続けた．したがって皇帝の居城・陵墓その他の史蹟が多い古都であったが，ベトナム戦争で被害を受けた．　　　　（和田　久徳）

016　フェイト　Arend Willem Feith　1745～82　江戸時代の長崎出島のオランダ商館長．1745年マラバルMalabarのコイランCoijlanに生まれる．1762年東インドに渡り，明和2年（1765）出島商館の商務員補と成り，以後，次第に昇進して明和8年はじめて商館長と成る．明和8年～安永元年（1772），同2～3年，同4～5年，同6～8年，同9年～天明元年（1781）の5期にわたり商館長を勤め，その間，安永元・3・5・7・8年・天明元年の6回江戸に参府している．したがって日本人との接触広く，江戸では中川淳庵・桂川甫周らの蘭学者，長崎では島津重豪や平沢元凱・林子平その他の知識人と接触し，当時の日本人識者に西欧についての知識・情報を多く供給した．1782年本国への帰途，5月14日死去．バタビアに葬られた．
（沼田　次郎）

017　フェートン号事件　ﾌｪｰﾄﾝごうじけん　江戸時代後期イギリス軍艦フェートンPhaeton号による長崎港不法侵入事件．艦長はフリートウッド＝ペリュー Sir Fleetwood Broughton Reynolds Pellew大佐．文化5年8月15日（1808年10月4日）フェートン号はオランダ国旗を掲げて長崎に来航．通常の入港手続のため，長崎奉行所の検使・通詞らとともに出向いたオランダ商館員2名を武装兵員が拉致，オランダの国旗を撤収して英国旗を掲げた．当時，オランダ本国はフランスの支配下にあり，その東南アジアの植民地はフランスの敵国であったイギリスに占領されていた．フェートン号はオランダ船の捕獲を目的として来航，港内を捜索，蘭船の不在を知ったが，人質をたてに食糧・飲料水を強要した．長崎奉行松平康英は商館長ヘンドリック＝ドゥーフHendrik Doeff, Jr.の説得に従い，それらを供給，人質を取戻した．さらに同艦の抑留を計画したが，準備の整わない17日，同艦は長崎港を去った．奉行は国威を辱めた責任をとって自刃．当年の長崎警衛の当番であった佐賀藩では番頭の切腹，藩士らの処分が行われた．11月に至り，藩主鍋島斉直も咎を受けた．翌年より，長崎に来航する外国船に対する臨検・入港手続が厳重となり，防備体制の強化がはかられた．この事件は，幕府に大きな衝撃を与え，文政8年（1825）の異国船打払令のきっかけとなった．

参考文献　『通航一覧』256～260，片桐一男「フェートン号事件が蘭船の長崎入港手続に及ぼしたる影響」（『法政史学』19）　　　　（片桐　一男）

018　フェフォ　Faifo　ベトナム中部を流れるトゥボンThu Bon河に面した河港ホイアン（会安）Hoianの旧名．漢字では坡舗と書く．慶長の末から元和年間（1615～24）にかけて日本人の集落である日本町が形成され，朱印船貿易も営まれた．いまもこの町には来遠橋と呼ぶ橋があり，一名日本橋ともいう．またその近郊には日本人の墓も残っている．なおこの町の北方25kmにあるトゥーラン（茶驎・茶竜）Touran（現在のダナンDanan）にも日本町があった．当時船舶はトゥーランから水路を航行してフェフォに達することができたので，トゥーランは船着きの際宿泊する港町で，フェフォは常設的に交易が営まれる港市として賑わった．現在トゥーランはベトナム中部の大都会ダナンに発展したが，ホイアンには昔日のフェフォの繁栄の面影はない．

参考文献　岩生成一『南洋日本町の研究』
（長岡新次郎）

019　フェリーペ＝デ＝ヘスース　Felipe de Jesús　1575～97　スペインのフランシスコ会士．日本二十六聖人の1人．一名，Felipe de las Casas．1575年スペインの名門の子としてメキシコに生まれた．生来放縦で，89年両親のすすめによりフランシスコ会修道院に入ったが，間もなく脱会して東洋貿易に従事，相当の成功を納めた．しかし，俗的快楽生活を棄てて献身を決意．マニラのフランシスコ会修道院を訪ね，再入会．請願修道士となり，メキシコに帰還することとなって，96年10月（慶長元年9月），サン＝フェリペ号に搭じ帰国の途遭難，土佐浦戸（高知市）に漂着．大坂を経て京都に送られ，同地のフランシスコ会修道院に逗留中，豊臣秀吉による弾圧により，在日の同会員が捕われた．彼はその時，逮捕名簿に記載されていなかったが進んで同志とともに捕われ，慶長元年12月19日（1597年2月5日）長崎西坂（長崎市）で殉教した．1627年列福．1862年列聖され，メキシコ守護の聖人とされている．
→サン＝フェリペ号事件

参考文献　レオン＝パジェス『日本廿六聖人』（木村太郎訳），パチェコ＝ディエゴ『長崎への道』（菅田玲子訳），Breve Resumen de la Vida y Martirio del Inclyto Mexicano, y Proto-Martyr del Japon, El Beato Felipe de Jesus. 1802.
（海老沢有道）

020　フェルナンデス　João Fernandes　1526～67　スペイン人，イエズス会修道士．1526年にコルドバに生まれ，47年にポルトガルのコインブラで修道士（Irmão）としてイエズス会に入り，48年にゴアへ派遣され，天文18年（1549）にフランシスコ＝シャビエルの同伴者として日本へ渡った．彼は語学の才能に卓越し早くに日本語を修得してシャビエルの通訳をつとめ，ともに平戸・博多・山口・京都へ行き，シャビエルが日本を去ったとき山口に残った．天文22年に豊後，府内（大分）

へ移り，永禄元年(1558)にガーゴ神父とともに博多へ行き，翌年，筑前の戦乱のため豊後へ戻ったが，永禄5年以後，主に平戸・度島(たくしま)・生月(いきつき)など平戸領内で伝道に従事した．日本語に精通していたので，彼は各主日の福音，キリスト受難録，福音および教理説明の説教などを翻訳し，また新来の宣教師のため，はじめて日本文法書と辞書を作成したが，それはすべて永禄6年に度島で焼失した．永禄10年5月20日(陽暦6月26日)に平戸で死去した．　→シャビエル

　参考文献　ディエゴ＝パチェコ『最初のイルマン』

（H・チースリク）

021 **フェレイラ**　Christovão Ferreira　⇨沢野忠庵(さわのちゅうあん)

022 **フォルカド**　Theodore Augustin Forcade　1816〜85　フランス人カトリック宣教師．1816年3月2日ベルサイユに生まれる．39年3月16日司祭叙階，42年10月2日パリ外国宣教会入会．12月14日マルセイユ出発，43年澳門(マカオ)上陸，44年(弘化元)4月28日一伝道士を伴い那覇滞在．その目的は，日本宣教と琉仏条約締結に備えての日本語の習得にあったが，聖現寺に軟禁状態であり，6000語の方言を纏めたにすぎなかった．46年(弘化3)3月5日初代日本代牧任命，7月17日琉球より長崎沖・朝鮮外煙島沖・フィリピンを経て香港上陸．47年2月21日司教叙階式，のちローマ・パリを経て48年9月12日パリ外国宣教会が日本宣教を放棄したため香港上陸，その間香港教区長兼務．52年1月2日パリ外国宣教会退会，4月6日ローマ復命．53年9月12日カリブ海の仏領ラ＝グァデルペ教区長，61年3月18日ヌーベル教区長，73年3月21日エクス大司教就任，84年パリ外国宣教会名誉会員．85年9月12日同地においてコレラ患者救援中コレラに罹り没す．69歳．同地に葬られる．

　参考文献　フォルカド『幕末日仏交流記—フォルカード神父の琉球日記—』(中島昭子・小川小百合訳，『中公文庫』)，高木一雄『明治カトリック教会史研究』上，同『日本カトリック教会復活史』，池田敏雄『人物による日本カトリック教会史』，F・マルナス『日本キリスト教復活史』(久野桂一郎訳)

（高木　一雄）

023 **フォン＝ジーボルト**　Philipp Franz von Siebold　⇨シーボルト

024 **舞楽**(ぶがく)　唐楽や高麗楽などの外来雅楽を，舞を伴って演奏する形式．舞を伴わない，器楽演奏のみの「管絃」や，行道楽・参入音声(まいりおんじょう)・退出音声(まかでおんじょう)のような付随音楽に対するものである．雅楽寮の楽人や諸寺社所属の楽人によって伝承された．『新儀式』4，「召_雅楽寮物師等_令レ奏_音楽舞等_事」の条に「大唐高麗遞奏＝舞楽＝」とみえるごとくである．

〔奏演の場〕舞楽は朝覲行幸・白馬(あおうま)節会・御斎会・賭射・相撲召仰などの宮廷儀式や，塔供養・堂供養・舞楽曼陀羅供・御八講・舞楽四箇法要などの仏教法会において奏演された．儀式や法会を荘厳にしたり，それらの余興としての役割を果たしたりするだけでなく，儀式や法会の整備に伴って，それぞれの儀式の次第や法会の次第に密接に組み込まれていった．近代では，第2次世界大戦までは皇室行事の新年宴会(1月5日)・天長節(4月29日)・明治節(11月3日)に豊明殿の南庭で奏された．現在は毎年春と秋の雅楽演奏会などで公開されている．寺社の舞楽では，大阪四天王寺の聖霊会舞楽法要(4月22日)，熱田神宮の舞楽神事(5月1日)，伊勢神宮の神楽祭舞楽(4月5・6・7日，秋分の日)などが代表的である．

〔種類と形式〕伝来雅楽には唐楽・百済楽・新羅楽・高麗(こま)楽(実は高句麗楽)・渤海楽・度羅楽・林邑楽がある．これらは「唐楽師十二人(横笛師・合笙師・簫師(中略)儛師)，高麗楽師四人(横笛師・箜篌師・莫目師・儛師)」(『類聚三代格』大同4年(809)3月21日付太政官符)のごとく，楽器師のほかに舞師もみえることから，独自の楽とともに独自の舞を伴っていたことが知られる．『東大寺要録』によると，天平勝宝4年(752)4月9日大仏開眼会では「唐古楽一舞，唐散楽一舞，林邑楽三舞，高麗楽一儛，唐中楽一儛」のごとく種々の楽舞が順不同に奏されているが，貞観3年(861)東大寺大仏御頭供養や，承平5年(935)5月9日東大寺講堂幷新仏開眼会の時には，高麗楽座・林邑楽座・新楽座・胡楽座の4部楽座が設けられている．このほか『教訓抄』1，乱声の項には3部や2部の楽座がみえ，種々の伝来雅楽がいくつかに整理統合されていく様子が窺われる．9世紀中ごろからは楽舞の改作や新作が大戸清上・大戸真縄・尾張浜主・良峯安世・和邇部大田麻呂らによって行われ，最終的には中国系の唐楽と朝鮮系の高麗楽に二分された．前者による舞曲を左方舞楽，後者による舞曲を右方舞楽と称し，両者は音楽・楽器編成・舞・舞楽作法・面・装束など全般にわたって対比的に扱われた．『教訓抄』によると唐楽百十数曲のうち舞を有する曲は四十数曲，高麗楽四十数曲のうち舞を有する曲は二十数曲を数える．現在では明治9年(1876)と21年に撰定された左右二十数曲ずつを現行曲としている．奏演の際には「左春鶯囀右新鳥蘇，左青海波右狛桙，左採桑老右新靺鞨，左陵王右納曾利」(『舞楽要録』上，朝覲行幸，康平3年(1060)3月25日条)のごとく，左右の舞の舞姿の似たものを対にして舞う番舞(つがいまい)の形式で行われる．左舞に対する右舞のことを答舞(とうぶ)という．舞楽は舞人の数からは一人舞(ひとりまい，「陵王」「貴徳」など)・二人舞(ににんまい，「青海波」「納曾利」など)・

福済寺（長崎名勝図絵 3）

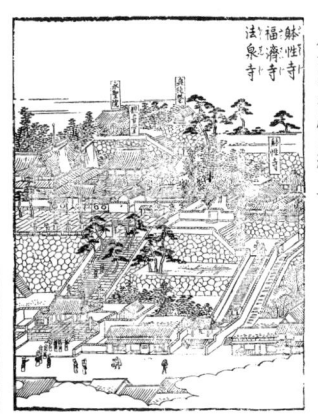

四人舞（「太平楽」「延喜楽」など）といわれる．四人舞がもっとも多く，これを6人で舞うこともある．また舞の動きの特徴から平舞（ひらまい，「万歳楽」「延喜楽」など）・走物（はしりもの，「陵王」「抜頭」など）という区別があり，また舞具を用いるか否かで文舞（ぶんのまい，「春鶯囀」「喜春楽」など）と武舞（ぶのまい，「太平楽」「陪臚」など）に分けることがある．子供によって舞われる場合童舞（どうぶ，「迦陵頻」「胡蝶」など）といい，内教坊の妓女などが舞った舞を女舞（「柳花苑」など）ともいった．

〔演奏者〕雅楽寮設立当初は渡来人が中心となって演奏にあたったと思われるが，9世紀ごろからは，奏演に出仕する楽人は，衛府の官人で音楽堪能な者に移っていった．10世紀ころには内裏に楽所も置かれた．「左近府生（中略）狛行則（十二月日任，年十七，行高男，左舞人，興福寺）」（『楽所補任』元永元年（1118）条）のごとく楽器と舞を専業とする家も確立されていった．京都在住の楽家（京都方）には多・安倍・豊原・山井の各家がある．京都方はおもに右舞を伝承したが，多家は左舞の「胡飲酒」と「採桑老」を伝えた家としても著名である．奈良の楽家（南都方）には興福寺を本拠として左舞を担当した狛・辻・芝・奥・窪の各家がある．狛家は左舞の「陵王」「抜頭」を伝えた．大神・中・喜多・西京などの家は右舞を担当し，このほか「安摩」「二ノ舞」を伝えた玉手家がある．大阪の四天王寺（天王寺方）には薗・林・東儀・安倍姓東儀家・岡の各家がある．各家の本家・分家によって左舞担当と右舞担当の違いがあった．薗家の「蘇莫者」，安倍姓東儀家の「還城楽」などが有名である．今日宮内庁楽部には，以上のような楽家の出身者のほか民間人も所属している．各楽師は楽器のほかに左舞・右舞のいずれかを習得することとなっている．

参考文献　『舞楽要録』（『群書類従』19輯），芸能史研究会編『雅楽』（『日本の古典芸能』2）

（蒲生美津子）

025 **奉行蘭館長蘭通詞控**　ぶぎょうらんかんちょうらんつうじひかえ　寛永17年（1640）から文化元年（1804）まで165年間，毎年の長崎奉行・オランダ商館長名（平仮名表記）・年番阿蘭陀通詞名・入津蘭船数を1表に仕立てたもの．長崎歴史文化博物館所蔵，写本．年番通詞名は寛文8年（1668）から記載され始め，宝暦10年（1760）からのオランダ商館長名は新カピタンと古カピタンと両名を記載している．安永3年（1774）からは年番町年寄2名の名を加えている．年番通詞名・カピタン名の表記にはまま誤記がみられ，年番通詞名には取り違えた別名もみられ，利用には吟味を要する．年番通詞名については，『年番阿蘭陀通詞史料』（『日本史料選書』14）ならびに片桐一男『阿蘭陀通詞の研究』に収載されている「年番通詞一覧」において訂正・校訂が加えられている．法政大学史学研究室所蔵「板沢蘭学資料」に含まれている『長崎蘭館長蘭通詞一覧』（板沢武雄旧蔵）は本書を元とした新写本である．

参考文献　板沢武雄『日蘭文化交渉史の研究』

（片桐　一男）

026 **福済寺**　ふくさいじ　長崎市筑後町にある寺院．黄檗宗．華僑を檀越とする長崎三福寺の1つ（聖福寺を加え四福寺の1つ）．山号は分紫山．寛永5年（1628）福建省泉州府の覚海（悔）が渡来して創建，檀家の出身地から泉州寺，のち漳州寺と呼ばれた．慶安元年（1648）漳州出身の檀首頴川藤左衛門らが蘊謙戒琬を住持に招き，翌年6月来舶，重興開山となり山寺号を改めた．ついで木庵性瑫が渡来住持して開法と称され，随従した法嗣慈岳定琛が2代となった．以後慈岳法系の唐僧が住持，7代大鵬正鯤を最後に渡来が絶え，和僧が監寺として住寺した．明暦元年（1655）建立の大雄宝殿ほか護法堂・弥勒堂・天王殿・青蓮堂・大観門などが特別保護建造物（国宝）指定であったが昭和20年（1945）原爆のため煙滅した．戦後復興，大雄宝殿跡には同51年万国霊廟長崎観音が建立された．

参考文献　『長崎市史』地誌編仏寺部下，三浦実道編『光風蓋宇』

（大槻　幹郎）

027 **福州**　ふくしゅう　Fuchou　中国，福建省の省都．閩（びん）江の下流江岸に臨み，閩侯県の全域を含む．漢の高祖5年（前202），閩越王の都として冶城と称したが，武

帝に征服されて冶県といい，後漢には侯官県，隋では閩県に改め，唐の開元13年(725)はじめて福州と名づけられた．五代のとき王審知がこの地を都に閩国を建てた．明清では福州府の治所であるとともに，福建省の省都になったが，民国になり府を廃し閩県・侯官2県をあわせて閩侯県と称した．明初に福建市舶提挙司が泉州に置かれたが，成化8年(1472)に福州に移されてから，入貢使者の宿泊・接待のために柔遠駅(来遠駅・琉球館ともいう)も併置され，もっぱら琉球との貿易港に供された．アヘン戦争後は，南京条約で5港の1つとして開港され，南東の馬尾はその外港として栄え，茶・木材・紙などを輸出している．古蹟として閩王廟・戚公祠などのほか，東郊鼓山には名利湧泉寺がある． (佐久間重男)

028 福州船 ふくしゅうせん ⇒唐船(とうせん)

029 伏敵編 ふってきへん 蒙古襲来を中心とした対外関係史料集．明治24年(1891)11月，重野安繹(しげのやすつぐ)の監修のもとに山田安栄の編纂で吉川半七を発行者として出版．『伏敵編』1冊は文応元年(1260)以降の蒙古襲来関係史料を中心とし，応永の外寇以下嘉吉3年(1443)に至る対外関係の史料を編年整理している．ほかに『日本書紀』神代から文応元年日蓮の『立正安国論』の北条時頼への献呈に至るまでの，つまり『伏敵編』の前史部分の対外関係史料を網羅編年した『靖方溯源(せいほうそげん)』と丹鶴本に拠った『(竹崎季長)蒙古襲来絵詞』とを1冊に合わせて付録としている．本書は熊本出身の湯地丈雄(ゆじたけお)を主導者とする元寇記念碑建設運動(福岡県庁前の亀山上皇銅像として実現)の一環で，国を愛し外国からの侮りを禦ぎ国家を無窮に顕揚することに編纂の意図があり，近世幕末期の『蛍蠅抄(けいようしょう)』『蒙古寇紀』『元寇紀略』などの系譜に立つものである．山田安栄の自筆稿本が九州大学にある．

参考文献 川添昭二『蒙古襲来研究史論』(『中世史選書』1) (川添 昭二)

030 福浦 ふくら 石川県羽咋(はくい)郡志賀(しか)町の地名．能登半島西岸に位置する港津．古くは福良と記す．渤海国使が来朝する際，偏西風に流されて北陸・山陰地方へ着することが多かったが，宝亀3年(772)に帰途にあった渤海国使の船が暴風で能登国に漂着したので「福良津」に安置したと『続日本紀』にみえ，これが福浦の名の初見である．延暦23年(804)には，渤海国使が能登国に来着することが多いので，その停宿に疎陋のないよう客院を造ることを勅している(『日本後紀』)が，その地は福浦に比定されている．元慶7年(883)に，渤海帰還船造営の用材を確保するために「福良泊」の山林を住民が伐採することを禁ずる勅が出されている(『三代実録』)．福浦港は，西北に開いた大小2つの湾入(大澗(おおま)・水澗(みずのま))から成り，台地によって南西の卓越風を避けられる天然の良港であるため，中世・近世を通じて風待ち港・避難港として日本海航路に重要な位置を占めた．旧福浦燈台は現存する日本最古の燈台といわれ，石川県指定文化財になっている．

参考文献 『富来町史』 (高澤 裕一)

031 福亮 ふくりょう 生没年不詳 7世紀の僧．法起寺塔婆露盤銘には，戊戌年(舒明天皇10年(638))聖徳皇御分として，弥勒像1軀を敬造し，金堂を構立したとあり，大化元年(645)8月の詔では，十師に任ぜられている．『日本書紀』の記載から，福亮を狛大法師とする見解もあるが，『扶桑略記』には呉学生，『元亨釈書』では呉国人で，三論を嘉祥よりうけたといい，『三国仏法伝通縁起』によれば，慧灌僧正より三論宗をうけ，智蔵に伝えたという．この智蔵は福亮在俗時の子といわれ，『懐風藻』には俗姓禾田氏とあることからすると，福亮は呉国人ではなかったのではないか．『元亨釈書』には，斉明天皇4年(658)中臣鎌足より山科陶原家(京都市山科区)の精舎に請ぜられ，『維摩詰経』を講じたとする．

参考文献 横田健一「『懐風藻』所載僧伝考」(『白鳳天平の世界』所収) (佐久間 竜)

032 釜山 ふざん Pusan 朝鮮半島南東端にある都市．慶尚道に属し，朝鮮海峡を挟んで対馬島に面する釜山港を中心に形成された．現在の釜山港にあたる富山浦は，李氏朝鮮時代，鎮がおかれ，慶尚左道の水軍が駐在する地であった．15世紀初頭，日本からの通交者の急増に伴い，朝鮮政府はその統制策として浦所を制限することになり，富山浦は乃而浦(薺浦)とともに，日本商船の到泊を許す港になった．応永の外寇(1419年(応永26))後の1423年，すべての渡航船が上記の2浦に入港することが義務づけられ，同時に使節接待のための客館として倭館が設置された．1426年に，さらに塩浦も寄港地に加わり，三浦の制が完成する．貿易の拡大とともに，倭館は外交施設にとどまらず，貿易管理の機能を果たすようになり，対馬島民を中心として，その周辺に居住する恒居倭人が発生した．朝鮮政府は，対馬に対して彼らの送還を要請したが，1436年(永享8)，恒居倭人の一部を法的に公認し，以後倭館を中心とする都市施設も整備された．『海東諸国紀』によれば，1474年(文明6)の調査で，富山浦の恒居倭人は，67戸・323人，寺院2を数えた．また『海東諸国紀』収載の絵図から，当時の倭館の位置や寺院の名称を知ることができる．三浦の乱(1510年(永正7))後，釜山浦は一時閉鎖されたが，1521年再び開港された．甲辰蛇梁(こうしんだりょう)の変(1544年(天文13))で，再び通交が断絶し，1547年に丁未約条で復旧したが，浦所は釜山浦1港に限られた．1592年(文禄元)の文禄の役の際，小西行長・宗義智らの第1軍が，釜山に上陸し，釜山

城を攻撃したことが戦争の発端になっており，第2軍以降も釜山から上陸している．慶長の役(1597(慶長2)～98年)後，江戸幕府によって，1607年に国交が回復し，1609年に己酉約条が成立して，再び釜山浦が開かれた．倭館は国交回復直後，戦前の釜山鎮城の跡(豆毛浦)に建てられ，その後対馬の希望により，1678年(延宝6)草梁項に移転された．日本使節の上京は拒否され，釜山で外交交渉が行われ，倭館には対馬藩の駐在員が常住して外交や貿易にあたっていた．明治政府は，江華島事件(1875年(明治8))を契機に，朝鮮の開国を要求し，翌1876年の日朝修好条規の締結により，釜山が開港された(のち，元山・仁川も開港)．そして日本人居留地が置かれ，ここでは日本が領事裁判権のみならず行政権をも掌握した．日露戦争を契機に，1905年，下関・博多—釜山間の定期航路(関釜連絡船)が開設され，日本の山陽線と朝鮮の京釜鉄道(ソウル—釜山)が連結され，さらに南満洲鉄道につながることにより，日本の大陸侵略路が完成する．こうして釜山は日朝貿易の拠点として発展する一方，日本の大陸侵略上，重要な拠点になった．韓国併合(1910年)後，1925年(大正14)に道庁が晋州から移され，朝鮮第2の都市に発展するが，当時の市人口の3分の1以上を日本人が占めており，あくまでも日本人中心の発展であった．1945年の解放後，再び朝鮮人の都市となり，朝鮮戦争中は大韓民国の臨時首都とされた．1963年以後，大韓民国政府の直轄市となり，1960年代後半からは電子・靴などの輸出産業が多数勃興し，釜山港は韓国第1の輸出港に成長した．1995年広域市となる．→三浦(さんぽ) →東萊府(とうらいふ) →倭館(わかん)

参考文献 『新増東国輿地勝覧』，朝鮮総督府朝鮮史編修会編『朝鮮史』，中村栄孝『日鮮関係史の研究』，田代和生『倭館』(『文春新書』281)

(関 周一)

033 釜山窯 ふざんよう 江戸時代初期～中期(寛永16年(1639)～寛保3年(1743))，対馬藩が朝鮮釜山の和館内に開いた茶陶窯．対馬藩では和館茶碗窯とよんでいる．寛文・元禄期が最盛であった．作品は朝鮮の陶土に日本の意匠を用いた異色のものゆえ珍重され，注文の見本をもとに焼いた茶碗は「御本(ごほん)茶碗」とよばれた．将軍・数寄大名などの注文をもとに対馬藩ではほぼ数年おきに沙器(茶碗)燔造の差倭(使者)を朝鮮へ送り，陶土の供給，朝鮮人陶工の派遣を求めた(求請(きゅうせい)という)．国王の裁可を得て求請が認められると開窯となる．陶土は慶州・蔚山(ウルサン)・金海・河東・昆陽・晋州からのものだがその供給は滞りがちで，対馬側では折に東萊府の訳官を通して買い求めていた(内証土(ないしょど)という)．対馬から陶工頭のほか絵師・細工人を渡釜させたが，釜山近辺在住の朝鮮人陶工1，2名，数名の日用人夫を雇った．主な陶工頭には吉賀判太夫・蔵田弥三右衛門・渡辺伝次郎・中山意三・船橋玄悦・中庭茂三・青柳善右衛門・波多野重右衛門・長留藤左衛門・藤川茂兵衛・宮川道二・松村弥平太・平山意春らがいるが，茶頭か茶道方のものが多い．釜山窯の焼物は，注文のほかはすべて将軍・大名への献上・進上，藩士や上方商人らへの下賜品であった．注文の多い大名は酒井忠勝・柳生宗矩・稲葉正則・松平正信・阿部正武・土屋政直らである．享保3年(1718)以降は朝鮮の陶土供給拒否の方針に求請を行わず享保8～9年，元文3年(1738)～寛保3年の2回，和館の対岸にあった牧の嶋(影島)の陶土を用い町人請負で開窯したにとどまった．

参考文献 泉澄一『釜山窯の史的研究』

(泉 澄一)

034 葛井氏 ふじい 古代帰化系氏族の1つ．姓(かばね)は連，のち宿禰．本居は河内国志紀郡長野郷(大阪府藤井寺市付近か)．『日本書紀』によれば，欽明天皇16年に朝廷は吉備地方に白猪屯倉(しらいのみやけ)を設置したが，その田部(たべ)の賦課年齢に達しているものの把握が年とともに困難となったため，同30年に船氏の祖王辰爾の甥の胆津(いつ)を遣わして丁籍を作成させ，胆津がこれに成功したので白猪史の氏姓を与え，白猪屯倉の田令(たつかい)に任命したという．この白猪史がのち養老4年(720)5月に葛井連と改称，延暦10年(791)正月に宿禰に改姓，のちにその一部が蕃良(はら)朝臣と改姓した．その氏人には遣唐留学生白猪宝然(骨)，遣新羅大使葛井広成をはじめ，学問・外交の面に活躍したものが多い．→王辰爾(おうしんに)

参考文献 関晃『帰化人』(『日本歴史新書』)，佐伯有清『新撰姓氏録の研究』考証篇5 (関 晃)

035 不恤緯 ふじゅつい ロシアの南下問題について，風俗を正し財政を整えてこれに対処すべしと論じた書．蒲生君平著．1冊．文化4年(1807)6月成立．文化期に入るとロシアの勢力南下に伴い北辺騒擾が発生し，その脅威を感じた識者間に北方問題の発言がふえ世論が沸騰した．急迫しつつある北辺事情に触発された君平は，北辺事情を明らかにし対外政策の樹立が必須であることを，本書で時の幕老水野忠成に建白した．対外政策を樹立する前提として，内政問題をみると，尊王の念が薄く，正徳利用厚生が忘却されている時弊を痛論した．王室を尊び，諸侯を富ませ，百姓を楽しませる三策と，治要・変萌・虜情・刑名・兵資の五書(政策)とを内容とし，対外政策を実行するために国を富ませ兵を強くする内政を整えることが先決であると主張する優れた識見がみられる．『(増補校訂)蒲生君平全集』，『国民道徳叢書』2，『日本国粋全書』20所収．

(島崎 隆夫)

036 普照 ふしょう 生没年不詳 奈良時代の興福寺の僧．生国不詳．戒法の不備を嘆いた隆尊の願いが上聞に達し

て授律伝戒の師を招請することが決まり，普照は興福寺の僧栄叡とともに入唐の命を受け，天平5年(733)遣唐使に随伴して渡海した．唐土では道璿に逢って遣唐使の帰国とともに日本に送ったが，その後，空しく年を送って，入唐後，すでに10年に達したため，にわかに同行の僧をつのり，帰国のため揚州に至って，たまたま揚州大明寺に江淮の化主と仰がれた鑑真に謁する機会に恵まれた．しかも鑑真みずから仏法弘通のため不惜身命の決意をもって渡海を約束する結果となった．しかしたび重なる難破・妨害・漂流などにより，12年の歳月を経，6度目にして，唐土に来朝していた遣唐使帰国の好便を得，鑑真招請は成功したものである．その間，栄叡は客死し，普照も落胆の余り鑑真一行と別れ，偶然にも遣唐船に乗ってはじめて鑑真らの乗船を知った事実は注目される．天平勝宝6年(754)，鑑真入朝後，十師による受具の制は旧来の僧の反撥を買い，普照はこれが正しい仏制であることを鑑真の弟子思託とともに論説して，戒律の本義を明らかにした．仏教教団が戒律の正しい受持によって成立しうることを示した功績は大きい．かれも伝法に努め，律疏の講義を能くしたのは当然であるが，帰国後の事蹟の不明な点が多い中で，天平宝字3年(759)平城京外の路傍に果樹を植えて旅人の便をはかるよう上奏したことが知られる．

参考文献 『日本高僧伝要文抄』3(『大日本仏教全書』)，『唐大和上東征伝』1(同)，石田瑞麿『鑑真—その戒律思想—』(『大蔵選書』10)，安藤更生『鑑真大和上伝之研究』　　　　　　　　　(石田　瑞麿)

037 普照国師 さくどう　⇨隠元隆琦(いんげんりゅうき)

038 藤原惺窩 ふじわらせいか　1561〜1619　安土桃山・江戸時代前期の朱子学者．名は粛，字(あざな)は敛夫(れんぶ)．惺窩はその号．ほかに柴立子・北肉山人・惺々子・妙寿などと称した．永禄4年(1561)播磨国三木郡細河村(兵庫県三木市細川町桃津)で藤原(下冷泉)為純の三男として生まれた．彼が藤原定家の11世の孫であったことは，彼の学風と深い関係をもつ．父為純は代々の地播磨細河荘を領したが，惺窩は7，8歳のころ仏門に入り，播磨竜野の景雲寺の禅僧東明宗昊(そうこう)，ついで文鳳宗韶に学んだ．18歳の天正6年(1578)，父為純は三木城主別所長治に攻められて戦死．京都相国寺普広院住職の叔父清叔寿泉を頼って上洛，相国寺で禅学に励んだ．惺窩の儒学傾斜は30歳ころ師承や五山の一部の風気によって醸成されていたが，文禄2年(1593)33歳で徳川家康に招かれ，翌年にかけて江戸に赴き，『貞観政要』を講じたころ，「をろかにもにしとばかりはたのむかな土に浄土はありける物を」(『惺窩先生倭謌集』4)と歌っているところにもすでに明瞭である．慶長元年(1596)6月，直接中国の新儒学に触れるため渡明を企て，冬に薩摩半島東南端の山川津から出帆したが風濤に遭って鬼界島に漂着(内藤湖南旧蔵『南航日記残簡』参照)，翌夏，京都に帰ってからは直接六経に学び，いよいよ儒者たる確信を堅めた．この確信への刺戟となったものに，竜野時代から彼と親交があり，その有力な後援者であった赤松広通を通じて文禄・慶長の役の捕虜で，朝鮮の有名な朱子学者李退渓の流れを汲む姜沆(きょうこう)と出会ったことがあげられるが，これはあくまで惺窩自身の裡に醸成確立しつつあった信念を鼓舞するものであったろう．慶長5年，入洛中の家康に深衣道服で謁したことは，形式的にも僧侶を去って儒者たることを顕示したもの．同9年にのちに家康に仕えて江戸時代朱子学の総本山の観を呈した林羅山が入門，また関西朱子学の大宗となった松永尺五(せきご)・堀杏庵(きょうあん)・那波活所・菅得庵・石川丈山・林東舟(羅山の弟)・吉田素庵・吉田意庵らがつぎつぎに入門，その余波は和歌山藩主浅野幸長をはじめ多くの大名に及び，後陽成天皇も惺窩に道を問うに至った．こうしたことが惺窩を近世日本朱子学の開祖といわしめた理由である．しかし彼は朱子学啓蒙期のためもあって，深遠で独創的学者とはいいがたい．彼の最大の特色は，のちの一部の朱子学者のごとく固陋一徹ではなく，朱子学を主としつつも，陸象山・王陽明の長所をも捨てず，実践を旨とする大らかな学風を樹立したところにあり，一面またその先祖の血をひいて国学・和歌にも造詣深く，『日本書紀』『万葉集』『徒然草』などの方面でも啓蒙的役割を果たしている．彼は名誉欲に遠い詩人的性格のためもあって，慶長10年の夏秋の交に京都北郊の市原に山荘を営んで隠栖し，木下長嘯子・松永貞徳らと親交を結び，同19年春，羅山の建議と推薦により，京都に設立されるはずであった学校の長官に擬せられたが受けず，市井の学者に終始した．その死は元和5年(1619)9月12日のことで，京都において59歳で没した．現在，墓は相国寺林光院の墓地内にある．刊本の著書には，『惺窩先生文集』(藤原為経編)，『惺窩文集』(正編林羅山編・続編菅得庵編)，『惺窩先生倭謌集』(『惺窩先生文集』所収)，『寸鉄録』，『逐鹿評』(一名『大学要略』)，『文章達徳綱領』があり，ほかに自筆稿本に『明国講和使に対する質疑草稿』，『姜沆筆談』，『朝鮮役捕虜との筆談』，『南航日記残簡』，『日本書紀神代巻』(改修本)などがあるが，みな『藤原惺窩集』(上・下．国民精神文化研究所，昭和13年(1938)・14年)に所収．→姜沆(きょうこう)　→林羅山(はやしらざん)

参考文献　太田青丘『藤原惺窩』(『人物叢書』185)，池田亀鑑「藤原惺窩と国文学」(藤村博士功績記念会編『近世文学の研究』所収)，太田兵三郎「藤原惺窩の学的態度」(徳川公継宗七十年祝賀記念会編『近世日本の儒学』所収)，阿部吉雄「藤原惺窩と朝鮮儒学」(『日本朱子学と朝鮮』所収)，金谷治「藤原惺

窩の儒学思想」(『日本思想大系』28所収)

(太田 青丘)

039 藤原葛野麻呂 ふじわらのかどのまろ 755〜818 奈良・平安時代前期の官人．藤原北家．藤原小黒麻呂の子．母は太秦公嶋麻呂女．妹は桓武天皇の後宮に入っている．天平勝宝7年(755)生まれる．延暦4年(785)従五位下となり，少納言を経て右少弁に任じられた．その後，中弁，大弁と昇進し，皇太子安殿親王(平城天皇)のための春宮亮，春宮大夫を兼ねた．同18年には大宰大弐に転じ，20年には遣唐大使に任命された．同23年，最澄・空海らとともに入唐し，24年6月に帰朝した．同年7月には従三位昇進を果たし，大同元年(806)2月には春宮大夫に再任された．同年3月，平城天皇が受禅するや権参議に任命され，翌月には参議に昇進し，式部卿を兼ねた．さらに，同2年，六道観察使設置とともに東海道観察使となり，3年2月，中納言に昇った．平城天皇の東宮時代からの近臣といってよいが，弘仁元年(810)9月のいわゆる「薬子の変」の際には藤原真雄とともに平城上皇を固く諫めたが聞き入れられなかったという．彼は，藤原薬子とも姻戚関係にあったが，この諫止の功をもって罪を免れた．弘仁9年11月10日に没した．時に中納言正三位民部卿．64歳．

(玉井 力)

040 藤原清河 ふじわらのきよかわ 生没年不詳 奈良時代の官人．藤原房前の第4子，母はその異母妹という．鳥養・永手・真楯の弟で，魚名・千尋・楓麻呂らの兄．入唐して河清につくる．天平12年(740)正六位上から従五位下に叙され，中衛少輔・大養徳(大和)守を経て，天平勝宝元年(749)参議となる．同2年9月遣唐大使となり，同4年閏3月以後，明州から入唐．5年正月長安蓬萊宮含元殿での朝賀の時，副使大伴古麻呂らとともに新羅と席次争いを生じた．玄宗より特進を授かり，帰国にあたって詩を贈られた．玄宗に鑑真の日本招請の許可を願うが失敗し，揚州にいた鑑真にひそかに会い，渡航を誘う．11月蘇州黄泗浦から出航するが河清や阿倍仲麻呂の船は遭難し驩州(安南)に漂着．翌年再び長安に戻って唐朝に仕え，秘書監にいたる．天平宝字3年(759)日本は迎藤原河清使を唐に遣わすが，唐は安禄山の乱を理由に河清を抑留し帰国を認めなかった．同4年渤海使が河清の上表と貢物をもたらし，宝亀元年(770)新羅使が河清の郷親あての書翰を進めた．同7年河清の帰国を促す遣唐使を任命し，8年6月以後唐に至った．同9年使とともに河清の娘喜娘が渡来するが，河清は帰国しなかった．この間，在唐のまま文部(式部)卿・仁部(民部)卿・常陸守に任じられ，従三位に昇るが，これらは時の為政者で同族の藤原氏との縁故による．同10年2月従二位を追贈．宝亀8年の迎使の時か，遅くとも10年にはすでに唐に客死していた．『日本紀略』延暦22年(803)条に大暦5年(宝亀元)正月，73歳で死没し，潞洲大都督を贈られたとするのは，阿倍仲麻呂との混同があるとされる．『万葉集』に遣唐使任命の際の歌2首を残す．

参考文献 安藤更生『鑑真大和上伝之研究』，杉本直治郎『阿倍仲麻呂伝研究』，増村宏『遣唐使の研究』，長野正「藤原清河伝について」(和歌森太郎先生還暦記念論文集編集委員会編『古代・中世の社会と民俗文化』所収)

(鈴木 靖民)

041 藤原貞敏 ふじわらのさだとし 807〜67 平安時代前期の雅楽家．雅楽の日本への移入と国風化に寄与した．琵琶の祖．大同2年(807)に生まれる．刑部卿従三位藤原継彦の第6子．承和2年(835)美作掾となり，同年10月19日遣唐准判官を兼任．同5年唐に至り，琵琶の名手劉二郎(一説に廉承武)について「流泉」「啄木」「楊真操」の秘曲を学ぶ．楽譜数十巻と紫壇紫藤製の琵琶2面(玄上(げんじょう)・青山(せいざん)の名器)を贈られ，同6年8月に帰国．同年10月1日仁明天皇・群臣の前で琵琶を演奏した．昇進して参河介・主殿助・雅楽助・雅楽頭・備前介・掃部頭を経て貞観6年(864)備中介となる．従五位上．伝授された時の琵琶譜『琵琶諸調子品』が宮内庁書陵部に伝存する(複製本『琵琶譜』がある)．貞観9年10月4日，61歳で没した．

参考文献 芸能史研究会編『雅楽』(『日本の古典芸能』2)

(蒲生美津子)

042 藤原佐世 ふじわらのすけよ 847〜97 平安時代前期の儒学者．佐世は「すけつぎ」ともよむ．従五位下民部大輔菅雄の男．母は伴氏．式部卿宇合の裔．承和14年(847)生まれる．菅原是善の門に学び，文章得業生に挙げられ，貞観14年(872)越前大掾従七位下で渤海国使接待の任にあたった．同16年対策及第，民部少丞を経て，元慶元年(877)従五位下に叙せられ，同3年には陽成天皇の都講として『御注孝経』を講じた．同8年大学頭，仁和2年(886)式部少輔となる．藤原基経の家司として，同3年基経の関白辞退の表に対する宇多天皇の勅答文中の「宜しく阿衡の任を以て卿の任となすべし」(原漢文)の「阿衡」の1語が，閑職の意であると論難し，学儒の議論を政治にからませた「阿衡の紛議」を起した．そのためか寛平3年(891)陸奥守兼大蔵権大輔に遷せられ，のち従四位下右大弁に任ぜられ，同9年秋任国より帰京の途次に没した．51歳．多賀城において『古今集注孝経』を撰した．また，『日本国見在書目録』を撰し，当時日本にあった漢籍の目録を今日にのこした．同書は『旧唐書』芸文志に先んずること40年，現存室生寺本でも巻数1万5516巻を著録する．

→日本国見在書目録(にほんこくげんざいしょもくろく)

参考文献 『大日本史料』1ノ2，寛平9年是秋条，『政事要略』30(『(新訂増補)国史大系』28)，川口久雄「日本国見在書目録編修とその特色」(『三訂平安朝日本漢文学史の研究』上所収)

(川口 久雄)

043 藤原親光 ふじわらのちかみつ　生没年不詳　平安時代後期の官人．『尊卑分脈』では藤原北家房前の孫である内麻呂流藤原資憲の子とあり，『吾妻鏡』文治元年(1185)3月13日条に「対馬守親光は，武衛(源頼朝)の御外戚」とみえる．薩摩守・下野守・対馬守を歴任し，正五位下に至った．嘉応2年(1170)に「六位蔵人親光」と見え，治承3年(1179)，成功(じょうごう)によって対馬守となった．治承・寿永の乱の際，九州・二島・中国地方はみな平氏に従っていたが，親光のみは源氏方であったため，平氏から3度追討を受けると，文治元年(1185)3月に高麗国へ逃れた．『吾妻鏡』には，高麗国主が親光郎従の虎を射た話を聞いて感激し，親光に3ヵ国を下賜して臣下にしたという挿話などを伝えている．平氏滅亡後の同年6月に親光は帰国したが，このとき高麗国主は帰国を惜しみ，重宝などを与えたという．頼朝の要請により，文治2年5月，対馬守に還任した．その後の経歴は不明であるが，九条兼実の職事として活動しており，建久5年(1194)12月には，鎌倉永福寺内の新造の薬師堂供養に「前対馬守親光」として布施取りを行なったことが知られる．

[参考文献]　川添昭二「鎌倉初期の対外関係と博多」（箭内健次編『鎖国日本と国際交流』上所収）
（近藤　剛）

044 藤原常嗣 ふじわらのつねつぐ　796〜840　平安時代前期の公卿．父は葛野麻呂．母は菅野朝臣池成の女浄子．延暦15年(796)に生まれる．大学に学び，弘仁11年(820)右京少進に任ぜられ，ついて式部大丞．同14年正月，正六位上から従五位下に昇る．以後，下野守・春宮亮・右少弁を歴任．天長3年(826)正月，従五位上を授けられ，その後正五位下・従四位下に進む．同8年7月，参議となる．これより以前，蔵人頭・勘解由長官などを歴任．ついて右大弁となり，同10年2月，清原真人夏野らとともに『令義解』を撰述．その後，従四位上に叙せられ，承和元年(834)正月，遣唐大使となる．その後，左大弁・大宰権帥となり，同5年7月入唐，翌6年8月帰国．同年9月，従三位に叙せられ，同7年4月23日没．45歳．常嗣は学問にすぐれ隷書を能くし，詩文にも長じ，『経国集』に「秋日登二叡山一謁二澄上人一」の詩を伝えている．初期天台の外護檀越の1人．薨伝には「立性明幹，威儀可レ称」とある．円仁の『入唐求法巡礼行記』に渡海・入唐中の常嗣らの動向が詳記されている．

[参考文献]　佐伯有清『最後の遣唐使』（『講談社現代新書』520），小島憲之「釈最澄をめぐる文学交流―嵯峨弘仁期文学の一側面―」（天台学会編『伝教大師研究』所収）
（佐伯　有清）

045 藤原元利万侶 ふじわらのもとりまろ　生没年不詳　平安時代前期の官人．式家藤原種継の孫，仲成の弟藤生の子．天安2年(858)，右大臣藤原良相の使として唐から帰国したばかりの円珍のもとに赴いている．右京少進であった．貞観5年(863)従五位下となる．同9年大宰大弐となり赴任．同12年，筑後権史生佐伯真継が新羅国牒状を朝廷にもたらし，元利麻呂が新羅と通謀して「国家を害せん」としていると告げた．朝廷は大宰府に命じて元利麻呂と在地の浪人ら合わせて5人の身柄を拘束し，大内記安倍興行を推問密告使に任じて大宰府に派遣し，真相究明にあたらせた．通謀疑惑の審議やその後の経過は明らかでない．

[参考文献]　遠藤元男「貞観期の日羅関係について」（『駿台史学』19），渡邊誠「藤原元利万侶と新羅の「通謀」」（『史学研究』258）
（石井　正敏）

046 藤原山陰 ふじわらのやまかげ　824〜88　平安時代前期の公卿．高房の子で，母は藤原真夏の娘．天長元年(824)生まれる．右衛門少尉・春宮大進などを歴任し，清和天皇の即位(天安2年(858))により，従五位下蔵人となった．のち右近衛少将・美濃守・渤海使の郊労使などを歴任し，貞観17年(875)に従四位下蔵人頭となり，ついて右大弁となった．清和天皇が譲位すると，上皇に陪従することを希望し，たびたび官を辞そうとしたが許されず，元慶3年(879)には参議，仁和2年(886)には従三位中納言となり，翌年民部卿となった．同4年2月4日，65歳で没した．平安京の北東，神楽岡に吉田春日社(京都市左京区吉田神楽岡町)を貞観年中に建立したと伝えられ，また摂津国の総持寺(大阪府茨木市総持寺1丁目)は山陰の発願によると伝えられる．

[参考文献]　『大日本史料』1ノ1，仁和4年2月4日条
（佐藤　宗諄）

047 藤原刷雄 ふじわらのおしお　生没年不詳　奈良時代の官人．藤原仲麻呂の六男，母は大伴犬養の女．天平勝宝4年(752)従五位下に叙され遣唐留学生として入唐．天平宝字8年(764)の仲麻呂の乱(恵美押勝の乱)に際しては若きより禅行を修していたため死を免れ隠岐に配流．宝亀3年(772)従五位下に復し同9年従五位上に昇叙．延暦10年(791)までに但馬守・上総守・大学頭・右大舎人頭・陰陽頭などを歴任．仲麻呂の息の薩雄また僧延慶と同人とする説があるが確かでない．

[参考文献]　岸俊男『藤原仲麻呂』(『人物叢書』153)，薗田香融「恵美家子女伝考」(『日本古代の貴族と地方豪族』所収)
（今泉　隆雄）

048 フスタ船 フスタぶね　⇒南蛮船(なんばんせん)

049 不征国 ふせいこく　明の太祖洪武帝が洪武28年(応永2，1395)子孫への訓戒とした『皇明祖訓』にある語で，征伐するに値しない国の意．その中には，東海・南海方面の山海に阻まれた辺僻な地域の小国は，中国の患とはならないもので，軽々に兵を興し伐ってはならぬ「不征」の国とある．不征国として朝鮮・日本・大琉球・小琉球・安南・真臘・暹羅(シャム)・占城・蘇門答剌(スマトラ)・西洋・爪哇・溢亨(パハン)・白花・三

仏斉・渤泥の15国が列挙されている.

[参考文献] 石原道博「日明交渉の開始と不征国日本の成立」(『茨城大学文理学部紀要』人文科学 4), 佐久間重男「明初の日中関係をめぐる二, 三の問題」(『日明関係史の研究』所収) （佐久間重男）

050 普陀山 ふだ P'ut'oushan 中国浙江省舟山群島の東部にある島. もと梅岑山と言ったが,『華厳経』に見える観音の聖地補怛洛迦山にちなみ, 普陀山(補陀山・宝陀山)とも呼ばれた. 大中12年(858), 日本僧慧萼が五台山で観音像を手に入れて明州から日本へ帰国する時, 普陀山で船が進まなくなったため, 観音が普陀山に留まることを希望していると考え, 庵を結んで観音像を安置したという. これを不肯去観音といい, 現代まで中国で広く信仰を集めている(ただし観音像は後に明州に運ばれ, 普陀山には模刻が置かれたとされる). 一説に, 安置したのは新羅商人ともいう. 普陀山は日本・高麗渡航時の風待ち港だったが, このことは航海神観音と結び付いた要因の一つであろう. 宋代以来歴朝の信仰も厚く, たとえば宝陀観音寺は, 元豊 3 年(1080)の高麗への遣使を機に建立され, 以後もしばしば朝廷から賜与を受けた. 至元20年(1283)・21年に日本に派遣された愚渓如智, 大徳 3 年(1299)に日本に派遣された一山一寧は, この宝陀寺の住持である. 普陀山には日本の入宋・入元僧や遣明使もしばしば上陸し, 後期倭寇の襲撃地にもなった. 江戸時代には日本人の漂着事例もある.

[参考文献] 普陀山志編纂委員会編『普陀山志』, 西尾賢隆『中世の日中交流と禅宗』, 佐伯富「近世中国における観音信仰」(塚本博士頌寿記念会編『(塚本博士頌寿記念)仏教史学論集』所収) （榎本 渉）

051 補陀落山 ふだらくさん インド南海岸の山名で観世音菩薩の住処. 補陀落は梵語 Potalaka, Potala の音写. 補陀落迦・補陀洛迦・補怛洛迦・宝陀羅・逋多羅とも. 義訳としては光明山・海島山・小花樹山など. 新旧の『華厳経』で善財童子がこの山で観音菩薩にあったとされ, 伝説上の山名とも考えられるが, 玄奘『大唐西域記』10に「秣剌耶(マラヤ)山の東に布呾洛迦(ポータラカ)山有り」とあるので実際に南インドの各地に比定する諸説がある. 観音信仰の伝播・流行とともに中国・チベット・朝鮮・日本でこの名を冠する霊山・宮殿の出現をみ, 中国や日本では『不空羂索神変(ふくうけんさくじんべん)真言経』にもとづく補陀落浄土変は阿弥陀浄土変とならぶ変相図の画題となる. わが国では補陀羅渡海＝入水往生の紀伊(和歌山県)那智山が有名で, ここは西国三十三札所第 1 番の観音霊場・補陀落山の東門とされた. 仏教民俗学の五来(ごらい)重の説によれば, この地にはまず海の彼方に祖霊の国・死者の霊の集う国があるとする考えがあり(『日本書紀』神代),

死者を常世の国に送る水葬の風があった. また, 日本には仏教渡来以前に中国から神仙思想が伝わり, たとえば浦島子伝説となって, すでに海上他界の観念を形成している(『日本書紀』雄略天皇22年 7 月条). そのような土壌に仏教の観音信仰が受容されたわけで, 古代葬法の水葬も補陀落渡海と意匠を変える. 民俗仏教である修験の行者のなかには捨身行として生きながら渡海を企てるものもあったという.

[参考文献] 根井浄『補陀落渡海史』 （宮林 昭彦）

052 府中藩 ふちゅうはん 対馬国府中(長崎県対馬市厳原(いずはら)町)に藩庁を置いた藩. 対馬藩とも呼ばれ, 明治 2 年(1869)以降厳原藩を称する. 藩主は宗(そう)氏. 城持. 外様. 歴代藩主は, 義智・義成・義真・義倫・義方・義誠・方熙・義如・義蕃・義暢・義功(猪三郎)・義功(富寿)・義質・義章・義和・義達. 藩主宗氏は中世以来の守護大名から近世大名に転化した数少ない例の 1 つ. 近世日本が正式の外交関係を持った唯一の独立国朝鮮との外交・貿易関係の諸業務を独占的に担った. 諸業務の内容は, 前後12回にわたる朝鮮国王士・通信使の迎接, 漂流民の送還など日常的な使節の往来, 貿易など多岐にわたった. 対馬島は統一政権の検地を受けなかったため公的には無高であったが, 10万石以上という高い家格を称えたのは, 同藩のこの役割によるものと考えられる. 領地は対馬島のほか, 文禄・慶長の役で与えられた肥前国基肄(きい)・養父(やぶ)郡のうち 1 万石余(田代領), 文化14年(1817)財政窮乏の手当地として与えられた 2 万石余があった(明治 2 年, さらに 3 万5000石余の手当地が与えられた). 対馬島は, 実質的な生産高は木庭(こば)作(焼き畑)主体で 1 万7000石余あったが, それに田代領の所務を加えても同藩の役割や身代を保つには不足で, 朝鮮から米 1 万6000石余を輸入して家臣への給米にあてたほか, 藩財政のかなりの部分を朝鮮貿易に依存していた. その性格から, 江戸藩邸のほか, 京都・大坂・壱岐勝本・博多(のちに廃止)・長崎に蔵屋敷, 田代領には代官, 朝鮮釜山に倭館を, それぞれ置いていた. 京・大坂では輸入品の売り捌きと輸出品の調達, 長崎では長崎奉行との外交・貿易上の連絡と輸出品の調達が行われた. 釜山倭館では朝鮮との日常の外交業務や貿易が営まれ, 数百名の家臣・商人がおり, 館守をはじめとする藩の役人や, 外交僧・医師などが常駐していた. 藩祖義智から義成の治世の前半までは, 権力構造や貿易利潤の配分にも戦国以来の形態が残り, 大名権力の基盤は脆弱であった. 寛永12年(1635)の柳川一件解決以後, 貿易利潤を藩庫に吸収したのをはじめ, 領内総検地を実施, さらに, 府内士(城下居住の家臣)と在郷給人(郷士)の身分区別を明確化するなど, 兵農分離策を促進した. この政策は大浦権太夫による, 土地制度と年貢

徴収体制の整備，府内士の地方(じかた)知行制の廃止と禄制改革，寺社領などの私領地の再配分による蔵入地の拡大と，均田制度による農民自立政策など，いわゆる寛文改革(万治3年(1660)～寛文5年(1665))によってほぼ完成した．それと前後して，城下町の整備や藩主居館の築城に伴って職制機構も整備され，釜山倭館は火災を契機に，より便利な草梁(釜山市内)に移転・改築された．さらに，朝鮮往来を便利にするために大船越を開鑿し，抜荷防止のために，鰐浦(わにうら)ほか4ヵ所に番所を置き，島内各地には遠見番所を置いた．こうして，近世的な藩の形態はいちおう整ったが，在地では中世以来の構造を払拭しきれず，給人が島内領地の半分以上を占めて家父長制的経営を展開するとともに，奉役・村下知人(他領の名主にあたる)などの地方の役職も独占していた．公役人とも呼ばれた百姓は零細な経営規模と過重な役負担のために自立性が弱かった．このような在地の構造のため，対馬には他領のような百姓一揆は1件もない．17世紀後半には，藩政改革の成功，朝鮮貿易の活況，義成の代からの銀山開発の成功と活況などによって，西国一の分限といわれた．貞享2年(1685)最初の藩校小学校が創設され，このころ木下順庵門下の陶山(すやま)訥庵(鈍翁)・雨森(あめのもり)芳洲・松浦霞沼らが学識豊かな儒者が抱えられ，藩の学統の基礎となった．朝鮮通事の系統的な育成も，芳洲の献策によって開始された．18世紀にはいると朝鮮貿易の不況と銀山の衰退によって財政難に陥り，藩内では頻繁な倹約令や給米の借上がみられ，他方で幕府からのさまざまな名目による財政援助が恒常化した．安永5年(1776)朝鮮私貿易断絶の名目のもとに開始された毎年1万2000両の給付はその象徴的な事例で，文久3年(1863)の奉勅攘夷に伴って毎年米3万石の支給が決定されるまで続いた．しかし，頻繁な幕府の財政援助も，倹約を中心とする財政改革や貿易に代わる新たな産業の模索なども事態を好転させず，藩内で移封論が台頭する一因となった．他方，藩の内訌も激化し，寛政12年(1800)の百余輩事件，元治元年(1864)の勝井騒動などが起った．勝井騒動で藩内の勤王派は一掃された．文化8年の易地聘礼後も，幕府の倒壊直前まで朝鮮通信使が計画されたが，日朝双方の財政難と，欧米列強のアジア進出による海防問題の深刻化によって実現しなかった．文久元年のロシア軍艦による芋崎占拠事件(露艦対馬占拠事件)は，海防問題が直接対馬に及んだ端的な事例であり，このころから朝鮮に開国を勧めるための遣使問題が幕府の朝鮮政策の日程にのぼり，征韓論への一階梯を準備する．慶応3年(1867)の大政奉還後も維新政府からひきつづき朝鮮外交と貿易を家役として務めることを認められたが，王政復古を朝鮮側に通達する段階で交渉は頓挫し，明治2年に外務省が設置されると，朝鮮外交の主導権をめぐって両者は競合関係に入った．また同年の版籍奉還後府中を厳原と改称，それとともに藩名も厳原藩となった．同4年7月廃藩置県により厳原県となり，9月伊万里県，5年5月佐賀県を経て，同年8月長崎県に編入されて，対馬島は一地方行政単位となり，それとともに，家役も外務省に接収され，釜山倭館も外務省の直接管理下に置かれた．

参考文献 田保橋潔『近代日鮮関係の研究』，川本達『対馬遺事』，日野清三郎・長正統編『幕末における対馬と英露』，『新対馬島誌』，中村栄孝『日鮮関係史の研究』中・下，『長崎県史』藩政編，田中健夫『対外関係と文化交流』，田代和生『近世日朝通交貿易史の研究』，荒野泰典『近世日本と東アジア』，黒田省三「対馬古文書保存についての私見」(『国士舘大学人文学会紀要』1)，同「在韓対馬史料について」(『古文書研究』6)　　　　(荒野　泰典)

053 仏教伝来 ぶっきょうでんらい

仏教の日本伝来について『日本書紀』は，欽明天皇13年壬申(552)10月，百済の聖明王が使者を遣わし，釈迦像・幡蓋・経論などと仏教流通の功徳を讃える上表文を献じたと記している．しかし，この上表文は8世紀初頭に漢訳された『金光明最勝王経』による『日本書紀』編者の造作とみられるので，上表文を核として構成されている『日本書紀』仏教伝来記事は史実として疑わしい．一方，『上宮聖徳法王帝説』や『元興寺伽藍縁起幷流記資財帳』には，欽明天皇7年戊午に仏教が百済から伝来したとの記載がある．『日本書紀』の紀年では欽明治世に戊午年はないので，その前後の戊午年を求めると宣化天皇3年戊午(538)となり，南都の教団にはこの年を欽明天皇7年に擬する仏教伝来説が存在していたと思われる．『日本書紀』編者がこの戊午伝来説を無視し，より新しい壬申の年に伝来年次を設定したのは，①壬申年が日本仏教の初年として特に意義ある年と考えられたか，②正史の記述として欽明戊午伝来説を採用し難い理由が存在したためではないか，との観点から多くの研究が発表され，①については，南都三論宗系の教説で計算すれば，この年が釈迦没後1501年目，すなわち末法第1年にあたること，あるいは『大集経』の五堅固説によれば，造寺堅固の第1年にあたること，②については，戊午を欽明天皇7年とする説を記せば，『日本書紀』が隠蔽しようとした両朝並立が明るみにでること，などが指摘された．その結果，戊午伝来説を史実に近いとする見解が通説化したが，戊午伝来説の信憑性についても問題は少なくない．戊午・壬申2説の成立を『日本書紀』と『法王帝説』などがそれぞれ依拠した百済の年代史料の相違と考え，第3の伝来年次を設定する研究や，戊午伝来説は讖緯説の戊午革運思想によって8世紀初頭に形成されたもので，しかも百済からの仏像や経論の贈遣は何度もあったろうから，仏教伝

来の年次を戊午・壬申のいずれかに決めようとするのは疑問だとの見解もある．いずれにせよ仏教伝来年次についての諸伝承が欽明朝という点で一致しているのは注目すべきであり，あるいは戊午・壬申伝来説形成以前の伝承形態として，漠然とした欽明朝伝来説の存在が想定できるかもしれないし，諸異伝の示す許容年代などから伝来年次を545年前後に求める説も発表された．もちろんわが国で仏教が，欽明朝以前，おそくも 6 世紀初めに各地の渡来人系氏族を中心として信奉されていたのは確実だから，欽明朝の仏教伝来とは，百済王から大和朝廷への国使を通じての「公伝」の問題として考えなければならない．朝鮮三国の仏教興隆の過程を見れば明らかなように，冊封体制下の東アジア国際社会では，仏教は部族国家の枠を越えて中央集権化をめざす諸国の政策に適合した新しい普遍宗教であるとともに，諸国が範とすべき中国の先進文化そのものでもあった．新羅・高句麗と軍事抗争し日本の援助を期待していた百済の聖明王が，軍事援助懇請の一種の代償として，国使をもって仏教を伝えた理由がうかがえよう．6 世紀の日本は，朝鮮半島の情勢変化とともに，直接には冊封体制から脱落していたが，なお百済を介して中国との間接的関係は存在していた．渡来人と親密で国際的視野の広い蘇我氏が「西蕃の諸国，一に皆礼ふ，豊秋日本，あに独り背かむや」(『日本書紀』欽明天皇13年10月条，原漢文)と公的受容を主張したと伝えられるように，朝鮮政策を積極的に進めようとする欽明朝にとって，冊封下の朝鮮三国が共有する仏教に，国家として無関心ではあり得なかった．伝来当初の仏教は，仏が「今来の神」「蕃神」「仏神」などの名でよばれたように，在来のカミ信仰の次元で理解されることが多かったが，物部氏との抗争に勝利を収めた蘇我氏の主導の下で，高度な外来文化の凝集として豪族層の間に広まり，以後の日本の社会の各面にきわめて大きな影響を及ぼすこととなった．

[参考文献] 田村圓澄『田村圓澄日本仏教史』1，速水侑『日本仏教史』古代，中井真孝『日本古代の仏教と民衆』(『日本人の行動と思想』22)，吉村武彦編『古代を考える 継体・欽明朝と仏教伝来』，井上薫「日本書紀仏教伝来記載考」(『日本古代の政治と宗教』所収)，益田宗「欽明天皇十三年仏教渡来説の成立―日本書紀の編纂について―」(坂本太郎博士還暦記念会編『日本古代史論集』上所収)，佐伯有清「貴族文化の発生」(『(岩波講座)日本歴史』2 所収)，笠井倭人「『三国遺事』百済王暦と『日本書紀』」(『古代の日朝関係と日本書紀』所収)，薗田香融「東アジアにおける仏教の伝来と受容」(『関西大学東西学術研究所紀要』22)　　　　　(速水　侑)

054 福建柔遠駅 ふっけんじゅうえんえき　中国福建省の福州に設置されていた施設で，一般に琉球館と称されていた．琉球と中国との外交・貿易は1372年に開始されたが，当初の指定港は同省の泉州に設置された来遠駅であった．1472年に市舶司が福州に移転したため福州柔遠駅が琉球専用の指定港となった．以来，明治12年(1879)の琉球処分までの間，琉球の対中国外交・貿易の拠点として利用された．

[参考文献]　高良倉吉『続おきなわ歴史物語』
(高良　倉吉)

055 仏源禅師 ぶつげんぜんじ　⇒大休正念(だいきゅうしょうねん)
056 仏光禅師 ぶっこうぜんじ　⇒無学祖元(むがくそげん)
057 仏樹房 ぶつじゅぼう　⇒明全(みょうぜん)
058 仏照禅師 ぶっしょうぜんじ　⇒白雲慧暁(はくうんえぎょう)
059 仏足石 ぶっそくせき　仏足跡ともいい，釈尊の足跡(足形)を刻んだ石．足跡はふつう両足をそろえ，仏の足裏の吉祥文様(千輻輪・双魚・金剛杵ほか)を刻む．インドでは足跡は仏像発生以前から釈尊の表徴として造られ，7 世紀における仏足石の存在を『大唐西域記』は記す．この仏足石信仰は西域・中国を経て，朝鮮・日本にまで及び，また南方の上座部仏教圏にも広まった．日本現存最古の作例は奈良市西ノ京町の薬師寺蔵の仏足石(正面高697cm・幅約109cm・上面奥行74.5cm，国宝)で，その側面に神直石手(みわのあたいいして)の書写による刻銘があり，唐の王玄策が鹿野園(釈尊初法転輪の地)の仏足石を長安普光寺に写し造ったものをさらに黄文本実(きぶみのほんじつ)が転写して将来した図様によって，天平勝宝 5 年(753)文室智努(ふんやのちぬ)が亡夫人の追福のために造ったもの(原所在地不詳)．しかし，日本では18世紀以前の遺品は少なく，多くが近世の化政期以降の造顕である．昭和に至っても各地で造られ現在200基近くが知られ，仏足石研究誌『双魚』が昭和50年(1975)創刊された．

(薬師寺)

[参考文献]　加藤諄『仏足石のために―日本見在仏足石要覧―』，同『日本仏足石探訪箚記』，金井嘉佐太郎『仏足跡の研究』，加藤諄「近世仏足石の一派生図様について」(『早稲田大学大学院文学研究科紀要』8)，吉村怜「薬師寺仏足石と書者「神直石手」に

060 仏哲 ぶつてつ　生没年不詳．林邑(インドシナ)僧．奈良時代日本に楽舞を伝え(『日本高僧伝要文抄』など)，仏徹とも記す(『南天竺婆羅門僧正碑幷序』など)．天平8年(736)インド僧菩提僊那に従って来日し，大安寺に住み，林邑楽と菩薩・抜頭の舞などを教えた(『南天竺婆羅門僧正碑幷序』『元亨釈書』)．林邑楽は雅楽曲中の一部門となり，林邑八楽(菩薩・陵王・迦陵頻・安摩・倍臚・抜頭・胡飲酒・万秋楽)のうち万秋楽以外の7曲は仏哲が伝えたとされる．林邑楽は大仏開眼会(天平勝宝4年(752)，『東大寺要録』)や大仏仏頭修理供養無遮大会をはじめ，朝廷饗宴・寺院斎会などに演奏された(『続日本紀』『続日本後紀』『三代実録』)．大同4年(809)雅楽寮の林邑楽師は2人と定められ(『日本後紀』)，元慶7年(883)林邑楽人107名をして大安寺で調習させ(『三代実録』)，毎年6月林邑楽具を曝涼した(『延喜式』雅楽寮)．仏哲が天平9年伊勢神宮の祭に勤仕したと記される『志摩国風土記』逸文は奈良時代の風土記か疑わしく，他種類の記録と思われる．
→林邑楽(りんゆうがく)
[参考文献]　田辺尚雄「天平時代の楽舞について」(朝日新聞社編『天平の文化』所収)，岸辺成雄「音楽」(『図説日本文化史大系』3所収)，高楠順次郎「奈良朝の音楽殊に「林邑八楽」について」(『高楠順次郎全集』9所収)，岸辺成雄他「正倉院楽器調査概報」(『書陵部紀要』1～3)　　　　　(井上　薫)

061 仏日庵公物目録 ぶつにちあんくもつもくろく　北条家の廟所として鎌倉円覚寺内で最も重要な意義をもつ仏日庵の什宝目録．1巻．重要文化財．円覚寺蔵．巻末の識語によると，当初，元応2年(1320)6月作成の目録が存在したが，その後什宝が北条・足利両氏により進物として使用されたり，紛失したりしたため，貞治2年(1363)4月に僧法清が現物によって精査し，本目録を作成したことがわかる．諸祖頂相(ちんぞう)39舗をはじめ応化賢聖の像・絵画・墨蹟・堆朱・青磁・道具類などの目録であるが，現存するものはほとんどない．13世紀末から14世紀にかけて，中国大陸から将来された絵画・工芸・道具類などの状況を知り得る貴重な資料である．『鎌倉市史』史料編2，『茶道古美術蔵帳集成』上などに所収．
[参考文献]　神奈川県教育委員会編『神奈川県文化財図鑑』書跡篇，「研究資料　仏日庵公物目録」(『美術研究』24)　　　　　(三浦　勝男)

062 符天暦 ふてんれき　唐の術者曹士蔿が建中年間(780～83)ころに編纂した暦法書．正式には七曜符天暦という．中国で官暦として用いられたことのない私暦であったが，雨水をもって気首とするほか，暦計算の起点となる暦元を顕慶5年(660)という近距に取り，暦の常数に万分法を用いるなど，それまでの中国暦法にない合理性をもち，後晋の調元暦や元の授時暦に大きな影響を与えた．さらに注目すべき特色として，インド暦法の系統を引き日月五惑星のほかインド天文学で想像された羅睺・計都の二隠曜の位置を推算することができ，これによりホロスコープ占星術(密教とともに伝えられて中・晩唐期以降中国社会で流行した)のテキストとして重用された．その書名は『日本国見在書目録』天文家の項にみえ，9世紀には日本に伝わっていたが，実際に用いられるようになるのは延暦寺の僧日延の功績による．日延は暦家賀茂保憲の新暦法請来の要請を受け呉越国の司天台で「新修符天暦経幷立成等」を学び，天徳元年(957)に帰国してそれを保憲のもとに預けた．これによって符天暦は翌年から造暦に利用されることになり，その後も暦家は官暦の宣明暦を主としながらも符天暦をもって暦算を行なった．また日延は暦算とともに符天暦による星占の法を学んだと思われ，その術は僧侶の間に伝えられ，10世紀末ころから興福寺の僧仁宗や仁統ら，貴族の誕生時の九曜の位置や日月食の起る位置を算出してその運勢を占う宿曜(すくよう)師が輩出することになる．宿曜師がもつ暦算の技能は公的な造暦にも用いられ，長徳元年(995)に造暦の宣旨を蒙った仁宗以後，仁統・証昭らが暦家と共同で造暦を行い，のちにはかえって暦家と暦月の大小や日月食の有無について争論を繰り返すことになるが，このような宿曜師の活動の基盤には符天暦が存在していた．現在伝わるのは符天暦の太陽表の「符天暦経日躔差立成」(天理図書館所蔵『天文秘書』所収)のみであるが，その1回帰年が365.24737日，1朔望月が29.5306日であることが明らかになっている．　→日延(にちえん)
[参考文献]　桃裕行「日延の符天暦齎来」(『桃裕行著作集』8所収)，同「保元元年の中間朔旦冬至と長寛二年の朔旦冬至」(同所収)，藪内清「唐曹士蔿の符天暦について」(『ビブリア』78)，鈴木一馨「『符天暦日躔差立成』とその周辺」(『駒沢史学』51)
(山下　克明)

063 葡萄唐草文 ぶどうからくさもん　⇒唐草文(からくさもん)

064 府内病院 ふないびょういん　⇒アルメイダ

065 船長日記 ふなおさにっき　江戸時代後期の漂流記．池田寛親著．3巻．文政5年(1822)成立．名古屋の廻船督乗丸(乗組14名)が文化10年(1813)11月江戸からの帰途御前崎沖で遭難，太平洋上を漂流16ヵ月の間に乗組員の多くは死亡した．生存者3名は長期間の漂流に耐え，北米大陸の南西洋上で英国船に救助された．アラスカのシトカに上陸，露国の国策会社の総支配人バラノフに在留を勧められるも帰国の熱望堅く，英国船でカムチャッカに送られる．ここで越年し薩摩の漂民3名と合流し，ロシア船に送られて南下．途中1名死亡．エトロフ(択捉)・クナシリ(国後)の沖合まで帰るが濃霧の

ため上陸を果たさず，ウルップ(得撫)島に上陸，以後エトロフ・クナシリを経て13年12月江戸に着き，船頭重吉ら2名は14年5月故郷の土を踏んだ．その間の苦難の体験と見聞を記録したもので，鎖国下の海外見聞録であるとともに記録文学としても貴重な資料である．活字本として，玉井幸助校訂『船長日記』のほか，『海事史料叢書』5，『日本庶民生活史料集成』5，『異国漂流奇譚集』(『督乗丸船長日記』)に所収．現代語訳は『世界ノンフィクション全集』24に所収．

参考文献　川合彦充『督乗丸の漂流』，玉井幸助『小栗重吉漂流記』　　　　　　　　　　(池田　晧)

066 船磁石 ふなじしゃく ⇨羅針盤(らしんばん)

067 船本顕定 ふなもとあきさだ　生没年不詳　江戸時代前期の朱印船貿易家．長崎外浦町に住んだ．通称は弥七郎または弥兵次ともいう．豊臣秀吉が文禄元年(1592)に始めた朱印船貿易では末次平蔵や荒木惣右衛門(宗太郎)・糸屋随右衛門とともに朱印船の派遣を許された．慶長9年(1604)に始まった江戸幕府の朱印船貿易でも，11回にわたって朱印船を安南・交趾(コーチ)・柬埔寨(カンボジア)など各地に派船した．ときにはみずから船に乗り貿易を営み，渡航日本人の中で重きをなした．渡航先の官憲はかれを介して将軍や幕閣ら重臣らと書簡や贈物を交換した．元和4年(1618)交趾の安南大都統瑞国公阮潢は書簡を幕府におくり，弥七郎を渡航日本人の取締りにあたらせることを要請した．その結果日本側は本多正純・土井利勝の連署で，渡航商人は弥七郎の指揮を仰ぐべきことを命じた．安南大都統瑞国公からは特に養子の待遇を与えられていた．

参考文献　『長崎拾芥』，長崎市役所編『長崎史蹟人物誌』　　　　　　　　　　　　　　(武野　要子)

068 普寧 ふねい ⇨兀庵普寧(ごったんふねい)

069 武寧王 ぶねいおう　462〜523　501〜23在位．百済(くだら)の王．諱は斯麻(斯摩)あるいは隆．『日本書紀』は，その父琨支が倭に向かう途中，筑紫各羅嶋で生まれたので嶋王と呼ばれたという説話を伝えている．『梁書』には余隆とある．475年の熊津(公州)遷都でかろうじて滅亡の危機を免れた百済であったが，この王代に至るころまでには，ようやく国内の安定が実現し，対外的にも大きな成果をあげるようになった．即位後まず前王を殺害した苩加を誅殺した．そして北からの高句麗の攻撃をくい止めると同時に，南の加羅地方に積極的に進出し，512〜13年ごろまでには上哆唎(おこしたり)・下哆唎(あるしたり)・娑陀・牟婁・己汶・滯沙などを獲得して全羅南道全域にわたる支配権を確立した．その過程では倭と密接な交渉を重ね，513年と516年に五経博士を送っている．また521年には梁に朝貢して「使持節都督百済諸軍事寧東大将軍百済王」の官爵号を受けた(『梁書』百済伝)．1971年には，公州で武寧王陵が未盗掘の状態で発見された．塼築の墓室や青磁などの遺物に中国南朝の影響がみられる．また墓誌石には，王が523年5月7日に62歳で没したことが記されている．

参考文献　『三国史記』百済本紀　　(木村　誠)

070 船氏 ふねうじ　古代帰化系氏族の1つ．「ふね」は「ふな」とも訓む．姓(かばね)は史，のちに連．本居は河内国丹比郡野中郷(大阪府羽曳野(はびきの)市野々上(ののうえ)付近)．『日本書紀』によれば，欽明天皇14年7月に朝廷は王辰爾を遣わして船賦(ふねのみつき)を数え録させ，辰爾を船長(ふねのつかさ)とし，船史の氏姓を与えたという．辰爾は渡来してまもない帰化人で，船賦は関税・港湾税の類か．同族に津氏・白猪(葛井)氏があり，王仁(わに)の子孫と称した西文(かわちのふみ)・武生(馬)・蔵などの諸氏と近接した地域に住み，河内の帰化人勢力の中心をなした．のち天武天皇12年(683)10月に連に改姓，延暦10年(791)正月に宮原宿禰に改姓した．なお元興寺の僧道昭は船氏の出身であり，野中郷の野中寺は船氏の氏寺かとされ，辰爾の孫とみられる王後の墓誌が大阪府柏原市国分市場の松岳山古墳から出土している．　　→王辰爾(おうしんに)

参考文献　関晃『帰化人』(『日本歴史新書』)，佐伯有清『新撰姓氏録の研究』考証篇5　(関　晃)

071 プノンペン　Phnom Penh　カンボジアの首都．メコン河がトンレ=サップ川 Tonle Sap と合流し，バサック川 Bassac が分流する地点の右岸にある．現地ではチャド=ムーク Châdo Muhuk(四肢・四道の意)ともよばれている．タイ族の圧迫でアンコールを放棄したポニア=ヤット王 Ponhea Yat が1434年居をここに移して以来，史上に名をあらわした．以後，政情不安に首都は転々と変わった．16世紀末から17世紀にわたり華人をはじめヨーロッパ人なども居住し交易が盛んに行われ，日本町も形成され，朱印船が来航した．なおプノンペンの上流ピニャールー Pinhalu にも日本町があった．1867年フランスの治下でノロドム王 Norodom によって首都プノンペンは再建された．

参考文献　岩生成一『南洋日本町の研究』　　(長岡新次郎)

072 武備志 ぶび　中国，明代の兵書．明の茅元儀撰．撰者の祖父は茅坤で，胡宗憲の幕下となって倭寇の活動を詳記した『徐海本末』の著者．この祖父の影響をうけて兵家の学を研究し，明末の武備の弛廃をうれい，2000余種の資料を参考し，15年をかけて天啓元年(1621)に完成．240巻．内容は兵訣評・戦略考・陳練制・軍資乗・占度載の5部184項．戦陣図や地図もあり，明代史の研究にも貴重な文献であるが，つぎの清代には禁書となった．日本関係の記事は巻86・巻87・巻223・巻230・巻231・巻236・巻239などにあり，『異称日本伝』巻中6に収録されている．テキストは天啓刊本のほか，寛文4年(1664)の和刻本があり，『和刻本明清

資料集』3～6に収められている．
　　　　　　　　　　　　　　（石原　道博）

073 史 ふひと　古代の姓（かばね）の1つ．「ふひと」はフミヒトのミが省かれたもので，文筆を掌る官職名が姓となったもの．しかし文筆を掌った氏がすべて史姓になったとは限らない．有名な東漢（やまとのあや）氏は文直，西文（かわちのふみ）氏は文首を称していた．史姓で著名な氏としては王辰爾一族の船史・白猪史・津史がある．船史は王辰爾に船賦を数録させたことより，白猪史は屯倉のことを，津史は難波の津の税を掌ったことより史姓を与えられた．古代文献にみえる史姓の氏は全体で70氏ほどあるが，いずれも帰化人の後裔で，帰化人のこの方面での活躍を知り得る．天平宝字元年（757）藤原不比等の名をさけて毗登としたが，宝亀元年（770）旧に復した．　→王辰爾（おうしんに）
　参考文献　太田亮『全訂〔日本上代〕社会組織の研究』，阿部武彦『氏姓』（『日本歴史新書』），加藤謙吉『大和政権とフミヒト制』
　　　　　　　　　　　　　　（阿部　武彦）

074 忽必烈 フビライ　Khubilai　1215～94　元朝の初代皇帝．クビライとも表記される．廟号は世祖．モンゴル帝国第五代大汗．成吉思汗の末子トゥルイの第3子．兄モンケが大汗になると，命ぜられて中国の征服に従い，雲南からチベットを平定，さらに北ベトナムの大越国を服属させた．1259年にモンケが没すると，翌60年，みずからクリルタイを召集して大汗の位につく．反対する勢力は，弟アリクブカを大汗に選出して抗争したが，64年には降服した．この抗争につづき，オゴタイの孫ハイドゥは，あくまでもフビライの主権を認めず，66年に挙兵し，フビライは治世の末まで，これを鎮圧できなかった．こうして西方の諸汗国は独立の形勢となり，モンゴル大帝国も事実上，解体したのである．フビライは金朝の旧都（北京）を都として，大都と称し，71年には中国風に国号を建て，大元と称した．さらに76年には南宋を降伏させ，79年にはその余党をことごとく滅して，中国の統一を完成する．統治にあたっては，中国の官制を採用し，統一通貨を発行するなど，中国の王朝としての体制を確立した．中央官庁としては中書省のみを存置し，地方には行中書省を設けたが，これは略称を行省と呼ばれ，今日の「省」の起源となる．しかし一方では，モンゴル人を優遇し，モンゴル語の公式使用，モンゴル兵制の施行をはじめ，パスパ文字の採用，ラマ教の尊崇など，モンゴル至上主義をつらぬいている．その治政のはじめには高麗を属国とし，また大軍を発して日本や南海を攻め，その服属を図った．日本遠征は，日本史の上で元寇，または文永・弘安の役として知られている．しかし海をこえての遠征は，日本をはじめ，ベトナム・ジャワ，ともに失敗に終った．在位35年の間に，東西の交通は発達し，ポーロ一家をはじめ，遠くヨーロッパから来往する者も相ついだ．その末年にはカトリック教も伝えられている．　→元（げん）　→文永・弘安の役（ぶんえい・こうあんのえき）

　参考文献　『元史』世祖本紀，愛宕松男『忽必烈汗』，山口修『蒙古襲来』
　　　　　　　　　　　　　　（山口　修）

075 文氏 ふみうじ　古代中央氏族の名称．古代に文氏を称した氏族は大和と河内にあり，互いに系統を異にした．大和の文氏は応神朝に渡来した阿知使主（あちのおみ）の後裔と称する東漢（倭漢，やまとのあや）氏が数十の氏族に分かれた中の1つで，東漢文（書）直あるいは単に文（書）直と称した．これに対して，河内の文氏は同じく応神朝に渡来した王仁（わに）の後裔と称する西（川内）文（書，かわちのふみ）首で，単に文（書）首とも称した．ただし天武天皇14年（685）6月の忌寸賜姓の後は，ともに文忌寸とのみ称することになり，名称の上で区別がつかなくなった．両者はそれぞれ大和と河内に在住の史姓諸氏を指揮する地位にあったらしい．　→西文氏（かわちのふみうじ）　→東文氏（やまとのふみうじ）
　参考文献　関晃『帰化人』（『日本歴史新書』），加藤謙吉『大和政権とフミヒト制』
　　　　　　　　　　　　　　（関　晃）

076 不弥国 ふみこく　『三国志』の『魏志』東夷伝倭条（『魏志』倭人伝）にみえる国名の1つ．『魏志』には「東行至不弥国百里」と記す．その地域の比定については，邪馬台国の位置をめぐる大和説・九州説などで諸説がある．福岡県の宇美のあたりとみなす説が多いが，大宰府付近，糟屋郡の港湾地域や津屋崎付近など，さまざまに比定されている．また『魏志』は，官に多模があり，その副に卑奴母離があって，1000余家の国と述べる．　→邪馬台国（やまたいこく）　　（上田　正昭）

077 普明国師 ふみょうこくし　⇒春屋妙葩（しゅんおくみょうは）

078 普門 ふもん　⇒無関玄悟（むかんげんご）

079 フランシスコ会 フランシスコかい　正式名 Ordo Fratrum Minorum（OFM）．アシジの聖フランチェスコ Francesco d'Assisi が1209年創立したカトリックの托鉢修道会．日本には文禄元年（1592），第2次ルソン使節として同会士のペドロ゠バウティスタが渡来．そのまま京都に布教を開始した．それは当時日本イエズス会が天正15

年(1587)の伴天連追放令以来逼息して，布教司牧の責任を全うしていないので，それに代わってフランシスコ会が日本布教に挺身しようとの使命感もあった．当初それを黙認していた豊臣秀吉も，ルソン交渉の停頓と，慶長元年(1596)に起きたサン＝フェリーペ号事件を機として，断乎弾圧を敢行．いわゆる日本二十六聖人の殉教となった．しかし，徳川家康が権力を握るとともに潜入のヘロニモ＝デ＝ヘスース Jerónimo de Jesús は，ルソン貿易の打開と採鉱技師招聘を斡旋．家康の好意を得たことと，ローマ教皇庁が1600年以来，日本布教をイエズス会以外の修道会にも参加を認めたことにより，フランシスコ会士は相ついで来日した．家康は貿易は求めるが布教は許さぬ旨をたびたびルソン当局に申し入れているが，同会士は長崎・江戸を中心に，特に関東・奥羽に布教を展開．慶長14年，ルソン臨時総督ドン＝ロドリゴ＝デ＝ビベロ Rodrigo de Vivero の乗船が上総岩和田(千葉県夷隅郡御宿町)に漂着した時，また同16年のビスカイノによる日西交渉の時も，同会の日本布教長ソテーロが通訳として画策した．彼は伊達政宗ともその時の縁で親交を結び，いわゆる慶長遣欧使節の派遣となった．この背景にソテーロが奥羽司教区を開設し，みずから司教となろうとした意図があったとされる．こうしてイエズス会よりもむしろ政治的動きが強く認められるが，19年以来のキリシタン禁制の強化の中に，フランシスコ会士らは潜伏し，また果敢に密入国して，布教を進め，相ついで殉教，寛永15年(1638)に全滅するに至った．しかし，こうした中にも創立以来の伝統を承け継ぎ，長崎・京都・江戸などにハンセン病患者のための施療院を設け，また江戸の勢数多(せすた)講など信者らの組講を各地に組織して，信仰の潜伏を可能にした．水府明徳会に伝えられている那須で水戸藩が没収した教書類は，この会のガルベスが同地方のコルドン(帯)の組に与えた寛永年間の教書を含んでいる．明治40年(1907)ドイツのチューリンゲン管区が北海道布教を担当して，日本フランシスコ会が再興され，その後，カナダ・アメリカ合衆国管区などからも来日．鹿児島・浦和教区の布教を担当したほか，東京・長崎・名古屋・長野などに布教．女子修道会も続々渡来，各地に学校・病院その他の社会事業を運営している．

参考文献 『大日本史料』12ノ12，トマス＝オイテンブルク『十六～十七世紀の日本におけるフランシスコ会士たち』(石井健吾訳)，松田毅一『慶長使節』

(海老沢有道)

080 フランシスコ＝ザビエル Francisco de Xavier ⇒ シャビエル

081 フランシスコ＝デ＝ヘスース Francisco de Jesús ?～1632 スペインの聖アウグスチノ修道会改革跣足修族に属する修道士．1620年以来マニラの修練院長に任じていたが，元和9年(1623)迫害下の日本に潜入．長崎辺で潜伏しつつ日本語を習得．寛永3年(1626)以来奥州に布教．3年後長崎に戻ったが，同6年捕われ，2年間在牢ののち，雲仙岳の熱湯による拷問に堪え，寛永9年7月19日(1632年9月3日)長崎で火刑により殉教．

参考文献 レオン＝パジェス『日本切支丹宗門史』中・下(吉田小五郎訳，『岩波文庫』)

(海老沢有道)

082 フランス France ヨーロッパ西部にあり大西洋に面する共和国．首都はパリ．正式の国名はフランス共和国 Republique Française．フランス本土のほかに，グアドループ，ギアナなどの海外県，海外領土から成る．紀元前5，6世紀ごろ，この地にケルト(ガリア)人が住み始めた．彼らはドルイド教と呼ばれる独特の宗教を信奉し，今日のゴーロワ気質といわれるフランス的エスプリに近いものを持っていた人々だったといわれる．紀元前50年，カエサルがガリアの地を征服し，ガロ＝ロマンと呼ばれる時代が始まった．紀元4，5世紀には，ゲルマン民族のフランク族が移住を始め，ケルト人を放逐，あるいは吸収し，フランク王国を建てた．これがメロビンガ朝で，王クロビスは496年，キリスト教に改宗し，パリを都と定めた．751年，ピピンが王に即いて，カロリンガ朝を建てた．768年，その子シャルルマーニュが即位すると，スペイン遠征などを行い，800年，西ローマ帝国皇帝として戴冠し，中世における大帝国を築いた．843年，シャルルマーニュの3人の孫たちの間でベルダン条約が結ばれて，フランク王国は3分割された．シャルル2世が継承した西フランク王国が，今日のフランスの基礎である．987年，ユーグ＝カペーが国王となり，カペー朝が始まる．13世紀にはルイ9世(聖(サン)ルイ)が十字軍に参加し，14世紀初頭にはフィリップ4世(美男王(ル＝ベル))とローマ教皇との抗争から，ついには教皇を拘束し，1309年南仏アビニョンに幽閉する事件となった(76年まで)．28年，シャルル4世が死んでカペー朝が断絶したため，摂政フィリップ＝ド＝バロワが即位し，バロワ朝が成立する．しかし39年，スコットランドをめぐる争いからイギリス王エドワード3世がフランス王位継承権を主張し，英仏百年戦争が始まった．1429年には，ジャンヌ＝ダルクの活躍でシャルル7世が戴冠，ようやく53年にイギリス軍が撤退し，百年戦争は終結した．16世紀に入ると，ルター・カルバンの宗教改革が始まったが，1589年，宗教戦争の争いの果てにアンリ3世が暗殺され，ブルボン朝のアンリ4世が即位した．そして98年に，ナントの勅令により新教の信仰が公認された．1643年，ルイ14世が即位，61年からはみずから親政し，ベルサイユ宮の営造が始まった．いわゆるルイ太陽王の時代であり，ヨーロッパの中心

としてのフランスが発展し始めたのである．ルイ15世の世になると，文化的側面で著しい進展を見たが，長期にわたる独裁の結果，経済・社会の面で人民の不満がつのり，1789年の大革命を招来した．ルイ16世が処刑され，第1共和政が成立する．1804年，ナポレオンが皇帝に即位したが，14年の「フランスの戦い」に敗れて退位，ブルボン朝が復活して，ルイ18世が即位した．48年，2月革命ののち，ルイ＝ナポレオンが大統領に選出され，第2共和政が成立したが，52年にナポレオン3世として戴冠，第2帝政が始まった．文化的，経済的にフランスは最盛期を迎え，対外政策も積極的で，日本にまで使節を送ったのもこの時代である．しかしまもなく70年の普仏戦争に敗れてナポレオン3世は退位，第3共和政が生まれた．以降，フランスに王政・帝政が復帰することはなかった．第1次世界大戦・第2次世界大戦とも，フランスは緒戦でドイツに敗れたが，最終的には英・米の連合軍との協力体制で難局を乗り切った．1946年，第4共和政が発足したが，58年，シャルル＝ドゴールが大統領に当選，強いフランスを目指して現行憲法を制定，第5共和政となった．ポンピドゥー，ジスカール＝デスタン，ミッテラン，シラクと続き，現在はサルコジが6代目大統領である．

フランシスコ＝シャビエルはスペイン北部のハビエルで生まれ，パリのジェズイット会で神学を学んだ．おそらく日本に最初にフランスの情報を齎したのは，天文18年(1549)スペインの宣教師として来日し，2年余滞在したこのシャビエルであろう．はじめてフランスの地を踏んだ日本人は，伊達政宗が欧州に派遣した支倉常長の一行で，1615年(元和元)10月6日，彼らの乗った船がローマに向かう途中，嵐を避けてサン＝トロペに寄港した．彼らはこの地で大いに歓迎されたが，逆に，はじめて日本の土地を踏んだフランス人の場合は，きわめて悲劇的であった．それはドミニコ会の神父ギョーム＝クールテで，すでに厳しい鎖国令のしかれていた寛永13年(1636)，布教の目的で琉球に密入国し，直ちに捕えられて長崎に送られ，数々の拷問で責められた挙句，翌年秋に殉教した．こうして開かれたばかりの日仏交流は，たちまち閉ざされ，日本は長い鎖国の眠りにつくこととなった．フランス東洋艦隊のアルクメーヌ号が琉球を訪れたのは弘化元年(1844)であった．この時の開国の呼びかけは厳しい拒絶に会って失敗するが，嘉永6年(1853)にペリーが浦賀に達したとの報が届くと，各国の外交団・宣教師団が，つぎつぎと日本入国を模索し始めた．中でもメルメ＝ド＝カション神父は熱心で，他の2人の神父とともに那覇に渡り，ほとんど幽閉に近い生活の中で日本語を学び始めた．安政5年(1858)，ナポレオン3世は全権公使グロ男爵を派遣して来たが，その時に通訳を勤めたのがこのカションであった．グロ男爵は3隻の軍艦で下田に来航し，条約交渉が行き詰まると直ちに江戸湾に廻り，9月3日(陽暦10月9日)，日仏修好通商条約の締結にこぎつけた．フランス政府は日本総領事として，デュシェーヌ＝ド＝ベルクールを任命した．安政6年8月，ベルクールは来日すると麻布の済海寺を宿舎とし，幕府外国奉行酒井忠行と日仏修好通商条約の批准書を交換した．万延元年(1860)ベルクールは代理公使に昇進し，江戸城で将軍徳川家茂と会見した．さらに翌文久元年(1861)には全権公使に昇任し，竹内保徳を頭とする遣欧使節，いわゆる「大君の使節」渡仏の条件を整え，ナポレオン3世との謁見を実現させた．しかしこの使節が優雅なパリを楽しんだのも束の間，彼らが開港問題の延期や時間かせぎの交渉のために，イギリス・ロシア・ポルトガルなどを訪問している数ヵ月間に，日本では生麦事件が起って英仏側は幕府への態度を硬化させており，中国では太平天国の乱がこじれて，各国はより利権の大きい中国に勢力を集中し，この小さな島国の使節への対応は冷たいものに変わっていた．元治元年(1864)には，池田長発一行の遣欧使節が，フランス艦ル＝モンジュ号で出発し，横浜鎖港という困難な課題を抱えて行った．彼らがパリでフランス外相との交渉に入ったころ，2代目の仏国公使レオン＝ロッシュが赴任して来た．これまで英仏は，下関事件の補償問題，横浜・兵庫の開港問題などで常に歩調を一にして幕府と交渉して来たが，文久3年の薩英戦争を機に，イギリスは薩摩藩に肩入れし始めた．一方，フランスは幕府に接近することとなった．世界各地における英仏対立の図式がここでも現われたのである．ロッシュはベルクールよりもこの点で積極的であった．元治元年冬，幕府はロッシュに製鉄所と船渠(ドック)建設を要請し，横須賀製鉄所・横浜仏語伝習所の設置が決まった．慶応元年(1865)に起工した横須賀製鉄所は，翌2年夏には一部完成して，早速新造船の建造に着手した．幕府はロッシュに武器の調達，軍艦の購入などの斡旋を依頼する一方で，慶応3年のパリ万国博覧会に，徳川昭武を将軍名代として派遣した．しかし，薩摩藩は英国の援助を引き出しながらも，フランス商人モンブランの助言をも得て，この博覧会に「薩摩」として参加し，幕府をあわてさせた．この博覧会では瑞穂屋清水卯三郎が出品した水茶屋と3人の日本娘が評判を呼び，展示された陶器・仏像・根付・錦絵などは博覧会終了後に販売されて，パリ中にジャポニスムの流行を齎した．すでに1850年代に錦絵を知っていたという画家のドゥガや小説家のゴンクールを中心に，この後20～30年にわたり，ジャポニスムはフランス芸術に影響を与え，印象派誕生の重要な一契機となった．慶応2年12月(1867年1月)，幕府が招いたフランス軍事顧問団が来日した．シャルル＝シャノワーヌを隊長とする14名の顧問団は，神田橋外の幕府陸

軍所に身を落ち着け，歩兵や砲兵の教練を開始した．しかしイギリスのパークスやサトウに比べて柔軟さに欠けるロッシュに，本国政府は危惧を抱き，慶応3年秋，ロッシュを解任し，後任の公使にマクシム＝ウトレーを任命するという訓令を発した．やがて大政奉還，王政復古という事態に，顧問団は役割を失って明治元年(1868)帰国の途についた．新政府は横浜・横須賀の製鉄所を接収するとともに，横浜仏語伝習所の思想を受け継いで，明治3年，常備兵員制を制定し，陸軍はフランス式，海軍はイギリス式訓練を採用するとした．砲兵隊を教練する中で日本に愛着を抱いていた軍事顧問団のメンバー，デュ＝ブスケ・フォルタンらは，再来日して兵部省・陸軍省の御雇いとなり，軍人の教育にあたることになった．明治時代を通じて陸軍軍人の多くがフランスに留学したのは，このような背景によるものである．幕末期にイギリスと競って極東政策に力を入れたフランスであったが，普仏戦争に敗れ，さらにパリ＝コンミューンの戦乱で政治の中枢が戦火と騒乱に陥ったため，対外政策が変更され，その規模も縮小された．この後，フランスが政治的側面で日本と関係するのは，日清戦争後の日清講和条約(明治28年)について，ロシア・ドイツとともに三国干渉を行なった時である．フランスの商業政策は伝統的に保守的であったが，普仏戦争後は特に経済拡張主義を採らず，自給自足経済へ向かった．それはフランス自体が豊かな国家であり，経済的，人口的に低成長であっても，国内市場だけで十分にやって行けるという面があったからである．普仏戦争，やがて20世紀の第1次世界大戦で国土が疲弊したことは，フランス経済の内向性を一層強くした．フランスでは，富は生み出し増やすものではなく，保持し失わぬように努めるものと考えられた．したがってフランスの対外貿易は決して活発ではなく，必要なだけを輸入し，輸出するという伝統が根強い．それ故に，19世紀後半以降のフランスの対極東政策の基本は，インドシナ・中国から茶・香料・生糸などを輸入し，それに対し工業製品を輸出するという，典型的植民地政策ではあったが，その規模は英独に比べて小さかった．さらにフランスが重点を置いたのは主としてインドシナ地域であり，日本はあくまでもその延長上にあるにすぎなかった．日本から輸入したものは和紙・生糸・蚕の種紙・工芸品・美術品が主なもので，中でも生糸・種紙などは盛んに輸入され，一時期横浜に生糸御殿を建てさせるほどであったが，リヨンで独自に蚕を飼い，生糸・絹布産業が始まると，対日貿易全体も縮小して来た．結局，明治以降の日仏の交流は，文化的側面が最も華やかであり，かつ重要である．来日したフランス人としては宣教師・教育者が最も多く，女子語学校(のちの双葉女子高等学校)を創設したアンナ＝パロール，大阪信愛女学院の創設者S・ベルナルディヌ，暁星学校の創設者ピエール＝オズフらがいる．また日本美術，特に浮世絵・根付などを求めて来日し，これを世界に広めた美術商・コレクターとして，T・デュレ，E・チェルヌスキー，S・ビング，E・ギメらがいる．一方，明治6年のウィーン万国博覧会の折，展示品をヨーロッパで販売するために設立された起立工商会社の若井兼三郎は，11年のパリ万国博覧会の整理をも担当し，この時通訳として渡仏した林忠正とともに，やがてパリに美術商を開店し，大量の美術品を日本から運んで販売した．林忠正は単に美術商としてではなく，ゴンクール・ゴンスら，当時のフランスの知的エリートと対等に交わり，日本文化紹介に力を尽くした．33年のパリ万国博覧会では日本側の事務局長に就任して，それまで断片的に伝えられていた日本美術を，体系的，歴史的に整理し，展示してみせた．明治政府は美術関係の御雇外国人としてはキオソーネ・フォンタネージ・ラグーザらイタリア人を雇ったが，世界的に美術の中心はローマからパリに移っており，留学する日本の画家はほとんどがパリを目指した．岩村透・山本芳翠・五姓田義松・黒田清輝・久米桂一郎・和田英作らで，ドイツに留学した原田直次郎はむしろ例外であった．文学思想関係では，福地源一郎・西園寺公望・中江兆民・巌谷小波・姉崎嘲風(正治)・島村抱月・戸川秋骨・永井荷風・上田敏，下っては島崎藤村・横光利一らが長期にあるいは短期にフランスに滞在して，最新の文学の息吹きを日本に伝えた．ここでもイギリスに留学した夏目漱石，軍医としてドイツに留学した森鷗外は少数派である．一方，来日したフランス人文学者は決して多くはない．ピエール＝ロティが明治18年と33年の2度にわたって来日し，『お菊さん』『秋の日本』などの著作を残したのが，明治期にあってはほとんど唯一の例である．詩人のポール＝クローデルが大使として来日したのは大正10年(1921)で，途中1年の空白はあったが，昭和2年(1927)までの長きにわたって滞在した．その間には関東大震災をも経験しているが，日本に関しては『朝日の中の黒い鳥』などの著作を著わしただけで，その滞日中の足取り，滞日経験などは未調査な面が多い．近代のフランスは，衣服の流行から料理に至るまで，文化の中心として世界に君臨して来た．ロシア人もアメリカ人も，同じヨーロッパの隣国人でさえ，パリに行くことは1つのステータス＝シンボルであった．2度の世界大戦を経て，政治的，経済的，軍事的に，フランスは必ずしも大国ではなくなった．文化の中心もロンドン・ニューヨークに移ったと主張する人々も多い．にもかかわらず，1980年代に入ると，いわゆるポスト＝モダンの思想に裏付けられて，新都市ラ＝デファンスの建設，旧中央市場(レ＝アル)の再開発，ビレットの科学博物館を含む大規模な都市計画などパリとフランスは

依然として，ルネサンス以来の華やかさと知性を持ち続けている．

参考文献　クルチウス『フランス文化論』(大野俊一訳，『創元選書』89)，金沢誠『フランス史』，新倉俊一他編『事典現代のフランス』，神田孝夫《《日本趣味(ジャポニスム)》の端緒とこれに対する日本の反応』(『比較文化研究』3)，松葉一清『パリの奇跡』(『朝日文庫』)　　　　　　　　　(及川　茂)

083　仏蘭西学 フランスすがく　蘭学・英学などと同様に，幕末・明治初期のフランスとの交流の研究を一般に仏蘭西学という．江戸時代オランダ語以外の外国語の重要性を知っていたのは，長崎に勤める通詞たちであった．文化4年(1807)，長崎奉行から幕府にフランス語の必要性の建白書が出され，おそらくナポレオンのヨーロッパ世界制覇の噂が届いていたこともあっただろう，翌年本木正栄ら6名の通詞が，オランダ商館長H・ドゥーフ Hendrik Doeff, Jr. についてフランス語を学び始めた．教科書としてピーテル＝マリン Pieter Marin の『フランス語学習法』(アムステルダム，1775年刊)が選ばれたのは，オランダ語を通じてフランス語を学ぶためである．彼らのフランス語学習の成果は稿本『払郎察(フランス)辞範』『和仏蘭対訳語林』として今日に残されているが，実地に長崎でどのように活用されたのかは不明である．松代藩士村上英俊が独学でフランス語学習を始めたのは，佐久間象山の示唆によるといわれる．英俊の努力は『三語便覧』(安政元年(1854))として結実し，さらに『仏英訓弁』(同2年)，『五方通語』(同4年)，『仏蘭西詞林』(同)などを出版した．同6年には蕃書調所の教授手伝に任命され，『仏語明要』の編纂に携わり，元治元年(1864)にこれを完成した．明治3年(1870)刊の『明要附録』と合わせ，日本最初の本格的仏和辞書である．また，明治元年には，以前から名のっていた達理堂を正式に私塾として開き，弟子を募った．しかしこのころにはすでにフランスに留学して来た者も多く，英俊の門下生としては中江兆民・林忠正とその兄磯部四郎らが数えられる程度で，仏学始祖といわれる英俊の晩年は寂しいものであった．宣教師メルメ＝ド＝カション L'Abbé Mermet de Cachon は，安政6年，箱館に赴任し，早速この地に学校を開いた．ここで幕府の役人栗本鋤雲と知り合った縁で，慶応元年(1865)に横浜仏語伝習所が開かれると，教師として招請された．このころカションはレオン＝パジェス Léon Pagès と協力して『仏英和辞典』の編纂に取り組んだが，第1巻をパリで刊行(1866年)したのみで，未完に終っている．横浜伝習所は幕府とフランスとの政治的，軍事的関係が生み出したもので，フランス公使レオン＝ロッシュ Léon Roches の建議により小栗上野介(忠順)・栗本鋤雲の協力で設立され，幕臣の子弟を集め，カション，アンリ＝ブーブ Henri Beuve らがフランス語の教育にあたった．成績優秀な卒業生には渡仏の機会が与えられ，慶応3年のパリ万国博覧会に徳川昭武が出かけた時，ナポレオン3世との通訳をした保科俊太郎も，この卒業生であった．慶応2年にシャノアーヌ Chanoine を隊長とする14名のフランス軍事顧問団が来日すると，伝習所の役割も重要になったが，戊辰戦争で幕府が瓦解したために，軍事顧問団や伝習所自体の意味が消失し，やがて廃止された．明治に入ると，仏蘭西学は御雇外国人と，フランスに留学して来た日本のエリートたちの手に引き継がれることになる．初期のフランス語教育を担当したのは，長崎・京都・東京と移って来た元長崎総領事レオン＝デュリー Léon Dury，大学南校のガロー Garaud，東校のE・マッセ Emile Massais らである．徳川昭武に随行した箕作麟祥の名も高く，その塾には英俊の達理堂から移る者もいた．明治5年には明法寮でフランス語教育が開始され，翌6年東京外国語学校設立，さらに7年には帰国したばかりの中江兆民が仏学塾を開いた．明治3年に来日したP・フーク Pierre Fouque 同6年に来日したA・アリベ Arthur Arrivet は，開成学校・東京外国語学校，あるいは司法省でフランス語教育に携わった．アリベの『仏和辞典』(明治20年)は，『仏語明要』以降，最初の本格的辞書である．この2人が長期にわたってフランス語教育に尽力した後，同24年に来日したエミール＝エック Emile Heck は，東京帝国大学にフランス文学科を創設し，門下に岩下壮一・戸塚文卿らを出した．彼こそ日本人によるフランス文学研究を指導した最初の恩人といえよう．一方，26年に帝国大学に赴任したミシェル＝ルボン Michel Revon は，フランス語教育の傍ら，日本の文学・美術を研究し，博士論文『北斎』(1896年)を刊行した．これはゴンクールの名著『北斎』(同年)と並び，日本美術を欧米に拡めた著作として名高い．教育関係以外での御雇フランス人たちの業績も重要である．かつて軍事顧問団の1人であったA・デュ＝ブスケ Albert Charles Du Bousquet は，明治3年に再来日し，左院や元老院雇いとして，同15年に東京で没するまで，政府中枢で活躍した．法律顧問として5年に来日したG・ブスケ George Hilaire Bousquet，6年に来日したボアソナード Gustave Emile Boissonade，12年に来日したG・アペール Georges Appert の役割も偉大なものがある．なお，個性的なフランス人を列挙すれば，陸軍省画学教師として来日したG・ビゴー Georges Ferdinand Bigot は，明治の近代日本に疑惑の目を向け，これを鋭い諷刺で漫画に描き始めた．そこには近代化の矛盾をえぐる鋭い視点がある．陸軍砲工学校に雇われたE・トロンコワ Emmanuel Tronquois (Troncquois)は，1900年のパリ万博のために企画された『日本美術史』の仏文作成担当となって，九鬼隆一・林忠

正に協力し，この大作を完成させた．明治も中期を過ぎると，欧米との交流も頻繁なものとなり，「仏蘭西学」の範囲を越え，フランス文学・政治・経済などと細分化，専門化されてゆく．

参考文献　滝田貞治『仏学始祖村上英俊』，高橋邦太郎『日仏の交流』，同編『ふらんす語事始』，西堀昭『日仏文化交流史の研究』　　　（及川　茂）

084 フランス所在日本関係史料 フランスしょざいにほんかんけいしりょう　本項では近世（開国期以前）の日仏関係史料について扱う．この時期の史料は，この間，両国の直接的関係がなかったため，あまり豊富とはいえない．在フランス日本関係史料では，ボークリューズ県カルパントラ市立図書館のアンガンベルチーヌ文庫Bibliothèque Inguimbertine, Carpantras, Vaucluseに架蔵されている慶長遣欧使節関係文書（1615年，サン＝トロペ領主夫妻ならびにビニョン氏の書翰），パリ国立図書館Bibliothèque National, Paris所蔵の同じ文書の浄書本は，最初に日本人に接したフランス人の記録として知られている．間接的な記録としては，パリ国立文書館Archives Nationales, Parisの植民地文書Fonds ColonieのB系列，C¹系列（Fond Colonie, Série C¹-1〜20, 22〜27）の中に見られるフランソワ＝カロンFrançois Caron関係の史料，コーチシナ・シャム関係の文書中に日本にかかわる史料が散見する．フランス外務省文書館には幕末開国期の対日外交関係文書がCorrespondance Politique Japon 1854—1870（対日政治関係文書），Correspondance Consulaire Yeddo, 1859—1877（江戸領事関係文書），Correspondance Consulaire Nagasaki, 1865—1901（長崎領事関係文書）などの文書群に多数収められているが，その他にも，Mémoires et Documents（覚書・記録）と称する文書系列の中にも，フランス東インド会社関係の史料などの中に間接的に日本に関係する史料が散見する．なお，ブーシュ＝デュ＝ローヌ県のサロン市のブリュノン軍事史博物館Jean et Raoul Brunon, Musée de l'Armée, Salon de Provence, Bouche du Rôhneには，幕末・明治初期に日本に招聘されたフランス軍事顧問団の一員として前後2度にわたって来日したデシャルム将軍の文書Documents du Général Léon Descharmesに日本関係史料が架蔵されている．東大史料編纂所には，フランス外務省文書の，対日政治関係文書，江戸・長崎領事関係文書，デシャルム将軍文書の主要部分がマイクロフィルムに収められており，カルパントラの慶長遣欧使節関係文書は『大日本史料』第12編ノ45に同書第12編ノ12の補遺として原文・訳文が収録されている．　　　　　　（加藤　榮一）

085 フリース Maerten Gerritsz de Vries　？〜1647　台湾・日本近海で活躍したオランダの航海士．水夫として東インドに渡航（1622年）．タスマンとともに，シナの海図作成を委任される（39年）．マラッカの包囲に参加（40年）．その後主として中国・日本の海域に勤務．日本の東にあると信じられていた金銀島探検のため，2隻の船の司令官として派遣されたが，暴風雨で僚船を見失い，日本の東方海上，北緯37度半付近を数回往復して空しく引き返した（43年）．フィリピン東方海上で，銀を積載したスペインの船を迎撃するため，2回派遣されたが失敗（44年・45年）．3度目の攻撃も失敗に終り（46年），47年4月に彼も戦死した．→金銀島探検（きんぎんとうたんけん）→ブレスケンス号事件　　　　　　　　　　　　　　　　　（永積　洋子）

086 フリート Jeremias van Vliet ⇒ファン＝フリート

087 古開神 ふるあきのかみ ⇒平野神（ひらののかみ）

088 ブルネイ Brunei　東南アジアのボルネオ島北部にある立憲君主国．首都はバンダルスリブガワン．中国とは古くから遣使通交の関係があり，唐代には勃泥，宋代には渤泥・勃泥・仏泥，明代には文萊と書かれている．14世紀ジャワのマジャパヒト王国の史書では同国の範図に入っているが，その支配関係は明らかでない．15世紀初めにイスラーム化し，ボルネオ島の各地の港市を傘下に入れ，スルーSulu諸島にも勢力を伸ばしスルー王国と争った．当時の首都ブルネイは各地との貿易により繁栄し，日本からも朱印船が来航した．16世紀末スペイン人がフィリピンより侵寇，国勢は衰え，19世紀に入ると1847年イギリス人ジェームス＝ブルークJames Brookeにサラワクを割譲し，77年には北ボルネオ（現在のサバSaba）も英国北ボルネオ会社の有に帰した．ついで88年イギリス治下の保護国となった．第2次世界大戦で一時日本軍の占領下にあったが，戦後1984年1月1日完全に独立し，英連邦に加盟．石油と天然ガスを産出する．面積5765km²，人口37万人（2005年国連推定）．

参考文献　Owen Rutter: British North Borneo(1922); Graham Irwin: Nineteenth-Century Borneo(1955).
　　　　　　　　　　　　　　　　　（長岡新次郎）

089 ブレスケンス号事件 ブレスケンスごうじけん　16〜17世紀ごろヨーロッパの航海家の間に，日本の東方海上に金銀に富んだ島々Islas ricas de oro y plataがあると喧伝されており，1611年（慶長16）に来日したイスパニア使節セバスチャン＝ビスカイノSebastian Vizcainoは翌12年4月から10月にかけてこの幻の島の探索を試みた．オランダ人もこれに刺戟されて情報を蒐取し，東インド総督ファン＝ディーメンAnthonio van Diemenは39年（寛永16）マティス＝クワストMathijs Hendricksz. Quastとアベル＝タスマンAbel Jansz. Tasmanの指揮する2船を派遣し，日本近海を探険させたが何ら得るところなかった．ついで，43年（寛永20）マールテン＝ヘリッツゾーン＝フリースMarten Gerritsz. Vriesを司令官に，カストリクムCastricumとブレスケンスBreskens

の2船を第2回探険に派遣した．両船は2月バタビアを出帆し北上したが，5月中旬暴風雨に遭遇し両船は離散した．カストリクムは蝦夷・千島を探険し，北緯48度54分，東経163度1分の地に達して引き返し，11月中旬タイオワン（台南の外港安平）に入港した．一方，ブレスケンスは北航して日本沿岸に達し，6月10日，南部領山田浦（岩手県下閉伊郡山田町）に入港し薪水を補給してのち千島まで北航したが引き返し，帰途再度薪水補給のため43年7月28日（寛永20年6月13日）山田浦に寄港した．翌日，船長スハープHendrick Cornelisz. Schaepほか9名がボートで上陸したところを土地の官憲に捕えられた．同船は拿捕を恐れて港外に脱出し，九州南端で僚船と再会しタイオワンに帰着した．スハープらは江戸に送られ，8月25日（和暦7月11日）到着，大目付井上政重らの厳しい取調べを受けた．12月1日（10月20日）急遽予定を早めて参府した商館長エルセラックJan van Elserackが江戸に到着し，釈明のすえ，宣教師潜入幇助の意図のないことが判明し，12月8日（10月27日）スハープらは釈放された．取調べの間，オランダ人は金銀島探索のことは極力秘匿し，もっぱらタルタリア地方に交易市場を求めるため，と答弁した．これはかつてオランダ人がビスカイノの探険をイスパニアの日本侵略に附会して日本の為政者に喧伝した経緯があったからである．なお，南部家に伝来した「南部領正保国絵図」「同元禄国絵図」には，山田浦にオランダ船が描かれ，「寛永廿年癸未六月十三日，阿羅陀船此所へ着岸，阿羅陀人十人搦捕江戸江指上」と注記されている（盛岡市立中央公民館所蔵）．　→金銀島探検（きんぎんとうたんけん）　→フリース

（南部領正保国絵図）

[参考文献]　村上直次郎訳注・中村孝志校注『バタヴィア城日誌』2・3（『東洋文庫』205・271），永積洋子訳『南部漂着記―南部山田浦漂着のオランダ船長コルネリス゠スハープの日記―』（『キリシタン文化研究シリーズ』9），加藤榮一「ブレスケンス号の南部漂着と日本側の対応―附　陸奥国南部領国絵図に描かれたブレスケンス号―」（『幕藩制国家の成立と対外関係』所収）　　　　（加藤　榮一）

090　武烈王（ぶれつおう）　⇒金春秋（きんしゅんじゅう）

091　フロイス　Luis Frois　1532～97　安土桃山時代に三十数年在日し，日本に関する厖大な通信と著書を後世に残したイエズス会司祭．1532年ポルトガルの首都リスボンに生まれ，16歳の時にイエズス会に入り，ただちにインドに向かった．早く上長から文筆の才能を認められ，ゴアでは東アジア各地から届けられるイエズス会員の報告書を整理し，まとめてヨーロッパに送付する係に任ぜられた．永禄6年（1563）に西彼杵半島の横瀬浦において日本に第一歩を印した．翌年平戸を出発し，永禄8年の元日に京都に着いた．しかし仏教徒たちからキリシタン宗門の布教に反対され，摂津・河内の各地を流転せざるを得なかった．その時，突如として織田信長が登場し，フロイスは二条城の工事場で初対面して以来，信長から並々ならぬ寵遇を受け，岐阜城や安土城や京都で信長を訪ね，また上方を中心として日本の事情に精通し，数多くの通信をヨーロッパに送付し続けた．天正4年12月（1577年1月），兵庫で乗船して豊後に赴き，大友氏の領内で布教に従事した．天正7年（1579），イエズス会日本巡察師としてバリニァーノが来日すると，その通訳を務めて上洛した．天正10年からは日本副管区長付司祭として『日本年報』の主な執筆者となったが，翌年，『日本史』と題してシャビエル以後の日本布教史の執筆を命ぜられ，死去する直前までその著述を継続した．また天正13年には『日欧風習対照』と題する小著（覚書）を執筆した．その翌年には副管区長の通訳として大坂城に関白豊臣秀吉を訪れたが，天正15年には伴天連追放令が出されたので九州を転々とし，文禄元年（1592）から3年間澳門（マカオ）に赴き，帰日し，慶長2年5月24日（1597年7月8日），長崎のイエズス会の修道院において病死した．遺骨は長崎に葬られた．　→フロイス日欧風習対照覚書　→フロイス日本史　→フロイス日本書簡

[参考文献]　松田毅一『（近世初期日本関係）南蛮史料の研究』　　　　（松田　毅一）

092　フロイス九州三侯遣欧使節行記（フロイスきゅうしゅうさんこうおうしせつこうき）　原題Tratado dos Embaixadores japões que forão de Japão à Roma no anno de 1582の日本語訳．昭和17年（1942）岡本良知の訳註によりルイス゠フロイス著『九州三侯遣欧使節行記』と題して刊行された．本・続編があり，続編は同24年刊．天正遣欧使節が長崎から出発してローマへ至り，1586年（天正14）4月ポルトガルからゴアへ出帆するまでのことを24章にわたって叙述した旅行記．本稿の著者ないし編者についてはルイス゠フロイスLuis Froisとする訳者の岡本およびジョゼフ゠ビッキJoseph Wicki S.J.に対し，松田毅一は否定的である．本文中には「一行は」「彼らは」という客観的な三人称の表現が一般に見られるが，旅行実行者としての「私は」「私たちは」の表現もあり，著者ないし編者の確定をむずかしくしている．本稿は

イエズス会のジョゼ＝モンターニャ José Montanha が王立ポルトガル歴史学士院のために1742年以降に澳門（マカオ）において作成した謄本『マカオ司教区歴史資料集』Apparatos para a Historia Ecclesiastica do Bispado de Macau（リスボン国立図書館所蔵）の中に2本ある．1本は当資料集の冒頭部分に完全な形であり，他は本文中（フロイス『日本史』第2部に該当）の4章（1583・84年）と15章（1585年）の各文末に「日本の使節情報」として三分割されて載せられ，後者には完全本にない1章が追加されている．なお，邦訳書の続編には，少年使節の帰国からインド副王使節の上京に関連する記事14章分がフロイスの『日本史』第3部から収録・翻訳されている．

[参考文献] 松田毅一『（近世初期日本関係）南蛮史料の研究』，『完訳フロイス日本史』（松田毅一・川崎桃太訳，『中公文庫』） （五野井隆史）

093 フロイス日欧風習対照覚書 フロイスにちおうふうしゅうたいしょうおぼえがき 16世紀に長く日本で生活した宣教師フロイスが，思いつくままに日本とヨーロッパの風習の違いを611ヵ条にわたって覚書風にまとめた小著．『日欧文化比較』と題したものもあるが，はじめてドイツ語に訳した人が"Kulturgegensätze"と称したからで，原本には題名はなく，「この小論には，ヨーロッパと，当日本国の人びととの間における風習上のいくつかの対照（すべきこと）や相違が，ごく簡潔にかつ要約して述べられている」で始まり，「彼ら（日本人）の風習の多くは，われら（ヨーロッパ人）のそれと（の間に）はいとも（中略）極端な対照が存在する」などかなりの長さのまえがきがある．したがって「日欧風習対照覚書」と名付けるのがふさわしく，内容は「文化の比較」ではない．これには1585年（天正13）6月14日の日付と島原半島南端の「加津佐にて識す」と執筆した場所も記されている．原本はマドリードの王立歴史学士院図書館にあり，和紙5枚を重ねて二つ折にしたものに33枚目表まで個条書がある．日本滞在が長くヨーロッパとの風習の違いを数多く知ったフロイスは，みずから進んでか，上長からの命令に基づいてかわからないが，来日した宣教師たちの参考になるようにと，気付くたびに書き足して行ったことが明らかである．一方，安土桃山時代の日本人の風習を研究する者にとっては貴重な史料に違いない．松田毅一，E・ヨリッセン『フロイスの日本覚書—日本とヨーロッパの風習の違い—』（『中公新書』707）に邦訳が収められている．

[参考文献] ルイス＝フロイス『日欧文化比較』（岡田章雄訳，『大航海時代叢書』11） （松田 毅一）

094 フロイス日欧文化比較 フロイスにちおうぶんかひかく ⇒フロイス日欧風習対照覚書

095 フロイス日本史 フロイスにほんし フランシスコ＝シャビエルの来日から文禄元年（1592）ごろまで40年あまりの日本

（第1部序文）

イエズス会布教史．日本から帰って来たシャビエルにもインドで逢ったことがあるイエズス会司祭ルイス＝フロイスは，天正11年（1583）に上長からその編年史の執筆を命ぜられ，時には日に10時間も執筆するほど晩年の十数年，心血をそそいで著述した．しかし彼はあまりにも詳細に記すことを好んだので非常に厖大なものとなり，検閲者バリニャーノはその原稿をヨーロッパに送付することを拒んだので，結局草稿のまま，澳門（マカオ）の学院の倉庫に埋もれたままになり，しかも1835年に火災のために灰燼に帰した．幸いポルトガルの学士院が1742年から数ヵ年にわたって澳門で謄写させた写本が残ったが，それは部分的に中米・南米をふくめ各地を転々とし，第1部（天正6年までの記事）だけは早く1926年にドイツ語に訳されたが，日本語の全訳は昭和55年（1980）に全12巻として刊行された（松田毅一・川崎桃太訳『フロイス日本史』．平成12年（2000），『完訳フロイス日本史』全12冊として『中公文庫』に収める）．ポルトガルではじめて全文活字化されたのはその4年後である．本書はキリシタン宗門の布教に関する記事だけでなく，西日本のもろもろのこと，たとえば地震，疫病，庶民生活などのことが織田信長・豊臣秀吉その他諸侯，武将らの動静とともに描かれており，近世初期の日本史研究には第一級の史料である．宣教師としてのある程度の偏見はともかく，観察と情報蒐集の的確さと詳述という点では抜群の価値が認められる． （松田 毅一）

096 フロイス日本書簡 フロイスにほんしょかん 安土桃山時代に三十数年を日本で過ごしたイエズス会司祭ルイス＝フロイスがヨーロッパに送付した書簡は，数多くの同僚の同種の日本発信の書簡と比べて，非常に興味深く，かつ詳細であったから，かの地において早くから注目され，各地で出版もされた．日本に到着するまでのゴアとかマラッカから発信の書簡が現存するが，日本からの第1信は1563年（永禄6）11月14日付，大村発信のインドとヨーロッパの同僚宛である．通信制度の改革によって晩年には「年報」といわれる各地の宣教師の1年間

の書簡をまとめた公式報告書の執筆者となるが，最終のフロイス書簡は1597年（慶長2）3月15日付で長崎からローマのイエズス会総長に宛てた長崎の26名の殉教に関する報告である．彼の日本発信の書簡（と年報）の原文は，ほとんどすべてローマのイエズス会文書館にあるが，昭和50年（1975）に1通が京都外国語大学付属図書館の所蔵するところとなった．

参考文献　松田毅一編『日本関係イエズス会原文書―京都外国語大学付属図書館所蔵―』，松田毅一『（近世初期日本関係）南蛮史料の研究』

（松田　毅一）

097　ブロートン　William Robert Broughton　1762～1821　イギリスの探険航海家．1762年生まれる．1791～94年，ジョージ＝バンクーバー George Vancouver (1758～95) のアメリカ西北岸探険航海にチャタム号 Chatham の艦長として参加，ついでプロビデンス号 Providence と僚船を指揮して東洋近海の測量に従った(1795年～)．96年（寛政8）南太平洋から北上して日本に来り，さらにシベリア東端から日本近海に至り測量，日本の太平洋沿岸を西航，琉球・台湾・南中国沿岸に達し，針路を北に転じて朝鮮・沿海州を航行，再び南太平洋に転じ1798年帰国した．その報告書は1804年にロンドンで出版され，ついで07年，仏訳版がパリで刊行された．けだし，ヨーロッパ人として，津軽海峡の横断を試み，日本沿岸を精査した端緒といえよう．彼の航海記の英語版・仏語版の標題は次のごとくである．A Voyage of Discovery to the North Pacific Ocean:…… Performed in HMS *Providence* and her tender, in the years 1795, 1796, 1797, 1798. By William Robert Broughton, London, 1804, 1 vol. Voyage de découvertes dans la partie septentrionale de l'Océan Pacifque, fait par le capitaine W. R. Broughton, Commandant la corvette de S. M. B. la *Providence* et sa conserve, pendant les années 1795, 1796, 1797 et 1798, …Paris, 1807, 2 vols. 1821年3月13日フィレンツェで没．

（加藤　榮一）

098　フロレス　Luis Flores　?～1622　ドミニコ会司祭，福者．1565～70年ごろオランダのアントワープで生まれ，92年メキシコ市でドミニコ会入会，司祭となり，98年マニラ着．主にカガヤン地方で布教し，1617年同地の管区長代理，19年マニラで修道会顧問となる．翌20年アグスチン会司祭ペドロ＝デ＝ズニガとともにヨアキン平山常陳の船でマニラから禁教下の日本に向かう途中，台湾海峡でイギリス船に拿捕されオランダ船に移されて，元和6年(1620)平戸着，同地のオランダ商館倉庫に投ぜられた．平山常陳は幕府へ告訴後，幕命により平戸領主松浦隆信と長崎奉行長谷川権六が訴訟を担当．数度の救出の試みも失敗し，翌7年まずズニガ，ついでフロレスの身分が発覚，自白したので壱岐島へ送られ，翌8年7月13日（1622年8月19日）長崎で殉教．　→平山常陳（ひらやまじょうちん）　→平山常陳事件（ひらやまじょうちんじけん）

参考文献　『大日本史料』12ノ45，元和8年7月13日条，レオン＝パジェス『日本切支丹宗門史』(吉田小五郎訳，『岩波文庫』)，オルファネール『日本キリシタン教会史―一六〇二―一六二〇年―』(井手勝美訳)，『コリャド日本キリシタン教会史補遺(一六二一―一六二二年)』(同訳)

（井手　勝美）

099　ブロンホフ　Jan Cock Blomhoff　1779～1853　江戸時代後期の長崎出島のオランダ商館長．1779年8月5日アムステルダムに生まれる．少年軍人として軍務に服したがのちジャワに渡航，文化6年(1809)出島商館の荷倉役として来日．当時ヨーロッパの動乱が東洋にも及び英国東インド会社のラッフルズ Th. S. Raffles がジャワを占領し出島の商館を接収するため，文化10年2隻の船を派遣した際，商館長ドゥーフを扶けて折衝これを退けた．その際ドゥーフの命によりラッフルズと交渉するためジャワに赴いたが，捕虜となり英国に送られた．しかし間もなく本国に帰り，ついて英蘭間に講和成立するや文化14年商館長として長崎に来任，ドゥーフと交代した．文政元年(1818)・5年の2回江戸参府，貿易額の増額等に努力して成功を収めるなど手腕を揮った．荷倉役当時和蘭通詞本木正栄らに英語を教えたが本木らはその後その教えに基づき『諳厄利亜（アンゲリア）興学小筌』『諳厄利亜語林大成』などを編纂した．日本人との接触きわめて広く桂川甫賢・大槻玄沢らの蘭学者，島津重豪・奥平昌高・成瀬正寿らの諸侯その他有識者との交際が深かった．彼はその文化14年来朝の時夫人・小児を同伴したが滞在を許されず当時話題となった．帰国後ハーグに，ついてアメルスポルト Amersport に住み1853年10月13日同地で死去．74歳．川原慶賀筆ブロンホフ家族図がある

参考文献　宮永孝『阿蘭陀商館物語』，沼田次郎「和蘭商館長ヤン・コック・ブロムホフについて―とくに洋学史との関連において―」(『長崎市立博物館々報』26)

（沼田　次郎）

100　文引　日本人の朝鮮通交者が，対馬島主宗氏から与えられる渡航証明書．路引・行状（こうじょう）ともいう．宗貞盛の要請により始まり，世宗20年（永享10，1438）貞盛と朝鮮の間に結ばれた約条で制度上確立する．15世紀後半には，足利将軍や大内氏などにも適用され，すべての通交者が文引の所持を義務づけられることになる．また朝鮮沿岸に出漁する対馬島内の漁船にも宗氏の文引が発給され，同23年の孤草島釣魚禁約に規約化された．宗氏は，文引の発給権を持つことにより，手数料などの収入のみならず，島内の統制を強め，日朝関係上重要な地位を占めることになる．

参考文献　中村栄孝「日鮮交通の統制と書契および

蒙古国牒状（宗性『調伏異朝怨敵抄』所収）

文引」（『日鮮関係史の研究』上所収），長節子「宗氏領国支配の発展と朝鮮関係諸権益」（『中世日朝関係と対馬』所収）
　　　　　　　　　　　　　　　　　　（関　周一）

101 文永・弘安の役 ぶんえい・こうあんのえき　文永11年（1274）と弘安4年（1281）の2回にわたるモンゴル（元）の日本来攻．通例元寇といっているが，この時代には蒙古（異国・異賊）襲来，異国（異賊）蜂起，異国来攻，蒙古（異国）合戦，さらには文永十一年蒙古合戦，弘安四年蒙古合戦などと呼ばれていた．
　モンゴルの日本来攻の原因は，その対南宋・高麗関係のなかに求められる．13世紀の半ばごろ，モンゴルはアジア・ヨーロッパ両大陸にまたがる領土を収め，世界史上それまでにない新しい政治的局面を展開させた．第4代皇帝モンケ（憲宗）の治世が実現して，モンゴル帝国の支配者がオゴタイ系からトゥルイ系に移るに及んで，モンゴル帝国は分裂の傾向を強め，モンケの弟クビライ（世祖）が大汗位についたとき，この事態は決定的となった．モンケの死後，クビライはモンゴル本土中心主義を標榜する弟のアリクブケと大汗位を争い，お手盛の大集合（クリルタイ）を開いて即位を宣言した．こうしてクビライは形式的にはモンゴル帝国の支配者となったが，実際には中国農耕地帯を政治的基地とする権力一元朝政権をつくり出していかねばならなかった．クビライはアリクブケと争っているときは，それまでの約30年にわたるモンゴルの高麗侵略の態度を改め寛大な対応を示したが，支配者としての地位が確立すると対応を一変し，結局，高麗を日本遠征の基地とする．クビライは即位すると直ちに使者を南宋に派遣して和議の正式成立を求めたが，南宋では国使を監禁し，さらには山東の李璮の反乱をそそのかした．クビライは南宋討伐の軍をおこすに至る．日本はその南宋と海上を通じて貿易を行い，南宋の経済に不断の活力を与え続けていた．クビライは高麗を介して日本を南宋から切り離し自己の側につけようとした．高麗の元宗はクビライの力を背景にして，それまで国政を左右していた武人を押さえ元首として威力を増していた．クビライはこれを踏まえながら対日交渉を介しつつ高麗に対する支配を急速に強めていく．高麗出身の趙彝（ちょうい）が対日交渉を献言したのは，アリクブケがクビライの軍門に降った翌年（1265年）のことである．至元3年（文永3，1266）8月，クビライは黒的・殷弘を国信使に任命し，高麗を介して日本に派遣するが，高麗側の工作もあり国信使は渡日しなかった．クビライは高麗の態度を叱責し，高麗王はやむなく潘阜（はんぷ）を使者として日本へ派遣した．第2回目の遣使である．クビライが対日交渉を試みたのは，対高麗政策を媒介とする南宋攻略の一環としてであった．したがってクビライはこの段階で確定的に日本遠征を考えていたのではない．それは日本との交渉の経過のなかで固まっていった．モンゴル国書は，まずモンゴルの威勢を説き，ついで高麗に平和を回復してやったことを述べ，モンゴルと高麗の間は君臣・父子の関係にあり，高麗はモンゴルの東藩である，日本は高麗に近く，開国以来，折々に中国に来ているのに，自分（クビライ）の代になってからは，まだ和好を通ずるということがない，貴国は右のような事情をよくは知らないからであろう，と述べて，問を通じ好（よし）みを結びたい，と記している．辞句は一応丁重で露骨に日本の服属を求めたものではないが，やむをえなければ兵を用いることもある，と結んでいる．漢族国家における帝王詔諭文と軌を一にするもので，モンゴル至上主義に中国的な徳化観念を相乗させ，中国の伝統的な外交形式を踏襲したものである．モンゴル・高麗の国書は大宰少弐武藤資能から幕府を経て朝廷に廻され，返書はしないこととなった．国書が到来すると朝廷や幕府などでは早速神仏への祈願を行い，幕府は実際の

防備を整えていった．これらの対応の根底には来牒を侵略の先触れとする考えがあった．このように理解し，返書を拒絶したのは，国際関係についての情報が北方民族—モンゴルに圧迫されつづけモンゴルを侵略者とみる来日南宋禅僧などを介して主として南宋側から得られたものであり，彼らの提供する情報によって対外政策を進めていた北条時宗が対モンゴル政策の事実上の最高指導者であったからである．その指揮下に国家の守護に任ずる御家人たちは戦闘を属性とする戦士であった．時宗の父時頼以来北条氏家督の専制化は深まっており，外圧はそれを正当化し一段と強化させ，時宗を中心に返書の拒絶が決定され，朝廷もその意向を尊重したのである．文永6年3月，第3回目のモンゴル使者黒的ら，同年9月第4回目の高麗の金有成らもともに目的を果たさず，翌年，高麗では江華島守備軍の三別抄が反乱をおこして珍島に拠り，モンゴルと高麗政府の誅求に苦しむ農民たちの反乱が続発した．しかしクビライは高麗に対して造船・徴兵の強行を命じ，日本遠征を主な目的とする屯田経略司を置いた．翌8年5月，珍島は陥落し，三別抄は耽羅島（済州島）に移って抗戦を続け同年9月日本に食糧・援兵を請うたが，日本は事情を理解することができなかった．同月日本国信使趙良弼は来日して折衝を重ねたが成功せず（第5回目），同10年再び来日して折衝するが招諭を果たせなかった（第6回目）．この間の文永8年11月，クビライは新しく国号をたてて「大元」と称した．同10年2月，南宋の襄陽が落とされ，南宋の命運が尽きるのも目前のこととなり，翌月，3年間にわたる抗戦を続けた三別抄が平定され，元の日本遠征を妨げていた条件が除かれた．同11年正月，元は高麗に900艘の造船命令をくだし，突貫工事で造船を急がせた．日本遠征に用いられた兵数は，池内宏によると，モンゴル人・女真人および金の治下にあった漢人合わせて2万人で都元帥は忻都，右副元帥は洪茶丘，左副元帥は劉復亨，高麗の助征軍は約6000で金方慶が指揮，そのほか数多くの梢工・水手がいた．10月3日，元・高麗の連合軍は合浦（慶尚南道馬山）を出発した．10月5日，対馬に上陸，応戦した守護代宗助国以下が戦死．続いて10月14日壱岐を襲い，10月20日，博多湾西部（福岡市）の今津―百道原（ももちばる）に上陸し，麁原（そはら）・鳥飼・別府・赤坂と激戦が展開された．日本軍は押され気味であったが，最終的な勝負がつかないまま元・高麗軍は船に撤退し，翌21日，博多湾内から元・高麗軍船艦は姿を消していた．高麗へ向けての撤退途上，いわゆる「神風」に遭ったようである．元の第1次日本遠征が不成功に終ったのは，遠征達成の目途が必ずしも明確でなく，混成軍で指揮者間に確執があり，士気も低く，劣悪な造船条件で，元の将士が渡洋遠征に不慣れであったことなどによる．やはり海の介在は文永・弘安両度の遠征失敗の主要因である．日本側の武士がどの範囲，どの程度に動員されたのか実態は両度とも不明で，恩賞関係などの史料からある程度のことが知られるぐらいである．

文永度は守護・御家人の間に不一致のこともあり，元側の新兵器・集団戦に悩まされたが，建治年間（1275〜78）に入ると，急速に防備態勢が強化された．建治元年2月，1年の四季各3ヵ月を九州の各国がそれぞれ分担して順次警固番役をつとめる制規が定められた．同年4月，元使杜世忠らが来日，同年9月竜ノ口（たつのくち）で斬られた．元の再襲は必至である．日本側では元の日本遠征の基地である高麗を攻めようという異国征伐の計画が，いわゆる元寇防塁の築造計画と合わせて試みられた．しかし異国征伐は実行されなかった．博多湾の防塁（石築地）築造は建治2年3月に開始され同年8月ごろには一応形が整った．九州各国が博多湾沿岸一帯を地域別に石築地を築いたのである．また前述の四季各国順次分担の制規は改まり，防備の勤務は九州各国がその防塁築造分担の場所でつとめるようになった．建治元年末異国警固を背景に11ヵ国の守護が交替された．そのうち北条氏一門が新たに得た守護国は8ヵ国である．同じころ六波羅探題が補強され，交通関係も臨戦的に整備されていった．

弘安2年南宋は滅び元の日本再征は日程の問題となった．クビライは日本の元使抑留を遠征理由の第1にあげ，日本の土地・人民の略取を揚言し，同4年日本遠征出発の命令を下した．遠征軍は2つに分けられた．忻都・洪茶丘が指揮をとるモンゴル・漢3万，金方慶を指揮者とする高麗1万，計4万（別に梢工・水手がいる）の東路軍と，南宋の降兵を主体とし阿塔海（アタハイ）・范文虎を将とする10万，3500艘の江南軍である．同4年5月3日，東路軍は高麗で建造した900艘に分乗し，高麗の合浦から進撃を開始した．一方江南軍は慶元（寧波（ニンポー））や舟山島付近で装備を整え，同年6月中旬ごろから順次発船していった．当初，東路・江南両軍は壱岐の海上で会合する予定であったが，のちに平戸島に変更している．東路軍は5月21日対馬を襲い，壱岐を経て6月6日博多湾頭に進んだ．この間，一部は長門に進んでいる．東路軍は志賀島に足掛りを作って，彼我の攻防戦が行われた．東路軍はその後壱岐に退き，6月29日・7月2日と日本軍の攻撃を受けている．東路軍は7月に入ると平戸島や五島列島に達した江南軍と合流し，一挙に博多湾に進入すべく鷹島（長崎県松浦市鷹島町）付近に集結したが，閏7月1日，台風に遭い壊滅的打撃を受けた．元の第2次日本遠征は，兵員からいえば降宋兵からなる江南軍が主力であるが，東路軍にせよ江南軍にせよ，おおむね被征服民で戦意は低く，江南軍など，親南宋の日本に対しては戦意はさらに低下したろう．諸将の不和と元軍の海戦

不慣れは文永度の場合と同様である．弘安度では特に東路・江南両軍の連絡が悪く，作戦の拙劣さが目立つ．旧南宋軍からなる江南軍の編制・派遣には，信頼のおけない旧南宋軍に対する元朝の裁兵感覚が伏在しており，勝利を得ればよし，敗北して海の藻屑となろうとも，おのずから厖大な職業軍人の処理がつくというものであった．海上輸送に関する劣悪な条件は文永度以上であり，補給の継続的計画をもたない屯田方式が成功するはずもなかった．日本側は建治年間に急速に防備態勢を整えており，防塁を築き，得宗権力のもと，守護一管内武士の応戦体制は，文永度とは見違えるばかりに再編強化されていた．直接，得宗被官が戦場に派遣されて日本軍の督戦にあたり，元の集団戦に対する一応の研究もなされ，水際で喰い止める作戦が練られていた．かりに上陸を許したとして，14万の軍少なしとしないが，継続的補給計画のない1回限りに近い，戦意・統制不十分の軍隊では，辿る運命はおのずから明らかである．「神風」はそれを早めに一挙に実現したといえる．

元朝では，国内の分裂抗争に加うるに，被征服地の民族的抵抗戦が相つぎ，日本をはじめ各地への遠征の人民の負担は絶大であった．これ以後，元朝は何度も日本招諭を試みるが，3度目の日本遠征は事実上不可能であった．蒙古合戦の恩賞地配分は，文永初度の分として，『蒙古襲来絵巻』詞書8によれば120余人に下文が下されたとあり，山代・曾根崎の各家文書でその実施例が知られる．弘安再度の分は，徳治2年(1307)まで配分がなされている．対象地は筑前・肥前を中心に豊前・豊後・肥後・薩摩で陸奥の例も知られる．配分は正応元年(1288)・同2年・同3年は武藤経資・大友頼泰が，嘉元3年(1305)・徳治2年は鎮西探題北条政顕が孔子(闕)で行なっている．

蒙古襲来の日本への影響のあらかたを政治と思想・文化の面に即してみておこう．公家側において外圧が後深草と亀山・後宇多の皇統対立に影響を与えているが，幕府側が元の侵攻に備えて御家人のみならず非御家人をも含む，いわば分を超えた防御態勢の維持に精力をとられている間に，のちの倒幕に至る潜勢力を蓄えたといえる．防御を実際に担った幕府側への影響としては，北条氏得宗，特に泰時・時頼の実績を背景に，両度の合戦を中心として得宗時宗への権力の集中は画期的なものがあった．それだけに得宗権力を直接に支えている得宗被官の専権が幕政を左右するようになり，御内政治の腐敗が幕府倒壊の主要因の1つになる．蒙古襲来の影響をもっとも強く受けたのは九州である．直接防戦をし，幕府倒壊まで異国警固番役を負担した．蒙古襲来を機とする北条氏による守護職占取があらわな形で現われ，特にそれまで幕府の九州支配に優位を保っていた武藤氏の守護管国は減少した．九州の武士を異国警固に専心させるため，弘安の役後，幕府は九州の裁判は九州で専決させる方針をとり，鎮西談議所を経て鎮西探題の成立となる．探題は歴代北条氏一門で，所領関係の裁判を主につかさどり，外交事務などを扱った．異国防御を軸にした任務である．北条氏得宗による族的支配の一環で，次第に北条氏得宗の専制支配の出先機関としての性格をあらわにし九州の御家人たちの支持を失ってゆく．思想・文化の面で注目されるのは，異国降伏の祈禱が全国の一宮・国分寺をはじめ各主要寺社で官制的，継続的に行われたことで，それらの寺社は異国降伏にまつわる寺伝・社伝を再生・再編ないし新生させてその歴史と効験を強調し，広く民衆の間にそれを内在化させていった．一方，モンゴルとの交渉の開始以後，元に対して対等の立場を確保すべく，天照大神以来その神孫が皇位を継承するとの神孫君臨の神国思想が強まった．こうして寺社・朝廷・貴族などによって再編・喧伝された神国思想は，結果的には武家に対する抵抗の宗教的観念形態となった．幕府自身，異国降伏への報賽として鎮西五社を対象に正和元年(1312)末，神領興行法を発するが，これは神社への徳政令で，幕府はみずからの基盤である御家人たちの神領にかかわる既得権益を奪ったのである．鎌倉仏教の展開は蒙古襲来を大きな画期としている．鎌倉仏教の蒙古襲来に対する対応の仕方は，異国降伏の祈禱をめぐって2つに分けられる．1つは主として顕密仏教にみられる型で，真正面から異国降伏の祈禱に専念するものである．特に西大寺流律宗はこれを通じて全国的な展開をみせる．鎌倉幕府の対モンゴル政策に影響を与えたと思われる臨済禅(来日南宋禅僧)もこれに準じてよかろう．禅と律は国政の障りになるといわれるほどの隆盛をみせるようになる．今1つは日蓮にみられる宗教至上主義からの対応で，同時代の鎌倉仏教全体の動きからいえば例外的である．日蓮はモンゴル問題を軸にして自己の教説を社会化していったのであるが，その核心は，蒙古襲来は謗法日本治罰のための宗教的天譴とするところにあった．　→異国警固番役(いこくけいごばんやく)　→異国征伐計画(いこくせいばつけいかく)　→石築地(いしついじ)　→石築地役(いしついじやく)　→元(げん)　→江南軍(こうなんぐん)　→東路軍(とうろぐん)

参考文献　山田安栄編『伏敵編』，池内宏『元寇の新研究』，相田二郎『蒙古襲来の研究増補版』，旗田巍『元寇』(『中公新書』80)，黒田俊雄『蒙古襲来』(中央公論社『日本の歴史』8)，網野善彦『蒙古襲来』(小学館『日本の歴史』10)，山口修『蒙古襲来』，瀬野精一郎『鎮西御家人の研究』，川添昭二『注解元寇防塁編年史料―異国警固番役史料の研究―』，同『蒙古襲来研究史論』(『中世史選書』1)，阿部征寛『蒙古襲来』(『歴史新書』59)，南基鶴『蒙古襲来

と鎌倉幕府』，太田弘毅『蒙古襲来』，海津一朗『蒙古襲来』(『歴史文化ライブラリー』32)，村井章介『北条時宗と蒙古襲来』(『NHKブックス』902)，筧雅博『蒙古襲来と徳政令』(講談社『日本の歴史』10)，近藤成一編『モンゴルの襲来』(『日本の時代史』9)，佐伯弘次『モンゴル襲来の衝撃』(『日本の中世』9)，新井孝重『蒙古襲来』(『戦争の日本史』7)

(川添　昭二)

102 文化易地聘使録 ぶんかえきちへいしろく

文化8年(1811)対馬で挙行された朝鮮通信使聘礼に関する記録．書名の「文化」は角書(つのがき)．編者は播磨竜野藩主脇坂安董(やすただ)．全30冊，文化11年成立．安董は江戸幕府奏者番・寺社奉行在職中の文化元年朝鮮人来聘御用掛に任じられ，同8年の聘礼においては副使ながら事実上の幕府全権として対馬に赴き信使の応接にあたるなど，文化度通信使の易地聘礼実現とは浅からぬ係わりがあった．また翌9年には対馬藩主宗義質(よしただ)が若年につき朝鮮との通交関係ならびに藩政全般に関し相談に預かるよう幕府から命じられている．本書は安董の携わったこの通信使について聘礼の際の儀礼を中心に後日の典拠とすべく手持ちの諸記録から編集してまとめたものであり，前記のごとき編者の立場からしてその信頼性は高く，宗家の側でまとめた『(文化)信使記録』類(慶応義塾大学図書館蔵)や後年の『通航一覧』とならんで文化通信使の接待に関する基礎的な史料である．文化11年脇坂家において作られた1本が現在内閣文庫に伝わっている．

参考文献　鈴木棠三編『宗氏家譜略』(村田書店『対馬叢書』1)，国立公文書館編『(内閣文庫所蔵)大名の著述展示目録』，田保橋潔「朝鮮国通信使易地行聘考」(『近代日鮮関係の研究』下所収)

(鶴田　啓)

103 文鏡秘府論 ぶんきょうひふろん

中国六朝・唐時代に盛行した『詩体』『文筆式』など多くの漢詩文作法書類を取捨選択し，接合した詩文評論書．漢詩文作成のための参考書．弘法大師空海の編著．6巻．成立は大同4年(809)～弘仁11年(820)の間．書名は，多くの大陸の書物を披見し，その要を採った便利な詩文手鏡であり，秘府(宮廷の書庫)のごときものである，の意．わが国において詩文の形式を論述したはじめ．空海の代表的文学評論．天・地・東・南・西・北の6巻に分かち，各巻に項目を立てて，縦横に中国の書籍を引用し，論評するが，空海自身の文章は少ない．引用された多くの中国文献は，今日ほとんど散佚しており，中国詩論史上，重要な意義を有する元兢の『詩髄脳』や『古今詩人秀句』など，本書にのみみられる文献も多く，唐代佚書の宝庫．偽書とされていた『詩格』や『詩議』も本書によって真本と判明した．今日，宋の釈恵洪『天厨禁臠』以前の，詩の法則を記述した書物は伝わらないから，中国文学史の空白を埋める貴重な資料であり，後世のわが歌学に与えた影響も大きい．そのうち，地巻「十七勢」第7にみえる「謎比勢」は謎に関する記述と考えられるなど，興味深い内容を含む．空海自身の手になる部分は天巻の総序と東巻の小序(論対)，西巻の小序(論病)だけとされるが，地巻「九意」も他に類例がなく，本書の略出本たる『文筆眼心抄』(弘仁11年)にもみえない．「九意」の所拠原典としては，中国の都邑に通行していた唐代類書，詞華部類佳句集の類が考えられるが，「九意」の項は空海自身の執筆かもしれない．本書が修辞主義の形式論的傾きを示すなかで，「九意」は詩賦の中味に触れ，繊細な季節感覚をうかがわせるところがある．すなわち，「九意」は詩賦の対象の世界を春・夏・秋・冬・山・水・雪・雨・風の9つに部類し，各類に四言の上下両句の対偶を並べて押韻し，各聯の下に部目を細注する．「裙開鳳転　袖動鷺飛　(美人)」のごとくである．総計364聯，相当の部類詞華選といってよい．けだし，詩文制作の対偶用語事典といった役目を果したものであろう．部類は自然現象によっているが，その中に「神女」「妓女」「美人」「閨怨」などの細目がみえるのは注目すべきところ．漢詩の総集が和歌の総集への道を拓く中で，「九意」の詩句が和歌に表現せられ，四時と四時の雑，四時の恋などに部類されて行けば，『古今和歌集』という一種の和歌制作のための帳中秘，部類詞華選の体式に近づくはずである．室町時代以前の古写完本には，宮内庁書陵部本・高野山三宝院本・高山寺蔵甲本があり，書陵部本は『東方文化叢書』1に影印されている．これらにつぐ古写完本たる室町時代の恵範上人手沢本は『六地蔵寺善本叢刊』7に影印刊行されている．版本の影印は『文鏡秘府論』(中華民国62年(1973)，台北)がある．翻刻は『弘法大師全集』3，『真言宗全書』41，『日本詩話叢書』7，小西甚一『文鏡秘府論考』攷文篇，周維徳校訂『文鏡秘府論』(1975年，北京)，王利器校注『文鏡秘府論校注』(1983年，北京)などがある．

参考文献　小西甚一『文鏡秘府論考』研究篇，吉田幸一編『日本文学史に於ける文学論』，芳賀矢一『日本漢文学史』，岡田正之『日本漢文学史増訂版』，川口久雄『三訂平安朝日本漢文学史の研究』上，猪口篤志『日本漢文学史』，郭紹虞『中国古典文学理論批評史』上，王晋江『文鏡秘府論探源』，川口久雄「弘法大師の文学と現代」(御遠忌記念出版編纂委員会編『弘法大師と現代』所収)，同「空海文学における大唐文化の投影」(『平安朝漢文学の開花』所収)，同「古今集への道」(『源氏物語への道』所収)，加地哲定「文鏡秘府論の引用書に就いて」(『密教研究』25)，西沢道寛「文鏡秘府論引用詩句出典」(『漢学会雑誌』6ノ2)，吉田幸一「文鏡秘府論の九意と平

安朝歌集の部類立」(『書誌学』17ノ5・6)，小沢正夫「文鏡秘府論と唐代詩学書の対句説」(『愛知県立女子短期大学紀要』8)
(川口 久雄)

104 文武王 ぶんぶおう ？～681 661～81在位．新羅(しらぎ)の王．朝鮮三国の統一を実現した．諱は法敏．太宗武烈王(金春秋)の長子．百済(くだら)滅亡の翌年に即位した文武王は，唐と連合して百済復興軍と戦い，663年には白江の河口(白村江，現在の錦江口付近)で倭の水軍を破り，さらに668年には唐軍とともに高句麗を滅ぼした．その後，百済・高句麗の残存勢力を糾合して唐軍と戦い，676年，唐勢力の排除に成功して朝鮮半島に対する統一的支配を確立した．681年7月1日没(月日は陰暦，『三国史記』新羅本紀)．→白村江の戦(はくそんこうのたたかい)
(木村 誠)

105 文明源流叢書 ぶんめいげんりゅうそうしょ　わが国の「文明闓宏の源流ともいふべき洋学に関する書籍中，珍稀にして且つ趣味多きものを択」んで分類，収載した叢書．大正2年(1913)から3年にかけて，国書刊行会より第3期刊行書として発行．全3冊．第1冊には蘭学および南蛮関係を収め，大槻文彦の「日本文明之先駆者」を冒頭に載せる．第2冊には西洋科学に関するものを収める．第3冊には，明治維新以前における邦人の欧米紀行や漂流記類，および外人の本邦についての観察録を収め，年表・書目の類を付載する．今日からみると，書目の撰択にむらがありまた数も少なく，ことに底本が明らかでなく，したがって校訂・校正が粗漏などの欠点はあるが，この刊行の時点で，これだけの書目を揃えたことは高く評価すべきである．大正から昭和初期にかけて，いわゆる南蛮紅毛趣味の勃興する先駆けとなったといってもよく，広く利用されたものであり，今日でも十分利用に値するものを含んでいる．収載書目は次のとおりである．

1 日本文明之先駆者(大槻文彦)・蘭学事始(杉田玄白)・南蛮寺物語・天馬異聞(ドゥーフ抄, 吉雄権之助訳)・伊曾保物語・漂荒紀事(ロビンソン=クルーソー漂流記)・蘭学階梯(大槻玄沢)・蘭学逕(藤林普山)・輿地誌略(青地林宗訳)・紅毛談(後藤梨春)・紅毛雑話(森島中良)・蘭説弁惑(大槻玄沢)

2 乾坤弁説(向井玄松)・暦象新書(志筑忠雄訳)・気海観瀾(青地林宗訳)・植学啓原(宇田川榕庵訳)・解体新書(杉田玄白他訳)・和蘭医事問答(建部清庵問, 杉田玄白答)

3 航米日録(玉虫左太夫)・漂流記(浜田彦蔵)・異人恐怖伝(志筑忠雄訳)(附刻異人恐怖論(黒沢翁満))・日本風俗備考(フィッセル著, 杉田成卿他訳)・倭蘭年表(オットモンエセ著, 魁山無懐子訳)・西洋学家訳述目録(穂亭主人)・鉄研斎輶軒書目(斎藤拙堂)
(沼田 次郎)

106 文室宮田麻呂 ふんやのみやたまろ　生没年不詳　平安時代前期の官人で，かたわら唐物の輸入を業としていた．天長3年(826)5月従五位下，承和6年(839)5月，従五位上に昇叙．翌7年4月筑前守となったが，8年正月以前に解任されている．在任中に大宰府において新羅商人張宝高と私的交易活動を行い，また解任後も筑紫にとどまり，経済活動を続けたらしい．9年正月，張宝高の死後その使者李忠のもたらした貨物を唐国の貨物の購入のために張宝高に支払った絁(あしぎぬ)の代償として差し押さえ，朝廷から不当行為と断定されて返還を命じられている．10年12月，従者の陽侯氏雄に謀反を企てていると密告され，召喚されて左衛門府に禁錮された．京および難波の宅を捜査され，武器が押収された．推問の結果，斬刑を1等下し，伊豆国に配流された．しかし貞観5年(863)5月神泉苑で修せられた御霊会では，6人の御霊の1人として祀られており，冤罪との認識があったことを示している．同年8月，没官されていた宮田麻呂の近江国の家・土地・水田等が貞観寺に施入されている．

参考文献　戸田芳実『日本領主制成立史の研究』，松原弘宣「文室朝臣宮田麻呂について」(続日本紀研究会編『続日本紀の時代』所収)，渡邊誠「文室宮田麻呂の「謀反」」(『日本歴史』687)
(石井 正敏)

107 文禄・慶長の役 ぶんろく・けいちょうのえき　文禄元年(1592)から慶長3年(1598)にかけ，豊臣秀吉が明征服をめざして朝鮮に侵略した戦争．この戦争の呼称について，朝鮮では当時の干支をとって「壬辰・丁酉の倭乱」と呼び，明では日本が侵入した明の辺寨(朝鮮)をおさえるという意味で，「万暦朝鮮の役」と呼ぶ．これに対し，日本では当初「唐入り」とか「高麗陣」とか呼んだが，江戸時代にはいり，「征韓」とか「朝鮮征伐」と呼ぶようになり，近代に至っても「朝鮮征伐」の呼称は続いたが，それとならんで「文禄・慶長の役」とも呼ばれるようになった．今日では「文禄・慶長の役」「豊臣秀吉の朝鮮出兵」「豊臣秀吉の朝鮮侵略」と呼ぶのが一般的である．

秀吉が東アジア征服構想を持った背景として，15～16世紀における東アジア世界の変動があげられる．それは朝貢貿易と海禁による明の冊封体制が緩み，倭寇の貿易が盛んとなったこと，さらに，ポルトガルをはじめとする南蛮諸国の貿易船が東アジアに進出し，明がおさえていた東アジアの通交関係を崩したことである．これにより，東アジアにおける明帝国の地位は低下した．明征服をめざした秀吉の朝鮮侵略はこのような時期に行われた．ところで，この東アジア征服構想は天正13年(1585)の秀吉の関白就任直後からみられるが，同15年の九州征服を契機とし「高麗・南蛮・大唐」までも従えるというようになった．そして，対馬の宗

氏をつうじ，秀吉は朝鮮にみずからのもとに服属し，明征服の先導をするよう命じた．しかし，旧来朝鮮と深い交易関係をもっていた宗氏は秀吉の指示を曲げ，家臣の橘康広を日本国王使に仕立て，秀吉が日本を統一し新たに国王となったので親善の通信使を派遣してほしいと朝鮮に要請した．はじめ，朝鮮側は秀吉が日本国王の地位を簒奪したものとみなし，これを断わった．ついて同17年，秀吉の強硬な命令により，宗義智（よしとし）みずからが博多聖福寺の外交僧景轍玄蘇，博多の豪商島井宗室らとともに朝鮮に渡海し，秀吉の日本統一を祝賀する通信使の派遣を重ねて要請した．その結果，黄允吉・金誠一らが通信使として日本に渡り，同18年11月，秀吉は聚楽第でかれらを引見した．その際，秀吉はこの通信使を服属使節と思いこんで「征明嚮導」（明征服の先導をすること）を命じた．これが朝鮮国王のもとに報告されることになったが，秀吉は翌19年から肥前名護屋城を明征服の基地にするための築城普請を行なった．一方，宗義智と小西行長は対馬がこれまでもっていた朝鮮通交の権益を維持するため，秀吉の「征明嚮導」命令を「仮途入明」（明に入りたいので朝鮮の道を貸してほしい）という要求にすりかえて朝鮮側に交渉したが，朝鮮はこれを拒絶した．

〔第1次朝鮮侵略（文禄の役）〕天正20年3月，秀吉は16万の日本の兵力を9軍に編成して朝鮮に渡航させた．4月12日，宗義智と小西行長の率いる第1軍は釜山に上陸．そして，「仮途入明」の最後通牒を朝鮮側に示したが，朝鮮側からは返事がなく，日本軍は釜山城を陥す．ついて翌日，宗義智らの日本軍は東莱城に迫り，「戦うなら相手になろう．戦わなければ道を通せ」と東莱城に木札を投げ込んだ．これに対し，東莱府使宋象賢らの朝鮮側は「死するは易し，されど道を通すは難し」と木札を投げ返した．ここから東莱城の攻防戦が始まったが，日本軍はこれも陥した．かくして，第1次朝鮮侵略（文禄の役）が始まる．宗義智・小西行長らの第1軍について加藤清正・鍋島直茂らの第2軍，黒田長政の第3軍が朝鮮に侵入．同年5月3日，朝鮮の都漢城（ソウル）が陥落し，朝鮮国王は逃亡．5月18日，その報告に接した秀吉は，明征服ののち，後陽成天皇を北京に移し，日本の天皇は良仁親王か智仁親王とし，豊臣秀次を中国の関白に，日本の関白には羽柴秀保か宇喜多秀家を任命し，秀吉自身は日明貿易の港であった寧波（ニンポー）を居所とし，朝鮮は羽柴秀勝か宇喜多秀家に与えるなどの大陸経略構想を関白秀次に示す．漢城を陥した日本軍は京畿道に宇喜多秀家，忠清道に福島正則，全羅道に小早川隆景，慶尚道に毛利輝元，黄海道に黒田長政，平安道に小西行長，江原道に森吉成，咸鏡道に加藤清正をそれぞれ部将として，朝鮮全域に侵入．その目的は朝鮮全域を明征服の足場として固め，釜山から義州までの道筋確保にあ

った．このころ，秀吉は自身の朝鮮渡海を計画していたが，徳川家康らの引きとめにより，それを延期し，かわって石田三成らが朝鮮奉行として渡海し，朝鮮に在陣する諸大名を指揮することとなる．朝鮮の各地に侵入した諸大名はまず朝鮮農民の支配を行なった．農民を農耕につかせ，兵糧米をとり，反抗するものを処罰する占領政策を施行した．咸鏡道の場合，鍋島直茂は朝鮮農民を人質にとり，人質と引きかえに兵糧米をとった．この侵略行為に対し，朝鮮農民は両班層を指導者に，義兵を組織し決起した．慶尚道では郭再祐の率いる義兵が，全羅道では高敬命の率いる義兵が，日本軍の侵略直後に起り，日本の侵略が朝鮮奥地へ進むにつれ，義兵の決起は朝鮮全域にひろまった．また，李舜臣の率いる朝鮮水軍は日本水軍を破って日本の補給路を止め，明からもいち早く救援軍が朝鮮に入る．文禄2年1月，李如松を提督とする明軍は平壌に陣する小西行長・宗義智の日本軍を破って，漢城に向けて南下．これに対し日本軍は漢城の北方にある碧蹄館（駅）で明軍を破り，李如松は撤退した．平壌と碧蹄館の戦を契機とし石田三成ら朝鮮奉行は咸鏡道の清正らをも漢城に撤退させることとした．清正は咸鏡北道吉州城に籠城している家臣を救出し，鍋島直茂らとともに漢城へひき揚げた．碧蹄館の戦で明軍が敗北したものの，明軍の南下により，朝鮮軍は勢いづいた．同年2月，日本軍が漢城に結集するのを見，全羅道巡察使権慄の率いる朝鮮軍は漢城の西，幸山城に陣を構えた．日本軍はこれを攻めたが反撃を受けた．

〔日明講和交渉の経過〕碧蹄館の戦で李如松は一敗地にまみれたが，同年3月，明の軍務経略（明で兵を動かすとき，経理・提督のうえに置かれる総指令官，文官があたる）宋応昌は漢城に陣する日本軍の糧道を断つ作戦を考え，漢城の南にある竜山倉（もともと朝鮮国家の租税米の収納倉，それを日本軍が接収）を焼討ちした．これにより，漢城に陣する日本軍は残っていた2ヵ月分の兵糧のほとんどを失い窮地に立った．同年4月，これを機会に明の遊撃将軍沈惟敬は小西行長に「まもなく40万の明兵が出動し，日本軍を攻めてくる．いま，2人の朝鮮王子を還し，日本軍が漢城を撤退すれば，明日両国の関係は治まるだろう」と威喝し，日本軍はここで沈惟敬の提案を聞き入れた．和議の前提条件として，①さきに清正が咸鏡道で捕らえ2人の朝鮮王子は還す，②日本軍は漢城を去り，釜山浦まで引きあげる，③開城に陣する明軍は日本軍の漢城撤退と同時に遼東へ引きあげる，④そのうえで，明から日本に講和使節を派遣する，ということとなった．この講和交渉は講和に反対する朝鮮を除外して進められた．ここで明の軍務経略宋応昌は策略を企て，配下の謝用梓と徐一貫を明皇帝からの使節と詐称して日本の軍営に送り込んだ．日本軍はこの2人を正式の明使

文禄の役略図

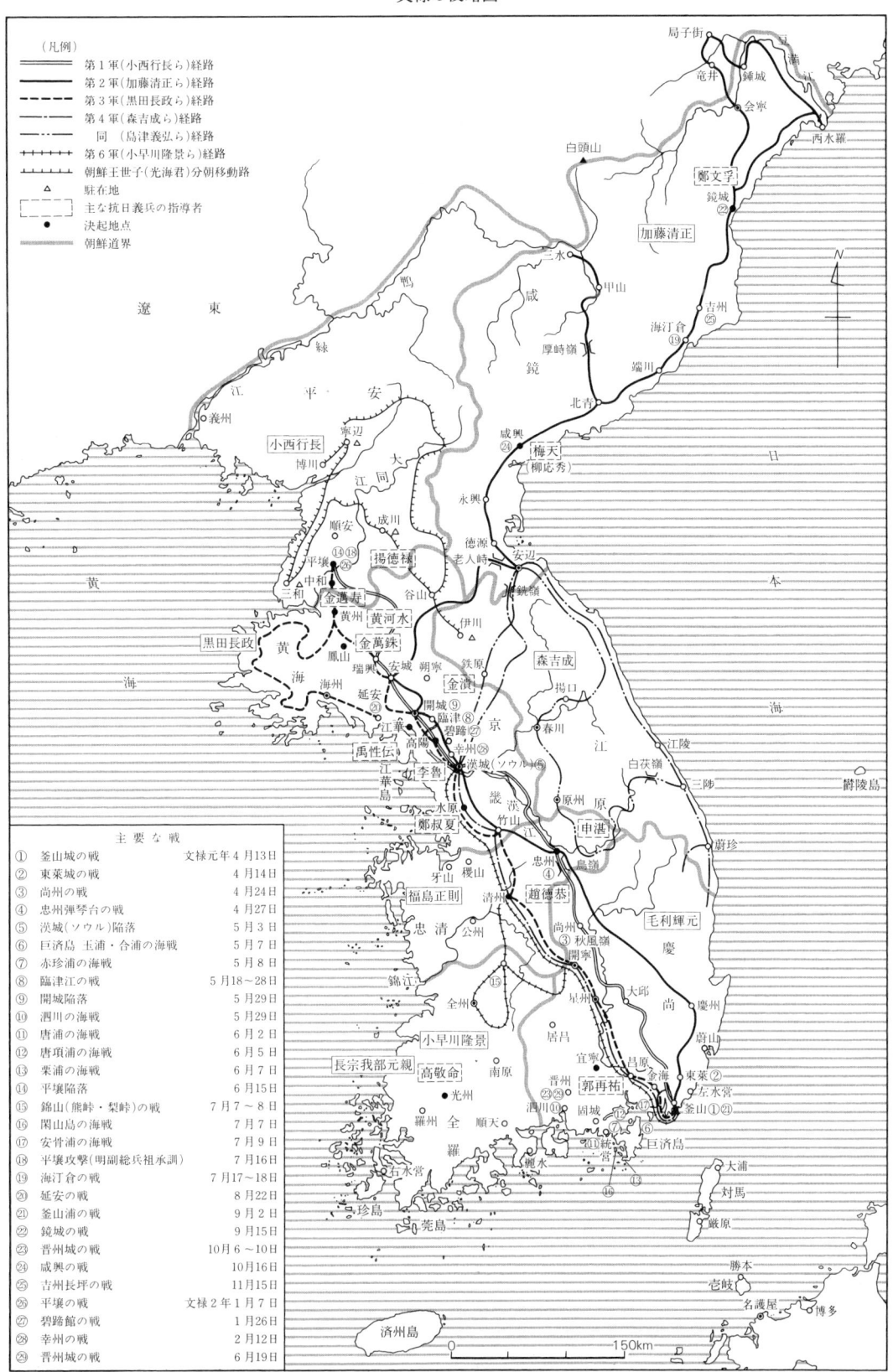

(凡例)
- ═══ 第1軍(小西行長ら)経路
- ━━━ 第2軍(加藤清正ら)経路
- ---- 第3軍(黒田長政ら)経路
- ─── 第4軍(森吉成ら)経路
- ─── 同 (島津義弘ら)経路
- ┼┼┼ 第6軍(小早川隆景ら)経路
- ┬┬┬ 朝鮮王世子(光海君)分朝移動路
- △ 駐在地
- ▭ 主な抗日義兵の指導者
- ● 決起地点
- ▓ 朝鮮道界

主要な戦

①	釜山城の戦	文禄元年4月13日
②	東莱城の戦	4月14日
③	尚州の戦	4月24日
④	忠州弾琴台の戦	4月27日
⑤	漢城(ソウル)陥落	5月3日
⑥	巨済島 玉浦・合浦の海戦	5月7日
⑦	赤珍浦の海戦	5月8日
⑧	臨津江の戦	5月18~28日
⑨	開城陥落	5月29日
⑩	泗川の海戦	5月29日
⑪	唐浦の海戦	6月2日
⑫	唐項浦の海戦	6月5日
⑬	栗浦の海戦	6月7日
⑭	平壌陥落	6月15日
⑮	錦山(熊峠・梨峠)の戦	7月7~8日
⑯	閑山島の海戦	7月8日
⑰	安骨浦の海戦	7月9日
⑱	平壌攻撃(明副総兵祖承訓)	7月16日
⑲	海汀倉の決起	7月17~18日
⑳	延安の戦	8月22日
㉑	釜山浦の戦	9月1日
㉒	鏡城の戦	9月15日
㉓	晋州城の戦	10月6~10日
㉔	咸興の戦	10月16日
㉕	吉州長坪の戦	11月15日
㉖	平壌の戦	文禄2年1月7日
㉗	碧蹄館の戦	1月26日
㉘	幸州の戦	2月12日
㉙	晋州城の戦	6月19日

150km

慶長の役略図

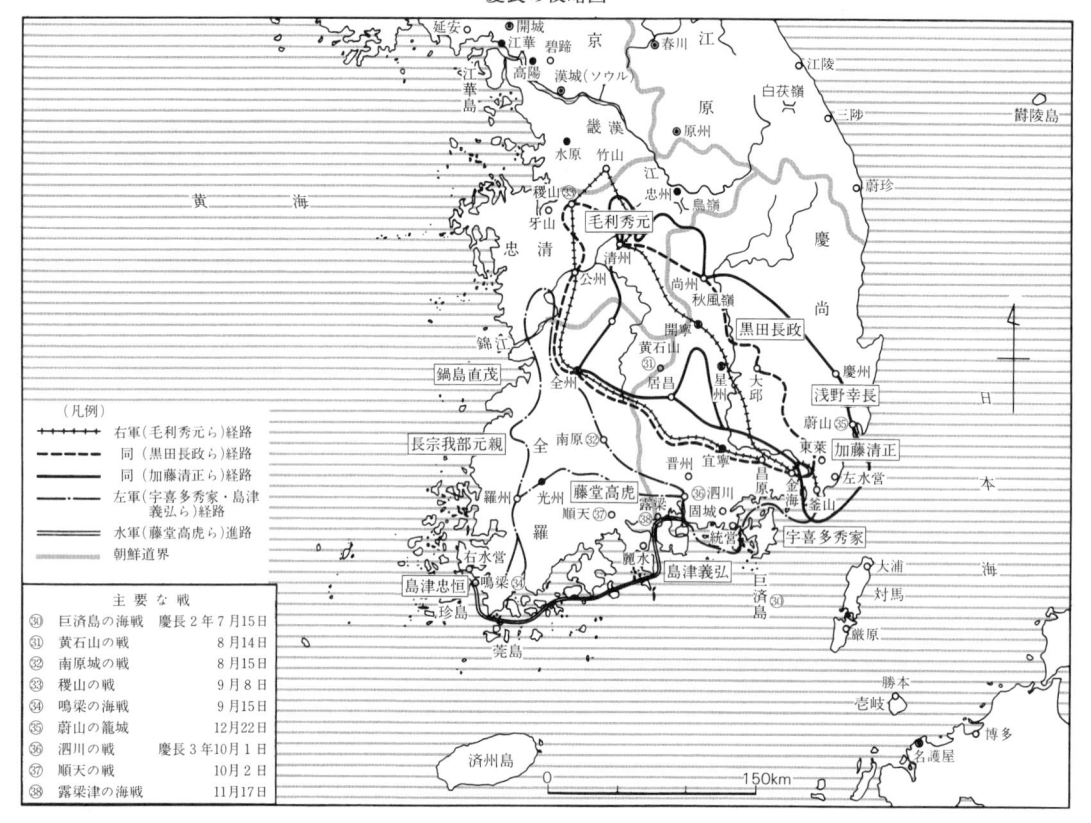

凡例
╫╫╫╫ 右軍(毛利秀元ら)経路
──── 同(黒田長政ら)経路
──── 同(加藤清正ら)経路
━━━━ 左軍(宇喜多秀家・島津義弘ら)経路
════ 水軍(藤堂高虎ら)進路
░░░░ 朝鮮道界

主要な戦
㉚ 巨済島の海戦　慶長2年7月15日
㉛ 黄石山の戦　　　　8月14日
㉜ 南原城の戦　　　　8月15日
㉝ 稷山の戦　　　　　9月8日
㉞ 鳴梁の海戦　　　　9月15日
㉟ 蔚山の籠城　　　　12月22日
㊱ 泗川の戦　　慶長3年10月1日
㊲ 順天の戦　　　　　10月2日
㊳ 露梁津の海戦　　　11月17日

節と思い込み、かれらを連れ、漢城を離れて釜山に向け南下した。偽りの「明使節」は石田三成らの案内により、同年5月15日、肥前名護屋に着く。徳川家康や前田利家らは「明使節」を歓待し、景轍玄蘇や南禅寺の玄圃霊三らはかれらと和議の折衝を行い、その折衝を踏まえて相国寺の西笑承兌が和議条件草案をまとめ、6月28日、秀吉は和議条件7ヵ条と「大明勅使に告報すべき条目」を「明使節」に示した。和議条件7ヵ条の要点は、①明皇帝の姫を日本の天皇の后にすること（第1条）、②日明両国において近年勘合が断絶しているので、今回、これを改め、官船と商舶の往来を図る（第2条）、③朝鮮の領土は明に免じて北4道と漢城を朝鮮国王に還す（第4条）、というものであった。また、「大明勅使に告報すべき条目」は、①「日本は神国」であり、秀吉は「日輪の子」であり、秀吉の天下統一は天命である、②秀吉は海賊取締令によって海路を平穏にしたのに、明が謝詞を示さなかったのは日本を小国と侮ったもので、ゆえに明を征しようとして兵を起した、③朝鮮は日本と明との会談を斡旋すると約束したが、それを実行しなかったので、日本はその違約をただすために朝鮮に兵をだしたところ、朝鮮が抵抗して戦となった、④明は朝鮮の急難を救おうとして利を失ったが、その責任は朝鮮にある、というものであった。謝用梓らはこの条件を聞き入れ、翌29日、名護屋を離れた。一方、謝用梓ら「明使節」が名護屋にとどまっていたころ、朝鮮では沈惟敬と小西行長は策を練り、行長の家臣内藤如安を偽りの講和使節に仕立て、偽作した秀吉の「降表」（表とは皇帝に奉る文書）を持たせて明皇帝のもとへ派遣した。北京に着いた如安は、①釜山周辺に駐屯する日本軍の撤兵、②日本は朝鮮と和解し、明の宗属国となる、③秀吉は冊封のほか貢市を求めない、と申し入れた。この結果、明から冊封使が来日し、文禄5年9月、大坂城で秀吉に明皇帝からの封王の金印と冠服を捧げたが、明皇帝の誥勅には「茲（ここ）に特に爾（なんじ）を封じて日本国王と為す」（原漢文）とあるのみで、秀吉が提示した和議条件はまったく無視されていた。これが第2次朝鮮侵略（慶長の役）をひき起した。

〔第2次朝鮮侵略（慶長の役）〕慶長2年2月、秀吉は朝鮮南四道を実力で奪うことを目的に、再び14万の軍を朝鮮に派兵し、慶尚道の沿岸に城郭（倭城）を普請させ、これを日本軍の拠点とした。そして当面の攻撃目標を全羅道においた。同年7月、日本軍の主力はまず元均（元均は李舜臣の出世を妬んで李舜臣を陥れ、忠清・全羅・慶尚三道の水軍統制使となっていた）の率いる慶尚道巨済島の朝鮮水軍を破り、元均は加徳島で敗死した。この巨済島の戦（唐島（からしま）の戦）を皮切りに第2次朝鮮侵略が始まったが、これ以後、日

本軍と朝鮮・明軍との間に行われた主な戦いとしては次のものがある．(1)慶長2年8月，慶尚道黄石山城（黄石山は慶尚道居昌から全羅道全州へつうじる境）の戦．朝鮮側はこの地点を死守したが，加藤清正らの日本軍がこれを陥す．(2)同年8月，全羅道南原城（南原は全羅・慶尚両道の要衝）の戦．明の副総兵楊元は全羅道の朝鮮軍とともに南原城の守備を固めた．宇喜多秀家・島津義弘らの日本軍はこれを陥落させ，楊元は逃走．(3)同年9月，忠清道稷山（稷山は忠清北道の京畿道に接した地点）の戦．毛利秀元と黒田長政の兵が明軍の副総兵解生の軍と戦うが決着つかず，両軍とも引き揚げる．同じころ，加藤清正の兵は忠清道清州を占領し，ついで，京畿道の南部にある安城と竹山境を攻略．(4)同年12月から翌慶長3年正月にかけての蔚山（ウルサン，慶尚道蔚山は釜山浦から慶州への要衝の地点）の籠城．慶長2年11月初め，加藤清正・浅野幸長らは蔚山で新城普請にかかる．明・朝鮮軍は12月22日ごろ，蔚山城に迫り蔚山城の水道を断つ．このため蔚山城の日本軍は兵糧も水も尽き籠城．翌3年正月，毛利秀元らが蔚山を囲む明・朝鮮軍を背後から攻め籠城終る．(5)同3年10月，慶尚道泗川（しせん）の戦．前年10月，島津氏は慶尚道泗川に新城普請．ここに明提督董一元の率いる明・朝鮮軍が攻撃したが，蔚山の場合と違い，ここは城普請が終っており，島津氏の鉄炮隊は明・朝鮮軍を撃破．(6)同3年10月，全羅道順天の戦．前年12月，小西行長は全羅道順天に新城普請．ここに明西路軍提督劉綎の率いる明・朝鮮軍が攻撃したが失敗．ついで明水路将陳璘，および李舜臣の朝鮮水軍が順天城の挟撃をはかったが，これも失敗．(7)同年11月，慶尚道露梁津の海戦．この年の8月，秀吉の死により，家康ら五大老は朝鮮在陣の諸大名に朝鮮撤退を指示．朝鮮撤退が始まった時，陳璘・李舜臣の明・朝鮮の水軍は順天にいた小西行長らの退路を押えた．このため，島津氏は慶尚道露梁津に陳璘・李舜臣の明・朝鮮の水軍をひきだして戦った．この海戦で島津氏は多大な損害を受けたが，李舜臣も弾にあたって戦死．この間に小西行長らは順天を逃れた．

〔朝鮮侵略の傷跡と影響〕これらの戦で日本軍による残虐行為が行われた．その第1が鼻切りである．秀吉は老若男女僧俗すべての薙切りを指示しており，秀吉から派遣された軍目付が諸大名から鼻を受け取り，「鼻請取状」をだした．この鼻切りは大名が家臣に戦功の証しとして強制した．清正などは家臣1人に鼻3つを割り当てた．切り取った鼻は塩漬けにして樽に詰め，秀吉のもとに送られた．秀吉は京都東山方広寺の近くに塚を築いてこれを埋め，西笑承兌を導師に命じ「大明・朝鮮闘死の衆」を「慈悲」の心をもって弔うものとし，虚構の供養をした．残虐行為の第2として朝鮮人の「山狩り」がある．日本軍と戦う朝鮮のゲリラは山に隠れ，点と線を押える日本軍を襲撃した．このため，日本軍は朝鮮農民にゲリラの在処を密告したものに褒美を与えるとし，ゲリラの所在がわかり次第，それを殺戮した．残虐行為とならんで朝鮮側に危害を加えたものに朝鮮人捕虜連行がある．その捕虜のほとんどは農民であった．日本，ことに西国では，農民が陣夫役などで朝鮮に駆り出され，農耕人口が手薄となっていたため，連行された朝鮮農民は奴隷として農耕を強制された．また捕虜のなかには陶工がいた．連行された朝鮮陶工は西国の大名たちの領内で陶磁器の生産を強制された．薩摩焼・有田焼・萩焼などの基礎がここに築かれたのである．そのほか捕虜のなかには朱子学者もいた．有名なものとして姜沆の場合をあげることができる．姜沆は朝鮮朱子学の名儒李退渓の門流をくむものであった．かれは南原城への兵糧運搬の監督にあたっていた時，藤堂高虎の兵に捕らえられ，伊予国大洲へ連行された．その後，姜沆は伏見に移され，藤原惺窩とめぐりあった．藤原惺窩は姜沆から実践的な朝鮮朱子学を学び，ここに江戸時代朱子学の基礎が築かれたのである．慶長3年8月18日，秀吉は没した．これにより，徳川家康らは朝鮮在陣の諸大名のもとに撤退の指示をだし，同年11月，島津氏の撤兵を最後として，この朝鮮侵略は終った．前後7年にわたったこの朝鮮侵略は日本・朝鮮・明の3国にさまざまな影響を与えた．日本では豊臣政権が衰退の一途を辿った．それとともに朝鮮で戦った諸大名は御家の戦功を後世に遺すため，『征韓録』などの記録をまとめた．これらの記録が幕末から近代にかけての征韓論の素材となった．また，朝鮮を救援した明は国力が衰亡し，女真（清朝）に滅ぼされることとなった．これに対し，朝鮮にとってこの戦争は，大量殺戮行為や捕虜連行など，朝鮮民族にはかり知れない傷跡を遺した．秀吉の朝鮮侵略は朝鮮民族のあいだで「壬辰の悪夢」として後世に語り伝えられ，忘れがたいものとなって民族意識のなかに脈うっている．なお，両度の役における個別の戦のうち，以下のものについてはその項目を参照．文禄の役―「錦山（きんざん）の戦」「閑山島の戦」「海汀倉（かいていそう）の戦」「延安の戦」「碧蹄館の戦」「幸州（こうしゅう）の戦」「晋州（しんしゅう）の戦」，慶長の役―「唐島の戦」「蔚山の戦」「泗川の戦」．

参考文献　天荊『西征日記』（『続々群書類従』3），柳成竜『懲毖録』（朴鐘鳴訳注，『東洋文庫』357），伴信友『中外経緯伝』（『伴信友全集』3），北島万次『朝鮮日々記・高麗日記』（『日記・記録による日本歴史叢書』近世編4），同『豊臣政権の対外認識と朝鮮侵略』，同『豊臣秀吉の朝鮮侵略』（吉川弘文館『日本歴史叢書』52），同『加藤清正』（『歴史文化ライブラリー』230），池内宏『文禄慶長の役』正編1・別編1，中村栄孝『日鮮関係史の研究』中，内藤雋輔

『文禄・慶長の役における被擄人の研究』, 藤木久志『豊臣平和令と戦国社会』, 徳富猪一郎『近世日本国民史』豊臣氏時代丁・戊・己篇, 参謀本部編『日本戦史』朝鮮役, 李烱錫『壬辰戦乱史』, 琴秉洞『耳塚』, 貫井正之『豊臣政権の海外侵略と朝鮮義兵研究』, 三鬼清一郎「太閤検地と朝鮮出兵」(『(岩波講座)日本歴史』9所収), 辻善之助「豊臣秀吉の支那朝鮮征伐の原因」(『(増訂)海外交通史話』所収), 鈴木良一「秀吉の「朝鮮征伐」」(『歴史学研究』155), 田中義成「豊太閤の外征に於ける原因に就て」(『史学雑誌』16ノ8), 田保橋潔「壬辰役雑考」1 (『青丘学叢』14)　　　　　　　　(北島　万次)

へ

001 平朔 へいさく　⇨暦法(れきほう)

002 ヘーグ文書 ヘーグもんじょ　⇨オランダ所在日本関係史料

003 ペーロン船 ペーロンせん　中国伝来の速さを競う行事用の船で, 飛竜船・剗竜船・白竜船とも書く. 起源は紀元前とされるだけに中国全土に流布し, 日本では近世前期以来, 毎年5月5・6両日に長崎で競漕が行われた. 船体は鯨船系の一本水押(みよし)の大板造りの和船構造で, 速力を出すため抵抗の少ない細長い船型とし, 大は長さ10間(約18m), 小は3, 4間と一定しないが, 今日では上限を規定している. レースは櫂を持った数十人の漕手が2列に並んで漕ぎ, 同乗した銅鑼(どら)打ちと大皷打ちが拍子をとって盛りあげる. なお琉球の爬竜(ハーリー)船も中国伝来だが, 船は同地のサバニ型漁船を用い, 長崎のような特殊な専用船を造らなかった.

(長崎名勝図絵5)

参考文献　松浦静山『甲子夜話』7, 柴田恵司・高山久明「長崎ペーロンとその周辺」(『海事史研究』38), 高山久明「長崎ペーロンとその周辺―補遺―」(同40)　　　　　　　　(石井　謙治)

004 碧蹄館の戦 へきていかんのたたかい　朝鮮宣祖26年(1593, 明の万暦21)正月27日(日本の文禄2年正月26日), 朝鮮の漢城の北方, 約10里にある碧蹄館でおこった日明間の戦闘. 同年正月9日, 明軍の提督李如松は平壌の戦で小西行長を破り, 余勢を駆って漢城めざし南下した. 宇喜多秀家を総大将とする漢城の日本軍は協議のすえ, 漢城の外で迎撃する作戦を立て, その場所として碧蹄館を選んだ. 碧蹄館は平壌・義州への宿駅であり, それは南北に長い渓谷をなしていた. そのため明軍の包囲作戦は不可能であった. 日本軍は小早川隆景・立花宗茂らの鉄炮隊を先鋒としてここに備えを固め, 碧蹄館で細長くなった明軍を撃ち破り, 李如松は平壌へ逃げた. この戦いの勝利により, 日本軍は軍事的劣勢を挽回し,

これを契機に日明間に講和の機運がもちあがった．

参考文献 天野源右衛門『立花朝鮮記』(『(改定)史籍集覧』13)，梨羽宗景『梨羽紹幽物語』，『朝鮮宣祖実録』，『明史』，渡辺村男『碧蹄館大戦記』，渡辺金造『碧蹄館戦史』，参謀本部編『日本戦史』朝鮮役，徳富猪一郎『近世日本国民史』豊臣氏時代戊篇，中村栄孝『日鮮関係史の研究』中，李烱錫『壬辰戦乱史』中，北島万次『豊臣秀吉の朝鮮侵略』(吉川弘文館『日本歴史叢書』52)，中村栄孝「文禄慶長の役」(高柳光寿編『大日本戦史』3所収)，幣原坦「碧蹄館」(『歴史地理』8ノ10) 　　　　　　(北島　万次)

005 平群木菟 のづく 　5世紀の豪族．木菟は都久とも書く．『古事記』孝元天皇段の系譜によれば，平群氏の始祖は建(武)内宿禰の子の都久という．『日本書紀』仁徳天皇元年正月条によると，天皇誕生の時，父の応神天皇が武内宿禰に瑞を問うたところ，皇子(のちの仁徳天皇)と大臣武内宿禰の子が同じ日に生まれ，しかも皇子の産屋に木菟が，大臣の子の産屋に鷦鷯(さざき)が飛び入るという奇瑞があったとし，両者の産屋に入った鳥の名をとりかえて，太子を大鷦鷯皇子とし，武内宿禰の子を木菟としたという祖先伝承を伝えている．木菟は百済王の無礼を詰問するため百済に派遣され，また加羅に遣わされて，秦氏の祖弓月君の率いる人夫を葛城襲津彦とともに伴い帰国したという．履中天皇即位前紀には，太子(履中)をたすけ功績があったことを伝えるが，これらの記事の史実性については検討の必要がある． 　　　　　　　　(日野　昭)

006 平群広成 ひろなり 　生没年不詳　奈良時代の官人．天平5年(733)度遣唐使の判官．時に外従五位下であった．大使多治比広成に随って入唐．翌年10月，外交行事を終え，遣唐船4隻そろって蘇州を発して帰途につくが，まもなく悪風に遭い，平群広成の乗船は南に流され，崑崙国(実は林邑国)に漂着した．乗員115人は現地の兵に捕えられ，殺されたり病気にかかったりして大半が亡くなり，わずかに広成ら4名が生きながらえて崑崙王に会見することができた．その後食料などを支給されて滞在していたが，7年になり，唐在住の崑崙人の手引きで脱出し，再び唐都長安に戻ることができた．そこで日本の留学生阿倍仲麻呂に逢い，その仲介で渤海路を取って帰国することを玄宗に願い出て許された．11年3月に登州を出発し，5月に渤海領内に至ったところで，たまたま渤海王大欽茂が日本に使者を派遣する機会にあい，渤海大使らとともに2隻で日本に向かった．渡海の途中で渤海大使の乗る船は遭難したが，広成は，残りの人々を率いて出羽国に到着することができた．同年10月，広成は渤海使とともに入京し，帰国に至る経緯を報告している．

参考文献 石井正敏『日本渤海関係史の研究』 　　　　　　　　　　　　　(石井　正敏)

007 ヘスース Felipe de Jesús ⇨フェリーペ＝デ＝ヘスース

008 ヘスース Francisco de Jesús ⇨フランシスコ＝デ＝ヘスース

009 ヘスース Jerónimo de Jesús o de Castro ⇨カストロ

010 別源円旨 べつげんえんし 　1294〜1364　南北朝時代の曹洞宗の僧．法諱は円旨，道号は別源．越前の人，俗姓は平氏．永仁2年(1294)10月24日生まれ．幼くして仏種寺(福井県南条郡南越前町)の童行となり，16歳で得度したが，中国曹洞宗の一派，宏智(わんし)派の禅を伝えた来日僧東明慧日が相模円覚寺(神奈川県鎌倉市)在住中に12年間随い嗣法する．元応2年(1320)入元し，中峯明本・古林清茂(くりんせいむ)らに参じ，元徳2年(1330)帰国した．その間，正中2年(1325)に古林清茂の印可証明を得ている．入元中の詩文『南游集』と，帰国後の詩偈『東帰集』各1巻があり，いわゆる五山文芸僧として知られた．なお康永元年(1342)朝倉広景の招きで越前足羽の弘祥寺(跡，福井市)の開山となり，また善応寺(福井県大飯郡おおい町)・吉祥寺(跡，同小浜市)を開創した．その間，請いにより鎮西の寿勝寺(跡，熊本県宇土市)4世として住したが翌年弘祥寺に帰り，文和3年(1354)南禅寺(京都市左京区)に住した東陵(とうりん)永璵の招請により分座秉払(ひんぽつ)している．ついで延文2年(1357)幕府の命により京都の真如寺(京都市北区)に住したが，翌年の秋，病いを得て越前に帰る．さらに貞治3年(1364)足利義詮の招請をうけ建仁寺(京都市東山区)44世の住持となるが，同年10月10日入寂．世寿71歳，法臘54年．中巌円月撰『日本故建仁別源和尚塔銘并序』(『曹洞宗全書』所収)がある．

参考文献 『大日本史料』6ノ26，貞治3年10月10日条，湛元自澄編『日域洞上諸祖伝』上(『曹洞宗全書』)，嶺南秀恕編『日本洞上聯燈録』1(同) 　　　　　　　(桜井　秀雄)

011 ベッテルハイム Bernard Jean Bettelheim 　1811〜70　キリスト教宣教師，医師．漢字名は伯徳令．1811年6月ハンガリーのブラチスラバ(現スロバキア)に生まれる．ユダヤ教からキリスト教に改宗．イギリス人女性と結婚して国籍を同国に移し，香港に赴く．46年(弘化3)琉球海軍伝道会の宣教師として那覇に着き，8年間にわたり琉球伝道に従事，傍ら『聖書』や伝道用小冊子の琉球語訳を行う．54年(安政元)ペリー艦隊に便乗して香港に引き揚げ，ここで『新約聖書』のルカ・ヨハネ両福音書，使徒行伝，ロマ書の琉球語訳を刊行．日本語にも通じ，和漢対訳の四福音書を残したとされる．和訳のルカ・ヨハネ両福音書および使徒行伝は，死後オーストリアの東洋学者ピッツマイアーによりウィーンで出版された．のちアメリカに移り，

ニューヨーク・シカゴなどに住み，牧師や南北戦争従軍医などをつとめた．70年2月9日ミズーリ州ブルックフィールドで死去．58歳．

参考文献　海老沢有道『新訂増補版日本の聖書』，門脇清・大柴恒『日本語聖書翻訳史』

（鵜沼　裕子）

012 **別幅** べつぷく　日本と明・朝鮮(李氏)などとの間で取り交わされた外交文書の一様式．進物品の目録で，国書(表文)・書契などの本文書に添えて出されたところから別幅と称された．日明間の例は『善隣国宝記』などにみえるが，実物は確認されていない．宣徳8年(1433)明国礼部の制書(咨文)によると，明から支給される勘合に「進貢方物件数，本国并差来人附搭物件，及客商物貨，乗坐海船幾隻，船上人口数目」などを記入することになっているところから，別幅とは，勘合の裏面に上記の事項を記載した文書と理解されている(栢原昌三)．しかし『策彦和尚入明記再渡集』嘉靖27年(天文17, 1548) 5月11日条に「俾゠疏(国書)・別幅附箱，并一号勘(合)箱入゠御物所゠」とあり，明らかに別幅と勘合とは区別されている．あるいは当初は勘合に記載されていたものが，やがて別紙を用いるようになったものであろうか．いずれにせよ日明間の別幅の実態については検討の余地がある．一方朝鮮との間で交わされた別幅については実例も多く残されており，その書式を知ることができる．日朝ともにほぼ同じ形式で，国書・書契など本文書に応じてそれぞれ一定していた．短冊状に折りたたまれ，1折に4～5行，冒頭の別幅の字は品目名より1字分下げることなど『増正交隣志』に詳しく書かれている．実例では，たとえば朝鮮粛宗37年(正徳元, 1711)の徳川家宣宛国書別幅(藤井斉成会所蔵)は，縦50.7cm，横112.3cmの白繭紙に書かれ，11折になっている．各折り幅は首尾が約5.5cmのほかは，平均11.5cmほどで，1折に5行ずつ，品目が小さな字で書かれている．末尾の朝鮮国王の署名の部分に「為政以徳」の朱印が捺されている．→表(ひょう)

参考文献　『古事類苑』外交部，小葉田淳『中世日支通交貿易史の研究』，田中健夫「勘合符・勘合印・勘合貿易」(『対外関係と文化交流』所収)，栢原昌三「日明勘合の組織と使行」4(『史学雑誌』31ノ9)，田中健夫編『善隣国宝記・新訂続善隣国宝記』(『訳注日本史料』)

（石井　正敏）

013 **ベトナム**　Vietnam　インドシナ半島東岸にある社会主義共和国．首都はハノイ．主要住民のベトナム民族は北部ベトナムに新石器時代から生活していたらしく，紀元前後のドンソン文化を頂点とする青銅器文化を発達させた．前111年，前漢の武帝の南征で北部・中部ベトナムに交趾・九真・日南の3郡が置かれた．10世紀ころまでのベトナム民族の居住地域は北部ベトナムに限られていたから，ベトナムは前2世紀末に中国に直接支配されたわけで，以後，ほぼ1000年間この状態が続いた．唐朝の官吏となった阿倍仲麻呂が安南都護となったのは，8世紀である．「安南」はベトナムに対する中国の呼称で，唐朝で北部ベトナム統治のため安南都護府が置かれたのに由来する．中国から独立した後のベトナムは安南国と呼ばれ，日本など諸国もこれにならった．ところで，異民族支配が長く続くと，これに対する抵抗がしばしば起った．その中で，土着豪族の徴(チュン)姉妹の後40～43年の蜂起が特に有名である．長い中国の支配を通じてその技術や文化が流入して，ベトナムの社会と経済が向上し，民族的自覚が高まっていたが，10世紀の五代の政治混乱期に中国の支配が弱まり，独立の機会が至った．当初は土豪が自立し割拠する状態であって，完全な独立政権は丁朝(968～80年)の時からである．その後黎朝(980～1009年)を経て，李朝(1010～1225年)は昇竜(ハノイ)を都とし，国号を大越(ダイベト)と称し，はじめて長期政権となった．次の陳朝(1225～1413年)も李朝と同じく，再支配をねらう中国軍を撃退すると同時に南方に勢力を広げ，中央集権国家を目指した．国史『大越史記』を編纂し，漢字の造字法にならって国字チュノムが作られたのは陳朝の時である．ベトナムは中国に長く従属している間に中国文化の影響を強く受け，その後は独立を確保するために中国の集権国家をモデルとし，積極的にその制度文物を吸収しつづけた．このためベトナム文化は中国文化圏に属し，漢字漢文の公用，律令制，元号制，儒教・仏教など日本文化と対比される．陳朝末に明朝の再支配があったが，これを撃退してきた黎朝(1428～1527年，1533～1789年)では，15世紀後半に律令的集権国家の体制がととのった．16世紀からの黎朝後期には国内対立が生じ，北部の鄭氏と中部のフエに拠った阮氏との抗争が18世紀末まで続いた．その間の17世紀に鄭・阮両氏と江戸幕府との通交があり，朱印船の渡航先として中部の交趾，北部の東京(トンキン)が多かった．その結果，中部のフェイフォ(会安)・トゥーラン(沱瀼)などの貿易港に日本町ができた．1771年南部から起ったタイソン党の勢力は，阮氏を倒し鄭氏を滅ぼし，89年に一時的にベトナムに君臨した．しかし1802年阮福映(嘉隆(ザロン)帝)がフランス義勇軍の援助でタイソン党に代わってベトナムを統一し，阮(グエン)朝が成立した．18世紀から阮氏の南進政策でメコン河デルタはベトナム領となっていたから，現ベトナムの範囲はこの時にほぼ形成された．阮朝初期は清朝の諸制度を導入し「小中国」と呼ばれるほどであった．フランスは極東進出の足場としてベトナムに目をつけ，1862年南部のコーチシナを占領し，ついて83年までに北部中部の阮朝を保護国とし，全ベトナムはフランス植民地となった．20世紀初め，民族主義にめざめたファン゠ボイチャウらの反仏運動が盛

んになった．彼らは1906〜08年ころドンズー（東遊）運動を展開し，日露戦争後の日本に期待して青少年を日本に留学させたのであるが，日本政府はフランスとの協調を重視したので，この運動は挫折した．第1次世界大戦後のベトナムの社会経済発展に応じて民族主義的政治組織が成長し，1927年ベトナム国民党が成立したが，ついに30年ホー＝チミンによってベトナムの共産党が生まれた．40年日本軍がインドシナに進駐すると，共産党を中心にベトミン（ベトナム独立同盟会）が結成されて抵抗した．45年8月日本の敗戦後，同9月ホー＝チミンによってベトナム民主共和国の独立が宣言された．これに対しフランスは再支配を企図して進攻し，第1次インドシナ戦争が始まった．フランス側は阮朝のバオダイ帝を擁立してベトナム国を作り，アメリカの軍事援助を受けたが，54年ディエンビエンフーの大敗の結果，同年7月ジュネーブでインドシナ休戦協定（ジュネーブ協定）が結ばれた．北緯17度線を境に北の民主共和国と南のベトナム国（55年に共和国）に分かれ，南北分割の情勢に進んだ．60年南ベトナム解放民族戦線が結成され，第2次インドシナ戦争が勃発した．反共政策をとるアメリカが63年から南ベトナムを援助して直接介入したが，南側は敗戦を重ね，アメリカ軍は撤退した．これで民主共和国側の優勢が決定的となり，75年サイゴンが陥落し，翌76年7月南北両国が統一され，ベトナム社会主義共和国となった．面積33万1689km²，人口8424万人（2005年国連推定）．

[参考文献] 松本信広『ベトナム民族小史』（『岩波新書』青715），桜井由躬雄・石沢良昭『東南アジア現代史』3（『世界現代史』7），岩生成一『新版朱印船貿易史の研究』，同『南洋日本町の研究』

（和田 久徳）

014 ペドロ＝カスイ＝岐部 ペドロ＝カスイ＝きべ Pedro Cassui 岐部 1587〜1639 キリシタンの邦人司祭．豊後，国東（くにさき）半島における豪族岐部氏の出．父はロマノ岐部，母はマリア波多と称し，一族は浦辺地方のキリシタンの中心人物であった．天正15年（1587）に生まれ，洗礼名をペドロとされた．有馬のセミナリヨで勉強し，慶長11年（1606）にイエズス会に入る決心をして願を立てたが受け入れられず，同宿となった．カスイというのは，その時につけた号であったらしく，それに該当する漢字は不明．慶長19年に宣教師国外追放により澳門（マカオ）へ行き，1618年ごろインドへ渡り，陸路で聖地パレスティナへ詣り，つづいてローマへ行った．1620年11月15日にローマで司祭に叙階され，同月20日にイエズス会に入会した．1622年に帰国の途につきポルトガルへ，1623年にインドへ，つづいて澳門へ渡り，1625年に澳門に着いた．帰国の機会がなく，1627年にシャム（タイ国）に渡り，2年間，アユタヤの日本人町に潜伏して渡航の機会を待ったがその機会を得ず，1629年にマニラへ移った．1630年6月に，マニラ湾口のルバング島から，ミゲル松田とともにみずから船を出して渡航を企てた．七島海峡で台風にあい難破したが，島民に助けられて薩摩の坊ノ津に上陸した．その後，長崎へ出かけ，しばらくその近辺に潜伏して迫害下のキリシタンのために働いた．のちに東北地方へ移り，寛永16年（1639）に仙台領で逮捕され，江戸へ送られ，将軍徳川家光の御前で吟味を受けた．同年7月に江戸，小伝馬町の町牢で穴吊しの拷問にかけられたが，背教せず，ついに穴から出されて処刑された．53歳．ペドロ＝カスイ＝岐部の生誕地大分県東国東郡国見町岐部（国東市国見町岐部）に，昭和40年（1965），舟越保武作の銅像が建立された．ペドロ＝カスイ自筆の書簡や書付4点は，ローマ，イエズス会本部に所蔵されている．

[参考文献] H・チースリク『キリシタン人物の研究』，同『キリシタン時代の邦人司祭』，五野井隆史『ペドロ岐部カスイ』

（H・チースリク）

015 ペドロ＝バウティスタ＝ブラスケス Pedro Bautista Blasquez 1549〜97 フランシスコ会士．日本二十六聖人の中心人物．1549年スペインのアビラ大司教区サンエステバンに生まれ，サラマンカ大学で哲学・神学を修め，22歳でフランシスコ会原始会則派の修道士となる．東洋布教を志し，ルソン島に渡り，同会の管区長代理・巡察師として多大の業績を挙げ，高徳の誉れ高く，ローマ教皇庁では彼を司教に昇叙するよう内定した．しかし，そのころ，彼はルソン総督の第2回の特命使節として日本へ出発，文禄2年（1593）6月，肥前名護屋（佐賀県唐津市）で豊臣秀吉と折衝．請訓中，人質として京都に滞在しながら活発な布教を開始したが，日比交渉は頓挫し，また慶長元年（1596）9月のサン＝フェリペ号事件の余波を受けて，他の同会士らとともに捕われ，洛中引廻しの上，陸路長崎に送られ，慶長元年12月19日（1597年2月5日），西坂の丘上で十字架刑に処せられた．1862年，ローマ教皇により聖人に列せられた．　→フランシスコ会

[参考文献] 『キリシタン研究』8（日本二十六聖人列聖百年記念特輯），Louis Frois: Relacion del Martirio de los 26 Cristianos crucificades en Nangasaqui el 5 Febrero de 1597; P. M. de Ribadeneira: Historia de las Islas del Archipielago Filipino y Reinos de la Gran China, y Japon.

（海老沢有道）

016 ペドロ＝ラモン Pedro Ramon 1550〜1611 スペイン人イエズス会司祭．1550年サラゴサのバスティダに生まれ，70年アルカラでイエズス会入会，73年コインブラで司祭となり，翌年，巡察師バリニァーノ一行とともにインドへ赴きゴアで修練長となる．天正5年（1577）マカオより来日，長崎着，同8年，臼杵の初代

修練院院長兼修練長，日本イエズス会第1回協議会参加，同14年，島津軍侵入により臼杵から下関，山口に移り，翌15年の豊臣秀吉の伴天連追放令により平戸・長崎・有家・河内浦（修練長）・大村を経て，同18年，加津佐の第2回総協議会参加，翌年バリニァーノの司式で盛式四誓願司祭，同年以後，八良尾のセミナリョ院長となる．文禄4年(1595)病のためマカオに帰り，慶長5年(1600)再来日．関ヶ原の戦後，宇土の修院長として加藤清正により投獄されたが，シメオン黒田孝高（如水）の仲介により釈放されて長崎に帰り，同6～15年，博多の住院上長として活躍，この間，同9年，黒田孝高の葬儀を博多で司式し，翌年，長崎の協議会に参加した．15年，病のため長崎に帰り，翌年(1611年8月末)同地で没．在日34年，修練長として邦人修道士の養成，日本語と日本文に最も精通した外国人司祭として『信心録』（『ヒデスの導師』）の序文執筆など，多数のキリシタン版の翻訳・編纂に指導的役割を演じた．『伴天連記』には「博多の住持」として「ヘルロマン」と記されている．

参考文献　ルイス＝フロイス『完訳フロイス日本史』（松田毅一・川崎桃太訳，『中公文庫』），『イエズス会と日本』1（高瀬弘一郎訳，『大航海時代叢書』2期6），土井忠生『吉利支丹文献考』，片岡千鶴子『八良尾のセミナリョ』，H・チースリク「臼杵の修練院」（『キリシタン研究』18），同「慶長年間における博多のキリシタン」（同19），J. L. Alvarez Taladriz : A. Valignano S. I., Sumario de las cosas de Japón (1583), Monumenta Nipponica Monographs, No 9 ; J. F. Schütte S. J. : Monumenta Historica Japoniae I, Monumenta Historica Societatis Iesu, Vol. III.　　　　　　　　　（井手　勝美）

017　ベニョフスキー　Moric August Aladar Benyovzky　1746～86　ハンガリー生まれの冒険旅行家．1746年生まれる．年若くしてポーランド軍に投じロシア軍と戦って捕虜となり，カムチャッカに流罪となり服役中1771年（明和8）脱走，ロシア船を奪い千島列島から太平洋を日本列島に沿うて南下しさらに台湾を経て澳門（マカオ）に至り，フランスに渡る．この航海中，彼は阿波の日和佐および奄美大島に寄港し長崎のオランダ人宛の書簡を残し，その中にカムチャッカ地方におけるロシア人の動静，その南下の計画などを記したので，それがオランダ人から和蘭通詞を経て幕吏に伝えられさらに国内の識者にも伝えられた．ただ通詞が書簡を訳出した際にその署名を誤って「ハンベンゴロ」と読み，それがそのまま『辺要分界図考』（近藤正斎）・『海国兵談』（林子平）・『西域物語』（本多利明）などに伝えられたので，国内ではハンベンゴロの「警告」として北辺の危機を告げる情報として注目されている．ベニョフスキーはフランスに赴いた後1774年同国政府に雇われてマダガスカルに植民地を建設したが，その後フランス政府とも不和となり1786年フランス軍と交戦中流弾に当たり戦死した．死後その回想記的旅行記が1790年まず英訳されて刊行され，以後フランス語はじめ，ドイツ語・ポーランド語・オランダ語・スウェーデン語・スロバキア語などで相ついで出版され，大きな反響を呼んだことは有名である．ただしその内容は虚実混淆，あまり信用できないとされている．

参考文献　『ベニョフスキー航海記』（水口志計夫・沼田次郎編訳，『東洋文庫』160）　（沼田　次郎）

018　ペリュー　Sir Fleetwood Broughton Reynolds Pellew　1789～1861　英国海軍士官．文化5年(1808)長崎に来寇した英艦フェートン号Phaetonの艦長である．1789年12月13日生まれる．19世紀の初頭，ナポレオン戦争の結果，英仏両国はヨーロッパのみならず極東水域でも戦を交えた．ペリューは父親の英国東インド艦隊司令官エドワード＝ペリューの指揮下に極東水域に出動してフランス治下に在ったオランダ海軍と交戦中，オランダ船を拿捕するために文化5年8月15日わずか19歳でフェートンを指揮して長崎に入港し，オランダ商館員を捕えて人質とし，長崎奉行に薪水食料を強要し，3日後これを釈放退去した．奉行松平康英は兵力を集中してこれを討とうとしたが間に合わず，その責任を負って自決した．当時国内を驚かせた事件で，国内の対英感情はこのため悪化した．ペリューはのち昇進して1858年には大将に進級したが，1861年7月28日マルセイユで死去した．71歳．→フェートン号事件　　　　　　　　　　　　　（沼田　次郎）

019　ヘルナンデス　João Fernandes　⇨フェルナンデス

020　ペレイラ　Guilherme Pereira　？～1603　ポルトガル人イエズス会イルマン．1540年ごろ，リスボンで生まれ，51年，孤児としてインドへ送られ，弘治2年(1556)インド管区長メルチオール＝ヌネス＝バレトとともに来日，豊後着．翌3年イエズス会入会，日本語をきわめてよく解し，文禄元年(1592)まで35年以上，豊後・井田・三重・府内・平戸・博多・加津佐の各地で説教と児童の教理教育に活躍した．巡察師バリニァーノは司祭に叙階しようとしたが固辞し，文禄2年日本準管区長ペドロ＝ゴメスの司式により志岐で単式終誓願修道士となる．慶長3年(1598)澳門（マカオ）に帰り，同5年再来日，イルマンとして在日45年の奉仕生活後，同8年(1603年9月から10月)有馬（長崎県南島原市）で没．

参考文献　ルイス＝フロイス『完訳フロイス日本史』（松田毅一・川崎桃太訳，『中公文庫』），J. F. Schütte S. J. : Monumenta Historica Japoniae I, Monumenta Historica Societatis Iesu, Vol. III ; J. L. Alvarez Taladriz : A. Valignano S. I., Sumario de las cosas de Japón (1583), Monumenta Nipponica Monographs,

No. 9.　　　　　　　　　（井手　勝美）

021　辯円〔べんえん〕　⇨円爾（えんに）

022　辺策発蒙〔へんさくはつもう〕　近世中期の経済書で，蝦夷地の開発政策を論じたもの．馬場正通（まさみち）の著．享和3年（1803）ごろ成立．馬場は近江国高島郡の出身．江戸で経済の学を学び，享和元年幕臣湯浅三右衛門に従って蝦夷地を視察した．翌年箱館奉行羽太正養（はぶとまさやす）に仕え，文化元年（1804）羽太に従って箱館に行き，奉行所の職務に専念したが，翌年江戸に戻って病没した．本書は当時大坂の中井履軒が『年成録』で，幕府の蝦夷地政策を無用の出費と批判したことへの反論として執筆された．羽太自身の著作である『辺策私弁』と内容が似ている点から，馬場が提出した草稿である本書に，羽太が加筆訂正したものが『辺策私弁』と推測される．本書は馬場が蝦夷地通用の貨幣政策について書いた『造幣策』（享和3年）とともに，『日本経済叢書』19，『日本経済大典』29に収録されている．
→馬場正通（ばばまさみち）

　参考文献　内田銀蔵「馬場正通の生涯及其の著書」（『日本経済史の研究』下所収）　　（長谷川伸三）

023　弁正〔べんしょう〕　㈠?〜736　奈良時代の僧．弁浄・弁静にもつくる．白雉4年（653）5月学問僧として入唐したが，帰国年は不明．養老元年（717）7月には少僧都となり，天平元年（729）10月には大僧都，同2年10月には僧正に任ぜられたが，同8年入滅．
㈡生没年不詳　奈良時代の僧．『懐風藻』に詩2首を残す．俗姓は秦氏．性滑稽にして談論をよくし，少年にして出家，大宝年中（701〜04）に入唐，囲碁をよくし，即位前の玄宗皇帝にも賞遇され，朝慶・朝元の2子を得た．朝元は帰国したが，弁正は朝慶とともに客死した．　→秦朝元（はたのちょうげん）

　参考文献　横田健一「『懐風藻』所載僧伝考」（『白鳳天平の世界』所収），王勇「望郷の還俗僧」（薗田香融編『日本仏教の史的展開』所収）
　　　　　　　　　　　　　　　　（佐久間　竜）

024　辯円〔べんえん〕　⇨円爾（えんに）

025　ヘンミー　Gijsbert Hemmij　1747〜98　出島のオランダ商館長．1747年6月16日喜望峰で生まれた．69年からオランダ，ユトレヒトで学んだ．72年東インド会社に奉職．寛政4年（1792）長崎出島のオランダ商館長となる．江戸参府を2回行なったが，寛政6年の参府の際は，官医桂川甫周の斡旋により大槻玄沢・森嶋甫斎・宇田川玄随・石川玄徳などの医師がヘンミーや蘭館医と対談を行い，また天文方との交流もあった．寛政10年参府の帰路4月24日（西暦6月8日）遠江国掛川で没した．50歳．島津重豪との秘密が漏れ自殺したとの説もあるが，筆者頭ラス Leopold Willem Ras の日記より見て胃病による死亡と思われる．静岡県掛川市掛川天然寺に埋葬．法名通達法善居士．のちの『商館長日記』に参府途上の墓参や寺への寄進の記事がみられる．遊女花の井・常葉を愛し，日本の風俗を好み，日本音曲と紅毛音曲を合奏させて酒興を添えたと伝えられている．

　参考文献　庄司三男「和蘭商館長ヘースベルト・ヘンミー」（『蘭学資料研究会研究報告』118）
　　　　　　　　　　　　　　　　（庄司　三男）

026　辺要分界図考〔へんようぶんかいずこう〕　わが国北辺地域の自然境界・領土的境界を諸情報により校定したもの．近藤守重（重蔵・正斎）撰．8巻（7巻附1巻とも）．文化元年（1804）に成り幕府へ献上された．当時得られた限りの記事や地図と著者自身の探検調査資料の集成で，東はカムチャツカから西はロシアに及ぶ．わが国では松前藩の蝦夷地通高橋壮四郎や加藤肩吾，幕府派遣の最上徳内らの知識，その成果の地図，明清の一統志はもとよりイエズス会士やオランダ語の世界地誌や地図など78種の資料を参照し，ベーリングやスパンベルグの探検成果を包含していて，当時のわが国最高・最新の北方地域の知識を盛り込んだ書物であった．著者も序文末尾で「未ダ地理ノ誌ヲ成スニ至ラズト雖モ辺防海備ノ一端ニ於テ採ルコトアラバ千里ヲ折衝シ，北門ヲ鎮安スルノ一助ナラン」と述べ，自負していた．地図27葉，蝦夷の人物風俗などの図が20枚余付載されている．『近藤正斎全集』1に収められている．　→近藤重蔵（こんどうじゅうぞう）

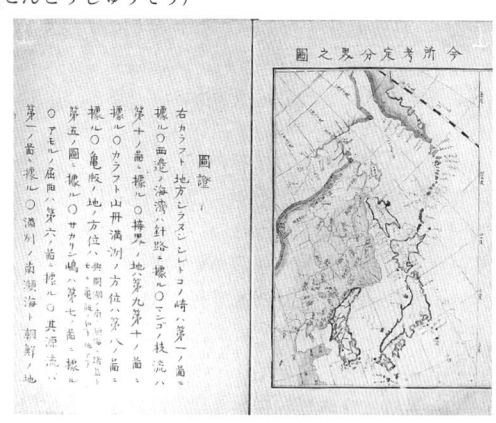

　参考文献　船越昭生『北方図の歴史』，秋月俊幸『日本北辺の探検と地図の歴史』　　（石山　洋）

ほ

001 慕晏誠（ぼあんせい） 生没年不詳 平安時代中期に渡来した宋広州の商人．『春記』では莫晏誠とする．長暦元年(1037)閏4月に「漂着」し，長久元年(1040)夏ごろまで日本に滞在した．長久元年4月に朝廷に帰国申請をした際，長暦元年に行なった貿易に関連して，対価が支払われていないことを訴え出た．これに対して後朱雀天皇と関白藤原頼通を中心に対応が議論され，長暦元年当時の大宰権帥であった藤原実成への事情聴取や関係文書を提出させるなど，慕晏誠の訴えに対処している．この貿易問題一件は大宰府官人による横領のようなものではなく，貿易品が大宰府に収納されたままで朝廷に進上されていないため，代価も未払いであったことが判明し，6月には未払い分の代価支払いが済み，慕晏誠は帰国の途に着いたようである．『春記』の一連の記事には，宋商人との貿易に関わる文書や，彼らの入出国に関する文書の記述が多く見られ，貿易に関連して作成される文書を具体的に知ることのできる貴重な史料となっている．
〔参考文献〕 森克己『新訂日宋貿易の研究』（『森克己著作選集』1），山内晋次『奈良平安期の日本とアジア』，渡邊誠「平安中期，公貿易下の取引形態と唐物使」（『史学研究』237） （河辺 隆宏）

002 望海堝の倭寇（ぼうかいかのわこう） 望海堝の戦とも呼ばれ，明の永楽17年(応永26, 1419)6月，遼東の望海堝で30余隻の倭寇船団が，都督劉江の明軍に打破されほとんど全滅に近い打撃をうけた事件．このころ，日本では足利義満がすでに世を去り，日明の国交は足利義持によって断絶され，衰退した倭寇の活動が再び活発化してきた．前年に永楽帝の勅命をうけた遼東総兵官劉江は，遼東半島の倭寇出没地をくまなく巡視し，金州衛東南46kmの馬雄島の望海堝が倭寇船団の中国への通過地点と見て，そこに堡塁を築き墩台を設け，1000余の守備兵を駐屯させ待機していた．この年6月15日，折しも倭船31隻が同島に迫り上陸してきたので，劉江はこれを完全に包囲して潰滅的打撃を与え，生捕る者113人，斬首1000余人の戦果をあげた．この後しばらく倭寇の活動が見られなかったことは，その打撃が大きかったことを示している．この戦いより1月まえには，同じ倭寇船団の一部が朝鮮庇仁県を襲って兵船を焼き，また海州では糧米40〜50石を強奪したが，彼らは朝鮮を襲ったのは本意でなく，中国に向かうのが真の目的であると語ったという．また対馬の宗貞盛が朝鮮に送った書状には，このとき朝鮮を侵した倭船30隻のうち，16隻は戦亡し14隻が帰還したが，7隻は壱岐人，7隻は対馬人の船であったという．これから見て，望海堝の倭寇の構成員は壱岐・対馬の出身者がその主体であったといえる．
〔参考文献〕 田中健夫『倭寇』（『歴史新書』66） （佐久間重男）

003 宝覚真空禅師（ほうかくしんくうぜんじ） ⇨雪村友梅（せっそんゆうばい）

004 宝慶記（ほうきょうき） 道元が宋で天童如浄について，師の教えを聞くに随って記録した書．宝慶はそのときの宋の年号である．道元撰．1巻．道元の示寂後，永平寺方丈の遺書中に見出され，門弟懐奘が建長5年(1253)12月これを書写し，のちに伝える．愛知県豊橋市全久院の懐奘書写本は重要文化財に指定されている．刊本は，寛延3年(1750)，面山瑞方がはじめてこれを校刊する．本書は，道元が入宋して如浄の室中に入った宝慶元年(嘉禄元，1225)7月2日から，同3年帰朝するまで，如浄の示誨をそのつど記録したもので，その内容は，教理・実践・規矩と広汎にわたるが，日常の些末事への教示も示されている．宇井伯寿訳註『宝慶記』（『岩波文庫』）のほか，大久保道舟編『道元禅師全集』下，『曹洞宗全書』宗源下に収められている．
〔参考文献〕 桜井秀雄・河村孝道・小坂機融編『道元禅師真蹟関係資料集』（『永平正法眼蔵蒐書大成』別巻），大久保道舟『道元禅師伝の研究』，秋重義治「宝慶記考」（秋重義治遺稿集刊行会編『道元禅の大系』1所収），「宝慶記の参究」（『傘松』384〜386） （鏡島 元隆）

005 砲術（ほうじゅつ） 銃砲・火薬を用いる武術．銃器の種類によって，石火矢術と銃術とに分けることもある．射撃術および合図火矢などの火術を主とし，天文12年(1543)8月25日，大隅国種子島に来航したポルトガル人によって鉄砲と火薬が紹介され，その操法が伝えられたのに始まる．その情報を知った紀伊国根来寺の杉坊院主津田監物が，種子島からこれを得て，根来寺坂下に住む堺の鍛冶芝辻清右衛門に倣製を委嘱し，人々に射撃術を教えたことから，監物は砲術の鼻祖と称されている．しかし，鉄砲がこれまでにない強力な遠射兵器であったとしても，個人格闘を重んじるわが国の戦闘様式からは，相変らず個の敵を目標とする武器としてしか理解されず，操作性や安全性を犠牲にしても命中を至上とする考えが優先した．そのため，銃器の改良や戦術的な用法よりも，射撃技術を中心として展開せざるをえず，理論よりも実際の名射手でなければ世人を納得させられなかった．稲富一夢（祐直）をはじめ，安見右近・田付宗鉄（景澄）ら初期の砲術流派創始者たちの射撃がいかに神技に近いものであったかを物語る逸話がそれを証明している．そこでは「思無邪」とか「寒夜に霜を聞く」といった精神的要素だけでなく，正確な命中を期すために，鉄砲・火薬といったハード

と，照準射撃法といったソフトとの調和が基本になる．そのため，射撃の目的とか射距離に応じた鉄砲の設計において，玉目（口径）や銃身長が規定され，射手の体形に適合した銃床の形状寸法が選ばれる．また火薬原料の純度や配合比だけが弾丸の初速を左右するのでなく，四季の変化に伴う大気の温湿度も発射薬の燃焼速度に大きなかかわりをもつ．これらの関連要素は名人と呼ばれる人たちの実験データとして蓄積・整備され，それぞれが秘事・秘伝と称して流派を立てるようになったのは他の武術と同じである．なお，砲術の伝書内容が他と比べて異なるのは，数字の羅列がきわめて多いことである．すでに慶長年間（1596～1615）以前の砲術家たちは，精確な弾着表を作成するための実験から，弾丸の飛行が直線運動でなく抛物線弾道を描くことまで知っていた．これはヨーロッパにおいてガリレオ＝ガリレイが発表したのに先立つ大発見であったが，次代の砲術家たちはヨーロッパ人が辿った近代科学の道でなく，二等辺三角形の理想弾道を仮定し，照準装置や火薬量を加減する器用さをもって解決しようとした．このように慶長以前における小銃の射法を中心とする砲術も，江戸時代に入ると，背景の変化によって新しい展開をみせるようになる．第1の幕府創成期には，朝鮮出兵や大坂の陣など城砦を対象とした戦争経験から，堅杯流や明石流などの大砲術が生まれた．第2の前期には，島原の乱に参加したオランダ人によってヨーロッパ式の大砲術が伝習され，寛文ごろには紅毛流や自覚流が誕生し，朝鮮の将軍箭からヒントを得た棒火矢術の考案もあって，和流砲術の発展に大きな役割を果たした．第3の中期には，火術や大筒抱打ち，あるいは短火矢筒による競射など世間にアピールする傾向が現われ，これは享保年間（1716～36）に入ると将軍徳川吉宗の武術奨励によって一段と強まり，実用を離れた変則的な展開をみせるようになった．第4の後期には，明和ごろから問題になってきたロシアの脅威と見世物的な砲術に対する反省から，天山流や合武三島流など銃砲を戦術的に活用しようとする砲術が歓迎されるようになった．第5の幕末期には，文化年間（1804～18）におけるロシアによる北辺攻撃やフェートン号の長崎襲来，さらにはアヘン戦争の衝撃によって砲術は再び注目を浴び，十指にも満たなかった慶長期の砲術流派が400余流にも及んだという．しかし，高島秋帆が西洋砲術を提唱するや，これが諸藩の軍制に大きな影響を与え，それまでの和流砲術を廃して洋式銃陣の採用という変革を促すこととなった．それとともに，安政の開国によって欧米の最新銃器や兵書が容易に入手できるようになると，いたずらに形式化し秘密主義に固執してきた和流砲術の権威は急速に失墜した．鎖国によって特異な展開をみせた日本の砲術は，300年にしてその命脈を断たれ，近代軍隊の中に埋没することになる．

参考文献　所荘吉『砲術』（『日本武道大系』5），同『火縄銃』，同「砲術諸流派の調査」（『銃砲史研究』173）　　　　　　　　　　　　　　　　（所　荘吉）

006 豊璋　ほうしょう　生没年不詳　7世紀の百済の王子．父は義慈王．余豊・扶余豊・豊章にもつくり，糺解・翹岐とも称する．余（扶余）は百済王の姓で，豊（豊璋）は名．糺解と翹岐は音通で実名か．豊璋王・百済君とも呼ばれる．皇極天皇2年（643）正月妻子や弟禅広（塞上・余勇），叔父忠勝，大佐平沙宅智積らとともに人質として来日．641～42年の義慈王即位にからむ政争，さらには前年（642年）の新羅侵入，旧加那領奪回を背景とする友好策のために遣わされたものか．豊璋は来日直後の同年大和三輪山で養蜂を試みたり，白雉元年（650）穴門国司の白雉献上の際，諮問に対してその祥瑞たることを史籍により答えたりした．斉明天皇6年（660）百済が新羅と唐により滅ぼされると，残民勢力は復興のため，同年10月・7年4月日本に使を遣わして救援とともに豊璋の送還と国王への即位を求めた．同年9月豊璋は長津宮で織冠を授かり，多蔣敷の妹を妻として，狭井檳榔らの護衛軍に送られて百済の地に還った．天智天皇元年（662）5月遺臣鬼室福信らに擁立され，正式に即位した．しかし12月以後，州柔（周留）から避城への移都を強行して失敗したため，福信・檳榔らとの間に不和を生じた．2年6月福信の謀反を疑って斬殺．これを機に，8月新羅・唐の軍は州柔城を攻め，日本の救援軍を白村江に破ったので，豊璋は高句麗に逃れて，行方不明となった．『万葉集』に歌を残す軍王を豊璋のこととする説がある．　→百済（くだら）

参考文献　西本昌弘「豊璋と翹岐」（『ヒストリア』107），同「豊璋再論」（『日本歴史』696），鈴木英夫「大化改新直前の倭国と百済」（『続日本紀研究』272），宋浣範「七世紀の倭国と百済」（『日本歴史』686），胡口靖夫「百済豊璋王について」（『近江朝と渡来人』所収），鈴木靖民「皇極紀朝鮮関係記事の基礎的研究」（『国史学』82・83），山尾幸久「大化改新直前の政治過程について」（『日本史論叢』1・2）
（鈴木　靖民）

007 北条時宗　ほうじょう　ときむね　1251～84　鎌倉時代中期の執権．父は北条時頼，母は時の連署北条重時の女．建長3年（1251）5月15日，時頼の母松下禅尼の居宅である甘縄の安達邸で生まれた．幼名は正寿．庶兄に時輔がいた．康元元年（1256）11月父時頼が出家して執権を重時の子長時に譲った．時宗が幼いための中継ぎとしての措置である．翌年2月将軍宗尊親王の御所で元服し時宗と命名された．7歳である．文応元年（1260）2月，小侍所に入った．小侍所は将軍出行の際の催促や弓始射手の選定などをつかさどった．別当は北条氏一門の好学で知られる金沢実時で，時宗は形式的には副別当格で

あったが，以後4年間連署になるまで実時について幕府儀容面を中心に政務教育を受けた．時宗の文事関係の中国系の教養はこの期間を中心に蓄積されたとみられる．弘長元年(1261)4月，11歳の時，安達義景の娘で10歳になる堀内殿と結婚した．彼女はのちに駆込寺として有名な東慶寺の開山になる．同年12月従五位下左馬権頭となる．同3年11月22日，父時頼が37歳で死去．文永元年(1264)7月，執権長時が出家し，翌月死去．連署の政村が執権となり，14歳の時宗が連署となった．翌年正月従五位上，但馬権守となり，同年3月相模守となる．同3年7月，政村・時宗・実時・安達泰盛らの主導によって将軍宗尊親王が廃され，京都に送還，親王の王子で3歳の惟康王が将軍となった．同5年正月，モンゴルの国書が日本にもたらされ，日本はいやおうなしにモンゴルの対高麗・南宋政策の環の中に組み込まれることになった．同年3月，時宗は執権となり，モンゴル問題の真正面に立つこととなった．以後，弘安7年(1284)に没するまでの16年間は，まさに時宗政権の時代といってよい．その時宗政権の前後を分けるのが文永9年の二月騒動(北条教時の乱)である．これは，評定衆で一番引付を兼ねる名越時章と，その弟で同じく評定衆である北条(名越)教時を鎌倉で誅殺し，庶兄の六波羅探題南方の時輔を同北方の北条義宗に誅殺させた事件である．時宗はこの事件を通して北条氏一門をほぼ完全に掌握し得宗としての地位を安定させた．モンゴル問題の外圧は幕府内部の反得宗的因子の粛清を正当化したのである．文永11年10月，モンゴルは国書を拒絶した日本に攻め込んだ．いわゆる文永の役である．モンゴル軍は対馬・壱岐を経て博多に上陸し合戦を展開するが撤退し，撤退途上いわゆる「神風」にあう．建治年間(1275～78)幕府は時宗を中心に防御体制を諸方面にわたって積極的に整備し，元使杜世忠を竜ノ口に斬り，モンゴル(元)の日本侵攻の基地高麗を逆攻撃しようという異国征伐を企てた(不実行)．弘安2年南宋を完全に滅ぼした元は同4年東路・江南両軍をもって日本を攻めた．いわゆる弘安の役で，閏7月1日，またもやの「神風」で壊滅的打撃を受けた．元はこのあと日本招諭を試みるが，結局成功しなかった．同5年，時宗は無学祖元を開山として鎌倉山内に円覚寺を建立した．主旨は両度蒙古合戦の戦死者・溺死者らを弔うためであった．しかし元の三征に対する防備の手をゆるめるわけにはいかず，長期間にわたる防御態勢の維持，合戦その他による社会の矛盾は激化しつつあった．安達泰盛らによる政治改革案が練られている最中の弘安7年4月4日，時宗は34歳の若さでその生涯を閉じた．法号は法光寺殿道杲(どうこう)．墓堂は円覚寺仏日庵である．異国防御に関連しながら，国内政治では文永10年思い切った御家人所領回復令を出している．翌年，亀山天皇の院政開始のあと，後宇多天皇の東宮に後深草上皇の皇子熙仁(ひろひと)親王を推して持明院統・大覚寺統両統迭立の端緒を作っている．禅宗を崇敬して大休正念・無学祖元らに参じ，詩文にも相応の力量をもっていた．
→異国征伐計画(いこくせいばつけいかく) →文永・弘安の役(ぶんえい・こうあんのえき)

参考文献 関靖『史話北条時宗』，川添昭二『北条時宗』(『人物叢書』230)，黒田俊雄『蒙古襲来』(中央公論社『日本の歴史』8)，網野善彦『蒙古襲来』(小学館『日本の歴史』10)，工藤敬一『北条時宗』，村井章介『北条時宗と蒙古襲来』(『NHKブックス』902)，奥富敬之『時頼と時宗』，同『北条時宗』(『角川選書』320)，佐伯弘次『モンゴル襲来の衝撃』(『日本の中世』9)，北条氏研究会編『北条時宗の時代』，渡辺晴美「北条時宗の家督継承条件に関する一考察」(『政治経済史学』110・111)，同「得宗専制体制の成立過程」(同125・139・162・165)
(川添 昭二)

008 奉書船 ほうしょせん ⇨朱印船貿易(しゅいんせんぼうえき)

009 法燈円明国師 ほうとうえんみょうこくし ⇨無本覚心(むほんかくしん)

010 坊津 ぼうのつ 鹿児島県南さつま市の地名．薩摩半島の南西端に位置し，東シナ海に面す．地名は当地にあった竜巌寺一乗院の僧坊にもとづくとされている．リアス式海岸で良港の条件を備えており，古くから海上交通の要衝とされた．古代には遣唐船の寄航地とされたというが，その明証はない．『唐大和上東征伝』に記載されている唐僧鑑真の上陸地「薩摩国阿多郡秋妻屋浦」は，当港北部の秋目とする説が有力である．坊津が要港として明確になってくるのは中世以降である．その地理的位置からして倭寇の根拠地の1つとなったことは諸伝により推測されるところであるが，とりわけ日明貿易の寄港地として利用された．応永26年(1419)には南蛮船(東南アジア船)の寄航もあり，琉球との交易船も来航し，「房津」(『海東諸国紀』)，「棒津」(『日本一鑑』)などは坊津をさすものとみられている．近世初頭の朱印船貿易でも交易船の寄航地として海商の活躍拠点となった．一時は，九州では博多とならぶ要港であったとされている．鎖国によって，坊津は衰退したというが，江戸時代を通じて抜荷(密貿易)が行われていたらしく，享保期には幕府によってその取締りが命じられている(「享保の唐物崩れ」とよぶ)．しかし，幕末に至るまで抜荷は行われていたようで，現在でも隠し部屋をもつ旧家やその伝承が残っている． →三箇の津(さんがのつ)

参考文献 『坊津町郷土誌』，中村明蔵『鑑真幻影』
(中村 明蔵)

011 慕夏堂集 ぼかどうしゅう 豊臣秀吉の朝鮮侵略に従軍し朝鮮側に投降した倭将金忠善(沙也可と名乗った日本人)の伝記．沙也可は文禄元年(宣祖25，1592)4月，日本軍

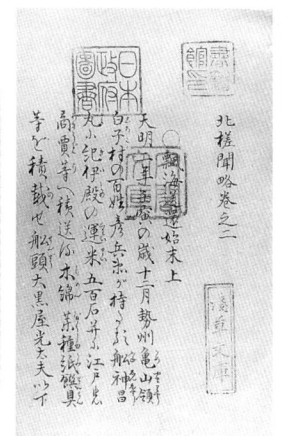

の先鋒将として朝鮮に渡ったが，東土礼儀の俗を見，中夏文物の盛んなるを慕って朝鮮側に投降し，功労を立てた．これにより朝鮮国王から官職を受け，金海金氏の姓を賜わり，秀吉の朝鮮侵略終結後も朝鮮王朝に仕え，慕夏堂の号を受けた．その後，女真の侵寇の警備，甲子适変(仁祖2年(1624)，李适の反乱)，丙子の乱(仁祖14年，清軍の入寇)の際，功を立て，仁祖21年に没した．金忠善の子孫は慶尚北道達城郡嘉昌面友鹿洞に住んでいたが，金忠善を顕彰するため，慶尚道士林の有識者などに祖先顕彰工作と文献集めを続けた．この結果，金忠善の6代孫金漢祚は正祖22年(1798)に金忠善の年譜と『慕夏堂文集』を作った．さらに，憲宗8年(1842)，同じく6代孫の金漢輔はこれを潤色し『慕夏堂文集』改修版をだした．刊本としては朝鮮研究会刊『慕夏堂集』がある． →金忠善(きんちゅうぜん)

参考文献 北島万次『豊臣秀吉の朝鮮侵略』(吉川弘文館『日本歴史叢書』52)，中村栄孝「朝鮮役の投降倭将金忠善―その文集と伝記の成立―」(『日鮮関係史の研究』中所収)　　　　(北島 万次)

012 **北槎聞略** ほくさぶんりゃく　江戸時代の外国地誌．江戸時代には「ほくさもんりゃく」と読んでいたと思われる．桂川甫周(国瑞)著．11巻付録1巻，図2軸と地図を付す．寛政6年(1794)成立．天明2年(1782)12月伊勢国の神昌丸(乗組17名)が駿河沖で遭難漂流，7ヵ月後アリューシャン列島の一島に漂着，4年後露人に救われカムチャッカ，オホーツク，ヤクーツクを経てイルクーツクに至る．船頭大黒屋光太夫は帰国請願のため露都に至りエカテリナ2世に拝謁，滞在9ヵ月後イルクーツクに戻り，遣日使節アダム=ラクスマンに伴われ寛政4年9月根室に帰還した．江戸に着いたのは光太夫と磯吉の2名．翌年9月将軍徳川家斉は吹上御庭で2人を召見した．侍医桂川甫周が内旨を受け，周到な質問を行い光太夫の体験見聞を漂海送還始末以下，ロシアの政治・経済・社会・物産・文字・言語など80余項に分類記録したもの．江戸時代の漂流記，海外見聞録として最高傑作，わが国のロシア学の発端となった名著である．亀井高孝・村山七郎編『北槎聞略』のほか，『日本庶民生活史料集成』5，『岩波文庫』に，現代語訳を『海外渡航記叢書』1に所収． →大黒屋光太夫(だいこくやこうだゆう)

参考文献 亀井高孝『大黒屋光太夫』(『人物叢書』119)，井上靖『おろしや国酔夢譚』，村山七郎「大黒屋光太夫の日本語資料―十八世紀後半伊勢方言―」(『漂流民の言語』所収)　　　　(池田　晧)

013 **朴瑞生** ぼくずいせい　生没年不詳　李氏朝鮮初期の文官．字は汝祥，栗亭と号す．父は中郎将漸，本貫は比安．太宗7年(1407)，科挙に合格し，兵曹佐郎・集賢殿副提学・工曹参議・判宣東府事などを歴任する．正長元年(1428)12月，日本通信使として，副使李芸とともに，同年没した足利義持への弔問と新将軍足利義教の慶賀のために派遣された．翌永享元年(1429)6月，義教と接見し，12月に帰国した．その際，義教は明国入朝の希望があることを伝え，その転奏を要請したが，朝鮮側は実行に至らなかった．瑞生は，帰国後15ヵ条に及ぶ復命書を提出したが，これには当時の日本社会の様子が詳細に述べられている．その主な内容は，対馬島から兵庫までの海賊数や地方豪族との関係，仏典の尊重の状況，農村における水車の活用，銭の流通，浴室，街市の制，被虜朝鮮人を奴婢として売買していることなどである．

参考文献 『朝鮮世宗実録』46，朝鮮総督府朝鮮史編修会編『朝鮮史』4ノ3，秋山謙蔵「朝鮮使節の観たる中世日本の商業と海賊」(『日支交渉史話』所収)，三宅英利『近世日朝関係史の研究』，関周一「朝鮮王朝官人の日本観察」(『歴史評論』592)

(関　周一)

014 **墨蹟** ぼくせき　墨蹟とは本来は紙帛に墨筆で書かれた文字のことで，墨跡とも書き，書蹟・筆蹟と同義語であるが，わが国では特にすぐれた禅僧の書蹟をさす呼称として慣用されている．中国では書は芸術の一分野として古くから尊重されてきたが，法脈の護持を重視す

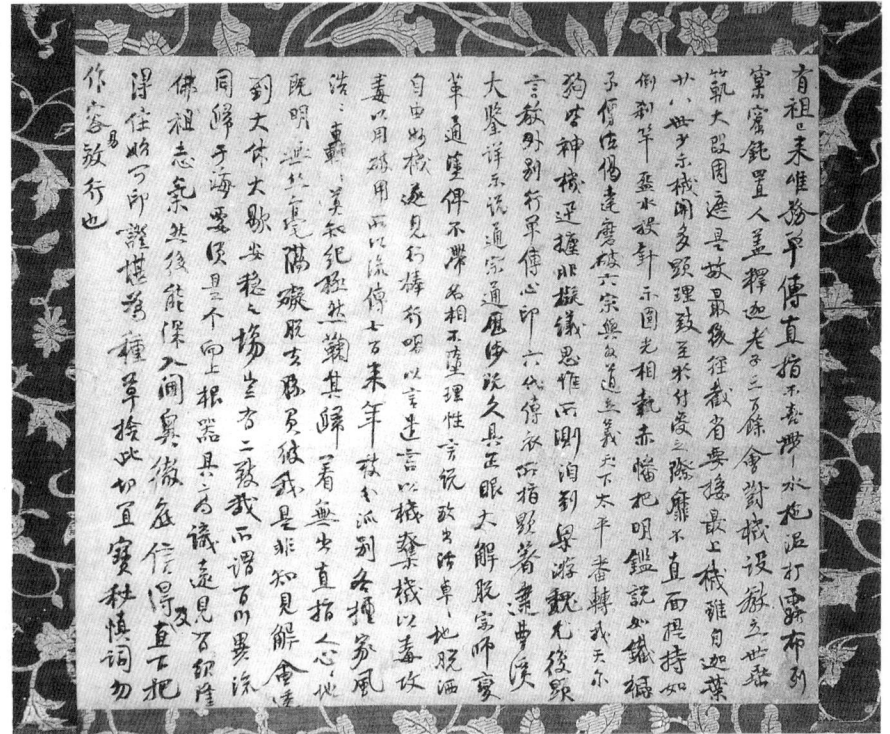

圜悟克勤墨蹟（流れ圜悟） 北宋 宣和六年（一一二四）

る禅宗では，祖師・先徳の書蹟を珍重する風がことに盛んで，この風潮は宋代の禅林において一段と強まった．そしてこの風潮が鎌倉時代の中ごろ，禅宗に付随してわが国に伝わっていたことは，『普門院蔵書目録』に「古人墨蹟等」とあり，『仏日庵公物目録』に特に「墨蹟」という部類が設けられ「唐分」として密庵咸傑・虚堂智愚らの墨蹟，「日本分」として来朝僧一山一寧らの墨蹟が記されていることからも知られる．しかも東福寺派の無夢一清と正堂士顕において特に顕著なように，留学したわが国の禅僧らは諸方の禅僧らを参訪しては，彼らに揮毫を所望してそれを持ち帰ったので，中国禅僧の墨蹟が多くわが国に請来され，これがまたわが国禅林における墨蹟尊重の風をあおる結果になった．義堂周信が『空華日用工夫略集』の永和元年（1375）10月20日条に「平生，一衣一盞以外，長物を蓄へず，所蔵するはただ故交・先輩の墨蹟のみ，題して義堂家宝と曰ふは是れなり」と記しているので，その一端が察せられよう．ついでこの墨蹟の蒐集と保存，鑑賞の風潮をさらに高揚・普及させたのは，村田珠光が一休宗純からもらった圜悟克勤（えんごこくごん）の墨蹟を茶室の床の間に掛けたことが先蹤となり，墨蹟が茶室の掛物の第一として珍重されるようになったことである．この傾向は茶禅一味の思想の高まりとともに一段と強まった．なお墨蹟という呼称は，古くは中国伝来の高僧らの書蹟だけに用いられ，せいぜいが無学祖元・一山一寧の来朝僧ないし宗峯妙超・夢窓疎石らの書蹟をさすにとどまっていたが，茶掛としての需

要が多くなってからは，広く禅者・道人の書蹟をもさすようになり，その内容も変化してきた．墨蹟の様式や内容は多様であるが，その様式からみて韻文体のもの，散文体のもの，四六駢儷（べんれい）体のもの，それらの複合したものの4種に大別される．韻文体のものは偈（げ）・頌（じゅ）あるいは偈頌とよばれ，簡単にいえば宗教的な詩のことで，その製作の動機や目的によって，道号の頌・投機の偈・送行の偈・遺偈，古則公案についてみずからの見解を吐露した頌古および画賛などに分かれる．散文体のものには上堂法語・小参法語・秉払（ひんほつ）法語・仏事法会の法語・示衆法語・道号の説・印可状・書翰などがあり，伽藍の建立などに際し広く寄進を求めるために作製された勧縁の疏，住持の招請のために出された山門の疏・諸山の疏などには，壮麗な形式美をもつ四六駢儷体の様式が採用された．なお，今日，墨蹟として普及鑑賞されているものに，禅家の古則公案を揮毫した横幅や，簡潔な仏語や祖語を揮毫した世にいう一行物などがある．総じて墨蹟は禅宗史や禅僧の伝記の研究にとって重要な史料であり，また日中の文化交流史・日本書道史とその鑑賞の歴史さらにまた日本茶道史の研究にとっても，貴重な史料であり，国宝・重要文化財の指定をうけているものも多い．

参考文献 田山方南編『禅林墨蹟』，今枝愛真『新訂図説墨蹟祖師伝』，芳賀幸四郎編『墨蹟大観』，同『墨蹟』，芳賀幸四郎・財津永次・真保享編『書と絵画』（『茶道聚錦』9）　　　　　（芳賀幸四郎）

015 **北禅** ほくぜん ⇒梅荘顕常(ばいそうけんじょう)

016 **北宋** ほくそう ⇒宋(そう)

017 **朴惇之** ぼくじゅんし 生没年不詳 高麗朝末・李氏朝鮮初期の文官.高麗末に秘書官,李朝では判殿中寺事・承枢府提学・恭安府尹などを歴任し,明国への使節も務めている.応永4年(1397)大内義弘の使者永範・永廊の回礼使(通信官)として日本に派遣された.同5年山口にて大内氏に謝意を表した後,京都に入り,足利義満に対して敬意を表し,三島の倭寇の禁圧を要求した.義満は禁賊の約束をし,同6年の惇之帰国の際に,100余人の被虜人を送還し,使者を派遣して大蔵経の板木と仏具を求めさせた.これが室町幕府最初の朝鮮への遣使である.この時惇之は,大内義弘の重臣平井備前入道祥助の家蔵本であった日本地図(壱岐・対馬の図を欠くもの)を模写して帰り,のちに礼曹判書許稠に贈った.この地図は,申叔舟が『海東諸国紀』の地図を作成する際,参考になったと考えられる.また同年,判殿中寺事として降倭を宣州に分置する任にあたっている.

参考文献 『大日本史料』7ノ3,応永5年8月是月条,朝鮮総督府朝鮮史編修会編『朝鮮史』4ノ1,中村栄孝『日鮮関係史の研究』上,田中健夫『中世対外関係史』,同『東アジア通交圏と国際認識』,応地利明『絵地図の世界像』(『岩波新書』新赤480)
(関 周一)

018 **北門叢書** ほくもんそうしょ 蝦夷地(北海道)に関する諸書を集成した叢書で,未刊のものも収める.全6冊.大友喜作編集,解説.昭和18年(1943)~19年,北光書房刊.蝦夷地開拓が識者の議に登場したのは,享保3年(1718)に没した並河天民の『闢疆録』が最初であろう.江戸幕府は天明年間(1781~89),いわゆる赤蝦夷をロシア人と断定した工藤平助の『赤蝦夷風説考』の献策をいれ,天明5年~6年,大船を以て東西蝦夷地を調査した.この結果,経済的問題よりも,カムチャッカから千島列島にかけてのロシアの南下勢力が予想以上に大きいことが判明した.幕府の調査は一時中絶したが,寛政4年(1792)ロシア使節ラクスマンの根室来航があり,幕府は調査を再開.同11年,まず東蝦夷地を松前藩から上知し,警衛を強化した.文化3年(1806)・4年にはロシア船の国後・樺太の襲撃があり,同8年ゴロウニン幽囚事件,翌9年高田屋嘉兵衛連行事件が起きた.この天明~文化期に蝦夷地を探検した佐藤玄六郎や最上徳内らの蝦夷地・北蝦夷地の報告,またロシアから還された漂民大黒屋光太夫らの聞書きなどを編集している.昭和47年,国書刊行会より覆刻刊行された.収載書目は次のとおりである.

1 赤蝦夷風説考(工藤平助)・蝦夷拾遺(佐藤玄六郎)・蝦夷草紙(最上徳内)
2 北海随筆(坂倉源次郎)・松前志(松前広長)・東遊記(平秩東作)
3 地北寓談(大原左金吾)・北地危言(同)・蝦夷草紙後編(最上徳内)
4 先考行実(大槻玄幹)・環海異聞(大槻玄沢)
5 北夷談(松田伝十郎)・北蝦夷図説(間宮林蔵)・東蝦夷夜話(大内余庵)
6 北槎異聞(篠本廉)・北辺探事(大槻玄沢)
(榎本 守恵)

019 **北虜南倭** ほくりょなんわ 15~16世紀に明が南北の異民族から受けた外患のことをいう.明の正統4年(1439)ころにオイラトの部族長となったエセンは,明に対して朝貢を頻繁に行い,利益を上げた.それにより財政が圧迫された明は,朝貢規模の縮小を試みると,エセンはそれに反対し,同14年,山西・遼東・陝西の3方向から中国本土に侵攻を開始した.これを迎え撃つため,明では皇帝英宗が親征を行なったが,逆にオイラト軍の急襲を受け,英宗自身が捕虜となってしまった(土木の変).その後,15世紀後半にはタタールのダヤン=ハーンおよびその孫のアルタン=ハーンが,明朝に対して交易の拡大を求めてしばしば領域内に侵入した.特に嘉靖29年(1550)には,北京を包囲するという緊迫した情勢となった(庚戌の変).これら一連の北方民族の侵攻を北虜という.一方の南倭とは倭寇を指す.倭寇は14~15世紀までの前期と16世紀の後期に分けられるが,特に16世紀中葉は,浙江・福建・広東地域で大規模な海寇に発展した(嘉靖海寇).この時の倭寇は実際には中国人が大部分であったが,彼らは日本風の髷を結っており,異民族の風貌であったという.

参考文献 田中健夫『倭寇と勘合貿易』(『日本歴史新書』),萩原淳平『明代蒙古史研究』,岸本美緒『東アジアの「近世」』(『世界史リブレット』13),上田信『海と帝国』(『中国の歴史』9)
(近藤 剛)

020 **戊子入明記** ぼしにゅうみんき 応仁2年(明の成化4,1468)の戊子年渡航の正使天与清啓・副使居座紹本の乗った遣明船(1号船が室町幕府船)の記録.1冊.幕府船のみが,この年春五島より渡航し4月寧波(ニンポー)に至り,他の2号船細川船・3号船大内船はすでに前年渡航したらしい.正使らは翌年正月幕府への明の国書・進物をうけ北京を辞去し,同年夏3隻ともに寧波を出帆,九州の南を経て土佐に着き,大内船を除き,他は堺に入港した.原本は京都市天竜寺妙智院蔵.天文年間(1532~55)副使・正使として両度明に渡った策彦周良が,参考のため抄記したもので,幕府船中心の記録である.内容は,幕府商荷(附搭貨),幕府の国書・進物,荷物船・遣明船警固,勘合,幕府船以下の乗坐官員,遣明船への下行注文,幕府船以下の乗坐客人名,遣明船に雇傭の船名・所属・石数などである.『続史籍集覧』1に所収.牧田諦亮編『策彦入明記の研究』上に,妙智院蔵原本より厳密に写した『(応仁二年成

化四年）戊子入明記』を収載．

参考文献 小葉田淳『中世日支通交貿易史の研究』

(小葉田　淳)

021 戊戌夢物語 ぼじゅつゆめものがたり　経世書．高野長英著．1冊．天保9年(1838)10月15日，遠藤勝助主宰の尚歯会の例会で，わが漂流民を送還するため，ちかく江戸沿海に来航するはずの「英船」モリソン号に対し，幕府が打払いをもって臨むという情報を耳にし，夢中問答の形式を借りて，同船撃攘の危険を警告した書．同年10月21日成る．長英はその中でイギリスの国勢が盛んなことを，具体的なデータをあげて説き，同国の勢力が日本近海の島々に及んでいる事実を指摘する．ついでイギリスの対華貿易に言及し，同国が日本を薪水補給基地にすることを望んでいると推測を下し，モリソン号渡来の必然性を明らかにする．ここまでの記述はいかにも長英らしく理路整然としている．ところでモリソン号が噂にたがわず，わが漂流民の送還を口実に，人道の名をかかげて渡来したばあい，もしこれを打ち払ったならば，日本は不仁の国とみなされ，そのためいかなる災害がおこらぬとも限らない．そこでモリソン号を適当な港に入港させ，漂流民を受けとったうえで鎖国が国法であることを述べ，交易を拒絶すれば，道義的に非難されず，万事がおだやかに解決するという，きわめて安易な結論をだしている．それにもかかわらず，本書が流布し，多くの読者を得たのは，前半のイギリスにかんする記述が客観的で，新鮮な印象を与えたからであろう．『高野長英全集』4，『日本思想大系』55，『崋山・長英論集』（『岩波文庫』）所収．→蛮社の獄（ばんしゃのごく）→モリソン号事件

参考文献 佐藤昌介『洋学史研究序説』，同『洋学史の研究』，高野長運『高野長英伝』

(佐藤　昌介)

022 細川三斎 ほそかわさんさい　⇨細川忠興（ほそかわただおき）

023 細川忠興 ほそかわただおき　1563〜1645　安土桃山・江戸時代前期の武将，茶人．山城国勝竜寺城主細川藤孝の長子として，永禄6年(1563)11月13日京都に生まれた．母は沼田光兼の女麝香（のちの光寿院）．幼名は熊千代．生後間もなく，将軍足利義輝の命により細川輝経の養子となり，その家名を継いだが，実際には父母の手許で養育された．同8年5月将軍義輝が三好義継・松永久秀らに殺されたあと，父藤孝は一乗院覚慶（のちの足利義昭）を擁して近江・北陸などに流寓したので，幼年の忠興は勝竜寺城を離れて家臣とともに京都に隠れ，同11年藤孝の勝竜寺城回復により帰城した．天正5年(1577)2月，織田信長が雑賀一揆を攻撃したとき，父藤孝とともに従軍して和泉国日塚合戦で初陣，続いて松永久秀攻撃にも参加，このころから，織田信長の長子信忠の諱字を与えられて与一郎忠興と名乗った（細川家の家史『綿考輯録』には元服の時期は不明と

し，『寛政重修諸家譜』105では6年とする）．以後摂津・播磨・丹波・丹後方面に父とともに転戦，同8年7月信長から丹後12万石余を与えられ，8月入国，はじめ八幡山城に居し，のち宮津城を築いてこれに移った．またこの間同6年8月には明智光秀の女玉（のちのガラシャ・秀林院）を妻に迎えた．同10年の本能寺の変では，信長を倒したあと光秀は細川父子の協力に大きな期待を寄せていた．しかし彼らは直ちに髻を払って信長に対する弔意を表わし，また忠興は妻を丹後国味土野（京都府竹野郡弥栄町）の山中に蟄居させるなどして光秀に与せず，反光秀の行動を示した．事変後政局の主導権を握った羽柴秀吉は，このような細川父子に対し「別して入魂」の旨の誓紙を送るとともに，忠興には丹後国一円知行を安堵する書状を送り（天正10年7月11日）報いた．本能寺の変を契機に藤孝は剃髪，隠居して幽斎玄旨と号し，忠興が当主となった．秀吉政権下に入った忠興は，その後小牧・長久手の戦，九州平定，関東平定など秀吉の天下統一に協力，これに伴って官職も進み天正13年7月11日従四位下侍従，16年には左近衛少将に任じられた．また秀吉の朝鮮出兵にあたっては文禄の役に出陣，主として慶尚道方面で行動したが，晋州城攻撃では多大の損害も出した．講和交渉のため文禄2年(1593)閏9月に帰国，慶長元年(1596)9月の秀吉と明使の接見には忠興は奏者役を勤め，このとき従三位参議に昇任，越中守に任じられた．豊臣秀吉の没後は武将派の1人として石田三成と対立，慶長4年11月には徳川家康・秀忠に別心ない旨の誓紙を出して家康勢力側に投じ三男光（のちの忠利）を証人として江戸に送った．家康はこれに対し5年2月，大坂の台所料との名目で豊後国杵築6万石を加増した．同年9月関ヶ原の戦がおきると家康軍に属して行動し，美濃国岐阜城を攻略，9月15日の合戦では忠興軍は首級136を挙げ，その後父幽斎の丹後田辺城を救援，さらに同国福知山城の小野木公郷を降すなどしたが，大坂屋敷に残留していた妻のガラシャ夫人を失うなどの犠牲も払った．戦後の論功行賞では豊前一国と豊後国国東郡および同国速見郡の旧領計39万9000石が与えられ，慶長5年12月新領国に移り豊前中津城に入城，翌6年には新領の検地，知行割を行い，7年には関門海峡を抑える小倉の地に新城を築きこれに移るなど領国体制を整備した．大坂の陣を経て元和4(1618)，5年ごろから病気がちになり，隠居を幕府に願い，同6年閏12月許可されて嗣子忠利に家督を譲り，剃髪して三斎宗立と号し，中津城を隠居城としてこれに移り，寛永9年(1632)10月加藤忠広改易のあとをうけて忠利が肥後熊本に国替えになると，八代城を隠居城として同年12月ここに移った．寛永18年3月忠利は父に先立って死んだが忠興は長寿を保ち，正保2年(1645)12月2日83歳の高齢をもって八代に没した．法号は松向寺

三斎宗立大居士．墓は熊本市黒髪4丁目の泰勝寺跡細川家墓所にある．忠興は父藤孝以来の鋭い政治感覚を受けつぎ，時々の政権の主流を見誤らなかったが，それを可能にしたのはたとえば江戸幕府との関係においては土井利勝・伊丹康勝や幕府右筆の曾我家，あるいは妻の明智氏の縁を通じての春日局・稲葉正勝など，幕府要路者との親密な関係保持とそこからの正確な情報の入手であった．隠居後は忠利がこれを継承したが，父子の間には不断の情報の交換があり，忠興は終生藩政の指導から離れなかった．しかし一面では，その家柄もあって当時屈指の文化的教養の持主でもあった．武家故実に通じていたほか鷹狩・能・和歌・連歌などを好んだが，特に茶湯においては千利休の高弟で利休七哲の1人に数えられている．天正15年の北野の大茶会では自身の茶屋を影向(ようごう)の松の根かたに構え，これを松向庵と名付けたので，これが法号の松向寺殿のもととなった．忠興の茶湯の系統を三斎流とよび，その門弟一尾伊織がおこした一尾流もその1流である．以上のような忠興の多面的な行動，特に慶長5年以後については約2000通にものぼる彼の書状がその面目を伝えている．

[参考文献] 『細川家史料』1～8(『大日本近世史料』)，村井益男「細川忠興」(児玉幸多・木村礎編『大名列伝』2所収)　　　　　　　　　　　(村井　益男)

024 菩提僊那 ぼだいせんな　704～60　インドの僧．婆羅門(インド四姓中の最上階級)出身．婆羅門僧正ともいわれる．704年生まれる．五台山の文殊菩薩を拝するため来唐した．入唐留学僧理鏡らの要請で天平8年(736)唐僧道璿・林邑僧仏哲らと来日し大安寺に入り，常に『華厳経』を誦し，同14年優婆塞貢進解に師主として記される．天平勝宝3年(751)僧正に任ぜられ，翌4年東大寺大仏開眼導師として用いた筆が正倉院に残る．同8歳『国家珍宝帳』願文に名が記され，大仏造営に深く関与した．天平宝字2年(758)上皇・皇太后に尊号を奉り，同4年2月25日57歳で没し，登美山の右僕射林に葬られたという．かつて霊山寺(奈良市)の菩提僧正墓が発掘されたが，遺物はなく供養墓と考えられ，本墓の発見が待たれる．『万葉集』16にみえる婆羅門はかれをさし，弟子に修栄らがいる．

[参考文献] 『南天竺婆羅門僧正碑并序』(『群書類従』5輯)，井上薫「国家珍宝帳と大唐西域記の関係」(田村圓澄先生古稀記念会編『東アジアと日本』考古・美術編所収)，堀池春峰「婆羅門菩提僧正とその周辺」(『南都仏教史の研究』遺芳篇所収)，井上薫「流沙を渉り来唐・来日した菩提僊那」(堀池春峰編『霊山寺と菩提僧正記念論集』所収)

(井上　薫)

025 渤海 ぼっかい　698年から926年まで，現在の中国東北地方を領域とした国家．かつて高句麗に所属していた粟末靺鞨人の大祚栄(高王)が，698年に現在の吉林省敦化県地方に自立して震(振)国王と称したことに始まる．やがて唐から渤海郡王に封じられ(713年)，以後，渤海と号するようになった．祚栄を継いだ大武芸(武王)は積極的に領土を拡大し，周辺の靺鞨諸部族を併合した．さらに北方の黒水靺鞨への侵略をはかって，これを支援する唐と対立し，732年に唐領の登州(山東半島)を襲った．唐は新羅とともに渤海を討ったが成功せず，やがて武芸の朝貢再開によってこの紛争は収拾された．武芸を継いだ欽茂(文王)は唐との関係の修復に努力し，積極的に文物制度の移入をはかった．この間，渤海郡王から渤海国王へと進封されている．欽茂の死後，王権が不安定な時期もあったが，9世紀前半の仁秀(宣王)によって中興され，「海東の盛国」と評されるほどの隆盛を迎えた．しかしこの後内紛が相つぎ，926年，耶律阿保機の率いる契丹に破られ，滅亡した．支配機構は基本的には唐制にならっており，政堂・中台・宣詔の3省が中枢機関で，政堂省の下に6部が置かれ，地方組織は5つの京の下に府・州・県が置かれた．最盛期の領域は現在の中国の遼寧省・吉林省・黒竜江省と朝鮮民主主義人民共和国(北朝鮮)・ロシア連邦の一部にも及ぶ．5京の中で最も長く都として使われた上京竜泉府(黒竜江省寧安県)は，城壁で囲まれ，整然と区画された内部に宮殿・官庁や寺院が建ち並ぶ，唐都長安にならったプランであった．その文化は高句麗・靺鞨の伝統文化に唐の文化を積極的に取り入れた高度なものであった．また唐から冊封を受けながら独自の年号を使用していたことは自立の強い意思を示すものとして注目される．対外関係では，当初は唐に対抗するため北方の突厥に通じたが，まもなく突厥の内部分裂により疎遠になるとともに唐との友好関係を推進した．しかし南隣の新羅とは対立が続き，政治的な交流はみられなかった．日本との交渉は，唐との緊張が高まりつつあった神亀4年(727)に始まった．この時の渤海王大武芸の国書は，日本を唐から冊封されている同格の国とみなした上で，かつての高句麗の地に再興したことを述べ，情勢の緊張のため外交関係を結ぶことを望む趣旨であった．ところが日本の支配層は，渤海がかつての高句麗の領地に復興し，朝貢してきたものとみて，これを歓迎した．こうした見解の相違により，この後，しばしば外交の形式をめぐって紛争が起きているが，8世紀の後半には日本を主，渤海を従とする形式が定着した．これは渤海が唐との関係の進展とともに，対日貿易を重視する政策に転じたためであり，以後，安定した友好的な関係が保たれ，渤海使の来日は渤海滅亡直前まで続いた．一方日本からの遣渤海使は主に来日渤海使を送るために派遣されたが，弘仁2年(811)を最後にとだえている．日本は新羅との関係が疎遠になるにつれ，渤海に対して唐との間の中

継的役割を期待し，渤海も遣唐使など日本人の入唐や帰国の援助，在唐日本人の書状・物品の転送，唐情報の伝達など，さまざまな面でその期待にこたえている．渤海は貿易を主目的にするようになると，頻繁に使節を送ってきた．日本は，その接待に莫大な費用と労力がかかるところから，来朝の年期を12年に1回と定めた（天長元年(824)）が，渤海使は口実を設けては年期違反の来航を続けた．天長3年には右大臣藤原緒嗣が「渤海使の実態は商人団であり，国賓として待遇するには及ばない」と上表して入京不許可を要請しているほどである．しかしこのような意見は少数で，渤海使の到着する能登や敦賀に客館を設けて接待し，多くの場合，都に招いて歓待している．これは渤海使を蕃国の朝貢使とみなし，支配層みずからの中華意識を満足させるという側面が強かったためである．渤海使により貂・熊・虎などの皮革製品，蜂蜜などの自然採取品のほか，自国の工芸品や唐との貿易による品が舶載された．その品物を朝廷が購入する以前に人々が争って買い求めるため，禁止令が出されている．来日の渤海使は合計33度に及ぶが，彼らの帯びる官職をみると，8世紀後半を境にそれまでの武官職から文官職へと変化しており，渤海使の来日目的の変化と軌を一にしていることが注目される．それとともに大使以下の幹部には漢詩文に堪能なものが選任されるようになり，日本側で接待にあたった文人との間で詩文の交歓が盛んに行われたことも，両国の交流を考える上で重要なことである．特に末期の裴頲・裴璆父子，菅原道真・島田忠臣・都良香・大江朝綱らとの間で行われた交流は著名で，それらの作品は『文華秀麗集』『経国集』『菅家文草』などの漢詩文集に収められている．

[参考文献] 鳥山喜一『渤海史考』，同『渤海史上の諸問題』，沼田頼輔『日満の古代国交』，新妻利久『渤海国史及び日本との国交史の研究』，朱栄憲『渤海文化』(在日本朝鮮人科学者協会歴史部会訳)，王承礼『渤海簡史』，石井正敏『日本渤海関係史の研究』，酒寄雅志『渤海と古代の日本』，古畑徹「日渤交渉開始期の東アジア情勢」(『朝鮮史研究会論文集』23)，上田雄・孫栄健『日本渤海交渉史』，浜田耕策『渤海国興亡史』(『歴史ライブラリー』106)，上田雄『渤海使の研究』　　　　　　　　　　　(石井　正敏)

026 渤海楽 ぼっかいがく　わが国に伝えられた渤海の音楽．初出は『続日本紀』天平勝宝元年(749)12月丁亥条に「是日，百官及諸氏人等咸会₌於寺₋，請₌僧五千₋礼仏読経，作₌大唐渤海呉楽，五節田儛，久米儛₋」とあるが，これに先立つ同書天平12年(740)正月丁巳条に天皇が中宮閤門に御して，前年12月に来朝していた渤海の使者の己珎蒙らが「本国楽」を奏したとあるのも渤海楽であろう．したがって同楽は天平12年から天平勝宝元年までの間にわが国において伝習されたのであろう．渤海楽は雅楽寮の教習した音楽の中にはみえない．あるいは寺院において教習されたか．平安時代，嵯峨・仁明朝に始まる楽制の整備によって同楽は左右両部制の右方高麗楽として，朝鮮系の音楽の中に吸収された．右方高麗(こま)楽の曲として伝えられている綾切(あやぎり)や新靺鞨(しんまか)は渤海楽系のものといわれているが，現行の同曲にその特徴を見い出すことは困難である．

[参考文献] 酒寄雅志「雅楽「新靺鞨」にみる古代日本と東北アジア」(『渤海と古代の日本』所収)，荻美津夫「古代芸能を通してみた日本と渤海との交流」(『環日本海論叢』8)　　　　　　　(荻　美津夫)

027 法進 ほっしん　⇨はっしん

028 堀田正敦 ほったまさあつ　1758～1832　江戸時代後期の大名，若年寄．近江国堅田藩主，下野国佐野藩主．摂津守．藤八郎・村由．水月と号す．陸奥仙台藩主伊達宗村の八男．母は坂氏．宝暦8年(1758)生まれる．天明6年(1786)近江堅田藩主堀田正富の養子となり，その女を室とする．同7年家督を相続して所領1万石．寛政元年(1789)大番頭，翌2年若年寄に進み，勝手掛となり，寛政の改革の財政を担当．文化3年(1806)勝手掛出精につき3000石加増．翌4年蝦夷地にロシア船来航につき松前へ派遣される．文政2年(1819)勝手掛を免ぜられ，同8年城主格となり，翌9年下野佐野に転封，同12年年来の出精により3000石加増，都合1万6000石となる．天保3年(1832)75歳で致仕するまで43年にわたり若年寄の職にあった．同年6月17日死去．法名報国院水月無染大居士．墓は東京都渋谷区広尾の祥雲寺塔頭香林院にある．若年寄在任中，『寛政重修諸家譜』編纂を総裁し，近世初頭より慶安4年(1651)までの旗本の家譜を集成した『干城録』236冊を編纂するなど，幕府の系譜編纂事業に寄与した．また屋代弘賢・林述斎・大槻玄沢・谷文晁ら多くの学者・文人と親交を結び，彼らの学問・芸術の庇護者となり，みずからも博物学者として江戸時代最大の鳥類図鑑『観文禽譜』を編纂している．ほかに『水月文草』『水月詠藻』『幕朝年中行事歌合』『蝦夷紀行』などの著作がある．

[参考文献] 『寛政重修諸家譜』645，『通航一覧』290～294，『佐野市史』資料編2・通史編下，福井久蔵『諸大名の学術と文芸の研究』，福井保『江戸幕府編纂物』，森潤三郎「堀田摂津守正敦とその著述」(『日本古書通信』119)，鈴木道男「堀田正敦の『観文禽譜』」1(『日本文化研究所研究報告』26)，鈴木道男編『江戸鳥類大図鑑—よみがえる江戸鳥学の精華『観文禽譜』—』　　　　　　(根岸　茂夫)

029 穂積押山 ほづみのおしやま　任那の哆唎(たり)国ないし下哆唎(あるしたり)国の国守．カバネは臣．穂積臣氏は大和国山辺郡穂積を本拠とする，物部系の氏族．『日本書紀』によれば，継体天皇6年に百済へ派遣されて以降，

上記の国守とみえる．同年12月の百済への上哆唎（おこしたり）・下哆唎・娑陀・牟婁の4県割譲に際し，大伴金村に承諾を与えた．時に，百済から略を受けたとの流言があった．継体天皇7年6月，百済は押山にそえて五経博士を献じ，己汶の地を要請した．継体天皇23年3月に，百済から倭への朝貢用の津路として加羅の多沙津を乞われ，押山は天皇に奏上したというが，これは継体天皇7年の事項の別伝という．なお，『百済本記』にみえる委（やまと）の意斯移麻岐弥は，押山のことをさす．→任那（みまな）　　　　　　　（吉村　武彦）

030 堀内氏善 ほりうちうじよし　生没年不詳　安土桃山時代の武将．熊野新宮別当職の末裔にあたり，神領の紀州牟婁郡全域を統一した在地土豪でもある．父は氏虎．天正9年（1581）織田信長より当知行安堵の朱印状をうけた．のち豊臣秀吉に仕え，安房守を名乗り，新宮城主．文禄元年（1592）の朝鮮出兵には舟手衆として850人を率いて参陣し，同年7月に巨斉島で戦功をたてた．翌文禄2年3月の晋州城攻囲戦には600人を率いて加わり，さらに加徳島の番替などもつとめている．帰朝後は紀州において伏見築城の材木調達にあたった．このころの伏見普請役帳では役ύ高2万7000石となっている．慶長3年（1598）の秀吉の死に際しては腰物が与えられた．同年の紀州一揆の鎮圧にあたる一方，朝鮮からの撤兵に際しては，他の舟手衆とともに安宅船などを用意して待機している．関ヶ原の戦では西軍に与したため改易となり，肥後において2000石を給され，その地で没した．『寛政重修諸家譜』では元和元年（1615）4月10日に67歳で没し，高野山に葬るとしている．

参考文献　『紀国旧家地侍誌』（東京大学附属図書館蔵）
（三鬼清一郎）

031 堀杏庵 ほりきょうあん　1585〜1642　江戸時代前期の儒学者．名は正意，字（あざな）は敬夫，号は杏庵・杏隠・敬庵・蘇巷・茅山山人，通称与十郎．天正13年（1585）5月28日誕生．祖父は近江国野洲郡野村城主堀定澄，父徳印は曲直瀬正盛（まなせしょうせい，道三）門の医師．杏庵も医を曲直瀬正純に，句読を南禅寺帰雲院梅心正悟長老に受け，のち儒学を藤原惺窩に学んで，林羅山・松永尺五・那波活所と惺門の四天王と称された．同じく曲直瀬正純門の古林見宜と計り，京都嵯峨で門弟多数を教導したが，反対にあい閉校．国書詩文にも通じ，安芸侯浅野幸長・長晟，尾張侯徳川義直に仕えた．博学篤実，寛永3年（1626）法眼に叙し，同13年52歳で朝鮮通信使と唱和，同19年3月，幕命により弘文院に入り，『寛永諸家系図伝』の編集を助けたが，同11月20日，江戸で病没．58歳．芝金地院（東京都港区芝公園）に葬った．京都南禅寺帰雲院にも墓がある．著書に『杏陰集』『東行日録』『堀杏庵文集』『有馬温湯記』などがある．長男立庵は安芸侯に，三男道隣は尾張侯に仕えた．　　　　　　　　　　　（水田　紀久）

032 ボルジェス Manoel Borges　1585〜1633　ポルトガル人イエズス会員．1585年エブォラに生まれ，1601年ごろイエズス会に入会．08年インドに渡り布教．慶長17年（1612年8月）来日したが，19年（1614年11月）の伴天連追放令によって澳門（マカオ）に退去．元和7年（1621）に再潜入．東次郎右衛門と称して布教．豊後才木で捕われ，大村藩預けとなり，寛永10年7月12日（1633年8月16日），長崎で穴吊しに処せられ殉教．

参考文献　『見聞集』13（大村市立史料館蔵），J. F. Schütte：Monumenta Historica Japoniae Ⅰ．
（海老沢有道）

033 ポルトガル Portugal　ヨーロッパ西部のイベリア半島南西部にある共和国．首都はリスボン．1143年にアフォンソ＝エンリケスはカスティリャから独立してポルトガル王国を建国した．王国は1249年にイスラム勢力からの国土回復を完了し，ヨーロッパではじめての国民国家となった．1385年ジョアン1世がアビス王朝を開き，カスティリャに対抗するために海外貿易・漁業の振興と，海外領土の獲得をはかった．1415年のセウタ占領はそのはじまりである．1433年ジョアン1世の死没とともに，その息子エンリケ王子はアフリカ西海岸における航海と探検の権利の独占を認められ，黄金を求めてポルトガル船の南下が始まった．一方アフォンソ5世はカスティリャの内紛に乗じてこれに介入しようとしたが失敗し，アルカソバス条約によって領土を確定した．ジョアン2世はカスティリャに対抗するため，アフリカ西海岸からアジアに至る航路を開拓することを急いだ．彼の努力はマヌエル1世によって受け継がれ，1498年バスコ＝ダ＝ガマのカリカット到着として結実した．こののちポルトガルはアフリカ東海岸からモルッカ諸島に至る広大な地域で海上貿易に従事し，またブラジルにも植民した．1543年（天文12）ポルトガル人の種子島漂着に始まる日本への進出は日本にキリスト教と鉄砲を伝え，日本に大きな影響を与えた．しかし国内ではジョアン3世はスペインの影響をうけて異端審問を導入するなど，保守的な政策をとった．一方で巨大な海上帝国を維持することは人口・資源の乏しいポルトガルには過大な負担であった．このためポルトガルは経済的に破綻するようになった．これを救ったのが，日本・中国間の貿易に参入することによって得られた莫大な利益であった．1578年セバスチャン王はモロッコのアルカサ＝キビルでモロッコの軍隊と戦って敗れ，みずからも行方不明となった．このため王国はスペインのフェリペ2世を国王にいただくことを余儀なくされ，1580年から1640年まで，ポルトガルはスペイン王国の一部となった．ポルトガル船の日本来航は1550年代から定期的となり，やがて平戸，ついて長崎が寄港地となった．日本貿易を実質的に支配していたのはイエズス会であって，イエズス会

はこれを利用して布教を行なった．日本布教については，将来，日本布教は全面的に日本人にまかせるべきであるという意見と，これに反対する意見が教団内部で対立した．天正遣欧使節は，前者を主張するアレサンドロ＝バリニァーノによる一種のデモンストレーションであった．スペインのポルトガル併合はたまたまスペインがマニラ経由で日本進出をはかろうとしていたことによって，イエズス会の活動に打撃を与えた．これがやがて鎖国令へとつながって行くのである．

1640年の独立回復後，ポルトガルはイギリスの経済的な支配のもとに置かれた．ポルトガルはこれから脱却しようと試みたが成功しなかった．ナポレオン戦争の際，王室はブラジルに亡命した．1821年王室は帰国したが，ブラジルは翌年王国として独立を宣言し，以後ポルトガルはアフリカ東海岸などに若干の植民地を保持するだけとなった．日本との関係は1860年8月3日（万延元年6月17日）の日葡修好通商条約の締結によって再開された．この背後にはイギリスがあり，ポルトガルの獲得した最恵国待遇条項を利用して日本からさらに有利な貿易条件を獲得しようとしたのである．幕末日本に来航したポルトガル人は少数ではあったが，ダ＝ローザ，ブラガなど新聞の刊行に携わったものもいた．1866年9月5日（慶応2年7月27日）改税約書が調印され，また1892年（明治25）6月18日に至って日本はポルトガルに対して治外法権の停止を通告し（7月1日停止），欧米諸国との条約改正のスタートをきった．両国間の改正条約は1897年1月26日に締結された．1889年ブラジルで共和制が宣言されたことにより，ポルトガルの王政も動揺し，1910年には共和制が宣言された．しかし国内政治の動揺は続き，1926年には軍事クーデタによって軍事独裁政権が成立した．1928年にこの政権に招かれたアントーニオ＝デ＝オリベイラ＝サラザールは1968年まで独裁者としてポルトガルを支配した．サラザールは国家財政の再建に成功し，第2次世界大戦には中立を守ったが，1950年代に入って経済が悪化し，また60年代からはアンゴラなどアフリカ植民地での反植民地運動が盛んとなった．1974年アントーニオ＝スピノーラによるクーデタによってサラザール体制は崩壊し，植民地を放棄したポルトガルは新しい時代を迎えた．面積9万1982km²，人口1049万人（2005年国連推定）．

参考文献　井上幸治編『南欧史』（『世界各国史』5），斉藤孝編『スペイン・ポルトガル現代史』（『世界現代史』23）　　　　　　　　　　　　（生田　滋）

034　ポルトガル所在日本関係史料　ポルトガルには初期日葡関係史料，イエズス会宣教師による日本布教史料が多く残存する．(1)アジュダ図書館 Biblioteca da Ajuda には『アジアのイエズス会士』Jesuitas na Asia 63巻がある．このうち49-IV-49, 50の2巻は他のものと伝来を異にし，リスボンの元サン＝ロケ学院所蔵の『インド・日本書翰集』で1541～63年の初期布教文書を多く含む．他の61巻はインマン＝ジョアン＝アルバレス João Alvares が1745年から着手したマカオの日本管区文庫所蔵文書の写本で，日本・中国・インドシナ関係史料からなる．この集書のマイクロフィルムは東洋文庫，東大史料編纂所に架蔵されている．(2)リスボア国立図書館 Biblioteca Nacional, Lisboa にはコインブラの元イエズス会学院所蔵『日本・インド書翰集』(1557～73年)2巻，フロイスの『日本史』が筆写挿入されている『マカオ司教区史稿』(1557～82年，83～87年)の写本，屏風下張り文書などがある．(3)リスボア科学学士院図書館 Biblioteca da Academia das Ciências, Lisboa には元エボラ学院所蔵の『日本・インド地方書翰集』3巻がある．(4)外務省文庫 Biblioteca do Ministéro dos Negôcios Estrangeiros にはコインブラの元イエズス会学院所蔵の『日本・インド書翰集』1巻がある．(5)エボラ公共図書館 Biblioteca Pùblica de Evora には日本布教・貿易関係文書が多い．マカオ知事フランシスコ＝マスカレーニャス文書(1615～26年)，バリニァーノの『日本要録』『東インド要録』『弁駁書』，殉教報告書，屏風下張り文書などがある．(6)トーレ＝ド＝トンボ国立文書館 Arquivo Nacional da Tôrre do Tombo には『日本・インドイエズス会書翰集』1巻，ポルトガル領インド関係文書，いわゆる『モンスーン文書』62巻があり，450余点の日本関係書翰を含む．(7)海外領土史文書館 Arquivo Histórico Ultramarino, Lisboa にはモンターニャ pe J. Montanha が1740年代にマカオで筆写した『マカオ司教区史稿』があり，フロイスの『日本史』一部と1643年の日本遣使関係史料等を収める．(8)海外領土史研究所付属フィルモテーカ Centro de Estudos Históricos Ultramarinos, Filmoteca Ultramarina Portuguesa, Lisboa にはマイクロフィルムで蒐集したゴアのインド領国歴史文書館所蔵『モンスーン文書』があり，日本関係文書150余点が確認される．なお，(2)～(6)の一部のマイクロフィルムは東大史料編纂所が架蔵．

参考文献　Centro de Estudos Históricos Ultramarinos, ed., Boletim da Filmoteca Ultramarina Portuguesa, No. 1-47．東京大学史料編纂所編『日本関係海外史料目録』12，木下杢太郎『えすぱにや・ぽるつがる記』，岡本良知『ポルトガルを訪ねる』，松田毅一『在南欧日本関係文書採訪録』，同『近世初期日本関係南蛮史料の研究』，松田毅一・海老沢有道『エヴォラ屏風文書の研究』，岡本良知「在葡未刊書一考」(日葡協会編『初期耶蘇教徒編述日本語学書研究』所収)，中村質「豊臣政権とキリシタン—リスボンの日本屏風文書を中心に—」(『近世長崎貿易史の研究』所収)，Joseph Franz Schütte S.

J.「ジョセフ・モンターニャ師の「アパラートス」，並びに王立ポルトガル史学士院の発議によるイエズス会極東文書館写本」（松田毅一訳，『キリシタン研究』9），箭内健次「トルレ・ド・トンボ文書館所蔵『モンスーン』文書所収日本関係文書目録」（『史淵』83），高瀬弘一郎「ゴアのインド領国歴史文書館収蔵「モンスーン文書」について」（『古文書研究』3），同訳註『モンスーン文書と日本』，五野井隆史「リスボン市在国立トーレ・ド・トンボ文書館収蔵「モンスーン文書 Livros das Monções」について」（『東京大学史料編纂所報』11），同「ポルトガルの文書館・図書館について」（『キリシタン文化研究会会報』25ノ3）　　　　　　　　　（五野井隆史）

035 ポルトガル船焼打事件 ポルトガルせんやきうちじけん ⇨ノッサ＝セニョーラ＝ダ＝グラッサ号事件

036 本光国師 ほんこうこくし ⇨以心崇伝（いしんすうでん）

037 梵字 ぼんじ ⇨悉曇（しったん）

038 梵偐 ぼんせん ⇨竺仙梵僊（じくせんぼんせん）

039 本草綱目 ほんぞうこうもく　明代の百科全書的中国本草書．李時珍著．52巻附図2巻．初版は万暦24年（1596）刊行．金陵（現在の南京）が刊行地なので金陵本といわれる．再版は万暦31年刊で江西本といわれる．その他明代には各種刊本がつくられ，清代以後もそれが続いている．金陵本は序目王世貞序，輯書姓氏，薬図，凡例，総目，巻1・2序例上下，巻3・4百病主治上下，巻5～52各論の構成である．序例は宋の『証類本草』の序例と金元医学の薬学で編成され，百病主治は，病証別に治療薬・適用法について述べたものである．各論では，それまでの薬物を上中下品に分ける3品分類を廃止し，自然物の種類によって分類配列する方法に統一した．その分類は16部で，配列は水・火・土・金石・草・穀・菜・果・木・服器・虫・鱗・介・禽・獣・人である．配列順序は，時珍の生物界，自然界に対する1つの認識を示すものであった．16部に分けた後，各部をさらに分け（たとえば木部では香木・喬木・灌木・寓木・苞木・雑木に分ける），60類に分けて配列した．記載薬物の総数は1903種である．薬物についての解説は釈名・集解・正誤・修治・気味・主治・発明・附方の8項目についてである．このような解説項目を設けた本草書は本書が最初であり，本書の近代性を示すものとなっている．しかし附図は稚拙で，決してすぐれているとはいえない．本書が最初にわが国に渡来したのは慶長12年（1607）のことであった．本書の「集解」の解説はかなり詳しく，そのため，元来薬物書であるのに，博物学的色彩を帯び，江戸時代の本草家たちに，採薬・鑑識の知識を与え，採薬を行う野外研究へとさそい，博物学の興隆を促した．江戸時代の本草学は本書に多大の影響を受け，日本独自の発展を示すことになったが，本書を越えて，新しい創造を行うことはなかった．

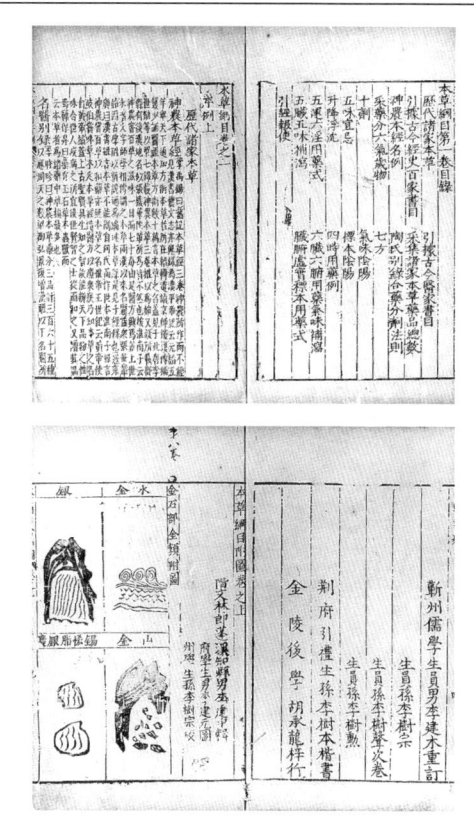

（金陵本）

参考文献　『（新註校定）国訳本草綱目』，岡西為人『本草概説』（『東洋医学選書』），森村謙一「中国の本草学と本草学者」（吉田忠他編『東アジアの科学』所収）
　　　　　　　　　　　　　　　　　　　　（矢部　一郎）

040 本渡 ほんど　熊本県天草下島北東部の地名．古くは本砥・本戸とも記す．貞永2年（天福元，1233）2月16日の天草種有譲状案（『志岐文書』）には「ほんとのしま」とある．天草氏は本砥の開発領主であったが，下島北部の志岐氏と争っていた．南北朝時代志岐氏が足利方に与して本砥・亀河地頭職（しき）を安堵された．戦国時代には下島南部にいた河内浦氏が本砥に進出して天草氏を称した．16世紀後半修道士アルメイダは天草氏に招かれて教勢をひろげ，本渡に駐在所を置いた．のちコレジョ（天草学林）も天草に移され，キリシタン伝道の拠点となった．天正16年（1588）肥後南半分の領主となった小西行長は宇土城普請役を拒否した天草五人衆を打つべく加藤清正とともに本渡城を攻め落とし統治下においた．関ヶ原の戦後天草を領した寺沢氏は富岡城を支配の拠点とし，本渡・河内浦・栖本に郡代を置いた．寛永14年（1637）天草の乱に際し一揆勢は本渡の瀬戸を渡って寺沢勢と激戦，その後一揆勢1万2000人は渡海して島原勢とともに原城に立て籠もり全滅した．天草は幕府直轄領となり，富岡に代官所が置かれた．明治6年（1873）天草郡が白川県に属すると天草支

庁は町山口村に移転，以来，同村は天草の政治・経済・文化の中心となる．明治31年町制を施行して本渡町となり，昭和10年(1935)本戸村を合併，昭和29年4月1日，佐伊津(さいつ)・本(ほん)・亀場・櫨宇土(はじうと)・楠浦・志柿(しかき)・下浦の7村と合併，市制を施行して本渡市となる．同32年宮地岳(みやじだけ)村を編入．平成18年(2006)3月27日牛深市・有明町・御所浦町・倉岳町・栖本町・新和町・五和町・天草町・河浦町と合併して天草市となった．

[参考文献] 『本渡市誌』，本渡市教育委員会編『天草の歴史』
(松本寿三郎)

041 本途銀 ほんと　江戸幕府の貿易機関である長崎会所は唐蘭貿易の管理にあたり，出納を掌握していた．同会所収入項目の1つを本途銀という．『会所有銀口々納払名目仕分書』によれば，本途銀には唐蘭船元売・蘭船追売・同脇荷物・入札払になった元代出銀・会所請込御用残調進残・御調之品など払立の元代出銀・五ヶ所割符白糸黄糸代り被下銀・銅償銀・長崎分出銀・糸口銀・朱座買うけ朱代・銀座買請釖釼代・座渡明礬代・御役人様御調物代・御奉行所御調物代・鳥代・町年寄献上端物代・対州平戸除物代・長崎御領御成箇金銀御米代などが含まれる．なお本途銀より出すものには唐船13艘買渡銅代以下36桁，阿蘭陀本方買渡銅代以下107桁，豊後肥前天草石見国御米代以下4桁があげられる．

[参考文献] 『大意書』(『近世社会経済叢書』7)
(武野要子)

042 本邦朝鮮往復書 ほんぽうちょうせんおうふくしょ　近世の外交文書集．寛永14年(1637)～慶応2年(1866)成立．「朝鮮国往来書簡」「遣鮮翰(簡)・鮮回翰」「馬島朝鮮贈答書」「対馬朝鮮往復書(書契)」「朝鮮往復書」「日韓往復書稿」等々の名称で伝えられている場合もある．代々の以酊庵輪番僧が在番期間中に管掌した日朝間の往復外交文書を録したもので，各代1冊が原則．巻末付表に，各冊の記主(輪番僧)と年代を示したものと，その主要な所収文書を渡航船・差出者・宛所との関係で類別化して示したものとを掲げる．内容は寛永12年から慶応2年にわたっており，対馬から朝鮮への定例または臨時渡航船が持参する書契・別幅・吹嘘・副書，およびこれら使節に対する朝鮮側宣官の返書・別幅，また朝鮮から対馬へ遣した書契・別幅，およびそれに対する宗氏の返書・別幅などを収めた近世日朝間の基本的な外交文書集である．ただし，もともと原本が何部作成されたか，どのように管理されていたかに関しては現在のところ未詳である．また，両国の国書や，釜山あるいは対馬における実質的な折衝の記録などは本書の性格上収められていないので，日朝間の外交交渉の全体像を把握するためには『通航一覧』，対馬藩の藩政文書，および『同文彙考』などの朝鮮側諸記録との併用が必要である．現在，主な伝本群は，国内では東大史料編纂所(大韓民国国史編纂委員会が所蔵する対馬藩主宗家旧蔵本の一部の写本)と慶応義塾大学(もと対馬藩江戸藩邸にあったもの)との2ヵ所に所蔵されており，いずれも欠冊を含むが，その期間の内容は『両国往復書謄』(対馬藩の命により釜山倭館内の東向寺に輪番した同藩領内の禅僧が往復外交文書を記録したもの．もと対馬藩釜山倭館にあり，現在は国立国会図書館所蔵)によってほぼ補いうる．→以酊庵(いていあん)→以酊庵輪番制(いていあんりんばんせい)→付表〈本邦朝鮮往復書〉

[参考文献] 松浦允任『朝鮮通交大紀』，上村観光『禅林文芸史譚』，中村栄孝『日鮮関係史の研究』下，田代和生『近世日朝通交貿易史の研究』，長正統「日鮮関係における記録の時代」(『東洋学報』58)，田中健夫「対馬以酊庵の研究」(『前近代の国際交流と外交文書』所収)
(鶴田啓)

043 本間棗軒 ほんませうけん　1804～72　江戸時代後期の蘭方医．名は資章のちに救，字(あざな)は和卿．号は棗軒で，玄調を通称とした．文化元年(1804)常陸小川郷(茨城県小美玉市小川)の医師の家に生まれる．17歳のころに江戸へ赴き原南陽に漢方を，杉田立卿から西洋医学，太田錦城からは儒学を学んだ．文政10年(1827)関西・長崎へ遊学．紀州の華岡青洲，長崎のシーボルト，京都の高階枳園らに師事して外科および種痘法を学ぶ．江戸に戻り，日本橋榑正町(東京都中央区日本橋3丁目)において開業．のちに水戸徳川斉昭の侍医となり水府城下で開業．天保8年(1837)『瘍科秘録』を著わして秘法であった華岡流外科術とみずから考案した外科術を発表．同14年，水戸弘道館内に併設された医学館の医学教授となる．安政4年(1857)に華岡青洲から伝授された麻酔薬(麻沸湯)を用いて脱疽患者の下肢切断術を行なった．明治5年(1872)2月8日に病没．69歳．墓は水戸市松本町の常磐原共有墓地にある．著書は前掲のほかに『続瘍科秘録』『内科秘録』など．大正7年(1918)贈従五位．

[参考文献] 呉秀三『シーボルト先生』3(『東洋文庫』117)，大塚敬節・矢数道明編『本間棗軒』(『(近世)漢方医学書集成』21～23)
(高安伸子)

ま

001 マードレ＝デ＝デウス号事件 マードレ＝デ＝デウスごうじけん ⇒ノッサ＝セニョーラ＝ダ＝グラッサ号事件

002 前田夏蔭 まえだなつかげ　1793〜1864　江戸時代後期の幕臣．『蝦夷志料』(『千島志料』ともいう)の編者として有名．通称は健助，鶯園とも号した．寛政5年(1793)江戸生まれ．清水浜臣に師事し，とりわけ歌学に通じていた．安政2年(1855)松前半島を除く蝦夷地全域を直轄支配下に置いた江戸幕府はそれまでの蝦夷地関係史料の集大化を計画し，その作業を夏蔭を主任として目賀田帯刀(守蔭)らに命じた．夏蔭は主として史料の収集にあたった．編纂作業は万延元年(1860)に一応の完成をみ，最終的に完了したのは慶応元年(1865)で，このとき夏蔭はすでに没していた．この結果完成した史料集を『蝦夷志料』という．全209巻．附録図譜20巻．本書の編目構成は，松前部・箱館部・江刺部・本蝦夷部・北蝦夷部・東蝦夷部の6部より成り，所引史料は約150種にのぼる．本史料は，江戸幕府自身による幕藩制期蝦夷地関係史料の集大成であり，エンサイクロペディア的性格を持っている．なお，夏蔭は元治元年(1864)8月26日，72歳で没した．

参考文献　高倉新一郎『北海道史の歴史』，海保嶺夫『列島北方史研究ノート』　　　　（海保　嶺夫）

003 前野良沢 まえのりょうたく　1723〜1803　江戸時代中期の蘭学者，蘭方医．名は熹，字(あざな)は子悦，楽山また蘭化と号した．良沢は通称．本姓谷口氏．享保8年(1723)生まれ．中津藩医前野東元の養嗣子となる．伯父にあたる古方派の淀藩医宮田全沢に感化を受けた点が大きかったと伝えられている．若いころ，同僚の阪江鷗なる者からオランダ語の断片を見せられたことがきっかけで，オランダ語の学習を志し，青木昆陽についてオランダ語を学び(明和3年(1766)か6年の入門と，両説がある)，『和蘭文字略考』『和蘭文訳』などを授かった．明和7年長崎へ遊学，阿蘭陀通詞の吉雄幸左衛門・楢林栄左衛門・小川悦之進らについてオランダ語を習い，マーリン Pieter Marin の字書やオランダ語の解剖書『ターヘル＝アナトミア』などを求めて江戸に戻った．明和8年3月4日，江戸千住小塚原で行われた死刑囚の腑分けを，杉田玄白にさそわれ，中川淳庵らと参観，人体各部の形状が『ターヘル＝アナトミア』にみえる付図とあまりにも一致していることに驚嘆．玄白の提案を受けて，同書の訳読を決意，翌日より築地鉄砲州にある中津藩邸内の良沢の宿所で，同志と会読を開始．安永3年(1774)8月刊行の『解体新書』がその成果である．この会読・翻訳事業において，良沢は，当初，同志のなかでオランダ語を解する唯一の人であったから，同志に対するオランダ語の教授と，訳読とを，同時に行なった．『解体新書』公刊に際し，良沢は自己の名の掲載を拒絶，その後は会読の同志とも疎遠になり，著訳に従事した．『蘭語随筆』『字学小成』『和蘭訳文略』『和蘭訳筌』『和蘭点画例考補』などの語学書をはじめ，世界地理・築城書など30余種が写本で伝わる．交際ぎらいのうちにも，高山彦九郎・最上徳内と交際，大槻玄沢・江馬蘭斎は数少ない門下生の俊秀である．享和3年(1803)10月17日病没．享年81．法名は楽山堂蘭化天風居士．墓は東京都杉並区梅里1丁目の慶安寺にある．自画像が早稲田大学図書館に所蔵されている．

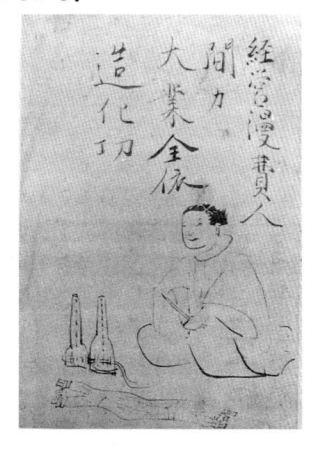

参考文献　岩崎克己『前野蘭化』，片桐一男『前野蘭化』解説(『東洋文庫』600・604・612)

（片桐　一男）

004 真岡 まおか　樺太南部，西海岸の都市．現在のロシア連邦領ホルムスク．アイヌ語地名エンルンモコマフ．豊原の西北方に位置．岬に抱かれ平磯段丘を負い，湾に面する漁村だった．安政3年(1856)江戸幕府はこの地を切り開き，西トンナイの施設を移して西地惣番屋と称した．戸数わずか18戸，人口は詰合を含め152人である．明治3年(1870)樺太開拓使分離とともにマウカと地名を改め，同38年日本軍の樺太占領に伴い第4軍政区管下となり，ガウキノウラスコエにマウカ民政署が設置される．翌年の人口は1597人であった．同41年真岡町となる．大正期に製紙工場が創設され，昭和2年(1927)に築港が完成し，翌3年には豊原との鉄道が開通するなどで，産業の発達を促し，人口も急激に増加し1万3958人を算した．昭和20年8月，ソ連軍の進入の際，防空壕を防衛拠点と誤認した手榴弾攻撃により，多数の民間人が犠牲となった．残留日本人の概数9500人は，昭和24年の第5次引揚げで引揚げを完了し，真岡の歴史を閉じる．

参考文献　栗本鋤雲編『北蝦夷地御用留』，小山進編『柯太概覧』，松浦武四郎『按北扈従』，樺太庁編『樺

太殖民地撰定報文』，同編『樺太庁治一斑』，西鶴定嘉「樺太地名の研究」(『樺太中等学校学術研究論文』1)　　　　　　　　　　　　　　　(谷澤　尚一)

005　澳門　マカ　Aomên　中国広東省南端，珠江河口西岸の地名．もとポルトガルの植民地．澳門半島と2つの島からなり，面積16km²．16世紀初頭，通商を求めて中国に接近を試みたポルトガル人は明朝の海禁政策の壁にはばまれてその目的を達することができなかったが，1554年，広東付近の上川島に来航したポルトガル船の司令官リオネル＝デ＝ソウザ Lionel de Sousa は，海道副使汪柏との交渉の結果，広州周辺での取引を許され，浪白滘を交易地に定めた．その後57年，ポルトガル人は，澳門に拠る海賊を撃退した功により同地を広州官憲より割譲され，ここに中国貿易の基地を移した．以後，澳門はポルトガル人の貿易都市として漸次その体裁を整え，85年にはポルトガル国王より自治権を賦与された．1639年(寛永16)の日葡通交断絶まで，年間十数万斤余の中国産生糸を日本に供給していた澳門―長崎間の年航船貿易は，同市の参事会により運営され，同市に多額の日本産銀を齎していた．明末・清初には租借地として中国政府に地租を納入する関係が確定したが，19世紀中葉には事実上ポルトガル領となり，1887年(光緒13)のリスボン協定で正式にポルトガルの領土に編入された．そして，1999年中華人民共和国に返還された．マカオの名称は，同島にアマと称する女神祠があったことにちなんで，ポルトガル人がアマカウ Amacau, Amacao と称したのに始まり，マカウ Macao または「シナの神の名を冠せる市」Cidade do Nome de Deos da China などと称され，日本では Amacao を訛って，天川・亜媽港・阿媽港・媽港などの字を充てた．中国では，明代にはおおむね濠鏡澳と記され，澳門が用いられるのは清代以降のことである．

〔参考文献〕『通航一覧』182～184，矢野仁一『(支那近代)外国関係研究』，C. R. Boxer : Fidalgos in the Far East, 1550—1770, Fact and fancy in the history of Macao, The Hague (1948).　　(加藤　榮一)

006　マカオ所在日本関係史料　マカオしょざいにほんかんけいしりょう　マカオにはかつて厖大なイエズス会日本布教関係文書が存在したが，現在はマカオ市会文書館 Arquivo do Leal Senado da Câmara de Macau に1611～1898年の文書群があるだけであり，ポルトガルのリスボン市にある海外領土史研究所 Arquivo Histórico Ultramarino によりすでに1961・63年に文書目録が刊行されている．日本との外交通商関係文書は1626年から85年に至る市会議事録中に多くみられ，このうち1630～46年の38点のマイクロフィルムは東大史料編纂所が架蔵する．マカオ市は1929年6月から Arquivos de Macau の書名で市会文書を刊行したが，31年4月中断した．10年後に再開刊行したが戦争のため程なく再度中止された．日本関係文書は比較的多く収録され，1685年の日本人漂着者12名の長崎送還に関する決議および小報告，1627年の二十六殉教者の列聖報告などがある．

〔参考文献〕Centro de Estudos Históricos Ultramarinos, ed., Boletim de Filmoteca Ultramarina Portuguesa. No. 19, 25 ; Publicação Oficial, Macau, ed., Arquivos de Macau. Vol. Ⅰ. 1—7, Vol. Ⅱ. 1—6, Vol. Ⅲ. 1—4, Second series : Vol. Ⅰ. 1—4 ; Johannes Laures : Kirishitan Bunko. 東京大学史料編纂所編『日本関係海外史料目録』12，松田毅一『(近世初期日本関係)南蛮史料の研究』
　　　　　　　　　　　　　　　(五野井隆史)

007　牧志朝忠　まきしちょうちゅう　1818～62　琉球王国首里王府の役人．1818年(文政元)首里の平士家に生まれ，はじめ板良敷朝忠と称した．国学に学び，21歳の時，冊封謝恩使に随行し，清国に渡る．滞清中，中国語を習得し，帰国後に英語を学び，異国通事に抜擢される．44年(弘化元)のフランス船の来航以後は，通事として，島津斉彬の方針のもとに，その指示を受け大いに活躍する．53年(嘉永元)ペリー来琉の時も，通事としてその会見に同席した．しかし58年(安政5)斉彬の死は，朝忠の運命をも変えた．王府内の守旧の反発で，ついに60年(万延元)免職され，10年の流刑となる．これを牧志・恩河事件という．その後薩摩藩庁は，外圧に対抗するために牧志の語学力を必要とし，彼の引渡しを要求した．62年(文久2)7月19日新しい任務に就くべく，連れていかれる途中，伊平屋沖にさしかかった時，海中に身を投じた．享年45であった．その死は，今も謎のままである．　　　　　　　　(我部　政男)

008　増田長盛　ましたながもり　1545～1615　安土桃山時代の武将．大名．仁右衛門，右衛門尉と称した．天文14年(1545)尾張国中島郡増田村に生まれた．生地は一説に近江国浅井郡益田郷ともいう．「増田」は，『義演准后日記』慶長3年(1598)2月17日条に「ました」と読みが振ってあり，『天正年中大名帳』にも「真下」とあるので「ました」と読むのが正しい．はじめ羽柴秀吉に仕えて200石．天正12年(1584)小牧・長久手の戦に従軍，その戦功で2万石に加増され，翌年5月従五位下右衛門尉に叙任．豊臣家の年寄として秀吉の知行雑務に従事し，翌年からは，9月25日付の上杉景勝宛秀吉朱印状に石田三成と連署で副状を発給するなど東国政策にも重きを占める．同15年関戸の奉行．同18年正月には京都賀茂川に三条橋を架けた．2月小田原攻めに従軍，この戦後処理の過程で，安房の里見領の知行改めをはじめとする下野・常陸・安房の諸大名への仕置を担当した．文禄元年(1592)秀吉が朝鮮侵略を開始すると，肥前名護屋城の本営において玉薬・兵粮の輸送の事を担当し，6月には秀吉の命を受けて渡海，7月以降漢城(ソウル)にとどまり秀吉の渡海を待った．翌2年3

月20日付の秀吉朱印状によると，安房の里見義康や下野の宇都宮国綱・成田氏長・那須衆らの軍事指揮権をも任されている．5月講和交渉が開始されると，名護屋に帰り明使の応接役を勤めた．翌年伏見城の工事を分担．同4年6月，豊臣(羽柴)秀保の跡の大和郡山城20万石を与えられた．この時，従四位下侍従に叙任されたようである．この間，天正19年閏正月には長束正家とともに近江を検地．文禄3年10月には石田三成とともに常陸の佐竹義宣領を検地し，恩賞として佐竹領内にて3000石が加増されている．慶長2年10月安房を検地．同3年秀吉の死にあたっては，石田三成・浅野長政・長束正家・前田玄以らとともに豊臣家の5人の年寄(いわゆる「五奉行」)に数えられ，徳川家康らいわゆる五大老と合議して政務にあたることを命じられた．このうち三成は家康の専権を抑止しようと努力するが，加藤清正・福島正則・細川忠興ら7大名によって失脚した．同5年家康が上杉景勝攻撃のため東下すると，三成は兵を挙げ，長盛はこれに与して毛利輝元らと大坂城西ノ丸に入り，家臣高田小左衛門を関ヶ原に派遣した．長盛は，家康と内通していたようで，小左衛門も関ヶ原においては参戦しなかった．敗北後，使者を遣わして降を乞うたが許されず，10月領地を没収され，高野山に追放された．この時，郡山城にあった渡辺勘兵衛らが徳川方に堂々と城を明け渡し，賞賛を博したことは有名である．のち，武蔵岩槻に流され高力忠房に預けられた．元和元年(1615)大坂の陣終結後，その子盛次が大坂方にあったため死を命ぜられ，5月27日自害した．享年71．

[参考文献] 桑田忠親『豊臣秀吉研究』，斉藤司「豊臣期関東における増田長盛の動向」(『関東近世史研究』17)
(山本 博文)

009 **益田時貞** ますだと ?～1638 島原の乱における一揆軍の首領．通常，天草四郎時貞といわれるが，一揆当時の史料には「四郎」「益田四郎」とあり，乱後の覚書などには「大矢野四郎」「江辺(部)四郎」の呼称がみえる．没年の年齢が16歳というから元和9年(1623)に生まれたことになるが，なお検討を要する．父は小西行長の旧臣で浪人の益田甚兵衛好次．通説では肥後国宇土郡江部村(熊本県宇土市)で生まれ育ったといわれるが，父好次の出身地とする大矢野村(熊本県上天草市)の庄屋渡辺小左衛門の養子となったとする説もある．『山田右衛門作口書』によると，天草に「大矢野四郎」と申す者がいるとあり，大矢野村で生活していた形跡がある．幼年時代については細川熊本藩に捕縛された四郎の母の供述書に，9歳のときから「手習(てならい)を三年，学問を五，六年，長崎にも遊学した」とある．四郎がいつキリシタンになったかは不明であるが，洗礼名をジェロニモといったとされる．乱勃発のとき父好次など浪人一味の工作で一揆勢の「棟梁」となった．当時の史料には，一揆の中心的人物は「四郎」で天から降ってきた「天人」と記されている．四郎一味はキリストの再臨の理論をたてだてに，きびしい弾圧で棄教していた島原，天草の元キリシタンに信仰を復活させ，一揆蜂起を誘導した．首領とされた四郎については，美形であり，才気煥発，医術の心得があり，教義にくわしいという人物像が伝えられている．そしていろいろな奇蹟を行なったとされる．たとえば，空から舞いおりた鳩が四郎のてのひらの上で卵を生んだが，四郎はそれを割って中からキリシタンの経文をとりだしてみせたという話は有名である．結局，四郎は一味から神的な権威にまつりあげられたとみるべきであろう．特に籠城後は一揆軍の宗教的，精神的結束の象徴としての役割を果たした．寛永15年(1638)2月28日幕軍の総攻撃により四郎は細川軍の手の者に討ち取られ，首は長崎でさらされた．→島原の乱(しまばらのらん)

[参考文献] 『綿考輯録』(『出水叢書』1～7)，『熊本県史料』近世篇2・3，鶴田倉造編『原史料で綴る天草島原の乱』，岡田章雄『天草時貞』(『人物叢書』51)，海老沢有道『天草四郎』，林銑吉編『島原半島史』中，煎本増夫『島原の乱』(『歴史新書』101)
(煎本 増夫)

010 **媽祖信仰** まそし 航海守護神である媽祖に対する信仰．媽祖は中国宋代に福建省甫田県の湄州島の民間信仰より発祥した女神．地元の船員たちの篤い信仰を受け，やがて海運業や商業の進展に伴い航海守護神として広まっていった．宋代には霊恵夫人，元代には天妃，清代には天后，と歴代皇帝から称号を与えられ，神格を高めていった．特に元代以降中国沿海部に広がり，それまで航海守護神として祀られていた四海神に代わり，媽祖が中国における第一の航海守護神となった．明・清代には中国商人の海外進出や移住に伴い琉球・日本・東南アジアにも媽祖廟が建立され，その信仰圏は拡大していった．琉球では15世紀前半には上天妃宮・下天妃宮が建立され，日本では鹿児島・長崎を中心とする九州から東日本・東北地方の一部にまで媽祖信仰が伝播していった．近世には日本における一般的な船玉神に媽祖を融合させた信仰が展開されるようになった．

[参考文献] 李献璋『媽祖信仰の研究』，豊見山和行「航海守護神と海域」(『海のアジア』5所収)，藤田明良「日本近世における古媽祖像と船玉神の信仰」(黄自進編『近現代日本社会的蛻変』所収)，同「航海神」(桃木至朗編『海域アジア史研究入門』所収)，窪徳忠「媽祖信仰」(『アジア遊学』37・39～42)
(河辺 隆宏)

011 **摩多羅神** またら 中国・朝鮮半島から伝来した神々の1つ．摩怛利神とも書く．入唐僧円仁(慈覚大師)も帰朝の際守護神として請来し，叡山常行三昧堂に祀った

という．起源は『孔雀経』中にとかれる摩怛哩薬叉で本来疫病の神であったが，それを祈ることによって疫病をのがれる信仰がひろまった．特に円仁にかかわる神として天台における行儀の守護神とされる．秦氏ゆかりの広隆寺にも大辟（おおさけ）神社があり，祭神はこの神といわれる．有名な牛祭は鬼面をつけた摩多羅神が珍奇な祭文を読みあげる奇祭で，源信が長和元年(1012)に始めた念仏会がおこりという．種々の民俗的行事と結びつき複雑な展開をしていて，その姿についても不動・大黒天・吒枳尼天などの諸説があり，大梵天と七母女天を眷属とする場合もある．なお烏帽子に袴をつけた俗体形で鼓を打ち舞い，2童子を従えた近世の画もある． （田村　隆照）

012 松浦霞沼 まつうらかしょう　1676～1728　江戸時代中期の対馬藩の儒者．諱は儀，また允任（まさただ）．字（あざな）は禎卿．号は霞沼．通称は，はじめ佐太郎，なかごろ権四郎，のち儀右衛門．延宝4年(1676)播磨姫路に生まれる．幼年時代より京都に出て，南部草寿に就学した．元禄元年(1688)，13歳のときに対馬藩主宗義真に認められて禄を受け，江戸に赴いて木下順庵の門に入り，紀伊の祇園南海とならんで木門の二妙あるいは双玉といわれた．16年江戸より対馬府中（長崎県対馬市厳原町）に移り，加増して200石を受け，真文役（書記・記室）として朝鮮との外交文書を担当した．正徳元年(1711)と享保4年(1719)の朝鮮通信使の渡来に際し，雨森芳洲とともに応接の役にあたり，両度とも一行に加わって対馬―江戸間を往復した．享保度の製述官申維翰は，その紀行『海游録』に，霞沼の詩人としての令名が朝鮮でも高いことを伝えている．霞沼は享保10年に『朝鮮通交大紀』10巻を撰した．その内容は応安元年(1368)から享保元年までの朝鮮の外交文書を中心に日朝関係の沿革を考証し，金誠一『海槎録』を付録している．幕府に献上したものと，藩庁に置いて外交の参考にしたものとの2種があり，後者の方が内容が豊富である．ほかに『霞沼寓筆』『霞沼詩集』『殊号弁正』『朝鮮記』などの著述がある．霞沼の詩は新井白石の『停雲集』，祇園南海の『鍾秀集』にも採られている．享保13年9月1日，府中で死去．53歳．対馬府中の瑞泉院に葬られた．弟の新之允は水戸藩彰考館に勤め，徳川光圀から「青年秀才」と称された．

参考文献　長崎県教育会対馬部会編『（郷土史料）対馬人物志』，田中健夫『『朝鮮通交大紀』と松浦允任』（『対外関係と文化交流』所収） （田中　健夫）

013 松浦武四郎 まつうらたけしろう　1818～88　江戸時代後期の北方探検家．文政元年(1818)2月6日伊勢国一志郡須川村（三重県松阪市小野江町）の郷士松浦桂介（のち慶裕）・母とく子の四男として生まれる．幼名を竹四郎，のち武四郎と称す．諱は弘，字（あざな）は子重，号を北海・雲津，雅号を多気志楼と称す．天保4年(1833)から日本国中を遊歴し，同9年から5年間長崎・平戸で僧となり名を文桂と改めたが，この間長崎の乙名津川文作（蝶園）から北方の事情を聞いて関心を強め，弘化元年(1844)帰郷し還俗したうえで単身北行した．同2年から嘉永2年(1849)東西蝦夷地，北蝦夷地（カラフト），クナシリ島・エトロフ島を探査して『初航蝦夷日誌』『再航蝦夷日誌』『三航蝦夷日誌』などを著わし，安政2年(1855)幕府が蝦夷地を再直轄すると蝦夷地御用掛に起用され，同3年から同5年まで東西蝦夷地，北蝦夷地を探査して『竹四郎廻浦日記』『東西蝦夷山川地理取調日記』『（東西蝦夷）山川取調図』などを著わした．同6年江戸に帰って御雇を辞し，以後市井において蝦夷地に関する多くの著書を刊行した．明治元年(1868)東京府付属，同2年開拓使判官に任用され，北海道の道名・国・郡名を選定したが，新政府のアイヌ政策に同調できず，翌年辞任し，以後全国遊歴と著述の日を送った．明治21年2月10日没．71歳．法名は教光院釈遍照北海居士．東京浅草今戸の称福寺に葬られたが，のち染井墓地（豊島区駒込5丁目）に改葬された．→蝦夷日誌（えぞにっし）

参考文献　吉田武三『評伝松浦武四郎』，同『松浦武四郎』（『人物叢書』142），高倉新一郎『北の先覚』，松浦武四郎研究会編『校注松浦武四郎自伝』，『松浦武四郎研究会誌』8・9合併号（没後百年記念特輯） （榎森　進）

014 松江宗安 まつえそうあん　1586～1666　江戸時代前期の堺の豪商，茶人．銭屋と称し，間斎と号した．天正14年(1586)生まれる．父は安土桃山時代の町人・茶人の松江（銭屋）宗訥（そうとつ）で，茶湯を武野紹鷗に学んだ．宗安の母は誉田屋徳隣の娘で，母の没後，慶安元年(1648)南宗寺に徳泉庵を建立し，母の冥福を祈った．宗安は慶長・元和のころ，堺に来航した明人から鉛製の上質・廉価な白粉の製造法の伝授をうけ，堺において新しい白粉を大量に造り，これを全国的に販売した．それまで水銀を原料とする伊勢白粉が圧倒的であったが，それ以後伊勢白粉は次第に衰微した．また宗安は長崎から明人を堺に招いて，紗地の金襴を織らせた．

これはのちに銭屋切と呼ばれるようになった．宗安は寛文6年(1666)正月に没した．81歳．宗安の子松江遠貞(安斎)は廉直をもって知られ，惣年寄となり，堺町政の発展に寄与した．遠貞は元禄5年(1692)に没した．

参考文献　『堺市史』7　　　　　　　　（作道洋太郎）

015　靺鞨　まっかつ　中国古代の東北地方に居住したツングース系民族の総称で，中国の古典にみえる粛慎(あしはせ)の後裔と伝えられている．隋唐時代には，粟末・白山・伯咄・安車骨・払涅・黒水・号室の7つの部族に分かれており，一部は高句麗の支配下にあり，高句麗滅亡後は粟末靺鞨人大祚栄によって建国された渤海に服属した．渤海滅亡後は遼(契丹)ついて金(女真)の支配下に置かれた．一方日本古代の史料にも靺鞨の名が散見している．中でも『続日本紀』養老4年(720)正月丙子条には「遣=渡島津軽津司従七位上諸君鞍男等六人於靺鞨国→，観=其風俗=」とあり，また「多賀城碑」には「去=靺鞨国界=三千里」とみえるのが注目される．これらの靺鞨の実体については諸説あり，近年では中国大陸の靺鞨，あるいは渤海を指すとする意見が強い．しかし，人名の靺鞨が阿志婆世(あしはせ)とも表記されており(『正倉院文書』)，「あしはせ」は粛慎の訓に通じるので，靺鞨は粛慎の別称と考えられる．すなわち日本では中国にならなって北方の異民族を粛慎と称していたが，中国における粛慎の後裔が靺鞨であるという知識を得て，それまでの粛慎を靺鞨と称するようになったものであろう．　→粛慎(あしはせ)

参考文献　新野直吉『古代東北史の人々』，日野開三郎「靺鞨」(『日野開三郎東洋史学論集』15所収)，津田左右吉「粛慎考」(『日本古典の研究』下所収)，熊田亮介「蝦夷と蝦狄」(『古代国家と東北』所収)，石井正敏「朝鮮における渤海観」(『日本渤海関係史の研究』所収)　　　　　　　　　　（石井　正敏）

016　松倉重政　まつくらしげまさ　?～1630　安土桃山・江戸時代前期の武将．肥前国島原藩主．九十郎．豊後守．父は大和郡山城主筒井順慶の重臣松倉重信．母は秦楽寺因幡守某の娘．天正13年(1585)伊賀上野城に転封された順慶の養嗣子筒井定次に家老として仕え，8000石余を知行し名張(梁瀬)城(三重県名張市)に住した．慶長5年(1600)徳川家康による上杉景勝征討時，定次とともに関東に赴き，続いて関ヶ原の戦では家康に先手を志願して許され勇戦した．同13年筒井氏が改易となり重政も所領を没収されたが，関ヶ原の戦功により大和国二見五条(奈良県五條市)1万石の大名に取り立てられた．大坂夏の陣では軍功をつくし勇将としての名をあげた．元和2年(1616)肥前国高来郡に移され日野江城(長崎県南島原市)4万石となる．領内には日野江城のほか原城(南島原市)・浜の城(西彼杵郡長与町・時津町)がありこれらを居城とした時期もあるとされる．同4年日野江・原両城を壊して島原城(森岳城，島原市)の新築にかかり居城とし，島原藩の始祖となった．重政の領内統治の最大の課題は前領主肥前有馬氏以来のキリシタン対策であった．重政ははじめ宣教師・キリシタン信者に寛大であったが，元和8年宣教師をすべて火刑にすべしとのキリシタン禁制の強化により，数人の宣教師を島原で火刑に処した．しかしその後，取締りの手ぬるさを3代将軍徳川家光に叱責されて以来，キリシタン絶滅を目的としたきびしい弾圧にのりだし，多くの信者を棄教せしめた．このキリシタン弾圧と，島原城築城，多大の公儀普請役の負担による過重な年貢賦課が島原の乱の遠因となる．重政は江戸城普請の際10万石の賦役を幕府に願ったという．寛永7年(1630)呂宋(ルソン)攻略を幕府に上申して許可され，家臣を同地に派遣し内偵させたが，その間に重政が亡くなり実行されなかった．重政は戦国時代の武将の気風をもち，質素で浪人の面倒をよくみたという．寛永7年11月16日死去．法名は，竜珠院雪厳宗関．墓は，東京都港区芝公園3丁目の金地院にある．　→島原の乱(しまばらのらん)

参考文献　『寛政重修諸家譜』1125

（煎本　増夫）

017　松崎観海　まつざきかんかい　1725～75　江戸時代中期の漢詩人，丹波国篠山藩士(藩主形原松平氏，寛延元年(1748)同国亀山へ転封)．諱は惟時，字(あざな)は君脩・子黙，通称は才蔵，観海と号す．享保10年(1725)5月4日生．父は観瀾(諱堯臣，字白圭)で『窓の須佐美』(『温知叢書』所収)ほかの著がある．母は富安氏．13歳，父に従って江戸に出て太宰春台に師事，経義および経済を学んだ．『六術』は19歳の時の著である．また漢詩人高野蘭亭に従い蘭亭社五子(谷藍水・藤山懐月・竹鳴鳳・近藤西涯・観海)に挙げられ，後年蘭亭を天下一人の知己と称している(『観海集』熊坂台州の序文)．一方，武技も修め，また熊沢伯継(蕃山)の所論に傾倒している．延享3年(1746)父の隠居により家督(200石)を相続し，馬廻役から留守居に転じ，宝暦9年(1759)御側取次に抜擢された．明和元年(1764)藩地に帰り席次下大夫に列した．同2年出府し世子傅役兼侍読を勤め番頭となる．安永4年(1775)夏，喀血し家老格の待遇で静養したが同年12月23日没，年51．麻布天真寺(東京都港区麻布3丁目)に葬る．門下に菊池衡岳・熊坂台州・大田南畝・蒲坂修文らがいる．著書は『観海集』(安永4年刊)や，未刊であるが『論語鍼焫論』『来庭集』ほかがあり，『来庭集』には寛延元年(1748)の朝鮮信使の朴矩軒・李済庵・柳酔雪・李海皐らとの問答および送別の文詩が収められてある．

参考文献　松井拳堂『丹波人物志』，湯浅元禎「観海松崎先生墓誌銘」(『事実文編』42所収)，熊阪邦「観海松崎先生行状」(同所収)　　　　　　（山本　武夫）

018　松下見林　まつしたけんりん　1637～1703　江戸時代前期の儒医，

歴史学者．名は慶，初名秀明，字(あざな)は諸生，西峰散人と号した．通称見林．楠木氏の出で世々河内国松下村に住し，地名を氏にしたという．寛永14年(1637)正月1日，大坂天満町に誕生．医者の父見朴に句読を受け13歳で上洛，古林見宜に入門して医を学び，穎才を称された．見宜が没し21歳で堀川に開業するかたわら，儒学・歴史などを研究し教えた．毎年人を長崎に遣わし舶来の書籍を購入，蔵書は10万巻に及んだが，閲覧希望者には快く応じた．延宝年中(1673～81)，京都所司代戸田越前守忠昌は見林の学識に心服，法印位を授かるよう朝廷に上奏を計ったが，儒医にして僧位を受けるを屑しとせず固辞した．元禄3年(1690)54歳で讃岐高松侯松平頼常に禄100石で召され，在洛のまま皇陵の調査や著述出版の援助を受けた．30余年を費やした『異称日本伝』は元禄6年刊行された．博覧強記，数理に長じ，貨殖に成功したが，『晋書』王戎伝より利殖が心の安定に益なきを悟り，蓄財を窮乏者に恵んだ．元禄16年12月7日没した．67歳．内野(京都市上京区七本松通下立売上ル)大雄寺に葬った．著書は他に『前王廟陵記』『諸大臣執柄年表録』『将軍称制年表録』『国朝佳節録』『公事根源集釈』『評閲神代巻』『神国言葉遺式』『職原抄参考』『読史随筆』『神国学原考』『本朝学原』『西峰筆記』など多く，また『三代実録』『古語拾遺』などを校訂した．　→異称日本伝(いしょうにほんでん)

参考文献　古田良一「史学者としての松下見林」(『芸文』12ノ1)　　　　　　　　　(水田　紀久)

019 松平定信 まつだいら さだのぶ　1758～1829　江戸時代後期の将軍補佐兼老中．幼名は賢丸，字(あざな)は貞卿，号は旭峯・楽翁・風月翁・花月翁など．徳川(田安)宗武の第3子(8代将軍徳川吉宗の孫)．宝暦8年(1758)12月27日江戸田安邸に生まる．田安家血統の絶える恐れがあるにもかかわらず安永3年(1774)白河藩松平定邦の養子を命じられた．徳川(一橋)治済・田沼意次の策動ともいう．安永4年閏12月従五位下上総介．天明3年(1783)10月襲封(陸奥白河11万石)，従四位下越中守．時に東北関東凶作に際会し，藩士の減禄，倹約，租税免除，物資回送などの施策で切り抜け，以後も農政を重視，家臣団の教育，風教振興に努め藩治の実効をあげた．同7年6月三家一門などの支持をうけて老中首座となり，田沼意次の重商傾向を訂正し天明の飢饉後の幕政を推進することになった．同8年3月将軍補佐となる．老中就任後，幕権の回復と緊粛による社会困窮脱出を計り，いわゆる寛政の改革を施行した．天明7年7月に幕府諸役を江戸城内に召集し将軍徳川家斉より政治は享保の遺制に則る旨を申し渡し，やがて幕府要職の更迭を行い人材を登用し，倹約を基調として財政整理，大奥の抑制，米価ならびに物価引下げ，奢侈品の製造売買の禁止，御家人の借財棄捐，酒造制限，備蓄米および江戸の町会所の設置，石川島人足寄場の設置，妓楼の新設および混浴などの禁止，出版物への干渉，諸藩留守居役の取締り，旗本の文武奨励士風振興，医学館の官営化，昌平坂学問所の設立，同校内の異学の禁などつぎつぎに施策するところがあった．天明8年正月の京都大火の折内裏も炎上したが，京都に赴き内裏造営にあたっては柴野栗山らに博く旧記を調査させ，古制に則り寛政2年(1790)12月に竣工した．一方，光格天皇は閑院宮より入って皇位に即いたが生父典仁親王に太上天皇宣下の意があり，寛政元年2月幕府に議せしめたが，定信は理なしとして拒否し事は実現しなかった．ために一時，公武間に険悪な空気も流れた(尊号事件)．たまたま徳川家にても家斉の生父一橋治済を西ノ丸に迎え大御所として遇しようとする動きがあったが，同様の態度を持した．明和・安永のころすでに蝦夷地にロシア艦が出没し寛政に入ってからは南方にも異国船が現われ，寛政4年9月にラクスマンが軍艦に投じて根室に来て通商を要求した．海防対策として寛政5年3月沿海諸藩に命じ警備をきびしくし，自身も伊豆・相模・房総の海岸を巡視した．しかし充分な国防準備は未だ確立しなかった．定信の施政は緊張を強いる傾向があり大奥や江戸市中商人層には不評で，尊号問題もあってか特に政治的反対があったわけではないが，辞職を願い7月23日に補佐ならびに老中を免じられた．以後溜間詰として諮問にあずかり，文化7年(1810)には房総沿岸警備にあたった．文化9年健康勝れず致仕して家督を定永に譲り，藩の下屋敷(築地浴恩園)に移った．この時期の状況は『修行録』『花月日記』に詳しい．文政12年(1829)5月13日没．年72．守国院殿崇社天誉保徳楽翁大居士．墓所は霊巌寺(東京都江東区白河1丁目，国史跡)．桑名照源寺の墓所には装束と歯骨を斂めてある．老中辞任後に書かれた『宇下人言』(天理図書館蔵)は自伝的覚書で，当事者側の寛政の政治史でもあるが達意の文章である．その教養は深く，著述も多い．『守国公御著述目録』には138部が掲げられ，すでに焼却したものや目録以外のものもある．『白河家訓』『政語』『政事録』『国本論』『求言録』『物価論』などのほかにも随筆に『花月草紙』があり，作歌も多く，古典書写も大部に上っている．古物愛好は『集古十種』(85冊，享和ごろまでに編集)に結集され，未刊ではあるが『古文書部類』『古画類聚』と併せ研究的姿勢がうかがわれる．絵巻物の作成や楽曲の研究にもその片鱗が示されている．また頼山陽に『日本外史』を求めたり，人をして『白河風土記』『白河古事考』『楽亭妙薬集』ほかを編集させ，『ドドネウス和蘭本草書』の翻訳をさせたり，老中時代には人材を活用して『寛政重修諸家譜』『徳川実紀』ほかの幕府編纂事業の緒を開いたりし，文化上の功も大きい．

参考文献　渋沢栄一『楽翁公伝』　（山本　武夫）

020 松平信綱 まつだいらのぶつな　1596～1662　江戸時代前期の老中，武蔵国川越藩主．慶長元年（1596）10月30日武蔵国に大河内金兵衛久綱の長男として生まれる．幼名長四郎，はじめの諱は正永．同6年叔父松平正綱の養子となり，8年徳川秀忠ついで伏見で家康に初見した．9年7月17日家光が生まれると25日家光に付属され，合力米3人扶持，翌年2人扶持を加賜された．16年11月15日元服，元和6年（1620）正月20日，これまでの扶持米を収め采地500石を賜わる．12月正綱の実子正次（のちの利綱）誕生により諱を正永から信綱と改めた．同9年6月15日小性組番頭となり300石を加増．7月家光上洛に供奉し，従五位下伊豆守に叙任．寛永元年（1624）5月16日2000石となる．3年7月家光上洛に再度供奉，4年正月5日相模国高座・愛甲両郡のうちで8000石加増，1万石となり大名に列した（なお両郡が所領となったのは『新編相模国風土記稿』『神奈川県史』『相模原市史』によれば寛永10年とみられる）．7年5月17日上野国で5000石を加賜．9年11月18日老中並となり，なお小性組番頭を兼ねた．10年3月23日，阿部忠秋・堀田正盛・三浦正次・太田資宗・阿部重次とともに「六人衆」（のちの若年寄に相当）となる．10年4月19日，堀田正盛とともに御数寄屋方支配．5月5日土井利勝・酒井忠勝の2人だけであった老中に加えられ，小性組番頭は元のごとくとされ，1万5000石を加増，3万石で武蔵国忍城主となり，忍城付の与力・同心を預けられた．11年6月20日家光上洛に供奉，閏7月29日従四位下に叙せられた．12年10月29日小性組番頭兼務を免じられ，11月15日，土井利勝・酒井忠勝・信綱・阿部忠秋・堀田正盛の5人の老中が1人ずつ月番を定めて諸大名の訴訟を聴き，かつ御用向を言上すべき旨命じられた．14年11月27日信綱と美濃国大垣城主戸田氏鉄に島原の乱討伐の命が降り，兵糧攻めをし，翌15年2月28日に落城させ，その功により16年正月5日川越に転じ6万石となる．18年5月11日日光山東照宮奥院宝塔改造奉行を阿部忠秋・同重次とともに命じられ，19年4月13日日光社参の留守を勤めた．20年9月8日明正天皇譲位・後光明天皇即位祝賀のため徳川家綱の名代として上京の命をうけ，10月14日京都で侍従に任ずる叡旨があり，江戸に伺い11月4日に叙任．正保4年（1647）7月5日常陸国新治郡・武蔵国埼玉郡のうちで1万5000石の加増，都合7万5000石となる．慶安4年（1651）4月20日家光が死去すると，6月9日東叡山大獣院殿霊屋普請奉行を命じられると御手伝いを願い許され，明暦3年（1657）4月の七回忌にも法事奉行を勤めた．慶安4年7月27日由比正雪の乱（慶安事件）が家臣奥村時澄の訴えで露見し，これを処置した．明暦3年の江戸大火には本所回向院建立を命じられ，焼死者を埋めて塚を築いた．3月20日東叡山大獣院殿霊屋ならびに慈眼大師（天海）廟塔修復の御手伝いを命じられ，万治3年（1660）6月18日雷火により大坂城塩硝蔵が爆発，破壊修補を示達して帰府した．寛永20年7月18日朝鮮信使曹への返翰・音物を贈り，明暦元年10月にも勤めるなど外交にも関与し，また，台徳院殿17回忌と23回忌法事奉行（病気で輝綱代理）を慶安元年と承応3年（1654）に勤め，増上寺崇源院殿（秀忠室浅井氏）法事奉行を寛永19年・慶安元年・万治元年に勤めた．寛文2年（1662）3月16日死去．67歳．岩槻平林寺に葬る（のち野火止に改葬）．法号松林院殿乾徳全梁大居士．信綱は，家光・家綱2代にわたり，最初は酒井忠勝ら，ついで阿部忠秋らと老中として将軍に近侍し，軍役の制定，参勤交代制の制定，鎖国体制の完成，寛永の飢饉の克服と幕政の確立に努力した．川越藩主としては，寛永大火後の川越城再建と城下町整備，喜多院・仙波東照宮の再建，新河岸舟運の開設，治水事業，慶安総検地，野火止用水の開削と武蔵野開発，勧農の諸政策を行い，川越藩政の確立に大きく寄与した．

参考文献　『寛政重修諸家譜』256，『川越市史』3，大野瑞男「近世前期譜代藩領農村の特質」（宝月圭吾先生還暦記念会編『日本社会経済史研究』近世編所収），同「近世前期川越藩政の基調」（『地方史研究』106），同「関東における譜代藩政の成立過程」（『関東近世史研究』15）　（大野　瑞男）

021 松平康英 まつだいらやすひで　1768～1808　江戸時代後期の長崎奉行．諱は康秀・康平．図書頭を称した．明和5年（1768）に生まれる．文化4年（1807）正月晦日，成瀬正孝の後任として目付兼船手頭より長崎奉行に転じ，9月5日長崎に着任し，曲淵景露と交代する．翌5年2月オランダ通詞にフランス語を学ばせる．同月長崎港内波戸前および川筋を浚疏する．同月碇泊の唐船が失火．6月には長崎におけるロシア船処分法を頒つ．また8月にはロシア船渡来の節の港内警備の法を定める．8月15日イギリス軍艦フェートン号がナポレオン戦役の影響でオランダ船を捕えるためにオランダ国旗を掲げて長崎に入港し，オランダ商館員を捕え，同夜長崎港内に侵入し捜索を行なった．康英は西役所におり，すぐさま打払令を出す．しかし，フェートン号からの書状によれば人質の商館員の生命と引換えに食料・水を与えねば長崎港内の内外船および長崎市内に焼き打ちをかけるという．オランダ商館長ドゥーフの説得で康英はついにこれに同意する．康英はこの屈辱に報復すべく策をねったが，この年防備当番の佐賀藩士は100名にすぎず救援の大村藩兵は到着がおくれた．同月17日フェートン号は港外に逃げた．その夜，康英は天下の恥辱を異国にみせた責任を負って切腹自殺する．享年41．長崎大音寺に葬る．長崎住民は康英の意をあわれみ，諏訪神社境内にまつり康平霊社と称した．　→フェートン号事件

参考文献　『通航一覧』256～260，金井俊行編『長崎年表』6（『増補長崎略史』6），同編『長崎奉行歴代略譜』（同15），荒木周造編『幕府時代の長崎』
（武野　要子）

022 松田伝十郎 まつだでんじゅうろう　1769～?　江戸時代後期の幕臣，北方探検家．明和6年（1769）越後国頸城郡鉢崎（はっさき）村（新潟県柏崎市米山町）の浅見長右衛門の子として生まれ，幼名を幸太郎と称した．天明2年（1782）14歳の時江戸へ出て御小人目付松田伝十郎の養子となり，仁三郎元敬と改名．寛政6年（1794）御小人になり，同11年幕府が東蝦夷地を直轄すると，蝦夷地御用掛となり，アツケシ・アブタ・エトモに勤め同12年9月江戸に帰る．その後御小人目付・箱館奉行手附出役を経て享和3年（1803）箱館奉行支配調役下役に進み，エトロフ詰を命ぜられ再び蝦夷地に渡る．文化元年（1804）11月江戸に帰り，江戸そのほかで蝦夷地産物の売捌などに従事し，同4年3月蝦夷地勤務を命ぜられソウヤ詰となる．同5年調役下役元締となり，前年没した養父のあとを継いで伝十郎と改名した．同年2月幕命により間宮林蔵とともにカラフト探検に行き，西海岸ノテトの北方ラッカ河畔まで至り，間宮林蔵に先立ちカラフトが島であることを確認した．同6年2月カラフト詰を命ぜられ，カラフト在勤中に同島のアイヌを保護するため，サンタン交易の改善を実施した．同10年松前拘留中のロシア人ゴローニン一行の護送に従事し，同11・12年江戸詰，同14年から江差・松前詰となり，文政3年（1820）・4年箱館・ソウヤ詰となったが，同4年12月松前氏の復領により帰府した．没年は不詳．著書に『北夷談』がある．
　参考文献　淡斎如水編『休明光記遺稿』9（『新撰北海道史』5），高倉新一郎『北の先覚』，洞富雄『間宮林蔵』（『人物叢書』44）　　（榎森　進）

023 松原客館 まつばらきゃっかん　越前敦賀津付近に置かれた渤海使滞在用施設．管理は気比神宮司に委任されていた（『延喜式』雑式）．延喜19年（919）若狭に来着した渤海使を「越前国松原駅館」に遷送したところ，門戸が閉ざされ，薪炭の用意もなかったということで，越前国司が叱責されている．このことから客館は北陸道の松原駅に併設されていたとみられる．設置の時期は不明であるが，延暦23年（804）に能登国に対して客院の設置が命じられていることからみて，9世紀になって設けられたのであろう．現在地比定については，『気比宮社記』などに今浜村神明社をその旧地とする説をはじめ諸説あり，敦賀市赤橋付近が発掘調査されたが，客館跡とする確証は得られていない．
　参考文献　西村真次『日本古代的経済』交換篇5，門脇禎二『日本海域の古代史』，たなかしげひさ「六国史等の鴻臚館・客館・国駅館と便処の研究」（『奈良朝以前寺院址の研究』所収），気比史学会編「松原客館の謎にせまる」
（石井　正敏）

024 松前公広 まつまえきんひろ　1598～1641　江戸時代前期の蝦夷島松前藩主．慶長3年（1598）初代藩主松前慶広の長子盛広の長男として大館（松前）の徳山城（北海道松前郡松前町）に生まれる．母は家臣下国直季の女．幼名竹松丸，ついで甚五郎，初諱を茂広・武広と称す．慶長18年将軍徳川秀忠，ついで家康に謁し，同19年従五位下・志摩守に叙任．元和2年（1616）祖父慶広が69歳で没したが，慶広の嗣子盛広（慶長元年家康に拝謁，同6年従五位下・若狭守に叙任）が父に先立つこと8年前の慶長13年に没していたため，元和3年祖父慶広のあとを継ぎ2代藩主となった．時に20歳．襲封時の元和3年，東在の礼髭（松前郡福島町）・大沢（松前町）両村で砂金がとれ，同6年砂金100両を幕府に献上したが，幕府は献上砂金のみならず領内の金山をも悉く松前氏に与えたため，以後公広は金山奉行を置いて松前・蝦夷地の砂金場の開発に積極的にとりくみ，初期藩財政の確立に大きな役割を果たすとともに，元和5年大館周辺にあった戦国期以来の大館街と寺町を海岸よりの福山城下に移して新たな城下町の設営に着手し，その後寛永期には近江商人の進出を積極的に受け入れて藩の再生産の拠点としての城下町の経済的機能の整備・充実をはかった．また寛永10年（1633）幕府巡見使の来藩を契機に和人地内の里程を定めたが，この作業は，近世初期の和人地の範囲を確定するうえで大きな役割を果たしたものとみられている．こうした諸施策と併行して上級家臣を対象とした商場知行を実施し，寛永期にはほぼその制度的成立をみている．しかし，寛永14年3月福山館が焼失し，これにより先祖伝来の武器・重宝・書類をすべて失っただけでなく公広自身も火傷した．同16年福山館修造．また砂金場開発以来，金掘り夫に身をやつして多くのキリシタンが松前に渡ったが，幕府のキリシタン弾圧が強化されるなかで，同年領内のキリシタン106人を捕え処刑した．寛永18年7月8日没．享年44．法名は公広院殿渓雲宗愚大居士．松前の大洞山法幢寺に葬る．
　参考文献　松前景広編『新羅之記録』（『新北海道史』7），松前広長編『和田本福山秘府』，新田千里編『松前家記』（『松前町史』史料編1），『寛政重修諸家譜』154，『松前町史』通説編1上　（榎森　進）

025 松前奉行 まつまえぶぎょう　⇨箱館奉行（はこだてぶぎょう）

026 松浦鎮信 まつらしげのぶ　(一)1549～1614　江戸時代前期の肥前国平戸藩主．通称は源三郎，受領名は肥前守，宗信と号し，のち宗静に改め，天正17年（1589），法印に叙し式部卿と称す．隆信（道可）の長男．母は杉隆景の次女．天文18年（1549）平戸に生まれる．永禄11年（1568），家督相続後，再三大村純忠と確執をつづけ，天正14年には，純忠との間に領域協定を成立させた．天正15年，豊臣秀吉の九州攻めに際しては，父隆信とともに出陣

し，その功績によって旧領6万3200石を安堵され近世大名としての地位を確定した．この年，秀吉の命によって領内検地を実施する．朝鮮の役に際しては，嫡子久信とともに，小西行長が率いる一番隊に属して出兵したが，これを契機に，兵農分離を強行し，家臣団に対する統制を強化する一方，慶長4年(1599)には亀岡城を構築し，家臣団を城下に集中して城下町平戸を整備した．同5年関ヶ原の戦では東軍に属して旧領を安堵されたが，翌6年致仕し，嫡子久信が封を襲った．しかし，久信がわずか1年にして死亡，嫡孫隆信(宗陽)が13歳で3代藩主となったため，引き続き藩政を後見した．父隆信以来の外国貿易の利に着目した鎮信は，慶長5年，オランダ船が豊後に漂着したとき，船1艘を建造してマラッカに派遣し，オランダ船の平戸入港を勧告した．こうして，慶長14年にはオランダ船，同18年にはイギリス船が平戸に入港し，それぞれ商館が開設されて，平戸貿易が繁栄する基礎を築いた．それは同時に，平戸藩にいち早く商品流通の途を開き，藩体制を貿易利潤に寄生せしめることとなった．慶長19年5月26日没．66歳．平戸最教寺(平戸市岩の上町)に葬る．法名天融源長慈源院．室は西郷純隆の女．

[参考文献] 『大日本史料』12/14，慶長19年5月26日条，『長崎県史』藩政編，村上直次郎『貿易史上の平戸』，藤野保『新訂幕藩体制史の研究』，同『日本封建制と幕藩体制』

(二)1622〜1703 江戸時代の肥前国平戸藩主．幼名は重信，通称は源三郎，受領名は肥前守，天祥と号す．隆信(宗陽)の長男，母は牧野康成の女．元和8年(1622)江戸に生まれる．寛永6年(1629)，将軍徳川家光に謁し，同12年，従五位下肥前守に叙任される．同14年，父隆信の死亡により16歳で襲封，平戸藩の4代藩主となる．同年，島原の乱の勃発により，長崎警備のため平戸に帰国，有馬に藩士を派遣する一方，長崎に藩士を派遣して奉行所および日見・茂木の両所を警護させる．乱後松平信綱の平戸視察を接待するなど，襲封早々より幕命の洗礼をうける．同16年，第5次鎖国令の公布により，いわゆる鎖国体制が完成，オランダ商館の長崎移転に際しては，商館長フランソア゠カロンと気脈を通じ，抵抗を示したが，同18年，長崎移転が実現し，平戸貿易は解消した．幕府はオランダ商館移転の代償として，平戸商人に対し糸割10丸を配分したが，平戸の不振は著しく，藩財政は大きな打撃をうけた．鎮信は貿易中断後の藩政の再建に着手，まず，隆信(宗陽)以来の新参家臣の登用策を強化して，新しい身分制秩序を確立する一方，『家訓』以下の藩法を制定して藩制機構を整備した．また，明暦総検地を実施して極度の打ち出し強化をはかるとともに，新田開発を推進し，小農民の維持・増大，商・漁業の振興策を推進して，平戸藩10万石(内高)体制を確立した．さらに

貞享4年(1687)には，地方(じかた)知行制を俸禄制に切り替えて，藩財政の強化につとめた．なお，寛文4年(1664)には，従弟松浦信貞に今福1500石を分知(旗本領)したため，平戸藩の朱印高6万1700石となった．文人としての鎮信は，石州流の開祖片桐貞昌(大和国小泉藩主，将軍徳川家綱の茶道師範)に茶道を学び鎮信流を起したほか，山鹿素行に師事，弟平馬を家老に抜擢して文運の興隆につとめた．元禄2年(1689)に致仕し，同16年10月6日没．82歳．江戸本所天祥寺(東京都墨田区吾妻橋2丁目)に葬る．法名慶巌徳祐天祥院．室は松平忠一の女．

[参考文献] 『長崎県史』藩政編，藤野保『新訂幕藩体制史の研究』，同『日本封建制と幕藩体制』，同「幕藩制後期における大名の財政構造」(『九州文化史研究所紀要』11)，同「大名領国における糸割符制の変遷と商人の動向」(『史淵』100)，箭内健次「鎖国と平戸商人団」(同66) (藤野 保)

027 松浦隆信 まつら あのぶ (一)1529〜99 戦国時代の武将．松浦家第25世．通称は源三郎，受領名は肥前守，道可と号す．興信の長男，母は波多興の女．享禄2年(1529)平戸に生まれる．松浦党に系譜をひく平戸松浦氏は，党の単位細胞である平戸党の結束を通じて在地領主として発展したが，第23世弘定の時代には，津吉(つよし)・生月(いきつき)・田平(たびら)・江迎(えむかえ)・佐々・大島・度島(たくしま)などを領有し，各在地名を名乗る在地領主を被官化して勢力を拡大した．興信のあと，天文10年(1541)襲封した隆信は，さらに鷹島・佐世保・日宇(ひう)・早岐(はいき)・志佐および壱岐・針尾島・相神浦などを領有支配し，こうして北松浦郡を中心に，壱岐国を合わせ領有する戦国大名に発展し，その上に平戸松浦氏の戦国法である『松浦隆信十一ヶ条』(『道可公御代御条目』)を制定施行した．天文19年，ポルトガル船が平戸に入港し，シャビエルが平戸を巡歴した際，隆信はこれを歓待して布教を許可し，平戸貿易の基礎を開いた．しかし，永禄4年(1561)に発生した宮の前騒動(平戸人とポルトガル人との間の刃傷事件)を契機に，ポルトガル船の入港地は大村領に移る．同11年致仕後も領主権の確保につとめ，天正15年(1587)，豊臣秀吉の九州攻めに際しては，嫡子鎮信とともに出陣して旧領を安堵された．慶長4年(1599)閏3月6日没．71歳．平戸城下に葬る．法名印山道可尊勝院．室は波多忠武の女．継室は杉隆景の女．

[参考文献] 『長崎県史』藩政編，藤野保『新訂幕藩体制史の研究』，同『日本封建制と幕藩体制』，同「戦国大名家臣団の存在形態」(『日本歴史』122)

(二)1591〜1637 江戸時代前期の肥前国平戸藩主．通称は源三郎，受領名は肥前守・壱岐守，宗陽と号す．久信の長男，母は大村純忠の女．天正19年(1591)平戸に生まれる．慶長7年(1602)，父久信の死亡により，翌

慶長8年，わずか13歳で襲封，平戸藩の3代藩主となる．祖父鎮信（法印）の後見のもと，慶長9年には，『平戸分領幷壱岐島田畠惣目録』を幕府に提出して郷村行政の区画を設定，同14年にはオランダ商館，同18年にはイギリス商館を開設し，以来元和9年(1623)のイギリス商館の閉鎖まで，両国との交易を継続して藩財政の基礎を固める．慶長19年，江戸城の普請役を勤める一方，駿府において徳川家康に謁し，幕命により長崎に赴いて教会堂を破壊し，領内の禁教令を強化する．元和元年，大坂の役に出陣し，二条城において家康に恭順の意を表し，同3年，将軍秀忠より領知朱印状を下される．元和5年・寛永5年(1628)の両度にわたり大坂城の普請役を勤める．寛永12年，平戸島獅子（しし）・根獅子（ねしこ）のキリシタン信徒72名を成敗する．同14年5月24日没．47歳．江戸下谷広徳寺に葬り，のち平戸正宗寺（平戸市鏡川町）に改葬．法名向東宗陽正宗院．室は牧野康成の女．

参考文献　『長崎県史』藩政編，村上直次郎『貿易史上の平戸』，藤野保『新訂幕藩体制史の研究』
（藤野　保）

028　末羅国　まつらの　古代国郡制施行以前，肥前国松浦郡の地域にあった国名．『魏志』には「一大国（壱岐国）」から「又一海を渡る千余里」で「末盧国に至る」と記す．4000余戸があり，人々は山すそや海浜に住み，魚や鰒（あわび）を捕獲することを好み，深浅を問わず水中にもぐって捕えると述べる．『古事記』には末羅県（あがた），『日本書紀』には松浦県とある．『肥前国風土記』にも海部直鳥（あまべのあたいとり）など，海人の伝承が載っている．『魏志』は伊都国・奴国・不弥国などには「官」の存在を記すが，末盧国については「官」名を記していない点が注目される．『旧事本紀』の『国造本紀』に「志賀高穴穂朝（成務）御世，穂積臣同祖，大水口足尼孫矢田稲吉定=賜国造=」とみえる．
（上田　正昭）

029　松浦メンシャ　まつらメンシャ　?〜1656　平戸藩主松浦久信の正室，同隆信（宗陽）の母．教名メンシャ．松東院．生年未詳．肥前国大村生まれ．キリシタン大名大村純忠の五女．母は西郷純久の女とも皆吉氏の女ともいう．父に従い入信．戦国時代松浦・大村両家はしばしば抗争．その和平の意をこめて天正15年(1587)松浦氏に嫁す．同年純忠が没すると，義父鎮信（法印）より棄教を迫られたが拒否．同18年，巡察師アレキサンドロ＝ワリニァーニに会う．その後，久信からの棄教の求めにも応ぜず信仰を貫く．慶長7年(1602)夫の死後，寛永7年(1630)江戸広徳寺に送られ，明暦2年(1656，明暦3年とも)没するまで，閑隠の生活を余儀なくされた．墓は長崎県平戸市鏡川町の正宗寺にある．　→大村純忠（おおむらすみただ）

参考文献　ディエゴ＝パチェコ「松浦久信室メンシャ松東院」（『キリシタン研究』17）
（外山　幹夫）

030　マテオ＝リッチ世界図　明末の在華イエズス会士マテオ＝リッチ Matteo Ricci（利瑪竇）が作った漢字表記の世界地図．1584年(万暦12)の王泮による肇慶版を最初として，1600年には呉中明（南京刊），02年には李之藻，03年には李応試（以上北京刊），04年ごろには馮応京（北京刊？）によりそれぞれ刊行された．南京版が日本に送られたことについてはリッチの回想記に記載があり，別の西洋文献によると，慶長10年(1605)京都のアカデミアでの教材にリッチ図が使われている．わが国に現存するリッチ図の原刊本は，1602年の『坤輿万国全図』1種類のみであるが（次頁の図），右の諸版は刊行のつどわが国に舶載されたと考えてよいであろう．図中の記載が漢字・漢文であったため，便利なる世界地理情報源として知識階級の人気を集め，模写が盛んに行われた．現存点数の多い『坤輿万国全図』模写本の特徴は，漢字地名に西洋での原音がふりがなされていることである．リッチ図の影響がうかがえるわが国最初の刊行世界図は，正保2年(1645)の『万国総図』であるが，それはほぼ図形に関してのみいえることである．純粋にリッチ図が模刻された最初は，寛文元年(1661)刊の前園噲武『明清闘記（めいせいたうき）』所載図（東西両半球）で，馮応京版を源流とする図である．これに次ぐものとしては，同5年刊の松下見林『論奥弁証』所載山海輿地全図（単円）があり，それは南京版の著しく退化した『三才図会』（万暦37年）所載図の模刻である．単行図では宝永5年(1708)の稲垣光朗『世界万国地球図』（南北両半球）が最も早く，享保5年(1720)の原目貞清『輿地図』（卵形図）がこれに次ぐ．原目図では地名の大部分をカナ表記にし，東南アジア方面を改訂している．この図の蝦夷地一帯を改訂し，世界地名を増補した長久保赤水の作品は，天明8年(1788)ころ初版を世に送り，引き続き版を重ねたほか，多くの通俗版の出現を刺激し，その影響は幕末にまで及んだ．

参考文献　織田武雄・室賀信夫・海野一隆編『日本古地図大成世界図編』
（海野　一隆）

031　マトス　Gabriel de Matos　1571〜1634　ポルトガル人イエズス会司祭．1571年エボラ大司教区ビディゲイラに生まれる．88年エボラでイエズス会入会，96年神学生としてインドへ派遣され，翌年澳門（マカオ）のコレジョで神学課程を終了し司祭となる．慶長5年(1600)来日，長崎着，同7年トードス＝オス＝サントスの修院（現在の春徳寺（長崎市夫婦川町）の寺地に所在）監事，修練長補佐，同9年，筑前国秋月の初代住院上長，博多でのシメオン黒田孝高（如水）の葬儀に参加，同14年，有馬のセミナリョ学務長，翌年から17年まで博多の上長となり，黒田長政の授助を受ける．同

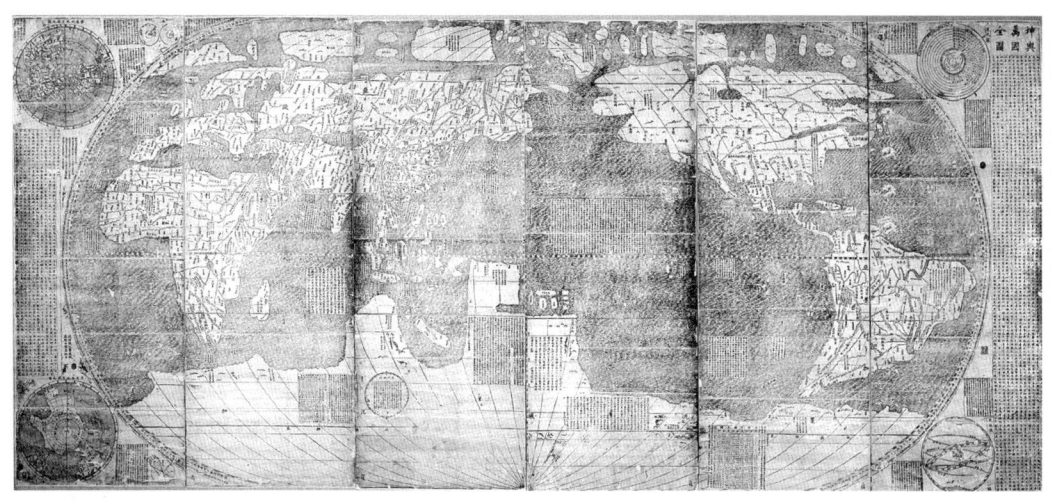

坤輿万国全図（一六〇二年刊）

17年，盛式四誓願司祭，長崎で管区長カルバリョの秘書，翌年，京都の下京住院院長，上地区長となり，翌19年，長崎管区会議に参加後離日し，日本管区代表として翌1615年，澳門からローマへ赴く．帰途ゴアを経て20年澳門のコレジョ院長，翌年，日本とシナの巡察師となり，24〜26年，コーチシナを巡察後澳門に帰り，34年1月9日同地で没．来日した少数の学識あるポルトガル人宣教師の1人で『回想録—1600〜1613年—』がある．

参考文献　H・チースリク「慶長年間における博多のキリシタン」(『キリシタン研究』19)，同「マトス神父の回想録」(同24)，J. F. Schütte, ed., Monumenta Historica Japoniae I, Textus Catalogorum Japoniae 1549—1654.　　　　　　　　　　（井手　勝美）

032 曲直瀬玄朔 まなせげんさく　1549〜1631　安土桃山・江戸時代前期の医師．名は正紹，幼名大力之助，通称道三，東井と号した．天文18年(1549)京都上ノ京に曲直瀬正盛(道三)の妹の子として生まれ，天正9年(1581)正盛の孫娘を娶って曲直瀬家を継いだ．同年昇殿を許され，翌年法眼となり，同14年法印に進み延命院の号を賜わった．翌年豊臣秀吉の島津征討に従い，豊前国小倉にあって毛利輝元の下痢下血を治療．文禄元年(1592)秀吉の征明軍に従って肥前国名護屋へ向かい，さらに毛利輝元の療治のため秀吉の命により渡韓，翌年帰国した．同4年7月豊臣秀次の切腹に侍医の故をもって坐し，常陸国水戸に配流．佐竹義宣に預けられた．慶長2年(1597)勅により院号延命院を延寿院と改称．同3年9月後陽成天皇病み，勅旨にて赦免され帰京．治効あって恩賞を賜わった．同13年徳川秀忠の加療のため江戸に招かれ，常盤橋に邸を賜わり，以後隔年に江戸に居住．寛永8年(1631)12月10日江戸で没した．享年83．正盛の学風を承け，医学文化の普及に果した役割は高く評価される．古活字版による医書の刊行にも大いに寄与した．弟子に岡本玄冶・野間玄琢・山脇玄心・井上玄徹・井関玄悦・饗庭東庵・長沢道寿・奈須恒昌などの名医が輩出した．著書に『済民記』『常山方』『延寿撮要』『医学天正記』『恵徳方』『医方明鑑』『薬性能毒』などがある．墓は東京都渋谷区広尾の祥雲寺にある．

参考文献　大塚敬節・矢数道明編『曲直瀬玄朔』(『(近世)漢方医学書集成』6)，矢数道明『近世漢方医学史』，『寛政重修諸家譜』593　　（小曽戸　洋）

033 間宮海峡 まみやかいきょう　アジア大陸と樺太島（サハリン）との間にある海峡．日本海とオホーツク海を結ぶ海峡で，タタール海峡，もしくはネベリスク海峡ともいう．長い間，樺太は半島で海峡は存在しないとされてきたが，文化5年(1808)の松田伝十郎・間宮林蔵の樺太東西両海岸にわたる探検，および翌6年の間宮林蔵の間宮海峡を渡りアムール川下流のデレンに至る探検で，樺太が島であり，大陸と樺太の間には海峡が存在することが確認された．しかしヨーロッパでは長く海峡の存在が信じられず，クリミア戦争の際，イギリス・フランス連合艦隊は大陸・樺太間にロシア艦隊を封閉したと信じている間に，ロシア艦隊は間宮海峡を抜けオホーツク海に脱出するという事件も起っている．海峡の幅は約6.5km，水深も約20mと浅く，冬期には流氷に覆われて結氷し，自動車・ソリなどでの通行が可能となる．

参考文献　松田伝十郎『北夷談』(『日本庶民生活史料集成』4)，間宮林蔵『東韃地方紀行』(同)，洞富雄『間宮林蔵』(『人物叢書』44)，赤羽栄一『間宮林蔵』(『人と歴史シリーズ』日本24)，伝記学会編『北進日本の先駆者たち』，長沢和俊『日本人の冒険と探検』，高倉新一郎・柴田定吉「我国に於ける樺太地図作製史」(『北方文化研究報告』2)，西鶴定嘉「樺太の探検と地図の発達」(『樺太庁博物館報告』4ノ4)　　　　　　　　　　　　　　（海保　嶺夫）

034 間宮林蔵 まみやりんぞう　1775〜1844　江戸時代後期の探検

家．安永4年(1775)常陸国筑波郡上平柳村(茨城県つくばみらい市上平柳)の農民兼籠(たが)職人間宮庄兵衛・クマの子として生まれる．幼少の時より数学的才能に秀で，その才が郷里近くの岡堰工事に従事していた幕吏に認められて寛政2年(1790)ごろ江戸に出る．その際隣村狸淵(むじなぶち)の名家飯沼甚兵衛の養子となり，名を倫宗とし，出郷後は村上島之丞に師事して地理学を学んだ．同11年4月蝦夷地取締御用掛松平忠明に随行した村上島之丞に伴われてはじめて蝦夷島に渡り，同12年8月蝦夷地御用雇となる．この年箱館において蝦夷地実測のため渡島中の伊能忠敬に会い師弟の約を結び測量術を学ぶ．享和2年(1802)10月病により職を辞したが，同3年4月復職し，以後東蝦夷地およびクナシリ・エトロフの測量に従事した．文化4年(1807)4月エトロフ島シャナ在勤中にロシア人のシャナ攻撃に遭遇し，会所を放棄して箱館に帰る．同年6月シャナ事件に関し箱館奉行の取調べをうけ，ついで同年12月シャナ詰責任者とともに江戸に召喚され幕府の取調べをうけたが，林蔵のみ咎なくただちに蝦夷島にもどった．この年御雇同心格となる．同5年幕命により松田伝十郎とともにカラフト島に渡り，林蔵は東海岸を北上してシレトコ岬まで達し，そこより引き返して山越えをして西海岸に出で，先に西海岸を北上していた松田伝十郎のあとを追い，同年6月20日ノテトで松田伝十郎と合流し，同地より伝十郎とともにラッカに赴きカラフトが離島であることを確かめて帰った．もっともこの年のカラフト探検では，伝十郎が林蔵より2日先にラッカまで至りカラフトが離島であることを確認していた．その後探検結果を松前奉行および天文方高橋景保に報告するとともに再探検を幕府に願い許され，同年7月再び単身カラフトに渡り，翌6年5月12日西海岸の北端部ナニオーまで至ったがそれ以上北進することができず，やむなくノテトにもどったうえで，同年6月26日ノテトのギリヤーク(現ニブフ)民族の首長コーニらの満洲仮府行に従い，サンタン船に乗って大陸に渡り，7月11日アムール川下流の満洲仮府所在地デレンに至り，清朝官吏と応接して帰った．この探検によりカラフトが離島であることが再確認されただけでなく，カラフト・大陸間の海峡の様子が明らかにされ，その旨を幕府に復命した．同8年4月松前奉行支配調役下役格となり，同年秋ごろ伊能忠敬に緯度測定法を学び，12月再び蝦夷地に向かい，翌9年から文政4年(1821)まで多く蝦夷地内の測量に従事したが，この間文化9年には天測量地法を学ぶため松前に拘留中のロシア人ゴローウニンの獄舎をしばしば訪れている．文政5年勘定奉行属普請役，ついで同7年房総御備場掛手附となり異国船渡来の風聞内探のため東北の海岸通りを往返し，同10年には伊豆諸島を調査した．同11年シーボルト事件がおきると，その密告者といわれ人望を失ったが，皮肉にもシーボルトが大陸・カラフト間の海峡を「間宮海峡」としてヨーロッパに紹介したことにより，間宮林蔵の名は世界地図上不朽のものとなった．シーボルト事件後林蔵は幕府隠密として長崎に下り，ついで薩摩藩密貿易の探索，石見国浜田の密輸事件摘発などを行なったが，弘化元年(1844)2月26日江戸深川蛤町の隠宅で没した．享年70．贈正五位．墓は東京都江東区平野2丁目の本立院墓地と郷里茨城県つくばみらい市上平柳の専称寺にある．法名は本立院では威徳院殿巍誉光念神祐大居士，専称寺では顕実院拓北宗園日成大居士である．著書に『東韃地方紀行』『北蝦夷図説』がある．　→東韃紀行(とうだつきこう)

参考文献　淡斎如水編『休明光記遺稿』9(『(新撰)北海道史』5)，洞富雄『間宮林蔵』(『人物叢書』44)，ゴローウニン『日本幽囚記』(井上満訳，『岩波文庫』)

(榎森　進)

035　**マラッカ**　Malacca　マレーシア，マレー半島西海岸の港市．メラカ Melakaともいう．14世紀の末から15世紀の初めに，ここにマレー人の国家，マラッカ王国ができた．鄭和の西征の基地となったことから東南アジア群島部最大の国際貿易港となり，マラッカ王国もマレー半島・スマトラの各地を支配下に収めた．また東南アジアにおけるイスラム伝播の中心地ともなった．1442年以降琉球中山王国の貿易船がほとんど毎年のようにここを訪れた．1511年ポルトガルがここを占領したため，マラッカ王国はジョホールに移り，マラッカは東南アジア群島部におけるポルトガルの根拠地となった．貿易ルートはここからモルッカ諸島へ，また澳門(マカオ)・日本へとのびた．フランシスコ=シャビエルもここで日本人アンジローに出会い，日本布教を決意した．マラッカは1641年にオランダ東インド会社に占領され，1795年イギリス東インド会社の手に移った．その後イギリス海峡植民地の一部となり，1957年マレーシア連邦の独立以後は，同連邦の1州となっている．

(生田　滋)

036　**マルケス**　Francisco Marques　1608~43　葡日混血のイエズス会司祭．慶長13年(1608)ポルトガル人ビセンテ=マルケスを父とし大友氏一門のサビナ=ウォーギを母として長崎に生まれ，早くから孤児となり12歳の時澳門(マカオ)へ送られ，1631年ごろイエズス会に入会，修練期を終え哲学，2年間神学を学んだ後，1640年巡察師アントニオ=ルビノらとともにマニラ経由で日本に潜入すべく澳門出港後，逆風のためにコーチシナに漂着，翌年マニラ着，セブ島で司祭となる．寛永19年(1642)ルビノら第1グループとともに中国人に変装しマニラから来日，薩摩国下甑島着後ほどなく捕えられ長崎入牢，穴吊しの刑を受け，翌20年2月6日(1643年3月25日)斬首され殉教．

参考文献　レオン=パジェス『日本切支丹宗門史』下（吉田小五郎訳，『岩波文庫』），J. F. Schütte S. J.: Monunenta Historica Japoniae I, Textus Catalogorum Japoniae1553—1654.　（井手　勝美）

037　マルケス　Pedro Marques　1575～1657　ポルトガル人イエズス会司祭，日本管区長．1575年エボラ大司教区モーランに生まれ，92～93年エボラでイエズス会入会，教養課程を終えて文法を教え，1600～03年インドでラテン語を教え，03年，司祭として澳門（マカオ）着．慶長14年(1609)来日，長崎着．長崎・口之津で布教後，同19年澳門へ追放され，1616年，盛式四誓願司祭となり，カンボジア・澳門・トンキン・海南島で布教，35年澳門に帰り，翌年，背教した日本管区長代理フェレイラのイエズス会除名に署名．寛永20年(1643)日本人に変装し日本管区長としてジュセッペ=キアラ（日本名は岡本三右衛門）らとともに澳門から潜入再来日．筑前国大島着後ただちに捕えられ長崎を経て，江戸小石川の筑後守下屋敷（切支丹屋敷）で初代宗門改役井上筑後守政重の尋問を受けて転び，明暦3年5月1日(1657年6月12日)，同屋敷で病没．82歳．『契利斯督記』には「ヘイトロ」と記されている．→切支丹屋敷（キリシタンやしき）

参考文献　レオン=パジェス『日本切支丹宗門史』下（吉田小五郎訳，『岩波文庫』），姉崎正治『切支丹宗門の迫害と潜伏』，J. F. Schütte S. J.: Monumenta Historica Japoniae I, Monumenta Historica Societatis Iesu. vol. 111; Gustav Voss und Hubert Cieslik : Kirishito-Ki und Sayo-Yoroku ; Japanische Dokumente zur Missionsgeschichte des 17. Jahrhunderts (Monumenta Nipponica Monographs, No. 1).　（井手　勝美）

038　マルティンス　Pedro Martins　？～1598　イエズス会の第2代日本司教．1541年ごろポルトガルのコインブラに生まれる．56年，同地でイエズス会入会，コインブラ大学で哲学，コインブラとエボラの両大学で神学を学び，70年司祭となる．73年エボラ大学で神学博士号を取得後，神学哲学教授，国王セバスチャンの宮廷説教師となり，78年，国王のモロッコ遠征に従い捕虜となり帰国後も再び同教授と宮廷説教師を勤め，同年と85年，管区代表としてローマへ赴き，翌年ゴアのコレジョ院長，翌87年インド管区長，92年ゴアで日本司教となり，93～96年澳門（マカオ）在留．慶長元年(1596)来日，長崎着，インド副王使節の資格で豊臣秀吉に伏見で謁し，サン=フェリッペ号事件でイエズス会内部から批判されフランシスコ会と対立，同年12月19日(1597年2月5日)26人の長崎殉教を目撃後，離日し澳門着．翌年2月13日，急変した日本の布教情況をインド副王に報告するため澳門からゴアへの途上マラッカ沖で病没．マラッカの教会に葬られる．

参考文献　『ジョアン・ロドリーゲス日本教会史』下（池上岑夫他訳・注，『大航海時代叢書』10），『イエズス会と日本』（高瀬弘一郎訳・注，同2期6・7），ヨゼフ=フランツ=シュッテ編『大村キリシタン史料—アフォンソ・デ・ルセナの回想録—』（佐久間正・出崎澄男訳，『キリシタン文化研究シリーズ』12），H・チースリク「キリシタン時代における司教問題」（『キリシタン研究』9），J・ロペス=ガイ「訪日した最初のポルトガル人司教・イエズス会士ドン・ペドロ・マルティンス」（井上勝美訳，『広島工業大学研究紀要』31），J. F. Schütte, ed., Monumenta Historica Japoniae Ⅰ, Textus Catalogorum Japoniae 1549—1654.　（井手　勝美）

039　満鮮地理歴史研究報告　まんせんちりれきしけんきゅうほうこく　東京帝国大学文科大学（大正8年(1919)文学部と改称）が，大正4年から昭和16年(1941)にかけて刊行した満洲および朝鮮の歴史・地理に関する学術報告書．16冊．日露戦争の結果，日本の満洲・朝鮮への帝国主義的膨脹が新局面に至ると，学習院教授・東京帝大兼任教授であった白鳥庫吉は，創立間もない南満洲鉄道会社（満鉄）の初代総裁後藤新平に満洲・朝鮮の基礎的歴史研究の必要を説き，明治41年(1908)1月満鉄東京支社に歴史調査室（満鮮歴史地理調査部）が発足した．白鳥主宰のもと，稲葉岩吉・箭内亘・津田左右吉・瀬野馬熊・松井等・池内宏ら，草創期の東洋史学者が結集し，『満洲歴史地理』（全2巻，大正2年），『朝鮮歴史地理』（全2巻，同年），『文禄慶長の役』正編1（同3年）などをまとめたが，大正4年1月，事業は満鉄から東京帝大文科大学に移管された．以後は満鉄から資金面の援助をうけながら，文科大学（文学部）東洋史学科の継続事業として，不定期に『満鮮地理歴史研究報告』を16冊まで刊行した．執筆者は，津田・松井・箭内・池内のほか，のちに和田清が加わった．研究領域は，前近代の中国東北部に興亡した諸民族および朝鮮の政治・社会・文化各方面にわたり，第2次世界大戦前のわが国東洋史学の水準を示す業績の発表の場となった．その成果は，直接日本の大陸政策に利用しうる性格のものではなかったが，日本の対外膨脹から便宜を得た側面は否定しえない．各冊の収載論考は次のとおりである．

1　勿吉考（津田左右吉）・室韋考（同）・安東都護府考（同）・渤海考（同）・契丹勃興史（松井等）・契丹可敦城考（附阻卜考）（同）〔大正4年12月〕
2　遼代烏古敵烈考（津田左右吉）・達盧古考（同）・金の兵制に関する研究（箭内亘）・鮮初の東北境と女真との関係（一）（池内宏）〔大正5年1月〕
3　鉄利考（池内宏）・遼の遼東経略（津田左右吉）・五代の世に於ける契丹(上)（松井等）・遼代紀年考（同）・元代社会の三階級（箭内亘）〔大正5年12月〕
4　契丹の国軍編制及び戦術（松井等）・宋対契丹の戦

略地理(同)・金代北辺考(津田左右吉)・蒙古の高麗経略(箭内亘)・鮮初の東北境と女真との関係㈡(池内宏)〔大正7年4月〕

5 高麗成宗朝に於ける女真及び契丹との関係(池内宏)・韃靼考(箭内亘)・北宋の対契丹防備と茶の利用(松井等)・遼の制度の二重体系(津田左右吉)・鮮初の東北境と女真との関係㈢(池内宏)〔大正7年12月〕

6 上代支那人の宗教思想(津田左右吉)・元代の東蒙古(箭内亘)〔大正9年3月〕

7 高麗太祖の経略(池内宏)・契丹に対する北宋の配兵要領(松井等)・高麗顕宗朝に於ける契丹の侵入(池内宏)・鮮初の東北境と女真との関係㈣(同)〔大正9年6月〕

8 百済に関する日本書紀の記載(津田左右吉)・契丹人の信仰(松井等)・朝鮮高麗朝に於ける東女真の海寇(池内宏)・元代の官制と兵制(箭内亘)〔大正10年3月〕

9 三国史記高句麗紀の批判(津田左右吉)・契丹人の衣食住(松井等)・完顔氏の曷懶甸経略と尹瓘の九城の役(附蒲盧毛朶部に就いて)(池内宏)・元朝牌符考(箭内亘)〔大正12年3月〕

10 金末の満洲(池内宏)・蒙古の高麗征伐(同)・神僊思想に関する二三の考察(津田左右吉)〔大正13年6月〕

11 漢代政治思想の一面(津田左右吉)・金史世紀の研究(池内宏)〔大正15年9月〕

12 曹魏の東方経略(附毋丘倹の高句麗征伐に関する三国史記の記事)(池内宏)・高句麗滅亡後の遺民の叛乱及び唐と新羅との関係(同)・兀良哈三衛に関する研究㈠(和田清)・前漢の儒教と陰陽説(津田左右吉)〔昭和5年8月〕

13 粛慎考(池内宏)・夫余考(同)・明初の蒙古経略—特にその地理的研究—(和田清)・兀良哈三衛に関する研究㈡(同)・儒教の実践道徳(津田左右吉)〔昭和7年6月〕

14 百済滅亡後の動乱及び唐羅日三国の関係(池内宏)・明初の満洲経略(上)(和田清)〔昭和9年6月〕

15 勿吉考(池内宏)・明初の満洲経略(下)(和田清)・「周官」の研究(津田左右吉)〔昭和12年1月〕

16 楽浪郡考(附遼東の玄菟郡とその属県)(池内宏)・高句麗討滅の役に於ける唐軍の行動(同)〔昭和16年10月〕

参考文献　東京帝国大学編『東京帝国大学学術大観』総説・文学部,『白鳥庫吉全集』10, 原覚天『現代アジア研究成立史論』　　　　　　(金子　文夫)

み

001 三浦按針 みうらあんじん　⇨アダムス

002 三木パウロ みきパウロ　?〜1597　安土桃山時代のイェズス会修士．日本二十六聖人の1人．実名不詳，霊名パウロ．父は阿波徳島の三木判太夫で，三好三人衆に従い，河内・摂津に転戦．永禄7年(1564)河内国飯盛滞在中，パウロが生まれ，ともに受洗したと推定される．天正9年(1581)新設の安土セミナリョに入学．オルガンティーノの指導を受け，14年イルマン(修士)となる．有馬・大村・長崎に布教したのち，関西に戻り大坂で布教．慶長元年(1596)豊臣秀吉によるフランシスコ会弾圧に際し，進んで縛につき，同年12月19日(1597年2月5日)長崎西坂で磔刑により殉教．1862年，ローマ教皇により聖人に列せられた．その腕骨と遺物はマニラの聖イグナチオ教会に保管されていたが，1630年10月付モレホンの証明書とともに，昭和38年(1963)長崎の日本二十六聖人記念館に移管された．

参考文献　松田毅一『(近世初期日本関係)南蛮史料の研究』, Luis Frois : Relacion del Martirio de los 26 cristianos crucificados en Nangasaqui, Roma (1935).　　　　　　(海老沢有道)

003 密西耶 みせや　『異国渡海御朱印帳』などにみえる朱印船の渡航先の1つ．フィリピンのビサヤ Visaya 地方の音を写したものには違いないが，精確にどの港をさすのかについては諸説がある．川島元次郎のパネー島イロイロ説と岩生成一のミンドロ島説がその主なものである．ただ，イロイロも貿易港ではあるが，その位置からみて，ミンドロ島のほうが朱印船の寄航地としては可能性が高いように思われる．当地あての朱印状が発行されたのは慶長10年(1605)・同11年の2回だけであり，朱印船の渡航地としての重要性は呂宋(マニラ)に遠く及ばなかった．

参考文献　岩生成一『新版朱印船貿易史の研究』　　　　　　(生田　滋)

004 粛慎 みしはせ　⇨あしはせ

005 水城 みずき　大宰府の造営にあたり，その防衛のため造られた築堤．『日本書紀』に，天智天皇3年(664)，対馬・壱岐・筑紫に防人(さきもり)と烽(とぶひ)をおき，筑紫に大堤を築き水を貯え，水城と名づけたとある．天平神護元年(765),「修理水城専知官」をおき，怡土(いと)城の築城とならんで，水城の補修を行なっている．『万葉集』『小右記』にもその名がみえ，宗祇の『筑紫道記』にも「大いなる堤有り，いはば横たはれる山の如し」とあるから，中世にも確認されるが，文永・弘安の役では元寇防塁と混同された記述もある．

遺跡は大野城の山麓から西へのび，福岡県太宰府市・大野城市・春日市にかけて所在．全長1.2km，基底部幅80m，高さ13mの人工盛土で2段築成．基底部から粘土と山砂を交互につきかため，その境目に樹皮・木葉などをはさむ．東門跡・西門跡と中央部の御笠川の3ヵ所で切り通されたのが原型と思われる．東門近くで，土塁と直交し内側(南)から外側(北)へゆるい勾配をもつ長さ80m，幅1.5m，高さ0.8mの巨大な木樋が貫通しているのが発見され，内側からの排水に備えている．また土塁の外側の基底部の端に平行して高さ0.8mばかりの木杭をうち，しがらみを巻いて根固めとし，それより北へ2～4mの深さの堀をほり，幅約60mで北岸に達するが，北岸もまた木杭としがらみで固めている．堀に水を貯える構造であったことが知られるが，堀の東西に高低差があるので，湿地帯の状況を呈していたのであろう．この大堤のほかに，郭内に通ずる南と北の間道に小水城がある．南には佐賀県基山に基肄築堤，北には大野市に上大利築堤，春日市に大土居築堤・天神山築堤が認められる．最近の発掘調査では，大土塁の基底部の幅は80m，押盛土工法で3，4層につきかため，各層の間に敷粗朶(しきそだ)や胴木(どうぎ)を入れて補強してあることは，これまでの観察のとおりであるが，その上に築いたのは城壁部といってよく，60～70度の急勾配で2段の壁体を堅固に構築し，その頂部の幅は2m，基底部から城壁部の天端(てんば)までは約10mある．つまり水城は土塁ではなく，長大な城壁とみた方が正しいとされている．国特別史跡．→大宰府跡(だざいふあと)

参考文献　鏡山猛『大宰府都城の研究』，福岡県教育委員会編『水城―昭和五〇年度発掘調査報告―』，亀井明徳・藤井功『西都大宰府』(『NHKブックス』277)，平野邦雄「大宰府・水城跡」(『史跡保存の軌跡』所収)　　　　　　　　　　　　　(平野　邦雄)

006 **ミゼリコルジャ** Misericordia　正しくはConfraria de Misericordiaまたは Irmandade de Misericordia 慈悲の所作を実践するキリシタンの慈悲の組(または兄弟会・信心会)で，自分の霊性の向上に励みながら隣人の精神的肉体的経済的困窮を助けることをめざす．リスボン・ゴアの影響を受けた日本のミゼリコルジャは永禄2年(1559)豊後府内にトルレス神父の指導下に孤児や貧民・病人のため浄財を募った．アルメイダ修道士は会員を病院の雑務奉仕者として組織化した．本格的なミゼリコルジャは天正11年(1583)長崎に設立され医療，救らい，救貧，孤児・寡婦の保護にあたり元和6年(1620)まで存続．会員は定期的に寄り合い，霊的書物を読みオラショを唱えた．迫害下，さんたまりやの御組，イエズスの御名の組などのコンフラリヤが各地にでき，洗礼や埋葬に与り潜伏した宣教師らを保護．フランシスコ会やドミニコ会の第三会は同質の兄弟会．長崎の旧記にみえる慈悲屋は養老院・孤児院，銭屋は慈善質屋を指す．→キリシタン社会事業

参考文献　片岡弥吉『日本キリシタン殉教史』，海老沢有道『キリシタンの弾圧と抵抗』，Joseph Wicki S.J.「ポルトガル領インドにおける「ミゼリコルジャ」の組」(出崎澄男訳，『キリシタン研究』15)，Josef Franz Schütte S.J.「二つの古文書に現はれたる日本初期キリシタン時代に於ける「さんたまりやの御組」の組織に就いて」(柳谷武夫訳，同2)
　　　　　　　　　　　　　　　　　(五野井隆史)

007 **道首名** みちのおびとな　?～718　奈良時代前期の官人．若年より律令を学び，のち，『大宝律令』編纂に従事し，その施行に際しては大安寺で僧尼令を講説している．和銅4年(711)に正六位上から従五位下に叙され，同5年に遣新羅大使に任ぜられた．その翌年筑後守に任ぜられ，肥後守を兼ねた．『続日本紀』養老2年(718)4月の卒伝によれば，任地にあっては，民生の安定に積極的に努め，肥後味生池をはじめ多くの池溝をひらき政績を上げたので，彼の死後百姓は神として祀り敬愛したという．正五位下で没した．『続日本紀』が彼のような五位以下の官人について，詳細な伝を記載することは異例であるが，これは『続日本紀』編纂時にあたる延暦期は地方政治振興の気運が高まった時期でもあったので，良吏顕彰の必要から首名の伝を収載するに至ったものといわれる．貞観7年(865)には良吏を追賞されて従四位下を贈られている．『懐風藻』に五言詩1首をのせるが，その記載中の56歳を没年齢とすれば，天智天皇2年(663)の生まれとなる．

参考文献　亀田隆之「良吏政治」(『日本古代制度史論』所収)，林陸朗「『続日本紀』掲載の伝記について」(岩橋小弥太博士頌寿記念会編『日本史籍論集』上所収)　　　　　　　　　　　　　(亀田　隆之)

008 **港番所** みなとばんしょ　江戸時代に，長崎港内に唐船およびオランダ船の密売買を監察するために設けられた役所．船番・町司が勤番し，当初宝永5年(1708)には港内6ヵ所に設置されたが，享保6年(1721)に2ヵ所となり，明和2年(1765)からは市内新地町1ヵ所だけにおかれた．なお船番所は国内の主要港湾・河岸に設けられ，廻船の出入り，通過する船を検査する役所のことである．→浦見番(うらみばん)

参考文献　金井俊行編『増補長崎略史』(『長崎叢書』3・4)　　　　　　　　　　　　(柚木　学)

009 **南淵請安** みなぶちのしょうあん　大和時代末期の遣隋学問僧．南淵漢人(あやひと)は中国系と称して朝鮮半島から渡来した比較的新しい帰化系の小氏．居地は飛鳥の南淵(奈良県高市郡明日香村稲淵)か．『日本書紀』によれば推古天皇16年(608)9月小野妹子を大使とする2度目の遣隋使に随行して隋に赴き，舒明天皇12年(640)10月新羅を経て帰国した．同皇極天皇3年(644)正月朔条

に中大兄皇子が中臣鎌子(鎌足)とともに，南淵先生のもとに通って周孔の教えを学ぶ途上で大化改新の計画を練ったとあるのは，請安のこととみられる．

参考文献　関晃『帰化人』(『日本歴史新書』)
(関　晃)

010 **嶺田楓江** みねたふうこう　1817～83　幕末・維新期の丹後国田辺藩士，志士，詩人，明治時代前期の教育者．諱は雋，通称は右五郎．文化14年(1817)田辺藩士嶺田矩俊の次男として，江戸の藩邸に生まれる．佐藤一斎に儒学を，箕作阮甫に蘭学を，梁川星巌に詩を学ぶ．諸国を遊歴し，奥州から蝦夷にも渡り，北辺警備の必要を唱えた．また，阿片戦争による清国の動揺，西洋列国の東亜における暴状に憤激して『海外新話』を著わしたが，幕譴に触れ，嘉永2年(1849)より3年間投獄され，著書は禁書となり，ついで三都払いに処せられ房総地方に退去，上総国請西(千葉県木更津市)において教育に従事した．元治元年(1864)藩命により帰藩，禁門の変で御所警護に任じ，ついで長州征討に従軍．廃藩置県後は縁故の地，千葉県の木更津・茂原に家塾を開き，また夷隅郡布施村(いすみ市上布施)の薫陶学舎(くんとうがくしゃ)に招聘されるなど，もっぱら教育に従事し，幾多の有為の門弟を訓育した．明治16年(1883)12月28日没．67歳．大正13年(1924)贈正五位．墓はいすみ市上布施向原にある．　→海外新語(かいがいしんわ)

参考文献　明石吉五郎『嶺田楓江』，千葉県教育会編『千葉県教育史』，『茂原市史』　(福地　惇)

011 **味摩之** みまし　生没年不詳　7世紀初頭の百済国からの渡来人．『日本書紀』推古天皇20年(612)是歳条によれば，中国の呉地方で学んだ伎楽(呉楽ともいう)を日本へ伝えた．桜井(一説に豊浦寺の桜井)を本拠として，伎楽の舞を少年たちに教えた．真野首弟子，新漢済文という2人の弟子が知られる．　→伎楽(ぎがく)

参考文献　芸能史研究会編『雅楽』(『日本の古典芸能』2)　(蒲生美津子)

012 **美馬順三** みまじゅんぞう　1795～1825　江戸時代後期の蘭方医．名は茂親，号は如柳．寛政7年(1795)阿波国那賀郡岩脇村(徳島県阿南市羽ノ浦町岩脇)に生まれる．長崎に赴き和蘭陀通詞の中山作三郎宅に寄寓し，唐通事の周壮十郎から中国語を，吉雄権之助・吉雄忠次郎らから蘭語，末次忠助からは天文学を学ぶ．のちに中山を介し蘭館長ブロンホフと知りあい，出島の蘭館への出入を許された．文政6年(1823)に来日したシーボルトに師事．シーボルトのために植物採集や和書の蘭訳を行なった．この時に蘭訳した賀川子玄(玄悦)の『産論』と石坂宗哲の『針灸知要一言』は，シーボルトの手でオランダおよびドイツの学会に美馬順三の名で紹介された．シーボルトの来日直後からの門人として信任が厚く，鳴滝塾の教師を務め，のちに塾頭となる．

同8年6月11日，コレラにより長崎で没す．31歳．墓は長崎市鍛冶屋町の大音寺の中山家墓地内と徳島県阿南市羽ノ浦町岩脇紫雲庵境内にある．昭和3年(1928)贈正五位．

参考文献　呉秀三『シーボルト先生』3(『東洋文庫』117)　(高安　伸子)

013 **任那** みま　朝鮮半島南部の洛東江中・下流域から蟾津江流域に及ぶ古代小国家群の総称．慶尚北道西南部をふくみ，現在の慶尚南道より全羅南道にわたる．

『日本書紀』では，「比自㶱・南加羅・喙・安羅・多羅・卓淳・加羅」の7国(神功紀)，あるいは「加羅・安羅・斯二岐・多羅・卒麻・古嗟・子他・散半下・乞飡・稔礼」の10国(欽明紀)の総称として，「任那」の語を用いる．これに対し，広開土王陵碑(好太王碑)は，「任那・加羅」と記し，ほかに「安羅人」をあげ，『宋書』は，「新羅・任那・加羅・秦韓・慕韓」と国名を連記し，『三国史記』列伝も，「臣本任那加良人」(強首伝)と述べている．いずれも「任那・加羅」と連称し，任那を総名として用いていない．むしろ，『三国遺事』の「駕洛国記」に，「五伽耶」として「阿羅伽耶・古寧伽耶・大伽耶・星山伽耶・小伽耶」をあげ，他に「六伽耶」とも記し，国名に「加耶」を共用しているのをみれば，「加耶」は，「駕洛」「加羅」の語とともに，この地域の総名として用いられたらしい．そのなかでは，南加羅(金官加羅．金海)，安羅(阿羅伽耶・阿那加耶．咸安)，加羅(大加羅・大伽耶．高霊)が中心で，この順に政治勢力が推移したと考えられる．ほかに任那の南部沿岸地域に，「浦上八国」といわれる「保羅・古自(固城)・史勿(泗川)・骨浦(合浦)・㵞浦」などの連合体が存在し，より内陸の加羅・新羅と抗争していた記録もある．

朝鮮半島南部は，『魏志』韓伝によれば，「桓霊の末，韓・濊彊盛にして郡県制する能はず」とあり，倭人伝には「住ること七，八十年，倭国乱る」とあって，いずれも後漢の桓帝(在位147年～67年)・霊帝(在位168年～89年)のころ，楽浪郡が韓・倭の自立を抑制しえなかったことを記すが，後漢末の建安年中(196～219)，遼東太守公孫康は楽浪郡の南に帯方郡を置き，一応これを抑え，「倭・韓遂に帯方に属す」という状態を回復した．この体制は魏に継承されるが，ついに西晋代の313年，韓は帯方郡を滅ぼし，馬韓50余国より百済，辰韓12国より新羅が出て，これらを統合し，倭もおなじ道を辿ったと考えられる．しかし，弁韓(弁辰)12国のみは，諸国の分立のまま統合を果しえなかった．たとえば12国中，弁辰狗邪国・弁辰安邪国が，それぞれ任那の南加羅(金官加羅)・安羅(阿羅加耶)に継承されているごとくである．任那の地は，『魏志』韓伝に，韓のうち「南は倭と接す」とあり，倭の北岸「狗邪韓国」(金官加羅)と記すように，倭と直接し，倭人が居

住する地域と考えられていた．また文化的にも，弁韓12国は「土地肥美にして五穀および稲を種（う）うるによく，蚕桑に暁（あか）るく，縑布を作り，牛馬に乗駕す」とあり，「国に鉄を出し，韓・濊・倭皆従ひてこれを取り，諸市買ふに皆鉄を用ふ，中国の銭を用ふるが如し」とあるように，稲作・養蚕・製鉄が盛んで，このほか支石墓・甕棺墓などをみても，この地域を媒介として，倭の九州北部との共通性のつよいことが知られる．倭は，広開土王陵碑に，4世紀後半，確実には391年から任那の地に軍事的に介入し，安羅人成兵が倭兵とともに高句麗と戦ったことが記録され，『宋書』に，倭王の将軍号として「任那・加羅・秦韓・慕韓」が加えられ，倭王武は「渡りて海北を平ぐること九十五国」と述べたとある．しかるに，475年に至り，倭の軍事援助をうけた百済は高句麗に敗れ，王都漢城を失い，はるか南の熊津（公州）に遷都したため，これより後かえって蟾津江流域の上哆唎（おこしたり）・下哆唎（あるしたり）より帯沙・己汶の地に進出した．新羅は，6世紀に入り急速に王権を強化し，洛東江をこえて南加羅・卓淳・喙己呑を併合しようとし，523年，法興王は「南境」に巡狩し，「加耶国王」が「来会」し，527年，南加羅と喙己呑はすでに新羅の有に帰したと記録され，532年，ついに「金官国（南加羅）主金仇亥」は新羅に「来降」し，法興王はその本国を「食邑」とすることを許したとある．541年，安羅も新羅に「通計」し，官人で新羅に「帰附」するものが多く，その実体は空洞化していたことが知られる．他方で法興王が「阿尸良国（一云，阿那加耶）」を滅ぼし，郡を置いたとあるから，安羅の滅亡には若干の時間的誤差が認められる．最後に，562年，「任那十国」が新羅に滅ぼされるが，これは大加羅の滅亡をさしている．以上の経過をみると，任那の滅亡は一時の決戦によってもたらされたものでなく，百済の聖明王が，南加羅は小国のため「託（つ）く所を知らざりき，是によりて亡ぼされき」と述べ，卓淳についても，「上下携（はな）れ弐（ふたごころ）あり，主自ら附（したが）はむと欲（おも）ひて新羅に内応す，是によりて亡ぼされき」と述べたといい，また「諸国の敗け亡びたる禍を歴観するに，皆内応弐心ある人によりてなり」と記されている．倭がこれを行政上指導した形跡はなく，その権限を有したとも思われぬ．このような形勢は，主として新羅に対する百済の敗北に起因するもので，554年，百済王子余昌は新羅に敗れ，聖明王は戦死し，556年，倭は余昌の弟恵を筑紫舟師をもって衛送する事態となった．この間に百済の漢城は完全に新羅に占領され，555年，真興王はここに北漢山巡狩碑をたて封疆を定めるに至るのである．

任那諸国の政治体制には不明の点が多い．数国の「旱岐」，加羅（大加耶）の「上首位」，安羅・多羅の「次旱岐」（下旱岐）などの官名がみえるが，旱岐は国王，他は臣下とみられ，官名からも決定的な身分の上下差はない．このような各国の政治体制はそれなりに自立しており，いわゆる「任那日本府」がこれを直接に指揮・支配したわけではない．「日本府」とは何か．6世紀にこのような名称はなく，『日本書紀』に「海北弥移居」「任那官家」とあるのが古称であろうが，官家であるかぎり，国内に設定された難波屯倉（安閑紀）・那津官家（宣化紀）などの延長線上にあり，港湾ないし軍事基地の性格をもつ．設立時期は，継体～欽明朝，百済の武寧・聖明王，新羅の法興・真興王代と推定される．任那の中心勢力が南加羅→安羅→大加羅の順に推移したとすれば，安羅が中心勢力であった段階にあたる．527年，倭は新羅に破られた南加羅・喙己呑を任那に取り戻すため，数万の軍を率いる近江毛野を遣わし，529年，安羅に高堂をたて，いわゆる任那復興会議を召集する．これを機縁に官家の組織が形成されたのではないかとする学説が有力である．その組織については以下の①～③のように見解が分かれる．①任那における在地倭人の連合体．②倭から派遣された府卿・府臣・執事の3段階の身分構成をもち，これに任那から派遣された執事が駐在する，倭と任那の協議体．両者の最高権力者は府卿（大臣）と旱岐（国王）である．③倭から派遣された府卿（大臣）と執事（府官）が，在地日系官人を配下に組織した出先機関．これと別に，任那各国には旱岐（国王）と次旱岐（臣下）らによって構成される政府があり，行政権を有し，官家は外交権に関与したにとどまる．①～③のうち，いずれかといえば，③が妥当であろうが，官家は軍事府・将軍府で，内政権・外交権をもつ政府ではないと考えた方がよい．5世紀の倭王が，倭・新羅・任那・加羅など「六国諸軍事」という将軍号をもちながら，王号は単に「倭王」であったことと関係あるかも知れぬ．

任那が新羅に併合された後も，倭は形式的な任那の領有権を主張した．遣新羅使とともに遣任那使を遣わし，新羅に任那の政を問い，また，新羅に対して，新羅使とともに任那使が来朝して貢調することを求めた．なかでも，610年，隋使裴世清のあとに来朝した新羅・任那使に対する賓礼は具体的に記録されている．この間にあって，591年・623年など，任那復興のため新羅への派兵を企画し，または実行したこともあったが，成功例はなく，最終的に，大化改新に際し，646年，新羅に使を遣わし，ついに任那の調を廃止し，任那問題に終止符をうった． →加羅（から） →日本府（にほんふ）

参考文献 末松保和『任那興亡史』，池内宏『日本上代史の一研究』，井上秀雄『任那日本府と倭』，鬼頭清明『日本古代国家の形成と東アジア』，平野邦雄『大化前代政治過程の研究』，大山誠一「所謂「任那

日本府」の成立について」(『日本古代の外交と地方行政』所収)　　　　　　　　　　　(平野　邦雄)

014 任那遺跡 みまないせき　任那の名は『日本書紀』崇神天皇65年秋7月条の記事にあらわれているのが初見であるが，高句麗好太王碑の中にも「任那加羅」と記されている．伽耶(加耶)・伽羅(加羅)・駕洛の名でもいわれ，現在の日本および韓国の古代史学界では，伽耶の名で称することが普通である．朝鮮半島の南部の地域にあたる慶尚南・北道のほぼ中央部を南に流れる洛東江の中流・下流を含む地域や南東海岸地域を含む地域に，成立・発展した一種の連盟小国家群であり，特に高霊の大伽耶，金海の金官伽耶，星州の星山伽耶，固城の小伽耶，咸安の安羅伽耶，咸昌の古寧伽耶は六伽耶ともいわれ，大伽耶を中心とした強大な連合体を形成していたともいわれている．これらの地域に発達した文化は，その初期のものとして，一種の陶質土器である金海式土器をもち，さらに硬質の伽耶土器・高霊系土器などといわれているものへと発達しているが，朝鮮半島に三国時代が形成されていたころは，新羅・百済とともに，古墳や山城などに顕著なものがあり，特に古墳文化においては，新羅文化・百済文化とも異なる性格をもつものが発達した．古墳の立地は，丘陵や丘陵の尾根上にあり，円墳が普通で，積石木棺や竪穴式や横穴式の石室をもつもののほかに，竪穴系横口式石室というべきものがある．これは，比較的長大な一種の竪穴式石室の形式であるが，壁は高く，一方の短壁から遺骸を納めたものであり，内部に区切りをもつものもある．竪穴系横口式の1例として，慶尚北道達城郡飛山洞37号墳の例があり，これは，筆者が発掘調査したものであったが，長さ3.82m，幅1.42m，高さ中央で1.56mに測られる石室であり，3側壁は板石を横積みにし，1側壁の短壁のみ，河原石などで乱雑に積み，遺骸をこの部分から納め入れてのち築きあげたことがわかった．横穴式石室として，梁山夫婦塚などのように周知されたものもあるが，新たに高霊郡池山洞折上天井塚のような天井部の複雑なものが発見された．ほかに高霊郡古衙洞古墳のごときは，壁面に蓮華文などが赤彩されており，朝鮮南部の数少ない壁画古墳の1例でもある．また，甕棺を墳丘に収めた特殊な例もある．全羅南道羅州面・潘南面などで発見されたもので，円形または方台状の墳丘内に1個ないし7，8個ぐらいの陶質の大型の甕棺があり，冠帽具・玉類・鉄鏃・鉄刀子などが発見され，直弧文の彫刻された鹿角製刀装具も出土している．また石蓋土壙墓などの例もある．これらの関係の古墳は，韓国の学者により，慶尚南道金海礼安里・釜山市東萊福泉洞・慶尚北道高霊池山洞をはじめ，各地のものが調査され，文化の諸相が究明されており，日本の古墳文化と関連深いもののあることも知られている．古墳群に関連して，これらの地域における1つの特色は，古墳群の所在地に山城の伴うことである．義城における金城山城，大邱における達城，星州における星山山城，高霊における主山山城，咸安における城山山城，昌寧における火旺山城などがその例であり，これらは，その山麓や傾斜地に古墳群をもち，山稜や谷間を包括し，石積みの城壁をめぐらしている．　　　　　　　　　　(斎藤　忠)

015 任那国司 みまなのくにのつかさ　大和朝廷から任那地域に派遣されたという地方官．『日本書紀』によると，吉備上道臣田狭の妻稚媛(わかひめ)の美貌に魅かれた雄略天皇は，夫の田狭を任那国司に任じて遠ざけ，その妻を奪ったという．妻を奪われたことを知った任那国司田狭は新羅と結んで任那に自立することをはかり，たまたま新羅討伐に派遣されて来た子の弟君にも百済に依拠して独立することを勧めたという(雄略天皇7年条)．この任那国司は大和朝廷から任那地域に派遣され，その地域を軍事的に支配し，しかも新羅や百済と交渉するなど，のちのいわゆる任那日本府ときわめて類似の内容を持っている．また，任命されたのが吉備臣であったという点は，「日本府行軍元帥」の1人に吉備臣小梨がおり(雄略天皇8年2月条)，日本府執事の上席に吉備臣がいたことなどと密接な関係があろう．任那国司の任那は大加羅国(金官加羅)などをさす狭義の任那ではなく，任那地域全体を指す広義の任那として用いられたものであろう．なお，任那地方の一地域に派遣された国司には，哆唎(たり)国守とか下(あるし)哆唎国守と記された穂積臣押山がいる(継体紀)．哆唎はいわゆる任那四県の上(おこし)哆唎・下哆唎・娑陀・牟婁のなかの哆唎であるから，大和朝廷派遣の官人が派遣先の地名によって某国司とか某国守と記された可能性がある．本来は「宰(みこともち)」とでもあったか．
→吉備田狭(きびのたさ)　→日本府(にほんふ)　→任那(みまな)　　　　　　　　　(坂元　義種)

016 任那日本府 みまなのにほんふ　⇨日本府(にほんふ)

017 官家 みやけ　「百済」「新羅」「任那」，また「三韓」，さらに「海西諸国」「海北」「渡」などを冠して「官家」と記し，これら諸国が朝廷に奉仕したとする記事が多い．これらは任那官家の起源を胎中天皇(応神)に求め，百済・新羅もおなじく官家であったごとく理念化したにすぎない．概念として国内の「屯倉」とは別個のものとされる．しかし，百済を「渡屯家」(『古事記』仲哀天皇段)，新羅を「内官家屯倉」(『日本書紀』欽明紀)と記し，「弥移居(みやけ)」(欽明紀)と訓じているから，屯倉の延長線上にある語であることはまちがいない．現実的な記事としては，6世紀の「任那官家」の滅亡(欽明紀)，新羅による「内官家」の滅亡(敏達紀)があり，国内でも，筑紫那津の口に，畿内とその周辺の4屯倉より穀を運び，筑紫・豊・肥の3国屯倉の穀を分ち移して，「官家」を設定した(宣化紀)とあって，い

ずれも外交・軍事基地をその内容としている．大化の東国国司の記事にも，国造・伴造にあらずして朝廷の「官家」に預かり，「郡県」を治めたと詐称することがみえ，このばあいは東国に設定された諸屯倉をさしている．ミヤケ(御宅)とは，政庁たるヤケ(宅)とクラ(倉)，つまり「官家」と，その占有下にあるミタ(御田・水田)に始まる一定の地域とをあわせて称している．ミヤケの発展形態としてのミカド(御門)が，天皇・朝廷(みかど)とその食国(おすくに)の双方を表現し，「遠(とお)の朝廷」も，大宰府・国府をさすとともに，筑紫・越などの領域そのものをも表現し，まれに韓国(からくに)をふくめていうことと共通性があろう．
→内官家(うちつみやけ)

参考文献　三品彰英『日本書紀朝鮮関係記事考証』上，平野邦雄『大化前代政治過程の研究』，八木充「いわゆる那津官家について」(『日本古代政治組織の研究』所収)，弥永貞三「「弥移居」と「官家」」(『日本古代社会経済史研究』所収)　　　　(平野　邦雄)

018 宮古島 みやこじま　沖縄県に属し，沖縄本島の南西約300kmに位置する島．宮古島を主島とする宮古群島は，宮古・伊良部(いらぶ)・下地(しもじ)・多良間(たらま)・水納(みんな)・池間・来間(くりま)・大神の八島からなる．宮古島は，中国・朝鮮史料には密牙古・麻姑山・太平山・覚高是麼などとも書かれた．面積158km²．旧記によれば，城とよばれるものが8所にあり，小豪族が割拠して争乱の時代があったが，15世紀以後首里王権のもとに統一された．隆起珊瑚礁で，洞穴が多い．土地はやせて平坦，最高所も110m．毎年のように颱風の害をうける．甘蔗・煙草・野菜の栽培が行われる．伊良部島は面積30.49km²．島内の佐良浜(さらはま)は漁業地で，鰹節製造が行われる．下地島には訓練飛行場があり，民家はない．池間島は面積2.4km²．池間漁港がある．北方に八重干瀬(やえびせ)がある．大神島は面積0.27km²．宮古は八重山とともに，17世紀から20世紀初めまで人頭税が行われた．

参考文献　『平良市史』　　　　(島尻勝太郎)

019 都良香 みやこのよしか　834〜79　平安時代前期の漢詩人．名は言道，貞観14年(872)に上奏して良香と改む．父は主計頭貞継で，弘仁13年(822)上請して桑原の姓を都宿禰に改め，良香の時朝臣を賜わる．良香は承和元年(834)に生まれ，若くして大学に入り，貞観2年に文章生となり，文章得業生を経て同11年に対策に及第したが，その対策文は後世の模範とされた．同12年に少内記，同14年に掌渤海客使，同15年に従五位下大内記となり『文徳実録』の編纂を命ぜられた．同17年に文章博士，同18年に越前権介を兼ね侍従となる．元慶2年(878)出羽国の俘囚が叛乱した際に諸国に遺した追討の勅符は彼の筆になるが，名文をもって知られる．同3年2月に内記の職を後輩に譲ることを請う状を奉り，『文徳実録』の完成を目前にして同3年2月25日に46歳で没した．その家集『都氏文集』6巻は3巻しか現存せず，他に『本朝文粋』『和漢朗詠集』などに詩文が散見される．良香は天性の詩人でその秀句は人口に膾炙し多くの伝説を生んだ．また民間伝承を平明な散文で記録して新しい文学を生み出した．その卒伝に「姿体軽揚にして甚だ膂力あり，博く史伝に通じ才藻艶発」(原漢文)とあるが，健康的な詩人で清貧に甘んじていた．彼は真言密教を学び，一方で念仏を廃しなかった．また山水を好みて仙術を行い，死後100年を経て大峯の山窟にいたという神仙的人物として『本朝神仙伝』に書かれている

参考文献　中村璋八・大塚雅司『都氏文集全釈』，川口久雄『平安朝日本漢文学史の研究』上，中条順子「都良香伝考」(今井源衛教授退官記念文学論叢刊行会編『(今井源衛教授退官記念)文学論叢』所収)，渋谷栄一「都良香伝」(『高千穂論叢』昭和55年度1・62年度1)，大曾根章介「学者と伝承巷説―都良香を中心として―」(『日本漢文学論集』2所収)
　　　　(大曾根章介)

020 明庵栄西 みょうあんえいさい　1141〜1215　鎌倉時代前期の臨済宗黄竜派の僧．道号は明庵，法諱は栄西(えいさい，「ようさい」ともよむ)，別に千光法師・葉上(ようじょう)房とも称した．永治元年(1141)4月20日，備中国吉備津宮(岡山市吉備津)の賀陽氏と母の田氏(一説に王氏)との間に生まれた．8歳で父に従って『俱舎論』を読み，11歳に至って安養寺の静心に師事した．14歳で落髪して叡山に登って登壇受戒し，静心の寂後には遺言によって法兄千命に従い，18歳に至って虚空蔵求聞法を受けた．平治元年(1159)叡山の有弁に従って天台の教学を学び，応保2年(1162)には疫病の流行によって郷里に帰って父母に仕え，また千命に従って灌頂を受け，ついで伯耆の大山に登って基好の密法を受けた．再び叡山に戻って顕意の密教を相承したのちに，郷里を通って博多に赴き，李徳昭から禅宗の盛んな宋国の仏教事情を聞いた．仁安3年(1168)4月，入宋を志して明州に着岸し，路次においてたまたま本国の俊乗坊重源に逢い，ともに天台山万年寺に登って羅漢に茶を供養し，秋9月に至って重源と同航して帰国した．将来した天台の新章疏30余部60巻と，宋国の名僧知識の書を座主明雲に呈した．のち再び入宋を試み，印度に赴いて釈迦の八塔を巡拝しようと博多に下ったが，平清盛の弟頼盛の制止にあって筑前にとどまり，やがて仲原氏の女の招請によって誓願寺の草創に関与した．この間に仏書の講究と著述に専念したが，やがて平氏の滅亡によって入宋を企て，文治3年(1187)夏に再度入宋して印度への路を申請した．時に蒙古の勢力が強大で西域路は通行できず不許可となり，船主に促されて帰国の途についたが，逆風によって放洋すること3

日，再び温州瑞安県に漂着した．同志十数人と天台山万年寺に登り，住持の虚庵懐敞に参じて日本の密教事情を述べ，ついで宗旨の一端を問われるに，「子が言の如き我が宗と一般なり」との許しの言葉を得て参禅した．また郡主の需めに応じて祈雨の法を修し，身より千光を発して降雨を齎して千光の号を受けたという．ついで300万緡を投じて万年寺の山門と両廊，大慈寺の智者の塔院を修補するなど，伽藍の復興にも意を尽くした．淳熙末年に虚庵に付随して太白山天童景徳禅寺に移ったが，紹熙2年（建久2，1191）秋に虚庵に辞意を伝え，虚庵は法衣と嗣法の証を与えて印可した．栄西は揚三綱の船にて同年に平戸葦浦に帰着し，秋8月8日には戸部侍郎清貫によって小院を創められて禅規を行い，翌年には天童山の千仏閣修造の用材を送って造営を資助した．筑前香椎宮の側に建久報恩寺を建てたのもこの年である．建久5年（1194）京に登って禅の布教を始めたが，大日能忍の無嗣承の禅と混同され，また叡山衆徒の奏聞によって禅の布教は停止となった．翌6年博多に帰って安国山聖福寺を建てたが，筥崎の良弁が叡山講徒を誘って布教をとどめることを奏上した．九条兼実は栄西を府裏に召喚して聴聞したが，禅の宗旨は理解されず，ために翌9年『興禅護国論』を著わした．正治元年（1199）鎌倉に下って北条政子の帰依を受け，9月には幕府において不動明王開眼供養の導師となった．翌2年正月には源頼朝一周忌仏事の導師を務め，さらに政子によって寿福寺住房を与えられて鎌倉に居住した．建仁2年（1202）永福寺多宝塔の落慶供養の導師となり，ついで源頼家の外護によって京都に東山建仁寺を建て，翌3年6月，朝廷は建仁寺に台密禅の3宗を置くことを認め，よって真言・止観の2院を寺域に構え，元久2年（1205）春3月に朝廷は重ねて建仁寺を官寺に昇らせた．建永元年（1206）9月に，重源の跡を嗣いで東大寺大勧進職となり，また承元3年（1209）8月には法勝寺九重塔の修造を命ぜられた．建保元年（1213）5月に権僧正となり，6月に鎌倉に帰着した．翌年2月に将軍源実朝の病気平癒のために祈禱を行い，ついで『喫茶養生記』を献じた．また実朝は旱天のために祈雨の法を請い，効験あって大慈寺落慶供養の導師に屈請した．続いて大慈寺舎利会の導師にも拝請されたが，建保3年6月5日に『吾妻鏡』は寿福寺に寂したと記し，『元亨釈書』『明庵西公禅師塔銘』『沙石集』『延宝伝燈録』は7月5日建仁寺に寂すと記す．75歳．寿福寺逍遥庵・建仁寺護国院に塔じた．門弟に長楽栄朝・退耕行勇・明全・道聖・玄珍・厳琳・円琳などがある．また栄西の真言の流派を房号に因んで葉上流といい，別に仏頂流・建仁寺流ともいわれる．栄西は伯耆大山の基好と叡山横川の南楽房の顕意から密法を伝持し，一派を創立したもので穴太三流の1つである．

参考文献　上村観光『禅林文芸史譚』（『五山文学全集』別巻），木宮泰彦『栄西禅師』（『禅門叢書』5），多賀宗隼『栄西』（『人物叢書』126），古田紹欽『栄西』（『日本の禅語録』1），平野宗浄・加藤正俊編『栄西禅師と臨済宗』（『日本仏教宗史論集』7），葉貫磨哉「鎌倉仏教に於ける栄西門流の位置」（『仏教史学研究』20／2）　　　　　　　　（葉貫　磨哉）

021　明経道　みょうぎょうどう　大学寮におかれた課程の1つ．令の規定では，算道・書道に対する本科または一般科としての性質をおびており，経学に限定された専門化したものではなく，官吏として習得すべき一般的教養とされた．しかし，次第に経学から文学および史学を内容とする紀伝道が分化したため，明経道の呼称が用いられるようになり，明法道・算道とともに四道が成立した．教官には，博士1人・助教2人のほかに令外官として直講（ちょっこう）2人があり，直講から助教を経て博士に昇るのが一般的であった．他道にくらべて教官数が多いのは，学生数と教授すべき経書の種類が多かったためである．学生には，明経得業生・明経准得業生・明経問者生・明経生がいた．明経得業生は明経生のなかから優秀なもの4人が選ばれ，数年を経て明経試を受けて官吏となった．明経得業生が少数であったことから，これを経ずに得業生に准じて准得業生宣旨を下されることがときどき行われた．明経問者生は，明経生の任官の困難を救うために，正暦4年（993）明経博士中原致時の申請によって置かれたもので，明経生のなかから8～10人が選ばれ，数年後に課試を受けて官吏となった．明経生の定員は400人であった．平安時代初期に300人以上いたという記録はあるが，どの程度まで定員を満たし得ていたかはっきりしない．教授すべき経書は，『周易』『尚書』『周礼』『儀礼』『礼記』『毛詩』『春秋左氏伝』の七経および『孝経』『論語』であった．これらは巻帙の大小により，大中小の区別があり，『礼記』『左伝』は大経，『毛詩』『周礼』『儀礼』は中経，『周易』『尚書』は小経であった．それぞれの注釈書も規定されており，『周易』は鄭玄（後漢）・王弼（魏）の注，『尚書』は孔安国（前漢）・鄭玄の注，『周礼』『儀礼』『礼記』『毛詩』は鄭玄の注，『左伝』は服虔（後漢）・杜預（晋）の注，『孝経』は孔安国・鄭玄の注，『論語』は鄭玄・何晏（魏）の注を用いることになっていた．学生はこれらのなかから2経・3経または5経を選択して学ぶことができたが，『論語』と『孝経』は必修とされた．学生のうち2経以上に通じ出仕を求めるものは，大学寮における試験を経たのち太政官に送られて式部省の行う国家試験を受けた．明経科の国家試験は，2経以上に通ずる学生に対し，その2経のおのおのについて3ないし4ヵ条と『論語』『孝経』はあわせて3ヵ条，すなわち10ないし11ヵ条を課し，6ヵ条以上の義理を明らかにしたものを合格

とした．平安時代初期においては，経学が重視されたことや大学寮の貴族化がすすめられたことと相まって，上級貴族子弟が明経道を修学することもあったが，紀伝道の隆盛によりそのような現象もみられなくなった．10世紀には中原氏や清原氏による教官職の世襲が始まった．両氏は家業とした明経道を拠りどころとして局務をも世襲しつつ実務官人としての地位を確立していき，11世紀以降博士職を独占した．しかし，江戸時代には清原氏のあとの舟橋・伏原両家が博士としての形体を保つにすぎなかった．

参考文献　桃裕行『上代学制の研究』
（鈴木　理恵）

022　明全　みょうぜん　1184～1225　鎌倉時代前期の臨済宗黄竜派の僧．法諱明全．房号仏樹．元暦元年(1184)伊勢の蘇氏に出生．幼少叡山に登り杉井房明融阿闍梨について剃髪し，菩薩戒を受けて顕密の二教を研修，のち建仁寺栄西の下に服勤すること数歳，その法を得た．受業師明融の重病のため決しかねたが，ついに貞応2年(1223)道元・高照・廓然らを率いて入宋，はじめ景福寺の妙雲に参じ，ついで栄西曾遊の地，太白山景徳寺に入り無際了派に参じたが，在山3年の宝慶元年(嘉禄元，1225)5月27日，了然寮にて示寂した．42歳．道元は建仁寺で明全に事えること9年，親しく禅門の大戒を受けているが，帰朝に際して明全の舎利を持ち帰り，『舎利相伝記』を作って明全の弟子智国に与え，明全の戒牒に奥書を記して永平寺に納めている．また『正法眼蔵』弁道話の中で，明全が栄西門下の上足として，ひとり無上の仏教を正伝したと讃えている．

参考文献　『大日本史料』5ノ1，貞応2年2月是月条
（加藤　正俊）

023　妙葩　みょうは　⇒春屋妙葩(しゅんおくみょうは)

024　明礬　みょうばん　礬石(アルミナ・鉄などの硫酸塩鉱物の総称)の上品透明な外観に由来する名称．『続日本紀』文武天皇2年(698)6月丙申条にみえる近江国から献じた白礬，和銅6年(713)5月癸酉条にみえる相模・飛驒・若狭・讃岐などから貢した白礬はこの類である．古くは「どうさ」(とうさ，陶砂の濁音化か)ともいったが，この名はのちに明礬をとかした水に膠(にかわ)液を混ぜたもの(礬水)を指すようになった．礬水は紙・絹などにひいて墨・絵具などのにじむのを防ぐのに用いられる．狭義の明礬は硫酸カリウムとの複塩のカリウム明礬を指し，江戸時代には上質のものがスキ明礬として薬用に，普通品は皮のなめし，媒染剤などに用いられた．江戸時代を通じて日本の明礬大量産地は豊後で，そのほか諸国に産したが，中国輸入品が廉価なため，両者が唐和明礬として流通した．唐和明礬は，会所を設置し独占販売権を与えられた．明礬の薬用は，李時珍『本草綱目』に「(主治)痰涎，飲澼(胃腸病)を吐下し，湿を燥し，毒を解し，涎を追って血を止め，痛みを鎮め，悪肉を蝕し，好肉を生し，癰疽，疔腫，悪瘡，癲癇，疸疾(黄疸)を治し，大小便を通ず，口歯，眼目の諸病，虎，大蛇蠍その他あらゆる虫の咬傷に用いる」とあり，また李珣『海薬本草』には波斯白礬が載っていて，シルクロード経由で伝わったペルシャ産の輸入品がみられ，同様の効能が挙げられている．わが国の民間療法として梅干の黒焼に明礬を混ぜて口内腫痛，舌の荒れ，歯痛などに対する外用が『掌中妙薬集』にみえる．

参考文献　大阪絵具染料同業組合編『絵具染料商工史』
（宗田　一）

025　明礬会所　みょうばんかいしょ　江戸時代に明礬専売を許された機関．明礬会所の設立年代は享保20年(1735)ごろと推定される．このころ豊後国速見郡野田山で明礬の採取が起り，まぎらわしい品が出ないように江戸・大坂に明礬売買会所が設立され，野田山の明礬ならびに唐明礬をも一手に引きうけて売り捌き，同会所以外での脇売を禁じた．設立の請願者は野田村明礬山請負人渡辺五郎兵衛であった．五郎兵衛は年に銀14貫の運上銀納入を条件に設立を認められたが，山元を速見郡小浦の脇儀左衛門に渡してみずからは大坂の会所に移った．宝暦8年(1758)に京都・堺にも会所を1ヵ所ずつ設けた．同10年には，諸国明礬坑の開発により脇売が起ったため，その禁止を命じ，諸国産明礬も江戸・大坂・京都・堺4ヵ所の会所に売り渡すべく命じた．天明2年(1782)薩摩産明礬の会所が同4ヵ所に許され，同時に唐明礬も取り扱った．これらの会所は天保の改革で廃止となった．しかし，安政3年(1856)旧会所引請人らが申請し，野田山と西国産明礬は大坂の会所，薩摩産明礬は江戸・大坂・京都・堺の会所，信濃ならびに東国の分は江戸の会所で扱い，輸入の唐明礬は3年に割り合せて引き請けること，年期を3ヵ年と限って許された．同5年さらに10ヵ年の期間延長が認められた．明礬山元としては豊後国速見郡野田山1ヵ所，肥後国1ヵ所，肥前島原1ヵ所，信州松本御預所4ヵ所，同御領分1ヵ所，信州松代御領分4ヵ所，薩州産物売捌所があり，年産生産額は7万斤から8万斤くらいであった．唐明礬はいったん差止めになったが，1ヵ年に5万斤の輸入が許されている．山元は各領主に運上銀を納めて稼行し，その明礬はすべて指定の明礬会所に差送し，品質検査を受けたのち，会所で決められた代銀を受け取った．その後，同会所を通じて一般の薬種商へ売り渡すことになっていた．

参考文献　武野要子「森の明ばん」(『日本産業史大系』八所収)
（武野　要子）

026　三善氏　みよしうじ　いわゆる帰化系氏族で，2つの流れがある．1つは『新撰姓氏録』右京諸蕃に「三善宿禰，出二自百済国速古大王一也」とみえ，延暦末年ころ錦部連の一部が三善宿禰への改氏姓を許され，さらに延

喜3年(903)ころ朝臣姓を賜わったと推定される．当時，文章博士兼大学頭であった清行が活躍し，その男の文江と文明も文人官吏となり，出家した浄蔵と日蔵には霊験譚が多い．もう1つの流れは，『類聚符宣抄』所収の貞元2年(977)左少史錦宿禰時佐の申状に「出‒自‒漢東海王之後波能志‒，(中略)大鷦鷯天皇御世随‒居地‒賜‒錦織姓‒，(中略)主税助錦宿禰茂明賜‒三善朝臣姓‒」とみえ，この10世紀後半に至り，錦宿禰から三善朝臣への改氏姓が認められている．茂明は長保2年(1000)ころ主税頭兼算博士としてみえ(『権記』『二中歴』)，その子孫も相ついで算博士となり，養子の為康や行康も算学を継いだ．康信は鎌倉に下って鎌倉幕府の問注所執事となり，その子孫は町野・太田・矢野・佐波・飯尾・布施などの各家に分かれ，鎌倉・室町両幕府において活躍している．このように，紀伝道系の清行と算博士系の茂明とは系譜を異にするが，『諸家系図纂』27所収の「南家系図」では両者の間に良助(錦宿禰，左大史)と連行を入れて繋いでいる．なお系図は諸史料により作成したものを掲げるが，疑問の個所があるため，詳しくは参考文献中の考証を参照されたい．

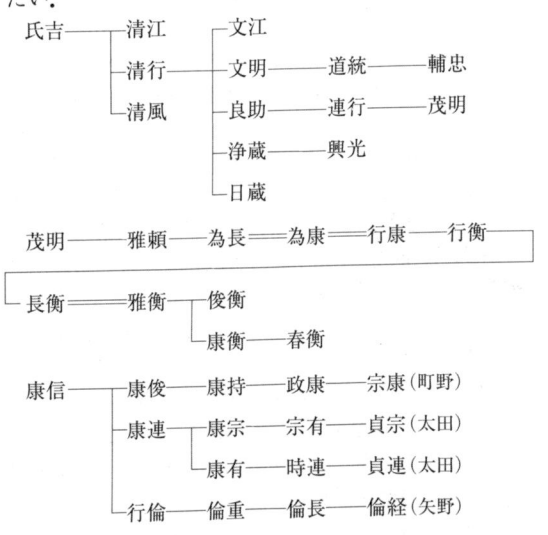

```
氏吉─┬清江
     ├清行─┬文江
     │     ├文明─道統─輔忠
     │     ├良助─連行─茂明
     │     ├浄蔵─興光
     │     └日蔵
     └清風

茂明─雅頼─為長─為康─行康─行衡
    ├長衡─雅衡─┬俊衡
    │          └康衡─春衡
    ├康信─┬康俊─康持─政康─宗康(町野)
    │     ├康連─┬康宗─宗有─貞宗(太田)
    │     │     └康有─時連─貞連(太田)
    │     └行倫─倫重─倫長─倫経(矢野)
```

参考文献 佐伯有清『新撰姓氏録の研究』考証篇5，所功『三善清行』(『人物叢書』157)，同「(続類従未収本)『三善氏系図』考」(塙保己一検校百五十年祭記念論文集編集委員会編『塙保己一記念論文集』所収)，三木靖「三善氏一族の地頭職支配」(『鹿児島短期大学研究紀要』3) (所 功)

027 **明** みん 14〜17世紀の中国の王朝．朱元璋が1368年に建て，1644年，李自成らの農民反乱によって滅亡し，南下した満洲族の清王朝によって代わられるまで続いた．

〔政治・経済〕大モンゴル帝国は中国に入って元王朝を建てていたが，遊牧民に固有の皇位継承法による宮廷の内紛と連年の水旱蝗害などによって，100年を経ずして衰えを見せた．中央集権的な専制国家の中国では，このような際に広範に発生するものは小農民層による大規模な農民反乱であるが，当時は唐末五代以来の地主制が江南を中心に展開していたから，この農民反乱は佃戸(でんこ，小作農)および自立小農民の反乱として，江南をはじめ各地に展開した．彼ら貧農を結集したものは国禁の民間宗教である白蓮教系の秘密結社であった．なかでも紅の布切れを目印とする紅巾(こうきん)軍は一大勢力となったが，貧農の孤児，朱元璋はその一兵士から頭角を現わし，最後に当時もっとも富強であった塩商，張士誠の率いる反乱勢力を蘇州に破って長江(揚子江)デルタ地帯を収め，1368年，南京に都して大明と号し，元の順帝を故郷のモンゴルに退けて，71年までにほぼ中国全土を平定した．ここに至るまでに，朱元璋は貧農層の反乱のエネルギーを結集しながらも，勢力を伸ばすにつれて地主層と妥協し，また軍中において儒教を学び，モンゴル族による征服王朝の支配に対する漢族の中華の回復を唱えて社会各層の支持を獲得し，皇帝になったのちは，白蓮教を邪教として禁じた．江南に起った王朝が全国を統一し得たのは，中国史上，明をもって最初とするが，これは当時の江南地域がすでに中国の最先進的な基本経済地帯に成長していたことを示している．太祖洪武帝(朱元璋)は初めモンゴルの制度・習俗を廃して，漢唐以来の諸制度を復古的に再建するというたてまえをとり，25人の皇子を諸国に封建したが，他方で元代に中央政府の中書省の出先機関として後世の各省にあたる行政区画に設けられていた行中書省を廃し，その地区ごとに承宣布政使司(行政)・都指揮使司(軍事)・提刑按察使司(検察)を分立させてこれを皇帝直属とした．こうして中書省の丞相(宰相)を通さず，地方行政を直接把握した太祖は，中央政府についても反逆の陰謀を名目に中書省丞相の胡惟庸を処刑して中書省を廃止し，その下の吏・戸・礼・兵・刑・工の六部(りくぶ)を皇帝直属とするなど，恐怖政治によって建国の功臣をつぎつぎと殺戮するとともに，唐代などとは異なる新しい中央集権的な専制皇帝支配を確立した．当時の中国農業は華北の畑作(小麦・高粱など)，華中・華南の水田稲作に分かれていたが，太祖は農業生産の回復につとめ，元末の戦乱で荒廃した地域に無田の農民を移住させて20年間に国初の5倍近くの農地を回復し，全国の田地・戸口を調査して，土地台帳(「魚鱗図冊」)・戸籍簿(「賦役黄冊」)を作らせ，1381年以後は10年ごとに賦役黄冊を改編して農民各戸の所有地・労働人口の異動消長を把握し，これにもとづいて税糧(農地所有税)・徭役を徴収した．このような農業政策，税・役制度の末端機構として既存の村落にもとづき土地所有農民110戸を1里とする里甲制度を施行し，税糧・徭役の徴収

のみならず，農村社会の維持と管理とをはかった．この里甲制度では，社会の基本をなす農民として土地を所有する自営農が想定されていたが，現実には地主層の存在を否定するものではなく，むしろ，張士誠の旧領を没収して官田とし，その地域の地主をはじめ旧土地所有者を「官佃戸」と呼び，一般の地主が佃戸から取りたてる佃租（小作料）にならってこれに重税を課し，この先進経済地帯から国家財政の基本財源を確保した事実によっても明らかなように，明朝の支配は唐末五代以降に成立していた地主制を基盤としており，地主層はまた官僚となって王朝権力に参加し，徭役免除などの特権を享受した．1398年，太祖が死に，皇太孫が帝位を継いだが，翌年，北辺に備えて北平（北京）に封建されていた叔父の燕王が挙兵し，帝位を奪って太宗（成祖永楽帝）となり，諸封王をあるいは廃し，あるいはその勢を削り，大運河を改修して，江南地帯からの税糧輸送の路を確保し，1421年，首都を北京に遷した．成祖は国内では宮廷の宦官（かんがん）を重用し，皇帝直属の密偵検察機関を設けて，独裁を強化するとともに，貴州を内地化し，安南を侵略し，漢人皇帝としてはじめてモンゴルに数回遠征した．また，羅針盤を使用する航海術や造船技術の発達，朝貢貿易の実績を踏まえ，1405年から次の宣徳年間（1426～35）にかけて前後30年，8回にわたり，イスラム教徒の宦官鄭和を南海に派遣した．鄭和は1回にほぼ60余隻，3万人を率いてアフリカ東岸にまで達し，これにより明代の南海に関する知識は大いに増した．こうして15世紀の初頭には税糧の全国実徴額は米・麦3000万石（当時の1石は日本の5斗8升余）を突破し，農本主義を理念とする明朝皇帝の支配は中国史上空前の隆盛を極め，秤量（しょうりょう）貨幣としての銀が地がねのまま大いに流通し，1433年には米1石につき重さ2銭5分の銀で代納する税制（金花銀）が江南に実施され，銀経済に魅せられた宮廷・官僚による銀山の開発が盛んとなった．こうした経済の進展は，浙江・福建の銀山地帯に盗掘集団の大反乱を発生させ，他方，税の銀納化は銀の保有に乏しい一般農民を苦しめるとともに，生産力の高い先進地帯の農村を刺激して家内工業にもとづく製糸絹織物業・綿業などの商品生産を発達させた．これに伴って，1448年の福建での大農民反乱をはじめ，これ以降，江南の各地に佃戸による抗租（小作料闘争）が展開するようになった．中央軍を総動員して福建の農民反乱を鎮圧した直後の1449年，時の皇帝（英宗正統帝）が明の北辺に侵入したオイラート族のエセン可汗の捕虜になるという「土木の変」が起った．これ以後，明は九辺鎮を設け，16世紀半ばには長城を現在の地域に固めて北方民族の侵入に備えたが，モンゴルのタタール族はしばしば攻め入って，1550年，北京城を包囲するまでに至った．このような歴史的情勢は，「倭寇」といわれる東南沿海での日本人・中国人の密貿易や物資掠奪の諸事件と併せて「北虜南倭」と呼ばれた．その誘因をなしたものは国内の商品生産の展開による豊富な物資であった．これはまた北虜への防衛を名目とする増税とも結びついて，後世に華僑と呼ばれた中国人の海外移住を促した．このような経済の発展は，明初以来の農村の里甲体制の変質をもたらし，日本の太閤検地に先立つことほぼ10年の1580年，時の宰相張居正は天下の戸口・土地調査を開始した．全国の農地には官田とその7倍の広さの民田があり，官田には皇室の皇荘，諸王・功臣の荘田，前述の江南デルタの官田，軍・民・商の屯田などがあり，商屯は15世紀初め，政府専売品の塩の取扱いを特許されていた塩商が軍糧の納入に備えて北辺に設けたものであるが，軍糧が銀納入に変わって崩壊した．明朝財政は若干の商税のほか大部分は農地の税糧に頼っており，その畝当り税額は種々雑多であったため，16世紀初めから均攤（きんたん）法・徴一法などによる単純化が江南に行われたが，農民を苦しめたものは，むしろ戸ごとの丁口・税糧・資産の多寡により3等9則に分けて課された徭役であった．徭役には前述の里甲正役のほか雑役があったが，15世紀半ばには均徭法によって正役に組み入れられ，徭役もまた銀納化される方向をあゆんだ．このような税・役徴収上の単純化と銀納化との傾向は，16世紀後半に江南から華北に普及し，さらに全国に施行された一条鞭法の成立をみた．張居正の土地調査に始まり，あらゆる税・役を一本化して簡素化し，銀納化したこの大改革は，単に徴収を能率化するものであるばかりでなく，郷紳層（官僚地主）を先頭とする地主層の大土地所有の展開による地主・佃戸関係の新たな変動を国家権力が捉えなおしたものであり，他方，郷紳らによる包糧（納税請負）を生んだ．このような土地制度の歴史的な変質とこれにもとづく税・役制度の変遷をもたらしたものは，ほぼ16世紀以降における社会的生産力の著しい発展であった．その結果，華中・華南の水田地帯では，日本近世の一地両主制のような一田両主制が展開し，譲渡・売買の自由な田面権を佃戸が所有する慣行も行われた．このような生産力の発展を前提として税・役や佃租の収奪が強化され，農村が銀経済に巻き込まれると，先進地帯の長江デルタでは，農民はこの生産力を養蚕・製糸や絹・綿布などの商品生産につぎ込み，獲得した銀で税・役を納め，家計を補充した．こうして，たとえば絹では，蘇州の近郊農村に紬の商工業小都市が成長し，蘇州はその中心として高級絹織物を生産し，内外商業の一大集散都市となった．商人のうち資本の最大のものは，政府専売の塩の販売を特許された塩商人に始まり，全国に商品を輸送・販売するようになった「客商」としての新安（徽（き）州）商人・山西商人であった．中国の学界には，明末・清

初の手工業を中心とする以上のような経済の発達をもって「資本主義の萌芽」と見なす見解もある．このような歴史的情況は，明末の政治・社会に大きな変動をもたらした．1592年の寧夏のボバイの乱に始まり，日本の豊臣秀吉の朝鮮侵略，播州の楊応竜の乱と続いた万暦の三大征は，莫大な軍事費の支出とそのための増税のもととなったが，97年，宮殿の3殿が焼けると，当時の万暦帝はその修復に秀吉の朝鮮侵略に対する朝鮮救援（明軍はかえって朝鮮を収奪したといわれる）の軍事費以上を浪費した．この財政難にあたり宦官が全国に派遣され，銀山の開発，商税の増徴が行われたが，これに乗じた宦官の私的な中間搾取はおびただしく，各地に「礦税の禍」といわれる混乱をもたらした．蘇州の官営工場「織染局」（民間織物業の発展によって，局自体が製造するよりも製品の買い上げと徴税とを任務としていた）に派遣された宦官孫隆の誅求に対しては，1601年，蘇州の民間機業の織傭（織物工）2000余人の反乱（「織傭の変」）が起った．明代の官僚には郷紳（郷里にいて勢力をもつ退職官僚）と現職の官僚とが郷党によって結ばれる傾向があったが，明末になると宦官と官僚とを結ぶ「閹（えん）党」が生まれ，これに対し宦官の圧政に反対する正義派の官僚は東林書院に結集した人々を主としていたから東林党と呼ばれた．彼らに対する魏忠賢ら宦官勢力の弾圧は残虐を極め，1626年の蘇州に勃発した「開読の変」など，宦官に対する抵抗や正義派官僚擁護のため，民衆と下級読書人の連帯による「民変」が多くの都市に広がった．他方，農村における抗租には，貧窮農民によるものにとどまらず，商品生産などによって実力をつけた佃戸層の日常的な反地主闘争の傾向が見られ，支配者側から「頑佃抗租」と呼ばれた．明朝最後の皇帝毅宗崇禎帝は魏忠賢一派を一掃し，徐光啓を登用して時代の危機を救おうとしたが，17世紀初頭以来，北辺を脅かしてきた満洲族の力はますます強まり，軍事費の増大と，これによる全国的規模の増税は明朝支配を破局におとしいれた．こうして明軍の主力が北辺にある時，陝西（せんせい）の李自成をはじめとする農民反乱が長江以北を席巻すること10余年，1644年，北京をおとしいれ，崇禎帝は自殺し，明王朝は滅亡した．

〔文化〕儒学では，陽明学の成立がある．王陽明は初め朱子学を学んだが，官僚としての実務のかたわら，陸象山の思想を学び，朱子学の客観唯心論に対し，認識と実践の統一を説く主観唯心論的な陽明学を形成した．その陽明学左派が近世の日本で徳川教学の朱子学に対立して果たした役割は，大塩平八郎らの言行にも見られる．この左派に，儒教の伝統的権威に反対する王艮（こん）・王畿が出，その説を受け継いだ李贄（し，卓吾）は人欲と功利を肯定し，これを卑しむものを偽善として否定した．東林党は朱子学系だったが，明末にはそのなかから古学の復興を唱える「応社」，さらに「復社」の運動が展開し，明末清初には経世致用のための実証的な学問が生まれた．黄宗羲（そうぎ，『明夷待訪録』）・顧炎武（『日知録』『天下郡国利病書』）・王夫之（船山，『読通鑑論』）の三大思想家はいずれも復社の同人で，明の滅亡にあたって反清抵抗運動に参加して清朝には仕えず，3人ともに民族意識を秘めた政治批判の関心が強く，政治の原則を経書の古典に求め，政治の具体的なあり方を歴史書に探るために綿密な実証的方法を究めた．この流れはのちに清朝治下で弾圧に遭うと書斎のなかで精緻な清朝考証学に結実し，近世の日本にも大きな影響を与えて幕末における洋学受容の学問的前提をはぐくんだ．1549年に来日したフランシスコ＝シャビエルをはじめイエズス会士が民衆へのキリスト教布教に努めた日本の場合と異なり，中国の場合は，宣教師たちは主として宮廷に学者として迎えられた．崇禎帝に仕えてポルトガル砲を対満洲族防衛に使用した宰相の徐光啓は，みずからキリスト教徒となり，ユークリッド幾何学をマテオ＝リッチ（利瑪竇（りまとう））と共訳して『幾何原本』を，西洋の天文暦によって『崇禎暦書』を作ったが，ことに徐光啓が歴代の農書を集大成した『農政全書』は棉作織布・養蚕製糸織絹の技術，貧農の主食としての甘藷の栽培の重視に時代色が窺われる．また李時珍『本草綱目』，当時の中国の最先端の技術を収めて，平賀源内らを通じ近世日本の技術を育て，和刻本も出た宋応星『天工開物』（1637年）などが出版された．文芸では詩文よりも俗語文学に特色が見られる．戯曲には元末以来の北曲（雑劇）に代わって，明末の湯顕祖『牡丹亭還魂記』のような南曲（伝奇）が盛んとなり，小説では『三国志演義』『水滸伝』『西遊記』『金瓶梅』などが庶民生活のつくり出す時代の雰囲気のなかで長編として補修大成された．このほか文語体の『翦燈（せんとう）新話』，俗語文学の『醒世恒言（せいせいこうげん）』『拍案驚奇』などが広く読まれた．絵画では，北宋以来の院体画の流れをくむ北画に代わって元末以来の文人画である南画が15～16世紀に花開き，沈（しん）周（石田）・文徴明を経て明末の董（とう）其昌が様式を確立した．また風俗人物画の仇英や花鳥画の徐渭（い），明末清初に力強い画風を示した八大山人や石濤などがいる．陶磁器では元代にイランから染付けの技法が入り，明代前期の瀟洒な染付け，後期の生気溢れる赤絵が陶磁器史上に1つの爛熟期を実現した．帝室用の官窯（御器廠）をはじめ，陶工数万を擁する民窯の集中する江西の景徳鎮は，全国生産量の過半を占め，世界中にその製品が輸出された．

参考文献　『明史』，山根幸夫『明代徭役制度の展開』，岩見宏『明代徭役制度の研究』，森正夫『明代江南土地制度の研究』，浜島敦俊『明代江南農村社会の

研究』，小野和子編『明清時代の政治と社会』，島田虔次『中国に於ける近代的思惟の挫折』，『(岩波講座)世界歴史』12　　　　　　　　　(田中 正俊)

日明関係　明代の日中関係は、前期と後期とに大別され、前期は明初以来の朝貢貿易と海禁政策を中心に展開され、後期は16世紀以降、中国海商と結ぶいわゆる倭寇の活動が高潮に達し、やがて海禁が解除されて中国海商の民間貿易がある程度自由化された時期である。前期・後期に分けその概要を述べると、次のごとくである。

〔前期〕明朝は14世紀後半の国初以来、海外諸国を招撫する方針のもとに、朝貢貿易だけを許してそれ以外の民間貿易はすべて禁止する政策をとった。そのため、諸外国の商船はその国の主権者の名で派遣する朝貢貿易船団のなかに組み込まれて、中国貿易を営むほかなかった。日本からの遣明船も例外ではなかった。この朝貢貿易船の証拠となるのは、表文および勘合である。表文は諸外国の主権者が中国皇帝に贈る外交文書(冊封関係の表示)であり、勘合は民間商船もしくは海賊船と区別するために明朝が諸外国に与えた割符であり、1船ごとに1枚ずつ携帯した。日本では応永11年(永楽2、1404)に勘合を支給されて以来、この貿易を勘合貿易と呼んだ。この朝貢貿易と表裏の関係にあるのが海禁政策である。元末から明初にかけて、朝鮮半島から中国沿海地の海上には、倭寇などの海賊船団が横行し、沿海地に上陸して糧米・住民などを略奪する事件が続出した。国内統治の上から沿海民が倭寇などと結んで治安の乱れることを警戒した洪武帝は、洪武4年(1371)以来、中国人の海外出航を一切禁止する、いわゆる下海通蕃の禁令を発布した。この海禁政策は、すでに元末にも一時的にはみられたが、明政府はこれを祖宗の法として墨守したので、約2世紀の長期にわたり維持存続された。この元末明初の倭寇は、主力が朝鮮半島に向けられ、対馬・壱岐・北九州の松浦方面の日本人によって構成され、いわゆる前期倭寇である。洪武帝は即位の当初、日本を招撫するため3回にわたり使節を派遣し、朝貢貿易をよびかけるとともに倭寇の禁止を要請してきたが、当時の日本は南北朝の争乱がまだ収拾されず、九州の大宰府にあった南朝の懐良親王と交渉して、これを日本国王とみなした。ところが、これについて来朝した明使の僧祖闡(そせん)・克勤(こくごん)は、南朝の劣勢に対し北朝が優勢であると知り、京都の足利義満にも連絡をとって交渉し、その後両者の使節がそれぞれ前後数回にわたり送られて通商を求めた。しかし明朝の朝貢貿易規定は厳格であり、日本も倭寇を禁止する力がなく、また明の宰相胡惟庸の謀反に加わり日本の武力援助を求めたという林賢事件が発覚したのを機として(洪武19年)、洪武帝はついに日本との外交を断絶するに至った。洪武帝の死後(同31年)、孫の建文帝が立つと、まもなく叔父燕王との間に靖難の変が起り、4年間にわたる内戦状態が続いたが、ついに燕王が勝利して即位した。これが永楽帝である。永楽帝は武勇に秀でたばかりでなく、簒奪者としての汚名を避けるためにも、国民の眼を外部に向けさせ、積極的な対外政策をとって国威の発揚につとめた。一方、南北朝の合一(明徳3年(1392))に成功して室町幕府の基礎を固めた足利義満は、積極的に中国との通商を求め、博多商人肥富(こいつみ)らの勧めもあって、建文帝のときに正使祖阿らの遣明船をおくり(応永8年)、これに応えて明使も来朝し、ここに両国の国交が再開されるに至った。朝貢貿易は、元来、政経不分離を原則とし、政治的には明との間に冊封関係を樹立することであるが、義満は幕府財政の上から明との通商貿易を推進するためあえて日本国王の称号を甘受した。義満の死後、このような関係が日本の外交に汚点を残すものとして、義持により一時的に日明関係が中絶するが、中国貿易の利益は大きく、義満の先例にならい国交を再開するほかなかった。室町幕府の正式の遣明船は、15世紀初め(応永8年)から16世紀半ば(天文16年(1547))の正使策彦周良のときまで、約150年間に合計19回に及んでいる。15世紀中葉までは、特に船数・人員に制限もなく、最も多いときは船9隻・人員1200人にも上ることがあったが、明側の「厚往薄来」(少ない進貢物に対し多い回賜物)の外交方針で、中国貿易による利益が非常に大きかったものと考えられる。しかし15世紀後半以後、明では土木の変(正統14年(1449))による国家的重大事件、北方モンゴル族に対する防衛軍事費の増加など政治財政の上から、海外諸国に対する外交政策はきわめて消極的となった。そのため、遣明船の貿易品に対する明政府の買上げ価格も従来通りでなく引下げを余儀なくされ、また使節団員による入京の沿途もしくは入京中での不祥事件も加わり、遣明船の船数を3隻に制限され、入京人員も50人に削減されるという事態になった。朝貢貿易は一種の官貿易(政府間貿易)であり、原則として関税は免除され、中国滞在中の諸経費も明政府から支給されたので、海外諸国にとっては航海中の海上の危険はあっても、経済的には収益の多いものであった。しかし15世紀後半以後の明朝財政の逼迫に伴い、関税の徴収、政府買上げ価格の切下げなど政策上の変更を余儀なくされ、朝貢貿易自体が縮小化される傾向にあった。

〔後期〕この時期の日明関係に大きな転換期をもたらしたのは、大永3年(嘉靖2、1523)の寧波(ニンポー)の乱である。15世紀後半以来、室町幕府の権威が衰退し、新興の堺商人と手を結んだ有力な守護大名の細川氏と博多商人をバックとし西国に地盤をもつ大内氏とが、遣明船貿易の主導権を競い、この年かれらは別個の遣明船団を組織し、相前後して寧波に達してその入

貢の先後を争い，明の市舶太監の汚職行為もからんで，ついに武力衝突をひき起し，多くの中国人を巻き添えにする大事件となった．この事件を契機に，寧波市舶司は一時閉鎖され，日本の遣明船貿易に対して厳しい規制が加えられた．その規制措置は，すでに部分的には存したが，浙江巡按御史楊彝（い）の上言により，嘉靖6年(1527)以後，10年1貢，船3隻，人員100（のち300），兵器帯用禁止の4項目の制限が新規に確認された．この事件後，日本では大内氏が勘合貿易を独占し，終りの2回の遣明船が派遣されるが，そのつどこれらの制限が厳しく問われた．そのため，厳しい統制の勘合貿易を敬遠した日本の一部海商は，当時盛行しつつあった中国海商の密貿易に参加するようになった．中国では海禁政策下に人民の海外出航はいっさい禁止されていたが，古くから海上生活ならびに海外貿易に依存していた浙江・福建・広東など沿海地住民には死活にかかわる問題でもあり，海禁を徹底させることは当初から容易ではなかった．15～16世紀になると，国内の生産力は次第に向上し，商品流通経済の発達に促されて中国商品を国外に持ち出し，貿易利潤を追求して密航を企てる者が次第に多くなった．地方の郷紳・富豪のなかにも，官憲と結んで巧みに法網をくぐり，代理人を雇って海外貿易を営み莫大な利益をあげる者が出現した．当時の海禁政策下に密航を企てる者は，国禁を侵した犯罪者として奸商・海盗・海寇などとよばれ，彼らも自衛上武装して官憲の弾圧その他に対抗せざるをえなかった．そのころ，中国沿海域での密貿易の中心地は，浙江の寧波に近い六横島の双嶼港（ポルトガル人のいうLianpo）と福建の漳州東南の月港（のちの海澄県）などで，中国海寇の李光頭・許棟（れん）兄弟は，双嶼港を本拠にポルトガル人や日本人，その他の南洋人を誘い，中国本土の有力者・豪商を相手にこれら諸港を往来し，東アジア海上における国際的な密貿易を展開した．これに対処するために起用された浙江巡撫兼福建軍務提督の朱紈（がん）は，その徹底した海上の粛正がかえって沿海地出身の官僚や郷紳層の反撃を買い，彼の失脚後はあえて海禁を唱えるものもなく，中国海商の密貿易はますます盛んとなり，日本人を誘致しての嘉靖の大倭寇時代を招来した．この時期に活躍する海商が王直・徐海らの海寇で，王直は本拠を日本の五島・平戸におき，甥の王汝賢，養子の王激（ごう，毛海峰）らを腹心としてみずから徽（き）王と号し，36島の倭人を指揮してその勢力を東アジア海上に振るった．徐海らは大隅・薩摩を本拠に力を蓄え，倭人を誘って嘉靖33年から連年中国沿海地に出没し，大陸沿岸の柘林（しゃりん）・乍浦（さほ）などを前進基地として，しきりに江蘇・浙江の諸州県を襲撃した．これら海寇の頭目は，前進基地を中国沿海地に設けてその本拠は日本の九州地方におき，日本人を率いているところから倭寇と呼ばれているが，その構成員は大部分が中国人で占められ真の倭は1～2割にすぎなかった．この嘉靖大倭寇時代の密貿易で取り扱われた中国商品には，生糸・絹織物をはじめ綿布・錦繍・紅線・水銀・縫針・鉄鍋・陶磁器・銅銭・薬材・書籍など多岐にわたっていた．それらは「倭好貨物」として『籌海図編（ちゅうかいずへん）』に載せられ，日本ではたいへん愛好され，数倍から10倍もの高値で取引されて中国海商に多大の利益を与え，その決済には日本から多量の銀が支払われた．その後，隆慶元年(永禄10，1567)福建巡撫塗沢民の上奏によって，明初以来の長期にわたる海禁が解除され，中国海商の南海方面への往来と通商貿易が公認されたことは，間接的に海寇・倭寇の活動を封殺することになった．また豊臣秀吉の国内統一と海賊禁止令(天正16年(1588))も，倭寇終息の一因となった．ただし海禁解除以後も，中国商人の日本への渡航と貿易は禁止されたため，日明間の貿易は依然として密貿易の形で存続するほかなかった．その間，秀吉の朝鮮出兵のため日明間には一時的な緊張状態が存したが，利益のあるところ明船の日本への来航はなかば公然と黙認されていた．慶長19年(万暦42，1614)には，日本への来航の明船が60隻余りにも達したといわれ，この後期の日明貿易は公的てなく表面に現われないが，実質的には従前にみられぬ活況を呈していたことが知られる．　→勘合貿易（かんごうぼうえき）　→遣明使（けんみんし）　→遣明船（けんみんせん）　→倭寇（わこう）

参考文献　鄭舜功『日本一鑑』，小葉田淳『中世日支通交貿易史の研究』，田中健夫『中世対外関係史』，森克己・田中健夫編『海外交渉史の視点』1，毎日新聞社編『遣明船と倭寇』(『図説人物海の日本史』3)，佐久間重男『日明関係史の研究』

（佐久間重男）

028 旻 え　？～653　7世紀の入唐学問僧．史料上の初見は，『日本書紀』推古天皇16年(608)9月条の遣隋使小野妹子に従い，高向漢人（あやひと）玄理や南淵漢人請安らと留学したという記事であり，学問僧新漢人（いまきのあやひと）日文とみえる．舒明天皇4年(632)帰国，乙巳の変(大化元年(645))後，新政権が成立すると，高向玄理とともに国博士に任命され，同年10月十師の制が設けられると，その一員に加えられる．ただ，寺主僧旻とあることは，飛鳥寺の寺主でもあったものか．『日本書紀』大化5年2月条には，高向玄理との2人に八省・百官を置かしむとあるが，これは新官制の文案作成でも命ぜられたものであろうか．翌年2月に穴戸国司より白雉が献上されると，祥瑞思想について知見を披露している．このことは，『家伝』に，帰国後の旻の堂には中臣鎌足や蘇我入鹿らが集まり，『周易』の講義を聞いたとあることや，舒明天皇9年に流星があった時の雷に似た音を天狗の吠ゆる声であ

ると主張し，同11年の彗星出現より飢饉を予告したことなどを考えあわすと，旻の中国で学んだこの方面の知識の豊かさが推測される．白雉4年(653)5月には，孝徳天皇が臥病の旻を僧房に見舞い，6月に命終すると，彼のために画工狛竪部子麻呂らに多くの仏菩薩像を作らせ，川原寺(山田寺)に安置したという．なお，『日本書紀』所引の「或本」には，5年7月阿曇寺に行幸した天皇は，病床の旻の手をとり，「若し法師今日亡なば，朕従ひて明日に亡なむ」といったと伝える．
    参考文献　吉田一彦「僧旻の名について」(薗田香融編『日本仏教の史的展開』所収)　　(佐久間　竜)

029 明楽 みんがく　⇒明清楽(みんしんがく)

030 明極楚俊 みんきそしゅん　1262～1336　鎌倉時代後期に中国から来日した禅僧．楚俊は法諱．元国慶元府昌国の黄氏の出．虎巌浄伏の法を嗣いだ．中国ですでに名の知られた僧であったが，径山(きんざん)の前堂首座(しゅそ)を勤めていたころ，日本からの招請に応じて来日した．天暦2年(元徳元，1329)，竺仙梵僊・天岸慧広・物外可什・雪村友梅らと同船して，5月に博多に着いた．このころ，大友貞宗が竜山徳見を招請しようとして使者を派遣するなど，日本では留学僧や特使を通じて中国の高僧を招き禅宗を定着させようとする動きが盛んであった．明極の来日もこの動向のなかで実現したものである．翌年，招かれて関東に下向する途中，京都で後醍醐天皇に謁して法問をうけた．同2月，北条高時は明極を建長寺の住持に任じた．このとき竺仙が前堂首座として教化を助けた．元弘3年(1333)の政変以後，後醍醐天皇によって南禅寺第13世に迎えられ，翌建武元年(1334)正月，南禅寺は五山第一とされた．この年建仁寺に移り，第24世となる．同3年9月27日，同寺現住のまま示寂した．享年75．建長寺の雲沢庵，南禅寺の少林庵，年次は不明だが摂津に開創した(一説に勧請開山という)広厳寺の浄土院に分塔された．のちに勅して仏日焔慧(えんね)禅師と号し，その一派を焔慧派という．法嗣に懶牛希融・草堂得芳らがいる．著書に『明極和尚語録』6巻があり，その一部は『明極楚俊遺稿』として『五山文学全集』3に収められている．
    参考文献　『大日本史料』6ノ3，延元元年9月27日条，玉村竹二『五山禅僧伝記集成』，西尾賢隆『中世の日中交流と禅宗』　　(今泉　淑夫)

031 明史 みんし　中国，明朝の正史．清の張廷玉ら奉勅撰．目録4巻．本文は本紀24巻，志75巻，表13巻，列伝220巻，すべて332巻．はじめ清は入関直後の順治2年(1645)明史館を開いて明史の編纂を行おうとしたがほとんど効をみなかったので，康熙18年(1679)明史館を再開し，張玉書・王鴻緒らを前後して総裁に任じた．雍正元年(1723)張廷玉らが総裁となると，王鴻緒の『明史稿』を改編して同10年に完成，乾隆4年(1739)に至り殿版として刊行された．『明史』は編纂に多大の年月をかけ，明代の掌故に精通した万斯同ら多くの学者を動員し，実録はじめ多くの史書にあたって慎重に作業を進めたので，よく統一がとれて重複の少ない良史といわれている．明代の歴史全般を一応知るには便利であるが，その資料となった『明実録』などほとんどの書物が残存しているため根本史料とすることはできない．また史実の誤りもままあり，『明史稿』との優劣も一概にはいえない．『明史』には閹党(宦官)・流賊・土司の列伝が立てられているのも時代の状況を反映した1つの特色であるが，南明についてはほとんど触れられていない．なお殿版が定本であるが，中華書局の標点本(1974年(昭和49)刊)が校勘記もついていて実用に便利である．『明史』全巻の和刻本はないが，部分的には関世美が句点を施した『明史文苑伝』4巻4冊(寛延4年(宝暦元，1751)刊，明和7年(1770)重訂本刊)，忠義伝・孝義伝・列女伝を収めた『明史三伝』6巻6冊(嘉永5年(1852)刊)，小池桓が句読点と校語を施した『明史朝鮮伝』1冊(宝暦11年(1761)刊)などがあり，ともに『和刻本正史諸史抄』(昭和48年，汲古書院刊)の中に影印されている．和田清編『明史食貨志訳註』(昭和32年，東洋文庫刊)は食貨志全6巻について訓読し，詳細な註釈を加えたものである．
    参考文献　李晋華『明史纂修考』(『燕京学報専号』3)，学生書局編『明史編纂考』　　(神田　信夫)

日本伝　『明史』322，外国伝，日本条の通称．本書成立より約20年前の雍正元年(1723)にでた『明史稿』日本伝(同書巻196，外国伝3，日本条)と全文一致．内容は，はじめに日本改名にふれ，「事，前史に具はる」として，元のフビライの征日に一言し，高皇帝(明の太祖)の即位以下，年代順に日明交渉の経緯を述べている．大別して，①嘉靖倭寇までの日明交渉，②万暦朝鮮の役，①には日本国王良懐(懐良親王)，胡惟庸事件，不征国日本をはじめ，源道義，義持，義政，義高(澄)，義晴に至る勘合貿易と倭寇(この間，寿安鎮国山の錫封と日朝班列の問題など)，寧波(ニンポー)争貢事件と閉関絶貢，嘉靖倭寇とその討平など多彩．②はいわゆる「万暦倭寇」であるが，「事，朝鮮伝に詳かなり」と逃げ，筆を朝鮮役で絶っているのは惜しまれる．分量は『元史』日本伝の4倍余，これまでの倭・日本伝のうち，もっとも長文．しかし，まま表現に節略があり，通意をとるのに困難なところもある．もとより『明実録』，その他の史料と比較検討の要がある．
    参考文献　石原道博『訳註中国正史日本伝』
　　(石原　道博)

032 明実録 みんじつろく　中国，明朝の13代の皇帝の実録の総称．正式には『大明実録』といい，俗に『皇明実録』ともいう．『明実録』はその略称．太祖実録257巻，太宗実

録274巻，仁宗実録10巻，宣宗実録115巻，英宗実録361巻，憲宗実録293巻，孝宗実録224巻，武宗実録197巻，世宗実録566巻，穆宗実録70巻，神宗実録596巻，光宗実録8巻，熹宗実録87巻より成る．すべて3058巻．『崇禎実録』(17巻)と称するものがあるが，実録ではなく民間の編纂物である．実録は皇帝の没後，次の皇帝の勅命によって先代の在位年間の政治に関する記事を年月日順に排列編纂したもので，起居注や檔案(とうあん)などの重要な資料に基づいているので，明代の最も根本的な史料である．明代の檔案の類は，明末の時期のもの以外にはほとんど残存していないため，実録の史料的価値ははなはだ高い．実録は元来王朝の最も大切な記録として秘せられ，一般には閲読できなかった．当初は正副2本の写本が作られたが，嘉靖13年(1534)正本を謄写し，収蔵庫の皇史宬を建てて保管することとなり翌々年完成，副本は内閣に備えられ，万暦年間(1573～1620)に謄写が行われた．しかしそれらの原本は現存せず，今日伝えられているのはいずれも明末清初に抄写されたもので，相互に出入があり，誤字・脱落・錯簡が多く，完全なものはない．民国29年(1940)梁鴻志により江蘇国学図書館の伝鈔本が影印出版され，はじめて普及することになったが，このテキストもあまり良いものではない．民国51年から57年に至る間に，台北の中央研究院歴史言語研究所は旧北平図書館所蔵の紅格鈔本を影印し，併せて黄彰健の撰する広方言館本や内閣文庫などの各種伝鈔本との校勘記を出版した．この『明実録』は一般に利用されており，前記の巻数はこれによるものである．日本には江戸時代に中国から舶載された写本が宮内庁書陵部・内閣文庫・国立国会図書館に現存し，東洋文庫にも中国写本が所蔵されているが，その内容は一長一短である．『明実録』は非常に大部なうえ，多様な記事が年月日順に排列されているので，特にある事項に関する記事を抄出した史料集として，『明代満蒙史料明実録抄』(昭和29年(1954)～34年，京都大学文学部刊)，『明代西域史料明実録抄』(同49年，京都大学文学部内陸アジア研究所刊)などが出版されており，日本に関しては琉球をも含めて『中国・朝鮮の史籍における日本史料集成明実録之部』(同50年，国書刊行会刊)がある．

〔参考文献〕 間野潜竜『明代文化史研究』，黄彰健『明清史研究叢稿』，三田村泰助「明実録の伝本に就いて」(『東洋史研究』8ノ1) （神田 信夫）

033 **明清楽** みんしんがく 江戸時代，わが国に伝えられた中国，明・清の民間音楽．ことに明治時代に「明清楽」と通称された．明楽は明末期，崇禎年間(1628～44)に安南貿易船主の魏双侯が数回の来朝の際にわが国に伝えたとされる．双侯は寛文6年(1666)日本に永住し，延宝元年(1673)には内裏で明楽を奏したという．その曾孫の魏皓は宝暦年間(1751～64)末年ごろ，多くの日本人に明楽を伝授し，これによって明楽は流行した．清楽は文化・文政年間(1804～30)，長崎に来航した清人によって伝えられた．ことに金琴江は同地の遠山荷塘・曾谷長春らに伝授し，やがて彼らは江戸に上り清楽を広めた．また，文政年間または天保年間(1830～44)初年には，林徳建が来朝し頴川連(春漁)らに清楽を伝え，その門下の鏑木渓庵は江戸に広めたという．このほかにも，江戸時代末期に長崎に来航した清人から清楽を伝授される者が多かった．明清楽に使用された中心的な楽器は，月琴・琵琶・胡弓・明笛などで，これに拍板か片鼓などの打楽器が加えられた編成が一般的であったが，中でも月琴は独奏楽器などとしても普及した．明清楽は明治時代に入っても流行したが，明治半ば，ことに日清戦争以後に衰退していく．しかし，明治時代には端唄や俗曲などが月琴で奏され，また同時代に作られた箏曲には大きな影響を与えた．

〔参考文献〕 山野誠之「明清楽研究序説」1・2(『長崎大学教育学部人文科学研究報告』41・43)

（荻 美津夫）

034 **明銭** みんせん 中国，明朝において官鋳された制銭．明朝においては，一時期を除き，歴代の皇帝がその年号を銭文とする制銭を作っているが，9代憲宗(1464～87)のころまでは，銅料の不足と財政の補塡のため，宝鈔(紙幣)の使用を主とする方針であった．そのため，純良な銅材を用い，1個の重さが1匁2，3分あって，輪郭周正・文字分明といわれた品質のよい大中通宝以下，洪武・永楽・宣徳通宝などは，大半が官庫に備蓄されたままで，流通しなかった．その後，弘治通宝以下は，錫あるいは鉛を相当量含むものとなり，泰昌・天啓通宝などに至ると，銅2～3，鉛7～8といわれているほどに質が低下した．このころに至ってようやく銭貨の使用が広まり，宣徳通宝以前の良銭も流通界に姿を現わしたが，いずれも1枚1文として通用したため，良銭は銷毀されるものが多かったという．そして前代の北宋・南宋銭や，宋銭・明制銭を模した私鋳銭が，制銭とともに用いられていた．私鋳銭でも，明

(清写本，宮内庁書陵部)

初のものは質がよく，制銭に比しあまり見劣りしないものもあったが，これも次第に低劣なものになった．明朝は貨幣の私鋳を厳禁したが，私鋳銭が通用すること自体は禁止せず，鉄銭・錫銭や破砕した銭を除き，ほぼ2分の1くらいの価値で，制銭と混ぜて用いられていた．日本はこのような貨幣事情にあった明国と国交を結び，その銭貨を輸入しようとしたのであった．足利義満は，応永4年(1397)明に使を送り，同8年遣明船を派遣した．同10年帰朝した遣明使とともに来朝した明使の帰国に際して，「日本国王臣源」と署名した国書を明の成祖に捧呈し，翌11年勘合を成祖から与えられ，また遣明船を出した．こうして勘合貿易が始まったのであるが，日本国王(足利将軍)の明帝に捧呈する奏文と朝貢品に対し，頒賜物として，他の品とともに，制銭が与えられた．このような，明帝→日本国王→国内通用を正式なルートと考えると，形式的には日本国内で通用した明銭の，日本における発行権は日本国王(足利将軍)にあったといえよう．しかし，実際には頒賜物として贈られた銭の総量は大したものではなく，応永14年に来朝した明使から義満に銅銭1万5000貫文を贈られたのが，1回の例としては多い方であった．しかも足利義政が銅銭の下賜を願ったときは拒絶されており，応仁・文明年間(1467〜87)のころには，このルートでの銅銭輸入は杜絶したとみられる．したがって明銭のわが国への流入は，勘合船の附搭物として送られた大名・寺院・商人などの商品の代価として，あるいは密貿易の形で入ったものが多かったといえよう．しかも前記のような明国の通貨事情であったから，制銭よりも古銭(宋銭)が多く流入し，また新銭(私鋳銭)も，明国における相場で評価されて流入したと思われる．洪武・永楽・宣徳通宝を除き，他の明制銭が遺物としても，ほとんど見られないのもそのためであろう．しかしそのような趨勢も，やがて明国で生糸・反物などを買い入れて輸入すれば数倍の利益が上がるので，むしろ銅銭を輸出してでもそれら商品を輸入する風が生じ，室町時代後期には，銅銭の輸入はほとんど止まったのである．それで次第に発達した国内の商品流通に伴い，銭貨の不足が生じ，国内でも私鋳する者が増加し，中国渡来の私鋳銭とともに，われ・かけ・ころ銭など特定の悪銭を除き，それら国内で造られた私鋳銭も一概に排除することはできなくなった．撰銭令が出されて撰銭が制限され，あるいは増歩をつけて悪銭を精銭に混じて用いることが強制されたのも，そのような貨幣事情によったのである．明銭のうち，永楽通宝(永楽銭)は，洪武通宝(洪武銭)とともに，わが国出土銭貨中，1つの銭種としては最も量の多いものであるが，中には制銭に似せた私鋳銭も含まれていたようである．東国では永楽銭が重んぜられ，後北条氏領では，年貢の納入を永楽銭で行うことを定めたが，実情としては制銭である永楽銭不足のため，米・黄金などを以てする代物納を認めざるを得なかったのは，永楽銭が，他にくらべて多く輸入されたにもかかわらず，需要を満たすほど十分にはなかったことを示しているといえよう．徳川氏も関東入国後，それまでに徳川の領国で行われていた例と，後北条氏の貨幣政策とを勘案して，金1両＝永楽銭1貫文＝鐚銭4貫文の割合を定めたが，同時に永楽銭の使用を停止し，単に価値の規準にだけ用いたのは，後北条氏の時代と同じで，その絶対量が不足していた実情によるのである．　→永楽通宝(えいらくつうほう)　→洪武通宝(こうぶつうほう)　→宣徳通宝(せんとくつうほう)

明銭一覧

銭　名	皇帝	鋳造開始年
大中通宝	太祖	至正21年(1361)
洪武通宝	同	洪武元年(1368)
永楽通宝	成祖	永楽6年(1408)
宣徳通宝	宣宗	宣徳8年(1433)
弘治通宝	孝宗	弘治16年(1503)
嘉靖通宝	世宗	嘉靖6年(1527)
隆慶通宝	穆宗	隆慶4年(1570)
万暦通宝	神宗	万暦4年(1576)
泰昌通宝	光宗	泰昌元年(1620)
天啓通宝	熹宗	天啓元年(1621)
崇禎通宝	毅宗	同7年(1627)

(1)大中通宝は，太祖がいまだ即位せず，呉国公を名乗っていたときに作られた(太祖の即位は洪武元年)．
(2)『大明会典』『明史』などにより作成．

参考文献　『古事類苑』泉貨部，小葉田淳『日本貨幣流通史』，市古尚三『明代貨幣史考』，滝沢武雄『日本貨幣史の研究』，同『日本の貨幣の歴史』(吉川公文館『日本歴史叢書』53)　　　　(滝沢　武雄)

む

001 無隠元晦 むいんげんかい
?～1358 鎌倉・南北朝時代の臨済宗幻住派の僧．はじめ日外，のち無隠と改号．豊前の人で，延慶3年(1310)復庵宗己などと入元し，中峰明本に師事して嗣法する．帰朝は嘉暦元年(1326)で，中国僧清拙正澄の来朝と同じ船である．建仁寺に住持となった清拙に請われ前堂首座をつとめたが，大友氏泰の招請を受け，建武2年(1335)に筑前の顕孝寺に入寺，ついて筑前の聖福寺第21世住持となり，さらに五山の建仁寺第32世住持となる．貞和5年(1349)には南禅寺の第21世住持となった．開創寺には，壱岐の海印寺，筑前の宝覚寺などがある．法嗣に少室□昌・透関□徹などを出す．五山文学僧中巌円月や雪村友梅などと交友があったが，延文3年(1358)10月17日寂す．塔は南禅寺幻住庵と聖福寺幻住庵に設ける．康正2年(1456)に後花園天皇より，法雲普済禅師の諡号を下賜された．

参考文献 『大日本史料』6ノ22，延文3年10月17日条，卍元師蛮『延宝伝燈録』5（『大日本仏教全書』）

(竹貫 元勝)

002 向井元升 むかいげんしょう
1609～77 江戸時代前期の医家．諱は玄松(のちに玄升)，字(あざな)は素柏，以順．観水子・霊蘭堂と号す．慶長14年(1609)2月2日，肥前国神崎郡崎村の生まれ．長崎で天文および儒医の術を学び，本草学もよくし，わが国最初の本草書『庖厨備用倭名本草』を書く．慶安年中(1648～52)社学輔仁堂を建て子弟を養う．正保4年(1647)に聖堂を建てたが寛文3年(1663)に焼失した．寛永16年(1639)より書物改役の春徳寺住職を助けたが，主に唐船の持ち渡る書物を選んで紅葉山(もみじやま)文庫に納めることを担当した．万治元年(1658)上洛，京都で開医，皇族をも治療して名医のほまれが高かった．延宝5年(1677)11月1日，69歳で病死．真如堂(京都市左京区浄土寺真如町)に葬る．『知恥篇』『乾坤弁説』『孝経辞伝』などの著もある．次男元淵は俳諧の向井去来である．三男元成は延宝8年長崎奉行牛込忠左衛門の請により長崎に帰り聖堂祭酒となったが，貞享2年(1685)書物改中に『寰有詮』が禁書である旨を指摘，譜代，書物改役に取り立てられ，向井氏は江戸時代末まで同役を相続した．

参考文献 渡辺庫輔『去来とその一族』

(大庭 脩)

003 無学祖元 むがくそげん
1226～86 鎌倉時代に渡来した臨済宗破庵派の僧．道号は無学，法諱は祖元．はじめ子元と号したが，のちに無学と自称した．宋国明州慶元府鄞県の人，父許氏と母陳氏との間に宝慶2年(1226)に生まれた．7歳にして家塾に入って習学したが，13歳で父を失ったので俗兄の仲挙懐徳に従って浄慈寺に赴き，北礀居簡について剃髪受戒して祖元と安名された．嘉熙3年(1239)に径山に登って無準師範に参じ，狗子無仏性の公案に参じて5年，ようやく悟入の境地に至って投機の偈を無準に呈した．淳祐8年(1248)霊隠寺の石渓心月に参じ，同11年には育王山に移って偃渓広聞について蔵主を司り，ついで秉払(ひんぽつ)を遂げたが，同12年霊隠寺に移って霊鷲庵に居した虚堂智愚に参じた．諄々と説く虚堂の話にようやく言詮を絶した境地に到達した．再び天童山に帰り，翌宝祐元年(1253)には大慈寺に移って物初大観に参じ，厠・手洗などの掃除係の浄頭(じんじう)を希望した．この間に香厳撃竹の公案に参じ，井楼にあって水を汲まんとして轆轤を引き，その回転の音を聞いて豁然として大悟した．物初の会下で首座(しゅそ)となり，ついで四明の慈渓県の羅李勉に請ぜられて東湖の白雲庵に住し，老母を養って孝を尽くして終焉に至るまで7年庵居した．景定4年(1263)冬に，師兄(すひん)の退耕徳寧が霊隠寺に住したので，これを助化して首座となった．咸淳5年(1269)10月2日に，台州の真如寺に請ぜられて赴任したが，宋室の弱体は元軍の侵入を招いたので雁蕩山能仁寺に避乱した．有名な臨剣頌はこの時の作である．至元14年(1272)天童山に帰って環渓惟一のもとで首座となり，その接衆を助けたが，至元16年(弘安2)に北条時宗の使命を帯びた傑翁宗英と無及徳詮が天童山に登って日本来航を促す招聘状を届けた．執権時宗は蘭渓道隆の後任を環渓に求めたのである．環渓は老体を理由に固辞して無学を推薦し，門弟の鏡堂覚円をこれに随侍させた．環渓は本師無準に代わって無学に法衣を付与し，辞案上堂の後の5月26日に出立し，6月2日乗船して同25日ごろ博多に着岸した．北条氏出身の無象静照は聖福寺にあったが港湾に出迎え，鎌倉建長寺の法座に就いたのは8月21日である．香を無準に焚いて嗣法を表し，日本大衆の接化に着手した．執権時宗は無及徳詮を通訳として無学に参禅したが，弘安5年(1282)12月鎌倉山之内に円覚寺を創めて開山初祖とした．住すること2年にして再び建長寺に帰り，弘安9年9月3日に末後の法を説いて寂した．61歳．荼毘にして建長寺後山に葬った．塔を常照・塔院を正続庵という．のち仏光禅師と勅諡され，さらに貞治2年(1363)5月後光厳天皇より円満常照国師と追諡された．よってこの門派を仏光派という．門弟に一翁院豪・高峯顕日・規庵祖円・大用慧堪・建翁慧鼎・雄峯奇英・見山崇喜・桂淵清輝・雲屋慧輪・頓庵契愚・太古世源・白雲慧崇・孤雲慧約・古倫慧文・無外慧方・無外如大など30余名がある．遺著に『仏光国師三会語録』がある．1巻は台州真如寺の上堂法語，2巻は拈香・秉払・

偈頌，3巻は建長寺上堂法語，4巻は円覚寺上堂法語・普説・小仏事，5巻は建長寺普説，6巻は檀那家普説，7巻は法語，8巻は仏祖讃・自賛・偈頌，9巻は拾遺雑録（普説・書簡・偈頌・小仏事・法語・跋・付録・行状・塔銘），10巻は年譜・塔銘で，行状は浄慈寺住持霊石如芝の撰，竜峯普慈禅寺住持用潜覚明の撰，無象静照撰の3本があり，塔銘は掲傒斯の撰，無学の俗甥である東陵永璵の撰する正脈院塔銘の2本がある．後年に高峯顕日の法孫である中山法頴が，掲傒斯の撰になる塔銘に，語録などから関連記事を抜粋挿入して編集した『仏光禅師塔銘』もある．『続群書類従』伝部所収と『大日本仏教全書』所収の10巻目はこれである．語録は五山版・寛文版・宝永版・享保版などがあり，『国訳禅宗叢書』14，『（大正新修）大蔵経』80などにも収められる．

参考文献 『円覚寺文書』（『鎌倉市史』史料編2），玉村竹二・井上禅定『円覚寺史』，『鎌倉市史』社寺編，葉貫磨哉「北条氏の純粋禅への帰嚮」（『中世禅林成立史の研究』所収），玉村竹二「仏光国師無学祖元」（『日本禅宗史論集』上所収），同「宋僧泉古澗について」（同所収）　　　　　　　　（葉貫 磨哉）

004 **無関玄悟** むかんげんご 1212〜91 鎌倉時代の臨済宗聖一派の僧．道号は無関．法諱は玄悟，普門房と称し，房号普門も法諱に用いた．建暦2年（1212）に生まれる．信州保科（長野市若穂保科町）の人．俗姓源氏．7歳で越後国蒲原郡菅名荘にある正円寺（新潟県五泉市村松甲）の伯父寂円について僧童（駆烏）となり，13歳に至って剃髪受具した．のち信州塩田（長野県上田市別所温泉）の講席に列して経論を学び，数年にして再び正円寺の寂円に侍した．19歳となって上野世良田（群馬県太田市世羅田町）の長楽寺に赴き，釈円房栄朝について菩薩戒を受け，また関東・北越の講席を歴遊したが，京都東福寺の円爾の名声を聞いてこれに参じた．随侍すること5年再び越後に帰り，華報寺の本智に席を譲られて教寺を改めて禅寺となした．建長3年（1251）海を渡って宋に入り霊隠寺の荆叟如珏に参じ，ついで浄慈寺の「」断橋妙倫に参じたが，景定2年（弘長元，1261）4月25日に法衣・頂相を授けられて印可された．断橋の寂後に江南の禅刹を歴参したが，明州鄞県に日本船の停泊するを見て乗船し，薩摩河辺郡に帰着した．とどまること2年にして京に登って東福寺の円爾に相見し，東福寺の2世に請ぜられたが辞して鎌倉に下り，寿福寺の蔵叟朗誉が首座に要請したが，固辞して越後に赴いて安楽寺に住した．円爾の病の重きを聞いて京に登って問病し，再び東福寺に請住されたが辞して摂津の光雲寺に住した．弘安4年（1281）に東山湛照の後席として，一条実経は無関を東福寺に請住せしめた．亀山上皇の離宮である禅林寺松下殿には，正応元年（1288）以来しばしば妖怪が現われた．上皇は西大寺叡尊に命じて鎮座の秘法を修行させたが功験なく，上皇は無関に妖怪の降伏を命じた．無関は20員の僧衆を率いて二時の粥飯，四時の坐禅を修するのみであったが妖怪は漸く安息した．上皇はこれによって離宮を禅寺とし，無関をもって南禅寺の第1祖とした．秋に東福寺に帰り，東福・南禅の両寺を兼帯したが，正応4年12月12日子刻示寂した．歳80（一説，81），東福寺の竜吟庵に塔じた．よってこの門派を聖一派の竜吟門派という．嘉元元年（1303）冬に仏心禅師と勅諡され，元亨3年（1323）冬には大明国師と追諡された．暦応2年（1339）春に虎関師錬は南禅寺に住し，無関の塔を建てて霊光といい庵を天授と号したが，明徳4年（1393）秋に火災となり，虎関の門弟性海霊見が復興した．このちに天授庵の守塔比丘玄瑛が，天授庵の塔銘のないことを憂えて，『元亨釈書』の無関伝，『亀山帝外記』，巌寶明投の撰する『大明国師行状』の3本を携えて，南禅寺前住の椿庭海寿を，山内の語心院木杯軒に尋ねて塔銘の執筆を依頼した．椿庭は応永7年（1400）夏4月に銘をなし，これを以て守塔比丘玄瑛は天授庵に碑銘を建てた．なお，この碑名を記した『無関和尚塔銘』は『続群書類従』伝部に収められている．

参考文献 白石虎月編『東福寺誌』，桜井景雄編『南禅寺史』上，玉村竹二『五山禅林宗派図』，中川成夫「越後華報寺中世墓址群の調査—中世禅僧墓制の考古学的研究—」（『立教大学文学部史学科調査報告』4），葉貫磨哉「参学渡海と外交使節」（『中世禅林成立史の研究』所収）　　　　　（葉貫 磨哉）

005 **身狭青** むさのあお 5世紀後半の廷臣．姓（かばね）は村主（すくり）．身狭は牟佐とも書き，大和国高市郡の身狭（奈良県橿原市見瀬町）の地．『日本書紀』雄略天皇2年10月条に天皇は暴悪だったが，ただ史部（ふみひと）の身狭村主青と檜隈民使博徳を愛寵したとあり，同8年2月条にこの2人が呉（くれ）の国（中国江南の地）すなわち当時の南朝に遣わされ，同10年9月条に呉が献った鵝鳥2羽を持ち帰ったが，その鵝鳥が筑紫で水間（みぬま）君の犬に喰われて死んだことがみえ，さらに同12年4月条にもこの2人が呉に遣わされ，同14年正月に呉が献った工人の漢織（あやはとり）・呉織（くれはとり）と衣縫（きぬぬい）の兄媛（えひめ）・弟媛（おとひめ）

を連れ帰ったことがみえる．一方でまた同応神天皇37年条には東漢（やまとのあや）氏の祖の阿知使主（あちのおみ）とその子の都加使主（つかのおみ）を呉に遣わして，縫工女（きぬぬいめ）を求めさせたことがみえており，これらが中国南朝の正史にみえる有名な倭の五王の遣使記事に対応する日本側の伝えのすべてであるが，身狭村主や檜隈民使は東漢氏配下の帰化系の小氏族だったから，当時かれらが外交官として何度か南朝諸国に使いした事実が，互いに混乱してこのような形で伝えられたものか．　　→檜隈民使博徳（ひのくまのたみつかいのはかとこ）　→倭の五王（わのごおう）

参考文献　関晃『帰化人』（『日本歴史新書』），同「倭漢氏の研究」（『関晃著作集』3所収）

（関　　晃）

006 **宗像氏** むなかたうじ　福岡県宗像市に鎮座する宗像神社の大宮司家．宗像氏は，古代豪族胸肩君（胸方・胸形・宗形などともつくる）にさかのぼることができる．胸肩君は，荒海の玄界灘を渡る航海術を持ち，孤島沖ノ島を海上の守護神として信仰していた．ヤマト王権も朝鮮半島への侵攻を企て，その成就と海上安全のために沖ノ島で祭祀を行い，また大海人皇子（天武天皇）と胸肩君徳善の女との間に高市皇子が誕生するなど，両者は結びつきを持っていた．大化改新後，天武天皇13年（684）には朝臣の姓（かばね）を賜わり，その後，宗像郡郡司職に補任され，天元元年（978）には初代大宮司職に氏能が補任された．大宮司職は官符によって補任されてきたが，一族内の抗争のなかでこれに勝利した氏信が宗像社を鳥羽上皇に寄進し，久安2年（1146）に鳥羽院庁下文によって大宮司職に補任されてからは，本家による補任に変わった．平氏政権下では一門の所領となり，平氏にならって対宋貿易を行なった．鎌倉幕府のもとでは没官領となるべきところ，当時の本家（八条院）の意向もあって氏実に本領安堵された．鎌倉御家人として幕府の後ろ盾のもとで安定した社内支配が続き，正和2年（1313）の「宗像氏事書」の成立へと結実した．御家人となって以後は武士的活躍が多く，南北朝時代には幕府方として数々の合戦に加わった．室町時代には大内氏に属し，充行われた所領にちなんで一時期黒川姓を名乗った．戦国時代には氏貞が一族をまとめて社内をよく治めたが，天正14年（1586）に継嗣を得ることなく病没し，宗像氏は断絶した．　→宗像神社（むなかたじんじゃ）

参考文献　宗像神社復興期成会編『宗像神社史』，石井進「十四世紀初頭における在地領主法の一形態―「正和二年宗像事書条々」おぼえがき―」（『日本中世国家史の研究』所収），小島鉦作「筑前国宗像氏の海外通交貿易に関する考察」（『政治経済論叢』15／3），安達直哉「中世前期の神宮領主の存在形態」（秀村選三編『西南地域史研究』2所収），宗像大社文書編纂刊行委員会編『宗像大社文書』，正木喜三郎『古代・中世　宗像の歴史と伝承』，桑田和明『中世筑前国宗像氏と宗像社』

（河窪奈津子）

007 **宗像神社** むなかたじんじゃ　福岡県宗像市田島に鎮座．旧官幣大社．宗像三女神を奉祀する全国6200余社の総本社．当社は，玄界灘のほぼ中央の沖ノ島にある沖津宮（おきつみや），陸地近くの大島にある中津（なかつ）宮，内陸の宗像市にある辺津（へつ）宮よりなり，この三宮をもって一体を形づくる複合的組織の神社で，また広大な神域をもつ規模雄大な神社である．祭神は，沖津宮は田心姫（たごりひめ）神，中津宮は湍津姫（たぎつひめ）神，辺津宮は市杵島姫（いちきしまひめ）神であり，いずれも天照大神の子神で，宗像三女神，また宗像大神とも呼ばれる．なお，祭神の配列順や神名の表記法，および三宮の神を総称する場合の神名などについては，古来種々の変遷があった．当社の由緒は，天照大神が天孫降臨に先だって宗像三女神に下した神勅に「汝三神，宜降居道中，奉助天孫，而為天孫所祭也」（『日本書紀』神代，瑞珠盟約章第1の一書）とある．すなわち宗像三女神は海北道中の3ヵ所にあって，歴代天皇を助け，国家を守護するとともに，天皇の篤い祭祀を受けるようにとの神勅によって三宮の地に鎮座したという．この神勅は当社由緒の根本であり，他社にその例がなく，皇室・国家を守護する神社である．宗像三女神は，広く一般から生業の守護神として仰がれるとともに，大陸との交渉が頻繁になると，航海守護の神としても神威を仰がれるに至った．当社は古くより宗像（胸形・宗形）氏が奉仕し，中世に入って異姓のものも社職についたが，最高祀職は宗像氏が奉仕し，社家として社職を世襲した．大化改新後，筑前国宗像一郡は神郡として大社に寄進され，宗像氏は宗像郡大領と神主職の両職を一時期兼帯したが，延暦19年（800）12月，当社神主が宗像郡大領を兼帯することを停められ，神主は社務に専念し，天元2年（979）2月の太政官符によって，宗形氏能がはじめて大宮司に補任され，宗像大宮司職が置かれた．神階については，承和7年（840）4月に従五位下を授けられて以来，貞観元年（859）2月には累進して，平安左京一条の太政大臣藤原良房第の宗像神社とともに正二位に至り，その後，天慶年中（938～47）に正一位勲一等に昇る．社格については，宗像大神が3座とも名神・大社に列せられ，恒例の奉幣はもとより，臨時の奉幣にもしばしば預かった．なお，当社の摂社である宗像市鐘崎の織幡（おりはた）神社も，延喜の制では名神・大社に列した．明治4年（1871）5月国幣中社に，同18年4月官幣中社に，さらに同34年7月官幣大社に昇格した．社領については，宗像郡を神領としてすべて寄進されるが，中世に入ると荘園（40余ヵ所）となり，やがて皇室御領宗像社として神社領知制が確立し，皇室の庇護のもとに存立した．

古代より現代まで，当社の信仰は全国に遍満して変わらず，『延喜式』神名帳によれば，宗像大神を祀った神社は13を数え，東は関東まで分布する．文化財としては，石造狛犬・木造狛犬・阿弥陀経石・甲冑をはじめ，特に沖ノ島の遺宝が重要で，辺津宮の宝物館に陳列されている．沖ノ島は小島ながら，断崖絶壁が多くて容易に人を寄せつけず，また古来禁足地ともされ，土地の者はこれを「言わずの島」と呼び，島のことは一切他言を禁じられた．しかし，昭和29年(1954)以降，宗像神社復興期成会のもとで，専門学者による発掘調査の結果，古墳時代から平安時代初期にわたる遺品2万1000余点と，わが国最大の祭祀遺跡が発見された．現在，例祭は10月2日であるが，4月1日～3日の春季大祭，5月5日の五月祭，12月15日の古式祭など，恒例祭・特殊神事を中心として，祭典は多い．→沖ノ島(おきのしま)

[参考文献] 宗像神社復興期成会編『宗像神社史』，同編『沖ノ島』，同編『続沖ノ島』，第三次沖ノ島学術調査隊編『宗像沖ノ島』　　　(小島　鉦作)

008 宗像神 むなかたのかみ　海神の三女神，すなわち，『古事記』によれば，多紀理毘売(『日本書紀』によれば田霧姫，田心姫)命・市寸島毘売(同じく市杵島姫)命・多岐都毘売(同じく湍津姫)命をいう．福岡県宗像市の宗像神社の三宮，奥津宮(宗像市沖ノ島)・中津宮(同市大島)・辺津宮(同市田島)にそれぞれ祭祀されている．その奥津宮のある玄界灘にうかぶ沖ノ島は，「海の正倉院」ともよばれるように，その祭祀遺跡からは4世紀～9世紀の貴重な祭祀関係遺物が検出された．そして国内のみならず，朝鮮半島や中国大陸などにつながる文物が出土した．宗像市の宗像神社は『延喜式』の名神大社であり，神階も正一位にのぼった．中世にも幕府・諸豪族から尊崇されたが，天正18年(1590)小早川隆景らによって再興，江戸時代には筑前藩主黒田氏らの崇敬をうけた．『延喜式』には筑前国ばかりでなく，大和国・尾張国・下野国・備前国・伯耆国などに宗像(宗形)神社の鎮座を載せる．宗像神は宗像君らの奉斎神たるにとどまらず，海人集団のほか，航海の守護神として国家的な祭祀神となった．

[参考文献] 第三次沖ノ島学術調査隊編『宗像沖ノ島』，小田富士雄編『古代を考える 沖ノ島と古代祭祀』，上田正昭編『住吉と宗像の神』　　(上田　正昭)

009 無二念打払令 むにねんうちはらいれい　⇒異国船打払令(いこくせんうちはらいれい)

010 ムニョス Alonso Muñoz　?～1620　スペイン人フランシスコ会士．サンチャゴ管区の修道院に入り，東洋布教を志し，1594年マニラに渡り，97年の日本二十六聖人殉教に動かされ再三渡日を試み，ようやく1606年(慶長11)，日本フランシスコ会布教長として深堀(長崎市)に上陸．同年10月伏見で徳川家康に謁見，ルソン貿易を斡旋．大坂に修練院を設け関西に布教を進めた．09年，前ルソン総督ロドリーゴ＝デ＝ビベーロ Rodrigo de Vivero が遭難，江戸で徳川秀忠に謁した時，通訳としてメキシコ貿易を取りなし，10年8月，秀忠のスペイン国王宛国書を持ち，ビベーロらとともに太平洋を横断，スペインに赴き，翌年末，国王に幕府の意向を伝えたが，マニラ側の反対と，幕府のキリシタン弾圧の報に日西交渉は沙汰止みとなった．のちメキシコに戻り，20年同地で没．

[参考文献] 「一六〇七年のムニョス報告書」(佐久間正訳，Hubert Cieslik S.J. 解説，『キリシタン研究』11)　　　(海老沢有道)

011 無本覚心 むほんかくしん　1207～98　鎌倉時代の臨済宗の僧．道号は無本，法諱は覚心，心地とも号した．信州神林県(長野県松本市)の人．俗姓は常澄氏．承元元年(1207)に生まれ，15歳で戸隠の神宮寺の忠学律師について仏書を習い，29歳となった嘉禎元年(1235)東大寺に至って登壇受戒した．のち高野山に登り伝法院の覚仏に密教を，道範に経典と儀範軌則を習い，禅定院(金剛三昧院)の行勇について禅を学んだ．延応元年(1239)行勇に従って鎌倉の寿福寺に移り，仁治3年(1242)には洛南深草の極楽寺に道元を拝して菩薩戒を受けた．宝治元年(1247)上野長楽寺の栄朝に，翌年には甲州心行寺の生蓮に参じたが，夏には草河勝林寺の天祐思順に参じて入宋の志を懐き，建長元年(1249)紀州由良浦を発して九州に渡り，3月博多を出帆して入宋した．径山の癡絶道冲，道場山の荊叟如珏，阿育山広利禅寺，天台山の石橋で羅漢に茶を供養したのち，大梅山で日本僧の源心に会い，ともに杭州臨安府の霊洞山護国仁王禅寺の無門慧開に参じ，ついに堂奥を極めて印可された．宝祐2年(建長6，1254)3月無門から『月林録』『無門関』の両録と頂相を授けられて6月上旬博多に帰着し，ついで葦屋津から紀伊の港に回って上岸した．高野山に登って禅定院の行勇に参じて首座となり，正嘉2年(1258)嗣書を無門に通じて禅定院の住持となり，ついで紀伊由良の西方寺(興国寺)の願性に請ぜられて，教寺を禅寺に改めて開山となった．文応元年(1260)無門から嗣法の証として，皇帝御前座の法衣と東山七葉図を贈られた．文永3年(1266)信州に帰って母に孝養を尽くし，同五年鎌倉寿福寺に請ぜられたが辞して就かず，また弘安4年(1281)亀山上皇は京の勝林寺に召して禅要を問い，後宇多天皇は禅林寺に請じたが主上の師となることを憚って紀州に逃れた．また花山院師継は子息忠季追善のために，北山仁和の別業を寺とし，忠季の弟空岩心性と師信の兄弟は弘安8年に妙光禅寺に寿塔歳寒(のち改め霊光)を建てて開山に請じた．亀山・後宇多両上皇は再び嵯峨の離宮に無本を召して禅要を問い，ついで師資の礼を執った．花山院師信の奏上によるものである．永仁2年(1294)受業師行勇の

牌を西方寺祖堂に入牌し，同5年には無門慧開の法恩に謝して護国寺を創め，無門を勧請してみずから2世に居した．永仁6年4月に西方寺(興国寺)の規法7ヵ条を記して遺戒とし，10月13日92歳で示寂した．西方寺思遠庵に塔じた．亀山法皇より法燈禅師と勅諡され，のち後醍醐天皇より法燈円明国師と追諡された．よってこの門流を法燈派という．遺著に『法燈国師坐禅儀』『法燈国師法語』などがある．門弟に孤峯覚明・無住思賢・無伴智洞・黙翁祖久・東海竺源・辯翁智訥・高山慈照・恭翁運良・覚山心暁・空岩心性・嫩桂正栄・孤山至遠・碧潭素蟾らがいる．のちに孤山至遠の弟子自南聖薫が無本の遺録，願性＝葛山景倫の禅定院および西方寺檀那としての記録，慈願草録の『慈願記』などによって『鷲峰開山法燈円明国師行実年譜』を編した．願性は将軍源実朝に仕え，実朝亡き後は高野山禅定院にあって冥福を祈ったが，無本の入宋帰朝以後は左右に侍して外護に尽くした．建治2年(1276)4月23日，西方寺南大坊で寂した．

参考文献　『元亨釈書』6(『(新訂増補)国史大系』31)，玉村竹二『五山文学』(『日本歴史新書』)，同『五山禅林宗派図』，葉貫磨哉「洞門禅僧と神人化度の説話」(『中世禅林成立史の研究』所収)

（葉貫　磨哉）

012　無文元選　むもんげんせん　1323～90　南北朝時代臨済宗の僧．方広寺(静岡県浜松市北区引佐町奥山)の開山．後醍醐天皇の皇子で，母は昭慶門院といわれる．元亨3年(1323)生まれる．天皇が吉野で崩御した翌年の暦応3年(1340)に出家．建仁寺で明窓宗鑑・可翁宗然・雪村友梅などに師事．康永2年(1343)入元を志し，博多の聖福寺で無隠元晦から教示を受ける．福州の高仰山大覚寺で古梅正友に参禅し，嗣法する．さらに，天寧寺の楚石梵琦，本覚寺の了庵清欲，竜翔寺の笑隠大訢などに謁し，天台山などを巡拝して，観応元年(1350)帰朝．京都西山の帰休庵に数年を経たのち，美濃・三河・甲斐・駿河の諸地方に教化活動をする．三河広沢寺で遠江の地頭奥山六郎次郎朝藤(是栄居士)が参禅して帰依し，深奥山方広寺を創建して，開山に招請される．開創年次は至徳元年(1384)，一説に応安4年(1371)ともされる．朝藤は山林50余町を至徳元年に寄進し，方広寺の寺基を確立．方広寺の無文下には常に多くの参禅者が集まっていたという．明徳元年(1390)閏3月22日，68歳で示寂．聖鑑国師・円明大師の諡号がある．著に『無文和尚語録』2巻がある．享保13年(1728)序刊，明治3年(1870)・28年刊，昭和28年(1953)刊本があり，『(大正新修)大蔵経』80，『禅学大系』祖録部4に所収．『無文録別考』の注釈書がある．明治年間の重刊本によると，上巻は小仏事・偈頌・道号など収載，下巻は『無文禅師行状』などを収載．

参考文献　『深奥山方広開基無文選禅師行業』(『続群書類従』9輯下)，卍元師蛮『延宝伝燈録』6(『大日本仏教全書』)

（竹貫　元勝）

013　村井喜右衛門　むらいきえもん　1752～1804　江戸時代後期の周防国都濃郡櫛ヶ浜(山口県周南市)の漁師でオランダ沈船引揚げの功労者．名は信重，通称喜右衛門．宝暦2年(1752)生まれる．長崎の香焼島に仮屋を設け，鰯の網入れを手広く営む．寛政10年(1798)10月17日，輸出銅と樟脳を積載，長崎港高鉾島脇に風待ちをしていた帰帆のオランダ傭船エライザ号が，夜半，突風に遭って坐礁，翌朝木鉢浦の土生田浜へ曳き寄せられたが，19日朝，泥海に沈船．長崎奉行の公募に応じて引揚げを試みた者が失敗したあと，喜右衛門が配下の網子600人・網船150艘を動員，蘭船から借りた大綱と滑車を活用，一大工夫を凝らして，翌11年2月沈船引揚げに成功．長崎奉行ついで老中から褒賞を受け，オランダ商館からは洋酒と砂糖20俵の礼を受けた．萩藩からは永代苗字帯刀を許された．この壮挙は当時大評判となり，顚末を記した木版刷『蛮喜和合楽』の一話が流布した．文化元年(1804)8月4日没．53歳．

参考文献　片桐一男『開かれた鎖国』(『講談社現代新書』1377)，同「蘭船の出帆手続きと村井喜右衛門の沈船引揚げ事件」(『海事史研究』43)，同「村井喜右衛門の沈船引揚げ絵画資料」(同47)

（片桐　一男）

014　村山等安　むらやまとうあん　?～1619　近世初頭の長崎代官．生年・出自など，その前半生は不詳．安芸国あるいは尾張国名古屋の出身ともいわれる．天正・文禄ごろ長崎に来たり，弁舌の才と機智により頭角をあらわし，次第に市政に重きをなすに至ったという．イエズス会士により洗礼を受け，霊名をアンタンAntão(Antonioに同じ)と称した．文禄年間(1592～96)，肥前国名護屋に在陣中の豊臣秀吉のもとに出頭し，長崎中の頭人衆の名代として伺候して，市の処遇に関して交渉し，首尾よく大任を果たしたことから，代官の地位を獲得する機をつかんだといわれる．このとき秀吉から，霊名アンタンを顚倒したトウアンToanの名を賜わり，等安の字を充てた．後年の諸書には東安・東庵・等庵などとも記すが，同時代の史料にはおおむね等安とみえる．彼が長崎代官に就任した時期は明らかではないが，パジェスLéon Pagèsによれば，1604年1月に等

安がイエズス会のパードレ＝ジョアン＝ロドリゲス＝ツーズ Padre João Rodriguez Tçûzu（通詞伴天連ロドリゲス）とともに伏見で徳川家康に謁し，ポルトガル人および市の名において贈物を献上し，その折に，長崎奉行寺沢広高を罷免して長崎の統治が等安に任せられたといわれる．なお，シャルルボア P. Pierre François-Xavier de Charlesvoix はこれを1603年のことと記しているが，いずれにせよ，慶長7年（1602）に広高が奉行を罷免されたころから代官として本格的に活動するに至ったものであろう．代官として貿易都市長崎の実権を握った等安は，その地位・職掌を利用して対外折衝の面に大きな影響力を発揮し，また巨富を築いたが，同時に，教会に莫大な私財を寄進したり，禁教政策の進展に直面しては，宣教師を匿い，信徒を庇ったりするなど，キリシタンの保護者としても重要な役割を果たした．長崎のポルトガル船貿易に関しては，等安は当初，ロドリゲス（日本イエズス会の会計担当司祭で，ポルトガル船生糸の取引きに仲介者として絶大な力を持っていた）らイエズス会と協調して貿易業務の処理に関与していたが，次第にロドリゲスの専断と対立してイエズス会から離反し，ドミニコ会などイスパニア系宣教師に接近することとなったといわれる．これは，当時なお長崎に隠然たる影響力を保持していたイエズス会勢力の反撥を招き，時に等安と対立を深めていた末次平蔵政直はイエズス会に接近し，等安の失脚を画策した．慶長末年から元和期にかけて，江戸幕府の禁教政策が漸時本格化するなかで，一族が熱心なキリシタン信徒であり，彼自身，信徒の保護者でもあった等安の立場は不安なものとなった．しかるに，彼は長崎奉行長谷川藤広の斡旋で，元和元年（1615）7月24日付高砂国渡海朱印状の交付を受け，翌年，台湾征討を挙行した．すなわち，次男ジョアン（またはフワン）秋安を指揮官に13隻の船隊が元和2年3月29日長崎を発して台湾に向かったが，これは暴風や現地民の抵抗に阻まれて失敗に帰した．そして，翌3年3月18日（1617年4月23日）征討軍の副官明石道友が再び長崎を発して福建に航し，日明勘合再開の交渉を行なったが，もとより明側の応ずるところとはならなかった．この両度の派船は，日明国交回復を望む幕府の意嚮を体して，等安が失地恢復を意図して行なったものであろうが，その失敗は結果的に彼の没落に帰結した．元和3年に等安の庇護者であった長谷川藤広が没し，その甥の長谷川藤正が長崎奉行の代に禁教政策は一段と強化され，等安はさらに困難な立場に立たされた．末次平蔵は元和4年正月，等安の非法を幕府に訴えた．江戸での対決は，当初，必ずしも平蔵に有利なものではなかったが，等安が，彼の三男でドミニコ会系の司祭であったフランシスコ等安が慶長19年国外追放となった際，これを密かに連れ戻し，その後，大坂の陣にフランシスコが城内の信徒の救霊のため大坂城に入り陣没したことなどを暴露され，等安は次男秋安とともに元和5年10月26日（1619年12月1日）江戸で斬首された．長男アンドレ徳安ら一族の男子は相ついでことごとく刑死し，女子も投獄され，徳安の妻マリアは元和8年の大殉教の際に処刑された．　→末次平蔵（すえつぐへいぞう）　→長崎代官（ながさきだいかん）

村山等安一族の処刑

人　名	処刑年月日	処刑地等
アンタン等安	1619年12月 1日	江戸，斬首
等安妻ジュスタ西	1620年	長崎，投獄
長男アンドレ徳安	1619年11月19日	長崎，火刑
徳安妻マリア木村	1622年 9月10日	長崎，刑死①
次男ジョアン秋安	1619年11月	江戸，斬首②
秋安妻カタリーナ	1620年	長崎，投獄
三男フランシスコ等安	1615年 5月	大坂城，戦没
女児　アントニア	1620年 7月	長崎，投獄
幼児　ペドロ	1619年12月	京都，斬首
同　　パウロ	同	同
孫児　マノエル③	1620年 7月24日	長崎，斬首
同　　ディエゴ③	同	同
同　　ミゲル③	同	同
同　　アンタン④	同	同

(1)表の注．
①元和8年の大殉教．②一説に京都にて斬首．③徳安の男児．一説に等安の男児．④秋安の男児．
(2)岩生成一「村山等安の台湾遠征と遣明使」（『台北帝国大学文政学部史学科研究年報』1）にもとづき，朝尾直弘『鎖国』（小学館『日本の歴史』17）所引のアレバレス＝タラドウリス説により補訂．
(3)霊名はポルトガル語に統一．

参考文献　『大日本史料』12ノ32，元和五年是歳条，田辺茂啓『長崎実録大成』（『長崎文献叢書』1集2），朝尾直弘『鎖国』（小学館『日本の歴史』17），レオン＝パジェス『日本吉利支丹宗門史』（吉田小五郎訳，『岩波文庫』），岩生成一「村山等安の台湾遠征と遣明使」（『台北帝国大学文政学部史学科研究年報』1），Diego Aduarte: Historia de la Provincia del Santo Rosario de Filipinas, Iapon y China, de la Sagrada Orden de Predicadores; Sir Edward Maunde Thompson ed.: Diary of Richard Cocks, cape-merchant in the English Factory in Japan, 1615—1622; Pierre François Xavier de Charlesvoix: Histoire et description générale du Japon.

（加藤　榮一）

め

001 メイラン Germain Felix Meijlan 1785〜1831 出島のオランダ商館長。ライデンに生まる。1803年東インドに渡る。19年財務検査官。22年モルッカに派遣され，彼の優れた調査報告は東インド総督ファン＝デル＝カペレン Baron van der Capellen による24年の改革の基礎となった。文政9年(1826)〜天保元年(1830)長崎出島オランダ商館長。バタビア政庁は当時日蘭貿易の病根となっていた脇荷貿易の調査と再組織を命じた。彼は商館の記録を調査し，その改善を目的として館内に個人貿易協会を設けたが，反対勢力によりながくは続かなかった。しかし，記録調査の結果は彼の名著 Geschiedkundig Overzigt van den Handel der Europezen op Japan.（『日蘭貿易史』，没後の1833年バタビアで出版）を生み出した。文政11年シーボルト事件発生，その円満解決に尽力。1830年 Japan. をアムステルダムで出版。31年日本を去り，同年6月12日バタビアで死亡。　　　　　　　　　　　　　（庄司　三男）

002 メキシコ Mexico 北アメリカ最南部にある共和国。自称はメヒコ。首都メキシコ市。古くからオルメカ，テオティワカン，サポテカ，ミシュテカ，マヤなどの文明が栄え，10世紀に興ったトルテカ族のあとをついで，14世紀にアステカ族が現在の首都の位置にテノチティトランという都市国家を建設し，16世紀初めまでにメキシコ中の諸民族を制圧した。しかし同国は，1519年にキューバから侵入してきたフェルナンド＝コルテスの軍隊によって滅ぼされ，メキシコはスペインのヌエバ＝エスパニャ（メキシコ）副王領となった。植民地時代は銀山の開発と農牧業の発展によって栄えたが，1810年のミゲル＝デ＝イダルゴの反乱に端を発して独立運動がおこり，21年にスペインから分離独立し，短い帝政時代を経て，24年連邦共和国になった。46年に始まったアメリカ合衆国との戦争で国の半分にあたる北部領土を失い，64年には，フランスに支持されたオーストリアのマクシミリアン皇帝に支配された期間もあった。76年からポルフィリオ＝ディアスの独裁が始まり，外国資本の積極的な導入がはかられて経済的開発が急速に進んだが，寡頭体制に反発する民族主義者や農民が1910年に革命をおこし，数年にわたる激烈な闘争の末，革命の理念にもとづいた1917年憲法が制定された。1920年代末には革命国民党が結成され，それが46年に制度的革命党と改称されて2000年に至るまで一党独裁体制を維持した。第2次世界大戦後は産業化の発展と石油産業の躍進によって高度成長をとげたが，70年代に入って，オイル＝ショックで打撃をうけ，外国からの借款に依存する再建計画が82年の金融危機のため潰滅し，2000年大統領選挙で国民行動党のフォックスが当選，議会選挙でも上下院とも同党が第1党となり，制度的革命党の独裁体制が終わった。わが国との関係は16世紀にさかのぼる。1571年のスペイン人によるマニラ市建設後，同地に居住する日本人が，マニラーアカプルコ間の定期船によってメキシコにかなり渡航したほか，徳川家康の派遣した田中勝介らの商人や，伊達政宗のローマへの使者支倉（はせくら）常長の一行など，近世初頭にメキシコの土を踏んだ日本人の数は少なくない。メキシコは，日本の開国後，1888年(明治21)に，明治政府にとっての最初の平等条約（日本・メキシコ修好通商条約）を結び，それ以後，概して良好な関係が継続している。面積195万8201km²で日本の約5.2倍，人口1億0703万人（2005年国連推定）。首都メキシコ市は人口867万人。　→濃毘数般（ノビスパン）

　参考文献　増田義郎『古代アステカ王国』（『中公新書』6），同『メキシコ革命』（同164），国本伊代『メキシコの歴史』　　　　　　　　　　　（増田　義郎）

003 メキシコ所在日本関係史料 メキシコしょざいにほんかんけいしりょう 16〜17世紀日本関係史料がメキシコにどの程度存在するかはまだ本格的な調査がなされず，その全貌を知ることはできない。メキシコ国立綜合図書館 Archivo General de la Nación 所蔵の日本関係史料については，マリオ＝マリスカル Mario Mariscal 編の『文書館概要』Reseña Historica del Archivo General de la Nación (1550—1946)（1946年，メキシコ刊）およびカルロス＝キリノ Carlos Quirino 他編『メキシコ所在フィリピン関係文書目録覚』Regésto guión catálogo de los documentos existentes en Mexico sobre Filipinas（1965年，マニラ刊）によって，その一部の所在が知られる。これら関係文書のマイクロフィルムは東京大学史料編纂所に架蔵される。日本司教ルイス＝デ＝セルケイラ Luis de Cerqueira の書翰数通と1614年の迫害殉教報告，1613年度イエズス会日本年報，フランシスコ会修道士アロンソ＝デ＝ナバッルロ Alonso de la Madre de Dios Ruis Navarro の長崎発信書翰九通，ほかにマニラ発信の日本関係文書が確認される。同じく同館が所蔵する遣欧使節支倉六右衛門（常長）一行に対する関税免除に関する一連の請願文書と支倉の供述書などの文書は，佐久間正によって翻訳紹介され，『大日本史料』第12編ノ45に再訳収録されている。メキシコ国立図書館 Biblioteca Nacional de Mexico には，ルイス＝デ＝グスマン Luis de Guzman の『東方伝道史』や日本布教および迫害に関する刊本9点がある。メキシコ市のフランシスコ会修道院文庫 Biblioteca de Convento de San Francisco には，1596〜97年ころの同会士日本派遣に関する文書があるとされるが未

確認である．文書ではないが，モレロスMorelos州クエルナバカCuernavacaのフランシスコ会カテドラルには17世紀初頭の作とされる日本二十六聖人殉教図がある．

　参考文献　東京大学史料編纂所編『日本関係海外史料目録』12，松田毅一『(近世初期)日本関係南蛮史料の研究』，佐久間正「在メキシコ支倉常長関係文書」(『清泉女子大学紀要』13)，同「メキシコ国立古文書館所蔵日本関係記録」(『キリスト教史学』16)
(五野井隆史)

004 メスキータ Diogo de Mesquita 1553～1614　ポルトガル人イエズス会司祭．ラメゴ司教区メイアン＝フリオ(オポルト)に生まれる．1574年ゴアでイエズス会入会，哲学と神学を学び，天正5年(1577)来日，長崎着．同8年，京都と安土へ赴き，翌年，有馬のセミナリヨ教師，同10～18年巡察師バリニャーノの命により遣欧少年使節の後見役として同行，その途中，1582年澳門(マカオ)で司祭となる．スペイン国王フェリッペ2世とローマ教皇グレゴリオ13世に謁し，帰日後，天正19年，巡察師や使節とともに上洛して豊臣秀吉に謁し，翌年，天草のコレジョ副院長，翌文禄2年(1593)天草で盛式四誓願司祭となる．同4年から天草のコレジョ院長，慶長3(1598)～16年長崎のコレジョ院長を勤め，同16年，みずから創設した長崎のサンチャゴ病院院長兼住院上長，日本管区長顧問となり，19年，管区長カルバリヨの命で駿府に赴き，同年の追放令の撤回に努めたが成功せず，追放令による出港直前の10月3日(11月4日)に福田港(長崎市福田本町)の漁民の小屋で病没．61歳．在日39年，日本語で説教し，ポルトガル人であるにもかかわらず，在日イエズス会士のスペイン系修道会との対立と外国貿易への関与を批判した．

　参考文献　ルイス＝フロイス『完訳フロイス日本史』(松田毅一・川崎桃太訳，『中公文庫』)，『イエズス会と日本』1(高瀬弘一郎訳・注，『大航海時代叢書』2期6)，H・チースリク「セミナリヨの教師たち」(『キリシタン研究』11)，J. F. Schütte, ed., Monumenta Historica Japoniae I, Textus Catalogorum Japoniae 1549—1654; Diego Pacheco and others: Monumenta Nipponica. Vol. XXVI, No. 3－4．
(井手　勝美)

005 メドハースト Walter Henry Medhurst 1796～1857　イギリスの宣教師．ロンドン宣教会員．漢名麦都思．1796年4月29日ロンドンに生まれ，少年時代から印刷技術を習得．宣教会の東洋伝道に応じて1817年マラッカに至り，モリソンRobert Morrisonらを援け，教書出版にあたる．22年バタビアに赴き，日本語文献に接し，日本語を研究，30年最初の英和辞書であるAn English and Japanese, and Japanese and English Vocabularyを同地から刊行(影印本『英和・和英字彙』(昭和45年1970))がある)．なお本書に基づいて井上修理・村上英俊らは『英語箋』と題し安政4年(1857)前篇，文久3年(1863)後篇を編刊している．1835年以来中国伝道に従事．『漢韓和対訳字書』を刊行．さらにモリソン訳『神天聖書』をギュツラフKarl F. Gützlaffらとともに改訂を進めた．43年在華英米宣教師会議により改訳委員長に挙げられ，53年『新約全書』，55年『旧約全書』を刊行．そのほか著作は90点を越え，『耶蘇教略』『耶蘇降世伝』などは幕末日本にも密行した．宣教会から呼び戻されて57年1月ロンドンに帰ったが，同月24日同地で没．60歳．→英語箋(えいごせん)

　参考文献　亀田次郎「Medhurstの英和・和英語彙」(『書物の趣味』2)，Alexander Wylie: Memorials of Protestant Missionaries to the Chinese(1867)．
(海老沢有道)

006 メナ Alonso de Mena 1578～1622　スペイン人ドミニコ会司祭，福者．1578年ログーニョに生まれ，92年サラマンカでドミニコ会入会，94年，同地で立誓，98年マニラ着，哲学神学生として同ドミニコ修道院で勉学．慶長7年(1602)薩摩国甑(こしき)島着，伏見で徳川家康に謁し布教許可を得，同9年のマニラ管区会議参加後に再来日，大村，平戸，大村，甑島を経，11年，京泊教会修道院会計係となり，フィリピン総督使節カピタン＝フランシスコ＝モレノ＝ドノソと深堀領主鍋島七左衛門茂賢の紹介と家康の顧問閑室元佶の助力により肥前領主鍋島勝茂に謁して厚遇され，浜町・鹿島・佐賀に教会を創設，13年，佐賀教会初代修道院長(管区長代理)となり肥前・筑前・筑後で布教．18年，幕府の追放令により長崎へ去り浜町と佐賀に潜入，翌19年の追放令後は長崎代官アントニオ村山等安の子＝ジョアン秋安屋敷に潜伏し，信心の組の指導者として在長崎ドミニコ会士中最も活躍，元和5年(1619)長崎で捕えられ壱岐島を経て大村(鈴田)入牢，同8年8月5日(1622年9月10日)長崎で火刑，殉教．

　参考文献　オルファネール『日本キリシタン教会史——六〇二——六二〇年—』(井手勝美訳・ホセ＝デルガド＝ガルシア註)，コリャド『日本キリシタン教会史補遺——六二一——六二二年—』(同)，ホセ＝デルガード＝ガルシーア編注『福者アロンソ・デ・メーナ書簡・報告』(佐久間正訳，『キリシタン文化研究シリーズ』23)，北島治慶『鍋島藩とキリシタン』，杉谷昭「十七世紀初頭，肥前国鍋島領におけるドミニコ会」(『佐賀大学教育学部研究論文集』32ノ1・2)
(井手　勝美)

007 莫大小（メリヤス）　編物の一種．目利安・女利安・女利安須などとも書く．織物と違って，ある程度の伸縮が可能な点に特色がある．語原は靴下という意味のスペイン語のメディアスMedias，またはポルトガル語のメイ

アス Meias といわれる。近世初頭に来航した西欧人の靴下が編物であったところから、編物自体をメリヤスと呼ぶようになった。莫大小という当字については、文政9年(1826)ごろの著という『護草小言』に「メリヤスといふものはのびちぢみありて、人の腕に大小あれどいづれへもよく合ふものなり、さらば大小と莫(な)く合ふといふ義にてあるべきや」と記されているし、天保11年(1840)山崎美成著の『三養雑記』にも同趣旨のことが述べられている。水戸藩主徳川光圀所用と伝える靴下が現存しており、また延宝8年(1680)序の俳諧『洛陽集』には「唐人の古里寒しメリヤスの足袋」とあり、さらに翌9年刊の俳諧『西鶴大矢数』には「メリヤスをはいて蛤蜊踏れたり」とあって、いずれもメリヤスが靴下にされていたことを示している。わが国へは16世紀後半にヨーロッパからもたらされ、一部の人々には「はきこころよきメリヤスの足袋」(元禄4年(1691)刊の俳諧『猿蓑』)などとあるように、愛用されていたようである。正徳5年(1715)刊の『和漢三才図会』には、中国から輸入された旅行用の捍(ゆごて、手甲・手袋)を女利安須と呼んでいる旨が記されており、天保元年の『嬉遊笑覧』にも「手覆を木綿にて袋に織たる物をメリヤスといふ」と記し、さらにオランダ人の履いている靴下もメリヤスというし、メリヤスの手袋は武士にもっぱら用いられ、また大小刀の柄袋に使用することが流行になっていると述べている。メリヤスがいつごろから、わが国で生産されるようになったのかは明らかでないが、享保5年(1720)刊の西川如見の『長崎夜話草』の長崎土産条には、紅毛人が長崎の女人に製法を教えたと記しているから、享保ごろには手編メリヤスはわが国でも生産されていたと考えられよう。幕末の著『守貞漫稿』には庶民にも手袋が用いられるようになった旨を記しているし、そのころは南部藩・松前藩や一橋家・田安家・常陸竜ヶ崎藩などでは家中で盛んに生産されたという。これらの製品は大概江戸市中の糸屋や足袋屋に売り、神田今川橋の富屋、麴町の鶴岡などは著名な店であったという。安政の開港以来、西欧人の居留する者が多くなり、靴下の需要増加に伴い、絹編みの靴下が製造されるようになった。明治4年(1871)西村勝三がメリヤス機械を輸入し、東京築地に製造場を開設したのちは手編のメリヤスは手芸の範囲となり、工業製品は機械によることとなった。その後、メリヤスの肌着や靴下は陸海軍の需用により大いに発展し、洋服の日常化に伴って、一般の需用も高まっていった。

参考文献 日本織物新聞社編『大日本織物二千六百年史』下、センイ・ヂヤァナル編『日本メリヤス産業史』　　　　　　　　　　　　　　(北村　哲郎)

008 メンドンサ　Manoel de Mendonça　生没年不詳
ポルトガルの澳門(マカオ)総督兼日本貿易総司令官。1560年(永禄3)度の日本貿易総司令官に任命され日本に来航、入港地は薩摩か、または豊後か不明。府内(大分市)で当時イエズス会の指導者であったコスメ=デ=トルレス Cosme de Torres に告白を行う。たまたまトルレスの命をうけインドの管区長に日本事情を報告することになっていたバルタザル=ガゴ Balthasar Gago を搭乗させ離日したが、澳門付近で暴風に遭い海南島に漂着、5ヵ月後澳門に戻る。永禄4年および5年と連年日本に来航。おおむね薩摩の泊に入港、島津貴久の南蛮貿易再開の仲介を行い、またトルレスの信頼が深く、トルレスが大村純忠との間で行なった横瀬浦(長崎県西彼杵郡西海町)開港にも同行するなど、布教・貿易の両面で活躍した。

参考文献　岡本良知『(十六世紀)日欧交通史の研究』、『完訳フロイス日本史』6(松田毅一・川崎桃太訳、『中公文庫』)、C. R. Boxer: The Great Ship from Amacon (1959).　　　　　　　(箭内　健次)

も

001 **蒙古** もう ⇨元(げん)
002 **蒙古襲来** もうこしゅうらい ⇨文永・弘安の役(ぶんえい・こうあんのえき)
003 **蒙古襲来絵巻** もうこしゅうらいえまき　紙本著色絵巻．2巻．宮内庁蔵．文永・弘安両度の元寇に際して出陣した肥後国の御家人竹崎五郎兵衛尉季長の戦闘記録．『竹崎季長絵詞』ともいう．後巻巻末につけられた付属文書によると，季長はこの戦功によって，肥後国海東郷の地頭職になったが，これは鎮守甲佐大明神の神恩によるものであり，その報恩と子孫への戦功伝達のため，永仁元年(1293)2月9日に制作奉納したとあるが，永仁元年の改元は8月に行われているので，問題を残す．また，現存本は一時ばらばらになっていたらしく，逸脱錯簡が多いうえ，紙質や描法など異なったものが混在しているので，原初の形態を見きわめるのは困難である．現存本については，竹崎家の子孫から宇土城主伯耆佐兵衛尉顕孝に伝わり，顕孝の娘が大矢野民部大夫種基に嫁した時，大矢野家に移り，さらに明治になって大矢野家から明治天皇に献上されて現在に至っている．その内容は，前巻が文永役で，箱崎から出陣した季長が少弐景資に謁したのち，赤坂方面に出撃，先駆けをして鳥飼浜の塩屋の松付近で敵と戦い，乗馬を射られ，鉄砲をうたれて苦戦するが，白石六郎通泰らの援軍によって救われ，敵は麁原(そはら)に退却したことなどが描かれる．つづいて，この文永合戦の恩賞申請のため，季長は関東に下向し，御恩奉行秋田城介安達泰盛に認可されて御領拝領の下文と馬1頭を賜わったことが述べられ，その有様が描かれている．後巻は弘安の役で，負傷した河野六郎通有を見舞う場面から始まり，菊池武房の護る石築地前を通って出陣する季長，敵船に向かって出発する諸将の兵船，敵船に斬り込む武将たちや首実検の場面などが描かれている．詞書の欠脱などによって具体的にその戦闘の日時，場所が明らかにできない場面があるが，戦闘に際しての武士の心意気が如実に示されている．また「むま具足にせそ」と記入した所があり，人物の面貌のみならず，甲冑や馬を写実的に描いたことが明らかで，その描写には存在感があり，また武家好みの絵画作品として注目される．『(新修)日本絵巻全集』10，『日本絵巻大成』14に収載．→竹崎季長(たけざきすえなが)

参考文献　池内宏『元寇の新研究』，宮次男『合戦絵巻』，石井進他校注『中世政治社会思想』上(『日本思想大系』21)，荻野三七彦「「蒙古襲来絵詞」に就いての疑いと其の解釈」(『日本古文書学と中世文化史』所収)，同「蒙古襲来絵詞の性格」(『画説』22～24)，藤懸静也「御物蒙古襲来絵詞に就きて」(『国華』371・372・379)，川添昭二「本文・索引・解説・研

蒙古襲来絵巻　(上)前巻第七段(鳥飼浜の塩屋の松付近で苦戦する竹崎季長)(下)後巻第一六段(敵船に斬り込む竹崎季長と大矢野三兄弟)

究文献目録」(『御物本蒙古襲来絵詞(複製)』), 朱雀信城「『蒙古襲来絵詞』研究の現状と課題」(『博多研究会誌』5), 佐藤鉄太郎『蒙古襲来絵詞と竹崎季長の研究』, 堀本一繁「「蒙古襲来絵詞」の現状成立過程について」(『福岡市博物館研究紀要』8)

(宮　次男)

004　毛利輝元　もうりてるもと　1553～1625　安土桃山時代の大名. 天文22年(1553)正月22日毛利隆元の長男として生まれ, 母は大内義隆の養女(内藤興盛の娘). 幼名は幸鶴丸. 永禄6年(1563)父の急死によって家督を相続. 祖父元就の後見をうけ, 同8年元服し将軍足利義輝の一字を拝領して少輔太郎輝元と称す, 一字名は本. 官職名は右衛門督(元亀3年(1572)), 右馬頭(天正2年(1574)), 参議(天正16年), 権中納言(文禄4年(1595)). 元亀2年元就死没後は, 両叔吉川元春と小早川隆景の補佐をうけて出雲国から尼子勝久・山中幸盛らを追放し, 備前国の浦上宗景を圧迫し, 讃岐国にも兵を入れるが, このころ京都を制し播磨国に進出してきた織田氏勢力と接触する. 天正4年5月領内の備後国鞆浦に逃れてきた前将軍足利義昭を奉じて織田氏に対抗を決意し, 同年7月優勢な麾下の水軍が大坂湾木津川口で織田氏水軍に大勝し, 味方の石山本願寺に兵糧を入れ救援に成功する. 毛利氏は播磨国の別所氏や摂津国の荒木氏も味方に付け, 但馬・丹波両国にも味方ができ, 勢力が一時中央に迫ったが, 織田氏の部将羽柴秀吉が播磨国に進撃し, 備前国の宇喜多氏がこれに味方してからは織田氏勢力に圧せられる. 同10年6月備中高松城下(岡山市高松)で講和成立直後に本能寺の変を知るが講和を守って追撃せず, 秀吉の中央での制覇に好機を与える. 豊臣政権下に入っては四国出征・九州出征においてともに先鋒をつとめ, 同16年上洛し聚楽第を訪問, ついで内裏に参内し参議に任官される(安芸宰相). 天正17年4月から太田川口のデルタに築城を始め, この地を広島と命名し城下町も建設され, 本拠を吉田郡山城からここに移し, 同19年正月に入城する. 同年3月安芸・周防・長門・石見・出雲・備後・隠岐7ヵ国および伯耆国3郡と備中国内で112万石の秀吉朱印知行目録を与えられ, 豊臣政権に対する賦課の枠がはめられる. 文禄・慶長の両役では毛利勢が渡海軍勢の主力として動員され辛苦を重ね, その統率のため前役ではみずから渡海し, 後役でも壱岐まで出陣する. 慶長2年(1597)に豊臣政権の五大老に列せられ, 翌3年秀吉の死去にあたって秀頼の補佐を遺託される. 関ヶ原の戦では, 自身は大坂西ノ丸にあって動かなかったが, 西軍の総帥とみなされたため7ヵ国を削られ周防・長門両国に減封された. 同5年10月薙髪して法号を宗瑞また幻庵といった. 同時に隠居し家督を6歳の秀就に譲るが, なお代わって藩政を執行した. 同8年9月幕府の許可が下り帰国して山口に入り, 翌9年11月長門国阿武郡萩指月山に築城して移る. 知行大削減のため家臣のなかには反抗態度をとるものもあったが慎重に一族家臣の協和につとめ, 大坂の陣には秀頼に同情しながらも幕府の求めに応じ, 冬の陣には病をおして出陣している. 寛永2年(1625)4月27日萩城内で死没. 73歳. 法名は天樹院前黄門雲厳宗瑞大居士. 墓は山口県萩市堀内の天樹院跡の毛利家墓所にある.

参考文献　『寛政重修諸家譜』616, 三卿伝編纂所編『毛利輝元卿伝』

(河合　正治)

005　毛利秀元　もうりひでもと　1579～1650　安土桃山時代の武将, 江戸時代前期の長門国長府藩主. 父は毛利元就の四男穂田元清. 母は来島通康の娘. 天正7年(1579)11月7日備中猿掛城(岡山県小田郡矢掛町)で生まれる. 幼名は宮松丸. 天正13年毛利輝元の養子となり, 同18年元服して秀元と称す. 官職名は右京大夫, 甲斐守, 侍従, 参議(宰相), 長門守. 文禄元年(1592)2月輝元が文禄の役に出陣するにあたり, 嗣子として毛利家重代の系図を譲られ, 同年4月名護屋に向かう途中広島に着陣した豊臣秀吉からも毛利継嗣たるを承認される. 同2年3月病気の輝元に代わって朝鮮に出陣する. ついで慶長の役にも宇喜多秀家とともに全軍の総帥となって出陣する. 同4年2月豊臣秀長の娘(秀吉の養女)と結婚(この妻は慶長14年(1609)死没). 同年10月輝元に実子秀就誕生のため継嗣を辞し分家し別に封地を受領するはずであったが延期し, 慶長4年6月に至り長門一国および周防山口付近ならびに父元清の遺領安芸廿日市付近の計18万石余を分封されて山口に鎮した. 関ヶ原の戦には毛利本隊を率いて美濃南宮山に陣したが, 吉川広家・福原広俊が徳川方に内通したため戦わずして敗れた. 戦後は長門国豊浦・厚狭両郡内で3万6000石を与えられ居城を長府(山口県下関市)に移し, 長府藩の祖となる. 慶長18年継室松平因幡守康元の娘(家康の養女)と結婚. 大坂の陣には攻撃軍に加わる. 長州藩内では晩年の輝元に依頼されて藩主秀就の政治を輔佐するが, 一方では茶道や和歌に堪能で数奇の道に達した人物として中央で知られる. すでに慶長初年茶匠古田織部(重然)の高弟となっていたが, 寛永2年(1625)には将軍徳川家光の御噺の衆に加えられ, 同17年家光の江戸品川御殿かたわらの新亭で茶を点じ, また求めに応じて和歌を詠んで賞讃されている. 正保元年(1644)にも家光の命を受けて江戸城西ノ丸山里の数寄屋で点茶を献じている. 慶安3年(1650)閏10月3日死没. 72歳. 法名智門寺功山玄誉. 江戸芝高輪泉岳寺(東京都港区高輪2丁目)に葬る. 牌所は山口県下関市長府川端1丁目の功山寺.

参考文献　『寛政重修諸家譜』617, 長府毛利家編『毛利家乗』1～6

(河合　正治)

006　モーニケ　Otto Gottlieb Johann Mohnike　1814～87　幕末の蘭館医. ドイツ人. 旧東ドイツに属した

Stralsundに，1814年7月27日，Gottlieb Christian Friedrich Mohnikeを父に，Eleonora Carolina Ulrica von Strickerを母に生まれた．33年にボン大学医学部に入学した．44年にオランダ陸軍に入隊し，同年バタビアに着任した．嘉永元年(1848)に，出島へ蘭館医として来日した．ジャワのオランダ軍医W. Boschの送付した牛痘痂(かさぶた)により，翌年6月下旬，日本ではじめて種痘に成功し，この予防接種は，その後わずか半年間で日本各地に普及し，天然痘流行の予防に役立った．モーニケはまたラエンネックの木製筒型の聴診器を持参し，嘉永3年，日本にはじめて紹介した．翌年離日，バタビアを経て，1869年帰国し，ボンに定住した．日本に関する論述を残し，87年1月26日に没した．享年72．

参考文献 古賀十二郎『西洋医術伝来史』，石田純郎『蘭学の背景』，同『江戸のオランダ医』(『三省堂選書』146)，同「モーニッケとファン・デン・ブルック」(宗田一他編『医学近代化と来日外国人』所収)，J. Z. Bowers : When the Twain meet.

(石田　純郎)

007 モーラ　Belchior de Mora　？～1616　スペイン人イエズス会司祭．Melchior de Moraとも記される．1542～48年ごろムルシーア大司教区カラバカに生まれる．イスパニア貴族の出身．72年アルカラでイエズス会入会，74年，巡察師バリニャーノ一行とともにインドへ赴き，ゴアで司祭となり，天正5年(1577)長崎着．同8年，有馬の初代セミナリヨ院長兼下地区長となり，同15年，豊臣秀吉に長崎で謁し秀吉の伴天連追放令により浦上，有馬，八良尾に移る．同17年，日本準管区長コエリョから秀吉に対抗するための軍事援助要請の訓令を受けてマニラへ派遣されるが，澳門(マカオ)に着いた時，巡察師バリニャーノから同要請を中止され，翌年，巡察師とともに澳門から再来日．下地区長として加津佐の日本イエズス会第2回総協議会に参加．翌19年，同地で盛式四誓願司祭，翌文禄元年(1592)，有馬の住院院長となり，慶長4年(1599)以後，久留米，長崎に赴任し，同8年以後，長崎のコレジヨの霊的指導司祭兼準管区長顧問となる．同19年マニラへ追放され，1616年10月18日，持病の胃病のため同地で没．

参考文献 ルイス＝フロイス『完訳フロイス日本史』(松田毅一・川崎桃太訳，『中公文庫』)，『イエズス会と日本』1(高瀬弘一郎訳・注，『大航海時代叢書』2期6)，H・チースリク「セミナリヨの教師たち」(『キリシタン研究』11)，J. F. Schütte, ed., Monumenta Historica Japoniae Ⅰ, Textus Catalogorum Japoniae 1549—1654.

(井手　勝美)

008 最上徳内　もがみとくない　1755～1836　江戸時代後期の探検家．宝暦5年(1755)出羽国村山郡楯岡村(山形県村山市)の農民高宮甚兵衛(一説に間兵衛)の子として生まれる．名は常矩．初名を元吉と称し，天明4年(1784)最上徳内と改名．字(あざな)は子員，雅号は鶯谷・甑山・白虹斎．天明元年江戸に出て幕府の医師山田宗俊(図南)の家僕となり，のち本多利明の音羽塾に入って天文・数学・地理・航海術などを学んだ．同5年利明の推薦で幕府の蝦夷地調査隊一行に竿取として加わって蝦夷島に渡り，同年より翌年にかけて東蝦夷地を調査，ついでクナシリ島・エトロフ島・ウルップ島に渡りロシア人の動向を探った．しかし同6年老中田沼意次が失脚し，蝦夷地調査事業が中止されたため，翌7年単身で松前に渡ったが，松前藩より入国を拒否され，やむなく南部野辺地(青森県上北郡野辺地町)に引き返し，同地で渡島の機会を待った．同8年野辺地の廻船問屋島屋清吉の妹ふでと結婚．寛政元年(1789)5月クナシリ・メナシ地方でアイヌ民族が蜂起したため，同年7月同事件調査のため幕府の密偵青島俊蔵らと松前に渡ったが，帰府後俊蔵が同事件の処理に関し松前藩に助言したかどにより揚屋入となり，徳内もこれに連座し投獄された．吟味の結果俊蔵は遠島となったが，徳内は幸いにも無罪となっただけでなく同2年8月普請役下役，12月普請役へと抜擢昇進した．同3年クナシリ島・エトロフ島・ウルップ島を再度調査し，翌4年にはカラフト調査を命ぜられ西海岸クシュンナイまで至り，サンタン交易の実態を把握した．その後同10年近藤重蔵とともにクナシリ島・エトロフ島に渡ったが，この時重蔵らとエトロフ島に「大日本恵登呂府」の標柱を建てた．同12年から文化元年(1804)までは一時蝦夷地関係の仕事から離れ，主に材木御用掛として遠く日向まで巡ったが，文化2年から翌3年にかけて目付遠山景晋の蝦夷地調査を案内し，文化3年10月普請役元締格となり，翌4年4月箱館奉行支配調役並，同年7月支配調役となった．以後同6年まで対露防備のためシャリ・カラフトに派遣されて諸藩兵の監察にあたった．文政9年(1826)長崎出島のオランダ商館付医官シーボルトが商館員に随行して江戸に来た時，その求めに応じて自分の蝦夷地測量図を貸し，アイヌ語辞典編纂を援助した．天保7年(1836)9月5日江戸浅草猿寺地内で病没．享年82．駒込蓮光寺(文京区向丘

2丁目)に葬る．法名は最光院殿日誉虹徹居士．著書に『蝦夷草紙』(正編・後編)，『蝦夷草紙別録』，『蝦夷国風俗人情之沙汰』，『渡島筆記』，『度量衡説統』，『論語彝訓』，『孝経白天章』などがある． →蝦夷草紙(えぞそうし)

参考文献 『蝦夷地一件』(『新北海道史』7)，羽太正養編『休明光記』(『(新撰)北海道史』5)，『休明光記附録』(同)，フィリップ=フランツ=フォン=シーボルト『シーボルト江戸参府紀行』(呉秀三訳註，『異国叢書』2)，同『シーボルト日本交通貿易史』(同，同8)，『通航一覧』，皆川新作『最上徳内』(『郷土偉人伝選書』3)，島谷良吉『最上徳内』(『人物叢書』174) (榎森 進)

009 **木庵性瑫** もくあんしょうとう 1611～84 江戸時代前期の渡来僧．明の万暦39年(1611)に生まれる．福建省泉州府晋江県の人．俗姓呉氏．清初順治7年(1650)黄檗山万福寺(古黄檗)西堂位より，敛石山太平寺住持に赴くにあたり隠元隆琦の印可を受けた．同11年隠元の東渡を送り，象山恵明寺住持となる．翌年(明暦元年(1655))隠元の招きに応じ長崎に渡来，分紫山福済寺住持となり開法と称された．万治3年(1660)摂津普門寺の隠元のもとに赴き，翌寛文元年(1661)黄檗山万福寺(新黄檗)開創に従う．同3年法弟即非如一とともに首座，翌4年9月隠元が退隠し，黄檗2代住持となった．在住中万福寺伽藍の落慶法要を営み，黄檗三壇戒会を2度設け，紫衣を受ける．また江戸紫雲山瑞聖寺開山となり戒会を創始した．なお，大坂南岳山舎利寺，信州松代象山恵明寺など20余ヵ寺の開山・勧請開山となり，嗣法者53人を数える．延宝8年(1680)正月塔頭紫雲院に退隠，貞享元年(1684)正月20日没．年74．塔頭万寿院に葬る．書を能くし隠元・即非とともに黄檗三筆と称され，また四君子・道釈画など文人画風の潤雅な墨絵を描いた．著作に『木庵禅師東来語録』『黄檗木庵禅師語録』ほか16部があり，記録および伝記は，平久保章編『新纂校訂木庵全集』にまとめられている．

参考文献 悦山道宗編『黄檗木庵和尚年譜』，『黄檗山万福寺諸州末寺牒』 (大槻 幹郎)

010 **木満致** もくまち 『日本書紀』応神天皇25年条にみえる，百済の将軍木羅斤資(もくらこんし)の子．木羅は木刕とも記された複姓，『隋書』百済伝などに刕と記された百済の名族の1つ．『百済記』によると，満致は木羅斤資の新羅討伐の時，新羅女性とのあいだに生まれた子．父の功績により任那で権力をふるい，やがて百済に入って，百済と倭国との交渉にたずさわり，倭国の権威を背景にして百済で重きをなした．百済の直支王(腆支王)の死後，その王妃と関係を持ち，幼少の久爾辛王のもとで国政を掌握したが，無礼な行為が多く，倭王権により百済から召喚されたという．直支王の死と久爾辛王の即位の年については，『日本書紀』は甲寅年(414)，『三国史記』は庚申年(420)と記し，両者に違いがあるが，これらにより満致の活躍年代を一応知ることができる．これを大倭木満致と記す古写本が多いが，現存最古のいわゆる田中本には「大倭」はなく，のちの混入の可能性が濃い．なお，『三国史記』によると蓋鹵王21年(475)，百済王都の漢城が陥落し，蓋鹵王が殺された時，文周に従って熊津に南下した重臣の1人に木刕満致の名がみえ，これを本条の木満致と同一人物とみる説があるが，活躍年代の違いから両者は別人と考えた方がよい．また，履中天皇や雄略天皇の時に活躍したと伝えられる蘇我満智を名の同音・類似から，これらの木満致や木刕満致と同一人物とみ，蘇我氏を渡来系氏族とみる説があるが，渡来系氏族の中央政界登場が桓武天皇の時まで待たなければならない点などから考えると問題があろう．

参考文献 加藤謙吉『蘇我氏と大和王権』(『古代史研究選書』)，山尾幸久『日本古代王権形成史論』，丸山二郎「百済人の複姓木刕と木羅」(『日本古代史研究』所収)，坂元義種「渡来系の氏族」(大林太良編『日本の古代』11所収)，同「木満致と木刕満致と蘇我満智」(『韓』116)，門脇禎二「蘇我氏の出自について―百済の木刕満致と蘇我満智―」(『日本のなかの朝鮮文化』12)，鈴木靖民「木満致と蘇我氏―蘇我氏百済人説によせて―」(同50) (坂元 義種)

011 **モタ** Antonio da Mota 生没年不詳 16世紀中期，ヨーロッパ人としてはじめて日本(薩摩国種子島)に来航した3人のポルトガル人のうちの1人として記録されている人物．ガルバンの『世界発見記』(1563年)などのヨーロッパの記録には，この来航は1542年のことと記載されている．一方，この事件に関する日本側の唯一の記録である『鉄炮記』(慶長11年(1606))には，天文12年(1543)種子島に来着した外国船に乗っていた2人の賈胡(外国の商人)の長として牟良叔舎と喜利志多佗孟太(キリシタダモタ)の名がみえる．彼らは，ガルバンの著作にみえるフランシスコ=ゼイモトとアントニオ=ダ=モタに比定される人物と考えられる．いずれも当時東アジア海域で中国との通商に関与した商人であろう． →鉄炮記(てっぽうき) →鉄砲伝来(てっぽうでんらい)

参考文献 岡本良知『(十六世紀)日欧交通史の研究』，

G. Schurhammer：1543—1943. O descobrimento do Japão pelos Portugueses no ano de 1543, Gesammelte Studien Orientalia. (1963).

(箭内　健次)

012 物外可什　もつがいかじゅう　1286～1363　鎌倉・南北朝時代の臨済宗大応派の僧．道号は物外，法諱は可什．弘安9年(1286)に生まれる．生国・俗姓は不詳であるが，地名(ちみん)を豊城という．久しく南浦紹明に参じた後の元応2年(1320)，天岸慧広・寂室元光・可翁宗然・別源円旨・鈍庵□俊らと入元し，諸方の耆宿に参じ，ついて金陵の鳳台山保寧寺に登って古林清茂に謁し，古林の文芸的家風に馴染んで強い影響を受けた．在元10年後の元徳元年(1329)，明極楚俊・竺仙梵僊・懶牛希融の東渡に付随し，天岸慧広・雪村友梅らと同船して博多に着岸した．同地の横岳山崇福寺にあった秀崖宗胤は物外のために席を退き，少弐頼尚は崇福寺に迎えて入寺せしめ，香を南浦に通じて法嗣となった．のち建長寺の首座となり，この間に都聞職にある同門の柏庵宗意に協力して，南浦の狭少な堂塔を別地に移して整備拡大し，竺仙は『天源庵記』を記してこの労を賞した．職満ちて鎌倉の万寿寺・浄智寺を歴住し，のち建長寺に晋住した．また檀越あって武蔵国の普済寺(東京都立川市柴崎4丁目)，南養寺(国立市谷保)，宝泉寺(町田市小山町)，清徳寺(品川区北品川3丁目)を開創したが，貞治2年(1363)12月8日示寂した(『本朝高僧伝』27では観応2年(1351)示寂)．78歳．天源庵の傍に葬った．のち真照大定禅師と勅諡された．

[参考文献]　『大日本史料』6ノ25，貞治2年12月8日条，卍元師蛮『延宝伝燈録』20(『大日本仏教全書』)，玉村竹二『五山禅僧伝記集成』，『建長寺史』

(葉貫　磨哉)

013 持躰松遺跡　もつたいまついせき　鹿児島県南さつま市金峰(きんぽう)町宮崎に所在する．縄文時代晩期から中世にわたる遺跡．万之瀬(まのせ)川河口から約5.4kmさかのぼった川の右岸の自然堤防上に立地し，中世前期を中心とした貿易陶磁器，国内産陶器，中世須恵器などがまとまって出土している．中でも12世紀中葉から13世紀前半を中心とする大量の貿易陶磁器の出土は注目され，宋商船が現地に赴いて直接交易を行なっていた可能性が指摘されており，万之瀬川河口部の南さつま市加世田小湊の当房に宋商人の居留地があったとする見解が出されている．さらに国内産陶器や中世須恵器などの出土状況より物資の集荷地・陸揚げ地的性格が強いとされており，本遺跡が南薩摩における交易拠点であったことが指摘されている．ただし，当地において恒常的に宋商人との交易があったと想定することについては，博多との貿易関連遺物出土状況や港湾立地条件などの比較から，慎重な検討が求められている．

[参考文献]　金峰町教育委員会編『持躰松遺跡　第1次調査』(『金峰町埋蔵文化財発掘調査報告書』10)，亀井明徳「貿易陶瓷器研究の今日的課題」(前川要編『中世総合資料学の提唱』所収)，宮下貴浩「鹿児島県持躰松遺跡と出土陶磁器」(『貿易陶磁研究』18)，大庭康時「集散地遺跡としての博多」(『日本史研究』448)，柳原敏昭「中世前期南九州の港と宋人居留地に関する一試論」(『日本史研究』448)，『古代文化』55ノ2(特輯11～15世紀における南九州の歴史的展開)

(河辺　隆宏)

014 本木庄左衛門　もときしょうざえもん　1767～1822　江戸時代後期の和蘭通詞．諱正栄，字(あざな)は子光，蘭汀と号す．明和4年(1767)生まれる．大通詞本木良永(仁太夫)の長男．安永7年(1778)稽古通詞，寛政8年(1796)小通詞，文化6年(1809)大通詞過人．オランダ語にすぐれただけでなくフランス語を出島商館長ドゥーフに，英語を商館荷倉役ブロンホフに学び，文化8年日本最初の英語学書『諳厄利亜(アンゲリア)興学小筌』(10巻)，同11年同じく最初の英和対訳辞書『諳厄利亜語林大成』(15巻)を編集した．また時期は明らかでないが『払郎察(フランス)辞範』を編集した．これも日本最初のフランス語学書である．その他文化5年オランダ人献上物附添として江戸に参府した際幕命により『阿蘭陀炮術之書』(のち『砲術備要』という)4巻を訳出献上した．なおこの他『万国地図和解』『和蘭軍艦図解』などの訳著がある．また俳句を嗜んだ．文政5年(1822)3月13日死去．56歳．長崎の大光寺に葬る．

[参考文献]　古賀十二郎『長崎洋学史』上，渡辺庫輔「阿蘭陀通詞本木氏事略」(『崎陽論攷』所収)

(沼田　次郎)

015 本木昌造　もときしょうぞう　1824～75　幕末・明治時代前期の活版印刷技術の先駆者．幼名作之助．号は梧窓．文政7年(1824)6月9日北島三弥太の四男として長崎新大工町に生まれ，母の実家，オランダ通詞本木昌左衛門の養子となり，家業をつぐ．西欧の技術，ことに印刷機・活字製造に着目し，嘉永4年(1851)自著『蘭和通弁』を輸入印刷機・自製の鉛活字により印刷．その後ロシア艦隊プチャーチン提督の通訳が機縁となり伊豆の戸田(へだ)でロシア艦の建造に参画，また幕府の長崎海軍伝習所通訳として航海術などを習得，出版活動もつづけ，万延元年(1860)長崎飽ノ浦(あくのうら)製鉄所御用掛，ついで主任，頭取となり，技術者養成，海運，鉄製長崎大橋架設などに貢献．明治2年(1869)上海からアメリカ人技師W・ガンブルを迎え，製鉄所内に活版伝習所を設け，金属活字の本格的な鋳造に成功．翌年頭取を辞し，長崎新町に活版所を創設，門下の平野富二・陽其二(ようそのじ)らとともにいわゆる明朝(みんちょう)活字の合理的なシステムを開き，近代印刷技術の基礎を築いた．明治8年9月3日没．52歳．墓は長崎市大光寺にある．法名は故林堂釈永久梧

窓善士．同市内諏訪公園に記念像と碑文がある．
【参考文献】飯田賢一『技術思想の先駆者たち』，同「日本のグーテンベルク—本木昌造」(『日本及日本人』昭和52年盛夏号)，沢田巳之助「本木昌造年譜」(『印刷図書館ニュース』55)
（飯田　賢一）

016 本木良永 もときよしなが　1735～94　江戸時代中期のオランダ通詞，蘭学者．名は良永．通称は栄之進，のち仁太夫．字(あざな)は士清．蘭皐と号した．長崎の医師西松仙の次子として享保20年(1735)6月11日生まれる．寛延元年(1748)通詞本木良固の養子となる．翌年稽古通詞，天明7年(1787)小通詞，翌年大通詞となる．天文・地理に関する訳書が多く，『翻訳阿蘭陀本草』『和蘭地図略説』『阿蘭陀地球図説』『平天儀用法』『天地二球用法』『太陽距離暦解』『日月圭和解』『阿蘭陀全世界地図書訳』『象限儀用法』『阿蘭陀海鏡書和解』『阿蘭陀永続暦和解』『和蘭候象器附解』などがある．寛政4年(1792)～5年訳の『太陽窮理了解』には太陽中心説が詳説されており，地動説紹介の嚆矢(こうし)．寛政2年誤訳事件に連座．翌年11月，御用天地二球用法之書和解の幕命をうけて従事，同五年『天地二球用法記』を呈上．同6年7月17日没．60歳．長崎の大光寺に葬られる．
【参考文献】片桐一男『阿蘭陀通詞の研究』，同「阿蘭陀通詞本木良永の訳業分野」(『日本歴史』386)
（片桐　一男）

017 物部麁鹿火 もののべのあらかひ　5世紀末から6世紀前半にかけての豪族．武烈・継体・安閑・宣化朝の大連．カバネは連．名を麁鹿火・荒甲にもつくる．『旧事本紀』の『天孫本紀』に，饒速日命14世孫で麻佐良大連の子とある．『新撰姓氏録』の和泉国神別には，饒速日命の15世孫で高岳首の祖とする．『日本書紀』武烈天皇即位前紀に，女の影媛をめぐる太子の武烈と平群真鳥大臣の子鮪(しび)との争いがみえる．継体天皇即位の推挙に加わる．継体天皇6年，任那4県の百済への割譲に際して宣勅使となるが，妻の諫めにより病と称してその任を辞した．同21年，筑紫君磐井の乱には大将軍として筑紫に遣わされ，磐井の軍勢と戦う．22年11月に磐井を斬殺．宣化天皇元年7月没．『公卿補任』には，在官30年とみえる．
（吉村　武彦）

018 物部尾輿 もののべのおこし　6世紀の豪族．宣化朝と欽明朝の大連．宣化天皇元年7月に没した物部麁鹿火のあと大連に任命された．カバネは連．『旧事本紀』の『天孫本紀』には，饒速日命13世孫で荒山大連の子とあり，弓削連の祖倭古連の女子阿佐姫と加波流姫姉妹を妻としたという．守屋大連の父．安閑天皇元年，盧城部(いおきべ)連幡媛が尾輿の首飾を盗んで，春日皇后に献上したことが発覚し，事件へのかかわりを不安に思い，十市部(とおちべ，大和)・贄土師部(にえのはじべ，伊勢)・胆狭山部(いさやまべ，筑紫)を献上したとい

う．欽明天皇元年，天皇の対新羅軍事策への諮問に対し，継体朝における大伴金村大連の百済への任那4県割譲を非難して，金村を失脚させた．ここに，大連は物部氏，大臣は蘇我氏が任命される体制となった．また，欽明天皇13年，百済の聖明王から献じられた仏像・経論などに関する，天皇の諮問に対して，中臣鎌子とともに排仏を主張した．仏像は蘇我稲目が小墾田の家に安置し，向原(むくはら)の家を浄めて寺としたが，敏達朝に病気が流行したので，難波の堀江に棄てられた．
（吉村　武彦）

019 木綿貿易 もめんぼうえき　16世紀から19世紀初頭までの明・清時代の対外貿易関係の上で，中国の手織木綿が内外需要の増加に伴い対外的にも盛んに輸出されたことを指す．中国の綿花栽培とその紡織は，南海と西域の2つのルートを通じて唐代に伝わり，宋末元初には華南・華中・陝西・四川に広がり，明代には政府当局の勧奨もあってほぼ中国全土に普及した．最初は農家の家内副業として自家消費のために糸を紡ぎ綿布を織ることであったが，庶民の衣料として綿布の使用が急速に普及すると，農民は自家消費にとどまらずこれを商品として市場向けに生産するようになった．特に主穀作物の栽培だけでは再生産を維持できない零細小農民は，家計の補助手段として積極的に綿糸・綿布の生産にとりくんだ．15世紀以降，単純商品生産としての木綿織物業は，揚子江デルタの松江府一帯に展開された．松江府一帯が綿業の中心地となったのは，綿花の原料入手が容易であり，附近に蘇州・杭州の秀れた機業地をひかえ，その紡織技術を受け入れて良質の綿布生産に成功したことや，さらに1433年以来綿布を租税の代納として認められたことなどによる．綿布の商品生産が発達した松江の西郊には，16世紀後半木綿の夏足袋専門の商家100余が軒を連ね，また市内には数百の布号(綿布問屋)があり，彼らは染坊・踹(せん)坊(つやだし業者)などの手工業者を支配して販売加工の中心となっていた．松江・上海などの都市織布業では，一家に織機数台を設けて三梭布・飛花布・斜文布などの高級綿布を生産する者もあった．その製品は宮廷・政府に上納または収買されるほか，官僚・地主や一部の商人層に購買された．日本にも中国で生産された木綿が日宋貿易によって輸入されている．その時期は鎌倉時代初期以前であることが確認できる．その後，15世紀以後，朝鮮から大量に木綿が輸入されるようになり，16世紀に入ってからは唐木綿の名で中国綿布の需要が増加していったといわれる．明の姚士麟の『見只編』には，「大抵日本に須(もち)いる所は皆な中国より産し，(中略)饒州の瓷器，湖州の糸綿，漳州の紗絹，松江の綿布は尤も彼の国の重んずる所」(原漢文)とあり，鄭若曾の『籌海図編』には倭好貨物として生糸・絹織物と並んで綿布が記されているのは，これを示すもので

ある．このようにして朝鮮・中国との貿易によって，木綿の衣服の材料としての優秀さを知った大名，国人領主は，銅・鉄などを日本から輸出し，その代価として綿布を輸入するようになっている．そして朝鮮から輸入された綿布は，文明7年(1475)に2万7800疋，翌8年には3万7421疋にも達している．このような日本側への木綿輸出増加に対し，危機感を抱いた朝鮮側は綿布の交換比率を高めることによって，日本への輸出を押えようとしている．この朝鮮の輸出抑制策に対し，中国からの木綿を輸入する動きが強まることになった．しかし中国は朝貢貿易以外は公認しない政策をとっていたので，中国からの木綿の輸入は密貿易に頼る以外になかったが，中国の密貿易の取締りがきびしくなると，日本国内で木綿をつくることによって木綿の需要を満たすことを余儀なくされ，国内産木綿が次第に盛んになった．一方，18世紀以降イギリス東インド会社を仲介とする広東貿易が盛んになると，松江一帯の高級綿布は浙江・福建沿岸および仏山鎮を中心とする広東のいわゆる土布などと合わせて，欧米向けのほかロシア・日本・南洋などへも輸出された．1800〜30年の広東貿易による綿布輸出量は毎年100万疋以上に達し，これは対欧米向け海上貿易の中では茶葉・生糸に次ぐ第3位の重要な地位を占めた．しかし1830年以後，近代資本制商品綿布の圧力下に，中国在来の手織綿業は次第に解体を余儀なくされた．

[参考文献] 厳中平『中国棉紡織史稿』，田中正俊『中国近代経済史研究序説』，永原慶二『苧麻・絹・木綿の社会史』　　　　　　　　　　　(佐久間重男)

020　モラレス　Diego de Morales　1604〜43 スペイン人イエズス会司祭．1604年10月13日トレド王国メディナ＝デル＝カンポの貴族の家に生まれる．サラマンカ大学で人文学を学び，20年トレド管区でイエズス会入会，ビリャルガルシアで修練期を終え，25年メキシコへ派遣され哲学課程終了，翌年マニラ着．神学課程終了後同地で司祭となり，32年ビエラ司教とともに日本潜入を望むもマニラのコレジョの司祭らから引き留められて果たさず，38年，盛式四誓願司祭となり，タガログ語をよく解し，管区長からミンダナオ島とギロロ島の異教徒改宗許可を密かに得たが，大司教，総督，マニラのコレジョの院長と司祭から要望されて残留し，同コレジョ教授として文法・人文学・哲学・神学を講じ，サン＝ホセのコレジョ院長を勤めるとともに，祈りと苦行と内省に専念し，病み苦しむ身分低い人々の親しき友として16年間使徒的聖役に従う．40年末フィリピンに来着した巡察師アントニオ＝ルビノ一行との再度の日本潜入計画に成功し，寛永19年(1642)中国人に変装してマニラから来日，薩摩国下甑島に上陸後ただちに発見されて長崎入牢，穴吊しの刑を受け，翌20年2月6日(1643年3月25日)斬首され殉教．38歳．

[参考文献] レオン＝パジェス『日本切支丹宗門史』下(吉田小五郎訳，『岩波文庫』)，A. de Rhodes, S. J.: Histoire de la vie, et de la glorievse mort, de cinq peres de la Compagnie de Iesvs, qui ont souffert dans le Japon. Auec Seculiers, en l'anneé 1643; H. del Corbelletti, S. J.: Breve Relatione della gloriosa morte, che il P. Antonio RvBino della Compagnia di Giesv, Visitatore della Prouincia del Giappone, e Cina, sofferse nella Città di Nangasacchi dello stesso Regno del Giappone, con quattro altri Padré della medisima Compagnia, cioè. il P. Antonio Capece, il P. Alberto Micischi, il P. Diego Morales, & il P. Francisco Marqvez, contre secolari, di Marzo nel 1643, 1652.; P. Alegambe, S. J.: Mortes illvstres, et gesta eorvm de Societate Iesv. 1657.　　(井手　勝美)

021　モラレス　Francisco de Morales　1567〜1622 スペイン人ドミニコ会司祭，福者．1567年マドリッドに生まれる．82〜84年バリャドリッドの聖パブロ修道院でドミニコ会入会，立誓，90年，同地の聖グレゴリオのコレジョ入学，同修道院哲学講師となり，98年マニラ着．聖ドミニコ修道院の学生指導係と初代哲学講師，1600年，神学講師，マニラ行政管区の告解調査官，在マニラのスペイン人の説教師，翌年，マニラ聖ドミニコ修道院院長となり，慶長7年(1602)日本管区長代理として来日，薩摩国甑島着．同島の聖ドミニコ修道院院長，同10年，京泊の初代住院院長，13年，日本管区長の資格で，徳川家康を駿府に，将軍秀忠を江戸にそれぞれ訪問して長崎に教会建設の許可を得，15年，長崎にサント＝ドミンゴ教会を建て同修道院院長となる．19年日本司教代理に選出されたが辞退し，マニラへの追放時には沖で待機していた小舟に乗り移って長崎に潜入，長崎代官アントニオ村山等安の長子アンドレス徳安屋敷に潜伏して活動し，元和3年(1617)管区長代理となり，同5年同屋敷で捕えられ壱岐島を経て大村(鈴田)入牢，同8年8月5日(1622年9月10日)長崎で火刑，殉教．

[参考文献] オルファネール『日本キリシタン教会史――一六〇二―一六二〇年―』(井手勝美訳・ホセ＝デルガド＝ガルシア註)，コリャド『日本キリシタン教会史補遺――一六二一―一六二二年―』(同)，ホセ＝デルガード＝ガルシーア編注『福者フランシスコ・モラーレスＯ・Ｐ・書簡・報告』(『キリシタン文化研究シリーズ』7)，北島治慶『鍋島藩とキリシタン』，Fr. Jose Delgado Garcia, O. P.: El Beato Francisco Morales O. P. mártir del Japón (1567—1622), Su personalidad histórica y misionera, Cuadernos de Misionologia, 1.

(井手　勝美)

022 **森島中良** もりしまちゅうりょう　1754～1808　江戸時代中期の蘭学者，戯作者．本名森島中良，のちに桂川甫斎（先祖は中原氏（『寛政重修諸家譜』1385））．字（あざな）は甫粲（ほさん）・虞臣（やすおみ），号は桂林．戯作名は森羅万象（しんらまんぞう）のほか，天竺老人・二世風来山人・築地善交・月池老人．狂歌名を竹杖為軽（たけつえのすがる）といった．幕府医官桂川国訓の子，国瑞（甫周）の弟．宝暦4年(1754)生まれる．蘭学者として『紅毛雑話』『万国新話』『琉球談』また『類聚紅毛語訳』（のちに『蛮語箋』と改題）などの地理書・語学書を著わした．寛政4年(1792)から白河楽翁（松平定信）に禄仕したが同9年に辞職．また加賀の前田家から招かれたが数ヵ月で辞したと伝える．生涯，妻を迎えず兄の家でその翻訳の業をたすけ著述を楽しんだ．戯作は蘭学の先駆者でもあった風来山人(平賀源内)の弟子で，師の没後『風来六部集』を編み，また二世風来山人として師の作風を継承した．代表作は洒落本『真女意題（しんめいだい）』『田舎芝居』，読本『（拍掌奇談）凩草紙（こがらしぞうし）』，黄表紙『従夫以来記(それからいらいき)』『万象亭戯作濫觴（まんぞうていげさくのはじまり）』，狂歌に『絵本見立仮譬尽（えほんみたてかいづくし）』『絵本吾嬬鏡』などがある．文壇の重鎮として多くの戯作者に影響を与え，文化5年(1808)12月4日没した．55歳．法名量山日寿．江戸芝二本榎上行寺に葬られたが，昭和37年(1962)寺の移転に伴い神奈川県伊勢原市上糟屋に改葬された．森羅亭万象の号は門人七珍万宝（樋口仁左衛門）が継承した．

〔参考文献〕大槻如電『(新撰)洋学年表』，滝沢馬琴著・木村三四吾編『近世物之本江戸作者部類』，岡村千曳『紅毛文化史話』，石上敏『万象亭森島中良の文事』
　　　　　　　　　　　　　　　　　　（本田　康雄）

023 **モリソン号事件** もりそんごうじけん　天保8年(1837)通商を求めて来航したアメリカ船モリソン号が砲撃され退去した事件．のちに蛮社の獄を誘発した．広東のアメリカ貿易商社オリファント会社支配人チャールズ＝キングは日本との通商開始を計画，難破して澳門（マカオ）に保護されていた日本人岩吉・久吉・音吉（尾張），庄蔵・寿三郎（肥後），熊太郎・力松（肥前）らの送還を当面の目的にモリソン号を日本に派遣し，あわせて対日貿易とアメリカ海外宣教団の日本布教の機会を得ようとした．モリソン号は564tの帆船，天保8年6月1日(1837年7月3日)澳門出発，船長インガソール，医師パーカー，東洋学者ウィリアムズ，宣教師ギュツラフおよび出資者キング夫妻らが搭乗，将軍への漢訳書翰・贈物，日本向け商品を積み，平和の使船なる故あえて武装を廃した．6月28日（陽暦7月30日）浦賀に到着したが無二念打払令下であったため浦賀奉行太田資統は川越・小田原両藩をしてこれを砲撃せしめ，翌日さらに砲撃し1発が命中，けが人はなかったがやむなく退去．鳥羽港に入らんとしたが風浪高く断念．7月10日(8月10日)薩摩山川港に碇泊，庄蔵・寿三郎が上陸し藩吏と接触したが藩庁の命により2日後砲撃開始，船に別条なかったが日本への入港を断念し澳門に引き返した．しかるに翌天保9年6月新任のオランダ商館長グランドソンが長崎に到着し，現任者ニーマンとの連署で長崎奉行に提出した機密報告書でようやく事の真相が判明した．ただしこの報告書はモリソン号を誤ってイギリス船としていた．老中水野忠邦は漂流民送還の船を撃退したことに留意，将来また江戸湾に接近したらいかに対処すべきやと部内に諮問し，審議させた結果，同年12月オランダの便船あれば7名をつれ帰るべく指示したが反応はなかった．天保13年長崎奉行よりオランダ人に問うたところ漂流民は澳門・香港にて就職，帰国の意志なき旨の返事があり，事は落着した．7名のうち音吉は嘉永2年(1849)浦賀来航の英艦マリーナ号，ついで安政元年(1854)長崎へきたったスターリングの艦隊に同行し通訳をつとめたが，仮名しか読めぬためほとんど役に立たず，力松も安政2年箱館・長崎でいずれもイギリス艦隊の通訳となったが同じく用を弁ずるに至らなかった．一方幕府部内において漂流民引取りについての論議がなされていた天保9年10月，「英人モリソン」の船再来航の風聞が流れ，打払令適用を可とする旨の評定所評議書が，尚歯会例会の席上評定所記録方芳賀市三郎から洩らされた．同会に出席した渡辺崋山・高野長英ともに，このモリソンを，彼ら2人には英雄と思われていた東洋学者ロバート＝モリソンのことと誤解した．そしてモリソン船の再来航を，そのモリソンの指揮する船の渡来と信じ，かつイギリスの実力ないし世界情勢を知る故に打払いを断行すれば容易ならぬ事態を招くと憂慮し，それぞれ『慎機論』『戊戌（ぼじゅつ）夢物語』などを著わした．崋山は鎖国の継続が地球万国の交流に害を及ぼすと説き，長英は礼節を守って漂流民送還の労を謝し国禁なる故交易に応じ難しと答えるをよしとした．前者は未定稿，後者は伝写により流布し，ともに処士横議とみなされ蛮社の獄を招くに至った．→慎機論(しんきろん)　→蛮社の獄（ばんしゃのごく）　→戊戌夢物語(ぼじゅつゆめものがたり)

〔参考文献〕井野辺茂雄『新訂維新前史の研究』，田保橋潔『(増訂)近代日本外国関係史』，相原良一『天保八年米船モリソン号渡来の研究』
　　　　　　　　　　　　　　　　　　（山口　宗之）

024 **モルッカ諸島** もるっかしょとう　Moluccas Is.　元来東部インドネシアのジロロ島Gilolo（ハルマヘラ島Halmahera）の西側に沿い，赤道を挟んで北から南へと並列するテルナーテTernate・ティドールTidorなど5島を指すが，18世紀の初めからその範囲が拡がり，現在ではスラウェシ（セレベス）の東側とイリアン・ジャヤ（ニュ

ーギニア)の西側の中間に拡がる海域に点在する島嶼を漠然と指している．またの名を香料諸島ともよぶ．16世紀の初頭からヨーロッパ人がこの地域に来航し，丁香・肉荳蔲(にくずく)などの香辛料の獲得をめぐって争ったが，はじめ優位にあったポルトガル人も17世紀に入るとオランダ人に香料貿易を独占され，1680年オランダ人は同地域に支配権を確立した．江戸幕府は当地(「摩陸」とする)を渡航先とする貿易船に対し朱印状を下付したことが1回あるきりで，日本船の渡航はほとんどなかったと思われるが，オランダ人に雇われて渡った大工・石工・鍛冶職などの技術労働者や城塞の攻略戦に参加した兵士など，日本人が多く，また1623年3月のいわゆるアムボイナ虐殺事件に連坐し英蘭の抗争の渦中に巻き込まれ非命に斃れた日本人もいた．

参考文献　岩生成一『続南洋日本町の研究』
(長岡新次郎)

025　モンゴル　Mongol　⇨元(げん)

026　モンタヌス　Arnoldus Montanus　1625～1683　オランダの牧師．1625年に生まれる．アムステルダムのラテン学校長でもあった．新発見地アメリカやアジアなどの人文地理関係の編著がある．中でも1669年に『オランダ東インド会社日本帝国遣使紀行』を編行．いわゆる地理発見から説き起し，日本事情を中心に17世紀中葉までの記事を含む．その資料はイエズス会士書簡や，1649年来日のフリシウス Andries Frisius や同時代の出島蘭館長インデイク Hendrick Indijck の報告などに依ったというが，興味的な想像を廻らして叙述しており，挿図も平戸港図以外は全くの想像図であり，当時の西欧人の日本観の程度を語るにとどまる．1683年没．
(海老沢有道)

027　モンタヌス日本誌　モンタヌスにほんし　オランダの牧師モンタヌスが宣教師やオランダ人の記録などにより記した日本誌．原書名は Gedenkwaerdige Gesantschappen der Oost-Indische Maetschappij in't Vereenig de Nederland aan de Kaiseren van Japan. 邦訳として『東インド会社遣使録』『オランダ東インド会社日本帝国遣使紀行』『オランダ連合東インド会社の日本皇帝への主要なる遣使』という題もある．著者はアジアを訪れたことはなかったが，膨大な記録を基に，この本を書いた．全体を章に分けず，雑然と書き流してあり，特記すべき事項ごとにその由来，沿革などを長々と記している．もとの史料を一層誇張した記述も多いが，精読すれば，その中に貴重な史実を読み取ることができる．1669年にアムステルダムで初版が刊行されると，その年にドイツ語訳，翌年に英語訳，フランス語訳が出版され，オランダではその後5版，1772年には仏語訳2版が出版され，当時最も広く読まれた本であった．和田万吉訳『モンタヌス日本誌』(大正14年(1925)刊)は，英語版からの抄訳である．
(永積　洋子)

028　モンテ　Giovanni Battista de Monte　1528～87　イタリア人イエズス会司祭．1528年フェラーラに生まれる．55年イエズス会入会，61年インドへ派遣され，翌年ゴア発，マカオ着．永禄6年(1563)司祭として来日，横瀬浦着，ただちに豊後に赴き大友義鎮(宗麟)の歓待を受け，同9年，五島領主宇久純定と親交を結び，五島布教の基礎を築いた．以後，大値賀・口之津・府内で布教し，天正2年(1574)か3年に，臼杵で土佐国主一条兼定にパウロの霊名で授洗．同7年に天草に赴き，翌年，臼杵で開催された日本イエズス会第1回協議会に参加．翌9年，豊後で単式終生誓願司祭となり，翌年，野津で活躍．同15年8月5日(陽暦1587年9月7日)平戸の住院上長として没．ミステリオ劇やミサ聖祭の音楽の指導に果たした功績も大きい．

参考文献　ルイス=フロイス『完訳フロイス日本史』(松田毅一・川崎桃太訳，『中公文庫』)，海老沢有道「イタリア人耶蘇会士と日本との最初の交渉」(『日伊文化研究』4)，J. F. Schütte, ed., Monumenta Historica Japoniae I, Textus Catalogorum Japoniae 1549—1654; J. F. Schütte, ed., Introductis ad Historiam Societatis Jesu in Japonia 1549—1650.
(井手　勝美)

や

001 八重洲町 やえす　東京都千代田区南東部にあった町。現在の千代田区丸の内1～3丁目と有楽町1丁目の西側の濠端に面した地域は、江戸時代には日比谷入江の海岸線で、八代洲河岸（やよすがし）と呼ばれた。慶長5年(1600)に来日したオランダ船リーフデ号の乗組員ヤン＝ヨーステンを、徳川家康は砲術や外交顧問として重用し、この海岸線に宅地を与えたのが地名の起り。八代洲をはじめ楊容子など幾つかの文字を当てた例があるが、地名としては八代洲河岸が幕末まで定着した。明治5年(1872)市中の旧武家地に町名をつけたとき、八代洲河岸は八重洲町1～2丁目となり、昭和4年(1929)さらに東京市麹町区丸ノ内2丁目と改称された。現在の中央区八重洲はかつての八重洲町の場所からはなれ、昭和29年日本橋呉服橋・槇町を合わせた地域に命名されたもの。
　参考文献　「武州豊島郡江戸庄図」（『古板江戸図集成』1）、「武州古改江戸之図」（同2）、『通航一覧』239、『御府内備考』7（『大日本地誌大系』）、中村孝也『徳川家康公伝』、鈴木理生『千代田区の歴史』（『東京ふる里文庫』5）　　　　　　　　　　（鈴木　理生）

002 八重山諸島 やえやましょとう　東経123度～125度、北緯24度～26度の間に散在する島々。沖縄県に属する。西表（いりおもて）・石垣・与那国・波照間（はてるま）・黒島・小浜（こはま）・新城（あらぐすく）・鳩間（はとま）・竹富の9島、計661.815km²で、人口約5万3300（平成19年(2007)現在）、石垣島に沖縄最高（525.8m）の於茂登（おもと）岳がある。8世紀、大和朝廷に入朝した信覚は、石垣島とされる。琉球方言のうち、南琉球方言は、宮古・八重山・与那国の方言に分けられている。来訪神信仰は沖縄全域にみられるが、八重山では特異な仮面神儀礼がみられ、川平（かびら、石垣市）のマユンガナシ、古見（こみ）・小浜（八重山郡竹富町）などのアカマタ・クロマタの行事は、農耕の節目に、神を迎え、豊作を祈り、さらに予祝する古い祭祀を残している。14世紀末、中山（ちゅうざん）に服属し、15世紀末には叛いて尚真王の征討をうけた。17世紀初め、薩摩支配下、宮古とともに人頭税制がしかれ、その重圧に苦しみ、廃藩置県後も続き、明治36年(1903)に廃止された。　→石垣島（いしがきじま）　→西表島（いりおもてじま）
　　　　　　　　　　　　　　　　　　（島尻勝太郎）

003 ヤカトラ Jacatra　⇨ジャカルタ

004 訳鍵 やくけん　蘭日辞書。藤林普山著。乾坤2巻、別に「凡例并附録」（のちに『蘭学逕』と題して単行本とした）をふくめ全3巻。文化7年(1810)刊行。題簽には横書きで上にNederduitsche TAALとあり、下に「訳鍵」とする。「オランダ語を訳す鍵」という意味であるが、一般には「訳鍵」と略称されている。巻末に「活字訳鍵百部絶板」とあるのが初版。文政7年(1824)門人の中沢権之助が再版を出したが、ほかに著しく紙質の異なる版もある。著者が凡例で述べているところによると、少年たちがオランダ語を習いに来たが、入門のはじめに大冊の『ハルマ和解』を写させると、非常に時間がかかりやめてしまうものが多かった。そこで親友の小森玄良と相談し、『ハルマ和解』から3万語ばかりを抜き出して使わせてみると、語が探しやすいので大変喜ばれた。そこで先生の海上随鷗（旧名稲村三伯）の許しを得て100部を刊行した。わが国第2の蘭日辞典で、各頁2段組・21行で、見出し語は42語、本文294枚、巻尾に「大西薬名（薬名）」33枚、合わせて収録語数約2万7000語。新しく改良した3点は以下のとおり。①『ハルマ和解』では「一語に一義をつけ」たのを、『訳鍵』では「一語に多義を併記」したこと。②接頭語・接尾語とその意味を「附録」に収め、基礎語と別々に調べられるようにして、複合語をへらしたこと。③『和解』にもれたものを、マレンやハンノットの辞典から補ったこと。学習者に大いに利用された。復刻本『訳鍵』（『蘭学資料叢書』5）が刊行されている（昭和55年(1980)）。　→ハルマ和解
　参考文献　斎藤信『日本におけるオランダ語研究の歴史』　　　　　　　　　　　　　　（斎藤　信）

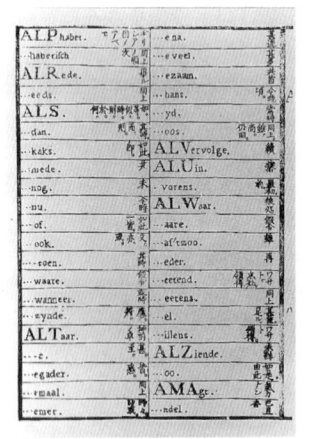

005 訳語 やくご　⇨おさ

006 訳司統譜 やくしとうふ　唐通事の役職別任免一覧。近世長崎の地役人中、唐方の通訳官を、慶長8年(1603)通事役創設の馮六から、文久元年(1861)補任者まで、役職別、職階順に、就任順に網羅した唐通事の根本史料。役職は、唐通事頭取・唐通事諸立合・御用通事・風説立役・直組立合通事・唐通事目附・大通事・小通事・小通事並・小通事末席・稽古通事・稽古通事見習・稽古通事格・唐年行司・唐年行司見習・唐年行司格・内通事小頭・内通事小頭見習・内通事小頭格・唐船請人・暹羅

(シャム)通事・暹羅通事見習・東京(トンキン)通事・モフル通事の全24に及ぶ．ほかに唐通事・唐年行司・唐内通事小頭・唐船請人の各職発端や職掌・定員などの「由緒」と，天和3年(1683)現在の「住宅唐人之覚」を付している．本書は，大通事過人出身の頴川(えがわ)君平が，小通事助出身で貴族院議員何礼之(がのりゆき)の序，小通詞過人出身の鄭永寧の跋文を得て，明治30年(1897)神戸で非売品として編纂・発行したもの．本文119丁，跋文7丁，1冊．跋文は簡潔な唐通事の解説となっており，本書を「第二統譜」とし，もと「上篇ノ本譜」が各家鼻祖の中国生地族籍姓氏名字および長崎来住年次などを記して唐通事会所にあったが，維新の際散佚したものかとしている．天明2年(1782)ころ，本書のもとになったものが唐通事会所で編纂され，その後書き継がれたものと見受けられる．『長崎県史』史料編4に収録されている． →唐通事(とうつうじ)

参考文献 宮田安『唐通事家系論攷』

(片桐 一男)

007 屋久島 やくしま 鹿児島県の大隅諸島に属する島．東西約28km，南北約24kmで円形に近く，面積約500km²．人口は1万3820人(平成19年(2007)3月31日現在)．熊毛郡屋久島町に属す．島の大部分は山岳からなり，九州最高峰の宮之浦岳(1935m)をはじめ1000mを越す山が30以上もあり，一帯は霧島屋久国立公園の一部となっている．集落は島の周辺部海岸沿いに分布する．また，河川は山岳部から海岸部に向かって放射状に流れ，年間3000mmを越える降水量と相まって水量豊富な諸清流で知られる．縄文時代早期の松山遺跡(屋久島町一湊(いっそう))をはじめ，縄文・弥生時代の遺跡が分布しているほか，須恵器(すえき)の出土地も数ヵ所あるが，その時期については諸説ある．『日本書紀』には推古朝に3回にわたり「掖玖(夜句)人」が来朝したという記事がみえるが，これらが現在の屋久島からの来朝者をさすかどうかには疑問もある．大宝2年(702)ごろに多褹(多禰，たね)島が成立した際にはその一部として編制され，本島には駅謨(ごむ)・益救(やく)2郡が置かれたが，天長元年(824)に多褹島が大隅国に併合された際には本島は駅謨1郡にまとめられた．屋久島町宮之浦にある益救(やく)神社は最南端の式内社であるが，当初から現在地に所在したかどうかは不詳．中世には島津氏の領有となっていたが，応永15年(1408)に本島は口永良部(くちえらぶ)島とともに肥後氏(種子島氏)に給与された(『旧記雑録』)．しかし，17世紀初頭には島津氏の直轄地となり，享保期の蔵入高は1569石余とされている．その貢納はすべて「平木」と称される屋久杉の小板(板瓦用)で代納されることになっていた．宗教は古くは律宗であったというが，15世紀末ごろには全島ほぼ法華宗となった点では種子島に似ている．宝永5年(1708)にはイタリア人宣教師シドッティが本島南端の恋泊(こいどまり)村(屋久島町小島)に潜入して捕えられ，長崎経由江戸に護送されている．明治22年(1889)町村制施行に際し上屋久村・下屋久村が成立．同30年馭謨郡が熊毛郡に合併されたことに伴い，熊毛郡に属す．昭和33年(1958)上屋久村が上屋久町に，同34年下屋久村が一旦屋久村と改称，即日屋久町となった．平成19年10月1日，両町が合併して屋久島町となる．

参考文献 『上屋久町郷土誌』，『屋久町誌』，赤星昌編『屋久島』

(中村 明蔵)

008 易博士 やくのはかせ 欽明朝に百済から倭国に派遣された易占の博士．『日本書紀』によれば，欽明天皇14年6月条に，百済に対し，医博士・易博士・暦博士らの交替と，卜書・暦本・種々の薬物の送付を命じたとある．この記事では，易博士と卜書が相応していて，易博士が易や占卜に関する博士であったことがわかる．翌年2月，百済から易博士施徳王道良が遣わされてきた．『宋書』百済国伝に，元嘉27年(450)に百済王余毗は宋に上表して，『易林』(漢の焦延寿が撰した全16巻の易の書)や式占(式盤を用いて行う占卜法)などを求めたところ，宋の太祖(文帝)はこれらをすべて与えたとみえている．南朝から百済に伝来した易占が，易博士によりさらに倭国に伝えられたのである．その後，易博士に関する記事はみえないが，『日本書紀』天武天皇4年(675)正月丙午朔条に陰陽寮，持統天皇6年(692)2月丁未(11日)条に陰陽博士沙門法蔵・道基がみえている．陰陽寮では，陰陽生は陰陽博士について，『周易』(『易経』)のほか，『新撰陰陽書』『黄帝金匱』『五行大義』などを学んでいるから(『続日本紀』天平宝字元年(757)11月癸未(9日)条)，陰陽博士は易占についての智識をあわせて有していたとみてよい．なお易を「やく」と訓むのは呉音によっている．

(和田 萃)

009 耶蘇会 やそかい ⇒イエズス会

010 耶蘇会士日本通信 やそかいしにほんつうしん ⇒イエズス会士日本通信

011 耶蘇会日本年報 やそかいにほんねんぽう ⇒イエズス会日本年報

012 耶蘇会版 やそかいばん ⇒キリシタン版

013 八代焼 やつしろやき 熊本県八代市で焼かれてきた陶器．高田(こうだ)焼・平山焼とも呼ぶ．記録上，加藤氏時代に始まるが，実態はまだ明らかでない．そのため一般には寛永9年(1632)細川氏が豊前小倉から熊本に入封するのに従ってきた朝鮮の陶工尊楷(和名，上野(あがの)喜蔵)が，八代郡高田の木下(きくだし)谷(八代市奈良木町)に開窯したのをはじまりとする．その後2代忠兵衛(第一家)・徳兵衛(第二家)兄弟が万治元年(1658)に平山(八代市平山新町)に移窯し，さらに享保元年(1716)徳兵衛の子渡辺太郎助が別家(第三家)を立てた．これら3家が共同で平山窯を操業していたが，明治中

期に廃窯．ただし第一家の流れは明治24年(1891)ごろ葦北郡日奈久村(八代市日奈久東町)へ移窯し現在に至る．代々茶陶を中心とし，鉄釉・木灰釉・土灰釉などを用い，装飾技法としては白土象嵌・刷毛目・鉄絵などがみられる．碗や鉢の焼成時には高台畳付部分に貝を敷いたものが多い．高田奈良木窯から平山窯へ移ると，象嵌がこの窯の特徴的装飾技法となった．→上野焼(あがのやき)

[参考文献] 満岡忠成・楢崎彰一・林屋晴三編『日本やきもの集成』12，座右宝刊行会編『世界陶磁全集』7，八代市立博物館未来の森ミュージアム編『八代焼』(『八代の歴史と文化』10)　　(大橋　康二)

014 **柳川一件** やながわいっけん　寛永年代の対馬宗家と重臣柳川氏との争論(御家騒動)が発端となり，幕府による審問の過程で日朝間の国書の改竄をはじめとするさまざまな不正が明らかになったことから，近世初期の日朝関係における最大の事件に発展したもの．国書改竄事件などとも呼ぶ．この事件の原因は，大きく分けて2つある．1つは，幕府の大名統制のあり方．もう1つは，中世以来の日朝関係のあり方と，文禄・慶長の役以後の日朝間の相互認識の齟齬．まず，第1の点から述べる．柳川氏は出自は明らかではないが，戦国時代末期柳川調信のときに急速に台頭して，家臣団筆頭にまでなった存在で，朝鮮関係と日本の中央政界に人脈をもっており，徳川家康は，宗氏と日朝関係の統制のために，調信の孫調興を人質として駿府に置いた．これ以後，調興は幕府の威光を背景に，宗家の内政と朝鮮関係を専断し，独自にもつ朝鮮関係上の特権と知行地を基礎に幕臣化しようとし，それを阻止しようとする宗氏との間で争論となり，寛永8年(1631)，双方は相ついで幕府に訴え出た(御家騒動)．次に，第2の点について．中世の日朝関係において宗氏は特権的な地位を固め，将軍使節まで対馬から派遣するようになっていた．文禄・慶長の役以後もその関係は続き，さらに日朝講和についての相互認識の齟齬があり，宗氏はその弥縫策として国書の偽造・改竄などの処置をとらざるをえなかった．この点を，幕府の審問の過程で，調興が暴露し，その後の調査で，将軍使節の派遣など中世以来の日朝関係のあり方と幕府の朝鮮に対する姿勢の齟齬が明らかになった．争論は，寛永12年，将軍徳川家光の親裁によって，柳川調興の有罪，宗義成の無罪が確定した．この後，徳川将軍の呼称を日本国大君とし，国書に日本年号を採用し，かつ以酊庵輪番制を開始するなど，日朝外交体制が改革され，翌年通信使の名目としてははじめての朝鮮国王使が来日して，その体制は定着した．また，宗家が藩制改革によって近世大名へ脱皮するのも，この事件を契機としてである．→以酊庵輪番制(いていあんりんばんせい)　→宗義成(そうよしなり)　→柳川調興(やながわしげおき)

[参考文献] 『寛永十三丙子年朝鮮信使記録』，『柳川調興公事記録』，『柳川一件記』，『寛政重修諸家譜』501，藤定房『対州編年略』，『通航一覧』28，田中健夫『中世対外関係史』，田代和生『書き替えられた国書』(『中公新書』694)，森山恒雄「対馬藩」(『長崎県史』藩政編所収)，荒野泰典「大君外交体制の確立」(『近世日本と東アジア』所収)，佐々木康広「幕藩制確立期における対馬藩の動向—柳川一件を中心に—」(丸山雍成編『幕藩制下の政治と社会』所収)

(荒野　泰典)

015 **柳川調興** やながわしげおき　1603〜84　江戸時代前期の対馬府中藩宗家家臣．柳川一件の当事者．はじめ玄蕃頭，のち豊前守．のち式山と号す．慶長8年(1603)江戸に生まれる．父柳川智永．同18年父智永没後，家督を継ぐ．同年，宗義智の参勤に同行，駿府で徳川家康に御目見，その時「公命」の取次役として，駿府に留め置かれた．人質である．家康没後，江戸の徳川秀忠のもとに移る．元和2年(1616)朝鮮国王使(回答兼刷還使)来日に先立って，五位・諸大夫となり，豊前守．以後，元和3年・寛永元年(1624)の朝鮮国王使の来日などに関わるうち，日朝関係のみならず，領内支配全般にわたって専権をふるうようになり，横暴なふるまいが多くなった．調興は，宗家の当主宗義成より1歳年長で，両者はあい前後して家督を継いだ．朝鮮使節の見聞によると，義成が暗愚な印象なのに対し，調興はすこぶる怜悧で敏腕であったという．両者の不和は，すでに，元和3年の朝鮮国王使の来日に際して，宗氏の帰国要請に調興が応じないという形で表われている．その時は，調興が起請文を提出して改めて臣従を誓い，ことなきを得た．次に，寛永2年，肥前の知行地の年貢勘定に関して，第1回目の争論が起きている．第2回目は，同8年に，調興が，宗氏から与えられた知行と歳遣船の権利の返上を義成に申し出たことから起った．調興は幕府の指示で与えられた肥前の知行地1000石と，柳川送使・流芳院送使の権利を基盤に，幕臣化しようとしたものと考えられる．その争論の過程で国書の改竄や国王使船(御所丸使船)の派遣などの不正を，調興が暴露したことから，争論は近世初頭の日朝関係上の一大事件に発展した．調興がみずから暴露したことからみて，彼には十分勝算があってのことだったと思われるが，結果は，将軍徳川家光の親裁によって，寛永12年調興の有罪で決着がつけられ，調興は津軽に配流となった．津軽での調興は客分として優遇され，なお50年近くを生きた．貞享元年(1684)10月1日没．82歳．諡号松巌院殿孤山初白居士．墓は青森県弘前市の津軽藩主菩提寺長勝寺にある．→柳川一件(やながわいっけん)

[参考文献] 『柳川調興公事記録』，『寛永十三丙子年朝鮮信使記録』，鈴木棠三編『宗氏家譜略』(『対馬叢書』)，藤定房『対州編年略』，『寛政重修諸家譜』501，田

代和生『書き替えられた国書』(『中公新書』694)，中村栄孝「「右武衛殿」の朝鮮遣使」(『日鮮関係史の研究』上所収)，荒野泰典「大君外交体制の確立」(『近世日本と東アジア』所収)　　　　　(荒野　泰典)

016　柳川調信　やながわ　しげのぶ　？～1605　安土桃山・江戸時代前期の対馬府中藩宗家の重臣．文禄・慶長の役前後の日朝関係で外交僧景轍玄蘇とともに知られ，豊臣・徳川政権との関係においても重要な役割を果たした．調信の出自は，孫の調興が柳川一件に敗訴し，改易されたため未詳．所伝も，浪人・九州の商人・対馬の低い身分とさまざまであるが，宗家の重臣の多くが一族であるのと対照的である．天正5年(1577)，足利義昭への使者として上洛，その2年後，妙心寺の僧天荊(てんけい)が「右武衛殿」(姓名未詳)の使者として朝鮮に赴いた際に同行した．この時，調信は父「司猛而羅多羅」(姓名未詳)の後継者として「嘉善大夫」の官職を受けた．その後，伊奈郡代を経て家臣団筆頭となる．一方，天正15年九州攻め中の豊臣秀吉への使者に立ち，以後豊臣・徳川政権との取次役として重きをなし，文禄・慶長の役前後の対朝鮮交渉にも活躍．天正18年には朝鮮通信使実現の功で五位・諸大夫(下野守)となる．また，関ヶ原の戦の際，宗義智が石田三成方に属し伏見城を攻めたことも，調信の弁明によって宥された．慶長10年(1605)没．諡号流芳院．

〔参考文献〕　『大日本史料』12ノ3，慶長10年9月29日条，『柳川調興公事記録』，『寛永十三丙子年朝鮮信使記録』，鈴木棠三編『宗氏家譜略』(『対馬叢書』)，藤定房『対州編年略』，『寛政重修諸家譜』501，田代和生『書き替えられた国書』(『中公新書』694)，中村栄孝「「右武衛殿」の朝鮮遣使」(『日鮮関係史の研究』上所収)，荒野泰典「大君外交体制の確立」(『近世日本と東アジア』所収)　　　　　(荒野　泰典)

017　柳川智永　やながわ　ともなが　？～1613　安土桃山・江戸時代前期の対馬府中藩宗家家臣．父は柳川調信．はじめ玄蕃頭景直．慶長10年(1605)朝鮮使節僧惟政らの来日の際，五位・諸大夫となり，豊前守智永と称す．その直後，父調信が没し家督を継ぎ，朝鮮使節来日の功で宗家に与えられた肥前田代領の加増分2800石のうち1000石が，幕府の指示で智永に与えられた．その後，宗義智を助けて，文禄・慶長の役後はじめての朝鮮国王使(回答兼刷還使)を慶長12年に実現した．この時の国書の偽造・改竄は智永の画策によるとされる．さらに同14年の己酉約条締結に際しても，景轍玄蘇とともに交渉にあたった．その時，対馬受職人4人・景轍玄蘇とともに図書(としょ)を受け，さらにその2年後，亡父調信の朝鮮人被虜刷還の功を述べ立てて，菩提寺流芳院の建設・運営のための図書を得ている．慶長18年没．

〔参考文献〕　『柳川調興公事記録』，『寛永十三丙子年朝鮮信使記録』，鈴木棠三編『宗氏家譜略』(『対馬叢書』)，藤定房『対州編年略』，『寛政重修諸家譜』501，田代和生『書き替えられた国書』(『中公新書』694)，荒野泰典「大君外交体制の確立」(『近世日本と東アジア』所収)　　　　　(荒野　泰典)

018　山口宗論　やまぐちのしゅうろん　1551年(天文20)周防山口でイエズス会宣教師コスメ＝デ＝トルレスと仏僧および仏教徒との間に行われた仏耶宗論．ザビエルが豊後に去ったあとで，トルレスが通訳のイルマン，ジョアン＝フェルナンデスの助けを得て，連日訪れて難問を浴びせた仏僧らに対し，反論し，キリスト教の要理について説いたものである．その様子はフェルナンデスのザビエル宛1551年10月20日付書翰中に集約紹介されている．仏教側の質問は断片的にしか言及されていないが，天地創造主デウスの存在と一切皆空の対立は歴然としている．霊魂(アニマ)論ではその霊性と不滅性の是非が論じられ，悪魔，地獄と天国，デウスによる自己救済，来世論などが述べられている．必ずしも秩序立った形での宗論ではなく，また双方かみ合った論争ではないが，キリスト教伝来当初の仏耶宗論の様相とその問題点が示され，また仏教側の関心の強さが窺われる．

〔参考文献〕　『イエズス会士日本通信』上(村上直次郎訳，柳谷武夫編，『新異国叢書』1)，『完訳フロイス日本史』6(松田毅一・川崎桃太訳，『中公文庫』)，シュールハマー『山口の討論』(神尾庄治訳)
　　　　　(五野井隆史)

019　邪馬台国　やまたいこく　2，3世紀の日本列島内にあった小国の1つで，対馬国(のちの対馬島上県・下県郡，現在の長崎県対馬市)以下28の小国を統属していた倭国連合の盟主国．2世紀末から3世紀前半まで女王卑弥呼が都としていた国．この国への道程は『魏志』倭人伝によれば諸韓国の1つ狗邪韓国(弁辰狗邪国・金官国・駕洛国ともいい，現在の大韓民国慶尚南道金海郡)から1000余里渡海して対馬国に至り，また南へ1000余里渡海して一大(支)国(のちの壱岐島壱伎郡・石田郡，現在の長崎県壱岐市)に至り，さらに1000余里渡海して末盧国(のちの肥前国松浦郡，近代の長崎県北松浦・南松浦郡，佐賀県東松浦・西松浦郡一帯，その中心は佐賀県唐津市付近か)に至る．そこから東南へ500里陸行して伊都国(のちの筑前国怡土郡，現在の福岡県前原市を中心とする一帯)に至り，また東南の奴国(のちの筑前国那珂郡，現在の福岡県福岡市・春日市一帯)へは100里，東行して不弥国(のちの筑前国穂波郡穂波郷，現在の福岡県飯塚市・嘉麻市・嘉穂郡一帯，もしくは筑前国宇美，現在の福岡県粕屋郡宇美町)へは100里，南の投馬国(のちの筑後国上妻・下妻郡，現在の福岡県八女市・八女郡一帯のほか出雲説・但馬説など)へは水行20日，南の邪馬台国へは水行10日，陸行1月で到達し，また帯方郡からは1万2000余里の地点にあったという．この国には伊支馬・弥馬升・弥馬獲支・

奴佳鞮の4つの官があり，魏への派遣官は，みな大夫と称していた．7万余戸の人口があり，国の以北にある諸国を検察するため伊都国に常駐していた一大率（あるいは大率）という官が特置されており，諸国はこれを畏憚していたと伝える．さらに国中には古代中国の地方官である刺史に類する官（あるいは一大率のこととみなされている）があって，魏の都洛陽や帯方郡さらに諸韓国に使者を派遣する場合，もしくは帯方郡の使者が倭国を来訪した際に，すべて船着場で捜査し，文書や物資を女王のもとに伝送するのに誤りがないようにしていたという．また国々には市があって物資の交換取引を監督する大倭と呼ばれる役人がいた．この国の王は，もと男子であったが，2世紀後半に倭国が乱れ戦いがつづいた後に卑弥呼が共立されて女王となり，宮室・楼観・城柵が厳重に設けられ，兵士が武器を手にして守衛していた．女王卑弥呼の死の直前，従来より不和であった狗奴国（のちの肥後国球磨郡，現在の熊本県球磨郡一帯か）と戦い，戦乱の最中に卑弥呼は世を去ったらしい．この後，男王が立てられたが，国中は服さないで戦乱となり，1000余人が死んだ．そこで卑弥呼の宗女で時に13歳の壱与（台与とも）を王に立てると国中は安定をとりもどしたという．大人・下戸の階層があり，また婢・生口など下層の階級の者も存在していた．婢は王などに召し使われ，また殉死させられていたらしい．生口は朝貢物として魏の皇帝に贈られていた．さらに持衰（じさい）と呼ばれ航海の安全を図るため精進潔斎をしてすごす特殊な職能者もいた．尊卑の差分が明確で顔面・身体にほどこした入れ墨で尊卑の差をあらわし，身分秩序は厳然としており，軽罪の者は妻子を没し，重罪を犯した者は，その門戸・宗族を没するという法秩序も整っていた．租税を納める制度も存在し，軍事物資を貯えたらしい邸閣も備わっていた．倭人の男子は冠をかぶらず髪を露出し，木緜（もくめん）を頭に巻き，ほとんど縫っていない横幅の布を身体にまとい，婦人は髪を延びるままにして束ね，布の中央に穴をあけ，頭をその穴にとおして着る衣服（貫頭衣）を着用し，すべて裸足で暮していた．食事の時は，籩豆（竹・木で作った高坏）を用い，箸などを使わず手で直（じか）に食べていた．屋内では父母兄弟の寝室が別々になっており，身体には朱丹を塗っていた．人が死ぬと棺は用いるが，槨は拵えず，土で家を作った．死者をその冢に葬るまでの10余日間，喪に服し，肉食は避け，喪主は哭泣し，他の者は歌舞飲酒してすごした．死者を埋葬したあと家をあげて死の汚れを除くため水に入って沐浴し身を浄めた．また動物の骨を焼き，坼（ひび）割れを見て吉凶を占う卜筮も行なっていた．このような倭人の習俗は，邪馬台国に居住していた人々も同様であったとみなしてよい．邪馬台国の時代は，考古学の時期区分では弥生文化時代の後期後半にあたるので，すでにひろく水稲耕作が行われていた．『魏志』倭人伝にも「禾稲・紵麻を種え，蚕桑緝績し，細紵・縑緜を出だす」とある．この記事から稲作を中心に，麻を栽培し，絹織物や綿織物が生産されていたことが察せられる．また女王卑弥呼が魏の皇帝に献上した物品の中に倭錦・絳青縑などの織物があったことによって錦や高級な絹布が織られていたと考えられる．

邪馬台国の所在についての代表的見解は，大和説と九州説とであり，九州説にはさらにさまざまな地域に比定する説があって分立している．邪馬台国大和説は，『日本書紀』神功皇后摂政39年・40年・43年条の分注に『魏志』倭人伝を引用し，卑弥呼を神功皇后に比定していたらしいことからすれば，すでに同書の編纂時代から存在していたことになる．この分注引用記事によったためか以後，大和説は長く引き継がれ，邪馬台国研究が学問的な対象となる江戸時代にまで至る．松下見林が『異称日本伝』で「卑弥呼は，神功皇后の御名，気長足姫尊を，故れ訛りて然か云ふ」と述べていることからも，それは明らかであり，そのあとを受けた新井白石も，『古史通或問』において「邪馬台国は即今の大和国なり」と主張していた．ところが新井白石は，やがて『外国之事調書』において邪馬台国を筑後国山門郡（福岡県山門郡）に比定するようになり，邪馬台国九州説の中ではもっとも有力な邪馬台国山門郡説の先鞭をつけた．新井白石の死後5年にして誕生した本居宣長は，邪馬台国を大和にあった国とみなしていたが，魏に朝貢したのは神功皇后ではなく，「熊襲」などの類が神功皇后の名を騙って通交したのであるとし，「熊襲偽僭説」の先駆けとなった．この説を発展させたのが鶴峯戊申（しげのぶ）であり，邪馬台国を大隅国囎唹郡（鹿児島県曾於郡）に比定し，また近藤芳樹は，肥後国菊池郡山門郷（熊本県菊池市一帯）説を主張した．ここに邪馬台国九州説での代表的3説，山門郡説・囎唹郡説・山門郷説が出揃い，これらがともに明治時代にまで及んだ．明治43年（1910）に白鳥庫吉の「倭女王卑弥呼考」，内藤虎次郎（湖南）の「卑弥呼考」が発表され，近代における邪馬台国研究の画期となった．白鳥庫吉は詳細な里程論と日数論の上に立って，邪馬台国は肥後国（熊本県）内にあったとし，卑弥呼をその地方の女酋とみなした．一方，内藤虎次郎は『魏志』倭人伝の本文批判をとおして，邪馬台国は大和に擬するほかはないとし，卑弥呼を倭姫命にあてた．この両論以後，両者の間をはじめ大和説・九州説に拠る研究者の間に邪馬台国論争が展開された．白鳥説を承けて橋本増吉が，また内藤説を継いで笠井新也が代表格となって，それぞれ九州説・大和説を発表した．橋本増吉は邪馬台国を筑後国山門郡の地とし，笠井新也は卑弥呼を倭迹迹日百襲姫（やまとととひももそひめ）命

とし，卑弥呼の冢を箸墓(はしのはか)とみなした．この間，梅原末治は，三角縁神獣鏡が魏代の製作の可能性の高いことを説いて，この鏡が近畿地方に濃厚に分布することから邪馬台国大和説に同調して，考古学の見地からする新しい方向づけをした．その後マルクス史学者は，考古学からの指摘を重視して大和説をとる者が多く，邪馬台国は当時の日本列島内のもっとも先進的な社会を形成させており，国家体制への明確な徴候がみられるという指摘がなされ始めた．第2次世界大戦後，邪馬台国研究は活況を呈し，諸説は乱立し，現今に至るまで定説は打ち立てられていない．しかし『魏志』倭人伝の文献研究は深められ，邪馬台国の性格や構造，卑弥呼の王権についての研究も著しく進み，関係する論著が数多く出版されている．戦後の主立った論説をあげれば邪馬台国九州説では，榎一雄が『魏志』倭人伝の里程・日程記事をとりあげて，従来邪馬台国に至るまでの行程を直線的に読みとってきたことを退けて，伊都国までの行程記事は，それ以前の国からの方位・距離を示し，到達する国名をあげているのに対して，伊都国からは，方位・国名・距離の順に記述しているのは，伊都国から奴国・不弥国・投馬国・邪馬台国などそれぞれの国に至ることを意味しているものとし，邪馬台国は伊都国から南へ水行10日，または陸行1月で到達する地点，すなわち筑紫平野のうちに求められるとしたことが注目される所説とされている．一方，邪馬台国大和説では，小林行雄が三角縁神獣鏡の特殊な分有関係の存在に着目して，3世紀中葉の政治的情勢を見究め，邪馬台国九州説の成立は困難になると論じたことが，大和説に有力な1つの支えとなったものとしてあげることができる．また九州説からする藤間生大(せいた)の邪馬台国を中心とする諸小国で構成されていたとする連合国家論，井上光貞の邪馬台国の政治体制を原始的民主制の段階とみなした論説，さらに大和説の立場にたっての上田正昭の専制君主制萌芽的形態論などが相ついで提出された．卑弥呼が共立によって王となったこと，卑弥呼の死後，王位継承にあたって国人が服さなかったことなどから当時の邪馬台国の王制が確固たる世襲王制であったとはみなされないことをふまえて邪馬台国を古代国家の端緒形態と指摘した石母田正(いしもだしょう)の所論も注目された．かつて内藤虎次郎は，『魏志』倭人伝の本文批判の中で，諸版本が邪馬台国を「邪馬壹国」に作っていることをとりあげて，「邪馬壹は邪馬臺の訛なること，言ふまでもなし．梁書，北史，隋書皆臺に作れり」と論じていたが，古田武彦が「邪馬壹国」論を発表し，邪馬台国は諸版本の記すとおり，「邪馬壹国」が正しいとした．この論は『魏志』倭人伝の本文批判を再検討する気運を促した点で評価できるが，古田説への疑問は多方面から寄せられている．　→魏志倭人伝(ぎしわじんでん)　→親魏倭王(しんぎわおう)　→台与(とよ)　→卑弥呼(ひみこ)

参考文献　石原道博編訳『新訂魏志倭人伝・後漢書倭伝・宋書倭国伝・隋書倭国伝』(『岩波文庫』)，三木太郎『邪馬台国研究事典』，佐伯有清編『邪馬台国基本論文集』，三品彰英編『邪馬台国研究総覧』，佐伯有清『研究史邪馬台国』，同『研究史戦後の邪馬台国』，同『魏志倭人伝を読む』(『歴史文化ライブラリー』104・105)，同『邪馬台国論争』(『岩波新書』新赤990)，武光誠編『邪馬台国辞典』

(佐伯　有清)

020 山田図南 やまだずなん　1749～87　江戸時代中期の医家．名は正珍，字(あざな)は玄同・宗俊．曾祖父正方のとき幕府医官となり，祖父は正朝(麟嶼)，父は正熙．寛延2年(1749)江戸昌平橋に生まれた．儒を山本北山，医を加藤筑水，本草を田村藍水に学ぶ．明和元年(1764)16歳にして朝鮮使節と筆談し，『桑韓筆語』1巻を著わした．とりわけ古医方の聖典『傷寒論』の研究に精力を注ぎ，『傷寒論集成』10巻(寛政元年(1789)自序，享和2年(1802)初版)を著わした．また『金匱要略集成』『傷寒考』『天命弁』『権量撥乱』『新論』ほかの著述がある．天明7年(1787)2月8日父に先立って没した．享年39．江戸日暮里の南泉寺に葬られたが，墓石は第2次世界大戦で被弾し倒壊した．

参考文献　大塚敬節・矢数道明編『山田正珍』(『(近世)漢方医学書集成』74・75)　(小曽戸　洋)

021 山田長政 やまだながまさ　？～1630　江戸時代前期の商人．駿河国に生まれ，仁左衛門と称し，一時沼津の城主大久保治右衛門忠佐の駕籠昇(かごかき)をしたが，慶長16年(1611)ごろ朱印船に乗って暹羅(シャム，タイ国)に渡った．当時同国の都アユチヤ Ayuthia の東南部に日本町があって，多数の日本人が在住し，城井久右衛門は，その長として，これを率いて同国政府に重んぜられた．長政もその才幹を認められ，次第に頭角を現わし，久右衛門について日本町の頭となり，同国の国使が日本に来朝するにあたり，部下を派遣して書や贈物を幕府の重臣に呈して国交親善に努めた．みずからも商船を日本に派遣し貿易を営んだ．寛永3年(1626)累進して同国最高の地位に昇り，外交貿易に活動するとともに，日本人を率いて王位継承の叛乱を鎮定し，王子を即位させた．その後王族の野心家が，長政を六崑(リゴール)太守に封じ，リゴール太守に対して対戦中，侍臣のシャム人が長政の足の傷口に塗った毒がまわって寛永7年に最期を遂げた．　→南洋日本町(なんようにほんまち)　(岩生　成一)

022 山田御方 やまだのみかた　生没年不詳　奈良時代の漢学者．三方もしくは御形とも記す．姓(かばね)は史(ふひと)．渡来系の氏族の出身で，学問僧として新羅に留学し，のちに還俗して持統天皇6年(692)10月，務広肆を授

けられる．和銅3年(710)正月従五位下となり，同年4月周防守に任ぜられた．養老4年(720)正月従五位上に昇り，翌5年正月皇太子首皇子(聖武天皇)のために退朝ののち東宮に侍するよう命ぜられる．同月文章博士として学業優秀を賞され，絁・布などを賜わった．『懐風藻』に大学頭であったと記すのは，これより以前か．養老6年4月の詔には，御方は周防守時代に官物を盗んだ罪を恩赦によって許されはしたが，法律に従って盗んだ財貨を弁償させようとしたところ，御方の家には1尺の布もなかった，よって恩寵を加えて財物を徴収しないようにせよ，とある．『懐風藻』に「七夕」の五言詩など3首を収める．なお『万葉集』巻2・巻4などにみえる三方沙弥を山田御方と同一人とする説もあるが，別人説が有力． (稲岡 耕二)

023 東漢氏 やまとのあやうじ 4世紀末ころに中国系と称して朝鮮半島から渡来した秦氏と並ぶ帰化人の最有力氏族．倭漢氏とも書く．姓(かばね)はもと直(あたい)．西漢(かわちのあや)氏に対して東漢氏というが，両氏の間に同族関係は認められない．『古事記』『日本書紀』などには，応神朝に阿知使主・都加(掬)使主父子が渡来して，大和国檜隈(ひのくま)(奈良県高市郡明日香村)に居地を与えられ，同朝末年に同父子が呉(くれ)の国(中国南朝)に遣わされたとあり，『古語拾遺』には履中朝に阿知使主が内蔵の出納，雄略朝におそらく都加使主が大蔵の帳簿の勘録に携わったとある．また『日本書紀』雄略天皇7年是歳条・16年10月条などには，このころ都加使主が漢直の氏・姓，および新しく大陸から渡来する各種の技能者の小氏(漢人など)とその業務に必要な各種の職業部(漢部など)を統括する地位を与えられたとあり，そのことがその後の東漢氏の著しい発展の出発点となったとみられる．『坂上系図』に引く『新撰姓氏録』逸文によれば，都加使主の3子から兄・中・弟の三腹の系統が分かれ，さらにそれらが7世紀ころまでに民・坂上・文(書)その他数十の枝氏に分かれたことが窺われるが，それらはそれぞれ各種の漢人や漢部を指揮・管理する専門職の氏として独立したものであろう．こうして朝廷の財務に携わり，大陸伝来の学芸・技術者を多く配下に従えた東漢系諸氏は，主として飛鳥を中心とする地域に展開し，蘇我氏の爪牙となり，仏法の興隆と飛鳥文化の開花のために活躍したが，大化改新による蘇我氏権力打倒の結果，その発展は一時挫折した．しかし壬申の乱に東漢系諸氏が多く大海人(おおあま)皇子(天武天皇)方について奮戦したため，その政治的地位をかなり回復し，天武天皇10年(681)12月に書直智徳が連(むらじ)に，ついで翌年5月に東漢系諸氏が一括して直から連に改姓，さらに同14年6月に前年制定の「八色(やくさ)の姓」の制に基づき，一括して忌寸(いみき)に改姓された．そのころから東漢(倭漢)の語はほとんど用いられず，単に坂上忌寸とか文忌寸とか称するようになったが，奈良時代後半に坂上氏が著しく進出するまでは，みな五位以下の中下流貴族の地位にとどまった．また平城遷都で一族中の有力な氏がみな新京に移ったあと，残った諸氏は三腹交替で高市郡司となった．『日本書紀』応神天皇条などに阿知使主らが17県の党類を率いて来帰したとあるのは，のちに多数の漢人・漢部らを従えるようになった状態を渡来伝説に投影させたものであり，『続日本紀』延暦4年(785)6月癸酉(10日)条の坂上苅田麻呂らの上表や『新撰姓氏録』などに阿知使主(阿智王)を後漢の帝室の後裔とするなども，賜姓申請のための造作の疑いが濃く，俄かに信じ難い．現在奈良県高市郡明日香村檜前にある於美阿志(おみあし)神社と，その境内に残る廃寺跡がそれとされる檜隈寺(道興寺)は，東漢氏一族の氏神・氏寺かともみられるが，なお確かでない． →阿知使主(あちのおみ) →帰化人(きかじん) →坂上氏(さかのうえうじ) →都加使主(つかのおみ) →東文氏(やまとのふみうじ)

参考文献 関晃『帰化人』(『日本歴史新書』)，同「倭漢氏の研究」(『関晃著作集』3所収)，加藤謙吉『大和政権と古代氏族』，同『大和の豪族と渡来人』 (関 晃)

024 東漢駒 やまとのあやのこま 6世紀後半の廷臣．『坂上系図』の系譜は必ずしも正確とはいえないが，東漢氏の祖の阿智王(阿知使主(あちのおみ))の孫の志努(しの)の六男を駒子とし，これを坂上氏の祖とする．『日本書紀』によれば，用明天皇死後の争乱で大連物部守屋を討滅した大臣蘇我馬子は，朝廷の実権を握って崇峻天皇を即位させたが，崇峻天皇5年11月に天皇が馬子を憎むことを聞き，駒に命じて天皇を暗殺させた．しかし同月天皇の嬪で馬子の娘だった河上娘(かわかみのいらつめ)を駒が盗んでいたことが露顕して，駒は馬子に殺されたという． (関 晃)

025 東漢掬 やまとのあや／やまとのつか ⇨都加使主(つかのおみ)

026 倭漢福因 やまとのあやのふくいん 7世紀前半ころの廷臣．倭漢は東漢とも書く．姓(かばね)は直．東漢系諸氏の中のどの氏の人物かは不明．『日本書紀』によれば，推古天皇16年(608)9月遣隋留学生となり，大使小野妹子に随って渡隋，同31年7月新羅使の大使智洗爾(ちせんに)に伴われて唐より帰国，医(くすし)の恵日(えにち)らとともに，在唐の留学生らはみな学業が成っているので召喚すべきことと，唐が法式の備わった優れた国であることを朝廷に報告した． →遣隋使(けんずいし) (関 晃)

027 倭画師氏 やまとのえしうじ 職名の画師を姓(かばね)とする渡来系の一氏族．『続日本紀』神護景雲3年(769)5月甲午(27日)条に，左京の人倭画師種麻呂ら18人が大岡忌寸の姓を賜わったとある．この倭画師の氏族に関して，『新撰姓氏録』左京諸蕃の大岡忌寸条では，魏の文帝

の後裔で，雄略天皇の世に渡来した，安貴公の子息の竜(別名辰貴)が画才に長じて武烈天皇から首の姓を授かり，また5世の孫の恵尊も画芸に秀てて天智天皇の時代に倭画師の姓を賜わったと記し，さらに神護景雲3年，その居地によって姓を大崗忌寸と改めたと述べる．ところが，竜(辰貴)や恵尊の名は他書にみえず，画師としての活躍や倭画師姓賜与の原拠も詳らかにしえない．だが，『日本書紀』天武天皇6年(677)5月甲子(3日)条には倭画師音橘への冠位と封戸の授与を，『続日本紀』霊亀元年(715)5月乙巳(25日)条では従六位下画師忍勝の倭画師への改姓を記していて，この一族の氏姓定着時期がほぼ想定できる．なお，『続日本紀』天平17年(745)4月25日条では位階昇進の倭画師弁麻呂，8世紀半ば過ぎの『正倉院文書』に倭画師の雄弓や池守の名をみる．ただし，雄弓は写経所の経師であった．当時，同じ画師姓氏族の河内画師や簀秦画師らは，令制による画工司の設置後も作画活動を継続していた．しかし，倭画師が官営工房での絵画制作に奮って参入した記録はなく，もはやこの一族が工匠的氏族としての本領を発揮することはなかったと推察される．

参考文献　佐伯有清『新撰姓氏録の研究』考証篇4，野間清六「奈良時代の画師に関する考察」(『建築史』1/6) (吉田　友之)

028 大倭小東人 やまとのをあずまひと ⇒大和長岡(やまとのながおか)

029 大和長岡 やまとのながおか 689〜769　奈良時代の法律的官人．大倭五百足の子で，もと大倭小東人．持統天皇3年(689)に生まれる．若くから刑名の学を好み，霊亀2年(716)に入唐請益生となり，律令法の疑点を解明し，当時法令を学ぶもの皆彼にただしたとするが，養老6年(722)2月，『養老律令』撰修の功で田4町を賜わった．神亀5年(728)ごろには「文雅」の士とされ，天平9年(737)11月に宿禰姓を賜わり，外従五位下に進んだ．同10年閏7月刑部少輔となり，同18年4月に摂津亮，翌19年正月に入内(にゅうない)，従五位上を経て天平勝宝3年(751)正月に正五位下に進んだ．天平宝字元年(757)5月に正五位上，翌6月に紫微大忠に任ぜられた．同年末ごろから氏姓を大和宿禰，名を長岡とした．卒伝には天平宝字の初め民部大輔兼坤宮大忠となり，同4年河内守になったが，政，仁恵なく，吏民これを患うとある．同7年正月に従四位下に進み，散位となった．そして同8年，右京大夫に任ぜられたが，年老のゆえにみずから辞し，神護景雲2年(768)正月，80歳で正四位下を授けられ，翌3年10月29日に大和国造正四位下で没した．81歳．晩年，吉備真備と『刪定律令』24条を撰している．

参考文献　布施弥平治『明法道の研究』，野村忠夫『律令官人制の研究』 (野村　忠夫)

030 東文氏 やまとのあやうじ　大和時代の比較的古い帰化系氏族の1つ．東は倭，文は書とも書く．応神朝に中国系と称して朝鮮半島から渡来した阿知使主(あちのおみ)の後裔と伝える東漢(倭漢)氏が6，7世紀ころに数十の枝氏に分かれた中の1氏で，姓(かばね)はもと直(あたえ)．『坂上系図』に引く『新撰姓氏録』逸文では，阿知使主の孫の爾波伎(にはき，弟腹)から出たとする．大和朝廷の下では，王仁(わに)の後裔である西文氏が河内在住の史(ふひと，文筆専門職の小氏)らを指揮する地位にあったのと並んで，大和在住の史らの指揮者の地位にあり，律令制度の下では史姓の諸氏とともに，その氏人が無条件で大学に入学する資格を認められていた(『令集解』学令大学生条)．また毎年6月・12月晦日の大祓に西文氏と並んでそれぞれ祓刀(はらえのたち)を上り，漢文の祓詞(はらえのことば)を音読した(同神祇令大祓条)．その文章は『延喜式』祝詞にみえる．天武天皇10年(681)12月に書智徳(ちとこ)が他の同族に先んじて連(むらじ)に改姓，翌年5月東漢系諸氏が一括して連に，同14年6月に一括して忌寸(いみき)に改姓，その結果西文氏と全く同名の「文忌寸」を称することになったが，延暦4年(785)6月に坂上氏以下同族9氏とともに宿禰(すくね)に改姓した．→西文氏(かわちのふみうじ)　→東漢氏(やまとのあやうじ)

参考文献　関晃『帰化人』(『日本歴史新書』)，同「倭漢氏の研究」(『関晃著作集』3所収)，加藤謙吉『大和政権と古代氏族』 (関　晃)

031 山上憶良 やまのうえのおくら　660〜733　奈良時代の歌人．姓(かばね)は臣．斉明天皇6年(660)生まれる．大宝元年(701)無位無姓で遣唐少録に任ぜられ，翌年渡唐．慶雲4年(707)ごろ帰国．和銅7年(714)正月正六位下から従五位下に昇り，霊亀2年(716)4月伯耆守となる．養老5年(721)正月，詔によって退朝後東宮に侍するように命ぜられた．神亀3年(726)ごろ筑前守に任ぜられて九州に下る．神亀5年に大宰帥として赴任した大伴旅人と知り合ったことで創作意欲を刺激され，多くの作品を生む．天平2年(730)に旅人が大納言となって上京後，同4年ごろには憶良も帰京したらしい．翌5年6月3日の日付を持つ歌が制作年次の明らかな最後の作品となっているので，同年中に没したのではないかと推測される．なお，大宝元年以前の閲歴が不明で，川島皇子の周辺にあった写経生であろうとか，僧侶でのちに還俗したのであろうとか，また下級評司であったのではないか等の説を見るが，確かでない．天智朝に渡来した百済からの亡命者の子とする説も出されたが，『新撰姓氏録』右京皇別に粟田朝臣と同祖と記していることや，『続日本紀』神護景雲2年(768)に朝臣賜姓の記事をみる山上臣船主が近親者と考えられることなどから渡来人説を否定する意見の方が強い．作品は，『万葉集』に長歌11首，短歌63首(巻16の志賀白水郎歌10首を含む)，漢文3編，漢詩2首を収める．

ほかに巻16の竹取翁歌などを憶良作とする説もある．編書に『類聚歌林』のあったことも知られているが現存しない．歌は持統朝から聖武朝に及ぶ．自然美を詠むことは少なく，大部分は老病貧死の人間苦や子への愛を主題とする作であり，仏教の教える「空しさ」を知的に認めつつもこれにあらがい，人生の意義を追求した知識人憶良の苦悩を表現している．

参考文献 井村哲夫『憶良と虫麻呂』，中西進『山上憶良』，村山出『山上憶良の研究』，神野志隆光・坂本信幸編『万葉の歌人と作品』5，佐伯有清「山上氏の出自と性格」(『日本古代氏族の研究』所収)

(稲岡 耕二)

032 山村才助 やまむらさいすけ 1770～1807 江戸時代後期の世界地理専攻の蘭学者．名は昌永，字(あざな)は子明，夢遊道人と号した．才助は通称．明和7年(1770)常陸国土浦藩士山村司昌茂・まきの長男として，江戸深川藩邸に生まれた．幼時から地理書に親しみ，新井白石著『采覧異言』に感じて洋学を志した．寛政元年(1789)芝蘭堂に入門して大槻玄沢に師事した．同4年には師の原稿を校訂し『蘭畹摘芳』を編集している．玄沢の四天王の1人に数えられ，同10年の蘭学者相撲番付では西関脇に挙げられていた．明末に中国を訪れたイエズス会士の地理書を蘭書によって検証し，『職方外紀』を注解した『明儒翻訳万国図説考証』や『外紀西語考』を著わし，玄沢の依頼で西川如見の説明の誤りを改訂した『訂正四十二国人物図説』を著わす．本格的な訳述には『東西紀游』『地学初問坤輿約説』『大西要録』『亜細亜諸島志』『印度志』『百児西亜(ペルシア)志』『韃靼志』があり，幕命による『魯西亜(ロシア)国志』などもある．しかし『訂正増訳采覧異言』こそ，才助の宿願であり，彼の最大の業績である．新井白石著の改訂の形をとりながら，ほとんど新著に近く，当時唯一の総合的世界地理書に仕上げられていた．同書は文化元年(1804)幕府に献上され，以後，才助は幕命を受け，『魯西亜国志』や『魯西亜国志世紀』を訳した．文化4年9月19日病没．38歳．法名将応院詠誉志吟居士．江戸深川の照光院に葬られたが，のち，東京都府中市の多磨墓地に改葬された．才助は同門の橋本宗吉著『喎蘭新訳地球全図』の誤謬を批判し『六費弁誤』を著わしたり，最初の妻に逃げられたり，周囲の人と協調しない奇行の士といわれたが，その業績は鎖国下に在って，古今の和漢籍に蘭書の知識を加え，集大成したもので，蘭学ぎらいの国学者吉田令世も『訂正増訳采覧異言』に感服し，才助の早世を悼んだ．北方から脅威が迫ってきて，才助の訳業は幕府要人や識者の海外知識の重要源泉となった．近藤守重(重蔵)・高橋景保・平田篤胤・蜀山人(大田南畝)・渡辺崋山・吉田松陰・斎藤拙堂・豊田天功が才助の著書に言及している．しかし，残念ながら，才助の著作は生前公刊されなかったため，知る人は少なかった．没後，内容が俗受けする『西洋雑記』と剽窃本『海外人物輯』『改正海外諸島図説』が刊行された．佐藤信淵は『西洋列国史略』を著わしたが，その内容は才助著の抜粋を編集したにすぎない．才助を西洋史学の日本における創始者とすることもできる．

参考文献 鮎沢信太郎『山村才助』(『人物叢書』34)，岩崎克己「山村才助伝」(『日本医史学雑誌』1288)

(石山 洋)

033 ヤンセン Willem Janssen ?～1636 オランダ商館再開のため，日本に派遣されたオランダ東インド総督の特使．ヤンスゾーンと記したものもある．1603年に水夫としてバタビアに渡航．パタニ・シャムに渡航した後，オランダ人が略奪したポルトガル船で来日(元和元年(1615))．元和8年にも日本渡航の記録がある．台湾での紛争(浜田弥兵衛事件)が元で，オランダ貿易は断絶するが(寛永5年(1628))，この時バタビアの装備主任だったヤンセンは，総督の特使として2度来航した(寛永6・7年)．寛永7年には参府を許され，同9年末まで江戸に滞在して，平戸藩主を仲介として辛抱強く交渉した結果，ついに貿易再開を許され，1633年バタビアに帰任した．艦隊の副司令官として帰国(33年発，翌年着)．議会で事件について報告した後，アルクマールに引退した．36年4月没．

参考文献 『平戸オランダ商館の日記』2(永積洋子訳)

(永積 洋子)

034 ヤン＝ヨーステン Jan Joosten van Lodensteijn ?～1623 オランダの船員．日本名は耶揚子．1557年以前にデルフトの名門ローデンスタイン家にヤコプ＝ヨーストとその後妻バルベルチェの次男として生まれた．98年6月ロッテルダムの会社の派遣した5隻の東インド向け船隊に加わりマゼラン海峡から太平洋に出，1600年4月19日(慶長5年3月16日)リーフデ号でウィリアム＝アダムズ(三浦按針)ら23名とともに豊後シャティワイ(大分県臼杵市佐志生)に漂着，その地位は不明であるが，年長者で才覚ある人物として，アダムズとともに江戸に招かれて徳川家康に仕え，長崎と江戸に住宅を与えられ，50人扶持(知行1000石とも伝える)を拝領，家康の渉外関係の諮問に応じた．江戸邸の地は，その名に因んで八重洲(やえす)河岸と呼ばれた．江戸で日本婦人を娶って娘を儲け，平戸でも1男1女を養育した．大坂の陣前後20余年に及ぶ日本滞在中，平戸・京都・浦賀・江戸を往復し，オランダ人マチャス＝テン＝ブルック Matthuijs ten Broecke や日本人与五郎・三吾太・孫助を手代として商業活動を続け，慶長17年から10年間に，徳川氏の朱印状を得て，インドシナ各地，広南(クイナム)・太泥(パタニ)・東京(トンキン)に各1回，交趾(コーチ)に2回，シャムに2回，カンボジアに3回，持船を派遣して南海貿易にも従事

した．慶長14年のオランダ東インド会社の日本貿易開始，同18年のイギリス東インド会社の日本貿易開始とともに，両国の平戸商館のため，幕府当局との斡旋，営業資金の調達など種々援助を与え，日本語に巧みなため，晩年オランダ国王の地位に関し日本側に虚言を与えたとしてイギリス人・ポルトガル人から嘲笑されたこともある．1621年(元和7)バタビア総督に帰国の便宜を図るよう出願し，一旦は帰国を許されたが，会社への負債の清算を迫られ1623年夏，持船で再度日本へ帰航の途についた．しかしその途上，南シナ海の難所パラセル諸島の浅瀬で難破し，溺死した．なお『天竺徳兵衛物語』に寛永7年(1630)ヤン＝ヨーステンの船で徳兵衛がシャムに渡航したとあるのが事実ならば，父の名を襲名したヤン＝ヨーステン2世が南海貿易を営んでいたことになるが，詳細は不明である．

[参考文献] 岩生成一「日蘭交渉の先駆者ヤン・ヨーステン」(『日本歴史』117)，F. C. Wieder: De Reis van Mahu en De Cordes door de Straat van Magalhães naar Zuid America en Japan, 1598—1600's-Gravenhage, 1923—25. (金井 圓)

ゆ

001 遊仙窟 ゆうせんくつ 唐代伝奇．初唐の張鷟(字(あざな)は文成，660?〜740)の作．1巻．主人公の張生が黄河の上流，河源に向かう途中，神仙の窟に迷い込んでしまう．そこで一夜の宿を求めるが，崔十娘(さいじゅうじょう)と五嫂(ごそう)という2人の仙女に華やかな宴席で歓待され，最後には十娘と結ばれるという話である．文章は，四六文を使った駢文で，美しい贈答の詩がふんだんに盛り込まれている．その中には隠語を交えた好色卑猥な表現もあり，そのためか中国では早い時期に散逸したが，のち清朝末の楊守敬が日本の古鈔本を刊行，魯迅は文学史上の資料として重視した．わが国には，奈良時代に遣唐使によってもたらされたものと考えられ，山上憶良の「沈痾自哀文」に「遊仙窟曰，九泉下人，一銭不直」(『万葉集』5)とあるように早くも『万葉集』にその引用がみられる．ちなみに文成は憶良と同時代人である．藤原佐世の『日本国見在書目録』に著録される．以後空海の『聾瞽指帰』，『枕草子』や『源氏物語』をはじめ，近代に至るまでの種々の文学作品に引用され，その詩文の摘句は朗詠にもうたわれた．表現に戯謔をもり，俗語をまじえ，浮艶の美文で，内容に好色の情景はあるが，わが国で珍重された．古鈔本(醍醐寺本・真福寺本)や古板本の傍訓は，平安時代の古訓を保有し，国語学資料として貴重．古鈔本の醍醐寺本の影印が古典保存会から刊行され，また真福寺本の影印は『貴重古典籍刊行会叢書』に収められている．古板本には慶安版があり，元禄3年(1690)序の『遊仙窟鈔』がある．富山藩儒市河寛斎が『全唐詩逸』(文化8年(1811)を刊し，遊仙窟詩を収めて，中国で高く評価され，ついで清の楊守敬が『日本訪書志』に本書を著録した．民国16年(1927)7月魯迅が序文を付して同18年中国の北新書局より刊行された．また『岩波文庫』，『東洋文庫』43にも所収．

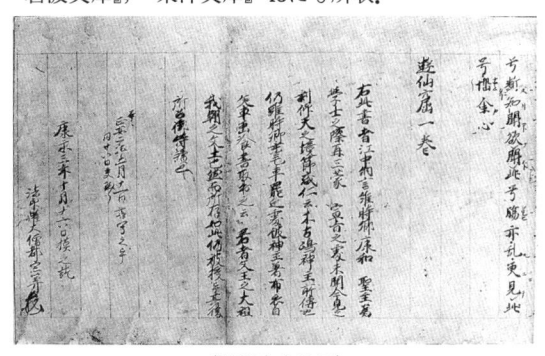

(醍醐寺本巻尾)

[参考文献] 三ヶ尻浩『遊仙窟並ニ索引』，八木沢元

002 友梅 ゆう ⇒雪村友梅(せっそんゆうばい)

003 雄略天皇 ゆうりゃくてんのう 『日本書紀』では第21代で、大泊瀬幼武(おおはつせわかたける)天皇と表記し、『古事記』では大長谷若建命と表記する。允恭天皇第5子、母は忍坂大中姫命。兄の安康天皇が眉弱(まよわ)王に暗殺されると、王と王を保護した葛城円(かずらきのつぶら)大臣を攻め殺し、また兄の黒彦・白彦、従兄弟の市辺押磐(いちのべのおしは)・御馬(みま)の諸皇子ら、皇位継承候補をみな殺して泊瀬朝倉(はつせのあさくら)宮に即位したという。記紀はこのほか葛城の一言主(ひとことぬし)神との交渉や数多くの求婚伝説を伝えるが、比較的長期の在位中に葛城氏をはじめ大和・河内の諸豪族を制圧して政略結婚を要求したと思われ、『日本書紀』には吉備氏も征服して南朝鮮に出兵し中国の南朝へも遣使したとある。中国側の諸史料にみえるいわゆる倭の五王の最後の武王が雄略にあたることは確かで、『宋書』の夷蛮伝が引用する478年の上表文からは南朝鮮での倭の権益維持が困難だった情況がうかがえる。さらに昭和53年(1978)に解読された埼玉県の稲荷山古墳の鉄剣銘では雄略在世中の「辛亥(471)年」当時に「獲加多支鹵大王」と記されていたことがわかり、熊本県の船山古墳の太刀銘(同前)も同様に解読されて、一部には異説もあるものの、5世紀後半雄略時代の大和政権の勢力は関東から九州にまで及んでいたと推測されるに至った。なお『万葉集』巻頭の歌が雄略御製とされていることなどを指摘して、雄略朝は日本古代の画期として後世に記憶されたとの説もある。 →倭の五王(わのごおう)

[参考文献] 岸俊男編『王権をめぐる戦い』(『日本の古代』6)、佐伯有清編『古代を考える 雄略天皇とその時代』 (青木 和夫)

004 ユエ Hue ⇒フエ

005 湯島聖堂 ゆしませいどう ⇒孔子廟(こうしびょう)

006 弓月君 ゆづきのきみ 秦氏の祖。融通王にもつくる。『日本書紀』応神紀に、百済より「人夫百廿県」を率い帰化するとき、新羅に妨げられ、加羅にとどまり、数年を経て渡来したという。そのほか、①『三代実録』元慶7年(883)12月25日条、秦宿禰永原の奏言、②『新撰姓氏録』左京諸蕃、太秦公宿禰・秦長蔵連・秦忌寸条には、秦始皇帝の子孫功満王の子融通王の後とし、③同山城国諸蕃、秦忌寸条には、功智王、弓月王の後とする。①・②・③ともに「百廿七県」の民を率いたとし、②・③には、帰化に際し「金銀玉帛」「種々宝物」を献じたとし、③には、大和国朝津間腋上の地を賜い居住したと記している。ほかに、『姓氏録』大和国諸蕃、秦忌寸条に、秦始皇の子孫功満王の後とし、河内国諸蕃、秦宿禰・秦忌寸・高尾忌寸条には、融通王の後とし、秦人のみ弓月王の後として書き分けている。しかし、おそらく弓月王は融通王の和名であろう。秦氏の祖は新羅または加羅人と考えられ、百済人でなく、また秦始皇帝の後裔とするのも、漢氏の祖を後漢霊帝の後とするのに見合う氏の主張にすぎないであろう。 →秦氏(はたうじ)

[参考文献] 鮎貝房之進『雑攷』新羅王号攷朝鮮国名攷、佐伯有清『新撰姓氏録の研究』考証篇4 (平野 邦雄)

007 夢々物語 ゆめゆめものがたり 経世書。著者不明。1冊。執筆時期は天保10年(1839)初春のころ。主人夢菴先生と客人夢々山人との夢中問答の形式を借りて、高野長英著『戊戌夢物語』を批判したもの。『夢物語』の結論を否定して、イギリスが必らず攻撃をしかけるといい、遊惰にながれ安逸をむさぼる人心に衝撃を与え志気を鼓舞する点で、むしろそれが望ましいこと、鎖国はあくまで固守すべきであること、を説いている。ただし戯作風の文章なので、それが著者の真意かどうか疑わしい。『日本海防史料叢書』4所収。 (佐藤 昌介)

008 兪良甫版 ゆりょうほはん 中国人兪良甫の開版した書籍。南北朝時代の中ごろから末期にかけて、中国大陸から刻工が多数来朝移住して、当時禅籍を主に、禅僧の教養書としての外典の漢籍である五山版の開版雕刻に従事していた。兪良甫はその刻工の主要人物の1人であったが、自刻の書籍の刊語に「福建道興化路莆田県仁徳里住人兪良甫、於日本嵯峨寓居」とあることから、福建人で、京都嵯峨に定住して、応安年間(1368〜75)から応永年間(1394〜1428)に至る30年間、版刻に従事していたことが知られている。兪良甫たちが、博多に着いたことと合わせて、博多で開版したとする書籍を「博多版」と呼んだが、これは誤称である。

[参考文献] 川瀬一馬『五山版の研究』 (大内田貞郎)

009 百合若大臣 ゆりわかだいじん 幸若舞。室町時代に成立。あらましは以下の通り。嵯峨天皇の御代、筑紫の国司に任ぜられた右大臣百合若は、再び蒙古(むくり)征伐を命ぜられて、ちくらが沖でこれを撃滅し、凱旋の途中玄海が島に上陸して熟睡しているうちに、家臣別府兄弟の逆心にあって、島に1人置き去りにされる。別府は百合若は戦死したと奏聞し、代りに筑紫の国司となって百合若の北の方に求婚するが、北の方は3年間の猶予を乞い、百合若の愛鷹緑丸を放つと、玄海が島に飛来して百合若の血書を持ち帰る。喜んだ北の方は硯や紙を結いつけ、再び緑丸を送り出すが、緑丸は重さに耐えず途中で墜死する。百合若は悲嘆にくれるが、宇

佐八幡の御加護か，壱岐の釣り人が島に流れ寄り，百合若は無事帰国でき，別府兄弟を罰したのち，北の方とめでたく対面する．複製は，『舞の本 文禄本』上（『天理図書館善本叢書』和書之部47），『（幸若小八郎正本）幸若舞曲』上（『古典研究会叢書』），『毛利家本舞の本』などに，翻刻は，笹野堅編『幸若舞曲集』，荒木繁・池田廣司・山本吉左右編『幸若舞』1（『東洋文庫』355），『新日本古典文学大系』59などに収められている．

参考文献　室木弥太郎『語り物（舞・説経・古浄瑠璃）の研究』，山口麻太郎『百合若説経』（『山口麻太郎著作集』1），前田淑『百合若説話の世界』

（池田　廣司）

よ

001 栄叡 えい ⇒えいえい
002 洋画 ようが ⇒西洋画（せいようが）
003 洋学 ようがく　今日歴史学上の用語として「洋学」という名称はほぼ定着している．しかし「洋学」の定義となると必ずしも明確ではない．「洋学」とは本来はもちろん「西洋学」の意味で江戸時代すでにある程度用いられているが，それが有力に成るのは幕末以来のことである．それまではオランダの学問を意味する「蘭学」という名称が支配的であった．ところが幕末に成ってオランダ以外の西洋諸国との交渉が開け，それらの国々の言語を学びそれらの国々の学問・文化をも学ぶように成ったため，「蘭学」という名称で一括して呼ぶことが不適当と成り「洋学」という名称が有力と成った．したがって筆者は「洋学」と「蘭学」という名称の間には特に大した区別はなく以上のような意味で広狭の差があるだけ，と考えている．

　周知のように西洋学術の受容はまず南蛮，すなわちポルトガル・スペイン系の学術から始まる．しかし鎖国政策の実施によってその輸入の途が絶え，紅毛すなわちオランダの学術がこれに代わるが，この時代における西洋国家との交渉としては全くオランダとの交渉だけであったので，西洋の学術・文化はオランダ語・オランダ人を介してのみ伝えられた．西洋の学術はすなわちオランダの学術であり，それを学ぶことまたはその学問，すなわち「蘭学」が西洋学のすべてであった．そこでまず「蘭学」について考えることとする．もっとも「蘭学」といってもこれを広く解釈するか狭く解釈するかで問題はあるが，筆者は，この江戸時代を通じて直接間接の差はあってもオランダ語を通じて輸入され受容された西洋の学術・文化・技術の研究その他西洋についての知識一切を含めたもの，またそれらを学び研究することを「蘭学」と総称する，と定義して良かろうと思う．したがってその含む内容・分野はきわめて広汎多岐にわたり，少しく極端にわたるを覚悟していえば「蘭学」は日蘭交渉の開始とともに始まった，ということにも成るが，初期の間すなわち慶長一元和一寛永期には西洋学としてはキリスト教に伴って入ってきた南蛮学（「蛮学」）の方が有力であった．それが鎖国政策の実施以後はそれが持つキリスト教色のため抑圧され，また後続輸入の途を絶たれて次第に衰え，あるいは紅毛系の学術・文化と混淆し融合しつつ，やがて全くオランダの学術・文化に取って代わられる．日蘭の交渉は宗教的要素を含まず，もっぱら商業取引が主体であったが，まず彼我の意志を媒介する

言語が当然必要であった．初期の間はすでにそれまで用いられていたポルトガル語が日蘭間にも用いられたが次第にオランダ語を解する日本人が貿易業務の通訳として現われ，やがてそれが職業化し阿蘭陀通詞というギルド的な職能的集団を形成するように成り，その人数・家数も増加しその組織・制度なども次第に定まってくる．こうしてオランダ語を日本人が学ぶことに成ったが，しかし阿蘭陀通詞といっても，通詞は元来貿易取引のための通訳が任務であって学術研究が任務ではない．したがって実用的な会話・作文・翻訳はできても専門書を読むほどの語学力はないのが普通である．いやその通訳の能力も17世紀の間はなかなか上達せずポルトガル語に頼る場合さえあった．通詞の間からポルトガル語が払拭されるのは大体18世紀に入ってからであろうといわれるが，オランダ語の力が―それも優秀な通詞の場合だが―オランダの学術書を読むに堪えるように成るのも18世紀の初頭のことと思われる．しかしこのような通詞でも日常オランダ人と接するうちにはオランダ商館の医師から彼らの医術を学びとる者が現われた．商館には1人または2人程度の医師が常駐していたが，彼らは商館内では唯一の科学者であり医学以外にも薬学・植物学・化学・物理学などの関連諸科学を修めた人もいたからである．通詞以外にもたとえば諸大名から派遣されて特に出島に出入りを許されて医術を学ぶ者などもあった．嵐山甫安・瀬尾昌琢・原三信その他の医師で商館の医師から医術修得の証明書を得た例がいくつかあるが，それは寛文・延宝期から天和・貞享期あたりのことである．また通詞の楢林鎮山（時敏）の『紅夷外科宗伝』は宝永3年(1706)の成立であり，本木良意の『和蘭全軀内外分合図』は大体天和2年(1682)をさかのぼること遠からざる時期の成立と推定されているが，これらが上記のような通詞蘭学の到達し得た水準を示すものである．しかしこれらはいずれも個人的接触による見聞・口授・学習による知識の積み重ねによるものが大部分であって専門書の講読翻訳による組織的学習の成果ではない．それは第1に今まで見たように学ぶ側の語学力が十分でないこと，第2に学ぶ側の基礎的学力―この場合医学の―がより高度のオランダ医学を受容し理解し得るレベルに達していなかったこと，またオランダ学術書の輸入もまだ十分でなかったことなどのためと考えられる．

オランダ医学を中心とする西洋の科学・技術はこのようにして徐々にではあるが移植され生長した．それが本格的な蘭学として生まれるには享保・元文期の将軍徳川吉宗の政策が影響している．吉宗がオランダ学術および中国の科学・技術をも含めて広く実用的科学・技術を導入した実績は周知のところであるが，それはいうまでもなくこの時期の農業生産力の高まり，商品経済の発展に対処する政策の一端としての殖産興業政策のためである．それまで主として長崎に培われていた「蘭学」の知識は実は毎年のオランダ商館長の江戸参府という機会に江戸の医学者などに伝えられていたが，吉宗が禁書の制令を弛めて漢籍による西洋の学術の輸入を認めたこと，また野呂元丈をして西洋の本草学を学ばせ青木昆陽にオランダ語の学習を許したことなどは有名である．続いて次の時代すなわちいわゆる田沼時代は殖産興業政策をさらに推進し外国貿易の拡大をも計ろうとした時期だけに西洋に対する関心はさらに高まり，この時期に『解体新書』の訳述刊行（安永3年(1774)）という画期的な事業が生まれたが，その中心と成ったのは青木昆陽にオランダ語を学びさらに長崎で通詞に学んだ前野良沢である．彼と杉田玄白を取り巻く訳述の同志はみずからの研究を新しい学問の創始と自負してこれを呼ぶに「蘭学」という語を以てした．彼らは皆専門の医師として十分伝統的医学の知識を習得しており，その上にオランダ書を通じて西洋の医学の基礎である解剖学の知識を学びとったので，その点でオランダ語学の専門家であった通詞の蘭学とはおのずから異なる体系的知識を発展させたのであり，「学」と呼ぶにふさわしい「蘭学」であったということができよう．「蘭学」はこうしてまず医学の分野で素朴ながら科学としての質と形とを備えて発足した，ということができよう．『解体新書』の成立以後約半世紀の間に「蘭学」は順調に発展した．学問の内容から見ればオランダ語学の学習研究はすべての基礎として当然のことであるが，その他の分野としては，まず第1に医学を「蘭学」の主流とし，それに関連する分野として薬学・本草学ついて化学などの分野があり，医学の分野も，次第にオランダ医学の特技と認められた外科から内科・眼科・産科などの臨床医学の各部門へ分化発展した．これと併行して解剖学から生理学・病理学などの基礎医学部門も分化し発展している．もう1つの流れは天文・暦学を中心とする分野で，江戸では幕府天文方において当面する改暦事業の必要から蘭書によってケプラー・コペルニクス系の天文学説を研究するように成り，長崎でも天文方の要求から通詞に西洋天文学書の翻訳が命ぜられ，それはまた一方で志筑忠雄のニュートン力学の研究を生み出している．もう1つは西洋への関心から生まれた西洋地理学の研究であって，これは間もなくわが国をとりまく国際的環境の変化に刺戟されて発達する．これを地域的に見れば，長崎に生まれて江戸に発展し，ついで京都・大坂また名古屋という学問・文化の中心である大都市に伝えられ，人脈からいえば，長崎の通詞から出発して江戸に拡がり，『解体新書』訳述の中心人物であった前野・杉田の門人大槻玄沢とその門流および『解体新書』訳述の人々を中心として発展した，ということができる．「蘭学」の基礎であるオランダ語学分野では，

オランダとの直接接触点である長崎の通詞の研究が先行して，志筑忠雄によって文法的研究が始められ，それがその門人馬場貞由により一層充実され組織化されるとともに馬場が幕府天文方に徴用されたことによって江戸にも伝えられ，「蘭学」特にオランダ語学の研究に決定的影響を与えた．

『解体新書』の訳述刊行後の約半世紀，蘭学がこのような発展を見せていた19世紀の初頭，日本をめぐる国際的環境に変化が現われた．ロシア勢力の南下である．このような情勢に対処するための学としての「蘭学」の実用性が高く評価された．いわば「民生」の学としての「蘭学」から国家にとって有用な学，広い意味での軍事科学・技術としての「蘭学」への転化である．それはまずロシア事情の研究を中心とする西洋地理学の研究として現われている．同時に注目すべきは文化8年(1811)幕府自身天文方に「蛮書和解御用」という蘭書の翻訳研究専門の部局を設けて「蘭学」の研究を始めたことである．これはもちろん「蘭学」の実用科学としての有用性を買ってのことであるが，それは「蘭学」が当時の言葉でいえば，「公学」として認知されたことを意味したのであって，この意味で文化・文政期は「蘭学」の転換期であった．またこの時期に有名なシーボルトが来朝して「蘭学」の発達に大きな影響を与えた．シーボルトについては詳しいことはこでは省略するが，彼は本国政府から日本についての綜合的調査という任務を与えられ，それに伴う多大の援助を受けており，また幕府からは日本人の教育指導について多くの便宜を与えられた．このこと自体すでに右に見たような「蘭学」に対する為政者の認識の変化を示すものであるが，これらの事情は彼個人の学力・指導力の高さとともに「蘭学」の発達に大きな影響を与えている．しかし「蘭学」の発達は実用科学・技術面の発展だけに終わったわけではない．すぐれた西洋の科学・技術を学ぶにつれてそのようなすぐれたものを生み出した西洋の社会・国家・民族などへの関心が高まるのは当然である．西洋地理学の研究は西洋諸国の歴史への関心と成り，また西洋の精神文化への省察を深めた．それはやがてそれと異なるわが国の鎖国政策・政治体制への反省，批判的な知識と意識とを，それを学んだ蘭学者の意識と精神の内に植え付けた．文化・文政期から幕末期にかけての蘭学者の言説にはすでに断片的ながらそれが見える．その意味で「蘭学」は為政者にとっては有用であるとともに危険な，両刃の剣とも成りかねない要素を含んでいた．その意味でシーボルトの国外追放と関係者の断罪（シーボルト事件，文政11年(1828)～12年)，またそれにおくれること約10年にして起った蛮社の獄(天保10年(1839))は「蘭学」への弾圧であったということができる．

国内・国外における幕政の危機は次第に進行するとともに，特にアヘン戦争以降の対外危機の進行は西洋式軍備の急速な充実を必要とした．高島秋帆によるオランダ式の砲術・兵学が幕府・諸藩に導入されたのをはじめとして「蘭学」による西洋の軍事科学の研究・採用が急速に進行した．特に開国以降それが著しく，オランダ海軍に依頼した西洋式海軍の建設，オランダ人医師による医学伝習，蕃書調所(開成所)の建設，留学生の派遣等々，幕府の施策に倣って諸藩も競って「蘭学」の研究施設を設け，蘭学者を招聘して軍事科学・技術の導入充実に努め，民間蘭学塾もこのような諸藩士を教育するように成った．「蘭学」を研究する人もこれまでの医師層に加えて軍事科学の習得を目指す武士層からも多く出たが，蘭学者を生み出す母体であった医師層の中にも，外科手術・種痘・コレラ防疫などの面で西洋医学の優秀さを評価するように成った人がこれら私塾でもっぱら蘭方医学を学ぶ例も多く現われて，郷村にも蘭方の普及する兆しが見えている．安政元年(1854)以降，諸外国との条約締結・外交関係の開始とくに開港後の貿易の進展はオランダ語以外の諸外国語すなわち英語・フランス語・ドイツ語を必要としたので，蘭学者もこれら諸国語を学ぶように成り，またこれら諸国の学術・文化もこれら国語を通じて直接学ばれるように成った．こう成るとこれらを一括して「蘭学」と呼ぶのは不自然であり不適当でもあるので，「洋学」と呼ぶ名称が有力と成り明治初期に及んでいるわけで，今日ではそれが歴史学上の名称としてほぼ定着してきたことははじめに述べたとおりである．しかしこのような外国語の学習とともにもう1つ幕末の「洋学」の特徴として挙ぐべきことは，人文科学・社会科学系統の西洋の学術・文化たとえば法律・経済・統計などの諸学問，歴史・哲学などの学問が学ばれ研究されるように成ったことである．要するに幕末の「洋学」はその学問としての分野，その内容・水準が著しく拡大し充実してきたこと，実用的，技術的な分野だけでなく西洋科学の全般に，またその基礎にある近代社会の精神にも及んできた点で明治期における西欧化・近代化への道を拓いた，ということができる．しかし幕末の「洋学」がこのような段階に到達したにもかかわらず，明治の新しい国家の目標である殖産興業・富国強兵を担うにはなお量質ともに不十分であった．明治国家の取るべき道は何よりもまず先進国である西洋の資本主義的政策を導入することによってこれら先進諸国に追いつくことであったが，蘭学の内容も水準も施設もまたその人もそのためには不十分であった．その不足を補うためには西洋諸国から新しく既成の科学・技術を急速に導入することが必要であり，そのために外国人教師・顧問の雇傭，留学生の派遣，大学の建設などにより大規模で急速な西欧化が行われた．そのような西欧化が効を奏し始めた時，従来の「洋学」

の任務はむしろ終る．「洋学」の時代を担った洋学者はこのような施策の裡から育った新しい時代の科学者・技術者と交代して行く．筆者はそれを大体において―もちろん例外はあろうが―明治10年(1877)代から20年ごろにかけてと見てよい，と考える．　→英学(えいがく)　→仏蘭西学(フランスがく)

[参考文献] 沼田次郎『洋学』(吉川弘文館『日本歴史叢書』40)，佐藤昌介『洋学史の研究』，杉本つとむ『(江戸時代)蘭語学の成立とその展開』，古賀十二郎『長崎洋学史』　　　　　　　　　　(沼田 次郎)

004 栄西 えいさい　⇒明庵栄西(みょうあんえいさい)

005 養蚕業 ようさんぎょう　桑樹の葉によって蚕(かいこ)を飼育し，製糸原料の繭(まゆ)を生産すること．養蚕に関する記述は『古事記』『日本書紀』や風土記などの伝説中にみられ，奈良時代には，古くから伝えられた業と考えられているが，わが国の養蚕の発達に画期をもたらしたのは，大陸との交渉が始まり，帰化人によって養蚕と絹織の進んだ技術が伝えられた4，5世紀ごろのことである．その後，律令体制下にあっては各戸に桑を植えさせ，税目の1つの調として絹・絁(あしぎぬ)・糸・綿などその地の産物を課しており，また荘園の雑公事にも多くの絹製品が含まれていて，養蚕は古くからしばしば奨励されている．しかし17世紀末まで，西陣ほかの高級織物の原料にはもっぱら中国産の輸入白糸(しらいと)が用いられており，国内の養蚕・製糸の技術水準はさほど高くはなかった．蚕種や繭が商品となって，生産地での加工から離れ始めるのは17世紀末以降のことである．近世を通じてみても，養蚕は年間わずかに約1ヵ月，製糸を含めても3ヵ月ほどの集中作業であり，養蚕・製糸はながく農家の副業として一体となっていた．古代においては，『延喜式』によれば産糸国は48をかぞえ，これにおちている畿内5ヵ国を加えれば，産糸国に入らないのは十数ヵ国のみとなる．このような蚕糸業の全国的な広がりは，近世の初頭まで大きくは変わらなかった．その後，関東以西の太平洋沿岸に棉作・菜種作・甘藷作が盛んになると，主要な養蚕地は丹波・但馬のほかは，次第に東山・関東へと偏るようになり，幕末の開港によって棉作その他が打撃を受け，生糸・蚕種の輸出が急増すると，養蚕業は再び西漸した．近世の養蚕業発展に刺激を与えたこととしては，国産生糸(和糸)の需要を増大させた17世紀末以降の白糸輸入制限と新興機業地の台頭，諸藩財政に資するための奨励策，それに開港などがあげられよう．養蚕における品種や技術の改良は，労働対象が蚕という生き物であるために制約が大きかったが，それなりに漸進をみた．春蚕中心だった近世に限ってみれば，特に中期以後に糸質の向上と強健な蚕の生産をめざして多くの品種が生みだされ，1個の繭から取る糸量を着実に増加させた．飼育技術においても，より緻密な給桑法に改め，温暖育も採用して飼育日数を10日余も短縮させ，天保年間(1830〜44)には陸奥国伊達郡梁川村(福島県伊達市)の中村善右衛門が水銀温度計を製造し，普及させている．また桑の品種とそれに適した土壌や栽植場所の選定，栽培法にも関心が高まり，幕末には山間部や河岸に桑園の造営もなされるに至った．養蚕業は一般に農家副業として零細な規模で行われ，繭は各農家で生糸にされるほか，18世紀後半には商人に買い集められる部分も大きくなった．また17世紀末には蚕種商が出現し，信濃・陸奥・下総などの蚕種を各地の農家に売り歩いた．彼らの多くは蚕種生産者でもあり，なかには500枚以上も生産する者もあった．そして，各地を巡回する蚕種商が，品種の改良や飼育技術の改善のために指導的な役割を果たしていた．

[参考文献] 大日本蚕糸会編『日本蚕糸業史』，古島敏雄『日本農業技術史』(『古島敏雄著作集』6)，庄司吉之助『近世養蚕業発達史』　　　　(工藤 恭吉)

006 揚州 ようしゅう　Yangchou　中国江蘇省の地名．長江下流の北岸に位置する．7世紀初めに隋の煬帝が大運河を開鑿すると，大運河と長江の合流地点として物流の中心となった．唐代には四川の益州と並んで「揚一益二」と言われる繁栄を示し，五代には呉の都や南唐の東都になった．8世紀後半には多くのアラブ・ペルシア商人が居住し，唐城跡からは輸入イスラーム陶器や唐代の輸出用陶器も大量に発掘されている．弘仁10年(819)には揚州から出航し(目的地は不明)出羽に漂着した新羅人・唐人相乗りの船も確認される．日本との関係では，天宝元年(742)と同7年に遣唐留学僧栄叡・普照らが鑑真を揚州大明寺・崇福寺に訪ね，重ねて来日伝法を請うている．南路を取った宝亀度(777)・承和度(838)の遣唐使は，揚州海陵県に着岸し，揚州経由で上京した．揚州は南岸の陸地化進行や唐末・五代末の戦乱で衰退するが，日本から浙江に着岸して華北に向かう場合，運河沿いの経由地としてはなお利用された．熙寧5年(1072)に入宋した成尋や，宝徳度(1453)・天文8年度(1539)・16年度の遣明使はその例である．1550年代には後期倭寇の襲撃地にもなった．

[参考文献] 『入唐求法巡礼行記』(『大日本仏教全書』)，『参天台五台山記』(『東洋文庫叢刊』7)，安藤更生『鑑真大和上伝之研究』，湯谷稔編『日明勘合貿易史料』，愛宕元『唐代地域社会史研究』，謝明良『貿易陶瓷与文化史』，弓場紀知「揚州―サマラ」(『出光美術館研究紀要』3)　　　　(榎本 渉)

007 葉上房 ようじょうぼう　⇒明庵栄西(みょうあんえいさい)

008 煬帝 ようだい　569〜618　在位604〜18．中国，隋第2代の皇帝．姓名楊広．隋の高祖文帝楊堅の第2子．569年生まれる．母は文献独孤皇后．父の即位に際し13歳で晋王に封ぜられ，のち行軍元帥となり大軍を率い，

開皇9年(589)南朝の陳を討滅，西晋末以来二百数十年ぶりに全国再統一をなしとげ，ついで江南の反乱を平定，転じて北方の突厥の侵入を防いだ．かれは多才多芸，詩作を能くし，また文士や僧侶を優遇し人気を得た．開皇20年，権臣楊素と結んで兄の皇太子勇を失脚させみずから太子となり，さらに仁寿4年(604)病床の父帝を弑し，帝位に上る．翌年，年号を大業とし，洛陽に大建築を興し，大業3年(607)には大業律令格式を公布した．また，通済渠・邗溝・江南河および永済渠を整備して壮大な運輸体系を完成させた．しかし贅を極めた工事や遊幸と諸蕃への遣使招来などにより国力は疲弊し，大業8年に始まる3回の高句麗遠征に大敗，その間各地に官僚や農民の起兵を招いた．やがて大業13年太原に起兵した李淵が長安に拠り，孫の楊侑(恭帝)を擁立，江都に滞在した煬帝は侍衛の宇文化及らの叛に遇って，同14年3月11日殺され，まもなく隋は滅亡した．50歳．大業3年(推古天皇15年)遣隋使小野妹子の呈した倭の国書の無礼に不興を示したが，裴世清を答派したことは国史に著聞する．

〔参考文献〕『隋書』，『資治通鑑』隋紀，宮崎市定『隋の煬帝』(『中公文庫』)，布目潮渢『隋唐史研究』

(池田　温)

009 養方軒パウロ ようほうけんパウロ　？～1595　安土桃山時代のキリシタン文学者．イエズス会士目録にYofoまたはYofoqenとあり，養方軒と宛てるが，実名は不詳．永正5年(1508)ころ若狭に生まれ，入洛して永禄3年(1560)受洗．堺で医療に従っていたらしいが，島原に下り，天正8年(1580)イエズス会に入会．イルマンとなり，豊後府内のコレジヨの国語教師の傍ら，諸教書の邦訳文の調整や辞典・文典の編纂を援けた．また口語体の諸物語類を創作している．それらは刊行されたらしいが現存せず，キリシタン版辞典・文典に文例として引用された断簡が知られる．また『サントスの御作業の内抜書』所収の四聖人伝は彼の翻訳と明記されている．天正17年には天草河内浦の修練院に，3年後には長崎ミゼリコルジヤの病院に転じている．文禄4年(1595)没．息はビセンテVicenteである．　→キリシタン版　→キリシタン文学

〔参考文献〕土井忠生「養方パウロの著作」(『吉利支丹文献考』所収)

(海老沢有道)

010 横瀬浦 よこせうら　長崎県西海(さいかい)市にあり，近世初期のポルトガルとの貿易港．西彼杵半島の北部に位置する．ポルトガルとの貿易港は，平戸が天文19年(1550)以来，その地位を独占していたが，領主松浦隆信(道可)はキリスト教布教に好意的ではなかった．永禄4年(1561)，平戸の宮ノ前でポルトガル人14名が殺害された事件(宮ノ前事件)を機に，ポルトガル船は平戸に見切りをつけ，翌5年から大村純忠の領地であった横瀬浦に入港するようになった．開港にあたって，純忠は10年間の貿易税を免除し，横瀬浦の半分(西浦)を教会領とした．そして，同6年，純忠はこの地で重臣たちとともに受洗，わが国最初のキリシタン大名となった．しかし，この年，反純忠派の反乱がおこり，その余波を受けて，横瀬浦は炎上，以後廃港となった．横瀬浦の史跡は整備が行われ，港入口の八(はち)の子島に十字架が復元され，「天主堂跡」や「大村館跡」などには，標柱が建てられている．

〔参考文献〕幸田成友『日欧通交史』(『幸田成友著作集』3)，松田毅一『大村純忠伝付日葡交渉小史』，長崎県教育委員会編『大航海時代の長崎県』

(原田　博二)

011 吉雄耕牛 よしおこうぎゅう　1724～1800　江戸時代中期の阿蘭陀通詞・蘭方医．名は永章．通称は，はじめ定次郎，ついて幸左衛門，のち幸作．耕牛は号で，養浩斎の別号も用いた．享保9年(1724)藤三郎の長男として長崎に生まれ，元文2年(1737)稽古通詞，寛保2年(1742)小通詞，寛延元年(1748)大通詞となる．年番通詞を13度，江戸番通詞を11度つとめ，御内用方通詞を兼帯，御用物などを取り扱った．寛政2年(1790)誤訳事件に連坐．5ヵ年蟄居．同8年蛮学指南を命ぜられた．商館付医師から医学・医術を学ぶ．ツンベルグ(トゥーンベリ)から教示を得た．パーレ・ハイステル・プレンク・スメリなどの医書をはじめ，ウォイツ・ハルマ・ショメールなどの字典類など原書の蒐集につとめ，訳書には『因液発備』『正骨要訣』『布斂吉黴瘡篇』などがある．家塾成秀館には各地から入門者が多く，吉雄流紅毛外科の名は広まった．輸入品の蒐集につとめ，邸内には蛮品・動植物がみられた．吉雄邸二階坐舗は輸入品の調度などをもってしつらえ，「オランダ坐舗」と呼ばれるほどで，長崎を訪れる文人・墨客の多くが訪れ，そこでは，いわゆるオランダ正月の賀宴も催された．江戸の蘭学者との交流も広く，ことに草創期の蘭学者前野良沢・杉田玄白との交流は深く，『解体新書』に序文を寄せている．子息のうち，永久が医業を，六二郎(権之助)が通詞職をそれぞれ継ぎ，六二郎はまた語学者としても成長した．寛政12年8月16日病没，77歳．長崎の禅林寺に葬られる．

〔参考文献〕片桐一男『阿蘭陀通詞の研究』，同『江戸の蘭方医学事始―阿蘭陀通詞・吉雄幸左衛門耕牛―』(『丸善ライブラリー』311)

(片桐　一男)

012 吉雄権之助 よしおごんのすけ　1785～1831　江戸時代後期の阿蘭陀通詞．名は永保，また尚貞，如淵と号し，権之助は通称．吉雄耕牛の妾腹の子で，幼名六二郎．天明5年(1785)生まれる．通詞出身の中野柳圃(志筑忠雄)に師事．商館長ドゥーフについてフランス語を，ブロンホフについて英語を学んだ．蘭医レッケから外科を学ぶ．文化6年(1809)蛮学世話掛，同8年小通詞末席．シーボルトが鳴滝学舎で診療と教授をするのに際して，

通訳にあたり，諸生にオランダ語を教授．また『諳厄利亜語林大成』『払郎察辞範』『道富ハルマ』の訳編に主力的役割を果たす．『重訂属文錦嚢』『英吉利文話之凡例』『天馬異聞』などの訳著がある．天保2年(1831)5月21日没．47歳．　　　　　　　(片桐　一男)

013　吉雄流外科 よしおりゅうげか　⇨吉雄耕牛(よしおこうぎゅう)

014　余自信 よじしん　生没年不詳　百済人．余は百済王家の姓扶余の中国的呼称．斉明天皇6年(660)百済滅亡の際に，中部久麻怒利(くまなり，熊津)城に拠って抵抗を続けた．その時の階級は達率であったが，遺民より民族の英雄として，鬼室福信(きしつふくしん)とともに佐平とあがめられた．天智天皇2年(663)百済再興の戦が破れたのちに残余の民とともに来朝し，天智天皇8年鬼室集斯ら700人とともに近江国蒲生郡に移籍された．当時百済亡命者は，百済王善光とともに摂津国百済郡に住していたと思われる．自信は，その才器をかわれて，日本朝廷に仕えるべく大津京付近に移されたと考えられる．同10年正月には，大錦下を授けられている．『新撰姓氏録』によれば，自信の子孫は，のち右京に籍せられ，氏姓を日本風に改め，高野造を称したとされている．　→百済王善光(くだらのこきしぜんこう)　　　　　　　(利光三津夫)

015　吉田宗桂 よしだそうけい　1512〜72　戦国時代の医師．足利義稙の侍医吉田宗忠の次男．名は与次，通称意庵．宋の本草家大明の号に因み，日華子と号した．また意庵の称は「医は意なり」による．永正9年(1512)に生まれ，天文元年(1532)家を継ぎ，足利義晴に侍医として仕えた．同8年，策彦周良に随い，遣明船で明国に渡り，同10年帰国した．同16年には再び策彦とともに渡明．明都で世宗に謁し，その病を治して効のあったことから，顔輝筆の扁鵲の画幅，花梨の薬櫃，螺鈿の薬笥，元版の『聖済総録』200巻ほか種々の恩賞を賜わり，名声を博した．同19年帰朝の際には数多くの医書を将来したという．以後同家は家号を称意館と称し，蔵書に富み，医業大いに栄えた．宮内卿・法印．元亀3年(1572)10月20日没．享年61．法名日華．宗桂の長子は角倉了以であるが，医家のあとは次子の宗恂が継ぎ，宗皓―宗恪―宗恬―宗怪―宗愉―宗櫸―宗憎と続き歴代江戸幕府の医員となった．

　　[参考文献]　『大日本史料』10ノ12，元亀3年雑載
　　　　　　　　　　　　　　(小曽戸　洋)

016　四つの船 よつのふね　⇨遣唐使船(けんとうしせん)

017　ヨハンバッテイスタ物語 ヨハンバッテイスタものがたり　宝永5年(1708)8月29日，大隅国屋久島に潜入上陸したローマ法王庁の使節，イタリア人宣教師ジョバンニ＝バッティスタ＝シドチ Giovanni Battista Sidotti の幕府の取調べに対する答弁の聞書．別名『シドッチ訊問覚』．尋問者新井白石著．原本亡失のため冊数不明．本書の初稿本は，宝永6年末，6代将軍徳川家宣へ提出した報告書と同内容のものと推定されるが，現存写本はシドチの談話のほか，オランダ人説をも含むから，白石とオランダ商館長らとの第1次会談，正徳2年(1712)以後の稿本．内容は「ロウマン乃事」「諸国の事」「欧羅巴国々大乱の事」の3部構成．ローマ法王庁，ヨーロッパ諸国の地理・産物・風俗・宗教・政治(アジアの3国を付記)，国際戦争などを説明．完成本『西洋紀聞』(自筆)と比較すると，簡略ながら本書の第1部・第2部はともに『紀聞』の中巻・下巻の1部と，第3部は『紀聞』中巻の付録と同内容．この『物語』と『紀聞』との中間に位置する自筆の断片的草稿(仮称『零本ヨハンバッティスタ物語』)は，白石のキリスト教認識の深化を示す貴重な文献．現存テキストは元陸軍士官学校蔵本(1冊，行方不明)の栗田元次謄写本(ノート『白石雑記』所収，栗田文庫蔵)．筆者校訂の『新訂西洋紀聞』附録(『東洋文庫』113)に収録．

　　[参考文献]　『白石先生手簡』与安積澹泊書(『新井白石全集』5)，栗田元次『新井白石の文治政治』，宮崎道生『新井白石の研究』，同『新井白石の洋学と海外知識』，鮎沢信太郎「ヨハンバッティスタ物語」(鮎沢信太郎・大久保利謙『(鎖国時代)日本人の海外知識』所収)，同「新井白石のヨハンバッティスタ物語」(『歴史教育』3ノ11)　　(宮崎　道生)

018　余豊 よほう　⇨豊璋(ほうしょう)

ら

001 ライネ Willem ten Rhyne 1647〜1700 江戸時代に来日したオランダ人医師で、日本の鍼灸術をはじめて西洋に紹介した。リーネ・レイネと記されることもある。1647年オランダのデフェンテル Deventer に生まれる。ライデン大学で医学を学び、東インド会社の医官となり、延宝2年(1674)6月28日に長崎に着く。同年11月、長崎奉行の命により8人の通詞を介し、日本人医師岩永宗古との一問一答を行い、165ヵ目の診断や治療についての見解を述べた(桂川甫筑編『蘐生室医話』に収載)。一方、彼は日本の樟脳と樟樹の研究、痛風治療と鍼灸術を研究し、みずから鍼法を学んだ。その成果を『関節炎論』(1683年)としてロンドンで刊行、また『アジア癩病論』(87年、アムステルダム)の著書もある。なお通詞としては本木庄太夫があたることが多かった。離日は延宝4年10月27日(翌年説もある)で、バタビアで医学・博物学の研究に従事したが、1700年6月1日、同地で死亡した。

[参考文献] 大塚恭男「日本における Willem ten Rhyne」(緒方富雄編『蘭学と日本文化』所収)、岩生成一「蘭医 Willem ten Rhijne と日本における黎明期の西洋医学」(『日蘭学会会誌』1ノ2)

(長門谷洋治)

002 来聘使 らいへい ⇒通信使(つうしんし)

003 ラクスマン Adam Kirilovich Laksman 1766〜? ロシアの陸軍将校、帝制ロシア最初の遣日使節。彼の父、キリール゠グスタボービッチ Kiril Gustavovich Laksman はシベリアの学術調査に多大の貢献をなした著名な博物学者で、伊勢の漂民、大黒屋光太夫(幸太夫)らを保護し、その帰国に尽力した人物。アダム゠キリロービッチはその次男。父の推挙で1791年(寛政3)、エカテリーナ2世によって日本漂民の送還と通商交渉の使節として日本に派遣された。すなわち、伊勢白子浦(三重県鈴鹿市)神昌丸の船頭、光太夫ら3名の日本人漂民を同行して(うち1名は死亡し、光太夫と北浜磯吉の2名が故国の土を踏んだ)、92年9月25日オホーツクを出帆し、10月7日(寛政4年9月3日)、根室に入港した。これに応待した松前藩では、ラクスマンが江戸に直航してみずから漂民を引き渡し、幕府に国書を呈して通商交渉を行う意志の強固であることを知らされ、その処置につき幕府の指令を仰いだ。この報に接して幕閣では、執政松平定信以下鳩首協議を重ねた結果、露船を江戸には来航させず、箱館に廻航させて漂流民を受け取り、国書・信物は受理せず、礼を厚くして労をねぎらい帰国させ、もし通商の願意があれば長崎に廻航させるよう使節を説得するため、宣諭使を派遣して交渉させることとし、目付石川忠房が宣諭使として派遣された。その間、ラクスマンは箱館に到着(1793年)、光太夫・磯吉の両名を日本側に引き渡し、交渉のすえ、長崎入港の信牌を交付されたが信書は受理されなかった。彼は6月30日、箱館を抜錨したが、長崎には赴かず、翌年(94年)帰国し、イルクーツクを経てペテルスブルグに赴き、政府に復命した。彼が長崎に廻航しなかった理由は詳かでないが、敢えて無理押しすることを避け、後日に期したのであろうか。この遣使の結果を受けて、1803年にレザーノフの派遣が実現されることとなるが、この年没したともいう。著書に『航海日記』がある。 →大黒屋光太夫(だいこくやこうだゆう) →レザーノフ

[参考文献] 『通航一覧』274 (加藤榮一)

004 落葉集 らくようしゅう 漢字字書。1巻1冊。慶長3年(1598)イエズス会長崎学林刊か。大英図書館・イエズス会本部文庫(ローマ)・天理図書館など蔵。音引の本篇と訓引の色葉字集と字形引の小玉篇から成る。本篇はいろは以下各部に○符を冠した母字を立てそれに下接する漢字を並べ、右に音、左に訓を注す。母字と○符下の漢字とをそれぞれローマ字綴によるABC順に並べた所がある。色葉字集もいろは各部首下に音訓を注した単一漢字を先に、訓だけ注した2字以上の熟字や宛字をあとに置く。小玉篇は、意義により12門に類別配列した偏旁冠脚の部首下に音訓をつけた単字を並べる。音訓の仮名はすべて当時の発音に拠る表記で、濁点半濁音も付ける。同じ漢字の代表的訓は大部分3部共通で、当時の標準的な訓を示す。当代の重要な国語資料である。影印に、『キリシタン版落葉集』(『勉誠社文庫』21、大英図書館本)、『(慶長三年耶蘇会板)落葉集』(京都大学国語学国文学研究室、イエズス会本部文庫本)、小島幸枝編『(耶蘇会板)落葉集総索引』(『笠間索引叢刊』55、同本)、『落葉集二種』(『天理図書館善本叢書』和書之部76、天理図書館本)、杉本つとむ『(ライデン大学図書館蔵)落葉集影印と研究』(ライデン大学図書館本)がある。

[参考文献] 土井忠生『吉利支丹語学の研究新版』、森

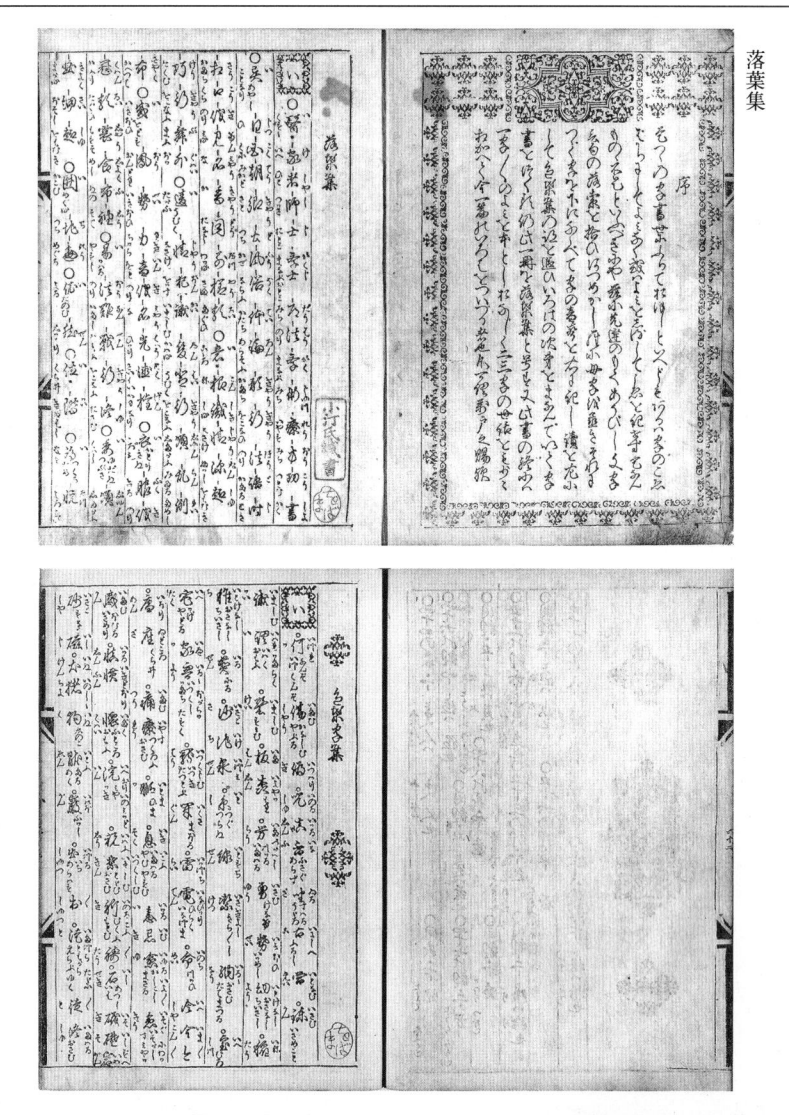

田武『室町時代語論攷』，山田俊雄「漢字の定訓についての試論―キリシタン版落葉集小玉篇を資料にして―」(『成城国文学論集』4)，同「落葉集小玉篇に見える漢字字体認識の一端」(『国語学』84)

(森田　武)

005 楽浪郡 らくろう　中国，前漢の武帝が朝鮮に置いた4郡の1つ．当初の領県は不明．郡治は朝鮮県．建郡は元封3年(前108)．この地域は衛氏朝鮮の本拠地であったが，衛満の孫の右渠の時，周辺諸国の漢との交渉を妨げたとして，漢の攻撃を受け，元封3年，衛氏朝鮮は滅び，漢の支配下に入った．しかし，現地の抵抗が強く，漢は始元5年(前82)真番郡と臨屯郡を廃止し，それらの地域を楽浪郡と玄菟郡に付けたが，さらに玄菟郡地域の高句麗の勢力が強まるに及んで，ついに玄菟郡を遼東の地に移転し，その結果，楽浪郡はこれまでの領域に加えて，もとの玄菟郡の地域をも管轄することになった．いわゆる大楽浪郡である．『漢書』地理志の楽浪郡の領県25とは武帝が設置した朝鮮4郡全体の県のうち放棄を免れたものということになる．この時点での戸は6万2812，戸口は40万6748．しかし，これではあまりに領域が広いので，のち嶺東7県を割き，楽浪東部都尉に委ね，不耐城を治城とした．『後漢書』郡国志の楽浪郡の城数18は嶺東7県を除いたものである．なお，同書のこの時の戸数は6万1492，戸口は25万7050．ちなみに『晋書』地理志の楽浪郡の領県は6，戸数は3700．衰微過程がうかがわれる．後漢の光武帝の時，辺郡都尉を省き，嶺東7県も放棄された．後漢末，現地の韓・濊が強盛となり，郡県はこれを制御できず，多数の中国人が韓地に流出した．やがて遼東に公孫氏が興起すると，楽浪郡は公孫氏の支配下に入り，公孫氏は楽浪郡の屯有県以南の荒地を割いて帯方郡を設置し，流出中国人などの招致につとめた．その後，魏が公孫氏を滅ぼし，楽浪・帯方の2郡を手中に収めた．やがて晋が魏に代わるが，高句麗などの

攻撃を受け，西晋末，建興元年(313)楽浪の王遵は張統を説き，楽浪の民1000余家を率いて遼東の慕容廆(ぼようかい)に帰属した．ここに長年続いた朝鮮の楽浪郡が姿を消し，その名だけはしばらく慕容廆が設置した僑郡として残った．なお，『資治通鑑』の胡三省注によればこの楽浪郡は隋の遼西郡柳城県界にあったという．朝鮮の楽浪郡はこうして消滅し，高句麗の領域となった．盛衰があったとはいえ，設置以来，400年以上の長きにわたって，中国諸王朝の支配下にあり，いわゆる楽浪文化が栄え，周辺諸民族はさまざまな形でその影響を受けた．日本も『漢書』地理志に「楽浪海中，倭人有り，分かれて百余国と為る，歳時を以て来り献見すと云ふ」と記されたように，楽浪郡を通じて前漢と交渉し，のち，帯方郡が設置されるまで，建武中元2年(57)，永初元年(107)と楽浪郡経由で後漢に通じ，その文化を受容した(具体的には漢鏡や貨泉などの銭貨，銅製の剣や鉾などの武器など)．楽浪郡の郡治跡をめぐって説が分かれているが，平壌市土城里の土城からは「楽浪礼官」や「楽浪富貴」などの文字のある瓦当(がとう)や「楽浪太守章」や「楽浪大尹章」などの官職名を押印した封泥(ふうでい)が多数発見されており，ここが長期にわたる郡治跡であったことは確実である．太守は郡の長官，大尹は王莽の時の郡の長官である．また，この付近には2000以上のいわゆる楽浪漢墓群があり，これらの墓からは前漢，新，後漢，魏，さらには西晋，東晋に至るまでの紀年を記した塼(せん)や漆器などが発見されている．遺物の中には「楽浪太守掾王光之印」という木製の印や，「楽浪大尹五官掾高春印」というような私印封泥があり，楽浪土着の王氏や高氏が郡の下僚として，その地位を高らかに誇っていた様子がうかがわれる．なお，紀年銘塼の中には「永和九年(353)三月十日遼東韓玄菟太守領佟利造」など，楽浪郡滅亡後の東晋の年号もあり，中国から切り離された当地で生きる人々の中国志向がうかがわれて興味深い．なお，漢の楽浪郡を認めない説もあるが，その論拠は薄弱である．　→帯方郡(たいほうぐん)

[参考文献]　朝鮮総督府朝鮮史編修会編『朝鮮史』1ノ3，朝鮮総督府『朝鮮古蹟図譜』1・2，同編『楽浪郡時代ノ遺蹟』(『古蹟調査特別報告』4)，同編『永和九年在銘塼出土古墳調査報告』(『古蹟調査報告』昭和7年度1)，藤田亮策・梅原末治編『朝鮮古文化綜鑑』2・3，駒井和愛『楽浪郡治址』，同『楽浪』(『中公新書』308)，小場恒吉・小泉顕夫『楽浪漢墓』1，榧本杜人・中村春寿『楽浪漢墓』2，町田章『古代東アジアの装飾墓』，李丙燾『韓国古代史』上，同「楽浪郡考」(『韓国古代史研究』所収)，白鳥庫吉・箭内亘「漢代の朝鮮」(松井等他『満洲歴史地理』1所収)，池内宏「前漢昭帝の四郡廃合と後漢書の記事」(『満鮮史研究』上世1所収)，同「楽浪郡考」(同所収)，関野貞「朝鮮美術史」(『朝鮮の建築と芸術』所収)，坂元義種「朝鮮古代金石文小考」(『百済史の研究』所収)，窪添慶文「楽浪郡と帯方郡の推移」(『(東アジア世界における)日本古代史講座』3所収)，樋口隆康「楽浪文化の源流」(『展望東アジアの考古学』所収)，岡崎敬「「父租薉君」銀印をめぐる諸問題」(『朝鮮学報』46)，田村晃一「楽浪郡地域出土の印章と封泥―「馬韓文化」への反論―」(『考古学雑誌』62ノ2)，谷豊信「楽浪郡の位置」(『朝鮮史研究会論文集』24)

(坂元　義種)

006 羅紗 ラシャ　Raxa　毛織物の1つ．一般には織目が見えないまでに縮絨(しゅくじゅう)・起毛・剪毛(せんもう)の加工仕上げを行なったものをいう．ポルトガル語のRaxaを語源としている．日本へは南蛮貿易によって，16世紀後半に舶載され，武将たちに防寒や防水を兼ねた陣羽織・合羽などとして用いられた．特に緋羅紗は猩々緋(しょうじょうひ)と呼ばれて珍重された．江戸時代を通じてオランダおよび中国の貿易船によって，大羅紗・小羅紗・羅背板(らせいた)・ふらた(婦羅多)・すためん(寿多綿)のほか，両面羅紗・形附羅紗・類違い羅紗など多くの品種が輸入されている．武家では火事羽織・陣羽織，あるいは鉄砲・刀剣・槍など武器や挟箱などの調度の蔽布・袋物類，または馬装などに，町人の間では羽織・夜具，下駄の鼻緒などに利用されてきた．幕末には洋式調練に伴って，軍装に用いられるようになり，明治維新後は軍服や制服・大礼服に洋服が採用され，羅紗の需用がより一層多くなったため，明治9年(1876)，東京千住(荒川区南千住6丁目)に官営の羅紗製造所が設立され，翌10年に千住製絨所と改称，12年には国産羅紗の製造が始まった．

[参考文献]　『古事類苑』産業部2，三宅也来『万金産業袋』(『生活の古典双書』5)，岡田章雄『日欧交渉と南蛮貿易』(『岡田章雄著作集』3)，小笠原小枝・石田千尋「(紅毛船　唐船　琉球産物)端物切本帳について」(『MUSEUM』456)

(北村　哲郎)

007 羅紗呉呂 ラシャゴロ　⇨ゴロフクレン

008 羅針盤 らしんばん　磁石の指北性を利用した伝統的な方位測定器．陸上・海上とも自己進行および物標の方角を測定するために用い，江戸時代は磁石の名が慣用されたが，日時計にも利用したので時計とも呼ばれた．現在は鋼船時代のため自差(じさ)修正装置を付したものが船舶用磁気羅針儀の名で重用されている．磁石の指北性は古代中国で発見され，司南(しなん)と呼ぶ器具が占い用に使われたが，航海用としては11世紀の宋時代に指南浮針(ふしん)つまり方位目盛りを周辺につけた水入りの円筒容器(羅盆(らぼん))に浮きをつけた磁針を浮かべた水針(みずばり)を用いた．しかし動揺す

る船上では使いにくく，明時代には羅盆の中心にピンを立て，その上に磁針を載せた水不要の旱鍼(かんしん)が実用され，日本の遣明船なども購入して使用したとみられる．国産化の時期は不明ながら，『慶長見聞集』に水針つまり指南浮針を使った話があるから，旱鍼の普及は未だしの感がある．また寛文11年(1671)徳川光圀が長崎から航海用具一式を購入した中に大磁石針と日時計用の小磁石とがあるものの，前者が水針か旱鍼かは不明である．しかし正徳4年(1714)の『両儀集説』では長崎製の旱鍼が中国製より優秀としているから，これ以前に国産化していたことになる．旱鍼の活用で鎖国下の廻船も夜間航海や沖乗りが日常化して需要は増大し，大坂を中心に製作業者が輩出し，大型廻船では1艘で3個を常備するまでになった．形式・構造は明の旱鍼の模倣で，羅盆周囲に十二支と中間点の目盛を刻んだ24方位式だが，18世紀末ごろから針路直読用として十二支目盛を反時計廻りに刻んだ逆針(さかばり，裏針(うらばり))が出現し，物標測定用の本針(ほんばり)とともに重用された．なお西欧では航海用には早くから合理的なカード式(磁石に32方位目盛の目盛板をつけた物標測定・操舵兼用式)が普及したが，鎖国下の日本では幕末の洋式海軍から使用した．ただ当時のものは乾式で船の動揺でカードが安定しにくく，20世紀以後は羅盆内に液体を入れた湿式が普遍化して今日に至っている．

和船用磁石(裏針(右)と表針)
(江戸時代後期)

参考文献　南波松太郎『船・地図・日和山』，石井謙治『江戸海運と弁才船』　　　　　(石井　謙治)

009 **螺鈿** らでん　漆工芸・木工芸の加飾法の1つ．貝殻を模様に切って，器物に嵌め込むか貼り付ける技法．「螺」は螺旋状の殻のある貝のことで，「鈿」は金の飾りという意であり，広義の螺鈿は「貝飾り」ということになるが，一般には貝片を以て装飾する技法あるいは装飾したものを指す．異称としては「蜔嵌」「陥蚌」「螺塡」(『髹飾録』)，「蜔螺」(『帝京景物略』)，「鈿螺」(『格古要論』)などがあり，貝片を嵌め込むか埋め込む意と解される．日本では室町時代ごろから「青貝」の呼称も用いられ，『日葡辞書』にはAuogaiの項がみられる．

〔歴史〕中国では河南省侯家荘殷墓出土の木器に螺鈿の原初的な装飾が見られたと報告され，河南省濬県辛村や長安普渡村の西周墳墓その他から出土した西周時代の螺鈿断片などが古い．唐代の螺鈿の例としては，河南省洛陽唐墓出土の螺鈿鏡，トルファン張雄夫妻墓出土の木地螺鈿挾軾・木盒・双六盤などがあり，螺鈿鏡は正倉院宝物中に模様・技法の共通したものが見られ，双六盤も正倉院宝物と類似した形式である．正倉院には木地螺鈿・平螺鈿・漆塗螺鈿・玳瑁貼螺鈿の各様があり，いずれも厚貝螺鈿に琥珀・玳瑁・金属線などを併用しており，貝片だけの螺鈿法は見あたらない．「螺鈿」の語は宋代の『爾雅翼』が中国の記録の初見であるが，『東大寺献物帳』には「螺鈿」「平螺鈿」の用例があり，唐代にこの語が用いられた可能性がある．宋代の作としては蘇州市瑞光寺塔内発見の経箱が知られているだけであり，『泊宅編』にも「螺塡器本出倭国」とあるように，螺鈿の製作は衰えたと見られる．元代には精細な螺鈿が行われたと記録されており，元の大都出土の螺鈿断片は鮑(あわび)の薄貝を用いた細密な表現であり，その他の遺例から見て元代には薄貝螺鈿が盛んになったと知られる．明代以降も螺鈿の製作が行われたが，製作年代の明らかな作は少なく，明代後期から清代にかけて切貝や蒔貝を多用した，より細密な螺鈿法が流行した．

日本の螺鈿は唐代の技法を伝え，木地螺鈿は平安時代にも引き継がれたことが記録によって知られるが，次第に衰微した．一方，漆塗螺鈿は大いに発達し，正倉院の螺鈿玉帯箱は日本製と見做され，平安時代には建築装飾にも応用され，中尊寺金色堂内陣はその好例である．平安時代末期から鎌倉時代にかけて螺鈿鞍の優作が多く遺され，中国や高麗への贈物にも加えられて日本の螺鈿の声価を高めた．平安時代以降には蒔絵と螺鈿を併用して独特の効果をあげているが，室町時代になると厚貝による伝統的な螺鈿法は衰微の傾向を辿った．中国の薄貝螺鈿は日本にもかなり大量に舶載されているが，技法的な影響は少なく，むしろ李朝螺鈿の牡丹唐草や割貝法の影響が見られる．近世の螺鈿はきわめて多彩であるが，特色のあるものとしては，光悦蒔絵の突出した厚貝法，南蛮漆芸の蒔絵と螺鈿の併用や幾何学模様，薄貝や切金を用いた杣田細工，彫貝による芝山細工などをあげることができる．

朝鮮半島では高麗時代に漆工芸が発達し，『高麗史』によれば官営工廠の中尚署で螺鈿の製作が行われ，螺鈿匠・漆匠・磨匠・木匠などに分業していたという．文宗元年(1049)に遼に贈った品目中に螺鈿器が含まれ，宋の徽宗の使として宣和6年(1124)に高麗に渡った徐

競の報告には螺鈿の細密なことが記されている．元宗13年(1272)には「鈿凾造成都監」が置かれ，皇后の求めによる大蔵経納入の螺鈿経箱が製作されている．出土品中には絵画的な草木や鳥文も見られるが，伝世の高麗螺鈿は菊枝・菊唐草・牡丹唐草などを規則的に配置し，連珠文その他の幾何学的模様を用い，鮑の薄貝に玳瑁・金属線などを併用している．形態・模様配置が共通する経箱数合には3様式が見られ，そのいずれかが元宗13年の製作にあたると推測される．李朝時代の螺鈿は前代と異なり，初期のころは独特の曲線構成による牡丹唐草をやや厚目の鮑貝で表わし，金属線などの併用は見られない．牡丹唐草も17世紀後半から18世紀になると，大振りな図様で独特の曲線構成が失われて規則的となり，割貝を多用し，金属縒線の併用も見られる．18世紀から19世紀の作は略画風の素朴な絵画的模様が多く，大型の貝片や割貝を多用している．李朝螺鈿の影響は日本の螺鈿にも見られ，独特の曲線による牡丹唐草文・南蛮漆芸の幾何学文・割貝法などがその例である．現在も螺鈿は韓国の主要な漆工芸で，家具・飲食器などの製作が盛んである．

琉球は螺殻すなわち夜光貝の主要な産地であるが，螺鈿の技法は中国より伝えられたと見られる．15世紀以来の対中国輸出品目には螺殻や刀鞘が大量に記され，螺鈿鞘や紅漆螺鈿鞘も見られる．螺鈿に関する記録としては，『琉球国由来記』などに万暦40年(1612)に毛盛良が貝摺奉行に任命されたとの一節が知られている．貝摺奉行の設置はさらに古くまでさかのぼり，螺鈿以外の各種工作も管轄して官営工廠的役割を果たしたと解される．螺鈿法の伝来に関しては，1614年に曾国吉が中国の閩(福建省)で3年間技術を習得したこと，1690年には関憑武が杭州で煮貝法を学んだことが記録されている．遺例としては，袋中上人遺品中の掛板・中央卓・曲彔や，竜光院の天目台が初期に属す．袋中上人遺品は慶長16年(1611)に尚寧王が上人に贈ったと推定され，中央卓は紅漆螺鈿である．天目台は慶長11年の台帳に記載されており，「天」(天)の銘によって中山王府縁りの品と知られる．紅漆珠取竜螺鈿盆(東京国立博物館蔵)には「大明隆慶年御用監造」の銘があり，中国製との説もあるが，琉球特有の紅漆螺鈿であり，製作年代も明らかな例である．螺鈿は琉球の主要な工芸であり，将軍家その他への贈物中に必ず加えられ，17世紀以降も中国に輸出されている．黒漆竜濤螺鈿の盆や椀は1666年以来対中国に大量に輸出され，薄貝螺鈿の同系遺例も数点見られる．琉球螺鈿の技法は時代によって多様であるが，紅漆螺鈿・箔絵螺鈿・薄貝に伏彩色や箔押などに特色がある．

タイの螺鈿についてはその歴史が明らかにされていないが，アユタヤ期(1350～1767年)に属するものが古く，18世紀の寺院扉の遺例が見られ，建造物に貝片を装飾することは3～6世紀からあったとの説もある．経典書棚・仏教説話板・箱類・櫃・高杯形容器・楽器など遺例は多く，夜光貝を主として用い，仏教説話・怪鳥・怪獣などを表わして空間を幾何学的模様で埋めているのが特徴である．現在も螺鈿の製作は盛んであるが，漆は用いておらずラッカーを塗る．

ベトナムの漆工芸に関しては15世紀に中国河南省に人を遣わして技術を伝えたといわれる．螺鈿の製作がいつから行われたか明らかでないが，黒檀に薄貝や厚貝を嵌め込んだ木地螺鈿の遺例が見られる．19世紀にフランスの統治下で製作された木地螺鈿の家具・パネルなどはヨーロッパに多く保存されている．1992年の調査報告によれば，ハノイ市近辺では淡水貝を用いた木地螺鈿の製作が行われており，ホーチミン市には数百人の工人を擁する漆器工場もあり，漆絵を主とした装飾で，螺鈿や卵殻も用いられ，家具・パネル・大壺その他の製品はヨーロッパ・東南アジア・台湾などへ輸出されている．その他，インド製と称されるものや，イスラム文化圏の作と見做される例があるが，生産地や製作年代は明らかでない．

〔技法〕螺鈿に用いる貝は，夜光貝・鮑貝・蝶貝・ドブ貝・メキシコ鮑貝・真珠貝などである．厚貝と薄貝に大別され，使用目的に応じて適度の厚さに調整され，特に薄いものを絹摺と呼ぶ．加工法は一定の大きさに揃えた貝片を回転砥石で摺り減らすか，夜光貝などの薄貝は煮貝法によって各層を剥ぐ．厚貝の切削には鏨(たがね)や糸鋸を用いて鑢(やすり)で形を整え，薄貝の場合は小刀や針で切る切抜法，型鏨で打抜く打抜法，稀塩酸で模様以外の部分を腐蝕させる腐蝕法を用いる．貝片の装着法には2様あり，嵌込法は木地の場合は厚貝の厚さまで模様通りに彫って嵌め込み，漆塗の場合はある程度彫って貝の高さまで塗り籠める．貼付法は下地か中塗に貝片を貼り，漆で塗り籠めて剥き出すか研ぎ出す．その他三角形・方形・菱形などの貝片を並べる置貝法，細かく砕いた貝の細片を蒔く蒔貝法，わざわざ亀裂を作る割貝法，貝片の裏に彩色や金銀箔を施す色貝法，細線を彫る毛彫，立体的模様を彫刻する彫貝などがある．

螺鈿に用いる夜光貝の分布地域は，奄美・沖縄，フィリピン，アンダマン・ニコバルの近海である．正倉院の螺鈿には1例を除いてすべて夜光貝が用いられており，中国唐代の螺鈿用貝を常時供給しうる地域は上記の3ヵ所以外は考えられないといわれる．螺鈿用貝の運搬経路は，海上交通によって直接大陸へ運ばれる以外に，7～8世紀の交易における東南アジアよりいったん西方に渡り，中央アジアを経て中国へ渡った経路も考えられる．たとえば，熱帯アジア産の香木がペルシア人やソグド人の仲介を経て交易された可能性も指摘されている．また正倉院の楽器の伝播経路は，イ

ラン系・インド系・古代アッシリア系の楽器が天山北路・天山南路を経て中国へ伝えられている．楽器の装飾に用いられた素材や螺鈿の技法についても，以上の交易や伝播の経路に注目してよいであろう．

[参考文献] 荒川浩和『螺鈿』，河田貞編『螺鈿』（至文堂『日本の美術』211），春川甫政『蒔絵大全』，『万宝全書』，谷内治橘『安南の漆』，宮里正子「ヴェトナムの漆工芸—ヴェトナムからみる漆工芸の南伝性についての一考察—」（『漆工史』16），荒川浩和「正倉院の螺鈿—漆芸史上の意義—」（『正倉院紀要』20），和田浩爾・赤松蔚・奥谷喬司「正倉院宝物（螺鈿・貝殻）材質調査報告」（『正倉院年報』18）

（荒川　浩和）

010 ラ゠ペルーズ らぺるーず　Jean François de Galaup Comte de La Pérouse　1741~88　フランスの海軍士官，探険家．1741年，フランス西南部，アルビAlbiに近いル゠ゴオ Le Guo（タルン Tarn県）に生まれる．56年，海軍に入り，七年戦争（56~63年），アメリカ独立戦争（76~78年）に従軍，数次にわたって対英作戦に参加し，79年にはデスタン D'Estaing の艦隊に加わってアンチル諸島に出動，82年にはハドソン湾で2つの城塞を占拠した．85年，国王ルイ16世からアジア東北岸の探険を命ぜられてブーソル La Boussole とアストロラーブ L'Astrolabe の2船を率いてブレスト港 Brest を解纜，南米大陸を周航，ホーン岬を回航して太平洋に出て，イースター島・サンドウィッチ島（ハワイ）を経て北米大陸の北西岸に達した．ついでマリアナ諸島の北方を経由し87年，澳門（マカオ）に到達した．その後，フィリピン諸島に沿って北上して日本近海に至り，日本海を縦断して間宮海峡の最狭部に入り，転じて宗谷海峡を通過し，これをラ゠ペルーズ海峡と命名．ついで新知（しむしる）・得撫（うるっぷ）両島の間（彼の乗船に因んでブーソル海峡と命名）を通ってカムチャッカに至り，さらにオホーツク海・ベーリング海を南下して南太平洋に出た．サモアでは僚船アストロラーブの指揮官ラングル Langle がマノア島の原住民に殺害された．88年，ポート゠ジャクソン（シドニー）に入港したが，同年2月7日付でボタニイ湾 Botany Bay から発信した手紙を最後に，杳としてその消息を断った．バニコロ Vanikoro 島で殺害されたものと推定されている．なお，彼と同航したジャン゠バチスト゠バルテルミイ゠レセップス Jean-Baptiste Barthèlemy Lesseps（1766~1834）が報告書を携えてシベリア経由帰国したので，この探険航海の学術的成果が本国に伝えられ，この報告書をもとに『ラ゠ペルーズ世界周航記』Voyage de La Pérouse autour du monde, publié conformément au décret du 27 avril 1791 et rédigé par Monsieur L. A. Millet-Mareau. Paris（1797）．が編集された．昭和63年（1988）に白水社より『ラペルーズ世界周航記』日本近海編（小林忠雄訳編）が刊行されている．

（加藤　榮一）

011 羅葡日辞典 らほにちじてん　Dictionarium Latino-Lusitanicum ac Iaponicum　文禄4年（1595）イエズス会天草学林刊．カレピノ A. Calepino のラテン語辞書を土台にポルトガル語と日本語との対訳を付し，特に後者は日本語習得に役立つように類義語を多く列挙してあり，語彙研究の重要な資料である．伝本はボードレイ文庫・北京北堂文庫など蔵．ボードレイ文庫本影印（『羅葡日対訳辞書』，勉誠社），北堂文庫本影印（東洋文庫）と金沢大学法文学部国文学研究室編『ラホ日辞典の日本語』索引篇とが研究上有益．

（森田　武）

012 蘭学 らんがく　⇨洋学（ようがく）

013 蘭学階梯 らんがくかいてい　蘭学入門書．大槻玄沢著．乾坤2巻．天明8年（1788）刊．版本数種あり．上巻を総説以下9章に分け，日蘭交易の発端，オランダ諸科学の精詳なこと，蘭書を読むことが許されて訳文の法を習得し，翻訳の業興り，蘭学が隆盛となり国家を裨益するに至ったことを述べ，蘭学を蛮夷の説として排斥することの間違いを論じ，蘭学への勧めと心得を説いている．下巻を文字以下の16章に分け，活字体，筆写体26文字と数字を示し，音節や綴り字の法，首尾に語を添えて意を転ずる法，文法と辞書による学習法，類語，成語，冠詞や前置詞などの助語，コンマや終止符などの点例などについて解説し，さらに舶来書籍を列挙し，最後に蘭学学習の一般心得を説いている．わが国最初のまとまった蘭学入門書として，のちの蘭学への影響が大きかった．『日本思想大系』64『和蘭文法書集成』1（『近世蘭語学資料』4期）などに所収．→大槻玄沢（おおつきげんたく）

[参考文献] 松村明『蘭学階梯』解題（『日本思想大系』64）

（庄司　三男）

014 蘭学系世界図 らんがくけいせかいず　蘭学勃興以後幕末に至る期間に主としてオランダ版地図を資料として作られた世界図の総称．特色としては，①東西両半球図（平射図法）が圧倒的に多いこと，②図形の精密化ならびに地理的新知見の吸収に関心が払われていることを挙げ得る．初期の成果は長崎において顕著であり，元文3年（1738）

ころに成った北島見信の『和蘭新定地球図』は，オランダ製地球儀の球面上の世界を球状図法によって平面に展開した精緻な図で，原語(ラテン語)の翻訳には通詞西善三郎があたったとされている．明和年間(1764～72)以降は通詞の本木良永・松村元綱両名が協力して地図学・地名関係の訳業に従事し，『和蘭地図略説』(明和8年)，『新増万国地名考』(安永8年(1779))，『万国地図』(無年紀)その他の作品を残している．江戸においては天明年間(1781～89)以降の桂川甫周の活躍がめざましく，作品としては1648年(慶安元)刊ブラウJ. Blaeu世界図の記事を訳した『新製地球万国図説』(天明6年)，『万国地球全図』(寛政4年(1792)ころ刊)，ラックスマン献呈のロシア版地図の翻訳たる『北槎聞略』付録図(寛政6年)などがある．同じころ江戸で刊行を見た司馬江漢の『輿地全図』(初版，寛政4年，のち『地球図』と改題)はわが国最初の銅版世界図である．江漢について銅版世界図を手がけたのは松原如水で，文化5年(1808)ころロシア版地図を原図とする『万国輿地全図』を刊行している．蘭学系世界図の白眉といえるのは，文化7年一応の完成を見たのち同13年ころに銅版に付された官版『新訂万国全図』で，西半球を東半球と改称して右に置いたり，京都中心の半球を副図として掲げるなど，すでに翻訳の域を脱して独自性に溢れている．この図の資料の1つとなったのはアロースミスA. Arrowsmithのメルカトル図法の図であったが，わが国最初の刊行メルカトル図法世界図は永井則の『銅版万国輿地方図』(弘化3年(1846))で，原図はイギリス版であるという．このように幕末に近づくにつれてオランダ以外の西洋諸国での刊行図も原図として登場するようになった．

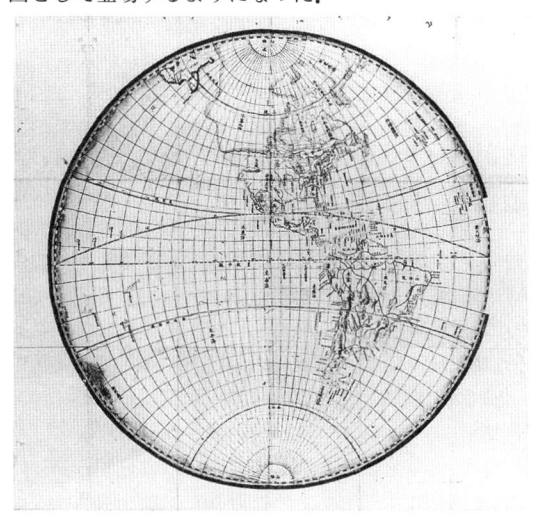

万国地球全図(桂川甫周)

参考文献 織田武雄・室賀信夫・海野一隆編『日本古地図大成世界図編』 (海野 一隆)

015 蘭学事始 らんがくことはじめ 蘭学創始の事情と蘭学発達の跡をまとめた回想録．杉田玄白著．上下2巻．文化12年(1815)の成立．上巻では，西欧人の渡来とオランダ医学の伝来，オランダ語学の勃興と玄白自身のそれへの開眼，『ターヘル＝アナトミア』の入手と千住小塚原刑場(東京都荒川区南千住5丁目)での腑分の実地見学，同書翻訳への着手などを記述，下巻では，同書翻記の苦心談と『解体新書』出版までの経過，蘭学隆盛の次第と蘭学の同志や後輩たちの動静などについて記し，蘭学隆盛の趨勢を喜びつつ擱筆している．玄白晩年の著述なので，記述の内容には時に誤りもみられるが，蘭学の創始・発達の経過を記した同時代の文献として重要視される．本書は，写本として『蘭東事始』または『和蘭事始』の書名で伝わり，(1)書名『蘭東事始』として村岡本(天理図書館，村岡典嗣旧蔵)・小石本(小石秀夫蔵，小石元瑞手沢本)・蒼竜館文庫本(金沢市立図書館蔵)・平戸本(長崎県平戸市，松浦史料博物館蔵)，(2)書名『和蘭事始』として内山本(内山孝一蔵，勝海舟旧蔵)・幸田本(慶応義塾図書館蔵，幸田成友旧蔵)・福沢本(慶応義塾図書館蔵，福沢諭吉旧蔵)などが現存．明治2年(1869)福沢諭吉が家蔵本をもとにして『蘭学事始』の書名で木版本として刊行，以来この書名で普及した．『日本古典文学大系』95，『岩波文庫』などに所収．→杉田玄白(すぎたげんぱく)

参考文献 内山孝一『和蘭事始』，和田信二郎『校定蘭学事始』，杉本つとむ編『図録蘭学事始』

(松村 明)

016 蘭館医 らんかんい オランダ商館付の医師．オランダ商館員の健康管理を主たる任務として赴任したもので，オランダ商館が平戸から長崎の出島に移されて以後の医師が知られている．出島の商館にあっては，商館長・次席館員に次いで，荷倉役・簿記役とともに重職であった．商館長の江戸参府には随行して，沿線の各宿や滞在地の定宿において，日本人の診療にもあたった．長崎においても，出島に出入りする阿蘭陀通詞ら日本人に医術を教授し，診療にもあたった．シーボルトの場合は特に許されて，出島の商館から出て，鳴滝学舎

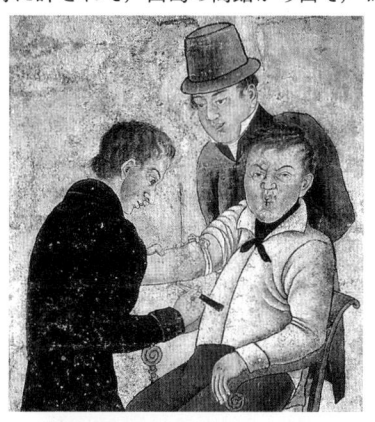

瀉血手術図(川原慶賀筆，部分)

において診療と門人に対する教授が許された．長崎においても，参府随行滞在中の江戸の長崎屋においても，蘭方医・蘭学者が商館員のなかで最も頼りにした．蘭学発達のうえだけでなく大きな役割を演じた．テン＝ライネ，ケンペル，トゥーンベリ，シーボルト，ビュルヘル，ポンペ＝ファン＝メールデルフォールト，ボードインらは日本人医師にもよく知られた蘭館医である．　→オランダ医学　　　　　　　　（片桐　一男）

017 蘭館日誌 らんかんにっし　⇨オランダ商館日記

018 蘭渓道隆 らんけいどうりゅう　1213～78　鎌倉時代に渡来した臨済宗の僧．道号は蘭渓，法諱は道隆．宋国西蜀涪江郡蘭渓邑の人．嘉定6年(1213)に生まれた．俗姓は冉(ぜん)氏．13歳で成都の大慈寺に投じて僧童となり，剃髪受具の後に講席を歴遊したが，捨て去って江南の禅刹を歴参し，無準師範・痴絶道冲・敬叟居簡に参じ，ついで平江府の陽山尊相禅寺の無明慧性に参じて，牛過窓櫺(ごかそうれい)の公案を授けられて参禅工夫し，ついに堂奥を極めて印可された．のち明州慶元府の天童景徳禅寺にあって日本仏教の盛んなることを聞き，密かに日本渡航の志を懐き，淳祐6年(寛元4，1246)義翁紹仁・竜江応宣・宝山□鉄などの門弟と，商舶に乗じて博多に着岸した．博多円覚寺に仮寓の後に，京都泉涌寺の月翁智鏡を頼って上洛し，泉涌寺来迎院に止宿した．やがて鎌倉に下り寿福寺の大歇了心の席下に掛錫した．北条時頼は大船の常楽寺に招き，教寺を禅院に改めて宝治2年(1248)12月入寺させた．時頼は政務の余暇に常楽寺に通参したが，建長元年(1249)に巨袋坂の奥に禅院を創めて蘭渓をこれに請じた．建長寺の濫觴である．住山すること10余年，正元元年(1259)ごろに建長寺を退き，京に登って建仁寺の住持となった．後嵯峨上皇は宮中に召して禅要を問うたが，蘭渓は弘長元年(1261)2月ごろに鎌倉に帰って建長寺東堂寮にでもあって常楽寺・建長寺・建仁寺の三会語録の整理にあたったか，建長寺の当住は兀庵普寧である．文永2年(1265)に兀庵は建長寺を退院して宋国に帰り，蘭渓は建長寺に再住した．文永年間となると元の世祖の使節が来朝して朝貢を求めると，蘭渓は蒙古の間諜との嫌疑を受けて甲州東光寺に配流となり，居る事数年にして再び鎌倉に戻って寿福寺の住持となった．文永11年2月ごろに再び甲州に配され，ついで奥州松島の円福寺に仮寓するなど，甲奥数年にして常陸を通って再び寿福寺に帰り，弘安元年(1278)4月に三たび建長寺の主席についた．7月に病となり24四日に至って示寂した．66歳．建長寺西来庵に塔じた．北条時宗の奏請によって大覚禅師と勅諡された．よってこの門流を大覚派という．門弟には宋より同航した義翁・竜江・宝山のほかに，葦航道然・傑翁宗英・玉山徳璇・林叟徳瓊・明窓宗鑑・桃渓徳悟・同源道本・無及徳詮・桑田道海・無隠円範・空山円印・若訥宏辯・月峯了然・無絃徳韶・不退徳温・約翁徳倹・痴鈍空性などがある．遺著に『大覚禅師語録』3巻があり，入宋経験のある直翁智侃・禅忍・祖伝らが弘長元年中に蘭渓語録の草稿を携えて入宋し，上天竺霊感観音教寺の仏光法師法照に序を請い，法照はこのために景定3年(1262)2月15日に序をなし，さらに直翁は大川普済に校勘を求め，禅忍は雪竇山に虚堂智愚に参禅した経歴から，これも本録の校勘を虚堂に願った．両人はこれを要略し，虚堂は同5年2月に杭州臨安府の浄慈寺にあってこの旨を述べて跋文とした．四明にあって上梓された『大覚禅師語録』は，直翁などによって蘭渓に呈示された．したがって本録は弘長元年2月以後の寿福・建長再住・甲州東光・松島円福の諸寺に関する語録は含まれない．延享2年(1745)8月に再刻され，ついて文政10年(1827)4月に海津維徳の特志によって，550回の遠忌記念として版行され，また元禄6年(1693)7月に東武の無生の特志によって『大覚禅師拾遺録』が版行された．また蘭渓の行状は虎関師錬の筆になり，『元亨釈書』所収の宋国道隆伝と，『続群書類従』伝部所収の巨福山建長禅寺開山蘭渓和尚行実とは同文の内容である．

〔参考文献〕　卍元師蛮『延宝伝燈録』3（『大日本仏教全書』），高木宗監『建長寺史』，玉村竹二「信濃別所安楽寺開山樵谷惟僊伝についての私見」（『日本禅宗史論集』上所収），同「蘭渓道隆と若訥宏辯」（同所収），同「蘭渓道隆と若訥宏辯補遺」（同所収），同「蘭渓道隆と樵谷惟僊との交友関係の変遷」（同下2所収）　　　　　　　　　　（葉貫　磨哉）

019 蘭語九品集 らんごくひんしゅう　オランダ語文法書．志筑忠雄(中野柳圃)著，西正典(吉右衛門)修訂．写本，1冊，丁数30丁(ただし下記の京大本)．成立年時は明らかでない．オランダ語には発声詞(冠詞)・静詞(形容詞)・代名詞・動詞・動静詞(分詞)・形動詞(副詞)・連属詞(接続詞)・所在詞(前置詞)・歎息詞(間投詞)の9品詞があることを説き，またそれをさらに分類し多くの例語をあげて説明している．静嘉堂文庫・京都大学文学部研究室に写本がある．2本とも内容には大きな違いはない．京大本には文化7年(1810)9月2日付本居大平の跋があるが，この本は新写本であってその原本は明らかでない．この『蘭語九品集』を馬場貞由が増訂

したのが『訂正蘭語九品集』(写本)として今日静嘉堂文庫・東京大学附属図書館・日本学士院にある．その序文に馬場が述べるところによると，志筑には未完の文法書稿本『和蘭詞品考』があったが，志筑没後その門人西正典が手を加えたものがこの『蘭語九品集』であった．馬場は文化11年その写本を江戸で入手し，その9品詞の所説を訂正増補し，さらに諸法(英語のmood)・諸時(tense)の概念を導入し，例文をあげて直説法・使令法(命令法)・分注法(接続法)・不限法(不定法)の4法があること，また現在・過去・過去之現在・過去之過去・未来・不限時・過去之未来・未来之過去のあることなどを増訂してこれを『訂正蘭語九品集』と称した，という．オランダ語におけるmoodとtenseについての志筑の所説は彼の別著『四法諸時対訳』にみえるが，馬場が『蘭語九品集』に増訂した諸法・諸時の概念はこの『四法諸時対訳』に説くところとほとんど同じである．　→和蘭詞品考(オランダしひんこう)

参考文献　杉本つとむ『(江戸時代)蘭語学の成立とその展開』1　　　　　　　　　　(沼田　次郎)

020　蘭語訳撰 らんごやくせん　⇨中津版オランダ辞書(なかつばんオランダじしょ)

021　蘭書訳局 らんしょやくきょく　⇨蛮書和解御用(ばんしょわげごよう)

022　乱中日記 らんちゅうにっき　豊臣秀吉の朝鮮侵略(壬辰・丁酉の倭乱，文禄・慶長の役)の際，朝鮮水軍の将として活躍した李舜臣の日記．朝鮮侵略の時の海戦の基本史料．日記の記述は宣祖25年(文禄元，1592)5月1日から同31年(慶長3)11月17日(露梁津の海戦で李舜臣が島津勢と戦って戦死する前日)までに及んでいる．記述内容は日本軍との海戦の様子，水軍統制の秘策にとどまらず，李舜臣の日常生活，僚友との交渉，家庭のできごとなどの備忘から詩文にまでわたっている．当時の朝鮮側史料の代表的なものとして『李朝実録』『乱中雑録』などがあるが，それらは編纂物である．これに対し『乱中日記』は李舜臣の自筆日記であるところから，その史料的価値はきわめて高い．日記の原本は忠清南道の李舜臣宗孫家の所蔵となっている．刊本は『朝鮮史料叢刊』6に『乱中日記草・壬辰状草』としてまとめられている．また筆者訳注『乱中日記』(『東洋文庫』678・682・685)がある．　→李舜臣(りしゅんしん)

参考文献　中村栄孝『日鮮関係史の研究』中，北島万次『豊臣秀吉の朝鮮侵略』(吉川弘文館『日本歴史叢書』52)，同『壬長倭乱と秀吉・島津・李舜臣』　　　　　　　　　　(北島　万次)

023　蘭方医 らんぽうい　⇨オランダ医学

り

001　リーフデ号 リーフデごう　De Liefde　1600年(慶長5)，はじめて日本に来航したオランダ船．リーフデ de liefde とは「愛」の意で，当初の船名をエラスムス号 Erasmus と称した．同船は1597年にロッテルダムの豪商ピーテル＝ファン＝デル＝ハーヘン Pieter van der Hagen, ハンス＝ファン＝デル＝フェーケン Hans van der Veken らが設立したロッテルダム＝マゼラン海峡会社 Magallaanse of Rotterdamse Compagnie が艤装した6隻の船団の一船として，提督ジャック＝ド＝マフ，副提督シモン＝ド＝コルデスの指揮下に，98年6月27日，マース河口のフーレー Goeree を解纜，マゼラン海峡を経て東方貿易に赴くため，大西洋を南下した．船団を構成する各船の船名・トン数，および出発当時の指揮官名などは別表に示す．船団は98年4月2日，ベルデ岬諸島に到達．9月29日まで滞留したのち，12月16日より翌年1月2日までアナボン島 Annabon Is. に寄港した．この間，乗組員に多数の病死者を出し，98年9月24日には提督マフも死亡した．そこで船団評議会は訓令に従ってコルデスを提督とし，彼は旗艦ホープ号に移り，ファン＝ブーニンゲンが副提督となってリーフデ号の，ド＝ビェールトがヘローフ号の，ディルク＝ヘリッツゾーン＝ポンプ Dirck Gerritsz. Pomp がブライデ＝ボーツスハップ号の指揮官となった．船団は99年4月7日マゼラン海峡を通過し，2，3の島嶼に寄港して8月24日まで越冬した．この間，120人が死亡した．9月3日，船団は太平洋に出てペルー沿岸に向かったが，途中，暴風雨に遭遇して船団は四散した．99年11月17日，ブライデ＝ボーツスハップ号はバルパライソでイスパニア人に投降し，ヘリッツゾーン以下18名の乗組員は捕虜となってリマに送致された．ド＝ビェールトの指揮するヘローフ号は，ロッテルダムの別の会社が艤装したオリフィエ＝ファン＝ノール

船　名	トン数 人員	指　揮　官
ホープ(希望) Hoop	500t 120〜 130人	ジャック＝ド＝マフ Jacques de Mahu
リーフデ(愛) Liefde	300t 110人	シモン＝ド＝コルデス Simon de Cordes
ヘローフ(信仰) Geloof	320t 109人	ヘリッツ＝ファン＝ブーニンゲン Gerrit van Beuningen
トラウ(貞節) Trouw	220t 86人	ユリアン＝ファン＝ホックホルト Juliaen van Bockholt
ブライデ＝ボーツスハップ(福音) Blijde Bootschap	150t 56人	セバルト＝ド＝ビェールト Sebald de Weert
ポスチリヨン Postiljon	―t 一人	ヒリス＝ヤンスゾーン Gillis Jansz.

ト Olivier van Noort の率いるオランダ船隊と邂逅したが，食糧などの補助は得られず，以後の航海を断念して故国に向かい，1600年7月13日，36名の生存者とともにフーレーに帰着した．トラウ号は1599年4月28日に指揮官のファン＝ボックホルトが死亡したあと，バルタザール＝ド＝コルデス Balthasaar de Cordes が指揮をとりモルッカ諸島に赴いたが，チドール島でポルトガル人に捕えられ，乗組員のほぼ全員が殺害された．ピナス船ポスチリヨン号はマゼラン海峡まで船団と航行したが，太平洋上で消息を断った．残るホープ号とリーフデ号はともに太平洋を航行したが，ホープ号では99年11月11日にモカ島 La Mocha Is. で提督コルデスが殺害されたため，フートクペー Hudcupee という者が提督となったが，11月27日の暴風雨で僚船と離散し，その後ハワイ方面に向かう途中，消息を断った．残るリーフデ号は，副提督ファン＝ブーニンゲンがサンタ＝マリア島で殺害され，ヤコブ＝ヤンスゾーン＝クワッケルナク Jacob Jansz. Quackernack が指揮官となり，ハワイを経由し，1600年4月19日（慶長5年3月16日），日本の豊後の海岸（大分県臼杵市佐志生に比定される）に漂着した．ときに船中の生存者は24，5名で，うち3名は到着の翌日に死亡し，自力で歩行し得る者は6名という有様であった．同船はその後大坂湾に廻航され，徳川家康の配下の者の臨検を受け，武器や積荷などを押収され，乗組員は一時拘禁されたが，その後釈放され，積荷などの代価が支弁された．同船には，旗艦ホープ号から移籍されたイギリス人航海士ウイリアム＝アダムス William Adams（三浦按針）が搭乗しており，彼は家康の寵を得て，その側近に取り立てられ，外交顧問として活躍し，同乗の商務員ヤン＝ヨーステン Jan Joosten van Lodensteijn，メルヒオール＝ファン＝サントフォールト Melchior van Santvoort らとともに日本に居住し，朱印船貿易家として活躍し，またイギリス人の日本誘致にも尽力した．リーフデ号は，その後関東に廻航されるさい沈没したが，その船尾を飾っていたエラスムス像は，下野国の竜江院（栃木県佐野市）に貨狄像として伝えられて今日に至っている（重要文化財）．なお，このエラスムス像は，1628年（寛永5）7月25日，浜田弥兵衛事件の日本人人質を乗せて長崎に来航し，その後同地で解体されたヤハト船エラスムス号のものではないかとの説もある．　→アダムス　→ヤン＝ヨーステン

参考文献　F. C. Wieder: De Reis van Mahu en De Cordes, door de straat van Magalhães naar Zuid-Amerika en Japan, 1598—1600; J. R. Bruijn, F. S. Garstra, et al.: Dutch-Asiatic Shipping in the 17th and 18th Centuries. Vol. 11. Outward-bound voyages from the Netherlands to Asia and the Cape (1595—1794).　　　　　　　　　　（加藤　榮一）

リーフデ号（マゼラン海峡を経て南アメリカ・日本へのマヒュー・コルデスの航海記）

エラスムス像（竜江院）

002 李延孝 りえんこう　？～877　平安時代前期，日唐間の貿易に活躍した商人．史料に唐人といい，渤海商主ともあるので，在唐の渤海人とみられる．仁寿3年（853），円珍が大宰府に入唐の許可を求めた文書に，便乗予定の唐商人としてみえるのが初見で，このころ日本に来航していたことが知られる．その後，円珍を唐に送り届けたあと直ちに円珍の従者の1人を乗せて日本に渡航したとみられる．そして斉衡3年（856）には日本から唐に帰着し，円珍の要請により貿易商人仲間とともに天台山国清寺の住房建立費用として銭4000文を喜捨している．天安2年（858），台州から円珍を乗せて日本に渡航．円珍は往復ともに延孝の船を利用したことになる．その後，貞観4年（862）にも来航しているが，円珍宛唐僧師静書簡（園城寺蔵『唐人送別詩并尺牘』所収）をもたらしたのはこの時とみられる．同7年には福州から日本人留学僧宗叡らを便乗させて来日している．一行は63人で，鴻臚館に安置され，例に準じて供給を受けている．そして元慶元年（877）留学僧円載・智聡（円珍に従って入唐）らを乗せて日本に向かう途中の海上で遭難し，円載とともに水死した．

参考文献　小野勝年『入唐求法行歴の研究』

（石井　正敏）

003 **李嶠百廿詠** りきょうひゃく　唐の李嶠著．単に『百詠』にじゅうえい ともいい，『蒙求』と並ぶわが国幼学書の代表．初唐に流行した単題詩(単言を題とする詩)で，12部に分かれ，1部各10題を五言律詩(八句)に詠じた120編より成る．李嶠没後30余年後の天宝6年(747)には張庭芳が注を撰し，ほかに張方注の存在も知られる．すでに『日本国見在書目録』に著録されており，注本も渡来して，平安人士に愛読された．『拾遺和歌集』にはこれを句題とする和歌が入集し，『源氏物語』にも影響がうかがえる．また元久元年(1204)，源光行は張庭芳注に基づいて和訳の『百詠和歌』を著わし，源実朝に献上したとおぼしい．さらに正徳元年(1711)には公弁法親王が僧俗14名を集めて『百詠』に和する『和李嶠百二十詠』を成すなど，幼学ばかりでなく，教養書としても用いられた．最古の写本に御物の伝嵯峨天皇宸翰本残簡があり，別系統の写本も多く伝わるが，注本に張庭芳注と確定できる伝本はなく，現存本には後人の増補が見られる．

参考文献　池田利夫「百詠和歌と李嶠百詠」(『日中比較文学の基礎研究』所収)，山田孝雄「李嶠詩集百二十詠」(法書会『書苑』6～8)，神田喜一郎「李嶠百詠雑考」(『ビブリア』1)　　(池田　利夫)

004 **リゴール**　Ligor　マレー半島中部東海岸，現在のタイ国ナコーンシータマラート市付近にあった港市．13世紀以降シャムに服属．リゴールは町を意味するタイ語nakhonの訛音lagorに由来すると考えられている．中国では明代中期以後これを六坤と写し，日本では六崑の字をあてた．13世紀末のタイ語碑文に，三蔵に通暁した高僧をリゴールから招請したという記事がみえ，スリランカとの交渉によりこの地が一時仏教の中心地として栄えたことが知られる．慶長から寛永年間(1624～44)にかけ，日本人町の頭領としてアユタヤ王室に仕えた山田長政が，のちリゴール総督に任じられ，同地に赴任して後毒殺されたという史実は有名．『華夷変態』には，貞享元年(1684)から元禄10年(1697)に至る14年間に長崎に入港した六崑船11隻の風説書(ふうせつがき)が収録されている．17世紀のオランダ史料は，リゴールがマレー半島産の錫の積み出し港であったと伝える．

参考文献　張燮『東西洋考』，岩生成一『南洋日本町の研究』　　(石井　米雄)

005 **六崑** りこん　⇨リゴール

006 **李参平** りさんぺい　?～1655　肥前有田磁器の開祖とされている朝鮮の工人．16世紀末，豊臣秀吉の命で朝鮮に出兵した鍋島直茂の臣多久長門守安順に連れられて来た．当時日本では陶器しか作られていなかったため，磁土を探すことから始めなければならなかった．慶長年間(1596～1615)に有田泉山で磁土(石(せき))を見つけだし，有田白川の天狗谷に窯を築き，元和2年(1616)に焼成を始めたという．文書によれば朝鮮忠清道金江の出身であり，日本に来て金ヶ江三兵衛を名のったらしい．李参平の名では，文献に出ていない．李朝系の染付・青磁を主に焼いていたことから李姓で有田に伝えられてきたのであろう．没年は，通説によれば明暦元年(1655)とされている．天狗谷窯は昭和40年(1965)～45年発掘調査された．出土した資料からみると，白磁・呉須染付・青磁・天目を焼成している．時期については熱残留磁気による年代測定に従えば，元和年間より古くなる可能性があり，有田磁器編年の秩序からみると，20年ぐらい新しい可能性もある．

参考文献　『多久家文書』，『鐘ヶ江家文書』，三上次男編『有田天狗谷古窯』　　(倉田　芳郎)

007 **李朱医学** りしゅいがく　⇨金元医学(きんげんいがく)

008 **李舜臣** りしゅんしん　1545～98　16世紀末，朝鮮水軍の名将．仁宗元年(天文14，1545)3月8日，漢城に生まれる．字(あざな)は汝諧，諡は忠武．父は李貞(京畿道開豊郡徳水の李氏)，母は草渓の卞氏．宣祖9年(天正4，1576)3月，武科に及第．若いころより柳成竜と交友があった．その後，県監・僉使・郡守などを歴任．同24年2月，柳成竜の推挙で加里浦僉使から全羅左道水軍節度使に抜擢された(李舜臣47歳)．同25年(文禄元)4月，豊臣秀吉の朝鮮侵略が始まると，日本軍との戦にひるむ慶尚右道水軍節度使元均をたすけ，同年5月7日の玉浦の海戦をかわきりに，合浦・赤珍浦・泗川・唐浦・唐項浦・栗浦・閑山島・安骨浦・釜山浦の海戦において亀甲船を駆使し巧みな戦術を用いて日本水軍を撃破し，日本軍の補給路を断った．この間，忠清・全羅・慶尚3道水軍統制使となった．これが元均の妬みをかい，李舜臣は讒訴されて獄に下った．同30年(慶長2)，秀吉の第2次朝鮮侵略が始まると，李舜臣にかわって三道水軍統制使となっていた元均は巨済島で日本軍に討たれ，敗死した．この後，李舜臣は再び三道水軍統制使となり，朝鮮水軍を建てなおし，明軍と力を合わせ日本軍と戦った．同31年8月の秀吉の死を契機に日本軍は朝鮮撤退を始めるが，朝鮮水軍と明軍は日本軍の追撃作戦をはかり，同年11月，順天から撤退する小西行長らの退路をおさえた．この救出に島津勢が出動したため，李舜臣は露梁津で島津勢と戦ったが11月19日戦死した．54歳．李舜臣は祖国を救った英雄として讃えられ，同37年に宣武功臣第1等の列に加えられた．李舜臣に関する史料としては，『乱中日記草』，戦況報告書としての『壬辰状草』(ともに『朝鮮史料叢刊』6所収)がある．　→乱中日記(らんちゅうにっき)

参考文献　『朝鮮宣祖実録』，『朝鮮宣祖修正実録』，柳成竜『懲毖録』(朴鐘鳴訳注，『東洋文庫』357)，中村栄孝『日鮮関係史の研究』中，李炯錫『壬辰戦乱史』，李舜臣『乱中日記』(北島万次訳注，『東洋文庫』678・682・685)，北島万次『豊臣秀吉の朝鮮侵

略』(吉川弘文館『日本歴史叢書』52), 同『壬辰倭乱と秀吉・島津・李舜臣』　　　　　(北島　万次)

009 李如松 りじょしょう　?～1598　明の武官. 字(あざな)は子茂. 号は仰城. 父は明の総兵官李成梁. 遼東鉄嶺衛に生まれる. 曾祖は朝鮮平安北道理山郡の出身, 殺人を犯して遼東に逃がれた. 李如松は若年より, 父に従って歴戦し, 万暦11年(1583), 山西総兵官となる. 同20年初め, 寧夏における哱拝(ボバイ)の反乱の際, 提督となってこれを鎮圧した. 同21年(文禄2)正月, 前年4月より朝鮮に侵略した日本軍を攻略するため, 提督薊遼保定山東等処軍務防海禦倭総兵官として朝鮮に出兵し, 平壌の戦いで小西行長の軍勢を破り, その余勢をかって漢城へ向けて南下した. そのあと, 漢城の北方の碧蹄館で日本軍の逆襲にあって敗北し, 平壌へ逃げた. 同25年の冬, 遼東総兵官となる. 同26年4月, 遼東に土蛮侵入. 李如松は軽騎を率いて鎮圧に向かったが戦死した.

参考文献　『明史』, 中村栄孝『日鮮関係史の研究』中, 李烱錫『壬辰戦乱史』中・下, 北島万次『豊臣秀吉の朝鮮侵略』(吉川弘文館『日本歴史叢書』52)
　　　　　(北島　万次)

010 李成桂 りせいけい　1335～1408　1392～98在位. 朝鮮, 李氏朝鮮王朝の初代国王. 太祖と呼ばれる. 諱は成桂, 字(あざな)は仲潔. それぞれ即位後に旦, 君晋と改称. 号は松軒. 全州(全羅北道)出身と称するが, 彼の一族は, 咸興(咸鏡南道)を中心にして, 高麗の東北領域にあたる咸鏡道方面で活躍しており, 父李子春の時には, 同方面を直轄支配した元(げん)の双城総管府(咸鏡南道永興所在)に仕え, 李成桂も1335年同地で生まれた. 1336年約1世紀ぶりに高麗が同方面を回復すると, 李子春は高麗に投降して, 咸興に拠り, 61年李成桂があとを継いだ. 以後, 彼は, 北方の紅巾勢力, 女真人, 元の残存勢力, 南方の倭寇などの征討・撃退に大きな功績を上げて, 次第に武人として頭角を現わし, やがて中央政界にも重きをなすに至った. 88年, 明の旧双城総管府の地の直轄地化通告を契機とする, 明の東北方の拠点遼陽への出兵の指揮官に任ぜられた彼は, 途中鴨緑江下流の威化島から軍を還して, 高麗の行政・軍事の最高権力を掌握し, かねてから要望されていた土地改革の実行(91年科田法施行)を経て, 92年みずから王位につき, 翌年国号を朝鮮と定め, 94年漢城府(現ソウル)を都とした. 彼は仏教を排斥して, 新たに朱子学を支配理念として採用し, その上に立って, 国家体制の骨組み作りを進めた. 対外的には, まず明との関係の確立に努め, 日本とも, 倭寇禁圧と被虜者の返還を求めて, 九州探題今川了俊との使節の交換, 壱岐・対馬への出兵などを展開したが, いずれも十分な成果を上げるには至らなかった. そのほか, 琉球やシャムの使者の来訪と方物の献上もみられた. 晩年には, 王位をめぐる, 権臣の策謀と王子間の抗争が続発し(98年, 1400年), それにより2子を犠牲にし, 退位を余儀なくされた彼は, 失意と苦悩の中で過ごし, 1408年に没した. 74歳. 陵はソウル東郊の東九陵中にあり, 健元陵という.

参考文献　池内宏『満鮮史研究』中世3・近世篇, 末松保和『青丘史草』1, 同「李朝革命の一考察」(『末松保和朝鮮史著作集』5所収)
　　　　　(北村　秀人)

011 李退渓 りたいけい　1501～70　朝鮮, 李朝の代表的儒学者. 諱は滉(はじめ瑞鴻). 字(あざな)は景浩(はじめ季浩). 号は退渓・陶翁など. 燕山君7年(1501)11月25日生まれる. 真宝(慶尚北道)の人李埴の子. 叔父李堣, 郷校での師李賢輔らに学び, 中宗29年(1534)科挙の文科に合格, 官途についたが, みずからも連坐するなどして, 中央官界の対立・抗争に絶望し, 明宗元年(1546)洛東江上流の兎渓に隠退, そこを退渓と改めて, 号とし, 学問に専念した. しかし, 頻繁な任官の命を拒みきれず, その後も地方官や成均館大司成を歴任し, その間朝鮮最初の賜額書院(国王公認の在地学堂)である修紹書院を実現させた. 明宗14年帰郷後は自己の陶山書堂で学問と後進の教育に従事した. 宣祖3年(1570)12月8日没. 70歳. 彼は朱子の理気論を発展させて, 理を主とする哲学的道徳修養論を主張し, 『自省録』などの著述を収めた『退渓全書』, 朱子の書簡を抜粋した『朱子書節要』などの著作がある. 彼の学説は林羅山・藤原惺窩・山崎闇斎ら日本の儒学者に大きな影響を与え, 主要著述のほとんどが江戸時代に刊行された.

参考文献　阿部吉雄『李退渓』(『東洋人の行動と思想』11), 同『日本朱子学と朝鮮』, 高橋亨『李退渓』
　　　　　(北村　秀人)

012 李旦 りたん　?～1625　中国明の商人. 江戸時代初期幕府の明人優遇により, 平戸・長崎方面に移住する者が増加し, 李旦もすでにマニラに移住した中国人の頭領として活躍していたが, 転じて平戸に来住した. 当時同地に商館を有したイギリス人の日記などに, これをなまって, アンドレア=ディッチス Andrea Dittis と呼ばれた. 同地の長野松左衛門一家と互いに縁を結び, 慶長19年(1614)ごろから毎年商船を台湾・交趾(コーチ)方面に派遣して盛んに貿易を営み澎湖島ではオランダ人とも接触したが, 寛永2年(1625)の夏に平戸で死亡した.

参考文献　岩生成一「明末日本僑寓支那甲必丹李旦考」(『東洋学報』23ノ3)　　　(岩生　成一)

013 李朝実録 りちょうじつろく　⇨朝鮮王朝実録(ちょうせんおうちょうじつろく)

014 リバデネイラ Marcelo de Ribadeneira　生没年不詳　スペイン人フランシスコ会司祭. バレンシア生まれ, サンチャゴの会則遵守派管区で立誓, サラマンカ

大学哲学・神学教授，文禄3年(1594)マニラ総督使節の資格でマニラから来日，平戸着．上洛して日本遣外管区長ペドロ゠バウティスタ゠ブラスケスに会い伏見で豊臣秀吉に謁し，同5年，大坂にベトレヘム修道院を創設後，病気治療のため長崎に移り，公然たる布教の廉で同港停舶中のポルトガル船に逮捕連行されたがペドロ゠バウティスタ゠ブラスケスらと殉教をともにすべく脱走．再逮捕され同船から慶長元年12月19日(1597年2月5日)ペドロ゠バウティスタ゠ブラスケスら26人の長崎殉教を目撃後，澳門(マカオ)へ追放され，翌年マニラ着．同年末，同殉教者列福調査問題代理人としてマラッカ・ゴアで資料を集め，マドリッドで国王フェリッペ3世，ローマでは教皇庁付聴罪司祭の資格で教皇クレメンテ8世に謁して列福調査に尽力し，帰国後1610年11月末以後おそらくサラマンカで没．『日本の初殉教者サン゠ペドロ゠バウティスタと同僚たちの殉教録』(1601年，バルセロナ)，『東洋諸国史』(同)など多数の著書がある．

参考文献　トマス゠オイテンブルク『十六～十七世紀の日本におけるフランシスコ会士たち』(石井健吾訳)，J. L. Alvarez Taladriz: Documentos Franciscanos de la Cristiandad de Japon(1593—1597), San Martin de la Ascension y Fray Marcelo de Ribadeneira; R. P. Fr. Felix de Huerta: Estado Geográfico, Topográfico, Estadística, Historico-Religioso, de la Santa y Apost'olica Provincia de S. Gregorio Magno; P. Fr. Eusebio Gomez Platero: Catalogo Biográfico de los Religiosos Franciscanos de la Provincia de San Gregorio Magno de Filipinas. （井手　勝美）

015 **李密翳**　りみつえい　生没年不詳　中国名を名のっているが，波斯(ペルシャ)人．『続日本紀』天平8年(736)8月庚午条によれば，入唐副使中臣名代とともに来朝．同11月の遣唐使叙位の際に，併わせて叙位されている．波斯人の来朝は，きわめてまれであり，その目的なども不詳であるが，シルクロードの一端が，日本にまで延長されていたことを知らしめる好例といえる．その後の消息は明らかでないが，おそらくは，次の遣唐使の際に，再び唐へ赴むいたものと推定される．

（利光三津夫）

016 **留学僧**　りゅうがくそう　⇨学問僧(がくもんそう)
017 **隆琦**　りゅうき　⇨隠元隆琦(いんげんりゅうき)
018 **琉球**　りゅうきゅう　沖縄のこと．もとは中国による呼称．
〔呼称の起源〕「りゅうきゅう」の名が最初に現われたのは，『隋書』東夷伝中の「流求国」である．そこには以下のような記事がみえる．煬帝(ようだい)の大業3年(607)朱寛を流求に遣わしたが言通ぜず，1人を掠めて返った．明年，また朱寛をして慰撫せしめたが，流求が従わなかったので，その布甲を取って帰った．倭国の使がこれを見て，「これ夷邪久国の人の用うる所なり」といった．帝は，陳稜と張鎮州に兵を率いて義安から出発してこれを討たしめた．まず高華嶼に行き，東行2日で竃鼊嶼に，さらに1日で流求についた．陳はその国の語を解する崑崙人を伴ったが，流求が従わないので，これを撃ち，宮室を焚き，男女数千人を捕虜として還った．さらに流求について，その王・王舎・風俗習慣・産物などについても詳しく記している．王の居舎には禽獣が彫刻され，男子は鳥羽を以て冠とし，珠貝を以て装い，武器には刀・剣・弓矢があるが鉄は少ない．国人は相攻撃するを好み驍健である．闘死した者を聚って食べる．婦人は手に墨黥し，出産しては子衣を食する．その田は良沃で，稲・粱・黍・豆などを産し，民家の門戸上に獣頭骨角を置くなどの未開の状態が記されている．唐・宋代ではこれをうけて，流求・琉球と書かれ，元代では，瑠求・琉球と書かれる．元の世祖至元28年(正応4，1291)に楊祥をしてこれを討たしめ，成宗元貞二年(永仁4，1296)にも，張浩・張進をして琉求を征し，生口130を擒して返ったと記している．民国になってから撰修された『新元史』は，「史臣曰く」として，「琉求は今の台湾なり」と記している．『隋書』の「流求」が，台湾か沖縄かについて，昭和の初期まで，学界で論争が行われたが，決着をみなかった．明の太祖洪武帝は，洪武5年(応安5，1372)，楊載を遣わして中山(ちゅうざん)王察度を招諭した．その詔の中で「爾琉球国は，中国東南，遠処海外に在りて，未だ報知に及ばず，茲に特に使を遣はして往きて諭さしむ」云々と言ったことから，文字も「琉球」に定まり，また沖縄が琉球と称されるようになり，沖縄を大琉球，台湾を小琉球ともよぶようになった．

〔開闢神話と伝説〕琉球開闢の初めは，海浪氾濫して人間の居処とすることができなかった．そこに志仁礼久(シニレク)阿摩弥姑(アマミク)なる者が現われて，土石を運び，草木を植え，海浪を防ぎ，神々を祀る岳森をつくった．人間がふえ，人智が進むようになって，天帝子が現われ，3男2女を生んだ．その長男は国君の始となり，次男は按司(あじ)の始となり，3男が百姓の始である．また長女は君君(神職)の始であり，次女は祝祝(ノロノロ)の始であるという．アマミク・シニレクは琉球の祖神とされている．天帝子の長男が天孫氏とよばれ，その子孫が25紀(25代)も続いた．権臣利勇が，25紀の支配者を弑害した．この時，浦添(うらそえ)按司の尊敦は，義兵をあげて利勇を誅戮し，国人に推されて王となり，舜天と号した．舜天は，伊豆の大島から琉球に渡った源為朝が，大里按司の妹を妻にして生んだ子供であるという伝説がある．舜天の王統は3代で滅び，伊祖按司，恵祖世主の子英祖王がこれに代わった．英祖王は，偏ねく田野を巡り，はじめて

経界を正し，民力を均しくした．この代に，久米島・慶良間（けらま）島・伊平屋（いへや）島・大島などの島々も中山に服属したといわれる．

〔明との通交〕英祖王統は5代で滅んだが，その間に，今帰仁城（なきじんぐすく）に拠る北山，大里城に拠る南山が興起して，三山対立の時代が100年ほど続いた．察度は，浦添の謝那（じゃな）村で農業を業とする奥間大親と天女との間に生まれたと伝えられる．勝連（かつれん）按司の女と結婚して産をなし，牧港（まきみなと）に来港した日本商船から大量の鉄を買い，これで農具を造って農民に与えてその信望を得，推されて浦添按司となった．英祖王5代目の西威が没すると，国人は西威王が暴虐であったのを怨み，さらに世子が幼冲であるので，これを廃し，浦添按司が仁人て王とするに足るとして，これを推戴して中山王とした．察度王である．その治世23年，洪武5年明の太祖洪武帝の招撫使楊載が来島した．察度王は招諭をうけて，弟の泰期を遣わし，臣と称して方物を進めた．進貢のはじめである．太祖はこれに対して大統暦を賜与，洪武16年（永徳2）には王に鍍金銀印を下賜した．正史には，洪武25年（明徳3）「更に三十六姓を賜ひ，始めて音楽を節し，礼楽を制し，番俗を改変して，文教同風の盛を致す」と記している．三十六姓は実数ではないが，蔡・鄭・林・梁・金・王・程・紅・陳・毛・阮・孫・楊などの諸姓があり，彼らは久米村に居住して，航海，中国への文書の起草に任じ，琉球文教の中心となった（三十六姓移民）．察度王代に，留学生を明に送って国子監で学ばせることも始まった．明からは，琉球の政治の指導・顧問にあたる者も送りこんだと考えられ，国相・長史として名をとどめている．中山にならって，南山・北山も明に進貢し，それぞれ鍍金銀印や舟を下賜されている．察度の子の武寧の代には，成祖永楽帝が時中を遣わして冊封した．「爾を封じて琉球国中山王と為す」という勅書を与えたものであり，北山も南山も同様であった．

〔琉球王国の成立〕佐敷（さしき）に興った尚（しょう）巴志は，佐敷按司思紹の子である．巴志は与那原（よなばる）の港に入った商船に積んだ鉄塊を全部買い取り，これを百姓に与えて農具を造らせたので，農民の心服するところとなった．思紹は巴志の雄才をみてこれに佐敷按司を継がしめた．尚巴志はまず島添大里按司を滅ぼし，ついで中山王武寧が政を廃し民を苦しめ諸按司が従わないのをみて，救民のためと称して大兵を以てこれを攻滅し，父思紹を中山王とした．北山は城は険阻で，軍士は勇健を以て知られ，王の攀安知もみずからの武勇を恃み，驕傲で政治を顧みなかった．その輩下の羽地（はねじ）按司・国頭（くにがみ）按司・名護（なご）按司は，そのために，尚巴志に来降するに至った．巴志はこれらとともに6路より軍を進め，内応者を得て，内外から攻撃してこれを滅ぼした．南山王の他魯毎（たるみ）に対しても謀略を以て内部離間を謀り，ついにこれを滅ぼした．1429年（永享元）に統一琉球国が成立した．懐機は尚巴志の国相で，中国から派遣されたと考えられているが，巴志を補佐して統一の大業をなしとげ，首里城の建設，竜潭の掘鑿の大工事を完成し，進貢貿易の制度をつくりあげ，また中国道教の大本山，竜虎山に使節を派遣して符籙を請うたりした．

〔進貢貿易〕明との貿易は察度王の進貢から始まり，第一尚氏（尚思紹の王統）の15世紀は最も盛大であった．その制度は半印勘合執照制とよばれ，尚巴志代に創設されたといわれる．進貢船ごとに執照が携帯され，船名字号・正副使・役職名・装載貨物と数量・乗組人員数が書かれ，半印が捺される．これは王の貿易権を示すとともに，明に対しては王の船であることを証明し，室町幕府の勘合と同様の意味を持つものであろう．進貢品としては，琉球産の馬・硫黄・磨刀石・螺殻・織物など，日本の刀剣・武具・屏風・扇子など，東南アジア産の胡椒・蘇木などである．中国からは鉄製器具・織物・陶器などが買われた．タイ・スマトラ・ジャワ・安南などの東南アジア諸国へは，明への進貢にあてるという名目で往来し，特産品の胡椒・蘇木・象牙などを購入し，一部は日本・朝鮮にも転売された．那覇の港は，これらの国の船の往来も頻繁で，「おもろ」にも，「うきしま（浮島）はげらへて，たうなばん（唐南蛮），よりあうなはどまり（那覇泊）」と歌われている．このころの琉球人の海洋発展の精神を示すものとして，尚泰久王代の首里城正殿に掛けられた鐘の銘がある．この銘に「舟楫を以て万国の津梁と為し，異産至宝十方刹に充満す」とあり，鐘は「万国津梁の鐘」とよばれている（沖縄県立博物館蔵）．

万国津梁の鐘

〔15～16世紀の文化・宗教・風俗〕平仮名は古くから使用され，1415年（応永22）室町将軍足利義持から尚思紹に送られた「りうきう国のよのぬしへ」という仮

名書の文書についてはよく知られている．国王から中央・地方の役人・神女宛てに出された仮名書の任命辞令書は，16世紀初めから現存している．最も古い金石文である，尚巴志代の「安国山樹花木記碑」（沖縄県立博物館所蔵）の碑文は漢文で記している（宣徳2年（応永34，1427））．そのほかにも，表は平仮名で，裏は漢文で刻された石碑も多くみられる．寺社の梵鐘は京都で鋳造されたが，その銘文は琉球の僧によって撰せられた．中国に出される表奏文・咨文などは久米村人によって吏文で書かれ，『歴代宝案』として残っている．仏教は13世紀に伝わったが，尚泰久王代京都の僧芥隠承琥の来島によって多くの寺が建てられ，それらの寺には王によって梵鐘が寄捨された．鐘銘には「上祝万歳宝位，下済三界衆生」云々と書かれるが，教化は庶民に及ばず，もっぱら貴族と官船航海の安全を祈り，また寺は冊封使来島時の遊観の場所にすぎなかった．民衆信仰の対象は，全島に880余もある御岳（うたき）に祀られる祖神であり，家々にも祀られる火の神であった．その祭祀にあたるのが，ノロ（神女）であり大きな勢威をもっていた．15世紀，朝鮮漂民の見聞によれば，琉球の軍士は100余を単位とし，軍装は，鉄片を綴った鎧をつけ，甲をかぶり，仮面のような面甲をつけている．国王の出行には，軍士約300余が甲胃をつけ馬に乗って護衛する．武器には，刀・剣・槍・弓矢・鉤のごときものがある．俗，常に大小の2刀を佩び，飲食起居の間にも身から離さない，と書いている．

〔尚真王の中央集権〕尚思紹の王統である第一尚氏は7代60余年で滅び，1470年（文明2）尚円王が第二尚氏王統をひらいた．その3代目の尚真王は，在位50年の間に，中央集権策をとって，琉球全島にわたって強固な王国の基礎を確立し，第1の黄金時代といわれる．宮古・八重山は察度王代に中山に服属し，朝貢を怠らなかったが，八重山で，オヤケアカハチなる者が3年間貢を怠り叛意を示したので，尚真王は，宮古の首長を嚮導として，大小戦船46隻を以て1500年（明応9）にこれを征討した．戦後，両島に頭を任命した．両島はそれまで，邑落ごとに小領主が割拠して対立抗争をくり返していたが，これによって統一政権のもとで治められた．沖縄本島でも，各地に按司が城郭によって，勢力を保っていたが，尚真は，これらの按司を首里に聚居せしめ，その領地には按司掟を派遣した．按司をはじめ王臣たちについては，冠の色と簪の金銀によって，身分制を明らかにし，王権のもとに統制した．宗教については，各間切（まぎり）のノロに辞令を与え，全島を3地区に分けて3人の「大あむしられ」を任じてノロを支配させ，さらにその上には最高の神職である「聞得大君（きこえおおきみ）」を任じた．これには王の姉妹をあて，全神職を王の統制下に置いた．王は僧仙岩の進言によって殉死を禁じ，中国に対しては，進貢や留学生の派遣によってその文化の受容に力め，東南アジア諸国とも前代に続いて貿易を盛んにした．王の時代には多くの頌徳碑が建てられた．首里城正殿前に「百浦添（ももうらそえ）欄干之銘」が建てられ，11ヵ条にわたってその功業が刻された．「其の四に曰く」として「服は錦綉を裁し，器は金銀を用う，専ら刀・剣・弓矢を積みて以て護国の利器と為す，此邦財用武器は，他所の及ばざる所なり」とある．これを以て，尚真代に武器が撤廃されたことと解している．けれども，武器を倉に収蔵して，その日常の携帯を許さなかったこととも解されている．薩摩藩支配後の冊封使録にも，武器はないと書かれ，王府時代末期にはヨーロッパ人が，武器のない島として伝えている．

〔倭寇と琉球〕1389年（康応元）に，察度王が，倭寇に掠められた朝鮮人を送りかえしたことをはじめとして，しばしば被掠朝鮮人の送還が行われている．1416年（応永23）には，倭に擄せられ，琉球に転売された朝鮮人が，44名もいることを『李朝実録』は記している．倭寇の侵略が朝鮮から中国沿岸地方に移った後期倭寇の時代には，被掠中国人の送還のことは増加した．特に嘉靖のころは，倭寇の侵寇が猖獗した．そのために琉球への冊封使の出発もしばしば遅延した．尚清王代，首里城の城壁の東南方が1重で堅牢でないというので，西北方と同様，高さ5丈，広さ2丈，長さ115丈の城壁を築いて2重にしたのもこれに備えるためであったと考えられる．また那覇港口南岸には，やらざ森城を築いて砲台をすえた．やらざ森城の碑には，部隊の守備分担を定め，1班は首里城，1班は那覇を，南風原（はえばる）・島添大里・知念（ちねん）・佐敷・下島尻の兵は，やらざもり城を守るべしと，示してある．『明実録』の嘉靖37年（永禄元，1558）の記事に，「倭寇が浙直で敗れて海に入り，琉球国の境上に至ったので，中山王世子尚元がこれを邀撃して尽殲し，倭寇が中国で掠した金坤ら6人を，蔡廷会らに送り返さしめた」と記している．けれども琉球の正史には，金坤らの送還は記しているが，倭寇との戦いは書いてない．

〔薩摩藩支配後の琉球〕薩摩藩は嘉吉元年（1441）に室町将軍が琉球を島津氏に与えたといういわゆる嘉吉の附庸を本に，豊臣秀吉の朝鮮の役に命ぜられた賦役を実行しなかったこと，徳川家康に漂船救助の謝恩使を送らなかったこと，薩摩に礼を失したことなどの理由により，1609年（慶長14）琉球を侵略した．けれどもこれは進貢貿易の利益を得ることが真因と考えられている．これによって琉球国王に知行目録を与え，大島諸島を除いた琉球諸島8万9000石を王の所領とし，諸島からの貢租を定めた．さらに起請文を出させ，掟15条を強制した．その中には，「薩摩御下知のほか，唐へ誂物停止」「他国へ商船派遣一切禁止」の項があった．進貢貿易は薩摩藩の支配するところとなったので

ある。琉球は薩摩藩の附庸国となったのであるが，中国に対してはこの関係を極力秘匿して進貢貿易を続けなければならなかった。薩摩藩は，渡唐銀とよばれる資金を琉球に交付し，その指示する貨物，主として生糸・絹織物・薬種などを買い入れさせた。薩摩藩は，在番奉行を那覇に常駐させて琉球の監視にあたらせたが，その指示に違ったり，交易業務に失敗があったりすると担当者は厳刑に処せられた。1667年（寛文7）の北谷・恵祖事件はその最たるものである。北谷は三司官の任にあり，恵祖は親方の高位にある者で，謝恩・慶賀の使節として渡海した。恵祖の乗った船が暴風のため，福州港外で坐礁し，海賊に襲われて進貢品を盗まれ，部下たちの中で殺人事件が起きた。北谷は部下の監督が不行届であり，恵祖は海賊に襲われて逃げたことが臆病の振舞であるとの理由で，薩摩藩の指令により死刑にされ，関係者もそれぞれ厳罰に処せられた。このように進貢貿易は，薩摩藩に支配され，大島諸島は薩摩藩に割かれ，王の就任，三司官の任命にもその意をうかがい，政治・経済が薩摩藩の支配をうけると，人心は萎縮し，財政は窮乏し，国勢は衰微した。

〔琉球の復興〕薩摩藩支配下になって60余年，1666年に向（しょう）象賢（羽地朝秀）が国相となり，政治の刷新をはかった。第1に綱紀の粛正のために役人の傾城囲いを禁じ，城中での諸士の座位を定め，とき・ゆたなどの迷信に迷わないようにこれを禁じた。第2に，祝儀定・葬礼定・祭礼定・不浄定を出して，冠婚葬祭など諸行事を簡略化し虚礼を廃止した。第3に，農村の振興のために，賦役，地頭の百姓使用を制限し，また開墾を許して私有を認め，諸間切に鍛冶職を置いて百姓に利便を与えた。第4に，学文・算勘・筆法・筆道・医道・立花・容職・謡・唐楽・庖丁・茶道・乗馬の項目をあげ，このうち一芸でも嗜んで国用に立つ者でなければ，由緒ある家柄の子弟でも役職にはつけないと令した。これは薩摩藩との外交上，琉球の役人として必要な教養であった。第5に，沖縄の歴史書としては最初の『中山世鑑』を編纂し，歴史に鑑みて外交を誤らないようにとの精神を示した。また諸士家に系譜を作成させその筋目を明らかにした。彼は「節用愛人」を政治の目標として，琉球を敗戦の疲弊から立ち直らせたのである。向象賢より50年後の1728年（享保13），蔡温が三司官となり，象賢の政治をうけついで，これを徹底させた。彼が各間切に通達した「御教条」は，薩摩藩の支配を基本とした考え方に立って，士・農・工・商の各階層，主従，親子，夫妻，兄弟，本家と分家，親類間のまもるべき道徳を教示したものである。農政では，「農務帳」を公布して，地力の保存，農事の手入，耕作の方法，備荒貯蓄，土木仕立法などについて示達した。人口増加による耕地の不足に対応して，分村・新村創立・村の移動などを強行した。八重山の場合，風土病地帯に村立をしたため，廃村になった所が多かった。植林については力をいれ，造林・管理の方法などについて，「杣山法式帳」「山奉行所規模帳」などの規定が出され，これらはのちに「林政八書」としてまとめられた。彼の指導によって全島に多くの森林が造成され，後世に貢献するところ大であった。商工業については，地方農民が都市部に転入することを禁じ，首里・那覇の商工業者を保護して免税とした。蔡温は，みずから羽地川改修工事にあたり，治水の方法を教え，那覇港の浚渫，港湾の整備，橋梁の改修などの土木事業が行われた。これらのことは，『山林真秘』『実学真秘』などの彼の著書によって全島の役人に学ばれた。彼は『独物語』の中で，今は20万人の人口であるが，将来，30万，40万となっても，法式通りに農耕が行われ，皆が家業に励めば，国中人民の衣食に不足することはないといっている。向象賢・蔡温は，合理的な朱子学を学び，向象賢の「節用愛人」の政治，蔡温の実学思想に基づく政治によって，衰微疲弊した琉球は復興することができたのである。18世紀の尚敬王代のころには，漢詩文・儒学の程順則の『雪堂燕遊草』，蔡文溥の『四本堂詩集』，国文学者識名（しきな）盛命の『思出草』，平敷屋（へしきや）朝敏の『貧家記』などが著わされ，また琉歌の惣慶（そけい）忠義・恩納（おんな）なべ，組踊の玉城（たまぐすく）朝薫ら多くの人々が現われた。工芸についても陶器・漆器・堆錦織物など独特の文化が現われた。この時代は第2の琉球の黄金時代といわれている。

〔外国船の来航〕1816年（文化13），英国海軍のアルセスト号とライラ号が那覇に来航した。これは40日間滞在し，近海を測量しただけで去った。ついで1844年（弘化元）には，仏国軍艦アルメーヌ号が来た。艦長デュ＝ブランは，和親・交易・布教の3事を要求したが，返事は後日を期し，宣教師フォルカド・神学生澳吾志担（中国人）を残して去った。彼らは天久（あめく）の聖現寺に置かれたが，監視の役人や通弁を通じて琉球語を学び，間もなく6000語の『琉仏辞書』をつくり，日常の会話ができるようになったという。1846年に3隻の艦を率いて仏国のセシル提督が来て，強圧的に和親・通商・布教を求めたが拒絶された。同じ年，英国商船が，英国の琉球海軍伝道会選任の，医師・宣教師であるベッテルハイムを乗せて来航した。王府はこれを波上（なみのうえ）の護国寺に置いた。彼は琉球語を学び，民家を訪ねて布教し，『聖書』を配り，病家では施薬し，街頭で説教したが，監視の役人はこれを取り上げ聴衆を追い払い活動を妨害した。8年の滞在中彼の得たものは，『琉球語文典階梯』の著作と，馬太（マタイ）・馬可（マルコ）・約翰（ヨハネ）・路可（ルカ）4福音書の琉球語訳で，ただ1人の信者を獲得しただけであった。1853年5月（嘉永6年4月），米国東インド艦隊司令長

官ペリーが軍艦4隻を率いて来島した．彼は，必需品の調達，陸上宿舎の貸与，貯炭所の設置などを強請，宿舎として聖現寺が提供された．6月（4月）には王府の拒否にもかかわらず，艦長ら30人・武装兵130人・大砲3門・楽手23人，総計210人が泊港から上陸，軍楽を奏しつつ首里城に乗り込んだ．王府はやむを得ず城門を開き急遽北殿に席を設けて接待した．7月（6月）にはペリーは浦賀に赴き，幕府に米国大統領親書をおしつけ答書は来年を期して那覇に帰った．琉球ではその要求を全部容れ，貯炭所の建築に着手した．翌54年2月（嘉永7年正月）ペリーは江戸湾に至り，神奈川条約を結んでまた那覇に来た．7月11日（6月17日），琉米条約が結ばれ，続いて琉仏条約・琉蘭条約も締結された．

〔琉球の廃藩置県〕幕末，大政奉還が行われ，明治維新が達成されると，明治2年（1869）には，300諸藩が版籍を奉還し，同4年には廃藩置県が断行された．同5年明治政府は，鹿児島県大山綱良参事をして，琉球に達文を交付させた．それは，王政御一新に付き，御祝儀・御機嫌伺いとして，王子1人・三司官1人を上京せしめよというものであった．これに対し王府は，祝賀正使伊江王子朝直（尚健）・副使宜野湾親方朝保（向有恒）・賛議官喜屋武親雲上朝扶（向維新）以下の一行が上京した．5年9月14日参朝して明治天皇に謁し，表文と方物を奉った．天皇の詔には，「今，琉球近く南服に在り，気類相同く言文殊なる無く，世々薩摩の附庸たり，而して爾尚泰能く勤誠を致す，宜しく顕爵を予ふべし，陛して琉球藩王となし，叙して華族に列す」とあり，琉球処分の第1段階であった．これより先，明治4年，宮古から王府に貢租を納付する船が納付の任を終って帰航する途についた．頭以下69人が乗り込んでいたが，暴風に逢い，台湾東南岸に漂着した．上陸の際3人は溺死，66名は民家を求めて蕃社に迷いこみ54名が惨殺されるという事件が起った．12名は中国人に救助され福州を経て帰島することができた．これが伝えられると明治政府に台湾出兵の議が起った．明治7年2月に閣議で台湾出兵が決定された．4月4日に台湾蕃地事務局を置き，西郷従道を都督に，翌日大隈重信を長官に任じた．西郷は日進・孟春などの諸艦を率い，長崎で兵3600を集め，鹿児島の壮兵300とともに5月22日台湾に着いた．数日のうちに，牡丹・高士仏ほか数十の蕃社を降伏させ，以後漂流者に害を加えないことを誓わせた．ここに至って清国から抗議がおこった．柳原前光公使が渡清して折衝にあたったが解決をみず，9月大久保利通が全権弁理大臣として清国に渡った．談判は破局に瀕したが，清国の譲歩と英国公使の調停で，10月31日協定整い調印された（日清互換条款）．清国は被害難民に撫恤銀10万両，日本軍が建造した家屋・道路などに対して40万両を払うこ

とになった．条款中には，「茲に台湾生蕃曾て日本国の属民等を将（もっ）て，妄りに害を加ふることを為すを以て，日本国の本意は，該蕃を是れ問ふが為め，遂に兵を遣り彼に往き該生蕃等に向ひ詰責をなせり」と書かれ，出兵が義挙であるとされ，また琉球が日本の属領であることが認められる結果となった．ここにおいて明治政府の琉球処分はますます前進することになった．明治5年琉球藩となって，その事務は外務省管轄となり，那覇に外務省出張所が置かれたが，明治7年には内務省に移管され，外務省出張所も内務省出張所となった．8年1月に，三司官1名と与那原親方（馬兼才）の上京を命じてきた．与那原は日本語に熟達していたので指名をうけた．三司官の池城（いけぐすく）親方（毛有斐）・与那原親方は，鎖之側（さしのそば）幸地（こうち）親雲上（向徳宏）ら随員8名を伴い上京して内務省に出頭した．内務大丞松田道之が応接し，「琉球人の台湾遭害に対し日本は問罪の師を興し，清国はこれを義挙として償金を払った．日本は撫恤米を給し，さらに蒸汽船を下賜することになった．琉球は藩王が上京して謝意を表すること．他の府県と同一の制度に改めること．清国との冊封・進貢関係を廃止すること．鎮台分営を設置すること」などの政府の方針を伝え，数回の説諭を行なったが，使節側は「撫恤米と蒸汽船は受けるが，鎮台設置・藩王上京は藩王の意向を伺わずして返答はできない」としたので，政府は一行を帰国せしめた．松田は直接政府の命を伝達するため7月首里城に臨み，前項のほか，明治の年号の使用，日本の刑法の施行，福州の琉球館の廃止などを指示した．摂政・三司官以下悉くこれを拒絶し，藩庁は，やむを得ずとする穏和派と，一蹴すべしとする強硬派が対立し決着がつかないのを見て，松田は，琉球は朝命を拒む反者であると断じて帰京した．琉球側は使を福州に密航させて北京に訴え，また東京の外国外交官に働きかけたりしたので，政府は藩の司法権を内務省出張所に接取，出張所官吏が，裁判官・警察官を兼ねることにした．松田は再度命によって12年1月25日那覇に着き，翌日首里城で藩王代理今帰仁王子（尚弼）に，太政大臣三条実美の督責書・意見書を朗読して手渡した．それは，琉球が政府の指示を遵奉しないことを責め，清国に哀訴したり，外国公使に依頼したりしたことなどは政府に対する不敬，国憲を犯す罪であるとし，遵奉書を2月3日までに提出しなければ厳重に処分すべきことを記したものであった．しかし期限に至っても回答がないので，政府はいよいよ松田を処分官としてその実施のため3度目の渡琉を命じた．松田は，園田安賢警視補・警部巡査160人，鹿児島の益満邦介大尉の率いる歩兵大隊400名を率いて，3月27日首里城に乗り込んだ．処分官の同行者は16名，藩吏は，藩王代理今帰仁王子・三司官浦添親方・富川親方・与那原親

方・鎖之側喜屋武親方・親里親雲上ら，松田は書院の正面に椅子につき，内地官は右側，藩吏は左側に立った．松田は，「其藩ヲ廃シ更ニ沖縄県ヲ被置候条此旨相達候事，但シ県庁ハ首里ニ被置候事，明治十二年三月十一日，太政大臣三条実美」と朗読しこれを藩王代理に渡した．4月4日琉球藩を廃し沖縄県を置くことが布告され，ここにおいて琉球国は消滅し，沖縄県が誕生したのである． →沖縄（おきなわ） →大琉球（だいりゅうきゅう）

参考文献　外務省編『琉球所属問題』（『沖縄県史』15），沖縄県教育委員会編『金石文』（『沖縄県文化財調査報告書』69），日本史料集成編纂会編『（中国・朝鮮の史籍における）日本史料集成』李朝実録之部1・3，崎浜秀明編『蔡温全集』，トメ＝ピレス『東方諸国記』（生田滋他訳注，『大航海時代叢書』5），安里延『日本南方発展史』，野口鐵郎『中国と琉球』，徐恭生『中国・琉球交流史』，高良倉吉『アジアのなかの琉球王国』（『歴史文化ライブラリー』47），紙屋敦之『琉球と日本・中国』（『日本史リブレット』43），豊見山和行『琉球王国の外交と王権』，伊藤幸司「一五・一六世紀の日本と琉球―研究史整理の視点から―」（『九州史学』144）　　　（島尻勝太郎）

019　琉球王国評定所文書　りゅうきゅうおうこくひょうじょうしょもんじょ　近世琉球史に関する基本文書群．琉球処分（明治12年(1879)）の際，首里城内の評定所（首里王府の中枢機関）保管の文書を内務省が接収し，東京に運んだ．内務省は「旧琉球藩評定所書類」（約1911件，約2000冊）と命名して目録を作成したが，関東大震災時の書庫焼失によりこの膨大な文書群は失われた．目録の写しは東京大学史料編纂所にあり，文書件名を通覧することができる．しかし，内務省からなんらかの事情で外部に提供された分があり，かろうじて震災を免れた．それが東大法学部法制史資料室・国立公文書館に伝えられている．東大の分（「琉球評定所記録」の標題がある）は約196件，公文書館の分は約21件であるが，沖縄県浦添市教育委員会が残存文書のすべてを全18巻（期間15年）の史料集として刊行した時点で「琉球王国評定所文書」と命名された．残存の文書は18世紀以後のもので，首里王府の内政に関するもののほか，対中国関係（進貢貿易など）や19世紀の欧米列強関係の記録文書が主体をなす．文書形式としては行政日記が多く，各案件を担当する現場役人と王府首脳との往復文書が豊富である．琉球の置かれた政治状況のみではなく，琉球を中心とする東アジア世界の動向を詳細かつ具体的に伝えるものとして価値が高い．対外関係史の分野では，『歴代宝案』所収の外交文書と併用すればなお一層価値が高まる．

（高良　倉吉）

020　琉球科律　りゅうきゅうかりつ　琉球王国の刑法典．安永4年(1775)に伊江（いえ）朝慶・幸地（こうち）良篤が主任となって編集に着手し，11年の歳月をかけて天明6年(1786)に完成した．全18巻，103ヵ条よりなる．中国の『大清律』を母法とし，日本の刑書や琉球の固有法を参照してまとめられている．特に『大清律』436門のうちから103ヵ条を継承するなど中国刑法の影響が強いが，単なる模倣ではなく琉球独自の創意が加えられている点に特徴がある．編集の意図が序文に記されているが，それによると，罪犯擬議の際に基準となるべき先例がなく公正を失する恐れがあるので，唐・大和および当国の慣例を考慮し，時宜人情に反しないよう整備するためこの刑法を作成したという．文体は仮名混じり候文で，内容的には儒教の理念に基づく罪刑法定主義と特別予防主義を調和させた条文が多い．施行後，実際を考慮して条々の形式で判例を追加している．天明6年には刑事訴訟法に相当する『糺明法条』16条が制定され，裁判担当官の裁判上の心構えや手続上の措置を規定している．また，天保2年(1831)には『琉球科律』を追加・補充する目的で『新集科律』全16巻，100条が編集された．この編集に際しては特に魏学源らを中国に留学させ清律を学ばせるなど，慎重を期している．琉球の政治行政組織である首里王府には司法を担当するいくつかの機関があったが，特に大与座（おおくみざ）が検察部門を，平等所（ひらじょ）が裁判部門を担当した．平等所における裁判の実際を伝える記録に『平等所記録』があり，刑法の適用の実体を知ることができる．また，王府の各機関（大与座や各地方役所など）には規模（きも）帳・公事（くじ）帳などの業務規定があり，担当役人の司法上の心構えや手続上の要点が記されている．宮城栄昌編『琉球科律糺明法条』所収．

参考文献　崎浜秀明編『沖縄の法典と判例集』

（高良　倉吉）

021　琉球仮屋　りゅうきゅうかりや　琉球国の鹿児島在番役所．在番・同与力・蔵役・書役・重書役（各1名）などの役人が在勤，薩摩藩から琉球仮屋守を置いて監督した．琉球の年頭使が在番を勤めた．年頭使は慶長18年(1613)に始まり，元和8年(1622)以降明治4年(1871)に至る間毎年派遣された．寛文7年(1667)以降は親方（うえかた）の位の者が任命されたので在番親方と称された．なかでも首里王府の物奉行（物奉行所管轄の所帯方・給地方・用意方の長官）を勤めた親方が選ばれた．琉球仮屋守・在番親方が琉球の摂政・三司官と薩摩藩の勝手方家老（承応3年(1654)琉球掛兼務）との間を取り次いだ．琉球仮屋は薩摩藩への貢納，国王・諸士よりの進上物の付け届け，薩摩へ積み登せた貨物の売却並びに御用物の購入，藩への訴え，藩の質問への返答，琉球への問合せなどの事務を取り扱った．天明4年(1784)，琉球仮屋は琉球館，琉球仮屋守は琉球館聞役と改称された．

参考文献　仲吉朝忠編『古老集記類』（『近世地方経済

史料』10),『列朝制度』13(『藩法集』8),『大和江御使者記』(東京大学史料編纂所蔵),伊地知季安『琉球御掛衆愚按之覚』(『鹿児島県史料』旧記雑録拾遺伊地知季安著作史料集2),『那覇市史』資料篇1・2　　　　　　　　　　　　　(紙屋 敦之)

022 琉球語 りゅうきゅうご　日本列島のうち,鹿児島県下奄美大島から沖縄県下与那国島に至る琉球列島に分布する言語を琉球語または琉球方言と呼ぶ.中でも沖縄本島以南の沖縄県の言語を沖縄語または沖縄方言と呼ぶ.琉球語は北から与論島までの奄美方言,沖縄とその属島の沖縄方言,宮古諸島の宮古方言,八重山諸島の八重山方言,八重山与那国島の与那国方言の5つに区画され,それぞれの方言は通じないほど差が大きい.琉球語は日本語と同系統で,東シナ海沿岸部で発達した言語であり,紀元前3世紀ころから現在まで日本列島側の各時代の言語の影響を受け続け,独自の性格を形成してきた.現在の琉球語は琉球王国の尚真王代の15世紀前後にその中核を熟成させたとみられる.琉球王国時代には独立国として貿易を中心に大陸と交渉があったから,その影響も多分に受けている.このような事情から,琉球語は古代語をはじめ各時代の特徴を残している.八重山の「ぱい」(鍬)は,日本語の「くは」を形成している「く」(木)と「は」のうち,後部要素の「は」の祖形にあたり,原日本語につながる古層語である.沖縄の「あんまあ」(母)は,奈良時代の東国語の「あも」につながり,「ああけえじゅう」(とんぼ)は奈良時代中央語の「あきつ」(蜻蛉)につながる.「ちゃあびら」(ごめんください)は,「来侍らむ」にあたり,中世に盛んにつかわれた「侍り」を含んでいる.「たありい」(父,大人から),「てえふあ」(冗談,大話から),「ふんてえ」(甘えん坊,皇帝から)など,中国語につながる語も残している.社会組織と関わって「あぢ」(豪族,吾父),「はら」(血縁集団,腹),「むんちゅう」(血族,門中)などの語が発達し,亜熱帯の季節と関わって,「うりずん」(春,潤染),「わかなち」(初夏,若夏),「ふみち」(猛暑,火めき),「ふしばり」(夜の晴天,星晴れ)などの語が発達している.琉球語は琉球列島の風土と歴史の産物である.

参考文献　伊波普猷『南島方言史攷』(『伊波普猷全集』4),中本正智『図説琉球語辞典』,同『琉球方言音韻の研究』,市川三喜・服部四郎編『世界言語概説』下　　　　　　　　　　　　(中本　正智)

023 琉球国旧記 りゅうきゅうこくきゅうき　享保16年(1731)首里王府の編集した書物で,本巻9・附巻11よりなる.以前に編集された『琉球国由来記』を簡略にし漢文体に改訂したもので,近世の代表的な歴史家である鄭秉哲が中心になって編集した.王府の国家的儀礼,諸事由来を説くが,特に注目すべきは琉球内の各地の年中行事と宗教儀礼を述べる点にある.『琉球国由来記』に比べて簡略に記されているが,本書のほうが詳細な記述をもつ件があるなど,両者は相互補完的な関係にある.『琉球史料叢書』3所収.　　　(高良 倉吉)

024 琉球国中山世鑑 りゅうきゅうこくちゅうざんせいかん　⇒中山世鑑(ちゅうざんせいかん)

025 琉球国中山世譜 りゅうきゅうこくちゅうざんせいふ　⇒中山世譜(ちゅうざんせいふ)

026 琉球国由来記 りゅうきゅうこくゆらいき　正徳3年(1713)首里王府の編集した書物で,全21巻よりなる.王府の国家儀礼をはじめ諸事由来を説くもので,特に琉球内の各地方の年中行事と宗教儀礼を詳述する点で貴重な価値をもつ.編集は旧記座が担当し,各地方から報告を求め整備した.当時の琉球においては修史事業が盛んであり,正史『中山世譜』『球陽』をはじめ多くの編集が行われているが,『琉球国由来記』は諸事由来・年中行事・宗教儀礼を中心に編集された.『諸事由来』という書名の写本が京都大学図書館蔵.『琉球史料叢書』1・2所収.　　　　　　　　　　　(高良 倉吉)

027 琉球使節 りゅうきゅうしせつ　⇒恩謝使・慶賀使(おんしゃし・けいがし)

028 琉球出兵 りゅうきゅうしゅっぺい　慶長14年(1609)薩摩の島津氏が琉球を征服した事件.この事件の評価をめぐって1960年代進入か侵入かが論争されたが,薩摩侵入以前の琉球＝古琉球は外国だったから,これは日本の国内統一ではなく対外侵略である.昭和41年(1966)渡口真清は,島津氏が対明貿易を行うために琉球を攻めたとする通説は結果論だと批判し,江戸幕府の琉球に対する聘礼要求を重視する観点を強調した.今日では,琉球侵略が幕府の対明政策の一環として行われ,それに島津氏の権力再編の課題が付随していたことが共通認識となっている.豊臣秀吉の朝鮮侵略の挫折後,徳川家康は対明講和の仲介者として明の朝貢国琉球に着目し,慶長7年冬陸奥国伊達領に漂着した琉球人を島津氏に命じて送還させ,琉球王に対し謝礼使を要求した.だが琉球側が応じなかったので,聘礼問題が日琉間の外交問題化した.11年3月,島津氏はその打開策として琉球の大島侵攻を企てた.しかしそのための談合に,談合衆は積極的でなかった.また4月慶長国絵図・郷帳ができると,11万8000石の隠知行の存在が明るみになり,大名権力の弱体が露呈した.島津氏は外征を機に隠知行を摘発する方針を固め,6月,家康から公式に大島(琉球)への出兵許可を得た.幕府は聘礼の実現,島津氏は大島領有が主な目的であった.14年3月4日,島津軍は内部に大将樺山久高を忌避する勢力を抱えながら山川を出帆,大島・徳之島を制圧して25日沖縄島に到着した.4月1日尚寧王が降伏,5月5日宮古島の帰順が確認されたので,同軍は国王・三司官その他を捕虜にして15日那覇を出航,25日鹿児島に帰陣した.戦後,琉球は幕府から島津氏に与えられた.慶長15年

8月, 大御所徳川家康は駿府城で尚寧を厚遇. 9月将軍徳川秀忠は, 尚寧を伴い江戸に参府した島津家久に対し, 琉球王の改易禁止すなわち琉球国の存置を命じ, 対明講和交渉を行わせた.

参考文献 仲原善忠「島津進入の歴史的意義と評価」(『仲原善忠選集』上所収), 新里恵二「島津の琉球入りをめぐって」(『沖縄史を考える』所収), 渡口真清「十七世紀薩摩の侵攻」(『近世の琉球』所収), 紙屋敦之「島津氏の琉球侵略と権力編成」(『幕藩制国家の琉球支配』所収), 桑江常格「薩摩の琉球征伐とその諸条件」(『歴史科学』3ノ8), 喜舎場一隆「島津氏琉球侵入原因の再吟味」(『海事史研究』13), 梅木哲人「近世における薩藩琉球支配の形成」(『史潮』112)　　　　　　　　　　　　(紙屋　敦之)

029 **琉球史料叢書** りゅうきゅうしりょうそうしょ　琉球に関する基本史料集. 横山重が, 東恩納寛惇・伊波普猷の協力によって, 昭和15年(1940)～17年, 名取書店から刊行. 全5冊. 『琉球国由来記』『琉球国旧記』『中山世譜』は尚家所蔵本を底本に, 沖縄県立図書館本を参照, 『中山世鑑』は内閣文庫本を底本に, 岩瀬文庫本・県立図書館本を参照している. 『中山世譜附巻』は尚家本, 『中山世譜訂正案』は東恩納寛惇所蔵本に拠っている. 『琉球国由来記』は地方からの報告をもとに, 祭祀・寺社・諸事などの起源を記し, 『琉球国旧記』は『琉球国由来記』の漢訳である. 『中山世譜』は蔡鐸本を子の蔡温が重訂したもの. 『中山世鑑』は向象賢が1650年(慶安3)に編集した琉球王府の最初の正史, 『中山世譜附巻』は, 鄭秉哲によって編集された琉薩関係史である. 2巻・3巻・5巻に, 伊波・東恩納の詳細な解説が附せられている. 昭和37年井上書房より, 同47年東京美術より再刊され, 後者の五巻には横山の後記がついている. 各巻の収載書目は次のとおりである.

　1・2 琉球国由来記
　3 琉球国旧記(鄭秉哲)
　4 中山世譜(蔡鐸編・蔡温重訂)
　5 琉球国中山世鑑(向象賢)・中山世譜附巻(鄭秉哲ら)・中山世譜訂正案・中山世譜(尚家本沖縄本)対照表　　　　　　　　　　　　(島尻勝太郎)

030 **琉球神道記** りゅうきゅうしんとうき　琉球に関する神道書. 僧良定(袋中)の著. 全5巻. 慶長8年(1603)から11年まで琉球の那覇に滞在した良定が, 首里王府の士人馬幸(高)明の乞いにより執筆した. 京都の袋中庵所蔵の自筆稿本はその清書本で, 慶長13年の識語がある. 慶安元年(1648)刊の板本があるが, 稿本とは本文に小異がある. 横山重編著『琉球神道記　弁蓮社袋中集』に, 両本による校本を収める. 全体は本地垂迹説に基づく中世的な神道神学の方法で書かれ, 巻1では仏教的世界観による世界の成立ちを, 巻2では天竺(インド)について仏法を, 巻3では震旦(中国)について王法を説く. 琉球に関しては, 巻4で本地仏, 巻5で神祇を取り上げ, 仏や神の神学論を展開している. その説教の手法や引用された説話は, 宗教文学としても興味深い. 琉球に直接触れた部分はあまり多くないが, 巻5の巻末にある「キンマモン事」の章は, 伝統的な琉球神道のまとまった最古の記録として貴重である. 創世神話から神出現の信仰の諸相まで, 見聞によって体系的に述べ, 他に説話19条を記している. 巻4の寺院とその本尊, 巻5の神社とその縁起の記事と合わせて, 中世末期の琉球の宗教の全体像を見ることができる. 序文に記す首里・那覇の様子や, 巻末に付載する八景を詠んだ漢詩は, 当時の琉球を知る上で, たいせつな手がかりになる.　　　　　　　　　　　　(小島　瓔礼)

031 **琉球藩** りゅうきゅうはん　⇒琉球(りゅうきゅう)

032 **琉球船** りゅうきゅうぶね　⇒楷船(かいせん)

033 **琉球文学** りゅうきゅうぶんがく　奄美・沖縄・宮古・八重山の4諸島で育まれた文学の総称. 琉球文学は19世紀後半の琉球王国の解体・沖縄県の誕生を前後の区切りにして, 古代文学と近代文学の2つに大別できる. 両者のあいだには, 歴史の変革に対応して, 文学の「場」の構造的な変質と, 文学意識およびその媒体となる言語のあらたまり(琉球語→日本的標準語)が顕著である. 〔古代文学〕古代文学は琉球方言で形象された文学で, 呪詞と歌謡を中心とした韻文が主体であることと, ほとんど島ごとに異なる言語の多様さに応じた地域的変容が特徴である. これを日本文学史の中にそのまま位置づけることはむずかしく, 日本文学の祖形から分岐して南島的に独自に変容していったものとみるのが妥当であろう. 呪禱的・叙事的な文学が豊かに発達している点は, 本土の文学が失ってしまった欠を補って日本文学史を完結させるものとみなすこともできる. 古代文学の内容は, 形態・発想の面から, ①呪禱文学, ②叙事文学, ③抒情文学, ④劇文学に分けられる. 呪禱・叙事・抒情の3つは, 唱えられたり謡われたりして口承されてきたものである. ①呪禱文学は言霊信仰に基づいたもので, クチ(口)に代表される. クチは「聖なる言葉」の意で, 神託である神口(宮古・八重山のカンフチ)と, 祝詞(のりと)である願い口(同じくニガイフチ)に二大別できる. しかしこれはあくまで概念的分類で, 伝承されている呪詞の内容は両者が混淆していて判然とは分けがたい. 主題は農耕の手順をていねいに謡い込めたものがもっとも多く, 全地域に普遍的に分布している. 言葉にすることで事柄を幻視し, 予祝しようとする古代心性が認められる. 叙事文学も農耕儀礼にかかわりが深く, 呪禱の心意を受けつぐが, 主題は雨乞い・造船・家造りなど共同生活の場に大きく広がっている. 沖縄諸島に伝わるクェーナは典型的な叙事的歌謡で, 村落共同体の繁栄や幸福を祈る願望を, 対語・対句をつらね, 連続・進行的に叙述してい

くものである．稲作・布織などの生活経験を謡いこむことで，予祝すると同時に作業労働の手順を正確に伝承していったことがうかがえる．クェーナ的歌謡の形態と発想は南島全域に共通するもので，南島歌謡の代表的なものである．オモロは，15，6世紀に首里王府が採録したもので歌型が構造的に整えられているのが特徴である．宮古諸島には英雄叙事詩ともいうべき史歌が伝承されている．抒情文学は，8・8・8・6音の30文字から成るウタ(短歌)が主流で，詠むウタと歌ウウタがある．王朝文学の色が濃いが，中央首里の影響が少ない奄美・宮古・八重山には独自の不定型な抒情歌も発達した．劇文学は，18世紀に王府で創作された組踊のほか，人形芝居や狂言などが村祭の中で生き続けている．〔近代文学〕近代文学は明治以来，主として日本的標準語で書かれてきたが，方言詩や小説の大城立裕・東峯夫らのように方言を生かした自立的な文学の営みもみられるようになった． →おもろさうし

[参考文献] 伊波普猷「日本文学の傍系としての琉球文学」(『伊波普猷全集』9所収)，比嘉春潮「琉球語の文芸」(比嘉春潮・霜多正次・新里恵二『沖縄』所収)，外間守善「沖縄文学の全体像」(『沖縄文学の世界』所収)　　　　　　　　　　(外間　守善)

034 琉球館 りゅうきゅうやかた ⇨琉球仮屋(りゅうきゅうかりや)

035 琉球歴代宝案 りゅうきゅうれきだいほうあん ⇨歴代宝案(れきだいほうあん)

036 劉仁願 りゅうじんがん 生没年不詳　初唐の武将．字(あざな)士元．彫陰(陝西省)の人．父大倶は唐初の夏州刺史．貞観19年(645)太宗の高句麗遠征に従軍してから，諸方に従軍武勲をあげ，顕慶5年(660)蘇定方の下で嵎夷道行軍子総管として百済を平定，義慈らを捕えた．そこで都護兼留鎮に任じ泗沘城に鎮守し，百済の遺臣鬼室福信・僧道琛らの挙兵に遭い包囲されたが，唐将劉仁軌・孫仁師の応援を得て対抗し，竜朔3年(663)9月周留城に赴き，百済残党の支援に出兵した倭軍と白村江口に会戦して打ち破った．その年帰国し右威衛将軍魯城県公に拝され，翌年熊津都尉として故土に臨む扶余隆を護るべく派遣され，麟徳2年(665)8月熊津の就利山で新羅王法敏と会盟を行なった．乾封2年(667)李勣の高句麗征討に際し，期に遅れたため召還され，翌年姚州に流された．なお，韓国の扶余国立博物館に劉仁願紀功碑が残っている．

[参考文献] 『旧唐書』百済伝，『新唐書』百済伝，池内宏『満鮮史研究』2，胡口靖夫「鬼室福信と劉仁願紀功碑」(『近江朝と渡来人』所収)
(池田　温)

037 劉仁軌 りゅうじんき 602〜85　初唐の武将．汴州(河南省開封)の人．隋末の602年生まれる．唐初息州参軍で起家，給事中に累進．権臣李義府に憎まれ青州刺史に出された後，遼東征討に水軍で遅れた罪を償うべく顕慶5年(660)兵卒として従軍する．百済の残党が唐将劉仁願を囲むや，検校帯方州刺史を拝し救援に赴き，竜朔3年(663)秋倭の百済援軍を白村江口に迎撃，400余隻の軍船を焼きこれを壊滅，仁願に代わって百済の地を鎮撫した．麟徳2年(665)封禅には新羅・百済・耽羅・倭四国の首領を率い参加し，大司憲を拝し，さらに右相兼検校太子左中護に進み楽城県男に封ぜられる．総章元年(668)李勣に副として熊津道安撫大使兼浿江道総管に任じ高句麗を平定，金紫光禄大夫を拝し太子左庶子同中書門下三品に進む．上元元年(674)鶏林道大総管として新羅を伐って勝ち，翌年左僕射を拝した．垂拱元年(685)正月22日没．84歳．後開府儀同三司幷州大都督を贈られ，乾陵に陪葬された．

[参考文献] 『旧唐書』劉仁軌伝，『新唐書』劉仁軌伝，朝鮮総督府朝鮮史編修会編『朝鮮史』1ノ3，鈴木靖民『古代対外関係史の研究』，滝川政次郎「劉仁軌伝」(『古代文化』36ノ7・9・11)
(池田　温)

038 柳成竜 りゅうせいりゅう 1542〜1607　16世紀後半，朝鮮の官僚．字(あざな)は而見，号は西厓，諡は文忠．中宗37年(1542)10月11日，慶尚道義城県沙村里で監司柳仲郢の子として生まれる．儒生のころ，儒家李退渓に学ぶ．明宗21年(1566)，文科に及第し，承文院権知副正学に就任．宣祖2年(1569)，賀聖節使の書状官として北京に赴く．のち弘文館副修撰を経て，宣祖23年，右議政，翌年左議政となる．当時，朝鮮の官僚は東人派と西人派に分かれ党争をくり返しており，柳成竜は東人派に属した．壬辰倭乱(文禄の役)の直前，宣祖23年，日本から通信使が帰国した際，正使黄允吉(西人派)は豊臣秀吉の侵攻があると報告，副使金誠一(東人派)はその可能性はないと報告したが，柳成竜は金誠一の報告を是とした．同25年(文禄元)4月，壬辰の乱おこると，柳成竜は兵曹判書(軍務長官)と都体察使(全国の諸将を監督)を兼務．同年4月29日，朝鮮国王の都落ちに随行．平壌へ向かう途中の5月2日，領議政に任ぜられたが，さきの金誠一の報告を是としたことを西人派から論劾され，即日，領議政と兼職を罷免された．6月，地位を回復，豊原府院君に封ぜられ，その後，明軍への兵糧調達，明軍と朝鮮軍，さらに義兵との連合工作など，軍事外交面で活躍．同26年10月27日，再び領議政．壬辰・丁酉の倭乱(文禄・慶長の役)後，政敵の論劾をうけて隠棲し，『懲毖録』をまとめた．同40年5月6日没．66歳．著書に『西厓集』『慎終録』『永慕録』『観化録』がある． →懲毖録(ちょうひろく)

[参考文献] 中村栄孝『日鮮関係史の研究』中，北島万次『豊臣秀吉の朝鮮侵略』(吉川弘文館『日本歴史叢書』52)
(北島　万次)

039 劉張医学 りゅうちょういがく ⇨金元医学(きんげんいがく)

040 劉徳高 りゅうとくこう 生没年不詳 7世紀の唐の官人．天智天皇4年(665)9月熊津都督府の唐将劉仁願のもとから旧百済領支配維持策のため日本に遣わされた使の首席格．時に朝散大夫・沂州司馬・上柱国．使は254人で，3年に来日した郭務悰や百済の佐平禰軍のほか，帰国する入唐学問僧定恵(中臣鎌足の子)も同行した．対馬・筑紫を経て入京し表函を進めたが，12月帰国．『懐風藻』に滞日中，大友皇子の相を見たと伝える．

参考文献 鈴木靖民「百済救援の役後の日唐交渉」(坂本太郎博士古稀記念会編『続日本古代史論集』上所収） (鈴木 靖民)

041 梁 りょう 中国の王朝．502〜57年．南朝の斉末期に暴虐な天子東昏侯を殺し，斉室の一族蕭衍が実権を握り受禅して創始，建康(南京)に都した．衍(武帝)は文武両道に秀で，内政外交に手腕を揮い48年の永い治世を保ち，南朝文化の盛期をもたらした．特に奉仏に努め，みずから繰り返し同泰寺に捨身し臣下は莫大な出費でこれを買い戻さねばならぬほどであった．衍の長子昭明太子統も『文選(もんぜん)』の編者として名高く，貴族サロンを中心に文芸・宗教・書画などが栄えた．しかし晩年(548年)東魏の降将侯景が突如反旗を翻し建康に進撃し，翌年これを陥れるに及び帝は悶死，国内は混乱し侯景は簡文帝を擁立，湘東王繹は大軍を送って建康に迫り簡文帝を殺し，侯景は敗死して繹が江陵で即位した(551年，元帝)．ところが混乱に乗じ西魏が南進して江陵を陥れ元帝を殺し梁の百官を関中に遷し，岳陽王詧を擁立する(後梁)に至り，陳覇先が挙兵し末代敬帝の禅を受け陳朝を創め，梁は亡ぶ．蕭繹が描かせた「梁職貢図」(539年ころ)模本には百済使者と並んで倭の使者も画かれており，梁と倭の交往の一端を偲ばせる．

参考文献 『梁書』，朱銘盤『南朝梁会要』，『周一良集』1〜3，安田二郎『六朝政治史の研究』 (池田 温)

042 了庵桂悟 りょうあんけいご 1425〜1514 室町時代の臨済宗聖一派の僧．大疑宝信の法嗣で，五山文学僧．はじめ桃渓(桃蹊)，のち了庵．応永32年(1425)生まれる．伊勢の出身で，俗姓は三浦氏．16歳のとき東福寺で得度するが，それ以前に伊勢の安養寺で大疑宝信，京都の常在光寺・真如寺で大愚性智に師事し，道元の曹洞禅も修し密参を受けた．豊後の諸山広福寺の公帖を受け西堂位についたのが文正元年(1466)で，その後，伊勢諸山の安養寺，京都の十利真如寺の公帖を得る．文明10年(1478)東福寺第171世住持となり，長享元年(1487)南禅寺第241世住持となっておのおの初住を果たすが，さらに東福寺には16住，南禅寺には再住する．永正2年(1505)遣明正使に任命され，同7年の入明は逆風でならず，翌年9月に鄞江へ着き，任務を果たし，中国の五山育王山広利寺の住持(第101世)として武宗に招請され，入寺する．帰朝は永正10年で，時に89歳の高齢であった．翌永正11年9月15日示寂．90歳．仏日禅師の号は生前の永正三年に特賜されたもの．法嗣に鳳岡桂陽(三条西実隆の息)・興甫智隆などを出す．景徐周麟・桃源瑞仙・横川景三・季弘大叔など五山文学僧と交友をもったが，十数歳のとき信仲明篤と詩の唱和をしたという文芸の才をもち，雲章一慶・惟肖得厳などについて学問を修した．著に『了庵和尚語録』があり，横川景三の『百人一首』，天隠竜沢の『北斗集』に作品が入っている．後土御門天皇・一条兼良・三条西実隆など公家との親交もあった．了庵の号は，後土御門天皇が下賜した2字の宸翰による室号を道号としたもの．

参考文献 『大日本史料』9ノ5，永正11年9月15日条，卍元師蛮『延宝伝燈録』33(『大日本仏教全書』)，玉村竹二『五山禅僧伝記集成』 (竹貫 元勝)

043 領客使 りょうきゃくし ⇒存問使(ぞんもんし)

044 梁職貢図 りょうしょくこうず 中国南朝梁の太子繹(後の元帝)が荊州刺史在任中(526〜39年)に編纂した．梁に朝貢している諸国の地理・風俗記事と使者の図が描かれていた．その中に「倭国使」と題した人物画像と倭国に関する記述があり，倭人の図像としては最古のものになる．原本は伝わらず，熙寧10年(1077)の模写本残巻が北京歴史博物館(南京博物院旧蔵)に所蔵されている．もとは30余国が採録されていたが，同本に描かれた使者は12ヵ国使で，倭国使像も含まれている．頭巾を着し，胸部および腰部で着衣の前端を大きく結び，裸足姿で描かれており，衣冠束帯姿の百済国使とは対照的な図像となっている．『魏志』倭人伝以降の諸伝に，「木綿を以て頭に招(か)け，其の衣は横幅，ただ結束して相連ね，略縫することなし．…みな徒跣(はだし)」と記されている記述に照応するもので，埴輪などから知られる6世紀の風俗とは一致しない．6世紀には日本と中国との国交が途絶してしていたから，原画の作者は直接に倭人を観察することなく，古来の所伝に基づいて作図したものと推測されている．

参考文献 榎一雄「梁職貢図について」(『榎一雄著作集』7所収)，上田正昭「職貢図の倭国使について」

梁職貢図
百済国使（右）と倭国使（左）

（『日本古代国家論究』所収），深津行徳「台湾故宮博物院所蔵「梁職貢図」模本について」（『学習院大学東洋文化研究所調査研究報告』44）

(石井　正敏)

045 霊仙 りょうせん
生没年不詳　平安時代前期の僧侶．霊船・霊宣とも書く．興福寺において法相宗を学ぶ．遣唐留学僧となり延暦23年(804)最澄・空海らとともに入唐．長安で修行し，唐元和5年(810)には醴泉寺における『大乗本生心地観経』の翻訳事業に加わり，筆受・訳語を勤めた．日本僧では唯一の訳経事業への参加者として特筆される．その後，五台山に転じ，修行を重ねた．この間みずからの手の皮を剥いで仏像を描いたという逸話が伝えられている．唐宝暦元年(825)，日本の朝廷から渤海使に託された黄金を，渤海僧貞素が霊仙に届けると，返礼として仏舎利や経典などを日本に送っている．貞素が再び日本から転送を依頼された黄金をもって唐太和2年(828)4月に五台山に到着した時には霊仙はすでに没していた．霊境寺浴室院で毒殺されたという．貞素はその死を悼んで「哭‐日本国内供奉大徳霊仙和尚‐詩幷序」を五台山内七仏教誡院の板上に刻した．なお天長3年(826)には霊仙の弟妹に阿波国の稲1000束が支給されている．

参考文献　小野勝年『入唐求法巡礼行記の研究』3，高楠順次郎「霊仙三蔵行歴考」(『大日本仏教全書』遊方伝叢書1所収)，松本文三郎「日本国訳経沙門霊仙」(『仏教芸術とその人物』所収)，頼富本宏「入唐僧霊仙三蔵」(木村武夫教授古稀記念論文集編集係編『僧伝の研究』所収)，堀池春峰「興福寺霊仙三蔵と常暁」(『南都仏教史の研究』下所収)，妻木直良「唐代の訳場に参じたる唯一の日本僧」(『東洋学報』3ノ3)，石井正敏「日唐交通と渤海」(『日本渤海関係史の研究』所収)

(石井　正敏)

046 良全 りょうぜん
生没年不詳　鎌倉・南北朝時代の絵仏師系と見られる画家．良詮とも書く．その署名に「海西人」と冠することから九州人あるいは外来人とも考えられる．東福寺に関係の深い禅僧乾峯士曇(けんぽうしどん)の画賛をもつ作品が比較的多いことや，東福寺伝来の仏画を模写したりしていることなどから，同寺に関係が深く，しかも本格的な仏画をも描いていることから同寺の絵仏師の可能性がある．生没年は不明だが，「海西人良詮之筆　嘉暦第三(1328)二月」の款記をもつ仏涅槃図(本覚寺，重要文化財)が見出され，その活躍年代が確認された．彼の仏画はほかに，十六羅漢図(建仁寺，同)，乾峰士曇賛の騎獅文殊像(正木美術館，同)，釈迦三尊像(清澄寺，同)などがあり，いずれも落款があり手堅い画技が示されている著色仏画の作例である．このほか水墨画では，熟達した速筆による乾峰賛白衣観音図(妙興寺，重要文化財)，比較的周密に描かれた観音図(個人，同)，外隈(そとぐま)の技法を駆使して即興的印象をとらえた白鷺図(個人，同)などがある．これまで良全に関してはその水墨画がよく知られたために可翁仁賀に混同されたことがあったが，近年では可翁仁賀とは別人であると考えられている．しかもまた，その活躍年が従来の推定よりさかのぼる

ことによって黙庵霊淵，可翁仁賀の年代に重なる結果となり，良全のような明兆に先行する絵仏師系画家と黙庵・可翁のような水墨画家の併存の形が明らかとなった．

[参考文献] 朝岡興禎『古画備考』，松下隆章「良全筆白衣観音図」（『美術史』12），赤沢英二「海西人良詮筆仏涅槃図について」（『国華』1045）

（赤沢　英二）

047 両朝平攘録 りょうちょうへいじょうろく　明と周辺の異国・異域（四夷）との対外関係史についてまとめた文献．諸葛元声撰．6冊5巻．万暦34年（慶長11, 1606）刊．巻1は韃靼，巻2は都蛮，巻3は寧夏，巻4は日本，巻5は播州に関する記述となっている．この場合，日本については，日本の明との関係史，地理，風土の記述から始まり，豊臣秀吉の朝鮮侵略（文禄・慶長の役）関係の記述に重点が置かれている．さらにそれとの関係で朝鮮についても触れている．『明実録』とならんで秀吉の朝鮮侵略に関する明側の基本史料．『明実録』は国家の手による正史であるが，『両朝平攘録』は個人の手による歴史書であり，それだけに記述がユニークである．

[参考文献] 石原道博『文禄・慶長の役』（『塙選書』31），徳富猪一郎『近世日本国民史』豊臣時代丁・戊・己篇

（北島　万次）

048 林賢 りんけん　⇒胡惟庸（こいよう）

049 隣交徴書 りんこうちょうしょ　魏から清に至る中国人の詩文から日本関係記事を拾った史料集．豊前の儒者伊藤松（字（あざな）は貞一）が編纂し，天保9年（1838）5月に仁科幹が序を寄せ，同年から11年にかけて上梓された．初篇・2篇・3篇がそれぞれ巻1・巻2に分かれて全6冊，各冊に「詩文部」という注記がある．続輯を出すつもりだったらしい．公文書もいくつかあるが，大半は僧侶や儒者の詩文で，特に明・清のものが多い．文化交流の史料をこれだけ渉猟した書は稀なだけでなく，1点ごとに典拠と編者の按文が付されており，利用価値が高い．影印本（昭和50年（1975），国書刊行会）がある．

（村井　章介）

050 隣語大方 りんごたいほう　日本語の大要を知るための書．著者不明．10巻5冊．朝鮮司訳院にて朝鮮王朝の正祖14年（寛政2, 1790）ごろまでには成立した．朝鮮王朝における倭学のための科試用の書で，通行の日本文にハングルによる対訳文が付けられている．この『隣語大方』は日本にもあり，苗代川写本や明治15年（1882）刊本などが知られており，日朝両国からそれぞれのことばを知るために作られたものである．対訳があるため，日本語研究に有益である．京都大学文学部国語学国文学研究室編『隣語大方』，同編『異本隣語大方・交隣須知』などに複製されている．

（福島　邦道）

051 琳聖 りんしょう　生没年不詳　周防大内氏の始祖とされる百済人．ただしその実在性については疑わしい．『大内系図』（『続群書類従』系図部所収）によると，百済王余璋の第3子で推古天皇19年（611）に来朝，周防国佐波郡多々良浜に至り，難波を経て聖徳太子に謁して，再び周防に下り，大内県を領地としたという．同書別本（同所収）では父を斉明王（聖明王）としている．その名の初見は応永11年（1404）とされ（興隆寺本堂供養願文），享徳2年（1453）に大内教弘が朝鮮に送った書状には，仏教受容をめぐって物部氏が反対したとき，聖徳太子を助けるため百済王が琳聖を日本に派遣したと述べ，琳聖の日本渡来に関する記録を求めている（『朝鮮端宗実録』元年6月己酉条）．また文明17年（1485）には，大内政弘が朝鮮に琳聖の世系やその祖先の事跡についての詳しい記録を求めている（『朝鮮成宗実録』16年10月条）．

[参考文献] 近藤清石編著『大内氏実録』，須田牧子「大内氏の対朝関係の展開と琳聖太子」（小野正敏・五味文彦・萩原三雄編『中世の対外交流』所収），二宮啓任「防長の太子伝説」（『南部仏教』27）

（石井　正敏）

052 綸子 りんず　通常は地を経五枚繻子（しゅす）または八枚繻子組織とし，文をその裏組織である緯五枚繻子または緯八枚繻子組織とした絹織物．繻子組織のため絹の光沢が強く，地質が柔らかい．桃山時代から江戸時代初期にかけては，中国や南蛮の貿易船によって，中国製の綸子が多量に輸入され，将軍家への献上品としてもしばしば用いられ，高級織物として愛好されていた．慶安3年（1650）刊の『女鏡秘伝書』には「綸子はしなやかに，しかもひかりありて一しほよきものなり，紕のりんずはなににしてもよろし，紕の緋綸子など尚よし，顔にうつりて桜色に見ゆるものなり」と記され，女物の小袖地としては綸子が第一とされていたようで，寛文6年（1666）の衣服禁令では一般武士階級の綸子着用は法度とされていた．女物だけでなく，男子にも用いられたことは『有徳院殿御実紀』附録に北条対馬守氏澄が，綸子の単衣を着て将軍にまみえたと記されていることで知られる．江戸時代には主として高級な小袖・打掛の生地として用いられてきたが，『西鶴俗つれづれ』には，当世顔の美女の説明中に，「白綸子の二重湯具」とあって，贅沢者は湯文字や襦袢にもしたようである．

[参考文献]『古事類苑』産業部2

（北村　哲郎）

053 リンスホーテン Jan Huyghen van Linschoten　1563〜1611　オランダの航海・探検家．1563年（一説に62年）オランダのハーレムに生まれる．若くしてスペイン・ポルトガルに渡り，ゴアの大司教となったフォンセッカに仕え，インド滞在5年あまり，アジアの状況を研究，帰途は実際に胡椒貿易に従事，海外生活12年余で92年帰国した．ゴア滞在中には，天正遣欧使節の往還に際会，その消息を伝えた．南アジア滞在中の見

聞に基づきポルトガルアジアの実態をまとめ，三部作，『東方案内記』(96年)，『ポルトガル人水路誌』(95年)，『アフリカ・アメリカ地誌』(96年)を出版，オランダ人の東方進出に重要な役割を与えた．また94・95年と2回にわたり北海貿易にも従事，『北方航海記』(1601年)を残した．1596年以後はエンクハイゼンに住み，海図作成・訳業などに従事，啓蒙知識人として行動した．1611年2月8日没．

参考文献　岩生成一・渋沢元則・中村孝志訳注『リンスホーテン東方案内記』(『大航海時代叢書』8)，C. M. Parr: Jan van Linschoten, The Dutch Marco Polo．　　　　　　　　　　　　　　(中村　孝志)

054 **林道栄** りんどうえい　1640～1708　江戸時代の長崎の唐通事(帰化唐人)．通称市兵衛，諱は応栄，字(あざな)欽雲，蘿山また墨痴と号す．唐通事林公琰を祖とする林氏の2代目．寛永17年(1640)3月3日生まれる．儒学・詩文・書道に達し江戸にも出仕し，特に書は高(深見)玄岱と並び二妙と称せられた．寛文3年(1663)小通事，延宝3年(1675)大通事，元禄10年(1697)通事目附，同12年風説定役と成る．長崎奉行妻木頼熊・牛込重忝(忠左衛門)らの愛顧を受け，また隠元隆埼・即非如一ら渡来の禅僧とも親交あり，延宝6年官梅の号を授けられた．元禄12年林忠朗(忠和)が奉行に任命されるにあたり林姓を改め官梅を以て姓とした，という．宝永5年(1708)10月22日没．69歳．長崎の皓台寺に葬る．

参考文献　頴川君平編『訳司統譜』(『長崎県史』史料編4)，宮田安『唐通事家系論攷』，林陸朗『長崎唐通事』　　　　　　　　　　　　　　(沼田　次郎)

055 **林梅卿** りんばいけい　？～1794　江戸時代中期の長崎の唐通事．享保12年(1727)ごろ生まれたという．父は長崎の唐通事であった林梅庭で，梅卿は梅庭の嫡子長男である．梅卿は元文5年(1740)豊十郎の名で稽古通事となり，延享元年(1744)に小通事末席，同2年に小通事並，同4年には小通事と進んだ．宝暦2年(1752)に市兵衛と名を改め，同7年に大通事助役，同8年に大通事となり，安永4年(1775)に退役隠居するまでその職にあった．同年隠居した市兵衛は名を梅卿と改めている．梅卿は天明2年(1782)に再び職を命ぜられ唐方通事頭取となり，同5年には町年寄末席置長崎会所改役となった．寛政6年(1794)没．林梅卿の最大の功績は，宝暦13年以降，「異国金銀持渡之道ヲ開キ」(『長崎志続編』巻10，天明5年条)とあるように，中国商船により日本が金銀を輸入する道を開いたことである．

参考文献　頴川君平編『訳司統譜』(『長崎県史』史料編4)，宮田安『唐通事家系論攷』
　　　　　　　　　　　　　　(松浦　章)

056 **林邑** りんゆう　現ベトナムの中部にあったチャム族の国．林邑は中国的呼称で，やがてチャンパー(あるいはチャンパ)Champa(中国では占城などと書かれた)が自称の国名となった．2世紀末に中国の支配から独立し，主として海上の中継貿易によって発展した．インドの古典文化を受容し，民族色ある宗教・建築・美術を展開した．はじめ中国と争ったが，10世紀以後は北チナムに独立して南進するベトナム勢力と抗争をくり返した結果，ついに17世紀にベトナムに征服された．『元亨釈書』15などに，林邑出身の僧仏哲が天平8年(736)に来日し，林邑楽を伝えたと記し，天平勝宝4年(752)の東大寺の大仏開眼に大楽師をつとめたという．また『続日本紀』に，遣唐副使の平群広成が天平6年に帰国しようとして，風波のため崑崙国に漂着して国王に謁見した．その後，唐朝にもどり渤海国経由で同11年にやっと帰国し，このことを報告したとの記事がある．この崑崙国は唐側の記録によると林邑国のことである．

参考文献　杉本直治郎『東南アジア史研究』1
　　　　　　　　　　　　　　(和田　久徳)

057 **林邑楽** りんゆうがく　インド系の舞楽．天平8年(736)，道璿らとともに来朝した波羅門僧菩提僊那，林邑僧仏哲によって伝えられたという．ただし仏哲については実在を否定する説がある．初見は『続日本紀』天平宝字7年(763)正月条で，唐楽・吐(度)羅楽(とらがく)・隼人舞(はやとまい)の歌舞などとともになされたとみえるが，天平勝宝4年(752)4月の東大寺大仏開眼供養会にも奏されたものと思われる(『東大寺要録』)．諸大寺において教習され，平安時代初期には大安寺がその中心であったようである．大同4年(809)3月にはじめて雅楽寮に林邑楽師2人が置かれた．しかし，平安時代初期から中期にかけての楽制の整備によって，左方唐楽に吸収される．林邑楽として菩提らが将来したのは菩薩・抜頭(ばとう)・陪臚(ばいろ)の三舞であったと思われ，平安時代初期には，わが国で作られた迦陵頻(かりょうびん)が加えられた．ところで，『教訓抄』にはこれらの4曲を天竺楽としている．天竺楽とは元来，唐の十部伎制におけるインド系の音楽をいったが，わが国では鎌倉時代ごろから天竺楽としての所伝を持つ曲が次第に多くなっていったようである．いわゆる林邑八楽などというのは林邑楽に天竺楽を加えたもので，およそ南北朝時代以後にみられるようになるものと考えられる．

参考文献　高楠順次郎「奈良朝の音楽殊に「林邑八楽」について」(『高楠順次郎全集』9所収)，荻美津夫「林邑楽考」(『古代文化』34／8)
　　　　　　　　　　　　　　(荻　美津夫)

る

001 ルイス=フロイス　Luis Frois　⇨フロイス

002 類族改（るいぞくあらため）　⇨切支丹類族調（キリシタンるいぞくしらべ）

003 留学生（るがくしょう）　遣隋使・遣唐使に随って隋・唐へ留学した学生の一種．官人およびその子弟のなかから選ばれ，隋・唐の保護のもとに2，30年に及ぶ長期滞在により学問・技術・芸能などの研究に従事するもので，請益生と区別された．僧侶の場合を留学僧という．高向玄理・南淵請安・吉備真備・阿倍仲麻呂・橘逸勢などが知られ，2004年，中国西安で墓誌が発見された井真成もいる．かれらは多数の漢籍・物品を将来し，中国文化の移植に寄与した．『延喜式』大蔵省の遣唐使の組織にもみえる．

〔参考文献〕木宮泰彦『日華文化交流史』，鈴木靖民『古代対外関係史の研究』，専修大学・西北大学共同プロジェクト編『遣唐使の見た中国と日本』（『朝日選書』780），『東アジアの古代文化』123，山下克明「遣唐請益と難義」（『平安時代の宗教文化と陰陽道』所収）　　　　　　　　　　　　（鈴木　靖民）

004 ルセナ　Afonso de Lucena　1551〜1623　ポルトガル人イエズス会司祭．Affonso de Lucena とも記す．1551年ラメゴ教区レオミルに生まれ，65年コインブラでイエズス会入会，エボラで修練期を終え人文学と哲学を学び，エボラとコインブラの両コレジョで各1年哲学教師，76年インドに赴き，コチンで司祭，同コレジョ教師となり，翌年澳門（マカオ）着．翌天正6年(1578)来日し壱岐島漂着後，平戸着，同年より慶長19年(1614)の追放まで36年間大村純忠・喜前，一族有力者の霊的指導者，大村の使徒として活躍．その間，天正9年大村の修院上長として日本イエズス会第1回協議会（長崎）参加，同15年，大村純忠の臨終に終油の秘跡を授け，慶長18年，下地区長となり日本管区長カルバリオを批判し，翌19年，長崎で日本司教セルケイラの臨終に立ち会い澳門へ追放される．1621〜22年澳門のコレジョ院長となり，『回想録』を著わし再渡日を望みつつ23年6月14日，同地で病没．　→大村純忠（おおむらすみただ）

〔参考文献〕『完訳フロイス日本史』（松田毅一・川崎桃太訳，『中公文庫』），高瀬弘一郎訳注『イエズス会と日本』（『大航海時代叢書』2期6・7），ヨゼフ=フランツ=シュッテ編『大村キリシタン史料―アフォンソ・デ・ルセナの回想録―』（佐久間正・出崎澄男訳，『キリシタン文化研究シリーズ』12），J. F. Schütte S.J.: Monumenta Historica Japoniae I, Textus Catalogorum Japoniae 1549—1654.
　　　　　　　　　　　　（井手　勝美）

005 ルソン　Luzon　フィリピン諸島中で最大の島．日本列島とは黒潮で結ばれ，古くから交流があり，呂宋の名で知られていた．16世紀になると各地で日本商人が貿易を行い，「倭寇」も出没した．1571年のスペイン人によるマニラ建設以降，マニラを中心に発展し，中部ルソン平野の穀倉地帯などがその発展を助けた．面積10.5km²（フィリピン全土の3分の1強），人口3584万人（同国全人口の約半分，2000年国勢調査）．

〔参考文献〕レナト=コンスタンティーノ『フィリピン民衆の歴史』（池端雪浦他訳，『フィリピン双書』8〜10・12），池端雪浦編『東南アジア史』（『新版世界各国史』6）　　　　　　　　　　（早瀬　晋三）

006 呂宋覚書（ルソンおぼえがき）　川淵久左衛門のルソン島渡航に関する見聞を記録した書で，奥書に寛文11年(1671)辛亥歳8月18日の年紀を記す．編者未詳．全体は一つ書で94ヵ条より成り，内容は大別して，(1)長崎よりルソンに至る航路，航法，船員の職掌名など航海に関する記述，(2)マニラ・カビテなど，主要都市・城塞などの結構・防備，マニラ市街の情況，日本町や中国人居住区パリヤンなどの様子，市中の警備治安などに関する記述，(3)マニラ在住イスパニア人の風俗・習慣（服飾，食事，婚姻・葬祭の習俗，宗教的行事）に関する記述，(4)同じく，武器・武具・乗馬などの制，音楽や船舶に関する記述，(5)土着民の風俗，(6)気候・風土，農産物などに関する記述より成る．記述は概して簡単であるが客観的で，日本人やオランダ人との比較をも交じえ，きわめて要を得ており，地名や職名などの表記もおおむね正確である．けだし寛永期のルソン渡航日本人の眼に映じたルソンの状況をかなり的確に伝えているものと思われる．口述者の久左衛門は，おそらく寛永期の中ごろに，ルソン探索の任を帯びて同地に渡航した者ではなかろうか．文中に高山右近に関する記事や，釣瓶（つるべ）打ち，すなわち鉛錘打水法など，池田与右衛門（好運）の『元和航海書』の記事と共通する記事などもみられる．唯一の伝本としては同志社大学図書館所蔵の立原翠軒自筆写本と称するものがあり，立原杏所の印記がある．『海表叢書』6に収められる．
→元和航海書（げんなこうかいしょ）

〔参考文献〕岩生成一『新版朱印船貿易史の研究』
　　　　　　　　　　　　（加藤　榮一）

007 呂宋助左衛門（ルソンすけざえもん）　⇨納屋助左衛門（なやすけざえもん）

008 呂宋征討計画（ルソンせいとうけいかく）　フィリピン諸島のルソンLuzon島には，16世紀の中ごろから日本人や中国人の「ばはん」（倭寇）が連年渡航し，なかには居住する者もあった．1571年（元亀2），レガスピMiguel Lopez de Legazpiのマニラ占領を契機に，ルソン島を中心とし

たイスパニア人のフィリピン諸島経略が進捗し，マニラにはイスパニア政庁が置かれ，同島は極東におけるイスパニア勢力の軍事・貿易・布教・植民の最重要拠点となった．同時に，ルソンに来航する「ばはん」とイスパニア勢力との間にしばしば武力衝突が生じた．マニラのイスパニア政庁にとっては，海賊の取締りと日本から来航する商船(実際には「ばはん」と区別がつけにくい)の渡航規制が対日関係を処理するうえでの重要課題であった．一方，マニラから日本に渡来するフランシスコ会士らイスパニア系宣教団の動向は，豊臣政権や江戸幕府成立期の首脳ら，日本の為政者のみならず，当時日本貿易とカトリックの布教事業を一手に独占していたポルトガル人とイエズス会士にとっても看過し難い重要問題で，初期の日本とマニラのイスパニア政庁との関係は，かような，事と次第によっては重大な国際的紛争に発展しかねない要素を胚胎していたのである．呂宋征討計画の構想も，こうした両者の外交関係に内在する緊張関係に起因するものであった．

豊臣秀吉は文禄元年(1592)，原田孫七郎を使節としてルソンに派遣し，イスパニア政庁に入貢を促した．これは朝鮮や琉球・高砂(台湾)に朝貢・参洛を強要した秀吉の一連の対外政策の一環とみられるが，マニラの場合は，かねてルソンに渡航しフィリピン貿易に従事していた原田喜右衛門・孫七郎らが秀吉側近の長谷川宗仁らにルソン進攻を使嗾したためとも思われる．しかし，その後の国際情勢の推移から，秀吉はその対外強硬政策を手直しした模様で，ルソン征討は沙汰止みとなったが，これを契機に日本とマニラ政庁の間には，外交使節の往復，イスパニア系宣教団の日本布教参入などが実現し，サン=フェリーペ号事件や二十六聖人殉教事件などが派生した．

秀吉の死後，外交権を掌握した徳川家康はイスパニア船の誘致やメキシコ貿易の実現のため，マニラとの関係を修復し，フランシスコ会士を交渉の使者に用いるなどの政策を採ったが，彼我の関係は必ずしも家康の望む方向には進展せず，その後の幕府のキリシタン禁教政策の強化とともに，イスパニアとの関係も冷却し，元和9年(1624)には関係改善のため来航したマニラの使節アヤラ Don Fernando de Ayala が参府を拒絶され，彼我の公式の通商関係は断絶した．しかるに，寛永7年11月11日(1630年12月15日)，島原の領主松倉重政の艤装したジャンク船と長崎在留ポルトガル人ジェロニモ=マセダ Jeronimo Masseda の仕立てたジャンク船が長崎を解纜しマニラに渡航した．松倉船は重政の家臣，木村権之丞・吉岡久左衛門が指揮をとり，呂宋渡航に経験を積んだ貿易家糸屋随右衛門が舟大将として乗り組んでいた．両船は1631年1月にマニラに到着し，同年7月19日(寛永8年6月20日)長崎に帰着

したが，その目的は，1628年5月(寛永5)にシャムのメナム河口で起きたフワン=デ=アルカラソ Don Juan de Alcaraso の率いるイスパニア船隊による日本の朱印船(長崎町年寄高木作右衛門の派船)焼討事件についてマニラ側の釈明と賠償を要求し，併せてマニラの情況を偵察し，報復の呂宋征討を行う準備をすることであったといわれる．この計画には，主唱者である松倉重政のほか，時の長崎奉行竹中釆女正重次が関与していたことがヨーロッパ側の史料から確認されるが，マニラ政庁との交渉も思わしい成果を得ることがなく，この計画の推進者であった重政が使船出帆の直後，寛永7年11月16日に病没したため，征討計画の実現には至らなかった．なお，川淵久左衛門の『呂宋覚書』はこのときの使船に同行した折の記録である．

その後，呂宋征討計画は，寛永9年以降，島原の乱を挾んで同17年ごろまで，禁教政策と絡んで，幕府の対外政策に関わる論議に再三にわたって浮上する．寛永9年，松浦隆信は「台湾事件」の処理に関連して，オランダが台湾を日本に割譲することと引替えに，日本がマニラを占領して，これをオランダに与える，という案をオランダ人に提示している．また，寛永11年から15年まで長崎奉行の任にあった榊原飛驒守職直は呂宋征討推進論者であったが，その論拠は，マニラを占領して宣教師渡来の本源を断ち，禁教政策を完遂させようとすることにあった．しかし征討論を実行に移すためには強力な海上兵力の掩護を要し，ためにオランダ船の徴発が不可欠のこととなる．オランダ側の記録によると，1630年代の後半，平戸商館長は幕閣の首脳や長崎奉行，平戸の領主などから呂宋征討計画の実現性やオランダ人の協力についてしばしば意見を求められている．オランダ人はこれに対して，①マニラの防備がきわめて鞏固であること，②マニラの防備や敵情に関する正確な情報は秘匿され入手不可能なこと，したがって征討の結果はきわめて不確定であり，万一失敗した場合は将軍家の権威を著しく毀損することとなる，として当局者の自重を促している．島原の乱と榊原職直の失脚により，幕閣部内での征討論は慎重派に傾くが，幕閣内部ではマニラに関するかなり精密な情報が蒐集されており，征討計画に関する論議は相当具体的な段階にまで達していたらしいことが商館長フランソワ=カロン François Caron の日記などによって推定される．当時，幕閣内部で国際情勢に関する情報を集積していたのは大目付井上筑後守政重で，彼は榊原の失脚後，対外関係処理を担当する最高責任者の立場にあったが，井上自身は征討計画の実行には慎重派であったようで，沿岸防備体制の強化と国内の信徒に対する組織的な摘発・弾圧政策推進を基軸に，より現実的な政策で対処する構想を抱いていた．結局，幕府の最高政策も井上の構想を採り，海禁政策の強化に

よる対外中立主義に帰結し，呂宋征討計画は実現することなく終った．しかし，この計画は1630年代後半期において，幕閣内部ではかなり緻密な情報蒐集と国際情勢の分析を踏まえて討議され，幕府の対外政策の基本方針を決定する上で重要な選択肢の1つであった．
→サン＝フェリペ号事件 →島原の乱（しまばらのらん） →濃毘数般（ノビスパン） →原田喜右衛門（はらだきえもん） →原田孫七郎（はらだまごしちろう） →呂宋覚書（ルソンおぼえがき）

参考文献 『オランダ商館長日記』訳文編4（『日本関係海外史料』），『平戸オランダ商館の日記』4（永積洋子訳），山本博文『寛永時代』（吉川弘文館『日本歴史叢書』39），岩生成一「松倉重政の呂宋島遠征計画」（『史学雑誌』45ノ9） （加藤 榮一）

009 呂宋壺 ルソンつぼ 室町時代後期から安土桃山時代にかけて輸入された唐物茶壺，すなわち真壺のことで，当時の貿易船は呂宋すなわち現在のフィリピンを経て来航したため，呂宋の製と誤認されたが，実は中国広東省石湾付近の製である．多くは四耳壺で，高さ1尺ほどのものである．釉は，褐釉・黄褐釉・黒褐釉などがある．葉茶を貯えるのに好適として大いに珍重され，将軍足利義政・豊臣秀吉らから，橋立・松花・銀柴・白雲などと銘して賞玩された．→納屋助左衛門（なやすけざえもん）

参考文献 徳川美術館・根津美術館編『茶壺』 （満岡 忠成）

010 呂宋漂流記 ルソンひょうりゅうき 江戸時代後期の漂流記．『呂宋国漂流記』ともいう．大槻磐渓著．1巻．弘化2年（1845）4月成立．仙台の廻船観吉丸（または観音丸，乗組8名）が城米を江戸へ廻送中，天保12年（1841）10月，九十九里沖で北西風に吹き流されて漂流，翌年7月フィリピン群島のサマル島のボロンガンに漂着難破した．住民に助けられレイテ島のカリガラを経てマニラに護送される間に2名死亡．マニラにしばらく滞在，香港を経て澳門（マカオ）に渡り，再び香港に戻り英国の外車式蒸気船を見る．この地で越年ののち舟山，乍浦を経て清国船に乗って天保14年12月長崎に帰着，船頭重助は上陸後間もなく病死した．著者は仙台藩出身者2に漂流の次第，遍歴各地の地誌・物産・風俗・交易品・言語などのほか，舟山や乍浦などが阿片戦争の戦禍で破壊された様子を尋ね，簡潔に記録している．漂民が記憶して帰った言語にはビサヤ語・タガログ語・スペイン語などが混合している．『観音丸呂宋漂流記』の書名で『異国漂流奇譚集』に，また，『呂宋国漂流記』の書名で『異国漂流記集』，『日本庶民生活史料集成』5に収められている． （池田 晧）

011 ル＝テュルデュ Pierre Marie Le Turdu 1821～61 鎖国下に琉球に渡来したカトリック宣教師．フランス人．1821年8月6日生まれる．パリ外国宣教会員として46年（弘化3）5月，フォルカードTheodore A. Forcadeに代わって那覇に上陸．ついて来援のアドネMathieu Adnetとともに布教基盤の形成に努めたが，アドネはやがて病死．彼も48年8月香港に引き揚げ，日本布教は千島・樺太から入国，開始するよう献言している．のち広東教区長となったが迫害に遭い，55年投獄され，61年7月15日獄死した．39歳．

参考文献 F・マルナス『日本キリスト教復活史』（久野桂一郎訳） （海老沢有道）

012 ル＝メール Maximiliaen Le Maire 生没年不詳 平戸，のちに長崎のオランダ商館長（在勤1641年）．1630年に商務員の資格で東インドに来る．上級商務員として来日（寛永17年（1640））．商館長カロンが，商館長は毎年交代すべしという江戸幕府の命令で帰国したあと，商館長となる．彼が参府した時，江戸で大目付井上政重に，商館を平戸から長崎に移転するよう命令された．長年日本に勤務し，経験豊かなエルセラックに助けられて，無事に移転を完了した．一旦バタビアに帰った後，台湾商館の次席，ついて商館長（1643～44年）となる．1645年艦隊司令官として帰国．

参考文献 『平戸オランダ商館の日記』4（永積洋子訳），『長崎オランダ商館の日記』1（村上直次郎訳） （永積 洋子）

れ

001 礼曹 れいそう　高麗・朝鮮時代の官衙である六曹の一つ．室町・江戸時代を通じて日本との外交を掌った．高麗時代初期には礼官と称し，儀礼・交聘・科挙などを掌ったが，数度の改称を経て辛昌2年(1389)に礼曹となった．朝鮮王朝において，当初礼曹は議政府の下位に置かれたが，太宗5年(1405)正月に六曹制をとるようになると，国王に直接報告する直啓が可能となった．官人の構成は『経国大典』によれば，判書1名(正二品)・参判1名(従二品)・参議1名(正三品)・正郎3名(正五品)・佐郎3名(従六品)であった．太宗5年3月には，礼曹の職掌を稽制司・典享司・典客使がそれぞれ分担することとなり，さらに，芸文館・春秋館・成均館・礼賓寺など30余の礼曹所属の官衙が設置された．日本との外交に礼曹が関わるようになるのは，太宗14年に議政府から完全に独立し，「宴労日本使客法」が制定されてより以後であるという．礼曹は外交文書を作成し，室町時代には礼曹判書と大内氏や管領との間で，また，礼曹参議と宗氏との間で書契を通じた交流が行われた．そして江戸時代には，礼曹参判と日本国執政(老中)および京都所司代との間で来翰と敬答書契が交換された．高宗31年(1894)の甲午更張によって廃止に至る．

参考文献　末松保和「朝鮮議政府考」(『末松保和朝鮮史著作集』5所収)，国原美佐子「前近代日朝間交流における礼曹の登場」(『東京女子大学比較文化研究所紀要』66)　　　　　　　　　　　(近藤　剛)

002 霊台儀象志 れいだいぎしょうし　中国清時代初期の天文学書．16巻．イエズス会士フェルビースト(南懐仁)の編著．北京欽天監の天文儀器の原理と用法および諸星の位置を記す．康熙13年(1674)刊行．日本に伝えられ流布した．本多利明による『霊台儀象志和解』1巻がある．青木昆陽の『昆陽漫録』に引用されたほか，間重富が本書によってわが国ではじめて垂揺球儀を作り，麻田剛立が「子午線儀」を作製するなど，わが国天文学・暦学の発展に大きな影響を与えた．

参考文献　海老沢有道『南蛮学統の研究』，渡辺敏夫『近世日本天文学史』下　　　　　(岡田　芳朗)

003 暦 れき　⇒こよみ

004 暦学 れきがく　暦を構成するための学問．暦の種類には太陽暦・太陰暦・太陰太陽暦などがあるが，日本では6世紀ころまでに朝鮮を通して中国の太陰太陽暦が伝えられ，これが明治6年(1873)の太陽暦(グレゴリオ暦)施行まで行われた．太陰太陽暦は，整合関係のない太陽の回帰年(1太陽年)と月の満ち欠け(1朔望月)12回の長さを，2，3年に1度閏月を置くことにより調和させるものであり，中国では古くから暦を造る規則である暦法が発達した．暦法には日・月などの天文常数，計算方法のほか，惑星の位置推算や日食・月食の予報なども含むが，長年1つの暦法を使用すると，常数の誤差の累積によって実際の天行との間にずれが生ずる．そこで天体観測の集積による常数の改定や暦理論の向上，あるいは王朝交代などの政治的理由をもって，中国では頻繁に暦法の改革(改暦)が行われた．日本で用いられた元嘉・儀鳳・大衍・五紀・宣明・貞享・宝暦・寛政・天保の9暦法のうち，はじめの元嘉暦以下の5つは中国暦法であり，貞享暦以下の4つは日本で作られたもの．『日本書紀』欽明天皇14年6月条に百済に対して暦博士の交代と暦本の送付を求めたのが暦に関する初見史料であり，また推古天皇10年(602)10月条には，百済僧観勒が天文地理書などとともに暦本を貢じたので書生を付けて学ばせたとあり，『政事要略』25に引く「儒伝」に推古天皇12年正月からはじめて暦日を用いたとあることも合わせて，このころから暦法の学習が始まり暦日の使用が定着するようになったと考えられ，当時百済では劉宋(南北朝)の元嘉暦(何承天撰)を用いていたから，日本でもこれによったものとされる．ただ『日本書紀』持統天皇4年(690)11月甲申(11日)条に，はじめて元嘉暦と儀鳳暦(麟徳暦，唐李淳風撰)を行うべき勅があり，元嘉暦の正式な採用はこの時となるが，『日本書紀』持統天皇5年から最後の同11年8月までの月朔干支はほぼ元嘉暦と合い，これに接続する『続日本紀』文武天皇元年(697)8月からは儀鳳暦に合うなど問題も残る．ついで天平宝字8年(764)から大衍暦(唐一行撰)，天安2年(858)から五紀暦(唐郭献之撰)が大衍暦と併用施行され，さらに貞観4年(862)から宣明暦(唐徐昴撰)を頒行したが，これが以後，江戸時代の貞享元年(1684)まで823年間にわたり用いられた．7世紀から9世紀にかけてしばしば改暦が行われたのは，遣唐使を派遣するなどして活発に文化を受容し，また律令国家が暦と天象の一致を重視する中国の思考を受け入れたからであり，官制面でも唐制を模して陰陽寮管下に暦博士を置き，暦生を教授し，毎年の御暦・頒暦・七曜暦の暦本(原稿)を造ることをその職務とした．しかし当時の暦学は全く中国の模倣で，暦博士は伝来の暦法をもとに計算を行い造暦するだけで，古代・中世を通じて，本来暦学発展の基礎となる日・月・惑星の位置を継続的に測定した形跡はない．宣明暦の行用は800年余りにわたるがこの間他の暦法が全く伝来しなかったわけではなく，10世紀初頭暦博士の間で日食の予報や月朔干支についてしばしば食い違いがあり，一方は宣明暦，他方は「会昌革(草か)」に依拠していたといい(『北山抄』4)，後者は「先儒之草」(『貞信公記抄』延喜18年

(918)12月22日条)ともみえるが，いかなるものであったかは不明．天暦7年(953)延暦寺の僧日延が呉越国へ渡る際，暦家賀茂保憲が暦法の請来を託したのはこのような暦家間の紛争に基づくが，10世紀ころまではなお最新の暦法を用いるべきであるとする暦家の進取の姿勢がみられた．もっとも日延が天徳元年(957)に伝えたのは民間暦の符天暦(唐曹士蒍撰)であり，その翌年から暦家の造暦に利用されるが，中国で正式なものでなかったためか日本でも暦家の使用は参考程度にとどまったようで，符天暦はもっぱら宿曜(すくよう)師の星占に用いられた．造暦に関する職務やその専任者を暦道といい，11世紀ころから暦博士や造暦宣旨を蒙る者を賀茂氏が独占し，中世を通じて暦道が賀茂氏が世襲する家業となると暦学の改新性は全く顧みられなくなる．院政時代以降，宿曜道や算道が日食・月食や月の大小，朔旦冬至などについて暦道と論争し，また安貞2年(1228)には明経家の清原教隆が欽天暦(後周王朴撰)の法をもって日食の出現を主張したが(『百練抄』)，暦道はただ秘説・口伝を称して宣明暦による推算を墨守するのみで，暦学は長く沈滞した．なお中世における暦家の暦算活動を示すものに，具注暦推算の草稿である『見行草』が数年分存し，また日・月食計算の家説を記した『暦家秘道私記』(永正8年(1511)賀茂在富書写で外題は『注定付之事』，国立天文台所蔵)もある．江戸時代初期，民間で和算や元の授時暦(王恂・郭守敬撰)の研究が盛んとなり，宣明暦は誤差が集積して天行に2日の後れを生じ，またしばしば日食の誤報がみられたことにより改暦の気運が高まった．そのような中で幕府碁方の渋川春海(安井算哲)はみずから観測を行い授時暦に日本の里差(経度差)を勘案した貞享暦を完成し，これが貞享2年から施行され，ここにはじめて日本人による暦法が行われた．春海は改暦の功により新設の天文方に任じられ，以後幕府天文方が暦学研究の中心となる．次の宝暦暦は陰陽頭土御門泰邦によるもので宝暦5年(1755)から施行されたが，暦学的には何らみるべきものはない．その後西洋天文学を研究した大坂の麻田剛立門下の高橋至時(よしとき)が天文方に登用され，同門の間(はざま)重富とともに漢訳西洋天文学書『暦象考成上下編』『暦象考成後編』などにより寛政暦を編み，寛政10年(1798)から頒行され，さらに『ラランデ暦書』などの最新の西洋天文学の成果を取り入れた天保暦が天文方渋川景佑によって作られ，弘化元年(1844)から太陽暦に改まる前日の明治5年12月2日まで行われた．なお幕府崩壊後の編暦者は，星学局・文部省天文局・内務省地理局・観象台から東京天文台に移行した．→暦(こよみ)

参考文献　内田正男編『日本暦日原典』，内田正男『暦の語る日本の歴史』(『そしえて文庫』5)，藪内清『中国の天文暦法』，渡辺敏夫『近世日本天文学史』，広瀬秀雄『暦』(『日本史小百科』5)，桃裕行『暦法の研究』(『桃裕行著作集』7・8)，内田正男「日本の暦法」(『現代天文学講座』15所収)

(山下　克明)

005 暦算全書 れきざんぜんしょ　中国清初の暦算家梅文鼎の暦学・数学に関する著作集．25種，65巻，19冊．梅文鼎は『崇禎暦書』によって得た西洋天文学の諸説を本書で伝えた．雍正元年(1723)刊行．日本には享保11年(1726)に輸入され，将軍徳川吉宗の命により中根元圭・建部賢弘が校訂し，同18年呈上された．本書によりわが国に三角法や西洋天文学の知識が紹介され，また宝暦改暦にあたって幕府天文方西川正休がその拠所とした．

参考文献　『徳川実紀』9(『(新訂増補)国史大系』46)，海老沢有道『南蛮学統の研究』，藤原松三郎「暦算全書及び幾何原本」(『文化』6ノ2)

(岡田　芳朗)

006 暦象考成 れきしょうこうせい　中国清時代の天文学書．42巻．康熙帝の命により，『崇禎暦書』を整理し，カッシーニらの観測結果を取り入れ，梅瑴成・何国琮らが編集した．上編16巻は総論・球面三角法および暦理よりなり，下編10巻は基本定数と暦法を収め，表16巻が付されている．本書は主としてブラエの天文学の影響下にあり，太陽・月および惑星の運行を円運動の組合せによって説明している．雍正元年(1723)に刊行された．本書は「時憲書」(甲子元法)の根拠とされたが，雍正8年6月朔の日食予報が適中しなかったために，イエズス会士ケーグラー(戴進賢)によって，乾隆7年(1742)に『暦象考成後編』10巻が編集された．本書はケプラーの惑星の楕円運動の法則が用いられ，以後の官暦(癸卯元法)の根拠となった．本書はわが国ではまず麻田派によって研究され，寛政改暦においてはじめて用いられるなど，幕末における天文学研究の出発点となった．

参考文献　藪内清『中国の天文暦法』，海老沢有道『南蛮学統の研究』，渡辺敏夫『近世日本天文学史』下，橋本敬造「暦象考成の成立」(藪内清・吉田光邦編『明清時代の科学技術史』所収)

(岡田　芳朗)

007 暦象新書 れきしょうしんしょ　江戸時代後期の天文物理学書．著訳者は志筑忠雄．上中下3編．上編は寛政10年(1798)，中編は同12年，下編は享和2年(1802)の成稿．原典は，イギリスのオックスフォード大学のジョン＝ケイルJohn Keill(1671～1721)著ラテン語本Introductio ad veram phisicum et veram Astronomiumのオランダライデン大学教授ルロフスJohan Lulofs(1711～68)による蘭訳本Inleidinge tot de waare Natuur-en Sterrekunde, of de Natuur-en Sterrekundige Lessen van den Heer Johan Keill, M. D.(1741)である．内容はニュートン力学に基づいた17世紀の西洋天文学・物理学が主で，さらにホイヘンスの遠心力と振り子の理論，粒子論，

対数の技法，引力法則および平面・球面三角法である．志筑は精力的研究と卓抜した思索により訳述とそれに対する自己の見解の付け加えを行い，さらにカント・ラプラスの太陽系生成に関する星雲説と同類の「混沌分判図説」を唱えた．本書は日本の思想史・科学史上画期的な書物である．『日本哲学全書』9に収載されている．　→志筑忠雄(しづきただお)

参考文献　中山茂・吉田忠校注『求力法論』(『日本思想大系』65)，狩野亨吉「志筑忠雄の星気説」(安倍能成編『狩野亨吉遺文集』所収)，大森実「『暦象新書』の研究」(『法政史学』15)，同「『暦象新書』と『夢の代』」(『蘭学資料研究会研究報告』141)，同「志筑忠雄「暦象新書」の光学」(『法政大学教養部紀要』21)，同「火器発法伝について」(『軍司史学』8ノ3)
　　　　　　　　　　　　　　　　　(大森　實)

008 歴代宝案 れきだいほうあん　琉球国の外交関係文書およびその文案を類聚したもの．仁宗元年(1424，応永31)から同治6年(1867，慶応3)に至る443年間にわたり，琉球国と明・清との往復文書をはじめとして朝鮮・暹羅(シャム)・安南・瓜哇(ジャワ)・三仏斉(シュリビジャヤ)・マラッカ・スマトラ・巡達(スンダ)・仏太泥(バタニー)の9ヵ国との文書が集録してある．現存するのは目録では1集43巻，2集200巻，3集13巻，咨集1巻，別集2巻の合計259巻で，紙数は約1万8260枚．1集巻頭の序文によると，明・清と琉球国との間の公式文書収録が天妃宮に収められていた．康熙36年(1697，元禄10)に琉球国中山王尚貞が摂政三司官らに命じ，蔡鐸以下をしてその旧案を再修して2部を作成した．その筆帖式の最末尾にのちの名宰相蔡温の名がみえる．4月4日から11月30日まで，わずか8ヵ月間の作業であるからおそらく筆写と分類を主要な内容とするものであったろうが，明・清皇帝から琉球国中山王への詔と勅諭(巻1～3)，礼部咨中山王(巻6・7，5巻は欠)，福建咨(巻8～11)，中山王表奏(巻12～14)，中山王咨礼部(巻16～22)，符文(巻23～27)，執照(巻28～35)，弘光文稿(巻36)，隆武文稿(巻37)，朝鮮諸国王咨(巻39)，移彝咨(巻40・41)，移彝執照(巻42)，山南王併懐機稿(巻43)であって所収文書は明の仁宗元年を最古とする．2集にはその初めに『督抄宝案記』があって，雍正4年(1726，享保11)に紫金大夫程順則以下が王命を奉じ，康熙36年から雍正5年に至る文書を編集した．1集の分類とちがって年月日の順に配列して200巻に達するが，巻81・114・126・127，129～132，138・167が欠けている上に，全体として写誤脱字錯簡も多く，文書点数も約3351点，康熙36年から咸豊8年(1858，安政5)まで編集作業は進められたが，もちろん清琉間の文書に限られて南方との交通に関するものは全くない．3集以下は編集の年も人も不明，順次久米村人の手に成ったものであろう．3集13巻は咸豊9年清文宗勅諭に始まり同治6年中山王尚泰咨福建まで合計161点．咨集は「文組方」と名づけられた5点の文書であり，乾隆38年(1773，安永2)から49年まで，浙江省の寧波府台州府などの各県から琉球国王宛の咨文であって，宮古・八重山から那覇への貢物運搬の往復に颶風に遭って浙江省に漂着したものを助けて福建へ送る内容である．別集は2巻ある．その第1巻は台湾大学本であって「咈㖩情状」と名づけられて13点．道光24年(1844，弘化元)，フランス戦艦が那覇に来航し，宣教師フォルカドを置いて去ったのをはじめとして，同26年英艦が医師兼宣教師伯徳令(ベッテルハイム)を置いて去っていった．それらについての福建礼部との往復文書である．第2巻は鎌倉芳太郎本にのみみえて，「咈㖩情状」26点，英の伯徳令，仏のフォルカド伯多禄の天主教宣伝，やがて咸豊三年の米のペリー来航に及ぶ．また，目録に欠けるもう1巻がある．台湾大学本の最末尾に『康熙五十八年亥冠船之時唐人持来候貨物録』なる一書が加わる．これは康熙58年に海宝・徐葆光が正副使として尚敬冊封の折の冠船が積んで来た貨物録である．この一行の歓迎のために作られたのが「冠船踊り」と称する音楽舞踊であり，この貨物の取引に際しての功績によって蔡温が出世の緒を開いた．さらに副使徐葆光の著『中山伝信録』が使録の中で最も大部詳細であり，内容も正しく永く琉球研究の基本史料とみなされてきた．この貨物録でみると清からの使者は正副使をはじめ轎夫傘夫書吏裁縫夫・皁隷(しもべ・召使)に至るまでそれぞれ硯・墨・布・梳などまでを持ち込んで来ており，琉球ではそれらの品々を高価に買わざるをえなかった．1集序文にいう旧輯を修正した2部のうち，王府に奉った1部はのちに尚侯爵家に保管され，明治に至って沖縄県庁に移され，さらに内務省に移管されたが，大正12年(1923)関東大震災のため焼失した．天妃宮に蔵せられていた他の1本は閩人三十六姓の子孫にして琉球の文京を支配した久米村の人々の保管するところであって外交文書の起草翻訳の手本・虎の巻にして他見を許さず秘蔵された．それが昭和7年(1932)に東恩納寛惇・鎌倉芳太郎らによって1集だけではなく，2集以下も発見され，沖縄県立図書館に委託された．この書物は太平洋戦争によって失われた．ところが写しが台湾に残っていた．岩生成一・小葉田淳が台北大学在任中に借用し，人を雇って筆写させたものである．これが台湾大学本であって，台湾大学教授曹永和の尽力によって出版された．写真版15冊である．巻数として最も多いが欠巻も誤字脱字も多く善本とは称し難い．1集だけについては，東大史料編纂所(筆写本)，鎌倉芳太郎蔵本・東恩納寛惇蔵本(この二者は発見当時，理化学研究所の太陽光線による青写真であって，最良である鎌倉本には他本みえない執照の1巻が加わる)がある．2集以下に

及ぶ写本としては横山重旧蔵本と旧上野図書館本がある．ともに台湾本を補正するのに役立つが必ずしも最良の写本とは考えられない．したがって，校訂本が必要なのであるが，和田久徳を中心とする小葉田淳以下11人の専門家によって校訂本が作製されつつある．第1冊が平成4年(1992)1月に沖縄県から上梓された．この完成をまってはじめて，琉球史は明確をなしうるであろう．

参考文献　小葉田淳『中世南島通交貿易史の研究』，宮田俊彦・和田久徳「明孝宗より琉球国中山王尚真への勅書」(『南島史学』3)，邊土名朝有『『歴代宝案』の基礎的研究』　　　　　　　　　(宮田　俊彦)

009　暦博士　れきはかせ　令制で陰陽寮に置かれた教官．従七位上相当で，定員1人(のち権官1人)．具注暦(御暦・頒暦)・七曜暦・中星暦の造進と暦生の教授を掌り，また改暦や暦書(教科書)の申請，当年日食日の申送(『延喜式』)，後任暦博士・暦得業生の推挙などの任にあたる．延暦10年(791)に職田3町が置かれる．暦生は10人，天平2年(730)よりうち2人が暦得業生として給費される．令に教科書の規定はないが，天平宝字元年(757)に暦算生は「漢晋律暦志，大衍暦議」などとみえ，宣明暦時代は『宣明暦経』のほか『大衍暦経』とその付属書も教習されたとみられる(『類聚三代格』『朝野群載』)．暦博士の語は令制以前にも『日本書紀』欽明天皇14年・15年条に百済よりの番上としてみえる．9，10世紀には大春日氏・家原氏・葛城氏が知られるが，10世紀中ごろに葛城氏のあとを襲った賀茂保憲以後賀茂氏が譜代の家を形成，11世紀後半まで大春日氏・大中臣氏と賀茂氏優位のうちに並立したが，院政時代以降正権博士・造暦宣旨を独占するに至る．

参考文献　『古事類苑』方技部，山下克明『平安時代の宗教文化と陰陽道』　　　　　　　　　(小坂　真二)

010　暦法　れきほう　暦をつくるための方法，規則．暦法には太陽暦・太陰暦・太陰太陽暦の3種類がある．太陰暦は月の満ち欠けの周期である1朔望月のみによって暦を組み立てるから季節と日付とは毎年ずれて行く．したがって日常生活には不便である．イスラム教の人々の間で宗教上の行事に使われているのが知られているくらいである．現在私たちが使用しているのはグレゴリオ暦という太陽暦である．この暦法は1582年にローマで採用され，次第に全世界に普及したものである．日本では明治6年(1873)に採用した．この暦法は「西暦年数が4で割り切れる年は閏(うるう)年として，2月の日数を1日増やす，ただし4で割り切れても西暦年数の下2桁がゼロの場合は，そのゼロを除いた上2桁が4で割り切れない年は平年とする」というもので，たとえば1800年や1900年は平年であった．このように決めると1年の平均日数は365.2425日となって1太陽年(冬至から次の冬至までの日数)の365.2422日に大変近いので，日付と季節の違いは2600年ほどで1日くらいである．このグレゴリオ暦の前はユリウス＝ケイザル(カエサル)の施行したユリウス暦が使われていた．この暦法では4で割り切れる年はすべて閏年としていたので，1年の日数が365.25日と太陽年より0.0078日大きい．このため西暦325年の宗教会議で3月21日と決めた春分が，16世紀には3月11日になってしまった．グレゴリオ改暦はこれを是正し，以後日付と季節があまりずれないようにするのが主な目的であった．このように太陽暦は単なる約束事で，規則を知っていれば誰にでもカレンダーを作ることができる．中国の，そしてそれをそのまま踏襲して使用して来た日本の，太陰太陽暦はそれほど簡単なものではなかった．1朔望月は29.5日余りで，その12倍を1年とすると，1年の日数は354日となって，1太陽年の365日余りと比べると11日も短い．そのために太陰暦では，その分だけ毎年日付と季節がずれて行く．太陰太陽暦では2，3年に1度，より正確には19年に7度閏月を置いて1年を13ヵ月として日付のずれを調節する．閏月は1太陽年の長さを基に決められる二十四節気によって，計算から自動的に入る場所が決まり具合いよく適当に配分される．太陰太陽暦は古代文明国の多くで使われたが，それらは単に平均朔望月のみを用いて毎月の朔日を決め，暦を作っていた．しかし中国では実際の太陽・月の運動の遅速を考慮し，平均運動に補正をして朔日を決めた．これを定朔といい，前者を平朔または経朔と言った．二十四節気の考案と定朔の採用が中国流の太陰太陽暦の特色といえよう．また中国流の太陰太陽暦は太陽暦のように単にカレンダーを作るための約束事ではなくて，1太陽年，1朔望月をはじめとする多くの天文定数を含み，日・月食や惑星の位置あるいは朔望や二十四節気などの計算法を含むものであった．これがわが国で用いられてきた暦法なのである．日本で最初に用いられた暦法は南朝宋の元嘉暦で，『日本書紀』持統天皇4年(690)条には「勅を奉りて始めて元嘉暦と儀鳳暦とを行ふ」(原漢文)とあるが，5世紀半ば以後の『日本書紀』の月朔干支は元嘉暦で計算したものと完全に一致する．また欽明天皇15年に百済より暦博士が来朝していることや，『政事要略』の推古天皇12年(604)にはじめて暦日を用いたという記事などから，持統天皇のころよりかなり前から暦法が使われていたと考えられている．元嘉暦のあとは文武天皇元年(697)から儀鳳暦が専用され，続いて大衍暦，五紀暦，宣明暦と唐暦が行用された．この宣明暦は貞観4年(862)より貞享元年(1684)まで実に823年間も施行された．同一の暦法がこのように長く使われたことは太陰太陽暦では例を見ない．この暦法では1年の長さを365.2446日としていたため800年も経過すると，誤差が2日にもなって，日の一番短くなる冬至が暦の冬至

の日より2日も前に来るようになるとともに，日食の予報法も800年も前の未熟なものであたらないことが多く，批判されるようになった．そのため次第に改暦の機運が盛り上がり，ついに日本人の手になるはじめての暦法である貞享暦が生まれた．貞享2年に施行されたこの暦法は，中国の授時暦の天文定数をほとんどそのまま用いていて独創性には乏しいが，中国と日本の経度差を考慮するなど，日月食の予報では格段の進歩を見せ，当時の日本の学問的水準を抜くものであった．貞享暦は70年行用されて宝暦暦に変わった．この暦法は貞享暦の焼き直しにすぎず悪評が高く，施行後17年目の明和8年(1771)に早くも修正された．寛政10年(1798)からは中国暦から独立した寛政暦が，そして弘化元年(1844)にはオランダ天文書から直接学んだ天保暦が実施された．この天保暦は実際に施行された太陰太陽暦では世界史上最も精密と評されている．いわゆる旧暦とは本来この天保暦を指す．明治5年太陰太陽暦の時代は終り翌年から太陽暦となった．　→暦（こよみ）　　　　　　　　　　　　　　（内田　正男）

011 レケオス Lequeos　16世紀初頭のポルトガル人の記録にみえる地名．ゴーレスとともにポルトガル領インド総督アルブケルケの書翰や伝記によって知られ，それらのさすところについては，かつて学者間の論争をよんだ．アルブケルケの部下であったトメ＝ピレスは，『東方諸国記』の中で次のように書いている．「レケオは，島は大きく，人口も多い．彼らはシナの福建で取引をする．シナ人よりも良い服装をしていて気位が高く，また正直である．彼らの土地には，小麦と独特の酒と肉とを持っているだけである．彼らは日本で，黄金と銅を買い入れる．マラッカに持ってくるものは，黄金・銅・武器・扇・小麦などである．レキオ人は，その商品を掛売りして，代金をうけ取る際，相手が欺いたとしたら，剣を手にして取り立てる」．琉球は，15，6世紀には，日本・中国・東南アジア諸国との間に，盛んに貿易していたことは，『歴代宝案』によって明らかである．レキオス・レケオは，「リュウキュウ」の対音と考えられるようになった．　→ゴーレス

参考文献　トメ＝ピレス『東方諸国記』(生田滋他訳注，『大航海時代叢書』5)　　　　（島尻勝太郎）

012 レザーノフ Nikolai Petrovich Rezanov　1764～1807　ロシア宮廷侍従長，露領アメリカ会社総支配人，第2次ロシア遣日使節．1764年に生まれる．18世紀以来，ロシアは，その東方政策に関連して，シベリア・カムチャッカの探険から千島（クリール）列島踏査へと調査探険事業を進め，学術的方面からも日本列島とアジア沿岸地域との関係が注目されていた．一方，18世紀後半に入ると，ロシア人の東方（シベリア・沿海州・アラスカ方面）への移民や植民，交易活動が活発となり，それに伴って日本との通商にも関心が高まった．かねてシベリアやアラスカへの植民事業に従事していたシェリーホフ G. I. Shelikhov は1797年に合同アメリカ会社を設立し，同社は1800年には露領アメリカ会社 Rossijsko-Amerikanskojkom-panii に発展した．この会社は北太平洋における漁猟・貿易・植民を独占する特権を与えられていたが，さらに日本・中国・フィリピンなどとの通商を計画し，政府に援助を求めた．レザーノフはシェリーホフの女婿で，同社の総支配人でもあったので，彼は02年（享和2），ロシア最初の世界周航隊を太平洋に派遣し，通商航路を開くようアレクサンドル1世に上奏した．その結果，クルーゼンシュテルン I. F. Kruzenshtern が提督に任命され，ナジェージダ号とネバ号をこの最初の世界周航に充てることとなった．この航海の主要な目的は，日本沿岸の調査を含む東方諸地域の学術的調査であるが，日本との外交交渉のため，レザーノフが使節として遠征隊に参加することとなった．彼は，アレクサンドル1世の日本国皇帝宛の国書と，1792年（寛政4）に第1次遣日使節アダム＝ラクスマン A. K. Laksman が根室で交付された信牌を帯し，仙台藩石巻（宮城県石巻市）の津太夫以下4名の日本人漂民を伴い，ナジェージダ号に搭乗した．遠征隊は1803年8月，聖ペテルスブルグの外港，クロンシュタット軍港を出帆，大西洋を横断，マゼラン海峡を通過して，ハワイを経由カムチャッカに至り，南下して04年10月9日（文化元年9月6日），長崎港外に投錨した．彼は漂流民護送の蘭文覚書と信牌の謄本を日本側に手交したが，長崎奉行成瀬因幡守正定ら日本側役人は国書奉呈・通商交渉には一切応ぜぬとの強硬な態度に終始した．レザーノフと側近は梅ヶ崎の米倉を改造した宿舎で越冬し，文化2年3月6日（1805年4月5日），立山役所で江戸から派遣された幕府目付遠山景晋に引見され，国書・進物などは一切受理されず，通商要求も却けられ，即刻帰帆することを命ぜられた．その13日後（陽暦4月18日，和暦3月19日），レザーノフは長崎を退去したが，日本側の非礼に憤激し，カムチャッカに帰航の途次，部下の海軍士官，フヴォストフ N. A. Khvostov とダヴィドフ G. I. Davydov を教唆して，樺太南部・択捉（えとろふ）島・礼文島・利尻島などの日本人入植地や舟を攻撃させ，報復を加えた．この事件は幕府当局者に非常な脅威を与え，間宮林蔵・松田伝十郎の樺太探険となり，北辺警備と蝦夷地経営に日本側為政者を覚醒させることとなった．レザーノフ自身はカムチャッカからシベリア経由で帰国の途についたが，1807年3月，クラスノヤルスクで死去した．　→クルーゼンシュテルン

参考文献　レザーノフ『日本滞在記―1804―1805―』（大島幹雄訳，『岩波文庫』），『通航一覧』275～283，羽仁五郎訳注『クルウゼンシュテルン日本紀行』（『異国叢書』12・13），高野明「フヴォストフ文書考」

(『早稲田大学図書館紀要』6)　　(加藤　榮一)

013　レスポンデンシア　⇨投銀(なげがね)

014　レビッソーン　Joseph Henry Levyssohn　?～1883
長崎出島のオランダ商館長．1800年ごろハーグに生まれる．父は弁護士であった．1825年以降東インド地方で勤務ののち，弘化2年(1845)より嘉永3年(1850)まで出島の商館長として在勤．弘化3年にはフランス艦隊の長崎来航の際その斡旋の労をとり，また数回にわたり北海道地方に漂着した米国の難破捕鯨船の船員が長崎へ移送された時にもその世話とバタビアへの送還にあたった．嘉永2年には漂民受領のため来航した米国軍艦への引渡しを斡旋した．帰国後1852年 Bladen over Japan(『日本雑纂』)を出版した．在任中に米国の知人から得た米国内における日本開国への動きについての諸情報をこの著書中に載せたが，その一部は間もなく阿蘭陀通詞の翻訳するところと成り，『列遜ヤッパン紀事』その他の名称で一部有識者間に書写され流布した．当時米国の対日動向を知る一情報源と成っている．1883年3月4日アルンヘム Arnhem に没す．『レフィスゾーン江戸参府日記』(片桐一男訳，『新異国叢書』第3輯6)がある．　　(沼田　次郎)

ろ

001　老松堂日本行録（ろうしょうどうにほんこうろく）　15世紀に日本に来た朝鮮の使節宋希璟(老松堂はその号)の紀行詩文集．中世後期の日本の社会相を細かに観察した記録として貴重な史料．1419年(応永26)，朝鮮は倭寇の根拠地をたたく目的で対馬を攻撃した(応永の外寇)．幕府は朝鮮の真意を探らせるため，大蔵経求請に託して，無涯亮倪らを朝鮮に送った．翌年，朝鮮は大蔵経を与えるとともに，文臣宋希璟を日本回礼使として無涯らの帰国に同行させた．希璟は閏正月15日ソウルを出発し，4月21日京都に到着，6月16日将軍足利義持に謁見した後，同27日京都をたち，10月25日ソウルに帰着した．この間9ヵ月余りの見聞や行動を，彼は五言・七言の漢詩と散文の序という形式で記録した．復命後，これらをまとめて一書としたものが『老松堂日本行録』である．1556年以前に写された古写本が日本に伝わっている(井上周一郎所蔵，重要文化財)ほか，1800年に朝鮮で開刊された古活字本がある(京都大学附属図書館谷村文庫所蔵)．井上本は影印を『朝鮮学報』45・46に，活字本を『岩波文庫』に収める．谷村文庫所蔵古活字本は谷村一太郎・小川寿一の校訂による活字本が刊行されている(太洋社，のち続群書類従完成会より再刊)．また『日本庶民生活史料集成』27に古活字本による書下し文を収める．　→宋希璟(そうきけい)

参考文献　中村栄孝『日鮮関係史の研究』上，村井章介『アジアのなかの中世日本』　　(村井　章介)

002　ローマ字印（ろーまじいん）　ローマ字で刻した印章．16世紀にはローマ字や算用数字などのことを「南蛮字」と称したので，ローマ字印を「南蛮字印」と称していた．南蛮字印は初期(16世紀)の切利支丹(キリシタン)印と後期(17世紀)の非切利支丹印の2種に分かれる．アレキサンドロ＝バリニァーノの天正7年(1579)4月3日の備慈多道留 Visitador 書状(『相良家文書』)の「IHS」楕円黒印を初見として同一意匠の大友義鎮の「IHS FRCO」楕円印，円印の「FRCO」印，黒田孝高(如水)の「Simeon Josui」円印などはすべて切利支丹印である．IHSは耶蘇会の記号，FRCOは義鎮の洗礼名 Francisco の略称，Simeon も孝高の洗礼名である．後期の黒田長政の「Curo NGMS」の楕円印，立花宗茂の「fida」(飛騨守)の円印，それから細川家三代の忠興・忠利・光尚(童名六麻呂)らはいずれも非切利支丹印であり，「tada uoqui」「Tada toxi」「foso caua rocu」など南蛮綴り(南欧綴り)となっている．細川光尚の重臣たちも同様に南蛮字印を各自が常用したが，禁教政策の厳しさに影響されて光尚は自発的に慶安元年(1648)

老松堂日本行録（井上本）

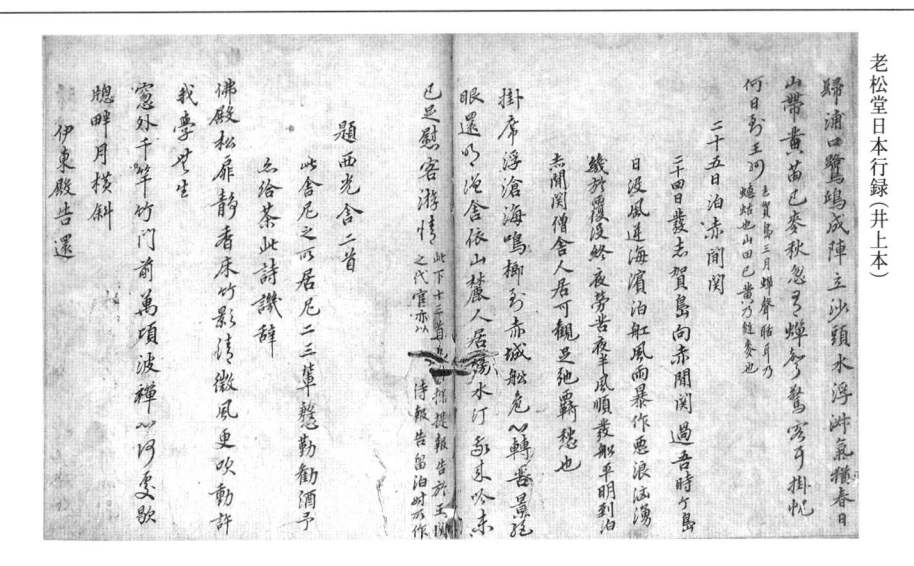

帰浦口鷺鴎成陣立沙頭水浮渺氣擬春日
山帯黄苗已麥秋急子蝉今鷲窓可掛帆
何等王河蝠蛄也山己貴乃駐参也
二十五日泊赤間関
二千四日簽志賀島向赤間関過吾時ケ島
日波風送志海濱泊舡風雨暴作惡浪逐湯
艘載震浸然夜旁苦衆軍艮順義船平明到泊
志聞閩僧舎人居可観且他覇穏也
掛序浮滄海鳴柳彩赤城皃～轉吾鼻涕
眼還西洫舎依山麓人居燈水汀盈東吟来
題西光舎二首
　　　　此舎尼之四居尼二三茶意赤山
亾俗茶山詩讚辞
　　　　　之代宣赤以
慰客遊情　此下十三鶯兼
　　　　　情提報告新主
　　　　　人侍報告留時折之作
佛殿松扉静香床竹影微
我等堂生
窓外千竿竹門奇萬頃波禅似阿更動歌
鷗畔月模斜
伊東厳告還

6月23日に南蛮字印廃止命令を重臣に伝達して篆書印に改印した．以来70余年を経て享保5年（1720）に「禁書弛禁令」が出て以降は紅毛文化の輸入によって紅毛綴りの印章の使用時代を迎えた．秋田蘭画（秋田派）の画家としても著名な秋田藩主佐竹義敦（曙山）の落款の蘭語印は5顆4種あって「Siozan」と紅毛綴りとなっている．蘭学館を安政2年（1855）に設立して蘭学の興隆に尽くした土井利忠の方印は「TSTD」と意匠している．19世紀ともなり蘭学隆盛期に至るとこうした蘭語印の使用が普及したのは当然である．

|参考文献| 荻野三七彦『印章』（吉川弘文館『日本歴史叢書』13），平福百穂『日本洋画曙光』，奈良環之助・太田桃介・武塙林太郎『近世の洋画—秋田蘭画—』，同『図録秋田蘭画』　　　（荻野三七彦）

「IHS FRCO」
（大友義鎮）

「Siozan Schildereij」
（佐竹義敦）

003 邏媽人欵状 ローマじんかんじょう　佐久間維章編，序文は安永7年（1778）．長崎奉行所蔵『華夷変態』（林鵞峯編，序文は延宝2年（1674））によって，ローマ法王庁の宣教師シドチ関係の文書・絵図を採録編集したもの．欵状は「口書（くちがき）」で箇条書きの供述書．内容は，①異人申口之覚，②異国人致所持候大袋之内諸色之覚，③以別紙申入之候の3項目についての記述．①は14条から成り，生国・姓名・年齢，来日の理由，屋久島到着までの経過，同島上陸後の動静，江戸行きの希望などを記載．②は所持品，マリアの肖像画・祭具・日本の貨幣など33点の絵図と註記，日本刀・香合・書物などの目録と説明．③は薩摩藩から長崎奉行へのシドチ潜入状況の報告書と，長崎奉行からのシドチ取調べ経過の報告書．『新井白石全集』4に収録．ほかに新井白石自写の『長崎注進邏馬人事』上下2巻があり，記述・註記は『華夷変態』よりも詳細．所持品の方は白石みずから実際に検閲，シドチより説明を聴取したものだけに，絵図は『華夷変態』よりも精確，註記も一層詳細．筆者校訂の『新訂西洋紀聞』附録（『東洋文庫』113）に『華夷変態』（附『邏媽人欵状』）とともに収録．本書は水戸藩編の排耶書『息距篇』にも収録されている．

|参考文献| 宮崎道生「白石の著書について」（『新井白石の研究』所収），同「西洋紀聞の思想史的役割」（『新井白石の洋学と海外知識』所収）

（宮崎　道生）

004 ロシア Russia　ヨーロッパからアジアに及ぶ広大な領域を擁している国家．その日本やアジアに対する

外交は，ヨーロッパ国家としての外交のアジアへの特殊な適用という性質をもつ．樺太・シベリア地方は日本領土にも近接し，17世紀以来海上で遭難した日本人がロシア人と接触したり，中国を通じて日本についての知識を得たりして，ロシアの対日関心はたかまり，ロシア人が北海道方面に来航するようになった．しかし当時日本は鎖国政策をとっていたので国交の開始には応じなかった．一方でロシアに漂流して帰国した大黒屋光太夫などを通じてロシアに対する日本側の認識もたかまったが，一部では対露警戒心も生じた．エカテリーナ2世は日本との通商関係を開こうとして，18世紀末以来ラクスマンやレザーノフを日本に派遣したが，幕府は交渉に応じなかった．アヘン戦争やペリーの日本訪問が行われるようになると，ロシアはプチャーチンを日本に派遣して条約交渉を行わせた．その際プチャーチンの乗船ディアナ号が下田沖で遭難したりしたが，結局ペリーによる日本開国ののち，1855年2月7日（安政元年12月21日）日露通好条約（日露和親条約）が締結され，国交が開かれた．この条約には国交関係の条項のほか国境の画定についての条項も設けられ，択捉（えとろふ）島と得撫（うるっぷ）島の間に国境線をひき，択捉全島は日本領，得撫島以北のクリル諸島はロシア領と定めた．またこれまで日本人とロシア人が進出していた樺太については，国境を分かつことなく従来通りの雑居地とした．のちに安政五箇国条約の一環として日露修好通商条約・貿易章程も結ばれた（1858年8月19日（安政5年7月11日））．明治維新以後，新政府は北海道開拓には積極的だったが，樺太には明治3年（1870）に開拓使をおいたものの翌年には廃止するなど，消極的な態度をとった．これに対しロシアは樺太進出に積極的だった．副島種臣外務卿は樺太買収を唱え，また久春古丹（くしゅんこたん，楠渓）でのロシア兵による暴行事件，釜泊（かまとまり）での日本人殺害事件などから対露強硬論も唱えられたが，大勢は樺太放棄論に傾き，明治8年5月7日に樺太・千島交換条約が結ばれ，日本は樺太に対する権利を放棄し，ロシアは得撫島以北占守（しゅむしゅ）島に至る諸島を日本に譲渡した．その後ロシアはシベリアに対する施策を強化し，シベリア鉄道の建設を進めることとした．明治24年には国賓として来日したロシア皇太子ニコライが，護衛の巡査津田三蔵に襲われて負傷した大津事件が生じたが，津田の行動は，ニコライの訪問が将来の日本攻撃に備えたものであるとの誤解にもとづくものであった．日清戦争後，明治28年日清講和条約（下関条約）が締結されると，露独仏による三国干渉が行われたが，ロシアはその際中心的な役割を果たし，結局日本に遼東半島の放棄を認めさせた．ロシアはヨーロッパにおけると同様に極東でも早くから南下政策をとり，特に満蒙方面に進出していたが，この段階から一層帝国主義的な政策をとるようになった．閔妃殺害事件ののち朝鮮はロシアに接近するようになり，ロシアも明治29年には軍を朝鮮に入れ，朝鮮国王がソウルのロシア公使館にのがれるという播遷事件がおこり，ロシアの圧力がつよまった．明治31年の西・ローゼン協定でロシアは朝鮮につき若干の譲歩をしたが，この年にはロシアは清との間に旅順・大連租借条約を結び，前後して東清鉄道および同南満洲支線敷設契約を結んで満洲方面に新たな進出を行なった．また義和団事件で列国が出兵し，北清事変最終議定書（明治34年）が結ばれたのちも，ロシアは満洲からの撤兵を行わず，朝鮮へも進出する気勢を示したので，日本国内ではロシアの南下政策に対する危機感がたかまった．もっとも日英同盟論に反対する伊藤博文らの日露協商論もあったが，その後もロシアの南下はやまず，ついに明治37年日露戦争の勃発を招いた．日本はこの戦争に勝利を収め，明治38年9月5日に日露講和条約（ポーツマス条約）を結び，日本の全面的な対韓優越権，遼東半島および南満洲鉄道に関連する諸権利の日本への譲渡，北緯50度以南の樺太の日本への譲渡などを認めさせた．これにより日本は戦後南満洲方面に進出することになり，一方ではロシアを仮想敵国として軍備増強を進めながら（明治40年「帝国国防方針」），他方では満蒙問題をめぐりロシアと協商関係を結ぶようになった．こうして明治40年7月30日に第1回日露協商を結び，その秘密協定で南満洲における日本，北満洲におけるロシアの勢力圏と韓国における日本の自由行動ならびに外蒙古におけるロシアの特殊利益を相互に承認した．なおこの年には英露協商が結ばれ，先の露仏同盟・英仏協商とあわせて三国協商の関係が成立し，日本も日英同盟・日仏協約を結んでいたので三国協商の陣営に連なるようになった．明治43年7月4日には第2回日露協商が結ばれ，その秘密協定において，第1回協商で定めた満洲地方における分界線をもって両国の特殊利益地域を分割したものと認め，両国はそれぞれの地域内においてそうした利益をまもるため必要な措置をとる権利を認め，特殊利益がおびやかされようとする場合には，共同行動または相互援助を行うために協議することとした．明治45年7月8日の第3回日露協商はそれ自体秘密協定であり，新たに東部内蒙古を日本，西部内蒙古をロシアの特殊利益地域とした．これまでの日露協商を通じ，日本は南満洲および東部内蒙古を日本の勢力範囲ないし特殊利益地域とすることをロシアに認めさせたが，これらはのちに「満蒙特殊権益」とよばれるようになった．こうして日露両国は満蒙における権益の分割を通じて友好関係に立つようになったが，第1次世界大戦には両国とも連合国側の一員として参戦するようになった．大正5年（1916）7月3日には第4回日露協商が結ばれたが，その秘密協定では，

両国の有する緊密な利益に鑑み，中国が日本またはロシアに敵意を有する第三国に政治的に掌握されることのないよう両国はとるべき措置について協議し，その結果締約国の一国と前記の第三国との間に戦争が起れば，他方の締約国は援助義務を負うこととした．ここに日露関係は同盟にまで発展し，その対象地域も全中国に拡大された．政治外交面以外では日露両国の関係は文学の面で顕著であり，チェホフやツルゲーネフ，トルストイ，ドストエフスキー，ゴーリキーなどの作品が日本にも大きな影響を与え，二葉亭四迷の作品を生んだりした．帝政時代の統治に対して社会主義やアナーキスト，「虚無党」の活動もロシアで活潑に行われ，幸徳秋水や片山潜らの思想や運動にも大きな影響を与えた．しかし1917年にはロシア革命がおこり，ロシアは社会主義体制に移行するようになり，22年に成立したソビエト連邦にロシア共和国として参加した．91年(平成3)12月8日ソビエト連邦が解体した結果，日本は同27日ロシア連邦 Russian Federation を旧ソビエト連邦政府を継承する政府として承認し，新しい日本・ロシア関係が生まれることとなった．日本はついで28日ウクライナ，ベラルーシなど10旧ソビエト連邦構成共和国を新国家として承認した．日本・旧ソビエト連邦間の北方領土問題は日本・ロシア間の最大懸案として引き継がれた．

参考文献 田保橋潔『近代日本外国関係史』，真鍋重忠『日露関係史』，外務省編『日露交渉史』，日本国際政治学会編『日本外交史研究—日清・日露戦争—』(『国際政治』19)，同編『日露・日ソ関係の展開』(同31) (大畑篤四郎)

005 ロス＝アンヘレス Juan de Rueda y de los Angeles ⇨アンヘレス

006 ロドリゲス Agustin Rodriguez ？～1613 スペイン人フランシスコ会司祭．カンポス地方のビリャフラーデス生まれ，サンチャゴの会則遵守派管区で立誓，サラマンカ修道院院長となり，ビリャロン近くのノヤ修道院に隠棲中，同修道院から宣教師団に加わりフィリピンへ赴く．文禄3年(1594)マルセロ＝リバデネイラらとともにマニラ総督使節の資格で来日，平戸着，総督の豊臣秀吉宛贈物を携えて上洛．同5年，長崎で逮捕され，慶長元年12月19日(1597年2月5日)のペドロ＝バウティスタ＝ブラスケスら26名の長崎殉教に際して彼から日本布教長に任命され，監禁されて同港に停泊中のポルトガル船から殉教を目撃後澳門(マカオ)へ追放され，翌年マニラ帰着．1602年まで修道院説教者を勤め，同年(慶長7)日本遣外管区長に任命されて再来日し長崎着，マニラ総督の親書贈物を携え伏見で徳川家康に謁し，江戸・伏見など5ヵ所の聖堂の使用を許可された．04年，フランシスコ会総会への聖グレゴリオ管区代表に選出されたためマニラに帰り，翌年スペインに向かったが4ヵ月後にマニラに帰着し，サン＝フランシスコ＝デル＝モンテ修道院院長，07年，管区長代理兼巡察師，翌年，管区会議議長となり，10年，同修道院に居住後，13年マニラで没した．

参考文献 トマス＝オイデンブルグ『十六～十七世紀の日本におけるフランシスコ会士たち』(石井健吾訳)，P. Fr. E. G. Platero: Catalogo Biográfico de los Religiosos Franciscanos de la Provincia de San Gregorio Magno de Filipinas. Manila 1880; Letona, Memorial informatorio; P. Fr. Eusebio Gomez Platero: Catalogo Biográfico de los Religiosos Franciscanos de la Provincia de San Gregorio Magno de Filipinas; T Uyttenbroeck, O. F. M.: Early Franciscans in Japan, Missionary Bulletin Series, Vol. VI. (井手 勝美)

007 ロドリゲス Jerónimo Rodriguez senior 1568～1628 ポルトガル人イエズス会司祭．1568年エボラ大司教区モンフォルテ生まれ，85年イエズス会入会，修練期を終えてコインブラで哲学・神学を学び人文学を教え，95年インドへ派遣されゴアで神学を学び，97年，巡察師バリニャーノとともに澳門(マカオ)へ赴き神学課程終了，司祭となる．慶長5年(1600)来日，翌6年末，上(畿内)へ赴き，7年，伏見の住院を創設し，大坂で盛式四誓願司祭となる．8年，高山右近の要請により北国(金沢)の住院を創設，同16年以後，長崎のコレジョ院長，19年の追放令後も残留して上地区長，準管区長となり，上洛途上，大坂冬の陣勃発のため翌元和元年(1615)以後，広島から長崎に帰り，元和3年パウロ明石内記隠匿事件に関与して離日．同年以後澳門のコレジョ院長，1619～21年と23～26年に日本＝シナ巡察師となりコーチシナとトンキンに宣教師を派遣，28年7月5日，澳門で没．

参考文献 高瀬弘一郎訳注『イエズス会と日本』(『大航海時代叢書』2期6・7)，五野井隆史『徳川初期キリシタン史研究』，高瀬弘一郎『キリシタン時代の研究』，J. F. Schütte S. J.: Monumenta Historica Japoniae I, Textus Catalogorum Japoniae 1549—1654. (井手 勝美)

008 ロドリゲス João Rodriguez Girão 1558～1629 ポルトガル人イエズス会司祭．1558年リスボン大司教区アルコーチェテに生まれる．父フランシスコ＝ジラン，母ベアトリーヌ＝ローレンツ．76年コインブラでイエズス会入会，修練期を終え人文学と哲学・神学を学び，83年，神学生としてインドへ派遣され，ゴアで神学課程終了，85年司祭となる．天正14年(1586)澳門(マカオ)から来日，平戸着，府内のコレジョ監事，島津軍の豊後侵入により山口へ移り，翌年の豊臣秀吉の伴天連追放令により平戸へ赴き，数年間，大村で布教し，慶長4年(1599)有馬領西郷に住院を創設，単式終

誓願司祭となる．同5年末，京都上京の住院上長，7年以後，長崎在住，翌8～17年，準管区長パシオの秘書となる．その間の同12年，準管区長に随伴し江戸で将軍徳川秀忠，駿府で徳川家康に謁した．17～19年，長崎セミナリヨ教務長，院内コーロスの顧問兼教誨者となり，19年澳門へ追放され1629年10月15日，同地で没．日本語で説教し，1604～10年分と1612年以後26年まであわせて14年度分の『年報』(『イエズス会日本年報』)を作成した．

[参考文献] 高瀬弘一郎訳注『イエズス会と日本』2 (『大航海時代叢書』2期7)，五野井隆史『徳川初期キリシタン史研究』，高瀬弘一郎『キリシタン時代の研究』，H・チースリク「セミナリヨの教師たち」(『キリシタン研究』11)，同「府内のコレジヨ」(同27)，J. F. Schütte S. J.：Monumenta Historica Japoniae I, Textus Catalogorum Japoniae 1549—1654.　　　　　　　　　(井手　勝美)

009 ロドリゲス João Rodriguez Tçuzu　1561～1634
ポルトガル人イエズス会司祭．豊臣秀吉・徳川家康との外交貿易問題の折衝に通訳を勤めたので，同姓同名のイエズス会士と区別するため「通事(ツゥズ)」Tçuzu と称された．漢名は陸若漢．1561年ラメゴ司教区セルナンセリェ生まれ，75年ゴア着．天正5年(1577)澳門(マカオ)から来日，府内着，同8年イエズス会入会，臼杵の修練院で修練期および府内のコレジヨで人文学と哲学課程を終え，1年半神学を学ぶ．14年の島津軍の豊後侵入により翌年以後4年間，八良尾のセミナリヨのラテン語教師となり，日本語で説教し得るに至る．18年，長崎のコレジヨ神学生，翌年，巡察師バリニャーノに随伴し遣欧少年使節の通訳として上洛，秀吉に謁し，翌文禄元年(1592)，朝鮮出兵の本陣名護屋で秀吉の歓待を受ける．翌2年，神学課程終了，名護屋で家康の知遇を得，上洛し秀吉に謁して都の布教に従い，翌年の年賀に秀吉を訪問．慶長元年(1596)澳門へ送られて司祭となり長崎に帰着．同年12月19日(1597年2月5日)フランシスコ会士ペドロ＝バウティスタ＝ブラスケスら26人の長崎殉教に際しイエズス会士とポルトガル人に被害の及ばぬよう策し，同3年，臨終の秀吉を見舞い，以後追放されるまで12年間，財務担当司祭の要職に就く．翌年，伏見で家康からイエズス会士の在日許可を得，6年，盛式四誓願司祭となり以後ほぼ毎年，準管区長顧問として上洛し家康に謁した．12年，準管区長パシオに同行，駿府に家康，江戸に将軍秀忠を訪れ，翌13年，在日イエズス会士中最高の日本語学者として『日本大文典』(長崎)を刊行，15十五年，長崎の貿易と政治問題に介入しすぎたため澳門へ追放される．1613～15年，中国内地を旅行後澳門に帰還し儒仏道三教を研究して，「天主」問題には日本と同じく原語主義を主張，20年『日本小文典』(澳門)を刊行．この年から没年まで『日本教会史』を編纂，28～32年，ポルトガル討清軍に従い「通事」として北京へ2度赴き，功によりイエズス会士としてはじめて明の毅宗皇帝の感状と賞状を受け，翌33年澳門に帰還．8月1日ヘルニアのため同地で没と記録されているが，『日本教会史』の自筆稿本から没年は翌34年と思われる．
→日本教会史(にほんきょうかいし)　→日本文典(にほんぶんてん)

[参考文献] 『完訳フロイス日本史』(松田毅一・川崎桃太訳，『中公文庫』)，土井忠生『吉利支丹語学の研究』，同『吉利支丹論攷』，高瀬弘一郎『キリシタン時代の研究』，五野井隆史『徳川初期キリシタン史研究』，H・チースリク「府内のコレジヨ」(『キリシタン研究』27)，高瀬弘一郎「長崎代官村山当安をめぐる一つの出来事」(『キリシタン時代対外関係の研究』所収)，J. F. Schütte S. J.：Introductio ad Historiam Societatis Jesu in Japonia1549—1650; J. F. Schütte S. J.：Monumenta Historica Japoniae I, Textus Catalogorum Japoniae 1549—1654; M. Cooper, S. J.：Rodrigues the Interpreter—An Early Jesuit in Japan and China.　　　(井手　勝美)

010 ロヨラ Ignatius de Loyola　1491～1556　スペイン人イエズス会創立者，初代総会長，聖人．1491年バスク地方ギプスコア州アスペイティア近くのロヨラ城に生まれ，サン＝セバスチャン小教区教会で受洗，霊名イニゴ．少年時代はフェルナンド5世の会計検査院長ファン＝ベラスケス＝デ＝ケリャールの近習を勤め，1516年以後ナバラ副王のもとで軍務に服し，21年パンプローナ城防衛戦でフランスとバスク連合軍の砲弾で脚に重傷を負い，故郷のロヨラ城で療養中，ルドルフの『キリスト伝』とボラジネの『聖人伝』を読んで回心．22年マンレサでシスネロスの『霊的生活の修練』と『イミタチオ＝クリスティ(キリストのまねび)』を読み，厳しい苦行と祈りの生活中に霊的啓示を受け，この神秘的宗教体験に基づき，イエズス会の源泉となる『霊操』の主要部分を著わす．エルサレム聖地巡礼後，24～35年，バルセロナ・アルカラ・サラマンカ・パリでラテン語・人文学・哲学・神学を学び，34年パリで哲学修士号を得，37年，司祭となる．39年，中世以来の諸修道会とは異なる新しいイエズス会『会憲草案』の執筆を開始し，翌年，シャビエルら6名の同志とともに創立したイエズス会(Compañia de Jesús イエズスの軍団，Compañiaは中隊の意)が教皇パウロ3世から裁可され，翌年，初代総会長に選出され，48年『霊操』が認可される．51年ローマ学院(現グレゴリアン大学)，翌年ドイツ学院を創立，没まで『会憲』の修正増補に専念し，56年7月31日胆嚢炎のためローマで没．当時イエズス会はヨーロッパ・アフリカ・東西インドに12管区，会士1000名に達し，16世紀末には

西欧カトリック世界の男子高等教育をほぼ独占するに至る．1622年列聖．日本準管区長ペドロ＝ゴメスはロヨラの『会憲』『会則』の精神を忠実に継承するとともに日本の新しい要請に応じた『日本管区規則』(文禄元年(1592)末)を完成．『霊操』と『イミタチオ＝クリスティ』のキリシタン版が刊行され，ロヨラが会士に課した霊的修練，ラテン語学習，人文主義的教養，哲学と神学の研鑽という教育方針は日本イエズス会の修練院・セミナリヨ・コレジヨの教育機関に多大な影響を与えた．　→イエズス会　→キリシタン学校制度　→ゴメス

[参考文献]　『イグナチオ・ロヨラ書簡集』(中村徳子，V・ボネット訳)，佐々木孝・エバンヘリスタ訳編『ロヨラのイグナチオ―その自伝と日記―』，カール＝ラーナー『イグナチオ・デ・ロヨラ』(小林珍雄訳)，パウロ＝フィステル『聖イグナチオ』，ジョゼフ＝ド＝ギベール『聖イグナチオの霊性』(倉田清訳)，垣花秀武『イグナティウス・デ・ロヨラ』(『人類の知的遺産』27)，I. Iparraguirre : C. de Dalmases, Obras completas, BiblAut Crist 86. ; I. Casanuvas : Cartas espirituales de S. Ignasi de Loyola, 2 v.

(井手　勝美)

011 ロレンソ　Lourenço　1526〜91　イエズス会イルマン．大永6年(1526)肥前白石に生まれる．邦名不詳．Lourenço de Fijen(肥前のロレンソ)とも書かれる．半盲の琵琶法師として渡世中，天文20年(1551)山口でシャビエルに逢い受洗．ロレンソと称し，同宿として働く．弘治2年(1556)夏，比叡山に登り，京都布教の下調査を行い，豊後・肥前で宣教師らに日本語を教えつつ布教．永禄2年(1559)ビレラに従い入洛．翌春将軍足利義輝から允可状を受け，京都・堺・大和に布教．同6年イエズス会に正式に入会．のちのキリシタン文学者養方軒パウロ父子，公卿清原枝賢や高山右近父子らを改宗させ，和田惟政の保護を得た．その間，教書の邦訳にもあたった．同8年西下，有馬・大村・五島に布教．11年織田信長入洛に応じ再び入洛．日乗との宗論や迫害に対処，フロイス・オルガンティーノらを援け，京都南蛮寺の建設に成功．信長ついで豊臣秀吉の信を得たが，天正15年(1587)の伴天連追放令により西下．同19年春，天正遣欧使節らとともに聚楽第にも伺侯したが，そのころから健康が勝れず，同年12月20日(1592年2月3日)長崎で没．66歳．その名は江戸時代の排耶・稗史類にも特記され，彼の活躍のほどを示している．

[参考文献]　海老沢有道『京畿切支丹史話―日本人伊留満ロレンソの足跡を辿りつつ―』

(海老沢有道)

012 論語　ろんご　孔子の言行・問答，門人の言葉などを集めた語録で，儒教の重要な文献．「四書」の第一．10巻，20篇．編纂の事情ははっきりしないが，門人たちの間でたくわえられた記録が伝承され，孔子のものとは考えにくい後世の付加文もまじえて編成されたもので，おそらく漢初(前200年ごろ)のまとめであろう．内容は孔子の思想と人格を伝えるに主眼があるが，短い言葉の集積でありながら，孔子と門人の様子が生き生きと表現されていて，原始儒家思想の核心を伝える第一資料であるとともに，また春秋時代の歴史・文学の資料としても貴重である．主題は人間としての道徳的な正しい生き方の追求であって，忠(まごころ)と恕(おもいやり)を中心とした仁愛の徳と家族的な孝悌倫理とによって，君子としての人格を高め，また国家社会の礼秩序を樹立することであるが，身近な人生問題についての含蓄の深い言葉も多く，すぐれた古典となっている．はじめ斉の『論語』と魯の『論語』と孔子の旧宅の壁中から出た『古論語』との3種があったのを，前漢末の張禹が1つの校定本にした．それが今の『論語』である．そして，漢代に儒教が国教となると，『論語』は『孝経』とともに五経に準じて尊重され，それがその後の伝統となって，注釈も多く作られることになった．その漢代の諸注釈を抜粋して集め，古註として今に伝わるのは魏の何晏(かあん)の『論語集解』である．やがて，その再註が作られ，梁の皇侃(おうがん)の『論語義疏』と，宋の邢昺(けいへい)の『論語註疏』とがその代表である．前者は中国で滅んで日本に伝承されたもので，江戸時代になって中国へ逆輸出された．宋学では五経よりも四書が尊重され，『論語』はその筆頭として特に重視されたが，朱子は新しい哲学的解釈を加えて『論語集註(しっちゅう)』を作った．これを新註という．元以後，朱子学の盛行とともに科挙と結びついてこの新註が広く読まれた．清朝の考証学の成果としては，古註をふまえた劉宝楠の『論語正義』があり，訓詁は精密になったが，一般にはやはり新註が読まれてその再註釈も多く作られた．

日本へは，漢籍渡来のはじめとして『千字文』とともに百済の王仁(和邇吉師)によってもたらされ(『古事記』)，王仁の渡来は応神天皇16年のこととされる(『日本書紀』)．『十七条憲法』や『日本書紀』にもすでにその影響とみられる語句や話があるが，学令でも必修とされ，清原・中原両博士家も講義をつづけ，その点本が鎌倉時代から室町時代にかけての古鈔本として残っている．これらはほとんど古註の『論語集解』で，南朝の正平19年(北朝貞治3，1364)には堺浦道祐居士による和刻本(正平版)がはじめて出版され，その後も盛んな出版をみて，慶長4年(1599)の勅版に代表される古活字本にも数種がある．新註は鎌倉時代に伝来して次第に読まれるようになり，室町時代の清原宣賢らの抄物にも参考されているが，江戸時代に入ると朱子学は幕府の被護を受け，朱子の『四書集註』は林羅山

の道春点をはじめ多くの人々によって訓点をつけて出版され，新註の勢いは決定的になった．ただ，元禄のころになると，伊藤仁斎があらわれて『論語』を「最上至極宇宙第一の書」として重んじ，『論語古義』を著わして朱子の哲学的解釈をしりぞけ，前半十篇を上論，後半十篇を下論として，前者をより純粋な資料と考える文献批判的見解をはじめて提示した．また荻生徂徠は『論語徴』を著わして朱子と仁斎に反対し，仁を「長人安民の徳」とする独自の立場から訓詁を正して新解釈を提示した．このほか，多くの注釈が出たが，やがて日本の古写本を利用して校訂を行うことも盛んになり，山井鼎（崑崙）の『七経孟子考文』や吉田篁墩の『論語集解考異』などが出て，中国の学者を驚かせた．こうした学者の研究のほか，江戸時代後期では藩校から市井の寺子屋までの教育にも『論語』は広く用いられ，日本人の一般教養に大きな影響を与えてきた．

参考文献　武内義雄『論語の研究』（『武内義雄全集』1），大江文城『本邦四書訓点並に注解の史的研究』，林泰輔『論語年譜』　　　　　　　（金谷　治）

わ

001 倭 わ　倭の呼称は，伝伯益撰『山海経（せんがいきょう）』海内北経に「蓋国は鉅燕の南，倭の北に在り，倭は燕に属す」（原漢文）とあるのを初見とし，それ以後王充撰『論衡（ろんこう）』恢国篇・儒増篇に現われる．史書では，班固撰『漢書』地理志燕地条，魚豢（ぎょかん）撰『魏略』に現われるが，陳寿撰『三国志』魏書（俗に『魏志』という）以降の正史に至って，はじめて「倭人伝」「倭条」「倭国条」が立てられる．通説では，この倭は後世の日本を指した呼称とするが，異論もある．呼称の由来については，①人称代名詞，②地名，③他称などの説がある．字義についても，①許慎の『説文（せつもん）』による柔順説，②倭を矮と同義とする蔑称説，③『詩経』により倭を「遠方」の義とする説などがある．だが，前漢の淮南王劉安撰『淮南子（えなんじ）』などを参考にすると，倭は東方の極地と見なされていたことがわかるから，③の説が妥当と思われる．発音については，Waとする見解が有力だが，Wiとする見解もあって，結論を見ていない．

参考文献　山尾幸久『日本古代王権形成史論』，三木太郎『魏志倭人伝の世界』，同「中国文献上の倭国」（『北海道駒沢大学研究紀要』7）　（三木　太郎）

002 和糸 わいと　⇨糸割符（いとわっぷ）

003 倭館 わかん　15世紀初めから19世紀後期まで，朝鮮半島に置かれた日本人使節接待のための客館，ならびに居留地域をさし，使者の応接所，宿泊所，貿易所などが設営されていた．その機能は，日朝両国の外交と貿易を推進するための，いわば公館と商館の両者を兼ね備えていた．倭館の創設年代は不明だが，朝鮮王朝前期，都（漢城）には中国使節のための大平館，女真人のための北平館と並んで，日本人の客館として東平館が置かれており，これを倭館と通称していた．文献上の初見は1409年（太宗9，応永16）で，そのころ倭館は東平館・西平館の2館からなり，のちに東平館一所・二所と改称され，密貿易取締りを含んだ倭館の制度が確立していった．その後1423年（応永30），使船の入港が特定の港に限られたため，都の例にならって，富山浦（釜山）と乃而浦（熊川薺浦），のちに塩浦にも倭館が設置された．これを浦所倭館，ないしは三浦（さんぽ）倭館と総称する．使船が浦所に着くと，地方官が書契・図書などの渡航証を点検し，上京を許可された者は，規定に従って浦所と都を往復した．浦所倭館の施設は，客館・倉庫などを中心に次第に充実していき，接待用の食料も，地方ごとの負担割合，納入方法なども定着したが，一方で三浦に在住する日本人（恒居倭人）の増

加に伴い，管理上の問題が起った．そこで倭館と倭戸の周辺にそれぞれ木柵をめぐらし，さらに外周にも囲いを設けて，出入りを西と北の門だけに限り，常時守衛を置いて監督するなど，次第にその構築が整備されていった．しかし1510年（永正7），恒居倭人を中心とする争乱（三浦の乱）があり，2年間の通交断絶の後成立した壬申約条によって，開港所が薺浦1ヵ所に限られ，日本人の恒居も禁じられて，薺浦以外の浦所倭館が閉鎖された．その後，1521年（大永元）開港所に釜山浦が加わって2ヵ所となり，1544年（天文13）再度の通交断絶を経た後，1547年より釜山の豆毛浦1ヵ所に限られた．これもやがて文禄元年（1592），豊臣秀吉による朝鮮出兵の際，取り壊されるなど，開港所の変遷によって浦所倭館の改廃がくり返された．戦後後，江戸時代における倭館は，日本人の上京が禁じられたため，都には置かれず釜山浦1ヵ所のみ，それも①1601（慶長6）～07年，絶影島の「仮倭館」，②1607～78年（延宝6），豆毛浦の「古館」，③1678～1873年（明治6），草梁項の「新館」と移転する．①は，主として戦後の講和交渉が展開された場であるが，短期間のため施設など詳細なことは不明である．②は東方を海に接し，東西126間，南北63間の約1万坪の敷地内に，宴享庁を中央にして東館と西館が建てられていた．しかし間もなく公務を帯びて数年間単位で滞在する者が増加したことから，1611年（慶長16）宴享庁を館外へ移し，必要に応じて滞在者のための新規の建物が増築されるようになった．このことから近世倭館は，公館（客館）・商館に加えて日本人居留地としての機能を兼ねることになる．倭館の南・北・西の3方には垣が巡らされ，船澹には水柵が立てられていたが，強い南風が直接吹き込むため，常に船を陸地に揚げなければならず，また貿易量の増大によって手狭になったこともあって，対馬（府中）藩から移転要求が出された．33年間にわたる交渉の末，③の新築が決定され，南辺と東辺を海に接した，東西400間，南北250間の約10万坪の広大な敷地をもつ倭館に，館守以下450余名が入ったという．このいわゆる「草梁倭館」の時代については，古文書や絵図（828・829頁の絵図参照）が大量に現存しており，施設はもとより，倭館の機能や役員構成，さらに住民の日常生活に至るまで，詳細なことが判明する．草梁倭館の景観は，周囲に高さ6尺の石垣を巡らし，出入口は守門（東）と宴席門（北）のみ，外に6ヵ所の伏兵所（番所）があった．建物は，辯才天などを祀った神社のある小高い中山（現在の竜頭山公園）を中央に，西側に使者の宿泊所が3館（西の三大庁）整然と並び，東側は倭館に常駐して諸事にあたる役人・商人のための建物が数多くあった．すなわちその中心に館内を統括する館守屋があり，開市大庁（貿易会所）・裁判屋（外交交渉官の館，以上を東の三大庁）のほか，東向寺（書僧倭屋）・代官（貿易係官）屋・通詞屋，浜には目付屋・浜番所・水夫屋・倉庫が建ち，石積みの防波堤に囲まれた船澹に，2基の桟橋が突き出ていた．このほか，米屋・畳屋・酒屋などの商店や，朝鮮鷹を飼う小屋と鷹匠部屋，一時期ではあるが朝鮮の陶土で焼くための窯場もあった．倭館の外側に，客舎（国王粛拝所）・宴大庁・柔遠館（朝鮮応接官の宿泊所）・誠信堂（通訳官の住居）の諸施設があり，さらにその周辺には，貿易に従事する東萊商人の家が軒を連ねていた．倭館の住民は，すべて対馬藩から派遣され，船舶の出入りにあたって目付の厳重な検査があった．また倭館周辺地への外出は，鑑札を受けた上，客舎などごく限られた場所と，春・秋2回の彼岸に古館の墓所参詣が許されていた．移転から約200年後にあたる明治6年，草梁倭館は大日本公館と改称され，外務省の管轄下に入る．

→歳遣船（さいけんせん）　→三浦（さんぽ）　→受図書人（じゅとしょにん）　→書契（しょけい）　→日朝関係（にっちょうかんけい）　→倭館貿易（わかんぼうえき）

参考文献　中村栄孝『日鮮関係史の研究』上，田代和生『近世日朝通交貿易史の研究』，同『倭館』（『文春新書』281），小田省吾「李氏朝鮮時代に於ける倭館の変遷」（京城帝国大学法文学会編『朝鮮支那文化の研究』所収），金義煥「李朝時代に於ける釜山の倭館の起源と変遷」（『日本文化史研究』2）

（田代　和生）

004 倭館記録 わかんきろく　対馬（府中）藩宗氏に伝わる膨大な古記録・古文書類を『宗家記録』と総称し，このうち特に朝鮮釜山浦に置かれた倭館で記録の作成・保存が進められたものを倭館記録と通称する．江戸時代，宗氏が専管した日朝外交の職務は，とかく故事先例が重んじられ，その判断の依拠すべき資料として，記録の保管は切実な問題であった．このため対馬藩では，寛永中期（1630年代）以降，倭館の管理機構を整備する一方，倭館で起ったさまざまな出来事を記録にとどめ，後日のためこれを保存するとともに，実際の活用に備えて，問題別に新たな記録類を作成するなど，その充実に余念がなかった．こうした傾向は，やがて領内政治，対幕府関係などの方面にも及び，藩庁や江戸の藩邸においても，倭館を上回る量の記録類が残されることになった．元来，これらは1つの藩政機構に属したものであるから，必要上，互いに出入りがあったり，また他所で記録されたものの控・写しの類が作成されて別所に保管されていたりする場合が多い．現在『宗家記録』は，(1)長崎県立歴史民俗資料館（対馬市厳原町今屋敷），(2)国立国会図書館，(3)東大史料編纂所，(4)慶應義塾図書館，(5)東京国立博物館，(6)韓国教育部国史編纂委員会の6ヵ所に分割保管されており，移管時の事情によって，倭館記録は(1)・(2)・(6)に多く現存する．このうち，特に倭館役員による執務記録を主として保管して

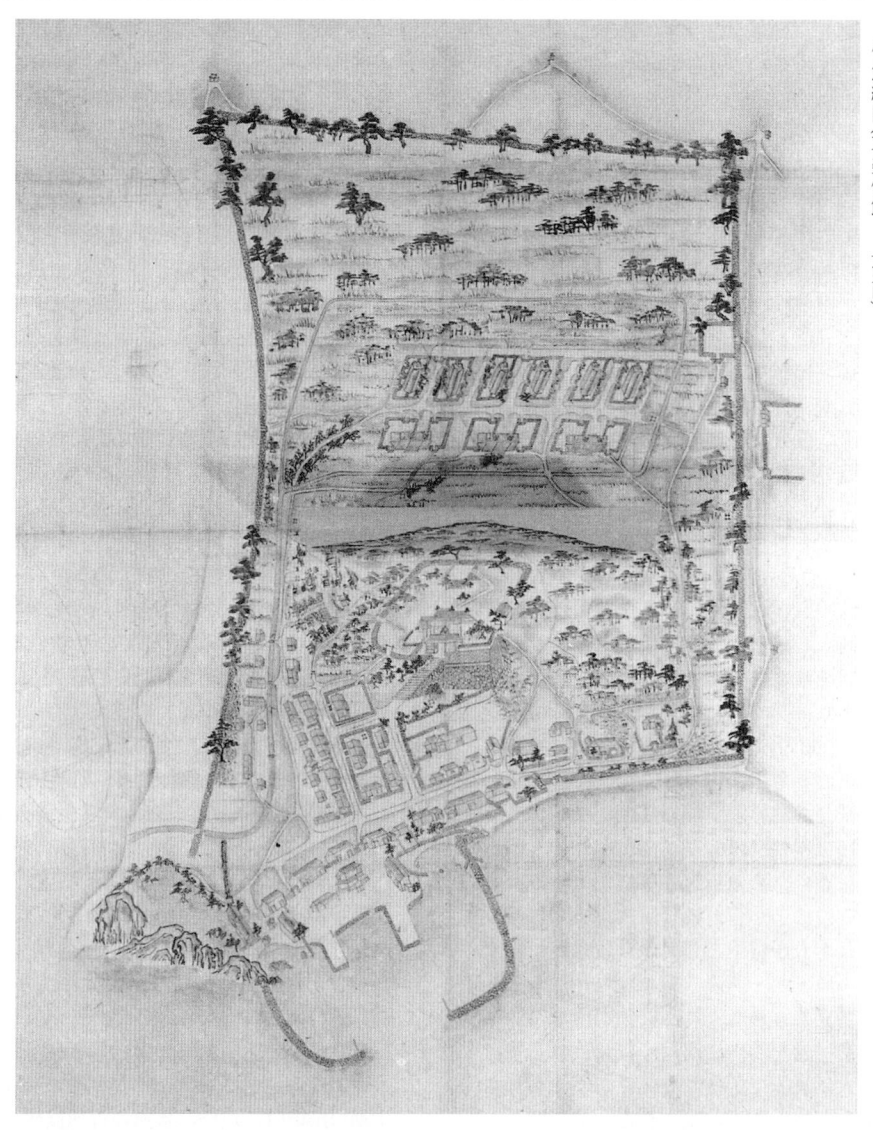

倭館絵図(草梁倭館・上が西)

いるのが(2)で，これは明治6年(1873)，草梁倭館の終焉とともに倭館の記録類が外務省記録課に入り，さらに明治27年帝国図書館の所蔵を経て現在に至ったものである．この記録の中心をなすものが館守による『館守日記』で，貞享4年(1687)22代館守吉田作右衛門の代から，明治3年104代館守番縫殿介までの184年間，ほぼ連続して860冊が現存している．館守は，2年交替で倭館へ派遣され，館内の統率はもとより，朝鮮外交・貿易業務，さらに朝鮮および中国方面の情報収集までにもあたるため，日記の内容はきわめて多岐にわたっている．このほか，外交交渉官の裁判による『裁判記録』が，宝永2年(1705)を最古に239冊，外交文書の査察にあたる東向寺の僧侶による『両国往復書謄』が，承応2年(1653)より190冊，また編纂書としては『総目録』(51冊)，『旧時編集』(5冊)，『分類紀事大綱』(40冊)，『分類事項』(17冊)，『真文跡類』(5冊)など，

さらに使節関係や倭館建造物の改築に関係する記録も多い．倭館記録は，これ以外に(1)と(6)にも多く保管され，たとえば代官(貿易係官)や横目(出入監督官)による『毎日記』が，両所合わせて78冊(代官)・76冊(横目)，代官の送り状などが120冊，船改めの際の『鬮帳』が54冊，(2)の『分類紀事大綱』と同一シリーズで，正徳期(1710年代)以降のもの113冊などが特筆される．
→宗家文書(そうけもんじょ)

参考文献　田代和生『近世日朝通交貿易史の研究』，同『対馬宗家文書』第3期倭館館守日記・裁判記録別冊上・中・下，長正統「日鮮関係における記録の時代」(『東洋学報』50ノ4)　　　　(田代　和生)

005　**倭漢総歴帝譜図**　わかんそうれきていふず　大同年間(806〜10)に流布していた系譜書．『日本後紀』大同4年2月辛亥条にその書の所蔵を禁じたことがみえる．その記事によると天御中主尊を標して始祖とし，魯王・呉王・高麗王・

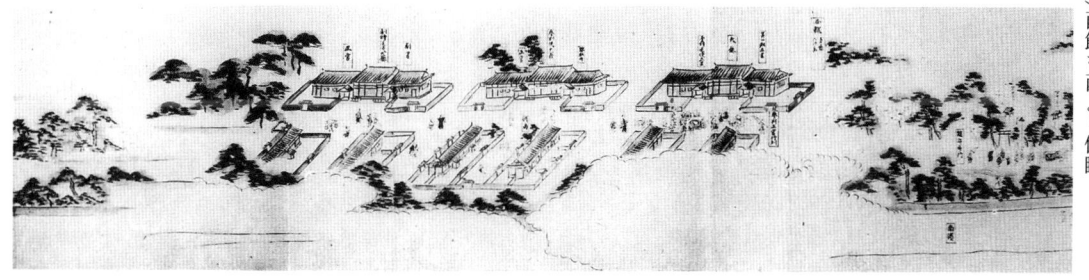

釜山浦倭館絵図（草梁倭館）（上）東館を東より俯瞰（下）西館を西より俯瞰

漢高祖命などに至り，それぞれその後裔に接続させている内容の系譜書であったことが知られる．このような系譜によって倭漢の氏族が雑糅し，姓氏に混乱が生じるのを防ぐため官人所蔵のこの書を提出させ，隠匿を禁じた．

参考文献　関晃「新撰姓氏録の撰修目的について」（『関晃著作集』5所収）　　　　　　（佐伯　有清）

006　倭館貿易　わかんぼうえき　15世紀より，朝鮮王朝によって日本人通交貿易者の統制が強化されたため，渡航者は次第に使者派遣の形式をとるようになった．かれらは，朝鮮の指定した港に入港し，諸使応接の定例にのっとって，館待，すなわち客館である倭館で外交使臣としての接待を受けた．また許可された者は，規定に従って上京し，そこでも倭館に入った．滞在期間中，使者は貿易を許可されており，かれらの渡航の真の目的が，おおむねそこにあったことから，倭館貿易は，その当時の東アジア交易路や両国の産業状況などを背景に，盛んに行われるようになった．倭館貿易を行う者は，当初は足利将軍（国王使）や有力守護大名（大内・細川・山名氏など），また九州探題，対馬島宗氏，肥前松浦氏などが派遣する使者で，地理的関係から対馬島を中心とする九州地方の人々が多かった．ただし三浦の乱（1510年〈永正7〉）を契機に，朝鮮通交に関する諸権益が対馬に集中したため，倭館貿易の実質的施行者は宗氏一族をはじめとする島内の人々によって独占されるようになった．貿易の形態には3種あり，①進上（貢物の進呈と返礼物），②公貿易（政府指定物資の交換），③私貿易（私的交易）がそれで，①は外交上の物品の贈答，②は交換率（折価）が設定されていたため貿易利潤が薄く，日朝双方の貿易従事者は，③の盛行を望んでいた．しかし朝鮮政府は，私貿易は国家の機密漏洩につながり，密貿易の原因となったり，商人同士の争いを誘発したりするとして消極的態度を示し，しばしば私貿易禁止令が出された．中世日朝貿易における取引品目は，輸入が朝鮮産の衣料品，輸出が東南アジア産品と日本産の銅が多いという特徴があった．輸入される衣料品は，はじめは麻布（正布）・苧布（カラムシ）・綿紬（ツムギ）が主体であったが，やがて綿布（木綿）が主体になる．朝鮮では15世紀初めごろ，半島南部一帯を中心に重要な木綿産業地帯が形成されており，常用衣料としてその生産量が増大した反面，日本ではもっぱら朝鮮からの輸入に依存しており，主として公家や武家の間で「モンメン」「ソウセン」などと称されて珍重されていたためである．公貿易で支給される木綿だけでも，1476年（文明8）3万7000匹，これに私貿易が加わると，1488年（長享2）の夏期3ヵ月間だけで10余万匹と相当な量にのぼり，朝鮮側では，やがて貿易拒否や額の制限などの措置を講ずるに至っている．このほかの輸入品には，虎皮，豹皮，彩花席（花ムシロ），薬用人参，蜂蜜，松子（松の実），栗，焼酒，米，大豆があり，また要望によって大蔵経が贈られたこともある．日本からの輸出で注目される東南アジア産品は，博多を寄港地とした盛んな琉球貿易・南海貿易によって中継されたものである．品目は，蘇木（丹木），胡椒，水牛角（黒角），犀角，象牙，沈香，樟脳，白檀といった，染料・薬材・香料で，特に胡椒・蘇木は，朝鮮の貴族階級に不可欠な品として需要が高かった．銅の輸出は，朝鮮の恒常的な銅不足状態に対応したもので，銅銭の鋳造や日用の器具などに用いられていた．1500年（明応9），宗氏の使者が，1回に11万斤もの大量の銅をもたらした例がある．このほか，輸出品には，刀剣，屏風，扇子，漆器などの国内工芸品も多かった．江戸時代に至ると，倭館貿易は釜山浦1ヵ所のみで行われ，名実ともに対馬（府中）藩宗氏の

独占経営下に置かれた．貿易形態は，中世と同じ3種であったが，寛永12年(1635)の柳川一件を契機に，進上は封進(ふうしん)と改称されて，公貿易とともに1年1回の決済とされた．その内容は，銅，鑞(錫)，蘇木，胡椒，水牛角，明礬などの輸出定品を定額分だけ，折価(交換率)に従ってすべて木綿と交換された．その木綿の量は，封進・公貿易合わせて年間約1100束(5万5000匹)であったが，日本は17世紀ごろから畿内地域を中心に木綿産業の発展がみられ，朝鮮木綿は，かつてのような利潤を生まなくなった．朝鮮では，木綿を公木と称し，物品貨幣として使用されていたため，そのほとんどが倭館における私貿易の再輸出品や消費分として朝鮮側の手に渡され，国内にはわずかな量しか入らなくなった．しかも1651年(慶安4)の「換米の制」施行によって，木綿の年額約3分の1が白米(対馬島内の食糧とされる)に代替され，封進・公貿易の内容はさらに変化した．この米の輸入にあたっては，両国の計量慣習の相違によって，倭館独自の枡を使用した特殊な計量方法が考案され，毎年京枡にして1万石相当の白米が倭館に搬入された．また私貿易は近世初頭から倭館の開市大庁において3と8の日，月6回の割で朝鮮商人と対馬藩士・対馬商人の相対取引が許可された．やがて17世紀中期ごろから私貿易は隆盛に向かい，対馬藩では天和3年(1683)，倭館の代官の下に私貿易専従の元方役(当初は商売掛)を設置して，対馬商人が個人的に経営する御免物貿易も支配下におくなど，貿易業務はもとより輸出入品の調達や販売に至る一貫経営につとめた．その取引内容は，元方役の帳簿によって具体的に判明するが，最盛期の1690年代には輸出入それぞれ年間銀5000貫目(8万両)の規模で運営され，「元方役商売利潤」として藩庫へ年平均3000貫目(5万両，封進・公貿易の4倍以上)の現銀が収納されている．取引品目の特徴は，輸出が日本の銀貨幣(丁銀)，輸入が中国産の生糸(特に白糸)で，いずれも全取引額の5〜7割を占めていた．輸出銀は，京都の対馬藩邸から大坂経由で対馬へ送られ，さらに倭館へは7・8月(皇暦銀)，10・11月(冬至銀)を中心に，専用の御銀船で輸送された．皇暦銀・冬至銀は，その後朝鮮から中国へ派遣される朝貢使節によって北京へ送られ，対価として交換された生糸・絹織物が，銀と逆ルートで京都(西陣)へ運ばれて来た．すなわち当時の倭館貿易は，京都―府中(対馬)―釜山(倭館)―ソウル―北京の各都市を結ぶ交易路の重要拠点であったことになる．ここで取引された銀や白糸の量は，17世紀末〜18世紀初めにかけては，長崎貿易を凌駕しており，特に長崎からの輸入白糸の減退時期，このルートに注目した京都の三井越後屋および生糸仲買人たちによる朝鮮貿易資金の投入が行われていた．ただし輸出銀に国内通貨があてられていたため，たびたび行われた貨幣改鋳の影響を直接受け，一時期は貿易銀(人参代往古銀)の特鋳許可を得たものの，結局幕府の貿易政策によって18世紀中期，銀輸出は途絶した．このため近世後期の倭館貿易は，かつてのような隆盛はみられず，全体として銅の輸出を中心に運営され，田沼時代の政策をうけて，金や銀が朝鮮から輸入された．貿易資金には，幕府や商人からの借金があてられ，また朝鮮鉱山開発の名目で金銀座から投入されたこともある．
→歳遣船(さいけんせん) →三浦(さんぽ) →受図書人(じゅとしょにん) →特送船(とくそうせん) →日朝関係(にっちょうかんけい) →人参代往古銀(にんじんだいおうこぎん) →柳川一件(やながわいっけん) →倭館(わかん)

[参考文献] 中村栄孝『日本と朝鮮』(『日本歴史新書』)，田中健夫『中世海外交渉史の研究』，田村洋幸『中世日朝貿易の研究』，田代和生『近世日朝通交貿易史の研究』，同『日朝貿易と対馬藩』，黒田省三「中世朝鮮貿易における輸出物資について」(児玉幸多編『日本社会史の研究』所収)，田代和生「元禄期倭館請負屋と御免貿易」(『史学』77ノ1)

(田代 和生)

007 和漢朗詠集 わかんろうえいしゅう 平安時代，貴族の間に口ずさまれた漢詩文の佳句，および和歌の詞華選集(アンソロジー)．藤原公任の撰として疑われない．2巻．成立年は不明であるが，藤原道長三女でのちに後一条天皇皇后となった女御威子の入内屏風に，倭絵(やまとえ)・唐絵(からえ)とともに配されていたものと推定され，この入内の寛仁2年(1018)4月28日前後，道長の子藤原教通が，その岳父たる公任から色紙形を書いてもらい，妹の入内屏風として進献したのではないかといわれる．『和漢朗詠集』『和漢朗詠抄』『和漢朗詠鈔』『倭漢抄』『和漢朗詠』『朗詠抄』『朗詠集』『朗詠』などと呼ばれ，別に選者に因んで『四条大納言朗詠集』『公任朗詠』『四条大納言抄』とも呼ばれる．書名の「和漢」の「和」は和歌を意味し，「漢」は漢詩文をいう．当集には漢詩文の句588首，和歌216首．総計804首．詩句は七言二句のものが圧倒的に多い．所収詩文の作者を見ると，中国詩人の中では白楽天が135首で最多．当時の白氏尊崇が知られる．日本の詩人では菅原文時・菅原道真・大江朝綱・源順らが多く，道真を別としても天暦期の詩人が主力である．和歌では紀貫之・凡河内躬恒(おおしこうちのみつね)の作品が多く，『源氏物語』の引歌における傾向と軌を一にする．『和漢朗詠集』の部類は，ほぼ勅撰歌集のそれに似て，上巻に四季，下巻に雑部をおく．しかしその骨格は『千載佳句』など当年の漢詩部類書の部類意識による．これは中国類書の投影でもある．部類に「帝王」「法皇」「親王」などをおくのは他に例がなく，当時の摂関制社会の反映といわれる．「神祇」を欠き，「哀傷」「離別」などを避ける意識が

見える．『和漢朗詠集』成立の地盤としては次の3つの事柄が指摘されている．(1)摘句，すなわち四六対偶の1聯を長篇の詩賦文章の中から取り出す，あるいは律詩や長篇の排律の中から佳什1聯を抜き出す風がおこってきたこと．空海の『文鏡秘府論』には四言詩句の佳句の部類があり，天暦期には大江維時が大規模な『千載佳句』を編纂する．また，『文鏡秘府論』『千載佳句』が中国詩人の佳句のみの類聚であるのに対し，日本人の作品からの摘句撰集も続出した．この摘句ということは，はやく中国に行われ，わが国でそれを受けて漢文入門学習の上にことに利用され，やがて盛行するに至る．(2)朗詠ということ．佳句を音読もしくは朗読し，あるいは単に誦し，また，楽曲の伴奏に合わせてうたう風がおこってきたこと．朗詠は儒家における「博士詩を講ずる時の頌の声」(『文机談』3)がもとであるとされるが仏教の講師・法師などとの関わりも否めない．また，『宇津保物語』には，音楽の伴奏によって漢詩文が朗読・朗誦された記述があり，『枕草子』には，秀句が朗誦される記事が「いとめでたくをかしきこと」として記され，『源氏物語』には，作中の人物が詩句を口ずさむ場面がしばしば描かれる．秀句朗詠は時代の要求するものでもあった．(3)倭漢，すなわち漢詩に並べて和歌をとりあげる風がおこってきたこと．「倭漢」ということは，天暦期における和様化の進行という現象が生み出した事象である．それまで中国模倣によるものであった日本宮廷の歳時の節会に，日本独自のものが生まれ，日本的な季節感覚と和歌的な視角が日本漢文学の上に姿を現わす．そしてこれが詩題の和習化と詩歌並列の傾向を呼びおこし，和漢2つの世界を並べる文学現象を生むに至った．『和漢朗詠集』は，その性格として貴族主義的，耽美的で，社会意識・歴史的な人間把握に乏しいといった一面をもちながら，漢文学と和歌の世界の結びつきが，唐絵から倭絵への屏風絵を契機にもたらされ，さらには声歌や糸竹の音曲と関わりつつ成立した，12世紀王朝文化の精華であり，新しい中世的文体を形成する原動力の1つともなったのである．『和漢朗詠集』の諸本は，伝藤原行成筆御物粘葉本2帖，伝行成筆御物雲紙本2巻，伝公任筆御物巻子本2巻，藤原伊行筆葦手下絵本2巻(国宝)などのほかたいへん多く，そのほか朗詠切と称する断簡は20種を数える．また，江戸時代，明治以後も多くの本が刊行せられた．現在入手しやすいテキストとしては『日本古典文学大系』73所収本や『講談社学術文庫』325(全訳注)の1冊本がある．

〔キリシタン版『倭漢朗詠集』〕慶長5年(1600)日本耶蘇会刊『倭漢朗詠集』いわゆるキリシタン版『朗詠集』1冊が，スペインのマドリードの西北方エル＝エスコーリアル僧院に所蔵される．16世紀フェリペ2世の営んだ壮麗な離宮の図書室にある日本の王子がもたらしたインキュナビラ(古版本)，長崎学林刊の天下の孤本1冊．サンロレンソ旧王室文庫所蔵．優雅な行草体活字で公任『朗詠集』巻上四季部を収める．さらに付録として九相無常歌・雑筆抄・実語教・義経申状類・勧学文などが収められる．キリシタン宣教師たちが伝道のため，日本語を学習するために編纂された．日本社会の上下に通用する唱導往来のテキスト資料集として刊行されたことは，『和漢朗詠集』が室町時代から近世期にかけて流行したことを物語る．土井忠生解題『(慶長五年耶蘇会板)倭漢朗詠集』(昭和39年(1964)，京大国語教室刊)の影印本がある．

参考文献　五島美術館編『和漢朗詠集の古筆』，山内潤三・木村晟・栃尾武編『和漢朗詠集私注』(『新典社叢書』10)，西生永済・北村季吟『和漢朗詠集註』(『日本歌謡集成』3)，柿村重松『和漢朗詠集考証』，川口久雄『三訂平安朝日本漢文学史の研究』中，同「エル・エスコリァル訪書紀行」(『西域の虎』所収)

(川口　久雄)

008 脇坂安董 わきさかやすただ　1768～1841　江戸時代後期の老中．播磨竜野藩主．幼名亀吉．明和5年(1768)6月5日，江戸に生まれる．脇坂安親の次男，母は上田義当の女．天明元年(1781)兄安教の死により嫡子となり，同4年4月，父安親隠居のあとをうけて竜野5万1000石余を襲封．同5年12月，従五位下淡路守に叙任された．寛政2年(1790)3月，奏者番となり，翌3年8月には寺社奉行を兼ね，同6年7月，美作国英田(あいだ)郡ほか3郡において幕府領2万3000石余を預けられる．文化元年(1804)10月，職務精勤により従四位下に叙せられ，中務大輔となる．同8年5月，対馬に赴いて朝鮮通信使を応接する．同10年閏11月，病により辞職したが，文政12年(1829)10月，再び奏者番で寺社奉行を兼ね，天保6年(1835)12月には，仙石騒動の吟味を賞せられ将軍より印籠を賜わった．そして同7年2月，外様大名にもかかわらず西ノ丸老中格となり，侍従に任じられた．同9月に西ノ丸老中となり，以後は譜代大名として扱われることになる．同8年7月に本丸老中となる．老中在職中は，いわゆる大御所徳川家斉とその側近が権力を握る西ノ丸御政事の時期であり，その中で清潔な老中として期待されたが，同12年閏正月23日，老中在職のまま没した(ただし，公表したのは2月24日)．74歳．急死であったため，西ノ丸派の毒殺説が流れた．室は松平定休の女．墓は東京都中野区上高田1丁目の青原寺にある．法名蒼竜院．

参考文献　『寛政重修諸家譜』937，『(播磨竜野)脇坂家譜』，『竜野市史』2　(藤田　覚)

009 脇坂安治 わきさかやすはる　1554～1626　安土桃山・江戸時代前期の武将．初名甚内．天文23年(1554)近江国浅井郡脇坂に生まれる．父は田付孫左衛門．母の再嫁に従い脇坂安明の嗣子となる．母は田付景治の妹で，はじめ

景治の従弟孫左衛門に嫁し，安治出生ののち安明に再嫁したという．永禄12年(1569)明智光秀に属し丹波国黒井城攻めに初陣．同年はじめて羽柴秀吉に謁見し，食禄3石を与えられた．のち姉川の戦や播磨国三木城・神吉城攻めなどに参陣し，天正11年(1583)の賤ヶ岳の戦では，七本槍の1人として奮戦し，その功により山城国のうちに3000石を与えられた．翌12年の小牧・長久手の戦には，伊賀国上野城に籠城した織田信雄の家臣滝川雄利父子を攻め落とし，同国の支配を命じられた．同13年5月，摂津国能勢郡のうちに1万石を充行われた．同年7月従五位下中務少輔に叙任，8月封地を大和国高取城に移され(2万石)，さらに10月に淡路国洲本城主に転じ3万石を領した．同18年小田原の陣には，九鬼嘉隆・加藤嘉明・長宗我部元親らとともに船手の大将として，伊豆国下田城を陥れた．文禄の役・慶長の役にも水軍を率いて渡海し，戦功により3000石加増．慶長5年(1600)の関ヶ原の戦には，はじめ西軍に従ったが，ひそかに徳川家康に通じ，小早川秀秋らとともに東軍に寝返った．戦後家康に拝謁し，近江国佐和山城の攻撃を命じられた．家康の大坂城入城後，西国船出入りの押さえとして，淀川口の警備にあたった．同14年9月，洲本を転じて伊予国大洲城主となり，5万3500石に加増された．元和元年(1615)致仕，家督を安元に譲り，同3年京都の西洞院に閑居し，寛永3年(1626)8月6日，同地にて没した．73歳．法名は臨松院殿前中書少卿平林安治大居士．墓所は京都市右京区花園妙心寺町の妙心寺隣華院．

参考文献　『寛政重修諸家譜』937，『脇坂家譜』
(佐藤　孝之)

010 **脇荷物**　わきにもつ　オランダの日本貿易における個人の輸出入品．貞享2年(1685)以後の定高貿易で，オランダには会社(本方(もとかた))貿易の3000貫目のほかに，脇荷として400貫目が割り当てられた．会社は商館員の俸給を補うものとして，この定額を館員の地位に応じて個人に割り当てた．その取引は入札により行われたから，オランダ人はこれをカンバン貿易と呼んだ．本方と脇荷では，関税(掛り物)率が異なり，前者は15％，後者は個数で取引する品物には65％，秤量(しょうりょう)商品には70％が課せられた．後期になると，会社が独占的に輸出入する商品を，脇荷として扱うことを認めなかったから，脇荷の輸入品は，オランダの書籍，ガラス器などヨーロッパ産の稀少価値があるものが主で，200％以上の利益をあげたのに対し，輸出品は麻などの雑貨で，ほとんど利益がなかった．脇荷の取引相手は下級通詞が主で，密貿易の温床となった．

→オランダ貿易　→看板貿易(かんばんぼうえき)

参考文献　永積洋子「オランダ商館の脇荷貿易について」(『日本歴史』379)
(永積　洋子)

011 **倭寇**　わこう　朝鮮半島・中国大陸・南方諸地域の沿岸や内陸で行動した寇賊集団に対し，朝鮮人・中国人がつけた称呼．語義は「日本人の侵寇」であるが，用字例をたどると，高句麗広開土王(好太王)碑文の甲辰年(404)条にまでさかのぼり，豊臣秀吉の朝鮮出兵軍も日中戦争の日本軍もひとしく倭寇と呼ばれている．しかし，歴史上の概念として倭寇が用いられるのは(1)朝鮮半島を中心に展開した14〜15世紀の倭寇と，(2)中国大陸・南海方面を中心に展開した16世紀の倭寇とである．

〔14〜15世紀の倭寇〕『高麗史』によると13世紀の初頭から朝鮮半島南岸で小規模な倭人の寇掠がみられるが，「倭寇」という固定概念が成立するのは1350年(高麗忠定王2年)以後で，朝鮮では「庚寅以来の倭寇」と称した．行動の地域は，はじめは南朝鮮の沿岸に限られていたが，やがて高麗の首都開京(開城)の付近にも出没し，さらに黄海沿岸だけでなく内陸部の奥地にまで姿を現わすようになった．規模も次第に大きくなり，400〜500艘の船団，1000〜3000の歩卒，千数百の騎馬隊を擁する集団も出現した．この時期の倭寇の構成員には①日本人のみの場合，②日本人と高麗人・朝鮮人との連合，③高麗・朝鮮人のみの場合が考えられる．①の日本人のみの場合は，朝鮮に「三島の倭寇」という言葉があり，対馬・壱岐・肥前松浦地方の住民と推定される．これらの地方は，全般的に地形が険峻で農耕に適さず，自給自足の経済を保持するのが困難で，生活の手段を漁業や交易に求めることが多く，それが倭寇を生む基盤になった．②・③の存在については1446年(世宗28，文安3)判中枢院事李順蒙が，その上書のなかで「臣聞く，前朝(高麗朝)の季，倭寇興行して民聊生せず，然れども其の間，倭人は一，二に過ぎずして，本国(高麗)の民仮りに倭服を着して党をなし，乱を作すと」と書いているのが注目される．倭寇のうち日本人は10〜20％にすぎなかったというのである．高麗人で倭寇と連合したのは水尺(禾尺・揚水尺)・才人とよばれた賤民と，土地制度紊乱の犠牲となって逃散流亡を余儀なくされた農民や下級官僚とである．水尺は牛馬の屠殺や皮革の加工，柳器の製作などに従う集団，才人は仮面芝居の集団で，ともに婦女子を伴って行動し，一般の高麗人からは異民族とみられて伝統的に蔑視されていた．日本人・高麗人の連合が，集団を巨大化し，人員・馬匹・船舶などの補給を容易にし，内陸奥地への侵入を可能にしたのである．倭寇が掠奪の対象としたものの第1は米穀で，租粟を収める官庫と，租粟を運搬する漕船が攻撃目標にされた．食糧が倭寇に必要であったことと，当時米穀が高麗で通貨の役割を果たしていて，掠奪が容易であったこととがその原因であろう．掠奪対象の第2は高麗・朝鮮の人民で，これを捕虜として倭寇軍の構成員に加えたり，自由を拘束して奴隷にしたりした．被虜人は一時に1000

余人にのぼったこともあり，日本国内で安価な労働力として使役されるほか，多くは転売されて最終的には高麗に送還された．琉球まで転売されて高麗に買い戻されることや，倭寇や日本の大名らが被虜を送還して反対給付を受けたことがあった．高麗では，武力だけで倭寇を鎮圧するのは無理であることをさとり，使者を日本の要路に派して倭寇禁止を要求することにした．このことが充分な成果をみないうちに高麗王朝は倒壊し，李氏朝鮮王朝が成立した．朝鮮では高麗の外交折衝策を受けつぐとともに軍備を充実し，日本人倭寇に対しては巧妙な懐柔策をとった．その結果，倭寇は①朝鮮に投降し，向化倭人とよばれて官職・住居・衣料などを支給されるもの，②使送倭人とか興利倭人・販売倭人などとよばれて貿易に従うもの，③従来の形態を維持して海賊行為を続け，さらに中国大陸の元・明に向かうもの，の大別3方向に変質分解し，やがて消滅した．この間，対馬の宗氏は朝鮮の意を受けて，日本から朝鮮への渡航者を統制し，日朝の仲介者として重要な役割を担うことになった．中国の元に対する倭寇については充分な史料がないが，14世紀後半にはすでにかなりの侵冦があった．明も建国の当初から倭寇に苦しみ，太祖洪武帝は南朝の征西将軍府と交渉して倭寇を禁止させようとしたが，成果をみずに終った．

〔16世紀の倭寇〕明では太祖以来海禁政策をとり，人民が海上に出ることを禁じ，自由に海外と交易することを許さなかった．しかし，国内経済の発展は海禁の維持を困難にし，浙江・福建・広東などの地方では海禁を犯して海上密貿易に従事するものが急増した．これらに郷紳といわれた地方富農地主層が結託したり，これを支援したりしたので密貿易は一層活発になった．さらに16世紀初頭にはポルトガル人が東アジアの海域を北上し始めたが，彼らの貿易活動は明政府の公認が受けられず，いきおい密貿易者に合流した．一方，日本商船も，急激に発達した国内の銀生産を背景に南下した．かくて浙江省の双嶼と福建省の漳州月港とは密貿易の中心拠点となった．中国ではかかる密貿易者群を一括して倭寇とよんだ．このような状況下に，1547年（嘉靖26）朱紈（しゅがん）が浙江巡撫に任ぜられた．朱紈は郷紳との妥協を排し，海禁の厳守と倭寇の取締りに全力を傾け，翌年双嶼の包囲攻撃を強行した．密貿易者の大部分は斬殺されたり捕えられたりしたが，郷紳の反朱紈運動がおこり，朱紈は失脚した．中国海商はこののち日本人の誘致につとめ，これに応じた匂倭は明官憲の圧迫につれて暴力的様相を示し始めた．1550年代には倭寇の活動が激烈をきわめ，その頂点にいた王直は日本の平戸・五島を根拠として中国沿海に勢力をふるった．海防責任者となった楊宜は鄭舜功を，楊宜に代わった胡宗憲は蔣洲・陳可願を日本に送って，日本の要路に倭寇禁止を要求し，また王直の誘引につ

とめた．王直一統の滅亡後も倭寇の活動は続いており，フィリピンを攻撃するものなどもあったが，16世紀の後半になると，その勢力は著しく弱まった．それは兪大猷・戚継光ら諸将の武力討伐が成功したのも一因であるが，1572年（神宗元）海禁令がゆるめられたのが主因であった．すなわち，この年以後福建省の海澄で明商船は商税を納めれば南海の各地と往来して貿易することを公許され，非合法な密貿易を強行する必要が消滅したのである．16世紀の倭寇の特色は，構成員の大部分が中国人で占められていたことである．真倭といわれた日本人は10〜20％，偽倭・仮倭・装倭とよばれた中国人が主力であった．胡宗憲配下の鄭若曾が撰した『籌海図編』は「倭好」として布帛・貴金属類・古銅銭・薬材・工芸品・書籍などをあげている．これらが倭寇の貿易品であり，ときには掠奪品でもあった．またこの時期には『日本国考略』『籌海図編』『日本一鑑』『日本風土記』などの中国人による日本研究書が海防の目的から撰述され，日本認識が飛躍的に深められた．　→王直（おうちょく）　→籌海図編（ちゅうかいずへん）　→朝鮮（ちょうせん）　→明（みん）　→倭寇図巻（わこうずかん）

参考文献　青山公亮『日麗交渉史の研究』（『明治大学文学部研究報告』東洋史3），田中健夫『中世海外交渉史の研究』，同『中世対外関係史』，同『倭寇』（『歴史新書』66），同『対外関係と文化交流』，同『東アジア通交圏と国際認識』，石原道博『倭寇』（吉川弘文館『日本歴史叢書』7），田村洋幸『中世日朝貿易の研究』　　　　　　　　　　　（田中　健夫）

012 倭寇図巻 わこうずかん　16世紀の倭寇風俗を描写した絵画資料．絹本着色の図巻で，大きさは天地32cm，全長522cm．原題は「明仇十洲台湾奏凱図」とある．仇十洲は明代の画家仇英であるが，この図巻の作者は仇英ではなく，呉派文人画風の民間画工で，明末清初の時期に作成したものと推定される．原題の「台湾」も根拠がない．明末中国人作成の倭寇図中で最も精細・詳密な描写をもつ作品で，画面は①倭寇船団の出現，②倭寇の上陸，③形勢の観望，④掠奪放火，⑤明人の退避，⑥倭寇と明官兵との接戦，⑦勝報，⑧明官兵の出撃の順に展開する．日本の絵巻と似た画面構成だが，詞書にあたるものはない．丹念克明な人物描写のほかに，船舶・鉄砲・日本刀・薙刀・弓矢・槍などから手投げ弾らしいものに至る武器や，法螺貝・扇子・銅羅などの合図に用いる道具など，さらに倭寇集団内に婦人が存在したことまで描かれ，倭寇の風俗や行動を明らかにする手がかりを示している．原本は東京大学史料編纂所所蔵．昭和5年（1930）古兵書刊行会から単色写真複製，49年田中健夫および川上涇の解説を付して近藤出版社から原色複製が刊行された．

参考文献　田中健夫「『倭寇図巻』について」（『中世

013 **倭寇船** わこう ⇨バハン船

014 **倭城** わじょう　文禄・慶長の役（韓国では壬辰・丁酉の倭乱という）の際，日本軍が朝鮮半島に築いた城・砦の総称．その築城場所・戦略的意味・様式・構造などの観点から2つの範疇に区分される．①日本側の史料に「つなぎの城」「伝いの城」と見えるもので，文禄元年（1592）の初期段階において，兵員および軍需物資の輸送路を確保するため，あるいは豊臣秀吉自身が朝鮮に渡った際の「御座所」とするため，釜山から漢城（ソウル），さらには平壌間に1日行程ごとに配置が計画された城郭．これらは新規に築城したものではなく，既存の朝鮮の邑城を改修したものが多かったといわれている．②「文禄十八城」「慶長八城」などと言われた日本式の築城技術を駆使した本格的な城郭．文禄2年4月に日本軍が漢城を撤退して朝鮮半島の南海岸に集結した後，諸大名によって7月から一斉に築城が開始され，同年のうちにほとんどが完成した．文禄の役では19ヵ所，慶長の役では8ヵ所，さらに支城などを加えると合計30ヵ所ほどになる．これは秀吉の明進攻の野望が頓挫し，朝鮮半島南部の恒久的な占領を目指して築かれた「御仕置之城」であった．これらは現在に至るまでほぼ当時の状況のまま残っているため，16世紀後半の日本の築城技術や城郭史を考える上で，その価値は極めて高い．

　　参考文献　黒田慶一「韓国の最近の倭城調査について」（同編『韓国の倭城と壬辰倭乱』所収），太田秀春『朝鮮の役と日朝城郭史の研究』，村井章介「朝鮮史料から見た「倭城」」（『東洋史研究』66ノ2）

　　　　　　　　　　　　　　　　　　　（近藤　剛）

015 **倭人上京道路** わじんじょうきょうどうろ　15〜16世紀朝鮮に通交した日本人が，王都漢城府（ソウル）まで上る際の経路．倭人朝京道路ともいう．通交者は王都まで上り，国王に謁見することになっていたが，その際回賜品を賜わり，交易を許され，経路では，粮料や駅馬が支給されるなど厚遇された．そのため渡来者が急増し，接待のために疲弊をきたすようになったため，上京の通路を限定することになった．世宗3年（応永28，1421）2道に限定したのを最初に，同5年には水路を中心とする1路（洛東江—尚州守山駅—草岾—忠州金遷—漢城府）を決め，通船に不便な場合は2つの陸路（増若・竹嶺）を通ることにした．同14年（永享4）三浦分泊の制に応じ，前代の3路を基礎に陸路3路を設定し，適宜水路も利用させた．通交者が乃而浦に偏りがちなため，同20年乃而浦からの上京路を2路にし，富山浦・塩浦に到泊する者の上京路を合わせて1路とした．『海東諸国紀』によると，乃而浦からは金山—清州—京城（所要日数約13日），大丘—尚州—槐山—広州—京城（約14日）の2路，富山浦・塩浦からは永川—竹嶺—忠州—楊根—京城（約15日）の経路であり，富山浦からは大丘を経由するルートも使用された．明宗2年（天文16，1547）の丁未約条の結果，浦所は釜山浦のみとなり，中路・左路・右路・水路の四路が設定された．この経路は文禄・慶長の役の時，日本軍の進路にもなる．役後朝鮮政府は，一切の日本人の上京を許さず，釜山の浦所倭館で接待してかえす方針をとる．

　　参考文献　中村栄孝「倭人上京道路」（『日鮮関係史の研究』上所収）

　　　　　　　　　　　　　　　　　　　（関　周一）

016 **倭人朝京道路** わじんちょうきょうどうろ　⇨倭人上京道路（わじんじょうきょうどうろ）

017 **渡辺崋山** わたなべかざん　1793〜1841　江戸時代後期の文人画家で蘭学者．名は定静．字（あざな）は子安または伯登．通称は登．はじめ華山と号し，のち35歳のころに崋山に改めた．三河国渥美郡（愛知県渥美郡）にある田原藩の定府の家臣渡辺市郎兵衛定通の長男として，寛政5年（1793）9月16日に江戸の半蔵門に近い田原藩邸の長屋で生まれた．田原藩は1万2000石の小藩のうえに，父が病身のため，極貧のうちに育ち，家計を助けるために画を学び，のち谷文晁に画才を認められて，その門に入った．他方，佐藤一斎や松崎慊堂らの大儒に師事して，漢学を学んだ．やがて文人画の高踏的な画風にあきたらず，30歳ごろから写実的な洋画の技法を学び，独自の画風を確立した．洋画への傾倒は蘭学を学ぶ素地をつくった．しかし本格的な蘭学研究を始めるのは，天保3年（1832）に彼が藩の年寄役末席に起用されるとともに，海岸掛を兼務することになって以来である．もっとも崋山は蘭語の素養がなく，また藩務が多忙をきわめたので，小関三英・高野長英らの蘭学者を招き，蘭書の翻訳を依頼して，新知識の吸収につとめ，主として海外事情を研究した．その成果は，天保10年3月に代官江川英竜のために執筆した『外国事情書』とその初稿および再稿に集約されている．やがて彼は「蘭学にて大施主」という世評を得，彼の学識をしたって集まる知識人が少なくなかった．その多くは幕臣と儒者であった．このことが幕府の文教を掌る林述斎とその一門の忌むところとなり，天保10年5月に崋山は投獄され，同年12月には在所蟄居を命ぜられた（蛮社の獄）．在所田原に蟄居中の崋山は再び画業に専念したが，生活は極度に苦しかった．これを知った門人福田半香らは崋山の画をひそかに三河や遠州方面で売りさばいたが，やがて崋山はこのことが老中の遠州浜松藩主水野忠邦に探知されたと誤信し，主君に迷惑が及ぶことをおそれて，自刃して果てた．天保12年10月11日のことである．49歳．田原の城宝寺に葬られた．法名一心遠思花山居士，のち文忠院崋山伯登居士と改められた．画に「鷹見泉石像」（国宝），「千山万

水図」(重要文化財)などがある.

参考文献　鈴木清節編『崋山全集』,佐藤昌介校注『崋山・長英論集』(『岩波文庫』),菅沼貞三『渡辺崋山人と芸術』,小沢耕一『崋山渡辺登』,佐藤昌介『渡辺崋山』(『人物叢書』187)　　　　　　　　　　　　　　　　　　　　　　　　　　　　　　　　　　(佐藤　昌介)

018　**渡辺秀石**　わたなべしゅうせき　1639〜1707　江戸時代中期の長崎の画家.もと岩川氏,通称甚吉,字(あざな)は元章,仁寿斎・瀕道人・煙霞比丘などの別号がある.渡来の黄檗僧で画人であった逸然から画法を学び,さらに宋元画を研究し,独特の写生技法を加えて,長崎における画系をひらいた.それは長崎派の中で漢画派と呼ばれる.元禄10年(1697)に長崎奉行から唐絵目利兼御用絵師に任ぜられ,以後子孫がその職を世襲した.唐絵目利は舶載品の真贋や価値を判定する役であるが,同時に舶載品を図写し記録する職責があった.舶載画に接する機会が多く,海外の新様式を摂取するには恵まれた立場にあり,渡辺秀石がこの職に任ぜられてからは長崎画壇の中心的存在となった.秀石には落款印章を持った遺作が少ない.秀石は宝永4年(1707)正月2日(あるいは16日),69歳で没した.長崎の深崇寺(長崎市寺町)に葬る.作品には「竹に鶴図」などがある.

参考文献　渡辺鶴洲『長崎画人伝』,古賀十二郎『長崎画史彙伝』　　　　　　　　　　(成瀬不二雄)

019　**渡屯家**　わたのみやけ　海外のみやけの意で,新羅や高句麗も含むかにみえる(『日本書紀』神功皇后摂政前紀・継体天皇6年12月条)が,多くは百済や任那をさし,服属した朝貢国を意味する表現の1つ.「わたりのみやけ」とも称する.『古事記』仲哀天皇段のいわゆる神功皇后の新羅征討の一節に「新羅国は御馬甘(みまかい)と定め,百済国は渡屯家と定め」(原漢字)たとある.類似の表現は『日本書紀』に「海表(諸)弥移居」(欽明天皇14年8月条),「海北弥移居」(同15年12月条)とあり,また「海西諸国官家」(同5年2月条)とも記す.このほか「蕃国官家」(継体天皇23年3月是月条)や「内官家」(同年4月条ほか),さらには単に「官家」(雄略天皇20年冬条ほか),「弥移居」(欽明天皇6年9月是月条)などと記すものもあるが,表現は違っても内容は同じで大和朝廷の地方支配方式の屯倉を海外の諸国にあてはめたものである.みやけに冠称した「海北・海西・蕃国」は海外の意,「内」は親しんだ表現.　→内官家(うちつみやけ)

参考文献　本居宣長『古事記伝』30(『本居宣長全集』3),弥永貞三「「弥移居」と「官家」」(『日本古代社会経済史研究』所収)　　　　(坂元　義種)

020　**和田理左衛門**　わだりえもん　？〜1656　江戸時代前期のキリシタン,商人.パウロ理左衛門と称した.長崎本後藤(五島)町和田利兵衛・同三左衛門の兄弟で,同妙泉の子.越南(ベトナム)の北部東京(トンキン)に在住し,同地の政府の外交貿易に尽力し,そのためにオランダ領東インドの総務長官カーレル=ハルチンクCaerel Hartsinkと頻りに書翰を往復し,また貿易のため,日本・澳門(マカオ)・順化(フエ)・台湾・柬埔塞(カンボジア)・暹羅(シャム)各地に商船をしばしば派遣した.1656年(明暦2)10月に同地で事故にあい死亡した.

参考文献　『延宝長崎記』(『通航一覧』),『唐通事会所日録』(『大日本近世史料』),Daghregister van't Casteel Batavia.　　　　　　　　　(岩生　成一)

021　**倭典**　わてん　新羅の対倭(日本)外交を管掌した官司.その始まりは不明であるが,『三国史記』職官志上によれば,新羅真平王43年(621)に倭典を領客典と改め,のちまた別に倭典が置かれたとあるから,621年以前より存在し,同年に領客典に改組された後,再び別置されたことが知られる.したがって倭典には前後2種類あったことになる.621年は新羅がはじめて唐に遣使朝貢し,これに応えて唐の勅使が璽書をもたらした年にあたる.これまでの倭(日本)との外交に加えて対唐外交が新たに開かれたところから,両国との外交を管掌する官司へと改組され,領客典とされたものと思われる.その後,領客典から対倭(日本)外交部門を独立させ,再び倭典を置いたのであるが,その時期は『三国史記』などに明記されていない.新羅では聖徳王13年(714)に詳司(師)を通文博士と改め,書表つまり唐との外交文書を担当させるとしている.この時期は新羅の対唐友好外交の進展に伴い,対日外交を従属から対等へと転換をはかる時期であるので,外交組織にも改編が加えられ,倭典が別置されたものと推測される.

参考文献　奥田尚「「任那日本府」と新羅倭典」(大阪歴史学会編『古代国家の形成と展開』所収),濱田耕策「聖徳王代の政治と外交」(『新羅国史の研究』所収),鈴木靖民「新羅の倭典について」(『古事類苑月報』33)　　　　　　　　(石井　正敏)

022　**和糖**　わとう　⇒甘蔗(かんしゃ)

023　**王仁**　わに　大和時代の有力な帰化系氏族西文(河内書,かわちのふみ)氏の祖と伝える人物.『日本書紀』には応神天皇15年8月条に,百済王が阿直岐(あちき)を遣わして良馬2匹を貢上してきたので,阿直岐はまたよく経典を読んだので,天皇が汝に勝る学者があるかと問うたところ,王仁という者が秀れていると答えたので,上毛野君の祖の荒田別と巫別を百済に遣わして王仁を召したとあり,翌年2月条に,王仁が来たので,太子菟道稚郎子(うじのわきいらつこ)はこれに諸典籍を学んだ.この王仁は書首(ふみのおびと,西文氏)らの始祖であるとある.また『古事記』応神天皇段では王仁を和邇吉師(わにきし)と書き,このとき百済王は王仁に『論語』10巻と『千字文』1巻を付して貢進したとする.そのためこの伝えは学問または典籍の初伝として古くから喧伝されてきたが,応神朝ころにこのような

事実があっても不自然ではないにしても，年次・人名などの細部まで確かな事実とはなしがたい．また『論語』10巻は加註本とすれば巻数が過多とはいえないが，『千字文』は梁の周興嗣のそれの成立と時代が前後するために，江戸時代以来種々議論があって確説はなく，この2書は経書と小学の書の代表的なものを象徴的な意味で掲げたにすぎないとみることもできる．　→西文氏(かわちのふみうじ)

参考文献　関晃『帰化人』(『日本歴史新書』)，辻善之助『日本文化史』1　　　　　　　　(関　晃)

024 倭の五王 わのごおう　5世紀に中国南朝と交渉をもった5人の倭国王．『宋書』と『南史』には讃・珍・済・興・武，『梁書』には賛・彌・済・興・武とあるので，珍と彌を別人とみて，倭の六王と解釈する説もある．しかし，讃と賛は音通，珍と彌も一見文字の違いは大きいが，珍―珎―弥―彌などの字形の類似から生じた誤写にすぎず，いずれも同一の王を指すと見てよい．文字は『宋書』の珍が正しく，『梁書』の彌は誤写による誤刻であろう．

　倭の五王と中国王朝との交渉は永初2年(421)の讃の宋への遣使に始まる．宋はこの遠方からの遣使を喜び，讃を除授(任官)した．この時，讃が授けられた官爵号は史料に明記されていないが，この後，珍・済・興の三王がいずれも安東将軍・倭国王に任命されているので，この事例からみて，安東将軍・倭国王であった可能性が濃い．3世紀に卑弥呼が魏から与えられた親魏倭王には，なお倭人集団の王の性格がつきまとっているが，倭国王という称号にはそうした曖昧さはない．つまり，倭国全体を支配する王が誕生したことになる．なお，宋は前年の王朝創建時に周辺諸国王の将軍号を進め，高句麗王や百済王もその地位を進められていたが，倭国王はこの昇進にあずからず，翌年遣使し，はじめて任官されている．この違いは宋の前王朝である東晋との交渉の有無と関係があり，倭国が東晋と正式な交渉をもっていなかったことを物語るものである．もっとも，義熙9年(413)の倭国の東晋への朝貢を記す史料もあるが，高句麗もこの年東晋に朝貢しており，またこの時の倭国使が持参した朝貢品は貂皮・人参など，高句麗の特産として著名な産物であったことから見て，そこには高句麗側の作為が働いていたものと思われる．おそらく高句麗王は，好太王碑文に見える高句麗との戦闘で捕虜となった倭人を倭国使に仕立てて東晋に送り，自国の強国ぶりを誇示し，あわせて徳治の証しとして喜ばれる遠夷入貢の名目で東晋の歓心を買おうとしたものであろう．義熙9年の倭国使をこのように考えると，これを倭の五王の最初の倭国使としたり，さらには讃と結びつけたりすることには問題がある．将軍に任命された倭国王讃は将軍府を設置し，僚属として長史・司馬・参軍をおくことができるようになった．このうち，長史は将軍の補佐で文官をつかさどり，司馬は長史に次ぐ地位で軍事にたずさわるものであった．元嘉2年(425)，讃は再び宋に使者を派遣した．この時の使者は司馬曹達であった．なお，この司馬を姓と考える説もあるが，当時の外交慣例からみて，将軍の府官である司馬と考えた方がよく，外交使節に府官制が利用されたものであろう．つまり，府官である司馬の曹達が遣宋使の長官に任命されたことになる．これは，高句麗王や百済王が長史を外交使節に任命していたのに比べると倭国外交の一大特色であり，あるいは，ここに倭国王の外交姿勢が示されているとみることもできる．ただ注意しておくべきことは，長史や司馬は府主の僚佐で，本来は府主に次ぐべき有力者であるが，これら東夷諸国の場合は，そうした実態はなく，単に外交使節の身分表示となっているという点である．したがって，東夷諸国の府官を固定的な制度として過大評価することには問題がある．讃がその使者に高句麗や百済のように長史を派遣しなかった理由は明確ではないが，司馬の性格から見ると，この時の外交目的が特に軍事を重視していたことによる可能性が濃く，さらには外交使節に高官を派遣することをいさぎよしとしない倭国外交の萌芽をうかがうことができる．この後，倭国が宋と交渉をもったのは，元嘉7年のことであり，『宋書』本紀は「正月，倭国王，遣使して方物を献ず」(原漢文)と伝えている．この倭国王の名が記されていないために，これを珍の遣使とする説もあるが，新しく朝貢した諸国王をその時点でその国の王と認めるという中国王朝の封冊の原理から見て，この遣使もひきつづき讃のものと考えてよい．

　讃の死後，弟の珍が立つと，元嘉15年，珍はみずから「使持節，都督倭・百済・新羅・任那・秦韓・慕韓六国諸軍事，安東大将軍，倭国王」と自称し，上表してこれらの官爵号の承認を宋に求めた．珍が自称した使持節・都督とは，使持節・持節・仮節の3種の官と，都督・監・督の3種の官の中のそれぞれの最上階(3者間には地位の上下があり，いずれも前のものが高い)を組み合わせた官号であり，必ずしも両者がセットをなすものではないが，これらの組合せの中では最高のものである．なお，前者は与えられた節の資格，後者は諸軍を統(す)べる軍事権の資格を意味し，結局は軍事的支配権の格を意味する重要な官号ということになる．また，都督諸軍事は軍権の及ぶ範囲と資格を示すものであり，将軍号にもランクがあった．安東将軍と安東大将軍では大差があり，前者は第三品，後者は第二品である．当時，百済王が宋から授けられた官爵号は使持節・都督百済諸軍事・鎮東大将軍・百済王であるから，珍の称号をこれと比較すると，倭王の要求ははるかに広範囲なものであった．つまり，珍は倭国と，

百済を含めた南朝鮮諸国の軍事的支配権と，倭国内部の正統王権の承認を求めたことになる．しかし，宋が許可したのは安東将軍・倭国王のみであった．また，珍は同時に倭隋ら13人に平西将軍などの将軍号を仮授して，その任官を希望したが，これはそのまま認められた．なお，倭隋の倭は当時の倭国王の倭讚や倭済などと共通するものであり，倭は王姓，したがって倭隋は王族ということになる．珍は王族将軍倭隋らを支持基盤として，主として南朝鮮の軍事的支配に臨もうとしていたのである．

　元嘉20年倭国王倭済が遣使すると，宋は前例にならい，済をまた安東将軍・倭国王に任命した．済はこの後，元嘉28年に使持節・都督倭新羅任那加羅秦韓慕韓六国諸軍事を加号され，軍号も安東大将軍に進められた．また，「幷びに上つる所の二十三人を軍郡に除」せられたという．これはおそらく前王の珍にならったものであり，済は自己の支配体制を支えるものとして23人もの大量の任官を願ったのであろう．なお，ここに出てくる軍郡とは百済の事例からみて，将軍と郡太守の意味である．これらの将軍・太守が活躍する地域は必ずしも明らかではないが，珍の場合と同じく倭国王の都督諸軍事の内容と関係づけて考えてよかろう．『宋書』本紀によると，こののち大明4年(460)にも倭国から遣使があったと伝えるが，この時の遣使者も封冊の原理から見て，済であったと思われる．なお，済の系譜について，『宋書』は珍との関係を記さないが，『梁書』は「彌死し，子済を立つ」と，両者を父子関係としている．ここには『通典』が武を讚の曾孫とするなど，王系を父子関係で理解しがちな中国人の通弊がみられるとしても，『宋書』には王統の断絶を示すような記述はなく，系譜記事だけで王統を論ずることには問題がある．

　済の死後，その世子の興が王位につき，大明6年遣使すると，宋はまたこれを安東将軍・倭国王に任命した．『宋書』本紀にはこののち，昇明元年(477)にも倭国からの遣使を伝えるが，これも封冊の原理から見て，興のものと思われる．

　興の死後，弟の武が立ち，「使持節，都督倭・百済・新羅・任那・加羅・秦韓・慕韓七国諸軍事，安東大将軍，倭国王」と自称し，さらに開府儀同三司を称して，昇明2年宋に遣使し，対高句麗戦を訴えた．宋はこの訴えに直接的には応えなかったが，武を「使持節，都督倭・新羅・任那・加羅・慕韓六国諸軍事，安東大将軍，倭王」に任命した．この任官は従来の倭国王の最初の任官と比べれば飛躍的な発展であり，武の外交の成果とみることができる．この背景には，蓋鹵王21年(475)の高句麗による百済王都の陥落と百済王の戦死という大事件があった．こののち，武は建元元年(479)には南斉から鎮東大将軍に，天監元年(502)には梁から征東大将軍にそれぞれ将軍号を進められた．だが，これらの進号は武の直接的な外交とは関係のないもので，いずれも王朝の創立時の祝賀的任官と考えられる．したがって，これらの任官をもとにして武の在位期間を考えることはできない．5世紀の倭国王の対中交渉は武の遣使を最後にして，史上から姿を消してしまう．その理由は必ずしも明らかではないが，1つには倭国王が対中交渉の限界に気付いたことにある．

　なお，倭の五王を『古事記』や『日本書紀』の伝える天皇に比定し，讚を応神・仁徳・履中のいずれか，珍を反正，済を允恭，興を安康，武を雄略などにあてることが多い．しかし，比定の論拠となっている年時・系譜・名ともに問題があり，その確定にはなお慎重な検討が必要である．

[参考文献]　笠井倭人『研究史倭の五王』，坂元義種『古代東アジアの日本と朝鮮』，同『倭の五王―空白の五世紀―』，小尾孟夫「劉宋における都督と軍事」(『中国貴族制社会の研究』所収)，坂元義種「大明四年の倭国王」(山田英雄先生退官記念会編『政治社会史論叢』所収)，鈴木靖民「倭の五王の外交と内政―府官制的秩序の形成―」(林陸朗先生還暦記念会編『日本古代の政治と制度』所収)，吉村武彦「倭の五王とは誰か」(『争点日本の歴史』2所収)，湯浅幸孫「倭国王武の上表文について」(『史林』64ノ1)，同「倭の五王と日本国王」(『日本歴史』483)，大山誠一「継体朝成立をめぐる国際関係」(『日本古代の外交と地方行政』所収)，川本芳昭「倭の五王による劉宋遣使の開始とその終焉」(『東方学』76)，李永植「五世紀倭の五王の韓南部諸国名の称号」(『加耶諸国と任那日本府』所収)　　　　(坂元　義種)

025　割印制　わりいん　15世紀後半，琉球国王から朝鮮国王あての外交文書に，特定の割印を捺す制度．偽の琉球国王使が，みずからの正統性を示すために，朝鮮王朝に提案した制度である．1471年，琉球国王尚徳の使節(正使は自端西堂，副使は博多商人の佐藤平左衛門尉信重)が朝鮮を訪れ，偽使の横行に対して，印鑑を半切した割印2枚である「剖符」(割符)を進上し，後の証明手段とすることを提案した．琉球(実際には博多)に右隻，朝鮮側に左隻が置かれたものとみられる．15世紀半ばの琉球使節が博多商人道安であった(享徳2年(1453)・康正元年(1455)・長禄元年(1457)に朝鮮に渡航)ように，琉球使節は博多もしくは対馬の商人に委託されていた．琉球では1469年に第一尚氏の尚徳が没した直後，金丸がクーデターを起こして尚円として即位し，第二尚氏が成立した．このような情勢を背景に，博多商人を主体として，前国王尚徳を名義とする偽琉球国王使が派遣された．この時，朝鮮国王あての外交文書の様式が，公的文書の咨文から私的文書の書契になっており，偽書である書契に割印をおすことが

定着する．割印制は，1491年の尚円の使節（正使は耶次郎（也次郎））まで使用されたが，1493年の尚円の使節梵慶・也次郎がおのおのもたらした外交文書は，割印制を遵守しておらず，朝鮮側に偽使と認定され，割印制は崩壊する． →偽使（ぎし）

[参考文献] 橋本雄『中世日本の国際関係』

(関　周一)

026 ワリニァーノ　Alexandro Valignano　⇨バリニァーノ

付　表

1　百済の官位（く015）……840
2　高句麗の官位（こ017）……840
3　新羅の官位（し166）……841
4　遣隋使（け038）……841
5　遣唐使（け043）……842
6　遣新羅使（け036）……844
7　遣渤海使（け053）……845
8　遣明船（け055）……846
9　宋銭一覧（そ025）……847
10　冊封使（か151・さ025）……848
11　朝鮮王朝通信使（つ003）……849
12　『本邦朝鮮往復書』とその記主（以酊庵輪番僧）（い063・ほ042）……850
　　『本邦朝鮮往復書』の主要所収文書
13　キリシタン版一覧（き082）……853
14　長崎奉行一覧（な026）……855
15　オランダ商館長一覧（お075）……858
16　末吉家系図（す015）……861
17　茶屋家系図（ち014）……861

＊（　）内は関連項目の番号

百済の官位

三国史記古爾王27年条				周書				旧唐書		日本書紀
官　名		品位	服色	官　名	員数	品位	冠帯	官　名		官　名
内臣佐平 内頭佐平 内法佐平 衛士佐平 朝廷佐平 兵官佐平	掌宣納事 掌庫蔵事 掌礼儀事 掌宿衛兵事 掌刑獄事 掌外兵馬事	一品	服紫，以銀花飾冠	左　平	5人	一品	冠飾銀花	内臣佐平 内頭佐平 内法佐平 衛士佐平 朝廷佐平 兵官佐平	掌宣納事 掌庫蔵事 掌礼儀事 掌宿衛兵事 掌刑獄事 掌在外兵馬事	佐　平 *
達　率		二品	同	達　率	30人	二品	同			達　率
恩　率		三品	同	恩　率	無常員	三品	同			恩　率
徳　率		四品	同	徳　率	同	四品	同			徳　率
扞　率		五品	同	扞　率	同	五品	同			杆　率
奈　率		六品	同	奈　率	同	六品	同			奈(那)率
将　徳		七品	服緋	将　徳	同	七品	紫帯			将　徳
施　徳		八品	同	施　徳	同	八品	皂帯			施　徳
固　徳		九品	同	固　徳	同	九品	赤帯			固　徳
季　徳		十品	同	季　徳	同	十品	青帯			季　徳
対　徳		十一品	同	対　徳	同	十一品	黄帯			対　徳
文　督		十二品	服青	文　督	同	十二品	同			
武　督		十三品	同	武　督	同	十三品	白帯			修　徳 **
佐　軍		十四品	同	佐　軍	同	十四品	同			都　徳
振　武		十五品	同	振　武	同	十五品	同			護　徳
克　虞		十六品	同	克　虞	同	十六品	同			

＊ 他に内頭莫古解（顕宗2），上佐平沙宅己婁・中佐平木刕麻那・下佐平木尹貴（欽明4），三佐平内頭（同），大佐平智積（皇極元），大佐平沙宅千福（斉明6），内佐平岐味（皇極元）あり．因に上佐平の用例は三国史記（腆支王4）以下に数例がある．

＊＊ 修徳以下の三者は他書の16品のいずれにあたるか，いまだ確定されていない．

高句麗の官位

	魏志	周書	隋書	新唐書	高麗記（『翰苑』所引）	三国史記	日本書紀
1	相加	大対盧	大大兄	大対盧(吐捽)	吐　捽（旧名，大対盧）	一品 主　簿	主　簿
2	対盧	太大兄	大　兄	鬱折	太大兄（一名，莫何々／羅支）	二品 大　相	大　相
3	沛者	大兄	小兄	太大使者	鬱折（華言，主簿）	従二品 位頭大兄	位頭大兄
4	古雛加	小兄	対盧	帛衣頭大兄	大夫使者（亦名，謁奢）	正三品 従大相	大　兄
5	主簿	意侯奢	意侯奢	大使者	皁衣頭大兄（一名，中裏皁／衣頭大兄）	従三品 小　相	大　使
6	優台	烏拙	烏拙	大　兄	大使者（一名，大奢）	正四品 狄　相	乙　相
7	丞	太大使者	太大使者	上位使者	大兄加（一名，纈支）	正五品 小　兄	達
8	使者	大使者	大使者	諸　兄	抜位使者（一名，儒奢）	従五品 諸　兄	
9	皁衣	小使者	小使者	小　使者	上位使者（一名，契達奢）	正六品 先　人	
10	先人	褥奢	褥奢	過　節	使　者（一名，乙奢）	自　位	
11		翳属	翳属	先　人	小　兄（一名，失支）	正七品	
12		仙人	仙人	古鄒大加	諸　兄（一名，翳属・／伊紹・河紹還）	従七品	
13		褥薩	内評褥薩／外評褥薩／五部褥薩		過　節（一名，失元）	正八品	
14					不　節（一名，庶人）	従八品	
15					先　人	正九品	

① 『三国史記』にみえる10級の官位は，高句麗滅亡後新羅に収容された高句麗人が持っていたものであるから，高句麗の官位の全体を示すものではない．けれども，主簿から自位までの序列はこのとおりであったことは疑い得ない．

② 「日本書紀」の欄は，『日本書紀』にみえる高句麗人の称した官位名を順序不同に摘録したものである．

新羅の官位

等級	三国史記職官志 名称	三国史記職官志 別称（等級内等級，〔 〕内は色服志）	三国史記色服志 服色	三国史記色服志 笏	三国史記色服志 冠色	金石文 三国時代	金石文 統一新羅	中国史料（梁書・南史・通典／隋書・北史・翰苑）	日本書紀	相当外位 職官志	相当外位 金石文	相当外国人位（職官志）高句麗人	相当外国人位（職官志）百済人
1	伊伐湌	伊罰干・于伐湌・角干・角粲・舒発翰・舒弗邯	紫衣	牙笏	錦冠	一伐干	角干	子賁旱支・伊罰干・伊伐干					
2	伊尺湌	伊湌	同	同	同	伊干・一尺干	伊湌・伊湌・伊干	伊尺干・壱尺干	翳湌				
3	迊湌	迊判・蘇判	同	同	同	迊干	蘇判	斉旱支・迊干・迎干	蘇判				
4	波珍湌	海干・破弥干	同	同	緋冠	波珎干支		破弥干・破珎干	波珍干岐・波珍湌				
5	大阿湌	（以上，真骨のみ）	同	同	同	大阿干・太阿干	韓粲	大阿尺干・大阿干	大阿湌				
6	阿湌	阿尺干・阿粲・〔衿荷〕（重阿湌―四重阿湌）	緋衣	同	同	阿尺干	阿干・阿湌・阿湌	謁旱支・阿干	阿湌				
7	一吉湌	乙吉干・〔上堂〕	同	同	組纓	壱吉干支・一吉干	一吉湌	壱吉支・乙吉干	一吉湌	嶽干		主簿	
8	沙湌	薩湌・沙咄干・〔上堂〕	同	同	同	沙干・沙干支・沙尺干	薩湌・沙干	沙咄干	沙湌・薩湌	述干	述干	大相	
9	級伐湌	級湌・及伐干・〔上堂〕	同	同	同	及干支・及尺干・及干	級湌・及干	奇貝旱支・及伏干・及伐干	及伐干・及湌・汲湌・級湌	高干		位頭大兄・従大相	
10	大奈麻	大奈末（重奈麻―九重奈麻）	青衣	同		大奈末	大奈麻・大奈末・大柰・韓奈麻	大奈摩干・大奈麻・大奈麾	韓奈末・大那末・大奈麻	貴干	貴干		達率
11	奈麻	奈末・〔赤位〕（重奈麻―七重奈麻）	同	同		奈末・奈麻	奈麻・奈末・乃末	奈摩・奈末	奈麻礼・奈末	選干	選干	小相・狄相	恩率
12	大舎	韓舎	黄衣	同		大舎	大舎・韓舎	大舎	大舎	上干	上干	小兄	徳率
13	舎知	小舎	同			小舎	小舎・舎知	小舎		干	次干	諸兄	扞率
14	吉士	稽知・吉次	同			吉之		吉士・吉		一伐	一伐	先人	奈率
15	大烏	大烏知	同			大烏		大烏		一尺	一尺	自位	将徳
16	小烏	小烏知	同			小烏		小烏		彼日		自位	
17	造位	先沮知	同					造位・達位		阿尺	阿尺		

①官位名の原義．
 1伊伐湌（王族の長），2伊尺湌（最高の貴族），3迊湌（旧小国（歃良）の王），4波珍湌（旧小国（本彼）の王），5大阿湌（王朝直属（王畿内）の旧小国王），6阿湌（一般の旧小国王），7一吉湌（城主），8沙湌（新村の首長），9級伐湌（旧村の首長），10大奈麻（王朝直属（王畿内）の豪族），11奈麻（一般の家族），12大舎（大阿湌の郎党），13舎知（阿湌の郎党），14吉士（高句麗・加羅で首長の意味），15大烏～17造位（不明）．
②相当外位は，地方人の官位であった外位を統一戦争後，京位に統合した時の相当位．
③相当外国人位の高句麗人位は688年に，また百済人位は673年に，それぞれ高句麗人・百済人の官品に準じて与えられたもの．

遣隋使

出発	帰国	使人	備考	典拠
推古天皇 8(600) 開皇20	（不明）	（不明）		隋書倭国伝
同 15(607).7.3 大業3	推古天皇16.4	小野妹子 鞍作福利（通事）	隋使裴世清ら13人を伴って帰国	日本書紀・隋書倭国伝
同 16(608) 同4	（不明）	（不明）		隋書煬帝紀
同 16(608).9.11 同	推古天皇17.9	小野妹子（大使）吉士雄成（小使）鞍作福利（通事）	倭漢福因・奈羅訳語恵明・高向玄理・新漢人大国（留学生），僧旻・南淵請安・恵隠・広済（学問僧）らを伴い，隋使裴世清の送使として入隋	日本書紀・隋書倭国伝
同 18(610) 同6	（不明）	（不明）		隋書煬帝紀
同 22(614).6.13 同10	推古天皇23.9	犬上御田鍬 矢田部造某	百済使を伴って帰国	日本書紀

遣 唐 使

出　　発		使人・人数・船数・航路	学問僧・留学生	帰　　国	随伴者	備　考
舒明天皇 2(630). 8. 5発	貞観 4	犬上御田鍬 薬師恵日 【航路】北路？		舒明天皇 4.8(対馬) 【航路】北路	霊雲・僧旻・勝鳥養，唐使高表仁・新羅送使	
白雉 4(653). 5.12発	永徽 4	吉士長丹(大使) 吉士駒(副使) 【人数】121 【船数】1 【航路】北路？	道厳・道通・道光・恵施・弁正・恵照・僧忍・道昭・定慧・安達・道観・知弁・義徳・巨勢薬・氷老人・坂合部石積・高黄金・覚勝・知聡	白雉 5. 7.24(筑紫) 【航路】北路	百済使・新羅使	
同	永徽 4	高田根麻呂(大使) 掃守小麻呂(副使) 【人数】121 【船数】1 【航路】南島路	道福・義向			往途，薩摩竹島付近にて遭難
同 5(654). 2.-	同 5	高向玄理(押使) 河辺麻呂(大使) 薬師恵日(副使) 書麻呂・宮阿弥陀・岡宜・置始大伯・中臣間人老・田辺鳥(判官) 【船数】2 【航路】北路		斉明天皇元. 8. 1 【航路】北路？		押使高向玄理，唐にて没
斉明天皇 5(659). 7. 3発	顕慶 4	坂合部石布(大使) 津守吉祥(副使) 【船数】2 【航路】北路		同 7. 5.-(第2船) 【航路】北路		第1船，往途南海の島に漂着，大使坂合部石布殺される
天智天皇 4(665)	麟徳 2	守大石・坂合部石積・吉士岐弥・吉士針間(送唐客使) 【航路】北路		天智天皇 6.11. 9 【航路】北路	唐使法聡	以下3回の発遣は百済駐留の唐軍との交渉のためか
同 6(667).11.13発	乾封 2	伊吉博徳(送唐客使) 笠諸石(送唐客使) 【航路】北路		同 7.正.23		唐使法聡を百済に送る
同 8(669)	総章 2	河内鯨		(不明)		
大宝元(701).正.23任 同 2(702). 6.29発	長安元 同 2	粟田真人(執節使) 高橋笠間(大使) 坂合部大分(副使) 巨勢邑治(大位) 鴨吉備麻呂(中位) 掃守阿賀流(小位) 錦部道麻呂(大録) 白猪阿麻留(少録) 山上憶良(少録) 【航路】南島路	道慈・弁正(？)	慶雲元(704). 7. 1(粟田真人) 同 4(707). 3. 2(巨勢邑治) 【航路】南島路		
霊亀 2(716). 8.20任 養老元(717). 3. 9発	開元 4 同 5	多治比県守(押使) 阿倍安麻呂(大使) 大伴山守(大使) 藤原馬養(副使) 【人数】557 【船数】4 【航路】南島路？	玄昉・吉備真備・大和長岡・阿倍仲麻呂・井真成(？)	養老 2.10.10(大宰府) 【航路】南島路？	坂合部大分・道慈	霊亀2.9.4大使阿倍安麻呂を大伴山守に代える
天平 4(732). 8.17任 同 5(733). 4. 3発	同 20 同 21	多治比広成(大使) 中臣名代(副使) 平群広成・田口養年富・紀馬主・秦朝元(判官) 大伴首名(准判官) 【人数】594 【船数】4 【航路】南島路？	栄叡・普照・玄朗・玄法・業行(？)・秦大麻呂(？)	天平 6.11.20(多禰島，第1船) 同 8. 8.23(拝朝，第2船) 【航路】南島路	玄昉・吉備真備・大和長岡(？)(第1船)，道璿・菩提・仏徹・袁晋卿・皇甫東朝・李密翳(第2船)	第3船，崑崙に漂着，判官平群広成渤海路により天平11.10.27帰国，第4船難破して帰らず
同 18(746)	天宝 5	石上乙麻呂(大使)				発遣中止

遣唐使

出　　　発		使人・人数・船数・航路	学問僧・留学生	帰　国	随伴者	備　考
天平勝宝 2(750). 9.24任 同 4(752).閏3. 9発	天宝 9 同 11	藤原清河(大使) 大伴古麻呂(副使) 吉備真備(副使) 大伴御笠(判官) 巨万大山(判官) 布勢人主(判官) 【人数】約450 【船数】4 【航路】南島路	膳大丘・藤原刷雄(?)・行賀(?)・戒明(?)・得清(?)・善議(?)	天平勝宝 5.12. 7 (益久島,第3船) 同 6.正.16 (薩摩秋妻屋浦,第2船) 同 6. 4.18 (薩摩石籬浦,第4船) 【航路】南島路	鑑真・法進・曇静・思託(第2船),普照・行業(?)(第3船)	第1船安南に漂着,藤原清河唐に戻る
天平宝字 3(759).正.30任 同 2.16発	乾元 2	高元度 (迎入唐大使) 内蔵全成(判官) 【人数】99 【船数】1 【航路】渤海路		天平宝字 5. 8.12 (大宰府) 【航路】南島路	唐使沈惟岳	入唐大使藤原清河を迎えに行くが清河帰国せず唐にて没,判官内蔵全成渤海より戻る
同 5(761).10.22任	上元 2	仲石伴(大使) 石上宅嗣(副使) 藤原田麻呂(副使) 【船数】4				天平宝治6.3.1副使石上宅嗣を藤原田麻呂に代える,船破損のため発遣中止
同 6(762). 4.17任	宝応元	中臣鷹主(送唐客使) 高麗広山(副使)				唐使沈惟岳を送らんとするが,風波便なく渡海できず発遣中止
宝亀 6(775). 6.19任 同 8(777). 6.24発	大暦10 同 12	佐伯今毛人(大使) 大伴益立(副使) 藤原鷹取(副使) 小野石根(副使) 大神末足(副使) 海上三狩(判官) 小野滋野(判官) 大伴継人(判官) 【船数】4 【航路】南路	永忠(?)	宝亀 9.10.23 (肥前松浦郡,第3船) 同 11.10 (薩摩甑島,第4船) 同 11.13 (薩摩出水郡,第2船) 同 11.- (肥後天草郡,第1船舳) 同 11.- (薩摩甑島,第1船艫) 【航路】南路	伊予部家守・戒明(?)・善議(?)(第2船),唐使孫興進(第3船)	大使佐伯今毛人病と称して行かず,宝亀7.12.14副使大伴益立を小野石根・大神末足に代える,副使小野石根帰途遭難して没
宝亀 9(778).12.17任 同 10(779). 5.27発	同 13 同 14	布勢清直(送唐客使) 甘南備清野(判官) 多治比浜成(判官) 【船数】2 【航路】南路	唐使孫興進	天応元(781). 6.24	行賀(?)	
延暦20(801). 8.10任 同 22(803). 4. 2発 同23(804). 3.28再発	貞元17 同 19 同 20	藤原葛野麻呂(大使) 石川道益(副使) 菅原清公・三棟今嗣・高階遠成・甘南備信影(判官) 【船数】4 【航路】南路	空海・最澄・義真・丹福成・橘逸勢・金剛(?)・霊山・円基(?)・法道(?)	延暦24. 6. 8 (対馬下県郡,第1船) 同 6.17 (肥前松浦郡,第2船) 大同元(806).10.- (大宰府,第4船?)	最澄・義真・丹福成・粟田飽田麻呂(?)・永忠(?)・円基(?)(第1船),空海・橘逸勢(第4船?)	第3船,往途肥前松浦にて遭難
承和元(834).正.18任 同 3(836). 5.14発 同4(837). 7.22再発 同5(838).7.5再再発 同 7.29 同	太和17 開成元 同 2 同 3 同 3	藤原常嗣(大使) 小野篁(副使) 長岑高名(判官) 菅原善主(判官) 藤原豊並(判官) 【人数】651 【船数】4 【航路】南路	円行・常暁・戒明・義澄・円仁・惟正・仁好・惟暁・円載・真済・真然・丁雄満・伴始満・春苑玉成・菅原梶成	承和 6. 8.14 (大宰府) 同 8.- (肥前松浦郡) 同 7. 4. 8 (大隅) 【航路】北路・南路	円行・常暁・戒明・義澄	第3船,筑紫出帆後遭難,その後副使小野篁病と称して行かず,帰途新羅船9隻を傭って帰る,第2船南海の地に漂着,知乗船事菅原梶成大隅に帰着
寛平 6(894). 8.21任	乾寧元	菅原道真(大使) 紀長谷雄(副使)				寛平6.9大使菅原道真の上表により中止

遣 新 羅 使

回数	任命	帰国	使人	備考
1	天武天皇4(675).7	天武天皇5.2	大伴国麻呂(大使) 三宅入石(副使)	
2	天武天皇5(676).10	天武天皇6.2	物部麻呂(大使) 山背百足(小使)	
3	天武天皇10(681).7	天武天皇10.9	采女竹羅(大使) 当麻楯(小使)	
4	天武天皇13(684).4	天武天皇14.5	高向麻呂(大使) 都努牛甘(小使)	学問僧観常・雲観ともに帰国
5	持統天皇元(687).正	持統天皇3.正	田中法麻呂 守苅田	
6	持統天皇6(692).11	(不明)	息長老 川内連 大伴子君	
7	持統天皇9(695).7	(不明)	小野毛野 伊吉博徳	
8	文武天皇4(700).5	文武天皇4.10	佐伯麻呂(大使) 佐味賀佐麻呂(小使) 大少位 各1人 大少史 各1人	帰朝して孔雀・珍物を献ず
9	大宝3(703).9	慶雲元.8	波多広足(大使) 額田人足	
10	慶雲元(704).10	慶雲2.5	幡文通(大使)	
11	慶雲3(706).8	慶雲4.5	美努浄麻呂(大使) 対馬堅石(副使)	学問僧義法・義基・惣集・慈定・浄達ともに帰国
12	和銅5(712).9	和銅6.8	道首名(大使)	
13	養老2(718).3	養老3.2	小野馬養(大使)	
14	養老3(719).閏7	(不明)	白猪広成	
15	養老6(722).5	養老6.12	津主治麻呂	
16	神亀元(724).8	神亀2.5	土師豊麻呂(大使)	
17	天平4(732).正	天平4.8	角家主	
18	天平8(736).2	天平9.正	阿倍継麻呂(大使) 大伴三中(副使) 壬生宇太麻呂(大判官) 大蔵麻呂(少判官)	大使阿倍継麻呂,帰途対馬にて没
19	天平12(740).3	天平12.10	紀必登(大使)	
20	天平勝宝4(752).正	(不明)	山口人麻呂	
21	天平勝宝5(753).2	(不明)	小野田守(大使)	新羅礼を欠き,大使小野田守使事を行わずして帰る
22	宝亀10(779).2	宝亀10.7	下道長人	遣唐判官海上三狩を伴って帰国

遣 渤 海 使

出　　発	帰　　国		使　人	名　称	備　考
神亀 5(728). 2.16任 同　　　　 6. 5発	仁安 9	天平 2. 8.29	引田虫麻呂(大使)	送渤海客使	随伴者高斉徳
天平12(740). 正.13任 同　　　　 4.20発	大興 3	天平12.10. 5	大伴犬養(大使)	遣渤海使	随伴者己珍蒙
天平 宝字 2(758). 2	大興21	天平 宝字 2. 9.18	小野田守(大使) 高橋老麻呂(副使)	遣渤海使	
天平 宝字 4(760). 2.20発	大興23	天平 宝字 4.11.11	陽侯玲璆	送南申使	随伴者高南申
天平 宝字 5(761).10.22任	大興24	天平 宝字 6.10. 1	高麗大山(大使) 伊吉益麻呂(副使)	遣高麗使	大使高麗大山，帰途佐利翼津にて没
天平 宝字 6(762).11. 1任 同　 7(763). 2.20発	大興25 同 26	天平 宝字 7	多治比小耳(大使) 平群虫麻呂(判官) 板振鎌束(船師)	送高麗人使	随伴者王新福，多治比小耳・平群虫麻呂は行かず
宝亀 3(772). 2.29発	大興35	宝亀 4.10.13	武生鳥守(大使)	送壱万福使	随伴者壱万福
宝亀 8(777). 5.23発	大興40	宝亀 9. 9.21	高麗殿継	送高麗使	随伴者史都蒙
宝亀 9(778).12.17任 同 10(779). 2. 2発	大興41 同 42	(不明)	大網広道	送高麗客使	随伴者張仙寿
延暦15(796). 5.17発	正暦 2	延暦15.10. 2	御長広岳(大使) 桑原秋成(副使)	送渤海客使	随伴者呂定琳
延暦17(798). 4.24任 同　　　　 5.19発	正暦 4	延暦17	内蔵賀茂麻呂(大使) 御使今嗣(判官)	遣渤海使	
延暦18(799). 4.19発	正暦 5	延暦18. 9.20	滋野船白		随伴者大昌泰
弘仁元(810).12. 4任 同　 2(811). 4.27発	永徳 2 同　 3	弘仁 2.10. 2	林　東人(大使) 上毛野継益(録事)	送渤海客使	随伴者高南容，帰途上毛野継益らの船行方不明

遣明船

回数	出発年	入明都年	帰朝年	正使	渡航船種	船数	渡航人数 (上京人数)*	備考
1	応永8(1401)	建文3(1401)	応永9(1402)	祖阿	幕府船	隻	人	明使天倫道彝を伴い帰朝
2	応永10(1403)	永楽元(1403)	応永11(1404)	堅中圭密	同		(300余)	明使趙居任を伴い帰朝,永楽勘合をもたらす
3	応永11(1404)	永楽2(1404)	応永12(1405)	明室梵亮	同			第1次勘合船,明使を伴帰朝
4	応永12(1405)	永楽3(1405)	応永13(1406)	(源通賢)	同	38		源通賢の船は明帝の命により海賊を捕えて送ったもの,明使潘賜らを伴い帰朝
5	応永13(1406)	永楽5(1407)	応永14(1407)	堅中圭密	同		(73)	明使を伴い帰朝
6	応永15(1408)	永楽6(1408)	応永16(1409)	同	同		(100余)	明使周全渝を伴い帰朝
7	(不明)	永楽6(1408)	(不明)	(不明)	同			
8	(不明)	永楽8(1410)	応永18(1411)	堅中圭密	同			明使王進を伴い帰朝
9	永享4(1432)	宣徳8(1433)	永享6(1434)	竜室道淵	幕府船・相国寺船・山名船・大名寺院十三家船・三十三間堂船	5	(220)	明使雷春を伴い帰朝,宣徳勘合をもたらす
10	永享6(1434)	宣徳10(1435)	永享8(1436)	恕中中誓	幕府船・相国寺船・大乗院船・山名船・三十三間堂船	6		永楽勘合残余57道を明に返還
11	宝徳3(1451)	景泰4(1453)	享徳3(1454)	東洋允澎	天竜寺船・伊勢法楽舎船・九州探題船(聖福寺造営船)・大友船・大内船・大和多武峯船	9	1200 (350余)	島津船の計画もあったが渡航せず,景泰勘合をもたらす
12	寛正6(1465)	成化4(1468)	文明元(1469)	天与清啓	幕府船・細川船・大内船	3		宣徳勘合残余84道を明に返還,成化勘合をもたらす
13	文明8(1476)	成化13(1477)	文明10(1478)	竺芳妙茂	幕府船・相国寺勝鬘院船	3	300	堺の湯川宣阿の請負
14	文明15(1483)	成化20(1484)	文明17(1485)	子璞周瑋	幕府船・内裏船	3	(300か)	
15	明応2(1493)	弘治8(1495)	明応5(1496)	堯夫寿冥	幕府船・細川船	3	(300か)	弘治勘合をもたらす
16	永正3(1506)	正徳7(1512)	永正10(1513)	了庵桂悟	大内船・細川船	3	600 (南京50)	景泰・成化勘合残余を明に返還,正徳勘合をもたらす,他に宋素卿を綱司とする細川船1隻が正徳4年(1509)に入明
17	(不明) 永正17(1520)	嘉靖2(1523)か 嘉靖2(1523)	(不明) (不明)	謙道宗設 鸞岡省佐	大内船 細川船	3 1	300余 100余	両船は寧波で抗争(寧波の乱),細川船は弘治勘合残余を返還のため携えていくが大内船に奪われたらしい
18	天文7(1538)	嘉靖19(1540)	天文10(1541)	湖心石鼎	大内船	3	456 (50)	
19	天文16(1547)	嘉靖28(1549)	天文19(1550)	策彦周良	大内船	4	637 (50)	弘治・正徳勘合残余を明に返還

*( )内は上京人数.

宋銭一覧

北宋

銭名	皇帝	発行年
宋通元宝	太祖	建隆元年(960)
太平通宝	太宗	太平興国元年(976)
雍熙元宝	同	雍熙元年(984)
端拱元宝	同	端拱元年(988)
淳化元宝	同	淳化元年(990)
至道元宝	同	至道元年(995)
咸平元宝	真宗	咸平元年(998)
景徳元宝	同	景徳元年(1004)
祥符元宝	同	大中祥符元年(1008)
祥符通宝	同	同
天禧通宝	同	天禧元年(1017)
乾興通宝	同	乾興元年(1022)
天聖元宝	仁宗	天聖元年(1023)
明道元宝	同	明道元年(1032)
景祐元宝	同	景祐元年(1034)
皇宋通宝	同	宝元2年(1039)
康定元宝	同	康定元年(1040)
慶暦元宝	同	慶暦元年(1041)
慶暦重宝	同	同
皇祐元宝	同	皇祐元年(1049)
至和元宝	同	至和元年(1054)
至和通宝	同	同
至和重宝	同	同
嘉祐元宝	同	嘉祐元年(1056)
嘉祐通宝	同	同
治平元宝	英宗	治平元年(1064)
治平通宝	同	同
熙寧元宝	神宗	熙寧元年(1068)
元豊通宝	同	元豊元年(1078)
元祐通宝	哲宗	元祐元年(1086)
紹聖元宝	同	紹聖元年(1094)
紹聖通宝	同	同
元符通宝	同	元符元年(1098)
靖国元宝	徽宗	建中靖国元年(1101)
聖宋元宝	同	同
崇寧通宝	同	崇寧元年(1102)
大観通宝	同	大観元年(1107)
政和通宝	同	政和元年(1111)
重和通宝	同	重和元年(1118)
宣和元宝	同	宣和元年(1119)
宣和通宝	同	同
宣和重宝	同	同
靖康元宝	欽宗	靖康元年(1126)
靖康通宝	同	同
靖康重宝	同	同

南宋

銭名	皇帝	発行年
建炎元宝	高宗	建炎元年(1127)
建炎通宝	同	同
建炎重宝	同	同
紹興元宝	同	紹興元年(1131)
紹興通宝	同	同
隆興元宝	孝宗	隆興元年(1163)
乾道元宝	同	乾道元年(1165)
淳熙元宝	同	淳熙元年(1174)
紹熙元宝	光宗	紹熙元年(1190)
紹熙通宝	同	同
慶元元宝	寧宗	慶元元年(1195)
慶元通宝	同	同
嘉泰元宝	同	嘉泰元年(1201)
嘉泰通宝	同	同
開禧元宝	同	開禧元年(1205)
開禧通宝	同	同
嘉定元宝	同	嘉定元年(1208)
嘉定通宝	同	同
宝慶元宝	理宗	宝慶元年(1225)
大宋元宝	同	同
大宋通宝	同	同
紹定通宝	同	紹定元年(1228)
紹定元宝	同	同
端平元宝	同	端平元年(1234)
嘉熙元宝	同	嘉熙元年(1237)
嘉熙重宝	同	同
淳祐通宝	同	淳祐元年(1241)
淳祐元宝	同	同
皇宋元宝	同	宝祐元年(1253)
開慶通宝	同	開慶元年(1259)
景定元宝	同	景定元年(1260)
咸淳元宝	度宗	咸淳元年(1265)

①宋は開国以来，代々，銅銭とともに鉄銭もつくるが，南宋の景定以後は鉄銭がない．
②銅小平銭（一文銭）のほか，折二が諸銭に多くつくられ，当三・当五・当十もときにつくられた．
③鉄銭にも折二以上の大銭がしばしばつくられ，また面文の通宝を元宝と変えるなどした鉄大銭鋳造の例もある．
④北宋の太宗代の雍熙元宝・端拱元宝，真宗代の乾興通宝，仁宗代の康定元宝・慶暦元宝，徽宗代の靖国元宝，南宋の孝宗代の隆興元宝・乾道元宝など，記録にあって現物がほとんど残らないもの，南宋の高宗代の建炎元宝など，現物があって史伝に記載を欠くものもある．

冊封使

冊封年	琉球国王	冊封使 正使	冊封使 副使	冊封使録
永楽 2 年(1404)	武寧王	時 中		
洪熙元年(1425)	尚巴志王	柴 山		
正統 8 年(1443)	尚 忠王	余 忭	劉 遜	
同 12年(1447)	尚思達王	陳 傳	万 祥	
景泰 3 年(1452)	尚金福王	喬 毅	董守宏	
同 7 年(1456)	尚泰久王	李秉彝	劉 倹	
天順 7 年(1463)	尚 徳王	潘 栄	蔡 哲	
成化 8 年(1472)	尚 円王	官 栄	韓 文	
同 15年(1479)	尚 真王	董 旻	張 祥	
嘉靖13年(1534)	尚 清王	陳 侃	高 澄	使琉球録(陳侃)
同 40年(1561)	尚 元王	郭汝霖	李際春	重編使琉球録(郭汝霖)
万暦 7 年(1579)	尚 永王	蕭崇業	謝 杰	使琉球録(蕭崇業・謝杰)
同 34年(1606)	尚 寧王	夏子陽	王士楨	使琉球録(夏子陽・王士楨)
崇禎 6 年(1633)	尚 豊王	杜三策	楊 掄	杜天使冊封琉球真記奇観(従客胡靖)
康熙 2 年(1663)	尚 質王	張学礼	王 垓	使琉球記(康熙 3 年, 張学礼)
同 22年(1683)	尚 貞王	汪 楫	林麟焻	使琉球雑録(康熙23年, 汪楫)
同 58年(1719)	尚 敬王	海 宝	徐葆光	中山伝信録(康熙60年, 徐葆光)
乾隆21年(1756)	尚 穆王	全 魁	周 煌	琉球国志略(乾隆22年, 周煌)
嘉慶 5 年(1800)	尚 温王	趙文楷	李鼎元	使琉球記(嘉慶 7 年, 李鼎元)
同 13年(1808)	尚 灝王	斉 鯤	費錫章	続琉球国志略(斉鯤・費錫章)
道光18年(1838)	尚 育王	林鴻年	高人鑑	
同治 5 年(1866)	尚 泰王	趙 新	于光甲	続琉球国志略(趙新)

朝 鮮 王 朝 通 信 使

	年代 西暦(干支) 日本／朝鮮	将軍 (主権者)	三使	交聘理由	人員	随員記録	備考
1	1413(癸巳) 応永20 太宗13	足利義持	朴貢	(朝鮮)倭寇禁止要請，国情探索			朴貢慶尚道にて発病，不実行
2	1429(己酉) 正長2 (永享元) 世宗11	足利義教	朴瑞生 李芸 金克柔	(日本)将軍就任祝賀，前将軍致祭 (朝鮮)将軍襲職祝賀，前将軍致祭			大内持世・九州諸領主とも通好
3	1439(己未) 永享11 世宗21	同	高得宗 尹仁甫 金礼蒙	(日本)旧好を復す (朝鮮)交聘を復す，倭寇禁止要請			同
4	1443(癸亥) 嘉吉3 世宗25	足利義勝	卞孝文 尹仁甫 申叔舟	(日本)将軍就任祝賀，前将軍致祭 (朝鮮)将軍襲職祝賀，前将軍致祭	約50	奉使時作(申高霊) 海東諸国紀(申叔舟)	被擄刷還，大内教弘と通好 (持世への致祭)，九州諸領主とも通好
5	1460(庚辰) 寛正元 世祖5	足利義政	宋処倹 李従実 李覲	(日本)大蔵経の要請 (朝鮮)日本国王使への回答，大蔵経・諸経の贈呈	約100		海上遭難のため挫折，不実行
6	1479(己亥) 文明11 成宗10	足利義尚	李亨元 李季仝 金許	(朝鮮)旧好を修す			日本の兵乱と李亨元の死去により対馬にて中止，不実行
7	1590(庚寅) 天正18 宣祖23	豊臣秀吉	黄允吉 金誠一 許箴	(日本)朝鮮の帰服 (朝鮮)国内一統の祝賀，献俘答礼		海槎録(金鶴峯)	
8	1596(丙申) 文禄5 (慶長元) 宣祖29	同	黄慎 朴弘長	(日本)降伏和議 (朝鮮)修好，日本軍撤退の要請	309	日本往還日記(黄慎)	秀吉との面謁不許可，堺滞留後帰国
9	1607(丁未) 慶長12 宣祖40	徳川秀忠	呂祐吉 慶暹 丁好寛	(日本)和好を修める (朝鮮)南辺のため対日友好の保持，国情の探索，被擄刷還	504	海槎録(慶七松)	回答兼刷還使，国交再開
10	1617(丁巳) 元和3 光海君9	同	呉允謙 朴梓 李景稷	(日本)大坂平定，日本統一の祝賀 (朝鮮)国情の探索，被擄刷還，対馬藩牽制	428	東槎上日録(呉允謙) 東槎日記(朴梓) 扶桑録(李石門)	回答兼刷還使，伏見交聘
11	1624(甲子) 寛永元 仁祖2	徳川家光	鄭岦 姜弘重 辛啓栄	(日本)家光襲職の賀 (朝鮮)将軍襲職の祝賀，被擄刷還，国情の探索	460	東槎録(姜弘重)	回答兼刷還使
12	1636(丙子) 寛永13 仁祖14	同	任絖 金世濂 黄㞐	(日本)泰平の賀 (朝鮮)朝鮮政策の確認，国情探索，対馬藩主擁護，中国対策	478	丙子日本日記(任絖) 海槎録(金東溟) 東槎録(黄漫浪)	通信使号に復旧，将軍称号「日本国大君」，日光山参詣
13	1643(癸未) 寛永20 仁祖21	同	尹順之 趙絅 申濡	(日本)家綱誕生の賀，日光廟増築 (朝鮮)友好の保持，清朝牽制，国情探索	477	東槎録(趙竜洲) 海槎録(申竹堂) 癸未東槎録(著者不明)	鎮国体制の成立，日光山参詣
14	1655(乙未) 明暦元 孝宗6	徳川家綱	趙珩 兪瑒 南竜翼	(日本)家綱襲職の賀 (朝鮮)将軍襲職の祝賀	485 (100)	扶桑日記(趙珩) 扶桑録(南壺谷) 日本紀行(李東老)	日光山参詣
15	1682(壬戌) 天和2 粛宗8	徳川綱吉	尹趾完 李彦綱 朴慶後	(日本)綱吉襲職の賀 (朝鮮)将軍襲職の祝賀	473	東槎日録(金指南) 東槎録(洪禹載)	
16	1711(辛卯) 正徳元 粛宗37	徳川家宣	趙泰億 任守幹 李邦彦	(日本)家宣襲職の賀 (朝鮮)将軍襲職の祝賀	500 (129)	東槎録(趙泰億) 東槎録(金顕門) 東槎録(任守幹)	新井白石，通信使諸式を改変
17	1719(己亥) 享保4 粛宗45	徳川吉宗	洪致中 黄璿 李明彦	(日本)吉宗襲職の賀 (朝鮮)将軍襲職の祝賀	475 (109)	海槎日録(洪北谷) 海游録(申維翰) 扶桑紀行(鄭幕神) 扶桑録(金潝)	吉宗，白石の改変を復旧
18	1748(戊辰) 延享5 (寛延元) 英祖24	徳川家重	洪啓禧 南泰耆 曺命采	(日本)家重襲職の賀 (朝鮮)将軍襲職の祝賀	477 (110)	奉使日本時聞見録 (曹蘭谷) 随員日録(洪景海) 日本日記(著者不明)	
19	1764(甲申) 宝暦14 (明和元) 英祖40	徳川家治	趙曮 李仁培 金相翊	(日本)家治襲職の賀 (朝鮮)将軍襲職の祝賀	477 (106)	海槎日記(趙済谷) 癸未使行日記(呉大齢) 日本録(成大中)	崔天宗殺害事件
20	1811(辛未) 文化8 純祖11	徳川家斉	金履喬 李勉求	(日本)家斉襲職の賀 (朝鮮)将軍襲職の祝賀	328	辛未通信日録(金履喬) 東槎録(楊相鶻) 島遊録(金善臣)	対馬交聘

①暦年は将軍(主権者)謁見年月をもってした．②世宗6年(文明7，1475)裴孟厚一行は出発せず中止されたので除いた．③人員欄の( )は，大坂にて朝鮮船護衛のための残留人員である．④人員については彼我史料に異同があり，派遣母体の朝鮮側史料を重視した．⑤三宅英利『近世日朝関係史の研究』による．

『本邦朝鮮往復書』とその記主(以酊庵輪番僧)

冊次	記主(輪番僧)		年　代	伝　本		
	寺　院	僧　名		史料	慶応	その他の原写本所蔵先
1	東福寺	玉峯光璘	寛永11年12月～寛永13年7月	○		
2	同	棠蔭玄召	13年9月～　　15年3月	○		
3	天竜寺	洞叔寿仙	15年4月～　　16年4月	○		
4	東福寺	玉峯光璘	16年4月～　　17年3月	○		
5	同	棠蔭玄召	17年4月～　　18年正月	○		
6	天竜寺	洞叔寿仙	18年4月～　　19年3月	○		三井文庫*
7	東福寺	棠蔭玄召	19年3月～　　20年3月	○		
8	建仁寺	鈞天永洪	20年3月～正保元年4月	○		
9	東福寺	周南円旦	正保元年4月～　2年3月	○		
10	建仁寺	茂源紹栢	2年4月～　　3年5月	○	○	
11	同	鈞天永洪	3年5月～　　4年5月	○	○	
12	東福寺	周南円旦	4年5月～　　4年11月	○	○	
13	建仁寺	茂源紹栢	4年5月～慶安3年閏10月	○	○	
14	同	鈞天永洪	慶安3年閏10月～承応2年2月	○	○	
15	天竜寺	賢渓玄倫	承応2年4月～　3年5月	○	○	
16	建仁寺	九岩中達	3年5月～明暦元年6月	○	○	
17	同	茂源紹栢	明暦元年6月～　3年4月	○	○	
18	相国寺	覚雲顕吉	3年4月～万治2年5月	○	○	
19	東福寺	天沢円育	万治2年5月～寛文元年5月	○	○	
20	建仁寺	顕令通憲	寛文元年6月～　3年3月	○	○	長崎県立対馬歴史民俗博物館*
21	東福寺	太華令瞻	3年5月～　　5年4月	○	○	
22	天竜寺	虎林中虓	5年4月～　　7年4月	○	○	相国寺*
23	相国寺	春菴宗全	7年5月～　　9年3月	○	○	
24	天竜寺	泉叔梵亨	9年5月～　　11年6月	○	○	
25	同	江岳元策	11年6月～　　12年7月	○	○	
26	相国寺	愚渓等厚	12年8月～延宝元年5月	○	○	
27	東福寺	南宗祖辰	延宝元年6月～　3年閏4月	○	○	
28	天竜寺	蘭室玄森	3年閏4月～　　5年4月	○	○	
29	建仁寺	雲外東竺	5年5月～　　7年5月	○	○	
30	東福寺	南宗祖辰	7年5月～天和元年6月	○	○	
31	相国寺	汝舟妙恕	天和元年6月～　2年2月	○	○	
32	同	太虚顕霊	2年3月～貞享元年4月	○	○	相国寺*
33	天竜寺	古霊道充	貞享元年5月～　3年3月	○	○	
34	建仁寺	松堂宗植	3年3月～元禄元年4月	○	○	
35	同	黄岩慈璋	元禄元年5月～　3年4月	○	○	
36	相国寺	天啓集伇	3年4月～　　5年3月	○	○	
37	天竜寺	東谷守洵	5年4月～　　7年4月	○	○	
38	東福寺	松隠玄棟	7年5月～　　9年3月	○	○	
39	天竜寺	文礼周郁	9年4月～　　11年3月	○	○	
40	同	中山玄中	11年4月～　　13年5月	○	○	
41	相国寺	別宗祖縁	13年5月～　　15年6月	○	○	
42	東福寺	雪堂令研	15年6月～宝永元年6月	○	○	
43	建仁寺	松堂宗植	宝永元年6月～　3年4月	○	○	
44	天竜寺	関仲智悦	3年4月～　　5年4月	○	○	
45	同	月心性湛	5年4月～　　7年5月	○	○	
46	建仁寺	雲壑永集	7年5月～正徳2年5月	○	○	
47	天竜寺	中山玄中	正徳2年5月～　4年3月	○	○	
48	同	関仲智悦	4年3月～享保元年3月	○	○	
49	東福寺	石霜竜菖	享保元年3月～　3年5月	○	○	松ヶ岡文庫
50	天竜寺	月心性湛	3年5月～　　5年5月	○	○	
51	同	古渓性琴	5年5月～　　7年4月	○	○	
52	東福寺	天衣守倫	7年4月～　　9年閏4月	○	○	
53	相国寺	蘭谷祖芳	9年閏4月～　　11年5月	○	○	
54	天竜寺	雲崖道岱	11年5月～　　13年4月	○	○	

『本邦朝鮮往復書』

冊次	記主（輪番僧） 寺院	記主（輪番僧） 僧名	年代	伝本 史料	伝本 慶応	その他の原写本所蔵先
55	東福寺	天衣守倫	享保13年4月～15年4月	○	○	
56	建仁寺	雪巌中筠	15年4月～17年4月	○	○	松ヶ岡文庫
57	東福寺	藍渓光瑄	17年4月～19年4月	○	○	
58	相国寺	藍坡中珣	19年4月～元文元年4月	○	○	相国寺*
59	建仁寺	東明覚沅	元文元年4月～3年4月	○	○	
60	天竜寺	雲崖道岱	3年4月～5年4月	○	○	
61	建仁寺	雪巌中筠	5年4月～寛保2年4月	○	○	
62	相国寺	維天承瞻	寛保2年4月～延享元年5月	○	○	
63	天竜寺	瑞源等禎	延享元年5月～3年4月	○	○	
64	同	翠巌承堅	3年4月～寛延元年4月	○	○	
65	東福寺	玉嶺守瑛	寛延元年4月～3年5月	○	○	松ヶ岡文庫
66	建仁寺	天岸覚苞	3年5月～宝暦2年6月	○	○	
67	相国寺	維天承瞻	宝暦2年6月～4年5月	○	○	
68	天竜寺	瑞源等禎	4年5月～4年11月	○	○	
69	同	翠巌承堅	4年11月～6年6月	○	○	
70	建仁寺	北礀道爾	6年6月～8年5月	○	○	
71	相国寺	天叔顕台	8年5月～10年5月	○		
72	天竜寺	拙山周寅	10年5月～12年4月	○		
73	東福寺	桂巌竜芳	12年4月～明和元年4月	○		
74	同	玉嶺守瑛	明和元年4月～3年6月	○		
75	天竜寺	昊巌元穹	3年6月～5年6月	○		
76	東福寺	桂巌竜芳	5年6月～7年5月	○		
77	建仁寺	海山覚遥	7年5月～安永元年6月	○		
78	相国寺	岱宗承嶽	安永元年6月～4年3月	○		
79	建仁寺	海山覚遥	4年3月～6年2月			
80	天竜寺	湛堂令椿	6年8月～8年6月			
81	建仁寺	高峯東晙	8年6月～天明元年5月			
82	相国寺	梅荘顕常	天明元年5月～3年5月			相国寺*
83	同	岱宗承嶽	3年5月～4年5月			
84	天竜寺	湛堂令椿	4年5月～6年5月			内閣文庫
85	東福寺	熙陽竜育	6年5月～8年5月			
86	建仁寺	環中玄諦	8年5月～寛政2年4月			
87	天竜寺	象田周畊	寛政2年4月～4年3月			
88	建仁寺	環中玄諦	4年3月～7年4月			
89	東福寺	天瑞守選	7年4月～9年5月			
90	相国寺	松源中奘	9年5月～11年4月			
91	東福寺	熙陽竜育	11年4月～享和元年4月			
92	天竜寺	象田周畊	享和元年4月～3年4月	○		
93	東福寺	天瑞守選	3年4月～文化2年4月	○		
94	相国寺	汶川恵汶	文化2年4月～4年5月	○		
95	建仁寺	嗣堂東緝	4年5月～6年4月	○		
96	天竜寺	竜潭周禎	6年4月～8年閏2月	○		
97	東福寺	月耕玄宜	8年閏2月～10年2月	○		
98	相国寺	大中周愚	10年2月～10年10月	○		
99	天竜寺	加源周汪	10年10月～12年4月	○		
100	建仁寺	嗣堂東緝	12年4月～14年3月	○		
101	天竜寺	月江承宣	14年3月～文政2年閏4月	○		
102	東福寺	霊巌竜根	文政2年閏4月～4年4月	○		松ヶ岡文庫
103	相国寺	以中玄保	4年4月～6年4月	○		
104	建仁寺	則堂通銓	6年4月～8年4月	○		
105	相国寺	盈冲周整	8年4月～10年4月	○		
106	東福寺	願海守航	10年4月～12年4月	○		
107	相国寺	以中玄保	12年4月～天保2年4月			
108	天竜寺	剛中周侃	天保2年4月～4年4月			
109	建仁寺	則堂通銓	4年4月～6年4月			

冊次	記主(輪番僧)		年　　代	伝　本		
	寺　院	僧　名		史料	慶応	その他の原写本所蔵先
110	相国寺	盈冲周整	天保6年4月～　　8年3月			
111	東福寺	願海守航	8年3月～　　10年4月			
112	天竜寺	南海英歆	10年4月～　　12年5月			
113	建仁寺	全室慈保	12年5月～　　14年4月	○		
114	同	荊叟東玫	14年4月～弘化2年4月	○		
115	相国寺	北澗承学	弘化2年4月～　　4年4月	○		
116	天竜寺	南海英歆	4年4月～嘉永2年4月	○		
117	建仁寺	全室慈保	嘉永2年4月～　　4年4月	○		
118	東福寺	宋州師定	4年4月～　　6年4月	○		
119	天竜寺	竜巌周績	6年4月～安政元年4月	○		
120	建仁寺	荊叟東玫	安政元年4月～　　3年4月	○		
121	東福寺	春局光宣	3年4月～　　5年4月			
122	相国寺	橘州周倬	5年4月～万延元年4月			
123	東福寺	宋州師常	万延元年4月～文久2年4月		○	
124	天竜寺	清隠周岊	文久2年4月～元治元年4月			
125	建仁寺	荊叟東玫	元治元年4月～慶応2年4月		○	
126	東福寺	玉潤守俊	慶応2年4月～　　2年12月			

①年代は各冊表紙の記載によるもので輪番の期間を示しており，収載文書の年代とは若干異なる．
②伝本欄の「史料」は東京大学史料編纂所，「慶応」は慶応義塾大学の略である．また○印は原写本があることを示し，＊印は史料編纂所に同本の写本が存在することを示す．
③『本邦朝鮮往復書』(東京大学史料編纂所蔵本)を主とし，一部，慶応義塾図書館所蔵本，上村観光『禅林文芸史譚』，『輪番和尚衆下向覚書』(長崎県立対馬歴史民俗資料館宗家文庫)，田中健夫「対馬以酊庵の研究」(『前近代の国際交流と外交文書』所収)，および『国書総目録』によった．

『本邦朝鮮往復書』の主要所収文書

種　類		渡　航　船	差出者	宛　所	備　考
歳条	書契別幅	歳遣第一～第十七送使，一～三特送使・副特送使各本船	対馬藩主	礼曹参議	返書・別幅あり
		以酊庵送使本船	以酊庵住持	礼曹佐郎	同
		万松院送使本船	万松院住持	同	同
	副書	以酊庵送使・万松院送使各本船	対馬藩主	東萊府使	返書なし
	吹嘘	歳遣第一送使，万松院送使各水木船，一～三特送使・副特送使各二号船・水木船，歳遣第五～第十七送使本船	同	東萊府使・釜山僉使，または各道各官防禦所	同
不時	書契別幅	参判使本船	同	礼曹参判・礼曹参議，東萊府使・釜山僉使	宛所各々よりの返書・別幅あり
		その他，臨時送使本船	同	礼曹参議，東萊府使・釜山僉使	同
		臨時連絡(使者を立てず)	同	東萊府使	返書・別幅あり
		(朝鮮よりの臨時来書)	礼曹参議，東萊府使・釜山僉使	対馬藩主	同
			礼曹佐郎	以酊庵住持・万松院住持	同
	書契	(日本人漂流民の送還)	礼曹参議，東萊府使	対馬藩主	同
	吹嘘	参判使随行船，臨時送使水木船，館守・裁判再渡，漂流民駕船，飛船	対馬藩主	東萊府使・釜山僉使，または各道各官防禦所	返書なし

①この表は17世紀後半の『本邦朝鮮往復書』をもとに，その内容の主要部分を図式化して示したものである．
②実際には年ごとに不時文書の構成が変わることはいうまでもないが，歳条渡航船の種類，吹嘘の有無なども時期によって若干異なる．
③対馬藩主の文書上の表記は，遣簡・来簡ともに「(日本国)対馬州太守拾遣平某」(従四位下・対馬守に叙任されている場合)である．
④表には現われていないが，藩主の対馬不在中に臨時の連絡事項が生じた場合，家老衆連名で東萊府使・釜山僉使宛の書契が出されることがある．

キリシタン版一覧

書名・巻冊・刊年・刊地・所用語・所用文字・内容	所蔵個所	影印・翻刻・翻字・翻訳・索引
〔片仮名文断簡〕 4葉 日本語(国字)，宗教	〔2葉〕カサナテンセ図書館(ローマ；『サルバトル＝ムンヂ』の裏打) 〔2葉〕サン＝ロレンソ文庫(エル＝エスコリアル；『倭漢朗詠集』の裏打)	〔影印〕ラウレス『吉利支丹文庫』 〔翻刻〕新井トシ「きりしたん版国字本の印行について(1)」(『ビブリア』9)
〔祈禱文断簡〕 1葉 日本語(文語文；国字)，宗教	上智大学キリシタン文庫	〔影印〕ラウレス『吉利支丹文庫』，原尾悟「キリシタン版について—おらしよ断簡—」(『上智史学』24；翻刻とも)
Sanctos no gosagueo no uchi nuqigaqi〔サントスの御作業の内抜書〕 2巻1冊，1591年，加津佐 日本語(文語文；ローマ字)，宗教・文学	オックスフォード大学ボドレイアン文庫，マルチアナ図書館(ベネチア)	〔影印〕『サントスの御作業』影印篇(オックスフォード大学本) 〔翻字〕福島邦道『サントスの御作業』翻字研究篇
とちりいなきりしたん 1冊，1591年，加津佐(?) 日本語(文語文；国字)，宗教	バチカン図書館	〔影印〕『南欧所在吉利支丹版集録』3，『勉誠社文庫』55 〔翻刻〕『日本思想体系』25
Doctrina Christan〔ドチリナ＝キリシタン〕 1冊，1592年，天草 日本語(文語文；ローマ字)，宗教	東洋文庫	〔影印〕橋本進吉『(文禄元年天草版)吉利支丹教義の研究』(翻字とも)
Fides no dŏxi〔ヒィデスの導師〕 4巻1冊，1592年，天草 日本語(文語文；ローマ字)，宗教	ライデン大学図書館	〔影印〕『南欧所在吉利支丹版集録』4 〔翻字〕姉崎正治『切支丹宗教文学』
ばうちずもの授けやう 1冊 日本語(文語文；国字)，宗教	天理図書館	〔影印〕『(天理図書館蔵)きりしたん版集成』1，『天理図書館善本叢書』和書之部38 〔翻刻〕『日本思想体系』25，『新村出全集』8，林重雄『ばうちずもの授けやう・おらしよの翻訳—本文及び総索引—』
Feiqe no monogatari〔平家物語〕 4巻(イソポ物語・金句集と合綴)，1592年，天草 日本語(文語文；ローマ字)，文学	大英図書館	〔影印〕『(キリシタン版天草本)平家物語』，『勉誠社文庫』7・8 〔翻字〕『(ハビヤン抄キリシタン版)平家物語』 〔索引〕近藤政美・伊藤一重・池村奈代美『天草版平家物語総索引』
Esopo no fabulas〔イソポ物語〕 2巻(平家物語・金句集と合綴)，1593年，天草 日本語(文語文；ローマ字)，文学	大英図書館	〔影印〕『(文禄二年耶蘇会板)伊曾保物語』(翻字・索引とも)，井上章『天草版伊曾保物語』(同)，『勉誠社文庫』3 〔翻字〕『日本古典全書』吉利支丹文学集下，『新村出全集』7，『角川文庫』
Qincuxŭ〔金句集〕 1冊(平家物語・イソポ物語と合綴)，1593年，天草 日本語(文語文・口語文；ローマ字)，文学	大英図書館	〔影印〕吉田澄夫『天草版金句集の研究』(翻字とも)，『勉誠社文庫』18 〔翻刻〕金田弘『天草版金句集本文及索引』
De Institutione grammatica〔アルヴァレス拉丁文典〕 3巻1冊，1594年，天草 ラテン語・ポルトガル語・日本語(ローマ字)，語学	エボラ公共図書館(ポルトガル)，アンゼリカ図書館(ローマ)	〔影印〕『クラシカ・ヤポニカ』第5次(エボラ公共図書館本)
Dictionarium Latino Lusitanicum ac Iaponicum〔羅葡日対訳辞書〕 1冊，1595年，天草 ラテン語・ポルトガル語・日本語(ローマ字)，語学	オックスフォード大学ボドレイアン文庫，パリ学士院図書館，ロンドン大学オリエント＝アフリカ研究学校，ライデン大学図書館，北堂文庫(北京；現存不明)	〔影印〕『羅葡日対訳辞書』(オックスフォード大学本)，『羅葡日辞書』(北堂文庫本) 〔索引〕金沢大学法文学部国文研究室『ラホ日辞典の日本語』
Exercitia Spiritualia〔心霊修行〕 1冊，1596年，天草 ラテン語(ローマ字)，宗教	オッペルスドルフ家(ドイツ；現存不明)	
Compendium Spiritualis Doctrinae〔精神修養の提要〕 1冊，1596年 ラテン語(ローマ字)，宗教	天理図書館，アウグスチノ会修道院(スペイン バリャドリード)，北堂文庫(現存不明)	〔影印〕『(天理図書館蔵)きりしたん版集成』2
Contemptus Mundi〔コンテムツス＝ムンヂ〕 4巻1冊，1596年 日本語(文語文；ローマ字)，宗教	オックスフォード大学ボドレイアン文庫，アンブロシアーナ図書館(ミラノ)	〔影印〕『コンテムツス ムンヂ』(オックスフォード大学本)，『南欧所在吉利支丹版集録』5(アンブロシアーナ図書館本) 〔翻字〕姉崎正治『切支丹宗教文学』 〔索引〕近藤政美「コンテムツスムンヂ総索引」
落葉集 Racuyoxu 1冊，1598年 日本語(国字)，語学	クロフォード家(イギリス)，大英図書館，レイデン大学図書館，イエズス会本部文庫(ローマ)，パリ国立図書館	〔影印〕『勉誠社文庫』21(大英図書館本)，『(慶長三年耶蘇会板)落葉集』(イエズス会本部本)，小島幸枝『落葉集総索引』(同)
Salvator Mundi〔サルバトル＝ムンヂ〕 1冊，1598年 日本語(文語文；国字)，宗教	カサナテンセ図書館	〔影印〕『南欧所在吉利支丹版集録』6 〔翻刻〕松岡洸司「(慶長三年耶蘇会板)サルバトル・ムンヂの本文と索引」(『上智大学国文学論集』6)
ぎゃどぺかどる Guia do Pecador 2巻2冊，1599年 日本語(国字)，宗教	〔上・下巻〕大英図書館，バチカン図書館 〔上巻〕サン＝ロレンソ文庫，天理図書館，インディアナ大学図書館，ミュンヘン州立図書館(現存不明) 〔下巻〕パリ国立図書館，マノエル文庫(ポルトガル)，イエズス会本部文庫	〔影印〕『ぎや・ど・ぺかどる』(大英図書館本)，『(天理図書館蔵)きりしたん版集成』3(イエズス会本部本とも)，『天理図書館善本叢書』和書之部38(同) 〔翻刻〕『日本古典全集』

キリシタン版一覧

キリシタン版一覧

書名・巻冊・刊年・刊地・所用語・所用文字・内容	所　蔵　個　所	影印・翻刻・翻字・翻訳・索引
Doctrina Christan 〔ドチリナ＝キリシタン〕　1冊，1600年　日本語(文語文；ローマ字)，宗教	水戸徳川家	〔影印〕『珍書大観』吉利支丹叢書』，小島幸枝『どちりなきりしたん総索引』
どちりなきりしたん Doctrina Christam　1冊，1600年，長崎　日本語(文語文；国字)，宗教	カサナテンセ図書館	〔影印〕『南欧所在吉利支丹版集録』7，『勉誠社文庫』56，小島幸枝『どちりなきりしたん総索引』 〔翻刻〕『岩波文庫』，『日本古典全書』吉利支丹文学集下
おらしょの翻訳 Doctrinæ Christianæ rudimenta, cum alijs pijs Orationibu　1冊，1600年，長崎　日本語(国字)，宗教	天理図書館	〔影印〕『(天理図書館蔵)きりしたん版集成』4，『天理図書館善本叢書』和書之部38 〔翻刻〕林重雄『ばうちずもの授けやう・おらしょの翻訳―本文及び総索引―』
倭漢朗詠集 Royei Zafit　1冊，1600年　日本語(国字)，文学	サン＝ロレンソ文庫	〔影印〕『(慶長五年耶蘇会板)倭漢朗詠集』(翻刻とも)
Aphorismi Confessarum 〔金言集〕　1冊，1603年　ラテン語(ローマ字)，宗教	北堂文庫(現在不明)	
Vocabulario da Lingoa de Iapam 〔日葡辞書〕　1冊，1603年・1604年，長崎　日本語・ポルトガル語(ローマ字)，語学	オックスフォード大学ボドレイアン文庫，エボラ公共図書館，パリ国立図書館，ドミニコ会サント＝ドミンゴ修道院文庫(マニラ)	〔影印〕『日葡辞書』(オックスフォード大学本；勉誠社)，『パリ本日葡辞書』 〔翻訳〕土井忠生・森田武・長南実『邦訳日葡辞書』
Arte da Lingoa de Iapam 〔日本大文典〕　3巻1冊，1604―08年，長崎　日本語・ポルトガル語(ローマ字)，語学	オックスフォード大学ボドレイアン文庫，クロフォード家(イギリス)	〔影印〕『日本大文典』(オックスフォード大学本) 〔翻訳〕土井忠生『ロドリゲス日本大文典』
Manuale ad Sacramenta 〔サカラメンタ提要〕　1冊，1605年，長崎　ラテン語(ローマ字)，宗教	東洋文庫，上智大学キリシタン文庫，大英図書館，イエズス会本部文庫，トゥルーズ図書館，北堂文庫(3部；現存不明)	〔影印〕『近代語研究』3(大英図書館本) 〔翻刻〕『キリシタン研究』1(北堂文庫本付録；翻字とも) 〔翻字〕『日本思想体系』25(北堂文庫本付録)
Spiritual Xuguio 〔スピリツアル修行〕　1冊，1607年，長崎　日本語(ローマ字)，宗教	大浦天主堂，アウグスチノ会修道院(スペイン　バリャドリード)	〔影印〕林田明『スピリツアル修行の研究』(翻字とも)
Flosculi 〔聖教精華〕　1冊，1610年，長崎　ラテン語(ローマ字)，宗教・文学	東洋文庫，ポルト公共図書館(ポルトガル)	〔影印〕『南欧所在吉利支丹版集録』8
こんてむつすむん地 Contemptus Mundi　4巻1冊，1610年，京都　日本語(国字)，宗教	天理図書館	〔影印〕『(天理図書館蔵)きりしたん版集成』5，『天理図書館善本叢書』和書之部38 〔翻刻〕『日本古典全書』吉利支丹文学集上 〔索引〕近藤政美『こんてむつすむん地総索引』
ひですの経 Fides no Quio　1冊，1611年，長崎　日本語(国字)，宗教	〔所在不明〕	
太平記抜書　6巻6冊　日本語(国字)，文学	天理図書館	〔影印〕『(天理図書館蔵)きりしたん版集成』6，『天理図書館善本叢書』和書之部49
Oratio Habita à Fara D. Martino Iaponio 〔原マルチノの演説〕　1冊，1588年，ゴア　ラテン語(ローマ字)	駐バチカンスペイン大使館，イエズス会本部文庫	〔影印〕『南欧所在吉利支丹版集録』1(イエズス会文書館『日華史料集』より) 〔翻訳〕『新異国叢書』5，『幸田成友著作集』3
Christiani Pueri Institutio 〔キリスト教子弟の教育〕　1冊，1588年，澳門　ラテン語(ローマ字)，宗教文学(ボニファチオの著)	アジュダ文庫(ポルトガル)，コペンハーゲン王立図書館，マルチアナ図書館	〔影印〕『南欧所在吉利支丹版集録』2(アジュダ文庫本)
De Missione Legatorum Iaponensium 〔遣欧使節対話録〕　1冊，1590年，澳門　ラテン語(ローマ字)	大英図書館，セビリア大学，トンボ文庫(トレド)，メキシコ国立図書館，天理図書館，北堂文庫(現存不明)	〔影印〕『(天理図書館蔵)きりしたん版集成』8 〔翻訳〕『新異国叢書』5
Arte Breve da Lingoa Iapoa 〔日本小文典〕　3巻1冊，1620年，澳門　ポルトガル語(ローマ字)，語学	ロンドン大学オリエント＝アフリカ研究学校，アジュダ文庫	〔影印〕『クラシカ・ヤポニカ』第1次(ロンドン大学本)

①この一覧は，J.ラウレス『吉利支丹文庫』，天理図書館『富永先生古稀記念きりしたん版の研究』，福島邦道『キリシタン資料と国語研究』などを参考にして作成したものである．
②日本国内で印刷されたものを出版された順にあげ，参考として，日本に深い関係のある海外版をあげてある．
③書名に付した〔　〕は仮題または訳題である．なお原題のuに相当するものとして使われているvは，uとして表記した．
④「所在不明」とは，第二次世界大戦後，その存在が確認されていないものである．
⑤影印本・翻刻本・翻字本・翻訳本・索引は，参照しやすいものをあげてある．

長 崎 奉 行 一 覧

氏　名	称　呼	前　職	補職年月日	転免年月日	後　職	石高	備　考
鍋島直茂(信生)	飛驒守	(竜造寺家老臣)	天正16. 4. 2	天正19			長崎代官，肥前国佐賀城主，35万7030石
毛利吉成	壱岐守			天正19		6万石	豊前国小倉城主
寺沢広高	志摩守		文禄元	慶長 7		6万石	肥前国唐津城主，6万石加増
小笠原為宗	一庵		慶長 8	慶長11	免		遠島
長谷川重吉	波左衛門		慶長10	慶長11. 7.26	卒		
長谷川藤広	左兵衛		慶長11	元和 3.10.26	卒		慶長19.12.24堺奉行兼帯
長谷川藤正	権六		元和 4	寛永 2	免		
水野守信	半左衛門・河内守	使番	寛永 3	寛永 5	大坂町奉行	3500石	1500石加増
竹中重義	采女正		寛永 6	寛永10. 2.11	免	2万石	豊後国府内城主，賜死
曾我古祐	又左衛門	目付	寛永10. 2.14	寛永10	目付	1000石	仮奉行，1000石加増
今村正長	伝四郎	下田奉行	寛永10. 2.14	寛永10	下田奉行	3600石	仮奉行
神尾元勝	内記	作事奉行	寛永11. 5.18	寛永11	作事奉行	1800石	仮奉行
榊原職直	左衛門佐・飛驒守	書院番組頭	寛永11. 5.18	寛永15. 6.29	免	2500石	閉門
仙石久隆	左近・大和守	目付	寛永12. 5.20	寛永12.12.25	小性組組頭	4000石	仮奉行
馬場利重	三郎左衛門	目付	寛永13. 5.19	承応元.正.28	辞	2600石	寛永13. 5.19～同15.11.10仮奉行
大河内正勝	善兵衛	目付代	寛永15.11.10	寛永17. 6.13	辞	2000石	寄合
柘植正時	平右衛門	目付	寛永17. 6.12	寛永19.12. 9	卒	2400石	
山崎正信	権八郎	目付	寛永19.10.26	慶安 3.10.17	卒	1000石	
黒川正直	与兵衛	目付	慶安 3.11.19	寛文 4.12.23	病免	500石	300俵加増
甲斐庄正述	喜右衛門	目付代	承応元.正.28	万治 3. 6. 5	卒	2000石	
妻木頼熊	彦右衛門	使番	万治 3. 6.21	寛文 2. 4.12	勘定奉行	1200石	1800石加増
島田利木	久太郎	目付	寛文 2. 5. 1	寛文 6.正.30	辞(病)	1000石	
稲生正倫	七郎右衛門	目付	寛文 5. 3.13	寛文 6. 2.17	卒	1000石	
松平隆見	甚三郎	先手弓頭	寛文 6. 3.19	寛文11. 5. 3	寄合	1000石	500石加増
河野通定	権右衛門	使番	寛文 6. 3.19	寛文12. 3.17	寄合	1200石	500石加増
牛込重忝	忠左衛門	目付	寛文11. 5. 6	天和 4. 4. 9	小普請	600俵	500石加増
岡野貞明	孫九郎	使番	寛文12. 3.30	延宝 8. 3.12	寄合	1000石	500石加増
川口宗恒	源左衛門	目付	延宝 8. 3.25	元禄 6.12.15	町奉行	1700石	1000石加増，摂津守叙任
宮城和充	監物	目付	天和元. 5.12	貞享 3.11. 4	免	600俵	500石加増
大沢基哲	左兵衛	目付	貞享 3. 8.21	貞享 4. 5.28	卒	600俵	500石加増
山岡景助	十兵衛	盗賊追捕役	貞享 4. 2.18	元禄 7.12.14	寄合	1500石	500石加増，対馬守叙任
宮城和澄	主殿	目付	貞享 4. 8.11	元禄 9. 2.24	卒	4000石	越前守叙任
近藤用高	五左衛門	先手鉄炮頭	元禄 7.正.11	元禄14.12. 1	大目付	3000石	備中守叙任
丹羽長守	五左衛門	目付	元禄 8. 2. 5	元禄15.○8.15	町奉行	1000石	500石加増，遠江守叙任
諏訪頼蔭	兵部	持筒頭	元禄 9. 3.28	元禄11. 9.26	免，閉門	1500石	500石加増，下総守叙任
大島義也	雲八	新番頭	元禄12. 6.28	元禄16. 7.28	作事奉行	4700石	伊勢守叙任
林　忠和	藤五郎	目付	元禄12. 6.28	元禄16.11.15	町奉行	3000石	土佐守叙任
永井直允	采女	目付	元禄15.正.11	宝永 6. 9.29	辞	3000石	讃岐守叙任
別所常治	孫右衛門	目付	元禄15.10.15	正徳 4. 4.11	寄合	1000石	播磨守叙任
石尾氏信	織部	目付	元禄16. 7.28	宝永 2.12. 1	勘定奉行	2200石	阿波守叙任
佐久間信就	主膳正・安芸守	西丸留守居	元禄16.11.15	正徳 3. 3.12	辞	1700石	
駒木根政方	長三郎		宝永 3.正.11	正徳 4.11.18	作事奉行	1700石	肥後守叙任
久松定持	忠次郎	目付	宝永 7.正.29	正徳 5.11. 7	作事奉行	700石	500石加増，備後守叙任
大岡清相	五郎右衛門・備前守	西丸留守居	正徳元. 4.12	享保 4.11. 9	卒	3000石	
石河政郷	三右衛門	目付代	正徳 5.11. 7	享保11. 5.25	寄合	600石	土佐守叙任
日下部博貞	作十郎	目付代	享保 2. 5.21	享保12.○正.12	寄合	1300石	丹波守叙任
三宅康敬	大学	目付	享保11. 5.28	享保17. 8. 7	大目付	700石	300石加増，周防守叙任
渡辺永倫	外記	新番頭	享保12.○正.15	享保14. 5.13	卒	1500石	出雲守叙任
細井安明	藤左衛門・因幡守	奈良奉行	享保14. 6.28	元文元. 9.18	卒	800石	
大森時長	半七郎	目付	享保17. 8. 7	享保19. 2. 4	貶小普請	1470石	山城守叙任
窪田忠任	弥十郎・肥前守	佐渡奉行	享保19. 2. 8	寛保 2. 3.28	西丸留守居	700石	
萩原美雅	源左衛門	佐渡奉行	元文元.10.28	寛保 3.正.11	勘定奉行	500石	伯耆守叙任
田付景庬	又四郎	佐渡奉行	寛保 2. 3.28	寛延元. 6.20	西丸留守居	300石	200石加増，阿波守叙任
松波正房	平右衛門	佐渡奉行	寛保 3.正.11	延享 3. 3.27	卒	700石	備前守叙任

長崎奉行一覧

氏　名	称　呼	前　職	補職年月日	転免年月日	後　職	石高	備　　考
安部一信	又四郎・主計頭	目付	延享 3. 5. 1	宝暦元. 2.13	辞	640石	
松浦信正	与次郎・河内守	勘定奉行	寛延元. 6.20	宝暦 2. 2.15	勘定奉行	700石	長崎奉行兼帯
菅沼定秀	新三郎	目付	宝暦元. 2.25	宝暦 7. 6. 1	勘定奉行	1220石	下野守叙任
大橋親義	五左衛門	目付	宝暦 2. 2.15	宝暦 4. 4. 9	勘定奉行	2120石	近江守叙任
坪内定央	権之助	目付	宝暦 4. 4. 9	宝暦10. 6.23	勘定奉行	1000石	駿河守叙任
正木康恒	大膳	目付	宝暦 7. 6.15	宝暦13. 5.10	作事奉行	700石	志摩守叙任
大久保忠与	荒之助	目付	宝暦10. 6.23	宝暦12. 5.29	寄合	1200石	土佐守叙任
石谷清昌	左内・備後守	勘定奉行	宝暦12. 6. 6	明和 7. 6.17	勘定奉行	500石	長崎奉行兼帯
大岡忠移	吉次郎・美濃守	山田奉行	宝暦13. 6. 1	明和元. 6.12	卒	2260石	
新見正栄	又四郎・加賀守	小普請奉行	明和 2. 正.26	安永 3.11.26	作事奉行	1160余石	
夏目信政	藤四郎・和泉守	普請奉行	明和 7. 6.17	安永 2. 6.12	卒	250俵	50俵加賜
桑原盛員	善兵衛	目付	安永 2. 7.18	安永 4.11.17	作事奉行	500石	能登守叙任
柘植正寔	三蔵	佐渡奉行	安永 4. 6. 8	天明 3. 3.20	作事奉行	1500石	長門守叙任
久世広民	平九郎	浦賀奉行	安永 4.12. 3	天明 4. 3.12	勘定奉行	3000石	丹波守叙任
土屋守直	菊三郎・駿河守	大坂町奉行	天明 3. 4.19	天明 4. 5.18	卒	1000石	
戸田氏孟	主膳	佐渡奉行	天明 4. 3.12	天明 5.10. 4	卒	500石	出雲守叙任
土屋正延	長三郎・伊予守	京都町奉行	天明 4. 7.26	天明 5. 7.12	卒	1000石	
松浦信程	与次郎・和泉守	小普請奉行	天明 5. 7.24	天明 7. 3.12	大目付	400石	廩米400石
水野忠通	要人	西丸目付	天明 6. 2.20	寛政 4. 7. 1	先手弓頭	1200石	若狭守叙任,勘定奉行格,一時期閉門
末吉利隆	善左衛門・摂津守	目付	天明 7. 3.12	寛政元.○6.12	新番頭	200俵	摂津守叙任,100俵加賜
永井直廉	伊織	目付	寛政.○6.12	寛政 4.○2. 6	卒	1000石	筑前守叙任
平賀貞愛	鉄之助・式部少輔	目付	寛政 4. 3. 1	寛政 9.11.22	普請奉行	400俵	
高尾信福	惣十郎・伊賀守	日光奉行	寛政 5. 2.24	寛政 7. 2. 5	普請奉行	500石	
中川忠英	勘三郎	目付	寛政 7. 2. 5	寛政 9. 2.12	勘定奉行	1000石	飛騨守叙任
松平貴強	次郎兵衛・石見守	大坂町奉行	寛政 9. 3.14	寛政11.11.25	卒	1200石	勘定奉行兼役
朝比奈昌始	次左衛門	佐渡奉行	寛政10. 5.16	寛政12. 正.28	新番頭	500石	河内守叙任
肥田頼常	十郎兵衛	勘定吟味役	寛政11.12.24	文化 2. 正.30	小普請奉行	150石	150石加増,豊後守叙任
成瀬正定	吉右衛門・因幡守	大坂町奉行	享和元. 4. 3	文化 3. 4.14	卒	2400石	
曲淵景露	勝次郎・甲斐守	京都町奉行	文化 3. 3. 4	文化 9. 2.17	勘定奉行	1650石	
松平康英	伊織・図書頭	目付	文化 4. 3.30	文化 5. 8.26	卒	300俵	
土屋廉直	帯刀・紀伊守	堺奉行	文化 6. 3. 5	文化10. 5. 9	小普請奉行	1000石	
遠山景晋	金四郎・左衛門尉	目付	文化 9. 2.17	文化13. 7.24	作事奉行	500石	
牧野成傑	靭負・大和守	作事奉行	文化10. 5.14	文化12. 6.17	新番頭	2500石	
松山直義	惣右衛門	勘定吟味役	文化12. 6.17	文化14. 6.30	西丸鑓奉行	100俵	200俵加増,伊予守叙任
金沢千秋	瀬兵衛	佐渡奉行	文化13. 7.24	文政元. 4.28	新番頭	150俵	300俵加増,大蔵少輔叙任
筒井政憲	左次右衛門	目付	文化14. 7.21	文政 4. 正.29	町奉行	2200石	和泉守叙任
間宮信興	諸左衛門	目付	文政元. 4.28	文政 5. 6.14	作事奉行	700石	筑前守叙任
土方勝政	八十郎	目付	文政 4. 3.17	文政10.○6.24	西丸留守居	1560石	出雲守叙任
高橋重賢	三平・越前守	松前奉行	文政 5. 6.14	文政 9. 5.24	新番頭		
本多正収	駒之助・佐渡守	日光奉行	文政 9. 6.17	天保 5.10	持弓頭	3000石	
大草高好	主膳	目付	文政10.○6.24	天保 4. 5.20	小普請	3500石	能登守叙任
牧野成文	式部・長門守	山田奉行	天保元. 5.28	天保 7. 6. 7	西丸留守居		
久世広正	政吉・伊勢守	大坂町奉行	天保 4. 6.20	天保10. 4. 7	田安家家老		
戸川安清	雄三郎・播磨守	目付	天保 7. 7	天保13. 2.17	勘定奉行		
田口喜行	五郎左衛門	勘定吟味役	天保10. 4. 7	天保12. 4.15	勘定奉行	300俵	加賀守叙任
柳生久包	健次郎・伊勢守	目付	天保12. 4.28	天保14. 7. 1	山田奉行		
井沢政義	助二郎・美作守	浦賀奉行	天保13. 3.28	弘化 2.12. 2	西丸留守居		
井戸覚弘	大内蔵・対馬守	目付	弘化 2.12. 3	嘉永 2. 8. 4	町奉行		
平賀勝定	三五郎	目付	弘化 3.○5. 6	嘉永 5. 5.26	西丸留守居		式部少輔・信濃守叙任
稲葉正申	清次郎	目付	嘉永元. 5.26	嘉永.10. 3	卒		出羽守叙任
大屋明啓	右京・遠江守	小普請奉行	嘉永元.11. 1	嘉永 3. 5.25	卒		
内藤忠明	長十郎・安房守	禁裏付	嘉永 2. 9.24	嘉永 5. 5.15	西丸留守居	1000石	
一色直休	清三郎・丹後守	普請奉行	嘉永 3. 7. 8	嘉永 3.11.29	勘定奉行		
牧義制	鉄五郎・志摩守	小普請奉行	嘉永 3.11.29	嘉永 6. 4.28	西丸留守居		
大沢秉哲	仁十郎	目付	嘉永 5. 5.15	安政元. 5. 9	小普請奉行	2600石	豊後守叙任

長崎奉行一覧

氏　名	称　呼	前　職	補職年月日	転免年月日	後　職	石高	備　考
水野忠徳	甲子二郎・筑後守	浦賀奉行	嘉永6.4.28	安政元.12.24	勘定奉行	500石	
荒尾成允	土佐守	目付	安政元.5.9	安政6.9.10	小普請奉行	500石	
川村修就	対馬守	大坂町奉行	安政2.5.1	安政4.正.22	小普請奉行	500俵	
大久保忠寛	右近将監	目付	安政4.正.22	安政4.4.15	駿府町奉行		
水野忠徳	甲子二郎・筑後守	勘定奉行	安政4.4.15	安政4.12.3	田安家家老	500石	勘定奉行兼役，再任
岡部長常	彦十郎・駿河守	目付	安政4.12.28	文久元.11.16	外国奉行		
朝比奈昌寿	八左衛門・甲斐守	西丸留守居	文久元.3.22	文久元.5.12	小普請奉行	500石	
高橋和貫	平作・美作守	勘定吟味役	文久元.5.12	文久2.8.16	免		
大久保忠恕	嘉平次	目付	文久2.6.5	文久3.6.12	大目付	5000石	豊後守叙任
服部常純	平太・長門守	小納戸	文久3.4.26	慶応2.8.8	勘定奉行		
大村純熈	丹後守		文久3.6	元治元.9.21	免	2万7900石	肥前国大村城主，長崎総奉行
杉浦勝静	正一郎	目付	文久3.7.23	文久3.7.29	目付	450俵	
京極高朗	能登守	神奈川奉行	文久3.9.8	文久3.11.28	騎兵奉行	2200石	
朝比奈昌広	八太郎・伊賀守	歩兵頭	元治元.10.11	慶応2.6.15	外国奉行	500石	慶応元.9.13外国奉行兼帯
合原義直	猪三郎・伊勢守	持頭	慶応元.○5.1	慶応2.6.19	歩兵頭		
川勝広運	縫殿助・美作守	寄合	慶応元.7.10	慶応元.7.30	辞		
能勢頼之	金之助・大隅守	日光奉行	慶応元.8.10	慶応3.12.12	免		
徳永昌新	主税・石見守	目付	慶応2.3.7	慶応3.12.12	免		
河津祐邦	三郎太郎・伊豆守	勘定奉行並	慶応3.8.15	明治元.正.23	外国事務副総裁	100俵	
中台	信太郎	長崎奉行支配組頭	明治元.正.25	明治元.2.23	若年寄支配勤仕並寄合		長崎奉行並

①本表は，内閣文庫所蔵『江戸幕府日記』『柳営日次記』『柳営録』『柳営日録』等をもとにし，不足の部分は『寛政重修諸家譜』，『徳川実紀』『続徳川実紀』（『(新訂増補)国史大系』），『柳営補任』（『大日本近世史料』），墓碑等を参照して作成した．
②「補職年月日」「転免年月日」欄の○で囲んだ数字は閏月を表わす（例：⑧＝閏8月）．

オランダ商館長一覧

商館長名	在任期間
ヤックス=スペックス Jacques Specx	1609. 9. 20 — 1612. 8
ヘンドリック=ブラウエル Hendrick Brouwer	1612. 8 — 1614. 8
ヤックス=スペックス Jacques Specx	1614. 8 — 1621. 10. 29
レオナルド=カンプス Leonardt Camps	1621. 10. 29 — 1623. 11. 21
コルネリス=ファン=ナイエンローデ Cornelis van Neijenroode	1623. 11. 21 — 1633. 1. 31
ピーテル=ファン=サンテン Pieter van Santen	1633. 1. 31 — 1633. 9. 6
ニコラス=クーケバッケル Nicolaes Couckebacker	1633. 9. 6 — 1639. 2. 3
フランソワ=カロン François Caron	1639. 2. 4 — 1641. 2. 13
マクシミリアン=ル=メール Maximiliaen Le Maire	1641. 2. 14 — 1641. 10. 30
ヤン=ファン=エルセラック Jan van Elseracq	1641. 11. 1 — 1642. 10. 29
ピーテル=アントニスゾーン=オーフェルトワーテル Pieter Anthonijsz. Overtwater	1642. 10. 29 — 1643. 8. 1
ヤン=ファン=エルセラック Jan van Elseracq	1643. 8. 1 — 1644. 11. 23
ピーテル=アントニスゾーン=オーフェルトワーテル Pieter Anthonijsz. Overtwater	1644. 11. 24 — 1645. 11. 29
レイニール=ファン=ツム Reijnier van Tzum	1645. 11. 30 — 1646. 10. 27
ウィルレム=フェルステーヘン Willem Verstegen	1646. 10. 28 — 1647. 10. 10
フレデリック=コイエット Frederick Coijet	1647. 11. 3 — 1648. 12. 9
ディルク=スネーク Dircq Snoecq	1648. 12. 9 — 1649. 11. 5
アントニオ=ファン=ブロウクホルスト Anthonio van Brouckhorst	1649. 11. 5 — 1650. 10. 25
ピーテル=ステルテミウス Pieter Sterthemius	1650. 10. 25 — 1651. 11. 1
アドリアーン=ファン=デル=ブルフ Adriaen van der Burgh	1651. 11. 1 — 1652. 11. 3
フレデリック=コイエット Frederick Coijet	1652. 11. 4 — 1653. 11. 10
ハブリール=ハッパルト Gabriel Happart	1653. 11. 10 — 1654. 10. 31
レオナルド=ウイニンクス Laonard Winninx	1654. 10. 31 — 1655. 10. 23
ヨアン=ブーシェリヨン Joan Boucheljon	1655. 10. 23 — 1656. 11. 1
ザハリアス=ワーヘナール Zacharias Wagenaer	1656. 11. 1 — 1657. 10. 27
ヨアン=ブーシェリヨン Joan Boucheljon	1657. 10. 27 — 1658. 10. 22
ザハリアス=ワーヘナール Zacharias Wagenaer	1658. 10. 22 — 1659. 11. 4
ヨアン=ブーシェリヨン Joan Boucheljon	1659. 11. 4 — 1660. 10. 26
ヘンドリック=インデイク Hendrick Indijck	1660. 10. 26 — 1661. 11. 11
ディルク=ファン=リール Dirck van Lier	1661. 11. 11 — 1662. 7. 12
ヘンドリック=インデイク Hendrick Indijck	1662. 8. 10 — 1663. 10. 20
ウィルヘム=フォルヘル Wilhem Volger	1663. 10. 19 — 1664. 11. 7
ヤコブ=フライス Jacob Gruijs	1664. 11. 7 — 1665. 10. 27
ウィルヘム=フォルヘル Wilhem Volger	1665. 10. 28 — 1666. 10. 18
ダニエル=シックス Daniel Six	1666. 10. 18 — 1667. 11. 6
コンスタンティン=ランスト Constantin Ranst	1667. 11. 6 — 1668. 10. 25
ダニエル=シックス Daniel Six	1668. 10. 25 — 1669. 10. 14
フランソワ=ド=ハース François de Haes	1669. 10. 14 — 1670. 11. 2
マルティヌス=カエサル Martinus Caesar	1670. 11. 2 — 1671. 10. 21
ヨハネス=カンファイス Johannes Camphuijs	1671. 10. 22 — 1672. 11. 12
マルティヌス=カエサル Martinus Caesar	1672. 11. 13 — 1673. 10. 29
ヨハネス=カンファイス Johannes Camphuijs	1673. 10. 29 — 1674. 10. 19
マルティヌス=カエサル Martinus Caesar	1674. 10. 20 — 1675. 11. 7
ヨハネス=カンファイス Johannes Camphuijs	1675. 11. 7 — 1676. 10. 27
ディルク=ド=ハース Dirck de Haas	1676. 10. 27 — 1677. 10. 16
アルベルト=ブレフィンク Albert Brevincq	1677. 10. 16 — 1678. 11. 4
ディルク=ド=ハース Dirck de Haas	1678. 11. 4 — 1679. 10. 24
アルベルト=ブレフィンク Albert Brevincq	1679. 10. 24 — 1680. 11. 11
イザーク=ファン=シンネ Isaac van Schinne	1680. 11. 11 — 1681. 10. 31
ヘンドリック=カンジウス Hendrick Canzius	1681. 10. 31 — 1682. 10. 20
アンドリース=クレイエル Andries Cleijer	1682. 10. 20 — 1683. 11. 8
コンスタンティン=ランスト=ド=ヨンゲ Constantin Ranst de Jonge	1683. 11. 8 — 1684. 10. 28
ヘンドリック=ファン=バイテンヘム Hendrick van Buijtenhem	1684. 10. 28 — 1685. 10. 18
アンドリース=クレイエル Andries Cleijer	1685. 10. 17 — 1686. 11. 5
コンスタンティン=ランスト=ド=ヨンゲ Constantin Ranst de Jonge	1686. 11. 5 — 1687. 10. 25
ヘンドリック=ファン=バイテンヘム Hendrick van Buijtenhem	1687. 10. 25 — 1688. 10. 13
コルネリス=ファン=アウトホールン Cornelis van Outhoorn	1688. 10. 13 — 1689. 11. 1
バルタザール=スウェールス Balthasar Sweers	1689. 11. 1 — 1690. 10. 21
ヘンドリック=ファン=バイテンヘム Hendrick van Buijtenhem	1690. 10. 21 — 1691. 11. 9
コルネリス=ファン=アウトホールン Cornelis van Outhoorn	1691. 11. 9 — 1692. 10. 29
ヘンドリック=ファン=バイテンヘム Hendrick van Buijtenhem	1692. 10. 29 — 1693. 10. 19
ヘリット=ド=ヘーレ Gerrit de Heere	1693. 10. 19 — 1694. 11. 7
ヘンドリク=デイクマン Hendrik Dijkman	1694. 11. 7 — 1695. 10. 27
コルネリス=ファン=アウトホールン Cornelis van Outhoorn	1695. 10. 27 — 1696. 10. 15
ヘンドリク=デイクマン Hendrik Dijkman	1696. 10. 15 — 1697. 11. 3
ピーテル=ド=フォス Pieter de Vos	1697. 11. 3 — 1698. 10. 23
ヘンドリク=デイクマン Hendrik Dijkman	1698. 10. 23 — 1699. 10. 12
ピーテル=ド=フォス Pieter de Vos	1699. 10. 12 — 1700. 10. 31
ヘンドリク=デイクマン Hendrik Dijkman	1700. 10. 31 — 1701. 10. 21

オランダ商館長一覧

商館長名	在任期間	商館長名	在任期間
アブラハム=ドゥフラウ Abraham Douglas	1701.10.21—1702.10.30	トマース=ファン=レー Thomas van Rhee	1741.10.29—1742.10.17
フェルディナンド=ド=フロート Ferdinand de Groot	1702.11.9—1703.10.30	ヤコブ=ファン=デル=ワイエン Jacob van der Waeijen	1742.10.18—1743.11.5
ヒデオン=タント Gideon Tant	1703.10.30—1704.10.18	ダビッド=ブラウエル David Brouwer	1743.11.5—1744.11.1
フェルディナンド=ド=フロート Ferdinand de Groot	1704.10.18—1705.11.6	ヤコブ=ファン=デル=ワイエン Jacob van der Waeijen	1744.11.2—1745.12.29
ヘルマヌス=メンシング Hermanus Menssingh	1705.11.6—1706.10.26	ヤン=ルイス=ド=ウィン Jan Louis de Win	1745.12.30—1746.11.2
フェルディナンド=ド=フロート Ferdinand de Groot	1706.10.26—1707.10.15	ヤコブ=バルデ Jacob Balde	1746.11.3—1747.10.25
ヘルマヌス=メンシング Hermanus Menssingh	1707.10.15—1708.11.2	ヤン=ルイス=ド=ウィン Jan Louis de Win	1747.10.28—1748.11.11
ヤスペル=ファン=マンスダーレ Jasper van Mansdale	1708.11.2—1709.10.22	ヤコブ=バルデ Jacob Balde	1748.11.12—1749.12.8
ヘルマヌス=メンシング Hermanus Menssingh	1709.10.22—1710.11.10	ヘンドリック=ファン=ホムッド Hendrik van Homoed	1749.12.9—1750.12.24
ニコラス=ヨアン=ファン=ホールン Nicolaas Joan van Hoorn	1710.11.10—1711.10.31	アブラハム=ファン=ズフテレン Abraham van Suchtelen	1750.12.25—1751.11.18
コルネリス=ラルデイン Cornelis=Lardijn	1711.10.31—1712.10.20	ヘンドリック=ファン=ホムッド Hendrik van Homoed	1751.11.19—1752.12.5
ニコラス=ヨアン=ファン=ホールン Nicolaas Joan van Hoorn	1712.10.20—1713.11.7	ダビッド=ブーレン David Boelen	1752.12.6—1753.10.15
コルネリス=ラルデイン Cornelis=Lardijn	1713.11.7—1714.10.27	ヘンドリック=ファン=ホムッド Hendrik van Homoed	1753.10.16—1754.11.3
ニコラス=ヨアン=ファン=ホールン Nicolaas Joan van Hoorn	1714.10.27—1715.10.19	ダビッド=ブーレン David Boelen	1754.11.4—1755.10.25
ヒデオン=バウダン Gideon=Boudaen	1715.10.19—1716.11.3	ヘルベルト=フェルミューレン Herbert Vermeulen	1755.10.25—1756.10.12
ヨアン=アウエル Joan=Aouwer	1716.11.3—1717.10.24	ダビッド=ブーレン David Boelen	1756.10.13—1757.10.31
クリスティアン=ファン=フレイベルフ Christiaen van Vrijbergh	1717.10.24—1718.10.13	ヘルベルト=フェルミューレン Herbert Vermeulen	1757.11.1—1758.11.11
ヨアン=アウエル Joan=Aouwer	1718.10.13—1720.10.21	ヨハネス=レイノウツ Johannes Reijnouts	1758.11.12—1760.11.11
ルーローフ=ディオダティ Roeloff Diodati	1720.10.21—1721.11.9	マルテン=ハイスホールン Marten Huijsvoorn	1760.11.12—1761.10.30
ヘンドリック=デュルフェン Hendrik Durven	1721.11.9—1723.10.18	ヨハネス=レイノウツ Johannes Reijnouts	1761.10.31—1762.12.2
ヨハネス=テデンス Johannes Thedens	1723.10.18—1725.10.25	フレドリック=ウィルレム=ウィネケ Fredrik Willem Wineke	1762.12.3—1763.11.6
ヨアン=ド=ハルトッホ Joan de Hartogh	1725.10.25—1726.10.15	ヤン=クランス Jan Crans	1763.11.7—1764.10.24
ピーテル=ボックステイン Pieter Boockesteijn	1726.10.15—1727.11.3	フレドリック=ウィルレム=ウィネケ Fredrik Willem Wineke	1764.10.25—1765.11.7
アブラハム=ミネドンク Abraham Minnedonk	1727.11.3—1728.10.20	ヤン=クランス Jan Crans	1765.11.8—1766.10.31
ピーテル=ボックステイン Pieter Boockesteijn	1728.10.22—1729.10.12	ヘルマン=クリスティアーン=カステンス Herman Christiaan Kastens	1766.11.1—1767.10.20
アブラハム=ミネドンク Abraham Minnedonk	1729.10.12—1730.10.31	ヤン=クランス Jan Crans	1767.10.21—1769.11.8
ピーテル=ボックステイン Pieter Boockesteijn	1730.10.31—1732.11.7	オルフェルト=エリアス Olphert Elias	1769.11.9—1770.11.16
ヘンドリック=ファン=デル=ベル Hendrik van der Bel	1732.11.7—1733.10.27	ダニエル=アルメノールト Daniel Armenault	1770.11.17—1771.11.9
ロヒール=ド=ラフェル Rogier de Laver	1733.10.27—1734.10.16	アレント=ウィルレム=フェイト Arend Willem Feith	1771.11.10—1772.11.3
ダビィド=ドリンクマン David Drinckman	1734.10.16—1735.11.4	ダニエル=アルメノールト Daniel Armenault	1772.11.4—1773.11.22
ベルナルドス=コープ=ア=フルーン Bernardus Coop à Groen	1735.11.4—1736.10.24	アレント=ウィルレム=フェイト Arend Willem Feith	1773.11.23—1774.11.10
ヤン=ファン=デル=クライセ Jan van der Cruijsse	1736.10.24—1737.10.13	ダニエル=アルメノールト Daniel Armenault	1774.11.11—1775.10.28
ヘラルドス=ベルナルドス=フィッセル Gerardus Bernardus Visscher	1737.10.13—1739.10.21	アレント=ウィルレム=フェイト Arend Willem Feith	1775.10.28—1776.11.22
トマース=ファン=レー Thomas van Rhee	1739.10.22—1740.11.8	ヘンドリック=ホッドフリート=デュールコープ Hendrik Godfried Duurkoop	1776.11.23—1777.11.11
ヤコブ=ファン=デル=ワイエン Jacob van der Waeijen	1740.11.9—1741.10.28	アレント=ウィルレム=フェイト Arend Willem Feith	1777.11.12—1779.11.28

商館長名	在任期間
イサーク゠ティツィング Isaac Titsingh	1779.11.29—1780.11.5
アレント゠ウィルレム゠フェイト Arend Willem Feith	1780.11.6—1781.11.23
イサーク゠ティツィング Isaac Titsingh	1781.11.24—1783.10.26
ヘンドリック゠カスペル゠ロムベルフ Hendrik Casper Romberg	1783.10.27—1785.11.21
ヨハン゠フレドリック゠バロン゠ファン゠レーデ゠トット゠ド゠パルケレール Johan Fredrik Baron van Rheede tot de Parkeler	1785.11.22—1786.11.20
ヘンドリック゠カスペル゠ロムベルフ Hendrik Casper Romberg	1786.11.21—1787.11.30
ヨハン゠フレドリック゠バロン゠ファン゠レーデ゠トット゠ド゠パルケレール Johan Fredrik Baron van Rheede tot de Parkeler	1787.12.1—1789.8.1
ヘンドリック゠カスペル゠ロムベルフ Hendrik Casper Romberg	1789.8.1—1790.11.13
ペトルス゠テオドルス゠シャス Petrus Theodorus Chasse	1790.11.13—1792.11.13
ヘイスベルト゠ヘンメイ Gijsbert Hemmuj	1792.11.13—1798.7.8
レオポルド゠ウィルレム゠ラス Leopold Willem Ras	1798.7.8—1800.7.17
ウィルレム゠ワルデナール Willem Wardenaar	1800.7.16—1803.11.14
ヘンドリック゠ドゥーフ Hendrik Doeff	1803.11.14—1817.12.6
ヤン゠コック゠ブロンホフ Jan Cock Blomhoff	1817.12.6—1823.11.20
ヨハン゠ウィルヘルム゠ド゠ステュルレル Johan Wilhelm de゠Sturler	1823.11.20—1826.8.3
ヘルマイン゠フェリックス゠メイラン Germain Felix Meijlan	1826.8.4—1830.10.31
ヤン゠ウィルレム゠フレドリック゠ファン゠シッテルス Jan Willem Fredrik van Citters	1830.11.1—1834.11.30
ヨハネス゠エドウィン゠ニーマン Johannes Edewin Niemann	1834.12.1—1838.11.18
エドゥアルド゠グランディソン Edouard Grandisson	1838.11.18—1842.11
ピーテル゠アルベルト゠ビク Pieter Albert Bik	1842.11　—1845.10.31
ヨゼフ゠ヘンレイ゠レフィスゾーン Joseph Henrij Levijssohm	1845.11.1—1850.10.31
ローズ F.C.Rose	1850.11.1—1852.10.31
ヤン゠ヘンドリック゠ドンケル゠クルチウス Jan Hendrik Donker Curtius	1852.11.2—1860.2.28

末吉家系図　茶屋家系図

茶屋家系図

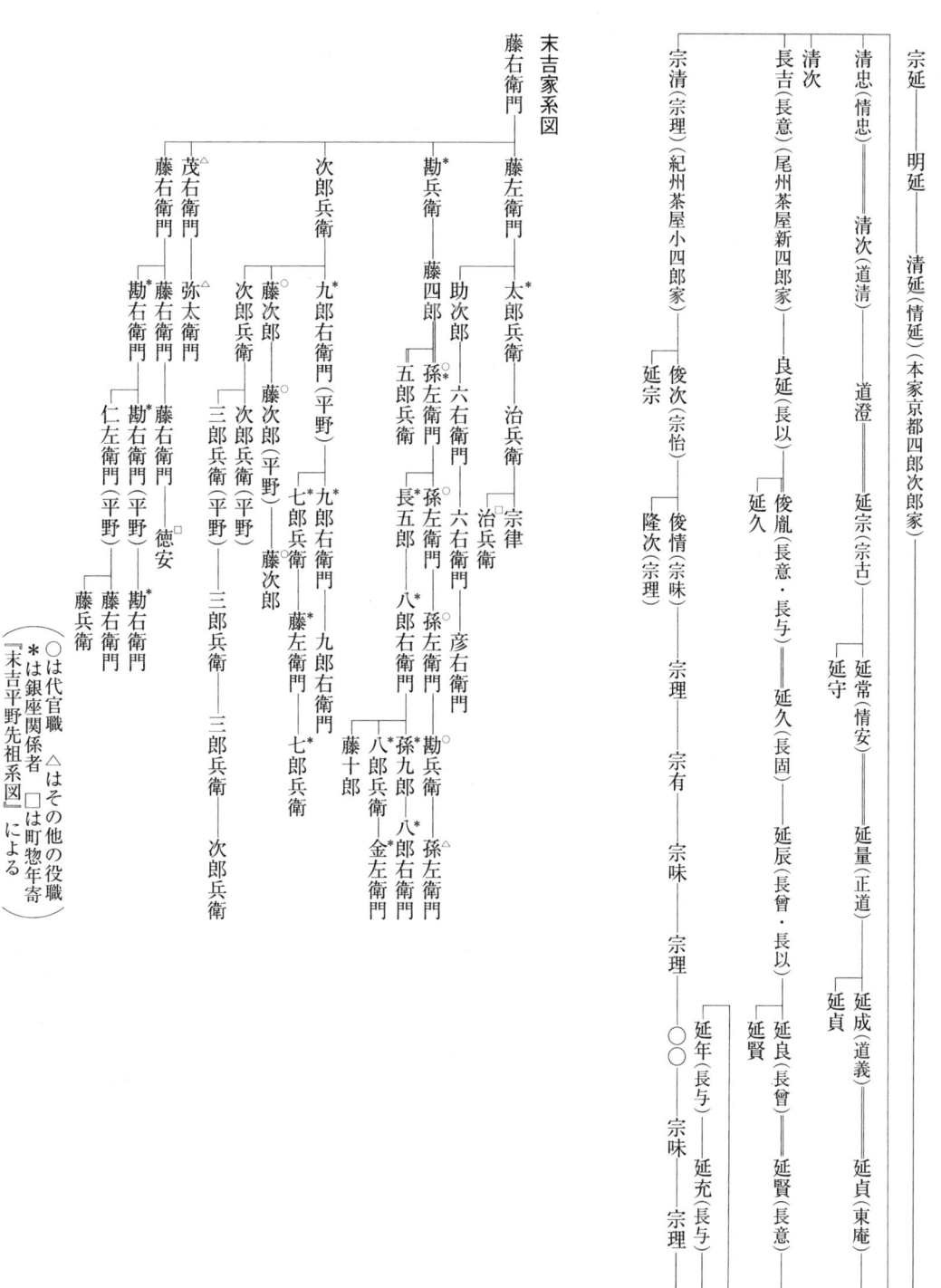

宗延 ― 明延 ― 清延（情延）（本家京都四郎次郎家）
　　　　　　　├ 清忠（情忠） ― 清次（道清） ― 道澄 ― 延宗（宗古） ― 延常（情安） ― 延量（正道） ― 延成（道義） ― 延貞（東庵）
　　　　　　　├ 清次
　　　　　　　├ 長吉（長意）（尾州茶屋新四郎家） ― 良延（長以） ― 俊胤（長意・長与） ― 延久（長固） ― 延辰（長曾・長以） ― 延良（長曾） ― 延賢（長意） ― 延年（長与） ― 延充（長与）
　　　　　　　│　　　　　　　　　　　　　　　　　　　　　　　　延久 ― 延守　　　　　　　　　　　　　　　　　　　延貞
　　　　　　　└ 宗清（宗理）（紀州茶屋小四郎家） ― 俊次（宗怡） ― 俊情（宗味） ― 宗理 ― 宗有 ― 宗味 ― ○○ ― 宗味 ― 宗理
　　　　　　　　　　　　　　　　　　　　　　　　　　　延宗 ― 隆次（宗理）

末吉家系図

藤右衛門
├ 藤左衛門 ― 太郎兵衛* ― 治兵衛 ― 宗律
├ 勘兵衛* ― 助次郎 ― 六右衛門 ― 治兵衛
│　　　　　　├ 藤四郎 ― 孫左衛門 ― 孫左衛門 ― 彦右衛門
│　　　　　　└ 五郎兵衛 ― 長五郎 ― 八郎右衛門 ― 藤左衛門 ― 藤十郎
├ 次郎兵衛 ― 九郎右衛門（平野） ― 藤次郎 ― 次郎兵衛 ― 三郎兵衛（平野） ― 三郎兵衛 ― 次郎兵衛
│　　　　　　　　　　　　　　　　├ 七郎*右衛門 ― 九郎右衛門 ― 藤左衛門 ― 七郎兵衛
│　　　　　　　　　　　　　　　　└ 藤次郎
├ 藤右衛門△ ― 弥太衛門△ ― 藤右衛門○ ― 勘*右衛門 ― 仁左衛門（平野）
├ 茂右衛門
└ 藤右衛門 ― 勘*右衛門 ― 藤右衛門（平野） ― 徳安□ ― 勘*右衛門 ― 藤右衛門 ― 藤兵衛
　　　　　　　　　　　　　　　　　　孫九郎 ― 八郎右衛門 ― 金左衛門
　　　　　　　　　　　　　　　　　　勘兵衛

（○は代官職　△はその他の役職
　*は銀座関係者　□は町物年寄
　『末吉平野先祖系図』による）

索　引

〈凡　例〉
1　見出し語と本文記述より採取した重要語とを現代かなづかいの五十音順に配列した．
2　当該語の所在項目は項目番号で示した（項目番号は項目の読みの最初の「かな」と「あ」「い」…ごとに001から付された数字とからなる．たとえば「た008」は「対外関係」の項目を示す）．
3　表記に小異がある項目は，便宜，1つの表記にまとめた場合がある．検索にあたって留意されたい．
4　見出し語は行頭に「・」を付した．また見出し語の項目番号は太字で示した．
5　見出し語・カラ見出し語は読みを示した．その他，適宜，難読の語には（　）内に読みを示した．

あ

『アーノルド ヤポニカ』　　い022
阿育王山　　と017
阿育王山広利禅寺　　か075
阿育王山の老典座　　と017
・阿育王寺(あいくおうじ)　　**あ001**
会沢安（正志斎）　　か018
・相対貿易(あいたいぼうえき)　　**あ002**
・間金(あいだきん)　　**あ003**
会津藩　　は022
アイヌ　　あ064
アイヌ語辞典　　も008
藍島　　ぬ007
・アウグスチノ会(アウグスチノかい)　　**あ004**　あ046　け026　す028　と091　の005　ひ035
亜欧堂田善　　う009　せ023
・青木昆陽(あおきこんよう)　　**あ005**　お093　か144　ま003
あをじ　　せ005
青島俊蔵　　え036　も008
・青地林宗(あおちりんそう)　　**あ006**　こ031　は091
青柳善右衛門　　ふ033
青柳種信　　か154
赤井東海　　は090
・『赤蝦夷風説考』(あかえぞふうせつこう)　　**あ007**　え036　か018　か040　く032　ほ018
阿花王　　き030
赤米　　た031
明石掃部　　あ064　と101
明石則実　　た011
明石道友　　む014
県（あがた）　　あ004
上野喜蔵　　あ008　や013
・上野焼(あがのやき)　　**あ008**
・アカプルコ　　**あ009**　け012　す033
秋田系洋風画　　お061
秋田藩　　は022
秋田洋画　　さ031

秋田蘭画　　せ023
・阿只抜都(あきばつ)　　**あ010**
秋妻屋浦　　ほ010
秋山謙蔵　　し062
・阿賢移那斯(あけんえなし)　　**あ011**
安積艮斎　　は090
安積澹泊　　し086
・阿佐太子(あさたいし)　　**あ012**
浅野幸長(あさのよしなが)　　**あ013**　は045　ふ107
朝比奈泰彦　　し123
浅間山の噴火　　て014
朝山意林庵　　し085
アジア　　な066
足利学校　　こ024　し114
足利尊氏　　か026　し011　て051
足利直義　　し011　と063
足利義輝　　ろ011
足利義教　　ほ013
足利義政　　そ009　つ004　て049
・足利義満(あしかがよしみつ)　　**あ014**　さ024　て053　ほ017
足利義持　　ほ013
・粛慎(あしはせ)　　**あ015**
蘆屋　　し071
飛鳥寺　　あ016
・飛鳥文化(あすかぶんか)　　**あ016**
・阿曇比羅夫(あずみのひらふ)　　**あ017**
阿蘇山　　し062
足立左内　　こ138
・足立長雋(あだちちょうしゅん)　　**あ018**
・阿塔海(アタハイ)　　**あ019**　こ037
・アダムス（アダムズ）　　**あ020**　あ067　い011　い012　い012　せ024　せ030　り001
・阿直岐(あちき)　　**あ021**
・阿知使主(あちのおみ)　　**あ022**　お004
・アドネ　　**あ023**　る011
阿濃津　　さ050
・アビラ＝ヒロン　　**あ024**
・阿部真造(あべしんぞう)　　**あ025**
安倍興行　　ふ045
・阿倍仲麻呂(あべのなかまろ)　　**あ026**　は019　ふ040　へ006　る003

安倍晴雄　　て047
・阿倍比羅夫(あべのひらふ)　　**あ027**
阿部正武　　ふ033
阿部正弘　　か039
安部竜平　　く065
『鴉片戦志』　　か004
・アヘン戦争(アヘンせんそう)　　**あ028**　い021　え045　か004　か040　さ026　た008　た052　み010
阿瑪港(あま)　　⇒澳門（マカオ）
「諭阿媽港」　　か046
天草一揆(あまくさいっき)　　⇒島原の乱（しまばらのらん）　し045
・天草種元(あまくさたねもと)　　**あ031**
天草版(あまくさばん)　　⇒キリシタン版
・『天草本イソポ物語』(あまくさぼんイソポものがたり)　　**あ033**
・『天草本平家物語』(あまくさぼんへいけものがたり)　　**あ034**
・アマティ　　**あ035**
・『アマティ日本奥州国伊達政宗記幷使節紀行』(アマティにほんおうしゅうこくだてまさむねならびにしせつきこう)　　**あ036**
天照大神　　た033
・天野屋太郎左衛門(あまのやたろうざえもん)　　**あ037**
・奄美大島(あまみおおしま)　　**あ038**　な070　へ017　→大島（奄美）
奄美諸島　　さ062　と079
奄美島人　　な072
雨漏（あまもり）　　ち018
・阿摩和利(あまわり)　　**あ039**
天日槍(あめのひぼこ)　　**あ040**　い041　す013
・雨森芳洲(あめのもりほうしゅう)　　**あ041**　か041　こ066　こ068　は016　ま012
・厦門(アモイ)　　**あ042**
・漢氏(あやうじ)　　**あ043**
綾切（あやぎり）　　ほ026
漢人（あやひと）　　い083
・紋船(あやぶね)　　**あ044**
アヤラ（？没）　　**あ045**　る008
アヤラ（1617没）　　**あ046**
・アユチヤ　　**あ047**　な093　や021
アユチヤ（アユタヤ）の日本町　　た001　つ015
・安羅(あら)　　**あ048**　さ045

いしょう

- 荒井庄十郎（あらいしょうじゅうろう）　あ049
- 新井白石（あらいはくせき）　あ050 い024 え033 か018 き087 さ010 し021 し082 し085 し132 せ026 た014 た033 つ003 て010 な071 に045 は016 ま012 や019 よ017
  荒尾成章　は022
  アラカン　な093
  荒木元慶　か089
- 荒木宗太郎（あらきそうたろう）　あ051
  荒木船（あらきぶね）⇨朱印船（しゅいんせん）
  ⇨朱印船貿易（しゅいんせんぼうえき）　し063
- 嵐山甫安（あらしやまほあん）　あ053 せ022
- 荒田別（あらたわけ）　あ054 か080
  安羅日本府（あらにほんふ）⇨日本府（にほんふ）
  荒野泰典　か006 さ028
  アラビア馬　て039
  有余売　し173
  有田磁器　り006
  有田焼　ふ107
- 有馬晴信（ありまはるのぶ）　あ056 お052 か065 て039 の004
- アリューシャン列島（アリューシャンれっとう）　あ057
  アルカラソ　し172
- 下哆喇（あるらし）　あ058
  アルセスト号　り018
- アルバレス　あ059 し055 ひ005
  有平糖　な073
  アルマサン　な086
- アルメイダ　あ060 し010 な076 み006
  アルメーヌ号　り018
  アルメニア島　き093
- 粟田真人（あわたのまひと）　あ061
  安遠駅　し025
  『諳厄利亜（アンゲリア）興学小筌』　も014
  『諳厄利亜語林大成』　も014 よ012
  『諳厄利亜人（アンゲリアじん）性情志』　か036
  安康　わ024
  アンコウライ　あ063
  安国山樹花木記碑　し140 り018
- 安国寺恵瓊（あんこくじえけい）　あ062
- 安骨浦（あんこつほ）　あ063 り008
  安骨浦城　さ077
  アンジェリス　あ064 え038 か113
  アンジロー　あ065 あ059 し055 ま035
  安心　こ029 て016
- 按針（あんじん）　あ066
- 安針町（あんじんちょう）　あ067
  安置　そ003
  安藤（安東）氏　そ054
- 安東将軍（あんとうしょうぐん）　あ068 わ024
  安東省庵（守約）　し086
  安東大将軍　わ024
  安藤雅久　は022
  安藤有益　せ060

アントニオ＝デ＝アルセオ　あ045
アンドレス徳安　も021
安南（あんなん）⇨ベトナム　し064 に007
安南板銀　か013
『安南紀略藁』　こ143
安南金　い093 か013
安南国大都統瑞国公　あ051
安南国貿易　す039
- 安南銭（あんなんせん）　あ070
  安然　し020 に023
  安平（アンピン）　お090
  『アンベール幕末日本図絵』　い022
- アンヘレス　あ071
  安邦俊（隠峯）　い095
  安禄山の乱　ふ040

い

飯泉士譲　お089
惟一西堂　と017
- イートン　い001 い012
- 飯沼慾斎（いいぬまよくさい）　い002
- イエズス会（イエズスかい）　い003 あ060 あ064 い052 お095 か001 か111 か113 か114 き002 く014 く050 こ072 こ127 さ009 さ047 さ066 さ073 し055 し060 す032 せ037 せ045 そ008 た096 ち009 て039 と101 と102 な004 な012 な081 な082 に002 に028 に071 の004 の005 は024 は042 は053 は061 は079 は081 は082 ひ001 ひ005 ひ007 ひ037 ふ007 ふ020 ふ091 へ014 へ016 へ020 ほ032 ほ033 ほ034 ま031 ま036 ま037 ま038 み002 む014 め004 も007 も020 も028 や018 よ009 ら004 ら011 る004 ろ007 ろ008 ろ009 ろ010 ろ011
  『イエズス会士日本通信』（イエズスかいしにほんつうしん）　い004 い022
  『イエズス会日本年報』（イエズスかいにほんねんぽう）　い005 い022 さ047 ろ008
  伊江（いえ）朝慶　り020
- 硫黄（いおう）　い006
  碇石　く044
- 碇銀（いかりぎん）　い007
- 伊吉博徳（いきのはかとこ）　い008
- 『伊吉博徳書』（いきのはかとこのふみ）　い009
- 伊行末（いぎょうまつ）　い010
- イギリス　い011 か018 か040 た008
- イギリス商館（イギリスしょうかん）　い012 せ030 ひ028 ま027
  イギリス商館長　か077
- イギリス所在日本関係史料（イギリスしょざいにほんかんけいしりょう）　い013
- イギリス東インド会社（イギリスひがしインドがいしゃ）　い014
  育王山（いくおうざん）⇨阿育王寺（あいくおうじ）

あ001
イグナティウス＝デ＝ロヨラ　⇨ロヨラ
伊倉　と034
池内宏　ま039
- 池田好運（いけだこううん）　い017 け046 こ141 し064
  池田寛親　ふ065
- 『異国往復書翰集』（いこくおうふくしょかんしゅう）　い018 い022
  異国合戦　ふ101
  異国警固　ふ101
- 異国警固番役（いこくけいごばんやく）　い019
  異国警固番役覆勘状　し134
  異国降伏祈願　い046
  異国襲来　ふ101
  『異国情趣集』　か036
- 異国征伐計画（いこくせいばつけいかく）　い020 し135 ほ007
- 異国船打払令（いこくせんうちはらいれい）　い021 か018 か040 ふ017
- 『異国叢書』（いこくそうしょ）　い022
- 『異国渡海御朱印帳』（いこくとかいごしゅいんちょう）　い023
  異国渡海朱印状　い023
- 『異国日記』（いこくにっき）　い024 い040
- 『異国漂流奇譚集』（いこくひょうりゅうきたんしゅう）　い025
  『異国風土記』　か030
- 『異国船路積り』（いこくふなじつもり）　い026
  異国蜂起　ふ101
  『異国来翰認』　せ008
  異国来征　ふ101
  鵲斎　す023
  石井研堂　い025
- 石井庄助（いしいしょうすけ）　い027 あ049
  石井宗謙　し001
  石井恒右衛門　は083
  石谷清昌　な018
- 石垣島（いしがきじま）　い028
  石川玄常　か027
  石川玄徳　へ025
- 石川大浪（いしかわたいろう）　い029
- 石川忠房（いしかわただふさ）　い030 と094 ら003
  石敢当　と034
  石河（いしこ）政郷（土佐守）　な023
  石坂宗哲　し001
  石崎元徳　か089
  石田梅岩　し082
- 石田三成（いしだみつなり）　い031 し035 ふ107
  伊地知季安　な090
- 石築地（いしついじ）　い032 ふ101
- 石築地役（いしついじやく）　い033 い019
- 石橋助左衛門（いしばしすけざえもん）　い034
  石火矢術　ほ005
- 異斯夫（いしふ）　い035
  石母田正（いしもだしょう）　や019
- 石本庄五郎（いしもとしょうごろう）　い036
- 石本新兵衛（いしもとしんべえ）　い037
- 『異称日本伝』（いしょうにほんでん）　い038 し193 た029 ま018

いしょう　864

『異称日本伝補遺』　い038
・因斯羅我（いんすらが）　い039
『異人恐怖伝』　ふ105
『異人恐怖伝論』　ふ105
以心崇伝（いしんすうでん）　い040　い024　と073　→金地院崇伝（こんちいんすうでん）
『医心方』　か158　た103
・出石神社（いずしじんじゃ）　い041　あ040
伊豆志八前大神（いずしのやまえのおおかみ）　⇨出石神社（いずしじんじゃ）
イスパニア　⇨スペイン　た008
厳原藩（いずはらはん）　⇨府中藩（ふちゅうはん）
和泉屋道栄　な058
・惟政（いせい）　い045　か069　や017
伊勢興房　し205　す027
伊勢の海賊衆　か026
・伊勢法楽舎船（いせほうらくしゃせん）　い046
磯吉　ひ023　ほ012
意足軒　た080
異賊襲来　ふ101
異賊蜂起　ふ101
石上神宮　し018
・石上麻呂（いそのかみのまろ）　い047
・石上宅嗣（いそのかみのやかつぐ）　い048
磯野信春　な030
『伊曾保物語（いそほものがたり）』　⇨天草本イソポ物語（あまくさぼんイソポものがたり）　ふ105
板倉勝重　せ045
板沢武雄　お079
・伊丹宗味（いたみ）　い050
板持鎌束　こ039
・イタリア　い051　な072
・イタリア所在日本関係史料（イタリアしょざいにほんかんけいしりょう）　い052
板渡の墨蹟　し053
・一庵一如（いちあんいちにょ）　い053
・一翁院豪（いちおういんごう）　い054
市河寛斎　ゆ001
一条兼定　も028
一条兼良　し082
・一大率（いちだいそつ）　い055　か108
一任斎　あ062
一寧（いちねい）　⇨一山一寧（いっさんいちねい）　い058
一然　さ055
一之洲　さ050
一閑張　ひ027
一気留滞論　か158
・一切経（いっさいきょう）　い057
・一山一寧（いっさんいちねい）　い058　け027　ふ050　ほ014　ほ014
佚書　ふ103
・『佚存叢書（いっそんそうしょ）』　い059
逸然性融　い091　お007　わ018
・乙卯達梁の倭変（いつぼうたつりょうのわへん）　い060　き008　そ036
一峯通玄　ち024

乙卯の変（いつぼうのへん）　⇨乙卯達梁の倭変（いつぼうたつりょうのわへん）
・以酊庵（いてい）　い062　こ134　そ047　は005
以酊庵送使　そ018
・以酊庵輪番制（いていあん）　い063　や014
以酊庵輪番僧　ほ042
井手弥六左衛門　た081
井戸　ち018
・糸印（いといん）　い064
・伊藤圭介（いとうけいすけ）　い065
・伊東玄朴（いとうげんぼく）　い066　し001　と086
伊藤小左衛門　ぬ007
伊藤仁斎　し082　な043　ろ012
伊藤松（貞一）　り049
・伊東マンショ（いとうマンショ）　い067　て039
・怡土城（いとじょう）　い068
・伊都国（いとこく）　い069　い055　き023
井戸平左衛門　か144
・糸目利（いとめきき）　い070
・糸屋随右衛門（いとやずいえもん）　い071　る008
・糸割符（いとわっぷ）　い072
糸割符会所（いとわっぷかいしょ）　⇨長崎会所（ながさきかいしょ）
・糸割符宿老（いとわっぷじゅうろう）　い074
糸割符制度　し171
・糸割符仲間（いとわっぷなかま）　い075　な063　→五ヵ所商人
『糸割符由緒書（いとわっぷゆいしょがき）』　い076
・稲富一夢（いなとみいちめ）　い077　ほ005
稲富流砲術　い077
稲葉岩吉　か154　ま039
稲葉貞通　た011
稲葉正則　ふ033
・稲村三伯（いなむらさんぱく）　い078　い027　は083　や004
・犬上御田鍬（いぬかみのみたすき）　い079　し131
井上修理　め005
井上信元（権一郎）　な013
井上政重（筑後守）　る008
井上光貞　や019
伊能忠敬　え038　ま034
伊波普猷　り029
庵原（いはら）弥六　え036
『医範提綱』　う009
・伊予九番（いよ）　い080　き014
今井弘済　し180
今井宗久　な058
・今川貞世（いまがわさだよ）　い081　て017
今川了俊（いまがわりょうしゅん）　⇨今川貞世（いまがわさだよ）　か043　し185
新漢済文　み011
・新漢人（いまきのあやひと）　い083
新漢人日文（いまきのあやのふみ）　⇨旻（みん）
・今村英生（いまむらえいせい）　い085
・壱与（いよ）　い086
伊羅保　ち018
・西表島（いりおもてじま）　い087
・煎海鼠（いりこ）　い088　し132

煎海鼠（いりなまこ）　た098
慰労詔書（いろうしょうしょ）　い089　こ085
・磐井の乱（いわいのらん）　い090　も017
岩生成一　お077　お079　か142　け005　さ028　み003　れ008
岩吉　も023
岩崎久弥　と060
岩崎文庫　と060
岩崎弥太郎　な041
岩永宗故　せ022　ら001
石見銀山　か083
インガソール　も023
印華布　さ044
『韻鏡』　こ005
允恭　わ024
・隠元隆琦（いんげんりゅうき）　い091　す010　そ049　と026　と077　と080　も009　り054
印刷機　て039　な084　は081
・尹仁甫（いんじんぼ）　い092
・印子金（いんすきん）　い093　か013
インド　て035
・インドネシア所在日本関係史料（インドネシアしょざいにほんかんけいしりょう）　い094
インド副王　て039
インド副王使節　ま038
・『隠峯全書（いんぽうぜんしょ）』　い095
・『允泛入唐記（いんぽうにっとうき）』　い096
印融　し020
蔭涼軒主　に047

う

ウィッカム　い012
ウィリアム＝アダムス　⇨アダムス
ウィリアムズ　も023
・ウィルマン　う002
『ヴィルマン日本滞在記』　い022　う002
・外郎氏（ういろううじ）　う003
上杉憲実　し082
上田正昭　や019
・上野俊之丞（うえののとしのじょう）　う004
上原熊治郎　こ138
ウォールトン　す031
・宇喜多秀家（うきたひでいえ）　う005　こ026　ふ107　へ004
宇久純定　も028
雨花（うけ）・舎利出現　せ013
請取状　い019
烏孝慎　せ060
于山国　い035　う014
牛込重忞（忠左衛門）　り054
牛小屋　て019
牛祭　ま011
臼杵　あ004　と034
・太秦（うずまさ）　う006

え

- 太秦氏(うずまさうじ)　う007
  太秦寺(うずまさでら)　⇨広隆寺(こうりゅうじ)
- 宇田川玄真(うだがわげんしん)　う009　あ006　お050　こ031　す023　は083　は091
- 宇田川玄随(うだがわげんずい)　う010　い027　は083　へ025
  宇田川榛斎(うだがわしんさい)　⇨宇田川玄真(うだがわげんしん)　い002　つ019
  宇田川榕庵(うだがわようあん)　う012　お080　こ031　し001　は091
  うたき　り018
- 内官家(うちつみやけ)　う013
  打橋竹雲　な031
  宇都宮国綱　ま008
- 鬱陵島(うつりょうとう)　う014　い035　た069
  優塡王(うてんおう)　せ027
  『優塡王所造栴檀釈迦瑞像歴記』　し112
  富那宇(うなう)屋宗元　な058
  海上随鷗(うながみずいおう)　⇨稲村三伯(いなむらさんぱく)　や004
- 『右武衛殿朝鮮渡海之雑藁』(うぶえいどのちょうせんとかいのぞうこう)　う016　て033
  『右武衛殿之使朝鮮渡海之雑藁』　う016
- 右方(うほう)　う017
  甘美媛(うましひめ)　か124
  厩戸皇子(うまやどのおうじ)　⇨聖徳太子(しょうとくたいし)
- 海北道中(うみのきたのみちのなか)　う019　む007
  梅原末治　と060　や019
  羽陽　お061
  浦上玉堂　お008
  裏針　ら008
- 浦見番(うらみばん)　う020
  浦廉一(れんいち)　と041
  瓜生寅(うりゅうはじむ)　と054
  閏月　れ010
  閏年　れ010
  宇留岸(ウルガン)伴天連　お095
  蔚山(ウルサン)　か069　か071　く037　く057　さ076
  蔚山(ウルサン)城　あ013　く064　は045
- 蔚山の戦(うるさんのたたかい)　う021　こ113
  蔚山(ウルサン)籠城　い077　く004　ふ107
  ウルップ島　と094　も008
- 得撫島事件(うるっぷとうじけん)　う022
  雲外雲岫　こ115
  蘊謙戒琬　ふ026
  雲谷軒　⇨雪舟等楊(せっしゅうとうよう)
- 温州(うんしゅう)　う024
  雲津　ま013
  雲水伊人　い080
  雲堂(うんどう)手　ち018
- 雲峰等悦(うんぽうとうえつ)　う025

- 永(えい)　え001
- 栄叡(えいえい)　え002　か149　と038　に023　ふ036
- 英学(えいがく)　え003
  永享条約(えいきょうじょうやく)　⇨宣徳要約(せんとくようやく)
  『永徽律疏』　た037
- 『永徽律令』(えいきりつりょう)　え005
  『永徽令』　た037
- 栄弘(えいこう)　え006　え037
- 『英語箋』(えいごせん)　え007　め005
  栄西(えいさい)　⇨明庵栄西(みょうあんえいさい)　こ087　ち013　ち034　て042　の002
  叡山大師(えいざんだいし)　⇨最澄(さいちょう)
  永乗(えいじょう)　⇨月渚永乗(げっしょえいじょう)
- 営城監(えいじょうげん)　え011
  永正条約(えいしょうじょうやく)　⇨壬申約条(じんしんやくじょう)
  盈進斎　な043
  永川　わ015
  『睿宗実録』　ち038
  英祖王　り018
  『英祖実録』　ち038
- 永忠(えいちゅう)　え013　く002　に023
  永範　お016　ほ017
  永楽勘合　け054　け055
  永楽銭(えいらくせん)　⇨永楽通宝(えいらくつうほう)　え001　せ043　み034
- 永楽銭通用禁止令(えいらくせんつうようきんしれい)　え015
- 永楽銭通用令(えいらくせんつうようれい)　え016
- 永楽通宝(えいらくつうほう)　え017　み034
- 永楽帝(えいらくてい)　え018　し062　→成祖
- 永楽要覧(えいらくようらん)　え019
  永禄寺(えいろくじ)　⇨切支丹寺(キリシタンじ)
- エインスリー　え021
- 恵運(えうん)　え022　き053　し147　ち063　に023　に025　に027
  『恵運禅師将来教法目録』　え022
- 恵隠(えおん)　え023
- 恵萼(慧萼)(えがく)　え024　き012　こ098　し069　ち063　は014　ふ050
  江上波夫　き034
  頴川(えがわ)君平　や006
  頴川春漁(連)　み033
- 頴川入徳(えがわにゅうとく)　え025
  江川英竜(太郎左衛門)　は086　は090　わ017
- 恵灌(えかん)　え026
  『益斎乱藁』　ち039
  易地行聘　そ022
- 易地聘礼(えきちへいれい)　え027
  『易程伝』　こ005
  慧暁(えぎょう)　⇨白雲慧暁(はくうんえぎょう)
  慧広(えこう)　⇨天岸慧広(てんがんえこう)
  会合(えごう)衆　さ013　な057　な058
  絵高麗　ち018
  恵施　と019
- 恵慈(えじ)　え030　ひ019
  恵俊　き025
- エスピリト＝サント号事件(エスピリトサントごうじけん)　え031
  蝦夷　あ064　か113
- 恵聡(えそう)　え032
  『蝦夷紀行』　ほ028
- 『蝦夷志』(えぞし)　え033　あ050
- 『蝦夷拾遺』(えぞしゅうい)　え034　ほ018
  『蝦夷志料』　ま002
- 『蝦夷草紙』(えぞそうし)　え035　ほ018
  『蝦夷草紙後編』　ほ018
  蝦夷地　え033　え034　え035　え036　か040　さ058　と002　と059　お059
- 『蝦夷地一件』(えぞちいっけん)　え036
- 夷千島王(えぞちしまおう)　え037
  夷千島王使　え006
- 蝦夷地図(えぞちず)　え038
  蝦夷地奉行　は022
  蝦夷錦　か104　え064
- 『蝦夷日誌』(えぞにっし)　え039
  蝦夷奉行(えぞぶぎょう)　⇨箱館奉行(はこだてぶぎょう)
  越後屋　わ006
- 朴市田来津(えちのたくつ)　え041
- 越州窯(えっしゅうよう)　え042
  江戸参府　し001
  江戸の三大蘭方医　つ019
  江戸上り　お098
  『江戸ハルマ』　⇨ハルマ和解　い027　い078　は083
- 択捉島(えとろふとう)　え044　た053　ま034　も008　れ012
- 江戸湾の防備(えどわんのぼうび)　え045　は090
  恵日(えにち)　⇨薬師恵日(くすしのえにち)　お059
  慧日(えにち)　⇨東明慧日(とうみょうえにち)
  慧日(唐)　し103
  榎一雄　や019
  恵便　せ055
  慧鳳(えほう)　⇨翺之慧鳳(こうしえほう)
  江馬蘭斎　ま003
  慧満　と028
  蝦夷(えみし)　あ027　な048
  エミレの鐘　ち043
  エライザ号　む013
  エラスムス号　り001
  エリザベス号　ひ035
  撰銭　せ043
  撰銭令　た010
- エルキシア　え049

『エルギン卿遣日使節録』　い022
エルセラック　ふ089　る012
・延安の戦（えんあんのたたかい）　え050
・円覚（えんかく）　え051
　円覚寺　し119　せ013
　煙霞比丘　わ018
　円鑑禅師（えんかんぜんじ）⇒蔵山順空（ぞうざんじゅんくう）
・円行（えんぎょう）　え053　し147　に023　に025　に027
　円銀　⇒貿易銀（ぼうえきぎん）
　偃渓広聞　そ015
　円月　⇒中巌円月（ちゅうがんえんげつ）
　圜悟克勤（えんごこくごん）　ほ014
　円斎　お031
・円載（えんさい）　え056　え062　り002
『燕山君日記』　ち038
　円旨　⇒別源円旨（べつげんえんし）
　袁璡　に076
・袁晋卿（えんしんけい）　え058　お099
『遠西奇器述』　か125
　円禅戒密の四種相承　さ008
・円珍（えんちん）　え059　え051　き060　こ087　し147　し154　し210　て042　に023　に027　り002
　円通大師　⇒寂照（じゃくしょう）
　遠藤勝助　は090　ほ021
　遠藤高環　と081
・円爾（えんに）　え061　し053　し190
・円仁（えんにん）　え062　き113　こ098　し147　せ034　に023　に024　に026　に027　ま011　→慈覚大師
　欽慧禅師（えんねぜんじ）⇒明極楚俊（みんきそしゅん）
　淵梅軒　に003
　塩浦（ほか）⇒三浦（さんぽ）　さ076　わ003
　袁孟俤　さ030
『圜容較義』　き102
　延暦寺　ね004
『薕録（えんろく）』　い029

お

『オイレンブルク日本遠征記』　い022
　王維　あ026
　応永条約（おうえいじょうやく）⇒永楽要約（えいらくようやく）
・応永の外寇（おうえいのがいこう）　お002　せ015　そ014
　鸞園　ま002
　王諤　さ030
『王翰林集註黄帝八一難経』　い059
　翁寄松　し054　し136
　王君治　い058　け027
　往古銀　に074
　鶯谷　も008

　澳吾志担　り018
　王士禎　し136
・『往生要集』（おうじょうようしゅう）　お003　け037　し075
・応神天皇（おうじんてんのう）　お004　わ024
・王辰爾（おうしんに）　お005
　王積翁　い058
・王直（汪直）（おうちょく）　お006　い060　か062　こ096　し069　し114　し150　て025　わ011
・黄檗画派（おうばくがは）　お007
　黄檗三筆　そ049　も009
　黄檗宗　い091
　黄檗派　な024
・黄檗美術（おうばくびじゅつ）　お008
・黄檗様（おうばくよう）　お009
　汪鵬　し066
・近江毛野（おうみのけの）　お010
　王明佐　て010
　往来物　し151
　王履階　か013
　大内氏　に076　り051
・大内教弘（おおうちのりひろ）　お011
・大内弘世（おおうちひろよ）　お012
・大内持世（おおうちもちよ）　お013
・大内盛見（おおうちもりみ）　お014
　大内義興　け023　に076
・大内義隆（おおうちよしたか）　お015　か097　こ061　さ022　し055
　大内義長　た030
・大内義弘（おおうちよしひろ）　お016　か043　し185　て017　ほ017
　大江朝綱　は002
　大江定基（おおえのさだもと）⇒寂照（じゃくしょう）
　大岡氏　い039
・大岡清相（おおおかきよすけ）　お018　き055
　大岡忠固　か039
・大賀九郎左衛門（おおがくろうざえもん）　お019
　大春日真野麻呂　こ083　せ060
　大加羅（おおから）⇒加羅（から）
　オホキミ　た006
　大蔵種材　け006
・大蔵善行（おおくらのよしゆき）　お021
　大河内秀元　ち056
『大河内秀元朝鮮日記』　ち056
『大河内物語』⇒朝鮮物語（ちょうせんものがたり）　ち056
・大郡宮（おおこおりのみや）　お023
・大坂銅座（おおさかどうざ）　お024　と021
　大坂夏の陣　と101
　大畔（おおさけ）神社　ま011
　大島（奄美）　さ069　→奄美大島
　大島忠泰　こ062
・『大島筆記』（おおしまひっき）　お025　か036
　太田一吉　ち054　ち056
　太田資統　も023
　大田南畝　け017　さ029
・大谷吉継（おおたによしつぐ）　お026
　大塚高信　に064

　大塚武松　な013
　大槻玄幹　こ031
・大槻玄沢（おおつきげんたく）　お027　い029　い078　か129　こ031　し001　す023　た016　た059　つ014　は069　は083　は091　ふ099　へ025　ま003　や032　ら013
　大槻玄東　こ031
　大槻如電　し201
　大槻磐渓　る010
　大槻磐水（おおつきばんすい）⇒大槻玄沢（おおつきげんたく）
・大津首（おおつのおびと）　お029
『大手鑑』　し078
　男大迹王（おおどのおう）⇒継体天皇（けいたいてんのう）
　大友喜作　ほ018
・大友宗麟（おおともそうりん）　お031　あ060　か078　こ002　て039
　大友親家　か078
・大伴磐（おおとものいわ）　お032
　大友皇子　り040
・大伴金村（おおとものかなむら）　お033　ほ029　も018
・大伴咋（おおとものくい）　お034
・大伴古麻呂（おおとものこまろ）　お035　か149　け043　ふ040
・大伴狭手彦（おおとものさてひこ）　お036
・大伴継人（おおとものつぐひと）　お037
　大友義鎮（おおともよししげ）⇒大友宗麟（おおともそうりん）　か001　か002　こ135　も028　ろ002
・大友義統（おおともよしむね）　お039　き092
・大野城（おおのの城）　お040
　大野屋　と002
・大葉子（おおばこ）　お041　つ007
・大庭雪斎（おおばせっさい）　お042　お089
　大原幽学　し082
・大戸清上（おおとのきよかみ）　お043　と012
・大神巳井（おおみわのみい）　お044　ち063
・大村純忠（おおむらすみただ）　お045　か078　て039　と102　な004　な012　よ010　る004
　大村藩　な014
　大村喜前（よしあき）　な052　る004
　大村牢　な014
　大森志郎　か154
　大和重清　お046
・『大和田重清日記』（おおわだしげきよにっき）　お046
　大輪田泊　そ003　た041
・岡研介（おかけんかい）　お047
　小笠原一庵　た047
　小笠原貢蔵　は090
　小笠原貞任　お048
　小笠原貞宗　せ012
　小笠原貞頼　お048
　小笠原島　さ042　す010
・小笠原諸島（おがさわらしょとう）　お048　か040　と037
・小笠原諸島帰属問題（おがさわらしょとうきぞくもんだい）　お049
　小笠原忠固　え027
　小笠原忠真　そ049　と080

がいこく

小笠原為宗(一庵)		な026
小笠原長幸		は022
小笠原礼法		せ012
岡地勘兵衛		し059
・緒方洪庵おがたこうあん	お050	お042 ひ012
岡田甫説		い027 は083
岡本三右衛門	き002	→キアラ
・岡本大八おかもとだいはち		お051
・岡本大八事件おかもとだいはちじけん		お052
岡本保孝		い038
岡本良知		ふ092
小川悦之進		ま003
小川玄竜		お089
・置銀おきぎん		お053
・置付用意銀おきつけようちぎん		お054
・沖縄おきなわ		お055 り018
沖縄語		り022
沖縄方言		り022
沖ノ島		む008
沖ノ浜		お031
荻生徂徠		し082 て010 ろ012
興世書主		し167
荻原重秀		な007
奥平昌高		な036 ふ099
憶礼福留		お040
・小郡宮おごおりのみや		お056
・上哆唎おこしたり		お057
・曰佐おさ		お058
通事(おさ)		お059
・訳語おさ	お059	お058 き024 つ002
尾崎雅嘉		い038
白粉		ま014
『オズボーン日本への航海』		い022
御代替り信使		つ003
・小田幾五郎おだいくごろう		お060
愛宕(おたぎ)松男		と054
オタネニンジン		に072
・小田野直武おだのなおたけ	お061	か027 さ031 し026 せ023
・織田信長おだのぶなが	お062	お095 に013 ふ091 ろ011
音吉		も023
・小野妹子おののいもこ	お063	け038 し131 た060 は004 み009 み028 や026
小野石根		は019
・小野篁おののたかむら		お064 し049
・小野田守おのだのまもり		お065
・小野恒柯おののつねえだ		お066
小野蘭山		は084
小畑行簡		き015
小原慶山		か089
小原亨之輔		お089
小原克紹		な018
小原良直		い038
お春		し047
おふせん		こ097
・『おもろさうし』		お067
小宅生順		し086

兀良哈(オランカイ)		か069 せ032 な075
・オランダ	お068	た008
・オランダ医学オランダいがく		お069
『和蘭医事問答』		ふ105
・オランダ絵オランダえ		お070
オランダ絵画		か089
・『阿蘭陀海鏡書和解』オランダかいきょうしょわげ		お071
オランダ国立文書館所蔵文書オランダこくりつぶんしょかんしょぞうもんじょ ⇨オランダ所在日本関係史料		
『和蘭事始』	ら015	→蘭学事始
・『和蘭字彙』オランダじい		お073
『喎蘭演戯記(オランダしばいき)』		か036
・『和蘭詞品考』オランダしひんこう		お074
・オランダ商館オランダしょうかん		お075 ま027 ら016
オランダ商館長		か077 か077 か117 か156 く003 く043 こ004 し038 し045 す035 て013 と005 と105 に001 ふ016 ふ025 ふ099 へ025 め001 る012 れ014
・オランダ商館長江戸参府オランダしょうかんちょうえどさんぷ		お076
・『オランダ商館日記』オランダしょうかんにっき	お077	お079
オランダ商館の医者(医員)		し001 す030 →蘭館医
・『和蘭属文錦嚢抄』オランダしょくぶんきんのうしょう		お078
・オランダ所在日本関係史料オランダしょざいにほんかんけいしりょう		お079
・『和蘭志略』オランダしりゃく		お080
オランダ人		こ051
オランダ人医		ら001
オランダ沈船引揚げ		む013
・オランダ通詞(和蘭通詞,阿蘭陀通詞)オランダつうじ	お081	あ049 い027 い034 い085 な044 な061 に004 に005 は057 も014 も016 よ011 よ012
・『阿蘭陀通詞起請文』オランダつうじきしょうもん		お082
・『阿蘭陀通詞勤方書留』オランダつうじつとめかたかきとめ		お083
・『阿蘭陀通詞由緒書』オランダつうじゆいしょがき		お084
『倭蘭年表』		ふ105
・『紅毛談』オランダばなし		お085 ふ105
『紅毛噺唐繰毛』		お085
・オランダ東インド会社オランダひがしインドがいしゃ		お086 お075
『オランダ東インド会社日本帝国遣使紀行』		も027
オランダ東インド総督府		は041
・オランダ風説書オランダふうせつがき		お087
『和蘭風説書集成』		お087
・オランダ船オランダぶね	お088	く067 は095
・『和蘭文典』オランダぶんてん		お089
『和蘭文訳』		ま003
・オランダ貿易オランダぼうえき		お090
・『和蘭宝函』オランダほうかん		お091
・『阿蘭陀本草和解』オランダほんぞうわげ		お092

・『和蘭文字略考』オランダもじりゃっこう		お093 ま003
『和蘭問答』		か036
オランダ屋敷オランダやしき	⇨オランダ商館	き068
『オランダ連合東インド会社の日本皇帝への主要なる遣使』		も027
織部燈籠		き072
織部焼		な081
オルガン		お084
・オルガンティーノ	お095	た062 た063 ろ011
・オルファネル		お096
御礼参り		お076
オロッコ		さ064
小呂島		し053
・尾張浜主おわりのはまぬし		お097 と012
・恩謝使・慶賀使おんしゃしけいがし		お098
園城寺		し210
温泉		う012
恩納(おんな)なべ		り018
・音博士おんはかせ		お099 し152
陰陽師		た028
諺文(おんもん)		さ058 →ハングル

か

・ガーゴ	か001	→ガゴ
・ガーマ		か002 し055
カーワーデン		い012
華夷意識		き032
海印寺		こ061
芥隠承琥		し126 り018
槐園		う010
懐遠駅		し025
・『海外国記』かいがいこっき		か003
・『海外新話』かいがいしんわ		か004 み010
海外貿易家		ひ032
・戒覚かいかく		か005 と068 と085
晦巌照		た100
懐機		り018
廻却		そ003
・海禁かいきん		か006 こ044 し081 ち036 て001 わ011
契元(かいげん)		き012
・『開元律令』かいげんりつりょう		か007
蚕(かい)	⇨養蚕業(ようさんぎょう)	
・外交かいこう		か009
外交関係文書		れ008
・『海行摠載』かいこうそうさい		か010 ち039
外交通商文書		せ008
外交文書		こ085 し153 す003 へ012 ほ042 れ001 わ025
・『開皇律令』かいこうりつりょう		か011
・『海行録』かいこうろく		か012
・外国金銀がいこくきんぎん		か013
『外国事情書』		は090 わ017

外国人居留地 ⇨居留地（きょりゅうち）
『海国図志』 か015
開国の勧告 か018
『海国兵談』 か016 か040 に036 は069 へ017
外国貿易 か017
開国論 か018
『海槎録』 ち050 ま012
槐山 わ015
回賜 か019 さ024 そ019 ち036
『海事史料叢書』 か020
華夷思想 か021
海寿 ⇨椿庭海寿（ちんていかいじゅ）
海上銀 ⇨投銀（なげがね）
『海上物語』 か036
外臣 さ024
海図 か024
解生 ふ107
匯川 い080
楷船 か025 お025
海蔵寺 て009
海賊 と074 と088 は060
海賊衆 か026
海賊鎮圧令 か026
『解体新書』 か027 お061 か028 か067 す023 せ022 ふ105 ま003 よ003 よ011
『解体約図』 か028
華夷秩序 ね003
華夷中外論 ⇨華夷思想（かいしそう）
海澄 わ011
『華夷通商考』 か030
海汀倉の戦い か031
『海東繹史』 ち039
『海東繹史続』 ち039
会同館市易 か139
回答兼刷還使 か032 ひ036 や017
回答使 か032
『海東諸国紀』 か033 い038 し193 そ018 ち044 ほ017
『海東名臣録』 ち039
海南島 か034
海舶互市新例 し132
『外蕃通考』 こ143
『外蕃通書』 か035 い024 こ143
『海表叢書』 か036
開府儀同三司 わ024
海辺御備御用懸 か039
『華夷変態』 か037 き014 と041 ろ003
海宝 し108 れ008
海防 ま019
解剖 せ022 ひ020
『海防彙議』 に036
『海防臆測』 か038 か018
海防掛 か039

『海防続彙議』 に036
海防八策 さ026
海防問題 か040
戒明 に023
戒融 こ039
『海游録』 か041 ま012
外来文化 か042
回礼官 か043
回礼使 か043 そ007 ほ017
華陰 お050
嘉因 し075 ち060
川内（カウチ） こ073 →交趾（コーチ）
河内（カウチ） こ073 →交趾（コーチ）
臥雲山人 ⇨瑞渓周鳳（ずいけいしゅうほう）
返し縫 な081
可翁宗然 か045 も012
可翁仁賀 か045 り046
加々爪忠澄 か046 は043
『火浣布略説』 か036
嘉吉条約 き008
嘉吉の附庸 り018
柿の蔕（へた） ち018
垣見一直 か047
科挙 し082
華僑 し072 と034
可琴軒 た059
覚阿 か048
鄂隠慧奯 か049
覚円 ⇨鏡堂覚円（きょうどうかくえん）
覚哿 か051
覚海（悔） ふ026
郭再祐 か052 し192 ふ107
郭実猟 き051
『楽書要録』 い059
廓然 と029 み022
楽舞 ふ060
郭務悰 か053
学問僧 か054 へ023 み009 や022
掛川 へ025
花月翁 ま019
ガゴ お031 め008 →ガーゴ
牙行 か055 か139
夏侯玄 か064
牙行貿易 か055
鹿児島 と034
鹿児島藩 さ069
『稼斎燕行録』 ち039
笠井新也 や019 や019
華山 わ017
加治木 か056
加治木銭 か056
樫木屋道頓（かしきやどうけん） さ013
禾尺 わ011
可什 ⇨物外可什（もつがいかじゅう）
夏子陽 し136
霞沼 ま012

筒所銀 か058
膳巴提便 か059
春日宅成 ち063
カステラ な073 な083
カストロ か060
カスパル流外科 す030 せ022
葛城襲津彦 か061 へ005
嘉靖海寇（〜の大倭寇） か062 お006 せ033
仮節 わ024
片倉鶴陵 か063
堅手（かたで） ち018
迦知安（カチアン） し064
『楽毅論』 か064
加津佐 か065 あ056
活字 も015
活字印刷機 さ067
カッパ な083
活版印刷 も015
合浦 か066 り008
勝俣銓吉郎 は083
桂川甫賢 し001 ふ099
桂川甫周（国瑞） か067 か027 た016 と008 は069 ひ023 ふ016 へ025 ほ012 ら014
桂川甫周（国興） お073
桂川甫筑 か068
勝連城 あ039
加藤榮一 さ028
加藤枝直 あ005
加藤清正 か069 い045 う021 か031 き109 く064 さ018 し192 せ007 せ032 な075 ふ107 へ016
加藤四郎左衛門景正 か070
加藤船 し063
加藤嘉明 か071 あ063 か096 か140
加徳島 か072 さ077 ほ030
仮途入明 ふ107
葛野 か073
金沢八景 し180
金山 わ015
花続書屋 い065
金ヶ江三兵衛 り006
金子武雄 ひ031
金田城 か074
懐良親王 せ010
金渡の墨蹟 か075
加納久周 ひ023
狩野元信 さ016
樺山久高 り028
『華蛮交市洽聞記』 か076
甲比丹 か077
カピタン＝モール か077 こ002 し172 な086 の004
カピタン＝モール制 た008
嘉賓堂 さ023
華布 さ044

がんじん

牙符 え006	韓人 か102	漢医方 ⇨漢方医学(かんぽういがく)
鏑木渓庵 み033	韓人池 か103	官員 け055
・カブラル か078 お031 お095	唐太 か104	寛印 し089
何文著 と084	樺太(カラフト) か104 ま022 ま034 も008 れ012	『寰宇記補欠』 こ005
花辺銀銭 ⇨外国金銀(がいこくきんぎん)	樺太玉 さ064	寛永鎖国 た008
鷲峯 は068	唐船 ⇨とうせん	『翰苑』 か128
鎌倉大仏 か152	・唐物 か106 お012 さ013 さ036 ふ106	雁鴨池 し166
鎌倉芳太郎 れ008	唐物方 さ036	漢音 お099
竈(かまど)銀 か058	唐物崩れ ぬ007 →享保の唐物崩れ	観海 ま017
竈神 と015	・唐物仕法 か107	『環海異聞』 か129 お027 ほ018
紙 と106	唐物商法 さ036	歓会門 し095
神風 ふ101	唐物ぬけ商 ぬ005	漢学 か130
・上毛野竹葉瀬 か080	・唐物使 か108 し074 し154	『願学集』 き102
・上毛野田道 か081	・唐物目利 か109	還学僧 ⇨げんがくそう
・神谷主計 か082	ガリオット な079	鑑画職 か089
・神谷寿禎 か083	カルサン な083	漢画派 な024
・神屋宗湛 か084	・ガルシア か110	看々踊 か131
神谷弘孝 な036	カルタ な083	・寒厳義尹 か132
『加摸西葛杜加国風説考』 あ007 え036	・カルディム か111	観吉丸 る010
カムチャッカ く032	カルバーリュ は043	『歓喜天霊験記』 か133
・亀井茲矩 か085	・ガルペス か112 ふ079	管軍総把印 た051
亀井高孝 ほ012	カルメラ な073	勘計記 か134
亀井南冥 か154	・カルワーリュ(1624没) か113	・勘合 か135 あ014 え019 さ024 ち036 つ004
蒲生君平 ふ035	・カルワーリュ(1631没) か114	勘合印 か092
貨物 し032	ガレウタ ⇨南蛮船(なんばんせん) く067	・勘合制度 か136
貨物市法 ⇨市法貨物商法(しほうかもつしょうほう) い072	ガレオン ⇨南蛮船(なんばんせん) く067 さ073 し063 せ024	勘合船 ⇨遣明船(けんみんせん)
賀茂保憲 に011 れ004	ガレオン貿易 す033	勘合符 ⇨勘合(かんごう)
『下問雑載』 く065	・カロン か117 か118 る012	・勘合貿易 か139 に076
加耶(伽耶) み013 み014	『カロン日本大王国志』 か118 →日本大王国志	韓克誠(こくかん) か031
栢原昌三(かやはらまさぞう) せ058 へ012	仮倭 わ011	韓国語 あ041
榧本杜人 か154	川上涇 わ012	韓国柱 お016
嘉祐通宝 な028	川上忠実 し015	間斎 ま014
・加羅 か087 み013	『川上久国雑話』 か119	神崎 さ050
駕洛 み013	川口長孺 き015	完山 こ090
唐入り ふ107	川崎桃太 ふ095	寛山 ひ008
・唐絵 か088	川路聖謨(としあきら) は090	・閑山島の戦 か140
・唐絵目利 か089 わ018	川島元次郎 み003	閑山浦 り008
『馭戎概言』 ⇨ぎょじゅうがいげん	川尻 と034	漢詩 ⇨漢文学(かんぶんがく)
・唐織物 か091	河尻春之 は022	韓使 こ078 →通信使
・韓鍛冶部 か092	・西漢氏 か120	漢字 そ048
・唐草文 か093	・西文氏 か121 さ011 わ023	・顔思斉 か142 て011
唐古池 か103	・川原慶賀 か122 し001 せ023 ふ099	閑室元佶 め006
『駕洛国記』 か094 さ055	河原甚五兵衛 さ027	漢詩文 ほ025
ガラシア は024	『河原甚五兵衛覚書』 さ027	・甘蔗 か143 あ038 さ069
唐島 ⇨巨済島(きょさいとう) は025	川淵久左衛門 る006 る008	館守 そ038
・唐島の戦 か096 か071 ふ107	・川辺氏 か123	館守差倭 さ046
硝子 か097	川辺橘亭 つ009	・甘藷 か144 き041 →薩摩芋
カラック く067 な079	河辺瓊缶 か124	『漢書』 か145
漢神 ⇨蕃神(ばんしん)	・川本幸民 か125	漢城 わ015
韓神 ⇨蕃神(ばんしん)	漢 ⇨後漢(ごかん) ⇨前漢(ぜんかん)	『漢書食貨志』 こ005
カラパ し048	監 わ024	甘藷先生 あ005
咬𠺕吧 ⇨ジャカルタ	冠位十二階 け038	旱鋮(かんしん) ら008
咬𠺕吧暦 か101		漢神 ⇨蕃神(ばんしん)
		韓神 ⇨蕃神(ばんしん)
		韓人 ⇨からひと
		・鑑真 か149 あ026 え002 お035 か158 さ037 と036 と038 と050 に070

	は050 ふ036 ふ040 よ006	
『鑑真過海大師東征伝』		⇨唐大和上東征伝(とうのだいわじょうとうせいでん)
『鑑真和上東征絵伝』	と036	
観水子	む002	
関税	お053	
寛政異学の禁	し082 し085	
漢籍	け009	
漢籍目録	に048	
・冠船	か151	
冠船踊り	れ008	
閑叟	な056	
観巣	た057	
寛智	し020	
関東大仏造営料唐船		か152
菅晋帥(かんときのり)		い038
漢委奴国王印		⇨かんのわのなのこくおうのいん
『勧農備荒二物考』		か036
漢委奴国王	し007 な049	
・漢委奴国王印		か154
観音現象	せ013	
『観音讃』	お003	
観音丸	る010	
『観音和讃』	け037	
官梅	り054	
官梅(林)道栄	ふ012	
看板	か155	
カンパン貿易	わ010	
・看板貿易	か155 お090	
関憑武	ら009	
・カンファイス	か156	
漢文学	か157 こ091	
『簡平儀説』	き102	
『韓聘璃記』	こ078	
漢方医学	か158	
柬埔寨(カンボジア)	し064	
換米の制	わ006	
桓武天皇	ひ031	
がんもどき	な083	
『完訳フロイス日本史』	ふ095	
『寰有詮』	き102 む002	
・『看羊録』	か159 き056	
『観覧図絵』	な011	
漢蘭折衷派	か158	
・観勒	か160 け028 れ004	

き

・魏	き001	
・キアラ	き002 き087 き089 さ027 ま037	
喜安	き003	
『喜安日記』	き003	
城井久右衛門	や021	

・基肄城	き004	
・生糸	き005	
義尹	⇨寒巌義尹(かんがんぎいん)	
徽王	お006	
義翁紹仁	ら018	
偽王城大臣使	え006	
祇園南海	ま012	
・鬼界島	き007 そ054	
『気海観瀾』	あ006 ふ105	
『気海観瀾広義』	か125	
喜界島(きかいじま)	さ069	
・癸亥約条	き008 し193	
・伎楽	き009 み011	
魏学源	り020	
『幾何原本』	き102	
帰化人	き010 い083 い098	
窺基	と028	
『奇器図説』	き102	
・聞役	き011	
紀喬容	し177	
・義空	き012 え024	
菊酒	け010	
・鞠智城	き013	
葵軒	は068	
魏源	か015	
魏皓	み033	
・『崎港商説』	き014 か037 と041	
・『紀効新書』	き015 せ033	
聞得大君(きこえおおきみ)	り018	
机山	い029	
・吉士	き016	
・偽使	き017 そ010 わ025	
・吉士氏	き018	
・義慈王	き019 り036	
・鬼室集斯	き020	
・鬼室集信	き021	
・鬼室福信	き022 え041 は017 ほ006 よ014 り036	
吉士長丹	し103 と019 と028	
魏儁	さ030	
・『魏志倭人伝』	き023 や019	
・義真	き024 え022 え053 え062 こ087 さ008	
『畸人十篇』	き102	
義静	か149	
魏双侯	み033	
希叟紹曇	は013	
北蝦夷	と002	
『北蝦夷図説』	ほ018 ま034	
喜田貞吉	か154	
北島万次	さ028	
喜多宗雲	お007	
季潭宗泐	せ038	
吉蔵	ち007 と048	
義鎮	し055	
己珎蒙	ほ026	
吉川広正	と080	
吉川広嘉	と080	

吉凶禁忌勘申	た028	
乞巧(きっこう)	け010	
亀甲車	か069 し192	
亀甲船	き008	
『喫茶養生記』	み020	
乞師	し067	
吉州城	ふ107	
・吉田宜	き025	
・魏天	き026 ち068	
紀伝道	し082	
義堂周信	し082	
虚堂(きどう)智愚	か132 な091 ほ014 ら018	
砧(きぬた)	ち018	
熙寧元宝	な028	
『紀年児覧』	ち039	
・紀大磐	き027	
・紀男麻呂	き028	
・紀小弓	き029	
紀角	き030	
・紀広純	き031	
・紀三津	き032	
紀安雄	し082	
・規伯玄方	き033 い062	
・騎馬民族説	き034	
・『吉備大臣入唐絵巻』	き035	
・吉備田狭	き036	
・吉備真備	き037 い068 き035 た005 た078 る003	
・黄書氏	き038	
・黄文本実	き039 ふ059	
義兵	か052 ふ107	
義兵将	き107	
・騎兵大将軍	き040	
義法	お029	
季芳覚叟	て053	
儀鳳暦	れ004	
・儀間真常	き041 の003	
木宮泰彦	し062	
木村蒹葭堂(けんかどう)	か076	
・木村謙次	き042	
木村権之丞	る008	
木村直也	さ028	
木村又蔵	せ007	
『ギメ東京日光散策』	い022	
客商	く012	
客倭	し016	
『ぎやどぺかどる』	く051	
ギヤマン	⇨硝子(ガラス)	
・木屋弥三右衛門	き044	
伽羅	⇨香木(こうぼく)	
仇英	わ012	
旧港	⇨パレンバン	
求己堂主人	た057	
『九州三侯遣欧使節行記』	⇨フロイス九州三侯遣欧使節行記	
九州節度使使	し016	
九州探題	い081	

くきよし

『急就篇』	こ005	
牛痘	い066 せ022 な060 ひ012 も006	
『牛痘小考』	な060	
牛肉	な083	
臼砲	す029	
・『休明光記』	き048	
『糺明法条』	り020	
・己酉約条	き049 け015	
・『球陽』	き050	
求林斎	に003	
旧暦	れ010	
九連環	か131	
・ギュツラフ	き051 も023	
キュルシウス	⇨ドンクル＝キュルシウス	
虚庵懐敵	み020	
疑耀	き102	
教王護国寺五大虚空蔵菩薩像		き053
・行賀	き054 に023	
境界人	き098	
『況義』	き102	
・『崎陽群談』	き055 お018	
行居	し194	
・姜沆	き056 か159 す036 て004 ひ036 ふ038 ふ107	
京銭	⇨きんせん	
兄弟会	み006	
行智	し020	
鏡堂覚円	き058 む003	
行表	に023	
・恭愍王	き059	
享保の唐物崩れ	ほ010 →唐物崩れ	
行満	て032	
『教要解略』	き102	
・『行歴抄』	き060 え059	
翹岐	あ017 ほ006 →豊璋	
玉岡	た057	
『玉燭宝典』	こ005	
曲水	け010	
玉泉	お061	
『玉篇』	て054	
旭峯	ま019	
虚谷希陵	せ040	
・巨済島	き061 か096 さ077 そ027 そ037 と049 は025 ほ030 り008	
巨済島の海戦	⇨唐島の戦(からしまのたたかい) ふ107	
巨山志源	な091	
巨酋	か033	
・『馭戎概言』	き063	
・巨酋使	き064 し016	
魚叔権	こ022	
・許率母	き065	
『御註孝経』	こ005	
許棟	⇨許棟(きょれん)	
虚白軒	し035	
清原枝賢	ひ037 ろ011	

清原業忠	せ061	
清原宣賢	し082	
清原教隆	れ004	
・清原守武	き067	
巨文島	こ097	
清水寺	し063	
・居留地	き068 わ003	
・許棟	き069 069 し081	
『儀礼』	み021	
喜利志多佗孟太	⇨モタ	
・吉利支丹(キリシタン)	き071 こ104 こ107 こ109 は052 は081 ま016	
・吉利支丹遺物	き072	
・キリシタン学校制度	き073	
・キリシタン禁制	き074	
・キリシタン暦	き075	
・キリシタン寺	き076	
・キリシタン社会事業	き077	
キリシタン邪教観	き002 し045	
・『切支丹宗門来朝実記』	き078	
・キリシタン訴人制札	き079	
『吉利支丹退治物語』	か036	
・キリシタン大名	き080 た062 つ016 て039	
・『鬼利至端破却論伝』	き081 か036	
・キリシタン版	き082 あ033 き096 こ107 て039 な084 は079 わ007	
キリシタン風俗	⇨南蛮風俗(なんばんふうぞく)	
キリシタン武士	こ105	
キリシタン文化	⇨南蛮文化(なんばんぶんか)	
・キリシタン文学	き085	
・『吉利支丹物語』	き086	
・キリシタン屋敷	き087 き002 さ027 し021 ま037	
・キリシタン類族調	き088	
・『契利斯督記』	き089	
キリスト教	き071 と074 と097 は052	
キリスト教徒	あ065	
キリスト教の禁圧	い040	
偽倭	わ011	
・金	き090 あ003	
琴(きん)	お008	
・銀	き091 あ003 し132 は007	
金逸	き059	
金印(後漢)	し007 な049	
金印(明)	さ024	
錦嚢	い065	
・金海	き092 ち018	
金海城	く064	
禁教令	た008	
金巨原	か043	
金琴江	み033	
・金銀島探検	き093	
・金銀銅貿易	き094	

・金銀比価	き095	
キング	も023	
・『金句集』	き096	
金慶	か048	
・金元医学	き097 か158 ほ039	
金健瑞	そ022	
・金元珍	き098	
金源珍	き098	
キンコ	い088	
金洪	さ030	
金坤	り018	
・径山	き099 し098 と017	
金三玄	き031	
・錦山の戦	き100	
『近時海国必読書』	に036	
『巾車録』	か159	
・金春秋	き101	
・禁書	き102	
近肖古王	し018 し111	
・金仁問	き103	
・金誠一	き104 ち050 ふ107 ま012 り038	
金世鈞	さ077	
近世の対外関係	⇨対外関係(たいがいかんけい)	
・京銭	き106	
金線	し173	
金遷	わ015	
・金千鎰	き107	
銀銭デュカトン	か013	
・金泰廉	き108	
・金忠善	き109 ほ011	
金鍔	と091	
欽天暦	れ004	
・忻都	き110 と066 ふ101	
金緞(きんどん)	か091	
経行(きんひん)像	ち074	
金富軾	さ057	
錦屏山人	あ050	
・金方慶	き111 と066 ふ101	
・欽明天皇	き112	
金襴	か091 ま014	
銀襴	か091	
金履喬	え027	
・欽良暉	き113	

く

・クァケルナック	く001	
・空海	く002 か134 こ047 さ060 し020 し147 て054 に023 に027 ふ039 ふ103 り045	
・クーケバッケル	く003	
・『九鬼四郎兵衛働之覚』	く004	
九鬼豊隆	く004	
・九鬼嘉隆	く005 あ063 か140 に

067
紲解　ほ006　→豊璋
愚渓如智　い058　け027
箜篌(くご)　く017
草部(くさかべ)是助　ち077
草香部(日下部)吉士　き018
・草場佩川(くさば はせん)　く006
具志頭親方文若(ぐしちゃんおやかたぶんじゃく)　⇒蔡温(さいおん)
孔雀　な084
クシュンコタン　か104
串良　と034
・釧雲泉(くしうんせん)　く008
樺　ら001
・グスク　く009
薬師(くすし)　く010
薬師恵日(くすしのえにち)　く011
楠葉西忍(くすばのさいにん)　く012　か139　し071　と039
・グスマン(1603没)　く013　な053
・グスマン(1605没)　く014
楠本イネ　に030
久世広民　て014
・百済(くだら)　く015　あ016　あ017　あ021　う013　か059　さ051　し103　て038　に017　わ019　わ024
・百済氏(くだらうじ)　く016
・百済楽(くだらがく)　く017　ふ024
『百済記(くだらき)』　く018
百済救援　は017
・百済戸(くだらこ)　く019
『百済新撰(くだらしんせん)』　く020
・百済寺(くだらでら)　く021
・百済王氏(くだらのこにきし)　く022　く021
・百済王敬福(くだらのこにきしきょうふく)　く023
・百済王俊哲(くだらのこにきししゅんてつ)　く024
・百済王善光(くだらのこにきしぜんこう)　く025
・百済手部(くだらのてひとべ)　く026
『百済本記(くだらほんき)』　く027
・口之津(くちのつ)　く028　と034
・愚中周及(ぐちゅうしゅうきゅう)　く029
クッキー　な073
・朽木昌綱(くちきまさつな)　く030　あ049　た020
九呈金(くていきん)　⇒外国金銀(がいこくきんぎん)
・工藤平助(くどうへいすけ)　く032　あ007　か018　か040　は069
宮内卿　え037
・国後島(くなしり)　く033　き042　は059　ね064　ま034　も008
・狗奴国(くなこく)　く034
・国次印官之引付(くになつぎいんかんのひきつけ)　く035
忽必烈(くびらい)　⇒フビライ　ふ101
・熊谷直盛(くまがいなおもり)　く037
熊谷元章　か028
熊沢蕃山　し082　た033
熊太郎　も023
熊野海賊衆　か026

熊本　と034
熊本藩　な014
・熊谷五右衛門(くまやごえもん)　く038
・組踊(くみおどり)　く039　か151　た095
・久米島(くめじま)　く040
・来目皇子(くめのおうじ)　く041
久米村　そ061　お046　り018
・狗邪韓国(くやかんこく)　く042
・クライエル　く043
・倉木崎海底遺跡(くらきざきかいていいせき)　く044
蔵田弥三右衛門　ふ033
・蔵帳(くらちょう)　く045
・鞍作氏(くらつくりうじ)　く046
鞍作司馬達等(くらつくりのしばだっと)　⇒司馬達等(しばたっと)
・鞍作鳥(くらつくりのとり)　く048
・鞍作福利(くらつくりのふくり)　く049　お059　お063
・クラッセ　く050
・グラナダ　く051
・内蔵石女(くらのいわめ)　く052
クラビチェンバロ　て039
クラプロート　さ058
クラボ　な084
『グラント将軍日本訪問記』　い022
グランドソン　も023
・栗崎道喜(くりさきどうき)　く053　せ022　な076
栗崎流外科　⇒栗崎道喜(くりさきどうき)　せ022　な076
クリスマス　な084
栗田元次　か021
栗原朋信　か154
古林清茂(くりんせいむ)　か045　け025　こ095　こ115　し011　し051　す007　ち024　て021　て030　へ010　も012
・クルーゼンシュテルン　く055　え038　か129
『クルーゼンシュテルン日本紀行(クルーゼンシュテルンにほんき)』　く056　い022
・来島通総(くるしまみちふさ)　く057
クルス　き072
クルティウス　⇒ドンクル＝キュルシウス
・呉(くれ)　く059　ひ011　む005
呉楽(くれがく)　⇒伎楽(ぎがく)
グレゴリオ13世　て039
グレゴリオ暦(グレゴリウス暦)　き075　れ010
『グレタ号日本通商記』　い022
・呉織・漢織(くれはとり・あやはとり)　く061
黒板勝美　い094
『クロウ日本内陸紀行』　い022
クローブ号　あ020
黒川亀玉　な089
・黒川良安(くろかわりょうあん)　く062　さ026
黒砂糖　さ037
黒沢翁満　さ029
黒田如水(くろだじょすい)　⇒黒田孝高(くろだよしたか)　は024

・黒田長政(くろだながまさ)　く064　え050　き092　た054　な074　ふ107　ろ002
・黒田斉清(くろだなりきよ)　く065
・黒田孝高(くろだよしたか)　く066　は061　へ016　ま031　ろ002
・黒船(くろふね)　く067　な079
・グゥルチェリ　く068
『グゥルチェリ日本遣欧使者記(グゥルチェリにほんけんおうししゃき)』　く069
軍郡　わ024
薫松軒　い029
『群書治要』　と073　は076
君臣の礼　ち036
薫窓軒　い029
『君台観左右帳記(くんだいかんそうちょうき)』　く070
訓民正音　し193　→ハングル
『軍門謄録』　ち044

け

・桂庵玄樹(けいあんげんじゅ)　け001　し082
・恵果(けいか)　け002　え053　き053　く002　さ060
慶賀　か122
京学(けいがく)　け003　⇒朱子学(しゅしがく)
慶賀使(けいがし)　⇒恩謝使・慶賀使(おんしゃし・けいがし)
『景教流行中国碑頌幷序』　き102
掲俀斯　て030
慶元　し025
慶元イギリス書翰(けいげんイギリスしょかん)　け005　い022
・警固所(けいごしょ)　け006　と001
・警固田(けいごでん)　け007
敬差官　か043
・慶州(けいしゅう)　け008　し166
慶盛　に023
『経世秘策』　か018
・経籍訪古志(けいせきほうこし)　け009
敬叟居簡　え061
『景宗実録』　ち038
『景宗修正実録』　ち038
荊叟如珏　そ015　む004　む011
『荊楚歳時記(けいそさいじき)』　け010
景泰勘合　そ023
・継体天皇(けいたいてんのう)　け011
・慶長遣欧使節(けいちょうけんおうしせつ)　け012　い052　は030　は044
慶長条約(けいちょうじょうやく)　⇒己酉約条(きゆうやくじょう)
慶長の役(けいちょうのえき)　⇒文禄・慶長の役(ぶんろく・けいちょうのえき)　あ063　う005　う021　か072　か119　か119　か159　き056　く057　く066　け024　こ062　し015　し101　そ037　ち054　ち056　ち058　て004　て029　と097　も005　わ009

こうかい

慶長八城 わ014	『堅瓠集』 き102	玄蕃寮(げんばりょう) け047 こ069
啓定通宝 あ070	『乾坤弁説』 ふ105	顕微鏡 お085
『啓迪集』 か158	建蓋 ち018	『ケンペル江戸参府紀行』 い022
・景轍玄蘇(けいてつげんそ) け015 い062 ふ107 や017	元鬲(げんし) と017	ケンフェル ⇒ケンペル
景徳寺(けいとくじ) ⇒天童寺(てんどうじ)	現糸 や072	ケンペル け049 い085 さ028 さ029 ら016
『京都雑志』 ち039	・『元史』(げんし) け032	
慶念 ち054	元糸銀(げんしぎん) ⇒外国金銀(がいこくきんぎん)	『ケンペル日本誌』(ケンペルにほんし) け050
倪復 さ030		拳法 ち071
『景文宋公集』 い059	玄樹(げんじゅ) ⇒桂庵玄樹(けいあんげんじゅ)	賢宝 し020
『瓊浦偶筆』 か036	元照 し107	玄昉(げんぼう) け051 た078 に023
・『瓊浦雑綴』(けいほざってい) け017	女上 ふ041	玄法 か149
・『芸文類聚』(げいもんるいじゅう) け018	玄奘(げんじょう) け035 ち010 と028	元宝足紋銀 か013
・蛍蠅抄(けいようしょう) け019	賢聖障子 し084	『憲法十七条』 し131
桂林 も022	遣新羅使(けんしらぎし) け036 き032	元豊通宝(げんぽうつうほう) け052 な028
・雞林拾葉(けいりんしゅうし) け020	遣新羅大使 い047 お029 お065 み007	遣渤海使(けんぼっかいし) け053
ケーズル い085	源心 む011	遣渤海大使 お065
毛織物 さ036	・源信(げんしん) け037 あ003 し052 し075 し089	玄圃霊三 ふ107
外科術 さ047		『原本玉篇零巻』 こ005
『齦舌小記』(げきぜつしょうき) ⇒齦舌或問(げきぜつわくもん)	・遣隋使(けんずいし) け038 あ016 え023 お063 か158 く049 し131 す004 み009 み028 る003	遣任那使 み013
		遣明勘合貿易船 い046
・『齦舌或問』(げきぜつわくもん) け022	遣隋留学生 や026	・遣明使(けんみんし) け054 け023 こ021
警固(けこ)神社 け006	元政 え062	遣明使節 さ030
警固(けご)町 け006	・元銭(げんせん) け039	遣明正使 て049 り042
偈頌(げじゅ) し096	元選 ⇒無文元選(むもんげんせん)	・遣明船(けんみんせん) け055 い006 い096 え019 か019 か082 か139 く012 け045 こ045 こ084 さ024 し071 せ039 せ057 せ058 そ001 そ008 そ023 そ026 ち030 ち068 と039 と088 と089 に076 ほ020 よ015 ら008
下駄 し176	『顕宗改修実録』 ち038	
傑翁宗英 む003	元叟行端 し051 せ040	
月琴 み033	『憲宗実録』 ち038	
月湖 か158 た080	『顕宗実録』 ち038	
月港 わ011	厳端 さ030	
月江正印 く029 こ095 た021 ち075	堅致 さ013	
月処 ひ020	堅中圭密 け054 け055	遣明副使 こ006
・月渚永乗(げっしょえいじょう) け023	建長寺 し014 そ003	彦竜周興 せ039
『碣石調幽蘭』 こ005	・建長寺造営料唐船(けんちょうじぞうえいりょうとうせん) け041 と088	玄朗 か149
月池 か067		
月池老人 も022	建長寺船(けんちょうじぶね) ⇒建長寺造営料唐船(けんちょうじぞうえいりょうとうせん)	こ
・『月峯海上録』(げっぽうかいじょうろく) け024 て004		
・月林道皎(げつりんどうこう) け025	遣唐押使 た077	
『外典書籍目録』 に048	・遣唐使(けんとうし) け043 あ061 い008 い079 え002 え056 え058 え062 お035 お037 お043 お097 か158 く011 こ094 さ014 し107 し145 し170 や022 せ041 せ046 は018 ふ036 へ006 ゆ001 よ006 る003	・呉(ご) こ001
・ゲバラ け026 え031		・ゴア こ002
・元(げん) け027 と084 →渡元, 入元		・ゴア所在日本関係史料(ゴアしょざいにほんかんけいしりょう) こ003
遣欧少年使節 め004 ろ009 →天正遣欧使節		・コイエット こ004
還学生 さ008		小池桓 み031
還学僧 か054	・遣唐使船(けんとうしせん) け044	・『古逸叢書』(こいつそうしょ) こ005 い059
玄花道人 ひ008	遣唐准判官 ふ041	・肥富(こいつみ) こ006 あ014 け054 け055
・元嘉暦(げんかれき) け028 れ004	遣唐少録 や031	・胡惟庸(こいよう) こ007
『見行草』 れ004	遣唐船 す041	興 わ024
元均 か071 か096 か140 ふ107 り008	・謙道宗設(けんどうそうせつ) け045 そ026 に076	洪庵 お050
『献芹微衷』 か018	遣唐大使 さ012 た078 ふ039 ふ040 ふ044	弘安の役(こうあんのえき) ⇒文永・弘安の役(ぶんえい・こうあんのえき) あ019 け027 こ037 は096 ふ101 ほ007
玄慶 し079		
玄敬天 お060	遣唐判官 す021	『弘安四年日記抄』(こうあんよねんにっきしょう) こ009
甄萱 こ090	遣唐副使 い048 お064	『広韻』 こ005
・元寇(げんこう) ⇒文永・弘安の役(ぶんえい・こうあんのえき) こ009 ふ074	遣唐留学生 せ009 ふ047	・黄允吉(こういんきつ) こ010 そ037 ふ107 り038
	遣唐留学僧 り045	交易唐物使 か108
・『元寇史料集』(げんこうしりょうしゅう) け030	『元和航海記』 か036	・黄海(こうかい) こ011
元寇防塁 ふ101	・『元和航海書』(げんなこうかいしょ) け046 い017 る006	『光海君日記』 ち038
元寇防塁跡(げんこうぼうるいあと) ⇒石築地(いしついじ)		・広開土王(こうかいどおう) こ012 こ012

- 広開土王碑〔こうかいどおう〕　こ013
- 江華島〔こうかとう〕　こ014　さ075　ち031
- 『江華府志』　ち039
- 向化倭人〔こうかわじん〕　こ015　わ011
- 公鑑　か067
- 高乾　な089
- 耕牛　よ011
- 『孝経』　み021
- 『孝経鄭註』　い059
- 恒居倭　さ076　さ077
- 恒居倭人〔こうきょわじん〕　こ016　わ003
- 後期倭寇　か062
- 康遇聖　し105
- 高句麗〔こうくり〕　こ017　お034　お036　こ117　こ124　そ051
- 洪啓禧　か010
- 侯継高　に063
- 高敬命　き100　ふ107
- 高元度〔こうげんど〕　こ018　し177　は018
- 『勾股義』　き102
- 庚午の変〔こうごのらん〕　⇨三浦の乱（さんぽのらん）
- 神崎（こうざき）　た051
- 洪茶丘　と066　ふ101
- 公作米〔こうさくまい〕　こ020
- 高山国　あ056
- 綱司　し034　し176　そ026
- 翶之慧鳳〔こうしえほう〕　こ021
- 弘治勘合　そ026　に076
- 『孔子家語』　と073
- 『攷事撮要』〔こうじさつよう〕　こ022
- 弘治条約〔こうじじょうやく〕　⇨丁巳約条（ていしやくじょう）
- 皇室　た033
- 孔子廟〔こうしびょう〕　こ024
- 綱首〔こうしゅ〕　こ025　し141　そ003　は008　は010
- 広州　わ015
- 幸州山城　こ026
- 幸州の戦〔こうしゅうのたたかい〕　こ026
- 高寿覚〔こうじゅかく〕　こ027
- 黄遵憲　に049
- 高照　み022
- 行状　ふ100
- 洪常　さ030
- 興聖万寿寺〔こうしょうまんじゅじ〕　⇨径山（きんざん）
- 黄慎　に046
- 甲辰蛇梁の変〔こうしんだりょうのへん〕　こ029
- 甲辰の変〔こうしんのらん〕　⇨甲辰蛇梁の変（こうしんだりょうのへん）
- 『厚生新編』〔こうせいしんぺん〕　こ031　う009　お027　は091
- 後世派　か158　た080
- 黄石山城　く037　ふ107
- 高泉性激〔こうせんしょうげき〕　こ032
- 洪瞻祖　し136
- 興薮　か068
- 黄宗義　に039
- 『孝宗実録』　ち038

- 『高宗実録』　ち038
- 香象大師　し195
- 好太王〔こうたい〕　⇨広開土王（こうかいどおう）
- 好太王碑〔こうたいおうひ〕　⇨広開土王碑（こうかいどおうひ）
- 幸田成友　お079　か118
- 後宇多法皇　い058
- 高田（こうだ）焼　や013
- 光太夫〔こうだゆう〕　⇨大黒屋光太夫（だいこくやこうだゆう）　か067
- 興儁〔こうしゅん〕　⇨心越興儁（しんえつこうちゅう）
- 誥勅　ふ107
- 幸地（こうち）良篤　り020
- 広南　て001
- 江南軍〔こうなんぐん〕　こ037　た051　は096　ふ101
- 弘仁・貞観文化〔こうにん・じょうがんぶんか〕　こ038
- 高内弓〔こうのちゅみ〕　こ039　お059
- 神島　い017
- 河野通有〔こうのみちあり〕　こ040
- 江秘　さ008
- 高表仁〔こうひょうじん〕　こ041　い079
- 興福寺　お008　し072　し180　と034　と046
- 洪武銭〔こうぶせん〕　⇨洪武通宝（こうぶつうほう）　み034
- 洪武通宝〔こうぶつうほう〕　こ043　か056　み034
- 洪武帝〔こうぶてい〕　こ044　ふ049　り018
- 神戸〔こうべ〕　こ045
- 『航米日録』　ふ105
- 杲宝　し020
- 弘法大師〔こうぼうだいし〕　⇨空海（くうかい）
- 『弘法大師請来目録』〔こうぼうだいししょうらいもくろく〕　こ047
- 公木〔こうぼく〕　こ048　こ020　わ006
- 紅木　そ057
- 香木〔こうぼく〕　こ049
- 光明皇后　か064　と071
- 『皇明実録』　み032
- 『皇明祖訓』　ふ049
- 誥命〔こうめい〕　こ050
- 紅毛〔こうもう〕　こ051
- 紅毛画〔こうもうが〕　⇨オランダ絵　お070
- 『紅毛雑話』　ふ105
- 紅毛船〔こうもうせん〕　⇨オランダ船　お088　な079
- 『紅毛談』〔こうもうだん〕　⇨オランダばなし
- 『紅毛訳問答』　か036
- 『高野雑筆集』　し154
- 高野大師〔こうやだいし〕　⇨空海（くうかい）
- 高山（こうやま）　と034
- 『交友論』　き102
- 向陽軒　は068
- 高麗〔こうらい〕　こ056　い020　い081　こ057　こ058　こ086　さ075　し207　ち031　な042
- 『高麗国新雕大蔵校正別録』　こ061
- 『高麗古都徴』　ち039
- 『高麗史』〔こうらいし〕　こ057　こ058
- 『高麗史節要』〔こうらいしせつよう〕　こ058　ち044

- 『高麗史節要補刊』　ち044
- 高麗青磁〔こうらいせいじ〕　⇨青磁（せいじ）
- 高麗茶碗〔こうらいちゃわん〕　こ060　ち018
- 『高麗牒状不審条々』　さ075
- 高麗陣　ふ107
- 高麗板大蔵経（高麗版〜）〔こうらいばんだいぞうきょう〕　こ061　そ031
- 『高麗道記』〔こうらいみちのき〕　こ062
- 興利船　し016
- 広利禅寺　あ001　か075
- 広隆寺〔こうりゅうじ〕　こ063　う006　か073　は035　ま011
- 皇竜寺　し166
- 香料〔こうりょう〕　こ064
- 高良斎〔こうりょうさい〕　こ065　し001
- 香料諸島　も024
- 興利倭　し016
- 興利倭人　わ011
- 交隣　そ019
- 『交隣紀行』　に046
- 『交隣考略』　せ008
- 『交隣須知』〔こうりんすち〕　こ066
- 交隣政策〔こうりんせいさく〕　こ067
- 『交隣提醒』〔こうりんていせい〕　こ068
- 皇暦銀　わ006
- 鴻臚館〔こうろかん〕　こ069
- 降倭〔こうわ〕　こ070
- 古雲元粋　た100
- 呉越国〔ごえつこく〕　こ071　に011　れ004
- 呉越商人　し117
- コエリュ　こ072　か065
- 交趾〔コーチ〕　こ073　し064　と103
- コーボ　こ074　は077　は078
- ゴーレス　こ075
- 呉楽〔ごがく〕　⇨伎楽（ぎがく）
- 古賀十二郎　な018
- 五ヵ所糸割符仲間　い072
- 五箇所商人〔ごかしょしょうにん〕　⇨糸割符仲間（いとわっぷなかま）　さ013
- 古賀精里〔こがせいり〕　こ078　く006　し085
- 古賀侗庵　か018　か038　は090
- 『後漢書』〔ごかんじょ〕　⇨漢書（かんじょ）
- 呉器　ち018
- 胡弓〔こきゅう〕　こ081　み033
- 『五行大義』　い059
- 五経博士〔ごきょうはかせ〕　こ082　し082　た105　ふ069
- 五紀暦〔ごきれき〕　こ083　れ004
- 黒衣の宰相　い040
- 国王付搭品〔こくおうふとうひん〕　こ084　→附搭物
- 国書〔こくしょ〕　こ085　へ012
- 国書改竄事件　や014
- 告身〔こくしん〕　こ086　し087
- 黒人　な084
- 国清寺〔こくせいじ〕　こ087　お003　け037　し075　り002
- 国姓爺〔こくせんや〕　⇨鄭成功（ていせいこう）
- 『国性爺合戦』〔こくせんやかっせん〕　こ089　て012

さいしゃ

- 後百済(くだら) こ090
  - 黒糖　さ069
  - 穀里　は057
  - 『穀梁伝』　こ005
  - 五教館(ごこうかん)　き015
  - 『古今詩人秀句』　ふ103
  - 居坐(座)(こざ)　け045 け055
  - 『五山十刹図』　て022
  - 五山版　ゆ008
  - 五山文学　こ091 い058 か157
  - 甑島　し136
  - 御朱印船(ごしゅいんせん) ⇒朱印船(しゅいんせん) ⇒朱印船貿易(しゅいんせんぼうえき)
  - 胡椒　わ006
  - 『御請来目録』　く002
  - 御所丸　ち018
  - 湖心碩鼎　か082
  - 呉須(ごす)手　ち018
- 小関三英(こせきさんえい)　こ093 こ031 は090 は091 わ017
- 巨勢邑治(こせのおおじ)　こ094
- 古先印元(こせんいんげん)　こ095
  - 梧窓　も015
- 胡宗憲(こそうけん)　こ096 お006 し114 し150 せ033 ち022 て007 て009 わ011
- 孤草島　こ097 そ014
- 孤草島釣魚禁約(こそうとうちょうぎょきんやく)　こ097 か033 ふ100
  - 古染付　ち018
  - 後醍醐天皇　て051
- 五台山(ごだいさん)　こ098 え022 え024 え051 え062 か005 さ068 し052 し079 し112 し120 と085
  - 古代の対外関係(こだいのたいがいかんけい)⇒対外関係(たいがいかんけい)
  - 呉泰伯説(ごたいはくせつ)⇒泰伯説(たいはくせつ)
  - 古智慶哲　て021
  - 小塚原の腑分　な005 ま003 ら015
- コックス　こ101 い012 こ102 す028
- 『コックス日記』　こ102
  - 勿斎　あ050
- 兀庵普寧(こったんふねい)　こ103 い054 ち074
- 籠手田安経(こてだやすつね)　こ104
  - 籠手田安昌　か001
  - 五島　わ011
  - 後藤艮山　か158
- 後藤寿庵(ごとうじゅあん)　こ105 あ064
  - 後藤新平　ま039
- 五島純玄(ごとうすみはる)　こ106
- 後藤宗印(ごとうそういん)　こ107
  - 五島藩　な014
  - 後藤秀穂　せ058
  - 後藤梨春　お085
- 五島ルイス　こ108
- 五島列島(ごとうれっとう)　こ109
- 小西如庵(こにしじょあん)　こ110
  - 小西太右衛門　か076

- 小西行長(こにしゆきなが)　こ111 か096 く064 け015 さ013 し101 し178 せ011 せ037 た011 て033 ふ107 へ004 ま026 り008 り009
  - 小根占　と034
  - 古梅正友　む012
  - 小葉田淳　し062 せ058 れ008
- 小早川隆景(こばやかわたかかげ)　こ112 き100 ふ107 へ004
  - 小早川常嘉　し092
- 小早川秀秋(こばやかわひであき)　こ113
  - 小林行雄　や019
  - 小判　あ003
  - 粉引(こひき)　ち018
  - 胡福寧　て009
  - 『古文孝経』　い059
- 御分唐船(ごぶんとうせん)　こ114
  - 五峰　お006 て025 →王直(おうちょく)
- 孤峯覚明(こほうかくみょう)　こ115
  - 古方派　か158
- 盈物(こぼれもの)　こ116
  - 御本(ごほん)　ち018
  - 御本(ごほん)茶碗　ふ033
- 高麗　こ117
- 高麗氏(こまうじ)　こ118
  - 高麗王若光　こ121 し148
- 高麗楽(こまがく)　こ119 う017 ふ024
- 狛戸(こまど)　こ120
- 高麗神社(こまじんじゃ)　こ121
- 高麗寺(こまでら)　こ122
- 高麗福信(こまのふくしん)　こ123
  - 狛人　お036
- 高城館(こまのたち)　こ124
- 狛部(こまべ)　こ125
  - 小間物(こまもの)　か109
  - 小宮山昌秀(楓軒)　い038
- ゴメス(1600没)　こ126
- ゴメス(1634没)　こ127 お039
  - コモカイ　⇒金海(きんかい)
  - 熊川(こもがい)　ち018
  - 御門派　い003
  - 御用銅　お024
  - 御用銅所　な016
- 暦(こよみ)　こ129
  - 古律(こりつ)　⇒大宝律令(たいほうりつりょう)
- コリャード　こ131 こ132 に064
- 『コリャード懺悔録』　こ132
- 『コリャード日本語文典』　に064
- 『コリャード日本文典』　に064
  - 古令(これい)　⇒大宝律令(たいほうりつりょう)
- 虎林中虔(こりんちゅうけん)　こ134
  - コルデス　り001
  - コルネリヤ　し047
- コレジョ(コレジオ)　こ135 か065 き073 な084

- コレラ　せ022 み012
- 呉呂(ごろ)　⇒呉羅服連(ゴロフクレン)
- ゴロウニン　こ137 え038 こ138 は057 ま022 ま034
- 『ゴロウニン日本幽囚記』　こ138 →遭厄日本紀事(そうやくにほんきじ)
- 呉羅服連(ゴロフクレン)　こ139
  - コロマンデル　さ070
  - 『渾蓋通憲図』　き102
- 『混効験集』(こんこうけんしゅう)　こ140
  - 金剛山人　ひ027
  - 金剛杵　ふ059
  - 金剛幢下　こ091
  - ゴンサルベス　し064
- ゴンサロ　こ141 け046
  - 金地院崇伝(こんちいんすうでん)　⇒以心崇伝(いしんすうでん)　い023 い040
  - 『ゴンチャローフ日本渡航記』　い022
  - 『コンチリサン之略』　か036
  - 近藤清石　こ057
- 近藤重蔵(こんどうじゅうぞう)　こ143 か035 も008 →近藤守重
  - 『近藤重蔵蝦夷地関係史料』　こ143
  - 近藤正斎(こんどうせいさい)　⇒近藤重蔵(こんどうじゅうぞう)
  - 『混同秘策』　か018
  - 近藤守重(こんどうもりしげ)　⇒近藤重蔵(こんどうじゅうぞう)　い024 へ026
  - 近藤芳樹　や019
  - 昆布　え037 と046
  - コンファロニエリ　の005
  - 金平糖(金米糖)(こんぺいとう)　⇒南蛮菓子(なんばんがし)　な073 な083
  - 昆陽　あ005
  - 坤輿(こんよ)万国全図　ち006 ま037
  - 権慄(ごんりつ)　う021 こ026 し192 ふ107

- 崑崙(こんろん)　こ147
  - 崑崙国　へ006 り056

さ

- 済　わ024
- 蔡温(さいおん)　さ001 さ061 ち026 り018 れ008
  - 彩花席　わ006
- 佐伯文庫(さいきぶんこ)　さ002
  - 崔景山　か013 し203
- 歳遣船(さいけんせん)　さ003 か026 き008 て006 て016
  - 崔湖　か096
  - 『再航蝦夷日誌』　ま013
  - 西郷隆盛　し082
- 柴山(さいざん)　さ004 し140
  - 『崔舎人玉堂類藁』　い059

『崔舎人西垣類藁』　い059
済州島　　さ075　と099
西笑承兌さいしょうじょうたい　⇨せいしょうじょうたい
済詮　　に023
済川若機　　ち024
『再造藩邦志さいぞうはん』　さ006
『再続異称日本伝』　い038
蔡鐸さいたく　　さ007　ち026
最澄さいちょう　　さ008　こ087　し147　ち013　て032　て042　に023　に027　ふ039　り045
崔天宗　　つ003
斎藤阿具　　お079　と006
斎藤小左衛門さいとうこざえもん　　さ009
在唐新羅人　　に024
斎藤拙堂　　は090
『裁判記録』　　そ010
裁判差倭　　さ046
蔡文溥　　り018
西平館　　わ003
西明寺　　と025
斎村広英　　た011
『西遊雑記』　　と059
サイヨウ　　か085
『采覧異言さいらんいげん』　さ010　あ050　か018　て010　や032
柴立子　　ふ038
西琳寺さいりんじ　　さ011
佐伯今毛人さえきのいまえみし　　さ012
佐伯真継　　ふ045
棹銅さおどう　　し173　と021　な016
佐賀　　と034
堺　　し171　な057　な058　な063　ひ013　ま014
・堺商人さかいしょうにん　　さ013　し071　ち030
酒井忠勝　　ふ033
境部石積さかいべのいわつみ　　さ014
境部雄摩侶さかいべのおまろ　　さ015
堺貿易商人　　た085
榊原職直　　る008
坂浄運さかじょううん　　さ016
坂上氏さかのうえうじ　　さ017
逆針(さかばり)　　ら008
佐賀藩　　な014　ふ017
坂本竜馬　　な041
相良長毎さがらながつね　　さ018
・防人さきもり　　さ019
・防人司さきもりのつかさ　　さ020
防人之官　　さ020
砂金さきん　⇨金(きん)
・策彦周良さくげんしゅうりょう　　さ022　か082　さ023　し197　す036　ほ020　よ015
『策彦入明記』　　さ023
・冊封さくほう　　さ024　か151　さ034　そ019　ち036
冊封使　　く039　そ037　た095　り018
冊封謝恩使　　ま007

・冊封使録さくほうしろく　　さ025　ち027
佐久間維章　　ろ003
佐久間象山さくましょうざん　　さ026　お073
『査祆余録さけんよろく』　　さ027
・鎖国さこく　　さ028　か006　し019　と072　ま020
『鎖国論さこくろん』　　さ029　け050　さ028　し019
佐々木永春さきながはる　　さ030
匙(さじ)　　し176
佐志生(さしう)　　あ020
『左氏蒙求』　　い059
沙宅智積　　ほ006
・佐竹義敦(曙山)さたけよしあつ　　さ031　お061　し026　せ023　そ002
佐竹義宣　　お046
沙至比跪(さちひこ)　　か061
刷還　　こ016　さ032
・刷還使さんかんし　　さ032
・薩弘恪さつこうかく　　さ033　お099
・察度王さっとおう　　さ034　り018
冊封さっぽう　⇨さくほう
冊封(さっぽう)使船　　か151
薩摩芋　　あ005　か144　の003　→甘藷
薩摩樟脳　　し139
薩摩藩　　あ044　か107　さ036　と034　ぬ007　り021
薩摩藩の琉球侵略　　し054　→琉球出兵
薩摩藩密貿易　　ま034
薩摩焼　　し042　な003　ふ107
・薩琉貿易さつりゅうぼうえき　　さ036
・砂糖さとう　　さ037　き041　こ116　さ069
茶道　　き072
佐藤一斎　　し082
佐藤栄七　　し201
さとうきび　　か143　→甘蔗
佐藤玄六郎　　え036
・佐藤泰然さとうたいぜん　　さ038　に001
佐藤信重(平左衛門尉)　　わ025
佐藤信淵　　か018　や032
里見義康　　ま008
真田幸貫　　か039
佐野保太郎　　と054
サハリン　⇨樺太(からふと)
ザビエル　⇨シャビエル
・左方さほう　　さ041
サポージニコフ　　う022
・サボリ(サボリー)　　さ042　お048
沙也可(さやか)　　き109　ほ011
『査祆余録』　⇨査祆余録(さけんよろく)
・更紗さらさ　　さ044　な083
サラセン号　　い021
沙良真熊　　し167
・佐魯麻都さるまつ　　さ045
・差倭さわ　　さ046　そ018
沢野忠庵さわのちゅうあん　　さ047　き002　な076　→

フェレイラ
讃さん　⇨倭の五王(わのごおう)
サン=アウグスティノ　⇨トマス=デ=サン=アウグスティノ
・三箇の津さんがのつ　　さ050
・三韓さんかん　　さ051　し169
三韓楽さんかんがく　⇨高麗楽(こまがく)
三韓征討説話さんかんせいとうせつわ　⇨新羅征討説話(しらぎせいとうせつわ)
三韓征伐　　し169　→神功皇后の三韓出兵
三経義疏　　え030　と106
参軍　　わ024
『懺悔録ざんげろく』　⇨コリャード懺悔録　こ131
『三航蝦夷日誌』　　ま013
『三国遺事さんごくいじ』　　さ055　か094
『三国志さんごくし』　　さ056
『三国史記さんごくしき』　　さ057　ち039
『三国通覧図説さんごくつうらんずせつ』　　さ058　か040　は069
『三才発秘』　　き102
・三山さんざん　　さ059
『三山論学紀』　　き102
『三十帖冊子さんじゅうじょうさっし』　　さ060
・三十六姓移民さんじゅうろくせいいみん　　さ061　り018
・三十六島さんじゅうろくとう　　さ062
サンスクリット語　　し020
・山叟慧雲さんそうえうん　　さ063
三大霊山　　こ098
・山丹交易(サンタン～)さんたんこうえき　　さ064　ま022　も008
・山丹人さんたんじん　　さ065　さ064
三著図書特送船　　と076
・サンデ　　さ066
『サンデ天正遣欧使節記さんでてんしょうけんおうしせつき』　　さ067　→デ=サンデ天正遣欧使節記
『参天台五台山記さんてんだいごだいさんき』　　さ068　し120
・三島砂糖惣買入制度さんとうそうかいいれせいど　　さ069
『サントスの御作業』　　ひ007
『サントスの御作業の内抜書』　　か065　よ009
サントフォールト　　り001
・桟留サン　　さ070
桟留縞　　な083
『山王院在唐記』　　え059
サン=パウロ号　　な061
サン=ハシント　⇨トマス=デ=サン=ハシント
参判使さんぱんし　⇨差倭(さわ)　そ018
三非斎　　お031
サン=フェリペ号　　ち058　ふ019　ふ079
・サン=フェリペ号事件さんふぇりぺごうじけん　　さ073　な053　へ015　ま038
三福寺　　そ032　→長崎三福寺
サン=フランシスコ　⇨ディエゴ=デ=サン=フランシスコ
・三別抄さんべつしょう　　さ075　ふ101

三別抄の乱　き111
・三浦ミウラ　さ076　か033
『三峯集』　ち039
・三浦の乱サンポノラン　さ077　あ063　こ016　そ011　そ039　と083　わ003
三浦倭館　わ003
サン＝ミゲル　な093
三論宗　え026

し

椎茸　と017
・シーボルト　し001　い066　お042　お047　か122　く038　く062　く065　こ065　し002　し003　せ022　た055　た057　た073　と006　と086　そ060　な064　に030　に054　に058　は063　ひ008　ひ012　ひ020　ほ043　ま034　み012　も008　よ003　よ012　ら016
『シーボルト江戸参府紀行』　い022
・シーボルト事件ジケン　し002　か122　こ065　と086　に030　は033　は063　ま034　よ003
・『シーボルト日本』シーボルトニッポン　し003
『シーボルト日本交通貿易史』　い022
『シーボルトの最終日本紀行』　い022
地売銅　お024
慈雲　し020
『シェイス オランダ日本開国論』　い022
ジェスイット教団ジェスイットキョウダン　⇒イエズス会
ジェズス　な083
塩谷宕陰　か015
『爾雅』　こ005
信覚シンガク　⇒石垣島（いしがきじま）
『詩格』　ふ103
慈覚大師ジカクダイシ　⇒円仁（えんにん）　か133
『慈覚大師求法目録』　に026
・志賀島シカノシマ　し007　か154
志岐　か078
『史記』　す036
『詩議』　ふ103
直翁智侃　ら018
志岐鎮経シキシゲツネ　⇒志岐麟泉（しきりんせん）
敷津　さ050
識名盛命（しきなせいめい）　こ140　り018
・志玉シギョク　し009
・志岐麟泉シキリンセン　し010
・竺仙梵僊ジクセンボンセン　し011　し096　て030　み030　も012
竺田悟心　ち024　て021
慈訓　に023
『四郡志』　ち039
重野安繹（やすつぐ）　ふ029

子元シゲン　⇒無学祖元（むがくそげん）
四県割譲　お033　ほ029　→任那の四県
・色丹島シコタントウ　し013
司祭　か078　は052
支山人　た080
使持節　わ024
・寺社造営料唐船ジシャゾウエイリョウトウセン　し014
四旬節　な084
四書　け001
『詩髄脳』　ふ103
閑谷学校　こ024　し083
シスト5世　て039
四絶　こ091
持節　わ024
使船　し016
泗川　し037　し042　り008
泗川新城　し015
・泗川の戦シセンノタタカイ　し015　ふ107
使送船　し016　そ018
使送倭人　し016　わ011
事大主義　か136　そ019
・『事大文軌』ジダイ　し017　ち044
思託　か149　と050
自端西堂　わ025
『七経孟子考文』　ろ012
『七経孟子考文補遺』　い059
七弦琴　し180
『七克』　き102
七山島　け024
・七支刀シチシトウ　し018　し111
七曜符天暦　ふ062
繻珍（しちん）　か091
実学者　あ005
漆器　な081
・志筑忠雄シヅキタダオ　し019　お074　さ028　さ029　ら019　れ007
即休契了（しっきゅうかいりょう）　く029
執照　り018
・悉曇シッタン　し020　し098　し112
悉曇章　し020
『悉曇蔵』　し020
四天王寺式　く015
シドチ（シドッチ）　あ050　せ026　よ017　ろ003　→シドティ
『シドチ訊問覚』　よ017
・シドッティ（シドティ）　し021　い085　き087　さ010　や007　→シドチ
子曇シドン　⇒西瀾子曇（せいかんしどん）
・支那シナ　し023
・シナ海シナカイ　し024
指南浮針（ふしん）　ら008
不忍池　お061
篠原小四郎　て025
司馬　わ024
・市舶司シハクシ　し025　そ026　ち036　て051
市舶太監　ち036

・司馬江漢シバコウカン　し026　か018　せ023　に034　ら014
司馬曹達　わ024
・司馬達等シバタット　し027
柴野栗山　し085
芝吹銅　し173
司馬法聡　さ014
・ジパング　し028　→ワクワク
慈悲の組　み006
四比福夫　お040
慈悲屋ジヒヤ　⇒ミゼリコルジヤ
渋川景佑　か101　て047
渋川教直　し014
渋川春海　し088
渋川義俊　さ003
杢文　わ025
・シベリア　し030
市法会所シホウカイショ　⇒市法貨物商法（しほうかもつしょうほう）
市法貨物　し032
・市法貨物商法シホウカモツショウホウ　し032　あ002
市法売買シホウ　⇒市法貨物商法（しほうかもつしょうほう）　あ002　い072
『芝峰類説』　ち039
鉸銅（しぼりどう）　と004
・至本シホン　し034　ち030　て051
・嶋井宗室シマイソウシツ　し035　ふ107
・島清興シマキヨオキ　し036
嶋田久太郎　て020
島田忠臣　は006
・島津家久シマヅイエヒサ　し037
島津氏　り028
・島津重豪シマヅシゲヒデ　し038　て014　ふ099　へ025
・島津貴久シマヅタカヒサ　し039　こ002　し055
島津忠恒タダツネ　⇒島津家久（しまづいえひさ）　し015
島津忠豊　か096
・島津義久シマヅヨシヒサ　し041
・島津義弘シマヅヨシヒロ　し042　し015　し101　し139　ふ107
・島原シマバラ　し043
『島原記』　し044
・島原の乱シマバラノラン　し045　く003　さ028　し044　な054　は066　ま009　ま016　ま020　ま026
島屋清吉　も008
清水港　え031
泗溟　い045
下川兵太夫　せ007
下河辺林右衛門　し002
下曾根信敦（金三郎）　は090
シャーマニズム　あ040
じゃがいも　は084
ジャガタラ　⇒ジャカルタ
・咬𠺕吧文ジャガタラブン　し047
ジャガタラ暦　か101
・ジャカルタ　し048

・借位 し049	・住宅唐人 し072	『荀子』 こ005
・寂円 し050	『重訂解体新書』 お027	遵式 し052
寂厳 し020	周東 お047	『春秋左氏伝』 み021
寂室元光 し051 も012	舟尾寺 く015	・俊芿 し098 こ087 せ059 て042
寂照 し052 に023 ね004	周文 ⇒天章周文(てんしょうしゅうぶん)	順正書院 ⇒新宮涼庭(しんぐうりょうてい)
若竜 う004		順宣 し090
謝国明 し053 え061 こ025 し129	周文裔 し074	『純宗実録』 ち038
写真 か125	周文徳 し075 お003 け037	『純祖実録』 ち038
写真器 さ026	周鳳 ⇒瑞渓周鳳(ずいけいしゅうほう)	・舜天 し100 り018
写生花鳥画 な089	宗峯妙超 ほ014	・順天 し101 か071
・謝名 し054 し136	周良 ⇒策彦周良(さくげんしゅうりょう)	順天城 く064 こ111
・シャビエル し055 あ065 お015 お031 か002 か097 し039 と102 ひ013 ふ020 ま035 ろ010		順天堂 さ038
	周良史 し078 し112	順天の戦 ふ107
シャム(暹羅) ⇒タイ か085 し064 て037 や021	宗叡 し079 し147 し205 に023 に025 に027 り002	春徳寺 し160 す010 む002
		『ジョアン＝ロドリーゲス日本教会史』 に040 →日本教会史
『暹羅国風土軍記』 か036	儒学 ⇒儒教(じゅきょう)	徐一貫 ふ107
『暹邏国山田氏興亡記』 か036	朱寛 り018	紫陽 あ050
・暹羅通事 し057 と046	朱紈 し081 わ011	聖一国師 ⇒円爾(えんに)
暹羅船 ⇒唐船(とうせん)	守其 こ061	蕉隠 は070
紗羅染(しゃむろぞめ) さ044	儒教 し082 あ016	上院寺 せ013
暹羅屋勘兵衛 し059	儒教建築 し083	笑隠大訢 こ095 む012
謝用梓 そ037 ふ107	儒教美術 し084	松雲 い045 か069
・シャルルボア し060	『粛宗実録』 ち038	咲(笑)雲瑞訢 い096
ジャンク し063 と037	叔平□隆 せ040	・定恵 し103 と019 と028 り040
ジャンタ さ065	珠光手 ち018	貞慧 し103
・上海 し061	寿三郎 も023	・尚円 し104 り018 わ025
寿安鎮国山 し062	守山駅 わ015	笑翁妙堪 え061
朱印状 か085 た017 た047 ひ032	朱子 け001	定海 し069
・朱印船 し063 あ020 あ051 い023 い037 い071 お019 い046 す012 す015 に009 の004 ひ035	朱子学 し085 い058	・『捷解新語』 し105
	儒者 し082	『貞観政要』 と073
	朱舜水(之瑜) し086 て012	貞観文化 ⇒弘仁・貞観文化(こうにん・じょうがんぶんか)
・朱印船貿易 し064 き044 す014 す015 す017 す038 た008 た047 ち014 ち016 な046 は026 ひ034 ふ067 ほ010	受職人 か033 し016	
	受職倭人 し087	『傷寒論』 さ016
	授時暦 し088 ふ062 れ004	将棋 し176
	朱仁聡 し089	正慶 あ062
『十慰』 き102	繻子 し090	・常暁 し107 え053 し147 に023 に025 に027
宗叡 ⇒しゅえい	修禅寺 さ008	
宗穎 え062	繻珍 し091	貞享暦 れ010
修栄 な069	述斎 は070	性空 な069
『周易』 み021	出典 こ091	常宮神社 ち043
『周易繋辞精義』 こ005	出土銭 そ025 →発掘銭	・尚敬 し108 く039 さ001 ち027 り018
『周易上経伝』 い059	種痘 に030 ほ043 も006	
『周易新講義』 い059	種痘所 い066	性瑩 ⇒独湛性瑩(どくたんしょうけい)
柔遠駅 し025 ふ027	受図書人 し092 そ008 と083	
『袖海編』 し066	受図書の制 さ003	尚綱堂 あ041
・周鶴芝 し067	襦袢(じゅばん) な083	蕉軒 は070
重吉 ふ065	シュパンベルグ ⇒スパンベルグ	昌原城 く064
周及 ⇒愚中周及(ぐちゅうしゅうきゅう)	『周礼』 み021	蕉堅道人 ⇒絶海中津(ぜっかいちゅうしん)
	首里 し094	
従軍司祭 せ037	『シュリーマン日本中国旅行記』 い022	・肖古王 し111
周崔芝 し067 に039	首里城 し095 り018	照古王 し018 し111
・舟山群島 し069 ふ050	守礼門 し095	浄厳 し020
銃術 ⇒砲術(ほうじゅつ)	春屋妙葩 し096	小差倭 そ018
従商 く012	順化 ⇒ソンハ	・盛算 し112 せ027 ち060
・従商人 し071	順暁 き024 さ008 て032	・尚氏 し113
重助 る010	順空 ⇒蔵山順空(ぞうざんじゅんくう)	尚歯会 こ093 は090 ほ021 も023
従僧 け055		

尚思紹 り018	（てんしょうけんおうしせつ）	書物改役(しょもつあらためやく) し160
尚州 こ111 わ015	009 な004	徐礼元 き092
漳州 し064	・樟脳(しょうのう) し139	祥瑞(しょんずい) ち018
・蔣洲(しょうしゅう) し114 わ011	・尚巴志(しょうはし) し140 さ004 り018	祥瑞五郎太夫(しょうずいごろうだゆう) し161
小銃(しょうじゅう) ⇨鉄砲(てっぽう)	上表文 こ085	シラ き093
『鍾秀集』 ま012	正布 わ006	白猪氏(しらい) ⇨葛井氏(ふじいうじ)
『紹修書院謄録』 ち044	菖蒲 け010	白糸(しらいと) ⇨生糸(きいと) い072 き005
漳州船(しょうしゅうせん) ⇨唐船(とうせん)	・聖福寺(しょうふくじ) し141 し014 し143	白糸割符(しらいとわっぷ) ⇨糸割符(いとわっぷ)
『尚書』 み021	聖福寺造営料唐船(しょうふくじぞうえいりょうとうせん) ⇨寺社造	い072
・蔣承勲(しょうしょうくん) し117	営料唐船(じしゃぞうえいりょうとうせん)	・白猪骨(宝然)(しらいのほね) し165 ふ034
・向象賢(しょうじょうけん) し118 ち025 り018		・新羅(しらぎ) し166 あ040 い048 い090 お
惺々子 ふ038	『聖福寺仏殿記』(しょうふくじぶつでんき) し143	041 か080 か081 か124 き016 け008
猩々緋 さ036	祥符元宝 な028	け036 さ015 さ051 そ008 ふ045 や
『尚書釈音』 こ005	昌平坂学問所 し083	022 わ021 わ024
『姓氏録』 し200	勝弁 の002	・新羅楽(しらぎがく) し167 ふ024
・尚真(しょうしん) し119 り018	掌渤海客使 み019	新羅学生 し195
・成尋(じょうじん) し120 こ087 こ098 さ068	紹本 ほ020	・新羅琴(しらぎごと) し168
し052 た035 て042 に023 よ006	葉(しょう)麻 こ096	新羅使 ひ041
『成尋阿闍梨母集』(じょうじんあじゃりのははのしゅう) し121	称名寺 し014	新羅人 し170
尚清 り018	紹明(じょうみょう) ⇨南浦紹明(なんぽじょうみん)	・新羅征討説話(しらぎせいとうせつわ) し169
紹聖元宝 な028	抄物(しょうもの) か157 こ091	新羅征討の計画(遠征計画) い068 え
庄蔵 も023	・請益生(しょうやくしょう) し145 る003 →入唐請	011 →対新羅戦争
正倉院 か097 し168	益生	新羅道 け043
・正倉院宝物(しょうそういんほうもつ) し122 に072	請益僧 か054	新羅の海賊 け006 け007 せ053
・正倉院薬物(しょうそういんやくもつ) し123 か158	『抄訳バタヴィア城日誌』 は041	・新羅坊 し170
肖像画 ち074	・醤油(しょうゆ) し146	白鳥庫吉 か154 き023 そ055 ま039
浄存 し092	・請来目録(しょうらいもくろく) し147 く002	や019
・尚泰(しょうたい) し124	・勝楽寺(しょうらくじ) し148	白主(しらぬし) さ064
承兌(しょうたい) ⇨西笑承兌(せいしょうじょうたい) い023	・小琉球(しょうりゅうきゅう) し149 り018	『糸乱記』(しらんき) し171
・尚泰久(しょうたいきゅう) し126 あ039	青竜寺 き053 く002	『史略』 こ005
正澄(しょうちょう) ⇨清拙正澄(せいせつしょうちょう)	如淵 よ012	『使琉球記』 さ062
承澄 し020	・徐海(じょかい) し150 こ096	『使琉球録』 し136
勝長寿院 し014	・書儀(しょぎ) し151	・シルベイラ し172
尚貞 こ140 れ008	『植学啓原』 う012 ふ105	四六の三疏 こ091
聖天院(しょうてんいん) ⇨勝楽寺(しょうらくじ)	稷山 ふ107	四六文 こ091
・承天寺(しょうてんじ) し129 し053 し176	・続守言(しょくしゅごん) し152 お099	・代物替(しろものがえ) し173 お090
性瑫(しょうとう) ⇨木庵性瑫(もくあんしょうとう)	職帖(しょくちょう) こ086	・晋(しん) し174
	『職方外紀』 き102 さ010 や032	秦 し023
正堂士顕 ほ014	・書契(しょけい) し153 こ085 へ012 ほ042 れ	・清(しん) し175
尚徳 わ025	001 わ025	沈(じん) こ049
正徳新令 き055	如見(恕見) に003	震庵 か067
・聖徳太子(しょうとくたいし) し131 あ012 あ016 こ	『初航蝦夷日誌』 ま013	・新安沈船(しんあんちんせん) し176 こ064 し014 は
063	・徐公直 し154	020
聖徳太子画像 あ012	・徐公祐(じょこうゆう) し154	・沈惟岳(しんいがく) し177
『正徳朝鮮信使登城行列図』 ち044	曙山 さ031	申維翰 か041 ま012
・正徳長崎新例(しょうとくながさきしんれい) し132	如山 に030	・沈惟敬(しんいけい) し178 こ111 て029 ふ107
庄内藩 は022	諸酋 か033	真印子 い093
肖奈氏 こ123	諸酋使 し016	沈雲胆 か013
・少弐景資(しょうにかげすけ) し133	・女真(じょしん) し155	・神叡(しんえい) し179
・少弐資能(しょうにすけよし) し134	女真人 と001	・心越興儔(しんえつこうちゅう) し180
・少弐経資(しょうにつねすけ) し135	女直 し155	心覚 し020 に023
少弐満貞 と088	・蜀江錦(しょっこうにしき) し156	清楽(しんがく) ⇨明清楽(みんしんがく)
・尚寧(しょうねい) し136 き003 し054 り028	・諸蕃(しょはん) し157 き010	秦韓 わ024
正念(しょうねん) ⇨大休正念(だいきゅうしょうねん)	・徐福伝説(じょふくでんせつ) し158	『臣軌』 い059
	徐市(じょふつ) し158	・『慎機論』(しんきろん) し182 か018 は090 も
少年遣欧使節(しょうねんけんおうしせつ) ⇨天正遣欧使節	徐葆光 さ062 し108 ち027 れ008	023
	徐命膺(じょめいよう) か010	・親魏倭王(しんぎわおう) し183
	・諸目利(しょめきき) し159	神功皇后 し169 ふ014

じんぐう

神功皇后の三韓出兵	す041
・新宮涼庭(しんぐうりょうてい)	し184
・辛禑王(しんう おう)	し185
申晸	さ006
甄萱	こ090
『新元史』(しんげんし)	し186
沈香(じんこう)	⇨香木(こうぼく)
進貢船(しんこうせん)	⇨朝貢(ちょうこう) ち036 り018
進貢貿易	か139
進貢貿易用の銀子	さ036
『新巧暦書』	て047
神国	と097
神国思想	ふ101
真言	し020
榛斎	う009
『新猿楽記』	そ003
信使(しんし)	⇨通信使(つうしんし)
・神子栄尊(しんしえいそん)	し190
辰斯王	き030 は038
心地覚心(しんちかくしん)	⇨無本覚心(むほんかくしん)
信州	し064
晋州城	か069 し192 ほ023 ほ030
・晋州の戦(しんしゅうのたたかい)	し192
『新修本草』	し123
・申叔舟(しんしゅくしゅう)	し193 か033 ほ017
仁寿斎	わ018
・真照(しんしょう)	し194
・審祥(しんじょう)	し195
・新庄直忠(しんじょうなおただ)	し196
深処倭	さ003
信心会	み006
『壬辰状草』	ち044
『壬申入明記』(じんしんにゅうみんき)	し197
・壬申約条(じんしんやくじょう)	し198 そ011
薪水給与令(しんすいきゅうよれい)	⇨異国船打払令(いこくせんうちはらいれい)
浄慈(じんず)寺	さ063
『新撰姓氏録』(しんせんしょうじろく)	し200 し157
『新撰洋学年表』(しんせんようがくねんぴょう)	し201
神宗	し120
『仁宗実録』	ち038
『新増東国輿地勝覧』	ち039
『清俗紀聞』	こ143
『仁祖実録』	ち038
尋尊	と039
神泰	し103
真丹	し023
震旦	し023
清朝考証学	い059
清朝再海禁	き014
震天雷	て023
『新唐書』(しんとうじょ)	⇨唐書(とうじょ)
・人頭銭(じんとうせん)	し203 か013
・沈南蘋(しんなんぴん)	し204 な089
・真如(しんにょ)	し205 え051 し079 ち063 に023 に025
『真如親王入唐略記』	す027
『神皇正統記』	せ061 た033
・信牌(しんぱい)	し206 き014 し160 と042 と046
信範	し020
神父	は052
・進奉船(しんぽうせん)	し207
『新法暦書』	て047
新靺鞨(しんまか)	ほ026
新村(しんむら)出	か036
沈孟綱	て009
莘野耕夫	い080
新羅(しんら)	⇨しらぎ
森羅万象(しんらばんしょう)	⇨森島中良(もりしまちゅうりょう)
・新羅明神(しんらみょうじん)	し210
神領興行法	ふ101
『新例成案』	き102
心蓮	し020
『新論』	か018
真倭	わ011

す

隋(ずい)	す001 け038 →渡隋
瑞雲庵	し035
水学	い017
吹嘘(すいきょ)	ほ042
水軍(すいぐん)	⇨海賊衆(かいぞくしゅう)
瑞渓周鳳(ずいけいしゅうほう)	す003 せ061
酔古	き042
・推古天皇(すいこてんのう)	す004
酔古堂	き042
水車	ほ013
水尺	わ011
『隋書』(ずいしょ)	す005
帥升(すいしょう)	す006
吹笛	お008
嵩山居中(すうざんきょちゅう)	す007
崇伝	⇨以心崇伝(いしんすうでん)
崇福寺(すうふくじ)	す009
須恵器	す013
末次家(すえつぐけ)	す010
末次船(すえつぐせん)	⇨朱印船(しゅいんせん) ⇨朱印船貿易(しゅいんせんぼうえき) そ063
・末次平蔵(すえつぐへいぞう)	す012 た072 と037 な020 ぬ007 は066
末次平蔵(政直)	む014
陶部高貴	す013
陶部(すえ)	す013
・末吉勘兵衛(すえよしかんべえ)	す014
末吉家(すえよしけ)	す015 す018
末吉家貿易関係資料	す018
末吉船(すえよしせん)	⇨朱印船(しゅいんせん) ⇨朱印船貿易(しゅいんせんぼうえき)
・末吉孫左衛門(すえよしまござえもん)	す017
・末吉文書(すえよしもんじょ)	す018
・蘇芳(すおう)	す019 そ057
菅沼定秀	な018
・菅野氏(すがのうじ)	す020
菅野佐世	し082
・菅原清公(すがわらのきよきみ)	す021
・菅原道真(すがわらのみちざね)	す022 は006
・杉田玄白(すぎたげんぱく)	す023 あ049 い029 う009 お027 か018 か027 か028 か067 せ022 な005 に005 ま003 よ011 ら015
杉田成卿	お091 こ031 は091
杉田伯元	す023
杉田立卿	あ006 こ031 は091
・杉村直記(すぎむらなおき)	す024
杉本忠恵	さ047
須玖岡本遺跡	か097
宿曜(すくよう)師	ふ062 れ004
・村主(すぐり)	す026
・勝(すぐり)	す025
助延	ち077
崇峻天皇	や024
硯	し176
スターリング	も023
『頭陀親王入唐略記』(ずだしんのうにっとうりゃっき)	す027
スツルレル	は033
直川智(すなおかわち)	か143
ズニガ	す028 ひ034 ひ035 ふ098
スハーデル	す029 す029
スハープ	ふ089
スハムブルヘル	す030 す029
スパンベルグ	す031 か040
スピノラ	す032
スペイン	す033 な072
スペイン所在日本関係史料(スペインしょざいにほんかんけいしりょう)	す034
スペイン船	く067 な079
スペイン貿易	な086
スペックス	す035
『スポルディング日本遠征記』	い022
墨	と106
『スミス日本における十週間』	い022
住田正一	か020 に036
・角倉素庵(すみのくらそあん)	す036
角倉船(すみのくらせん)	⇨朱印船(しゅいんせん) ⇨朱印船貿易(しゅいんせんぼうえき)
・角倉文書(すみのくらもんじょ)	す038
・角倉了以(すみのくらりょうい)	す039
住吉神社造営料唐船(すみよしじんじゃぞうえいりょうとうせん)	⇨寺社造営料唐船(じしゃぞうえいりょうとうせん)
・住吉大社(すみよしたいしゃ)	す041 し014 つ021
・宋胡録(すんころく)	す042
スンダ＝カラパ	し048

せ

聖アウグスチノ修道会　ふ081
西安　ち032
斉安国師　え024
『西域物語』　か018 か036 へ017
『政院伝教』　ち044
整宇　は075
清右衛門　な003
清遠懐渭　せ038
聖王　せ021
『姓解』　こ005
・清海鎮（せいかい）　せ001 ち062
成化勘合　そ023
『西客堅協鹿（ケンペル）日本紀事第四篇抄訳』　か036
『西学凡』　き102
征韓　ふ107
・西澗子曇（せいかんしどん）　せ002 い058
西巌了慧　そ015
『聖記百言』　き102
『聖教初学要理』　か036
『聖教日課』　か036
清虚□心　さ063
清啓（せいけい）⇨天与清啓（てんよせいけい）
・生口（せいこう）　せ004
成功　お045
『星湖僿説類選』　ち039
『西湖志』　き102
青山　ふ041
聖旨　こ085
・青磁（せいじ）　せ005 え042 ち018
清州　わ015
西戎　か021 そ019
聖週間　な084
征収日本行中書省（せいしゅうにほんぎょうちゅうしょしょう）⇨征東行中書省（せいとうこうちゅうしょしょう）
『聖書』　き051
・『清正記』（せいしょうき）　せ007
・西笑承兌（せいしょうじょうたい）　せ008 ふ107 →承兌
『制勝方略』　ち044
・井真成（せいしんせい）　せ009 る003
・征西将軍宮（せいせいしょうぐんのみや）　せ010
征西将軍府　わ011
・『西征日記』（せいせいにっき）　せ011 て033
・清拙正澄（せいせつしょうちょう）　せ012 し051 し096 て030 む001
成祖　⇨永楽帝（えいらくてい）　し009
世祖（元）　い058 →忽必烈（フビライ）
・世祖（朝鮮）　せ013
・世宗（せいそう）　せ015 お002
・成宗（せいそう）　せ016 そ023 つ004
『世宗実録』　ち038

『成宗実録』　ち038
『聖像略説』　き102
『世祖実録』　ち038
『正祖実録』　ち038
聖堂（せいどう）⇨孔子廟（こうしびょう）　こ024 し083
聖堂禁書（せいどうきんしょ）⇨禁書（きんしょ）
・征東行中書省（せいとうこうちゅうしょしょう）　せ019
『西堂全集』　き102
征東大将軍　わ024
正徳勘合　そ026 に076
靖難の変　て053
西坡　た073
聖廟　こ024
薺浦（せいほ）⇨三浦（さんぽ）　さ076 さ077
西峰散人　ま018
『舎密（せいみ）開宗』　う012
世民　か067
征明嚮導　ふ107
斉明王　り051
聖明王（せいめいおう）　せ021 ふ053 り051
西洋　し064 と022
西洋医学（せいようい がく）　せ022
西洋医学所　い066
西洋画（せいようが）　せ023
『西洋画賛訳文稿』　か036
西洋型帆船（せいようがたはんせん）　せ024
・『西洋学家訳述目録』（せいようがっかやくじゅつもくろく）　せ025 ふ105
・『西洋紀聞』（せいようきぶん）　せ026 あ050
西洋銀銭　か013
西洋産科　あ018 か063
西洋式航海術　い017
西洋植物学　う012
西洋都市図　た020
『西洋列国史略』　や032
『性理大中』　き102
青竜寺　⇨しょうりゅうじ
清涼寺（せいりょうじ）　せ027
『西暦新編』　て047
セーボリ　⇨サボリ
ゼーランジャ城事件（ぜーらんじゃじょうじけん）⇨浜田弥兵衛事件（はまだやひょうえじけん）
ゼーランディア城　な093
・セーリス　せ030 あ020 い012 せ031
・『セーリス日本渡航記』（せーりすにほんとこうき）　せ031 い022
・世界図（せかいず）　せ032 ら014
世界図屏風　ち006
世界地図　た057
赤烏　く059 こ001
積翁　け027
夕顔巷　は076
・戚継光（せきけいこう）　せ033 わ011
赤山禅院　せ034
赤山浦　え062
赤山法花院　し210 せ034
・赤山明神（せきさんみょうじん）　せ034 し210

赤漆槻木厨子　き019
石城　は010
積善藤家　と071
赤足金　い093 →足赤金
赤珍浦　り008
石田法薫　え061
関野貞（ただし）　こ061 た036
石梁仁恭　い058
石林行鞏　そ015
石墨　こ040
・セシーユ　せ035
セシル　り018
ゼズス会（ぜずすかい）⇨イエズス会
セスペデス　せ037
浙翁如琰　と017
折価　こ048 わ006
・絶海中津（ぜっかいちゅうしん）　せ038 て053
『接韓録』　は070
『絶徼同文紀』　き102
雪斎　お042
絶際会中　ち024
・雪舟等楊（せっしゅうとうよう）　せ039 う025
薛（せつ）俊　に044
・雪村友梅（せっそんゆうばい）　せ040 ち024 み030
拙庵（せったん）徳光　か075
節刀（せっとう）　せ041
節度使（せつどし）　せ042
瀬戸窯　か070
・銭（ぜに）　せ043
銭屋　み006
瀬野馬熊　ま039
セボリー　お049
・セミナリヨ（セミナリオ）　せ044 お095 か065 き073 せ045 な084
セルケイラ　せ045
・禅院寺（ぜんがん）　せ046
善慧大師（ぜんだいし）⇨成尋（じょうじん）
潜翁　う004
仙厓義梵　か154
遷界令　と033
・前漢（ぜん）　せ048
千厳元長　た021
『前漢書』（ぜんかんしょ）⇨漢書（かんじょ）
善義　に023
・善議（ぜんぎ）　せ050
宣教医　あ060
宣教師　あ023 あ046 あ064 あ071 お095 か111 さ073 は052
『先考行実』　ほ018
銭弘俶（せんこうしゅく）　こ071 し117 に011
・銭弘俶八万四千塔（せんこうしゅくはちまんしせんとう）　せ051
千光法師（せんこうほうし）⇨明庵栄西（みょうあんえいさい）
・選士（せんし）　せ053
・『千字文』（せんじもん）　せ054 か157 わ023
禅宗　そ003
潜商　ぬ007

『禅真逸史』　き102	象牙符　そ009　つ004	そ049　と026　と034　と046
・善信尼　せ055　な038	・宗家文書　そ010	『造幣策』　へ022
『繕生室医話』　ら001	造玄　し079	『増補山海経広注』　き102
泉石　た059	宋元画　く070	『草本懲毖録』　ち044　ち061
撰銭　⇨えりぜに	草帖　わ015	相馬元基　き015
『宣祖実録』　ち038	曾国吉　ら009	僧旻　⇨旻（みん）
『宣祖修正実録』　ち038	ソウザ　な053	雑物替（ぞうもつがえ）　し173
仙台藩　は022	『宗左衛門大夫覚書』　そ011	宗盛明　さ077
煎茶道　お008	・宗貞国　そ012	宗盛親　さ077
船頭　こ025	・宗貞茂　そ013	宗盛順　さ077
『全唐詩逸』　ゆ001	・宗貞盛　そ014　お002　き008　し193	宗谷海峡　ら010
宣徳銭　⇨宣徳通宝（せんとくつうほう）	ふ100　ほ002	『遭厄日本紀事』　⇨ゴロウニン日本幽囚記　あ006
・宣徳通宝　せ057	甑山　も008	『捜祇余録』　さ027
宣徳要約　せ058	蔵山順空　そ015	・宗義真　そ035
『宣和奉使高麗図経』　ち039	宋山里6号墳　く015	・宗義調　そ036　い062　け015
泉涌寺版　せ059	・宗氏　そ016　き017　と076	・宗義智　そ037　き049　こ111　し035
禅忍　ら018	『宋史』　そ017	せ011　た011　た081　ふ107
千人番所　な013	宋似　さ030	・宗義成　そ038　や014
千利休　な058	『荘子』　か157	・宗義盛　そ039
千輻輪　ふ059	宋紫嵒　な089	・宗頼茂　そ040
善兵衛　す031	宋紫石　な089	草梁倭館　⇨倭館（わかん）
・宣明暦　せ060　れ004	送使船　そ018	『草梁話集』　お060
『前蘭後和東西韻会』　は083	『荘子注疏』　こ005	宗麟　お031
・『善隣国宝記』　せ061　こ134	増若　わ015	宋濂　せ038
『善隣国宝後記』　⇨続善隣国宝記（ぞくぜんりんこくほうき）	宗主国　そ019　さ024	装倭　わ011
『善隣国宝別記』　⇨続善隣国宝記（ぞくぜんりんこくほうき）	双嶼（港）　し069　し081　わ011	・ソート＝マヨール　そ042
禅林寺僧正　⇨宗叡（しゅえい）	『宋書』　そ020	蘇我氏　あ016
禅林文芸　こ091	僧正　か160	・蘇我稲目　そ043
	宋象賢　ふ107	蘇我馬子　や024
そ	宋商船　と085	・蘇我韓子　そ044
	宋商人　し074　し075　し078　し089　と053	蘇我満智　も010
・祖阿　そ001　け054　け055　て053	宗真　に009	『続異称日本伝』　い038
蘇因高　⇨小野妹子（おののいもこ）	宋人御皆免田　は020	続守言　⇨しょくしゅげん
・宋　そ003　→渡宋，入宋	・宗助国　そ021	足赤金　か013　→赤足金
象　と067　な084	『増正交隣志』　そ022　へ012	『続善隣国宝外記』　⇨続善隣国宝記（ぞくぜんりんこくほうき）
総円志玉　⇨志玉（しぎょく）	・宗性春　そ023	・『続善隣国宝記』　そ047
宋応昌　ふ107	宗設　⇨謙道宗設（けんどうそうせつ）	則天武后　そ048
宋学　⇨朱子学（しゅしがく）　け001	ソウセン　わ006	即天文字　そ048
宗覚禅師　⇨兀庵普寧（ごったんふねい）	宋船　し014　た041	即非如一　そ049　も009　り054
僧官　か160	・宋銭　そ025　せ043　そ003　な028　→宋朝銭	『続武定宝鑑』　ち044
宗厳　お039	・宋素卿　そ026　さ030　に076	『測量法義』　き102
『桑韓筆語』　や020	・早田左衛門大郎　そ027　お002　そ014	『測量法義異同』　き102
宋刊本　せ059　→宋版	曹達　わ024	惣慶（そけい）忠義　り018
・宋希璟　そ007　い092　お002　き026	宗丹　か084	祖元　⇨無学祖元（むがくそげん）
そ008　そ027　ち068　ろ001	宗旦　か084	『楚辞後語』　こ005
宗材盛　さ077	宗湛　か084	『楚辞集注』　こ005
双魚　ふ059	宋朝銭　と087　→宋銭	『楚辞弁』　こ005
・宗金　そ008	・宗経茂　そ028	楚州　し170
宗家　そ010	『増訂異国日記抄』　い022	『蘇州府志』　き102
『宗家記録』　わ004	『増訂広輿記』　き102	楚俊　⇨明極楚俊（みんきそしゅん）
『宗家朝鮮陣文書』　ち044	宗然　⇨可翁宗然（かおうそうねん）	楚石梵琦　む012
宗月　と017	・宋版　そ030　さ002　→宋刊本	蘇定方　り036
	・宋版大蔵経（～一切経）　そ031　ち034	・ソテーロ（ソテロ）　そ052　か112　け012
	・崇福寺　そ032　お008　お009　し072	こ126　た087　は030　ふ079
		袖湊　⇨博多（はかた）
		祖伝　ら018

たかむこ

蘇東坡　こ091
・外浜（そとがはま）　そ054
・蘇那曷叱知（そなかしち）　そ055
祖能（その）　⇨大拙祖能（だいせつそのう）
蕎麦　ち018
蘇木　す019　わ006
・蘇木貿易（そぼくぼうえき）　そ057
染付　ち018
染付磁器　し161
曾谷長春　み033
尊楷　あ008　や013
存式　え059
孫仁師　は017　り036
尊敦（そんとん）　⇨舜天（しゅんてん）
順化（ソンハ）　し064　ふ015
存問　そ003
・存問使（ぞんもんし）　そ059
存問渤海客使　お021
存問領客使　お066

た

『ターヘル＝アナトミア』　な005　ま003　ら015
・タイ　た001　→シャム
大安寺　さ004
題糸　い072
太陰暦（たいいんれき）　⇨暦法（れきほう）
ダイウス宗（ダイウスしゅう）　⇨吉利支丹（キリシタン）
大運河　さ023　せ039
大円禅師（だいえんぜんじ）　⇨鏡堂覚円（きょうどうかくえん）
・大衍暦（だいえんれき）　た005　れ004
・大王（だいおう）　た006
大応国師（だいおうこくし）　⇨南浦紹明（なんぽじょうみん）
・対外関係（たいがいかんけい）　た008
『大学章句』　け001　し082
大覚禅師（だいかくぜんじ）　⇨蘭渓道隆（らんけいどうりゅう）
・大観通宝（たいかんつうほう）　た010
・大邱（大丘）（たいきゅう）　た011　わ015
・大休正念（だいきゅうしょうねん）　た012　ほ007
『代疑論』　き102
・大欽茂（だいきんも）　た013　へ006
・大君（たいくん）　た014　に045
『退渓先生文集』　ち039
大元帥法（たいげんのほう）　し107
・『大航海時代叢書』（だいこうかいじだいそうしょ）　た015
退耕徳寧　え061　か132　そ015
・大黒屋光太夫（だいこくやこうだゆう）　た016　た059　ひ023　ほ012　ら003　→光太夫
・大黒屋助左衛門（だいこくやすけざえもん）　た017
太古山樵　い065
大差倭　そ018

大慈寺　ね004
・対州糸船（たいしゅういとぶね）　た018
・対州編年略（たいしゅうへんねんりゃく）　た019
『大乗本生心地観経』　り045
対新羅戦争　せ042　→新羅征討の計画
『泰西水法』　き102
大成殿　し083
泰西堂　た059
・『泰西輿地図説』（たいせいよちずせつ）　た020
・大拙祖能（だいせつそのう）　た021
・大船建造の禁（たいせんけんぞうのきん）　た022
大川普済　ら018
太祖（明）　⇨洪武帝（こうぶてい）ふ049
太祖（朝鮮）　⇨李成桂（りせいけい）し087
大素　さ008
太宗（宋）　ち060
太宗（朝鮮）　お002
『大蔵一覧』　と073　は076
大蔵経（だいぞうきょう）　⇨一切経（いっさいきょう）い057　え006　お014　こ061　そ007　そ008　そ031　ち060　ほ017　わ006
『大蔵請来二合船残録』　え006
対宋貿易　た041　む006　→日宋貿易
『太祖実録』　ち038
袋中　ら009　り030
大中通宝　か056
兌長老（だちょうろう）　⇨西笑承兌（せいしょうじょうたい）
大通禅師（だいつうぜんじ）　⇨愚中周及（ぐちゅうしゅうきゅう）
大典（だいてん）　⇨梅荘顕常（ばいそうけんじょう）
『大典会通』　ち039
・『大唐陰陽書』（だいとういんようしょ）　た028
・大唐街（だいとうがい）　た029
『大唐開元礼』　ひ041
大唐楽　と012
・大道寺（だいどうじ）　た030
『大崎窃覧』（だいとうせつらん）　な070
『大唐伝戒師僧名記大和上鑑真伝』　と050
『大崎便覧』　な070
・『大唐米』（だいとうまい）　た031
『大崎漫筆』　な070
『大東野乗』　ち039
大統暦　い053　し088
第二尚氏　た094
大日（ダイニチ）　し055
大日房（だいにちぼう）　⇨能忍（のうにん）
大日本恵登呂府　き042　こ143　も008
・泰伯説（たいはくせつ）　た033
玳玻盞（たいひさん）　ち018
・大武芸（だいぶげい）　た034
大仏　し014　そ003　ち077
大仏開眼　と038　ほ024　り057

大仏様　そ003
・太平興国寺（たいへいこうこくじ）　た035
大弁正訥　ち024
・帯方郡（たいほうぐん）　た036
・『大宝律令』（たいほうりつりょう）　た037　さ033　し165　わ007
戴曼公（たいまんこう）　⇨独立性易（どくりゅうしょうえき）
大明国師（だいみんこくし）　⇨無関玄悟（むかんげんご）
『大明実録』　み032
太陽暦　⇨暦法（れきほう）
大洋路　け043
・平清盛（たいらのきよもり）　た041　そ003
平重盛　あ001　か075
平忠盛　そ003
平長親　し087
大陸貿易と文化輸入　お015
・大琉球（だいりゅうきゅう）　た042　り018
大浪　い029
太和　し018
泰和　し018
・台湾（たいわん）　た043　し064　し149　た049　た050　て012
台湾事件　は067
台湾征討　む014
台湾長官　ぬ001
ダウィドフ　れ012
ダ＝ガーマ　⇨ガーマ
高石屋通喬　し171
高枝王　し167
・高丘氏（たかおかうじ）　た045
高丘親王（たかおかしんのう）　⇨真如（しんにょ）ち063
・高木作右衛門（たかぎさくえもん）　た047　し172　な020　る008
高倉福信（たかくらのふくしん）　⇨高麗福信（こまのふくしん）
・たかさぐん　た049
・高砂（たかさご）　た050　し064
高階遠成　く002
・鷹島（たかしま）　た051　あ004　こ037　ふ101
・高島秋帆（たかしましゅうはん）　た052　か040
高須　と034
・高田屋嘉兵衛（たかたやかへえ）　た053　え044
高取八蔵　た054
・高取焼（たかとりやき）　た054
・高野長英（たかのちょうえい）　た055　な064　に030　は090　ほ021　も023　わ017
・高野新笠（たかののにいがさ）　た056　ひ031
・高橋景保（作左衛門）（たかはしかげやす）　た057　こ031　し001　し002　は091　ま034
高橋重賢　は022
高橋重威　お089
・高橋至時（たかはしよしとき）　た058　れ004
・鷹見泉石（たかみせんせき）　た059　た016
鷹見泉石像　わ017
・高向玄理（たかむこのげんり）　た060　る003

たかやす

- 高安城〔たかやすのき〕　た061
- 高山右近〔たかやまうこん〕　た062 お095 せ037 ろ007 ろ011
- 高山図書〔たかやまずしょ〕　た063 ひ037
- 高山長房〔たかやまながふさ〕　⇨高山右近（たかやまうこん）
- 宝島　い021 と070
- 湍津姫命〔たぎつひめのみこと〕　⇨宗像神（むなかたのかみ）
- 多久学校　こ024 し083
- 度島〔たくしま〕　た066
- 卓素　か092
- 啄木　ふ041
- 多久安順（長門守）　り006
- 竹内宗賢　お089
- 竹内藤右衛門　た086
- 竹内理三　か128
- 竹崎季長〔たけざきすえなが〕　た067 も003
- 『竹崎季長絵詞』〔たけざきすえながえことば〕　⇨蒙古襲来絵巻（もうこしゅうらいえまき）
- 竹島　う014
- 竹島問題〔たけしまもんだい〕　た069
- 多気志楼　ま013
- 『多気志楼蝦夷日誌集』〔たけしろうえぞにっしじゅう〕　⇨蝦夷日誌（えぞにっし）
- 『竹四郎廻浦日記』　ま013
- 竹田昌慶〔たけだしょうけい〕　た071
- 竹杖為軽（たけつえのすがる）　も022
- 竹中重次（采女正）　る008
- 竹中重義〔たけなかしげよし〕　た072
- 竹内玄同〔たけのうちげんどう〕　た073 こ031 と086
- 建部賢弘　れ005
- 大宰府〔だざいふ〕　た074 さ020
- 大宰府跡〔だざいふあと〕　た075
- 大宰府鴻臚館遺跡〔だざいふこうろかんいせき〕　た076
- 田沢金吾　か154
- 田沢春房　な011
- 多治比県守〔たじひのあがたもり〕　た077
- 多治比小耳　し049
- 多治比広成〔たじひのひろなり〕　た078 か149 せ009 へ006
- 田道間守〔たじまもり〕　た079
- 田代三喜〔たしろさんき〕　た080 か158 き097
- 田代島　す031
- ダスマリーニャス　は078
- 田弾（ダタン）　し064
- 橘　た079
- 橘智正〔たちばなのともまさ〕　た081
- 橘嘉智子　き012
- 橘逸勢〔たちばなのはやなり〕　た082 さ060 る003
- 立花宗茂〔たちばなむねしげ〕　た083 あ063 こ112 た084 へ004 ろ002
- 『立花宗茂朝鮮記』〔たちばなむねしげちょうせんき〕　た084
- 橘屋三郎五郎　と031
- 橘康広　ふ107
- 橘屋又三郎〔たちばなやまたさぶろう〕　た085
- 立原杏所　は090
- 蛇鈕　か154

田付宗鉄（景澄）　ほ005
- 『韃靼漂流記』〔だったんひょうりゅうき〕　た086
- 達梁浦　い060
- 伊達政宗〔だてまさむね〕　た087 あ036 か112 せ024 そ052 な079 は030 ひ006 ふ079
- 伊達政宗の遣欧使節船　し063
- 伊達宗城　た055
- 立山〔たてやま〕　た088
- 立山役所　な026
- 田中勝介〔たなかかつすけ〕　た089 あ009
- 田中健夫　か006 わ012
- 田辺氏〔たなべ〕　た090
- 田辺伯孫〔たなべのはくそん〕　た091
- 田辺茂啓　な018
- 田沼意次　か040 す024 て014
- 種子島　て025
- 種子島時堯〔たねがしまときたか〕　た092 て025
- 種子島久時　て024
- 煙草〔タバ〕　た093 な083
- 玉陵〔たまうどぅん〕　た094 し136
- 玉城朝薫〔たまぐすくちょうくん〕　た095 か151 く039 り018
- 卵　な083
- 玉手　ち018
- 玉鋼　し173
- ダミアン　た096
- 田村藍水　し038
- 陀羅尼（だらに）　し020
- 蛇梁鎮　こ029
- ダルメイダ　⇨アルメイダ
- 田原親虎　か078
- 俵物〔たわらもの〕　た098 い088 し173 →ひょうもつ
- 俵物一手請方〔たわらものいってうけかた〕　た099
- 端翁宗室　し035
- 湛海〔たんかい〕　た100
- 断崖了義　こ115
- 断橋妙倫　さ063
- 断渓□用　そ015
- 『檀雪斎集』　き102
- 『端宗実録』　ち038
- 『探題持範注進状』　お002
- 緞通　た101
- 短筒〔たんづつ〕　⇨鉄砲（てっぽう）
- 澹蕩人　し204
- 丹波氏〔たんば〕　た103
- 丹波康頼　か158
- 丹木〔たんぼく〕　⇨蘇木貿易（そぼくぼうえき）
- 『譚友夏合集』　き102
- 段楊爾〔だんよう〕　た105
- 耽羅〔たんら〕　⇨とむら

ち

恥葬　お047
『地緯』　き102

智慧輪　え059 し079
値嘉島〔ちかのしま〕　⇨五島列島（ごとうれっとう）
近松門左衛門　こ089
智顗　ね004
- 地球儀〔ちきゅうぎ〕　ち002
- 智鏡〔ちきょう〕　ち003
- 『筑前国続風土記』　た029
- 竹嶺　わ015
- 『千島志料』　ま002
- 千島列島〔ちしまれっとう〕　ち004 し013
- 智周　ち012 ち064
- 致書　こ085
- 智証大師〔ちしょうだいし〕　⇨円珍（えんちん）
- 知新斎　う004
- 地図〔ちず〕　ち006
- 痴絶道冲　え061 む011
- 智洗爾（ちせんに）　や026
- 智聡　き009 り002
- 智蔵〔ちぞう〕　ち007
- 智達〔ちたつ〕　ち008 け035 に023
- 『知恥篇』　か036
- 智聴　き009
- 千々石ミゲル〔ちぢわミゲル〕　ち009 あ056 お045 て039
- 智通〔ちつう〕　ち010 け035 に023
- 地動説紹介　も016
- 治平元宝　な028
- 西蔵金〔ちべつきん〕　⇨外国金銀（がいこくきんぎん）　い093
- 智鳳〔ちほう〕　ち012 に023
- 『地北寓談』　ほ018
- 茶〔ちゃ〕　ち013 え013
- 北谷（ちゃたん）・恵祖（えそ）事件　り018
- 茶屋家〔ちゃや〕　ち014
- 『茶屋新六交趾渡航絵巻』　し063
- 茶屋船〔ちゃやぶね〕　⇨朱印船（しゅいんせん）　⇨朱印船貿易（しゅいんせんぼうえき）
- 茶屋又四郎〔ちゃやまたしろう〕　ち016
- 茶屋文書〔ちゃやもんじょ〕　ち017
- 茶碗〔ちゃわん〕　ち018
- チャンパ（占城）　⇨林邑（りんゆう）　し064 り056
- 智雄〔ちゆう〕　ち020
- 中庵　お039
- 中外経緯伝〔ちゅうがいけいいでん〕　ち021
- 『籌海図編』〔ちゅうかいずへん〕　ち022 し114 て007 に055 わ011
- 中華思想〔ちゅうかしそう〕　⇨華夷思想（かいしそう）　そ019
- 中形足紋銀　か013
- 中華民国　し023
- 中巌円月〔ちゅうがんえんげつ〕　ち024 し082 た033
- 『中京誌』　ち039
- 中国　し023
- 中国画　か088
- 『中国・朝鮮の史籍における日本史料集成

明実録之部』　み032
沖斎　い066
中山　さ059
・『中山世鑑』ちゅうざんせいかん　ち025　し118　ち026
　→琉球国中山世鑑
・『中山世譜』ちゅうざんせいふ　ち026　り029
・『中山伝信録』ちゅうざんでんしんろく　ち027　さ058　さ
　062　れ008
忠州　わ015
『中書令鄭国公李嶠雑詠百二十首』　い
　059　→李嶠百廿詠
中津ちゅうしん　⇒絶海中津（ぜっかいちゅうしん）
中世の対外関係ちゅうせいのたいがいかんけい　⇒対外関係（たいがいかんけい）
『中宗実録』　ち038
抽分銭ちゅうぶんせん　ち030
中峯明本　か045　こ095　こ115　し051
　す007　て030　へ010　む001
・忠烈王ちゅうれつおう　ち031
・長安ちょうあん　ち032
・澄円ちょうえん　ち033
張延晈　せ027
張延襲　せ027
長翁　い066
長嘉　ち074
趙驊（ちょうか）　あ026
鳥海　お061
長覚　し020
張学礼　さ062
『珣玉集』　こ005
趙居任　え019
『長慶宣明暦算法』　せ060
聴月楼老人　か122
趙憲　き100
・重源ちょうげん　ち034　あ001　こ087　そ003
　ち077　て042　み020
超元ちょうげん　⇒道者超元（どうじゃちょうげん）
趙曒（ちょうげん）　か010
張浩　り018
・朝貢ちょうこう　ち036　か021　さ024　し207
　ひ022
朝衡　あ026
朝貢貿易　か019
長史　わ024
張支信　お044　ち063
長寿院　け041
張秋谷　く008
張燮（ちょうしょう）　と022
張進　り018
朝雪斎　ひ027
・朝鮮ちょうせん　ち037　お011　お013　お014
　お016　か136　け020　こ067　こ086　て
　041　り010
澄禅　し020
・『朝鮮王朝実録』ちょうせんおうちょうじつろく　ち038
『朝鮮往来』　は068

『朝鮮記』　ち056　ま012
・『朝鮮群書大系』ちょうせんぐんしょたいけい　ち039
朝鮮語　お060　こ066
・『朝鮮国往還日記』ちょうせんこくおうかんにっき　ち040　て
　033
朝鮮歳遣船ちょうせんさいけんせん　⇒歳遣船（さいけんせん）
・『朝鮮史』ちょうせんし　ち042
朝鮮式山城　お040　か074　て038
朝鮮使節　く006　は016　や020
朝鮮出兵　い077　こ111　こ112　し035
　し037　し042　た054　に067　→文禄・
　慶長の役
・朝鮮鐘ちょうせんしょう　ち043
・『朝鮮史料叢刊』ちょうせんしりょうそうかん　ち044
・朝鮮人街道ちょうせんじんかいどう　ち045　つ003
・朝鮮信使ちょうせんしんし　⇒通信使（つうしんし）
　つ003　は068　は070　は075　ま017　ま
　020
朝鮮人陶工　し042　な003　ふ107　や013
『朝鮮人筆談』　の007
・『朝鮮征討始末記』ちょうせんせいとうしまつき　ち047
朝鮮征伐　ふ107
・『朝鮮征伐記』ちょうせんせいばつき　ち048
・『朝鮮送使国次之書契覚』ちょうせんそうしくにのしょけいおぼえ
　ち049　く035
・『朝鮮通交大紀』ちょうせんつうこうたいき　ち050　ま012
朝鮮通信使ちょうせんつうしんし　⇒通信使（つうしんし）
　え027　ち045　ち055　つ003　な043　は
　076　ふ102　ほ031　ま012　わ008
『朝鮮通信使記録』　そ010
朝鮮人参ちょうせんにんじん　⇒人参（にんじん）　に
　073
朝鮮の役　か047　か069　こ113　さ013
　ま026
・朝鮮半島ちょうせんはんとう　ち053
・『朝鮮日々記』ちょうせんにちにちき　ち054
『朝鮮賦』　ち044
・朝鮮船ちょうせんぶね　ち055
朝鮮貿易の開始　そ028
朝鮮本　さ002
・『朝鮮物語』ちょうせんものがたり　ち056
朝鮮来聘使ちょうせんらいへいし　⇒通信使（つうしんし）
・長宗我部元親ちょうそかべもとちか　ち058
・長宗我部盛親ちょうそかべもりちか　ち059
趙泰億　は016
張仲景　さ016
蝶々子　ひ027
張鎮州　り018
長南（ちょうなん）実　に028
・肇然ちょうねん　ち060　こ098　し012　せ027
　そ017
超然　そ032
・『懲毖録』ちょうひろく　ち061　ち039
張昺　さ030
・張宝高ちょうほうこう　ち062　し170　せ001　に024
　ふ106
・張友信ちょうゆうしん　ち063　→張支信

重誉　し020
チョールヌイ　う022
儲光羲（ちょこうぎ）　あ026
苧布　わ006
・智鷟ちじゃく　ち064
地理的大発見　た015
知礼　し052
珍た　⇒倭の五王（わのごおう）
沈惟岳ちんいがく　⇒しんいがく
沈惟敬ちんいけい　⇒しんいけい
澄一道亮（ちんいちどうりょう）　　し180
・陳外郎ちんういろう　ち068
陳延昌　お035
・鎮海ちんかい　ち069　さ076
陳可願　し114　わ011
『鎮管官兵編伍冊残巻』　ち044
・沈金ちんきん　ち070
・陳元贇ちんげんぴん　ち071
進貢船しんこうせん　⇒朝貢（ちょうこう）
陳順祖　ち068
陳仁爽　そ060
鎮西警固番ちんぜいけいごばん　⇒異国警固番役（いこくけいごばんやく）
鎮西談議所　い019
鎮西探題　い019
・頂相ちんそう　ち074
・椿庭海寿ちんていかいじゅ　ち075
珍島　さ075
陳東　こ096
鎮東大将軍ちんとうたいしょうぐん　⇒倭の五王（わのごおう）
・陳和卿ちんなけい　ち077　そ003　ち034
沈南蘋ちんなんびん　⇒しんなんびん
陳仏寿　ち077
陳明徳ちんめいとく　⇒穎川入徳（えがわにゅうとく）
陳稜　り018
陳璘　し101　ふ107

つ

・『通航一覧』つうこういちらん　つ001　ひ025
・通事つうじ　つ002　き026　く049　け055　ち
　063　ち068
通詞　お060
通首座　な091
通信官　か043　ほ017
・通信使つうしんし　つ003　か010　か032　か041
　か043　そ037　ひ036　ふ107　ほ013　や
　014　→韓使，朝鮮信使，朝鮮通信使
『通信全覧』　つ001
・通信符つうしんふ　つ004　そ009
通信副使　き104
通事（ツウズ）　ろ009
通仙散　は054

『ヅーフ日本回想録』　い022 と006 →
　ドゥーフ日本回想録
・『通文館志』つうぶんかんし　つ005 ち039 ち044
　通訳　　お059 お081 き044 さ032 つ002
　『通訳酬酢』　お060
　ツーラン　　な093　→トゥーラン
・都加使主つかのおみ　つ006
　津軽海峡　ふ097
　『通鑑明紀全載輯略』　き102
　築地善交　も022
　次田潤　ひ031
・調伊企儺つきのいきな　つ007 お041
・筑紫磐井つくしのいわい　つ008 い090
　辻善之助　し062
　辻直四郎　と060
　対馬　　た019
・『津島紀事』つしまきじ　つ009
　対馬城つしまじょう ⇒金田城（かねだじょう）
　対馬島主　か033
　対馬島主特送使　し016
・対馬国つしまのくに　つ011 そ016
　対馬島つしま ⇒対馬国（つしまのくに）
　　お002
・対馬藩つしまはん ⇒府中藩（ふちゅうはん）
　さ046 す024 そ010 そ035 そ037 そ
　038 た018 に074 ふ033 ふ052
　対馬府中藩　　や015 や016 や017 →
　　府中藩（ふちゅうはん）
・辻蘭室つじらんしつ　つ014
　通信正使　こ010
　伝いの城　わ014
　津田監物　ほ005
　津田左右吉　ま039
　津田宗及　な058
・津田又左衛門つだまたざえもん　つ015
　津太夫　か129 れ012
　土御門晴親　て047
　土屋廉直（帯刀）　つ009
　土屋政直　ふ033
・筒井定次つついさだつぐ　つ016
　筒井政憲（和泉守）　な031
　つづれ織り　な081
　つなぎの城　わ014
　ツニガ　⇒ズニガ
・津波古政正つはこせいせい　つ018
・坪井信道つぼいしんどう　つ019 お050
　妻木頼熊　り054
・投馬国つまのくに　つ020
・津守氏つもりし　つ021
　ツュンベリ（ツュンベリー） ⇒トゥーン
　　ベリ　　に054 に058
　蔓唐草文　か093
　鶴峯戊申（しげのぶ）　か018 や019
・ツンベルグ　つ023 ⇒トゥーンベリ
　　か067 よ011
　『ツンベルグ日本紀行』　い022 か067
　　し146 と009 →トゥーンベリ日本
　　紀行

て

　出会貿易であいぼうえき　て001
　『ディアス＝コバルビアス日本旅行記』
　　い022
　丁謂　し052
・ディーメン　て002
　『停雲集』　ま012
・ディエゴ＝デ＝サン＝フランシスコ
　　て003
　『帝鑑図』　し084
・鄭希得ていきとく　て004 け024
　定気法　て047
　鄭暁　せ058
　提挙市舶　し025 ち036
　提挙市舶司　し025
　鄭起竜　し015
・鄭経てい　て005
　『帝京景物略』　き102
・丁巳約条ていしじょう　て006 い060
・鄭若曾ていじゃくそ　て007 せ058 ち022 に055
　　わ011
　程朱学ていしゅがく ⇒朱子学（しゅしがく）
・鄭舜功ていしゅんこう　て009 に031 わ011
・程順則ていじゅんそく　て010 さ061 り018
・鄭芝竜ていしりゅう　て011 か142 と033
　鄭子良　と001
　鄭仁徳　し075 ち060
・鄭成功ていせいこう　て012 こ089 て011 と033
　　は068
　『訂正増訳采覧異言』　さ010 や032
　『訂正蘭語九品集』　お074 ら019
　貞素　り045
　鄭宗官　し139
　『定宗実録』　ち038
・ティツィング　て013 く030 て014 な
　　005
　『ティツィング日本風俗図誌（ティチング
　　～）』ていつぃんぐにほんふうぞくずし　て014 い022
　鄭迴ていかい ⇒謝名（じゃな）
　『貞徳文集』　か036
・丁未約条ていびじょう　て016
　鄭秉哲（ていへいてつ）　き050 さ061
　　ち026 り023
・鄭夢周ていぼうしゅう　て017
　ディラオ　な093
　『定例成案』　き102
　デウス　し055
　テカトン　か013
　手紙　し151
　『滌罪正規』　き102
　適塾　お050
　適々斎　お050
　適々斎塾　お050

　『滌平儀記』　き102
　デ＝サンデ　⇒サンデ
　『デ＝サンデ天正遣欧使節記』　い022
　　→サンデ天正遣欧使節記
・出島でじま　て019 お075
・出島間金でじまあいきん　て020 な007
　出島蘭館　き068
　『出島蘭館日誌』　お077
　鉄　な080
　『鉄研斎輶軒書目』　ふ105
・鉄舟徳済てっしゅうとくさい　て021
　『哲宗実録』　ち038
・徹通義介てっつうぎかい　て022
・鉄砲てっぽう　て023 た085
　『鉄炮記』てっぽうき　て024 て025
・鉄砲伝来てっぽうでんらい　て025 た092
・鉄利てつり　て026
・才伎てひと　て027
・手人部てひとべ　て028
　デュ＝ブラン　り018
・寺沢広高てらさわひろたか　て029 む014
　デレン　さ064 と044
　滇王（てんおう）之印　か154
　礪礁　と106
　『天学初函』　き102
・天岸慧広てんがんえこう　て030 み030 も012
　電気　お085
　伝教大師でんきょうだいし ⇒最澄（さいちょう）
　『伝教大師将来目録』でんぎょうだいししょうらいもくろく　て032
　天狗　み028
・天刑てんけい　て033 う016 せ011 ち040 や
　　016
・『天経或問』てんけいわくもん　て034
　『天経或問後集』　き102
　篆刻　と080
・天竺てんじく　て035 し205
　天竺楽てんじくがく ⇒林邑楽（りんゆうがく）
　　り057
　『天竺渡海物語』　て037
・天竺徳兵衛てんじくとくべい　て037
　『天竺徳兵衛韓噺（いこくばなし）』　て
　　037
　『天竺徳兵衛物語』　て037 や034
　天竺老人　も022
・天智天皇てんじてんのう　て038
　天爵堂　あ050
　『天主十誡解略』　き102
　『天主実義』　き102
・天正遣欧使節てんしょうけんおうしせつ　て039 い052 い
　　067 お031 く068 ち009 は044 は079
　　は081 ほ033 り053 ろ011 →遣欧
　　少年使節, 少年遣欧使節
　『天正遣欧使節記』てんしょうけんおうしせつき ⇒サンデ天
　　正遣欧使節記
・天章周文てんしょうしゅうぶん　て041
　天真楼　す023
　天聖元宝　な028
　天聖令　と064

どうばん

伝蔵主　と017
天孫降臨の神話　た033
・天台山〔てんだいさん〕　て042 え022 え056 こ087 さ008 さ068 し079 し098 し112 し120 ち060 と017 み020
『天台山記』　こ005
天智天皇〔てんちてんのう〕　⇨てんじてんのう
天長地久大日本属島　と094
伝長老〔でんちょうろう〕　⇨以心崇伝(いしんすうでん)
天童山の千仏閣　み020
・天童寺〔てんどうじ〕　て045
天童禅寺　せ039
天王寺屋　な058
『天馬異聞』　ふ105
天平文化　き010
テンプラ　な083
天文条約〔てんぶんじょうやく〕　⇨丁未約条(ていびやくじょう)
『天方至聖実録年譜』　き102
天保壬寅元暦　て047
・天保暦〔てんぽうれき〕　て047 れ010
天命論　か158
天目　ち018
天文道〔てんもんどう〕　て048
『天問略』　き102
田養民　て012
・天与清啓〔てんよせいけい〕　て049 け001 ほ020
テン＝ライネ　⇨ライネ
天竜寺　て014 ち018 ち030 て051
・天竜寺造営料唐船〔てんりゅうじぞうえいりょうとうせん〕　て051
天竜寺船〔てんりゅうじぶね〕　⇨天竜寺造営料唐船(てんりゅうじぞうえいりょうとうせん)　し034 と088
・天倫道彝〔てんりんどういん〕　て053 そ001
『篆隷万象名義』〔てんれいばんしょうめいぎ〕　て054

と

・刀伊〔とい〕　と001 く052 し155 な042
土井忠生　に028 に064
・土井利忠〔どいとしただ〕　と002 ろ002
土井利位　か039
・唐〔とう〕　と003 お044 け043　→渡唐, 入唐
・銅〔どう〕　と004 く094 し132 し033 な016 わ006
道安　わ025
東夷　か021 そ019
董一元　し015 ふ107
『陶隠先生詩集文集』　ち039
・ドゥーフ　と005 い034 え021 お073 く065 け050 し184 た057 と006 と007 な044 は057 ふ017 ふ083 も014 よ012
『ドゥーフ日本回想録』〔ドゥーフにほんかいそうろく〕　と006

い022　→ヅーフ日本回想録
『道富ハルマ(ドゥーフハルマ)』〔ドゥーフハルマ〕　と007 と005 な044 よ012
トゥーラン　ふ018　→ツーラン
トゥーンベリ　と008 と009 な005 よ011 ら016　→ツュンベリ, ツンベルグ
・『トゥーンベリ日本紀行』〔トゥーンベリにほんきこう〕　と009　→ツンベルグ日本紀行
唐栄　さ061
唐営　さ061
『東音譜』　あ050
痘科　と080
唐画〔とうが〕　⇨唐絵(からえ)
『東雅』　あ050
銅会所〔どうかいしょ〕　⇨銅座(どうざ)
『東蝦夷夜話』　ほ018
・唐楽〔とうがく〕　と012 ふ024
投化倭人〔とうかわじん〕　⇨向化倭人(こうかわじん)
唐館〔とうかん〕　⇨唐人屋敷(とうじんやしき)　き068 と035
道観　な061
『東寶録』　ち039
・道教〔どうきょう〕　と015
道欽　ひ019
唐黒　さ037
藤九郎　そ008
桃渓〔とうけい〕　⇨了庵桂悟(りょうあんけいご)
『東京雑記』　ち039
『唐決』　え056
・道元〔どうげん〕　と017 か070 か132 し050 て045 と029 み022
東皐〔とうこう〕　⇨心越興儔(しんえつこうちゅう)
・道光〔どうこう〕　と019
道皎　⇨月林道皎(げつりんどうこう)
唐項浦　り008
『東国郡県沿革』　ち039
『東国通鑑』　せ016 ち039
『東国輿地勝覧』　せ016
『東国李相国集』　ち039
道厳　と028
・銅座〔どうざ〕　と021
『東西韻会』　い078
『東西蝦夷山川地理取調紀行』　え039
『東西蝦夷山川地理取調日記』　ま013
『東西蝦夷山川取調図』　ま013
『唐才子伝』　い059
・『東西洋考』〔とうざいようこう〕　と022
堂坂遺跡　け039
藤定房　た019
・唐桟〔とうさん〕　と023 さ070
唐三ヵ寺　と034　→長崎三福寺
唐桟留　さ070
・唐紙〔とうし〕　と024
・道慈〔どうじ〕　と025 に023
冬至銀　わ006
『東史綱目』　ち039

『唐詩選』　か157
・道者超元〔どうじゃちょうげん〕　と026
登州　し170
・『唐書』〔とうじょ〕　と027
・道昭(道照)〔どうしょう〕　と028 け035 せ046 と019 に023
・道正庵隆英〔どうしょうあんりゅうえい〕　と029
『唐将詩画帖』　ち044
『唐将書画帖』　ち044
唐商人　し154
東嶼徳海　せ040
藤四郎〔とうしろう〕　⇨加藤四郎左衛門景正(かとうしろうざえもんかげまさ)
銅代物替(しろものがえ)　た098
唐人踊　か131
・唐人座〔とうじんざ〕　と031
『東人詩話』　ち039
唐人遣用銀札〔とうじんしきんさつ〕　⇨長崎唐館役所札(ながさきとうかんやくしょさつ)
・唐人貿易〔とうじんぼうえき〕　と033
・唐人町〔とうじんまち〕　と034
・唐人屋敷〔とうじんやしき〕　と035 き068
道邃　き024 さ008 て032
東井　ま032
・『東征絵伝』〔とうせいえでん〕　と036
・唐船〔とうせん〕　と037 か152 し014 そ003 と041
・道璿〔どうせん〕　と038 え002 か149 ふ036 ほ024
銅銭　け039
『唐船進港回棹録・島原本唐人風説書・割符留帳』　か037
『唐船図巻』　と037
・『唐船日記』〔とうせんにっき〕　と039 く012
唐船抜買〔とうせんぬきがい〕　⇨抜荷(ぬけに)
『唐船之図』　と037
・唐船風説書〔とうせんふうせつがき〕　と041 か037 き014
・唐船見送番所〔とうせんみおくりばんしょ〕　と042
唐船持渡書　む002
痘瘡　ひ012
・道蔵〔どうぞう〕　と043
東大寺　ち034
東大寺の再建　い010 そ003
・『東韃紀行』〔とうだつきこう〕　と044
『東韃地方紀行』　と044 ま034
・東丹国〔とうたんこく〕　と045
道琛　り036
透頂香(とうちんこう)　う003 ち068
・唐通事〔とうつうじ〕　と046 あ025 や006 り054 り055
・『唐通事会所日録』〔とうつうじかいしょにちろく〕　と047
・道登〔どうとう〕　と048
・藤堂高虎〔とうどうたかとら〕　と049 か096 き056 ふ107
唐人参　に073
・『唐大和上東征伝』〔とうだいわじょうとうせいでん〕　と050 い048
銅版画　お070 し026 せ023

どうふ　　　　　　　　　　　　　　888

ドゥフ　　⇨ドゥーフ
唐風説書　　ふ012
唐風文化　　こ038
東福寺　　し014 し176
唐物屋（とうぶつや）　　か106
ドゥ＝フリース　⇨フリース
『同文算指』　　き102
『同文通考』　　あ050
東平館　　わ003
唐浦　　り008
・唐房　　と053 は008
・『東方見聞録』　　と054 し028
唐法師　　た031
『唐本草』　　し123
藤間生大（せいた）　　や019
投馬国　　⇨つまのくに
・東明慧日　　と056 へ010
唐明礬　　み025
豆毛浦　　わ003
唐物　　⇨からもの
『東文選』　　せ016 ち039
董鑰　　さ030
『道訳法児馬』　　⇨道富ハルマ（ドゥーフハルマ）
『東遊記』　　ほ018
『東遊雑記』　　と059
・『東遊雑記』・『西遊雑記』　　と059
東洋　　と022
東洋允澎　　い096
東洋道徳，西洋芸術　　さ026
東陽徳輝　　た021 ち024
・東洋文庫　　と060
・東萊府（東萊）　　と061 こ111
『唐律疏議』　　え005
道隆　　⇨蘭渓道隆（らんけいどうりゅう）
・東陵永璵　　と063 ち024
・唐令　　と064
『唐令拾遺』　　と065 え005 と064
『唐令拾遺補』　　と064 と065
・東路軍　　と066 き111 ふ101
遠田著明　　お089
・遠山景晋　　と067 も008 れ012
遠山荷塘　　み033
渡海朱印状　　は067
・渡海の制　　と068 な042
『とが除き規則』　　か036
吐火羅　　と099
・吐火羅・舎衛　　と069
・吐噶喇列島　　と070
・『杜家立成雑書要略』　　と071
戸川安論　　は022
土官（とかん）　　け055 そ023
渡韓　　ま032
刀岐雄貞　　し145
督　　わ024
徳川家定　　た073 と086

徳川家斉　　ひ023 ほ012
徳川家治　　て014
・徳川家光　　と072 172 た014 へ014 ま016 や015
徳川家茂　　た073
・徳川家康　　と073 え031 お079 か060 こ126 せ030 せ045 そ042 た001 た089 と108 な083 ひ006 ひ014 ふ038 ふ079 ふ107 む010 む014 め006 も021 や034 ろ008 ろ009
徳川綱吉　　き071
・徳川秀忠　　と074 え030 そ042 ひ006 ひ014 む010 も021 ろ008
徳川光圀　　し086 し180 た033 め007
徳川義直　　ち071
徳川吉宗　　お092 た014 つ003 れ005
徳川頼宣　　し158
徳済　　⇨鉄舟徳済（てっしゅうとくさい）
督乗丸　　ふ065
『督乗丸船長日記』　　い025
・特送船　　と076 き008 そ018
・独湛性瑩　　と077
特鋳銀　　⇨人参代往古銀（にんじんだいおうこぎん）
・徳之島　　と079 さ069
得益寺　　そ008
・独立性易　　と080
時計　　し055 な083 ら008
・『時規物語』　　と081
渡元　　ち033 て030 →入元
度感　　⇨徳之島（とくのしま）
『杜工部草堂詩箋』　　こ005
常世国　　た079
十三湊（とさみなと）　　そ054
・図書　　と083 く035 し092 そ010 と076
渡隋　　や026
・杜世忠　　と084
渡宋　　し120 →入宋（にっそう）
・『渡宋記』　　と085 か005
屠蘇酒（とそしゅ）　　け010
土地神　　と015
『どちりなきりしたん』　　こ107
・戸塚静海　　と086 ひ008
渡唐　　た077 や031 →入唐（にっとう）
渡唐銀　　さ036 り018
・渡唐銭　　と087 え016
・渡唐船警固　　と088
・渡唐段銭　　と089
渡唐土之銭　　と087
都督　　わ024
都督府　　⇨大宰府（だざいふ）
都督倭　　わ024
都督倭百済新羅任那加羅秦韓慕韓七国諸軍事　　わ024
都督倭新羅任那加羅秦韓慕韓六国諸軍事　　わ024

斗々屋（ととや）　　ち018
ドノソ　　め006
戸部良熙　　お025
杜甫　　か157 こ091
・トマス＝デ＝サン＝アウグスティノ　　と091
・トマス＝デ＝サン＝ハシント　　と092
ドミニコ　　こ131
・ドミニコ会　　と093 え049 お096 く051 こ074 と092 な052 の005 ひ034 ひ035 ふ098 む014 め006 も021
・富山元十郎　　と094
渡明　　け001 し009 た071 た080 ふ038 →入明
・耽羅　　と095 さ075
富山藩　　は022
・台与　　と096
屠浦　　さ030
・豊臣秀吉　　と097 お095 か060 こ002 こ050 こ074 さ073 せ037 て039 な012 な079 な083 に067 は024 は053 は077 は078 は081 ふ079 ふ091 ふ107 へ015 ま032 ま038 む014 め004 も007 り014 る008 ろ009 ろ011
豊臣秀吉の朝鮮出兵　　ふ107 →文禄・慶長の役
豊臣秀吉の朝鮮侵略　　ひ036 ふ107 り008 →文禄・慶長の役
虎　　か059 か069 ふ043
ドラード　　て039
・渡来人　　と098 き010 ひ010
・度羅楽　　と099 ふ024
鳥居耀蔵　　は090
鳥毛立女屏風　　は003
止利仏師　　⇨鞍作鳥（くらつくりのとり）
・トルレス（1626没）　　と101
・トルレス（1570没）　　と102 お031 お045 か001 し055 み006 め008 や018
鈍庵□俊　　も012
ドン＝アンドレア　　あ031
・トンキン（東京）　　と103 し064 わ020
・東京通事　　と104 と046
ドンクル＝キュルシウス　　と105
遁甲方術書　　か160
曇寂　　し020
曇静　　か149
緞子（どんす）　　か091
遯叟（とんそう）　　ひ008
・曇徴　　と106
ドン＝ロドリゴ　　⇨ビベロ＝イ＝ベラスコ　す033
ドン＝ロドリゴ＝デ＝ビベロ（〜ビベーロ）　　た089 の004 ふ079 →ビベロ＝イ＝ベラスコ
・『ドン＝ロドリゴ日本見聞録』　　と108 い022
ドン＝ロペ＝デ＝ウリョア　　え031

な

内侍原善兵衛	さ036
乃而浦	さ076 わ003
内通事（ないつうじ）	⇨通事（つうじ）
内藤如安（ないとうじょあん）	⇨小西如庵（こにしじょあん）ふ107
内藤虎次郎（湖南）	か036 か128 か154 ひ031 や019
『内密答問録』	か018
ナウ	く067 な079
・苗代川焼（なえしろがわやき）	な003
直川智	⇨すなお…
中井厚沢	は083
永井則	ら014
中井履軒	へ022
・中浦ジュリアン	な004 て039
中江藤樹	し082 し085 た033
・中川淳庵（なかがわじゅんなん）	な005 か027 か028 と008 ふ016 ま003
中川忠英	は059
長久保赤水（玄珠）	え038 ま030
長崎警衛	な014
・長崎（ながさき）	な006 お045 お075 け017 し072 と034 と042 と074
長崎運上（ながさきうんじょう）	な007
長崎置付用意銀	お054
長崎表廻銅定例（ながさきおもてまわりどうじょうれい）	⇨正徳長崎新例（しょうとくながさきしんれい）
『長崎オランダ商館の日記』	お077
『長崎オランダ商館長日記』	お077
長崎会所（ながさきかいしょ）	な009 な010 ほ041
『長崎会所五冊物』（ながさきかいしょごさつもの）	な010
『長崎紀聞』（ながさきぶん）	な011
長崎教会領（ながさききょうかいりょう）	な012
『長崎警衛記録』（ながさきけいえいきろく）	な013
長崎警備	な014 な054 な056
『長崎見聞録』	な027
『長崎古今集覧』（ながさきここんしゅうらん）	な015
長崎御用銅（ながさきごようどう）	な016
長崎五郎左衛門	か113
『長崎根元記』（ながさきこんげんき）	な017 か036
長崎三福寺	ふ026 →三福寺，唐三ヵ寺
『長崎志』（ながさきし）	な018
『長崎実録大成』（ながさきじつろくたいせい）	⇨長崎志（ながさきし）
長崎代官（ながさきだいかん）	な020
『長崎注進邏馬人事』	ろ003
長崎通詞（ながさきつうじ）	⇨オランダ通詞
『長崎通詞由緒書』（ながさきつうじゆいしょがき）	⇨阿蘭陀通詞由緒書（オランダつうじゆいしょがき）
長崎通商照票	し206
長崎唐館役所札（ながさきとうかんやくしょふだ）	な023
長崎頭人	な029
・長崎派（ながさきは）	な024 な089
『長崎ハルマ』（ながさきハルマ）	⇨道富ハルマ（ドゥーフハルマ）
長崎版画	な024
長崎平戸町乙名	い036 い037
・長崎奉行（ながさきぶぎょう）	な026 お018 た072 と067 の004 は027 は029 は058 ふ025
長崎奉行所	た088
『長崎聞見録』（ながさきぶんけんろく）	な027
長崎貿易	し032 な007
・長崎貿易銭（ながさきぼうえきせん）	な028
・長崎町年寄（ながさきまちどしより）	な029
『長崎土産』（ながさきみやげ）	な030 か036
『長崎名勝図絵』（ながさきめいしょうずえ）	な031
長崎屋	お076 な005 に005 の007 ら016
長崎屋源右衛門	に073
『長崎夜話草』（ながさきやわそう）	な032 し047
『長崎蘭館長蘭通詞一覧』（ながさきらんかんちょうらんつうじいちらん）	⇨奉行蘭館長蘭通詞控（ぶぎょうらんかんちょうらんつうじひかえ）
『長崎略記』（ながさきりゃくき）	な034
中沢権之助	や004
中田薫	そ055 と064
中津辞書（なかつじしょ）	⇨中津版オランダ辞書（なかつばんオランダじしょ）
中津藩	な036
・中津版オランダ辞書（なかつばんオランダじしょ）	な036
永積昭	お079
永積洋子	お077 さ028
永富独嘯庵	か158
・中臣烏賊津使主（なかとみのいかつおみ）	な037
・中臣勝海（なかとみのかつみ）	な038
中臣名代	と038 り015
長留藤左衛門	ふ033
中庭茂三	ふ033
中根元圭	れ005
中大兄皇子（なかのおおえのおうじ）	⇨天智天皇（てんじてんのう）
・中野彦兵衛（なかのひこべえ）	な040
長野松左衛門	り012
中野柳圃	ら019
・中浜万次郎（なかはままんじろう）	な041 た059
・長岑諸近（ながみねのもろちか）	な042 く052 と068
中村小市郎	え038
中村孝志	お077 お079
・中村蘭林（なかむららんりん）	な043
中山意三	ふ033
・中山作三郎（なかやまさくさぶろう）	な044 な064
中山伝右衛門	か015
長与専斎	と007
・仲村渠到元（なかんだかりとうげん）	な045
・投銀（なげがね）	な046 す010 な040
名護親方	て010
名護聖人	て010
名護屋	お046
名古屋玄医	か158
名越（なごや）時行（左源太）	な070
奈佐政辰	こ137
那智山	ふ051
夏目信平	は022
難波大郡（なにわのおおこおり）	な047
『難波男人書』（なにわのおのひとのしょ）	な048
難波吉士	き016 き018
奴国（なこく）	な049
那津（なのつ）	⇨博多（はかた）
那覇（なは）	な051
ナバレテ（1617没）	な052
ナバレテ（1597没）	な053
鍋	し176
鍋島勝茂（なべしまかつしげ）	な054 め006
鍋島茂賢（七左衛門）	め006
鍋島直茂（なべしまなおしげ）	な055 き092 な020 な026 ふ107 り006
鍋島直正（なべしまなおまさ）	な056
鍋島斉直	ふ017
ナベッタ	な079
南無阿弥陀仏	ち034
納屋貸衆	さ013
納屋衆（なやしゅう）	な057 さ013
納屋商人（なやしょうにん）	な058
納屋助左衛門（なやすけざえもん）	な059 さ013
楢林栄左衛門	ま003
『楢林雑話』	か036
楢林宗建（ならばやしそうけん）	な060
楢林鎮山（ならばやしちんざん）	な061 せ022
楢林流外科（ならばやしりゅうげか）	⇨楢林鎮山（ならばやしちんざん）
・奈良屋道汐（ならやどうせき）	な063
成田氏長	ま008
成瀬正定（因幡守）	れ012
成瀬正寿	ふ099
・鳴滝塾（なるたきじゅく）	な064 お047 し001 た055 ひ008 み012 よ012
那波活所（道円）	し085 は014
南海寺	し069
南画派	な024
『南漢志』	ち039
南京銭	き106
南京船（ナンキンぶね）	⇨唐船（とうせん）
南原	こ111
南原城	ふ107
『南国奇話』	か036
南山	さ059 り018
楠氏の碑	し086
南宗画	く008
南宗禅	き012
・南瞻部洲万国掌菓之図（なんせんぶしゅうばんこくしょうかのず）	な066
南宋（なんそう）	⇨宋（そう）
南朝	か026
・南挺（なんてい）	な068
軟挺	な068
・南天竺婆羅門僧正碑（なんてんじくばらもんそうじょうのひ）	な069
『南島雑記』	な070

『南島雑話』なんとうざつわ な070
『南島志』なんとうし な071 あ050 て010
南島路 け043
南蛮なんばん な072 か021 そ019
南蛮傘 な081
南蛮菓子なんばんがし な073
南蛮胄なんばんかぶと な074
南蛮唐草 か093
南蛮系世界図なんばんけいせかいず な075
南蛮外科なんばんげか な076
『南蛮紅毛史料』 か036
南蛮寺なんばんじ ⇨切支丹寺(キリシタンじ) お062 お095 な076
南蛮字印 ろ002
『南蛮寺物語』 ふ105
南蛮鐘なんばんしょう な078
南蛮船なんばんせん な079
南蛮鉄なんばんてつ な080
南蛮美術なんばんびじゅつ な081
南蛮屏風なんばんびょうぶ な082
南蛮風俗なんばんふうぞく な083
南蛮文化なんばんぶんか な084
南蛮文学なんばんぶんがく ⇨キリシタン文学
南蛮貿易なんばんぼうえき な086 し039
南蛮焼なんばんやき な087
『南蛮流外科秘伝書』 な076
南蛮流天文学 さ047
南評 し204
南蘋なんぴん ⇨沈南蘋(しんなんぴん)
南蘋派なんぴんぱ な089 な024
『南部領正保国絵図』 ふ089
『南聘紀考』なんぺいきこう な090
南浦紹明なんぽじょうみょう な091 し134
南浦紹明像 ち074
『南浦文集』なんぽぶんしゅう な092
『南游集』 へ010
南洋日本町なんようにほんまち な093 →日本人町,日本町
南鐐 な068
南路 け043
『南倭志』 な071

に

仁井田陞(にいだのぼる) と064 と065
・ニーマン に001 け022
ニールソン い012
饒田喩義 な031
・ニコラオ に002 に071
西蝦夷地 か040
・西川如見(忠英)にしかわじょけん に003 か030 な032
西川正休 て034 れ005
・西玄甫にしげんぽ に004 さ047 え022 な076
・西善三郎にしぜんざぶろう に005
西宗真にしそうしん ⇨西類子(にしるいす)

西宮神社 き020
西正典(吉右衛門) ら019
西村嘉吉 か004
・西村太郎右衛門にしむらたろうえもん に007
『二十五言』 き102
二十六聖人 か060 ふ019 ふ079 へ015 み002 む010
西流外科にしりゅうげか ⇨西玄甫(にしげんぽ)
・西類子にしるいす に009 な040
西六左衛門 と092
日英関係にちえいかんけい ⇨イギリス
日円 に023
・日延にちえん に011 し117 せ051 ふ062 れ004
『日欧文化比較』にちおうぶんかひかく ⇨フロイス日欧風習対照覚書』 た015
日元貿易船 し176
・日乗にちじょう に013
日仏関係にちふつかんけい ⇨フランス
『日仏辞書』にちふつじしょ ⇨日葡辞書(にっぽじしょ)
『日仏辞典』 は023
日明勘合再開の交渉 む014
日文にちもん ⇨旻(みん)
・日羅にちら に017
日蘭学会 お077 お087
日蘭関係にちらんかんけい ⇨オランダ
日蘭交渉史研究会 お077
『日蘭貿易史』 め001
・日蓮にちれん に019
日露関係にちろかんけい ⇨ロシア
日華子 よ015
『日韓書契』 い062
日光感生型 あ040
日光山参詣 つ003
入宋 さ063 し052 し098 し112 し190 し194 そ015 た100 ち003 ち034 ち060 と017 と029 な004 は013 み020 み022 む004 む011 →渡宋
日宋貿易 こ025 こ114 と087 は020 →対宋貿易
・日中関係にっちゅうかんけい に021
・日朝関係にっちょうかんけい に022
日朝貿易 に074
入唐 え059 く002 け051 こ018 さ008 さ014 し103 し195 す021 せ050 ち007 ち008 ち010 ち012 と019 と025 と028 と048 に024 は019 ふ036 ふ039 ふ047 へ006 へ023 へ023 り045 →渡唐
入唐学問僧 み028
・『入唐記』にっとうき に023 い096
入唐記録 な048
・『入唐求法巡礼記』にっとうぐほうじゅんれいき に024 し170 ふ044
・『入唐五家伝』にっとうごけでん に025
入唐請益生 や029 →請益生(しょうやくしょう)

・『入唐新求聖教目録』にっとうしんぐしょうぎょうもくろく に026
入唐僧 え051
・入唐八家にっとうはっけ に027 え022 え053 し079 し107 し147 に023
入唐留学生 き037
入唐留学僧 し147
・『日葡辞書』にっぽじしょ に028
『日本』にほん ⇨シーボルト日本
・二宮敬作にのみやけいさく に030 し001
二宮尊徳 し082
日本 し028
日本イエズス会版 な084 →キリシタン版
・『日本一鑑』にほんいっかん に031 て009 わ011
『日本王国記』にほんおうこくき ⇨ヒロン日本王国記 あ024 た015
日本奥州国伊達政宗記幷使節紀行にほんおうしゅうこくだてまさむねきあわせしせつきこう ⇨アマティ日本奥州国伊達政宗記幷使節紀行
・日本海にほんかい に034
『日本回想録』にほんかいそうろく ⇨ドゥーフ日本回想録
・『日本海防史料叢書』にほんかいぼうしりょうそうしょ に036
・日本河にほんがわ に037
『日本紀行』にほんきこう ⇨クルーゼンシュテルン日本紀行 ⇨トゥーンベリ日本紀行
・『日本乞師記』にほんきっしき に039
・『日本教会史』にほんきょうかいし に040 た015 は079 ろ009
『日本キリシタン教会史―1602―1620年―』 お096
・『日本切支丹宗門史』にほんキリシタンしゅうもんし に041
『日本遣欧使者記』にほんけんおうししゃき ⇨グゥルチェリ日本遣欧使者記
『日本見聞録』にほんけんぶんろく ⇨ドン＝ロドリゴ日本見聞録
日本語 に044
『日本考』 に063
・『日本考略』にほんこうりゃく に044
日本語学習書 し105
・日本国王にほんこくおう に045 あ014 え019 か021 か033 こ050 こ085 さ024 た014 つ004 て053 に047
・『日本国往還日記』にほんこくおうかんにっき に046
日本国王使 か043 き033 け015 さ077 し016 し198 そ039 て016
・日本国王之印にほんこくおうのいん に047
・『日本国見在書目録』にほんこくげんざいしょもくろく に048 こ005 ふ042
『日本国考略』 わ011
・『日本国志』にほんこくし に049
『日本国首伝禅宗記』 き012
日本国進貢船 け055
日本国大君 や014
『日本史』にほんし ⇨フロイス日本史
『日本志』にほんし ⇨ファレンタイン日本志
『日本誌』(ケンペル)にほんし ⇨ケンペル日本

はくそん

誌　　か156 さ028 さ029
『日本誌』(モンタヌス)　⇨モンタヌス日本誌
『日本巡察記』　　は081
『日本小文典』　　に064 ろ009
『日本書簡』　　⇨フロイス日本書簡
『日本書紀』　　さ033
『日本植物誌』　　に054 な005
日本人町　　り004　→南洋日本町
『日本図纂』　　に055 し114 て007
『日本図編』　　ち022
『日本大王国志』　　⇨カロン日本大王国志　　い022
『日本大文典』　　⇨日本文典(にほんぶんてん)　　に064 ろ009
日本刀歌　　い059
『日本動物誌』　　に058
『日本渡航記』　　⇨セーリス日本渡航記
日本橋　　ふ018
『日本府』　　に060 み013　→任那日本府
『日本風俗図誌』　　⇨ティツィング日本風俗図誌
『日本風俗備考』　　⇨フィッセル日本風俗備考　　ふ105
『日本風土記』　　に063 わ011
『日本文典』　　に064 こ131
『日本訪書志』　　に065 ゆ001
日本前　　と037
日本町　　⇨南洋日本町(なんようにほんまち)　　あ047 ふ018 や021
『日本丸』　　に067
『日本幽囚記』　　⇨ゴロウニン日本幽囚記
『日本洋学年表』　　⇨新撰洋学年表(しんせんようがくねんぴょう)
『日本洋学編年史』　　し201
荷物替　　し173
乳牛　　な076
入元　　く029 け025 こ095 こ115 し051 す007 た021 ち024 ち075 て021 へ010 む001 む012 も012　→渡元
入元船　　し014
入港税　　い007
ニュートン力学　　れ007
入明　　こ021 さ022 せ038 そ008 て049 り042　→渡明
入明船　　し014
如庵了宏　　し098
如浄　　か132 と017 ほ004
ニョフスキー　　し030
如宝　　に070
丹羽漢吉　　な018
丹羽翰山　　な031
丹羽ジャコベ　　に071
人形手　　ち018
仁好　　え056 ち063

任守幹　　は016
人参　　に072 に073 わ006
人参座　　に073 に072
人参代往古銀　　に074 に072 わ006
忍冬唐草文　　か093
仁徳　　わ024
寧波　　に075 し025
寧波の乱　　に076 け023 け045

ぬ

ヌイツ　　ぬ001 あ037 お090 か117 す010 す012 す035 は067
ヌエバ＝エスパーニャ　　⇨濃毘数般(ノビスパン)
額田部皇女　　⇨推古天皇(すいことんのう)
抜荷　　⇨ぬけに
抜商　　ぬ005
抜買　　ぬ006
抜荷　　ぬ007 か107 ほ010
抜船沖買　　⇨抜荷(ぬけに)
沼田次郎　　お079

ね

寧一山　　⇨一山一寧(いっさんいちねい)
願売(ねがいうり)　　し173
値組　　し132
根占湊　　ね002
ネペリスコイ　　か104
年期(紀)　　ね003 し074 そ003
念救　　ね004
年中行事　　け010
『年成録』　　へ022
『燃薪室記述』　　ち039
『燃薪室記述別集』　　ち039
年例送使　　⇨送使船(そうしせん)

の

ノイツ　　⇨ヌイツ
能忍　　の002
野口文竜　　な031
野国総管　　の003 か144 き041
ノッサ＝セニョーラ＝ダ＝グラッサ号　　あ056 お051 お052 は028
ノッサ＝セニョーラ＝ダ＝グラッサ号事件　　の004 そ042　→マードレ＝デ＝デウス号事件

能登屋　　な058
野々山兼綱(新兵衛)　　か046 は043
ノビシヤド(ノビシャド)　　の005 お031 き073 な084
濃毘数般　　の006 た089
延岡　　あ004
野間寿恒　　な018
ノロ　　し119 り018
野呂元丈　　の007 お092

は

パーカー　　も023
『バード日本紀行』　　い022
パードレ　　⇨伴天連(バテレン)
爬竜(ハーリー)船　　へ003
灰被(はいかつぎ)　　ち018
裴璆　　は002 と045
裴(はい)松之　　さ056
『買新羅物解』　　は003 き108
裴世清　　は004 お063
裴楔　　か096
梅荘顕常　　は005
裴仲孫　　さ075
裴姻　　は006
『ハイネ世界周航日本への旅』　　い022
パイバ　　は043
灰吹銀　　は007
灰吹法　　か083 は007
排仏　　あ038 も018
呆夫(ばいふ)良心　　せ039
拝礼　　お076
バウティスタ　　⇨ペドロ＝バウティスタ＝ブラスケス
パウロ5世　　け012
パウロ理左衛門　　わ020
芳賀市三郎　　お090 も023
博多　　は008 さ050 し071
博多御用公用銀　　は009
博多商人　　は010 き017 こ006 そ008 そ023 わ025
博多津　　た029
博多版　　⇨愈良甫版(ゆりょうほばん)
『破閑集』　　ち039
萩焼　　は012 ふ107
白雲慧暁　　は013
柏埜　　ち024
白居易　　は014　→白楽天
『白氏文集』　　は014 ね004
白村江　　⇨白村江の戦(はくそんこうのたたかい)
白石　　あ050
『白石詩草』　　は016
白村江　　あ027 え041 ふ104 ほ006 り036 り037
白村江の戦　　は017 さ019 た061

	て038	八幡船<small>はちまんせん</small>　⇨バハン船
爆竹	て023	『八幡大菩薩愚童訓』<small>はちまんだいぼさつぐどうきん</small>　⇨八幡愚童訓(はちまんぐどうきん)
栢庭□月	え061	蜂蜜　ほ025　わ006
羽倉簡堂(用九)	は090	発掘銭　こ043　→出土銭
白楽天	か157　わ007　→白居易	『八家請来目録』　に027
・羽栗翔<small>はぐりのかける</small>	は018	八家真言　に027
・羽栗翼<small>はぐりのつばさ</small>	は019	『八家秘録』　し147　に023　に027
刷毛目	ち018	白虹斎　も025
馬幸(高)明	り030	・法進<small>ほっしん</small>　は050　→ほっしん
筥崎宮<small>はこざきぐう</small>	は020　し176	八送使<small>はっそうし</small>　⇨送使船(そうしせん)
函館<small>はこだて</small>	は021	ばってら　な083
箱館奉行<small>はこだてぶぎょう</small>	は022　は064	服部貞勝　は022
羽衣伝説	さ034	・伴天連<small>バテレン</small>　は052
間(はざま)重富	た016　れ004	『伴天連記』　か036
箸	し176	・伴天連追放令<small>バテレンついほうれい</small>　は053
・パジェス	は023　に041	花井虎一　は090
・パシオ	は024	花印子　か093
波斯三蔵	え059	・華岡青洲<small>はなおかせいしゅう</small>　は054　か158
・羽柴秀勝<small>はしばひでかつ</small>	は025	鼻切り　ふ107
橋本十左衛門<small>はしもとじゅうざえもん</small>	は026	花札　な083
橋本増吉	や019	ハニサックル　か093
『バスタールト辞書』	な036	羽地按司朝秀　し118
・長谷川権六<small>はせがわごんろく</small>	は027　す028　ひ034	羽地王子朝秀　し118
	ひ035	『羽地仕置』　し118
長谷川宗仁	る008	羽地朝秀<small>はねじちょうしゅう</small>　⇨向象賢(しょうしょうけん)
・長谷川忠兵衛<small>はせがわちゅうべえ</small>	は028	羽田亨　か036
・長谷川藤広<small>はせがわふじひろ</small>	は029　ち016　の004	・ハノイ　は056
	む014	・馬場貞由(佐十郎)<small>ばばさだよし</small>　は057　あ006
・支倉常長<small>はせくらつねなが</small>	は030　あ009　い050　い	お074　こ031　こ138　は091　ら019
	052　け012　そ052　た087　ひ006　め003	・馬場利重<small>ばばとししげ</small>　は058
『破提宇子(はダイウス)』	は061　ひ013	・馬場正通<small>ばばまさみち</small>　は059　へ022
・秦氏<small>はたうじ</small>	は031　う006　か073　は040	ばはん　る008
秦公寺<small>はたこうじ</small>　⇨広隆寺(こうりゅうじ)		・バハン船<small>バハンぶね</small>　は060
・幡崎鼎<small>はたさきかなえ</small>	は033	・ハビアン　は061
馬田(ばだ)清吉	い027	ハビエル　⇨シャビエル
・パタニ(太泥)	は034　し064	・土生玄碩<small>はぶげんせき</small>　は063　し001　し002
秦大麻呂	し145	パプチスタ　⇨ペドロ=バウティスタ=ブラスケス
・秦河勝<small>はたのかわかつ</small>	は035　こ063	・羽太正養<small>はぶとまさやす</small>　は064　き048　と094　は
秦酒公<small>はたのさけのきみ</small>	は036	022　は059　へ022
波多野重右衛門	ふ033	・歯舞諸島<small>はぼまいしょとう</small>　は065
・秦朝元<small>はたのちょうげん</small>	は037	・浜田弥兵衛<small>はまだやひょうえ</small>　は066　す012　ぬ001
・羽田八代<small>はだやしろ</small>	は038	・浜田弥兵衛事件<small>はまだやひょうえじけん</small>　は067　あ037
バタビア　⇨ジャカルタ	な093	た043　や033
・秦人<small>はたひと</small>	は040	林鶯渓(晁)　つ001
『バタビヤ城日記(バタビア～)』<small>バタビヤじょうにっき</small>	は041　い094	・林鵞峯<small>はやしがほう</small>　は068　か037
秦部	す025	林喜右衛門　な093
『八域誌』	ち039	・林子平<small>はやしへい</small>　は069　か016　か040　さ058
・パチェコ(1626没)	は042	し082
・パチェコ(1640没)	は043　か046	・林述斎<small>はやしじゅっさい</small>　は070　い059　わ017
蜂岡寺	は035	林春斎<small>はやししゅんさい</small>　⇨林鵞峯(はやしがほう)
・バチカン所在日本関係史料<small>バチカンしょざいにほんかんけいしりょう</small>		林壮軒(健)　つ001
	は044	林道春<small>はやしどうしゅん</small>　⇨林羅山(はやしらざん)
八山	た054	林信篤<small>はやしのぶあつ</small>　⇨林鳳岡(はやしほうこう)
・蜂須賀家政<small>はちすかいえまさ</small>	は045　け024	き014　と041
八呈金<small>はちじょうきん</small>　⇨外国金銀(がいこくきんぎん)		林梅卿<small>はやしばいけい</small>　⇨りんばいけい
・『八幡愚童訓』<small>はちまんぐどうきん</small>	は047	

林春勝	と041	
林復斎(式部少輔, 韑)	つ001	
・林鳳岡<small>はやしほうこう</small>	は075　か037　→林信篤	
・林羅山<small>はやしらざん</small>	は076　か046　し082　し085	
	た033　り011　ろ012	
・原田喜右衛門<small>はらだきえもん</small>	は077　か069　は078	
	る008	
・原田孫七郎<small>はらだまごしちろう</small>	は078	
原城	し045	
・原マルチノ<small>はらマルチノ</small>	は079　て039	
婆羅門僧正<small>ばらもんそうじょう</small>　⇨菩提僊那(ぼだいせんな)		
パリ外国宣教会	あ023　ふ022　る011	
・バリニァーノ(バリニアニ, バリニャーノ)	は081　あ056　い004　い005	
	き082　こ135　さ067　し041　せ044　せ	
	045　つ016　て039　に071　の005　は079	
	ひ005　ふ091　も007　ろ002　→ワリニァーノ	
春苑玉成	し145	
ハルチンク	わ020	
・バルトリ	は082	
・『ハルマ和解』<small>ハルマわげ</small>	は083　い078	
パルメット唐草文	か093	
・馬鈴薯<small>ばれいしょ</small>	は084　さ026	
パレデス	は043	
バレト	か002	
・パレンバン	は085	
ハワイ	と081	
・パン	は086　な083	
半印勘合執照制	り018	
範翁	た080	
蛮学<small>ばんがく</small>　⇨洋学(ようがく)		
パンカダ　⇨糸割符(いとわっぷ)		
パンカド	お090	
パンカド価格	お090	
『蛮喜和合楽』	む013	
ハングル	さ058　し193	
万光	く032	
蕃国	さ024　そ019	
万国津梁の鐘	し126　り018	
・万国総図<small>ばんこくそうず</small>	は089　ま030	
盤山思卓	と017	
・蛮社の獄<small>ばんしゃのごく</small>	は090　た055　よ003　わ017	
万松院送使	そ018	
万松精舎	お047	
『蕃薯考』	あ005	
・蛮書和解御用<small>ばんしょわげごよう</small>	は091　こ031　た057　よ003	
・蕃神<small>ばんしん</small>	は092	
・『蕃神考』<small>ばんしんこう</small>	は093	
反正	わ024	
范清洪	と033	
帆船<small>はんせん</small>　⇨西洋型帆船(せいようがたはんせん)		
・番船<small>ばんせん</small>	は095	
藩属国	さ024	

半田順庵　さ047　な076
バンタン　な093
范道生　お008
般若怛羅（はんにゃたら）　え059
伴信友　ち021　は093
販売倭人　わ011
半パルメット唐草文　か093
『万物真原』　き102
范文虎　は096　こ037
蕃別　き010　し157
『パンペリー日本踏査紀行』　い022
ハンベンゴロ（はんべんごろう）　⇒ベニヨフスキー　か040
『万暦三大征考』　は098

ひ

ピアノ　く038
ビーチー　お048　お049
ビッキ　ふ092
ビール　か125
・ビエイラ　ひ001
ビオラ　て039　な084
東インド会社　⇒イギリス東インド会社　い012
東インド会社　⇒オランダ東インド会社
『東インド会社遣使録』　も027
東蝦夷地　は022　ま034
東蝦夷地の上知　か040
『東蝦夷夜話』　⇒とうかいやわ
東恩納寛惇　た001　り029　れ008
東シナ海　⇒シナ海
東次郎右衛門　ほ032
『眉巌日記草』　ひ004　ち044
久吉　も023
ヒシオ手　ち018
・ビジタドール　ひ005
湄州島　ま010
・ビスカイノ　ひ006　き093　た089
『ビスカイノ金銀島探検報告』　い022
ビスケット　な073
・ビセンテ　ひ007
肥前のロレンソ　ろ011　→ロレンソ
秘色（ひそく）　せ005
・日高凉台　ひ008
『卍言覚非』　ち039
羊　し117
『ひですの経』　く051　こ107
『ヒデスの導師』　へ016
毗登　ふ073
尾藤二洲　し085
人吉　と034
火縄銃　⇒鉄砲（てっぽう）　⇒鉄砲伝来（てっぽうでんらい）
ピニア＝ルー　な093

・檜隈　ひ010
・檜隈民使博徳　ひ011
・日野鼎哉　ひ012　ひ008
日之本（ひのもと）将軍　そ054
火鉢　し176
・日比屋了珪　ひ013
・ビベロ＝イ＝ベラスコ　ひ014　→ドン＝ロドリゴ, ドン＝ロドリゴ＝デ＝ビベロ, ロドリーゴ＝デ＝ビベーロ
『備辺司謄録』　ひ015
ヒポクラテス像　い029
卑弥呼　⇒ひめこ
日牟礼八幡宮　に007
・卑弥呼　ひ017　き001　し183　と096　や019
毘耶宇（ビャウ）　し064
『百詠』　り003
百済　⇒くだら
・百済寺　ひ019
・百武万里　ひ020
白檀　⇒香木（こうぼく）
白蓮教寺　た100
ビュルヘル　ら016
・表　ひ022
兵庫　さ050　し071　そ003
『漂荒紀事』　ふ105
表箋　ひ022
漂着　ひ025
『表度説』　き102
表文　け054　ち036　ひ022　へ012
漂民　れ012
・『漂民御覧之記』　ひ023　か067　た016
俵物　⇒たわらもの　し132
・漂流　ひ025　け043　こ062
・漂流記　ひ026　と081　ひ025　ふ065　ほ012　る010
『漂流記』（浜田彦蔵）　ふ105
『漂流記談』　か036
『漂流奇談全集』　い025
漂流者　そ007
『漂流万次郎帰朝談』　い025
漂流民　こ006　な041　ほ021
漂流民送還　も023
漂流民送還制度　ひ025
・飛来一閑　ひ027
平井海蔵　し001
平井備前入道祥助　ほ017
平岡頼長　ひ023
平賀源内　あ049　お061　お085　せ023
・平戸　ひ028　い012　お006　お034　と074　り012　わ011
平戸一官（ひらいち）　⇒鄭芝竜（ていしりゅう）
平戸オランダ商館　は067
『平戸オランダ商館の日記』　お077
平戸商館　⇒イギリス商館　⇒オランダ商館　や034
平戸商館長　こ101

平戸藩　ま026　ま027
平戸貿易　ま026　ま027
平戸繁十郎　ふ012
・平野神社　ひ031　は093　ひ033
平野藤次郎　ひ032　な040
平野神　ひ033
平山意春　ふ033
・平山常陳　ひ034　す028　ひ035　ふ098
・平山常陳事件　ひ035
平山子竜　き015
平山東山　つ009
平山焼　や013
ひりゅうず（ひりょうず）　な083
被虜　さ032　ほ013　ほ017　わ011
・被虜人（被擄人）　ひ036　そ007
・ビレラ　ひ037　た063　ひ013　ろ011
ビロード　な083
広川獬　な027
弘前藩　は022
広瀬達太郎　か015
広渡一湖　か089
ヒロン　⇒アビラ＝ヒロン
『ヒロン日本王国記』　ひ039　→日本王国記
琵琶　み033
日和佐　へ017
賓頭盧（びんずる）さま　お008
・ピント　ひ040
・賓礼　ひ041

ふ

武　⇒倭の五王（わのごおう）　わ024
ファクトール　な086
ファレンタイン　ふ002
・『ファレンタイン日本志』　ふ002　い022
ファン＝ディーメン　⇒ディーメン
ファン＝デル＝ブルフ　う002
・ファン＝フリート　ふ004
ファン＝リンスホーテン　⇒リンスホーテン
ファン＝ローデンステイン　⇒ヤン＝ヨーステン
・フィゲイレド　ふ007
・フィッセル　ふ008　と006　ふ009
『フィッセル参府紀行』　い022
『フィッセル日本風俗備考』　ふ009　→日本風俗備考
『武夷櫂歌十首』　い059
・フィリピン　ふ010　な086
フィリピン総督　く013
フィリピン長官　ひ014
フィリピン貿易　は077　は078
フウォストフ　れ012

風月翁	ま019	
楓所	た059	
封進	わ006	
風説書	⇨オランダ風説書 ⇨唐船風説書(とうせんふうせつがき)	
風説定役	ふ012	
風帆船	⇨西洋型帆船(せいようがたはんせん)	
風来山人(2世)	も022	
風浪宮	ふ014	
馮六官	し072	
フエ	ふ015	
フェイト	ふ016 か067	
フェートン号	い034 か040 な014 な056 へ018	
フェートン号事件	ふ017	
フェフォ	ふ018 な093	
フェリーペ=デ=ヘスース	ふ019	
フェルナンデス	ふ020 し055 や018	
フェレイラ	⇨沢野忠庵(さわのちゅうあん) き002 せ022 に004 ま037	
フォルカド	ふ022 り018 れ008	
フォン=ジーボルト	⇨シーボルト	
舞楽	ふ024 さ041	
鱶鰭(ふかひれ)	し132 た098	
深見有隣(新兵衛)	か144	
深谷克己	さ028	
桴鳩	い080	
『奉行蘭館長蘭通詞控』	ふ025	
ふく	し047	
福江	と034	
福岡	と034	
福岡藩	な013 な014	
福済寺	ふ026 し072 と034 お046 も009	
福沢諭吉	と007 ら015	
福島正則	ふ107	
福州	ふ027 ふ054	
福州寺	そ032	
福州船	⇨唐船(とうせん)	
福州琉球館	と046	
副書	ほ042	
福田	お045	
福田半香	わ017	
『伏敵編』	ふ029	
福浦	ふ030	
福亮	ふ031	
普光寺	き039	
普済寺	え024	
釜山	ふ032 こ113 さ076	
釜山城	こ111	
富山浦(釜山浦)	さ076 さ077 り008 わ003	
釜山窯	ふ033	
葛井氏	ふ034	
葛井広成	さ034	
藤川茂兵衛	ふ033	

藤林普山	や004	
不恤緯	ふ035	
無準師範(ぶじゅんしばん)	い054 え061 し053 し190	
普照	ふ036 か149 と038 に023	
普照国師	⇨隠元隆琦(いんげんりゅうき)	
藤原惺窩	ふ038 か159 き056 し082 し085 り011	
藤原葛野麻呂	ふ039	
藤原清河	ふ040 こ018 は018	
藤原公任	わ007	
藤原定子	し089	
藤原貞敏	ふ041	
藤原実資	し074 ね004	
藤原佐世	ふ042 に048	
藤原園人	し200	
藤原隆家	と001	
藤原忠平	し117	
藤原親光	ふ043	
藤原常嗣	ふ044 こ069 し049	
藤原仲平	し117	
藤原理忠	と001	
藤原道長	ね004	
藤原元利万侶	ふ045 い090	
藤原師輔	し117	
藤原山陰	ふ046 お044	
藤原刷雄	ふ047	
藤原頼長	し078	
藤原頼通	し078	
フスタ	な079	
フスタ船	⇨南蛮船(なんばんせん)	
不征国	ふ049	
武宗の排仏(仏教弾圧)	え062 に024	
豚	さ026	
豚小屋	て019	
普陀山	ふ050	
補陀落山	ふ051	
補陀羅渡海	ふ051	
府中藩	ふ052 →対馬藩,対馬府中藩	
武珍州	こ090	
仏海	か048	
物外	え059	
復活祭	な084	
覆勘状	い019 い033	
仏教	あ016 し131 そ043	
仏教伝来(〜公伝)	ふ053 せ021 そ043	
福建	さ061	
福建柔遠駅	ふ054	
仏源禅師	⇨大休正念(だいきゅうしょうねん)	
『福建通志』	き102	
仏光禅師	⇨無学祖元(むがくそげん)	
ブッシュ	あ053	
仏樹房	⇨明全(みょうぜん)	

仏照禅師	⇨白雲慧暁(はくうんえぎょう) か075	
仏像	は092	
仏足石	ふ059	
仏足跡図	き039	
仏哲	ふ060 し020 と038 ほ024 り056 り057	
仏徹	そ060	
『仏日庵公物目録』	ふ061 ほ014	
仏隴寺	さ008	
符天暦	ふ062 に011 れ004	
普度	ち033	
葡萄唐草文	⇨唐草文(からくさもん) か093	
附搭物	い006 か139 →国王付搭品	
府内	と034	
府内病院	⇨アルメイダ	
『船長日記』	ふ065	
船磁石	⇨羅針盤(らしんばん)	
船橋玄悦	ふ033	
船本顕定	ふ067	
舟本弥七郎	な040	
府入	す031	
普寧	⇨兀庵普寧(ごったんふねい)	
武寧	り018	
武寧王	ふ069	
船氏	ふ070 お005	
船首王後(ふねのおびとおうご)の墓誌	お005	
プノンペン	ふ071 な093	
『武備志』	ふ072	
史	ふ073	
史部(ふひとべ)	き010	
忽必烈	ふ074 →クビライ,世祖	
文氏	ふ075	
踏絵	き072	
不弥国	ふ076	
普明国師	⇨春屋妙葩(しゅんおくみょうは)	
普門	⇨無関玄悟(むかんげんご)	
扶余豊	ほ006	
フランシスコ会	ふ079 か060 か110 か112 こ126 さ073 そ052 た008 て003 の005 ふ019 へ015 む010 り014 ろ006	
フランシスコ=ザビエル	⇨シャビエル	
フランシスコ=デ=ヘスース	ふ081	
フランシスコ等安	む014	
フランス	ふ082	
仏蘭西学	ふ083	
『払郎察(フランス)辞範』	も014 よ012	
フランス所在日本関係史料	ふ084	
フリース	ふ085 か104 ふ089	
フリート	⇨ファン=フリート	
フリシウス	す029	
ブリッジマン	か015	

古開神(ふるあき) ⇨平野神(ひらののかみ)
古河古松軒(辰)　と059
古田武彦　や019
ブルック　や034
ブルネイ(茭萊)　ふ088 し064
古橋氏保　せ007
古橋左衛門又玄　せ007
古橋又助　せ007
ブレスケンス号　す029
ブレスケンス号事件(ブレスケンスごうじけん)　ふ089
武烈王(ぶれつおう) ⇨金春秋(きんしゅんじゅう)
フロイス　ふ091 お062 お095 た096 に013 ふ092 ふ095 ふ096 ろ011
『フロイス九州三侯遣欧使節行記』(こうけんおうしせつこうき)　ふ092
『フロイス日欧風習対照覚書』(にちおうふうしゅうたいしょうおぼえがき)　ふ093 →日欧文化比較
『フロイス日欧文化比較』(にちおうぶんかひかく) ⇨フロイス日欧風習対照覚書
『フロイス日本史』(にほんし)　ふ095 ほ034
『フロイス日本書簡』(にほんしょかん)　ふ096
『フロイスの日本覚書』　ふ093
ブロートン　ふ097
プロクラドール　な086
プロフトン　え038
フロレス　ふ098 ひ034 ひ035
ブロンホフ(ブロムホフ)　ふ099 は057 ふ008 み012 も014 よ012
「ブロンホフ家族図」　か122
腑分　ら015
文引(ぶんいん)　ふ100 そ014
文永・弘安の役(ぶんえいこうあんのえき)　ふ101 か066 ち031 ふ074 →元寇, 弘安の役, 文永の役, 蒙古合戦, 蒙古襲来, モンゴル襲来
文永の役　き110 け027 は047 ふ101 ほ007
『文化易地聘使録』(ぶんかえきちへいしろく)　ふ102
『文館詞林』　い059 こ005
『文鏡秘府論』(ぶんきょうひふろん)　ふ103
『文献撮要』　ち039
『文公朱先生感興詩』　い059
文琮　し107
文之玄昌　て024 な092
文政打払令　い021
『文宗実録』　ち038
『文体明弁』　こ085
『奮忠紓難録』　い045
文武王(ぶんぶおう)　ふ104
『文明源流叢書』(ぶんめいげんりゅうそうしょ)　ふ105
文室智努(ふんやのちぬ)　ふ059
文室宮田麻呂(ふんやのみやたまろ)　ふ106 ち062
『分類紀事大綱』　そ010
文礼周郁　そ021
文禄・慶長の役(ぶんろくけいちょうのえき)　ふ107 あ056 あ062 か052 か066 け015 こ070 こ110 さ006 さ018 し017 し178 せ033 ち059 ち061 と034 と049 な055 は

012 は098 も004 ら022 わ014 →慶長の役, 朝鮮出兵, 文禄の役
文禄十八城　わ014
文禄の役　あ037 あ063 い031 い095 う005 え050 お026 か031 か071 か072 か084 き100 く005 く057 く066 こ026 こ106 し036 し041 し105 し192 し196 せ011 そ037 た084 ち058 て029 て033 と097 な054 は045 ほ023 ほ030 ま008 わ009

へ

平朔(へいさく) ⇨暦法(れきほう)
平壌　こ111
平壌の戦　お039
平西将軍　わ024
ヘーグ文書(へーグぶんしょ) ⇨オランダ所在日本関係史料
『ヘールツ日本年報』　い022
ペーロン船(ぺーろんぶね)　へ003
『闢邪集』　き102
碧蹄館　う005 く064 り009
碧蹄館の戦(へきていかんのたたかい)　へ004 い031 こ112 た083 た084 ふ107
平群木菟(へぐりのつく)　へ005
平群広成(へぐりのひろなり)　へ006 こ147 り056
平敷屋朝敏(へしきやちょうびん)　り018
ヘスース ⇨フェリーペ=デ=ヘスース ⇨フランシスコ=デ=ヘスース ⇨カストロ
別源円旨(べつげんえんし)　へ010 も012
ペッソア　の004
ベッテルハイム　へ011 り018 れ008
別幅(べっぷく)　へ012 け054 ほ042
ベトナム　へ013 こ073 し064 と103
ペドロ=カスイ=岐部(ペドロカスイきべ)　へ014
ペドロ=バウティスタ(〜バウチスタ)　か060 ふ079 →ペドロ=バウティスタ=ブラスケス
ペドロ=バウティスタ=ブラスケス　へ015 り014
ペドロ=バプティスタ　は077
ペドロ=ラモン　へ016
臙脂(べに)屋　な058
ベニョフスキー　へ017 か040
ペリー　お048 お049
『ペリー日本遠征随行記』　い022
『ペリー日本遠征日記』　い022
ペリュー　へ018 ふ017
ヘルナンデス ⇨フェルナンデス
ペレイラ　へ020
ヘロニモ=デ=ヘスース　ふ079
辯円(べんえん) ⇨円爾(えんに)
『弁学遺牘』　き102

弁柄(ベンガラ)縞　な083
『辺策私弁』　へ022
『辺策発矇』(へんさくほつもう)　へ022
弁正(べんしょう)　へ023 と019
弁浄　へ023
弁静　へ023
辦銅額商　と033
辦銅官商　と033
辯円(べんえん) ⇨円爾(えんに)
辺防　さ019
ヘンミー　へ025
遍明　し205
『辺要分界図考』(へんようぶんかいずこう)　へ026 へ017
『辺要分解図考』　こ143

ほ

慕晏誠(ぼあんせい)　ほ001
『圃隠先生集』　ち039
方庵智圻　さ063
法雲明洞　そ049
法恵　ち063
貿易　す010
貿易商人　あ037 い001 た017
貿易船　か152 ち030
貿易陶磁器　く044 も013
『宝応五紀暦経』　は019
報恩寺　し052
望海堝の倭寇(ぼうかいかのわこう)　ほ002
宝覚真空禅師(ほうかくしんくうぜんじ) ⇨雪村友梅(せっそんゆうばい)
『保閑斎集』　ち044
包佶(ほうきつ)　あ026
『宝慶記』(ほうきょうき)　ほ004
『蹶卦』　さ026
宝月　え062
茅元儀　ふ072
芳済　あ006
鳳岡　は075
澎湖島　お090 し064
忘斎　ひ008
封冊　か021
宝山□鉄　ら018
方仕　さ030
方誌　さ030
『奉使日本紀行』　あ006 く056
芳洲　あ041
砲術(ほうじゅつ)　ほ005 さ026
奉書　こ085
法照　ら018
豊璋(章)(ほうしょう)　ほ006 え041 き022 は017 →翹岐(ぎょうき)
北条貞時　い058 せ002 た012 と056
北条高時　せ012 み030
北条時宗(ほうじょうときむね)　ほ007 き058 せ002 た012 ふ101 む003

北条時頼　こ103　そ003　ち074　ら018
北条宗政　た012
奉書船（ほうしょせん）　⇨朱印船貿易（しゅいんせんぼうえき）
奉書船貿易　は026
法政蘭学研究会　お087
法全　え059　え062　し079　し205
封禅　か053
疱瘡　こ106
宝相華唐草文　か093
保大通宝　あ070
哺中　さ077　し198
『方程論』　き102
法天　し112
法燈円明国師（ほうとうえんみょうこくし）　⇨無本覚心（むほんかくしん）
・坊津（ぼうのつ）　ほ010　さ050
報聘使　か043
『邦訳日葡辞書』　に028
法楽舎　い046
宝暦暦　れ010
方霖　さ030
ボーロ　な073　な083
ポーロ　と054
・『慕夏堂集』（ぼかどうしゅう）　ほ011
慕韓　わ024
『補閑集』　ち039
『北夷談』　ほ018　ま022
『牧隠詩藁』　ち039
『北漢誌』　ち039
朴矩軒　ま017
朴居士　お016
ボクサー　か118
『北塞記略』　ち039
『北槎異聞』　ほ018
・『北槎聞略』（ほくさぶんりゃく）　ほ012　か067　た016　ひ023　ら014
北山　さ059　り018
朴士正　お060
・朴瑞生（ぼくずいせい）　ほ013
・墨蹟（ぼくせき）　ほ014　か075
北禅（ほくぜん）　⇨梅荘顕常（ばいそうけんじょう）
北宋（ほくそう）　⇨宋（そう）
北宋銭　と087
墨痴　り054
『北地危言』　ほ018
北狄（ほくてき）　か021　そ019
・朴悙之（ぼくとんし）　ほ017　お016　か043
北肉山人　ふ038
朴平意　な003
北辺警備　み010
『北辺探事』　ほ018
北峯宗印　し098　た100
・『北門叢書』（ほくもんそうしょ）　ほ018
『北輿要選』　ち039
・北虜南倭（ほくりょなんわ）　ほ019　き015
北路　け043

北和東交　こ067
捕鯨船　い021　か040
『法華経義疏』　え056
干鮑（ほしあわび）　し132　た098
『ホジソン長崎函館滞在記』　い022
・『戊子入明記』（ぼしにゅうみんき）　ほ020
・『戊戌夢物語』（ぼじゅつゆめものがたり）　ほ021　も023　ゆ007
浦所倭館　わ003
細川三斎（ほそかわさんさい）　⇨細川忠興（ほそかわただおき）
細川氏　に076
・細川忠興（ほそかわただおき）　ほ023　ろ002
細川忠興室（ガラシア）　せ037
細川忠利　ろ002
細川光尚　ろ002
・菩提僊那（ぼだいせんな）　ほ024　か149　と038　な069　ふ060　り057
『菩多尼訶経（ぼたにかきょう）』　う012
ボタン　な081　な083
牡丹唐草文　か093
北海　ま013
・渤海（ぼっかい）　ほ025　け053　た013　た034
・渤海楽（ぼっかいがく）　ほ026　ふ024
『渤海考』　ち039
渤海国使　ふ030　ふ042
渤海使　そ059　ひ041　ふ046
『北海随筆』　ほ018
渤海大使　は002　は006
北海道　ま013
法進（ほっしん）　⇨はっしん　か149
・堀田正敦（ほったまさあつ）　ほ028
・穂積押山（ほづみのおしやま）　ほ029
・堀内氏善（ほりうちうじよし）　ほ030
・堀杏庵（正意）（ほりきょうあん）　ほ031　し085　ち048
ボルジェス　ほ032
・ポルトガル　ほ033　た008　な072
ポルトガル商人　な046
・ポルトガル所在日本関係史料（ポルトガルしょざいにほんかんけいしりょう）　ほ034
ポルトガル船　く067　な046　な079
ポルトガル船焼打事件（ポルトガルせんやきうちじけん）　⇨ノッサ＝セニョーラ＝ダ＝グラッサ号事件
ポルトガル貿易　な086
ポルトラーノ　な075
ポルトラノ型海図　ち006
本印子　い093
梵慶　わ025
梵行　い048
本暁房　け027
本光国師（ほんこうこくし）　⇨以心崇伝（いしんすうでん）
梵字（ぼんじ）　⇨悉曇（しったん）
梵僊（ぼんせん）　⇨竺仙梵僊（じくせんぼんせん）
・『本草綱目』（ほんぞうこうもく）　ほ039
本多繁文　は022
本多忠徳　か039

本多利明　え034　え038　か018
本多正純　せ045
『本朝見在書目録』　に048
『本朝則例類編』　き102
『本朝通鑑』　た033
『本朝宝貨通用事略』　あ050
・本渡（ほんど）　ほ040
・本途銀（ほんとぎん）　ほ041
ボンバーシャ　な081
梵唄（ぼんばい）　し096
本針（ほんばり）　ら008
『ポンペ日本滞在見聞記』　い022
・『本邦朝鮮往復書』（ほんぽうちょうせんおうふくしょ）　ほ042　い063
本間棗軒（ほんまそうけん）　ほ043
梵明　か043

ま

マーツァイケル　お090
マードレ＝デ＝デウス号事件（マードレ＝デ＝デウスごうじけん）　⇨ノッサ＝セニョーラ＝ダ＝グラッサ号事件　い072
晦機（まいき）元熙　せ040
前田利家　ふ107
・前田夏蔭（まえだなつかげ）　ま002
・前野良沢（まえのりょうたく）　ま003　あ005　お027　か027　か067　な005　に005　よ011
前橋清兵衛　て037
・真岡（まお）　ま004
・澳門（マカオ）　ま005　か046　し064　な086　の004　は043
・マカオ所在日本関係史料（マカオしょざいにほんかんけいしりょう）　ま006
澳門総督　め008
麻貴　う021
・牧志朝忠（まきしちょうちゅう）　ま007
牧田諦亮　さ023
牧野忠雅　か039
正木篤　か015
・増田長盛（ましたながもり）　ま008　さ073
麻酔　は054
・益田時貞（四郎）（ますだときさだ）　ま009　し045
マセダ　る008
・媽祖信仰（まそしんこう）　ま010
又三郎　て049
・摩多羅神（まだらしん）　ま011
松井等　ま039
・松浦霞沼（允任）（まつらかしょう）　ま012　か041　ち050
・松浦武四郎（まつうらたけしろう）　ま013　え038　え039
松浦道輔　か154
・松江宗安（まつえそうあん）　ま014
・靺鞨（まっかつ）　ま015
・松倉重政（まつくらしげまさ）　ま016　る008
・松崎観海（まつざきかんかい）　ま017

みんてき

松崎慊堂	し082	
・松下見林(秀明)	ま018 い038 や019	
松島	た069	
・松平定信	ま019 か039 か040 と059 ひ023 も022	
松平定行	な014	
・松平信綱	ま020 と080	
松平乗豪(伊勢守)	は090	
松平正信	ふ033	
・松平康英	ま021 ふ017 へ018	
松田毅一	ふ092 ふ093 ふ095	
・松田伝十郎	ま022 ま033 ま034 れ012	
マッチ	か125	
松永尺五	し085	
・松原客館	ま023	
松原如水	ら014	
真壺	な059	
松前	え035	
・松前公広	ま024	
『松前志』	ほ018	
松前藩	か104 ま024	
松前奉行	⇨箱館奉行(はこだてぶぎょう) か040	
松村弥平太	ふ033	
松本斗機蔵	か018	
松浦佐用姫	お036	
・松浦鎮信	ま026	
・松浦隆信	ま027 か002 こ002 し055 ひ034 ひ035	
松浦党	か026 と088	
松浦東渓(政之・陶)	な015	
・末羅国	ま028	
・松浦メンシャ	ま029	
・マテオ=リッチ世界図	ま030	
・マトス	ま031	
摩利伽(マナカ)	し064	
・曲直瀬玄朔	ま032	
曲直瀬道三	か158 き097	
曲直瀬道三(正盛)	ふ007	
マニラ	て001 は078	
マニラ総督	り014 ろ006	
真野弟子	み011	
マフ	り001	
麻沸湯	は054 ほ043	
・間宮海峡	ま033 ま034	
・間宮林蔵	ま034 え038 か104 こ138 し002 と044 か022 ま033 れ012	
・マラッカ	ま035	
マリア観音	き072	
マリーナ号	も023	
・マルケス(1643没)	ま036	
・マルケス(1657没)	ま037 き087	
『マルコポロ紀行』	と054	
・マルティンス	ま038	
『マローン日本と中国』	い022	
摩陸(マロク)	し064 も024	

『満洲源流考』	ち039	
万寿寺	き099 し062	
『満鮮地理歴史研究報告』	ま039	
万多親王	し200	
満鉄	ま039	
マント	な083	
万年寺	み020	
万病一毒説	か158	
万福寺	お008 お009 も009	

み

三浦按針	⇨アダムス	
三浦按針の朱印船	し063	
三重古墳	か097	
・三木パウロ	み002	
・密西耶	み003 し064	
『弥撒(ミサ)祭義』	き102	
三品彰英	そ055	
粛慎	⇨あしはせ	
三島	ち018	
碾磑(みずうす)	と106	
・水城	み005 て038	
ミスツイス造り	と037	
水野忠成	ふ035	
水野忠邦	か018 か040 は090 も023 わ017	
水針(みずばり)	ら008	
・ミゼリコルジャ	み006	
三鷹	す029	
・道首名	み007	
箕作阮甫	お089 お091 か015 こ031 み010	
三ツ印の船	と076	
密庵(みったん)咸傑	ほ014	
密売買	み008	
密貿易	し132 ぬ006 ぬ007 は060 ほ010 わ010 わ011	
密貿易防止	と042	
水戸学	し082 し085	
皆川沖右衛門	え036	
皆川淇園	か154	
湊長安	こ031 し001 は091	
・港番所	み008	
・南淵請安	み009 る003	
南アメリカ	な066	
南満洲鉄道会社	ま039	
南村梅軒	し082	
源興国	し117	
源実朝	あ001 ち077	
源為朝	り018	
源経信	と053	
源義明	ち040 て033	
源頼朝	ち077	
・嶺田楓江	み010 か004	

御船氏主	し082	
・味摩之	み011 き009 し131	
美馬順三	み012 し001 な064 ひ008	
・任那	み013 あ048 あ058 う013 お010 お032 お036 お057 か087 つ007 わ019 わ024	
・任那遺跡	み014	
任那国	そ055	
・任那国司	み015	
任那の四県	け011 こ082 →四県割譲	
任那日本府	⇨日本府(にほんふ) さ045 み015	
宮川道二	ふ033	
・官家	み017	
三宅主計	な058	
三宅米吉	か154	
・宮古島	み018	
都城	と034	
・都良香	み019	
宮崎成身	つ001	
宮の前騒動(事件)	ま027 よ010	
深山宇平太	と094	
・明庵栄西	み020 し141	
妙雲	み022	
・明経道	み021 し082	
妙寿	ふ038	
・明全	み022 と029	
妙典	か075	
妙葩	⇨春屋妙葩(しゅんおくみょうは)	
・明礬	み024	
・明礬会所	み025	
妙蓮	し194	
・三善氏	み026	
弥勒寺址	く015	
神(みわ)石手	ふ059	
・曼	み028	
・明	み027 け054 ほ019 →渡明,入明	
明医方	た071	
明楽	⇨明清楽(みんしんがく)	
・明極楚俊	み030 て030 も012	
「明仇十埔台湾奏凱図」	わ012	
明冊封使	に046	
・『明史』	み031	
明使	い053 て053	
『明史稿』	き102	
『明史食貨志訳註』	み031	
・『明実録』	み032	
『明儒翻訳万国図説考証』	や032	
・明清楽	み033	
・明銭	み034 せ043 と087	
『明代西域史料明実録抄』	み032	
『明代満蒙史料明実録抄』	み032	
明朝(みんちょう)活字	も015	
明笛	み033	

みんぱん　　　　　　　　　　　　　　　898

明版　　さ002

む

ムイゼル　　は067
無逸克勤　　せ038
・無隠元晦（ないんげ）　む001
無涯　　あ018
無外義遠　　か132
・向井元升（むかいもとのしょう）　む002 さ047 し160 せ022 に004
向井忠勝　　て003
・無学祖元（むがくそげん）　む003 い054 せ040 て030 ほ007 ほ014
無学祖元像　　ち074
無我省吾　　な091
・無関玄悟（むかんげんご）　む004
無及徳詮　　む003
無碍庵（むげあん）　　か067
無言承宣　　た021
無見先覩　　こ095 こ115
無際了派　　と017 み022
・身狭青（むさのあお）　む005
虫目がね　　お085
無象静照　　な091
夢窓疎石　　し034 せ038 ほ014
・宗像氏（むなかたうじ）　む006
・宗像神社（むなかたじんじゃ）　む007 む006
・宗像神（むなかたのかみ）　む008 う019
宗像妙忠　　し074
無二念打払令（むにねんうちはらいれい）　⇒異国船打払令（いこくせんうちはらいれい）
・ムニョス　　む010
無人島渡航計画　　は090
・無本覚心（むほんかくしん）　む011
無夢一清　　ほ014
無門慧開　　む011
・無文元選（むもんげんせん）　む012
夢遊道人　　や032
・村井喜右衛門（むらいきえもん）　む013
村井貞勝　　お095
村岡重文　　な018
村垣定行　　は022
村上英俊　　ふ083 め005
村上貞助　　こ138 と044
村上直次郎　　い018 い052 お077 お079 と108 は041
村瀬栲亭（之熙）　　か154
村田珠光　　ほ014
村山七郎　　ほ012
村山大膳　　あ063
・村山等安（むらやまとうあん）　む014 す012 な020 は027
牟礼　　す029
室鳩巣　　て010

め

目明し忠庵　　さ047
『名家詩観』　き102
明州　　し025
明州市舶司　　そ003
『明清闘記（めいせいとうき）』　ま030
『明宗実録』　ち038
名分論　　し085
・メイラン　　め001
『メイラン日本』　い022
目賀田守蔭（帯刀）　　え038 ま002
眼鏡　　し055
目利　　し159
・メキシコ　　め002 あ009 た089 の006
・メキシコ所在日本関係史料（メキシコしょざいにほんかんけいしりょう）　め003
メキシコ貿易　　む010
メコン川　　て037 に037
『めさまし草』　か036
・メスキータ　　め004 て039
滅宗宗興　　な091
・メドハースト　　め005 え007
・メナ　　め006
・莫大小（めりやす）　め007 な083
メルカトル図法　　な075 ら014
綿紬　　わ006
・メンドンサ　　め008
綿布　　わ006
緬羊　　し038

も

蒙庵元総　　し098
『蒙求』　い059
蒙古　　⇒元（げん）
蒙古合戦　　し133 し135 ふ101 →文永・弘安の役
蒙古襲来　　⇒文永・弘安の役（ぶんえい・こうあんのえき）　い019 い032 け019 け030 し134 た067 に019 ふ029 ふ101
・『蒙古襲来絵巻』（もうこしゅうらいえまき）　も003 た067
『蒙古の国書』　に019 →モンゴル国書
『毛詩』　み021
毛盛良　　ら009
毛利高標（たかすえ）　　さ002
・毛利輝元（もうりてるもと）　も004 た011 ふ107
・毛利秀元（もうりひでもと）　も005 う021 ふ107
『モースのスケッチブック』　い022
・モーニケ　　も006 な060
・モーラ　　も007

モール通事　　と046
・最上徳内（もがみとくない）　も008 あ007 え035 し001
・木庵性瑫（もくあんしょうとう）　も009 す010 ふ026
・木満致（もくまち）　も010 も010
門司　　し071 そ003
・モタ　　も011
・物外可什（もつがいかじゅう）　も012 て030 み030
木簡　　し166
・持躰松遺跡（もったいまついせき）　も013
本居宣長　　き063 や019
・本木庄左衛門（もときしょうざえもん）　も014
・本木昌造（もときしょうぞう）　も015
本木庄太夫　　せ022 ら001
本木正栄　　ふ083 ふ099
・本木良永（もときよしなが）　も016 お071
・物部麁鹿火（もののべのあらかひ）　も017
・物部尾輿（もののべのおこし）　も018
木綿　　こ048 こ147
・木綿貿易（もめんぼうえき）　も019
百浦添（ももうらそえ）欄干之銘　　し119 り018
・モラレス（1643没）　も020
・モラレス（1622没）　も021
盛岡藩　　は022
森克己　　た029
・森島中良（もりしまちゅうりょう）　も022
森嶋甫斎　　へ025
モリソン　　と060 も023
モリソン号　　か040 き051 こ093 し182 は090 ほ021
・モリソン号事件（もりそんごうじけん）　も023 い021
森田武　　に028
森忠村　　て004
森田長助　　し057
森貞次郎　　か154
森永種夫　　な018
森平右衛門　　あ049
守屋美都雄　　け010
森吉成　　き092 ふ107
・モルッカ諸島（もるっかしょとう）　も024 な093
モンゴル　⇒元（げん）
『モンゴル国書』　に019 ふ101 ほ007 →蒙古の国書
モンゴル襲来　　そ021 と066 は020 →文永・弘安の役
文殊菩薩　　こ098
『モンスーン文書』　こ003 ほ034
・モンタヌス　　も026
・『モンタヌス日本誌』（もんたぬすにほんし）　も027
・モンテ　　も028
モンメン　　わ006

や

八板清定（金兵衛）　　て025

『冶隠先生言行拾遺』		ち039
八重洲河岸		や034
・八重洲町(やえすちょう)		や001
・八重山諸島(やえやましょとう)		や002
ヤカトラ	⇨ジャカルタ	
柳生宗矩		ふ033
訳経		り045
・訳鍵(やくけん)		や004
訳語(おさ)	⇨おさ	
『訳司統譜』(やくしとうふ)		や006
・屋久島(やくしま)		や007 し021
薬種		か076
・易博士(やくのはかせ)		や008
夜光貝		ら009
陽侯氏雄		ふ106
耶次郎(也次郎)		わ025
ヤジロー		あ065
安井息軒		し082
安原方斎		き015
安見右近		ほ005
耶蘇会(やそかい)	⇨イエズス会	わ007
『耶蘇会士日本通信』(やそかいしにほんつうしん)	⇨イエズス会士日本通信	
『耶蘇会日本年報』(やそかいにほんねんぽう)	⇨イエズス会日本年報	
耶蘇会版(やそかいばん)	⇨キリシタン版	
・八代焼(やつしろやき)		や013
也堂		い080
箭内亘		ま039
・柳川一件(やながわいっけん)		や014 い063 き033 そ038
・柳川調興(やながわしげおき)		や015 や014
・柳川調信(やながわしげのぶ)		や016
・柳川智永(やながわともなが)		や017
ヤハト		な079
藪田嘉一郎		せ051
邪馬壹国		や019
山鹿素行		し082
山狩り		ふ107
山口鉄五郎(高品)		え034 え036
・山口宗論(やまぐちしゅうろん)		や018
山口西成		し082
山崎闇斎		し082 し085 り011
山崎尚長		ち047
山路諧孝		て047
山田安栄		ふ029
・邪馬台国(やまたいこく)		や019 き001 き023 と096 ひ017
山田浦		ふ089
山出し銀		は007
山田珠樹		と009
・山田図南(やまだとなん)		や020
・山田長政(やまだながまさ)		や021 あ047 し057 た001 て037 な093 ふ004 り004
・山田御方(やまだのみかた)		や022
・東漢氏(やまとのあやうじ)		や023 あ022 さ017
・東漢駒(やまとのあやのこま)		や024
東漢掬(やまとのあやのつか)	⇨都加使主(つかのおみ)	
・倭漢福因(やまとのあやのふくいん)		や026
・倭画師氏(やまとのえしうじ)		や027 い039
大倭小東人(やまとのおあずまひと)	⇨大和長岡(やまとのながおか)	
・大和長岡(やまとのながおか)		や029 し145
・東文氏(やまとのふみうじ)		や030
山井鼎(崑崙)		ろ012
・山上憶良(やまのうえのおくら)		や031 ゆ001
山吹銀		は007
・山村才助(昌永)(やまむらさいすけ)		や032 さ010 に034
山本信次郎		は044
山本博文		さ028
山屋敷		き002 き087
山脇東洋		せ022
八代洲(やよす)		や001
耶揚子		や034
楊容子(やよす)		や001
ヤンスゾーン		や033
・ヤンセン		や033
・ヤン=ヨーステン		や034 や001 り001

ゆ

湯浅三右衛門		は059 へ022
「諭阿媽港」		か046
『遺教経』		お035
惟謹		え062
惟象(ゆいぞう)		さ008
宥快		し020
『有学集』		き102
結城忠正		ひ037
有慶		け027
熊川		く005 さ077
・『遊仙窟』(ゆうせんくつ)		ゆ001
湧泉寺		さ001
翛然(ゆうねん)		さ008
友梅		⇨雪村友梅(せっそんゆうばい)
熊斐		な089
・雄略天皇(ゆうりゃくてんのう)		ゆ003 わ024
ユエ	フエ	し064
湯川新九郎		な058
湯川新兵衛		な058
湯川助太郎		な058
湯川宣阿		ち030 な058
湯島聖堂(ゆしませいどう)	⇨孔子廟(こうびょう)	
兪大猷		わ011
・弓月君(ゆづきのきみ)		ゆ006 お004
油滴		ち018
『夢物語』		た055 は090
・『夢々物語』(ゆめゆめものがたり)		ゆ007
ユリウス暦		れ010
兪良甫版(ゆりょうほばん)		ゆ008
・『百合若大臣』(ゆりわかだいじん)		ゆ009

よ

榕庵		う012
栄叡(えいえい)	⇨えいえい	
洋画(ようが)	⇨西洋画(せいようが)	
洋画家		お061
・洋学(ようがく)		よ003
幼学書		り003
楊宜		て009 わ011
洋犬		な084
楊元		ふ107
楊鎬		う021
養浩斎		よ011
楊根		わ015
栄西(えいさい)	⇨明庵栄西(みょうあんえいさい)	
楊載		り018
・養蚕業(ようさんぎょう)		よ005 さ028
揚三綱		み020
・揚州(ようしゅう)		よ006
楊守敬		こ005 に065 ゆ001
楊守阯		さ030
楊守随		さ030
楊祥		り018
楊承慶		は018
用章廷俊		な091
葉上房(ようじょうぼう)	⇨明庵栄西(みょうあんえいさい)	
楊真操		ふ041
揚水尺		わ011
『陽村集』		ち044
・煬帝(ようだい)		よ008 け038
用貞輔良		せ038
洋風画		お070
洋風画家		い029 さ031 し026
洋風画派		な024
曜変		ち018
瑤甫		あ062
養蜂		ほ006
・養方軒パウロ(ようほうけん)		よ009 ろ011
楊方亨		そ037 と097
楊裕和		と033
『養老律令』		や029
慫斎		い002
浴室		ほ013
・横瀬浦(よこせうら)		よ010 お045
横山重		り029 れ008
横山伊徳		さ028
吉岡久左衛門		る008
・吉雄耕牛(よしおこうぎゅう)		よ011
吉雄幸左衛門		せ022 ま003
・吉雄権之助(よしおごんのすけ)		よ012 お078 ひ008
吉雄忠次郎		し002
吉雄流外科(よしおりゅうげか)	⇨吉雄耕牛(よしおこうぎゅう)	

吉賀判太夫	ふ033	
・余自信 じしん	よ014	
吉田篁墩	し082　ろ012	
吉田松陰	し082	
・吉田宗桂 よしだそうけい	よ015	
吉田長淑	あ018	
吉田令世	や032	
吉益東洞	か158	
余璋	し051	
『輿地誌略』	あ006　ふ105	
四つの口	さ028	
四つの船 よつのふね	⇨遣唐使船（けんとうしせん）	
米川常白	こ049	
・『ヨハンバッティスタ物語』 ヨハンバッティスタものがたり		よ017
余豊璋 よほうしょう	⇨豊璋（ほうしょう）	
ヨリッセン	ふ093	

ら

頼縁	た035	
来遠駅	し025　し027　ふ054	
頼恩	に076	
『礼記』	み021	
頼山陽	き015	
頼春水	し085	
『来庭集』	ま017	
・ライネ	ら001　せ022　ら016	
来舶画人	し204	
雷普	か067	
来聘使 らいへいし	⇨通信使（つうしんし）	
頼三樹三郎	か015	
ライラ号	り018	
羅越国	し205	
楽翁	ま019	
楽山	ま003	
・ラクスマン（ラックスマン）		ら003　い030　え045　か040　た016　と094　ひ023　ほ012　ま019
洛東江	わ015	
・『落葉集』 らくようしゅう	ら004	
・楽浪郡 らくろうぐん	ら005	
蘿山	り054	
・羅紗 ラシャ	ら006　さ036　な083	
羅紗呉呂 ラシャゴロ	⇨ゴロフクレン	
・羅針盤 らしんばん	ら008	
『羅西日辞書』	こ131	
ラッフルズ	い034　か040　と005	
・螺鈿 らでん	ら009	
・ラ＝ペルーズ	ら010　え038	
ラ＝ペルーズ海峡	ら010	
『ラ＝ペルーズ世界周航記』		ら010
・『羅葡日辞典』 らぽにちじてん	ら011	
羅盆（らぼん）	ら008	
ラモン	の005	

ラルダイン	さ010	
蘭英防禦艦隊	ひ035	
『蘭畹摘芳』	や032	
蘭化	ま003	
蘭画	お070	
蘭学 らんがく	⇨洋学（ようがく）　あ005　あ049　う004　お027　く030　さ047　し002　し038　せ022　た059　の007　は057　み010　も016	
・『蘭学階梯』 らんがくかいてい	ら013　い078　く030　ふ105	
『蘭学逕』	ふ105　や004	
・蘭学系世界図 らんがくけいせかいず	ら014	
・『蘭学事始』 らんがくことはじめ	ら015　か027　ふ105	
蘭学者	あ006　い027　い078　う009　う010　う012　お027　お042　か067　か125　く062　こ031　こ093　し026　す023　た055　つ014　な005　は033　は090　や032　わ017	
・蘭館医 らんかんい	ら016　も006　→オランダ商館の医者	
『蘭館日誌』 らんかんにっし	⇨オランダ商館日記	
懶牛希融	も012	
蘭慶堂	お061	
・蘭渓道隆 らんけいどうりゅう	ら018　そ015　な091	
蘭皐	も016	
鷺岡省佐	し197	
鷺岡瑞佐	に076	
・『蘭語九品集』 らんごくひんしゅう	ら019	
『乱後雑録』	ち044	
『蘭語八箋』	つ014	
『蘭語訳撰』 らんごやくせん	⇨中津版オランダ辞書（なかつばんオランダじしょ）	
蘭書訳局 らんしょやくきょく	⇨蛮書和解御用（ばんしょわげごよう）	
『蘭説弁惑』	ふ105	
・『乱中日記』 らんちゅうにっき	ら022	
『乱中日記草』	ち044	
蘭汀	も014	
ランデーチョ	さ073	
『蘭東事始』	ら015　→蘭学事始	
嫏嬛人	わ018	
蘭方	た073	
蘭方医 らんぽうい	⇨オランダ医学　い002　い065　い066　う010　お047　か068　さ038　し184　す023　つ019　と086　な060　に030　ひ012　ひ020　ほ043　み012　よ011	
蘭林	な043	
蘭和辞書	い078	

り

李庵	あ053	
リース	お077	
リーネ	ら001	

・リーフデ号 リーフデごう	り001　あ020　く001　や034	
李瑛	か031	
李英覚	え051	
・李延孝 りえんこう	り002　え056　し079	
李億祺	か096　か140	
李海皐	ま017	
力松	も023	
理鏡	か149　な069　ほ024	
・『李嶠百廿詠』 りきょうひゃくにじゅうえい	り003　→中書令鄭国公李嶠雑詠百二十首	
陸若漢	ろ009	
陸淳	さ008	
陸俑	さ030	
陸仁	し143	
『六諭衍義』	て010	
李敬	は012	
李芸	き008　ほ013	
李礦	は016	
李光頭	し069　し081	
・リゴール（六崑）	り004　や021	
六崑船	り004	
リコルド	た053	
六崑 りこん	⇨リゴール	
李済庵	ま017	
・李参平 りさんぺい	り006	
李勺光	は012	
李朱医学 りしゅいがく	⇨金元医学（きんげんいがく）　た080	
・李舜臣 りしゅんしん	り008　か071　か140　し101　と049　ふ107　ら022	
・李如松 りじょしょう	り009　こ112　ふ107　へ004	
李処人	え022	
利尻島	れ012	
李聖欽	お060	
・李成桂 りせいけい	り010　し087　し185	
理専	お045	
リターン号	な061	
・李退渓 りたいけい	り011　こ029	
・李旦 りたん	り012　か142　て011	
李忠	ふ106	
履中	わ024	
『李朝実録』 りちょうじつろく	⇨朝鮮王朝実録（ちょうせんおうちょうじつろく）	
李朝初期山水画	て041	
リッチ	に071	
栗浦	り008	
李廷馣	え050	
李德昭	み020	
李梅渓	し158	
李白	あ026　か157	
・リバデネイラ	り014	
李内熹	そ055	
李勉求	え027	
李邦彦	は016	
・李密翳 りみつえい	り015	
留学	き054　た082	
留学生	⇨るがくしょう	

留学僧りゅうがく ⇨学問僧(がくもんそう) け053 る003 →遣唐留学僧	流泉 ふ041	・林梅卿りんばい り055
竜巌徳真ちょう ち024	竜泉窯 せ005	・林邑りん り056 へ006
隆琦 ⇨隠元隆琦(いんげんりゅうき)	李友曾 さ077	・林邑楽りんゆう り057 ふ024 ふ060
柳希春 ひ004	劉張医学りゅうちょう ⇨金元医学(きんげんい	
・琉球りゅうきゅう り018 あ044 あ047 か025	がく)	**る**
か136 さ025 さ034 さ036 さ059 さ	劉継 ふ107	
062 そ057 た042 ち036 ふ022 ふ027	・劉徳高りゅうとく り040	類書 け018
へ011 れ011 わ025	『竜飛御天歌』 ち039	ルイス=フロイス ⇨フロイス
琉球王 し113	劉復亨 ふ101	類族改るいぞく ⇨キリシタン類族調(キリ
・琉球王国評定所文書りゅうきゅうおうこくひ り	竜舟 あ044	シタンるいぞくしらべ)
019	柳圃 し019	・留学生るがく る003 あ026 け053 こ039
琉球海軍伝道会 へ011	竜峯 し027	→遣隋留学生,遣唐留学生
『琉球科律』りゅうきゅうかりつ り020	『劉夢得文集』 そ030	・ルセナ る004
・琉球仮屋りゅうきゅうかりや り021	・梁りょう り041	・ルソン(呂宋) る005 く053 し064 る
琉球館(福建) ふ027 ふ054	了庵桂悟りょうあんけいご り042 し197	006 る008
・琉球語りゅうきゅうご り022	了庵清欲 た021 ち075 む012	・『呂宋覚書』ルソンおぼえがき る006 か036 る008
『琉球考』 な071	凌雲寺 さ001	呂宋攻略 ま016
『琉球国旧記』りゅうきゅうこくきゅうき り023 り029	良懐 き017	『呂宋国漂流記』 る010
『琉球国事略』 あ050	良侃 え062	呂宋助左衛門ルソンすけ ⇨納屋助左衛門(な
『琉球国中山世鑑』りゅうきゅうこくちゅうざんせいかん ⇨中山世	・領客使りょうきゃく り043	やすけざえもん) さ013 な059
鑑(ちゅうざんせいかん) り029	領客典 わ021	・呂宋征討計画ルソンせいとうけいかく る008
『琉球国中山世譜』りゅうきゅうこくちゅうざんせいふ ⇨中山世譜	『両京新記』 い059	ルソン総督 へ015
(ちゅうざんせいふ)	亮倪 い092 お002 そ007	呂宋通事 と046
・『琉球国由来記』りゅうきゅうこくゆらいき り026 り029	良源 お003 け037	呂宋壺ルソン る009
『琉球産物志』 し038	『両国往復書牘』 そ010	『呂宋漂流記』ルソンひょうりゅうき る010
琉球産物生産方 さ036	『両国壬辰実記』 ち047	ルソン貿易 む010
琉球使節りゅうきゅうしせつ ⇨恩謝使・慶賀使(おん	梁山 こ111	・ル=テュルデュ る011
しゃし・けいがし)	梁山城 く066	ルピー か013
・琉球出兵りゅうきゅうしゅっぺい り028 き003 き007	良諝 え059	ルビノ さ047 も020
し136 と070 →薩摩藩の琉球侵略,	亮照 と029	・ル=メール る012
琉球侵攻,琉球侵略	良定 り030 →袋中(たいちゅう)	
琉球商船 こ075	・梁職貢図りょうしょく り044	**れ**
『琉球史料叢書』りゅうきゅうしりょうそうしょ り029	聴診器 も006	
琉球侵攻 と074 →琉球出兵	良詮 り046	霊果 け027
『琉球神道記』りゅうきゅうしんとうき り030	・霊仙りょうせん り045 こ098	礼官 れ001
琉球侵略 り018 →琉球出兵	霊宣 り045	霊巌寺和尚 え053
『琉球図説』 て007	霊船 り045	霊圭 き100
琉球藩りゅうきゅうはん ⇨琉球(りゅうきゅう)	良全 り046	『霊言蠡勺』 き102
琉球船りゅうきゅうせん ⇨楷船(かいせん)	・『両朝平攘録』りょうちょうへいじょうろく り047	霊光 さ008
・琉球文学りゅうきゅうぶんがく り033	了堂惟一 ち075	合遵 し112
琉球館りゅうきゅうかん ⇨琉球仮屋(りゅうきゅう	療病院造営料唐船 し014	黎庶昌 こ005
かりや)	呂淵 お002	・礼曹れい れ001 か012
『琉球歴代宝案』りゅうきゅうれきだいほうあん ⇨歴代宝案(れ	呂祐吉 か012	礼曹参議 れ001
きだいほうあん)	林希逸 そ049	礼曹参判 れ001
劉瑾 に076	林賢りん ⇨胡惟庸(こいよう) こ007	礼曹判書 れ001
劉錦 に076	こ044	・『霊台儀象志』れいだいぎしょうし れ002
劉江 ほ002	臨剣頌 せ040 む003	レイタン の004
竜江応宣 ら018	・『隣交徴書』りんこうちょうしょ り049	レイネ ら001
劉琨 か005	・『隣語大方』りんごたいほう り050	霊蘭堂 む002
竜山徳見 け027 ち024	霊石如芝(りんしいじょし) し051 ち	『レガメ日本素描紀行』 い022
竜室道淵 そ008	024 て030	暦 ⇨こよみ
劉二郎 ふ041	・琳聖りんしょう り051	『櫟翁稗説』 ち039
・劉仁願りゅうじんがん り036 は017 り037 り040	・綸子りんず り052 か091	・暦学れきがく れ004
劉仁願紀功碑 り036	・リンスホーテン り053	『暦家秘道私記』 れ004
・劉仁軌りゅうじんき り037 は017 り036	・林道栄りんどうえい り054 か030 ふ012	
柳醉雪 ま017	林徳建 み033	
・柳成竜りゅうせいりゅう り038 ち061 り008	麟徳暦 れ004	
	リンネ い002	

れきざん

- 『暦算全書』れきさんぜんしょ　れ005
- 暦日　し131
- 『暦象考成』れきしょうこうせい　れ006
- 『暦象新書』れきしょうしんしょ　れ007　ふ105
- 『歴代宝案』れきだいほうあん　れ008　さ007　り018
- 暦博士れきはかせ　れ009
- 暦法れきほう　れ010
- 暦本　か160
- レケオス　れ011
- レザーノフ(レザノフ)　れ012　か040　か129　け017
- レスポンデンシア　⇨投銀(なげがね)
- レセップス　ら010
- レッケ　よ012
- 烈港(瀝港)　か062　し069　し150
- 『列遜ヤッパン紀事』　れ014
- レビッソーン　れ014
- 『レフィスゾーン江戸参府日記』　い022
- 礼文島　れ012
- 連山　の007
- 廉承武　ふ041
- 練中　の002

ろ

- 路引　ふ100
- 蠟画　し026
- 浪華子(鳳潭)　な066
- 『老子道徳経注』　こ005
- 『老松堂日本行録』ろうしょうどうにほんこうろく　ろ001　そ007
- ロウレンソ　た062　た063　→ロレンソ
- ローマ字印じいん　ろ002　な083
- 『邏媽人欸状』ろーまじんかんじょう　ろ003
- 六六堂　ひ008
- ロザリオの組　と093
- ロザリヨ　き072
- 『ロザリヨ記録』　あ071
- 『ロザリヨの経』　あ071
- ロシア　ろ004　あ007　か018　か040　か129　く032　は022　は069　ふ035　ほ012　ほ028　ま034　よ003
- ロシア艦　ま019
- ロス＝アンヘレス　⇨アンヘレス
- 六国諸軍事　わ024
- ロドリーゴ＝デ＝ビベーロ　む010　→ビベロ＝イ＝ベラスコ
- ロドリゲス(1613没)　ろ006
- ロドリゲス(1628没)　ろ007
- ロドリゲス(1629没)　ろ008
- ロドリゲス(1634没)　ろ009　に040　に064　む014
- 『ロドリゲス日本大文典』　に064
- 『ロビンソン＝クルーソー漂流記』　ふ105

- 露米会社　か040
- ロヘイン　か013
- ロヨラ　ろ010　て039
- 露梁津　し101　り008
- 露梁津の海戦　ふ107
- ロレンソ　ろ011　→ロウレンソ
- 『論奥弁証』　ま030
- 『論語』ろんご　ろ012　か157　み021　わ023
- 『論語義疏』　い059　ろ012
- 『論語古義』　ろ012
- 『論語集解』　こ005
- 『論語集解考異』　ろ012
- 『論語徴』　ろ012
- ロンドン宣教会　め005

わ

- 倭わ　わ001　き023
- 淮海元肇　そ015
- 和糸わいと　⇨糸割符(いとわっぷ)
- 倭王　わ024
- 倭王済　あ068
- 倭王讃　お004
- 倭王珍　あ068
- 王加久戸売　あ051
- 若杉五十八　せ023
- 倭館わかん　わ003　き049　そ038　ぬ007　ふ032
- 『倭館館主日記(館主日記・毎日記)』　そ010
- 倭館記録わかんきろく　わ004
- 『倭漢総歴帝譜図』わかんそうれきていふず　わ005
- 和館茶碗窯　ふ033
- 倭館の草梁移転　そ035
- 倭館貿易わかんぼうえき　わ006
- 『和漢朗詠集』わかんろうえいしゅう　わ007
- 脇坂安董わきさかやすただ　わ008　ふ102
- 脇坂安治わきさかやすはる　わ009　か096　か140
- 脇荷商売　お090
- 脇荷物わきにもつ　わ010
- ワクワク(Wakwak)　き093　し028
- 倭寇わこう　わ011　あ010　い081　お002　お006　お016　か026　か062　こ070　こ096　こ109　し150　し185　せ010　そ013　て009　て017　ひ036　ほ002　ほ010　ほ017　ほ019　り018　る005　わ012
- 『倭寇図巻』わこうずかん　わ012
- 倭寇船わこうせん　⇨バハン船
- 倭国　き093　し028
- 倭国王　す006　わ024
- 倭国世子興　あ068
- 倭城わじょう　わ014　ふ107
- 倭人上京道路わじんじょうきょうどうろ　わ015
- 倭人朝京道路わじんちょうきょうどうろ　⇨倭人上京道路(わじんじょうきょうどうろ)
- 倭隋　わ024

- 和田惟政　に013　ろ011
- 和田清　ま039　み031
- 和田泰然　さ038
- 渡辺　さ050
- 渡辺華山わたなべかざん　わ017　か018　け022　し182　た059　に001　は090　も023
- 渡辺秀石わたなべしゅうせき　わ018　か089
- 渡辺伝次郎　ふ033
- 渡屯家わたのやなわり　わ019
- 和田万吉　も027
- 和田理左衛門わだりざえもん　わ020
- 『渡鳥集』　か036
- 倭典わてん　わ021
- 和糖わとう　⇨甘蔗(かんしゃ)
- 和藤内　こ089
- 王仁わに　わ023　あ054　お004　か157　し082
- 倭の五王わのごおう　わ024　む005
- 倭の女王　し174
- 割印制わっかいんせい　わ025
- 割高台　ち018
- ワリニァーノ(ワリニァーニ)　⇨バリニァーノ　か078　そ037　な012　ま029
- 破符(わりふ)　そ009

対外関係史辞典

2009年(平成21) 2月10日　第1刷発行

編　者　田中健夫・石井正敏

発行者　前田求恭

発行所　株式会社 吉川弘文館
　　　　東京都文京区本郷7丁目2番8号
　　　　郵便番号　113-0033
　　　　電　話　03-3813-9151(代表)
　　　　振替口座　00100-5-244
　　　　http://www.yoshikawa-k.co.jp/

© Yoshikawa Kōbunkan 2009.
Printed in Japan
ISBN978-4-642-01449-6

〈日本複写権センター委託出版物〉
本書の無断複写（コピー）は、著作権法上での例外を除き、禁じられています。複写を希望される場合は、日本複写権センター(03-3401-2382)にご連絡ください。

製版印刷	株式会社東京印書館
本文用紙	三菱製紙株式会社
表紙クロス	株式会社八光装幀社
製　　本	誠製本株式会社
製　　函	株式会社光陽紙器製作所
装　　幀	山崎　登